ESCOLAR

A
Z

ESPASA

ESPASA

ESCOLAR

ESPASA

ESCOLAR

Espasa Calpe
Madrid, 1992

Talleres gráficos de la Editorial Espasa-Calpe, S. A.
Carretera de Irún, Km. 12,200. 28049 MADRID

PRÓLOGO

Espasa-Calpe constituye referencia obligada en el campo de diccionarios y enciclopedias. Es, por otra parte, pionera en el ámbito del tratamiento electrónico de textos, que aplicó por primera vez en El Pequeño Espasa y seguidamente en toda su extensa gama de diccionarios, incluido el ESPASA ESCOLAR, que ahora presentamos.

El ESPASA ESCOLAR es un extenso diccionario de la lengua española, dirigido al amplio mundo de la enseñanza.

Esto es así porque los adelantos de la educación, el acrecentamiento del deseo de saber, la evolución de las ciencias y del mundo nacido de la tecnología y, en fin, la ampliación del grado de instrucción han hecho aconsejable que el ESPASA ESCOLAR sea algo más que un diccionario básico o manual de nuestra lengua, como otros de su clase; es decir, un instrumento de primera categoría, tanto del estudiante que aspira a dominar la expresión oral y escrita, como del que requiere de un más amplio conocimiento del español para leer los textos más diversos y acudir a todas las fuentes de información.

La elaboración del ESPASA ESCOLAR ha respondido a las siguientes pautas:

1.—*Selección de entradas.* Se ha hecho contando con la orientación que proporciona el recuento por medios informáticos de la frecuencia de voces en libros de texto, obras literarias de consulta obligada, medios de difusión, etc.

2.—*Racionalización de acepciones.* Esto significa dar preferencia a las más adecuadas al nivel al que va dirigida la obra, pero sin prescindir de aquellas que ayuden a comprender la evolución semántica de las voces.

3.—Inclusión de voces no estrictamente léxicas (planetas, constelaciones...) o léxicas de gran relevancia histórica, artística o cultural en general, con un pequeño desarrollo enciclopédico.

Es de destacar que el léxico en el ESPASA ESCOLAR es el más abundante de todos los diccionarios de su categoría (más de 35.000 términos).

El vocabulario usual es el más ampliamente tratado, escogido, según los criterios antes citados, entre el repertorio del Diccionario de la Real Academia. Las definiciones se han redactado en términos muy asequibles y se ven frecuentemente ilustradas por ejemplos corrientes en el lenguaje diario. A este grupo pertenecen también las voces de argot y jergales más usuales en el lenguaje coloquial de los jóvenes, vocablos de uso restringido (localismos y regionalismos), arcaísmos y voces desusadas y anticuadas, que otras obras de este tipo suelen eliminar para economizar espacio, sin caer en la cuenta de que resultan de gran utilidad cuando se quiere profundizar en el conocimiento de nuestros clásicos.

Se ha prestado igualmente una especialísima atención a los americanismos, tan necesarios para comprender a autores que, además de expresarse en nuestra lengua, son imprescindibles en cualquier plan de enseñanza. También a las voces científicas, evitando en este caso al máximo las referencias, muy incómodas para el lector: membrana mucosa se define en mucosa; músculo abductor en abductor; modo infinitivo en infinitivo.

Pero el ESPASA ESCOLAR no agota ahí sus posibilidades en ese área. Para garantizar su plena utilidad y vigencia en el dominio del lenguaje era necesario incorporar los tecnicismos que impone el rápido avance de las ciencias, rigurosamente seleccionados, y expresados en lenguaje de hoy, y también los extranjerismos que, a veces de manera incorrecta, pugnan por tomar carta de naturaleza en nuestro idioma.

El Espasa Escolar posee un formato manejable y transportable. Característica importante es la atractiva presentación bicolor del texto, ideada expresamente para esta obra.

Las entradas, que van impresas en color para facilitar al estudiante su localización visual, incluyen, en un 20 por ciento del total, series de sinónimos, antónimos y plurales anómalos. Otras observaciones gramaticales (cuadros de acentuación, puntuación y modelos de conjugación de los verbos regulares e irregulares), de gran ayuda para la resolución de las dudas del lenguaje, se sitúan en un apéndice al final de la obra. También se incluye un apéndice complementario integrado básicamente por datos geográficos de interés relevante.

La imagen constituye un capítulo aparte en el Espasa Escolar. Las numerosas ilustraciones y láminas a todo color, de claro carácter didáctico, obedecen a una profunda labor de selección de los temas y localización de los originales.

Gráficos y dibujos, especialmente confeccionados para esta obra, contribuyen a una mejor claridad y explicación del texto. Atención especial ha merecido la ilustración de voces relacionadas con las nuevas tecnologías (chip, computador).

Un diccionario supone una renovación constante. Agradeceríamos, por tanto, cualquier sugerencia que nos permita, por medio de la actualización que requiere una obra de esta índole, eliminar posibles errores u omisiones.

EL EDITOR.

BREVES NOTAS PARA EL MANEJO DEL DICCIONARIO

Todas las entradas están dispuestas por riguroso orden alfabético. Cuando constan de más de un término, sólo se tiene en cuenta para su alfabetización el primero.

Se han utilizado, expresamente para este diccionario, tres signos convencionales para indicar: sinónimos (≅); antónimos (◁) y plurales anómalos (ʃʃ).

El orden de los distintos bloques informativos que integran las voces es el siguiente:

— En primer lugar figura siempre la función gramatical que desempeña cada voz (substantivo, pronombre, adjetivo, verbo, adverbio, etc.). Si una misma palabra puede desempeñar varias funciones, las distintas acepciones van agrupadas bajo la categoría que las corresponde.

— A continuación aparecen las acepciones, separadas por una doble pleca. Dentro de éstas, en primer lugar las de uso vulgar y corriente; después las anticuadas, las familiares, las figuradas, las provinciales e hispanoamericanas, y, por último, las técnicas. En la mayoría de los casos se ha incluido uno o varios ejemplos que facilitan la comprensión de su sentido específico.

— Después de las acepciones propias del vocablo aislado se registran las que resultan de la combinación del substantivo con un adjetivo, con otro substantivo regido de preposición o con cualquiera expresión calificativa. Gráficamente van separadas de las anteriores por un signo convencional (◆). Si dentro de un mismo artículo hubiera varias, éstas van separadas por una doble pleca (|||).

— Un segundo rombo (◆) señala el comienzo de locuciones, expresiones, etc., a su vez, separadas entre sí por una doble pleca (|||).

ABREVIATURAS EMPLEADAS
EN ESTE DICCIONARIO

A

a.	alemán.
a. C.	antes de Cristo.
a. mod.	alemán moderno.
A. dec.	Arte decorativa.
A. ind.	Artes industriales.
A. y Of.	Artes y Oficios.
abl.	ablativo.
abr.	abreviatura.
abs.	absoluto.
ac.	acusativo.
acep.	acepción.
adj.	adjetivo o adjetival.
Adm.	Administración.
adv.	adverbio o adverbial.
adv. a.	adverbio de afirmación.
adv. c.	adverbio de cantidad.
adv. correlat. cant.	adverbio correlativo de cantidad.
adv. d.	adverbio de duda.
adv. interrog. l.	adverbio interrogativo de lugar.
adv. l.	adverbio de lugar.
adv. lat.	adverbio latino.
adv. m.	adverbio de modo.
adv. n.	adverbio de negación.
adv. o.	adverbio de orden.
adv. relat. cant.	adverbio relativo de cantidad.
adv. relat. l.	adverbio relativo de lugar.
adv. t.	adverbio de tiempo.
Agr.	Agricultura.
aim.	aimará o aimara.
Ál.	Álava.
Alb	Albacete.
Albañ.	Albañilería..
Alg.	Álgebra.
Alic.	Alicante.
Alm.	Almería.
Alp.	Alpinismo.
Alq.	Alquimia.
alt.	altitud o altura.
amb.	ambiguo.
Amér.	América.
Amér c.	América central.
Amér. m.	América meridional.
Amér. sep.	América septentrional.
Anat.	Anatomía.
And.	Andalucía.
angl.	anglicismo.

ant.	anticuado, antiguamente, antiguo, antónimo o antonomasia.
Ant.	Antillas.
Antrop.	Antropología.
apl. a pers., ú. t. c. s.	aplicado a persona, úsase también como substantivo.
apóc.	apócope.
ár.	árabe.
Ar.	Aragón.
arauc.	araucano.
arc.	arcaico.
Arg.	Argentina.
Arit.	Aritmética.
Arm.	Armería.
Arqueol.	Arqueología.
Arquit.	Arquitectura.
art.	artículo.
Artill.	Artillería.
Ast.	Asturias.
Astrol.	Astrología.
Astron.	Astronomía.
Astronáut.	Astronáutica.
aum.	aumentativo.
Aut.	Automovilismo.
aux.	verbo auxiliar.
Áv.	Ávila.
Aviac.	Aviación.
Avic.	Avicultura.
azt.	azteca..

B

B. Art	Bellas Artes.
Bact.	Bacteriología.
Bad.	Badajoz.
Bal.	Baleares.
Bar.	Barcelona.
barb.	barbarismo.
Bibliog.	Bibliografía.
Biog.	Biografía.
Biogeog.	Biogeografía.
Biol.	Biología.
Bioq.	Bioquímica.
Bl.	Blasón.
Bol.	Bolivia.
Bot.	Botánica.
Bur.	Burgos.

C

C. . . . . centígrado (después de un número con indicación de grados: 17°).
C. Real . . . . Ciudad Real.
C. Rica. . . . . Costa Rica.
Các. . . . . Cáceres.
Cád. . . . . Cádiz.
Calig. . . . . Caligrafía.
Can. . . . . Canarias.
Cant. . . . . Cantería
Carp. . . . . Carpintería.
Cart. . . . . Cartografía.
cast. . . . . castellano.
Cast. . . . . Castilla.
Cast. N. . . . . Castilla la Nueva.
Cast. V. . . . . Castilla la Vieja.
cat. . . . . catalán.
Cat. . . . . Cataluña.
célt. . . . . céltico.
celtolat. . . . . celtolatino.
Cer. . . . . Cerámica.
Cetr. . . . . Cetrería.
Cin. . . . . Cinematografía.
Cineg. . . . . Cinegética.
Cir. . . . . Cirugía.
Citol. . . . . Citología.
Coc. . . . . Cocina.
Col. . . . . Colombia.
colect. . . . . colectivo.
com. . . . . género común de dos.
Com. . . . . Comercio.
comp. . . . . comparativo.
conj. . . . . conjuga o conjunción.
conj. ad. . . . . conjunción adversativa.
conj. comp. . . . . . conjunción comparativa.
conj. cond. . . . . . conjunción condicional.
conj. cop. . . . . . . conjunción copulativa.
conj. dist. . . . . . . conjunción distributiva.
conj. disy. . . . . . . conjunción disyuntiva.
conj. il. . . . . conjunción ilativa.
conjug. . . . . conjugación.
Constr. . . . . Construcción.
contr. . . . . contracción.
Cor. . . . . La Coruña.
Córd. . . . . Córdoba.
corr. . . . . corresponden.
corrup. . . . . corrupción.
Cosmog. . . . . Cosmografía.
Cosmol. . . . . Cosmología.
Crist. . . . . Cristalografía.
Cron. . . . . Cronología.
Cuen. . . . . Cuenca.

D

d. C. . . . . después de Cristo.
d. t. . . . . dícese también.
dat. . . . . dativo.
def. . . . . verbo defectivo.
dem. . . . . demostrativo.
Dep. . . . . Deportes.
depart. . . . . departamento.

depon. . . . . deponente.
Der. . . . . Derecho.
Der. can. . . . . Derecho canónico.
deriv. . . . . derivado.
des. . . . . desinencia.
desp. . . . . despectivo.
desus. . . . . desusado.
det. . . . . determinado.
dialec. . . . . dialectal.
Dic. . . . . Dibujo.
díc. . . . . dícese.
dim. . . . . diminutivo.
Din. . . . . Dinámica.
distrib. . . . . distributivo.
Dom. . . . . República Dominicana.

E

e. . . . . ejemplo.
E. . . . . Este.
Eban. . . . . Ebanistería.
Econ. . . . . Economía.
Econ. dom. . . . . . Economía doméstica.
Ecuad. . . . . Ecuador.
Elec. . . . . Electricidad.
Electrón. . . . . Electrónica.
Enc. . . . . Encuadernación.
Enol. . . . . Enología.
Entom. . . . . Entomología.
epic. . . . . epiceno.
Equit. . . . . Equitación.
Esc. . . . . Escultura.
escand. . . . . escandinavo.
Esgr. . . . . Esgrima.
esp. . . . . español.
Estad. . . . . Estadística.
Estát. . . . . Estática.
etc. . . . . etcétera.
etim. . . . . etimología.
Etnog. . . . . Etnografía.
Etnol. . . . . Etnología.
excl. . . . . exclamación o exclamativo.
expl. . . . . expletivo.
expr. . . . . expresión.
expr. adv. . . . . . . expresión adverbial.
expr. elipt. . . . . . . expresión elíptica.
expr. prov. . . . . . . expresión proverbial.
Extr. . . . . Extremadura.

F

f. . . . . substantivo femenino o femenino.
f. pl. . . . . femenino plural.
fam. . . . . familiar.
Farm. . . . . Farmacia.
Ferr. . . . . Ferrocarriles.
fest. . . . . festivo.
fig. . . . . figurado.
Filat. . . . . Filatelia.
Filip. . . . . Filipinas.

Filol.	*Filología.*
Filos.	*Filosofía.*
Fís.	*Física.*
Fís. nucl.	*Física nuclear.*
Fisiol.	*Fisiología.*
flam.	flamenco.
Folk.	*Folklore.*
Fon.	*Fonética o Fonología.*
Fort.	*Fortificación.*
Fot.	*Fotografía.*
fr.	francés o frase.
fr. prov.	frase proverbial.
frec.	verbo frecuentativo.
fut.	futuro.

G

g.	griego.
g. mod.	griego moderno.
gaél.	gaélico.
Gal.	*Galicia.*
galic.	galicismo.
gall.	gallego.
gén.	género.
Geneal.	*Genealogía.*
genit.	genitivo.
Geod.	*Geodesia.*
Geog.	*Geografía.*
Geog. hist.	*Geografía histórica.*
Geol.	*Geología.*
Geom.	*Geometría.*
ger.	gerundio.
Ger.	*Gerona.*
germ.	germánico.
Germ.	*Germania.*
Grab.	*Grabado.*
Gram.	*Gramática.*
Gran.	*Granada.*
grecolat.	grecolatino.
Guad.	*Guadalajara.*
guar.	guaraní.
Guat.	*Guatemala.*
Guay.	*Guayaquil.*
Guip.	*Guipúzcoa.*

H

h.	hacia.
hebr.	hebreo.
Hidrául.	*Hidráulica.*
Hidrog.	*Hidrografía.*
Hidrom.	*Hidrometría.*
Hig.	*Higiene.*
Híp.	*Hípica.*
Hist.	*Historia.*
Histol.	*Histología.*
hol.	holandés.
hom.	homónimo.
homóf.	homófono.
Hond.	*Honduras.*
Hort.	*Horticultura.*

I

i.	inglés.
ibér.	ibérico.
Icon.	*Iconografía.*
íd.	idem.
imperat.	imperativo.
imperf.	imperfecto.
impers.	verbo impersonal.
Impr.	*Imprenta.*
in.	infijo.
incoat.	verbo incoativo.
indef.	indefinido.
indet.	indeterminado.
indic.	indicativo.
Indum.	*Indumentaria.*
Indus.	*Industria.*
inf.	infinitivo.
infl.	influido.
Ing.	*Ingeniería.*
insep.	inseparable.
intens.	intensivo.
interj.	interjección o interjectiva.
interr.	interrogativo.
intr.	verbo intransitivo.
inus.	inusitado.
inv.	invariable.
irl.	irlandés.
irón.	irónico.
irreg.	irregular.
it.	italiano.
iterat.	iterativo.

J

Jard.	*Jardinería.*
Joy.	*Joyería.*
Jurisp.	*Jurisprudencia.*

K

kmh.	kilómetro por hora.
km/s.	kilómetro por segundo.

L

l.	latín o latino.
l. c.	latín científico.
lat.	latitud (Geog.) o latino (adv. lat.).
Lér.	*Lérida.*
Léx.	*Léxico.*
Ling.	*Lingüística.*
Lit.	*Literatura.*

liter.	literalmente.
Litog.	Litografía.
Litur.	Liturgia.
loc.	locución.
loc. cit.	loco citato (en el lugar citado).
loc. conjunt.	locución conjuntiva.
loc. prepos.	locución prepositiva.
Lóg.	Lógica.
Logr.	Logroño.
long.	longitud.

NE.	Nordeste.
neerl.	neerlandés.
neg.	negociación.
negat.	negativo.
neol.	neologismo.
Nic.	Nicaragua.
NO	Noroeste.
nom.	nominativo.
núm.	número.
Núm.	Numismática.

M

m.	substantivo masculino, metro minuto.
m. adv.	modo adverbial.
m. adv. interrog.	modo adverbial interrogativo.
m. conj.	modo conjuntivo.
m. conj. ad.	modo conjuntivo adversativo.
m. conj. cond.	modo conjuntivo condicional.
m. or.	mismo origen.
m. pl.	masculino plural.
m.-s.	metros por segundo.
m. s. n. m.	metros sobre el nivel del mar.
m. y f.	substantivo masculino y femenino.
Mad.	Madrid.
Mál.	Málaga.
Mar.	Marina.
Marr.	Marruecos.
Mat.	Matemáticas.
Mec.	Mecánica.
Med.	Medicina.
mej.	mejicano.
Méj.	Méjico.
mer.	meridional.
Met.	Metalurgia.
metapl.	metaplasmo.
metát.	metátesis.
Meteor.	Meteorología.
Métr.	Métrica.
Metrol.	Metrología.
Microb.	Microbiología.
Mil.	Milicia.
Min.	Minería.
Miner.	Mineralogía.
Mit.	Mitología.
mixt.	mixteco.
mod.	moderno.
Mont.	Montería.
moz.	mozárabe.
Mur.	Murcia.
Mús.	Música.

O

O.	Oeste.
Obst.	Obstetricia.
Ocean.	Oceanografía.
onomat.	onomatopeya u onomatopéyico.
Ópt.	Óptica.
Orfeb.	Orfebrería.
Orog.	Orografía.
Ortog.	Ortografía.
Ov.	Oviedo.

P

p.	participio.
p. a.	participio activo.
p. ant.	por antonomasia.
p. e.	por ejemplo.
p. excel.	por excelencia.
p. ext.	por extensión.
p. f.	participio de futuro.
p. f. p.	participio de futuro pasivo.
p. p.	participio pasivo.
p. us.	poco usado.
P. G. M.	Primera Guerra Mundial.
P. Rico.	Puerto Rico.
pág.	página.
Pal.	Palencia.
Paleog.	Paleografía.
Paleont.	Paleontología.
Palm.	Las Palmas.
Pan.	Panamá.
Par.	Paraguay.
part.	partícula.
part. comp.	partícula comparativa.
part. conj.	partícula conjuntiva.
part. insep.	partícula inseparable.
Pat.	Patología.
Pedag.	Pedagogía.
pers.	persona.
Petr.	Petrografía.
Pint.	Pintura.
Pisc.	Piscicultura.
pl.	plural.
poét.	poético.
Poét.	Poética.
Polít.	Política.
Pont.	Pontevedra.

N

n. nace (por un río)	neutro o nombre.
n. p.	nombre propio.
N.	Norte.
Nav.	Navarra.

pop.	popular.
port.	portugués.
Port.	*Portugal.*
pr.	pronúnciese.
pref.	prefijo.
Prehist.	*Prehistoria.*
prep.	preposición.
prep. insep.	preposición inseparable.
pres.	presente.
pret.	pretérito.
pret. perf. simp.	pretérito perfecto simple.
prin.	principal.
priv.	privativo.
prnl.	pronominal o verbo pronominal.
pron.	pronombre.
pron. correlat. cant.	pronombre correlativo de cantidad.
pron. dem.	pronombre demostrativo.
pron. indef.	pronombre indefinido.
pron. pers.	pronombre personal.
pron. pos.	pronombre posesivo.
pron. relat.	pronombre relativo.
pron. relat. cant.	pronombre relativo de cantidad.
pronun. and.	pronunciación andaluza.
pronun. esp.	pronunciación española.
pron. gran.	pronunciación granadina.
Pros.	*Prosodia.*
prov.	provincia.
Prov. vasc.	*Provincias vascongadas.*
provenz.	pronvenzal.
proverb.	proverbial o proverbio.
Psicol.	*Psicología.*
Psiquiat.	*Psiquiatría.*

S

s.	segundo, siglo (delante de un número romano) o substantivo.
S.	Sur.
S. Cruz.	*Santa Cruz de Tenerife.*
S. G. M.	Segunda Guerra Mundial.
S. M.	Su Majestad.
S. S.	Su Santidad.
Sal.	*Salamanca.*
Salv.	*El Salvador.*
sánscr.	sánscrito.
Sant.	*Santander.*
SE.	Sudeste.
Seg.	*Segovia.*
sent.	sentido.
sep.	separativo.
sept.	septentrional.
Seric.	*Sericultura.*
Sev.	*Sevilla.*
sign.	significa o significación.
Silv.	*Silvicultura.*
sin.	sinónimo.
sing.	singular.
sir.	siriaco o siríaco.
SO.	Sudoeste.
Sociol.	*Sociología.*
Sor.	*Soria.*
subj.	subjuntivo.
subst.	substantivado.
suf.	sufijo.
superl.	superlativo.

Q

Quím.	*Química.*

R

R. D. A.	*República Democrática Alemana.*
R. F. A.	República Federal de Alemania.
R. P. China	*República Popular China.*
R. Plata.	*Río de la Plata.*
Radioastr.	*Radioastronomía.*
Radiotelef.	*Radiotelefonía.*
Radioteleg.	*Radiotelegrafía.*
rec.	verbo recíproco.
ref.	refrán.
reg.	región o regular.
regr.	regresivo.
Rel.	*Religión.*
Reloj.	*Relojería.*
rep.	república.
Repost.	*Repostería.*
Ret.	*Retórica.*
rioj.	riojano.

T

t.	temporal o tiempo.
t. f.	terminación femenina.
tag.	tagalo.
Tarr.	*Tarragona.*
Taurom.	*Tauromaquia.*
Tecn.	*Tecnicismo.*
Telef.	*Telefonía.*
Teleg.	*Telegrafía.*
Telev.	*Televisión.*
Teol.	*Teología.*
Ter.	*Teruel.*
Terap.	*Terapéutica.*
term.	terminación.
teut.	teutónico.
Tol.	*Toledo.*
Topog.	*Topografía.*
Toxicol.	*Toxicología.*
tr.	verbo transitivo.
Trig.	*Trigonometría.*

U

ú. o Ú.	Úsase.
Ú. c.	Úsase como.

Ú. c. s. f.	Úsase como substantivo femenino.
Ú. c. s. m.	Úsase como substantivo masculino.
Ú. m.	Úsase más.
Ú. m. c.	Úsase más como.
Ú. m. c. prnl.	Úsase más como pronominal.
Ú. m. c. s.	Úsase más como substantivo.
Ú. m. con neg. . . .	Úsase más como negación.
Ú. m. en pl.	Úsase más en plural.
Ú. t. c.	Úsase también como.
Ú. t. c. adj.	Úsase también como adjetivo.
Ú. t. c. intr.	Úsase también como intransitivo.
Ú. t. c. prnl.	Úsase también como pronominal.
Ú. t. c. s.	Úsase también como substantivo.
Ú. t. c. s. f.	Úsase también como substantivo femenino.
Ú. t. c. s. m.	Úsase también como transitivo.
Ú. t. c. tr.	Úsase también como transitivo.
Ú. t. en pl.	Úsase también en plural.
Ú. t. en sing.	Úsase también en singular.
unip.	unipersonal.
Urug.	Uruguay.
usáb.	usábase.

V

v. o V.	véase.
Val.	Valencia.
Vall.	Valladolid.
vasc.	vascuence.
Venez.	Venezuela.
Veter.	Veterinaria.
visigót.	visigótico.
Vit.	Viticultura.
Viz.	Vizcaya.
voc.	vocativo.
vol.	volumen.
vulg.	vulgar, vulgarismo o vulgarmente.

Z

Zam.	Zamora.
zap.	zapoteca.
Zar.	Zaragoza.
Zool.	Zoología.
Zoot.	Zootecnia.

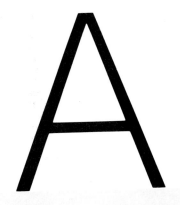

A

a. ∫∫aes. f. Primera letra del abecedario y primera de las vocales. || Símbolo del *área*.

a. prep. Denota el complemento de la acción del verbo: *respeta a los ancianos*. || Indica dirección o término: *voy a Madrid*. || Determina el lugar o tiempo en que sucede alguna cosa: *le cogieron a la puerta*. || También la situación de personas o cosas: *a oriente*. || Designa intervalo de lugar o de tiempo: *de calle a calle*. || Denota el modo de la acción: *a pie, a golpes*. || Indica distribución: *dos a dos*.

ababol. m. Amapola.

abacá . m. Planta tropical de cuyas hojas se obtiene una fibra textil.

abacería. f. Tienda de comestibles.

ábaco. ≅tablero. m. Cuadro de madera con alambres paralelos en los que hay bolas movibles; sirve para calcular. || Especie de tablero que corona el capitel.

abad. m. Superior de un monasterio.

abadejo. m. Bacalao. || Reyezuelo, pájaro. || Cantárida, insecto. || Pez del mar de las Antillas, de color obscuro y carne delicada.

abadesa. f. Superiora en ciertas comunidades religiosas.

abadía. f. Iglesia, monasterio, territorio, jurisdicción o bienes de un abad o abadesa.

abajeño, ña. adj. y s. *Amér.* De costas y tierras bajas.

abajo. ≅debajo. adv. l. Hacia lugar o parte inferior: *echar* ⌐; *rodar de arriba* ⌐. || En lugar posterior o que está después de otro. || interj. de desaprobación.

abalanzar. tr. Impulsar, incitar. || prnl. Lanzarse: ⌐ *a los peligros*. || *Arg.* Encabritarse.

abalizar. tr. Señalar con balizas.

abalorio. m. Cuentecilla de vidrio agujereada. || Adorno de poco valor.

abanderado. m. Que lleva la bandera. || Portavoz o representante de una causa, movimiento u organización.

abanderar. tr. y prnl. Matricular bajo la bandera de un Estado un buque extranjero.

abandonar. tr. Dejar, desamparar a una persona o cosa. || Desistir, renunciar. || Dejar un lugar, apartarse de él. || Apoyar, reclinar con dejadez. Ú. m. c. prnl. || prnl. fig. Dejarse dominar por afectos, pasiones o vicios. || Confiarse uno a una persona o cosa. || fig. Descuidar uno sus intereses u obligaciones o su aseo o compostura. || fig. Caer de ánimo, rendirse en las adversidades y contratiempos.

abandono. m. Desamparo, desaliño.

abanicar. tr. y prnl. Hacer aire con el abanico.

abanico. m. Instrumento para hacer o hacerse aire. || fig. Conjunto de ideas, opciones, etc.: *en la reunión me presentaste un* ⌐ *de posibilidades*.

abanto. m. Ave rapaz semejante al buitre; es común en España. || adj. Aturdido, torpe.

abaratar. tr. y prnl. Disminuir el precio.

abarca. f. Calzado rústico de cuero o de caucho.

abarcar. ≅abrazar. ≅englobar. ≅incluir. tr. Ceñir con los brazos o la mano. || fig. Ceñir, rodear, comprender. || Contener; implicar o encerrar en sí. || Alcanzar con la vista. || Encargarse de muchas cosas o negocios a un tiempo. || *Amér.* Acaparar.

abarloar. ≅arrimar. tr. y prnl. Arrimar un buque al costado de otro o a un muelle.

abarquillar. ≅curvar. tr. y prnl. Encorvar un cuerpo delgado y ancho.

abarrancar. tr. Hacer barrancos. || Meter en un barranco. Ú. t. c. prnl. || intr. Varar, encallar. Ú. t. c. prnl.

abarrotar. tr. Apretar o fortalecer con barrotes. || Llenar completamente, atestar.

abarrote. m. *Mar.* Fardo pequeño. || pl. *Amér.* Artículos de comercio como comestibles, papel, etc. || *Bol., Col., Ecuad., Méj.* y *Perú.* Establecimiento donde se venden abarrotes.

abastardar. intr. Bastardear.

abastecer. tr. y prnl. Proveer, aprovisionar.

abastecimiento. m. Aprovisionamiento, suministro.

abasto. m. Provisión de víveres. Ú. t. en pl. || Abundancia.

abatanar. tr. Batir el paño en el batán. || fig. Maltratar.

abatí. m. *Arg. (Nordeste)* y *Par.* Maíz. || *Arg.* y *Par.* Bebida alcohólica destilada del maíz.

abatimiento. m. Decaimiento, postración, desaliento.

abatir. ≅derrumbar. ≅desfallecer. tr. Derribar. Ú. t. c. prnl. || Hacer que baje una cosa: ↝ *las velas de una embarcación.* || Tumbar lo que estaba vertical: ↝ *los palos de un buque.* || fig. Humillar. Ú. t. c. prnl. || fig. Desalentar, hacer perder el ánimo. Ú. m. c. prnl. || intr. Desviarse un buque de su rumbo. || prnl. Descender el ave de rapiña.

abazón. m. Bolsa que varias especies de mamíferos tienen en los carrillos.

abdicación. ≅dimisión. ≅renuncia. f. Acción y efecto de abdicar.

abdicar. tr. Renunciar a una dignidad, y especialmente a la realeza: ↝ *la corona.* || Ceder derechos, ventajas, etc.

abdomen. ≅barriga. ≅panza. m. Vientre, cavidad que contiene el estómago y los intestinos. || Por ext., se llama abdomen o región abdominal, en muchos invertebrados, la que sigue al tórax.

abdominal. adj. Relativo al abdomen.

abducción. f. Movimiento por el cual un miembro u otro órgano se aleja del plano medio del cuerpo: ↝ *del brazo, del ojo.*

abductor. adj. y s. Dícese del músculo que efectúa una abducción.

abecé. ≅alfabeto. m. Abecedario. || fig. Rudimentos, principios.

abecedario. m. Serie de las letras de un idioma. || fig. Rudimentos, principios.

abedul. m. Árbol de corteza plateada y ramas flexibles y colgantes. || Madera de este árbol.

abeja. f. Insecto himenóptero que produce la cera y la miel. Vive en colonias, cada una de las cuales consta de una sola hembra fecunda (reina), muchos machos (zánganos) y numerosísimas hembras estériles (obreras).

abejaruco. m. Ave de 15 a 20 cm. de largo, cuello amarillo, lomo rojizo, alas y cola de color verde azulado y vientre verdoso. Se alimenta de abejas.

abejorro. m. Insecto himenóptero, velludo, que vive en enjambres poco numerosos y zumba mucho al volar. || Insecto coleóptero que zumba mucho al volar; roe las hojas de las plantas, y la larva, las raíces.

abencerraje. adj. y s. Individuo de una familia del reino musulmán granadino.

aberración. f. Desviación, extravío. || Desvío aparente de los astros, que proviene de la velocidad de la luz combinada con la de la Tierra en su órbita. || *Biol.* Desviación del tipo normal que en determinados casos experimenta un carácter morfológico o fisiológico. || Imperfección de un sistema óptico que le impide establecer una exacta correspondencia entre un objeto y su imagen.

aberrante. adj. Que se desvía de lo normal o usual.

aberrar. intr. Errar, equivocarse.

abertura. f. Acción de abrir o abrirse. || Hendidura o grieta. || fig. Franqueza en el trato. || Diámetro útil de un anteojo, telescopio u objetivo.

Abeja

Abejaruco

abeto. m. Árbol conífero, abietáceo, de tronco recto y muy elevado, ramas horizontales y copa cónica. Abunda en los Pirineos españoles y su madera es blanca y no muy resistente. || Madera de este árbol.

abierto, ta. ≅expedito. ≅sincero. ◁cerrado. adj. Llano, dilatado: *campo* ⌢. || No murado o cercado. || fig. Ingenuo, franco. || Patente, indudable. || Tolerante. || Dícese del sonido o de la vocal que se pronuncia dejando la lengua en posición baja, quedando abierto el canal bucal.

abietáceo, a. adj. y s. Dícese de los árboles coníferos como el abeto, pino, cedro, etc. || f. pl. Familia de estos árboles.

abigarrado, da. ≅confuso. ≅mezclado. adj. De varios colores mal combinados. || Heterogéneo.

abigarrar. tr. Poner a una cosa varios colores mal combinados.

abigeato. m. Hurto de ganado o bestias.

abintestato. m. Procedimiento judicial sobre herencia y adjudicación de bienes del que muere sin testar.

abiogénesis o **abiogenesia.** f. Generación espontánea.

abiótico, ca. adj. Medio o ambiente donde no es posible la vida de todas o de algunas especies animales o vegetales.

abisal. adj. Abismal. || Díc. de las zonas del mar que se extienden más allá del talud continental, y corresponden a profundidades mayores de 2.000 m. || Relativo a estas zonas: *fauna* ⌢.

abisinio, nia. adj. y s. De Abisinia.

abismal. adj. Perteneciente al abismo. || Fig. Profundo, incomprensible.

abismar. tr. y prnl. Hundir en un abismo. || fig. Confundir, abatir. || prnl. Ensimismarse, sumirse. || *Chile, Hond.* y *Méj.* Asombrarse.

abismo. m. Profundidad grande, imponente y peligrosa. || fig. Cosa inmensa, insondable o incomprensible.

abjurar. tr. e intr. Desdecirse con juramento; renunciar solemnemente.

ablación. f. Extirpación de cualquier parte del cuerpo.

ablandar. tr. Poner blanda una cosa. Ú. t. c. prnl. || Laxar, suavizar. || fig. Mitigar la cólera o el enojo. Ú. t. c. prnl. || prnl. Acobardarse. || intr. Calmar sus rigores el invierno. || Ceder en su fuerza el viento.

ablativo. adj y m. Caso de la declinación gramatical que hace el oficio de complemento y expresa relaciones de procedencia, situación, modo, tiempo, instrumento, materia, etc.

ablución. f. Lavado. || Purificación ritual por medio del agua. || Ceremonia de purificar el cáliz y de lavarse los dedos el sacerdote tras consumir. || pl. Vino y agua con que se hace esta purificación.

abnegación. ≅altruismo. ◁egoísmo. f. Renuncia, desprendimiento.

abnegar. tr. y prnl. Renunciar, sacrificarse.

abocado, da. adj. Próximo, expuesto. || Dícese del vino que no es seco ni dulce.

abocar. tr. Asir con la boca. || Acercar, aproximar: ⌢ *la artillería, las tropas.* Ú. t. c. prnl. || Verter el contenido de un cántaro, costal, etc., en otro. || prnl. Juntarse una o más personas con otra u otras para tratar un negocio. || intr. *Mar.* Comenzar a entrar en un canal, estrecho, etc.

abocardar. tr. Ensanchar la boca de un tubo o de un agujero.

abocetar. tr. Ejecutar el boceto de una obra artística o literaria. || Se aplica, por extensión y metafóricamente, con el sentido de configurar, insinuar o apuntar vagamente.

abocinado, da. adj. De forma de bocina. || Dícese del arco que tiene más luz en un paramento que en el opuesto.

abocinar. tr. Dar forma de bocina. || intr. fam.

Caer de bruces. || prnl. *Chile*. Ensancharse el agujero del cubo de las ruedas.

abochornar. tr. y prnl. Causar bochorno. || fig. Avergonzar, sonrojar.

abofetear. tr. Dar de bofetadas.

abogacía. f. Profesión y ejercicio del abogado.

abogaderas. f. pl. *Amér. m*. Argumentos capciosos.

abogado, da. ≅letrado. m. y f. Persona legalmente autorizada para defender en juicio los derechos o intereses de los litigantes, y también para dar dictamen sobre las cuestiones legales que se le consultan. || fig. Defensor, intercesor.

abogar. ≅mediar. ◁acusar. intr. Defender en juicio. || fig. Interceder.

abolengo. m. Ascendencia de abuelos o antepasados. || Patrimonio o herencia que viene de los abuelos.

abolición. f. Acción y efecto de abolir.

abolicionismo. m. Doctrina de los abolicionistas.

abolicionista. adj. y s. Partidario de la abolición de una ley o costumbre. Se aplicó principalmente a los partidarios de la abolición de la esclavitud.

abolir. tr. Derogar un precepto o costumbre.

abolladura. f. Acción y efecto de abollar.

abollar. tr. Producir una depresión con un golpe.

abollonar. tr. Repujar formando bollones.

abombar. tr. Dar forma convexa. || fig. y fam. Asordar, aturdir.

abominar. ≅aborrecer. ≅detestar. ≅odiar. ◁amar. tr. Condenar, maldecir. || Tener odio.

abonado, da. adj. Que es de fiar. || m. y f. Persona que se ha inscrito para disfrutar continuadamente de un servicio. || Persona que ha suscrito o adquirido un abono para un servicio o espectáculo. || m. Acción y efecto de abonar tierras laborables.

abonanzar. intr. Calmarse la tormenta o serenarse el tiempo.

abonar. ≅asegurar. tr. Acreditar de bueno. || Salir por fiador de alguno. || Hacer buena o útil alguna cosa, mejorarla. || Dar por cierta una cosa. || Echar en la tierra materias que le aumenten la fertilidad. || Pagar. || Asentar en las cuentas corrientes las partidas que corresponden al haber. || Inscribir a una persona, mediante pago, para que pueda concurrir a alguna diversión, disfrutar de alguna comodidad, o recibir algún servicio periódicamente. Ú. m. c. prnl.

abono. m. Acción y efecto de abonar o abo-

narse. || Fianza, seguridad, garantía. || Derecho que adquiere el que se abona. || Lote de entradas o billetes que se compran conjuntamente, y que permiten el uso periódico de algún servicio o la asistencia a una serie predeterminada de espectáculos. || Substancia con que se abona la tierra.

abordaje. m. Acción de abordar.

abordar. tr. Rozar o chocar una embarcación con otra. Ú. t. c. intr. || Atracar una nave. || fig. Acercarse a alguno para tratar con él un asunto. || fig. Emprender, plantear un asunto. || intr. Tomar puerto.

aborigen. adj. Originario del suelo en que vive: *tribu, animal, planta ~*. || Díc. del primitivo morador de un país. Ú. m. c. s. y en pl.

aborrecer. tr. Tener aversión. || Dejar o abandonar las aves, el nido, los huevos o las crías. || Aburrir, fastidiar, molestar. Ú. t. c. prnl.

aborrecimiento. ≅aversión. m. Odio. || Aburrimiento.

aborregarse. prnl. Cubrirse el cielo de nubes blanquecinas a modo de vellones de lana. || fig. Adquirir las personas rasgos de borrego (mansedumbre, gregarismo, etc.).

abortar. ≅frustrar. ≅malparir. intr. Parir antes del tiempo en que el feto puede vivir. || fig. Fracasar, malograrse.

abortivo, va. adj. y s. Nacido antes de tiempo. || Que hace abortar.

aborto. ≅fracaso. m. Acción de abortar. || Interrupción del embarazo por causas naturales o medios artificiales. || fig. Frustración.

abotagarse. prnl. Hincharse, inflarse el cuerpo.

Aborigen australiano

abotonar. tr. y prnl. Ajustar con botones.

abovedar. tr. Cubrir con bóveda. || Dar figura de bóveda.

abra. ≅cala. ≅desfiladero. ≅ensenada. ≅paso. f. Bahía no muy extensa. || Abertura ancha entre dos montañas.

abracadabra. m. Palabra cabalística que se escribía en 11 renglones, con una letra menos en cada uno de ellos, de modo que formasen un triángulo, y a la cual se atribuía la propiedad de curar ciertas enfermedades.

abrasar. ≅agostar. ≅enardecer. tr. Reducir a brasa, quemar. Ú. t. c. prnl. || Secar el excesivo calor o frío una planta. Ú. t. c. prnl. || Calentar demasiado. Ú. t. c. intr.

abrasión. f. Acción y efecto de raer o desgastar por fricción. || Desgaste producido en la corteza terrestre por los agentes externos. || Acción irritante de los purgantes enérgicos. || Leve ulceración de las membranas.

abrasivo, va. adj. Relativo a la abrasión. || Producto que sirve para desgastar o pulir por fricción.

abrazadera. f. Pieza que sirve para asegurar alguna cosa, ciñéndola.

abrazar. tr. Ceñir con los brazos. Ú. t. c. prnl. || Estrechar entre los brazos en señal de cariño. Ú. t. c. prnl. || fig. Rodear, ceñir. || fig. Contener, incluir. || fig. Admitir, seguir: ↝ el cristianismo.

abrazo. m. Acción y efecto de abrazar o abrazarse.

abrecartas. m. Instrumento para abrir cartas.

ábrego. m. Viento sur.

abrelatas. m. Instrumento de metal para abrir latas de conserva.

abrevadero. m. Lugar donde se abreva el ganado.

abrevar. tr. Dar de beber al ganado.

abreviar. tr. Acortar, reducir a menos tiempo o espacio. || Acelerar, apresurar.

abreviatura. f. Representación de las palabras en la escritura con sólo varias o una de sus letras: affmo., por afectísimo; id., por ídem. || Palabra representada en la escritura de este modo. || Compendio, resumen.

abridor, ra. adj. Que abre. || m. Abrelatas. || Instrumento para quitar las tapas metálicas de las botellas.

abrigadero. m. Abrigo, refugio.

abrigaño. m. Abrigo, refugio.

abrigar. ≅arropar. ≅proteger. ≅tapar. tr. Defender, resguardar del frío. Ú. t. c. prnl. || fig.

Auxiliar, amparar. || fig. Tratándose de ideas o afectos, tenerlos: ↝ proyectos, sospechas, amor.

abrigo. m. Defensa contra el frío. || Cosa que abriga. || Prenda de vestir que sirve para abrigar. || Lugar defendido de los vientos. || fig. Auxilio, amparo. || Lugar en la costa para abrigarse las naves.

abril. m. Cuarto mes del año; consta de 30 días. || fig. Primera juventud: el ↝ de la vida. || pl. fig. Años de la primera juventud. Ú. m. con calificativo: floridos, lozanos ↝es.

abrillantar. tr. Dar brillo.

abrir. tr. Descubrir o hacer patente lo que está cerrado, oculto o encogido: ↝ una caja, un aposento. Ú. t. c. prnl. || Separar del marco la hoja o las hojas de la puerta o quitar o separar cualquier otra cosa con que esté cerrada una abertura. Ú. t. c. intr. y como prnl.: esta puerta abre bien, o abre mal; abrirse una puerta. || Descorrer el cerrojo, desechar la llave, levantar la aldaba, o desencajar cualquiera otra pieza o instrumento semejante. || Hacer accesible. || Dejar al descubierto. || Separar, extender. || Hender, rasgar, dividir. Ú. t. c. prnl. || Comenzar.

abrochar. ≅abotonar. tr. Cerrar, ajustar con broches, botones, corchetes, etc.

abrogar. ≅anular. ≅derogar. ◁restablecer. tr. Abolir, revocar: ↝ una ley, un código.

abrojo. ≅tríbulo. m. Planta de tallos largos, hojas compuestas y fruto espinoso. || Fruto de esta planta.

abroncar. tr. fam. Aburrir, enfadar. Ú. t. c. prnl. || Reprender. || Avergonzar, abochornar.

abroquelar. tr. Escudar, defender, resguardar.

abrótano. m. Planta herbácea, de flores amarillas, cuya infusión se emplea para fortalecer el pelo.

abrumar. ≅atosigar. ≅importunar. ◁aliviar. tr. Agobiar. || fig. Oprimir, incordiar.

abrupto, ta. adj. Escarpado. || Áspero, violento: declaración ↝a; carácter ↝.

absceso. m. Acumulación de pus en un tejido orgánico.

abscisa. f. Geom. Coordenada horizontal en un plano cartesiano rectangular. Es la distancia entre un punto y el eje vertical, medida sobre una paralela al eje horizontal.

absentismo. m. Costumbre de residir el propietario fuera de la localidad en que radican sus bienes. || Falta de asistencia al trabajo practicada habitualmente.

ábside. amb. Parte del templo, abovedada y

semicircular o poligonal, que sobresale en la fachada posterior.

absolución. f. Acción de absolver.

absolutismo. ≅totalitarismo. m. Sistema del gobierno que se ejerce sin ninguna limitación. || Autoritarismo.

absolutista. adj. y s. Partidario del absolutismo.

absoluto, ta. adj. Que excluye toda relación. || Independiente, ilimitado, sin restricción. || fig. y fam. De genio imperioso y dominante.

absolver. ≅exculpar. ≅eximir. ◁condenar. tr. Liberar de algún cargo u obligación. || Perdonar. || Dar por libre al reo.

absorber. tr. Atraer un cuerpo y retener entre sus moléculas las de otro que está en estado líquido o gaseoso. || fig. Asumir, incorporar. || Llamar la atención, ensimismar.

absorción. f. Acción de absorber.

absorto, ta. adj. Admirado, abstraído.

abstemio, mia. ◁bebedor. adj. y s. Que no bebe vino ni otros licores alcohólicos.

abstención. f. Acción y efecto de abstenerse.

abstencionismo. m. Doctrina o práctica de los abstencionistas.

abstencionista. adj. y s. Partidario de la abstención, principalmente en política y en particular ante las cuestiones electorales.

abstenerse. ◁participar. prnl. Privarse de alguna cosa.

absterger. tr. Limpiar, purificar, desinfectar.

abstinencia. f. Acción de abstenerse. || Privación de comer carne en cumplimiento de un precepto religioso.

abstracción. f. Acción o efecto de abstraer o abstraerse.

Ábside de la catedral de Ávila

abstracto, ta. adj. No concreto, genérico. || fig. De difícil comprensión.

abstraer. tr. Considerar aisladamente las cualidades de un objeto, o el mismo objeto en su pura esencia o noción. || intr. y prnl. Con la prep. *de*, hacer caso omiso, prescindir. || prnl. Enajenarse de los objetos sensibles, por entregarse a la consideración de lo que se tiene en el pensamiento.

absuelto, ta. adj. Exculpado, perdonado.

absurdo, da. adj. Contrario y opuesto a la razón. || Extravagante, irregular. || Chocante, contradictorio. || m. Dicho o hecho disparatado.

abubilla. f. Ave insectívora, del tamaño de la tórtola, con el pico largo y un penacho de plumas eréctiles en la cabeza.

abuchear. tr. Sisear, reprobar con murmullos o ruidos.

abucheo. m. Acción de abuchear.

abuela. f. Respecto de una persona, madre de su padre o de su madre. || fig. Mujer anciana.

abuelo. m. Respecto de una persona, padre de su padre o de su madre. || Ascendiente. Ú. m. en pl. || fig. Hombre anciano. || pl. El abuelo y la abuela.

abulense. adj. y s. De Ávila.

abulia. f. Falta de voluntad.

abúlico, ca. adj. Que padece abulia. || Propio de la abulia.

abultar. tr. Aumentar el bulto de alguna cosa. || Aumentar la cantidad, intensidad, grado, etc. || Ponderar, encarecer.

abundamiento. m. Abundancia.

abundancia. f. Copia, gran cantidad.

abundar. ◁escasear. intr. Tener en abundancia. || Hallarse en abundancia. || Hablando de una idea u opinión, estar adherido a ella, persistir en ella.

aburguesarse. prnl. Adquirir cualidades de burgués.

aburrimiento. m. Fastidio, tedio, cansancio.

aburrir. ≅hastiar. ◁divertir. ◁entretener. tr. Molestar, fastidiar. || Aborrecer, abandonar: ∽ *el nido*. || prnl. Cansarse de alguna cosa.

abusar. ≅extralimitarse. ≅violar. intr. Usar mal, excesiva, injusta, impropia o indebidamente de algo o de alguien. || Hacer objeto de trato deshonesto a una persona de menor experiencia, fuerza o poder.

abuso. m. Acción y efecto de abusar.

abusón, na. adj. y s. Que abusa.

abyección. f. Bajeza, envilecimiento. || Humillación.

Abubilla

abyecto, ta. ≅bajo. ≅rastrero. adj. Despreciable, vil.

acá. adv. l. Aquí, a esta parte. Indica lugar menos determinado que el que se denota con el adv. *aquí*. Por eso admite ciertos grados de comparación que rechaza *aquí: tan ⌒, más ⌒*. || adv t. Precedido de ciertas preposiciones y adverbios significativos de tiempo anterior, denota el presente: *de ayer ⌒; desde entonces ⌒*.

acabado, ca. adj. Perfecto, completo, consumado. || Malparado, destruido. || m. Perfeccionamiento o retoque de una obra.

acabar. ≅ultimar. ◁empezar. tr. Dar fin a una cosa. Ú. t. c. prnl. || Apurar, consumir. || Poner mucho esmero en la conclusión de una obra. || Matar. || intr. Rematar, terminar. || Morir. || Extinguirse, aniquilarse. Ú. t. c. prnl.

acacia. f. Árbol o arbusto, de madera bastante dura y flores olorosas en racimos colgantes. De varias de sus especies surge espontáneamente la goma arábiga. || Madera de este árbol.

academia. f. Sociedad científica, literaria o artística. || Reunión de los académicos: *el Jueves Santo no hay ⌒*. || Edificio en el que se reúnen los académicos. || Establecimiento docente.

academicismo. m. Calidad de académico, que observa con rigor las normas clásicas.

académico, ca. adj. Díc. del filósofo que sigue la escuela de Platón. Ú. t. c. s. || Relativo a la escuela filosófica de Platón. || Relativo a las academias: *diploma, discurso, estilo ⌒*. || Díc. de algunas cosas relativas a centros oficiales de enseñanza: *curso, traje, expediente, título ⌒*. || Díc. de las obras de arte en que se observan con rigor las normas clásicas. || m. y f. Individuo de una academia.

acaecer. ≅ocurrir. intr. Suceder.

acahual. m. Especie de girasol.

acalefo. adj. y s. Animal marino celentéreo, que tiene un ciclo de desarrollo con fases muy diversas y en estado adulto presenta forma de medusa. || m. pl. Clase de estos animales.

acaloramiento. ≅enardecimiento. ≅sofocación. m. Ardor, arrebato. || fig. Apasionamiento.

acalorar. tr. Dar o causar calor. || Fatigar con el trabajo o ejercicio. Ú. m. c. prnl. || Promover, avivar. || prnl. fig. Enardecerse en la conversación.

acallar. ≅aquietar. ≅calmar. tr. Hacer callar. || fig. Aplacar, sosegar.

acampada. f. Acción y efecto de acampar. || Campamento.

acampanado, da. adj. De forma de campana.

acampanar. tr. y prnl. Dar forma de campana.

acampar. intr., tr. y prnl. Detenerse en el campo, alojándose o no en tiendas o barracas.

acanalado, da. adj. Que pasa por canal. || De forma larga y abarquillada.

acanalar. tr. Hacer estrías en alguna cosa. || Dar forma de canal o teja.

acanelado, da. adj. De color o sabor de canela.

acantáceo, a. adj. y s. Díc. de plantas con tallo y ramos nudosos, hojas opuestas, flores de cinco pétalos y fruto en caja que contiene varias semillas sin albumen; como el acanto. || f. pl. Familia de estas plantas.

acantilado, da. adj. y s. Fondo del mar cuando forma escalones o cantiles. || Costa cortada verticalmente. || m. Escarpa casi vertical en un terreno.

acantilar. tr. Echar o poner un buque en un cantil. Ú. m. c. prnl. || Dragar un fondo para que quede acantilado.

acanto. m. Planta perenne, de hojas largas y espinosas.

acantonamiento. ≅cantón. m. Acción y efecto de acantonar. || Sitio en que hay tropas acantonadas.

acantonar. tr. y prnl. Alojar las tropas en varios lugares. || prnl. Limitarse a una ocupación.

acantopterigio. adj. y s. Díc. de los peces, cuyas aletas, por lo menos las impares, tienen radios espinosos inarticulados. || m. pl. Suborden de estos peces.

acaparar. tr. Adquirir y retener mercancías para controlar el precio en el mercado. || fig. Apropiarse u obtener en todo o en gran parte un género de cosas.

Acantilado

acaudalar. ≅atesorar. tr. Reunir caudal.

acaudillar. tr. Mandar, guiar, conducir. || prnl. Elegir caudillo.

acceder. ≅aceptar. ≅condescender. ≅convenir. ≅permitir. ◁rehusar. intr. Consentir en lo que otro quiere. || Ceder uno a la idea de otro. || Tener entrada o paso a un lugar: *por esta puerta se accede a las estancias.* || Tener acceso a una situación, o llegar a alcanzarla: ∿ *el colono a la propiedad de la finca.*

accesible. ≅franco. ≅llano. ≅sencillo. adj. Que tiene acceso. || De fácil acceso y trato. || Inteligible, comprensible.

accésit. m. Recompensa inferior al premio.

acceso. m. Acción de llegar o acercarse. || Entrada o paso. || fig. Entrada al trato o comunicación con alguno. || fig. Arrebato, exaltación. || Ataque de una enfermedad.

accesorio, ria. ≅accidental. ◁fundamental. adj. Que depende de lo principal. Ú. t. c. s. || Secundario. || m. Utensilio auxiliar. || f. Edificio contiguo a otro principal.

accidentado, da. adj. Turbado, agitado. || Hablando de terreno, escabroso, abrupto. || Díc. de quien ha sido víctima de un accidente. Ú. m. c. s. || Revuelto, borrascoso.

acaracolado, da. adj. De figura de caracol.

acaramelar. tr. Bañar de caramelo. || prnl. fig. y fam. Mostrarse galante y dulce.

acariciar. tr. Hacer caricias. || Tratar con amor y ternura. || Rozar suavemente: *la brisa acarició su rostro.* || Pensar en hacer o conseguir algo.

ácaro. m. Arácnido traqueal, parásito y microscópico. || Orden de estos animales.

acarrear. ≅causar. ≅conducir. ≅llevar. ≅ocasionar. tr. Transportar en carro. || Por ext., transportar de cualquier manera. || fig. Producir algún daño.

acarreo. m. Acción de acarrear.

acartonarse. prnl. Ponerse como cartón.

acaso. ≅azar. m. Casualidad, suceso imprevisto. || adv. m. Por casualidad. || adv. de duda. Quizá. ◆ **por si acaso.** m. adv. Por si ocurre algo.

acatamiento. m. Aceptación. || Veneración.

acatar. ≅respetar. ≅reverenciar. ≅venerar. tr. Tributar homenaje de sumisión y respeto. || Obedecer.

acatarrar. tr. Resfriar, constipar. || prnl. Contraer catarro.

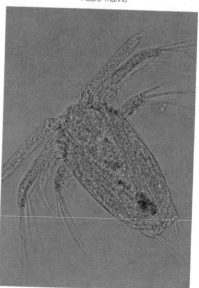

Ácaro marino

accidental. adj. No esencial. || Casual, contingente. || Díc. del cargo provisional.

accidente. m. Calidad o estado no esencial. || Suceso eventual, imprevisto. || Indisposición. || Irregularidad del terreno.

acción. ≅acto. ≅encuentro. ≅escaramuza. ≅hecho. f. Ejercicio de una potencia. || Efecto de hacer. || Operación o impresión de cualquier agente en el paciente. || Postura, ademán. || Gestos y movimientos del que habla. || Posibilidad o facultad de hacer alguna cosa. || Cada una de las partes en que está dividido el capital de una empresa. || Título de una de esas partes del capital. || Sucesión de hechos, en las obras narrativas, dramáticas y cinematográficas. || En la filmación de películas, voz con que se advierte que empieza una toma.

accionar. tr. Poner en funcionamiento un mecanismo. || Gesticular.

accionista. com. Propietario de acciones de una sociedad.

acebo. m. Árbol cuya madera se emplea en ebanistería y tornería, y de su corteza se extrae liga. || Madera de este árbol.

acebuche. m. Olivo silvestre. || Madera de este árbol.

acecinar. tr. y prnl. Salar las carnes y conservarlas al humo y al aire.

acechanza. f. Acecho, persecución sigilosa.

acechar. tr. Observar, vigilar cautelosamente.

acecho. m. Acción de acechar.

acedar. tr. y prnl. Poner agrio.

acedera. f. Planta que se usa como condimento por su sabor ácido.

acedía. f. Calidad de acedo. || Acidez de estómago.

acedo,da. adj. Ácido, agrio.

acéfalo, la. adj. Falto de cabeza.

aceite. m. Grasa líquida que se obtiene por presión de las aceitunas, de otros frutos o semillas y de algunos animales. || Líquido oleaginoso que se encuentra formado en la naturaleza o que se obtiene de ciertos minerales bituminosos. || Substancia grasa, líquida a temperatura ordinaria, de mayor o menor viscosidad, no miscible con agua y de menor densidad que ella.

aceitero, ra. adj. Relativo al aceite. || m. El que vende aceite. || f. Alcuza.

aceituna. f. Fruto del olivo.

aceleración. f. Acción de acelerar o acelerarse. || Incremento de la velocidad en la unidad de tiempo.

acelerador, ra. adj. Que acelera. || m. Me-

canismo que regula la entrada de la mezcla explosiva y permite acelerar las revoluciones del motor de explosión. || Cualquier mecanismo destinado a acelerar el funcionamiento de otro. || Pedal u otro dispositivo con que se acciona dicho mecanismo. ◆ **de partículas.** Máquina que imprime gran velocidad a partículas atómicas cargadas de electricidad con lo que adquiere elevada energía cinética y capacidad de producir reacciones nucleares.

acelerar. ≅activar. ≅aligerar. ≅apresurar. ≅precipitar. ◁retardar. tr. Dar celeridad. Ú. t. c. prnl. || Aumentar la velocidad. || Accionar el mecanismo acelerador.

acelga. f. Planta hortense comestible.

acémila. f. Bestia de carga. || fig. Persona ruda.

acendrar. tr. Purificar los metales con fuego. || fig. Depurar, limpiar, acrisolar.

acento. m. Mayor realce con que se pronuncia determinada sílaba de una palabra. Se llama también *acento prosódico* y *acento tónico*. || Signo ortográfico que se coloca en ciertos casos sobre alguna letra, para dar a la pronunciación algún matiz. También se conoce con el nombre de *acento ortográfico*. Los principales son: el *agudo* (´), el *grave* (`) y el *circunflejo* (^). || Particulares inflexiones de voz de una región. || Modulación de la voz.

acentuación. f. Acción y efecto de acentuar.

acentuar. tr. Poner acento prosódico u ortográfico a una palabra. || fig. Recalcar, realzar.

aceña. f. Molino de agua situado en el cauce de un río.

acepción. f. Significado en que se toma una palabra o una frase.

acepillar. tr. Cepillar.

aceptación. f. Acción y efecto de aceptar. || Aprobación, aplauso.

aceptar. tr. Recibir voluntariamente algo. || Aprobar. || Admitir. || Obligarse por escrito a pagar una letra o libranza.

acequia. f. Canal por donde se conducen las aguas.

acera. f. Orilla de la calle o de otra vía pública, con pavimento adecuado para el tránsito de los peatones.

acerado, da. p. p. de acerar. || adj. De acero o parecido a él. || fig. Incisivo, mordaz.

acerar. tr. Dar al hierro las propiedades del acero. || Dar un baño de acero. || tr. y prnl. fig. Fortalecer, vigorizar.

acerbo, ba. adj. Áspero al gusto. || fig. Cruel, riguroso, desapacible.

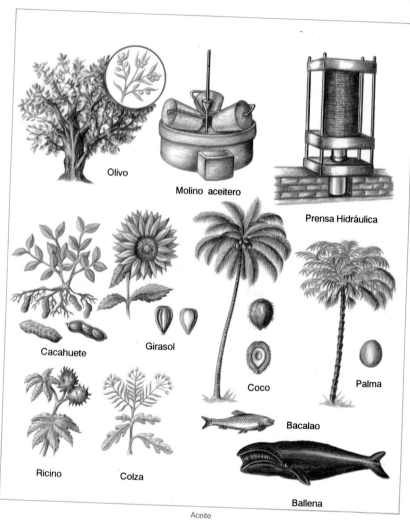

Olivo

Molino aceitero

Prensa Hidráulica

Cacahuete

Girasol

Coco

Palma

Bacalao

Ricino

Colza

Ballena

Aceite

acerca. adv. En cuanto a, respecto a, a propósito de.

acercar. ≅aproximar. ≅arrimar. ◁alejar. tr. y prnl. Poner a menor distancia de lugar o tiempo.

acerería o **acería.** f. Fábrica de acero.

acerico o **acerillo.** m. Almohadilla para clavar alfileres y agujas.

acero. m. Aleación de hierro que, sometida a determinada temperatura y enfriada con cierta velocidad, adquiere, por el temple, gran flexibilidad y dureza. || fig. Arma blanca.

acérrimo, ma. adj. fig. sup. de acre, muy fuerte, vigoroso, tenaz.

acertar. ≅adivinar. ≅atinar. ≅descifrar. ◁errar.

tr. Dar en el punto a que se dirige algo. || Encontrar, hallar. Ú. t. c. intr.: *acertó con la casa.* || Hallar el medio apropiado para lograr algo. || Dar con lo cierto en lo dudoso, ignorado u oculto. || Hacer algo con acierto. Ú. t. c. intr. || intr. Con la prep. *a*, y un infinitivo, suceder por casualidad.

acertijo. m. Especie de enigma para entretenerse en acertarlo. || Cosa muy problemática.

acervo. m. Montón de cosas menudas. || Haber que pertenece en común a los socios de una colectividad de personas. || Conjunto de bienes morales o culturales.

acetato. m. Sal formada por el ácido acético con una base.

acético, ca. adj. Perteneciente o relativo al vinagre. || Díc. del ácido producido por la oxidación del alcohol en presencia del vinagre.

acetileno. m. Hidrocarburo gaseoso que se obtiene de la acción del agua sobre el carburo de calcio.

acetona. f. Líquido incoloro de olor característico, que se obtiene por destilación seca de la madera o por fermentación de hidratos de carbono con diversos microorganismos. Se emplea como disolvente de grasas.

acetre. m. Caldero pequeño con que se saca agua de las tinajas o pozos. || Caldero pequeño en que se lleva el agua bendita.

acezar. intr. Jadear. || Sentir anhelo, deseo o codicia.

aciago, ga. adj. Infausto, de mal agüero.

acial. m. Instrumento para sujetar a las bestias.

aciano. m. Planta compuesta de flores azules.

acíbar. m. Áloe. || fig. Amargura, disgusto.

acicalado, da. p. p. de acicalar. || adj. Pulcro.

acicalar. tr. Limpiar, bruñir. || Dar en una pared el último pulimento. || fig. Adornar, aderezar. Ú. m. c. prnl.

acicate. m. Espuela con una sola punta. || fig. Incentivo.

acicular. adj. De forma de aguja.

acidez. f. Calidad de ácido. || Sensación de ácido en la boca o ardor de estómago. || Cantidad de ácido libre en los aceites, resinas, etc.

ácido. ≅agrio. ◁dulce. adj. De sabor agrio. || fig. Áspero, amargo. || m. Cualquier cuerpo compuesto que al disolverse en agua cede iones de hidrógeno. Forma sales al reaccionar con las bases.

acierto. ≅clarividencia. ≅destreza. ≅tacto. m. Acción y efecto de acertar. || fig. Habilidad. || fig. Cordura, prudencia, tino. || Coincidencia, casualidad.

acimut. ∬acimut. m. Ángulo que con el meridiano forma el círculo vertical que pasa por un punto de la esfera celeste o del globo terráqueo.

ación. f. Correa del estribo.

aclamación. f. Acción y efecto de aclamar.

aclamar. tr. Dar voces la multitud en honor y aplauso de alguna persona. || Conferir, por voz común, algún cargo u honor.

aclaración. f. Acción y efecto de aclarar.

aclarar. ≅alumbrar. ≅dilucidar. ≅iluminar. ◁obscurecer. tr. Quitar lo que ofusca la claridad o transparencia de alguna cosa. Ú. t. c. prnl. || Rebajar el color. Ú. t. c. prnl. || Hacer algo menos espeso y denso. || Quitar el jabón a la ropa. || Hacer más perceptible la voz. || Explicar. || intr. Disiparse las nubes o la niebla.

aclimatación. f. Acción y efecto de aclimatar o aclimatarse.

aclimatar. tr. y prnl. Acostumbrar a un ser orgánico a clima diferente. || fig. Adaptar.

acné o **ácne.** f. Erupción en la piel de la cara y parte superior del tórax.

acobardar. tr., intr. y prnl. Amedrentar, causar miedo.

acodar. tr. Apoyar el codo. Ú. t. c. prnl. || Enterrar parte de un vástago sin separarlo de la planta para que eche raíces.

acoger. ≅amparar. ≅cobijar. ≅guarecer. ≅proteger. ≅recibir. ◁repeler. tr. Admitir a alguien en su casa o compañía. || Dar refugio. || Admitir, aceptar. || fig. Proteger. || prnl. Refugiarse.

acogida. f. Recibimiento, hospitalidad. || fig. Protección, amparo. || fig. Aceptación.

acogotar. tr. Matar con herida o golpe dado en el cogote. || fam. Sujetar por el cogote. || Acoquinar, dominar.

acolchar. tr. Poner algodón, lana, etc., entre dos telas.

acolitado. m. La superior de las cuatro órdenes menores del sacerdocio.

acólito. ≅ayudante. ≅compinche. m. Monaguillo. || fig. Persona que depende otra. || Persona que ha recibido el ministerio y la orden del acolitado.

acollar. tr. Cobijar con tierra el pie de las plantas.

acometedor, ra. ≅agresivo. ≅emprendedor. ≅impetuoso. ≅resuelto. adj. y s. Que acomete.

acometer. tr. Atacar, embestir. || Emprender, intentar. || Venir repentinamente la enfermedad, sueño, etc.

acometida. f. Ataque, embestida. || Lugar por

donde la línea de conducción de un fluido enlaza con la principal.

acometividad. f. Agresividad.

acomodadizo, za. adj. Que se aviene fácilmente.

acomodado, da. p. p. de acomodar. || adj. Conveniente, apto. || Rico. || Que está cómodo o a gusto.

acomodar. tr. Ajustar, adaptar una cosa a otra. || Disponer, preparar, arreglar. || Colocar en un lugar cómodo. || Proveer. || fig. Amoldar, ajustar. Ú. t. c. intr. y c. prnl. || Referir, aplicar. || fig. Concertar, conciliar. || fig. Colocar en un estado o cargo. Ú. t. c. prnl. || Agradar. Ú. t. c. intr. || prnl. Avenirse, conformarse.

acomodo. m. Colocación, ocupación o conveniencia. || Arreglo, ornato.

acompañamiento. ≅comitiva. ≅séquito. m. Acción y efecto de acompañar o acompañarse. || Gente que va acompañando a alguno. || *Mús.* Sostén o auxilio armónico de una melodía principal.

acompañar. tr. Estar o ir en compañía de otro. Ú. t. c. prnl. || fig. Juntar una cosa a otra. || *Mús.* Ejecutar el acompañamiento.

acompasado, da. ≅lento. ≅pausado. ≅rítmico. adj. Hecho o puesto a compás. || fig. Que habla, anda o se mueve con mucho reposo y compás.

acompasar. tr. Compasar.

acomplejar. tr. Causar complejos. || prnl. Padecer complejos.

acondicionado, da. p. p. de acondicionar. || adj. De buena o mala condición o calidad. || Díc. de los aparatos que sirven para calentar o enfriar el ambiente.

acondicionar. tr. Dar cierta condición o calidad. || Con los advs. *bien, mal* u otros semejantes, disponer o preparar alguna cosa. || Climatizar. || Adquirir cierta condición o calidad.

acongojar. tr. y prnl. Oprimir, fatigar, afligir.

acónito. m. Planta de hojas palmeadas y flores azules o blascas. Es medicinal y venenosa.

aconsejar. tr. Dar consejo. || prnl. Tomar consejo.

aconsonantar. intr. Ser una palabra consonante de otra. || Utilizar la rima consonante.

acontecer. intr. Suceder.

acopiar. tr. Juntar, reunir en cantidad.

acopio. m. Acción y efecto de acopiar.

acoplar. tr. Unir, ajustar entre sí dos piezas. || Parear dos animales para yunta o tronco. || Procurar la unión sexual de los animales. Ú. t. c. prnl. || *Fís.* Agrupar dos aparatos para que fun-

cionen combinadamente. || prnl. fig. y fam. Encariñarse dos personas.

acoquinar. tr. y prnl. Amilanar, acobardar.

acorazado. m. Buque de guerra blindado y de grandes dimensiones.

acorazar. tr. Revestir con planchas de hierro o acero. || tr. y prnl. fig. Proteger, defender.

acorcharse. prnl. Ponerse una cosa fofa como el corcho. || fig. Embotarse la sensibilidad.

acordar. ≅concertar. ≅concordar. ◁olvidar. tr. Determinar algo de común acuerdo o por mayoría de votos. || Resolver. || Conciliar, componer. || Traer a la memoria de otro alguna cosa. || recordar. Ú. m. c. prnl. || Disponer los colores o los sonidos para que haya armonía. || intr. Concordar, convenir.

acorde. adj. Conforme. || Con armonía, em consonancia. || Conjunto de tres o más sonidos combinados armónicamente.

acordeón. m. Instrumento músico de viento, compuesto de lengüetas de metal, un teclado y un fuelle que se acciona con el brazo izquierdo.

acordeonista. com. Persona que toca el acordeón.

acordonar. tr. Sujetar con cordones. || Formar el cordoncillo en el canto de las monedas. || fig. Incomunicar por medio de un cordón de gente.

acornear. tr. Dar cornadas.

acorralar. ≅arrinconar. ≅confundir. tr. Encerrar el ganado en el corral. Ú. t. c. prnl. || fig. Encerrar a uno para que no pueda escapar. || fig. Intimidar, acobardar.

acortar. tr., intr. y prnl. Disminuir la longitud, duración o cantidad.

acosar. tr. Perseguir sin tregua. || fig. Importunar, molestar.

acoso. m. cción y efecto de acosar.

acostar. ◁levantar. tr. y prnl. Echar o tender a alguno para que duerma o descanse. || Arrimar, acercar. || intr. Ladearse. Ú. t. c. prnl. || Llegar a la costa. || prnl. e intr. fig. Adherirse, inclinarse.

acostumbrar. ≅habituar. tr. Hacer adquirir costumbre. || intr. Tener costumbre. || prnl. Adquirir costumbre.

acotación. f. Acción de acotar. || Nota o señal que se pone al margen de algún escrito o impreso. || Cota de un plano topográfico.

acotar. tr. Poner cotos, amojonar un terreno. || Reservar, prohibir, limitar. || Elegir, aceptar. || Poner cotas en los planos. || Citar textos. || Poner notas a un texto. || *Informática.* Cambiar de escala las magnitudes de un problema para acomodarlas al cálculo con ordenador.

Acrópolis de Atenas

acotiledóneo, a. adj. y f. Planta cuyo embrión carece de cotiledones.

acracia. ≅anarquía. f. Doctrina de los ácratas.

ácrata. adj. y s. Partidario de la supresión de toda autoridad.

acre. adj. Áspero, picante. || fig. Desabrido. || m. Medida inglesa de superficie equivalente a 40 áreas y 47 centiáreas.

acrecentar. tr. Aumentar. Ú. t. c. prnl. || Mejorar, enriquecer, enaltecer.

acrecer. tr., intr. y prnl. Aumentar.

acreditado, da. adj. Con crédito o reputación.

acreditar. tr. Hacer digno de crédito. Ú. t. c. prnl. || Afamar. Ú. t. c. prnl. || Asegurar de que algo es lo que parece. || Testimoniar con documento fehaciente que una persona lleva facultades para desempeñar un cometido. || Abonar, anotar en el haber. || prnl. Lograr fama.

acreedor, ra. adj. Que tiene derecho a pedir el cumplimiento de alguna obligación o a que se le satisfaga una deuda. Ú. m. c. s. || Merecedor.

acribillar. tr. Abrir muchos agujeros. || Hacer muchas heridas o picaduras. || fig. y fam. Molestar mucho.

acrílico, ca. adj. y s. Producto que se obtiene por polimerización o copolimerización del ácido acrílico o de uno de sus derivados.

acrisolar. tr. Depurar en el crisol. || fig. Purificar, apurar. Ú. t. c. prnl.

acristalar. tr. Poner cristales.

acritud. f. Aspereza, desabrimiento. || Estado en que se encuentra un cuerpo metálico que ha perdido su ductilidad y maleabilidad.

acrobacia. f. Profesión y ejercicio del acróbata. || Evolución espectacular que efectúa un aviador en el aire.

acróbata. com. Persona que ejecuta ejercicios gimnásticos, difíciles y peligrosos, en espectáculos públicos.

acromático, ca. adj. Que no tiene color. || Díc. del cristal o del sistema óptico que no descompone la luz blanca.

acrópolis. f. Parte más alta y fortificada de las ciudades griegas.

acróstico, ca. adj. y s. Aplícase a la composición poética en que las letras iniciales, medias o finales de los versos, forman un vocablo o una frase.

acrotera o **acroteria.** f. *Arquit.* Cualquiera de los pedestales que sirven de remate en los frontones.

acta. f. Relación escrita de lo sucedido, tratado o acordado en una junta. || Certificación en que consta la elección de una persona.

actinio. m. Cuerpo radiactivo hallado en algún compuesto de uranio.

actitud. f. Postura del cuerpo: ⌐ *graciosa.* || fig. Disposición del ánimo: ⌐ *benévola.*

activar. tr. Avivar, excitar. || *Fís.* Hacer radiactiva una substancia, generalmente bombardeándola con partículas materiales o con fotones.

actividad. ≅movimiento. ◁pasividad. f. Facultad de obrar. || Diligencia, eficacia, prontitud: || Conjunto de operaciones o tareas propias de una persona o entidad. Ú. m. en pl. || *Fís.* Número de átomos que se desintegran por unidad de tiempo en una substancia radiactiva.

activista. com. Miembro activo de un partido.

activo, va. adj. Que obra. || Diligente, eficaz. || Que obra sin dilación. || Díc. del funcionario mientras presta servicio. || Díc. de los materiales de radiactividad media o baja. || m. *Com.* Importe total del haber de una persona natural o jurídica.

acto. m. Hecho o acción. || Hecho público o solemne. || Cada uno de los ejercicios literarios que se celebraban en las universidades como prueba de estudio u otro fin. || División importante de una obra escénica.

actor. ≅representante. m. El que representa en el teatro. || Personaje de una acción o de una obra literaria. || *Der.* Demandante o acusador.

actriz. f. Mujer que representa en el teatro.

actuación. f. Acción y efecto de actuar. || pl. Autos o diligencias de un procedimiento judicial.

actual. adj. Presente. || Que existe, sucede o se usa en el momento de que se habla.

actualidad. f. Tiempo presente. || Cosa o suceso que atrae la atención de la gente en un momento dado.

actualización. f. Acción y efecto de actualizar.

actualizar. tr. Poner en acto. || Hacer actual, dar actualidad.

actuar. tr. y prnl. Poner en acción. || intr. Ejercer actos propios de su naturaleza o funciones propias de su cargo u oficio. || *Der.* Formar autos, proceder judicialmente.

actuario, ria. m. y f. Auxiliar judicial que da fe en los autos procesales. || En las compañías de seguros, perito que asesora en sus operaciones.

acuarela. f. Pintura con colores diluidos en agua. || pl. Colores con los que se realiza esta pintura.

acuario. m. Depósito de agua donde se tienen vivos animales o vegetales acuáticos. || Edificio destinado a la exhibición de animales acuáticos vivos.

Acuario. Undécimo signo del Zodiaco. || Constelación que coincidió antiguamente con el signo de igual nombre.

acuartelar. tr. Poner la tropa en cuarteles. Ú. t. c. prnl. || Obligar a la tropa a permanecer en los cuarteles.

acuático, ca y **acuátil.** adj. Que vive en el agua. || Perteneciente o relativo al agua.

acuatizar. intr. Posarse un hidroavión en el agua.

acuciar. ≅anhelar. ─apurar. tr. Estimular, dar prisa. || Desear con vehemencia.

acuchillar. tr. Cortar con el cuchillo, y p. ext., con otras armas blancas. || Alisar un entarimado o muebles de madera. || fig. Hacer aberturas en los vestidos semejantes a cuchilladas.

acudir. ≅apelar. intr. Ir, acudir. || Venir, presentarse. || Atender. || Recurrir a alguno.

acueducto. m. Conducto artificial para conducir agua.

ácueo, a. adj. De agua.

acuerdo. m. Resolución de una o varias personas. || Unión, armonía. || Tratado, pacto. || Parecer, dictamen, consejo.

acuífero, ra. adj. Capa, vena o zona del terreno que contiene agua.

acular. tr. y prnl. Arrimar por detrás. || fam. Arrinconar.

acullá. adv. l. A la parte opuesta del que habla.

acumulador, ra. adj. y s. Que acumula. || m. Pila reversible que almacena energía durante la carga y la restituye parcialmente durante la descarga.

acumular. ◁esparcir. tr. Juntar, amontonar. || Imputar algún delito o culpa.

acunar. tr. Mecer en la cuna.

acuñar. ≅troquelar. tr. Imprimir y sellar una pieza de metal por medio de cuño o troquel. || Hacer o fabricar moneda. || Meter cuñas. || fig. Dar forma a expresiones o conceptos: ⌐ *una palabra.*

acuoso, sa. adj. Abundante en agua. || Parecido a ella. || De agua o relativo a ella. || De mucho jugo.

acupuntura. f. Terapéutica de origen chino, que consiste en clavar una o más agujas en el cuerpo humano, con el fin de curar ciertas enfermedades.

acurrucarse. prnl. Encogerse.

acusado, da. p. p. de acusar. || adj. Que destaca de lo normal: *respondió con* ⌐ *acritud.* || m. y f. Persona a quien se acusa.

acusar. ◁defender. tr. Imputar a uno algún delito, culpa, etc. || Denunciar, delatar. Ú. t. c. prnl. || Notar, tachar. || Censurar, reprender. || Manifestar, revelar. || Tratándose del recibo de cartas, oficios, etc., avisarlo, notificarlo.

acusativo. m. *Gram.* Uno de los casos de la declinación. Indica el complemento directo, y, en castellano, lleva la preposición *a* si se refiere a persona.

acuse. m. Acción y efecto de acusar: ⌐ *de recibo.*

acústica. f. Parte de la física, que trata de la formación y propagación de los sonidos.

acutángulo. adj. Dícese del triángulo que tiene los tres ángulos agudos.

achacar. tr. Atribuir, imputar.

achacoso, sa. ≅enfermizo. adj. Que padece achaque. || Levemente enfermo.

achampañado o **achampanado, da.** adj. Díc. de la bebida que imita al vino de Champaña.

achantar. tr. Acoquinar, apabullar. || prnl. fam. Aguantarse, esconderse. || Callarse. || Abstenerse de intervenir.

achaque. m. Indisposición o enfermedad habitual. || Indisposición o enfermedad ligera.

achatar. tr. y prnl. Poner chata una cosa.

achicar. ≅acobardar. ≅acortar. ≅amilanar. ≅menguar. ◁agrandar. tr. Disminuir el tamaño. Ú. t. c. prnl. || Extraer el agua de un dique, barco, etc. || fig. Humillar. Ú. t. c. prnl. || fig. Hacerse de menos.

achicoria. f. Planta de hojas ásperas y comestibles. La infusión de la amarga o silvestre se usa como remedio tónico aperitivo.

achicharrar. tr. Freír, cocer, asar o tostar demasiado. Ú. t. c. prnl. || fig. Calentar demasiado. Ú. t. c. prnl. || fig. Molestar con exceso. || prnl. Quermarse, abrasarse.

achuchar. tr. Azuzar. || fam. Aplastar, estrujar. || fam. Empujar, agredir.

adagio. m. Sentencia breve, y la mayoría de las veces moral. || *Mús.* Ritmo bastante lento. || Composición con este ritmo.

adalid. m. Caudillo, jefe. || fig. Guía, líder.

adamascar. tr. Fabricar telas con labores parecidas a las del damasco.

adán. m. fig. y fam. Hombre desaliñado, sucio o haraposo. || fig. y fam. Hombre apático.

adaptar. tr. Acomodar, ajustar una cosa a otra. Ú. t. c. prnl. || Modificar. || prnl. fig. Acomodarse, avenirse.

Flor de achicoria

adarga. f. Escudo de cuero.

adarme. m. Peso que quivale a 179 centigramos. || fig. Cantidad mínima.

adarve. m. Camino detrás del parapeto y en lo alto de una fortificación. || fig. Protección, defensa.

adecentar. tr. y prnl. Poner decente.

adecuar. tr. y prnl. Proporcionar, acomodar.

adefesio. m. fam. Despropósito, disparate. Ú. m. en pl. || fam. Traje o adorno ridículo. || fam. Persona fea o extravagante.

adelantado,, da. adj. Precoz. || Aventajado, superior. ||. fig. Atrevido, imprudente.

adelantar. tr. Mover o llevar hacia adelante. Ú. t. c. prnl. || Acelerar, apresurar. || Anticipar: ⌐ *la paga.* || Señalar el reloj tiempo que no ha llegado todavía. || Correr hacia adelante las agujas del reloj. || fig. Aumentar, mejorar.

adelante. adv. l. Más allá: *no podemos ir* ⌐. || adv. t. Denota tiempo futuro: *en* ⌐; *para más* ⌐.

adelanto. m. Anticipo. || Adelantamiento.

adelfa. f. Arbusto muy ramoso y de hojas parecidas a las del laurel. Es venenoso. || Flor de esta planta.

adelgazar. ◁engordar. tr. Poner delgado. Ú. t. c. prnl. || fig. Purificar, depurar. || intr. Ponerse delgado, enflaquecer.

ademán. m. Movimiento o actitud con que se manifiesta un afecto del ánimo: *con furioso* ∿. || pl. Modales.

además. adv. c. A más de esto o aquello.

adenitis. f. Inflamación de los ganglios linfáticos.

adenoides. f. pl. Hipertrofia del tejido ganglionar.

adenología. f. Parte de la anatomía, que trata de las glándulas.

adentrarse. prnl. Penetrar en lo interior de una cosa. || Pasar por dentro.

adentro. adv. l. A o en lo interior: *mar* ∿. || m. Lo interior del ánimo: *algo guardas en tus* ∿*s*.

adepto, ta. adj. y s. Afiliado a alguna secta o asociación. || Partidario de alguna persona o idea.

aderezar. tr. Componer, adornar. Ú. t. c. prnl. || Guisar, condimentar, sazonar. || Disponer, preparar. Ú. t. c. prnl.

aderezo. m. Condimento. || Adorno.

adeudar. tr. Deber, tener deudas. || Satisfacer impuesto o contribución. || Cargar, anotar en el debe. || prnl. Endeudarse.

adeudo. m. Deuda. || Cantidad que se ha de pagar en las aduanas por una mercancía. || Acción y efecto de adeudar, cargar en cuenta.

adherencia. f. Acción de pegarse una cosa con otra.

adherir. tr. Pegar una cosa a otra. || intr. Pegarse una cosa con otra. Ú. t. c. prnl. || fig. Convenir en un dictamen o partido y abrazarlo. Ú. m. c. prnl.

adhesión. f. Adherencia.

adhesivo, va. adj. Capaz de adherirse o pegarse. || m. Substancia que pega dos cuerpos. || Objeto que se pega a otro. || Pegatina.

adicción. f. Hábito en el uso de alguna droga tóxica.

adición. ≅aumento. ≅suma. f. Acción y efecto de añadir o agregar. || Añadidura que se hace en alguna obra o escrito. || Operación de sumar.

adicionar. tr. Añadir, sumar.

adicto, ta. adj. y s. Dedicado, muy inclinado, apegado. || Unido a otro para entender en algún asunto. || Drogadicto.

adiestrar. tr. Hacer diestro. Ú. t. c. prnl. || Enseñar, instruir. Ú. t. c. prnl. || Guiar, encaminar.

adinerarse. prnl. fam. Hacerse rico.

adintelado, da. adj. Dícese del arco que viene a degenerar en línea recta.

¡adiós!interj. que se emplea para despedirse. || Despedida.

adiposo, sa. adj. Grasiento, lleno de grasa o gordura.

aditamento. m. Añadidura.

aditivo, va. adj. Que puede o que debe añadirse. || *Mat.* Díc. de los términos de un polinomio que van precedidos de signo más.

adivinanza. f. Acertijo.

adivinar. tr. Predecir lo futuro o descubrir las cosas ocultas o ignoradas. || Acertar un enigma.

adjetivar. tr. Concordar, compaginar. || *Gram.* Aplicar adjetivos. || *Gram.* Dar al nombre valor de adjetivo. Ú. t. c. prnl. || Calificar, apodar.

adjetivo, va. adj. Que dice relación a una cualidad o accidente. || m. Palabra que se junta al nombre para expresar alguna cualidad del objeto.

adjudicar. ≅conferir. ≅entregar. ◁quitar. tr. Declarar que una cosa corresponde a una persona. || prnl. Apropiarse. || fig. Conseguir, ganar: *Juan se adjudicó la victoria.*

adjuntar. tr. Unir una cosa con otra.

adjuntía. f. Plaza que desempeña un profesor y que está normalmente adscrita a una determinada cátedra o departamento.

adjunto, ta. adj. Que va o está unido con otra cosa. || Díc. de la persona que acompaña a otra para algún asunto, o comparte con ella un cargo o función. Ú. t. c. s. || m. Aditamento.

adlátere. com. Persona que subordinadamente acompaña a otra hasta parecer que es inseparable.

administración. f. Acción de administrar. || Empleo de administrador. || Oficina donde el administrador ejerce su empleo.

administrador, ra. adj. y s. Que administra. || m. y f. Persona que administra bienes ajenos.

administrar. tr. Gobernar, regir. || Dirigir una institución. || Ordenar, disponer, organizar. || Desempeñar un cargo o dignidad. || Suministrar, proporcionar, distribuir.

admirar. tr. Causar sorpresa la vista o consideración de alguna cosa extraordinaria o inesperada. || Ver, contemplar o considerar con estima o agrado. Ú. t. c. prnl.

admisible. adj. Que puede admitirse.

admitir. tr. Recibir, dar entrada. || Aceptar. || Permitir, sufrir.

adobado, da. adj. Aderezado con adobo. || Carne puesta en adobo.

adobar. tr. Componer, arreglar, aderezar. || Guisar. || Poner en adobo. || Curtir las pieles.

adobe. m. Masa de barro moldeada en forma de ladrillo y secada al sol.

adobera. f. Molde de hacer adobes. || Lugar donde se hacen adobes.

adobo. ≅aliño. ≅condimento. m. Acción y efecto de adobar. || Carne adobada. || Salsa con que se sazona un manjar. || Mezcla de varios ingredientes para curtir las pieles o para dar cuerpo y lustre a las telas.

adocenado, da. adj. Vulgar, de escaso mérito.

adocenar. tr. Ordenar o dividir por docenas. || prnl. Hacerse vulgar.

adolecer. intr. Caer enfermo o padecer alguna enfermedad habitual. || fig. Tratándose de afectos, pasiones, vicios o malas cualidades, tenerlos o estar sujeto a ellos. || fig. Tener algún defecto.

adolescencia. ≅mocedad. f. Edad que sucede a la infancia y que transcurre desde la pubertad hasta el pleno desarrollo.

adolescente. adj. y s. Que está en la adolescencia.

adonde. adv. l. A qué parte, o a la parte que. || Donde.

adondequiera. adv. l. A cualquiera parte. || Dondequiera.

adonis. m. fig. Mancebo hermoso.

adopción. f. Acción de adoptar.

adoptar. tr. Recibir como hijo, con los requisitos que establecen las leyes, al que no lo es naturalmente. || Recibir, haciéndolos propios, pareceres, métodos, ideologías, etc., creados por otros. || Tomar resoluciones o acuerdos con previo examen. || Adquirir una configuración determinada.

adoptivo, va. adj. Persona adoptada: *hijo* ∼. || Díc. de la persona que adopta: *padre* ∼. || Díc. de lo que uno elige, para tenerlo por lo que realmente no es con respecto a él: *patria* ∼.

adoquín. m. Piedra labrada para empedrados. || fig. y fam. Persona torpe.

adoquinado, da. m. Suelo empedrado con adoquines. || Acción de adoquinar.

adoquinar. tr. Empedrar con adoquines.

adoración. f. Acción de adorar.

adorar. tr. Reverenciar con sumo honor o respeto a un ser. || Rendir culto a Dios. || fig. Amar en extremo.

adormecer. tr. Dar o causar sueño. Ú. t. c. prnl. || fig. Acallar, entretener. || fig. Calmar, sosegar. prnl. Empezar a dormirse. || fig. Entorpecerse, envararse.

adormidera. f. Planta originaria de Oriente, de cuyo fruto se extrae el opio. || Fruto de esta planta.

adormilarse o **adormitarse.** prnl. Dormirse a medias.

adornar. ≅hermosear. ≅ornamentar. tr. y prnl.

Plantación de adormideras

Engalanar con adornos. || fig. Enaltecer a una persona ciertas prendas o circunstancias.

adorno. ≅atavío. ≅ornamento. m. Lo que se pone para la hermosura de personas o cosas.

adosar. tr. Poner una cosa contigua a otra.

adquirir. tr. Ganar, conseguir. || Comprar. || Coger, lograr.

adquisición. f. Acción de adquirir. || La cosa adquirida.

adrede. adv. m. De propósito, con deliberada intención.

adrenalina. f. Hormona segregada principalmente por las glándulas suprarrenales. Entre otras funciones, ejerce una acción estimulante sobre el sistema nervioso simpático, aumenta la presión arterial y produce dilatación de la pupila.

adriático, ca. adj. Del mar Adriático.

adscribir. tr. Inscribir, atribuir. || Agregar a una persona al servicio de un cuerpo o destino. Ú. t. c. prnl.

adscrito, ta. p. p. irreg. de adscribir.

adsorbente. p. a. de adsorber. || m. Substancia con una gran capacidad de adsorción.

adsorber. tr. Atraer un cuerpo y retener en su superficie moléculas o iones de otro cuerpo en estado líquido o gaseoso.

aduana. f. Oficina pública donde se registran los géneros y mercaderías que se importan o exportan, y cobran los derechos que adeudan.

aduanero, ra. adj. Relativo a la aduana. || m. Empleado en la aduana.

adúcar. m. Seda que rodea el capullo del gusano de seda. || Tela hecha con esta seda.

aducir. tr. Presentar o alegar pruebas, razones, etc.

adueñarse. prnl. Hacerse uno dueño de una cosa, apoderarse de ella..

adulación. ≅halago. ≅lisonja. f. Acción y efecto de adular.

adular. ≅halagar. ≅lisonjear. ◁ofender. tr. Decir elogios de una persona con un fin interesado. || Deleitar.

adulteración. f. Acción y efecto de adulterar.

adulterar. intr. Cometer adulterio. || tr. y prnl. fig. Viciar, falsificar.

adulterino, na. adj. Procedente de adulterio. Ú. t. c. s. || Perteneciente o relativo al adulterio. || fig. Falso, falsificado.

adulterio. m. Ayuntamiento carnal voluntario entre persona casada y otra de distinto sexo que no sea su cónyuge. || Falsificación, fraude.

adúltero, ra. adj. y s. Que comete adulterio.

adulto, ta. adj. y s. Llegado al término de la adolescencia.

adunar. tr. y prnl. Unir, juntar. || Unificar.

adusto, ta. adj. Quemado, tostado, ardiente. || fig. Austero, rígido, melancólico.

advenedizo, za. adj. Extranjero o forastero. Ú. t. c. s. || No natural. || desp. Díc. de la persona humilde que pretende figurar entre gentes de más alta condición social. Ú. t. c. s.

advenimiento. m. Venida, llegada. || Ascenso al trono.

advenir. intr. Venir, llegar.

adventicio, cia. adj. Extraño o que sobreviene, a diferencia de lo natural y propio.

adventismo. m. Doctrina de los adventistas.

adventista. adj. Grupo de iglesias protestantes que creen que un segundo advenimiento de Cristo está próximo. || m. y f. Partidario del adventismo.

adverbial. adj. Perteneciente al adverbio.

adverbio. m. *Gram.* Parte invariable de la oración cuya función consiste en modificar la significación del verbo, de un adjetivo o de otro adverbio. Hay adverbios de: *lugar, tiempo, modo, cantidad, orden, afirmación, negación, duda, comparativos, superlativos* y *diminutivos.*

adversario, ria. ≅antagonista. ≅rival. m. y f. Contrario, enemigo. || colect. m. Conjunto de personas contrarias o enemigas.

adversidad. ≅desgracia. ≅fatalidad. f. Calidad de adverso. || Suerte adversa, infortunio.

adverso, sa. adj. Contrario, enemigo, desfavorable.

advertencia. ≅aviso. ≅observación. f. Acción y efecto de advertir.

advertido, da. p. p. de advertir. || adj. Capaz, experto, avisado.

advertir. ≅notar. ≅observar. tr. Fijar en algo la atención. Ú. t. c. intr. || Llamar la atención. Ú. t. c. intr. || Aconsejar, amonestar. || intr. Atender. Ú. t. c. tr. || Caer en la cuenta.

adviento. m. Tiempo litúrgico que celebra la Iglesia desde el cuatro domingo anterior a la Navidad hasta la vigilia de esta fiesta.

advocación. f. Título que se da a un templo, capilla, altar o a una imagen.

adyacente. ≅contiguo. ≅inmediato. adj. Situado en la inmediación o proximidad de otra cosa.

aeración. f. Acción del aire atmosférico en el tratamiento de las enfermedades. || Introducción del aire en las aguas potables o medicinales.

aéreo, a. adj. De aire. || Perteneciente o relativo al aire. || fig. Sutil, fantástico.

aerobio. adj. y s. Aplícase al ser vivo que necesita del aire para subsistir.

aerobús. m. Avión dedicado al transporte de pasajeros, unos 250, para distancias medias y cortas.

aerodeslizador. m. Vehículo que se desplaza sobre un colchón de aire que él mismo produce.

aerodinámica. f. Parte de la mecánica, que estudia el movimiento de los gases y los movimientos relativos de gases y sólidos.

aerodinámico, ca. adj. Perteneciente o relativo a la aerodinámica. || Díc. de los vehículos y otras cosas que tienen forma adecuada para disminuir la resistencia del aire.

aeródromo. m. Campo llano provisto de pistas y demás instalaciones necesarias para el despegue y aterrizaje de aviones.

aeroelasticidad. f. Parte de la aeronáutica que estudia el comportamiento de una aeronave y las deformaciones elásticas de sus componentes.

aeroespacial. adj. Perteneciente o relativo a la aviación y a la aeronáutica conjuntamente.

aerofagia. m. *Pat.* Deglución espasmódica del aire.

aerofobia. f. Temor al aire.

aerofotografía. f. Fotografía tomada desde un vehículo aéreo.

aerógrafo. m. Instrumento para lanzar pintura en forma de aerosol.

aerolínea. f. Organización o compañía de transporte aéreo.

aerolito. m. Meteorito compuesto esencialmente de silicatos, que cae sobre la tierra.

aerómetro. m. Instrumento para medir la densidad del aire o de otros gases.

aeromodelismo. m. Deporte que consiste en la construcción y prueba de pequeños modelos de aeronaves.

aeronauta. com. Piloto o tripulante de una aeronave.

aeronáutica. f. Ciencia o arte de la navegación aérea. || Conjunto de medios déstinados al transporte aéreo.

aeronaval. adj. Que se refiere conjuntamente a la aviación y a la marina: *operación* ⌐.

aeronave. f. Vehículo capaz de navegar por el aire.

aeronavegación. f. Navegación aérea.

aeroplano. m. Avión.

aeropuerto. m. Aeródromo dotado de instalaciones y servicios para el tráfico regular de aviones.

aerosol. m. Sistema coloidal obtenido por dispersión de substancias sólidas o líquidas en el seno de un gas. || Aparato empleado para lograr esta dispersión. || Por ext., líquido que, almacenado bajo presión, puede ser lanzado al exterior en forma de aerosol. Se emplea mucho en perfumería, farmacia, pintura, etc.

aerostación. f. Navegación aérea por medio de aeróstatos.

aerostática. f. Parte de la mecánica que estudia el equilibrio de los gases y de los cuerpos en ellos inmersos, cuando sólo actúa sobre éstos la fuerza de la gravedad.

aeróstato o **aerostato.** m. Cualquier tipo de aeronave más ligera que el aire.

aerotaxi. m. Avión o helicóptero que se alquila a particulares.

aeroterrestre. adj. Díc. de las operaciones militares que se realizan combinando fuerzas aéreas y terrestres.

aerotransportar. tr. Transportar por vía aérea.

aerotrén. m. Vehículo que se desplaza sobre un raíl especial, flotando sobre un colchón de aire.

aerovía. f. Ruta aérea para los aviones comerciales.

afabilidad. f. Calidad de afable.

afable. adj. Agradable, dulce, suave.

afán. ≅ansia. ≅cansancio. ≅deseo. ≅fatiga. m. Trabajo excesivo. || Anhelo vehemente. || Trabajo, tarea, quehacer.

afanar. intr. Entregarse al trabajo con solicitud. Ú. m. c. prnl. || Hacer diligencias para conseguir algo. Ú. m. c. prnl. || vulg. Hurtar.

afaníptero. adj. y s. Díc. de los insectos que

Aeróstato

carecen de alas, con las patas posteriores adaptadas para el salto, como la pulga y la nigua. || m. pl. Orden de estos insectos.

afanoso, sa. adj. Muy penoso. || Que se afana.

afarolado, da. adj. Lance taurino en que el diestro se pasa el engaño por encima de la cabeza.

afasia. f. Pérdida de la facultad de hablar.

afear. tr. y prnl. Hacer o poner feo. || fig. Tachar, vituperar.

afección. f. Impresión que hace una cosa en otra. || Afición, inclinación. || Enfermedad, dolencia: ⌐ *pulmonar, reumática.*

afectación. f. Acción de afectar. || Falta de naturalidad: *habla con* ⌐.

afectado, da. adj. Que adolece de afectación: *estilo* ⌐. || Aparente, fingido: *ignorancia* ⌐. || Aquejado, molestado, enfermo: ⌐ *del pulmón.*

afectar. tr. Poner demasiado estudio o cuidado en las palabras, movimientos, adornos, etc. || Fingir: ⌐ *celo, ignorancia.* || Hacer impresión una cosa en una persona. Ú. t. c. prnl. || Atañer, tocar. Ú. t. c. prnl. || Alterar. || Dañar. || Destinar una suma a un gasto determinado.

afectividad. f. Calidad de afectivo. || Desarrollo de la propensión a querer. || Conjunto de los fenómenos afectivos.

afectivo, va. adj. Relativo al afecto. || Relativo a la sensibilidad: *fenómeno* ⌐.

afecto, ta. ≅apego. ≅inclinación. adj. Inclinado a una persona o cosa. || Sujeto, destinado. || Amor, cariño. || Afección, enfermedad.

afectuosidad. f. Calidad de afectuoso.

afectuoso. adj. Amoroso, cariñoso.

afeitado. ≅rasura. m. Acción y efecto de afeitar.

afeitador, ra. adj. Que afeita. || f. Máquina de afeitar.

afeitar. ≅rapar. ≅rasurar. tr. Adornar, hermosear. Ú. t. c. prnl. || Cortar con navaja o maquinilla la barba, el bigote o el pelo en general. Ú. t. c. prnl. || fig. Recortar, igualar. || Cortar los extremos de los cuernos al toro.

afeite. m. Aderezo, compostura. || Cosmético.

afelio. m. Punto que en la órbita de un planeta dista más del Sol.

afelpar. tr. Dar a la tela el aspecto de felpa. || Recubrir con felpa.

afeminado, da. adj. Que se parece a las mujeres. Ú. t. c. s. || Que parece de mujer: *cara, voz* ⌐.

afeminar. tr. y prnl. Inclinar a alguien a que en sus modales se parezca a las mujeres.

aferente. adj. Formación anatómica que transmite un líquido o un impulso desde una parte del organismo a otra. || Díc. de los estímulos y las substancias así transmitidas.

aféresis. f. Supresión de algún sonido al principio de un vocablo, como *norabuena* por *enhorabuena*.

aferrado, da. adj. fig. Obstinado. || m. Acción y efecto de aferrar.

aferrar. tr. Agarrar fuertemente. Ú. t. c. intr. || Plegar las velas || Anclar || prnl. Insistir con tenacidad, obstinarse.

affaire. m. Negocio, caso, asunto.

afgano, na. adj. y s. De Afganistán.

afianzamiento. m. Acción y efecto de afianzar.

afianzar. ≅garantizar. ≅responder. tr. Dar fianza. || Afirmar o asegurar con puntales, clavos, etc. Ú. t. c. prnl.: ⌐ *un tablero*. || Asir, agarrar. Ú. t. c. prnl.

afición. f. Inclinación, amor: *tiene* ⌐ *a la pintura*. || Ahínco. || fam. Conjunto de personas aficionadas a las corridas de toros u otros espectáculos.

aficionado, da. adj. y s. Que cultiva algún arte sin tenerlo por oficio. || Que practica un deporte sin remuneración.

aficionar. tr. Inclinar, inducir. || prnl. Prendarse de una persona o cosa.

afijo, ja. adj. y m. Díc. del pronombre personal pospuesto y unido al verbo, y también de las partículas que se emplean en la formación de palabras derivadas y compuestas, como el prefijo, infijo y sufijo.

afiladera. adj. y s. Piedra de afilar.

afilado, da. adj. Hiriente, irónico, mordaz: *lengua* ⌐. || m. Acción y efecto de afilar.

afilador, ra. adj. y s. Que afila.

afilalápices. m. Instrumento para sacar punta a los lápices.

afilar. ≅amolar. ◁embotar. tr. Sacar filo: ⌐ *una navaja*. || Aguzar, sacar punta. || fig. Afinar la voz. || prnl. Adelgazarse la cara, nariz o dedos.

afiliación. f. Acción y efecto de afiliar o afiliarse.

afiliado, da. ≅adepto. ≅partidario. adj. y s. Que pertenece a una asociación, partido político, etc.

afiliar. tr. y prnl. Asociar una persona a una sociedad o corporación: ⌐ *a un partido político*.

afiligranar. tr. Hacer filigrana. || fig. Pulir, hermosear.

afín. ≅parecido. ≅semejante. adj. Próximo, contiguo: *campos* ⌐*es*. || Que tiene afinidad con otra cosa. || m. y f. Pariente por afinidad.

afinador, ra. adj. Que afina. || m. y f. Persona que tiene por oficio afinar instrumentos músicos.

afinar. tr. Perfeccionar, dar el último punto a una cosa. Ú. t. c. prnl. || Hacer fina o cortés a una persona. Ú. m. c. prnl. || Purificar los metales. || Poner en tono los instrumentos músicos. || Cantar o tocar entonando con perfección los sonidos.

afincar. intr. Adquirir fincas. Ú. t. c. prnl. || tr. Arraigar, fijar, establecer, asegurar, apoyar. Ú. t. c. prnl.

afinidad. ≅analogía. ◁diversidad. f. Semejanza de una cosa con otra. || Adecuación de caracteres, gustos, etc., entre dos o más personas. || Parentesco entre un cónyuge y los deudos del otro. || Impedimento dirimente derivado del parentesco.

afirmación. ≅aserción. f. Acción y efecto de afirmar.

afirmar. ≅aseverar. ≅consolidar. ◁negar. tr. Poner firme, dar firmeza. Ú. t. c. prnl. || Asegurar o dar por cierta alguna cosa. || prnl. Asegurarse en algo: ⌐ *en los estribos*. || Ratificarse uno en su dicho.

afirmativo, va. adj. Que da por cierta una cosa.

aflautar. tr. y prnl. Adelgazar la voz o el sonido.

aflicción. f. Efecto de afligir o afligirse.

aflictivo, va. adj. Que causa aflicción.

afligir. tr. Causar molestia o sufrimiento físico. || Causar tristeza o angustia moral. || prnl. Sentir sufrimiento físico o pesadumbre moral.

aflojar. ≅ceder. ≅desapretar. ◁apretar. tr. Disminuir la presión o la tirantez. Ú. t. c. prnl. || fig. y fam. Entregar uno dinero u otra cosa, frecuentemente contra su voluntad. || intr. fig. y fam. Perder fuerza: *aflojó la calentura.*

aflorar. intr. Asomar a la superficie del terreno un filón o capa mineral. || tr. Cerner la harina o cribar los cereales.

afluencia. f. Acción de afluir. || Abundancia. || fig. Facundia.

afluente. adj. Facundo, abundante en palabras. || m. Río secundario que desemboca en otro principal.

afluir. ≅desaguar. intr. Acudir en abundancia o concurrir en gran número a un lugar o sitio. || Verter un río sus aguas en las de otro, o en un lago o mar. || *Fís.* Fluir algo hacia un punto.

aflujo. m. Afluencia excesiva de líquidos a un tejido orgánico.

afocal. adj. Que no tiene foco. || Díc. del sistema óptico de dos o más elementos cuyos focos están en el infinito.

afollar. tr. Soplar con el fuelle. || Plegar en forma de fuelle.

afonía. ≅ronquera. f. Falta de voz.

afónico, ca o **áfono, na.** adj. Falto de voz o de sonido.

aforar. tr. Dar, otorgar fueros. || Valuar los géneros o mercaderías para el pago de derechos. || Medir la cantidad de agua que lleva una corriente. || Calcular la capacidad de un recipiente.

aforismo. ≅apotegma. ≅máxima. m. Sentencia breve y doctrinal.

aforo. m. Acción y efecto de aforar. || Capacidad total de las localidades de un teatro u otro recinto de espectáculos públicos.

aforrar. tr. Forrar. || prnl. Ponerse mucha ropa interior. || fig. y fam. Comer y beber bien: *afórrate bien.*

afortunado, da. ≅dichoso. ≅venturoso. adj. Que tiene buena suerte. || Que es resultado de la buena suerte. || Feliz, que produce felicidad o resulta de ella: *hogar* ∿.

afrancesado, da. adj. y s. Que imita a los franceses. || Partidario de los franceses, especialmente los españoles que en la guerra de la In-

dependencia colaboraron con la monarquía de José I Bonaparte.

afrancesamiento. m. Tendencia exagerada a las ideas o costumbres de origen francés.

afrancesar. tr. Dar carácter francés a una cosa. || prnl. Hacerse uno afrancesado.

afrecho. m. Salvado.

afrenta. ≅agravio. ≅deshonra. f. Vergüenza y deshonor. || Dicho o hecho afrentoso.

afrentar. ≅agraviar. ≅ofender. tr. Causar afrenta. || prnl. Avergonzarse.

africado, da. adj. y s. f. Díc. del sonido cuya articulación consiste en una oclusión y una fricación formadas rápida y sucesivamente entre los mismos órganos; con la *ch* en *ocho.* En algunos casos también la *y: yoyo.*

africanismo. m. Influencia de las costumbres africanas. || Vocablo o modismo de origen africano.

africanista. com. Persona que estudia y fomenta los asuntos de África.

africanizar. tr. y prnl. Dar carácter africano.

africano, na. adj. y s. De África.

afroamericano, na. adj. y s. Individuo descendiente de los negros africanos llevados a América.

afroasiático, ca. adj. y s. Relativo a África y Asia.

afrodisiaco, ca o **afrodisíaco, ca.** adj. Que excita el apetito sexual. || Díc. de la substancia que tiene esta propiedad. Ú. t. c. s.

afrodita. adj. Que se reproduce sin necesidad de otro sexo.

afrontar. ≅arrostrar. ≅enfrentar. ◁eludir. tr. Poner una cosa enfrente de otra. Ú. t. c. intr. || Poner cara a cara. || Hacer frente al enemigo, a un peligro, etc.

afta. f. Úlcera pequeña que se forma en la membrana mucosa de la boca o en la del tubo digestivo.

afuera. adv. l. Fuera del sitio en el· que uno está: *salgamos* ∿. || En la parte exterior. || f. pl. Alrededores de una población.

afuste. m. Armazón en que se montan las piezas de artillería.

aga kan, khan o **jan.** m. Título del jefe religioso de los ismailíes.

agachada. f. Acción de agacharse. || fig. Ardid, treta.

agachadiza. f. Ave zancuda semejante a la chocha.

agachar. ≅acurrucarse. tr. fam. Tratándose de una parte del cuerpo, inclinarla o bajarla. Ú. t. c. intr.: ∿ *la cabeza.* || prnl. fam. Encogerse.

agachona. f. Ave acuática que abunda en Méjico.

agalactia. f. Falta o disminución de leche después del parto.

agalla. f. Excrecencia redonda que se forma en algunos árboles. || Amígdala. Ú. m. en pl. || Órgano de las respiraciones de los peces. Ú. m. pl. || pl. Valor, ánimo.

agamí. m. Ave zancuda, del tamaño de una gallina, originaria de América meridional.

agamia. f. Carencia de órganos sexuales. || Reproducción asexual.

ágamo, ma. adj. Díc. de las plantas sin estambres ni pistilos. || Que carece de órganos sexuales.

ágape. m. Convite de caridad que tenían entre sí los primeros cristianos. || Banquete.

agarbanzado, da. adj. Papel de color del garbanzo. || fig. Adocenado, vulgar, ramplón.

agareno, na. adj. y s. Descendiente de Agar. || Mahometano.

agaricáceo, a. adj. Díc. de una variedad de hongo del tipo de seta. || f. pl. Familia de estos hongos.

agárico. m. Hongo agaricáceo.

Agalla en un quejigo

agarrada. f. fam. Altercado, riña.

agarradera. f. Agarradero. || pl. fig. y fam. Favor, influencias: *tener buenas* ⌣.

agarradero. m. Asa, mango. || fig. y fam. Amparo, protección, recurso.

agarrado, da. adj. fig. y fam. Mezquino, roñoso, tacaño. || fam. Díc. del baile en que la pareja va enlazada. Ú. t. c. s. m.

agarrador, ra. adj. Que agarra. || m. Almohadilla para coger la plancha.

agarrar. tr. Asir fuertemente. || Coger, tomar. || Contraer una enfermedad. || fig. y fam. Conseguir lo que se intentaba: *por fin agarró el destino que pretendía.* || Arraigar las plantas, prender. || prnl. Asirse fuertemente. || Pegarse, quemarse los guisos. || fig. y fam. Asirse, reñir.

agarre. m. Acción de agarrar. || pl. Agarraderas.

agarrotado, da. adj. fig. Tieso, rígido.

agarrotamiento. m. Acción de agarrotar o agarrotarse.

agarrotar. tr. Apretar fuertemente. || Estrangular en el patíbulo o garrote. || Oprimir. || prnl. Quedarse rígido un miembro o inmovilizado un mecanismo.

agasajar. ≅obsequiar. ≅regalar. tr. Tratar con atención. || Halagar. || Hospedar, aposentar.

agasajo. m. Acción de agasajar. || Regalo o muestra de afecto o consideración.

ágata. f. Variedad de cuarzo, duro y traslúcido, con franjas de colores.

agavanzo. m. Escaramujo, rosal silvestre y su fruto.

agavillador, ra. m. y f. Persona que agavilla. || f. Máquina que siega las mieses y forma las gavillas.

agavillar. tr. Hacer o formar gavillas.

agazapar. tr. fig. y fam. Agarrar, prender. || prnl. fam. Agacharse.

agencia. f. Diligencia, solicitud. || Oficio de agente. || Oficina del agente. || Empresa destinada a gestionar asuntos ajenos o a prestar determinados servicios. || Sucursal de una empresa.

agenciar. tr. Hacer las diligencias conducentes al logro de una cosa. Ú. t. c. intr. || Conseguir, procurar. Ú. t. c. prnl.

agenda. ≅dietario. f. Libro o cuaderno en que se apuntan, para no olvidarlas, aquellas cosas que se han de hacer. || Relación de los temas que han de tratarse en una reunión, orden del día.

agenesia o **agénesis.** f. Imposibilidad de engendrar. || Desarrollo defectuoso: ⌣ *del maxilar.*

agente. adj. Que obra o tiene virtud de obrar.

|| Persona, animal o cosa que realiza la acción del verbo. || m. Persona o cosa que produce un efecto. || Persona que obra en poder de otro. || Persona que tiene a su cargo una agencia.

agerasia. f. Vejez exenta de achaques.

agestión. f. Agregación de materias.

ageusia o **ageustia.** f. Pérdida del sentido del gusto.

aggiornamento. m. Italianismo por puesta al día, renovación: *en la Iglesia católica se está produciendo un palpable ∿ de sus estructuras.*

agigantado, da. adj. De estatura mucho mayor de lo normal. || fig. Se dice de las cosas muy sobresalientes.

agigantar. tr. y prnl. fig. Dar proporciones gigantescas.

ágil. ◁pesado. adj. Ligero, pronto, expedito. || Díc. de la persona que se mueve con soltura.

agilidad. ≅ligereza. ≅prontitud. f. Calidad de ágil.

agilitar o **agilizar.** tr. y prnl. Hacer ágil, ejecutar con rapidez.

agilización. f. Acción y efecto de agilizar.

agio. m. Beneficio que se obtiene del cambio de la moneda o de descontar letras, pagarés, etc. || Especulación sobre los fondos públicos. || Agiotaje, especulación abusiva.

agiotaje. m. Agio. || Especulación abusiva con perjuicio de terceros.

agitación. f. Acción y efecto de agitar o agitarse.

agitador, ra. adj. Que agita. Ú. t. c. s. || m. Instrumento que sirve para revolver líquidos. || m. y f. Persona que provoca agitaciones o conflictos de carácter político y social.

agitanado, da. adj. Que se parece a los gitanos. || Que parece de gitano: *lenguaje* ∿.

agitanar. tr. y prnl. Dar aspecto o carácter gitano.

agitar. ≅remover. ≅sacudir. ◁calmar. tr. Mover violentamente. Ú. t. c. prnl. || Inquietar. Ú. t. c. prnl. || fig. Provocar la inquietud política o social.

aglomeración. ≅amontonamiento. f. Acción y efecto de aglomerar o aglomerarse. || Cúmulo o multitud de personas o cosas. ◆ **urbana.** Conjunto urbano formado por una gran ciudad y su correspondiente área suburbana.

aglomerado. m. Producto obtenido por aglomeración. || Roca formada por fragmentos de otras rocas, unidas por cemento.

aglomerante. adj. y s. m. Que aglomera. || Díc. del material capaz de unir y dar cohesión.

aglomerar. tr. Amontonar, juntar. Ú. t. c. prnl. || Unir.

aglutinación. f. Acción y efecto de aglutinar o aglutinarse. || Procedimiento en virtud del cual se unen dos o más palabras para formar una sola.

aglutinante. adj. y s. Que aglutina.

aglutinar. ≅conglutinar. ≅pegar. tr. y prnl. Unir una cosa con otra. || Reunir, ligar.

aglutinina. f. Anticuerpo del suero de la sangre que provoca la aglutinación de las bacterias.

aglutinógeno. m. Substancia aglutinable de las bacterias y otros organismos que, al ser introducido en otro ser vivo, estimula en éste la formación de la aglutinina correspondiente.

agnación. f. Parentesco de consanguinidad entre agnados.

agnado, da. adj. y s. Pariente por consanguinidad respecto de otro, cuando ambos descienden de un tronco común de varón en varón.

agnato, ta. adj. Díc. de ciertos peces que carecen de mandíbulas, como las lampreas. Ú. t. c. m. pl.

agnosia. f. Pérdida de la facultad de reconocer a las personas o a las cosas.

agnosticismo. m. Doctrina filosófica que declara inaccesible al entendimiento humano toda noción de lo absoluto, de Dios y sus atributos, y reduce la ciencia al conocimiento fenomenológico y relativo.

agnóstico, ca. adj. Relativo al agnosticismo. || Que profesa esta doctrina. Ú. t. c. s.

agobiado, da. adj. Cargado de espaldas. || Angustiado, sobrecargado.

agobiante. adj. Que agobia.

agobiar. tr. Encorvar, inclinar. || fig. Rebajar, humillar. || fig. Rendir, deprimir, abatir. || fig. Causar gran molestia o fatiga: *le agobian los quehaceres.*

agobio. m. Acción y efecto de agobiar o agobiarse. || Sofocación, angustia.

agolpamiento. m. Acción y efecto de agolparse.

agolpar. tr. Juntar de golpe en un lugar. || prnl. Juntarse de golpe muchas personas o animales en un lugar. || fig. Venir juntas ciertas cosas; como penas, lágrimas, etc.

agonal. adj. Relativo a los certámenes, luchas y juegos públicos.

agonía. f. Angustia y congoja del moribundo. || fig. Pena o aflicción extremada. || fig. Angustia provocada por conflictos espirituales. || fig. Ansia o deseo vehemente. || m. pl. fam. Hombre apocado y pesimista.

agónico, ca. adj. Que se halla en la agonía. || Propio de la agonía.

agonioso, sa. adj. fam. Ansioso, apremiante.

agonística. f. Arte de los atletas. || Ciencia de los combates.

agonizante. adj. y s. Que agoniza. || Díc. del religioso que tiene por misión auxiliar a los moribundos.

agonizar. tr. Ayudar a bien morir. || intr. Estar en la agonía. || Extinguirse, terminarse. || fig. Sufrir angustiosamente.

ágora. f. Plaza pública en las ciudades griegas. || Asamblea que en ellas se efectuaba.

agorafobia. f. Sensación de agustia ante los espacios despejados y extensos.

agorar. tr. Predecir el futuro. || fig. Presentir, presagiar, anunciar.

agorero, ra. adj. Que adivina o predice males o desdichas. Ú. t. c. s. || Aplícase al ave que se cree anuncia algún mal futuro.

agostar. ≅abrasar. ≅marchitar. tr. Secar el excesivo calor las plantas. Ú. t. c. prnl. || intr. Pastar el ganado en rastrojeras o en dehesas durante el verano.

agosteño, ña. adj. De agosto.

agostero, ra. adj. Ganado que pace en los rastrojos. || m. Obrero que trabaja en las faenas de las eras durante la recolección de cereales.

agosto. m. Octavo mes del año; consta de 31 días.

agotador, ra. adj. y s. Que agota.

agotamiento. m. Acción y efecto de agotar o agotarse.

agotar. ≅acabar. ≅consumir. ≅extenuar. ◁colmar. tr. y prnl. Extraer todo el líquido que hay en una capacidad cualquiera. || fig. Gastar del todo, consumir: ⌒ la paciencia. || fig. Cansar extremadamente.

agote. adj. Individuo de una raza que habita en el valle de Baztán, en Navarra.

agracejo. m. Uva que se queda muy pequeña y no llega a madurar. || Arbusto de flores amarillas y bayas rojas y agrias.

agraciado, da. ≅bonito. ≅hermoso. adj. Que tiene gracia o es gracioso. || Bien parecido. || Afortunado en un sorteo.

agraciar. tr. Dar a una persona o cosa gracia y buen parecer. || Hacer o conceder alguna gracia o merced.

agradable. adj. Que agrada.

agradar. intr. Complacer, contentar, gustar. Ú. t. c. prnl. || prnl. Sentir agrado o gusto.

agradecer. tr. Sentir gratitud. || Mostrar gratitud de palabra o dar gracias. || fig. Corresponder una cosa al trabajo empleado en conservarla.

agradecido, da. ≅obligado. ≅reconocido. adj. y s. Que agradece.

agradecimiento. m. Acción y efecto de agradecer.

agrado. ≅amabilidad. ≅placer. ≅satisfacción. m. Afabilidad. || Voluntad, gusto: *el rey resolverá lo que sea de su* ⌒.

agrafia. f. Incapacidad para expresar las ideas por escrito.

ágrafo, fa. adj. Que es incapaz de escribir o no sabe.

agramadera. f. Instrumento para agramar.

agramar. tr. Majar el cáñamo o el lino para separar del tallo la fibra. || fig. Tundir, golpear.

agramiza. f. Desperdicio que queda después de agramado el cáñamo o lino.

agramontés, sa. adj. y s. Individuo de una antigua facción de Navarra.

agrandamiento. m. Acción y efecto de agrandar.

agrandar. ≅ampliar. ≅aumentar. ◁empequeñecer. tr. y prnl. Hacer más grande.

agrario, ria. adj. Relativo al campo: *ley* ⌒.

agrarismo. m. Conjunto de intereses referentes a la explotación agraria.

agravación. f. Agravamiento.

agravamiento. m. Acción y efecto de agravar o agravarse.

agravante. adj. y s. Que agrava: *circunstancia* ⌒.

agravar. tr. Aumentar el peso de alguna cosa. || Oprimir con gravámenes o tributos. || Hacer alguna cosa más grave o molesta. Ú. t. c. prnl..

agraviar. tr. Hacer agravio. || prnl. || Ofenderse.

agravio. ≅afrenta. ≅insulto. m. Ofensa en la honra o fama. || Hecho o dicho con que se hace esta ofensa || Perjuicio.

agravioso, sa. adj. Que implica o causa agravio.

agraz. m. Uva sin madurar. || Zumo de esta uva || fig. y fam. Amargura, sinsabor, disgusto.

agrazada. f. Bebida compuesta de agraz, agua y azúcar.

agrazón. m. Uva silvestre. || fig. y fam. Enfado.

agredir. tr. Cometer agresión.

agregación. f. Acción y efecto de agregar o agregarse.

agregado, da. adj. Reunido. || m. Conjunto de cosas homogéneas que forman un cuerpo. || Agregación o añadidura. || Empleado adscrito a un servicio del cual no es titular. || Funcionario diplomático encargado de asuntos de su especialidad: ∽ *comercial, cultural.* || Profesor numerario inferior al catedrático.

agregaduría. f. Cargo y oficina de un agregado diplomático. || Cargo de un profesor agregado.

agregar. tr. Unir, añadir.

agremán. m. Labor de pasamanería en forma de cinta.

agremiar. tr. y prnl. Reunir en gremio.

agresión. f. Acto de acometer a alguno para hacerle daño. || Acto contrario al derecho de otro. || Ataque armado de una nación contra otra.

agresividad . f. Acometividad.

agresivo, va. adj. Que obra con agresividad. || Propenso a provocar a los demás. || Que implica provocación: *discurso* ∽.

agresor, ra. adj. y s. Que comete agresión.

agreste. adj. Perteneciente al campo. || Áspero, inculto.

agriar. ≅acedar. tr. y prnl. Poner agrio. || fig. Exasperar.

agrícola. adj. Concerniente a la agricultura o al que la ejerce. || com. Agricultor, ra.

agricultor, ra. ≅labrador. ≅labriego. m. y f. Persona que cultiva la tierra.

agricultura. f. Cultivo de la tierra. || Arte de cultivar la tierra.

agridulce. adj. y s. Que tiene mezcla de agrio y de dulce.

agrietamiento. m. Acción y efecto de agrietar o agrietarse.

agrietar. tr. y prnl. Abrir grietas.

agrimensor, ra. m. y f. Persona perita en agrimensura.

agrimensura. f. Arte de medir tierras y levantar los planos correspondientes.

agrimonia. f. Planta rosácea cuyas hojas se emplean como astringente.

agrio, gria. ≅ácido. adj. Que actuando sobre el gusto o el olfato produce sensación de acidez. || fig. Acre, áspero: *genio* ∽. || m. pl. Frutas agrias o agridulces, como el limón y otras semejantes.

agrisado, da adj. Grisáceo.

agro. m. Campo, tierra de labranza.

agrología. f. Parte de la agronomía que se ocupa en el estudio del suelo en sus relaciones con la vegetación.

agronomía. f. Conjunto de conocimientos aplicables al cultivo de la tierra.

agronómico, ca. adj. Relativo a la agronomía.

agrónomo, ma. s. y adj. Persona que profesa la agronomía: *perito* ∽.

agropecuario, ria. adj. Que tiene relación con la agricultura y la ganadería.

agrupación. f. Acción y efecto de agrupar o agruparse. || Conjunto de personas u organismos que se asocian con algún fin. || Unidad homogénea de importancia semejante a la del regimiento.

agrupamiento. m. Acción y efecto de agrupar.

agrupar. tr. y prnl. Reunir en grupo. || Constituir una agrupación.

agua. f. Substancia formada por la combinación de un volumen de oxígeno y dos de hidrógeno (H2O), líquida, inodora, insípida, en pequeña cantidad incolora, y verdosa en grandes masas. Es el componente más abundante de la superficie terrestre y, más o menos pura, forma la lluvia, las fuentes, los ríos y los mares; es parte constituyente de todos los organismos vivos; aparece en compuestos naturales y, como agua de cristalización, en muchos cristales. || Licor obtenido por infusión, disolución o emulsión. || Vertiente de un tejado. || Lluvia. Ú. m. en pl. || pl. Visos u ondulaciones de algunas telas, plumas, piedras, maderas, etc. || Orina. || Manantial de aguas minero medicinales

aguacate. m. Árbol de origen americano, cuyo fruto es parecido a una pera grande. || Fruto de este árbol.

aguacero. m. Lluvia repentina, impetuosa y de poca duración.

aguachirle. f. Especie de aguapié de ínfima calidad. || fig. Licor sin fuerza. || Cosa baladí.

aguada. f. Tinta que se da a una pared enlucida de yeso. || Sitio en que hay agua potable. || Provisión de agua potable que lleva un buque. || Agua que inunda una mina. || Color diluido en agua sola, o en agua con ciertos ingredientes.

aguadera. ≅angarillas. f. Cada una de las cuatro plumas anchas que están después de las remeras del ala de las aves. || pl. Armazón que se coloca sobre las caballerías para llevar cántaros u otras cosas.

aguado, da. adj. Mezclado con agua: *vino* ∽.

aguador, ra. m. y f. Persona que lleva o vende agua.

aguaducho. m. Avenida impetuosa de agua. || Puesto donde se vende agua y otras bebidas. || Acueducto. || Noria.

aguafiestas. com. Persona que turba una diversión.

aguafuerte. amb. Ácido nítrico diluido en corta

cantidad de agua. || Lámina obtenida por el grabado al agua fuerte.

aguaje. m. Creciente del mar. || Agua que entra en los puertos durante las mareas. || Corriente impetuosa del mar. || Estela que deja una embarcación.

aguamanil. m. Jarro con pico para echar agua en la palangana. || Palangana o pila para lavarse las manos.

aguamanos. m. Agua que sirve para lavar las manos. || Aguamanil.

aguamarina. f. Variedad de berilo transparente, muy apreciado en joyería.

aguamiel. f. Agua mezclada con miel.

aguanieve. f. Agua que cae de las nubes mezclada con nieve.

aguantaderas. f. pl. Aguante, paciencia.

aguantar. ≅soportar. ◁ceder. tr. Reprimir, contener. || Resistir. || Tolerar, sufrir. || Adelantar el diestro el pie izquierdo, en la suerte de matar, para citar al toro, conservando esta postura hasta dar la estocada. || intr. Reprimir, callar. Ú. t. c. prnl.

aguante. m. Sufrimiento, paciencia. || Fortaleza, vigor.

aguar. tr. Mezclar agua con vino u otro licor. Ú. t. c. prnl. || fig. Turbar, interrumpir. Ú. m. c. prnl.: *aguarse la fiesta.* || Echar al agua. Ú. t. c. prnl. || prnl. Llenarse de agua algún sitio.

Aguamanil de latón

aguardar. tr. Esperar. || prnl. Detenerse. Ú. t. c. intr.

aguardentoso, sa. adj. Que tiene aguardiente: *bebida* ⌐. || Que parece de aguardiente. || Dicho de la voz, áspera y bronca.

aguardiente. m. Bebida que, por destilación, se saca del vino y otras substancias.

aguarrás. m. Aceite volátil de trementina.

aguatinta o **acuatinta.** f. Dibujo o pintura que se realiza con tinta de un solo color. || Variedad de grabado al aguafuerte.

aguaturma. f. Planta compuesta de raíz comestible. || Raíz de esta planta.

aguaverde. f. Medusa verde.

aguavientos. m. Planta labiada de flores encarnadas.

aguazal. m. Sitio bajo donde se detiene el agua llovediza.

aguazo. m. Pintura hecha con colores disueltos en agua que se aplica sobre papel o tela.

agudeza. f. Cualidad de agudo. || fig. Viveza, perspicacia. || fig. Ligereza, prontitud.

agudizar. tr. Hacer aguda una cosa. || prnl. Tomar carácter agudo una enfermedad.

agudo, da. adj. Delgado, afilado. || fig. Sutil: *escritor* ⌐. || fig. Vivo, gracioso, oportuno: *persona* ⌐. || fig. Aplícase al dolor vivo y penetrante y a la enfermedad grave y no de larga duración. || fig. Díc. del sonido alto, por oposición al grave. || Díc. de la palabra cuyo acento carga en la última sílaba. || Díc. del ángulo cuyo valor no llega a los noventa grados.

aguedita. f. Árbol terebintáceo de América. Sus hojas y corteza, muy amargas, tienen propiedades frebífugas.

agüero. m. Presagio. || Pronóstico supersticioso.

aguerrido, da. ≅belicoso. adj. Ejercitado en la guerra.

aguerrir. tr. y prnl. Acostumbrar a los soldados a la guerra.

aguijada o **aguijadera.** f. Vara larga con una punta de hierro con que los boyeros pican a la yunta.

aguijar. tr. Picar con la aguijada: ⌐ *a los bueyes.* || fig. Estimular, incitar.

aguijón. ≅pincho. ≅rejo. m. Extremo puntiagudo de la aguijada. || Órgano abdominal que posee el escorpión y algunos insectos y con el cual pican. || Espina de las plantas. || fig. Estímulo, incitación.

aguijonazo. m. Punzada de aguijón. || fig. Estímulo vivo; burla o reproche hiriente.

Reproducción artística de un agujero negro

aguijonear. tr. Aguijar. || Picar con el aguijón. || fig. Incitar, estimular.

águila. f. Ave rapaz diurna, de vista muy perspicaz, fuerte musculatura y vuelo rapidísimo. || fig. Persona viva y perspicaz.

Águila. Constelación septentrional de la Vía Láctea, al occidente del Pegaso y al sur del Cisne.

aguileña. f. Planta ranunculácea con flores de cinco pétalos de distintos colores según las especies. Se cultiva por adorno en los jardines.

aguileño, ña. adj. Díc. del rostro largo y delgado y de la nariz delgada y corva. || Perteneciente al águila.

aguilucho. m. Pollo del águila.

agüilla. f. Líquido como agua.

aguinaldo. m. Regalo que se da en Navidad o en la Epifanía. || Villancico de Navidad.

aguista. com. Persona que frecuenta los manantiales de aguas medicinales.

aguja. f. Barrita puntiaguda de metal u otra materia con un ojo por donde se pasa el hilo, cuerda, etc., con que se cose, borda o teje; o sin ojo para hacer medias u otras labores de punto. || Tubito metálico que se enchufa en la jeringuilla para poner inyecciones. || Manecilla del reloj. || Barrita generalmente de metal, de distintos tamaños y formas, que sirve para varios usos. || Púa del gramófono o tocadiscos. || Riel movible para cambiar de vía en los ferrocarriles. || Extremo de un campanario, obelisco, etc.

agujerear o **agujerar.** tr. y prnl. Hacer agujeros.

agujero. ≅orificio. ≅perforación. m. Abertura más o menos redonda. ◆ **negro.** Cuerpo celeste de extrema densidad y gran atracción gravitatoria que ni refleja ni emite ninguna radiación.

agujeta. f. Correa o cinta con herretes para atar ciertas prendas de vestir. || pl. Molestias dolorosas que pueden sentirse en los músculos después de un esfuerzo no habitual o reiterado.

iagur!≅¡adiós!. interj. que se usa para despedirse.

agusanarse. prnl. Criar gusanos alguna cosa.

agustinianismo. m. Doctrina teológica de San Agustín.

agustiniano, na. adj. **agustino.** || Perteneciente a la Orden de San Agustín.

agustino, na. adj. y s. Aplícase al religioso o religiosa de la Orden de Hermanos de San Agustín, o, añadiéndole el calificativo *recoleto*, al de la Orden de Agustinos Recoletos.

agutí. m. Roedor parecido al cobayo o conejillo

de Indias, que vive en América central y meridional en regiones de bosque.

aguzado, da. adj. Que tiene forma aguda.

aguzadura. f. Acción y efecto de aguzar

aguzamiento. m. Aguzadura.

aguzanieves. f. Pájaro insectívoro de color ceniciento y blanco, que vive en sitios húmedos.

aguzar. tr. Hacer o sacar punta. || Afilar. || fig. Aguijar, estimular. || fig. Despabilar, afinar forzar.

¡ah! interj. que denota, generalmente, pena, admiración o sorpresa.

ahechadura, f. Desperdicio del trigo después de ahechado. Ú m. en pl.

ahechar. tr. Cribar el trigo u otras semillas.

ahelear. tr. e intr. Poner alguna cosa amarga como hiel.

aherrojar. tr. Poner a alguno prisiones de hierro. || fig. Oprimir, subyugar.

aherrumbrar. ≅herrumbrar. tr. Dar a una cosa color o sabor de hierro. || prnl. Tomar una cosa, especialmente el agua, color o sabor de hierro. || Cubrirse de herrumbre.

ahí. adv. l. En ese lugar, o a ese lugar. || En esto, o en eso: ∿ está la dificultad. || Precedido de las prep. de o por, esto o eso: de ∿ se deduce; por ∿ puede conocerse la verdad.

ahijado, da. m. y f. Cualquier persona, respecto de sus padrinos.

ahijar. tr. Adoptar al hijo ajeno, prohijar. || fig. Atribuir o imputar a alguno la obra o cosa que no ha hecho.

ahilar. intr. Formar hilera.

ahincar. tr. Instar con ahínco y eficacia. || prnl. Apresurarse.

ahínco. ≅firmeza. ≅tesón. m. Eficacia, empeño, diligencia.

ahitar. ≅hartar. ≅saciar. tr. Causar ahíto. Ú. t. c. intr. || prnl. Comer hasta padecer indigestión o ahíto.

ahito, ta. ≅harto. adj. Que padece indigestión. || fig. Cansado, fastidiado. || m. Indigestión.

ahocicar. tr. Castigar a los perros o gatos frotándoles el hocico en el lugar en que han ensuciado. || intr. fam. Caer de bruces.

ahocinarse. prnl. Correr los ríos por angosturas o quebradas.

ahogadero. m. Sitio donde hay mucha gente apretada. || Cuerda o correa de la cabezada.

ahogadillo, lla. m. y f. Zambullida que se da a otro en broma.

ahogado, da. p. p. de ahogar. || adj. Estrecho y sin ventilación. || m. y f. Persona que muere por falta de respiración, especialmente en el agua.

ahogamiento. m. Acción y efecto de ahogar o ahogarse. || fig. Ahogo.

ahogar. ≅asfixiar. tr. Matar a alguno impidiéndole la respiración. Ú. t. c. prnl. || Apagar, sofocar el fuego. || fig. Extinguir. Ú. t. c. prnl. || fig. Oprimir, fatigar. Ú. t. c. intr. y c. prnl. || Sumergir en agua, encharcar. || En el ajedrez, hacer que el rey adverso no pueda moverse sin quedar en jaque. || Inundar el carburador. Ú. t. c. prnl.

ahogo. m. fig. Aprieto, congoja, aflicción grande. || fig. Apremio, prisa. || Penuria.

ahondar. tr. Hacer más honda una cavidad o agujero. || Introducir una cosa muy dentro de otra. Ú. t. c. intr. y c. prnl. || fig. Escudriñar lo más profundo o recóndito de una cosa. Ú. t. c. intr.

ahora. adv. t. A esta hora, en este momento, en el tiempo actual o presente. || fig. Poco tiempo ha: ∿ me lo han dicho. || Dentro de poco tiempo: ∿ te lo diré. || conj. dist.: ∿ hable de ciencias, de artes, siempre es atinado su juicio. || conj. ad. Pero, sin embargo.

ahorcado, da. p. p. de ahorcar. || m. y f. Persona ajusticiada en la horca.

ahorcajarse. prnl. Ponerse o montar a horcajadas.

ahorcar. ≅colgar. tr. Quitar la vida a uno colgándole del cuello en la horca u otra parte. Ú. m. c. prnl. || Dejar, abandonar: ∿ los libros, los hábitos.

ahorita. adv. t. fam. Ahora mismo.

ahormar. tr. Ajustar una cosa a su horma o molde. Ú. t. c. prnl. || Amoldar.

ahornagarse. prnl. Abrasarse la tierra y sus frutos.

ahorquillar. tr. Afianzar con horquillas. || Dar figura de horquilla. Ú. m. c. prnl.

ahorrador, ra. adj y s. Que ahorra.

ahorrar. tr. Guardar dinero o evitar un gasto o consumo mayor. Ú. t. c. prnl. || fig. Evitar o excusar: ∿ trabajo, riesgo. Ú. t. c. prnl.

ahorratividad. f. Calidad de ahorrativo. || fam. Tacañería.

ahorrativo, va. adj. Que ahorra.

ahorro. m. Acción de ahorrar; economizar o evitar un trabajo. || Lo que se ahorra.

ahuecado, da. p. p. de ahuecar. || adj. Hueco. || m. fig. Acción y efecto de ahuecar.

ahuecar. tr. Poner hueca o cóncava alguna cosa. || Mullir o hacer menos compacta alguna cosa: ∿ la almohada. Ú. t. c. prnl. || fig. Dicho de la voz, hablar con afectación. || intr. fam. Ausentarse de una reunión. || prnl. fig. Hincharse, engreírse.

ahuehuete o **ahuehué.** m. Árbol conífero de madera parecida a la del ciprés.

ahuesado, da. adj. De color de hueso. || Parecido al hueso en la dureza.

ahuevar. tr. Dar forma de huevo.

ahumado, da. p. p. de ahumar. || adj. Díc. de los cuerpos transparentes que tienen color sombrío: *cristal* ∿. || Díc. del alimento, especialmente del pescado, curado al humo. || m. Acción y efecto de ahumar.

ahumar. tr. Poner al humo alguna cosa. || Llenar de humo. Ú. t. c. prnl. || intr. Echar o despedir humo lo que se quema. || fam. Emborrachar. Ú. t. c. prnl. || prnl. Tomar los guisos sabor a humo. || Ennegrecerse una cosa con el humo.

ahuyentar. ◁atraer. tr. Hacer huir. || fig. Desechar. || prnl. Alejarse huyendo.

ailanto. m. Árbol originario de las Molucas, de madera dura y compacta.

aimará o **aimara.** adj. Díc. de una raza de indios que habitan en la región del lago Titicaca, entre Perú y Bolivia. Ú. m. c. m. pl. || Díc. también de los individuos de esta raza. Ú. t. c. s. || Relativo a esta raza. || m. Lengua aimará.

airado, da. p. p. de airar o airarse. || adj. Agitado, alterado. || Desordenado, vicioso: *vida* ∿.

airamiento. m. Acción y efecto de airar o airarse.

airar. tr. Irritar, mover a ira. Ú. m. c. prnl. || Agitar, alterar.

aire. m. Mezcla gaseosa que forma la atmósfera de la Tierra. Descontado el vapor de agua que contiene en muy varias proporciones, se compone aproximadamente de 21 partes de oxígeno, 78 de nitrógeno y una de argón y otros gases semejantes a éste y algunas centésimas de ácido carbónico anhídrido. || Atmósfera terrestre. Ú. t. en pl. || Viento o corriente de aire. || fig. Parecido, semejanza: ∿ *de familia; darse un* ∿. || fig. Vanidad, engreimiento. || fig. Garbo, brío, gallardía. || Música con que se canta una canción.

aireación. f. Acción y efecto de airear.

aireado, da. adj. Ventilado. || Picado, agriado: *vino* ∿.

airear. ≅orear. ≅ventilar. tr. Poner al aire, ventilar. || fig. Dar publicidad o actualidad a una cosa. || prnl. Ponerse o estar al aire para refrescarse o respirar con más desahogo.

airón. m. Garza. || Penacho de plumas que tienen en la cabeza algunas aves. || Adorno de plumas en cascos, sombreros, etc.

airoso, sa. adj. Díc. del tiempo o sitio en que hace mucho aire. || fig. Garboso, gallardo. || fig. Elegante, lucido: *quedar, salir* ∿.

aislacionismo. m. Tendencia opuesta al intervencionismo en los asuntos internacionales.

aislacionista. adj. y s. Relativo al aislacionismo o partidario de él.

aislado, da. p. p. de aislar. || adj. Solo, suelto, individual.

aislador, ra. adj. y s. Que aísla. || Díc. de los cuerpos que interceptan el paso a la electridad y al calor. || m. Pieza de material aislante que sirve para soportar o sujetar un conductor eléctrico.

aislante. p. a. de aislar. || adj. y s. Que aísla. || Aislador.

aislar. tr. Circundar, cercar por todas partes. || Dejar una cosa sola y separada de otras. Ú. t. c. prnl. || fig. Incomunicar. Ú. m. c. prnl. || Apartar por medio de aisladores un cuerpo electrizado de los que no lo están.

¡ajá!interj. fam. que denota complacencia o aprobación.

ajada. f. Salsa de pan, ajos y sal.

ajar. m. Tierra sembrada de ajos.

ajar. tr. Maltratar, manosear, arrugar, marchitar. || prnl. Deslucirse.

ajardinar. tr. Convertir en jardín un terreno.

ajedrecista. com. Persona diestra en el ajedrez.

ajedrez. m. Juego entre dos personas, cada una de las cuales dispone de 16 piezas movibles que se colocan sobre un tablero dividido en 64

Aisladores eléctricos

escaques. Gana el que da jaque mate al adversario. || Conjunto de piezas de este juego.

ajedrezado, da. ≅escaqueado. adj. Que forma cuadros de dos colores alternados, como los escaques del tablero de ajedrez.

ajenjo. m. Planta perenne compuesta. Es medicinal, amarga y aromática. || Bebida alcohólica aderezada con esencia de ajenjo y otras hierbas aromáticas. || fig. Pesadumbre, amargura.

ajeno, na. ◁propio. adj. Que pertenece a otro. || Extraño. || Diverso. || fig. Libre de alguna cosa: ‿ de cuidados. || fig. Impropio, no correspondiente: ‿ de su estado, de su calidad.

ajete. m. Ajo tierno. || Ajipuerro. || Salsa que tiene ajo.

ajetrear. tr. Molestar, mover mucho, cansar. || prnl. Fatigarse.

ajetreo. m. Acción y efecto de ajetrear o ajetrearse.

ají. m. Variedad de pimiento muy picante. || Ajiaco, salsa de ají.

ajiaceite. m. Salsa de ajos machacados y aceite.

ajiaco. m. Salsa de ají.

ajilimójoli o **ajilimoje.** m. fam. Salsa para los guisados. || pl. fig. y fam. Agregados, adherentes de una cosa.

ajillo. m. Condimento con ajo machacado, pimiento molido, pan rallado, aceite, vinagre y sal.

ajimez. m. Ventana arqueada, dividida en el centro por una‿columna.

ajipuerro. m. Puerro silvestre.

ajo. m. Planta liliácea cuyo bulbo, blanco, redondo y de olor fuerte, se usa mucho como condimento. || Cada una de las partes o dientes en que está dividido el bulbo de ajos. || Salsa que se hace con ajos: ‿ comino, ‿ pollo, ‿ blanco. || fig. y fam. Negocio o asunto, generalmente reservado, que se está tratando entre varias personas: andar, estar, en el ‿.

ajoarriero. m. Guiso que se hace con abadejo aderezado con ajos, aceite y huevos.

ajobar. tr. Llevar a cuestas, cargar. || prnl. Emparejarse los animales.

ajobo. m. Acción de ajobar. || Carga. || fig. Molestia, fatiga, trabajo.

ajolote. m. Anfibio de unos 30 cm. de largo, que vive en los lagos de América del Norte. Su carne es comestible.

ajonje. m. Liga que se saca de la raíz de la ajonjera. || Ajonjera.

ajonjera. f. Planta perenne compuesta, de tres a cuatro decímetros de altura y flores amarillentas.

ajonjolí. m. Planta herbácea, anual, de fruto elipsoidal de cuatro cápsulas y numerosas semillas amarillentas, muy menudas, oleaginosas y comestibles. Se llama también alegría y sésamo. || Semilla de esta planta.

ajorca. f. Adorno de metal, brazalete, pulsera.

ajornalar. tr. y prnl. Ajustar a uno para que trabaje por un jornal.

ajuar. ≅menaje. m. Conjunto de muebles, enseres y ropas de uso común en la casa. || Conjunto de muebles, alhajas y ropas que aporta la mujer al matrimonio.

ajustado, da. adj. Justo, recto.

ajustador, ra. adj. y s. Que ajusta. || m. Jubón que se ajusta al cuerpo. || Operario que trabaja las piezas de metal ya concluidas, amoldándolas al sitio en que han de quedar colocadas.

ajustamiento. m. Acción de ajustar. || Papel en que consta el ajuste de una cuenta.

ajustar. tr. Poner alguna cosa de modo que venga justa con otra. Ú. t. c. prnl. || Conformar, acomodar, encajar. Ú. t. c. prnl. || Arreglar, moderar. Ú. t. c. prnl. y en sent. fig. || Concertar, capitular, concordar.: ‿ un matrimonio. || Reconciliar a los discordes o enemistados. || Reconocer y liquidar una cuenta. || Concertar el precio de alguna cosa. || Contratar a alguna persona para realizar algún servicio. Ú. t. c. prnl.

ajuste. m. Acción y efecto de ajustar o ajustarse. || Medida proporcionada que tienen las partes de que se compone alguna cosa para el efecto de ajustar o cerrar.

ajusticiado, da. p. p. de ajusticiar. || m. y f. Reo en quien se ha ejecutado la pena de muerte.

ajusticiamiento. m. Acción y efecto de ajusticiar.

ajusticiar. ≅ejecutar. tr. Castigar al reo con la pena de muerte.

al. contr. de la prep. a y el art. el.

ala. f. Parte del cuerpo de algunos animales, de que se sirven para volar. || Hilera o fila. || Parte de una cosa que por su situación o forma se parece a un ala: ‿ del sombrero, de la nariz, del hígado, del avión. || Alero del tejado.

alabanza. f. Acción de alabar o alabarse. || Elogio.

alabar. ≅encomiar. tr. y prnl. Elogiar, celebrar con palabras. || prnl. Jactarse, vanagloriarse.

alabarda. f. Arma ofensiva, que consta de un asta de madera y de una moharra con cuchilla transversal, aguda por un lado y de figura de media luna por el otro.

alabardero. m. Soldado armado de alabarda. ||

Soldado que daba guardia de honor a los reyes de España, y cuya arma distintiva era la alabarda.

alabastro. m. Mármol traslúcido, generalmente con visos de colores.

álabe. ≅leva. m. Rama de árbol combada hacia la tierra. ‖ Estera que se pone a los lados del carro. ‖ Cada una de las paletas curvas de la rueda hidráulica. ‖ Cualquiera de los dientes de la rueda de un batán o de otro mecanismo análogo.

alabeado, da. adj. Díc. de lo que tiene alabeo.

alabear. ≅combar. ≅pandear. tr. Dar a una superficie forma alabeada. ‖ prnl. Torcerse o combarse la madera.

alabeo. m. Vicio que toma una tabla u otra pieza de madera al alabearse. ‖ Comba de cualquier superficie.

alacena. f. Hueco hecho en la pared, con puertas y anaqueles, a modo de armario.

alacrán. ≅escorpión. m. Arácnido pulmonado, muy común en España, con abdomen en forma de cola terminada en un aguijón curvo y venenoso.

alado, da. adj. Que tiene alas. ‖ fig. Veloz, ligero.

alalá. m. Canto popular del norte de España.

alalia. f. Pérdida del lenguaje, afonía.

alamanes o **alamannos.** m. pl. Confederación

Vasija de alabastro

Alameda

de tribus germánicas que ejercieron gran presión sobre el Imperio Romano y fueron vencidos por Caracalla (213).

alamar. m. Presilla y botón, u ojal sobrepuesto, que se cose a la orilla del vestido o capa. ‖ Cairel, fleco.

alambicado, da. p. p. de alambicar. ‖ adj. fig. Dado con escasez, y muy poco a poco. ‖ fig. Sutil.

alambicar. tr. Destilar. ‖ fig. Examinar atentamente. ‖ fig. Sutilizar excesivamente. ‖ fig. y fam. Reducir todo lo posible el precio de una mercancía.

alambique. ≅alquitara. m. Aparato para extraer al fuego, y por destilación, la esencia de cualquier substancia líquida.

alambrado, da. p. p. de alambrar. ‖ m. Cerco de alambres afianzados en postes. ‖ f. Alambrera.

alambrar. tr. Cercar con alambre.

alambre. m. Hilo de cualquier metal obtenido por trefilado.

alambrera. f. Red de alambre que se pone en las ventanas y otras partes. ‖ Cobertura de red de alambre que se pone sobre los braseros. ‖ Cobertera de red de alambre para preservar los alimentos.

alambrista. com. Funámbulo, equilibrista.

alameda. f. Sitio poblado de álamos. ‖ Paseo con álamos u otros árboles.

álamo. m. Árbol de tronco alto y madera blanca y ligera, que resiste mucho al agua.

alancear. tr. Dar lanzadas, herir con la lanza. ‖ fig. Zaherir.

alano, na. adj. y s. Individuo de un pueblo que, en unión con vándalos y suevos, invadió España en el año 409. || Díc. de un perro de raza cruzada, producida por la unión del dogo y del lebrel. Es corpulento y fuerte.

alantoides. adj. y s. De las membranas que rodean al embrión de los reptiles, aves y mamíferos.

alar. m. Alero del tejado.

alarde. ≅jactancia. m. Ostentación y gala que se hace de alguna cosa.

alardear. intr. Hacer alarde, ostentación.

alargadera. f. Pieza que sirve para alargar alguna cosa.

alargar. ≅prolongar. ◁acortar. tr. Dar más longitud a una cosa. Ú. t. c. prnl. || Aplicar con interés la vista o el oído. || Estirar, desencoger. || Prolongar una cosa, hacer que dure más tiempo. Ú. t. c. prnl. || Retardar, diferir, dilatar: ∽ *el tiempo.*

alarido. m. Grito lastimero.

alarife. m. Arquitecto o maestro de obras. || Albañil.

alarma. f. Señal que se da en un ejército o plaza para que se prepare inmediatamente a la defensa o al combate. || Rebato. || fig. Inquietud, susto, sobresalto.

alarmante. p. a. de alarmar. || adj. Que alarma.

alarmar. tr. Dar alarma o incitar a tomar las armas. || fig. Asustar, sobresaltar, inquietar. Ú. t. c. prnl.

alarmismo. m. Tendencia a propagar rumores sobre peligros imaginarios o a exagerar los peligros reales.

alarmista. adj. y s. Que hace cundir noticias alarmantes.

alauita. adj. Dinastía reinante en Marruecos y que fue fundada por Muley al-Rachid en 1660.

alavés, sa o **alavense.** adj. y s. De Álava.

alazán, na o **alazano, na.** adj. y s. Color más o menos rojo, o muy parecido al de la canela. || Díc. especialmente del caballo o yegua que tiene el pelo de este color.

alazor. m. Planta compuesta de flores de color de azafrán que se usan para teñir.

alba. f. Amanecer. || Primera luz del día antes de salir el sol. || Túnica blanca que los sacerdotes, diáconos y subdiáconos se ponen para celebrar los oficios divinos.

albacea. com. Persona encargada por el testador o por el juez de cumplir la última voluntad del finado. || Testamentario.

albaceteño, ña o **albacetense.** adj. y s. De Albacete.

albacora. f. Pez comestible parecido al bonito.

albahaca. f. Planta muy olorosa, de hojas lampiñas y verdes, y flores blancas.

albanés, sa o **albano, na.** adj. y s. De Albania. || m. Lengua albanesa.

albañil. m. Maestro u oficial de albañilería.

albañilería. f. Arte de construir edificios. || Obra de albañilería.

albar. adj. Blanco: *tomillo* ∽, *conejo* ∽. || m. Terreno de secano.

albarán. m. Relación de mercancías que se entregan al cliente.

albarda. f. Pieza principal del aparejo de las caballerías de carga, que se compone de dos almohadas rellenas de paja.

albardilla. f. Silla para domar potros. || Caballete o tejadillo que se pone en los muros. || Agarrador, para la plancha.

albardín. m. Mata gramínea, muy parecida al esparto.

albaricoque. m. Fruto del albaricoquero. || Albaricoquero.

albaricoquero. m. Árbol rosáceo, de ramas sin espinas, hojas acorazonadas, flores blancas y cuyo fruto, el albaricoque, es de sabor agradable.

albarillo. m. Variedad de albaricoquero. || Fruto de este árbol.

albatros. m. Nombre de varias aves palmípedas de gran resistencia para el vuelo, excelentes nadadoras y muy voraces, que viven en los mares australes.

albayalde. m. Carbonato de plomo. Es sólido, de color blanco y se emplea en pintura.

albedrío. ≅arbitrio. ≅voluntad. m. Potestad de obrar por reflexión y elección: *libre* ∽. || Apetito, antojo, capricho. || Costumbre jurídica no escrita.

alberca. f. Depósito artificial de agua con muros de fábrica para el riego. || Poza, balsa.

albérchigo. m. Fruto del alberchiguero. || Alberchiguero. || Albaricoque.

alberchiguero. m. Árbol, variedad del melocotonero, cuyo fruto es el albérchigo. || Albaricoquero.

albergar. tr. Dar albergue, hospedaje. || intr. y prnl. Tomar albergue. || fig. Guardar en el pecho sentimientos, intenciones: ∽ *alguna esperanza.*

albergue. ≅cobijo. ≅cubil. ≅guarida. ≅refugio. m. Lugar en que una persona halla hospedaje o resguardo. || Cueva en que se recogen los animales, especialmente las fieras.

albigense. adj. De Albi. Ú. t. c. s. || Díc. del

individuo perteneciente a una secta religiosa, de carácter maniqueo, que se desarrolló en Francia en los siglos XII y XIII.

albinismo. m. Calidad de albino.

albino, na. adj. y s. Falto, por anomalía congénita, del pigmento que da a ciertas partes del organismo de los hombres y animales los colores propios de cada especie, raza, etc.

albo, ba. adj. Blanco.

albóndiga. f. Bolita de carne o pescado picado, que se come guisada o frita.

albor. ≅amanecer. ≅aurora. m. Albura, blancura. || Luz del alba. || fig. Comienzo, principio.

alborada. f. Tiempo de amanecer. || Toque o música militar al romper el alba. || Música al amanecer y al aire libre, para festejar a una persona.

alborear. intr. Amanecer o rayar el día.

alborga. ≅esparteña. f. Calzado a manera de alpargatas.

albornoz. m. Especie de capa o capote con capucha. || Bata de tela esponjosa que se utiliza después del baño.

alboroque. m. Agasajo.

alborotado, da. p. p. de alborotar. || adj. Díc. del pelo revuelto o enmarañado. || Que obra sin reflexión. || Inquieto, díscolo, revoltoso.

alborotar. tr. y prnl. Inquietar, alterar, perturbar. || Amotinar, sublevar. || intr. Causar alboroto.

alboroto. m. Vocerío, estrépito. || Desorden, tumulto. || Asonada, motín. || Sobresalto, inquietud.

alborozado, da. adj. Regocijado.

alborozar. tr. y prnl. Causar gran regocijo.

alborozo. m. Gran regocijo, placer o alegría.

albricias. f. Regalo que se da al que trae una buena noticia. || interj. Expresión de júbilo.

albufera. f. Laguna litoral, en costa baja, de agua salina o ligeramente salobre, separada del mar por una lengua o cordón de arenas.

álbum. ſſálbumes. m. Libro en blanco cuyas hojas se llenan con breves composiciones literarias, sentencias, piezas de música, fotografías, grabados, etc.

albumen. ſſalbúmenes. m. Tejido que envuelve el embrión de algunas plantas y le sirve de primer alimento.

albúmina. f. Proteína natural simple, soluble en agua, presente en todos los seres vivos: *seroalbúmina*, en el suero; *lactoalbúmina*, en la leche; *ovoalbúmina*, en la clara de huevo, etc.

albuminoide. m. Substancia que, como ciertas proteínas, presenta en disolución el aspecto y las propiedades de la clara del huevo, de las gelatinas o de la cola de pescado.

albuminoideo, a. adj. Que tiene aspecto y propiedades de albuminoide.

albuminuria. f. Presencia de albúmina en la orina.

albur. m. En el juego del monte, las dos primeras cartas que saca el banquero. || Contingencia, azar: *correr un* ∽.

albura. f. Blancura. || Clara de huevo. || Capa blanda de color blanquecino, que se halla inmediatamente debajo de la corteza en los troncos de los vegetales.

alcabala. f. Tributo que cobraba el fisco por los contratos de compraventa y permuta.

alcacer o **alcacel.** m. Cebada verde y en hierba. || Cebadal.

alcachofa. f. Planta compuesta que produce unas cabezuelas comestibles. || Cabezuela de esta planta, del cardo y otras semejantes. || Pieza agujereada por donde sale el agua de la regadera o de la ducha.

alcahuete, ta. m. y f. Persona que procura, encubre o facilita amores ilícitos. || fig. y fam. Correveidile, soplón.

alcahuetear. tr. Solicitar a una mujer para trato lascivo con un hombre. || intr. Hacer oficios de alcahuete.

alcahuetería. f. Acción de alcahuetear. || Oficio de alcahuete. || fig. y fam. Medio para engañar o seducir.

alcaide. ≅castellano. m. El que tenía a su cargo la guarda de una fortaleza. || El que en las cárceles custodiaba a los presos.

alcaldada. f. Acción abusiva de una autoridad.

alcalde. m. Presidente del ayuntamiento.

alcaldesa. f. Mujer que ejerce el cargo de alcalde.

alcaldía. f. Oficio, cargo, oficina, territorio o distrito de la jurisdicción del alcalde.

álcali. ſſálcalis. m. Cada uno de los óxidos, hidróxidos o carbonatos de los metales alcalinos. Son irritantes o cáusticos para la piel, viran el tornasol a azul, son solubles en agua y presentan las propiedades de las bases, esto es, reaccionan con los ácidos para dar sales.

alcalímetro. m. Instrumento para apreciar la cantidad de álcali contenida en los carbonatos de sosa o potasa.

alcalinidad. f. Calidad de alcalino.

alcalino, na. adj. De álcali o que tiene álcali. || Díc. de los metales muy oxidables, como el litio, sodio, potasio, etc.

alcaloide. m. Cualquiera de los compuestos orgánicos nitrogenados, de carácter básico, producidos por vegetales. En su mayoría producen acciones fisiológicas características, en general de carácter tóxico, como la nicotina del tabaco.

alcalometría. f. Determinación del contenido de alcaloides en una solución.

alcalosis. f. Alcalinidad excesiva de la sangre.

alcance. m. Seguimiento, persecución. || Distancia a que llega el brazo de una persona. || En las armas arrojadizas o de fuego, distancia a que llega el tiro. || Correo extraordinario. || Saldo de una cuenta deudora. || fig. En los periódicos, noticia o sección de noticias recibidas a última hora. || fig. Capacidad, talento. Ú. m. en pl. || fig. Trascendencia.

alcancía. f. Vasija cerrada con una hendedura por donde se echan monedas para guardarlas.

alcanfor. m. Producto sólido, cristalino, blanco, de olor penetrante característico, que se extrae del alcanforero.

alcanforar. tr. Componer o mezclar con alcanfor alguna cosa.

alcanforero. m. Árbol de cuyas ramas y raíces se extrae alcanfor por destilación.

alcantarilla. f. Puentecillo en un camino. || Acueducto subterráneo fabricado para recoger las aguas llovedizas o inmundas y darles paso.

alcantarillado. m. Conjunto de alcantarillas. || Obra en forma de alcantarilla.

alcantarillar. tr. Poner alcantarillas.

alcanzado, da. adj. Empeñado, adeudado. || Falto, escaso, necesitado.

alcanzar. tr. Llegar a juntarse con una persona o cosa que va delante. || Llegar a tocar o coger. || Coger alguna cosa alargando la mano. || Alargar, tender una cosa a otro. || Tratándose de la vista, oído u olfato, llegar a percibir con ellos. || Conseguir, lograr. || fig. Saber, entender. || intr. Llegar. || prnl. Tocarse.

alcaparra. f. Mata de tallos espinosos y flores grandes y blancas, cuyo fruto es el alcaparrón. || Botón de la flor de esta planta. Se usa como condimento y como entremés.

alcaparrón. m. Fruto de la alcaparra. Se come encurtido.

alcaraván. m. Ave zancuda de cuello muy largo y cola pequeña.

alcaravea. f. Planta de flores blancas, cuyas semillas aromáticas sirven como condimento. || Semilla de esta planta.

alcarraza. f. Vasija de arcilla porosa y poco cocida, que refresca el agua.

alcarria. f. Terreno alto, raso y de poca hierba.

alcatifa. f. Tapete o alfombra fina.

alcatraz. m. Pelícano americano de plumaje pardo amarillento en el dorso, y blanco en el pecho.

alcaucil o **alcaucí.** m. Alcachofa silvestre.

alcaudón. m. Pájaro carnívoro, de alas y cola negras, manchadas de blanco, y ésta larga y de figura de cuña. Fue empleado en cetrería.

alcayata. f. Escarpia, clavo acodillado.

alcazaba. f. Recinto fortificado, dentro de una población murada.

alcázar. m. Fortaleza, recinto fortificado. || Casa o palacio real. || En la cubierta superior de los buques, espacio desde el palo mayor hasta la popa.

alce. m. En el juego de naipes, porción de cartas que se corta después de haber barajado. || Anta, mamífero rumiante.

alcista. adj. Relativo al alza de los valores en la bolsa. || com. Persona que juega al alza de estos valores.

alcoba. f. Aposento destinado para dormir. || Mobiliario de este aposento.

alcohol. m. Líquido incoloro, inflamable, de olor fuerte y agradable, que se obtiene por la destilación de productos de fermentación de substancias azucaradas o feculentas, como uva, melaza, remolacha, patata. Forma parte de mucha bebidas, como vino, aguardiente, cerveza, etc., y tiene muchas aplicaciones industriales. || Cualquier bebida alcohólica.

alcoholemia. f. Presencia de alcohol en la sangre.

alcoholero, ra. adj. Díc. de lo relativo a la producción y comercio del alcohol. || f. Fábrica en la que se produce alcohol.

alcohólico, ca. adj. Que contiene alcohol. || Referente al alcohol o producido por él. || Que abusa de la bebidas alcohólicas. Ú. t. c. s.

alcoholimetría. f. Determinación de la riqueza alcohólica de un líquido.

alcoholímetro. m. Aparato que sirve para apreciar la graduación alcohólica de un líquido o gas.

alcoholismo. m. Abuso de bebidas alcohólicas. || Enfermedad, ordinariamente crónica, ocasionada por tal abuso.

alcoholización. f. Acción y efecto de alcoholizar.

alcoholizado, da. p. p. de Alcoholizar. || adj. y s. Díc. del que padece los efectos de la saturación del organismo por alcohol.

alcoholizar. tr. Echar alcohol en otro líquido.

|| prnl. Intoxicarse con alcohol. || Contraer alcoholismo.

alcor. m. Colina, collado.

Alcorán. m. Código de Mahoma.

alcornoque. m. Árbol de hoja persistente, fruto en bellota y madera muy dura, cuya gruesa corteza constituye el corcho. || Madera de este árbol. || fig. Ignorante, necio. Ú. t. c. adj.

alcorza. f. Pasta blanca de azúcar y almidón. || Dulce cubierto con esta pasta.

alcotán. m. Ave rapaz diurna, semejante al halcón.

alcurnia. f. Ascendencia, linaje.

alcuza. f. Vasija de forma cónica, en que se tiene el aceite para el uso diario.

alcuzcuz. m. Pasta de harina y miel. Es comida muy usada entre los moros.

aldaba. ≅aldabón. ≅picaporte. f. Pieza de metal que se pone en las puertas para llamar. || Barra o travesaño con que se aseguran los postigos o puertas. || pl. fig. Influencias, agarraderas.

aldabilla. f. Gancho para cerrar puertas, ventanas, cofrecillos, etc.

aldabón. m. Aldaba para llamar.

aldea. f. Pueblo de pocos vecinos y sin jurisdicción propia.

aldeano, na. ≅lugareño. ≅pueblerino. adj. De una aldea. Ú. t. c. s. || Inculto, rústico.

Alcotán

Aldebarán. Estrella más brillante de la constelación de Tauro.

aldehído. m. Compuesto orgánico que se forma de la oxidación de ciertos alcoholes.

aleación. f. Producto homogéneo, de propiedades metálicas, compuesto de dos o más elementos, uno de los cuales, al menos, debe ser un metal.

alear. ≅ligar. tr. Mezclar, fundiéndolos, un metal con otros elementos, metálicos o no. || Mover las alas.

aleatorio, ria. adj. Relativo al juego de azar. || Dependiente de algún suceso fortuito: *contrato* ⌐.

aleccionamiento. m. Acción y efecto de aleccionar o aleccionarse.

aleccionar. tr. y prnl. Instruir, amaestrar, enseñar.

aledaño, ña. adj. Confinante, colindante. || m. Tierra o campo que se considera parte accesoria del pueblo o campo con que linda. || Confín, término, límite. Ú. m. en pl.

alegación. f. Acción de alegar. || Alegato.

alegar. tr. Citar, traer uno a favor de su propósito, como prueba, disculpa o defensa, algún hecho, dicho, ejemplo, etc. || Exponer méritos o servicios para fundar en ellos alguna pretensión. || intr. Traer el abogado leyes y razones en defensa de su causa.

alegato. ≅defensa. m. Escrito en el que expone el abogado las razones que fundan el derecho de su cliente e impugna las del adversario. || Por ext., razonamiento, exposición.

alegoría. f. Ficción en virtud de la cual una cosa representa o significa otra diferente: *la venda y las alas de Cupido son una* ⌐. || Obra o composición literaria o artística de sentido alegórico.

alegórico, ca. adj. Relativo a la alegoría.

alegrar. ≅regocijar. ◁entristecer. tr. Causar alegría. || fig. Avivar, hermosear. || prnl. Recibir o sentir alegría. || fig. y fam. Ponerse uno alegre por haber bebido vino u otros licores.

alegre. adj. Poseído o lleno de alegría: *Juan está* ⌐. || Que siente o manifiesta alegría: *ser hombre* ⌐. || Que denota alegría: *noticia* ⌐. || Pasado o hecho con alegría: *día, cena* ⌐.

alegreto. adv. m. *Mús.* Con movimiento menos vivo que el alegro. || m. Composición o parte de ella, con este movimiento.

alegría. f. Sentimiento de placer y satisfacción. || Irresponsabilidad, ligereza. || Ajonjolí, planta. || pl. Cante y baile andaluz.

alegro. adv. m. *Mús.* Con movimiento moderadamente vivo. || m. Composición o parte de ella, con este movimiento.

alegrón. m. fam. Alegría intensa y repentina.

alejamiento. m. Acción y efecto de alejar o alejarse.

alejandrino, na. adj. y s. De Alejandría. || Díc. del verso de catorce sílabas, dividido en dos hemistiquios.

alejar. ≅apartar. ≅retirar. ◁acercar. tr. y prnl. Poner lejos.

alelado, da. ≅atontado. adj. Lelo, tonto.

alelar. tr. y prnl. Poner lelo.

alelomorfo, fa. adj. Que se presenta bajo diversas formas. || Díc. de los genes que tienen la misma función, pero distintos efectos, y que ocupan el mismo lugar en dos cromosomas homólogos. Ú. t. c. s.

aleluya. Voz que usa la Iglesia en demostración de júbilo. Ú. t. c. s. ambiguo: *cantar la* ∽, o *el* ∽. || interj. que se emplea para demostrar júbilo. || m. Tiempo de Pascua. || f. Planta comestible que florece en verano. || fig. Noticia que alegra.

alemán, na. adj. y s. De Alemania. || m. Idioma alemán.

alentado, da. adj. Animoso, valiente.

alentar. intr. Respirar, cobrar aliento. || tr. y prnl. Animar, infundir aliento. || prnl. Mejorar, convalecer o restablecerse de una enfermedad.

alerce. m. Árbol que adquiere considerable altura, de tronco derecho y delgado, cuyo fruto es una piña menor que la del pino. || Madera de este árbol, que es aromática.

alergia. f. Reacción del organismo, de carácter respiratorio, nervioso o eruptivo, provocada por una substancia a la que es muy sensible. || Por ext., sensibilidad extremada y contraria frente a ciertos temas, personas o cosas.

alérgico, ca. adj. Relativo a la alergia.

alergista. com. Médico especializado en afecciones alérgicas.

alero. m. Parte inferior del tejado que sale fuera de la pared.

alerón. m. Cada una de las extremidades laterales del puente de un buque. || Aleta giratoria que se monta en la parte posterior de las alas de un avión.

alerta. adv. m. Con vigilancia y atención. Ú. con los verbos *estar, andar, vivir,* etc. || Voz que se emplea para excitar la vigilancia. Ú. t. c. s. m. || f. Situación de vigilancia o atención.

alertar. tr. Poner alerta.

aleta. f. Cada una de las membranas externas que tienen los peces para nadar: ∽*s pectorales,*

abdominales, caudales, dorsales y *anales.* || Membrana que se adapta a los pies para facilitar la natación. || Guardabarros que sobresale de la caja de un carruaje.

aletargamiento. m. Acción y efecto de aletargar o aletargarse.

aletargar. tr. Causar letargo. || prnl. Padecerlo.

aletazo. m. Golpe de ala o de aleta.

aletear. intr. Mover las aves las alas sin echar a volar.

aleteo. m. Acción de aletear.

alevilla. f. Mariposa muy parecida a la del gusano de seda pero con las alas enteramente blancas.

alevín. m. Cría de ciertos peces de agua dulce que se utiliza para repoblar. || fig. Joven principiante que se inicia en una disciplina o profesión.

alevosía. f. Cautela para asegurar la comisión de un delito contra las personas. Es circunstancia que agrava la pena. || Traición, perfidia.

alevoso, sa. ≅pérfido. ≅traidor. adj. y s. Que comete o implica alevosía.

alexia. f. Imposibilidad de leer causada por una lesión del cerebro. Llámase también *ceguera verbal.*

alfa. f. Primera letra del alfabeto griego (A, α). Corresponde a nuestra *a.*

alfabético, ca. adj. Relativo al alfabeto.

alfabetización. f. Acción y efecto de alfabetizar.

alfabetizado, da. adj. y s. Persona que sabe leer y escribir.

alfabetizar. tr. Ordenar alfabéticamente. || Enseñar a leer y a escribir.

alfabeto. m. Abecedario. || Conjunto de los símbolos empleados en un sistema de comunicación: ∽ *Morse.* || Sistema de signos convencionales, como perforaciones en tarjetas u otros, que sirve para substituir al conjunto de las letras y de los números: ∽ *Braille.*

alfalfa. f. Planta leguminosa que se cultiva para forraje.

alfalfar alfalfal. m. Tierra sembrada de alfalfa.

alfanje. m. Sable, corto y corvo.

alfanumérico, ca. adj. Relativo al alfanúmero.

alfanúmero. m. En informática, símbolo que expresa la representación de la información y que está compuesto de letras o números o signos o de una combinación de los tres.

alfaque. m. Banco de arena en la desembocadura de un río. Ú. m. en pl.: *los* ∽*s de Tortosa.*

alfar. ≅alfarería. m. Obrador de alfarero. || Arcilla.

alfarería. ≅alfar. ≅cerámica. f. Arte de fabricar vasijas de barro. || Obrador donde se fabrican y tienda donde se venden.

alfarero, ra. m. y f. Fabricante de vasijas de barro.

alfarje. m. La piedra baja del molino de aceite. || Techo con maderas labradas y entrelazadas artísticamente.

alféizar o **alfeiza.** m. Vuelta o derrame que hace la pared en el corte de una puerta o ventana.

alfeñique. m. Pasta de azúcar cocida y estirada en barras muy delgadas y retorcidas. || fig. y fam. Persona delicada. || fig. y fam. Remilgo.

alférez. m. Oficial que llevaba la bandera en la infantería y el estandarte en la caballería. || Oficial del ejército español que sigue en categoría al teniente.

alfil. m. Pieza del juego del ajedrez, que se mueve diagonalmente.

alfiler. m. Clavillo metálico con punta en un extremo y cabecilla en el otro que sirve para sujetar. || Joya de forma semejante al alfiler: ∿ *de corbata,* ∿ *de pecho.*

alfiletero. m. Almohadilla para clavar alfileres y agujas. || Acerico.

alfombra. f. Tejido de lana o de otras materias con que se cubre el piso de las habitaciones y escaleras.

alfombrar. tr. Cubrir el suelo con alfombra.

alfóncigo. m. Árbol de unos tres metros de altura, de hojas compuestas de color verde oscuro, flores en maceta y fruto con una almendra pequeña, llamada pistacho.

alfonsino, na. adj. y s. Relativo a alguno de los reyes españoles llamados Alfonso, o partidario suyo.

alforfón. m. Planta de cuyo fruto, negruzco y triangular, se hace pan. || Semilla de esta planta.

alforja. f. Talega, abierta por el centro y cerrada por los extremos, los cuales forman dos bolsas. Ú. m. en pl.

alforza. f. Pliegue o doblez que se hace en ciertas prendas.

alfoz. amb. Arrabal, afueras. || Cunjunto de pueblos que forman una sola jurisdicción.

alga. f. Cualquiera de las plantas que viven preferentemente en el agua, y que, en general, están provistas de clorofila.

algaida. f. Bosque o sitio lleno de espesos matorrales.

algalia. f. Substancia de color blanco y olor fuerte, que se emplea en perfumería.

algarabía. f. Lengua árabe. || fig. y fam. Lengua o escritura ininteligible. || fig. y fam. Griterío

Algas

confuso de varias personas que hablan a un tiempo.

algarada. ≅alboroto. ≅tumulto. f. Correría, incursión. || Vocerío.

algarroba. f. Planta de flores blancas y semillas moteadas que se utilizan como pienso. || Fruto de esta planta. || Fruto en forma de vaina del algarrobo con semillas muy duras que se utilizan como pienso.

algarrobo. m. Árbol mediterráneo, de flores purpúreas y cuyo fruto es la algarroba.

algazara. f. Vocerío, griterío, ruido.

álgebra. f. Parte de las matemáticas en la cual las operaciones son generalizadas empleando números, letras y signos que representan simbólicamente un número u otra entidad matemática. Cuando alguno de los signos representa un valor desconocido se llama incógnita.

algebraico, ca o **algébrico, ca.** adj. Relativo al álgebra.

algebrista. com. Persona que estudia o profesa el álgebra.

algesia. f. Sensibilidad al dolor.

álgido, da. adj. Muy frío. || Acompañado de frío glacial: *fiebre* ∿. || fig. Dic. del momento o período crítico o culminante de algún proceso orgánico, físico, político, social, etc.

algo. pron. indet. Designa una cosa que no se puede o no se quiere nombrar: *leeré* ∿. || También denota cantidad indeterminada, o parte de una cosa: *apostemos* ∿. || adv. c. Un poco, no del todo: *anda* ∿ *escaso de dinero.*

algodón. m. Planta de fruto capsular con varias semillas envueltas en una borra larga y blanca. ‖ Esta misma borra: ↶ *en rama.* ‖ Hilado o tejido de esta borra.

algodonal. m. Terreno plantado de algodón.

algodonar. tr. Rellenar con algodón.

Valgodonero, ra. adj. Relativo al algodón. ‖ m. Algodón, planta.

algodonita. f. Arseniuro de cobre.

algodonoso, sa. adj. Parecido al algodón.

algol. m. En informática, lenguaje artificial que se puede traducir directamente a los lenguajes utilizados por todas las computadoras electrónicas.

algonquino, na. adj. Dic. de una familia de amerindios, hoy extinguida, que habitó en el norte de Estados Unidos y Canadá. Ú. t. c. s. ‖ Relativo a los algonquinos. ‖ m. Idioma de esta familia.

algoritmia. f. Ciencia del cálculo aritmético y algebraico; teoría de los números.

algorítmico, ca. adj. Relativo al algoritmo.

algoritmo. m. Conjunto ordenado y finito de operaciones que permite la solución de un problema. ‖ Método y notación de las distintas formas de cálculo.

alguacil. m. Oficial inferior de justicia que ejecuta las órdenes del tribunal a quien sirve. ‖ Antiguamente, gobernador de una ciudad o comarca. ‖ Oficial inferior ejecutor de los mandatos de los alcaldes y tenientes de alcalde. ‖ Alguacilillo.

alguacilillo. m. Cada uno de los dos alguaciles que en las corridas de toros proceden a las cuadrillas y ejecutan las órdenes del presidente de la plaza.

alguien. ◁nadie. pron. indet. que indica vagamente una persona cualquiera: ↶ *dio el aviso.* ‖ m. fam. Persona de importancia: *es ↶ en el partido.*

algún. adj. apóc. de alguno. Se usa sólo antepuesto a nombres masculinos.

alguno, na. ◁ninguno. adj. que se aplica indeterminadamente a una persona o cosa con respecto de varias: ↶ *niña.* ‖ Ni poco ni mucho; bastante: *de ↶ duración.* ‖ pron. indet. Alguien: *¿ha venido ↶?*

alhaja. f. Joya. ‖ Adorno o mueble precioso: *este cuadro es una ↶.* ‖ fig. De mucho valor o de excelentes cualidades.

alharaca. f. Demostración excesiva de algún afecto.

alhelí. ∬alhelíes. m. Planta de flores olorosas de colores varios que se cultiva para adorno.

alheña. f. Arbusto de flores blancas y fruto en bayas negras. ‖ Polvo para teñir que se obtiene de sus hojas secas.

alhóndiga. f. Casa pública para la compra, venta y depósito de trigo, granos y otras mercancías.

alhucema. f. Espliego.

aliáceo, a. adj. Relativo al ajo; que tiene su olor o sabor.

aliado, da. adj. y s. Que está unido o coligado con otro u otros: *país ↶.*

aliadófilo, la. adj. y s. Partidario de las naciones aliadas en contra de Alemania durante las dos guerras mundiales.

aliaga. f. Aulaga.

alianza. f. Acción de aliarse. ‖ Asociación, pacto. ‖ Conexión o parentesco contraído por casamiento. ‖ Anillo matrimonial.

aliar. ≅coligarse. ≅confederarse. tr. Poner de acuerdo para un fin común. ‖ prnl. Unirse, en virtud de tratado, los Estados unos con otros.

alias. adv. lat. De otro modo, por otro nombre: *Alfonso de Madrigal, ↶ el Tostado.* ‖ Apodo.

alicaído, da. adj. Caído de alas. ‖ fig. y fam. Débil, falto de fuerzas. ‖ Triste, desanimado. ‖ Venido a menos.

alicante. m. Especie de víbora muy venenosa.

alicantina. f. Treta, astucia.

alicantino, na. adj. y s. De Alicante.

alicatado. m. Obra de azulejos.

alicatar. tr. Revestir de azulejos.

alicate. m. Tenaza pequeña de acero que sirve para distintos usos. Ú. t. en pl.

aliciente. m. Atractivo, incentivo.

alicorto, ta. adj. De alas cortas. ‖ fig. De escasa imaginación o modestas aspiraciones.

alícuota. adj. Díc. de cada una de las partes iguales en que se divide un todo. ‖ Proporcional.

alidada. f. Regla, fija o móvil, con una pínula en cada extremo, para dirigir visuales.

alienable. adj. Enajenable.

alienación. f. Enajenación.

alienado, da. adj. y s. Loco, demente.

alienar. tr. y prnl. Enajenar.

alienista. adj. y s. Díc. del médico especializado en enfermedades mentales.

aliento. m. Acción de alentar. ‖ Respiración, aire expulsado al respirar. ‖ Vigor del ánimo, esfuerzo, valor.

alifafe. m. fam. Achaque. ‖ Tumor sinovial que se desarrolla en los corvejones de las caballerías.

alifato. m. Serie de las consonantes árabes, conforme a un orden tradicional.

aligación. f. Ligazón, trabazón, unión.

aligator o **aligátor.** m. Cocodrilo americano, de

hocico ancho y redondeado, que alcanza hasta 4 m. de long.

aligeramiento. m. Acción y efecto de aligerar o aligerarse.

aligerar. tr. Hacer ligero o menos pesado: ⌣ *el peso*. Ú. t. c. prnl. || tr. Abreviar, acelerar. || fig. Aliviar, moderar: ⌣ *la pena*.

aligero, ra. adj. poét. Con alas. || fig. y póet. Rápido, veloz, ligero.

alijar. m. Dehesa. || Cortijo.

alijar. tr. Aligerar de peso, o descargar una embarcación. || Transbordar o desembarcar géneros de contrabando.

alijo. m. Acción y efecto de alijar. || Conjunto de géneros de contrabando.

alimaña. f. Animal perjudicial a la caza menor o a la ganadería.

alimentación. f. Acción y efecto de alimentar o alimentarse.

alimentador. adj. y s. Que alimenta. || m. Cable utilizado en la transmisión de energía eléctrica.

alimentar. ≅nutrir. ≅sustentar. ◁ayunar. tr. Dar alimento. Ú. t. c. prnl. || Suministrar a una máquina lo necesario para seguir funcionando. || fig. Fomentar los vicios, virtudes, costumbres, etc. || *Der.* Suministrar a una persona lo necesario para su subsistencia.

alimentario, ria. adj. Relativo a la alimentación: *código* ⌣.

alimenticio, cia. ≅nutritivo. ≅substancioso. adj. Que alimenta.

alimento. ≅manutención. ≅sustento. m. Cualquier substancia que sirve para nutrir. || fig. Lo que sirve para mantener la existencia de alguna cosa. || Tratándose de virtudes, vicios, sentimientos, etc., sostén, fomento.

alimón(al). loc. adv. Suerte del toreo en que dos lidiadores citan al toro con un solo capote. || Por ext., se aplica a actividades hechas en colaboración.

alindar. tr. Poner o señalar los lindes de una heredad. || Poner lindo o hermoso. Ú. t. c. prnl. || intr. Lindar.

alineación. f. Acción y efecto de alinear o alinearse. || Formación de un equipo deportivo.

alineamiento. m. Acción de alinear. || Conjunto de menhires dispuestos en una o muchas hileras paralelas. || Posición política y militar de un Estado favorable a un bloque de países.

alinear. tr. Poner en línea recta. Ú. t. c. prnl. || Componer un equipo deportivo.

aliñado, da. adj. Aseado, dispuesto.

aliñar. tr. Aderezar, condimentar. || Adornar.

aliño. m. Acción y efecto de aliñar o aliñarse. || Aquello con que se aliña: *esta carne tiene* ⌣. || Condimento.

aliquebrado, da. adj. fig. y fam. Alicaído, triste.

aliquebrar. tr. y prnl. Quebrar las alas.

alisar. ≅desarrugar. ≅pulir. ◁arrugar. tr. y prnl. Poner lisa una cosa. || Arreglar ligeramente el cabello.

alisaro alisal. m. Sitio poblado de alisos.

alisios. adj. y m. pl. Díc. de los vientos regulares que soplan en dirección NE. o SE., según el hemisferio, desde las altas presiones subtropicales hacia las bajas del Ecuador.

alisma. f. Planta que crece en terrenos pantanosos.

aliso. m. Árbol de 10 a 12 m. de alt., flores blancas y madera muy dura.

alistamiento. m. Acción y efecto de alistar o alistarse. || Mozos a quienes cada año obliga el servicio militar.

alistar. ≅afiliar. tr. y prnl. Sentar o inscribir en lista a alguno: *se alistó voluntario*. || prnl. Sentar plaza en la milicia.

aliteración. f. Repetición notoria del mismo o de los mismos sonidos, sobre todo consonánticos, en una frase. || Defecto del estilo en que se incurre involuntariamente al repetir con proximidad un mismo sonido o grupo de sonidos: *leve lucía la luna*.

aliviadero. m. Vertedero de aguas sobrantes.

aliviar. tr. Aligerar, quitar parte de la carga o peso. Ú. t. c. prnl. || fig. Disminuir, mitigar una

Aligatores

enfermedad, una pena, una fatiga, etc.: ⌣ *el dolor.* Ú. t. c. prnl. || fig. Acelerar el paso.

alivio. m. Acción y efecto de aliviar o aliviarse.

aljaba. f. Caja portátil para flechas.

aljama. f. Sinagoga. || Morería o judería. || Mezquita.

aljamía. f. Nombre que daban los moros a las lenguas de los cristianos peninsulares. || Textos moriscos en romance, pero transcritos con caracteres árabes.

aljez. m. Mineral de yeso.

aljibe. m. Cisterna. || Embarcación o buque para el transporte de agua dulce. || Cada una de las cajas en que se tiene el agua a bordo.

aljófar. f. Perla pequeña. || Conjunto de estas perlas.

aljofifa. ≅bayeta. f. Paño para fregar el suelo.

aljofifar. tr. Fregar con aljofifa.

alma. f. Elemento psíquico o espiritual del hombre. || Principio inmaterial de la vida. || Por ext., principio sensitivo de los animales y vegetativo de las plantas. || fig. Persona, individuo: *no se ve un* ⌣. || fig. Viveza, energía: *hablar con* ⌣. || Parte principal de una cosa. || Lo que da vida y aliento a algo: *fulano es el* ⌣ *de la revolución.* || En las piezas de artillería y armas de fuego, el hueco del cañón. || Madero vertical que sostiene los otros maderos o tablones del andamio.

almacén. m. Casa o edificio donde se guardan en cantidad géneros de cualquier clase. || Local donde se venden los géneros al por mayor. || Establecimiento comercial donde se vende gran variedad de artículos al por menor. Ú. t. en pl.

almacenaje. m. Acción y efecto de almacenar. || Derecho de almacén.

almacenar. tr. Poner o guardar las cosas en almacén. || Reunir o guardar cosas. || Registrar datos en la memoria de un ordenador.

almacenista. com. Dueño de un almacén. || Persona que despacha los géneros en un almacén.

almáciga. f. Resina aromática. || Lugar donde se siembran las semillas de las plantas para ser transplantadas.

almácigo. m. Lentisco.

almádena. f. Mazo de hierro con mango largo para romper piedras.

almadraba. f. Pesca de atunes. || Lugar donde se hace esta pesca. || Red o cerco de redes con que se pescan atunes.

almadreña. ≅madreña. f. Zueco de madera.

almagrar. tr. Teñir de almagre. || fig. Notar, señalar con alguna marca.

almagre. m. Óxido de hierro que suele usarse en la pintura. || fig. Marca, señal.

almanaque. ≅calendario. m. Registro o catálogo de todos los días del año con datos astronómicos, meteorológicos, religiosos, etc.

almarada. f. Puñal agudo de tres aristas y sin corte. || Aguja grande para coser alpargatas.

almazara. f. Molino de aceite.

almeja. f. Molusco de carne comestible.

almena. f. Cada uno de los prismas que coronan los muros de las antiguas fortalezas.

almenado, da. adj. fig. Guarnecido o coronado de adornos en forma de almena. || m. Almenaje.

almenaje. m. Conjunto de almenas.

almenar. tr. Guarnecer de almenas: ⌣ *una torre.*

almenara. f. Candelero.

almendra. f. Fruto del almendro. || Este fruto separado de las capas externa y media. || Semilla de este fruto: *turrón de* ⌣. || Semilla de cualquier fruto drupáceo: *la* ⌣ *de la ciruela.*

almendrada. f. Bebida de leche de almendras y azúcar.

almendrado, da. adj. De figura de almendra. || m. Pasta hecha con almendras, harina y miel o azúcar.

almendral. m. Sitio poblado de almendros.

almendro. m. Árbol de 7 a 8 m. de alt., flores blancas o rosadas, y cuyo fruto es la almendra, dulce o amarga según las variedades.

almendruco. m. Fruto del almendro con la primera cubierta verde y la semilla a medio cuajarse.

almeriense. adj. y s. De Almería.

almete. m. Pieza de la armadura antigua que cubría la cabeza.

almez. m. Árbol de 12 a 14 m. de alt. y copa ancha. Su fruto es la almeza.

almeza. f. Fruto comestible del almez.

almiar. m. Pajar al descubierto, con un palo largo en el centro, alrededor del cual se va apretando la paja o el heno.

almíbar. m. Azúcar disuelto en agua y espesado al fuego. || Dulce de almíbar.

almibarado, da. adj. Muy dulce. || fig. y fam. Meloso, muy halagüeño: *escritor* ⌣.

almibarar. tr. Bañar o cubrir con almíbar. || fig. Suavizar las palabras.

almidón. m. Fécula blanca que se encuentra en las semillas de los cereales y otras plantas. || Compuesto químico líquido que se aplica a los tejidos para darles mayor rigidez.

almidonado, da. adj. Planchado con almidón.

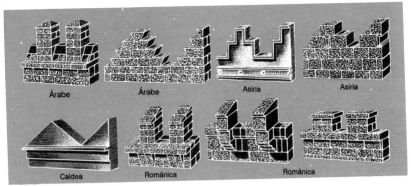

Diferentes tipos de almenas

|| fig. y fam. Díc. de la persona compuesta o ataviada con excesiva pulcritud.

almidonar. tr. Mojar la ropa con almidón.

almilla. f. Especie de jubón ajustado al cuerpo.

almimbar. m. Púlpito de las mezquitas.

alminar. m. Torre de las mezquitas desde la que se convoca a los fieles a la oración.

almirantazgo. m. Alto tribunal o consejo de la armada. || Dignidad y jurisdicción del almirante.

almirante. m. Oficial que ostenta el cargo supremo de la armada.

almirez. m. Mortero de metal.

almizclar. tr. Aderezar o aromatizar con almizcle.

almizcle. m. Substancia grasa, de olor intenso, que segregan algunos mamíferos.

almizcleño, ña. adj. Que huele a almizcle: *pera* ∽. || f. Planta liliácea cuyas flores despiden olor a almizcle.

almizclero. m. Rumiante cérvido, gris por el lomo y blanquecino por el vientre, donde el macho tiene una bolsa que segrega el almizcle.

almocafre. m. Instrumento para escardar la tierra y para transplantar.

almófar. m. Especie de cofia.

almogávar. m. Soldado que hacía correrías en terreno del enemigo, y p. ant., los que lucharon a las órdenes de Roger de Flor.

almohada. ≅ cabezal. f. Colchoncillo para reclinar la cabeza sobre él. || Almohadilla para sentarse.

almohade. adj. y s. Díc. de la dinastía que destronó a los almorávides y fundó un nuevo imperio que dominó en el norte de África y España (1148-1269).

almohadilla. f. Cojincillo unido a la caja de costura. || Cojincillo de las guarniciones y sillas de montar para no lastimar a las caballerías. || Cojincillo que se pone sobre los asientos de los campos de fútbol y plazas de toros. || Resalto

Almizclero

achaflanado de un sillar. || Parte de la voluta del capitel jónico.

almohadillado, da. adj. Acolchado.

almohadillar. tr. Labrar los sillares de modo que tengan almohadilla. || Acolchar.

almohadón. m. Colchoncillo a manera de almohada para sentarse o apoyarse en él.

almohaza. f. Instrumento de hierro para limpiar las caballerías.

almoneda. f. Venta pública de bienes muebles con licitación y puja. || Venta de géneros a bajo precio.

almorávide. adj. y s. Díc. del individuo de una tribu del Atlas, que en el s. XI fundó un vasto imperio en el occidente de África y llegó a dominar toda la España árabe desde 1093 a 1148. Su decadencia comenzó con el alzamiento de los almohades.

almorejo. m. Planta graminea, de flores en espiga y hojas con un nervio blanco longitudinal.

almorrana. ≅ hemorroide. f. Dilatación de las venas en la extremidad del intestino recto o en el exterior del ano. Ú. m. en pl.

almorta. f. Planta de flores moradas y blancas, y fruto en legumbre con semillas en forma de muela.

almorzar. intr. Tomar el almuerzo: ∽ *temprano*. || Comer en el almuerzo una u otra cosa: ∽ *chuletas*.

almotacén. ≅ contraste. m. Persona encargada de contrastar las pesas y medidas. || Oficina donde se efectuaba esta operación.

almud. m. Medida para áridos equivalente a un celemín o a media fanega, según los sitios.

almuecín o **almuédano.** m. Musulmán que, desde el alminar, convoca al pueblo a la oración.

almuerzo. m. Comida que se toma por la mañana. || Comida del mediodía o primeras horas de la tarde.

alocado, da. adj. Que tiene cosas de loco o lo parece. || Que tiene poca cordura. || Atarantado, aturdido.

alocar. tr. y prnl. Causar locura. || Causar perturbación en los sentidos, aturdir.

alocución. f. Discurso breve dirigido por un superior.

áloe o **aloe.** ≅ acíbar. m. Planta de hojas largas y carnosas, de las que se extrae un jugo muy amargo y medicinal. || Jugo de esta planta.

alógeno, na. adj. Persona o cosa que procede de un lugar distinto de aquel en que se encuentra.

aloja. f. Bebida compuesta de agua, miel y especias.

alojamiento. m. Acción y efecto de alojar o alojarse. || Lugar donde alguien está alojado. || Lugar dentro del cual está alojada o colocada una cosa.

alojar. tr. Hospedar, aposentar. Ú. t. c. prnl. y c. intr. || Colocar una cosa dentro de otra. Ú. t. c. prnl.

alón. m. Ala de ave sin plumas.

alondra. f. Pájaro de color pardo y carne exquisita.

alópata. adj. y s. Que profesa la alopatía.

alopatía. f. Terapéutica cuyos medicamentos producen, en un organismo sano, fenómenos diferentes de los que caracterizan las enfermedades en que se emplean.

alopecia. f. Caída o pérdida del pelo.

aloque. adj. y s. Vino clarete o de la mezcla de tinto y blanco.

alotropía. f. Propiedad de algunos elementos químicos de formar moléculas diversas por su estructura o número de átomos constituyentes que, en su aspecto o propiedades, puede presentar a veces un mismo cuerpo.

alotrópico, ca. adj. Relativo a la alotropía.

alpaca. f. Mamífero rumiante sudamericano, de pelo largo, brillante y flexible. || Pelo de este animal. || Tejido hecho con este pelo o con algodón abrillantado: *traje de* ∽. || Aleación de cobre, cinc y níquel. || Metal blanco plateado.

alpargata. f. Calzado de tela con suelo de cáñamo o de caucho.

alpargatería. f. Tienda o fábrica de alpargatas.

Alpaca

alpargatero, ra. m. y f. Persona que hace o vende alpargatas.

alpax. m. Aleación de aluminio y silicio.

alpechín. m. Líquido que sale de las aceitunas apiladas y cuando se las exprime para extraer el aceite.

alpechinera. f. Tinaja o pozo donde se recoge el alpechín.

alpinismo. m. Deporte que consiste en la ascensión a las altas montañas.

alpinista. ≅montañero. com. Persona que practica el alpinismo.

alpino, na. adj. Relativo a los Alpes o a otras montañas. || Relativo al alpinismo: *deporte* ⌣.

alpiste. m. Planta gramínea forrajera cuya semilla sirve para alimento de pájaros y para otros usos. || Semilla de esta planta || fig. y fam. Cualquier bebida alcohólica.

alpujarreño, ña. adj. y s. De las Alpujarras.

alquería. ≅cortijo. ≅granja. f. Casa de labranza lejos de poblado, granja. || Conjunto de estas casas.

alquibla. f. Punto del horizonte, hacia la Meca,

Alpinismo. Ascensión al Aiguille du Midi. Chamonix (Francia)

al que dirigen la vista los musulmanes cuando rezan.

alquicel o **alquicer.** m. Vestidura morisca a modo de capa.

alquilar. tr. Dar o tomar alguna cosa para usar de ella, por un tiempo y precio determinados. || prnl. Ponerse a servir a otro por cierto estipendio.

alquiler. m. Acción de alquilar. || Precio en que se alquila alguna cosa.

alquimia. f. Arte con que se pretendía la transmutación de los metales. Tuvo como fines principales la búsqueda de la piedra filosofal y la panacea universal.

alquímico, ca. adj. Relativo a la alquimia.

alquimista. s. y adj. El que profesaba la alquimia.

alquitara. f. Alambique.

alquitarar. tr. Destilar por alquitara. || fig. Sutilizar, aquilatar: ⌣ *el estilo.*

alquitrán. ≅brea. m. Substancia untuosa, obscura, de olor fuerte y sabor amargo, que se obtiene como residuo de la destilación de la hulla y de la madera de pino y otras coníferas.

alquitranado, da. adj. De alquitrán. || m. Acción y efecto de alquitranar.

alquitranar. tr. Dar de alquitrán: ⌣ *una jarcia, una carretera.*

alrededor. adv. l. con que se denota la situación de personas o cosas que circundan a otras, o la dirección en que se mueven para circundarlas. || adv. c. fam. Cerca, sobre poco más menos: ⌣ *de 200 ptas.;* ⌣ *de las 9.* || m. Contorno de un lugar. Ú. m. en pl.

álsine. ≅pamplina. f. Planta de flores blancas, que abunda en los parajes húmedos.

alta. f. En los hospitales, orden que se comunica al enfermo a quien se da por sano. || Documento que acredita la entrada de un militar en servicio activo. || Ingreso de una persona en un cuerpo, profesión, carrera, etc.

altanería. f. Caza con halcones y otras aves de rapiña de alto vuelo. || fig. Altivez, soberbia.

altanero, ra. adj. De alto vuelo. || fig. Altivo, soberbio.

altar. ≅ara. m. Piedra sobre la que se ofrecen sacrificios a la divinidad. || Ara sobre la que se celebra la misa.

altavoz. m. Aparato electroacústico que transforma la energía eléctrica en ondas sonoras y eleva la intensidad del sonido.

alteración. f. Acción de alterar o alterarse. || Sobresalto. || Alboroto, tumulto. || Altercado.

alterado, da. adj. Cambiado. || fig. Perturbado, inquieto.

alterar. tr. y prnl. Cambiar la esencia o forma de una cosa. || Perturbar, inquietar. || Estropear, descomponer.

altercado. m. Disputa, porfía.

altercar. intr. Disputar, porfiar.

alteridad. f. Condición de ser otro.

alternación. f. Acción de alternar.

alternador. m. Máquina eléctrica generadora de corriente interna.

alternancia. f. Acción y efecto de alternar. || Cambio de sentido de una corriente eléctrica.

alternante. adj. Que alterna: *generación* ⌐ *; cultivos* ⌐*s.*

alternar. ≅tratar. ≅turnar. tr. Hacer o decir algo por turno y sucesivamente. || Distribuir alguna cosa entre personas o cosas que se turnan sucesivamente. || Sucederse unas cosas a otras repetidamente. || Mantener comunicación amistosa unas personas con otras: ⌐ *con personas de categoría.* || En ciertas salas de fiesta o lugares similares, tratar las mujeres contratadas para ello con los clientes, para estimularles a hacer gasto en su compañía.

alternativa. f. Opción entre dos cosas o más. || Por ext., cada una de las cosas entre las cuales se opta. || Efecto de alternar; hacer o decir algo por turno o sucederse unas cosas a otras repetidamente. || Ceremonia en la que un torero autoriza a un novillero a pasar al número de los matadores de toros. || Esta autorización.

alternativo, va. adj. Que se dice, hace o sucede con alternación.

alterne. m. Acción de alternar en las salas de fiesta.

alterno, na. adj. Alternativo. || Dicho de días, meses, años, etc., uno sí y otro no: *viene a la oficina en días* ⌐*s. Las sesiones se celebran en días* ⌐*s.* || Díc. de hojas y otros órganos de las plantas que, por su situación, corresponden al espacio que media entre una y otra del lado opuesto.

alteza. f. Altura. || fig. Elevación, sublimidad. || Tratamiento honorífico de los príncipes e infantes.

altibajos. m. pl. fam. Desigualdades o altos y bajos de un terreno. || fig. y fam. Alternativa de bienes y males o de sucesos prósperos y adversos.

altillo. m. Cerrillo o sitio algo elevado. || Habitación situada en la parte más alta de la casa y, por lo general, aislada.

altimetría. f. Parte de la topografía que enseña a medir las alturas.

altímetro, tra. adj. Relativo a la altimetría. || m. Instrumento que indica la diferencia de altitud entre el punto en que está situado y un punto de referencia. Se emplea principalmente en la navegación aérea.

altiplanicie. f. Meseta de mucha extensión y a gran altitud.

altisonante o **altísono, na.** adj. Muy sonoro, retumbante.

altitonante. adj. poét. Que truena de lo alto: *Júpiter* ⌐.

altitud. f. Altura.

altivez. ◁humildad. f. Orgullo, soberbia.

altivo, va. adj. Orgulloso, soberbio.

alto, ta. ◁bajo. adj. Levantado, elevado sobre la Tierra. || Más elevado con relación a otro término inferior. || Díc. de la porción de un país que se halla a mayor altitud: *el* ⌐ *Aragón.* || Tratándose de ríos, parte que está más próxima a su nacimiento. || De altura considerable. || Elevado. || Sonoro, ruidoso. || Con referencia a tiempos históricos, remoto o antiguo: *la* ⌐ *edad media.* || De gran dignidad o categoría. || m. Altura. || Sitio elevado en el campo.

alto. m. Detención, parada o suspensión de una actividad cualquiera: *un* ⌐ *en el camino* o *en el trabajo.* || Voz táctica de mando militar para que cese de marchar la tropa. || Voz con que el centinela manda detenerse a cualquiera.

altozano. m. Monte de poca altura en terreno bajo.

altramuz. m. Planta cuyo fruto es un grano achatado, como un botón, que se cultiva como alimento para el ganado. || Fruto de esta planta.

altruismo. m. Diligencia en procurar el bien ajeno aun a costa del propio.

altruista. adj. y s. Que profesa el altruismo.

altura. f. Elevación de cualquier cuerpo sobre la superficie de la Tierra: *la aeronave volaba a gran* ⌐. || En una figura plana o en un cuerpo, segmento perpendicular trazado desde un vértice al lado o cara opuestos. || Cumbre de los montes o parajes altos del campo. || Altitud, con relación al nivel del mar. || pl. Cielo.

alubia. f. Judía, planta fruto y semilla.

alucinación. f. Acción de alucinar o alucinarse. || Sensación subjetiva falsa.

alucinante. adj. Que alucina.

alucinar. tr. y prnl. Seducir o engañar, haciendo que se tome una cosa por otra. || intr. Confundirse, ofuscarse, desvariar.

Altramuz

alucinatorio, ria. adj. Relativo a la alucinación.

alucinógeno, na. adj. Que produce alucinación. Dícese especialmente de las drogas. Ú. t. c. s. m.

alud. m. Masa de nieve que se derrumba de los montes. || Masa grande de una materia que se desprende de una vertiente. Ú. en sent. fig.

aludir. ◁omitir. intr. Referirse, mencionar.

alumbrado. m. Conjunto o sistema de luces, iluminación.

alumbramiento. m. Acción y efecto de alumbrar. || Parto.

alumbrar. ≅iluminar. tr. Llenar de luz y claridad: *el Sol alumbra a la tierra; esta lámpara alumbra todo el salón.* Ú. t. c. intr.: *el Sol alumbra; esta lámpara alumbra bien.* || Poner luz o luces en algún lugar. || Acompañar con luz a otro. || intr. Parir la mujer.

alumbre. m. Sulfato doble de alúmina y potasa, usado en tintorería y medicina.

alúmina. f. Óxido de aluminio que se halla en la naturaleza a veces puro y cristalizado, y por lo común formando, en combinación con la sílice y otros cuerpos, los feldespatos y las arcillas.

aluminio. m. Metal de color y brillo similares a los de la plata, ligero y dúctil, muy maleable, buen conductor del calor y de la electricidad y resistente a la oxidación.

alumnado. m. Conjunto de alumnos de un centro docente.

alumno, na. m. y f. Persona que recibe enseñanza de otra, discípulo.

alunizaje. m. Acción y efecto de alunizar.

alunizar. intr. Posarse en la superficie de la Luna un aparato astronáutico.

alusión. f. Acción de aludir.

alusivo, va. ≅referente. adj. Que alude o implica alusión: *nota* ◠.

aluvión. Avenida fuerte de agua, inundación. || fig. Cantidad de personas o cosas agolpadas.

alveolar. adj. Relativo a los alveolos: *nervios, receptáculos* ◠*es.* || Dic. del sonido que se pronuncia acercando o aplicando la lengua a los alveolos de los incisivos superiores. || Díc. de la letra que representa este sonido.

alveolo o **alvéolo.** m. Celdilla del panal. || Cavidad en que están engastados los dientes. || Cada una de las fositas hemisféricas en que terminan las últimas ramificaciones de los bronquiolos.

alza. f. Aumento de precio: ◠ *de la moneda, de los productos alimenticios.* || Regla graduada en el cañón de las armas de fuego, que sirve para precisar la puntería.

alzacuello. m. Tira de tela endurecida o de material más o menos rígido, que se ciñe al cuello, usada por los eclesiásticos.

alzada. f. Estatura del caballo. || Recurso de apelación.

alzado, da. adj.Díc. del ajuste o precio que se fija en determinada cantidad. || m. Rebelde, sublevado. || Diseño de un edificio, máquina, aparato, etc., en su proyección geométrica y vertical, sin considerar la perspectiva.

alzamiento. m. Acción y efecto de alzar o alzarse. || Puja. || Levantamiento, rebelión.

alzapaño. m. Pieza recoger la cortina.

alzaprima. f. Palanca. || Cuña para realzar alguna cosa.

alzar. ◁bajar. tr. Levantar, mover hacia arriba: ◠ *el brazo.* || Construir, edificar. || En la misa, elevar la hostia y el cáliz tras la consagración. Ú. t. c. intr. || Quitar, recoger, guardar. || Sublevar, levantar en rebelión. Ú. t. c. prnl. || Sobresalir en una superficie.

allá. adv. l. Indica lugar lejano indeterminado. || adv. t. Denota tiempo remoto: ◠ *en tiempo de los godos.*

allanamiento. m. Acción y efecto de allanar o allanarse. || Acto de conformarse con una demanda o decisión.

allanar. ≅explanar. ≅igualar. tr. Poner llano. Ú. t. c. intr. y c. prnl. || Reducir una construcción o un terreno al nivel del suelo. || fig. Vencer alguna dificultad. || Pacificar, aquietar. || fig. Entrar a la fuerza en casa ajena y recorrerla contra la voluntad de su dueño.

allegado, da. adj. Cercano, próximo. || Pariente. Ú. m. c. s.

allegar. tr. Recoger, juntar. || Acercar una cosa a otra. Ú. t. c. prnl. || Agregar, añadir.

allende. adv. l. De la parte de allá. || adv. c. Además. || prep. Más allá de, de la parte de allá de. || Además, fuera de. Ú. t. c. adv. seguido de la prep. *de:* ↶ *de ser hermosa, era discreta.*

allí. adv. l. En aquel lugar. || A aquel lugar: *voy* ↶. || adv. t. Entonces: ↶ *fue el trabajo.*

ama. f. Señora de la casa o familia. || Dueña de algo. || La que tiene uno o más criados, respecto de ellos. || Criada principal de una casa. || Nodriza.

amabilidad. f. Calidad de amable.

amable. adj. Digno de ser amado. || Afable, complaciente.

amacigado, da. adj. De color amarillo.

amado, da. p. p. de amar. || m. y f. Persona amada.

amadrigar. tr. Acoger bien a uno sin merecerlo. || prnl. Meterse en la madriguera. || Retraerse.

amadrinar. tr. Ser madrina de algo.

amaestrado, da. p. p. de amaestrar. || adj. Dispuesto con arte y astucia.

amaestramiento. m. Acción y efecto de amaestrar.

amaestrar. ≅aleccionar. ≅instruir. tr. y prnl. Enseñar, adiestrar.

amagar. tr. e intr. Dejar ver la intención de ejecutar próximamente alguna cosa. || intr. Estar próximo a sobrevenir. || Hacer ademán de favorecer o hacer daño.

amago. m. Acción de amagar. || Señal o indicio de alguna cosa.

amainar. tr. Recoger las velas de una embarcación para que no camine tanto. || intr. Perder su fuerza el viento. || fig. Aflojar en algún deseo o empeño. Ú. t. c. tr.

amalgama. f. Aleación de mercurio con otro metal. || fig. Mezcla.

amalgamación. f. Acción y efecto de amalgamar o amalgamarse. || Método de extracción de metales nobles, a partir de sus minerales, poniendo a éstos en contacto con el mercurio.

amalgamar. tr. y prnl. Combinar el mercurio con otro u otros metales. || fig. Mezclar cosas de naturaleza distinta.

amamantamiento. m. Acción y efecto de amamantar.

amamantar. tr. Dar de mamar.

amancebamiento. ≅concubinato. m. Vida en común de hombre y mujer sin estar casados.

amancebarse. prnl. Unirse en amancebamiento.

amanecer. ≅aclarar. ≅alborear. ◁anochecer. intr. Empezar a aparecer la luz del día. || Estar en un paraje, situación o condición determinados al aparecer la luz del día. || Aparecer de nuevo o manifestarse alguna cosa al rayar el día. || fig. Empezar a manifestarse alguna cosa.

amanecer. m. Tiempo durante el cual amanece: *el* ↶ *de un día de mayo.*

amanerado, da. adj. y s. Que adolece de amaneramiento.

amaneramiento. m. Acción de amanerarse. || Falta de variedad en el estilo.

amanerarse. prnl. Contraer un artista, escritor u orador el vicio de dar a sus obras o a su palabra o expresión cierta uniformidad o monotonía. Ú. t. c. tr. || Contraer una persona vicio semejante en el modo de accionar, de hablar, etc.

amansamiento. m. Acción y efecto de amansar o amansarse.

amansar. tr. y prnl. Hacer manso a un animal, domesticarlo. || fig. Sosegar, mitigar. || fig. Domar el carácter violento de una persona. || intr. Apaciguarse, aminarar algo. || Ablandarse una persona en su carácter.

amante. p. a. de amar. Que ama. Ú. t. c. s. || adj. Por ext., dic. de lo relativo al amor. || m. pl. Hombre y mujer que se aman. || m. y f. Querido.

amanuense. com. Persona que escribe al dictado. || Escribiente.

amañar. tr. Componer mañosamente alguna cosa. Suele tener sentido peyorativo. || prnl. Darse maña, acomodarse con facilidad a hacer alguna cosa.

amaño. m. Disposición para hacer con maña alguna cosa. || fig. Traza o artificio. Ú. m. en pl. || pl. Herramientas apropiadas para algo.

amapola. f. Planta silvestre, con flores rojas y semilla negruzca.

amar. tr. Tener amor a personas, animales o

Amapola

cosas. || Tener amor a seres sobrenaturales. || Desear.

amarantáceo, a. adj. y s. Díc. de matas y arbolitos que tienen hojas opuestas o alternas, flores diminutas y por frutos, cápsulas; como el amaranto y la perpetua. Ú. t. c. s. f. || f. pl. Familia de estas plantas.

amarantina. f. Perpetua de flores encarnadas.

amaranto. m. Planta ornamental, de flores terminales en espiga, y, comúnmente, según las distintas variedades , carmesíes, amarillas, blancas o jaspeadas. || Color carmesí. Ú. t. c. adj. invariable.

amarar. intr. Posarse en el mar un hidroavión.

amargado, da. ≅malhumorado. ≅resentido. adj. Díc. de la persona que guarda algún resentimiento por frustraciones, disgustos, etc.

amargar. intr. Tener alguna cosa sabor o gusto amargo. Ú. t. c. prnl. || tr. Comunicar sabor desagradable a una cosa. || fig. Causar aflicción o disgusto. Ú. t. c. prnl. || Experimentar una persona resentimiento por frustraciones, fracasos, disgustos, etc. Ú. m. c. prnl.

amargo, ga. adj. Díc. de lo que tiene el sabor característico de la hiel, de la quinina y de otros alcaloides. || fig. Que causa aflicción. || fig. Áspero y de genio desabrido. || fig. Que implica amargura. || m. Substancia de sabor amargo.

amargor. m. Sabor amargo. || fig. Amargura, aflicción, disgusto.

amarguera. ≅matabuey. f. Planta de flores amarillas y frutos ovales.

amargura. ≅amargor. ≅pena. ≅pesar. f. Gusto amargo. || fig. Aflicción.

amariconado, da. adj. Afeminado.

amarilidáceo, a. adj. y s. Díc. de las plantas con semillas de albumen carnoso, como el narciso, el nardo y la pita. || f. pl. Familia de estas plantas.

amarilis. f. Nombre de varias plantas con flores de colores muy vivos, como la azucena de Santa Paula, la flor de lis y el lirio de Guernesey.

amarillear. intr. Ir tomando una cosa color amarillo. || Palidecer.

amarillecer. intr. Ponerse amarillo.

amarillento, ta o **amarillejo, ja.** adj. Que tira a amarillo.

amarillez. f. Calidad de amarillo: *la* ⌣ *de la muerte empezaba a invadir su rostro.*

amarillo, lla. adj. De color semejante al del oro, el limón, etc. Ú. t. c. s. || Pálido, demacrado. || Díc. de los individuos de raza asiática. || Apl. a las organizaciones obreras, prensa, etc., que prestan su apoyo a la patronal.

amariposado, da. adj. De figura semejante a la de la mariposa: *la corola de las flores de plantas papilináceas son* ⌣*s.*

amaromar. tr. Amarrar.

amarra. f. Cabo con que se asegura la embarcación en el puerto o paraje donde da fondo. || pl. fig. y fam. Protección, apoyo: *Pedro tiene buenas* ⌣*s.*

amarraco. m. Tanteo de cinco puntos en el juego mus.

amarradero. m. Poste, pilar o argolla donde se amarra alguna cosa. || Sitio donde se amarran los barcos.

amarrado, da. p. p. de amarrar. || adj. Atado. || Tacaño, avaro.

amarradura. f. Acción y efecto de amarrar.

amarraje. m. Impuesto que se paga por el amarre de las naves en un puerto.

amarrar. tr. Atar con cuerdas, maromas, cadenas, etc. || Por ext., atar, sujetar. || Sujetar el buque en el amarradero. || prnl. Asegurarse.

amarre. m. Acción y efecto de amarrar.

amartelado, da. p. p. de amartelar. || adj. Que implica amartelamiento.

amartelamiento. m. Exceso de galantería o rendimiento amoroso.

amartelar. tr. Atormentar, dar cuidado y especialmente atormentar con celos. Ú. t. c. prnl. || Dar cuidado amoroso; enamorar. || prnl. Enamorarse de una persona o cosa.

amartillar. tr. Martillar. || Poner un arma de fuego en disposición de funcionar. || fig. Afianzar, asegurar.

amasadera. f. Artesa para amasar.

amasadura. f. Acción de amasar.

amasar. tr. Hacer masa, mezclando harina, yeso, tierra o cosa semejante con agua u otro líquido. || fig. Unir, amalgamar. || fig. y fam. Disponer bien las cosas para el logro de lo que se intenta. Suele tener sentido peyorativo.

amasijo. m. Harina amasada para hacer pan. || Acción de amasar y disponer las cosas necesarias para ello. || Porción de masa hecha con yeso, tierra, etc., y agua u otro líquido. || fig. y fam. Obra, tarea. || fig. Mezcla desordenada de cosas o especies heterogéneas.

amateur. ∫∫amateurs. adj. y s. Aficionado, no profesional.

amatista. f. Cuarzo transparente, de color violeta. Se llama también *falsa amatista,* para distinguirla de la amatista oriental. Se usa como piedra semipreciosa. ◆ **oriental.** Variedad morada del corindón, utilizada como piedra preciosa.

amatorio, ria. ≅amoroso. adj. Relativo al amor: *poesía* ∽. || Que induce a amar.

amaurosis. f. Privación total de la vista, ocasionada por lesión en la retina, en el nervio óptico o en el encéfalo.

amazacotado, da. adj. Pesado, groseramente compuesto a manera de mazacote. || fig. Dicho de obras literarias o artísticas, pesado, confuso, falto de orden, proporción, gracia y variedad.

amazona. f. Mujer de alguna de las razas guerreras que suponían los antiguos haber existido en los tiempos heroicos. || fig. Mujer de ánimo varonil. || fig. Mujer que monta a caballo. || fig. Traje de falda que usan algunas mujeres para montar a caballo.

amazonense. adj. y s. De Amazonas.

amazónico, ca o **amazonio, nia.** adj. Relativo a las amazonas o al río Amazonas.

ambages. m. pl. fig. Rodeos de palabras. Ú. m. en la loc. *sin ambages.*

ámbar. m. Resina fósil, de color amarillo más o menos obscuro, electrizable, con buen olor. || Perfume delicado.

ambarino, na. adj. Relativo al ámbar.

ambición. f. Deseo ardiente de conseguir poder, riquezas, dignidades o fama.

ambicionar. ≅ansiar. ≅codiciar. tr. Desear ardientemente.

ambicioso, sa. adj. Que tiene ambición. Ú. t. c. s. || Que ansía algo. Ú. t. c. s. || Díc. de lo que demuestra ambición.

ambidextro, tra o **ambidiestro, tra.** adj. Que

usa igualmente de la mano izquierda y de la derecha.

ambientación. f. Acción y efecto de ambientar. || Presentación de una obra, artística o literaria, de acuerdo con las circunstacias peculiares de la época en que se desarrolla la acción.

ambiental. adj. Relativo al ambiente, esto es, a las circunstancias que rodean a las personas, animales o cosas.

ambientar. tr. Sugerir los rasgos del medio en que ocurre la acción de una obra literaria. || Proporcionar a un lugar un ambiente adecuado, mediante decoración, luces, objetos, etc. || Acostumbrar una persona a un medio desconocido o guiarla u orientarla en él. Ú. m. c. prnl.

ambiente. adj. Apl. a cualquier fluido que rodea un cuerpo. || m. Condiciones o circunstancias de un lugar, que parecen favorables o no para las personas, animales o cosas que en él están. || Sin adj., ambiente propicio, agradable, etc.: *me fui del baile porque no había* ∽.

ambigú. m. Bufé.

ambigüedad. f. Calidad de ambiguo.

ambiguo, gua. adj. Que puede entenderse de varios modos. || Díc. de quien con sus palabras o comportamiento vela o no define claramente sus actitudes u opiniones. || Incierto, dudoso.

ámbito. m. Contorno de un espacio o lugar. || Espacio comprendido dentro de límites determinados.

ambivalencia. f. Condición de lo que se presta a dos interpretaciones opuestas.

ambivalente. adj. Relativo a la ambivalencia.

ambladura. ≅andadura. f. Acción y efecto de amblar: *paso de* ∽.

amblar. intr. Andar un animal moviendo a un tiempo el pie y la mano de un mismo lado, como hacen, entre otros, la jirafa.

ambliopía. f. Debilidad o disminución de la vista, sin lesión orgánica del ojo.

ambos, bas. adj. pl. El uno y el otro; los dos.

ambrosía o **ambrosia.** f. poét. Manjar de los dioses. || fig. Comida o bebida exquisita.

ambulacro. m. Cada uno de los apéndices tubuliformes y eréctiles de los equinodermos dispuestos en series radiales.

ambulancia. f. Hospital móvil de un ejército. || Vehículo para el transporte de heridos y enfermos.

ambulante. adj. Que va de un lugar a otro sin tener asiento fijo. Ú. t. c. s.: *vendedor* ∽.

ambulatorio, ria. adj. Díc. de las diferentes formas de enfermedad o tratamiento que no obligan a estar en cama. || Relativo a la práctica de andar. || m. Dispensario que atiende estas enfermedades.

ameba. f. Protozoo que se caracteriza por su forma cambiante, debida a la falta de membrana, y por su movimiento ameboide a base de seudópodos, que también utilizan para capturar alimentos. Existen numerosas especies, de las que unas son parásitas de animales, otras viven en las aguas dulces o marinas y algunas en la tierra húmeda. || f. pl. Orden de estos animales.

ameboide o **ameboideo, a.** adj. Relativo a las amebas: *movimientos* ∽s.

amedrentar. ≅atemorizar. ≅intimidar. tr. y prnl. Infundir miedo.

amén. Voz que se dice al fin de las oraciones con el significado de *así sea.* || ú. para manifestar asentimiento o vivo deseo de que tenga efecto lo que se dice. Ú. t. c. s. m. || adv. Además. || Salvo, excepto.

amenaza. f. Acción de amenazar. || Dicho o hecho con que se amenaza.

amenazador, ra o **amenazante.** adj. Que amenaza.

amenazar. ≅amagar. ≅conminar. tr. Dar a entender con actos o palabras que se quiere hacer

Amebas

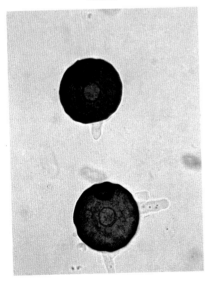

algún mal a otro. || Anunciar: *el cielo amenaza lluvia.* Ú. t. c. intr.

amenguar. tr. e intr. Disminuir, menoscabar.

amenidad. f. Calidad de ameno.

amenizar. tr. Hacer ameno: *una orquesta amenizaba el local.*

ameno, na. ≅agradable. ≅placentero. adj. Grato, deleitable: *escritor, trato, conversación* ∽.

amenorrea. f. Supresión del flujo menstrual.

amerengado, da. adj. Como el merengue. || fig. Afectado, remilgado.

americanismo. m. Calidad o condición de americano. || Carácter genuinamente americano. || Amor o apego a las cosas características o típicas de América. || Vocablo, giro, rasgo fonético, gramatical o semántico de alguna lengua indígena de América o del español hablado en algún país de América.

americanista. adj. Relativo a América. || com. Persona que cultiva y estudia las lenguas y culturas de América, y, en general, sus peculiaridades de todo orden, antiguas y modernas.

americanización. f. Acción y efecto de americanizar o americanizarse.

americanizar. tr. Dar carácter americano. || prnl. Tomar este carácter.

americano, na. adj. y s. De América. Se emplea a veces, refiriéndose a los estadounidenses.

americio. m. Elemento radiactivo artificial que se obtiene bombardeando el plutonio con neutrones. Peso atómico, 243; núm. atómico, 95; símbolo, Am.

amerindio, dia. adj. y s. Indio americano.

amerizaje. m. Acción y efecto de amerizar.

amerizar. intr. Posarse en el agua un hiroavión, aeronave, etc.

ametrallador, ra. adj. Que ametralla: *fusil* ∽. || f. Arma de fuego automática que dispara proyectiles por ráfagas.

ametrallamiento. m. Acción y efecto de ametrallar.

ametrallar. tr. Disparar metralla contra el enemigo. || Disparar con ametralladora o fusil ametrallador. || Disparar con automaticidad y elevada frecuencia.

amianto. m. Mineral de fibras blancas y flexibles, de aspecto sedoso. Se hacen con él tejidos incombustibles.

amida. f. Cada uno de los compuestos nitrogenados que resultan de substituir uno, dos o los tres hidrógenos del amoniaco por radicales ácidos.

amigable. adj. Afable, que convida a la amistad. || Amistoso.

amígdala. f. Órgano formado por la unión de numerosos nódulos linfáticos. ◆ **faríngea.** La situada en la porción nasal de la faringe. ‖ **lingual.** La situada en la base de la lengua. ‖ **palatina.** Cada uno de los dos cuerpos glandulares y rojizos que el hombre y algunos animales tienen entre los pilares del velo del paladar. Cumplen una función defensiva contra las infecciones.

amigdaláceo, a. adj. y s. Díc. de los árboles o arbustos de fruto drupáceo con hueso que encierra una almendra por semilla, como el almendro, melocotonero, albaricoque, guindo, cerezo, ciruelo, endrino, etc. ‖ f. pl. Familia de estas plantas.

amigdalitis. f. Inflamación de las amígdalas.

amigo, ga. ◁enemigo. adj. Que tiene amistad. Ú. t. c. s. ‖ Amistoso. ‖ fig. Aficionado, inclinado a alguna cosa. ‖ poét. Benéfico, benigno, grato. ‖ Ú. como tratamiento afectuoso, aunque no haya verdadera amistad.

amigote. m. aum. de amigo. ‖ desp. Compañero habitual de francachelas y diversiones poco recomendables.

amiguete. m. dim. fam. de amigo.

amilanado, da. adj. Cobarde.

amilanamiento. m. Acción y efecto de amilanar o amilanarse.

amilanar. tr. fig. Causar miedo, acobardar. ‖ prnl. Amedrentarse, abatirse.

amilasa. f. Enzima que convierte el almidón en el disacárido maltosa.

amilo. m. Radical monovalente de hidrocarburo saturado con cinco átomos de carbono en su cadena.

amillaramiento. m. Acción y efecto de amillarar. ‖ Padrón en que constan los bienes amillarados.

amillarar. tr. Regular los caudales y granjerías de los vecinos de un pueblo para repartir entre ellos las contribuciones.

amina. f. Substancia química que se forma substituyendo uno o dos átomos de hidrógeno del amoniaco por radicales alcohólicos.

aminar. tr. Introducir en una molécula orgánica un radical amínico.

amínico, ca. adj. Relativo a las aminas.

amino. m. Radical monovalente formado por un átomo de nitrógeno y dos de hidrógeno, que constituye el grupo fundamental de las aminas y otros compuestos orgánicos.

aminoácido. m. Substancia orgánica en cuya composición molecular entran un grupo amínico y

otro carboxílico; 20 de tales substancias son los componentes básicos de las proteínas.

aminorar. tr. y prnl. Disminuir, reducir algo.

amistad. f. Afecto entre las personas, desinteresado y, ordinariamente, recíproco. ‖ pl. Personas con las que se tiene amistad.

amistar. tr. y prnl. Unir en amistad. ‖ Reconciliar a los enemistados.

amistoso, sa. ≅afable. adj. Relativo a la amistad: *trato* ∽; *correspondencia.* ∽.

amito. m. Lienzo que sacerdotes y diáconos se visten bajo el alba, sobre los hombros.

amitosis. f. División directa del núcleo celular, sin fases preparatorias como en la mitosis.

amnesia. f. Pérdida o debilidad notable de la memoria.

amnésico, ca. adj. Relativo a la amnesia. ‖ Que padece amnesia. Ú. t. c. s.

amnios. m. Membrana interna que envuelve al feto.

amniótico, ca. adj. Relativo al amnios: *líquido* ∽.

amnistía. f. Perdón colectivo decretado por el gobierno para determinados delitos, particularmente políticos.

amnistiar. tr. Conceder amnistía.

amo. m. Cabeza o señor de la casa o familia. ‖ Dueño de alguna cosa. ‖ Quien tiene uno o más criados, respecto de ellos. ‖ Mayoral o capataz. ‖ Persona que tiene predominio o ascendente decisivo sobre otra u otras.

amodorrado, da. adj. Que tiene modorra.

amodorramiento. ≅modorra. ≅sopor. m. Acción y efecto de amodorrarse.

amodorrarse. prnl. Caer en modorra.

amojamamiento. m. Delgadez, sequedad de carnes.

amojamar. tr. Hacer mojama. ‖ prnl. Acecinarse.

amojonamiento. ≅mojonación. m. Acción y efecto de amojonar. ‖ Conjunto de mojones.

amojonar. tr. Señalar con mojones los límites de una propiedad.

amoladera. adj. y s. Piedra de amolar.

amolar. tr. Sacar corte o punta con la muela. ‖ fig. Adelgazar, enflaquecer. ‖ fig. y fam. Fastidiar, molestar.

amoldamiento. m. Acción de amoldar o amoldarse.

amoldar. tr. y prnl. Ajustar una cosa al molde. ‖ fig. Acomodar a la forma conveniente: ∽ *el pie al zapato.* ‖ fig. Ajustar la conducta de alguien a una pauta determinada.

amomo. m. Planta tropical, con flores en espiga y semillas aromáticas y de sabor muy acre y estimulante, que se usan en medicina.

amonedar. tr. Reducir a moneda algún metal.

amonestación. f. Acción y efecto de amonestar.

amonestar. tr. Hacer presente alguna cosa para que se considere, procure o evite. || Advertir, prevenir. || Publicar en la iglesia los nombres de las personas que quieren casarse.

amoniacal. adj. Relativo al amoniaco: *olor* ᔚ.

amoniaco, ca o **amoníaco, ca.** m. Gas incoloro, de olor irritante, soluble en agua, compuesto de tres átomos de hidrógeno y uno de nitrógeno (NH3). Se obtiene por síntesis del nitrógeno y del hidrógeno sometidos a altas presiones y temperatura y es un producto básico en la industria química.

amónico, ca. adj. Relativo al amonio: *sales* ᔚs.

amonio. m. Radical monovalente de fórmula NH4. Este compuesto se forma al combinarse el amoniaco con los ácidos, y da origen a sales amónicas, muy usadas en la industria, la medicina y en agricultura, como abonos.

amonita. adj. y s. Individuo de un pueblo bíblico de Mesopotamia, descendiente de Amón, hijo de Lot. || f. Mezcla explosiva cuyo principal componente es el nitrato amónico.

amonites. m. Cefalópodo fósil con la concha en espiral.

amontonamiento. m. Acción y efecto de amontonar o amontonarse.

amontonar. tr. Poner unas cosas sobre otras sin orden ni concierto. Ú. t. c. prnl. || Apiñar. || Juntar, allegar cosas en abundancia. || Mezclar

Amonites

varias especies sin orden: ᔚ *textos, sentencias, palabras.* || prnl. Sobrevenir muchos sucesos en poco tiempo.

amor. m. Sentimiento que mueve a desear que la realidad amada, otra persona, un grupo humano o alguna cosa, alcance lo que se juzga su bien, a procurar que ese deseo se cumpla y a gozar como bien propio el hecho de saberlo cumplido. || Pasión que atrae un sexo hacia el otro. || Persona amada: *vino ayer mi* ᔚ. || Esmero: *pinta con* ᔚ. || pl. Relaciones amorosas: *nuestros* ᔚes *comenzaron hace tiempo.* || Objeto de cariño especial: *sus* ᔚes son la filatelia.

amoral. adj. Persona desprovista de sentido moral. || Aplícase también a las obras humanas, especialmente a las artísticas, en las que de propósito se prescinde del fin moral.

amoralidad. f. Condición de amoral.

amoratado, da. ≅cárdeno. adj. Que tira a morado.

amoratarse. prnl. Ponerse morado.

amorcillo. m. En las artes plásticas, niño desnudo y alado, generalmente portador de un emblema del amor: flechas, carcaj, venda, paloma, rosas, etc.

amordazamiento. m. Acción y efecto de amordazar.

amordazar. tr. Poner mordaza. || fig. Impedir mediante coacción hablar o expresarse libremente.

amorfo, fa. adj. Sin forma regular o bien determinada.

amorío. m. fam. Enamoramiento. || Relación amorosa que se considera superficial y pasajera. Ú. m. en pl.

amormío. m. Planta perenne de hojas largas y estrechas y flores blancas poco olorosas.

amoroso, sa. ≅cariñoso. ≅tierno. adj. Que siente amor: *padre* ᔚ. || Que manifiesta amor: *carta* ᔚ. || fig. Blando, fácil de labrar o cultivar. || fig. Templado, apacible: *la tarde está* ᔚ.

amortajar. tr. Poner la mortaja al difunto. || Por ext., cubrir, envolver.

amortiguación. f. Amortiguamiento.

amortiguador, ra. adj. Que amortigua. || m. Resorte o mecanismo para evitar el efecto de las sacudidas bruscas. Se aplica a los barómetros marinos, a las cajas de los vehículos, a las carrocerías de los automóviles, etc.

amortiguamiento. m. Acción y efecto de amortiguar o amortiguarse. || Disminución progresiva, en el tiempo, de la intensidad de un fenómeno periódico.

amortiguar. tr. Dejar como muerto. Ú. t. c.

prnl. || fig. Hacer menos intensa o viva alguna cosa: ∽ *el fuego, el ruido, una pasión.* Ú. t. c. prnl. || fig. Templar la viveza de los colores.

amortización. f. Acción y efecto de amortizar.

amortizar. tr. Pasar los bienes a manos muertas. || Redimir o extinguir el capital de un censo o deuda. || Recuperar o compensar los fondos invertidos. || Suprimir empleos o plazas en un cuerpo u oficina.

amoscarse. prnl. fam. Enfadarse.

amostazar. tr. y prnl. fam. Irritar, enojar.

amotinado, da. adj. y s. Persona que toma parte en un motín.

amotinamiento. m. Acción y efecto de amotinar o amotinarse.

amotinar. ≅ soliviantar. ≅ sublevar. tr. Provocar un motín. || prnl. Sublevarse contra la autoridad constituida.

amparar. tr. Favorecer, proteger. || prnl. Valerse del favor o protección de alguno. || Defenderse, guarecerse.

amparo. m. Acción y efecto de amparar o ampararse. || Abrigo o defensa.

ampelografía. f. Descripción de las variedades de la vid y conocimiento de los modos de cultivarlas.

amperaje. m. Cantidad de amperios que actúan en un aparato o sistema eléctrico.

amperímetro. m. Aparato para medir el número de amperios de una corriente eléctrica.

amperio. m. Unidad de intensidad de corriente eléctrica. Es la intensidad de una corriente que transporta un culombio por segundo.

ampliación. f. Acción y efecto de ampliar. || Fotografía ampliada.

ampliador, ra. adj. y s. Que amplía. || m. y f. Aparato para obtener copias fotográficas ampliadas.

ampliar. tr. Extender, dilatar. || Reproducir fotografías, planos, textos, etc., en tamaño mayor del original.

amplificación. f. Acción y efecto de amplificar.

amplificador, ra. adj. Que amplifica. Ú. t. c. s. || m. Aparato que aumenta la amplitud o intensidad de un fenómeno físico.

amplificar. tr. Ampliar, extender. || Aumentar la amplitud o intensidad de un fenómeno físico mediante un dispositivo o aparato.

amplio, plia. adj. Extenso, dilatado.

amplitud. f. Extensión, dilatación. || Capacidad de comprensión intelectual o moral: ∽ *de miras;* ∽ *de criterio.*

ampo. m. Blancura resplandeciente. || Copo de nieve.

ampolla. f. Vejiga formada por la elevación de la epidermis. || Vasija de cuello largo y angosto y de cuerpo ancho y redondo. || Pequeño recipiente de vidrio cerrado herméticamente, que contiene por lo común una dosis de líquido inyectable. || Vinajera. || Burbuja que se forma en el agua cuando hierve.

ampolleta. f. Reloj de arena.

ampulosidad. f. Calidad de ampuloso.

ampuloso, sa. adj. Hinchado y redundante: *lenguaje, estilo.* ∽.

amputar. tr. Cortar y separar enteramente del cuerpo un miembro o parte de él.

amueblar. tr. Dotar de muebles.

amuleto. ≅ mascota. ≅ talismán. m. Medalla u otro objeto al que se atribuye virtud sobrenatural para alejar algún daño o peligro.

amura. f. Parte de los costados del buque donde este empieza a estrecharse para formar la proa. || *Mar.* Cabo que hay en cada uno de los puños bajos de las velas.

amurallado, da. adj. Protegido o cercado por murallas: *ciudad* ∽.

amurallar. tr. Rodear con murallas.

amustiar. tr. y prnl. Poner mustio.

ana. f. Medida de longitud de un metro aproximadamente.

anabaptismo. m. Secta de los anabaptistas.

anabaptista. adj. y s. Individuo de un movimiento surgido dentro de la Reforma protestante que rechaza el bautismo antes del uso de la razón.

anabolizantes. m. pl. Grupo de substancias, andrógenos naturales y sintéticos, que estimulan un mejor aprovechamiento de las proteínas.

anacanto. adj. s. Díc. de peces con aletas de radios blandos y flexibles, como la merluza, el bacalao, etc.

anacarado, da. adj. De color de nácar.

anacardiáceo, a. adj. y s. Díc. de árboles o arbustos de corteza resinosa, hojas alternas, flores en racimo y fruto en drupa o seco. || f. pl. Familia de estas plantas.

anacardo. m. Árbol que crece hasta 20 m., cuyo pedúnculo se hincha en forma de pera comestible. || Fruto de este árbol.

anaco. m. Tela rectangular que se ciñen las indias a la cintura.

anaconda. f. Boa americana que llega a tener 10 m. de longitud. Vive a orillas de los ríos.

anacoreta. ≅ eremita. ≅ ermitaño. com. Persona que vive en lugar solitario, entregada a la contemplación y a la penitencia.

anacreóntico, ca. adj. Propio de Anacreonte o semejante a su estilo: *oda, verso* ⌐.

anacrónico, ca. adj. Que adolece de anacronismo.

anacronismo. m. Error en la época a que corresponde alguna cosa. || Cosa impropia de las costumbres o ideas de una época.

ánade. amb. Pato.

anaerobio. adj. y s. Ser vivo que puede vivir y desarrollarse sin oxígeno.

anafe. m. Hornillo portátil.

anafilaxia o **anafilaxis.** f. Sensibilidad exagerada del organismo a la acción de ciertas substancias orgánicas después de haberle sido inyectadas por primera vez.

anafrodisia. f. Disminución o falta del apetito venéreo.

anafrodita. adj. y s. Que se abstiene de placeres sensuales.

anáglifo. m. Vaso u otra obra tallada, de relieve abultado. || Procedimiento de visión estereoscópica de fotografías, basado en el uso de colores complementarios, generalmente el rojo y el verde.

anagliptografía. f. Escritura en relieve para los ciegos.

anagrama. m. Palabra que resulta de la transposición de las letras de otra: *amor, Roma*.

anal. adj. Relativo al ano: *músculo* ⌐.

analectas. f. pl. Florilegio.

analéptico, ca. adj. Que restablece las fuerzas: *régimen* ⌐.

anales. m. pl. Relaciones de sucesos por años.

analfabetismo. m. Falta de instrucción elemental en un país.

analfabeto, ta. adj. y s. Que no sabe leer. || fig. Ignorante.

analgesia. f. Ausencia de toda sensación dolorosa.

analgésico, ca. adj. y s. Que produce analgesia o calma el dolor.

análisis. m. Distinción y separación de las partes de un todo hasta llegar a conocer sus principios o elementos. || *Gram.* Examen de los componentes del discurso y de sus respectivas propiedades y funciones. || *Mat.* Arte de resolver problemas por el álgebra. || *Med.* Examen químico o bacteriológico de los humores, secreciones o tejidos con un fin diagnóstico.

analista. com. Persona que hace análisis. || Psicoanalista. || En informática, persona que define un problema, determina exactamente lo que se re-

quiere para resolverlo y establece las líneas generales de su solución.

analítico, ca. adj. Relativo al análisis. || Que procede por vía de análisis.

analizador, ra. adj. y s. Que analiza.

analizar. ≅distinguir. ≅examinar. tr. Hacer análisis de alguna cosa.

analogía. f. Relación de semejanza entre cosas distintas. || Parte de la gramática, que trata de los accidentes y propiedades de las palabras consideradas aisladamente. Corresponde en general a lo que hoy es más frecuente llamar morfología. || *Der.* Método por el que una regla de ley o de derecho se extiende a campos no comprendidos en ella.

analógico, ca. adj. Análogo. || *Ling.* Perteneciente o relativo a la analogía.

análogo, ga. adj. Que tiene analogía con otra cosa.

anamnesis o **anamnesia.** f. Examen clínico de los antecedentes patológicos del enfermo.

anamorfosis. f. Pintura o dibujo que sólo ofrece una imagen regular desde un determinado punto de observación.

ananás o **ananá.** m. Planta tropical, de fruto grande en forma de piña, carnoso y suculento. || Fruto de esta planta.

anapesto. m. Pie de la poesía griega y latina formado por dos sílabas breves y una larga.

anaplastia. f. Reconstitución de tejidos del cuerpo a base de otros del mismo individuo.

anaptixis. f. Desarrollo de la resonancia vocálica de las sonánticas hasta convertir esta resonancia en vocal, como en *corónica* por *crónica*.

anaquel. m. Tabla colocada horizontalmente en muros, armarios, etc.

anaquelería. f. Conjunto de anaqueles.

anaranjado, da. adj. y s. De color semejante al de la naranja. Es el segundo del espectro solar.

anarcosindicalismo. m. Forma de anarquismo que atribuye a los sindicatos un papel destacado en la emancipación de la clase obrera.

anarcosindicalista. adj. Propio del anarcosindicalismo. || com. Persona que profesa el anarcosindicalismo.

anarquía. f. Falta de todo gobierno en un Estado. || fig. Desorden, confusión, por ausencia o flaqueza de la autoridad pública. || Por ext., desconcierto, incoherencia, barullo.

anárquico, ca. adj. Relativo a la anarquía.

anarquismo. m. Doctrina política y social que preconiza la completa libertad del individuo, la abolición de Estado y la supresión de la propiedad privada.

anarquista. ≅ácrata. ≅libertario. adj. Propio del anarquismo o de la anarquía. || com. Persona que profesa el anarquismo, o desea o promueve la anarquía.

anarquizar. intr. Propagar el anarquismo.

anastigmático, ca. adj. Relativo al anastigmatismo: *objetivo* ᴧ.

anastigmatismo. m. Propiedad que poseen ciertos sistemas ópticos de evitar el astigmatismo.

anástrofe. ≅hipérbaton. f. *Gram.* Inversión violenta en el orden de las palabras de una oración.

anatema. amb. Excomunión. || Maldición, imprecación.

anatematizar. tr. Imponer el anatema. || Maldecir. || fig. Reprobar, condenar.

anatomía. f. Ciencia que estudia el número, estructura, situación y relaciones de las diferentes partes de los cuerpos orgánicos, especialmente el humano. || *Biol.* Disección. || *Esc.* y *Pint.* Disposición de los miembros externos del cuerpo humano o del de los animales.

anatómico, ca. adj. Perteneciente o relativo a la anatomía. || m. y f. Anatomista.

anatomista. com. Profesor de anatomía.

anca. ≅grupa. f. Cada una de las dos mitades laterales de la parte posterior de las caballerías y otros animales. || Cadera.

ancestral. adj. Relativo a los antepasados. || Tradicional y de origen remoto.

ancestro. m. Antepasado. Ú. m. en pl.

ancianidad. ≅senectud. ≅vejez. f. Último período de la vida ordinaria del hombre.

anciano, na. adj. y s. Persona que tiene muchos años y de lo que es propio de tales personas.

ancla. f. Instrumento de hierro, en forma de arpón o anzuelo doble, que sirve para sujetar las naves al fondo del mar.

anclaje. m. Acción de anclar la nave. || Fondeadero. || Tributo que se paga por fondear en un puerto. || Conjunto de elementos destinados a fijar algo firmemente al suelo.

anclar. ≅fondear. intr. Quedar sujeta la nave por medio del ancla. || fig. Sujetar algo firmemente al suelo.

ancón. m. Ensenada pequeña en que se puede fondear. || Cada una de las ménsulas que sostienen una cornisa.

áncora. f. Ancla. || fig. Defensa, refugio.

ancho, cha. adj. Que tiene más o menos an-

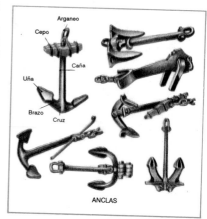

ANCLAS

chura. || Que tiene anchura excesiva. || Holgado, amplio: *vestido* ᴧ. || Desembarazado, libre. || Orgulloso: *estar* o *ponerse* ᴧ. || m. Anchura: *el* ᴧ *del paño.*

anchoa. f. Boquerón curado en salmuera con parte de su sangre.

anchura. f. La menor de las dos dimensiones principales que tienen las cosas o figuras planas. || En una superficie, su dimensión considerada de derecha a izquierda o de izquierda a derecha. || En objetos de tres dimensiones, la segunda en magnitud. || Amplitud o capacidad grandes. || fig. Libertad, soltura, desahogo.

anchuroso, sa. adj. Muy ancho o espacioso.

andada. f. Pan muy delgado y llano que al cocer queda muy duro y sin miga. || pl. Entre cazadores, huellas de animales.

andaderas. f. pl. Aparato para que el niño aprenda a andar.

andado, da. adj. Transitado. || Común y ordinario. || Usado o gastado: *ropa, vestido* ᴧ.

andador, ra. ≅andariego. ≅andarín. adj. y s. Que anda mucho o con velocidad. || m. Avisador. || pl. Andaderas.

andadura. f. Acción o modo de andar.

andalucismo. m. Locución, giro o modo de hablar peculiar y propio de los andaluces. || Amor o apego a las cosas características o típicas de Andalucía.

andalucita. f. Silicato de alúmina natural.

andaluz. adj. y s. De Andalucía. || Díc. de la variedad de la lengua española hablada en Andalucía.

andamiaje. m. Armazón para levantar un andamio. || Conjunto de andamios.

andamio. m. Armazón de tablones o vigas para trabajar en la construcción o reparación de edificios, pintar paredes o techos, etc. || Tablado que se pone en las plazas o sitios públicos.

andana. f. Orden de algunas cosas puestas en línea: *navío con dos* ∽*s de piezas de artillería.*

andanada. f. Descarga cerrada de toda una andana o batería de cualquiera de los dos costados de un buque. || Localidad cubierta y con diferentes órdenes de gradas en las plazas de toros. || fig. Represión: *le soltó una* ∽.

andante. adj. Que anda: *caballero, caballería* ∽. || m. *Mús.* Composición o parte de ella que se ha de ejecutar con este movimiento.

andantino. adv. m. Movimiento musical más vivo que el andante.

andanza. f. Suerte, buena o mala. || pl. Peripecias, aprietos, trances.

andar. intr. Ir de un lugar a otro dando pasos. Ú. t. c. prnl. || Funcionar un mecanismo. || Transcurrir el tiempo. || fig. Estar: ∽ *uno bueno o malo.* || tr. Recorrer: ∽ *el camino.*

andariego, ga. adj. y s. Andador, que anda mucho.

andarín, na. adj. y s. Persona andadora.

andarivel. m. Maroma tendida entre las dos orillas de un río o canal. || Cuerda colocada en diferentes sitios del buque, a manera de pasamanos.

andas. f. pl. Tablero sostenido por dos barras horizontales para conducir imágenes, personas o cosas. || Féretro con varas.

andén. m. Corredor o sitio destinado para andar. || En las estaciones de los ferrocarriles, especie de acera a lo largo de la vía. || En los puertos de mar, espacio de terreno sobre el muelle. || Acera de un puente.

andino, na. adj. Relativo a la cordillera de los Andes.

andoba o **andóbal.** m. y f. Persona cualquiera que no se nombra.

andorga. f. fam. Vientre, barriga.

andorrano, na. adj. y s. De Andorra.

andrajo. ≅ harapo. m. Pedazo o jirón de ropa muy usada. || fig. y desp. Persona o cosa muy despreciable.

andrajoso, sa. adj. Cubierto de andrajos.

andrino. m. Endrino.

androceo. m. Conjunto de los estambres de una flor. Es el órgano reproductor masculino de las plantas fanerógamas.

andrógino, na. ≅ bisexual. ≅ hermafrodita. adj. Díc. del organismo animal o vegetal que reúne en un mismo individuo los dos sexos.

androide. m. Autómata de figura de hombre.

andurrial. m. Paraje extraviado o fuera del camino. Ú. m. en pl.

anea. f. Planta que crece en sitios pantanosos. Sus hojas se emplean para hacer asientos de sillas, ruedos, etc. || Espadaña.

anécdota. f. Relato breve de un suceso curioso que se hace como ilustración, ejemplo o entretenimiento. || Este mismo suceso.

anecdotario. m. Colección de anécdotas.

anecdótico, ca. Relativo a la anécdota.

anegadizo, za. adj. y s. Que frecuentemente se anega o inunda.

anegar. tr. Ahogar a uno sumergiéndolo en el agua. Ú. t. c. prnl. || Inundar de agua. Ú. m. c. prnl. || Abrumar, agobiar. || prnl. Naufragar la nave.

anejo, ja. adj. y s. Anexo, agregado. || m. Iglesia dependiente de otra principal. || Grupo de población rural incorporado a otro para formar un municipio.

anélido. adj. Díc. de animales del tipo de los gusanos que tienen el cuerpo casi cilíndrico, con anillos o pliegues transversales externos, como la sanguijuela y la lombriz. || m. pl. Clase de estos animales.

Gusano anélido

anemia. f. Empobrecimiento de la sangre, por disminución de su cantidad total, como ocurre después de las hemorragias, o por enfermedades que amenguan la cantidad de hemoglobina y el número de glóbulos rojos.

anémico, ca. adj. Relativo a la anemia. || Que padece anemia. Ú. t. c. s.

anemócoro, ra. adj. Díc. de las plantas cuyas semillas o frutos se diseminan por medio del viento.

anemófilo, la. adj. Díc. de las plantas cuya polinización se produce por medio del viento.

anemógamo, ma. adj. Díc. de las flores cuya polinización se produce mediante el concurso del aire.

anemografía. f. Parte de la meteorología que trata de la descripción de los vientos.

anemógrafo. m. El que profesa la anemografía. || Anemómetro registrador gráfico.

anemometría. f. Parte de la meteorología, que enseña a medir la velocidad o la fuerza del viento.

anemómetro. m. Instrumento para medir la velocidad o la fuerza del viento.

anemone, anémona o **anemona.** f. Planta herbácea, de flores de seis pétalos, grandes y vistosas. Se cultiva en los jardines. ◆ **de mar.** Pólipo hexacoralario de colores vivos.

anemoscopio. m. Instrumento para indicar los cambios de dirección del viento.

anestesia. ≅insensibilidad. f. Falta o privación general o parcial de la sensibilidad producida por una enfermedad o por un anestésico.

anestesiar. tr. Insensibilizar por medio de un anestésico.

anestésico, ca. adj. Relativo a la anestesia. || Fármaco capaz de privar total o parcialmente de la sensibilidad. Ú. t. c. s.

anestesiólogo, ga. m. y f. Especialista en anestesia.

anestesista. com. Persona experta en administrar anestesia.

aneurisma. f. Dilatación anormal de un sector del sistema vascular. || Aumento anormal del volumen del corazón.

anexar. tr. Unir o agregar una cosa a otra con dependencia de ella.

anexión. f. Acción y efecto de anexar.

anexionar. tr. Anexar.

anexionismo. m. Doctrina que favorece y defiende las anexiones, especialmente tratándose de territorios.

anexionista. adj. y s. Partidario del anexionismo.

anexo, xa. ≅afecto. ≅anejo. adj. y s. Díc. de lo que está unido o agregado a otra cosa respecto de ella. || m. pl. Órganos y tejidos que rodean el útero.

anfetamina. f. Amina aromática que se usa como estimulante de los sistemas nervioso y cardiovascular, para combatir los catarros y la congestión nasal y como estimulante psicológico. Su abuso constituye una toxicomanía.

anfibio, bia. adj. Díc. de los animales y plantas que pueden vivir en el agua y fuera de ella. Ú. t. c. s. || Díc. de los vehículos que pueden caminar por tierra y por agua. || Batracio. Ú. t. c. s. y en pl.

anfíbol. m. Mineral compuesto de sílice, magnesia, cal y óxido ferroso.

anfibolita. f. Roca compuesta de anfíbol y algo de feldespato, cuarzo o mica.

anfibología. ≅ambigüedad. f. Doble sentido o manera de hablar a que puede darse más de una interpretación. || Figura retórica que consiste en emplear adrede voces o cláusulas de doble sentido.

anfibológico, ca. adj. Que tiene anfibología.

anfineuro. adj. y m. Díc. de moluscos marinos con simetría bilateral y sistema nervioso formado por una doble cadena ganglionar. || m. pl. Clase de estos moluscos.

anfípodo. adj. y s. Díc. de crustáceos acuáticos de pequeño tamaño, con el cuerpo comprimido lateralmente y el abdomen encorvado hacia abajo. || m. pl. Orden de estos animales.

anfipróstilo. m. Edificio con pórtico y columnas en dos de sus fachadas.

anfiteatro. m. Edificio de forma redonda u oval con gradas alrededor, y en el cual se celebraban varios espectáculos. || Conjunto de asientos colocados en gradas semicirculares en las aulas y en los teatros.

anfitrión, na. m. y f. fig. y fam. Persona que tiene convidados a su mesa.

ánfora. f. Cántaro alto y estrecho, de cuello largo, con dos asas.

anfótero, ra. adj. Tipo de molécula que puede reaccionar como ácido y como base.

anfractuosidad. f. Sinuosidad, desigualdad. || Surco o depresión sinuosa que separa las circunvoluciones cerebrales. Ú. m. en pl.

anfractuoso, sa. adj. Quebrado, sinuoso, tortuoso, desigual.

angarillas. f. pl. Armazón en que se llevan a mano materiales para edificios y otras cosas.

ángel. m. Espíritu celeste criado por Dios para

Anfiteatro de Éfeso (Turquía)

su ministerio. || Cualquiera de los espíritus celestes que pertenecen al último de los nueve coros. || fig. Gracia, simpatía: *tener* ∿. || fig. Persona de calidades propias de los espíritus angélicos.

angélica. f. Planta herbácea, cuya semilla tiene aplicación en farmacia.

angelical. adj. Relativo a los ángeles. || fig. Parecido a los ángeles: *persona* ∿. || fig. Que parece de ángel: *voz* ∿.

angélico, ca. adj. Angelical.

angelito. m. fig. Niño de muy tierna edad.

angelología. f. Tratado de lo referente a los ángeles.

angelote. m. fam. Figura grande de ángel. || fig. y fam. Niño muy grande, gordo y de apacible condición. || fig. y fam. Persona muy sencilla y apacible. || Pez selacio de cuerpo en forma de huso y cola robusta.

ángelus. m. Oración en honor del misterio de la Encarnación.

angevino, na. adj. De Angers o Anjou. Ú. t. c. s. || Relativo a la casa de Anjou.

angina. ≅amigdalitis. f. Inflamación de las amígdalas o de éstas y la faringe. Ú. m. en pl.
♦ **de pecho.** Insuficiencia coronaria, caracterizada por la aparición de dolor en la región izquierda del pecho con sensación acentuada de angustia.

anginoso, sa. adj. Relativo a la angina.

angiografía. f. Radiografía del sistema vascular.

angiología. f. Parte de la anatomía que trata del sistema vascular. || Rama de la medicina que se ocupa del sistema vascular y de sus enfermedades.

angioma. m. Antojo, tumor.

angiospermo, ma. adj. y s. Díc. de plantas cuyos carpelos forman una cavidad cerrada u ovario, dentro de la cual están los óvulos. || f. pl. Familia de estas plantas.

anglesita. f. Sulfato de plomo natural.

anglicanismo. m. Conjunto de doctrinas de la religión de inspiración protestante, predominante en Inglaterra.

anglicano, na. adj. Que profesa el anglicanismo. Ú. t. c. s. || Perteneciente a él.

anglicismo. m. Giro o modo de hablar propio y privativo de la lengua inglesa. || Vocablo o giro de esta lengua empleado en otra. || Empleo de vocablos o giros ingleses en distinto idioma.

anglicista. adj. Que emplea anglicismos. Ú. t. c. s.

anglo, gla. adj. y s. Individuo de una tribu germánica que se estableció en Inglaterra en el s. VI. || Inglés.

angloamericano, na. adj. Perteneciente a los ingleses y americanos. || Díc. del individuo de origen inglés nacido en América. || Estadounidense.

anglofilia. f. Simpatía por lo inglés.

anglófilo, la. adj. y s. Que simpatiza con Inglaterra, con los ingleses o con lo inglés.

anglofobia. f. Aversión a lo inglés.

anglófobo, ba. adj. y s. Desafecto a Inglaterra, a los ingleses o a lo inglés.

anglofono, na. adj. y s. Que habla inglés.

anglonormando, da. adj. Díc de los normandos que se establecieron en Inglaterra en 1066. Ú. t. c. s. || Dialecto francés normando hablado en Inglaterra.

angloparlante. adj y s. Que habla inglés.

anglosajón, na. adj. Individuo procedente de los pueblos germanos que en el siglo V invadieron Inglaterra. Ú. t. c. s. || Díc. de los individuos y pueblos de procedencia y lengua inglesa. || Perteneciente a los anglosajones.

angoleño, ña. adj. y s. De Angola.

angora. adj. y s. Díc. de las variedades de gato, conejo o cabra, originarias de Angora (Ankara, en Turquía), de pelo largo y sedoso.

angostar. tr. Hacer angosto, estrechar. Ú. t. c. intr. y c. prnl.

angosto, ta. adj. Estrecho, reducido.

angostura. f. Calidad de angosto. || Paso estrecho. || Estrechez intelectual o moral.

ángstrom o **angstromio.** m. Unidad de longitud equivalente a una diezmillonésima de milímetro (10^{-10}). Se utiliza especialmente para medir las longitudes de onda de las radiaciones luminosas. Su símbolo es Å.

anguila. f. Pez comestible de agua dulce, de cuerpo largo y cilíndrico. Sus crías se denominan angulas.

angula. f. Cría de la anguila.

angular. adj. Relativo al ángulo. || De figura de ángulo.

ángulo. m. Geom. Cada una de las dos porciones de plano limitadas por dos semirrectas que parten de un mismo punto. || Figura formada por dos líneas que parten de un mismo punto. || Rincón. || Esquina o arista. || fig. Punto de vista.

anguloso, sa. adj. Que tiene ángulos o esquinas.

angustia. f. Aflicción, congoja. || Temor opresivo.

angustiado, da. adj. Que implica o expresa angustia. || Estrecho o reducido. || fig. Apocado, miserable.

angustiar. tr. y prnl. Causar angustia, afligir, acongojar.

angustioso, sa. adj. Lleno de angustia. || Que la causa. || Que la padece.

anhelar. ≅ansiar. ≅desear. ◁desdeñar. intr. Respirar con dificultad. || tr. Tener ansia o deseo vehemente de conseguir alguna cosa. || fig. Expeler.

anhelo. ≅afán. ≅aspiración. m. Deseo vehemente.

anheloso, sa. adj. Díc. de la respiración frecuente y fatigosa. || Que tiene o siente anhelo.

anhídrido. m. Cuerpo formado por una combinación del oxígeno con un elemento no metal y que, al reaccionar con el agua, da un ácido.

anhidro, dra. adj. Díc. de los cuerpos que no contienen agua.

anidar. intr. Hacer nido las aves o vivir en él. Ú. t. c. prnl. || fig. Morar, habitar. Ú. t. c. prnl. || Hallarse o existir algo en una persona o cosa. || tr. fig. Abrigar, acoger.

anilina. f. Alcaloide líquido artificial. Se emplea como colorante.

anilla. f. Cada uno de los anillos que sirven para colocar colgaduras o cortinas. || Anillo al cual se ata un cordón o correa para sujetar un objeto. || pl. En gimnasia, aros en los que se hacen diferentes ejercicios.

anillado, da. adj. Que tiene forma de anillo. || Díc. del cabello rizado. || Zool. Anélido. Ú. t. c. s. m. || m. Acción y efecto de anillar.

anillar. tr. Dar forma de anillo. || Sujetar con anillos. || Marcar con anillas, especialmente a las aves.

anillo. m. Aro pequeño. || Aro de metal u otra materia que se lleva, principalmente por adorno, en los dedos de la mano: ⌐ de boda. || Moldura que rodea el fuste de las columnas. || Cornisa circular u ovalada que sirve de base a la cúpula o media naranja. || Cada uno de los segmentos en que está dividido el cuerpo de los gusanos o artrópodos. || Estructura molecular formada por una cadena cerrada de átomos.

ánima. f. Alma. || Alma del purgatorio. || fig. Hueco del cañón de las piezas de artillería. || pl. Toque de campanas en las iglesias a cierta hora de la noche para que se ruegue a Dios por las ánimas del purgatorio. || Hora de este toque.

animación. f. Acción y efecto de animar. || Viveza. || Concurso de gente.

animado, da. adj. Dotado de alma. || Alegre, divertido. || Concurrido.

animador, ra. adj. y s. Que anima. || m. y f. Cantante que actúa acompañado por una orquesta. || Amér. Persona que tiene por oficio organizar fiestas o reuniones.

animadversión. f. Enemistad, ojeriza. || Crítica o advertencia severa.

animal. m. Ser orgánico que vive, siente y se mueve por propio impulso. || Animal irracional. || adj. Relativo al animal. || Relativo a lo sensitivo, a diferencia de lo racional o espiritual. || fig. Díc. de la persona incapaz, grosera o muy ignorante. Ú. t. c. s.

animalada. f. fam. Borricada, necedad.

animalidad. f. Calidad de animal.

animalizar. tr. y prnl. Convertir los alimentos en materia apta para la nutrición. || prnl. Embrutecerse.

animalucho. m. desp. Animal de figura desagradable.

animar. tr. Vivificar el alma al cuerpo. || Infundir vigor o energía moral. || Excitar a una acción. || En las obras de arte, hacer que aparezcan dotadas de vida. || prnl. Cobrar ánimo.

anímico, ca. adj. Psíquico, relativo al alma.

animismo. m. Doctrina que considera al alma como principio de acción de los fenómenos vitales. || Creencia en la actividad voluntaria de los seres orgánicos e inorgánicos y de los fenómenos de la naturaleza. || Creencia en la existencia de espíritus que animan a todas las cosas.

animista. adj. Relativo al animismo. || Díc. de la persona partidaria del animismo. Ú. t. c. s.

ánimo. m. Alma o espíritu en cuanto es principio de la actividad humana. || Valor, esfuerzo, energía. || Intención, voluntad. || fig. Atención o pensamiento. ◆ **ánimo!** interj. para alentar o esforzar a alguno.

animosidad. f. Aversión.

animoso, sa. ≅intrépido. ≅valiente. adj. Que tiene ánimo.

aniñado, da. adj. Que se parece a los niños: *rostro* ⌣.

aniñarse. prnl. Actuar como un niño el que no lo es.

anión. m. Ion negativo.

aniquilación. f. Acción y efecto de aniquilar.

aniquilar. tr. Reducir a la nada. Ú. t. c. prnl. || fig. Destruir, arruinar. Ú. t. c. prnl. || prnl. fig. Deteriorarse mucho algo. || fig. Anonadarse.

anís. m. Planta de flores pequeñas y blancas, y de semillas aromáticas y de sabor agradable. || Semilla de esta planta. || Grano de anís con baño de azúcar. || Por ext., toda confitura menuda. || Aguardiente anisado.

anisado, da. adj. Que contiene anís. || m. Aguardiente anisado.

anisar. tr. Echar anís a una cosa.

anisete. m. Licor compuesto de aguardiente, azúcar y anís.

anisótropo, pa. adj. *Fís.* Díc. de la materia que no es isótropa.

aniversario, ria. adj. Anual. || m. Día en que se cumplen años de algún suceso.

ano. m. Orificio del conducto digestivo por el cual se expele el excremento.

anoche. adv. t. En la noche de ayer.

anochecer. intr. Empezar a faltar la luz del día, venir la noche. || Llegar a estar en un paraje, situación o condición determinados al empezar la noche.

anochecer. m. Tiempo durante el cual anochece.

anochecido. adv. t. Al empezar la noche.

anodino, na. ≅sedante. adj. Que sirve para templar o calmar el dolor. Ú. t. c. s. m. || Insignificante, ineficaz.

ánodo. m. Polo positivo de un generador de electricidad. || En las cubas electrolíticas, electrodo conectado al polo positivo del generador. || En las válvulas electrolíticas, electrodo conectado al polo positivo de alta tensión.

anofeles. adj. y s. Mosquito cuya hembra es transmisora del paludismo.

anomalía. f. Irregularidad, discrepancia de una regla.

anómalo, la. adj. Irregular, extraño.

anona. f. Arbolito de países tropicales, aunque también se cultiva en las costas del mediodía de España. Su fruto es carnoso y agradable al paladar. || Fruto de este arbolito.

anonadar. tr. Reducir a la nada. Ú. t. c. prnl. || fig. Apocar. || fig. Humillar, abatir. Ú. t. c. prnl.

anonimato. m. Carácter o condición de anónimo.

anónimo, ma. ≅desconocido. adj. Obra que no lleva el nombre de su autor. || Díc. del autor cuyo nombre no es conocido. Ú. t. c. s. m. || m. Escrito en el que no se expresa el nombre del autor.

anopluro. adj. y s. Díc. de los insectos que viven como ectoparásitos en el cuerpo de algunos mamíferos, como el piojo. || m. pl. Suborden de estos animales.

anorak. m. Prenda impermeable de origen esquimal.

anorexia. f. Falta anormal de ganas de comer.

anormal. adj. No normal, irregular. || com. Persona cuyo desarrollo físico o intelectual es inferior al que corresponde a su edad.

anormalidad. f. Calidad de anormal.

anotación. f. Acción y efecto de anotar.

anotador, ra. adj. y s. Que anota.

anotar. tr. Poner notas en un escrito o libro. || Apuntar.

anovelado, da. adj. Que participa de los caracteres de la novela.

anovulación. f. Cese o desaparición de la ovulación.

anovulatorio, ria. adj. y s. Medicamento que impide la ovulación.

anquilosar. tr. Producir anquilosis. || prnl. fig. Detenerse una cosa en su progreso.

anquilosis. f. Imposibilidad de movimiento en una articulación normalmente móvil.

ánsar. m. Ave palmípeda cuyas plumas se usaron para escribir. || Ganso, ave.

ansarino, na. adj. Perteneciente al ánsar. || m. Pollo del ánsar.

ansia. f. Congoja, fatiga. || Angustia. || Náusea. || Anhelo.

ansiar. tr. Desear con ansia. || prnl. Llenarse de ansia.

ansiedad. f. Estado de inquietud del ánimo. || Angustia.

ansiolítico – antepecho

ansiolítico, ca. adj. y m. Díc. de los fármacos utilizados contra la ansiedad.

ansioso, sa. adj. Acompañado de ansias. || Que tiene ansia.

anta. ≅ alce. ≅ ante. f. Mamífero rumiante parecido al ciervo.

antagónico, ca. adj. Que denota o implica antagonismo: *doctrinas antagónicas.*

antagonismo. ≅ contraposición. ≅ rivalidad. m. Oposición substancial en doctrinas y opiniones.

antagonista. com. Persona o cosa opuesta o contraria a otra. || El principal personaje que se opone al protagonista en el conflicto esencial de una obra literaria.

antaño. adv. t. En el año pasado. || Por ext., en tiempo antiguo.

antártico, ca. ≅ austral. adj. Polo opuesto al ártico. || Del polo antártico: *tierras ⌐s.* || Por ext., meridional.

ante. prep. En presencia de, delante de. || En comparación, respecto de. || Se usa como prefijo: **ante**ayer.

ante. m. Anta. || Piel de ante u otros animales adobada y curtida.

antealtar. m. Espacio contiguo a la grada del altar.

anteanoche. adv. t. En la noche de anteayer.

anteayer. adv. t. En el día que precedió inmediatamente al de ayer.

antebrazo. m. Parte del brazo desde el codo hasta la muñeca. || Brazuelo de los cuadrúpedos.

antecámara. ≅ antesala. f. Pieza delante de la sala principal de un palacio.

Paisaje antártico

antecedente. adj. Que antecede. || m. Circunstancia anterior que sirve para juzgar hechos posteriores.

anteceder. tr. Preceder.

antecesor, ra. adj. Anterior en tiempo. || m. y f. Persona que precedió a otra en una dignidad, empleo u obra. || m. Antepasado, ascendiente.

anteco, ca. adj. y s. Aplícase a los moradores del globo terrestre que ocupan puntos de la misma longitud y a igual distancia del ecuador.

antecocina. f. Pieza y habitación que precede a la cocina.

antedata. f. Fecha falsa de un documento, anterior a la verdadera.

antedía. adv. t. Antes de un día determinado. || En el día precedente o pocos días antes.

antedicho, cha. adj. Dicho antes o con anterioridad.

antediluviano, na. adj. Anterior al diluvio universal. || fig. Antiquísimo.

antefirma. f. Denominación del empleo, dignidad o representación del firmante de un documento, puesta antes de la firma.

anteiglesia. f. Atrio, pórtico o lonja delante de la iglesia. || Pueblo o distrito municipal de las Provincias Vascongadas.

antelación. f. Anticipación con que sucede una cosa respecto a otra.

antemano. adv. t. Con anticipación, anteriormente.

antemeridiano, na. adj. Anterior al mediodía.

antemural. m. Fortaleza, roca o montaña que sirve de reparo o defensa.

antena. ≅ cuerno. f. Dispositivo de formas muy diversas que, en los emisores y receptores de ondas electromagnéticas, sirve para emitirlas o recibirlas. || pl. Apéndices articulados que tienen en la cabeza muchos animales artrópodos.

anteojera. f. Caja para guardar los anteojos. || Cada una de las piezas que tapan lateralmente los ojos de una caballería para que vea solo de frente.

anteojo. ≅ catalejo. m. Instrumento óptico para ver objetos lejanos, compuesto principalmente de dos tubos cilíndricos, entrante uno en otro, y de dos lentes: una, el *objetivo,* y otra, el *ocular.* || Instrumento óptico compuesto de cristales y armadura que permite tenerlos sujetos delante de los ojos.

antepasado, da. ≅ antecesor. adj. Dicho de tiempo, anterior a otro tiempo pasado ya. || Abuelo o ascendiente. Ú. m. en pl.

antepecho. m. Pretil, baranda.

60

antepenúltimo, ma. adj. Inmediatamente anterior al penúltimo.

anteponer. tr. y prnl. Poner delante. ‖ Preferir, estimar más.

anteportada. f. Hoja que precede a la portada de un libro, y en la que sólo se pone el título de la obra.

anteproyecto. m. Conjunto de trabajos preliminares para redactar el proyecto de una obra de arquitectura o de ingeniería. ‖ Por ext., primera redacción sucinta de una ley, programa, etc.

antepuerta. ≅contrapuerta. f. Cortina que se pone delante de una puerta.

antepuerto. m. Terreno elevado que precede al puerto. ‖ Parte avanzada de un puerto artificial.

antepuesto, ta. adj. Puesto delante.

antera. f. Parte del estambre de las flores que contiene el polen.

anterior. ≅antecedente. ≅precedente. ≅previo. ◁posterior. adj. Que precede en lugar o tiempo.

anterioridad. f. Precedencia temporal de una cosa con respecto a otra.

antes. ◁después. adv. t. y l. que denota prioridad de tiempo o lugar: ⌐ *de amanecer.* ‖ adv. o. que denota prioridad. ‖ conj. ad. que denota idea de contrariedad. ‖ adj. Antecedente, anterior: *el día* ⌐; *la noche* ⌐.

antesala. f. Pieza delante de la sala principal de una casa.

antevíspera. f. Día inmediatamente anterior al de la víspera.

antiabolicionismo. m. Doctrina que preconizaba la continuación de la esclavitud de los negros.

antiabolicionista. adj. y s. Partidario de la esclavitud de los negros.

antiácido, da. adj. y s. Substancia que se opone o resiste a la acción de los ácidos. ‖ m. Substancia que neutraliza el exceso de acidez gástrica, como el bicarbonato sódico.

antiaéreo, a. adj. Relativo a la defensa contra aviones militares.

antialcohólico, ca. adj. Que es eficaz contra el alcoholismo.

antibiosis. f. Acción nociva de un ser vivo sobre otro y, en especial, cuando se trata de microorganismos.

antibiótico, ca. adj. Substancia química, como la penicilina, que destruye los microbios.

anticancerígeno, na. adj. Substancia capaz de combatir el desarrollo del cáncer.

anticapitalismo. m. Doctrina que se opone al sistema capitalista.

anticapitalista. adj. y s. Hostil al sistema capitalista.

anticarro. adj. Díc. de los procedimientos o armas de fuego usados contra los vehículos blindados.

anticatarral. adj. Que combate el catarro.

anticátodo. m. Obstáculo, conectado al polo positivo, interpuesto al paso de las radiaciones emitidas por el cátodo, en un tubo de descarga eléctrica en el vacío.

anticiclón. m. Área de alta presión atmosférica, en la que reina buen tiempo. En ella, las isóbaras son curvas circulares u ovales, y la presión disminuye hacia la periferia.

anticiclónico, ca. adj. Perteneciente o relativo al anticiclón, o a su área de acción.

anticientífico, ca. adj. Opuesto a la ciencia.

anticipación. f. Acción y efecto de anticipar o anticiparse.

anticipar. tr. Hacer que ocurra alguna cosa antes de tiempo: ⌐ *los exámenes.* ‖ Fijar tiempo anterior al señalado para hacer alguna cosa: ⌐ *el día de la marcha.* ‖ Tratándose de dinero, darlo antes del tiempo señalado. ⌐ *una paga.*

Diferentes tipos de anteras

anticipo. m. Anticipación. || Dinero anticipado.

anticlerical. adj. y s. Contrario al clero.

anticlericalismo. m. Doctrina o procedimiento contra el clericalismo. || Animosidad con todo lo que se relaciona con el clero.

anticlinal. adj. Pliegue del terreno en forma de A.

anticoagulante. adj. Medicamento que se opone a la coagulación.

anticolonial. adj. Contrario al colonialismo.

anticolonialismo. m. Doctrina opuesta a la existencia de países coloniales.

anticomunismo. m. Tendencia contraria al comunismo.

anticomunista. adj. y s. Contrario al comunismo.

anticoncepción. f. Acción y efecto de impedir el embarazo de las hembras.

anticoncepcional o **anticonceptivo, va.** adj. y s. Díc. del medio, práctica o agente que impide el embarazo de las hembras.

anticonformista. adj. y s. Que está en contra de las costumbres establecidas.

anticongelante. adj. y s. Producto que, en los motores que tienen enfriamiento por agua, se mezcla a ésta para evitar que se congele.

anticonstitucional. adj. Contrario a la constitución de un Estado.

anticonvulsivo, va. adj. Medicamento que combate los estados convulsivos.

anticorrosivo, va. adj. Que impide la corrosión.

anticristiano, na. adj. Contrario al cristianismo.

anticristo. m. Nombre que da el evangelista San Juan al misterioso adversario, individual o colectivo, que antes de la segunda venida de Cristo intentará seducir a los cristianos y apartarlos de su fe.

anticuado, da. adj. Que no está en uso.

anticuar. tr. Declarar de antigua y sin uso alguna cosa. || prnl. Hacerse antiguo.

anticuario. m. El que estudia las cosas antiguas. || El que las colecciona o negocia con ellas.

anticuerpo. m. Substancia existente en el organismo animal o producida en él por la introducción de un antígeno, que se opone a la acción de otros elementos como bacterias, toxinas, etc.

antidemocrático, ca. adj. Opuesto a la democracia.

antideportivo, va. adj. Que carece de deportividad.

antideslizante. adj. Que impide o disminuye el deslizamiento: *neumático, pavimento* ⌢.

antidetonante. adj. Producto que se añade a la gasolina para evitar la explosión prematura de la mezcla carburante.

antropocéntrico, ca. adj. Relativo al antropocentrismo.

antropocentrismo. m. Doctrina que supone que el hombre es el centro de todas las cosas.

antropofagia. ≅canibalismo. f. Costumbre de comer carne humana.

antropófago, ga. adj. y s. Que come carne humana.

antropoide. adj. y s. Díc. de los animales que externamente se asemejan al hombre.

antropología. f. Ciencia que tiene por objeto el estudio del hombre y considera sus variedades raciales y culturales.

antropológico, ca. adj. Relativo a la antropología.

antropólogo, ga. m. y f. Persona que profesa la antropología o en ella tiene especiales conocimientos.

antropometría. f. Tratado de las proporciones y medidas del cuerpo humano.

antropométrico, ca. adj. Relativo a la antropometría.

antropomorfismo. m. Conjunto de doctrinas que atribuyen a la divinidad las cualidades del hombre.

antropomorfo, fa. adj. Que tiene forma o apariencia humana. || Antropoideo. Ú. t. c. s.

antropopiteco. m. Animal que vivió en el período pleistoceno y al que los transformistas consideran como uno de los antepasados del hombre.

anual. adj. Que sucede o se repite cada año. || Que dura un año.

anualidad. f. Calidad de anual. || Importe anual de una renta o carga.

anuario. m. Libro que se publica al principio de cada año para que sirva de guía a las personas de determinadas profesiones.

anubarrado, da o **anubado, da.** adj. Cubierto de nubes. || fig. Pintado imitando nubes.

anublar. tr. y prnl. Ocultar las nubes el azul del cielo o la luz de un astro. || fig. Obscurecer, empañar, amortiguar: ⌢ *la fama.*

anudar. tr. Hacer nudos. Ú. t. c. prnl. || Juntar mediante un nudo. Ú. t. c. prnl. || fig. Juntar, unir. Ú. t. c. prnl. || fig. Continuar lo interrumpido. || prnl. Dejar de crecer o medrar las personas, los animales o las plantas.

anuencia. f. Consentimiento.

anuente. adj. Que consiente.

anular. adj. Relativo al anillo. || De figura de

Representación antropomorfa de Quetzalcóatl, dios mesoamericano del viento. Ministerio de Cultura. Madrid

anillo. || Díc. del cuarto dedo de la mano. Ú. t. c. s.

anular. tr. Dar por nulo un precepto, contrato, etc. || fig. Incapacitar. Ú. t. c. prnl. || prnl. fig. Retraerse, humillarse.

anunciar. tr. Dar noticia o aviso de alguna cosa. || Pronosticar. || Hacer saber. || Dar publicidad. Ú. t. c. prnl.

anuncio. m. Acción y efecto de anunciar. || Conjunto de palabras o signos con que se anuncia algo. || Pronóstico.

anuria. f. Supresión de la secreción urinaria.

anuro, ra. adj. y s. Díc. de los batracios que carecen de cola, como la rana y el sapo. || m. pl. Orden de estos batracios.

anverso. m. En las monedas y medallas, haz principal. || Primera página impresa de un pliego. || Molde con que se imprime.

anzuelo. m. Arponcillo o garfio que, pendiente de un sedal, sirve para pescar. || fig. y fam. Atractivo, aliciente.

añada. f. Discurso o tiempo de una año. || Cosecha de cada año.

añadido, da. adj. Agregado, aumentado. || m. Añadidura, adición. || Postizo.

añadidura. f. Lo que se añade a alguna cosa.

añadir. ◁restar. tr. Agregar, incorporar una cosa a otra. || Aumentar, acrecentar, ampliar.

añagaza. ≅ardiz. ≅artimaña. f. Señuelo para coger aves. || fig. Artificio para atraer con engaño.

añalejo. ≅cartilla. ≅epacta. m. Calendario eclesiástico.

añejar. tr. Hacer añeja alguna cosa. Ú. t. c. prnl. || prnl. Mejorarse o deteriorarse algunas cosas con el transcurso del tiempo.

añejo, ja. adj. Díc. de ciertas cosas que tienen uno o más años: vino ∿. || fig. y fam. Que tiene mucho tiempo.

añicos. m. pl. Pedazos pequeños en que se divide alguna cosa al romperse.

añil. m. Arbusto leguminoso. || Pasta de color azul obscuro obtenida de esta planta. || Color de esta pasta.

año. m. Tiempo que transcurre durante una revolución real de la Tierra en su órbita alrededor del Sol. || Período de doce meses. || pl. Día en que alguno cumple años: celebrar los años. ◆ **bisiesto.** El de 366 días.

añojal. m. Pedazo de tierra que se deja erial por más o menos tiempo. || Monte de un año después de una roza.

añojo, ja. m. y f. Becerro de un año.

añoranza. f. Acción de añorar, nostalgia.

añorar. tr. e intr. Recordar con pena la ausencia o pérdida de persona o cosa muy querida.

añoso, sa. adj. De muchos años.

aojar. tr. Hacer mal de ojo. || fig. Desgraciar o malograr una cosa.

aojo. m. Mal de ojo.

aoristo. m. Pretérito indefinido de la conjugación griega.

aorta. f. Arteria principal del cuerpo que nace en el ventrículo izquierdo.

aortitis. f. Inflamación de la aorta.

aovado, da. ≅ovalado. ≅ovoide. adj. De figura de huevo.

aovar. intr. Poner huevos.

apabullar. tr. fam. Dejar a uno confuso y sin saber qué hablar o responder.

apacentar. ≅pastorear. tr. Dar pasto al ganado. || fig. Instruir, enseñar.

apacible. adj. Manso, dulce, agradable. || De buen temple, tranquilo: viento ∿.

apaciguar. tr. y prnl. Poner en paz, sosegar, aquietar.

apache. adj. Díc. de una tribu amerindia de la familia atapasca que habitaba en el sudoeste de EE. UU. Ú. m. c. m. pl. || Díc. también de sus individuos. Ú. t. c. s. || Relativo a esta tribu. || fig. Bandido o salteador de las grandes poblaciones.

apadrinar. tr. Asistir como padrino a una persona. || fig. Patrocinar, proteger. || prnl. Ampararse, valerse, acogerse.

apagado, da. adj. Que ya no arde. || De genio sosegado y apocado. || Tratándose del color, el brillo, etc., amortiguado.

apagar. tr. Extinguir el fuego o la luz. Ú. t. c. prnl. || Aplacar, disipar: ⌐ *los rencores.* Ú. t. c. prnl. || Echar agua a la cal viva. || Rebajar.

apagón. m. Extinción pasajera y accidental del alumbrado eléctrico.

apaisado, da. adj. Díc. de la figura u objeto de forma rectangular cuya base es mayor que su altura: *libro* ⌐.

apalabrar. ≅convenir. ≅pactar. tr. Concertar de palabra.

apalancamiento. m. Acción y efecto de apalancar.

apalancar. tr. Levantar, mover con palanca.

apalear. tr. Dar golpes con palo. || Varear el fruto del árbol. || Aventar con pala el grano para limpiarlo. || fig. Con el complemento directo de oro o plata, tenerlo en abundancia.

apañado, da. adj. Aplícase a tejidos semejantes al paño. || fig. Hábil, mañoso. || fig. y fam. Adecuado para el uso a que se destina.

apañar. tr. Coger con la mano. || Recoger y guardar alguna cosa, o apoderarse de ella ilícitamente. || Acicalar, asear, ataviar. || Aderezar o condimentar. || Remendar lo que está roto. || fam. Abrigar, arropar.

apaño. m. Acción y efecto de apañar. || Compostura, reparo, remiendo. || fam. Maña, habilidad. || fam. Amante, querido. || fam. Acomodo.

aparador, ra. m. Mueble donde se guarda lo necesario para el servicio de la mesa.

aparato. m. Apresto o reunión de lo que se necesita para algún fin. || Pompa, ostentación. || Señal que precede a alguna cosa. || Exageración, encomio excesivo. Ú. m. en pl. || Artificio mecánico. || Conjunto de instrumentos para hacer experimentos u operaciones. || Conjunto de personas que deciden la política de un partido o gobierno || *Biol.* Conjunto de órganos que concurren a una misma función: ⌐ *circulatorio.*

aparatoso, sa. ≅pomposo. adj. Que tiene mucha aparato y ostentación.

aparcadero. m. Aparcamiento.

aparcamiento. ≅estacionamiento. m. Acción y efecto de aparcar. || Lugar destinado a este efecto.

aparcar. tr. Colocar transitoriamente en un lugar coches u otros vehículos.

aparcería. Convenio entre el dueño de tierras y el que las cultiva, para repartirse entre ellos los productos o beneficios.

aparcero, ra. m. y f. Persona que tiene aparcería con otra. || Comunero en una heredad o hacienda.

aparear. tr. Ajustar una cosa con otra, de forma que queden iguales. || Unir una cosa con otra formando par. Ú. t. c. prnl. || Juntar las hembras de los animales con los machos para que críen. Ú. t. c. prnl.

aparecer. intr. y prnl. Manifestarse, dejarse ver. || Parecer, encontrarse, hallarse.

aparecido, da. adj. Encontrado. || m. Espectro de un difunto.

aparejador, ra. adj. y s. Que apareja. || m. y f. Ayudante del arquitecto.

aparejar. tr. Preparar, disponer. Ú. t. c. prnl. || Vestir con esmero, adornar. Ú. t. c. prnl. || Poner el aparejo a las caballerías. || Poner a un buque su aparejo para que pueda navegar.

aparejo. m. Preparación, disposición. || Arreo necesario para montar, uncir o cargar los animales. || Conjunto de objetos necesarios para hacer ciertas cosas. || Sistema de poleas, compuesto de dos grupos, fijo el uno y móvil el otro. || Conjunto de palos, vergas, jarcias y velas de un buque. || pl. Instrumentos y cosas necesarias para cualquier oficio o maniobra.

aparentar. tr. Manifestar o dar a entender lo que no es o no hay. || Fingir, disimular, afectar. || Tener una persona el aspecto correspondiente a su edad.

aparente. adj. Que parece y no es. || Oportuno, adecuado: *esto es* ⌐ *para el caso.* || Que aparece a la vista. || Que tiene tal o cual aspecto.

aparición. f. Acción y efecto de aparecer. || Visión de un ser sobrenatural o fantástico; espectro, fantasma.

apariencia. f. Aspecto exterior. || Verosimilitud, probabilidad. || Cosa que parece y no es.

apartado, da. adj. Retirado, remoto. || Diferente, diverso. || m. Correspondencia que se aparta en el correo para que los interesados la recojan. || Lugar de la oficina de correos destinado a este servicio. || Acción de encerrar los toros en los

65

APAREJOS

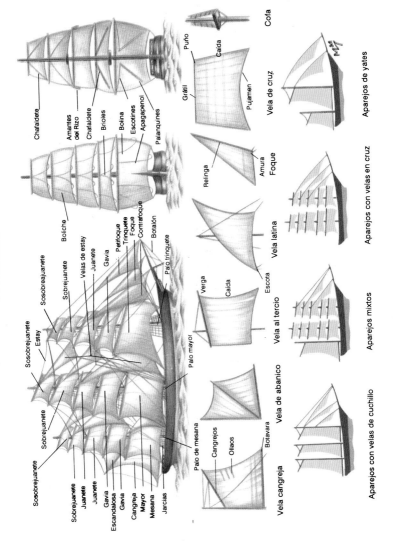

Sosobrejuanete
Estay
Sosobrejuanete
Sobrejuanete
Sobrejuanete
Juanete
Gavia
Escandalosa
Gavia
Cangreja
Mayor
Mesana
Jarcias
Palo mayor
Palo de mesana

Sosobrejuanete
Velas de estay
Sobrejuanete
Juanete
Gavia
Petifoque
Trinquete
Foque
Contrafoque
Botalón
Palo trinquete

Boliche

Chafaldete
Amantes del Rizo
Chafaldete
Brioles
Bolina
Escotines
Apagapenol
Palanquines

Cofa

Puño
Caída
Grátil
Pujamen
Vela de cruz

Relinga
Amura
Foque

Vela latina
Escota

Verga
Caída
Vela al tercio

Vela de abanico

Cangrejos
Ollaos
Botavara
Vela cangreja

Aparejos de yates

Aparejos con velas en cruz

Aparejos mixtos

Aparejos con velas de cuchillo

chiqueros. || Cada uno de los párrafos o serie de estos de una ley o reglamento.

apartamento. m. Habitación, vivienda. || Vivienda compuesta de una sala de estar y un dormitorio, más cocina y servicios higiénicos.

apartar. ◁arrimar. tr. Separar, dividir. Ú. t. c. prnl. || Quitar. Ú. t. c. prnl. || Alejar, retirar. Ú. t. c. prnl. || fig. Disuadir.

aparte. adv. l. En otro lugar: *poner un libro* ⌢. || A distancia, desde lejos. || adv. m. Separadamente. || Con omisión: *esto* ⌢. || m. Lo que en la representación escénica dice cualquiera de los personajes, suponiendo que no le oyen los demás. || Párrafo. || adj. Diferente, distinto, singular.

apartheid. m. Sistema de discriminación racial aplicado en la República Sudafricana por la raza blanca frente a la negra.

apasionado, da. adj. Poseído de alguna pasión. Ú. t. c. s. || Partidario de alguno, o afecto a él.

apasionar. tr. Causar, excitar alguna pasión. Ú. m. c. prnl. || Atormentar, afligir. || prnl. Aficionarse con exceso.

apatía. f. Impasibilidad del ánimo. || Dejadez, indolencia, falta de vigor o energía.

apático, ca. ≅impasible. ≅indiferente. adj. Que adolece de apatía.

apatito. m. Fosfato de cal natural.

apátrida. adj. y s. Que carece de nacionalidad.

apeadero. m. Poyo o sillar que hay en los zaguanes. || Punto del camino en que los viajeros pueden apearse y descansar. || En los ferrocarriles, sitio de la vía para coger o dejar el tren, pero sin estación.

apear. ≅descabalgar. tr. Desmontar o bajar de una caballería o carruaje. Ú. m. c. prnl. || Reconocer, señalar, deslindar. || fig. Sondear, superar, vencer alguna dificultad.

apechugar. ≅cargar. intr. Dar o empujar con el pecho. || fig. y fam. Admitir, aceptar, resignarse.

apedreamiento. m. Acción y efecto de apedrear o apedrearse.

apedrear. tr. Arrojar piedras. || Matar a pedradas. || impers. Caer pedrisco. || prnl. Padecer daño con el pedrisco las viñas, los árboles frutales o las mieses.

apegarse. prnl. fig. Cobrar apego.

apego. m. fig. Afición o inclinación particular.

apelación. f. Acción de apelar. || fam. Consulta de médicos.

apelar. intr. Recurrir al juez o tribunal superior para que revoque la sentencia dada por el inferior. || Recurrir a una persona o cosa para algún trabajo o necesidad. Ú. t. c. prnl. || intr. Referirse, recaer.

apelativo, va. adj. Díc. de aquello que califica o apellida. Ú. t. c. s. || Díc. del nombre común: *nombre* ⌢. || Apellido, nombre de familia.

apelmazar. tr. y prnl. Hacer que una cosa esté menos esponjada o hueca de lo requerido.

apelotonar. tr. y prnl. Formar pelotones.

apellidar. tr. Nombrar a alguno por su apellido o nombre. Ú. m. c. prnl. || Nombrar, llamar. || prnl. Tener tal nombre o apellido.

apellido. m. Nombre de familia con que se distinguen las personas: *Fernández, Sánchez.* || Nombre particular que se da a varias cosas. || Sobrenombre, mote.

apenar. tr. Causar pena, afligir. Ú. t. c. prnl.

apenas. adv. m. Casi no. || adv. t. Luego que, al punto que.

apencar. intr. fam. Apechugar.

apéndice. ≅prolongación. ≅suplemento. m. Cosa adjunta o añadida a otra: ⌢ *de un libro.* || *Anat.* Prolongación delgada y hueca que se halla en la parte inferior del intestino ciego.

apendicitis. f. Inflamación del apéndice.

aperador. m. El que tiene por oficio aperar. || El que cuida de la hacienda y de las cosas de la labranza. || Capataz de una mina.

aperar. tr. Componer, aderezar. || Hacer carros y aparejos para el acarreo del campo.

apercibimiento. m. Acción y efecto de apercibir o apercibirse.

apercibir. tr. Prevenir, disponer. Ú. t. c. prnl. || Amonestar, advertir. || Percibir, observar. Ú. t. c. prnl.

apergaminado, da. adj. Semejante al pergamino.

apergaminarse. prnl. fig. y fam. Acartonarse.

aperitivo, va. adj. y s. m. Que sirve para abrir el apetito. || m. Bebida y manjares que se toman antes de una comida principal.

apero. m. Conjunto de instrumentos de cualquier oficio. Ú. m. e. plural: ⌢ *de labranza.*

aperreado, da. adj. Trabajoso, molesto.

aperrear. tr. Echar o azuzar perros contra personas o cosas. || fig. y fam. Fatigar, molestar. Ú. m. c. prnl. || prnl. fig. Emperrarse.

apertura. f. Acción de abrir. || Acto de dar principios: ⌢ *de un teatro, congreso, asamblea.* || fig. Tendencia favorable a la comprensión de actitudes ideológicas, políticas, etc.

aperturismo. m. Teoría o actitud que propugna la apertura, tendencia favorable.

aperturista. adj. Relativo a la apertura. || com. Partidario de la apertura.

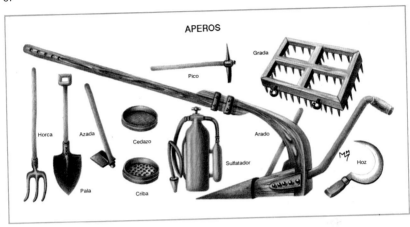

APEROS

Grada · Pico · Horca · Azada · Cedazo · Arado · Sulfatador · Hoz · Pala · Criba

apesadumbrar. tr. y prnl. Causar pesadumbre, afligir.

apestar. ≅cansar. ≅hastiar. ≅heder. tr. Causar, comunicar la peste. Ú. t. c. prnl. || fig. Corromper, viciar. || fig. y fam. Fastidiar, causar hastío. || intr. Arrojar o comunicar mal olor.

apestoso, sa. adj. Que apesta.

apétala. adj. Díc. de la flor que carece de pétalos.

apetecer. ≅desear. tr. Tener gana de alguna cosa o desearla. || intr. Gustar, agradar una cosa.

apetecible. adj. Digno de ser apetecido.

apetencia. ≅apetito. f. Gana de comer. || Movimiento natural que inclina al hombre a desear alguna cosa.

apetito. m. Impulso instintivo que nos lleva a satisfacer deseos y necesidades. || Gana de comer. || fig. Lo que excita el deseo de alguna cosa.

apetitoso, sa. ≅delicado. ≅rico. adj. Que excita el apetito. || Gustoso, sabroso.

ápex. m. Punto de la esfera celeste hacia el cual se dirige el Sol arrastrando a los planetas.

apiadar. ≅compadecer. tr. Causar piedad. || prnl. Tener piedad.

apical. adj. Relativo a un ápice.

ápice. m. Extremo superior o punta de alguna cosa. || Acento o signo que se pone sobre las letras. || Parte pequeñísima. || Hablando de alguna cuestión o dificultad, lo más arduo y delicado de ella.

apícola. adj. Relativo a la apicultura.

apicultor, ra. m. y f. Persona que se dedica a la apicultura.

apicultura. f. Arte de criar abejas y de aprovechar sus productos.

apilamiento. m. Acción y efecto de apilar.

apilar. tr. Amontonar, poner una cosa sobre otra, haciendo pila o montón.

apiñado, da. adj. De figura de piña. || fig. Apretado, junto.

apiñar. tr. y prnl. Juntar o agrupar estrechamente personas y cosas.

apio. m. Planta hortense comestible.

apiolar. tr. Atar. || fig. y fam. Prender. || fig. y fam. Matar.

apiparse. prnl. Atracarse de comida y bebida.

apirexia. f. Falta de fiebre. || Intervalo que media entre dos accesos de fiebre intermitente.

apisonadora. f. Máquina para apisonar.

apisonar. ≅pisonear. ≅repisar. tr. Apretar con pisón la tierra.

aplacar. ≅moderar. ⊲irritar. tr. y prnl. Amansar, mitigar, suavizar.

aplanar. ≅abatir. ≅igualar. ≅postrar. tr. Allanar. || fig. y fam. Dejar a uno pasmado. || prnl. Desanimarse.

aplastante. adj. Abrumador, terminante, definitivo.

aplastar. tr. Deformar una cosa, aplanándola o disminuyendo su grueso. Ú. t. c. prnl. || fig. Derrotar, vencer, humillar. || fig. y fam. Apabullar.

aplatanado, da. adj. Indolente, inactivo.

aplatanar. tr. Causar indolencia o restar actividad a alguien. || prnl. Entregarse a la indolencia por influencia del ambiente o clima tropicales.

aplaudir. ≅alabar. ≅elogiar. ◁abuchear. tr. Palmotear en señal de aprobación o entusiasmo. || Celebrar.

aplauso. m. Acción y efecto de aplaudir.

aplazamiento. m. Acción y efecto de aplaudir.

aplazar. ≅demorar. ≅prorrogar. tr. Convocar. || Diferir, retardar un acto.

aplebeyar. tr. y prnl. Dar carácter plebeyo a una cosa.

aplicación. f. Acción y efecto de aplicar. || Afición, asiduidad con que se hace alguna cosa.

aplicado, da. ≅cuidadoso. ≅estudioso. adj. fig. Que muestra aplicación.

aplicar. tr. Poner una cosa sobre otra. || Emplear alguna cosa para mejor conseguir un determinado fin. || fig. Referir a un caso particular lo que se ha dicho en general, o a un individuo lo que se ha dicho de otro. || fig. Atribuir o imputar a uno algún dicho o hecho. || fig. Destinar, adjudicar. || fig. Hablando de profesiones, dedicar a ellas a una persona. || prnl. fig. Dedicarse a un estudio. || fig. Esmerarse en una tarea.

aplique. m. Candelero o aparato de luz que se fija en la pared.

aplomado, da. adj. Que tiene aplomo. || Pomizo.

aplomartr. Hacer mayor la pesantez de una cosa. Ú. t. c. prnl. || Examinar con la plomada si las paredes u otras partes de la fábrica que se van construyendo están verticales a plomo. Ú. t. c. intr. || En arquitectura, poner las cosas verticalmente.

aplomo. m. Gravedad, serenidad, circunspección. || Verticalidad.

apnea. f. Suspensión de la respiración.

apoastro. m. Punto en que un astro secundario se halla a mayor distancia de su principal.

apocado, da. adj. fig. De poco ánimo o espíritu. || fig. Vil o de baja condición.

apocalíptico, ca. adj. Relativo al Apocalipsis. || fig. Que parece del Apocalipsis: *estilo* ⌒. || fig. Terrorífico, espantoso.

apocamiento. m. Cortedad o encogimiento del ánimo. || Abatimiento, postración.

apocar. ≅mermar. ≅rebajar. tr. Reducir a poco alguna cantidad. || fig. Limitar, estrechar. || fig. Humillar, abatir. Ú. t. c. prnl.

apocináceo, a. adj. Díc. de las plantas angiospermas dicotiledóneas, como la adelfa y la hierba doncella. Ú. t. c. s. f. || f. pl. Familia de estas plantas.

apocopar. Hacer apócope.

apócope. f. Supresión de letras al fin de un vocablo: *primer* por *primero*.

apócrifo, fa. adj. Fabuloso, supuesto o fingido. || No auténtico.

apodar. tr. Poner o decir apodos.

apoderado, da. adj. Que tiene poderes de otro para representarlo. Ú. t. c. s.

apoderar. tr. Dar poder una persona a otra para que le represente. || prnl. Hacerse dueño.

apodíctico, ca. adj. Demostrativo, convincente, que no admite contradicción.

apodo. m. Nombre que suele darse a una persona, tomado de sus defectos corporales o de alguna otra circunstancia.

ápodo, da. adj. Falto de pies. || Díc. de los batracios sin extremidades y sin cola. || m. pl. Orden de estos batracios.

apófisis. f. Parte saliente de un hueso.

apogeo. m. Punto en que la Luna se halla a mayor distancia de la Tierra. || fig. Lo sumo de la gradeza o perfección en gloria, poder, etc.

apolillar. tr. y prnl. Roer la polilla.

apolíneo, a. adj. poét. Relativo a Apolo. || fig. Apuesto.

apoliticismo. m. Condición o actitud de apolítico.

apolítico, ca. adj. Ajeno a la política.

apologética. f. Ciencia que expone las pruebas y fundamentos de la verdad de la religión católica.

apologético, ca. adj. Relativo a la apología.

apología. ≅defensa. ≅elogio. ≅justificación. f. Discurso en alabanza de personas o cosas.

apologista. com. Persona que hace alguna apología.

apólogo. m. Fábula, composición literaria.

apoltronarse. prnl. Hacerse poltrón, perezoso.

aponeurosis. f. Membrana conjuntiva que sirve de envoltura a los músculos.

apoplejía. f. Suspensión súbita y completa de la acción cerebral, debida comúnmente a derrames sanguíneos en el encéfalo o las meningcs.

apoplético, ca. adj. Relativo a la apoplejía. || Que padece apoplejía. Ú. t. c. s.

apoquinar. tr. vulg. Pagar, generalmente con desagrado.

aporcar. tr. Cubrir con tierra ciertas plantas.

aporía f. Dificultad lógica que presenta un problema especulativo, por darse respecto a él soluciones encontradas.

aporrear. tr. Golpear. || fig. Machacar, importunar, molestar.

aportación. f. Acción de aportar. || Conjunto de bienes aportados.

aportadera. f. Recipiente para transportar uva.

aportar. tr. Llevar, conducir, traer. || Dar, proporcionar. || Llevar bienes o valores, el marido o la mujer, a la sociedad conyugal.

aporte. m. Aportación, bienes aportados. || fig. Contribución, ayuda.

aportillar. tr. Romper, abrir, descomponer.

aposentamiento. m. Acción y efecto de aposentar. || Aposento, cuarto, posada.

aposentar. ≅alojar. ≅hospedar. tr. Dar habitación y hospedaje. || Tomar casa, alojarse.

aposento. m. Cuarto o pieza de una casa. || Posada, hospedaje.

aposición. f. Reunión, sin conjunción, de dos o más substantivos que denoten una misma persona o cosa: *Madrid, capital de España.*

apósito. m. Remedio que se aplica exteriormente sujetándolo con vendas.

aposta. adv. m. Adrede.

apostar. ≅colocar. ≅jugar. ≅poner. ≅situar. tr. Pactar entre sí los que disputan, que aquel que no tuviera razón, perderá la cantidad de dinero que se determine o cualquiera otra cosa. || Poner una o más personas en determinado paraje para algún fin. Ú. t. c. prnl. || intr. fig. Competir, rivalizar. Ú. rara vez c. prnl.

apostasía. f. Acción y efecto de apostatar.

apóstata. ≅hereje. ≅renegado. com. Persona que comete apostasía.

apostatar. intr. Negar la fe cristiana. || Abandonar un religioso la orden o instituto a que pertenece. || Cambiar de opinión o doctrina.

apostema. m. Absceso que supura.

apostilla. f. Acotación que interpreta, aclara o completa un texto.

apostillar. ≅acotar. tr. Poner apostillas.

apóstol. ≅propagandista. m. Cada uno de los doce principales discípulos de Jesucristo. || El que convierte a los infieles de cualquier país: *San Francisco Javier es el ⌢ de las Indias.* || Propagador de cualquier doctrina.

apostolado. m. Ministerio de apóstol. || fig. Campaña de propaganda en pro de alguna causa o doctrina.

apostólico, ca. adj. Relativo a los apóstoles. || Que dimana de la autoridad del Papa: *juez, indulto* ⌢.

apostrofar. tr. Dirigir apóstrofes.

apóstrofe. amb. Figura retórica que consiste en cortar el hilo del discurso o narración para dirigir la palabra con vehemencia a una o varias personas

presentes o ausentes, a seres abstractos o a cosas inanimadas o a sí mismo en iguales términos. || Dicterio.

apóstrofo. m. Signo ortográfico () que indica la elisión de una o más letras.

apostura. f. Gentileza, buena disposición en la persona. || Actitud, ademán, aspecto.

apotegma. ≅aforismo. ≅máxima. ≅sentencia. m. Dicho breve y sentencioso.

apotema. f. Perpendicular trazada desde el centro de un polígono regular a uno cualquiera de sus lados. || Altura de las caras triangulares de una pirámide regular.

apoteósico, ca. adj. Relativo a la apoteosis.

apoteosis. f. Ensalzamiento de una persona con grandes honores y alabanzas. || fig. Escena final de espectáculos treatrales, con intervención de todos los actores.

apoyar. tr. Hacer que una cosa descanse sobre otra: ⌢ *el codo en la mesa.* || Basar, fundar. || fig. Favorecer, ayudar. || fig. Confirmar, probar, sostener alguna opinión o doctrina: *San Agustín apoya esta sentencia.* || En el ejército, prestar protección una fuerza. || intr. Cargar, estribar. Ú. t. c. prnl: *apoyarse en el bastón.* || prnl. fig. Servirse de algo como apoyo. || fig. Servirse de algo como razón o fundamento de una doctrina u opinión.

apoyatura. f. *Mús.* Nota pequeña y de adorno, cuyo valor se toma del signo siguiente para no alterar la duración del compás. || Apoyo, fundamento.

apoyo. m. Lo que sirve para sostener. || fig. Protección, auxilio o favor. || fig. Fundamento, confirmación o prueba de una opinión o doctrina.

apreciable. adj. Capaz de ser apreciado. || fig. Digno de aprecio o estima.

apreciación. f. Acción y efecto de apreciar o tasar.

apreciar. tr. Poner precio o tasa a las cosas. || fig. Estimar el mérito de las personas o de las cosas. || fig. Graduar el valor de alguna cosa.

Apotema

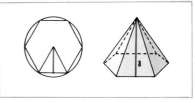

aprecio. m. Apreciación. || Estimación afectuosa de una persona.

aprehender. ≅apresar. ≅capturar. tr. Coger, asir, prender: ↶ *un culpable;* ↶ *contrabando.*

aprehensión. f. Acción y efecto de aprehender.

apremiar. tr. Dar prisa. || Oprimir, apretar. || Compeler legalmente a uno a que haga alguna cosa. || Imponer apremio o recargo.

apremio. ≅premura. ≅urgencia. m. Acción y efecto de apremiar. || Mandamiento de autoridad judicial para compeler al pago de alguna cantidad. || Recargo de contribuciones o impuestos por causa de demora en el pago.

aprender. tr. Adquirir el conocimiento de alguna cosa.

aprendiz, za. ≅aspirante. ≅principiante. m. y f. Persona que aprende algún arte u oficio.

aprendizaje. m. Acción de aprender algún arte u oficio. || Tiempo que se emplea en ello.

aprensión. ≅desconfianza. ≅escrúpulo. f. Aprehensión. || Recelo de ponerse una persona en contacto con otra o con cosa de que le pueda venir contagio, o de hacer o decir algo que teme sea inoportuno. || Idea infundada o extraña. Ú. m. e. pl. || Miramiento, reparo.

aprensivo, va. adj. y s. Persona que ve en todo peligros para su salud.

apresar. ≅capturar. ◁soltar. tr. Hacer presa con las garras o colmillos. || Tomar por fuerza alguna nave. || Aprisionar.

aprestar. tr. Aparejar, preparar. Ú. t. c. prnl. || Aderezar, preparar los tejidos.

apresto. m. Prevención, disposición, preparación. || Acción y efecto de aprestar las telas.

apresuramiento. m. Acción y efecto de apresurar.

apresurar. ≅aligerar. ◁sosegar. tr. y prnl. Dar prisa, acelerar.

apretado, da. adj. fig. Arduo, peligroso. || fig. y fam. Estrecho, mezquino, miserable.

apretadura. f. Acción y efecto de apretar.

apretar. ≅comprimir. ≅importunar. ≅oprimir. ◁aflojar. tr. Estrechar fuertemente contra el pecho. || Poner una cosa sobre otra haciendo fuerza. || Aguijar, espolear. || Poner más tirante. || Reducir a menor volumen. || Apiñar estrechamente. Ú. m. c. prnl. || Acosar. || fig. Angustiar, afligir. || fig. Activar, tratar de llevar a efecto con urgencia. || intr. Obrar con mayor intensidad que de ordinario: *aprieta la lluvia.*

apretón. ≅apuro. ≅dificultad. m. Apretadura muy fuerte y rápida. || fig. y fam. Ahogo, conflicto.

apretujar. tr. fam. Apretar mucho y reiteradamente.

apretujón. m. fam. Acción y efecto de apretujar.

apretura. f. Opresión causada por la excesiva concurrencia de gente. || fig. Aprieto, apuro. || Escasez.

aprieto. ≅compromiso. ≅dificultad. m. Apretura de la gente. || fig. Conflicto, apuro.

a priori. m. adv. lat. Con anterioridad.

apriorismo. m. Método en que se emplea sistemáticamente el razonamiento a priori.

apriorístico, ca. adj. Relativo al apriorismo.

aprisa. ≅pronto. ◁despacio. adv. m. Con celeridad, presteza y prontitud.

aprisco. ≅corte. m. Paraje donde los pastores recogen el ganado.

aprisionar. tr. Poner en prisión. || fig. Atar, sujetar.

aprobación. f. Acción y efecto de aprobar. || Probación, prueba.

aprobado. m. En los exámenes, calificación mínima de aptitud o idoneidad.

aprobar. ≅admitir. tr. Dar por bueno. || Asentir a doctrinas u opiniones. || Declarar hábil y competente a una persona. || Obtener la aprobación en una asignatura o examen.

apropiación. f. Acción y efecto de apropiar.

apropiado, da. adj. Acomodado, adecuado.

apropiar. tr. Hacer propia de alguno cualquier cosa. || Aplicar a cada cosa lo que le es propio. || fig. Aplicar con propiedad las circunstancias de un suceso al caso de que se trata. || prnl. Tomar para sí alguna cosa haciéndose dueño de ella.

aprovechado, da. ≅estudioso. ≅ventajista. adj. Bien empleado. || Díc. del que saca provecho de todo. || Aplicado, diligente.

aprovechamiento. m. Acción y efecto de aprovechar.

aprovechar. ≅disfrutar. ≅utilizar. ≅valer. intr. Servir de provecho alguna cosa. || Adelantar en estudios, virtudes, artes, etc. || tr. Emplear útilmente alguna cosa: ↶ *la tela;* ↶ *el tiempo.* || prnl. Sacar utilidad de alguna cosa.

aprovisionamiento. m. Acción y efecto de aprovisionar.

aprovisionar. ≅proveer. ≅suministrar. tr. Abastecer.

aproximación. f. Acción y efecto de aproximar. || En la lotería, cada uno de los premios que se conceden a los números anterior y posterior y a los demás de la centena de los primeros premios de un sorteo.

aproximado, da. adj. Aproximativo.

aproximar. tr. y prnl. Arrimar, acercar.

aproximativo, va. adj. Que se aproxima.

ápside. m. Cada uno de los dos extremos del eje mayor de la órbita de un astro. Ú. m. en pl.

áptero, ra. adj. Díc. de los templos que carecen de columnas en las fachadas laterales. || Díc. de cualquier especie o grupo animal que carece de alas: *insecto* ⁓.

aptitud. ≅competencia. ≅suficiencia. f. Cualidad que hace que un objeto sea adecuado para cierto fin. || Idoneidad para ejercer un empleo o cargo. || Capacidad y disposición para el buen desempeño de un negocio, industria, arte, etc.

apto, ta. adj. Idóneo, hábil.

apuesta. f. Acción y efecto de apostar una cantidad. || Cosa que se apuesta.

apuesto, ta. ≅airoso. ≅arrogante. ≅gallardo. ◁desgarbado. adj. Ataviado, adornado.

apuntación. f. Acción y efecto de apuntar. || Acción de escribir signos musicales. || Notación, escritura musical.

apuntador, ra. adj. y s. Que apunta. || m. El que en el teatro se coloca en la concha para apuntar a los actores lo que han de decir.

apuntalamiento. m. Acción y efecto de apuntalar.

apuntalar. tr. Poner puntales. || fig. Sostener, afirmar.

apuntamiento. m. Acción y efecto de apuntar.

apuntar. tr. Dirigir un arma. || Señalar: *señalar con el dedo.* || Tomar nota por escrito de algo. || En los teatros, ejercer el apuntador su tarea. || fig. Señalar o indicar. || intr. Empezar a manifestarse: *apuntar el día.*

apunte. ≅anotación. ≅esbozo. m. Acción y efecto de apuntar. || Nota que se hace por escrito de alguna cosa. || Pequeño dibujo tomado del natural rápidamente. || En la representación de la obra dramática, voz del apuntador. || pl. Extracto de las explicaciones de un profesor que toman los alumnos.

apuntillar. tr. Rematar al toro con la puntilla.

apuñalar. tr. Dar de puñaladas.

apurado, da. ≅arduo. ≅necesitado. ≅preciso. adj. Pobre, falto de caudal. || Dificultoso, peligroso, angustioso. || Exacto. || Apresurado, con prisa.

apuramiento. m. Acción y efecto de apurar.

apurar. tr. Acabar, agotar. || fig. Apremiar, dar prisa. || prnl. Afligirse, preocuparse.

apuro. ≅aprieto. ≅compromiso. m. Escasez grande. || Aflicción, conflicto. || Apremio, prisa.

aquejar. tr. fig. Acongojar, afligir, fatigar. || Afectar a una persona o cosa enfermedades, vicios, defectos, etc.

aquel, lla, llo, llos, llas. Formas de pron. dem. en los tres géneros m., f. y n. y en ambos números sing. y pl. Designan lo que física o mentalmente está lejos de la persona que habla o de la persona con quien se habla. Las formas m. y f. se usan como adj. y como s.

aquelarre. m. Reunión nocturna de brujos.

aqueménida. adj. Individuo de una dinastía persa fundada por Aquémenes h. 670 a. C. A ella perteneció Ciro y terminó con Darío III en 330 a. C. Ú. t. c. s. y en pl. || Relativo a los aqueménidas.

aquenio. m. Fruto seco, con una sola semilla, como el de la lechuga y el girasol.

aquí. ≅acá. ◁allí. adv. l. En este lugar. || A este lugar. || Equivale a veces a *en esto* o *en eso* y también *esto* o *eso:* ⁓ (en esto) *está la dificultad.* || En correlación con allí, indica sitio o paraje indeterminado: *por dondequiera se veían hermosas flores; aquí, rosas; allí, jacintos.* || adv. t. Ahora, en el tiempo presente: *de* ⁓ *a tres días.* || Entonces, en tal ocasión. || Se usa en frases interjectivas para invocar auxilio. || fig. A modo de pronombre demostrativo: ⁓ (este señor) *pide una cerveza.*

aquiescencia. f. Asenso, consentimiento.

aquiescente. adj. Que consiente.

aquietar. ≅calmar. ≅pacificar. ◁inquietar. tr. y prnl. Sosegar, apaciguar.

aquifoliáceo, a. adj. y s. Díc. de los árboles y arbustos angiospermos dicotiledóneos como el acebo y el mate. || f. pl. Familia de estas plantas.

aquilatamiento. m. Acción y efecto de aquilatar.

aquilatar. tr. Graduar los quilates del oro y de las perlas. || fig. Apreciar el mérito de una persona o cosa. || Apurar, purificar.

aquilón. ≅matacabras. m. Polo ártico y viento que sopla de esta parte.

ara. f. Altar en que se ofrecen sacrificios. || Piedra consagrada del altar. ◆ **en aras de.** loc. En obsequio, en honor o en favor de: ⁓ *la paz,* en favor de la paz.

árabe. adj. De Arabia. Ú. t. c. s. || Islámico. || m. Idioma árabe.

arabesco, ca. adj. Arábigo. || m. Adorno compuesto de tracerías, follajes, cintas y roleos.

arábigo, ga o **arábico, ca.** adj. Relativo a Arabia. || m. Idioma árabe.

arabismo. m. Giro o modo de hablar privativo

de la lengua árabe. || Vocablo de esta lengua empleado en otra.

arabista. com. Persona que cultiva la lengua y literatura árabes.

arabización. f. Acción y efecto de arabizar.

arabizar. intr. Imitar la lengua, estilo o costumbres árabes.

aráceo, a. adj. Díc. de las plantas herbáceas y leñosas, como el aro, el arísaro y la cala. || f. pl. Familia de estas plantas.

arácnido, da. adj. Díc. de los artrópodos sin antenas, como la araña y los escorpiones. || m. pl. Clase de estos animales.

aracnoides adj. Una de las tres meninges, situada entre la duramáter y la piamáter.

aracnología. f. Parte de la zoología que trata de los arácnidos.

arado. m. Instrumento de agricultura que sirve para arar la tierra.

arador. adj. y s. Que ara. || m. Ácaro parásito que produce la sarna.

aragonés, sa. adj. y s. De Aragón.

aragonito. m. Carbonato de cal.

araguato. m. Mono americano.

arahuaco, ca. adj. Grupo de pueblos que habitó el Caribe y el N. de América del Sur. Ú. m. c. m. pl. || Díc. también de sus individuos. Ú. t. c. s. || Relativo a este grupo de pueblos. || m. Lengua hablada por él.

aralia. f. Arbusto originario de Canadá, que se cultiva en Europa como planta de adorno.

araliáceo, a. adj. Díc. de plantas derechas o trepadoras, como la aralia y la hiedra arbórea. || f. pl. Familia de estas plantas.

arameo, a. adj. y s. Descendiente de Aram. || Del país de Aram. || m. Lengua semítica hablada por los arameos.

arana. f. Embuste, estafa.

arancel. m. Tarifa oficial de derechos de aduanas, ferrocarriles, etc. || Tasa, valoración. || Impuesto sobre un bien importado de un país.

arancelario, ria. adj. Relativo al arancel: *derechos* ⌐s.

arándano. m. Planta de flores solitarias y fruto en bayas negruzcas o azuladas, dulces y comestibles. Vive en el norte de España y en casi toda Europa. || Fruto de esta planta.

arandela. f. Anillo metálico que se usa en las máquinas para evitar el roce entre dos piezas.

arandillo. m. Pájaro insectívoro de color ceniciento en el lomo y las alas y blanco en el vientre y la frente.

araña. f. Arácnido pulmonado de cuatro pares de patas y abdomen abultado, que segrega un hilo sedoso. || Candelabro colgante y con varios brazos.

arañar. tr. Rasgar ligeramente con las uñas, un alfiler u otra cosa. Ú. t. c. prnl. || Hacer rayas superficiales.

arañazo. ≅rasguño. m. Rasgadura ligera.

arar. ≅labrar. tr. Remover la tierra haciendo surcos con el arado. || fig. Hacer rayas parecidas a surcos.

araucano, na. adj. Pueblo del centro y sur de Chile. Ú. m. c. pl. || Díc. también de sus indi-

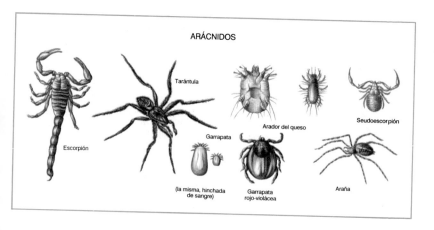

ARÁCNIDOS

Tarántula

Seudoescorpión

Garrapata

Arador del queso

Escorpión

(la misma, hinchada de sangre)

Garrapata rojo-violácea

Araña

viduos. Ú. t. c. s. || Relativo a este pueblo. || De Arauco. Ú. t. c. s. || m. Idioma de los araucanos o mapuches.

araucaria. f. Árbol conífero, de fruto drupáceo, con una almendra dulce muy alimenticia. Es originario de América.

arbitraje. ≅dictamen. m. Acción o facultad de arbitrar. || Juicio arbitral.

arbitral. adj. Relativo al árbitro: *juicio, sentencia* ↶.

arbitrar. tr. Proceder uno libremente. || Dar o proponer arbitrios. || Juzgar como árbitro.

arbitrariedad. ≅atropello. ≅extralimitación. f. Acto contra la justicia, la razón o las leyes, dictado solo por la voluntad o el capricho.

arbitrario, ria. adj. Que depende del arbitrio. || Que procede con arbitrariedad. || Que incluye arbitrariedad: *decisión* ↶. || Arbitral.

arbitrio. m. Facultad de adoptar una resolución con preferencia a otra. || Autoridad, poder. || Voluntad no gobernada por la razón, sino por el apetito o capricho. || Sentencia arbitral. || Impuesto municipal. Ú. m. en pl.

árbitro, tra. adj. y s. Que puede hacer algo por sí solo, sin dependencia de otro. || m. El que en las competiciones deportivas cuida de la aplicación del reglamento.

árbol. m. Planta perenne, de tronco leñoso y elevado, que se ramifica a cierta altura del suelo.

arbolado, da. Sitio poblado de árboles. || Conjunto de árboles.

arboladura. f. Conjunto de árboles y vergas de un buque.

arboleda. f. Sitio poblado de árboles.

arborecer. intr. Hacerse árbol: *esta planta arborece con rapidez.*

arbóreo, a. adj. Relativo al árbol.

arborescencia. f. Crecimiento o calidad de las plantas arborescentes. || Semejanza de ciertos minerales o cristalizaciones con la forma de un árbol.

arborescente. adj. Planta que tiene caracteres parecidos a los del árbol.

arboricida. adj. y s. Que destruye los árboles.

arborícola. adj. Que vive en los árboles.

arboricultura. f. Cultivo de los árboles. || Enseñanza relativa al modo de cultivarlos.

arborización. f. Dibujo natural en forma de ramas de árbol, que presentan ciertos minerales.

arbotante. m. Arco que contrarresta el empuje de otro arco o de una bóveda. || Palo o hierro que sobresale del casco del buque.

arbustivo, va. adj. Que tiene la naturaleza o calidades del arbusto.

arbusto. m. Planta perenne, de tallos leñosos y ramas desde la base, como la liga, la jara, etc.

arca. f. Caja, comúnmente de madera sin forrar y con tapa llana. || Horno secundario de las fábricas de vidrio. || pl. Pieza donde se guarda el dinero en las tesorerías.

arcabucero. m. Soldado armado de arcabuz.

arcabuz. m. Arma antigua de fuego, semejante al fusil. || Arcabucero.

arcada. f. Serie de arcos. || Ojo de un arco de puente. || Movimiento violento del estómago que excita a vómito. Ú. m. en pl.

arcaduz. m. Caño por donde se conduce el agua. || Cada uno de los caños de que se compone una cañería. || Cangilón de noria.

arcaico, ca. adj. Relativo al arcaísmo. || Muy antiguo.

arcaísmo. m. Calidad de arcaico. || Voz, frase o manera de decir anticuadas. || Empleo de éstas. || Imitación de las cosas de la antigüedad.

arcaísta. com. Persona que emplea arcaísmos sistemáticamente.

arcaizante. p. a. de arcaizar. Que arcaiza: *tendencias* ↶.

arcaizar. intr. Usar arcaísmos. || tr. Dar carácter de antigua a una lengua empleando arcaísmos.

arcángel. m. Espíritu bienaventurado que pertenece al octavo coro de los espíritus celestes: *el* ↶ *Rafael.*

arcangélico, ca o **arcangelical.** adj. Relativo a los arcángeles.

arcano, na. adj. Secreto, reservado. || m. Secreto. || Misterio.

arce. m. Árbol de madera muy dura.

arcediano. m. Dignidad en las iglesias catedrales.

arcén. m. Margen u orilla. || En una carretera, cada uno de los márgenes reservados a un lado y otro de la calzada para uso de peatones, tránsito de vehículos no automóviles, etc.

arcilla. f. Substancia que se torna plástica con una cantidad limitada de agua, dando olor a tierra mojada. Las arcillas están formadas por silicatos hidratados de aluminio con hierro, magnesio, calcio, sodio y potasio. Son ejemplos de arcillas el caolín y la marga.

arcilloso, sa. adj. Que tiene arcilla. || Que abunda en arcilla. || Semejante a ella.

arciprestal. adj. De arcipreste o propio de él: *dignidad* ↶.

arciprestazgo. m. Dignidad o cargo de arcipreste. || Territorio de su jurisdicción.

ÁRBOL

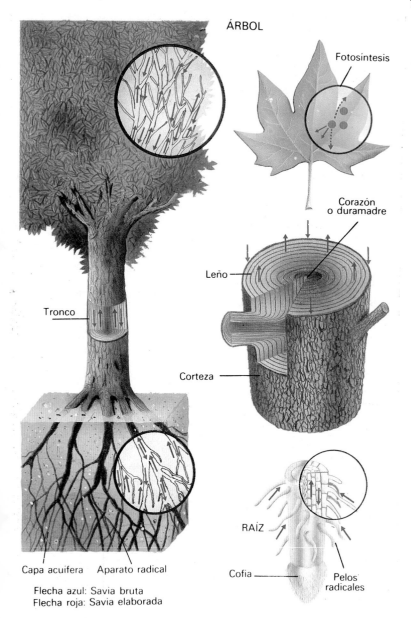

Fotosíntesis

Corazón
o duramadre

Leño

Corteza

Tronco

Capa acuífera   Aparato radical

RAÍZ

Cofia

Pelos
radicales

Flecha azul: Savia bruta
Flecha roja: Savia elaborada

arcipreste. m. Dignidad en las iglesias catedrales. || Presbítero titular de un arciprestazgo.

arco. m. *Geom.* Porción de curva: ⌒ *de círculo, de elipse.* || Arma que sirve para disparar flechas. || Vara delgada, corva o doblada en sus extremos, en los cuales se fijan algunas cerdas que sirven para herir las cuerdas de varios instrumentos músicos. || Meta, portería en algunos deportes. || *Arq.* Fábrica en forma de arco que cubre un vano entre dos pilares o puntos fijos.

arcón. m. aum. de arca.

arcontado. m. Forma de gobierno que, en Atenas, substituyó a la monarquía, y en la cual, tras varias vicisitudes, el poder supremo residía en nueve jefes, llamados arcontes, que cambiaban todos los años.

arconte. m. Magistrado a quien se confió el gobierno de Atenas tras la muerte del rey Codro. || Cada uno de los nueve que después se crearon con el mismo fin.

archicofradía. f. Cofradía más antigua o que tiene mayores privilegios que otras.

archidiácono. m. Arcediano.

archidiócesis. f. Diócesis arquiepiscopal.

archiducado. m. Dignidad de archiduque. || Territorio perteneciente al archiduque.

archiducal. adj. Relativo al archiduque o al archiducado.

archiduque. m. En lo antiguo, duque revestido de autoridad superior a la de otros duques. Modernamente es dignidad de los príncipes de la casa de Austria.

archiduquesa. f. Princesa de la casa de Austria, o mujer o hija del archiduque.

archimandrita. m. En la Iglesia oriental, católica o no, superior de uno o varios monasterios. || Cargo honorario semejante al de algunas dignidades de la Iglesia latina.

archipiélago. m. Parte del mar poblada de islas. || Conjunto, generalmente numeroso, de islas agrupadas en una superficie, más o menos extensa, de mar.

archisabido, da. adj. Muy sabido.

archivador, ra. adj. y s. Que archiva. || m. Mueble de oficina o carpeta para archivar documentos.

archivar. tr. Poner y guardar papeles o documentos en un archivo o archivador. || fig. Arrinconar o abandonar algo.

archivero, ra. m. y f. Persona que tiene a su cargo un archivo, o sirve como técnico en él.

archivo. m. Local en que se custodian documentos. || Conjunto de estos documentos.

archivolta. f. Conjunto de molduras que decoran un arco.

arder. intr. Estar en combustión. || fig. Estar muy agitado por una pasión. || Experimentar ardor alguna parte del cuerpo. || tr. Abrasar, quemar.

ardid. ≅estratagema. ≅maña. ≅treta. m. Artificio empleado para el logro de algún intento.

ardiente. ≅ardoroso. ≅encendido. ≅fogoso. ◁helado. adj. Que arde. || Que causa ardor o parece que abrasa: *sed, fiebre* ⌒. || Fervoroso, activo, eficaz. || Apasionado, vehemente.

ardilla. f. Mamífero roedor de unos 20 cm. de largo sin la cola, de color obscuro rojizo por el lomo y blanco por el vientre. Vivo y ligero, se cría en los bosques.

ardite. m. Antigua moneda castellana de poco valor. || fig. Cosa insignificante, de poco o ningún valor. Ú. en frs. como *dárselo* o *no dárselo a uno un* ⌒; *no estimarse en un* ⌒; *no importar* o *no valer una cosa un* ⌒.

ardor. ≅pasión. m. Calor grande. || fig. Brillo, resplandor. || fig. Encendimiento de las pasiones. || fig. Ardimiento, intrepidez. || fig. Viveza, ansia.

ardoroso, sa. adj. Que tiene ardor. || fig. Ardiente, vigoroso, eficaz.

arduo, dua. adj. Muy difícil.

área. f. Espacio de tierra comprendido entre ciertos límites. || Medida de superficie, que es un cuadrado de 10 metros de lado. Abr., a. || Espacio en que se produce determinado fenómeno o que se distingue por ciertos caracteres geográficos, bo-

Ardilla

tánicos, zoológicos, económicos, etc. || En determinados juegos, zona marcada delante de la meta. || En geometría, superficie comprendida dentro de un perímetro.

arefacción. m. Acción y efecto de secar o secarse.

arena. f. Conjunto de partículas desagregadas de las rocas: *la ∾ de la playa.* || Metal o mineral reducido a partes muy pequeñas. || fig. Lugar del combate o la lucha. || fig. Redondel de la plaza de toros. || pl. Piedrecitas o concreciones pequeñas que se encuentran en la vejiga.

arenal. m. Suelo de arena movediza. || Extensión grande de terreno arenoso.

arenga. f. Discurso pronunciado ante una multitud con el fin de enardecer los ánimos. || fig. y fam. Razonamiento largo, impertinente y enfadoso.

arengar. intr. y tr. Pronunciar una arenga.

arenilla. f. Arena menuda.

arenisca. f. Roca formada con granillos de cuarzo unidos por un cemento silíceo, arcilloso, calizo o ferruginoso.

arenisco, ca. adj. Aplícase a lo que tiene mezcla de arena: *vaso, ladrillo, terreno ∾.*

arenoso, sa. adj. Que tiene arena, o abunda en ella. || Que participa de la naturaleza y calidades de la arena.

arenque. m. Pez teleósteo, de unos 25 cm. de longitud y color azulado por encima y plateado por el vientre. Se come fresco, salado o desecado al humo.

areola o **aréola.** f. Círculo rojizo que limita ciertas pústulas. || Círculo rojizo algo moreno que rodea el pezón del pecho.

areómetro. m. Instrumento que sirve para determinar las densidades relativas o los pesos específicos de los líquidos, o de los sólidos por medio de los líquidos.

areópago. m. Tribunal superior de la antigua Atenas. || fig. Grupo de personas a quien se atribuye autoridad para resolver ciertos asuntos.

arepa. f. Pan de forma circular que se usa en América, compuesto de maíz salcochado, majado y pasado por tamiz, huevos y manteca, y cocido al horno.

arepita. f. Tortita usada en América, hecha de la masa del maíz, con papelón y queso.

arestín o **arestil.** m. Planta umbelífera de unos 30 cm. de altura y hojas con púas en los bordes y en el cáliz de la flor; es de color azul bajo.

arete. m. Arillo de metal, pendiente.

arévaco, ca. adj. y s. Individuo de un pueblo hispánico prerromano que habitaba territorios correspondientes a parte de las actuales provincias de Soria y Segovia.

argalí. m. Mamífero rumiante de la familia de los bóvidos, parecido a la oveja, pero de mayor tamaño, que llega a pesar 200 kg. Vive en las zonas montañosas del centro de Asia.

argamasa. ≅forja. ≅mezcla. f. Mortero hecho de cal, arena y agua, que se emplea en las obras de albañilería.

árgana. f. Máquina a modo de grúa para subir piedras o cosas de mucho peso.

argelino, na. adj. y s. De Argelia o de Argel.

argénteo, a. adj. De plata.

argentífero, ra. adj. Que contiene plata: *galena ∾.*

argentina. f. Planta rosácea, de flores amarillas en corimbo.

argentinidad. f. Calidad de lo que es privativo de la República Argentina.

argentinismo. m. Locución, giro o modo de hablar propio y peculiar de los argentinos.

argentino, na. adj. Argénteo. || Que suena como la plata: *timbre ∾, risa ∾, voz ∾.* || De la República Argentina. Apl. a pers., Ú. t. c. s.

argentita. f. Sulfuro de plata, Ag_2S, de color gris plomo. Excelente mena de la plata por su riqueza (87 %).

argolla. f. Aro grueso de hierro, que sirve para amarre o de asidero.

argón. m. Elemento químico que forma parte del grupo de los *gases nobles* o *raros*, incoloro e inerte. Peso atómico, 39,9; núm. atómico, 19; símbolo, Ar o A. Se encuentra en el aire (1 %) y en los gases de algunas fuentes minerales. Fue descubierto en 1894. Se emplea en lámparas de incandescencia y en tubos florescentes.

argonauta. m. Cada uno de los héroes griegos que, según la mitología, fueron a Cólquida en la nave Argos, acompañando a Jasón en la conquista del vellocino de oro. || Molusco cefalópodo.

argot. m. fam. Jerga, jerigonza, germanía. || Lenguaje especial entre personas de un mismo oficio o actividad.

argucia. f. Sutileza, sofisma, argumento falso presentado con agudeza.

argüir. ≅argumentar. ≅mostrar. ≅objetar. tr. Sacar en claro, deducir como consecuencia natural: *de tu actitud arguyo lo que eres.* || Descubrir, probar, dejar ver con claridad; díc. de las cosas que son indicio y como prueba de otras: *su color arguye su estado de salud.* || Acusar. || intr. Refutar, poner argumentos en contra.

argumentación. f. Acción de argumentar. || Argumento para convencer.

argumental. adj. Relativo al argumento: *no se percibe con claridad la trama* ⌢.

argumentar. ≅razonar. ≅refutar. tr. Argüir, sacar en claro; descubrir, probar: *argumenta bien esas tus tesis.* || intr. y prnl. Argüir, disputar, impugnar la opinión ajena y poner argumentos contra ella: *él argumentaba contra el discurso del presidente.*

argumentativo, va. adj. Relativo a la argumentación o al argumento.

argumento. m. Razonamiento empleado para demostrar algo. || Asunto de que se trata en una obra. || Indicio o señal.

aria. f. Composición musical sobre cierto número de versos para que la cante una sola voz.

aridez. ≅esterilidad. ≅sequedad. f. Calidad de árido.

árido, da. ≅fastidioso. ⊲fértil. adj. Seco, de poca humedad. || fig. Falto de amenidad: *discurso* ⌢. || m. pl. Granos, legumbres y otras cosas sólidas a que se aplican medidas de capacidad.

Aries. Primer signo o parte del Zodiaco de 30 de amplitud, que el Sol recorre del 21 de marzo al 20 de abril.

ariete. m. Viga larga que se empleó en la antigüedad para batir murallas.

ario, ria. adj. Individuo o estirpe noble en las lenguas antiguas de India e Irán. Ú. t. c. s. || Relativo a estos individuos.

arisco, ca. adj. Áspero, intratable.

arista. f. Filamento áspero del cascabillo de los cereales. || Borde de un sillar, madero o cualquier otro sólido, convenientemente labrado. || *Geom.* Línea que resulta de la intersección de dos superficies, considerada por la parte exterior del ángulo que forman.

aristocracia. ≅nobleza. f. Gobierno en que sólo ejercen el poder las personas más notables del Estado. || Clase noble de una nación, provincia, etc. || Por ext., clase que sobresale entre las demás por alguna circunstancia: ⌢ *del saber, del dinero.*

aristócrata. com. Persona de la aristocracia. || Partidario de la aristocracia.

aristocrático, ca. adj. Relativo a la aristocracia. || Fino, distinguido.

aristón. m. Instrumento músico de manubrio.

aristotélico, ca. adj. Relativo a Aristóteles. || Conforme con la doctrina de Aristóteles. || Partidario de esta doctrina. Ú. t. c. s.

aristotelismo. m. Sistema filosófico de Aristó-

teles. || Conjunto de los que profesan las doctrinas de Aristóteles.

aritmética. f. Parte de las matemáticas que estudia los números y las operaciones hechas con ellos. || Libro en que se contienen estos conocimientos.

aritmético, ca. adj. Relativo a la aritmética. || m. y f. Persona que tiene en ella especiales conocimientos.

arlequín. m. Personaje cómico de la antigua comedia italiana, que llevaba mascarilla negra y traje de cuadros o losanges de distintos colores. || Persona vestida con este traje. || fig. y fam. Persona informal, ridícula y despreciable.

arlequinesco, ca. adj. Relativo al arlequín.

arma. f. Instrumento, medio o máquina destinados a ofender o a defenderse. || Cada uno de los institutos combatientes de una fuerza militar: *el* ⌢ *de infantería, de caballería, de artillería.* || pl. Conjunto de las que lleva un guerrero. || Defensas naturales de los animales. || fig. Medios para conseguir alguna cosa.

armable. adj. Díc. de cualquier objeto adquirido en piezas separadas que puede ser armado o montado fácilmente.

armada. ≅marina. f. Conjunto de fuerzas navales de un Estado. || Escuadra, conjunto de buques de guerra.

armadía. f. Conjunto de maderos unidos con otros para conducirlos fácilmente a flote.

armadillo. m. Mamífero sudamericano del orden de los desdentados, con el cuerpo protegido

Armadillo

por placas dérmicas; es parecido al cerdo y puede arrollarse sobre sí mismo.

armador, ra. m. y f. Persona que arma un mueble o artefacto. || m. El que por su cuenta arma o avía una embarcación.

armadura. ≅arnés. f. Conjunto de armas de hierro con que se vestía para su defensa los que habían de combatir. || Pieza o conjunto de piezas unidas unas con otras en que, o sobre que, se arma alguna cosa. || Armazón del tejado.

armamento. m. Prevención de todo lo necesario para la guerra. || Conjunto de armas para el conjunto de un cuerpo militar. || Armas y fornitura de un soldado. || Equipo y provisión de un buque.

armar. ≅montar. tr. Vestir o poner a uno armas. Ú. t. c. prnl. || Proveer de armas. Ú. t. c. prnl. || Apercibir para la guerra. Ú. t. c. prnl. || Juntar entre sí, las varias piezas de que se compone un mueble, artefacto, etc. || fig. y fam. Disponer, formar algo: *armar un baile. Ú. t. c. prnl.* || fig. y fam. Tratándose de pleitos, escándalos, etc., moverlos, causarlos. Ú. t. c. prnl. || prnl. fig. Ponerse voluntaria y deliberadamente en disposición de ánimo eficaz para lograr algún fin o resistir alguna contrariedad: *armarse de valor.*

armario. m. Mueble con puertas y anaqueles

Armaduras

o perchas para guardar libros, ropa u otros objetos.

armatoste. m. Máquina o mueble tosco, pesado y mal hecho.

armazón. ≅montura. amb. Armadura, estructura sobre la que se arma alguna cosa.

armella. ≅hembrilla. f. Anillo de metal que suele tener una espiga o tornillo para clavarlo en parte sólida.

armenio, nia. adj. y s. De Armenia. || m. Lengua armenia.

armería. f. Museo de armas. || Arte de fabricar armas. || Tienda en que se venden armas.

armero. m. Fabricante o vendedor de armas. || El que está encargado de custodiar y limpiar las armas.

armiño. m. Mamífero carnívoro, de piel muy suave y delicada, parda en verano y blanquísima en invierno, excepto la punta de la cola, que es siempre negra. || Piel de este animal.

armisticio. m. Suspensión de hostilidades pactadas entre pueblos y ejércitos beligerantes.

armón. m. Juego delantero de la cureña de campaña.

armonía. ≅concordia. ≅consonancia. f. Combinación de los sonidos simultáneos y diferentes, pero acordes. || Grata variedad de sonidos y pausas que resulta en la prosa o en el verso por el feliz combinación de las sílabas, voces y cláusulas. || fig. Conveniente proporción y correspondencia de unas cosas con otras. || fig. Amistad. || En música, arte de formar y enlazar los acordes.

armónico, ca. adj. Relativo a la armonía: *instrumento* ⌢*; composición* ⌢*.* || f. Instrumento músico provisto de una serie de orificios con lengüeta.

armonio. m. Órgano pequeño, y al cual se da el aire por medio de un fuelle que se mueve con los pies.

armonioso, sa. adj. Sonoro y agradable al oído. || fig. Que tiene armonía o correspondencia entre sus partes.

armonización. f. Acción y efecto de armonizar.

armonizar. tr. Poner en armonía. || Escoger y escribir los acordes correspondientes a una melodía. || intr. Estar en armonía.

arnés. ≅armadura. m. Conjunto de armas de acero defensivas que se vestían y acomodaban al cuerpo, asegurándolas con correas y hebillas. || pl. Guarniciones de las caballerías.

árnica. f. Planta de la familia de las compuestas, cuyas flores y raíz tienen sabor acre y aromático, y olor fuerte que hace estornudar. Se emplea en medicina. || Tintura de árnica.

aro. m. Pieza de hierro o de otra materia rígida, en figura de circunferencia. || Juguete en forma de aro, que los niños hacen rodar valiéndose de un palo. || Planta de raíz feculenta y frutos parecidos a la grosella.

aroma. ≅fragancia. f. Flor de aromo. || m. Perfume, olor muy agradable.

aromático, ca. ≅fragante. adj. Que tiene aroma u olor agradable.

aromatización. f. Acción de aromatizar.

aromatizar. ≅embalsamar. ≅perfumar. tr. Dar o comunicar aroma a algo.

aromo. m. Árbol mimosáceo, especie de acacia, cuya flor es la aroma.

arpa. f. Instrumento músical, de forma triangular, con cuerdas colocadas verticalmente y que se tocan con ambas manos.

arpar. tr. Arañar o rasgar con las uñas. || Hacer tiras o pedazos algo.

arpegio. m. Sucesión más o menos acelerada de los sonidos de un acorde.

arpella. f. Ave rapaz diurna, de color pardo en el pecho y vientre y collar y moño amarillentos.

arpía. f. Ave fabulosa, cruel y sucia, con el rostro de mujer y lo demás de ave de rapiña. || fig. Persona codiciosa que con arte o maña saca cuanto puede. || fig. y fam. Mujer de muy mala condición.

arpillera. f. Tejido de estopa muy basta, usado para hacer sacos y cubiertas.

arpista. com. Persona que ejerce o profesa el arte de tocar el arpa.

arpón. m. Astil de madera armado por uno de sus extremos con una punta de hierro que sirve para herir o penetrar, y de otras dos que miran hacia atrás y hacen presa.

arponar. tr. Herir con arpón.

arponear. tr. Cazar o pescar con arpón.

arponero. m. El que fabrica arpones o pesca o caza con arpón.

arquear. tr. Dar figura de arco. Ú. t. c. prnl. || Medir la capacidad de una embarcación.

arqueo. m. Acción y efecto de arquear o arquearse. || Capacidad de una embarcación. || Reconocimiento de los caudales y papeles que existen en la caja de una casa, oficina o corporación.

arqueolítico, ca. adj. Relativo a la edad de piedra.

arqueología. f. Ciencia que estudia las artes y los monumentos de la antigüedad.

arqueológico, ca. adj. Relativo a la arqueología. || fig. Antiguo, desusado.

arqueólogo, ga. m. y f. Persona que profesa la arqueología o tiene en ella especiales conocimientos.

arquería. f. Serie de arcos.

arquero, ra. m. y f. Persona que practica el deporte de tiro con arco. || m. Soldado que peleaba con arco y flechas. || El que tiene por oficio hacer arcos o aros para toneles, cubas, etc. || Portero, jugador que, en algunos deportes, defiende la meta de su equipo.

arqueta. f. Arca pequeña.

arquetipo. m. Modelo.

arquipéndola. f. Nivel de albañil.

arquíptero, ra. adj. y s. Díc. de los insectos masticadores, con cuatro alas membranosas y cuyas larvas son acuáticas y zoófagas en muchas especies; como el caballito del diablo. || m. pl. Orden de estos animales.

arquitecto, ta. m. Persona que profesa o ejerce la arquitectura.

arquitectónico, ca. adj. Relativo a la arquitectura: *estilos* ⌒s.

arquitectura. f. Arte de proyectar y construir edificios.

arquitrabe. m. Parte inferior del entablamento, la cual descansa inmediatamente sobre el capitel de la columna.

arquivolta. f. Conjunto de molduras que decoran un arco en su paramento exterior vertical.

arrabal. ≅suburbio. m. Barrio fuera del recinto de la población a que pertenece. || Cualquiera de los sitios extremos de una población. || Población anexa a otra mayor. || pl. Afueras.

Arquivoltas de la portada de la catedral de Ávila

arrabalero, ra. adj. y s. Habitante de un arrabal. ‖ fig. y fam. Vulgar.

arrabio. m. Producto obtenido en el alto horno por reducción del mineral de hierro y que contiene un alto porcentaje de carbono.

arracada. ≅pendiente. ≅zarcillo. f. Arete con adorno colgante.

arracimarse. prnl. Unirse o juntarse en figura de racimo.

arraclán. m. Árbol de madera flexible, que da un carbón muy ligero.

arraigar. intr. Echar o criar raíces. Ú. t. c. prnl. ‖ Hacerse muy firme y difícil de extinguir o extirpar un afecto, virtud, vicio, uso o costumbre. Ú. m. c. prnl. ‖ prnl. Establecerse, radicarse en un lugar.

arraigo. m. Acción y efecto de arraigar o arraigarse.

arramblar. tr. Dejar los ríos, arroyos o torrentes cubierto de arena el suelo por donde pasan, en tiempo de avenidas. ‖ fig. Arrastrarlo todo, llevándoselo con violencia. ‖ Recoger y llevarse codiciosamente todo lo que hay en algún lugar.

arramplar. tr. e intr. fam. Arramblar, llevarse codiciosamente todo lo que hay en algún lugar.

arrancada. f. Partida o salida violenta de una persona o animal. ‖ Comienzo del movimiento de una máquina o vehículo que se pone en marcha. ‖ La velocidad de un buque, cuando es notable.

arrancadura. f. Acción de arrancar.

arrancar. tr. Sacar de raíz: ～ un árbol, una planta. ‖ Sacar con violencia una cosa del lugar a que está adherida, o de que forma parte: ～ una muela, un clavo, un pedazo de traje. ‖ Quitar con violencia. ‖ intr. Iniciarse el funcionamiento de una máquina o el movimiento de traslación de un vehículo. Ú. t. c. tr.

arranque. ≅impulso. ≅salida. m. Acción y efecto de arrancar. ‖ fig. Ímpetu, arrebato: le perdonó en un ～ de piedad. ‖ fig. Prontitud demasiada en alguna acción. ‖ fig. Ocurrencia viva o pronta que no se esperaba. ‖ Pujanza, brío. Ú. m. en pl. ‖ Principio de un arco o bóveda.

arras. f. pl. Lo que se da como prenda o señal en algún contrato. ‖ Las 13 monedas que, al celebrarse el matrimonio, entrega el desposado a la desposada.

arrasamiento. m. Acción y efecto de arrasar.

arrasar. ≅asolar. tr. Allanar la superficie de alguna cosa. ‖ Echar por tierra, arruinar. ‖ Igualar con el rasero. ‖ Llenar una vasija hasta el borde. ‖ Llenar o cubrir los ojos de lágrimas. Ú. t. c. prnl.

arrastrado, da. ≅mísero. ≅pobre. adj. fig. y fam. Desastrado, azaroso: Luciano trae una vida ～. ‖ Díc. del juego de naipes en que es obligatorio servir a la carta jugada: tute ～.

arrastrar. tr. Llevar a una persona o cosa por el suelo, tirando de ella. ‖ Llevar o mover rasando el suelo. ‖ intr. Ir una cosa arrasando el suelo. Ú. t. c. prnl. ‖ prnl. En varios juegos de naipes, jugar triunfo. ‖ fig. Humillarse.

arrastre. ≅acarreo. ≅transporte. m. Acción de arrastrar.

arrayán. m. Arbusto de flores pequeñas y blancas, y bayas de color negro azulado.

arre. Voz que se emplea para estimular a las bestias.

arrear. tr. Estimular a las bestias para que echen a andar o para que sigan caminando, o para que aviven el paso. ‖ Dar prisa, estimular. Ú. t. c. intr. ‖ Dar tiros, golpes, etc. ‖ Por ext., pegar o dar un golpe o un tiro.

arrebañaderas. f. pl. Ganchos de hierro destinados a sacar los objetos que se caen a los pozos.

arrebañar. tr. Rebañar.

arrebatado, da. adj. Precipitado, impetuoso. ‖ fig. Inconsiderado, violento. ‖ Dicho del color del rostro, muy encendido.

arrebatamiento. m. Acción de arrebatar o arrebatarse. ‖ fig. Furor. ‖ Éxtasis.

arrebatar. tr. Quitar o tomar algo con violencia y fuerza. ‖ fig. Sacar de sí, conmover. Ú. t. c. prnl. ‖ prnl. Enfurecerse, dejarse llevar por la ira.

arrebato. m. Arrebatamiento.

arrebol. m. Color rojo que se ve en las nubes heridas por los rayos del Sol. ‖ Por ext., el mismo color en otros objetos, en especial en el rostro de la mujer. ‖ Substancia colorante, generalmente roja, que se utiliza en cosmética.

arrebolada. f. Conjunto de nubes enrojecidas por los rayos del Sol.

arrebolar. tr. Poner de color de arrebol. Ú. m. c. prnl.

arrebujar. tr. Coger mal y sin orden alguna cosa flexible, como ropa. ‖ Cubrir bien y envolver con la ropa. Ú. m. c. prnl.

arreciar. tr. Dar fuerza y vigor. Ú. t. c. prnl. ‖ intr. Cobrar fuerza, vigor o gordura. ‖ Hacerse cada vez más recia, fuerte o violenta alguna cosa: ～ la calentura, la cólera, la tempestad, el viento. Ú. t. c. prnl. ‖ prnl. Arrecirse.

arrecife. m. Banco o bajo formado en el mar, por piedras, puntas de roca o poliperos, casi a flor de agua. || *Dom.* Costa peñascosa, acantilado, farallón.

arrecirse. prnl. Entumecerse por exceso de frío.

arrechucho. m. fam. Arranque, ímpetu. || fam. Indisposición repentina y pasajera.

arredramiento. m. Acción y efecto de arredrar o arredrarse.

arredrar. tr. Apartar, separar. Ú. t. c. prnl. || fig. Retraer, hacer volver atrás. || Amedrentar, atemorizar. Ú. t. c. prnl.

arregazar. tr. y prnl. Recoger las faldas hacia el regazo. || Arremangarse.

arreglado, da. adj. Sujeto a regla. || fig. Ordenado, moderado.

arreglar. ≅acomodar. tr. Reducir o sujetar a regla. Ú. t. c. prnl. || Componer, ordenar, concertar. || Acicalar, engalanar. Ú. t. c. prnl. || fam. En frases que envuelven amenaza, corregir a uno, castigarle u obligarle a hacer lo que no quería: *ya te arreglaré yo.*

arreglo. m. Acción de arreglar o arreglarse. || Regla, orden, coordinación. || Avenencia, conciliación. || fam. Amancebamiento.

arrejacar. tr. Dar a los sembrados, cuando ya tienen bastantes raíces, una labor, que consiste en romper la costra del terreno con azadilla, grada o rastra.

arrejuntar. tr. fam. Juntar. || prnl. Amancebarse.

arrellanar. tr. Nivelar un terreno. || prnl. Ensancharse y extenderse en el asiento con toda comodidad.

arremangar. tr. Remangar. Ú. t. c. prnl. || prnl. fig. y fam. Tomar enérgicamente una resolución.

arremeter. ≅agredir. ≅atacar. ≅embestir. intr. Acometer con ímpetu y furia. || Arrojarse con presteza.

arremetida o **arremetimiento.** f. Acción de arremeter.

arremolinarse. prnl. fig. Amontonarse o apiñarse desordenadamente las gentes.

arrendador, ra. m. y f. Persona que da en arrendamiento alguna cosa. || Arrendatario.

arrendajo. Ave del orden de los pájaros al que se llama también grajo, que se alimenta de frutos de diversos árboles y destruye asimismo los nidos de algunas aves canoras, cuya voz imita para sorprenderlas con mayor seguridad.

arrendamiento. ≅alquiler. ≅arriendo. m. Acción de arrendar. || Contrato por el cual se arrienda. || Precio en que se arrienda.

arrendar. ≅alquilar. tr. Ceder o adquirir por

Arrendajo

precio el goce o aprovechamiento temporal de cosas, obras o servicios.

arrendatario, ria. adj. Que toma en arrendamiento algo: *compañía* ᙁ *del petróleo.* Apl. a pers., Ú. t. c. s.

arrendaticio, cia. adj. Relativo al arrendamiento: *contrato* ᙁ.

arreo. ≅aderezo. m. Atavío, adorno. || pl. Guarniciones o jaeces de las caballerías.

arrepentimiento. m. Pesar de haber hecho alguna cosa.

arrepentirse. prnl. Pesarle a uno de haber hecho o haber dejado de hacer alguna cosa.

arrestado, da. adj. Preso.

arrestar. tr. Detener, poner preso.

arresto. ≅prendimiento. ≅resolución. ≅valor. m. Acción de arrestar. || Detención provisional del presunto reo. || Reclusión por un tiempo breve, como corrección o pena. || Arrojo, audacia.

arriada. f. Acción y efecto de arriar.

arrianismo. m. Herejía de los arrianos.

arriano, na. adj. Decíase de los herejes seguidores de Arrio, que enseñaba que el Verbo o Hijo de Dios no es igual o consubstancial al Padre. Ú. m. c. s. || Relativo al arrianismo.

arriar. tr. Bajar las velas, las banderas, etc., que estén en lo alto. || Inundar, arroyar. || prnl. Inundarse por una avenida algún paraje.

arriate o **arriata.** m. Era estrecha para tener plantas de adorno junto a las paredes de los jardines y patios. || Calzada, camino o paso. || Encañado, enrejado de cañas.

arriba. ◁abajo. adv. l. A lo alto, hacia lo alto. || En lo alto, en la parte alta. || En lugar anterior o que está antes de otro: *véase más arriba* (citando en un párrafo). || En dirección hacia lo que está más alto: *cuesta* ⌒. || interj. Voz que se emplea para excitar o aclamar.

arribada. f. Acción de arribar. || Fondear.

arribar. intr. Llegar la nave al puerto. || Llegar por tierra. Ú. t. c. prnl. || fig. y fam. Llegar a conseguir lo que se desea.

arribismo. m. Modo de pensar y actuar del arribista.

arribista. com. Persona que progresa en la vida por medios rápidos y sin escrúpulos.

arriendo. m. Arrendamiento.

arriero. m. El que trajina con bestias de carga.

arriesgado, da. ≅atrevido. ≅audaz. ≅expuesto. adj. Aventurado, peligroso. || Osado, temerario.

arriesgar. tr. y prnl. Poner a riesgo.

arrimado, da. adj. Díc. del hombre y de la mujer que hacen vida marital sin estar casados.

arrimar. tr. Acercar o poner una cosa junto a otra. Ú. t. c. prnl. || prnl. Apoyarse sobre algo. || Amancebarse. || fig. Acogerse a la protección de alguien o de algo, valerse de ella. || Torear o intentar torear en terreno próximo al toro.

arrimo. ≅amparo. ≅favor. ≅protección. m. Acción de arrimar o arrimarse. || Apoyo, sostén. || Proximidad, cercanía. || Ayuda, auxilio. || Pared medianera.

arrinconado, da. adj. Apartado, distante del centro. || fig. Desatendido, olvidado.

arrinconamiento. m. Recogimiento o retiro.

arrinconar. tr. Poner algo en un rincón o lugar retirado. || Estrechar a alguien hasta que halle obstáculo para seguir retrocediendo. || fig. No hacer caso. || fig. Abandonar: *arrinconar los libros, la carrera.* || prnl. fig. y fam. Retirarse del trato de las gentes.

arritmia. f. Falta de ritmo regular. || Irregularidad y desigualdad en las contracciones del corazón.

arrítmico, ca. adj. Relativo a la arritmia.

arroba. f. Peso de 25 libras, equivalente a 11 kg. y 502 g. || Medida de líquidos que varía de peso según las provincias y los mismos líquidos.

arrobamiento. m. Acción de arrobar o arrobarse, enajenarse, quedar fuera de sí. || Éxtasis.

arrobar. tr. Embelesar. || prnl. Enajenarse, quedar fuera de sí.

arrocero, ra. adj. Relativo al arroz. || m. y f. Persona que cultiva arroz.

arrodillamiento o **arrodilladura.** f. Acción de arrodillar o arrodillarse.

arrodillar. tr. Hacer que uno hinque la rodilla o ambas rodillas. || prnl. e intr. Ponerse de rodillas.

arrogación. f. Acción y efecto de arrogar o arrogarse.

arrogancia. ≅soberbia. ◁humildad. ◁sencillez. f. Calidad de arrogante.

arrogante. adj. Altanero, soberbio. || Valiente, brioso. || Gallardo, airoso.

arrogarse. prnl. Atribuirse, apropiarse: *se arrogó el poder.*

arrojadizo, za. adj. Que se puede arrojar o tirar: *arma* ⌒.

arrojado, da. ≅audaz. ≅osado. ≅valiente. adj. fig. Resuelto, intrépido.

arrojar. tr. Impeler con violencia una cosa. || Echar. || fig. Tratándose de cuentas, documentos, etc., presentar, dar de sí como consecuencia o resultado: *el saldo arrojó números rojos.* || fam. Vomitar. Ú. t. c. intr. || prnl. Echar, hacer salir.

arrojo. ≅atrevimiento. ≅audacia. ≅resolución. m. fig. Osadía, intrepidez.

arrollar. tr. Envolver algo en forma de rollo. || Devanar un hilo o alambre en torno de un carrete. || Llevar rodando el agua o el viento alguna cosa sólida: ⌒ *las piedras, los árboles.* || fig. Desbaratar o derrotar al enemigo. || Atropellar. || fig. Vencer, superar. || fig. Confundir, dejar a una persona sin poder replicar: *le arrolló con sus razonamientos.* || fig. Cunear, dormir al niño meciéndolo en la cuna y en los brazos.

arropar. ≅tapar. tr. y prnl. Cubrir o abrigar con ropa. Ú. t. c. prnl. || Por ext., fig. Proteger, amparar.

arrope. m. Mosto cocido hasta que toma consistencia de jarabe. || Far. Jarabe concentrado: ⌒ de moras, de saúco.

arrostrar. ≅afrontar. ≅desafiar. tr. Hacer cara, resistir: *arrostró todo género de dificultades.*

arroyada. f. Valle por donde corre un arroyo. || Surco o hendedura producida por el agua.

arroyo. m. Caudal corto de agua, riachuelo. || Cauce por donde corre.

arroz. m. Planta gramínea, que se cría en terrenos muy húmedos, y cuyo fruto es un grano oval, harinoso y blanco después de descascarillado, que, cocido, es alimento de mucho uso. Es originaria de las Indias Orientales. || Fruto de esta planta.

arrozal. m. Tierra sembrada de arroz.

arruga. f. Pliegue que se hace en la piel. || Pliegue deforme e irregular que se hace en la ropa o en cualquiera tela o cosa flexible.

Arrozal

arrugar. tr. Hacer arrugas. Ú. t. c. prnl. || fig. Mostrar en el semblante ira o enojo: ᷉ *la frente, el ceño, el entrecejo.* || prnl. Encogerse, acobardarse.

arruinar. ≅demoler. ≅devastar. tr. y prnl. Causar ruina. || Destruir, causar grave daño.

arrullar. tr. Atraer con arrullos el palomo o el tórtolo a la hembra, o al contrario. || fig. Adormecer al niño con arrullos. || fig. y fam. Enamorar con palabras dulces.

arrullo. m. Canto grave o monótono con que se enamoran las palomas y las tórtolas. || Habla dulce con que se enamora a una persona. || fig. Cantarcillo grave y monótono para adormecer a los niños.

arrumaco. ≅carantoña. ≅caricia. m. Demostración de cariño, mimo. Ú. m. en pl.

arrumar. tr. Distribuir y colocar la carga en un buque.

arrumbar. tr. Desechar, abandonar. || fig. Arrinconar. || intr. Fijar el rumbo.

arrurruz. m. Fécula que se extrae de la raíz de varias plantas tropicales.

arsenal. m. Establecimiento en que se construyen, reparan y conservan las embarcaciones. || Almacén general de armas y otros efectos de guerra.

arseniato. m. Sal formada por la combinación del ácido arsénico con una base.

arsenical. adj. Relativo al arsénico.

arsénico. m. Elemento químico, tri y pentavalente, metaloide, de color gris metálico. Peso ató-mico, 74,91; núm. atómico, 33; símbolo, As.; peso específico, 5,72; punto de fusión, 814 C.

arte. amb. Virtud e industria para hacer algo. || Acto mediante el cual imita o expresa el hombre lo material o lo invisible, y crea copiando o fantaseando. || Conjunto de reglas para hacer bien algo. || Cautela, maña, astucia. || Aparato para pescar.

artefacto. m. Obra mecánica. || Artificio, máquina, aparato. || Carga explosiva, como mina, petardo, granada. || desp. Máquina, mueble y, en general, cualquier objeto de cierto tamaño.

artejo. m. Nudillo de los dedos. || Cada una de las piezas articuladas que forman los apéndices de los artrópodos.

artemisa. f. Planta olorosa, con flores de color blanco amarillento. || Planta americana, parecida a la anterior, con flores verdes y amarillentas.

arteria. f. Cada uno de los vasos que llevan la sangre desde el corazón a las demás partes del cuerpo. || fig. Calle de una población, a la cual afluyen muchas otras.

artería. f. Amaño, astucia.

arterial. adj. Relativo a las arterias.

arteriosclerosis. f. Endurecimiento de las arterias.

arteriosclerótico, ca. adj. Relativo a la arteriosclerosis. || Que padece arteriosclerosis. Ú. t. c. s.

arteritis. f. Inflamación de las arterias.

artero, ra. ≅falso. ≅malintencionado. adj. Mañoso, astuto.

artesa. f. Cajón cuadrilongo de madera, para amasar el pan y para otros usos.

artesanado. m. Conjunto de artesanos. || Actividad, ocupación u oficio del artesano.

artesanal. adj. Artesano, relativo a la artesanía.

artesanía. ≅artesanado. f. Clase social de los artesanos. || Arte u obra de los artesanos.

artesano, na. adj. Relativo a la artesanía. || m. y f. Persona que ejercita un arte u oficio mecánico.

artesón. m. Artesa para fregar. || Adorno poligonal, cóncavo, moldurado y con adornos, que dispuesto en serie constituye el artesonado. || Artesonado, techo adornado con artesones.

artesonado, da. adj. Adornado con artesones. || m. Techo, armadura o bóveda formado con artesones de madera, piedra u otros materiales.

ártico, ca. ≅norte. ≅septentrional. adj. Relativo al polo norte: *círculo polar* ᷉; *tierras* ᷉*s.*

articulación. ≅junta. ≅juntura. f. Acción y efecto de articular o articularse. || Enlace o unión de dos piezas o partes de una máquina o instru-

mento. || Pronunciación clara y distinta de las palabras. || Unión de hueso u órgano esquelético con otro.

articulado, da. adj. Que tiene articulaciones. || m. Conjunto o serie de artículos de un tratado, ley, reglamento, etc.

articular. adj. Relativo a la articulación o a las articulaciones.

articular. tr. Unir, enlazar. Ú. t. c. prnl. || Pronunciar las palabras claras y distintamente.

articulista. com. Persona que escribe artículos para publicaciones periódicas.

artículo. m. Una de las partes en que suelen dividirse los escritos. || Cada una de las divisiones de un diccionario encabezada con distintas palabras. || Cada una de las proposiciones numeradas de un tratado, ley, etc. || Cualquiera de los escritos de mayor extensión que se insertan en las publicaciones periódicas. || Mercancía, cosa con que se comercia. || Parte de la oración, que sirve principalmente para denotar la extensión en que ha de tomarse el nombre al cual se antepone.

artífice. com. Artista. || Persona que ejecuta científicamente una obra mecánica o aplica a ella alguna de las bellas artes. || fig. Autor.

artificial. ≅ficticio. ◁natural. adj. Hecho por mano o arte del hombre. || No natural, falso: *modales* ～*es*.

artificiero. m. Artillero especialmente instruido en proyectiles, cartuchos, espoletas, etc.

artificio. m. Arte o habilidad con que está hecho algo. || Predominio de la elaboración artística sobre la naturalidad. || Artefacto: ～ *de Juanelo*. || fig. Disimulo, doblez.

artificiosidad. f. Calidad de artificioso.

artificioso, sa. ≅astuto. ≅fingido. ≅habilidoso. ≅ingenioso. adj. Hecho con artificio o arte. || fig. Disimulado, cauteloso.

artilugio. m. Mecanismo, artefacto. || Ardid o maña.

artillar. tr. Armar de artillería: ～ *una plaza, un buque*.

artillería. f. Arte de construir y usar las armas, máquinas y municiones de guerra. || Tren de cañones y otras máquinas de guerra que tiene una plaza, ejército o buque. || Cuerpo militar destinado a este servicio.

artillero, ra. adj. Relativo a la artillería. || m. Individuo que sirve en la artillería.

artimaña. ≅enredo. f. Trampa para cazar animales. || fam. Engaño, astucia.

artiodáctilo, la. adj. y s. Díc. de los mamíferos ungulados cuyas extremidades terminan en un número par de dedos de los que apoyan al menos dos, que son simétricos. Son ejemplo los toros y afines, ovejas, cabras, antílopes, jirafas, camellos e hipopótamos. || pl Orden de estos mamíferos.

artista. com. Persona que ejerce alguna de las bellas artes. || Persona que actúa profesionalmente en un espectáculo teatral, cinematográfico, circense, etc.

artístico, ca. adj. Relativo a las artes.

artrítico, ca. adj. Relativo a la artritis o al artritismo. || m. y f. Persona que padece artritis o artritismo.

artritis. f. Inflamación de las articulaciones.

artritismo. m. Conjunto de trastornos del metabolismo que predisponen a enfermedades de las articulaciones.

artrografía. f. Descripción de las articulaciones. || Radiografía de una articulación.

artrología. f. Parte de la anatomía que trata de las articulaciones.

artropatía. f. Enfermedad de las articulaciones.

artrópodo. adj. y s. Díc. de los animales invertebrados de cuerpo con simetría bilateral, formado por una serie lineal de segmentos más o menos ostensibles, y provisto de apéndices compuestos de piezas articuladas o artejos; como los insectos y las arañas. || Tipo de estos animales.

artrosis. f. Enfermedad crónica de las articulaciones, de naturaleza degenerativa no inflamatoria.

arzobispado. ≅archidiócesis. m. Dignidad de arzobispo. || Territorio en que el arzobispo ejerce

Artrópodo. Cangrejo

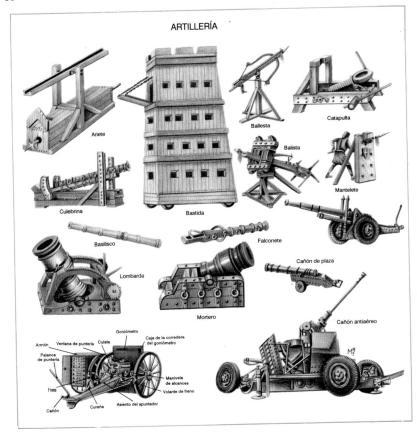

ARTILLERÍA

Ariete

Ballesta

Catapulta

Balista

Mantelete

Culebrina

Bastida

Basilisco

Falconete

Cañón de plaza

Lombarda

Mortero

Cañón antiaéreo

Goniómetro

Caja de la corredera
del goniómetro

Armón   Ventana de puntería   Culata

Palanca
de puntería

Manivela
de alcances

Freno

Volante de freno

Cañón   Cureña   Asiento del apuntador

jurisdicción. || Edificio u oficina donde funciona la
curia arzobispal.

arzobispal. adj. Relativo al arzobispo.

arzobispo. ≅ metropolitano. m. Obispo de iglesia metropolitana o que tiene honores de tal.

arzón. m. Fuste de una silla de montar.

as. m. Moneda de cobre de la antigua Roma.
|| Carta que en cada palo de la baraja de naipes
lleva el número uno. || Punto único señalado en
una de las seis caras del dado. || fig. Persona
que sobresale en una profesión.

asa. f. Parte que sobresale del cuerpo de una
vasija, cesta, etc., y sirve para asirla.

asado, da. p. p. de asar. || m. Carne asada.

asador. m. Varilla puntiaguda en que se clava
y se pone al fuego lo que se quiere asar. || Apa-
rato o mecanismo para igual fin.

asadura. f. Conjunto de las entrañas del ani-
mal. Ú. t. en pl. || Hígado y bofes.

asaetear. tr. Disparar saetas. || Herir o matar
con saetas. || fig. Causar a uno repetidamente dis-
gustos o molestias: *le asaeteaba con continuas
preguntas.*

asalariado, da. adj. y s. Que percibe un salario
por su trabajo.

asalariar. tr. Señalar salario a alguien.

asaltar. tr. Acometer. || fig. Sobrevenir, ocurrir
de pronto.

asalto. m. Acción y efecto de asaltar. || *Esgr.* Combate simulado. || En boxeo, cada una de las partes de que consta un combate.

asamblea. ≅junta. f. Reunión numerosa de personas convocada para algún fin. || Cuerpo político y deliberante, como el congreso o el senado.

asambleísta. com. Persona que forma parte de una asamblea.

asar. tr. Someter un manjar a la acción de fuego para que se pueda comer. || fig. Tostar, abrasar. || prnl. fig. Sentir mucho calor.

asaz. adv. c. Bastante, muy. || adj. Bastante, mucho.

asbesto. m. Mineral del grupo de los anfíboles, fibroso y semejante al amianto, pero de fibras duras y rígidas.

ascendencia. ≅alcurnia. ≅linaje. ◁descendencia. f. Serie de ascendientes o antecesores de una persona.

ascender. intr. Subir. || fig. Adelantar en empleo o dignidad. || Importar una cuenta: *su valor asciende a 1.000 ptas.* || tr. Dar o conceder un ascenso: *el director ascendió a su empleado.*

ascendiente. ≅antecesor. ≅antepasado. com. Padre, madre, o cualquiera de los abuelos,. || m. Predominio moral o influencia: *fulano tiene mucho ↝ entre sus subordinados.*

ascensión. f. Acción y efecto de ascender. || Por excelencia, la de Jesucristo a los cielos. || Fiesta con que celebra la Iglesia este misterio.

ascenso. m. Subida. || fig. Promoción a mayor dignidad o empleo. || fig. Grado para el adelanto en una carrera.

ascensor. m. Aparato para subir o bajar en los edificios. || Montacargas.

ascensorista. com. Persona que tiene a su cargo el manejo del ascensor.

asceta. com. Persona que hace vida ascética.

ascético, ca. adj. Que se dedica a la práctica de la perfección espiritual. || Relativo a esta práctica: *vida ↝.* || Que trata de la vida ascética: *escritor, libro ↝.* || f. Ascetismo.

ascetismo. m. Profesión o doctrina de la vida ascética.

asclepiadáceo, a. adj. y s. Díc. de hierbas, arbustos y árboles, con flores en racimo, corimbo o umbela, y fruto con semillas. || f. pl. Familia de estas plantas.

asco. m. Repugnancia causada por algo que incita al vómito. || fig. Impresión desagradable.

ascomiceto, ta. adj. Díc. de hongos con los esporidios encerrados en saquitos. || m. pl. Orden de estos hongos.

ascórbico, ca. adj. Ácido antiescurbútico o vitamina C.

ascua. ≅brasa. f. Pedazo de materia sólida candente.

aseado, da. adj. Limpio, curioso.

asear. tr. y prnl. Limpiar, lavar.

asechanza. ≅insidia. ≅perfidia. f. Engaño, trampa artificio. Ú. m. en pl.

asechar. tr. Poner o armar asechanzas.

asediar. tr. Cercar un punto fortificado. || fig. Importunar.

asedio. ≅bloqueo. ≅cerco. m. Acción y efecto de asediar.

asegurado, da. adj. y s. Díc. de la persona que ha contratado un seguro.

asegurador, ra. adj. y s. Que asegura. || Díc. de la persona o empresa que asegura riesgos ajenos.

aseguramiento. m. Acción y efecto de asegurar. || Seguro, salvoconducto.

asegurar. tr. Dar firmeza y seguridad, fijar sólidamente ↝ *el edificio, el clavo en la pared.* || Tranquilizar, infundir confianza. Ú. t. c. prnl. || Afirmar, garantizar. || Poner a cubierto mediante contrato, por el cual, una persona, natural o jurídica, previo pago de una prima, se obliga a resarcir las pérdidas o daños que ocurran a determinadas cosas.

aseidad. f. Atributo de Dios, por el cual existe por sí mismo o por necesidad de su propia naturaleza.

asemejar. tr. Hacer una cosa con semejanza a otra. || intr. Tener semejanza. || prnl. Mostrarse semejante.

asenso. ≅aprobación. m. Acción y efecto de asentir.

asentaderas. f. pl. fam. Nalgas.

asentador. m. El que contrata por mayor víveres para un mercado público.

asentamiento. m. Acción y efecto de asentar o asentarse. || Instalación provisional por la autoridad gubernativa, de colonos o cultivadores, en tierras destinadas a expropiarse.

asentar. tr. Sentar en silla, banco, etc. Ú. m. c. prnl. || Poner algo de modo que quede firme. || Situar, fundar. || Golpear con tino y violencia. || Aplanar, alisar. || Presuponer algo. || Anotar algo para que conste. || prnl. Establecerse. || Posarse los líquidos.

asentimiento. m. Asenso. || Consentimiento.

asentir. ≅afirmar. ≅aprobar. ◁disentir. intr. Admitir: *asintió a sus propuestas.*

aseo. m. Limpieza, curiosidad. || Esmero, cuidado. || Cuarto destinado a la limpieza del cuerpo.

asépala. adj. Flor que carece de sépalos.

asepsia. f. Ausencia de gérmenes patógenos. || Procedimiento destinado a preservar de gérmenes infecciosos al organismo.

aséptico, ca. adj. Relativo a la asepsia.

asequible. ≅accesible. adj. Que puede alcanzarse.

aserción. ≅afirmación. ≅aseveración. f. Acción y efecto de afirmar algo. || Proposición en que se hace la aserción.

aserradero. m. Paraje donde se asierra la madera u otra cosa.

aserrador, ra. adj. Que sierra. || m. El que tiene por oficio aserrar. || f. Máquina de aserrar. || Serrería.

aserradura. f. Corte que hace la sierra. || Parte donde se ha hecho el corte. || pl. Serrín.

aserrar. tr. Serrar.

aserto. m. Afirmación de la certeza de una cosa.

asertor, ra. m. y f. Persona que afirma, sostiene o da por cierta una cosa.

asesinar. tr. Matar a una persona alevosamente, o por precio, o con premeditación.

asesinato. m. Acción y efecto de asesinar.

asesino, na. adj. Que asesina, homicida: *gente, mano* ∽*; puñal* ∽. Ú. t. c. s.

asesor, ra. adj. y s. Que asesora.

asesoramiento. m. Acción y efecto de asesorar o asesorarse.

asesorar. tr. Dar consejo o dictamen. || prnl. Tomar consejo de alguien.

asesoría. f. Oficio de asesor. || Su oficina: *la* ∽ *jurídica de la empresa está arriba.*

asestar. tr. Dirigir una arma hacia el blanco: ∽ *el cañón, la lanza.* || Descargar contra algo o alguien un proyectil o en golpe: ∽ *un tiro, una puñalada, una pedrada, un puñetazo.*

aseveración. f. Acción y efecto de aseverar.

aseverar. ≅confirmar. ≅ratificar. ◁negar. tr. Afirmar o asegurar lo que se dice.

aseverativo, va. adj. Que asevera o afirma.

asexuado, da. adj. Que carece de sexo.

asexual. adj. Sin sexo; ambiguo, indeterminado. || Díc. de la reproducción que se verifica sin la intervención de los dos sexos; como la gemación.

asfaltado. m. Acción de asfaltar. || Solado de asfalto.

asfaltar. tr. Revestir de asfalto.

asfáltico, ca. adj. De asfalto. || Que tiene asfalto.

asfalto. m. Betún negro, sólido, que se emplea en el pavimento de carreteras, aceras, etc.

asfixia. f. Suspensión de la respiración, y estado de muerte aparente o inminente, por la sumersión, estrangulación, acción de gases no respirables, etc. || Sensación de agobio producida por el excesivo calor o por el enrarecimiento del aire.

asfixiar. tr. y prnl. Producir asfixia.

así. adv. m. De esta, o de esa suerte o manera. || Aunque, por más que.

asiático, ca. adj. y s. De Asia.

asidero. m. Parte por donde se ase alguna cosa. || fig. Ocasión, pretexto.

asiduidad. f. Frecuencia, puntualidad o aplicación constante a una cosa.

asiduo, dua. adj. y s. Frecuente, puntual, perseverante.

asiento. m. Silla, taburete, banco u otra cualquier cosa destinada para sentarse en ella. || Emplazamiento. || Localidad de un espectáculo. || Poso, sedimento de un líquido. || Anotación especialmente en libros de contabilidad. || Partida de una cuenta. || fig. Estabilidad, permanencia.

asignación. f. Acción y efecto de asignar. || Sueldo.

asignar. tr. Señalar lo que corresponde a una persona o cosa. || Señalar, fijar. || Nombrar para un cargo. || Destinar a uso determinado.

asignatura. ≅disciplina. ≅enseñanza. f. Cada uno de los tratados o materias que se enseñan en un centro docente, o forman un plan académico de estudios.

asilar. tr. Dar asilo: ∽ *a un emigrado político.* || Albergar en un asilo. Ú. t. c. prnl. || prnl Tomar asilo en algún lugar.

asilo. m. Refugio. || Establecimiento benéfico en que se recogen ancianos y menesterosos. || fig. Amparo, protección.

asilvestrado, da. adj. Planta silvestre que procede de semilla de planta cultivada. || Díc. del animal doméstico o domesticado que se hace salvaje.

asimetría. f. Falta de simetría.

asimétrico, ca. adj. Que no guarda simetría.

asimiento. m. Acción de asir. || fig. Adhesión.

asimilación. f. Acción y efecto de asimilar.

asimilar. tr. Asemejar, comparar. Ú. t. c. prnl. || Conceder a los individuos de una profesión derechos iguales a los de otra. || fig. Comprender lo que se aprende. || Apropiarse los organismos las substancias necesarias para su conservación o desarrollo.

asimismo. adv. m. Así mismo.

asincronismo. m. Falta de coincidencia o simultaneidad.

asíntota. f. Línea recta que, prolongada indefinidamente, se acerca de continuo a una curva, sin llegar nunca a tocarla.

asintótico, ca. adj. Díc. de la curva que se acerca de continuo a una recta o a otra curva sin llegar nunca a encontrarla.

asir. tr. Tomar, coger, prender. || intr. Tratándose de plantas, arraigar. || prnl. Agarrarse a alguna cosa. || fig. Tomar ocasión o pretexto para decir o hacer lo que se quiere.

asirio, ria. adj. y s. De Asiria. || m. Lengua asiria.

asistencia. f. Acción de estar o hallarse presente. || Socorro, favor o ayuda. || Conjunto de personas que están presentes en un acto.

asistenta. m. Criada que sirve en una casa sin residir en ella.

asistente. adj. y s. Que asiste. || m. Funcionario público que en ciertas villas y ciudades tenía las mismas atribuciones que el corregidor en otras. || Soldado destinado al servicio personal de un general, jefe u oficial.

asistir. tr. Acompañar a alguno en un acto público. || Servir en algunas cosas o interinamente. || Socorrer, favorecer, ayudar. || Cuidar a los enfermos. || Estar de parte de una persona. || intr. Estar o hallarse presente.

asma. f. Enfermedad de los bronquios, caracterizada por accesos de sofocación.

asmático, ca. adj. Perteneciente o relativo al asma. || Que la padece. Ú. t. c. s.

asna. f. Hembra del asno.

asnal. adj. Perteneciente o relativo al asno.

asnillo. m. Insecto coleóptero muy voraz.

asno. m. Animal solípedo, más pequeño que el caballo, con las orejas largas y la extremidad de la cola poblada de cerdas. || fig. Persona ruda y de muy poco entendimiento. Ú. t. c. adj.

asociación. f. Acción de asociar o asociarse. || Conjunto de los asociados. || Sociedad, comunidad.

asociacionismo. m. Doctrina psicológica que explica todos los fenómenos psíquicos por las leyes de la asociación de las ideas.

asociado, da. adj. y s. Persona que acompaña a otra en alguna comisión o encargo. || m. y f. Persona que forma parte de alguna asociación o compañía.

asociar. tr. Juntar una cosa con otra. || Tomar uno compañero que le ayude. || prnl. Juntarse, reunirse para algún fin.

asociativo, va. adj. Que asocia o que resulta de una asociación o tiende a ella.

asolamiento. m. Acción y efecto de asolar.

asolanar. tr. y prnl. Dañar el viento solano las frutas, mieses, etc.

asolar. tr. Poner por el suelo, destruir. || Secar los campos el calor, una sequía, etc. Ú. t. c. prnl.

asomar. intr. Empezar a mostrarse. || Sacar o mostrar alguna cosa por una buena abertura o por detrás de alguna parte: ∽ *la cabeza a la ventana.* Ú. t. c. prnl.

asombrar. ≅admirar. ≅ensombrecer. ≅maravillar. ≅sombrear. tr. Hacer sombra una cosa a otra. || fig. Asustar, espantar. Ú. t. c. prnl. || fig. Causar gran admiración. Ú. t. c. prnl.

asombro. m. Susto, espanto. || Admiración.

asombroso, sa. adj. Que causa asombro.

asomo. m. Acción de asomar. || Indicio o señal de alguna cosa. || Sospecha, presunción.

asonada. ≅motín. ≅revuelta. f. Reunión para conseguir violentamente cualquier fin, por lo común político.

asonancia. f. Correspondencia de un sonido con otro. || fig. Correspondencia de una cosa con otra. || *Métr.* Identidad de vocales en las terminaciones de dos palabras a contar desde la última acentuada. Se llama también *rima imperfecta.*

asonantar. intr. Ser una palabra asonante de otra. || tr. Emplear en la rima una palabra como asonante de otra.

asonante. adj. y s. Díc. de cualquier voz con respecto a otra de la misma asonancia.

asonar. intr. Hacer asonancia.

asordar. tr. Ensordecer.

aspa. f. Conjunto de dos maderos atravesados en forma de X. || Mecanismo exterior del molino de viento y cada uno de sus brazos. || Cualquier agrupación, figura o signo en forma de X.

aspar. tr. fig. y fam. Mortificar.

aspaviento. m. Demostración excesiva o afectada de espanto, admiración o sentimiento.

aspecto. m. Apariencia, semblante.

aspereza. f. Calidad de áspero. || Desigualdad del terreno. || Desabrimiento en el trato.

asperjar. tr. Rociar, esparcir en menudas gotas un líquido.

áspero, ra. adj. Poco suave al tacto, por tener la superficie desigual. || Escabroso. || fig. Desapacible: *fruta, voz, tiempo* ∽. || fig. Desabrido, falto de afabilidad.

asperón. m. Arenisca en construcción y para fregar.

aspersión. f. Acción de asperjar: *riego por* ∿.

aspersor. m. Mecanismo para esparcir un líquido a presión.

áspid o **áspide.** m. Víbora muy venenosa.

aspillera. f. Abertura larga y estrecha en un muro, para disparar por ella.

aspiración. f. Acción y efecto de aspirar. || *Fon.* Sonido del lenguaje que resulta del roce del aire espirado cuando se emite con relativa fuerza.

aspirador, ra. adj. Que aspira. || f. Máquina que sirve para aspirar el polvo.

aspirante. ≅candidato. ≅pretendiente. adj. y s. Que aspira. || com. Persona que pretende un empleo, distinción, título, etc.

aspirar. tr. Atraer el aire exterior a los pulmones. || Originar una corriente de un fluido mediante la producción de una baja de presión. || Pretender o desear algún empleo o dignidad. || *Fon.* Pronunciar con aspiración.

aspirina. f. Ácido acetilsalicílico, muy usado como antipirético, antirreumático y analgésico.

asquear. tr. e intr. Sentir asco de alguna cosa; desecharla, repudiarla.

asquerosidad. f. Suciedad que mueve a asco.

asqueroso, sa. adj. Que causa asco. || Que tiene asco. || Propenso a tenerlo.

asta. f. Arma ofensiva de los antiguos romanos. || Palo de la lanza, pica, venablo, etc. || Lanza o pica. || Palo que sostiene una bandera. || Cuerno. || Cada una de las piezas del enramado del buque que van desde la cuadra a popa y proa.

astado, da. adj. Provisto de asta.

Riego por aspersión

Reproducción artística de un asteroide

ástato o **astato.** m. Elemento químico obtenido al bombardear bismuto con partículas alfa. Peso atómico, 211; núm. atómico, 85; símbolo, At.

astenosfera. f. Zona interior de la Tierra, comprendida entre la litosfera y la parte exterior del núcleo.

asterisco. m. Signo ortográfico (*) empleado para llamada a notas, u otros usos convencionales.

asteroide. adj. De figura de estrella. || m. Planeta pequeño.

astifino. adj. Toro de astas delgadas y finas.

astigmatismo. m. Defecto de la visión debido a curvatura irregular de superficies de refracción del ojo. || Defecto de un sistema óptico que le hace reproducir un punto como un segmento lineal.

astil. m. Mango de las hachas, azadas, picos, etc. || Palillo o varilla de la saeta. || Barra de la balanza. || Vara de hierro por donde corre el pilón de la romana. || Eje córneo de las plumas del que salen las barbas.

astilla. f. Fragmento irregular de una pieza de madera o del pedernal y otros minerales.

astillar. tr. Hacer astillas.

astillero. m. Percha en que se ponen las astas o picas y lanzas. || Establecimiento donde se construyen y reparan los buques.

astracán. m. Piel de cordero nonato o recién

astracanada – atar

nacido, muy fina y con el pelo rizado. || Tejido de lana o de pelo de cabra.

astracanada. f. fam. Farsa teatral disparatada y chabacana.

astrágalo. m. Hueso corto en la parte superior y media del tarso.

astral. adj. Relativo a los astros.

astreñir.. tr. Astringir.

astringencia. f. Calidad de astringente.

astringente. adj. y s. Que astringe: *medicamento* ⌣.

astringir. tr. Apretar, contraer alguna substancia los tejidos orgánicos. || fig. Sujetar, constreñir.

astro. m. Cuerpo celeste. || fig. Persona sobresaliente.

astrofísica. f. Parte de la astronomía, que estudia especialmente la constitución física de los astros.

astrofísico, ca. adj. Relativo a la astrofísica. || Especialista en esta ciencia. Ú. t. c. s.

astrólabio. m. Antiguo instrumento para observar las alturas, lugares y movimientos de los astros.

astrología. f. Pronóstico del porvenir mediante los astros.

astrológico, ca. adj. Relativo a la astrología.

astrólogo, ga. adj. Astrológico. || m. y f. Persona que profesa la astrología.

astronauta. com. Tripulante de una astronave.

astronáutica. f. Ciencia y técnica de la navegación interplanetaria.

astronáutico, ca. adj. Relativo a la astronáutica.

astronave. f. Vehículo destinado a la navegación interplanetaria.

astronomía. f. Ciencia que trata de cuanto se refiere a los astros, y principalmente a las leyes de sus movimientos.

astronómico, ca. adj. Relativo a la astronomía. || fig. y fam. Exagerado.

astrónomo, ma. m. f. Persona que profesa la astronomía.

astroso, sa. adj. Desastrado. || fig. Vil, despreciable.

astucia. ≅sagacidad. ≅sutileza. ◁ingenuidad. f. Calidad de astuto. || Ardid.

astur. adj. y s. Natural de un pueblo de la España Tarraconense. || Asturiano.

asturcón. m. Caballo salvaje de Asturias, de baja alzada.

asturianismo. m. Locución, giro o modo de hablar peculiar de los asturianos.

asturiano, na. adj. y s. De Asturias. || Díc. de la variedad asturiana del dialecto asturleonés.

astuto, ta. adj. Hábil, sutil, sagaz

asueto. ≅descanso. ≅recreo. m. Vacación corta.

asumir. tr. Tomar para sí. || Aceptar.

asunción. f. Acción y efecto de asumir. || Por excel., elevación al cielo de la Virgen María.

asunto. m. Materia de que se trata. || Tema o argumento de una obra. || Negocio.

asustadizo, za. ≅espantadizo. ≅miedoso. adj. Que se asusta con facilidad.

asustar. tr. y prnl. Dar o causar susto. || Producir desagrado o escándalo.

atabal. m. Timbal semiesférico. || Tamborcillo o tamboril.

atacamita. m. Mineral de cobre.

atacante. adj. y s. Que ataca.

atacar. ◁defender. tr. Acometer, embestir. || Atar, abrochar, ajustar al cuerpo cualquier pieza del vestido. Ú. t. c. prnl. || Apretar el taco de un arma de fuego, una mina o un barreno. || Apretar, atestar, atiborrar. || fig. Impugnar, refutar. || fig. Acometer, venir repentinamente.

atadero. m. Lo que sirve para atar. ||

atadura. f. Acción y efecto de atar. || Cosa que se ata. || fig. Unión, enlace.

atajar. intr. Ir o tomar por el atajo. || tr. Salir al encuentro de algo por algún atajo. || Dividir un terreno. || Impedir, detener el curso de algo: *atajar el fuego.* || Interrumpir.

atajo. m. Senda o paraje por donde se abrevia el camino. || fig. Procedimiento o medio rápido. || Pequeño grupo de cabezas de ganado.

atalaya. ≅centinela. ≅vigía. f. Torre en lugar alto para atalayar. || Altura desde donde se descubre mucho espacio de tierra o mar. || m. Hombre destinado a registrar desde la atalaya.

atalayar. tr. Vigilar desde una atalaya o altura. || fig. Observar o espiar las acciones de otros.

atanor. m. Cañería o tubo para conducir el agua.

atañer. intr. Corresponder, tocar o pertenecer.

atapasco, ca. adj. Familia de amerindios de América del Norte. Ú. m. c. m. pl. || Díc. también de sus individuos. Ú. t. c. s. || Relativo a esta familia. || m. Grupo lingüístico hablado por la familia atapasca.

ataque. ≅acometida. ≅agresión. m. Acción de atacar o acometer. || fig. Acometimiento repentino de una enfermedad. || fig. Pendencia, altercado.

atar. ≅liar. tr. Unir, juntar o sujetar con ligaduras o nudos. || fig. Impedir o quitar el movimiento. || fig. Juntar, relacionar, conciliar. || prnl. fig. Embarazarse, embarullarse.

atarazana. f. Arsenal de embarcaciones.

atardecer. m. Último período de la tarde. || intr. Empezar a caer la tarde.

atarear. tr. Poner o señalar tarea. || prnl. Entregarse mucho al trabajo.

atarjea. f. Caja de ladrillo con que se revisten las cañerías. || Conducto que conduce las aguas al sumidero.

atarugar. tr. Asegurar un ensamblado con tarugos. || Tapar con tarugos los agujeros de los recipientes. || fig. y fam. Atestar, henchir. || fig. y fam. Atracar, hartar. Ú. t. c. prnl.

atascadero. m. Atolladero. || fig. Estorbo.

atascar. tr. Tapar con tascos. || Obstruir o cegar un conducto. Ú. m. c. prnl.: *atascarse una cañería.* || fig. Dificultar. || fig. Detener, impedir. || prnl. Quedarse detenido en un barrizal: *atascarse en un discurso.*

atasco. m. Impedimento, estorbo. || Obstrucción de un conducto. || Embotellamiento, congestión de vehículos. || fig. Dificultad que retrasa la marcha de un asunto.

ataúd. ≅féretro. m. Caja donde se lleva un cadáver a enterrar.

ataurique. m. Ornamentación árabe de tipo vegetal, hecha en yeso.

ataviar. tr. y prnl. Componer, asear.

atávico, ca. adj. Relativo al atavismo.

atavío. m. Compostura, adorno. || fig. Vestido. || pl. Objetos que sirven para adorno.

atavismo. m. Semejanza con los abuelos. || fig. Tendencia a imitar o mantener formas de vida, costumbres, etc., arcaicas. || Tendencia en los seres vivos a la reaparición de caracteres propios de sus ascendientes más o menos remotos.

ataxia. f. Perturbación de las funciones del sistema nervioso: ⌐ *locomotriz.*

atáxico, ca. adj. Relativo a la ataxia. || Que la padece. Ú. t. c. s.

ateísmo. m. Opinión o doctrina que niega la existencia de Dios.

ateles. m. Mono americano, llamado también *mono araña.*

atemorizar. ≅acobardar. ≅intimidar. ◁envalentonar. tr. y prnl. Causar temor.

atemperar. ≅ajustar. tr. y prnl. Moderar, templar. || Acomodar una cosa a otra.

atenazar. tr. Sujetar con tenazas. || fig. Torturar, afligir.

atención. ≅cuidado. ≅esmero. ≅solicitud. f. Acción de atender. || Interés. || fig. Cuidado, esmero. || Cortesía, urbanidad. || pl. Negocios, ocupaciones. || Cumplidos, miramientos

atender. tr. Satisfacer un deseo, ruego o mandato. Ú. t. c. intr. || tr. Aplicar el entendimiento a un objeto. Ú. t. c. tr. || Tener en cuenta o en consideración alguna cosa. || Cuidar. Ú. t. c. tr.

ateneo. m. Asociación científica o literaria. || Local en donde se reúne.

atenerse. prnl. Acogerse. || Ajustarse, sujetarse a alguna cosa.

ateniense. adj. y s. De Atenas.

atentado. m. Acto criminal contra el Estado o una autoridad y, por ext., contra cualquier persona o cosa, con la finalidad de alterar el orden establecido. || Acción contraria a un principio que se considera recto.

atentamente. adv. m. Con atención o respeto.

atentar. tr. Emprender o ejecutar alguna cosa ilegal o ilícita. || intr. Cometer atentado.

atento, ta. adj. Que tiene fija la atención en alguna cosa. || Cortés, amable.

atenuación. f. Acción y efecto de atenuar.

atenuante. adj. Que atenúa.

atenuar. ≅adelgazar. ≅aminorar. ≅mitigar. ◁aumentar. tr. Poner tenue o delgada una cosa. || fig. Disminuir, minorar.

ateo, a. adj. Que niega la existencia de Dios. Apl. a pers., ú. t. c. s.

aterciopelado, da. adj. Semejante al terciopelo.

aterecerse. prnl. Aterirse.

aterir. tr. y prnl. Pasmar de frío.

aterrador, ra. adj. Que aterra o aterroriza.

aterrajar. tr. Labrar con la terraja las roscas de los tornillos o tuercas. || Hacer molduras con la terraja.

aterrar. tr. Derribar, abatir. || Aterrorizar. Ú. t. c. prnl.

aterrizaje. m. Acción de aterrizar.

aterrizar. intr. Establecer contacto con el suelo un avión, como resultado de una maniobra de descenso.

aterrorizar. tr. y prnl. Causar terror.

atesorar. tr. Reunir y guardar dinero o cosas de valor. || fig. Tener buenas cualidades.

atestación. f. Deposición de testigo o de persona que testifica.

atestado. m. Documento oficial en que una autoridad o sus delegados hacen constar como cierta alguna cosa.

atestar. tr. Henchir, llenar. || Meter, introducir, colocar. || Rellenar. || Testificar, atestiguar.

atestiguar. tr. Declarar como testigo. || Ofrecer indicios ciertos de alguna cosa cuya existencia no estaba establecida u ofrecía duda.

atezar. tr. Poner liso, terso o lustroso. || Ennegrecer. Ú. t. c. prnl.

atiborrar. tr. Llenar, henchir. || fig. y fam. Atracar de comida. Ú. t. c. prnl. || fig. Atestar, || fig. Llenar la cabeza de lecturas, ideas, etc. Ú. t. c. prnl.

aticismo. m. Delicadeza, elegancia que caracteriza a los escritores y oradores atenienses de la edad clásica.

ático, ca. adj. Del Ática o de Atenas. Ú. t. c. s. || Relativo al aticismo. || De los cuatro principales dialectos del antiguo griego. Ú. t. c. s. || m. Último piso de un edificio.

atiesar. tr. y prnl. Poner tiesa una cosa.

atigrado, da. adj. Manchado como la piel de tigre: *piel* ～.

atildado, da. adj. Pulcro, elegante.

atildamiento. m. Acción y efecto de atildar.

atildar. tr. fig. Reparar, censurar. || fig. Componer, asear. Ú. t. c. prnl.

atinar. ≅adivinar. ≅descifrar. ≅hallar. ◁errar. intr. Encontrar lo que se busca a tiento. || Acertar.

atípico, ca. adj. Que no se ajusta a un tipo o modelo: *neumonía* ～.

atiplado, da. adj. Agudo, en tono elevado.

atiplar. tr. Elevar la voz o el sonido de un instrumento hasta el tono de tiple.

atirantar. ≅tensar. tr. Poner tirante.

atisbar. ≅acechar. ≅espiar. tr. Mirar, observar.

atisbo. m. Vislumbre, conjetura. || Indicio.

¡atiza! interj. que denota admiración o sorpresa.

atizador, ra. adj. y s. Que atiza. || m. Instrumento que sirve para atizar.

atizar. ≅estimular. ≅fomentar. ◁sofocar. tr. Remover el fuego. || Avivar, estimular. ||, fig. y fam. Dar, pegar, golpear: ～ *un puntapié.* Ú. t. c. prnl. || prnl. Beber con exceso: ～ *un copazo.*

atlántico, ca. adj. Perteneciente al monte Atlas o al océano Atlántico.

atlas. m. Colección de mapas geográficos. || Colección de láminas.

atleta. m. com. Persona que practica el atletismo. || Persona corpulenta y de grande fuerza.

atlético, ca. adj. Relativo al atleta o a los juegos públicos o ejercicios propios de él.

atletismo. m. Práctica de ejercicios atléticos. || Conjunto de normas que regulan las actividades atléticas.

atmósfera o **atmosfera.** f. Masa de aire que rodea al globo terráqueo. || Masa gaseosa que rodea a un cuerpo celeste. || fig. Fluido gaseoso

Atletismo. Lanzamiento de peso

que rodea un cuerpo cualquiera. || Ambiente. || *Fís.* Unidad de presión equivalente al peso de la columna de aire atmosférico en la latitud de 45, al nivel del mar, a 0 centígrados.

atmosférico, ca. adj. Perteneciente o relativo a la atmósfera: *presión atmosférica.*

atocinar. tr. Partir el cerdo en canal; hacer los tocinos y salarlos. || prnl. fig. y fam. Irritarse.

atocha. f. Esparto.

atochar. tr. Llenar de esparto o de cualquier otra materia.

atole. m. Bebida muy usada en América, que se hace con harina de maíz, disuelta en agua o leche y hervida.

atolón. m. Isla madrepórica de forma anular, con una laguna interior.

atolondrado, da. adj. fig. Que procede sin reflexión.

atolondramiento. ≅aturdimiento. ≅irreflexión. m. Acción de atolondrar o atolondrarse.

atolondrar. tr. y prnl. Aturdir, turbar los sentidos.

atolladero. m. Atascadero. || fig. Dificultad, apuro.

atómico, ca. adj. Perteneciente o relativo al átomo: *núcleo, número, peso* ～. || Que utiliza la energía producida por la desintegración del átomo: *bomba atómica.*

atomismo. m. Doctrina filosófica, formulada por Leucipo y Demócrito, que explica la formación del mundo por el concurso fortuito de los átomos.

atomista. com. Partidario del atomismo.

atomístico, ca. adj. Relativo al atomismo.

atomización. f. Acción y efecto de atomizar.

atomizador. m. Pulverizador de líquidos.

atomizar. tr. Dividir en partes sumamente pequeñas, pulverizar.

átomo. m. Elemento primario de la composición química de los cuerpos. || fig. Cualquier cosa muy pequeña.

atonía. f. Falta de energía o de capacidad de reacción. || Debilidad en los tejidos orgánicos.

atónito, ta. ≅ estupefacto. adj. Pasmado, espantado.

átono, na. adj. Aplícase a la vocal, sílaba o palabra que se pronuncia sin acento prosódico. || Sin fuerza.

atontado, da. adj. Persona tonta o que no sabe conducirse.

atontamiento. m. Acción y efecto de atontar.

atontar. ≅ entontecer. tr. y prnl. Aturdir, atolondrar.

atontolinar. tr. y prnl. Atontar.

atorar. tr., intr. y prnl. Atascar, obstruir. || prnl. Atragantarse.

atormentar. tr. Causar dolor. Ú. t. c. prnl. || Dar tormento al reo. || fig. Causar aflicción, disgusto o enfado. Ú. t. c. prnl.

atornillar. tr. Sujetar con tornillos. || fig. Mantener obstinadamente a alguien en un sitio, cargo, etc. Ú. t. c. prnl.

atortolar. tr. y prnl. fam. Aturdir, confundir. || prnl. Enamorarse. Ú. m. en p. p.

atosigamiento. m. Acosamiento, apremio.

atosigar. tr. Envenenar. || tr. y prnl. fig. Fatigar, apremiar. || Inquietar, acuciar.

atrabiliario, ria. adj. fam. Destemplado, violento.

atracador, ra. m. y f. Persona que atraca o saltea.

atracar. ≅ abordar. tr. Arrimar unas embarcaciones a otras, o a tierra. || Acercar, arrimar. || Asaltar con propósito de robo. || tr. y prnl. fam. Hacer comer y beber con exceso, hartar.

atracción. f. Acción de atraer. || Fuerza para atraer. || fig. Simpatía, atractivo. || pl. Espectáculos variados que forman parte de un mismo programa.

atraco. m. Acción de atracar o saltear.

atracón. m. fam. Hartazgo, panzada.

atractivo, va. adj. Que atrae. || m. Cualidad física o moral de una persona que atrae la voluntad. || Gracia, seducción.

atraer. ≅ captar. ≅ seducir. ◁ repeler. tr. Traer hacia sí alguna cosa: *el imán atrae el hierro.* || fig. Captar la voluntad.

atragantar. tr. y prnl. Atravesarse en la garganta. || fig. Causar fastidio o enfado. || prnl. fig. y fam. Turbarse en la conversación.

atramparse. prnl. Caer en una trampa. || Cegarse un conducto.

atrancar. tr. Cerrar la puerta con una tranca. || Atascar, obstruir. Ú. t. c. prnl.

atranco o **atranque.** m. Atolladero.

atrapar. ≅ pillar. tr. fam. Coger al que huye. || fam. Agarrar. || fig. y fam. Conseguir: ∽ *un empleo.* || fig. y fam. Engañar.

atraque. m. Acción y efecto de atracar una embarcación. || Muelle donde se atraca.

atrás. ◁ adelante. adv. l. En o hacia la parte posterior. || Antes. || interj. Se usa para mandar retroceder.

atrasado, da. adj. Poco desarrollado.

atrasar. ◁ adelantar. tr. Retardar. Ú. t. c. prnl. || Hacer que retrocedan las agujas del reloj. || intr. Señalar el reloj tiempo que ya ha pasado. Ú. t. c. prnl. || prnl. Quedarse atrás. || Dejar de crecer.

atraso. m. Efecto de atrasar. || Falta de desarrollo. || pl. Pagas o rentas vencidas y no cobradas.

atravesado, da. ≅ avieso. ≅ malintencionado. adj. Cruzado, mestizo. || fig. De mala intención.

atravesar. ≅ traspasar. tr. Poner algo de modo que pase de una parte a otra: ∽ *un madero en un arroyo.* || Pasar de parte a parte. || Poner delante algo que impida el paso. || Pasar cruzando de una parte a otra: ∽ *la plaza.* || prnl. Interponerse. || fig. Sentir antipatía.

atreverse. prnl. Determinarse a algo arriesgado. || Insolentarse.

atrevido, da. ≅ audaz. ≅ osado. adj. Que se atreve. Ú. t. c. s. || Hecho o dicho con atrevimiento.

atrevimiento. m. Acción y efecto de atreverse.

atribución. f. Acción de atribuir. || Facultad que a una persona da el cargo que ejerce.

atribuir. tr. Aplicar, a veces sin seguridad, hechos o cualidades a alguna persona o cosa. Ú. t. c. prnl. || Asignar una cosa a alguno como de su competencia. || fig. Achacar, imputar.

atribulación. f. Tribulación.

atribular. tr. Causar tribulación. || prnl. Padecerla.

atributo. m. Cualidad o propiedad de un ser. || En arte, símbolo que denota el carácter y representación de las figuras; *la palma,* ∽ *de la victoria.*

atrición. ≅ arrepentimiento. ≅ compunción. f. Dolor de haber ofendido a Dios.

atril. ≅facistol. m. Mueble en forma de plano inclinado para sostener libros o papeles abiertos.

atrincheramiento. m. Conjunto de trincheras.

atrincherar. tr. Fortificar una posición militar con atrincheramientos. || prnl. Ponerse en trincheras a cubierto del enemigo.

atrio. ≅porche. m. Patio interior cercado de pórticos. || Espacio cubierto que hay delante de algunos templos y palacios. || Zaguán.

atrocidad. f. Crueldad grande. || fam. Exceso. || fam. Necedad.

atrofia. f. Falta de desarrollo de cualquier parte del cuerpo o de un órgano.

atrofiar. tr. Producir atrofia. || prnl. Padecerla.

atrófico, ca. adj. Relativo a la atrofia.

atronar. ≅ensordecer. tr. Asordar con ruido. || Aturdir. || Matar un toro hiriéndolo en medio de la cerviz.

atropellado, da. ≅aturdido. ≅ligero. ≅precipitado. adj. Precipitado.

atropellamiento. m. Atropello.

atropellar. tr. Pasar precipitadamente por encima de alguna persona. || Alcanzar violentamente un vehículo a personas o animales. || fig. Agraviar abusando de la fuerza. || fig. Ultrajar. || fig. Oprimir, abatir. || prnl. fig. Apresurarse.

atropello. m. Acción y efecto de atropellar.

atropina. f. Alcaloide que se extrae de la belladona y se emplea para dilatar las pupilas.

atroz. adj. Fiero, cruel, inhumano. || Enorme, grave. || fam. Muy grande o desmesurado; *estatura* ~.

attrezzo. m. Conjunto de enseres necesarios para una representación teatral.

atuendo. m. Atavío, vestido.

atufado, da. adj. Enfadado, enojado.

atufar. tr. y prnl. fig. Enfadar, enojar. || Oler mal. || Marearse con el tufo.

atún. m. Pez marino comestible, negro azulado por encima y gris plateado por debajo.

atunero, ra. adj. y s. Que pesca atunes.

aturdido, da. adj. Atolondrado, irreflexivo.

Atún

aturdimiento. ≅atolondramiento. ≅turbación. m. Perturbación de los sentidos por efecto de un golpe, ruido, etc. || fig. Falta de serenidad.

aturdir. tr. y prnl. Causar aturdimiento. || fig. Confundir, desconcertar.

aturrullar. tr. y prnl. fam. Confundir, turbar.

aturullamiento. m. Atolondramiento.

aturullar. tr. y prnl. Aturrullar.

atusar. tr. Recortar e igualar el pelo con tijeras. || Alisar el pelo. || prnl. fig. Adornarse demasiado.

audacia. ◁timidez. f. Osadía, atrevimiento.

audaz. adj. Osado, atrevido.

audible. adj. Que se puede oír.

audición. f. Acción de oír. || Función del sentido del oído. || Concierto en público. || Sesión de prueba de un artista.

audiencia. f. Acto de oír las autoridades a las personas que exponen o solicitan alguna cosa. || En juicio o expediente, ocasión para aducir razones o pruebas. || Tribunal de justicia de un territorio. || Este mismo territorio y el edificio del tribunal. || Conjunto de personas que en un momento dado atienden un programa de radio o televisión. || Auditorio, conjunto de oyentes.

audífono. m. Aparato usado por los sordos para percibir mejor los sonidos.

audiofrecuencia. f. Cualquiera de las frecuencias de onda empleadas en la transmisión de los sonidos.

audiograma. m. Gráfico del grado de agudeza del oído.

audiometría. f. Medida de la agudeza auditiva.

audiómetro. m. Instrumento para medir la sensibilidad del aparato auditivo.

audiovisual. adj. Que se refiere conjuntamente al oído y a la vista. Díc. especialmente de métodos didácticos que se valen de grabaciones acústicas acompañadas de imágenes ópticas.

auditar . tr. Revisar y verificar con detalle la contabilidad de una empresa u organización.

auditivo, va. adj. Relativo al oído.

auditor. m. Juez o asesor de algunos tribunales. || Revisor de cuentas colegiado, interventor.

auditoría. f. Empleo de auditor. || Tribunal o despacho del auditor. || Revisión de cuentas de una empresa u organismo.

auditoriom. Concurso de oyentes. || Sala destinada a conciertos, recitales, conferencias, etc.

auge. ≅encumbramiento. ≅prosperidad. m. Elevación grande en dignidad o fortuna. || Desarrollo. || Apogeo de la Luna.

augur. m. Adivino.

augurar. tr. Presagiar, predecir.

augurio. m. Presagio.

augusto, ta. adj. Díc. de lo que infunde respeto y veneración. || Majestuoso.

aula. ≅cátedra. ≅clase. f. Sala donde se enseña en cualquier centro de estudios.

aulaga. ≅aliaga. f. Planta espinosa, de hojas lisas terminadas en púas y flores amarillas.

aullador, ra. adj. Que aúlla. || m. Mono de América del Sur, que lanza sonidos que se oyen a gran distancia.

aullar. intr. Dar aullidos.

aullido. m. Voz triste y prolongada del lobo, el perro y otros animales.

aumentar. ≅agrandar. ≅ampliar. ≅crecer. ◁disminuir. tr. y prnl. Dar mayor extensión, número o materia. Ú. t. c. intr. || Mejorar en empleos o riquezas.

aumentativo, va. adj. Que aumenta. || Díc. del sufijo que aumenta la magnitud del significado del vocablo al que se une: -ón en picarón o -azo en golpazo.

aumento. ≅avance. ≅medro. m. Acrecentamiento. || Potencia o facultad amplificadora de una lente, anteojo o telescopio.

aun. conj. conc. Aunque.

aún. adv. t. Todavía. || adv. m. Denota idea de encarecimiento o ponderación en cuanto a la cantidad: quiero ⌒ más.

aunar. tr. y prnl. Unir, confederar para algún fin. || Unificar. || Armonizar.

aunque. conj. conc. que expresa relaciones propias de esta clase de conjunciones: ⌒ estoy malo, no faltaré a la cita. || conj. ad. que expresa relaciones propias de esta clase de conjunciones: creo que ha llegado, ⌒ no lo sé con certeza.

aúpa. interj. que se usa para animar.

aupar. tr. y prnl. Levantar, subir. || fig. Ensalzar, enaltecer.

aura. ≅brisa. ≅céfiro. f. Viento suave y apacible. Ú. m. en poesía. || Hálito, aliento, soplo. || Irradiación luminosa que rodea a ciertos seres. || fig. Favor, aplauso, aceptación general. || Ave rapaz diurna.

áureo, a. adj. De oro o parecido a él.

aureola o **auréola.** ≅celebridad. ≅corona. ≅diadema. ≅fama. f. Disco o círculo luminoso que se pone detrás de las imágenes de santos. || fig. Gloria que alcanza una persona por sus méritos. || Corona que en los eclipses de Sol se ve alrededor del disco de la Luna.

aureolar. tr. Adornar con aureola.

aurícula. f. Cada una de las dos cavidades de la parte superior del corazón, que reciben la san-

gre de las venas. || Prolongación de la parte inferior del limbo de las hojas.

auricular. adj. Relativo al oído o a la aurícola. || Díc. del dedo meñique. || m. En los aparatos radiofónicos y telefónicos, pieza de los mismos que se aplica a los oídos.

aurífero, ra. adj. Que contiene oro.

auriga. m. poét. Cochero.

Auriga. Constelación boreal.

auriñaciense. adj. y s. Primera etapa del paleolítico superior. Se divide en dos períodos: auriñaciense propiamente dicho y perigordiense.

aurora. f. Claridad que precede inmediatamente a la salida del Sol. || fig. Principio de alguna cosa.

◆ **boreal.** Meteoro luminoso que se observa en el hemisferio septentrional.

auscultación. f. Acción y efecto de auscultar.

auscultar. tr. Aplicar el oído a la pared torácica o abdominal con estetoscopio o sin él, a fin de explorar los sonidos normales o patológicos producidos en las cavidades del pecho o vientre. || fig. Sondear: ⌒ el pensamiento; ⌒ el estado de un negocio.

ausencia. f. Acción y efecto de ausentarse o de estar ausente. || Tiempo en que alguno está ausente. || Falta o privación de alguna cosa. ||

Aurora boreal

Condición legal de la persona cuyo paradero se ignora.

ausentarse. ◁presentar. prnl. Separarse de una persona o lugar. ‖ Desaparecer.

ausente. adj. y s. Que está separado de alguna persona o lugar. ‖ fig. Distraído, no atento.

auspiciar. tr. Patrocinar, favorecer.

auspicio. m. Agüero. ‖ Protección, favor. ‖ pl. Señales que presagian un resultado favorable o adverso.

auspicioso, sa. adj. De buen agüero, favorable.

austeridad. ≅continencia. ≅rigor. ≅severidad. ≅templanza. f. Calidad de austero.

austero, ra. adj. Severo, rígido. ‖ Sobrio, morigerado.

austral. ≅antártico. ≅meridional. ◁boreal. adj. Relativo al polo y al hemisferio Sur.

australiano, na. adj. y s. De Australia.

austriaco, ca o **austríaco, ca.** adj. y s. De Austria.

austro. m. Viento del Sur.

autarquía. ≅autocracia. ≅dictadura. f. Poder para gobernarse a sí mismo. ‖ Autosuficiencia económica.

autárquico, ca. adj. Relativo a la autarquía.

autenticar. tr. Autorizar o legalizar. ‖ Acreditar, dar fama.

autenticidad. f. Calidad de auténtico.

auténtico, ca. adj. Acreditado de cierto y positivo. ‖ Autorizado o legalizado.

autentificar. tr. Autenticar, autorizar, legalizar.

autillo. m. Ave rapaz nocturna.

autismo. m. Enfermedad psicológica infantil caracterizada por la tendencia a desinteresarse del mundo exterior y a ensimismarse.

autista. adj. Relativo al autismo. ‖ Díc. del que padece autismo. Ú. t. c. s.

auto. m. abr. de automóvil. ‖ Resolución judicial. ‖ Composición dramática breve y con personajes alegóricos. ‖ pl. Conjunto de actuaciones o piezas de un procedimiento judicial. ◆ **de fe.** Castigo público de los penitenciados por el tribunal de la Inquisición. ‖ **sacramental.** El dramático escrito en loor de la Eucaristía.

auto-stop. m. Sistema de viajar que consiste en que un peatón solicita a un automovilista que le lleve en su coche.

autobiografía. f. Vida de una persona escrita por ella misma.

autobiográfico, ca. adj. Relativo a la autobiografía.

autobombo. m. fest. Elogio público que uno hace de sí mismo.

autobús. m. Vehículo de gran capacidad dedicado preferentemente al transporte urbano de viajeros.

autocar. m. Autobús para transporte de pasajeros entre distintas poblaciones.

autoclave. f. Vasija cilíndrica que, herméticamente cerrada, por medio del vapor a presión y temperaturas elevadas, sirve para esterilizar.

autocracia. f. Sistema de gobierno en el cual una sola persona acumula todos los poderes.

autócrata. com. Persona que ejerce por sí sola la autoridad suprema de un Estado.

autocrítica. f. Crítica de una obra por su autor. ‖ Juicio crítico que uno realiza sobre sí.

autóctono, na. ≅aborigen. adj. y s. Originario del país en que vive.

autodefensa. f. Defensa de sí mismo.

autodeterminación. f. Decisión de los pobladores de una unidad territorial acerca de su futuro estatuto político.

autodidacto, ta. adj. y s. Que se instruye por sí mismo, sin maestro.

autoescuela. f. Escuela para enseñar a conducir automóviles.

autofinanciación. f. Financiación realizada por un agente económico de sus inversiones mediante los recursos propios.

autógeno, na. adj. Díc. de la soldadura de metales que se hace fundiendo con el soplete las superficies de contacto.

autogestión. m. Sistema de gestión de una empresa por sus trabajadores.

autogiro. m. Aparato de aviación cuyas alas han sido substituidas por una hélice horizontal que le sirve de sustentación. Fue inventado por Juan de la Cierva.

autogobierno. m. Sistema de administración de algunas unidades territoriales de un país que han alcanzado la autonomía.

autografía. f. Procedimiento por el cual se traslada un escrito a una piedra preparada al efecto, para sacar varios ejemplares del mismo.

autógrafo, fa. adj. y m. Díc. de lo escrito por la mano de su autor. ‖ m. Firma de una persona famosa.

autómata. m. Aparato que encierra el mecanismo que le imprime determinados movimientos. ‖ Máquina que imita los movimientos de un ser animado. ‖ fig. y fam. Persona que se deja dirigir por otra.

automático, ca. adj. Relativo al autómata. ‖ Díc. de los mecanismos que funcionan por sí mismos; también de su funcionamiento. ‖ Que se

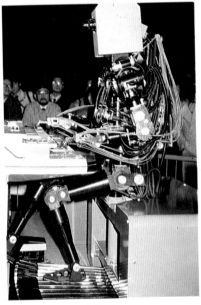

Autómata

produce indefectiblemente: *cese* ∽. || fig. Maquinal. || m. Especie de corchete.

automatismo. m. Ejecución de actos sin participación de la voluntad.

automatización. f. Acción y efecto de automatizar.

automatizar. tr. Convertir movimientos corporales en automáticos. || Aplicar la automática a un proceso.

automotor, ra. adj. Díc. de aparato que ejecuta movimientos sin la intervención directa de una acción exterior. || m. Coche de ferrocarril propulsado por motor.

automóvil. adj. y s. Que se mueve por sí mismo. Aplícase principalmente a los vehículos que llevan un motor, generalmente de explosión, que los pone en movimiento.

automovilismo. m. Conjunto de conocimientos relativos al automóvil. || Ejercicio y deporte del que conduce un automóvil.

automovilista. com. Persona que conduce un automóvil.

autonomía. ≅autogobierno. f. Condición del pueblo que goza de entera independencia política. || Condición del individuo que no depende de nadie. || Potestad que dentro del Estado gozan determinadas unidades territoriales para regir su vida interior. || Capacidad máxima de un vehículo para efectuar un recorrido sin repostar.

autonómico, ca. adj. Relativo a la autonomía.

autonomista. adj. y s. Partidario de la autonomía política.

autónomo, ma. adj. Que goza de autonomía.

autopista. f. Carretera para alta velocidad, con dos direcciones separadas por un seto y desviaciones a distinto nivel.

autopropulsado, da. adj. Dotado de autopropulsión.

autopropulsión. f. Propulsión de una máquina por su propia fuerza motriz.

autopsia. f. Examen anatómico de un cadáver.

autor, ra. m. y f. El que es causa de alguna cosa. || Persona que ha hecho alguna obra científica, literaria o artística. || Causante.

autoridad. f. Potestad, facultad. || Poder que tiene una persona sobre otra que le está subordinada: *el padre sobre los hijos.* || Persona revestida de algún poder o mando. || Crédito que por su mérito o fama se da a una persona en determinada materia.

autoritario, ria. adj. Que usa exclusivamente de la autoridad. || Partidario extremado del principio de autoridad. Ú. t. c. s.

autoritarismo. m. Sistema fundado en la sumisión incondicional a la autoridad. || Abuso de la autoridad.

autorización. f. Acción y efecto de autorizar.

autorizado, da. adj. Respetado por sus cualidades o circunstancias. || En los espectáculos, dícese de los que están permitidos para menores.

autorizar. tr. Dar autoridad. || Dar fe el escribano o notario en un documento. || Comprobar una cosa con el texto o sentencia de alguna autoridad. || Aprobar, abonar. || Permitir.

autorretrato. m. Retrato de una persona hecho por ella misma.

autoservicio. m. Sistema de venta en el que el mismo comprador se sirve los artículos. || Establecimiento que utiliza este sistema.

autosuficiencia. f. Estado o condición del que se basta a sí mismo. || Suficiencia, presunción.

autosuficiente. adj. y s. Que se basta a sí mismo.

autosugestión. f. Sugestión que nace en una persona, independientemente de toda influencia extraña.

autótrofo, fa. adj. Organismo que es capaz de

Autorretrato, por Van Gogh

elaborar su propia materia orgánica a partir de substancias inorgánicas: *las plantas clorofílicas*.

autovacuna. f. Vacuna bacteriana preparada de las excreciones del propio sujeto al que se aplica.

autovía. m. Coche de ferrocarril propulsado por un motor de combustión interna. || f. Carretera parecida a la autopista, pero con desviaciones al mismo nivel.

auxiliar. adj. y s. Que auxilia. || Díc. de verbos como *haber* y *ser* que sirven para conjugar los demás. || m. Empleado subalterno. || Profesor encargado de substituir a los catedráticos.

auxiliar. ≅ayudar. ≅socorrer. tr. Dar auxilio.

auxilio. m. Ayuda, socorro, amparo.

aval. m. Firma que se pone al pie de un documento de crédito para responder de su pago, de no efectuarlo la persona obligada a él. || Escrito en que uno responde de la conducta de otro.

avalancha. f. Alud.

avalar. tr. Garantizar por medio de aval.

avalentar. tr. y prnl. Dar ánimos, envalentonar.

avalista. com. Persona que avala.

avance. ≅marcha. ≅progreso. m. Acción de avanzar, ir hacia delante. || Adelanto. || Balance de un comerciante. || Presupuesto de una obra. || Fragmentos de una película que se proyecta antes de su estreno con fines publicitarios.

avanzada. f. Partida de soldados destacada del grupo principal.

avanzado, da. adj. Díc. de lo que se distingue por su audacia o novedad en las artes, literatura, política, etc.

avanzar. intr. Ir hacia delante. Ú. t. c. prnl. || Tratándose de tiempo, acercarse a su fin. Ú. t. c. prnl. || fig. Adelantar, alcanzar, mejorar.

avaricia. ≅avidez. ≅codicia. f. Afán desordenado de riquezas.

avaricioso, sa. adj. Avariento.

avariento, ta. ≅avaro. ≅ávido. ≅codicioso. ≅roñoso. adj. y s. Que tiene avaricia.

avaro, ra. ◁generoso. adj. Avariento. Ú. t. c. s. || fig. Que oculta o escatima alguna cosa.

avasallar. tr. Sujetar, rendir o someter a obediencia. || prnl. Hacerse súbdito o vasallo de algún rey o señor. || Sujetarse, someterse.

avatar. m. Reencarnación, transformación. || Cambio, vicisitud. Ú. m. en pl.

ave. f. Animal vertebrado, ovíparo, de respiración pulmonar y sangre caliente, pico córneo, cuerpo cubierto de plumas y con dos alas aptas, por lo común, para el vuelo. || pl. Clase de estos animales. ◆ **de rapiña** o **rapaz.** La carnívora, de pico y uñas encorvados.

avecinar. tr. y prnl. Acercar. || Avecindar.

avecindar. tr. Dar vecindad. || prnl. Establecerse en algún pueblo en calidad de vecino. || fig. Arraigar.

avechucho. m. Ave de figura desagradable. || fig. y fam. Sujeto despreciable.

avefría. f. Ave zancuda, con un moño de plumas en la cabeza.

avejentar. ≅envejecer. ◁rejuvenecer. tr. y prnl. Poner viejo antes de tiempo.

avellana. f. Fruto del avellano.

avellanar. m. Sitio poblado de avellanas. || tr. Ensanchar parte de los agujeros para los tornillos, a fin de que la cabeza de éstos quede embutida en la pieza taladrada.

avellano. m. Arbusto de hojas anchas, cuyo fruto es la avellana. || Madera de este árbol.

avemaría. f. Oración cristiana que empieza con las palabras *Ave María*. || Cuenta pequeña del rosario.

avena. f. Planta gramínea que se cultiva para alimento de caballerías.

avenar. tr. Dar salida a las aguas muertas por medio de zanjas.

avenencia. f. Convenio, transacción. || Conformidad y unión.

avenida. f. Crecida impetuosa de un río. || Calle ancha con árboles a los lados. || fig. Concurrencia de varias cosas.

avenir. tr. Concordar, ajustar las partes discordes. Ú. t. c. prnl. || intr. Suceder. Ú. en el infinit. y en las terceras personas de sing. y pl. || prnl. Entenderse bien. || Ponerse de acuerdo.

aventajado, da. adj. Que aventaja a lo ordinario o común. || Ventajoso.

aventajar. ≅adelantar. ≅superar. tr. Adelantar, poner en mejor lugar. Ú. t. c. prnl. || Anteponer, preferir. || Mejorar a uno. Ú. t. c. prnl. || Llevar o sacar ventaja.

aventamiento. m. Acción de aventar.

aventar. tr. Hacer o echar aire a alguna cosa. || Echar al viento. || Impeler el viento.

aventura. f. Acaecimiento, suceso, lance extraño. || Casualidad, contingencia. || Riesgo, empresa de resultado incierto: *embarcarse en* ⌐s.

aventurado, da. adj. Arriesgado, atrevido, inseguro.

aventurar. ≅exponer. tr. Arriesgar, poner en peligro. Ú. t. c. prnl. || Decir alguna cosa de la que se tiene duda o recelo.

aventurero, ra. adj. y s. Que busca aventuras.

avergonzar. tr. Causar vergüenza. || prnl. Sentir vergüenza.

avería. f. Daño que padecen las mercaderías. || fam. Daño, perjuicio. || Daño que impide el funcionamiento de un aparato, instalación, vehículo, etc.

averiar. tr. Producir avería. Ú. t. c. prnl. || prnl. Maltratarse o echarse a perder una cosa.

averiguación. f. Acción y efecto de averiguar.

averiguar. tr. Inquirir la verdad hasta descubrirla.

averno. m. poét. Infierno.

aversión. f. Repugnancia, asco.

avestruz. f. Ave corredora, la mayor de las conocidas, que vive en África y en Arabia.

avezar. tr. y prnl. Acostumbrar.

aviación. f. Navegación aérea con aparatos más pesados que el aire. || Cuerpo militar que utiliza este medio.

aviador, ra. adj. y s. Persona que tripula un aparato de aviación. || m. Soldado de aviación.

aviar. ≅apresurar. ≅despachar. tr. Disponer alguna cosa para el camino. || Aderezar la comida. || Aprestar, arreglar: ⌐ *a una persona,* ⌐ *una habitación*. Ú. t. c. prnl. || fam. Avivar: *vamos aviando*.

avícola. adj. Relativo a la avicultura.

avicultor, ra. m. y f. Persona que se dedica a la avicultura.

avicultura. f. Arte de criar las aves y de aprovechar sus productos.

avidez. f. Ansia, codicia.

ávido, da. adj. Ansioso, codicioso.

aviejar. tr. y prnl. Avejentar.

avieso, sa. adj. Torcido, fuera de regla. || fig. Malo o mal inclinado.

avilés, sa. adj. y s. De Ávila.

avinagrado, da. adj. Ágrio, áspero. || fig. Acre, desapacible.

avinagrar. tr. y prnl. Poner agrio.

avío. m. Apresto, preparativo. || Provisión de los pastores. || Conveniencia, interés personal: *hacer su* ⌐. || pl. fam. Utensilios necesarios: ⌐s *de escribir,* ⌐s *de coser.*

avión. m. Especie de vencejo. || Aeronave más pesada que el aire, provista de alas, cuya sustentación y avance son consecuencia de la acción de uno o varios motores. ◆ **de reacción.** Reactor, avión que usa motor de reacción.

avioneta. f. Avión pequeño y de poca potencia.

avisado, da. adj. Prudente, discreto, sagaz.

avisador, ra. adj. Que avisa. Ú. t. c. s. || En el teatro, especie de recadero.

avisar. ≅notificar. tr. Dar noticia de algún hecho. || Advertir, aconsejar. || Llamar: ⌐ *al médico,* ⌐ *al electricista.* || Prevenir.

aviso. m. Noticia que se comunica. || Indicio, señal. || Advertencia, consejo. || Precaución, atención, cuidado. || Prudencia, discreción. || Buque de guerra pequeño y muy ligero.

avispa. f. Insecto himenóptero, de color amarillo, con fajas negras, provisto de un aguijón en la extremidad posterior del cuerpo. Vive en sociedad y fabrica panales con sus compañeras.

avispado, da. adj. fig. y fam. Vivo, despierto, agudo.

avispar. tr. Avivar a las caballerías. || fig. y fam. Espabilar, hacer despierto y avisado: *hay que* ⌐ *a este muchacho.* Ú. t. c. prnl.

avispero. m. Panal que fabrican las avispas. || Lugar en donde lo hacen. || Multitud de avispas. || fig. y fam. Negocio enredado y que ocasiona disgustos: *no quiero meterme en tal* ⌐.

avistar. tr. Alcanzar con la vista.

avitaminosis. f. Carencia o deficiencia de vitaminas.

avituallamiento. m. Acción y efecto de avituallar.

avituallar. tr. Proveer de vituallas.

Aviones de combate *F-18*

avivamiento. m. Acción y efecto de avivar.

avivar. ≅atizar. ≅reavivar. ≅vivificar. tr. Excitar, animar. || fig. Encender, acalorar. || fig. Hacer que arda más el fuego. || fig. Poner más encendidos y brillantes los colores.

avizor. adj. Ojo avizor: alerta, con cuidado.

avizorar. tr. Acechar.

avo, va. Elemento compositivo que entra pospuesto en la formación de algunas palabras, con el significado de *parte,* como en *octavo.*

avutarda. f. Ave zancuda de vuelo corto y pesado.

axial o axil. adj. Relativo al eje.

axila. f. Sobaco del brazo.

axilar. adj. Relativo a la axila.

axioma. m. Proposición tan clara y evidente que no necesita demostración.

axiomático, ca. adj. Incontrovertible, evidente. || f. Conjunto de definiciones, axiomas y postulados en que se basa una teoría científica.

axis. m. Segunda vértebra del cuello que permite el movimiento de rotación de la cabeza.

axoideo. adj. Relativo al axis: *músculo* ⌢.

¡ay! ∫∫ayes. interj. con que se expresa ordinariamente aflicción o dolor. || m. Suspiro, quejido: *estar en un* ⌢.

aya. f. Mujer encargada de custodiar niños y cuidar de su crianza.

ayatollah. m. Entre los chiítas, doctor en teología.

ayer. adv. t. En el día que precedió inmediatamente al de hoy. || fig. Poco tiempo ha. || fig. En tiempo pasado. || m. Tiempo pasado.

ayo. ≅pedagogo. ≅preceptor. m. Hombre encargado de custodiar niños y jóvenes y de cuidar de su crianza y educación.

ayocote. m. Fríjol bastante grueso.

ayuda. ≅apoyo. ≅auxilio. ≅irrigación. ≅lavativa. ≅socorro. f. Acción y efecto de ayudar. || Persona o cosa que ayuda. || Lavativa, jeringa. || m. Criado: ⌢ *de cámara.*

ayudanta. f. Mujer que realiza trabajos subalternos.

ayudante. m. En algunos cuerpos y oficinas, oficial subalterno. || Maestro o profesor subalterno. || Oficial destinado personalmente a las órdenes de un general o jefe: ⌢ *de campo.*

ayudantía. f. Empleo y oficina de ayudante.

ayudar. ≅apoyar. ≅cooperar. ⊲perjudicar. tr. Prestar cooperación. || Auxiliar, socorrer. || prnl. Hacer un esfuerzo para conseguir algo. || Valerse de la ayuda de otro.

ayunar. intr. Abstenerse de comer o beber. || Privarse de algún gusto o deleite.

ayuno. m. Acción y efecto de ayunar. || Mortificación por precepto eclesiástico que consiste en no hacer más que una comida al día.

ayuno, na. ≅ignorante. ≅inadvertido. adj. Que no ha comido. || fig. Privado de algún gusto o deleite. || fig. Que no tiene noticia de lo que se habla o no lo comprende. ◆ **en ayunas.** loc. adv. Sin haberse desayunado.

ayuntamiento. m. Corporación que administra el municipio. || Casa consistorial. || Cópula carnal.

azabache. m. Variedad de lignito, bastante dura y compacta y de color negro de ébano.

azacán, na. adj. y s. Que se ocupa en trabajos humildes y penosos. || Aguador.

azada. f. Instrumento a modo de pala que sirve para remover la tierra. || Azadón.

azadón. m. Instrumento cuya pala es algo mayor que la de la azada. || Azada.

azafata. f. Criada de la reina. || Mujer que atiende al público en diversos servicios de congresos, exposiciones, o a los pasajeros de un avión, tren, autobús, etc.

azafrán. m. Planta cuyos estigmas, de color rojo anaranjado, se usan como condimento.

azahar. m. Flor blanca del naranjo, limonero y cidro.

azalea. f. Arbolito originario del Cáucaso, cuyas flores contienen una substancia venenosa.

azamboa. ≅zamboa. f. Fruto del azamboero.

azamboero o **azamboo.** m. Árbol, variedad del cidro, cuya fruta es la azamboa.

azar. m. Casualidad. || Hecho fortuito.

azaramiento. m. Acción y efecto de azarar.

azarar. tr. y prnl. Conturbar, sobresaltar, avergonzar. || prnl. Ruborizarse.

azaroso, sa. adj. Incierto, agitado, desgraciado.

azoar. tr. y prnl. Impregnar de ázoe o nitrógeno.

azoemia. f. Existencia de substancias nitrogenadas en la sangre.

azogar. tr. Cubrir con azogue. || Apagar la cal rociándola con agua. || prnl. Contraer la enfermedad producida por la absorción de los vapores de azogue. || fig. y fam. Turbarse y agitarse mucho.

azogue. m. Mercurio.

azor. ≅milano. m. Ave rapaz diurna.

azoramiento. m. Acción y efecto de azorar.

azorar. tr. y prnl. fig. Conturbar, avergonzar. || fig. Irritar.

azotaina. f. fam. Zurra de azotes.

Azor

azotamiento. m. Acción y efecto de azotar.

azotar. ≅castigar. ≅flagelar. ≅fustigar. tr. Dar azotes. Ú. t. c. prnl. || fig. Golpear: *el mar azota los peñascos.*

azote. ≅azotazo. ≅desgracia. ≅plaga. m. Látigo, vergajo o tira de cuero que sirve para azotar. || Golpe dado con el azote. || Golpe dado en las nalgas con la palma de la mano. || Golpe repetido del agua o del aire. || fig. Aflicción, calamidad.

azotea. f. Cubierta llana de un edificio. || fig. y fam. Cabeza.

azteca. adj. Antiguo pueblo, del grupo lingüístico nahua, invasor y dominador del territorio conocido después con el nombre de Méjico. Ú. m. c. m. pl. || Díc. también de sus individuos. Ú. t. c. s. || m. Idioma azteca.

azúcar. amb. Cuerpo sólido, cristalizable, perteneciente al grupo químico de los hidratos de carbono, de color blanco en estado puro, soluble en el agua y en el alcohol y de sabor muy dulce. Se extrae de la caña dulce en los países tropicales y de la remolacha y otros vegetales en los templados.

azucarado, da. adj. Dulce. || fig. y fam. Blando, afable.

azucarar. tr. Bañar o endulzar con azúcar. || fig. y fam. Suavizar.

azucarero, ra. adj. Relativo al azúcar. || m. Recipiente donde se guarda. || Ave trepadora de los países tropicales. || Fábrica en que se elabora el azúcar.

azucarillo. m. Masa esponjosa que se hace con almíbar, clara de huevo y zumo de limón.

azucena. f. Planta de tallo alto y flores muy olorosas.

azuela. f. Herramienta de carpintero para desbastar.

azufaifa. f. Fruto del azufaifo. Se usa como medicamento pectoral.

azufaifo. m. Árbol originario de Oriente.

azufrado, da. adj. Sulfuroso. || Parecido en el color al azufre.

azufrar. tr. Echar azufre en alguna cosa. || Impregnar de azufre.

azufre. m. Metaloide de color amarillo, quebradizo, insípido, craso al tacto, que por frotación se electriza fácilmente y da olor característico. Peso atómico, 32,1; núm. atómico, 16; símbolo, S.

azufroso, sa. adj. Que contiene azufre.

azul. adj. Del color del cielo sin nubes. Ú. t. c. s. Es el quinto color del espectro solar. || m. El cielo, el espacio. ◆ **celeste.** El más claro. || **de cobalto.** Materia colorante muy usada en la pintura. || **marino.** Azul obscuro.

azulado, da. adj. De color azul o que tira a él.

azular. tr. Dar o teñir de azul.

azulear. intr. Tirar a azul.

azulejo. m. Ladrillo pequeño vidriado, de varios colores, que se usa para revestimientos, frisos, paredes, etc.

azulete. m. Viso de color azul que se da a las prendas de ropa blanca lavadas. || Pasta de añil en bolas.

azulón. m. Especie de pato de gran tamaño.

azumbre. amb. Medida de capacidad para líquidos, equivalente a 2 litros y 16 mililitros. Ú. m. c. f.

azur. adj. y s. Color heráldico que en pintura se denota con el azul obscuro.

azurita. f. Mineral de color azul de Prusia, de textura cristalina o fibrosa, algo más duro que la malaquita.

azuzar. ≅achuchar. tr. Incitar a los perros o a cualquier otro animal para que ataquen. || fig. Irritar, estimular.

b. f. Segunda letra del abecedario español, y primera de sus consonantes. Su nombre es *be*.

baba. f. Saliva espesa y abundante. || Líquido viscoso segregado por algunos animales, como el caracol. || Por ext. jugo viscoso de algunas plantas.

babel. amb. fig. y fam. Lugar en que hay gran desorden y confusión. || fig. y fam. Desorden y confusión.

babera. f. Pieza de la armadura antigua, que cubría la boca, barba y quijadas.

babero. ≅servilleta. m. Pedazo de lienzo que para limpieza se pone a los niños sobre el pecho. || Bata que usaban los muchachos.

babieca. ≅bobo. ≅papanatas. ≅simple. com. y adj. fam. Persona floja y boba.

babilónico, ca. adj. Relativo a Babilonia. || fig. Fastuoso, ostentoso.

babilla. f. En los cuadrúpedos, conjunto de músculos y tendones que articulan el fémur con la tibia y la rótula. || Rótula de los cuadrúpedos. || *Méj.* Humor que a consecuencia de la desgarradura de los tejidos, o fractura de los huesos, se extravasa e impide la buena consolidación.

babirusa. m. Cerdo salvaje que vive en Asia.

bable. m. Dialecto de los asturianos.

babor. m. Lado izquierdo de la embarcación mirando de popa a proa.

babosa. f. Molusco gasterópodo pulmonado, terrestre, sin concha, que cuando se arrastra deja abundante baba. Es muy dañino en las huertas. || *Cuba.* Enfermedad del ganado vacuno. || *Venez.* Especie de culebra.

babosear. tr. Llenar de babas.

babucha. f. Zapato ligero y sin tacón, usado principalmente por los moros.

babuino. m. Especie de mono americano.

baca. f. Sitio en la parte superior de las diligencias y coches de camino, donde pueden ir pasajeros y equipajes. || Artefacto en forma de parrilla que se coloca en el techo de los automóviles para llevar bultos.

bacalada. f. Bacalao curado.

bacaladero, ra. adj. Relativo a la pesca y comercio del bacalao. || m. Barco destinado a la pesca del bacalao.

bacaladilla. f. Pez gádido.

bacalao. m. Pez teleósteo cuya carne, convenientemente curada, es alimento muy apreciado y popular.

bacanal. adj. Perteneciente al dios Baco. Apl. a las fiestas que celebraban los gentiles en honor de este dios. Ú. m. c. s. f. y en pl. || f. fig. Orgía con mucho tumulto.

bacante. f. Mujer que celebraba las fiestas bacanales. || fig. Mujer descocada y ebria.

bacará. m. Juego de naipes en que juega el banquero contra los puntos.

bacarrá. f. Bacará.

bacera. f. Enfermedad carbuncosa de los ganados que ataca el bazo.

bacía. f. Recipiente cóncavo. || La de metal que usan los barberos para remojar la barba.

báciga. f. Juego de naipes.

bacilar. adj. Relativo a los bacilos. || *Miner.* De textura en fibras gruesas.

bacilo. m. Bacteria en forma de bastoncillo. Muchas especies de bacilos causan graves enfermedades al hombre y a los animales (carbunco, tifus, tétanos, etc.).

baciloscopia. f. Investigación de la presencia de bacilos en órganos o secreciones orgánicas, para establecer la etiología de una enfermedad.

bacilosis. f. Enfermedad causada por infección bacilar.

bacín. m. Vaso de barro vidriado, alto y cilíndrico, que sirve para recibir los excrementos mayores del cuerpo humano. || Bacineta para pedir limosna.

bacinada. f. Inmundicia arrojada del bacín. || fig. y fam. Acción despreciable.

bacinero, ra. m. y f. Demandante de limosna para el culto religioso.

bacineta. f. Bacía pequeña.

bacinete. m. Pieza de la armadura antigua que cubría la cabeza. || Soldado que vestía coraza y bacinete. || *Anat.* Pelvis.

bacinica o **bacinilla.** f. Bacineta. || Bacín bajo y pequeño.

bacon. m. angl. por panceta. También se dice *bacón.*

baconiano, na. adj. Relativo al método y doctrina del filósofo inglés Bacon.

bacteria. f. Vegetal unicelular, microscópico, sin clorofila ni núcleo. Muchas de sus especies viven en las aguas y otras son parásitos más o menos patógenos.

bacteriano, na. adj. Relativo a las bacterias.

bactericida. adj. y s. Que destruye las bacterias.

bacteriología. f. Parte de la microbiología que estudia las bacterias.

báculo. m. Cayado.

bache. m. Hoyo que se hace en el pavimento de calles o caminos. || Interrupción accidental. || Desigualdad de la densidad atmosférica que determina un momentáneo descenso del avión.

bachear. tr. Rellenar los baches. || prnl. Llenarse una carretera de baches.

bachiller. com. Persona que ha obtenido el grado que se concede al terminar la enseñanza media. || Persona que recibía el primer grado académico que se otorgaba antes a los estudiantes de facultad.

bachillerato. m. Grado de bachiller. || Estudios necesarios para obtener dicho grado.

badajada. f. Golpe que da el badajo en la campana. || fig. y fam. Necedad.

badajazo. m. Golpe que da el badajo.

badajear. intr. fig. y fam. Hablar mucho y neciamente.

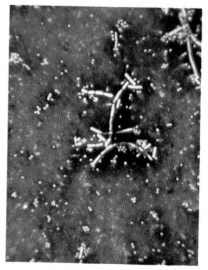

Bacterias anaerobias

badajo. ≅espiga. m. Pieza que pende en el interior de las campanas, y con la cual se golpean éstas para hacerlas sonar.

badajocense o **badajoceño.** adj. y s. De Badajoz.

badalonés, sa. adj. y s. De Badalona.

badán. m. Tronco del cuerpo en el animal.

badana. f. Piel curtida de carnero u oveja. || Tira de este cuero que se cose al borde interior de la copa del sombrero. || m. fam. Persona perezosa. Ú. m. en pl.

badea. f. Sandía, melón o pepino de mala calidad. || fig. y fam. Persona floja. || fig. y fam. Cosa sin substancia.

badén. m. Zanja que forma en el terreno el paso de las aguas llovedizas. || Cauce empedrado, que se hace en una carretera para dar paso a un corto caudal de agua.

badián. m. Árbol magnoliáceo de Oriente, con flores blancas y cuyas semillas se emplean en medicina y como condimento.

badil. m. Paleta de metal para mover la lumbre en las chimeneas y braseros.

badila. f. Badil.

badilejo. m. Llana del albañil.

badminton. m. Juego de raqueta semejante al tenis, que utiliza una pelota hemisférica de caucho en cuya cara plana lleva 14 ó 16 plumas.

badulaque. m. Afeite que se usaba en otro tiempo. || fig. y fam. Persona de poco juicio. Ú. t. c. adj.

baenero, ra. adj. y s. De Baena, Córdoba.

baezano, na. adj. y s. De Baeza, Jaén.

baffle. m. Pantalla acústica.

baga. f. Cápsula que contiene las semillas del lino.

bagá. m. Árbol de fruto globoso que crece en Cuba, cuyas raíces se usan como corcho.

bagacera. f. Lugar donde se tiende a secar el bagazo del azúcar.

bagaje. m. Equipaje. || fig. Con adjetivos como *intelectual, artístico*, etc., conjunto de conocimientos o noticias que posee una persona.

bagar. intr. Echar el lino baga y semilla: *el lino ha bagado bien.*

bagatela. f. Cosa de poca substancia y valor.

bagazo. m. Cáscara que queda después de deshecha la baga del lino. || Residuo de las cosas que se exprimen para sacar zumo.

bagre. m. Pez abundante en los ríos de América. Su carne es sabrosa y con pocas espinas.

baguio. m. Huracán en el archipiélago filipino.

ibah! interj. con que se denota incredulidad o desdén.

baharí. m. Ave rapaz diurna de unos 15 cm. de altura, propia de Asia y África.

bahía. f. Entrada de mar en la costa, de extensión menor que el golfo.

bailable. adj. Música compuesta para bailar. || m. Danza que se ejecuta en algunas óperas u obras dramáticas.

bailador, ra. adj. y s. Que baila. || m. y f. Bailarín o bailarina profesional.

bailar. intr. Hacer mudanzas con los pies, el cuerpo y los brazos, en orden y a compás. Ú. t. c. tr.: ∽ *una polca.* || Moverse rápidamente una cosa sin salir de espacio determinado. || tr. Hacer bailar.

bailarín, na. adj. y s. Que baila. || m. y f. Persona que ejercita o profesa el arte de bailar.

baile. m. Acción de bailar. || Serie de mudanzas que hacen los que bailan: *vals, fandangos,* etc. || Festejo en que se baila. || Local destinado a que baile la concurrencia. ◆ **de San Vito.** Nombre vulgar de varias enfermedades convulsivas, así llamadas porque se invocaba a este santo para remediarlas.

bailete. m. Baile de corta duración en la representación de algunas obras dramáticas.

bailongo. m. Baile de muy baja categoría.

bailotear. intr. Bailar mucho y sin formalidad.

baileteo. m. Acción y efecto de bailotear.

baivel. m. Escuadra falsa con uno de sus brazos recto y el otro curvo.

baja. f. Disminución del precio: ∽ *del trigo.* || *Mil.* Pérdida o falta de un individuo. || *Mil.* Documento que acredita la falta de un individuo. || Cese de industrias o profesiones sometidas a impuesto. || Formulario fiscal para tales declaraciones. || Documento que acredita la baja laboral. || Cese de una persona en un cuerpo, profesión, carrera, etc.

bajá. (pl. bajaes.) m. En Turquía, antiguamente, el que obtenía algún mando superior. Hoy es título de honor.

bajada. f. Acción de bajar. || Camino por donde se baja desde alguna parte.

bajalato. m. Dignidad de bajá. || Territorio de su mando.

bajamar. f. Fin del reflujo del mar. || Tiempo que éste dura.

bajante. adj. y f. Que baja. || amb. Tubería de desagüe. || f. *Amér.* Descenso del nivel de las aguas.

bajar. intr. Ir desde un lugar a otro que esté más bajo. Ú. t. c. prnl. || Disminuirse alguna cosa. || tr. Poner alguna cosa en lugar inferior. || Rebajar el nivel: ∽ *el piso.* || Apear. Ú. t. c. intr. y c. prnl. || Inclinar hacia abajo: ∽ *la cabeza.* || Disminuir la estimación, precio o valor de alguna cosa. || fig. Humillar, abatir. Ú. t. c. prnl. || Descender en el sonido desde un tono agudo a otro más grave. || prnl. Inclinarse uno hacia el suelo.

bajareque. m. *Cuba.* Bohío muy pobre. || *Amér. c., Col., Cuba, Ecuad., Santo Domingo* y *Venez.* Pared de cañas y barro.

bajel. m. Buque, barco.

bajelero. m. Dueño, patrón o fletador de un bajel.

bajete. m. Voz de barítono. || Tema escrito en clave de bajo, que se da al discípulo de armonía para que se ejercite.

bajeza. f. Acción indigna. || fig. Abatimiento, humillación.

bajial. m. *Perú.* Lugar bajo que se inunda en el invierno.

bajío. m. Bajo en los mares, y más comúnmente el de arena. || *Amér.* Terreno bajo.

bajista. adj. Relativo a la baja de los valores en la bolsa. || com. Persona que juega a la baja en la bolsa.

bajo, ja. adj. De poca altura. || Que está en lugar inferior: *piso* ∽. || Inclinado hacia abajo: *cabeza* ∽. || Hablando de colores, poco vivo. ||

Díc. de la fiesta movible que cae más pronto que otros años. || Humilde. || Despreciable. || Vulgar. || Barato. || m. Lugar hondo. || Bajío. || Casco de las caballerías. || Voz e instrumento que produce sonidos más graves. || Persona que tiene esa voz o toca ese instrumento.

bajón. m. Instrumento musical de madera semejante al fagot, actualmente en desuso. || Bajonista.

bajón. m. aum. de baja. || fig. y fam. Notable disminución en el caudal, la salud, las facultades intelectuales, etc.

bajonado. m. Pez de Cuba parecido a la dorada.

bajonazo. m. aum. de bajón. || Bajón en la salud, caudal, facultades, etc. || Estocada excesivamente baja.

bajoncillo. m. Instrumento músico parecido al bajón, pero más pequeño y de tono más agudo.

bajonista. m. El que toca el bajón.

bajorrelieve. m. Bajo relieve.

bajura. f. Falta de elevación. || Refiriéndose a la pesca, la que se hace en aguas jurisdiccionales, cerca de la costa.

bala. f. Proyectil para cargar las armas de fuego. || Confite redondo, liso, todo de azúcar. || Fardo apretado de mercaderías. || Atado de 10 resmas de papel. || Almohadilla circular con la que se toma tinta para sacar pruebas de una composición.

balada. f. Composición poética de tono sentimental en la que se refieren sucesos legendarios o tradicionales. || Composición poética provenzal dividida en estrofas de varia rima que terminan en un mismo verso. || Balata.

baladí. adj. Propio de la tierra o del país. || De clase inferior o de menos valor.

baladrón, na. adj. Fanfarrón que blasona de valiente.

baladronada. ≅ bravata. ≅ fanfarronada. f. Hecho o dicho propio de baladrones.

baladronear. intr. Hacer o decir baladronadas.

bálago. m. Paja larga de los cereales después de quitarle el grano. || Paja trillada. || Espuma crasa del jabón.

balaguero. m. Montón grande de bálago.

balalaica. f. Instrumento músico de origen ruso parecido a la guitarra, pero con caja de forma triangular.

balance. m. Movimiento que hace un cuerpo, inclinándose ya a un lado, ya a otro. || fig. Vacilación, inseguridad. || Confrontación del activo y el pasivo para averiguar el estado de los negocios.

balancear. ≅ oscilar. intr. Dar o hacer balances. Ú. t. c. prnl. || fig. Dudar, estar perplejo en la resolución de alguna cosa. || Poner en equilibrio.

balanceo. m. Acción y efecto de balancear.

balancín. m. Balanza pequeña. || Madero paralelo al eje de las ruedas delanteras de un carruaje, fijo en su promedio a la tijera y por los extremos a los del eje del mismo. || Madero a cuyas extremidades se enganchan los tirantes de las caballerías. || Palo largo que usan los volatineros para mantenerse en equilibrio. || Volante para sellar monedas. || Mecedora.

balandra. f. Embarcación pequeña con cubierta y sólo un palo.

balandrán. m. Vestidura talar ancha y con esclavina que suelen usar los eclesiásticos.

Asurbanipal cazando leones. Bajorrelieve asirio del palacio de Nínive

balandro. m. Balandra pequeña. || Barco pescador que se usa en Cuba.

bálano o **balano.** ≅glande. m. Parte extrema del miembro viril. || Crustáceo que vive fijo sobre las rocas y en su conjunto es parecido al casco del asno.

balanza. f. Instrumento que sirve para pesar. || fig. Comparación que el entendimiento hace de las cosas. ◆ **balanza comercial.** Estado comparativo de la importación y exportación de un país. || **de pagos.** Estado comparativo de los cobros y pagos exteriores de una economía nacional.

balanzario. m. El que en las casas de moneda tiene el oficio de pesar los metales.

balanzón. m. Vasija con mango de hierro que usan los plateros para blanquecer o limpiar la plata o el oro. || *And.* y *Méj.* Cogedor para granos.

balar. intr. Dar balidos.

balarrasa. m. fig. y fam. Aguardiente fuerte. || fig. y fam. Persona alocada o de poco juicio.

balastar. tr. Tender el balasto.

balasto. m. Capa de grava que se tiende sobre la explanación de los ferrocarriles o carreteras.

balata. f. Composición poética que se cantaba al son de la música de los bailes.

balausta. f. Fruto carnoso, dividido en celdillas como la granada.

balaustra. f. Especie de granado de flores dobles y de color muy vivo.

balaustrada. f. Serie de balaustres.

balaustrado, da o **balaustral.** adj. De figura de balaustre.

balaustre o **balaústre.** m. Cada una de las columnitas de las barandillas, balcones, etc.

balay. m. *Amér.* Cesta de mimbre. || *Cuba.* Plato de madera con que se avienta el arroz antes de cocerlo.

balboa. m. Unidad monetaria de Panamá.

balbucear. intr. Balbucir.

balbucir. intr. Hablar o leer con pronunciación dificultosa, trastocando a veces las letras o las sílabas.

balcánico, ca. adj. Relativo a los Balcanes.

balcón. m. Hueco abierto al exterior desde el suelo de la habitación, con barandilla saliente. || Esta barandilla.

balconaje. m. Conjunto de balcones de un edificio.

balconcillo. m. Balcón pequeño. || Galería que en los teatros está más baja y delante de la primera fila de palcos. || Localidad de la plaza de toros situada sobre la salida del toril.

balda. f. Anaquel de armario o alacena.

baldado, da. adj. Tullido, impedido.

baldaquín o **baldaquino.** m. Especie de dosel hecho de tela de seda. || Pabellón que cubre el altar.

baldar. tr. Privar una enfermedad o accidente el uso de algún miembro. Ú. t. c. prnl. || Fallar en juegos de cartas. || fig. Causar a uno gran contrariedad.

balde. m. Cubo para sacar y transportar agua, sobre todo en las embarcaciones. || Por ext., cualquier recipiente parecido al cubo.

balde(de). m. adv. Graciosamente, sin precio alguno. || Sin motivo, sin causa.

baldear. tr. Regar con baldes. || Achicar con baldes el agua de una excavación.

baldío, a. adj. Terreno que no se labra. || Vano, sin fundamento. || Vagabundo. || m. *Amér.* Solar, terreno urbano sin edificar.

baldón. ≅afrenta. ≅deshonor. ≅oprobio. m. Injuria o palabra afrentosa.

baldonar o **baldonear.** tr. y prnl. Injuriar a alguno de palabra en su cara.

baldosa. f. Placa de barro cocido, o de otro material, que se emplea para solar.

baldosador. m. El que tiene por oficio embaldosar.

baldosín. m. Baldosa pequeña y fina.

baldragas. m. Hombre flojo, sin energía.

balduque. m. Cinta angosta que se usa para atar legajos.

balea. f. Escobón para barrer las eras.

balear. adj. De Baleares. Apl. a pers., ú. t. c. s. || Díc. del pueblo indígena prerromano de las islas Gimnesias o Baleares. Apl. a pers., ú. t. c. s. || Relativo a este pueblo.

balear. tr. *Amér.* Tirotear, disparar balas sobre alguien o algo.

balénido. adj. y s. Díc. de los mamíferos cetáceos cuyo tipo es la ballena. || m. pl. Familia de estos animales.

baleo. m. Ruedo o felpudo. || Instrumento para aventar el fuego. || *Amér.* Tiroteo.

balero. m. Boliche, juego de niños. || *Arg.* vulg. Cabeza humana.

balido. m. Voz del carnero, el cordero, la oveja, la cabra, el gamo y el ciervo.

balín. m. Bala de menor calibre que la de fusil.

balista. f. Antigua máquina de guerra para arrojar piedras de mucho peso.

balística. f. Ciencia que estudia la trayectoria de los proyectiles.

baliza. f. *Mar.* Señal fija o flotante que se pone de marca para indicar bajos, veriles, direcciones de canales, etc. || Señal empleada para limitar pistas terrestres.

balizar. tr. Señalar con balizas.

balneario, ria. adj. Relativo a baños públicos, especialmente a los medicinales. || m. Edificio con baños medicinales.

balneoterapia. f. Tratamiento de las enfermedades por medio de baños.

balompié. m. Fútbol.

balón. m. Pelota grande hinchada con aire a presión que se usa en varios juegos. || Cada uno de estos juegos. || Recipiente para contener cuerpos gaseosos. || Fardo grande.

balonazo. m. Golpe dado con el balón.

baloncesto. m. Juego entre dos equipos de cinco jugadores cada uno, que, valiéndose de las manos, tratan de introducir el balón en un aro al que se le llama cesto.

balonmano. m. Juego parecido al fútbol que se juega con las manos entre dos equipos de once o siete jugadores cada uno.

balonvolea. Juego entre dos equipos de doce o seis jugadores cada uno que lanzan el balón con la mano por encima de una red.

balsa. f. Conjunto de maderas, que unidos, forman una superficie flotante. || Hueco del terreno que se llena de agua. || En los molinos de aceite, estanque donde van a parar los desperdicios. ◆ **de aceite.** fig. y fam. Lugar o concurso de gente muy tranquilo.

balsadera. f. Sitio en la orilla de un río, donde hay balsa en que pasarlo.

balsadero. m. Balsadera.

balsamera. f. Vaso pequeño para poner bálsamo.

balsámico, ca. adj. Que tiene bálsamo o cualidades de tal.

balsamina. f. Planta que alcanza un metro de alt., originaria de América, de fruto capsular. || Planta de tallo ramoso originaria de Perú que se emplea en medicina para curar llagas y heridas.

balsamináceo, a. adj. y f. Díc. de plantas herbáceas angiospermas, dicotiledóneas, cuyo tipo es la balsamina de Perú. || f. pl. Familia de estas plantas.

bálsamo. m. Líquido aromático que fluye de ciertos árboles y que se espesa por la acción del aire. || Medicamento que se aplica como remedio en las heridas y llagas. || fig. Consuelo, alivio.

balsear. tr. Pasar en balsa los ríos.

balsero. m. El encargado de conducir la balsa.

balso. m. Lazo grande para suspender pesos o

elevar a los marineros a lo alto de los palos o de las vergas.

báltico, ca. adj. Díc. de los territorios que baña el mar Báltico en el norte de Europa. || Relativo a estos territorios o al mar Báltico. Apl. a pers., ú. t. c. s.

balto, ta. adj. y s. Linaje ilustre de los godos.

baluarte. m. Obra de fortificación de figura pentagonal, que sobresale en el encuentro de dos partes de una muralla.

balumba. f. Bulto que hacen muchas cosas juntas. || Conjunto desordenado y excesivo de cosas.

balumbo. m. Lo que abulta mucho y embaraza más por su volumen que por su peso.

ballena. f. Cetáceo, el mayor de todos los animales conocidos, que llega a crecer hasta más de 30 m. de longitud. Vive en todos los mares, y generalmente en los polares. || Cada una de las láminas córneas y elásticas que tiene la ballena en la mandíbula superior, y que, cortadas en tiras, sirven para diferentes usos. || Cada una de estas tiras.

ballenato. m. Cría de la ballena.

ballenero, ra. adj. Relativo a la pesca de la ballena. || m. Barco especialmente destinado a la captura de ballenas. || Pescador de ballenas.

ballesta. f. Máquina antigua de guerra para arrojar piedras o saetas gruesas. || Arma portátil antigua, para disparar flechas, saetas y bodoques. || Armadijo para cazar pájaros. || Cada uno de los muelles en los que descansa la caja de los coches.

ballestazo. m. Golpe dado con el proyectil de la ballesta.

ballestera. f. Tronera por donde se disparaban las ballestas.

ballestería. f. Arte de la caza mayor. || Conjunto de ballestas. || Gente armada de ellas. || Casa en que se alojaban los ballesteros y se guardaban los instrumentos de caza.

ballestero. m. El que usaba de la ballesta en la guerra. || El que hacía ballestas. || El que cuidaba de las escopetas de las personas reales.

ballestilla. f. Balancín pequeño. || Cierta fullería en los juegos de naipes. || Antiguo instrumento para tomar las alturas de los astros.

ballet. m. Espectáculo artístico constituido esencialmente por la unión de la música y el movimiento. || Música que acompaña a este espectáculo.

ballico. m. Planta gramínea, buena para pasto y para formar céspedes.

Ballena

ballueca. f. Especie de avena, que crece entre los trigos, a los cuales perjudica mucho.

bamba. f. Pastel redondo y relleno de crema, nata, etc. || Ritmo bailable latinoamericano. || *Amer.* Moneda de diversos valores.

bambalina. f. Cada una de las tiras de lienzo pintado que cuelgan del telar del teatro, completando la decoración.

bambarria. com. fam. Persona tonta o boba. Ú. t. c. adj. || En el juego de trucos y en el billar, acierto casual.

bambolear. intr. y prnl. Moverse alguien o algo a un lado y otro sin perder el sitio en que está.

bambolla. ≅ostentación. ≅pompa. f. fam. Boato de más apariencia que realidad.

bambú. ∫∫bambúes. m. Planta gramínea originaria de la India, normalmente arbusto o bejuco, que puede llegar a alcanzar más de 20 m. de altura. Las cañas, ligeras y muy resistentes, se destinan a múltiples usos, como fabricación de muebles; la corteza sirve para la fabricación de papel.

banaba. f. Árbol de Filipinas que crece hasta 10 ó 12 m. de alt.

banal. adj. Trivial, común, insubstancial.

banalidad. f. Calidad de banal. || Dicho banal.

banana. f. *Amér.* Plátano.

bananar. m. *Amér.* Conjunto de plátanos o bananos que crecen en un lugar.

bananero, ra. adj. Relativo al banano. || Díc. del terreno poblado de bananos o plátanos. || m. Plátano, planta.

banano. m. Plátano.

banasta. f. Cesto grande formado de mimbres o listas de madera delgadas y entretejidas. Los hay de distintos tamaños y figuras.

banastero, ra. m. y f. Persona que hace o vende banastas.

banasto. m. Banasta redonda.

banca. f. Asiento de madera, sin respaldo y a modo de mesilla baja. || Juego de naipes. || Comercio de los bancos. || fig. Conjunto de bancos o banqueros. || *Amér.* Banco.

bancal. m. En las sierras y terrenos pendientes, rellano de tierra que natural o artificialmente se forma, y que se aprovecha para algún cultivo. || Pedazo de tierra cuadrilongo, dispuesto para plantar legumbres o árboles frutales. || Arena amontonada a la orilla del mar. || Tapete o cubierta que se pone sobre el banco. || Árbol de Filipinas cuya madera es apreciada por su duración.

bancario, ria. adj. Relativo a la banca mercantil.

bancarrota. f. Quiebra comercial, y más comúnmente la que procede de falta grave, o la fraudulenta.

banco. m. Asiento con respaldo o sin él, en que pueden sentarse varias personas. || Establecimiento público de crédito || Multitud de peces que van juntos ◆ **de datos.** Conjunto de datos, almacenados ordenadamente en fichas, cintas o discos magnéticos, del cual se puede extraer, mediante un ordenador, una información determinada.

banda. f. Cinta ancha que se lleva atravesada desde un hombro al costado opuesto. Es distintivo de oficialidad militar y de grandes cruces: *le impuso la ⌣ de la orden de Carlos III.* || Zona limitada por cada uno de los dos lados más largos de un campo deportivo, y otra línea exterior, que suele ser la del comienzo de las localidades donde se sitúa el público. || Porción de gente armada. || Bandada, manada. | Lado. || Grupo musical.

bandada. f. Número crecido de aves que vuelan juntas y, por ext., conjunto de peces. || Tropel o grupo bullicioso de personas.

bandazo. m. Tumbo o balance violento que da una embarcación hacia cualquiera de los dos lados. || fig. Cambio brusco de los que se dan alternativamente en sentidos opuestos en la orientación de algo.

bandear. tr. *And.* y *Amér.* Atravesar, pasar de parte a parte; taladrar. || *Amér.* Cruzar un río de una banda a otra. || prnl. Saberse gobernar o ingeniar para satisfacer las necesidades de la vida o para salvar otras dificultades.

bandeirantes. Explotadores y aventureros que actuaron en Brasil durante los s. XVI, XVII y XVIII.

bandeja. f. Pieza de metal o de otra materia,

Bandada de pelícanos. Lago Turkana. Kenia

plana o algo cóncava, para servir, presentar o depositar cosas. || Pieza movible, en forma de caja descubierta y de poca altura, que divide horizontalmente el interior de un baúl, maleta, etc.

bandera. ≅enseña. ≅estandarte. ≅pabellón. f. Tela, de forma comúnmente cuadrada o cuadrilonga, que se asegura por uno de sus lados a un asta o una driza, y se emplea como insignia y señal. Sus colores, o el escudo que lleva, indican la potencia, nación, etc.

bandería. f. Bando o parcialidad.

banderilla. f. Palo delgado armado de un arponcillo de hierro en uno de sus extremos, y que, adornado a veces con una banderita, usan los toreros para clavarlo en el cerviguillo de los toros. || Tapa de aperitivo pinchada en un palillo.

banderillear. tr. Poner banderillas a los toros.

banderillero. m. Torero que pone banderillas.

banderín. m. Bandera pequeña. || Cabo o soldado que sirve de guía a la infantería en sus ejercicios.

banderizo, za. adj. Que sigue un bando o parcialidad. Ú. t. c. s. || fig. Fogoso, alborotado.

banderola. f. Bandera mediana o pequeña que se emplea para señalización y otros usos en las fuerzas armadas.

bandido, da. m. Bandolero, salteador de caminos. || Persona perversa y desenfrenada.

bandin. m. Asiento que se pone alrededor de las bandas o costados que forman la popa en algunas embarcaciones.

bando. m. Edicto o mandato solemnemente publicado de orden superior. || Facción, partido, parcialidad.

bandolera. f. Correa que cruza por el pecho y la espalda y que en el remate lleva un gancho para colgar un arma de fuego.

bandolerismo. m. Existencia continuada de bandoleros en una comarca. || Desafueros propios de los bandoleros.

bandolero. m. Ladrón, salteador de caminos. || Bandido, persona perversa.

bandolina. f. Instrumento músico pequeño de cuatro cuerdas y de cuerpo curvado como el del laúd.

bandurria. f. Instrumento músico semejante a la guitarra, pero de menor tamaño; tiene 12 cuerdas: seis de tripa y seis entorchadas. Se toca con púa.

banjo. m. Instrumento músico de cuerda, de origen africano, compuesto de una caja de resonancia circular, construida con una piel tersa sobre aro metálico, mástil largo con clavijas y de cinco a nueve cuerdas.

banqueo. m. Desmonte de un terreno en planos escalonados.

banquero. m. Jefe o dueño de un banco. || El que se dedica a operaciones bancarias.

banqueta. f. Asiento pequeño y sin respaldo. || Banquillo muy bajo para poner los pies.

banquete. m. Comida a que concurren muchas personas para celebrar algo. || Comida espléndida.

banquillo. m. Asiento en que se coloca el procesado ante el tribunal.

banquisa. f. Capa continua de hielo formada en las regiones polares por la congelación directa del agua del mar.

bantú. [[bantúes o bantús.]] adj. y s. Díc. de un grupo de lenguas afines habladas en África ecuatorial y meridional por pueblos de caracteres étnicos diversos.

banzo. m. Cada uno de los dos listones del bastidor para bordar. || Cada uno de los dos larueros que sirven para afianzar un armazón; como una escalera de mano, el respaldo de una silla, etc.

bañador. m. Prenda o conjunto de prendas para bañarse.

bañar. tr. Meter el cuerpo o parte de él en agua o en otro líquido, por limpieza, para refrescarse o con un fin medicinal. Ú. t. c. prnl. || Sumergir algo en un líquido. || Humedecer, regar o tocar el agua de algo: *el río baña las murallas de la ciudad.* || Cubrir algo con una capa de otra substancia: ∼ *algo en oro.* || Tratándose del sol, la luz o el aire, dar lleno.

bañera. f. Pila que sirve para bañarse.

bañista. com. Persona que concurre a tomar baños.

baño. m. Acción y efecto de bañar o bañarse. || Acción y efecto de someter al cuerpo o parte de él al influjo intenso o prolongado de un agente físico (calor, frío, vapor, sol, etc.). || Agua o líquido para bañarse. || Pila que sirve para bañar o lavar el cuerpo o parte de él. || Cuarto de baño. || Sitio donde hay aguas para bañarse. || Capa de materia extraña con que queda cubierto lo bañado; como la de azúcar en los dulces y la de plata u oro en cubiertos o alhajas.

baobab. m. Árbol de África tropical, con tronco de nueve a diez metros de altura y otros tantos de diámetro, ramas horizontales de hasta 20 metros de largo, y frutos carnosos de sabor ácido agradable, llamados *pan de mono.*

baptisterio. m. Sitio donde está la pila bautismal. || Pila bautismal. || Edificio próximo a un templo y generalmente pequeño, donde se administraba el bautismo.

baquelita. f. Resina sintética que se obtiene calentando formaldehído y fenol en presencia de un catalizador. Se utiliza en la fabricación de barnices y lacas y en la de objetos moldeados.

baqueta. f. Vara delgada que sirve para atacar las armas de fuego. || Varilla de que usan los picadores para el manejo de los caballos. || *Arquit.* Junquillo, moldura estrecha. || pl. Palillos con que se toca el tambor.

baquetear. tr. fig. Incomodar demasiado. || fig. Adiestrar, ejercitar.

báquico, ca. adj. Relativo a Baco: *furor* ∼. || fig. Relativo a la embriaguez.

baquio. m. Pie de las métricas griega y latina compuesto de una sílaba breve seguida de dos largas.

bar. m. Establecimiento en que se despachan bebidas que suelen tomarse de pie, ante el mostrador. || Unidad de medida de la presión; equivale a 100 millones de pascales. Su símbolo es *bar.*

barahúnda. f. Ruido y confusión grandes.

baraja. f. Conjunto de naipes que sirven para varios juegos. La baraja española consta de 48 naipes y la francesa de 52.

barajar. tr. En el juego de naipes, mezclarlos unos con otros antes de repartirlos. || Manejar o citar varios nombres como posibilidades para un cargo, nombramiento, etc.

baranda. f. Barandilla. || Borde o cerco que tienen las mesas de billar.

barandal. m. Larguero superior o inferior en los que encajan los balaustres.

barandilla. f. Antepecho compuesto de balaustres de madera, hierro, bronce u otra materia, y de los barandales que los sujetan; sirve de ordinario para los balcones, pasamanos de escaleras y división de piezas.

baratija. f. Cosa menuda y de poco valor. Ú. m. en pl.

baratillo. m. Conjunto de cosas de lance, o de poco precio, que están de venta en paraje público. || Tienda o puesto en que se venden. || Sitio fijo en que se hacen estas ventas.

barato, ta. adj. Díc. de cualquier cosa vendida, comprada u ofrecida a bajo precio, o a un precio más bajo que el de otra tomada como punto de referencia. || fig. Que se logra con poco esfuerzo. || m. Venta de efectos que se hace a bajo precio. || adv. m. Por poco precio.

báratro. m. poét. Infierno.

baratura. f. Bajo precio de las cosas vendibles.

barba. f. Parte de la cara, debajo de la boca. || Pelo que nace en esta parte de la cara y en los carrillos. Ú. t. en pl. || Este mismo pelo crecido y, por lo general, cuidado y cortado de diversas formas. || pl. Raíces delgasdas de las plantas.

barbacana. f. *Fort.* Obra de defensa avanzada y aislada. || Muro bajo con que se suelen rodear las plazuelas que algunas iglesias tienen alrededor de ellas o delante de alguna de sus puertas. || Saetera o tronera.

barbacoa. f. Parrilla usada para asar al aire libre carne o pescado. || *Amér.* Zarzo sostenido con puntales, que sirve de camastro.

barbada. f. Quijada inferior de las caballerías. || Cadenilla o hierro corvo que se pone a las caballerías por debajo de la barba. || Nombre vulgar de varios peces parecidos al abadejo.

barbado, da. adj. y s. Que tiene barbas. || m. Árbol o sarmiento que se planta con raíces. || Renuevo o hijuelo de árbol o arbusto.

barbaja. f. Planta herbácea perenne, de unos 30 cm. de alt., que abunda en España. || pl. *Arg.* Primeras raíces que echan los vegetales recién plantados.

barbaridad. f. Calidad de bárbaro. || Dicho o hecho necio o temerario. || Atrocidad, exceso, demasía. || fig. y fam. Cantidad grande o excesiva.

barbarie. f. fig. Rusticidad, falta de cultura. || fig. Fiereza, crueldad.

barbarismo. m. Vicio del lenguaje, que consiste en pronunciar o escribir mal las palabras, o en emplear vocablos impropios.

bárbaro, ra. adj. Individuo de cualquiera de los pueblos que en el s. v abatieron el imperio romano y se difundieron por la mayor parte de Europa. Ú. t. c. s. || Relativo a los bárbaros. || fig. Fiero, cruel. || Inculto, grosero. || fig. y fam. Muy bueno, magnífico.

barbechar. tr. Arar o labrar la tierra disponiéndola para la siembra. || Arar la tierra para que se meteorice y descanse.

barbecho. m. Tierra labrantía que no se siembra durante uno o más años. || Acción de barbechar. || Porción de tierra arada para sembrar después.

barbería. ≅peluquería. f. Local donde trabaja el barbero.

barbero. ≅fígaro. ≅peluquero. m. El que tiene por oficio afeitar o hacer la barba. || Pez del mar de las Antillas, de color de chocolate y piel muy áspera.

barberol. m. Pieza que, con otras, forma el labio inferior de los insectos masticadores.

barbián, na. adj. y s. Desenvuelto, gallardo.

barbilampiño. adj. Díc. del varón adulto que no tiene barba, o tiene poca.

barbilla. f. Punta o remate de la barba. || Parte de la cara que está debajo de la boca. || Apéndice carnoso que algunos peces tienen en la parte inferior de la cabeza. || *Carp.* Corte dado oblicuamente en la cara de un madero para que encaje en el hueco poco profundo de otro.

barbillera. f. Rollo de estopa que se pone alrededor de las cubas de vino para recoger el mosto que pueda salir al hervir en una vasija.

barbiquejo. m. Barboquejo. || *Perú.* Pañuelo que, a modo de venda, se pasa por debajo de la barba y ata por encima de la cabeza, o a un lado de la cara.

barbitúrico, ca. adj. Ácido orgánico cristalino cuyos derivados tienen propiedades hipnóticas y sedantes. En dosis excesivas poseen acción tóxica. || m. Cualquier derivado de este ácido.

barbo. m. Pez de río, obscuro por el lomo y blanquecino por el vientre. Es comestible.

barboquejo. m. Cinta con que se sujeta por debajo de la barba el sombrero o morrión para que no se lo lleve el aire.

barbotear. intr. Barbullar. || Mascullar.

barbudo, da. adj. Que tiene muchas barbas. || m. Árbol o sarmiento que se planta con raíces.

barbullar. intr. fam. Hablar atropelladamente y a borbotones.

barbusano. m. Árbol de hasta 16 m de alt., que crece en las islas Canarias, de madera durísima, pero frágil. || Madera de este árbol.

barca. ≅batel. ≅bote. ≅lancha. f. Embarcación pequeña.

barcaje. m. Transporte de efectos en una barca. || Precio o flete que por él se paga. || Precio o derecho que se paga por pasar de una a otra parte del río en una barca.

barcal. m. Artesa de una pieza, en la cual, al medir vino, se colocan las vasijas para recoger el que se derrame.

barcarola. f. Canción popular de Italia, y especialmente de los gondoleros de Venecia. || Canto de marineros, en compás de seis por ocho, que imita por su ritmo el movimiento de los remos.

barcaza. f. Lancha grande para transportar carga de los buques a tierra, o viceversa.

barcelonés, sa. adj. y s. De Barcelona (ciudad

y provincia española y ciudad venezolana de An-
zoátegui).

barco. ≅bajel. ≅buque. ≅nave. ≅navío.
≅vapor. m. Vehículo de madera, hierro u otra
materia, que flota y que, impulsado y dirigido por
un artificio adecuado, puede transportar por el
agua personas, animales o cosas. || Barranco poco
profundo.

barchilón, na. m. y f. *Amér.* Persona que cuida
enfermos en un hospital.

barda. f. Cubierta de paja, broza, etc., que se
pone sobre las tapias para su resguardo.

bardar. tr. Poner bardas a los vallados o tapias.

bardo. m. Poeta de los antiguos celtas. || Por
ext., poeta heroico o lírico de cualquier época o
país.

baremo. m. Cuaderno o tabla de cuentas ajus-
tadas. || Lista o repertorio de tarifas. || Conjunto
de normas establecidas convencionalmente para
evaluar los méritos personales, la solvencia de
empresas, etc.

bargueño. m. Mueble de madera con muchos
cajoncitos y gavetas adornado con labores de talla
o de taracea.

baria. f. En el sistema cegesimal, unidad de
presión equivalente a una dina por cm^2.

bario. m. Metal blanco amarillento, dúctil y difícil de fundir. Peso atómico, 137,4; núm. atómico,
56; símbolo, *Ba.*

barisfera. f. Núcleo central del globo terrestre.

barita. f. Óxido de bario, que en forma de polvo blanco se obtiene en los laboratorios.

baritina. f. Sulfato de barita, de formación natural, que se usa para falsificar el albayalde.

barítono. m. Voz media entre la de tenor y la
de bajo. || El que tiene esta voz.

barlovento. m. Parte de donde viene el viento
con respecto a un punto o lugar determinado.

barman. ∫∫bármanes. m. Camarero encargado
de la barra de cafeterías y bares.

barniz. m. Disolución de una o más resinas en
un líquido que al aire se volatiliza o se deseca.
|| Baño que se da al barro, loza y porcelana, y
que se vitrifica con la cocción. || fig. Noción su-
perficial de una ciencia.

barnizar. tr. Dar un baño de barniz.

barógrafo. m. Barómetro registrador.

barométrico, ca. adj. Relativo al barómetro:
escala, columna ᵕ.

barómetro. m. Instrumento que sirve para determinar la presión atmosférica.

barón. m. Título de dignidad.

Barómetro

baronesa. f. Mujer del barón o que goza de
este título.

barquero, ra. m. y f. Persona que gobierna la
barca.

barquilla. f. Molde para hacer pasteles. || Cesto
en que van los tripulantes de un globo.

barquillero, ra. m. y f. Persona que hace o
vende barquillos. || m. Molde para hacer barqui-
llos. || f. Recipiente metálico en que el barquillero
lleva su mercancía.

barquillo. m. Hoja delgada de pasta hecha con
harina sin levadura y azúcar o miel y por lo común
canela, la cual, en moldes calientes, recibía en
otro tiempo figura convexa o de barco, y hoy suele
tomar la de canuto.

barquinazo. m. fam. Tumbo o vaivén fuerte de
un carruaje, y también vuelco del mismo.

barra. f. Pieza generalmente prismática o cilín-
drica y mucho más larga que gruesa. || Barandilla
que, en la sala donde un tribunal, corporación o
asamblea celebra sus sesiones, separa el lugar
destinado al público. || Pieza de pan de forma
alargada. || Mostrador de un bar. || En música,
línea que corta el pentagrama para separar los
compases.

barrabás. m. fig. y fam. Persona mala, traviesa, díscola.

barrabasada. f. fam. Travesura grave, acción atropellada.

barraca. f. Albergue construido toscamente. || Vivienda rústica de las huertas de Valencia y Murcia, con cubierta de cañas a dos aguas muy vertientes. || *Amér.* Edificio en que se depositan cueros, lanas, maderas, cereales u otros efectos destinados al comercio.

barracón. m. Barraca grande.

barracuda. f. Pez marino de cuerpo alargado y muy voraz.

barragán. m. Tela de lana impermeable. || Abrigo hecho de esta tela. || Mozo soltero.

barragana. f. Concubina en general. || Concubina que vivía en la casa del que estaba amancebado con ella.

barrancal. m. Sitio donde hay muchos barrancos.

barranco. m. Despeñadero, precipicio. || Quiebra profunda producida en la tierra por las corrientes de las aguas o por otras causas. || fig. Dificultad en lo que se intenta.

barrena. f. Instrumento que sirve para taladrar o hacer agujeros en madera, metal u otro cuerpo duro. En su punta tiene una rosca en espiral y en el extremo opuesto una manija, que se usan con berbiquí.

barrenar. ≅horadar. ≅taladrar. tr. Abrir agujeros con barrena o barreno en algún cuerpo. || fig. Hablando de leyes, derechos, etc., actuar en contra de una ley.

barrendero, ra. m. y f. Persona que tiene por oficio barrer.

barrenillo. m. Insecto que horada la corteza y come la albura de los árboles. || Enfermedad que produce este insecto en los árboles.

barreno. m. Barrena grande. || Agujero que se hace con la barrena. || Agujero relleno de pólvora u otra materia explosiva, en una roca o en una obra de fábrica, para volarla.

barreño, ña. adj. De barro: *jarros* ⌒s. || m. y f. Vasija de barro tosco, plástico u otros materiales, generalmente más ancha por la boca que por el asiento.

barrer. tr. Quitar del suelo con la escoba el polvo, la basura, etc. || fig. No dejar nada de lo que había en alguna parte, llevárselo todo. ◆ **barrer hacia**, o **para, dentro.** loc. fig. Comportarse interesadamente.

barrera. f. Valla, compuerta, madero, cadena u otro obstáculo semejante con que se cierra un

Galerías en un tronco producidas por larvas de barrenillo

paso o se cerca un lugar. || Parapeto para defenderse de los enemigos. || Antepecho de madera con que se cierra alrededor el redondel en las principales plazas de toros. || fig. En las mismas plazas, delantera, primera fila de cierta clase de asientos. || En ciertos juegos deportivos, fila de jugadores que, uno al costado del otro, se coloca delante de su meta para protegerla de un lanzamiento contrario.

barretina. f. Gorro usado en Cataluña.

barriada. f. Barrio. || Parte de un barrio.

barrica. f. Especie de tonel mediano que sirve para diferentes usos.

barricada. f. Reparo a modo de parapeto, que se hace con barricas, piedras del pavimento, coches volcados, etc., para defenderse de un ataque.

barrido. m. Acción de barrer. || Barreduras. || Proceso por el que un dispositivo explora sistemática y repetidamente un área o espacio reconociéndolo punto por punto para transformar la imagen de cada uno de ellos en señales eléctricas transmisibles a distancia, que, a su vez, por otro proceso inverso, se convierten en imágenes. Es el fundamento de la televisión, del radar, etc.

barriga. ≅andorga. ≅panza. ≅tripa. f. Vientre. || fig. Parte media abultada de una vasija, columna, etc. || fig. Comba que hace una pared.

barrigudo, da. adj. Que tiene gran barriga.

barril. m. Vasija de madera que sirve para conservar y transportar licores y géneros. || Medida de capacidad utilizada para los productos petrolíferos, equivalente a 159 litros aproximadamente.

barrilete. m. Instrumento de hierro de que usan los carpinteros para asegurar sobre el banco los materiales que labran. || Depósito cilíndrico y móvil del revólver, en el que se colocan los cartuchos. || Cangrejo de mar, común en las costas africanas y en las de Cádiz; sus dos patas anteriores, terminadas en pinzas, son muy desiguales.

barrilla. f. Planta anual que crece en terrenos salados, y de cuyas cenizas se obtiene la sosa. || Estas mismas cenizas.

barrio. m. Cada una de las partes en que se dividen los pueblos grandes o sus distritos. || Arrabal. || Grupo de casas o aldehuela dependiente de otra población, aunque esté apartada de ella.

barrito. m. Berrido del elefante.

barrizal. m. Sitio o terreno lleno de barro o lodo.

barro. ≅cieno. ≅fango. ≅légamo. m. Masa que resulta de la mezcla de tierra y agua. || Lodo que se forma en las calles cuando llueve. || Cualquier vasija u objeto de cerámica o alfarería, hecho de arcilla endurecida por la cocción. || fig. Cosa despreciable. || Cada uno de los granillos de color rojizo que salen al rostro, particularmente a los que empiezan a tener barbas.

barroco, ca. adj. Estilo de ornamentación caracterizado por la profusión de volutas, roleos y otros adornos en que predomina la línea curva, que se desarrolló, principalmente, en los s. XVII y XVIII.

barrón. m. Planta gramínea que crece en los arenales marítimos y sirve para consolidarlos.

barroquismo. m. Tendencia a lo barroco. || Calidad de barroco.

barrote. m. Barra gruesa. || Barra de hierro que sirve para afianzar, sostener o reforzar diversos objetos como mesas, ventanas, etc.

barrueco. m. Perla irregular. || Nódulo esferoidal que suele encontrarse en las rocas.

barrumbada. f. fam. Dicho jactancioso. || fam. Gasto excesivo hecho por jactancia.

barruntar. tr. Prever, conjeturar o presentir por alguna señal o indicio.

barrunte. m. Indicio, noticia.

bartola(a la). loc. adv. fam. Con los verbos *echarse, tumbarse* y *tenderse,* descuidar el trabajo u otra actividad; despreocuparse, quedar libre de toda inquietud.

bartolillo. m. Pastel pequeño en forma casi triangular, relleno de crema o carne.

bártulos. m. pl. fig. Enseres que se manejan.

barullo. m. fam. Confusión, desorden, mezcla de gentes o cosas de varias clases.

basa. f. Base, fundamento, apoyo. || Asiento sobre el que se pone la columna o estatua. || Pieza inferior de la columna en todos los órdenes arquitectónicos excepto en el dórico.

basáltico, ca. adj. adj. Formado de basalto o que participa de su naturaleza.

basalto. m. Roca volcánica, de color negro o verdoso, de grano fino, muy dura y, a veces, de estructura prismática.

basamento. m. Cualquier cuerpo que se pone debajo de la caña de la columna, y que comprende la basa y el pedestal.

basar. tr. Asentar algo sobre una base. || fig. Fundar, apoyar. Ú. t. c. prnl.

basáride. f. Mamífero carnicero algo mayor que la comadreja. De color leonado, tiene en la cola ocho anillos negros. Vive en Méjico, California y en otros lugares de América.

basca. f. Ansia, desazón e inquietud que se experimenta en el estómago cuando se quiere vomitar. Ú. m. en pl. || fig. y fam. Arrechucho o ímpetu muy precipitado.

báscula. f. Aparato para medir pesos, generalmente grandes.

bascular. intr. Moverse un cuerpo de un lado a otro girando sobre un eje vertical. || En algunos vehículos de transporte, inclinarse la caja, me-

Basalto con zafiros

diante un mecanismo adecuado, de modo que la carga resbale hacia afuera por su propio peso.

base. f. Fundamento o apoyo principal. || Conjunto de personas representadas por un mandatario, delegado o portavoz suyo. || Basa de una columna o estatua. || Línea o superficie en que descansa una figura. || En una potencia, cantidad que ha de multiplicarse por sí misma tantas veces como indica el exponente. || Substancia de sabor amargo que reacciona con los ácidos para formar sales.

baseball. m. Béisbol.

básico, ca. adj. Perteneciente a la base o bases sobre las que se sustenta una cosa; fundamental.

basidio. m. Célula en la que se originan las esporas de ciertos hongos.

basílica. f. Palacio o casa real. || Cada una de las 13 iglesias de Roma que se consideran como las primeras de la cristiandad en categoría. || Iglesia notable por su antigüedad, extensión, etc., o que goza de algún privilegio especial.

basiliense. adj. y s. De Basilea.

basilisco. m. Animal fabuloso, al que se atribuía la propiedad de matar con la vista. || *Ecuad.* Reptil de color verde del tamaño de una iguana pequeña. || fig. Persona furiosa o dañina. ♦ **estar** uno **hecho un basilisco.** fr. fig. y fam. Estar muy airado, hecho una furia.

basket o **basketball.** m. Baloncesto.

basquear. intr. Tener o padecer bascas. || tr. Producir bascas.

basquiña. f. Saya, negra por lo común.

basset. adj. y s. Raza de perros de caza, originarios de Francia, de tronco largo, patas cortas y orejas grandes y caídas.

basta. f. Hilván. || Cada una de las puntadas que suele tener a trechos el colchón para mantener la lana en su lugar.

bastante. adj. Suficiente. || adv. c. Ni mucho ni poco. || No poco: *es ∽ rico; es ∽ bella.*

bastantear. intr. y tr. Reconocer un abogado el poder otorgado a un procurador para litigar, y firmarlo diciendo ser bastante para el fin que expresa. || Por ext., declarar que un poder es bastante para el fin con que ha sido otorgado.

bastanteo. m. Acción de bastantear. || Documento o sello con que se hace constar.

bastar. intr. Ser suficiente para algo. Ú. t. c. prnl. || Abundar, tener en abundancia.

bastarda. f. Lima de grano fino. || Especie de culebrina.

bastardear. intr. Degenerar de su naturaleza los

animales y las plantas. || fig. Aplicado a personas, apartarse en sus obras de lo que conviene a su origen. || fig. Aplicado a cosas, apartarse de la pureza primitiva.

bastardía. f. Calidad de bastardo. || fig. Dicho o hecho que desdice o es indigno del estado u obligaciones de cada uno.

bastardilla. adj. y f. Díc. de la letra de imprenta, inclinada hacia la derecha, que imita a la escrita a mano. || f. Instrumento músico, especie de flauta.

bastardo, da. adj. y s. Que degenera de su origen o naturaleza. || Decíase del hijo nacido fuera del matrimonio.

baste. m. Cada una de las almohadillas que lleva la silla de montar o la albarda en su parte inferior, para evitar rozaduras y molestias a la caballería.

bastear. tr. Echar bastas.

bastedad. f. Calidad de basto.

bastero. m. El que hace o vende bastos, especie de albardas.

bastetano, na. adj. Díc. de un pueblo hispánico prerromano que habitó en parte de las actuales provincias de Granada, Jaén y Almería, con capital en Basti (hoy Baza). Ú. t. c. s. || Relativo a este pueblo.

basteza. f. Grosería, tosquedad.

bastidor. m. Armazón de madera o metal en el cual se fijan lienzos para pintar o bordar; sirve también para armar vidrieras y para otros usos análogos.

bastilla. f. Doblez que se hace en los extremos de una tela y se asegura con puntadas para que no se deshilache.

bastimentar. tr. Proveer de bastimentos.

bastimento. m. Provisión para sustento de una ciudad, ejército, etc.

bastión. m. *Fort.* Baluarte.

bastitano, na. adj. y s. De Baza, Granada.

basto, ta. adj. Grosero, tosco. || fig. Díc. de la persona tosca, grosera. || m. Cierto género de aparejo o albarda. || As en el palo de naipes llamado bastos. || Cualquiera de los naipes del palo de bastos. || pl. Uno de los cuatro palos de la baraja española.

bastón. m. Vara, por lo común con puño y contera, que sirve para apoyarse al andar. || Insignia de mando o de autoridad. || *Bl.* Cada una de las dos o más listas que parten el escudo de alto o bajo.

bastonazo. m. Golpe dado con el bastón.

bastoncillo. m. Bastón pequeño. || Galón estrecho que sirve para guarnecer. || Elemento de una de las capas de la retina.

bastonear. tr. Dar golpes con bastón o palo. || Entre cosecheros de vino, moverlo con un palo en la vasija.

bastonera. f. Mueble para colocar en él paraguas y bastones.

bastonero. m. El que hace o vende bastones. || El que dirigía ciertos bailes. || Ayudante del alcaide de la cárcel.

basura. f. Inmundicia, suciedad. || Desecho, residuos de comida, papeles viejos y otros desperdicios. || Estiércol de las caballerías. || fig. Lo repugnante o despreciable.

basurero. m. El que lleva o saca la basura. || Sitio donde se arroja y amontona la basura.

bata. f. Ropa talar con mangas para estar en casa con comodidad. || Traje que usaban las mujeres para ir a visitas o funciones, y que solía tener cola. || Prenda de uso exterior a manera de blusa larga que se usa en algunos oficios.

batacazo. ≅costalada. ≅porrazo. ≅trastazo. m. Golpe fuerte y con estruendo que da alguna persona cuando cae. || Caída inesperada de un estado o condición.

batalla. ≅combate. ≅contienda. ≅lid. f. Combate de un ejército con otro. || Acción bélica en que toman parte todos o los principales elementos de combate. || Justa o torneo. || fig. Agitación e inquietud del ánimo.

batallar. ≅contender. ≅lidiar. ≅luchar. ≅reñir. intr. Pelear con armas. || fig. Disputar, debatir, porfiar. || fig. Fluctuar, vacilar.

batallón. m. Unidad de tropa formada por varias compañías y mandadas por un comandante. || En lo antiguo, escuadrón de caballería.

batán. m. Máquina para golpear, desengrasar y enfurtir los paños. || Edificio en que funciona esta máquina. || Perú. Piedra lisa sobre la cual se muele a mano en las cocinas. || Perú. Caderas de una persona.

batanear. tr. fig. y fam. Dar golpes a alguno.

batanero. m. El que cuida de los batanes.

batata. f. Planta con tubérculos parecidos a las patatas. Originaria de América, se cultiva en el S. de España, especialmente en Málaga. || Cada uno de los tubérculos de las raíces de esta planta. Son comestibles, de sabor dulce y de figura fusiforme.

bátavo, va. adj. Antiguo pueblo germánico que habitaba en el delta del Rin. Ú. m. c. m. pl. || Díc. también de sus individuos. Ú. t. c. s. || Relativo a este pueblo.

batazo. m. Golpe dado con el bate.

bate. m. Palo para jugar al béisbol.

batea. f. Bandeja, especialmente la de madera pintada, o con pajas sentadas sobre la madera. || Barco pequeño de figura de cajón. || Vagón descubierto, con los bordes muy bajos. || *Amér.* Artesa para lavar.

bateador. m. El que maneja el bate.

batear. tr. e intr. Dar a la pelota de béisbol con el bate. || intr. Usar el bate.

batel. ≅barca. ≅lancha. m. Bote, barco pequeño.

batelero, ra. m. y f. Persona que gobierna el batel, barco pequeño.

bateo. m. Acción de batear.

batería. f. Conjunto de piezas de artillería. || Unidad de tiro de artillería, mandada normalmente por un capitán. || Obra de fortificación. || Conjunto de instrumentos de percusión de una banda u orquesta. || Acumulador de electricidad. || Conjunto de utensilios de cocina.

batey. m. Lugar ocupado por las casas, almacenes, herramientas, etc. en las fincas agrícolas de las Antillas.

baticabeza. m. Coleóptero de cuerpo prolongado, estrecho y atenuado hacia atrás.

baticola. f. Correa sujeta al fuste trasero de la silla de montar, terminada en un ojal por donde entra el maslo de la cola.

batida. f. *Mont.* Acción de batir el monte para que salga la caza. || Acción de explorar varias personas una zona buscando a alguien o algo. || Acción de batir o acuñar moneda. || Allanamiento de algún local, que por sorpresa realiza la policía.

batidera. f. Instrumento parecido al azadón. || Instrumento con que se cortan los panales al catar las colmenas.

batidero. m. Continuo golpear de una cosa con otra. || Lugar donde se golpea. || Terreno desigual por donde es difícil caminar con carruajes.

batido, da. adj. Aplícase a los tejidos de seda que resultan con visos distintos. || Aplícase al camino muy andado. || m. Masa de que se hacen hostias y bizcochos. || Claras, yemas o huevos batidos. || Bebida refrescante.

batidor, ra. ≅escarpidor. adj. Que bate. || m. Instrumento para batir. || Explorador que descubre y reconoce el campo o el camino. || Cada uno de los jinetes que preceden a una persona real en revistas y solemnidades. || Cada uno de los soldados de infantería que preceden al regimiento. || Peine ralo de púas. || El que levanta la caza en las batidas. || m. y f. Instrumento que mediante movimiento giratorio bate los condimentos o bebidas.

batimetría. f. Arte de medir y estudiar las profundidades del mar.

batimétrico, ca. adj. Relativo a la batimetría.

batimiento. m. Acción de batir. || *Fís.* Variación periódica de la amplitud de una oscilación.

batín. m. Bata con haldillas que llega sólo un poco más abajo de la cintura.

batintín. m. Especie de campana, en forma de plato, que se golpea con un mazo.

batipelágico, ca. adj. Relativo a las grandes profundidades marinas.

batir. tr. Dar golpes. || Dar golpes para derribar una pared, un edificio. || Por ext., recoger la tienda o el toldo. || Dar en una pared el sol, el agua o el aire. || Mover con ímpetu y fuerza algo: ⌣ *las alas.* || Revolver alguna cosa para que se condense o para que se disuelva. || Martillar una pieza de metal hasta reducirla a chapa. || Peinar el pelo hacia arriba. || Ajustar las resmas de papel. || Derrotar al enemigo. || Reconocer, explorar. || Vencer a un contrincante.

batiscafo o **batíscafo.** m. Especie de embarcación para explorar las profundidades del mar.

batisfera. f. Cámara habitable de forma esférica, ideada por el zoólogo estadounidense William Beebe, para explorar las profundidades marinas.

batista. f. Lienzo fino muy delgado.

batolito. m. Masa de roca eruptiva, de grandes dimensiones, consolidada en la corteza terrestre a gran profundidad.

batómetro. m. Aparato que sirve para medir la profundidad del mar.

batracio. adj. y s. Díc. de los vertebrados acuáticos, que respiran por branquias durante su primera edad, y se hacen aéreos y respiran por pulmones en su estado adulto. || m. pl. Clase de estos animales.

batuda. f. Serie de saltos que dan los gimnastas por el trampolín.

baturrada. f. Dicho o hecho propios del baturro.

baturrillo. m. Mezcla de cosas que no dicen bien unas con otras.

baturro, rra. adj. y s. Rústico aragonés.

batuta. f. Bastón corto con que el director de un grupo musical dedica el compás.

batutsi. adj. Díc. de un grupo racial africano, que habita en Ruanda y Burundi. Ú. m. c. s. || Díc. también de sus individuos. Ú. t. c. s. || Relativo a los batutsi.

baúl. ≅cofre. m. Mueble parecido al arca, que sirve generalmente para guardar ropa.

bausán, na. m. y f. Figura de hombre, embutida de paja y vestida de armas. || Persona boba, simple, necia.

bautismal. adj. Relativo al bautismo.

bautismo. m. Primer sacramento de la Iglesia católica, con el cual se da el ser de gracia y el carácter de cristiano.

bautista. m. El que bautiza.

bautizar. tr. Administrar el sacramento del bautismo. || fig. Poner nombre a una persona o cosa. || fig. y fam. Mezclar el vino con agua.

bautizo. m. Acción de bautizar y fiesta con que se celebra.

bauxita. f. Roca formada por óxido hidratado de aluminio.

bávaro, ra. adj. y s. De Baviera.

baya. f. Fruto carnoso y jugoso, que contiene semillas rodeadas de pulpa, como la uva. || Planta de raíz bulbosa con flores de color azul obscuro.

bayadera. f. Bailarina y cantora india.

bayeta. f. Paño que sirve para fregar. || Tela de lana, floja y poco tupida.

bayo, ya. adj. y s. De color blanco amarillento, especialmente los caballos. || m. Mariposa del gusano de seda, que los pescadores utilizan como cebo.

bayoneta. f. Arma blanca que se adapta exteriormente a la boca del fusil.

bayonetazo. m. Golpe dado con la bayoneta. || Herida hecha con esta arma.

baza. f. Número de cartas que en ciertos juegos de naipes recoge el que gana.

Bauxita

bazar. m. En Oriente, mercado público. || Tienda donde se venden mercancías diversas.

bazo, za. adj. De color moreno y que tira a amarillo. || m. Víscera de los vertebrados, situada a la izquierda del estómago, y cuyas substancias destruyen los hematíes caducos.

bazofia. f. Mezcla de heces o sobras de comida. || fig. Cosa soez.

bazuca. f. Arma portátil para lanzar proyectiles de propulsión a chorro.

bazucar o **bazuquear.** tr. Revolver un líquido moviendo la vasija en que está.

bazuqueo. m. Acción y efecto de bazuquear.

be. f. Nombre de la letra *b*.

be. Onomatopeya de la voz del carnero, de la oveja y de la cabra. || m. Balido.

beatería. f. Acción de afectada virtud.

beatificación. f. Acción de beatificar.

beatificar. tr. Declarar el papa que alguien goza de la eterna bienaventuranza y se le puede dar culto. || Hacer feliz a alguno. || Hacer respetable alguna cosa.

beatífico, ca. adj. Que hace bienaventurado a alguno.

beatitud. ≅dicha. ≅felicidad. ≅satisfacción. f. Bienaventuranza eterna. || Tratamiento que se da al Sumo Pontífice.

beatnik. adj. Díc. del individuo de un movimiento juvenil, propio de los países desarrollados, caracterizado por el radical rechazo de la sociedad de consumo occidental y de la moral establecida. Pacifistas y apolíticos, aparecieron en EE. UU. hacia 1958 y se les considera como precursores de los *hippies*. Ú. t. c. s.

beato, ta. adj. Feliz o bienaventurado. || Díc. de la persona beatificada por el Sumo Pontífice. Ú. m. c. s. || Que se ejercita en obras de virtud. Ú. t. c. s. || fig. Que afecta virtud. Ú. t. c. s. || m. y f. Persona muy devota o que frecuenta mucho los templos.

bebé. m. Niño pequeño.

bebedero, ra. adj. Aplícase al líquido que es bueno de beber. || m. Vaso en que se echa la bebida a los pájaros y a otras aves domésticas. || Paraje donde acuden a beber las aves. || Pico saliente que tienen algunas vasijas en el borde.

bebedizo, za. adj. Potable. || m. Bebida que se da por medicina. || Bebida que se decía tener virtud de enamorar a otras personas.

bebedor, ra. adj. Que bebe. || fig. Que abusa de las bebidas alcohólicas. Ú. t. c. s.

beber. tr. Ingerir un líquido. Ú. t. c. intr. || fig. Absorber, devorar, consumir. || intr. Brindar. || fig.

Hacer por vicio uso frecuente de bebidas alcohólicas.

bebida. f. Acción y efecto de beber. || Cualquier líquido que se bebe. || Vicio de tomar bebidas alcohólicas.

bebido, da. adj. Que está casi embriagado.

bebistrajo. m. fam. Mezcla irregular y extravagante de bebidas. || fam. Bebida muy desagradable.

beca. f. Faja de paño que, como insignia, traen los colegiales sobre el manto. || Plaza gratuita en un colegio. || fig. Ayuda económica que se concede a alguien para estudiar.

becar. tr. Conceder a alguien una beca para estudios.

becario, ria. m. y f. Persona que disfruta de una beca para estudios.

becerra. f. Hija de la vaca hasta unos dos años.

becerrada. f. Lidia o corrida de becerros.

becerrero. m. Peón que en los hatos cuida de los becerros.

becerril. adj. Perteneciente al becerro.

becerrillo. m. Piel de becerro curtida.

becerrista. m. Lidiador de becerros.

becerro. m. Hijo de la vaca hasta que cumple unos dos años. || Piel de ternero o ternera curtida. || Libro en que las iglesias y monasterios copiaban sus privilegios. || Libro en que algunas comunidades tienen asentadas sus pertenencias.

becqueriano, na. adj. Perteneciente o relativo al poeta Gustavo A. Bécquer. || f. Poema semejante a las Rimas de Bécquer.

becuadro. m. *Mús.* Signo que devuelve su sonido natural a las notas afectadas por el bemol o el sostenido.

bedel, la. m. y f. En los establecimientos de enseñanza, persona empleada subalterna cuyo oficio es cuidar del orden fuera de las aulas y de anunciar la hora de entrada y salida de las clases.

beduino, na. adj. y s. Díc. de los árabes nómadas. || m. fig. Hombre bárbaro.

befa. ≅escarnio. ≅ludibrio. f. Grosera expresión de desprecio.

befar. intr. Mover los caballos el befo. || tr. Burlar, mofar, escarnecer.

befo, fa. adj. y s. Belfo. || De labios abultados y gruesos. || Zambo o zancajoso. || m. Especie de mico.

begonia. f. Planta perenne, de flores sin corola y con el cáliz de color de rosa.

begoniáceo, a. adj. y s. Aplícase a plantas que pertenecen al género de la begonia. || f. pl. Familia de estas plantas.

beige. adj. y s. Color café con leche; pajizo, amarillento.

béisbol. m. Juego de pelota entre dos equipos, en el que los jugadores han de recorrer ciertos puestos o bases de un circuito.

bejín. m. Hongo semejante a una bola, que encierra un polvo negro, que se emplea para restañar la sangre. || Persona que se enfada con poco motivo.

bejucal. m. Sitio donde se crían o hay muchos bejucos.

bejuco. m. Nombre de diversas plantas tropicales, cuyos tallos se utilizan para toda clase de ligaduras.

bejuquillo. m. Cadenita de oro.

bel. m. En física, nombre del belio.

belcebú. m. Demonio.

beldad. f. Belleza, particularmente la de la mujer. || Mujer notable por su belleza.

beldar. tr. Aventar con el bieldo para separar el grano de la paja.

belemnita. f. Fósil de figura cónica o de maza.

belén. m. fig. Nacimiento, representación del de Jesucristo. || fig. y fam. Confusión, desorden. || fig. y fam. Negocio ocasionado a contratiempos. Ú. m. en pl.: *meterse en belenes.*

beleño. m. Planta arbustiva. Es narcótica, especialmente la raíz.

belesa. f. Planta de flores purpúreas en espiga. Tiene propiedades narcóticas.

belfo, fa. adj. y s. Que tiene más grueso el labio inferior. || m. Cualquiera de los labios del caballo y otros animales.

belga. adj. y s. De Bélgica.

belicismo. m. Tendencia a tomar parte en conflictos armados.

belicista. adj. y s. Partidario del belicismo.

bélico, ca. adj. Relativo a la guerra.

belicoso, sa. adj. Guerrero, marcial. || Agresivo, batallador.

beligerancia. f. Calidad de beligerante.

beligerante. adj. y s. Aplícase a la potencia que está en guerra. Ú. m. en pl.

belinógrafo. m. Aparato para la transmisión y recepción a distancia de fotografías, dibujos y textos. Se llama también facsímil.

belio. m. Unidad relativa de intensidad sonora.

bellaco, ca. adj. y s. Malo, ruin, bajo, villano, pícaro. || Astuto.

belladona. f. Planta de hojas enteras y flores de color violeta, narcótica y muy venenosa. Se emplea como calmante.

bellaquear. intr. Hacer bellaquerías.

bellaquería. f. Calidad de bellaco. || Acción o dicho propio de bellaco.

belleza. f. Propiedad de las cosas que nos hace amarlas, infundiendo en nosotros deleite espiritual. || Mujer notable por su hermosura.

bello, lla. ≅hermoso. adj. Que tiene belleza. || Bueno, excelente.

bellota. f. Fruto de la encina, del roble y otros árboles.

bellotear. intr. Comer la bellota el cerdo.

bellotero, ra. adj. Relativo a la bellota. || m. y f. Persona que coge o vende bellotas.

bemol. adj. y s. Nota cuya entonación es un semitono más baja que la de su sonido natural. || m. Signo (♭) que representa esta alteración.

ben. m. Árbol de mediana altura, de cuyo fruto, del tamaño de una avellana, se obtiene un aceite que no se enrancia y se emplea en perfumería y relojería.

benceno. m. Benzol.

bencina. f. Líquido incoloro, volátil e inflamable, obtenido del petróleo, que se emplea como disolvente.

bendecir. tr. Alabar, ensalzar. || Consagrar al culto divino una cosa. || Formar cruces en el aire con la mano extendida invocando a la Santísima Trinidad.

bendición. f. Acción y efecto de bendecir. || pl. Ceremonias con que se celebra el sacramento del matrimonio.

bendito, ta. p. p. irreg. de bendecir. || adj. Santo o bienaventurado. Ú. t. c. s. || Dichoso, feliz. || m. Oración que empieza así: ∾ *y alabado sea*, etc. || m. y f. Persona sencilla y de pocos alcances.

benedícite. m. Licencia que los religiosos piden para ir a alguna parte. || Oración que empieza con esta palabra para bendecir la mesa.

benedictino, na. adj. y s. Relativo a la orden de San Benito. || m. Licor que fabrican los frailes de esta Orden.

benefactor, ra. adj. y s. Bienhechor.

beneficencia. f. Virtud de hacer bien. || Conjunto de institutos benéficos y de los servicios que prestan a las personas necesitadas.

beneficiado, da. m. y f. Persona en favor de quien se celebra un espectáculo público. || m. El que goza un beneficio eclesiástico.

beneficiar. tr. Hacer bien. Ú. t. c. prnl. || Cultivar una cosa. || Trabajar un terreno para hacerlo productivo. || Extraer de una mina el mineral. || Someter los minerales a tratamiento metalúrgico || Conseguir un empleo por dinero. || Ceder o vender más baratos los efectos, libranzas, etc. || prnl. Sacar provecho de algo.

beneficiario, ria. adj. y s. Díc. de la persona en cuyo favor se ha constituido un seguro, pensión, etc.

beneficio. m. Bien que se hace o se recibe. || Utilidad, provecho, ganancia. || Labor y cultivo que se da a los campos. || Acción de beneficiar minas. || Conjunto de derechos y emolumentos que percibe un eclesiástico. || Función de un espectáculo público, cuyo producto se concede a alguien. || Derecho que compete a uno por ley o privilegio || Diferencia entre el precio de venta y el precio de coste de un bien o servicio.

beneficioso, sa. ≅benéfico. adj. Provechoso, útil.

benéfico, ca. adj. Que hace bien. || Perteneciente o relativo a la ayuda gratuita que se presta a los necesitados.

benemérito, ta. adj. Digno de galardón. ◆ **la benemérita.** La guardia civil.

beneplácito. m. Aprobación, permiso. || Complacencia.

benevolencia. f. Simpatía y buena voluntad hacia las personas.

benevolente. adj. Que tiene benevolencia.

benévolo, la. ≅benigno. ≅complaciente. ≅indulgente. adj. Que tiene buena voluntad.

bengala. f. Fuego artificial que despide claridad muy viva de diversos colores. || Caña de la India de cuyo tallo se hacen bastones. || Insignia antigua de mando militar.

bengalí. adj. y s. De Bengala. || m. Lengua hablada en Bengala. || Pájaro pequeño de vivos colores que vive en las regiones intertropicales del antiguo continente.

benignidad. ◁maldad. f. Calidad de benigno.

benigno, na. adj. Afable, benévolo, piadoso. || Templado, apacible: *estación* ∿. || Díc. de las enfermedades cuando no son graves.

benimerín. adj. y s. Díc. del individuo de una tribu que substituyó a los almohades en el imperio de la España musulmana, y de lo relativo a esa tribu. Ú. m. en pl.

benjamín. m. fig. Hijo menor.

benjuí. m. Bálsamo aromático que se obtiene por incisión en la corteza de ciertos árboles.

bentónico, ca. adj. Animal o planta que vive habitualmente en contacto con el fondo del mar.

bentos. m. Conjunto de los seres bentónicos.

benzoe. m. Nombre dado por los botánicos al benjuí.

benzoico, ca. adj. Relativo al benjuí. || Díc.

del ácido muy soluble en alcohol y poco en agua, que se encuentra en diferentes bálsamos. Es muy utilizado en la industria de colorantes y como germicida.

benzol. m. Líquido incoloro volátil que se extrae de la brea de hulla y se utiliza para la fabricación de productos sintéticos.

beocio, cia. adj. De Beocia. Ú. t. c. s. || fig. Ignorante, tonto.

beodo, da. adj. y s. Embriagado, borracho, ebrio.

beorí. m. Tapir americano.

berberecho. m. Molusco bivalvo comestible que se cría en el N. de España.

berbiquí. m. Manubrio semicircular o en forma de doble codo, que puede girar alrededor de un puño ajustado en un extremo, y tener sujeta en la otra la espiga de cualquier herramienta propia para taladrar.

beréber, bereber o **berebere.** adj. y s. De Berbería, región de África. || m. Individuo de la raza más antigua y numerosa de África septentrional. || Lengua hablada por los beréberes.

berenjena. f. Planta anual, de fruto aovado de unos 10 a 12 cm. de long. Las principales variedades son: la *catalana,* la *de huevo,* la *morada* o *moruna* y la *zocata.* || Fruto de esta planta.

berenjenal. m. Sitio plantado de berenjenas. || Enredo, dificultad.

berenjenín. m. Variedad de la berenjena común.

bergamota. f. Variedad de pera muy jugosa. || Variedad de lima muy aromática.

bergamoto o **bergamote.** m. Limero y peral que producen la bergamota.

bergante. m. Pícaro, bribón.

bergantín. m. Buque de dos palos y vela cuadrada o redonda.

beriberi. m. Enfermedad provocada por la falta de vitamina B y producida entre quienes consumen casi exclusivamente arroz descascarillado.

berilio. m. Metal alcalino térreo, de color blanco y sabor dulce. Peso atómico, 9,02; núm. atómico, 4; símbolo, *Be.*

berilo. m. Variedad de esmeralda.

berlanga. f. Juego de naipes en que se gana reuniendo tres cartas iguales.

berlina. f. Coche cerrado, de dos asientos comúnmente. || Departamento en los coches de ferrocarriles, que tiene sólo una fila de asientos.

berlinés, sa. adj. y s. De Berlín.

berlinga. f. Pértiga de madera verde con que se remueve la masa fundida en los altos hornos.

Bergantín español. Museo Naval. Madrid

berlingar. tr. Remover con la berlinga una masa metálica incandescente.

bermejo, ja. adj. Rubio, rojizo.

bermejuela. f. Pez de colores vivos y brillantes, de unos cinco cm. de largo, común en algunos ríos de España.

bermejura. f. Color bermejo.

bermellón. m. Cinabrio reducido a polvo, que toma color rojo vivo.

bermudas. m. pl. Pantalón ajustado que llega hasta la rodilla. Ú. t. c. adj. y como s. f.

bernardo, da. adj. y s. Monje o monja de la orden del Cister.

bernegal. m. Taza ancha de boca y de forma ondeada.

bernés, sa. adj. y s. De Berna.

berón, na. adj. Díc. de los individuos y del pueblo céltico que habitaban la actual provincia de La Rioja. Ú. t. c. s. || Relativo a los berones.

berquelio. m. Elemento radiactivo artificial que se obtiene bombardeando el americio con partículas alfa. Peso atómico, 247; núm. atómico, 97; símbolo, *Bk*.

berraña. f. Variedad del berro común. No es comestible.

berrea. f. Acción y efecto de berrear. || Brama del ciervo y algunos otros animales.

berrear. intr. Dar berridos los becerros y otros animales. || Llorar o gritar desaforadamente un niño. || fig. Gritar o cantar desentonadamente una persona.

berrenchín. m. Tufo que arroja el jabalí. || fig. y fam. Berrinche.

berrendo, da. adj. Manchado de dos colores. || m. Animal rumiante del N. de Méjico, parecido al ciervo.

berreo. m. Acción y efecto de berrear.

berreón, na. adj. Gritador, chillón.

berrera. f. Planta de seis a siete decímetros de altura, que se cría en la orilla de los riachuelos y en las balsas.

berrido. m. Voz del becerro y otros animales. || fig. Grito desaforado de persona, o nota desafinada al cantar.

berrinche. ≅pataleta. ≅rabieta. m. fam. Coraje, enojo grande.

berro. m. Planta herbácea que crece en lugares aguanosos. Tiene un sabor picante y las hojas se comen en ensalada.

berrocal. m. Sitio lleno de berruecos graníticos.

berrueco. m. Tumorcillo que aparece en el iris de los ojos. || Roca, peñasco.

berza. f. Col.

berzal. m. Campo plantado de berzas.

berzotas. m. fig. Persona ignorante o necia.

bes. m. Peso de unas ocho onzas.

besamanos. m. Acto con que se manifestaba su adhesión al rey y personas reales, y en el cual antiguamente se les besaba la mano. || Modo de saludar a algunas personas acercando la mano derecha a la boca. || Acto litúrgico en el que se le besa la palma de la mano al sacerdote recién ordenado.

besamel o **besamela.** f. Salsa blanca que se hace con harina, crema de leche y manteca.

besana. f. Labor de surcos paralelos. || Primer surco que se abre. || Medida agraria catalana que equivale a 2.187 centiáreas.

besante. m. Antigua moneda bizantina de oro o plata. || *Bl.* Representación de esta moneda.

besar. tr. Tocar u oprimir con un movimiento de labios, a impulso del amor o en señal de amistad o reverencia. Ú. t. c. prnl. || Hacer el ademán de besar. || prnl. fig. y fam. Tropezar impensadamente una persona con otra.

beso. ≅ósculo. m. Acción de besar o besarse. || Ademán simbólico de besar. || fig. Golpe violento.

best-seller. m. Libro, disco o cualquier otro producto que ha alcanzado un gran éxito de venta.

bestia. f. Animal cuadrúpedo, especialmente el doméstico de carga. || com. fig. Persona ruda e ignorante. Ú. t. c. adj.

bestial. adj. Brutal o irracional. || fig. y fam. De grandeza desmesurada.

bestialidad. f. Brutalidad o irracionalidad. || Gran cantidad, enormidad.

bestiario. m. Hombre que luchaba con las fieras en los circos romanos. || En la literatura medieval, colección de fábulas referentes a animales reales o quiméricos.

besugo. m. Pez marino, muy abundante en el Cantábrico y muy apreciado por su carne. || fig. y fam. Hombre torpe y necio.

besuquear. tr. fam. Besar repetidamente.

besuqueo. m. Acción de besuquear.

beta. f. Segunda letra del alfabeto griego (B, β), correspondientes a lo que en el nuestro se llama be.

betarraga o **betarrata.** f. Remolacha.

betatrón. m. Acelerador de partículas destinado a dar a los electrones altas energías, en trayectorias circulares, dentro de un campo magnético de intensidad variable.

betel. m. Planta trepadora cuyas hojas tienen cierto sabor a menta.

bético, ca. adj. y s. De la antigua Bética, hoy Andalucía.

betijo. m. Palito que se les pone a los chivos atravesado en la boca, de modo que les impida mamar.

betlemita. adj. y s. De Belén. || Díc. del religioso profeso de la orden fundada por Pedro de Betencourt.

betlemítico, ca. adj. Relativo a Belén y a los betlemitas.

betónica. f. Planta herbácea perenne cuyas hojas y raíces son medicinales.

betuláceo, a. adj. y f. Díc. de árboles o arbustos angiospermos dicotiledóneos, como el abedul, el aliso y el avellano. || f. pl. Familia de estas plantas.

betún. m. Nombre genérico de varias substancias, compuestas de carbono e hidrógeno, que se encuentran en la naturaleza y arden con llama, humo espeso y olor peculiar. || Mezcla de varios ingredientes, que se usa para poner lustroso el calzado.

bey. m. Gobernador del imperio turco. Hoy se emplea también como título honorífico.

bezo. m. Labio grueso.

bezoar. m. Concreción calculosa de las vías digestivas y urinarias de algunos mamíferos y que se ha considerado como antídoto y medicamento.

bezoárico o **bezoárdico, ca.** adj. y m. Aplícase a lo que contiene bezoar.

biajaiba. f. Pez marino de las Antillas, muy apreciado por su carne.

bianual. adj. y s. Que ocurre dos veces al año. || Que se repite cada bienio.

biarrota. adj. y s. De Biarritz.

biauricular. adj. Relativo a ambos oídos.

bibelot. m. galic. por objeto, figurilla de poco valor.

biberón. m. Utensilio para la lactancia artificial. || Alimento que contiene y que el niño toma cada vez.

Biblia. f. Conjunto de los libros del Antiguo y Nuevo Testamento.

bíblico, ca. adj. Relativo a la Biblia.

bibliofilia. f. Pasión por los libros, y especialmente por los raros y curiosos.

bibliófilo, la. m. y f. Persona aficionada a las ediciones originales, más correctas o más raras de los libros.

bibliofobia. f. Temor o repugnancia a los libros.

Página de la Biblia Políglota Complutense.
Biblioteca Nacional. Madrid

bibliografía. f. Descripción, conocimiento de libros, de sus ediciones, etc. || Relación de libros o escritos referentes a una materia determinada.

bibliográfico, ca. adj. Relativo a la bibliografía.

bibliógrafo, fa. m. y f. Persona versada en libros. || Persona especialmente versada en libros que tratan sobre una cuestión determinada.

bibliología. f. Estudio general del libro en su aspecto histórico y técnico.

bibliomanía. f. Pasión de tener muchos libros, más por manía que por instruirse.

bibliómano, na. m. y f. Persona que tiene bibliomanía.

biblioteca. f. Local donde se tiene considerable número de libros ordenados para la lectura. || Mueble, estantería, etc., donde se colocan libros. || Conjunto de estos libros. || Colección de libros o tratados análogos o semejantes entre sí.

bibliotecario, ria. m. y f. Persona que tiene a su cargo el cuidado, ordenación y servicio de una biblioteca.

bical. m. Salmón macho.

bicameral. adj. Díc. del poder legislativo compuesto de dos cámaras o asambleas parlamentarias.

bicarbonato. m. Sal formada por una base y por ácido carbónico en doble cantidad que en los carbonatos neutros. El bicarbonato sódico es muy utilizado para neutralizar la acidez gástrica y facilitar la digestión.

bicéfalo, la. adj. Que tiene dos cabezas.

bíceps. ⎰⎱bíceps. adj. De dos cabezas, dos puntas, dos cimas o cabos. || Díc. de los músculos pares que tienen por arriba dos porciones o cabezas. Ú. t. c. s.: ᔪ braquial; ᔪ femoral.

bicerra. f. Especie de cabra montés.

bicicleta. f. Velocípedo de dos ruedas iguales, cuyos pedales trasmiten el movimiento a la rueda trasera por medio de dos piñones y una cadena.

bicoca. f. fig. y fam. Ganga, cosa apreciable que se consigue con poco trabajo.

bicolor. adj. De dos colores.

bicóncavo, va. adj. Díc. del cuerpo que tiene dos superficies cóncavas opuestas.

biconvexo, xa. adj. Díc. del cuerpo que tiene dos superficies convexas opuestas.

bicornio. m. Sombrero de dos picos.

bicromía. f. Impresión en dos colores.

bicúspide. adj. Que tiene dos cúspides.

bicharraco. m. desp. de bicho.

bicho. m. Cualquier sabandija o animal pequeño. || Toro de lidia. || Animal, especialmente el

doméstico. || fig. Persona de figura ridícula. || fig. Persona aviesa, de malas intenciones.

bidé. m. Recipiente a manera de asiento para ciertos lavados.

bidente. adj. poét. De dos dientes. || m. Palo largo con una cuchilla en forma de media luna que usaban los primitivos españoles.

bidón. m. Recipiente de metal, mayor que el bote o lata, con cierre hermético para transportar substancias que requieren aislamiento.

biela. f. Barra que en las máquinas sirve para transformar el movimiento de vaivén en otro de rotación, o viceversa.

bieldo o **bielgo.** m. Instrumento para beldar.

bien. ≅favor. ≅merced. ◁mal. m. Lo que en sí mismo tiene el complemento de la perfección, o lo que es objeto de la voluntad. || Objeto que satisface una necesidad. || Lo que enseña la moral que se debe hacer, o lo que es conforme al deber. || Utilidad, beneficio. || adv. m. Perfecta o acertadamente, de buena manera: Juan se conduce siempre ᔪ. || Repetido, hace las veces de conjunción distributiva. || m. pl. Hacienda, riqueza.

bienal. adj. Que sucede o se repite cada dos años. Ú. t. c. s. || Que dura un bienio.

bienaventurado, da. ≅beato. ≅santo. adj. Que goza de Dios en el cielo. Ú. t. c. s. || Afortunado, feliz. || irón. Cándido. Ú. t. c. s.

bienaventuranza. f. Vista y posesión de Dios en el cielo. || Prosperidad o felicidad humana. || pl. Las ocho felicidades que manifestó Cristo a sus discípulos para que aspirasen a ellas.

bienestar. ◁malestar. m. Comodidad. || Vida holgada, abundancia, riqueza. || Estado de la persona humana, en el que se le hace sensible el buen funcionamiento de su actividad somática y psíquica.

bienhechor, ra. ≅benefactor. ≅protector. ◁malhechor. adj. y s. Que hace bien a otro.

bienio. m. Tiempo de dos años.

bienmandado, da. adj. Obediente y sumiso.

bienmesabe. m. Dulce de huevo y azúcar.

bienquistar. tr. y prnl. Poner a bien a una o varias personas con otra u otras.

bienvenida. f. Venida o llegada feliz. || Parabién que se da a uno por haber llegado con felicidad.

bienvenido, da. adj. Díc. de la persona o cosa cuya venida se acoge con agrado o júbilo.

bies. m. Sesgo, oblicuidad. || Trozo de tela cortada al sesgo.

bifásico, ca. adj. Fís. Díc. de un sistema de dos corrientes eléctricas alternas iguales, procedentes del mismo generador y desplazadas en el tiempo, la una respecto de la otra, un semiperíodo.

bífido, da. adj. Hendido en dos partes, bifurcado: *lengua bífida.*

bifloro, ra. adj. Que tiene o encierra dos flores.

bifocal. adj. *Ópt.* Que tiene dos focos: *lente* ⌣.

bifurcación. f. Lugar en que un río, camino, etc., se bifurca.

bifurcarse. prnl. Dividirse en dos ramales, brazos o puntas una cosa: ⌣ *un río, la rama de un árbol.*

big-bang. m. Hipótesis cosmológica, debida a G. Lemaitre y a G. Gamov, según la cual el Universo se originó hace 10.000.000 de años, por la violenta explosión de un átomo inicial o bola de fuego superdensa y a una temperatura de $10^{12o}K$, que contenía materia y energía.

bigamia. f. Estado de un hombre casado con dos mujeres a un mismo tiempo, o de la mujer casada con dos hombres.

bígamo, ma. adj. y s. Que comete bigamia.

bigardear. intr. fam. Andar uno vago y mal entretenido.

bigardía. f. Burla, fingimiento.

bigardo, da o **bigardón, na.** adj. y s. Vago, vicioso.

bígaro. m. Caracol marino de carne comestible.

bignonia. f. Planta bignoniácea trepadora de grandes flores encarnadas.

bignoniáceo, a. adj. y s. Dic. de plantas arbóreas angiospermas, dicotiledóneas. || f. pl. Familia de estas plantas.

bigornia. f. Yunque con dos puntas opuestas.

bigote. m. Pelo que nace sobre el labio superior. Ú. t. en pl. || *Impr.* Línea horizontal, comúnmente de adorno, gruesa por en medio y delgada por los extremos. || *Min.* Abertura de los hornos de cuba para que salga la escoria.

bigotera. f. Tira de gamuza o redecilla con que se cubren los bigotes para que no se descompongan. || Bocera que queda en el labio superior cuando se bebe. Ú. m. en pl. || Puntera del calzado. || Compás pequeño.

bigotudo, da. adj. Que tiene mucho bigote. || m. Pájaro de pequeño tamaño, de color leonado por el dorso. El macho tiene una mancha negra a los lados del pico a modo de un llamativo bigote.

bigudí. m. Alfiler o pinza para ensortijar el cabello.

bija. f. Árbol bixáceo, de flores rojas y olorosas y fruto oval. || Fruto de este árbol, del que se extrae una bebida medicinal. || Semilla de este

Bigotudo

fruto de la que se extrae una substancia de color rojo que se usa en tintorería. || Pasta tintórea que se prepara con esta semilla.

bilabiado, da. adj. *Bot.* Dic. del cáliz o corola cuyo tubo se halla dividido por el extremo superior en dos partes.

bilabial. adj. Dic. del sonido en cuya pronunciación intervienen los dos labios; como la *b* y la *p.* || Dic. de la letra que representa este sonido. Ú. t. c. s. f.

bilateral. adj. Relativo a ambos lados: *parálisis, contrato* ⌣. || *Ling.* Dícese de la consonante cuya expulsión de aire se produce a ambos lados del lugar de articulación. || Dícese de la oposición cuyos rasgos comunes sólo se dan entre dos fonemas.

bilbaíno, na. adj. y s. De Bilbao.

bilbilitano, na. adj. y s. De la antigua Bílbilis y de Calatayud.

biliar o **biliario, ria.** adj. Relativo a la bilis: *conductos biliares.*

bilingüe. adj. Que habla dos lenguas. || Escrito en dos idiomas.

bilingüismo. m. Uso habitual de dos lenguas en una misma región.

bilioso, sa. adj. Abundante en bilis.

bilis. f. Humor amargo, de color amarillo o verdoso, segregado por el hígado, de donde fluye en el intestino duodeno para contribuir a la digestión.

bilobulado, da. adj. Que tiene dos lóbulos.

bilocación. f. Acción y efecto de bilocarse.

bilocarse. prnl. Según ciertas creencias, hallarse alguien en dos lugares distintos a la vez.

billar. m. Juego que se ejecuta impulsando con tacos bolas de marfil en una mesa rectangular forrada de paño, rodeada de barandas elásticas y con troneras o sin ellas. || Mesa en que se juega. || Lugar donde está el billar.

billarista. m. Jugador de billar.

billetaje. m. Conjunto o totalidad de los billetes de un teatro, tranvía, etc.

billete. m. Carta breve. || Tarjeta o cédula que da derecho para entrar u ocupar asiento en alguna parte o para viajar en un vehículo. || Cédula impresa o manuscrita que acredita participación en una rifa o lotería. || Moneda en papel que ordinariamente emite el banco nacional de un país y circula como medio legal de pago.

billetero, ra. m. y f. Cartera pequeña de bolsillo para llevar billetes.

billón. m. Un millón de millones, que se expresa por unidad seguida de doce ceros. || En EE. UU., Italia y algún otro país, un millar de millones.

billonésimo, na. adj. y s. Díc. de cada una de las partes de un todo dividido en un billón de ellas.

bimano, na o **bímano, na.** adj. y s. De dos manos. Díc. sólo del hombre. || m. pl. Grupo del orden de los primates, al cual sólo pertenece el hombre.

bimba. f. fam Chistera, sombrero de copa.

bimbalete. m. Palo redondo que se emplea para sostener tejados y para otros varios usos.

bimensual. adj. Que se hace u ocurre dos veces al mes.

bimestral. adj. Que sucede o se repite cada bimestre. || Que dura un bimestre.

bimestre. m. Tiempo de dos meses. || Renta, sueldo, pensión, etc., que se cobra o paga por cada bimestre.

bimetalismo. m. Sistema monetario que admite como patrones el oro y la plata.

bimetalista. adj. Relativo al bimetalismo. || com. Partidario del bimetalismo.

bimotor. m. Avión provisto de dos motores.

binar. tr. Dar segunda reja a las tierras de labor. || Hacer la segunda cava en las viñas. || intr. Celebrar un sacerdote dos misas en un mismo día.

binario, ria. adj. Compuesto de dos elementos, unidades o guarismos.

bingo. m. Juego de azar parecido a la lotería con cartones. || Premio que se da al ganador. || Sala donde se juega.

binocular. adj. Díc. de la visión con los dos ojos y de los aparatos que la permiten.

binóculo. m. Anteojo con lentes para ambos ojos.

binomio. m. Expresión compuesta de dos términos algebraicos separados por los signos de suma o resta. || Conjunto de dos nombres de personalidades que desempeñan un importante papel en la vida política, deportiva, artística, etc.

biocatalizador. m. Grupo de substancias orgánicas indispensables para las reacciones químicas que tienen lugar en el metabolismo de los seres vivos. Comprende las hormonas, vitaminas y enzimas.

biocenosis. f. Asociación local de especies distintas, libres, parásitas o simbióticas, todas indispensables para la supervivencia de la comunidad. El ambiente físico ocupado por una biocenosis se denomina biotopo. El conjunto de biocenosis con sus biotopos forman un ecosistema.

bioclimatología. f. Ciencia que estudia las influencias del clima sobre los seres vivos.

biodegradable. adj. Díc. de las substancias que se descomponen por un proceso natural biológico.

biodinámica. f. Ciencia de la actividad vital en general.

Lupa binocular estereoscópica

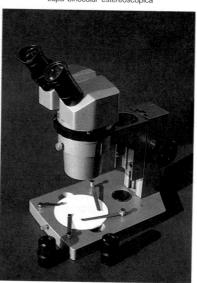

bioelectricidad. f. Corriente eléctrica que se origina en los órganos vivos: corazón, músculos, nervios, y que puede ser registrada, por aparatos especiales, en electroencefalogramas, electrocardiogramas, etc.

biofísica. f. Estudio de los fenómenos vitales mediante los principios y métodos de la física.

biogénesis. f. Teoría según la cual todo ser vivo procede de otro ser vivo; lo contrario de *generación espontánea.*

biogeografía. f. Ciencia que estudia la distribución de los seres vivos sobre la tierra y las variaciones de esta distribución en las diferentes épocas geológicas.

biognosia o **biognosis.** f. Estudio o ciencia de la vida.

biografía. f. Historia de la vida de una persona.

biografiado, da. m. y f. Persona cuya vida es el objeto de una biografía.

biografiar. tr. Escribir la biografía de alguien.

biográfico, ca. adj. Relativo a la biografía.

biógrafo, fa. m. y f. Escritor de vidas particulares.

biología. f. Ciencia que trata de los seres vivos, considerándolos en su doble aspecto morfológico y fisiológico.

biológico, ca. adj. Relativo a la biología.

biólogo, ga. m. y f. Persona que profesa la biología o tiene en ella especiales conocimientos.

bioluminiscencia. f. Propiedad que tienen algunos seres vivos de emitir luz: hongos, bacterias, luciérnagas, peces, etc.

biomasa. f. Masa total de los organismos vivos, animales o vegetales, que viven en un medio determinado: estanque, bosque, mar, etc.

biombo. m. Mampara compuesta de varios bastidores articulados.

biometría. f. Estudio correlativo o estadístico de los fenómenos o procesos biológicos.

biométrico, ca. adj. Relativo a la biometría.

biónica. f. Ciencia que estudia los órganos especializados de los seres vivos para aplicar los principios de su funcionamiento a la fabricación de aparatos y sistemas electrónicos.

biopsia. f. *Med.* Procedimiento de investigación clínica que consiste en separar del organismo vivo una porción de un órgano determinado para practicar su examen histológico.

bioquímica. f. Ciencia que estudia la naturaleza de las substancias que componen los organismos vivos, las transformaciones químicas que sufren a lo largo de la vida y las substancias que los seres vivos elaboran para su mantenimiento.

bioquímico, ca. adj. Relativo a la bioquímica o a la realidad que ésta estudia. || m. y f. Persona versada en bioquímica.

biosfera. f. Conjunto de los medios en que se desenvuelve la vida vegetal y animal. || Conjunto que forman los seres vivos con el medio en que se desarrollan.

biosociología. f. Ciencia que relaciona la existencia biológica del hombre con su entorno sociocultural, valiéndose de análisis comparativos con el mundo animal.

biota. f. Conjunto de todos los seres vivos de una región.

biótico, ca. adj. Característico de los seres vivos, o que se refiere a ellos.

biotipología. f. Ciencia que estudia los biotipos.

biotita. f. Variedad de mica.

biotopo. m. Ambiente físico ocupado por una biocenosis. Los grandes biotopos son: el medio acuático marino, el dulceacuícola y el terrestre. Éstos se subdividen en otros por diferencias en el clima, precisión y otros factores.

bióxido. m. Dióxido.

biozona. f. Lugar que se caracteriza por la presencia de restos fósiles comunes.

bipartidismo. m. Forma de gobierno basado en la existencia de dos partidos.

bípedo, da o **bípede.** adj. y m. De dos pies.

biplano. m. Avión con cuatro alas que, dos a dos, forman planos paralelos.

biplaza. adj. y s. Vehículo de dos plazas.

bipolar. adj. Que tiene dos polos.

bipontino, na. adj. y s. de Dos Puentes, hoy Zweibrücken. || Relativo a esta ciudad alemana. Díc. especialmente de las ediciones de clásicos griegos y latinos publicadas en esta ciudad a partir de 1779.

biquini. m. Conjunto de dos prendas femeninas de baño, constituido por un sujetador y una braga.

birimbao. m. Instrumento músico de hierro, en forma de herradura con una lengüeta de acero.

birlar. ≅hurtar. ≅robar. tr. En el juego de bolos, volver a tirar la bola desde donde se detuvo la primera vez que se tiró. || fig. y fam. Matar o derribar a uno de un golpe o disparo. || fig. y fam. Quitar a alguno algo, valiéndose de alguna intriga.

birlocha. f. Cometa, juguete.

birlocho. m. Carruaje ligero y sin cubierta, de cuatro ruedas y cuatro asientos, abierto por los costados.

birmano, na. adj. y s. De Birmania.

birrectángulo. adj. Que tiene dos ángulos rectos: *triángulo esférico* ∽.

birreta. f. Solideo encarnado de los cardenales.

birrete. m. Birreta. || Gorro de forma prismática con una borla de color determinado, que en algunos actos solemnes sirve de distintivo a los profesores de universidad, magistrados, jueces y abogados.

birretina. f. Gorro o birrete pequeño. || Gorra de pelo de algunos regimientos de húsares.

birria. f. Zaharrón, moharracho. || Mamarracho, facha, adefesio. || Persona o cosa de poco valor o importancia. || *Col.* Capricho, obstinación.

bis. adv. c. Se emplea para dar a entender que una cosa debe repetirse o está repetida.

bisabuelo, la. m. y f. Respecto de una persona, el padre o la madre de su abuelo o de su abuela.

bisagra. ≅ charnela. ≅ gozne. f. Herraje de dos piezas unidas o combinadas que, con un eje común y sujetas una a un sostén fijo y otra a la puerta o tapa, permiten el giro de éstas.

bisar. tr. Repetir, a petición de los oyentes, la ejecución de un número musical, etc.

bisbisar o **bisbisear.** tr. fam. Musitar.

bisbiseo. m. Acción de bisbisar.

biscote. m. Pan de molde tostado al fuego.

biscuit. m. Bizcocho helado.

bisecar. tr. *Geom.* Dividir en dos partes iguales.

bisector, triz. adj. y s. Que divide en dos partes iguales. || f. Línea recta que divide a un ángulo en otros dos iguales.

bisel. m. Corte oblicuo en el borde de una lámina o plancha.

biselador. m. El que tiene por oficio hacer biseles en espejos y lunas.

biselar. tr. Hacer biseles.

bisemanal. adj. Que se hace u ocurre dos veces por semana.

bisexual. adj. y s. Hermafrodita. || Díc. de la persona que mantiene relaciones sexuales con personas de su mismo sexo o del contrario, indistintamente.

bisiesto. adj. y s. Díc. del año de 366 días. Excede del común en un día, que se añade al mes de febrero. Se repite cada cuatro años.

bisílabo, ba o **bisilábico, ca.** adj. y s. De dos sílabas.

bismuto. m. Metal muy brillante, de color gris rojizo, hojoso, muy frágil y fácilmente fusible. Peso atómico, 209; núm. atómico, 83; símbolo, *Bi*. Se utiliza en farmacia.

bisnieto, ta. m. y f. Respecto de una persona, hijo o hija de su nieto o de su nieta.

biso. m. Producto de secreción de muchos moluscos lamelibranquios, que se endurece en contacto con el agua y sirve para fijar al animal a las rocas.

bisojo, ja. adj. y s. Díc. de la persona que padece estrasbismo.

bisonte. m. Bóvido salvaje, parecido al toro, con la parte anterior del cuerpo muy abultada, cubierto de pelo áspero y con cuernos poco desarrollados.

bisoñada. f. fig. y fam. Dicho o hecho de quien no tiene conocimiento o experiencia.

bisoñé. m. Peluca que cubre sólo la parte anterior de la cabeza.

bisoño, ña. ≅ novato. ◁ veterano. adj. y s. Díc. del soldado o tropa nuevos. || fig. y fam. Nuevo e inexperto en cualquier arte u oficio.

bisté o **bistec.** ∬ bistés. m. Lonja o filete de carne de vaca soasada en parrillas o frita.

bisturí. ∬ bisturíes. m. Instrumento en forma de cuchillo pequeño, utilizado en cirugía para hacer incisiones.

bisulfito. m. Cualquiera de las sales ácidas de ácido sulfuroso, y en especial la de sodio.

bisutería. f. Joyería de imitación.

bit. m. *Informática.* Unidad de información, la más pequeña de representación en el sistema binario. Puede tomar dos valores: 0 ó 1. || Unidad

Bisontes

de medida de la capacidad de memoria de un ordenador.

bita. f. *Mar.* Poste en las proximidades de la proa en el que se atan los cables del ancla cuando se fondea la nave.

bitácora. f. *Mar.* Especie de armario, fijo a la cubierta e inmediato al timón, en que se pone la brújula.

bitadura. f. *Mar.* Porción del cable del ancla que se tiene preparado sobre cubierta para fondear.

bíter. m. Licor amargo que se bebe como aperitivo.

bitinico, ca o **bitinio, nia.** adj. y s. De Bitinia.

bituminoso, sa. adj. Que tiene betún o semejanza con él.

bivalvo, va. adj. Que tiene dos valvas. || Díc. de los moluscos, generalmente marinos, provistos de dos valvas unidas por un ligamento: almejas, mejillones, ostras, etc.

bixáceo, a o **bixíneo, a.** adj. y f. Díc. de árboles y arbustos angiospermos dicotiledóneos. || f. pl. Familia de estas plantas.

bizantinismo. m. Corrupción por lujo en la vida social, o por exceso de ornamentación en el arte. || Afición a discusiones bizantinas.

bizantino, na. adj. De Bizancio, hoy Constantinopla. || fig. Díc. de las discusiones baldías, intempestivas o demasiado sutiles.

bizarría. f. Gallardía, valor. || Generosidad, lucimiento.

bizarro, rra. adj. Valiente. || Generoso, espléndido.

bizcaitarra. adj. y s. En eusquera, vizcaíno.

bizco, ca. adj. y s. Bisojo.

bizcochero, ra. m. y f. Persona que hace bizcochos o los vende.

bizcocho. m. Pan sin levadura que se cuece dos veces para que se seque y dure mucho. || Masa de harina, huevos y azúcar cocida al horno. || Objeto de loza o porcelana sin barnizar. || *Col.* Pastel de crema o dulce.

bizcotela. f. Bizcocho ligero, cubierto de un baño de azúcar.

bizna. f. Película que separa los cuatro gajitos de la nuez.

biznaga. f. Planta de un metro de altura, de flores pequeñas y blancas. || Cada uno de los piececillos de las flores de esta planta, que se emplea en algunas partes como mondadientes.

bizquear. intr. Padecer estrabismo o simularlo. || tr. Guiñar.

blanca. f. Moneda antigua de vellón. || *Mús.*

Nota que equivale a dos negras en el compás de compasillo.

blanco, ca. ◁negro. adj. De color de nieve o leche. Es el color de la luz solar, no descompuesta en los colores del espectro. Ú. t. c. s. || Díc. de las cosas que sin ser blancas tienen color claro que otras de la misma especie: *pan, vino* ◠. || Tratándose de la especie humana, dícese del color de la raza europea o caucásica. Ú. t. c. s. || m. Objeto para ejercitarse en el tiro y puntería. || Intermedio entre dos cosas.

blancura. ≅albura. f. Calidad de blanco.

blancuzco, ca. adj. Que tira a blanco, o es de color blanco sucio.

blandear. ◁endurecer. intr. y prnl. Aflojar, ceder. || tr. Hacer que uno mude de parecer o propósito.

blandengue. adj. desp. Blando, con blandura poco grata. || Díc. de la persona de excesiva debilidad de fuerzas o de ánimo.

blandenguería. f. Calidad de blandengue.

blandir. tr. Mover un arma u otra cosa con movimiento trémulo o vibratorio.

blando, da. adj. Tierno, suave, que cede fácilmente al tacto. || Templado: *tiempo* ◠. || fig. Suave, dulce, benigno. || Afeminado. || De genio y trato apacibles. || fig. y fam. Cobarde. || adv. m. Con suavidad.

blanducho, cha o **blandujo, ja.** adj. Blando, con blandura excesiva o poco grata.

blandura. ≅lenidad. ≅suavidad. f. Calidad de blando. || Emplasto que se aplica a los tumores para que maduren. || fig. Regalo, delicadeza. || Dulzura, afabilidad en el trato. || fig. Palabra halagüeña o requiebro. || Temple del aire húmedo que deshace los hielos y las nieves.

blanquear. ≅enjalbegar. ◁ennegrecer. tr. Poner blanca una cosa. || Dar de cal o yeso blanco a las paredes, techos, etc. || Dar a las abejas cierto betún a los paneles. || intr. Mostrar una cosa la blancura que tiene. || Ir tomando una cosa color blanco.

blanquecer. tr. Limpiar y sacar su color a los metales. || Blanquear.

blanquecino, na. adj. Que tira a blanco.

blanqueo. m. Acción y efecto de blanquear.

blanquinegro, gra. adj. Que tiene color blanco y negro.

blanquizal o **blanquizar.** m. Terreno gredoso.

blasfemar. intr. Decir blasfemias. || fig. Maldecir, vituperar.

blasfemia. f. Palabra o expresión injuriosa con-

tra Dios o las personas o cosas sagradas. || fig.
Injuria grave contra una persona.

blasfemo, ma. adj. Que contiene blasfemia. ||
Que dice blasfemia. Ú. t. c. s.

blasón. m. Arte de explicar y describir los escudos de armas de cada linaje, ciudad o persona.
|| Figura, señal o pieza de un escudo. || Escudo
de armas. || Honor o gloria.

blasonado, da. adj. Ilustre por sus blasones.

blasonar. tr. Disponer el escudo de armas según las reglas del arte. || intr. fig. Jactarse.

blastema. m. Conjunto de células embrionarias
que, mediante su proliferación, llegan a formar un
órgano determinado.

blastocele. m. Cavidad interna y cerrada de la
blástula.

blastodermo o **blastoderma.** m. Conjunto de
las células procedentes de la segmentación del
huevo de los animales.

blastómero. m. Cada una de las células en que
se divide el huevo para dar lugar a las primeras
fases embrionarias.

blástula. f. Una de las primeras fases del desarrollo embrionario de los animales metazoos: la
que sigue a la mórula.

blátido, da. adj. y s. Díc. de los insectos del
orden de los dictiópteros, de cuerpo deprimido y
régimen omnívoro, también llamados cucarachas.
Son lucífugos y gregarios y se han aclimatado a

Blenda acaramelada

habitaciones húmedas. || m. pl. Familia de estos
insectos.

bledo. ≅armuelle. m. Planta comestible, de
hojas triangulares de color verde y flores rojas. ||
fig. Cosa insignificante, de poco o ningún valor:
importarle, o *no importarle a uno un* ᵕ; *no valer
un* ᵕ.

blefaritis. f. Inflamación de los párpados.

blenda. f. Sulfuro de cinc, que forma cristales
regulares brillantes de color pardo amarillento o
negruzco.

blénido, da. adj. Díc. de los peces teleóstomos
perciformes, de cuerpo alargado y aletas abdominales en posición yugular. Viven en mares templados y tienen vivos colores. || m. pl. Familia de
estos peces.

blenorragia. f. Inflamación contagiosa de la
uretra, caracterizada por dolor, ardor y derrame
mucopurulento. Se produce por el gonococo de
Neisser y se contagia, casi exclusivamente, por
contacto sexual.

blenorrágico, ca. adj. Relativo a la blenorragia.

blenorrea. f. Blenorragia crónica.

blindaje. ≅coraza. m. Acción y efecto de blindar. || Conjunto de materiales que se utilizan para
blindar.

blindar. tr. Revestir con chapas metálicas de
protección.

bloc. ⫽blocs. m. Conjunto de hojas de papel
sujetas por uno de sus cantos de modo que se
puedan desprender fácilmente.

blocar. tr. En el fútbol y otros deportes, detener
el balón el portero sujetándolo contra el cuerpo.
|| En boxeo, parar un golpe con los brazos para
que no llegue a su objetivo.

blonda. f. Encaje de seda.

bloque. m. Trozo grande de piedra u hormigón.
|| Agrupación ocasional de partidos políticos. ||
Manzana de casas. || En los motores de explosión,
pieza de fundición en cuyo interior se ha labrado
el cuerpo de uno o varios cilindros. || Conjunto
de países que, en torno a otro de mayor ascendencia mundial, mantienen características ideológicas, políticas, militares y económicas comunes.

bloquear. ≅congelar. ≅incomunicar. ≅sitiar.
tr. *Mil.* Cortar las comunicaciones de una ciudad,
puerto, territorio, etc. || Detener, frenar el funcionamiento de un mecanismo o el desarrollo de un
proceso. || Interrumpir la prestación de un servicio
por la interposición de un obstáculo o por el exceso de demanda. || *Com.* Inmovilizar la autoridad
una cantidad o crédito.

bloqueo. m. Acción y efecto de bloquear. ||

131

BLASÓN

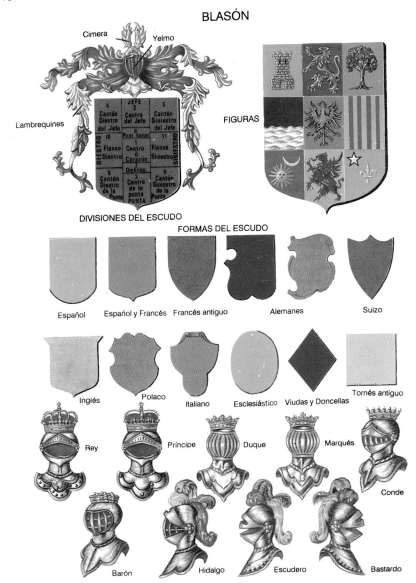

Cimera

Yelmo

Lambrequines

4 Cantón Diestro del Jefe	2 Centro del Jefe	5 Cantón Siniestro del Jefe
10 Flanco Diestro	Punt. honor / Centro ó Corazón	11 Flanco Siniestro
8 Cantón Diestro de la Punta	Ombligo / 3 Centro de la punta	9 Cantón Siniestro de la Punta

JEFE — DIESTRO — SINIESTRO — PUNTA

DIVISIONES DEL ESCUDO

FIGURAS

FORMAS DEL ESCUDO

Español   Español y Francés   Francés antiguo   Alemanes   Suizo

Inglés   Polaco   Italiano   Esclesiástico   Viudas y Doncellas   Tornés antiguo

Rey   Príncipe   Duque   Marqués   Conde

Barón   Hidalgo   Escudero   Bastardo

Sistema de seguridad en la señalización de ferrocarriles.

blue. m. Canto popular afroamericano, de carácter nostálgico y sensual.

bluff. m. Voz inglesa que significa fanfarronada, baladronada.

blusa. f. Vestidura exterior holgada y con mangas, que cubre la parte superior del cuerpo.

blusón. m. Blusa larga.

boa. f. Serpiente, no venenosa, de hasta 7 m. de longitud. Se alimenta de animales de sangre caliente. || Prenda femenina de piel o pluma y en forma de serpiente para abrigo o adorno del cuello.

boato. ≅fausto. ≅lujo. ≅pompa. m. Ostentación en el porte exterior.

bobada. f. Bobería, necedad.

bobalicón, na. adj. y s. aum. de bobo.

bobear. intr. Hacer o decir boberías. || fig. Gastar el tiempo en cosas inútiles.

bobería o **bobera.** f. Dicho o hecho necio.

bobillo. m. Jarro vidriado y barrigudo. || Encaje que llevaban las mujeres alrededor del escote.

bobina. f. Carrete para devanar o arrollar en él hilos, alambre, etc. || Rollo de hilo, cable, papel, etc. || Cilindro de hilo conductor devanado. || Rollo de papel continuo que emplean las rotativas. || Cilindro con dos discos laterales, en el que se enrolla la película cinematográfica.

bobinado. m. Acción y efecto de bobinar. || Conjunto de bobinas que forman parte de un circuito electrónico.

bobinadora. f. Máquina destinada a hilar y a bobinar.

bobinar. tr. Arrollar hilo, cable, papel, etc., en forma de bobina.

bobo, ba. ≅simple. ≅tonto. ◁listo. adj. De muy poco entendimiento. Ú. t. c. s. || Extremadamente ingenuo. Ú. t. c. s. || fam. Bien cumplido, no escaso. || m. En el teatro español primitivo, personaje cuya simpleza provocaba efectos cómicos. || Pez de los ríos de Guatemala y Méjico.

bobsleigh. m. Especie de trineo destinado al descenso rápido en pista de hielo o nieve, incluido, desde 1924, en los Juegos Olímpicos de Invierno.

boca. f. Órgano del aparato digestivo de los animales, destinado a la recepción del alimento. || Pinza de las patas delanteras de los crustáceos. || Parte afilada de algunas herramientas. || fig. Entrada o salida: ∽ de horno, de cañón, de río. || fig. Abertura, agujero: ∽ de tierra. || fig. Ha-

blando de vinos, gusto o sabor: *este vino tiene buena* ∽.

bocacalle. f. Entrada o embocadura de una calle.

bocacaz. m. Abertura en una presa para que salga cierta cantidad de agua.

bocadillo. m. Panecillo relleno con un manjar apetitoso. || Alimento que se toma entre las comidas. || Lienzo delgado y poco fino. || *Teatro.* Intervención de un actor en el diálogo cuando consiste sólo en pocas palabras.

bocado. ≅dentellada. ≅embocadura. ≅mordisco. m. Porción de comida que cabe de una vez en la boca. || Un poco de comida: *tomar un* ∽. || Mordedura hecha con los dientes. || Pedazo de cualquier cosa que se arranca con la boca. || Pedazo arrancado con el sacabocados. || Parte del freno que entra en la boca de la caballería. || Freno de las caballerías.

bocajarro(a). m. adv. Tratándose del disparo de un arma de fuego, a quemarropa, desde muy cerca. || fig. De improviso, inopinadamente, sin preparación ninguna.

bocal. m. Jarro de boca ancha y cuello corto.

bocallave. f. Ojo de la cerradura.

bocamanga. f. Parte de la manga que está más cerca de la muñeca.

bocana. f. Paso estrecho de mar que sirve de entrada a una bahía o fondeadero.

bocanada. f. Cantidad de líquido que de una vez se toma en la boca o se arroja de ella. || Porción de humo que se echa cuando se fuma.

bocaza o **bocazas.** m. y f. fig. y fam. El que habla indiscretamente.

bocel. m. *Arquit.* Moldura convexa, lisa, de forma cilíndrica.

bocelar. tr. Dar forma de bocel.

bocera. f. Lo que queda pegado a la parte exterior de los labios después de comer o beber.

boceras. m. Bocaza, hablador, jactancioso.

boceto. m. Esbozo o bosquejo que hace el artista antes de empezar una obra que sirve de base a la definitiva. || fig. Esquema, croquis.

bocina. f. Instrumento de metal, en forma de trompeta, para hablar a distancia. || Aparato acústico de los automóviles. || Pabellón de los gramófonos. || Caracola que sirve de bocina.

bocinar. intr. Tocar la bocina o usarla para hablar.

bocinazo. m. Ruido fuerte producido con una bocina. || fig. Grito para reprender o amonestar a alguien.

bocinero. m. El que toca la bocina.

bocio. m. Tumoración de la glándula tiroides, que se caracteriza por el abultamiento de la parte anterior del cuello.

bock. m. Vaso con asa para beber cerveza.

bocoy. m. Barril grande para envase.

bocha. f. Bola de madera, de mediano tamaño, que sirve para tirar en el juego de bochas. || pl. Juego que consiste en tirar a cierta distancia unas bolas medianas y otra más pequeña, y gana el que se arrima más a ésta con las otras.

bochar. tr. En el juego de bochas, dar con una bola un golpe a otra para apartarla del sitio que está.

bochazo. m. Golpe dado con una bocha a otra.

boche. m. Hoyo que hacen los muchachos en el suelo para ciertos juegos.

bochinche. m. Tumulto, barullo.

bochinchero, ra. adj. y s. Que toma parte en los bochinches o los promueve.

bochorno. m. Aire caliente y molesto que se levanta en el estío. || Calor sofocante. || Encendimiento pasajero del rostro. || Desazón o sofocamiento producido por algo que ofende, molesta o avergüenza.

bochornoso, sa. adj. Que causa o da bochorno.

boda. ≅desposorio. ≅matrimonio. f. Casamiento y fiesta con que se solemniza. Ú. m. en pl. || fig. Gozo, alegría, fiesta.

bodega. f. Lugar donde se guarda y cría el vino. || Almacén o tienda de vinos. || Cosecha o mucha abundancia de vino en algún lugar. || Despensa. || Troj o granero. || Almacén en los puertos.

bodegón. m. Sitio o tienda donde se guisan o dan de comer viandas ordinarias. || Taberna. || Pintura o cuadro donde se representan cosas comestibles, cacharros y utensilios vulgares.

bodeguero, ra. m. y f. Dueño de una bodega de vinos. || Persona que tiene a su cargo la bodega.

bodocazo. m. Golpe que da el bodoque de la ballesta.

bodoque. ≅simple. ≅tonto. m. Pelota o bola de barro endurecida que servía para tirar con la ballesta de bodoques. || Reborde con que se refuerzan los ojales del colchón. || Relieve que servía de adorno en algunos bordados. || fig. y fam. Persona de cortos alcances.

Bodega del monasterio de Santas Creus (siglo XII). Tarragona

bodoquera. f. Molde para bodoques de barro. || Cerbatana, canuto para disparar bodoques.

bodrio. m. Caldo con algunas sobras de sopa que se daba a los pobres en las porterías de algunos conventos. || Guiso mal aderezado. || Sangre de cerdo mezclada con cebolla para embutir morcillas. || Cosa mal hecha, desordenada o de mal gusto.

bóer. adj. Habitante del África Austral, al norte del Cabo, de origen holandés. Ú. t. c. s. || Relativo a esta región del sur de África.

bofe. m. Pulmón. Ú. m. en pl.

bofetada. ≅ bofetón. f. Golpe que se da en el carrillo con la mano abierta. || fig. Desaire, ofensa.

bofetón. m. Bofetada dada con fuerza. || En los teatros, tramoya giratoria que hace aparecer o desaparecer, ante los espectadores, personas u objetos.

boga. f. Pez de río comestible, abundante en los ríos españoles. || Pez marino de cuerpo comprimido y color blanco azulado.

boga. ≅ auge. ≅ prosperidad. f. Acción de bogar. || fig. Buena aceptación, fortuna o felicidad creciente: *estar en* ↶. || com. Bogador.

bogada. f. Espacio que la embarcación navega por el impulso de un solo golpe de los remos.

bogador, ra. m. y f. Persona que boga.

bogar. intr. Remar.

bogavante. m. Crustáceo marino de color vivo, muy semejante a la langosta, pero con el primer par de pinzas muy grandes.

bogotano, na. adj. y s. De Bogotá.

bohemio, mia. adj. y s. De Bohemia. || Gitano. || Díc. de la vida apurada o desordenada de artistas y literatos. || Díc. de la persona que lleva este tipo de vida. || m. Lengua checa.

bohordo. m. Junco de la espadaña. || Tallo herbáceo y sin hojas que sostiene las flores y el fruto de algunas plantas.

boicot. m. Boicoteo.

boicotear. tr. Privar a una persona o a una entidad de toda relación social o comercial para perjudicarla y obligarla a ceder en lo que de ella se exige.

boicoteo. m. Acción de boicotear.

boina. f. Gorra sin visera, redonda y chata.

boîte. [[boîtes. f. Sala de fiestas.

boj. [[bojes. m. Arbusto de madera amarilla, dura y compacta. || Madera de este arbusto.

bojar. tr. Raer el cordobán con la estira.

boje. m. Conjunto de dos pares de ruedas montadas sobre dos ejes próximos, paralelos y solidarios entre sí, que se utilizan en ambos extre-

mos de los vehículos de gran longitud destinados a circular sobre carriles.

bola. f. Cuerpo esférico de cualquier materia. || Juego que consiste en tirar con la mano una bola de hierro. || Canica. Ú. m. en pl. || fig. y fam. Embuste, mentira.

bolazo. m. Golpe de bola. || Mentira, embuste. || fig. *Arg., Par.* y *Urug.* Disparate, despropósito.

bolchevique. adj. Relativo al bolchevismo o a su doctrina. || m. Partidario del bolchevismo.

bolchevismo. m. Sistema de gobierno imperante en la U.R.S.S. desde la Revolución de octubre de 1917. || Doctrina defensora de tal sistema.

boleadoras. f. pl. Instrumento compuesto de dos o tres bolas de piedra u otra materia pesada, forradas de cuero y sujetas fuertemente a sendas guascas, usado en América del Sur para cazar animales.

bolear. intr. Arrojar la bola en cualquier juego en que se la utiliza. || Derribar muchos bolos en el juego. || tr. *Arg.* y *Urug.* Confundir, aturullar. Ú. t. c. prnl. || *Arg.* y *Urug.* Echar o arrojar las boleadoras a un animal.

boleo. m. Acción de bolear. || Sitio en que se bolea o tira la bola.

bolera. f. Lugar destinado al juego de bolos.

bolero, ra. adj. y s. fig. y fam. Que dice muchas mentiras. || m. y f. Persona que ejerce el arte de bailar el bolero. || m. Aire musical popular español, cantable y bailable. || Chaquetilla corta de señora.

boleta. f. Cédula que se da para poder entrar en alguna parte. || Papeleta de una rifa. || *Amér.* Célula para votar o para otros usos.

boletín. m. Publicación destinada a tratar de asuntos científicos, artísticos, históricos o literarios, generalmente publicada por alguna corporación: ↶ *de la Real Academia Española*.

boleto. m. Billete de teatro, de tren, etc. || Papeleta de una rifa.

boliche. m. Bola pequeña usada en el juego de las bochas. || Juego de bolos. || Bolera. || Cierto juguete. || Adorno de foma torneada en que rematan ciertas partes de algunos muebles. || Jábega pequeña.

bólido. m. Cantidad de materia cósmica de dimensiones apreciables a simple vista, que atraviesa rápidamente la atmósfera y suele estallar en pedazos. || Por ext., vehículo automóvil que alcanza extraordinaria velocidad, especialmente el que participa en carreras.

bolígrafo. m. Instrumento para escribir que tiene en su interior un tubo de tinta especial y, en la punta, en lugar de pluma, una bolita metálica que gira libremente.

bolillo. m. Palito torneado que sirve para hacer encajes y pasamanería. || Hueso a que está unido el casco de las caballerías. || pl. Barritas de masa dulce.

bolina. f. Cabo con que se hala hacia proa la relinga de una vela. || fig. y fam. Ruido o bulla de pendencia o alboroto.

bolinche o **bolindre.** m. Bolita para jugar; canica. || Remate o adorno de algunos muebles en figura de bola.

bolívar. m. Unidad monetaria de Venezuela.

boliviano, na. adj. y s. De Bolivia.

bolo. m. Trozo de palo labrado de forma alargada, con base plana para que se tenga derecho. || fig. y fam. Hombre ignorante o de escasa habilidad. Ú. t. c. adj. || pl. Juego que consiste en poner derechos sobre el suelo cierto número de bolos y derribar cada jugador los que pueda, arrojándoles sucesivamente las bolas que correspondan por jugada.

bolometría. f. Técnica para medir las radiaciones térmicas emitidas por un cuerpo y en especial por los astros.

bolómetro. m. Instrumento muy sensible, descubierto por S. P. Langley en 1884, para medir las radiaciones térmicas emitidas por un cuerpo o por un astro, basado en la variación de la resistencia de un circuito eléctrico.

bolonio. adj. y s. Díc. de los estudiantes y graduados del Colegio español de Bolonia. || fig. y fam. Necio, ignorante.

bolsa. f. Especie de saco que sirve para llevar o guardar algo. || Saquillo en el que se echaba dinero. || Cierta arruga del vestido. || Reunión oficial de los que operan con efectos públicos. || Lugar donde se celebran estas reuniones.

bolsillo. m. Bolsa en que se guarda el dinero. || Saquillo cosido en los vestidos y que sirve para meter en él algunas cosas usuales. || fig. Caudal o dinero de una persona: *Mateo tiene un buen* ∿.

bolsín. Reunión extraordinaria de bolsistas. || Sitio donde se hace.

bolsista. El que se dedica a especulaciones bursátiles.

bolso. m. Bolsillo del dinero y de la ropa. || Bolsa de mano generalmente pequeña, de cuero, tela u otras materias, provista de cierre y frecuentemente de asa, usada por las mujeres para llevar dinero, documentos, objetos de uso personal, etc.

bolsón. m. En los molinos de aceite, tablón de

madera con que se forra el suelo del aljarfe. || Abrazadera de hierro usada en la armadura de las bóvedas para su mayor firmeza.

bollar. tr. Poner un sello de plomo en los tejidos para que se conozca la fábrica de donde salen. || Repujar formando bollones.

bollén. m. Árbol chileno, rosáceo, cuya madera se emplea para hacer mangos y en la construcción. Sus hojas son febrífugas. || Madera de este árbol.

bollería. f. Establecimiento donde se hacen o venden bollos o panecillos. || Conjunto de estos bollos.

bollero, ra. m. y f. Persona que hace o vende bollos.

bollo. m. Pieza esponjosa de varias formas y tamaños, hecha con masa de harina y agua y cocida al horno; como ingredientes de dicha masa entran frecuentemente leche, manteca, huevos, etc. || Abolladura. || fig. Chichón.

bollón. m. Clavo de cabeza grande, comúnmente dorada, que sirve para adorno. || Broquelillo o pendiente con solo un botón.

bomba. f. Máquina para elevar un líquido y darle impulso en dirección determinada. || Cualquier pieza hueca, llena de materia explosiva y provista del artificio necesario para que estalle en el momento conveniente. || fig. Noticia inesperada que causa estupor.

bombáceo, a. adj. y s. Díc. de los árboles y arbustos, por lo común de hojas palmeadas, flores en racimo o en panoja, fruto vario y semilla frecuentemente cubierta de lana o de pulpa; como el baobab y la ceiba. || f. pl. Familia de estas plantas.

bombacho. adj. y s. Dícese del pantalón ancho y ceñido por abajo. Ú. m. en pl.

bombarda. f. Cañón de gran calibre que se usaba antiguamente. || Antiguo instrumento músico de viento. || Registro del órgano, que produce sonidos muy fuertes y graves.

bombardear. tr. Arrojar bombas desde una aeronave. || Hacer fuego violento y sostenido de artillería contra lo interior de una población u otro recinto.

bombardeo. m. Acción de bombardear.

bombardero. Avión dispuesto para bombardear. || Artillero al servicio de las bombardas o del mortero.

bombardino. m. Instrumento músico de viento, que consiste en un tubo largo de latón, doblado por la mitad, con pistones o cilindros.

bombazo. m. Golpe que da la bomba al caer.

|| Explosión y estallido de este proyectil. || Daño que causa.

bombear. tr. Arrojar o disparar bombas de artillería. || Lanzar por alto una pelota o balón haciendo que siga una trayectoria parabólica. || Elevar agua u otro líquido por medio de una bomba.

bombeo. m. Comba, convexidad. || Acción y efecto de bombear líquidos.

bombero. m. El que tiene por oficio trabajar con la bomba hidráulica. || Cada uno de los operarios encargados de extinguir los incendios.

bombilla. ≅lámpara. f. Globo de cristal en el que se ha hecho el vacío y dentro del cual va colocado un hilo de platino, carbón, tungsteno, etc., que al paso de una corriente eléctrica se pone incandescente. || Bombillo para sacar líquidos.

bombillo. m. Aparato con sifón para evitar la subida del mal olor en las bajadas de aguas inmundas. || Tubo de hojalata o de plata, con un ensanche en la parte inferior, para sacar líquidos. || Bomba pequeña que se destina principalmente a extinguir incendios.

bombín. m. fam. Sombrero hongo.

bombo. m. Tambor muy grande que se toca con una maza y se emplea en las orquestas y en las bandas militares. || El que toca este instrumento. || Caja cilíndrica o esférica y giratoria que sirve para contener bolas numeradas, cédulas escritas o cualesquiera otros objetos que han de sacarse a la suerte.

bombón. m. Pieza pequeña de chocolate o azúcar, que en lo interior suele contener licor o crema. || fig. y fam. Mujer guapa y atractiva.

bombona. f. Vasija metálica muy resistente, que sirve para contener gases a presión y líquidos muy volátiles. || Damajuana.

bombonaje. m. Planta tropical de hojas alternas que, cortadas en tiras, sirven para fabricar objetos de jipijapa.

bombonera. f. Caja para bombones.

bonachón, na. ≅buenazo. adj. y s. fam. De genio dócil, crédulo y amable.

bonachonería. f. Calidad de bonachón.

bonaerense. adj. y s. De Buenos Aires.

bonanza. f. Tiempo tranquilo en el mar. || fig. Prosperidad.

bonapartismo. m. Sistema político que acataba el régimen imperial fundado por Napoleón I Bonaparte y a su dinastía.

bondad. ≅benevolencia. ≅benignidad. ≅dulzura. ≅humanidad. ◁maldad. f. Calidad de bue-

no. || Natural inclinación a hacer el bien. || Blandura y apacibilidad de genio.

bonete. m. Especie de gorra de varias hechuras y comúnmente de cuatro picos, usada por los eclesiásticos y seminaristas y antiguamente por los colegiales y graduados. || Redecilla de los rumiantes.

bonetería. f. Oficio de bonetero. || Taller donde se fabrican y tienda donde se venden bonetes.

bonetero, ra. m. y f. Persona que hace o vende bonetes. || m. Arbusto que en los jardines sirve para setos.

bongom. Especie de canoa usada por los indios de América central. || *Cuba.* Barca de pasaje y de carga a manera de balsa.

bongó. m. Instrumento músico de percusión, usado por algunos países del Caribe, y que consiste en un tubo de madera cubierto en su extremo superior por un cuero de chivo bien tenso, y descubierto en la parte inferior.

boniato. m. Planta de raíces tuberculosas semejantes a la batata. || Tubérculo comestible de la raíz de esta planta.

bonificación. ≅beneficio. ≅mejora. f. Acción y efecto de bonificar. || En algunas pruebas deportivas, descuento en el tiempo empleado.

bonificar. tr. Tomar en cuenta y asentar una partida en el haber. || Conceder, por algún con-

Bonetero

cepto, un aumento, generalmente proporcional y reducido, en una cantidad que alguien ha de cobrar o un descuento en la que ha de pagar.

bonísimo, ma. adj. superl. irreg. de bueno.

bonitero, ra. adj. Relativo al bonito. || f. Pesca del bonito y temporada que dura.

bonito, ta. adj. Lindo, agraciado. || m. Pez parecido al atún, pero más pequeño y muy sabroso.

bono. m. Vale que puede canjearse por comestibles u otros artículos de consumo, y a veces por dinero. || *Com.* Título de deuda emitido comúnmemte por una tesorería pública, empresa industrial o comercial: *adquirí ⁓s de deuda pública del Estado.*

bonzo. m. Secerdote del culto de Buda en el Asia oriental.

boñiga. ≅bosta. f. Excremento del ganado vacuno y el semejante de otros animales.

boñigo. m. Cada una de las porciones o piezas del excremento del ganado vacuno.

boom. m. fig. Crecimiento repentino de una actividad cultural, moda, etc.

boqueada. f. Acción de abrir la boca. Sólo se dice de los que están para morir. Ú. m. en pl.

boquear. intr. Abrir la boca. || Estar expirando. || fig. y fam. Estar algo acabándose. || tr. Pronunciar una palabra o expresión.

boquera. f. Boca o puerta de piedra que se hace en el caz o cauce para regar las tierras. || Ventana por donde se echa la paja o el heno en el pajar.

boquerón. m. Abertura grande. || Pez parecido a la sardina aunque bastante más pequeño, que abunda en el Mediterráneo. Con él se preparan las anchoas.

boquete. m. Entrada angosta de un lugar o paraje. || Abertura hecha en una pared.

boquiabierto, ta. adj. Que tiene la boca abierta. || fig. Que está embobado mirando algo.

boquilla. f. Pieza por donde se sopla en algunos instrumentos de viento. || Tubo pequeño que sirve para fumar cigarros. También se llama así la parte de la pipa que se introduce en la boca. || Extremo anterior del cigarro puro.

bórax. m. Sal blanca compuesta de ácido bórico, sosa y agua, que se emplea en medicina y en la industria.

borbolla. f. Burbuja o glóbulo de aire que se forma en el interior del agua producido por la lluvia u otras causas. || Borbollón o borbotón.

borbollar o **borbollear.** intr. Hacer borbollones el agua.

borbolleo. m. Acción de borbollear.

borbollón. m. Erupción que hace el agua de abajo para arriba, elevándose sobre la superficie, al hervir, manar, etc.

borbónico, ca. adj. Relativo a los Borbones.

borboritar. intr. Borbotar, borbollar.

borbotar o **borbotear.** intr. Nacer o hervir el agua impetuosamente o haciendo ruido.

borboteo. m. Acción de borbotear.

borbotón. m. Borbollón.

borceguí. {{borceguíes. m. Calzado que llega hasta más arriba del tobillo, abierto por delante y que se ajusta por medio de correas o cordones.

borda. f. Canto superior del costado de un buque.

bordada. f. Camino que hace entre viradas una embarcación cuando navega, volteando para ganar o adelantar hacia barlovento.

bordado. m. Acción y efecto de bordar. || Bordadura.

bordador, ra. m. y f. Persona que tiene por oficio bordar.

bordadura. f. Labor de relieve ejecutada en tela o piel con aguja y diversas clases de hilo.

bordar. tr. Adornar una tela o piel con bordadura. || Ejecutar algo con arte y primor: *el pianista bordó la interpretación de la sonata.*

borde. ≅margen. ≅orilla. m. Extremo u orilla de algo. || En las vasijas, orilla o labio que tienen alrededor de la boca.

borde. adj. fam. Tosco, torpe.

bordear. tr. Ir por el borde, o cerca del borde u orilla de algo: ⁓ *una montaña.* || Hablando de una serie o fila de cosas, hallarse en el borde u orilla de otra: *los mojones bordean la finca.*

bordelés, sa. adj. y s. De Burdeos.

bordillo. m. Faja o cinta de piedra que forma el borde de una acera, de un andén, etc.

bordón. m. Bastón con el mango adornado, más alto que la estatura de un hombre, que usaban los pergrinos. || Verso quebrado que se repite al fin de cada copla. || Conjunto de tres versos que se añade a una seguidilla. || En los instrumentos músicos de cuerda, cualquiera de las más gruesas que hacen el bajo.

bordonear. intr. Ir tentando o tocando la tierra con el bordón. || Dar palos con él. || Pulsar el bordón de la guitarra. || fig. Andar vagando y pidiendo por no trabajar.

bordoneo. m. Sonido ronco del bordón de la guitarra.

boreal. adj. Septentrional.

bóreas. m. Viento norte.

borgoñón, na. adj. y s. De Borgoña.

borinqueño, ña. adj. y s. Puertorriqueño.

borla. f. Conjunto de hebras o cordoncillos que, sujetos y reunidos por su mitad o por uno de sus cabos en una especie de botón y sueltos por el otro o por ambos, penden en forma de cilindro o se esparcen en figura de media bola.

borne. m. Cada uno de los botones de metal en que suelen terminar ciertas máquinas y aparatos eléctricos, y a los cuales se unen los hilos conductores.

bornear. tr. Dar vuelta, torcer o ladear. || Labrar en contorno las columnas. || *Arquit.* Disponer o mover oportunamente los sillares hasta dejarlos colocados en su debido lugar.

borní. m. Ave rapaz diurna, que habita en lugares pantanosos y anida en la orilla del agua.

boro. m. Elemento químico de color pardo obscuro, que se emplea como moderador de neutrones en las pilas nucleares. Peso atómico, 10,81; núm. atómico, 5; símbolo, B.

borra. f. Cordera de un año. || Parte más grosera o corta de la lana. || Pelusa del algodón. || Pelusa polvorienta que se forma y reúne en los bolsillos, entre los muebles y sobre las alfombras cuando se retarda la limpieza de ellos.

borrachear. intr. Emborracharse con frecuencia.

borrachera. f. Efecto de emborracharse. || Banquete o función en que hay algún exceso en comer y beber. || fig. y fam. Exaltación extremada en el modo de hacer o decir algo: *en la ᶺ de la improvisación deslizó muchos errores.*

borrachín, na. m. y f. Persona que tiene el hábito de embriagarse. Ú. frecuentemente con valores afectivos, ya atenuadores, ya despectivos.

borracho, cha. adj. Ebrio, embriagado por la bebida. Ú. t. c. s. || Que se embriaga habitualmente. Ú. t. c. s. || fig. y fam. Vivamente poseído de alguna pasión: ᶺ *de ira la emprendió con él.*

borrador. m. Escrito de primera intención, en que se hacen o pueden hacerse adiciones, supresiones o enmiendas. || Libro en que se anota algo que luego se pasa a otro definitivo. || Goma de borrar. || Utensilio para borrar la pizarra.

borragináceo, a. adj. y s. Díc. de las plantas dicotiledóneas, cuya mayor parte son herbáceas; tienen flor de corola monopétala dividida en cinco partes y sus frutos son cariópsides, cápsulas o bayas con una sola semilla sin albumen. Son ejemplo la borraja y el heliotropo. || f. pl. Familia de estas plantas.

borraja. f. Planta borraginácea comestible, de tallo grueso y ramoso con pelos largos y tiesos, y flores azules o blancas que se emplean como sudorífico.

borrajear. ≅emborronar. tr. Escribir sin asunto determinado, a salga lo que saliera. || Hacer rúbricas, rasgos o figuras por mero entretenimiento.

borrajo. m. Rescoldo, brasa bajo la ceniza. || Hojarasca de los pinos.

borrar. tr. Hacer rayas sobre lo escrito, para que no pueda leerse. || Hacer desaparecer por cualquier medio lo representado con tinta, lápiz, etc. Ú. t. c. prnl.

borrasca. ◁bonanza. f. Tempestad, tormenta o temporal fuerte. || fig. Riesgo o contratiempo que se padece en algún negocio.

borrascoso, sa. adj. Que causa borrascas: *viento* ᶺ. || Propenso a ellas: *el cabo de Hornos es* ᶺ. || fig. y fam. Vida, diversiones, etc., en que predomina el libertinaje.

borregada. f. Rebaño o número crecido de borregos o corderos.

borrego, ga. m. y f. Cordero o cordera de uno a dos años. || Persona que se somete gregaria o dócilmente a la voluntad ajena. || m. fig. Nubecilla blanca, redondeada.

borreguero, ra. adj. Díc. del coto, dehesa o terreno cuyos pastos son buenos para borregos. || m. y f. Persona que cuida de los borregos.

borreguil. adj. Relativo al borrego.

borrica. f. Hembra del borrico. || fig. y fam. Mujer necia. Ú. t. c. adj.

borricada. f. Conjunto o multitud de borricos. || fig. y fam. Dicho o hecho necio.

borrico. m. Asno. || Armazón que sirve a los carpinteros para apoyar en ella la madera que labran. || fig. y fam. Persona muy necia. Ú. t. c. adj.

borriquero, ra. adj. Perteneciente al borrico. || Díc. del cardo que llega a unos tres metros de altura con las hojas rizadas o espinosas, y flores purpúreas en cabezuelas terminales. || m. Guarda o conductor de una borricada.

borrón. m. Gota de tinta que cae o mancha de tinta que se hace en el papel. || Imperfección que desluce o afea. || fig. Acción indigna que mancha y obscurece la reputación o fama.

borroso, sa. adj. Escrito, dibujo o pintura cuyos trazos aparecen desvanecidos y confusos. || Que no se distingue con claridad.

borujo. m. Bulto pequeño. || Masa que resulta del hueso de la aceituna después de molida y exprimida.

boscaje. m. Bosque de corta extensión. || *Pint.*

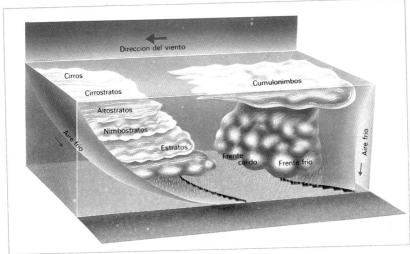

Borrasca

Cuadro o tapiz que representa un país poblado de árboles, matorrales y animales.

boscoso, sa. adj. Abundante en bosques.

bosnio, nia. adj. y s. De Bosnia, antiguo país de Europa.

bosque. ≅monte. ≅selva. m. Sitio poblado de árboles y matas. || fig. Abundancia desordenada de alguna cosa; confusión, cuestión intrincada.

bosquejar. tr. Pintar o modelar, sin definir los contornos ni dar la última mano a la obra. || Disponer o trabajar cualquier obra, pero sin concluirla. || fig. Indicar con alguna vaguedad un concepto o plan.

bosquejo. ≅boceto. ≅croquis. ≅esbozo. m. Traza primera y no definitiva de una obra pictórica, y en general de cualquier producción del ingenio. || fig. Idea vaga de algo.

bostezar. intr. Hacer involuntariamente, abriendo mucho la boca, inspiración lenta y profunda y luego espiración, también prolongada.

bostezo. m. Acción de bostezar.

bota. f. Cuero pequeño empegado por su parte interior y cosido por sus bordes, que remata en un cuello con brocal de cuerno o madera por donde se llena de vino y se bebe. || Cuba para guardar vino y otros líquidos. || Calzado, generalmente de cuero, que resguarda el pie y parte de la pierna.

botado, da. adj. *Amér.* Expósito o inclusero. || Derrochador. || Barato, a muy bajo precio.

botadura. f. Acto de echar al agua un buque.

botafumeiro. m. Incensario.

botalón. m. Palo largo que se saca hacia la parte exterior de la embarcación cuando conviene. || Bauprés de una embarcación pequeña.

botánica. f. Rama de la biología que tiene por objeto el estudio de los vegetales. Se llama también *fitología.* || *P. Rico.* Sitio donde se venden hierbas medicinales.

botánico, ca. adj. Relativo a la botánica. || m. y f. Persona que profesa la botánica. || *P. Rico.* Curandero que receta principalmente hierbas.

botar. tr. Arrojar, tirar, echar fuera. || Echar al agua un buque. || En el juego de pelota, hacerla saltar el jugador, lanzándola contra el suelo.

botarate. ≅atolondrado. ≅irreflexivo. m. y adj. fam. Hombre alborotado y de poco juicio. || *Can.* y *Amér.* Persona derrochadora, manirrota.

botarga. f. Especie de calzón ancho y largo usado en lo antiguo.

bote. m. Brinco que da el caballo. || Salto que a la pelota al chocar con el suelo. || Salto que da una persona, o una cosa cualquiera, botando como la pelota. || Vasija pequeña, comúnmente cilíndrica. || Barco pequeño, de remo y sin cubierta.

bote (de bote en). expr. fig. y fam. que se dice

de cualquier sitio o local completamente lleno de gente.

botella. f. Vasija de cristal, vidrio o barro cocido, con el cuello estrecho, que sirve para contener líquidos. || Todo el líquido que cabe en una botella: *se bebió una ∽ de vino.*

botellazo. m. Golpe dado con una botella.

botellero. m. El que hace o vende botellas. || Aparato para llevar o colocar botellas.

botellín. m. Botella pequeña, especialmente la de cerveza.

botero. m. El que hace, adereza o vende botas o pellejos para vino, aceite, etc.

botica. f. Establecimiento en que se hacen y despachan medicinas. || fig. Medicamento, droga o mejunje.

botija. f. Vasija de barro mediana, redonda y de cuello corto y angosto.

botijero, ra. m. y f. Persona que hace o vende botijas o botijos.

botijo. m. Vasija de barro poroso, que se usa para refrescar el agua. Es de vientre abultado, con asa en la parte superior, a uno de los lados boca proporcionada para echar el agua, y al opuesto un pitón para beber.

botín. m. Conjunto de las armas, provisiones y demás efectos de una plaza o de un ejército vencido y de los cuales se apodera el vencedor. || Calzado que cubre parte de la pierna a la que se ajusta con botones, hebillas o correas.

botiquín. m. Mueble para guardar medicinas o para transportarlas a donde convenga. || Conjunto de estas medicinas.

boto. m. Cuero pequeño para echar vino, aceite u otro líquido.

botón. ≅brote. ≅capullo. m. Yema de un vegetal. || Flor cerrada y cubierta por las hojas. || Pieza pequeña de metal u otra materia que se pone en los vestidos para abrocharlos. También se pone por adorno. || Pieza que al oprimirla hace funcionar algunos aparatos eléctricos.

botonadura. f. Juego de botones para un traje o prenda de vestir.

botonería. f. Fábrica de botones. || Tienda en que se venden.

botonero, ra. m. y f. Persona que hace o vende botones.

botones. m. Muchacho que sirve en hoteles y otros establecimientos para llevar los recados u otras comisiones que se le encargan.

botulismo. m. Enfermedad producida por alimentos envasados en malas condiciones.

bouquet. m. Equilibrio de olores en ciertas bebidas alcohólicas.

boutique. f. Tienda pequeña lujosa en que se venden diversos artículos, especialmente del atuendo femenino.

bóveda. f. *Arquit.* Obra de fábrica curvada que cubre un espacio entre muros o pilares.

bovedilla. f. Bóveda pequeña entre viga y viga del techo de una habitación.

bóvido, da. adj. y s. Díc. de los mamíferos rumiantes con cuernos óseos cubiertos por estuche córneo, desprovistos de incisivos en la mandíbula superior y que tienen ocho en la inferior. || m. pl. Familia de estos animales.

bovino, na. adj. Relativo al toro o a la vaca. || Díc. de todo mamífero rumiante con el estuche de los cuernos liso, el hocico ancho y desnudo y la cola larga, con un mechón en el extremo. Ú. t. c. s. || m. pl. Tribu de estos animales.

boxeador. m. El que se dedica al boxeo; púgil.

boxear. tr. Luchar a puñetazos.

boxeo. m. Deporte que consiste en la lucha de dos púgiles que sólo pueden emplear los puños, enfundados en guantes especiales.

Bóveda de crucería. Escalera del parador Conde de Gondomar. Bayona (Pontevedra)

boy. m. En los territorios coloniales, criado.

boya. f. Cuerpo flotante sujeto al fondo del mar, de un lago, etc., que se coloca como señal para indicar un sitio peligroso o un objeto sumergido. || Corcho que se pone en la red para que no se hunda.

boyada. f. Manada de bueyes.

boyante. adj. Que boya o flota. || fig. Que tiene fortuna o felicidad creciente. || Díc. del buque que por llevar poca carga no cala todo lo que debe calar.

boyar. intr. Flotar una cosa en el agua. || Volver a flotar la embarcación que ha estado en seco.

boyera o **boyeriza.** f. Corral o establo donde se recogen los bueyes.

boyero. m. El que guarda bueyes o los conduce.

bozal. adj. y s. Negro recién sacado de su país. || fig. y fam. Inexperto en algún arte u oficio. || fig. y fam. Simple, necio o idiota. || m. Esportilla que, colgada de la cabeza, se pone en la boca a las bestias de labor y de carga, para que no deterioren los sembrados. || Aparato que se pone en la boca a los perros para que no muerdan.

bozo. m. Vello que apunta sobre el labio superior antes de nacer la barba. || Parte exterior de la boca. || Cuerda que se echa a las caballerías sobre la boca.

braceada. f. Movimiento de brazos ejecutado con esfuerzo y valentía.

braceador, ra. adj. Díc. del caballo que bracea.

bracear. intr. Mover repetidamente los brazos. || Nadar sacando los brazos fuera del agua y volteándolos hacia adelante. || Doblar el caballo los brazos con soltura al andar.

braceo. m. Acción de bracear.

bracero. m. Peón, jornalero no especializado.

braco, ca. adj. y s. Variedad de perro de caza. || fig. y fam. Díc. de la persona que tiene la nariz roma y algo levantada.

bráctea. f. Hoja pequeña que nace del pedúnculo de las flores de ciertas plantas.

bradicardia. f. Lentitud anormal del pulso.

bradilalia. f. Articulación lenta de las palabras.

bradipepsia. f. Digestión lenta.

braga. f. Prenda interior, generalmente ceñida, usada por las mujeres y los niños de corta edad, que cubre desde la cintura hasta el arranque de los muslos con aberturas para el paso de éstos. Ú. t. en pl.

bragado, da. adj. Aplícase al buey y a otros animales que tienen la bragadura de diferente color que lo demás del cuerpo. || fig. y fam. Aplícase a la persona de resolución enérgica y firme.

bragadura. f. Entrepiernas del hombre o del animal. || Parte de las bragas, calzones o pantalones que da ensanche al juego de los muslos.

bragazas. m. y adj. fig. y fam. Hombre que se deja dominar o persuadir con facilidad, especialmente por su mujer.

braguero. m. Aparato o vendaje destinado a contener las hernias o quebraduras.

bragueta. f. Abertura de los calzones o pantalones por delante.

braguetazo. m. Casamiento por interés con mujer rica.

brahmán. m. Cada uno de los individuos de la primera de las cuatro castas en que se hallaba dividida la población de la India.

brahmanismo. m. Religión de la India, hoy denominada oficialmente hinduismo.

brama. f. Celo de los ciervos y algunos otros animales salvajes, y temporada en que se hallan poseídos de él.

bramadera. f. Tablita con un agujero y una cuerda atada en él, que agitada con fuerza en el aire, hace ruido semejante al del bramido del viento; la usan los muchachos como juguete. || Instrumento de que usan los pastores para guiar el ganado.

bramante. m. y adj. Hilo gordo o cordel muy delgado hecho de cáñamo.

bramar. intr. Dar bramidos. || fig. Manifestar uno con gritos y con extraordinaria violencia la ira de que está poseído. || fig. Hacer ruido estrepitoso el viento, el mar, etc.

bramido. m. Voz del toro y de otros animales salvajes. || fig. Grito del hombre cuando está colérico y furioso. || fig. Ruido grande producido por el aire, el mar, etc.

brandy. m. Licor obtenido por un proceso de transformación de vinos. Es parecido al coñac.

branquia. f. Órgano respiratorio de muchos animales acuáticos, como peces (en estos también se llaman *agallas*), moluscos, cangrejos etc., constituido por láminas o filamentos de origen tegumentario. Ú. m. en pl.

branquial. adj. Relativo a las branquias: *respiración* ⌣.

braquial. adj. Relativo al brazo: *arteria* ⌣.

braquicéfalo, la. adj. y s. Persona cuyo diámetro anteroposterior del cráneo es relativamente corto comparándolo con el transversal.

braquícero. adj. y s. Díc. de los insectos dípteros que tienen cuerpo grueso, alas anchas y antenas cortas. || m. pl. Suborden de estos insectos, que se conocen con el nombre de moscas.

braquigrafía. f. Estudio de las abreviaturas.

braquilogía. f. Elipsis que consiste en suprimir, en una serie de oraciones con componentes idénticos, algunos de ellos tras la primera oración: *Juan, a causa de sus próximos exámenes, ha dejado de ir al cine, al fútbol y a cualquier otro espectáculo.*

braquiópodo, da. adj. y s. Díc. de los animales moluscos bivalvos, con un pedúnculo con el que se adhieren a las rocas marinas.

braquiuro, ra. adj. y s. Díc. de los crustáceos decápodos, vulgarmente llamados cangrejos de mar. || m. pl. Suborden de estos animales.

brasa. f. Leña o carbón encendidos, rojos, por total incandescencia.

brasero. m. Pieza de metal, ordinariamente circular, en la cual se echan brasas para calentarse. || *Méj.* Hogar de la cocina.

brasil. m. Árbol leguminoso de madera dura y compacta. || Afeite encarnado de las mujeres.

brasileño, ña. adj. y s. De Brasil.

brasmología. f. Tratado acerca del flujo y reflujo del mar.

bravata. ≅bravuconería. f. Amenaza proferida con arrogancia.

bravear. intr. Echar fieros o bravatas.

bravío, a. adj. Feroz, indómito. || fig. Díc. de

Brasero

los árboles y plantas silvestres. || fig. Díc. del que tiene costumbres rústicas. || m. Hablando de los toros, bravura.

bravo, va. ◁manso. adj. Valiente, esforzado. || Bueno, excelente. || Hablando de animales, fiero o feroz: *toro* ⌐. || Díc. del mar embravecido. || Áspero, inculto. || Enojado, violento. || Valentón o preciado de guapo. || fig. y fam. De genio áspero.

bravucón, na. ≅fanfarrón. ≅valentón. adj. y s. fam. Valiente sólo en apariencia.

bravuconada. f. Dicho o hecho propio del bravucón.

bravuconear. intr. Echar o decir bravatas.

bravuconería. f. Calidad de bravucón. || Bravuconada.

bravura. ≅ánimo. ≅ferocidad. ≅valor. f. Fiereza de los brutos. || Esfuerzo o valentía de las personas. || Bravata.

braza. f. Medida de longitud equivalente a 2 varas ó 1,6718 metros. || Uno de los estilos en natación.

brazada. f. Movimiento que se hace con los brazos, extendiéndolos y recogiéndolos.

brazado. m. Lo que se puede llevar y abarcar de una vez con los brazos: ⌐ *de leña.*

brazalete. m. Aro de metal que rodea el brazo hacia la muñeca y se usa como adorno.

brazo. m. Miembro superior del cuerpo humano. || Parte de este miembro desde el hombro hasta el codo. || Pata delantera de los cuadrúpedos. || Lo que tiene forma de brazo: *los* ⌐*s de la lámpara, del sillón, de la balanza.*

brazuelo. m. Parte de las patas delanteras de los mamíferos comprendida entre el codo y la rodilla.

brea. ≅alquitrán. ≅zopisa. f. Substancia viscosa que se obtiene de varias coníferas. Se emplea en medicina como pectoral y antiséptico. || Lienzo muy basto con que se suelen cubrir y forrar los fardos de ropa y cajones. || Arbusto chileno, compuesto, del cual se extraía resina.

break. m. Coche de cuatro ruedas para excursiones.

brear. tr. Maltratar, molestar. || fig. y fam. Zumbar, chasquear.

brebaje. m. Bebida, en especial la compuesta de ingredientes desagradables.

brécol. m. Variedad de la col común, cuyas hojas, de color más obscuro, no se apiñan. Ú. m. en pl.

brecha. f. Abertura que hace en la muralla la artillería. || Cualquier abertura hecha en una pared o edificio. || Rotura de un frente de combate. ||

Herida, especialmente en la cabeza. || fig. Impresión que hace en el ánimo algo.

brega. f. Acción y efecto de bregar. || fig. Chasco, burla. Ú. con el verbo *dar*.

bregar. intr. Luchar, reñir. || Trabajar afanosamente. || fig. Luchar con trabajos o dificultades.

breña. f. Tierra quebrada entre peñas y poblada de malezas.

breñal o **breñar.** m. Sitio de breñas.

bresca. f. Panal de miel.

brete. ≅apuro. ≅dificultad. m. Cepo de hierro que se pone a los reos en los pies. || fig. Aprieto sin evasivas: *estar* o *poner en un* ↶.

bretón. m. Variedad de col, cuyo troncho echa muchos tallos. || Tallo de esta planta.

bretón, na. adj. y s. De Bretaña. || m. Lengua, derivada del celta, que hablan los bretones.

breva. f. Primer fruto que anualmente da la higuera breval, mayor que el higo. || Bellota temprana. || Cigarro puro algo aplastado. || Provecho logrado sin sacrificio; empleo o negocio lucrativo y poco trabajoso.

breve. ≅corto. ≅sucinto. adj. De corta duración o extensión. || Aplicado a palabra, grave. || m. Documento pontificio. || adv. t. Pronto.

brevedad. f. Corta extensión o duración.

breviario. m. Libro que contiene el rezo eclesiástico de todo el año. || Epítome o compendio.

brezo. m. Arbusto de madera dura y raíces gruesas, que sirve para hacer carbón de fragua, carboncillo para dibujo y pipas de fumar.

bribón, na. adj. y s. Haragán. || Pícaro, bellaco.

bribonada. f. Picardía, bellaquería.

bribonear. intr. Hacer vida de bribón. || Hacer bribonadas.

bricolaje. m. Serie de pequeños trabajos caseros realizados en los ratos de ocio.

brida. f. Freno del caballo con las riendas y todo el correaje. || Reborde circular en el extremo de los tubos metálicos para acoplar unos a otros.

bridge. m. Juego de naipes.

brigada. f. Gran unidad homogénea, integrada por dos o más regimientos de un arma determinada. || Suboficial de grado superior al sargento primero. || Conjunto de personas reunidas para ciertos trabajos: ↶ *de trabajadores*.

brigadier. m. Oficial general cuya categoría equivalía a la del hoy general de brigada en el ejército y contraalmirante en la marina.

brigantino, na. adj. y s. De La Coruña.

brillante. ◁mate. adj. Que brilla. || fig. Admirable o sobresaliente en su línea. || m. Diamante brillante.

brillantina. f. Cosmético para dar brillo al cabello.

brillar. intr. Resplandecer: ↶ *las estrellas, los brillantes*. || fig. Lucir o sobresalir en talento, hermosura, etc.

brillo. ◁opacidad. m. Lustre o resplandor. || fig. Lucimiento, gloria.

brincar. ≅botar. ≅saltar. intr. Dar brincos o saltos. || fig. y fam. Omitir con cuidado una cosa pasando a otra. || fig. y fam. Resentirse y alterarse demasiado.

brinco. m. Movimiento que se hace levantando los pies del suelo con ligereza.

brindar. intr. Manifestar, al ir a beber vino u otro licor, el bien que se desea a personas o cosas. || tr. Ofrecer voluntariamente a uno alguna cosa. || fig. Convidar las cosas a que alguien se aproveche de ellas o las goce. || prnl. Ofrecerse voluntariamente a hacer alguna cosa.

brindis. ∬brindis. m. Acción de brindar antes de beber. || Lo que se dice al brindar.

brío. m. Pujanza: *hombre de* ↶. || fig. Espíritu, resolución. || fig. Garbo, gallardía, gentileza.

briocense. adj. y s. De Brihuega.

briofito, ta. adj. y s. Dic. de las plantas criptógamas que carecen de vasos y raíces, como los musgos. || f. pl. Tipo de estas plantas.

brioso, sa. adj. Que tiene brío.

brisa. f. Viento fresco y suave de las costas. || Viento suave.

brisca. f. Cierto juego de naipes.

británico, ca. adj. y s. De Gran Bretaña.

britano, na. adj. y s. De la antigua Britania.

brizna. f. Filamento o hebra: ↶ *de algodón*. || Parte delgada de alguna cosa.

broca. f. Carrete que dentro de la lanzadera lleva el hilo para la trama de ciertos tejidos. || Barrena que se usa con las máquinas de taladrar. || Clavo redondo y de cabeza cuadrada con que los zapateros afianzan la suela en la horma.

brocadillo. m. Tela de inferior calidad y más ligera que el brocado.

brocado. m. Tela de seda entretejida con oro o plata. || Tejido fuerte, todo de seda, con dibujo de distinto color que el del fondo.

brocal. m. Antepecho alrededor de la boca de un pozo. || Boquilla de la vaina de las armas blancas. || Cerco de madera o de cuerno de la bota para beber más fácilmente. || Ribete de acero del escudo.

brocense. adj. y s. De Brozas, patria del humanista Francisco Sánchez.

brocha. f. Escobilla de cerda con mango que sirve para pintar. || Pincel para enjabonar la barba.

brochazo. m. Cada una de las idas y venidas que se hacen con la brocha.

broche. m. Conjunto de dos piezas, por lo común de metal, una de las cuales encaja o engancha en la otra.

broma. f. Molusco marino, cuyas valvas, funcionando a manera de mandíbulas, perforan las maderas sumergidas. || Persona o cosa pesada o molesta. || Bulla, algazara. || Chanza, burla.

bromatología. f. Ciencia que trata de los alimentos.

bromatólogo, ga. m. y f. Persona que profesa la bromatología.

bromear. ≅guasearse. intr. y prnl. Usar de bromas o chanzas.

bromeliáceo, a. adj. y s. Díc. de las hierbas y matas de la América tropical, como el ananás. || f. pl. Familia de estas plantas.

bromhídrico. adj. Ácido formado por un átomo de hidrógeno y otro de bromo (BrH). Sus sales son los bromuros.

bromista. ≅burlón. ≅guasón. adj. y s. Aficionado a dar bromas.

bromo. m. Metaloide líquido, de color rojo pardusco y olor fuerte. Peso atómico, 79,92; núm. atómico, 35; símbolo, Br.

bromuro. m. Combinación del bromo con un radical simple o compuesto.

bronca. ≅pendencia. ≅riña. f. Disputa ruidosa. || Represión áspera. || Manifestación colectiva y ruidosa de desagrado.

bronce. m. Aleación de cobre y estaño de color amarillo rojizo, muy tenaz y sonoro. || fig. Estatua o escultura de bronce.

bronceado, da. adj. De color de bronce. || m. Acción y efecto de broncear o broncearse.

broncear. tr. Dar color de bronce. || prnl. Ponerse morena la piel por efecto de los rayos del sol.

broncíneo, a. adj. De bronce o parecido a él.

broncista. m. El que trabaja en bronce.

bronco, ca. ≅destemplado. ≅ronco. adj. Tosco, áspero. || Díc. de los metales quebradizos. || fig. Díc. de la voz desagradable y áspera.

bronconeumonía. f. Inflamación de los pulmones y bronquios.

broncopatía. f. Cualquier enfermedad de los bronquios.

bronquedad. f. Calidad de bronco.

bronquial. adj. Relativo a los bronquios.

bronquio. m. Cada uno de los dos conductos en que se bifurca la tráquea y que entran en los pulmones. Ú. m. en pl.

bronquiolo o **bronquíolo.** m. Cada una de las últimas ramificaciones de los bronquios. Ú. m. en pl.

bronquitis. f. Inflamación aguda o crónica de la membrana mucosa de los bronquios.

brontosaurio. m. Dinosaurio herbívoro cuyos restos se han encontrado en el jurásico de América del Norte. Tenía tronco muy voluminoso, terminado en una gran cola, y sobrepasaba los 30 m. de longitud.

brotar. intr. Salir la planta de la tierra: ⌢ *el trigo.* || Salir en la planta renuevos, flores, hojas, etc. || Manar el agua de los manantiales. || fig. Salir en el cutis granos, viruelas. || tr. Echar la tierra plantas, hierbas, etc.

brote. ≅pimpollo. ≅retoño. m. Renuevo de una planta. || Acción de brotar.

broza. ≅hojarasca. f. Conjunto de despojos de las plantas. || Desecho de alguna cosa. || Maleza. || fig. Cosas inútiles que se dicen de palabra o por escrito.

brucelosis. f. Enfermedad infecciosa transmitida al hombre por diversos animales, como la fiebre de Malta.

bruces (a, o de). m. adv. Boca abajo: *caerse de* ⌢.

brucita. f. Magnesia hidratada y cristalizada que se emplea en medicina.

bruja. f. Lechuza. || Mujer que, según la opinión vulgar, tiene pacto con el diablo y, por medio de éste, hace cosas extraordinarias. || fig. y fam. Mujer fea y vieja.

brujear. intr. Hacer brujerías.

brujería. f. Superstición y engaños en que cree el vulgo que se ejercitan las brujas.

brujo. ≅hechicero. m. Hombre de quien se dice que tiene pacto con el diablo. || Mago de una tribu.

brújula. f. Instrumento para determinar las direcciones en la superficie terrestre. || Instrumento que indica el rumbo de la nave. || fig. Lo que sirve de guía.

brujulear. tr. En el juego de naipes, descubrir poco a poco las cartas para conocerlas por las rayas o pintas. || fig. Adivinar. || fig. Vagar. || fig. y fam. Buscar con diligencia y por varios caminos el logro de una pretensión.

brujuleo. m. Acción de brujulear.

bruma. ≅neblina. f. Niebla, especialmente la que se forma sobre el mar.

brumoso, sa. adj. Con bruma.

Brújula de bolsillo

bruno, na. adj. De color negro u obscuro.

bruñido. m. Acción y efecto de bruñir.

bruñir. tr. Dar lustre a una cosa.

brusco, ca. adj. Áspero, desapacible. || Rápido, repentino.

bruselense. adj. y s. De Bruselas.

brusquedad. f. Calidad de brusco. || Acción brusca.

brutal. adj. Que imita a los brutos. || Extremadamente grosero y zafio. || fig. y fam. Colosal, genial: *tu hermano es* ⌐.

brutalidad. f. Calidad de bruto. || fig. Falta de razón. || fig. Acción grosera y cruel. || fig. y fam. Gran cantidad.

bruto, ta. adj. Necio, incapaz. Ú. t. c. s. || Vicioso. || Violento, rudo. || Díc. de las cosas toscas. || Díc. del peso total, incluida la tara. || m. Animal irracional.

buba. f. Postilla o tumorcillo de pus.

búbalo, la. m. y f. Búfalo, bóvido corpulento.

bubi. adj. Individuo de un pueblo negro que habita en la isla de Fernando Poo. Ú. t. c. s. || Relativo a los bubis.

bubón. m. Tumor purulento y voluminoso.

bucal. adj. Relativo a la boca.

bucanero. m. Pirata que en los s. XVII y XVIII saqueaba las posesiones españolas de ultramar.

bucare o **búcare.** m. Árbol americano de espesa copa, que sirve en Venezuela para defender los plantíos de café y cacao contra el rigor del sol.

búcaro. m. Tierra roja arcillosa que se traía primitivamente de Portugal, y que se usaba para hacer vasijas. || Vasija hecha con esta arcilla.

buccinador. adj. y s. Músculo plano de la mejilla que interviene en el soplo y en la masticación.

buccino. m. Caracol marino cuya tinta empleaban los antiguos para teñir las telas.

bucear. intr. Nadar debajo del agua. || Trabajar como buzo. || fig. Explorar acerca de algún tema.

buceo. m. Acción de bucear.

bucle. m. Rizo helicoidal del cabello.

bucólica. f. Composición poética del género bucólico.

bucólico, ca. adj. Género de poesía en que se trata de cosas concernientes a los pastores o a la vida campestre. || Relativo a este género.

buchaca. f. Bolsa, bolsillo.

buche. ≅bocanada. ≅papo. ≅sorbo. m. Bolsa membranosa que comunica con el esófago de las aves, en la cual se reblandece el alimento. || Estómago. || Porción de líquido que cabe en la boca. || Borrico recién nacido y mientras mama.

budín. m. Plato de dulce que se prepara con bizcocho o pan deshecho en leche y azúcar y frutas secas, cocido todo al baño de María.

budión. ≅doncella. m. Pez acantopterigio muy abundante en las costas de España.

budismo. m. Doctrina filosófica, religiosa y moral fundada en la India por Buda.

budista. adj. Relativo al budismo. || com. Persona que lo profesa.

buen. adj. apóc. de bueno. Se usa precediendo a un substantivo o a un verbo en infinitivo: ⌐ año, ⌐ andar.

buenaventura. f. Buena suerte. || Adivinación que hacen las gitanas de la suerte de las personas.

buenazo, za. adj. aum. de bueno. || fam. Persona pacífica y de buen natural. Ú. t. c. s.

bueno, na. ≅afable. ≅benévolo. ≅indulgente. ◁malo. adj. Que tiene bondad en su género. || A propósito para alguna cosa. || Gustoso, divertido. || Grande: ⌐ *calentura*. || Sano. || Díc. irónicamente de la persona simple o bonachona. Ú. m. c. s.: *el* ⌐ *de Juan*. || No deteriorado y que puede servir: *este vestido todavía está* ⌐. || Bastante, suficiente.

buey. m. Toro castrado.

bufa. f. Burla, bufonada.

búfalo, la. m. y f. Bisonte de América del Norte. || Bóvido corpulento, de largos cuernos deprimidos, de Asia y África.

bufanda. ≅tapaboca. ≅tapabocas. f. Prenda con que se abriga el cuello y la boca.

bufar. intr. Resoplar con furor el toro, el caballo y otros animales. || fig. y fam. Manifestar ira o extremo enojo de algún modo.

bufé. m. Comida de manjares calientes y fríos con que se cubre de una vez la mesa. || Local destinado a reuniones o espectáculos públicos donde se sirven dichos manjares. || Local para tomar refección ligera en estaciones de ferrocarril.

bufete. m. Mesa de escribir con cajones. || fig. Estudio o despacho de un abogado. || fig. Clientela del abogado.

bufido. m. Voz del animal que bufa. || fig. y fam. Expresión o demostración de enojo o enfado.

bufo, fa. adj. Cómico, casi grotesco. || Bufón, chocarrero. || m. y f. Persona que hace el papel de gracioso en la ópera italiana.

bufón. adj. Chocarrero. || m. y f. Truhán que se ocupa en hacer reír.

bufonada. ≅chocarrería. f. Dicho o hecho propio de bufón. || Chanza satírica.

bufonearse. prnl. e intr. Burlarse, decir bufonadas.

buganvilla. f. Arbusto espinoso trepador, oriundo de América.

bugle. m. Instrumento músico de viento provisto de pistones.

buhardilla. f. Ventana en el tejado de una casa que sirve para dar luz a los desvanes o salir a los tejados. || Habitación en el desván de una casa.

búho. m. Ave rapaz nocturna, de ojos grandes, colocados en la parte anterior de la cabeza, sobre la que tiene unas plumas alzadas que figuran orejas.

buhonería. f. Chucherías y baratijas de poca monta, como botones, peines, etc.

buhonero, ra. m. y f. Persona que lleva o vende cosas de buhonería.

buitre. m. Ave rapaz de cerca de dos metros de envergadura, con el cuello desnudo, que se alimenta de carne muerta y vive en bandadas.

buitrero, ra. adj. Perteneciente al buitre. || m. Cazador de buitres. || f. Lugar en que los cazadores ponen el cebo al buitre.

buitrón. m. Arte de pesca. || Cierta red para cazar perdices. || Cenicero del hogar en los hornos metalúrgicos. || Uno de los pájaros europeos

Búho

más pequeños, que canta bamboleándose en el aire.

buje. m. Pieza cilíndrica que guarnece interiormente el cubo de las ruedas de los vehículos.

bujía. ≅candela. ≅vela. f. Vela de cera blanca. || Candelero en que se pone. || Pieza que en los motores de combustión sirve para que salte la chispa eléctrica.

bula. f. Medalla que en la antigua Roma llevaban los hijos de familias nobles hasta que vestían la toga. || Documento pontificio relativo a materia de fe o de interés general.

bulbar. adj. Relativo al bulbo raquídeo.

bulbo. m. Tallo subterráneo de algunas plantas: ↶ *de la cebolla, de la azucena.* || Abultamiento de la medula espinal en su parte superior, conocido como *bulbo raquídeo.*

buldog. m. Anglicismo por perro de presa.

bulerías. f. pl. Cante popular andaluz de ritmo vivo. || Baile que se ejecuta al son de ese cante.

bulevar. m. Nombre de ciertas calles generalmente anchas y con árboles.

búlgaro, ra. adj. y s. De Bulgaria. || m. Lengua búlgara.

bulo. m. Noticia falsa propalada con algún fin.

bulto. m. Volumen de cualquier cosa. || Cuerpo que por alguna circunstancia no se distingue lo que es. || Elevación causada por cualquier hinchazón. || Busto o estatua. || Fardo, maleta, baúl, etc., hablando de transportes o viajes.

bulla. ≅algarabía. ≅bullicio. ≅vocerío. ◁calma. f. Gritería o ruido que hacen una o varias personas. || Concurrencia de mucha gente. || *And.* Prisa, apresuramiento.

bullabesa. f. Sopa de pescado.

bullanga. f. Tumulto, bullicio.

bullanguero, ra. adj. y s. Alborotador, amigo de bullangas.

bulldozer. m. Tractor sobre orugas provisto de una pala frontal para labores de desmonte y nivelación de terrenos.

bullebulle. com. fig. y fam. Persona inquieta y entremetida.

bullicio. m. Ruido y rumor de mucha gente. || Alboroto, tumulto.

bullicioso, sa. ≅estrepitoso. ≅ruidoso. adj. Díc. de lo que causa bullicio o que lo tiene: *asamblea* ⌢; *calle* ⌢. || Inquieto, desasosegado. || Alborotador. Ú. t. c. s.

bullir. ≅burbujear. ≅hormiguear. ≅pulular. intr. Hervir un líquido. || fig. Agitarse a semejanza del agua hirviendo una masa de personas, animales u objetos, etc..

bumangués, sa. adj. y s. De Bucaramanga.

bumerán. m. Arma arrojadiza que, lanzada con movimiento giratorio, puede volver al punto de partida.

bungalow. m. Casa de campo o playa de construcción ligera.

bunker o **búnker.** m. Fortificación, a menudo subterránea, para defenderse de los bombardeos. Fue utilizado por los alemanes durante la S. G. M. || fig. Sector más inmovilista de una sociedad.

buñuelo. m. Fruta de sartén, que se hace de masa de harina bien batida y frita en aceite. || fig. y fam. Cosa hecha mal y atropelladamente.

buque. ≅navío. ≅vapor. m. Barco grande y sólido, adecuado para navegaciones de importancia: ⌢ *de guerra, de transporte, de vela, de vapor, escuela, insignia, submarino,* etc.

burbuja. f. Glóbulo de aire que se forma en los líquidos.

burbujear. intr. Hacer burbujas.

burdel. adj. Lujurioso, vicioso. || m. Casa de mujeres públicas. || fig. y fam. Casa en que se falta al decoro con ruido y confusión.

burdo, da. ◁refinado. adj. Tosco, grosero: *paño* ⌢.

bureo. m. Juzgado en que se conocía de las causas de personas que gozaban del fuero de la casa real. || fig. Entretenimiento, diversión.

bureta. f. Recipiente de vidrio en forma de tubo graduado para análisis químicos.

burga. f. Manantial de agua caliente.

burgalés, sa. adj. y s. De Burgos.

burgo. m. Población muy pequeña que dependía de otra principal.

burgomaestre. m. Primer magistrado municipal de algunas ciudades de Alemania, Países Bajos, Suiza, etc.

burgués, sa. adj. Relativo a la burguesía. || m. y f. Ciudadano de la clase media, acomodada u opulenta.

burguesía. ≅mesocracia. f. Conjunto de ciudadanos de las clases acomodadas o ricas.

buril. m. Instrumento puntiagudo de acero para grabar sobre metal y otras materias.

burilar. tr. Grabar con el buril.

burla. ≅escarnio. ≅mofa. f. Acción o palabras con que se procura poner en ridículo a personas o cosas.

burladero. m. Trozo de valla que se pone delante de las barreras de las plazas de toros para que pueda refugiarse el torero.

burlador, ra. adj. y s. Que burla. || m. Libertino habitual que hacía gala de deshonrar a las mujeres.

burlar. tr. Chasquear, zumbar. Ú. m. c. prnl. || Engañar, mentir. || Esquivar a alguien. || Frustrar la esperanza, el deseo. || Esquivar la acometida del toro. || prnl. Hacer burla. Usáb. t. c. intr.

burlesco, ca. adj. fam. Festivo, jocoso.

burlete. m. Vaina plástica rellena de estopa o crin que se pone al canto de las hojas de puertas, balcones o ventanas para que no pueda pasar el viento.

burlón, na. adj. Inclinado a decir o hacer burlas. Ú. t. c. s. || Que implica burla.

buró. m. Mueble para escribir, a manera de cómoda.

burocracia. f. Influencia de los funcionarios públicos en los negocios del Estado. || Clase social que forman los empleados públicos.

burócrata. com. Persona que pertenece a la burocracia.

burocrático, ca. adj. Relativo a la burocracia.

burra. f. Hembra del burro. || fig. Mujer necia e ignorante. Ú. t. c. adj. || fig. y fam. Mujer laboriosa y de mucho aguante.

burrada. f. Manada de burros. || fig. y fam. Dicho o hecho necio o brutal.

burro. m. Asno, animal. || Armazón para sujetar y tener en alto una de las cabezas del madero que se ha de aserrar. || Rueda central dentada del torno de la seda. || Ciertos juegos de naipes. || Instrumento de gimnasia. || fig. y fam. Hombre de poco entendimiento. Ú. t. c. adj.

bursátil. adj. Concerniente a la bolsa, y a sus operaciones y valores cotizables.

burseráceo, a. adj. y s. Díc. de las plantas angiospermas dicotiledóneas que destilan resinas y bálsamos, como el arbolito que produce el incienso. || f. pl. Familia de estas plantas.

burujo. m. Bulto pequeño que se forma apretándose unas con otras las partes que debían estar sueltas: ∽ *de lana, engrudo,* etc.

busca. f. Acción de buscar. || Tropa de cazadores y perros que corre el monte para levantar la caza. || Recogida, entre los desperdicios, de objetos aprovechables.

buscapié. m. fig. Especie que se suelta en la conversación o por escrito para rastrear o poner en claro algo.

buscapiés. ≅carretilla. m. Cohete sin varilla que corre por la tierra.

buscar. tr. Hacer algo para hallar o encontrar alguna persona o cosa: *busco criada; el perro busca la caza.*

buscarla. com. Pájaro insectívoro, pequeño y de color pardo, que suele anidar entre juncales y cañaverales.

buscavidas. com. fig. y fam. Persona demasiado curiosa. || Persona diligente en buscarse el medio de vivir.

buscón, na. adj. y s. Que busca. || Persona que hurta rateramente. || f. Ramera.

busto. m. Escultura o pintura de la cabeza y parte superior del tórax. || Parte superior del cuerpo humano. || Pecho de la mujer.

butaca. f. Silla de brazos con el respaldo inclinado hacia atrás. || Entrada, tique, etc., para ocupar una butaca en el teatro.

butano. m. Hidrocarburo gaseoso natural o derivado del petróleo que, envasado a presión, tiene los mismos usos que el gas del alumbrado.

buten(de). loc. vulg. Excelente.

butifarra. f. Cierto embutido que se hace principalmente en Cataluña, las Baleares y Valencia.

butílico, ca. adj. Alcohol de cuatro átomos de carbono en su molécula. Se conocen cuatro alcoholes isómeros de fórmula $C_4 H_1 0\ 0$: normal primario, normal secundario, isobutílico primario e isobutílico terciario.

butírico, ca. adj. Ácido en forma de líquido medianamente volátil, de olor desagradable, que recuerda al del queso rancio, y cuya fórmula es $C_4 H_8 O_2$.

butiro. m. Mantequilla obtenida de la leche batida.

butirómetro. m. Instrumento para determinar la manteca o crema de la leche.

butomáceo, a. adj. y f. Díc. de hierbas angiospermas monocotiledóneas cuyo tipo es el junco florido. || f. pl. Familia de estas plantas.

buxáceo, a. adj. y f. Díc. de plantas angiospermas dicotiledóneas, cuyo tipo es el boj. || f. pl. Familia de estas plantas.

buzar. intr. Inclinarse hacia abajo los filones o las capas del terreno.

buzo. m. El que tiene por oficio trabajar sumergido en el agua. || Cierta embarcación antigua. || Traje con el cuerpo y perneras en una sola pieza.

buzón. m. Abertura por donde se echan las cartas para el correo. || Por ext., caja preparada para este fin. || Conducto por donde desaguan los estanques. || Tapón de cualquier agujero para dar entrada o salida a un líquido.

byte. m. En informática, conjunto formado por un número determinado de *bits,* generalmente 4, 6 u 8. Al conjunto de un millón de bytes se le llama *megabyte* y al de mil bytes, *kilobyte.*

c. f. Tercera letra del abecedario español y segunda de sus consonantes. Su nombre es *ce*. Ante las vocales *e, i (cena, cifra)* representa un sonido interdental como el de la *z*.

C. Letra numeral que tiene el valor de ciento en la numeración romana. || abr. de *centígrado* en las indicaciones de temperatura de esta escala. || Símbolo químico del *carbono*.

ca. abr. de *centiárea*.

Ca. Símbolo químico del *calcio*.

cabal. ≅exacto. ≅justo. adj. Ajustado a peso o medida. || Díc. de lo que cabe a cada uno. || fig. Completo, perfecto. || adv. m. Justa o perfectamente.

cábala. f. Tradición oral que entre los judíos explicaba el sentido de los libros del Antiguo Testamento. || Arte supersticioso practicado por los judíos. || fig. Cálculo supersticioso para adivinar una cosa.

cabalgada. f. Tropa de gente de a caballo que salía a correr el campo.

cabalgadura. f. Bestia para cabalgar o de carga.

cabalgar. intr. Subir a caballo. Ú. t. c. tr. || Andar a caballo. || Ir una cosa sobre otra. || tr. Cubrir el caballo u otro animal a su hembra.

cabalgata. f. Reunión de muchas personas que van cabalgando. || Comparsa de jinetes.

cabalístico, ca. adj. Relativo a la cábala: *libro* ↴. || Misterioso.

caballa. f. Pez marino comestible, de color azul verdoso y rayas oscuras.

caballar. ≅ecuestre. ≅hípico. adj. Relativo al caballo. || Parecido a él.

caballeresco, ca. adj. Propio de caballero. || Relativo a la caballería de los siglos medios: *costumbres caballerescas*. || Se aplica a los libros que cuentan las aventuras de los caballeros andantes.

caballería. f. Cualquier animal solípedo que sirve para cabalgar en él. Se llama mayor si es mula o caballo, y menor si es borrico. || Cuerpo de soldados a caballo. || Cualquiera de las Órdenes militares de España, como las de Santiago, Calatrava, etc.

caballeriza. ≅cuadra. f. Sitio destinado para estancia de los caballos y bestias de carga. || Conjunto de caballos o mulas de una caballeriza. || Conjunto de los criados que la sirven.

caballero, ra. ≅jinete. adj. Que cabalga. || m. Hidalgo de calificada nobleza. || El que pertenece a alguna de las Órdenes de caballería. || El que se porta con nobleza y generosidad.

caballerosidad. ≅dignidad. ≅nobleza. ≅pundonor. f. Calidad de caballeroso. || Proceder caballeroso.

caballeroso, sa. adj. Propio de caballeros. || Que tiene acciones propias de caballero.

caballete. m. Línea de un tejado de la cual arrancan dos vertientes. || Potro de madera, en que se daba tormento. || Pieza de los guadarneses que sirve para tener las sillas de montar. || Armazón de madera donde se coloca el cuadro que se ha de pintar.

caballista. m. El que entiende de caballos y monta bien.

caballitos. m. pl. Juego de azar, en el que se gana o se pierde según sea la casilla numerada donde cesa la rotación de una figura de caballo. || Tiovivo.

caballo. m. Mamífero équido, que se domestica fácilmente y es de los más útiles al hombre. || Pieza de juego de ajedrez. || Naipe que representa un caballo con su jinete. || Burro, armazón para sujetar un madero que se asierra. || Aparato gimnástico formado por cuatro patas y un cuerpo superior, muy alargado y terminado en punta por uno de sus extremos. || fam. Heroína.

caballón. m. Lomo entre surco y surco de la tierra arada. || El que se dispone para contener las aguas o darles dirección en los riegos.

cabaña. ≅ barraca. ≅ choza. f. Casilla tosca hecha en el campo. || Número considerable de cabezas de ganado. || Conjunto de los ganados de una región. || Recua de caballerías que se emplea en portear granos.

cabaré. m. Nombre que se da a grandes salas donde se baila y se dan espectáculos variados, especialmente nocturnos.

cabaretera. adj. y f. Mujer que trabaja en un cabaret. || Díc. de la mujer de mala vida.

cabás. m. Cestillo de que usan las mujeres para guardar sus compras. || Especie de caja con asa de que usan las niñas llevan al colegio sus utensilios escolares.

cabe. prep. ant. Cerca de, junto a. Ú. aún en poesía.

cabecear. intr. Mover la cabeza. || Negar moviendo la cabeza. || Dar cabezadas cuando uno se va durmiendo. || Moverse la embarcación bajando

Caballo percherón

y subiendo la proa. || Inclinarse a una parte o a otra lo que debía estar en equilibrio.

cabecera. f. Principio o parte principal de algunas cosas. || Parte superior o principal de un sitio en que se juntan varias personas: *la ᔇ del tribunal, del estrado.* || Parte de la cama donde se ponen las almohadas. || Origen de un río. || Capital o población principal de un territorio o distrito. || Adorno que se pone a la cabeza de una página, capítulo o parte de un impreso. || Cada uno de los dos extremos del lomo de un libro. || Almohada de la cama.

cabecilla. com. fig. y fam. Persona de mala conducta o de poco juicio. || m. Jefe de rebeldes.

cabellera. f. El pelo de la cabeza. || Pelo postizo. || Ráfaga luminosa de que aparece rodeado el cometa crinito.

cabello. ≅ pelo. m. Cada uno de los pelos que nacen en la cabeza. || Conjunto de todos ellos. || pl. Barbas de la mazorca del maíz.

cabelludo, da. adj. De mucho cabello. || Aplícase a la fruta o planta cubierta de hebras largas y vellosas.

caber. intr. Poder contenerse una cosa dentro de otra. || Tener lugar o entrada. || Tocarle a uno o pertenecerle alguna cosa. || Ser posible. || tr. Coger, tener capacidad. || Admitir.

cabestrillo. m. Banda pendiente del hombro para sostener la mano o el brazo lastimados. || Cadena delgada que se traía al cuello por adorno.

cabestro. m. Ronzal que se ata a la cabeza o al cuello de la caballería. || Buey manso que sirve de guía en las toradas. || Cabestrillo, cadena delgada.

cabeza. f. Parte superior del cuerpo del hombre y superior o anterior del de muchos animales. || Parte superior y posterior de ella. || Principio o parte extrema de una cosa. || Parte opuesta a la punta de un clavo. || Parte superior del corte de un libro. || fig. Persona. || fig. Res. || fig. Capital, población principal. || m. Jefe que gobierna una comunidad. || Jefe de una familia.

cabezada. ≅ cabezazo. f. Golpe dado con la cabeza. || El que se recibe en ella. || Cada movimiento que hace con la cabeza el que, sin estar acostado, se va durmiendo. || Inclinación de cabeza, como saludo de cortesía. || Acción de cabecear una embarcación. || Correaje que ciñe y sujeta la cabeza de una caballería.

cabezal. m. Almohada pequeña. || Almohada larga que ocupa toda la cabecera de la cama. || Colchoncillo angosto para dormir en los poyos junto a la lumbre. || Dispositivo que tienen los sillones de las peluquerías y otros servicios para sujetar la cabeza.

cabezazo. ≅ cabezada. m. Golpe dado con la cabeza.

cabezo. m. Cerro alto o cumbre de una montaña. || Montecillo aislado. || *Mar.* Roca de cima redonda que sobresale del agua.

cabezón, na. adj. fam. De cabeza grande. Ú. t. c. s. || fig. Terco, obstinado.

cabezonada. f. fam. Acción propia de persona terca u obstinada.

cabezota. ≅ cabezudo. ≅ obstinado. com. fam. Persona que tiene la cabeza muy grande. || fig. y fam. Persona terca, testaruda. Ú. t. c. adj.

cabezudo, da. adj. Que tiene grande la cabeza. || fig. y fam. Terco, obstinado. || fig. y fam. Díc. del vino muy espiritoso. || m. Figura de enano de gran cabeza que en algunas fiestas suele llevarse con los gigantones. || Mújol.

cabezuela. f. Harina más gruesa del trigo después de sacada la flor. || Planta compuesta que se emplea para hacer escobas. || Botón de la rosa. || Inflorescencia cuyas flores están insertas en un receptáculo.

cabida. f. Espacio o capacidad que tiene una cosa. || Extensión superficial de un terreno.

cabila. f. Tribu de beduinos o de beréberes.

cabildada. f. fam. Resolución atropellada o imprudente de una comunidad o cabildo.

cabildear. intr. Gestionar con maña para ganar voluntades en un cuerpo colegiado o corporación.

cabildo. m. Comunidad de eclesiásticos capitulares de una iglesia. || Ayuntamiento, corporación. || Junta celebrada por un cabildo. || Sala donde se celebra. || Corporación que en Canarias representa a los pueblos de cada isla.

cabina. f. Locutorio, departamento para el uso individual del teléfono. || En los cines, recinto aislado donde están los aparatos de proyección. || En aeronaves, camiones y otros vehículos automóviles, espacio reservado para el conductor y personal técnico. En los aviones, es también el espacio donde se acomodan los pasajeros. || En instalaciones deportivas, recinto para mudarse de ropa.

cabinera. f. *Col.* Azafata de avión.

cabio. m. Listón que se atraviesa a las vigas para formar suelos y techos. || Madero de suelo que cierra de cada lado el hueco de una chimenea y lleva ensamblado el brochal. || Travesaño superior e inferior que con los largueros forman el marco de las puertas o ventanas.

cabizbajo, ja. adj. Persona que tiene la cabeza inclinada hacia abajo por abatimiento o tristeza.

cable. m. Maroma gruesa. || Cablegrama. || Cordón más o menos grueso formado por uno o varios hilos de cobre, cubierto o cubiertos, o no, con un aislante, que sirve para la conducción de la electricidad, para establecer líneas telegráficas o telefónicas, etc. || fig. Ayuda que se presta al que está en una situación comprometida. Ú. más en la frase *echar un* ⌐.

cablegrafiar. tr. Transmitir noticias por cable submarino.

cablegrama. m. Telegrama transmitido por cable submarino.

cablero, ra. adj. y s. Buque destinado a tender y reparar cables telegráficos submarinos.

cabo. ≅ extremidad. ≅ punta. m. Cualquiera de los extremos de las cosas. || Extremo que queda de alguna cosa: ⌐ *de vela.* || Mango. || Hilo o hebra. || En las aduanas, lío pequeño. || Lengua de tierra que penetra en el mar. || Fin, término de una cosa. || *Mar.* Cuerda. || Individuo de la clase de tropa inmediata superior al soldado. || pl. Piezas sueltas que se usan con el vestido.

cabotaje. m. Navegación o tráfico que hacen los buques entre los puertos de su nación sin perder de vista la costa. || Tráfico marítimo en las costas de un país determinado.

cabra. f. Mamífero rumiante doméstico, con cuernos huecos y vueltos hacia atrás. || Hembra de esta especie. || Máquina militar que se usaba antiguamente para tirar piedras. || Molusco marino. || *Col.* y *Cuba.* Brocha de pintar. || *Chile.* Carruaje ligero de dos ruedas. || *Chile.* fig. y fam. Muchacha. || f. pl. Cabrillas, manchas de las piernas.

cabracho. m. Pez teleóstomo, común en el Mediterráneo. Tiene la boca prominente con labios gruesos y aleta dorsal espinosa que recubre todo el cuerpo.

cabrahígo. m. Higuera silvestre. || Fruto de este árbol.

cabrear. tr. Meter ganado cabrío en un terreno. || fig. y fam. Enfadar. Ú. m. c. prnl. || *Perú.* Esquivar engañosamente, sobre todo en juegos deportivos e infantiles. || intr. *Chile.* Ir saltando y brincando.

cabrería. f. Casa en que se vende la leche de cabras. || Casa en donde se recogen las cabras por la noche.

cabrerizo, za. adj. Relativo a las cabras. || m. Cabrero, pastor de cabras.

cabrero, ra. m. y f. Pastor de cabras. || m.

Pájaro poco más grande que el canario que abunda en Cuba.

cabrestante. m. Torno colocado verticalmente que se emplea para mover grandes pesos.

cabria. f. Máquina para levantar grandes pesos.

cabrilla. f. Pez marino, de unos dos centímetros de largo, abundante en España. || Trípode de madera en que los carpinteros sujetan los maderos para labrarlos. || pl. Manchas que se hacen en las piernas por permanecer mucho tiempo cerca del fuego.

cabrillear. intr. Formarse cabrillas en el mar. || Rielar la luz.

cabrio. m. Madero colocado paralelamente a los pares de una armadura de tejado para recibir la tablazón.

cabrío, a. adj. Perteneciente a las cabras. || m. Ganado cabrío; rebaño de cabras.

cabriola. f. Brinco que dan los que danzan, cruzando varias veces los pies en el aire. || fig. Voltereta en el aire. || fig. Salto que da el caballo, soltando un par de coces mientras se mantiene en el aire.

cabriolar. intr. Dar o hacer cabriolas.

cabriolé. m. Especie de carruaje descubierto. || Especie de capote con mangas o aberturas en los lados para sacar por ellas los brazos.

cabriolear. intr. Cabriolar.

cabritilla. f. Piel curtida de cualquier animal pequeño, como cabrito, cordero, etc.

cabrito. m. Cría de la cabra. || Cliente de casas de lenocinio. || pl. *Chile.* Rosetas de maíz.

cabrón. m. Macho de la cabra. || fig. y vulg. El que consiente el adulterio de su mujer. Ú. t. c. adj. || El casado con mujer adúltera. || El que aguanta cobardemente los agravios de que es objeto. || *Amér.* m. Rufián.

cabrón, na. m. y f. vulg. Persona que hace cabronadas o malas pasadas a otra.

cabronada. f. vulg. Acción infame que permite alguno contra su honra. || fig. y vulg. Cualquiera incomodidad grave que hay que aguantar por alguna consideración. || fig. y vulg. Acción malintencionada o indigna contra otro.

cabruno, na. adj. Perteneciente o relativo a la cabra.

caca. f. fam. Excremento humano. || fig. y fam. Defecto o vicio: *tapar la* ~. || fig. y fam. Suciedad, inmundicia.

cacahual. m. Terreno poblado de cacaos.

cacahuete. ≅maní. m. Planta papilionácea, procedente de América, con fruto en legumbre que penetra en el suelo para madurar. || Fruto de esta planta.

cacao. ≅teobroma. m. Árbol de América cuyo fruto se emplea como principal ingrediente del chocolate. || Semilla de este árbol. || En Nicaragua, moneda ínfima de los nahuas, que consistía en granos de cacao. || fig. Jaleo, follón, escándalo.

cacarear. intr. Dar voces repetidas el gallo o la gallina. || tr. fig. y fam. Exagerar las cosas propias.

cacatúa. f. Ave trepadora de Oceanía con un moño de grandes plumas. Domesticada, aprende fácilmente a proferir sonidos que imitan la palabra humana.

cacera. f. Canal para regar.

cacereño, ña. adj. y s. De Cáceres.

cacería. f. Partida de caza. || Conjunto de animales muertos en la caza.

cacerina. f. Bolsa para llevar cartuchos y balas.

cacerola. f. Vasija con asas o mango para guisar. || Artrópodo, también llamada *cangrejo bayoneta.* Vive en la costa atlántica de Méjico, mar de las Antillas y Asia sudoriental.

cacique. m. Señor de vasallos en alguna provincia o pueblo de indios. || fig. y fam. Persona que en un pueblo o comarca ejerce excesiva influencia en asuntos políticos o administrativos. || Déspota. || *Chile.* Persona que se da muy buena vida.

caciquear. intr. Intervenir en asuntos usando indebidamente de autoridad o influencia. || fam. Mangonear.

caciquismo. m. Dominación o influencia de los caciques. || Por ext., intromisión abusiva de una persona en determinados asuntos, valiéndose de autoridad o influencia.

caco. m. fig. Ladrón que roba con destreza. || fig. y fam. Hombre muy tímido.

cacofonía. f. Vicio del lenguaje, que consiste en la repetición frecuente de unas mismas sílabas o letras.

cacofónico, ca. adj. Que tiene cacofonía.

cacomite. m. Planta oriunda de Méjico, de raíz comestible.

cacoquimia. f. Depravación de los humores normales. || Caquexia.

cacoquimio, mia. m. y f. Persona que padece tristeza que le ocasiona estar pálida y melancólica.

cacosmia. f. Olor fétido. || Perversión del sentido del olfato, que hace agradables los olores repugnantes.

cactáceo, a. adj. Díc. de las plantas angiospermas dicotiledóneas, originarias de América, como la chumbera y el cacto. || f. pl. Familia de estas plantas.

cacto o **cactus.** m. Planta cactácea, de tallo grueso acostillado y verrugoso con pelos y espinas.

cacumen. m. fig. y fam. Agudeza, perspicacia.

cacuminal. adj. *Fon.* Díc. de la consonante que se articula mediante un contacto de la punta de la lengua y la parte superior del paladar.

cacha. f. Cada una de las dos piezas que forman el mango de las navajas y de algunos cuchillos. Ú. m. en pl. || Cada una de las ancas de la caza menor. || Cachete, carrillo de la cara. || Nalga.

cachada. f. Golpe que se da con el trompo en la cabeza de otro trompo.

cachalote. m. Cetáceo que vive en los mares templados y tropicales. De él se aprovecha especialmente una substancia grasa llamada esperma de ballena que se extrae de su cabeza y el ámbar gris que se saca de su intestino.

cachano. m. fam. El diablo.

cachapa. f. Panecillo de maíz que se usa en Venezuela.

cachar. tr. Hacer cachos o pedazos una cosa. || Rajar madera en el sentido de las fibras. || Arar una tierra alomada llevando la reja por el medio de cada uno de los lomos.

Flor de cacto

cacharrazo. m. Golpe dado con un cacharro. || fam. *Amér.* Trago de licor fuerte.

cacharrería. f. Tienda de cacharros o loza ordinaria.

cacharrero, ra. m. y f. Persona que vende cacharros o loza ordinaria.

cacharro. m. Vasija tosca. || Pedazo de ella en que se puede echar alguna cosa. || fam. Aparato viejo.

cachava. f. Juego de niños, que consiste en hacer entrar con un palo una pelota en hoyuelos abiertos en la tierra. || Palo que sirve para este juego. || Cayado.

cachaza. f. fam. Lentitud y sosiego en el modo de hablar o de obrar. || Aguardiente de melaza de caña. || Primera espuma que arroja el zumo de la caña al cocerse.

cachazudo, da. ≅calmoso. ≅lento. adj. y s. Que tiene cachaza. || m. *Cuba.* Gusano que roe las hojas y el tallo del tabaco.

cachear. tr. Registrar a gente sospechosa para quitarle las armas que pueda llevar ocultas.

cachelos. m. pl. En Galicia, trozos de patata cocida que se sirven acompañando a carne o pescado fritos, cocidos o guisados.

cacheo. m. Acción y efecto de cachear.

cachete. m. Golpe que se da con la mano en la cabeza o en la cara. || Carrillo de la cara, y especialmente el abultado. || Cachetero, puñal. || *And.* y *Chile.* Cacha, nalga. || fig. *P. Rico.* Disfrute gratuito de algo.

cachetero. ≅puntilla. ≅puntillero. m. Especie de puñal corto y agudo. || Puñal de forma semejante con que se remata a las reses. || Torero que remata al toro con este instrumento. || Hombre que mata con el puñal cachetero.

cachicán. m. Capataz de una hacienda de labranza. || fig. y fam. Hombre astuto. Ú. t. c. adj.

cachimba. f. Pipa para fumar.

cachiporra. f. Palo que termina en una bola. || adj. *Chile.* Farsante, vanidoso.

cachiporrazo. m. Golpe dado con una cachiporra.

cachirulo. ≅zorongo. m. Vasija en que se suele guardar el aguardiente. || Embarcación muy pequeña de tres palos. || Adorno que las mujeres usaban en la cabeza a fines del s. XVIII.

cachivache. m. desp. Vasija, utensilio. Ú. m. en pl. || desp. Cosa de este género arrinconada por inútil. Ú. m. en pl. || fig. y fam. Hombre ridículo y embustero.

cacho. m. Pedazo pequeño de alguna cosa. ||

Juego de naipes. || *Arg., Par.* y *Urug.* Racimo de bananas.

cacho. m. Pez teleósteo, fisóstomo, común en los ríos de España.

cachondearse. prnl. vulg. Burlarse.

cachondeo. m. vulg. Acción y efecto de cachondearse.

cachondo, da. adj. fig. Dominado por el apetito sexual. || fig. y fam. Burlón, divertido.

cachorro, rra. m. y f. Perro de poco tiempo. || Hijo pequeño de otros mamíferos. || m. Asiento generalmente de piedra, situado al lado de las ventanas de los edificios antiguos.

cachuela. f. Guisado que hacen en Extremadura de la asadura del puerco. || Guisado que se usa entre los cazadores, compuesto de hígados, corazones y riñones de conejo. || Molleja de las aves.

cada. Pronombre de función adjetiva que establece una correspondencia distributiva entre los miembros numerables de una serie, cuyo nombre singular precede, y los miembros de otra: *el pan nuestro de ∽ día.*

cadalso. ≅patíbulo. m. Tablado que se levanta para un acto solemne. || El que se levanta para la ejecución de la pena de muerte.

cadáver. m. Cuerpo muerto.

cadavérico, ca. adj. Perteneciente o relativo al cadáver. || fig. Pálido y desfigurado.

caddie. m. El que lleva los bastones y pelotas del jugador de golf.

cadena. f. Serie de muchos eslabones enlazados entre sí. || Cuerda de galeotes o presidiarios que iban encadenados a cumplir la pena. || Conjunto de personas que se enlazan cogiéndose de las manos. || fig. Conjunto de establecimientos pertenecientes a una sola empresa o sometidos a una sola dirección. || fig. Conjunto de instalaciones destinadas a la fabricación de un producto industrial, organizadas para reducir tiempo y esfuerzo. || fig. Grupo de transmisores y receptores de televisión que, conjugados entre sí, radiodifunden el mismo programa. || Se dice también del conjunto de emisoras de radio controladas por una misma empresa, que emiten programas simultánea o independientemente.

cadencia. f. Serie de sonidos o movimientos que se suceden de un modo regular. || Proporcionada distribución de los acentos y de los cortes y pausas, así en la prosa como en el verso. || Efecto de tener un verso la acentuación que le corresponde.

cadencioso, sa. adj. Que tiene cadencia.

cadeneta. f. Labor o randa en figura de cadena muy delgada. || Labor hecha por los encuadernadores en las cabeceras de los libros. || Labor de tiras de papel que se usa en las fiestas.

cadera. f. Cada una de las dos partes salientes formadas por los huesos superiores de la pelvis. || Primera pieza de las patas de los insectos.

caderamen. m. fam. Caderas de mujer, por lo general, voluminosas.

cadete. m. Alumno de una academia militar.

cadi. m. Entre turcos y moros, juez civil.

cadillo. m. Planta umbelífera muy común en los campos cultivados. || Planta compuesta muy común entre los escombros y en los campos áridos. || Fruto de esta planta. || Verruga de la piel. || pl. Primeros hilos de la urdimbre de la tela.

cadmio. m. Metal de color blanco algo azulado, brillante y muy parecido al estaño. Peso atómico, 112,41; núm. atómico, 48; símbolo, Cd.

caducar. Perder su fuerza una ley, testamento, contrato, etc. || Extinguirse un derecho, una facultad, una instancia o recurso. || fig. Arruinarse o acabarse alguna cosa.

caduceo. m. Vara delgada, lisa y cilíndrica, rodeada de dos culebras, atributo de Mercurio. Hoy suele emplearse como símbolo del comercio.

caducidad. f. Acción y efecto de caducar. || Calidad de caduco.

caducifolio, lia. adj. Díc. de los árboles y plantas de hoja caduca.

caduco, ca. adj. Decrépito, muy anciano. || Perecedero, poco durable.

caedizo, za. adj. Que cae fácilmente, que amenaza caerse.

caedura. f. Lo que en los telares se desperdicia. ·

caer. ≅bajar. ≅descender. ◁levantar. intr. Venir un cuerpo de arriba abajo por la acción de su propio peso. Ú. t. c. prnl. || Perder un cuerpo el equilibrio hasta dar en tierra o cosa firme que lo detenga. Ú. t. c. prnl. || Desprenderse una cosa del lugar u objeto a que estaba adherida. Ú. t. c. prnl., y sólo como tal cuando se trata de cosas pertenecientes a un cuerpo animado: *caerse el pelo.* || fig. Dejar de ser, desaparecer: ∽ *un imperio.* || fig. Perder la prosperidad, fortuna, empleo o valimiento.

café. m. Cafeto. || Semilla del cafeto. || Bebida que se hace por infusión con esta semilla tostada y molida. || Casa o sitio público donde se vende y toma esta bebida.

cafeína. f. Alcaloide blanco, estimulante del sistema nervioso. Se encuentra en el café, té, cola, mate, cacao, y otros vegetales. Se llama también *teína*.

cafetal. m. Sitio poblado de cafetos. || Vivienda que ocupan los encargados de su cultivo.

cafetear. intr. Tomar café, en general con frecuencia y por costumbre.

cafetera. f. Dueña de un café. || Mujer que vende café en un sitio públíco. || Vasija en que se hace o se sirve café. || Aparato, por lo general eléctrico, con las mismas funciones.

cafetería. f. Establecimiento donde se despacha café y otras bebidas.

cafetero, ra. adj. Perteneciente o relativo al café. || Díc. de la persona muy aficionada a tomar café. Ú. t. c. s. || m. y f. Persona que recoge la cosecha del café. || m. Dueño de un café. || El que vende café en un sitio público.

cafeto. m. Árbol originario de Etiopía, cuya semilla es el café.

caficultor. m. El que cultiva el café.

cafre. adj. y s. Habitante de la parte oriental de África del Sur. || fig. Bárbaro y cruel. || fig. Zafio y rústico.

caftán. m. Vestimenta usada entre turcos y moros.

cagaaceite. m. Pájaro insectívoro de unos 28 cm.

cagachín. m. Mosquito mucho más pequeño que el común y de color rojizo. || Pájaro más pequeño que el jilguero.

cagada. f. Excremento que sale cada vez que se evacua el vientre. || fig. y fam. Acción contraria a lo que corresponde en un negocio.

cagadero. m. Sitio donde va mucha gente a exonerar el vientre.

cagado, da. ≅medroso. ≅tímido. adj. fig. y fam. Cobarde, sin espíritu.

cagajón. m. Cada una de las porciones del excremento de las caballerías.

cagalera o **cagaleta.** f. fam. Diarrea.

caganido o **caganidos.** m. El último pájaro nacido en la pollada. || fig. El hijo último de una familia. || fig. Persona enclenque o raquítica.

cagar. intr., tr. y prnl. Evacuar el vientre. || tr. fig. y fam. Manchar, deslucir, echar a perder alguna cosa.

cagarruta. f. Cada una de las porciones del excremento del ganado menor y de ciervos, gamos, corzos, conejos y liebres.

cagón, na. adj. y s. Que exonera el vientre muchas veces. || fig. y fam. Díc. de la persona muy medrosa y cobarde.

caguama. f. Tortuga marina, algo mayor que el carey. || Materia córnea de esta tortuga.

cagueta. adj. y s. Persona cobarde.

caíd. m. Especie de juez o gobernador en algunos países musulmanes.

caída. f. Acción y efecto de caer. || Declinación o declive de alguna cosa. || Hablando de colgaduras, cada una de las partes de ellas que penden de alto abajo. || Manera de plegarse o de caer los paños y ropajes. || pl. fig. y fam. Dichos oportunos.

caído, da. adj. fig. Desfallecido, amilanado. || Díc. del muerto en defensa de una causa. Ú. t. c. s.

caimán. m. Reptil muy parecido al cocodrilo, pero algo más pequeño. || fig. Persona que con astucia y disimulo procura salir con sus intentos.

cairel. m. Cerco de cabellera postiza. || Guarnición que queda colgando a los extremos de algunas ropas. || Entre peluqueros, hebras de seda a que han afianzado el pelo de que forman después la cabellera.

cairota. adj. y s. De El Cairo.

caja. f. Pieza hueca de varias formas y tamaños que sirve para meter o guardar en ella alguna cosa. Se suele cubrir con una tapa, suelta o unida a la parte principal. || Mueble para guardar con seguridad dinero y objetos de valor. || Ataúd. || Oficina pública de correos situada en una población. || Pieza, sitio o dependencia destinada en las tesorerías, bancos y casas de comercio para recibir o guardar dinero o valores equivalentes y para hacer pagos.

cajero, ra. m. y f. Persona que en las casas de comercio, banca, etc., está encargada de la caja.

cajetilla. f. Paquete de tabaco.

cajetín. m. Sello con que se estampan diversas anotaciones en determinados papeles de oficina, títulos y valores. || Elec. Listón de madera que tiene dos ranuras en las que se alojan por separado los conductores eléctricos.

cajista. com. Oficial de imprenta que compone lo que se ha de imprimir.

cajón. m. Caja grande. || Cualquiera de los receptáculos que se pueden sacar y meter en ciertos huecos. || Espacio que media entre tabla y tabla en una estantería. || Casilla o garita de madera que sirve de tienda o de obrador.

cajonera. f. Conjunto de cajones que hay en las sacristías.

cajonería. f. Conjunto de cajones de un armario o estantería.

cal. f. Óxido de calcio. Cuando está viva, al contacto del agua se hidrata o apaga hinchándose con desprendimiento de calor, y, mezclada con arena, forma la argamasa o mortero. || *Alq.* Cualquier óxido metálico.

cal. Símbolo de la caloría.

cala. ≅perforación. ≅taladro. f. Acción y efecto de calar un melón u otras frutas semejantes. || Pedazo cortado de una fruta para probarla. || Ensenada pequeña. || Planta acuática aroidea, con espata grande y blanca.

calabacera. f. Mujer que vende calabazas. || Planta anua cucurbitácea, cuyo fruto es la calabaza.

calabacín. m. Calabacita cilíndrica de corteza verde y carne blanda. || fig. y fam. Calabaza, persona inepta.

calabaza. f. Calabacera, planta. || Fruto de la calabacera. || fig. y fam. Persona inepta y muy ignorante. || fig. y fam. Buque pesado y de malas condiciones náuticas. || *Germ.* Ganzúa.

calabazate. m. Dulce seco de calabaza. || Cascos de calabaza en miel o arrope.

calabobos. m. fam. Lluvia menuda y continua.

calabozo. m. Lugar donde se encierra a determinados presos o arrestados. || Instrumento para podar y rozar árboles y matas.

calabrés, sa. adj. y s. De Calabria.

calada. f. Acción y efecto de calar, penetrar un líquido. || Vuelo rápido del ave de rapiña.

caladero. m. Sitio para calar las redes de pesca.

calado. m. Labor que se hace con aguja en alguna tela, imitando la randa o encaje. || Labor que consiste en taladrar el papel, tela, etc., con sujeción a un dibujo || Parte sumergida de un barco. || *Mar.* Altura que alcanza la superficie del agua sobre el fondo.

calafate. m. El que calafatea las embarcaciones.

calafateado. m. Arte del calafate. || Calafateo.

calafateador. m. El que calafatea.

calafatear. tr. Cerrar las junturas de las maderas de las naves con estopa y brea para que no entre agua. || Por ext., cerrar otras junturas.

calafateo. m. Acción y efecto de calafatear.

calaguala. f. Helecho polipodiáceo de Perú.

calagurritano, na. adj. y s. De Calahorra.

calamar. m. Molusco cefalópodo comestible, de cuerpo oval, con diez tentáculos y dos láminas laterales a modo de aletas. Posee una bolsa de tinta que segrega cuando le persiguen. Es común en el Atlántico y Mediterráneo.

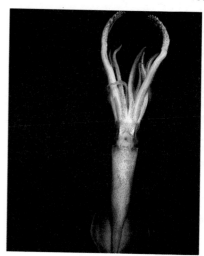

Calamar

calambac. ≅agáloco. m. Árbol leguminoso de Extremo Oriente, cuya madera es el palo áloe.

calambre. m. Contracción espasmódica, involuntaria, dolorosa y poco durable de ciertos músculos. || Enfermedad caracterizada por el espasmo de cierto grupo de músculos.

calambuco. m. Árbol gutífero americano, cuya resina es el bálsamo de María.

calambur. m. Efecto fonético-gramatical que se produce al usar palabras agrupadas de distinto modo, pero con el mismo sonido: *a este Lopico, lo pico yo* (Góngora).

calamento. m. Planta vivaz, labiada, que despide olor agradable.

calamidad. f. Desgracia o infortunio que alcanza a muchas personas. || Persona incapaz, inútil o molesta.

calamina. f. Carbonato de cinc, anhidro y pétreo. Es la mena de que generalmente se extrae el cinc. || Cinc fundido.

calamita. f. Imán, mineral. || Brújula, flechilla imanada al Norte.

calamite. m. Sapo pequeño, verde, con las uñas planas y redondas, que vive en las zonas pantanosas.

calamitoso, sa. adj. Que causa calamidades o es propio de ellas. || Infeliz, desdichado.

cálamo. m. Especie de flauta antigua. || poét. Caña, tallo de gramínea. || poét. Pluma de ave o de metal para escribir. || Surco que recorre el suelo del cuarto ventrículo.

calamón. m. Ave zancuda, que habita en las orillas del mar. || Clavo de cabeza en forma de botón que se usa para tapizar o adornar. || Cada uno de los dos palos con que se sujeta la viga en el lagar y en el molino de aceite.

calandrado. m. Acción y efecto de calandrar.

calandrar. tr. Pasar el papel o la tela por la calandria.

calandria. f. Pájaro perteneciente a la misma familia que la alondra. Anida en el suelo y es común en España. || *Germ.* Pregonero.

calandria. f. Máquina formada por varios cilindros giratorios que sirve para prensar y satinar ciertas telas o el papel. || Cilindro hueco que se emplea para levantar cosas pesadas, por medio de un torno.

calaña. f. Muestra, modelo, patrón, forma. || Naturaleza de una persona o cosa: *ser de buena, o mala,* ‿.

cálao. m. Ave trepadora, que tiene sobre el pico un voluminoso apéndice córneo.

calar. tr. Penetrar un líquido en un cuerpo permeable. || Atravesar un cuerpo con una espada, barrena, etc. || Imitar la labor de la randa o encaje en las telas. || Agujerear tela, papel, etc. || prnl. Mojarse una persona. || Pararse bruscamente un motor de explosión por producir una potencia inferior a la que el vehículo necesita.

calatraveño, ña. adj. y s. De Calatrava.

Cálao

calatravo, va. adj. y s. Díc. de los caballeros, freires y personas de la Orden de Calatrava.

calavera. ≅mujeriego. ≅vicioso. f. Conjunto de los huesos de la cabeza mientras permanecen unidos, pero despojados de la carne y de la piel. || Mariposa que tiene sobre el dorso un dibujo que semeja a una calavera. || m. fig. Hombre de poco juicio. || fig. Hombre libertino.

calaverada. f. fam. Acción propia de hombre de poco juicio.

calaverear. intr. fam. Hacer calaveradas.

calcado, da. adj. Semejante, igual. || m. Acción de calcar.

calcador, ra. m. y f. Persona que calca. || m. Instrumento para calcar.

calcáneo. ≅zancajo. m. Uno de los huesos del tarso.

calcañar, calcañal o **calcaño.** m. Parte posterior de la planta del pie.

calcar. tr. Sacar copia de un dibujo, inscripción o relieve por contacto con el original. || Apretar con el pie. || fig. Imitar o reproducir con exactitud y a veces servilmente.

calcáreo, a. adj. Que tiene cal.

calce. m. Llanta de rueda. || Porción de hierro o acero que se añade a las herramientas gastadas. || Cuña para ensanchar el espacio entre dos cuerpos. || Calza, cuña. || *Guat., Méj.* y *P. Rico.* Pie de un documento.

calcedonia. f. Ágata muy translúcida, de color azulado o lechoso.

calcedonio, nia. adj. y s. De Calcedonia.

calceolaria. f. Planta anual escrofulariácea, que se cultiva en jardines.

calceta. f. Media del pie y pierna. || Tejido de punto. || fig. Grillete que se ponía al forzado. || *C. Rica.* Calceto.

calcetar. intr. Hacer calceta o media.

calcetería. f. Oficio de calcetero. || Tienda donde se vendían calzas y calcetas.

calcetero, ra. m. y f. Persona que hace y compone medias y calcetas. || m. Maestro sastre que hacía las calzas de paño.

calcetero, ra. adj. Res vacuna de capa obscura y extremidades blancas.

calcetín. m. Calceta o media que cubre el tobillo y parte de la pierna.

calcicosis. f. Enfermedad crónica causada por la inhalación del polvo de la cal.

calcificación. f. Acción y efecto de calcificar o calcificarse. || Transformación de los tejidos, por depositarse en ellos sales de cal.

calcificar. tr. Producir por medios artificiales

carbonato de cal. || Dar a un tejido orgánico propiedades calcáreas mediante la adición de sales de calcio. || prnl. Modificarse o degenerar en esta forma un tejido orgánico.

calcímetro. m. Aparato para determinar la cal de las tierras.

calcinación. f. Acción y efecto de calcinar.

calcinar. tr. Reducir a cal viva los minerales calcáreos. || Someter al calor los minerales de cualquier clase.

calcinatorio. m. Vasija en que se calcina.

calcinosis. f. Depósitos de sales de calcio en los tejidos subcutáneos, muscular, etc.

calcio. m. Metal blanco, muy alterable al aire y al agua, que, combinado con el oxígeno, forma la cal.

calciotermia. f. Técnica para obtener un metal, con empleo del calcio y elevación de temperatura.

calcita. f. Carbonato de calcio, de color generalmente blanco puro, incluso transparente, como el espato de Islandia.

calco. m. Acción y efecto de calcar, copiar o imitar. || Copia que se obtiene calcando. || Plagio o reproducción idéntica o muy próxima al original.

calcografía. f. Arte de estampar con láminas metálicas grabadas en hueco. || Oficina donde se hace dicha estampación.

calcografiar. tr. Estampar con calcografía.

calcógrafo. m. El que ejerce la calcografía.

calcomanía. f. Entretenimiento que consiste en pasar de un papel a objetos diversos imágenes coloridas preparadas con trementina. || Imagen obtenida por este medio. || El papel o cartulina que tiene la figura.

calcopirita. f. Sulfuro natural de cobre y hierro, de color amarillo claro y brillante y no muy duro.

calcotipia. f. Procedimiento de grabado en cobre para reproducir en relieve sobre una plancha sólida una composición tipográfica de caracteres movibles.

calculable. adj. Que puede reducirse a cálculo.

calculador, ra. adj. y s. Que calcula. || m. y f. Aparato o máquina que obtiene el resultado de cálculos matemáticos.

calcular. tr. Hacer cálculos.

calculatorio, ria. adj. Que es propio del cálculo.

cálculo. m. Cómputo de alguna cosa con operaciones matemáticas. || Conjetura. || Concreción anormal que se forma en la vejiga de la orina, en la de la bilis, en los riñones y en las glándulas salivares.

calculoso, sa. adj. Perteneciente o relativo al mal de piedra. || Que padece esta enfermedad. Ú. t. c. s.

calchaquí. adj. Se aplica al indio que habita en un valle de Tucumán, llamado de Calchaquí, y también al habitante del sur del Chaco. Ú. t. c. s.

calchín. adj. y s. Indio de origen guaraní que habita al norte de Santa Fe.

calda. ≅termas. f. Acción y efecto de caldear. || Acción de introducir combustible en los hornos de fundición. || pl. Baños de aguas minerales calientes.

caldaico, ca. adj. Perteneciente a Caldea.

caldario. m. Sala donde los antiguos romanos se tomaban los baños de vapor.

caldeamiento. m. Acción y efecto de caldear.

caldear. tr. Hacer que algo que antes estaba frío, aumente perceptiblemente de temperatura. Ú. t. c. prnl. || Excitar, apasionar el ánimo de quien estaba tranquilo o indiferente. Ú. t. c. prnl. || Animar, estimular el ánimo de un auditorio, de un ambiente, etc. || Hacer ascua el hierro. Ú. t. c. prnl.

caldén. m. Árbol leguminoso, que abunda en Argentina.

caldeo. m. Acción y efecto de caldear.

caldeo, a. adj. De Caldea. Ú. t. c. s. || Caldaico. || m. Lengua de los caldeos.

caldera. f. Vasija de metal, grande y redonda, que sirve comúnmente para poner a calentar o cocer algo dentro de ella. || Calderada. || Caja del timbal hecha con latón o cobre. || *R. Plata.* Recipiente en que se calentaba el agua para cebar mate. || *Min.* Parte más baja de un pozo. || *Geol.* Depresión de grandes dimensiones.

calderería. f. Oficio de calderero. || Tienda y barrio en que se hacen o venden obras de calderero. || Parte o sección de los talleres de metalurgia donde se trabajan las barras y planchas de hierro o acero.

calderero. m. El que hace o vende obras de calderería. || Operario que cuida de una caldera.

caldereta. f. Calderilla de agua bendita. || Guisado de pescado. || Guisado que hacen los pastores con carne de cordero o cabrito. || *Mar.* Pequeña caldera para suministrar vapor en las faenas de carga y descarga.

calderilla. f. Caldera pequeña para llevar el agua bendita. || Numerario de metal no precioso, que tiene limitada por ley su fuerza liberatoria. || Por ext., monedas de metal de valores bajos. || Arbustillo saxifragáceo, de uno a dos metros de altura.

caldero. m. Caldera pequeña de suelo casi semiesférico.

calderón. m. Delfín de gran tamaño, que alcanza hasta cinco metros de longitud. || *Arit.* Signo (Ⅾ) con que se denotaban abreviadamente los millares. || *Gram.* Signo ortográfico (¶) usado antiguamente como el párrafo (§). Lo empleaban también los impresores como signatura de los pliegos secundarios. || *Mús.* Signo (⌢) que representa la suspensión del movimiento del compás. || *Mús.* Esta suspensión y floreo que a veces hace el cantor en ella.

calderoniano, na. adj. Propio y característico de don Pedro Calderón de la Barca.

caldo. m. Líquido que resulta de cocer en agua la vianda. || Aderezo de la ensalada o del gazpacho. || *And., Can.* y *Méj.* Jugo o guarapa de la caña. || *Agr.* y *Com.* Cualquiera de los jugos vegetales destinados a la alimentación. Ú. m. en pl.

caldoso, sa. adj. Que tiene mucho caldo.

calé. m. Gitano de raza.

calé. m. Moneda de cobre que valía un cuarto. || *Col.* y *Ecuad.* Moneda de cuartillo de real.

caledonio, nia. adj. y s. De la Caledonia.

calefacción. f. Acción y efecto de calentar. || Conjunto de aparatos destinados a calentar un edificio.

calefactor. m. Persona que construye, instala o repara aparatos de calefacción.

calefactorio. m. Lugar que en algunos conventos se destina para calentarse.

calendario. m. Sistema de división del tiempo. || Almanaque.

calentador, ra. adj. Que calienta. || m. Recipiente que sirve para calentar la cama, el baño, etc. || fig. Reloj grande de bolsillo.

calentamiento. m. Acción de calentar. || Enfermedad que padecen las caballerías.

calentar. tr. Comunicar calor a un cuerpo. Ú. t. c. prnl. || En el juego de la pelota, detenerla algún tanto en la paleta o en la mano. || fig. Avivar una cosa, para que se haga con más celeridad. || fig. y fam. Azotar. || Excitar el apetito venéreo. Ú. t. c. prnl. || prnl. fig. Enfervorizarse en la disputa o porfía.

calentura. f. Fiebre.

calenturiento, ta. adj. Que tiene indicios de calentura. Ú. t. c. s. || *Chile.* Tísico.

caleño, ña. adj. Que puede dar cal. || Calizo.

calepino. m. fig. Diccionario latino.

calera. f. Cantera que da la piedra para hacer cal. || Horno donde se calcina la piedra caliza.

calería. f. Sitio donde se muele y vende cal.

calero, ra. adj. Perteneciente a la cal, o que participa de ella. || m. El que saca la piedra y la calcina en la calera. || El que vende cal.

calesa. f. Carruaje de dos o cuatro ruedas y asientos y capota de vaqueta.

calesera. f. Chaqueta con adornos, a estilo de la que usan los caleseros andaluces. || Cante popular andaluz que solían entonar los caleseros.

calesero. m. El que conduce calesas.

calesín. m. Carruaje ligero, de cuatro ruedas y dos asientos, tirado por una caballería.

caleta. f. dim. de cala. || *Amér.* Díc. del barco que va tocando en las calas o caletas. || En Venezuela, gremio de porteadores de mercancías.

caletre. m. fam. Tino, capacidad, talento.

cálibe. m. Individuo de un pueblo que habitaba en el Ponto. Ú. m. en pl.

calibración. f. Acción y efecto de calibrar.

calibrador. m. Instrumento para calibrar.

calibrar. tr. Medir el calibre de las armas de fuego o el de otros tubos, el de los proyectiles, o el de los alambres, chapas, etc. || Dar el calibre que se desea. || fig. Apreciar la valía, cualidades o importancia de alguien o de algo.

calibre. m. Diámetro interior de las armas de fuego o de objetos huecos. || Por ext., diámetro del proyectil o de un alambre. || Instrumento que sirve para comprobar las medidas de las piezas, tanto interior, si es hueca, como el contorno exterior. || fig. Tamaño, importancia, clase.

calicanto. m. Obra de mampostería.

calicata. f. Exploración que se hace en los terrenos y edificios para determinar su composición.

calículo. m. Conjunto de brácteas que simulan un cáliz alrededor del verdadero cáliz, o del involucro, como el clavel, la malva y la fresa.

caliche. m. Piedrecilla que se calcina al cocer el barro. || En los melones y otras frutas, maca. || Costrilla de cal que suele desprenderse del enlucido de las paredes. || Substancia arenosa que fluye en abundancia en el desierto de Atacama.

calidad. ≅ cualidad. f. Propiedad o conjunto de propiedades inherentes a una cosa. || En sentido absoluto, superioridad o excelencia. || Carácter, genio o índole. || Condición o requisito que se pone en un contrato. || Estado que se requiere en una persona para un cargo o dignidad. || Nobleza del linaje. || fig. Importancia o gravedad de alguna cosa. || pl. Prendas del ánimo.

cálido, da. adj. Que da calor. || Caluroso. || *Pint.* Se dice del colorido en que predominan los matices dorados o rojizos.

calidoscópico, ca. adj. Perteneciente o relativo al calidoscopio.

calidoscopio. m. Tubo que encierra dos o tres espejos inclinados y en un extremo dos láminas de vidrio, entre las cuales hay varios objetos de figura irregular, cuyas imágenes se ven simétricas.

calientapiés. m. Calorífero destinado especialmente a calentar los pies.

calientaplatos. m. Caja de hierro con una lámpara encendida para conservar calientes los platos.

caliente. adj. Que tiene o produce calor. || fig. Acalorado, vivo, si se trata de riñas, disputas, etc.

califal. adj. Época en que reinaron los califas, o de cosa perteneciente a ellos.

califato. m. Dignidad de califa. || Tiempo que duraba el gobierno de un califa. || Territorio gobernado por el califa. || Período en que hubo califas.

calificación. f. Acción y efecto de calificar. || Nota o palabras convencionales con que se califica un examen, un concurso, etc.

calificado, da. adj. Persona de autoridad, mérito y respeto. || Díc. de la cosa que tiene todos los requisitos necesarios. || Cualificado, trabajador especializado.

calificar. ≅cualificar. tr. Apreciar o determinar las cualidades o circunstancias de una persona o cosa. || Expresar o declarar este juicio. || Juzgar el grado de suficiencia de un alumno u opositor en un examen o ejercicio. || fig. Ennoblecer, ilustrar, acreditar una persona o cosa. || Afectar un adjetivo a cierto nombre. || prnl. fig. Probar uno legalmente su nobleza.

calificativo, va. adj. Que califica.

californio. m. Elemento radiactivo artificial. Se usa principalmente como generador de neutrones en las reacciones nucleares.

cáliga. f. Especie de sandalias que usaban los soldados romanos. || Cada una de las polainas que usaron los monjes en la Edad Media y posteriormente los obispos. Ú. m. en pl.

calígine. f. Niebla, obscuridad.

caliginoso, sa. adj. Denso, nebuloso.

caligrafía. f. Arte de escribir con letra bella. || Conjunto de rasgos que caracterizan la escritura de una persona, escrito, etc.

caligráfico, ca. adj. Relativo a la caligrafía.

calígrafo, fa. m. y f. Persona que escribe a mano con letra excelente. || Persona que tiene especiales conocimientos de caligrafía.

caligrama. m. Denominación que se da a los poemas en que la línea escrita del verso adopta una disposición tipográfica especial para dar una sensación visual coherente con la composición.

calina o **calima.** f. Accidente atmosférico que enturbia el aire y suele producirse por partículas en suspensión en el aire en calma. Se produce en situaciones estacionarias de pleno verano.

calinoso, sa. adj. Cargado de calina.

calisaya. adj. y s. Especie de quina muy estimada.

calitipia. f. Procedimiento fotográfico que da imágenes de color sepia o violado.

cáliz. m. Vaso sagrado donde se consagra el vino en la misa. || poét. Copa o vaso. || fig. Con los verbos *beber, apurar* y otros análogos, amarguras, aflicciones o trabajos. || *Bot.* Cubierta externa de las flores completas.

caliza. f. Roca formada de carbonato de cal.

calizo, za. adj. Que tiene cal.

calma. ≅bonanza. f. Estado de la atmósfera cuando no hay viento. || Sofoco. || fig. Cesación de algunas cosas: ∽ *en los dolores.* || fig. Paz, tranquilidad. || fig. y fam. Cachaza, pachorra.

calmante. adj. y m. Díc. de los medicamentos que disminuyen o hacen desaparecer una molestia.

calmar. ≅tranquilizar. <excitar. tr. Sosegar, adormecer, templar. Ú. t. c. prnl. || intr. Estar en calma o tender a ella.

calmo, ma. adj. Terreno erial. || Que está en descanso.

Cáliz español del siglo XVI

calmoso, sa. ≅apático. ≅indolente. adj. Que está en calma. || fam. Aplícase a la persona cachazuda y perezosa.

caló. m. Lenguaje de los gitanos españoles.

calobiótica. f. Arte de vivir bien.

calocéfalo, la. adj. Que tiene hermosa cabeza.

calofilo, la. adj. Que tiene hermosas hojas.

calor. ◁frío. m. Ú. a veces como f. Energía producida por la vibración acelerada de las moléculas, que pasa de un cuerpo a otro cuando están en contacto y es causa de que se equilibren sus temperaturas. Esta energía se manifiesta elevando la temperatura y dilatando los cuerpos y llega a fundir los sólidos y a evaporar los líquidos. || Sensación que experimenta un cuerpo ante otro de temperatura más elevada. || Aumento de la temperatura del cuerpo. || fig. Ardimiento, actividad, ligereza. || fig. Favor, buena acogida.

caloría. f. Unidad de energía térmica equivalente al calor necesario para elevar un grado centígrado (más exactamente de 14,5 a 15,5) la temperatura de un gramo de agua a la presión atmosférica normal. También se la denomina *caloría gramo* o *caloría pequeña.*

caloriamperímetro. m. Aparato para medir la intensidad de una corriente eléctrica por el método calorimétrico.

caloricidad. f. Propiedad vital por la que los animales de sangre caliente conservan un calor independiente del ambiente en que viven.

calórico. m. Principio o agente hipotético de los fenómenos del calor. || Sensación de calor.

calorífero, ra. adj. Que conduce y propaga el calor. || m. Aparato con que se calientan las habitaciones. || Calientapiés.

calorificación. f. Función del organismo vivo, de la cual procede el calor de cada individuo.

calorífico, ca. adj. Que produce o distribuye calor. || Relativo al calor.

calorífugo. adj. Que se opone a la transmisión del calor. || Incombustible.

calorimetría. f. Medición del calor que se desprende o absorbe en los procesos biológicos, físicos o químicos.

calorimétrico, ca. adj. Relativo a la calorimetría.

calorímetro. m. *Fís.* Instrumento con que se mide el calor.

calostro. m. Primera leche que da la hembra después de parida.

calta. f. Planta anua de flores grandes y amarillas.

calumnia. ≅difamación. f. Acusación falsa, hecha maliciosamente para causar daño. || *Der.* Imputación falsa de un delito de los que dan lugar a procedimiento de oficio.

calumniar. ≅difamar. ◁encomiar. tr. Levantar calumnias.

calumnioso, sa. adj. Que contiene calumnia.

caluroso, sa. adj. Que siente o causa calor. || fig. Vivo, ardiente.

calva. f. Parte de la cabeza de la que se ha caído el pelo. || Parte de una piel o tejido que ha perdido el pelo por el uso. || Sitio en los sembrados o arbolados donde falta la vegetación. || Juego que consiste en derribar un hito con piedras.

calvario. m. Lugar donde murió Jesucristo. || Vía crucis. || fig. y fam. Serie o sucesión de adversidades y pesadumbres.

calverizo, za. adj. Terreno de muchos calveros.

calvero. m. Paraje sin árboles en lo interior de un bosque. || Gredal.

calvicie o **calvez.** f. Falta de pelo en la cabeza.

calvinismo. m. Doctrina de Calvino. Aunque en líneas generales sigue a Lutero, lleva a un grado extremo algunos puntos de éste, tales como la doctrina de la predestinación, la de la libertad y la teoría de los sacramentos. || Su secta.

calvinista. adj. y s. Perteneciente a la secta de Calvino.

calvo, va. adj. Que ha perdido el pelo de la cabeza. Ú. t. c. s. || Pelado, sin vegetación.

calza. f. Prenda de vestir que cubría el muslo y la pierna, o sólo el muslo o la mayor parte de él. Ú. m. en pl. || Liga o cinta con que se suele señalar a algunos animales. || Cuña con que se calza. || Braga, especie de calzones. || fam. Media.

calzada. f. Camino empedrado y ancho. || Parte de la calle comprendida entre dos aceras. || En las carreteras, parte central dispuesta para la circulación de vehículos.

calzado, da. adj. Díc. de algunos religiosos que usan zapatos, en contraposición a los descalzos. || Díc. del ave cuyos tarsos están cubiertos de plumas. || Díc. del cuadrúpedo cuyas patas tienen en su parte inferior color distinto del resto. || m. Todo género de zapato, borceguí, albarca, alpargata, almadreña, etc., que sirve para cubrir y resguardar el pie. || Toda prenda que sirve para cubrir el pie o la pierna.

calzador. m. Utensilio de forma acanalada, que sirve para calzar. || *Arg.* Portaplumas, palillero.

calzar. tr. Cubrir el pie y algunas veces la pierna con el calzado. Ú. t. c. prnl. || Usar guantes, espuelas, etc. Ú. t. c. prnl. || Poner una cuña entre el piso y alguna rueda de un vehículo para inmovilizarlo, o debajo de un mueble para que no cojee. || Admitir las armas de fuego bala de un calibre determinado.

calzón. m. Prenda de vestir masculina con dos perneras y que cubre desde la cintura hasta las rodillas.

calzonazos. m. fig. y fam. Hombre muy flojo y condescendiente.

calzoncillo. m. Prenda de la ropa interior masculina, cuyas perneras pueden ser de longitud variable. Ú. m. en pl.

callada. f. Silencio o efecto de callar.

callado, da. adj. Silencioso, reservado. || Díc. de lo hecho con silencio o reserva.

callao. m. Guijo, peladilla de río. || *Can.* Terreno llano y cubierto de cantos rodados.

callar. ≅enmudecer. ◁hablar. intr. y prnl. No hablar, guardar silencio. || Cesar de hablar, de gritar, de cantar, de hacer ruido, etc. || Abstenerse de manifestar lo que se siente o se sabe. || Cesar los animales en sus voces.

calle. f. Vía en poblado. || Pueblo que depende de otro principal. || Camino entre dos hileras de árboles o de otras plantas. || Cada uno de los espacios paralelos, señalados en pistas de atletismo o en piscinas, por el que corre o nada un participante. || fig. La gente, el público en general.

calleja. f. Callejuela.

callejear. ≅pindonguear. intr. Andar frecuentemente de calle en calle.

callejeo. m. Acción y efecto de callejear.

callejero, ra. adj. Relativo a la calle. || Que gusta de callejear. || m. Lista de las calles de una ciudad.

callejón. m. Paso estrecho y largo entre paredes, casas o elevaciones del terreno. || *Perú.* Casa de vecindad con habitaciones generalmente simétricas a lo largo de un pasadizo. || *Taurom.* Espacio entre la valla o barrera y el muro en que comienza el tendido.

callejuela. f. Calle estrecha y corta.

callicida. amb. Substancia para extirpar los callos.

callista. ≅pedicuro. com. Persona que se dedica a extirpar y curar callos.

callo. m. Dureza que por roce o presión se forma en los pies, manos, rodillas, etc. || Cualquiera de los dos extremos de la herradura. || Cicatriz que se forma en la unión de un hueso fracturado. || Mujer muy fea. || pl. Pedazos de estómago de la vaca, ternera o carnero, que se comen guisados.

callosidad. f. Dureza de la especie del callo, menos profunda. || pl. Durezas en algunas úlceras crónicas.

calloso, sa. adj. Que tiene callo. || Relativo a él.

cama. ≅lecho. ≅tálamo. f. Mueble que, acondicionado con jergón o colchón de muelles, colchones, sábanas, mantas, colcha y almohadas, sirve para dormir y descansar. || Plaza para un enfermo en el hospital o sanatorio o para un alumno interno en un colegio. || fig. Sitio donde se echan los animales para su descanso.

camada. f. Todos los hijuelos que paren de una vez las hembras de ciertos animales. || Conjunto o serie de cosas extendidas horizontalmente. || fig. y fam. Cuadrilla de ladrones o de pícaros. || Piso de ademes en las galerías de las minas.

camafeo. m. Figura tallada de relieve en una piedra preciosa. || La misma piedra labrada.

camal. m. Cabestro o cabezón con que se ata a las bestias. || Palo grueso de que se suspende por las patas traseras al cerdo muerto. || *Perú.* Matadero de ganado.

camáldula. f. Orden monástica fundada por San Romualdo, bajo la regla de San Benito.

camaldulense. adj. y s. Relativo a la orden de la camáldula.

camaleón. m. Reptil saurio de unos 30 cm. de longitud, cuerpo comprimido que puede hincharse por dilatación del pulmón y cola prensil. Se alimenta de insectos, a los que atrapa con su lengua, larga y protáctil. Es notable el cambio de color de su piel, para adaptarse al de los objetos que le rodean. || fig. y fam. Persona que cambia con facilidad de pareceres o doctrinas.

camaleónico, ca. adj. fig. Relativo al camaleón, persona voluble.

cámara. f. Sala o pieza principal de una casa. || Junta, asociación: ∽ *de comercio.* || Nombre de ciertos cuerpos legislativos: ∽ *de diputados.* || En el palacio real, pieza en la que sólo tienen entrada ciertas personas. || En las armas de fuego, espacio que ocupa la carga. || Anillo tubular de goma, que forma parte de de los neumáticos. || Especie de globo de goma que llevan en su interior algunos balones de deportes. || Cámara fotográfica. || Aparato destinado a registrar imágenes animadas para el cine o la televisión. || Persona que manipula la cámara de filmar o de televisar.

camarada. com. El que acompaña a otro y come y vive con él. || En ciertos partidos políticos y sindicatos, correligionario o compañero. || Amigo.

camaradería. f. Amistad o relación cordial entre camaradas.

camarera. f. Criada principal de una casa. || Criada que sirve en las fondas, cafés, hoteles, etc.

camarero. m. Oficial de la cámara del Papa. || En la casa real de Castilla, jefe de cámara del rey. || Criado distinguido en las casas de los grandes. || Criado que sirve en las fondas, hoteles, cafés, etc.

camareta. f. Cámara de los buques pequeños. || Mortero para fuegos artificiales.

camarilla. ≅conciliábulo. f. Conjunto de personas que subrepticiamente influyen en las decisiones de alguna autoridad superior o personaje importante. || Grupo de familiares, amigos o colegas que acaparan un asunto sin dejar participar a los demás.

camarillesco. adj. desp. Propio de una camarilla.

camarín. m. Nicho en el que se venera una imagen. || Pieza en la que se guardan las alhajas y vestidos de una imagen. || En los teatros, pieza en la que se visten los actores. || Tocador, aposento. || Pieza retirada para el despacho de negocios.

camarista. m. Miembro de la antigua Cámara de Castilla. || f. Criada distinguida de la reina, princesa o infantas.

camarlengo. m. Título del cardenal presidente de la Cámara Apostólica y gobernador temporal en sede vacante. || Título de dignidad en la casa real de Aragón.

camarógrafo, fa. m. y f. Operador de cinematografía o de televisión.

camarón. m. Crustáceo marino, muy parecido a la gamba, aunque más pequeño que ella. Es muy apreciado por su carne; también se le llama *quisquilla*.

camarote. m. Aposento pequeño para poner la cama en los barcos.

camastro. m. desp. Cama pobre y sin aliño.

camastrón, na. m. y f. fam. Persona disimulada y doble que espera oportunidad para hacer o dejar de hacer las cosas, según le conviene. Ú. t. c. adj.

camba. f. Cama del freno.

cambalache. m. fam. Trueque de objetos de poco valor. || Trueque malicioso o con afán de ganancia.

cámbaro. m. Crustáceo marino, con el caparazón verde y fuertes pinzas en el primer par de patas.

cambiante. adj. Que cambia. || m. Variedad de colores o visos que hace la luz en algunos cuerpos. || El que tiene por oficio cambiar moneda.

cambiar. ≅canjear. ≅permutar. ≅transformar. ⊲permanecer. tr. Tomar o hacer tomar, en vez de lo que se tiene, algo que lo substituya. Ú. t. c. prnl. y con la prep. *de* c. intr.: ↜ *el nombre, lugar, vestido.* || Convertir en otra cosa: ↜ *la pena en gozo, el odio en amor.* Ú. t. c. prnl. || Dar o tomar monedas o valores por sus equivalentes. || Intercambiar. || intr. Mudar o alterar una persona o cosa su condición o apariencia física o moral. Ú. t. c. prnl. || En los vehículos de motor, pasar de una marcha o velocidad a otra de distinto grado.

cambiario, ria. adj. Relativo al negocio de cambio o a la letra de cambio.

cambija. f. Arca de agua elevada sobre las cañerías que la conducen.

cambín. m. Nasa de junco.

cambio. m. Acción y efecto de cambiar. || Dinero menudo. || Tanto que se abona o cobra, según los casos, sobre el valor de una letra de cambio. || Precio de cotización de los valores mercantiles. || Valor relativo de las monedas de países diferentes o de las de distinta especie de un mismo país. || Mecanismo para dirigir los trenes por una u otra de las vías que concurren en un punto.

cambista. ≅cambiante. com. Que cambia moneda. || m. Banquero.

cámbium. m. Meristemo secundario situado entre los haces leñosos y los liberianos.

camboyano, na. adj. y s. De Camboya.

cambriano, na o **cámbrico, ca.** adj. *Geol.* Relativo al primero de los períodos geológicos en que se divide la era primaria o paleozoica o al terreno y fósiles pertenecientes a él.

cambrón. m. Arbusto con ramas torcidas, enmarañadas y espinosas, hojas pequeñas, flores solitarias blanquecinas y bayas casi redondas. || Zarza.

cambronera. f. Arbusto solanáceo, con ramas mimbreñas, corvas y espinosas.

cambroño. m. Planta papilionácea, de flores amarillas, propia de las montañas del centro de España.

cambur. m. Planta parecida al plátano, pero con la hoja más ovalada y el fruto más redondeado, e igualmente comestible.

cambute. m. Planta tropical gramínea. || *Cuba.* Cambutera. || *Cuba.* Fruto y flor de la cambutera.

cambutera. f. *Bot. Cuba.* Nombre de un bejuco silvestre trepador. Se cultiva en los jardines.

camedrio o **camedris.** m. Planta labiada, de hojas parecidas a las del roble y flores purpúreas.

camelar. tr. fam. Galantear, requebrar. || fam. Seducir, engañar adulando. || fam. Amar, querer. || *Méj.* Ver, mirar.

camelete. m. Pieza grande de artillería que se usó para batir murallas.

camelia. f. Arbusto teáceo, originario de Japón y China, de hojas perennes y flores muy bellas, inodoras, blancas, rojas o rosadas. || Flor de este arbusto. || *Cuba.* Amapola.

camélido. adj. y s. Díc. de rumiantes artiodáctilos que carecen de cuernos y tienen en la cara inferior del pie una excrecencia callosa que comprende los dos dedos; como el camello y el dromedario. || m. pl. Familia de estos animales.

camelina. f. Planta crucífera de flores amarillas y semillas oleaginosas.

camelista. m. y f. fest. Persona que practica el camelo.

camelo. m. fam. Galanteo. || fam. Chasco, burla. || Noticia falsa. || Dicho o discurso desprovisto de sentido. || Simulación, fingimiento.

camella. f. Hembra del camello. || Camellón.

camellero. m. El que cuida de los camellos.

camello. m. Artiodáctilo rumiante, oriundo de Asia central, corpulento y más alto que el caballo. Tiene el cuello largo, la cabeza proporcionalmente pequeña y dos gibas en el dorso, formadas por acumulación de tejido adiposo. Puede resistir la sed durante muchos días, por lo que es el animal característico de estepas y desiertos. || Traficante de droga en pequeñas cantidades, que trata directamente con el consumidor.

camellón. m. Artesa cuadrilonga para abrevar al ganado vacuno.

cameralismo. m. Predominio de las asambleas, que integran un sistema parlamentario, sobre el poder ejecutivo en la dirección política de un país.

cameraman. m. Cámara, persona que manipula una cámara de filmar.

camerino. m. En los teatros, cuarto donde los actores se visten, maquillan, etc.

camero, ra. adj. Díc. de la cama grande, en contraposición a la más estrecha o catre. || Lo relativo a ella: *colchón* ⌣. || m. y f. Persona que hace camas o las alquila.

camerunés, sa. adj. y s. De Camerún.

camilla. f. Cama para estar medio vestido en ella. || Mesa cubierta por un tapete, debajo de la cual hay un enrejado y una tarima en la que se

Camello

coloca el brasero. || Cama estrecha y portátil para trasladar enfermos o heridos.

camillero. m. Cada uno de los que transportan enfermos o heridos en la camilla.

caminante. adj. y s. Que camina. || m. Ave chilena muy parecida a la alondra.

caminar. ≅deambular. ≅pasear. intr. Ir de viaje. || Ir andando de un lugar a otro. || fig. Seguir su curso las cosas inanimadas: ⌢ *los ríos, los planetas.* || tr. Andar determinada distancia: *hoy he caminado cinco leguas.*

caminata. f. fam. Paseo o recorrido largo y fatigoso. || Viaje corto que se hace por diversión.

caminero, ra. adj. Relativo al camino: *peón* ⌣.

camino. ≅procedimiento. ≅senda. m. Tierra hollada por donde se transita habitualmente. || Vía que se construye para transitar. || Jornada de un lugar a otro. || fig. Dirección que ha de seguirse para llegar a un lugar. || fig. Medio o arbitrio para hacer o conseguir alguna cosa.

camión. m. Vehículo automóvil, de cuatro o más ruedas, para transportar mercancías pesadas.

camionero, ra. m. y f. Persona que conduce un camión.

camioneta. f. Vehículo automóvil menor que el camión y que sirve para el transporte de toda clase de mercancías.

camisa. f. Prenda de vestir hecha de lienzo, algodón u otra tela, que cubre el torso. || Camisola. || Telilla con que están cubiertos algunos frutos. || Epidermis de los ofidios, de la que el animal se desprende periódicamente. || Revestimiento interior de una pieza mecánica. || Cubierta de un libro.

camisería. f. Tienda en que se venden camisas. || Taller donde se hacen.

camisero, ra. m. y f. Persona que hace o vende camisas.

camiseta. f. Camisa corta y con mangas anchas. || Prenda interior, ajustada y sin cuello, que se pone directamente sobre el cuerpo, debajo de la camisa.

camisola. f. Camisa fina de hombre, de la cual se planchan especialmente el cuello, puños y pechera. || *Chile.* Jubón.

camisón. m. Camisa larga que cubre total o parcialmente las piernas y se emplea para permanecer en la cama. || *Ant.* y *C. Rica.* Camisa de mujer. || *Col., Chile* y *Venez.* Vestido, traje de mujer, excepto cuando es de seda negra.

camita. adj. y s. Descendiente de Cam.

camítico, ca. adj. Relativo a los camitas.

camomila. f. Manzanilla, hierba compuesta y su flor.

camón. m. Trono real portátil. || Mirador, balcón encristalado. || Cada una de las piezas curvas que componen los anillos de las ruedas hidráulicas. || Pina de la rueda del carro. || *Arquit.* Armazón de cañas o listones con que se forman las bóvedas encamonadas.

camorra. f. fam. Riña o pendencia.

camorrero, ra o **camorrista.** adj. y s. Que arma camorras fácilmente.

campamento. m. Acción de acampar o acamparse. || *Mil.* Lugar en despoblado donde se establecen temporalmente fuerzas del ejército. || *Mil.* Tropa acampada. || Lugar al aire libre especialmente dispuesto para albergar viajeros, turistas, personas en vacaciones, etc.

campana. f. Instrumento de metal, en forma de copa invertida, que suena al golpearlo el badajo. || Instrumento metálico de diversas formas que suena golpeado por un martillo o resorte.

campanada. f. Golpe que da el badajo en la campana. || Sonido que hace. || fig. Escándalo o novedad ruidosa.

campanario. m. Torre, espadaña o armadura donde se colocan las campanas.

campaneo. m. Reiterado toque de campanas. || fig. y fam. Contoneo. || Acción y efecto de campanear un proyectil.

campanero, ra. m. y f. Que tiene por oficio tocar las campanas. || m. Artífice que vacía y funde las campanas. || *Venez.* Pájaro del género de los mirlos.

campaniforme. ≅acampanado. adj. De forma de campana. || Díc. de una cultura prehistórica, probablemente de origen ibérico (2200 a. C.-1900 a. C.), en la que abunda un tipo de vasija en forma de campana invertida.

campanilla. f. Campana pequeña que se agita con la mano. || Burbuja. || Úvula. || Flor cuya corola es de una pieza, y de figura de campana, que producen la enredadera y otras plantas. || Adorno de figura de campana.

campanillazo. m. Toque fuerte de la campanilla.

campanillear. intr. Tocar reiteradamente la campanilla.

campanilleo. m. Sonido frecuente o continuado de la campanilla.

campanillero, ra. m. y f. Persona que por oficio toca la campanilla.

campante. adj. Que campa o sobresale. || fam. Ufano, satisfecho.

campanudo, da. ≅rimbombante. adj. Que tiene forma de campana. || Díc. del vocablo de sonido muy fuerte y lleno, y del lenguaje o estilo hinchado y retumbante.

campanuláceo, a. adj. y s. Díc. de plantas angiospermas dicotiledóneas, con flores de corola gamopétala y fruto capsular. || f. pl. Familia de estas plantas.

campaña. f. Campo llano sin montes ni aspereza. || Conjunto de actos que se dirigen a conseguir un fin determinado: ∼ antialcohólica. || Período en que una persona ejerce un cargo o profesión: ∼ parlamentaria. || fig. Cada ejercicio industrial mercantil que corresponde a uno de los períodos que en él se consideran. || *Amér.* Campo, terreno fuera de poblado. || *Mil.* Expedición militar.

campar. intr. Sobresalir, destacar.

campeador. adj. y s. Decíase del que sobresalía con acciones señaladas: *Cid Campeador.*

campear. intr. Salir los animales al campo. || Verdear las sementeras. || Campar, sobresalir. || *Chile* y *R. Plata.* Salir al campo en busca de alguna persona, animal o cosa. || *Mil.* Salir el ejército a combatir en campo raso.

campechanía. f. Calidad de campechano.

campechano, na. adj. fam. Franco. || Que se comporta con llaneza y cordialidad. || fam. Dadivoso. || fam. Afable, sencillo.

campeón, na. ≅defensor. ≅paladín. m. Héroe famoso en armas. || El que en los desafíos antiguos hacía campo y entraba en batalla. || m. y f. Persona que obtiene la primacía en el campeonato.

|| Persona que defiende esforzadamente una causa o doctrina.

campeonato. m. Certamen o contienda en que se disputa el premio en ciertos juegos o deportes. || Preeminencia o primacía obtenida en las competiciones deportivas.

campero, ra. adj. Relativo al campo. || Descubierto en el campo y expuesto a todos los vientos. || Díc. del ganado y de otros animales que duermen en el campo. || *Méj.* Díc. de cierto andar del caballo, a manera de trote muy suave.

campesinado. m. Conjunto o clase social de los campesinos.

campesino, na. adj. Díc. de lo que es propio del campo o perteneciente a él. || Que suele andar en él. Ú. t. c. s. || Labrador. Ú. t. c. s.

campestre. ≅agreste. ≅silvestre. adj. Campesino. || Díc. de las fiestas, reuniones, comidas, etc., que se celebran en el campo.

camping. ≅acampada. m. Campamento, lugar al aire libre para acampar.

campiña. ≅campaña. f. Espacio grande de tierra labrantía.

campista. m. Persona que hace camping. || *Amér.* Arrendador de minas. || *Hond.* Vaquero.

campo. m. Terreno extenso fuera de poblado. || Tierra laborable. || En contraposición a monte o sierra, campiña. || Sembrados, árboles y demás cultivos. || Término, terreno contiguo a una población. || Terreno de juego en el fútbol y ciertos deportes. || Terreno de juego, localidades e instalaciones anejas donde se practican y contemplan ciertos deportes, como el fútbol. || Mitad del terreno de juego que, en ciertos deportes como el fútbol, corresponde defender a cada uno de los dos equipos. || fig. Ámbito real o imaginario propio de una actividad: ↶ *de la erudición.* || Conjunto determinado de materias, ideas o conocimientos. || *Fís.* Espacio en que se manifiesta cualquier acción física a distancia.

campurriano, na. adj. y s. De Campoo.

campus. m. Espacio, terrenos, jardines, etc., adjuntos a una ciudad universitaria.

camueso. m. Especie de manzano, de fruto fragante y sabroso. || fig. y fam. Hombre necio e ignorante.

camuflaje. m. Acción y efecto de camuflar.

camuflar. tr. Disimular la presencia de armas, tropas, etc. || Por ext., disimular dando a una cosa el aspecto de otra.

camuñas. m. Personaje fantástico con que se asusta a los niños.

can. m. Perro, animal. || Cabeza de una viga del techo interior, que carga en el muro y sobresale al exterior, sosteniendo la corona de la cornisa.

cana. f. Cabello blanco. Ú. m. en pl.

canaco, ca. m. y f. Nombre que se da a los indígenas de varias islas de Oceanía, Taití y otras.

canadiense. adj. y s. De Canadá. || f. Especie de cazadora o chaquetón de piel con el pelo hacia el interior.

canal. m. Estrecho marítimo, natural o artificial: ↶ *de La Mancha, de Panamá.* || amb. Cauce artificial por donde se conduce el agua. || Parte más profunda y limpia de la entrada de un puerto. || Teja delgada y combada que, en los tejados, forma los conductos por donde corre el agua. || Cada uno de estos conductos. || Res muerta y abierta, sin despojos. || Cada una de las bandas de frecuencia en que puede emitir una estación de televisión.

canaladura. f. Moldura hueca que se hace en algún miembro arquitectónico, en línea vertical.

canalé. m. Tejido de punto que forma estrías o canales.

canaleja. f. dim. de canal. || Pieza de madera unida a la tolva, por donde pasa el grano a la muela.

Canal de Venecia

canalización. f. Acción y efecto de canalizar.

canalizar. tr. Abrir canales. || Regularizar el cauce o la corriente de un río. || Encauzar. || fig. Recoger corrientes de opinión, iniciativas, etc., y orientarlas eficazmente.

canalón. m. Conducto que recibe y vierte el agua de los tejados. || Sombrero de teja.

canalla. f. fig. y fam. Gente baja, ruin. || m. fig. y fam. Hombre despreciable y de malos procederes.

canallada. f. Acción o dicho propios de un canalla.

canallesco, ca. adj. Propio de la canalla o de un canalla.

canana. ≅cartuchera. f. Cinto dispuesto para llevar cartuchos.

cananeo, a. adj. y s. De Canaán. || m. Grupo de lenguas semíticas que comprende el antiguo cananeo, hebreo, fenicio y moabita.

canapé. m. Escaño o sofá con el asiento y el respaldo acolchados. || Aperitivo que consta de una rebanadita de pan con otros manjares.

canaricultura. f. Arte de criar canarios.

canariera. f. Jaula grande para la cría de canarios.

canario, ria. adj. y s. De Canarias. || m. Pájaro originario de las islas Canarias, de cola larga y ahorquillada, pico cónico y delgado y plumaje amarillo, verdoso o blanquecino, a veces con manchas pardas. Es una de las aves de mejor canto y más sostenido. || f. Hembra del canario, pájaro.

canasta. ≅banasta. ≅canasto. f. Cesto de mimbres, ancho de boca, que suele tener dos

Canario

asas. || Juego de naipes con dos o más barajas francesas entre dos bandos de jugadores. || En este juego, reunión de siete naipes del mismo número. || Tanto en el juego del baloncesto. || Aro de hierro fijado a un tablero por el que hay que introducir el balón en este juego.

canastero, ra. m. y f. Persona que hace o vende canastas. || Chile. Vendedor ambulante de frutas y legumbres que lleva en canastos. || Chile. Mozo de las panaderías, que traslada el pan en canasto.

canastilla. f. Cestilla de mimbres. || Ropa para el niño que va a nacer.

canastillo. m. Azafate hecho con mimbres.

canasto. m. Canasta recogida de boca.

cancán. m. Danza frívola y muy movida, que se importó de Francia en la segunda mitad del siglo XIX, y que hoy se ejecuta sólo por mujeres como parte de un espectáculo. || Prenda interior femenina para mantener holgada la falda.

cancel. m. Contrapuerta generalmente de tres hojas, una de frente y dos laterales, ajustadas éstas a las jambas de una puerta de entrada, y cerrado todo por un techo. || Reja, generalmente baja, que en una iglesia separa el presbiterio de la nave. || Armazón vertical de madera u otra materia, que divide espacios en una sala o habitación. || Arg. Cancela, verja que separa del zaguán el vestíbulo o el patio. || Méj. Biombo, mampara, persiana.

cancela. f. Rejilla que se pone en el umbral de algunas casas para reservar el portal o zaguán del libre acceso del público.

cancelación. f. Acción y efecto de cancelar.

cancelar. tr. Anular, hacer ineficaz un instrumento público, una inscripción en registro, una nota o una obligación que tenía autoridad o fuerza.

cáncer. m. Tumor maligno que invade y destruye los tejidos. || fig. Mal moral que arraiga en la sociedad sin que se le pueda poner remedio.

Cáncer. Cuarto signo del Zodíaco, de 30° de amplitud, que el Sol recorre aparentemente al comenzar el verano. || Constelación zodiacal que se halla delante del signo del mismo nombre y un poco hacia el Oriente.

cancerado, da. adj. Que participa del cáncer. || Atacado de cáncer.

cancerar. intr. Padecer de cáncer o degenerar en cancerosa alguna úlcera. Ú. t. c. prnl. || tr. fig. Consumir, enflaquecer, destruir. || fig. Mortificar, castigar, reprender.

cancerbero. m. fig. Portero o guarda severo e incorruptible o de bruscos modales.

canceriforme. adj. Que tiene forma o aspecto de cáncer.

cancerígeno, na. adj. Que causa o favorece el desarrollo del cáncer.

canceroso, sa. adj. Afectado de cáncer o que participa de su naturaleza.

cancilla. f. Puerta, hecha a manera de verja, que cierra los huertos, corrales o jardines.

canciller. m. Empleado auxiliar en las embajadas, legaciones, consulados y agencias diplomáticas y consulares. || Magistrado supremo en algunos países: || En muchos países, ministro de Asuntos Exteriores.

cancilleresco, ca. adj. Relativo a la cancillería.

cancillería. f. Oficio de canciller. || Oficina especial en las embajadas, legaciones, consulados y agencias diplomáticas y consulares. || Alto centro diplomático en el cual se dirige la política exterior. Ú. m. en pl.

canción. f. Composición en verso, que se canta, o hecha a propósito para que se pueda poner en música. || Música con que se canta esta composición. || fig. Cosa dicha con repetición insistente o pesada: *venir* o *volver con la misma* ◡. || fig. Noticia, pretexto, etc., sin fundamento. Ú. m. en pl.

cancionero. m. Colección de canciones y poesías, por lo común de diversos autores.

cancionista. com. Persona que compone o canta canciones.

cancro. m. Cáncer, tumor maligno. || Úlcera que se manifiesta por manchas blancas o rosadas en la corteza de los árboles.

cancroideo, a. adj. Que tiene aspecto de cáncer.

cancha. f. Local destinado a juego de pelota, riñas de gallos u otros usos análogos. || Suelo del frontón o trinquete con pavimento de piedra o cemento y del mismo ancho que el frontis. || *Amér.* En general, terreno, espacio, local o sitio llano y desembarazado. || *Amér.* Campo de fútbol.

canchal. m. Peñascal o sitio de grandes piedras descubiertas.

canchear. intr. Trepar o subir por canchos o peñascos.

cancho. m. Peñasco grande. || fam. *Chile.* Paga que exigen por el más ligero servicio algunas personas.

candado. m. Cerradura suelta contenida en una caja de metal, que por medio de armellas asegura puertas, tapas de cofres, etc. || *Col.* Perilla de la barba.

candaliza. f. Cada uno de los cabos que hacen en los cangrejos oficio de brioles.

candar. tr. Cerrar con llave. || Por ext., cerrar de cualquier modo.

candeal. adj. y s. Se dice del pan que se hace con trigo candeal. || Se dice de una especie de trigo aristado, con la espiga cuadrada y granos ovales.

candela. f. Vela para alumbrarse. || Flor del castaño. || fam. Lumbre. || Unidad de intensidad luminosa; es la sexagésima parte de la luz emitida normalmente por 1 cm.^{2} de radiador integral (cuerpo negro) a la temperatura de solidificación del platino. Su símbolo es *cd.* || Seta comestible de la familia de las agaricáceas.

candelabro. m. Candelero de dos o más brazos, que se sustenta sobre su pie o sujeto en la pared. || Planta cactácea que alcanza una altura de más de seis metros y se cría en varias provincias de Argentina.

candelero. m. Utensilio que sirve para mantener derecha la vela o candela, y consiste en un cilindro hueco unido a un pie por una barreta o columnilla. || Velón, lámpara de aceite.

candencia. f. Calidad de candente.

candente. adj. Cuerpo, generalmente metal, cuando se enrojece o blanquea por la acción del calor. || fig. Vivo, de actualidad, apasionante.

candidación. f. Acción de cristalizarse el azúcar.

candidato, ta. ≅aspirante. ≅pretendiente. m. y f. Persona que pretende alguna dignidad, honor o cargo. || Persona propuesta o indicada para una dignidad o un cargo, aunque no lo solicite.

candidatura. f. Reunión de candidatos a un empleo. || Aspiración a cualquier honor o cargo o a la propuesta para él. || Papeleta en que va escrito o impreso el nombre de uno o varios candidatos. || Propuesta de persona para una dignidad o un cargo.

candidez. ≅candor. ≅sencillez. f. Calidad de cándido.

cándido, da. adj. Blanco, de color de nieve o leche. || Sencillo, sin malicia ni doblez. || Simple, poco advertido.

candil. m. Utensilio parta alumbrar, formado por dos recipientes de metal superpuestos, cada uno con su pico; en el superior se ponen el aceite y la torcida, y en el inferior una varilla con garfio para colgarlo. || pl. Planta aristoloquiácea que nace espontánea en Andalucía y trepa por los troncos de los árboles.

candilejas. f. pl. Línea de luces en el proscenio del teatro.

candombe. m. Baile grosero y estrepitoso entre los negros de América del Sur. || Casa o sitio donde se ejecuta este baile. || Tambor prolongado, de un solo parche, en que los negros golpean con las manos para acompañar al baile candombe.

candor. ◁malicia. m. Suma blancura. || Sinceridad, sencillez y pureza del ánimo.

candoroso, sa. adj. Que tiene candor.

cané. m. Juego de azar parecido al monte.

caneca. f. Frasco cilíndrico de barro vidriado, que sirve para contener ginebra u otros licores.

canéfora. f. Doncella que en algunas fiestas de la antigua Grecia llevaba en la cabeza un canastillo con flores, ofrendas y cosas necesarias para los sacrificios.

canela. f. Corteza de las ramas, quitada la epidermis, del canelo, de color rojo amarillento y de olor muy aromático y sabor agradable. || fig. y fam. Cosa muy fina y exquisita. || *Col.* Fuerza, vigor.

caneláceo, a. adj. y s. Díc. de las plantas angiospermas dicotiledóneas, parecidas a las miristicáceas, propias de países tropicales, y que se caracterizan por lo aromático de sus cortezas. || pl. Familia de estas plantas.

canelilla. f. Árbol euforbiáceo que se cría en Méjico y Cuba.

canelo, la. adj. De color de canela, aplicado especialmente a los perros y caballos. || m. Árbol lauráceo, originario de la India y Ceilán, de 7 a 8 metros de altura, y de cuya corteza se obtiene la canela.

canelón. m. Canalón de tejados. || Carámbano largo y puntiagudo que cuelga de las canales cuando se hiela el agua lluvia o se derrite la nieve. || Pasta de harina de trigo, cortada de forma rectangular, de aproximadamente cuatro centímetros por ocho, con la que se envuelve un relleno de carne, pescado, verduras, etc. Ú. m. en pl.

canesú. m. Cuerpo de vestido de mujer corto y sin mangas. || Pieza superior de la camisa o blusa a que se pegan el cuello, las mangas y el resto de la prenda.

canga. f. Instrumento de suplicio chino. Es una tabla con tres agujeros en los que se aprisionan el cuello y muñecas del reo.

cangilón. ≅arcaduz. m. Vaso grande de barro o metal, en forma de cántaro, para traer o tener líquidos, y a veces para medirlos. || Vasija de barro o metal, que sirve para sacar agua de los pozos y ríos, atada, con otras, a una maroma doble que descansa sobre la rueda de la noria.

cangrejero, ra. m. y f. Persona que coge o vende cangrejos. || m. Ave zancuda, parecida a la garza, de color rojizo leonado, plumas occipitales blanquecinas y pecho, abdomen y piernas blancos.

cangrejo. m. Nombre vulgar de los crustáceos del orden de los decápodos. || *Mar.* Vela que tiene en uno de sus extremos una boca semicircular por donde ajusta con el palo del buque, y la cual puede correr de arriba abajo o viceversa, y girar a su alrededor mediante los cabos que se emplean para manejarla.

cangüeso. m. Pez marino teleósteo acantopterigio.

canguro. m. Mamífero didelfo. Es herbívoro, y anda a saltos, por tener las extremidades delanteras mucho más cortas que las posteriores, y cuando está quieto se apoya en éstas y en la cola, que es muy robusta.

caníbal. adj. y s. Salvaje de las Antillas, que era tenido por antropófago. || Antropófago. || fig. Díc. del hombre cruel y feroz.

canibalismo. m. Antropofagia atribuida a los caníbales. || fig. Ferocidad e inhumanidad propias de caníbales.

canica. f. Juego de niños que se hace con bolitas de barro, vidrio u otra materia dura. Ú. m. en pl. || Cada una de estas bolitas.

canicie. f. Color cano del pelo.

canícula. f. Período del año en que son más fuertes los calores.

canicular. adj. Relativo a la canícula: *calor* ∿.

caniche. adj. y s. Raza de perros descendiente del barbet, de pelo rizado, ensortijado y lanoso.

Canguros gigantes rojos

cánido, da. adj. y s. Díc. de los mamíferos carnívoros digitígrados cuyo tipo es el perro. Otros ejemplos son los lobos, chacales, zorros, etc. || m. pl. Familia de estos animales.

canijo, ja. adj. y s. fam. Débil y enfermizo.

canilla. f. Cualquiera de los huesos largos de la pierna o del brazo y especialmente la tibia. || Cualquiera de los huesos principales del ala del ave. || Caño pequeño que se pone en la parte inferior de la cuba o tinaja para dar salida al líquido. || Carrete metálico en que se devana la seda o el hilo y que va dentro de la lanzadera en las máquinas de tejer y coser.

canime. m. Árbol de Colombia y Perú, de la familia de las gutíferas, llamado también palo de aceite, del que se obtiene un aceite medicinal.

canino, na. ≅perruno. adj. Relativo al can: *raza* ∽. || Aplícase a las propiedades que tienen semejanza con las del perro: *hambre* ∽. || adj. y m. Cada uno de los cuatro dientes, terminados en punta y de raíz simple, situados entre los incisivos y los premolares; en los carnívoros están muy desarrollados. También se les llama *colmillos*.

canje. m. Cambio, trueque o substitución. Ú. en la diplomacia, la milicia y el comercio: ∽ *de notas diplomáticas*.

canjear. ≅cambiar. ≅permutar. tr. Hacer canje. Ú. en la diplomacia, la milicia y el comercio.

cannabáceo, a. adj. y s. Díc. de las plantas dicotiledóneas, herbáceas, con fruto en cariópside o aquenio y semillas sin albumen; como el cáñamo y el lúpulo. || f. pl. Familia de estas plantas.

cannáceo, a. adj. y s. Díc. de las plantas monocotiledóneas, perennes; flores, con frecuencia vistosas, irregulares en racimo o en panoja y fruto en cápsula; como el cañacoro *(canna índica)* o platanillo. || f. pl. Familia de estas plantas.

cano, na. adj. Que tiene blanco todo o lo más del pelo o de la barba. || fig. Anciano o antiguo. || fig. y poét. Blanco, de color de nieve o leche.

canoa. f. Embarcación de remo muy estrecha, ordinariamente de una pieza, sin quilla y sin diferencia de forma entre proa y popa.

canódromo. m. Terreno convenientemente preparado para las carreras de galgos.

canon. m. Regla o precepto. || Catálogo de los libros tenidos por la Iglesia católica como auténticamente sagrados. || Parte de la misa que empieza después del prefacio y termina antes de la recitación del Padre nuestro. || Regla de las proporciones de la figura humana, conforme al tipo ideal aceptado por los escultores egipcios y griegos. || Modelo de características perfectas. ||

Prestación pecuniaria periódica que grava una concesión gubernativa. || Cada uno de los artículos del Derecho canónico.

canonical. adj. Relativo al canónigo: *vida* ∽.

canónico, ca. adj. Arreglado a los sagrados cánones y demás disposiciones eclesiásticas. || Se aplica a los libros y epístolas que se contienen en el canon de los libros auténticos de la Sagrada Escritura. Se opone a *apócrifo*. || Que se ajusta exactamente a las características de un canon de normalidad o perfección.

canónigo. m. El que tiene una canonjía.

canonista. com. Persona que profesa el Derecho canónico o versada en él.

canonización. f. Acción y efecto de canonizar.

canonizar. tr. Declarar solemnemente santo y poner el Papa en el catálogo de ellos a un venerable, ya beatificado. || fig. Calificar de buena a una persona o cosa, aun cuando no lo sean. || fig. Aprobar y aplaudir alguna cosa.

canonjía. f. Prebenda por la que se pertenece al cabildo de iglesia catedral o colegial. || fig. y fam. Empleo de poco trabajo y bastante provecho.

canope. m. *Arqueol.* Vaso que se encuentra en las antiguas tumbas de Egipto y estaba destinado a contener las vísceras de los cadáveres momificados. Ú. t. c. adj.

canoro, ra. adj. Ave de canto grato y melodioso: *el* ∽ *ruiseñor*. || Grato y melodioso.

canoso, sa. adj. Que tiene muchas canas.

cansado, da. adj. Díc. de las cosas que declinan o decaen y de las degeneradas o enervadas: *tierra* ∽, *pluma* ∽. || Aplícase a la persona o cosa que produce cansancio.

cansancio. ≅fatiga. ≅lasitud. m. Falta de fuerzas que resulta de haberse fatigado.

cansar. tr. y prnl. Causar cansancio. || Quitar fertilidad a la tierra, bien por la continuidad o la índole de la cosecha o bien por la clase de los abonos. || Enfadar, molestar.

cansera. ≅importunación. f. fam. Molestia y enojo causados por la importunación. || *Amér.* Tiempo perdido en algún empeño.

cansino, na. ≅perezoso. adj. Aplícase al hombre o al animal cuya capacidad de trabajo está disminuida por el cansancio. || Que revela cansancio. || *And.* Cansado, pesado.

cantable. adj. Que se puede cantar.

cantábrico, ca. adj. Relativo a Cantabria, al mar Cantábrico o a la costa que rodea este mar.

cántabro, bra. adj. y s. De Cantabria.

cantal. m. Canto de piedra. || Cantizal.

Canope egipcio con inscripción del Nuevo Imperio

cantamañanas. m. y f. fam. Persona informal, fantasiosa, irresponsable, que no merece crédito.

cantamisa. f. *And.* y *Amér.* Acto de cantar su primera misa un sacerdote.

cantante. adj. Que canta. || com. Cantor o cantora de profesión.

cantaor, ra. m. y f. Persona que se dedica a cantar cante flamenco y hondo.

cantar. ≅canción. m. Copla o breve composición poética puesta en música para cantarse, o adaptable a alguno de los aires populares, como el fandango, la jota, etc.

cantar. intr. Formar con la voz sonidos melodiosos y variados. Díc. de las personas y, por ext., de los animales, principalmente de las aves. Ú. t. c. tr. || fig. Componer o recitar alguna poesía. Ú. t. c. tr. || fig. En ciertos juegos de naipes, decir el punto o calidades. || fig. y fam. Descubrir o confesar lo secreto: *por fin, el detenido cantó.* || fig. y fam. Oler mal.

cántara. f. Medida de capacidad para líquidos, que tiene ocho azumbres y equivale a 1.613 centilitros aproximadamente. || Cántaro.

cantarada. f. Líquido que cabe en un cántaro.

cantarera. f. Poyo de fábrica o armazón de madera que sirve para poner los cántaros.

cantárida. ≅abadejo. f. Insecto coleóptero que vive en las ramas de los tilos y, sobre todo, de los fresnos.

cantarilla. f. Vasija de barro, sin baño, del tamaño y forma de una jarra ordinaria y boca redonda.

cantarín, na. adj. fam. Aficionado con exceso a cantar. Dícese especialmente de los sonidos propios de la naturaleza: fuentes, arroyos, etc.

cántaro. m. Vasija grande de barro o metal, angosta de boca, ancha por la barriga y estrecha por el pie y por lo común con una o dos asas. || Todo el líquido que cabe en un cántaro: *bebió medio ⌢ de agua.* || Medida de vino, de diferente cabida según las varias regiones de España.

cantata. f. Composición poética de alguna extensión, escrita para que se ponga en música y se cante.

cantatriz. f. Mujer cantante.

cantautor, ra. m. y f. Persona que compone las canciones que canta.

cantazo. m. Pedrada o golpe dado con canto.

cante. m. *And.* Acción y efecto de cantar. || *And.* Cualquier género de canto popular.

cantear. tr. Labrar los cantos de una tabla, piedra u otro material. || Poner de canto los ladrillos. || *Chile.* Labrar la piedra de sillería para las construcciones.

cantera. f. Sitio de donde se saca piedra, greda u otra substancia análoga para obras varias. || fig. Lugar, institución, etc., que proporciona abundantes personas con una capacidad específica para una determinada actividad.

cantería. f. Arte de labrar las piedras para las construcciones. || Obra hecha de piedra labrada: *bóveda de ⌢.* || Porción de piedra labrada.

cantero. m. El que labra las piedras para las construcciones. || Extremo de algunas cosas duras que se pueden partir con facilidad: *un ⌢ de pan.*

cántico. m. Cada una de las composiciones poéticas de los libros sagrados y los litúrgicos en que sublime o arrebatadamente se dan gracias o tributan alabanzas a Dios; como los *cánticos de Moisés,* el *Tedéum,* el *Magníficat,* etc.

cantidad. f. Propiedad de lo que es capaz de número y medida y puede ser mayor o menor que algo con que se le compara. || Cierto número de unidades. || Porción grande o abundante de algo. || Porción indeterminada de dinero. || *Mat.* Objetos de una clase entre los que se puede definir la igualdad y la suma. || *Pros.* Tiempo que se invierte en la pronunciación de una sílaba.

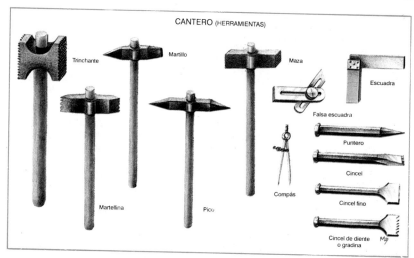

CANTERO (HERRAMIENTAS)

Trinchante

Martillo

Maza

Escuadra

Falsa escuadra

Puntero

Cincel

Compás

Martellina

Pico

Cincel fino

Cincel de diente
o gradina

Ma

cantiga o **cántiga**. f. Antigua composición poética destinada al canto.

cantil. m. Sitio o lugar que forma escalón en la costa o en el fondo del mar. || *Amér.* Borde de un despeñadero. || *Guat.* Especie de culebra grande.

cantilena. f. Cantar, copla, composición poética breve, hecha generalmente para que se cante. || fig. y fam. Repetición molesta e importuna de algo: *siempre vienen con esa* ∿.

cantimplora. f. Sifón, tubo encorvado para sacar líquidos. || Vasija de metal que sirve para enfriar el agua, y es semejante a la garrafa. || Frasco aplanado y revestido de cuero, paja o bejuco, para llevar la bebida.

cantina. f. Sótano donde se guarda el vino para el consumo de la casa. || Local público en que se venden bebidas y algunos comestibles.

cantinela. f. Cantilena.

cantinera. f. Mujer que tiene por oficio servir bebidas a la tropa, incluso durante las acciones de guerra.

cantinero. m. El que cuida de los licores y bebidas. || El que tiene cantina, puesto de bebidas y de algunos comestibles.

cantizal. ≅cantal. m. Terreno donde hay muchos cantos y guijarros.

canto. m. Acción y efecto de cantar. || Arte de cantar. || Poema corto del género heroico, llamado

así por su semejanza con cada una de las divisiones del poema épico, a que se da este mismo nombre. || Cada una de las partes en que se divide el poema épico: *tradujo el* ∿ *VIII de la Ilíada.* || Parte melódica que da carácter a una pieza de música concertante.

canto. ≅guijarro. ≅piedra. m. Extremidad o lado de cualquier parte o sitio. || Extremidad, punta, esquina o remate de algo: ∿ *de mesa, de vestido.* || Cantón, esquina de un edificio. || En el cuchillo o en el sable, lado opuesto al filo. || Corte del libro, opuesto al lomo. || Grueso de alguna cosa. || Trozo de piedra.

cantón. m. Esquina de un edificio. || Región, territorio. || Acantonamiento, sitio de tropas acantonadas. || División administrativa que utilizan algunos países.

cantonal. adj. Partidario o defensor del cantonalismo. Ú. t. c. s. || Relativo al cantón o al cantonalismo.

cantonalismo. m. Sistema político que aspira a dividir el Estado en cantones casi independientes. || fig. Desconcierto político caracterizado por una gran relajación del poder soberano en la nación.

cantonera. f. Pieza que se pone en la esquina de libros, muebles u otros objetos como refuerzo o adorno. || Rinconera que se pone en el rincón de una habitación. || Mujer pública que anda de esquina en esquina atrayendo a los hombres.

cantonero. m. Instrumento con que los encuadernadores doran los cantos de los libros.

cantor, ra. adj. y s. Que canta, principalmente si lo tiene por oficio. || Díc. de las aves que, por tener la siringe muy desarrollada, son capaces de emitir sonidos melodiosos y variados; como el mirlo y el ruiseñor. || pl. *Zool.* Orden de las aves cantoras.

cantú. m. Planta jardinera de Perú; de la familia de las polemoniáceas, es un arbusto de 2 ó 3 metros de alto. Entre los incas tuvo carácter sagrado.

cantueso. m. Planta perenne de las labiadas, semejante al espliego, con flores olorosas y moradas en espiga, rematadas en un penacho.

canturrear. intr. fam. Cantar a media voz.

canturreo. m. Acción de canturrear.

cánula. f. Caña pequeña. || Tubo corto que se emplea en diferentes operaciones de cirugía o que forma parte de aparatos físicos o quirúrgicos. || Tubo terminal o extremo de las jeringas.

canular. adj. Que tiene forma de cánula.

canutas(pasarlas). fr. fig. y fam. Verse en situación muy difícl, apurada o arriesgada.

canutillo. m. Cañutillo.

Cantueso

canuto. m. Parte de una caña comprendida entre dos nudos. || Cañón de palo, metal u otra materia, corto y no muy grueso, que sirve para diferentes usos. || Pastel de hojaldre en forma de rollo relleno de crema, nata, etc. || Tubo formado por la tierra que se adhiere a los huevos que la langosta y otros ortópteros depositan en la tierra. || En el lenguaje de la droga, porro.

caña. f. Tallo de las plantas gramíneas, por lo común hueco y nudoso. || Canilla del brazo o de la pierna. || Tuétano. || Parte de la bota, que cubre la pierna. || Parte de la media, que cubre desde la pantorrilla hasta el talón. || Vaso alto y estrecho, que se usa para beber vino o cerveza. || Líquido contenido en uno de estos vasos.

cañacoro. m. Planta herbácea cannácea, cuyo fruto es una caja dividida en tres celdas llenas de muchas semillas globosas sin albumen.

cañada. f. Espacio de la tierra entre dos alturas poco distantes entre sí. || Vía para los ganados trashumantes, que debía tener 90 varas de ancho.

cañadilla. f. Múrice comestible, uno de los productores de la secreción líquida rojo-violada utilizada por los antiguos para dar a las telas el famoso color de púrpura.

cañafístula. f. Árbol propio de países intertropicales, de unos 10 m. de alt. || Fruto de este árbol.

cañaheja. f. Planta umbelífera, de unos 2 m. de alt., tallo recto, cilíndrico y hueco, y flores amarillas. || Tallo de esta planta cortado y seco.

cañamazo. m. Estopa de cáñamo. || Tela tosca de cáñamo. || Tela de tejido ralo, dispuesta para bordar en ella con seda o lana de colores. || La misma tela después de bordada.

cañamero, ra. adj. Relativo al cáñamo: *industria ∾ de Tarrasa.*

cáñamo. m. Planta anual de la familia de las cannabáceas, de unos 2 m. de altura, con tallo hueco, y cuya semilla es el cañamón. Se cultiva y prepara como el lino. La fibra textil se separa de la caña, y con ella se hacen tejidos, cuerdas, alpargatas, etc. || Filamento textil de esta planta. || Lienzo de cáñamo.

cañamón. m. Simiente del cáñamo, que se usa principalmente para alimentar pájaros.

cañaveral. m. Sitio poblado de cañas o cañaveras. || Plantío de cañas.

cañear. tr. Beber cañas de manzanilla o cerveza.

cañeo. m. Acción de beber cañas de manzanilla o de cerveza.

cañería. ≅tubería. f. Conducto formado de caños por donde se distribuyen las aguas o el gas.

cañero, ra. adj. Relativo a la caña de azúcar. || m. *And.* Utensilio en forma de doble bandeja, con agujeros en la parte superior para sujetar las cañas o vasos del vino de manzanilla al servirlos. || *Cuba.* Vendedor de caña dulce.

cañizo. m. Tejido de cañas y bramante o tomiza que sirve para camas en la cría de gusanos de seda, armazón en los toldos de los carros, sostén del yeso en los cielos rasos, etc. || El timón del trillo.

caño. m. Tubo corto de metal, vidrio o barro, a modo de cañuto. || Tubo por donde sale un chorro de agua. || Albañal de aguas inmundas. || Chorro de agua que cae por una parte estrecha. || Cueva donde se enfría el agua. || Subterráneo donde están las cubas.

cañón. m. Pieza hueca y larga, a modo de caña: ⌐ *de escopeta, de órgano, de anteojo, de fuelle.* || En los vestidos, parte que por su figura o doblez imita de algún modo al cañón. || Parte córnea y hueca de la pluma del ave. || Pluma de ave cuando empieza a nacer. || Pieza de artillería, de gran longitud respecto a su calibre, destinada a lanzar balas, metralla o cierta clase de proyectiles huecos. || Garganta, desfiladero, paso abrupto entre montañas.

cañonazo. m. Disparo hecho con cañón. || Ruido originado por el mismo. || Herida y daño que produce el disparo del cañón.

cañonear. tr. y rec. Batir a cañonazos.

cañoneo. m. Acción y efecto de cañonear.

cañonería. f. Conjunto de cañones de una pieza de artillería o de un órgano.

cañonero, ra. adj. y s. Aplícase a los barcos o lanchas que montan algún cañón.

cañutillo. m. Tubito de vidrio que se emplea en trabajos de pasamanería. || Hilo de oro o plata rizado para bordar. || Zurrón en que la langosta guarda su simiente. || Planta commelinácea, de hojas pequeñas y flores de color azul celeste.

cañuto. m. En las cañas, en los sarmientos y demás tallos semejantes, parte intermedia entre nudo y nudo. || Cañón de palo, metal u otra materia, corto y no muy grueso, que sirve para diferentes usos.

caoba. f. Árbol de América, hasta de 30 m. de altura, cuya madera es de las más estimadas para muebles de lujo, por su hermoso aspecto y fácil pulimento. || Madera de este árbol.

caobilla. f. Árbol silvestre de las Antillas, cuya madera es parecida a la caoba, y también imita algo al cedro por su color amarillento.

caolín. m. Arcilla blanca muy pura que se emplea en la fabricación de la porcelana y del papel. Es un silicato de alúmina hidratado.

caos. ◁orden. m. Estado de confusión en que se hallaban las cosas al momento de su creación, antes que Dios las colocase en el orden que después tuvieron. || fig. Confusión, desorden.

caótico, ca. ≅confuso. ≅desordenado. adj. Relativo al caos.

capa. f. Ropa larga y suelta, sin mangas, que se usa sobre el vestido. Es angosta por el cuello, ancha y redonda por abajo y abierta por delante. Hácese de paño y otras telas. || Substancia diversa que se sobrepone en una cosa para cubrirla o bañarla. || *Geol.* Estrato de los terrenos.

capá. m. Árbol de las Antillas, de la familia de las borragináceas. Es parecido al roble y su madera de mucho uso en la construcción de buques, porque no la ataca la broma.

capacidad. f. Espacio hueco de alguna cosa, suficiente para contener otra u otras. || Extensión o espacio de algún sitio o local. || Aptitud o suficiencia para algo. || fig. Talento o disposición para comprender bien las cosas. || Oportunidad, lugar o medio para ejecutar algo. || *Elec.* Relación constante que existe entre la carga estática de un cuerpo y su potencial, suponiendo los cuerpos que rodean a aquél estén al potencial cero. || *Inform.* Máximo número de bits almacenable en una memoria.

capacitación. f. Acción y efecto de capacitar o capacitarse.

capacitar. tr. y prnl. Hacer a uno apto, habilitarlo para alguna cosa.

capacho. m. Espuerta de juncos o mimbres que suele servir para llevar fruta. || Media sera de esparto con que se cubren los cestos de frutas y las seras del carbón y donde suelen comer los bueyes. || Especie de espuerta de cuero o de estopa.

capadocio, cia. adj. y s. De Capadocia.

capador. m. El que tiene el oficio de capar. || Castrapuercas.

capadura. f. Acción y efecto de capar. || Cicatriz que queda al castrado. || Hoja de tabaco de calidad inferior, que se emplea para picadura u alguna vez para tripas.

capar. tr. Extirpar o inutilizar los órganos genitales. || fig. y fam. Disminuir o cercenar.

caparazón. m. Cubierta que se pone al caballo que va de mano para tapar la silla y aderezo, y

Capacho de esparto

también la de cuero con que se preserva de la lluvia a las caballerías de tiro. || Cubierta que se pone encima de algunas cosas para su defensa. || Esqueleto torácico del ave. || Cubierta quitinosa incrustada por sales calizas que se extiende por encima del tórax y a veces por todo el dorso de muchos crustáceos. || Cutícula de los protozoos. || Coraza que protege el cuerpo de las tortugas.

caparidáceo, a. adj. y s. Díc. de plantas angiospermas dicotiledóneas, herbáceas o arbóreas, como la alcaparra. || f. pl. Familia de estas plantas.

caparrosa. f. Nombre común a varios sulfatos nativos de cobre, hierro o cinc.

capataz. ≅ mayoral. m. El que gobierna y vigila a cierto número de trabajadores. || Persona a cuyo cargo está la labranza y administración de las haciendas de campo.

capaz. adj. Que tiene ámbito o espacio suficiente para recibir o contener en sí otra cosa. || Grande o espacioso. || fig. Apto, proporcionado, suficiente para alguna cosa determinada. || fig. De buen talento, diestro. || *Der.* Apto legalmente para una cosa.

capazo. m. Espuerta grande de esparto o de palma.

capciosidad. f. Calidad de capcioso.

capcioso, sa. adj. Díc. de las palabras, doctrinas, etc., falaces o especiosas. || Díc. de las preguntas que se hacen para arrancar al contrincante una respuesta que pueda comprometerlo.

capea. f. Acción de capear al toro. || Lidia de becerros por aficionados.

capeador, ra. adj. y s. Que capea o roba la capa. || Díc. de la persona diestra en dar lances de capa. || m. y f. *Guat.* Estudiante que capea o hace novillos.

capear. ≅ capotear. ≅ sortear. tr. Robar a uno la capa. || Hacer suertes con la capa al toro. || fig. y fam. Entretener a uno con evasivas. || Eludir mañosamente un compromiso. || *Guat.* Entre estudiantes, faltar a sus clases sin motivo justificado. || Mantenerse el barco sin retroceder más de lo inevitable cuando el viento es duro.

capelán. m. Pez salmónido que se utiliza como cebo para la pesca del abadejo.

capelo. m. Cierto derecho que los obispos percibían del estado eclesiástico. || Sombrero rojo, insignia de los cardenales. || fig. Dignidad de cardenal.

capellán. m. El que obtiene alguna capellanía. || Cualquier eclesiástico. || Sacerdote que dice misa en un oratorio privado.

capellanía. f. Fundación en la cual ciertos bienes quedan sujetos al cumplimiento de misas y otras cargas pías.

capeo. m. Acción y efecto de capear. || pl. Capea.

caperuza. f. Bonete que remata en punta inclinada hacia atrás. || Pieza que cubre la salida del humo de la chimenea, protegiéndola de la nieve y la lluvia. || fam. Cualquier pieza que cubre o protege la punta o extremo de algo.

capialzado. adj. y s. Arco más levantado por uno de sus frentes para formar declive.

capialzo. m. Pendiente o derrame del intradós de una bóveda.

capicatí. m. Planta americana cuya raíz sirve para fabricar un licor especial.

capicúa. m. En el dominó, modo de ganar con una ficha que puede colocarse en cualquiera de los dos extremos. || Cifra que, como el número 1331, es igual leída de izquierda a derecha que de derecha a izquierda. || Por ext., billete, boleto, etc., cuyo número es capicúa.

capilar. adj. Relativo al cabello. || Díc. de los fenómenos producidos por la capilaridad. || fig. Se aplica a los tubos muy angostos, comparables al cabello. || Díc. de los vasos sanguíneos muy finos.

capilaridad. f. Calidad de capilar. || Propiedad de atraer un cuerpo sólido y hacer subir por sus paredes, hasta cierto límite, el líquido que las moja, como el agua, y repeler al líquido que no las moja, como el mercurio.

capilarímetro. m. Aparato para graduar la pureza de los alcoholes.

capilla. f. Capucha sujeta al cuello de las capas, gabanes o hábitos. || Edificio contiguo a una iglesia o parte integrante de ella, con altar y advocación particular. || Comunidad de capellanes, ministros y dependientes de ella. || Oratorio privado. || fig. Pequeño grupo de regular. || Pliego que se entrega suelto durante la impresión de una obra.

capillo. m. Gorrito que se pone a los niños de pecho.

capirotazo. m. Golpe que se da, haciendo resbalar con violencia, sobre la yema del pulgar, la uña de otro dedo de la misma mano.

capirote. adj. Res que tiene la cabeza de distinto color que el cuerpo. || m. Capucho antiguo. || Muceta con capillo, del color respectivo de cada facultad, que usan los doctores en ciertos actos. || Cucurucho de cartón cubierto de tela que llevan algunos de los que van en las procesiones. || Caperuza de cuero que se pone a las aves de cetrería.

capisayo. m. Vestidura corta a manera de capotillo abierto, que sirve de capa y sayo. || Vestidura común de los obispos.

capital. adj. Perteneciente a la cabeza. || Aplícase a los siete pecados que son origen de otros. || Díc. de la población principal y cabeza de un Estado o provincia. Ú. t. c. s. || fig. Principal o muy grande: *error* ◠. || m. Hacienda, caudal, patrimonio. || fam. Cantidad de dinero de que se dispone en un momento dado. || Valor de lo que, de manera periódica o accidental, rinde u ocasiona rentas, intereses o frutos. || Factor de la producción, constituido por inmuebles, maquinaria o instalaciones, que junto con otros elementos, se dedican a la obtención de un producto.

capitalidad. f. Calidad de ser una población capital.

capitalino, na. adj. Relativo a la capital del Estado.

capitalismo. m. Régimen económico fundado en el predominio del capital como elemento de producción y creador de riqueza. || Conjunto de capitales o capitalistas.

capitalista. adj. Propio del capital o del capitalismo. || com. Persona acaudalada o que coopera con su capital a uno o más negocios. || Propietario de los medios de producción dentro de un sistema de utlización privada del excedente económico.

capitalización. f. Acción y efecto de capitalizar.

capitalizar. tr. Fijar el capital que corresponde a determinado interés, según un tipo dado. || Agregar al capital el importe de los intereses devengados.

capitán. m. Oficial del ejército cuyo empleo es inmediatamente inferior al de jefe. Manda una compañía, escuadrón o batería. || El que manda un buque mercante de cierta importancia. || Genéricamente, caudillo militar. || El que es cabeza de alguna gente forajida. || Jugador que manda un equipo y lo representa en el terreno de juego.

capitana. f. Nave en que va el jefe de una escuadra. || fam. Mujer que es cabeza de una tropa. || fam. Mujer del capitán.

capitanear. tr. Mandar tropa haciendo oficio de capitán. || fig. Guiar o conducir cualquier gente.

capitanía. f. Empleo de capitán. || Compañía mandada por un capitán. || Anclaje, tributo por fondear en un puerto.

capitel. m. Parte superior de la columna. || Chapitel, remate piramidal de las torres.

capitolino, na. adj. Relativo al Capitolio: *monte* ◠. || m. Cada una de las puntas de piedras preciosas que se usan para adorno de ciertos objetos.

Distintos tipos de insignias de capitán

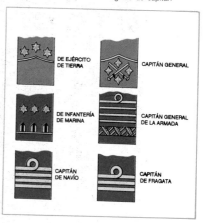

capitolio. m. fig. Edificio majestuoso y elevado. || Acrópolis.

capitoste. m. Persona con influencia, mando, etc. Ú. con sentido despectivo.

capitulación. ≅convenio. ≅rendición. f. Concierto o pacto. || Convenio en que se estipula la rendición de un ejército o plaza. || Concierto que para el régimen económico de su matrimonio hacen los futuros esposos.

capitulado, da. adj. Resumido, compendiado. || m. Disposición capitular.

capitular. adj. Relativo a un cabildo o al capítulo de una orden: *sala* ∿. || Dícese de la letra mayúscula, de impresión o manuscrita. Ú. t. c. s. f. || m. Individuo de alguna comunidad eclesiástica o secular, con voto en ella.

capitular. intr. Pactar. || Entregarse una plaza o cuerpo de tropas. || Cantar las capítulas de las horas canónicas. || Disponer, ordenar. || tr. Hacer a uno capítulos de cargos por delitos en el ejercicio de su empleo.

capitulario. m. Libro de coro que contiene las capítulas.

capítulo. m. Junta que hacen los religiosos y clérigos regulares. || En las Órdenes militares, junta de los caballeros. || Cabildo secular. || Represión que se da a un religioso en presencia de su comunidad. || Cada división de un libro u otro escrito.

capnomancia o **capnomancía.** f. Adivinación supersticiosa hecha por medio del humo, que practicaban los antiguos.

capó. m. Cubierta del motor del automóvil.

capón. adj. y s. Castrado. || m. Pollo que se castra y se ceba para comerlo. || Haz de sarmientos. || Cabo grueso que sirve para tener suspendida el ancla.

capón. m. fam. Golpe dado en la cabeza con el nudillo del dedo del corazón.

caporal. m. El que hace de cabeza de alguna gente y la manda. || *Amér.* Capataz de una estancia de ganado.

capota. f. Cabeza de la cardencha. || Tocado femenino. || Cubierta plegadiza de algunos carruajes.

capotar. intr. Volcar un vehículo automóvil quedando en posición invertida o dar con la proa en tierra un aparato de aviación.

capotazo. m. Suerte del toreo hecha con el capote.

capote. m. Capa de abrigo hecha con mangas. || fig. y fam. Ceño del rostro. || fig. y fam. Car-gazón, aglomeración de nubes. || Capa corta y de colores vivos que usan los toreros.

capotear. tr. Capear al toro. || fig. Capear, entretener a uno con engaños. || fig. Evadir mañosamente los compromisos.

Capricornio. m. Décimo signo del Zodiaco. || Constelación zodiacal entre las de Sagitario y Acuario.

capricho. ◁necesidad. m. Idea o propósito que uno forma sin razón aparente. || Obra de arte en que el ingenio rompe, con buen gusto, la observancia de las reglas. || Antojo, deseo vehemente. || Persona, animal o cosa que es objeto de tal antojo.

caprichoso, sa o **caprichudo, da.** adj. Que obra por capricho. || Que se hace por capricho.

caprifoliáceo, a. adj. y s. Díc. de las matas y arbustos angiospermos, como el saúco y la madreselva. || f. pl. Familia de estas plantas.

caprino, na. adj. Cabruno.

cápsula. f. Cajita cilíndrica de metal con que se cierran algunas botellas. || Cilindro de cobre, en cuyo fondo está el fulminante que comunica el fuego a la carga explosiva. || Fruto seco y dehiscente como el de la amapola. || Envoltura soluble de ciertos medicamentos, y por ext., conjunto de cápsula y el medicamento en ella incluido.

capsular. adj. Perteneciente o semejante a la cápsula.

captación. f. Acción y efecto de captar.

captar. tr. Tratándose de aguas, recoger convenientemente las de un manantial. || Percibir por medio de los sentidos. || Recibir, recoger sonidos o imágenes. || Percatarse de algo. || Atraer a una persona.

captor, ra. adj. y s. Que capta. || Que captura. || *Amér.* El que hace una presa marítima.

captura. ≅presa. ◁liberación. f. Acción y efecto de capturar.

capturar. tr. Aprehender a un delincuente. || Aprehender, apoderarse de alguien o de algo.

capucha. f. Capilla que las mujeres traían en las manteletas. || Capucho, prenda puntiaguda de la cabeza. || Acento circunflejo.

capuchina. f. Planta trepadora originaria de Perú. || Lamparilla con apagador en forma de capucha. || Dulce de yema. || Cometa de papel en forma de capucha.

capuchino, na. adj. Religioso o religiosa descalzo de la Orden de Hermanos Menores Capuchinos. Ú. t. c. s. || Relativo a la Orden de los capuchinos. || *Chile.* Aplícase a la fruta muy pequeña.

capucho. m. Pieza del vestido quie sirve para cubrir la cabeza y se puede echar a la espalda.

capuchón. m. Capucha. || Cubierta del bolígrafo o pluma.

capulí. m. Árbol rosáceo de América. || Fruta de este árbol. || *Perú.* Fruto de una planta solanácea parecido a una uva.

capúlido. adj. y s. Dic. de moluscos gasterópodos, cuya concha se distingue por su figura de bonete cónico. || m. pl. Familia de estos animales.

capullo. m. Envoltura. de la figura y tamaño de un huevo de paloma, dentro de la cual se encierra el gusano de seda. || Obra análoga de las larvas de otros insectos. || Botón de las flores. || Cascabillo de la bellota. || Prepucio.

caquéctico, ca. adj. Relativo a la caquexia. || Que padece caquexia. Apl. a pers., ú. t. c. s.

caquexia. f. Decoloración de las partes verdes de las plantas. || Estado de extrema desnutrición producido por diversas enfermedades.

caqui. m. Árbol ebenáceo, originario de Japón. || Fruto de este árbol. || Tela cuyo color varía desde el amarillo de ocre al verde gris. || Color de esta tela.

cara. ≅rostro. f. Parte anterior de la cabeza humana desde el principio de la frente hasta la punta de la barbilla. Se dice por ext., de algunos animales. || Semblante, expresión del rostro. || Fachada o frente de alguna cosa. || Superficie de alguna cosa. || Anverso de las monedas. || fig. y fam. En ciertas expresiones, descaro. || Cada una de las superficies que forman o limitan un poliedro.

caraba. f. Reunión de personas campesinas en las fiestas.

carabao. m. Rumiante parecido al búfalo. Es la principal bestia de tiro en Filipinas.

carabela. f. Antigua embarcación muy ligera, larga y angosta, con tres palos.

carábido. adj. Díc. de insectos coleópteros que, por su voracidad, son beneficiosos para la agricultura. || m. pl. Familia de estos insectos.

carabina. f. Arma de fuego de menor longitud que el fusil. || fig. y fam. Mujer de edad que acompaña a ciertas señoritas cuando salen de paseo.

carabinero. m. Soldado que usaba carabina. || Soldado destinado a la persecución del contrabando.

carabinero. m. Crustáceo comestible semejante a la quisquilla.

cárabo. m. Embarcación pequeña usada por los moros. || Insecto coleóptero, tipo de los carábidos.

caracol. m. Molusco gasterópodo de concha helicoidal. || Concha de caracol. || Pieza del reloj en la que se enrosca la cuerda. || Rizo del pelo. || Una de las cavidades que constituyen el laberinto del oído de los vertebrados.

caracola. f. Concha de un gran caracol marino que, abierta por el ápice y soplando, produce un sonido de trompa.

caracolada. f. Guisado de caracoles.

caracolear. intr. Hacer movimientos en redondo el caballo.

caracoleo. m. Acción y efecto de caracolear.

caracolillo. m. Planta leguminosa de jardín con flores aromáticas. || Flor de esta planta. || Café cuyo grano es más pequeño que el común. || Caoba que tiene muchas vetas.

carácter. ≅entereza. ≅genio. ≅naturaleza. ≅temple. ≅voluntad. ʃʃcaracteres. m. Marca que se imprime, pinta o esculpe en alguna cosa. || Signo de escritura. Ú. m. en pl. || Señal o figura mágica. || Conjunto de cualidades psíquicas y afectivas, que condicionan la conducta de cada individuo humano. || Señal espiritual indeleble que imprimen los sacramentos del bautismo, confirmación y orden. || Conjunto de cualidades que distinguen una cosa de las demás. || Cualidades que moralmente diferencian de otro un conjunto de personas o todo un pueblo.

característico, ca. ≅distintivo. ≅peculiar. adj. Relativo al carácter. || Aplícase a la cualidad que sirve para distinguir a una persona o cosa de sus semejantes. Ú. t. c. s. f. || f. Cifra o cifras que indican la parte entera de un logaritmo. || *Arg.*

Caracoles

Prefijo del teléfono. || m. y f. Actor o actriz que representa papeles de personas de edad.

caracterización. f. Acción y efecto de caracterizar o caracterizarse.

caracterizado, da. adj. Distinguido.

caracterizador, ra. adj. Que caracteriza. || m. y f. Maquillador.

caracterizar. tr. Determinar los atributos peculiares de una persona o cosa. || Autorizar a una persona con algún empleo o dignidad. || Pintarse o vestirse el actor conforme al personaje que ha de representar.

caracterología o **caracteriología.** f. Parte de la psicología que estudia el carácter y personalidad del hombre. || Conjunto de peculiaridades que forman el carácter de una persona.

caracterológico, ca o **caracteriológico, ca.** adj. Relativo a la caracterología.

caracul. adj. Variedad de ganado ovino procedente de Asia de cola ancha y pelo rizado. || m. Piel de los corderos de esta raza.

caracha o **carache.** m. Enfermedad de algunos animales, semejante a la sarna o roña.

carajillo. m. Bebida que se prepara generalmente añadiendo un licor alcohólico fuerte, por lo regular aguardiente o coñac, al café caliente.

carajo. m. Pene, miembro viril. Es voz mal sonante. Úsase como interjección.

¡caramba! interj. con que se denota extrañeza o enfado.

carámbano. ≅canelón. m. Pedazo de hielo más o menos largo y puntiagudo.

carambola. f. Lance del juego de billar que consiste en conseguir que una de las bolas toque a las otras dos. || fig. y fam. Doble resultado que se alcanza mediante una sola acción. || fig. y fam. Enredo. || fig. y fam. Casualidad, azar, suerte.

carambolo. m. Árbol de las Indias Orientales, de flores rojas y bayas amarillas y comestibles.

caramelo. m. Pasta de azúcar hecho almíbar al fuego y endurecido al enfriarse.

caramillo. m. Flautilla de caña. || Zampoña. || Planta del mismo gén. y usos de la barrilla. || Montón mal hecho. || fig. Chisme, enredo.

caramujo. m. Rosal silvestre. || Caracol pequeño.

carantoña. f. fam. Halago y caricia que se hacen a uno para conseguir de él alguna cosa. Ú. m. en pl.

carantoñero, ra. m. y f. fam. Persona que hace carantoñas.

caraña. f. Resina medicinal de ciertos árboles

gutíferos americanos. || *C. Rica.* Nombre de estos árboles.

carapacho. m. Caparazón que cubre las tortugas, los cangrejos y otros animales.

carapopela. m. Lagarto muy venenoso de Brasil.

carapulca. f. Cierto guiso criollo, hecho de carne, papa seca y ají.

caraqueño, ña. adj. y s. De Caracas.

carátula. f. Máscara para ocultar la cara. || fig. Profesión de comediante. || Portada de un libro.

carau. m. Ave zancuda de Argentina, Paraguay y Uruguay.

caravana. f. Grupo de gentes que en Asia y África se juntan para hacer un viaje con seguridad. || Conjunto de vehículos que, por ser la circulación muy densa o por otras razones, van uno detrás de otro y poco distanciados entre sí. || Semirremolque habitable. Se llama también *roulotte* (pr. *rulot*).

caravanero. m. Conductor de una caravana.

carbodinamita. f. Materia explosiva derivada de la nitroglicerina.

carbógeno. m. Polvo que sirve para preparar el agua de Seltz.

carbolíneo. m. Substancia líquida que sirve para hacer impermeable la madera.

carbón. m. Materia sólida, negra y muy combustible, que resulta de la combustión incompleta de la leña. || Brasa o ascua después de apagada. || Carboncillo de dibujar.

carbonada. f. Carbón que se echa de una vez en la hornilla. || *Amér.* Guisado compuesto de carne desmenuzada, choclos, zapallo, patatas y arroz.

carbonario, ria. adj. Dic. de ciertas sociedades secretas revolucionarias. || Perteneciente o relativo al carbonarismo. || m. Individuo afiliado a alguna de estas sociedades.

carbonarismo. m. Secta y doctrina de los carbonarios.

carbonatado, da. adj. Se aplica a toda base combinada con el ácido carbónico.

carbonatar. tr. y prnl. Convertir en carbonato.

carbonato. m. Sal resultante de la combinación del ácido carbónico con un radical.

carboncillo. m. Palillo que, carbonizado, sirve para dibujar. || Dibujo hecho con este palillo. || Tizón, hongo parásito del trigo.

carbonear. tr. Hacer carbón de leña. || Embarcar carbón en un buque.

carboneo. m. Acción y efecto de carbonear.

carbonera. f. Pila de leña cubierta de arcilla

para el carboneo. || Lugar donde se guarda carbón. || Mujer que vende carbón. || *Col.* Mina de hulla.

carbonería. f. Almacén donde se vende carbón.

carbonero, ra. adj. Relativo al carbón. || m. El que hace o vende carbón.

carbónico, ca. adj. Se aplica a muchas combinaciones en que entra el carbono.

carbónidos. m. pl. Grupo de substancias que comprenden los cuerpos formados de carbono puro o combinado.

carbonífero, ra. adj. Terreno que contiene carbón mineral. || Díc. del cuarto período de la era primaria, que sigue al devónico y precede al pérmico. || Perteneciente al período durante el cual se han formado los yacimientos de carbón a partir de grandes bosques pantanosos y donde aparecen los primeros reptiles.

carbonilo. m. Radical orgánico divalente formado por un átomo de carbono y otro de oxígeno.

carbonilla. f. Residuos de carbón que suelen quedar al trasladar el grueso. || Coque menudo. || Trozos menudos de carbón a medio quemar.

carbonita. f. Substancia explosiva.

carbonización. f. Acción y efecto de carbonizar.

carbonizar. tr. y prnl. Reducir a carbón un cuerpo orgánico.

carbono. m. Elemento químico no metálico, de peso atómico 12, núm. atómico 6 y símbolo C, que se encuentra en todos los compuestos orgánicos y algunos inorgánicos.

carbonoso, sa. adj. Que tiene carbón. || Parecido al carbón.

carborundo. m. Carburo de silicio.

carboxilo. m. Radical orgánico monovalente formado por un átomo de carbono, dos de oxígeno y uno de hidrógeno (COOH), propio de los ácidos orgánicos.

carbuncal. adj. Relativo al carbunco.

carbunco. m. Enfermedad virulenta y contagiosa, frecuente en el ganado lanar y vacuno y transmisible al hombre.

carburación. f. Acto por el que se combinan el carbono y el hierro para producir el acero. || Paso de a corriente de aire sobre el carburante para obtener la mezcla explosiva que, al inflamarse, produce la fuerza impulsora de un motor. || Acción y efecto de carburar.

carburador. m. Aparato que sirve para carburar. || Pieza de los automóviles, donde se efectúa la carburación.

carburante. m. Mezcla de hidrocarburos que se emplea en los motores de explosión y de combustión interna.

carburar. tr. Mezclar los gases o el aire atmosférico con los carburantes gaseosos o con los vapores de los carburantes líquidos, para hacerlos combustibles o detonantes. || fig. y fam. Tener lucidez en un asunto, ser de reflejos rápidos o trabajar con ahínco.

carburo. m. Combinación del carbono con un metaloide o metal.

carca. adj. y s. despect. Carlista, y por ext., persona de ideas retrógradas.

carcaj. m. Aljaba. || *Amér.* Funda de cuero en que se lleva el rifle.

carcajada. f. Risa impetuosa y ruidosa.

carcajear. intr. y prnl. Reír a carcajadas.

carcamal. m. y adj. fam. Persona decrépita y achacosa. Suele tener valor despectivo.

carcasa. f. Cierta bomba incendiaria. || Armazón, estructura de un objeto: coche, buque, etc.

cárcava. f. Zanja grande que suelen hacer las avenidas de agua. || Foso. || Hoyo para enterrar un cadáver. || Canalículo excavado por aguas de lluvia sin encauzar, en cuestas pendientes arcillosas o margosas.

cárcavo. m. Hueco en que juega el rodezno de los molinos.

cárcel. f. Edificio destinado para la custodia de los presos. || Ranura por donde corre una compuerta. || Barra de madera con dos salientes, entre los cuales se colocan dos piezas de madera encoladas, para que se peguen.

Cárcavas

carcelario, ria. adj. Relativo a la cárcel.

carcelera. f. Canto popular andaluz.

carcelero, ra. adj. Carcelario. || m. y f. Persona que tiene cuidado de la cárcel.

carcinógeno, na. adj. Substancia o agente que produce cáncer.

carcinología. f. Parte de la zoología, que trata de los crustáceos.

carcinológico, ca. adj. Relativo a la carcinología.

carcinoma. m. Tumor de naturaleza cancerosa.

carcoma. f. Insecto coleóptero cuya larva roe la madera. || Polvo que produce al roerla. || fig. Cuidado grave y continuo que mortifica al que lo tiene. || fig. Persona o cosa que poco a poco va gastando la hacienda.

carcomer. tr. Roer la carcoma la madera. || fig. Consumir poco a poco alguna cosa. Ú. t. c. prnl. || prnl. Llenarse de carcoma alguna cosa.

carda. f. Acción y efecto de cardar. || Cabeza terminal del tallo de la cardencha. || Instrumento que consiste en una tabla llena de puntas de hierro para cardar la lana. || fig. y fam. Amonestación, represión.

cardador, ra. m. y f. Persona cuyo oficio es cardar. || m. Miriápodo de cuerpo cilíndrico y liso.

cardamomo. m. Planta medicinal, especie de amomo.

cardar. tr. Preparar con la carda una materia textil para el hilado. || Sacar suavemente el pelo con la carda a algunos tejidos.

cardenal. m. Cada uno de los prelados que componen el Sacro Colegio: son los consejeros del Papa y forman el cónclave para la elección del Sumo Pontífice. || Pájaro fringílido americano de plumaje muy hermoso, rojo, y canto agradable. || Chile. Geranio.

cardenalato. m. Dignidad de cardenal.

cardenalicio, cia. adj. Perteneciente al cardenal del Sacro Colegio.

cardencha. f. Planta dipsacácea, cuyas flores forman cabezas que usan los pelaires para sacar el pelo a los paños. || Carda, instrumento para cardar la lana.

cardenillo. m. Mezcla venenosa de acetatos básicos de cobre: materia verdosa que se forma en los objetos de cobre. || Acetato de cobre que se emplea en la pintura. || Color verde claro.

cárdeno, na. adj. De color amoratado. || Díc. del toro cuyo pelo tiene mezcla de negro y blanco. || Díc. del agua de color opalino.

cardiáceo, a. adj. Que tiene forma de corazón.

cardiaco, ca o cardíaco, ca. adj. Relativo al corazón. || Que padece del corazón. Ú. t. c. s.

cardialgia. f. Dolor agudo en el cardias que oprime el corazón.

cardiálgico, ca. adj. Perteneciente a la cardialgia.

cardias. m. Orificio que sirve de comunicación entre el estómago y el esófago.

cardillo. m. Planta bienal compuesta.

cardinal. adj. Principal, fundamental. || Se aplica a los signos Aries, Cáncer, Libra y Capricornio. || Díc. del adjetivo numeral que expresa cuántas son las personas o cosas de que se trata: como *uno, diez.*

cardiografía. f. Estudio y descripción del corazón.

cardiógrafo. m. Aparato que registra gráficamente la intensidad y el ritmo de los movimientos del corazón.

cardiograma. m. Trazado que se obtiene con el cardiógrafo.

cardiología. f. Tratado del corazón.

cardiólogo, ga. m. y f. Persona especializada en las enfermedades del corazón.

cardiópata. adj. y s. Que padece alguna afección cardiaca.

cardiopatía. f. Enfermedad del corazón.

carditis. f. Inflamación del corazón.

cardo. m. Planta anual, compuesta, cuyas pencas se comen crudas o cocidas. || fig. Persona arisca.

cardumen. m. Banco de peces. || *Chile.* Multitud y abundancia de cosas.

carear. tr. Poner a una o varias personas en presencia de otra u otras, con objeto de apurar la verdad. || Pacer o pastar el ganado cuando va de camino. || fig. Cotejar una cosa con otra.

carecer. ◁poseer. intr. Tener falta de alguna cosa.

carena. f. Obra viva, parte sumergida de la nave. || Reparo que se hace en el casco de la nave. || fig. y fam. Burla y chasco.

carenado. m. Acción y efecto de carenar. || Estructura secundaria que se añade a la carrocería de un vehículo para mejorar su perfil aerodinámico.

carenar. tr. Reparar el casco de la nave.

carencia. f. Falta o privación de alguna cosa.

carenóstilo. m. Insecto carábido.

carente. adj. Que carece, falto.

careo. m. Acción y efecto de carear o carearse.

carero, ra. adj. fam. Que acostumbra vender caro.

carestía. ≅encarecimiento. ≅penuria. ◁abundancia. f. Falta o escasez de alguna cosa. || Subido precio de las cosas de uso común.

careta. f. Máscara para cubrir la cara. || Mascarilla con que se protegen los colmeneros, los que ensayan en la esgrima, etc. || Parte delantera de la cabeza del cerdo.

careto, ta. adj. Caballo o toro que tiene la cara blanca, y la frente y el resto de la cabeza de color obscuro.

carey. m. Tortuga marina que abunda en las costas de las islas de Jaló y del golfo de Méjico. Sus huevos, comestibles, son muy apreciados. || Materia córnea, susceptible de pulimento, que se obtiene calentando por debajo las escamas del carey: *peine de* ∿.

carga. ≅peso. f. Acción y efecto de cargar. || Cosa que hace peso sobre otra. || Cosa transportada o sostenida. || Unidad de medida de algunos productos forestales, como leñas, carbones, etc. || Cantidad de explosivo que se echa en el cañón o en las municiones de un arma de fuego, o en un barreno o mina. || Acción de cargar en algunos deportes. || Cantidad de energía eléctrica acumulada en un cuerpo. || Embestida o ataque directo al enemigo o, hablando de fuerzas de orden público, a grupos para dispersarlos.

cargadera. f. Cabo con que se facilita la operación de arriar o cerrar las velas volantes y de cuchillo.

cargadero. m. Sitio donde se cargan y descargan las mercancías. || Dintel.

cargadilla. f. fam. Aumento que, por la acumulación de intereses, va teniendo una deuda.

cargado, da. ◁vacío. adj. Díc. del tiempo o de la atmósfera bochornosos. || Fuerte, espeso: *café* ∿. || *C. Rica.* Cargante. || m. Movimiento de la danza española.

cargador. m. El que embarca las mercancías para que sean transportadas o conduce cargas. || El que carga las armas. || Bieldo para cargar la paja. || Pieza o instrumento para cargar ciertas armas de fuego.

cargamento. m. Conjunto de mercaderías que carga una embarcación.

cargante. adj. Que molesta o incomoda.

cargar. ≅gravar. ≅imponer. tr. Echar peso sobre una persona o bestia. || Embarcar en un vehículo mercancías para transportarlas || Introducir la carga en un arma de fuego. || Proveer a un aparato de lo que necesita para funcionar. || Acumular energía eléctrica en un aparato. || En algunos deportes, desplazar de su sitio un jugador a otro mediante un choque violento con el cuerpo. || Anotar en las cuentas corrientes las partidas que corresponden al debe. || Tratándose de acentuación o pronunciación, tener un sonido o una sílaba más valor prosódico que otras de la misma palabra. || intr. Descansar una cosa sobre otra.

cargazón. f. Pesadez de cabeza, estómago, etc.

cargo. m. Acción de cargar. || Carga o peso. || Conjunto de capachos, llenos de aceituna molida, o cantidad de uva ya pisada que se prensa de una vez. || En las cuentas, cantidades de que uno debe dar satisfacción. || fig. Dignidad, empleo, oficio, y persona que lo desempeña. || fig. Obligación. || Gobierno, custodia. || fig. Falta que se imputa a uno en su comportamiento.

cargoso, sa. adj. Que causa disgusto, padecimiento o fatiga. || Gravoso, oneroso. || *Arg., Chile, Par.* y *Perú.* Cargante.

carguero, ra. adj. y s. Que lleva carga. || m. Buque, tren de carga. || m. y f. Persona que se dedica a llevar cargas.

cariacontecido, da. adj. fam. Que muestra en el semblante pena o turbación.

cariado, da. adj. Díc. de los huesos con caries.

cariaquito. m. Arbusto propio de lugares cálidos y secos, que despide un olor agradable.

cariar. tr. y prnl. Producir caries.

cariátide. f. Estatua de mujer con traje talar y, p. ext., cualquier figura humana, que sirven de columna o pilastra.

caribe. adj. Individuo de un pueblo que en otro tiempo dominó una parte de las Antillas y se extendió por el norte de América del Sur. Ú. t. c. s. || Relativo a los caribes. || m. Lengua de estos individuos.

caribeño, ña. adj. Dícese del habitante de la región del Caribe. Ú. t. c. s. || Perteneciente o relativo al mar Caribe o a los territorios que baña.

caribú. m. Reno salvaje del Canadá.

caricáceo, a. adj. y f. Díc. de los árboles angiospermos dicotiledóneos con tallo poco ramificado, como el papayo. || f. pl. Familia de estas plantas.

caricato. m. Bajo cantante que en la ópera hace los papeles de bufo. || *Amér.* Caricatura.

caricatura. f. Figura en que se deforma el aspecto de una persona. || Obra de arte en que se ridiculiza a una persona o cosa.

caricaturesco, ca. adj. Relativo a la caricatura.

caricaturización. f. Acción y efecto de caricaturizar.

caricaturizar. tr. Representar a una persona o cosa por medio de caricatura.

caricia. f. Demostración cariñosa que consiste en rozar suavemente con la mano. || Halago, demostración amorosa.

caridad. ≅filantropía. ≅misericordia. ◁envidia. f. Amor a Dios y al prójimo. || Limosna a los necesitados. || Tratamiento usado en ciertas órdenes religiosas de mujeres. || *Méj.* Comida a los presos.

caries. f. Úlcera de un hueso. || Tizón, hongo del trigo.

carilla. f. Plana o página.

carillón. m. Grupo de campanas acordadas. || Juego de tubos o planchas de acero que producen un sonido musical.

cariñena. m. Vino tinto muy dulce y oloroso, que recibió el nombre de la villa de que procede.

cariño. ≅afección. ≅caricia. ≅halago. ≅ternura. ◁aversión. m. Amor o afecto. || fig. Expresión de dicho sentimiento. Ú. m. en pl. || fig. Esmero con que se hace una cosa. || *Col., C. Rica, Chile* y *Nic.* Regalo.

cariñoso, sa. adj. Afectuoso, amoroso.

carioca. adj. y s. De Río de Janeiro.

cariocinesis. f. División del núcleo de la célula.

cariofiláceo, a. adj. y f. Díc. de las hierbas o matas angiospermas dicotiledóneas como el clavel. || f. pl. Familia de estas plantas.

cariofilina. f. Substancia contenida en el clavo de las Molucas.

cariópside. f. Fruto seco e indehiscente, como el grano de trigo.

cariotipo. m. Imagen cromosómica completa de un individuo.

carisma. m. Don gratuito que Dios concede a alguna persona en beneficio de la comunidad. || Por ext., se aplica a algunas personas, como políticos, religiosos, actores, etc., que atraen vivamente a las muchedumbres.

carismático, ca. adj. Relativo al carisma.

caristio, tia. adj. Individuo de un pueblo hispánico prerromano que habitaba al oeste del río Deva. Ú. t. c. s. || Relativo a los caristios.

caritativo, va. adj. Que ejercita la caridad. || Relativo a la caridad.

cariz. m. Aspecto de la atmósfera. || fig. y fam. Aspecto de un asunto.

carlanca. f. Collar erizado de puntas de hierro que preserva a los mastines de las mordeduras de los lobos. || fig. y fam. Picardía, roña. Ú. m. en pl. || *Col.* y *C. Rica.* Grillete.

carlinga. f. Espacio destinado en los aviones para la tripulación y los pasajeros. || *Mar.* Hueco cuadrado en que se encaja la mecha.

carlismo. m. Doctrina y comunión política española, que sostuvo el derecho de D. Carlos María Isidro de Borbón, hermano de Fernando VII, y sus descendientes varones, a ocupar el trono de España con preferencia a la dinastía reinante, a partir de Isabel II.

carlista. adj. y s. Partidario del carlismo, o del moderno Partido carlista.

carmañola. f. Chaqueta de cuello estrecho. || Canción revolucionaria francesa de la época del Terror (1793).

carmelita. adj. Religioso de la Orden de Hermanos de la Bienaventurada Virgen María del Monte Carmelo o, añadiéndole el calificativo *descalzo,* del de la Orden de Hermanos Descalzos de la Bienaventurada Virgen María del Monte Carmelo. Ú. t. c. s. || f. Flor de la capuchina.

carmelitano, na. adj. Relativo a la Orden de Hermanos de la Bienaventurada Virgen María del Monte Carmelo.

carmelo. m. Convento de la Orden de Hermanos de la Bienaventurada Virgen María del Monte Carmelo.

carmenador. m. El que carmena. || Instrumento para carmenar. || Batidor, peine para el cabello.

carmenar. tr. Desenredar y limpiar el cabello. Ú. t. c. prnl. || fig. y fam. Repelar, tirar del pelo. || fig. y fam. Quitar cosas de valor.

carmesí. adj. Color rojo parecido al de la grana dado por el quermes animal. Ú. t. c. s. || De ese color. || m. Polvo de color de la grana quermes. || Tela de seda roja.

carmín. adj. De color rojo encendido. || Materia de ese color que se saca de la cochinilla. || Ese mismo color. || Rosal silvestre. || Flor de esta planta.

carminativo, va. adj. y s. Medicamento que favorece la expulsión de los gases.

carmíneo, a. adj. De carmín.

carnada. f. Cebo animal para pescar o cazar. || fig. y fam. Añagaza, engaño.

carnadura. f. Musculatura, abundancia de carnes. || Encarnadura, disposición de los tejidos para cicatrizar.

carnal. adj. Relativo a la carne. || Lascivo, lujurioso. || Relativo a la lujuria. || fig. Terrenal. || m. Tiempo del año que no es cuaresma.

carnalidad. f. Vicio y deleite de la carne.

carnaval. m. Los tres días que preceden al miércoles de ceniza. || Tiempo que media entre la fiesta de Epifanía y el miércoles de ceniza. ||

Fiesta popular que se celebra en Carnaval. Ú. m. en pl.

carnavalada. f. Broma propia del tiempo de Carnaval.

carnavalesco, ca. adj. Relativo al Carnaval.

carnaza. f. Cara interior de las pieles. || Carnada, cebo. || fam. Abundancia de carnes en una persona. || fig. *Col., C. Rica, Chile, Hond.* y *Méj.* El que sufre el daño a que otro le arroja para librarse: *echar a uno de* ⌣.

carne. f. Parte muscular del cuerpo de los animales. || Carne de vaca, ternera, cerdo y de cualquier otro animal comestible. || Alimento de un animal de la tierra o del aire en contraposición a la comida de pescados y mariscos. || Parte mollar de la fruta. || Uno de los tres enemigos del alma, según la Iglesia católica.

carné. m. Documento de identidad personal.

carnerear. tr. Matar, degollar reses como carnereamiento.

carnero. ≅morueco. m. Mamífero rumiante de cuernos huecos, arrugados y en espiral, muy apreciado por su carne y lana.

carnicería. ≅matanza. f. Sitio donde se vende al por menor la carne. || Destrozo y mortandad grande. || Herida, lesión con efusión de sangre. || *Ecuad.* Matadero, rastro.

carnicero, ra. adj. Animal que mata a otros

Carnero

para devorarlos. Ú. t. c. s. || Díc. del pasto del ganado dedicado al abasto público. || fam. Díc. de la persona que come mucha carne. || fig. Cruel, sanguinario. || m. y f. Persona que vende carne.

cárnico, ca. adj. Relativo a las carnes dedicadas al consumo: *industrias* ⌣s.

carnificación. f. Modificación del tejido de ciertos órganos, como el del pulmón, que toma una apariencia carnosa.

carnina. f. Principio amargo contenido en el extracto de carne.

carnívoro, ra. adj. Animal que se alimenta de carne. Ú. t. c. s. m. || Díc. de ciertas plantas droseráceas que se nutren de insectos. || Díc. de los mamíferos terrestres unguiculados de dentición robusta, como el oso, la hiena y el tigre. Ú. t. c. s. || m. pl. Orden de estos animales.

carniza. f. fam. Desperdicio de carne. || fam. Carne muerta.

carnosidad. f. Carne superflua que crece en una herida, o que sobresale en una parte del cuerpo. || Gordura excesiva.

carnoso, sa. adj. De carne de animal. || Que tiene muchas carnes. || Díc. de lo que tiene mucho meollo. || Díc. de los órganos vegetales formados por parénquima blando.

caro, ra. adj. De precio elevado. || Amado, querido. || adv. m. A precio alto.

carolingio, gia. adj. y s. Relativo a Carlomagno, a su dinastía o tiempo.

carolino, na. adj. Del archipiélago de Carolinas. Ú. t. c. s. || Relativo a Carlos I.

carota. f. com. fig. y fam. Caradura, desvergonzado.

carótida. adj. y s. Díc. de cada una de las dos arterias del cuello que llevan la sangre a la cabeza.

carotina. f. Hidrocarburo rojo anaranjado que forma parte de la clorofila y de muchas células de ciertos órganos vegetales.

carozo. m. Raspa de la panoja del maíz. || *Amér.* Hueso de varias frutas.

carpa. f. Pez de agua dulce, algo verdoso por encima, cuya carne es muy apreciada.

carpa. f. Gran toldo que cubre un circo o cualquier otro recinto. || *Amér.* Tienda de campaña. || *Arg.* y *Urug.* Tienda de playa.

carpanta. f. fam. Hambre violenta. || *Méj.* Pandilla de gente alegre o maleante.

carpe. m. Planta leñosa betulácea. || *Cuba.* Árbol silvestre cuya madera, muy dura y resistente, se utiliza para entramados y empalizadas.

carpelar. adj. Relativo al carpelo.

carpelo. m. Hoja transformada que forma un pistilo o parte de él.

carpeta. f. Cartera grande para escribir sobre ella y guardar papeles. || Par de cubiertas para guardar papeles, documentos, etc.

carpetano, na. adj. Pueblo prerromano que ocupaba la actual provincia de Madrid y parte de las de Guadalajara, Toledo y Ciudad Real. Ú. t. c. s. || Relativo a los carpetanos. || Del reino de Toledo. Ú. t. c. s.

carpetazo(dar). fr. fig. Dar por terminado un asunto.

carpiano, na. adj. Relativo al carpo.

carpintería. f. Taller o tienda en donde trabaja el carpintero. || Oficio de carpintero.

carpintero. m. El que por oficio trabaja madera ordinariamente común.

carpo. m. Conjunto de huesos de la muñeca.

carpología. f. Parte de la botánica que trata del fruto de las plantas.

carquesa. f. Horno para templar objetos de vidrio.

carquesia o **carquexia.** f. Mata leñosa papilionácea que se utiliza en medicina.

carraca. f. Antigua nave de transporte de hasta dos mil toneladas. || despect. Barco viejo o tardo en navegar, y por ext., cualquier cosa deteriorada. || Instrumento de madera, de sonido seco y desapacible que se usa en Semana Santa y, también, como juguete. || Col. Mandíbula o quijada seca de algunos animales. || Pájaro de plumaje azul, relativamente abundante en España, excepto en las provincias del Norte.

carraleja. f. Insecto coleóptero heterómero parecido a la cantárida.

carrasca. f. Encina. || Encina pequeña o mata de ella. || Col. y Venez. Instrumento músico de negros.

carrascal. m. Sitio poblado de carrascas. || Chile. Pedregal.

carrasco. m. Carrasca, encina. || Amér. Extensión grande de terreno cubierto de vegetación leñosa.

carrascoso, sa. adj. Dícese del terreno que abunda en carrascas.

carraspear. intr. Tener carraspera.

carraspeo. m. Acción y efecto de carraspear.

carraspera. f. fam. Aspereza de la garganta que obliga a toser. || Acción y efecto de carraspear.

carraspique. m. Planta de jardín, herbácea, crucífera, con hojas lanceoladas y flores moradas o blancas en corimbos.

carrasposo, sa. adj. Que padece carraspera

crónica. Ú. t. c. s. || Col. y Venez. Díc. de lo que es áspero al tacto.

carrasqueño, ña. adj. Perteneciente a la carrasca. || Semejante a ella. || fig. y fam. Áspero, duro.

carrasquera. f. Carrascal, sitio de carrascas.

carrera. f. Acción de correr. || Sitio para correr. || Curso de los astros: ⌒ del Sol. || Camino real, o calle que fue antes camino. || Recorrido señalado para una comitiva. || Pugna de velocidad o resistencia. || Profesión, y estudios que requiere. || Recorrido que un vehículo de alquiler, que transporta clientes de un punto a otro de la ciudad, según una tarifa establecida. || fig. Serie de cosas en hilera. || fig. Puntos que se sueltan en la media. || Concurso hípico para probar la ligereza de los caballos de raza especial, educados para este ejercicio y montados por yoquis.

carrerilla. f. Mús. Cierto paso de la danza española. || Subida o bajada rápida de un tono, pasando ligeramente por los puntos intermedios. || Notas que expresan la carrerilla.

carrerista. com. Persona aficionada a las carreras, o el que apuesta en ellas. || m. Caballerizo que iba delante del coche que ocupaban las personas reales.

carrero. m. Carretero, el que guía un carro.

carreta. f. Carro de dos ruedas, con un madero largo, que sirve de lanza, donde se sujeta el yugo. || Carro cerrado por los lados, que no tiene las ruedas herradas.

carretada. f. Carga de una carreta o un carro. || En Méjico, medida que se utiliza para negociar con cal: consta de doce cargas de diez arrobas cada una || fig. y fam. Gran cantidad.

carrete. ≅bobina. m. Cilindro taladrado por el eje, que sirve para devanar y mantener arrollados en él hilos, alambres, cordeles, cintas, cables, etc. || Rueda en que llevan los pescadores rodeado el sedal. || Cilindro en que se enrolla la película fotográfica. || Rollo de película fotográfica. || Cilindro de metal o plástico, con dos láminas circulares en sus extremos, entre los que se arrolla la cinta de una máquina de escribir.

carretear. tr. Conducir en carreta o carro. || Inclinar el cuerpo los bueyes al tirar de un carruaje.

carretela. f. Coche de cuatro asientos con cubierta plegable. || Chile. Ómnibus. diligencia. || Chile. Vehículo de dos ruedas para el acarreo de bultos.

carretera. f. Camino público, ancho y espacioso, dispuesto para carros y coches.

CARPINTERÍA (HERRAMIENTAS)

1.-Banco. 2.-Tronzador. 3.-Sierra.. 4.-Serrucho. 5.-Formón. 6.-Cárcel. 7.-Caja de cortar al sesgo. 8.-Destornillador. 9.-Escoplo. 10.-Sierra de cinta. 11.-Cepillo. 12.-Escuadra. 13.-Uña. 14.-Lima. 15.-Garlopa. 16.-Torno. 17.-Gramil. 18.-Gubia. 19.-Martillo. 20.-Desbastador. 21.-Berbiquí. 22.-Escofina. 23.-Barrena.

carretería. f. Conjunto de carretas. || Ejercicio de carretear. || Taller en que se fabrican y reparan carros y carretas. || Lugar en que abundan estos talleres.

carretero, ra. m. y f. Persona que guía las caballerías o bueyes que tiran de carros y carretas. || m. El que fabrica tales vehículos.

carretilla. f. Carro pequeño de mano, con una rueda y dos pies para descansarlo. || Bastidor de madera para aprender a andar los niños. || Buscapiés. || Pintadera. || Utensilio que se usa en las cocinas formado por un mango que termina en una rodaja, generalmente dentada.

carretillero. m. El que conduce una carretilla. || *R. Plata.* Carretero, el que guía un carro.

carretón. m. Carro pequeño. || Carrito del afilador. || Taburete sobre cuatro ruedas para niños en mantillas. || En Toledo, carro en que se representaban los autos sacramentales el día del Corpus.

carricera. f. Planta perenne gramínea de flores blancas.

carricerín. m. Pequeño pájaro insectívoro de plumaje pardo manchado.

carricero. m. Pequeño pájaro insectívoro de color pardo casi uniforme.

carricoche. m. Carro con caja igual a la de un coche. || desp. Coche viejo o malo.

carril. m. Huella que dejan en el suelo las ruedas del carruaje. || Surco del arado. || Camino estrecho. || Cada una de las barras de acero laminado o hierro de las vías férreas. || En las vías públicas, banda longitudinal destinada al tránsito de una sola fila de vehículos.

carrillada. f. Parte grasa de la cara del puerco. || Tiritón que hace temblar y chocar las mandíbulas. Ú. m. en pl.

carrillera. f. Quijada de ciertos animales. || Cada una de las dos correas que forman el barboquejo del casco o chacó.

carrillo. m. Parte carnosa de la cara. || Garrucha, polea.

carrizal. m. Sitio de carrizos.

carrizo. m. Planta gramínea que se cría cerca del agua. || *Venez.* Planta gramínea.

carro. m. Carruaje de dos ruedas, con lanza o varas para enganchar el tiro y un bastidor con listones o cuerdas, y tablas, para sostener la carga. || Carga de un carro. || *Amér.* Automóvil. || En las máquinas de impresión planas, plancha de hierro en la que se coloca la forma para imprimir. || Pieza móvil de algunas máquinas: ⌐ *de una máquina de escribir.* || Tanque de guerra.

carrocería. f. Taller del carrocero. || Parte de los vehículos asentada sobre el bastidor y en cuyo interior se acomodan los viajeros o la carga.

carrocero. adj. Relativo a la carroza o a la carrocería. || m. Constructor de carruajes. || El que fabrica, monta o repara carrocerías.

carromato. m. Carro grande de dos ruedas, con toldo y bolsas de cuerda para la carga.

carroña. f. Carne corrompida.

carroñero, ra. adj. Perteneciente o relativo a la carroña. || Dícese del animal que se alimenta principalmente de carroña. Ú. t. c. s.

carroza. f. Coche grande adornado. || Por ext., la que se construye para funciones públicas. || Armazón de hierro o madera que sirve para defender de la intemperie la popa del buque. || Coche fúnebre. || adj. fam. Viejo; aplícase a las personas, y m. c. s.

carruaje. m. Vehículo montado sobre ruedas. || Conjunto de coches, carros, calesas, etc., que se prevenía para un viaje.

carrusel. m. Espectáculo ecuestre. || Tiovivo.

cárstico, ca. adj. Díc. de diversas formaciones calizas, producidas por la acción erosiva o disolvente del agua, como en el torcal de Antequera o en la Ciudad Encantada de Cuenca.

carta. f. Papel escrito que se envía a una persona para comunicarse con ella. || Despacho o provisión expedidos por los tribunales superiores. || Naipe de la baraja. || Constitución escrita de un estado, y especialmente la otorgada por el soberano. || Lista de manjares y bebidas que se pueden elegir en un restaurante o establecimiento afín. || Mapa de la Tierra o parte de ella.

cartabón. ≅marco. m. Instrumento en forma de triángulo rectángulo, que se emplea en dibujo. || Regla con que los zapateros miden el pie. || Ángulo que forman las dos vertientes de un tejado.

cartagenero, ra. adj. y s. De alguna de las ciudades que, en España o América, se llaman Cartagena.

cartaginés, sa. ≅púnico. adj. y s. De Cartago. || Cartagenero.

cartapacio. m. Cuaderno de apuntes. || Funda o bolsa en que los muchachos meten sus libros y papeles. || Conjunto de papeles contenidos en una carpeta.

cartear. intr. Jugar las cartas falsas para tantear el juego. || prnl. Corresponderse por carta.

cartel. m. Escrito o pintura que se exhibe en sitio público con fines informativos o publicitarios. || En las negociaciones, escrito relativo al canje de prisioneros o a cualquier otra proposición del enemigo. || Red para la pesca de la sardina. || Pasquín.

cártel. m. Convenio entre varias empresas o entidades similares para evitar la mutua competencia y regular la producción, la venta y los precios en determinado campo industrial.

cartela. f. Tarjeta para anotaciones. || Ménsula a modo de modillón de más altura que vuelo. || Cada uno de los hierros que sostienen los balcones.

cartelera. f. Armazón para fijar carteles. || Cartel anunciador de espectáculos. || Sección de los periódicos donde se anuncian espectáculos.

cartelero, ra. adj. Espectáculo o artista que atrae al público. || m. El que pone carteles.

cartelista. com. Persona que tiene por oficio diseñar o pintar carteles, anuncios, etc.

carteo. m. Acción y efecto de cartear.

cárter. m. Envoltura protectora de los órganos de un mecanismo: ∽ de un automóvil.

cartera. f. Objeto rectangular, plegado por su mitad, con divisiones internas, que se lleva en el bolsillo y sirve para contener documentos, tarjetas, billetes, etc. || Objeto algo mayor que la cartera de bolsillo para meter libros, papeles y documentos. || Billetera. || Cubierta formada de dos hojas rectangulares, unidas por uno de sus lados, para dibujar o escribir sobre ella, o guardar papeles. || Empleo de ministro. || fig. Ejercicio de un ministerio. || Amér. Bolso de mujer.

cartería. f. Empleo de cartero. || Oficina de correos donde se despacha la correspondencia.

carterista. m. Ladrón de carteras de bolsillo.

cartero, ra. m. y f. Persona que tiene por oficio repartir las cartas del correo.

cartesianismo. m. Filosofía de Descartes y de sus discípulos.

cartesiano, na. adj. Partidario del cartesianismo o relativo a él. Apl. a pers., Ú. t. c. s.

cartilagíneo, a. adj. Díc. de los peces de esqueleto cartilaginoso.

cartilaginoso, sa. adj. Relativo a los cartílagos. || Semejante a ellos, o de su naturaleza.

cartílago. ≅ternilla. m. Tejido elástico adherido a ciertas articulaciones óseas de los animales vertebrados.

cartilla. f. Cuaderno pequeño que contiene el alfabeto. || Tratado elemental de algún oficio o arte. || Libreta o cuaderno donde se anotan ciertas circunstancias que afectan a su titular: ∽ militar, de ahorros. || Añalejo.

cartografía. f. Arte de trazar cartas geográficas. || Ciencia que las estudia.

cartografiar. tr. Trazar la carta geográfica.

cartográfico, ca. adj. Relativo a la cartografía.

cartógrafo. m. Autor de cartas geográficas.

cartomancia o **cartomancía.** f. Arte de adivinar el futuro por los naipes.

cartomántico, ca. adj. Que practica la cartomancia. Ú. t. c. s. || Relativo a la cartomancia.

cartometría. f. Medición de las líneas de las cartas geográficas.

cartómetro. m. Curvímetro para medir las líneas trazadas en las cartas geográficas.

cartón. m. Conjunto de varias hojas de papel húmedas, fuertemente comprimidas. || Hoja hecha de pasta de trapo, papel viejo y otras materias. || Dibujo previo a una obra de pintura, mosaico, tapicería o vidriería, a la que servirá de modelo.

cartonaje. m. Obras de cartón.

cartoné. m. Encuadernación con tapas de cartón y forro de papel.

cartonería. f. Fábrica de cartón. || Tienda en que se vende.

cartonero, ra. adj. Relativo al cartón. || m. y f. Persona que lo trabaja.

cartuchera. f. Caja para llevar cartuchos. || Canana.

cartucho. m. Carga de pólvora encerrada en un tubo metálico, correspondiente a cada tiro de un arma de fuego. || Envoltorio cilíndrico de monedas de una misma clase. || Bolsa de dulces. || Cucurucho.

cartuja. f. Orden religiosa muy austera, que fundó San Bruno el año 1086. || Monasterio o convento de esta orden.

cartujano, na. adj. Perteneciente a la cartuja. || Dícese del religioso de la cartuja. Ú. t. c. s. || Díc. del caballo o yegua más característico de la raza andaluza. || fig. Se dice de la persona taciturna o muy retraída. Ú. m. c. s.

cartujo, ja. adj. Cartujano.

cartulina. f. Cartón delgado y terso: tarjeta de ∽.

carúncula. f. Carnosidad roja y eréctil de la cabeza de algunos animales, como el gallo y el pavo.

carurú. m. Planta americana cuyas hojas se usan para hacer lejía.

caruto. m. Planta rubiácea de la región del Orinoco.

cas. m. Árbol de las costas templadas de Costa Rica. Da buena madera y su fruto es semejante a la guayaba.

casa. f. Edificio para habitar. || Piso o parte de una casa, en que vive un individuo o una familia. || Edificio, mobiliario, régimen de vida, etc., de alguien: *echo de menos las comodidades de* ⌢. || Descendencia o linaje que tiene un mismo apellido y viene del mismo origen: *la* ⌢ *de Borbón ha reinado muchos años en España.* || Establecimiento industrial o mercantil: *esta* ⌢ *es la más antigua en su ramo.* || pl. *Chile.* Casa principal de un heredad o finca rústica.

casaca. f. Vestidura ceñida al cuerpo, con mangas que llegan hasta la muñeca, y con faldones hasta las corvas. Hoy es prenda de uniforme. || Especie de chaqueta o abrigo corto de aspecto generalmente muy deportivo. || *Col.* Frac.

casación. f. *Der.* Acción de casar o anular una sentencia.

casadero, ra. adj. Que está en edad de casarse.

casado, da. adj. y s. Que ha contraído matrimonio.

casamata. f. Bóveda muy resistente para instalar una o más piezas de artillería.

casamentero, ra. adj. y s. Que gusta de proponer bodas.

casamiento. ≅matrimonio. m. Acción y efecto de casar o casarse, contraer matrimonio. || Ceremonia nupcial. || Contrato que se sella.

casar. m. Conjunto de casas que no llegan a formar pueblo.

casar. ≅ajustar. ≅encajar. ≅unir. intr. Contraer matrimonio. Ú. m. c. prnl. || Corresponder, conformarse, cuadrar una cosa con otra. || tr. Autorizar el cura párroco, u otro sacerdote con licencia suya, el sacramento del matrimonio. || fig. Unir o juntar una cosa con otra. || Disponer y ordenar algunas cosas de suerte que hagan juego o tengan correspondencia entre sí. Ú. t. c. intr.

casca. f. Hollejo de la uva después de pisada y exprimida. || Corteza de ciertos árboles que se usa para curtir las pieles y teñir artes y aparejos de pesca.

cascabel. m. Bola hueca de metal, con asa y una abertura debajo rematada en dos agujeros. Lleva dentro un pedacito de hierro o latón para que, moviéndolo, suene. || Crótalo, serpiente.

cascabelada. f. Fiesta ruidosa. || fig. y fam. Dicho o hecho que denota poco juicio.

cascabelear. tr. fig. y fam. Alborotar a uno con esperanzas vanas. || intr. Hacer sonar cascabeles. || fig. y fam. Portarse con ligereza y poco juicio.

cascabeleo. m. Ruido de cascabeles.

cascabelero, ra. adj. y s. Se dice de la persona de poco seso y especialmente alegre.

cascabelillo. m. Variedad de ciruela, de color purpúreo obscuro y de sabor dulce.

cascabillo. m. Cascarilla del grano de cereales. || Cúpula de la bellota.

cascado, da. ≅achacoso. ≅catarata. ≅decrépito. adj. Díc. de la persona o cosa muy gastada. || f. Despeñadero de agua.

cascajar. m. Paraje en donde hay mucho cascajo o guijo. || Vertedero de la casca de la uva fuera del lagar.

cascajo. m. Guijo, fragmento de piedra. || Conjunto de frutas de cáscaras secas, como nueces, avellanas, etc. || fam. Vasija u objeto roto e inútil.

cascalote. m. Árbol americano mimosáceo, cuyo fruto abunda en tanino y se emplea para curtir.

cascanueces. m. Instrumento a modo de tenaza para partir nueces.

cascar. ≅hender. ≅rajar. tr. Quebrantar o hender algo quebradizo. Ú. t. c. prnl. || fam. Golpear. || fam. Charlar. Ú. m. c. intr. || Estropear, dañar una cosa. || intr. fig. y fam. Morir.

cáscara. f. Cubierta exterior de los huevos, de varias frutas y de otras cosas.

cascarón. m. Cáscara de huevo de cualquier ave, y más particularmente la rota por el pollo al salir de él. || *Urug.* Árbol parecido al alcornoque.

cascarrabias. com. Persona que se enoja fácilmente.

cascarria. f. Cazcarria.

cascaruleta. f. fam. Ruido que se hace en los dientes, dándose golpes con la mano en la barbilla.

casco. m. Pieza de la armadura, que cubre y defiende la cabeza. || Cobertura de metal o de otra materia, usada para protección de la cabeza. || Tonel, pipa o botella que sirve para contener líquidos. || Cuerpo de la nave o avión sin el aparejo y las máquinas. || En las caballerías, uña del pie o de la mano. || Cáscara dura de algunos frutos. || pl. Cabeza.

cascote. m. Fragmento de alguna fábrica derribada o arruinada. || Conjunto de escombros, usado para otras obras nuevas.

caseación. f. Acción de cuajarse o endurecerse la leche.

caseificar. tr. Transformar en caseína.

caseína. f. Substancia albuminoidea de la leche, que unida a la manteca forma el queso.

caseoso, sa. ≅quesero. adj. Relativo al queso.

caserío. m. Conjunto de casas. || *Prov. vasc.* Casa agro-pastoril situada en el campo como vivienda aislada.

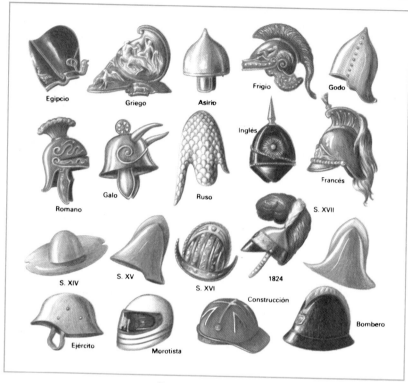

Egipcio

Griego

Asirio

Frigio

Godo

Inglés

Romano

Galo

Ruso

Francés

S. XVII

S. XIV

S. XV

S. XVI

1824

Construcción

Ejército

Morotista

Bombero

Diversas clases de cascos

caserna. f. Bóveda que se construye bajo los baluartes, para alojar soldados y almacenar cosas.

casero, ra. adj. Que se hace o cría en casa. || fam. Díc. de quien está mucho en casa. || Díc. del árbitro o arbitraje que favorece al equipo en cuyo campo se juega. || m. y f. Dueño de alguna casa, que la alquila a otro.

caserón. m. Casa muy grande y destartalada.

caseta. f. Casilla o garita donde se desnudan los bañistas.

casete. amb. Cajita de material plástico que contiene una cinta magnetofónica para el registro y reproducción del sonido.

casi. adv. c. Cerca de, poco menos de, aproximadamente, con corta diferencia, por poco. También se usa repetido: *casi casi me caigo.*

casia. f. Planta papilionácea de países cálidos.

casida. f. Composición poética árabe y persa.

casilla. f. Casa pequeña: ~ *del guarda.* || Escape del ajedrez o damas. || Cada una de las divisiones del papel rayado verticalmente o en cuadrículas. || División del casillero. || *Cuba.* Trampa para cazar pájaros. || *Ecuad.* Retrete.

casillero. m. Mueble con varias divisiones, para clasificar papeles u otras cosas.

casimir. m. Tela muy fina de lana.

casinete. m. *Arg., Chile* y *Hond.* Tela inferior al casimir.

casinita. f. Feldespato de barita.

casino. m. Casa de juego. || Club, sociedad de recreo. || Edificio de sus reuniones. En él es común que haya juegos de azar.

Casiopea. Constelación boreal, situada entre las de Andrómeda y Cefeo.

casiopiri. m. Arbusto que se cría en toda la India, y que se cultiva en los jardines europeos.

casis. f. Planta parecida al grosellero. || m. Molusco gasterópodo, con concha arrollada en espiral.

casitéridos. m. pl. Grupo de elementos que comprende el estaño, el antimonio, el cinc y el cadmio.

casiterita. f. Bióxido de estaño, mineral de color pardo y brillo diamantino, del que principalmente se extrae el metal.

caso. ≅lance. ≅ocasión. m. Suceso. || Ocasión. || Cuestión, asunto. || Relación sintáctica que una palabra de carácter nominal mantiene en una oración con su contexto, según la función que desempeña.

casón, na. m. y f. Casa grande.

casorio. m. fam. Casamiento hecho sin juicio ni consideración, o de poco lucimiento.

caspa. f. Escamilla que se forma en la cabeza o raíz del cabello.

caspio, pia. adj. y s. Antiguo pueblo de Hircania. Apl. a pers., ú. t. c. s. || Relativo a este pueblo.

¡cáspita! interj. con que se denota extrañeza.

caspolino, na. adj. y s. De Caspe.

casposo, sa. adj. Lleno de caspa.

casquería. f. Tienda del casquero.

casquero, ra. m. y f. Persona que vende vísceras y otras partes comestibles de la res que no son carne.

casquete. m. Pieza de la armadura que protegía el casco de la cabeza. || Cubierta de tela, cuero, papel, etc., que se ajusta al casco de la cabeza.

casquijo. m. Multitud de piedra menuda que sirve para hacer hormigón y, como grava, para afirmar los caminos.

casquillo. m. Cartucho vacío. || Parte metálica fijada en la bombilla de una lámpara eléctrica, que permite conectar ésta con el circuito. || Parte metálica de la bombilla eléctrica que se ajusta o enrosca al portalámparas. || Anillo o abrazadera de metal, que sirve para reforzar la extremidad de una pieza de madera.

casquivano, na. adj. fam. Dícese de la persona de poco asiento y reflexión. Ú. t. c. s. || f. Mujer que no tiene formalidad en su trato con el sexo masculino.

casta. ≅estirpe. ≅raza. f. Generación o linaje. Díc. también de los irracionales. || Parte de los habitantes de un país que forman grupo especial. || fig. Calidad de algo.

castaña. f. Fruto del castaño, nutritivo y sabroso, del tamaño de la nuez. || *Méj.* Barril pequeño.

castañar. m. Sitio poblado de castaños.

castañazo. m. fam. Golpetazo, puñetazo.

castañero, ra. m. y f. Persona que vende castañas.

castañeta. f. Sonido que resulta de juntar la yema del dedo de en medio con la del pulgar, y hacerla resbalar con fuerza y rapidez para que choque en el pulpejo. || Pez chileno, azul apizarrado por el dorso y plateado por el vientre.

castañetazo. m. Golpe recio que se da con las castañuelas, o con los dedos. || Estallido que da la castaña cuando revienta en el fuego. || Chasquido fuerte que suelen dar las coyunturas de los huesos por razón de algún movimiento violento.

castañeteado. m. Son que se hace con las castañuelas.

castañetear. tr. Tocar las castañuelas. || intr. Sonarle a uno los dientes, dando los de una mandíbula contra los de la otra.

castañeteo. m. Acción de castañetear.

castaño, ña. adj. Color de la cáscara de la castaña. Ú. t. c. s. || Que tiene este color. || m. Árbol cupulífero cuya especie más común es la *castánea sativa*. Su fruto es la castaña. || Madera de este árbol.

castañola. f. Pez teleósteo, acantopterigio. Abunda en el Mediterráneo y es comestible.

castañuela. ≅crótalo. f. Instrumento músico de percusión, de madera y compuesto por dos mitades cóncavas que, juntas, tienen figura de castaña; se sujetan a los dedos de la mano por medio de unos cordones.

castellana. f. Señora de un castillo. || Mujer del castellano. || Copla de cuatro versos de romance octosílabo.

castellanidad. f. Carácter y condición de castellano; peculiaridad de Castilla y de lo castellano.

castellanismo. m. Palabra o modo de hablar propio de Castilla. || Palabra o modo de hablar castellanos en otra lengua.

castellanización. f. Acción y efecto de castellanizar o castellanizarse.

castellanizar. tr. Dar carácter castellano. Ú. t. c. prnl. || Enseñar el castellano a los que no lo saben. || prnl. Hacerse hablante del castellano.

castellano, na. adj. y s. De Castilla. || Perteneciente o relatiavo a esta región de España. || Aplícase a cierta variedad de gallinas negras muy ponedoras. || m. Español, lengua española. || Dialecto románico nacido en Castilla la Vieja, del que tuvo su origen la lengua española. || Variedad de la lengua española hablada modernamente en Castilla la Vieja. || Moneda de oro castellana de la Edad Media. || Señor alcaide o gobernador de un castillo.

castellonense. adj. y s. De Castellón.

casticidad. f. Calidad de castizo.

casticismo. ≅pureza. ≅purismo. m. Amor a lo castizo en las costumbres. || Actitud de los que al hablar o escribir evitan los extranjerismos y prefieren el empleo de voces y giros de su propia lengua, aunque estén desusados.

casticista. com. Persona que practica el casticismo idiomático o literario.

castidad. ≅continencia. ≅pureza. ◁lujuria. f. Virtud que, según muchas religiones, ayuda al recto uso de las facultades sexuales de la persona.

castigador, ra. adj. y s. Que castiga. || fig. y fam. Que castiga o enamora.

castigar. tr. Ejecutar algún castigo en un culpado: *castigarle por sus fechorías.* || Mortificar. || fig. Enamorar por pasatiempo.

castigo. ≅correctivo. ≅sanción. m. Pena que se impone al que ha cometido una falta o delito. || *Chile.* Acción y efecto de aminorar gastos.

castillete. m. Armazón para sostener algo.

castillo. m. Lugar fuerte, cercado de murallas, baluartes, fosos y otras fortificaciones. || Parte de la cubierta alta o principal del buque, comprendida entre el palo trinquete y la proa.

castizo, za. adj. y s. Auténtico, tradicional: *lenguaje, estilo* ∽.

casto, ta. adj. Puro.

castor. m. Mamífero roedor, cuya piel es muy apreciada en peletería.

castración. f. Acción y efecto de castrar.

castrado. adj. y s. Que ha sufrido la castración.

castrametación. f. Arte de ordenar los campamentos militares.

castrapuercas. m. Silbato compuesto de varios cañoncillos unidos, de que usan los capadores para anunciarse.

castrar. tr. Capar, extirpar o inutilizar los órganos genitales. || Quitar a las colmenas panales con miel.

castrense. adj. Aplícase a algunas cosas relativas al ejército y al estado o profesión militar.

castrón. m. Macho cabrío, morueco o puerco castrado.

casual. ≅eventual. ≅fortuito. adj. Que sucede por casualidad.

casualidad. f. Acontecimiento no previsto cuya causa se desconoce.

casuárido, da. adj. y s. Díc. de las aves corredoras propias de Australasia, cuya especie típica es el casuario. || f. pl. Familia de estas aves.

casuarina. f. Árbol de la familia de las casuarináceas. Su madera se emplea mucho en construcción.

casuarináceo, a. adj. y f. Díc. de las plantas angiospermas dicotiledóneas, de madera dura y densa y mucho tanino en la corteza. || f. pl. Familia de estas plantas.

casuario. m. Ave casuárida, menor que el avestruz, que vive en Australia, Nueva Guinea y Molucas.

casucha. f. desp. Casa pequeña y mal construida.

casuismo. m. Doctrina casuística.

casuista. adj. y s. Autor que expone casos prácticos de teología moral. || Por ext. se aplica al que expone casos de ciencias morales o jurídicas.

casuística. f. Parte de la teología moral que trata de los casos de conciencia. || Consideración de los diversos casos particulares que se pueden prever en determinada materia.

casuístico, ca. adj. Relativo al casuista o a la casuística.

casulla. f. Vestidura sagrada que se pone el sacerdote sobre las demás que se usan para decir misa. || *Hond.* Grano de arroz que conserva la cáscara, entre los demás ya descascarillados.

cata. ≅prueba. f. Acción y efecto de catar. || *Col.* y *Méj.* Calicata. || *Col.* Cosa oculta o encerrada.

catabólico, ca. adj. Relativo al catabolismo.

catabolismo. m. Fase destructiva del metabolismo.

cataclismo. ≅desastre. m. Catástrofe en la Tierra, producida por el agua, como el hundimiento de la Atlántida. || Por ext., se emplea también para designar otras catástrofes producidas por un fenómeno natural. || fig. Gran trastorno en el orden social o político.

catacumbas. f. pl. Subterráneos en los cuales los primitivos cristianos, especialmente en Roma, enterraban sus muertos y practicaban las ceremonias del culto.

catadióptrico, ca. adj. Aparato compuesto de espejos y lentes.

catador. m. El que cata. || El que cata colmenas. || Catavinos, el que tiene por oficio catar vinos.

catadura. f. Gesto o semblante. Ú. generalmente con los calificativos de *mala, fea,* etc.

catafalco. m. Túmulo adornado con magnificencia, que suele ponerse en los templos para las exequias solemnes.

catalán, na. adj. y s. De Cataluña. || m. Lengua romance vernácula que se habla en Cataluña y en otros dominios de la antigua Corona de Aragón.

catalanidad. f. Calidad de catalán.

catalanismo. m. Amor por Cataluña o por las características nacionales catalanas. || Movimiento que propugna el reconocimiento de la personalidad política de Cataluña y de sus valores históricos y culturales.

catalanista. adj. Relativo al catalanismo. || com. Persona partidaria de todo lo catalán.

cataláunico, ca. adj. Relativo a la antigua Catalaunia, hoy Châlons de Marne. Aplícase a los campos en que fue derrotado Atila.

catalejo. m. Anteojo que sirve para ver a larga distancia.

catalepsia. f. Accidente nervioso repentino que suspende las sensaciones e inmoviliza el cuerpo.

cataléptico, ca. adj. Relativo a la catalepsia. || Atacado de catalepsia. Ú. t. c. s.

catalina. f. Excremento humano.

catálisis. f. Transformación química motivada por cuerpos que al finalizar la reacción aparecen inalterados.

catalítico, ca. adj. Relativo a la catálisis.

catalizador. m. Cuerpo capaz de producir la transformación catalítica.

catalogación. f. Acción y efecto de catalogar.

catalogador, ra. adj. Que cataloga. || m. y f. Persona que forma catálogos.

catalogar. tr. Apuntar, registrar ordenadamente libros, manuscritos, etc., formando catálogo de ellos. Ú. t. en sent. fig.

catálogo. m. Memoria, inventario o lista de personas, cosas o sucesos, puestos en orden. Ú. t. en sent. fig.

catalpa. f. Árbol de adorno, de la familia de las bignoniáceas, de unos diez metros de altura.

catamarqueño, ña. adj. y s. De Catamarca.

catamenial. adj. Se aplica a lo que tiene alguna relación con la función menstrual.

cataplasma. f. Tópico de consistencia blanda, que se aplica como calmante o emoliente.

catapulta. ≅trabuquete. f. Máquina militar antigua para arrojar piedras o saetas. || Mecanismo lanzador de aviones para facilitar su despegue en plataformas u otros espacios reducidos.

catapultar. tr. Lanzar con catapulta los aviones.

catar. ≅gustar. tr. Probar algo para examinar su sabor o sazón. || Ver, examinar, registrar.

cataraña. f. Lagarto de las Antillas.

catarata. f. Cascada grande de agua. || Opacidad del cristalino del ojo, o de su cápsula, o del humor que existe entre uno y otra.

cátaro, ra. adj. Perteneciente o relativo a un movimiento religioso medieval que se distinguía por una extremada sencillez en las costumbres. || Miembro de dicho movimiento. Ú. m. c. m. pl.

catarral. adj. Relativo al catarro.

catarrino. m. Catirrino.

catarro. m. Flujo o destilación procedente de las membranas mucosas. || Inflamación aguda o crónica de estas membranas.

catarroso, sa. adj. y s. Que habitualmente padece catarro.

catarsis. f. Para los antiguos griegos, purificación ritual de personas o cosas afectadas de alguna impureza.

catártico, ca. adj. Aplícase a algunos medicamentos purgantes.

catástasis. f. Punto culminante del asunto de un drama, tragedia o poema épico.

catastral. adj. Perteneciente o relativo al catastro.

catastro. m. Censo y patrón estadístico de las fincas rústicas y urbanas.

catástrofe. ≅desastre. f. Desenlace del poema dramático, sobre todo si es doloroso. || fig. Suceso infausto. || Cosa mala en general: *esta pluma es una* ∿.

catastrófico, ca. adj. Relativo a una catástrofe: *riesgos* ∿*s.* || fig. Desastroso, muy malo: *los jugadores tuvieron una actuación* ∿.

Cataratas del Iguazú (Brasil)

catatipia. f. Procedimiento fotográfico para obtener pruebas por medio de la catálisis.

catavino. m. Jarrillo o taza destinada para dar a probar el vino de las cubas o tinajas. || Copa de cristal fino con la que se examinan, huelen y prueban los mostos y los vinos.

catavinos. com. Persona que tiene por oficio catar los vinos para informar de su calidad y sazón.

cate. m. Golpe, bofetada. || Nota de suspenso en los exámenes. Ú. m. con el verbo *dar.*

catear. tr. fig. y fam. Suspender en los exámenes a un alumno.

catecismo. m. Libro en que se contiene la explicación resumida de la doctrina cristiana, frecuentemente en forma de diálogo entre el maestro y el discípulo. || Obra que, redactada en preguntas y respuestas, contiene la exposición sucinta de alguna ciencia o arte.

catecumenado. m. Tiempo durante el cual se preparaba el catecúmeno para recibir el bautismo.

catecúmeno, na. m. y f. Persona que se está instruyendo en la doctrina y misterios de la fe católica, con el fin de recibir el bautismo.

cátedra. f. Asiento elevado, desde donde el maestro da lección a los discípulos. || Aula en que se enseña una asignatura en las enseñanzas media y superior o universitaria. || fig. Empleo y ejercicio del catedrático. || fig. Facultad o materia particular que enseña un catedrático.

catedral. adj. y f. Iglesia principal en que reside el obispo con su cabildo.

catedralicio, cia. adj. Relativo a una catedral.

catedrático, ca. m. y f. Profesor o profesora titular de una cátedra.

categoría. ≅clase. ≅esfera. ≅jerarquía. f. Cada uno de los conceptos más generales que se pueden atribuir a una cosa. || Distintos apartados de una clasificación. || Condición social de unas personas respecto de las demás.

categórico, ca. adj. Discurso o proposición en que explícita o absolutamente se afirma o niega algo. || Que afirma o niega de modo absoluto y claro.

catequesis. m. Ejercicio de instruir en cosas pertenecientes a la religión, tomando como base el catecismo.

catequista. com. Persona que instruye a los catecúmenos. || La que ejerce el catecismo.

catequístico, ca. adj. Relativo al catecismo.

catequizar. tr. Instruir en la doctrina de la fe católica.

catéresis. f. Extenuación independiente de toda

evacuación artificial. || Debilitación producida por un medicamento. || Acción caústica moderada.

caterético, ca. adj. Aplícase a la substancia que cauteriza superficialmente los tejidos.

caterva. f. Multitud de personas o cosas consideradas en grupo, pero sin concierto, o de poco valor e importancia.

catéter. m. Instrumento quirúrgico destinado para explorar cavidades y conductos naturales, o la profundidad y dirección de las heridas.

cateterismo. m. Acto quirúrgico o exploratorio, que consiste en introducir un catéter en un conducto o cavidad.

cateto. m. Cada uno de los dos lados que forman el ángulo recto en el triángulo rectángulo.

cateto, ta. m. y f. desp. Persona lugareña, palurda.

catetómetro. m. Instrumento que sirve para medir longitudes verticales.

catilinaria. adj. y s. Díc. de los discursos ciceronianos contra Catilina. || f. fig. Escrito o discurso vehemente dirigido contra alguna persona.

catión. m. Íon electropositivo que en la electrólisis se dirige al cátodo.

catirrino, na. adj. y s. Díc. de los simios cuyas fosas nasales están separadas por un tabique cartilaginoso, tan estrecho que las ventanas de la nariz quedan dirigidas hacia abajo. || m. pl. Grupo de estos animales. Viven en Asia y África.

catódico, ca. adj. Relativo al cátodo.

cátodo. m. Polo negativo de un generador de electricidad o de una batería eléctrica.

catolicidad. f. Universalidad de la doctrina católica. Es uno de sus caracteres.

catolicismo. m. Comunidad y gremio universal de los que viven en la religión católica. || Creencia de la Iglesia católica.

católico, ca. adj. Que profesa la religión católica. Apl. a pers., ú. t. c. s. || fig. y fam. Recto, ortodoxo, sano, perfecto, Ú. en la fr. *no estar,* o *no ser muy* ⌣.

catolizar. tr. Convertir a la fe católica; predicarla, propagarla.

catón. m. fig. Censor severo.

catón. m. Libro compuesto de frases y períodos cortos y graduados para ejercitar en la lectura a los principiantes.

catoniano, na. Aplícase a las virtudes de Catón y sus imitadores.

catonizar. intr. Censurar con rigor y aspereza, a la manera de Catón.

catóptrica. f. Parte de la óptica que trata de las propiedades de la luz refleja.

catoptromancia o **catoptromancía**. f. Arte supuesto de adivinar por medio del espejo.

catorce. adj. Diez más cuatro. || Decimocuarto: *Luis* ⌣. Apl. a los días del mes, ú. t. c. s.: *el* ⌣ *de abril.* || m. Signo con que se representa ese número: *en la pared había un* ⌣ *medio borracho.*

catorceavo, va. adj. Díc. de cada una de las catorce partes iguales en que se divide un todo. Ú. t. c. s. m.

catre. m. Cama ligera para una sola persona.

catricofre. m. Cofre destinado para recoger la cama en él, y que tiene dentro unos bastidores que pueden servir de catre.

cauba. f. Arbolito espinoso de Argentina; sirve de adorno y su madera se usa en ebanistería.

caucasiano, na. adj. Relativo al Cáucaso.

caucásico, ca. adj. Aplícase a la raza blanca o indoeuropea, por suponerla oriunda del Cáucaso.

cauce. ≅madre. m. Lecho de los ríos y arroyos. || Modo, procedimiento o norma: *la vida política discurría por los antiguos* ⌣s.

caucense. adj. y s. De Coca.

caución. f. Prevención, cautela: *compañía española de crédito y* ⌣.

cauchera. f. Planta de la cual se extrae el caucho.

cauchero. m. El que busca o trabaja el caucho.

caucho. ≅hule. m. Jugo lechoso de distintas plantas, llamado también *hule*. Es quizá el más importante el de la euforbiácea *hévea brasiliensis*. Tiene numerosas aplicaciones industriales, aunque ha sido en gran parte substituido por el caucho sintético, los materiales plásticos, etc.

caudal. adj. Relativo a la cola. || m. Hacienda, bienes. || Cantidad de agua que mana o corre. || fig. Abundancia de cosas que no sean dinero o hacienda.

caudaloso, sa. adj. De mucha agua: *río, lago, manantial* ⌣.

caudillaje. m. Mando. || *Amér.* Caciquismo. || *Arg.* y *Chile.* Conjunto o sucesión de caudillos. || *Arg.* Época de su predominio histórico.

caudillo. m. El que como cabeza guía y manda la gente de guerra.

caudimano o **caudímano**. adj. Animal que tiene cola prensil; como el castor.

caulescente. adj. Planta cuyo tallo se distingue bien de la raíz.

caulículo. m. Cada uno de los vástagos que nacen de lo interior de las hojas que adornan el capitel corintio.

caulífero, ra. adj. Díc. de las plantas cuyas flores nacen sobre el tallo.

cauliforme. adj. De forma de tallo.

caulinar. adj. Relativo al tallo.

cauri. m. Molusco gasterópodo, cuya concha sirvió de moneda en la India y costas africanas.

cauriense. adj. y s. De Coria.

causa. ≅motivo. ≅móvil. f. Lo que se considera como fundamento u origen de algo. || Razón para obrar. || Empresa o doctrina en que se toma interés o partido. || Litigio, pleito judicial.

causal. adj. Que se refiere a la causa o se relaciona con ella. || Dícese de la conjunción que, como *porque*, precede a la oración en que se motiva lo manifestado en la oración principal.

causalidad. f. Causa, origen, principio. || *Filos.* Ley por la que se producen efectos.

causante. adj. y s. Que causa. || m. *Der.* Persona de quien proviene el derecho que alguno tiene.

causar. ≅motivar. ≅originar. tr. Producir la causa su efecto. || Ser causa, razón y motivo de que suceda una cosa. Ú. t. c. prnl. || Por ext., ser ocasión o darla para que suceda alguna cosa. Ú. t. c. prnl.

causativo, va. adj. Que es origen o causa de alguna cosa.

causticar. tr. Dar causticidad a una cosa.

causticidad. f. Calidad de cáustico. || fig. Malignidad, mordacidad.

cáustico, ca. adj. Díc. de lo que quema y desorganiza los tejidos animales. || fig. Mordaz, agresivo. || *Cir.* Díc. del medicamento que desorganiza los tejidos como si los quemase, produciendo una escara. Ú. m. c. s. m.

cautela. f. Precaución y reserva con que se procede. || Astucia, sutileza para engañar.

cautelar. adj. Preventivo, precautorio. Ú. t. en sent. fig. || Díc. de las medidas o reglas para prevenir o dificultar la consecución de algo.

cauteloso, sa. adj. Que obra con cautela.

cauterio. m. Cauterización. || fig. Lo que corrige o ataja eficazmente algún mal. || Medio empleado en cirugía para convertir los tejidos en una costra.

cauterización. f. Acción y efecto de cauterizar.

cauterizar. tr. Restañar la sangre y las heridas, o curar otras enfermedades con el cauterio. || fig. Corregir con aspereza o rigor.

cautivar. tr. Aprisionar. || fig. Atraer, ganar: ⌣ *la voluntad.* || fig. Ejercer influencia.

cautiverio. m. Privación de libertad en manos de un enemigo. || Por ext., encarcelamiento, vida en la cárcel. || Privación de libertad a los animales domésticos.

cautivo, va. ≅prisionero. adj. Aprisionado en la guerra. Usáb. t. c. s. || fig. Atraído, sujeto por el atractivo de otra persona, en especial si es del sexo contrario.

cauto, ta. adj. Que obra con sagacidad o precaución.

cava. f. Acción de cavar.

cava. f. En palacio, oficina donde se cuidaba del agua y del vino que bebían las personas reales. || Cueva donde se elabora el vino espumoso. || m. Tipo de vinos espumosos catalanes, y también de otras regiones.

cava. adj. y f. Dícese de cada una de las dos venas mayores del cuerpo, que desembocan en la aurícula derecha del corazón.

cavar. tr. Levantar y mover la tierra. || Ahondar, penetrar.

cavaria. f. Ave americana que defiende a las demás de ciertas aves de rapiña.

cávea. f. Jaula romana. || Cada una de las dos graderías de los teatros y de los circos romanos.

caverna. ≅antro. ≅cripta. ≅cueva. || Concavidad profunda, subterránea o entre rocas. || *Med.* Hueco que resulta en algunos tejidos orgánicos después de evacuados los tejidos destruidos.

cavernario, ria. adj. Propio de las cavernas. || Díc. del hombre prehistórico que vivía en las cavernas.

cavernícola. ≅troglodita. adj. Que vive en las cavernas. U. t. c. s. || desp. fig. y fam. Retrógrado.

cavernosidad o **cavernidad.** f. Oquedad natural de la tierra, cueva. U. m. en pl.

cavernoso, sa. adj. Relativo a la caverna: *humedad, obscuridad* ⌣. || Díc. del sonido sordo y bronco: *voz, tos* ⌣. || Que tiene muchas cavernas.

caviar o **cavial.** m. Manjar de huevas de esturión frescas y salpresas. Proviene principalmente de la U. R. S. S.

cavicornio. Díc. de los rumiantes de la familia de los bóvidos porque tienen huecos los cuernos. U. t. c. s. pl.

cavidad. ≅concavidad. ≅hueco. f. Espacio hueco dentro de un cuerpo cualquiera.

cavilación. f. Acción y efecto de cavilar.

cavilar. ≅pensar. tr. Fijar tenazmente la atención en una cosa.

caviloso, sa. ≅pensativo. adj. Que se deja preocupar de alguna idea, dándole excesiva importancia.

cayado. m. Palo o bastón corvo por la parte superior. || Báculo pastoral de los obispos.

cayama. f. *Cuba.* Ave zancuda, acuática.

cayo. m. Isla rasa, arenosa y cubierta en gran parte de mangle.

cayuco. m. Embarcación india de una pieza.

caz. m. Canal para tomar y conducir el agua.

caza. f. Acción de cazar. || Animales salvajes, antes y después de cazados. || Seguimiento, persecución. || Avión de guerra.

cazabombardero. m. Avión de guerra.

cazador, ra. adj. y s. Que caza. || m. Soldado que hace el servicio en tropas ligeras.

cazadora. f. Especie de americana usada por lo general para la caza y el deporte. || Por ext., chaqueta de corte deportivo, hecha de tela resistente.

cazadotes. m. El que trata de casarse con una mujer rica.

cazalla. f. Aguardiente fabricado en Cazalla de la Sierra.

cazar. ≅atrapar. ≅pillar. tr. Coger o matar animales. || fig. y fam. Adquirir con destreza alguna cosa. || fig. y fam. Prender, cautivar la voluntad de alguno con halagos o engaños. || fig. y fam. Sorprender a alguno en un descuido, error o acción que desearía ocultar.

cazatorpedero. m. Buque de guerra destinado a la persecución de los torpederos enemigos.

cazcarria. f. Barro que se seca en la parte de la ropa que va cerca del suelo. Ú. m. en pl.

cazo. m. Recipiente de cocina, metálico, más ancho por la boca que por el fondo y a veces cilíndrico, con mango y, generalmente, con pico para verter. || Cazoleta, pieza de la espada.

cazoleta. f. dim. de cazuela. || Pieza de la llave de las armas de chispa, donde se colocaba la pólvora. || Pieza redonda de acero para cubrir la empuñadura del broquel. || Pieza de hierro u otro metal, que se pone debajo del puño de la espada y del sable, y sirve para resguardo de la mano.

cazón. m. Pez semejante al marrajo, muy voraz y temible.

cazuela. f. Vasija más ancha que honda, generalmente redonda y de barro. || Recipiente de cocina, de metal, más ancho que alto, con dos asas y tapa. || Guisado que se hace en ella.

cazurrear. intr. Comportarse o proceder como cazurro.

cazurrería. f. Calidad de cazurro.

cazurro, rra. adj. fam. Malicioso, reservado y de pocas palabras. Ú. t. c. s. || Tosco, basto, zafio.

CD ROM. m. *Informática.* Disco óptico utilizado para almacenar gran cantidad de datos, que sólo puede ser leído con una unidad lectora de luz láser y que no permite la grabación por parte del usuario.

ce. f. Nombre de la letra *c*.

ceanoto. m. Planta rámnea americana y oceánica.

cearina. f. Pomada que sirve de excipiente de otras.

ceática. f. Ciática, neuralgia.

ceba. f. Alimento abundante que se da al ganado para que engorde. || fig. Acción de alimentar los hornos con combustible.

cebada. f. Planta anual, gramínea, parecida al trigo, con espigas prolongadas y semilla ventruda, puntiaguda por ambas extremidades. Sirve de alimento a diversos animales y para fabricar cerveza. || Conjunto de granos de esta planta.

cebadal. m. Terreno sembrado de cebada.

cebadar. tr. Dar cebada a las bestias.

cebadera. f. Morral o manta para dar cebada al ganado en el campo. || Arca o cajón para la cebada.

cebadero. m. El que vende cebada. || Caballería que lleva la cebada para dar de comer a la recua.

cebado, da. adj. Alimentado. || *Amér.* Díc. de la fiera que por haber probado carne humana, es más temible.

cebador, ra. adj. Que ceba. || m. Frasquito en que se lleva la pólvora para cebar las armas de fuego. || Pequeño dispositivo empleado para el encendido de algunas lámparas de iluminación de descarga gaseosa, como los tubos fluorescentes.

cebadura. f. Acción y efecto de cebar o cebarse. || *R. Plata.* Cantidad de yerba que se pone en el mate cuando se prepara la infusión.

CD ROM

cebar. ≅engordar. ◁adelgazar. tr. Dar o echar cebo a los animales. || fig. Alimentar, fomentar: ∽ *el fuego, el horno.* || fig. Poner cebo al cohete u otro artificio de pólvora. || fig. Poner las máquinas o aparatos en condiciones de empezar a funcionar. || fig. Fomentar o alimentar un afecto o pasión. Ú. t. c. prnl. || *Amér.* Preparar el mate para tomarlo. || prnl. fig. Encarnizarse, ensañarse: *se cebó en su víctima.*

cebiche. m. *Ecuad., Pan.* y *Perú.* Plato de pescado o marisco crudo preparado en un adobo de jugo de limón o naranja agria, cebolla, sal y ají.

cebo. ≅atractivo. ≅incentivo. m. Comida que se da a los animales para alimentarlos, engordarlos o atraerlos. || Alimento o artificio con que el pescador atrae y coge a los peces. || Materia explosiva que en las armas, barrenos, etc., produce la explosión de la carga.

cebolla. f. Planta liliácea, con tallo hueco e hinchado hacia la base y raíz fibrosa que nace de un bulbo esferoidal comestible. || Bulbo de planta. || fig. Parte redonda del velón, en la cual se echa el aceite. || fig. Pieza metálica que se pone en las cañerías para que no pase broza.

cebollero, ra. adj. Relativo a la cebolla. || m. y f. Persona que vende cebollas.

cebolleta. f. Planta muy parecida a la cebolla, con el bulbo pequeño y parte de las hojas comestibles. || Cebolla común que se vuelve a plantar y se come tierna antes de florecer. || *Cuba.* Especie de juncia.

cebollino. m. Sementero o simiente de cebollas. || Hombre torpe e ignorante.

cebollón. m. Variedad de cebolla menos picante y acre que la común.

cebolludo, da. adj. Díc. de las plantas y flores que son de cebolla o nacen de ella.

cebón, na. adj. y s. Animal que está cebado. || m. Puerco.

cebra. f. Animal solípedo de África, parecido al asno, de pelo blanco amarillento, con listas transversales pardas o negras.

cebrado, da. adj. Animal que tiene manchas negras transversales.

cebrión. m. Insecto coleóptero.

cebú. [[cebúes. m. Mamífero bóvido, semejante al buey. Tiene una joroba en la cruz. El de la India tiene los cuernos mucho más cortos que el africano.

ceca. f. Casa donde se labra moneda.

cecal. adj. Relativo al intestino ciego.

ceceante. adj. Que cecea.

cecear. intr. Pronunciar la *s* con articulación

Cebú

igual o semejante a la de *c* ante *e, i,* o la de la *z.*

ceceo. m. Acción y efecto de cecear.

cecina. f. Carne salada, enjuta y seca. || *Arg.* y *Par.* Tira de carne delgada, seca y sin sal. || *Chile.* Embutido de carne.

cecografía. f. Escritura y modo de escribir de los ciegos.

cecógrafo. m. Aparato con que escriben los ciegos.

cechero. m. Acechador.

cedacear. intr. Apl. a la vista, disminuir, obscurecerse.

cedacero. m. El que hace o vende cedazos.

cedacillo. m. Planta gramínea parecida a la tembladera.

cedazo. ≅tamiz. m. Criba muy tupida. || Cierta red grande para pescar.

ceder. ≅menguar. ≅traspasar. tr. Dar, transferir a otro una cosa, acción o derecho. || intr. Rendirse, sujetarse. || Mitigarse, disminuirse la fuerza o resistencia de alguna cosa. || Fallar. Romperse o soltarse algo sometido a una fuerza excesiva. || Ser inferior una persona o cosa a otra.

cedilla. f. Letra de la antigua escritura española, que es una *c* con una virgulilla debajo (ç). || Esta misma virgulilla.

cédride. f. Fruto del cedro.

cedro. m. Árbol abietáceo, de tronco grueso y derecho, ramas horizontales y hojas persistentes: ↷ *del Líbano.* || Madera de este árbol.

cedróleo. m. Aceite esencial extraído del cedro.

cédula. ≅ficha. f. Pedazo de papel o pergamino escrito o para escribir en él: ↷ *de identidad, real.* || Documento en el que se reconoce una deuda u otra obligación.

cefalalgia. f. Dolor de cabeza.

cefalálgico, ca. adj. Relativo a la cefalalgia.

cefalea. f. Cefalalgia violenta y tenaz.

cefálico, ca. adj. Perteneciente a la cabeza.

cefalitis. ≅encefalitis. f. Inflamación de la cabeza.

cefalópodo. adj. y s. Díc. de los moluscos marinos que tienen el manto en forma de saco con una abertura por la que sale la cabeza, que está rodeada de tentáculos, como el pulpo. || m. pl. Clase de estos animales.

cefalorraquídeo. adj. Sistema nervioso cerebroespinal. || Díc. del líquido incoloro y transparente, ligeramente alcalino, en el que están sumergidos los centros nerviosos de los vertebrados y que llena también los ventrículos del encéfalo.

cefalotórax. m. Parte del cuerpo de los crustáceos y arácnidos formada por la unión de la cabeza y el tórax.

cefeida. adj. Díc. de la estrella cuyo brillo varía periódica y específicamente.

Cefeo. Constelación boreal, situada cerca de la Osa Mayor.

céfiro. ≅brisa. m. Poniente, viento. || Viento suave y apacible. || Tela de algodón casi transparente.

cegador, ra. adj. Que ciega o deslumbra.

cegar. intr. Perder enteramente la vista. || Quedar momentáneamente ciego a causa de una luz muy intensa y repentina, del fuego, etc. Ú. t. c. prnl. || tr. Quitar la vista a alguno. || fig. Ofuscar el entendimiento. Ú. t. c. intr. || fig. Cerrar: ↷ *un pozo.*

cegato, ta. adj. y s. fam. Corto de vista.

cegesimal. adj. Díc. del sistema métrico que tiene como unidades fundamentales el centímetro, el gramo y el segundo.

ceguedad. f. Total privación de la vista. || fig. Alucinación, afecto que ofusca la razón.

ceguera. f. Ceguedad.

ceiba. f. Árbol americano de unos 30 metros de altura.

ceibal. m. Lugar plantado de ceibas o ceibos.

ceibo. m. Árbol americano, notable por sus flores de cinco pétalos, rojas y brillantes, que nacen antes que las hojas.

ceja. f. Parte prominente y curvilínea cubierta de pelo sobre la cuenca del ojo. || Pelo que la cubre. || fig. Parte que sobresale un poco de alguna cosa. || fig. Banda de nubes sobre las cumbres de los montes. || fig. Cumbre del monte o sierra. || *Mús.* Listón de los instrumentos de cuerda entre el clavijero y el mástil. || Cejuela.

cejar. ◁resistir. intr. Retroceder, andar hacia atrás, ciar. || fig. Aflojar o ceder.

cejijunto, ta. adj. Que tiene las cejas muy pobladas y casi juntas. || fig. Ceñudo.

cejilla. f. *Mús.* Ceja de los instrumentos de cuerda. || Cejuela.

cejudo, da. adj. Que tiene las cejas muy pobladas.

cejuela. ≅cejilla. f. dim. de ceja. || Abrazadera que se pone en el mástil de la guitarra para subir la entonación de todas las cuerdas.

celada. f. Pieza de la armadura para cubrir la cabeza. || Parte de la llave de la ballesta. || Soldado que usaba celada. || Emboscada de gente armada. || Engaño o fraude.

celador, ra. adj. Que cela o vigila. || m. y f. Vigilante.

celaje. m. Aspecto que presenta el cielo cuando hay nubes tenues y de varios matices. Ú. m. en pl. || Claraboya o ventana. || fig. Presagio, anuncio. || *Mar.* Conjunto de nubes.

celar. ≅cuidar. ≅velar. tr. Procurar el cumplimiento de las leyes, estatutos, etc. || Observar los movimientos y acciones de una persona. || Vigilar. || Observar a la persona amada, por tener celos de ella.

celastráceo, a o **celastríneo, a.** adj. Díc. de árboles y arbustos angiospermos dicotiledóneos. Ú. t. c. s. f. || f. pl. familia de estas plantas.

celastro. m. Arbusto celastráceo.

celda. f. Aposento del religioso en su convento. || Aposento individual en colegios. || Cada uno de los aposentos donde se encierra a los presos en las cárceles celulares. || Celdilla.

celdilla. f. Cada una de las casillas que componen los panales de las abejas, avispas y otros insectos. || fig. Nicho. || Célula, cavidad. || *Bot.* Hueco que ocupa la simiente.

celebérrimo, ma. adj. superl. de célebre.

celebración. f. Acción de celebrar. || Aplauso, aclamación.

celebrante. adj. Que celebra. || m. Sacerdote que está diciendo misa.

celebrar. tr. Alabar, aplaudir. || Reverenciar, venerar solemnemente. || Hacer solemnemente alguna función, junta o contrato. || Conmemorar o festejar algún hecho o fecha importante. Ú. t. c. prnl. || Realizar un acto, una reunión, un espectáculo, etc. Ú. t. c. prnl. || Decir misa. Ú. t. c. intr.

célebre. adj: Famoso, que tiene fama.

celebridad. f. Fama, renombre. || Persona famosa.

celemín. m. Medida de capacidad para áridos, equivalente en Castilla a 4.625 mililitros. || Cantidad de grano que contiene.

celentéreo. adj. y s. Animal de simetría radiada, cuyo cuerpo contiene una sola cavidad. || m. pl. Tipo de estos animales.

celeridad. f. Prontitud, rapidez, velocidad.

celescopio. m. Aparato para iluminar las cavidades de un cuerpo orgánico.

celeste. adj. Perteneciente al cielo: azul ∿.

celestial. ≅celeste. adj. Perteneciente al cielo o paraíso. || fig. Perfecto, delicioso. || irón. Bobo, tonto.

celestina. f. fig. Alcahueta.

celestina. f. Sulfato de estronciana.

celestinesco, ca. adj. Relativo a la celestina o alcahueta.

celiaco, ca o **celíaco, ca.** adj. Relativo al vientre o a los intestinos.

celibato. m. Soltería. || fam. Hombre célibe.

célibe. adj. y s. Díc. de la perosna que no ha tomado estado de matrimonio.

celidonia. f. Hierba papaverácea que segrega un jugo amarillo y cáustico.

celo. ◁negligencia. m. Cuidado, diligencia, esmero en el cumplimiento del deber. || Fervor. || Envidia, recelo. || Apetito sexual de los animales: *época de* ∿. || pl. Sospecha, inquietud de que la persona amada ponga su cariño en otra.

celofán. m. Nombre registrado de una película transparente y flexible. Se emplea principalmente para envolver.

celoidina. f. Preparación que se emplea en los papeles fotográficos, que los hace sensibles a la luz.

celoma. m. Cavidad que en el hombre y ciertos grupos de animales se desarrolla entre la pared del cuerpo y las vísceras.

celomado, da. adj. *Zool.* Díc. del organismo que presenta celoma. || m. pl. Grupo de los animales que poseen celoma.

celosía. f. Enrejado de listoncillos que se pone en las ventanas.

celoso, sa. adj. Que tiene celo, o celos. || Receloso. || Díc. de la embarcación que aguanta poca vela.

celota. com. Persona perteneciente aun grupo religioso rígido e integrista del pueblo judío.

celta. adj. Antiguo grupo de pueblos que habitaban en el centro y oeste de Europa. Ú. m. c. m. pl. || Díc. también de sus individuos. Ú. t. c. s. || Relativo a ese grupo de pueblos. || m. Idioma de los celtas.

celtíbero, ra o **celtibero, ra.** adj. Individuo de un pueblo hispánico prerromano, de lengua céltica, establecido en la Celtiberia. Ú. t. c. s.

céltico, ca. adj. Perteneciente a los celtas.

celtídeo, a. adj. Díc. de árboles o arbustos ulmáceos. Ú. t. c. s. || f. pl. Familia de estas plantas.

celtismo. m. Doctrina que supone a la lengua céltica como el origen de la mayoría de las modernas. || Amor al estudio de lo relativo a los celtas.

celtista. com. Persona que cultiva la lengua y literatura célticas.

celtohispánico, ca o **celtohispano, na.** adj. Díc. de los restos de la cultura céltica en España.

celtolatino, na. adj. Díc. de las palabras de origen céltico incorporadas al latín.

célula. f. Pequeña celda o cavidad. || Unidad anatómica y funcional de los seres vivos. Se compone de una membrana que envuelve el protoplasma, en el cual se incluye el núcleo. || Unidad básica de algunas organizaciones políticas.

celulado, da. adj. Provisto de células o dispuesto en forma de ellas.

celular. adj. Relativo a las células. || Díc. del establecimiento carcelario donde los reclusos están incomunicados.

celulita. f. Pasta que se obtiene de la fibra leñosa y substancias minerales.

celulitis. f. Inflamación del tejido celular.

celuloide. m. Nitrocelulosa flexible plastificada con alcanfor. || Por ext., cinta cinematográfica.

celulosa. f. Cuerpo sólido insoluble en el agua, alcohol y éter, que forma la membrana de las células vegetales. Se emplea para fabricar papel, barnices, explosivos, etc.

cella. f. Espacio interior en los templos griegos y romanos.

cementación. f. Acción y efecto de cementar.

cementar. tr. Calentar una pieza de metal en contacto con otra materia en polvo o en pasta, para modificar su composición.

cementerio. ≅necrópolis. m. Lugar destinado a enterrar cadáveres.

cementero, ra. adj. Relativo al cemento.

cemento. m. Mezcla de arcilla molida con materiales calcáreos que en contacto con el agua se solidifica y endurece. Se utiliza para unir los elementos de la construcción. || Tejido que cubre el marfil en la raíz de los dientes.

cena. f. Última comida del día, que se hace al atardecer o por la noche. || Acción de cenar. || Por ant., última cena de Cristo con sus apóstoles.

cenáculo. m. Sala en que Cristo celebró la última cena. || fig. Reunión de literatos o artistas.

cenador, ra. adj. y s. Que cena. || m. En los jardines, lugar cercado de plantas. || En Granada, galería en la planta baja de algunas casas.

cenagal. ≅barrizal. m. Lugar cenagoso. || fig. y fam. Negocio de difícil salida.

cenagoso, sa. adj. Lleno de cieno.

cenar. intr. Tomar la cena. || tr. Comer en la cena tal o cual cosa: ∼ *perdices.*

cenceño, ña. adj. Delgado o enjuto.

cencerrada. f. fam. Ruido desapacible que se hace con cencerros, cuernos, etc.: dar ∼.

cencerrear. intr. Tocar o sonar insistentemente cencerros. || fig. y fam. Tocar un instrumento destemplado o tocarlo mal. || fig. y fam. Hacer ruido desapacible las aldabas, cerrojos, puertas, etc.

cencerreo. m. Acción y efecto de cencerrear.

cencerro. ≅zumba. m. Campana pequeña que se ata al pescuezo de las reses.

cenco. m. Reptil ofidio de América.

cendal. m. Tela de seda o lino delgada y transparente. || Humeral, paño litúrgico. || Barbas de la pluma. || pl. Algodones que se ponen en el fondo del tintero.

cenefa. f. Lista sobrepuesta o tejida en los bordes de las cortinas, doseles, etc. || Dibujo de ornamentación de los muros, pavimentos y techos. || Mar. Madero grueso que rodea una cofa.

cenestesia. f. Psicol. Conjunto de sensaciones indiferenciadas, independientes de los sentidos, por las que el individuo tiene conciencia de la existencia del propio cuerpo y de su estado.

cenestésico, ca. adj. Relativo a la cenestesia.

cenicero. m. Sitio del hogar donde se recoge la ceniza. || Platillo donde se deja la ceniza y los residuos del cigarro.

cenicienta. f. Persona o cosa injustamente postergada o despreciada.

ceniciento, ta. ≅cenizo. ≅cenizoso. adj. De color de ceniza.

cenit. m. Punto del hemisferio celeste superior al horizonte, que corresponde verticalmente a un lugar de la Tierra.

cenital. adj. Relativo al cenit.

ceniza. f. Polvo de color gris que queda des-

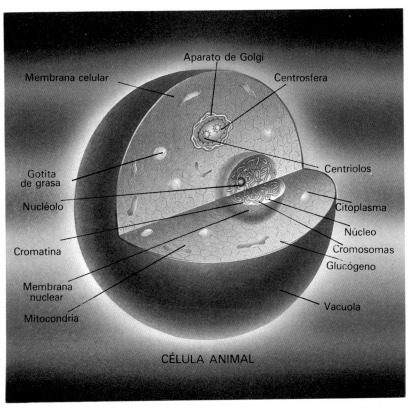

Aparato de Golgi

Membrana celular

Centrosfera

Gotita de grasa

Nucléolo

Cromatina

Membrana nuclear

Mitocondria

Centriolos

Citoplasma

Núcleo

Cromosomas

Glucógeno

Vacuola

CÉLULA ANIMAL

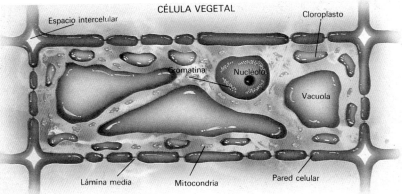

CÉLULA VEGETAL

Espacio intercelular

Cloroplasto

Cromatina

Nucléolo

Vacuola

Lámina media

Mitocondria

Pared celular

pués de una combustión completa. || fig. Reliquias o residuos de un cadáver. Ú. m. en pl.

cenizo, za. adj. De color de ceniza. || m. Planta silvestre quenopodiácea. || fam. Aguafiestas, persona de mala suerte.

cenizoso, sa. adj. Que tiene ceniza. || Cubierto de ceniza. || De color de ceniza.

cenobio. m. Monasterio.

cenobita. com. Persona que profesa la vida monástica.

cenotafio. m. Monumento funerario en el cual no está el cadáver del personaje a quien se dedica.

cenozoico, ca. adj. y m. Era tercera de las geológicas, que comprende las épocas más recientes o próximas a la actual y en cuyos estratos se encuentran fósiles de animales y vegetales semejantes a los que viven en la actualidad. Comprende los períodos terciario y cuaternario.

censar. tr. Incluir o registrar en el censo. || intr. Hacer el censo o empadronamiento.

censatario. m. El obligado a pagar los réditos de un censo.

censo. m. Padrón o lista que los censores romanos hacían de las personas y haciendas. || Padrón o lista de la población o riqueza de una

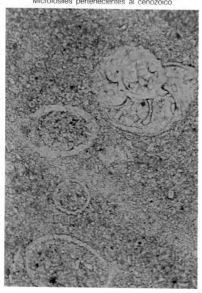

Microfósiles pertenecientes al cenozoico

nación o pueblo. || Contrato por el cual se sujeta un inmueble al pago de una pensión anual. || Registro general de ciudadanos con derecho de sufragio activo.

censor. m. Magistrado de la república romana. || El que, en función gubernativa, examina los escritos destinados a la publicidad e interviene las comunicaciones telegráficas y telefónicas y en general todas las noticias destinadas a su difusión.

censorio, ria o **censorino, na.** adj. Relativo al censor o a la censura.

censual. adj. Perteneciente al censo.

censualista. com. Persona que percibe los réditos de un censo.

censura. f. Entre los antiguos romanos, oficio y dignidad de censor. || Dictamen y juicio de una obra o escrito. || Nota, corrección o reprobación de alguna cosa. || Murmuración, detracción. || Intervención que ejerce el censor gubernativo en las comunicaciones de carácter público.

censurar. ◁elogiar. tr. Formar juicio de una obra u otra cosa. || Corregir, reprobar, por mala alguna cosa. || Murmurar, vituperar.

centaura o **centaurea.** f. Planta perenne compuesta.

centauro. m. Monstruo fabuloso, con tronco de hombre y cuerpo de caballo.

Centauro. Constelación austral, situada al occidente del Lobo y debajo de Virgo.

centavo, va. adj. Centésimo, cada una de las cien partes de un todo. Ú. t. c. s. m. || m. Moneda americana de bronce, cobre o níquel, que vale un céntimo de peso.

centella. f. Rayo, chispa eléctrica. || Chispa que salta del pedernal. || fig. Reliquia de algún vivo afecto del ánimo.

centellear. intr. Despedir centellas.

centelleo. m. Acción y efecto de centellear.

centén. m. Moneda española de oro, que valía cien reales.

centena o **centenada.** ≅centenar. f. Conjunto de cien unidades.

centenar. m. Centena. || Centenario.

centenario, ria. adj. Perteneciente a la centena. || Que tiene cien años de edad. Ú. t. c. s. || m. Tiempo de cien años. || Día en que se cumplen una o más centenas de años de algún acontecimiento. || Fiesta que se celebra con este motivo.

centeno. m. Planta gramínea muy parecida al trigo, de granos de figura oblonga.

centesimal. adj. Díc. de cada uno de los números del uno al noventa y nueve inclusive.

centésimo, ma. adj. Que sigue inmediatamente

en orden al o a lo nonagésimo nono. || Díc. de cada una de las cien partes iguales en que se divide un todo. Ú. t. c. s. m. y f.

centiárea. f. Centésima parte de un área, es decir, un metro cuadrado. En abr., *ca.*

centígrado, da. adj. Díc. de la escala termométrica dividida en cien partes iguales, que se llaman grados.

centigramo. m. Centésima parte de un gramo.

centilitro. m. Centésima parte de un litro.

centímetro. m. Centésima parte de un metro.

céntimo, ma. adj. Centésimo, cada una de las cien partes de un todo. || m. Moneda que vale la centésima parte de la unidad monetaria.

centinela. amb. Soldado que vigila un puesto. || fig. Persona que observa o vigila alguna cosa.

centinodia. f. Cierta planta medicinal.

centiplicado, da. adj. Que está centuplicado.

centolla o **centola.** f. Crustáceo decápodo marino, braquiuro, de carne muy apreciada.

centollo. m. Centolla.

centrado, da. adj. Díc. de lo que tiene su centro en la posición que debe ocupar.

central. adj. Perteneciente al centro. || Que está en el centro o entre dos extremos. || Esencial, importante. || f. Oficina donde están centralizados varios servicios. || Casa o establecimiento principal de algunas empresas. || Instalación dedicada a la transformación de las distintas energías que existen en la naturaleza en energía útil para el hombre, principalmente electricidad. || *Amér.* Ingenio o fábrica de azúcar.

centralismo. m. Doctrina de los centralistas.

centralista. adj. y s. Partidario de la centralización política o administrativa de un país. || com. Encargado de una red de comunicaciones. || *P. Rico.* Dueño de una central azucarera.

centralita. f. Aparato que conecta una o varias líneas telefónicas.

centralización. f. Acción y efecto de centralizar o centralizarse.

centralizar. tr. Reunir varias cosas en un centro común. Ú. t. c. prnl. || Asumir el poder público facultades atribuidas a organismos locales.

centrar. ◁separar. tr. Determinar el punto céntrico de una cosa. || Colocar una cosa de modo que su centro coincida con el de otra. || Hacer que se reúnan en el lugar conveniente proyectiles, rayos luminosos, etc. || En el fútbol, lanzar un jugador el balón hacia la parte central próxima a la portería contraria.

céntrico, ca. adj. Que pertenece al centro o está en él.

centrifugar. tr. Separar, mediante la acción de la fuerza centrífuga, los componentes de una masa o mezcla, según sus distintas densidades.

centrífugo, ga. adj. Que aleja del centro.

centrina. f. Pez selacio escuálido.

centriolo o **centríolo.** m. Corpúsculo central del centrosoma.

centrípeto, ta. adj. Que atrae, dirige o impele hacia el centro.

centrista. adj. y s. Partidario de una política de centro.

centro. m. Punto del círculo del cual equidistan todos los de la circunferencia. || En la esfera, punto interior del cual equidistan todos los de la superficie. || En los polígonos y poliedros, punto en que todas las diagonales que pasan por él quedan divididas en dos partes iguales. || Lo que está en medio o más alejado de los límites, extremos, etc. || Parte central de una ciudad. || Institución educativa, científica, social, etc.

centroamericano, na. adj. y s. De América central.

centrobárico, ca. adj. Relativo al centro de gravedad.

centrocampista. com. Miembro de un equipo que, en el fútbol y otros juegos deportivos, tiene como misión principal contener los avances del equipo contrario en el centro del campo y ayudar tanto a la defensa como a la delantera del equipo propio.

centroeuropeo, a. adj. Díc. de los países de Europa central y de los pertenecientes a ellos.

centrosoma. m. Corpúsculo celular, órgano rector de la mitosis.

centunviro. m. Cada uno de los cien ciudadanos que en la antigua Roma asistían al pretor urbano en los juicios.

centuplicar. tr. Hacer cien veces mayor una cosa. Ú. t. c. prnl. || Multiplicar una cantidad por ciento.

céntuplo, pla. adj. y m. Producto de la multiplicación por 100 de una cantidad cualquiera.

centuria. f. Siglo. || En la milicia romana, compañía de cien hombres.

centurión. m. Jefe de una centuria.

ceñido, da. adj. fig. Moderado y reducido en sus gastos. || Apretado, ajustado.

ceñidor. m. Faja, cinta, correa o cordel con que se ciñe el cuerpo por la cintura.

ceñir. ≅oprimir. tr. Rodear, ajustar o apretar la cintura, el cuerpo, el vestido u otra cosa: ⌐ *con flores o de flores sus sienes.* || prnl. fig. Moderarse: *cíñete al tema.*

ceño. m. Señal de enfado que se hace dejando caer el sobrecejo o arrugando la frente.

ceñudo, da. adj. Que tiene ceño o sobrecejo.

cepa. ≅familia. ≅linaje. f. Tronco de la vid, del cual brotan los sarmientos, y, por extensión, toda la planta. || fig. Tronco de una familia: *gitano de pura ↝.* || *Hond.* Conjunto de varias plantas que tienen una raíz común. || *Méj.* Foso, hoyo casi siempre grande.

cepeda. f. Lugar en que abundan arbustos y matas de cuyas cepas se hace carbón.

cepellón. m. Pella de tierra que se deja adherida a las raíces de los vegetales para trasplantarlos.

cepillar. tr. Acepillar. || fig. y fam. Adular. || Quitar el dinero; desplumar. || Matar, asesinar. Ú. t. c. prnl. || En el lenguaje estudiantil, suspender.

cepillo. m. Arquilla para recoger donativos; cerrada con llave, va provista de una ranura para echar monedas. || Instrumento para cepillar o labrar maderas. || Instrumento para quitar el polvo a la ropa, peinarse, etc.

cepo. m. Madero grueso en que se fijan el yunque, tornillos y otros instrumentos de herreros, cerrajeros y operarios de otros oficios. || Maderos con unos agujeros que fijaban cabeza y pies del reo. || Trampa para cazar lobos u otros animales.

cepola. f. Pez fisóstomo, vive en el Mediterráneo y en el Atlántico, y se conocen de él varias especies. La más conocida recibe preferentemente el nombre de *cinta.*

ceporro. m. Cepa vieja que se arranca para la lumbre. || fig. Persona torpe de entendimiento.

cequí. ∬cequíes o cequís. m. Moneda antigua de oro acuñada en varios Estados de Europa y que se admitió en África.

cera. f. Substancia sólida que segregan las abejas para formar las celdillas de los panales. Se emplea para hacer velas, cirios y para otros fines.

cerámica. ≅alfarería. f. Arte de fabricar vasijas y otros objetos de barro, loza y porcelana. || Conjunto de estos objetos. || Conocimiento científico de ellos desde el punto de vista arqueológico.

cerámico, ca. adj. Relativo a la cerámica.

ceramista. com. Persona que hace objetos cerámicos.

ceramita. f. Especie de piedra preciosa. || Ladrillo de resistencia superior a la del granito.

cerasita. f. Silicato de alúmina y magnesia.

cerasta. f. Víbora que tiene una especie de cuernecillos encima de los ojos. Se cría en África y es muy venenosa.

Cerámica griega de estilo geométrico

cerástide. m. Lepidóptero nocturno que vive en Europa.

cerate. m. Pesa usada antiguamente en España.

ceraunomancia o **ceraunomancía.** f. Adivinación por medio de las tempestades.

cerbatana. ≅bodoquera. f. Canuto en que se introducen bodoques u otras cosas, para despedirlas soplando por un extremo. || Instrumento parecido al anterior usado como arma por algunas tribus indias americanas.

cerca. f. Vallado, tapia o muro que se pone alrededor de algún sitio.

cerca. ◁lejos. adv. l. y t. Próxima o inmediatamente. Anteponiendo a nombre o pronombre lleva de: *ponte ↝ de mí; son ↝ de las diez.*

cercado. m. Huerto, prado u otro sitio rodeado de valla, tapia u otra cosa para su resguardo. || *Perú.* División territorial que comprende la capital de un Estado o provincia y los pueblos que de aquella dependen.

cercanía. f. Calidad de cercano. || Lugar cercano o circundante.

cercano, na. adj. Próximo, inmediato.

cercar. ≅asediar. ≅circundar. ≅sitiar. ≅tapiar. ≅vallar. tr. Rodear un sitio con vallado, tapia o muro. || *Mil.* Poner cerco a una plaza. || Rodear mucha gente a una persona o cosa.

cercaria. f. Larva con cola de algunos gusanos trematodos.

cercenar. ≅cortar. ≅limitar. ≅restringir. tr.
Cortar las extremidades de algo. || Disminuir: ↶
el gasto.

cerceta. f. Ave palmípeda del tamaño de una
paloma; es parda, cenicienta, salpicada de lunar-
cillos más obscuros.

cerciorar. tr. y prnl. Asegurar a alguno la verdad de una cosa.

cerco. m. Lo que ciñe o rodea. || Cerca, va-
llado, tapia o muro. || Asedio que pone un ejército
cercando. || Halo. || Marco.

cercopitécido, da. adj. Díc. de los monos ca-
tirrinos, con brazos más cortos que las piernas,
pelaje denso y esternón largo y estrecho. Son om-
nívoros y propios de las regiones cálidas del Viejo
Mundo. || f. pl. Familia de estos primates.

cercopiteco. m. Mono catirrino de África; es la
mona común.

cerda. ≅seda. f. Pelo grueso, duro y largo que
tienen las caballerías en la cola y en la cima del
cuello. También se llama así el pelo de otros animales, como el jabalí, puerco, etc., que, aunque
es más corto, es recio: *ganado de* ↶. || Hembra
del cerdo.

cerdada. f. Charranada, mala acción. || Guarra-
da, acción sucia e indecorosa.

cerdear. intr. Flaquear de los brazuelos el ani-
mal. || fig. y fam. Resistirse a hacer algo.

cerdo. ≅cochino. ≅marrano. m. Mamífero
artiodáctilo de la familia de los suidos. Los cerdos
domésticos descienden del jabalí, y se crían para
aprovechar su carne. || Puerco, hombre sucio;
hombre grosero, sin modales.

cerdoso, sa. adj. Que cría y tiene muchas cer-
das. || Parecido a ellas por su aspereza.

cereal. adj. Relativo a Ceres. || Aplícase a las
plantas gramíneas que dan frutos farináceos, o a
estos mismos frutos; como el trigo, el centeno y
la cebada. Ú. t. c. s.

cerealista. adj. Relativo a los cereales: *primer
congreso* ↶; *campaña* ↶.

cerebelo. m. Uno de los centros nerviosos
constitutivos del encéfalo, que ocupa la parte posterior de la cavidad craneana.

cerebral. adj. Relativo al cerebro: *circunvolución*
↶. || Intelectual en oposición a emocional, apa-
sionado, vital, etc.; imaginario, en oposición a vi-
vido. Ú. t. c. s. aplicado a persona.

cerebralismo. m. Predominio de lo cerebral o
preferencia por ello.

cerebro. m. Uno de los centros nerviosos
constitutivos del encéfalo, que en el hombre y en
muchos mamíferos está situado delante y encima

del cerebelo. || fig. Cabeza, juicio, talento. || fig.
Persona que concibe o dirige un plan de acción.
|| fig. Persona sobresaliente en actividades inte-
lectuales, científicas o técnicas.

cerebroespinal. adj. Relativo al cerebro y la
espina dorsal.

ceremonia. f. Acción o acto exterior arreglado,
por ley, estatuto o costumbre, para dar culto a las
cosas divinas o reverencia y honor a las profanas:
maestro de ↶*s.* || Ademán afectado, en obsequio
de una persona o cosa.

ceremonial. adj. Relativo al uso de las cere-
monias. || m. Serie o conjunto de formalidades
para cualquier acto público o solemne.

ceremonioso, sa. adj. Que observa con puntualidad las ceremonias.

céreo, a. adj. De cera.

cerería. f. Casa o tienda donde se trabaja o
vende la cera.

cerero, ra. m. y f. Persona que labra o vende
la cera.

ceretano, na. adj. Pueblo hispánico prerromano
que habitaba la Ceretania, hoy Cerdaña, en el Pi-
rineo oriental, así como de los individuos que for-
maban este pueblo. Ú. t. c. s. || || Perteneciente
o relativo a los ceretanos o a la Ceretania.

cereza. f. Fruto del cerezo. || *C. Rica.* Fruta
empalagosa y muy diferente de la europea, de un
árbol que se cultiva en los jardines.

cerezal. m. Sitio poblado de cerezos.

cerezo. m. Árbol rosáceo, cuyo fruto es la cereza. Sus flores, blancas, se presentan en racimos

Imagen del cerebro coloreada por ordenador

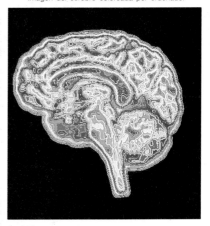

umbeliformes. Su madera se usa en ebanistería. ||
Madera de este árbol.

cerífero, ra. adj. Que produce o da cera.

ceriflor. f. Planta borraginácea de flores algo
amarillentas. || Flor de la misma planta.

cerilla. f. Vela de cera, muy delgada y larga,
que se arrolla en varias figuras, y más común-
mente en la de librillo. || Trozo de cerilla, madera,
cartón, etc., con cabeza de fósforo. || Cera de los
oídos.

cerillero, ra. m. y f. Fosforera. || Persona que
vende cerillas y también tabaco, en cafés, bares y
locales de este tipo.

cerillo. m. Cerilla larga y delgada. || *Cuba.*
Árbol rubiáceo cuya madera es apreciada en carpintería.

cerina. f. Especie de cera que se extrae del
alcornoque.

cerio. m. Elemento metálico de color gris acero, del grupo de las *tierras raras.*

cerita. f. Silicato hidratado de cerio y hierro.

cermeña. f. Fruto del cermeño.

cermeño. m. Especie de peral, con las hojas
en figura de corazón. || fig. Hombre tosco, sucio,
necio. Ú. t. c. adj.

cerne. adj. Díc. de lo que es sólido y fuerte.
|| m. Parte más dura y sana del tronco de los
árboles.

cernedera. f. Marco de madera sobre el cual
se pone uno o dos cedazos para cerner. Ú. m.
en pl.

cernedor, ra. m. y f. Persona que cierne. ||
m. Torno para cerner harina.

cerneja. f. Mechón de pelo que tienen las caballerías detrás del menudillo. Ú. m. en pl.

cerner. tr. Separar con el cedazo la harina del
salvado, u otra cualquiera materia reducida a polvo, de suerte que lo más grueso quede sobre la
tela, y lo sutil caiga al sitio destinado para reco-
gerlo. || fig. Depurar. || prnl. Andar, inclinando el
cuerpo a los lados.

cernícalo. m. Pequeña ave falcónida, común en
España y América. || fig. y fam. Hombre ignorante
y rudo. Ú. t. c. adj.

cernido. m. Acción de cerner. || Cosa cernida,
y principalmente harina cernida para hacer el pan.

cero. adj. Cardinal que expresa una cantidad
nula, nada, ninguno. ∽ *puntos.* || m. *Arit.* Signo
sin valor propio, que en la numeración arábiga
sirve para ocupar los lugares donde no haya de
haber cifra significativa. Colocado a la derecha de
un número entero, decuplica su valor; pero a la
izquierda, en nada lo modifica.

ceromancia o **ceromancía.** f. Arte vano de
adivinar, que consiste en ir echando gotas de cera
derretida en una vasija llena de agua, para hacer
deducciones según las figuras que se forman.

cerón. m. Residuo, escoria o heces de los panales de la cera.

ceroplástica. f. Arte de modelar la cera.

cerorrinco. m. Ave de rapiña parecida al halcón, que vive en América.

ceroso, sa. adj. adj. Que tiene cera, o se parece a ella.

cerote. m. Mezcla de pez y cera que usan los
zapateros para encerar los hilos con que cosen el
calzado.

cerrado, da. adj. fig. Incomprensible, oculto y
obscuro. || fig. Díc. del acento o pronunciación
que presentan rasgos nacionales o locales muy
marcados. || fig. Díc. de la persona que habla con
tal acento o pronunciación: *es un andaluz* ∽. ||
fig. Se dice del cielo o de la atmósfera si están
muy nubosos. || fig. y fam. Díc. de la persona
callada o torpe: ∽ *de mollera.* || *Ling.* Dícese del
fonema que se pronuncia mediante un estrechamiento del canal bucal.

cerrador, ra. adj. y s. Que cierra. || m. Cosa
con que se cierra otra.

cerradura. f. Acción y efecto de cerrar. || Me-
canismo de metal que se fija en puertas, cofres,
etc., y sirve para cerrarlos por medio de uno o
más pestillos que se hacen jugar con la llave.

cerrajear. intr. Ejercer el oficio de cerrajero.

cerrajería. f. Oficio de cerrajero. || Tienda, ta-
ller o calle donde se fabrican o venden cerraduras
y otros instrumentos de hierro.

cerrajero. m. Maestro u oficial que hace cerraduras, llaves, candados, cerrojos y otras cosas
de hierro.

cerramiento. ≅cerradura. ≅obstrucción. m.
Acción y efecto de cerrar. || Cosa que cierra o
tapa cualquier abertura, conducto o paso. || Lo
que cierra y termina el edificio por la parte superior.

cerrar. tr. Asegurar con cerradura, pasador, etc.
una puerta, ventana, etc., para que no se abra. ||
Encajar en su marco una puerta o ventana. || Tapar
una abertura. || Poner término a una cosa. || Ter-
minar un plazo. || Cesar una actividad. || Ir en
último lugar. || En fonética, aproximar los órganos
articuladores al emitir un sonido estrechando el
paso del aire. || intr. y prnl. Cicatrizar una herida.
|| prnl. fig. Empeñarse en algo.

cerrazón. f. Obscuridad grande que suele pre-
ceder a las tempestades. || En Fonética, cualidad

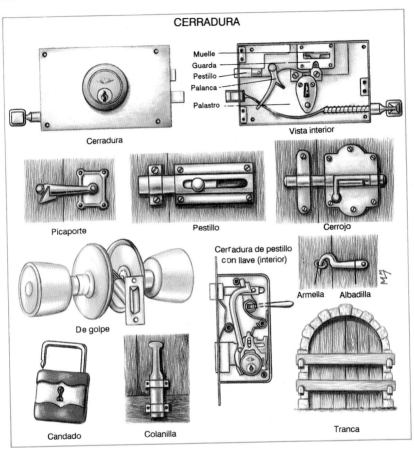

CERRADURA

Muelle
Guarda
Pestillo
Palanca
Palastro

Vista interior

Cerradura

Picaporte

Pestillo

Cerrojo

De golpe

Cerradura de pestillo con llave (interior)

Armella   Albadilla

Candado   Colanilla

Tranca

que adquiere un sonido al cerrarse los órganos articuladores. ‖ fig. Incapacidad de comprender algo por ignorancia o prejuicio.

cerril. ≅bravío. ≅montaraz. ≅rústico. ≅tosco. adj. Ganado mular, caballar o vacuno no domado. ‖ fig. y fam. Grosero. ‖ fig. Díc. del que se obstina en una actitud o parecer, sin admitir trato ni razonamiento.

cerro. ≅colina. ≅collado. m. Elevación de tierra aislada y de menor altura que el monte o la montaña. ‖ Cuello o pescuezo del animal.

cerrojazo. m. Acción de echar el cerrojo recia y bruscamente.

cerrojo. m. Barreta cilíndrica de hierro, con manija, por común en la forma de T, que está sostenida horizontalmente por dos armellas, y entrando en otra o en un agujero dispuesto al efecto, cierra y ajusta la puerta o ventana con el marco, o una con otra las hojas, si la puerta es de dos. ‖ En los fusiles y otras armas ligeras, cilindro metálico que contiene los elementos de percusión, de obturación y de extracción del casquillo. ‖ En el fútbol, táctica de juego muy defensiva.

certamen. m. Concurso abierto para estimular con premios determinadas actividades o competiciones.

certero, ra. adj. Seguro, acertado.

certeza o **certidumbre.** f. Conocimiento seguro y claro de alguna cosa. || Firme adhesión de la mente a algo conocible, sin temor de errar.

certificación. f. Acción y efecto de certificar. || Certificado.

certificado, da. adj. Carta o paquete que se certifica. Ú. t. c. s. || m. Documento en que se certifica.

certificar. tr. Afirmar algo. Ú. t. c. prnl. || Obtener un certificado que acredite haber enviado algo por correo. || *Der.* Hacer cierto algo por instrumento público.

certísimo, ma. adj. superl. irreg. de cierto.

cerúleo, a. adj. Azul del cielo despejado, alta mar o grandes lagos.

cerumen. m. Cera de los oídos.

cerval. adj. Relativo al ciervo.

cervantino, na, cervantesco, ca o **cervántico, ca.** adj. Propio de Cervantes.

cervantismo. m. Influencia de las obras de Cervantes en la literatura general. || Giro o locución cervantina.

cervantista. adj. y s. Dedicado al estudio de las obras y vida de Cervantes.

cervato. m. Ciervo menor de seis meses.

cerveceo. m. Fermentación de la cerveza.

cervecería. f. Bar especializado en vender cerveza.

cervecero, ra. m. y f. Persona que hace cerveza. || Persona que tiene cervecería.

cerveza. f. Bebida hecha con granos germinados de cebada u otros cereales fermentados en agua, y aromatizada con lúpulo, boj, casia, etc.

cervical. adj. Relativo a la cerviz: *vértebra* ⌣.

cérvido, da. adj. y s. Díc. de los rumiantes cuyos machos tienen cuernos ramificados, que se

Vértebra cervical

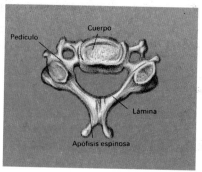

Cuerpo

Pedículo

Lámina

Apófisis espinosa

renuevan periódicamente; como el reno. || m. pl. Familia de estos mamíferos.

cerviguillo. m. Parte exterior de la cerviz, cuando es gruesa y abultada.

cervino, na. adj. Relativo al ciervo.

cerviz. ≅cogote. ≅pescuezo. f. Parte dorsal del cuello, que en el hombre y en la mayoría de los mamíferos consta de siete vértebras, de varios músculos y de la piel.

cervuno, na. adj. Relativo al ciervo.

cesación o **cesamiento.** ◁iniciación. f. Acción y efecto de cesar.

cesante. adj. y s. Persona empleada del Estado a quien se priva de su empleo. || *Chile.* Díc. de la persona que ha quedado sin trabajo.

cesantía. f. Estado de cesante.

cesar. ≅interrumpir. ≅terminar. intr. Suspenderse o acabarse algo. || Dejar de desempeñar algún empleo o cargo. || Dejar de hacer lo que se está haciendo.

césar. m. Emperador de Roma.

cesaraugustano, na. adj. y s. De Cesaraugusta, hoy Zaragoza.

cesáreo, a. adj. Relativo al imperio o a la majestad imperial. || f. Operación quirúrgica que se hace abriendo la matriz para extraer el feto.

cesariense. adj. y s. De cualquiera de las ciudades que se llamaron Cesarea.

cesarismo. ≅autocracia. ≅dictadura. m. Sistema de gobierno en el que una sola persona asume y ejerce los poderes públicos.

cesarista. m. Partidario o servidor del cesarismo.

cese. m. Acción de cesar algunas cosas. || Orden por la que un funcionario deja de desempeñar el cargo que ejercía.

cesio. m. Metal alcalino, muy parecido al potasio. Es el más electropositivo de los cuerpos simples.

cesión. f. Renuncia de algo, que una persona hace a favor de otra.

cesionario, ria. m. y f. Persona en cuyo favor se hace alguna cesión.

cesionista. com. Persona que hace cesión de bienes.

césped. ≅tepe. m. Hierba menuda y tupida que cubre el suelo. || En algunos deportes, como fútbol, rugby, etc., terreno de juego.

cesta. f. Utensilio que se hace tejiendo con mimbres, juncos, cañas, varillas de sauce u otra madera flexible, un recipiente, por lo común redondo, que sirve para recoger o llevar ropas, frutas y otros objetos. || Especie de paleta cóncava para jugar a la pelota.

cestada. f. Lo que puede caber en una cesta.

cestería. f. Sitio o paraje donde se hacen cestos o cestas. || Tienda donde se venden. || Arte del cestero.

cestero, ra. m. y f. Persona que hace o vende cestos o cestas.

cesto. m. Cesta grande y más alta que ancha, formada a veces con mimbres, tiras de caña o varas de sauce sin pulir.

cesto. m. Armadura de la mano, usada en el pugilato por los antiguos atletas.

cestodo, da. adj. y s. Díc. de los gusanos platelmintos de cuerpo semejante a una cinta, parásitos intestinales de vertebrados, como la solitaria. || m. pl. Orden de estos animales.

cesura. f. En la poesía moderna, pausa que se hace en el verso después de cada uno de los acentos métricos. || En la poesía griega y latina, pausa motivada por finalizar una palabra en medio de un pie.

cetáceo, a. adj. y s. Díc. de los mamíferos euterios adaptados a la vida acuática y de cuerpo pisciforme; como la ballena y el delfín. || m. pl. Orden de estos animales.

cetaria o **cetárea.** f. Vivero de langostas y otros crustáceos destinados al consumo.

cético, ca. adj. Ácido extraído de la cetina.

cetonia. f. Insecto coleóptero pentámero, cuya larva vive en las colmenas y se alimenta de la miel.

cetrería. f. Arte de criar, domesticar, enseñar y curar los halcones y demás aves que servían para la caza de volatería. || Caza de aves y algunos cuadrúpedos que se hacía con halcones, azores y otros pájaros que perseguían la presa hasta herirla o matarla.

cetrero. m. El que ejercía la cetrería, cazando con halcones y otros pájaros.

cetrino, na. adj. Color amarillo verdoso. || fig. Melancólico y adusto.

cetro. m. Vara de oro u otra materia preciosa, labrada con primor, que usan los emperadores y reyes como insignia de su poder. || Vara larga labrada y adornada que llevan los mayordomos y diputados de cofradías y congregaciones en los actos públicos.

ceutí. adj. y s. De Ceuta.

cía. f. Hueso de la cadera.

ciaboga. f. Vuelta que se da a una embarcación bogando avante los remos de una banda y al revés

o para atrás los de la otra. También puede hacerse manejando un solo remo.

cianato. m. Sal resultante de la combinación del ácido ciánico con una base o con un radical alcohólico.

cianofíceo, a. adj. Díc. de las plantas con clorofila, sin núcleo diferenciado y que se multiplican por división. || f. pl. Clase de estas plantas.

cianógeno. m. Gas incoloro, venenoso, compuesto de carbono y nitrógeno.

cianosis. f. *Pat.* Coloración azul, negruzca o lívida de la piel, procedente de la mezcla de la sangre arterial con la venosa.

cianótico, ca. adj. Relativo a la cianosis. || Que la padece.

cianuro. m. Sal resultante de la combinación del ácido cianhídrico con un radical simple o compuesto. Es extraordinariamente venenosa.

ciar. intr. Andar hacia atrás, retroceder. || *Mar.* Remar hacia atrás.

ciática. f. Neuralgia del nervio ciático.

ciático, ca. adj. Relativo a la cadera. || Dícese del nervio más grueso del cuerpo, terminación del plexo sacro, que se distribuye en los músculos

Algas cianofíceas

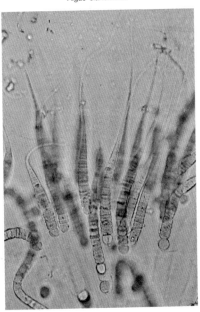

posteriores del muslo, en los de la pierna y en la piel de esta y del pie.

cibera. f. Porción de trigo que se echa en la tolva del molino para que vaya cebando la rueda. || Todo género de simiente que puede servir para mantenimiento y cebo. || Residuo de los frutos después de exprimidos.

cibernética. f. Ciencia que estudia el funcionamiento de las conexiones nerviosas en los seres vivos. || *Elec.* Ciencia que estudia comparativamente los sistemas de comunicación y regulación automática de los seres vivos con sistemas electrónicos y mecánicos semejantes a aquellos. Entre sus aplicaciones está el arte de construir y manejar aparatos y máquinas que mediante procedimientos electrónicos efectúan automáticamente cálculos complicados y otras operaciones similares.

cibernético, ca. adj. Perteneciente o relativo a la cibernética. || Dícese de la persona que cultiva la cibernética. Ú. t. c. s.

cica. f. Planta cicadácea, oroginaria de Java. Es planta ornamental.

cicadáceo, cea. adj. Díc. de las plantas gimnospermas, propias de los países tropicales, semejantes a las palmeras y helechos arborescentes. || f. pl. Familia de estas plantas.

cicádido, da. adj. y s. Díc. de los insectos hemípteros homópteros, cuyas ninfas llevan vida subterránea; como la cigarra. || m. pl. Familia de estos insectos.

cicatear. intr. fam. Hacer cicaterías.

cicatería. ≅ruindad. ≅tacañería. f. Calidad de cicatero.

cicatero, ra. adj. y s. Mezquino, ruin, miserable, que escatima lo que debe dar. || Que da importancia a pequeñas cosas o se ofende por ellas.

cicatriz. f. Señal que queda en los tejidos orgánicos después de curada una herida o llaga. || fig. Impresión que queda en el ánimo por algún sentimiento pasado.

cicatrización. f. Acción y efecto de cicatrizar o cicatrizarse.

cicatrizar. tr., intr. y prnl. Completar la curación de las llagas o heridas, hasta que queden bien cerradas.

cícero. m. *Impr.* Unidad de medida usada generalmente en tipografía para la justificación de líneas, páginas, etc. Tiene 12 puntos y equivale a poco más de cuatro milímetros y medio.

cicerón. m. fig. Hombre muy elocuente.

cicerone. m. Persona que explica y enseña las curiosidades de una localidad, edificio, etc.; guía.

ciceroniano, na. adj. Relativo a Marco Tulio Cicerón: *estilo* ⌐.

ciclamor. m. Árbol papilionáceo de flores rojo púrpura; es ornamental y recibe también el nombre de *árbol del amor.*

ciclán. adj. y s. Que tiene un solo testículo. || m. Borrego o primal cuyos testículos están en el vientre y no salen al exterior.

cíclico, ca. adj. Relativo al ciclo. || Díc. de la enseñanza o instrucción gradual de una o varias materias.

ciclismo. m. Deporte de los aficionados a la bicicleta o al velocípedo.

ciclista. com. Persona que anda o sabe andar en bicicleta. || Persona que practica el ciclismo. || adj. Díc. de quien va en bicicleta o practica el ciclismo.

ciclo. m. Período de tiempo o cierto número de años que, acabados, se vuelven a contar de nuevo. || Conjunto de una serie de fenómenos u operaciones que se repiten ordenadamente en el tiempo. Así, *el* ⌐ *de un motor de explosión, de una máquina herramienta, de la corriente eléctrica; el* ⌐ *económico,* etc. || Serie de conferencias relacionadas entre sí generalmente por el tema. || Conjunto de tradiciones, poemas épicos u otras obras sobre el mismo tema.

cicloidal. adj. Relativo a la cicloide.

cicloide. f. Curva plana descrita por un punto de la circunferencia cuando ésta rueda sobre una línea recta.

ciclomotor. m. Bicicleta dotada de pedales practicables y provista de un motor cuya cilindrada no sea superior a 50 cm³.

ciclón. m. Huracán. || Borrasca. || fig. Persona muy impetuosa.

ciclónico, ca. adj. Relativo al ciclón y, en especial, a la rotación de sus vientos.

cíclope. m. *Mit.* Seres gigantescos con un solo ojo en la frente. Se designa, originariamente, con este nombre a tres hijos de Gea y Urano.

ciclópeo, a. adj. Relativo a los cíclopes. || Aplícase a ciertas construcciones antiquísimas que se distinguen por lo enorme de las piedras que entran en su construcción, por lo común sin argamasa. || fig. Gigantesco, excesivo o muy sobresaliente.

ciclostilo o **ciclostil.** m. Multicopista.

ciclóstomo, ma. adj. y s. Díc. de peces de cuerpo largo y cilíndrico, sin mandíbulas, con esqueleto cartilaginoso, piel sin escamas y boca chupadora circular, como la lamprea. || m. pl. Orden de estos animales.

ciclotrón. m. *Fís. nucl.* Aparato acelerador de los iones de un campo eléctrico, a los cuales comunica energías considerables. Se usa para producir artificialmente elementos radiactivos.

cicuta. f. Nombre común a varias plantas umbelíferas, que contienen alcaloides venenosos usados en medicina.

cid. m. *fig.* Hombre fuerte y muy valeroso.

cidra. f. Fruto del cidro.

cidra. f. Fruto del cidro. Semejante al limón, comúnmente es mayor, y su corteza, semilla y zumo se emplean en farmacia como el limón. Su pulpa se usa en la elaboración de confituras.

cidrada. f. Conserva hecha de cidra.

cidral. m. Sitio poblado de cidros.

cidro. m. Árbol rutáceo cuyos frutos son oblongos (cidras) o esféricos (toronjas). Es parecido al limonero.

ciego, ga. adj. Privado de la vista. Ú. t. c. s. || *fig.* Poseído con vehemencia de alguna pasión: ∽ *de ira, de amor.* || *fig.* Ofuscado, alucinado. || *fig.* dic. de cualquier conducto lleno de tierra o broza, de suerte que no se puede usar.

cielo. m. Esfera aparente, azul y diáfana, que rodea a la Tierra, y en la cual parece que se mueven los astros. || Atmósfera que rodea la Tierra: ∽ *alegre.* || Clima o temple: *España goza de benigno* ∽, o ∽ *saludable.* || Lugar de gloria o bienaventuranza.

ciempiés. m. Nombre vulgar de la mayoría de los miriápodos, y en particular los de los géneros *escolopendra* y *litobio.* || *fig.* y *fam.* Obra o trabajo desatinado o incoherente.

cien. adj. apóc. de ciento. Ú. siempre antes de substantivo: ∽ *años.* || Expresa con sentido ponderativo una cantidad indeterminada equivalente a *muchos, muchas: esta casa es* ∽ *veces mejor.*

ciénaga. ≅ cenagal. ≅ lodazal. f. Lugar o paraje lleno de cieno o pantanoso.

ciencia. f. Conocimiento cierto de las cosas por sus principios y causas. || Cuerpo de doctrina metódicamente formado y ordenado, que constituye un ramo particular del humano saber. || *fig.* Saber o erudición: *tener mucha,* o *poca,* ∽.

cienmilésimo, ma. adj. y s. Díc. de cada una de las 100.000 partes iguales en que se divide un todo.

cienmilímetro. m. Centésima parte de un milímetro.

cienmilmillonésimo, ma. adj. y s. Díc. de cada una de los cien mil millones de partes iguales en que se divide un todo.

cienmillonésimo, ma. adj. y s. Díc. de cada una de los cien millones de partes iguales en que se divide un todo.

cieno. ≅ barro. ≅ légamo. m. Lodo blando que forma depósito en ríos, y sobre todo en lagunas o en sitios bajos y húmedos.

cientificismo. m. Tendencia a dar excesivo valor a las nociones científicas o pretendidamente científicas.

científico, ca. adj. Relativo a la ciencia: *quehacer* ∽. || Que posee una o más ciencias. Ú. t. c. s.

ciento. adj. Diez veces diez. || Centésimo, ordinal: *número* ∽. || m. Signo o conjunto de signos con que se representa el número ciento: *en la pared había un* ∽ *medio borrado.* || Centena: *un* ∽ *de huevos.*

cierre. ≅ cerradura. ≅ cerramiento. m. Acción y efecto de cerrar o cerrarse: *el* ∽ *de una carta, de un abanico.* || Lo que sirve para cerrar. || Clausura temporal de tiendas y otros establecimientos mercantiles, por lo regular concertada entre los dueños.

cierto, ta. adj. Conocido como verdadero. || Se usa algunas veces en sentido indeterminado: ∽ *día.* || Sabedor, seguro de la verdad de algo. || adv. afirm. Ciertamente.

cierva. f. Hembra del ciervo.

ciervo. ≅ venado. m. Mamífero rumiante de la familia de los cérvidos. El común, o venado, de Europa alcanza 1,30 m. de alt. y el macho está armado de cuernos que se ramifican con los años.

Ciervo

cierzo. ≅norte. m. Viento septentrional más o menos inclinado a levante o a poniente según la situación geográfica de la región en que sopla.

cifosis. f. Encorvadura defectuosa de la columna vertebral, de convexidad posterior.

cifra. ≅clave. f. Número dígito y signo con que se representa. || Escritura que sólo puede comprenderse sabiendo la clave. || Modo vulgar de escribir música por números. || fig. Suma, compendio.

cifrar. tr. Escribir en cifra. || fig. Compendiar, reducir muchas cosas a una. Ú. t. c. prnl. || Seguido de la preposición *en*, reducir a algo o a alguien lo que ordinariamente procede de varias causas: ∿ *la dicha en la estimación pública.*

cigala. f. Crustáceo decápodo macruro, comestible, con caparazón duro y pinzas grandes y fuertes.

cigarra. f. Insecto hemíptero homóptero, cuyos machos poseen un aparato con el cual producen un ruido estridente y monótono.

cigarral. m. *Tol.* Huerta cercada, fuera de la ciudad, con árboles frutales y casa para recreo.

cigarralero, ra. m. y f. Persona que habita en un cigarral o cuida de él.

cigarrera. f. Mujer que hace o vende cigarros. || Caja o mueblecillo en que se tienen a la vista cigarros puros. || Petaca para llevar cigarros o cigarrillos.

cigarrería. f. *Amér.* Tienda en que se venden cigarros.

cigarrillo. m. Cigarro pequeño de picadura envuelta en un papel de fumar.

cigarro. ≅tabaco. m. Rollo de hojas de tabaco, que se enciende por un extremo y se chupa o fuma por el opuesto.

cigofiláceo, a. adj. Díc. de plantas leñosas, angiospermas dicotiledóneas, con hojas compuestas y fruto en cápsula, drupa o baya, como el abrojo. Ú. t. c. s. f. || f. pl. Familia de estas plantas.

cigomático, ca. adj. Relativo a la mejilla o al pómulo: *arco* ∿.

cigoñal. m. Pértiga sujeta por un eje sobre un pie en horquilla y dispuesta de modo que, atando una vasija a un extremo y tirando del otro, puede sacarse agua de pozos someros.

cigoñino. m. Pollo de la cigüeña.

cigoto. m. Zigoto.

cigua. f. Árbol de las Antillas, con tronco maderable y bayas ovoides sostenidas por el cáliz de la flor. || *Cuba.* Caracol de mar.

cigüeña. ≅manivela. ≅manubrio. f. Ave zancuda, migradora, que anida en las torres y árboles elevados, y se alimenta de sabandijas. || Hierro de la campana, donde se asegura la cuerda para tocarla. || Codo que tienen los tornos y otros instrumentos para hacerlos girar.

cigüeñal. m. Cigoñal. || Doble codo en el eje de ciertas máquinas.

cilanco. m. Charco que deja un río a su orilla.

cilantro. m. Hierba aromática de virtud estomacal.

ciliado, da. adj. y m. Célula o microorganismo que tiene cilios. || m. pl. Clase de protozoos, que comprende animales provistos de cilios.

ciliar. adj. Perteneciente o relativo a las cejas o a los cilios.

cilicio. m. Saco, faja o vestidura áspera, para hacer penitencia.

cilindrada. f. Capacidad del cilindro o cilindros de un motor.

cilindrar. tr. Comprimir con el cilindro.

cilíndrico, ca. adj. Perteneciente al cilindro. || De forma de cilindro.

cilindro. m. Sólido limitado por una superficie curva cerrada y dos planos que forman sus bases. || Cualquier pieza de una máquina que tenga forma de cilindro. || *Impr.* Pieza de la máquina que, girando sobre el molde o sobre el papel si ella tiene los moldes, hace la impresión. || *Impr.* Pieza que por su movimiento de rotación bate y toma la tinta con que los rodillos han de bañar el molde. || Tubo en que se mueve el émbolo de una máquina.

Cigüeñas

cilio. m. *Biol.* Filamento protoplasmático de los protozoos ciliados y de algunas otras células.

cilla. f. Casa o cámara donde se recogían los granos. || Renta decimal.

cima. f. Lo más alto de los montes, cerros y collados. || La parte más alta de los árboles. || Tallo del cardo y de otras verduras. || fig. Remate o perfección de alguna obra o cosa. || fig. Culminación que alcanza una cualidad, un ser, etc.

cimarrón, na. adj. Decíase del esclavo que se refugiaba en los montes buscando la libertad. Ú. t. c. s. || *Amér.* Díc. del animal doméstico que huye al campo y se hace montaraz. || *Amér.* Díc. del animal salvaje.

cimbalaria. f. Hierba escrofulariácea, que se cría en las peñas y murallas, y tiene una mancha amarilla en las hojas.

címbalo. m. Campana pequeña. || *Arqueol.* Instrumento músico muy parecido a los platillos.

cimbel. m. Ave o figura de ella que se emplea como señuelo. || Cordel para atarla.

cimborrio o **cimborio.** m. *Arquit.* Cuerpo cilíndrico que sirve de base a la cúpula. || *Arquit.* Cúpula.

cimbra. f. Armazón que sostiene el peso de un arco o bóveda. || Vuelta o curvatura de la superficie interior de un arco o bóveda. || *Mar.* Vuelta o curvatura que se obliga a tomar a las tablas de un casco.

cimbrado. m. Paso de baile que se hace doblando rápidamente el cuerpo.

cimbrar. tr. Mover una vara larga u otra cosa flexible, asiéndola por un extremo. Ú. t. c. prnl. || fig. y fam. Dar a uno con una vara o palo, de modo que le haga doblar el cuerpo. || *Arquit.* Colocar las cimbras en una obra.

cimbreño, ña. adj. Aplícase a la vara y a la persona que se cimbran fácilmente.

cimbreo. m. Acción y efecto de cimbrar.

cimbro, bra. adj. y s. Individuo de un pueblo que habitó en Jutlandia. Ú. m. en pl. || m. Lengua de estos individuos.

cimentación. f. Acción y efecto de cimentar.

cimentar. tr. Echar o poner los cimientos. || Afinar el oro con cimiento real. || Fundar, edificar. || fig. Establecer los principios de algunas cosas espirituales, como virtudes, arte, etc.

cimera. f. Parte superior del morrión. || *Bl.* Cualquier adorno que en las armas se pone sobre la cima del yelmo.

cimerio, ria. adj. Dícese del individuo de un pueblo que habitó largo tiempo en la margen oriental del mar de Azov, e invadió Lidia el s. VII a. C. || Relativo a este pueblo.

cimero, ra. adj. Díc. de lo que remata por lo alto alguna cosa elevada.

cimiento. ≅fundamento. ≅origen. ≅principio. m. Parte del edificio, que está debajo de tierra. Ú. m. en pl. || Terreno sobre que descansa el mismo edificio. || fig. Principio y raíz de alguna cosa; como virtudes y vicios.

cimitarra. f. Especie de sable curvo usado por turcos y persas.

cimógeno, na. adj. Díc. de las bacterias que originan fermentaciones.

cinabrio. m. Mineral compuesto de azufre y mercurio. || Bermellón.

cinamomo. m. Árbol exótico y de adorno, meliáceo, cuya madera es dura y aromática. || Substancia aromática que, según unos, es la mirra, y según otros, la canela. || *Filip.* Alheña, arbusto oleáceo y su flor.

cinc. m. Metal de color blanco azulado y brillo intenso, bastante blando y de estructura laminosa. Tiene muchas aplicaciones.

cincado, da. adj. Objeto cubierto de un baño de cinc. || m. Baño de cinc.

cincel. m. Herramienta que sirve para labrar piedras y metales.

cinceladura. f. Acción y efecto de cincelar.

cincelar. tr. Labrar, grabar con cincel.

cinco. adj. Cuatro y uno. || Quinto, ordinal. || m. Signo o cifra con que se representa el número cinco. || En el juego de bolos, en algunas partes, el que ponen separado de los otros. || Naipe que representa cinco señales.

cincoenrama. f. Hierba rosácea, con tallos rastreros, y cuya raíz se usa en medicina.

cincograbado. m. Grabado en cinc.

cincografía. f. Arte de dibujar o grabar una plancha de cinc.

cincuenta. adj. Cinco veces diez. || Quincuagésimo, ordinal. || m. Signo o conjunto de signos con que se representa el número cincuenta.

cincuentavo, va. adj. y s. Díc. de cada una de las 50 partes iguales en que se divide un todo.

cincuentena. f. Conjunto de 50 unidades homogéneas.

cincuentenario, ria. adj. Conmemoración del día en que se cumplen 50 años de algún suceso.

cincuentón, na. adj. y s. Persona que tiene cincuenta años cumplidos.

cincha. f. Faja con que se asegura la silla o albarda sobre la cabalgadura. || *C. Rica.* Machete que usa la policía para dar de plano.

cinchar – cinta

cinchar. tr. Asegurar la silla con la cincha. || Asegurar con cinchos. || intr. *Arg.* y *Urug.* Procurar con empeño que una cosa se realice como uno desea. || *Arg.* y *Urug.* Trabajar esforzadamente.

cinchera. f. Parte del cuerpo de las caballerías en que se pone la cincha.

cincho. m. Faja con que se suele ceñir y abrigar el estómago. || Cinturón de vestir o de llevar la espada. || Aro de hierro con que se asegura o refuerza algo. || *Méj.* Cincha de las caballerías. || Porción de arco saliente en el intradós de una bóveda en cañón.

cine. m. apóc. de cinematógrafo, lugar donde se exhiben películas. || apóc. de cinematografía.

cine-club o **cineclub.** m. Círculo o asociación interesados en el progreso y la divulgación de la cultura cinematográfica.

cineasta. com. Persona relevante como actor, director, productor, etc. en el mundo del cine. || Crítico o estudioso del cine.

cinegética. f. Arte de la caza.

cinegético, ca. ≅venatorio. adj. Perteneciente o relativo a la cinegética.

cinema. m. Cine.

cinemática. f. Parte de la mecánica, que estudia el movimiento de los cuerpos prescindiendo de las fuerzas que lo producen.

cinematografía. f. Arte de representar imágenes en movimiento por medio del cinematógrafo.

cinematógrafo. m. Aparato óptico para proyectar películas cinematográficas. || Edificio público en que se exhiben estas películas.

cinerama. m. Procedimiento cinematográfico basado en la yuxtaposición de tres imágenes proyectadas desde tres cinematógrafos diferentes.

cineraria. f. Gén. de plantas compuestas, cuya especie principal es la cineraria común.

cinético, ca. adj. Perteneciente o relativo al movimiento.

cingalés, sa. adj. y s. De Ceilán.

cíngaro, ra. adj. y s. Gitano de raza.

cingiberáceo, a. adj. y f. Díc. de plantas angiospermas monocotiledóneas, herbáceas, con rizoma rastrero o tuberoso, como el jengibre. || f. pl. Familia de estas plantas.

cíngulo. m. Cordón para ceñirse el sacerdote el alba. || Cordón que usaban por insignia los soldados.

cínico, ca. adj. Aplícase al filósofo de la escuela de Antístenes y Diógenes. Ú. t. c. s. || Perteneciente a esta escuela. || Impúdico, procaz. || Díc. del que miente con desfachatez. Ú. t. c. s.

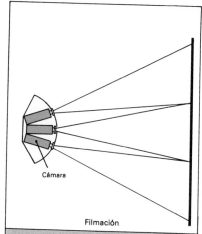

Cámara

Filmación

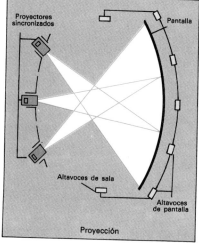

Proyectores sincronizados

Pantalla

Altavoces de sala

Altavoces de pantalla

Proyección

Cinerama

cinismo. ◁respeto. m. Doctrina de los cínicos. || Desvergüenza en defender o practicar acciones o doctrinas vituperables. || Afectación de desaseo y grosería. || Impudencia, obscenidad descarada.

cinocéfalo. m. Mamífero cuadrumano que se cría en África.

cinta. f. Tejido de tela u otro material. || La impregnada de tinta que se usa en las máquinas de escribir. || Divisa. || Banda de diferentes materiales que, movida automáticamente, traslada mercancías, equipajes, etc. || Hilera de baldosas arrimadas a las paredes. || Planta gramínea de adorno. || Película.

cintarazo. m. Golpe que se da de plano con la espada.

cintarear. tr. fam. Dar cintarazos.

cinteado, da. adj. Guarnecido o adornado con cintas.

cintilar. tr. Brillar, centellear.

cinto. m. Faja que se usa para ceñir y ajustar la cintura. || Cintura, parte del cuerpo sobre las caderas.

cintra. f. Curvatura de una bóveda o de un arco.

cintrel. m. Cuerda o regla que señala la oblicuidad de las hiladas de un arco o bóveda.

cintura. ≅cinto. ≅talle. f. Parte más estrecha del cuerpo humano, por encima de las caderas. || Cinta con que las damas solían apretar esta parte del cuerpo.

cinturón. m. Cinto que sujeta el pantalón a la cintura. || Cinto de que se lleva pendiente la espada o el sable. || Cinta, correa o cordón que se usa sobre el vestido para ajustarlo al cuerpo. || fig. Serie de cosas que rodean a otra.

cipayo. m. Soldado indio al servicio de un país europeo.

ciperáceo, a. adj. y s. Díc. de plantas angiospermas, monocotiledóneas, herbáceas, tallos por lo común triangulares y sin nudos y cariópsides por frutos; como la juncia. || f. pl. Familia de estas plantas.

cipo. m. Pilastra erigida en memoria de algún difunto. || Poste en los caminos, para indicar la dirección o distancia. || Hito, mojón.

cipote. m. Mojón de piedra. || Hombre torpe. || Hombre grueso, rechoncho. || Porra, cachiporra. || Palillo del tambor. || vulg. Pene. || *Salv., Hond.* y *Nic.* Chiquillo, pilluelo.

ciprés. m. Árbol de la familia de las cupresáceas, de 15 a 20 m. de alt. Su madera es rojiza y olorosa y pasa por incorruptible. || Madera de cualquiera de las especies de este árbol.

cipresal. m. Sitio poblado de cipreses.

circe. f. Mujer astuta y engañosa.

circense. adj. Aplícase a los juegos o espectáculos que hacían los romanos en el circo. || Díc. de lo relativo al circo, lugar de espectáculos.

circo. m. Lugar destinado entre los romanos para algunos espectáculos. || Edificio o lugar con graderías y una o varias pistas donde actúan ma-

labaristas, payasos, animales amaestrados, etc. || Este mismo espectáculo.

circón. m. Silicato de circonio, que se usa como piedra fina, con el nombre de jacinto.

circona. f. Óxido de circonio.

circonio. m. Metal muy raro que se presenta en forma de polvo coherente y negro. Peso atómico, 91,22; núm. atómico, 40; símbolo, Zr.

circuir. tr. Rodear, cercar.

circuito. m. Terreno comprendido dentro de un perímetro cualquiera. || Bojeo o contorno. || Trayecto en curva cerrada, previamente fijado para diversas carreras. || *Fís.* Conjunto de conductores que recorre una corriente eléctrica.

circulación. ≅tráfico. f. Acción de circular. || Tránsito por las vías públicas. || Movimiento de los productos, monedas y riquezas en general.

circular. adj. Perteneciente al círculo. || De figura de círculo. || f. Orden que una autoridad superior dirige a sus subalternos. || Cada una de las cartas o avisos iguales dirigidos a diversas personas.

circular. intr. Andar o moverse en derredor. || Ir y venir. || Correr o pasar alguna cosa de unas personas a otras. || Partir de un centro órdenes dirigidas en iguales términos a varias personas. Ú. t. c. tr. || *Com.* Pasar los valores de una a otra persona mediante trueque o cambio.

circulatorio, ria. adj. Perteneciente o relativo a la circulación.

Placa de un circuito impreso

círculo. m. Área o superficie plana contenida dentro de la circunferencia. || Circunferencia. || Circuito, distrito, corro. || Casino, sociedad recreativa o política; edificio en que está instalada.

circumpolar. adj. Que está alrededor del polo.

circuncidar. tr. Cortar circularmente una porción del prepucio. || fig. Cercenar.

circuncisión. f. Acción y efecto de circuncidar.

circunciso. p. p. irreg. de circuncidar el prepucio. Ú. t. c. s. || fig. Judío, moro.

circundar. tr. Cercar, rodear.

circunferencia. f. Curva plana, cerrada, cuyos puntos son equidistantes de otro, que se llama centro, situado en el mismo plano. || Cntorno de una superficie, territorio, mar, etc.

circunferir. tr. Circunscribir, limitar.

circunflejo. adj. En francés, signo gráfico (^) que denota una particularidad etimológica, fonética, etc.

circunfuso, sa. adj. Difundido o extendido en derredor.

circunlocución. ≅circunloquio. f. Figura retórica que consiste en expresar algo por medio de un rodeo de palabras.

circunloquio. m. Rodeo de palabras para expresar algo.

circunnavegación. f. Acción y efecto de circunnavegar.

circunnavegar. tr. Navegar alrededor. || Dar un buque la vuelta al mundo.

circunscribir. ≅ajustar. ≅limitar. tr. Reducir a ciertos límites o términos alguna cosa. || *Geom.* Formar una figura de modo que otra quede dentro de ella, tocando a todas las líneas o superficies que la limitan, o teniendo en ellas todos sus vértices. || prnl. Ceñirse, concretarse a una ocupación. ¶ [Su p. p. es irreg.: *circunscrito.*

circunscripción. f. Acción y efecto de circunscribir. || División administrativa, militar, etc., de un territorio.

circunscrito, ta. p. p. irreg. de circunscribir. || adj. *Geom.* Aplícase a la figura que circunscribe a otra.

circunspección. f. Prudencia ante las circunstancias, para comportarse comedidamente. || Seriedad, decoro y gravedad en acciones y palabras.

circunspecto, ta. ≅prudente. ≅reservado. adj. Que se conduce con circunspección. || Serio, grave, respetable.

circunstancia. f. Accidente de tiempo, lugar, modo, etc., que está unido a la substancia de algún hecho o dicho. || Calidad o requisito. || Conjunto de lo que está en torno a uno.

circunstancial. adj. Que implica o denota alguna circunstancia o depende de ella.

circunstanciar. tr. Determinar las circunstancias de algo.

circunstante. ≅asistente. ≅concurrente. adj. Que está alrededor. || Díc. de los que están presentes. Ú. t. c. s.

circunvalación. f. Acción de circunvalar. || *Mil.* Línea de atrincheramientos.

circunvalar. tr. Cercar, ceñir, rodear una ciudad, fortaleza, etc.

circunvolar. tr. Volar alrededor.

circunvolución. f. Vuelta o rodeo de alguna cosa.

cirenaico, ca. adj. y s. De Cirene. || Aplícase a la escuela filosófica fundada por Arístipo. Hacía consistir la felicidad en la tranquilidad de ánimo, que se conseguía mediante la autarquía.

cireneo, a. adj. y s. De Cirene.

cirílico, ca. adj. Perteneciente o relativo al alfabeto usado en ruso y otras lenguas eslavas.

cirio. m. Vela de cera de un pabilo, larga y gruesa.

cirrópodo. adj. y s. Díc. de los crustáceos marinos, hermafroditas, que viven fijos sobre objetos sumergidos; como el percebe. || m. pl. Orden de estos animales.

cirrosis. [cirrosis. f. Enfermedad de las vísceras, especialmente del hígado, consistente en la induración de los elementos conjuntivos y atrofia de los demás.

cirroso, sa. adj. Que tiene cirros.

cirrótico, ca. adj. Perteneciente o relativo a la cirrosis.

ciruela. f. Fruto del ciruelo.

ciruelo. m. Árbol frutal rosáceo, cuyo fruto es la ciruela. || fig. y fam. Hombre muy necio e incapaz. Ú. t. c. adj.

cirugía. f. Parte de la medicina, que tiene por objeto curar las enfermedades por medio de operaciones.

cirujano, na. m. y f. Persona que profesa la cirugía.

cisalpino, na. adj. Situado entre los Alpes y Roma.

cisandino, na. adj. Del lado de acá de los Andes.

ciscar. tr. fam. Ensuciar alguna cosa. || prnl. Soltarse o evacuarse el vientre.

cisco. m. Carbón vegetal menudo. || fig. y fam. Bullicio, reyerta.

cisípedo. adj. Que tiene el pie dividido en dedos.

cisma. m. División o separación entre dos individuos de un cuerpo o comunidad. Aparece como femenino en algunos textos antiguos y clásicos. || Discordia, desavenencia.

cismático, ca. adj. y s. Que se aparta de su legítima cabeza. || Díc. del que introduce cisma o discordia.

cismontano, na. adj. Situado en la parte de acá de los montes.

cisne. m. Ave palmípeda, de plumaje blanco, excepto una especie que es negra. Originaria de países fríos, sirve de adorno en los parques y jardines de Europa. || fig. Poeta o músico excelente.

Cisne. Constelación boreal, situada en la Vía Láctea, entre las de Pegaso, Zorro, Lira y Dragón.

cistáceo, a. adj. y f. Díc. de matas o arbustos angiospermos dicotiledóneos, con semillas de albumen amiláceo; como la jara. || f. pl. Familia de estas plantas.

cisterciense. adj. Díc. de la Orden Cisterciense o del Císter. Ú. m. c. m. pl. || Díc. también de sus religiosos o religiosas. Ú. t. c. s. || Relativo a esta Orden.

cisterna. f. Depósito subterráneo de agua. || Depósito de agua de un retrete o urinario. || En aposición tras un nombre de vehículo o nave, sig-

Cisnes negros

nifica que estos están construidos para transportar líquidos: *camión* ⌢.

cisticerco. m. Larva de la tenia, enquistada en los animales.

cistitis. f. Inflamación de la vejiga.

cistoscopia. f. Examen del interior de la vejiga de la orina por medio del cistoscopio.

cistoscopio. m. Endoscopio para explorar la vejiga de la orina.

cisura. f. Rotura o abertura sutil que se hace en cualquier cosa.

cita. f. Señalamiento de día, hora y lugar para encontrarse dos personas. || Texto que se alega para prueba de lo que se dice o refiere. || Mención.

citación. f. Acción de citar.

citar. ≅alegar. ≅aludir. ≅invocar. ≅mencionar. ◁silenciar. tr. Avisar a uno señalándole día, hora y lugar para tratar algún negocio. || Referir, anotar o mencionar los autores, textos o lugares que se alegan o discuten en lo que se dice o escribe. || Hacer mención de una persona o cosa. || En las corridas de toros, provocar a la fiera. || *Der.* Notificar, hacer saber a una persona el emplazamiento o llamamiento del juez.

cítara. f. Instrumento músico antiguo semejante a la lira, pero con caja de resonancia de madera.

citarista. com. Persona que toca la cítara.

citereo, a. adj. poét. Relativo a Venus.

citerior. adj. Situado de la parte de acá.

citodiagnosis. f. Diagnóstico basado en el examen de las células.

citología. f. Parte de la biología que estudia la célula.

citoplasma. m. Parte del protoplasma, que en la célula rodea al núcleo.

citrato. m. Sal formada por la combinación del ácido cítrico con una base.

cítrico, ca. adj. Perteneciente o relativo al limón. || m. pl. Agrios, frutas agrias o agridulces. || Plantas que producen agrios, como el limonero, etc.

citrícola. adj. Perteneciente o relativo al cultivo de cítricos.

citricultura. f. Cultivo de cítricos.

citrina. f. Aceite esencial del limón.

city. f. Barrio central de una c. donde se concentra la actividad bancaria y comercial, y p. ant., la de Londres.

ciudad. f. Población, comúnmente grande, que en lo antiguo gozaba de mayores preeminencias que las villas. || Conjunto de calles y edificios que componen la ciudad.

ciudad-realeño, ña. adj. y s. De Ciudad Real.

ciudadanía. f. Calidad y derecho de ciudadano. || Conjunto de los ciudadanos de un pueblo o nación.

ciudadano, na. adj. y s. De una ciudad. || El habitante de las ciudades antiguas o de estados modernos como sujeto de derechos políticos, que interviene, ejerciéndoles, en el gobierno del país y que recíprocamente, está obligado el cumplimiento de ciertos deberes.

ciudadela. f. Recinto de fortificación permanente en el interior de una plaza.

cívico, ca. adj. Civil. || Patriótico. || Perteneciente o relativo al civismo. || Doméstico.

civil. adj. Ciudadano. || Sociable, atento. || Díc. de la persona, organismo, etc., que no es militar o eclesiástico. || *Der.* Perteneciente a las relaciones e intereses privados en orden al estado. || *Der.* Díc. de las disposiciones que emanan de las potestades laicas.

civilidad. f. Sociabilidad, urbanidad.

civilista. adj. Abogado que preferentemente defiende asuntos civiles. || com. El que profesa el derecho civil o tiene de él especiales conocimientos.

civilización. f. Acción y efecto de civilizar. || Conjunto de caracteres y costumbres propias de un determinado grupo humano.

civilizar. tr. y prnl. Sacar del estado primitivo a pueblos o personas. || Educar, ilustrar.

civismo. m. Celo por las instituciones. || Celo y generosidad al servicio de los demás ciudadanos.

cizalla. f. Instrumento a modo de tijeras grandes para cortar planchas de hierro. Ú. m. en pl. || Especie de guillotina que sirve para cortar cartones. || Cortadura o fragmento de cualquier metal. || Residuo de los rieles de que se ha cortado la moneda.

cizallar. tr. Cortar con la cizalla.

cizaña. ≅rabillo. f. Planta gramínea que se cría espontáneamente en los sembrados. La harina de su semilla es venenosa. || fig. Vicio que se mezcla entre las buenas acciones o costumbres. || fig. Cualquier cosa que hace daño a otra, maleándola o echándola a perder. || fig. Disensión o enemistad. Úsase más con los verbos *meter* y *sembrar.*

cizañar o **cizañear.** tr. Sembrar o meter cizaña.

cizañero, ra. ≅chismoso. ≅insidioso. adj. y s. Que tiene el hábito de cizañar.

cladócero. adj. y s. Díc. de los crustáceos de pequeño tamaño, partenogenéticos, como la pulga de agua. || m. pl. Orden de estos animales.

clamar. ≅gemir. ≅gritar. intr. Quejarse pidiendo favor o ayuda. || fig. Se dice algunas veces de las cosas inanimadas que manifiestan tener necesidad de algo: *la tierra clama por agua.* || Emitir la palabra con vehemencia o de manera solemne.

clámide. f. Capa corta y ligera que usaron los griegos y romanos.

clamor. m. Grito. || Voz lastimosa que indica aflicción o pasión de ánimo. || Toque de campanas por los difuntos.

clamorear. tr. Rogar con voces lastimeras para conseguir una cosa. || intr. Doblar, tocar a muerto.

clamoreo. m. Clamor repetido o continuado. || fam. Ruego inoportuno y repetido.

clamoroso, sa. adj. Rumor lastimoso de mucha gente reunida. || Vocinglero.

clan. m. Nombre que en Escocia designaba tribu o familia, y que p. ext. se emplea con carácter general en sociología para aplicarlo a esos tipos de agrupación humana. || desp. Grupo restringido de personas unidas por vínculos o intereses comunes.

clandestinidad. f. Calidad de clandestino.

clandestino, na. adj. Secreto, oculto. || *Der.* Díc. del impreso que se publica sin observancia de los requisitos legales.

claque. f. Conjunto de personas encargadas de aplaudir una obra teatral a cambio de remuneración o entrada gratuita. Se pronuncia *clac.*

clara. f. Materia albuminoidea, que rodea la yema del huevo de las aves. || En la pelaría, pedazo de paño que se trasluce. || Raleza de parte del pelo. || Parte rala o despejada de un bosque.

claraboya. ≅tragaluz. f. Ventana abierta en el techo o en la parte alta de las paredes.

clarear. tr. Dar claridad. || intr. empezar a amanecer. || Irse disipando el nublado. || prnl. Transparentarse. || fig. y fam. Descubrir uno involuntariamente sus planes.

clarete. adj. y m. Dícese de una especie de vino tinto, algo claro.

claretiano, na. adj. Perteneciente o relativo a San Antonio María Claret. || m. Religioso de la Congregación de Hijos del Corazón de María. || f. Religiosa de la Congregación de Misioneras de María Inmaculada.

claridad. f. Calidad de claro. || Efecto que causa la luz iluminando un espacio. || Distinción de algo por medio de los sentidos y de la inteligencia. || Una de las cuatro dotes de los cuerpos gloriosos.

clarificación. f. Acción de clarificar.

clarificar. tr. Iluminar, alumbrar. || Aclarar alguna cosa. || Eliminar impurezas de alguna cosa.

clarín. m. Instrumento músico de viento, de sonidos muy agudos. || Registro muy agudo del órgano. || El que toca el clarín. || Tela de hilo muy delgada y clara.

clarinete. m. Instrumento músico de viento que alcanza cerca de cuatro octavas. || com. Persona que profesa el arte de tocar este instrumento.

clarión. ≅tiza. ≅yeso. m. Pasta hecha de yeso, mate y greda, que se usa para dibujar en lienzos imprimados y para escribir en los encerados.

clarisa. adj. y s. Religiosa de Santa Clara.

clarividencia. f. Facultad de comprender y discernir claramente las cosas. || Penetración, perspicacia.

clarividente. adj. y s. Que posee clarividencia.

claro, ra. ≅cristalino. ≅franco. ≅límpido. ≅sincero. ◁obscuro. adj. Bañado de luz. || Evidente, patente. || Limpio, puro, cristalino, diáfano. || Inteligible. || fig. Sincero, franco. || m. Especie de claraboya. || Espacio sin árboles en el interior de un bosque. || adv. m. Con claridad.

claroscuro. m. Conveniente distribución de la luz y de las sombras en un cuadro. || Diseño o dibujo que no tiene más que un color. || Aspecto que ofrece la escritura mediante la combinación de sus trazos.

clase. ≅categoría. ≅condición. ≅jerarquía. f. Orden o número de personas del mismo grado, calidad u oficio. || Orden en que, con arreglo a determinadas condiciones o calidades, se consideran comprendidas diferentes personas o cosas.

Clarinete

|| Cada división de estudiantes que asisten a un aula. || Aula, lugar en que se enseña. || Lección diaria del maestro. || *Bot.* y *Zool.* Grupo taxonómico que comprende varios órdenes.

clasicismo. m. Sistema literario o artístico fundado en la imitación de los modelos de la antigüedad griega y romana.

clasicista. adj. y s. Partidario del clasicismo.

clásico, ca. adj. Autor o de la obra que se tiene por modelo digno de imitación en cualquier literatura o arte. Apl. a pers., ú. t. c. s. || Principal o notable en algún concepto. || Perteneciente a la literatura o al arte de la antigüedad griega y romana, y a los que en los tiempos modernos los han imitado. Apl. a pers., ú. t. c. s. || Partidario del clasicismo. Ú. t. c. s.

clasificación. f. Acción y efecto de clasificar.

clasificador, ra. ≅casillero. adj. y s. Que clasifica. || m. Mueble para guardar separadamente y con orden los papeles.

clasificar. tr. Ordenar o disponer por clases. || prnl. Obtener determinado puesto en una competición. || Conseguir un puesto que permite continuar en una competición o torneo deportivo.

clasista. adj. Díc. de lo que es peculiar de una clase social. || Que es partidario de las diferencias de clase. Ú. t. c. s.

claudicación. f. Acción y efecto de claudicar.

claudicar. intr. Cojear. || fig. Proceder y obrar defectuosa o desarregladamente. || fig. Ceder o caer el que vivía en una conducta recta. || fig. Ceder, transigir, consentir, rendirse.

claustral. adj. Relativo al claustro. || Díc. de cada miembro del claustro de un centro docente. Ú. t. c. s. || Díc. de ciertas órdenes religiosas y de sus individuos. Apl. a pers., ú. t. c. s.

claustro. m. Galería que cerca el patio principal de una iglesia o convento. || Junta formada por el rector, consiliarios, doctores y maestros graduados en las universidades. || fig. Estado monástico. || Junta que interviene en el gobierno de ciertos centros docentes. || Conjunto de profesores de un centro docente en ciertos grados de la enseñanza. || Reunión de los miembros del claustro de un centro docente.

claustrofobia. f. Sensación morbosa de angustia, producida por la permanencia en lugares cerrados.

cláusula. f. Cada una de las disposiciones de un contrato, tratado, etc. || Conjunto de palabras que, formando sentido cabal, encierran una sola proposición o varias íntimamente relacionadas entre sí.

clausular. tr. Terminar lo que se estaba diciendo.

clausura. f. En los conventos de religiosos, recinto interior donde no pueden entrar mujeres; y en los de religiosas, aquel donde no pueden entrar hombres ni mujeres. || Vida religiosa o en clausura. || Acto solemne con que se termina un congreso, un tribunal, etc.

clausurar. tr. Cerrar, poner fin a la actividad de organismos, establecimientos, etc.

clavado, da. adj. Guarnecido o armado con clavos. || Fijo, puntual.

clavadura. f. Herida que se hace a las caballerías cuando se les introduce en las patas un clavo.

clavar. tr. Introducir un clavo u otra cosa aguda, a fuerza de golpes, en un cuerpo. || Asegurar con clavos una cosa en otra. || Entre plateros, engastar las piedras en el oro o la plata. || Causarles una clavadura a las caballerías. || fig. Fijar, parar, poner: *clavó los ojos en ella.*

clavazón. f. Conjunto de clavos puestos en alguna cosa, o preparados para ponerlos.

clave. m. Instrumento musical de cuerdas y teclado, antecesor, con la espineta y el clavicordio, del piano. Se llama también *clavicémbalo* y *clavecín.* || Explicación de los signos convenidos para escribir en cifra. || Nota o explicación que necesitan algunos libros para comprenderlos. || Noticia o idea por la cual se hace comprensible algo. || Piedra que cierra un arco o bóveda. || En música, signo al principio del pentagrama para determinar el nombre de las notas.

clavel. m. Planta cariofilácea, cultivada por la hermosura y variedad de sus flores. || Flor de esta planta.

clavelito. m. Especie de clavel, cuyas flores despiden aroma suave por la tarde y por la noche. || Flor de esta planta.

clavelón. m. Planta herbácea mejicana.

clavellina. f. Clavel. || Planta semejante al clavel común.

clavero. m. Árbol mirtáceo tropical, de flores róseas en corimbo cuyos capullos son los clavos de especia.

clavete. m. dim. de clavo. || Púa con que se tañe la bandurria.

clavetear. tr. Guarnecer o adornar con clavos.

clavicembalista. com. Persona que toca el clavicémbalo.

clavicémbalo. m. Clave.

clavicordio. m. Instrumento musical de cuerdas y teclado, antecesor, con el clave y la espineta,

del piano. En su disposición más moderna parece que es de origen alemán, y estuvo en boga en los s. XV y XV.

clavícula. f. Cada uno de los dos huesos situados transversalmente en uno y otro lado de la parte superior del pecho, y articulados por dentro con el esternón y por fuera con el acromion del omóplato.

clavicular. adj. Relativo a la clavícula.

clavija. f. Trozo cilíndrico o ligeramente cónico de madera, metal, etc., que sirve para asegurar el ensamblaje de dos maderos, para eje de giro en las partes movibles de una máquina o aparato, etc.

clavijero. m. Pieza donde van hincadas las clavijas de los instrumentos músicos. || Percha.

clavillo, to. m. Pasador. || Clavo, especia.

clavo. m. Pieza metálica, larga y delgada, con cabeza y punta, que sirve para fijarla en alguna parte, o para asegurar una cosa a otra. || Callo duro que se cría regularmente sobre los dedos de los pies. || Daño o perjuicio que uno recibe. || fig. Dolor agudo. || fig. y fam. Persona o cosa molesta, engorrosa. || Capullo seco de la flor del clavero. Es medicinal y se usa como especia.

claxon. m. Bocina de los automóviles.

clemátide. f. Planta medicinal ranunculácea.

clemencia. ≅indulgencia. ≅misericordia. ◁crueldad. f. Virtud que modera el rigor de la justicia.

clemente. adj. Que tiene clemencia.

clementina. f. Cada una de las constituciones de la colección del derecho canónico publicada por el papa Juan XXII. || pl. Esta colección.

clepsidra. f. Reloj de agua.

cleptomanía. f. Propensión morbosa al hurto.

cleptómano, na. adj. y s. Díc. de la persona que padece cleptomanía.

clerecía. f. Conjunto de personas eclesiásticas que componen el clero. || Número de clérigos que concurren a una función de iglesia. || Oficio u ocupación de clérigos.

Clavícula

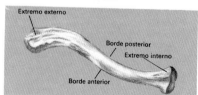

Extremo externo

Borde posterior

Extremo interno

Borde anterior

clerical. adj. Relativo al clérigo. || Marcadamente afecto y sumiso al clero.

clericalismo. m. Influencia excesiva del clero en los asuntos públicos. || Marcada sumisión al clero y a sus directrices.

clérigo. m. El que ha recibido las órdenes sagradas. || En la Edad Media, hombre de estudios.

clero. m. Conjunto de los clérigos. || Clase sacerdotal en la Iglesia católica.

clerofobia. f. Odio manifiesto al clero.

clerófobo, ba. adj. y s. Díc. de la persona que manifiesta clerofobia.

clica. m. Molusco lamelibranquio marino, comestible, abundante en las costas españolas.

cliché. m. Clisé de imprenta. || Imagen fotográfica negativa. || fig. Idea o expresión demasiado repetida o formularia.

clienta. f. Mujer que compra en una tienda o utiliza los servicios de un profesional o de un establecimiento.

cliente. ≅parroquiano. com. Persona que está bajo la tutela o protección de otra. || Respecto del que ejerce alguna profesión, persona que utiliza sus servicios. || Persona que compra en un establecimiento o suele comprar en él.

clientela. f. Protección de los poderosos. || Conjunto de clientes.

clima. m. Conjunto de condiciones atmosféricas de una zona geográfica. || Ambiente, circunstancias de un lugar o situación: ∽ *intelectual.*

climatérico, ca. adj. Relativo al climaterio y, p. ext., a cualquier período crítico. || fig. y fam. Peligroso.

climaterio. m. Conjunto de fenómenos que acompañan al decrecimiento de la función genital.

climático, ca. adj. Relativo al clima.

climatizador, ra. adj. Que climatiza. || m. Aparato para climatizar.

climatizar. tr. Realizar las operaciones necesarias para obtener un clima ideal en el interior de un local.

climatología. f. Tratado del clima.

climatológico, ca. adj. Relativo a la climatología. || Relativo a las condiciones propias de cada clima.

clímax. m. Gradación retórica ascendente, y su término más alto. || Punto más alto de un proceso. || Momento culminante de un poema o de una acción dramática.

clínica. f. Enseñanza práctica de la medicina. || Departamento de los hospitales destinados a dar esta enseñanza. || Hospital privado, comúnmente quirúrgico.

clínico, ca. adj. y s. Relativo a la clínica. || m. y f. Persona consagrada al ejercicio práctico de la medicina.

clinómetro. m. Instrumento para medir la diferencia de calado existente entre la popa y la proa de un buque.

clipe o **clip.** m. Barrita de metal o plástico, doblada sobre sí misma, que sirve para sujetar papeles. || Especie de horquilla del pelo. || Alhaja o adorno femenino.

clíper. m. Buque de vela, fino y ligero.

clisado. m. Acción y efecto de clisar. || Arte de clisar.

clisar. tr. Reproducir en planchas de metal la composición de imprenta, o grabados en relieve.

clisé. m. En imprenta, plancha clisada, especialmente la que representa algún grabado. || Cliché fotográfico. || Cliché, idea o expresión.

clitómetro. m. Instrumento para medir las pendientes del terreno.

clitoris. m. Órgano carnoso eréctil situado en el ángulo anterior de la vulva.

cloaca. f. Conducto para las aguas sucias de las poblaciones. || Porción final del intestino de las aves.

clon. m. Payaso.

clon. m. Estirpe celular o serie de individuos pluricelulares nacidos de ésta, absolutamente homogéneos desde el punto de vista de su estructura genética; equivale a estirpe o raza pura.

cloquear. intr. Cacarear la gallina clueca.

cloral. m. Líquido producido por la acción del cloro sobre el alcohol.

clorhidrato. ≅cloruro. m. Sal de ácido clorhídrico.

clorhídrico, ca. adj. Relativo a las combinaciones del cloro y del hidrógeno.

cloro. m. Metaloide gaseoso de color verde amarillento, olor fuerte y sabor cáustico.

clorofíceo, a. adj. Díc. de las algas verdes con clorofila no asociada a otros pigmentos. || f. pl. Clase de estas algas.

clorofila. f. Pigmento verde de los vegetales y de algunas algas que transforma la energía luminosa en energía química en virtud de la cual se produce la fotosíntesis.

cloroformizar. tr. Aplicar el cloroformo para anestesiar.

cloroformo. m. Líquido incoloro, de olor agradable, parecido al de la camuesa, que se obtiene al tratar el etanol o la acetona con cloro y un álcali; se usa como anestésico.

cloroplasto. m. Cada uno de los corpúsculos

de las células verdes de los vegetales que contienen clorofila.

clorosis. f. Enfermedad de las adolescentes, caracterizada por anemia con palidez intensa, transtornos menstruales, opilación y otros síntomas nerviosos y digestivos.

clorótico, ca. adj. Relativo a la clorosis. || Díc. de la adolescente que la padece. Ú. t. c. s.

cloruro. ≅clorhidrato. m. Combinación del cloro con un metal o un radical orgánico.

club. m. Sociedad donde se debaten asuntos públicos: ⌒ revolucionario. || Lugar de reunión para diversas actividades, por lo común, recreativas. || Sociedad creada para la consecución de fines deportivos, culturales, políticos, etc.: ⌒ literario.

clubista. com. Socio de un club.

clueco, ca. adj. Ave que quiere empollar. Ú. t. c. s. || fig. y fam. Díc. de la persona muy débil e impedida por la vejez.

cluniacense. adj. y s. Relativo al monasterio o congregación benedictinos de Cluny.

cneoráceo, a. adj. y f. Díc. de las plantas angiospermas dicotiledóneas, como el olivillo. || f. pl. Familia de estas plantas.

coacción. f. Violencia a una persona para que diga o haga algo contra su voluntad.

coaccionar. tr. Ejercer coacción.

coacreedor, ra. m. y f. Acreedor con otro.

coactivo, va. adj. Que apremia u obliga.

coadjutor, ra. m. y f. Persona que ayuda o acompaña a otra en ciertas cosas: ⌒ de una parroquia.

coadjutoría. f. Empleo o cargo de coadjutor.

coadquisición. f. Adquisición en común.

coadyutorio, ria. adj. Que ayuda.

coadyuvar. tr. Contribuir o ayudar a la consecución de alguna cosa.

coagente. m. El que coopera a algún fin.

coagular. tr. y prnl. Cuajar, solidificar un líquido: ⌒ la leche, la sangre.

coágulo. m. Coagulación de la sangre. || Grumo extraído de un líquido coagulado. || Masa coagulada.

coala. m. Mamífero marsupial australiano, semejante a un oso pequeño de unos 60 cm de longitud. Se le conoce también con el nombre de oso marsupial.

coalescencia. f. Propiedad de las cosas de unirse o fundirse.

coalescente. adj. Que une o funde. || Díc. de las cosas que se unen o funden.

coalición. f. Confederación, liga, unión.

coaligarse. prnl. barb. por coligarse.

coana. f. Cada uno de los orificios por los que se comunica el conducto nasal con la porción superior de la faringe.

coartación. f. Acción y efecto de coartar.

coartada. f. Argumento de inculpabilidad de un reo por hallarse en el momento del crimen en otro lugar.

coartar. tr. Limitar, obligar: ⌒ la voluntad, la jurisdicción.

coautor, ra. ≅colaborador. m. y f. Autor o autora con otro u otros.

coaxial. adj. Díc. de los cables, conducciones, etc., dispuestos longitudinalmente en torno a un eje común.

coba. f. fam. Embuste gracioso. || Adulación.

cobáltico, ca. adj. Relativo al cobalto.

cobalto. m. Metal blanco rojizo, duro y tan difícil de fundir como el hierro que, mezclado con el oxígeno, forma la base azul de muchas pinturas y esmaltes.

cobarde. ≅medroso. ≅pusilánime. adj. Pusilánime. Ú. t. c. s. || Hecho con cobardía.

cobardear. tr. Tener o mostrar cobardía.

cobardía. ≅pusilanimidad. ≅temor. ◁valentía. f. Falta de ánimo y valor.

cobardón, na. adj. Algo cobarde.

cobaya. com. Mamífero roedor, parecido al conejo, pero más pequeño, y con orejas y patas cortas. Se llama también conejillo de Indias.

cobayo. m. Cobaya.

cobertera. f. Tapadera de las ollas. || fig. Alcahueta.

cobertizo. m. Tejado saledizo para guarecerse

Pieza de cobalto, procedente de Bou-Azzer (Marruecos)

de la lluvia. || Sitio cubierto rústicamente para resguardarse de la intemperie.

cobertor. m. Colcha. || Manta.

cobertura. f. Cubierta. || Ceremonia por la que los grandes de España tomaban posesión poniéndose el sombrero delante del rey. || Acción de guardarse de una responsabilidad. || Garantía en metálico u otros valores para emisión de billetes de banco o para otras operaciones.

cobija. f. Teja que abraza dos canales de tejado. || Mantilla corta. || Planta pequeña que cubre el arranque de las penas del ave. || Cubierta. || *Amér.* Manta. || *Amér.* Ropa de cama.

cobijar. tr. y prnl. Cubrir, tapar. || fig. Albergar.

cobijo. m. Acción y efecto de cobijar. || Hospedaje sin comida.

cobra. f. Serpiente venenosa de los países tropicales, que llega a tener más de dos metros de largo.

cobradero, ra. adj. Que puede cobrarse.

cobrador. m. El que tiene por oficio cobrar, percibir una cantidad.

cobranza. ≅recaudación. f. Acción y efecto de cobrar.

cobrar. tr. Percibir una cantidad adeudada. || Recuperar. || Tomar o sentir ciertos movimientos de ánimo: ⁓ *afecto, afición.* || Tirar de cuerdas o sogas. || Adquirir: ⁓ *buena fama.* || Recibir las piezas de caza heridas o muertas. || intr. fam. Recibir un castigo corporal. || prnl. Recuperarse. || Indemnizarse; compensarse de un favor hecho o de un daño recibido. Ú. t. c. tr.

cobre. m. Metal de color rojo pardo, brillante, maleable y dúctil. || Batería de cocina, cuando es de cobre. Ú. m. en pl.

cobrizo, za. adj. Mineral que contiene cobre. || De color de cobre.

cobro. m. Cobranza.

coca. f. Arbusto originario de Perú, de cuyas hojas se extrae la cocaína. || Hoja de este arbusto. || En el lenguaje de la droga, cocaína.

cocaína. f. Alcaloide de la coca que se usa como anestésico y también como droga y estupefaciente.

cocainomanía. f. Hábito de intoxicarse con cocaína.

cocainómano, na. adj. Relativo a la cocainomanía. || Que la padece. Ú. t. c. s.

coccidio. adj. y m. Díc. de los protozoos esporozoos que viven parásitos dentro de las células de muchos animales. || m. pl. Orden de estos animales.

cóccido. adj. y m. Díc. de cada uno de los insectos hemípteros, notables por su dimorfismo sexual. || m. pl. Familia de estos animales.

coccígeo, a. adj. Relativo al cóccix.

coccinela. f. Mariquita.

coccinélido, da. adj. y s. Díc. de los insectos coleópteros trímeros como la mariquita, útiles a la agricultura. || m. pl. Familia de estos animales.

cocción. f. Acción y efecto de cocer.

cóccix. m. Hueso que constituye el extremo caudal de la columna vertebral.

coceador, ra. adj. Díc. del animal que tira muchas coces.

coceadura. f. Acción y efecto de cocear.

cocear. intr. Tirar coces. || fig. y fam. Resistir, no querer convenir en alguna cosa.

cocedero, ra. adj. Fácil de cocer. || m. Pieza o lugar en que se cuece una cosa.

cocer. tr. Preparar alimentos por medio del fuego. || Someter a la acción del calor en el horno pan, cerámica, piedra caliza, etc. || Someter alguna cosa a la acción del fuego en un líquido para que comunique a éste ciertas propiedades. || intr. Hervir un líquido.

cocido, da. p. p. de cocer. || m. Guiso de carne, tocino, hortalizas y garbanzos, muy común en España. || Acción y efecto de cocer.

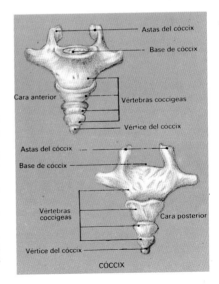

Astas del cóccix
Base de cóccix
Cara anterior
Vértebras coccígeas
Vértice del cóccix
Astas del cóccix
Base de cóccix
Vértebras coccígeas
Cara posterior
Vértice del cóccix

CÓCCIX

cociente. m. Resultado que se obtiene dividiendo una cantidad por otra.

cocimiento. m. Acción y efecto de cocer. || Líquido cocido con substancias medicinales.

cocina. f. Lugar en que se guisa. || Aparato para cocinar: ∽ *de gas, eléctrica.* || fig. Arte de guisar: *buena* ∽; ∽ *española.*

cocinar. tr. e intr. Guisar. || fam. Meterse uno en cosas que no le incumben.

cocinero, ra. m. y f. Persona que tiene por oficio guisar.

cocinilla. m. fam. El que se entremete en cosas domésticas.

coclearia. f. Hierba medicinal crucífera.

coco. m. Palma de las zonas tropicales, de 20 a 25 m. de altura, que produce fruto dos o tres veces al año. || Fruto de este árbol. || fig. y fam. Cabeza humana.

coco. m. Gorgojo, insecto coleóptero. || Bacteria esférica.

coco. m. Fantasma que se figura para meter miedo a los niños. || fam. Gesto, mueca.

cococha. f. Protuberancia carnosa de la cabeza de la merluza y del bacalao.

cocodrilo. m. Reptil emidosaurio, de cuatro a cinco metros de largo, cubierto de escamas durísimas en forma de escudo, que vive en las regiones intertropicales y es temible por su voracidad.

cocorota. f. fam. Cabeza humana. || Parte más elevada de algo.

cocotal. m. Sitio de cocoteros.

cocotero. m. Coco, árbol.

cóctel. m. Bebida compuesta de una mezcla de licores a los que se añaden otros ingredientes. || Reunión donde se beben cócteles.

coctelera. f. Recipiente donde se mezclan los ingredientes del cóctel.

cocuyo. m. Insecto coleóptero de la América tropical, que despide de noche una luz azulada. || *Cuba.* Árbol silvestre cuya dura madera se emplea en construcciones.

cochambre. amb. fam. Suciedad.

cochambroso, sa. adj. y s. fam. Lleno de cochambre.

coche. m. Vehículo, por lo común, de cuatro ruedas.

cochera. f. Lugar donde se encierran los coches.

cochero. m. El que tiene por oficio gobernar los caballos o mulas de un coche.

cochifrito. m. Guisado de cabrito o cordero.

cochinada. f. fig. y fam. Cochinería.

cochinería. f. fig. y fam. Porquería, suciedad. || fig. y fam. Acción indecorosa, grosera.

cochinilla. f. Crustáceo isópodo terrestre propio de parajes húmedos.

cochinilla. f. Insecto hemíptero, oriundo de Méjico, que vive sobre el nopal y, reducido a polvo, suministra color de grana a sedas, lana y otras cosas. || Materia colorante obtenida de la cochinilla.

cochinillo. ≅lechal. m. Cerdo de leche.

cochino, na. m. y f. Cerdo. || Cerdo cebado para la matanza. || fig. y fam. Persona muy sucia. Ú. t. c. adj. || fig. y fam. Persona cicatera.

cochitril. m. fam. Pocilga. || fig. y fam. Habitación estrecha y desaseada.

cocho, cha. m. y f. Cochino, cerdo.

cochura. f. Cocción en horno. || Conjunto de porciones amasadas que se cuecen de una vez.

coda. f. Adición al período final de una composición musical.

coda. f. Prisma de madera que se encola en el ángulo entrante formado por dos tablas.

codadura. f. Mugrón de la vid.

codal. adj. Que consta de un codo. || Que tiene medida o figura de codo. || m. Pieza de la armadura antigua, que cubría y defendía el codo.

codaste. m. Madero grueso ensamblado en la quilla que sirve de fundamento a la armazón de popa.

codazo. m. Golpe dado con el codo.

codear. ≅alternar. intr. Mover los codos o dar golpes con ellos. || *Amér. m.* Pedir con insistencia. || prnl. fig. Tratarse de igual a igual una persona con otra.

codeína. f. Alcaloide que se extrae del opio y que se usa como calmante, sobre todo, de la tos.

codelicuente. adj. y s. Díc. de la persona que delinque con otra u otras.

codeo. m. Acción y efecto de codear.

codera. f. Sarna que sale en el codo. || Remiendo o adorno que se pone en los codos de algunas prendas. || Cabo grueso con que se amarra el buque por la popa.

codeso. m. Mata papilionácea, ramosa, con flores compuestas.

códice. m. Manuscrito antiguo de importancia artística, literaria o histórica. En sentido estricto, estos libros cuando son anteriores a la invención de la imprenta.

codicia. ≅ambición. ≅avaricia. ≅avidez. f. Apetito desordenado de riquezas. || fig. Deseo vehemente. || Acometividad del toro.

codiciar. tr. Desear con ansia.

Códice persa. Biblioteca Nacional. Madrid

codicilo. m. Documento o cláusula adicional que revoca, modifica o aclara lo dispuesto en un testamento.

codicioso, sa. adj. Que tiene codicia. Ú. t. c. s. || fig. y fam. Laborioso, hacendoso.

codificar. tr. Reunir en un cuerpo único textos legales o reglamentarios que regulan una misma materia. || Transformar una información en una serie de signos gráficos o eléctricos según las reglas de un código.

código. m. Recopilación de leyes o estatutos que tratan sobre materias que constituyen una rama de la actividad social: ∿ *civil, penal,* etc. || Conjunto de leyes sobre una materia determinada: ∿ *de circulación, de derecho canónico.* || fig. Conjunto de reglas: ∿ *de ética profesional.* || Sistema de signos y reglas que permite formular y comprender un mensaje.

codillo. m. En los animales, coyuntura del brazo próxima al pecho. || Parte comprendida desde esta coyuntura hasta la rodilla. || Entre cazadores, parte de la res debajo del brazuelo izquierdo. || Codo, tubo doblado en ángulo.

codo. m. Parte exterior de la articulación del brazo con el antebrazo. || Coyuntura de los cuadrúpedos. || Trozo de tubo, doblado en ángulo o en arco, usado en cañerías.

codorniz. f. Ave gallinácea de unos dos decímetros de largo, muy común en España.

coeducación. f. Educación conjunta de jóvenes de ambos sexos.

coeficiencia. f. Acción de dos o más causas para producir un efecto.

coeficiente. adj. Que juntamente con otra cosa produce un efecto. || m. Número o, en general, factor que, escrito inmediatamente antes de un monomio, hace oficio de multiplicador. || Valor numérico o factor que caracteriza una propiedad específica: ∿ *de dilatación.* || Valor relativo de cada prueba de un examen.

coercer. tr. Contener, refrenar, sujetar.

coercitivo, va. ≅coactivo. ≅represivo. ≅restrictivo. adj. Dic. de lo que coerce.

coetáneo, a. adj. y s. De la misma edad. || Contemporáneo.

coexistencia. f. Existencia simultánea.

coexistir. intr. Existir una persona o cosa a la vez que otra.

coextenderse. prnl. Extenderse a la vez que otro.

cofa. f. Meseta en lo alto de los palos de un barco a modo de puesto de observación. En el de vela servía además para sujetar la obencadura y facilitar la maniobra de las velas altas.

cofia. f. Gorra que usaban las mujeres para abrigar y adornar la cabeza. || Gorra femenina que forma parte del uniforme de algunas profesiones. || Pilorriza, cubierta que protege el extremo de la raíz.

cofín. m. Cesto o canasto: ∿ *de higos.*

cofrade. m. Persona que pertenece a una cofradía.

cofradía. f. Congregación o hermandad de devotos. || Gremio o asociación.

cofre. m. Caja para guardar objetos de valor. || Pez teleósteo con el cuerpo cubierto de escudetes óseos.

cogedor, ra. adj. y s. Que coge. || m. Cajón con mango por detrás para recoger la basura. || Utensilio en forma de cucharón para coger el carbón y la ceniza.

coger. ◁soltar. tr. Agarrar, asir, tomar. || Aceptar alguien alguna cosa que se le da. || Recolectar. || Atrapar, apresar. || Descubrir, sorprender. || Alcanzar, atropellar. || Contraer una enfermedad. || Enganchar el toro. || Ocupar cierto espacio: *La alfombra coge toda la sala.* || Subirse a un vehículo. || Hallarse, estar situado: *La casa me coge de camino.*

cogida. f. fam. Cosecha de frutos. || Acción de coger el toro.

cogitabundo, da. adj. Muy pensativo.

cognación. f. Parentesco de consanguinidad por línea femenina.

cognitivo, va. adj. Relativo al conocimiento.

cognomen. m. Apellido, nombre de familia.

cognoscitivo, va. adj. Díc. de lo que es capaz de conocer: *potencia* ⌐.

cogollo. m. Parte interior de algunas hortalizas. || Brote que arrojan los árboles y otras plantas. || Parte alta de la copa del pino. || fig. Lo escogido, lo mejor.

cogotazo. m. Golpe dado en el cogote.

cogote. ≅cerviz. ≅nuca. m. Parte superior y posterior del cuello.

cogotera. f. Trozo de tela que, sujeto a una gorra, sirve para resguardar la nuca.

cogotudo, da. adj. Díc. de la persona de cogote grueso. || fig. y fam. Altivo y orgulloso. || m. y f. *Amér.* Plebeyo enriquecido.

cogujada. f. Pájaro parecido a la alondra, de la que se distingue por tener en la cabeza un largo moño puntiagudo.

cohabitar. tr. Habitar con otro u otros. || Hacer vida marital el hombre y la mujer.

cohechar. tr. Sobornar a un funcionario público. || Alzar el barbecho.

cohecho. m. Acción y efecto de cohechar.

coheredar. tr. Heredar con otro u otros.

coheredero, ra. m. y f. Heredero con otro u otros.

coherencia. ≅enlace. ≅relación. f. Conexión de unas cosas con otras. || *Fís.* Cohesión, adherencia entre moléculas.

coherente. adj. Que tiene coherencia.

cohesión. ≅adhesión. ◁inconsistencia. f. Acción y efecto de adherirse las cosas entre sí. || fig. Unión. || *Fís.* Adherencia entre las moléculas de un cuerpo.

cohesivo, va. adj. Que produce cohesión.

cohete. m. Artificio de pólvora que se eleva en el aire, donde estalla con fuerte estampido o produciendo formas coloreadas diversas. || Artificio que se mueve en el espacio por propulsión a chorro: ⌐ *espacial.*

cohetería. f. Lugar donde se hacen cohetes. || Tienda donde se venden. || Disparo de cohetes. || Conjunto de cohetes que se disparan juntos. || Arte de emplear cohetes.

cohetero. m. El que hace cohetes.

cohibición. f. Acción y efecto de cohibir.

cohibir. tr. y prnl. Refrenar, reprimir, contener.

cohobar. tr. Destilar repetidas veces.

cohombro. m. Planta hortense, variedad de pepino. || Fruto de esta planta.

cohorte. f. Unidad del ejército romano que tuvo diversas composiciones. || fig. Conjunto, serie: ⌐ *de males.*

coincidencia. f. Acción y efecto de coincidir.

coincidir. intr. Convenir o ajustarse una cosa con otra. || Ocurrir dos cosas al mismo tiempo. || Concurrir simultáneamente dos personas en el mismo lugar. || Estar de acuerdo dos o más personas en una idea, opinión o parecer.

coitar. intr. Realizar el coito.

coito. m. Cópula sexual.

cojear. ≅renquear. intr. Andar desigualmente por no poder asentar con regularidad ambos pies. || Moverse un mueble por no descansar bien sus patas en el suelo. || fig. y fam. Faltar a la rectitud. || fig. y fam. Adolecer de algún vicio.

cojera. f. Accidente o enfermedad que impide andar con regularidad.

cojín. m. Almohadón.

cojinete. ≅palomilla. m. Pieza de hierro con que se sujetan los carriles a las traviesas del ferrocarril. || Pieza en que se apoya un eje.

cojitranco, ca. adj. y s. Cojo travieso e inquieto.

cojo, ja. adj. Que cojea o que le falta un pie o una pierna. U. t. c. s. || Díc. de ese mismo pie o pierna. || Díc. de los muebles que cojean. || Díc. de cosas inmateriales mal fundadas: *razonamiento* ⌐.

cojudo, da. adj. Animal no castrado.

col. f. Planta hortense crucífera de la que se cultivan muchas variedades, todas comestibles.

cola. ≅fin. ≅final. ≅rabo. f. Extremidad posterior de la columna vertebral de algunos animales. || Extremo posterior de cualquier cosa. || Apéndice luminoso que suelen tener los cometas. || Hilera de personas que aguardan vez.

cola. f. Pasta que sirve para pegar.

colaboración. f. Acción y efecto de colaborar. || Parte de una obra realizada por un colaborardor.

colaboracionista. com. desp. El que presta su colaboración a un régimen político impuesto por los enemigos de un país.

colaborador, ra. m. y f. El que colabora. || Persona que escribe habitualmente en un periódico, sin pertenecer a la plantilla de redactores.

colaborar. intr. Trabajar con otra u otras personas, especialmente en cosas del espíritu.

De rodamiento a bolas

De aceite

Férreo

Cojinetes

colación. f. Acto de conferir un beneficio ecle-
siástico, un grado universitario, etc. || Cotejo. ||
Alimento ligero en días de ayuno. || Mezcla de
dulces y fiambres.

colada. f. Acción y efecto de colar, especial-
mente la ropa. || Lavado periódico de la ropa sucia
de una casa. || Lejía en que se cuela. || Ropa
colada. || Sangría que se hace en los altos hornos
para que salga el hierro fundido.

colada. f. fig. Buena espada.

coladera. f. Cedacillo para licores. || *Méj.* Su-
midero.

coladero. m. Cedazo en que se cuela un lí-
quido. || Camino estrecho. || fig. Tribunal de exa-
men benevolente.

colador. m. Coladero en que se cuela un líquido.

coladura. f. Acción y efecto de colar líquidos.
|| fig. y fam. Equivocación, error.

colage. m. Técnica pictórica que consiste en
encolar sobre lienzo o tabla materiales diversos. ||
Obra pictórica ejecutada mediante este procedimiento.

colágeno. m. Substancia albuminoidea que se
transforma en gelatina por efecto de la cocción.

colapsar. tr. Producir colapso. || intr. Sufrirlo.
Ú. t. c. prnl. || Decrecer intensamente una acti-
vidad.

colapso. m. Estado de postración extrema, con
insuficiencia circulatoria. || Paralización del tráfico
o de otras actividades.

colar. tr. Pasar un líquido por cedazo o colador.
|| Blanquear la ropa después de lavada. || intr.
Pasar por un lugar estrecho. || fam. Beber vino.
|| fam. Pasar una cosa con engaño o artificio. ||
prnl. fam. Introducirse a escondidas. || fig. y fam.
Decir inconveniencias o cometer equivocaciones.
|| fig. y fam. Estar muy enamorado. Ú. m. en p.
p.

colateral. adj. Díc. de lo que está a los lados:
nave ⌒. || Díc. del pariente que no lo es por
línea recta.

colcha. f. Cobertura de cama.
colchón. m. Saco relleno de lana, pluma, cerda, etc., que sirve para dormir sobre él.
colchonería. f. Tienda en que se hacen o venden colchones, almohadas, acericos, cojines y otros objetos semejantes.
colchonero, ra. m. y f. Persona que hace o vende colchones.
colchoneta. f. Cojín pequeño que se pone sobre un sofá, banco o mueble semejante.
cole. m. fam. apóc. de colegio.
colear. ≅rabear. intr. Mover con frecuencia la cola. || tr. En las corridas de toros, sujetar la res por la cola. || *Méj.* Derribar un jinete por la cola al toro que huye. || *Venez.* Tirar de la cola de una res para derribarla.
colección. f. Conjunto de cosas de una misma clase: ∽ *de escritos, de mapas.*
coleccionar. tr. Formar colección.
coleccionismo. m. Afición a coleccionar objetos y técnica para ordenarlos.
coleccionista. com. Persona que colecciona.
colecistitis. f. Inflamación de la vesícula biliar.
colecta. f. Recaudación de donativos hechos con un mismo fin.
colectividad. ≅sociedad. f. Conjunto de individuos que forman un grupo. || Posesión en común: *la* ∽ *de los medios de producción.*
colectivismo. m. Sistema que propugna la transferencia de los medios de producción al conjunto social.
colectivista. adj. Relativo al colectivismo. || Díc. de la persona partidaria de él. Ú. t. c. s.
colectivizar. tr. Convertir lo individual en colectivo. || Aplicar métodos colectivistas.
colectivo, va. adj. Relativo a cualquier agrupación de individuos. || Que tiene espíritu de conjunto. || m. En algunos países de América, ómnibus urbano pequeño.
colector, ra. adj. Que recoge. || m. Recaudador. || Canal que recoge las aguas sobrantes del riego. || Conducto en el que vierten las alcantarillas sus aguas.
colédoco. adj. y m. Conducto bilioso que desemboca en el duodeno.
colega. com. Compañero en un colegio o corporación.
colegatario. m. Aquel a quien se le ha legado una cosa juntamente con otro.
colegiación. f. Acción y efecto de colegiarse.
colegiado, da. adj. Díc. del individuo que pertenece a una corporación que forma colegio. || m. y f. *Dep.* Árbitro de un juego o deporte.
colegial. ≅alumno. ≅educando. ≅escolar. adj. Relativo al colegio. || m. El que asiste a cualquier colegio. || fig. y fam. Mancebo inexperto y tímido. || *Chile.* Pájaro de unos 13 cm. de largo que vive a orillas de los ríos.
colegiala. f. Alumna que tiene plaza en un colegio o asiste a él.
colegiar. tr. y prnl. Inscribir a alguien en un colegio profesional. || prnl. Reunirse en colegio los individuos de una misma profesión.
colegiata. f. Iglesia que se compone de abad y canónigos seculares, y en ella se celebran los oficios divinos como en las catedrales.
colegiatura. f. Beca o plaza de colegial o de colegiala.
colegio. m. Establecimiento de enseñanza para niños y jóvenes. || Corporación de hombres de la misma dignidad o profesión: ∽ *de abogados.*
colegir. tr. Juntar. || Inferir, deducir.
colegislador, ra. adj. Cuerpo que concurre con otro para la formación de las leyes.
colemia. f. Presencia de bilis en la sangre.
coleóptero. adj. y s. Díc. de insectos que tienen caparazón consistente y dos élitros córneos que cubren dos alas membranosas, como el escarabajo. || m. pl. Orden de estos insectos.
cólera. ≅furor. ≅rabia. ≅saña. ◁calma. f. Bilis. || fig. Ira, enojo. || m. Enfermedad aguda caracterizada por vómitos repetidos y abundantes deposiciones.
colérico, ca. ≅enojadizo. ≅iracundo. adj. Relativo a la cólera: *humor* ∽. || Relativo al cólera, enfermedad: *síntoma* ∽. || Atacado de cólera, enfermedad. Ú. t. c. s. || Que fácilmente se deja llevar de la cólera, ira.
colerina. f. Enfermedad parecida al cólera pero menos grave.
colesterol. m. Substancia grasa que existe normalmente en la sangre, en la bilis y en otros humores.
coleta. f. Cabello envuelto desde el cogote en una cinta en forma de cola. || fig. y fam. Adición breve a lo escrito o hablado.
coletazo. m. Golpe dado con la cola. || Última manifestación de una actividad próxima a extinguirse.
coletilla. f. Coleta.
coleto. m. Vestidura hecha de piel que cubre el cuerpo ciñéndolo hasta la cintura. || fig. Descaro, desvergüenza. || fig. y fam. Cuerpo del hombre. || fig. y fam. Interior de una persona: *dije para mi* ∽.
colgadero, ra. adj. Que es apto para colgarse.

|| m. Escarpia u otro instrumento que sirve para colgar de él alguna cosa. || Asa o anillo que entra en la escarpia.

colgado, da. adj. fig. y fam. Persona burlada o frustrada en sus esperanzas.

colgadura. f. Tela con que se cubre y adorna una pared, un balcón, etc., con motivo de alguna celebración. Ú. m. en pl.

colgajo. ≅ristra. m. Cualquier trapo que cuelga. || Frutas que se cuelgan para conservarlas. || Porción de piel sana que en las operaciones se reserva para cubrir la herida.

colgante. adj. y s. Que cuelga. || m. Joya que pende o cuelga. || Arquit. Festón, adorno.

colgar. ≅pender. ≅suspender. tr. Poner una cosa pendiente de otra, sin que llegue al suelo. || Adornar con tapices o telas. || fig. y fam. Ahorcar. || fig. Regalar a uno una alhaja el día de su santo o de su nacimiento. || fig. Imputar, achacar. || intr. Estar una cosa en el aire pendiente de otra, como las campanas. || Depender de la voluntad o dictamen de otro.

colibrí. m. Ave de la América intertropical, de tres centímetros de longitud total, de pico negro, recto y afilado y plumaje brillante. Se alimenta del néctar de las flores. También se llama *pájaro mosca.*

cólico, ca. adj. Perteneciente al intestino colon: *arteria* ∿. || m. Acceso doloroso caracterizado por violentos retortijones, sudores y vómitos.

coliflor. f. Variedad de col con pedúnculos convertidos en una masa carnosa granujienta de color blanco.

coligación. f. Acción y efecto de coligarse. || Enlace de unas cosas con otras.

coligado, da. adj. y s. Unido o confederado con otro u otros.

coligarse. prnl. y tr. Unirse unos con otros para algún fin.

colilla. f. Resto del cigarro que se tira.

colimar. tr. Obtener un haz de rayos paralelos a partir de un foco luminoso.

colimbo. m. Ave palmípeda que vive en las costas de países fríos.

colín, na. adj. Díc. del animal que tiene la cola cortada. || m. Barrita de pan larga y del grueso de un dedo.

colina. ≅cerro. ≅collado. f. Elevación natural de terreno, menor que una montaña.

colinabo. m. Berza de hojas sueltas, sin repollar.

colindancia. f. Hablando de terrenos, condición de colindante.

colindante. adj. Díc. de los campos o edificios contiguos entre sí.

colindar. intr. Lindar entre sí dos o más fincas.

colirio. m. Medicamento que se emplea en las enfermedades de los ojos.

colirrojo. m. Pájaro túrdido.

coliseo. m. Teatro o sala para representaciones teatrales.

colisión. f. Choque de dos cuerpos. || fig. Oposición y pugna de ideas, principios o intereses.

colitigante. com. Persona que litiga con otra.

colitis. f. Inflamación del intestino colon.

colmado, da. adj. Abundante, copioso. || m. Establecimiento donde se sirven comidas especiales. || Tienda de comestibles.

colmar. tr. Llenar una medida de modo que lo que se echa en ella levante más que los bordes. || fig. Dar con abundancia. || fig. Satisfacer plenamente deseos, aspiraciones, etc.

colmena. ≅corcha. ≅corcho. f. Habitación de las abejas. || Especie de vaso de corcho, madera, mimbres, embarrados, etc., que sirve a las abejas de habitación y para depositar los panales que fabrican.

colmenilla. f. Hongo de color amarillento obscuro. Es comestible.

colmillo. ≅canino. m. Diente agudo y fuerte, colocado entre el más lateral de los incisivos y la primera muela. || Cada uno de los dos dientes en forma de cuerno que tienen los elefantes.

Colmenas en Retamoso (Toledo)

colmilludo, da. adj. Que tiene grandes colmillos. || fig. Sagaz, astuto.

colmo. m. Porción de materia árida que sobresale por encima de los bordes del vaso que la contiene. || fig. Complemento o término de alguna cosa.

colocación. f. Acción y efecto de colocar. || Empleo o destino.

colocar. ≅destinar. ≅emplear. ≅instalar. ≅situar. ◁desordenar. tr. y prnl. Poner a una persona o cosa en su debido lugar. || Hablando de dinero, invertirlo. || Poner a uno en un empleo.

colodión. m. Nitrocelulosa disuelta en una mezcla a partes iguales de alcohol éter.

colodrillo. m. Parte posterior de la cabeza.

colofón. m. Anotación al final de los libros, que expresa el nombre del impresor y el lugar y fecha de la impresión.

colofonia. f. Resina sólida, residuo de la destilación de la trementina.

colofonita. f. Granate de color verde claro.

coloidal. adj. Relativo a los coloides.

coloide. adj. Cuerpo que al disgregarse en un líquido aparece como disuelto.

colombianismo. m. Vocablo, giro o modo de hablar propio de los colombianos.

colombiano, na. adj. y s. De Colombia.

colombicultura. f. Arte de fomentar la reproducción de palomas y criarlas. || Colombofilia.

colombino, na. adj. Relativo a Cristóbal Colón o a su familia.

colombo. m. Planta originaria de países tropicales, cuya raíz se emplea en medicina como astringente.

colombofilia. f. Técnica de la cría de palomas, en especial mensajeras. || Deportivamente, afición a poseer, criar, adiestrar, etc., palomas.

colombófilo, la. adj. y s. Relativo a la colombofilia.

colon. m. Parte del intestino grueso entre el ciego y el recto. || Gram. Parte o miembro principal del período.

colón. m. Unidad monetaria de Costa Rica y El Salvador.

colonato. m. Sistema de explotación de las tierras por medio de colonos.

colonia. f. Conjunto de personas que van de un territorio a otro, nacional o extranjero, para establecerse en él y lugar donde se establecen. || Territorio fuera de la nación que lo hizo suyo.

colonia. f. Perfume.

colonial. adj. Relativo a la colonia. || Ultramarino.

colonialismo. m. Tendencia a mantener un territorio en el régimen de colonia.

colonialista. adj. Partidario del colonialismo.

colonización. f. Acción y efecto de colonizar.

colonizar. tr. Establecer colonia en un país.

colono. ≅arrendador. ≅arrendatario. m. El que habita en una colonia. || Labrador que cultiva una heredad por arrendamiento.

coloquial. adj. Relativo al coloquio.

coloquíntida. f. Planta cucurbitácea, cuyo fruto se emplea en medicina como purgante. || Fruto de esta planta.

coloquio. ≅conferencia. ≅charla. ≅diálogo. m. Conversación entre dos o más personas. || Género de composición literaria en forma de diálogo. || Reunión de personas en que se debate un problema.

color. m. Impresión que los rayos de luz reflejados por un cuerpo producen en el sensorio común por medio de la retina del ojo. || Color natural de la tez humana. || Substancia preparada para pintar. || Colorido de una pintura. || fig. Carácter peculiar de algunas cosas. || Matiz de opinión o fracción política. || pl. Colores que una entidad, equipo o club de carácter deportivo adoptan como símbolos propios.

coloración. f. Acción y efecto de colorar.

colorado, da. adj. Que tiene color. || Que tiene color más o menos rojo.

colorante. adj. y s. Que colora.

colorear. tr. Dar color. || fig. Dar alguna razón aparente para hacer una cosa poco justa. || intr. Mostrar una cosa el color colorado que en sí tiene. || Tirar a colorado. Ú. t. c. prnl.

colorete. m. Afeite de color rojo.

colorido. m. Disposición e intensidad de los diversos colores de una pintura. || fig. Pretexto o razón aparente para hacer una cosa.

colorimetría. f. Procedimiento de análisis químico fundado en la intensidad del color de las disoluciones.

colorímetro. m. Instrumento que sirve para la colorimetría.

colorín. m. Jilguero. || Color vivo y sobresaliente. Ú. m. en pl.

colorismo. m. Pint. Tendencia a dar exagerada preferencia al color sobre el dibujo. || Lit. Propensión a recargar el estilo con calificativos redundantes.

colorista. adj. y s. Que usa bien el color.

colosal. ◁mínimo. adj. Relativo al coloso. || fig. De estatura mayor que la natural. || fig. Bonísimo, extraordinario, excelente.

231

COLUMNA

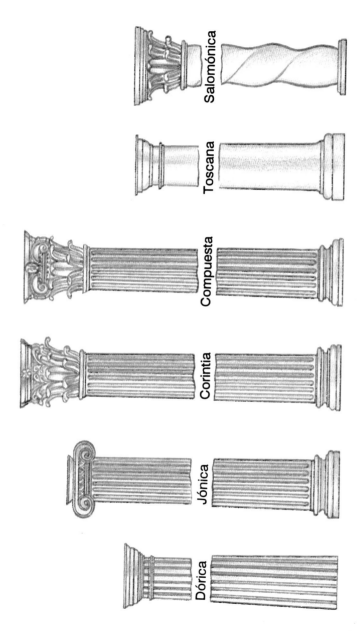

Salomónica

Toscana

Compuesta

Corintia

Jónica

Dórica

coloso. m. Estatua que excede mucho al tamaño natural. || fig. Persona o cosa que por sus cualidades sobresale muchísimo.

colquicáceo, a. adj. y f. Díc. de hierbas liliáceas, perennes, como el cólquico.

cólquico. m. Hierba liliácea cuya raíz se emplea en medicina contra el reuma.

colúbrido. m. Individuo de la familia de reptiles ofidios, de que es tipo la culebra común.

columbario. m. Conjunto de nichos, donde los antiguos romanos colocaban las urnas cinerarias.

columbeta. f. Voltereta que sobre la cabeza dan los muchachos.

columbino, na. adj. Perteneciente o semejante a la paloma.

columbrar. tr. Divisar. || fig. Conjeturar por indicios una cosa.

columbrete. m. Mogote poco elevado en medio del mar.

columna. ≅ pilastra. f. Apoyo de forma cilíndrica, compuesto por lo común de basa, fuste y capitel, y que sirve para sostener techumbres o adornar edificios. || Serie o pila de cosas colocadas ordenadamente unas sobre otras. || En impresos, cualquiera de las partes en que suelen dividirse las planas de arriba abajo. || Conjunto de soldados o de unidades que se sitúan unos detrás de otros, cubriendo iguales frentes.

columnario, ria. adj. Moneda de plata acuñada en América con un sello en el que están esculpidas dos columnas y la inscripción *plus ultra.*

columnata. f. Serie de columnas de un edificio.

columnista. com. Redactor o colaborador de un periódico, que escribe regularmente una columna especial.

columpiar. ≅ balancear. ≅ mecer. tr. y prnl. Impeler al que está puesto en un columpio. || fig. y fam. Mover el cuerpo de un lado a otro cuando se anda.

columpio. m. Cuerda fuerte atada en alto por sus dos extremos y en cuyo centro puede sentarse y mecerse una persona. También los hay compuestos de uno o varios asientos pendientes de una armazón de hierro o madera.

coluro. m. Cada una de los dos círculos máximos de la esfera celeste, que pasan por los polos del mundo y cortan a la eclíptica el uno en los puntos equinocciales y el otro en los solsticiales.

colza. f. Planta crucífera, especie de col, de cuya semilla se extrae aceite.

collado. ≅ cerro. ≅ colina. m. Depresión suave por donde se puede pasar fácilmente de un lado a otro de una sierra.

collage. m. Colage.

collar. m. Adorno que rodea el cuello. || Insignia de algunas magistraturas, dignidades y órdenes de caballerías. || Aro que se ciñe al pescuezo de los animales domésticos para adorno, sujeción o defensa.

collarín. m. Collar pequeño. || Aparato ortopédico que rodea el cuello y que se emplea fundamentalmente para inmovilizar las vértebras cervicales. || Alzacuello de los eclesiásticos. || Sobrecuello que se pone a algunas casacas. || Reborde que rodea el orificio de la espoleta de las bombas.

collarino. m. Parte inferior del capitel, entre el astrágalo y el tambor.

colleja. f. Hierba que en algunas partes se come como verdura.

collera. f. Collar de cuero o lona, relleno de borra o paja, que se pone al cuello a las caballerías.

coma. f. Signo ortográfico (,) que sirve para indicar la división de las frases o miembros más cortos de la oración y que en aritmética separa los enteros de los decimales. || *Mús.* Cada una de las cinco partes en que se divide el tono.

coma. m. Sopor profundo dependiente de ciertas enfermedades, como congestión o hemorragia cerebral, intoxicación, etc.

comadre. f. Partera. || Madrina de una criatura respecto del padre o la madre o el padrino del bautizado. || fam. Alcahueta. || fam. Vecina y amiga de otra mujer.

comadrear. intr. fam. Chismear, murmurar.

comadreja. f. Mamífero carnicero nocturno de color pardo, muy perjudicial para las aves.

comadreo. m. fam. Acción y efecto de comadrear.

comadrón. ≅ tocólogo. m. Cirujano que asiste a la mujer en el acto del parto.

comadrona. f. Partera.

comanche. adj. Díc. de unas tribus indias que vivían en Tejas y Nuevo Méjico. Apl. a pers., ú. t. c. s. || Relativo a estas tribus. || m. Lengua usada por ellas.

comandancia. f. Empleo de comandante. || Comarca que está sujeta en lo militar a un comandante. || Edificio donde se hallan las oficinas de aquel cargo.

comandanta. f. fam. Mujer del comandante. || Nave en que iba el comandante.

Comadrejas

comandante. m. Jefe militar de categoría comprendida entre las de capitán y teniente coronel.

comandar. tr. Mandar un ejército, una plaza, un destacamento, una flota, etc.

comandita. f. Sociedad comercial en que unos aportan el capital y otros lo manejan.

comanditar. tr. Aprontar los fondos necesarios para una empresa comercial o industrial, sin contraer obligación mercantil alguna.

comanditario, ria. adj. y s. Relativo a la comandita.

comando. m. Mando militar. || Pequeño grupo de tropas de choque.

comarca. f. División de territorio que comprende varias poblaciones.

comarcal. adj. Relativo a la comarca.

comarcar. intr. Lindar. || tr. Plantar los árboles de modo que formen calles en todas direcciones.

comatoso, sa. adj. Relativo al coma.

comba. ≅curvatura. ≅saltador. f. Inflexión que toman algunos cuerpos sólidos cuando se encorvan. || Juego de niños que consiste en saltar por encima de una cuerda. || Esta misma cuerda.

combadura. f. Efecto de combarse.

combar. tr. y prnl. Torcer, encorvar una cosa; como madera, hierro, etc.

combate. ≅batalla. ≅lucha. ≅refriega. m. Pelea entre personas o animales. || Acción bélica en la que intervienen fuerzas militares. || fig. Lucha interior del ánimo: ～ *de pensamiento.* || fig. Contradicción, pugna.

combatiente. ≅soldado. adj. y s. Que combate. || m. Cada uno de los soldados que componen un ejército.

combatir. intr. y prnl. Pelear. || tr. Acometer, embestir. || fig. Tratándose de algunas cosas inanimadas, batir, sacudir. || fig. Atacar, reprimir. || fig. Contradecir, impugnar.

combatividad. f. Calidad o condición de combativo.

combativo, va. adj. Dispuesto o inclinado al combate.

combinación. f. Acción y efecto de combinar. || Unión de dos cosas en un mismo sujeto. || Prenda interior que usan las mujeres. || Bebida compuesta de varios licores.

combinado, da. adj. y s. Compuesto de cosas diversas.

combinar. tr. Unir cosas diversas, de manera que formen un compuesto. || En algunos deportes, pasar la pelota un jugador a otro para desmarcarse y volver a recoger la pelota en situación más favorable. || fig. Concertar, traer a identidad de fines. || *Quím.* Unir dos o más cuerpos en proporciones determinadas para formar un compuesto. Ú. t. c. prnl. || prnl. Ponerse de acuerdo dos o más personas para una acción conjunta.

combinatorio, ria. adj. Relativo a la combinación.

combretáceo, a. adj. y f. Díc. de árboles angiospermos dicotiledóneos como el mirobálano. || f. pl. Familia de estas plantas.

comburente. adj. y m. Que hace entrar en combustión o la activa.

combustibilidad. f. Calidad de combustible.

combustible. ≅inflamable. adj. Que puede arder. || Que arde con facilidad. || m. Leña, carbón, petróleo, etc., que se usa en las cocinas.

combustión. f. Acción o efecto de arder o quemar. || Combinación de un cuerpo combustible con otro comburente con desprendimiento de calor.

comecome. m. Comezón, picazón en el cuerpo. || fig. Desazón, preocupación.

comedero, ra. adj. Que se puede comer. || m. Recipiente donde se echa la comida a los animales. || Comedor, habitación destinada para comer.

comedia. f. Poema dramático de enredo y desenlace festivos o placenteros. || Poema dramático de cualquier género que sea. || Género cómico. || Teatro, edificio o lugar para representaciones escénicas. || fig. Suceso cómico de la vida real. || fig. Farsa o fingimiento.

comediante, ta. ≅hipócrita. m. y f. Actor y actriz. || fig. y fam. Persona que aparenta lo que no siente.

comedido, da. adj. Cortés, prudente, moderado.

comedimiento. m. Cortesía, moderación, urbanidad.

comediógrafo, fa. m. y f. Persona que escribe comedias.

comedirse. prnl. Moderarse, contenerse.

comedor, ra. adj. Que come mucho. || m. Aposento destinado en las casas para comer. || Mobiliario de este aposento. || Establecimiento destinado para servir comidas.

comején. m. Insecto que hace sus nidos en los árboles, y penetra, para roerlas, en toda clase de substancias, principalmente en la madera, cuero, lienzo y papel.

comendador. m. Caballero que tiene encomienda en alguna de las órdenes militares. || El que en las órdenes de distinción tiene dignidad superior a la de caballero e inferior a la de la gran cruz. || Prelado de algunas casas de religiosos.

comendadora. f. Superiora de los conventos de las órdenes militares, o de religiosas de la Merced. || Religiosa de ciertos conventos de las antiguas órdenes militares.

comensal. com. Persona que vive a expensas de otra, en cuya casa habita. || Cada una de las personas que comen en una misma mesa.

comentador, ra. m. y f. Persona que comenta. || Persona inventora de falsedades.

comentar. tr. Explanar, declarar el contenido de un escrito, para que se entienda con más facilidad. || fam. Hacer comentarios.

comentario. ≅explicación. m. Escrito que sirve de explicación y comento de una obra. || Juicio, parecer o consideraciones, emitidos oralmente o por escrito, sobre personas, asuntos, cosas, etc.

comentarista. com. Persona que escribe comentarios.

comenzar. tr. Empezar, dar principio a una cosa. || intr. Empezar, tener una cosa principio.

comer. ≅manducar. ≅tragar. ⊲ayunar. intr. Masticar el alimento en la boca y pasarlo al es-

tómago. Ú. t. c. tr. || Tomar alimento. || Tomar la comida principal. || tr. fig. Producir comezón. || fig. Gastar, corroer. || fig. En algunos juegos, ganar una pieza al contrario. || prnl. fig. Cuando se habla o escribe, omitir alguna cosa. || prnl. fig. Llevar uno encogidos calcetines, medias.

comercial. ≅mercante. ≅mercantil. adj. Relativo al comercio y a los comerciantes. || Díc. de aquello que tiene fácil aceptación en el mercado.

comercialización. f. Acción y efecto de comercializar.

comercializar. tr. Dar a un producto condiciones y organización comerciales para su venta.

comerciante. adj. y s. Que comercia. || com. Persona a quien son aplicables las especiales leyes mercantiles.

comerciar. ≅traficar. ≅tratar. intr. Negociar comprando y vendiendo o permutando géneros. || fig. Tener trato y comunicación unas personas con otras.

comercio. m. Acción y efecto de comerciar. || Conjunto de comerciantes de un mismo ramo. || Tienda, almacén, establecimiento comercial. || Las tiendas o establecimientos comerciales en su conjunto.

comestible. adj. Que se puede comer. || m. Alimento. Ú. m. en pl.

cometa. m. Astro que suele ir acompañado de un rastro luminoso llamado cola y que sigue órbitas elípticas muy excéntricas alrededor del Sol. || f. Armazón plana de cañas sobre la cual se pega papel o tela y que se arroja al aire sujeta por un hilo largo. || Juego de naipes.

cometer. ≅caer. ≅confiar. ≅encargar. ≅encomendar. tr. Hablando de faltas, incurrir en ellas. || Hablando de figuras retóricas o gramaticales, usarlas.

cometido. m. Comisión, encargo. || Por ext., obligación moral.

comezón. ≅picor. f. Picazón en alguna parte del cuerpo. || fig. Desazón moral.

cómic. ⎰⎱cómics. m. Serie o secuencia de viñetas o representaciones gráficas de finalidad narrativa que, desarrollando una situación, presentan al mismo personaje en distintas circunstancias.

comicidad. f. Calidad de cómico.

comicios. m. pl. Junta que tenían los romanos para tratar de los negocios públicos. || Reuniones y actos electorales.

cómico, ca. ≅divertido. ≅gracioso. ≅jocoso. ⊲trágico. adj. Relativo a la comedia. || Aplícase

Cometa *Ikeye-Seki*

se usan en medicina y para condimento. || Semilla de esta planta. || fig. Cosa insignificante, de poco valor. || fig. Persona de pequeño tamaño.

comisaría. f. Empleo del comisario. || Oficina del comisario. || Jurisdición administrativa del comisario.

comisario. m. El que tiene poder y facultad de otro para ejecutar alguna orden o entender en algún negocio.

comisión. f. Acción de cometer. || Facultad que una persona da por escrito a otra para que ejecute algún encargo. || Encargo. || Conjunto de personas encargadas por una corporación o autoridad para entender en algún asunto. || Porcentaje que, sobre lo que vende, cobra un vendedor de cosas ajenas.

comisionado, da. adj. y s. Encargado de una comisión.

comisionar. tr. Dar comisión a una o más personas para entender en algún negocio.

comisionista. com. Persona que se emplea en desempeñar comisiones mercantiles.

comiso. m. Decomiso.

comisorio, ria. adj. Obligatorio o válido por determinado tiempo, o aplazado para cierto día.

comisquear. tr. Comer a menudo de varias cosas en pequeñas cantidades.

comistrajo. m. fam. Mezcla irregular y extravagante de manjares.

comisura. f. Punto de unión de ciertas partes similares del cuerpo; como los labios y los párpados.

comité. ≅delegación. ≅junta. m. Comisión de personas encargadas para un asunto.

comitiva. f. Acompañamiento de personas.

cómitre. m. Persona que en las galeras vigilaba y dirigía. || Capitán de mar bajo las órdenes del almirante. || fig. Por ext., el que ejerce su autoridad con excesivo rigor o dureza.

cómo o como. adv. Puede parecer con diferentes formas y valores. || ¿cómo? o ¡cómo! adv. m. interrog. y exclam. Equivale a *de qué modo* o *manera*. || ¿cómo? adv. m. interrog. Por qué motivo, causa o razón. || como. adv. m. sin acento. Del modo o la manera que. || Según, conforme. || En caliad de. || Toma también carácter de conjunción causal. || Aproximadamente, más o menos. || Ú. a veces con carácter de sustantivo, precedido del artículo *el* y con acento prosódico y ortográfico.

cómoda. f. Mueble con tablero de mesa y cajones que ocupan todo el frente y sirven para guardar ropa.

comodidad. ≅bienestar. ≅facilidad. ≅holgu-

al actor que representa papeles jocosos. || Que puede divertir. || m. y f. Comediante.

comida. f. Alimento. || Acción de tomar habitualmente alimentos a una hora: *hacer una sola* ∽ *al día.* || Alimento que se toma al mediodía o primeras horas de la tarde. || Cena. || Acción de comer.

comidilla. f. fig. y fam. Gusto, complacencia especial que uno tiene en cosas de su genio o inclinación. || fig. y fam. Tema preferido en alguna murmuración.

comienzo. ≅nacimiento. ≅origen. ◁fin. m. Principio de una cosa.

comilón, na. ≅tragón. ≅voraz. adj. y s. fam. Que come mucho.

comilona. f. fam. Comida en que hay mucha abundancia y diversidad de manjares.

comilla. f. dim. de coma, signo ortográfico. || pl. Signo ortográfico («...», "..." o ''...'') que se pone al principio y al fin de las frases incluidas como citas o ejemplos.

comino. m. Hierba umbelífera, cuyas semillas

ra. ≅ventaja. f. Calidad de cómodo. || Buena disposición de las cosas para el uso que se ha de hacer con ellas.

comodín. m. En algunos juegos de naipes, carta que se puede aplicar a cualquier suerte favorable. || fig. Por ext., lo que se hace servir para fines diversos. || fig. Pretexto habitual y poco justificado.

cómodo, da. adj. Conveniente, oportuno, acomodado, fácil, proporcionado.

comodón, na. ≅regalón. adj. fam. Que es amante de la comodidad y regalo.

comodoro. m. Nombre que en Inglaterra y otras naciones se le da al capitán de navío cuando manda más de tres buques.

comoquiera. adv. m. De cualquier manera.

compactdisc. . Expr. i., en esp. *disco compacto,* que se refiere al disco que utiliza la técnica de grabación digital (informaciones numéricas sobre cavidades microscópicas) del sonido.

compactar. tr. Hacer compacta una cosa.

compacto, ta. ≅denso. ≅macizo. ◁inconsistente. adj. Díc. de los cuerpos de textura apretada y poco porosa: *la caoba es más compacta que el pino.* || Díc. de la impresión que en poco espacio tiene mucha lectura.

compadecer. tr. Compartir la desgracia ajena, sentirla. || Sentir lástima o pena por la desgracia o el sufrimiento ajenos. Ú. t. c. prnl.

compadraje. m. Unión de varias personas para ayudarse mutuamente.

compadrar. intr. Contraer compadrazgo. || Hacerse compadre o amigo.

compadrazgo. m. Parentesco que contrae con los padres de una criatura el padrino que la saca de pila.

compadre. m. Llámanse así recíprocamente el padrino y el padre de un niño y, por ext., la madre y la madrina llaman así al padrino. || Amigo, conocido.

compadrear. intr. Hacer amistad con fines poco lícitos. || *Arg., Par.* y *Urug.* Jactarse, envanecerse.

compadreo. m. Compadraje.

compaginación. f. Acción y efecto de compaginar.

compaginar. ≅ajustar. ≅armonizar. ≅corresponder. tr. Ordenar cosas que tienen alguna conexión. Ú. t. c. prnl. || *Impr.* Ajustar las galeradas. || prnl. fig. Corresponder una cosa con otra.

compañerismo. m. Vínculo que existe entre compañeros. || Armonía entre ellos.

compañero, ra. ≅colega. m. y f. Persona que se acompaña con otra para algún fin. || En los cuerpos y comunidades, cada uno de los individuos de que se componen. || fig. Cosa que hace juego o tiene correspondencia con otra.

compañía. f. Efecto de acompañar. || Persona o personas que acompañan a otra u otras. || Sociedad de hombres de negocios. || Unidad militar, mandada normalmente por un capitán.

comparación. f. Acción y efecto de comparar. || Símil retórico.

comparar. ≅confrontar. ≅parangonar. ◁distinguir. tr. Fijar la atención en dos o más objetos para descubrir sus diferencias o semejanza. || Cotejar.

comparativo, va. adj. Díc. de lo que sirve para hacer comparación de una cosa con otra: *juicio* ﹏. || Díc. del adjetivo que califica al substantivo comparándolo con otro.

comparecencia. f. Acción y efecto de comparecer.

comparecer. ≅personarse. intr. Presentarse uno en algún lugar, llamado o convocado por otra persona, o de acuerdo con ella.

compareciente. com. Persona que comparece.

comparsa. f. Acompañamiento. || Conjunto de personas que en regocijos públicos van vestidas con trajes de una misma clase: ﹏ *de estudiantes.* || com. Persona que forma parte del acompañamiento en las representaciones teatrales.

compartimentar. tr. Proyectar o efectuar la subdivisión estanca de un buque.

compartimiento o **compartimento.** m. Acción y efecto de compartir. || Cada parte en que se divide un territorio, edificio, caja, etc.

compartir. tr. Repartir, distribuir las cosas en partes. || Participar.

compás. m. Instrumento formado por dos piernas articuladas que sirve para trazar curvas regulares y tomar distancias. || *Mús.* Cada uno de los períodos de tiempo iguales en que se marca el ritmo de una fase musical. || *Mús.* Espacio del pentagrama en que se escriben todas las notas correspondientes a un compás.

compasar. tr. Medir con el compás. || fig. Arreglar, medir, proporcionar. || *Mús.* Dividir las composiciones en compases.

compasillo. m. *Mús.* Compás que tiene la duración de cuatro negras distribuidas en cuatro partes.

compasión. ≅caridad. ≅lástima. ≅misericordia. ≅piedad. ◁desprecio. f. Sentimiento de conmiseración y lástima hacia quienes sufren penalidades o desgracias.

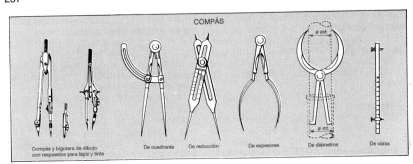

COMPÁS

Compás y bigotera de dibujo con respuestos para lápiz y tinta | De cuadrante | De reducción | De espesores | De diámetros | De varas

compasivo, va. adj. Que tiene compasión.
compatibilidad. f. Calidad de compatible.
compatible. adj. Que tiene aptitud o proporción para unirse o concurrir en un mismo lugar o sujeto.
compatriota. com. Persona de la misma patria que otra.
compeler. ≅constreñir. ≅forzar. tr. Obligar a uno a que haga lo que no quiere.
compendiar. ≅abreviar. ≅reducir. ≅resumir. ◁alargar. tr. Reducir a compendio.
compendio. m. Breve y sumaria exposición, oral o escrita, de lo·más substancial de una materia ya expuesta latamente.
compenetración. f. Acción y efecto de compenetrarse.
compenetrarse. rec. Penetrar las partículas de una substancia entre las de otra, o recíprocamente. || fig. Influirse, identificarse.
compensación. f. Acción y efecto de compensar. || Indemnizar. || Entre banqueros, liquidación de créditos. || Der. Extinción de obligaciones vencidas entre personas que son recíprocamente acreedoras y deudoras. || Med. Estado funcional de un órgano enfermo, en el que cumple las exigencias habituales del organismo a que pertenece.
compensador, ra. adj. Que compensa. || m. Péndulo de reloj en el que un armazón de barritas corrige los efectos de las variaciones de temperatura.
compensar. ≅contrapesar. ≅equilibrar. ◁desnivelar. tr. y prnl. Igualar en opuesto sentido el efecto de una cosa con el de otra. Ú. t. c. intr. || Resarcir, indemnizar.
compensatorio, ria o **compensativo, va.** adj. Que compensa o iguala.
competencia. f. Disputa o contienda entre dos o más sujetos. || Rivalidad. || Incumbencia. || Ap-

titud, idoneidad. || Atribución legítima a un juez u otra autoridad para el conocimiento de un asunto. || Arg., Col. y Par. Competición deportiva.
competente. adj. Oportuno, adecuado. || Díc. de la persona a quien compete o incumbe alguna cosa. || Apto, idóneo.
competer. ≅concernir. ≅tocar. intr. Pertenecer, incumbir a uno alguna cosa.
competición. f. Competencia, rivalidad. || Acción y efecto de competir, y más propiamente en materia de deportes.
competir. intr. Contender entre sí dos o más personas. Ú. t. c. rec. || Igualar una cosa a otra análoga.
competitividad. f. Capacidad de competir.
competitivo, va. adj. Relativo a la competición. || Capaz de competir.
compilación. f. Acción y efecto de compilar.
compilar. ≅coleccionar. ≅recopilar. tr. Reunir, en un solo cuerpo de obra, extractos o fragmentos de otras.
compilatorio, ria. adj. Relativo a la compilación.
compinche. com. fam. Amigo, camarada. || fam. Amigote.
complacencia. f. Satisfacción, placer y contento que resulta de alguna cosa.
complacer. ≅alegrar. ≅deleitar. ◁contrariar. tr. Causar a otro satisfacción o placer, agradarle. || Acceder uno a lo que otro desea. || prnl. Alegrarse.
complaciente. adj. Que complace o se complace. || Solícito. || Indulgente.
complejidad. ◁sencillez. f. Calidad de complejo.
complejo, ja. adj. Díc. de lo que se compone de elementos diversos. || m. Conjunto o unión de dos o más cosas. || Conjunto de industrias bási-

cas, derivadas o complementarias. || *Psicol.* Conjunto de tendencias, ideas y emociones, generalmente inconscientes y adquiridas durante la infancia, que influyen en la personalidad y conducta de un individuo.

complementar. tr. Dar complemento a una cosa.

complementariedad. f. Calidad o condición de complementario.

complementario, ria. adj. Que complementa.

complemento. m. Lo que se añade a otra cosa para hacerla íntegra o perfecta. || Perfección, colmo de alguna cosa. || *Biol.* Substancia existente en el plasma sanguíneo y en la linfa. || *Geom.* Ángulo que sumado con otro completa uno recto.

completar. tr. Integrar, hacer cabal una cosa. || Hacerla perfecta en su clase.

completivo, va. ≅ complementario. ≅ perfecto. adj. Díc. de lo que completa y llena.

completo, ta. adj. Lleno, cabal. || Acabado, perfecto.

complexión. f. Contitución fisiológica del individuo.

complicación. f. Acción y efecto de complicar. || Dificultad o enredo. || Complejidad.

complicado, da. ≅ difícil. ≅ enrevesado. ≅ múltiple. adj. Enmarañado, de difícil comprensión. || Compuesto de gran número de piezas. || Persona cuyo carácter y conducta no son fáciles de entender.

complicar. tr. Mezclar, unir cosas entre sí diversas. || fig. Enredar, dificultar, confundir. Ú. t. c. prnl.

cómplice. com. *Der.* Participante o asociado en crimen o culpa imputable a dos o más personas. || *Der.* Persona que sin ser autora de un delito coopera a su perpetración.

complicidad. f. Calidad de cómplice.

complot. m. Conjuración o conspiración de carácter político o social. || fam. Confabulación. || fam. Trama, intriga.

complotar. intr. y prnl. Confabularse, tramar una conjura, por lo general con fines políticos.

complutense. adj. y s. De Alcalá de Henares.

componenda. ≅ compostura. ≅ chanchullo. f. Arreglo o transacción censurable. || fam. Acción de componer o cortar algún daño que se teme.

componente. adj. y s. Que compone o entra en la composición de un todo.

componer. tr. Formar, con cierto orden, de varias cosas, una. || Constituir. || Aderezar el vino. || Reparar, ordenar. || Adornar. Ú. t. c. prnl. || Ajustar, concordar. || Moderar. || Hacer una obra literaria o musical. || Juntar los caracteres de imprenta para formar las palabras. || Hacer versos. Ú. t. c. intr. || Producir obras musicales. Ú. t. c. intr.

comporta. f. Especie de canasta para transportar las uvas en la vendimia. || *Perú.* Molde para solidificar el azufre refinado.

comportamiento. m. Conducta, manera de portarse.

comportar. tr. fig. Sufrir, tolerar. || prnl. Portarse, conducirse.

composición. f. Acción y efecto de componer. || Compostura, circunspección. || Obra científica, literaria o musical. || Escrito en que el alumno desarrolla un tema. || *Gram.* Formación de palabras uniendo vocablos ya existentes. || *Impr.* Conjunto de líneas, galeradas y páginas, antes de la imposición. || *Mús.* Parte de la música que enseña las reglas para la formación del canto y del acompañamiento. || *Esc.* y *Pint.* Arte de agrupar las figuras y accesorios.

compositor, ra. adj. y s. Que compone. || Que hace composiciones musicales. || m. *Chile.* Componedor, algebrista.

compostelano, na. adj. y s. De Santiago de Compostela.

compostura. f. Construcción de un todo que consta de varias partes. || Reparación de una cosa descompuesta o rota. || Aseo, aliño. || Mezcla o preparación con que se adultera un producto. || Ajuste, convenio. || Modestia, mesura y circunspección.

compota. f. Dulce de fruta cocida con agua y azúcar.

compotera. f. Vasija en la que se sirve compota.

compra. f. Acción y efecto de comprar. || Conjunto de comestibles que se compran para el gasto de las casas. || Cualquier objeto comprado.

comprar. ⊲ vender. tr. Adquirir algo por dinero. Ú. t. c. intr. || fig. Sobornar.

compraventa. f. Contrato por el que una persona se obliga a entregar una cosa determinada, y la otra a pagar un precio por la misma. || Comercio de antigüedades o de cosas usadas.

comprender. tr. Contener, incluir en sí alguna cosa. Ú. t. c. prnl. || Entender, alcanzar, penetrar. || Encontrar justificados o naturales los actos o sentimientos de otro.

comprensión. f. Acción de comprender. || Facultad, capacidad o perspicacia para entender las cosas. || Actitud comprensiva y tolerante. || *Lóg.* Conjunto de cualidades que integran una idea.

comprensivo, va. adj. Que tiene facultad o capacidad de comprender o entender una cosa. || Que comprende o contiene. || Persona, tendencia o actitud tolerante.

compresa. f. Lienzo fino o gasa doblada varias veces que se emplea para contener hemorragias, cubrir heridas, etc. Modernamente se emplean mucho las hechas de celusola.

compresibilidad. f. Calidad de compresible.

compresión. f. Acción y efecto de comprimir. || *Gram.* Sinéresis.

compresivo, va. adj. Díc. de lo que se comprime.

compreso, sa. adj. Oprimido, apretado.

compresor, ra. adj. y s. Que comprime. || m. Máquina que sirve para comprimir gases.

comprimido, da. adj. Oprimido, apretado. || *Farm.* Pastilla pequeña obtenida por compresión de sus ingredientes previamente reducidos a polvo.

comprimir. tr. y prnl. Oprimir, apretar, estrechar, reducir a menor volumen. || Reprimir y contener.

comprobación. f. Acción y efecto de comprobar.

comprobante. adj. y s. Que comprueba.

comprobar. ≅confirmar. tr. Verificar, confirmar la veracidad o exactitud de alguna cosa.

comprometer. tr. Poner de común acuerdo en manos de un tercero la solución de una diferencia, pleito, etc. || Exponer o poner a riesgo a alguna persona o cosa, en una acción o caso aventurado. Ú. t. c. prnl. || Hacer a uno responsable de alguna cosa. Ú. t. c. prnl. || prnl. Contraer un compromiso. || Establecer una pareja relaciones amorosas formales.

comprometido, da. adj. Que está en riesgo, apuro o situación dificultosa.

comprometimiento. m. Acción y efecto de comprometer o comprometerse.

compromisario, ria. adj. y s. Díc. de la persona en quien otras delegan. || m. Representante de los electores primarios para votar en elecciones de segundo o ulterior grado.

compromiso. m. Delegación que hacen los electores en alguno de ellos para que los represente. || Convenio entre litigantes por el que se someten al dictamen de un tercero. || Escritura en que las partes otorgan este convenio. || Obligación contraída, palabra dada. || Dificultad. || Noviazgo.

compuerta. f. Media puerta, a modo de antepecho, que tienen algunas casas para resguardarla y no impedir la luz del día. || Plancha fuerte de madera o de hierro, que se desliza por carriles o correderas, y se coloca en los canales, diques, etc., para graduar o cortar el paso del agua.

compuesto, ta. adj. Constituido por carias partes. || fig. Mesurado, circunspecto. || Cierto orden arquitectónico. || *Bot.* Díc. de plantas angiospermas, dicotiledóneas, de hojas simples o sencillas y flores en cabezuelas sobre un receptáculo común, como la dalia. Ú. t. c. s. f. || Díc. del vocablo formado por composición de dos o más voces simples. || m. Agregado de varias cosas que componen un todo. || f. pl. *Bot.* Familia de las plantas compuestas.

compulsa. f. Acción y efecto de compulsar. || *Der.* Copia sacada judicialmente y cotejada con su original.

compulsación. f. Acción de compulsar.

compulsar. ≅confrontar. ≅cotejar. tr. Examinar dos o más documentos, cotejándolos o comparándolos entre sí. || *Der.* Sacar compulsas.

compulsivo, va. adj. Que tiene virtud de compeler.

compunción. f. Arrepentimiento. || Sentimiento que causa el dolor ajeno.

compungido, da. ≅contrito. ≅pesaroso. adj. Atribulado, dolorido.

compungir. tr. Mover a compunción. || prnl. Contristarse o dolerse uno de alguna culpa propia, o de la aflicción ajena.

computador, ra. adj. y s. Que computa o calcula. || m. y f. Ordenador.

computadorizar. tr. Someter datos al tratamiento de una computadora.

Computador personal.

computar. tr. Contar o calcular una cosa por números. || Tomar en cuenta.

cómputo. m. Cuenta o cálculo.

comulgante. adj. y s. Que comulga.

comulgar. tr. Dar la comunión, Eucaristía. || intr. Recibirla. || fig. Coincidir en ideas o sentimientos con otra persona.

comulgatorio. m. Barandilla de las iglesias ante la que se arrodillan los fieles para comulgar.

común. adj. Díc. de lo que, no siendo privativamente de ninguno, pertenece o se extiende a varios: *bienes, pactos comunes.* || Corriente, admitido de todos o de la mayor parte. || Ordinario, vulgar. || Bajo, de inferior clase y despreciable. || m. Todo el pueblo de cualquier provincia, ciudad, villa o lugar. || Comunidad; generalidad de personas. || Retrete.

comuna. f. Conjunto de personas que viven en comunidad económica, a veces sexual, al margen de la sociedad organizada.

comunal. adj. Común. || *Amér.* Relativo a la *comuna.* || m. Común, conjunto de los habitantes de un pueblo o lugar.

comunero, ra. adj. Popular, agradable para con todos. || Relativo a las comunidades de Castilla. || m. El que tiene parte indivisa con otro u otros en un inmueble, un derecho u otra cosa. || El que seguía el partido de las comunidades de Castilla. || pl. Pueblos que tienen comunidad de pastos.

comunicabilidad. f. Calidad de comunicable.

comunicación. f. Acción y efecto de comunicar o comunicarse. || Trato, correspondencia entre dos o más personas. || Transmisión de señales mediante un código común al emisor y al receptor. || Unión y medio de unión entre cosas o lugares. || Papel escrito en que se comunica alguna cosa oficialmente. || pl. Correos, telégrafos, teléfonos, etc.

comunicado, da. p. p. de comunicar. || adj. Díc. de lugares con referencia a los medios de comunicación que tienen acceso a ellos: *barrio bien ⌢.* || m. Nota, declaración o parte que se comunica para conocimiento público. || Escrito firmado que se dirige a uno o varios periódicos para que lo publiquen.

comunicante. adj. y s. Que comunica.

comunicar. tr. Hacer a otro partícipe de lo que uno tiene. || Hacer saber a uno alguna cosa. || Conversar, tratar con alguno de palabra o por escrito. Ú. t. c. prnl. || Transmitir señales mediante un código común al emisor y al receptor. || Consultar con otro un asunto. || Dar un teléfono la

señal de que la línea está ocupada. || prnl. Tratándose de cosas inanimadas, tener correspondencia o paso con otras. || Extenderse, propagarse.

comunicativo, va. ≅sociable. ≅tratable. ◁callado. adj. Que tiene propensión natural a comunicar a otro lo que posee. || Fácil y accesible al trato con los demás.

comunidad. f. Calidad de común, que pertenece a varios. || Común de algún pueblo, provincia o reino. || Junta o congregación de personas que viven unidas bajo ciertas constituciones o reglas; como los conventos, colegios, etc. || pl. Levantamientos populares, principalmente los de Castilla en tiempos de Carlos V.

comunión. f. Participación en lo común. || En la Iglesia católica, acto de recibir la Eucaristía. || Este mismo sacramento. || Congregación de personas que profesan la misma fe religiosa.

comunismo. m. Sistema de organización político-social que propugna la abolición de la propiedad privada y el establecimiento de la comunidad de bienes. || Doctrina que aspira a la instalación de este régimen. || Conjunto de partidarios de esta doctrina.

comunista. adj. Relativo al comunismo. || Partidario de este sistema. Ú. t. c. s.

comunitario, ria. adj. Relativo a la comunidad.

con. prep. que sign. el medio, modo o instrumento que sirve para hacer alguna cosa. || Antepuesta al infinitivo, equivale a gerundio: ⌢ *declarar, se eximió del tormento.* || En ciertas locuciones, a pesar de. || Contrapone lo que se dice en una exclamación con una realidad expresa o implícita: *icon lo alegre que estaba yo!* || Juntamente y en compañía.

conato. ≅amago. ≅tentativa. m. Empeño, esfuerzo. || Propensión, tendencia. || Comienzo de una acción, especialmente si no llega a cumplirse: ⌢ *de incendio.* || *Der.* Acto y delito que se empezó y no llegó a consumarse: ⌢ *de robo.*

concatenación. f. Acción y efecto de concatenar. || *Ret.* Figura que se comete empleando al principio de dos o más cláusulas o miembros del período la última voz del miembro o cláusula inmediatamente anterior.

concatenar. tr. fig. Unir o enlazar unas especies con otras.

concavidad. f. Calidad de cóncavo. || Parte o sitio cóncavo.

cóncavo, va. adj. Díc. de la línea o superficie curvas que, respecto del que mira, tienen su parte más deprimida en el centro. || m. Concavidad, parte cóncava. || *Min.* Ensanche alrededor del brocal de los pozos interiores de las minas.

concebir. intr. y tr. Quedar preñada la hembra. || fig. Formar idea, hacer concepto de una cosa, comprenderla. || tr. fig. Comenzar a sentir alguna pasión o afecto.

conceder. tr. Dar, otorgar. || Asentir, convenir. || Atribuir una cualidad o condición: *no concedí importancia a aquel suceso.*

concejal. ≅edil. ≅municipal. m. Individuo de un concejo o ayuntamiento.

concejala. f. Mujer que desempeña el cargo del concejal en un ayuntamiento.

concejalía. f. Oficio o cargo de concejal.

concejil. adj. Relativo al concejo. || Común a los vecinos de un pueblo.

concejo. m. Ayuntamiento, casa y corporación municipales. || Municipio. || Sesión celebrada por los individuos de un concejo.

concelebrar. tr. Celebrar conjuntamente la misa varios sacerdotes.

conceller. m. Miembro o vocal del concejo municipal de Cataluña.

concentración. f. Acción y efecto de concentrar o concentrarse.

concentrado, da. adj. Internado en el centro de una cosa. || m. Salsa espesa de alguna cosa.

concentrar. ≅centralizar. ≅reconcentrar. ◁descentralizar. tr. fig. Reunir en un centro o punto lo que estaba separado. Ú. t. c. prnl. || Reunir bajo un solo dominio la propiedad de diversas parcelas. || *Quím.* Aumentar la proporción entre la materia disuelta y el líquido de una disolución. Ú. t. c. prnl. || prnl. Atender o reflexionar profundamente.

concéntrico, ca. adj. *Geom.* Díc. de las figuras y de los sólidos que tienen un mismo centro.

concepción. f. Acción y efecto de concebir. || p. excel., la de la Virgen María. || Fiesta con que la Iglesia católica celebra anualmente el dogma de la Inmaculada Concepción de la Virgen María, el día 8 de diciembre.

concepcionista. adj. y f. Díc. de la religiosa que pertenece a la tercera orden franciscana, llamada de la Inmaculada Concepción.

conceptismo. m. Movimiento literario que dentro del barroco se desarrolla en España durante el s. XVII.

conceptista. adj. y s. Díc. de la persona que usa del estilo conceptuoso, o emplea conceptos alambicados.

conceptivo, va. adj. Que puede concebir.

concepto. m. Idea que concibe o forma el entendimiento. || Pensamiento expresado con palabras. || Sentencia, agudeza, dicho ingenioso. || Opinión, juicio. || Crédito en que se tiene a una persona o cosa. || Aspecto, calidad, título: *en ~ de.*

conceptuación. f. Acción y efecto de conceptuar.

conceptual. adj. Relativo al concepto.

conceptualismo. m. Sistema filosófico que defiende la realidad y legítimo valor de las nociones universales y abstractas, en cuanto son conceptos de la mente, aunque no les conceda existencia positiva y separada fuera de ella.

conceptualista. adj. Relativo al conceptualismo. || Partidario de este sistema. Ú. t. c. s.

conceptuar. tr. Formar concepto de una cosa. || Apreciar las cualidades de una persona.

conceptuosidad. f. Calidad de conceptuoso.

conceptuoso, sa. adj. Sentencioso, agudo, lleno de conceptos: *escritor, estilo ~.*

concerniente. adj. Que concierne.

concernir. intr. Atañer.

concertación. f. Acción de concertar, pactar, tratar un negocio.

concertante. adj. y m. Díc. de la pieza compuesta de varias voces entre las cuales se distribuye el canto.

concertar. tr. Componer, ordenar, arreglar. || Pactar, ajustar, tratar, acordar un negocio. Ú. t. c. prnl. || Traer a identidad de fines o propósitos cosas diversas o intenciones diferentes. Ú. t. c. prnl. || Acordar entre sí voces o instrumentos músicos. || Cotejar, concordar. || intr. *Gram.* Concordar en los accidentes gramaticales dos o más palabras variables. Ú. t. c. tr.

concertina. f. Acordeón de forma hexagonal u octogonal y de fuelle muy largo.

concertino. m. Violinista primero de una orquesta, encargado de la ejecución de los solos.

concertista. com. Músico que toma parte en la ejecución de un concierto en calidad de solista.

concesión. ≅licencia. ≅permiso. ≅privilegio. f. Acción y efecto de conceder. || Otorgamiento gubernativo a favor de particulares o de empresas. || Acción y efecto de ceder en una posición ideológica o en una actitud adoptada.

concesionario, ria. adj. y s. Díc. de la persona o entidad que tiene la exclusiva de distribución de un producto determinado en una zona. || m. Persona a quien se hace o transfiere una concesión.

concesivo, va. adj. Que se concede o puede concederse. || Proposición subordinada que indica la razón que se opone a la principal, pero que no excluye su cumplimiento: *iré aunque no me inviten.*

conciencia. f. Propiedad del espíritu humano de reconocerse en sus atributos esenciales y en todas las modificaciones que en sí mismo experimenta. || Conocimiento interior del bien que debemos hacer y del mal que debemos evitar. || Conocimiento exacto y reflexivo de las cosas.

concienciar. tr. Hacer que alguien sea consciente de algo. || prnl. Adquirir conciencia de algo.

concienzudo, da. adj. Que es de estrecha y recta conciencia. || Díc. de lo que se hace según ella. || Díc. de la persona que estudia o hace las cosas con mucha atención o detenimiento.

concierto. ≅armonía. ≅orden. ≅pacto. m. Buen orden y disposición de las cosas. || Ajuste o convenio. || Función de música, en que se ejecutan composiciones sueltas. || Composición musical para diversos instrumentos en que uno o varios llevan la parte principal.

conciliábulo. ≅camarilla. m. Concilio no convocado por autoridad legítima. || fig. Junta o reunión para tratar de algo que se quiere mantener oculto.

conciliación. f. Acción y efecto de conciliar. || Conveniencia o semejanza de una cosa con otra. || Favor o protección que uno se granjea.

conciliador, ra. adj. Que concilia o es propenso a conciliar o conciliarse.

conciliar. adj. Relativo a los concilios.

conciliar. ≅concordar. ≅reconciliar. ◁desavenir. tr. Componer, poner de acuerdo. || Granjear o ganar los ánimos y la benevolencia. Ú. t. c. prnl.

conciliatorio, ria. adj. Lo que puede conciliar o se dirige a este fin.

concilio. m. Junta o congreso para tratar alguna cosa. || Colección de los decretos de un concilio. || Junta o congreso de los obispos y otros eclesiásticos de la Iglesia católica, o de parte de ella: ⌣ *ecuménico* o *general, nacional, provincial.*

concisión. f. Brevedad, efecto de expresar los conceptos atinada y exactamente con las menos palabras posibles.

conciso, sa. ≅lacónico. ≅sucinto. adj. Que tiene concisión.

concitación. f. Acción y efecto de concitar.

concitar. tr. Conmover, instigar a uno contra otro, o excitar inquietudes y sediciones.

conciudadano, na. m. y f. Cada uno de los ciudadanos de una misma ciudad o nación, respecto de los demás.

conclave o **cónclave.** m. Lugar en donde los cardenales se juntan y se encierran para elegir sumo pontífice. || La misma junta de los cardenales. || fig. Junta de personas para tratar algún asunto.

conclavista. m. Persona que entra en el cónclave para asistir a los cardenales.

concluir. ≅colegir. ≅deducir. ≅terminar. ≅ultimar. ◁empezar. tr. Acabar o finalizar una cosa. Ú. t. c. prnl. || Inferir, deducir una verdad de otras. || Convencer a uno con la razón. Ú. t. c. intr. || Rematar minuciosamente una obra. Ú. especialmente en las Bellas Artes. || *Der.* Poner fin a los alegatos en defensa de una parte, después de haber respondido a los de la contraria. || intr. Determinar y resolver sobre lo que se ha tratado. || Llegar algo a su fin.

conclusión. f. Acción y efecto de concluir o concluirse. || Fin y terminación de una cosa. || Resolución que se ha tomado sobre una materia. || Aserto o proposición que se defiende en las escuelas. Ú. m. en pl. || *Der.* Cada una de las afirmaciones numeradas contenidas en el escrito de calificación penal. Ú. m. en pl. || *Lóg.* Proposición que se pretende probar y que se deduce de las premisas.

conclusivo, va. adj. Díc. de lo que concluye o finaliza una cosa.

concluso, sa. adj. Terminado. || Díc. del juicio que está para sentencia.

concluyente. ≅convincente. ≅decisivo. adj. Que concluye o convence.

concomitancia. f. Acción y efecto de concomitar.

concomitante. adj. Que acompaña a otra cosa u obra con ella.

concomitar. tr. Acompañar una cosa a otra, u obrar juntamente con ella.

concordancia. f. Correspondencia y conformidad de una cosa con otra. || *Gram.* Conformidad de accidentes entre dos o más palabras variables. Todas éstas, menos el verbo, concuerdan en género y número; y el verbo con su sujeto, en número y persona.

concordante. adj. Que concuerda.

concordar. tr. Poner de acuerdo lo que no lo está. || intr. Convenir una cosa con otra. || *Gram.* Formar concordancia. Ú. t. c. tr.

concordato. m. Tratado o convenio sobre asuntos eclesiásticos que el gobierno de un Estado hace con la Santa Sede.

concorde. adj. Conforme, uniforme, de un mismo sentir y parecer.

concordia. f. Conformidad, unión. || Ajuste o convenio entre personas. || Unión, sortija.

concreción. f. Acumulación de varias partículas que se unen para formar masas, generalmente arriñonadas.

concrecionar. tr. y prnl. Formar concreciones.

concrescencia. f. Crecimiento simultáneo de varios órganos de un vegetal, tan cercanos que se confunden en una sola masa.

concretar. tr. Combinar, concordar. || Reducir a lo más esencial. || prnl. Reducirse a tratar o hablar de una sola cosa.

concreto, ta. adj. Díc. de cualquier objeto considerado en sí mismo, con exclusión de cuanto pueda serle extraño o accesorio. || Díc. de lo que resulta como efecto de concreción. || Tratándose del precio, determinado, que excluye toda vaguedad.

concubina. ≅barragana. ≅manceba. f. Mujer que cohabita con un hombre que no es su marido.

concubinato. ≅amancebamiento. m. Comunicación o trato de un hombre con su concubina.

conculcación. f. Acción y efecto de conculcar.

conculcar. tr. Hollar con los pies algo. || Quebrantar una ley, obligación o principio.

concuñado, da. m. y f. Cónyuge de una persona respecto del cónyuge de otra persona hermana de aquélla.

concupiscencia. f. Apetito y deseo de los bienes terrenos. || Apetito desordenado de placeres deshonestos.

concupiscente. adj. Dominado por la concupiscencia.

concupiscible. adj. Deseable. || Díc. de la tendencia de la voluntad hacia el bien sensible.

concurrencia. ≅coincidencia. ≅concurso. ≅convergencia. ≅público. f. Acción y efecto de concurrir. || Conjunto de personas que asisten a un acto o reunión. || Acaecimiento o concurso de varios sucesos o cosas a un mismo tiempo. || Asistencia, ayuda, influjo.

concurrente. adj. y s. Que concurre. || f. Epacta.

concurrido, da. adj. Díc. de lugares, espectáculos, etc., adonde concurre el público.

concurrir. intr. Juntarse en un mismo lugar o tiempo diferentes personas, sucesos o cosas. || Contribuir para determinado fin. || Convenir con otro en el parecer o dictamen. || Tomar parte en un concurso.

concursante. com. Persona que toma parte en un concurso, oposición, competencia.

concursar. tr. Tomar parte en un concurso, oposición, competencia. || *Der.* Declarar el estado de insolvencia, transitoria o definitiva, de una persona que tiene diversos acreedores.

concurso. m. Concurrencia, reunión de personas en un mismo lugar. || Reunión simultánea de sucesos, circunstancias o cosas diferentes. || Asistencia o ayuda. || Oposición para ocupar un cargo o dignidad. || Competencia entre los que aspiran a ejecutar una obra o prestar un servicio. || Competición deportiva.

concha. ≅caparazón. f. Cubierta que protege el cuerpo de los moluscos, y por ext., caparazón de las tortugas, cladóceros y otros pequeños crustáceos. || Madreperla. || Carey, chapa delgada que se saca de estas tortugas. || Mueble que se coloca en medio del proscenio de los teatros para ocultar al apuntador. || Seno muy cerrado en la costa del mar. || Parte redondeada y ancha de una charretera o capona. || fig. Cualquier cosa que tiene la forma de la concha de los animales.

conchabanza. f. Acomodación. || fam. Acción y efecto de conchabarse.

conchabar. tr. Unir, mezclar, asociar. || *Amér. m.* Asalariar, contratar al servicio doméstico. Ú. t. c. prnl. || prnl. fam. Confabularse.

conchado, da. adj. Animal que tiene conchas.

conchero. m. Depósito prehistórico de conchas y otros restos de moluscos y peces.

concho. m. Pericarpio o corteza de algunos frutos. || *Ecuad.* Túnica de la mazorca del maíz.

conchudo, da. adj. Díc. del animal cubierto de conchas. || fig. y fam. Astuto, cauteloso, sagaz.

condado. m. Dignidad honorífica de conde. || Territorio sobre el que antiguamente ejercía su señorío un conde.

condal. adj. Relativo al conde o a su dignidad.

conde. m. Título nobiliario, situado en jerarquía después del marqués y antes que el vizconde. || Entre los godos españoles, dignidad con cargos y funciones muy diversas. || Gobernador de una comarca o territorio en los primeros siglos de la Edad Media.

condecoración. f. Acción y efecto de condecorar. || Cruz, venera u otra insignia semejante de honor y distinción.

condecorar. tr. Dar o imponer condecoraciones.

condena. f. Testimonio que da de la sentencia el escribano del juzgado. || Extensión y grado de la pena. || Sentencia judicial.

condenación. f. Acción y efecto de condenar o condenarse. || Entre los católicos, la pena eterna.

condenado, da. adj. Sentenciado. || Réprobo. Ú. t. c. s. || fig. Endemoniado, perverso.

condenar. tr. Pronunciar el juez sentencia, imponiendo al reo la pena correspondiente. || Forzar a uno a hacer algo penoso. || Reprobar una doctrina u opinión. || Tabicar o incomunicar una habitación, o tapiar o cerrar una puerta, ventana, etc. || prnl. Culparse a sí mismo, confesarse culpado. || Para los católicos, incurrir en la pena eterna.

condenatorio, ria. adj. Que contiene condena o puede motivarla. || *Der.* Díc. del pronunciamiento judicial que castiga al reo.

condensabilidad. f. Propiedad de condensarse que tienen algunos cuerpos.

condensación. f. Acción y efecto de condensar o condensarse.

condensador, ra. adj. Que condensa. || m. *Fís.* Aparato para reducir los gases a menor volumen. || *Mec.* Recipiente que tienen algunas máquinas de vapor para condensar a éste después de haber actuado sobre el pistón.

condensar. ≅coagular. ≅cuajar. ≅espesar. ◁dilatar. tr. Convertir un vapor en líquido o en sólido. Ú. t. c. prnl. || Reducir una cosa a menor volumen, y darle más consistencia si es líquida. Ú. t. c. prnl. || Espesar, unir, Ú. t. c. prnl. || Concentrar lo disperso. Ú. t. c. prnl. || fig. Sintetizar, resumir, compendiar.

Condensador variable

condesa. f. Mujer del conde, o la que por sí heredó u obtuvo un condado.

condescendencia. ≅complacencia. ≅condescendencia. f. Acción y efecto de condescender.

condescender. intr. Acomodarse por bondad al gusto y voluntad de otro.

condescendiente. adj. Que condesciende. || Pronto y dispuesto a condescender.

condestable. m. El que en lo antiguo obtenía y ejercía la primera dignidad de la milicia. || Sargento en las brigadas de artillería de marina.

condición. f. Índole, naturaleza o propiedad de las cosas. || Natural, carácter o genio de los hombres. || Estado, situación especial en que se halla una persona. || Calidad del nacimiento o estado social de los hombres: *hombre de noble* ↰. || Calidad o circunstancia con que se hace o promete una cosa. || pl. Actitud o disposición.

condicional. adj. Que incluye y lleva consigo una condición o requisito. || m. *Gram.* En la gramática actual se considera como un tiempo del modo indicativo, pero antes se consideraba como un modo independiente.

condicionamiento. m. Acción y efecto de condicionar. || Limitación, restricción. Ú. m. en pl.

condicionante. adj. y s. Que determina o condiciona.

condicionar. intr. Convenir una cosa con otra. || tr. Hacer depender una cosa de alguna condición. || En la industria textil, determinar para fines comerciales las condiciones de ciertas fibras.

condigno, na. adj. Díc. de lo que corresponde a otra cosa o se sigue naturalmente de ella: *el premio es* ↰ *a la virtud.*

cóndilo. m. Eminencia redondeada, en la extremidad de un hueso, que forma articulación encajando en el hueco correspondiente de otro hueso.

condimentación. f. Acción y efecto de condimentar.

condimentar. tr. Sazonar los manjares.

condimento. m. Lo que sirve para sazonar la comida y darle buen sabor.

condiscípulo, la. m. y f. Persona que estudia o ha estudiado con otra u otras bajo la dirección de un mismo maestro.

condolencia. f. Participación en el pesar ajeno. || Pésame.

condolerse. prnl. Compadecerse de lo que otro siente o padece.

condón. m. Funda o cubierta de goma que sirve para cubrir el pene durante el coito.

condonación. f. Acción y efecto de condonar.

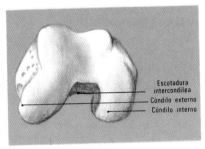

Escotadura intercondílea
Cóndilo externo
Cóndilo interno

Cóndilo

condonar. tr. Perdonar, remitir.

cóndor. m. Ave rapaz diurna, de la misma familia que el buitre. Habita en los Andes y es la mayor de las aves que vuelan. || Antigua moneda de oro de Chile y de Ecuador.

condotiero. m. General o cabeza de soldados mercenarios italianos. || Soldado mercenario.

condrila. f. Planta herbácea compuesta, de flores amarillas. De su raíz se saca liga.

conducción. f. Acción y efecto de conducir, llevar o guiar alguna cosa. || Ajuste hecho por precio y salario. || Conjunto de conductos dispuestos para el paso de algún fluido.

conducente. adj. Que conduce.

conducir. tr. Llevar, transportar de una parte a otra. || Guiar o dirigir hacia un paraje o sitio. || Guiar un vehículo automóvil. || Dirigir un negocio o la actuación de una colectividad. || Ajustar, concertar por precio o salario. || intr. Convenir, ser a propósito para algún fin. || prnl. Comportarse, proceder de esta o la otra manera.

conducta. f. Manera de conducirse o comportarse una persona.

conductibilidad. f. *Fís.* Conductividad.

conductismo. m. Doctrina psicológica exclusivamente basada en la observación del comportamiento objetivo del ser que se estudia.

conductista. adj. y s. Relativo al conductismo.

conductividad. f. Calidad de conductivo. || *Fís.* Propiedad natural de los cuerpos, que consiste en transmitir el calor o la electricidad.

conductivo, va. adj. Díc. de lo que tiene virtud de conducir.

conducto. m. Canal, comúnmente cubierto, que sirve para dar paso y salida a las aguas y otras cosas. || Cada uno de los tubos o canales que en los animales y vegetales sirven para las funciones fisiológicas: ∼ *auditivo, deferente, hepático.*

|| fig. Mediación o intervención de una persona para la solución de un negocio, obtención de noticias, etc. || fig. Medio o vía que se sigue en algún negocio.

conductor, ra. adj. y s. Que conduce. || *Fís.* Díc. de los cuerpos que, en mayor o menor medida, conducen el calor y la electricidad.

condueño. com. Dueño con otro de alguna cosa.

condumio. m. fam. Manjar que se come con pan.

condurango. m. Planta sarmentosa, que vive en Ecuador y Colombia.

conectar. tr., intr. y prnl. Establecer contacto entre dos partes de un sistema mecánico o eléctrico. || Unir, enlazar, establecer relación, poner en comunicación.

coneja. f. Hembra del conejo. || fig. Mujer que tiene muchos hijos.

conejera. f. Madriguera donde se crían conejos. || fig. Cueva estrecha y larga. || fig. y fam. Casa donde se suele juntar mucha gente de mal vivir. || fig. y fam. Sótano, cueva o lugar estrecho donde se recogen muchas personas.

conejero, ra. adj. Que caza conejos: *perro* ∼. || m. y f. Persona que cría o vende conejos.

conejillo. m. Conejo pequeño. || Cobaya.

conejito. m. Planta ranunculácea que se cultiva en los jardines por sus flores.

conejo. m. Mamífero de unos cuatro decímetros de largo, pelo espeso, orejas largas, patas posteriores más largas que las anteriores y cola

Conejos domésticos

muy corta. Se domestica fácilmente y su carne es comestible.

conexión. ≅empalme. ≅relación. f. Enlace, concatenación. || Acción y efecto de conectar o conectarse. || Punto donde se realiza el enlace entre aparatos o sistemas. || pl. Amistades, mancomunidad de ideas o de intereses.

conexionarse. prnl. Contraer conexiones.

conexivo, va. adj. Díc. de lo que puede unir o juntar una cosa con otra.

conexo, xa. adj. Enlazado, relacionado. || *Der.* Díc. de los delitos que por su relación deben ser objeto de un mismo proceso.

confabulación. ≅complot. ≅conspiración. ≅trama. f. Acción o efecto de confabular o confabularse.

confabular. ≅conspirar. ≅tramar. intr. Conferir, tratar una cosa entre dos o más personas. || prnl. Ponerse de acuerdo dos o más personas sobre un negocio en que no son ellas solas las interesadas.

confección. f. Acción y efecto de confeccionar. || Medicamento compuesto de varias substancias pulverizadas. || Hechura de prendas de vestir. || pl. Prendas de vestir que se venden hechas, a diferencia de las que se encargan a medida.

confeccionar. tr. Hacer determinadas cosas materiales, especialmente compuestas, como licores, dulces, venenos, prendas de vestir, etc. || Por ext., preparar o hacer obras de entendimiento, como presupuestos, estadísticas, etc.

confeccionista. adj. y s. Díc. de la persona que se dedica a la fabricación o comercio de ropas hechas.

confederación. f. Alianza, liga, unión o pacto entre personas, grupos o Estados. || Conjunto resultante de esta alianza.

confederado, da. adj. y s. Que entra o está en una confederación. || Díc. de los Estados y combatientes que pertenecían a la Confederación Sudista.

confederar. tr. y prnl. Hacer alianza, liga o unión o pacto entre varios.

conferencia. f. Plática entre dos o más personas para tratar de algún asunto. || Disertación en público sobre algún punto doctrinal. || Reunión de representantes de gobiernos o Estados para tratar asuntos internacionales. || Comunicación telefónica interurbana o internacional.

conferenciante. com. Persona que diserta en público sobre algún punto doctrinal.

conferenciar. intr. Platicar una o varias personas con otra u otras.

conferir. tr. Conceder, asignar a uno dignidad o derechos. || Examinar entre varias personas algún punto o negocio. || Cotejar y comparar una cosa con otra. || Tratándose de órdenes, instrucciones, etc., comunicarlas para su cumplimiento. || Atribuir o prestar una cualidad no física a una persona o cosa. || intr. Conferenciar.

confesar. ◁ocultar. tr. Manifestar uno sus hechos, ideas o sentimientos. Ú. t. c. prnl. || Reconocer y declarar uno, obligado por la fuerza de la razón o por otro motivo, lo que sin ello no reconocería ni declararía. || Declarar al confesor en el sacramento de la penitencia. Ú. t. c. prnl. || Oír el confesor al penitente en el sacramento de la penitencia. || *Der.* Declarar el reo o el litigante ante el juez.

confesión. f. Declaración que uno hace de lo que sabe. || Declaración al confesor de los pecados que uno ha cometido. || *Der.* Declaración del litigante o del reo en el juicio. || Credo religioso y conjunto de personas que lo profesan.

confesional. adj. y s. Relativo a una confesión religiosa.

confesionalidad. f. Calidad de confesional.

confeso, sa. ≅converso. adj. Que ha confesado su delito o culpa.

confesonario. m. Mueble dentro del cual se coloca el sacerdote para oír las confesiones sacramentales en las iglesias.

confesor. m. Cristiano que profesa públicamente la fe de Jesucristo. || Sacerdote que, con licencia del ordinario, confiesa a los penitentes.

confeti. m. Pedacitos de papel de varios colores, recortados en varias formas, que se arrojan las personas unas a otras en los días de carnaval.

confiado, da. adj. Crédulo, imprevisor.

confianza. ≅fe. ≅franqueza. ≅llaneza. ≅seguridad. f. Esperanza firme que se tiene de una persona o cosa. || Ánimo, aliento y vigor para obrar. || Familiaridad en el trato. || Familiaridad o libertad excesiva. Ú. m. en pl.: *se está tomando muchas* ∽s.

confiar. ≅encomendar. ≅fiar. intr. Esperar con firmeza y seguridad. || tr. Encargar o poner al cuidado de uno algún negocio u otra cosa. || Depositar en uno, más seguridad que la buena fe y la opinión que de él se tiene, la hacienda, el secreto u otra cualquier cosa. Ú. t. c. prnl. y c. intr.

confidencia. f. Revelación secreta, noticia reservada.

confidencial. ≅reservado. ≅secreto. adj. Que

se hace o se dice en confianza o con seguridad recíproca entre dos o más personas: *carta* ⌐.

confidente, ta. adj. Fiel, seguro, de confianza. ‖ m. Canapé de dos asientos. ‖ m. y f. Persona a quien otra fía sus secretos o le encarga la ejecución de cosas reservadas.

configuración. ≅figura. ≅forma. f. Disposición de las partes que componen un cuerpo y le dan su peculiar figura.

configurar. tr. y prnl. Dar determinada figura a una cosa.

confín. ≅frontera. ≅linde. m. Término o raya que divide las poblaciones, provincias, naciones, etc. ‖ Último término a que alcanza la vista.

confinamiento. m. Acción y efecto de confinar. ‖ Pena consistente en relegar al condenado a cierto lugar seguro para que viva en libertad, pero bajo vigilancia de las autoridades.

confinar. intr. Lindar, estar contiguo a otro territorio, mar, río, etc. ‖ tr. Desterrar a alguien, señalándole un paraje determinado de donde no puede salir en cierto tiempo.

confirmación. f. Acción y efecto de confirmar. ‖ Nueva prueba de la certeza de algo. ‖ Uno de los siete sacramentos de la Iglesia católica; fortalece y da la madurez a la vida espiritual del cristiano. Imprime carácter.

confirmando, da. m. y f. Persona que va a recibir el sacramento de la confirmación.

confirmar. ≅comprobar. ≅convalidar. ≅ratificar. ≅reafirmar. ◁rectificar. tr. Corroborar la verdad de algo. ‖ Asegurar. Ú. t. c. prnl.: *me confirmé en mis sospechas*. ‖ Administrar el sacramento de la confirmación.

confirmatorio, ria. adj. Auto o sentencia por el que se confirma otro auto o sentencia anteriores.

confiscación. ≅comiso. ≅decomiso. f. Acción y efecto de confiscar.

confiscar. tr. Privar a alguien de sus bienes y aplicarlos al fisco.

confiscatorio, ria. adj. Relativo a la confiscación.

confitar. tr. Cubrir con baño de azúcar las frutas o semillas para hacerlas más gratas al paladar. ‖ Cocer las frutas en almíbar.

confite. m. Pasta hecha de azúcar y algún otro ingrediente, ordinariamente en forma de bolillas de varios tamaños. Ú. m. en pl.

confitería. ≅pastelería. f. Tienda en que se venden dulces.

confitero, ra. m. y f. Persona que hace o vende dulces.

confitura. f. Fruta u otra cosa confitada.

conflación. f. Acción y efecto de fundir.

conflagración. f. Incendio. ‖ fig. Guerra.

conflagrar. tr. Inflamar, incendiar, quemar alguna cosa.

conflictivo, va. adj. Que origina conflicto. ‖ Relativo a éste: *situación, persona* ⌐.

conflicto. m. Lo más recio de un combate. ‖ fig. Lucha. ‖ fig. Apuro.

confluencia. f. Acción de confluir. ‖ Paraje donde confluyen los caminos, los ríos y otras corrientes de agua.

confluir. ≅afluir. intr. Juntarse dos o más ríos u otras corrientes de agua en un mismo paraje. ‖ fig. Juntarse en un punto dos o más caminos. ‖ fig. Concurrir en un sitio mucha gente que viene de diversas partes. ‖ fig. Concurrir diversos factores en un determinado hecho o fenómeno.

confor. m. Comodidad.

conformación. f. Colocación, distribución de las partes que forman un conjunto.

conformar. tr., intr. y prnl. Ajustar, concordar una cosa con otra. ‖ intr. y prnl. Convenir una persona con otra, de ser su misma opinión. ‖ prnl. Sujetarse a algo.

conforme. adj. Igual, proporcionado, correspondiente. ‖ Acorde con otro en un mismo dictamen. ‖ Paciente en las adversidades. ‖ m. Asentimiento que se pone al pie de un escrito: *el ministro puso el* ⌐. ‖ adv. m. que denota relaciones de conformidad: ⌐ *a derecho*.

conformidad. f. Semejanza entre dos personas. ‖ Igualdad, correspondencia de una cosa con otra. ‖ Concordia, unión. ‖ Simetría y debida proporción entre las partes que componen un todo. ‖ Tolerancia ante las dificultades.

conformismo. m. Práctica del que con demasiada facilidad se adapta a cualesquiera circunstancias.

conformista. adj. y s. Que practica el conformismo.

confort. m. Confor.

confortable. adj. Díc. de lo que produce comodidad: *sillón* ⌐.

confortar. ≅alentar. ≅fortalecer. ≅vigorizar. ◁desalentar. tr. y prnl. Dar vigor o animar.

confraternidad. f. Hermandad de parentesco o de amistad.

confraternizar. intr. Tratarse con amistad. ‖ Establecer trato o amistad personas separadas por alguna diferencia social, de grupos, intereses, etc.

confrontación. f. Careo entre dos o más personas. ‖ Cotejo de una cosa con otra.

confrontar. ≅comparar. ≅compulsar. tr. Carear una persona con otra. || Cotejar una cosa con otra, y especialmente escritos.

confucianismo. m. Sistema filosófico y religioso originado en las enseñanzas de Confucio.

confucianista. adj. y s. De Confucio.

confulgencia. f. Brillo simultáneo: ∽ *de muchas estrellas.*

confundir. tr. y prnl. Mezclar dos o más cosas diversas, de modo que las partes de las unas se incorporen con las de las otras. || Desordenar una cosa. || fig. Humillar. || fig. Turbar a uno de manera que no acierte a explicarse. Ú. t. c. prnl.

confusión. f. Acción y efecto de confundir. || fig. Perplejidad, desasosiego. || Humillación.

confusionismo. m. Confusión y obscuridad en las ideas o en el lenguaje, producida por lo común deliberadamente.

confusionista. adj. Relativo al confusionismo. || com. Persona que lo practica.

confuso, sa. adj. Mezclado, revuelto. || Obscuro, dudoso. || fig. Turbado.

conga. f. Danza popular de Cuba, de origen africano, que consta de tres pasos, seguidos de un sacudimiento de todo el cuerpo. || Música de esta danza.

congelación. f. Acción y efecto de congelar o congelarse.

congelador. m. Compartimiento del frigorífico, con temperatura más baja que la de éste.

congelar. tr. Helar un líquido. Ú. m. c. prnl. || Someter alimentos a muy bajas temperaturas para poder retrasar su consumo. || Dañar el frío los tejidos orgánicos. Ú. m. c. prnl.

congénere. adj. y s. Del mismo género, de un mismo origen o de la propia derivación.

congeniar. intr. Tener dos o más personas genio, carácter o inclinaciones que concuerdan fácilmente.

congénito, ta. adj. Que se engendra juntamente con otra cosa. || Connatural, como nacido de uno.

congestión. f. Acumulación excesiva de sangre en alguna parte del cuerpo. || fig. Concurrencia excesiva de personas, vehículos, etc., que ocasiona un entorpecimiento del tráfico en un paraje o vía pública.

congestionar. tr. Producir congestión en una parte del cuerpo. || prnl. Acumularse más o menos rápidamente la sangre en una parte del cuerpo. || Producirse una concurrencia excesiva de personas, vehículos, etc.

congestivo, va. adj. Relativo a la congestión.

conglomerado. m. Efecto de conglomerar o conglomerarse. || Materia conglomerada.

conglomerar. ◁disgregar. tr. Aglomerar. || Unir o agrupar fragmentos o corpúsculos de una misma o de diversas substancias con tal coherencia que resulte una masa compacta. Ú. t. c. prnl.

conglutinar. tr. y prnl. Aglutinar.

congoja. f. Desmayo, angustia del ánimo.

congojoso, sa. adj. Que causa u ocasiona congoja. || Angustiado, afligido.

congoleño, ña o **congolés, sa.** adj. y s. Del Congo.

congosto. m. Desfiladero entre montañas.

congraciamiento. m. Acción y efecto de congraciar o congraciarse.

congraciar. tr. y prnl. Conseguir la benevolencia de alguien.

congratulación. ≅felicitación. f. Acción y efecto de congratular o congratularse.

congratularse. prnl. Manifestar alegría y satisfacción a la persona a quien ha acaecido un suceso feliz. Ú. t. c. tr.

congregación. f. Junta o reunión para tratar algún asunto. || Hermandad autorizada de devotos. || Institución religiosa cuyos miembros viven en

Conglomerado rojizo

comunidad y emiten votos simples. || Reunión de monasterios de la misma orden.

congregante, ta. ≅cofrade. m. y f. Individuo de una congregación.

congregar. tr. y prnl. Juntar, reunir.

congresista. com. Miembro de un congreso científico, económico, etc.

congreso. ≅cámara. ≅parlamento. m. Junta de varias personas para deliberar sobre algún negocio, y más comúnmente la que se hace para tratar asuntos de gobierno. || Conferencia generalmente periódica en que los miembros de una asociación, cuerpo, organismo, profesión, etc., se reúnen para debatir cuestiones previamente fijadas. || Edificio donde los diputados a Cortes celebran sus sesiones. || En algunos países, asamblea nacional, como en España, el Congreso de los Diputados.

congrio. m. Pez marino, con la carne blanca y comestible, pero con muchas espinas finas.

congruencia. f. Conveniencia, oportunidad. || Expresión algebraica que manifiesta que dos números son congruentes y suele representarse con tres rayas horizontales puestas entre dichos números.

congruente. adj. Conveniente, oportuno.

congruidad. f. Conveniencia, oportunidad.

congruo, grua. adj. Conveniente, oportuno.

conicidad. f. Calidad de cónico. || Forma o figura cónica.

cónico, ca. adj. Relativo al cono. || De forma de cono.

conidio. m. Espora asexual de muchos hongos, que se forma frecuentemente por gemación.

conífero, ra. adj. y f. Díc. de los árboles y arbustos gimnospermos, de hojas persistentes, aciculares o en forma de escamas, fruto cónico, y ramas que también presentan un contorno cónico; como el ciprés y el pino. || f. pl. Clase de estas plantas.

conimbricense. adj. y s. De Coímbra.

conirrostro, a. adj. y s. Díc. de los pájaros con el pico cónico, corto y robusto, propio de las aves granívoras. Como el gorrión, la alondra y el cuervo. || m. pl. Suborden de estos pájaros.

conivalvo, va. adj. De concha cónica.

conjetura. ≅hipótesis. ≅supuesto. f. Juicio probable que se forma de algo: *hacer* ⌣*s sobre el futuro.*

conjetural. adj. Fundado en conjeturas: *poseían en ese asunto una opinión meramente* ⌣.

conjeturar. ≅calcular. ≅creer. ≅suponer. tr. Formar juicio de algo por indicios.

Coníferas. Pinar en Covaleda (Soria)

conjugación. f. Fusión en uno de los núcleos de las células reproductoras de los seres vivos. || *Gram.* Acción y efecto de conjugar.

conjugar. tr. Combinar varias cosas entre sí. || Poner o decir en serie ordenada las palabras de varia inflexión con que en el verbo se denotan sus diferentes modos, tiempos, números y personas.

conjunción. f. Junta, unión. || Situación relativa de dos astros cuando tienen la misma longitud. || *Gram.* Parte invariable de la oración que une palabras u oraciones, señalando la relación existente entre ellas.

conjuntar. tr. y prnl. Coordinar.

conjuntiva. f. Membrana mucosa muy fina que tapiza interiormente los párpados de los vertebrados.

conjuntivitis. f. Inflamación de la conjuntiva.

conjuntivo, va. adj. Que junta y une una cosa con otra: *tejido* ⌣. || *Gram.* Relativo a la conjunción: *modo* ⌣; *locución* ⌣.

conjunto, ta. adj. Unido o contiguo a otra cosa. || Mezclado, incorporado con otra cosa diversa. || m. Agregado de varias cosas o personas: ⌣ *musical.* || Totalidad de algo en que no se consideran los detalles. || *Mat.* Colección de elementos que cumplen una determinada condición característica.

conjuración. ≅complot. ≅conspiración. f.

Concierto o acuerdo hecho contra el Estado o una autoridad de éste: *la ∿ de Catilina.*

conjurar. intr. Ligarse con otro, mediante juramento, para algún fin. Ú. t. c. prnl. || fig. Conspirar, uniéndose muchas personas o cosas contra uno, para hacerle daño o perderle. || tr. Exorcizar. || Rogar encarecidamente, pedir con instancia y con alguna especie de autoridad una cosa. || Impedir, alejar un daño.

conjuro. m. Acción y efecto de conjurar, exorcizar. || Imprecación ritual de mágicos y hechiceros. || Ruego encarecido.

conllevar. ≅soportar. ≅sufrir. tr. Llevar una cosa con otro u otros. || Aguantar a alguien sus impertinencias. || Ejercitar la paciencia en los casos adversos. || Implicar, suponer, acarrear. || Contener, comprender, abarcar.

conmemorable. adj. Digno de conmemoración.

conmemoración. f. Memoria o recuerdo que se hace de una persona o cosa.

conmemorar. tr. Hacer memoria o conmemoración.

conmemorativo, va o **conmemoratorio, ria.** adj. Que recuerda a una persona o cosa, o hace conmemoración de ella: *monumento ∿.*

conmensuración. f. Medida, igualdad o proporción que tiene una cosa con otra.

conmensurar. tr. Medir con igualdad o debida proporción.

conmensurativo, va. adj. Que sirve para medir o conmensurar.

conmigo. Forma especial, ablativo sing., m. y f., del pron. pers. *mi*, cuando va precedido de la prep. *con.*

conminación. f. Acción y efecto de conminar.

conminar. tr. Amenazar, manifestar con actos o palabras que se quiere hacer algún mal a otro. || Amenazar la autoridad con penas y castigos.

conminatorio, ria. adj. y s. Díc. del mandato o juramento que conmina.

conmiseración. f. Compasión que uno tiene del mal de otro.

conmoción. ≅choque. ≅levantamiento. ≅sacudida. ≅tumulto. f. Movimiento o perturbación violenta del ánimo o del cuerpo: *∿ cerebral.* || fig. Alteración de una multitud, ciudad, etc. || Movimiento sísmico muy perceptible.

conmocionar. tr. Producir conmoción.

conmover. ◁tranquilizar. tr. y prnl. Perturbar, inquietar, alterar, mover fuertemente o con eficacia. || Enternecer, mover a compasión.

conmutabilidad. f. Calidad de conmutable.

conmutación. f. Acción y efecto de conmutar.

|| *Ret.* Retruécano, inversión de términos en el discurso.

conmutador, ra. adj. Que conmuta. || m. *Arg., Col., C. Rica, P. Rico y Salv.* Centralita telefónica. || Pieza de los aparatos eléctricos que sirve para que una corriente cambie de conductor.

conmutar. ≅permutar. ≅trocar. tr. Cambiar una cosa por otra. || Substituir castigos impuestos por otros menos graves. || Substituir obligaciones o trabajos compensándolos con otros más leves. || Dar validez en un centro, carrera o país a estudios aprobados en otro.

conmutativo, va. adj. Que conmuta: *contrato ∿.* || *Mat.* Díc. de la propiedad de ciertas operaciones cuyo resultado no varía cambiando el orden de sus términos o elementos. Díc. también de las operaciones que tienen esta propiedad.

connatural. ≅congénito. ≅natural. adj. Propio o conforme a la naturaleza del ser viviente.

connivencia. ≅acuerdo. ≅contubernio. f. Disimulo o tolerancia en el superior acerca de las transgresiones que cometen sus súbditos contra las leyes. || Confabulación.

connivente. adj. Que forma connivencia.

connotación. f. Acción y efecto de connotar.

connotar. tr. Hacer relación. || *Gram.* Significar la palabra dos ideas: una accesoria y otra principal.

connotativo, va. adj. Díc. de lo que connota.

connovicio. m. y f. Novicio o novicia a un mismo tiempo con otro u otra en una orden religiosa.

cono. m. Fruto de las coníferas. || Volumen limitado por una superficie cónica, cuya directriz es una circunferencia, y por un plano que forma su base. || Superficie cónica. || Montaña o agrupación de lavas, cenizas y otras materias, de forma cónica. || Prolongación de cada una de ciertas células de la retina de los vertebrados, que está situada en la llamada capa de los conos y bastoncillos y recibe las impresiones luminosas de color.

conocedor, ra. ≅experto. ≅versado. adj. y s. Avezado por práctica o estudio a penetrar y discernir la naturaleza y propiedades de algo: *es un buen ∿ de las aves.*

conocer. tr. Averiguar por el ejercicio de las facultades intelectuales la naturaleza, cualidades y relaciones de las cosas. || Entender, echar de ver. || Tener trato y comunicación con alguno. Ú. t. c. prnl. || *Der.* Entender en un asunto con facultad legítima para ello. || prnl. Juzgar justamente de sí propio.

conocido, da. adj. Distinguido, ilustre. || m. y f. Persona con quien se tiene trato o comunicación, pero no amistad.

conocimiento. ≅inteligencia. m. Acción y efecto de conocer. || Entendimiento, razón natural. || Conocido, persona con quien se tiene trato pero no amistad. || pl. Noción, ciencia, sabiduría.

conoide. m. Sólido limitado por una superficie curva con punta o vértice a semejanza del cono. || Superficie engendrada por una recta que se mueve apoyándose en una curva o superficie llamada eje, que se conserva paralela a un plano, llamado plano director, el cual no debe ser paralelo al eje.

conoideo, a. adj. Que tiene figura cónica. Se aplica comúnmente a cierta especie de conchas.

conopeo. m. Velo que cubre el sagrario en que hay reservada eucaristía. Es blanco o del color litúrgico del día.

conque. conj. il. con la cual se enuncia una consecuencia natural de lo que acaba de decirse. Ú. después de punto final, ya refiriéndose a lo que se tiene sabido o antes se ha expresado, ya sólo para apoyar la frase o cláusula que sigue: ⌁ ¿está Vd. de enhorabuena?

conquense. adj. y s. De Cuenca (España).

conquiforme. adj. De figura de concha.

conquista. f. Acción y efecto de conquistar. || Cosa conquistada. || Persona cuyo amor se logra.

conquistar. ≅persuadir. ≅seducir. ≅tomar. ◁perder. tr. Ganar mediante operación de guerra un territorio, población, posición, etc. || Ganar o conseguir algo, generalmente con esfuerzo, habilidad o venciendo algunas dificultades: ⌁ una posición social elevada. || fig. Ganar la voluntad de una persona, o traerla uno a su partido. || fig. Lograr el amor de una persona.

consabido, da. adj. Que es sabido por cuantos intervienen en un acto de comunicación. || Conocido, habitual, característico.

consaburense. adj. y s. De Consuegra.

consagración. f. Acción y efecto de consagrar o consagrarse.

consagrar. tr. Hacer sagrada a una persona o cosa. || Pronunciar el sacerdote en la misa las palabras de la transubstanciación. || Dedicar, ofrecer a Dios por culto o voto una persona o cosa. Ú. t. c. prnl. || Conferir a alguien fama o preeminencia en determinada actividad. Ú. t. c. prnl.: aquella novela lo consagró como gran escritor. || fig. Dedicar con suma eficacia y ardor una cosa a determinado fin: ⌁ la vida a la defensa de la verdad. Ú. t. c. prnl.: ⌁ al estudio.

consanguíneo, a. adj. y s. Díc. de la persona que tiene parentesco de consanguinidad con otra.

consanguinidad. f. Unión, por parentesco natural, de varias personas que descienden de una misma raíz o tronco.

consciente. adj. Que siente, piensa, quiere y obra con conocimiento de lo que hace. || Lo que se hace en estas condiciones.

consecución. f. Acción y efecto de conseguir.

consecuencia. ≅conclusión. ≅deducción. ≅resultado. ◁causa. f. Lóg. Proposición que se deduce de otra o de otras, con enlace tan riguroso que, admitidas o negadas las premisas, es ineludible el admitirla o negarla. || Hecho o acontecimiento que se sigue o resulta de otro. || Correspondencia lógica entre la conducta de un individuo y los principios que profesa. || Lóg. Ilación o enlace del consiguiente con sus premisas.

consecuente. adj. Que sigue en orden respecto de una cosa, o está situado o colocado a su continuación. || Díc. de la persona cuya conducta guarda correspondencia lógica con los principios que profesa. || m. Proposición que se deduce de otra que se llama antecedente. || Álg. y Arit. Segundo término de una razón, ya sea por diferencia, ya por cociente, a distinción del primero, que se llama antecedente. || Gram. Segundo de los términos de la relación gramatical.

consecutivo, va. adj. Díc. de las cosas que se siguen o suceden sin interrupción. || Que sigue inmediatamente a otra cosa o es consecuencia de ella. || Díc. de la oración gramatical que expresa consecuencia de lo indicado en otra u otras: pienso, luego existo. || Díc. de la conjunción o locución conjuntiva que expresa relación de consecuencia: luego, pues, conque, por tanto, así que, de modo que, etc.

conseguir. ≅obtener. ◁malograr. tr. Alcanzar, lograr lo que se desea.

conseja. f. Cuento, fábula, patraña, ridículos y de sabor antiguo. || Junta para tratar de cosas ilícitas.

consejería. f. Lugar, establecimiento, oficina, etc., donde funciona un consejo. || Cargo de consejero.

consejero, ra. ≅asesor. ≅maestro. m. y f. Persona que aconseja o sirve para aconsejar. || Persona que tiene plaza en algún Consejo.

consejo. m. Parecer o dictamen que se da o toma para hacer o no hacer una cosa. || Organismo encargado oficialmente de una función consultiva, legislativa, judicial o administrativa. || Hist. Antiguo tribunal supremo para cuestiones de gobierno y administración de justicia: *Consejo de Castilla.* || Acuerdo.

consenso. m. Asenso, consentimiento, y más particularmente el de todas las personas que componen una corporación o el de varios partidos políticos en torno a un tema de interés general para un país.

consentido, da. adj. Díc. del marido que sufre la infidelidad de su mujer. || Aplícase a la persona mimada con exceso.

consentimiento. m. Acción y efecto de consentir. || Conformidad de voluntades entre los contratantes, o sea entre la oferta y su aceptación, que es el principal requisito de los contratos.

consentir. tr. Permitir algo o condescender en que se haga. Ú. t. c. intr. || Mimar a los hijos, ser muy indulgente con los niños o con los inferiores. || *Der.* Otorgar, obligarse.

conserje. m. El que tiene a su cuidado la custodia, limpieza y llaves de un palacio, alcázar o establecimiento público.

conserjería. f. Oficio y empleo de conserje. || Habitación que el conserje ocupa en el edificio que está a su cuidado.

conserva. f. Alimento preparado de forma que se mantenga inalterable en sus propiedades.

conservación. f. Acción y efecto de conservar o conservarse.

conservador, ra. ◁progresista. adj. y s. Que conserva. || De ideología moderada en política y otros campos de la vida humana.

conservaduría. f. Cargo de conservador en algunas dependencias públicas. || Oficina del mismo.

conservadurismo. m. Actitud conservadora en política, ideología, etc.

conservar. tr. Mantener una cosa o cuidar de su permanencia. || Hablando de costumbres, virtudes y cosas semejantes, continuar la práctica de ellas. || Guardar con cuidado una cosa. || Hacer conservas. || prnl. Continuar en un determinado estado o situación. Apl. a personas, mantener el aspecto o la forma física.

conservatorio, ria. adj. Que contiene y conserva alguna o algunas cosas. || m. Establecimiento, oficial por lo común, en el que se dan enseñanzas de música, declamación y otras artes conexas.

conservero, ra. adj. Relativo a las conservas: *industria* ⌣. || m. y f. Persona que tiene por oficio hacer conservas o que sabe hacerlas. || Propietario de una industria conservera.

considerable. adj. Digno de consideración. || Grande, cuantioso.

consideración. f. Acción y efecto de considerar. || En los libros espirituales, asunto o materia sobre lo que se ha de considerar o meditar. || Urbanidad, respeto.

considerado, da. adj. Pensado, meditado. || Juzgado, estimado. || adj. Que tiene por costumbre obrar con meditación y reflexión. || Que recibe de los demás muestras repetidas de atención y respeto.

considerar. tr. Pensar, reflexionar una cosa con cuidado. || Tratar a alguien con respeto. || Juzgar, estimar. U. t. c. prnl.

consigna. f. *Mil.* Órdenes que se dan al que manda un puesto, y las que éste manda observar al centinela. || Hablando de agrupaciones políticas, sindicales, etc., orden que una persona u organismo dirigente da a los subordinados o afiliados. || En las estaciones de ferrocarril, aeropuertos, etc., local en que los viajeros depositan temporalmente equipajes, paquetes, etc.

consignación. f. Acción y efecto de consignar. || Cantidad consignada para atender a determinados gastos o servicios.

consignador. m. El que consigna sus mercancías o naves a la disposición de un corresponsal suyo.

consignar. tr. Señalar y destinar el rédito de una finca o efecto para el pago de una cantidad o renta que se debe o se constituye. || Asentar en un presupuesto una partida para atender a determinados gastos o servicios. || Entregar por vía de depósito, poner en depósito una cosa. || Enviar las mercaderías a manos de un corresponsal. || Depositar a disposición de la autoridad judicial la cosa debida.

consignatario. m. Aquel para quien va destinado un buque, un cargamento o una partida de mercaderías. || Persona que en los puertos de mar representa al armador de un buque para entender en los asuntos administrativos que se relacionan con su carga y pasaje.

consigo. Forma especial, ablativo sing. y pl., m. y f., del pron. pers. *sí,* cuando va precedido de la prep. *con.*

consiguiente. adj. Que depende y se deduce de otra cosa. || m. *Lóg.* Proposición que, admitidas las premisas, es innegable.

consiliario, ria. m. y f. Consejero, persona que aconseja o sirve para aconsejar.

consistencia. f. Duración, estabilidad, solidez.

253

|| Trabazón, coherencia entre las partículas de una masa.

consistente. adj. Que tiene consistencia.

consistir. intr. Estribar, estar fundada una cosa en otra. || Ser efecto de una causa. || Estar y criarse una cosa encerrada en otra.

consistorial. adj. Relativo al consistorio: *casas* ⌐*es.* Ú. t. c. s. || Díc. de la dignidad eclesiástica que se proclama en un consistorio papal: *relación de beneficios* ⌐ *es.*

consistorio. m. Consejo que tenían los emperadores romanos para tratar los negocios más importantes. || Junta que celebra el Papa con asistencia de los cardenales. || En algunas ciudades y villas principales de España, ayuntamiento o cabildo secular.

consola. f. Mesa hecha para estar arrimada a la pared; se destina de ordinario a sostener adornos.

consolación. f. Acción y efecto de consolar o consolarse.

consolar. tr. y prnl. Aliviar la pena o aflicción de uno.

consolidación. f. Acción y efecto de consolidar o consolidarse.

consolidar. tr. Dar firmeza y solidez a una cosa. || fig. Asegurar del todo, afianzar más y más una cosa; como la amistad, la alianza, etc.

consomé. m. Caldo en que se ha sacado la substancia de la carne.

consonancia. f. Identidad de sonido en la terminación de dos palabras, desde la vocal que lleva el acento. || fig. Relación de igualdad o conformidad que tienen algunas cosas entre sí.

consonante. adj. Díc. de cualquier voz con respecto a otra de la misma consonancia. Ú. t. c. s. m. || fig. Que tiene relación de igualdad o conformidad con otra cosa, de la cual es correspondiente y correlativa. || Que forma consonancia. Ú. t. c. s.

consonántico, ca. adj. Relativo a las consonantes. || Relativo a la consonancia.

consonantismo. m. Sistema consonántico de una lengua.

consonantizar. tr. y prnl. Transformar en consonante una vocal, como la *u* de *Paulo* en la *b* de *Pablo.*

consorcio. m. Participación y comunicación de una misma suerte con uno o varios. || Unión y compañía de los que viven juntos. || Gran empresa formada por la fusión de otras de menor tamaño.

consorte. com. Persona que es partícipe y compañera con otra u otras en la misma suerte.

|| Marido respecto de la mujer, y mujer respecto del marido.

conspicuo, cua. adj. Ilustre, visible, sobresaliente.

conspiración. f. Acción de conspirar; unirse contra un superior o un particular.

conspirador, ra. m. y f. Persona que conspira.

conspirar. ≅tramar. intr. Unirse algunos contra su superior o soberano. || Unirse contra un particular para hacerle daño. || fig. Concurrir varias cosas a un mismo fin.

constancia. ≅tesón. f. Firmeza y perseverancia del ánimo en las resoluciones y en los propósitos.

constancia. f. Acción y efecto de hacer constar alguna cosa de manera fehaciente. || Certeza, exactitud de algún hecho o dicho. || Escrito en que se ha hecho constar algún acto o hecho, a veces de manera fehaciente. Ú. m. con los verbos *haber, dejar,* etc.

constante. ≅firme. adj. Que tiene constancia. || Dicho de las cosas, persistente, durable. || *Ling.* Dícese de la oposición que se produce en cualquier posición de los fonemas. || f. *Mat.* Variable que tiene un valor fijo en un determinado proceso, cálculo, etc. Ú. t. c. s. f.

constantinopolitano, na. adj. y s. De Constantinopla.

constar. ≅consistir. ≅constituir. intr. Ser cierta y manifiesta alguna cosa. || Quedar registrada por escrito una cosa, o notificada oralmente a una o varias personas. || Tener un todo determinadas partes: *el cuerpo consta de cabeza, tronco y extremidades.* || Tener un verso la medida y acentuación de las de su clase.

constatación. f. Acción y efecto de constatar.

constatar. tr. Comprobar un hecho, establecer su veracidad, dar constancia de él.

constelación. f. Conjunto de estrellas identificable a simple vista y cuyo nombre alude con más o menos exactitud a la configuración que forman: *Cisne, Delfín,* etc.

consternación. f. Acción y efecto de consternar o consternarse.

consternar. tr. y prnl. Conturbar mucho y abatir el ánimo.

constipado. m. Catarro, resfriado.

constipar. tr. Cerrar y apretar los poros, impidiendo la transpiración. || prnl. Acatarrarse, resfriarse.

constitución. f. Acción y efecto de constituir. || Esencia y calidades de una cosa que la diferencian de las demás. || Forma o sistema de gobierno que tiene cada Estado. || Ley escrita fundamental de la organización de un Estado y, p. ext., estatuto u ordenanza con que se gobierna una corporación. || *Fisiol.* Naturaleza y relación de los sistemas y aparatos orgánicos.

constitucional. adj. Relativo a la Constitución de un Estado. || Relativo a la constitución de un individuo.

constitucionalidad. f. Calidad de constitucional.

constituir. tr. Formar, componer. || Hacer que una cosa sea de cierta calidad o condición. || Establecer, ordenar. Ú. t. c. prnl. || prnl. Seguido de una de las preposiciones *en* o *por*, asumir obligación, cargo o cuidado: *se constituyó en fiador*.

constitutivo, va. adj. y m. Díc. de lo que constituye una cosa en el ser de tal y la distingue de otras.

constituyente. adj. y s. Díc. de las cortes, asambleas, convenciones, congresos, etc., convocados para elaborar o reformar la Constitución del Estado.

constreñimiento. m. Apremio y compulsión que hace uno a otro para que ejecute alguna cosa.

constreñir. tr. Obligar, compeler por fuerza a uno a que haga algo. || *Med.* Apretar, cerrar.

constricción. f. Acción y efecto de constreñir.

construcción. f. Acción y efecto de construir. || Arte de construir. || Tratándose de edificios, obra construida. || Ordenamiento y disposición a que se han de someter las palabras para expresar con ellas todo linaje de conceptos. || pl. Juguete infantil que consta de piezas con las cuales se imitan edificios, puentes, etc. Ú. t. en sing.

constructivo, va. adj. Díc. de lo que construye o sirve para construir, por oposición a lo que destruye: *ejercitaba una crítica* ⌐.

constructor, ra. adj. y s. Que construye.

construir. ≅levantar. ≅montar. ◁destruir. tr. Fabricar, edificar y hacer de nueva planta una cosa. || *Gram.* Ordenar las palabras, o unirlas entre sí con arreglo a las leyes de la construcción gramatical.

consubstanciación. f. Presencia de Jesucristo en la Eucaristía, en sentido luterano; es decir, conservando el pan y el vino su propia substancia, que coexiste con el cuerpo y la sangre de Cristo.

consubstancial. adj. Que es de la misma substancia, individua naturaleza y esencia con otro: *Jesucristo es* ⌐ *al Padre*.

consubstancialidad. f. Calidad de consubstancial.

consuegro, gra. m. y f. Padre o madre de una de las dos personas unidas en matrimonio, respecto del padre o madre de la otra.

consuelo. m. Descanso y alivio de la pena, molestia o fatiga que aflige y oprime el ánimo. || Gozo, alegría.

consuetudinario, ria. ≅usual. adj. Díc. de lo que es de costumbre: *derecho* ⌐.

cónsul. m. Cada uno de los dos magistrados que tenían en la República romana la suprema autoridad, la cual duraba solamente un año. || com. Persona autorizada en un Estado extranjero para proteger las personas e intereses de los individuos de la nación que lo nombra.

consulado. m. Dignidad de cónsul. || Tiempo que duraba esta dignidad. || Casa y oficina en que despacha el cónsul.

consulta. f. Acción y efecto de consultar. || Parecer o dictamen que por escrito o de palabra se pide o se da acerca de una cosa. || Conferencia entre profesionales para resolver alguna cosa. || Examen o inspección que el médico hace a cada enfermo para descubrir su mal y curarle: *abrir, pasar, tener* ⌐, o *la* ⌐, *un médico*. || Local en que se efectúa este examen.

consultar. ≅deliberar. ≅examinar. tr. Conferir, tratar y discurrir con una o varias personas sobre lo que se debe hacer en un negocio. || Pedir parecer, dictamen o consejo. || Someter una duda, caso o asunto a la consideración de otra persona.

consultivo, va. adj. Díc. de las materias que los consejos o tribunales deben consultar con el jefe del Estado. || Díc. de las juntas o corporaciones establecidas para ser oídas y consultadas por los que gobiernan.

consultorio. m. Establecimiento privado donde se despachan informes o consultas sobre materias técnicas. || Local en que el médico recibe y atiende a sus pacientes.

consumación. f. Acción y efecto de consumar.

consumado, da. adj. Terminado. || Perfecto en su línea.

consumar. tr. Llevar a cabo de todo en todo una cosa, realizar totalmente: ⌐ *un crimen*.

consumición. f. Acción y efecto de consumir o consumirse. || Lo que se consume en un café, bar o establecimiento público.

consumido, da. adj. fig. y fam. Muy flaco, extenuado y macilento.

consumidor, ra. adj. y s. Que consume. || Díc. del individuo que adquiere mercancías para su uso, generadas en el proceso productivo.

consumir. ≅usar. ◁guardar. tr. Destruir, extinguir. Ú. t. c. prnl. || Utilizar alguien comestibles u otros géneros para satisfacer necesidades o gustos. || Gastar. || Recibir el sacerdote en la misa el cuerpo y la sangre de Jesucristo, bajo las especies de pan y vino. Ú. t. c. intr. || fig. Desazonar, afligir.

consumismo. m. *Sociol.* Tendencia exagerada al consumo de bienes.

consumista. adj. Relativo al consumismo.

consumo. m. Acción y efecto de consumir, utilizar géneros para el sustento.

consunción. f. Acción y efecto de consumir o consumirse. || Extenuación, enflaquecimiento.

consuntivo, va. adj. Que tiene virtud de consumir.

contabilidad. f. Aptitud de las cosas para poder ser reducidas a cuenta o cálculo. || Sistema adoptado para llevar la cuenta y razón en las oficinas públicas y particulares.

contabilizar. tr. Apuntar una partida o cantidad en los libros de cuentas.

contable. adj. Que puede ser contado. || Relativo a la contabilidad. || com. Persona que lleva la contabilidad.

contactar. tr. Establecer contacto o comunicación.

contacto. m. Acción y efecto de tocarse dos o más cosas. || Conexión entre dos partes de un circuito eléctrico. || Artificio para establecer esta conexión. || fig. Relación o trato que se establece entre dos o más personas o entidades.

contado, da. adj. Numerado. || Raro, escaso. || Determinado, señalado.

contador, ra. adj. y s. Que cuenta. || m. El que tiene por empleo, oficio o profesión llevar la cuenta y razón de la entrada y salida de caudales, haciendo el cargo a las personas que los perciben, y dando recibo de lo que pagan. || Aparato que sirve para llevar cuenta del número de revoluciones de una rueda o de movimientos de otra pieza de una máquina. || Aparato destinado a medir el volumen de agua o de gas que pasa por una cañería, o la cantidad de electricidad que recorre un circuito en un tiempo determinado.

contaduría. f. Oficio de contador. || Oficina del contador. || Casa o pieza en donde se halla establecida. || Administración de un espectáculo público, en donde se expenden los billetes con anticipación y sobreprecio.

contagiar. tr. y prnl. Comunicar o pegar a otro u otros una enfermedad contagiosa. || fig. Pervertir con el mal ejemplo.

contagio. ≅contaminación. ≅infección. m. Transmisión, por contacto inmediato o mediato, de una enfermedad específica. || fig. Transmisión de sentimientos, actitudes, simpatías, etc., a consecuencia de influencias de uno u otro orden.

contagioso, sa. adj. Díc. de las enfermedades que se contagian y de los enfermos que las padecen. Apl. a pers., Ú. t. c. s. || fig. Díc. de lo que se pega con el trato: *su alegría es* ∿.

contaminación. f. Acción y efecto de contaminar o contaminarse.

contaminante. adj. y s. Que contamina.

contaminar. tr. Alterar la pureza de alguna cosa, como los alimentos, las aguas, el aire, etc. || Penetrar la inmundicia en un cuerpo. Ú. t. c. prnl. || Contagiar, inficionar. Ú. t. c. prnl. || fig. Pervertir la pureza de la fe y de las costumbres. Ú. t. c. prnl.

contar. tr. Numerar o computar las cosas considerándolas como unidades homogéneas. || Referir un suceso, sea verdadero o fabuloso. || Poner o meter en cuenta. || Tener en cuenta, considerar: *y cuenta que esto no es todo.* || Poner a uno en el número, clase u opinión que le corresponde: *le contarán entre los elegidos.* || Hablando de años, tenerlos. || intr. Hacer, formar cuentas según reglas de aritmética.

contemplación. f. Acción de contemplar. || Consideración, atención o miramiento que se guarda a alguien: *le trató sin* ∿. || pl. Miramientos que cohíben de hacer algo.

contemplar. tr. Poner la atención en alguna cosa material o espiritual. || Considerar, juzgar.

contemplativo, va. adj. Perteneciente a la contemplación. || Que contempla. || Que acostumbra meditar. || Muy dado a la contemplación de las cosas divinas: *religioso* ∿. Ú. t. c. s.

contemporaneidad. f. Calidad de contemporáneo.

contemporáneo, a. ≅coetáneo. ≅simultáneo. adj. y s. Existente al mismo tiempo que otra persona o cosa. || Actual.

contemporización. f. Acción y efecto de contemporizar.

contemporizar. intr. Acomodarse uno al gusto o dictamen ajeno por algún respeto o fin particular.

contención. f. Acción y efecto de contener, sujetar el movimiento de un cuerpo: *un muro de* ∿.

contencioso, sa. adj. *Der.* Díc. de las materias sobre las que se entiende en juicio. || Díc. del juicio contradictorio entre partes y de las materias sobre las que versa.

contender. ≅debatir. ≅luchar. ≅pelear. intr. Batallar. || fig. Disputar, discutir.

contenedor, ra. adj. Que contiene. || m. Embalaje metálico grande y recuperable, de dimensiones normalizadas internacionalmente.

contener. tr. y prnl. Encerrar dentro de sí una cosa a otra. || Sujetar el impulso de un cuerpo. || fig. Reprimir o moderar una pasión.

contenido, da. adj. fig. Que se conduce con moderación. || m. Lo que se contiene dentro de una cosa. || *Ling.* En glosemática, significado de un signo lingüístico o de un enunciado.

contentadizo, za. adj. Persona fácil de contentar. || Con los adverbios *bien* o *mal,* díc. de la persona fácil, o difícil, de contentar.

contentar. ≅agradar. ≅complacer. ◁apenar. tr. Satisfacer el gusto de uno. || *Com.* Endosar. || prnl. Darse por contento. || Reconciliarse los que estaban disgustados.

contentivo, va. adj. Díc. de lo que contiene, sujeta: *vendaje* ↶.

contento, ta. adj. Alegre, satisfecho. || m. Alegría, satisfacción.

conteo. m. Cálculo. || *Col.* y *C. Rica.* Recuento.

contera. f. Pieza de metal que se pone en el extremo del bastón, de la vaina de la espada o de otros objetos. || Remate posterior del cañón.

contertuliano, a o **contertulio, a.** m. y f. Persona que concurre con otras a una tertulia.

contestación. ≅respuesta. f. Acción y efecto de contestar. || Disputa. || Rechazo global y sistemático de lo establecido.

contestar. tr. Responder. || Atestiguar uno lo mismo que otros han dicho. || Comprobar o confirmar. || intr. Adoptar una actitud de contestación, rechazo de lo establecido.

contestatario, ria. adj. y s. Que contesta, rechaza lo establecido.

contestón, na. adj. y s. Que replica por sistema.

contexto. m. Enredo, maraña. || fig. Serie del discurso, tejido de la narración, hilo de la historia. || fig. Conjunto de circunstancias que acompañan a un suceso.

contextual. adj. Relativo al contexto.

contextura. ≅estructura. ≅textura. f. Unión de las partes de un todo. || fig. Configuración corporal del hombre.

contienda. f. Pelea, batalla. || Discusión, debate.

contigo. Forma especial del pronombre personal *tú,* cuando va precedido de la preposición *con.* Sirve para m. y f.

contigüidad. f. Inmediación de una cosa a otra.

contiguo, gua. ≅inmediato. ≅junto. ≅pegado. adj. Que está tocando a otra cosa.

continencia. f. Moderación en pasiones y afectos. || Abstinencia de deleites carnales. || Acción de contener. || Cortesía en el arte del danzado.

continental. adj. Relativo al continente. || m. Escritorio público que tenía servicio de mensajerías. || Aviso llevado por uno de sus empleados.

continente. adj. Que contiene. || Díc. de la persona que tiene continencia. || m. Cosa que contiene en sí a otra. || Aire del semblante y compostura del cuerpo. || Cada una de las grandes masas emergidas de la corteza terrestre generalmente separadas por los océanos.

contingencia. ≅casualidad. ≅eventualidad. f. Posibilidad de que una cosa suceda o no; y esta misma cosa. || Riesgo. || *Filos.* Posibilidad de ser o no ser, por oposición a necesidad.

contingentar. tr. Someter a un cupo la importación o exportación de mercancías.

contingente. adj. Que puede suceder o no. || m. Contingencia. || Leva. || Fuerzas militares de que dispone el mando. || Grupo que se distingue de otros miembros en una reunión u organismo.

continuación. f. Acción y efecto de continuar.

continuador, ra. adj. y s. Persona que continúa una cosa empezada por otra.

continuar. ◁interrumpir. tr. Proseguir lo comenzado. || intr. Durar, permanecer. || prnl. Seguir, extenderse.

continuidad. ≅constancia. ≅perseverancia. ≅persistencia. f. Unión natural que tienen entre sí las partes del todo.

continuo, nua. adj. Que continúa. || Díc. de las cosas que tienen unión entre sí. || Perseverante. || m. Individuo de un cuerpo de cien, que custodiaba al rey.

contonearse. prnl. Mover al andar afectadamente los hombros y las caderas.

contoneo. m. Acción de contonearse.

contornear. tr. Dar vueltas alrededor o en contorno de un paraje o sitio. || *Pint.* Dibujar los perfiles de una figura.

contorno. m. Territorio de que está rodeado un lugar o población. Ú. m. en pl. || Conjunto de líneas que limitan una figura. || Canto de una moneda o medalla.

contorsión. f. Movimiento convulsivo de músculos o miembros. || Ademán grotesco, gesticulación ridícula.

contorsionarse. prnl. Hacer contorsiones.

contorsionista. com. Persona que ejecuta contorsiones en los circos.

contra. prep. que denota oposición y contrariedad: *luchaban unos ∽ otros.* || Enfrente: *en el amojonamiento se puso un mojón ∽ oriente.* || Hacia, en dirección. || A cambio de: *entrega de un objeto ∽ recibo.* || m. Concepto opuesto o contrario a otro. Ú. en contraposición a *pro: Tomás es incapaz de defender el pro y el ∽.* ||f. fam. Dificultad, inconveniente.

contraalmirante. m. Oficial general de la armada inmediatamente inferior al almirante.

contraatacar. tr. Efectuar un contraataque.

contraataque. m. Reacción ofensiva contra el avance del enemigo. || pl. Líneas fortificadas que oponen los sitiados a los ataques de los sitiadores.

contraaviso. m. Aviso contrario a otro anterior.

contrabajo. m. Instrumento de arco, el más grave y mayor de los de su clase. || Persona que lo toca. || Voz más grave que la de bajo. || Persona que la tiene.

contrabalancear. tr. Lograr el equilibrio en la balanza. || fig. Compensar, contrapesar.

contrabandear. intr. Ejercitar el contrabando.

contrabandista. ≅metedor. adj. y s. Que practica el contrabando. || com. Persona que se dedica a la defraudación de la renta de aduanas.

contrabando. m. Fabricación, exportación o introducción de géneros prohibidos o sujetos a derechos arancelarios. || fig. Lo que parece ilícito. || fig. Cosa que se hace contra el uso ordinario.

Contrabajo

contrabarrera. f. Segunda fila de asientos en los tendidos de las plazas de toros.

contrabatería. f. Batería en contra de otra del enemigo.

contracción. f. Acción y efecto de contraer. || Figura de dicción que consiste en hacer una sola palabra de dos: *al* por *a el; del* por *de el; esotro* por *eso otro.* || Sinéresis.

contracorriente. f. Corriente opuesta a la principal de que procede.

contráctil. adj. Capaz de contraerse con facilidad: *las fibras musculares son ∽es.*

contractual. adj. Estipulado por contrato.

contractura. f. Disminución del fuste de una columna en su parte superior. || Contracción muscular.

contracultura. f. Conjunto de valores que caracterizan a algunos movimientos de rechazo de los valores culturales establecidos.

contrachapado. adj. y s. Tablero formado por varias capas finas de madera encoladas de modo que sus fibras queden entrecruzadas.

contradecir. tr. y prnl. Decir lo contrario de lo que otro dice o de lo que uno mismo ha dicho antes.

contradicción. f. Acción y efecto de contradecir. || Afirmación y negación que se oponen una a otra y recíprocamente se destruyen. || Oposición, contrariedad.

contradictorio, ria. ≅contrario. ≅opuesto. adj. Que implica contradicción.

contraer. ◁dilatar. tr. Estrechar una cosa con otra. || Adquirir costumbres, vicios, enfermedades, etc. || Asumir compromisos, obligaciones. || fig. Reducir el discurso a una idea. Ú. t. c. prnl. || prnl. Reducirse a menor tamaño. Ú. t. c. tr.

contraespionaje. m. Servicio de defensa de un país contra el espionaje de potencias enemigas o extranjeras.

contrafuero. m. Quebrantamiento, infracción de fuero.

contrafuerte. m. Pieza de cuero con que se refuerza el calzado por la parte del talón. || Machón saliente en un muro para fortalecerlo. || Fuerte que se hace enfrente de otro. || Cadena secundaria de montañas.

contragolpe. m. *Med.* Efecto producido por un golpe en sitio distinto del que sufre la contusión. || Golpe dado en respuesta de otro. Ú. m. en sent. fig.

contrahaz. f. Revés de las ropas.

contrahecho, cha. adj. y s. Jorobado.

contraindicar. tr. Disuadir de la utilidad de un

medicamento, remedio o acción. || Señalarlo como perjudicial en determinados casos.

contralto. m. Voz media entre tiple y tenor. || com. Persona que la tiene.

contraluz. m. y f. Vista desde el lado opuesto a la luz. || Fotografía tomada en esas condiciones.

contramaestre. m. En algunas fábricas, vigilante de los trabajadores. || Jefe de uno o más talleres. || Oficial que dirige la marinería.

contraofensiva. f. Ofensiva para contrarrestar la del enemigo.

contraorden. f. Orden que revoca otra anterior.

contrapartida. f. Asiento para corregir algún error en la contabilidad. || Asiento del haber, compensado en el debe, y viceversa. || Cosa que produce efectos contrarios a otra, compensándola.

contrapear. tr. Aplicar unas piezas de madera contra otras, de manera que sus fibras estén cruzadas.

contrapesar. tr. Servir de contrapeso. || fig. Igualar, compensar.

contrapeso. m. Peso que sirve para contrabalancear otro. || Añadidura para completar el peso. || Balancín, palo de los volatineros. || fig. Lo que equilibra una cosa.

contraponer. tr. Comparar una cosa con otra contraria. || Poner una cosa contra otra. Ú. t. c. prnl.

contraportada. f. Parte posterior de la anteportada.

contraposición. f. Acción y efecto de contraponer.

contraprestación. f. Prestación que debe una parte contratante por lo que ha recibido o debe recibir.

contraproducente. adj. Díc. de lo de efectos opuestos a lo que se persigue.

contrapropuesta. f. Propuesta que se establece en oposición o como complemento a otra que ha sido presentada anteriormente para ser aprobada.

contrapuerta. f. Portón. || Puerta detrás de otra. || Puerta interior de la fortaleza.

contrapunto. m. Contraposición armoniosa de dos o más voces cada una con su línea melódica.

contrariado, da. adj. Afectado y disgustado, malhumorado por alguna cosa.

contrariar. tr. Contradecir, resistir las intenciones y propósitos; procurar que no se cumplan. Ú. t. en sent. fig.

contrariedad. f. Oposición de una cosa con otra. || Accidente que impide o retarda el logro de un deseo.

contrario, ria. adj. Opuesto. Ú. t. c. s. || fig.

Que daña o perjudica. || m. y f. Persona que tiene enemistad, sigue pleito o contiende con otra. || m. Impedimento, contradicción.

contrarreforma. f. Movimiento religioso, intelectual y político, destinado a combatir los efectos de la reforma protestante.

contrarrestar. tr. Resistir. || Volver la pelota desde el saque. || Paliar, neutralizar, contrapesar una cosa la influencia o efecto producido por otra.

contrarrevolución. f. Movimiento reaccionario que tiende a anular los resultados de una revolución precedente.

contrarrevolucionario, ria. adj. Perteneciente o relativo a la contrarrevolución. || m. y f. Persona que la favorece o es partidaria de ella.

contrasentido. m. Inteligencia contraria al sentido natural. || Deducción opuesta a los antecedentes. || Dislate, despropósito.

contraseña. f. Seña reservada entre varias personas. || Segunda marca en animales o cosas para distinguirlas mejor. || Mil. Señal o palabra para conocerse unos a otros: ⌐ del centinela.

contrastar. tr. Resistir, hacer frente. || Ensayar y fijar la ley de monedas y metales preciosos y la exactitud de las pesas y medidas. || intr. Mostrar notable diferencia dos cosas cuando se comparan.

contraste. ≅disparidad. ≅oposición. m. Acción y efecto de contrastar. || El que contrasta pesas y medidas. || Marca que se graba en objetos de metal noble como garantía de haber sido contrastados. || Oficina donde se contrasta. || fig. Contienda o combate. || Diferencia de intensidades de iluminación en la gama de blancos y negros o en la de colores de una imagen.

contrata. f. Escritura en que se asegura un contrato. || El mismo contrato. || Contrato para ejecutar una obra o prestar un servicio por un precio determinado.

contratación. f. Acción y efecto de contratar. || Comercio.

contratapa. f. Carne de vaca que está entre la babilla y la tapa.

contratar. tr. Pactar, hacer contratos o contratas. || Ajustar a una persona.

contratiempo. m. Accidente inesperado.

contratista. com. Persona que contrata ejecuta una obra material o está encargada de un servicio para alguien.

contrato. ≅acuerdo. ≅pacto. m. Pacto o convenio, oral o escrito, entre partes que se obligan sobre materia o cosa determinada. || Documento que lo acredita.

contravenir. ≅incumplir. ≅quebrantar. ◁cumplir. intr. Obrar en contra de lo que está mandado. Ú. menos c. tr.

contraventana. f. Puerta que interiormente cierra sobre la vidriera. ‖ Puerta exterior para mayor resguardo de ventanas y vidrieras.

contrayente. adj. y s. Que contrae, especialmente matrimonio.

contrecho, cha. adj. Baldado, tullido.

contribución. ≅aportación. ≅ayuda. f. Acción y efecto de contribuir. ‖ Cuota o cantidad que se paga para algún fin. ‖ Impuesto.

contribuir. ≅auxiliar. ≅ayudar. ≅tributar. tr. Pagar cada uno la cuota que le corresponde por un impuesto. Ú. m. c. intr. ‖ Concurrir voluntariamente con una cantidad para determinado fin. ‖ fig. Ayudar a otros al logro de un fin.

contribuyente. adj. y s. Que contribuye. Ú. más para designar al que paga contribución al Estado.

contrición. ≅arrepentimiento. f. Dolor de haber ofendido a Dios.

contrincante. m. Cada uno de los que forman parte de una trinca en las oposiciones. ‖ El que pretende una cosa, o discute, con otro u otros.

contristar. tr. y prnl. Afligir, entristecer, apenar.

contrito, ta. ≅compungido. adj. Que siente contricción.

control. m. Comprobación, fiscalización, intervención: ⌐ *de nacimientos, de precios.* ‖ Dominio, mando. ‖ Sitio donde se controla.

controlador, ra. m. y f. Persona que controla.

controlar. tr. Ejercer el control. ‖ prnl. Moderarse.

controversia. ≅debate. ≅polémica. f. Discusión larga y reiterada, especialmente en materia de religión.

controvertir. intr. y tr. Discutir detenidamente sobre una materia.

contubernio. ≅confabulación. m. Cohabitación ilícita. ‖ fig. Alianza vituperable.

contumacia. f. Obstinación en el error. ‖ *Der.* Rebeldía.

contumaz. ≅pertinaz. ≅terco. adj. Obstinado en el error. ‖ *Der.* Rebelde.

contundencia. f. Calidad de contundente, que convence.

contundente. adj. Que produce contusión. ‖ fig. Que convence: *razón, prueba* ⌐s.

contundir. tr. y prnl. Magullar, golpear.

conturbación. f. Inquietud, turbación.

conturbar. tr. y prnl. Turbar, inquietar. ‖ fig. Intranquilizar el ánimo.

contusión. f. Daño producido por un golpe que no causa herida.

contusionar. tr. Contundir.

contuso, sa. adj. y s. Cotundido.

conurbación. f. Conjunto de varios núcleos urbanos, inicialmente independientes y contiguos que sus márgenes, que al crecer acaban uniéndose en unidad funcional.

convalecencia. f. Acción y efecto de convalecer. ‖ Estado del convaleciente. ‖ Casa para convalecer.

convalecer. intr. Recobrar las fuerzas perdidas por enfermedad. ‖ fig. Fortalecer.

convaleciente. adj. y s. Que convalece.

convalidación. f. Acción y efecto de convalidar.

convalidar. ≅confirmar. tr. Revalidar lo ya aprobado. ‖ Dar validez académica en un país, institución, facultad, etc., a estudios aprobados en otro país, institución, etc.

convección. f. Propagación del calor en los fluidos por los movimientos de las capas calentadas desigualmente.

convecino, na. adj. Cercano, próximo, inmediato. ‖ Que tiene vecindad con otro en un mismo pueblo. Ú. t. c. s.

convencer. tr. y prnl. Reducir a uno a que mude de opinión. ‖ Probarle una cosa de manera que no la pueda negar.

convencimiento. ≅persuasión. m. Acción y efecto de convencer.

convención. f. Ajuste, concierto. ‖ Conveniencia. ‖ Práctica admitida fácilmente que responde a precedentes o a la costumbre. ‖ *Amér.* Reunión general de un partido político o de una agrupación de otro carácter.

convencional. adj. Relativo al convenio. ‖ Que se establece en virtud de precedentes o de la costumbre. ‖ m. Individuo de una convención.

convencionalismo. m. Conjunto de opiniones o procedimientos basados en ideas que, por comodidad o conveniencia social, se tienen como verdaderas.

conveniencia. ≅colocación. ≅correlación. f. Conformidad entre dos cosas. ‖ Utilidad. ‖ Ajuste, concierto. ‖ Comodidad. ‖ pl. Haberes, rentas, bienes.

conveniente. adj. Útil, provechoso. ‖ Conforme. ‖ Proporcionado.

convenio. m. Ajuste, concierto. ‖ Texto en que se contiene lo acordado.

convenir. ≅aceptar. ≅acudir. ≅coincidir. intr. Ser de un mismo parecer. ‖ Juntarse varias personas en un mismo lugar. ‖ Corresponder, pertenecer. || Importar, ser conveniente. || prnl. Ajustarse.

convento. m. Casa de religiosos o religiosas. || Comunidad que habita en él.

conventual. adj. Relativo al convento. || m. Religioso que reside en un convento. || En algunas órdenes, predicador.

convergencia. f. Acción y efecto de convergir.

convergir o **converger.** ◁divergir. intr. Dirigirse a un mismo punto. || fig. Concurrir varias cosas al mismo fin.

conversación. f. Acción y efecto de conversar.

conversar. intr. Hablar entre sí. || Tratar, comunicar. || *Chile* y *Ecuad.* Contar, referir.

conversión. f. Acción y efecto de convertir. || Cambio. || Mudanza de vida. || *Mil.* Mutación del frente.

converso, sa. adj. Convertido. || Díc. de los moros y judíos convertidos al cristianismo. Ú. t. c. s. m. || m. En algunas órdenes, lego.

convertidor. m. Aparato ideado en 1859 por el ingeniero inglés Bessemer para convertir la fundición de hierro en acero. || Circuito electrónico que se acopla a un receptor de radio o televisión. || Máquina o aparato que sirve para transformar una corriente continua en alterna.

convertir. tr. Trocar una cosa en otra. Ú. t. c. prnl. || Ganar a alguien para que profese una religión o la practique. Ú. t. c. prnl. || prnl. Mudarse de religión, vida o ideario. || *Dialéctica.* Substituirse una palabra o proposición por otra.

convexidad. ◁concavidad. f. Calidad de convexo.

convexo, xa. adj. Línea o superficie curvas con su parte más prominente, respecto del que las mira, en el centro.

convicción. ≅creencia. ◁duda. f. Convencimiento. || Idea fuertemente arraigada: *es un hombre de profundas ∼es religiosas.*

convicto, ta. adj. Convencido. || Díc. del reo a quien legalmente se ha probado su delito.

convidado, da. m. y f. Persona que recibe un convite.

convidar. tr. Rogar una persona a otra que le acompañe a comer, a una función o a cualquier otra cosa que se haga por vía de obsequio. || fig. Mover, incitar. || prnl. Ofrecerse voluntariamente.

convincente. ≅convincente. ≅persuasivo. adj. Que convence.

convite. m. Acción y efecto de convidar. || Comida o banquete a que es uno convidado.

convivencia. f. Acción de convivir.

convivir. intr. Cohabitar.

convocar. tr. Citar, llamar para una reunión.

convocatoria. f. Anuncio o escrito con que se convoca.

convolvuláceo, cea. adj. y f. Díc. de los árboles, matas y hierbas angiospermos dicotiledóneos, como la batata, la maravilla y la cuscuta. || f. pl. Familia de estas plantas.

convólvulo. m. Oruga muy dañina para la vid. || Enredadera, planta convolvulácea.

convoy. m. Escolta, guardia. || Conjunto de buques, carruajes o efectos escoltados. || Vinagreras para el servicio de mesa. || fig. y fam. Séquito.

convoyar. tr. Escoltar, guardar.

convulsión. f. Contracción y estiramiento involuntario de uno o más miembros o músculos del cuerpo. || fig. Agitación violenta. || Sacudida de la tierra o del mar.

convulsionar. tr. Producir convulsiones.

convulso, sa. adj. Atacado de convulsiones. || fig. Que se halla muy excitado.

conyugal. ≅matrimonial. adj. Relativo a los cónyuges.

cónyuge. com. y pl. Consorte, marido y mujer respectivamente.

coña. f. vulg. Guasa. || vulg. Cosa molesta.

coñá o **coñac.** m. Aguardiente de graduación alcohólica elevada, obtenido por destilación de vinos flojos y envejecido en barriles de roble.

coñearse. prnl. vulg. Guasearse, burlarse disimuladamente.

coño. m. Parte exterior del aparato genital de la hembra. Es voz malsonante. Ú. m. c. interj. vulg. denotando enfado, extrañeza, sorpresa, alegría, etc.

cooperación. f. Acción y efecto de cooperar.

cooperar. intr. Obrar juntamente con otro u otros.

cooperativismo. m. Doctrina favorable a la cooperación en el orden económico y social. || Régimen de las sociedades cooperativas.

cooperativista. adj. Relativo a la cooperación. || Partidario del cooperativismo. Ú. t. c. s. || com. Persona que pertenece a una sociedad cooperativa.

cooperativo, va. adj. Díc. de lo que coopera o puede cooperar. || f. Sociedad que se forma entre productores, vendedores o consumidores para la utilidad común de los socios.

coordenadas. f. pl. Sistemas de referencia empleados en distintas ciencias para fijar la posición de un punto: en un plano, en el espacio en una esfera, en una recta, etc.

coordinación. f. Acción y efecto de coordinar.

coordinar. ≅arreglar. ≅clasificar. tr. Ordenar metódicamente.

copa. f. Vaso con pie para beber. || Líquido que cabe en una copa: ∽ *de vino.* || Conjunto de ramas y hojas de la parte superior del árbol. || Parte hueca del sombrero. || Brasero con figura de copa. || Carta del palo de copas de los naipes.

copar. tr. Hacer en ciertos juegos una puesta equivalente a la de la banca. || fig. Conseguir en una elección todos los puestos. || Cortar la retirada a una fuerza militar.

copartícipe. com. Persona que tiene participación con otra en alguna cosa.

copear. intr. Vender por copas las bebidas. || Tomar copas.

copela. f. Crisol hecho con huesos calcinados.

copelar. tr. Fundir minerales o metales en copela.

copeo. m. Acción y efecto de copear.

copépodo. adj. y s. Díc. de los crustáceos de pequeño tamaño y vida a veces parásita. || m. pl. Subclase de estos animales.

copero, ra. adj. Relativo a la copa deportiva y a la competición para ganarla: *partido* ∽. || Que es apto para ganar una copa: *equipo* ∽.

copete. ≅tupé. m. Pelo levantado sobre la frente. || Moño de plumas de algunas aves. || Mechón de crin que cae al caballo sobre la frente. || Adorno de algunos muebles. || Colmo de los sorbetes. || fig. Atrevimiento, altanería.

copey. m. *Amér. c.* Árbol gutífero.

copia. ≅acopio. ≅profusión. f. Abundancia. || Reproducción de un escrito. || Reproducción exac-

Copépodo marino

ta de una obra artística. || Imitación servil del estilo o de una obra artística. || Remedo de una persona: *Pedro es* ∽ *de Juan.* || Efigie que representa a una persona.

copiador, ra. adj. y s. Que copia. || f. Multicopista.

copiar. ≅remedar. ≅reproducir. ≅transcribir. tr. Hacer una copia. || Escribir lo que dice otro en un discurso o dictado. || Imitar. || fig. poét. Hacer descripción de una cosa.

copiosidad. f. Abundancia, copia excesiva de una cosa.

copioso, sa. adj. Abundante.

copista. com. Persona que se dedica a copiar escritos u obras de arte.

copla. f. Estrofa. || Composición poética que sirve de letra para una canción popular. || pl. fam. Versos. || Cuentos, habladurías, impertinencias, evasivas.

coplear. intr. Hacer o cantar coplas.

coplero, ra. m. y f. Persona que vende coplas. || fig. Mal poeta. || fig. Cuentista.

copo. m. Mechón de cáñamo, lana, lino, algodón, etc., en disposición de hilarse. || Porción de nieve trabada que cae cuando nieva. || Grumo. || Bolsa de algunas redes de pesca. || Pesca con esa red.

copón. m. Copa grande de metal en que, en el sagrario, se guarda el Santísimo Sacramento.

copra. f. Médula del coco.

coproducción. f. Producción en común.

coprofagia. f. Ingestión de excrementos.

Vcopropiedad. f. Dominio sobre una cosa junto con otro u otros.

copropietario, ria. adj. y s. Que tiene dominio sobre una cosa junto con otro u otros.

copto, ta. adj. Cristiano de Egipto que profesa el monofisismo. Ú. t. c. s. || Relativo a los coptos. || m. Idioma antiguo de los egipcios que se conserva en la liturgia copta.

copudo, da. adj. Que tiene mucha copa.

cópula. f. Atadura, ligazón. || Acción de copular. || Término que une el predicado con el sujeto.

copular. intr. Realizar el acto sexual. Ú. t. c. prnl.

copulativo, va. adj. Que junta una cosa con otra.

coque. m. Carbón poroso y ligero que resulta de la calcinación de la hulla en vasos cerrados.

coquetear. intr. Obrar con coquetería. || Cortejarse mutuamente el hombre y la mujer.

coquetería. f. Acción y efecto de coquetear. || Estudiada afectación en los modales y adornos.

coqueto, ta. adj. Coquetón. || Díc. de la mujer que juega a atraer a los hombres. Ú. t. c. s. || Dícese de la mujer que cuida esmeradamente de su arreglo personal o de la casa. Ú. t. c. s. || Por ext., se aplica a objetos. || f. Mueble de tocador con espejo.

coquetón, na. adj. fam. Gracioso, atractivo, agradable. || Dícese del hombre o de la mujer que procura agradar a muchas personas del sexo contrario. Ú. t. c. s.

coquina. f. Molusco acéfalo.

coquito. m. Ave mejicana parecida a la tórtola.

coquizar. tr. Convertir la hulla en coque.

coracero. m. Soldado armado de coraza. || Cigarro puro muy fuerte y malo.

coracoides. adj. y s. Apófisis del omóplato.

coraje. m. Valor. || Irritación, ira.

corajina. f. fam. Arrebato de ira.

corajudo, da. adj. Colérico. || Valeroso, esforzado.

coral. m. Celentéreo que vive en colonias cuyos individuos están unidos entre sí por un pólipero de color rojo o rosado. || Polípero del coral, que se emplea en joyería. || m. *Cuba.* Arbusto leguminoso.

coral. adj. Relativo al coro. || Díc. de la composición vocal ajustada a un texto religioso: *una ∾ de Bach.* Ú. t. c. m. || Díc. de la composición instrumental análoga a este canto. Ú. t. c. m.

coralífero, ra. adj. Que tiene corales.

coralígeno, na. adj. Que produce coral.

coralino, na. adj. De coral, o de su color.

Corán, El Corán o **Alcorán.** Libro sagrado de los musulmanes, que contiene las revelaciones de Dios a Mahoma.

coraza. f. Armadura compuesta de peto y espaldar. || *Mar.* Blindaje. || *Zool.* Cubierta del cuerpo de los quelonios.

corazón. m. Víscera muscular, impulsora de la circulación de la sangre, que existe en muchos animales. En el hombre está situado en el tórax, y en su interior hay cuatro cavidades: dos superiores, llamadas aurículas, y dos inferiores, los ventrículos. || Palo de la baraja francesa. Ú. m. en pl. || fig. Ánimo, valor. || fig. Voluntad, amor. || fig. Centro de una cosa. || fig. Pedazo de algunas materias que se corta en forma de corazón. || fig. Interior de una cosa inanimada.

corazonada. ≅arranque. ≅ímpetu. f. Impulso espontáneo con que uno se mueve a ejecutar al-

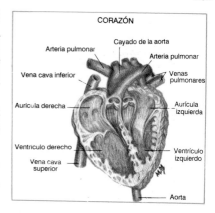

CORAZÓN

Arteria pulmonar
Cayado de la aorta
Arteria pulmonar
Vena cava inferior
Venas pulmonares
Aurícula derecha
Aurícula izquierda
Ventrículo derecho
Ventrículo izquierdo
Vena cava superior
Aorta

guna cosa arriesgada y difícil. || Presentimiento. || fam. Asadura de una res.

corazoncillo. m. Hierba de hojas elípticas, flores amarillas y frutos acorazonados y resinosos.

corbata. f. Tira de tela que, como adorno, se anuda al cuello. || Banda o cinta que se ata en las banderas y estandartes. || Insignia propia de las encomiendas de ciertas órdenes civiles. || Lance del juego de carambolas.

corbatín. m. Corbata corta.

corbato. m. Baño frío en que está sumergido el serpentín del alambique.

corbeta. f. Embarcación de guerra, semejante a la fragata, aunque más pequeña.

corcel. m. Caballo ligero.

corcova. f. Corvadura anómala de la columna vertebral o del pecho.

corcovado, da. adj. y s. Que tiene corcova.

corcovar. tr. Encorvar o hacer que una cosa tenga corcova.

corcovear. intr. Dar corcovos.

corcovo. m. Salto que dan algunos animales encorvando el lomo. || fig. y fam. Desigualdad, torcimiento.

corcha. f. Corcho arrancado del alcornoque. || Corcho, corchera y colmena.

corchea. f. *Mús.* Figura o nota musical cuyo valor es la octava parte del compasillo.

corchera. f. Cuerda con corchos que se coloca en las piscinas para separar las calles por las que van los nadadores.

corchero, ra. adj. Relativo al corcho: *industria ∾.* || m. Obrero que descorcha los alcornoques.

corchete. m. Broche compuesto de macho y

hembra que sirve para sujetar. || Macho del corchete. || Pieza de madera con que los carpinteros sujetan el madero que labran. || Signo de estas figuras ([]) que puesto, ya vertical, ya horizontalmente, abraza dos o más guarismos, palabras o renglones en los escritos, o dos o más pentagramas en la música.

corcho. m. Tejido vegetal de la zona periférica del tronco de árboles y arbustos, especialmente del alcornoque.

cordada. f. Grupo de alpinistas sujetos por una misma cuerda.

cordado. adj. *Zool.* Díc. de los metazoos que tienen notocordio. || m. pl. Tipo de estos animales que comprende los vertebrados y los procordados.

cordaje. m. Jarcia de una embarcación.

cordal. m. Pieza en la parte inferior de los instrumentos de cuerda que sirve para atar éstas.

cordel. m. Cuerda delgada. || Distancia de cinco pasos. || Vía pastoril para los ganados trashumantes.

cordelería. f. Oficio de cordelero. || Sitio donde se hacen cordeles y otras obras de cáñamo. || Tienda donde se venden. || Cordería. || Cordaje.

cordelero, ra. adj. Relativo al cordel. || m. y f. Persona que hace o vende cordeles. || m. Religioso franciscano.

cordera. f. Oveja que no pasa de un año. || fig. Mujer mansa, dócil y humilde.

cordería. f. Conjunto de cuerdas.

corderillo. m. Piel de cordero adobada con su lana.

cordero. m. Hijo de la oveja, que no pasa de un año. || Carne de este animal para el consumo. || Piel de este animal adobada. || fig. Hombre manso y dócil.

cordial. adj. Que tiene virtud para fortalecer el corazón. || Afectuoso, de corazón. || m. Bebida confortante.

cordialidad. f. Calidad de cordial, afecto. || Franqueza, sinceridad.

cordila. f. Atún recién nacido.

cordillera. f. Serie de montañas enlazadas entre sí.

corditis. f. Inflamación de las cuerdas vocales.

córdoba. m. Unidad monetaria de Nicaragua.

cordobán. m. Piel curtida de macho cabrío o de cabra.

cordobés, sa. adj. y s. De Córdoba (España, Argentina y Colombia).

cordón. m. Cuerda delgada. || Cuerda con que se ciñen el hábito los religiosos de algunas órdenes. || Conjunto de personas o elementos dis-

puestos para proteger o vigilar: ⌐ *de policía, sanitario.* || *Arg., Cuba* y *Chile.* Bordillo.

cordoncillo. m. Lista o raya que forma el tejido en algunas telas. || Cierta labor en el canto de las monedas. || Resalto que señala la juntura de las partes de algunos frutos.

cordura. ◁insensatez. f. Prudencia, juicio.

corea. f. Danza que se acompaña con canto. || m. Enfermedad crónica o aguda del sistema nervioso central.

coreano, na. adj. y s. De Corea.

corear. tr. Componer música para ser cantada con acompañamiento de coros. || Acompañar con coros una composición musical. || fig. Asentir sumisamente al parecer ajeno. || Aclamar, aplaudir.

coreo. m. Juego o enlace de los coros en la música.

coreografía. f. Arte de la danza. || Arte de representar en el papel un baile por medio de signos.

coreógrafo. m. Compositor de bailes. || Director de la representación de bailes.

coriáceo, a. adj. Perteneciente al cuero. || Parecido a él.

corifeo. m. El que guiaba el coro en las tragedias antiguas griegas y romanas. || fig. El que es seguido de otros en una opinión o partido.

corimbo. m. *Bot.* Inflorescencia en la que los pedúnculos nacen en distintos puntos del eje y terminan aproximadamente a la misma altura; como el peral.

corindón. m. Piedra preciosa, muy dura y de diversos colores y formas.

corintio, tia. adj. y s. De Corinto.

corinto. adj. y s. Color rojo obscuro.

corion. m. Envoltura del embrión de los reptiles, aves y mamíferos, situada fuera del amnios.

corista. m. Religioso destinado al coro. || Persona que en óperas, zarzuelas u otras funciones musicales canta formando parte del coro. || f. Mujer que forma parte del coro de revistas musicales o espectáculos frívolos.

cormiera. m. Arbolillo pomáceo silvestre.

cormo. m. Complejo morfológico de las plantas más diversificadas, en las cuales es completa la diferenciación de la raíz, tallo y hojas.

cormofito, ta. adj. Díc. de las plantas que poseen un aparato vegetativo de tipo cormo. || f. pl. Superfilo de estas plantas.

cormorán. m. Ave palmípeda.

cornada. f. Golpe dado con el cuerno. || Herida que produce dicho golpe.

cornalina. f. Ágata de color rojo obscuro.

cornamenta. f. Cuernos de algunos cuadrúpedos.

cornamusa. f. Trompeta larga de metal, con pabellón muy ancho, que en el medio de su longitud hace una rosca muy grande. || Especie de gaita gallega rústica. || *Mar.* Pieza para amarrar los cabos.

córnea. f. Membrana dura y transparente, situada en la parte anterior del globo del ojo.

cornear. tr. Acornear.

corneja. ≅chova. f. Especie de cuervo. || Ave rapaz nocturna, semejante al búho, pero más pequeña.

cornejo. ≅durillo. m. Arbusto cornáceo muy ramoso.

córneo, a. adj. De cuerno, o de consistencia parecida a él.

corneta. f. Instrumento músico de viento, semejante al clarín. || Cuerno que usan los porqueros. || Bandera pequeña terminada en dos farpas. || Antigua compañía de soldados de a caballo. || m. El que toca la corneta.

cornete. m. Cada una de las pequeñas láminas óseas de las fosas nasales.

cornetín. m. Instrumento músico de viento, que tiene casi la misma extensión que el clarín.

cornezuelo. m. Hongo parásito del centeno.

cornijal. m. Punta, ángulo.

cornisa. f. Coronamiento compuesto de molduras, o cuerpo voladizo con molduras, que sirve de remate a otro.

cornisamento. ≅entablamento. m. Conjunto de molduras que coronan un edificio.

corno. m. Instrumento músico de la familia del oboe.

cornucopia. f. Vaso de figura de cuerno, del que rebosan flores y frutas, que representa la abundancia. || Espejo de marco tallado con brazos para poner luces.

cornudo, da. adj. Que tiene cuernos. || fig. Marido de mujer adúltera. Ú. t. c. s.

cornúpeta. adj. y s. Animal representado en actitud de acometer con los cuernos. || m. Toro de lidia.

coro. m. Conjunto de personas reunidas para cantar o celebrar alguna cosa. || En las tragedias griegas y romanas, conjunto de actores que actuaban en los intervalos de las representaciones. || Composición musical para varias voces. || Lugar del templo dedicado al coro.

corografía. f. Descripción de un país, de una región o de una provincia.

Cornezuelo del centeno

corógrafo, fa. m. y f. Persona experta en corografía.

coroideo, a. adj. Díc. de ciertas membranas ricas en vasos y de lo perteneciente a ellas.

coroides. f. Membrana delgada situada entre la esclerótica y la retina de los ojos de los vertebrados.

corola. f. Segundo verticilo de las flores completas, situado entre el cáliz y los órganos sexuales. Tiene por lo común bellos colores.

corolario. m. Proposición que no necesita prueba particular.

coroliflora. adj. y s. Planta que tiene los estambres soldados con la corola.

corona. ≅diadema. f. Cerco de ramas o flores, o de metal precioso, con que se ciñe la cabeza, como adorno o como símbolo de dignidad. || Conjunto de flores y hojas dispuestas en círculo. || Aureola de las imágenes religiosas. || Coronilla. || Tonsura de los eclesiásticos. || Halo. || fig. Dignidad Real. || fig. Reino o monarquía. || Superficie comprendida entre dos circunferencias concéntricas. || Nombre de varias monedas antiguas y modernas. || Ruedecilla dentada que, en

CORONA

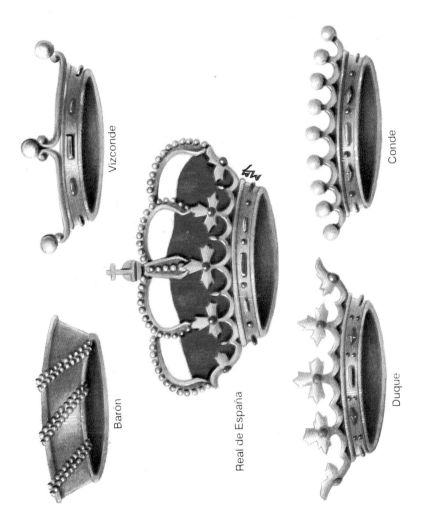

Vizconde

Conde

Barón

Real de España

Duque

algunos relojes, sirve para darles cuerda o ponerlos en hora. || Parte de un diente que sobresale de la encía.

coronación. f. Acto de coronar o coronarse un soberano. || Coronamiento.

coronamiento. m. fig. Fin de una obra. || Adorno que se pone en la parte superior de un edificio. || *Mar.* La parte de borda que corresponde a la popa del buque.

coronar. tr. Poner la corona en la cabeza. Ú. t. c. prnl. || Investir de autoridad soberana. Ú. t. c. prnl. || En el juego de damas, poner un peón sobre otro cuando éste llega a ser dama. || fig. Perfeccionar, completar una obra.

coronario, ria. adj. Perteneciente a la corona. || De figura de corona.

corondel. m. Regleta o listón, de madera o metal, que ponen los impresores para dividir la plana en columnas. || Por ext., blanco producido por el uso de esta regleta. || pl. Rayas verticales transparentes en el papel de tina.

coronel. m. Jefe militar que manda un regimiento. || *Cuba.* Cometa grande.

coronilla. f. Parte superior de la cabeza. || Tonsura de figura redonda que se hacía a los clérigos en la cabeza.

corpiño. m. Prenda de vestir que se ajusta al cuerpo hasta la cintura y por debajo del pecho.

corporación. ≅asociación. ≅sociedad. f. Agrupación o comunidad, generalmente de interés público, y a veces reconocida por la autoridad.

corporal. adj. Relativo al cuerpo. || m. Lienzo que se extiende en el altar para poner sobre él la hostia y el cáliz. Ú. m. en pl.

corporativismo. m. Doctrina y sistema socioeconómico caracterizado por la rígida intervención del Estado capitalista y liberal en las relaciones productivas a través de la constitución de asociaciones profesionales de empresarios y trabajadores, en contra del sindicalismo de clase.

corporativo, va. adj. Relativo a una corporación.

corporeidad. f. Calidad de corpóreo.

corporeizar. tr. Hacer corpóreo, materializar.

corpóreo, a. adj. Que tiene cuerpo o consistencia. || Relativo al cuerpo.

corpulencia. f. Grandeza y magnitud de un cuerpo.

corpulento, ta. ≅gordo. ≅grueso. adj. Que tiene mucho cuerpo.

corpuscular. adj. Que tiene corpúsculos. || Díc. del sistema filosófico que admite por materia elemental los corpúsculos.

corpúsculo. m. Cuerpo muy pequeño.

corral. m. Sitio cerrado y descubierto en las casas o en el campo. || Atajadizo que se hace en los ríos o en la costa del mar, para encerrar la pesca y cogerla. || Recinto en las plazas de toros para facilitar el apartado de las reses.

correa. f. Tira de cuero. || Flexibilidad y extensión de que es capaz una cosa correosa. || Aguante, paciencia. || *Arquit.* Madero que se coloca horizontalmente sobre los pares de los cuchillos de una armadura.

correaje. m. Conjunto de correas.

correazo. m. Golpe dado con una correa.

corrección. f. Acción y efecto de corregir. || Calidad de correcto. || Reprensión, censura. || Alteración o cambio que se hace en las obras escritas o de otro género.

correccional. adj. Díc. de lo que conduce a la corrección. || m. Establecimiento penitenciario para las penas de prisión y de presidio correccional.

correccionalismo. m. Sistema penal que tiende a modificar por la educación la propensión a la delincuencia.

correctivo, va. adj. y m. Díc. de lo que corrige, atenúa o subsana: *medicamento* ⌣. || m. Castigo o sanción generalmente leve.

correcto, ta. adj. Libre de errores o defectos, conforme a las reglas: *lenguaje* ⌣. || Díc. de la persona cuya conducta es irreprochable.

corrector, ra. adj. y s. Que corrige. || m. y f. Profesional encargado de la corrección de textos escritos.

corredera. f. Ranura o carril por donde resbala otra pieza en ciertas máquinas o artefactos. || Postiguillo que corre de una parte a otra para abrir o cerrar. || Muela superior del molino o aceña. || Cucaracha, insecto.

corredizo, za. adj. Que se desata o corre con facilidad: *nudo* ⌣.

corredor, ra. adj. y s. Que corre mucho. || Díc de aves del orden de las corredoras, con patas fuertes, alas inhábiles para el vuelo y sin quilla en el esternón, como el avestruz y el casuario. || m. El que por oficio interviene en compras y ventas de cualquier clase. || Pasillo. || Galería corrida alrededor del patio de algunas casas. || m. y f. Persona que practica la carrera en competiciones deportivas.

corregidor, ra. adj. Que corrige. || m. Magistrado que ejercía la jurisdicción real en su territorio. || Alcalde que el rey nombraba en algunas poblaciones importantes.

corregimiento. m. Empleo u oficio de corregidor. || Territorio de su jurisdicción. || Oficina del corregidor.

corregir. ≅retocar. ≅suavizar. ≅subsanar. ≅templar. tr. Enmendar lo errado. || Repasar un profesor los ejercicios o exámenes de los alumnos. || Advertir, amonestar, reprender. || fig. Disminuir, moderar la actividad de una cosa.

correhuela o **corregüela.** f. Centinodia. || Mata convolvulácea de tallos largos y rastreros que se enroscan en los objetos que encuentran.

correlación. f. Correspondencia o relación recíproca. || *Ling.* Conjunto de dos series de fonemas opuestas por un mismo rasgo distintivo. || Relación que se establece entre ellas.

correlativo, va. adj. Díc. de personas o cosas que tienen entre sí correlación o sucesión inmediata.

correligionario, ria. adj. y s. Que profesa la misma religión que otro. || P. ext., díc. del que tiene la misma opinión política que otro.

correo. m. El que tiene por oficio llevar y traer la correspondencia. || Servicio público que transporta la correspondencia. Ú. t. en pl. || Tren, coche, etc., que lleva correspondencia. || Casa, oficina donde se recibe y se da la correspondencia. || Buzón donde se deposita. || Correspondencia que se despacha o recibe.

correoso, sa. adj. Flexible y elástico. || Dúctil, maleable. || Díc. del pan y otros alimentos que se revienen. || Díc. de la persona de mucha resistencia física.

correr. intr. Caminar deprisa. || Hacer alguna cosa con rapidez. || Moverse los fluidos y líquidos. || Soplar el viento. || Caminar los ríos. || Ir, pasar, extenderse. || Transcurrir el tiempo. || Circular, difundir. || tr. Perseguir. || Cambiar de sitio. Ú. t. c. prnl. || Cerrar con cerrojos o llaves. || Desplazar, hacer que se deslice una cosa. || Exponerse a un peligro. || fig. Avergonzar, confundir. Ú. t. c. prnl. || prnl. Apartarse. || Excederse.

correría. f. Saqueo. || Viaje corto.

correspondencia. f. Acción y efecto de corresponder o corresponderse. || Trato recíproco entre personas. || Conjunto de cartas que se envían o reciben || Relación que existe o se establece entre elementos de distintos conjuntos o colecciones. Relación entre términos de distintas series o sistemas que tienen en cada uno igual significado, caracteres o función. || Sinonimia. || Comunicación entre estancias, habitaciones o ámbitos.

corresponder. intr. Pagar, compensar con igualdad afectos, beneficios o agasajos. Ú. t. c. tr.

|| Tocar o pertenecer. || Tener proporción o relación una cosa con otra. Ú. t. c. prnl. || prnl. Comunicarse.

correspondiente. adj. Proporcionado, conveniente. || Que tiene correspondencia con una persona o corporación. Ú. t. c. s. || Díc. de los miembros no numerarios de una corporación.

corresponsal. adj. y s. Correspondiente, que tiene correspondencia. Ú. más entre comerciantes. || com. Informador que suministra periódicamente noticias y reportajes a un medio de comunicación desde una localidad nacional o extranjera.

corresponsalía. f. Cargo de corresponsal de un periódico.

corretaje. m. Diligencia y trabajo del corredor. || Remuneración que recibe por su servicio.

corretear. intr. fam. Andar de calle en calle o de casa en casa. || fam. Correr en varias direcciones: *los niños corretean en el jardín.*

correteo. m. Acción y efecto de corretear.

correveidile o **correvedile.** com. fig. y fam. Persona que trae y lleva cuentos y chismes. || fig. y fam. Alcahuete.

corrida. f. Carrera, acción de correr cierto espacio. || Fiesta en que se lidian toros. || Canto popular andaluz, playeras. Ú. m. en pl.

corrido, da. adj. Que excede del peso o de la medida que se trata. || fig. Avergonzado, confundido. || fam. Experimentado, astuto. || Continuo o seguido. || m. Tinado o cobertizo. || Romance o jácara.

corriente. ≅común. ≅presente. ◁extraordinario. adj. Que corre. || Díc. del mes, año, etc., actual o que va transcurriendo. || Que está en uso en el momento. || Recibo, publicación periódica, etc., en vigor. || Sabido, admitido comúnmente. || Que sucede con frecuencia. || Común, no extraordinario. || Díc. de la persona de trato llano y familiar. || Díc. del estilo fluido y suelto. || f. Movimiento de una masa de agua, aire, etc., en una dirección. || Paso de la electricidad por un conductor. || Tendencia, opinión.

corrillo. m. Corro donde se apartan algunos para hablar.

corrimiento. ≅deslizamiento. m. Acción y efecto de correr o correrse. || Fluxión de humores. || fig. Vergüenza, rubor. || Entorpecimiento de la fecundación de la vid por efectos del frío, del viento, etc.

corro. m. Cerco que forma la gente para hablar, solazarse, etc. || Espacio que incluye. || Espacio circular. || Juego de niñas.

corroboración. f. Acción y efecto de corroborar o corroborarse.

corroborar. ≅confirmar. ≅robustecer. tr. y prnl. Vivificar y dar mayores fuerzas al débil. || fig. Apoyar el argumento o la opinión con nuevos raciocinios o datos.

corroer. tr. Desgastar lentamente una cosa como rayéndola. Ú. t. c. prnl. || fig. Sentir los efectos de una gran pena o remordimiento.

corromper. tr. Alterar y trastocar la forma de alguna cosa. Ú. t. c. prnl. || Echar a perder, podrir. Ú. t. c. prnl. || Sobornar o cohechar. || fig. Pervertir o seducir a una mujer. || fig. Viciar, pervertir. Ú. t. c. prnl.

corrosión. f. Acción y efecto de corroer o corroerse.

corrosivo, va. adj. Díc. de lo que corroe o tiene virtud de corroer.

corrupción. ≅depravación. ≅descomposición. ≅perversión. ≅putrefacción. f. Acción y efecto de corromper o corromperse. || Alteración o vicio de un libro. || fig. Vicio o abuso introducido en las cosas no materiales: ⌒ de costumbres.

corruptela. f. Corrupción. || Mala costumbre o abuso.

corruptivo, va. adj. Díc. de lo que corrompe o tiene virtud para corromper.

corrupto, ta. adj. Corrompido.

corsario, ria. adj. Díc. de la embarcación que andaba al corso, con patente del gobierno de su nación. || Díc. del capitán de un buque corsario. || m. Pirata.

corsé. m. Cotilla interior de que usan las mujeres para ajustarse el cuerpo.

corsetería. f. Fábrica de corsés. || Tienda donde se venden.

corso. m. Campaña que hacían los buques mercantes con patente de su gobierno para perseguir a los piratas o a las embarcaciones enemigas: *ir, o salir, a* ⌒. || Campaña marítima que se hace al comercio enemigo, siguiendo las leyes de la guerra.

corso, sa. adj. y s. De Córcega.

corta. f. Acción de cortar árboles.

cortacésped. f. Máquina para recortar el césped en los jardines.

cortacircuitos. m. Aparato que automáticamente interrumpe la corriente eléctrica cuando es excesiva o peligrosa.

cortada. f. Herida hecha por instrumento cortante. || Abertura o corte entre dos montañas. || Rebanada de pan, frutas, etc.

cortado, da. adj. Ajustado, proporcionado. ||

Díc. del estilo del escritor que expresa los conceptos en cláusulas breves y sueltas. || m. Taza o vaso de café con algo de leche.

cortador, ra. adj. Que corta. || m. Carnicero.

cortadura. ≅corte. ≅sección. f. Incisión hecha con un instrumento cortante. || Abertura o paso entre dos montañas. || Recortado, figura de papel. || *Fort.* Parapeto de tierra o ladrillo. || *Fort.* Obra que se hace en los pasos estrechos, para defenderlos con más ventaja. || pl. Recortes o sobrantes de una cosa.

cortafrío. ≅tajadera. m. Cincel fuerte para cortar hierro frío a golpes de martillo.

cortafuego. m. Vereda ancha que se deja en los sembrados y montes para que no se propaguen los incendios. || Pared gruesa de fábrica que se construye en los edificios con el mismo fin.

cortalápices. m. Instrumento que sirve para aguzar los lápices.

cortapicos. m. Insecto ortóptero cuyo abdomen termina en dos piezas córneas móviles.

cortapisa. f. Guarnición de diferente tela que se ponía en ciertas prendas de vestir. || fig. Adorno, gracia. || fig. Condición, limitación.

cortaplumas. m. Navaja pequeña.

cortapuros. m. Utensilio que sirve para cortar la punta de los cigarros puros.

cortar. ≅cuajar. ≅separar. ≅tajar. tr. Dividir una cosa o separar sus partes con algún instrumento cortante. || Dar la forma conveniente a las piezas de que se ha de componer una prenda de vestir o calzar. || Hender un fluido o líquido. || Separar o dividir una cosa en dos porciones. || Alzar la baraja. || Acortar distancia. || Castrar las colmenas. || Recortar. || Suspender, interrumpir.

Cortafuego en Sierra Morena. Ciudad Morena

|| intr. Tomar el camino más corto. || prnl. Turbarse. || Separarse los componentes de la leche o una salsa.

cortaúñas. m. Utensilio para cortarse las uñas.

cortaviento. m. Aparato colocado en la parte delantera de un vehículo, para cortar el viento.

corte. ≅cortadura. ≅incisión. m. Filo del instrumento con que se corta y taja. || Acción y efecto de cortar o cortarse. || Arte y acción de cortar las diferentes piezas que requieren la hechura de un vestido, de un calzado, etc. || Corta.

corte. f. Población donde habitualmente reside el soberano en las monarquías. || Familia y comitiva del rey. || P. ext., séquito, acompañamiento. || Corral. || Establo. || Aprisco. || Amér. Tribunal de justicia.

cortedad. ≅timidez. ≅vergüenza. f. Pequeñez, poca extensión. || fig. Falta o escasez de talento, de valor, etc. || fig. Encogimiento, poquedad de ánimo.

cortejar. tr. Asistir, acompañar a uno. || Galantear, requebrar.

cortejo. m. Acción de cortejar. || Acompañamiento en una ceremonia. || Fineza, agasajo, regalo. || fam. Persona que tiene relaciones amorosas con otra.

cortés. adj. Atento, comedido, afable.

cortesano, na. adj. Perteneciente a la corte. || Cortés. || m. Palaciego que servía al rey en la corte.

cortesía. f. Demostración o acto con que se manifiesta atención, respeto o afecto. || Cortesanía. || Regalo. || Gracia o merced. || Tratamiento, título. || Impr. Hoja, página o parte de ella que se deja en blanco.

corteza. f. Parte externa de las raíces y tallos de las plantas fanerógamas. || Parte exterior y dura de algunas frutas. || Parte exterior de algunas cosas.

cortical. adj. Relativo a la corteza.

corticosteroide. adj. y s. Díc. de los esteroides localizados en la corteza suprarrenal o conseguidos sintéticamente. Tienen importantes aplicaciones farmacológicas en inflamaciones, alergias, etc.

cortijero, ra. m. y f. Persona que cuida de un cortijo y vive en él. || m. Capataz de un cortijo.

cortijo. m. Posesión de tierra y casa de labor.

cortina. f. Paño grande con que se cubren y adornan las puertas, ventanas, etc. || fig. Lo que encubre y oculta algo. || Lienzo de muralla que está entre dos baluartes.

cortinaje. m. Juego de cortinas.

cortinilla. ≅visillo. f. Cortina pequeña.

cortisona. f. Esteroide extraído de la corteza de las glándulas suprarrenales, que tiene aplicación terapéutica.

corto, ta. adj. De poca longitud, tamaño o duración. || Escaso o defectuoso. || Que no alcanza al punto de su destino: bola ∾. || fig. Tímido. || fig. De escaso talento o poca instrucción. || fig. Falto de palabras para explicarse.

cortocircuito. m. El circuito eléctrico que ofrece una resistencia sumamente pequeña, y en especial el que se produce accidentalmente por contacto entre los conductores y suele determinar una descarga.

cortometraje. m. Película cuya duración no es mayor de treinta minutos ni menor de ocho.

cortón. ≅grillotalpa. m. Insecto ortóptero semejante al grillo, pero bastante mayor y muy dañino para las plantas.

coruñés, sa. adj. y s. De La Coruña.

corva. f. Parte de la pierna opuesta a la rodilla.

corvadura. f. Parte por donde se encorva una cosa. || Curvatura. || Parte arqueada del arco o bóveda.

corvejón. ≅corva. m. Articulación situada entre la parte inferior de la pierna y superior de la caña, de las extremidades posteriores, en los cuadrúpedos.

corveta. f. Movimiento que se enseña al caballo, obligándole a ir sobre las patas traseras con los brazos en el aire.

córvido. adj. Díc. de pájaros dentirrostros, como el cuervo. || pl. Familia de estos animales.

corvina. f. Pez marino que abunda en el Mediterráneo y es comestible apetecido.

corvo, va. adj. Arqueado o combado. || m. Garfio. || Amér. Machete curvo utilizado en la labranza y, por ext., cuchillo que se usa como arma.

corzo. m. Mamífero rumiante cérvido, algo mayor que la cabra.

corzuelo. m. Granos de trigo que no despiden la cascarilla al trillarse.

cosa. f. Todo lo que tiene entidad. || Ser inanimado, en contraposición con los seres animados. || En oraciones negativas, nada: no valer ∾.

cosaco, ca. adj. y s. Habitante de varios distritos del sur de la antigua Rusia. || m. Soldado ruso de tropa ligera. || m. pl. Pueblos rusos, de origen turcotártaro.

cosario, ria. adj. Perteneciente al corsario. || Cursado, frecuentado. || m. Ordinario, trajinero. || Cazador de oficio.

coscoja. f. Árbol semejante a la encina, en el que vive el quermes que produce el coscojo. ||

Hoja seca de la encina. ‖ Chapa de hierro arrollada en forma de cañuto.

coscojo. m. Agalla producida por el quermes en la coscoja. ‖ Piezas del freno, a modo de cuentas.

coscorrón. m. Golpe en la cabeza que no saca sangre y duele. ‖ fig. y fam. Percance, contratiempo.

cosecante. f. Secante del complemento de un ángulo o de un arco.

cosecha. ≅recolección. f. Conjunto de frutos que se recogen en la tierra al llegar a la sazón. ‖ Producto que se obtiene de dichos frutos mediante el tratamiento adecuado: ⌐ de vino. ‖ Temporada en que se recogen.

cosechador, ra. adj. Que cosecha. ‖ f. Máquina que siega la mies, limpia y envasa el grano.

cosechar. ≅recoger. ≅recolectar. intr. y tr. Hacer la cosecha. ‖ fig. Atraerse simpatías, odios, etc.

cosechero, ra. m. y f. Persona que tiene cosecha.

coselete. m. Coraza ligera. ‖ Soldado que llevaba coselete. ‖ Nombre que se da al tórax de algunos insectos.

coseno. m. Seno del complemento de un ángulo o de un arco.

coser. tr. Unir con hilo enhebrado en la aguja. ‖ Hacer labores de aguja. ‖ Engrapar papeles uniéndolos con máquina. ‖ fig. Unir una cosa con otra, de suerte que queden muy juntas.

cosido. m. Acción y efecto de coser. ‖ Calidad de la costura: el ⌐ es excelente.

cosificar. tr. Convertir algo en cosa. ‖ Considerar como cosa algo que no lo es; por ejemplo, una persona.

cosmético, ca. adj. y m. Díc. de las confecciones hechas para hermosear el cutis. ‖ f. Arte de aplicar estas confecciones.

cósmico, ca. adj. Perteneciente al cosmos. ‖ Aplícase al orto u ocaso de un astro, que coincide con la salida del Sol.

$$\text{Cosec } \widehat{MA} = \text{cosec } \alpha = \frac{1}{\text{sen } \alpha} = \frac{ON}{MN}$$

$$\text{cosec } \alpha = \frac{1}{MN} \text{ cuando}$$
el radio es la unidad

COSECANTE

cosmogonía. f. Ciencia que trata de la formación del universo.

cosmografía. f. Descripción astronómica del mundo.

cosmógrafo. m. El que profesa la cosmografía o tiene en ella especiales conocimientos.

cosmología. f. Conocimiento filosófico de las leyes generales que rigen el mundo físico.

cosmológico, ca. adj. Relativo a la cosmología.

cosmólogo. m. El que profesa la cosmología o tiene en ella especiales conocimientos.

cosmonauta. com. Tripulante de una cosmonave.

cosmonáutica. f. Ciencia o arte de navegar más allá de la atmósfera terrestre.

cosmonave. f. Vehículo capaz de navegar más allá de la atmósfera terrestre.

cosmopolita. adj. Persona que considera a todo el mundo como patria suya. Ú. t. c. s. ‖ Díc. de lo que es común a todos los países. ‖ Aplícase a los seres que pueden vivir en todos los climas: el hombre es ⌐.

cosmopolitismo. ≅internacionalismo. m. Doctrina y género de vida de los cosmopolitas.

cosmos. m. Mundo, universo.

coso. m. Plaza donde se lidian toros y se celebran otras fiestas públicas. ‖ Calle principal en algunas poblaciones.

cosquillas. f. pl. Sensación que se experimenta en algunas partes del cuerpo cuando son ligeramente tocadas por otra persona o cosa y que provoca involuntariamente la risa.

cosquillear. tr. Hacer cosquillas.

cosquilleo. m. Sensación que producen las cosquillas, u otra semejante.

costa. f. Cantidad que se paga por una cosa. ‖ pl. Gastos judiciales.

costa. ≅costera. ≅litoral. f. Orilla del mar y tierra que está cerca de ella. ‖ Instrumento que usan los zapateros para alisar los cantos de la suela.

costado. ≅flanco. ≅línea. m. Cada una de las dos partes laterales del cuerpo humano. ‖ Lado derecho o izquierdo de un ejército. ‖ Lado. ‖ pl. En la genealogía, líneas de los abuelos paternos y maternos.

costal. adj. Perteneciente a las costillas. ‖ m. Saco grande. ‖ Cada uno de los listones que sirven para mantener las fronteras de los tapiales en posición vertical.

costalada. ≅batacazo. ≅trastazo. f. Golpe que uno da al caer de espaldas o de costado.

costanera. f. Cuesta. || pl. Maderos largos que cargan sobre el caballete de un edificio.

costanilla. f. Calle corta y en cuesta.

costar. intr. Ser comprada una cosa por determinado precio. || Estar en venta una cosa a determinado precio. || fig. Causar una cosa dificultad.

costarricense. adj. y s. De Costa Rica.

coste. m. Gasto realizado para la obtención o adquisición de una cosa o servicio.

costear. tr. Pagar los gastos de alguna cosa: ⌒ *los estudios.* || Ir navegando sin perder de vista la costa. || Rematar el costado de una cosa. || fig. Soslayar una dificultad. || *Arg.* y *Urug.* Trasladarse con esfuerzo a un lugar distante o trabajoso de alcanzar. || prnl. Producir una cosa lo suficiente para cubrir los gastos que ocasiona.

costera. f. Lado o costado de un fardo. || Cuesta. || Costa. || Temporada de pesca de una especie.

costero, ra. adj. Relativo a la costa, próximo a ella. || Lateral, situado a un costado. || m. Cada pieza, inmediata a la corteza, que sale al aserrar un tronco en el sentido de su longitud.

costilla. f. Cada uno de los huesos largos y encorvados que nacen del espinazo y vienen hacia el pecho. || fig. Cosa de figura de costilla. || fig. y fam. Mujer propia. || pl. fam. Espalda del cuerpo humano.

costillar. m. Conjunto de costillas. || Parte del cuerpo en la cual están.

costo. m. Coste. || Hierba vivaz compuesta, propia de la zona tropical, cuya raíz es tónica y diurética. || Esta misma raíz.

costoso, sa. adj. Que cuesta mucho. || fig. Que acarrea daño o sentimiento.

costra. f. Corteza exterior que se endurece sobre una cosa blanda. || Postilla. || Rebanada que se daba en las galeras. || Moco de una vela.

costumbre. f. Hábito, modo habitual de proceder o conducirse. || Práctica muy usada que ha adquirido fuerza de proyecto. || Lo que se hace más comúnmente.

costumbrismo. m. En las obras literarias, atención especial que se presta a la pintura de las costumbres típicas de un país o región.

costumbrista. adj. Relativo al costumbrismo. || Autor que cultiva el costumbrismo.

costura. f. Acción y efecto de coser. || Toda labor que está cosiéndose y se halla sin acabar. || Oficio de coser. || Serie de puntadas que une dos piezas cosidas.

costurera. f. Mujer que tiene por oficio coser o cortar.

costurero. m. Mesita, con cajón y almohadilla, de que se sirven las mujeres para la costura. || Caja o canastilla para guardar los útiles de costura.

costurón. m. despect. Costura grosera. || fig. Cicatriz o señal muy visible de una herida o llaga.

cota. f. Arma defensiva del cuerpo, que se usaba antiguamente. || Vestidura que llevaban los reyes de armas sobre la cual están bordados los escudos reales. || Cuota. || Número que en los planos topográficos indica la altura de un punto. || Esta misma altura.

cotangente. f. Tangente del complemento de un ángulo o de un arco.

cotarro. m. Recinto en que se daba albergue por la noche a pobres y vagabundos. || fig. y fam. Colectividad en el estado de agitación o inquietud. || Ladera de un barranco.

cotejar. tr. Confrontar una cosa con otra u otras.

cotejo. m. Acción y efecto de cotejar.

cotidiano, na. adj. Diario. || Por ext., muy frecuente.

cotiledón. m. Forma con que aparece la primera hoja en el embrión de las plantas fanerógamas.

cotiledóneo, a. adj. Relativo al cotiledón. || Díc. de las plantas que tienen cotiledones. Ú. t.

Planta cotiledónea

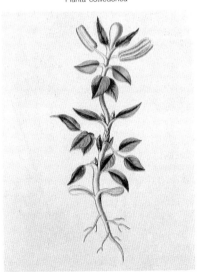

c. s. f. || f. pl. Uno de los dos grandes grupos en que se dividía el reino vegetal.

cotilla. f. Ajustador que usaban las mujeres. || com. fig. Persona amiga de chismes y cuentos. Ú. t. c. adj.

cotilleo. m. fam. Acción y efecto de cotillear.

cotillón. m. Danza con figuras, que suele ejecutarse al fin de los bailes de sociedad.

cotización. f. Acción y efecto de cotizar.

cotizar. tr. Pagar una cuota. || Publicar en alta voz en la bolsa el precio de los valores que tienen curso público. || fig. Gozar de mayor o menor estimación pública una persona o cosa. Ú. t. c. prnl.

coto. m. Terreno acotado. || Mojón que se pone para señalar la división de los términos o de las heredades. || Población de una o más parroquias sitas en territorio de señorío. || Pez teleósteo acantopterigio que vive en los ríos y es comestible.

cotorra. f. Papagayo pequeño. || Urraca. || Ave prensora americana, parecida al papagayo. || fig y fam. Persona habladora.

cotorrear. intr. Hablar con exceso.

cotorreo. m. fig. y fam. Conversación bulliciosa de mujeres.

cotufa. f. Tubérculo de la aguaturma. || Golosina. || Chufa.

coturno. m. Calzado que cubría el pie y la pierna hasta la pantorrilla. || Calzado de suela sumamente gruesa con, con objeto de parecer más altos, usaban en las tragedias los actores antiguos.

coulomb. m. Nombre del culombio en la nomenclatura internacional.

covacha. f. Cueva pequeña. || Vivienda pobre, incómoda, pequeña. || Trastera. || Perrera. || *Ecuad.* Tienda donde se venden comestibles, legumbres, etc.

cow-boy. m. Se aplica a los pastores de ganado vacuno en los campos del O. de EE. UU.

coxal. adj. Relativo a la cadera.

coxalgia. f. Artritis en la cadera, generalmente de origen tuberculoso.

coxálgico. adj. Perteneciente a la coxalgia. || Que padece coxalgia.

coxcojilla, ta. f. Juego de muchachos, que consiste en andar a la pata coja y dar con el pie a una piedrecita para sacarla de ciertas rayas.

coxis. m. Cóccix.

coy. m. Trozo de lona o tejido de malla que sirve de cama a bordo.

coya. f. Mujer del emperador, señora soberana o princesa, entre los antiguos peruanos.

coyote. m. Especie de lobo que se cría en Méjico.

coyunda. f. Correa o soga con que se uncen los bueyes. || Correa para atar las abarcas. || *Nic.* Látigo. || fig. Unión conyugal. || fig. Sujeción o dominio.

coyuntura. f. Articulación entre dos huesos. || fig. Sazón, oportunidad para alguna cosa.

coyuntural. adj. Que depende de la coyuntura o circunstancia.

coz. f. Patada violenta que dan las caballerías. || Golpe que da una persona moviendo el pie con violencia hacia atrás. || Retroceso que hace cualquier arma de fuego al dispararla. || fig. y fam. Acción o palabra injuriosa o grosera.

crac. m. Quiebra comercial.

craneal o **craneano, na.** adj. Relativo al cráneo.

cráneo. m. Caja ósea en que está contenido el encéfalo.

craneología. f. Estudio del cráneo.

craneometría. f. Parte de la craneología que se ocupa de la medida de los caracteres craneales.

craneopatía. f. Enfermedad del cráneo.

craneoscopia. f. Estudio del cráneo en todas las características diferenciales que no quedan determinadas mediante medidas.

crápula. f. Embriaguez o borrachera. || fig. Disipación, libertinaje. || m. Hombre de vida licenciosa.

crascitar. intr. Graznar el cuervo.

craso, sa. adj. Grueso, gordo o espeso. || fig. Unido con los substantivos *error, engaño* y otros semejantes, indispensable. || m. Crasitud.

crasuláceo, a. adj. y f. Díc. de hierbas y arbustos angiospermos dicotiledóneos, como la uva de gato. || f. pl. Familia de estas plantas.

cráter. m. Boca por donde los volcanes arrojan humo, ceniza, lava, etc.

crátera o **cratera.** f. Vasija donde se mezclaba el vino con agua antes de servirlo en copas en Grecia y Roma.

creación. f. Acto de criar o sacar Dios una cosa de la nada. || Mundo, conjunto de todas las cosas creadas. || Acción de instituir nuevos cargos o dignidades.

creacionismo. m. Doctrina que sostiene que el mundo ha sido creado de la nada por la libre voluntad de Dios.

creador, ra. adj. Díc. propiamente de Dios, que sacó todas las cosas de la nada. Ú. m. c. s. || fig. Que crea: *artista* ⌢.

crear. ◁destruir. tr. Producir algo de la nada.

Crátera griega. Museo Lázaro Galdiano. Madrid

|| fig. Establecer, fundar: ⌐ *una industria.* || fig. Instituir un nuevo empleo o dignidad. || fig. Hacer por elección o nombramiento, a una persona lo que antes no era: *fue creado papa.*

creatividad. f. Facultad de crear.

creativo, va. adj. Que posee o estimula la capacidad de creación, invención, etc.

crecedero, ra. adj. Que está en aptitud de crecer. || Aplícase al vestido que se hace a un niño de modo que le pueda servir aunque crezca.

crecer. ◁disminuir. intr. Tomar aumento natural los seres orgánicos. || Adquirir aumento algunas cosas: ⌐ *el tumulto.* || En las labores de punto, ir añadiendo puntos. || Hablando de la luna, aumentar la parte iluminada. || Hablando de la moneda, aumentar su valor.

creces. f. pl. Aumento aparente de volumen que adquiere el trigo en la troje traspalándolo de una parte a otra. || fig. Aumento, ventaja, exceso en algunas cosas.

crecida. ≅riada. f. Aumento de agua que toman los ríos y arroyos.

crecido, da. adj. fig. Grande o numeroso. || m. pl. Puntos que se aumentan en alguna parte de la media, calceta, etc.

creciente. adj. Que crece. || m. Figura heráldica que representa una luna en su primer cuarto, y con las puntas hacia arriba. || f. Crecida.

crecimiento. m. Acción y efecto de crecer. || Aumento del valor intrínseco de la moneda.

credencial. adj. Que acredita. || f. Documento que sirve para que a un empleado se dé posesión de su plaza. || pl. Carta que se da al embajador

o ministro, para que se le admita y reconozca por tal.

credibilidad. f. Calidad de creíble.

crediticio, cia. adj. Relativo al crédito.

crédito. ≅confianza. ≅solvencia. m. Asenso. || Derecho que uno tiene a recibir de otro dinero. || Apoyo, abono, comprobación. || Reputación, fama, autoridad. || Situación o condiciones que facultan a una persona o entidad para obtener de otra fondos. || Opinión que goza una persona de que cumplirá los compromisos que contraiga.

credo. m. Símbolo de la fe. || fig. Conjunto de doctrinas comunes a una colectividad.

credulidad. ≅candidez. ≅ingenuidad. ≅sencillez. f. Calidad de crédulo.

crédulo, la. adj. Que cree fácilmente.

creencia. f. Firme asentimiento y conformidad con alguna cosa. || Completo crédito que se presta a un hecho. || Religión, secta.

creer. ≅confiar. ≅opinar. ≅suponer. tr. Tener por cierta una cosa que no está comprobada. || Dar firme asenso a las verdades reveladas por Dios. || Pensar, juzgar. || Tener una cosa por verosímil o probable. Ú. t. c. prnl.

creíble. adj. Que puede ser creído.

creído, da. adj. fam. Persona vanidosa, orgullosa. || Crédulo, confiado.

crema. f. Substancia crasa contenida en la leche. || Nata de la leche. || Natillas espesas. || fig. Lo más distinguido de un grupo social.

crema. f. Confección cosmética para suavizar el cutis. || Pasta untuosa para dar brillo al calzado. || Sopa espesa.

cremación. f. Acción de quemar.

cremallera. f. Barra metálica con dientes en uno de sus cantos, para engranar con un piñón. || Cierre que consiste en dos tiras flexibles guarnecidas de dientes que se traban o se destraban según el sentido en que se desliza una abrazadera.

crematística. f. Economía política. || Interés pecuniario de un negocio.

crematístico, ca. ≅monetario. ≅pecuniario. adj. Relativo a la crematística.

crematorio, ria. adj. Relativo a la cremación de los cadáveres.

cremoso, sa. adj. De la naturaleza o aspecto de la crema. || Que tiene mucha crema.

crencha. f. Raya que divide el cabello en dos partes. || Cada una de estas partes.

crepé. m. Galicismo por añadido, pelo postizo. || Cierta tela de algodón.

crepitar. intr. Dar chasquidos.

crepuscular o **crepusculino, na.** adj. Perteneciente al crepúsculo. || Díc. del estado de ánimo, intermedio entre la conciencia y la inconsciencia.

crepúsculo. m. Claridad que hay desde que raya el día hasta que sale el Sol, y desde que éste se pone hasta que es de noche. || Tiempo que dura esta claridad.

cresa. f. En algunas partes, los huevos que pone la reina de las abejas. || Larva de ciertos dípteros. || Montones de huevecillos que ponen las moscas.

creso. m. fig. El que posee grandes riquezas.

crespo, pa. ◁laso. adj. Ensortijado o rizado. || Díc. de las hojas cuando están retorcidas. || fig. Aplícase al estilo artificioso y difícil de entender. || fig. Irritado o alterado.

crespón. m. Gasa en que la urdimbre está más retorcida que la trama. || Gasa negra que se usa en señal de luto.

cresta. f. Carnosidad roja que tienen sobre la cabeza algunas aves. || Copete, moño de plumas de ciertas aves. || fig. Cumbre de una montaña. || Cima de una ola.

crestería. f. Adorno de labores caladas que se usó mucho en el estilo ojival. || Almenaje o coronamiento de las antiguas fortificaciones.

crestomatía. ≅antología. ≅florilegio. f. Colección de escritos selectos para la enseñanza.

creta. f. Carbonato de cal terroso.

cretácico, ca o **cretáceo, a.** adj. Terreno inmediatamente posterior al jurásico. || Perteneciente a este terreno.

cretense. adj. y s. De la isla de Creta.

cretinismo. m. Enfermedad caracterizada por retraso de la inteligencia acompañado de defectos del desarrollo orgánico. || fig. Estupidez, idiotez, falta de talento.

cretino, na. adj. y s. Que padece cretinismo. || fig. Estúpido, necio.

cretona. f. Tela de algodón, blanca o estampada.

creyente. adj. y s. Que cree.

cría. f. Acción y efecto de criar a los hombres y a los animales. || Niño o animal mientras se está criando. || Conjunto de hijos que tienen de un parto, o en un nido, los animales.

criadero, ra. adj. Fecundo en criar. || m. Lugar donde se trasplantan los árboles. || Lugar destinado para la cría de animales. || Agregado de substancias inorgánicas que se halla entre la masa de un terreno.

criadilla. f. En los animales de matadero, testículo. || Hongo carnoso que se cría bajo tierra.

criado, da. adj. Con los adverbios *bien* o *mal*, se aplica a la persona de buena o mala crianza. || m. y f. Persona que sirve por un salario, especialmente en el servicio doméstico.

criador, ra. adj. Que nutre y alimenta. || Atributo que se da sólo a Dios. Ú. t. c. s. || m. y f. Persona que tiene por oficio criar animales. || Vinicultor. || f. Nodriza.

crianza. f. Acción y efecto de criar. || Época de la lactancia. || Urbanidad, atención, cortesía. || *Chile*. Conjunto de animales nacidos en una hacienda y destinados a ella.

criar. tr. Crear. || Producir, engendrar. Ú. t. c. prnl. || Nutrir y alimentar la madre o la nodriza al niño. || Alimentar a los animales. || Instruir, educar y dirigir. || Establecer por vez primera o fundar una cosa. || Someter un vino, después de la fermentación, a ciertas operaciones y cuidados. || fig. Dar ocasión y motivo para alguna cosa.

criatura. f. Toda cosa criada. || Niño de poco tiempo. || Feto antes de nacer.

criba. ≅harnero. ≅zaranda. f. Cuero ordenadamente agujereado y fijo en un aro de madera, que sirve para cribar. También se hacen de plancha metálica con agujeros, o con red de malla de alambre. || Cualquier aparato mecánico que se emplea para cribar. || fig. Selección, separación entre lo que es importante o bueno, y aquello que no lo es.

cribado, da. adj. Se dice del carbón mineral escogido. || m. Acción y efecto de cribar.

cribar. tr. Pasar una semilla, un mineral u otra materia por la criba para limpiarlos o separar las partes menudas de las gruesas.

cricoides. adj. y m. Cartílago anular inferior de la laringe de los mamíferos.

crimen. m. Acción voluntaria de matar o herir gravemente a una persona. || Delito correspondiente a esta acción. || fig. y fam. Cualquier cosa que el que habla considera muy mal hecha.

criminal. adj. Perteneciente al crimen. || Díc. de las leyes, institutos o acciones destinados a castigar los crímenes. || Que ha cometido un crimen. Ú. t. c. s.

criminalidad. f. Calidad o circunstancia que hace que una cosa sea criminosa. || Número proporcional de crímenes cometidos en un territorio y tiempo determinados.

criminalista. adj. y com. Abogado especializado en derecho penal. || Díc. de la persona especializada en el estudio del crimen y también este mismo estudio.

criminología. f. Tratado acerca del delito, sus causas y su repercusión.

criminológico, ca. adj. Relativo a la criminología.

crin. f. Conjunto de cerdas que tienen algunos animales en la parte superior del cuello. Ú. m. en pl.

crío, a. m. y f. Niño o niña que se está criando.

criollismo. m. Carácter de lo que es criollo. || Tendencia a exaltar las cualidades de lo criollo.

criollo, lla. adj. y s. Descendiente de padres europeos nacidos en América. || Aplícabase al negro nacido en América. || Díc. de la persona nacida en un país hispanoamericano.

crioscopia. f. Método fisicoquímico, que se utiliza para determinar el peso molecular de una substancia.

crioterapia. f. Tratamiento terapéutico basado en el empleo de bajas temperaturas.

cripta. ≅ bóveda. f. Lugar subterráneo en que se acostumbraba enterrar a los muertos. || Piso subterráneo en una iglesia.

críptico, ca. adj. Relativo a la criptografía. || Obscuro, enigmático.

criptoanálisis. m. Arte de descifrar criptogramas.

criptógamo, ma. adj. y f. Planta que carece de flores. || Acotiledóneo. || f. pl. Grupo taxonómico constituido por las plantas desprovistas de flores.

criptografía. f. Arte de escribir con clave secreta.

criptograma. m. Documento cifrado.

criptón. m. Gas noble existente en muy pequeña cantidad en la atmósfera terrestre.

críquet. m. Juego de pelota que se practica con paletas de madera.

cris. m. Arma blanca, de uso en Filipinas.

crisálida. f. Ninfa de los insectos lepidópteros.

crisantemo. m. Planta compuesta, procedente de China, que se cultiva en jardines.

crisis. ≅ peligro. ≅ riesgo. ∬ crisis. f. Mutación considerable que acaece en una enfermedad, ya sea para mejorarse, ya para agravarse el enfermo. || Mutación importante en el desarrollo de otros procesos. || Situación de un asunto cuando está en duda la continuación.

crisma. amb. Aceite y bálsamo mezclados, que una vez consagrado, se usa para unciones sacramentales. En lenguaje fam. ú. m. c. f. || f. *Germ.* Cabeza.

crisobalanáceo, a. adj. y f. Díc. de plantas

Crisantemos

leñosas angiospermas, dicotiledóneas, como el hicaco. || f. pl. Familia de estas plantas.

crisoberilo. m. Piedra preciosa de color verde amarillento.

crisol. m. Vaso que se hace de barro refractario, porcelana, grafito, hierro, plata o platino, y se emplea para fundir metales. || Cavidad inferior de los hornos que sirve para recibir el metal fundido.

crisólito. m. Variedad de olivino. || Nombre dado a varias piedras preciosas.

crisomélido. adj. Díc. de insectos coleópteros, que en general, son perjudiciales a las plantas. || m. pl. Familia de estos insectos.

crisoprasa. f. Ágata de color verde manzana.

crispar. ≅ contraer. ≅ encoger. tr. y prnl. Causar contracción repentina y pasajera en un músculo. || fig. Irritar, exasperar.

cristal. m. Vidrio incoloro y muy transparente. || Cualquier cuerpo sólido que naturalmente tiene forma poliédrica más o menos regular.

cristalera. f. Armario con cristales. || Cierre o puerta de cristales.

cristalería. f. Establecimiento donde se fabrican o venden objetos de cristal. || Conjunto de estos objetos. || Vajilla que consiste en vasos, copas y jarras de cristal.

cristalino, na. ≅ claro. ≅ diáfano. ≅ transparente. adj. De cristal. || Parecido al cristal. || m. Cuerpo de forma esférica lenticular, situado detrás de la pupila del ojo.

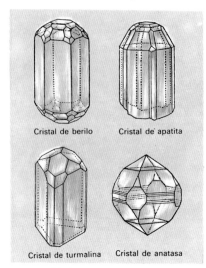

Cristal de berilo   Cristal de apatita

Cristal de turmalina   Cristal de anatasa

Cristales de diferentes minerales

cristalización. f. Acción y efecto de cristalizar. || Cosa cristalizada.

cristalizar. intr. Tomar forma cristalina. Ú. t. c. prnl. || fig. Tomar forma clara y precisa las ideas, sentimientos o deseos. || tr. Hacer tomar la forma cristalina a ciertas substancias.

cristalografía. f. Descripción de las formas que toman los cuerpos al cristalizar.

cristalográfico, ca. adj. Relativo a la cristalografía.

cristiandad. f. Gremio de los fieles que profesan la religión cristiana. || Observancia de la ley de Cristo.

cristianismo. m. Religión cristiana. || Conjunto de los fieles cristianos.

cristianización. m. Acción y efecto de cristianizar.

cristianizar. tr. y prnl. Conformar una cosa con el dogma cristiano.

cristiano, na. adj. Perteneciente a la religión de Cristo. || Que profesa la fe de Cristo. Ú. t. c. s.

cristofué. m. Pájaro algo mayor que la alondra, de color entre amarillo y verde.

cristología. f. Tratado de lo referente a Cristo.

criterio. m. Norma para conocer la verdad. || Juicio o discernimiento.

crítica. f. Arte de juzgar de la bondad, verdad y belleza de las cosas. || Juicio formado sobre una obra de literatura o arte. || Censura. || Conjunto de opiniones sobre cualquier asunto.

criticar. tr. Juzgar de las cosas, fundándose en los principios de la ciencia. || Censurar.

criticismo. m. Método de investigación según el cual a todo trabajo científico debe preceder el examen de la posibilidad del conocimiento de que se trata y de las fuentes y límites de éste.

crítico, ca. adj. Perteneciente a la crítica. || Relativo a la crisis. || Hablando del tiempo, ocasión que debe aprovecharse. || m. y f. Persona que ejerce la crítica.

criticón, na. adj. y s. fam. Que todo lo censura.

croar. intr. Cantar la rana.

croata. adj. y s. De Croacia, región europea.

crocante. adj. Díc. de ciertas pastas que crujen al mascarlas. || m. Guirlache.

croché. m. Gancho, ganchillo. || Labor que se hace con ellos. || En boxeo, gancho.

crol. m. Forma de natación en que la cabeza va sumergida salvo para respirar y el avance del cuerpo es de costado.

cromado. m. Acción y efecto de cromar.

cromar. tr. Dar un baño de cromo a los objetos metálicos.

cromático, ca. adj. Relativo a los colores. || Aplícase a uno de los tres géneros del sistema músico, y es el que procede por semitonos. || Díc. del instrumento óptico que presenta al ojo los objetos contorneados con los visos y colores del arco iris.

cromatina. f. Substancia que existe en el núcleo de las células y que se tiñe intensamente por el carmín y los colorantes básicos de anilina.

cromatismo. m. Calidad de cromático.

cromo. m. Metal blanco gris, quebradizo, bastante duro para rayar el vidrio, capaz de hemoso pulimento. || Cromolitografía, estampa. || Vulgarmente estampita coleccionables con las que juegan los niños. || En sentido despect., dibujo o pintura de colores chillones y de escasa calidad.

cromolitografía. f. Arte de litografiar con varios colores, los cuales se obtienen por impresiones sucesivas. || Estampa obtenida por medio de este arte.

cromosfera. f. Zona superior de la envoltura gaseosa del Sol, de color rojo.

cromosoma. m. Cada uno de ciertos corpúsculos que existen en el núcleo de las células y en los que residen los factores hereditarios.

cromotipia. f. Impresión en colores. || Lámina así obtenida.

cromotipografía. f. Arte de imprimir en colores. || Obra hecha por este procedimiento.

crónica. f. Historia en que se observa el orden de los tiempos. || Artículo periodístico sobre temas de actualidad.

cronicidad. f. Calidad de crónico.

crónico, ca. adj. Aplícase a las enfermedades largas o dolencias habituales. || Que viene de tiempo atrás. || m. Crónica.

cronicón. m. Breve narración histórica.

cronista. com. Autor de una crónica. || Empleo de cronista.

crónlech o **crómlech.** m. Monumento megalítico formado por menhires, dispuestos en forma elíptica o circular.

cronología. f. Ciencia que determina el orden y fechas de los sucesos históricos. || Serie de personas o sucesos históricos por orden de fechas. || Manera de computar los tiempos.

cronológico. adj. Perteneciente a la cronología.

cronometrador, ra. m. y f. Persona que cronometra.

cronometraje. f. Acción y efecto de cronometrar.

cronometrar. tr. Medir con el cronómetro.

cronometría. f. Medida exacta del tiempo.

cronométrico, ca. adj. Perteneciente o relativo a la cronometría o al cronómetro.

cronómetro. m. Reloj de precisión.

croqueta. f. Fritura de carne, pescado, etc., con leche, huevo y harina.

croquis. m. Esquema o plano poco detallado de un terreno o lugar. || Diseño o dibujo ligero.

crótalo. m. Instrumento músico de percusión usado en lo antiguo y semejante a la castañuela. || Serpiente venenosa de América, llamada también *serpiente de cascabel.*

crotorar. intr. Producir la cigüeña el ruido peculiar con su pico.

croupier. m. En las casas de juego, empleado que vigila las apuestas, recoge las posturas perdedoras y abona las ganadoras.

cruce. m. Acción de cruzar o poner dos cosas en forma de cruz. || Punto donde se cortan mutuamente dos líneas. || Paso destinado a los peatones. || Acción de cruzar los animales para mejorar la raza. || Interferencia telefónica o de emisiones radiadas.

cruceiro. m. Unidad monetaria de Brasil.

cruceño, ña. adj. y s. De algunos de los pueblos que llevan el nombre de Cruz o Cruces.

crucería. f. Sistema constructivo propio del estilo gótico, en el cual la forma de bóveda se logra mediante el cruce de arcos diagonales, llamados también ojivas o nervios.

crucero. m. El que tiene el oficio de llevar la cruz delante de los arzobispos en las procesiones y otras funciones sagradas. || Encrucijada, cruce de calles. || Cruz de piedra que se coloca en el cruce de caminos y en los atrios. || Viaje por mar siguiendo un itinerario turístico, sin otro objeto que el de ofrecer la posibilidad de unas vacaciones agradables. || Embarcación dedicada a estos viajes. || Buque de guerra de gran velocidad.

cruceta. f. Cada una de las cruces o de las aspas que resultan de la intersección de dos series de líneas paralelas. || *Mar.* Meseta que en la cabeza de los masteleros sirve para los mismos fines que la cofa en los palos mayores.

crucial. adj. En forma de cruz. || fig. Momento o trance crítico en que se decide una cosa.

crucífero, ra. adj. poét. Que lleva o tiene la insignia de la cruz. || Aplícase a las plantas angiospermas dicotiledóneas que tienen hojas alternas y corola en forma de cruz; como la col. Ú. t. c. s. || f. pl. Familia de estas plantas.

crucificar. tr. Fijar o clavar en una cruz a una persona. || fig. y fam. sacrificar, perjudicar.

crucifijo. m. Efigie o imagen de Cristo crucificado.

crucifixión. f. Acción y efecto de crucificar.

crucigrama. m. Entretenimiento que consiste en colocar, en un casillero, palabras, vertical y horizontalmente, cuyas letras comunes coincidan. || Este mismo casillero.

crudeza. f. Calidad de lo que no tiene la sazón necesaria. || fig. Rigor o aspereza. || pl. Alimentos que no se digieren bien.

crudo, da. adj. Díc. de los comestibles que no están bien cocidos. || Se aplica a la fruta que no está en sazón. || Díc. de algunos alimentos que son de difícil digestión. || Aplícase a algunas cosas cuando no están preparadas o curadas. || fig. Se aplica al tiempo muy frío.

cruel. adj. Que se deleita en hacer mal a un ser viviente. || Que se complace en los padecimientos ajenos. || fig. Insufrible, excesivo. || fig. Sangriento, duro, violento.

crueldad. f. Inhumanidad, fiereza de ánimo, impiedad. || Acción cruel e inhumana.

cruento, ta. adj. Sangriento.

crujía. f. Tránsito largo de algunos edificios, pasillo. || En los hospitales, sala larga con camas a ambos lados. || En algunas catedrales, paso cerrado con verjas o barandillas, desde el coro al presbiterio.

crujido. m. Acción y efecto de crujir. || Pelo que tienen las hojas de espada en el sentido de su longitud.

crujir. intr. Hacer cierto ruido algunos cuerpos cuando frotan o rozan unos con otros o se rompen.

crustáceo, a. adj. Que tiene costra. || Aplícase a los animales artrópodos de respiración braquial, cubiertos generalmente de un caparazón duro o flexible, como los cangrejos. Ú. t. c. s. || m. pl. Clase de estos animales.

cruz. f. Figura formada de dos líneas que se atraviesan o cortan perpendicularmente. || Insignia y señal de cristiano. || Distintivo de muchas órdenes religiosas, militares y civiles. || Reverso de las monedas. || fig. Peso, carga o trabajo.

cruzada. f. Expedición militar contra los infieles, que publicaba el Sumo Pontífice. || Tropa que iba a esta expedición. || Concesión de indulgencias otorgadas por el Papa a los que iban a esta expedición. || Encrucijada. || Campaña en pro de algún fin.

cruzado, da. adj. Atravesado. || Que se alistaba para alguna cruzada. Ú. t. c. s. || Díc. del caballero de una orden militar. Ú. t. c. s. || Díc. del animal nacido de padres de distintas castas.

cruzamiento. m. Acción y efecto de cruzar, en alguna orden. || Acción de cruzar los animales. || Cruce.

cruzar. tr. Atravesar una cosa sobre otra en forma de cruz. || Atravesar un camino, campo, calle, etc. || Dar machos de distinta procedencia a las hembras de los animales de la misma especie. || Pasar por un punto o camino dos personas o cosas en dirección opuesta.

cu. f. Nombre de la letra *q*.

cuaderna. f. Doble pareja en el juego de tablas. || Moneda de ocho maravedís. || Cada una de las piezas curvas que encajan en la quilla del buque, formando como las costillas del casco.

cuadernillo. m. Conjunto de cinco pliegos de papel. || Añalejo.

cuaderno. ≅ libreta. m. Conjunto o agregado de algunos pliegos de papel, doblados y cosidos en forma de libro. || Libro pequeño para anotar algo.

cuadra. f. Sala o pieza espaciosa. || Caballeriza, lugar para estancia de caballos. || Conjunto de caballos, generalmente de carreras. || Sala de un cuartel, hospital o prisión, en que duermen muchos. || Cuarta parte de una milla.

cuadrado, da. adj. Aplícase a la figura plana cerrada por cuatro líneas rectas iguales que forman

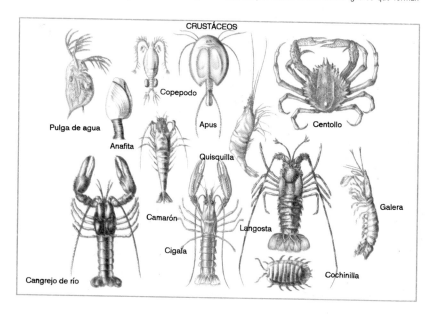

CRUSTÁCEOS

Copepodo

Apus

Centollo

Pulga de agua

Anafita

Quisquilla

Camarón

Langosta

Galera

Cigala

Cangrejo de río

Cochinilla

otros tantos ángulos rectos. Ú. t. c. s. m. || Por ext., dícese del cuerpo prismático de sección cuadrada. || m. Regla prismática de sección cuadrada.

cuadragenario, ria. adj. y s. De cuarenta años.

cuadragesimal. adj. Perteneciente a la cuaresma.

cuadragésimo, ma. adj. Que sigue inmediatamente en orden al o a lo trigésimo nono. || Díc. de las 40 partes iguales en que se divide un todo. Ú. t. c. s.

cuadrangular. adj. Que tiene o forma cuatro ángulos.

cuadrángulo, la. adj. y m. Que tiene cuatro ángulos.

cuadrante. m. Moneda romana de cobre. || Tabla que se pone en las parroquias para señalar el orden de las misas. || Cuarta parte de la circunferencia comprendida entre dos radios perpendiculares.

cuadrar. tr. Dar a una cosa figura de cuadro o cuadrado. || Hacer que coincidan los totales de una cuenta, balance, etc. || _Pint._ Cuadricular. || intr. Conformarse o ajustarse una cosa con otra.

cuadratura. f. Acción y efecto de cuadrar una figura. || _Astron._ Situación de dos cuerpos celestes, que distan entre sí respectivamente uno o tres cuartos de círculo.

cuadrícula. f. Conjunto de los cuadrados que resultan de cortarse perpendicularmente dos series de rectas paralelas.

cuadriculado, da. adj. Dividido en cuadrículas.

cuadricular. tr. Trazar líneas que formen una cuadrícula.

cuadrifolio, lia. adj. Que tiene cuatro hojas.

cuadriga. f. Tiro de cuatro caballos enganchados de frente. || Carro tirado por cuatro caballos de frente.

cuadrilátero, ra. adj. Que tiene cuatro lados. || m. Polígono de cuatro lados. || En boxeo, plataforma cuadrada donde tienen lugar los combates.

cuadrilla. ≅gavilla. ≅pandilla. f. Reunión de personas para el desempeño de algunos oficios. || Cada una de las compañías, distinguida de las demás por sus colores y divisas en ciertas fiestas públicas.

cuadrinomio. m. Expresión algebraica que consta de cuatro términos.

cuadro, dra. adj. y s. Cuadrado de superficie plana cerrada de cuatro rectas iguales que forman cuatro ángulos rectos. || m. Rectángulo, paralelogramo. || Lienzo, lámina, etc. de pintura. || Marco, cerco que guarnece algunas cosas. || Agrupación de personajes que durante algunos momentos de

los espectáculos teatrales permanecen en determinada actitud a vista del público. || Conjunto de nombres, cifras u otros datos representados gráficamente, de manera que se advierta la relación existente entre ellos. || Conjunto de los jefes, oficiales, sargentos y cabos de un batallón o regimiento.

cuadrumano, na o **cuadrúmano, na.** adj. y s. Díc. de los animales mamíferos en cuyas extremidades el dedo pulgar es oponible a los otros dedos.

cuadrúpedo. adj. y s. Aplícase al animal de cuatro pies.

cuádruple. adj. Que contiene un número cuatro veces exactamente. || Díc. de la serie de cuatro cosas iguales o semejantes.

cuadruplicación. f. Multiplicación por cuatro.

cuadruplicar. tr. Hacer cuádruple una cosa.

cuaima. f. Serpiente venenosa de Venezuela. || fig. y fam. _Venez._ Persona muy lista, peligrosa y cruel.

cuajada. f. Producto semisólido que se hace con leche y cuajo de oveja parturienta. Su aspecto es similar al del requesón o el yogur.

cuajado, da. adj. fig. y fam. Inmóvil y como paralizado por el asombro que produce alguna cosa. || fig. y fam. Díc. del que está o se ha quedado dormido. || m. Vianda que se hace de carne picada, huevos y azúcar.

cuajar. m. Última de las cuatro cavidades en que se divide el estómago de los rumiantes.

cuajar. ≅coagular. ≅condensar. ◁licuar. tr. Unir y trabar las partes de un líquido, para convertirlo en sólido. Ú. t. c. prnl. || Recargar de adornos una cosa. || intr. fig. y fam. Lograrse, tener efecto una cosa. Ú. t. c. prnl. || fig. y fam. Gustar, agradar, cuadrar.

cuajarón. m. Porción de sangre o de otro líquido que se ha cuajado.

cuajo. m. _Quím._ Fermento que existe principalmente en la mucosa del estómago de los mamíferos en el período de la lactancia y sirve para coagular la caseína de la leche. || Efecto de cuajar. || Substancia con que se cuaja un líquido. || Cuajar. || fig. y fam. Calma, pachorra.

cual. pron. relat. Es palabra átona y no tiene otra variación que la de número: _cual, cuales._ Forma con el artículo el pron. relat. compuesto: _ésa era su opinión, de la cual no disiento._ || pron. correlat. Se usa en función de substantivo o de adjetivo, en correlación con _tal, tales._ || pron. interr. Se emplea como substantivo y menos veces, con el valor de _qué_, como adjetivo. || pron. excl.

Se emplea en la ponderación, con acento ortográfico. || adv. relat. Se emplea con el valor de *como* sin acentuar. || adv. excl. Se emplea con el volor de *cómo* con acento.

cualesquier. pron. indet. pl. de cualquier.

cualesquiera. pron. indet. pl. de cualquiera.

cualidad. ≅ carácter. ≅ peculiaridad. f. Cada una de las circunstancias o caracteres, naturales o adquiridos, que distinguen a las personas o cosas. || Manera de ser de una persona o cosa.

cualificado, da. adj. Calificado, que posee autoridad y merece cualidades. || De buena calidad o de buenas cualidades. || Díc. del trabajador que está especialmente preparado para una tarea determinada.

cualificar. tr. Atribuir o apreciar cualidades.

cualitativo, va. adj. Que denota cualidad.

cualquier. pron. indet. Cualquiera. No se emplea sino antepuesto al nombre.

cualquiera. pron. indet. Una persona indeterminada, alguno, sea el que fuere.

cuan. adv. c. excl. que se emplea para encarecer el grado o la intensidad. Tiene acento prosódico y ortográfico: *no puedes imaginarte cuán desgraciado soy.*

cuando. adv. t. En el tiempo, en el punto, en la ocasión en que: *ven a buscarme cuando sean las diez.* || En sent. interr. y excl. y con acento prosódico y ortográfico, equivale a *en qué tiempo: ¿cuándo piensas venir?* || conj. *en caso de que, puesto que,* o *si: cuando es irrealizable un intento, ¿a qué porfiar en vano?* || Se usa, con acento ortográfico, como conj. distrib., equivaliendo a *unas veces* y *otras veces.* || Úsase a veces con carácter de substantivo, precedido del artículo *el.*

cuantía. f. Cantidad. || Suma de cualidades o circunstancias que enaltecen a una persona. || *Der.* Valor de la materia litigiosa.

cuantificar. tr. Expresar numéricamente una magnitud. || Introducir los principios de la mecánica cuántica en el estudio de un fenómeno físico. || *Lóg.* Explicitar la cantidad en los enunciados o juicios.

cuantioso, sa. adj. Grande en cantidad o número.

cuantitativo, va. adj. Perteneciente o relativo a la cantidad.

cuanto, ta. pron. relat. c. m. pl. Todas las personas que: *cuantos la oían la admiraban.* || pron. relat. m. y f. pl. Todos los que, todas las que. Se emplea con referencia a un nombre expreso o sobrentendido: *la prenda más hermosa de cuantas poseo.* || pron. relat. m. y f. pl. Todos los... que, todas las... que. Se agrupa con un nombre: *fueron inútiles cuantas observaciones se le hicieron.* ú. menos en sing. || pron. relat. n. Todo lo que: *superior a cuanto se conoce.* || pron. relat. cant. Se emplea en todas sus formas en correlación con *tanto(s), tanta(s)* y agrupado con *más* y *menos.* || pron. interr. y pron. excl. Se emplea en todos sus géneros y números, solo o agrupado con un nombre substantivo, para inquirir o ponderar el número, la cantidad, el precio, el tiempo, el grado, etc., de algo.

cuaquerismo. m. Doctrina de los cuáqueros.

cuáquero, ra. m. y f. Individuo perteneciente a una secta religiosa fundada en 1648 por George Fox.

cuarcífero, ra. adj. Que contiene cuarzo.

cuarcita. f. Roca formada por cuarzo, que forma depósitos considerables y contiene accidentalmente muchos minerales, entre ellos el oro.

cuarenta. adj. Cuatro veces diez. || Que sigue en orden al trigésimo nono. || m. Conjunto de signos con que se representa el número cuarenta.

cuarentena. f. Conjunto de 40 unidades. || Tiempo de cuarenta días, meses o años. || Cuaresma. || Espacio de tiempo que están en el lazareto, o privados de comunicación, los que vienen de lugares infectados o sospechosos de algún mal contagioso.

cuarentón, na. adj. y s. Persona que tiene cuarenta años cumplidos.

cuaresma. f. Tiempo de cuarenta y seis días que, desde el miércoles de ceniza inclusive, precede a la festividad de la Resurrección.

cuaresmal. adj. Perteneciente o relativo a la cuaresma.

cuarta. f. Cada una de las cuatro partes iguales en que se divide un todo. || Palmo. || En la guitarra y otros instrumentos de cuerda, la que está en cuarto lugar empezando por la primera.

cuartear. tr. Partir o dividir una cosa en cuartas partes. || Por ext., dividir en más o menos partes. || Descuartizar. || prnl. Hendirse, rajarse, agrietarse una pared, un techo, un cuadro etc.

cuartel. m. Cuarta parte de un todo. || *Bl.* Cada una de las cuatro partes de un escudo dividido en cruz. || Cada uno de los puestos o sitios en que se reparte y acuartela el ejército. || Edificio destinado para alojamiento de la tropa. || Buen trato que los vencedores ofrecen a los vencidos.

cuartelada. f. Reunión de jefes y oficiales en el cuartel para impedir, vigilándose unos a otros, un pronunciamiento. || Pronunciamiento militar.

cuartelar. tr. Dividir o partir el escudo en los cuarteles que ha de tener.

cuartelero, ra. adj. Perteneciente o relativo al cuartel. Ú. t. c. s. || Aplicado al lenguaje, zafio, grosero. || Soldado que en cada compañía cuida del aseo y seguridad del dormitorio que ocupa su compañía.

cuartelillo. m. Lugar o edificio en que se aloja una sección de tropa.

cuarterón, na. adj. y s. Nacido en América de mestizo y española, o de español y mestiza. || m. Cuarta parte de una libra.

cuarteta. f. Redondilla, estrofa. || Cualquier estrofa de cuatro versos.

cuarteto. m. Combinación métrica de cuatro versos endecasílabos. || *Mús.* Composición para cantarse a cuatro voces o para tocarse por cuatro instrumentos distintos. || Conjunto de estas cuatro voces o instrumentos.

cuartilla. f. Hoja de papel para escribir cuyo tamaño es el de la cuarta parte de un pliego. || Cuarta parte de una fanega, de una arroba o de una cántara.

cuartillo. m. Medida de capacidad para áridos. || Medida de líquidos, equivalente a 504 mililitros.

cuarto, ta. adj. Que sigue inmediatamente en orden al o a lo tercero. || Díc. de cada una de las cuatro partes iguales en que se divide un todo. Ú. t. c. s. m. || m. Parte de una casa, destinada para una familia. || Habitación, aposento. || Cada una de las cuatro partes en que se divide la hora. || Cada una de las cuatro partes en que se considera dividido el cuerpo de los cuadrúpedos y aves. || pl. Dinero.

cuartucho. m. desp. Vivienda o cuarto malo y pequeño.

cuarzo. m. Mineral formado por la sílice, y tan duro que raya el acero.

cuarzoso, sa. adj. Que tiene alguna propiedad del cuarzo o contiene cuarzo.

cuaternario, ria. adj. Que consta de cuatro unidades, números o elementos. Ú. t. c. s. m. || *Geol.* Díc. del segundo de los períodos en que se divide la era cenozoica. Comprende el pleistoceno o época de las glaciaciones y el holoceno o época actual. Ú. t. c. s. m.

cuatrero. adj. y s. Dícese del ladrón de caballerías.

cuatricromía. f. Impresión de un grabado a cuatro colores.

cuatrienio. m. Tiempo y espacio de cuatro años.

cuatrillizo, za. adj. y s. Díc. de cada uno de los hermanos nacidos de un parto cuádruple.

cuatrillón. m. Un millón de trillones.

cuatrimestre. adj. Que dura cuatro meses. || m. Espacio de cuatro meses.

cuatrimotor. m. Avión provisto de cuatro motores.

cuatro. adj. Tres y uno. || Con ciertas voces se usa con valor indeterminado para indicar escasa cantidad: ∾ *letras.* || Cuarto, que sigue al tercero. Apl. a los días del mes, ú. t. c. s.: *el* ∾ *de agosto.*

cuatrocientos, tas. adj. Cuatro veces ciento. || m. Conjunto de signos con que se representa el número cuatrocientos.

cuba. Recipiente de madera, que sirve para contener líquidos. Se compone de duelas unidas y aseguradas con aros de hierro, madera, etc. || fig. Líquido que cabe en una cuba. || fig. y fam. Persona que tiene gran vientre.

cubano, na. adj. y s. De Cuba.

cubería. f. Arte u oficio del cubero. || Taller o tienda del cubero.

cubero. m. El que hace o vende cubas.

cubertería. f. Conjunto de cucharas, tenedores, y utensilios semejantes para el servicio de mesa.

cubeta. f. Cuba pequeña. || Herrada con asa hecha de tablas endebles. || Depósito de mercurio, en la parte inferior del barómetro. || Parte inferior del arpa. || Recipiente muy usado en operaciones químicas, y especialmente en las fotográficas.

cubeto. m. Vasija de madera, más pequeña que la cubeta.

cubicación. f. Acción y efecto de cubicar.

cubicar. tr. Multiplicar un número dos veces por sí mismo. || *Geom.* Perteneciente al cubo. || De figura de cubo geométrico o parecido a él.

cúbico, ca. adj. *Geom.* Perteneciente al cubo. || De figura de cubo geométrico o parecido a él.

cubículo. m. Aposento, alcoba.

cubierta. f. Lo que se pone encima de una cosa para taparla o resguardarla. || Forro de papel del libro en rústica. || Banda que protege exteriormente la cámara de los neumáticos. || fig. Pretexto, simulación. || Cada uno de los pisos de un navío, especialmente el superior.

cubierto, ta. p. p. irreg. de cubrir. || m. Servicio de mesa que se pone a cada uno de los que han de comer. || Juego compuesto de cuchara, tenedor y cuchillo. || Conjunto de viandas que se ponen a un mismo tiempo en la mesa. || Comida que en los restaurantes se da por un precio fijo.

cubil. m. Guarida de las fieras.

cubilete. m. Recipiente parecido a un vaso, hecho de muy diversas materias y tiene múltiples usos, como culinarios, para repostería, para juegos, etc.

cubismo. m. Escuela y teoría estética aplicable a las artes plásticas y del diseño, que se caracteriza por el empleo o predominio de formas geométricas. Se desarrolló especialmente en Francia entre 1907 y 1914.

cubista. adj. y s. Se dice del que practica el cubismo.

cubital. adj. Perteneciente o relativo al codo.

cúbito. m. El hueso más grueso y largo de los dos que forman el antebrazo.

cubo. m. Recipiente de figura de cono truncado, con asa en la circunferencia mayor. || Pieza central en que se encajan los rayos de la rueda de los carruajes. || Tercera potencia de un monomio, polinomio o número, que se obtiene multiplicando estas cantidades dos veces por sí mismas, o tomándolas tres veces por factores. || *Geom.* Sólido regular limitado por seis cuadrados iguales y que, por tanto, tienen también iguales sus tres dimensiones.

cubrir. tr. Ocultar y tapar una cosa con otra. Ú. t. c. prnl. || Tapar completa o incompletamente

Composición cubista, por Picasso

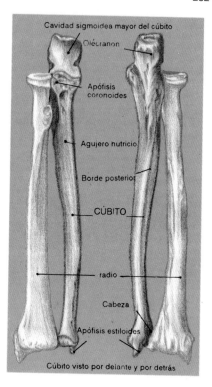

Cavidad sigmoidea mayor del cúbito

Olécranon

Apófisis coronoides

Agujero nutricio

Borde posterior

CÚBITO

radio

Cabeza

Apófisis estiloides

Cúbito visto por delante y por detrás

la superficie de una cosa: *el polvo cubría la mesa.* Ú. t. c. prnl. || Juntarse el macho con la hembra para fecundarla. || Poner el techo a un edificio. || Proteger la acción arriesgada o defensiva de una u otras personas. || En algunos deportes, marcar o vigilar de cerca a un jugador del bando contrario. || prnl. Ponerse el sombrero, la gorra, etc.

cucaña. f. Palo largo, untado de jabón o de grasa, por el cual se ha de trepar o andar para coger como premio un objeto atado a su extremidad. || Diversión de ver trepar o avanzar por dicho palo. || fig. y fam. Medio de alcanzar algo rápida y cómodamente.

cucaracha. f. Insecto dictióptero, nocturno y corredor, de unos tres centímetros de largo con alas y élitros rudimentarios en las hembras. Hay varias especies.

cuclillas (en). m. adv. con que se explica la postura o acción de doblar el cuerpo de suerte que las asentaderas se acerquen al suelo o descansen en los calcañares.

cuclillo. m. Ave trepadora poco menor que una tórtola. La hembra pone sus huevos en los nidos de otras aves. || fig. Marido de la adúltera.

cuco, ca. adj. fig. y fam. Pulido, mono. || fig. y fam. Taimado y astuto, que ante todo mira por su medro o comodidad. Ú. t. c. s. || m. Oruga o larva de cierta mariposa nocturna. || Cuclillo, ave. || fam. Tahúr.

cucú. m. Canto del cuclillo.

cucurbitáceo, a. adj. y s. Aplícase a plantas angiospermas dicotiledóneas de tallo sarmentoso, fruto carnoso y semilla sin albumen; como la calabaza. || f. pl. Familia de estas plantas.

cucurucho. m. Papel, cartón o barquillo arrollado en forma cónica. Ú. t. en sent. fig.

cuchara. f. Instrumento que se compone de una palita cóncava y un mango, y que sirve para llevar a la boca las cosas líquidas, blandas o menudas.

cucharada. f. Porción que cabe en una cuchara.

cucharilla. f. Cuchara pequeña. || Cierto artificio de pesca.

cucharón. m. Cacillo con mango, o cuchara grande, que sirve para repartir ciertos manjares en la mesa y para varios usos culinarios.

cuché. adj. Dícese del papel muy satinado y barnizado, que se emplea principalmente en revistas y obras que llevan grabados o fotograbados.

cuchichear. intr. Hablar en voz baja o al oído a uno, de modo que otros no se enteren.

cuchicheo. m. Acción y efecto de cuchichear.

cuchichiar. intr. Cantar la perdiz de modo que parece repetir las sílabas de cuchichí.

cuchilla. f. Instrumento compuesto de una hoja muy ancha de hierro acerado, de un solo corte, con su mango para manejarlo. || Hoja de cualquier arma blanca de corte. || Hoja de afeitar. || Pieza del arado que sirve para cortar verticalmente la tierra.

cuchillada. f. Golpe de cuchilla, cuchillo, espada u otra arma de corte. || Herida que de este golpe resulta.

cuchillar. adj. Relativo al cuchillo. || m. Montaña con varias elevaciones escarpadas o cuchillas; p. e. los de la sierra de Gredos (España).

cuchillería. f. Oficio de cuchillero. || Taller en donde se hacen cuchillos. || Tienda en donde se venden.

cuchillero. m. El que hace o vende cuchillos. || Abrazadera que ciñe o sujeta alguna cosa.

cuchillo. m. Instrumento formado por una hoja de hierro acerado y de un corte solo, con mango de metal, madera u otra cosa. || fig. Añadidura que se hace en algunas prendas de vestir para darles más buelo. Ú. m. en pl.

cuchipanda. f. fam. Comida que toman juntas y regocijadamente varias personas.

cuchitril. m. fig. y fam. Habitación estrecha y desaseada.

cuchufleta. ≅chirigota. f. fam. Dicho o palabras de zumba o chanza.

cueca. f. Cierto baile o danza sudamericanos.

cuelga. f. fam. Regalo o fineza que se da a uno en el día de su cumpleaños.

cuello. m. Parte del cuerpo más estrecha que la cabeza, que une a ésta con el tronco. || Parte superior y más angosta de una vasija. || Tira de una tela unida a la parte superior de los vestidos, para cubrir más o menos el pescuezo.

cuenca. ≅órbita. ≅valle. f. Hortera o escudilla. || Cavidad en que está cada uno de los ojos. || Territorio cuyas aguas afluyen todas a un mismo río, lago o mar.

cuenco. m. Vaso de barro, hondo y ancho, y sin borde o labio. || Concavidad, sitio cóncavo.

cuenta. f. Acción y efecto de contar. || Cálculo u operación aritmética. || Pliego o papel en que está escrita alguna razón compuesta de varias partidas, que al fin se suman o restan. || Registro de cantidades que se han de pagar o cobrar. || Cada una de las bolitas ensartadas que componen un rosario, collar etc.

cuentacorrentista. com. Persona que tiene cuenta corriente en un establecimiento bancario.

cuentagotas. m. Utensilio para verter un líquido gota a gota.

cuentahilos. m. Especie de lupa pequeña para ver detalles muy pequeños.

cuentakilómetros. m. Aparato que registra los kilómetros recorridos por un vehículo de motor.

cuentista. adj. fam. y s. Persona que propala cuentos, chismes, infundios, etc. || com. Persona que suele narrar o escribir cuentos. || fig. El que por vanidad u otro motivo falsea o exagera la realidad.

cuento. ≅fábula. ≅historieta. m. Relación de un suceso. || Relación, de palabra o por escrito, de un suceso falso o de pura invención. || Breve narración de sucesos ficticios y de carácter sencillo, hecha con fines morales o recreativos. || Falsa apariencia, embuste, trápala, engaño.

cuerda. f. Conjunto de hilos de lino, cáñamo, cerda u otra materia semejante, que torcidos forman un solo cuerpo más o menos grueso, largo y flexible. || Hilo especial que se emplea en muchos instrumentos músicos para producir los sonidos por su vibración. || Pieza propulsora del movimiento en los relojes modernos y en otros mecanismos como juguetes, etc. || Medida que se usa en las mediciones topográficas. || *Geom.* Línea recta tirada de un punto a otro de un arco o porción de curva.

cuerdo, da. ≅juicioso. ≅reflexivo. adj. y s. Que está en su juicio. || Prudente, que reflexiona antes de decidir.

cuerna. f. Vaso rústico hecho con un cuero de res vacuna. || Cornamenta.

cuerno. m. Prolongación ósea cubierta por una capa epidérmica o por una vaina dura y consistente, que tienen algunos animales en la región frontal. || Antena de los animales articulados. || Instrumento músico de viento. || fig. Cada una de las dos puntas que se ven en la Luna en cuarto creciente y cuarto menguante. || Término con que irónicamente se alude a la infidelidad matrimonial de la mujer.

cuero. m. Pellejo que cubre la carne de los animales. || Este mismo pellejo después de curtido y preparado para los diferentes usos a que se aplica en la industria. || Odre que sirve para contener líquidos.

cuerpo. m. Cualquier porción de materia. || Lo que tiene extensión limitada y produce impresión en nuestros sentidos por calidades que le son propias. || En el hombre y en los animales, conjunto de las partes materiales que componen su organismo. || Conjunto de personas que desempeñan una misma profesión. || *Geom.* Objeto material en que pueden apreciarse las tres dimensiones principales, longitud, latitud y profundidad.

cuervo. m. Pájaro carnívoro de la familia de los córvidos, mayor que la paloma y de plumaje negro con visos pavonados.

cuesco. m. Hueso de la fruta. || fam. Pedo ruidoso.

cuesta. ≅costanera. ≅pendiente. ≅subida. f. Terreno en pendiente.

cuestación. f. Petición o demanda de limosnas para un objeto piadoso y benéfico.

cuestión. f. Pregunta que se hace o propone para averiguar la verdad de una cosa, controvirtiéndola. || Gresca, riña. || Punto o materia dudosos o discutibles. || Asunto o materia en general.

cuestionar. ≅debatir. ≅discutir. ≅polemizar.

tr. Controvertir algo dudoso, proponiendo las razones, pruebas y fundamentos de una y otra parte.

cuestionario. m. Lista de cuestiones o preguntas.

cuestor. m. Magistrado romano que en la ciudad y en los ejércitos tenía funciones principalmente de carácter fiscal.

cueva. ≅antro. ≅caverna. ≅gruta. f. Cavidad subterránea más o menos extensa, ya natural, ya construida artificialmente. || Sótano.

cuévano. m. Cesto grande y hondo, poco más ancho de arriba que de abajo, tejido de mimbres, que sirve para llevar la uva en el tiempo de la vendimia, y para algunos otros usos.

cuezo. m. Artesilla de madera, en que amasan el yeso los albañiles.

cúfico, ca. adj. Díc. de ciertos caracteres empleados antiguamente en la escritura arábiga.

cuidado. m. Solicitud y atención para hacer bien algo. || Recelo, temor.

cuidadoso, sa. adj. Solícito y diligente en ejecutar con exactitud una cosa. || Atento, vigilante.

cuidar. ≅atender. ≅vigilar. tr. Poner diligencia en la ejecución de algo. || Asistir, guardar: ⁓ *a un enfermo, la casa, la ropa.* || Seguido de la prep. *de,* Ú. t. c. intr.: ⁓ *de la hacienda, de los niños.* || prnl. Mirar uno por su salud, darse buena vida.

cuita. f. Trabajo, desventura.

cuitado, da. adj. Afligido, desventurado. || fig. Apocado, de poca resolución.

culada. f. Golpe dado con las asentaderas.

culantrillo. m. Hierba filicínea que se cría en las paredes de los pozos y otros sitios húmedos.

cular. adj. Relativo al culo. || Díc. de la morcilla o chorizo hechos con la tripa más gruesa.

culata. f. Parte posterior de la caja de la escopeta, pistola o fusil, que sirve para asir y afianzar estas armas cuando se hace la puntería y se disparan. || Parte posterior del tubo de cualquier arma grande o pieza de artillería. || Pieza metálica que se ajusta al bloque de los motores de explosión y cierra el cuerpo de los cilindros.

culatazo. m. Golpe dado con la culata de un arma. || Coz que da el fusil, la escopeta, etc., al tiempo de disparar.

culear. intr. Mover el culo.

culebra. f. Nombre vulgar de los ofidios de tamaño no excesivamente grande y no venenosos, y más especialmente de los de la familia de los colúbridos.

culebrear. intr. Andar formando eses y pasándose de un lado a otro.

Culebra bastarda. Detalle de la cabeza

culebrilla. f. Enfermedad cutánea, a modo de herpe, que se extiende formando líneas onduladas.

culebrina. f. Pieza de artillería, larga y de poco calibre, la de mayor alcance de su tiempo. || Meteoro eléctrico y luminoso con apariencia de línea ondulada.

culera. f. Remiendo en los calzones o pantalones sobre la parte que cubre las asentaderas.

culícido, da. adj. Díc. de los insectos dípteros, provistos de una probóscide, como el mosquito común y el anofeles. || m. pl. Familia de estos insectos.

culinario, ria. adj. Relativo a la cocina: *arte* ∿.

culminación. f. Acción y efecto de culminar. || Momento en que un astro ocupa el punto más alto a que puede llegar sobre el horizonte.

culminante. adj. Díc. de lo más elevado de un monte, edificio, etc. || fig. Superior, sobresaliente, principal.

culminar. intr. Llegar algo al grado más elevado, significativo o extremado que pueda tener. || tr. Dar fin o cima a una tarea.

culo. m. Nalgas, carne mollar que, en las personas y en ciertos animales, está situada entre la parte final del espinazo y el nacimiento de los muslos. || Ano. || fig. Extremidad inferior o posterior de algo.

culombio. m. Unidad de carga eléctrica en el sistema basado en el metro, el kilogramo, el segundo y el amperio. Es la carga que un amperio transporta cada segundo.

culón, na. adj. Que tiene muy abultadas las posaderas. || m. fig. y fam. Soldado inválido.

culpa. f. Falta más o menos grave cometida a sabiendas y voluntariamente. || Responsobilidad, causa de un suceso o acción inmputable a una persona.

culpabilidad. f. Calidad de culpable.

culpable. adj. Díc. de aquel a quien se puede echar o se echa la culpa. Ú. t. c. s. || Díc. también de las acciones y de las cosas inanimadas. || Delincuente responsable de un delito. Ú. t. c. s.

culpado, da. adj. y s. Que ha cometido culpa.

culpar. ≅acusar. ≅achacar. ≅imputar. ◁excusar. tr. y prnl. Atribuir la culpa a alguien. || Acusar a alguien. Ú. t. c. prnl.

culteranismo. m. Tendencia literaria del s. XVII, denominada tabién *cultismo*, que consiste en expresar los conceptos con giros rebuscados y estilo obscuro y afectado.

culterano, na. adj. Díc. de lo que adolece de los vicios del culteranismo, y del que incurre en ellos. Apl. a pers., Ú. m. c. s.

cultismo. m. Culteranismo. || Palabra procedente de una lengua clásica, principalmente del latín, que penetra por vía culta en la lengua, y, al contrario de las voces populares, transmitidas por tradición oral, no ha experimentado apenas transformaciones fonéticas.

cultivar. tr. Dar a la tierra y las plantas las labores necesarias para que fructifiquen. || fig. Hablando del conocimiento, del trato o de la amistad, poner todos los medios necesarios para mantenerlos y estrecharlos. || Ejercitar el talento, el ingenio, la memoria, etc. || fig. Ejercitarse en las artes, las ciencias, las lenguas, etc. || Sembrar y hacer que se desarrollen microorganismos en substancias apropiadas. || Por ext., criar y explotar seres vivos con fines científicos, industriales, o económicos.

cultivo. ≅labor. ≅labranza. m. Acción y efecto de cultivar.

culto, ta. adj. Díc. de las tierras y plantas cultivadas. || fig. Dotado de las calidades que provienen de la cultura o instrucción: *persona* ∿; *pueblo, lenguaje* ∿. || m. Homenaje externo que el hombre tributa a Dios, a la Virgen y a los santos.

cultura. f. Cultivo. || fig. Resultado o efecto de cultivar los conocimientos humanos y de afinarse por medio del ejercicio las facultades intelectuales del hombre. || Conjunto de modos de vida y costumbres, conocimientos, grados de desarrollo artístico, científico, industrial, etc., de una época o grupo social.

cultural. adj. Relativo a la cultura.

culturización. f. Acción y efecto de culturizar.

culturizar. tr. Civilizar, incluir en una cultura.

cumanagoto, ta. adj. y s. De Cumaná, antigua provincia de Venezuela.

cumbre. ≅cúspide. f. Cima o parte superior de un monte. || fig. La mayor elevación de algo o último grado a que puede llegar.

cumpleaños. m. Aniversario del nacimiento de una persona.

cumplido, da. adj. Lleno, cabal: *dio ∽ cuenta de la comida.* || Acabado, perfecto: *∽ caballero; victoria ∽.* || Hablando de ciertas cosas, largo o abundante: *vestido ∽.* || m. Acción obsequiosa o muestra de cortesía.

cumplimentar. tr. Dar parabién o hacer visita de cumplimiento a alguien con motivo de algún acaecimiento próspero o adverso. || Poner en ejecución los despachos u órdenes superiores.

cumplimiento. m. Acción y efecto de cumplir o cumplirse. || Cumplido, obsequio. || Oferta que se hace por pura urbanidad o ceremonia.

cumplir. ≅obedecer. ≅realizar. tr. Ejecutar, llevar a efecto: *∽ un deber, una orden.* || Dicho de la edad, llegar a tener aquella que se indica o un número cabal de años o meses: *hoy cumple Juan catorce años.*

cúmulo. ≅aglomeración. ≅multitud. m. Montón, junta de muchas cosas puestas unas sobre otras. || fig. Suma de muchas cosas aunque no sean materiales: *∽ de razones.* || Conjunto de nubes propias del verano, que tiene apariencia de montañas nevadas con bordes brillantes.

cuna. f. Camita para niños, con bordes altos y barandillas laterales. || fig. Patria o lugar de nacimiento de alguien. || fig. Estirpe, linaje. || fig. Origen de algo.

cuna. adj. Parcialidad de indios que habita en algunas regiones de Colombia y Panamá. Ú. t. c. s. y m. en pl. || m. Lengua de estos indios.

cundir. intr. Extenderse hacia todas partes una cosa. Díc. comúnmente de los líquidos, y en especial del aceite. || Propagarse o multiplicarse una cosa. || Dar mucho de sí una cosa, aumentarse su volumen. || fig. Hablando de cosas inmateriales, extenderse, propagarse: *cunde el rumor de una crisis ministerial.* || fig. Hablando de trabajos, adelantar, progresar.

cuneiforme. adj. De figura de cuña.

cuneta. f. Zanja de desagüe que se hace en medio de los fosos secos de las fortificaciones. || Zanja en cada uno de los lados de un camino, para recibir las aguas llovedizas.

Escritura cuneiforme en una escultura asiria. Museo del Louvre. París

cunicultura. f. Arte de criar conejos para aprovechar su carne y sus productos.

cuña. f. Pieza de madera o metal terminada en ángulo diedro muy agudo. Sirve para hender o dividir cuerpos sólidos, para ajustar o apretar uno con otro, para calzarlo o para llenar alguna raja o hueco. || Cualquier objeto usado para estos fines. || Recipiente para recoger la orina y los excrementos del enfermo que no puede abandonar el lecho.

cuñado, da. m. y f. Hermano o hermana del marido respecto de la mujer, y hermano o hermana de la mujer respecto del marido.

cuño. m. Troquel, ordinariamente de acero, con que se sellan la moneda, las medallas y otras cosas análogas. || Impresión o señal que deja este sello.

cuota. f. Parte o porción fija y determinada o para determinarse. || Cantidad asignada a cada contribuyente en el reparto o lista cobratoria.

cupido. m. fig. Hombre enamoradizo y galanteador.

cuplé. m. Canción corta y ligera, que se canta en teatros y otros locales de espectáculo.

cupletista. f. Artista que canta cuplés. || com. Persona que los compone.

cupo. m. Cuota, parte asignada o repartida a

un pueblo o a un particular en cualquier impuesto, empréstito o servicio. || Número de reclutas que entran en cada quinta en un lugar.

cupón. m. Parte que se corta de un anuncio, invitación, bono, etc., y que da derecho a tomar parte en concursos, sorteos, o a obtener una rebaja en las compras.

cupresáceo, a. adj. y s. Díc. de las plantas fanerógamas gimnospermas cuyas especies, árboles o arbustos, tienen el fruto en gálbula y hojas pequeñas escamiformes, y las juveniles aciculares; son ejemplo el ciprés y el enebro. || f. pl. Familia de estas plantas.

cúprico, ca. adj. Relativo al cobre: *sales* ⌢s; *compuestos* ⌢s.

cuprífero, ra. adj. Que contiene cobre; *mineral* ⌢.

cuproníquel. m. Aleación de cobre y níquel empleada en la fabricación de monedas. || Moneda española que valía 25 céntimos de peseta.

cuproso, sa. adj. Díc. de los compuestos de cobre en que éste actúa como monovalente.

cúpula. f. Bóveda en forma de una media esfera u otra aproximada, con que se cubre un edificio o parte de él. || fig. Grupo dirigente de un organismo, institución, entidad, etc.

cura. m. Sacerdote encargado de una parroquia. || fam. Sacerdote católico.

cura. f. Acción y efecto de curar o sanar. || fam. *Chile.* Borrachera.

curación. f. Acción y efecto de curar o curarse.

curado, da. adj. fig. Endurecido, seco, fortalecido o curtido.

curandero, ra. m. y f. Persona que se dedica al arte de curar sin título oficial de médico.

Cúpula de la catedral de Florencia

curar. intr. y prnl. Sanar, recobrar la salud. || tr. Aplicar al enfermo los remedios correspondientes a su enfermedad. Ú. t. c. prnl. || Hablando de carnes, pescados, embutidos, etc., prepararlos por medio de la sal, el humo, el frío seco, etc., para que, perdiendo la humedad, se conserven por mucho tiempo.

curare. m. Substancia negra, resinosa y amarga, extraordinariamente tóxica, que usan algunos pueblos indígenas de América del Sur para envenenar sus armas de caza y de guerra, y se emplea también en medicina como antitetánico y relajador muscular.

curativo, va. adj. Díc. de lo que sirve para curar.

cúrcuma. f. Planta originaria de la India, cuya raíz, que se parece al jengibre, huele como él y es algo amarga.

curdo, da. adj. y s. De Curdistán.

cureña. f. Armazón compuesta de dos gualderas fuertemente unidas por medio de teleras y pasadores, colocadas sobre ruedas o sobre correderas, y en la cual se monta el cañón de artillería.

curia. f. Tribunal donde se tratan los negocios contenciosos. || Una de las divisiones del antiguo pueblo romano. || Servicios u oficina administrativa eclesiástica o religiosa.

curial. adj. Relativo a la curia.

curio. m. Elemento radiactivo artificial que se obtinen bombardeando el plutonio con partículas alfa. || Unidad para la medida de la radiactividad.

curiosear. ≅fisgonear. ≅indagar. ≅investigar. intr. y tr. Ocuparse en averiguar algo, a veces inoportunamente.

curioseo. m. Acción y efecto de curiosear.

curiosidad. ◁discreción. f. Deseo de saber y averiguar algo. || Vicio que nos lleva a inquirir lo que no debiera importarnos. || Aseo, limpieza. || Cuidado de hacer algo con primor. || Cosa curiosa o primorosa.

curioso, sa. adj. Que tiene curiosidad. Ú. t. c. s. || Que excita curiosidad. || Limpio y aseado. || Que trata una cosa con particular cuidado y diligencia.

currar. intr. pop. Trabajar.

curricán. m. Aparejo de pesca de un solo anzuelo, que suele largarse por la popa de los buques cuando navegan.

currículumvitae. m. Relación de méritos que pueden calificar a alguien en orden a obtener un empleo o cargo o a disfrutar un honor.

curruca. f. Pájaro insectívoro de plumaje pardo

por encima y blanco por debajo, y pico recto y delgado.

currutaco, ca. adj. y s̆. fam. Muy afectado en el uso riguroso de las modas.

cursar. tr. Estudiar una materia, asistiendo a las explicaciones del profesor, en una universidad o en cualquier otro establecimiento de enseñanza. || Dar curso a una solicitud, instancia, etc.

cursi. adj. y fam. Persona que presume de fina y elegante sin serlo. Ú. t. c. s. || fam. Díc. de lo que, con apariencia de elegancia o riqueza, es ridículo y de mal gusto.

cursilada. f. Acción o cosa cursi.

cursilería. f. Calidad de cursi. || Acto o cosa cursi.

cursillo. m. Curso breve de alguna materia del saber humano. Puede consistir, p. e., en una serie de conferencias.

cursivo, va. adj. y s. Díc. del carácter y de la letra de imprenta que imita a la escrita a mano inclinada a la derecha.

curso. m. Dirección o carrera. || En las universidades y escuelas públicas, tiempo señalado en cada año para asistir a oír las lecciones. || Conjunto de alumnos que asisten o han asistido a un mismo grado de estudios. || Serie de informes, consultas, etc., que precede a la resolución de un expediente: dar ∽ a una solicitud.

cursor. m. Pieza pequeña que se desliza a lo largo de otra mayor en algunos aparatos.

curtido. m. Acción y efecto de curtir. || Cuero curtido. Ú. m. en pl.

curtidor. m. El que tiene por oficio curtir pieles.

curtiduría. f. Sitio o taller donde se curten y trabajan las pieles.

curtir. ≅ejercitar. tr. Adobar, aderezar las pieles. || fig. Endurecer o tostar al sol o el aire el cutis de las personas que andan a la intemperie. Ú. m. c. prnl. || fig. Acostumbrar a uno a la vida dura y a sufrir las inclemencias del tiempo. Ú. t. c. prnl.

cururú. m. Anfibio anuro americano que tiene los dedos libres en las extremidades torácicas y palmeadas las abdominales.

curva. f. Geom. Dícese de la línea que no es recta en ninguna de sus porciones por pequeñas que sean || Representación esquemática de las fases sucesivas de un fenómeno por medio de una línea cuyos puntos van indicando valores variables: ∽ de temperatura, de mortalidad. || Tramo curvo de una carretera, camino, línea férrea, etc.

curvar. tr. y prnl. Encorvar, doblar y torcer una cosa poniéndola corva.

curvatura. f. Calidad de curvo.

curvilíneo, a. adj. Que se compone de líneas curvas.

curvo, va. adj. y f. Que constantemente se va apartando de la dirección recta sin formar ángulos.

cuscurro. m. Cantero de pan.

cuscuta. f. Planta convolvulácea, parásita del cáñamo, la alfalfa y otras plantas.

cúspide. f. Cumbre puntiaguda de los montes. || Remate superior de alguna cosa. || Geom. Punto donde concurren los vértices de todos los triángulos que forman las caras de la pirámide, o las generatrices del cono.

custodia. f. Acción y efecto de custodiar. || Escolta de un preso. || Pieza de oro, plata u otro metal, en que se expone la Eucaristía. || Templete o trono donde se coloca la custodia. || Chile. Consigna de una estación o aeropuerto.

custodiar. tr. Guardar con cuidado y vigilancia.

custodio. adj. y s. Que custodia: ángel ∽.

cutáneo, a. adj. Perteneciente al cutis.

cúter. m. Embarcación con velas al tercio, una cangreja o mesana en un palo chico colocado hacia popa, y varios foques.

cutícula. f. Película, piel delgada y delicada. || Epidermis. || Capa externa de la concha de los moluscos.

cuticular. adj. Relativo a la cutícula.

cutis. m. Piel que cubre el cuerpo humano, principalmente la del rostro. Ú. t. c. s. f. || Dermis.

cutre. adj. Tacaño, miserable. Ú. t. c. s. || Se aplica a personas y lugares poco aseados.

cuyo, ya. pron. relat. con terminaciones distintas para los géneros masculino y femenino, y con ambos números singular y plural. De quien. Este pronombre, además del carácter de relativo, tiene el de posesivo y concierta, no con el poseedor, sino con la persona o cosa poseída. No puede contruirse con artículo. || pron. interr. con variación también de género y número, pero con acento. No puede construirse con el artículo.

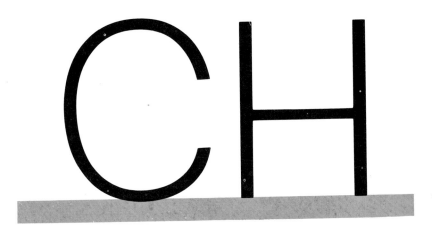

ch. f. Cuarta letra del abecedario español, y tercera de las consonantes. Su nombre es *che*.

chabacanería o **chabacanada.** f. Falta de arte y gusto. || Dicho grosero o insubstancial.

chabacano, na. adj. Sin arte o grosero y de mal gusto.

chabola. f. Choza o caseta, generalmente la construida en el campo. || Barraca mísera en los suburbios de los grandes núcleos urbanos.

chabolismo. m. Acumulación de chabolas en los suburbios de los grandes núcleos urbanos, como síntoma de miseria social.

chabolista. com. Persona que vive en una chabola.

chacal. m. Mamífero cánido, de tamaño medio entre el lobo y la zorra. Es carnívoro y vive en Asia y África.

chacina. f. Cecina. || Carne de puerco adobada.

chacolí. ∬chacolís. m. Vino ligero y algo agrio que se hace en las provincias vascongadas y en la de Santander.

chacona. f. Baile de los s. XVI y XVII, que se ejecutaba con acompañamiento de castañuelas y de coplas. || Música y letra de este baile.

chacota. f. Bulla, alegría. || Broma, burla: *echar,* o *tomar a ⌒ a uno.*

chacha. f. fam. Niñera. || Por ext., sirvienta.

cháchara. ≅charla. ≅palique. f. fam. Abundancia de palabras inútiles. || Conversación frívola. || pl. Baratijas, cachivaches.

chachi. adj. fam. Bueno, estupendo. || adv. m. Estupendamente: *pasarlo ⌒.*

chafar. ≅ajar. ≅deslucir. ≅estrujar. ◁remozar. tr. Aplastar. Ú. t. c. prnl. || Arrugar la ropa.

|| fig. y fam. Deslucir a uno en una conversación o concurrencia.

chaflán. m. Cara que resulta en un sólido de cortar por un plano una esquina o ángulo diedro. || Plano largo y estrecho que, en lugar de esquina, une dos paramentos o superficies planas, que forman ángulo.

chaira. ≅eslabón. f. Cuchilla de zapatero. || Cilindro de acero para afilar las cuchillas. || vulg. Navaja.

chal. m. Paño de seda o lana, mucho más largo que ancho, y que, puesto en los hombros, sirve a las mujeres como abrigo o adorno.

chalado, da. adj. fam. Alelado, falto de seso o juicio. || fam. Muy enamorado.

chaladura. f. fam. Locura, manía, extravagancia. || Enamoramiento.

chalán, na. adj. y s. Que trata con maña en compras y ventas, especialmente de bestias. || fig. Negociante sin escrúpulos.

chalanear. tr. Tratar los negocios con maña y destreza propias de chalanes.

chalar. tr. y prnl. Enloquecer, alelar. || Enamorar.

chalé o **chalet.** m. Casa de madera y tabique a estilo suizo. || Casa de recreo, generalmente con jardín.

chaleco. m. Prenda de vestir, sin mangas, que se pone encima de la camisa. ◆ **salvavidas.** Prenda destinada a mantenerse a flote en el agua.

chalina. f. Corbata ancha en la que se hace un nudo grande. || Bufanda.

chalupa. f. Embarcación pequeña. || Lancha, bote.

chamaco, ca. m. y f. *Méj.* Niño, muchacho.

chamán. m. Hechicero al que se supone dotado de poderes sobrenaturales para sanar a los enfermos, adivinar, invocar a los espíritus, etc.

chamanismo. m. Conjunto de creencias y prácticas referentes a los chamanes.

chamarilero, ra. m. y f. Persona que se dedica a comprar y vender trastos viejos.

chambelán. m. Camarlengo.

chambergo. adj. y s. Sombrero de copa acampanada y ala ancha.

chambra. f. Vestidura corta, a modo de blusa, que usan las mujeres sobre la camisa.

chamicero, ra. adj. Relativo al chamizo. || m. *Col.* Lugar donde abunda la chamiza, leña menuda.

chamiza. f. Hierba gramínea. || Leña menuda que sirve para los hornos.

chamizo. m. Árbol o leño medio quemado. || Choza cubierta de ramas secas. || fig. y fam. Tugurio.

champaña o **champán.** m. Vino blanco espumoso, originario de Champagne, comarca francesa.

champiñón. m. Hongo agaricáceo comestible.

champú. [champús. m. Jabón líquido para lavar la cabeza.

chamullar. intr. fam. Hablar de forma incomprensible.

chamuscar. tr. y prnl. Quemar una cosa por la parte exterior.

chamusquina. f. Acción y efecto de chamuscar o chamuscarse. || fig. y fam. Camorra, riña o pendencia.

chancear. intr. y prnl. Bromear.

chancla. f. Zapato viejo. || Chancleta.

chancleta. f. Chinela sin talón, o con el talón doblado. || fam y desp. Mujer, especialmente la recién nacida. || com. fig. y fam. Persona inepta.

chancletear. intr. Andar en chancletas.

chancleteo. m. Ruido o golpeteo de las chancletas.

chanclo. m. Sandalia de madera o suela gruesa que se pone debajo del calzado para preservar de la humedad. || Zapato de materia elástica en que entra el pie calzado.

chancro. m. Úlcera contagiosa de origen venéreo o sifilítico.

chanchullo. ≅trampa. m. fam. Manejo ilícito para conseguir un fin, y especialmente para lucrarse.

chándal. m. Indumentaria de tejido de punto, compuesta por jubón y pantalón usada para hacer deporte.

chanfaina. f. Guiso hecho de bofes picados.

changar. tr. Romper, destrozar.

chanquete. m. Pez pequeño comestible, parecido a la cría del boquerón.

chantaje. m. Amenaza de pública difamación o daño para obtener algún provecho. || Presión que, mediante amenazas, se ejerce sobre alguien para obligarle a obrar en determinado sentido.

chantajear. tr. Ejercer chantaje.

chantajista. com. Persona que hace chantaje.

chantillí. m. Crema de nata batida.

chanza. f. Dicho festivo y gracioso. || Burla, broma.

¡chao! interj. Adiós, hasta luego.

chapa. f. Hoja o lámina de metal, madera u otra materia. || Trozo de metal que cierra herméticamente las botellas. || Placa metálica de identificación de la policía secreta. || Dinero: *estar sin* ⌃.

chapaletear. intr. Chapotear, sonar el agua.

chapaleteo. m. Acción y efecto de chapaletear. || Ruido que produce la lluvia al caer.

chapar. tr. Cubrir con chapas.

chaparral. m. Sitio poblado de chaparros.

chaparrear. terciopersonal. Llover reciamente.

chaparro. m. Mata de encina o roble, de muchas ramas y poca altura. || fig. Persona rechoncha. Ú. t. c. adj.

chaparrón. ≅chubasco. m. Lluvia recia de corta duración. || fig. Copia o abundancia de cosas. || Riña, regaño, reprimenda.

Chaparral

chapeado, da. adj. Díc. de lo que está cubierto o guarnecido con chapas.

chapear. tr. Cubrir, adornar o guarnecer con chapas. || prnl. *Chile.* Medrar.

chapeta. f. Mancha de color encendido en las mejillas.

chapín. m. Chanclo de corcho, forrado de cordobán.

chapista. m. El que trabaja la chapa.

chapitel. m. Remate de las torres que se levanta en figura piramidal. || Capitel de la columna.

chapotear. tr. Humedecer una cosa con esponja o paño empapado en un líquido. || intr. Sonar el agua batida por los pies o las manos.

chapoteo. m. Acción y efecto de chapotear.

chapucería. f. Tosquedad, imperfección. || Obra mal hecha. || Embuste.

chapucero, ra. adj. Hecho tosca y groseramente. || m. y f. Que trabaja de prisa y mal. || Embustero.

chapurrar. ≅chapurrear. tr. Hablar con dificultad un idioma. || fam. Mezclar un licor con otro.

chapurrear. tr. e intr. Chapurrar un idioma.

chapuza. f. Cualquier cosa mal hecha por descuido o desorganización. || Obra de poca importancia.

chapuzar. tr., intr. y prnl. Meter a uno de cabeza en el agua.

chapuzón. m. Remojón, zambullida.

chaqué. m. Especie de levita, que a partir de la cintura se abre hacia atrás formando dos faldones.

chaqueta. f. Prenda exterior de vestir con mangas, que se ajusta al cuerpo y pasa poco de la cintura.

chaquetear. intr. Cambiar de ideas, opinión o de partido. || Huir ante el enemigo o ante un riesgo.

chaquetero, ra. adj. fam. Que chaquetea, que cambia de opinión o de partido por conveniencia personal. || fam. Adulador, tiralevitas.

chaquetilla. f. Chaqueta más corta que la ordinaria y de forma diferente.

chaquetón. m. Prenda exterior de más abrigo y algo más larga que la chaqueta.

charada. f. Pasatiempo que consiste en adivinar una palabra de cuyas sílabas, aisladas o combinadas de diversas maneras, se da ingeniosa y vagamente la significación.

charanga. f. Música militar que consta sólo de instrumentos de viento. || Por ext., cualquier otra música de igual composición.

charca. ≅poza. f. Charco grande.

charco. m. Agua u otro líquido detenido en un hoyo o cavidad de la tierra o del piso.

charcutería. f. Salchichería.

charla. ≅cháchara. ≅palique. f. fam. Conversación amistosa. || Conferencia breve.

charlar. intr. fam. Hablar mucho, sin substancia o fuera de propósito. || fam. Conversar, platicar sin objeto determinado y sólo por mero pasatiempo.

charlatán, na. ≅parlanchín. adj. y s. Que habla mucho y sin substancia. || Hablador indiscreto. || Embaucador.

charlestón. m. Danza originaria de los negros americanos. Alcanzó gran éxito en 1925.

charlotear. intr. Charlar.

charnela. f. Bisagra. || Gozne. || Articulación de las dos piezas componentes de una concha bivalva.

charol. m. Barniz muy lustroso y permanente. || Cuero con este barniz: *botas de* ⌐.

charolar. tr. Barnizar con charol o con otro líquido que lo imite.

charrán. adj. y s. Pillo, tunante.

charretera. f. Divisa militar en forma de pala, que se sujeta al hombro.

charro, rra. adj. Aldeano de tierra de Salamanca. Ú. t. c. s. || Relativo a estos aldeanos: *traje* ⌐. || Díc. de recargado de adornos, abigarrado o de mal gusto. || m. *Méj.* Jinete que viste traje especial. Ú. t. c. adj.

chárter. adj. Se dice de los vuelos especiales, de precio generalmente reducido, organizados paralelamente a los regulares. || m. Avión que realiza estos vuelos.

chascar. intr. Dar chasquidos. || Hacer ruido al masticar. || Engullir. Ú. t. c. tr. || tr. Triturar, ronzar.

chascarrillo. m. fam. Anécdota ligera y picante o frase de sentido equívoco y gracioso.

chasco. m. Burla o engaño. || fig. Decepción que causa un suceso contrario a lo que se esperaba.

chasis. m. Armazón, bastidor del coche. || Esqueleto. || Bastidor donde se colocan las placas fotográficas.

chasquear. tr. Dar chasco. || Faltar a lo prometido. || intr. Frustrar las esperanzas. || Dar chasquidos.

chasquido. ≅crujido. ≅estallido. m. Sonido que se hace con el látigo o la honda cuando se sacuden en el aire. || Ruido que se produce al romperse alguna cosa. || Ruido que se produce con la lengua al separarla súbitamente del paladar.

chatarra. f. Escoria que deja el mineral de hierro. || Conjunto de trozos de metal viejo o de desecho, especialmente el hierro. || fig. y fam. Conjunto de monedas metálicas de poco valor.

chatarrear. tr. Desguazar un buque o trocear maquinaria para convertirlos en chatarra.

chatarrero, ra. m. y f. Persona que se dedica a coger, almacenar o vender chatarra.

chatear. intr. vulg. Tomar chatos de vino con los amigos.

chateo. m. vulg. Acción de chatear.

chato, ta. adj. Que tiene la nariz poco prominente y como aplastada. Ú. t. c. s. || Díc. de la nariz que tiene esta figura. || Romo, plano, corto. || m. fig. y fam. Vaso pequeño de vino. || m. y f. Apelativo cariñoso. Ú. m. c. interj.

chaval, la. m. y f. Popularmente, niño o joven. Ú. menos c. adj.

chavea. m. fam. Rapazuelo, muchacho.

chaveta. f. Clavo que se remacha separando las dos mitades de su punta. || Clavija, pasador. || fig. Chiflado.

che. f. Nombre de la letra *ch.*

iche! interj. con que se llama, se hace detener o se pide atención a una persona.

checo, ca. adj. y s. De Checoslovaquia. || m. Lengua de los checos.

checoslovaco, ca o **checoeslovaco, ca.** adj. y s. De Checoslovaquia.

cheli. m. pop. Jerga que contiene elementos castizos y contraculturales.

chelín. m. Unidad fraccionaria inglesa, desaparecida con motivo de la reducción del sistema monetario inglés al sistema decimal. El chelín tenía 12 peniques y la libra 20 chelines. || Unidad monetaria de Austria, Kenya, Somalia, Tanzania y Uganda.

chepa. f. fam. Corcova, joroba.

cheque. ≅talón. m. Documento u orden de pago para que una persona retire la cantidad asignada de los fondos que el librador dispone en una cuenta bancaria.

chequeo. m. Reconocimiento general y periódico, especialmente, el médico al que se somete una persona.

chevió o **cheviot.** m. Lana del cordero de Escocia. || Tela que se hace con ella u otra semejante.

chibalete. m. *Impr.* Armazón de madera donde se colocan las cajas para componer.

chibcha. adj. Pueblo amerindio que a la llegada de los españoles se asentaba fundamentalmente en los valles del río Cauca y los de la cuenca superior del Magdaleno. Ú. t. c. m. pl. || m. Idioma o grupo lingüístico que se extendía por gran parte de los actuales terr. de Colombia, Costa Rica y Panamá.

chic. m. y adj. Gracia, elegancia.

chicano, na. adj. Ciudadano de EE. UU., perteneciente a la minoría de origen mejicano allí existente. Ú. t. c. s. || Dic. del movimiento reivindicador del libre desarrollo de la cultura peculiar de esta minoría y del goce total de sus derechos civiles.

chicarrón, na. adj. y s. fam. Niño o adolescente muy crecido y desarrollado.

chicle. m. Goma de mascar.

chico, ca. ≅bajo. ≅corto. ≅insuficiente. ≅reducido. ◁grande. adj. Pequeño o de poco tamaño. || Niño, muchacho. Ú. t. c. s. || m. Muchacho que hace recados y ayuda en trabajos de poca importancia. || f. Criada, empleada que trabaja en los menesteres caseros.

chicha. f. fam. Carne comestible. || Bebida alcohólica que resulta de la fermentación del maíz en agua azucarada.

chícharo. m. Guisante, garbanzo, judía.

chicharra. f. Cigarra, insecto. || Juguete que hace un ruido desapacible. || fig. y fam. Persona muy habladora. || Timbre eléctrico de sonido sordo.

chicharrón. m. Residuo de las pellas del cerdo, después de derretida la manteca. || fig. Carne u

Amuleto pectoral chibcha

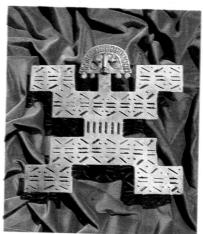

otra vianda requemada. || fig. y fam. Persona muy tostada por el sol.

chichón. m. Bulto que a causa de un golpe se hace en el cuero de la cabeza.

chichonera. f. Gorro con armadura adecuada para preservar a los niños de golpes en la cabeza.

chifla. f. Especie de silbato. || Cuchilla de corte curvo para raspar y adelgazar las pieles.

chiflado, da. adj. y s. fam. Chalado.

chifladura. f. Manía, deseo, afición exagerada por alguna persona o cosa.

chiflar. intr. Silbar con la chifla. || tr. Mofar, hacer burla. Ú. t. c. prnl. || fam. Beber mucho y con presteza. || prnl. fam. Perder uno las facultades mentales. || fam. Tener sorbido el seso por una persona o cosa.

chiflido. m. Silbido.

chihuahua. m. *Ecuad.* Armazón de figura humana, lleno de pólvora, que se quema en algunas fiestas. || Perro de tamaño muy pequeño, originario de Méjico.

chiíta. adj. y s. Díc. de una secta religiosa musulmana.

chilaba. f. Pieza de vestir, con capucha, que usan los moros.

chile. m. Especie de pimiento muy picante.

chileno, na. adj. y s. De Chile.

chilla. f. Instrumento que sirve a los cazadores para imitar el chillido de la zorra, la liebre, el conejo, etc. || Tabla de mala calidad.

chillar. intr. Dar chillidos. || fam. Reñir a alguien dando voces. || fig. Protestar, quejarse. || Chirriar.

chillido. m. Sonido inarticulado de la voz, agudo y desapacible.

chillón, na. adj. fam. Que chilla mucho. || Díc. de todo sonido agudo y desagradable: *Voz* ◡. || fig. Díc. de los colores demasiado vivos o mal combinados.

chimenea. f. Conducto para dar salida al humo que resulta de la combustión. || Hogar o fogón para guisar o calentarse.

chimpancé. m. Mono antropomorfo africano, de brazos largos y cabeza grande. Se domestica fácilmente.

china. f. Piedra pequeña. || Juego de muchachos que consiste en acertar en cuál de las dos manos oculta uno de ellos una piedrecita. || Porcelana, loza fina.

chinchar. tr. fam. Molestar, fastidiar. || prnl. Fastidiarse, aguantar una molestia.

chinche. f. Insecto hemíptero, de color rojo obscuro y cuerpo aplastado. Sus picaduras son

muy irritantes. || Chincheta. || com. y adj. fig. y fam. Persona molesta y pesada.

chincheta. f. Clavito metálico de cabeza circular y chata y punta acerada.

chinchilla. f. Mamífero roedor, propio de América meridional, parecido a la ardilla. || Piel de este animal, de color gris, muy estimada en peletería.

chinchón. m. Bebida anisada fabricada en Chinchón.

chinchorrear. intr. Traer y llevar chismes. || tr. Molestar, fastidiar.

chinchorrería. f. fig. y fam. Impertinencia. || fig. y fam. Chisme.

chinchoso, sa. adj. fig. y fam. Molesto y pesado.

chinela. f. Calzado a modo de zapatilla, sin talón.

chingar. tr. Beber con frecuencia vino o licores. || Importunar, molestar. Ú. t. c. prnl. || prnl. Embriagarse. || No acertar, fracasar, fallar.

chino, na. adj. y s. De China. || m. Idioma de los chinos, perteneciente al grupo de los monosilábicos.

chip. m. Placa de silicio de unos pocos milímetros de superficie, que sirve de soporte de un circuito integrado.

chipirón. m. Calamar pequeño.

chipriota. adj. y s. De Chipre.

chiquillada. ≅niñería. f. Acción propia de chiquillos.

chiquillería. f. fam. Multitud de chiquillos. || Chiquillada.

chiquillo, lla. adj. y s. Chico, niño, muchacho.

chirigota. f. fam. Cuchufleta.

chirimbolo. ≅baratija. ≅cachivache. m. fam. Utensilio, vasija o cosa complicada, de la que no se sabe el nombre. Ú. m. en pl.

chirimía. f. Instrumento músico de madera parecido al clarinete. || m. El que lo toca.

chirimoya. f. Fruto del chirimoyo.

chirimoyo. m. Árbol originario de América Central, de unos ocho metros de altura, cuyo fruto es de sabor agradable.

chiringuito. m. Quiosco o puesto de bebidas al aire libre.

chiripa. ≅azar. ≅suerte. f. En el juego del billar, suerte favorable que se gana por casualidad. || fig. y fam. Casualidad favorable.

chirla. f. Molusco más pequeño que la almeja.

chirlo. ≅corte. ≅tajo. m. Herida prolongada en la cara: ◡ *de arma blanca.* || Cicatriz que deja una vez curada.

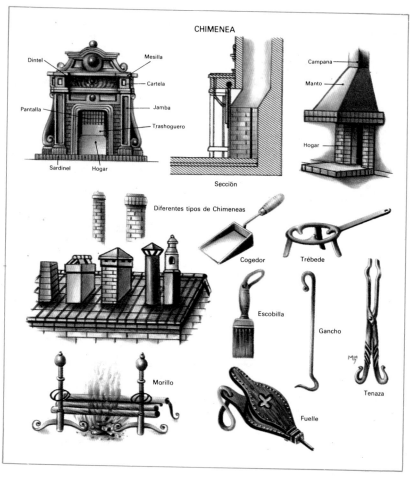

CHIMENEA

Dintel
Mesilla
Campana
Cartela
Manto
Jamba
Pantalla
Trashoguero
Hogar
Sardinel
Hogar
Sección

Diferentes tipos de Chimeneas

Cogedor
Trébede
Escobilla
Gancho
Morillo
Fuelle
Tenaza

chirona. f. fam. Cárcel de presos.

chirriar. intr. Emitir un sonido agudo: ⌐ *las ruedas de un carro.* || Chillar algunos pájaros. || fig. y fam. Cantar desentonadamente.

chirrido. m. Sonido de algo que chirria, o chillido de algunos animales: ⌐ *de un grillo.*

chiscar. tr. Sacar chispas del eslabón chocándolo con el pedernal.

chisgarabís. m. fam. Zascandil, mequetrefe.

chisguete. m. Trago de vino. || fam. Chorrillo violento de un líquido.

chisme. m. Murmuración, cuento. || Baratija o trasto pequeño.

chismear. intr. Contar chismes.

chismorrear. intr. Contarse chismes mutuamente.

chismorreo. ≅ cotilleo. ≅ murmuración. m. Acción y efecto de chismorrear.

chismoso, sa. ≅ cizañero. ≅ cuentista. adj. y s. Que chismea.

chispa. f. Partícula encendida que salta de la

lumbre, del hierro herido por el pedernal, etc. ||
Diamante muy pequeño. || Gota de lluvia menuda
y escasa. || Partícula de cualquier cosa. || Porción
mínima. || fig. Viveza de ingenio. || fam. Borra-
chera, embriaguez.

chispazo. m. Acción de saltar la chispa. || fig.
Suceso aislado y de poca entidad. || fig. y fam.
Cuento o chisme. || vulg. Trago, copa.

chispeante. adj. Que chispea. || fig. Escrito o
discurso en que abundan los destellos de ingenio
y agudeza.

chispear. intr. Echar chispas. || Brillar, relucir.
|| Lloviznar.

chisporrotear. intr. fam. Despedir chispas reiteradamente.

chisporroteo. m. fam. Acción de chisporrotear.

¡chist!. interj. que se emplea para imponer silencio.

chistar. ≅rechistar. intr. Hablar o hacer ademán de hacerlo. Ú. m. con neg.

chiste. m. Dicho u ocurrencia aguda y graciosa.
|| Suceso gracioso y festivo. || Burla o chanza:
hacer ⌐ de una cosa.

chistera. f. Cestilla de los pescadores. || Cesta
de los pelotaris. || fig. y fam. Sombrero de copa.

chistoso, sa. adj. Que usa de chistes. || Gra-
cioso.

chistu. m. Flauta recta de madera que se usa
en el País Vasco.

chistulari. m. Músico del País Vasco que en
las fiestas populares toca el chistu y el tamboril.

chitacallando (a la). m. adv. Con mucho si-
lencio || Con disimulo.

chitón. Voz fam. para imponer silencio.

chivarse. prnl. vulg. Delatar, irse de la lengua.

chivatada. f. vulg. Acción propia del chivato.

chivato, ta. adj y s. Soplón. delatador, acu-
sador. || m. Chivo que pasa de seis meses y no
llega al año. || fig. Dispositivo sonoro, visual o de
otra clase que advierte de una anormalidad o que
llama la atención sobre algo.

chivo, va. m. y f. Cría de la cabra.

chocante. ≅raro. ≅sorprendente. adj. Que
choca. || Que causa extrañeza. || Gracioso, cho-
carrero.

chocar. ≅extrañar. ≅sorprender. ≅topar. intr.
Dar violentamente una cosa con otra. || fig. Pelear.
|| fig. Indisponerse con alguno. || Causar extrañeza
o enfado. || Darse las manos en señal de saludo.
Ú. t. c. intr.

chocarrería. f. Chiste grosero.

chocarrero, ra. adj. y s. Grosero.

chocolate. m. Pasta hecha con cacao y azúcar

molidos, a la que generalmente se añade canela
o vainilla. || Bebida que se hace con esta pasta
junto con agua o leche. || fig. Hachís.

chocolatera. f. Vasija para el chocolate.

chocolatería. f. Casa donde se fabrica y vende
chocolate.

chocolatero, ra. adj. y s. Muy aficionado a
tomar chocolate. || m. y f. Persona que tiene por
oficio labrarlo o venderlo.

chocolatina. f. Tableta delgada de chocolate.

chocha. f. Ave zancuda, un poco menor que la
perdiz, común en España y de carne muy sabrosa.

chochear. intr. Tener debilitadas las facultades
mentales por la edad. || fig. y fam. Extremar el
cariño a personas o cosas.

chochez. f. Calidad de chocho. || Dicho o he-
cho de persona que chochea.

chocho, cha. adj. Que chochea. || fig. y fam.
Lelo de puro cariño.

chófer o **chofer.** m. Conductor de automóviles.

chollo. m. fam. Trabajo o negocio que produce
beneficio con muy poco esfuerzo.

chopa. f. Pez marino, semejante a la dorada.

chopera. f. Sitio poblado de chopos.

chopo. m. Nombre de varias especies de ála-
mos. || fam. Fusil.

choque. ≅colisión. ≅topetazo. m. Encuentro
violento de una cosa con otra. || fig. Contienda,
riña. || Combate entre un pequeño número de tro-
pas, o de poca duración. || Desequilibrio nervioso.

chorizo. m. Embutido de carne de cerdo, pi-
cada y adobada. || vulg. Ratero, ladronzuelo.

chorlito. m. Nombre de diversas aves zancudas
españolas. || fig. y fam. Persona distraída.

chorrada. f. Tontería, bobada.

chorrear. intr. Caer un líquido, formando chorro
o goteando. || fig. y fam. Dícese de algunas cosas
que van ocurriendo poco a poco.

chorreo. m. Acción y efecto de chorrear. ||
fam. Bronca, reprimenda.

chorrera. f. Lugar por donde chorrea un líquido
y señal que deja al chorrear. || Trecho corto de
río en que el agua corre con mucha velocidad. ||
Adorno de encaje que se ponía en la abertura de
la camisa.

chorro. ≅caño. m. Porción de líquido o gas
que sale con fuerza por una parte estrecha. ||
Caída sucesiva de cosas iguales y menudas. ⌐ *de
pesetas.* || fig. Abundancia, gran cantidad.

chotacabras. ≅zumaya. amb. Pájaro trepador,
de pico pequeño, que se alimenta de insectos.

choteo. m. vulg. Burla, pitorreo.

chotis. [Chotis. m. Baile lento por parejas, típico de Madrid.

choto, ta. m. y f. Cabrito. || Ternero.

chova. f. Especie de cuervo.

choza. ≅ barraca. ≅ chozo. f. Cabaña cubierta de ramas o paja. || Casa tosca y pobre.

chozo. m. Choza pequeña.

chubasco. m. Chaparrón o aguacero con mucho viento. || fig. Adversidad o contratiempo transitorios.

chubasquero. m. Impermeable.

chuchería. ≅ baratija. ≅ fruslería. f. Cosa de poca importancia, pero bonita. || Alimento ligero, pero apetitoso.

chucho. m. fam. Perro. || En los ferrocarriles, aguja que sirve para el cambio de vía. || *Cuba.* Llave de luz. || *Cuba* y *Venez.* Látigo.

chueca. f. Tocón, pie de un árbol. || Hueso redondo o parte de él que encaja en el hueco de otro en una coyuntura. || Cierto juego. || fig. y fam. Burla, chasco.

chueta. com. Nombre que se da en las islas Baleares a los descendientes de judíos conversos.

chufa. f. Tubérculo que tienen las raíces de una especie de juncia, con los que se hace horchata.

chufla. f. Cuchufleta, broma.

chulear. tr. y prnl. Burlar con gracia. || intr. y prnl. Presumir, pavonearse, jactarse.

chulería. f. Gracia, donaire. || Dicho o hecho jactancioso. || Jactancia, valentonería, bravata. || Desfachatez, descaro.

chuleta. f. Costilla de ternera, cordero o cerdo. || fig. y fam. Bofetada, guantazo. || Entre estudiantes, papelito que se lleva oculto para consultarlo disimuladamente en los exámenes. || m. fam. Chulo, presumido.

chulo, la. adj. Que hace y dice las cosas con chulería. Ú. t. c. s. || Bonito, gracioso. || m. y f. Individuo del pueblo bajo de Madrid, afectado en el traje y en el modo de comportarse. || Rufián.

chuminada. f. Tontería, estupidez.

chunga. f. Burla festiva, broma: *estaba de ⌣; tomó a ⌣ lo que dijo Juan.*

chungo, ga. adj. vulg. De mala calidad. Ú. t. c. adv.

chungón, na. adj. y s. Persona aficionada a la chunga o guasa.

chunguearse. prnl. fam. Burlarse.

chupa. f. Parte del vestido que cubría el tronco del cuerpo, a veces con faldillas de la cintura abajo y con mangas ajustadas; se ponía generalmente debajo de la casaca. || Chaqueta, chaquetilla.

chupado, da. adj. fig. y fam. Muy flaco y extenuado. || Entre estudiantes, muy fácil.

chupar. tr. Extraer con los labios el jugo de una cosa. Ú. t. c. intr. || Embeber los vegetales el agua o la humedad. || fig. y fam. Absorber, tragar. || fig. y fam. Despojar a alguien de sus bienes con astucia y engaño. || prnl. Adelgazar, enflaquecer.

chupatintas. m. desp. Oficinista de poca categoría.

chupete. m. Pieza de goma en forma de pezón que se pone en el biberón o se da a los niños para que chupen.

chupetear. tr. e intr. Chupar poco y con frecuencia.

chupi. adj. fam. Estupendo, excelente. Ú. t. c. interjección.

chupinazo. m. Disparo hecho con mortero en los fuegos artificiales. || Golpe fuerte que se da al balón en el fútbol.

chupito. m. Sorbito de vino u otro licor.

chupón, na. adj. Que chupa. || Que saca dinero con engaño. Ú. t. c. s. || Egoísta. || m. Vástago que, al brotar en los árboles, chupa su savia y disminuye el fruto. || Émbolo de las bombas de desagüe.

churrasco. m. Carne asada a la plancha o a la parrilla.

churre. m. Pringue gruesa y sucia. || fig. y fam. Mugre.

churrería. f. Tienda de churros.

Chuzos

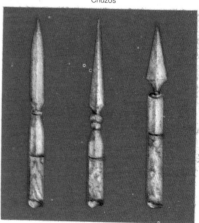

churrero, ra. m. y f. Persona que hace o vende churros.

churrete. m. Mancha que ensucia una parte visible del cuerpo.

churretoso, sa. adj. Lleno de churretes.

churrigueresco, ca. adj. Dic. del estilo arquitectónico inspirado en el barroco, empleado por José Benito Churriguera y sus imitadores y caracterizado por una exuberante ornamentación. || desp. Recargado, de mal gusto.

churro, rra. adj. Dic. de la res ovina de lana basta y rígida. Ú. t. c. s. || Dic. de su lana. || Pasta de harina y azúcar frita, en forma cilíndrica estriada. || fam. Chapuza, cosa mal hecha.

churruscar. tr. y prnl. Tostar demasiado una cosa.

churrusco. m. Pedazo de pan demasiado tostado.

churumbel. m. En caló, niño, muchacho.

chuscada. f. Gracia, chulada.

chusco, ca. ≅ chistoso. ≅ gracioso. ≅ ocurrente. ◁ soso. adj. Que tiene gracia, donaire y picardía. || m. Pedazo de pan, panecillo.

chusma. f. Gente soez, gentuza, populacho. || Muchedumbre.

chut. m. Acción y efecto de chutar.

chutar. tr. En el fútbol, lanzar fuertemente el balón con el pie.

chuzo. m. Palo armado con un pincho de hierro. || Pedazo de hielo puntiagudo. || Bastón del sereno.

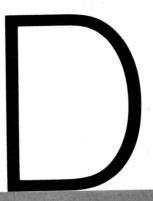

d. f. Quinta letra del abecedario español, y cuarta de sus consonantes. Su nombre es *de*.

D. Letra numeral romana que tiene el valor de quinientos.

dabuti. adj. vulg. Excelente, muy bueno.

dacio, cia. adj. y s. De Dacia.

dáctilo. m. Pie de la poesía clásica compuesto de tres sílabas: la primera larga y las otras dos, breves.

dactilografía. f. Mecanografía.

dactilología. f. Arte de hablar con los dedos.

dactiloscopia. f. Estudio de las impresiones digitales para la identificación de las personas.

dadaísmo. m. Movimiento artístico y literario que promovía el culto de lo irracional en la expresión de lo infantil y primitivo.

dadaísta. adj. Relativo al dadaísmo.

dádiva. ≅donativo. ≅regalo. f. Cosa que se da graciosamente.

dadivoso, sa. ◁tacaño. adj. y s. Generoso.

dado. m. Cubo pequeño en cuyas caras hay señalados puntos de uno a seis, y que sirve para varios juegos de azar.

daga. f. Arma blanca antigua, de hoja corta.

daguerrotipo. m. Procedimiento y aparato fotográficos para obtener imágenes en placas metálicas. || Imagen así obtenida.

dahír. m. En Marruecos, decreto del sultán.

dalia. f. Planta de jardín con flores de muy variada coloración y sin aroma. || Flor de esta planta.

dálmata. adj. y s. De Dalmacia. || Díc. del perro de una raza de tamaño mediano o algo grande y pelaje blanco con numerosas manchas negras o pardo obscuras.

dalmática. f. Túnica blanca adornada de púrpura, de los romanos. || Vestidura sagrada usada por los diáconos y subdiáconos.

daltonismo. m. Enfermedad de la vista que impide distinguir determinados colores, sobre todo el rojo.

dalle. m. Guadaña.

dama. f. Mujer noble o distinguida. || En palacio, señora que acompañaba o servía a la reina o a las princesas. || Actriz principal. || Reina en el juego del ajedrez. || pl. Juego que se ejecuta en un tablero con piezas redondas.

damajuana. f. Bombona.

damasceno, na. adj. y s. De Damasco.

damasco. m. Tela de seda o lana con dibujos formados con el tejido. || Especie de albaricoquero, y su fruto.

damero. m. Tablero del juego de damas.

damisela. f. Moza bonita, alegre y que presume de dama.

damnificado, da. adj. Persona o cosa que han sufrido un daño. Ú. por lo general para los desastres colectivos.

damnificar. tr. Causar daño.

dandi. m. Hombre elegante, pero que presta una excesiva atención a esa apariencia personal.

danés, sa. adj. y s. Dinamarqués. || m. Lengua que se habla en Dinamarca.

dantesco, ca. adj. Que causa espanto. || Grandioso, extraordinario.

danubiano, na. adj. Del Danubio.

danza. f. Baile. || fig. y fam. Negocio o manejo poco limpio.

danzante, ta. ≅bailarín. ≅danzarín. ≅mequetrefe. ≅necio. m. y f. Persona que baila en procesiones y bailes públicos. || Persona activa. || fig. y fam. Persona petulante y entremetida.

danzar. tr. Bailar. || intr. Moverse una cosa con aceleración, bullendo y saltando. || fig. y fam. Mezclarse en algo: ↝ *en un negocio.*

danzarín, na. m. y f. Persona que danza con destreza.

dañado, da. adj. Perverso. || Echado a perder: *fruta* ↝.

dañar. tr. y prnl. Causar perjuicio, dolor o molestia. || Echar a perder una cosa.

dañino, na. ≅nocivo. ≅perjudicial. adj. Que daña: *animal* ↝.

daño. m. Perjuicio, dolor, molestia.

dar. tr. Donar. || Entregar. || Producir: *la higuera da brevas e higos.* || Otorgar, conceder. || Con voces que expresan un efecto, ejecutar la acción significada por ellas; a veces como intr. || fam. Golpear, zurrar. || Comunicar, informar. || Causar, ocasionar, mover. || Sonar las campanas de un reloj. || Realizar. Ú. t. c. prnl. || intr. Importar, significar, tener más o menos valor. || prnl. Entregarse, dedicarse.

dardo. m. Arma arrojadiza que se tira con la mano. || fig. Dicho satírico y molesto.

dársena. f. Parte resguardada de un puerto para carga y descarga de embarcaciones.

darvinismo. m. Teoría biológica del naturalista inglés Charles R. Darwin, según la cual la transformación de las especies animales y vegetales se produce en virtud de una selección natural de individuos, debida a la lucha por la existencia y perpetuada por la herencia.

dasonomía. f. Ciencia que trata de la cría, conservación, cultivo y aprovechamiento de los montes.

data. ≅abono. ≅fecha. f. Nota o indicación del lugar y tiempo en que se hace o sucede una cosa. || Partida de descargo. || Orificio que tienen los depósitos de agua.

datar. ≅abonar. ≅acreditar. ≅fechar. tr. Poner la data. || Poner en las cuentas lo correspondiente a la data. Ú. m. c. prnl. || Determinar la data de un documento, suceso, etc. || intr. Haber tenido principio una cosa en el tiempo que se determina.

dataría. f. Tribunal de la curia romana por donde se despachan las provisiones de beneficios que no son consistoriales, las dispensas matrimoniales, etc.

dátil. m. Fruto comestible de la palmera. || pl. fig. fam. Los dedos de la mano.

datilera. adj. y s. Aplícase a la palmera que da fruto.

dativo. m. Uno de los casos de la declinación. Hace oficio de complemento indirecto, y en castellano va precedido de las preposiciones *a* o *para.*

dato. m. Antecedente necesario para llegar al conocimiento exacto de una cosa. || Documento, testimonio, fundamento.

davídico, ca. adj. Perteneciente a David.

de. f. Nombre de la letra *d.* || prep. Denota posesión, referencia, origen, naturaleza o cualidad, el modo de hacer algo, la materia de que está hecho, lo contenido en ello, el asunto de que se trata, el tiempo en que sucede o se ejecuta algo. A veces equivale a por, desde, con, para, entre, acerca de. Se usa también para reforzar la expresión, o como suposición.

deambular. intr. Caminar sin dirección determinada; pasear.

deambulatorio. m. Espacio transitable que hay en las iglesias detrás del altar mayor.

deán. m. El que hace de cabeza del cabildo en las iglesias catedrales.

deanato o **deanazgo.** m. Dignidad de deán.

debajo. adv. l. En lugar inferior. || fig. Con sumisión o sujeción a personas o cosas: ↝ *de tutela, de palabra.* En estas locuciones se emplea hoy más frecuentemente la preposición *bajo.*

debate. ◁acuerdo. m. Controversia sobre una cosa entre dos o más personas. || Contienda, lucha, combate.

debatir. tr. Discutir, disputar sobre una cosa. || Combatir, guerrear.

debe. m. Parte del libro de cuentas en que se anotan los cargos.

debelación. f. Acción y efecto de debelar.

debelar. tr. Rendir a fuerza de armas al enemigo.

deber. ≅obligación. ◁derecho. m. Aquello a que está obligado el hombre. || Deuda. || Ejercicio que, como complemento de lo aprendido en clase, se encarga, para hacerlo fuera de ella, al alumno.

deber. tr. Estar obligado a algo por la ley divina, natural o positiva. Ú. t. c. prnl. || Adeudar, tener deuda material con alguien. || Con la partícula *de* seguida de infinitivo denota una probabilidad: *debe de hacer frío.* || prnl. Tener por causa, ser consecuencia de.

débil. ≅endeble. ≅flojo. ◁fuerte. adj. De poco vigor, o de poca fuerza o resistencia. Ú. t.

c. s. || fig. Escaso o deficiente, en lo físico o en lo moral.

debilidad. f. Falta de vigor o fuerza física. || fig. Carencia de energía en las cualidades o resoluciones del ánimo.

debilitar. tr. y prnl. Disminuir la fuerza, el vigor o el poder de una persona o cosa.

debilucho, cha. adj. fam. Débil, enclenque.

debruzar. intr. y prnl. Inclinar, caer de bruces.

debut. m. Presentación o primera actuación en público de una compañía teatral o de un artista. || Primera actuación de alguien en una actividad cualquiera.

debutante. adj. y s. Que debuta.

debutar. intr. Presentarse por primera vez ante el público. || Ser presentada en sociedad una joven.

década. f. Serie de diez. || Período de diez días o años.

decadencia. ≅declive. ≅decrepitud. ◁auge. f. Declinación, menoscabo, principio de debilidad o de ruina.

decadente. adj. Que decae. || Que pertenece a una época de decadencia o que gusta de los modos y estilos de la misma. Apl. a pers., ú. t. c. s.

decaedro. m. Cuerpo geométrico de diez caras.

decaer. intr. Ir a menos; perder fuerza, importancia o valor. || Separarse la embarcación del rumbo que pretende seguir.

decágono, na. adj. y m. Aplícase al polígono de diez lados.

decagramo. m. Peso de diez gramos.

decaído, da. adj. Deprimido, triste, desalentado. || Débil.

decaimiento. m. Abatimiento, desaliento. || Postración.

decalitro. m. Medida de capacidad, que tiene diez litros.

decálogo. m. Los diez mandamientos de la ley de Dios, que, según la Biblia, fueron entregados a Moisés en el Sinaí.

decámetro. m. Medida de longitud, que tiene diez metros.

decampar. intr. Levantar el campo un ejército.

decanato. m. Dignidad de decano. || Deanato. || Despacho destinado oficialmente al decano.

decania. f. Finca o iglesia rural propiedad de un monasterio.

decano, na. m. y f. Miembro más antiguo de una comunidad. Ú. t. c. adj. || Persona que con título de tal es nombrada para presidir una corporación.

decantar. tr. Inclinar suavemente una vasija sobre otra para que caiga el líquido sin que se salga el poso || prnl. fig. Tomar partido, tender hacia: *se decantó hacia el liberalismo.*

decapitación. f. Acción y efecto de decapitar.

decapitar. tr. Cortar la cabeza.

decápodo. adj. y s. Díc. de los crustáceos que, como el cangrejo de río, tienen diez patas. || Díc. de los cefalópodos dibranquiales que, como el calamar, tienen diez tentáculos. || m. pl. Orden de estos crustáceos y cefalópodos.

decárea. f. Medida de superficie que tiene diez áreas.

decasílabo, ba. adj. y s. De diez sílabas: *verso* ᵔ.

decena. f. Conjunto de diez unidades.

decenal. adj. Que sucede o se repite cada decenio. || Que dura un decenio.

decencia. f. Aseo. || Recato, honestidad, modestia. || fig. Dignidad en los actos y en las palabras.

decenio. m. Período de diez años.

decente. adj. Honesto, justo. || Conforme al estado o calidad de la persona. || Adornado con

Decápodo. Cangrejo de río

limpieza y aseo: *tiene una casa* ⌐. || Digno. || Bien portado. || De buena calidad.

decenviral. m. Empleo y dignidad de decenviro. || Tiempo que duraba este empleo.

decenviro. m. Cualquiera de los diez magistrados superiores a quienes los antiguos romanos dieron el encargo de componer las leyes de las Doce Tablas. || Cualquiera de los magistrados menores que entre los antiguos romanos servían de consejeros a los pretores.

decepción. ≅desengaño. ≅desilusión. f. Engaño. || Pesar causado por un desengaño.

decepcionar. tr. Desengañar, desilusionar.

deceso. m. Muerte.

deciárea. f. Medida de superficie que tiene la décima parte de un área.

decibel. m. Nombre del decibelio en la nomenclatura internacional.

decibelio. m. Unidad acústica que equivale a la décima parte del belio.

decidir. tr. Formar juicio definitivo sobre algo dudoso. || Resolver, tomar una determinación. U. t. c. prnl.

decigramo. m. Peso que es la décima parte de un gramo.

decilitro. m. Medida de capacidad, que tiene la décima parte de un litro.

décima. f. Cada una de las diez partes iguales en que se divide un todo. || Combinación métrica de diez versos octosílabos. || Aludiendo a fiebres, décima parte de un grado del termómetro clínico.

decimal. adj. Aplícase a cada una de las diez partes iguales en que se divide una cantidad. || Perteneciente al diezmo. || Dícese del sistema métrico de pesas y medidas, cuyas unidades son múltiplos o divisores de diez. || Aplícase al sistema de numeración cuya base es diez.

decímetro. m. Medida de longitud, que tiene la décima parte de un metro.

décimo, ma. adj. Que sigue inmediatamente en orden a lo noveno. || Díc. de cada una de las diez partes iguales en que se divide un todo. Ú. t. c. s. m. || m. Décima parte del billete de lotería.

decimoctavo, va. adj. Que sigue inmediatamente en orden al o a lo decimoséptimo.

decimocuarto, ta. adj. Que sigue inmediatamente en orden al o a lo decimotercio.

decimonónico, ca. adj. Del siglo XIX. || Anticuado.

decimonoveno, na o **decimonono, na.** adj. Que sigue inmediatamente en orden al o a lo decimoctavo.

decimoquinto, ta. adj. Que sigue inmediatamente en orden al o a lo decimocuarto.

decimoséptimo, ma. adj. Que sigue inmediatamente en orden al o a lo decimosexto.

decimosexto, ta. adj. Que sigue inmediatamente en orden al o a lo decimoquinto.

decimotercio, cia o **decimotercero, ra.** adj. Que sigue inmediatamente en orden al o a lo duodécimo.

decir. ◁callar. tr. Manifestar con palabras el pensamiento. Ú. t. c. prnl. || Asegurar, opinar. || Nombrar o llamar. || fig. Denotar una cosa o dar muestras de ello: *su vestido dice su pobreza.* || fig. Con los adv. *bien* o *mal,* armonizar o no una cosa con otra: *este traje me dice bien.* || m. Dicho, palabra.

decisión. f. Resolución que se toma en una cosa dudosa. || Firmeza de carácter.

decisivo, va. ≅concluyente. ≅definitivo. adj. Díc. de lo que decide o resuelve: *decreto* ⌐.

decisorio, ria. adj. Díc. de lo que tiene virtud para decidir.

declamación. f. Acción, arte o manera de declamar.

declamar. intr. Hablar en público. || Hablar con vehemencia. || Recitar la prosa o el verso con la entonación y los ademanes convenientes. Ú. t. c. tr.

declamatorio, ria. adj. Aplícase al estilo o tono enfático y exagerado.

declaración. f. Acción y efecto de declarar.

declarante. adj. Que declara. || m. y f. Persona que declara ante el juez.

declarar. ≅exponer. ≅resolver. ◁ocultar. tr. Manifestar o explicar lo que está oculto o no se entiende bien. || Decidir los juzgadores. || intr. Manifestar los testigos ante el juez, con juramento o promesa de decir la verdad, o el reo sin tal requisito, lo que saben acerca de los hechos que originaron la causa judicial. || prnl. Manifestar el ánimo, la intención o el afecto. || Manifestarse una cosa o empezar a advertirse su acción: *se declaró un incendio.*

declinable. adj. Aplícase a cada una de las partes de la oración que se declinan. || En las lenguas con flexión casual, dícese de la palabra que puede experimentar variaciones formales para expresar el caso.

declinación. f. Caída, descenso. || fig. Decadencia o menoscabo. || Distancia de un astro al ecuador. || Serie ordenada de los casos gramaticales.

declinante. adj. Que declina.

declinar. ≅disminuir. ≅menguar. ≅renunciar. intr. Inclinarse hacia abajo. || fig. Decaer. || fig. Aproximarse una cosa a su fin: ⌐ *el día.* || fig. Ir cambiando de costumbres hasta tocar en extremo contrario: ⌐ *de la virtud en el vicio.* || tr. Rehusar, no admitir. || Poner las palabras declinables en los distintos casos gramticales.

declive. m. Pendiente, cuesta o inclinación del terreno. || Decadencia.

decoloración. f. Acción y efecto de decolorar.

decolorante. adj. y s. Que decolora.

decolorar. tr. y prnl. Quitar o disminuir el color.

decomisar. tr. Declarar que una cosa ha caído en decomiso. || Incautarse de esta cosa, como pena.

decomiso. ≅comiso. ≅confiscación. m. Pena de perdimiento de la cosa, en que incurre el que comercia en géneros prohibidos. || Cosa decomisada.

decoración. f. Acción y efecto de decorar. || Cosa que decora. || Arte de decorar o adornar.

decorado. m. Conjunto de lienzos que representa el lugar en que discurre una obra de teatro, cine, televisión.

decorador, ra. m. y f. Persona que decora o adorna, o que tiene especiales conocimientos en esta materia.

decorar. tr. Adornar, hermosear una cosa o un sitio.

decorativo, va. adj. Que adorna: *figuras* ⌐s.

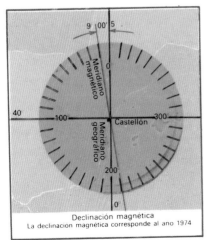

Declinación magnética
La declinación magnética corresponde al ano 1974

decoro. ◁indignidad. m. Honor, respeto, reverencia que se debe a una persona. || Circunspección, gravedad. || Honestidad, recato. || Honra.

decoroso, sa. adj. Persona que tiene decoro y pundonor. || Aplícase también a las cosas en que se manifiesta decoro.

decrecer. ◁aumentar. intr. Menguar, disminuir.

decreciente. adj. Que decrece.

decrépito, ta. adj. Aplícase a la persona que por su vejez suele tener muy menguadas las potencias. Ú. t. c. s. || fig. Díc. de las cosas que han llegado a su última decadencia.

decrepitud. f. Suma vejez. || Chochez. || fig. Decadencia extrema de las cosas.

decrescendo. m. Debilitación gradual de la intensidad del sonido.

decretal. adj. Perteneciente a las decretales. || f. Epístola pontificia. || pl. Libro en que están recopiladas las decisiones pontificias.

decretar. tr. Ordenar por medio de un decreto. || Resolver, decidir la persona que tiene autoridad para ello. || Decidir el juez acerca de las peticiones de las partes.

decreto. m. Resolución del jefe del Estado, de su gobierno o de un tribunal o juez sobre cualquier materia. || Decisión del Papa de acuerdo con los cardenales.

decúbito. m. Posición del cuerpo acostado o echado. ◆ **prono.** Echado sobre el pecho y el vientre. || **supino.** Echado sobre la espalda.

decuplicar o **decuplar.** tr. Multiplicar por diez.

décuplo, pla. adj. y m. Que contiene un número diez veces.

decurso. ≅transcurso. m. Sucesión o continuación del tiempo.

dechado. m. Ejemplar, muestra que se tiene presente para imitar. || fig. Ejemplo y modelo de virtudes o de vicios.

dedal. m. Utensilio ligeramente cónico y hueco que, puesto en la extremidad de un dedo, sirve para empujar la aguja cuando se cose.

dédalo. m. fig. Laberinto, cosa o lugar confusos y enmarañados.

dedeo. m. Agilidad y destreza de los dedos al tocar un instrumento.

dedicación. f. Acción y efecto de dedicar o dedicarse.

dedicar. tr. Consagrar, destinar una cosa al culto o también a un fin profano. || Dirigir a una persona, por modo de obsequio, un objeto cualquiera. || Emplear, destinar, aplicar. Ú. t. c. prnl.

dedicatoria. f. Carta o nota dirigida a la persona a quien se dedica una obra.

dedil. m. Cada una de las fundas que se ponen en los dedos para que no se lastimen.

dedo. m. Cada una de las partes prolongadas en que terminan la mano y el pie del hombre y de muchos animales. || Medida de longitud que equivale a 18 milímetros aproximadamente. || Porción de una cosa, del ancho de un dedo.

deducción. f. Acción y efecto de deducir.

deducir. tr. Sacar consecuencias de un principio, proposición o supuesto. || Rebajar, restar, descontar una cantidad.

deductivo, va. adj. Que obra o procede por deducción.

defecación. f. Acción y efecto de defecar.

defecar. intr. Expulsar los excrementos.

defección. f. Acción de separarse con deslealtad de una causa o partido.

defectivo, va. adj. y s. Díc. del verbo que no se conjuga en todos los tiempos, modos y personas.

defecto. ≅falta. ≅tacha. ◁perfección. m. Carencia o falta de las cualidades propias y naturales de una cosa. || Imperfección natural o moral.

defectuoso, sa. adj. Imperfecto.

defender. ◁atacar. tr. Amparar, proteger. Ú. t. c. prnl. || Mantener una cosa contra el dictamen ajeno. || Abogar, alegar en favor de uno.

defendido, da. adj. y s. Persona a quien defiende un abogado.

defenestración. f. Acción de defenestrar.

defenestrar. tr. Arrojar a alguien por una ventana. || Destituir o expulsar a alguien de un puesto, cargo, situación, etc.

defensa. f. Acción y resultado de defender. || Arma, instrumento u otra cosa con que uno se defiende. || Amparo, protección, socorro. || Abogado defensor, y el conjunto de razones alegadas por él en el juicio. || En el fútbol y otros deportes, línea de jugadores que se sitúa delante del portero. || m. Jugador de esta línea.

defensivo, va. adj. Útil para la defensa. || f. Actitud exclusiva de defensa.

defensor, ra. m. y f. Persona que en juicio está encargada de una defensa.

deferencia. ≅condescendencia. ≅consideración. ◁desconsideración. f. Adhesión al proceder ajeno por respeto. || fig. Muestra de respeto o cortesía.

deferente. adj. fig. Respetuoso, cortés.

deficiencia. ◁suficiencia. f. Defecto o imperfección.

deficiente. adj. Falto o incompleto. || Se aplica a la persona que tiene alguna carencia física o intelectual. Ú. t. c. s.

déficit. ◁superávit. ∬déficit. m. En el comercio, cantidad que falta para que los ingresos se equilibren con los gastos. || Falta o escasez de algo que se juzga necesario.

deficitario, ria. adj. Que implica déficit.

definición. f. Acción y efecto de definir. || Proposición que expone con claridad y exactitud los caracteres genéricos y diferenciales de una cosa material o inmaterial.

definir. tr. Fijar y explicar con claridad y precisión la significación de una palabra, la naturaleza de una cosa, los caracteres de un concepto. || Resolver algo dudoso. || *Pint.* Concluir una obra.

definitivo, va. adj. Decisivo, que resuelve y concluye.

deflación. f. Descenso del nivel general de precios.

deflagrar. intr. Arder una substancia súbitamente con llama y sin explosión.

defoliación. f. Caída prematura de las hojas de los árboles y plantas.

deforestación. f. Acción y efecto de deforestar.

deforestar. tr. Despojar un terreno de plantas forestales.

deformación. f. Acción y efecto de deformar o deformarse.

deformar. ≅desfigurar. tr. Hacer que algo pierda su forma regular o natural. Ú. t. c. prnl. || Tergiversar.

Dedos de la mano

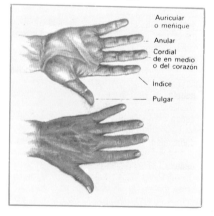

Auricular
o meñique

Anular

Cordial
de en medio
o del corazón

Índice

Pulgar

deforme. adj. Desproporcionado o irregular en la forma.

deformidad. f. Calidad de deforme. || Cosa deforme. || fig. Error grosero.

defraudador, ra. adj. y s. Que defrauda.

defraudar. ≅estafar. ≅malograr. ≅quitar. ◁restituir. tr. Privar a uno de lo que le toca de derecho. || Eludir o burlar el pago de los impuestos. || fig. Frustrar, desvanecer la esperanza que se ponía en alguien o en algo.

defunción. f. Muerte de una persona.

degeneración. f. Acción y efecto de degenerar. || Alteración de los tejidos o elementos anatómicos. || Pérdida progresiva de normalidad psíquica y moral y de las reacciones nerviosas de un individuo.

degenerado, da. adj. y s. Individuo de condición mental y moral anormal o depravada.

degenerar. intr. Decaer, desdecir, declinar, no corresponder una persona o cosa a su primera calidad o a su primitivo valor o estado.

degenerativo, va. adj. Que causa o produce degeneración.

deglución. f. Acción y efecto de deglutir.

deglutir. ≅engullir. ≅ingerir. ◁regurgitar. tr. e intr. Tragar los alimentos.

degollación. f. Acción y efecto de degollar.

degolladero. m. Parte del cuello por donde se degüella al animal. || Sitio destinado para degollar las reses. || Tablado o cadalso que se hacía para degollar a un delincuente.

degolladura. f. Herida o cortadura que se hace en la garganta o el cuello.

degollar. tr. Cortar la garganta o el cuello a una persona o a un animal. || fig. Destruir, arruinar. || fig. Representar los actores mal una obra dramática. || fig. Matar el espada al toro con una o más estocadas mal dirigidas.

degollina. f. fam. Matanza, mortandad. || Abundancia de suspensos en un examen.

degradación. f. Acción y efecto de degradar o degradarse. || Humillación, bajeza. || Disminución de tamaño que, según las leyes de la perspectiva, se da a los objetos que figuran en un cuadro.

degradante. adj. Díc. de lo que degrada o rebaja.

degradar. tr. Privar a una persona de las dignidades, empleos y privilegios que tiene. || Humillar. Ú. t. c. prnl. || Disminuir el tamaño y viveza del color de las figuras de un cuadro, según la distancia a que se suponen colocadas.

degüello. m. Acción de degollar. || Parte más delgada del dardo o de otro instrumento semejante.

degustación. f. Acción de degustar.

degustar. tr. Probar o paladear alimentos.

dehesa. ≅pastizal. f. Tierra generalmente acotada y por lo común dedicada a pastos.

dehiscencia. f. Acción de abrirse naturalmente las anteras de una flor o el pericarpio de un fruto.

dehiscente. adj. Fruto cuyo pericarpio se abre naturalmente para que salga la semilla.

deicida. adj. Díc. de los que dieron muerte a Jesucristo o contribuyeron a ella de algún modo.

deicidio. m. Crimen del deicida.

deidad. f. Ser divino o esencia divina.

deificar. ≅endiosar. ≅exaltar. tr. Divinizar. || fig. Ensalzar excesivamente a una persona. || prnl. En la teología mística, unirse el alma con Dios en el éxtasis.

deífico, ca. adj. Perteneciente a Dios.

deísmo. m. Doctrina que reconoce un Dios como autor de la naturaleza, pero sin admitir revelación ni culto externo.

deísta. adj. y s. Que profesa el deísmo.

deitano, na. adj. y s. De Deitania, región de la España Tarraconense.

deixis. f. Función actualizadora de algunos elementos lingüísticos que consiste en indicar o señalar.

dejadez. f. Pereza, negligencia, abandono.

dejado, da. adj. Flojo y negligente, que no cuida de su conveniencia o aseo. || Caído de ánimo.

dejar. ◁tomar. tr. Soltar una cosa. || Apartarse de algo o de alguien. || Seguido de la prep. *de*, omitir. || Consentir, permitir. || Producir ganancia. || Desamparar, abandonar. || Encargar, encomendar. || Faltar, ausentarse. || Legar. || No inquietar, perturbar, ni molestar: *déjame en paz.* || Prestar. || Cesar, no proseguir. lo empezado. Ú. t. c. prnl. || prnl. Descuidarse de sí mismo. || Entregarse, darse a una cosa. || Abandonarse. || Someterse.

deje. m. Acento o modo de hablar peculiar de una comunidad o persona.

dejo. m. Deje.

del. contr. de la prep. *de* y el art. *el.*

delación. f. Acusación, denuncia.

delantal. m. Prenda de vestir que, atada a la cintura, cubre la delantera de los vestidos. || Mandil.

delante. adv. l. Con prioridad de lugar, en la parte anterior. || Enfrente. || adv. m. A la vista, en presencia: *decir algo ∼ de testigos.*

delantero, ra. adj. Que está o va delante. ||

m. y f. Deportista que juega en la delantera de un equipo. || f. Parte anterior de una cosa: *la ∼ del coche.* || En locales de espectáculos, primera fila de asientos. || Cuarto delantero de una prenda de vestir. || Espacio o distancia con que uno se adelanta a otro. || En el fútbol y otros deportes, línea formada por los jugadores que, en posición avanzada, tienen como misión principal atacar al equipo contrario.

delatar. tr. Revelar voluntariamente a la autoridad un delito, designando al autor para que sea castigado. || Descubrir, poner de manifiesto una cosa oculta.

delator, ra. adj. y s. Denunciador, acusador.

delco. m. En los motores de explosión, aparato distribuidor de la corriente de alto voltaje, que hace a ésta llegar por turno a cada una de las bujías.

dele. m. Signo con que el corrector indica al margen de las pruebas que ha de quitarse una palabra o letra.

delegación. f. Acción y resultado de delegar. || Cargo de delegado. || Oficina del delegado. || Reunión de delegados.

delegado, da. ≅encargado. ≅representante. adj. y s. Persona que actúa en nombre de otra.

delegar. tr. Dar una persona a otra facultad o poder para que actúe en su lugar.

deleitar. tr. y prnl. Agradar, producir deleite.

deleite. m. Placer del espíritu, agrado.

deletrear. intr. Pronunciar separadamente las letras de cada sílaba o las sílabas de cada palabra. || fig. Adivinar, interpretar lo dificultoso de entender.

deletreo. m. Acción de deletrear. || Procedimiento para enseñar a leer.

deleznable. adj. Desagradable. || Que se rompe fácilmente.

delfín. m. Cetáceo piscívoro, que mide de 2,50 a 3 m. de largo. Es muy sociable y vive en los mares templados y tropicales. || Título que se daba al primogénito del rey de Francia.

delgadez. f. Calidad de delgado.

delgado, da. ≅enjuto. ◁gordo. adj. Flaco, de pocas carnes. || Tenue, de poco espesor. || Delicado, suave. || fig. Agudo, sutil, ingenioso. || pl. En los cuadrúpedos, partes inferiores del vientre, hacia las ijadas. || Falda de las canales o reses muertas.

delgaducho, cha. adj. Algo delgado.

deliberación. f. Discusión. || Reflexión.

deliberado, da. adj. Voluntario, intencionado.

deliberante. adj. Que delibera.

deliberar. intr. Considerar detenidamente el pro y el contra de una decisión antes de adoptarla. || tr. Resolver una cosa con premeditación.

delicadeza. f. Finura. || Atención y miramiento con las personas o las cosas, en las obras o en las palabras. || Ternura, suavidad. || Escrupulosidad.

delicado, da. adj. Fino, atento, suave. || Débil, enfermizo. || Quebradizo: *vaso ∼.* || Sabroso, gustoso. || Difícil: *punto ∼.* || Fino, exquisito. || Bien parecido, agraciado. || Sutil, agudo, ingenioso. || Suspicaz. || Difícil de contentar. || Que procede con escrupulosidad.

delicaducho, cha. adj. Persona que se halla débil y enfermiza.

delicia. f. Placer muy intenso del ánimo. || Placer sensual muy vivo. || Aquello que causa placer.

delicioso, sa. ≅apacible. ≅placentero. adj. Muy agradable o ameno.

delictivo, va o **delictuoso, sa.** adj. Relativo al delito. || Que implica delito.

delicuescente. adj. Que tiene la propiedad de atraer la humedad del aire y liquidarse lentamente. || fig. Inconsistente, sin vigor, decadente.

delimitar. ≅deslindar. ≅limitar. tr. Fijar con precisión los límites de una cosa.

delincuencia. f. Calidad de delincuente. || Conjunto de delitos referidos a un país, época o especialidad en ellos.

delincuente. ≅malhechor. adj. y s. Que delinque.

delineante. m. y f. Persona que tiene por oficio trazar planos.

delinear. tr. Trazar las líneas de una figura.

delinquir. intr. Cometer un delito.

deliquio. m. Desmayo, desfallecimiento. || Éxtasis.

delirar. intr. Desvariar, tener perturbada la razón por una enfermedad o una pasión violenta. || Padecer alucinaciones durante el sueño. || fig. Decir o hacer despropósitos.

delirio. ≅desvarío. ≅enajenación. ≅fantasía. ≅ilusión. m. Acción y efecto de delirar. || Desorden o perturbación de la razón o de la fantasía, originado por una enfermedad o una pasión violenta. || fig. Despropósito, disparate.

delíriumtrémens. m. Delirio con gran agitación y temblor, ocasionado por el uso excesivo de bebidas alcohólicas.

delito. m. Culpa, crimen, quebrantamiento de la ley. || Acción u omisión voluntaria, castigada por la ley con pena grave.

delta. f. Cuarta letra del alfabeto griego (Δ, δ); corresponde a nuestra *d*. || m. Terreno comprendido entre los brazos de un río en su desembocadura; se llama así por su semejanza con la delta mayúscula.

deltoides. adj. De figura de delta mayúscula. || Díc. del músculo de forma triangular del hombro. Ú. t. c. s. m.

demacración. f. Pérdida de carnes que se experimenta por la falta de nutrición, por enfermedades y por otras causas.

demacrado, da. adj. Que muestra demacración.

demacrarse. prnl. y tr. Perder carnes, enflaquecer.

demagogia. f. Gobierno ejercido de forma dictatorial con el apoyo popular. || Ideología o actuación política que trata de agradar al pueblo con promesas o realizaciones fáciles ocultándole o no afrontando problemas más importantes.

demagógico, ca. adj. Perteneciente a la demagogia o al demagogo.

demagogo, ga. m. y f. Persona que practica, fomenta o apoya la demagogia.

Vista del delta del Nilo desde un satélite

demanda. ◁oferta. f. Súplica, petición, solicitud. || Limosna que se pide para una iglesia u obra pía. || Pregunta. || Empresa o intento. || Empeño o defensa. || Pedido o encargo de mercancías. || Petición a un tribunal del reconocimiento de un derecho, o de un litigante en juicio.

demandado, da. m. y f. Persona acusada en un pleito civil.

demandante. adj. y s. Que demanda. || Persona que demanda o pide una cosa en un juicio.

demandar. tr. Pedir, rogar. || Apetecer, desear. || Preguntar. || Entablar demanda judicial.

demarcación. f. Acción y efecto de demarcar. || Terreno demarcado.

demarcar. ≅deslindar. ≅limitar. tr. Delinear, señalar los límites de un país o terreno.

demás. adj. Precedido de los artículos *lo, la, los, las,* lo otro, la otra, los otros o los restantes, las otras. En plural se usa muchas veces sin artículo: *Juan y* ⌣ *compañeros.*

demasía. f. Exceso. || Atrevimiento. || Insolencia, descortesía. || Maldad, delito.

demasiado, da. ≅excesivo. adj. Que es en demasía, o tiene demasía. || adv. c. Con exceso.

demencia. f. Locura, trastorno de la razón. || Estado de debilidad de las facultades mentales, generalmente progresivo y fatal.

demencial. adj. Perteneciente o relativo a la demencia.

demente. ≅orate. ≅perturbado. adj. y s. Loco, que padece demencia.

demérito. m. Falta de mérito. || Acción, circunstancia o cualidad por la cual se desmerece.

democracia. f. Forma de gobierno en que el pueblo ejerce la soberanía mediante la elección de sus dirigentes. || Comunidad gobernada de esta forma.

demócrata. adj. y s. Partidario de la democracia.

democrático, ca. adj. Perteneciente o relativo a la democracia.

democratizar. tr. y prnl. Hacer demócratas a las personas, o democráticas a las instituciones u otros entes sociales.

demografía. f. Estudio estadístico de una colectividad humana.

demográfico, ca. adj. Perteneciente o relativo a la demografía.

demoler. ◁construir. tr. Deshacer, derribar, arruinar.

demolición. f. Acción y efecto de demoler.

demoniaco, ca o **demoníaco, ca.** adj. y s. Endemoniado.

demonio. m. Diablo. || fig. Se aplica a una persona muy fea, muy mala o de increíble astucia.

demonolatría. f. Culto supersticioso que se rinde al diablo.

demora. f. Tardanza, dilación. || Retraso en la realización de un pago.

demorar. ◁adelantar. tr. y prnl. Retardar, diferir. || intr. y prnl. Detenerse en un lugar.

demóstenes. m. fig. Hombre muy elocuente.

demostración. f. Prueba de una cosa, partiendo de verdades universales y evidentes. || Comprobación de un principio o de una teoría. || Ostentación o manifestación pública de fuerza, poder, riqueza, etc.

demostrar. tr. Manifestar, declarar. || Probar la verdad de algo, sirviéndose de cualquier género de demostración. || Enseñar.

demostrativo, va. adj. Díc. de lo que demuestra. || En gramática, adjetivos y pronombres que señalan personas, animales o cosas. Ú. t. c. s.

demótico, ca. adj. Aplícase a un género de escritura cursiva empleado por los antiguos egipcios.

demudar. tr. Mudar, variar, || Alterar, disfrazar, desfigurar. || prnl. Cambiarse repentinamente el color, el gesto o la expresión. || Alterarse, inmutarse.

denario, ria. adj. y m. Que se refiere al número diez o lo contiene. || m. Antigua moneda romana.

dendrita. f. Concreción mineral en forma de ramas de árbol. || Árbol fósil. || Prolongación protoplásmica ramificada de la célula nerviosa.

dendrografía. f. Tratado de los árboles.

dendrómetro. m. Instrumento que sirve para medir las dimensiones de los árboles en pie.

denegación. ≅negativa. f. Acción y efecto de denegar.

denegar. tr. No conceder lo que se pide o solicita.

dengue. m. Melindre mujeril que consiste en afectar delicadezas, males, y, a veces, disgusto de lo que más se quiere o desea. || Esclavina de paño femenina, cuyas puntas se sujetan detrás del talle.

denigrante. adj. y s. Que denigra. || Deshonroso.

denigrar. ≅desacreditar. ≅desprestigiar. ◁honrar. tr. Difamar. || Injuriar, agraviar, ultrajar.

denodadamente. adv. m. Con brío, esfuerzo, valor.

denodado, da. adj. Intrépido, atrevido.

Dendrita

denominación. f. Nombre, título o sobrenombre con que se distinguen las personas y las cosas.

denominador. m. Número que en los quebrados o fracciones expresa las partes iguales en que la unidad se considera dividida.

denominar. tr. y prnl. Nombrar, señalar o distinguir con un título particular a algunas personas o cosas.

denominativo, va. adj. Díc. de la palabra y en especial del verbo, derivados de un nombre, como *torear* de *torero.*

denostar. tr. Injuriar gravemente, infamar de palabra.

denotar. tr. Indicar, anunciar, significar.

densidad. ◁fluidez. f. Calidad de denso. || *Fís.* Relación entre la masa y el volumen de un cuerpo.

densificar. tr. y prnl. Hacer densa una cosa.

denso, sa. adj. Que contiene gran cantidad de masa en poco volumen. || Compacto, apretado, en contraposición a ralo o flojo. || Craso, espeso, engrosado. || fig. Apiñado, apretado, unido, cerrado. || fig. Obscuro, confuso, difícil de comprender.

dentado, da. adj. Que tiene dientes, o puntas parecidas a ellos.

dentadura. f. Conjunto de dientes, muelas y

colmillos que tiene en la boca una persona o un animal.

dental. m. Palo donde se encaja la reja del arado. || adj. Perteneciente o relativo a los dientes. || Consonante cuya articulación requiere que la lengua toque en los dientes, como la *t.*

dentar. tr. Formar dientes a una cosa; como la sierra.

dentellada. ≅mordedura. f. Acción de clavar los dientes a alguna cosa. || Herida que dejan los dientes en la parte donde muerden.

dentellar. intr. Dar diente con diente.

dentellear. tr. Mordiscar, clavar los dientes.

dentellón. m. Pieza, a modo de un diente grande, que se suele echar en las cerraduras maestras.

dentera. f. Sensación desagradable que se experimenta en los dientes y encías al comer substancias agrias, oír ciertos ruidos, tocar determinados cuerpos y aun con sólo su recuerdo. || fig. y fam. Envidia.

dentición. f. Tiempo de formación, salida y crecimiento de los dientes.

denticular. adj. De figura de dientes.

dentículo. m. *Arquit.* Cada uno de los adornos de figura de paralelepípedo rectángulo que llevan algunos grupos arquitectónicos.

dentífrico, ca. adj. y m. Díc. de los polvos, pastas, aguas, etc., que se usan para limpiar y mantener sana la dentadura.

dentina. f. Marfil de los dientes.

dentirrostro. adj. Díc. de los pájaros cuyo pico tiene un diente más o menos visible en el extremo de la mandíbula superior, como el cuervo y el tordo. || m. pl. Suborden de estos animales.

dentista. ≅odontólogo. adj. y s. Especialista dedicado a conservar la dentadura, curar sus enfermedades y reponer artificialmente sus faltas.

dentro. ◁fuera. adv. l. y t. A o en la parte interior de un espacio.

dentudo, da. adj. y s. Que tiene dientes desproporcionados.

denuedo. ◁pusilanimidad. m. Brío, esfuerzo, valor, intrepidez.

denuesto. m. Injuria grave.

denuncia. ≅delación. f. Aviso que se da a la autoridad competente de haberse cometido algún delito o falta. || Documento en que consta dicho aviso.

denunciante. com. Persona que hace una denuncia ante los tribunales.

denunciar. ◁encubrir. tr. Promulgar, publicar solemnemente. || Declarar oficialmente el estado ilegal, irregular o inconveniente de una cosa. || Notificar una de las partes la rescisión de un con-

Dentadura humana

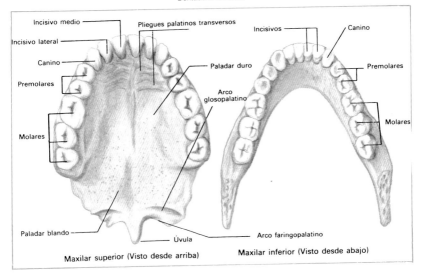

Maxilar superior (Visto desde arriba)   Maxilar inferior (Visto desde abajo)

trato, la terminación de un tratado, etc. ‖ fig. Delatar.

deontología. f. Ciencia o tratado de los deberes.

deparar. tr. Suministrar, proporcionar, conceder. ‖ Poner delante, presentar.

departamental. adj. Perteneciente o relativo a un departamento.

departamento. m. Cada una de las partes en que se divide un territorio cualquiera, un edificio, un vehículo, una caja, etc. ‖ Ministerio o ramo de la administración pública. ‖ En las universidades, unidad de docencia e investigación. ‖ *Arg., Chile, Perú y Urug.* Apartamento.

departir. intr. Hablar, conversar.

depauperación. f. Empobrecimiento. ‖ Debilidad del organismo, extenuación.

depauperar. tr. Empobrecer. ‖ Debilitar, extenuar. Ú. m. c. prnl.

dependencia. f. Subordinación. ‖ Oficina pública o privada, dependiente de otra superior. ‖ En un comercio, conjunto de dependientes. ‖ Cada habitación o espacio dedicados a los servicios de una casa.

depender. intr. Estar subordinado a una autoridad o jurisdicción. ‖ Necesitar de otro. ‖ Estar o quedar al arbitrio de una voluntad.

dependienta. f. Empleada que tiene a su cargo atender a los clientes en las tiendas.

dependiente. m. El que sirve a uno o es subalterno de su autoridad. ‖ Empleado de comercio encargado de atender a los clientes en las tiendas.

depilación. f. Acción y efecto de depilar.

depilar. tr. Arrancar el pelo o vello, o producir su caída por medio de productos apropiados.

depilatorio, ria. adj. y m. Untura u otro medio que se emplea para hacer caer el pelo o el vello.

deplorable. adj. Lamentable, infeliz.

deplorar. ≅lamentar. ≅sentir. tr. Sentir viva y profundamente un suceso.

deponer. tr. Dejar, separar. ‖ Privar a una persona de su empleo, o degradarla. ‖ Bajar o quitar una cosa del lugar en que está. ‖ *Der.* Declarar ante una autoridad judicial. ‖ intr. Evacuar el vientre.

deportación. ≅destierro. ≅exilio. f. Acción y efecto de deportar.

deportar. tr. Desterrar a uno a un punto determinado.

deporte. m. Actividad física, ejercida como juego o competición, sujeta a determinadas reglas. ‖ Recreación, pasatiempo, diversión, por lo común al aire libre.

deportista. com. y adj. Persona aficionada a los deportes o que practica alguno de ellos.

deportividad. f. Actuación con un comportamiento correcto y educado.

deportivo, va. adj. Perteneciente o relativo al deporte. ‖ Que se ajusta a las normas de corrección que el asenso general estima deben observarse en la práctica de los deportes. ‖ m. Coche deportivo.

deposición. f. Exposición o declaración que se hace de una cosa. ‖ Privación o degradación de empleo o dignidad. ‖ Evacuación de vientre. ‖ *Der.* Declaración hecha verbalmente ante un juez o tribunal.

depositar. tr. Poner bienes o cosas de valor bajo la custodia de persona abonada que quede en la obligación de responder de ellos cuando se le pidan. ‖ Encerrar, contener. ‖ Colocar algo en sitio determinado. ‖ fig. Encomendar, confiar a uno alguna cosa, como la fama, la opinión, etc. ‖ prnl. Sedimentarse.

depositaría. f. Sitio o paraje donde se hacen los depósitos. ‖ Oficina y cargo del depositario.

depositario, ria. adj. Perteneciente al depósito. ‖ m. y f. Persona en quien se deposita algo. ‖ Persona encargada de una depositaría.

depósito. m. Acción y efecto de depositar. ‖ Cosa depositada. ‖ Lugar o paraje donde se deposita. ‖ Recipiente que sirve para contener un líquido.

depravación. f. Corrupción. ‖ Perversión.

depravado, da. adj. y s. Muy viciado en las costumbres.

depravar. tr. y prnl. Viciar, corromper, pervertir a una persona.

deprecación. f. Ruego, súplica, petición.

deprecar. tr. Rogar, pedir, suplicar.

depreciación. f. Disminución del valor o precio de una cosa.

depreciar. ◁revalorizar. tr. y prnl. Disminuir o rebajar el valor o precio de una cosa.

depredación. f. Pillaje, devastación. ‖ Malversación, defraudación.

depredador, ra. adj. y s. Díc. de los animales que cazan a otros animales.

depredar. tr. Robar, saquear con violencia y destrozo. ‖ Cazar, para subsistir, unos animales a otros.

depresión. ≅abatimiento. ≅hundimiento. ≅melancolía. ◁convexidad. f. Estado de ánimo caracterizado por una tristeza profunda e inmotivada que lleva consigo un desinterés por la vida.

|| Concavidad de alguna extensión en un terreno u otra superficie.

depresivo, va. adj. Díc. de lo que deprime el ánimo. || Díc. de la persona que tiene tendencia a la depresión.

deprimente. adj. Que deprime.

deprimido, da. adj. Que sufre depresión.

deprimir. tr. Disminuir el volumen de un cuerpo por medio de la presión. || Hundir alguna parte de un cuerpo. || fig. Humillar. Ú. t. c. prnl. || Producir, sufrir, manifestar desaliento o pesimismo infundado. Ú. t. c. prnl.

deprisa. adv. m. Con celeridad, presteza o prontitud.

depuesto, ta. p. p. irreg. de deponer.

depuración. f. Acción y efecto de depurar.

depurado, da. adj. Pulido, trabajado, elaborado cuidadosamente.

depurador, ra. adj. y s. Que depura. || f. Aparato para depurar o limpiar algo, especialmente las aguas.

depurar. tr. Limpiar, purificar. Ú. t. c. prnl. || Eliminar de un cuerpo, organización, partido político, etc., a los miembros considerados como disidentes.

derby. m. Nombre de la carrera de caballos más importante del R. U. || Por ext., se aplica, a veces, a cualquier competición deportiva de gran rivalidad.

derecha. f. Lado derecho, mano derecha. || La parte moderada y conservadora de la colectividad política de un país.

derechazo. m. En boxeo, golpe dado con la mano derecha. || En tauromaquia, pase de muleta que se da con la mano derecha.

derechista. adj. y com. Díc. de las personas, partidos, actos, instituciones, etc., que comparten las ideas de la derecha política.

derecho. adj. Recto, seguido, sin torcerse a un lado ni a otro. || Que está a mano derecha. || Justo, fundado, razonable, legítimo. || m. Facultad de hacer o exigir todo aquello que la ley o la autoridad establece en nuestro favor. || Conjunto de disposiciones de una comunidad. || Ciencia que las estudia. || pl. Tanto que se paga, con arreglo a arancel, en algunos casos. || Honorarios.

derechura. f. Calidad de derecho.

derelinquir. tr. Abandonar, desamparar.

deriva. f. Abatimiento o desvío de la nave de su verdadero rumbo.

derivación. f. Descendencia, deducción. || Acción de sacar o separar una parte del todo, o de su origen y principio. || Pérdida de fluido que

se produce en una línea eléctrica. || *Gram.* Procedimiento por el cual se forman vocablos ampliando o alterando la estructura o significación de otros.

derivada. f. Hablando de funciones matemáticas, límite hacia el cual tiende la razón entre el incremento de la función y el correspondiente a la variable cuando este último tiende a cero.

derivar. intr. Proceder de algo. Ú. t. c. prnl. || Desviarse el buque de su rumbo. || tr. Encaminar, conducir una cosa de una parte a otra. || Traer una palabra de cierta raíz. || En matemáticas, obtener una derivada.

dermalgia. f. Dolor nervioso de la piel.

dermatitis. f. Inflamación de la piel.

dermatoesqueleto. m. Piel o parte de ella engrosada y muy endurecida de algunos animales, como los celentéreos, moluscos, etc.

dermatología. f. Tratado de las enfermedades de la piel.

dermatológico, ca. adj. Perteneciente o relativo a la dermatología.

dermatólogo, ga. m. y f. Persona especializada en las enfermedades de la piel.

dermatosis. f. Enfermedad de la piel.

dérmico, ca. adj. Perteneciente o relativo a la piel.

dermis. f. Capa conjuntiva que forma parte de la piel. Está situada debajo de la epidermis.

derogación. f. Abolición, anulación. || Disminución, deterioración.

derogar. tr. Abolir, anular una norma establecida como ley o costumbre. || Destruir, reformar.

derrama. f. Reparto de un gasto eventual o contribución. || Contribución temporal o extraordinaria.

derramar. tr. Verter, esparcir cosas líquidas o menudas. Ú. t. c. prnl. || Repartir, distribuir entre los vecinos de un pueblo los tributos. || fig. Publicar, extender, divulgar una noticia. || prnl. Esparcirse, desmandarse.

derrame. m. Porción de líquido o semilla que

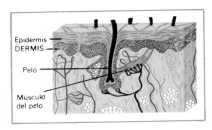

Epidermis
DERMIS

Pelo

Músculo
del pelo

se desperdicia al tiempo de medirlos. || Salida de un líquido orgánico por rotura de vasos.

derrapar. intr. Patinar un vehículo desviándose lateralmente de la dirección que llevaba.

derredor. m. Circuito o contorno de una cosa.

derrengar. tr. y prnl. Lastimar gravemente el espinazo o los lomos de una persona o de un animal. || Torcer, inclinar a un lado más que a otro.

derretir. tr. Liquidar, disolver por medio del calor una cosa sólida, congelada o pastosa. Ú. t. c. prnl. || fig. Consumir, gastar, disipar la hacienda, el dinero, los muebles. || prnl. fig. Enardecerse en el amor vivo o profano.

derribar. ◁alzar. tr. Arruinar, demoler. || Tirar contra la tierra. || Trastornar, echar a rodar lo que está levantado o puesto en alto. || Tratándose de toros, o vacas, hacerlos caer en tierra. || fig. Derrocar. || prnl. Dejarse caer.

derribo. m. Demolición de construcciones. || Conjunto de materiales que se sacan de la demolición. || Acción de hacer caer en tierra a los toros y vacas.

derrocadero. ≅despeñadero. ≅precipicio. m. Sitio peñascoso y de muchas rocas.

derrocamiento. m. Acción y efecto de derrocar.

derrocar. tr. Despeñar. || Echar por tierra, deshacer, arruinar un edificio. || fig. Echar a alguien de un cargo con violencia.

derrochar. ≅despilfarrar. ≅dilapidar. ◁economizar. tr. Malgastar uno su dinero. || Emplear uno otras cosas que posee, malgastándolas, como el valor, las energías, etc.

derroche. m. Acción y efecto de derrochar.

derrota. f. Vencimiento completo de tropas enemigas. || Camino, vereda o senda de tierra. || Alzamiento del coto. || Rumbo o dirección que llevan en su navegación las embarcaciones.

derrotar. tr. Vencer y hacer huir con desorden al ejército contrario. || Destruir, arruinar a uno en la salud o en los bienes. || prnl. Apartarse la embarcación del rumbo que lleva.

derrotero. m. *Mar.* Línea señalada en la carta de marear. || fig. Camino, rumbo, medio que uno toma para llegar al fin que se ha propuesto.

derrotismo. m. Tendencia a propagar el desaliento con noticias o ideas pesimistas.

derrotista. adj. y s. Persona que practica el derrotismo.

derrubiar. tr. y prnl. Robar lentamente el río, arroyo o cualquiera humedad la tierra de las riberas o tapias.

derrubio. m. Acción y efecto de derrubiar. || Tierra que se cae o desmorona por esta causa.

derruir. tr. Derribar, destruir un edificio.

derrumbadero. m. Despeñadero, precipicio. || fig. Riesgo, peligro.

derrumbamiento. m. Acción y efecto de derrumbar.

derrumbar. tr. y prnl. Precipitar, despeñar.

derrumbe. m. Acción y efecto de derrumbar. || Despeñadero, lugar en que es fácil caerse.

derrumbo. m. Despeñadero, precipicio.

desabarrancar. tr. Sacar de un barranco, barrizal o pantano lo que está atascado. || fig. Sacar a uno de una dificultad.

desabastecer. tr. y prnl. Desproveer a una persona o a un pueblo de las provisiones necesarias.

desabollar. tr. Quitar a las piezas y vasijas de metal las abolladuras.

desabonarse. prnl. Retirar uno su abono de un teatro, una fonda, etc.

desabor. m. Insipidez, desabrimiento.

desaborido, da. adj. Sin sabor. || Sin substancia. || fig. y fam. Aplícase a la persona de carácter indiferente o sosa. Ú. t. c. s.

desabotonar. tr. Sacar los botones de los ojales. Ú. t. c. prnl. || intr. fig. Abrirse las flores.

desabrido, da. ≅insípido. ≅insulso. adj. Díc. de la fruta u otro manjar que carece de gusto, o apenas lo tiene, o lo tiene malo. || Tratándose del tiempo, destemplado, desigual. || fig. Áspero y desapacible en el trato.

desabrigado, da. adj. Sin abrigo. || fig. Desamparado, sin favor ni apoyo.

desabrigar. tr. y prnl. Descubrir, desarropar.

desabrochar. tr. y prnl. Soltar los broches, corchetes, botones y otra cosa con que se ajusta la ropa.

desacantonar. tr. Sacar las tropas de los cantones.

desacatar. tr. Faltar a la reverencia o respeto que se debe a uno. || No acatar una norma, ley, orden, etc.

desacato. m. Irreverencia para con las cosas sagradas. || Falta del debido respeto a los superiores. || En derecho, ofensa a una autoridad.

desaceleración. f. Acción y efecto de desacelerar.

desacelerar. tr. Retardar, retrasar, quitar celeridad.

desacertado, da. adj. Que yerra u obra sin acierto.

desacertar. intr. No tener acierto, errar.

desacierto. m. Acción y efecto de desacertar. || Dicho o hecho desacertado.

desacomodado, da. adj. Aplícase a la persona que no tiene los medios y conveniencias competentes para mantener su estado.

desacomodar. tr. Privar de la comodidad. || Quitar la conveniencia, empleo u ocupación. Ú. t. c. prnl.

desaconsejado, da. adj. y s. Que obra sin consejo ni prudencia y sólo por capricho.

desaconsejar. tr. Disuadir, persuadir a uno lo contrario de lo que tiene meditado o resuelto.

desacoplar. tr. Separar lo que estaba acoplado.

desacordar. tr. y prnl. Destemplar un instrumento músico o templarlo de modo que esté más alto o más bajo que el que da el tono.

desacorde. ≅ discordante. adj. Díc. de lo que no iguala, conforma o concuerda con otra cosa.

desacostumbrado, da. ≅ insólito. adj. Fuera del uso y orden común.

desacostumbrar. tr. y prnl. Perder o hacer perder el uso y costumbre que uno tiene.

desacotar. tr. Levantar, quitar el coto. || Suspender las condiciones que ponen en sus juegos los muchachos.

desacreditado, da. adj. Que ha perdido la buena opinión de que gozaba.

desacreditar. tr. Disminuir o quitar la reputación de una persona, o el valor y la estimación de una cosa.

desactivar. tr. Anular cualquier potencia activa, como la de explosivos, procesos fisicoquímicos, planes económicos, etc.

desacuerdo. m. Discordia o disconformidad en los dictámenes o acciones.

desafección. f. Mala voluntad.

desafecto, ta. adj. Que no siente estima por una cosa o muestra hacia ella desvío o indiferencia. || Opuesto, contrario. || m. Malquerencia.

desafiar. tr. Retar, provocar a singular combate, batalla o pelea. || Contender, competir con uno en cosas que requieren fuerzas, agilidad o destreza. || fig. Competir, oponerse una cosa a otra.

desafinar. intr. Destemplarse, desentonar un instrumento o la voz. Ú. t. c. prnl. || fig. Decir algo indiscreto, inoportuno.

desafío. ≅ duelo. ≅ reto. m. Acción y efecto de desafiar. || Rivalidad, competencia.

desaforado, da. adj. Que obra sin ley ni fuero. || Que es o se expide contra fuero o privilegio. || Grande con exceso.

desaforar. tr. Quebrantar los fueros y privilegios que corresponden a uno. || Privar a uno del fuero o exención que goza. || prnl. Descomponerse, atreverse, descomedirse.

desafortunado, da. ≅ desgraciado. ≅ desventurado. adj. Sin fortuna. || Desacertado, no oportuno.

desafuero. m. Acto violento contra la ley. || Por ext., acción contraria a las buenas costumbres o a los consejos de la sana razón. || *Der.* Hecho que priva de fuero al que lo tenía.

desagradable. adj. Que desagrada o disgusta.

desagradar. intr. y prnl. Disgustar, fastidiar, causar desagrado o mala impresión.

desagradecer. tr. No corresponder debidamente al beneficio recibido. || Desconocer el beneficio que se recibe.

desagradecido, da. ≅ ingrato. adj. y s. Que desagradece.

desagrado. m. Disgusto, descontento. || Expresión del disgusto que nos causa una persona o cosa.

desagraviar. tr. y prnl. Reparar una ofensa. || Compensar un perjuicio.

desagravio. ≅ reparación. ≅ satisfacción. m. Acción y efecto de desagraviar.

desaguadero. m. Conjunto o canal por donde se da salida a las aguas.

desaguar. tr. Extraer, echar el agua de un sitio o lugar. || fig. Disipar, consumir. || intr. Desembocar los ríos en el mar.

desagüe. m. Conducto de salida de aguas.

desaguisado, da. adj. Hecho contra la ley o la razón. || m. Agravio, acción descomedida. || fig. y fam. Destrozo o fechoría.

Desaguadero de la presa Gabriel y Galán (Cáceres)

desahogado, da. ≅ despejado. ≅ espacioso. adj. Descarado, descocado. ‖ Aplícase al sitio espacioso en que no hay demasiadas cosas juntas. ‖ Díc. del que tiene bastantes recursos para vivir con comodidad.

desahogar. tr. Dilatar el ánimo a uno; aliviarle en sus trabajos, aflicciones o necesidades. ‖ Consolar. Ú. t. c. prnl. ‖ prnl. Expansionarse, dar rienda suelta a un sentimiento o queja.

desahogo. m. Alivio de la pena, trabajo o aflicción. ‖ Esparcimiento. ‖ Desembarazo, desenvoltura. ‖ Bienestar.

desahuciar. tr. Quitar a uno toda esperanza de conseguir lo que desea. Ú. t. c. prnl. ‖ Desesperar los médicos de la salud de un enfermo. ‖ Despedir al inquilino o arrendatario.

desahucio. m. Acción y efecto de desahuciar al inquilino o arrendatario.

desairado, da. ≅ desgarbado. adj. Que carece de gala, garbo y donaire. ‖ fig. Díc. del que no queda airoso en lo que pretende o en lo que tiene a su cargo. ‖ fig. Menospreciado, desatendido.

desairar. tr. Humillar, desatender a una persona. ‖ Desestimar una cosa.

desaire. ≅ desdén. ≅ desprecio. m. Falta de garbo o de gentileza. ‖ Acción y efecto de desairar.

desajustar. tr. Desigualar, desconcertar una cosa de otra. ‖ prnl. Desconvenirse, apartarse de un acuerdo.

desalación. f. Acción y efecto de desalar o quitar la sal a una cosa.

desalar. tr. Quitar la sal a una cosa. ‖ Hablando del agua del mar, hacerla potable. ‖ Quitar las alas.

desalentar. ≅ desanimar. tr. Embarazar el aliento, hacerlo dificultoso. ‖ fig. Quitar el ánimo, acobardar. Ú. t. c. prnl.

desaliento. ≅ decaimiento. ≅ desánimo. m. Flaqueza, debilidad del ánimo.

desalinear. tr. y prnl. Hacer perder la línea recta.

desaliñado, da. adj. Falto de aseo. ‖ Falto de compostura.

desaliñar. tr. y prnl. Descomponer el adorno o compostura.

desaliño. m. Falta de aliño. ‖ fig. Negligencia, descuido. ‖ pl. Adorno de que usaban las mujeres, a manera de pendientes que llegaban hasta el pecho.

desalmado, da. adj. Falto de conciencia. ‖ Cruel, inhumano.

desalmar. tr. y prnl. fig. Quitar la fuerza y virtud a una cosa.

desalojamiento. m. Acción y efecto de desalojar.

desalojar. tr. Sacar o hacer salir de un lugar a una persona o cosa. ‖ Abandonar un puesto o un lugar. ‖ intr. Dejar el hospedaje voluntariamente.

desalquilar. tr. Dejar o hacer dejar algo que se tenía alquilado. ‖ prnl. Quedar sin inquilinos una vivienda u otro local.

desamarrar. tr. Quitar las amarras. Ú. t. c. prnl. ‖ fig. Desatar, desviar, apartar. ‖ Dejar a un buque sobre una sola ancla o amarra.

desamor. m. Falta de amor. ‖ Falta del sentimiento y afecto que inspiran por lo general ciertas cosas. ‖ Enemistad, aborrecimiento.

desamortización. f. Acción y efecto de desamortizar.

desamortizar. tr. Dejar libres los bienes amortizados. ‖ Poner en estado de venta los bienes de manos muertas, mediante disposiciones legales.

desamparar. ≅ desasistir. ≅ desatender. tr. Abandonar, dejar sin amparo a alguien. ‖ Ausentarse, abandonar un lugar. ‖ *Der.* Dejar o abandonar una cosa, con renuncia de todo derecho a ella.

desamparo. m. Acción y efecto de desamparar. ‖ Abandono.

desamueblado, da. adj. Dícese de los pisos o viviendas que se alquilan o venden sin muebles.

desamueblar. tr. Dejar sin muebles un edificio o parte de él.

desandar. tr. Retroceder, volver atrás en el camino ya andado.

desangramiento. m. Acción y efecto de desangrar o desangrarse.

desangrar. tr. Sacar la sangre a una persona o a un animal. ‖ fig. Agotar o desaguar un lago, estanque, etc. ‖ fig. Empobrecer a uno, gastándole y disipándole la hacienda insensiblemente. ‖ prnl. Perder mucha sangre, perderla toda.

desanimación. f. Acción y efecto de desanimar. ‖ Falta de animación, concurso de gente.

desanimado, da. adj. Dícese del lugar o reunión donde concurre poca gente o la que concurre no tiene animación.

desanimar. ≅ acobardar. ≅ descorazonar. tr. Desalentar. ‖ Disuadir. ‖ prnl. Perder la ilusión.

desánimo. m. Desaliento, falta de ánimo.

desanudar. tr. Deshacer o desatar el nudo. ‖ fig. Aclarar lo que está enredado y enmarañado.

desapacible. adj. Que causa disgusto o enfado.

|| Apl. al tiempo, destemplado, desagradable a causa de la lluvia, el viento, etc.

desaparecer. ≅huir. tr. y prnl. Ocultar, quitar de delante con presteza una cosa. || intr. Ocultarse, quitarse de la vista de uno con velocidad.

desaparejar. tr. Quitar el aparejo a una caballería. || Quitar, descomponer, maltratar el aparejo de una embarcación.

desaparición. f. Acción y efecto de desaparecer.

desapasionado, da. adj. Falto de pasión, imparcial.

desapasionar. tr. y prnl. Quitar, desarraigar la pasión que se tiene a una persona o cosa.

desapegar. tr. y prnl. Despegar, apartar. || prnl. fig. Apartarse, desprenderse del afecto o afición a una persona o cosa.

desapego. m. fig. Falta de afición o interés, alejamiento, desvío.

desapercibido, da. adj. Desprevenido. || Inadvertido.

desaplicado, da. adj. y s. Que no se aplica, que no tiene interés en el trabajo o estudio.

desaplicar. tr. Quitar o hacer perder la aplicación. || prnl. Perder la aplicación.

desaprensivo, va. adj. y s. Se dice de la persona que no tiene preocupación para obrar con honradez.

desapretar. tr. y prnl. Aflojar lo que está apretado.

desaprobación. f. Acción y efecto de desaprobar.

desaprobar. ≅censurar. ≅vituperar. tr. Reprobar, no asentir a una cosa.

desaprovechado, da. adj. Díc. del que pudiendo adelantar en algo, no lo ha hecho. Ú. t. c. s. || Aplícase a lo que no produce el fruto, provecho o utilidad que puede.

desaprovechamiento. m. Desperdicio de algo que convenía.

desaprovechar. tr. Desperdiciar. || intr. Perder lo que se había adelantado.

desapuntar. tr. Cortar las puntadas. || Quitar la puntería que se tenía hecha. || prnl. fam. Dejar de participar en algún compromiso ya señalado.

desarmar. tr. Quitar las armas. || Separar las piezas de una cosa: ∽ un reloj. || fig. Confundir, desconcertar. || intr. Reducir las naciones su armamento y fuerzas militares en virtud de un pacto internacional.

desarme. m. Acción y efecto de desarmar. || Arbitrio diplomático para mantener la paz mediante la reducción proporcionada de fuerzas militares acordada por cierto número de naciones.

desarraigar. tr. Arrancar de raíz: ∽ un árbol. Ú. t. c. prnl. || Extirpar una pasión o un vicio. Ú. t. c. prnl. || fig. Apartar a uno de su opinión. || Echar, desterrar. Ú. t. c. prnl.

desarraigo. m. Acción y efecto de desarraigar.

desarreglado, da. adj. Que se excede en el uso de algunas cosas: ∽ en la comida, en el vestir. || Desordenado, descuidado en sus cosas.

desarreglar. tr. y prnl. Trastornar, desordenar.

desarreglo. m. Desorden.

desarrimar. tr. Separar lo arrimado. || fig. Disuadir.

desarrollar. tr. Deshacer un rollo. Ú. t. c. prnl. || fig. Acrecentar una cosa. Ú. t. c. prnl. || fig. Explicar una teoría y llevarla hasta sus últimas consecuencias. || Exponer un tema, lección, etc. con orden y amplitud. || Realizar una idea o proyecto. || prnl. fig. Suceder, acontecer en un lugar. || fig. Progresar.

desarrollo. ≅crecimiento. ◁retroceso. m. Acción y efecto de desarrollar o desarrollarse.

desarropar. tr. y prnl. Apartar la ropa.

desarticulación. f. Acción y efecto de desarticular.

desarticulado, da. adj. Inconexo, referido a la lengua coloquial.

desarticular. tr. Separar dos o más huesos articulados entre sí. Ú. t. c. prnl. || fig. Separar las piezas de una máquina o artefacto. || fig. Desorganizar, descomponer: ∽ una banda de delincuentes.

desarzonar. tr. Hacer violentamente que el jinete salte de la silla.

desaseado, da. ≅desaliñado. ≅sucio. adj. Falto de aseo.

desasear. tr. Quitar el aseo.

desasimiento. m. Acción y efecto de desasir. || fig. Desprendimiento, desinterés.

desasir. tr. Soltar lo asido. Ú. t. c. prnl. || prnl. fig. Desprenderse de una cosa.

desasistencia. f. Falta de asistencia.

desasistir. tr. Desamparar.

desasnar. tr. y prnl. fig. y fam. Hacer perder la rudeza o rusticidad por medio de la enseñanza.

desasosegar. ≅inquietar. tr. y prnl. Privar de sosiego.

desasosiego. m. Falta de sosiego. || Inquietud.

desastrado, da. adj. Infeliz. || Díc. de la persona desaseada. Ú. t. c. s.

desastre. ≅calamidad. ≅catástrofe. m. Desgracia grande, fatalidad. || Hiperbólicamente se aplica a cosas de mala calidad, mal resultado, etc.: *esta mesa es un* ⌐; *aquella oficina es un* ⌐.

desastroso, sa. adj. Desafortunado, infeliz. || fig. Muy malo: *me produjo una impresión* ⌐.

desatado, da. adj. Que procede sin freno y desordenadamente.

desatar. tr. Soltar lo que está atado. Ú. t. c. prnl. || fig. Liquidar, derretir. || fig. Deshacer, aclarar. || prnl. fig. Excederse en hablar. || fig. Proceder desordenadamente. || fig. Perder el encogimiento o temor. || fig. Desencadenarse con furia alguna fuerza física o moral.

desatascar. tr. Sacar del atascadero. Ú. t. c. prnl. || Desembarazar un conducto obstruido. || fig. Sacar a uno de la dificultad en que se halla.

desatención. f. Distracción. || Descortesía.

desatender. tr. No prestar atención. || No hacer aprecio. || No corresponder.

desatento, ta. ≅descuidado. ≅distraído. adj. Persona que aparta la atención que debía poner en una cosa. || Descortés. Ú. t. c. s.

desatinado, da. ≅absurdo. ≅desatentado. ≅disparatado. adj. Sin tino. || Sin juicio ni razón. Ú. t. c. s.

desatinar. tr. Hacer perder el tino. || intr. Decir o hacer desatinos. || Perder el tino.

desatino. m. Falta de tino. || Locura, despropósito o error.

desatracar. tr. y prnl. Soltar amarras un barco. || intr. Separarse la nave de la costa cuando hay algún peligro.

desatrampar. tr. Limpiar o desembarazar de cualquier impedimento un caño o conducto.

desatrancar. tr. Quitar a la puerta la tranca. || Desatrampar.

desaturdir. tr. y prnl. Quitar a uno el aturdimiento.

desautorizado, da. adj. Falto de autoridad, crédito o importancia.

desautorizar. tr. y prnl. Quitar a personas o cosas autoridad, poder o estimación.

desavenencia. f. Desacuerdo, discordia, contrariedad.

desavenido, da. adj. Discorde, no conforme.

desavenir. tr. y prnl. Desconcertar, discordar.

desaventajado, da. adj. Inferior y poco ventajoso.

desaviar. tr. y prnl. Apartar del camino. || Quitar o no dar el avío.

desavío. ≅desaliño. ≅desorden. m. Acción y efecto de desaviar. || *And.* Trastorno.

desayunar. intr. Tomar el desayuno. Ú. t. c. tr.

y c. prnl. || prnl. fig. Tener la primera noticia de un suceso.

desayuno. m. Primer alimento que se toma por la mañana. || Acción de desayunarse.

desazón. f. Falta de sabor y gusto. || Falta de sazón en las tierras cultivadas. || Picazón. || fig. Disgusto, pesadumbre. || fig. Mala disposición en la salud.

desazonado, da. adj. Díc. de la tierra que está en mala disposición. || fig. Indispuesto, disgustado. || Inquieto.

desazonar. tr. Quitar la sazón a un manjar. || fig. Disgustar, enfadar. Ú. t. c. prnl. || prnl. fig. Sentirse indispuesto.

desbancar. tr. Quitar a alguien de una posición y ocuparla uno mismo. || En el juego, ganar al banquero todo el fondo de dinero. || fig. Suplantar a uno en la amistad o cariño de otra persona.

desbandada. f. Huida en desorden.

desbandarse. prnl. Huir en desorden. || Apartarse de la compañía de otros. || Desertar.

desbarajuste. m. Desorden.

desbaratar. ≅derrochar. ≅despilfarrar. ◁arreglar. tr. Deshacer. || Malgastar los bienes. || fig. Cortar, impedir, estorbar: ⌐ *un proyecto.* || *Mil.* Desconcertar a los contrarios. || intr. Disparatar. || prnl. fig. Descomponerse.

desbarrar. intr. Deslizarse, escurrirse. || Tirar la barra, en el juego de este nombre, lo más lejos posible. || fig. Errar en lo que se dice o hace.

desbastador. m. Herramienta que sirve para desbastar.

desbastar. tr. Quitar las partes más bastas a una cosa que se haya de labrar. || Disminuir, debilitar. || fig. Quitar la tosquedad a una persona. Ú. t. c. prnl.

desbautizarse. prnl. fig. y fam. Irritarse, impacientarse mucho.

desbazadero. m. Sitio resbaladizo.

desbloquear. tr. Romper un bloqueo. || Levantar el bloqueo de una cantidad o crédito.

desbocado, da. adj. Aplícase a cualquier instrumento (martillo, gubia, etc.) de boca gastada o mellada. || Díc. de la caballería que no obedece al freno y se dispara. || fig. y fam. Acostumbrado a decir palabras indecentes u ofensivas. Ú. t. c. s.

desbocar. tr. Quitar o romper la boca a una cosa: ⌐ *el cántaro.* || intr. Desembocar. || prnl. Hacerse la caballería insensible a la acción del freno y dispararse. || fig. Prorrumpir en denuestos.

desbordamiento. m. Acción y efecto de desbordar.

desbordante. adj. Que desborda. || Que sale de sus límites o medida: *alegría* ⌁.

desbordar. intr. Salir de los bordes, derramarse. Ú. t. c. prnl. || prnl. Exaltarse, desmandarse. || tr. fig. Abrumar algo a una persona por excesivo.

desbravador. m. Domador de potros.

desbravar. tr. Amansar el ganado. || intr. y prnl. Perder parte de la braveza. || fig. Romperse, desahogarse. || Perder su fuerza un licor.

desbrozar. tr. Quitar la broza, limpiar.

desbrozo. m. Acción y efecto de desbrozar. || Broza: ⌁ *de una acequia.*

descabalamiento. m. Acción y efecto de descabalar.

descabalar. tr. y prnl. Quitar o perder algunas de las partes precisas para constituir una cosa completa.

descabalgar. intr. Bajar de una caballería el que va montado en ella.

descabellado, da. adj. fig. Díc. de lo fuera de orden, concierto o razón.

descabellar. tr. Despeinar. Ú. m. c. prnl. || Matar instantáneamente al toro, hiriéndole en la cerviz con la punta de la espada o con la puntilla.

descabello. m. Acción y efecto de descabellar al toro de lidia.

descabezado, da. adj. y s. Sin cabeza. || fig. Que va fuera de razón.

descabezamiento. m. Acción y efecto de descabezar.

descabezar. tr. Cortar la parte superior o las puntas de algunas cosas: ⌁ *los árboles, maderos.* || fig. y fam. Empezar a vencer una dificultad. || prnl. Desgranarse las espigas de las mieses.

descafeinado. adj. y s. Café al que se le ha extraído la cafeína.

descafeinar. tr. Eliminar la mayor parte de la cafeína contenida en el café.

descalabrado, da. adj. y s. Herido. || fig. Maltratado.

descalabradura. f. Herida recibida en la cabeza. || Cicatriz que queda una vez curada.

descalabrar. tr. Herir a uno en la cabeza. Ú. t. c. prnl. || Por ext., herir en otra parte del cuerpo. || fig. Causar daño o perjuicio.

descalabro. m. Contratiempo, infortunio.

descalcificación. f. Acción y efecto de descalcificar.

descalcificar. tr. y prnl. Eliminar o disminuir la substancia calcárea del organismo.

descalificación. f. Acción y efecto de descalificar.

descalificar. tr. Desacreditar, desautorizar o in-

capacitar. || Excluir a alguien de una prueba o competición.

descalzar. tr. Quitar el calzado. Ú. t. c. prnl. || Quitar uno o más calzos.

descalzo, za. adj. Que lleva desnudos los pies. || fig. Sin bienes de fortuna.

descamación. f. Desprendimiento de la epidermis seca en forma de escamillas.

descaminar. tr. y prnl. Apartar a uno del camino que debe seguir. || fig. Apartar a uno de un buen propósito.

descamisado, da. adj. fam. Sin camisa. || fig. y desp. Muy pobre, desharrapado. Ú. t. c. s.

descampado, da. adj. y s. Terreno o paraje desembarazado y descubierto.

descansado, da. adj. Dícese de lo que trae en sí una satisfacción que equivale al descanso. || Dícese de lo que no exige mucho esfuerzo.

descansar. intr. Cesar en el trabajo. || fig. Tener algún alivio en los males. || Reposar, dormir: *el enfermo descansa.* || Estar una cosa asentada sobre otra. || Estar enterrado. || tr. Apoyar una cosa sobre otra: *descanse usted el brazo sobre la almohada.*

descansillo. m. Rellano de una escalera.

descanso. ≅apoyo. ≅desahogo. ≅sostén. ◁trabajo. m. Reposo o pausa en el trabajo. || Causa de alivio en la fatiga. || Descansillo. || Asiento sobre el que se apoya o asegura una cosa. || Intermedio de un espectáculo.

descantillar. tr. Quebrar las aristas o cantos de alguna cosa. Ú. t. c. prnl. || fig. Rebajar algo de una cantidad.

descapitalización. f. Acción y efecto de descapitalizar o descapitalizarse. || Empobrecimiento social o cultural de una comunidad. Ú. m. en sent. fig.

descapitalizar. tr. Perder o hacer perder el capital. Ú. t. c. prnl. || fig. Hacer perder las riquezas históricas o culturales acumuladas por un país o grupo social.

descapotable. adj. y m. Coche de capota plegable.

descapotar. tr. Plegar o bajar la capota de los coches.

descarado, da. adj. y s. Desvergonzado.

descararse. prnl. Hablar u obrar con desvergüenza, descortés y atrevimiento, o sin pudor.

descarga. f. Acción y efecto de descargar.

descargar. tr. Quitar la carga. || Disparar las armas de fuego. || Extraer la carga a un arma de fuego. || Anular la tensión eléctrica de un cuerpo. Ú. t. c. prnl. || Dar golpes con violencia. Ú. t. c.

intr. ‖ intr. Deshacerse una nube en lluvia o granizo. ‖ prnl. Dejar el cargo, empleo o puesto. ‖ Eximirse uno de las obligaciones.

descargo. m. Acción de descargar. ‖ Partida de data o salida de las cuentas. ‖ Satisfacción o excusa del cargo que se hace a uno.

descarnado, da. adj. Demacrado. ‖ fig. Crudo, sin paliativos.

descarnador. m. Instrumento de dentista para despegar la encía de la muela o diente.

descarnar. tr. y prnl. Quitar al hueso la carne. ‖ fig. Dejar débil, escuálido.

descaro. m. Desvergüenza, atrevimiento, insolencia.

descarriar. tr. Apartar a uno del carril o camino. ‖ Apartar del rebaño cierto número de reses. Ú. t. c. prnl. ‖ prnl. Apartarse, perderse. ‖ fig. Apartarse de lo justo y razonable.

descarrilamiento. m. Acción y efecto de descarrilar. ‖ fig. Descarrío.

descarrilar. intr. Salir fuera del carril un tren o tranvía.

descarrío. m. Acción y efecto de descarriar.

descartar. tr. fig. Desechar, apartar. ‖ prnl. En algunos juegos, dejar las cartas consideradas inútiles que se tienen en la mano, substituyéndolas por otras tantas.

descarte. m. En varios juegos, cartas que se desechan. ‖ Acción de descartarse.

descasar. ≅desajustar. ≅desaparejar. ≅divorciar. tr. Separar a los casados; declarar por nulo el matrimonio. ‖ fig. Descomponer cosas que casaban bien. Ú. t. c. prnl.

descascarillar. tr. y prnl. Quitar la cascarilla, escoria o esmalte de una superficie.

descastado, da. adj. y s. Ingrato o poco cariñoso con los parientes.

descastar. tr. Acabar con una casta de animales, por lo común dañinos.

descendencia. f. Conjunto de hijos, nietos y demás generaciones sucesivas por línea recta. ‖ Casta, linaje.

descender. intr. Bajar. ‖ Caer, fluir. ‖ Proceder de un mismo principio o persona común. ‖ Derivarse, proceder una cosa de otra.

descendiente. adj. Que desciende. ‖ com. Persona que desciende de otra.

descendimiento. m. Acción de descender o bajar. ‖ Por antonomasia, el de Cristo bajándole de la cruz. ‖ *Esc.* y *Pint.* Composición en que se representa el descendimiento de Cristo: *el ∽, por Francisco de Goya.*

descenso. m. Acción y efecto de descender.

‖ Bajada. ‖ fig. Caída de una dignidad o estado a otro inferior.

descentrado, da. adj. Dícese de la pieza de una máquina, cuyo centro se halla fuera de la posición que debe ocupar. ‖ Que se encuentra fuera del estado o lugar de su natural acomodo: *en la fiesta de Pilar, Juan se encontraba ∽.*

descentralización. f. Acción y efecto de descentralizar. ‖ Sistema político que propende a ello.

descentralizar. tr. Transferir a diversas corporaciones parte de la autoridad que antes ejercía el gobierno del Estado.

descentrar. tr. y prnl. Sacar una cosa de su centro.

descepar. tr. Arrancar de raíz: ∽ *los árboles.*

descerrajado, da. adj. fig. y fam. De perversa vida y mala índole.

descerrajar. tr. Arrancar la cerradura. ‖ fig. y fam. Disparar uno o más tiros.

descervigar. tr. Torcer la cerviz a un animal. ‖ Desnucar.

descifrar. ≅comprender. ≅interpretar. tr. Leer lo que está escrito en cifra o caracteres desconocidos. ‖ fig. Penetrar lo obscuro o intrincado: *este pasaje de Bruckner es difícil de ∽.*

desclavar. tr. Arrancar los clavos. ‖ Desprender una cosa del clavo o clavos con que está asegurada. ‖ fig. Desengastar las piedras preciosas de la guarnición de metal en que están como clavadas.

descocado, da. adj. y s. fam. Que muestra demasiada libertad y desenvoltura.

descocar. tr. Quitar a los árboles los cocos o insectos. ‖ prnl. fam. Manifestar demasiada desenvoltura.

descoco. m. fam. Demasiada osadía en palabras y acciones.

descolgar. tr. Bajar lo que está colgado. ‖ Levantar el auricular del teléfono. ‖ prnl. En algunos deportes, dejar atrás un corredor a sus competidores. ‖ Echarse desde lo alto abajo, escurriéndose por una cuerda u otra cosa. ‖ fig. y fam. Decir o hacer una cosa inesperada. ‖ fig. y fam. Aparecer inesperadamente una persona.

descolocado, da. adj. Sin colocación, fuera de su puesto.

descolocar. tr. y prnl. Quitar o separar a alguna persona o cosa del lugar que ocupa.

descolonización. f. Proceso histórico que conduce a la independencia política de los pueblos colonizados por las potencias occidentales.

descolorido, da. adj. De color pálido.

descollar. intr. y prnl. Sobresalir.

descombrar. tr. Desembarazar de escombros. || fig. Despejar, desembarazar.

descomedido, da. adj. Excesivo, desproporcionado. || Descortés. Ú. t. c. s.

descomedimiento. m. Falta de respeto, desatención, descortesía.

descompasado, da. Descomedido, desproporcionado, excesivo.

descompasar. tr. Hacer perder el compás. || prnl. Faltar al respeto.

descompensación. f. Acción y efecto de descompensar. || *Pat.* Incapacidad de un órgano, especialmente el corazón, para compensar las exigencias debidas a un defecto preexistente, funcional o anatómico.

descompensar. tr. Hacer perder la compensación. Ú. t. c. prnl. || prnl. *Pat.* Llegar un órgano a un estado de descompensación.

descomponer. tr. Desordenar. Ú. t. c. prnl. || Separar las diversas partes de un todo. || fig. Indisponer los ánimos. || prnl. Corromperse: *este cuerpo se está descomponiendo.* || Desazonarse el cuerpo. || fig. Perder la serenidad. || Demudarse el rostro.

descomposición. f. Acción y efecto de descomponer. || fam. Diarrea.

descomprimir. tr. Eliminar o disminuir la compresión a que ha sido sometido un cuerpo.

descompuesto, ta. p. p. irreg. de descomponer. || adj. fig. Inmodesto, atrevido, descortés.

descomunal. ◁diminuto. adj. Extraordinario, enorme.

desconcertante. adj. Que desconcierta.

desconcertar. ≅desordenar. ◁orientar. tr. Pervertir, turbar el orden y concierto de una cosa. Ú. t. c. prnl. || fig. Sorprender, turbar, desorientar. || prnl. fig. Hacer o decir las cosas sin serenidad ni miramiento.

desconcierto. m. Descomposición de las partes de un cuerpo o de una máquina. || fig. Desorden, desavenencia. || fig. Falta de medida en las acciones o palabras. || fig. Falta de gobierno y economía.

desconchado. m. Parte en que una pared ha perdido su enlucido. || Parte en que una pieza de loza o porcelana ha perdido el vidriado.

desconchar. tr. y prnl. Quitar a una pared parte de su enlucido. || Quitar a una pieza de loza parte de su vidriado.

desconchón. m. Caída de un trozo pequeño del enlucido o de la pintura de una superficie.

desconectar. tr. Interrumpir la comunicación eléctrica entre dos aparatos o con la línea general.

Ú. t. c. prnl. || fig. Faltar unión, desunir: *este artista se ha desconectado de su público.*

desconexión. f. Acción y efecto de desconectar.

desconfiado, da. ≅escamado. ≅receloso. adj. Que desconfía, prudente en extremo.

desconfianza. f. Falta de confianza.

desconfiar. ≅recelar. ≅sospechar. intr. No confiar, tener poca seguridad o esperanza.

descongelar. tr. Deshelar: *vamos a ⌐ el frigorífico.* || fig. Quitar el bloqueo al capital, sueldo, precio, etc., que estaban congelados.

descongestión. f. Acción y efecto de descongestionar.

descongestionar. tr. y prnl. Disminuir o quitar la congestión: *mucho va a tardar en descongestionarse esta calle.*

desconocer. ≅ignorar. tr. Haber olvidado una cosa. || No conocer. || Negar ser suya alguna cosa. || ⌐ *una obra.* || Darse por desentendido de una cosa, o afectar que se ignora.

desconocido, da. adj. y s. No conocido. || Ingrato. || Muy cambiado: *he encontrado un país* ⌐.

desconocimiento. m. Falta de conocimiento. || Ingratitud.

desconsideración. f. Falta de consideración.

desconsiderado, da. adj. Falto de consideración: *me habló de un modo* ⌐.

desconsiderar. tr. No guardar la consideración debida.

desconsolado, da. adj. Que no recibe consuelo: *un padre* ⌐.

desconsolar. tr. y prnl. Privar de consuelo, afligir.

desconsuelo. m. Angustia y aflicción profunda por falta de consuelo.

descontar. tr. Rebajar una cantidad al tiempo de pagar una cuenta: ⌐ *de un sueldo.* || En algunos juegos, añadir el árbitro al final de la duración reglamentaria de un partido, el tiempo que ha estado interrumpido. || fig. Dar por cierto. || *Com.* Abonar un documento no vencido, rebajando de su valor la cantidad que se estipule, como intereses del dinero que se anticipa.

descontento, ta. adj. Dícese de la persona que no se halla a gusto en un lugar o que no está de acuerdo con lo que le dan o tiene. || m. Disgusto o desagrado.

descorazonamiento. m. fig. Caimiento del ánimo.

descorazonar. tr. Sacar el corazón. || fig. Desanimar, acobardar. Ú. t. c. prnl.: *estoy desco-razonado ante el sombrío futuro que se nos ave-cina.*

descorchador. m. El que descorcha. || Saca-corchos.

descorchar. tr. Quitar el corcho al alcornoque. || Romper el corcho de la colmena para sacar la miel. || Sacar el corcho a un envase: ⌒ *una botella.*

descorche. m. Acción y efecto de descorchar el corcho al alcornoque.

descornar. tr. y prnl. Quitar, arrancar los cuer-nos a un animal. || prnl. fig. y fam. Trabajar du-ramente.

descorrer. tr. Volver a correr el espacio antes corrido. || Plegar lo que antes estaba estirado: ⌒ *las cortinas, el lienzo.* || intr. Correr o escurrir un líquido. Ú. t. c. prnl.

descortés. adj. y s. Falto de cortesía.

descortesía. f. Falta de cortesía.

descortezadura. f. Corteza que se quita a una cosa. || Parte descortezada.

descortezar. tr. y prnl. Quitar la corteza a una cosa. || fig. y fam. Quitar la tosquedad a una persona.

descoser. tr. y prnl. Desprender las puntadas de las cosas que estaban cosidas.

descosido, da. adj. fig. Que habla lo que con-venía callar. || fig. Desordenado. || m. Parte des-cosida en un vestido.

descoyuntamiento. m. Acción y efecto de des-coyuntar. || fig. Desazón grande en el cuerpo: *la gripe produce un ulterior* ⌒.

descoyuntar. tr. y prnl. Desencajar los huesos. || Dislocar algún tendón. || fig. y fam. Agotar, cansar mucho.

descrédito. m. Disminución o pérdida de la reputación de las personas, o del valor de las cosas.

descreído, da. adj. y s. Incrédulo, falto de fe.

descremar. tr. Quitar la crema a la leche.

describir. ≅explicar. ≅reseñar. tr. Dibujar, de-linear una cosa. || Representar algo por cualquier medio: ⌒ *un lugar, un sentimiento por medio de una idea musical.* || Definir una cosa dando una idea general de ella. || Trazar: *el compás describe una circunferencia.*

descripción. f. Acción y efecto de describir.

descriptivo, va. adj. Díc. de lo que describe: *música* ⌒.

descrito, ta. p. p. irreg. de describir.

descuajaringar. tr. y prnl. Desvencijar, desunir.

|| prnl. fam. Relajarse las partes del cuerpo por efecto del cansancio.

descuartizar. ≅cuartear. ≅despedazar. ≅des-trozar. tr. Dividir un cuerpo haciéndolo cuartos. || fam. Hacer pedazos alguna cosa.

descubierto, ta. p. p. irreg. de descubrir. || Díc. del que lleva la cabeza sin sombrero. || Díc. de parajes despejados o espaciosos. || m. Déficit.

descubrimiento. m. Hallazgo, encuentro. || Por ant., hallazgo de una tierra o mar ignorados. || Cosa descubierta: *América, el mar del Sur, Ocea-nía, etc., fueron unos grandes* ⌒*s.*

descubrir. ≅encontrar. ≅inventar. tr. Manifes-tar, hacer patente. || Destapar. || Hallar lo escon-dido o ignorado. || Alcanzar a ver. || Llegar al conocimiento de una cosa que se ignoraba. || prnl. Quitarse de la cabeza el sombrero, gorra, etc.

descuento. m. Acción y efecto de descontar. || Rebaja. || Operación de adquirir una letra de cambio antes de la fecha de cobro. || Cantidad que se rebaja del importe para retribuir esta ope-ración.

descuidado, da. adj. y s. Negligente. || De-saliñado.

descuidar. tr. Descargar a uno del cuidado u obligación que debía tener. Ú. t. c. intr. || Engañar a uno para que descuide su obligación, cogiéndole desprevenido. || No atender cosas o personas con la debida diligencia. Ú. t. c. prnl.

descuido. m. Omisión, negligencia. || Olvido. || Desatención. || Desliz.

desde. prep. que denota el punto, en tiempo y lugar, de que procede, se origina o ha de empezar a contarse una cosa: ⌒ *la Creación;* ⌒ *Madrid;* ⌒ *que nací;* ⌒ *mi casa.* Por esta razón es parte de muchos modos adverbiales: *desde luego, desde allí, desde aquí, desde entonces.* || Después de.

desdecir. intr. fig. No corresponder una per-sona o cosa con su origen, educación o clase. || fig. No convenir una cosa con otra. || prnl. Re-tractarse de lo dicho.

desdén. ≅menosprecio. m. Indiferencia que denota menosprecio.

desdentado, da. adj. Que ha perdido los dien-tes. || Díc. de los animales mamíferos que carecen de dientes incisivos, y a veces también de caninos y molares; como el armadillo y el oso hormiguero. Ú. t. c. s. || m. pl. Orden de estos animales.

desdeñar. tr. Tratar con desdén. || prnl. Valorar de menos.

desdibujado, da. adj. Borroso, sin rasgos de-finidos.

desdibujarse. prnl. Perder una cosa la precisión de sus contornos.

desdicha. f. Desgracia. || Miseria, necesidad.

desdichado, da. adj. y s. Desgraciado.

desdoblamiento. m. Acción y efecto de desdoblar. || Fraccionamiento de un compuesto en sus elementos.

desdoblar. tr. y prnl. Extender lo que estaba doblado. || fig. Separar los elementos de un compuesto.

desdoro. m. Descrédito, mancha en la reputación o fama.

desear. ≅aspirar. ≅querer. ◁rechazar. tr. Aspirar al conocimiento, posesión o disfrute de una cosa. || Anhelar que acontezca o deje de acontecer algún suceso.

desecación. f. Acción y efecto de desecar.

desecar. tr. y prnl. Secar, extraer la humedad.

desechar. tr. Excluir reprobar. || Menospreciar, desestimar. || Renunciar, no admitir. || Expeler, arrojar. || Apartar de sí. || Tirar un vestido u otra cosa de uso.

desecho. ≅desperdicio. ≅residuo. m. Lo que queda después de haber escogido lo mejor de una cosa. || Cosa que, una vez usada, no sirve a la persona para quien se hizo. || fig. Desprecio, vilipendio.

desembalaje. m. Acción de desembalar.

desembalar. tr. Deshacer fardos, desempaquetar.

desembarazado, da. adj. Despejado, libre.

desembarazar. ◁obstruir. tr. Quitar el impedimento que se opone a una cosa. Ú. t. c. prnl. || Evacuar, desocupar. || prnl. fig. Apartar uno de sí lo que le estorba para conseguir un fin.

desembarazo. m. Despejo, desenfado.

desembarcadero. m. Lugar para desembarcar.

desembarcar. tr. Sacar de la nave y poner en tierra lo embarcado. || intr. Salir de una embarcación. Ú. t. c. prnl. || fig. y fam. Salir de un vehículo.

desembarco. m. Acción de desembarcar, o salir de una embarcación.

desembarque. m. Acción y efecto de desembarcar.

desembocadura. f. Paraje por donde un río o canal desemboca en otro, en el mar o en un lago.

desembocar. ≅verter. intr. Salir por un sitio estrecho. || Desaguar un río o canal en otro, en el mar o en un lago. || Tener una calle salida. || fig. Acabar, terminar.

desembolsar. tr. Sacar lo que está en la bolsa. || fig. Pagar o entregar una cantidad de dinero.

Desembocadura del río Miño

desembolso. m. Entrega de una porción de dinero. || Gasto, coste.

desembragar. tr. Desconectar del eje motor un mecanismo.

desembrague. m. Acción y efecto de desembragar.

desembrollar. tr. fam. Desenredar, aclarar.

desembuchar. tr. Echar las aves lo que tienen en el buche. || fig. y fam. Decir uno cuanto sabe y tenía callado.

desemejanza. f. Diferencia, diversidad.

desemejar. intr. No parecerse una cosa a otra. || tr. Desfigurar, mudar de figura.

desempachar. tr. y prnl. Quitar el empacho del estómago. || prnl. fig. Desembarazarse, perder el encogimiento.

desempacho. m. fig. Desahogo, desenfado.

desempañar. tr. Limpiar lo que estaba empañado. || Quitar los pañales al niño. Ú. t. c. prnl.

desempapelar. tr. Quitar a una cosa el papel en que estaba envuelta, o a una habitación el que adornaba sus paredes.

desempaquetar. tr. Desenvolver lo que estaba en uno o más paquetes.

desemparejar. tr. Desigualar lo igual y parejo. Ú. t. c. prnl. || Hacer que alguien o algo deje de formar pareja.

desemparentado. adj. Sin parientes.

desempatar. tr. Deshacer el empate: ～ *un partido.*

desempate. m. Acción y efecto de desempatar.

desempeñar. tr. Sacar lo que estaba en poder de otro en prenda. || Libertar a uno de sus empeños o deudas. Ú. t. c. prnl. || Ejercer una profesión, oficio, etc. || Sacar a uno del empeño o lance en que se hallaba. Ú. t. c. prnl.

desempeño. m. Acción y efecto de desempeñar.

desempleo. m. Paro forzoso.

desempolvar. tr. Quitar el polvo. Ú. t. c. prnl. || Traer a la memoria lo olvidado. || Poner en uso lo que estuvo abandonado durante mucho tiempo.

desencadenamiento. m. Acción y efecto de desencadenar.

desencadenar. tr. Quitar la cadena al encadenado. || fig. Romper el vínculo de las cosas inmateriales. || Originar hechos o movimientos de ánimo, por lo común, apasionados o violentos. || prnl. Producirse con ímpetu un fenómeno natural.

desencajar. tr. y prnl. Sacar una cosa del encaje o trabazón que tenía con otra. || prnl. Desfigurarse, descomponerse el semblante.

desencajonar. tr. Sacar algo de un cajón. || Hacer salir a los toros de los cajones que se utilizan para su transporte.

desencallar. tr. e intr. Poner a flote una embarcación encallada.

desencaminar. tr. Descaminar, apartar a uno del camino o disuadirle de sus buenos propósitos.

desencantar. tr. y prnl. Deshacer el encanto. || Desilusionar.

desencanto. m. Acción y efecto de desencantar o desencantarse.

desencapotar. tr. Quitar el capote. Ú. t. c. prnl. || fig. y fam. Descubrir, manifestar. || prnl. fig. Aclararse el cielo, horizonte, etc. || fig. Desenojarse.

desencerrar. tr. Sacar del encierro. || Abrir lo cerrado. || fig. Descubrir lo escondido, oculto o ignorado.

desencoger. tr. Estirar lo que estaba doblado o encogido. || prnl. fig. Esparcirse, perder el encogimiento o timidez.

desencolar. tr. y prnl. Despegar lo que estaba pegado con cola.

desenconar. tr. y prnl. Templar, quitar la inflamación o encendimiento. || fig. Desahogar el ánimo enconado. || fig. Moderar. || prnl. Hacerse suave una cosa.

desencuadernar. tr. y prnl. Deshacer lo encuadernado; como un cuaderno o un libro.

desenchufar. tr. Separar lo que está enchufado.

desenfadado, da. adj. Desembarazado, libre. || Tratándose de un lugar, ancho, espacioso.

desenfadar. tr. y prnl. Desenojar, quitar el enfado.

desenfado. m. Forma de actuar desenvuelta y sin prejuicios.

desenfilar. tr. y prnl. Poner las tropas a cubierto de los tiros directos del enemigo.

desenfocar. tr. y prnl. Hacer perder o perder el enfoque.

desenfoque. m. Enfoque defectuoso.

desenfrenar. tr. Quitar el freno a las caballerías. || prnl. fig. Entregarse desordenadamente a los vicios y maldades. || fig. Desencadenarse alguna fuerza bruta.

desenfreno. m. fig. Libertinaje.

desenfundar. tr. Quitar la funda a una cosa o sacarla de ella.

desenganchar. tr. Soltar lo que está enganchado. Ú. t. c. prnl. || Quitar de un carruaje las caballerías de tiro.

desengañado, da. adj. Desilusionado, falto de esperanza. || Experimentado o curtido por los desengaños.

desengañar. tr. y prnl. Sacar del error o engaño. || Quitar esperanzas o ilusiones o dejar de creer en algo.

desengaño. m. Conocimiento de la verdad, con que se sale del engaño o error en que se estaba. || Efecto de ese conocimiento en el ánimo. || pl. Lecciones recibidas por una amarga experiencia.

desengranar. tr. Soltar el engranaje de alguna cosa con otra.

desengrasar. tr. Quitar la grasa. || intr. fam. Enflaquecer, perder carnes. || fig. Variar de ocupación o ejercicio para hacer más llevadero el trabajo.

desenlace. m. Acción y efecto de desenlazar. || Final de un suceso, de una narración o de una obra dramática.

desenlazar. ≅resolver. ≅solucionar. tr. Desatar los lazos y soltar lo que está atado con ellos. Ú. t. c. prnl. || fig. Dar solución a un asunto. || fig. Resolver la trama de una obra dramática, narrativa o cinematográfica. Ú. t. c. prnl.

desenmarañar. tr. Desenredar, deshacer el enredo o maraña. || fig. Poner en claro una cosa que estaba obscura y enredada.

desenmascarar. tr. Quitar la máscara. Ú. t. c. prnl. || fig. Dar a conocer a una persona tal como es, descubriendo lo que procura evitar.

desenredar. tr. Deshacer el enredo. || fig. Poner en orden cosas que estaban desordenadas. || prnl. Desenvolverse, salir de una dificultad.

desenredo. m. Acción y efecto de desenredar. || Desenlace.

desenroscar. tr. Deshacer lo enroscado. Ú. t. c. prnl. || Sacar de su asiento lo que está introducido a vuelta de rosca.

desentablar. tr. Arrancar las tablas o deshacer el tablado. || fig. Alterar el orden de una cosa. || Deshacer.

desentenderse. ≅ignorar. prnl. Fingir que no se entiende una cosa. || Prescindir de un asunto; no tomar parte en él.

desenterrador. m. El que desentierra.

desenterrar. tr. Exhumar, sacar lo que está debajo de tierra. || fig. Traer a la memoria lo olvidado.

desentonar. ≅descomedirse. tr. Abatir la arrogancia de uno o humillar su orgullo. || intr. Quedar mal dentro de un conjunto, chocar. || En música, subir o bajar la entonación fuera de oportunidad. || prnl. fig. Levantar la voz faltando al respeto.

desentono. m. Desproporción en el tono de la voz. || fig. Descompostura en el tono de la voz.

desentrañar. tr. Sacar, arrancar las entrañas. || fig. Averiguar lo más recóndito de una materia. || prnl. fig. Desapropiarse uno de cuanto tiene, dándoselo a otro.

desenvainar. tr. Sacar de la vaina la espada u otra arma blanca. || fig. Sacar las uñas el animal que tiene garras.

desenvoltura. f. fig. Facilidad para comportarse en determinados ambientes. || fig. Desparpajo, desfachatez.

desenvolver. tr. Extender lo envuelto o empaquetado. Ú. t. c. prnl. || fig. Descifrar, aclarar una cosa que estaba obscura. || prnl. fig. Salir de una dificultad. || fig. Obrar con maña y habilidad.

desenvuelto, ta. p. p. irreg. de desenvolver. || adj. fig. Que tiene desenvoltura.

desenzarzar. tr. y prnl. Sacar de las zarzas una cosa. || fig. y fam. Separar o aplacar a los que riñen.

deseo. m. Movimiento enérgico de la voluntad hacia el conocimiento, posesión o disfrute de una cosa.

deseoso, sa. adj. Que desea o apetece.

desequilibrado, da. adj. Falto de la sensatez y cordura que suele ser normal en la generalidad de los hombres, llegando a veces a parecer loco.

desequilibrar. tr. y prnl. Hacer perder el equilibrio.

desequilibrio. m. Falta de equilibrio. || Alteración en la conducta de una persona.

deserción. ≅huida. f. Acción de desertar. || Abandono que uno hace de la apelación que tenía interpuesta.

desertar. tr. y prnl. Abandonar el soldado sus banderas. || Abandonar alguien su obligación, el partido o causa que defiende. || fig. y fam. Abandonar las concurrencias que se solían frecuentar.

desértico, ca. adj. Desierto, despoblado. || Relativo al desierto. || Tipo de clima caracterizado por la sequedad.

desertor. ≅prófugo. m. Soldado que desampara su bandera. || fig. y fam. Persona que se retira de una causa que servía o de una concurrencia que solía frecuentar.

desesperación. f. Pérdida total de la esperanza. || fig. Alteración extrema del ánimo causada por cólera o enojo.

desesperado, da. adj. y s. Poseído de desesperación.

desesperante. adj. Que desespera o impacienta.

desesperanzar. tr. Quitar la esperanza. || prnl. Quedarse sin esperanza.

desesperar. tr. y prnl. Perder toda esperanza. Ú. t. c. intr. || prnl. fam. Impacientarse.

desestabilizar. tr. y prnl. Comprometer o perturbar la estabilidad.

desestimación o **desestima.** f. Acción y efecto de desestimar.

desestimar. ≅desdeñar. ≅despreciar. tr. Tener en poco. || Denegar, desechar.

desfachatez. f. fam. Descaro, desvergüenza.

desfalcar. tr. Quitar parte de una cosa, descabalarla. || Tomar para sí un caudal que se tenía bajo obligación de custodia.

desfalco. m. Acción y efecto de desfalcar.

desfallecer. intr. Perder las fuerzas, desmayarse.

desfallecimiento. ≅abatimiento. ≅debilidad. m. Disminución de ánimo, desmayo.

desfasado, da. adj. fig. Que no se ajusta a las corrientes, condiciones o circunstancias del momento.

desfasar. tr. Producir una diferencia de fase. || prnl. fig. No ajustarse o corresponderse una persona o cosa a las circunstancias corrientes o condiciones del momento.

desfase. m. Acción de desfasar. || fig. Falta de correspondencia o ajuste respecto a las corrientes, condiciones o circunstancias del momento.

desfavorable. adj. Perjudicial. || Adverso.

desfiguración. f. Acción y efecto de desfigurar.

desfigurar. tr. Afear el semblante y las facciones. Ú. t. c. prnl. || Disfrazar, enmascarar. || Obscurecer e impedir que se perciban las formas y figuras de las cosas. || fig. Referir una cosa alterando sus verdaderas circunstancias. || prnl. Inmutarse.

desfiladero. m. Paso estrecho entre montañas.
desfilar. intr. Marchar gente en fila. || fam. Salir varios, uno tras otro. || En ciertas formaciones militares, pasar las tropas ante una autoridad.
desfile. ≅parada. m. Acción de desfilar.
desfloración. f. Acción y efecto de desflorar.
desflorar. tr. Ajar, quitar la flor o el lustre. || Desvirgar. || fig. Hablando de un asunto o materia, tratarlo superficialmente.
desfogar. ≅desahogar. tr. Dar salida al fuego. || Hablando de la cal, apagarla. || fig. Manifestar con vehemencia una pasión. Ú. t. c. prnl.
desfogue. m. Acción y efecto de desfogar o desfogarse.
desfondar. tr. Quitar el fondo a un vaso o caja. Ú. t. c. prnl. || Dar a la tierra labores profundas. || Agujerear el fondo de una nave. Ú. t. c. prnl. || En competiciones deportivas, agotarse. Ú. t. c. prnl.
desgajadura. f. Rotura de la rama cuando lleva

Desfiladero de los Beyos. Asturias

consigo parte de la corteza y aun del tronco a que está asida.
desgajar. tr. Desgarrar, arrancar la rama del tronco de donde nace. Ú. t. c. prnl. || Despedazar, romper. || prnl. fig. Desprenderse una cosa inmoble de otra a que está unida.
desgalichado, da. adj. fam. Desaliñado, desgarbado.
desgana. f. Inapetencia, falta de gana de comer. || fig. Disgusto o repugnancia a una cosa.
desganar. tr. Quitar el deseo, gusto o gana de hacer una cosa. || prnl. Perder el apetito a la comida. || fig. Disgustarse, cansarse, desviarse de lo que antes se hacía con gusto.
desgañitarse. prnl. fam. Esforzarse uno violentamente gritando o voceando. || Enronquecerse.
desgarbado, da. adj. Falto de garbo.
desgarrado, da. adj. y s. Que procede licenciosamente y con escándalo.
desgarrar. tr. Rasgar, romper cosas. Ú. t. c. prnl. || fig. Causar mucha pena o despertar mucha compasión. || prnl. fig. Apartarse, separarse.
desgarro. m. Rotura o rompimiento. || fig. Arrojo, desvergüenza, descaro. || fig. Fanfarronada. || Amér. Acción y efecto de arrancar la flema.
desgarrón. m. Rasgón o rotura grande del vestido. || Jirón o tira del vestido al desgarrarse la tela.
desgastar. tr. Consumir poco a poco por el uso o el roce parte de una cosa. Ú. t. c. prnl. || fig. Pervertir, viciar. || prnl. fig. Perder fuerza, vigor o poder.
desgaste. m. Acción y efecto de desgastar.
desglosar. tr. Quitar la glosa o nota a un escrito. || Separar un impreso de otros con los cuales está encuadernado. || Separar algo de un todo, para estudiarlo o considerarlo por separado.
desglose. m. Acción y efecto de desglosar.
desgobernar. tr. Deshacer, perturbar y confundir el buen orden del gobierno. || Perturbar la dirección o el orden de una cosa. || Desencajar, dislocar. Ú. t. c. prnl.
desgobierno. m. Desorden, falta de gobierno.
desgoznar. tr. Quitar o arrancar los goznes. || prnl. fig. Desgobernarse.
desgracia. ≅infortunio. ≅percance. ◁felicidad. f. Suerte adversa. || Caso o acontecimiento adverso o funesto. || Pérdida de gracia, favor o valimiento. || Desagrado, aspereza en la condición o en el trato. || Falta de gracia o de maña.
desgraciado, da. adj. Que padece desgracias. Ú. t. c. s. || Desafortunado. Ú. t. c. s. || Falto de gracia y atractivo. || Desagradable. || Persona que

inspira compasión. || En algunos países de América se usa como insulto grave.

desgraciar. tr. Desazonar, disgustar, desagradar. || Echar a perder a una persona o cosa o impedir su desarrollo. Ú. t. c. prnl. || Asesinar o herir gravemente a una persona. || prnl. Desavenirse, desviarse uno de un amigo; perder la gracia o favor de alguno.

desgranado, da. adj. Se dice de la rueda o piñón dentados que han perdido alguno de sus dientes.

desgranador, ra. adj. y s. Que desgrana. || f. Máquina para desgranar productos agrícolas.

desgranar. tr. Sacar el grano de una cosa. Ú. t. c. prnl. || prnl. Soltarse las piezas ensartadas, como las cuentas de un collar, rosario, etc.

desgravación. f. Acción y efecto de desgravar.

desgravar. tr. Rebajar los impuestos.

desgreñado, da. adj. Despeinado, con el cabello en desorden.

desgreñar. ≅desmelenar. ≅despeinar. tr. y prnl. Descomponer, desordenar los cabellos.

desguace. m. Acción y efecto de desguazar un buque. || Por ext., aplícase también a los vehículos, maquinaria, etc. || Lugar donde se desguaza.

desguarnecer. tr. Quitar la guarnición que servía de adorno. || Quitar la fuerza o la fortaleza a una cosa. || Quitar todo aquello que es necesario para el uso de un instrumento mecánico; como el mango al martillo, etc. || Quitar las guarniciones a los animales de tiro.

desguazar. tr. Desbastar con el hacha un madero. || Deshacer un buque total o parcialmente. || Desmontar o deshacer cualquier estructura, como coches, etc.

deshabitado, da. ≅despoblado. adj. Edificio, lugar o paraje que estuvo habitado y ya no lo está.

deshabitar. tr. Dejar o abandonar la habitación. || Dejar sin habitantes una población o un territorio.

deshabituar. tr. y prnl. Hacer perder a una persona o animal el hábito o la costumbre que tenía.

deshacer. tr. Quitar la forma o figura a una cosa, descomponiéndola. Ú. t. c. prnl. || Desgastar, atenuar. Ú. t. c. prnl. || Derrotar, poner en fuga un ejército. || Derretir, liquidar. Ú. t. c. prnl. || Dividir, despedazar. || Desleír en cosa líquida la que no lo es. || fig. Descomponer un tratado o negocio. || prnl. Desbaratarse una cosa. || Con la preposición *en* y substantivos que indiquen ma-

nifestaciones de aprecio, afecto o las contrarias, extremarlas: *deshacerse en atenciones.*

desharrapado, da. adj. y s. Andrajoso, roto y lleno de harapos.

deshecha. f. Cierto género de cancioncita final de una composición poética. || Salida precisa de un camino, sitio o paraje.

deshecho, cha. p. p. irreg. de deshacer. || adj. Muy cansado, extenuado.

deshelar. tr. y prnl. Liquidar lo que está helado.

desheredado, da. p. p. de desheredar. || adj. y s. Pobre, que carece de medios de vida.

desheredar. tr. Excluir a uno de la herencia forzosa. || prnl. fig. Apartarse uno de su familia, obrando indigna y bajamente.

deshidratación. f. Acción y efecto de deshidratar. || Estado producido por la pérdida o disminución de agua y electrolitos en el organismo humano.

deshidratante. adj. y m. Que deshidrata.

deshidratar. tr. y prnl. Privar a un cuerpo o a un organismo del agua que contiene.

deshielo. m. Acción y efecto de deshelar.

deshilachar. tr. y prnl. Sacar hilachas de una tela.

deshilado. m. Cierta labor que se hace en las telas, sacando varios hilos y formando calados, que se labran después con la aguja. Ú. m. en pl.

deshilar. tr. Sacar hilos de un tejido. || Cortar la fila de las abejas, mudando la colmena de un lugar a otro, para sacar un enjambre y pasarlo a vaso nuevo. || fig. Reducir a hilos una cosa.

deshilvanado, da. adj. fig. Sin enlace ni trabazón. Díc. de discursos, pensamientos, etc.

deshilvanar. tr. y prnl. Quitar los hilvanes.

deshinchar. tr. Quitar la hinchazón. || fig. Desahogar la cólera o el enojo. || prnl. Deshacerse la hinchazón. || fig. y fam. Deponer la presunción. || Desanimarse.

deshojar. tr. y prnl. Quitar las hojas a una planta o los pétalos a una flor.

deshoje. m. Caída de las hojas de las plantas.

deshollinador, ra. adj. y s. Que deshollina. || m. Utensilio para deshollinar chimeneas.

deshollinar. tr. Limpiar las chimeneas, quitándoles el hollín. || Por ext., limpiar con el deshollinador techos y paredes.

deshonestidad. ≅impudicia. f. Calidad de deshonesto. || Dicho o hecho deshonesto.

deshonesto, ta. adj. Impúdico, falto de honestidad. || Que no es honrado, probo o recto.

deshonor. m. Pérdida del honor. || Afrenta, deshonra.

deshonra. ≅afrenta. ≅ultraje. f. Pérdida de la honra. || Cosa deshonrosa.

deshonrar. tr. y prnl. Quitar la honra. || Injuriar. || Escarnecer y despreciar a uno.

deshonroso, sa. adj. Afrentoso, indecoroso.

deshora. f. Tiempo inoportuno, no conveniente.

deshuesadora. f. Máquina o instrumento para quitar el hueso a la aceituna u otros frutos.

deshuesar. tr. Quitar los huesos a un animal o a la fruta.

deshumanización. f. Acción y efecto de deshumanizar.

deshumanizar. tr. y prnl. Privar de caracteres humanos alguna cosa. || Perder una persona sus sentimientos.

desiderativo, va. adj. Que expresa o indica deseo.

desiderátum. m. Objeto y fin de un vivo o constante deseo. || Lo más digno de ser apetecido en su línea.

desidia. ◁diligencia. f. Negligencia, inercia.

desidioso, sa. adj. y s. Que tiene desidia.

desierto, ta. adj. Despoblado, solo, inhabitado. || Aplícase a la subasta, concurso o certamen en que nadie toma parte o en que ningún participante obtiene la adjudicación. || m. Lugar, paraje, sitio despoblado de edificios y gentes. || Extensión de terreno arenoso o pedregoso que, a consecuencia de la falta de agua (menos de 250 mm. de precipitación anual), tiene escasísima vegetación o está desprovisto de ella.

Desierto del Sahara

designación. f. Acción y efecto de designar una persona o cosa para cierto fin.

designar. tr. Formar designio o propósito. || Señalar o destinar una persona o cosa para determinado fin. || Denominar, indicar.

designio. m. Pensamiento, o propósito del entendimiento, aceptado por la voluntad.

desigual. adj. Que no es igual. || Barrancoso, que tiene quiebras y cuestas. || Cubierto de asperezas. || fig. Arduo, grande, dificultoso. || fig. Inconstante, vario.

desigualar. tr. Hacer a una persona o cosa desigual a otra. || prnl. Preferirse, adelantarse, aventajarse.

desigualdad. f. Calidad de desigual. || Cada una de las eminencias o depresiones de un terreno o de la superficie de un cuerpo. || *Mat.* Expresión de la falta de igualdad entre dos cantidades, la cual se indica con los signos $<$ y $>$: $a > b$, que se lee a mayor que b; o bien: $c < d$, leyéndose entonces c menor que d.

desilusión. f. Carencia o pérdida de las ilusiones. || Desengaño.

desilusionar. tr. Hacer perder a uno las ilusiones. || prnl. Perder las ilusiones. || Desengañarse.

desinencia. f. Terminación variable de una palabra.

desinencial. adj. Relativo a la desinencia.

desinfección. f. Acción y efecto de desinfectar.

desinfectante. adj. y m. Que desinfecta o sirve para desinfectar.

desinfectar. tr. y prnl. Destruir los agentes nocivos que causan infección o pueden causarla.

desinflar. tr. y prnl. Sacar el aire u otra substancia aeriforme al cuerpo flexible que lo contenía. || fig. Desanimar, desilusionar rápidamente. Ú. más como prnl.

desinformar. intr. Dar información intencionadamente manipulada al servicio de ciertos fines.

desinsectar. tr. Limpiar de insectos.

desintegración. f. Acción y efecto de desintegrar.

desintegrar. ≅disgregar. ≅disociar. tr. Separar los distintos elementos que forman el todo de una cosa.

desinterés. m. Desprendimiento de todo provecho personal. || Falta de interés.

desinteresado, da. ≅generoso. ≅liberal. adj. Desprendido, apartado del interés.

desinteresarse. prnl. Perder uno el interés que tenía en alguna cosa.

desintoxicación. f. Acción y efecto de desintoxicar. || Proceso fisiológico o terapéutico que convierte en inocuas las substancias tóxicas.

desintoxicar. tr. y prnl. Combatir la intoxicación o sus efectos.

desistir. intr. Apartarse de una empresa o intento empezado a ejecutar. || Hablando de un derecho, abdicarlo o abandonarlo.

desjarretadera. f. Instrumento que sirve para desjarretar toros o vacas.

desjarretar. tr. Cortar las piernas por el jarrete. || fig. y fam. Debilitar y dejar sin fuerzas a uno.

deslabonar. tr. y prnl. Soltar y desunir un eslabón de otro. || fig. Desunir y deshacer una cosa. || prnl. fig. Apartarse de la compañía o trato de una persona.

deslateralizar. tr. y prnl. Transformar una consonante lateral en otra que no lo es, como la segunda *l* del lat. *rebellis* en la *d* de *rebelde*.

deslavar. tr. Limpiar y lavar una cosa muy por encima. || Quitar fuerza, color y vigor.

deslavazado, da. adj. Insubstancial, insulso. || Desordenado, mal compuesto. || Carente de unión en sus partes.

desleal. adj. y s. Que obra sin lealtad.

deslealtad. f. Falta de lealtad.

desleír. ≅diluir. tr. Disolver y desunir las partes de algunos cuerpos por medio de un líquido. Ú. t. c. prnl. || fig. Tratándose de ideas, pensamientos, etc., expresarlos con sobreabundancia de palabras.

deslenguado, da. adj. fig. Desvengonzado, desbocado, malhablado.

deslenguar. tr. Quitar o cortar la lengua. || prnl. fig. y fam. Desbocarse, desvergonzarse.

desliar. tr. y prnl. Deshacer un lío o paquete, desatar lo liado. || Separar las lías o heces del vino.

desligar. tr. Desatar, soltar las ligaduras. Ú. t. c. prnl. || fig. Desenredar una cosa no material. Ú. t. c. prnl. || fig. Absolver de las censuras eclesiásticas. || fig. Dispensar de la obligación contraída.

deslindar. tr. Señalar los términos de un lugar, provincia o heredad. || fig. Aclarar una cosa.

desliz. ≅descuido. ≅ligereza. ≅resbalón. m. Acción y efecto de deslizar. || fig. Desacierto, equivocación. || fig. Falta, flaqueza en sentido moral.

deslizamiento. m. Desliz.

deslizante. Que desliza o se desliza.

deslizar. ≅resbalar. tr. Incluir en un escrito o discurso, como al descuido, frases o palabras intencionadas. || intr. y prnl. Irse los pies por en-

cima de una superficie lisa o mojada. || fig. Decir o hacer una cosa con descuido. || prnl. fig. Escaparse, evadirse. || fig. Caer en una flaqueza, inadvertencia o error.

deslomar. tr. y prnl. Quebrantar, romper o maltratar los lomos. || prnl. Trabajar mucho.

deslucido, da. adj. Que carece de lucimiento. || Aplícase al que pronuncia un discurso o hace otra cosa en público sin lucimiento ni gracia.

deslucimiento. m. Falta de despejo y lucimiento.

deslucir. tr. y prnl. Quitar la gracia, atractivo o lustre de una cosa. || fig. Desacreditar.

deslumbramiento. m. Acción y efecto de deslumbrar. || Turbación de la vista por luz excesiva o repentina. || fig. Falta de conocimiento por efecto de una pasión.

deslumbrante. adj. Que deslumbra.

deslumbrar. ≅alucinar. ≅cegar. ≅traslumbrar. tr. Ofuscar la vista con demasiada luz. Ú. t. c. prnl. || fig. Engañar, confundir. Ú. t. c. prnl. || fig. Producir impresión con estudiado exceso de lujo.

desmadejado, da. ≅flojo. adj. fig. Díc. de la persona que se siente con flojedad o quebrantamiento en el cuerpo.

desmadejamiento. m. fig. Flojedad, falta de energía.

desmadejar. tr. y prnl. Causar flojedad en el cuerpo.

desmadrado, da. adj. Animal abandonado por la madre. || Dícese de la persona que actúa sin respeto ni miramiento.

desmadrar. tr. Separar de las madres las crías del ganado para que no mamen. || prnl. fig. y fam. Actuar una persona sin inhibiciones, sobrepasando los límites que se consideran habituales de su conducta.

desmadre. m. Acción y efecto de desmadrarse. || Desbarajuste, caos, confusión. || Jolgorio, juerga incontrolada.

desmalladura. f. Acción y efecto de desmallar.

desmallar. tr. y prnl. Deshacer, cortar los puntos de una malla.

desmán. m. Exceso, desorden, demasía en obras o palabras. || Desgracia.

desmán. m. Mamífero insectívoro parecido a los topos.

desmandado, da. adj. Desobediente, díscolo.

desmandarse. prnl. Propasarse. || Rebelarse. || Apartarse o salirse el ganado de la manada o rebaño.

desmanotado, da. adj. Atado, encogido y para

poco; que parece que no tiene manos. Ú. t. c. s.
|| Inútil, desmañado, torpe.

desmantelado, da. adj. Díc. de la casa despojada de muebles.

desmantelamiento. m. Acción y efecto de desmantelar.

desmantelar. tr. Echar por tierra y arruinar los muros y fortificaciones de una plaza. || fig. Desamparar, abandonar una casa, lugar u objeto cualquiera. || Desarmar y desaparejar una embarcación.

desmarcarse. prnl. En algunos deportes, liberarse un jugador de la vigilancia de un contrario.

desmayar. tr. Causar desmayo. || intr. fig. Perder el valor, desfallecer de ánimo, acobardarse. || prnl. Perder el sentido y el conocimiento.

desmayo. ≅síncope. ≅soponcio. m. Desaliento, desfallecimiento de las fuerzas, privación de sentido.

desmedido, da. ≅enorme. ≅excesivo. adj. Desproporcionado, falto de medida, que no tiene término.

desmedirse. prnl. Desmandarse, excederse.

desmejoramiento. m. Acción y efecto de desmejorar.

desmejorar. tr. y prnl. Perder poco a poco el aspecto saludable.

desmelenado, da. adj. y s. Dícese de la persona o cosa que se presenta sin la compostura debida o que procede con arrebato.

desmelenamiento. m. Acción y efecto de desmelenar. || Acción de proceder con arrebato o de presentarse sin la debida compostura.

desmelenar. ≅desgreñar. ≅despeinar. tr. y prnl. Descomponer y desordenar el cabello. || prnl. fig. Enardecerse, enfurecerse.

desmembrar. tr. Dividir y apartar los miembros del cuerpo. || fig. Separar, dividir una cosa de otra. Ú. t. c. prnl.

desmemoriado, da. adj. y s. Torpe de memoria. || Que la conserva sólo a intervalos. || Falto completamente de ella.

desmemoriarse. prnl. Olvidarse, no acordarse; faltar a uno la memoria.

desmentida. f. Acción de negar la veracidad de algo que ha sido afirmado antes.

desmentir. ◁confirmar. tr. Decir a uno que miente. || Demostrar la falsedad de un dicho o hecho. || fig. Desvanecer o disimular una cosa para que no se conozca. || fig. Proceder uno distintamente de lo que se podía esperar de su educación y estado.

desmenuzamiento. m. Acción y efecto de desmenuzar.

desmenuzar. ≅desmigajar. ≅triturar. tr. Deshacer una cosa dividiéndola en partes menudas. Ú. t. c. prnl. || fig. Examinar con mucho detalle una cosa.

desmerecer. tr. Hacerse indigno de premio, favor o alabanza. || intr. Perder una cosa parte de su mérito. || Ser una cosa inferior a otra con la cual se compara.

desmesurado, da. adj. Excesivo, mayor de lo común. || Descortés, insolente y atrevido. Ú. t. c. s.

desmesurar. tr. Desarreglar, desordenar o descomponer. || prnl. Descomedirse, perder la modestia, excederse.

desmigajar. tr. y prnl. Hacer migajas una cosa.

desmigar. tr. Desmigajar o deshacer el pan para hacer migas.

desmilitarización. f. Acción y efecto de desmilitarizar.

desmilitarizar. tr. Suprimir el carácter militar de una colectividad. || Reducir o suprimir instalaciones o actividades militares.

desmirriado, da. adj. fam. Flaco, extenuado, consumido.

desmitificar. tr. Disminuir o privar de los atributos míticos a aquello que los tenía o pretendía tenerlos.

desmochar. tr. Cortar la parte superior de una cosa, dejándola mocha. || fig. Eliminar parte de una obra artística o literaria.

desmoche. m. Acción y efecto de desmochar.

desmocho. m. Conjunto de las partes que se cortan de lo que se desmocha.

desmogar. intr. Mudar los cuernos el venado y otros animales.

desmogue. m. Acción y efecto de desmogar.

desmonetizar. tr. Abolir el empleo de un metal para la acuñación de moneda.

desmontable. adj. Que se puede desmontar o desarmar. || m. Instrumento de hierro, a modo de palanca, para desmontar las cubiertas de los neumáticos.

desmontar. tr. Cortar en un monte o en parte de él los árboles o matas. || Rebajar un terreno. || Desarmar, desunir, separar las piezas de una cosa. || Bajar a uno de una caballería. Ú. t. c. intr. y c. prnl.

desmonte. m. Acción y efecto de desmontar. || Fragmentos o despojos de lo desmontado. || Paraje de terreno desmontado. Ú. m. en pl.

desmoralización. f. Acción y efecto de desmoralizar.

desmoralizar. tr. y prnl. Corromper las costumbres con malos ejemplos o doctrinas perniciosas.

desmoronamiento. m. Acción y efecto de desmoronar.

desmoronar. tr. y prnl. Deshacer poco a poco las aglomeraciones de substancias de más o menos cohesión. || fig. Decaer profundamente el ánimo de una persona. || prnl. fig. Venir a menos, irse destruyendo los imperios, los caudales, el crédito, etc.

desmovilización. f. Acción y efecto de desmovilizar.

desmovilizar. tr. Licenciar a las tropas movilizadas.

desnacionalización. f. Reversión a la propiedad privada de una empresa o sector controlado por el Estado.

desnacionalizar. tr. y prnl. Quitar el carácter de nacional.

desnarigado, da. adj. y s. Que no tiene narices o las tiene muy pequeñas.

desnarigar. tr. Quitar a uno las narices.

desnatadora. f. Utensilio que sirve para desnatar.

desnatar. tr. Quitar la nata a la leche o a otros líquidos. || fig. Escoger lo mejor de una cosa.

desnaturalización. f. Acción y efecto de desnaturalizar.

desnaturalizado, da. adj. y s. Que falta a los deberes que la naturaleza impone a padres, hijos, hermanos, etc.

desnaturalizar. tr. y prnl. Privar a uno del derecho de naturaleza y patria. || Variar la forma, propiedades o condiciones de una cosa.

desnivel. m. Falta de nivel. || Diferencia de alturas entre dos o más puntos.

desnivelación. f. Acción y efecto de desnivelar.

desnivelar. tr. y prnl. Sacar de nivel.

desnucar. tr. y prnl. Sacar de su lugar los huesos de la nuca. || Causar la muerte por un golpe en la nuca.

desnuclearizar. tr. Hacer que no existan armas nucleares.

desnudar. tr. Quitar todo el vestido o parte de él. Ú. t. c. prnl. || fig. Despojar una cosa de lo que la cubre o adorna: ⁓ los árboles. || prnl. fig. Desapropiarse y apartarse de una cosa: desnudarse de las pasiones.

desnudez. f. Calidad de desnudo.

desnudismo. m. Nudismo.

desnudo, da. adj. Sin vestido. || fig. Muy mal vestido. || fig. Falto de recursos, sin bienes de fortuna. || fig. Falto de una cosa no material: ⁓ de méritos. || fig. Patente, claro. || m. Esc. y Pint. Figura humana desnuda o cuyas formas se perciben aunque esté vestida.

desnutrición. f. Acción y efecto de desnutrirse. || Estado consecutivo a un desequilibrio negativo entre el aporte alimentario y las necesidades fisiológicas del organismo.

desnutrirse. prnl. Debilitarse el organismo por trastorno de la nutrición.

desobedecer. ≅rebelarse. tr. No hacer uno lo que le ordenan las leyes o los superiores.

desobediencia. f. Acción y efecto de desobedecer.

desobediente. ≅díscolo. ≅indócil. adj. Que desobedece.

desocupación. f. Falta de ocupación; ociosidad. || Amér. Paro forzoso, desempleo.

desocupado, da. adj. Sin ocupación, ocioso. Ú. t. c. s. || Desempleado. Ú. t. c. s. || Vacío.

desocupar. tr. Desembarazar un lugar, dejarlo libre. || Sacar lo que hay dentro de alguna cosa. || prnl. Desembarazarse de un negocio u ocupación.

desodorante. adj. y s. Que destruye los olores molestos y nocivos. || m. Producto que se utiliza para suprimir el olor corporal.

desoír. tr. Desatender, dejar de oír.

desojar. tr. y prnl. Romper el ojo de un instrumento: como el de la aguja, la azada, etc. || prnl. fig. Mirar con mucho ahínco para ver una cosa.

desolación. f. Acción y efecto de desolar.

desolar. ◁consolar. tr. Asolar, destruir, arrasar. || prnl. fig. Afligirse, angustiarse con extremo.

desoldar. tr. y prnl. Quitar la soldadura.

desolladero. m. Sitio destinado para desollar las reses.

desollador, ra. adj. y s. Que desuella. || fig. Que lleva precio exorbitante por una cosa. || m. Alcaudón.

desolladura. f. Acción y efecto de desollar.

desollar. tr. Quitar la piel del cuerpo de un animal. Ú. t. c. prnl. || fig. Causar a uno grave daño en su persona, honra o hacienda.

desopilante. adj. Festivo, divertido, que produce mucha risa.

desorbitar. tr. Sacar un cuerpo de órbita. || Exagerar.

desorden. m. usado antes también c. f. Confusión y alteración del concierto propio de una cosa. || Demasía, exceso. || Irregularidad en el género de vida.

desordenado, da. adj. Que no tiene orden. || Díc. particularmente de lo que sale del orden o ley moral: *vida* ∽.

desordenar. tr. y prnl. Turbar, confundir y alterar el buen concierto de una cosa. || prnl. Salir de regla, excederse.

desorejado, da. adj. fig. y fam. Prostituido, infame, abyecto. Ú. t. c. s. || *Arg.* y *Urug.* Irresponsable, desfachatado. || *Arg.* y *Urug.* Derrochador.

desorganización. f. Acción y efecto de desorganizar.

desorganizar. tr. y prnl. Desordenar en sumo grado, cortando o rompiendo las relaciones existentes entre las diferentes partes de un todo.

desorientación. f. Acción y efecto de desorientar.

desorientar. ≅descaminar. ≅despistar. tr. y prnl. Hacer que una persona pierda el conocimiento de la posición que ocupa geográficamente. || fig. Confundir, ofuscar, extraviar.

desosar. tr. Deshuesar.

desovadero. m. Época del desove. || Lugar a propósito para el desove.

desovar. intr. Soltar las hembras de los peces y las de los anfibios sus huevos o huevas.

desove. ≅muga. m. Acción y efecto de desovar. || Época en que desovan las hembras de los peces y anfibios.

desoxidación. f. Acción y efecto de desoxidar.

desoxidante. adj. y m. Que desoxida o sirve para desoxidar.

desoxidar. tr. Quitar el oxígeno a una substancia con la cual estaba combinado. Ú. t. c. prnl. || Limpiar un metal del óxido que lo mancha.

desoxigenación. f. Acción y efecto de desoxigenar.

desoxigenante. adj. y m. Que desoxigena.

desoxigenar. tr. y prnl. Desoxidar.

despabiladeras. f. pl. Tijeras con que se despabila la luz de candiles, velas, etc.

despabilado, da. adj. Que está libre de sueño en la hora que debía dormir. || fig. Vivo y despejado.

despabilador, ra. adj. Que despabila. || m. El que en los antiguos teatros tenía el oficio de quitar el pabilo a las velas o candiles. || Despabiladeras.

despabilar. tr. Quitar la pavesa o la parte ya quemada del pabilo. || fig. Despachar brevemente o acabar con presteza. || fig. Avivar y ejercitar el

entendimiento o el ingenio. Ú. t. c. prnl. || prnl. fig. Sacudir el sueño.

despacio. ◁deprisa. adv. m. Poco a poco, lentamente. || adv. t. Por tiempo dilatado.

despacito. adv. m. fam. Muy poco a poco.

despachaderas. f. pl. fam. Modo áspero de responder. || Facilidad en salir de dificultades.

despachar. tr. Abreviar y concluir un negocio. || Resolver y determinar las causas y negocios. || Enviar: ∽ *un correo.* || Vender los géneros o mercaderías. || Despedir. || fig. y fam. Matar, quitar la vida. || prnl. Desembarazarse de una cosa. || fam. Decir uno cuanto le viene en gana.

despacho. m. Acción y efecto de despachar. || Aposento de una casa destinado para despachar los negocios o para el estudio. || Tienda donde se venden determinados efectos. || Cualquiera de las comunicaciones escritas entre el gobierno de una nación y sus representantes en las potencias extranjeras. || Título que se da a uno para algún empleo.

despachurrar. tr. fam. Aplastar o reventar una cosa apretándola con fuerza. Ú. t. c. prnl. || fig. y fam. Dejar a uno cortado sin tener que replicar.

despalmador. m. Sitio donde se despalman las embarcaciones. || Cuchillo corvo de que usan los herradores para despalmar.

despalmadura. f. Acción y efecto de despalmar. || Desperdicio de los cascos de los animales cuadrúpedos. Ú. m. en pl.

despalmar. tr. Limpiar y dar sebo a los fondos de las embarcaciones. || Separar los herradores la palma córnea de la carnosa de los animales.

despampanante. adj. Que causa sensación o deja atónito.

despanzurrar. tr. y prnl. fam. Romper la panza, despachurrar, reventar.

desparejar. ≅desaparear. tr. y prnl. Deshacer una pareja.

desparpajado, da. adj. Persona desenvuelta.

desparpajo. ≅desenvoltura. m. fam. Suma facilidad y desembarazo en el hablar o en las acciones. || fam. *Amér. c.* Desorden, desbarajuste.

desparramado, da. adj. Ancho, abierto, esparcido.

desparramamiento. m. Acción y efecto de desparramar o desparramarse.

desparramar. ≅diseminar. ≅dispersar. ◁recoger. tr. Esparcir, extender por muchas partes lo que estaba junto. || fig. Malbaratar, malgastar. || prnl. Distraerse, divertirse desordenadamente.

despatarrar. tr. fam. Abrir excesivamente las piernas a uno. Ú. t. c. prnl. || fam. Llenar de miedo, asombro o espanto: *dejar a uno despata-rrado.* || prnl. Caerse al suelo, abierto de piernas.

despavorido, da. adj. Lleno de pavor.

despavorir. intr. y prnl. Sentir pavor.

despectivo, va. adj. Díc. de la palabra que añade idea de burla, repugnancia, menosprecio u hostilidad a la significación de la voz de que procede: *libraco, poetastro.*

despechar. tr. fam. Destetar a los niños.

despecho. m. Malquerencia nacida en el ánimo por desengaños sufridos. || Desesperación.

despechugar. tr. Quitar la pechuga a un ave. || prnl. fig. y fam. Descubrirse el pecho.

despedazamiento. m. Acción y efecto de despedazar o despedazarse.

despedazar. tr. Hacer pedazos un cuerpo. Ú. t. c. prnl. || fig. Maltratar, destruir: ⌐ *el alma.*

despedida. f. Acción y efecto de despedir a uno o despedirse. || Copla final en ciertos cantos populares.

despedir. ≅esparcir. ≅lanzar. tr. Soltar, arrojar una cosa: ⌐ *el dardo.* || Quitar a uno la ocupación, el empleo o servicio: ⌐ *al criado, las tropas.* || Acompañar durante un rato al que se va: *me despidió en la puerta.* || fig. Apartar o arrojar de sí una cosa no material. || fig. Difundir o esparcir: ⌐ *olor.* || Apartar uno de sí a la persona que le es gravosa o molesta. || prnl. Separarse una persona de otra con alguna expresión de cortesía.

despegado, da. adj. fig. y fam. Áspero o desabrido en el trato. || fig. y fam. Poco cariñoso.

despegar. tr. Desasir y desprender una cosa de otra. || intr. Iniciar el vuelo un avión, helicóptero, cohete, etc. || prnl. fig. Desprenderse del afecto a una persona o cosa. || fig. Caer mal, desdecir.

despegue. m. Acción y efecto de despegar el avión, helicóptero, cohete, etc.

despeinar. ≅desgreñar. ≅desmelenar. tr. y prnl. Deshacer el peinado. || Descomponer, enmarañar el pelo.

despejado, da. adj. Que tiene desembarazo y soltura en su trato. || Díc. del entendimiento claro, y de la persona que lo tiene. || Espacioso, dilatado, ancho: *frente* ⌐.

despejar. tr. Desembarazar, desocupar. || fig. Aclarar, poner en claro. || Separar por medio del cálculo una incógnita en una ecuación. || intr. En algunos deportes, alejar la pelota de la meta propia. Ú. t. c. tr. || prnl. Adquirir o mostrar soltura y esparcimiento en el trato. || Aclararse, serenarse

Despegue del transbordador espacial *Discovery,* (22 de noviembre de 1989)

el día, el tiempo, etc. || Recobrar uno su buen estado físico o su capacidad intelectual perdidas por un dolor de cabeza u otra causa.

despeje. m. En algunos deportes, acción y efecto de despejar.

despelotarse. prnl. Desarrollarse, crecer, engordar los niños. || fam. Robustecerse. || fig. Desnudarse. || Reírse con vehemencia.

despelote. m. Acción y efecto de despelotarse, desnudarse o reírse.

despeluznante. adj. Pavoroso, horrible.

despellejar. tr. y prnl. Quitar el pellejo, desollar. || fig. Murmurar de uno.

despensa. f. Lugar donde se guardan las cosas comestibles. || Provisión de comestibles. || *Méj.* Lugar en las minas para guardar los minerales ricos.

despensero, ra. m. y f. Persona encargada de la despensa.

despeñadero. m. Precipicio, lugar escarpado. || fig. Riesgo o peligro.

despeñar. tr. y prnl. Precipitar a una persona o cosa desde un lugar alto. || prnl. fig. Entregarse ciegamente a pasiones, vicios o maldades.

despepitar. tr. Quitar las semillas o pepitas de algún fruto. || Desembuchar. || prnl. Hablar o gritar con vehemencia o con enojo. || fig. Arrojarse sin consideración, hablando u obrando descomedidamente. || fig. Desear vehementemente alguna cosa.

desperdiciar. tr. Malbaratar, gastar o emplear mal una cosa. || No aprovechar debidamente una cosa: ⁓ *la ocasión, el tiempo.*

desperdicio. ≅desecho. ≅sobra. m. Derroche de la hacienda o de otra cosa. || Residuo difícil de aprovechar.

desperdigado, da. adj. Esparcido, separado, disperso.

desperdigar. ◁reunir. tr. y prnl. Separar, desunir, esparcir.

desperezarse. prnl. Extender y estirar los miembros, para sacudir la pereza o librarse del entumecimiento.

desperfecto. m. Leve deterioro. || Falta, defecto.

despersonalizar. tr. Quitar el carácter o atributos de personas. || Quitar carácter personal a una cuestión.

despertador. adj. Que despierta. || m. y f. Persona que tiene el cuidado de despertar a otras. || m. Reloj que, a la hora previamente fijada, hace sonar una campana o timbre, para despertar al que duerme o dar otro aviso. || fig. Aviso, estímulo.

despertar. ◁dormir. tr. Interrumpir el sueño al que está durmiendo. Ú. t. c. prnl. || fig. Traer a la memoria una cosa ya olvidada. || fig. Hacer que uno recapacite. || fig. Mover, excitar: ⁓ *el apetito.* || intr. Dejar de dormir. || fig. Hacerse más advertido el que antes era abobado o simple.

despestañar. tr. Quitar o arrancar las pestañas. || prnl. fig. Desojarse por hallar algo. || fig. *Arg.* Quemarse uno las cejas, estudiar con ahínco.

despezar. tr. Adelgazar por un extremo un tubo para que enchufe en otro. || Dividir las distintas partes que componen una obra o una máquina en las diferentes piezas que entran en su ejecución.

despezo. m. Rebajo en el extremo de un tubo para enchufarlo en otro.

despiadado, da. adj. Impío, inhumano.

despido. m. Acción y efecto de despedir o despedirse, especialmente en un empleo.

despiece. m. Acción y efecto de despiezar.

despierto, ta. adj. fig. Avisado, advertido, vivo.

despiezar. tr. Despezar.

despilfarrado, da. adj. y s. Desharrapado, andrajoso. || Pródigo, derrochador.

despilfarrar. tr. Malgastar, malbaratar. || prnl. fam. Gastar profusamente.

despilfarro. m. Destrozo de la ropa u otras cosas, por desidia o desaseo. || Gasto excesivo y superfluo; derroche.

despimpollar. tr. Quitar a la vid los brotes viciosos o excesivos.

despinochar. tr. Quitar las hojas a las mazorcas de maíz.

despintar. ≅descolorar. ≅desteñir. tr. Borrar o raer lo pintado. Ú. t. c. prnl. || fig. Desfigurar. || intr. fig. Desdecir, degenerar. || prnl. Borrarse fácilmente los colores de que están teñidas las cosas.

despiojador. m. Aparato o procedimiento para limpiar de parásitos a las aves y otros animales domésticos.

despiojar. tr. y prnl. Quitar los piojos. || fig. y fam. Sacar a uno de la miseria.

despioje. m. Acción y efecto de despiojar o despiojarse.

despiporren (el). m. fam. Escándalo, desorden, etc., generalmente en las diversiones.

despistado, da. adj. y s. Desorientado, distraído.

despistar. tr. Hacer perder la pista. || prnl. Extraviarse, perder el rumbo. || fig. Andar desorientado en algún asunto o materia. || intr. fam. Disimular, fingir.

despiste. m. Acción y efecto de despistar o despistarse.

despitorrado. adj. Toro de lidia que tiene rotas las astas.

desplante. m. fig. Dicho o acto lleno de arrogancia, descaro o desabrimiento.

desplayar. intr. Retirarse el mar de la playa.

desplazamiento. m. Traslado.

desplazar. tr. Mover a una persona o cosa del lugar en que está. Ú. t. c. prnl. || Sacar de un sitio o destituir de un puesto. || prnl. Ir de un lugar a otro; trasladarse.

desplegar. tr. Desdoblar, extender lo que está plegado. Ú. t. c. prnl. || fig. Aclarar y hacer patente lo que estaba obscuro o poco inteligible. || fig. Ejercitar, manifestar una cualidad: *desplegó imparcialidad.* || *Mil.* Hacer pasar las tropas del orden cerrado al abierto. Ú. t. c. prnl.

despliegue. m. Acción y efecto de desplegar.

desplomar. ≅inclinar. ◁levantar. tr. Hacer perder la posición vertical. || prnl. Perder la posición vertical una cosa. || Caerse una pared. || fig. Caer a plomo una cosa de gran peso. || fig. Caerse sin vida o sin conocimiento una persona. || fig. Arruinarse, perderse.

desplome. m. Acción y efecto de desplomar o

desplomarse. || *Arquit.* Lo que sobresale de la línea de aplomo.

desplomo. m. Desviación de la posición vertical en un edificio, pared, etc.

desplumar. tr. Quitar las plumas al ave. || fig. Pelar, quitar los bienes, dejarle a uno sin dinero || prnl. Perder las plumas el ave.

despoblación. f. Falta total o parcial de la gente que poblaba un lugar.

despoblado. m. Desierto, yermo o sitio no poblado, y especialmente el que en otro tiempo ha tenido población.

despoblar. tr. Reducir a yermo o hacer que disminuya considerablemente la población de un lugar. Ú. t. c. prnl. || fig. Despojar un sitio de lo que hay en él: ∽ *un campo de árboles.*

despojo. m. Acción y efecto de despojar o despojarse. || Presa, botín del vencedor. || Vientre, asadura, cabeza y manos de las reses muertas. Ú. m. en pl. || Alones, molleja, patas, pescuezo y cabeza de las aves muertas. Ú. m. en pl. || pl. Sobras o residuos. || Restos mortales, cadáver.

despolitizar. tr. y prnl. Quitar el carácter político a una persona, reunión, asunto, etc.

despopularización. f. Pérdida de la popularidad.

despopularizar. tr. y prnl. Privar a una persona o cosa de la popularidad.

desportilladura. f. Fragmento que se separa del borde de una cosa. || Mella que queda en este borde.

desportillar. tr. y prnl. Quitar parte del canto o boca de una cosa.

desposado, da. adj. Recién casado. Ú. t. c. s. || Esposado, aprisionado con esposas.

desposar. tr. Casar, unir en matrimonio. || prnl. Contraer esponsales. || Contraer matrimonio.

desposeer. ≅expropiar. ≅quitar. ◁restituir. tr. Privar a uno de lo que posee. || prnl. Renunciar alguno a lo que posee.

desposeído, da. adj. Falto de alguna cosa a la que en cierto modo tiene derecho.

desposorio. m. Promesa mutua de contraer matrimonio. Ú. m. en pl.

déspota. m. El que ejercía el mando supremo en algunos pueblos antiguos. || Soberano que gobierna sin sujeción a ninguna ley. || com. fig. Persona que abusa de su poder o autoridad.

despótico, ca. adj. Absoluto, sin ley, tirano.

despotismo. m. Autoridad absoluta no limitada por las leyes. || Abuso de poder o fuerza.

despotricar. intr. y prnl. fam. Hablar sin consideración ni reparo.

despreciar. ≅subestimar. ◁apreciar. tr. Desestimar y tener en poco. || Desairar o desdeñar.

despreciativo, va. adj. Que indica desprecio.

desprecio. m. Desestimación, falta de aprecio. || Desaire, desdén.

desprender. tr. Desunir, desatar. || Echar de sí alguna cosa. Ú. t. c. prnl. || prnl. fig. Apartarse o desapropiarse de una cosa. || fig. Deducirse, inferirse.

desprendido, da. adj. Desinteresado, generoso.

desprendimiento. m. Acción de desprenderse parte de una cosa de ella. || Desapego, desasimiento de las cosas. || fig. Largueza, desinterés. || *Pint.* y *Esc.* Representación del descendimiento del cuerpo de Cristo.

despreocupación. f. Tranquilidad de ánimo.

despreocupado, da. adj. Desentendido, indiferente.

despreocuparse. prnl. Salir o librarse de una preocupación. || Desentenderse.

desprestigiar. ≅desacreditar. ≅difamar. tr. y prnl. Quitar el prestigio o buena fama.

desprestigio. m. Acción y efecto de desprestigiar.

desprevenido, da. adj. Desapercibido, desproveído.

desproporción. f. Falta de la proporción debida.

desproporcionado, da. adj. Que no tiene la proporción conveniente o necesaria.

desproporcionar. tr. Quitar la proporción a una cosa; sacarla de regla y medida.

despropósito. m. Dicho o hecho fuera de sentido o de conveniencia.

desproveer. tr. Despojar a uno de lo necesario. Su p. p. reg. es *desproveído,* que se utiliza menos que el irreg., que es *desprovisto.*

desprovisto, ta. adj. Falto de lo necesario.

después. adv. t. y l. que denota posterioridad de tiempo, lugar, jerarquía o preferencia: ∽ *de amanecer.* || Hablando del tiempo o sus divisiones, se suele usar como adjetivo por lo mismo que *siguiente* o *posterior: el año* ∽. || Se usa con valor adversativo en frases como: ∽ *de lo que he hecho por ti, me pagas de este modo.*

despulpar. tr. Extraer la pulpa de algunos frutos.

despuntar. tr. Quitar o gastar la punta. Ú. t. c. prnl. || Cortar las ceras vanas de las colmenas. || intr. Empezar a brotar y entallecer las plantas. || fig. Manifestar agudeza o ingenio. || fig. Adelantarse, sobresalir. || Empezar a amanecer.

desquiciamiento. m. Acción y efecto de desquiciar.

desquiciar. ◁encajar. tr. y prnl. Desencajar o sacar de quicio una puerta, ventana, etc. || fig. Quitar a una cosa la firmeza con que se mantenía. || fig. Quitar a una persona la seguridad y apoyo.

desquitar. tr. y prnl. Restaurar la pérdida, reintegrarse de lo perdido. || fig. Tomar satisfacción, vengarse.

desquite. m. Acción y efecto de desquitar.

desrabotar o **desrabar.** tr. Cortar el rabo o cola, especialmente a las crías de las ovejas.

desratización. f. Acción y efecto de desratizar.

desratizar. tr. Limpiar de ratas un paraje.

desrizar. tr. y prnl. Deshacer los rizos.

destacado, da. adj. Notorio, relevante, notable..

destacamento. m. Porción de tropa destacada.

destacar. ≅sobresalir. tr. y prnl. *Mil.* Separar del cuerpo principal una porción de tropa. || fig. Poner de relieve los méritos o cualidades. || *Pint.* Hacer resaltar los objetos de un cuadro.

destajador. m. Martillo para forjar.

destajar. tr. Ajustar las condiciones con que se ha de hacer una cosa. || Cortar la baraja en el juego de naipes.

destajista. com. Persona que por cuenta de otra hace una cosa a destajo.

destajo. m. Obra u ocupación que se ajusta por un tanto alzado, a diferencia de la que se hace a jornal. || fig. Obra o empresa que uno toma por su cuenta.

destapar. ≅abrir. ≅descubrir. tr. Quitar la tapa. || Descubrir lo tapado. Ú. t. c. prnl. || prnl. Dar uno a conocer habilidades, intenciones o sentimientos propios no manifiestos antes. || Desnudarse en ciertos lugares públicos.

destape. m. Desnudamiento, por lo general erótico y parcial, en lugares y espectáculos públicos y medios de comunicación. || Liberalización de prohibiciones.

destaponar. tr. Quitar el tapón.

destartalado, da. adj. y s. Descompuesto, desproporcionado.

destejar. tr. Quitar las tejas a los tejados de los edificios. || fig. Dejar sin reparo o defensa una cosa.

destejer. tr. y prnl. Deshacer lo tejido. || fig. Desbaratar.

destellante. adj. Que destella.

destellar. tr. Despedir o emitir destellos de luz.

destello. m. Acción de destellar. || Resplandor vivo y efímero; ráfaga de luz, que se enciende y apaga casi instantáneamente.

destemplado, da. adj. Falto de temple o de mesura. || Dícese del tiempo desagradable.

destemplanza. f. Intemperie, desigualdad del tiempo; exceso de calor, frío o humedad. || Exceso en los afectos o en el uso de algunas cosas. || Sensación general de malestar físico. || fig. Desorden, falta de moderación.

destemplar. tr. Alterar la armonía, el orden y concierto de una cosa. || Poner en infusión. || Desafinar un instrumento músico. Ú. t. c. prnl. || Producir malestar físico. || prnl. Sentir malestar físico. || Perder el temple el acero u otros metales. Ú. t. c. tr. || Descomponerse, alterarse. || *Amér.* Sentir dentera.

destemple. m. Disonancia de las cuerdas de un instrumento. || Indisposición ligera de la salud. || fig. Alteración, desconcierto. || Acción y efecto de destemplarse los metales.

desteñir. tr. y prnl. Quitar el tinte, borrar o apagar los colores.

desternillarse. prnl. Romperse las ternillas: ～ de risa.

desterrado, da. adj. y s. Que sufre pena de destierro.

desterrar. tr. Echar a uno por justicia de un territorio o lugar. || fig. Apartar de sí: ～ la tristeza. || prnl. Expatriarse.

destetar. tr. y prnl. Hacer que deje de mamar el niño o las crías de los animales. || fig. Hacer que los hijos se valgan por sí mismos fuera del hogar.

destete. m. Acción y efecto de destetar.

destiempo (a). m. adv. Fuera de tiempo, sin oportunidad.

destiento. m. Sobresalto, alteración.

destierro. m. Acción y efecto de desterrar. || Pena que consiste en expulsar a una persona de territorio determinado. || Lugar en que vive el desterrado. || fig. Lugar muy distante de lo más céntrico y concurrido de una población.

destilación. f. Acción y efecto de destilar. || Flujo de humores serosos o mucosos.

destiladera. f. Instrumento para destilar. || *Can.* y *Amér.* Filtro para líquidos.

destilar. tr. Separar por medio del calor, en alambiques u otros vasos, una substancia volátil de otras más fijas, enfriando luego su vapor para reducirlo nuevamente a líquido. Ú. t. c. intr. || Filtrar. Ú. t. c. prnl. || intr. Correr lo líquido gota a gota. Ú. t. c. tr.

destilatorio, ria. adj. Que sirve para la destilación. || m. Local en que se destila. || Alambique.

destilería. f. Local o fábrica en que se destila.

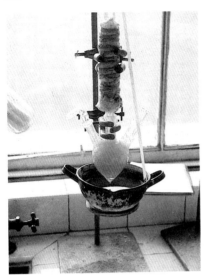

Matraz y tubo para destilación en un laboratorio de química

destinar. ≅dedicar. ≅emplear. tr. Ordenar, señalar o determinar una cosa para algún fin o efecto. || Designar el punto o establecimiento en que un individuo ha de servir el empleo, cargo o comisión que se le ha conferido. || Designar la ocupación o empleo en que ha de servir una persona.

destinatario, ria. m. y f. Persona a quien va dirigida o destinada alguna cosa.

destino. ≅aplicación. ≅colocación. ≅finalidad. m. Hado, fuerza desconocida que se cree obra sobre los hombres y los sucesos. || Encadenamiento de los sucesos considerado como necesario y fatal. || Consignación, señalamiento o aplicación de una cosa o de un paraje para determinado fin. || Empleo, ocupación. || Lugar o establecimiento en que un individuo sirve su empleo. || Misión histórica de una colectividad.

destitución. f. Acción y efecto de destituir.

destituir. tr. Separar a uno de su cargo como corrección o castigo.

destocar. tr. y prnl. Quitar o deshacer el tocado. || prnl. Descubrirse la cabeza.

destornillado, da. adj. y s. fig. Inconsiderado, precipitado, sin seso.

destornillador. m. Instrumento para destornillar y atornillar.

destornillar. ≅desenroscar. tr. Sacar un tornillo dándole vueltas. || prnl. fig. Desconcertarse obrando o hablando sin juicio ni seso.

destrabar. tr. y prnl. Quitar las trabas. || Desasir, desprender.

destral. m. Hacha pequeña.

destramar. tr. Sacar la trama de la tela.

destre. m. Medida de longitud, que se usa en Mallorca, equivalente a 4 m. y 21 cm.

destrenzar. tr. y prnl. Deshacer la trenza.

destreza. ◁torpeza. f. Habilidad, arte con que se hace una cosa.

destripacuentos. com. fam. Persona que interrumpe inoportunamente la relación del que habla.

destripar. tr. Quitar o sacar las tripas. || fig. Sacar lo interior de una cosa. || fig. Despachurrar, reventar. || fig. y fam. Anticipar el desenlace o la solución de un relato.

destripaterrones. m. fig., fam. y desp. Gañán o jornalero que cava o ara la tierra.

destriunfar. tr. En algunos juegos de naipes, obligar un jugador a los otros a echar los triunfos.

destrizar. tr. Hacer trizas o pedazos. || prnl. fig. Consumirse, deshacerse por un enfado.

destronamiento. m. Acción y efecto de destronar.

destronar. tr. Deponer y privar del reino a uno; echarle del trono. || fig. Quitar a uno su preponderancia.

destroncamiento. m. Acción y efecto de destroncar.

destroncar. tr. Cortar, tronchar un árbol por el tronco. || Descoyuntar el cuerpo o parte de él. || fig. Arruinar a uno, embarazarle sus negocios o pretensiones. || fig. Rendir de fatiga. Ú. t. c. prnl. || fig. Cortar, interrumpir.

destrozar. ◁componer. tr. Despedazar, destruir. Ú. t. c. prnl. || fig. Estropear, maltratar, deteriorar. || fig. Aniquilar, causar gran quebranto moral. || fig. Gastar mucho. || prnl. fig. Esforzarse mucho físicamente.

destrozo. m. Acción y efecto de destrozar.

destrozón, na. adj. y s. Que destroza demasiado la ropa, el calzado, etc. || f. En el carnaval callejero, máscara vestida de mujer.

destrucción. f. Acción y efecto de destruir. || Ruina, asolamiento, pérdida grande.

destructivo, va. adj. Que destruye o puede destruir.

destructor, ra. adj. y s. Que destruye. || m. Torpedero de alta mar armado con artillería de mediano calibre.

destruir. ≅aniquilar. ≅asolar. ◁construir. tr.

Deshacer, arruinar o asolar una cosa. Ú. t. c. prnl. || fig. Malgastar, malbaratar la hacienda. || prnl. *Álg.* Anularse mutuamente dos cantidades iguales y de signo contrario.

desuello. m. Acción y efecto de desollar. || fig. Desvergüenza, descaro, osadía.

desuncir. tr. Quitar del yugo las bestias sujetas a él.

desunión. f. Separación de las partes que componen un todo, o de las cosas que estaban juntas y unidas. || fig. Discordia, desavenencia.

desunir. tr. y prnl. Apartar, separar una cosa de otra. || fig. Introducir discordia entre los que estaban en buena correspondencia.

desuñar. tr. Quitar o arrancar las uñas. || prnl. fig. y fam. Ocuparse con afán en un trabajo. || fig. y fam. Emplearse con eficacia y continuación en un vicio.

desusado, da. adj. Desacostumbrado, insólito. || Que ha dejado de usarse.

desusar. tr. y prnl. Desacostumbrar, perder o dejar el uso.

desuso. m. Falta de uso o de ejercicio de una cosa. || *Der.* Falta de aplicación o inobservancia de una ley, que, sin embargo, no implica su derogación.

desvaído, da. adj. Aplícase a la persona alta y desairada. || Pálido, descolorido. || Impreciso, poco definido.

desvalido, da. adj. y s. Desamparado, abandonado.

desvalijamiento. m. Acción y efecto de desvalijar.

desvalijar. tr. Quitar o robar el contenido de una maleta o valija. || fig. Despojar a uno de todo o de la mayor parte del dinero o bienes.

desvalorar. tr. Despreciar, quitar valor a una cosa. || Desacreditar, desautorizar.

desván. ≅buhardilla. m. Parte más alta de la casa, inmediatamente debajo del tejado.

desvanecedor, ra. adj. Que desvanece. || m. Aparato usado para desvanecer parte de una fotografía al sacar la positiva.

desvanecer. tr. Disgregar o difundir las partículas de un cuerpo en otro. Ú. t. c. prnl.: *el humo se desvanece en el aire.* || fig. Deshacer o anular. Ú. t. c. prnl. || Quitar de la mente una idea, un recuerdo, etc. || prnl. Evaporarse, exhalarse. || Turbarse la cabeza; perder el sentido. Ú. t. c. tr.

desvanecido, da. adj. Soberbio, vanidoso, presumido.

desvanecimiento. m. Acción y efecto de desvanecerse. || Perturbación transitoria de la cabeza o del sentido.

desvariado, da. adj. Que delira. || Fuera de regla, sin tino. || Díc. de las ramas largas y desemparejadas de los árboles.

desvariar. ≅desbarrar. ≅disparatar. ◁razonar. intr. Delirar, decir locuras o despropósitos.

desvarío. m. Dicho o hecho fuera de concierto. || Delirio, locura. || fig. Monstruosidad, cosa que sale del orden regular y común de la naturaleza. || fig. Desigualdad, inconstancia y capricho.

desvelar. tr. y prnl. Quitar el sueño. || prnl. fig. Poner gran cuidado en lo que se desea hacer o conseguir.

desvelar. tr. fig. Descubrir, poner de manifiesto.

desvelo. m. Acción y efecto de desvelar.

desvencijar. tr. y prnl. Aflojar, desconcertar las partes de una cosa que estaban y debían estar unidas.

desventaja. f. Mengua, perjuicio.

desventura. f. Desgracia, suerte adversa, desdicha.

desventurado, da. adj. y s. Desgraciado, desdichado. || Cuitado, pobrete, sin espíritu. || Avariento, miserable.

desvergonzado, da. adj. y s. Que habla u obra con desvergüenza.

desvergüenza. f. Falta de vegüenza, insolencia. || Dicho o hecho impúdico o insolente.

desvestir. tr. y prnl. Desnudar.

desviación. f. Acción y efecto de desviar. || Separación lateral de un cuerpo de su posición media: ⌣ *del péndulo.* || Tramo de una carretera que se aparta de la general para unirse con ella después de haber rodeado un poblado. || Camino provisional por el que han de circular los vehículos mientras está en reparación un trozo de carretera.

desviacionismo. m. Doctrina o práctica que se aparta de una ortodoxia determinada.

desviar. tr. y prnl. Apartar, alejar, separar de su lugar o camino una cosa. || fig. Disuadir o apartar a uno de la intención o propósito en que estaba.

desvincular. tr. Anular un vínculo, liberando lo que estaba sujeto a él.

desvío. m. Desviación. || fig. Despego, desagrado. || Esquivez, frialdad, indiferencia. || Cambio provisional de trazado en un trecho de carretera o camino. || Ruta más larga que se impone en la circulación de vehículos cuando circunstancias especiales impiden seguir el recorrido normal.

desvirgar. tr. Quitar la virginidad a una doncella. || vulg. Estrenar una cosa.

desvirtuar. tr. y prnl. Quitar la virtud, substancia o vigor.

desvivirse. prnl. Mostrar vivo interés por una persona o cosa.

detallar. tr. Tratar, referir una cosa con todos sus pormenores. || Vender al por menor.

detalle. m. Pormenor. || Relación con todos sus pormenores. || fig. Delicadeza, finura, rasgo de cortesía, amabilidad, etc.

detallista. adj. Que se comporta con amablidad, afecto, cortesía, etc. || com. Persona que se cuida mucho de los detalles. || Comerciante que vende al por menor.

detección. f. Acción y efecto de detectar.

detectable. adj. Que se puede detectar.

detectar. tr. Poner de manifiesto, por cualquier método, generalmente con ayuda de aparatos, lo que no puede ser observado fácilmente.

detective. m. Policía particular que practica investigaciones reservadas y que, en ocasiones, interviene en los procedimientos judiciales.

detector, ra. adj. y s. Que detecta o sirve para detectar.

detención. f. Acción y efecto de detener. || Dilación, tardanza, prolijidad. || Privación de la libertad; arresto provisional.

detener. tr. Suspender una cosa o impedirla. Ú. t. c. prnl. || Privar de libertad por un tiempo breve. || Pararse. || fig. Pararse a considerar una cosa.

detenido, da. adj. Minucioso. || Escaso, miserable. || Díc. de la persona que está provisionalmente privada de libertad. Ú. t. c. s.

detergente. adj. Que limpia. || m. Substancia o producto que limpia químicamente.

deterger. tr. Limpiar una úlcera o herida. || Limpiar un objeto sin corroerlo.

deteriorar. tr. y prnl. Estropear, menoscabar, echar a perder una cosa.

deterioro. m. Acción y efecto de deteriorar.

determinación. ≅decisión. ≅resolución. ◁indecisión. f. Acción y efecto de determinar. || Osadía, valor.

determinado, da. adj. Díc. del artículo que limita la extensión del substantivo a un objeto ya consabido de quien habla y del que escucha. || Osado, valeroso. Ú. t. c. s.

determinante. adj. Que determina. || f. Mat. Polinomio que se forma a partir de los elementos de una matriz cuadrada aplicando determinadas reglas. || m. Ling. En gramática generativa, constituyentes que acompañan al nombre.

determinar. tr. Fijar los términos de una cosa. || Distinguir, discernir. || Señalar, fijar: ⌢ día, hora. || Tomar resolución. Ú. t. c. prnl. || Hacer tomar una resolución. || Der. Sentenciar, definir.

determinativo, va. adj. Díc. de lo que determina o resuelve. || Díc. del adjetivo que fija o señala la extensión en que se toma el substantivo: algunos, varios muchos.

detestable. adj. Abominable, execrable, aborrecible, pésimo.

detestar. tr. Aborrecer, odiar.

detonación. f. Acción y efecto de detonar. || Explosión rápida capaz de iniciar la de un explosivo relativamente estable.

detonador. m. Artificio con fulminante que sirve para hacer estallar una carga explosiva.

detonante. adj. Que detona. || m. Substancia o mezcla que puede producir detonación.

detonar. intr. Dar estampido.

detracción. f. Acción y efecto de detraer.

detractor, ra. adj. y s. Maldiciente, infamador.

detraer. tr. Restar, substraer, apartar o desviar. Ú. t. c. s. || fig. Infamar, denigrar, quitar la honra.

detrás. ◁delante. adv. l. En la parte posterior. || fig. En ausencia.

detrimento. m. Destrucción leve o parcial. || Pérdida, quebranto de la salud o de los intereses. || fig. Daño moral.

detrítico, ca. adj. Compuesto de detritos.

detrito o **detritus.** m. Resultado de la descomposición de una masa sólida en partículas.

deuda. ≅adeudo. f. Obligación que uno tiene de pagar, satisfacer o reintegrar a otro una cosa, por lo común dinero. || Obligación moral contraída con otro. || Pecado, culpa u ofensa.

deuterio. m. Isótopo del hidrógeno cuyo núcleo contiene un protón y un neutrón.

devaluación. f. Acción y efecto de devaluar.

devaluar. ◁revalorizar. tr. Rebajar el valor de una moneda o de otra cosa, depreciarla.

devanadera. f. Armazón para devanar. || Instrumento para hacer mutaciones rápidas en los teatros.

devanado. m. Hilo de cobre aislado y arrollado que forma parte de un circuito eléctrico.

devanador, ra. adj. y s. Que devana. || m. Alma de cartón madera, etc., sobre la que se arrolla el hilo para formar el ovillo.

devanar. tr. Arrollar un hilo, alambre, etc., alrededor de un eje, carrete, etc.

devanear. intr. Disparatar, delirar.

devaneo. m. Delirio, desatino, desconcierto. || Distracción o pasatiempo vano. || Amorío pasajero.

devastación. f. Acción y efecto de devastar.

devastar. tr. Destruir un territorio, arrasando sus edificios o asolando sus campos. || Por ext., destruir cualquier cosa material.

devengar. tr. Adquirir derecho a retribución por razón de trabajo, servicio u otro título: ⌐ intereses.

devengo. m. Cantidad devengada.

devenir. intr. Sobrevenir, suceder, acaecer. || *Filos.* La realidad entendida como proceso o cambio; a veces se opone a ser.

devoción. f. Amor, veneración y fervor religiosos. || fig. Inclinación, afición especial. || fig. Costumbre devota.

devolución. f. Acción y efecto de devolver.

devolver. tr. Volver una cosa al estado que tenía. || Restituirla a la persona que la poseía. || Corresponder a un favor o a un agravio. || fam. Vomitar. || Dar la vuelta a quien ha hecho un pago. || prnl. *Amér.* Volverse, regresar.

devorar. tr. Tragar con ansia y apresuradamente. || Comer un animal a otro o a otros. || fig. Consumir, destruir. || fig. Consagrar atención ávida a una cosa.

devoto, ta. adj. Dedicado con fervor a obras de piedad y religión. Ú. t. c. s. || Que mueve a devoción. || Afecto, aficionado a una persona. Ú. t. c. s.

devuelto, ta. p. p. irreg. de devolver.

dexiocardia. f. Desviación del corazón hacia la derecha.

dextrismo. m. Empleo preferente de la mano derecha.

dextrógiro, ra. adj. y s. Que desvía a la derecha la luz polarizada.

dextrosa. f. Variedad de glucosa.

deyección. f. Conjunto de materias arrojadas por un volcán o desprendidas de una montaña. || Defecación de los excrementos. || Los excrementos. Ú. m. en pl.

dg. abr. de decigramo.

día. m. Tiempo que la Tierra emplea en dar una vuelta alrededor de su eje. || Tiempo que dura la claridad del Sol sobre el horizonte. || Tiempo que hace durante el día o gran parte de él: ⌐ lluvioso, despejado. || pl. fig. Vida: *al fin de sus ⌐s; después de sus ⌐s.* || Período de tiempo indeterminado.

diabetes. f. Enfermedad causada por un desorden de nutrición, y que se caracteriza por eliminación excesiva de orina, que frecuentemente contiene azúcar.

diabético, ca. adj. Relativo a la diabetes. || Que padece diabetes. Ú. t. c. s.

diablear. intr. fam. Hacer diabluras.

diablillo. m. dim. de diablo. || El que se viste de diablo en las procesiones o en carnaval. || fig. y fam. Persona aguda y enredadora.

diablo. m. Nombre general de los ángeles arrojados al abismo, y de cada uno de ellos. || fig. Persona traviesa. || fig. Persona muy fea.

diablura. f. Travesura de poca importancia, especialmente de niños.

diabólico, ca. adj. Relativo al diablo. || fig. y fam. Excesivamente malo. || fig. Enrevesado, muy difícil.

diábolo. m. Juguete que consiste en una especie de carrete formado por dos conos unidos por el vértice, al cual se imprime un movimiento de rotación por medio de una cuerda atada al extremo de dos varillas, que se manejan haciéndolas subir y bajar alternativamente.

diácono. ≅levita. m. Ministro eclesiástico inmediatamente inferior al sacerdote.

diacrítico, ca. adj. Aplícase a los signos ortográficos que sirven para dar a una letra algún valor especial, como la diéresis.

diacronía. f. Desarrollo o sucesión de hechos a través del tiempo. || *Ling.* Término propuesto por F. de Saussure para designar el estudio de la lengua relacionado con las evoluciones.

diacrónico, ca. adj. Díc. de los fenómenos que

Diábolo

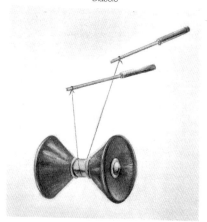

ocurren a lo largo del tiempo, así como de los estudios referentes a ellos. Se opone a *sincrónico*.

diacústica. f. Parte de la acústica que tiene por objeto el estudio de la refracción de los sonidos.

diada. f. Día señalado o marcado por la celebración de alguna fiesta popular (religiosa, cívica, etc.). Por ant., el 11 de septiembre de cada año, que recuerda la misma fecha de 1714, en que Barcelona fue ocupada por las tropas de Felipe V.

díada. f. Pareja de dos seres o cosas estrecha y especialmente vinculados entre sí.

diadelfia. f. Fenómeno que presentan ciertas plantas, consistente en que sus flores son hermafroditas y los estambres están soldados por sus filamentos en dos manojos.

diadelfo, fa. adj. Planta, flor, etc., en los que existe diadelfia: *las flores del guisante tienen los estambres* ⁓*s*.

diadema. f. Faja o cinta blanca que antiguamente ceñía la cabeza de los reyes como insignia de su dignidad. || Corona. || Adorno femenino de cabeza, en forma de media corona abierta por detrás.

diadoco. m. Título del príncipe heredero en la Grecia moderna.

diafanidad. f. Calidad de diáfano.

diáfano, na. adj. Cuerpo a través del cual pasa la luz casi en su totalidad. || fig. Claro, limpio.

diafragma. m. Músculo ancho que en el cuerpo de los mamíferos separa la cavidad torácica de la abdominal. || Membrana vibrante de un fonógrafo, auricular, etc. || Disco que regula la cantidad de luz que se ha de dejar pasar en las cámaras fotográficas.

diagnosis. ʃʃdiagnosis. f. Conocimiento diferencial de los signos de las enfermedades. || Diagnóstico.

diagnosticable. adj. Que se puede diagnosticar.

diagnosticar. tr. Determinar el carácter de una enfermedad mediante el examen de sus signos.

diagnóstico. m. Arte o acto de conocer la naturaleza de una enfermedad mediante la observación de sus síntomas y signos.

diagonal. adj. y f. Línea recta que en un polígono va de un vértice a otro no inmediato, y en un poliedro une dos vértices cualesquiera no situados en la misma cara. || Díc. de las calles que cortan oblicuamente a otras paralelas entre sí.

diagrama. m. Representación gráfica, esquema.

diaguita. adj. Pueblo amerindio que habitaba al

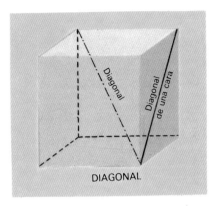

DIAGONAL

norte de Chile y al noroeste de Argentina. Ú. m. c. m. pl. || Díc. también de sus individuos. Ú. t. c. s. || Relativo a este pueblo.

dial. m. Superficie graduada, de forma variable, sobre la cual se mueve un indicador (aguja, punto luminoso, etc.) que mide o señala una determinada magnitud, como peso, voltaje, longitud de onda, velocidad, etc. || Placa con letras o números en los teléfonos o receptores de radio, para establecer conexiones.

diálaga. f. Mineral pétreo constituido por un silicato de magnesia, con cal, óxido de hierro y algo de alúmina, y que suele acompañar a las serpentinas.

dialectal. adj. Relativo a un dialecto.

dialéctica. f. Ciencia filosófica que trata del raciocinio y de sus leyes, formas y modos de expresión.

dialéctico, ca. adj. Relativo a la dialéctica. || m. El que profesa la dialéctica.

dialecto. m. Cada una de las variedades de un idioma: *el andaluz es un* ⁓ *del español*.

dialectología. f. Tratado o estudio de los dialectos.

dialectólogo, ga. adj. y s. Persona versada en dialectología, y de quien la profesa o cultiva.

dialefa. f. Hiato o azeuxis, encuentro de dos vocales que se pronuncian en sílabas distintas.

dialipétala. adj. Corola cuyos pétalos están libres, no soldados entre sí, y de la flor que tiene corola de esta clase, como el alhelí.

dialisépalo, la. adj. Díc. de los cálices cuyos sépalos están libres, no soldados entre sí, y de las flores que tienen cálices de esta clase, como la amapola.

diálisis. f. Método terapéutico que tiene por objeto eliminar substancias nocivas de la sangre cuando el riñón no puede hacerlo.

dializador. m. Aparato para efectuar la diálisis.

dialogar. ◁callar. intr. Hablar en diálogo. ‖ tr. Escribir una cosa en forma de diálogo.

diálogo. ≅coloquio. ≅conversación. m. Plática entre dos o más personas, que alternativamente manifiestan sus ideas o afectos. ‖ Género literario en que se finge esa plática. ‖ Discusión o trato en busca de avenencia.

dialoguista. com. Persona que escribe o compone diálogos.

diamante. m. Carbono puro natural, cristalizado en diversas formas del sistema cúbico, frecuentemente con caras curvas. Es el más duro de los minerales (10 de la escala de Mohs). Tiene aplicaciones en joyería y en la industria. ‖ Uno de los palos de la baraja francesa. Ú. m. en pl. ‖ Instrumento que usan los vidrieros para cortar el cristal.

diamantífero, ra. adj. Lugar o terreno en que existen diamantes.

diamantino, na. adj. Relativo al diamante. ‖ fig. y poét. Duro, persistente, inquebrantable.

diamantista. com. Persona que labra o vende diamantes y otras piedras preciosas.

diametral. adj. Perteneciente al diámetro.

diámetro. m. *Geom.* Línea recta que pasa por el centro del círculo y termina por ambos extremos en la circunferencia. ‖ Eje de la esfera.

diana. f. Toque militar al romper el día, para que la tropa se levante. ‖ Punto central de un blanco de tiro.

diandro, dra. adj. De dos estambres: *androceo* ⌣; *flor* ⌣.

dianense. adj. De Denia, Alicante.

diapasón. m. *Mús.* Instrumento de acero en forma de horquilla, que cuando se hace sonar, produce un tono determinado.

diaporama. m. Técnica audio-visual que consiste en la proyección simultánea de diapositivas sobre varias pantallas. A veces se denomina *multivisión.*

diapositiva. f. Fotografía positiva sacada en cristal u otra materia transparente.

diario, ria. adj. Correspondiente a todos los días: *salario* ⌣; *comida* ⌣. ‖ m. Relación histórica o privada de lo que ha ido sucediendo día por día. ‖ Periódico que se publica todos los días.

diarquía. f. Gobierno simultáneo de dos reyes.

diarrea. f. Anormalidad en la función del aparato digestivo consistente en la frecuencia y abundancia de las deposiciones y en la consistencia líquida de las mismas.

diarreico, ca. adj. Relativo a la diarrea.

diáspora. f. Diseminación de los judíos por toda la extensión del mundo antiguo, especialmente intensa desde el siglo III a. C. ‖ Por ext., dispersión de individuos humanos que anteriormente vivían juntos.

diastasa. f. Fermento muy común en los vegetales, soluble en el agua, y cuya acción es hidrolizar el almidón hasta convertirlo en el disacárido llamado maltosa. Por ext., se da hoy el nombre de diastasas a todos los fermentos o enzimas.

diástole. f. Movimiento de dilatación del corazón y de las arterias, cuando la sangre penetra en su cavidad. ‖ Licencia poética que consiste en usar como larga una sílaba breve.

diastrofia. f. Dislocación de un hueso, músculo, tendón o nervio.

diatermia. f. Generación de calor en el cuerpo humano, con fines terapéuticos, por el paso de una corriente de alta frecuencia a través de la parte del cuerpo comprendida entre los dos electrodos.

diátesis. f. Predisposición orgánica a contraer una determinada enfermedad.

diatomea. f. Alga unicelular.

diatónico, ca. adj. Aplícase a uno de los tres géneros del sistema músico que procede por dos tonos y un semitono.

diatriba. ≅libelo. f. Discurso o escrito violento e injurioso contra personas o cosas.

dibranquial. adj. y s. Díc. del molusco cefalópodo que tiene dos branquias y ocho o diez tentáculos; como el pulpo y el calamar. Ú. t. c. s. ‖ m. pl. Subclase de estos cefalópodos.

dibujante. adj. y s. Que dibuja. ‖ com. Persona que tiene como profesión el dibujo.

dibujar. tr. Delinear en una superficie, y sombrear imitando la figura de un cuerpo. Ú. t. c. prnl. ‖ fig. Describir. ‖ prnl. Revelarse lo que estaba callado u oculto.

dibujo. m. Arte que enseña a dibujar. ‖ Figura dibujada. ‖ En los encajes, bordados, tejidos, etc., la figura y disposición de las labores que los adornan.

dicción. f. Palabra, sonido o conjunto de sonidos articulados que expresan una idea. ‖ Manera de pronunciar: ⌣ *clara* y *limpia.*

diccionario. m. Libro en que por orden comúnmente alfabético se contienen y explican todas las palabras de uno o más idiomas, o las de una ciencia, facultad o materia determinada.

diciembre. m. Duodécimo mes del año. Tiene 31 días.

dicoreo. m. Pie de la poesía griega y latina, compuesto de dos coreos, o sea de cuatro sílabas: la primera y la tercera largas y las otras dos breves.

dicotiledóneo, a. adj. Díc. de las plantas fanerógamas angiospermas cuyo embrión tiene dos cotiledones. Ú. t. c. s. f. || f. pl. Clase de estas plantas.

dicotomía. f. Método de clasificación en que las divisiones y subdivisiones sólo tienen dos partes. || Aplicación de este método, división en dos.

dicotómico, ca. adj. Perteneciente a la dicotomía.

dictado. m. Ejercicio escolar en que los colegiales escriben lo que alguien va leyendo. || pl. fig. Inspiraciones o preceptos de la razón o la conciencia.

dictador, ra. m. y f. Persona que abusa de su autoridad y trata con dureza a los demás. || m. Gobernante que asume todos los poderes del Estado y que no se somete a ningún control.

dictadura. f. Cargo de dictador. || Tiempo que dura este cargo. || Gobierno que, invocando el interés público, se ejerce fuera de las leyes constitutivas de un país.

dictamen. m. Opinión y juicio que se forma o emite sobre una cosa o asunto.

dictaminar. ≅informar. intr. y tr. Dar dictamen.

dictar. tr. Decir uno algo con las pausas necesarias o convenientes para que otro lo vaya escribiendo. || Tratándose de leyes, fallos, preceptos, etc., darlos, expedirlos, pronunciarlos. || fig. Inspirar, sugerir.

dictatorial. adj. Relativo al dictador. || fig. Dicho de poder, facultad, etc., absoluto, arbitrario, no sujeto a las leyes.

dictatorio, ria. adj. Perteneciente al cargo de dictador.

dicterio. m. Dicho denigrativo que insulta y provoca.

dictióptero, ra. adj. y s. Díc. de los insectos masticadores, con alas anteriores elitroideas y posteriores membranosas, como las cucarachas y la mantis religiosa.

dicha. f. Felicidad. || Suerte feliz: *Felipe es hombre de* ᴕ.

dicharachero, ra. adj. y s. fam. Propenso a prodigar dicharachos. || Que prodiga dichos agudos y oportunos. || Que habla mucho.

dicharacho. m. fam. Dicho demasiado vulgar o poco serio.

dicho, cha. ≅proverbio. ≅refrán. p. p. irreg. de decir. || m. Palabra o conjunto de palabras con que se expresa oralmente un concepto cabal. Se le aplican varios calificativos, según la cualidad por que se distingue: ᴕ *agudo, oportuno, intempestivo, malicioso.* || Ocurrencia chistosa y oportuna.

dichoso, sa. adj. Feliz. || Díc. de lo que incluye o trae consigo dicha: ᴕ *virtud; soledad* ᴕ. || fam. Enfadoso, molesto.

didáctica. f. Arte de enseñar.

didáctico, ca. adj. Relativo a la enseñanza o didáctica: *método, género* ᴕ; *obra* ᴕ.

didáctilo, la. adj. Que tiene dos dedos.

didascalia. f. Enseñanza, instrucción.

didelfo, fa. adj. y s. Díc. de los mamíferos caracterizados por tener las hembras una bolsa donde están contenidas las mamas y donde permanecen encerradas las crías durante el primer tiempo de su desarrollo; como la zarigüeya y el canguro. || m. pl. Orden de estos animales.

diecinueve. adj. y s. Diez y nueve.

diecinueveavo, va. adj. y m. Díc. de cada una de las diecinueve partes iguales en que se divide un todo.

dieciochesco, ca. adj. Relativo al s. XVIII.

dieciocho. adj. y s. Diez y ocho.

dieciochoavo, va. adj. y m. Díc. de cada una de las dieciocho partes iguales en que se divide un todo.

dieciséis. adj. y s. Diez y seis.

dieciseisavo, va. adj. y m. Díc. de cada una de las dieciséis partes iguales en que se divide un todo.

diecisiete. adj. y s. Diez y siete.

diecisieteavo, va. adj. y m. Díc. de cada una de las diecisiete partes iguales en que se divide un todo.

diedro. adj. y s. Díc. del ángulo formado por dos semiplanos que parten de una misma recta.

diente. m. Cada una de las piezas duras implantadas en los huesos maxilares de los vertebrados y destinadas a sujetar y, en su caso, a partir y triturar el alimento. El hombre adulto tiene 32, y se dividen en *incisivos, caninos* o *colmillos, premolares* y *molares.* || Cada una de las puntas o resaltos que presentan algunas cosas y en especial los que tienen ciertos instrumentos o herramientas: ᴕ *de sierra, de rueda.*

diéresis. f. Pronunciación en sílabas distintas de dos vocales que normalmente forman diptongo, como *ru-í-na* por *rui-na, vi-o-le-ta* por *vio-le-ta.* La diéresis en el verso es considerada como licencia poética por la preceptiva tradicional. || Signo ortográfico (¨) que se pone sobre la *u* de las sílabas *gue, gui,* para indicar que esta letra debe pronunciarse; como en *vergüenza, argüir.*

diestro, tra. adj. Aplícase a lo que cae o mira a mano derecha. || Hábil, experto. || m. Torero de a pie. || Matador de toros.

dieta. f. Régimen que se manda observar a los enfermos o convalecientes en el comer y beber; y por extensión, esta comida y bebida. || fam. Privación completa de comer. || pl. Cantidad que suele abonarse a un empleado cuando viaja.

dietario. m. Libro en que se anotan los ingresos y gastos diarios de una casa.

dietética. f. Ciencia que trata de la alimentación conveniente.

dietético, ca. adj. Relativo a la dieta alimenticia.

diez. adj. Nueve y uno. || Décimo, que sigue en orden al noveno: *León* ⌣; *número* ⌣; *año* ⌣. Apl. a los días del mes, ú. t. c. s.: *el* ⌣ *de septiembre.*

diezmar. tr. Sacar de diez uno. || Castigar de cada diez uno. || fig. Causar gran mortandad en un país las enfermedades u otro mal.

diezmilésimo, ma. adj. y s. Díc. de cada una de las diez mil partes iguales en que se divide un todo.

diezmilímetro. m. Décima parte de un milímetro.

diezmilmillonésimo, ma. adj. y s. Díc. de cada una de las partes iguales de un todo dividido en diez mil millones de ellas.

diezmillonésimo, ma. adj. y s. Díc. de cada una de las partes iguales de un todo dividido en diez millones de ellas.

diezmo. m. Parte de los frutos, generalmente la décima, que se pagaba como tributo a la Iglesia o al rey.

difamación. f. Acción y efecto de difamar.

difamar. ≅denigrar. ◁elogiar. tr. Desacreditar a uno, publicando cosas contra su buena opinión y fama.

diferencia. f. Cualidad o accidente por el cual una cosa se distingue de otra. || Variedad entre cosas de una misma especie. || Controversia, disensión u oposición de dos o más personas entre sí. || *Álg.* y *Arit.* Residuo, resto.

diferenciación. f. Acción y efecto de diferenciar. || *Mat.* Operación por la cual se determina la diferencial de una función.

diferencial. adj. Relativo a la diferencia de las cosas. || *Mat.* Aplícase a la cantidad infinitamente pequeña. || m. Mecanismo del automóvil que permite girar a una rueda con mayor velocidad que la otra en una curva.

diferenciar. tr. Hacer distinción, conocer la diversidad de las cosas; dar a cada una su correspondiente y legítimo valor. || *Mat.* Hallar la diferencial de una cantidad variable. || prnl. Diferir, distinguirse una cosa de otra. || Hacerse notable un sujeto por sus acciones o cualidades.

diferente. adj. Diverso, distinto.

diferido, da. adj. Aplazado, retardado. ◆ **en diferido.** expr. En televisión y radio, díc. de una emisión transmitida con posterioridad a su grabación, filmación o registro, por oposición a la transmisión en directo.

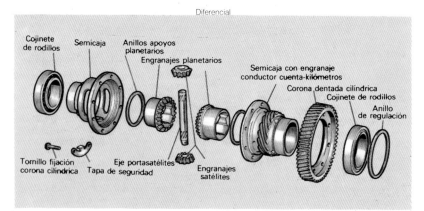

Diferencial

Cojinete de rodillos
Semicaja
Anillos apoyos planetarios
Engranajes planetarios
Semicaja con engranaje conductor cuenta-kilómetros
Corona dentada cilíndrica
Cojinete de rodillos
Anillo de regulación
Tornillo fijación corona cilíndrica
Tapa de seguridad
Eje portasatélites
Engranajes satélites

diferir. ≅aplazar. ≅diferenciar. tr. Dilatar, retardar o suspender la ejecución de una cosa. || intr. Distinguirse una cosa de otra o ser diferente.

difícil. adj. Que no se logra, ejecuta o entiende sin mucho trabajo. || Díc. de la persona descontentadiza o poco tratable.

dificultad. ≅estorbo. ≅objeción. ≅reparo. ◁facilidad. f. Inconveniente o contrariedad que impide conseguir, ejecutar o entender bien y pronto una cosa. || Contratiempo, situación complicada o enojosa. || Duda, argumento y réplica propuesta contra una opinión.

dificultar. tr. Poner dificultades a las pretensiones de alguno. || Hacer difícil una cosa, introduciendo embarazos o inconvenientes que antes no tenía.

dificultoso, sa. adj. Difícil, lleno de embarazos. || fig. y fam. Dicho del semblante, la cara, la figura, etc., extraño y defectuoso. || Que pone imagina dificultades. Ú. t. c. s.

difteria. f. Enfermedad infecciosa caracterizada por la formación de falsas membranas en las mucosas, comúnmente de la garganta, y en la piel desnuda de epidermis.

diftérico, ca. adj. Relativo a la difteria.

difuminar. tr. Desvanecer o esfumar las líneas o colores con el difumino.

difumino. m. Rollito de papel, terminado en punta, para esfumar las sombras en los dibujos.

difundir. tr. y prnl. Extender, esparcir, propagar físicamente. || fig. Propagar o divulgar conocimientos, noticias, actitudes, costumbres, modas, etc.

difunto, ta. adj. y s. Persona muerta. || m. Cadáver.

difusión. f. Acción y efecto de difundir. || Extensión, dilatación viciosa en lo hablado o escrito.

difuso, sa. adj. Ancho, dilatado. || Dícese de lo que es poco concreto, claro o limitado. || *Ling.* Dícese de los fonemas en cuya articulación se da una separación extrema entre la boca y la faringe.

digerir. tr. Convertir en el aparato digestivo los alimentos en substancia propia para la nutrición. || fig. Sufrir o llevar con paciencia una desgracia o una ofensa. || fig. Meditar cuidadosamente una cosa para entenderla o ejecutarla.

digestión. f. Acción y efecto de digerir. || Acto fisiológico complejo cuya finalidad es convertir los alimentos en substancias aptas para ser absorbidas y asimiladas por el organismo.

digestivo, va. ≅estomacal. ≅eupéptico. adj. Díc. de las operaciones y de las partes del organismo que atañen a la digestión: *tubo* ᔟ*; fun-ciones* ᔟ*s.* || Díc. de lo que es a propósito para ayudar a la digestión. Ú. t. c. s. m.

digitación. f. Adiestramiento de las manos en la ejecución musical con ciertos instrumentos, especialmente los que tienen teclado.

digitado, da. adj. Díc. de los animales mamíferos que tienen sueltos los dedos de los cuatro pies.

digital. adj. Relativo a los dedos: *huellas* ᔟ*es.* || Dícese del instrumento de medida que la representa con números dígitos.

digitiforme. adj. Que tiene la forma de un dedo.

digitígrado, da. adj. y s. Animal que al andar apoya sólo los dedos; como el gato.

Aparato digestivo

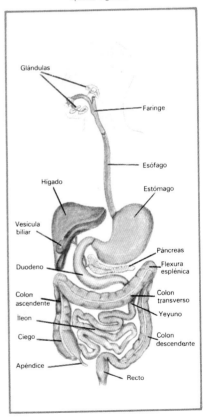

Glándulas

Faringe

Esófago

Hígado

Estómago

Vesícula biliar

Páncreas

Flexura esplénica

Duodeno

Colon transverso

Colon ascendente

Yeyuno

Íleon

Ciego

Colon descendente

Apéndice

Recto

dígito. adj. y s. *Arit.* Díc. del número que se expresa con un solo guarismo.

dignarse. prnl. Servirse o tener a bien hacer una cosa.

dignatario, ria. m. y f. Persona investida de una dignidad.

dignidad. ≅decencia. ≅decoro. f. Calidad de digno. || Excelencia, realce. || Gravedad y decoro de las personas en la manera de comportarse. || Cargo o empleo honorífico y de autoridad.

dignificación. f. Acción y efecto de dignificar.

dignificar. tr. y prnl. Hacer digna o presentar como tal a una persona o cosa.

digno, na. ≅proporcionado. adj. Que merece algo, en sentido favorable o adverso. || Correspondiente, proporcionado al mérito y condición de una persona o cosa. || Que tiene dignidad o se comporta con ella. || Decoroso, decente.

digresión. f. Efecto de romper el hilo del discurso y de hablar en él de cosas que no tengan conexión o íntimo enlace con aquello de que se está tratando.

dije. m. Cada una de las joyas, relicarios y otras alhajas pequeñas que suelen llevarse por adorno pendientes del cuello. || fig. y fam. Persona de relevantes cualidades físicas y morales.

dilación. ≅demora. ≅tardanza. f. Retardación o detención de una cosa por algún tiempo.

dilapidación. f. Acción y efecto de dilapidar.

dilapidar. tr. Malgastar los bienes propios, o los que uno tiene a su cargo.

dilatación. ≅expansión. f. Acción y efecto de dilatar. || *Fís.* Variación de la longitud, superficie o volumen de un cuerpo por la acción del calor.

dilatado, da. adj. Extenso, vasto, numeroso.

dilatar. tr. y prnl. Extender, alargar, y hacer mayor una cosa o que ocupe más lugar o tiempo. || Diferir, retardar. || fig. Propagar, extender: ⌣ *la fama, el nombre.* || prnl. Extenderse mucho en un discurso o escrito.

dilatorio, ria. adj. Que sirve para prorrogar y extender un término judicial o la tramitación de un asunto.

dilección. f. Voluntad honesta, amor reflexivo.

dilecto, ta. adj. Amado con dilección.

dilema. m. Alternativa, opción entre dos cosas, ambas malas.

dileniáceo, a. adj. y f. Díc. de plantas angiospermas dicotiledóneas que tienen el fruto en cápsula o baya, y las semillas con arilo; como el vacabuey. || f. pl. Familia de estas plantas.

diligencia. ◁negligencia. f. Cuidado y actividad en ejecutar una cosa. || Prontitud, agilidad,

prisa. Ú. más en verbos de movimiento. || Trámite de un asunto administrativo, y constancia escrita de haberlo efectuado. || Coche grande, dividido en dos o tres departamentos, arrastrado por caballerías, y destinado antiguamente al transporte de viajeros. || fam. Conjunto de gestiones o trámites que hay que hacer para resolver algo.

diligenciar. tr. Poner los medios necesarios para el logro de una solicitud. || Tramitar un asunto administrativo con constancia escrita de que se hace.

diligente. adj. Cuidadoso, exacto y activo. || Pronto, presto, ligero en el obrar.

dilucidación. f. Acción y efecto de dilucidar.

dilucidar. ≅aclarar. ≅explicar. tr. Declarar y explicar un asunto, una proposición o una obra de ingenio.

dilución. f. Acción y efecto de diluir.

diluir. tr. y prnl. Desleír.

diluvial. adj. Relativo al diluvio. || *Geol.* Díc. del terreno constituido por enormes depósitos de materias arenosas que fueron arrastradas por grandes corrientes de agua. Ú. t. c. s. || Relativo a este terreno.

diluviano, na. adj. Que tiene relación con el diluvio universal.

diluviar. terciopersonal. Llover a manera de diluvio.

diluvio. m. Inundación de la Tierra con que Dios castigó a los hombres en tiempo de Noé. || fig. y fam. Lluvia muy copiosa.

dimanación. f. Acción de dimanar.

dimanar. intr. Proceder o venir el agua de sus manantiales. || fig. Provenir, proceder y tener origen una cosa de otra.

dimensión. f. Longitud, extensión o volumen, de una línea, una superficie o un cuerpo respectivamente. || Extensión de un objeto en dirección determinada. || fig. Aplícase a sucesos de gran importancia.

dimensional. adj. Relativo a una dimensión.

dimes y diretes. loc. fam. Contestaciones, debates, altercaciones, réplicas entre dos o más personas: *andar en* ⌣.

dímetro. m. En la poesía clásica, verso que consta de dos metros o pies.

diminutivo, va. adj. Que tiene cualidad de disminuir o reducir a menos una cosa. || Díc. del sufijo que reduce la magnitud del significado del vocablo al que se une: *-illa*, en tenac**illa**, de tenaza. || m. Palabra formada con sufijo diminutivo.

diminuto, ta. adj. Defectuoso, falto de lo que

sirve para complemento o perfección. || Excesivamente pequeño.

dimisión. ≅abdicación. f. Renuncia de un cargo que se desempeña.

dimisionario, ria. adj. y s. Que presenta o ha presentado la dimisión: *vi al obispo ⁓ de Ávila.*

dimitir. intr. Comunicar alguien a la autoridad correspondiente la renuncia del cargo que desempeña.

dimorfismo. m. Cualidad de ciertos minerales que presentan dos formas cristalinas pertenecientes a clases de simetría distintas. || *Zool.* Fenómeno en virtud del cual en una misma especie aparecen dos formas diferentes de individuos. El más general y típico es el dimorfismo sexual.

dina. f. Unidad de fuerza en el sistema cegesimal, que equivale a la fuerza necesaria para comunicar a la masa de un gramo la aceleración de un centímetro por segundo.

dinamarqués, sa. ≅danés. adj. y s. De Dinamarca.

dinámica. f. Parte de la mecánica, que trata de las leyes del movimiento en relación con las fuerzas que lo producen.

dinámico, ca. adj. Relativo a la fuerza cuando produce movimiento. || Relativo a la dinámica. || fig. y fam. Díc. de la persona notable por su energía y actividad.

dinamismo. m. Energía activa y propulsora. || Actividad, presteza, diligencia grandes.

dinamita. f. Mezcla explosiva de nitroglicerina con un cuerpo muy poroso, que la absorbe, para que sin perder la fuerza dinámica de aquélla, se eviten los riesgos de su manejo y transporte.

dinamitar. tr. Volar con dinamita alguna cosa.

dinamitero, ra. adj. y s. Persona que destruye algo con dinamita.

dinamo o **dínamo.** f. Máquina destinada a transformar la energía mecánica (movimiento) en energía eléctrica (corriente), o viceversa, por inducción electromagnética, debida generalmente a la rotación de cuerpos conductores en un campo magnético.

dinamómetro. m. Instrumento que sirve para apreciar la resistencia de las máquinas y evaluar las fuerzas motrices.

dinar. m. Unidad monetaria de Argelia, Bahrein, Irak, Jordania, Kuwait, Libia, Tunicia, República Popular Democrática del Yemen y Yugoslavia.

dinasta. m. Príncipe o señor que reinaba con el consentimiento o bajo la dependencia de otro soberano.

dinastía. f. Serie de príncipes soberanos en un determinado país, pertenecientes a una familia. || Familia en cuyos individuos se perpetúa el poder o la influencia política, económica, cultural, etc.

dinástico, ca. adj. Relativo a la dinastía.

dinerada. f. Cantidad grande de dinero. || Moneda antigua que equivalía a un maravedí de plata.

dineral. m. Cantidad grande de dinero.

dinero. m. Moneda corriente. || Medio de cambio de general aceptación que puede ser declarado medio legal de pago, constituido por piezas metálicas acuñadas, billetes u otros instrumentos fiduciarios. || fig. y fam. Caudal, fortuna: *José es hombre de ⁓ , pero no tiene tanto como se cree.*

dinornis. m. Especie de avestruz antediluviano, de tamaño gigantesco.

dinosaurio. adj. y s. Díc. de ciertos reptiles fósiles que son los animales terrestres más grandes que han existido; vivieron en la época mesozoica. P. e., el diplodoco.

dinoterio. m. Proboscidio fósil que vivió en el período mioceno. Era semejante a un elefante, pero con los incisivos de la mandíbula inferior curvados hacia abajo y hacia atrás.

dintel. ≅cargadero. m. Parte superior de las puertas, ventanas y otros huecos que carga sobre las jambas.

dintelar. tr. Hacer dinteles o construir una cosa en forma de dintel.

diocesano, na. adj. Relativo a la diócesis: *sínodo ⁓.*

diócesis. f. Territorio en que tiene jurisdicción espiritual un obispo.

diodo. m. Válvula electrónica que consta de un ánodo frío y de un cátodo caldeado. Se emplea como rectificador.

dioico, ca. adj. Díc. de las plantas que tienen los órganos sexuales masculinos en distinto pie que los femeninos; por ejemplo, los pinos y las palmeras. También se dice de esos órganos sexuales.

dionisiaco, ca o **dionisíaco, ca.** adj. Relativo a Baco, llamado en griego Dionisos.

dionisias. f. pl. Fiestas dedicadas a Dioniso, llamadas también *dionisíacas.* Eran campestres, orgiásticas o mistéricas. Las más famosas fueron las celebradas en Ática. (ss. v y iv a. C.).

dioptría. f. Unidad de medida usada por los oculistas y que equivale al poder refringente de una lente cuya distancia focal es de un metro.

diorama. m. Panorama en que los lienzos que mira el espectador son transparentes y pintados por las dos caras; haciendo que la luz ilumine unas veces sólo por delante y otras por detrás, se

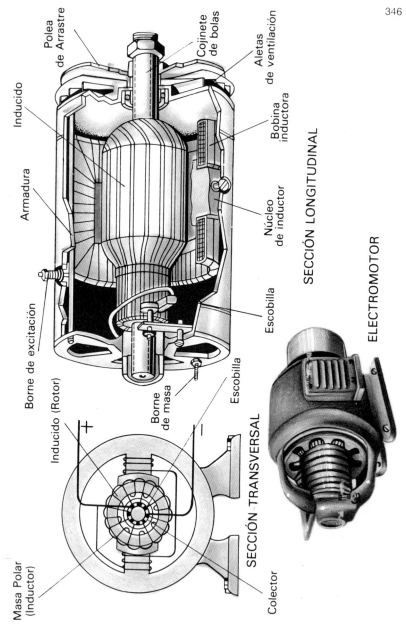

DINAMO

Polea de Arrastre

Cojinete de bolas

Aletas de ventilación

Inducido

Bobina inductora

Armadura

Núcleo de inductor

Borne de excitación

Escobilla

SECCIÓN LONGITUDINAL

ELECTROMOTOR

Inducido (Rotor)

Borne de masa

Escobilla

Masa Polar (Inductor)

SECCIÓN TRANSVERSAL

Colector

consigue ver en un mismo sitio dos cosas distintas.

diorita. f. Roca de textura granuda igual que el granito, al que acompaña.

dios. m. Cualquiera de las deidades de las religiones politeístas; *el* ∿ *Apolo.*

Dios. En las religiones monoteístas y en el deísmo, nombre sagrado del Supremo Ser, Creador del universo.

diosa. f. Deidad de sexo femenino.

dioscoreáceo, a o **dioscóreo, a.** adj. y f. Díc. de plantas herbáceas angiospermas, frecuentemente con raíces tuberosas o rizomas, como el ñame. || f. pl. Familia de estas plantas.

diosma. f. Planta rutácea de Argentina.

dióxido. m. Combinación de un radical simple o compuesto con dos átomos de oxígeno. ◆ **de carbono.** Gas incoloro e inodoro (CO_2). Es utilizado por las plantas verdes para la síntesis de los hidratos de carbono (v. *fotosíntesis*).

dipétalo, la. adj. Corola que tiene dos pétalos, y de la flor que tiene esta corola.

diplodoco. m. Reptil fósil, dinosaurio, de gran tamaño.

diploma. m. Documento oficial para conferir honores, privilegios, etc. || Título o credencial que expiden ciertas entidades para acreditar un grado académico, una prerrogativa, un premio, etc.

diplomacia. f. Ciencia o conocimiento de los intereses y relaciones de unas naciones con otras. || Servicio de los Estados en sus relaciones internacionales. || fig. y fam. Cortesanía aparente e interesada. || fig. y fam. Habilidad, sagacidad y disimulo.

diplomado, da. m. y f. Persona que ha obtenido un diploma o título.

diplomar. tr. Conceder a uno un diploma facultativo o de aptitud. || prnl. Obtenerlo, graduarse.

diplomática. f. Estudio científico de los diplomas y otros documentos. || Diplomacia, ciencia de las relaciones internacionales.

diplomático, ca. adj. Perteneciente al diploma. || Perteneciente a la diplomacia. || Aplícase a los negocios de Estado y a las personas que intervienen en ellos. Apl. a pers., ú. t. c. s. || fig. y fam. Circunspecto, sagaz, disimulado.

diplopía. f. Fenómeno morboso que consiste en ver dobles los objetos.

dipneo, a. adj. y s. Que está dotado de respiración branquial y pulmonar.

dipsacáceo, a o **dipsáceo, a.** adj. y f. Díc. de plantas angiospermas dicotiledóneas, herbáceas,

como la cardencha. || f. pl. Familia de estas plantas.

díptero. adj. Díc. del edificio que tiene dos costados salientes, y también de la estatua que tiene dos alas. || Díc. del insecto que sólo tiene dos alas membranosas y con aparato bucal dispuesto para chupar, como la mosca. Ú. t. c. s. || m. pl. Orden de estos insectos.

dipterocarpáceo, a o **dipterocárpeo, a.** adj. y f. Díc. de plantas leñosas angiospermas, dicotiledóneas, con fruto capsular con una semilla, como el mangachapuy. || f. pl. Familia de estas plantas.

díptico. m. Cuadro o bajo relieve formado con dos tableros que se cierran como las tapas de un libro.

diptongar. tr. Unir dos vocales formando en la pronunciación una sola sílaba. || intr. Convertirse en diptongo una vocal, como la *o* de *poder* en *puedo.*

diptongo. m. Conjunto de dos vocales diferentes, una abierta (a, e, o) y otra débil (i, u), o de dos débiles, que se pronuncian en una sola sílaba.

diputación. f. Conjunto de los diputados. || Ejercicio del cargo de diputado. || Nombre de distintas entidades de carácter político-administrativo.

diputado, da. m. y f. Persona nombrada por un cuerpo para representarlo. || Persona nombrada por elección popular como representante de una cámara legislativa.

dique. m. Muro artificial hecho para contener las aguas. || Cavidad revestida de fábrica, situada en la orilla de una dársena u otro sitio abrigado y en la cual entran los buques para limpiar o carenar en seco. || fig. Cosa con que es contenida otra.

dirección. f. Acción y efecto de dirigir. || Rumbo que un cuerpo sigue en su movimiento. || Conjunto de personas encargadas de dirigir una sociedad, establecimiento, explotación, etc. || Cargo de director. || Despacho del director. || Domicilio de una persona. || Señas escritas sobre una carta, fardo, caja o cualquier otro bulto, para indicar dónde y a quien se envía. || Mecanismo que sirve para guiar los vehículos automóviles.

directivo, va. adj. y s. Que tiene facultad o virtud de dirigir. || f. Mesa o junta de gobierno de una corporación, sociedad, etc.

directo, ta. adj. Derecho o en línea recta. || Díc. de lo que va de una parte a otra sin detenerse en los puntos intermedios. || En televisión y radio, díc. que la emisión es en directo cuando se trasmite sin mediar grabación, filmación o registro.

director, ra. ≅dirigente. adj. Que dirige. Ú. t. c. s. || m. y f. Persona a cuyo cargo está la dirección de un negocio, establecimiento, administración, etc.

directorio, ria. adj. Díc. de lo que es a propósito para dirigir. || m. Conjunto de direcciones o nombres, generalmente catalogados alfabéticamente, de utilidad en un tema concreto. || Junta directiva de ciertas asociaciones, partidos, etc.

directriz. adj. Dícese de la línea, figura o superficie que determina las condiciones de generación de otras. || f. Conjunto de instrucciones o normas generales para la ejecución de alguna cosa. Ú. m. en pl.

dirham. m. Unidad monetaria de Marruecos y de la Unión de Emiratos Árabes.

dirigente. com. Persona que ejerce función o cargo directivo en una asociación, organismo o empresa.

dirigible. adj. Que puede ser dirigido. || m. Globo aerostático que puede dirigirse a voluntad.

dirigir. ≅guiar. ≅orientar. tr. Enderezar, llevar rectamente una cosa hacia un término o lugar señalado. Ú. t. c. prnl. || Poner a una carta, fardo, caja o cualquier otro bulto la dirección. || Orientar, guiar, aconsejar a quien realiza un trabajo.

dirimente. adj. Que dirime.

dirimir. tr. Deshacer, desunir: ∽ el matrimonio. || Acabar una controversia.

disartria. f. Dificultad para la articulación de las palabras.

discerniente. p. a. de discernir. Que discierne.

discernimiento. m. Juicio por cuyo medio percibimos y declaramos la diferencia que existe entre varias cosas.

discernir. ≅diferenciar. tr. Distinguir una cosa de otra, señalando la diferencia que hay entre ellas.

disciplina. f. Doctrina, instrucción de una persona, especialmente en lo moral. || Arte, facultad o ciencia. || Observancia de las leyes y ordenamientos de una profesión o instituto. || Instrumento que sirve para azotar. Ú. m. en pl. || Acción y efecto de disciplinar.

disciplinado, da. adj. Que observa la disciplina.

disciplinar. tr. Instruir, enseñar a uno su profesión. || Azotar. || Hacer guardar la disciplina, observancia de las leyes.

disciplinario, ria. adj. Relativo o perteneciente a la disciplina. || Díc. de los cuerpos militares

formados con soldados condenados a alguna pena: batallón ∽.

discípulo, la. m y f. Persona que aprende una doctrina, ciencia o arte bajo la dirección de un maestro. || Persona que sigue la opinión de una escuela.

disco. m. Figura plana y circular. || Tejo lenticular que se lanza en determinadas pruebas atléticas. || Lámina circular de material termoplástico empleada en la grabación y reproducción fonográfica. || Cada uno de los tres círculos luminosos de que consta un semáforo de circulación. || Placa magnética que se utiliza como soporte de datos en los ordenadores. || fig. y fam. Discurso o explicación pesada. || **óptico.** Informática. Disco en el que la grabación y lectura digital se efectúan mediante un proceso óptico.

discóbolo. m. Atleta que arrojaba el disco en los juegos antiguos.

discografía. f. Relación de discos fonográficos relativos a diversas materias, obras, autores o intérpretes.

discográfico, ca. adj. Relativo a la discografía.

El discóbolo, por Mirón. Museo de las Termas. Roma

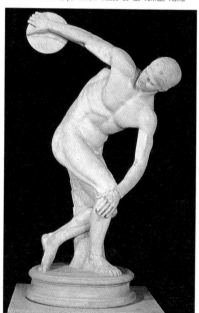

discoidal. adj. A manera de disco.

díscolo, la. adj. y s. Avieso, indócil, perturbador.

disconformidad. f. Diferencia de una cosa con otras en cuanto a su esencia, forma o fin. || Oposición, desunión, contrariedad en los dictámenes o en las voluntades.

discontinuar. tr. Romper o interrumpir la continuación de una cosa.

discontinuidad. f. Calidad de discontinuo.

discontinuo, nua. adj. Interrumpido, intermitente o no continuo.

discordancia. f. Contrariedad, diversidad, disconformidad.

discordar. intr. Ser opuestas, desavenidas o diferentes entre sí dos o más cosas. || No convenir uno en opiniones con otro.

discorde. adj. Disconforme, desavenido, opuesto.

discordia. ≅desacuerdo. ≅disconformidad. ◁concordia. f. Oposición, desavenencia de voluntades. || Diversidad y contrariedad de opiniones.

discoteca. f. Colección de discos fonográficos. || Local o mueble en que se alojan esos discos debidamente ordenados. || Local público para bailar.

discreción. ≅mesura. ≅prudencia. ≅recato. f. Sensatez para formar juicio y tacto para hablar u obrar. || Don de expresarse con agudeza, ingenio y oportunidad. || Reserva, prudencia, circunspección.

discrecional. adj. Que se hace libre y prudencialmente. || Se dice de la potestad gubernativa en las funciones de su competencia que no están regladas.

discrepancia. f. Diferencia, desigualdad. || Disentimiento personal en opiniones o en conducta.

discrepante. adj. Que discrepa.

discrepar. intr. Diferenciarse una cosa de otra. || Disentir una persona del parecer o de la conducta de otra.

discreto, ta. ≅juicioso. ≅prudente. adj. Dotado de discreción. Ú. t. c. s. || Que incluye o denota discreción. || Separado, distinto. || No extraordinario, regular, moderado.

discriminación. f. Acción y efecto de discriminar.

discriminar. tr. Separar, distinguir, diferenciar una cosa de otra. || Dar trato de inferioridad a una persona o colectividad por motivos raciales, religiosos, políticos, etc.

discriminatorio, ria. adj. Que discrimina.

disculpa. ≅excusa. ≅pretexto. f. Razón que se da y causa que se alega para excusarse de algo.

disculpable. adj. Que merece disculpa.

disculpar. ≅absolver. ≅defender. ≅excusar. ≅perdonar. ◁inculpar. tr. Dar razones o pruebas que descarguen de una culpa o delito. Ú. t. c. prnl. || fam. No tomar en cuenta o perdonar las faltas y omisiones que otro comete.

discurrir. intr. Andar, caminar, correr por diversas partes y lugares. || Correr, transcurrir el tiempo; fluir un líquido. || fig. Reflexionar acerca de una cosa. || tr. Inventar una cosa. || Conjeturar.

discurso. m. Facultad racional con que se infieren unas cosas de otras. || Reflexión, raciocinio sobre algunos antecedentes o principios. || Serie de las palabras y frases empleadas para manifestar lo que se piensa o siente. || Razonamiento de alguna extensión dirigido por una persona a otra u otras.

discusión. ≅debate. ≅disputa. f. Acción y efecto de discutir.

discutible. adj. Que se puede o se debe discutir.

discutir. tr. Examinar y ventilar atenta y particularmente una materia. || Contender y alegar razones contra el parecer de otro. Ú. m. c. intr.

disecar. tr. Dividir en partes un vegetal o el cadáver de un animal. || Preparar los animales muertos para que conserven la apariencia de cuando estaban vivos.

disección. f. Acción y efecto de disecar.

diseminación. f. Acción y efecto de diseminar.

diseminar. tr. y prnl. Sembrar, esparcir.

disensión. ≅desacuerdo. ≅disconformidad. f. Oposición o contrariedad de varios sujetos en los pareceres o en los propósitos. || fig. Contienda, riña.

disentería. f. Enfermedad infecciosa que se caracteriza por diarrea con pujos y alguna mezcla de sangre.

disentir. intr. No ajustarse al sentir o parecer de otro; opinar de modo distinto.

diseñador, ra. m. y f. Persona que diseña.

diseñar. tr. Hacer un diseño.

diseño. ≅boceto. ≅croquis. m. Traza, delineación de un edificio, de una figura, de un vestido o de un folleto, libro, encuadernación, etc. || Descripción o bosquejo de alguna cosa, hecho por palabras.

disépalo, la. adj. Díc. del cáliz o de la flor que tiene dos sépalos.

disertación. ≅conferencia. ≅discurso. f. Acción y efecto de disertar. || Escrito o pieza oratoria en que se diserta.

disertador, ra. m. y f. Persona que diserta.

disertar. intr. Razonar, discurrir detenida y metódicamente sobre alguna materia.

disforme. adj. Que carece de forma regular, proporción y medida en sus partes. || Feo, horroroso.

disfraz. m. Artificio de que se usa para desfigurar una cosa con el fin de que no sea conocida. || Traje de máscara. || fig. Simulación para dar a entender cosa distinta de lo que se siente.

disfrazar. tr. Desfigurar la forma natural de las personas o de las cosas. Ú. t. c. prnl. || fig. Disimular, desfigurar con palabras y expresiones lo que se siente.

disfrutar. ◁aburrir. tr. Percibir o gozar los productos y utilidades de una cosa. || intr. Con la prep. *de*, tener alguna condición buena o gozar de comodidad. Ú. t. c. tr.

disfunción. f. Alteración cuantitativa o cualitativa de una función orgánica.

disgregación. f. Acción y efecto de disgregar.

disgregar. ◁congregar. tr. y prnl. Separar, desunir, apartar lo que estaba unido.

disgustado, da. adj. Desazonado, desabrido, incomodado. || Apesadumbrado, pesaroso.

disgustar. tr. Causar disgusto y desabrimiento al paladar. || fig. Causar enfado, pesadumbre o desazón. Ú. t. c. prnl. || prnl. Desazonarse uno con otro.

disgusto. ≅contienda. ≅repugnancia. m. Desazón, desabrimiento causado en el paladar por una comida o bebida. || fig. Encuentro enfadoso con uno. || fig. Sentimiento, pesadumbre e inquietud causados por un accidente o una contrariedad. || fig. Fastidio, tedio o enfado que causa una persona o cosa.

disidencia. ≅cisma. ≅escisión. f. Acción y efecto de disidir. || Grave desacuerdo de opiniones.

disidente. adj. y s. Que diside. Aplícase especialmente al que mantiene opiniones y posiciones contrarias a las del sistema social de que depende.

disidir. intr. Separarse de la común creencia o doctrina.

disimilar. tr., intr. y prnl. Alterar la articulación de un sonido del habla diferenciándolo de otro igual o semejante.

disimulación. f. Acción y efecto de disimular. || Disimulo. || Tolerancia afectada de una incomodidad o de un disgusto.

disimulado, da. ≅engañoso. ≅falso. ≅hipócrita. adj. y s. Que por hábito o carácter disimula o no da a entender lo que siente.

disimular. ≅fingir. ≅ocultar. ≅perdonar. ≅permitir. tr. Encubrir con astucia la intención. || Ocultar, encubrir algo que uno siente y padece. || Tolerar algo, afectando ignorarlo o no dándolo importancia. || Disfrazar, desfigurar las cosas, representándolas con artificio distintas de lo que son. || Ocultar una cosa, mezclándola con otra para que no se conozca.

disimulo. m. Arte con que se oculta lo que se siente, se sospecha o se sabe. || Indulgencia, tolerancia.

disipación. f. Acción y efecto de disipar. || Conducta de una persona entregada enteramente a las diversiones.

disipado, da. adj. y s. Disipador. || Distraído, entregado a diversiones.

disipador, ra. adj. y s. Que destruye y malgasta la hacienda o caudal.

disipar. ≅derrochar. ≅desaparecer. ≅dispersar. tr. Esparcir y desvanecer las partes que forman por aglomeración un cuerpo. Ú. t. c. prnl. || Desperdiciar, malgastar. || prnl. Evaporarse, resolverse en vapores. || fig. Desvanecerse, quedar en nada una cosa.

diskjockey. com. Persona encargada de seleccionar los discos que se ponen en una discoteca, y por extensión, la que en algunos programas musicales radiofónicos comenta y selecciona los discos emitidos.

dislalia. f. Dificultad de articular las palabras.

dislexia. f. Incapacidad parcial de leer comprendiendo lo que se lee, causada por una lesión en el cerebro. || Estado patológico en el cual, aunque es posible leer, la lectura resulta difícil o penosa.

dislocación. f. Acción y efecto de dislocar. Dícese por lo común de los huesos.

dislocar. ≅descoyuntar. ≅desencajar. tr. Sacar una cosa de su lugar. Ú. m. c. prnl., hablando de huesos y articulaciones.

disloque. m. fam. El colmo, cosa excelente.

dismenorrea. f. Menstruación dolorosa o difícil.

disminución. f. Merma o menoscabo de una cosa.

disminuido, da. adj. y s. Díc. de la persona que tiene incompletas sus facultades físicas o psíquicas.

disminuir. ≅aminorar. ≅mermar. ◁aumentar. tr., intr. y prnl. Hacer menor la extensión, la intensidad o número de alguna cosa.

dismnesia. f. Debilidad de la memoria.

disnea. f. Dificultad de respirar.

disneico, ca. adj. Que padece disnea. Ú. t. c. s. || Perteneciente a la disnea.

disociación. f. Acción y efecto de disociar.

disociar. tr. y prnl. Separar una cosa de otra a la que estaba unida. || Separar los diversos componentes de una substancia.

disolución. f. Acción y efecto de disolver. || Mezcla que resulta de disolver cualquier substancia en un líquido. || fig. Relajación de vida y costumbres. || fig. Relajación y rompimiento de los lazos o vínculos existentes entre varias personas.

disoluto, ta. adj. y s. Licencioso, entregado a los vicios.

disolvente. adj. y s. Que disuelve.

disolver. ≅desleír. tr. y prnl. Desunir, separar las partículas o moléculas de un cuerpo sólido o espeso, por medio de un líquido con el cual se incorporan. || Separar, desunir las cosas que estaban unidas de cualquier modo. || Deshacer, destruir, aniquilar.

disonancia. ◁asonancia. f. Sonido desagradable. || fig. Falta de la conformidad o proporción que naturalmente deben tener algunas cosas. || *Mús.* Acorde no consonante.

disonante. adj. Que disuena. || fig. Que no es regular o discrepa de aquello con que debiera ser conforme.

disonar. ◁armonizar. intr. Sonar desapaciblemente. || fig. Discrepar, carecer de conformidad y correspondencia algunas cosas que debieran tenerla. || fig. Parecer mal y extraña una cosa.

disosmia. f. Dificultad en la percepción de los olores.

dispar. adj. Desigual, diferente.

disparador. m. El que dispara. || Pieza de un arma de fuego que sirve para dispararla. || Pieza que sirve para hacer funcionar el obturador automático de una cámara fotográfica.

disparar. tr. Hacer que una máquina despida el cuerpo arrojadizo. || Arrojar o despedir con violencia una cosa. Ú. t. c. prnl. || Hacer funcionar un disparador. || prnl. Hablar u obrar con extraordinaria violencia y, por lo común, sin razón.

disparatado, da. adj. Contrario a la razón. || fam. Atroz, desmesurado.

disparatar. ≅desatinar. ≅desbarrar. intr. Decir o hacer una cosa fuera de razón y regla.

disparate. m. Hecho o dicho disparatado. || fam. Atrocidad, demasía.

disparidad. f. Desemejanza, desigualdad y diferencia de unas cosas respecto de otras.

disparo. ≅tiro. m. Acción y efecto de disparar.

dispendio. m. Gasto excesivo, por lo general innecesario. || fig. Uso o empleo excesivo de hacienda, tiempo o cualquier caudal.

dispensa. f. Privilegio, excepción graciosa de lo ordenado por las leyes generales, y más comúnmente el concedido por el Papa o por un obispo.

dispensar. tr. Dar, conceder, otorgar, distribuir. || Eximir de una obligación, o de lo que se quiere considerar como tal. Ú. t. c. prnl. || Absolver de falta leve.

dispensario. m. Establecimiento destinado a prestar asistencia médica y farmacéutica a enfermos que no se alojan en él.

dispepsia. f. Enfermedad crónica caracterizada por la digestión laboriosa e imperfecta.

dispersar. tr. Separar y diseminar lo que estaba o solía estar reunido. Ú. t. c. prnl. || Dividir el esfuerzo, la atención o la actividad.

dispersión. f. Acción y efecto de dispersar o dispersarse.

disperso, sa. adj. Disgregado, diseminado.

display. m. En la técnica digital, indicador numérico utilizado para visualizar una determinada información variable o fija. || *Inform.* Terminal de salida de información de un ordenador, capaz de editar los resultados en algún medio físico.

displicencia. f. Desagrado o indiferencia en el trato. || Desaliento en la ejecución de un hecho.

displicente. adj. Dic. de lo que desplace, desagrada y disgusta. || Descontentadizo, desdeñoso, desabrido o de mal humor. Ú. t. c. s.

disponer. tr. Colocar, poner las cosas en orden y situación conveniente. Ú. t. c. prnl. || Deliberar, determinar, mandar lo que ha de hacerse. || Preparar, prevenir. Ú. t. c. prnl. || intr. Ejercitar en las cosas facultades de dominio. || Valerse de una persona o cosa: *disponemos de poco tiempo.* || prnl. Prepararse para hacer algo.

disponibilidad. f. Cualidad o condición de disponible. || Conjunto de fondos o bienes disponibles en un momento dado. Ú. m. en pl.

disponible. adj. Dic. de todo aquello de que se puede disponer libremente. || Aplícase a la situación del militar o funcionario en servicio activo sin destino, pero que puede ser destinado inmediatamente.

disposición. ≅colocación. ≅ordenación. f. Acción y efecto de disponer. || Aptitud, proporción para algún fin. || Estado de la salud. || Gallardía y gentileza en la persona. || Desembarazo, soltura

dispositivo – disuasivo

352

en preparar y despachar las cosas que uno tiene a su cargo. || Deliberación, mandato.

dispositivo, va. adj. Díc. de lo que dispone. || m. Mecanismo o artificio dispuesto para obtener un resultado automático.

dispuesto, ta. adj. Apuesto. || Hábil, despejado.

disputa. ≅debate. ≅discusión. f. Acción y efecto de disputar.

disputar. tr. Debatir. || Porfiar y altercar con calor y vehemencia. Ú. c. intr. con las partículas *de, sobre, acerca de,* etc. || Contender, emular con otro para alcanzar o defender alguna cosa. Ú. t. c. prnl.

disquete. m. En informática, disco de material plástico magnetizable, de entre 10 y 20 cm. de diámetro, que sirve de soporte para grabar datos.

distancia. f. Espacio o intervalo de lugar o de tiempo que media entre dos cosas o sucesos. || fig. Diferencia, desemejanza notable entre unas cosas y otras. || fig. Alejamiento, desvío, desafecto entre personas.

distanciamiento. m. Acción y efecto de distanciar o distanciarse. || Enfriamiento en la relación amistosa y disminución de la frecuencia en el trato entre dos personas. || Alejamiento afectivo o intelectual de una persona en relación con un grupo humano, una institución, una ideología, una creencia o una opinión.

distanciar. ◁acercar. tr. y prnl. Separar, apartar, poner a distancia. || Desunir o separar moralmente a las personas por desafecto, diferencias de opinión, etc.

distante. adj. Apartado, remoto, lejano.

distar. ≅diferir. ≅discrepar. intr. Estar apartada una cosa de otra cierto espacio de lugar o de tiempo. || fig. Diferenciarse notablemente una cosa de otra.

distender. tr. Aflojar, relajar.

distensión. f. Acción y efecto de distender.

dístico. m. Composición poética que sólo consta de dos versos.

distinción. f. Acción y efecto de distinguir. || Diferencia en virtud de la cual una cosa no es otra, o no es semejante a otra. || Prerrogativa, excepción y honor concedido a uno. || Buen orden, claridad y precisión en las cosas. || Elevación sobre lo vulgar, especialmente en elegancia y buenas maneras. || Miramiento y consideracioón hacia una persona: *tratar a uno con* ∿.

distinguido, da. ◁vulgar. adj. Ilustre, aventajado entre los suyos, esclarecido.

distinguir. ≅caracterizar. ≅diferenciar. ≅dis-

cernir. ≅divisar. ≅honrar. ◁confundir. tr. Conocer la diferencia que hay de unas cosas a otras. || Hacer que una cosa se diferencie de otra. Ú. t. c. prnl. || Hablando de cualidades o procederes, caracterizar a una persona o cosa. || Ver un objeto, diferenciándolo de los demás, a pesar de la lejanía. || Hacer particular estimación de unas personas prefiriéndolas a otras. || Otorgar a uno alguna dignidad, prerrogativa, etc. || prnl. Descollar, sobresalir entre otros.

distintivo, va. adj. Que tiene facultad de distinguir. || m. Insignia, señal, marca.

distinto, ta. ≅diferente. ≅diverso. adj. Que no es lo mismo. || Inteligible, claro, sin confusión.

distorsión. f. Acción y efecto de distorsionar. || Torsión de una parte del cuerpo. || fig. Acción de presentar o interpretar hechos, intenciones, etc., deformándolos de modo intencionado.

distorsionar. tr. Torcer, tergiversar, deformar.

distracción. ≅diversión. ≅entretenimiento. f. Acción y efecto de distraer. || Cosa que atrae la atención apartándola de aquello a que está aplicada.

distraer. tr. Entretener, recrear. Ú. t. c. prnl. || Apartar la atención de una persona del objeto a que la aplicaba o a que debía aplicarla. Ú. t. c. prnl. || Tratándose de fondos, malversarlos, defraudarlos.

distraído, da. adj. y s. Persona que, por distraerse con facilidad, habla u obra sin darse cuenta cabal de sus palabras o de lo que pasa a su alrededor.

distribución. ≅división. ≅reparto. f. Acción y efecto de distribuir. || Reparto comercial.

distribuidor, ra. adj. y s. Que distribuye.

distribuir. tr. Dividir una cosa entre varios. || Dar a cada cosa su oportuna colocación o el destino conveniente. Ú. t. c. prnl. || Entregar una mercadería a los vendedores y consumidores.

distributivo, va. adj. Que toca o atañe a la distribución.

distrito. m. Cada una de las demarcaciones en que se subdivide un territorio o una población.

distrofia. f. Estado patológico que afecta a la nutrición y al crecimiento.

disturbio. m. Alteración, turbación de la paz y concordia.

disuadir. ≅desaconsejar. ◁animar. tr. Inducir a uno con razones a mudar de dictamen o a desistir de un propósito.

disuasión. f. Acción y efecto de disuadir.

disuasivo, va. adj. Que disuade o puede disuadir.

disuasorio, ria. adj. Disuasivo.

disuelto, ta. p. p. irreg. de disolver.

disuria. f. Expulsión difícil, dolorosa e incompleta de la orina.

disyunción. f. Acción y efecto de separar y desunir. || *Ret.* Figura que consiste en que cada oración lleve todas sus partes necesarias sin que necesite de ninguna otra para su perfecto sentido.

disyuntiva. f. Alternativa entre dos cosas por una de las cuales hay que optar.

disyuntivo, va. adj. Díc. de lo que tiene la cualidad de desunir o separar.

disyuntor. m. Aparato eléctrico que abre y cierra automáticamente el paso de la corriente eléctrica.

ditirámbico, ca. adj. Perteneciente o relativo al ditirambo.

ditirambo. m. Composición poética en loor de Baco. || Composición poética inspirada en un arrebatado entusiasmo y escrita generalmente en variedad de metros. || fig. Alabanza exagerada, encomio excesivo.

diuresis. f. Secreción de la orina.

diurético, ca. adj. y m. Díc. de lo que tiene virtud para aumentar la secreción y excreción de la orina.

diurno, na. adj. Perteneciente al día. || Aplícase

Sala de disyuntores

a los animales que buscan el alimento durante el día, y a las plantas que sólo de día tienen abiertas sus flores.

divagación. f. Acción y efecto de divagar.

divagar. intr. Separarse, al hablar, del asunto de que se trata.

diván. m. Supremo consejo que entre los turcos determinaba los negocios de Estado y justicia. || Sala en que se reunía este consejo. || Banco por lo común sin respaldo, y con almohadones sueltos.

divergencia. ≅diferencia. ≅discrepancia. f. Acción y efecto de divergir. || fig. Diversidad de opiniones o pareceres.

divergente. adj. Que diverge.

divergir. intr. Irse apartando sucesivamente unas de otras, dos o más líneas o superficies. || fig. Discordar, discrepar.

diversidad. f. Variedad, desemejanza, diferencia. || Abundancia, copia, concurso de varias cosas distintas.

diversificación. f. Acción y efecto de diversificar.

diversificar. tr. y prnl. Hacer diversa una cosa de otra. || Dar variedad a una cosa, darle varios aspectos.

diversión. f. Acción y efecto de divertir. || Recreo, pasatiempo, solaz.

diverso, sa. adj. De distinta naturaleza, especie, número, figura, etc. || pl. Varios, muchos.

divertido, da. adj. Alegre, festivo y de buen humor. || Que divierte.

divertir. ◁aburrir. tr. y prnl. Entretener, recrear. || Apartar, desviar, alejar..

dividendo. m. *Álg.* y *Arit.* Cantidad que ha de dividirse por otra. || *Com.* Parte de los beneficios de una sociedad de capitales atribuida a cada acción o a cada accionista.

dividir. ◁juntar. tr. Partir, separar en partes. || Distribuir, repartir entre varios. || fig. Desunir los ánimos y voluntades introduciendo discordia. || *Álg.* y *Arit.* Averiguar cuántas veces una cantidad, que se llama divisor, está contenida en otra, que se llama dividendo.

divieso. ≅forúnculo. m. Tumor inflamatorio, pequeño, puntiagudo y doloroso, que se forma en el espesor de la dermis.

divinidad. f. Naturaleza divina y esencia del ser de Dios en cuanto Dios. || fig. Persona o cosa dotada de gran hermosura.

divinizar. tr. Hacer o suponer divina a una persona o cosa. || fig. Ensalzar desmedidamente.

divino, na. adj. Perteneciente a Dios. || fig. Muy excelente.

divisa. ≅distintivo. ≅marca. f. Señal exterior para distinguir personas, grados u otras cosas. || Lazo de cintas de colores con que se distinguen en la lidia los toros de cada ganadero. || pl. Moneda extranjera.

divisar. tr. Ver, percibir, aunque confusamente, un objeto.

divisibilidad. f. Calidad de divisible.

divisible. adj. Que puede dividirse.

división. ≅partición. ≅repartición. f. Acción y efecto de dividir, separar o repartir. || fig. Discordia, desunión de los ánimos y opiniones. || *Álg.* y *Arit.* Operación de dividir.

divisor, ra. adj. y s. *Álg.* y *Arit.* Submúltiplo. || m. *Álg.* y *Arit.* Cantidad por la cual ha de dividirse otra.

divisorio, ria. adj. Díc. de lo que sirve para dividir o separar.

divo, va. adj. y s. Cantante de ópera o de zarzuela, de sobresaliente mérito.

divorciado, da. adj. y s. Díc. de la persona cuyo vínculo matrimonial ha sido disuelto jurídicamente.

divorciar. tr. y prnl. Disolver el matrimonio la autoridad pública. || fig. Separar, apartar personas que vivían en estrecha relación, o cosas que estaban o debían estar juntas.

divorcio. m. Acción y efecto de divorciar.

divulgación. f. Acción y efecto de divulgar.

divulgar. tr. y prnl. Publicar, extender, poner al alcance del público una cosa.

diyambo. m. Pie de la poesía griega y latina, compuesto de dos yambos, o sea de cuatro sílabas.

do. m. Primera nota de la escala músical. || adv. l. Donde.

doberman. adj. y s. Raza de perros de guarda de origen alemán, fruto de una sucesión de diferentes cruces a mediados del s. XIX.

dobladillo. m. Pliegue que como remate se hace a la ropa en los bordes.

doblador, ra. m. y f. Persona que dobla. || Actor o actriz que efectúa el doblaje de una película.

doblaje. m. Acción y efecto de doblar, en el cine sonoro.

doblar. ≅arquear. ≅duplicar. ≅plegar. ⊲enderezar. tr. Aumentar una cosa, haciéndola otro tanto más de lo que era. || Aplicar una sobre otra dos partes de una cosa flexible. || Torcer una cosa encorvándola. Ú. t. c. prnl. || Pasar a otro lado

de una esquina, cerro, etc. Ú. t. c. intr. || En el cine sonoro, substituir la voz del actor que aparece en la pantalla, por la de otra persona. || intr. Tocar a muerto. || Hacer un actor dos papeles en una misma obra.

doble. adj. Duplo. Ú. t. c. s. m. || Díc. de la cosa que va acompañada de otra semejante y que juntas sirven para el mismo fin. || Díc. del vaso de bebida mayor que el normal. Ú. t. c. s. || fig. Simulado, artificioso. Ú. t. c. s. || m. Doblez. || Toque de campanas por los difuntos. || Sosia, persona tan parecida a otra que puede substituirla en algunas escenas cinematográficas.

doblegar. ≅arquear. ≅encorvar. ⊲enderezar. tr. y prnl. Doblar o torcer encorvando. || fig. Hacer a uno que desista de un propósito y se preste a otro.

doblete. adj. Entre doble y sencillo. || m. Piedra falsa que ordinariamente se hace con dos pedazos de cristal delgados. || *Ling.* Pareja de palabras que tienen una etimología común.

doblez. ≅hipocresía. ≅pliegue. ≅simulación. m. Parte que se dobla o pliega en una cosa. || Señal que queda en la parte por donde se dobló. || amb. fig. Astucia con que uno obra, dando a entender lo contrario de lo que siente.

doblón. m. Moneda antigua de oro, con diferente valor, según las épocas.

doce. adj. Diez y dos.

doceavo, va. adj. y s. Cada una de las doce partes en que se divide un todo.

docena. f. Conjunto de doce cosas.

docencia. f. Práctica y ejercicio del docente.

docente. adj. Que enseña. Ú. t. c. s. || Perteneciente o relativo a la enseñanza.

dócil. adj. Suave, apacible, que recibe fácilmente la enseñanza. || Obediente. || Díc. del metal, piedra u otra cosa que se deja labrar con facilidad.

docilidad. f. Calidad de dócil.

docto, ta. ≅erudito. ≅instruido. ⊲necio. adj. y s. Que posee muchos conocimientos.

doctor, ra. m. y f. Persona que ha recibido el último y preeminente grado académico. || Título que la Iglesia da con particularidad a algunos santos. || Médico.

doctorado. m. Grado de doctor.

doctoral. adj. Perteneciente o relativo al doctor o al doctorado.

doctorar. tr. y prnl. Graduar de doctor a uno en una universidad.

doctrina. f. Enseñanza que se da para instrucción de alguno. || Opinión de uno o varios autores en cualquier materia. || Conjunto orgánico de ideas. || Clase de catecismo que se da a los niños en la parroquia.

doctrinario, ria. adj. Que atiende más a la doctrina y teorías abstractas que a su aplicación práctica.

documentación. f. Acción y efecto de documentar. || Conjunto de documentos que sirven para este fin. || Documento o conjunto de documentos, que sirven para identificación personal.

documentado, da. adj. Díc. de la persona que está bien informada acerca de un asunto.

documental. adj. Que se funda en documentos. || Díc. de las películas cinematográficas tomadas de la realidad con propósitos meramente informativos. Ú. t. c. s.

documentalista. com. Persona que se dedica a hacer cine documental. || Especialista encargado de la conservación y custodia de documentos antiguos. || Persona que tiene por oficio la preparación y elaboración de toda clase de datos bibliográficos, informes, noticias, etc., sobre una determinada materia.

documentar. tr. Probar una cosa con documentos. || Informar a uno acerca de un asunto. Ú. t. c. prnl.

documento. m. Escrito que ilustra acerca de un hecho. || fig. Cualquier cosa que sirve de prueba.

dodecaedro. m. Sólido de doce caras.

dodecafonía. f. Sistema musical atonal en el que se emplean indistintamente los doce intervalos cromáticos en que se divide la escala.

dodecágono, na. adj. y m. Polígono de doce ángulos y doce lados.

dodecasílabo, ba. adj. De doce sílabas.

dogal. m. Cuerda o soga con que se atan las caballerías por el cuello. || Cuerda para ahogar a un reo.

dogma. m. Principio innegable de una ciencia. || Punto fundamental de todo sistema, ciencia, doctrina y religión: ∿ *católico*.

dogmático, ca. adj. Relativo al dogma. || Díc. del autor que trata de los dogmas. || Díc. de quien profesa el dogmatismo. || Inflexible, que mantiene sus opiniones como verdades inconcusas.

dogmatismo. m. Conjunto de proposiciones que se tienen por principios innegables en una ciencia. || Presunción de los que quieren que sus aseveraciones sean tenidas por verdades inconcusas.

dogmatizar. tr. Enseñar los dogmas. Ú. t. c. intr. || Afirmar como innegable alguna cosa.

dólar. m. Unidad monetaria de Bahamas, Barbados, Belice, Brunei, Canadá, EE. UU., Fiji, Formosa, Guyana, Jamaica, Liberia, Nueva Zelanda, Puerto Rico, Salomón, Singapur, Trinidad y Tobago y Zimbabue. Su símbolo es $.

dolencia. f. Indisposición, achaque, enfermedad.

doler. intr. Padecer una parte del cuerpo: ∿ *la cabeza, las muelas*. || Causar disgusto o repugnancia. || prnl. Arrepentirse de una cosa. || Compadecerse del mal que otro padece. || Quejarse y explicar el dolor.

dolicocéfalo, la. adj. Persona de cabeza más larga que ancha.

doliente. adj. adj. Enfermo. Ú. t. c. s. || Dolorido.

dolmen. m. Monumento megalítico en forma de mesa.

dolo. m. Engaño, fraude, simulación: ∿ *de un contrato*. || Voluntad intencional, propósito de cometer un delito.

dolobre. m. Pico para labrar piedras.

dolomía o **dolomita.** Roca formada por el carbonato doble de cal y magnesio.

dolor. m. Sensación molesta y aflictiva de una parte del cuerpo. || Sentimiento, pena. || Pesar y arrepentimiento.

dolora. f. Breve composición poética de espíritu dramático, que envuelve un pensamiento filosófico, inventada por el poeta Campoamor.

dolorido, da. adj. Que siente dolor. || Apenado, afligido.

doloroso, sa. ≅lamentable. ≅penoso. adj.

Dolmen en San Vicente de Alcántara. Badajoz

Díc. de lo que causa dolor. || f. vulg. Cuenta, factura, importe.

doloso, sa. adj. Engañoso, fraudulento.

doma. f. Domadura de potros.

domador, ra. m. y f. Que doma. || Que maneja y exhibe fieras domadas.

domar. tr. Amansar y hacer dócil al animal. || fig. Sujetar, reprimir. || Hacer que una cosa dura adquiera flexibilidad.

domesticar. tr. Reducir, acostumbrar a la vista y compañía del hombre al animal fiero y salvaje. || fig. Moderar la aspereza de carácter de una persona. Ú. t. c. prnl.

doméstico, ca. adj. Relativo a la casa u hogar. || Díc. del animal que se cría en compañía del hombre. || Díc. del criado que sirve en una casa. Ú. m. c. s.

domiciliar. tr. Dar domicilio. || Autorizar pagos o cobros con cargo o abono a una cuenta existente en una entidad bancaria. || prnl. Establecer su domicilio en algún lugar.

domiciliario, ria. adj. Relativo al domicilio.

domicilio. m. Morada fija y permanente. || Lugar en que legalmente se considera establecida una persona. || Sede de una entidad.

dominación. f. Acción y efecto de dominar. || Señorío o imperio sobre un territorio.

dominante. ≅imperioso. ≅preponderante. adj. Que domina. || Díc. de la persona que quiere avasallar a otras; díc. también de su genio o carácter. || Que sobresale, prevalece.

dominar. tr. Tener dominio. || Contener, reprimir. || fig. Poseer a fondo una ciencia o arte. || Divisar una extensión considerable de terreno desde una altura. || intr. Sobresalir. || prnl. Reprimirse.

domingo. m. Primer día de la semana.

dominguero, ra. adj. fam. Que se suele usar en domingo. || Persona que hace determinadas cosas solamente en domingo. Ú. t. c. substantivo: *automovilista* ﹏.

dominguillo. ≅tentempié. ≅tentetieso. m. Muñeco que lleva un contrapeso en la base, y que, movido en cualquier dirección, vuelve siempre a quedar derecho.

domínica o **dominica.** f. En lenguaje eclesiástico, domingo. || Textos de la Escritura que corresponden a cada domingo.

dominical. adj. Relativo a la domínica o al domingo.

dominico, ca. adj. Religioso o religiosa de la Orden de Santo Domingo. Ú. t. c. s. || Relativo a

esta Orden. || *Amér. c., Col.* y *Cuba.* Especie de plátano. Ú. t. c. s.

dominio. m. Poder que uno tiene de usar y disponer de lo suyo. || Acción de dominar sobre algo o alguien. || Territorios sujetos a un Estado. Ú. m. en pl.

dominó. m. Juego que se hace con 28 fichas rectangulares, generalmente blancas y marcadas con puntos. || Conjunto de las fichas de este juego.

don. m. Dádiva, regalo. || Gracia especial o habilidad para hacer una cosa. || Tratamiento de respeto que se antepone a los nombres masculinos de pila.

donación. f. Acción y efecto de donar. || *Der.* Transmisión gratuita que una persona hace de una cosa que le pertenece, en favor de otra que la acepta.

donador, ra. adj. y s. Que hace donación. || Que hace un don, presente.

donaire. m. Discreción y gracia en lo que se dice. || Chiste. || Gentileza, agilidad de movimientos.

donante. adj. Que dona. || com. Persona que voluntariamente cede un órgano, sangre, etc., con fines terapéuticos.

donar. ◁quitar. tr. Traspasar uno graciosamente a otro alguna cosa.

donativo. m. Dádiva, regalo, cesión.

doncel. m. Joven noble aún no armado caballero. || Joven, adolescente. || Paje.

doncella. f. Mujer que no ha conocido varón. || Criada que sirve cerca de la señora.

donde. adv. relat. l. Indica una vaga relación local que solo se determina por su antecedente. Cuando las relaciones locales expresan movimiento, puede llevar las prep. correspondientes: *a* ﹏, indica el lugar de destino: *de* ﹏, el de procedencia u origen: *por* ﹏, el de lugar de tránsito: *hacia* ﹏, la dirección: *en* ﹏, el lugar de permanencia.

dondequiera. adv. l. En cualquiera parte.

dondiego. m. Planta exótica con fragantes flores que se abren al anochecer y se cierran al salir el Sol.

dongón. m. Árbol de Filipinas de 25 a 30 m. de altura, cuya madera fuerte y correosa, se emplea en construcciones navales.

donguindo. m. Variedad de peral de frutos más grandes que los ordinarios.

donjuán. m. Galanteador audaz y pendenciero.

donosidad. f. Gracia, chiste, gracejo.

donoso, sa. adj. Que tiene donaire y gracia: ⌐ *respuesta.*

donostiarra. adj. y s. De San Sebastián.

donosura. f. Donaire, gracia.

doña. f. Tratamiento de respeto que se aplica a las mujeres y precede a su nombre propio.

dopar. tr. En deportes, drogar.

dóping. m. En deportes, drogado, acción y efecto de drogarse.

dorada. f. Pez marino de dorso negro azulado y vientre blanco. Es comestible muy estimado. || *Cuba.* Especie de mosca venenosa.

dorado, da. adj. De color de oro o semejante a él. || fig. Esplendoroso, feliz: *edad* ⌐.

dorar. ≅atenuar. ≅paliar. ≅sobredorar. tr. Cubrir con oro. || Dar color de oro. || fig. Encubrir con apariencia agradable acciones malas o noticias desagradables. || fig. Tostar ligeramente una cosa de comer. Ú. t. c. prnl. || prnl. Tomar color dorado: *dorarse las cumbres.*

dorio, ria. adj. y s. Pueblo que, junto a eolios y jonios, formó la antigua Grecia.

dormilón, na. adj. y s. fam. Muy inclinado a dormir. || m. *Amér. m.* Especie de pajarillo.

dormir. intr. Descansar con el sueño. Ú. t. c. prnl. y tr. || Pernoctar. || fig. Descuidarse. Ú. m. c. prnl. || Sosegarse, apaciguarse. || prnl. Adormecerse un miembro.

dormitar. intr. Estar medio dormido.

dormitorio. m. Habitación para dormir. || Conjunto de muebles de esta habitación.

dorsal. adj. Relativo al dorso, espalda o lomo. || Díc. de la consonante que se articula con el dorso de la lengua *(ch, ñ, k).* Ú. t. c. s. f. || m. *Dep.* Trozo de tela con un número, que llevan a la espalda los participantes en muchos deportes.

dorso. m. Revés o espalda de una cosa.

dos. adj. Uno y uno. || Segundo: *año* ⌐. Aplicado a los días del mes, ú. t. c. substantivo: *el* ⌐ *de mayo.* || m. Signo con que se representa el número dos.

doscientos. adj. pl. Dos veces ciento. || m. Conjunto de signos con que se representa el número doscientos.

dosel. m. Mueble que a cierta altura cubre o resguarda el sitial o altar adelantándose en pabellón horizontal y cayendo detrás a modo de colgadura. || Antepuerta o tapiz.

dosificación. f. Determinación de la dosis de un medicamento.

dosificar. tr. Dividir o graduar la dosis de un medicamento. || Graduar otras cosas.

dosis. ʃʃdosis. f. Cantidad de medicina que se da al enfermo cada vez. || fig. Cantidad o porción de una cosa cualquiera.

dossier. (Voz francesa.) m. Conjunto de documentos que se refieren a un asunto.

dotación. f. Acción y efecto de dotar. || Tripulación de un buque de guerra. || Personal de una oficina, fábrica, taller, etc.

dotar. tr. Constituir dote a la mujer que va a tomar estado. || Señalar bienes para una fundación. || Dar, adornar: *Juan está dotado de extraordinarias facultades para la música.* || Asignar a una oficina, a un buque, etc., un número de empleados. || Asignar sueldo o haber. || Gozar una cosa de determinadas cualidades ventajosas.

dote. amb. Caudal que la mujer aporta al matrimonio o que entrega al ingresar en un convento o institución religiosa. || f. pl. Cualidades o aptitudes sobresalientes de una persona.

dovela. f. Piedra labrada en forma de cuña, para formar arcos o bóvedas.

dracma. f. Antigua moneda griega de plata. || Unidad monetaria de la Grecia actual.

draconiano, na. adj. Relativo a Dracón. || fig. Excesivamente severo.

draga. f. Máquina que se emplea para limpiar los puertos, ríos, etc. || Barco que lleva esta máquina.

dragaminas. m. Buque destinado a limpiar de minas los mares.

dragar. tr. Ahondar y limpiar con draga los puertos, ríos, etc.

Reverso de una dracma emporitana (siglo III a. de C.)

drago. m. Árbol liliáceo, originario de Canarias. En Icod de los Vinos (Tenerife) se conserva un ejemplar al que se atribuye una antigüedad de varios miles de años.

dragón. m. Animal fabuloso de figura de serpiente con pies y alas. || Reptil saurio cuya piel forma a los lados del abdomen una especie de paracaídas que ayuda a los saltos del animal. Vive en Filipinas.

Dragón. Constelación muy extensa del hemisferio boreal, que rodea en gran parte a la Osa Menor.

dragontea. f. Planta herbácea vivaz que se cultiva como adorno.

drama. m. Composición literaria en que se representa una acción de la vida con sólo el diálogo de los personajes que en ella intervienen. || Pieza teatral de tono menos elevado que la tragedia, donde a veces lo cómico se mezcla con lo trágico. || Género dramático: *este autor sobresale más en el ∼ que en la comedia.* || fig. Suceso conmovedor de la vida real.

dramático, ca. adj. Relativo al drama. || Propio de la poesía dramática. || Díc. del autor o actor de obras dramáticas. Ú. t. c. s. || fig. Capaz de conmover vivamente. || fig. Teatral, afectado.

dramatismo. m. Cualidad de dramático.

dramatizar. tr. Dar forma dramática. || Exagerar con apariencias dramáticas o afectadas.

dramaturgo. m. Autor de obras dramáticas.

dramón. m. Drama terrorífico y malo, especialmente exagerado y sensiblero.

drástico, ca. adj. fig. Riguroso, enérgico, radical, draconiano.

dravídico, ca. adj. Dícese de pueblos y lenguas no arios que ocupan la mayor parte meridional de la India.

drenaje. m. Acción y efecto de drenar.

drenar. tr. Avenar, desaguar. || Asegurar la salida de líquidos de una herida, acceso o cavidad.

dríade, dría o **dríada.** f. Ninfa de los bosques.

dribling. m. En fútbol, arte de controlar el balón, es decir, de conducirlo hacia adelante sin que se separe mucho de los pies.

dril. m. Tela fuerte de hilo o algodón crudos.

droga. f. Nombre genérico de ciertas substancias usadas en industria, medicina o química. || Substancia estimulante, deprimente, narcótica o alucinógena. || Estupefaciente. || fig. Trampa, ardid.

drogadicción. f. Hábito de quienes se dejan dominar por alguna droga.

drogadicto, ta. adj. y s. Persona habituada a las drogas, especialmente estupefacientes.

drogado, da. adj. Dícese de la persona que está bajo el efecto de alguna droga.

drogar. tr. Intoxicar con estupefacientes u otras drogas. || Administrar a personas y animales una droga con el fin de conseguir de ellos un rendimiento superior al esperado. Ú. t. c. pronominal.

drogata. com. En lenguaje de las drogas, persona habituada a ellas.

droguería. f. Tienda donde se venden productos de limpieza, pinturas, etc.

droguero, ra. m. y f. Propietario o empleado de una droguería.

dromedario. m. Artidáctilo rumiante del N. de África, muy semejante al camello, pero con sólo una giba adiposa en el dorso.

drosera. f. Planta droserácea, cuyas hojas, dotadas de pelos terminados en cabezuelas glandulosas, aprisionan al insecto que se posa sobre ellas.

droseráceo, a. adj. y f. Díc. de las plantas angiospermas dicotiledóneas herbáceas, como la drosera. || f. pl. Familia de estas plantas.

druida. m. Sacerdote celta.

drupa. f. Fruto de mesocarpio carnoso y una sola semilla, como el melocotón.

drupáceo, a. adj. De la naturaleza de la drupa o parecido a ella.

druso, sa. adj. Habitante de las cercanías del Líbano, que profesa una religión derivada de la mahometana. Ú. t. c. s. || Relativo a los drusos.

dualidad. f. Reunión de dos caracteres distintos en una misma persona o cosa. || Circunstancia de existir a un tiempo dos cosas de una misma especie.

dualismo. m. Sistema religioso y filosófico que explica el origen y naturaleza del universo por la acción de dos principios diversos y contrarios.

dualista. adj. y s. Partidario del dualismo.

dubitación. f. Duda. || Figura retórica que consiste en manifestar el orador duda o perplejidad ante lo que debe decir.

dubitativo, va. adj. Que implica duda.

ducado. m. Dignidad de duque. || Territorio sobre el que recae este título. || Estado gobernado por un duque. || Moneda de oro usada en España hasta fines del s. XVI.

ducal. adj. Relativo al duque.

ducentésimo, ma. adj. Que sigue al centésimo nonagésimo nono. || Díc. de cada una de las 200 partes iguales en que se divide un todo. Ú. t. c. s.

dúctil. adj. Díc. de los metales que admiten grandes deformaciones mecánicas en frío sin llegar a romperse. || Díc. de los metales que mecánicamente se pueden extender en alambres o hilos.

ductilidad. f. Calidad de dúctil.

ducha. f. Chorro de agua que se hace caer sobre el cuerpo para limpieza y refrescamiento. || Aparato para ducharse.

duchar. tr. y prnl. Dar una ducha.

ducho, cha. adj. Experimentado, diestro.

duda. ≅incertidumbre. ≅problema. f. Vacilación e indeterminación ante varias posibilidades. || Cuestión que se propone para resolverla.

dudar. ≅titubear. ≅vacilar. ◁creer. intr. Estar el ánimo suspenso entre resoluciones y juicios contradictorios, sin decidirse por unos o por otros. || tr. Dar poco crédito a una cosa.

dudoso, sa. ≅ambiguo. ≅equívoco. ≅indeciso. adj. Que ofrece duda. || Que tiene duda. || Poco probable.

duela. f. Cada una de las tablas curvadas de las pipas, cubas, barriles, etc.

duelo. m. Combate entre dos a consecuencia de un desafío. || Dolor, aflicción. || Demostraciones para manifestar el sentimiento por la muerte de alguno. || Reunión de parientes o amigos que asisten a la casa mortuoria, al entierro, al funeral, etc. || Fatiga, trabajo.

duende. ≅trasgo. m. Diablillo familiar que cree el vulgo que habita en algunas casas.

dueño, ña. m. y f. Persona que tiene dominio sobre algo. || Propietario. || Amo.

duermevela. amb. fam. Sueño ligero. || fam. Sueño frecuentemente interrumpido.

dula. f. Turno de riego. || Cada una de las porciones del terreno comunal donde por turno pacen los ganados de los vecinos de un pueblo. || Conjunto de estas cabezas de ganado.

dulce. adj. De sabor agradable, como la miel, el azúcar. || Que no es agrio o salobre: *agua* ⌒. || fig. Grato, apacible. || fig. Naturalmente afable, complaciente. || m. Manjar hecho con azúcar. || Confite.

dulcero, ra. adj. fam. Aficionado al dulce. || m. y f. Confitero.

dulcificación. f. Acción y efecto de dulcificar.

dulcificar. ≅atenuar. ≅endulzar. ≅suavizar. ◁amargar. tr. Volver dulce. Ú. t. c. prnl. || fig. Mitigar la aspereza de una cosa.

dulcinea. f. fig. y fam. Mujer querida. || fig. Aspiración ideal comúnmente fantástica.

dulzaina. f. Instrumento músico de viento, de tubo cónico y lengüeta doble.

dulzarrón, na. adj. fam. De sabor dulce pero empalagoso.

dulzón, na. adj. Dulzarrón.

dulzura. f. Calidad de dulce. || fig. Suavidad, deleite. || fig. Afabilidad, bondad, docilidad. || Palabra cariñosa. Ú. m. en pl.

duma. f. Asamblea legislativa de la Rusia zarista.

dumping. m. Venta de un bien en el exterior a un precio inferior al fijado para el mismo bien en el mercado interior.

duna. f. Colina de arena movediza que en los desiertos y las playas forma y empuja el viento. Ú. m. en pl.

dúo. m. Composición para dos ejecutantes, sean cantantes o instrumentistas. || Esos mismos ejecutantes.

duodécimo, ma. adj. Que sigue al undécimo. || Díc. de cada una de las 12 partes iguales en que se divide un todo. Ú. t. c. s.

duodécuplo, pla. adj. y m. Que contiene un número exactamente 12 veces.

duodenal. adj. Relativo al duodeno.

duodenitis. f. Inflamación del duodeno.

duodeno, na. adj. Duodécimo. || Primera porción del intestino delgado, que tiene en el hombre unos 12 dedos de largo.

dúplex. adj. y s. Vivienda de dos plantas unidas entre sí por una escalera interior. || Díc. de un sistema de radiotelefonía capaz de transmitir simultáneamente en los dos sentidos.

dúplica. f. Der. Escrito en los juicios en que el demandado responde a la réplica del demandante.

duplicación. f. Acción y efecto de duplicar.

duplicado. m. Copia o reproducción de un documento.

duplicar. tr. Hacer doble una cosa. Ú. t. c. prnl. || Multiplicar por dos una cantidad. || Reproducir, sacar copia.

duplicativo, va. adj. Que dobla o duplica.

duplicidad. f. Doblez, falsedad. || Calidad de doble.

duplo, pla. adj. y m. Que contiene un número exactamente dos veces.

duque. m. Título de nobleza superior al marqués.

duquesa. f. Mujer que posee un título ducal.

duración. f. Acción y efecto de durar. || Tiempo que dura una cosa. || Tiempo que transcurre entre el principio y el fin de un proceso físico, biológico, etc.

Dunas en el desierto argelino

duradero, ra. adj. Díc. de lo que dura o puede durar mucho.

duraluminio. m. Aleación de aluminio con magnesio, cobre y manganeso, que tiene la dureza del acero.

duramadre. f. Meninge externa de las tres que tiene el sistema cerebroespinal.

duramen. m. Parte más seca, dura y obscura del tronco de un árbol.

duranguense o **durangueño.** adj. y s. Del estado mejicano de Durango.

durangués, sa. adj. y s. De Durango (Vizcaya).

durante. prep. Mientras, mientras dura: ⁓ *la guerra.*

durar. intr. Continuar siendo, obrando. || Subsistir, permanecer.

durazno. m. Árbol, variedad de melocotón, cuyo fruto es algo más pequeño.

dureza. ≅consistencia. ≅corindón. ≅diamante. ≅solidez. f. Calidad de duro. || Tumor o ca-

llosidad. || Resistencia que opone un mineral a ser rayado por otro. || fig. Severidad excesiva, crueldad.

durmiente. adj. y s. Que duerme. || m. Madero horizontal sobre el cual se apoyan otros. || *Amér.* Traviesa de la vía férrea.

duro, ra. adj. Cuerpo difícil de cortar, rayar, comprimir o desfigurar; díc. también del que no está todo lo blando que debe estar. || fig. Fuerte, que resiste la fatiga. || fig. Áspero, excesivamente severo. || fig. Ofensivo. || fig. Violento, cruel. || fig. Obstinado. || fig. No generoso. || m. Moneda que vale cinco pesetas.

duunvirato. m. Dignidad y cargo de duunviro. || Tiempo que duraba. || Régimen político de un gobierno de duunviros.

duunviro. m. Nombre de diferentes magistrados en la antigua Roma.

dux. ∫∫dux. m. Príncipe o magistrado supremo en las repúblicas de Venecia y Génova.

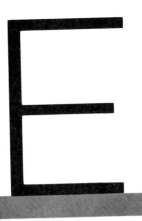

e. ∫∫ees. f. Sexta letra del abecedario español, y segunda de sus vocales.

e. conj. cop. Se usa en vez de la *y,* para evitar el hiato, antes de palabras que empiezan por *i* o *hi: Juan e Ignacio, padre e hijo.* No puede reemplazar a la *y* en principio de interrogación o admiración, ni cuando la palabra siguiente empieza por *y* o por la sílaba *hie: ¿y Ignacio? Ocaña y Yepes, tigre y hiena.*

¡ea! interj. para denotar alguna resolución de la voluntad, o para animar, estimular o excitar. Ú. t. repetida.

ebanista. m. El que trabaja en ébano y otras maderas finas.

ebanistería. f. Arte o taller de ebanista. || Conjunto de obras de un ebanista.

ébano. m. Árbol ebenáceo; su madera, dura, pesada y de color negro, se emplea en la fabricación de muebles.

ebenáceo, a. adj. y s. Díc. de los árboles o arbustos intertropicales, angiospermos dicotiledóneos, como el ébano. || f. pl. Familia de estas plantas.

ebonita. f. Materia obtenida de calentar caucho puro con azufre, que sirve para hacer peines, discos, aisladores eléctricos, etc.

ebrio, bria. adj. Embriagado, borracho. Ú. t. c. s. || fig. Ciego, arrebatado por una pasión.

ebullición. m. Hervor, acción y efecto de hervir.

ebúrneo, a. adj. poét. De marfil o parecido a él.

ecarté. m. Juego de naipes entre dos.

eccehomo o **ecce homo.** m. Imagen de Jesucristo coronado de espinas. || fig. Persona de aspecto lastimoso.

eccema. m. Afección de la piel, caracterizada por vejiguillas muy espesas, que forman manchas irregulares y rojizas.

eclecticismo. m. Escuela filosófica que procura conciliar las doctrinas de diversos sistemas. En el siglo III a. C. apareció en Alejandría una escuela de eclécticos célebres fundada por Potamón. || fig. Modo de juzgar u obrar de un temperamento intermedio.

ecléctico, ca. adj. Relativo al eclecticismo. || Díc. de la persona que profesa las doctrinas de esta escuela, o que adopta un temperamento ecléctico. Ú. t. c. s.

eclesial. adj. Perteneciente a la comunidad cristiana o Iglesia de todos los fieles.

eclesiástico, ca. adj. Perteneciente o relativo a la Iglesia, y en particular a los clérigos. || m. Clérigo, el que ha recibido las órdenes sagradas.

eclesiastizar. tr. Espiritualizar bienes temporales.

eclipsar. tr. Causar un astro el eclipse de otro. || fig. Obscurecer, deslucir. Ú. t. c. prnl. || prnl. Ocurrir el eclipse de un astro. || fig. Evadirse, ausentarse, desaparecer.

eclipse. m. Ocultación transitoria y total o parcial de un astro, o pérdida de su luz prestada, por interposición de otro cuerpo celeste. || fig. Ausencia, desaparición transitoria de una persona o cosa.

eclíptica. f. Circunferencia máxima de la esfera celeste, descrita por el movimiento aparente del Sol en el curso del año. El plano de la eclíptica

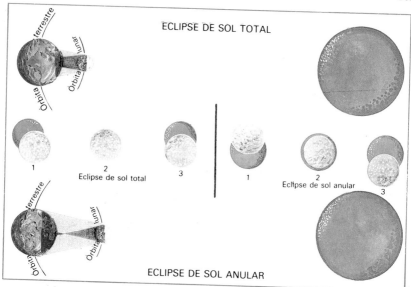

ECLIPSE DE SOL TOTAL

1   2   3
Eclipse de sol total

1   2   3
Eclipse de sol anular

ECLIPSE DE SOL ANULAR

Eclipse

corta al ecuador terrestre con un ángulo de 23° 27', y en ella se verifican los eclipses.

eclosión. f. En el lenguaje literario o técnico, acción de abrirse un capullo de flor o de crisálida. || Acción de abrirse el ovario al tiempo de la ovulación para dar salida al óvulo. || fig. Hablando de movimientos culturales, manifestación, aparición súbita.

eco. m. Repetición de un sonido reflejado por un cuerpo duro. || Sonido que se percibe débil y confusamente. || Composición poética en que se repite dentro o fuera del verso parte de un vocablo, o un vocablo entero. || fig. Resonancia o difusión que abarca un suceso.

ecografía. f. Técnica de exploración del interior de un cuerpo orgánico mediante ondas electromanéticas o acústicas. || Imagen que se obtiene por este método.

ecología. f. Ciencia que estudia las relaciones existentes entre los seres vivientes y el medio en que viven. || Parte de la sociología, que estudia la relación entre los grupos humanos y su ambiente, tanto físico como social.

ecológico, ca. adj. Relativo a la ecología.

ecologismo. m. Valoración de los problemas que plantea la ecología y el respeto al medio natural, en general.

ecologista. adj. Relativo al ecologismo o a la ecología: *movimiento, partido* ~. || com. Partidario del ecologismo.

economato. m. Cargo de ecónomo. || Almacén de carácter cooperativo o sindical donde se expenden géneros a precios más bajos que en las tiendas.

econometría. f. Parte de la ciencia económica que aplica las técnicas matemáticas y estadísticas a las teorías económicas para su verificación y solución de los problemas económicos mediante modelos.

economía. f. Administración recta y prudente de los bienes. || Riqueza pública, conjunto de ejercicios y de intereses económicos. || Estructura o régimen de alguna organización o institución. || Escasez o miseria. || Ahorro.

económico, ca. adj. Relativo a la economía. || Ahorrador. || Miserable, mezquino. || Poco costoso.

economista. adj. y s. Versado en economía política.

economizar. tr. Ahorrar, guardar. || Evitar, excusar algún trabajo, riesgo, etc.

ecónomo. adj. Díc. del sacerdote destinado a una parroquia para hacer las funciones de párroco.

|| m. El que se nombra para administrar y cobrar las rentas de las sedes eclesiásticas que están vacantes o en depósito. || El que administra los bienes del demente o del pródigo. || El que sirve un oficio eclesiástico cuando está vacante.

ecosistema. m. Comunidad de los seres vivos cuyos procesos vitales se relacionan entre sí y se desarrollan en función de los factores físicos de un mismo ambiente.

ecosonda. m. Aparato para medir las profundidades del mar y detectar bancos de peces.

ectodermo. m. Hoja externa del blastodermo.

ectoparásito. adj. y s. Parásito que vive en la superficie de otro organismo.

ecu. m. Unidad monetaria para el Mercado Común Europeo.

ecuación. f. *Álg.* Igualdad que contiene una o más incognitas. || *Astron.* Diferencia que hay entre el lugar o movimiento medio y el verdadero o aparente de un astro.

ecuador. m. Círculo máximo que se considera en la esfera celeste, perpendicular al eje de la Tierra. || *Geom.* Paralelo de mayor radio en una superficie de revolución.

ecuánime. adj. Que tiene ecuanimidad.

ecuanimidad. ◁parcialidad. f. Igualdad y constancia de ánimo. || Imparcialidad.

ecuatorial. adj. Relativo al ecuador. || *Astron.* Díc. del dispositivo paraláctico con que pueden medirse coordenadas celestes. || m. Telescopio, refractor o reflector, dotado de montura ecuatorial.

ecuatoriano, na. adj. y s. De Ecuador.

ecuestre. ≅caballar. adj. Relativo al caballero o a la equitación. || Relativo al caballo. || *Esc.* y *Pint.* Díc. de la figura puesta a caballo: *estatua* ⌒.

ecuménico, ca. adj. Universal, que se extiende a todo el orbe. Díc. especialmente de los concilios cuando son generales.

eczema. m. Eccema.

echar. ≅arrojar. ≅lanzar. ◁levantar. tr. Hacer que una cosa vaya a alguna parte dándole impulso: ⌒ *basura a la calle.* || Despedir de sí una cosa: ⌒ *olor.* || Hacer que una cosa caiga en sitio determinado: ⌒ *una carta al buzón.* || Hacer salir a uno de algún lugar; apartarle con violencia. || Deponer a uno de su empleo o dignidad. || Brotar. Ú. t. c. intr. || Salir cualquier complemento natural del cuerpo: ⌒ *los dientes.* || fam. Comer o beber: ⌒ *un trago.* Ú. t. c. prnl. || Poner a alguien o algo en postura horizontal. || Tratándose de llaves, cerrojos, pestillos, etc., darles el movimiento necesario para cerrar. || Poner una gallina a incubar huevos. || Tratándose de comedias u otros espec-

táculos, representar o ejecutar. || intr. Ponerle la comida al ganado. || prnl. Tenderse a lo largo del cuerpo en un lecho o en otra parte.

echarpe. m. Mantelete o chal angosto.

edad. f. Tiempo que una persona ha vivido, a contar desde que nació. || Duración de las cosas materiales, a contar desde que empezaron a existir. || Cada uno de los períodos en que se considera dividida la vida humana. || Gran período de tiempo en que, desde distintos puntos de vista, se considera dividida la historia.

edafología. f. Ciencia que trata de la naturaleza y condiciones del suelo en su relación con las plantas.

edema. m. Hinchazón blanda de una parte del cuerpo, ocasionada por la serosidad infiltrada en el tejido celular.

edén. m. Paraíso terrenal. || fig. Lugar muy ameno y delicioso.

edición. f. Impresión o estampación de una obra o escrito para su publicación. || Conjunto de ejemplares de una obra impresos en una sola tirada: *primera, segunda* ⌒. || Cada celebración de determinado certamen, exposición, festival, etc.

edicto. m. Mandato, decreto. || Escrito que se fija en lugares públicos y en ocasiones se publica en los periódicos.

edificación. f. Acción y efecto de edificar.

edificante. adj. Que edifica o incita a la virtud.

edificar. tr. Fabricar, hacer un edificio o mandarlo construir. || fig. Infundir en otros sentimientos de piedad o virtud.

edificio. ≅construcción. m. Obra o fábrica construida para habitación o para usos análogos; como casa, templo, teatro, etc.

edil. m. Magistrado romano a cuyo cargo estaban las obras públicas. || Concejal.

editar. ≅imprimir. tr. Publicar por medio de la imprenta o por cualquier medio de reproducción una obra, periódico, folleto, mapa, disco, etc.

editor, ra. adj. Que edita. || m. y f. Persona que saca a luz pública una obra, ajena por lo regular, valiéndose de la imprenta o de otro medio de reproducción.

editorial. adj. Relativo a editores o a ediciones. || Artículo de fondo de un periódico. Ú. m. c. m. || f. Empresa destinada a editar libros, discos, etc.

editorialista. com. Escritor encargado de redactar en un periódico los artículos de fondo.

edredón. m. Plumón de ciertas aves del Norte. || Almohadón delgado y de gran superficie, relleno de esta clase de pluma, o de algodón, miraguano, etc., que se emplea como cobertor.

educación. f. Acción y efecto de educar. || Crianza, enseñanza y doctrina que se da a los niños y a los jóvenes. || Cortesía, urbanidad.

educado, da. adj. Que tiene buena educación o urbanidad.

educando. adj. y s. Que está recibiendo educación.

educar. ◁malcriar. tr. Dirigir, enseñar. || Desarrollar o perfeccionar las facultades intelectuales y morales del niño o del joven. || Desarrollar las fuerzas físicas. || Perfeccionar, afinar los sentidos: ∽ *el gusto.* || Enseñar los buenos usos de urbanidad y cortesía.

educativo, va. adj. Relativo a la educación. || Díc. de lo que educa o sirve para educar.

edulcorar. tr. *Farm.* Endulzar.

efe. f. Nombre de la letra *f*.

efebo. m. Mancebo, adolescente.

efectismo. m. Calidad de efectista. || Procedimiento o recurso empleado para impresionar fuertemente el ánimo.

efectista. adj. Aficionado al efectismo. Ú. t. c. s. || Recurso en que se manifiesta esta tendencia.

efectividad. f. Calidad de efectivo. || *Mil.* Posesión de un empleo cuyo grado se tenía.

efectivo, va. adj. Real y verdadero. || Díc. del empleo o cargo de plantilla, en contraposición al interino o supernumerario o al honorífico. || Numerario, moneda acuñada o dinero efectivo. || Tratándose de cantidades, créditos o documentos que los representan, pagarlos o cobrarlos.

efecto. m. Lo que se sigue por virtud de una causa. || Impresión hecha en el ánimo: *hizo en mi corazón* ∽ *vuestra palabra.* || Fin para que se hace una cosa: *el* ∽ *que se desea.* || Artículo de comercio. || Documento o valor mercantil. || Movimiento giratorio que además del de traslación se da a una bola, pelota, etc., al impulsarla. || En la técnica de algunos espectáculos, truco o artificio para provocar determinadas impresiones.

efectuar. tr. Poner por obra, ejecutar una cosa. || prnl. Cumplirse, hacerse efectiva una cosa.

efedráceo, a. adj. y s. Díc. de plantas gimnospermas leñosas, como el belcho. || f. pl. Familia de estas plantas.

efeméride. f. Acontecimiento notable que se recuerda en cualquier aniversario del mismo. || Conmemoración de dicho aniversario.

efemérides. f. pl. Libro o comentario en que se refieren los hechos de cada día. || Sucesos notables ocurridos en diferentes épocas, pero un número exacto de años antes de un día determinado.

eferente. adj. Formación anatómica que transmite sangre o linfa, una secreción o un impulso energético desde una parte del organismo a otras que respecto de ella son consideradas periféricas.

efervescencia. ≅ardor. ≅exaltación. ≅hervor. f. Desprendimiento de burbujas gaseosas a través de un líquido. || fig. Agitación, acaloramiento de los ánimos.

efervescente. adj. Que está o puede estar en efervescencia.

eficacia. f. Virtud, actividad, fuerza y poder para obrar.

eficaz. adj. Activo, poderoso para obrar. || Que logra hacer efectivo.

eficiencia. f. Virtud y facultad para lograr un efecto. || Acción con que se logra este efecto.

eficiente. adj. Que tiene eficiencia.

efigie. f. Imagen, representación de una persona real y verdadera. || fig. Personificación, representación viva de una cosa ideal: ∽ *del dolor.*

efímero, ra. ≅breve. ≅perecedero. ◁duradero. adj. Que tiene la duración de un solo día. || Pasajero, de corta duración.

eflorescencia. f. Erupción aguda o crónica en la piel. || *Quím.* Conversión espontánea en polvo de diversas sales al perder el agua de cristalización.

efluir. intr. Fluir o escaparse un líquido o un gas hacia el exterior.

efluvio. m. Emisión de partículas sutilísimas. || Emanación, irradiación.

efod. m. Vestidura de lino fino, corta y sin mangas, que usaban los sacerdotes israelitas sobre todas las otras y les cubría principalmente las espaldas.

efusión. f. Derramamiento de un líquido. || fig. Expansión e intensidad en los afectos generosos o alegres del ánimo.

efusivo, va. adj. fig. Que siente o manifiesta efusión, expansión de los afectos.

egabrense. adj. y s. De Cabra (Córdoba).

egipcio, cia. adj. y s. De Egipto. || m. Idioma egipcio.

egiptología. f. Estudio de las antigüedades de Egipto.

egiptólogo, ga. m. y f. Persona versada en egiptología.

égloga. f. Composición poética del género bucólico.

egocéntrico, ca. adj. Relativo al egocentrismo. || Díc. del que lo practica.

egocentrismo. m. Exagerada exaltación de l

Arte egipcio. Papiro egipcio del *Libro de los muertos.*
Museo Británico. Londres

propia personalidad, hasta considerarla como centro de la atención y actividad generales.

egoísmo. m. Inmoderado y excesivo amor que uno tiene a sí mismo y que le hace atender desmedidamente a su propio interés, sin cuidarse del de los demás. || Acto sugerido por esta viciosa condición personal.

egoísta. adj. y s. Que tiene egoísmo.

ególatra. adj. Que profesa la egolatría.

egolatría. f. Culto, adoración, amor excesivo a sí mismo.

egotismo. m. Prurito de hablar de sí mismo. || Sentimiento exagerado de la propia personalidad.

egregio, gia. adj. Insigne, ilustre.

¡eh! interj. que se emplea para preguntar, llamar, despreciar, reprender o advertir.

eje. m. Varilla que atraviesa un cuerpo giratorio y le sirve de sostén en el movimiento. || Barra horizontal que une ruedas opuestas de un carruaje. || Línea que divide por la mitad el ancho de una cosa. || fig. Idea fundamental; tema predominante; sostén principal de una empresa. || Recta alrededor de la cual se considera que gira una línea para engendrar una superficie, o una superficie para engendrar un sólido. || Diámetro principal de una curva. || Pieza mecánica que transmite el movimiento de rotación en una máquina.

ejecución. f. Acción y efecto de ejecutar. ||

Manera de ejecutar una cosa; díc. especialmente de las obras musicales o pictóricas. || *Der.* Procedimiento judicial con embargo y venta de bienes.

ejecutante. adj. y s. Que ejecuta. || *Der.* Que ejecuta judicialmente a otro por la paga de un débito. || com. Persona que ejecuta una obra musical.

ejecutar. ≅efectuar. ≅realizar. tr. Poner por obra una cosa. || Ajusticiar. || Desempeñar con arte y facilidad alguna cosa. || *Der.* Reclamar una deuda por procedimiento ejecutivo.

ejecutivo, va. adj. Que no da espera. || Que ejecuta o hace una cosa. Ú. t. c. s. || m. y f. Persona que forma parte de una comisión ejecutiva o que desempeña cargo directivo en una empresa.

ejecutor, ra. adj. Que ejecuta.

ejecutoria. f. Título que acredita la nobleza de una persona o familia. || *Der.* Sentencia que alcanzó la firmeza de cosa juzgada.

ejecutoriar. tr. Dar firmeza a un pronunciamiento judicial. Ú. t. c. prnl. || fig. Comprobar la certeza de una cosa.

ejecutorio, ria. adj. Firme, invariable.

¡ejem! interj. que denota duda o ironía.

ejemplar. adj. Que da buen ejemplo: *vida* ↝. || m. Original, prototipo. || Cada una de las copias sacadas de un mismo original o modelo. || Cada uno de los individuos de una especie o de un género. || Cada uno de los objetos de una colección científica. || Caso que sirve o puede servir de escarmiento.

ejemplaridad. f. Calidad de ejemplar.

ejemplificar. tr. Demostrar, ilustrar o autorizar con ejemplos.

ejemplo. m. Caso o hecho que sirve de modelo. || Acción o conducta que puede inclinar a que la imiten. || Hecho o texto que se cita para ilustrar o autorizar un aserto, doctrina u opinión.

ejercer. tr. e intr. Practicar un oficio o facultad: ↝ *la medicina.*

ejercicio. m. Acción de ejercitarse. || Acción y efecto de ejercer. || Paseo o esfuerzo corporal para conservar la salud o recobrarla. || Tiempo durante el cual rige una ley de presupuestos. || Cada una de las pruebas que realiza el opositor.

ejercitación. f. Acción de ejercitarse.

ejercitante. adj. Que ejercita. || com. Persona que hace ejercicios de oposición o espirituales.

ejercitar. ≅adiestrar. tr. Practicar un arte, oficio o profesión. Ú. t. c. prnl. || Hacer que uno aprenda una cosa mediante la práctica. || prnl. Adiestrarse en la ejecución de una cosa.

ejército. m. Gente de guerra unida en un cuerpo a las órdenes de un general. || Conjunto de fuerzas aéreas o terrestres de una nación. || Gran unidad formada por varios cuerpos de ejército.

ejido. ≅salida. m. Campo común de todos los vecinos de un pueblo, donde se reúnen los ganados o se establecen las eras.

el. art. determinado en gén. m. y núm. sing. Se usa también delante de substantivo femenino que empieza con el sonido de *a* tónica, incluso si le precede *h* muda: *el agua, el álgebra, el ánima, el área, el hacha, el hampa,* etc.

él. nom. del pron. pers. de 3.ªpers. en gén. m. y núm. sing. Con preposición, empléase también en casos oblicuos.

elaboración. f. Acción y efecto de elaborar.

elaborado, da. p. p. de elaborar. || adj. Que ha sido preparado o dispuesto para una finalidad.

elaborador, ra. adj. Que elabora. || En ciertos trabajos, operario especializado. Ú. t. c. s.

elaborar. ≅confeccionar. tr. Preparar un producto por medio de un trabajo adecuado.

elación. f. Elevación, grandeza. || Hinchazón de estilo y lenguaje.

elasticidad. f. Calidad de elástico. || *Fís.* Propiedad de los cuerpos en virtud de la cual recobran su extensión y figura primitivas, tan pronto como cesa la acción que las alteraba.

elástico, ca. adj. Que tiene elasticidad. || fig. Acomodaticio. || m. Tejido que tiene elasticidad. || Cinta o cordón elástico.

elastómero, ra. adj. y s. Materia natural o sintética que, como el caucho, presenta gran elasticidad.

ele. f. Nombre de la letra *l.*

eleagnáceo, a. adj. y f. Díc. de plantas angiospermas dicotiledóneas, como el árbol del Paraíso. || f. pl. Familia de estas plantas.

elección. f. Acción y efecto de elegir. || Nombramiento de una persona, que regularmente se hace por votos, para algún cargo, comisión, etc. || Deliberación, libertad para obrar.

electivo, va. adj. Que se hace o se da por elección.

electo, ta. p. p. irreg. de elegir. || m. El elegido o nombrado para una dignidad, empleo, etc., mientras no toma posesión.

elector, ra. adj. y s. Que elige o tiene potestad o derecho de elegir. || m. Cada uno de los príncipes de Alemania a quienes correspondía la elección y nombramiento de emperador.

electorado. m. Estado soberano de Alemania cuyo príncipe era elector. || Conjunto de electores de un país o circunscripción.

electoral. adj. Perteneciente a la dignidad o a la calidad de elector. || Relativo a electores o elecciones: *colegio* ᴖ.

electricidad. f. Agente fundamental constitutivo de la materia en forma de electrones (negativos) y protones (positivos) que normalmente se neutralizan. En el movimiento de estas partículas cargadas consiste la corriente eléctrica.

electricista. adj. Persona experta en aplicaciones técnicas y mecánicas de la electricidad: *perito* ᴖ. || com. Obrero especializado en instalaciones eléctricas.

eléctrico, ca. adj. Que tiene o comunica electricidad. || Que funciona con electricidad: *cocina, plancha* ᴖ. || Perteneciente a ella.

electrificación. f. Acción y efecto de electrificar.

electrificar. tr. Dotar de instalación eléctrica. || Adaptar a una instalación un equipo eléctrico.

electrización. f. Acción y efecto de electrizar.

electrizante. adj. Que electriza o sirve para electrizar.

electrizar. tr. y prnl. Comunicar o producir la electricidad en un cuerpo. || fig. Exaltar, avivar, inflamar el ánimo o los ánimos.

electroacústica. f. Rama de la electrotecnia, que trata de las corrientes eléctricas alternas, cuya frecuencia está comprendida dentro de la escala de las vibraciones.

electrocardiografía. f. Parte de la medicina que estudia la obtención e interpretación de los electrocardiogramas.

electrocardiógrafo. m. Aparato que registra las corrientes eléctricas emanadas del músculo cardiaco.

electrocardiograma. m. Gráfico obtenido por el electrocardiógrafo.

electrocución. f. Acción y efecto de electrocutar.

electrocutar. tr. y prnl. Matar por medio de una corriente o descarga eléctrica.

electrochoque. Procedimiento terapéutico empleado en ciertos estados patológicos mentales, provocando el coma mediante la aplicación de una descarga eléctrica.

electrodo o **eléctrodo.** m. Cuerpo conductor por el que un flujo eléctrico entra o sale de un sistema. || Polo o terminal de una pila eléctrica, o una cuba electrolítica.

electrodoméstico. m. y adj. Aparato eléctrico destinado al uso doméstico (aspiradora, lavadora, frigorífico, etc.).

electroencefalografía. f. Parte de la medicina,

que trata de la obtención e interpretación de los electroencefalogramas.

electroencefalógrafo. m. Aparato que registra las corrientes eléctricas producidas por la actividad del encéfalo.

electroencefalograma. m. Gráfico obtenido por el encefalógrafo.

electrógeno, na. adj. Que engendra electricidad: *grupo* ∿. || m. Generador eléctrico.

electroimán. m. Barra de hierro dulce imantada artificialmente por la acción de una corriente eléctrica.

electrólisis. f. Descomposición química de un cuerpo producida por la electricidad.

electrólito. m. Cuerpo que se somete a la descomposición por la electricidad.

electrolizador, ra. adj. Que electroliza. || m. Aparato en que se lleva a cabo la electrolización.

electrolizar. tr. Descomponer por electrólisis.

electromagnético, ca. adj. Relativo al electromagnetismo o a los electroimanes.

electromagnetismo. m. Rama de la física que estudia las acciones y reacciones de las corrientes eléctricas sobre los imanes.

electromecánico, ca. adj. Instalación industrial en la que se utiliza la electricidad para producir trabajo mecánico.

electrómetro. m. Aparato que sirve para medir la cantidad de electricidad que tiene un cuerpo.

electrón. m. Partícula elemental estable del grupo de los leptones que forma parte de la corteza exterior de los átomos y que posee la mínima carga de electricidad negativa detectada.

electronegativo, va. adj. Díc. de los cuerpos que, en la electrólisis, se dirige al polo positivo.

electrónica. f. Rama de la física que estudia el movimiento de los electrones y otras partículas atómicas cargadas, en el vacío, en una atmósfera con un gas enrarecido o en un semiconductor.

electrónico, ca. adj. Relativo a los electrones o a la electrónica.

electroscopio. m. Aparato para detectar cargas eléctricas.

electrostática. f. Rama de la electricidad que estudia la electricidad en reposo o en forma de carga eléctrica y su medida.

electrostático, ca. adj. Relativo a la electrostática.

electrotecnia. f. Estudio de las aplicaciones técnicas de la electricidad.

electroterapia. f. Empleo de la electricidad en el tratamiento de las enfermedades.

electroterápico, ca. adj. Relativo a la electroterapia.

elefante. m. Mamífero ungulado proboscidio, el mayor de los animales terrestres actuales. Tiene la nariz muy prolongada en forma de trompa, prensil, y dos dientes llamados colmillos, macizos y muy grandes. Se cría en Asia y África, donde se emplea como animal de carga.

elefantiasis o **elefantíasis.** f. Hipertrofia dura de la piel, más o menos generalizada, que da un aspecto monstruoso y abotagado a las partes donde se asienta.

elegancia. f. Calidad de elegante.

elegante. adj. Dotado de gracia, nobleza y sencillez; airoso, bien proporcionado, de buen gusto. || Cualidad del gusto que permite elegir el atuendo y llevarlo con buen gusto y discreción. Ú. t. c. s.

elegía. f. Composición poética del género lírico, que expresa sentimientos de tristeza.

elegiaco, ca o **elegíaco, ca.** adj. Relativo a la elegía. || Por ext., lastimero, triste.

elegido, da. p. p. de elegir. || m. Predestinado, elegido por Dios.

elegir. tr. Escoger, preferir. || Nombrar por elección para un cargo o dignidad.

elemental. adj. Relativo al elemento. || fig. Fundamental, primordial. || Referente a los elementos o principios de una ciencia o arte: *física* ∿. || Obvio, de fácil comprensión, evidente.

elemento. m. Principio físico o químico que entra en la composición de los cuerpos. || Cuerpo simple, que no puede descomponerse por medios químicos en otros más sencillos. || En la filosofía

Elefante

natural antigua, cada uno de los cuatro principios fundamentales: la tierra, el agua, el aire y el fuego. || Fundamento, móvil o parte integrante de una cosa. || En la construcción, cualquier pieza o parte de una estructura. || Individuo valorado positiva o negativamente para una acción conjunta.

elenco. m. Catálogo, índice. || Nómina de una compañía teatral.

elevación. f. Acción y efecto de elevar. || Altura, encumbramiento en lo material o en lo moral. || fig. Acción de alzar el sacerdote en la misa. || fig. Suspensión, enajenamiento de los sentidos. || Lugar o porción de terreno que está más alto.

elevado, da. p. p. de elevar. || adj. fig. Sublime. || Alto, levantado sobre un nivel.

elevador, ra. adj. Que eleva. || Díc. de la máquina eléctrica cuya fuerza electromotriz se suma a la tensión de otra fuerza de energía eléctrica. Ú. t. c. s. || m. *Amér.* Ascensor o montecargas.

elevar. ◁bajar. tr. Alzar o levantar una cosa. Ú. t. c. prnl. || fig. Mejorar a uno en su condición social o política. || fig. Dirigir un escrito o petición a una autoridad. || prnl. fig. Transportarse, enajenarse. || fig. Envanecerse, engreírse.

elidir. tr. Frustrar, debilitar, desvanecer una cosa. || Suprimir la vocal con que acaba una palabra cuando la que sigue empieza con otra vocal; como *del* por *de el, al* por *a el.*

eliminar. tr. Quitar, separar. || Alejar, excluir. Ú. t. c. prnl. || *Álg.* Hacer que, por medio del cálculo, desaparezca de un conjunto de ecuaciones con varias incógnitas una de ellas. || Expeler el organismo una substancia.

eliminatorio, ria. adj. Que elimina, que sirve para eliminar. || f. En campeonatos o concursos, competición selectiva anterior a los cuartos de final.

elipse. f. *Geom.* Curva cerrada, simétrica respecto de dos ejes perpendiculares entre sí, con dos focos.

elipsis. f. *Gram.* Figura de construcción que consiste en omitir en la oración una o más palabras, necesarias para la recta construcción gramatical, pero no para que resulte claro el sentido. *¿Qué tal?,* por *¿Qué tal te parece?.*

elipsoidal. adj. De figura de elipsoide o parecido a él.

elipsoide. m. Sólido limitado en todos sentidos, cuyas secciones planas son todas elipses o círculos.

elíptico, ca. adj. Perteneciente a la elipse. || De figura de elipse o parecido a ella. || Perteneciente a la elipsis: *proposición* ∽.

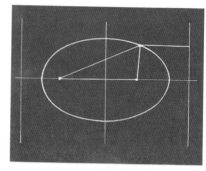

Elipse

elite. f. Minoría selecta o rectora, conjunto de individuos que, por sus cualidades morales o intelectuales, ejercen una función directriz dentro de una actividad.

elitismo. m. Sistema que favorece a las elites de una sociedad.

elitista. adj. y s. Relativo al elitismo, o partidario de él.

élitro. m. Cada una de las alas del primer par, duras y resistentes, que en los coleópteros tienen y protegen durante el reposo las alas membranosas del segundo par, únicas aptas para el vuelo.

elíxir o **elixir.** m. Piedra filosofal. || Licor compuesto de diferentes substancias medicinales, disueltas por lo regular en alcohol. || fig. Medicamento o remedio maravilloso.

elocución. f. Manera de hacer uso de la palabra para expresar los conceptos. || Modo de elegir y distribuir las palabras y los pensamientos en el discurso.

elocuencia. f. Facultad de hablar o escribir de modo eficaz para deleitar y conmover, y especialmente para persuadir a oyentes o lectores.

elocuente. adj. Que habla o escribe con elocuencia, o de aquello que la tiene.

elogiar. ≅alabar. ≅ponderar. ◁denigrar. tr. Hacer elogios de una persona o cosa.

elogio. m. Alabanza, testimonio de las buenas prendas y mérito de una persona o cosa.

elogioso, sa. adj. Laudatorio, encomiástico.

elote. m. Mazorca tierna de maíz que, cocida o asada, se consume como alimento en Méjico y otros países de América central.

elucidar. ≅aclarar. ≅explicar. tr. Poner en claro, dilucidar.

elucubración. f. Lucubración.

elucubrar. tr. Lucubrar.

eludir. ≅evitar. ≅rehuir. ◁afrontar. tr. Huir la dificultad; esquivarla o salir de ella con algún artificio. || Hacer vana, o hacer que no tenga efecto, una cosa por medio de algún artificio.

ella. nom. del pron. pers. de 3.ª pers. en gén. f. y núm. sing. Con preposición, empléase también en los casos oblicuos.

elle. f. Nombre de la letra *ll*.

ello. nom. del pron. pers. de 3.ª pers. en gén. n. Con preposición, empléase también en los casos oblicuos.

ellos, ellas. noms. m. y f. del pron. pers. de 3.ª pers. en núm. pl. Con preposición, se emplean también en los casos oblicuos.

emanación. f. Acción y efecto de emanar. || Efluvio.

emanantismo. m. Doctrina panteísta según la cual todas las cosas proceden de Dios por emanación.

emanar. intr. Proceder, derivar, traer origen y principio de una cosa de cuya substancia se participa. || Desprenderse de los cuerpos las substancias volátiles.

emancipación. f. Acción y efecto de emancipar.

emancipar. tr. y prnl. Libertar de la patria potestad, de la tutela o de la servidumbre. || prnl. fig. Salir de la sujeción en que se estaba.

embadurnar. ◁limpiar. tr. y prnl. Untar, embarrar, manchar, pintarrajear.

embajada. f. Mensaje para tratar algún asunto de importancia. Díc. con preferencia de los que se envían recíprocamente los jefes de Estado por medio de sus embajadores. || Cargo de embajador. || Casa en que reside el embajador. || Conjunto de los empleados que tienen a sus órdenes.

embajador. m. Agente diplomático con carácter de ministro público, considerado como representante de la persona misma del jefe del Estado que le nombra y acredita cerca del de otro Estado extranjero.

embajadora. f. Mujer que lleva una embajada particular. || Que desempeña el cargo diplomático de embajada. || Fuera de usos oficiales, mujer del embajador.

embalaje. m. Acción y efecto de embalar objetos. || Caja o cubierta con que se embalan. || Coste de esta caja o cubierta.

embalar. tr. Hacer balas o colocar convenientemente dentro de cubiertas los objetos que han de transportarse.

embalar. tr. y prnl. Hacer que adquiera gran velocidad un motor desprovisto de regulación automática, cuando se suprime la carga. || intr. y prnl. Hablando de un corredor o un móvil, lanzarse a gran velocidad.

embaldosar. tr. Solar con baldosas.

embalsadero. m. Lugar hondo y pantanoso en donde se suelen recoger las aguas llovedizas.

embalsamamiento. m. Acción y efecto de embalsamar.

embalsamar. tr. Disponer con substancias balsámicas o antisépticas los cadáveres para preservarlos de la corrupción o putrefacción. || Perfumar, aromatizar. Ú. t. c. prnl.

embalsar. tr. y prnl. Meter una cosa en balsa. || Rebalsar.

embalse. ≅pantano. m. Acción y efecto de embalsar. || Gran depósito artificial en el que se almacenan las aguas de un río o arroyo, mediante un dique o presa, para utilizarlas en el riego de terrenos, en el abastecimiento de poblaciones, en la producción de energía eléctrica, etc. || Cantidad de agua embalsada.

emballenado, da. p. p. de emballenar. || m. Armazón compuesta de ballenas.

emballenar. tr. Armar o fortalecer con barbas de ballena.

emballestarse. prnl. Ponerse uno a punto de disparar la ballesta.

embanastar. tr. Meter una cosa en la banasta. || fig. Meter en un espacio cerrado más gente de la que buenamente cabe. Ú. t. c. prnl.

Embalse de Entrepeñas. Guadalajara

embarazado, da. p. p. de embarazar. || adj. y f. Díc. de la mujer preñada.

embarazar. tr. Impedir, estorbar, retardar una cosa. || Poner encinta a una mujer. Ú. m. c. prnl. || prnl. Hallarse impedido con cualquier embarazo.

embarazo. m. Impedimento, dificultad, obstáculo. || Preñado de la mujer. || Tiempo que dura éste. || Encogimiento, falta de soltura.

embarazoso, sa. adj. Que embaraza o incomoda.

embarbillar. tr. e intr. *Carp.* Ensamblar dos maderas a muesca y barbilla.

embarcación. f. Barco. || Embarco. || Tiempo que dura la navegación de una parte a otra.

embarcadero. m. Lugar o artefacto fijo, destinado para embarcar.

embarcar. tr. Dar ingreso a personas, mercancías, etc., en una embarcación. Ú. t. c. prnl. || Destinar a alguien a un buque. || fig. Hacer que uno intervenga en una empresa difícil o arriesgada. Ú. t. c. prnl.

embarco. m. Acción y efecto de embarcar. || *Mil.* Ingreso de tropas en un barco o tren, para ser transportadas.

embargador, ra. m. y f. Persona que embarga o secuestra.

embargar. tr. Embarazar, impedir, detener. || fig. Suspender, paralizar. || *Der.* Retener una cosa en virtud de mandamiento de juez competente.

embargo. m. Indigestión, empacho del estómago. || *Der.* Retención, traba o secuestro de bienes por mandamiento de juez o autoridad competente. || Prohibición del comercio y transporte de armas u otros efectos útiles para la guerra, decretada por un gobierno.

embarque. m. Acción de depositar provisiones o mercancías en un barco o tren. || Embarco.

embarrado, da. p. p. de embarrar. || m. Revoco de barro o tierra en paredes, muros y tapiales.

embarrancar. intr. Varar con violencia, encallándose el buque en el fondo. Ú. t. c. prnl. || prnl. e intr. Atascarse en un barranco o atolladero. || fig. Atascarse en una dificultad.

embarrar. tr. Untar y cubrir con barro. || Manchar con barro. Ú. t. c. prnl. || Embadurnar, manchar con cualquier substancia viscosa.

embarrilar. tr. Meter en barriles.

embarullar. ≅embrollar. ≅enredar. ≅revolver. ◁desenredar. tr. fam. Confundir, mezclar desordenadamente unas cosas con otras. || fam. Hacer las cosas atropelladamente, sin orden ni cuidado.

embastar. tr. Coser y asegurar con puntadas la tela que se ha de bordar en el bastidor. || Poner bastas a los colchones. || Hilvanar, apuntar o unir con hilvanes.

embaste. m. Acción y efecto de embastar. || Costura a puntadas largas, hilván.

embate. m. Golpe impetuoso de mar. || Acometida impetuosa. || *Mar.* Viento fresco y suave que reina en el verano a la orilla del mar. || pl. *Mar.* Vientos periódicos del Mediterráneo después de la canícula.

embaucador, ra. adj. y s. Que embauca.

embaucamiento. m. Engaño, alucinamiento.

embaucar. tr. Engañar, alucinar.

embaulado, da. p. p. de embaular. || adj. fig. Apretado, metido en un espacio estrecho.

embaular. ≅tragar. ≅zampar. tr. Meter dentro de un baúl. || fig. y fam. Comer con ansia, engullir.

embazar. tr. Detener o paralizar el fango u cosa blanda a una cosa dura. Ú. t. c. prnl.: *el barro embaza las ruedas.* || Atascar o detener. Ú. t. c. prnl. || Pasmar, confundir.

embazarse. prnl. En el juego de naipes, meterse en bazas.

embebecer. tr. Entretener, divertir. || prnl. Quedarse embelesado o pasmado.

embeber. tr. Absorber un cuerpo sólido otro en estado líquido: *la esponja embebe el agua.* || Empapar. || Contener, encerrar. || fig. Incorporar, incluir una cosa inmaterial dentro de sí a otra. || Encajar, embutir. || Reducir, acortar. || intr. Encoger una tela.

embelecar. tr. Engañar con artificios y falsas apariencias.

embeleco. m. Embuste, engaño. || fig. y fam. Persona o cosa fútil, molesta o enfadosa.

embelesar. tr. y prnl. Suspender, arrebatar, cautivar.

embeleso. m. Efecto de embelesar. || Cosa que embelesa.

embellecedor, ra. adj. Que embellece. || m. Moldura cromada de los automóviles.

embellecer. ≅adornar. ≅hermosear. ◁afear. tr. y prnl. Hacer o poner bella a una persona o cosa.

embellecimiento. m. Acción y efecto de embellecer.

embero. m. Árbol propio del África ecuatorial y apreciado por su madera. || Madera de este árbol.

emberrincharse. prnl. fam. Enfadarse con demasía; encolerizarse.

embestida. ≅acometida. ≅embate. f. Acción y efecto de embestir. || fig. y fam. Detención inoportuna que se hace a uno para hablar de cualquier negocio.

embestir. tr. Venir con ímpetu sobre una persona o cosa. || fig. y fam. Acometer a uno pidiéndole limosna o prestado. || Venir un barco contra otros. || Atacar una plaza, una posición, etc. || intr. fig. y fam. Arremeter, arrojar con presteza.

embetunar. tr. Cubrir una cosa con betún.

embijar. tr. Teñir con bija. Ú. t. c. prnl. || *Hond.* y *Méj.* Ensuciar.

emblema. m. Jeroglífico, símbolo o empresa en que se representa alguna figura, y al pie de la cual se escribe algún verso o lema. Ú. t. c. f. || Cualquiera cosa que es representación simbólica de otra.

emblemático, ca. adj. Relativo al emblema.

embobamiento. m. Suspensión, embeleso.

embobar. tr. Entretener a uno; tenerle suspenso y admirado. || prnl. Quedarse uno absorto y admirado.

embobecer. tr., prnl. e intr. Volver bobo, entontecer a uno.

embocadura. f. Acción y efecto de meter una cosa por una parte estrecha. || Boquilla de un instrumento músico. || Bocado del freno. || Hablando de vinos, gusto, sabor. || Paraje por donde los buques pueden penetrar en los ríos que desaguan en el mar.

embocar. ≅engullir. ≅tragar. tr. Meter por la boca una cosa. || Entrar por una parte estrecha. Ú. t. c. prnl. || fig. Hacer creer a uno lo que no es cierto. || fam. Tragar y comer mucho y de prisa. || fam. Echar a uno algo que no ha de recibir con gusto. || Comenzar. || *Mús.* Aplicar los labios a la boquilla de un instrumento de viento.

embodegar. tr. Guardar en la bodega una cosa.

embojar. tr. Colocar ramas donde se crían los gusanos de seda para que suban a ellas y hagan los capullos.

embojo. m. Acción de embojar. || Conjunto de ramas que se pone a los gusanos de seda para que hilen.

embolada. f. Cada uno de los movimientos de vaivén que hace el émbolo cuando está funcionando dentro del cilindro.

embolado, da. p. p. de embolar. || m. fig. En el teatro, papel corto y desairado. || Toro embolado. || fig. y fam. Artificio engañoso.

embolar. tr. Poner bolas de madera en las puntas de los cuernos del toro.

embolar. tr. Dar la postrera mano de bol a la

pieza que se ha de dorar. || Dar bola o betún al calzado.

embolia. f. Enfermedad ocasionada por un coágulo que obstruye un vaso sanguíneo.

embolismo. m. Añadidura de ciertos días para igualar el año de una especie con el de otra; como el lunar y el civil con los solares. || fig. Confusión, enredo. || fig. Mezcla y confusión de muchas cosas. || fig. y fam. Embuste, chisme.

émbolo. ≅pistón. m. Disco que se ajusta y mueve alternativamente en lo interior de un cuerpo de bomba o del cilindro de una máquina para enrarecer o comprimir un fluido o para recibir de él movimiento.

embolsar. tr. Guardar una cosa en la bolsa. || Cobrar.

emboque. m. Paso de la bola por el aro, o de otra cosa por una parte estrecha. || fig. y fam. Engaño. || *Chile.* Boliche, juguete.

emboquillado. adj. y s. Cigarrillo provisto de boquilla, rollito de papel.

emboquillar. tr. Poner boquillas a los cigarrillos de papel. || Labrar la boca de un barreno, o preparar la entrada de un túnel.

emborrachar. ≅embriagar. tr. Causar embriaguez. || Atontar, adormecer. Ú. t. c. prnl. || Cebar con exceso de combustible líquido una mecha o mechero. || Empapar bizcochos o pasteles en vino, licor o almíbar. || prnl. Beber vino u otra bebida alcohólica en exceso, hasta perder el uso de la razón.

emborrar. tr. Llenar de borra una cosa. || Dar la segunda carda a la lana.

emborrascar. tr. y prnl. Irritar, alterar. || prnl. Hacerse borrascoso. || fig. Echarse a perder un

Émbolo

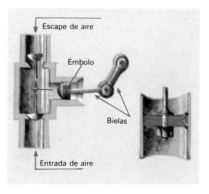

negocio. || *Arg., Hond.* y *Méj.* Tratándose de minas, perderse la veta.

emborronar. tr. Llenar de borrones un papel. || fig. Escribir de prisa, desaliñadamente o con poca meditación.

emboscada. ≅celada. f. Ocultación de una o varias personas en parte retirada para atacar por sorpresa a otra u otras. || fig. Asechanza, maquinación.

emboscar. tr. y prnl. Poner encubierta una partida de gente para una operación militar. || prnl. Ocultarse entre el ramaje. || fig. Escudarse con una ocupación cómoda para mantenerse alejado del cumplimiento de otra.

embotadura. f. Efecto de embotar las armas cortantes.

embotar. tr. Engrosar los filos y puntas de las armas y otros instrumentos cortantes. Ú. m. c. prnl. || fig. Enervar, debilitar.

embotar. tr. Poner una cosa dentro de un bote.

embotarse. prnl. fam. Ponerse botas.

embotellado, da. p. p. de embotellar. || adj. fig. Díc. del discurso que en vez de improvisarse, se lleva preparado. || fig. Lección o materia aprendida a conciencia. || m. Acción de embotellar.

embotellador, ra. m. y f. Persona que tiene por oficio embotellar líquidos. || f. Máquina que sirve para embotellar líquidos.

embotellamiento. m. Acción y efecto de embotellar. || Congestión de vehículos.

embotellar. tr. Echar el vino u otro líquido en botellas. || fig. Acorralar a una persona; inmovilizar un negocio, una mercancía, etc.

embotijar. tr. Guardar algo en botijos. || Colocar en el suelo una tongada de botijas antes de embaldosar una habitación donde es de temer la humedad. || prnl. fig. y fam. Hincharse, inflarse. || fig. y fam. Enojarse, encolerizarse.

embozar. tr. Cubrir el rostro por la parte inferior hasta las narices o los ojos. Ú. m. c. prnl. || fig. Disfrazar.

embozo. m. Parte de la capa, banda u otra cosa con que uno se cubre el rostro. || Doblez de la sábana de la cama por la parte que toca el rostro. || fig. Recato artificioso con que se dice o hace algo.

embragar. tr. Hacer que un eje participe del movimiento de otro.

embrague. m. Acción de embragar. || Mecanismo dispuesto para que un eje participe o no, a voluntad o automáticamente, en el mecanismo de otro. || Pedal con que se acciona dicho mecanismo, cuando no es automático.

embravecer. tr. Irritar, enfurecer. Ú. t. c. prnl. || fig. Robustecerse las plantas.

embravecimiento. m. Irritación, furor.

embrazadura. f. Acción y efecto de embrazar. || Asa por donde se toma y embraza el escudo.

embrazar. tr. Meter el brazo izquierdo por la embrazadura del escudo.

embrear. tr. Untar con brea los costados de los buques, y también los cables, maromas, sogas, etc.

embregarse. prnl. Meterse en bregas y cuestiones.

embriagador, ra o **embriagante.** adj. Que embriaga.

embriagar. tr. Causar embriaguez. || Atontar, perturbar. Ú. t. c. prnl. || fig. Enajenar, transportar. Ú. t. c. prnl. || prnl. Perder el dominio de sí por beber en exceso vino o licor.

embriaguez. ≅borrachera. f. Turbación pasajera de las potencias, dimanada del exceso con que se ha bebido vino u otro licor. || fig. Enajenamiento del ánimo.

embridar. tr. Poner la brida a las caballerías. || Hacer que los caballos lleven y muevan bien la cabeza. || fig. Sujetar, refrenar.

embriogenia. f. Formación y desarrollo del embrión.

embriología. f. Ciencia que estudia la formación y vida de los embriones.

embrión. ≅germen. m. Organismo en desarrollo, desde su iniciación en el huevo (o en el óvulo si es partenogenético) hasta que se han diferenciado todos sus órganos. En la especie humana termina al comienzo de la novena semana. || fig. Principio, informe todavía, de una cosa.

embrocar. tr. Devanar los bordadores en la broca los hilos. || Asegurar los zapateros con brocas las suelas para hacer zapatos. || Coger al lidiador entre las astas.

embrochalar. tr. Sostener las vigas que no pueden cargar en la pared, por medio de un madero o brochal atravesado.

embrollar. tr. y prnl. Enredar, confundir las cosas.

embrollo. m. Enredo, confusión, maraña. || Embuste, mentira. || fig. Situación embarazosa.

embrujamiento. m. Acción y efecto de embrujar.

embrujar. tr. Hechizar.

embrujo. m. Acción y efecto de embrujar, hechizo. || Fascinación, atracción misteriosa y oculta.

embrutecer. tr. y prnl. Entorpecer y casi privar a uno del uso de la razón.

embrutecimiento. m. Acción y efecto de embrutecer.

embuchado, da. p. p. de embuchar. || m. Tripa rellena con carne de puerco picada. || Tripa con otra clase de relleno, y especialmente de lomo de cerdo.

embuchar. tr. Embutir carne picada en una tripa de animal. || Introducir comida en el buche de un ave. || fam. Comer mucho, de prisa y casi sin masticar. || Colocar hojas o cuadernillos impresos unos dentro de otros.

embudar. tr. Poner el embudo en la boca de un recipiente para introducir con facilidad un líquido. || fig. Hacer embudos y enredos. || Hacer entrar la caza en paraje cercado para que vaya al sitio de espera.

embudo. m. Instrumento hueco en figura de cono y rematado en un canuto, que sirve para transvasar líquidos. || Depresión o excavación cuya forma se asemeja al utensilio del mismo nombre.

emburujar. tr. fam. Aborujar, hacer que en una cosa se formen burujos. || fig. Amontonar y mezclar confusamente unas cosas con otras.

embuste. ≅engaño. ≅farsa. ≅trápala. ◁verdad. m. Mentira disfrazada con artificio. || pl. Bujerías, dijes y otras alhajitas curiosas, pero de poco valor.

embustero, ra. adj. y s. Que dice embustes.

embutido, da. p. p. de embutir. || m. Acción y efecto de embutir. || Obra de madera, marfil, piedra o metal, que se hace encajando y ajustando bien unas piezas en otras, de suerte que formen figuras. || Tripa rellena con carne picada. || *Amér.* Entredós.

embutidor, ra. m. y f. Persona encargada de la preparación de los embutidos.

embutir. tr. Hacer embutidos. || Llenar, meter una cosa dentro de otra. || fig. Imbuir, instruir. || fig. y fam. Embocar, engullir. Ú. t. c. prnl.

eme. f. Nombre de la letra *m*.

emergencia. f. Acción y efecto de emerger. || Ocurrencia, accidente que sobreviene.

emergente. adj. Que emerge. || Que nace, sale y tiene principio de otra cosa.

emerger. intr. Brotar, salir del agua u otro líquido.

emeritense. adj. y s. De Mérida.

emérito, ta. adj. Que se ha retirado de un empleo y disfruta de una pensión. || Díc. especialmente del soldado licenciado, en la Roma antigua, que disfrutaba de una recompensa.

emersión. f. Salida de un astro por detrás del cuerpo de otro que lo ocultaba.

emético, ca. adj. y m. Vomitivo.

emídido. adj. y s. Díc. de reptiles quelonios que viven en las aguas dulces, como el galápago. || m. pl. Familia de estos animales.

emidosaurio. adj. y s. Díc. de los reptiles que, como el caimán y el cocodrilo, se asemejan mucho a los saurios. Son temibles por su fuerza y voracidad. || m. pl. Orden de estos animales.

emigración. ≅éxodo. ≅migración. f. Acción de emigrar. || Conjunto de habitantes de un país que trasladan su domicilio a otro.

emigrado, da. m. y f. Persona que reside fuera de su patria, obligado a ello generalmente por circunstancias políticas.

emigrante. adj. y s. Que emigra. || El que se traslada de su propio país a otro, generalmente con el fin de trabajar en él.

emigrar. intr. Abandonar su propio país con ánimo de establecerse en otro extranjero. || Cambiar periódicamente de clima algunas especies animales.

emigratorio, ria. adj. Relativo a la emigración.

eminencia. ≅altura. ≅resalte. ≅saliente. f. Elevación del terreno. || fig. Excelencia o sublimidad de ingenio o virtud. || Título de honor que se da a los cardenales. || Persona eminente en su línea.

eminente. adj. Alto, elevado, que descuella entre los demás. || fig. Que sobresale y se aventaja en mérito, precio, etc.

eminentísimo, ma. adj. Aplícase como título a los cardenales.

emir. m. Príncipe o caudillo árabe.

emirato. m. Dignidad de emir. || Tiempo que dura el gobierno de un emir. || Territorio que manda.

emisario, ria. ≅embajador. m. y f. Mensajero que se envía para una misión generalmente secreta.

emisión. f. Acción y efecto de emitir. || Conjunto de títulos o efectos que de una vez se crean para ponerlos en circulación. || Acción por la cual un cuerpo desprende al exterior partículas o radiaciones. || Programación televisiva.

emisor, ra. adj. y s. Que emite. || m. Aparato productor de las ondas hertzianas en la estación de origen. || f. Esta misma estación. || m. y f. Persona que anuncia el mensaje en un acto de comunicación.

emitir. tr. Echar hacia fuera una cosa. || Poner en circulación papel moneda o valores. || Tratándose de juicios, opiniones, etc., darlos. || Lanzar ondas hertzianas para hacer oír señales, noticias, música, etc.

emoción. f. Estado de ánimo caracterizado por una conmoción orgánica consiguiente a impresiones de los sentidos, ideas o recuerdos.

emocional. adj. Relativo a la emoción.

emocionante. adj. Que causa emoción.

emocionar. ≅afectar. ≅enternecer. tr. y prnl. Conmover el ánimo, causar emoción.

emoliente. adj. y m. Medicamento que sirve para ablandar una dureza o tumor.

emolumento. m. Sueldo, remuneración o propina que corresponde a un cargo o empleo. Ú. m. en pl.

emotividad. f. Calidad de emotivo.

emotivo, va. adj. Relativo a la emoción. || Que produce emoción. || Sensible a las emociones, que se emociona fácilmente.

empacador, ra. adj. Que empaca. || f. Máquina para empacar.

empacar. tr. Empaquetar.

empachado, da. adj. Desmañado y corto de genio.

empachar. tr. Estorbar, embarazar. Ú. t. c. prnl. || Ahitar, causar indigestión. Ú. m. c. prnl. || Disfrazar, encubrir. || prnl. Avergonzarse, cortarse, turbarse.

empacho. m. Vergüenza, turbación. || Embarazo, estorbo. || Indigestión de la comida.

empachoso, sa. adj. Que causa empacho. || Vergonzoso.

empadrarse. prnl. Encariñarse con exceso el niño con sus padres.

empadronamiento. m. Acción y efecto de empadronar. || Padrón, lista de vecinos de una población.

empadronar. tr. y prnl. Asentar o escribir a uno en el padrón.

empajar. tr. Cubrir o rellenar con paja. || *Amér.* Techar de paja.

empalagar. tr. Encharcar, embalsar. || Causar hastío un manjar, principalmente si_es dulce. Ú. t. c. prnl. || fig. Enfadar, fastidiar. Ú. t. c. prnl.

empalago. m. Acción y efecto de empalagar.

empalagoso, sa. adj. Manjar que empalaga. || fig. Persona que causa fastidio por su zalamería. Ú. t. c. s.

empalar. tr. Espetar a uno en un palo. || prnl. *Chile.* Encapricharse. || *Chile.* Envararse, arrecirse.

empalar. tr. En el juego de pelota, dar a ésta con la pala.

empalizada. f. Estacada, cerca, vallado.

empalizar. tr. Rodear de empalizadas.

empalmar. tr. Juntar dos cosas entrelazándolas de modo que queden en comunicación o a continuación unas de otras. || fig. Ligar o combinar planes. || intr. Unirse o combinarse un tren con otro.

empalme. m. Acción y efecto de empalmar. || Punto en que se empalma. || Cosa que empalma con otra. || Forma de hacer el empalme.

empanada. f. Manjar encerrado y cubierto con pan o masa, y cocido después en el horno. || fig. Acción y efecto de ocultar fraudulentamente un negocio.

empanadilla. f. dim. de empanada. || Pastel pequeño, aplastado, que se hace doblando la masa sobre sí misma para cubrir con ella el relleno de dulce, de carne picada o de otro manjar.

empanar. tr. Encerrar una cosa en masa o pan, para cocerla en el horno. || Rebozar con pan rallado un manjar.

empandillar. tr. fam. Poner un naipe junto con otro para hacer una trampa. || Ofuscar la vista o el entendimiento para hacer pasar algún engaño.

empantanar. tr. y prnl. Llenar de agua un terreno. || Meter a uno en un pantano. || fig. Detener el curso de un negocio.

empañado, da. p. p. de empañar. || adj. Díc. de la voz cuando no es sonora y clara. || Díc. del cristal o de cualquier otra superficie pulimentada cuando se le ha adherido el vapor de agua. Ú. t. c. s.

empañadura. f. Acción y efecto de empañar. || Envoltura de los niños en su primera infancia.

empañar. ≅desacreditar. ≅deslustrar. ≅obscurecer. ◁brillar. tr. Envolver a las criaturas en pañales. || Quitar el brillo o diafanidad. Ú. t. c. prnl. || fig. Manchar u obscurecer la fama, el mérito, etc. Ú. t. c. prnl.

empapar. ≅embeber. ≅impregnar. ◁secar. tr. y prnl. Humedecer una cosa. || Absorber una cosa dentro de sus poros algún líquido. || prnl. fig. Imbuirse de un afecto, idea o doctrina. || fig. Enterarse bien de una cosa.

empapelado, da. p. p. de empapelar. || m. Acción y efecto de empapelar. || Papel con que se recubre una superficie.

empapelador, ra. m. y f. Persona que empapela.

empapelar. tr. Envolver en papel. || Forrar de papel una superficie. || fig. y fam. Formar causa criminal a uno.

empaque. m. Acción y efecto de empacar. || Materiales que forman la envoltura de los paquetes.

empaque. m. fam. Catadura, aire de una persona. || Seriedad, con algo de afectación.

empaquetado, da. p. p. de empaquetar. || m. Acción y efecto de empaquetar.

empaquetar. tr. Formar paquetes. || fig. Acomodar en un recinto un número excesivo de personas. || Emperejilar. Ú. t. c. prnl.

emparedado, da. adj. y s. Recluso por castigo, penitencia o propia voluntad. || m. fig. Porción pequeña de jamón u otra vianda, entre dos rebanadas de pan, *sandwich.*

emparedar. tr. Encerrar a una persona entre paredes. Ú. t. c. prnl. || Ocultar alguna cosa entre paredes.

emparejamiento. m. Acción y efecto de emparejar.

emparejar. tr. Formar una pareja. Ú. t. c. prnl. || Poner una cosa a nivel con otra. || Tratándose de puertas, ventanas, etc., juntarlas pero sin cerrarlas. || Igualar la tierra, nivelándola. || intr. fig. Ponerse al nivel de otro más avanzado.

emparentar. intr. Contraer parentesco por vía de casamiento.

emparrado. ≅pérgola. m. Conjunto de los vástagos de las parras que, sostenidas con un armazón, forman cubierta. || Armazón que sostiene la parra.

emparrar. tr. Formar emparrado.

emparrillado. m. Conjunto de barras cruzadas para dar base firme a los cimientos en terrenos flojos.

emparrillar. tr. Asar en parrillas. || Zampear.

emparvar. ≅aparvar. tr. Poner en parva las mieses.

empastar. tr. Cubrir de pasta una cosa. || Encuadernar en pasta los libros. || Dicho de un diente o muela, rellenar con pasta el hueco producido por la caries. || *Pint.* Poner el color en bastante cantidad para que no deje ver el primer dibujo.

empaste. m. Acción y efecto de empastar. || Pasta con que se llena el hueco hecho por la caries de un diente. || *Pint.* Unión perfecta de los colores en las figuras.

empastelar. tr. fig. y fam. Transigir un negocio para salir del paso. || *Impr.* Mezclar las letras de un molde de modo que no formen sentido. Ú. t. c. prnl.

empatar. tr. Tratándose de votación, obtener dos o más contrincantes o partidos políticos un mismo número de puntos o votos. Ú. m. c. intr. y prnl. || Suspender y embarazar el curso de una resolución. || *Amér.* Empalmar, juntar una cosa con otra.

empate. m. Acción y efecto de empatar.

empavesar. tr. Ocultar a la vista las obras de algún monumento público hasta su inauguración. || Engalanar una embarcación.

empecinado, da. p. p. de empecinarse. || adj. Obstinado, terco, pertinaz.

empecinamiento. m. Acción y efecto de empecinarse.

empecinarse. prnl. Obstinarse, aferrarse, encapricharse.

empedernido, da. adj. fig. Insensible, duro de corazón.

empedernir. tr. y prnl. Endurecer mucho. || prnl. fig. Hacerse insensible.

empedrado, da. p. p. de empedrar. || m. Acción de empedrar. || Pavimento formado artificialmente de piedras.

empedramiento. m. Acción y efecto de empedrar.

empedrar. ≅adoquinar. ≅enlosar. tr. Cubrir el suelo con piedras ajustadas unas con otras. || fig. Llenar de desigualdades una superficie con objetos extraños a ella.

empeine. m. Parte superior del pie. || Parte de la bota desde la caña a la pala.

empeine. m. Enfermedad del cutis, que lo pone áspero y encarnado, causando picazón.

empelotarse. prnl. fam. Enredarse, confundirse. || Desnudarse, quedarse en cueros.

Calle empedrada

empellón. m. Empujón recio para sacar de su asiento a una persona.

empenachado, da. adj. Que tiene penacho.

empeñado, da. p. p. de empeñar. || adj. Dicho de disputas o reyertas, acalorado, reñido.

empeñar. ≅obstinarse. ≅porfiar. tr. Dejar una cosa en prenda para seguridad de pago. || Precisar, obligar. Ú. t. c. prnl. || Poner a uno por medianero para conseguir una cosa. || prnl. Endeudarse, llenarse de deudas. || Insistir con tesón en una cosa.

empeño. ≅afán. ≅anhelo. ≅obstinación. ≅porfía. m. Acción y efecto de empeñar. || Obligación de pagar una deuda. || Deseo vehemente. || Objeto a que se dirige. || Tesón y constancia en seguir un intento. || Recomendación.

empeoramiento. m. Acción y efecto de empeorar.

empeorar. tr. Poner o volver peor. || intr. Ponerse peor. Ú. t. c. prnl.: *el enfermo empeora.*

empequeñecer. tr. Minorar una cosa, hacerla más pequeña.

empequeñecimiento. m. Acción y efecto de empequeñecer.

emperador. ≅césar. m. Título de dignidad dado al jefe supremo del antiguo Imperio romano. || Título de mayor dignidad dado a ciertos soberanos. || Pez espada.

emperatriz. f. Mujer del emperador. || Soberana de un imperio.

emperchar. tr. Colgar en la percha. || prnl. Prenderse la caza en la percha.

emperejilar. tr. y prnl. fam. Adornar a una persona con profusión y esmero.

emperezar. intr. y prnl. Dejarse dominar de la pereza. || tr. fig. Retardar, dilatar.

empero. conj. ad. Pero. || Sin embargo.

emperramiento. m. fam. Acción y efecto de emperrarse.

emperrarse. prnl. fam. Obstinarse, empeñarse en no ceder.

empezar. tr. Comenzar, dar principio a una cosa. || intr. Tener principio una cosa.

empicarse. prnl. Aficionarse demasiado a algo.

empinado, da. p. p. de empinar. || adj. Muy alto. || fig. Estirado, orgulloso.

empinar. tr. Enderezar y levantar en alto. || Inclinar mucho una vasija para beber. || fig. y fam. Beber mucho. || prnl. Ponerse uno sobre las puntas de los pies y erguirse. || Ponerse un cuadrúpedo sobre los dos pies levantando las manos.

empingorotado, da. p. p. de empingorotar. ||

adj. Díc. de la persona elevada a posición social ventajosa, y que se engríe por ello.

empingorotar. tr. y prnl. fam. Levantar una cosa poniéndola sobre otra.

empíreo, a. ≅cielo. ≅paraíso. adj. y s. Cielo, en que los ángeles, santos y bienaventurados gozan la presencia de Dios. || Perteneciente al cielo empíreo. || fig. Celestial, supremo, divino.

empírico, ca. adj. Relativo al empirismo. || Que procede empíricamente. Ú. t. c. s. || Partidario del empirismo filosófico. Ú. t. c. s.

empirismo. m. Procedimiento fundado en mera práctica o rutina. || Sistema filosófico que toma la experiencia como única base de los conocimientos humanos.

empitonar. tr. Alcanzar la res al lidiador cogiéndolo con los pitones.

empizarrado, da. p. p. de empizarrar. || m. Cubierta de un edificio formada con pizarras.

empizarrar. tr. Cubrir con pizarras.

emplastar. tr. Poner emplastos. || fig. Componer con afeites y adornos. Ú. t. c. prnl. || fam. Empantanar, embarazar el curso de un negocio. || prnl. Ensuciarse con alguna porquería.

emplastecer. tr. Llenar con el aparejo las desigualdades de una superficie para poder pintar sobre ella.

emplasto. m. Preparado farmacéutico sólido, plástico y adhesivo. || fig. y fam. Componenda. || fig. y fam. Parche, pegote.

emplazamiento. m. Situación, colocación.

emplazar. tr. Citar a una persona en determinado tiempo y lugar. || Citar al demandado. || Concertar, dicho de la caza.

emplazar. tr. Poner una cosa en determinado lugar.

empleado, da. ≅dependiente. ≅funcionario. p. p. de emplear. || m. y f. Persona que desempeña un destino o empleo.

emplear. ≅colocar. ≅invertir. tr. Ocupar a uno. Ú. t. c. prnl. || Destinar a uno al servicio público. || Gastar el dinero en una compra. || Gastar, consumir. || Usar.

empleo. ≅uso. m. Acción y efecto de emplear. || Destino, ocupación, oficio.

emplomar. tr. Cubrir, asegurar o soldar una cosa con plomo. || Poner sellos de plomo a los fardos o cajones cuando se precintan.

emplumar. tr. Poner plumas a algo. || intr. Emplumecer. || *Amér.* Fugarse, huir.

emplumecer. intr. Echar plumas las aves.

empobrecer. tr. Hacer que uno venga al estado

de pobreza. || intr. y prnl. Venir a estado de pobreza una persona. || Decaer, venir a menos.

empobrecimiento. m. Acción y efecto de empobrecer.

empolvar. tr. Echar polvo. || prnl. Cubrirse de polvo. || Ponerse polvos en la cara.

empollar. ≅ estudiar. ≅ incubar. tr. Calentar el ave los huevos, poniéndose sobre ellos para sacar pollos. Ú. t. c. prnl. || fig. y fam. Meditar un asunto con mucha más detención de la necesaria. || Entre estudiantes, preparar mucho las lecciones. || intr. Producir las abejas pollo o cría.

empollón, na. adj. y s. Estudiante que prepara mucho sus lecciones.

emponzoñamiento. m. Acción y efecto de emponzoñar.

emponzoñar. tr. y prnl. Dar ponzoña a uno. || fig. Inficionar, echar a perder.

emporcar. tr. y prnl. Ensuciar, llenar de porquería.

emporio. m. Lugar donde concurren para el comercio gentes de diversas naciones. || fig. Ciudad notable por el florecimiento del comercio, las ciencias, las artes, etc.

emporitano, na. adj. y s. De Ampurias (Gerona).

emporrarse. prnl. y tr. En el lenguaje de la droga, ponerse bajo los efectos del porro.

empotrar. tr. Meter una cosa en la pared o en el suelo, asegurándola.

emprendedor, ra. adj. Que emprende acciones dificultosas.

emprender. ≅ acometer. ≅ empezar. ◁ acabar. tr. Acometer y comenzar una obra o empresa. || fam. Acometer a uno para importunarle o reñir.

empreñar. tr. hacer concebir a la hembra. || fig. y fam. Causar molestias a una persona. || prnl. Quedar preñada la hembra.

empresa. f. Acción ardua y dificultosa que valerosamente se comienza. || Cierto símbolo o figura enigmática. || Unidad económica que combina los factores de la producción (trabajo, tierra y capital) para la obtención de bienes o servicios.

empresariado. m. Conjunto de empresas o de empresarios.

empresarial. adj. Relativo a las empresas o a los empresarios.

empresario, ria. m. y f. Persona que, con responsabilidad propia, toma a su cargo una empresa.

empréstito. m. Préstamo que toma el Estado o una corporación o empresa. || Cantidad así prestada.

empujar. ≅ incitar. tr. Hacer fuerza contra una cosa para moverla. || fig. Hacer que uno salga del puesto u oficio en que se halla. || fig. Hacer presión.

empuje. m. Acción y efecto de empujar. || fig. Brío, arranque, resolución con que se acomete una empresa.

empujón. ≅ empellón. ≅ impulso. m. Impulso que se da con fuerza para apartar o mover a una persona o cosa. || Avance rápido que se da a una obra.

empuñadura. f. Puño de la espada. || fig. y fam. Principio de un discurso o un cuento, como *érase que se era.*

empuñar. tr. Asir por el puño una cosa. || Asir una cosa con la mano. || fig. Alcanzar un empleo o puesto. || *Chile.* Cerrar la mano para presentar el puño.

emulación. ≅ competencia. ≅ rivalidad. f. Pasión del alma, que excita a imitar y aun a superar las acciones ajenas.

emular. ≅ competir. tr. y prnl. Imitar las acciones de otro procurando igualarle y aun excederle.

émulo, la. adj. y s. Competidor de una persona o cosa que procura excederla o aventajarla.

emulsión. f. Líquido que tiene en suspensión

Empuñadura de la espada de Fernando III *el Santo*

pequeñísimas partículas de substancias insolubles en agua.

emulsionar. tr. Hacer que una substancia adquiera el estado de emulsión.

emulsivo, va. adj. Aplícase a cualquiera substancia que sirve para hacer emulsiones.

emulsor. m. Aparato destinado a facilitar la mezcla de las grasas con otras substancias.

en. prep. que indica en qué lugar, tiempo o modo se determinan las acciones de los verbos a que se refiere: *Pedro está ∾ Madrid.* || Sobre. || Seguida de un infinitivo, *por: lo conocí ∾ el andar.* || Junta con un gerundio, luego que.

enaceitar. tr. Untar con aceite. || prnl. Ponerse aceitosa o rancia una cosa.

enagua. f. Prenda de vestir de la mujer, que se usa debajo de la falda exterior. Ú. m. en pl. || Combinación, prenda de vestir femenina.

enaguachar. tr. Llenar de agua una cosa. || Causar en el estómago pesadez el beber mucho o el comer mucha fruta. Ú. t. c. prnl.

enagüillas. f. pl. dim. de enagua. || Especie de falda corta que ponen a algunas imágenes de Cristo crucificado, o que se usa en algunos trajes de hombre, como el escocés o el griego.

enajenación. f. Acción y efecto de enajenar. || fig. Distracción, embelesamiento.

enajenar. ≅vender. ◁retener. tr. Pasar a otro el dominio de una cosa. || fig. Sacar a uno fuera de sí. Ú. t. c. prnl. || prnl. Privarse de algo. || Apartarse, retraerse del trato o comunicación. Ú. t. c. tr.

enálage. f. Figura que consiste en mudar las partes de la oración o sus accidentes.

enalbardar. tr. Echar o poner la albarda. || fig. Rebozar con huevo, harina, pan rallado, etc., lo que se ha de freír. || fig. Emborrazar.

enaltecer. tr. y prnl. Ensalzar.

enaltecimiento. ≅alabanza. ≅elogio. m. Acción y efecto de enaltecer.

enamoradizo, za. adj. Propenso a enamorarse.

enamorado, da. p. p. de enamorar. || adj. Que tiene amor. Ú. t. c. s. || Enamoradizo.

enamoramiento. m. Acción y efecto de enamorar.

enamorar. ≅cortejar. ≅requebrar. tr. Excitar en uno la pasión del amor. || Decir amores o requiebros. || prnl. Prendarse de amor de una persona. || Aficionarse a una cosa.

enamoricarse o **enamoriscarse.** prnl. fam. Prendarse de una persona levemente.

enanismo. m. Trastorno del crecimiento caracterizado por una talla inferior a la normal.

enano, na. adj. fig. Díc. de lo que es diminuto en su especie. || m. y f. Persona de extraordinaria pequeñez.

enarbolar. tr. Levantar en alto. || prnl. Encabritarse. || Enfadarse.

enardecer. tr. y prnl. fig. Excitar. || prnl. Encenderse, requemarse una parte del cuerpo del animal por congestión o inflamación.

enardecimiento. m. Acción y efecto de enardecer.

enarenar. tr. y prnl. Echar arena; llenar o cubrir de ella. || prnl. Encallar las embarcaciones.

enastar. tr. Poner el mango o asta a un arma o instrumento.

encabalgamiento. m. Cureña. || Armazón de maderos cruzados donde se apoya alguna cosa.

encabalgar. intr. Apoyarse una cosa sobre otra. || tr. Proveer de caballos.

encaballar. tr. Colocar una pieza de modo que se sostenga sobre la extremidad de otra. Ú. t. c. intr. || intr. Encabalgar.

encabestrar. tr. Poner el cabestro a los animales. || Hacer que las reses bravas sigan a los cabestros. || fig. Atraer, seducir a alguno para que haga lo que otro desea. || prnl. Enredar la bestia una mano en el cabestro.

encabezamiento. m. Acción de encabezar o empadronar. || Registro, matrícula o padrón. || Ajuste de la cuota que deben pagar los vecinos por toda la contribución. || Fórmula con que comienzan algunos escritos.

encabezar. tr. Registrar, poner en matrícula a uno. || Iniciar una suscripción o lista. || Poner el encabezamiento a un libro o escrito. || Acaudillar, presidir, poner o ponerse al frente. || Aumentar la parte espiritosa de un vino.

encabritarse. prnl. Empinarse el caballo. || fig. Tratándose de embarcaciones, automóviles, etc., levantarse la parte delantera súbitamente.

encachado, da. p. p. de encachar. || m. Revestimiento de piedra u hormigón con que se fortalece el cauce de una corriente de agua entre los estribos de un puente.

encachar. tr. Hacer un encachado. || Poner las cachas a una navaja.

encadenado, da. p. p. de encadenar. || adj. Díc. de la estrofa cuyo primer verso repite las palabras del último verso de la estrofa precedente. || m. Cadena.

encadenamiento. ≅conexión. ≅prisión. ≅trabazón. m. Acción y efecto de encadenar. || Conexión y trabazón de las cosas unas con otras.

encadenar. tr. Ligar y atar con cadena. || fig.

Trabar y unir unas cosas con otras. || fig. Dejar a uno sin movimiento y sin acción.

encajar. ≅ajustar. tr. Meter una cosa dentro de otra ajustadamente. || Unir ajustadamente una cosa con otra. Ú. t. c. intr.: *la puerta encaja bien.* || fig. y fam. Decir una cosa, ya sea con oportunidad o inoportunamente: ↶ *un chiste.* || fig. y fam. Recibir, sufrir sin gran quebranto, un ataque, golpes, un resultado o tanteo adverso, etc.

encaje. m. Acción de encajar una cosa en otra. || Sitio o hueco en que se mete o encaja algo. || Ajuste de dos piezas que cierran o se adaptan entre sí. || Cierto tejido de mallas, lazadas o calados, con flores, figuras u otras labores, que se hacen con bolillos, agujas de coser o de gancho, etc., o bien a máquina.

encajonar. tr. Meter y guardar algo dentro de uno o más cajones. || Meter en un sitio angosto. Ú. m. c. prnl.: *encajonarse el río entre las breñas.* || Acción de encerrar a los toros en cajones para su traslado, en especial a las plazas donde han de ser lidiados.

encalabrinar. tr. Llenar la cabeza de un vapor o hálito que la turbe. Ú. t. c. prnl. || Excitar, irritar: ↶ *los nervios.* || prnl. fam. Enamorarse perdidamente. || fam. Tomar un tema; empeñarse en algo sin darse a razones.

Encaje. Blonda policromada

encalado. m. Acción y efecto de encalar.

encalador, ra. adj. y s. Que encala o blanquea. || m. En las tenerías, cuba donde meten las pieles con cal, para pelarlas.

encalar. ≅enjalbegar. tr. Dar de cal o blanquear algo. Díc. principalmente de las paredes. || Meter en cal o espolvorear con ella alguna cosa.

encalar. tr. Poner o meter algo en una cala o cañón.

encalmar. tr. Tranquilizar, serenar. Ú. t. c. prnl. || prnl. Tratándose del tiempo o del viento, quedar en calma.

encalvecer. intr. Perder el pelo, quedar calvo.

encalladero. m. Paraje donde pueden encallar las naves.

encallar. ≅varar. intr. y prnl. Dar la embarcación en arena o piedra, quedando en ellas sin movimiento. || fig. No poder salir adelante en un negocio o empresa.

encallarse. prnl. Endurecerse algunos alimentos por quedar interrumpida su cocción.

encallecer. intr. y prnl. Criar callos o endurecerse la carne a manera de callo. || prnl. fig. Endurecerse con la costumbre en los trabajos o en los vicios. || Encallarse.

encamar. tr. Tender o echar una cosa en el suelo. || prnl. Echarse o meterse en la cama. Díc. más comúnmente del que se mete en ella por enfermedad, y no para dormir. || Echarse o abatirse las mieses.

encaminar. tr. Enseñar a uno por donde ha de ir, ponerle en camino. Ú. t. c. prnl. || Dirigir una cosa hacia un punto determinado. || fig. Enderezar la intención a un fin determinado; poner los medios que conducen a él. || prnl. Dirigirse hacia un lugar o meta.

encanallar. tr. y prnl. Corromper, envilecer a uno haciéndole tomar costumbres ruines y abyectas, propias de la canalla.

encanarse. prnl. Pasmarse o quedarse envarado por la fuerza del llanto o de la risa.

encandecer. tr. Hacer ascua una cosa hasta que quede como blanca de puro encendida.

encandelar. intr. Echar algunos árboles flores en amento o candelillas.

encandilado, da. adj. fam. Erguido, levantado.

encandilar. ≅cegar. ≅ilusionar. tr. y prnl. Deslumbrar acercando mucho a los ojos en candil o vela o presentando de golpe a la vista una cantidad excesiva de luz. || fig. Deslumbrar, alucinar con apariencias o falsas razones. || Encender o avivar los ojos la bebida o la pasión. || Despertar o excitar el sentimiento o deseo amoroso.

encanecer. intr. Ponerse cano. || fig. Envejecer una persona. || tr. Hacer encanecer.

encanijar. tr. y prnl. Poner flaco y enfermizo. Díc. más comúnmente de los niños.

encanillar. tr. Devanar el hilo en las canillas.

encantado, da. p. p. de encantar. || adj. fig. y fam. Distraído o embobado constantemente. || fig. y fam. Que se considera sometido a poderes mágicos.

encantador, ra. ≅ hechicero. ≅ mago. adj. Que encanta o hace encantamientos. Ú. t. c. s. || fig. Que hace muy viva y grata impresión en el alma o en los sentidos.

encantamiento. m. Acción y efecto de encantar.

encantar. ≅ embelesar. ≅ hechizar. ≅ seducir. tr. Someter a poderes mágicos. || Se dice particularmente del convertir de manera maravillosa a una persona o cosa en otra distinta. || Atraer o ganar la voluntad de alguien por dones naturales, como la hermosura, la gracia, la simpatía o el talento. || prnl. Quedarse inmóvil mirando o haciendo alguna cosa, o estar distraído.

encanto. m. Encantamiento. || fig. Cosa o persona que suspende o embelesa. || Aplicado a personas, ú. mucho como apelativo cariñoso. || pl. Atractivos físicos, gracias femeniles.

encañado. m. Enrejado o celosía de cañas que se pone en los jardines para enredar y defender las plantas o para hacer divisiones.

encañado, da. p. p. de encañar. || m. Conducto hecho de caños, o de otro modo, para conducir el agua.

encañar. tr. Hacer pasar el agua por encañados o conductos. || Sanear de la humedad las tierras por medio de encañados.

encañar. tr. Poner cañas para sostener las plantas; como se hace en los tiestos de claveles. || intr. y prnl. Empezar a formar caña los tallos tiernos de los cereales. Se dice también de otras plantas, como la del tabaco.

encañizada. f. Atajadizo que se hace con cañas en laguna, río o mar, para mantener algunos peces sin que puedan escaparse. || Enrejado de cañas.

encañizar. tr. Poner cañizos a los gusanos de seda. || Cubrir con cañizos una bovedilla u otra cosa cualquiera.

encañonar. tr. Dirigir o encaminar algo para que entre por un cañón. || Hacer correr las aguas de un río por un cauce cerrado con bóveda o por una tubería. || Asestar o dirigir un arma de fuego portátil contra una persona o cosa. || intr. Echar cañones las aves.

encapotar. tr. y prnl. Cubrir con el capote. || prnl. fig. Poner el rostro ceñudo y con sobrecejo. || Díc. del cielo, aire, atmósfera, etc., cuando se cubre de nubes, en especial si son obscuras o tempestuosas.

encapricharse. prnl. Empeñarse uno en sostener o conseguir su capricho. || Cobrar o tener capricho por una persona o cosa.

encapuchado, da. adj. y s. Persona cubierta con capucha, especialmente en las procesiones de Semana Santa.

encapuchar. tr. y prnl. Cubrir o tapar una cosa con capucha.

encarado, da. p. p. de encarar. || adj. Con los advs. *bien* o *mal*, de buena o mala cara, de bellas o feas facciones.

encaramar. ≅ encumbrar. ≅ subir. tr. y prnl. Levantar a una persona o cosa a lugar dificultoso de alcanzar. || fig. y fam. Colocar en puestos encumbrados.

encarar. ≅ afrontar. ≅ enfrentar. intr. y prnl. Ponerse uno cara a cara enfrente y cerca de otro. || tr. Con los nombres *saeta, fusil*, etc., apuntar. || fig. Hacer frente a una dificultad. Ú. t. c. prnl. || prn. fig. Colocarse una persona o animal frente a otra en actitud violenta o agresiva.

encarcelación o **encarcelamiento.** f. Acción y efecto de encarcelar.

encarcelar. ≅ aprisionar. tr. Poner a uno preso en la cárcel. || Sujetar dos piezas de madera recién encoladas, en la cárcel de carpintero, para que se peguen bien.

encarecer. tr. Aumentar el precio de algo; hacerlo caro. Ú. t. c. intr. y prnl. || fig. Ponderar, exagerar, alabar mucho una cosa. || Recomendar con empeño.

encarecimiento. m. Acción y efecto de encarecer.

encargado, da. adj. Que ha recibido un encargo. || m. y f. Persona que tiene a su cargo una casa, un establecimiento, un negocio, etc., en representación del dueño o interesado.

encargar. tr. Encomendar, poner una cosa al cuidado de uno. Ú. t. c. prnl. || Recomendar, aconsejar, prevenir. || Pedir que se traiga o envíe de otro lugar alguna cosa. || Imponer una obligación.

encargo. m. Acción y efecto de encargar. || Cosa encargada. || Carga o empleo.

encariñar. tr. y prnl. Aficionar, despertar o excitar cariño.

encarnación. f. Acción de encarnar. Díc. especialmente del acto misterioso de haber tomado carne humana el Verbo Divino. || fig. Personificación, representación o símbolo de una idea, doctrina, etc. || *Esc.* y *Pint.* Color de carne con que se pinta el desnudo de las figuras humanas.

encarnado, da. p. p. de encarnar. || adj. Color de carne. Ú. t. c. s. m. || Colorado, rojo. || m. Color de carne que se da a las estatuas.

encarnadura. ≅carnadura. f. Disposición atribuida a los tejidos del cuerpo vivo para cicatrizar o reparar sus lesiones: *tener buena,* o *mala* ∿.

encarnamiento. m. Efecto de encarnar una herida.

encarnar. intr. Revestirse una substancia espiritual, una idea, etc., de un cuerpo de carne: díc. principalmente del acto de hacerse hombre el Verbo Divino. || Criar carne cuando se va mejorando y sanando una herida. || *Impr.* Estampar bien una tinta sobre un papel, o una tinta sobre otra. || prnl. Introducirse una uña, al crecer, en las partes blandas que la rodean, produciendo alguna molestia. || fig. Mezclarse, unirse, incorporarse una cosa con otra.

encarnativo, va. adj. y s. Aplícase al medicamento que facilita el encarnamiento de las heridas.

encarnecer. intr. Tomar carnes; hacerse más corpulento y grueso.

encarnizado, da. ≅cruento. ≅reñido. p. p. de encarnizar. || adj. Díc. de la batalla, riña, etc., muy porfiada y sangrienta.

encarnizamiento. m. Acción de encarnizarse. || fig. Crueldad con que uno se ceba en el daño o en la infamia de otro.

encarnizar. tr. Cebar un perro en la carne de otro animal para que se haga fiero. || fig. Encruelecer, enfurecer. Ú. t. c. prnl. || prnl. Cebarse con ansia en la carne los lobos y animales hambrientos cuando matan una res.

encaro. m. Acción de mirar a uno con algún género de cuidado y atención. || Acción de encarar o apuntar un arma. || Puntería.

encarrilar. tr. Encaminar, dirigir y enderezar una cosa, como carro, coche, etc., para que siga el camino o carril que debe. || Colocar sobre los carriles o rieles un vehículo descarrilado.

encartación. f. Empadronamiento en virtud de carta de privilegio. || Reconocimiento de sujeción o vasallaje que hacían al señor los pueblos y lugares. || Población que hacía este reconocimiento.

encartado, da. p. p. de encartar. || adj. y s. *Der.* Sujeto a un proceso.

encartar. tr. Proscribir a un reo constituido en rebeldía. || *Der.* Procesar. || En los juegos de naipes, jugar al contrario o al compañero carta a la cual pueda servir del palo.

encarte. m. En los juegos de naipes, acción y efecto de encartar.

encartonar. tr. Poner cartones. || Resguardar con cartones una cosa. || Encuadernar sólo con cartones cubiertos de papel.

encasillado, da. p. p. de encasillar. || m. Conjunto de casillas.

encasillar. tr. Poner en casillas. || Clasificar personas o cosas distribuyéndolas en sus sitios correspondientes.

encasquetar. tr. Encajar bien en la cabeza el sombrero, gorra, boina, etc. Ú. t. c. prnl. || fig. Meter a uno algo en la cabeza, por lo común sin el debido fundamento: *encasquetarle a uno una opinión.*

encasquillar. tr. Poner casquillos. || *Amér.* Herrar caballerías o bueyes. || prnl. Atascarse un arma de fuego con el casquillo de la bala al disparar.

encastar. tr. Mejorar una raza o casta de animales. || intr. Procrear, hacer casta.

encastillado, da. p. p. de encastillar. || adj. fig. Altivo y soberbio.

encastillar. tr. Fortificar con castillos un pueblo o paraje. || prnl. Encerrarse en un castillo y hacerse allí fuerte para defenderse. || fig. Acogerse a parajes altos, ásperos y fuertes, como riscos y sierras, para guarecerse. || fig. Perseverar uno con tesón, y a veces con obstinación, en su parecer y dictamen, sin dar oídos a razones y persuasiones en contrario.

encastrar. tr. Encajar, empotrar. || *Mec.* Endentar piezas.

encausar. tr. Formar causa a uno; proceder contra él judicialmente.

encáustico, ca. adj. Pintura hecha con encáustico. || m. Preparado de cera y aguarrás para dar brillo a los muebles de madera.

encauzamiento. m. Acción y efecto de encauzar.

encauzar. tr. Abrir cauce; encerrar o dar dirección por un cauce a una corriente. || fig. Encaminar, dirigir por buen camino un asunto, una discusión, etc.

encebollado, da. p. p. de encebollar. || m. Guisado de carne, partida en trozos, mezclada con cebolla.

encebollar. tr. Echar cebolla en abundancia a un manjar.

encefálico, ca. adj. Relativo al encéfalo: *masa* ∿.

encefalitis. f. Inflamación del encéfalo.

encéfalo. m. Conjunto de órganos que forman parte del sistema nervioso de los vertebrados y están contenidos en la cavidad del cráneo.

encefalografía. f. Radiografía del cráneo obtenida después de extraer el líquido cefalorraquídeo e inyectar aire en su lugar.

encefalograma. m. Electroencefalograma.

enceguecer. tr. Cegar, privar de la visión. || fig. Cegar, ofuscar el entendimiento. Ú. t. c. prnl. || intr. Sufrir ceguera, perder la vista. Ú. t. c. prnl.

encelamiento. m. Acción y efecto de encelar.

encelar. tr. Dar celos. || prnl. Concebir celos de una persona. || Estar en celo un animal.

encella. f. Modelo o forma que sirve para hacer quesos y requesones.

encellar. tr. Dar forma al queso o al requesón en la encella.

encenagado, da. p. p. de encenagar. || adj. Revuelto o mezclado con cieno.

encenagamiento. m. Acción y efecto de encenagarse.

encenagarse. prnl. Meterse en el cieno. || Ensuciarse, mancharse con cieno. || fig. Entregarse a los vicios.

encendaja. f. Ramas, hierba seca o cualquier otra cosa propia para encender el fuego. Ú. m. en pl.

encendedor, ra. adj. y s. Que enciende. || m. Aparato, utensilio o substancia que sirve para producir calor y encender con él una materia combustible, con llama o sin ella. Actualmente se considera como encendedor el aparato capaz de dar una temperatura igual a la del punto de inflamación de la substancia combustible.

encender. tr. Iniciar la combustión de algo. Ú. t. c. prnl. || Pegar fuego, incendiar. || Causar ardor y encendimiento: *la pimienta enciende la lengua.* Ú. t. c. prnl. || En ciertos casos, conectar un circuito eléctrico. || fig. Incitar, inflamar, enardecer. Ú. t. c. prnl.

encendido, da. p. p. de encender. || adj. De color rojo muy subido. || m. En los motores de explosión, conjunto de la instalación eléctrica y aparatos destinados a producir la chispa.

encerado, da. adj. De color de cera. || m. Cuadro de hule, lienzo barnizado, madera u otra substancia apropiada, que se usa en las escuelas para escribir o dibujar en él con clarión y poder borrar con facilidad.

encerar. tr. Aderezar con cera alguna cosa. || Manchar con cera, como cuando las hachas o velas gotean. || intr. y prnl. Tomar color de cera o amarillear las mieses; madurar.

encerradero. m. Sitio donde se recogen los rebaños. || Encierro, toril.

Encéfalo

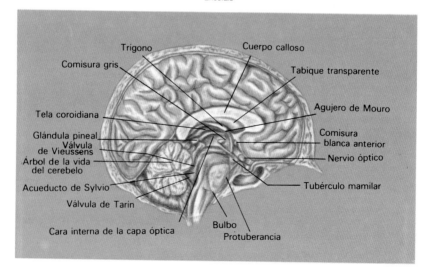

encerramiento o **encerradura.** m. Acción y efecto de encerrar y lugar en que se encierra.

encerrar. ≅aprisionar. ≅recluir. ◁libertar. tr. Meter a una persona o cosa en un lugar del que no pueda salir. || fig. Incluir, contener. || En el juego de damas y en otros de tablero, poner al contrario en estado de que no pueda mover las piezas que le quedan o alguna de ellas.

encerrona. f. Situación, preparada de antemano, en que se coloca a una persona para obligarla a que haga algo mal de su grado.

encestador, ra. adj. y s. Que encesta, dicho de un jugador o jugadora de baloncesto.

encestar. tr. Poner, recoger, guardar algo en una cesta. || En el juego del baloncesto, introducir el balón en el cesto o red de la meta contraria.

encía. f. Carne que cubre interiormente la quijada y guarnece la dentadura.

encíclica. f. Carta o misiva que dirige el Papa a todos los obispos o a los fieles del orbe católico.

enciclopedia. f. Conjunto de todas las ciencias. || Obra en que se trata de muchas ciencias. || Enciclopedismo. || Diccionario enciclopédico: *la ↶ Espasa.*

enciclopédico, ca. adj. Relativo a la enciclopedia.

enciclopedismo. m. Conjunto de doctrinas profesadas por los autores de la Enciclopedia publicada en Francia a mediados del s. XVIII, y por los escritores que siguieron sus enseñanzas en la misma crónica.

encierro. m. Acción y efecto de encerrar. || Lugar donde se encierra. || Clausura, recogimiento. || Acto de traer los toros a encerrar en el toril. || Toril.

encima. ◁debajo. adv. l. En lugar o puesto superior respecto de otro inferior. Ú. t. en sent. fig. || Sobre sí, sobre la propia persona. Ú. t. en sent. fig.: *echarse ↶ una responsabilidad.* || adv. c. Además, sobre otra cosa.

encimero, ra. adj. Que está o se pone encima. || f. *Arg.* Pieza superior del pegual, con una argolla en sus extremos.

encina. f. Nombre vulgar de las especies del género *quercus,* familia de las fagáceas, con fruto en bellota y hojas persistentes. Este grupo de árboles, además de porporcionar buena madera, produce la bellota, la nuez de agalla y el tanino. || Madera de estos árboles.

encinar o **encinal.** m. Sitio poblado de encinas.

encintado. m. Acción y efecto de encintar. ||

Faja o cinta de piedra que forma el borde de una acera, de un andén, etc.

encintar. tr. Adornar, engalanar con cintas. || Poner en una habitación las cintas de un soldado, o en una vía la hilera de piedras que marca la línea y el resalto de las aceras.

enciso. m. Terreno adonde salen a pacer las ovejas después de parir.

enclaustrar. tr. y prnl. Encerrar en un claustro. || Meter, esconder en un paraje oculto.

enclavado, da. p. p. de enclavar. || adj. Sitio encerrado dentro del área de otro. Ú. t. c. s. || Díc. del objeto encajado en otro: *hueso ↶ en la base del cráneo.*

enclavar. tr. Asegurar con clavos una cosa. || Causar una herida a la caballería con el clavo de la herradura. || fig. Traspasar, atravesar. || fig. y fam. Engañar a uno.

enclave. m. Territorio incluido en otro de mayor extensión con características diferentes: políticas, administrativas, geográficas, etc.

enclavijar. tr. Trabar una cosa con otra. || Poner las clavijas a un instrumento.

enclenque. adj. y s. Falto de salud, enfermizo.

enclítico, ca. adj. y s. *Gram.* Díc. de la partícula o parte de la oración que se liga con el vocablo precedente, formando con él una sola palabra.

encobar. intr. y prnl. Echarse las aves y animales ovíparos sobre los huevos para empollarlos.

encocorar. tr. y prnl. fam. Fastidiar, molestar con exceso.

encofrado. p. p. de encofrar. || m. Armazón para contener el hormigón mientras fragua. || Tapial, molde. || Revestimiento de madera para sostener las tierras en las galerías de las minas.

encofrador. m. Carpintero que se dedica al encofrado de obras en edificios, minas, etc.

encofrar. tr. Colocar bastidores para contener las tierras en las galerías de las minas. || Formar un encofrado.

encoger. tr. y prnl. Retirar contrayendo. Ú. t. c. prnl. || fig. Apocar el ánimo. || intr. Disminuir lo largo y ancho de algunas telas o ropas, por apretarse su tejido cuando se mojan o lavan.

encogido, da. p. p. de encoger. || adj. y s. fig. Corto de ánimo, apocado.

encogimiento. m. Acción y efecto de encoger. || fig. Cortedad de ánimo.

encogollarse. prnl. Subirse la caza a las cimas o cogollos más altos de los árboles.

encojar. tr. y prnl. Poner cojo a uno. || prnl. fig. y fam. Caer enfermo; fingirse enfermo.

encolar. tr. Pegar con cola una cosa. || Tirar una pelota o cualquier otra cosa a un sitio donde se queda detenida, sin que se pueda alcanzar fácilmente. Ú. t. c. prnl.: *no tires mi gorra; a ver si la encolas.* || Clarificar vinos. || Dar la encoladura a las superficies que han de pintarse al temple.

encolerizar. tr. y prnl. Hacer que uno se ponga colérico.

encomendar. ≅ confiar. tr. Encargar a uno que haga alguna cosa o que cuide de ella o de una persona. || Dar encomienda, hacer comendador a uno. || *Hist.* Dar indios en encomienda. || ant. Recomendar, alabar.

encomiar. tr. Alabar con encarecimiento a una persona o cosa.

encomiástico, ca. adj. Que alaba o contiene alabanza.

encomienda. f. Acción y efecto de encomendar. || Cosa encomendada. || Dignidad que en las Órdenes militares se daba a algunos caballeros. || Lugar, territorio y rentas de esta dignidad. || Dignidad de comendador en las Órdenes civiles. || Cruz bordada o sobrepuesta que llevaban los caballeros de las Órdenes militares en la capa o vestido. || *Hist.* En América, puieblo de indios que estaba a cargo de un comendero.

encomio. m. Alabanza encarecida.

enconar. tr. y prnl. Inflamar, poner de peor calidad la llaga o parte lastimada del cuerpo. || Irritar, exasperar el ánimo contra uno. || Cargar la conciencia con alguna mala acción.

encono. m. Animadversión, rencor arraigado en el ánimo.

encontradizo, za. adj. Que se encuentra con otra cosa o persona.

encontrado, da. p. p. de encontrar. || adj. Puesto enfrente. || Opuesto, contrario, antitético: *climas ⁀s.*

encontrar. ≅ chocar. ≅ hallar. ≅ topar. ◁ perder. tr. Dar con una persona o cosa que se busca. || Dar con una persona o cosa sin buscarla. Ú. t. c. prnl. || intr. Tropezar uno con otro. || prnl. Oponerse, enemistarse uno con otro. || Hablando de las opiniones, dictámenes, etc., opinar diferentemente, discordar unos de otros. || Hablando de los afectos, las voluntades, los genios, etc., conformar, convenir, coincidir. También puede tener el sentido contrario.

encontronazo o **encontrón.** m. Golpe que da una cosa con otra cuando una de ellas, o las dos, van impelidas o se encuentran. Ú. t. en sent. fig. || Encuentro inesperado entre personas o de personas y cosas.

encopetado, da. p. p. de encopetar. || adj. fig. Que presume demasiado de sí. || fig. De alto copete, linajudo.

encopetar. tr. y prnl. Elevar en alto o formar copete. || prnl. Engreírse, presumir demasiado.

encorajar. tr. Dar coraje. || prnl. Encenderse en coraje o encolerizarse mucho.

encorajinar. tr. y prnl. Encolerizar a alguien, hacer que tome una corajina.

encorchar. tr. Coger los enjambres de las abejas y cebarlas para que entren en las colmenas. || Poner tapones de corcho a las botellas. || Colocar la encorchadura en las artes de pesca.

encordar. tr. Poner cuerdas a los instrumentos de música. || Apretar un cuerpo con una cuerda, haciendo que ésta dé muchas vueltas alrededor de aquél.

encordelar. tr. Poner cordeles a una cosa. || Atar algo con cordeles.

encordonar. tr. Poner o echar cordones a una cosa, bien para sujetarla, bien para adornarla con ellos.

encornadura. f. Forma o disposición de los cuernos en el toro, ciervo, etc. || Cornamenta.

encorsetar. tr. y prnl. Poner corsé, especialmente cuando se ciñe mucho.

encorujarse. prnl. Encogerse, hacerse un ovillo.

encorvadura o **encorvamiento.** f. Acción y efecto de encorvar.

encorvar. ≅ arquear. ≅ curvar. tr. y prnl. Doblar y torcer una cosa poniéndola corva. || prnl. fig. Inclinarse, ladearse, aficionarse sin razón a una parte más que a otra.

encostrar. tr. Cubrir con costra una cosa: ⁀ *un pastel.* || intr. y prnl. Formar costra una cosa.

encrespamiento. m. Acción y efecto de encrespar o encresparse.

encrespar. tr. y prnl. Ensortijar, rizar; díc. más especialmente del cabello. || Erizar el pelo, plumaje, etc., por alguna impresión fuerte, como el miedo. || Enfurecer, irritar y agitar, dicho de personas y animales. || Levantar y alborotar las ondas del agua. || prnl. fig. Enredarse y dificultarse un asunto.

encrestado, da. adj. fig. Ensoberbecido, altivo.

encrestarse. prnl. Poner las aves tiesa la cresta.

encrucijada. ≅ cruce. f. Paraje en donde se cruzan dos o más calles o caminos. || fig. Panorama de varias opciones que se le presentan a uno con el apremio de tener que elegir.

encrudecer. tr. y prnl. Hacer que una cosa

tenga apariencia u otra condición de cruda. || fig. Exasperar, irritar.

encuadernación. f. Acción y efecto de encuadernar. || Forro o cubierta de cartón, pergamino u otra cosa, que se pone a los libros para resguardo de sus hojas. || Taller donde se encuaderna.

encuadernador, ra. m. y f. Persona que tiene por oficio encuadernar.

encuadernar. tr. Juntar, unir y coser varios pliegos o cuadernos y ponerles cubiertas.

encuadrar. tr. Encerrar en un marco o cuadro. || fig. Encajar, ajustar una cosa dentro de otra. || fig. Encerrar o incluir dentro de sí una cosa; bordearla, determinar sus límites.

encubar. tr. Echar el vino u otro líquido en las cubas para guardarlo en ellas. || *Min.* Entibar en redondo el interior de un pozo.

encubierto, ta. p. p. irreg. de encubrir. Apl. a pers., ú. t. c. s.

encubridor, ra. adj. y s. Que encubre. || m. y f. Tapadera, alcahuete o alcahueta.

encubrir. tr. Ocultar una cosa o no manifestarla. Ú. t. c. prnl. || Impedir que llegue a saberse una cosa. || Hacerse responsable de encubrimiento de un delito.

encuentro. ≅coincidencia. ≅refriega. m. Acto de coincidir en un punto dos o más cosas, por lo común chocando una contra otra. || Acto de encontrarse o hallarse dos o más personas. || Oposición, contradicción. || Competición deportiva.

encuesta. f. Acopio de datos obtenidos mediante consulta o interrogatorio, referentes a estados de opinión, costumbres, nivel económico o cualquier otro aspecto de actividad humana.

encuestador, ra. m. y f. Persona que lleva a cabo consultas e interrogatorios para una encuesta.

encuestar. tr. Someter a encuesta un asunto. || Interrogar a alguien para una encuesta. || intr. Hacer encuestas.

encumbrado, da. adj. Elevado, alto.

encumbramiento. m. Acción y efecto de encumbrar. || Altura, elevación. || fig. Ensalzamiento, exaltación.

encumbrar. ≅alzar. ≅elevar. ≅enaltecer. tr. Levantar en alto. Ú. t. c. prnl. || fig. Ensalzar, engrandecer a alguien. Ú. t. c. prnl. || Subir la cumbre, pasarla: ⌐ *el monte*. || prnl. Envanecerse, ensoberbecerse.

encurtido, da. p. p. de encurtir. || m. Fruto o legumbre que se ha encurtido. Ú. frecuentemente en pl.

encurtir. tr. Hacer que ciertos frutos o legumbres tomen el sabor del vinagre y se conserven mucho tiempo teniéndolos en este líquido.

enchapar. tr. Chapear, cubrir con chapas.

encharcar. ≅empantanar. tr. y prnl. Cubrir de agua una parte de terreno, que queda como si fuera un charco. || Enaguachar el estómago.

enchiquerar. tr. Meter o encerrar el toro en el chiquero. || fig. y fam. Poner a alguien preso en la cárcel.

enchironar. tr. fam. Meter a alguien en chirona.

enchufar. tr. Ajustar la boca de un caño en la de otro. Ú. t. c. intr. || fig. Combinar, enlazar un negocio con otro. || Establecer una conexión eléctrica encajando una en otra las dos piezas del enchufe. || fig. y fam. Dar un cargo, empleo, etc., a alguien, utilizando la influencia. Ú. t. c. prnl.

enchufe. m. Acción y efecto de enchufar. || Parte de un caño o tubo que penetra en otro. || Sitio donde enchufan dos caños. || fig. y fam. Cargo o destino que se obtiene por influencia. || Aparato que consta de dos piezas esenciales que se encajan una en otra cuando se quiere establecer una conexión eléctrica.

enchufismo. m. Corruptela política y social que favorece a los enchufistas.

endeble. adj. Débil, de resistencia insuficiente.

endeblez. f. Calidad de endeble.

endécada. f. Período de once años.

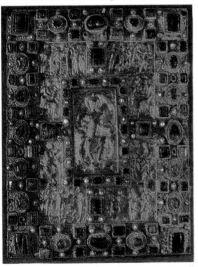

Encuadernación carolingia del siglo IX

endecágono, na. adj. y m. Polígono de once lados.

endecasílabo, ba. adj. y s. De once sílabas: *verso* ⌣.

endecha. f. Canción triste o de lamento. Ú. m. en pl. || Combinación métrica que se emplea repetida en composiciones de asunto luctuoso por lo común.

endemia. f. Cualquier enfermedad que reina habitualmente, o en épocas fijas, en un país o comarca.

endémico, ca. adj. Relativo a la endemia: *mal* ⌣; *enfermedad* ⌣. || fig. Díc. del acto o suceso que se repite frecuentemente en un país, que está muy vulgarizado y extendido.

endemoniado, da. ≅poseso. adj. Poseído del demonio. Ú. t. c. s. || fig. y fam. Sumamente perverso, malo, nocivo.

endemoniar. tr. Introducir los demonios en el cuerpo de una persona. || fig. y fam. Irritar, encolerizar a uno. Ú. t. c. prnl.

endentar. ≅engranar. tr. Encajar una cosa en otra. || Poner dientes a una rueda.

endentecer. intr. Empezar los niños a echar los dientes.

enderezar. ≅alzar. ≅destorcer. ≅erguir. ◁torcer. tr. Poner derecho lo que está torcido. Ú. t. c. prnl. || Poner derecho o vertical lo que está inclinado o tendido. Ú. t. c. prnl. || Remitir, dirigir, dedicar. || fig. Gobernar bien; poner en buen estado una cosa. Ú. t. c. prnl.

endeudarse. prnl. Llenarse de deudas.

endiablado, da. p. p. de endiablar. || adj. fig. Muy feo, desproporcionado. || fig. y fam. Sumamente perverso, malo, nocivo.

endiablar. tr. Introducir los diablos en el cuerpo de uno. || fig. y fam. Dañar, pervertir. Ú. t. c. prnl. || prnl. Encolerizarse o irritarse uno demasiado.

endibia. f. *Bot.* Escarola. || Variedad de achicoria, cuyas hojas, largas y lanceoladas apretadas entre sí, son comestibles tanto crudas como cocidas.

endilgar. tr. fam. Encaminar, dirigir, acomodar, facilitar. || Encajar, endosar a alguien algo desagradable o impertinente.

endiñar. tr. *Caló.* Dar o asestar un golpe.

endiosamiento. m. fig. Erguimiento, desvanecimiento, altivez extremada. || fig. Suspensión o abstracción de los sentidos.

endiosar. tr. Elevar a alguien a la divinidad. || prnl. fig. Erguirse, entonarse, ensoberbecerse. || fig. Suspenderse, embebecerse.

endoblado, da. adj. Cordero que se cría mamando de dos ovejas.

endoblar. tr. Entre ganaderos, hacer que dos ovejas críen a la vez a un cordero.

endocardio. m. Membrana endotelial que tapiza las cavidades del corazón.

endocarpio. m. Capa interior del pericarpio, que a veces es de consistencia leñosa, como el hueso del melocotón.

endocrino, na. adj. Perteneciente o relativo a las hormonas o a las secreciones internas. || Dícese de la glándula que carece de conducto excretor y vierte directamente en la sangre los productos que segrega.

endocrinología. f. Estudio de las secreciones internas.

endocrinólogo, ga. m. y f. Persona que profesa la endocrinología.

endodermo. m. *Biol.* Capa blastodérmica interna de la gástrula, a partir de la cual se forman el aparato digestivo, excepto los extremos del tubo, y el notocordio o cuerda dorsal.

endogamia. f. *Biol.* Cruzamiento entre individuos de una misma raza, que conduce a una descendencia cada vez más homogénea. || Por ext., se aplica a la práctica de contraer matrimonio cónyuges de ascendencia común o de dentro de una pequeña localidad o comarca.

endogénesis. f. *Biol.* Reproducción por escisión del elemento primitivo en el interior del órgano que lo engendra.

endolinfa. f. Líquido acuoso que llena el laberinto del oído de los vertebrados.

endomingarse. prnl. Vestirse con la ropa de fiesta.

endoparásito. adj. Dícese del parásito que vive dentro del cuerpo de un animal o planta; como la lombriz intestinal. Ú. t. c. s.

endosar. ≅endilgar. tr. Ceder a favor de otro una letra de cambio u otro documento de crédito expedido a la orden, haciéndolo así constar al respaldo o dorso. || fig. Trasladar a uno una carga, trabajo o cosa no apetecible.

endosatario, ria. m. y f. Persona a cuyo favor se endosa o puede endosarse un documento de crédito.

endoscopia. f. Exploración visual de los conductos o cavidades internas del cuerpo humano mediante endoscopios.

endoscopio. m. Nombre genérico de varios aparatos destinados al examen visual de cavidades o conductos internos del organismo.

endósmosis o **endosmosis.** f. *Fís.* Corriente

de fuera adentro que se establece cuando los líquidos de distinta densidad están separados por una membrana.

endoso. m. Acción y efecto de endosar. || Lo que para endosar una letra u otro documento a la orden se escribe en su respaldo o dorso.

endospermo. m. Tejido del embrión de las plantas fanerógamas, que le sirve de alimento.

endotelio. m. Epitelio de células planas, que recubre el interior de los vasos, del corazón y de las cavidades serosas y articulares.

endotelioma. m. Tumor generalmente maligno originado en el revestimiento celular de los vasos o de las cavidades serosas.

endovenoso, sa. adj. Intravenoso.

endriago. m. Monstruo fabuloso, formado del conjunto de facciones humanas y de las de varias fieras.

endrina. f. Fruto del endrino.

endrino, na. ≅andrino. adj. De color negro azulado, parecido al de la endrina. || m. Espino negro o, mata o arbusto espinoso, espontáneo en la mayor parte de Europa, de la familia de las rosáceas.

endulce. m. Acción y efecto de endulzar aceitunas.

endulzar. tr. y prnl. Poner dulce una cosa. || Quitar a las aceitunas el amargo, haciéndolas comestibles. || fig. Suavizar un trabajo o disgusto.

endurecer. ≅fortalecer. ◁ablandar. tr. y prnl. Poner dura una cosa. || Robustecer los cuerpos; hacerlos más aptos para el trabajo y la fatiga. || Hacer a uno áspero, severo, exigente.

Endrino

endurecimiento. m. Acción y efecto de endurecer. || fig. Obstinación, tenacidad.

ene. f. Nombre de la letra *n*, y del signo potencial indeterminado en álgebra.

enea. f. Anea, planta.

eneágono, na. adj. y m. Polígono de nueve ángulos y nueve lados.

eneasílabo, ba. adj. y s. De nueve sílabas: *verso* ∿.

enebro. m. Arbusto conífero cupresáceo, muy ramoso desde la base, con fructificación carnosa globosa y negra.

eneldo. m. Hierba umbelífera llamada también *hinojo hediondo* por su mal olor; sus flores son amarillas, la umbela plana sin involucro y los pétalos enteros y arrollados.

enema. f. Ayuda, lavativa.

enemigo, ga. adj. Contrario, opuesto a una cosa. || m. y f. El que tiene mala voluntad a otro y le desea o hace mal. || m. El contrario en la guerra.

enemistad. ≅malquerencia. ≅rencor. ◁amistad. f. Aversión u odio entre dos o más personas.

enemistar. tr. y prnl. Hacer a uno enemigo de otro, o hacer perder la amistad.

eneolítico, ca. adj. y m. Período de la prehistoria en que, junto a las armas y utensilios de piedra, se usaron otros hechos de cobre o bronce. Es el período de transición entre la edad de la piedra pulimentada y la del bronce.

energético, ca. adj. Relativo a la energía. || f. Ciencia que trata de la energía.

energía. f. Eficacia, poder, virtud para obrar. || Fuerza de voluntad, vigor y tesón en la actividad. || *Fís.* Capacidad para producir un trabajo.

enérgico, ca. ≅fuerte. ≅vigoroso. adj. Que tiene energía, o relativo a ella.

energúmeno, na. ≅endemoniado. ≅furioso. ≅poseso. m. y f. Persona poseída del demonio. || fig. Persona furiosa, alborotada.

enero. m. Mes primero de los doce de que consta el año civil.

enervar. tr. y prnl. Debilitar, quitar las fuerzas.

enésimo, ma. adj. Número indeterminado de veces que se repite una cosa. || *Mat.* Lugar de orden *n,* generalmente indeterminado en una serie.

enfadadizo, za. adj. Fácil de enfadarse.

enfadar. ≅enojar. ≅irritar. ◁amistar. tr. y prnl. Causar enfado.

enfado. m. Impresión molesta que hacen en el ánimo algunas cosas. || Enojo contra otra persona.

enfaldo. m. Falda o cualquiera ropa talar recogida o enfaldada.

enfangar. tr. y prnl. Cubrir de fango una cosa o meterla en él. || prnl. fig. y fam. Mezclarse en negocios sucios.

enfardelar. tr. Hacer fardos. || Empaquetar.

énfasis. [[énfasis.] amb. Fuerza de expresión o de entonación con que se quiere realzar la importancia de lo que se dice o se lee. Ú. m. c. m. || m. Afectación en la expresión. || En retórica, figura para dar a entender más de lo que realmente se expresa con las palabras empleadas.

enfático, ca. adj. Relativo al énfasis.

enfatizar. intr. Expresarse con énfasis. || tr. Poner énfasis en la expresión de alguna cosa.

enfermar. intr. y prnl. Contraer enfermedad. || tr. Causar enfermedad.

enfermedad. ≅dolencia. f. Alteración más o menos grave de la salud. || fig. Alteración en la fisiología del cuerpo vegetal. || fig. Pasión dañosa o alteración en lo moral o espiritual.

enfermería. f. Local o dependencia destinados para enfermos o heridos. || Conjunto de los enfermos de determinado lugar o tiempo, o de una misma enfermedad.

enfermero, ra. m. y f. Persona destinada para la asistencia de los enfermos.

enfermizo, za. adj. Que tiene poca salud. || Propio de un enfermo: *pasión* ⌣.

enfermo, ma. ≅malo. ≅paciente. adj. y s. Que padece enfermedad.

enfervorizar. tr. y prnl. Infundir fervor.

enfilar. tr. Pasar por un hilo, cuerda o alambre, ensartándolas, cosas, como: perlas, cuentas o anillos. || Poner en fila. Ú. t. c. intr. y prnl. || Dirigir la vista, ver o divisar en determinada dirección. || fig. Dirigir un asunto en determinado sentido.

enfisema. m. *Pat.* Tumefacción producida por aire o gas en el tejido pulmonar, en el celular o en la piel.

enfiteusis. f. Cesión del dominio útil de un inmueble, mediante el pago anual de un canon.

enfitéutico, ca. adj. Dado en enfiteusis o perteneciente a ella.

enflaquecer. tr. Poner flaco: *no te enflaquecen las penas.* || fig. Debilitar, enervar. || intr. Ponerse flaco. Ú. t. c. prnl. || fig. Desmayar, perder ánimo: *siente que su voluntad enflaquece.*

enflaquecimiento. m. Acción y efecto de enflaquecer.

enflautar. tr. Hinchar, soplar. || fam. Alcahuetear. || fam. Alucinar, engañar. || *Col.* y *Méj.* fam. Encajar, decir a uno algo inoportuno o molesto.

enflechado, da. adj. Arco o ballesta en que se ha puesto la flecha para arrojarla.

enflorar. tr. Florear, adornar con flores.

enfocar. tr. Hacer que la imagen de un objeto producida en el foco de una lente se recoja con claridad sobre un plano u objeto determinado. || Centrar en el visor de una cámara fotográfica la imagen que se quiere obtener. || Dirigir la atención o el interés hacia un asunto o problema desde unos supuestos previos, para tratar de resolverlo acertadamente.

enfoque. m. Acción y efecto de enfocar.

enfoscado. m. Operación de enfoscar un muro. || Capa de mortero con que está guarnecido un muro.

enfoscar. tr. Tapar los mechinales y otros agujeros que quedan en una pared después de labrada. || Guarnecer con mortero un muro. || prnl. Ponerse hosco y ceñudo. || Enfrascarse, engolfarse en un negocio. || Encapotarse, cubrirse el cielo de nubes.

enfranquecer. tr. Hacer franco o libre.

enfrascarse. prnl. Enzarzarse, meterse en una espesura. || fig. Aplicarse con tanta intensidad a un negocio, disputa o cosa semejante que no quede libertad para distraerse en otra.

enfrenar. tr. Poner el freno al caballo. || Enseñarle a que obedezca. || Contenerlo y sujetarlo. || Con el adv. *bien,* hacerle llevar la cabeza derecha y bien puesta.

enfrentamiento. m. Acción y efecto de enfrentar.

enfrentar. tr. y prnl. Afrontar, poner frente a frente. Ú. t. c. intr. || Afrontar, hacer frente, oponer.

enfrente. adv. l. A la parte opuesta, en punto que mira a otro, o que está delante de otro. || adv. m. En contra, en pugna.

enfriadera. f. Vasija en que se enfría una bebida.

enfriamiento. m. Acción y efecto de enfriar. || Indisposición que se caracteriza por síntomas catarrales, resultado de la acción del frío atmosférico sobre el cuerpo.

enfriar. ≅refrigerar. ≅resfriar. <calentar. tr. y prnl. Poner o hacer que se ponga fría una cosa. Ú. t. c. intr. || fig. Entibiar los afectos, templar la fuerza y el ardor de las pasiones; amortiguar la eficacia en las obras.

enfrontar. tr. e intr. Llegar al frente de alguna cosa. || Afrontar, hacer frente.

enfundar. tr. Poner una cosa dentro de su funda.

enfurecer. ≅enojar. tr. y prnl. Irritar a uno o

ponerle furioso. || prnl. fig. Alborotarse, alterarse. Se dice del viento, del mar, etc.

enfurecimiento. m. Acción y efecto de enfurecer.

enfurruñamiento. m. Acción y efecto de enfurruñarse.

enfurruñarse. prnl. fam. Ponerse enfadado.

enfurtir. tr. y prnl. Dar en el batán a los paños y otros tejidos de lana el cuerpo correspondiente. || Apelmazar en pelo.

engalanar. ≅acicalar. ≅ataviar. tr. y prnl. Poner galana una cosa, adornar.

engalgar. tr. Hacer que la liebre o el conejo sean perseguidos por el galgo, poniendo a éste sobre el rastro de la caza, o haciéndosela ver para que la siga sin perderla de vista.

engallar. tr. Apretar la galga contra el cubo de la rueda de un carruaje para impedir que gire. || Calzar las ruedas de los carruajes con la plancha para impedir que giren.

engallado, da. p. p. de engallarse. || adj. fig. Erguido, derecho. || fig. Altanero, soberbio.

engallar. tr. Levantar el cuello. || prnl. Erguirse, estirarse. || fig. Comportarse con arrogancia, adoptar una actitud retadora.

engalle. m. Correa que obliga al caballo a mantener la cabeza erguida.

enganchar. ≅alistar. ≅reclutar. ≅seducir. tr. Agarrar una cosa con gancho o colgarla de él. Ú. t. c. prnl. y c. intr. || Poner las caballerías en los carruajes de manera que puedan tirar de ellos. Ú. t. c. intr. || prnl. Mil. Sentar plaza de soldado.

enganche. m. Acción y efecto de enganchar. || Pieza o aparato dispuesto para enganchar.

enganchón. m. Acción y efecto de engancharse o prenderse la ropa o cabellera en un objeto punzante.

engañabobos. com. y fam. Persona que pretende embaucar o deslumbrar. || Cosa que engaña o defrauda con su apariencia.

engañar. tr. Dar a la mentira apariencia de verdad. || Inducir a otro a creer y tener por cierto lo que no lo es, valiéndose de palabras o de obras aparentes y fingidas. || Producir ilusión, como acontece con algunos fenómenos naturales. || Ser infiel a su cónyuge.

engañifa. f. fam. Engaño artificioso con apariencia de utilidad.

engaño. ≅mentira. ◁verdad. m. Falta de verdad, falsedad. || Cualquier arte para pescar. || Muleta o capa de que se sirve el torero para engañar al toro.

engañoso, sa. ≅mentiroso. adj. Falaz, que engaña o da ocasión a engañarse.

engarabatar. tr. y prnl. Poner una cosa en forma de garabato.

engarabitar. intr. y prnl. Trepar, subir a lo alto. || tr. y prnl. Engarabatar.

engarbarse. prnl. Encaramarse las aves a lo más alto de un árbol o de otra cosa.

engarce. m. Acción y efecto de engarzar. || Metal en que se engarza alguna cosa.

engargantar. tr. Meter una cosa por la garganta o tragadero. || intr. Engranar.

engargolado, da. p. p. de engargolar. || m. Acción e efecto de engargolar. || Ranura por la cual se desliza una puerta corredera. || Ensambladura, trabazón de lengüeta y ranura que une dos piezas de madera.

engargolar. tr. Ajustar las piezas que tienen gárgoles.

engarrotar. tr. y prnl. Causar entumecimiento de los miembros el frío.

engarzar. ≅encadenar. ≅eslabonar. tr. Trabar una cosa con otra u otras, formando cadena, por medio de hilo de metal. || Engastar. || prnl. Amér. y And. Enzarzarse, enredarse unos con otros.

engastar. tr. Encajar y embutir una cosa en otra, como una piedra preciosa en un metal.

engaste. ≅guarnición. m. Acción y efecto de engastar. || Cerco o guarnición de metal que abraza y asegura lo que se engasta.

engatillado, da. p. p. de engatillar. || adj. Díc. del animal que tienen el pescuezo grueso y levantado.

engatillar. tr. Unir dos chapas metálicas por el procedimiento del engatillado. || Arquit. Sujetar con gatillo. || Encajar los extremos de los maderos de piso en las muescas de una viga. || Reforzar la tabla de una pintura con gatillo. || prnl. Hablando de escopetas y otras armas de fuego, fallar el mecanismo de disparar.

engatusar. tr. fam. Ganar la voluntad de uno con halagos para conseguir de él alguna cosa.

engendrar. tr. Procrear, propagar la propia especie. || fig. Causar, ocasionar, formar.

engibar. tr. Hacer corcovado a uno. Ú. t. c. prnl. || Germ. Guardar y recibir.

englobar. tr. Incluir o considerar reunidas varias partidas o cosas en una sola.

engocetar. tr. Poner el gocete de la lanza en el ristre.

engolado, da. ≅petulante. adj. Voz, articulación o acento que tienen resonancia en el fondo de la boca o en la garganta. || fig. Díc. del hablar afectadamente grave o enfático. || fig. Fatuo, engreído, altanero.

engolamiento. m. Acción y efecto de engolar. || Afectación, énfasis en el habla o en la actitud.

engolar. tr. Dar resonancia gutural a la voz.

engolillado, da. adj. fam. Que andaba siempre con la golilla puesta. || fig. y fam. Díc. de la persona que se precia de observar con rigor los estilos antiguos.

engolondrinar. tr. fam. Engreír, envanecer. Ú. t. c. prnl. || prnl. fam. Enamoriscarse.

engolosinar. ≅atraer. ≅incitar. tr. Excitar el deseo de uno con algún atractivo. || prnl. Aficionarse, tomar gusto a una cosa.

engomar. tr. Impregnar y untar de goma.

engordar. tr. Cebar, dar mucho de comer para poner gordo. || intr. Ponerse gordo, crecer en gordura.

engorde. ≅ceba. m. Acción y efecto de engordar o cebar al ganado, especialmente al de cerda.

engorro. m. Embarazo, impedimento, molestia.

engorroso, sa. adj. Embarazoso, dificultoso, molesto.

engranaje. m. Efecto de engranar. || Conjunto de las piezas que engranan. || Conjunto de los dientes de una máquina. || fig. Enlace, trabazón de ideas, circunstancias o hechos.

engranar. intr. Encajar los dientes de una rueda. || fig. Enlazar, trabar.

engrandecer. tr. Aumentar, hacer grande una

Engranaje

de cremallera

exteriores   interiores

cosa. || Alabar, exagerar. || fig. Exaltar, elevar a uno a grado o dignidad superior. Ú. t. c. prnl.

engrandecimiento. Dilatación, aumento. || Ponderación, exageración. || Acción de elevar o elevarse uno a grado o dignidad superior.

engranujarse. prnl. Llenarse de granos. || Hacerse granuja, apicararse.

engrapar. tr. Asegurar, enlazar o unir con grapas.

engrasar. tr. Dar substancia y crasitud a algo. || Untar, manchar con pringue o grasa. Ú. t. c. prnl. || Untar ciertas partes de una máquina con aceites u otras substancias lubricantes para disminuir el rozamiento.

engrase. m. Acción y efecto de engrasar.

engravecer. tr. y prnl. Hacer grave o pesada alguna cosa.

engreído, da. p. p. de engreír. || adj. Dícese de la persona que se muestra o siente creída o convencida de su propio valer.

engreimiento. m. Acción y efecto de engreír.

engreír. ◁humillar. tr. y prnl. Envanecer. || *Amér.* y *And.* Encariñar, aficionar.

engrescar. ≅enzarzar. ≅excitar. tr. y prnl. Incitar a riña. || Meter a otros en broma, juego u otra diversión.

engrifar. tr. y prnl. Encrespar, erizar. || prnl. Enamorarse, empinarse una caballería.

engringarse. prnl. Seguir uno las costumbres o manera de ser de los gringos o extranjeros. Ú. m. en América.

engrosar. tr. Hacer gruesa y más corpulenta una cosa, o darle espesor o crasitud. Ú. t. c. prnl. || fig. Aumentar, hacer más numeroso un ejército, una multitud, etc. || intr. Tomar carnes y hacerse más grueso y corpulento.

engrudar. tr. Untar o dar con engrudo a una cosa. || prnl. Tomar consistencia de engrudo.

engrudo. m. Masa comúnmente hecha con harina o almidón que se cuece en agua, y sirve para pegar papeles y otras cosas ligeras.

engruesar. intr. Engrosar.

engrumecerse. prnl. Hacerse grumos un líquido o una masa fluida.

engruño. m. Acción de encoger. || Juego infantil en que se encoge y cierra la mano para que adivinen lo que hay dentro.

engualdrapar. tr. Poner la gualdrapa a una bestia.

enguantar. tr. y prnl. Cubrir la mano con el guante.

enguatar. tr. Entretelar con manta de algodón en rama.

enguedejado, da. adj. Pelo que está hecho guedejas. || Díc. también de la persona que trae así la cabellera.

engullir. ≅chascar. ◁ayunar. tr. e intr. Tragar la comida atropelladamente y sin mascarla.

engurruñar. tr. y prnl. Arrugar, encoger. || prnl. Encogerse uno, entristecerse.

engurruñir. tr. y prnl. Arrugar, encoger.

enharinar. tr. y prnl. Manchar de harina; cubrir con ella la superficie de una cosa.

enhebrar. tr. Pasar la hebra por el ojo de la aguja o por el agujero de las cuentas, perlas, etc. || fig. y fam. Decir seguidas muchas cosas sin orden ni concierto.

enhestar. tr. y prnl. Levantar en alto, poner derecha y levantada una cosa.

enhiesto, ta. p. p. irreg. de enhestar. || adj. Levantado, derecho.

enhorabuena. f. Felicitación. || adv. m. Con bien.

enigma. m. Dicho o conjunto de palabras de sentido artificiosamente encubierto para que sea difícil entenderlo o interpretarlo. || Por ext., dicho o cosa que no se alcanza a comprender, o que difícilmente puede entenderse o interpretarse.

enigmático, ca. ≅incomprensible. adj. Que en sí encierra o incluye enigma; de significación obscura y misteriosa y muy difícil de penetrar.

enjabonadura. f. Acción y efecto de enjabonar.

enjabonar. tr. Fregar o estregar la ropa u otras cosas con jabón y agua para lavarlas, emblanquecerlas o ablandarlas. || Limpiar el cuerpo, o parte de él, con agua y jabón. Ú. t. c. prnl. || Humedecer la barba con agua jabonosa para afeitarla.

enjaezar. tr. Poner los jaeces a las caballerías.

enjalbegado. m. Acción y efecto de enjalbegar.

enjalbegar. tr. Blanquear las paredes con cal, yeso o tierra blanca.

enjalma. f. Especie de aparejo de bestia de carga, como una albardilla ligera.

enjalmar. tr. Poner la enjalma a una bestia. || Hacer enjalmas.

enjambrar. tr. Coger las abejas que andan esparcidas, o los enjambres que están fuera de las colmenas. || Sacar un enjambre de una colmena cuando está muy poblada. || intr. Separarse de la colmena alguna porción de abejas con su reina. || fig. Multiplicar o producir en abundancia.

enjambre. m. Conjunto de abejas que salen de una colmena con una abeja reina para fundar otra. || fig. Muchedumbre de personas o cosas juntas.

enjaretado, da. p. p. de enjaretar. || m. Tablero formado de tabloncillos colocados de modo que formen enrejado.

enjaretar. tr. Hacer pasar por una jareta un cordón, cinta o cuerda. || fig. y fam. Hacer o decir algo sin intermisión y atropelladamente o de mala manera. || Hacer deprisa ciertas cosas.

enjaular. tr. Encerrar o poner dentro de la jaula a una persona o animal. || fig. y fam. Meter en la cárcel a uno.

enjebar. tr. Meter y empapar los paños en cierta lejía hecha con alumbre y otras cosas, para dar después el color.

enjoyar. tr. Adornar con joyas a una persona o cosa. || fig. Adornar, hermosear, enriquecer. || Entre plateros, poner o engastar piedras preciosas en una joya.

enjuagar. tr. Limpiar la boca y dentadura con agua u otro licor. Ú. m. c. prnl. || Aclarar y limpiar con agua clara lo que se ha enjabonado o fregado, principalmente las vasijas.

enjuagatorio. m. Acción de enjuagar. || Agua u otro líquido que sirve para enjuagarse. || Vaso para enjuagarse.

enjuague. m. Acción de enjuagar. || Agua u otro licor que sirve para enjuagar. || Vaso con su escupidera, destinado a enjuagarse. || fig. Negociación oculta y artificiosa para conseguir lo que no se espera lograr por los medios regulares.

enjugar. tr. Quitar la humedad a una cosa, secarla. || Limpiar la humedad que echa de sí el cuerpo; como las lágrimas, el sudor, etc., o la que recibe mojándose las manos, el rostro, etc. Ú. t. c. prnl. || Lavar ligeramente. Ú. t. c. prnl. fig. Cancelar, extinguir una deuda o un déficit. Ú. t. c. prnl.

enjuiciamiento. m. Acción y efecto de enjuiciar. || Instrucción o substanciación legal de los asuntos en que entienden los jueces o tribunales.

enjuiciar. tr. fig. Someter una cuestión a examen, discusión y juicio. || Der. Instruir un procedimiento con las diligencias y documentos necesarios para que se pueda determinar en juicio. || Der. Juzgar, sentenciar o determinar una causa.

enjundia. ≅grasa. ≅meollo. f. Gordura que las aves tienen en la overa. || Unto y gordura de cualquier animal. || fig. Lo más substancioso e importante de alguna cosa no material.

enjundioso, sa. adj. Que tiene mucha enjundia. || fig. Substancioso, importante, sólido.

enjuta. f. Arquit. Cada uno de los triángulos o espacios que deja en un cuadrado el círculo inscrito en él. || Arquit. Albanega de un arco de forma triangular. || Arquit. Cada uno de los triángulos curvilíneos que forman el anillo de la cúpula.

enjuto, ta. adj. Delgado, seco o de pocas carnes.

enlabio. m. Engaño ocasionado por palabras seductoras.

enlace. m. Acción de enlazar. || Unión, conexión de una cosa con otra. || Dicho de los trenes, empalme. || fig. Casamiento. || Persona que establece o mantiene relación entre otras, especialmente dentro de alguna organización.

enlaciar. tr., intr. y prnl. Poner lacia una cosa.

enladrillado. m. Pavimento hecho de ladrillos.

enladrillar. tr. Solar, formar de ladrillos el pavimento.

enlatar. tr. Meter alguna cosa en latas de hojalata.

enlazar. ≅atar. ≅relacionar. ≅trabar. ≅unir. tr. Coger o juntar una cosa con lazos. || Dar enlace a unas cosas con otras. Ú. t. c. prnl. || Aprisionar un animal arrojándole el lazo. || intr. Estar combinado el horario de trenes, aviones, autobuses, barcos, de manera que el viajero de uno puede proseguir su viaje en otro sin gran intervalo de tiempo. || prnl. fig. Casar, unir en matrimonio. || fig. Unirse las familias por medio de casamientos.

enlodar o **enlodazar.** tr. Manchar, ensuciar con lodo. Ú. t. c. prnl. || Dar con lodo a una tapia, embarrar. || Manchar, envilecer. Ú. t. c. prnl. || *Min.* Tapar con arcilla las grietas de un barreno para impedir que filtre por ellas el agua.

enloquecer. tr. Hacer perder el juicio a uno. || intr. Volverse loco, perder el juicio.

enloquecimiento. m. Acción y efecto de enloquecer.

enlosado. m. Suelo cubierto de losas unidas y ordenadas.

enlosar. tr. Cubrir el suelo con losas unidas y ordenadas.

enlucido, da. p. p. de enlucir. || adj. Blanqueado para que tenga buen aspecto. || m. Capa de yeso, estuco u otra mezcla, que se da a las paredes de una casa con objeto de obtener una superficie tersa.

enlucir. ≅guarnecer. tr. Poner una capa de yeso o mezcla a las paredes, techos o fachadas de los edificios. || Limpiar, poner tersas y brillantes la plata, las armas, etc.

enlustrecer. tr. Poner limpia y lustrosa una cosa.

enlutado, da. p. p. de enlutar. Apl. a pers., ú. t. c. s.

enlutar. tr. y prnl. Cubrir de luto. || fig. Obscurecer, privar de luz y claridad. || fig. Entristecer, afligir.

enmaderar. tr. Cubrir con madera los techos, las paredes y otras cosas. || Construir el maderamen de un edificio.

enmadrarse. prnl. Encariñarse excesivamente el hijo con la madre.

enmallarse. prnl. Quedarse un pez sujeto por las agallas entre las mallas de la red.

enmalle. m. Arte de pesca que consiste en redes que se colocan en posición vertical.

enmantar. tr. y prnl. Cubrir con manta. || prnl. fig. Estar triste y melancólico: *enmantarse las aves.*

enmarañar. tr. y prnl. Enredar, revolver una cosa; como el cabello, una madeja de seda, etc. || fig. Confundir, enredar un asunto haciendo más difícil su buen éxito: ↶ *un pleito, un negocio.*

enmararse. prnl. Alejarse la nave de tierra.

enmarcar. tr. Encuadrar, encerrar en un cuadro o marco.

enmaridar. intr. y prnl. Casarse la mujer.

enmaromar. tr. Atar o sujetar con maroma.

enmascarado, da. p. p. de enmascarar. || m. y f. Persona disfrazada.

enmascaramiento. m. Acción y efecto de enmascarar, hablando de armas y artefactos de guerra.

enmascarar. tr. Cubrir el rostro con máscara. Ú. t. c. prnl. || fig. Encubrir, disfrazar.

enmelar. tr. Untar con miel. || fig. Endulzar, hacer suave y agradable una cosa. || intr. Hacer miel las abejas.

enmendar. tr. Corregir, quitar defectos. Ú. t. c. prnl. || Resarcir, subsanar los daños. || *Der.* Rectificar un tribunal superior la sentencia dada por él mismo, y de que suplicó alguna de las partes.

enmienda. f. Expurgo o eliminación de un error o vicio. || Satisfacción y pago del daño hecho. || Propuesta de variante, adición o reemplazo de un proyecto, dictamen, informe o documento análogo. || *Der.* En los escritos, rectificación perceptible de errores materiales, la cual debe salvarse al final.

enmohecer. tr. y prnl. Cubrir de moho una cosa. || prnl. fig. Inutilizarse, caer en desuso, como utensilio o máquina que se cubre de moho.

enmudecer. tr. Hacer callar, detener y atajar a uno para que no hable más. || intr. Quedar mudo, perder el habla. || fig. Guardar uno silencio cuando pudiera o debiera hablar.

enmugrecer. tr. y prnl. Cubrir de mugre.

ennegrecer. tr. Teñir de negro, poner negro. Ú. t. c. prnl. || fig. Enturbiar, turbar, obscurecer.

|| intr. Ponerse negro o negruzco. Ú. t. c. prnl. || fig. Ponerse muy obscuro, nublarse. Ú. t. c. prnl.

ennoblecer. tr. Hacer noble a uno. Ú. t. c. prnl. || fig. Adornar, enriquecer una ciudad, un templo, etc. || fig. Ilustrar, dignificar, realzar y dar esplendor.

enodio. m. Ciervo de tres a cinco años de edad.

enojadizo, za. adj. Que con facilidad se enoja.

enojar. tr. Causar enojo. Ú. m. c. prnl. || Molestar, desazonar. || prnl. fig. Alborotarse, enfurecerse. Díc. de los vientos, mares, etc.

enojo. ≅cólera.. ≅fastidio. m. Movimiento del ánimo, que suscita ira contra una persona. || Molestia, pesar, trabajo. Ú. m. en pl.

enojoso, sa. adj. Que causa enojo.

enología. f. Conjunto de conocimientos relativos a la elaboración de los vinos.

enólogo. m. Persona entendida en enología.

enorgullecer. tr. y prnl. Llenar de orgullo.

enorme. adj. Desmedido, excesivo.

enormidad. f. Exceso, tamaño irregular y desmedido. || fig. Exceso de maldad. || fig. Despropósito, desatino.

enotecnia. f. Arte de elaborar los vinos.

enquiciar. tr. Poner la puerta, ventana u otra cosa en su quicio. Ú. t. c. prnl. || fig. Poner en orden.

enquistado, da. adj. De forma de quiste o parecido a él. || fig. Embutido, metido dentro.

enquistarse. prnl. *Pat.* Formarse un quiste.

enrabar. tr. Arrimar un carro por la rabera para la carga o descarga. || Sujetar con cuerdas la carga que va en la trasera de un carro.

enraizar. intr. y prnl. Arraigar, echar raíces.

enralecer. intr. Ponerse ralo.

enramada. f. Conjunto de ramas de árboles espesas y entrelazadas naturalmente. || Cobertizo hecho de ramas de árboles para sombra o abrigo.

enramado, da. p. p. de enramar. || m. Conjunto de las cuadernas de un buque.

enramar. tr. Enlazar y entretejer varios ramos, colocándolos en un sitio para adornarlo o para hacer sombra. || intr. Echar ramas un árbol.

enramblar. tr. Poner los paños en la rambla para estirarlos.

enrarecer. tr. Dilatar un cuerpo gaseoso haciéndolo menos denso. Ú. t. c. prnl. || Hacer que escasee, que sea rara una cosa. Ú. t. c. intr. y más c. prnl.

enrasado, da. p. p. de enrasar. || m. *Albañ.* Fábrica con que se macizan las embecaduras de una bóveda hasta el nivel de su espinazo.

enrasar. tr. *Albañ.* Igualar una obra con otra, de suerte que tengan una misma altura. Ú. t. c. intr. || Hacer que quede plana y lisa la superficie de una obra; como pared, piso o techo. || intr. *Fís.* Coincidir, alcanzar dos elementos de un aparato la misma altura o nivel.

enrasillar. tr. Colocar la rasilla a tope entre las barras de hierro de los pisos.

enrayado, da. p. p. de enrayar. || m. *Arquit.* Maderamen horizontal para asegurar los cuchillos y medios cuchillos de una armadura.

enrayar. tr. Fijar los rayos en las ruedas de los carruajes. || Sujetar la rueda de un carruaje por uno de sus rayos para disminuir su velocidad.

enreciar. intr. Engordar, ponerse fuerte.

enredadera. adj. y s. Díc. de las plantas de tallo voluble o trepador que se enreda en las varas u otros objetos salientes.

enredador, ra. ≅revoltoso. ≅travieso. adj. y s. Que enreda. || fig. y fam. Chismoso o embustero de costumbre.

enredar. tr. Prender con red. || Enlazar, enmarañar una cosa con otra. Ú. t. c. prnl. || fig.

Enredadera

Meter discordia o cizaña. || fig. Meter a uno en empeño, ocasión o negocios comprometidos o peligrosos. || intr. Travesear, revolver. || prnl. Complicarse un asunto al sobrevenir dificultades. || fig. Amancebarse. || Hacerse un lío al ir a decir o hacer algo.

enredijo. m. fam. Enredo de hilos y otras cosas flexibles.

enredo. m. Complicación y maraña que resulta de trabarse entre sí desordenadamente los hilos u otras cosas flexibles. || fig. Travesura o inquietud, especialmente hablando de los muchachos. || fig. Engaño, mentira que ocasiona disturbios, disensiones y pleitos. || fig. En los poemas épico y dramático y la novela, conjunto de los sucesos, enlazados unos con otros, que preceden a la catástrofe o al desenlace.

enredoso, sa. adj. Lleno de enredos, embarazos y dificultades. || Enredador, chismoso. Ú. t. c. s.

enrehojar. tr. Revolver en hojas la cera que está en los pilones, para que se blanquee.

enrejado. m. Conjunto de rejas de un edificio y el de las que cercan, en todo o en parte, un sitio cualquiera, como parque, jardín, patio, etc. || Labor, en forma de celosía, hecha por lo común de cañas o varas entretejidas. || Emparrillado.

enrejadura. f. Herida producida por la reja del arado en los pies de los bueyes o de las caballerías.

enrejar. tr. Poner, fijar la reja en el arado.

enrejar. tr. Cercar con rejas, cañas o varas los huertos, jardines, etc.; poner rejas en los huecos de un edificio. || *Méj.* Zurcir la ropa.

enresmar. tr. Colocar en resmas los pliegos de papel.

enrevesado, da. adj. Difícil, intrincado, obscuro o que con dificultad se puede entender. || fig. Travieso, indomable, pertinaz.

enriar. tr. Meter en el agua por algunos días el lino, cáñamo o esparto para su maceración.

enriquecer. ≅progresar. ◁empobrecer. tr. Hacer rica a una persona, comarca, nación, fábrica, industria u otra cosa. Ú. m. c. prnl. || fig. Adornar, engrandecer. || intr. Hacerse uno rico. || Prosperar notablemente un país, una empresa, etc.

enriscado, da. ≅escabroso. ≅peñascoso. adj. Lleno de riscos o peñascos.

enriscar. tr. fig Levantar, elevar. || prnl. Guarecerse, meterse entre riscos y peñascos.

enristrar. tr. Poner la lanza en el ristre. || Poner la lanza horizontal bajo el brazo derecho, bien afianzada para acometer.

enristrar. tr. Hacer ristras con ajos, etc.

enrocar. tr. y prnl. Efectuar la jugada ajedrecística llamada enroque.

enrocar. tr. Revolver en la rueca el copo que ha de hilarse.

enrocarse. prnl. Trabarse algo en las rocas del fondo del mar.

enrodar. tr. Imponer el suplicio de despedazar al reo sujetándole a una rueda en movimiento.

enrojecer. tr. Poner roja una cosa con el calor o el fuego. Ú. t. c. prnl. || Dar color rojo. || prnl. Encenderse el rostro. Ú. t. c. tr. || intr. Ruborizarse.

enrolar. tr. y prnl. *Mar.* Inscribir un individuo en el rol o lista de tripulantes de un barco mercante. || prnl. Alistarse, inscribirse en el ejército, en un partido político u otra organización.

enrollado, da. adj. Ocupado, dedicado plenamente a algo. || m. Roleo, voluta.

enrollar. tr. Envolver una cosa de forma que se parezca a un rollo. || Empedrar con rollos o cantos. || prnl. fig. y fam. Liarse en un asunto. || intr. y prnl. En lenguaje pasota, agradar; también, estar ocupado, conversar, molestar.

enroque. m. Jugada de ajedrez que consiste en mover simultáneamente el rey y la torre del mismo bando, trasladándose el rey dos casillas hacia la torre y colocándose ésta a su lado, saltando por encima del mismo.

enroscar. tr. Torcer, doblar en redondo; poner en forma de rosca una cosa. Ú. t. c. prnl. || Introducir una cosa a vuelta de rosca.

enrudecer. tr. y prnl. Hacer rudo a uno.

enrugar. tr. Arrugar, encoger.

ensabanar. tr. Cubrir, envolverse con sábanas. Ú. t. c. prnl. || Dar a una pared una mano de yeso blanco.

ensaimada. f. Bollo formado por una tira de pasta hojaldrada revuelta en espiral.

ensalada. f. Hortaliza o varias hortalizas mezcladas, cortadas en trozos y aderezadas con sal, aceite, vinagre y otras cosas. || Mezcla confusa de cosas sin conexión.

ensaladera. f. Fuente honda en que se sirve la ensalada.

ensaladilla. f. Manjar frío compuesto generalmente de patata, zanahoria, guisantes, pimiento, etc., con salsa mayonesa. Es más conocida por el nombre de *ensaladilla rusa.*

ensalivar. tr. y prnl. Llenar o empapar de saliva.

ensalmador, ra. m. y f. Persona que tenía por oficio componer los huesos dislocados o rotos. ||

Persona de quien se creía que curaba con ensalmos.

ensalmar. tr. Componer los huesos dislocados o rotos. || Curar con ensalmos. Ú. t. c. prnl.

ensalmo. m. Modo supersticioso de curar.

ensalzar. ◁humillar. tr. Engrandecer, exaltar. || Alabar, elogiar. Ú. t. c. prnl.

ensamblado. m. Obra de ensamblaje.

ensamblar. tr. Unir, juntar. Díc. especialmente cuando se trata de ajustar piezas de madera.

ensanchar. ◁encoger. tr. Extender, dilatar, aumentar la anchura de una cosa.

ensanche. m. Dilatación, extensión. || Terreno dedicado a nuevas edificaciones en las afueras de una población y conjunto de los edificios que en ese terreno se han construido.

ensandecer. intr. y tr. Enloquecer.

ensangrentar. tr. y prnl. Manchar o teñir con sangre.

ensañar. tr. Irritar, enfurecer. || prnl. Deleitarse en causar el mayor daño y dolor posibles a quien ya no está en condiciones de defenderse.

ensartar. tr. Pasar por un hilo, cuerda, alambre, etc., varias cosas; como perlas, cuentas, anillos, etc. || Enhebrar. || Espetar, atravesar, introducir. || fig. Decir muchas cosas sin orden ni conexión.

ensayador. m. El que ensaya. || El que tiene por oficio ensayar los metales preciosos.

ensayar. tr. Probar, reconocer una cosa antes de usar de ella. || Amaestrar, adiestrar. || Hacer la prueba de una comedia, baile u otro espectáculo antes de ejecutarlo en público.

ensaye. m. Acción y efecto de ensayar. || Comprobación de los metales que tiene la mena. || Análisis de la moneda para descubrir su ley.

ensayismo. m. Género literario constituido por el ensayo.

ensayista. com. Escritor de ensayos.

ensayo. ≅experimento. ≅prueba. m. Acción y efecto de ensayar. || Escrito, generalmente breve, sin el aparato ni la extensión que requiere un tratado completo sobre la misma materia.

enseguida o **en seguida.** adv. t. Inmediatamente después.

ensenada. ≅bahía. ≅rada. f. Parte de mar que entra en la tierra.

ensenado, da. adj. Dispuesto a manera o en forma de seno.

enseña. f. Insignia o estandarte.

enseñado, da. adj. Educado, acostumbrado. Ú. m. con los advs. *bien* o *mal.*

enseñanza. ≅advertencia. ≅educación. f. Acción y efecto de enseñar. || Sistema y método de dar instrucción. || Ejemplo, acción o suceso que nos sirve de experiencia, enseñándonos o advirtiéndonos cómo debemos obrar en casos análogos.

enseñar. tr. Instruir, doctrinar, amaestrar con reglas o preceptos. || Dar advertencia, ejemplo o escarmiento que sirve de experiencia y guía para obrar en lo sucesivo. || Indicar, dar señas de una cosa. || Mostrar o exponer algo, para que sea visto y apreciado. || prnl. Acostumbrarse, habituarse a una cosa.

enseñorearse. prnl. y tr. Hacerse señor y dueño de una cosa; dominarla.

enseres. m. pl. Utensilios, muebles, instrumentos necesarios o convenientes en una casa o para el ejercicio de una profesión.

ensiforme. adj. En forma de espada.

ensilado o **ensilaje.** m. Acción y efecto de ensilar.

ensilar. tr. Poner, encerrar los granos, semillas y forraje en el silo.

ensillada. f. Por alusión a la ensilladura del caballo; collado o depresión suave en el lomo de una montaña.

ensilladura. f. Acción y efecto de ensillar. || Parte en que se pone la silla al caballo, mula, etc.

ensillar. tr. Poner la silla al caballo, mula, etc.

ensimismarse. prnl. Abstraerse. || Sumirse o recogerse en la propia intimidad.

ensoberbecer. tr. y prnl. Causar o excitar soberbia en alguno.

ensombrecer. tr. y prnl. Obscurecer, cubrir de sombras. || prnl. fig. Entristecerse, ponerse melancólico.

ensoñar. tr. Tener ensueños.

ensopar. tr. Hacer sopa con el pan, empapándolo: ∼ *el pan en vino.* || *Amér.* m. Empapar, poner hecho una sopa. Ú. t. c. prnl.

ensordecer. tr. Ocasionar o causar sordera. || Aminorar la intensidad de un sonido o ruido. || Perturbar grandemente a uno la intensidad de un sonido o ruido. || *Gram.* Convertir una consonante sonora en sorda. || intr. Contraer sordera, quedarse sordo. || Callar, no responder.

ensortijamiento. m. Acción de ensortijar. || Sortijas formadas en el cabello.

ensortijar. tr. y prnl. Torcer en redondo, rizar, encrespar el cabello, hilo, etc.

ensuciar. tr. Manchar, poner sucia una cosa. Ú. t. c. prnl. || fig. Manchar el alma la nobleza o la fama con vicios o con acciones indignas. || prnl. Hacer las necesidades corporales en la cama, camisa, calzones, etc. || fig. y fam. Obtener una persona interés o lucro indebido en un negocio.

ensueño. m. Sueño o representación fantástica del que duerme. || Ilusión, fantasía.

entablamento. m. En la arquitectura clásica de Grecia y Roma, parte horizontal superior de un orden. Consta de arquitrabe, friso y cornisa.

entablar. tr. Cubrir, cercar o asegurar con tablas una cosa. || Disponer, preparar, emprender una pretensión, negocio o dependencia. || Dar comienzo a una conversación, batalla, etc.

entablillar. tr. Asegurar con tablillas y vendaje el hueso roto o quebrado.

entallar. tr. Hacer figuras de relieve en madera, bronce, mármol, etc. || Grabar o abrir en lámina, piedra u otra materia. || Cortar la corteza, y a veces parte de la madera, de algunos árboles para extraer la resina.

entallar. ≅ajustar. ≅ceñir. tr. Hacer o formar el talle. Ú. t. c. intr. y c. prnl. || Ajustar la ropa de cama al cuerpo de la persona que está echada, remetiéndosela por los costados. || intr. Venir bien o mal el vestido al talle.

entarimar. tr. Cubrir el suelo con tablas o tarima.

éntasis. f. Parte más abultada del fuste de algunas columnas.

ente. m. Lo que es, existe o puede existir. || fam. Sujeto ridículo o extravagante.

enteco, ca. adj. Enfermizo, débil, flaco.

entelequia. f. Cosa irreal.

entendederas. f. pl. fam. Entendimiento.

entender. Tener idea clara de las cosas; comprenderlas. || Saber con perfección una cosa. || Conocer, penetrar. || Conocer el ánimo o la intención de uno: *ya te entiendo.* || Discurrir, inferir, deducir. || Tener intención o mostrar voluntad de hacer una cosa. || Creer, pensar, juzgar: *yo entiendo que sería mejor tal cosa.* || prnl. Conocerse, comprenderse a sí mismo. || Tener un motivo o razón oculta para obrar de cierto modo.

entendido, da. adj. y s. Sabio, docto, perito, diestro.

entendimiento. m. Potencia del alma, en virtud de la cual concibe las cosas, las compara, las juzga, e induce y deduce otras de las que ya conoce. || Alma, en cuanto discurre y raciocina. || Razón humana. || Buen acuerdo, relación amistosa entre los pueblos o sus gobiernos.

entente. f. Inteligencia, pacto. || Acuerdo, convenio, especialmente entre naciones.

enterar. ≅instruir. ◁ignorar. tr. y prnl. Informar a uno de algo que no sabe o instruirle en cualquier negocio.

entereza. ◁debilidad. f. Integridad, perfección, complemento. || fig. Fortaleza, constancia, firmeza de ánimo.

enteritis. f. Inflamación de la membrana mucosa de los intestinos.

enterizo, za. adj. Entero. || De una sola pieza.

enternecer. ≅afectar. ≅emocionar. tr. y prnl. Ablandar, poner blanda y tierna una cosa. || fig. Mover a ternura.

entero, ra. adj. Cabal, cumplido sin falta alguna. || Aplícase al animal no castrado. || fig. Robusto, sano. || fig. Recto, justo. || fig. Constante, firme. || fig. Que no ha perdido la virginidad. || fam. Tupido, fuerte, recio. || m. *Econ.* Variación unitaria en la cotización de los valores bursátiles, expresada como porcentaje de su valor nominal.

enterocolitis. f. Inflamación del intestino delgado, del ciego y del colon.

enterrador. m. Sepulturero. || Cierto coleóptero que hace la puesta en cadáveres de animales pequeños que cubre luego con tierra.

enterrar. ≅inhumar. ≅sepultar. ≅soterrar. tr. Poner debajo de tierra. || Dar sepultura a un cadáver. || fig. Sobrevivir a alguno. || fig. Hacer desaparecer una cosa debajo de otra. || fig. Arrinconar, relegar al olvido. || *Amér.* Clavar, meter un instrumento punzante.

entibar. intr. Estribar. || Sufrir, oprimir una cosa que se golpea. || tr. En las minas, apuntalar, fortalecer con maderos y tablas las excavaciones que ofrecen riesgo de hundimiento.

entibiar. tr. Poner tibio un líquido, darle un grado de calor moderado. Ú. t. c. prnl. || fig. Templar, quitar fuerza a los afectos y pasiones.

entidad. f. Lo que constituye la esencia o la forma de una cosa. || Ente o ser. || Valor o importancia de una cosa. || Colectividad considerada como unidad.

entierro. ≅inhumación. ≅sepelio. m. Acción y efecto de enterrar los cadáveres. || Sepulcro o sitio en que se ponen los difuntos. || El cadáver que se lleva a enterrar y su acompañamiento.

entintar. tr. Manchar o teñir con tinta. || fig. Teñir, dar color.

entiznar. tr. Tiznar.

entoldado. m. Acción de entoldar. || Toldo o conjunto de toldos para dar sombra.

entoldar. tr. Cubrir con toldos. || Cubrir con tapices, sedas o paños. || Cubrir las nubes el cielo.

entomófilo, la. adj. Aficionado a los insectos.

|| Díc. de las plantas en las que la polinización se verifica por intermedio de los insectos.

entomología. f. Parte de la zoología, que trata de los insectos.

entonación. f. Acción y efecto de entonar. || Inflexión de la voz. || fig. Arrogancia, presunción.

entonar. tr. Cantar ajustado al tono; afinar la voz. Ú. t. c. intr. || Dar determinado tono a la voz. || Dar viento a los órganos levantando los fuelles. || Empezar uno a cantar una cosa para que los demás continúen en el mismo tono. || Dar tensión y vigor al organismo.

entonces. adv. t. En aquel tiempo u ocasión. || adv. m. En tal caso, siendo así.

entontecer. ≅ atontar. tr. Poner a uno tonto. || intr. y prnl. Volverse tonto.

entorchado. m. Cuerda o hilo de seda, cubierto con otro hilo de seda o de metal, retorcido alrededor para darle consistencia. || Bordado en oro o plata, que como distintivo llevan en el uniforme los altos funcionarios y ciertos militares.

entorchar. tr. Retorcer varias velas para formar una antorcha. || Cubrir un hilo o cuerda enroscándole otro de metal.

entornar. tr. Dejar una puerta o ventana sin cerrarla por completo. || Díc. también de los ojos cuando no se cierran del todo. || Inclinar, ladear. Ú. t. c. prnl.

entorno. m. Ambiente, lo que rodea.

entorpecer. tr. y prnl. Poner torpe. || fig. Turbar, obscurecer el entendimiento. || fig. Retardar, dificultar.

entrada. ≅ acceso. ≅ comienzo. ≅ ingreso. ≅ principio. ≅ puerta. f. Espacio por donde se entra. || Acción de entrar en alguna parte. || Concurso de personas que asisten a un espectáculo.: *hubo una gran ⌣ en el teatro.* || Producto de cada función. || Billete para entrar a un espectáculo. || Cada uno de los manjares que se sirven después de la sopa y antes del plato principal. || Cada uno de los entrantes que forma el pelo. || *Mús.* Momento preciso en que cada voz o instrumento ha de tomar parte en la ejecución de una pieza musical.

entramado. m. *Arquit.* Armazón de madera que sirve para hacer una pared, tabique o suelo rellenando los huecos con fábrica o tablazón.

entramar. tr. Hacer un entramado.

entrampar. tr. Hacer que un animal caiga en la trampa. || fig. Engañar. || fig. y fam. Enredar, confundir. || fig. y fam. Contraer muchas deudas; gravar con deudas la hacienda. || prnl. Meterse en un trampal o atolladero.

entrante. adj. y s. Que entra: *ángulo* ⌣.

entraña. ≅ víscera. f. Cada uno de los órganos contenidos en las principales cavidades del cuerpo humano y de los animales. || Lo más íntimo o esencial. || pl. fig. Lo más oculto y escondido: *las ⌣s de la tierra.* || fig. El centro, lo que está en medio. || fig. Índole y genio de una persona: *hombre de buenas* ⌣s.

entrañable. adj. Íntimo, muy afectuoso.

entrañar. tr. Introducir en lo más hondo. Ú. t. c. prnl. || Contener, llevar dentro de sí. || prnl. Unirse, estrecharse íntimamente.

entrar. intr. Pasar de fuera adentro o por una parte para introducirse en otra: ⌣ *por la puerta.* || Encajar o poderse meter una cosa en otra, o dentro de otra: *el libro no entra en el estante.* || fig. Ser admitido en alguna parte. || fig. Empezar a formar parte de alguna corporación.

entre. prep. que denota la situación o estado entre dos o más cosas o acciones. || Dentro de, en lo interior: *tal pensaba yo* ⌣ *mí.* || Expresa estado intermedio: ⌣ *dulce y agrio.*

entreabrir. tr. y prnl. Abrir un poco o a medias.

entreacto. m. Intermedio en una representación dramática.

entrebarrera. f. En las plazas de toros, espacio entre la barrera y la contrabarrera. Ú. m. en pl.

entrecano, na. adj. Cabello o barba a medio encanecer. || Díc. del sujeto que tiene así el cabello.

entrecejo. m. Espacio que hay entre las cejas. || fig. Ceño, sobrecejo.

entrecerrar. tr. y prnl. Entornar.

entrecomillar. tr. Poner entre comillas una o varias palabras.

entrecortado, da. adj. Díc. de la voz o del sonido que se emite con intermitencias.

entrecortar. tr. Cortar una cosa sin acabar de dividirla.

entrecote. m. Filete de carne de buey que se saca de entre dos costillas. || Filete asado o frito de cualquier pieza de una res.

entrecruzar. tr. y prnl. Cruzar dos o más cosas entre sí.

entrechocar. tr. y prnl. Chocar dos cosas entre sí.

entredicho. m. Prohibición. || *Der. can.* Especie de censura.

entredós. m. Tira bordada o de encaje que se cose entre dos telas. || Armario de poca altura, que suele colocarse en el lienzo de pared comprendido entre dos balcones de una sala. || *Impr.*

Grado de letra mayor que el breviario y menor que el de lectura.

entrega. ≅fascículo. f. Acción y efecto de entregar. ‖ Cada uno de los cuadernos impresos en que se divide y expende un libro publicado por partes, o cada libro o fascículo de una serie coleccionable: *novela por ⌣s.*

entregar. ≅capitular. ◁quitar. tr. Poner en poder de otro. ‖ Introducir el extremo de una pieza de construcción en el asiento donde ha de fijarse. ‖ prnl. Ponerse en manos de uno; ceder a la opinión ajena. ‖ Tomar, recibir uno realmente una cosa o encargarse de ella. ‖ Dedicarse enteramente a una cosa; emplearse en ella.

entrelazar. tr. Enlazar, entretejer una cosa con otra.

entrelínea. f. Lo escrito entre dos líneas.

entremedias. adv. l. y t. Entre uno y otro tiempo, espacio, lugar o cosa.

entremés. m. Cualquiera de los manjares, como encurtidos, aceitunas, rodajas de embutido, jamón, etc., que se toman antes de la comida. Ú. m. en pl. ‖ Pieza dramática breve, jocosa y de un solo acto, que se representaba entre los actos de una comedia.

entremeter. tr. Meter una cosa entre otras. ‖ prnl. Meterse uno donde no le llaman, o inmiscuirse en lo que no le toca. ‖ Ponerse en medio o entre otros.

entremetido, da. ≅indiscreto. adj. y s. Díc. del que tiene costumbre de meterse donde no le llaman.

entremezclar. tr. Mezclar una cosa con otra sin confundirlas.

entrenador, ra. m. y f. Persona que entrena a personas o animales.

entrenamiento. m. Acción y efecto de entrenar o entrenarse.

entrenar. tr., intr. y prnl. Preparar, adiestrar a personas o animales, especialmente para la práctica de un deporte.

entreoír. tr. Oír una cosa sin entenderla bien.

entrepaño. m. Parte de pared comprendida entre dos pilastras, dos columnas o dos huecos. ‖ Anaquel del estante o de la alacena. ‖ Cuarterón que se mete entre los peinazos de las puertas y ventanas.

entrepiernas. f. pl. Parte interior de los muslos. Ú. t. en sing. ‖ Piezas cosidas entre las hojas de los calzones y pantalones, en la parte de las entrepiernas. Ú. t. en sing. ‖ *Chile.* Taparrabos, traje de baño.

entrepiso. m. Piso que se construye quitando parte de la altura de otro y queda entre éste y el superior. ‖ Espacio entre los pisos o galerías generales de una mina. ‖ *Arg.* Primer piso de una casa, principal.

entreplanta. f. Entrepiso de tiendas, oficinas, etc.

entresacar. tr. Sacar unas cosas de entre otras. ‖ Aclarar un monte. ‖ Cortar parte del cabello.

entresuelo. m. Habitación entre el cuarto bajo y el principal de una casa. ‖ Cuarto bajo levantado más de un metro sobre el nivel de la calle, y que debajo tiene sótanos o piezas abovedadas.

entresueño. m. Estado anímico, intermedio entre la vigilia y el sueño, caracterizado por la disminución de lucidez de la conciencia. ‖ Duermevela.

entretejer. tr. Meter o injerir en la tela que se teje hilos diferentes. ‖ Trabar y enlazar. ‖ fig. Influir, injerir palabras, períodos o versos en un libro o escrito.

entretela. f. Lienzo, holandilla, algodón, etc., que se pone entre la tela y el forro de una prenda de vestir. ‖ pl. fig. y fam. Lo íntimo, las entrañas.

entretener. tr. Tener a uno detenido y en espera. Ú. t. c. prnl. ‖ Hacer más llevadera una cosa. ‖ Divertir, recrear. ‖ Dar largas. ‖ Mantener, conservar. ‖ prnl. Divertirse.

entretenido, da. adj. Divertido, chistoso.

entretenimiento. m. Acción y efecto de entretener. ‖ Cosa que sirve para entretener o divertir. ‖ Mantenimiento, conservación.

entretiempo. m. Tiempo de primavera y otoño que media entre las dos estaciones de invierno y verano.

entrever. tr. Ver confusamente una cosa. ‖ Conjeturarla, sospecharla.

entreverado, da. adj. Que tiene interpoladas cosas diferentes. ‖ m. *Venez.* Asadura de cordero o de cabrito asada.

entreverar. tr. Mezclar, introducir una cosa entre otras. ‖ prnl. *Arg.* Mezclarse desordenadamente.

entrevista. ≅conferencia. ≅conversación. f. Vista, concurrencia y conferencia de dos o más personas en lugar determinado. ‖ Acción y efecto de entrevistar.

entrevistar. tr. Mantener una conversación, con una o varias personas, acerca de varios extremos, para informar al público de sus respuestas. ‖ prnl. Tener una entrevista con una persona.

entristecer. tr. Causar tristeza. ‖ Poner de aspecto triste. ‖ prnl. Ponerse triste.

entroncar. tr. Establecer o reconocer una relación o dependencia entre personas, ideas, acciones, etc. || intr. Tener parentesco con un linaje o persona. || Contraer parentesco con un linaje o persona.

entronizar. tr. Colocar en el trono. || fig. Ensalzar a uno. || prnl. fig. Engreírse, envanecerse.

entronque. m. Acción y efecto de entroncar o empalmar.

entubar. tr. Poner tubos en alguna cosa.

entuerto. m. Tuerto o agravio. || pl. Dolores de vientre después del parto.

entumecer. tr. y prnl. Impedir, embarazar, entorpecer. || prnl. fig. Alterarse, hincharse.

entumirse. prnl. Entorpecerse un miembro o músculo.

enturbiar. ≅empañar. ≅obscurecer. tr. y prnl. Hacer o poner turbia una cosa. || fig. Turbar, alterar el orden.

entusiasmar. tr. y prnl. Infundir entusiasmo.

entusiasmo. m. Inspiración fogosa del escritor o del artista. || Exaltación y fogosidad. || Adhesión fervorosa.

entusiasta. adj. y s. Que siente entusiasmo por una persona o cosa. || Propenso a entusiasmarse.

enumeración. f. Expresión sucesiva y ordenada de las partes de que consta un todo. || Cómputo o cuenta numeral de las cosas. || Parte del epílogo de algunos discursos en que se repiten juntas con brevedad las razones antes expuestas separada y extensamente.

enumerar. tr. Hacer enumeración de las cosas.

enunciación. f. Acción y efecto de enunciar.

enunciado. m. Enunciación. || *Ling.* En algunas escuelas, secuencia finita de palabras delimitadas por silencios muy marcados.

enunciar. tr. Expresar breve y sencillamente una idea. || Exponer el conjunto de datos que componen un problema.

enuresis. f. Incontinencia de la orina.

envainar. tr. Meter en la vaina un arma blanca. || Envolver una cosa a otra.

envalentonar. tr. Infundir valentía o arrogancia. || prnl. Cobrar valentía.

envanecer. tr. y prnl. Causar o infundir soberbia o vanidad.

envarado, da. adj. y s. Díc. de la persona estirada, orgullosa.

envarar. tr. y prnl. Entorpecer, entumecer.

envasar. tr. Echar en vasos o vasijas un líquido. || Echar el trigo en los costales, o colocar cualquier otro género en su envase. || fig. Beber con exceso.

envase. m. Acción y efecto de envasar. || Recipiente en que se conservan y transportan ciertos géneros. || Todo lo que sirve para envolver.

envejecer. ≅avejentar. ◁rejuvenecer. tr. Hacer vieja a una persona o cosa. || intr. Hacerse vieja o antigua una persona o cosa. Ú. t. c. prnl. || Durar, permanecer por mucho tiempo.

envejecido, da. adj. Que se ha vuelto viejo. || adj. fig. Acostumbrado, experimentado.

envejecimiento. m. Acción y efecto de envejecer.

envenenamiento. m. Acción y efecto de envenenar.

envenenar. tr. Emponzoñar, inficionar con veneno. Ú. t. c. prnl. || fig. Inficionar con malas doctrinas o falsas creencias.

enverar. intr. Empezar las uvas y otras frutas a tomar color de maduras.

enverdecer. intr. Reverdecer el campo, las plantas, etc.

envergadura. f. *Mar.* Ancho de una vela. || Distancia entre las puntas de las alas de un ave. || Importancia, amplitud, alcance.

envero. m. Color que toman las uvas y otras frutas cuando empiezan a madurar. || Uva que tiene este color.

envés. m. Parte opuesta al haz de una tela o de otras cosas. || fam. Espalda. || *Bot.* Cara inferior de la hoja, opuesta al haz.

enviado, da. m. y f. Persona que va por mandato de otra con un mensaje, comisión, etc.

enviar. ≅mandar. ≅remitir. tr. Hacer que una persona vaya a alguna parte. || Hacer que una cosa se dirija o sea llevada a alguna parte.

enviciar. ≅pervertir. tr. Corromper, inficionar con un vicio. || intr. Echar las plantas muchas hojas y escaso fruto. || prnl. Aficionarse demasiado a una cosa.

envidar. tr. Hacer envite en el juego.

envidia. ≅pelusa. f. Tristeza o pesar del bien ajeno. || Emulación, deseo honesto.

envidiar. tr. Tener envidia, sentir el bien ajeno. || fig. Desear, apetecer lo lícito y honesto.

envidioso, sa. adj. y s. Que tiene envidia.

envido. m. Envite de dos tantos en el juego del mus.

envilecer. ≅degradar. tr. Hacer vil y despreciable una cosa. || prnl. Abatirse, perder uno la estimación que tenía.

envilecimiento. m. Acción y efecto de envilecer.

envío. m. Acción y efecto de enviar, remesa.

enviscar. tr. Untar con liga las ramas de las

plantas para cazar pájaros. || prnl. Pegarse los pájaros y los insectos con la liga.

envite. m. Apuesta que se hace en algunos juegos de naipes y otros. || fig. Ofrecimiento. || Empujón.

enviudar. intr. Quedar viudo o viuda.

envoltorio. m. Lío hecho de paños, lienzo u otras cosas.

envoltura. f. Conjunto de paños con que se envuelve a los niños. Ú. t. en pl. || Capa exterior que cubre una cosa.

envolvente. adj. Que envuelve o rodea.

envolver. tr. Cubrir un objeto. || Vestir al niño con los pañales y mantillas. || Arrollar o devanar un hilo, cinta, etc., en alguna cosa. || fig. Rodear a uno, en la disputa, de argumentos o sofismas, dejándolo cortado y sin salida. || *Mil.* Rebasar por uno de sus extremos la línea de combate del enemigo. || fig. Mezclar o complicar a uno en un asunto o negocio.

envuelto, ta. adj. Cubierto, rodeado.

enyesado. m. Acción y efecto de enyesar. || Operación de echar yeso a los vinos para aumentar su fuerza o favorecer su conservación.

enyesar. tr. Tapar o acomodar una cosa con yeso. || Igualar o allanar con yeso. || Agregar yeso a alguna cosa. || Escayolar.

enzarzar. tr. Poner zarzas en una cosa o cubrirla de ellas. || fig. Enredar a algunos entre sí, sembrando discordias y disensiones. Ú. t. c. prnl. || prnl. Enredarse en zarzas, matorrales, etc. || fig. Meterse en negocios arduos y de salida dificultosa. || fig. Reñir, pelearse.

enzima. f. *Biol.* Substancia proteínica que producen las células vivas y que actúa como catalizador en los procesos de metabolismo. Es específica para cada reacción o grupo de reacciones.

eñe. f. Nombre de la letra *ñ*.

eoceno, na. adj. *Geol.* Díc. de la segunda época del período terciario, y de esta misma época, situada entre la paleocena y la oligocena. Ú. t. c. s. || Relativo a esta época.

eólico, ca. adj. Relativo a Eolo. || Relativo al viento. || Producido o accionado por el viento: *erosión* ⌣.

eolito. m. Piedra de cuarzo usada en su forma natural como instrumento por el hombre primitivo.

epacta. f. Número de días en que el año solar excede al lunar común de 12 lunaciones, o número de días que la luna de diciembre tiene el día primero de enero, contados desde el último novilunio.

epanadiplosis. f. Figura retórica que consiste en repetir al fin de una cláusula o frase el mismo vocablo con que empieza.

eperlano. m. Pez salmónido, propio de las desembocaduras de los grandes ríos de Europa, muy parecido a la trucha.

épica. f. Género literario constituido por los poemas en verso que relatan acciones extraordinarias y heroicas.

epicarpio. m. Capa externa del pericarpio de los frutos; como la piel del melocotón.

epiceno. adj. Díc. del nombre común perteneciente a la clase de los animados que, con un solo género gramatical, masculino o femenino, puede designar al macho o a la hembra indistintamente.

epicentro. m. Centro superficial del área de perturbación de un fenómeno sísmico que cae sobre el hipocentro.

épico, ca. adj. Relativo a la epopeya o a la poesía heroica. || Díc. del poeta cultivador de este género de poesía. Ú. t. c. s. || Propio y característico de la poesía épica.

epicureísmo. m. Escuela filosófica fundada por Epicuro. || fig. Búsqueda del placer exento de todo dolor.

epicúreo, a. adj. Que sigue la doctrina de Epicuro. Ú. t. c. s. || Relativo a este filósofo. || fig. Sensual, voluptuoso.

epidemia. ≅pandemia. f. Enfermedad que por alguna temporada aflige a un pueblo o comarca, acometiendo simultáneamente a gran número de personas.

epidémico, ca. adj. Relativo a la epidemia.

epidérmico, ca. adj. Relativo a la epidermis.

epidermis. f. Membrana epitelial que envuelve el cuerpo de los animales. Puede estar formada por una sola capa de células, como en los invertebrados, o por numerosas capas celulares superpuestas, que cubren la dermis, como en los vertebrados.

epidiascopio o **epidiáscopo.** m. Aparato de proyecciones que sirve para hacer ver en una pantalla las imágenes de diapositivas y también los cuerpos opacos.

epifanía. f. Manifestación, aparición. || Festividad que celebra la Iglesia católica anualmente el día 6 de enero. También se llama de la Adoración de los Reyes.

epífisis. f. Órgano nervioso, pequeño y rudimentario, situado en el encéfalo. Se llama también *glándula pineal.* || Parte terminal de los huesos largos.

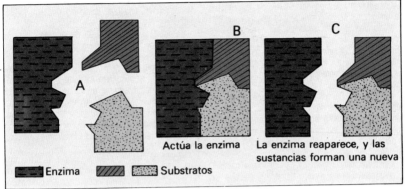

Actúa la enzima   **La enzima reaparece, y las sustancias forman una nueva**

Enzima   Substratos

Enzima

epifito, ta. adj. Díc. del vegetal que vive sobre otra planta sin ser parásito de ella.

epigastrio. m. Región del abdomen o vientre, que se extiende desde la punta del esternón hasta cerca del ombligo.

epiglotis. ≅lengüeta. ≅lígula. f. Lámina cartilaginosa que tapa la glotis al tiempo de la degloción.

epígono. m. El que sigue las huellas de otro; especialmente se dice del que sigue una escuela o un estilo de una generación anterior.

epígrafe. m. Resumen que suele preceder a cada uno de los capítulos u otras divisiones de una obra. || Cita o sentencia que suele ponerse a la cabeza de una obra científica o literaria. || Inscripción en piedra, metal, etc. || Título, rótulo.

epigrafía. f. Ciencia cuyo objeto es conocer e interpretar las inscripciones.

epigrama. m. Inscripción en piedra, metal, etc. || Composición poética breve, que expresa un pensamiento satírico. || Pensamiento breve y agudo, especialmente si encierra burla o sátira ingeniosa.

epilepsia. f. Enfermedad crónica, caracterizada principalmente por accesos repentinos con pérdida brusca del conocimiento y convulsiones.

epiléptico, ca. adj. Que padece de epilepsia. Ú. t. c. s. || Relativo a esta enfermedad.

epilogar. tr. Resumir, compendiar una obra o escrito.

epílogo. ◁prólogo. m. Recapitulación de todo lo dicho en un discurso u otra composición literaria. || fig. Conjunto o compendio. || Última parte de algunas obras dramáticas y novelas. || *Ret.* Peroración, última parte del discurso.

epímone. f. Figura retórica que consiste en repetir sin intervalo una misma palabra para dar énfasis a lo que se dice.

episcopado. m. Dignidad de obispo. || Época y duración del gobierno de un obispo. || Conjunto de obispos.

episcopal. ≅obispal. adj. Relativo al obispo. || m. Libro en que se contienen las ceremonias y oficios propios de los obispos.

Epigrafía. Ley hispanorromana de Osuna

episodio. m. Acción secundaria de la principal de un poema épico o dramático, una novela, etc. || Cada una de las acciones parciales o partes integrantes de la acción principal. || Digresión en obras de otro género o en el discurso.

epistemología. ≅ gnoseología. f. Doctrina del conocimiento y métodos del conocimiento científico.

epístola. f. Cartas que se escriben a los ausentes. || Parte de la misa, que se lee por el sacerdote o se canta por el subdiácono y que se suele tomar de una epístola de los apóstoles. || Orden de subdiaconado. || Composición poética en forma de carta.

epistolar. adj. Relativo a la epístola o carta.

epistolario. m. Libro o cuaderno en que se hallan recogidas varias cartas o epístolas de un autor. || Libro en que se contienen las epístolas que se cantan en las misas.

epitafio. m. Inscripción que se pone sobre un sepulcro.

epitalamio. m. Composición lírica en celebridad de una boda.

epitelio. m. Tejido formado por células que constituyen la epidermis, la capa externa de las mucosas y la porción secretora de las glándulas y forma parte de los órganos de los sentidos.

epíteto. ≅ calificativo. m. Adjetivo o participio cuyo fin principal no es determinar o especificar el nombre, sino caracterizarlo.

epítome. m. Resumen o compendio de una obra extensa. || Figura retórica que consiste, después de dichas muchas palabras, en repetir las primeras para mayor claridad.

época. f. Fecha de un suceso desde el cual se empiezan a contar los años. || Período de tiempo que se señala por los hechos históricos durante él acaecidos. || p. ext., cualquier espacio de tiempo.

epónimo, ma. adj. y s. Que da nombre a un pueblo, una tribu, un período, etc.

epopeya. f. Poema narrativo extenso, de acción bélica, personajes heroicos o de suma importancia. || fig. Conjunto de hechos memorables.

épsilon. f. Quinta letra del alfabeto griego (E, ε), e breve; corresponde a nuestra e.

epulón. m. Que come mucho.

equi. pref. que sign. igualdad.

equiángulo, la. adj. Díc. de las figuras y sólidos cuyos ángulos son todos iguales entre sí.

equidad. ≅ imparcialidad. ◁ injusticia. f. Igualdad de ánimo. || Benignidad. || Justicia natural, por oposición a la letra de la ley positiva. || Moderación.

equidistancia. f. Igualdad de distancia.

equidistar. intr. Hallarse a igual distancia.

équido. ≅ solípedo. adj. y s. Díc. de los mamíferos ungulados perisodáctilos en los que solamente está desarrollado el dedo medio de cada extremidad recubierto de un casco duro. Los más representantes son el caballo, el asno y la cebra.

equilátero, ra. adj. Aplícase a las figuras cuyos lados son todos iguales.

equilibrado, da. adj. fig. Ecuánime, sensato, prudente.

equilibrar. tr. Poner en equilibrio. Ú. t. c. prnl. || fig. Disponer y hacer que una cosa no exceda ni supere a otra, manteniéndolas proporcionalmente iguales.

equilibrio. m. Estado de un cuerpo cuando encontradas fuerzas que obran en él se compensan: ∽ estable, inestable, indiferente. || Peso que es igual a otro peso y lo contrarresta. || fig. Contrapeso, armonía entre cosas diversas.

equilibrista. adj. y s. Diestro en hacer juegos o ejercicios de equilibrio.

equimosis. ≅ cardenal. ≅ moradura. f. Mancha lívida, negruzca o amarillenta de la piel o de los órganos internos, que resulta de la sufusión de la sangre a consecuencia de un golpe, de una fuerte ligadura o de otras causas.

equino, na. adj. Relativo al caballo. || m. Animal de la especie equina.

equinoccial. adj. Relativo al equinoccio: *punto, línea* ∽.

equinoccio. m. Astron. Época en que, por hallarse el Sol sobre el Ecuador, los días son iguales a las noches en toda la Tierra; y esto se verifica anualmente del 20 al 21 de marzo y el 22 al 23 de septiembre.

equinococo. m. Larva de una tenia que vive en el intestino del perro y puede pasar al del hombre, produciendo el quiste hidatídico.

equinodermo. adj. y s. Díc. de animales metazoos marinos, de simetría radiada pentagonal, con un dermatoesqueleto con gránulos calcáreos o placas yuxtapuestas y a veces provistas de espinas; como las holoturias y las estrellas de mar. || m. pl. Tipo de esta clase.

equipaje. m. Conjunto de cosas que se llevan en los viajes. || Mar. Tripulación.

equipar. tr. Proveer a uno de las cosas necesarias para su uso particular. Ú. t. c. prnl. || Proveer a una nave de todo lo necesario.

Equinodermo

equiparar. tr. Comparar una cosa con otra, considerándolas iguales o equivalentes.

equipo. m. Acción y efecto de equipar. || Grupo de operarios organizado para una investigación o servicio determinado. || Cada uno de los equipos que se disputan el triunfo en ciertos deportes. || Conjunto de ropas y otras cosas para uso particular de una persona. || Colección de utensilios, instrumentos y aparatos especiales para un trabajo.

equis. f. Nombre de la letra *x*, y del signo de la incógnita en los cálculos. || adj. Denota un número desconocido o indiferente: *necesito ∿ pesetas.*

equisetáceo, a. adj. y s. Díc. de plantas equisetíneas, cuyo tipo es la cola de caballo. || f. pl. Familia de estas plantas.

equisetíneo, a. adj. y s. Díc. de plantas criptógamas pteridofitas, herbáceas, vivaces, con rizoma feculento, tallos rectos y fructificación en ramillete. || f. pl. Clase de estas plantas, la mayoría fósiles.

equiseto. m. Nombre genérico de las plantas equisetáceas.

equitación. f. Arte de montar y manejar bien el caballo. || Acción de montar a caballo.

equitativo, va. adj. Que tiene equidad.

équite. m. Ciudadano romano perteneciente a una clase intermedia entre los patricios y los plebeyos, y que en el ejército servía a caballo.

equivalencia. f. Igualdad en el valor, estimación, potencia o eficacia de dos o más cosas.

equivalente. adj. Que equivale a otra cosa Ú.

t. c. s. || *Geom.* Díc. de las figuras y sólidos que tienen igual área o volumen y distinta forma.

equivaler. intr. Ser igual una cosa a otra en la estimación, potencia o eficacia.

equivocación. ≅desacierto. ≅yerro. ◁acierto. f. Acción y efecto de equivocar. || Cosa hecha equivocadamente.

equivocar. tr. y prnl. Tener o tomar una cosa por otra, juzgando u obrando desacertadamente.

equívoco, ca. adj. Que puede entenderse o interpretarse en varios sentidos. || m. Palabra cuya significación conviene a diferentes cosas. || Figura retórica que consiste en emplear en el discurso palabras homónimas o equívocas.

era. f. Punto fijo o fecha determinada de un suceso, desde el cual se empiezan a contar los años. Sirve para los cómputos cronológicos. || Extenso período histórico caraterizado por una gran innovación en las formas de vida y de cultura. || Espacio de tierra limpia y firme, algunas veces empedrado, donde se trillan las mieses. || Cuadro pequeño de tierra destinado al cultivo de tierras u hortalizas. || Sitio llano cerca de las minas, donde se machacan o limpian los minerales.

eral, la. m. y f. Res vacuna de más de un año y que no pasa de dos años.

erario. m. Tesoro público. || Lugar donde se guarda.

erbio. m. Metal muy raro encontrado en algunos minerales de Suecia.

ere. f. Nombre de la letra *r* en su sonido suave.

erección. f. Acción y efecto de levantar, enderezar o poner rígida una cosa. || Fundación o institución. || Tensión, estado de un cuerpo estirado.

eréctil. adj. Que tiene la facultad o propiedad de levantarse, enderezarse o ponerse rígido.

erecto, ta. adj. Enderezado, levantado, rígido.

eremita. m. Ermitaño.

erg. m. Nombre internacional del ergio.

ergio. m. *Fís.* Unidad de trabajo en el sistema cegesimal, equivalente al realizado por una dina cuando su punto de aplicación recorre un centímetro.

erguén. m. Árbol espinoso, sapotáceo de Marruecos. Crece en Andalucía.

erguir. tr. y prnl. Levantar y poner derecha una cosa. || prnl. Levantantarse o ponerse derecho. || fig. Engreírse, ensoberbecerse.

erial. adj. y m. Aplícase a la tierra o campo sin cultivar ni labrar.

ericáceo, a. adj. y f. Díc. de plantas angiospermas dicotiledóneas, con semillas de albumen carnoso, como el madroño. || f. pl. Familia de estas plantas.

erigir. tr. Fundar, instituir o levantar. || Constituir a una persona o cosa con un carácter que antes no tenía: ↶ *un territorio en provincia.* Ú. t. c. prnl.: *erigirse en juez.*

erisipela. f. Inflamación microbiana de la dermis de la piel, comúnmente acompañada de fiebre.

eritema. m. Inflamación superficial de la piel.

eritrocito. m. Célula esferoidal que da el color rojo a la sangre.

eritroxiláceo o **eritroxíleo, a.** adj. y s. Díc. de árboles y arbustos angiospermos dicotiledóneos; como el arabo. || f. pl. Familia de estas plantas.

erizado, da. ≅espinoso. adj. Cubierto de púas o espinas.

erizar. tr. Levantar, poner rígida y tiesa una cosa. Ú. m. c. prnl. || fig. Llenar o rodear una cosa de obstáculos, asperezas, inconvenientes, etc. || prnl. fig. Inquietarse, azorarse.

erizo. m. Mamífero insectívoro de 22 cm. de largo aproximadamente, con el dorso y los costados cubiertos de púas. || Mata papilionácea, que crece en terrenos pedregosos formando céspedes muy tupidos. || Fruto del cadillo, planta. || Zurrón espinoso de la castaña y otros frutos.

ermita. f. Santuario o capilla, generalmente pequeños, situados por lo común en despoblado y que suelen no tener culto permanente.

ermitaño, ña. m. y f. Persona que vive en la ermita y cuida de ella. || m. El que vive en soledad. || Crustáceo decápodo, anomuro, que vive con frecuencia ocupando conchas de caracoles marinos.

erógeno, na. adj. Que produce o es sensible a la excitación sexual.

erosión. ≅corrosión. ≅roce. f. Desgaste o destrucción producidos en la superficie de un cuerpo por la fricción continua o violenta de otros. Ú. t. en sent. fig. || Desgaste de la superficie terrestre producido por el agua o el viento. || Lesión superficial de la epidermis. || fig. Desgaste del prestigio o influencia de una persona o entidad.

erosionar. tr. Producir erosión. || fig. Desgastar el prestigio o influencia de una persona, una institución, etc. Ú. t. c. prnl.

erótico, ca. adj. Amatorio. || Relativo al amor sensual.

erotismo. m. Pasión de amor. || Amor sensual exacerbado.

errabundo, da. adj. Errante.

erradicar. tr. Arrancar de raíz.

errado, da. adj. Que yerra.

errante. adj. Que yerra. || Que anda de una parte a otra sin tener asiento fijo.

errar. ≅desacertar. ◁acertar. tr. e intr. No acertar. || intr. Andar vagando de una parte a otra. || Divagar el pensamiento, la imaginación, la atención. || prnl. Equivocarse.

errata. f. Equivocación material cometida en lo impreso o manuscrito.

errático, ca. adj. Vagabundo, ambulante.

errátil. adj. Errante, incierto, variable.

erre. f. Nombre de la letra *r* en su sonido fuerte.

erróneo, a. ≅falso. adj. Que contiene error.

error. m. Concepto equivocado o juicio falso. || Acción desacertada o equivocada. || Cosa hecha erradamente. || *Der.* Vicio del consentimiento causado por equivocación de buena fe.

eructar. intr. Expeler con ruido por la boca los gases del estómago. || fig. y fam. Jactarse vanamente.

eructo. ≅regüeldo. m. Acción y efecto de eructar.

erudición. f. Instrucción en varias ciencias, artes y otras materias. || Lectura varia, docta y bien aprovechada.

erudito, ta. ≅docto. ≅ilustrado. ≅sabio. adj. y s. Instruido en varias ciencias, artes y otras materias.

erupción. f. Aparición y desarrollo en la piel, o las mucosas, de granos, manchas o vesículas. || Estos mismos granos o manchas. || *Geol.* Emisión de materias sólidas, líquidas o gaseosas por aberturas o grietas de la corteza terrestre.

Erupción volcánica en Vanuatu

eruptivo, va. adj. Relativo a la erupción o procedente de ella.

esbeltez. f. Calidad de esbelto.

esbelto, ta. adj. Gallardo, airoso, bien formado y de gentil y descollada altura.

esbirro. m. El que tiene por oficio prender a las personas.

esbozar. tr. Bosquejar. || Insinuar un gesto, normalmente del rostro: ∽ *una sonrisa.*

esbozo. m. Acción y efecto de esbozar. || Por ext., algo que puede alcanzar mayor desarrollo y perfección. || Bosquejo sin perfilar y no acabado.

escabechar. tr. Echar en escabeche. || fig. y fam. Matar a mano airada, y ordinariamente con arma blanca. || fig. y fam. Suspender o reprobar en un examen.

escabeche. m. Salsa o adobo para conservar y hacer sabrosos los pescados y otros manjares. || Pescado u otro manjar escabechado.

escabechina. f. fig. Destrozo, estrago. || fam. Abundancia de suspensos en un examen.

escabel. m. Tarima pequeña para que descansen los pies del que está sentado. || Asiento pequeño sin respaldo. || fig. Persona o circunstancia de que uno se aprovecha para medrar.

escabiosa. f. Planta herbácea, con tallo velloso y flores en cabezuela con corola azulada.

escabro. m. Roña de las ovejas que echa a perder la lana. || Enfermedad que padecen en la corteza los árboles y las vides.

escabroso, sa. ≅abrupto. ◁llano. adj. Desigual, lleno de tropiezos y embarazos. || fig. Áspero, duro, de mala condición. || fig. Peligroso, que está al borde de lo inconveniente o de lo inmoral.

escabullimiento. m. Acción de escabullirse.

escabullirse. prnl. Irse o escaparse de entre las manos una cosa. || fig. Salirse uno de la compañía en que estaba sin que lo echen de ver; ausentarse disimuladamente.

escachar. tr. Cascar, aplastar, despachurrar. || Cachar, hacer cachos, romper.

escacharrar. tr. y prnl. Romper un cacharro. || fig. Malograr, estropear una cosa.

escafandra. f. Aparato compuesto de una vestidura impermeable y un casco de bronce perfectamente cerrado, con un cristal frente a la cara y orificios y tubos para renovar aire. Sirve para permanecer y trabajar en el seno del agua.

escafoides. adj. y s. Dícese del hueso más externo y grueso de la fila primera del carpo.

escala. f. Escalera de mano. || Sucesión ordenada de cosas distintas, pero de la misma especie. || Línea recta dividida en partes iguales que representan proporcionadamente determinadas unidades de medida. || Tamaño de un mapa, plano, diseño, etc., según la escala a que se ajusta. || *Fís.* Graduación para medir los efectos de diversos instrumentos. || Lugar donde tocan las aeronaves o embarcaciones entre su punto de origen y el de destino.

escalada. f. Acción y efecto de escalar. || Aumento rápido y por lo general alarmante de alguna cosa: ∽ *de precios;* ∽ *del terrorismo.*

escalado, da. adj. Díc. de los animales abiertos en canal para salar o curar su carne.

escalafón. m. Lista de los individuos de una corporación, clasificados según su grado, antigüedad, méritos, etc.

escalamiento. m. Acción y efecto de escalar.

escalar. ◁descender. tr. Entrar en una plaza u otro lugar valiéndose de escalas. || Subir, trepar por una gran pendiente o a una gran altura. || fig. Subir, no siempre por buenas artes, a elevadas dignidades.

escaldado, da. adj. fig. y fam. Escarmentado, receloso. || fig. y fam. Aplícase a la mujer muy ajada, libre y deshonesta en su trato.

escaldadura. f. Acción y efecto de escaldar.

escaldar. tr. Bañar con agua hirviendo una cosa. || Abrasar con fuego una cosa. || prnl. Escocerse la piel.

escaleno. adj. Dícese del triángulo que tiene los tres lados desiguales.

escalera. f. Serie de escalones que sirve para subir y bajar y para poner en comunicación los pisos de un edificio o dos terrenos de diferente nivel. || Reunión de naipes de valor correlativo. || fig. Trasquilón que la tijera deja en el pelo mal cortado.

escalerilla. f. Escalera de corto número de escalones. || En los juegos de naipes, tres cartas en una mano, de números consecutivos. || Instrumento de hierro, que sirve para abrir y explorar la boca de las caballerías.

escaléxtric. m. Juego de automóvil con diversas curvas y pendientes, controlado a distancia electrónicamente. || Por ext., conjunto de puentes, carreteras, autopistas, pasos a distinto nivel, etc. que pueden recordar el juego.

escalfador. m. Jarro para calentar agua, con una tapa agujereada como un rallo. || Braserillo que se ponía sobre la mesa para calentar la comida.

escalfar. tr. Cocer en agua hirviendo o en caldo los huevos sin la cáscara.

escalinata. f. Escalera amplia y artística construida en el exterior o en el vestíbulo de un edificio.

escalo. m. Acción de escalar.

escalofriante. adj. Pavoroso, terrible. ‖ Asombroso, sorprendente.

escalofriar. tr., intr. y prnl. Causar escalofrío.

escalofrío. ≅repeluzno. m. Sensación de frío, por lo común repentina, violenta y acompañada de contracciones musculares, que suele preceder a un ataque de fiebre. Ú. m. en pl. ‖ Sensación semejante producida por una emoción intensa, especialmente de terror.

escalón. m. Peldaño. ‖ fig. Grado a que se asciende en dignidad. ‖ fig. Paso o medio con que uno adelanta sus pretensiones o conveniencias.

escalonamiento. m. Acción y efecto de escalonar.

escalonar. tr. Situar ordenadamente personas o cosas de trecho en trecho. Ú. t. c. prnl. ‖ Distribuir en tiempos sucesivos las diversas partes de una serie.

escalope. m. Loncha delgada de carne de vaca o de ternera empanada y frita.

escalpelo. m. Instrumento en forma de cuchillo pequeño, que se usa en las disecciones anatómicas.

escama. f. Membrana córnea, delgada y en forma de escudete, que, imbricada con otras muchas de su clase, suele cubrir total o parcialmente la piel de algunos animales, y principalmente la de los peces y reptiles. ‖ fig. Lo que tiene figura de escama.

escamar. tr. Quitar las escamas a los peces. ‖ Labrar en figura de escamas. ‖ fig. y fam. Hacer que uno entre en cuidado, recelo o desconfianza. Ú. m. c. prnl.

escamón, na. adj. Receloso, desconfiado.

escamondadura. f. Ramas inútiles y desperdicios que se han quitado de los árboles.

escamondar. ≅mondar. tr. Limpiar los árboles quitándoles las ramas inútiles. ‖ fig. Limpiar una cosa quitándole lo superfluo y dañoso.

escamonea. f. Gomorresina medicinal sólida y muy purgante. ‖ Planta que produce esta gomorresina.

escamonearse. prnl. fam. Escamarse.

escamoso, sa. adj. Que tiene escamas.

escamotear. tr. Hacer el jugador de manos que desaparezcan a ojos vistas las cosas que maneja. ‖ fig. Robar o quitar una cosa con agilidad y

astucia. ‖ fig. Hacer desaparecer, de un modo arbitrario o ilusorio algún asunto o dificultad.

escamoteo. m. Acción y efecto de escamotear.

escampada. f. fam. Clara, espacio corto de tiempo en que deja de llover un día lluvioso.

escampado, da. ≅despejado. ≅raso. adj. Terreno descubierto, sin tropiezos, malezas ni espesuras.

escampar. tr. Despejar, desembarazar un sitio. ‖ intr. Aclararse el cielo nublado, dejar de llover. ‖ fig. Cesar en una operación.

escampavía. f. Barco pequeño y velero que acompaña a una embarcación más grande, sirviéndole de explorador.

escamujar. tr. Cortar el ramón a un árbol.

escamujo. m. Rama o vara de olivo quitada del árbol. ‖ Tiempo en que se escamuja.

escanciar. tr. Echar el vino; servirlo en las mesas y convites. ‖ intr. Beber vino.

escanda. f. Especie de trigo, propia de países fríos y terrenos pobres.

escandalera. f. fam. Escándalo, alboroto grande.

escandalizar. tr. Causar escándalo. ‖ prnl. Mostrar indignación, real o fingida, por alguna cosa. ‖ Excandecerse, enojarse.

escándalo. m. Acción o palabra que es causa de que uno obre mal o piense mal de otro. ‖ Alboroto, tumulto, inquietud, ruido. ‖ Desenfreno, desvergüenza, mal ejemplo. ‖ fig. Asombro, pasmo, admiración.

escandaloso, sa. adj. y s. Que causa escándalo. ‖ Ruidoso, revoltoso, inquieto.

escandallar. tr. Sondear, medir el fondo del mar con el escandallo. ‖ fig. Com. Aplicar a una mercadería el procedimiento del escandallo.

escandallo. m. Parte de la sonda que sirve para reconocer la calidad del fondo del agua. ‖ fig. Com. Procedimiento para determinar el valor, peso o calidad de un conjunto de cosas tomando al azar una de ellas como tipo.

escandinavo, va. adj. y s. De Escandinavia.

escandio. m. Elemento químico que se encuentra en algunos minerales. Peso atómico, 44,96; núm. atómico, 21; símbolo, Sc.

escáner. m. Aparato tubular para la exploración radiográfica mediante barrido electrónico.

escaño. m. Banco con respaldo y capaz para sentarse tres o más personas. ‖ Puesto, asiento de los parlamentarios en las cámaras.

escapada. f. Acción de escapar o salir de prisa y ocultamente.

escapar. ≅escabullirse. ≅fugarse. ≅huir. tr.

Tratándose del caballo, hacerle correr con extraordinaria violencia. || Librar, sacar de un trabajo, mal o peligro. || intr. Salir de un encierro o un peligro. Ú. t. c. prnl. || Salir uno de prisa y ocultamente. Ú. t. c. prnl. || prnl. Salirse un líquido o un gas de un depósito, cañería, etc., por algún resquicio. || Quedar fuera del dominio o influencia de alguna persona o cosa.

escaparate. m. Especie de alacena con andenes para poner imágenes, barros finos, etc. || Hueco que hay en la fachada de las tiendas, con cristales en la parte exterior, y que sirve para colocar en él muestras de los géneros que allí se venden.

escaparatista. com. Persona encargada de disponer artísticamente los objetos que se muestran en los escaparates.

escapatoria. f. Acción y efecto de evadirse y escaparse. || fam. Excusa, efugio y modo de evadirse uno del estrecho y aprieto en que se halla.

escape. m. Acción de escapar. || Fuga de un gas o de un líquido. || Fuga apresurada con que uno se libra de recibir el daño que le amenaza. || En los motores de combustión interna, salida de los gases quemados, y tubo que los conduce al exterior.

escápula. f. Omóplato.

escapular. adj. Referente a la escápula.

escapulario. m. Tira o pedazo de tela con una abertura por donde se mete la cabeza, y que cuelga sobre el pecho y la espalda; sirve de distintivo a varias Órdenes religiosas.

escaque. m. Cada una de las casillas del tablero de ajedrez y del juego de las damas. || pl. Juego de ajedrez.

escaqueado, da. adj. Aplícase a la obra o labor repartida o formada en escaques.

escara. f. Costra que resulta de la desorganización de una parte viva afectada de gangrena, o quemada por la acción de un cáustico.

escarabajear. intr. Andar y bullir desordenadamente. || fig. Escribir mal. || Sentir cosquilleo o picazón en alguna parte del cuerpo. || fig. y fam. Punzar y molestar un cuidado, temor o disgusto.

escarabajo. m. Insecto coleóptero, que se alimenta de estiércol, con el que hace unas bolas, dentro de las cuales deposita sus huevos. || Por ext., se da este nombre a varios coleópteros. || fig. y fam. Persona pequeña de cuerpo y de mala figura.

escaramujo. ≅agavanzo. m. Especie de rosal

Escarabajo

silvestre. || Fruto de este arbusto. || Percebe, molusco.

escaramuza. f. Género de pelea entre los jinetes o soldados de a caballo. || Refriega de poca importancia sostenida especialmente por las avanzadas de los ejércitos. || fig. Riña de poca importancia.

escarapela. f. Divisa compuesta de cintas por lo general de varios colores, fruncidas o formando lazadas alrededor de un punto. Se usa como adorno.

escarbadero. m. Sitio donde escarban los jabalíes, lobos y otros animales.

escarbar. tr. Rayar o remover repetidamente la superficie de la tierra. || Mondar, limpiar los dientes o los oídos. || Avivar la lumbre, moviéndola con la badila. || fig. Averiguar algo encubierto.

escarcela. f. Especie de bolsa que se llevaba pendiente de la cintura. || Mochila del cazador, a manera de red. || Adorno mujeril, especie de cofia. || Parte de la armadura, que caía desde la cintura y cubría el muslo.

escarceo. m. Movimiento en la superficie del mar. || Prueba o tentativa antes de iniciar una determinada acción. || pl. Tornos y vueltas que dan los caballos. || fig. Divagación. || Tanteo, incursión en algún quehacer que no es el acostumbrado.

escarcina. f. Espada corta y corva.

escarcha. ≅helada. f. Rocío de la noche congelado.

escarchada. f. Hierba crasa, originaria de El Cabo de Buena Esperanza.

escarchado, da. adj. Cubierto de escarcha. || m. Cierta labor de oro o plata, sobrepuesta en la tela.

escarchar. tr. Preparar confituras de modo que el azúcar cristalice en lo exterior como si fuese escarcha. || Preparar una bebida alcohólica haciendo que el azúcar cristalice en una rama de anís introducida en la botella. || intr. Congelarse el rocío.

escarda. f. Acción y efecto de escardar. || Época del año a propósito para esta labor. || Azada pequeña para escardar.

escardar. tr. Entresacar y arrancar las hierbas nocivas de los sembrados. || fig. Separar y apartar lo malo de lo bueno.

escariar. tr. Agrandar o redondear un agujero abierto en metal, o el diámetro de un tubo, por medio de herramientas adecuadas.

escarificar. tr. Hacer en alguna parte del cuerpo cortaduras o incisiones muy poco profundas para facilitar la salida de ciertos líquidos o humores. || Labrar la tierra con escarificador.

escarlata. f. Color carmesí fino menos subido que el de la grana. || Tela de este color. || Grana fina. || Escarlatina, enfermedad.

escarlatina. f. Tela de lana, de color encarnado o carmesí. || Fiebre eruptiva, contagiosa y con frecuencia epidémica, caracterizada por un exantema difuso de la piel, de color rojo subido.

escarmenar. tr. Carmenar la lana o la seda. || fig. Castigar a uno por travieso. || fig. Estafar poco a poco. || *Min.* Escoger y apartar el mineral de entre las tierras o escombros.

escarmentado, da. adj. y s. Que escarmienta.

escarmentar. tr. Corregir con rigor al que ha errado, para que se enmiende. || intr. Tomar enseñanza de lo que uno ha visto y experimentado en sí o en otros.

escarmiento. Desengaño, aviso y cautela, adquiridos con la advertencia, o la experiencia del daño, error o perjuicio que uno ha reconocido en sus acciones o en las ajenas. || Castigo, multa, pena.

escarnecer. tr. Hacer mofa y burla de otro.

escarnio. m. Befa tenaz que se hace con el propósito de afrentar.

escarola. f. Achicoria cultivada. || Cuello alechugado que se usó antiguamente.

escarolar. tr. Alechugar.

escarpa. f. Declive áspero de cualquier terreno.

|| *Fort.* Plano inclinado que forma muralla del cuerpo principal de una plaza.

escarpado, da. adj. Que tiene escarpa o gran pendiente. || Díc. de las alturas que no tienen subida ni bajada transitables.

escarpadura. f. Declive áspero de cualquier terreno.

escarpar. tr. Cortar una montaña o terreno, poniéndolo en plano inclinado.

escarpia. ≅alcayata. f. Clavo con cabeza acodillada, que sirve para sujetar bien lo que se cuelga.

escarpidor. m. Peine para desenredar el cabello.

escarpín. m. Zapato de una pieza y de una costura. || Calzado, tejido con lana o con hilo, que cubre el pie y el tobillo.

escarza. f. Herida causada en los pies y manos de las caballerías, causada por alguna china o cosa semejante.

escarzano. adj. Díc. del arco que es menor que la semicircunferencia del mismo radio.

escasear. ◁abundar. tr. Dar poco y de mala gana. || Ahorrar, excusar. || Cortar un sillar o un madero por un plano oblicuo a sus caras. || intr. Faltar, ir a menos una cosa.

escasez. f. Cortedad, mezquindad con que se hace una cosa. || Poquedad, mengua de una cosa. || Pobreza o falta de lo necesario para vivir.

escaso, sa. ≅tacaño. adj. Corto, limitado. || Falto, corto, no cabal ni entero. || Mezquino, nada liberal ni dadivoso. Ú. t. c. s. || Demasiado económico. Ú. t. c. s.

escatimar. tr. Cercenar, escasear lo que se ha de dar.

escatología. f. Conjunto de creencias y doctrinas referentes a la vida de ultratumba.

escatológico, ca. adj. Relativo a las postrimerías de ultratumba.

escavar. tr. Cavar ligeramente la tierra para ahuecarla y quitar la maleza.

escayola. f. Yeso espejuelo calcinado. || Estuco.

escayolar. tr. *Cir.* Inmovilizar por medio del yeso o la escayola un miembro roto, dislocado, etc.

escayolista. m. Persona que hace obras de escayola para la decoración de las casas.

escena. f. Sitio o parte del teatro, en que se representa o ejecuta la obra dramática o cualquiera otro espectáculo teatral. || Cada una de las partes en que se divide el acto de la obra dramática. || fig. Arte de la interpretación teatral.

escenario. m. Parte del teatro construida y dispuesta para que en ella se puedan colocar las decoraciones y representar. || fig. Conjunto de circunstancias que se consideran en torno de una persona o suceso.

escénico, ca. adj. Relativo a la escena.

escenificación. f. Acción y efecto de escenificar.

escenificar. tr. Dar forma dramática a una obra literaria para ponerla en escena.

escenografía. f. Total y perfecta delineación en perspectiva de un objeto. || Arte de proyectar o realizar decoraciones escénicas. || Conjunto de decorados que se montan en el escenario.

escenográfico, ca. adj. Relativo a la escenografía.

escenógrafo. adj. y s. Que profesa o cultiva la escenografía.

escepticismo. m. Doctrina filosófica que afirma que la verdad no existe, o que el hombre es incapaz de conocerla, caso que exista.

escéptico, ca. adj. y s. Que profesa el escepticismo. || fig. Que no cree o afecta no creer en determinadas cosas.

escíncido. adj. y s. Díc. de reptiles saurios que tienen las patas poco desarrolladas; como el escinco. || m. pl. Familia de estos animales.

escindir. tr. Cortar, dividir, separar. || *Fís.* Romper un núcleo atómico en dos porciones próximamente iguales, con la consiguiente liberación de energía.

escisión. ◁unión. f. Rompimiento, desavenencia.

escita. adj. y s. Natural de la Escitia, región del Asia antigua.

esclarecer. tr. Iluminar, poner clara y luciente una cosa. || fig. Ennoblecer, ilustrar. || fig Iluminar el entendimiento. || fig. Poner en claro. || intr. Empezar a amanecer.

esclarecido, da. adj. Claro, ilustre, singular.

esclarecimiento. m. Acción y efecto de esclarecer. || Cosa que esclarece o sirve para esclarecer.

esclavina. f. Vestidura de cuero o tela, que se pone al cuello y sobre los hombros.

esclavitud. ≅opresión. ≅servidumbre. ◁libertad. f. Estado de esclavo. || fig. Hermandad o congregación que se ejercita en ciertos actos de devoción. || fig. Sujeción rigurosa y fuerte a las pasiones y afectos del alma. || fig. Sujeción excesiva a una persona o a un trabajo.

esclavizar. tr. Hacer esclavo a uno. || fig. Tener a uno muy sujeto y dominado.

esclavo, va. ≅siervo. adj. y s. Díc. del hombre o la mujer que por estar bajo el dominio de otro carece de libertad. || fig. Sometido rigurosa o fuertemente a deber, pasión, afecto, vicio, etc., que priva de libertad. || fig. Rendido, obediente, enamorado. || m. y f. Persona alistada en alguna cofradía de esclavitud. || f. Pulsera sin adornos y que no se abre.

esclerómetro. m. Instrumento para determinar la dureza de los minerales.

esclerosis. f. Transformación de los órganos del cuerpo humano en tejido fibroso. || Por ext., embotamiento o rigidez de una facultad anímica.

esclerótica. f. Membrana dura, opaca, de color blanquecino, que cubre casi por completo el ojo.

esclusa. f. Recinto de fábrica, con puertas de entrada y salida, que se construye en un canal de navegación para que los barcos puedan pasar de un tramo a otro de diferente nivel.

escoba. f. Manojo de palmitos, de algarabía, de cabezuela o de otras ramas flexibles, juntas y atadas a veces al extremo de un palo, que sirve para barrer y limpiar. Modernamente se fabrican con otros materiales. || Cierto juego de naipes. || Mata papilionácea, que crece hasta dos metros de altura, con muchas ramas angulosas, muy a propósito para hacer escobas.

escobajo. m. Raspa que queda del racimo después de quitarle las uvas.

Esclusa en el puerto de Heidelberg (Alemania)

escobar. m. Sitio donde abunda la planta llamada escoba.

escobén. m. Cualquiera de los agujeros circulares o elípticos que se abren en los miembros de un buque.

escobilla. f. Tierra y polvo que se barre en los talleres donde se trabaja la plata y el oro.

escobilla. f. Cepillo para limpiar. || Escobita formada de cerdas o de alambre de que se usa para limpiar. || Planta pequeña, especie de brezo, de que se hacen escobas. || Cardencha, planta. || Mazorca del cardo silvestre, que sirve para cardar la seda. || Haz de hilos de cobre destinado a mantener el contacto, por frotación, entre dos partes de una máquina eléctrica, una de las cuales está fija mientras la otra se mueve.

escobillón. m. Instrumento para limpiar los cañones de las armas de fuego. || Cepillo unido al extremo de un astil, que se usa para barrer el suelo.

escobina. f. Serrín que hace la barrena cuando se agujerea con ella alguna cosa. || Limadura de un metal cualquiera.

escobón. m. aum. de escoba. || Escoba que se pone en un palo largo para barrer y deshollinar. || Escoba de mango muy corto. || Escoba, mata.

escocedura. f. Acción y efecto de escocerse.

escocer. ≅picar. ≅resentirse. intr. Producirse una sensación muy desagradable, parecida a la quemadura. || fig. Producirse en el ánimo una impresión molesta o amarga. || prnl. Sentirse o dolerse.

escocés, sa. adj. y s. De Escocia. || Aplícase a telas de cuadros y rayas de varios colores. || m. Dialecto céltico hablado en Escocia.

escocia. ≅sima. f. Moldura cóncava cuya sección está formada por dos arcos de circunferencias distintas, y más ancha en su parte inferior.

escoda. f. Instrumento de hierro, a manera de martillo.

escodar. tr. Labrar las piedras con martillo. || Sacudir la cuerna los animales para descorrearla.

escofina. f. Herramienta a modo de lima, muy usada para desbastar.

escoger. tr. Tomar o elegir una o más cosas o personas entre otras.

escogido, da. adj. Selecto.

escolanía. f. Conjunto o corporación de escolanos.

escolapio, pia. adj. Relativo a la Orden de las Escuelas Pías. || m. y f. Clérigo o religiosa de las Escuelas Pías.

escolar. ≅alumno. adj. Relativo al estudiante o a la escuela. || com. Estudiante que cursa en una escuela.

escolaridad. f. Conjunto de cursos que un estudiante sigue en un establecimiento docente.

escolarizar. tr. Proporcionar escuela a la población infantil para que reciba la enseñanza obligatoria.

escolasticismo. m. Filosofía de la Edad Media cuyo principal expositor es Santo Tomás de Aquino. Consiste en la organización filosófica de la doctrina de la Iglesia, tomando como base la filosofía de Aristóteles. || Espíritu exclusivo de escuela en las doctrinas, métodos, etc.

escolástico, ca. adj. Relativo a las escuelas o a los que estudian en ellas. || Relativo al escolasticismo, al maestro que lo enseña o al que lo profesa. Apl. a pers., ú. t. c. s.

escolio. m. Nota que se pone a un texto para explicarlo.

escoliosis. f. Desviación del raquis con convexidad lateral.

escolopendra. ≅ciempiés. f. Miriápodo con un par de pies en cada uno de los 25 anillos de su cuerpo.

escolta. f. Partida de soldados o embarcación destinada a escoltar. || Acompañamiento en señal de honra o reverencia. || Pareja de la guardia civil que va en los trenes de viajeros para custodia y vigilancia.

escoltar. tr. Resguardar, convoyar, conducir a una persona o cosa para que camine sin riesgo. || Acompañar a una persona, a modo de escolta, en señal de honra y reverencia.

Escolopendra

escollera. f. Obra hecha con piedras echadas al fondo del agua.

escollo. m. Peñasco que está a flor de agua o que no se descubre bien. || fig. Peligro, riesgo. || fig. Dificultad, obstáculo.

escombrar. tr. Desembarazar de escombros. || Quitar de los racimos de pasas las más pequeñas y desmedradas. || fig. Desembarazar, limpiar.

escombrera. f. Conjunto de escombros o desechos. || Sitio donde se echan los escombros de una mina.

escómbrido. adj. y s. Díc. de peces teleósteos acantopterigios cuyo tipo es la caballa. || m. pl. Familia de estos peces.

escombro. m. Desecho de albañilería o de una mina. || Pasa menuda y desmedrada.

esconce. m. Ángulo entrante o saliente en cualquier superficie.

esconder. ◁exhibir. tr. y prnl. Encubrir, ocultar una cosa. || fig. Encerrar, incluir y contener en sí una cosa que no es manifiesta a todos.

escondidas(a). m. adv. Sin ser visto.

escondite. m. Escondrijo. || Juego de muchachos, en el que unos se esconden y otros buscan a los escondidos.

escondrijo. m. Rincón o lugar oculto y retirado propio para esconder y guardar en él alguna cosa.

esconzar. tr. Hacer a esconce una habitación u otra cosa cualquiera.

escopeta. f. Arma de fuego portátil, con uno o dos cañones de siete a ocho decímetros de largo. || Persona que tira con escopeta.

escopetazo. m. Disparo hecho con escopeta. || Ruido originado por el mismo. || Herida y daño producidos por el disparo de la escopeta. || fig. Noticia o hecho desagradable, súbito e inesperado.

escopetear. tr. Hacer repetidos disparos de escopeta. || rec. fig. y fam. Dirigirse dos o más personas alternativamente cumplimientos o insultos.

escopetería. f. Gente armada de escopetas. || Multitud de escopetazos.

escopladura o **escopleadura.** f. Corte o agujero hecho a fuerza de escoplo.

escoplear. tr. Hacer corte o agujero con escoplo.

escoplo. m. *Carp.* Herramienta de hierro acerado, con mango de madera y boca formada por un bisel.

escora. f. *Mar.* Cada uno de los puntales que sostienen los costados del buque en construcción o en varadero. || Inclinación que toma un buque al ceder al esfuerzo de sus velas.

escorar. tr. *Mar.* Apuntalar con escoras. || Hacer que un buque se incline de costado. || intr. Inclinarse un buque. Ú. t. c. prnl. || Llegar la marea a su nivel más bajo.

escorbuto. m. Enfermedad producida por la carencia de vitamina C en la alimentación y caracterizada por hemorragias cutáneas y musculares, por una alteración especial de las encías y por debilidad general.

escordio. m. Hierba labiada que se emplea en medicina.

escoria. f. Substancia vítrea que sobrenada en el crisol de los hornos de fundir metales, y procede de la parte menos pura de éstos unida con las gangas y fundentes. || Materia que a los martillazos suelta el hierro candente salido de la fragua.

escorial. m. Sitio donde se echan las escorias de las fábricas metalúrgicas. || Montón de escorias.

escorpina, escorpena o **escorpera.** f. Pez teleósteo acantopterigio cuya sola aleta dorsal está erizada de espinas fuertes que producen picaduras muy dolorosas.

escorpión. m. Alacrán, arácnido. || Pez parecido a la escorpina, pero de mayor tamaño. || Máquina de guerra de figura de ballesta. || Azote formado de cadenas terminadas en puntas o garfios retorcidos como la cola del escorpión.

Escorpión. Octavo signo del Zodiaco. || Constelación zodiacal situada en el hemisferio austral del cielo y atravesada por la Vía Láctea.

escorzar. tr. Reducir la longitud de las figuras, según las reglas de la perspectiva.

Escorpión

escorzonera. f. Hierba compuesta, de flores amarillas, y raíz gruesa, carnosa, que cocida se usa en medicina y como alimento.

escota. f. Cabo para atiesar las velas.

escotado. m. Escotadura de un vestido.

escotadura. f. Corte hecho en un vestido por la parte del cuello. || En los petos de armas, sisa para poder mover los brazos. || En los teatros, abertura grande para las tramoyas.

escotar. tr. Cortar y cercenar una cosa para ajustarla a la medida que se necesita: ∽ *un vestido.* || Extraer agua de un río, arroyo o laguna.

escotar. tr. Pagar la parte que toca a cada uno en un gasto común.

escote. m. Escotadura de un vestido. || Parte del busto que queda descubierto por estar escotado el vestido. || Adorno de encajes que guarnece el cuello de una vestidura.

escote. m. Parte que cabe a cada uno en un gasto común.

escotilla. f. Cada una de las aberturas que hay en las diversas cubiertas, para el servicio del buque. || Puerta de acceso a un carro de combate, avión, etc.

escotillón. m. Puerta o trampa en el suelo. || Abertura en el piso del escenario por donde salen a la escena o desaparecen personas o cosas.

escotín. m. Escota de cualquier vela de cruz de un buque.

escozor. m. Sensación dolorosa, como la que produce una quemadura. || fig. Sentimiento causado en el ánimo por una pena o desazón.

escriba. m. Doctor o intérprete de la ley entre los hebreos. || En la antigüedad, copista, amanuense.

escribanía. f. Oficio de escribano. || Papelera o escritorio. || Recado de escribir. || Caja portátil para plumas y tintero usada por los escolares.

escribano. m. Nombre antiguo del notario.

escribiente. com. Persona que tiene por oficio copiar escritos ajenos, o escribir al dictado.

escribir. tr. Representar palabras o ideas con signos convencionales. || Trazar las notas musicales. || Componer libros, discursos, etc. || Marcar, señalar: *tiene la preocupación escrita en la frente.* || Comunicar por escrito.

escriño. m. Cesta de paja. || Cofrecito para joyas u otro objeto precioso.

escrita. f. Especie de raya, con manchas blancas, pardas y negras.

escrito, ta. p. p. irreg. de escribir. || adj. fig. Díc. de lo que tiene manchas o rayas que semejan letras o rasgos de pluma. || Carta, documento o

Escritura ideográfica cretense. *Disco de las fiestas* (1700 a. de C.). Museo de Creta

cualquiera papel manuscrito, mecanografiado o impreso. || Obra o composición científica o literaria.

escritor, ra. m. y f. Persona que escribe. || Autor de obras escritas o impresas.

escritorio. ≅escribanía. m. Mueble para guardar papeles o escribir sobre él. || Aposento que a veces sirve de despacho. || Mueble con gavetas o cajoncillos para guardar joyas.

escritura. f. Acción y efecto de escribir. || Sistema utilizado para escribir: ∽ *alfabética, silábica, ideográfica, jeroglífica,* etc. || Arte de escribir. || Escrito, carta o documento.

escriturar. tr. Contratar un artista. || Hacer constar con escritura, instrumento público, un hecho.

escrófula. f. Tumefacción fría de los ganglios linfáticos, principalmente cervicales.

escrofularia. f. Planta escrofulariácea.

escrofulariáceo, a. adj. Díc. de las plantas angiospermas dicotiledóneas, como la escrofularia, la algarabía y el gordolobo. Ú. t. c. s. || f. pl. Familia de estas plantas.

escrofulismo. m. Enfermedad que se caracteriza por la aparición de escrófulas.

escrofuloso, sa. adj. Relativo a la escrófula. || Que la padece. Ú. t. c. s.

escroto. m. Bolsa formada por la piel que cubre los testículos de los mamíferos.

escrupulillo. m. Grano que se pone dentro del cascabel para que suene.

escrúpulo. m. Duda o recelo de conciencia. ||

Aprensión, asco hacia alguna cosa, especialmente alimentos.

escrupulosidad. f. Exactitud en el examen de las cosas y en el estricto cumplimiento de lo que uno toma a su cargo.

escrupuloso, sa. adj. Que padece o tiene escrúpulos. Ú. t. c. s. || Díc. de lo que causa escrúpulos. || fig. Exacto.

escrutador, ra. adj. Escudriñador, examinador cuidadoso de una cosa. || Díc. del que en elecciones y otros actos análogos cuenta y computa los votos.

escrutar. tr. Indagar, escudriñar. || Reconocer y computar los votos para elecciones y otros actos análogos.

escrutinio. m. Averiguación exacta y diligente de una cosa. || Recuento y cómputo de votos en elecciones o actos análogos.

escuadra. f. Instrumento de metal o madera, de figura de triángulo rectángulo, o compuesto solamente de dos reglas que forman ángulo recto. || Pieza de hierro u otro metal, con dos ramas en ángulo recto, con que se aseguran las ensambladuras de las maderas. || Corto número de soldados a las órdenes de un cabo. Es la unidad militar menor. || Plaza de cabo de este número de soldados. || Conjunto de buques de guerra para determinado servicio.

escuadrar. tr. Disponer un objeto de modo que sus caras planas formen entre sí ángulos rectos.

escuadrilla. f. Escuadra de buques pequeños. || Grupo de aviones que vuelan juntos dirigidos por un jefe.

escuadrón. m. Unidad de caballería mandada normalmente por un capitán. || Unidad del cuerpo de aviación equiparable en importancia al batallón terrestre.

escualidez. f. Flaqueza, delgadez, mengua de carnes.

escuálido, da. ◁robusto. adj. Sucio, asqueroso. || Flaco, macilento. || Díc. de los peces selacios de cuerpo fusiforme y cola robusta. Ú. t. c. s. || m. pl. Suborden de estos peces.

escualo. m. Nombre que se da corrientemente a la mayoría de los selacios escuálidos y que viene a ser sinónimo de tiburón.

escucha. f. Acción de escuchar. || Centinela que se adelanta para observar los movimientos del enemigo. || En los conventos de religiosas, la que acompaña en el locutorio, para oír lo que se habla, a las que reciben visitas.

escuchar. intr. Aplicar el oído para oír. || tr. Prestar atención a lo que se oye. || Atender a un

aviso, consejo o sugestión. || prnl. Hablar o recitar con pausas afectadas.

escuchimizado, da. adj. Muy flaco y débil.

escudar. tr. Amparar con el escudo. Ú. t. c. prnl. || fig. Resguardar y defender. || prnl. fig. Ampararse, excusarse.

escudería. f. Servicio del escudero.

escudero. m. Paje que llevaba el escudo al caballero. || Hidalgo. || El que en lo antiguo llevaba acostamiento de una persona de distinción, y tenía la obligación de asistirle. || El que hacía escudos. || El emparentado con una familia o casa ilustre, y reconocido y tratado como tal. || El que tenía la obligación de asistir a su señor en determinadas ocasiones. || El que hacía escudos.

escudete. m. Escudo pequeño. || escudo, planchuela. || Pedacito de lienzo en forma de escudo o corazón que sirve de refuerzo de la ropa blanca.

escudilla. f. Vasija ancha y semiesférica.

escudillar. tr. Distribuir en escudillas o platos, caldo o manjares. || Echar el caldo hirviendo sobre el pan con que se hace la sopa. || fig. Mangonear.

escudo. m. Arma defensiva para cubrir y resguardar el cuerpo, que se llevaba en el brazo izquierdo. || Chapa de acero que llevan las piezas de artillería para protección de sus sirvientes. || Moneda antigua de oro. || Unidad monetaria portuguesa. || Moneda chilena de oro.

escudriñar. ≅escrutar. ≅examinar. tr. Inquirir y averiguar cuidadosamente.

escuela. f. Establecimiento público de enseñanza primaria. || Establecimiento público de cualquier tipo de enseñanza: ⌐ de artes y oficios. || Esa misma enseñanza. || Conjunto de profesores y alumnos de una misma enseñanza. || Método o estilo peculiar de cada maestro. || Doctrina, principios y sistema de un autor. || Conjunto de discípulos e imitadores de una persona o de su doctrina, arte, etc.

escuerzo. m. Sapo, batracio anuro. || fig. y fam. Persona flaca y desmedrada.

escueto, ta. adj. Libre, despejado. || Sin adornos, estricto.

esculpir. tr. Labrar a mano una obra de escultura. || Grabar, labrar en hueco o en relieve.

escultor, ra. m. y f. Persona que profesa el arte de la escultura.

escultórico, ca. adj. Relativo a la escultura.

escultura. f. Arte de modelar, tallar y esculpir. || Obra esculpida.

escultural. adj. Relativo a la escultura. || Que participa de los caracteres bellos de las estatuas: formas ⌐es.

escupidera. f. Pequeño recipiente para escupir.
escupidero. m. Lugar donde se escupe. || fig.
Situación despreciable.
escupir. ≅esputar. intr. Arrojar saliva por la
boca: ⌇ *en el suelo.* || tr. Arrojar con la boca
algo como escupiendo: ⌇ *sangre.* || fig. Echar de
sí con desprecio. || fig. Despedir un cuerpo a la
superficie una substancia que estaba mezclada con
él.
escupitajo. m. fam. Escupidura.
escurialense. adj. De El Escorial. Ú. t. c. s. ||
Relativo al monasterio del mismo nombre.
escurreplatos. m. Mueble junto al fregadero
para escurrir platos.
escurridizo, za. adj. Que se escurre fácilmente.
|| Propio para escurrirse: *terreno* ⌇.
escurridor. m. Colador de agujeros grandes
para que las viandas escurran el líquido en que
están empapadas. || Dispositivo de algunas má-
quinas lavadoras para exprimir la ropa una vez
lavada.
escurridura. f. Última gota de un líquido que
ha quedado en un vaso, botella, etc.
escurrir. tr. Apurar las últimas gotas de un líquido que han quedado en un vaso, botella, etc.
|| Hacer que una cosa que tiene líquido despida
la parte que ha quedado detenida. Ú. t. c. prnl. ||
intr. Destilar y caer gota a gota.
escusa. f. Acción y efecto de esconder u ocultar.
escusado, da. adj. Reservado o separado del
uso común. || m. Retrete.
esdrújulo, la. ≅proparoxítono. adj. y s. Díc.

La esfinge de Giza

del vocablo cuya acentuación prosódica carga en
la antepenúltima sílaba.
ese. f. Nombre de la letra *s.* || Eslabón de
cadena que tiene figura de *ese.*
ese, esa, eso, esos, esas. Formas del pron.
dem. en los tres géneros m., f. y n. y en ambos
números sing. y pl., que designan lo que está
cerca de la persona con quien se habla, o representan lo que ésta acaba de mencionar.
esencia. ◁accidente. f. Naturaleza de las co-
sas. || Lo permanente e invariable de ellas. ||
Extracto líquido concentrado de una substancia generalmente aromática.
esencial. adj. Relativo a la esencia: *el alma,
parte* ⌇ *del hombre.* || Substancial, principal.
esenio, nia. adj. Díc. de una antigua secta judía que practicaba la comunidad de bienes y la
sencillez en las costumbres. Díc. también de sus
individuos. Ú. t. c. s. || Relativo a esta secta.
esfenoides. adj. y s. Díc. del hueso enclavado
en la base del cráneo de los mamíferos.
esfera. f. Sólido terminado por una superficie
curva cuyos puntos equidistan todos de otro in-
terior llamado centro. || Círculo en que giran las
manecillas del reloj.
esférico, ca. adj. Relativo a la esfera.
esferoidal. adj. Relativo al esferoide.
esferoide. m. Cuerpo de forma parecida a la
esfera.
esferómetro. m. Aparato para determinar la
curvatura de una superficie esférica.
esfigmógrafo. m. Instrumento para registrar las
pulsaciones arteriales.
esfinge. amb. Monstruo fabuloso con cabeza y
pecho de mujer y cuerpo y pies de león. Ú. t. c.
f. || Mariposa esfíngida.
esfíngido. adj. y s. Díc. de los insectos lepi-
dópteros, como la esfinge. || m. pl. Familia de
estos insectos.
esfínter. m. Anillo muscular que abre y cierra
el orificio de una cavidad del cuerpo: *el* ⌇ *de la
vejiga de la orina* o *el del ano.*
esforzado, da. adj. Valiente, animoso.
esforzar. tr. Comunicar fuerza. || Infundir áni-
mo. || intr. Tomar ánimo. || prnl. Hacer esfuerzos
con algún fin.
esfuerzo. m. Acción enérgica del cuerpo o del
espíritu. || Ánimo, valor. || Empleo de elementos
costosos en la consecución de algún fin.
esfumar. tr. Extender los trazos del lápiz con
el esfumino. || *Pint.* Rebajar los contornos de una
composición. || prnl. fig. Disiparse, desvanecerse.
esgrafiar. tr. Dibujar o hacer labores con el

grafio sobre una superficie estofada o que tiene dos capas o colores sobrepuestos.

esgrima. f. Arte de manejar la espada, el sable y otras armas blancas.

esgrimir. tr. Manejar la espada, el sable y otras armas blancas. || fig. Usar de algo como arma para lograr algún objetivo.

esguince. m. Ademán hecho con el cuerpo para evitar un golpe o caída. || Gesto con que se demuestra disgusto o desdén. || Torcedura de una articulación.

eslabón. m. Pieza en forma de anillo o de otra curva cerrada que, enlazada con otras, forma cadena. || Hierro acerado del que saltan chispas al chocar con un pedernal. || Chaira para afilar. || Alacrán negro.

eslabonar. tr. Unir eslabones formando cadena. || fig. Enlazar o encadenar.

eslálom. ʃʃesláloms. m. Carrera con esquís consistente en una prueba de habilidad y velocidad en descenso.

eslavo, va. adj. y s. Díc. de un pueblo antiguo que se extendía principalmente por el nordeste de Europa. || Díc. de sus individuos. Ú. t. c. s. || Relativo a este pueblo. || Díc. de los que de él proceden.

eslogan. ʃʃeslógans. m. angl. por consigna, lema, estribillo. || Fórmula o frase publicitaria de mucho impacto.

eslora. f. Longitud de la nave desde el codaste a la roda por la parte de adentro.

eslovaco, ca. adj. Díc. de un pueblo eslavo que habita al este de Moravia y norte de Hungría. Díc. también de sus individuos. Ú. t. c. s. || Relativo a este pueblo.

esloveno, na. adj. Díc. de un pueblo eslavo que habita al sur de Austria. || Díc. también de sus individuos. Ú. t. c. s. || Relativo a este pueblo.

Medallón de esmalte de Limoges (finales del siglo XVIII). Museo Lázaro Galdiano. Madrid

esmaltar. tr. Cubrir con esmaltes. || fig. Adornar.

esmalte. m. Barniz vítreo que se aplica a la porcelana, loza, metales, etc. || Obra esmaltada. || Labor que se hace con el esmalte sobre un metal. || Color azul obtenido fundiendo vidrio con óxido de cobalto. || fig. Lustre, adorno. || Cualquiera de los metales o colores conocidos en heráldica. || Materia dura que cubre la corona de los dientes de los vertebrados.

esmaltina. f. Mineral de color gris de acero, combinación de cobalto y arsénico.

esmeralda. f. Piedra fina, silicato de alúmina y glucina teñida de verde por el óxido de cromo.

esmerar. ◁descuidar. tr. Pulir, limpiar. || prnl. Poner sumo cuidado en algo. || Obrar con acierto.

esmerejón. ≅azor. ≅milano. m. Ave rapaz diurna del mismo género que el alcotán y el cernícalo. || Pequeña y antigua pieza de artillería.

esmeril. m. Roca negruzca formada por el corindón granoso, la mica y el hierro oxidado. Es tan dura que raya todos los cuerpos, excepto el diamante.

esmerilar. tr. Pulir algo o deslustrar el vidrio con esmeril o con otra substancia.

esmero. ≅solicitud. m. Sumo cuidado en hacer las cosas.

esmiláceo, a. adj. y s. Díc. de las hierbas o matas liliáceas como el brusco, el espárrago y la zarzaparrilla.

Esgrima

esmoquin. m. Prenda masculina de etiqueta a modo de chaqueta sin faldones.

esnifar. tr. Aspirar cocaína u otra droga en polvo por la nariz.

esnob. ≅novelero. adj. y s. Que tiene esnobismo.

esnobismo. m. Exagerada admiración por todo lo que está de moda o por lo que tiene brillo social.

esófago. m. Conducto que va desde la faringe al estómago, y por el que pasan los alimentos.

esotérico, ca. ◁exotérico. adj. Oculto, reservado. || Díc. de la doctrina que los filósofos de la antigüedad no comunicaban sino a corto número de sus discípulos.

esoterismo. m. Calidad de esotérico.

esotro, tra. pron. dem. Ese otro, esa otra. Ú. t. c. adj.: ⌣ niño, ⌣ mesa.

espabilar. tr., intr. y prnl. Despabilar.

espaciador. m. Tecla que se pulsa en las máquinas de escribir para dejar espacios en blanco.

espacial. adj. Relativo al espacio.

espaciar. tr. Poner espacio entre dos cosas en el lugar en el tiempo. || Esparcir, divulgar. Ú. t. c. prnl. || En imprenta, separar dicciones, letras o renglones en un texto. || prnl. fig. Dilatarse. || fig. Esparcirse.

espacio. m. Continente de todos los objetos sensibles que coexisten. || Parte de ese continente que ocupa cada objeto sensible. || Capacidad de

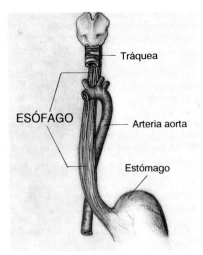

Tráquea

ESÓFAGO

Arteria aorta

Estómago

terreno, sitio o lugar. || Transcurso de tiempo. || Tardanza, lentitud. || Separación entre las rayas del pentagrama.

espacioso, sa. adj. Ancho, dilatado, vasto. || Lento, pausado.

espada. ≅acero. f. Arma blanca, larga, recta, aguda y cortante, con empuñadura. || Torero que mata con espada. Ú. m. c. m. || Persona diestra en su manejo. || En los naipes, cualquiera de las cartas del palo de espadas.

espadachín. m. El que sabe manejar bien la espada. || El amigo de pendencias.

espadaña. f. Planta tifácea de tallo largo, a manera de junco, con una mazorca cilíndrica en el extremo. || Campanario de una sola pared con huecos para las campanas.

espádice. m. Inflorescencia en forma de espiga, con eje carnoso y casi siempre envuelta en una espata, como el aro y la cala.

espadín. m. Espada de hoja muy estrecha que se usa como prenda de ciertos uniformes. || Pez teleósteo fisóstomo parecido a la sardina.

espagueti. m. Pasta alimenticia de harina de trigo en forma de cilindros algo más gruesos que los fideos.

espalda. ≅dorso. f. Parte posterior del cuerpo humano desde los hombros hasta la cintura. || Parte del vestido que corresponde a la espalda. || Lomo de un animal. || pl. Parte posterior de una cosa.

espaldar. m. Parte de la coraza que defiende la espalda. || Respaldo de una silla o banco. || Enrejado sobrepuesto a una pared para que por él trepen ciertas plantas, como jazmines, rosales, etc. || Parte dorsal de la coraza de los quelonios.

espaldarazo. m. Golpe dado en la espalda con la espada o con la mano. || fig. Admisión de alguno como igual en un grupo o profesión. || fig. Reconocimiento de competencia suficiente a que ha llegado alguno para una profesión o actividad.

espaldera. f. Espaldar de plantas, y pared con que se resguardan.

espaldilla. f. Omóplato. || Cuarto delantero de algunas reses.

espantada. f. Huida repentina de un animal. || Desistimiento súbito ocasionado por el miedo.

espantadizo, za. adj. Que fácilmente se espanta.

espantajo. m. Lo que se pone en un sitio para espantar. || fig. Cosa que infunde temor. || fig. y fam. Persona molesta y despreciable.

espantapájaros. m. Espantajo en sembrado y árboles para ahuyentar los pájaros.

espantar. ≅ahuyentar. ≅amedrentar. ≅asustar. tr. Causar espanto. Ú. t. c. intr. || Echar de un lugar a una persona o animal. || Admirarse, maravillarse. Ú. t. c. prnl. || prnl. Sentir espanto, asustarse.

espanto. m. Terror, asombro. || Demostración con que se infunde miedo. || Enfermedad causada por el espanto.

espantoso, sa. ≅horroroso. adj. Que causa espanto. || Maravilloso, asombroso.

español, la. ≅hispano. adj. y s. De España. || m. Denominación que recibe también el castellano.

españolado, da. adj. Que parece español. || f. Acción, espectáculo u obra literaria que falsea el carácter español.

españolear. intr. Hacer una propaganda exagerada de España, principalmente en el extranjero, en conferencias, artículos, etc. Popularizó este término el charlista Federico García Sanchiz.

españolería. f. Cualidad y actitud propia de españoles. || Apego a lo español.

españolismo. m. Amor o apego a lo español. || Hispanismo. || Carácter genuinamente español.

españolizar. tr. Dar carácter español. || Dar forma española a un vocablo o expresión de otro idioma. || prnl. Tomar carácter o forma españoles.

esparadrapo. m. Tiras de tela, una de cuyas caras está cubierta con un emplasto adherente, que se usan para sujetar los vendajes, y excepcionalmente como apósito directo o como revulsivo.

esparaván. m. Gavilán, ave de rapiña. || Tumor en la parte interna e inferior del corvejón de los solípedos.

esparavel. m. Red redonda para pescar en los ríos y parajes de poco fondo. || *Albañ.* Tabla de madera con un mango en uno de sus lados, que sirve para tener una porción de la mezcla que se ha de aplicar con la llana o la paleta.

esparcido, da. adj. Separado, extendido. || fig. Franco en el trato, alegre, divertido.

esparcimiento. m. Acción y efecto de esparcir. || Franqueza en el trato, alegría. || Diversión, recreo, desahogo. || Actividades con que se llena el tiempo que las actividades dejan libre.

esparcir. ◁concentrar. tr. y prnl. Separar, extender lo que está junto o amontonado. || fig. Divulgar, extender una noticia. || Divertir, desahogar, recrear.

espárrago. m. Planta liliácea, con yemas de tallo recto y blanco y cabezuelas comestibles de color verde morado. || Yema comestible que produce a raíz de la esparraguera. || Palo largo para asegurar un entoldado. || Vástago metálico roscado, que está fijo por un extremo, y que, pasando al través de una pieza, sirve para sujetar esta por medio de una tuerca.

esparraguera. f. Planta del espárrago. || Era o haza de tierra donde se cultivan espárragos. || Plato de forma adecuada en que se sirven los espárragos.

esparraguina. f. Fosfato de cal cristalizado y de color verdoso.

esparrancado, da. adj. Que anda o está muy abierto de piernas. || Díc. de las cosas que, debiendo estar juntas están muy separadas.

esparrancarse. prnl. fam. Abrirse de piernas, separarlas.

espartano, na. adj. De Esparta. Ú. t. c. s. || fig. Austero, disciplinado, severo.

espartería. f. Oficio de espartero. || Taller donde se trabajan las obras de esparto. || Barrio o tienda donde se venden.

espartilla. f. Rollito de estera o esparto, que sirve como escobilla para limpiar las caballerías.

espartizal. m. Campo de esparto.

esparto. m. Planta gramínea con hojas tan arrolladas sobre sí y a lo largo que aparecen como filiformes, duras y tenacísimas. || Hojas de esta planta.

espasmo. m. Pasmo. || Contracción involuntaria de los músculos.

espasmódico, ca. adj. y s. Relativo al espasmo.

espata. f. Bráctea grande o conjunto de brácteas que envuelve ciertas inflorescencias; como en la cebolla.

espato. m. Mineral de estructura laminosa.

espátula. f. Paleta pequeña, con bordes afilados y mango largo, de que se sirven los farmacéuticos y los pintores para hacer ciertas mezclas.

especia. f. Substancia con que se sazonan los manjares y guisados: *clavo, pimienta, azafrán*, etc.

especial. adj. Singular o particular. || Muy adecuado o propio para algo.

especialidad. f. Particularidad, singularidad. || Confección o producto en cuya preparación sobresale una persona, establecimiento, región, etc. || Rama de una ciencia, arte o actividad, cuyo objeto es una parte limitada de las mismas. || Medicamento preparado en un laboratorio, y vendido con un nombre comercial registrado.

especialista. adj. y s. Que con especialidad cultiva un ramo de determinada arte o ciencia.

especialización. f. Acción y efecto de especializar.

especializar. intr. Cultivar con especialidad un ramo determinado de una ciencia o arte. Ú. t. c. prnl. || Limitar una cosa a uso o fin determinado.

especie. ≅clase. ≅grupo. f. Conjunto de cosas semejantes entre sí. || Caso, suceso: *se trató de aquella* ⌣. || Tema, noticia, proposición. || Pretexto, apariencia. || *Bot.* y *Zool.* Cada uno de los grupos en que se dividen los géneros.

especiería. f. Tienda en que se venden especias. || Conjunto de especias. || Trato y comercio de ellas.

especiero, ra. m. y f. Persona que comercia en especias. || m. Armarito con varios cajones para guardar las especias.

especificación. f. Acción y efecto de especificar.

especificar. ≅detallar. ≅enumerar. tr. Explicar. || Fijar o determinar de modo preciso.

específico, ca. adj. Que distingue una especie de otra. || m. Medicamento especialmente indicado para tratar una enfermedad determinada. || Medicamento fabricado industrialmente y con envase especial.

espécimen. ʃʃespecímenes. m. Muestra, modelo.

espectacular. adj. Que tiene caracteres de espectáculo público. || Aparatoso, ostentoso.

espectáculo. ≅representación. m. Función o diversión pública de cualquier tipo. || Todo lo que es capaz de atraer la atención. || Acción que causa escándalo o extrañeza.

espectador, ra. adj. Que mira con atención un objeto. || Que asiste a un espectáculo público. Ú. t. c. s.

espectral. adj. Relativo al espectro.

espectro. m. Imagen fantasmal y horrible. || Resultado de la descomposición de un haz de luz.

|| Resultado de la dispersión de un conjunto de radiaciones, de sonidos y, en general, de fenómenos ondulatorios, de tal manera que resulten separados de los de distinta frecuencia.

espectrofotometría. f. Procedimiento analítico fundado en el uso del espectrofotómetro.

espectrofotómetro. m. Aparato destinado a comparar la intensidad de los colores de dos espectros luminosos.

espectrógrafo. m. Espectroscopio dispuesto para la obtención de espectrogramas. || Aparato que obtiene el espectro de un sonido complejo, en los elementos que lo componen. || Aparato electrónico que registra sucesivamente las ondas sonoras comprendidas en determinado intervalo de frecuencias.

espectrograma. m. Fotografía o diagrama de un espectro luminoso. || Representación gráfica de un sonido obtenida por un espectrógrafo.

espectroheliógrafo. m. Espectroscopio para fotografiar las protuberancias solares o el disco del Sol a una luz monocroma.

espectrometría. f. Técnica del empleo de los espectrómetros.

espectrómetro. m. Aparato para medir el espectro lumínico.

espectroscopia. f. Conjunto de conocimientos referentes al análisis espectroscópico.

espectroscopio. m. Instrumento para obtener y observar los espectros de la luz.

especulación. ≅contemplación. ≅ganancia. ≅lucro. f. Acción y efecto de especular. || Operación comercial o bancaria.

especular. tr. Registrar, mirar con atención una cosa. || intr. fig. Meditar, reflexionar, considerar. || Comerciar, traficar. || intr. Procurar provecho o ganancia fuera del tráfico mercantil.

especulativo, va. adj. Relativo a la especulación. || Que tiene aptitud para especular. || Que

Espectro luminoso

procede de la mera especulación o discurso. ||
Muy pensativo y dado a la especulación.

espéculo. m. Instrumento para examinar ciertas
cavidades del cuerpo.

espejismo. m. Ilusión óptica debida a la reflexión de la luz cuando atraviesa capas de aire de
densidad distinta, con lo cual los objetos lejanos
dan una imagen invertida. Esto sucede principalmente en los desiertos.

espejo. m. Tabla de cristal azogada por la parte
posterior para que se reflejen y representen en él
los objetos que tenga delante. || fig. Aquello en
que se ve una cosa como retratada.

espejuelo. m. Yeso cristalizado en láminas bri-
llantes. || Ventana cerrada con placas de yeso
transparente. || Hoja de talco. || Trozo curvo de
madera con pedacitos de espejo que se hace girar
para que acudan las alondras y poderlas cazar.

espeleología. f. Ciencia que estudia las cavernas.

espeleológico, ca. adj. Relativo a la espeleología.

espeleólogo, ga. m. y f. Persona que se dedica a la espeleología.

espelunca. f. Cueva, gruta.

espeluznante. adj. Que espeluzna. || Pavoroso,
terrorífico.

espeluznar. tr. Desordenar el pelo de la ca-
beza. || Erizar el pelo o las plumas. Ú. t. c. prnl.
|| Espantar, causar horror. Ú. t. c. prnl.

espeluzno. m. fam. Escalofrío, estremecimiento.

espera. f. Acción y efecto de esperar. || Plazo
señalado por el juez para ejecutar una cosa. ||
Calma, paciencia. || Puesto para cazar, esperando
en él que la caza acuda.

esperantista. com. Persona que hace uso del
esperanto y lo propaga.

esperanto. m. Idioma creado en 1887 por el
médico polaco Zamenhof, con idea de que pudiese
servir como lengua universal.

esperanza. ≅confianza. ≅creencia. f. Estado
del ánimo en el cual se nos presenta como po-
sible lo que deseamos. || Virtud teologal.

esperanzado, da. adj. Que tiene esperanza de
conseguir alguna cosa.

esperanzador, ra. Que da o infunde esperanza.

esperanzar. tr. Dar o provocar esperanza.

esperar. tr. Tener esperanza de conseguir lo
que se desea. || Creer que ha de suceder alguna
cosa. || Permanecer en sitio adonde se cree que
ha de ir alguna persona o ha de ocurrir alguna
cosa. || Detenerse en el obrar hasta que suceda
algo.

esperma. amb. Semen, líquido de las glán-
dulas genitales del sexo masculino. || Substancia
grasa que se extrae de las cavidades del cráneo
del cachalote y de otros cetáceos.

espermatozoide. m. Célula sexual masculina,
destinada a la fecundación del óvulo.

esperón. m. Pieza saliente en la proa de las
embarcaciones.

esperpéntico, ca. adj. Relativo al esperpento
literario.

esperpento. m. fam. Persona o cosa notable
por su fealdad o mala traza. || Desatino, absurdo.
|| Género literario.

espesar. m. Parte de monte más poblada de
matas o árboles que las demás.

espesar. tr. Condensar lo líquido. || Unir, apre-
tar una cosa con otra, haciéndola más tupida. Ú.
t. c. prnl.

espeso, sa. ≅denso. adj. Substancia fluida o
gaseosa que tiene mucha densidad o condensa-
ción. || Dic. de las cosas que están muy juntas y
apretadas. || Grueso, macizo: *muros* ⌒s. || fig.
Sucio, desaseado.

espesor. m. Grueso de un sólido. || Densidad
o condensación de un fluido.

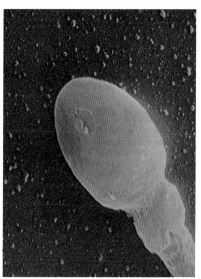

Cabeza de un espermatozoide humano aumentada
25.000 veces

espesura. f. Calidad de espeso. || fig. Cabellera muy espesa. || fig. Paraje muy poblado de árboles. || fig. Suciedad.

espetado, da. adj. Estirado, tieso, afectadamente grave.

espetar. tr. Atravesar con el asador carne o pescados para asarlos. || Atravesar, clavar. || fig. y fam. Decir a uno alguna cosa, causándole sorpresa o molestia. || prnl. Ponerse tieso, afectando gravedad y majestad.

espetera. f. Tabla con garfios en que se cuelgan carnes, aves y utensilios de cocina. || fig. y fam. Pecho de la mujer cuando es muy abultado.

espía. m. y f. Persona que con disimulo observa lo que pasa, para comunicarlo al que tiene interés en saberlo.

espía. f. Acción de espiar. || Cada una de las cuerdas o tiros con que se mantiene fijo y vertical un madero.

espiar. ≅acechar. ≅espiar. tr. Observar disimuladamente lo que se dice o hace. || intr. Halar de un cabo firme en un ancla para hacer caminar la nave en dirección al mismo.

espicanardo. m. Hierba valerianácea, de raíz perenne y aromática. || Planta gramínea de olor agradable.

espiciforme. adj. que tiene forma de espiga.

espichar. tr. Punzar con una cosa aguda. || intr. fam. Morir.

espiche. m. Arma o instrumento puntiagudo. || Estaquilla que sirve para cerrar un agujero.

espiga. f. Inflorescencia cuyas flores son hermafroditas y están sentadas a lo largo de un eje. || Parte de una herramienta adelgazada para introducirla en el mango. || Parte superior de la espada, en donde se asegura la guarnición. || Extremo de un madero cuyo espesor se ha disminuido para que encaje en un hueco.

espigado, da. adj. Aplícase a algunas plantas anuales cuando se las deja crecer hasta la completa madurez de la semilla. || Díc. del árbol nuevo de tronco muy elevado. || En forma de espiga.

espigar. tr. Coger las espigas que los segadores han dejado en el rastrojo. || Tomar de uno o más libros, rebuscando acá y allá, ciertos datos. Ú. t. c. intr. || Hacer la espiga en las maderas que han de entrar en otras.

espigón. m. Punta del palo con que se aguija. || Punta de un instrumento puntiagudo. || Espiga áspera y espinosa. || Mazorca o panoja. || Cerro alto, pelado y puntiagudo. || Macizo saliente que se construye a la orilla de un río o en la costa del mar.

espiguilla. f. Cinta angosta o fleco con picos. || Cada una de las espigas pequeñas que forman la principal en algunas plantas. || Planta anual gramínea. || Flor del álamo.

espina. f. Púa que nace del tejido de algunas plantas. || Astilla pequeña y puntiaguda. || Parte dura y puntiaguda que en los peces hace el oficio de hueso. || Espinazo de los vertebrados.

espinaca. f. Planta hortense, anual, quenopodiácea, con hojas radicales, estrechas y suaves.

espinar. m. Sitio poblado de espinos. || fig. Dificultad, embarazo, enredo.

espinar. tr. Punzar, herir con espina. Ú. t. c. intr. y c. prnl. || Proteger con tallos espinosos los árboles recién plantados. || fig. Herir y ofender con palabras picantes. Ú. t. c. prnl.

espinazo. m. Conjunto de las vértebras que en el tronco de los mamíferos y de las aves van desde la nuca hasta la rabadilla. || Clave de una bóveda o de un arco.

espinela. f. Décima, combinación métrica. || Piedra fina, parecida por su color rojo al rubí.

espineta. f. Instrumento musical de cuerdas y teclado, antecesor, con el clave y el clavicordio, del piano.

espingarda. f. Escopeta muy larga usada principalmente en el norte de África.

espinilla. f. dim. de espina. || Parte anterior de la canilla de la pierna. || Especie de barrillo que aparece en la piel.

espinillera. f. Pieza de la armadura antigua, que cubría la espinilla. || Pieza que preserva la espinilla de los operarios o de los deportistas.

espino. m. Arbolillo rosáceo, cuya madera es dura y su corteza se emplea en tintorería y como curtiente.

espinoso, sa. adj. Que tiene espinas. || fig. Arduo, difícil, intrincado.

espionaje. m. Acción de espiar.

espira. f. Parte de la basa de la columna, que está encima del plinto. || Línea en espiral. || Hélice formada alrededor del eje de la concha de los moluscos.

espiración. f. Acción y efecto de espirar.

espirador, ra. adj. Que espira. || Aplícase a los músculos que sirven para la espiración.

espiral. ≅hélice. adj. Relativo a la espira. || f. Línea curva que da indefinidamente vueltas alrededor de un punto, alejándose de él más en cada una de ellas. || Muelle espiral de un reloj.

espirar. tr. Exhalar buen o mal olor. || Animar, mover. || intr. Tomar aliento, alentar. || Expeler el aire aspirado. Ú. t. c. tr.

espiritismo. m. Doctrina de los que suponen que pueden ser evocados los espíritus de los muertos para conversar con ellos.

espiritoso, sa. adj. Vivo, animoso, eficaz. || Díc. de lo que contiene mucho espíritu y es fácil de exhalarse; como algunos licores.

espiritrompa. f. Aparato bucal de las mariposas.

espíritu. m. Ser inmaterial y dotado de razón. || Alma racional. || Don sobrenatural. || Virtud, ciencia mística. || Vigor natural. || Ánimo, valor. || Vivacidad; ingenio. || Demonio infernal. Ú. m. en pl.

espiritual. adj. Relativo al espíritu.

espiritualidad. f. Naturaleza y condición de espiritual. || Calidad de las cosas espiritualizadas. || Cosa espiritual.

espiritualismo. m. Doctrina filosófica que reconoce la existencia de otros seres, además de los materiales. || Sistema filosófico que defiende la esencia espiritual y la inmortalidad del alma, y se contrapone al materialismo.

espiritualista. adj. y s. Que trata de los espíritus vitales. || Que profesa la doctrina del espiritualismo.

espiritualizar. tr. Hacer espiritual a una persona por medio de la gracia. || Figurarse o considerar como espiritual lo que de suyo es corpóreo. || Reducir algunos bienes por autoridad legítima a la condición de eclesiásticos. || fig. Sutilizar, adelgazar.

espirómetro. m. Aparato para medir la capacidad respiratoria.

espiroqueta. f. Flagelado del grupo de los espiroquetos.

espiroqueto, ta. adj. y s. Díc. de seres unicelulares que tienen forma espiral. Son parásitos. || m. pl. Grupo de estos microorganismos.

espita. f. Medida lineal de un palmo. || Canuto de la cuba por el que sale el licor que ésta contiene. || fig. y fam. Persona que bebe mucho vino.

esplendidez. f. Abundancia, ostentación.

espléndido, da. adj. Magnífico, liberal, ostentoso.

esplendor. Apogeo, auge. || fig. Lustre, nobleza.

esplendoroso, sa. adj. Que resplandece.

esplenio. m. Músculo largo y plano que une las vértebras cervicales con la cabeza.

espliego. m. Mata labiada muy aromática con flores azules en espiga, de pedúnculo muy largo. || Semilla de esta planta, que se emplea como sahumerio.

espoleadura. f. Herida que hace la espuela.

espolear. ≅aguijar. ≅picar. tr. Picar con la espuela a la cabalgadura. || fig. Avivar, incitar, estimular a uno.

espoleta. f. Aparato que se coloca en la boquilla de las bombas, granadas o torpedos, para dar fuego a su carga.

espoleta. f. Horquilla que forman las clavículas del ave.

espolín. m. Lanzadera pequeña con que se tejen aparte las flores que se entretejen en las telas de seda, oro o plata. || Tela de seda con flores esparcidas.

espolinar. tr. Tejer en forma de espolín. || Tejer sólo con espolín.

espolio. m. Conjunto de bienes que, por haber sido adquiridos con rentas eclesiásticas, queda de propiedad de la Iglesia al morir ab intestato el clérigo que los poseía.

espolique. ≅lacayo. m. Mozo que camina a pie delante de la caballería en que va su amo. || Talonazo que en el juego del fil derecho da el que salta al muchacho que está encorvado.

espolón. m. Apófisis ósea que tienen en el tarso varias aves gallináceas. || Tajamar de un puente. || Malecón que suele hacerse a orillas de los ríos o del mar para contener las aguas. || Punta en que remata la proa de la nave.

espolvorear. tr. Quitar el polvo. Ú. t. c. prnl. || Esparcir sobre una cosa otra hecha polvo. || Hacer desaparecer lo que se tiene.

espondeo. m. Pie de la poesía griega y latina, compuesto de dos sílabas largas.

espóndilo o **espóndil.** m. Vértebra.

espongiario. adj. y s. Díc. de animales invertebrados acuáticos, en forma de saco. La pared de su cuerpo está atravesada por numerosos conductos que comunican con el exterior con la cavidad interna. || m. pl. Tipo de estos animales.

esponja. f. Animal espongiario. || Esqueleto de ciertos espongiarios. || Todo cuerpo que, por su elasticidad, porosidad y suavidad, sirve como utensilio de limpieza. || fig. El que con maña chupa los bienes de otro.

esponjar. tr. Ahuecar o hacer más poroso un cuerpo. || prnl. fig. Engreírse, hincharse.

esponjosidad. f. Calidad de esponjoso.

esponjoso, sa. adj. Aplícase al cuerpo muy poroso.

esponsales. m. pl. Mutua promesa de casarse que se hacen y aceptan el varón y la mujer.

esponsalicio, cia. adj. Relativo a los esponsales.

espontaneidad. f. Calidad de espontáneo. ||
Expansión natural y fácil del pensamiento.

espontáneo, a. adj. Voluntario y de propio mo-
vimiento. || Que se produce sin cultivo o sin cui-
dados del hombre.

espora. f. Corpúsculo reproductor de las plantas criptógamas.

esporádico, ca. ◁frecuente. adj. Díc. de las
enfermedades que atacan a uno o varios individuos
y que no tienen carácter epidémico. || fig. Díc.
de lo que es ocasional.

esporangio. m. Fruto o cápsula que contiene
libres las esporas.

esporocarpio. m. Fruto o cápsula que contiene
sujetas las esporas por filamentos o cordoncillos.

esporofita o **esporófita.** adj. Díc. de las plantas que se reproducen por esporas.

esporofito o **esporófito.** m. Una de las dos
fases de las plantas que tienen generación alternante.

esporozoo. adj. Díc. de los protozoos parásitos
que en determinado momento de su vida se re-
producen por medio de esporas. || m. pl. Clase
de estos animales.

esportada. f. Lo que cabe en una espuerta.

esportear. tr. Echar, llevar en espuertas una
cosa.

esportillero. m. Operario que acarrea con espuerta los materiales.

esportillo. m. Capacho de esparto o de palma.

esportonada. f. Cantidad que cabe en un es-
portón.

esposar. tr. Sujetar a uno con esposas.

Esporozoo (plasmódium)

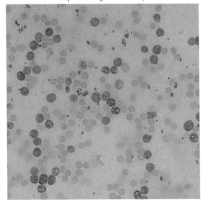

esposas. f. pl. Manillas de hierro con que se
sujeta a los presos por las muñecas.

esposo, sa. ≅marido. ≅mujer. m. y f. Per-
sona que ha contraído esponsales. || Persona ca-
sada.

espuela. f. Espiga de metal terminada en una
estrella con puntas que se ajusta al talón del cal-
zado para picar a la cabalgadura. || fig. Aviso,
estímulo. || fig. Última copa que toma un bebedor
antes de separarse de sus compañeros.

espuerta. f. Receptáculo de forma cóncava, con
dos asas pequeñas.

espulgar. tr. Limpiar de pulgas o piojos. Ú. t.
c. prnl. || fig. Examinar una cosa con cuidado y
por menor.

espulgo. m. Acción y efecto de espulgar.

espuma. f. Conjunto de burbujas que se forman
en la superficie de los líquidos. || Parte del jugo
y de impurezas que sobrenadan al cocer ciertas
substancias. || fig. y fam. Nata, flor, lo más esti-
mado.

espumadera. f. Paleta llena de agujeros con
que se saca la espuma del caldo.

espumajo. m. Espumarajo.

espumar. tr. Quitar la espuma. || intr. Hacer
espuma. || fig. Crecer, aumentar rápidamente.

espumarajo. m. Saliva arrojada en gran abundancia por la boca.

espumilla. f. dim. de espuma. || Tejido muy
ligero y delicado.

espumillón. m. Tela de seda, muy doble, a
manera de tercianela.

espumoso, sa. adj. Que tiene o hace mucha
espuma. || Que se convierte en ella, como el
jabón.

espurrear, espurriar o **espurrir.** tr. Rociar
una cosa con agua u otro líquido expelido por la
boca.

esputar. tr. Arrancar y arrojar por la boca flemas.

esputo. ≅flema. m. Lo que se arroja de una
vez en cada expectoración.

esqueje. m. Tallo o cogollo que se introduce
en tierra para multiplicar la planta.

esquela. f. Carta breve. || Papel en que se
comunican ciertas noticias a varias personas. ||
Aviso de la muerte de una persona que se publica
en los periódicos con recuadro de luto.

esquelético, ca. adj. Muy flaco. || Relativo al
esqueleto.

esqueleto. m. Conjunto de elementos celulares
que determinan en el organismo animal su forma
característica y le sirve de aparato de sostén.

esquema. m. Representación gráfica y simbólica de cosas inmateriales. || Representación de una cosa atendiendo sólo a sus líneas o caracteres más significativos.

esquemático, ca. adj. Relativo al esquema.

esquematismo. m. Procedimiento esquemático para la exposición de doctrinas.

esquematización. f. Acción y efecto de esquematizar.

esquematizar. tr. Representar una cosa en forma esquemática.

esquí. ʃʃesquís. m. Especie de patín muy largo, de madera u otro material, que se usa para deslizarse sobre la nieve o el agua, o por pistas apropiadas.

esquiador, ra. m. y f. Patinador que usa esquís.

esquiar. intr. Patinar con esquís.

esquifar. tr. Proveer de pertrechos y marineros una embarcación.

esquife. m. Barco pequeño. || Cañón de bóveda en figura cilíndrica.

esquila. f. Cencerro pequeño en forma de campana. || Campana pequeña.

esquilador, ra. adj. y s. Que esquila. || f. Máquina esquiladora.

esquilar. tr. Cortar con la tijera el pelo o lana de los ganados.

esquileo. m. Acción y efecto de esquilar ganados. || Tiempo en que se esquila.

esquilmar. ◁enriquecer. tr. Coger el fruto de las haciendas, heredades y ganados. || Chupar con exceso las plantas el jugo de la tierra. || fig. Menoscabar, agotar.

esquilmo. m. Frutos y provechos que se sacan de las haciendas y ganados.

esquilón. m. Esquila o cencerro grande.

esquimal. adj. y s. Díc. de un pueblo de raza mongólica que ocupa una enorme extensión de terreno alrededor del Polo Norte, desde las costas árticas de Norteamérica hasta el extremo NO. de Siberia. Vive de la caza y de la pesca. || Relativo a este pueblo.

esquina. f. Arista, principalmente la que resulta del encuentro de las paredes de un edificio.

esquinado, da. adj. Que hace esquina o forma ángulo. || Díc. de la persona de trato difícil.

esquinar. tr. Hacer o formar esquina. Ú. t. c. intr. || Poner en esquina alguna cosa. || Escuadrar un madero. || fig. Poner a mal, indisponer. Ú. m. c. prnl.

esquinazo. m. fam. Esquina.

esquirla. f. Astilla de hueso desprendida de éste por fractura.

esquirol. m. desp. Obrero que trabaja cuando hay huelga, o que substituye a un huelguista.

esquisto. m. Pizarra, roca.

esquivar. ◁afrontar. tr. Evitar, rehusar. || prnl. Retraerse, retirarse, excusarse.

esquivo, va. adj. Desdeñoso, áspero, huraño.

esquizado, da. adj. Mármol salpicado de pintas.

esquizofrenia. f. Grupo de enfermedades mentales que se caracterizan por una disociación específica de las funciones psíquicas.

esquizofrénico, ca. adj. Que padece esquizofrenia.

estabilidad. f. Permanencia, firmeza. || Fijeza en la posición o en el rumbo.

estabilización. f. Acción y efecto de estabilizar.

estabilizador, ra. adj. y s. Que estabiliza. || m. Mecanismo que se añade a un aeroplano, nave, etc., para aumentar su estabilidad.

estabilizar. ◁desequilibrar. tr. Dar a alguna cosa estabilidad. || Fijar y garantizar oficialmente el valor de una moneda a fin de evitar las oscilaciones del cambio.

estable. adj. Constante, durable, firme, permanente.

establecer. ≅implantar. ≅instaurar. tr. Fundar, instituir, hacer de nuevo. || Ordenar, mandar. || prnl. Avecindarse uno o fijar su residencia en alguna parte. || Abrir por su cuenta un establecimiento.

establecimiento. m. Ley. || Fundación, institución. || Cosa fundada o establecida. || Colocación. || Lugar donde se ejerce una industria o profesión.

establo. ≅caballeriza. ≅cuadra. m. Lugar cubierto en que se cierra ganado.

estabulación. f. Cría y mantenimiento de los ganados en establo.

estabular. tr. Criar y mantener los ganados en establos.

estaca. f. Palo con punta en un extremo para fijarlo en tierra, pared u otra parte. || Rama que se planta para que se haga árbol. || Palo grueso, que puede manejarse a modo de bastón. || Clavo largo de hierro.

estacada. ≅empalizada. f. Cualquiera obra hecha de estacas clavadas en la tierra. || Palenque o campo de batalla. || Lugar señalado para un desafío.

estacado. m. Estacada, palenque.

estacadura. f. Conjunto de estacas que sujetan la caja y los varales de un carro.

estacar. tr. Fijar en la tierra una estaca y atar en ella una bestia. || Señalar en el terreno con estacas una línea.

estacazo. m. Golpe dado con estaca o garrote. || fig. Daño, quebranto.

estación. f. Estado actual de una cosa. || Cada una de las cuatro partes en que se divide el año. || Tiempo, temporada. || Visita que se hace a las iglesias, principalmente en los días de Jueves y Viernes Santo. || En los ferrocarriles, sitio donde hacen parada los trenes y se admiten viajeros y mercancías.

estacional. adj. Propio de cualquiera de las estaciones del año. || Estacionario, dícese del planeta que aparentemente está parado.

estacionamiento. m. Acción y efecto de estacionar. || *Mil.* Lugar donde se establece una tropa.

estacionar. tr. y prnl. Situar en un lugar, colocar. || prnl. Quedarse estacionario, estancarse.

estacionario, ria. adj. fig. Persona o cosa que permanece en el mismo estado o situación.

estacionero, ra. adj. y s. El que anda con frecuencia las estaciones.

estacha. f. Cuerda atada al arpón que se clava a las ballenas. || Cabo que desde un buque se tiende a cualquier objeto fijo.

estada. f. Mansión, detención.

estadal. m. Medida de longitud de 3,334 m. || Cinta bendita que se suele poner al cuello.

estadía. f. Detención, estancia. || Cada uno de los días que transcurren después del plazo estipulado para la carga o descarga de un buque. Ú. m. en pl. || Por ext., indemnización que se paga por ello.

estadio. m. Recinto con graderías para los espectadores, destinado a competiciones deportivas. || Terreno de un estadio de longitud que en la antigua Grecia se destinó para diversas pruebas deportivas.

estadista. m. Descriptor de la población, riqueza y civilización de un pueblo. || Persona versada en los negocios concernientes a la dirección de los Estados, o instruida en materias de política.

estadística. Ciencia que utiliza conjuntos de datos numéricos para obtener, a partir de ellos, inferencias basadas en el cálculo de probabilidades.

estadístico, ca. adj. Relativo a la estadística. || m. Persona que profesa la estadística.

estadizo, za. adj. Que está mucho tiempo sin moverse, orearse o renovarse.

estado. m. Situación en que está una persona o cosa, en relación con los cambios que influyen en su condición. || Orden, clase, jerarquía y calidad de las personas que componen un pueblo. || Cuerpo político de una nación. || País o dominio de un príncipe o señor de vasallos. || En el régimen federativo, porción de territorio cuyos habitantes se rigen por leyes propias, aunque sometidos en ciertos asuntos al gobierno general.

estadounidense. ≅norteamericano. ≅yanqui. adj. y s. De los Estados Unidos de América.

estafa. f. Acción y efecto de estafar.

estafa. f. Estribo del jinete.

estafador, ra. m. y f. Persona que estafa.

estafar. tr. Pedir o sacar dinero o cosas de valor con artificios y engaños.

estafeta. f. Correo ordinario que iba a caballo de un lugar a otro. || Casa u oficina del correo. || Correo especial para el servicio diplomático.

estafilococo. m. Cualquiera de las bacterias de forma redondeada, que se agrupan como en racimo.

estalactita. f. Concreción calcárea que, por lo general en forma de cono irregular, suele hallarse pendiente del techo de las cavernas, donde se filtran lentamente aguas con carbonato de cal en disolución.

estalagmita. f. Estalactita invertida que se forma en el suelo con la punta hacia arriba.

Corte transversal de una estalactita

estalinismo. m. Doctrina y sistema de Stalin y sus seguidores, basados en una interpretación del marxismo-leninismo, que fijaba el desarrollo del socialismo en el de un solo país, la U. R. S. S., dotado interiormente de un dirigismo y dominio absolutos del poder.

estalinista. adj. Relativo al estalinismo. || com. Partidario de esta doctrina o sistema.

estallar. intr. Reventar de golpe una cosa con estruendo. || Restallar. || fig. Sobrevenir, ocurrir violentamente una cosa: ∿ un incendio. || fig. Sentir y manifestar repentina y violentamente una pasión del ánimo.

estallido. m. Acción y efecto de estallar.

estambrar. tr. Torcer la lana y hacerla estambre.

estambre. amb. Ú. m. c. m. Parte del vellón de lana que se compone de hebras largas. || Hilo formado de estas hebras. || Pie de hilos después de urdirlos. || Órgano sexual masculino de las plantas fanerógamas.

estamental. adj. Relativo al estamento. || Estructurado u organizado en estamentos.

estamento. m. Estrato o sector de una sociedad, definido por un común estilo de vida o una función social determinada.

estameña. f. Tejido de lana que tiene la urdimbre y la trama de estambre.

estaminífero, ra. adj. Díc. de las flores que tienen estambres, y de las plantas que llevan estas flores.

estampa. ≅grabado. ≅lámina. f. Efigie o figura impresa. || Papel o tarjeta con una figura grabada. || fig. Figura total de una persona o animal. || fig. Imprenta o impresión. || Huella del pie del hombre o de los animales en la tierra.

estampación. f. Acción y efecto de estampar.

estampado, da. adj. y s. Aplícase a varios tejidos en que se forman y estampan diferentes labores o dibujos. || Díc. del objeto que por presión o percusión se fabrica con matriz o molde apropiado. || m. Acción y efecto de estampar.

estampar. tr. Imprimir, sacar en estampas una cosa. Ú. t. c. intr. || Dar forma a una plancha metálica por percusión entre dos matrices. || Señalar o imprimir una cosa en otra. || fam. Arrojar a una persona o cosa o hacerla chocar contra algo.

estampido. m. Ruido fuerte y seco como el producido por el disparo de un cañón.

estampilla. f. Sello que contiene en facs mil la firma y rúbrica de una persona. || Sello on un letrero para estampar en ciertos documentos.

estampillado. m. Acción y efecto de estampillar.

estampillar. tr. Marcar con estampilla.

estancación. f. Acción y efecto de estancar.

estancar. tr. Detener y parar el curso o corriente de una cosa. Ú. t. c. prnl. || Prohibir el curso libre de determinada mercancía. || fig. Suspender la marcha de un negocio, asunto, etc. Ú. t. c.prnl.

estancia. ≅habitación. ≅morada. f. Mansión, habitación y asiento en un lugar. || Aposento, o cuarto donde se habita ordinariamente. || Cada uno de los días que está el enfermo en el hospital. || Cantidad que por cada día devenga el mismo hospital. || Estrofa.

estanco, ca. adj. Que no hace agua por sus costuras. || m. Prohibición del curso y venta libre de algunas cosas. || Sitio, paraje o casa donde se venden géneros estancados, y especialmente sellos, tabaco y cerillas.

estándar. m. Tipo, modelo, patrón, nivel.

estandarización. f. Acción y efecto de estandarizar.

estandarizar. tr. Tipificar, ajustar a un tipo, modelo o norma.

estandarte. m. Insignia o bandera que usan los cuerpos montados y algunas corporaciones civiles o religiosas.

estannífero, ra. adj. Que contiene estaño.

estanque. m. Balsa construida para remansar o recoger el agua, con fines utilitarios, riego, cría de peces, etc., o meramente ornamentales.

estanquero. m. El que tiene por oficio cuidar de los estanques.

estanquero, ra. m. y f. Persona que tiene a su cargo la venta pública del tabaco y otros géneros estancados.

estante. adj. Que está presente o permanente en un lugar. || m. Mueble con anaqueles o entrepaños, y generalmente sin puertas. || Anaquel. || Cada uno de los cuatro pies derechos que sostienen la armadura de algunas máquinas.

estantería. f. Juego de estantes o de anaqueles.

estañado. m. Acción y efecto de estañar.

estañadura. f. Acción y efecto de estañar.

estañar. tr. Cubrir o bañar con estaño. || Asegurar o soldar una cosa con estaño.

estañero. m. El que trabaja en obras de estaño o las vende.

estaño. m. Metal más duro, dúctil y brillante que el plomo, que cruje cuando se dobla, y si se restriega con los dedos despide un olor particular.

estaquero. m. Cada uno de los agujeros que

se hacen en la escalera y varales de los carros para meter las estacas. || Gamo o ciervo de un año.

estaquilla. f. Espiga de madera o caña que sirve para clavar. || Estaca, clavo pequeño.

estaquillador. m. Lezna gruesa y corta.

estaquillar. tr. Asegurar con estaquillas una cosa. || Hacer una plantación por estacas.

estar. intr. Existir, hallarse una persona o cosa en este o aquel lugar, situación, condición, etc. || Permanecer o hallarse con cierta estabilidad en un lugar, situación, condición, etc. Ú. t. c. prnl. || Tratándose de prendas de vestir, sentar o caer bien o mal. || prnl. Detenerse, entretenerse con alguna cosa o en alguna parte.

estarcido. m. Dibujo que resulta en el papel, tela, tabla, etc., del picado y pasado por medio del cisquero o brocha.

estarcir. tr. Estampar dibujos, letras o números pasando una brocha por una chapa en que están previamente recortados.

estatal. adj. Relativo al Estado: *leyes estatales.*

estática. f. Parte de la mecánica que estudia el equilibrio de los cuerpos.

estático, ca. adj. Relativo a la estática. || Que permanece en un mismo estado, sin mudanza en él. || fig. Díc. del que se queda parado de asombro o de emoción.

estatificar. ≅nacionalizar. tr. Poner bajo la administración o intervención del Estado.

estatismo. m. Inmovilidad, lo estático, que permanece en un mismo estado.

estatismo. m. Tendencia que exalta la plenitud del poder y la preeminencia del Estado sobre los diferentes órdenes y entidades.

estatua. f. Figura de bulto labrada a imitación del natural.

estatuaria. f. Arte de hacer estatuas.

estatuario, ria. adj. Perteneciente a la estatuaria. || m. El que hace estatuas.

estatuir. tr. Establecer, ordenar, determinar. || Demostrar, asentar como verdad una doctrina o un hecho.

estatura. f. Altura, medida de una persona desde los pies a la cabeza.

estatutario, ria. adj. Estipulado en los estatutos, referente a ellos.

estatuto. m. Reglamento u ordenanza, regla que tiene fuerza de ley. || Por ext., cualquier ordenamiento eficaz para obligar, como contrato, disposición testamentaria, etc. || Ley especial básica para el régimen autónomo de una región dictada por el Estado de que forma parte. || Régimen

jurídico en relación con la nacionalidad o el territorio.

este. m. Levante, oriente. Ú. generalmente en Geografía y términos de mar. || Viento que viene de la parte de oriente.

este, esta, esto, estos, estas. Formas de pron. dem. en los tres géneros m., f. y n., y en ambos núms. sing. y pl. Designan lo que está cerca de la persona que habla, o representan y señalan lo que acaba de mencionar. Las formas m. y f. se usan como adj. y como s.

estearina. f. Éster formado por ácido esteárico y glicerina. || Ácido esteárico que sirve para la fabricación de jabón y velas.

esteatita. f. Variedad de talco, blanco o verdoso, que recibe el nombre de *jabón de sastre.*

esteba. f. Planta herbácea de la familia de las gramíneas que sirve de pasto.

esteba. f. Pértiga gruesa.

estebar. m. Sitio donde se cría mucha esteba.

estebar. tr. Entre tintoreros, acomodar en la caldera y apretar en ella el paño para teñirlo.

estela. f. Señal o rastro de espuma y agua removida que deja tras sí en la superficie del agua una embarcación u otro cuerpo en movimiento. || Rastro que deja en el aire un cuerpo luminoso en movimiento.

estela. f. Monumento conmemorativo que se erige sobre el suelo en forma de lápida, pedestal o cipo.

estelar. adj. Relativo a las estrellas.

esteliforme. adj. De forma de estela.

estelión. m. Reptil saurio. || Piedra que decían se hallaba en la cabeza de los sapos viejos, y a la que se atribuía virtud contra el veneno.

estenotipia. f. Estenografía o taquigrafía a máquina.

estentóreo, a. adj. Muy fuerte, ruidoso o retumbante, aplicado al acento o a la voz.

estepa. f. Erial llano y muy extenso.

estepa. f. Mata resinosa de la familia de las cistáceas, con ramas leñosas, hojas de color verde obscuro, flores blancas, y fruto capsular.

estepar. m. Lugar o sitio poblado de estepas.

estepario, ria. adj. Relativo a las estepas: *región, planta* ⌣.

éster. m. *Quím.* Cuerpo que resulta de substituir átomos de hidrógeno de un ácido por radicales alcohólicos.

estera. f. Tejido grueso de esparto, juncos, palma, etc., o formado por varias pleitas cosidas, que sirve para cubrir el suelo de las habitaciones y otros usos.

estercoladura. f. Acción y efecto de estercolar.

estercolamiento. m. Acción y efecto de estercolar.

estercolar. m. Estercolero.

estercolar. tr. Echar estiércol en las tierras. || intr. Echar de sí la bestia el excremento o estiércol. Ú. t. para las personas.

estercolero. m. Lugar donde se recoge el estiércol.

esterculiáceo, a. adj. y s. Díc. de plantas angiospermas dicotiledóneas, que son árboles, bejucos o hierbas propios de clima tropical; p. e., el cacao, la cola y la hierba araña de Perú. || f. pl. Familia de estas plantas.

estéreo. m. Unidad de medida para leñas, equivalente a la leña que puede colocarse, apilada, en el espacio de un metro cúbico.

estéreo. adj. y m. abrev. de estereofónico.

estereofonía. f. *Fonografía.* Técnica de la captación, amplificación, transmisión, reproducción y registro acústico del sonido, de tal modo que produzca en el oyente una sensación de distribución espacial similar a la de los focos del sonido de origen.

estereofónico, ca. adj. Relativo a la estereofonía.

estereografía. f. Arte de representar los sólidos en un plano.

estereometría. f. Parte de la geometría que trata de la medida de los sólidos.

estereotipado, da. p. p. de estereotipar. || adj. fig. Díc. de los gestos, fórmulas, expresiones, etc., que se repiten sin variación.

estereotipar. tr. Fundir en una plancha, por medio del vaciado, la composición de un molde formado con caracteres movibles. || Imprimir con esas planchas.

estereotipia. f. Arte de imprimir que, en vez de moldes compuestos de letras sueltas, usa planchas donde cada página está fundida en una pieza.

estereotipo. m. *Impr.* Plancha utilizada en estereotipia. || fig. Modelo fijo de cualidades o conducta.

estereotomía. f. Arte de cortar piedras y maderas.

estéril. adj. Que no da fruto, en sentido recto o figurado: *mujer, trabajo, tierra, ingenio* ∿. || Aséptico, libre de gérmenes patógenos.

esterilidad. f. Cualidad de estéril.

esterilización. f. Acción y efecto de esterilizar.

esterilizador, ra. adj. Que esteriliza. || m. Aparato para esterilizar; p. e., el autoclave.

esterilizar. tr. Hacer infecundo y estéril lo que

antes no lo era. Ú. t. c. prnl. || Destruir los gérmenes patógenos que hay en alguna cosa.

esterilla. f. dim. de estera. || Trencilla de hilo de oro o plata. || Faja o tira estrecha de paja. || Tejido de paja.

esterlina. adj. y s. Díc. de la unidad monetaria del R. U., dividida en 100 peniques.

esternón. m. Hueso plano situado en la parte anterior del pecho de los vertebrados superiores, al que se unen parte de las costillas y las clavículas.

estertor. m. Respiración anhelosa con sonido ronco, silbante, de los moribundos.

estertóreo, a o **estertoroso, sa.** adj. Que tiene estertor.

esteta. com. Persona que adopta una actitud esteticista. || Persona versada en estética.

estética. f. Ciencia que trata de la belleza y de la teoría fundamental y filosófica del arte.

esteticismo. m. Actitud de quienes, al crear y valorar obras literarias y artísticas, conceden importancia primordial a la belleza, anteponiéndola a los aspectos intelectuales, religiosos, morales, sociales, etc.

esteticista. adj. Relativo al esteticismo. || com. Persona que profesionalmente presta cuidados de embellecimiento a sus clientes.

estético, ca. adj. Relativo a la estética. || Relativo a la percepción o apreciación de la belleza: *placer* ∿. || Artístico, de bello aspecto.

estetoscopia. f. Exploración de los órganos contenidos en la cavidad del pecho por medio del estetoscopio.

estetoscopio. m. Instrumento a modo de trompetilla acústica destinado a la auscultación. La gran ventaja de la auscultación biauricular es causa de que hoy se use más el fonendoscopio.

esteva. f. Pieza corva y trasera del arado, sobre la cual lleva la mano el que ara.

estiaje. m. Nivel más bajo que tienen las aguas de un río, estero, laguna, etc., en épocas de la sequía. || Período que dura este nivel bajo.

estibador. m. Obrero que aprieta o recalca materiales o cosas sueltas. || Obrero que distribuye convenientemente los pesos en el buque.

estibar. tr. Apretar, recalcar materiales o cosas sueltas para que ocupen poco espacio. || *Mar.* Distribuir convenientemente todos los pesos del buque.

estiércol. m. Excremento de cualquier animal. || Materias orgánicas, comúnmente vegetales, podridas, que se destinan al abono de las tierras.

estigma. m. Marca o señal en el cuerpo. ||

fig. Desdoro, afrenta, mala fama. || *Bot.* Cuerpo glanduloso, colocado en la parte superior del pistilo y que recibe el polen en el acto de la fecundación de las plantas. || *Teol.* Huella impresa sobrenaturalmente en el cuerpo de algunos santos, como símbolo de la participación que sus almas toman en la pasión de Cristo. || *Zool.* Cada una de las aberturas del aparato respiratorio de los insectos, arácnidos y miriápodos.

estigmatizar. tr. Marcar a uno con hierro candente. || *Teol.* Imprimir milagrosamente a una persona las llagas de Cristo.

estilar. intr., tr. y prnl. Usar, estar de moda.

estilete. m. Estilo pequeño, punzón para escribir y gnomon del reloj de sol. || Púa o punzón. || Puñal de hoja muy estrecha y aguda.

estilista. com. Escritor que se distingue por lo esmerado y elegante de su estilo.

estilística. f. Estudio del estilo o de la expresión lingüística en general.

estilístico, ca. adj. Relativo al estilo del que habla o escribe.

estilita. adj. y s. Anacoreta que por mayor aus-

Estigma de una flor tropical

teridad vivía sobre una columna: *San Simeón Estilita.*

estilizar. tr. Interpretar convencionalmente la forma de un objeto haciendo resaltar tan solo sus rasgos más característicos.

estilo. m. Punzón con el cual escribían los antiguos en tablas enceradas. || Gnomon del reloj de sol. || Modo, forma. || Uso, moda. || Manera de escribir o de hablar en cuanto a lo accidental y característico del modo de formar y enlazar los giros o períodos para expresar los conceptos: ∾ *sencillo, sublime, didáctico, etc.* || Columnita hueca o esponjosa, existente en la mayoría de las flores, que arranca del ovario, y que sostiene el estigma.

estilográfico, ca. adj. Díc. de la pluma de escribir que tiene el mango hueco lleno de tinta que fluye a los puntos de ella, excusando el empleo del tintero. Ú. t. c. f. || Dícese de lo escrito con esta pluma.

estima. f. Consideración y aprecio que se hace de una persona o cosa por su calidad y circunstancias.

estimabilidad. f. Calidad de estimable.

estimable. adj. Que admite estimación o aprecio. || Digno de aprecio.

estimación. f. Aprecio y valor que se da y en que se tasa y considera una cosa. || Aprecio, consideración, afecto: *ha merecido la* ∾ *del público.*

estimar. ≅apreciar. ≅valorar. ◁despreciar. tr. Apreciar, evaluar las cosas. || Juzgar, creer. || Hacer aprecio y estimación de una persona o cosa. Ú. t. c. prnl.

estimativa. f. Facultad de apreciar. || Instinto de los animales.

estimatorio, ria. adj. Relativo a la estimación. || Que fija el precio de una cosa.

estimulante. adj. y s. Que estimula.

estimular. tr. Aguijonear, punzar. || fig. Incitar, excitar con viveza a la ejecución de una cosa, o avivar una actividad, operación o función.

estímulo. ≅aliciente. ≅incentivo. m. fig. Incitamiento para obrar o funcionar.

estío. m. Estación del año que astronómicamente principia en el solsticio de verano y termina en el equinoccio de otoño; verano.

estipendario, ria. m. y f. Persona que cobra o recibe estipendio.

estipendial. adj. Relativo al estipendio.

estipendiar. tr. Dar estipendio.

estipendio. m. Remuneración. || Tasa pecuniaria fijada por la autoridad eclesiástica que dan los fieles al sacerdote, para que aplique la misa por una determinada intención.

estípite. m. Pilastra en forma de pirámide truncada, con la base menor hacia abajo. || Tallo largo y no ramificado de las plantas arbóreas.

estípula. f. *Bot.* Apéndice foliáceo colocado en los lados del pecíolo.

estipulación. f. Convenio verbal. || *Der.* Cada una de las disposiciones de un documento público o particular.

estipular. tr. *Der.* Hacer contrato verbal. || Convenir, concertar, acordar.

estique. m. Cincel de boca dentellada.

estira. f. Instrumento de cobre, en forma de cuchilla, que usan los curtidores.

estiracáceo, a. adj. y f. Díc. de árboles y arbustos angiospermos dicotiledóneos, como el estoraque y el aceitunillo. || f. pl. Familia de estas plantas.

estirado, da. p. p. de estirar. || adj. fig. Que afecta gravedad o esmero en su traje. || fig. Entonado y orgulloso en su trato con los demás.

estiramiento. m. Acción y efecto de estirar. || fig. Orgullo, ensoberbecimiento.

estirar. tr. Alargar, dilatar una cosa, extendiéndola con fuerza para que dé de sí. Ú. t. c. prnl. || fig. Hablando de dinero, gastarlo con parsimonia. || intr. y prnl. Crecer una persona. || prnl. Desplegar o mover brazos o piernas para desentumecerlos.

estirón. m. Acción con que uno estira o arranca con fuerza una cosa. || Crecimiento en altura de una persona.

estirpe. f. Raíz y tronco de una familia o linaje.

estival. adj. Relativo al estío: *solsticio, calor* ⌢.

estocada. f. Golpe que se tira de punta con la espada o estoque. || Herida que resulta de él.

estocástico, ca. adj. Relativo al azar, casual, aleatorio.

estofa. f. fig. Calidad, clase: *de baja* ⌢.

estofado. p. p. de estofar. || m. Guiso que consiste en condimentar un manjar con aceite, vino o vinagre, ajo, cebolla y varias especias, y ponerlo todo en crudo en una vasija bien tapada para que cueza a fuego lento sin que pierda vapor ni aroma.

estofado, da. p. p. de estofar. || Aliñado, engalanado, bien dispuesto. || m. Acción de estofar. || Adorno que resulta de estofar un dorado.

estofar. tr. Labrar a manera de bordado, rellenando de algodón o estopa el hueco o medio entre dos telas, formando encima algunas labores y pespunteándolas y perfilándolas para que sobresalgan y hagan relieve.

estofar. tr. Hacer el guiso llamado estofado.

estofo. m. Acción y efecto de estofar.

estoicismo. m. Escuela filosófica fundada por Zenón de Atenas. || Doctrina o secta de los estoicos. || fig. Fortaleza o dominio sobre la propia sensibilidad.

estoico, ca. ≅ impasible. adj. Relativo al estoicismo. || Díc. del filósofo que sigue la doctrina del estoicismo. Ú. t. c. s. || fig. Fuerte, ecuánime ante la desgracia.

estola. f. Vestidura amplia y larga de los griegos y romanos adornada con una franja que ceñía la cintura y caía por detrás hasta el suelo. || Ornamento sagrado que consiste en una banda larga de tela. || Banda larga de piel u otra materia que usan las mujeres para abrigarse el cuello y los hombros.

estolón. m. Vástago rastrero que echa a trechos raíces que producen nuevas plantas, como en la fresa.

estoma. m. Cada una de las aberturas microscópicas que hay en la epidermis de las hojas de los vegetales.

estomacal. adj. Relativo al estómago. || Que aprovecha al estómago. Ú. t. c. m.

estomagante. p. a. de estomagar. Que estomaga.

estomagar. tr. Causar indigestión, empachar. || fig. y fam. Causar fastidio o enfado: *su presunción me estomaga.*

estómago. m. En los vertebrados superiores, la parte más dilatada del tubo digestivo, que sigue al esófago y en que el alimento permanece algún tiempo transformándose por el jugo gástrico en *quimo.*

estomático, ca. adj. Perteneciente a la boca del hombre.

estomatología. f. Tratado de las enfermedades de la boca del hombre.

estomatópodo, da. adj. Díc. de crustáceos marinos, zoófagos, como las quisquillas. Ú. t. c. s. m. || m. pl. Orden de estos animales.

estonio, nia. adj. y s. De Estonia. || m. Lengua finesa hablada por los estonios.

estopa. f. Parte basta o gruesa del lino o del cáñamo, que queda en el rastrillo cuando se peina y rastrilla. || Tela gruesa que se teje y fabrica con la hilaza de la estopa. || La rebaba o pelo que aparece en algunas maderas al trabajarlas.

estopilla. f. Parte del lino o del cáñamo más fina que la estopa. || Hilado o tela que se hace con esa estopilla.

estopín. m. Artificio destinado a inflamar la carga de las armas de fuego.

estopón. m. Lo más grueso y áspero de la estopa.

estoposo, sa. adj. Perteneciente a la estopa del lino o del cáñamo.

estoque. m. Espada angosta, con la cual sólo se puede herir de punta. || Arma blanca formada por una varilla de acero aguzada por la punta, que suele llevarse metida en un bastón. || Planta iridácea que se cultiva en los jardines.

estoqueador. m. El que estoquea. Díc. principalmente de los toreros que matan los toros con estoque.

estoquear. tr. Herir de punta con espada o estoque.

estoqueo. m. Acto de tirar estocadas.

estoraque. ≅azúmbar. m. Árbol de la familia de las estiracáceas. Con incisiones en el tronco se obtiene un bálsamo muy oloroso, usado en perfumería y medicina. || Este bálsamo, llamado también *liquidámbar de Oriente.*

estorbar. tr. Poner embarazo u obstáculo a la ejecución de algo. || fig. Molestar, incomodar.

estorbo. ≅obstáculo. m. Persona o cosa que estorba.

estornino. m. Pájaro de plumaje negro con reflejos verdes y morados y pintas blancas. Aprende fácilmente los sonidos que se le enseñan. Es común en el S. de España.

Estornino

estornudar. intr. Arrojar con estrépito por la nariz y la boca el aire inspirado.

estornudo. m. Acción y efecto de estornudar.

estotro, tra. pron. dem. desus. contr. de *este, esta,* o *esto,* y *otro* u *otra.*

estrabismo. m. Desviación de la dirección normal de uno o de ambos globos oculares por lo cual los dos ejes visuales no se dirigen simultáneamente al mismo objeto.

estrado. m. Tarima cubierta con alfombra sobre la cual se pone el trono real o la mesa presidencial en actos solemnes. || Sitio de honor, algo elevado sobre el suelo, donde en un salón de actos o sitio similar se sitúa la presidencia, el conferenciante, etc. || pl. Salas de tribunales, donde los jueces oyen y sentencian los pleitos.

estrafalario, ria. adj. y s. fam. Desaliñado en el vestido o en el porte. || fig. y fam. Extravagante en el modo de pensar o en las acciones.

estragamiento. m. Desarreglo y corrupción.

estragar. tr. Viciar, corromper. Ú. t. c. prnl. || Causar estrago.

estrago. m. Daño hecho en guerra; matanza de gente; destrucción de la campaña, del país o del ejército. || Daño, ruina, asolamiento.

estragón. m. Hierba de la familia de las compuestas, usada como aperitivo, en vinagre, y como condimento.

estrambote. m. Conjunto de versos que por gracejo o bizarría suele añadirse al fin de una combinación métrica, y especialmente del soneto.

estrambótico, ca. adj. fam. Extravagante, irregular y sin orden.

estramonio. m. Hierba solanácea. Sus hojas y semillas son narcóticas, antiespasmódicas y venenosas.

estrangol. m. Lesión en la lengua de las caballerías causada por compresión del bocado o ramal.

estrangul. m. Pipa de caña o metal que se pone en algunos instrumentos de viento para meterla en la boca y tocar.

estrangulación. f. Acción y efecto de estrangular.

estrangulador, ra. adj. y s. Que estrangula. || m. *Mec.* Dispositivo que abre o cierra el paso del aire a un carburador.

estrangulamiento. m. Acción y efecto de estrangular. || Estrechamiento natural o artificial de un conducto o lugar de paso.

estrangular. tr. Ahogar a una persona o a un animal oprimiéndole el cuello hasta impedir la respiración. Ú. t. c. prnl. || fig. Dificultar o impedir el paso por una vía o conducto.

estraperlear. intr. y tr. Negociar con productos de estraperlo.

estraperlista. com. fam. Persona que practica el estraperlo o comercio ilegal.

estraperlo. m. fam. Comercio ilegal de artículos intervenidos por el Estado o sujetos a tasa.

estratagema. f. Ardid de guerra; engaño hecho con astucia y destreza. || fig. Astucia, fingimiento y engaño artificioso.

estratega. com. Persona versada en estrategia.

estrategia. f. Arte de dirigir las operaciones militares. || fig. Arte, traza para dirigir un asunto. || *Mat.* En un proceso regulable, el conjunto de las reglas que aseguran una decisión óptima en cada momento.

estratégico, ca. adj. Relativo o perteneciente a la estrategia. || Que posee el arte de la estrategia. Ú. t. c. s.

estratificación. f. Acción y efecto de estratificar. || Disposición de las capas o estratos de un terreno.

estratificar. tr. y prnl. Disponer en estratos.

estratigrafía. f. Parte de la Geología, que estudia la disposición y caracteres de las rocas sedimentarias estratificadas. || Estudio de los estratos arqueológicos, históricos, lingüísticos, sociales, etc.

estratigráfico, ca. adj. Relativo a la estratigrafía.

estrato. m. Nube que se presenta en forma de faja en el horizonte. || En Geología, masa mineral en forma de capa de espesor próximamente uniforme, que constituye los terrenos sedimentarios. || Capa o nivel de una sociedad.

estratosfera. f. Zona superior de la atmósfera desde los 12 km de altura y que es superior a la troposfera.

estratosférico, ca. adj. Relativo a la estratosfera.

estraza. f. Trapo, pedazo o desecho de ropa basta. || Papel muy basto, áspero, sin cola y sin blanquear.

estrechamiento. m. Acción y efecto de estrechar.

estrechar. tr. Reducir a menor ancho o espacio una cosa. || fig. Apretar, reducir a estrechez: ∿ al enemigo. || fig. Precisar a uno, contra su voluntad, a que haga o diga alguna cosa. || prnl. Ceñirse, apretarse. || fig. Reducir uno los gastos.

estrechez. ≅indigencia. ≅miseria. f. Escasez de anchura de algo. || Efecto de estrechar. || fig.

Aprieto, lance apretado: *Pedro se halla en grande* ∿. || fig. Austeridad de vida. || fig. Escasez notable; falta de lo necesario para subsistir.

estrecho, cha. adj. Que tiene poca anchura. || Ajustado, apretado: *vestido, zapato* ∿. || fig. Díc. del parentesco cercano y de la amistad íntima. || fig. Rígido, austero, exacto. || fig. Apocado, miserable, tacaño. || Paso angosto comprendido entre dos tierras y por el cual se comunica un mar con otro: *el* ∿ *de Gibraltar.*

estrechura. f. Estrechez o angostura de un terreno o paso. || Estrechez, amistad íntima; aprieto, dificultad.

estregadera. f. Cepillo o limpiadera de cerdas cortas y espesas.

estregadero. m. Sitio o lugar donde los animales se suelen estregar; como peñas, árboles y partes ásperas. || Paraje donde estriegan y lavan la ropa.

estregadura. ≅fricción. f. Acción y efecto de estregar.

estregamiento. m. Acción y efecto de estregar.

estregar. ≅friccionar. tr. y prnl. Frotar, pasar con fuerza una cosa sobre otra para dar a ésta calor, limpieza, tersura, etc.

estregón. m. Roce fuerte, refregón.

estrella. f. Cada uno de los cuerpos celestes que brillan en la noche, a excepción de la Luna. || Cuerpo celeste que brilla en el cielo con luz propia. || Lunar de pelos blancos que tienen algunas caballerías en medio de la frente. || Objeto en figura de estrella. || fig. Sino, hado o destino. || fig. Persona que sobresale en su profesión. || Artista muy descollante.

estrellado, da. adj. De forma de estrella.

estrellamar. f. Animal equinodermo marino, que tiene forma de una estrella de cinco puntas.

estrellar. tr. Sembrar o llenar de estrellas. Ú. m. c. prnl. || fam. Arrojar con violencia una cosa contra otra, haciéndola pedazos. Ú. t. c. prnl. || Dicho de los huevos, freírlos. || prnl. Quedar malparado o matarse por efecto de un choque violento contra una superficie dura. || fig. Fracasar en una pretensión al encontrarse con un obstáculo insuperable.

estrellato. m. Condición de estrella, personaje destacado del espectáculo.

estremecer. tr. Conmover, hacer temblar: *el ruido del cañonazo estremeció las casas.* || fig. Ocasionar alteración o sobresalto en el ánimo una causa extraordinaria o imprevista. || prnl. Temblar con movimiento agitado y repentino.

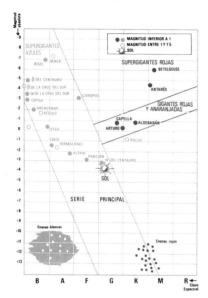

Diagrama de Russell con indicación de las estrellas de mayor luminosidad

estremecimiento. m. Acción y efecto de estremecer.

estrena. f. Dádiva que se entrega en señal y demostración de gusto, felicidad o beneficio recibido. Ú. t. en pl.

estrenar. tr. Hacer uso por primera vez de una cosa: ∽ *un traje.* || Tratándose de ciertos espectáculos públicos, representarlos o ejecutarlos por primera vez: ∽ *una comedia, una ópera.*

estreno. m. Acción y efecto de estrenar.

estrenque. m. Maroma gruesa hecha de esparto.

estreñido, da. adj. Que padece estreñimiento.

estreñimiento. m. Acción y efecto de estreñir.

estreñir. tr. y prnl. Retrasar el curso del contenido intestinal y dificultar su evacuación.

estrépito. ◁silencio. m. Ruido considerable, estruendo.

estrepitoso, sa. adj. Que causa estrépito.

estreptococo. m. Nombre dado a microbios de forma redondeada que se agrupan en forma de cadenita.

estreptomicina. f. Substancia elaborada con cierto tipo de bacterias o mohos, que posee acción antibiótica para el bacilo de la tuberculosis y otros.

estrés. m. Situación de una persona, que por un rendimiento muy superior al normal, soporta un riesgo próximo a enfermar.

estresante. adj. Que produce estrés.

estría. ≅canal. ≅raya. f. Mediacaña en hueco, que se suele labrar en algunas columnas o pilastras de arriba abajo. || Por ext., cada una de las rayas en hueco que suelen tener algunos cuerpos.

estriado, da. p. p. de estriar. || adj. Que tiene estrías.

estriar. tr. Formar estrías, acanalar. || prnl. Formar una cosa en sí surcos o canales o salir acanalada.

estribación. f. Estribo o ramal de montañas que se desprende de una cordillera.

estribadero. m. Parte donde estriba o se asegura una cosa.

estribar. intr. Descansar el peso de una cosa en otra sólida y firme. || fig. Fundarse, apoyarse.

estribera. f. Estribo de la montura de una caballería o carruaje.

estribillo. m. Expresión en verso, que se repite después de cada estrofa en algunas composiciones líricas, que a veces también empiezan con ella. || Muletilla que se dice con frecuencia.

estribo. m. Pieza de metal, madera o cuero en que el jinete apoya el pie, la cual está pendiente de la acción. || Especie de escalón que sirve para subir a los coches y otros carruajes, o para bajar de ellos. || fig. Apoyo, fundamento. || Uno de los huesecillos del oído medio. || Contrafuerte de un muro.

estribor. m. Banda derecha del navío mirando de popa a proa.

estricnina. f. Alcaloide que se extrae de algunos vegetales, como la nuez vómica y el haba de San Ignacio, y es un veneno muy activo.

estricto, ta. ≅preciso. ≅riguroso. adj. Estrecho, ajustado enteramente a la necesidad o a la ley y que no admite interpretación.

estridencia. f. Sonido estridente. || Violencia de la expresión o de la acción.

estridente. adj. Sonido agudo, desapacible y chirriante. || poét. Que causa o mete ruido o estruendo.

estrige. f. Lechuza, ave nocturna.

estrigiformes. f. pl. Orden de aves conocidas antes como rapaces nocturnas.

estrinque. m. Maroma gruesa de esparto.

estro. m. Inspiración o estímulo eficaz del poeta o del artista para crear sus obras. || Período de celo o ardor sexual de los mamíferos. || Moca parda vellosa.

estrofa. f. Cualquiera de las partes compuestas del mismo número de versos y ordenados de modo igual, de que constan algunas composiciones poéticas. || Cualquiera de estas mismas partes, aunque no estén ajustadas a exacta simetría.

estrógeno, na. adj. y m. Díc. de las substancias que provocan el estro o celo de los mamíferos.

estronciana. f. Nombre que se da al óxido e hidróxido de estroncio.

estroncio. m. Metal amarillo, poco brillante, capaz de descomponer el agua a la temperatura ordinaria, se oxida rápidamente. Se obtiene descomponiendo la estronciana por electrólisis.

estropajo. m. Planta cucurbitácea cuyo fruto desecado se usa como cepillo de aseo para fricciones. || Porción de esparto machacado, que sirve principalmente para fregar. || fig. Desecho, persona o cosa inútil o despreciable.

estropajoso, sa. adj. fig. y fam. Lengua o persona que pronuncia las palabras de manera confusa. || fig. y fam. Muy desaliñado, andrajoso. || fig. y fam. Díc. de la carne y otros comestibles que son fibrosos y ásperos y no se pueden mascar fácilmente.

estropear. ◁arreglar. tr. Maltratar o deteriorar una cosa. Ú. t. c. prnl. || Echar a perder, malograr cualquier asunto o proyecto.

estropeo. m. Acción y efecto de estropear o estropearse.

estropicio. m. fam. Destrozo, rotura estrepitosa, por lo común impremeditada. || Por ext., trastorno ruidoso de escasas consecuencias.

estructura. f. Distribución y orden de los componentes de un conjunto. || Armadura generalmente de acero u hormigón armado y que, fija al suelo, sirve de sustentación a un edificio.

estructural. adj. Relativo a la estructura. || Díc. de la gramática que estudia una lengua sincrónica y diacrónicamente.

estructuralismo. m. Corriente intelectual aparecida a comienzos del s. xx, que se ha aplicado como método o como presupuesto ideológico a la mayoría de las ciencias.

estructuralista. adj. Relativo al estructuralismo.

estructurar. tr. y prnl. Distribuir, ordenar las partes de una obra o de un cuerpo.

estruendo. ≅estrépito. ≅fragor. m. Ruido grande. || fig. Confusión, bullicio. || fig. Aparato, pompa.

estruendoso, sa. adj. Ruidoso, estrepitoso.

estrujar. tr. Apretar una cosa para sacarle el zumo. || Apretar a uno y comprimirle tan fuerte y violentamente que se le llegue a lastimar y maltratar. || fig. y fam. Agotar una cosa; sacar de ella todo el partido posible.

estrujón. m. Acción y efecto de estrujar.

estuario. m. Ensanchamiento de un río en su desembocadura, debido a la influencia de las mareas en la unión de las aguas fluviales con las marítimas.

estucado. m. Acción y efecto de estucar.

estucar. tr. Dar a una cosa con estuco o blanquearla con él. || Colocar sobre el muro, columna, etc., las piezas de estuco previamente moldeadas y desecadas.

estuco. ≅escayola. m. Masa de yeso blanco y agua de cola, con la cual se hacen y preparan muchos objetos que después se doran o pintan. || Pasta de cal apagada y mármol pulverizado con que se da de llana a las habitaciones, que se barnizan después con aguarrás y cera.

estuchar. tr. Recubrir con estuche de papel los terrones de azúcar u otro producto industrial.

estuche. m. Caja o envoltura para guardar ordenadamente un objeto o varios. || Cualquier envoltura que protege y reviste una cosa. || Conjunto de utensilios que se guardan en el estuche.

estudiado, da. p. p. de estudiar. || adj. Fingido, afectado, amanerado.

estudiantado. m. Conjunto de alumnos o estudiantes como clase social. || Conjunto de estudiantes de un establecimiento docente, alumnado.

estudiante. ≅alumno. ≅discípulo. p. a. de estudiar. Que estudia. Ú. t. c. m. || m. y f. Persona que cursa estudios en un centro docente.

estudiantil. adj. fam. Relativo a los estudiantes.

estudiantina. ≅tuna. f. Cuadrilla de estudiantes que salen tocando varios instrumentos por las calles para divertirse o para recaudar dinero.

estudiar. tr. e intr. Ejercitar el entendimiento para alcanzar o comprender una cosa. || Cursar en las universidades u otros centros docentes. || tr. Aprender o tomar de memoria. || Observar, examinar atentamente.

estudio. ≅aplicación. ≅aprendizaje. ≅libro. ≅tratado. m. Esfuerzo que pone el entendimiento aplicándose a conocer alguna cosa; y en especial, trabajo empleado en aprender y cultivar una ciencia o arte. || Obra en que un autor estudia y dilucida una cuestión. || Pieza donde el escritor, fotógrafo, artista, etc., trabaja. || Conjunto de edificios o dependencias destinado a la impresión de películas de cine o a emisiones de radio o televisión. Ú. m. en pl.

estudioso, sa. adj. Dado al estudio.

estufa. f. Aparato destinado a calentar las habitaciones mediante electricidad, la combustión de carbón, madera, gas, etc.

estulticia. f. Necedad, tontería.

estupefacción. f. Pasmo o estupor.

estupefaciente. ≅narcótico. adj. Que produce estupefacción. || m. Substancia narcótica que hace perder o amortigua el dolor, como la morfina, la cocaína, etc.

estupefacto, ta. adj. Atónito, pasmado.

estupendo, da. adj. Admirable, asombroso, pasmoso.

estupidez. ◁listeza. f. Torpeza notable en comprender las cosas. || Dicho o hecho propio de un estúpido.

estúpido, da. adj. Necio, falto de inteligencia. Ú. t. c. s. || Díc. de los dichos o hechos propios de un estúpido.

estupor. m. Disminución o paralización de las funciones intelectuales. || fig. Asombro, pasmo.

estupro. m. Acceso carnal con una doncella logrado con abuso de confianza o engaño.

estuquería. f. El arte de hacer labores de estuco. || Obra hecha de estuco.

estuquista. m. El que hace obras de estuco.

esturión. m. Pez marino de hasta 5 m de longitud, que desova en los ríos y con sus huevas se elabora el caviar y con la vejiga seca se obtiene una gelatina llamada *cola de pescado.*

Esturión

esvástica. f. Cruz gamada cuyos brazos forman en sus extremos un ángulo recto hacia la derecha.

eta. f. Séptima letra del alfabeto griego.

etano. m. Hidrocarburo formado por dos átomos de carbono y seis de hidrógeno.

etapa. f. Cada uno de los lugares en que hace noche la tropa cuando marcha. || fig. Época o avance en el desarrollo de una acción u obra.

etarra. com. Persona que milita en la organización vasca ETA.

etcétera. m. Expresión latina que se emplea para interrumpir el discurso indicando que en él se omite lo que quedaba por decir. Se representa con esta cifra: &, que tiene el mismo nombre, o con la siguiente abreviatura: *etc.*

éter. m. poét. Cielo, bóveda celeste. || Fluido sutil e invisible que se suponía llenaba todo el espacio. En la física moderna ha sido substituido su concepto por el de campo.

etéreo, a. adj. Perteneciente o relativo al éter. || poét. Perteneciente al cielo.

eternidad. f. Perpetuidad que no tiene principio ni tendrá fin, y en este sentido es propio atributo de Dios. || Perpetuidad, duración sin fin. || fig. Duración dilatada de siglos y edades.

eternizar. tr. Hacer durar o prolongar una cosa demasiadamente. Ú. t. c. prnl. || Perpetuar la duración de una cosa.

eterno, na. ≅perdurable. ≅perpetuo. ≅sempiterno. ◁finito. adj. Que no tuvo principio ni tendrá fin; es sólo aplicable al Ser divino. || Que no tiene fin. || fig. Que dura por largo tiempo.

ética. ≅moral. f. Parte de la filosofía, que trata de la moral y de las obligaciones del hombre.

ético, ca. adj. Perteneciente a la ética. || m. El que estudia o enseña moral.

etílico. adj. Díc. de un alcohol incoloro de olor fuerte, agradable y de sabor urente; es inflamable. Se obtiene por la destilación de productos de fermentación de substancias azucaradas o feculentas.

etilismo. m. Intoxicación producida por ingestión de alcohol etílico.

etilo. m. Radical del etano, formado por dos átomos de carbono y cinco de hidrógeno.

étimo. m. Raíz o vocablo del que procede otro u otros.

etimología. f. Origen de las palabras, razón de su existencia, de su significación y de su forma. || Parte de la gramática, que estudia aisladamente las palabras consideradas en dichos aspectos.

etimológico, ca. adj. Relativo a la etimología.

etimologista. com. Persona que se dedica a investigar la etimología de las palabras.

etiología. f. Estudio sobre las causas de las cosas. || Parte de la medicina que estudia las causas de las enfermedades.

etiológico, ca. adj. Relativo a la etiología.

etíope o **etiope.** adj. Natural de Etiopía. Ú. t. c. s. || Etiópico. || De color negro. || m. Combinación artificial de azufre y azogue, que sirve para fabricar bermellón.

etiópico, ca. adj. Perteneciente a Etiopía.

etiqueta. ≅cumplido. f. Ceremonial que se debe observar y guardar en las casas reales y en actos públicos solemnes. || P. ext., ceremonia en el trato. || Marbete, rótulo y cédula.

etiquetado, da. p. p. de etiquetar. || m. Acción y efecto de etiquetar.

etiquetar. tr. Colocar etiquetas o marbetes.

etmoides. adj. y s. Dícese de un hueso pequeño encajado en la escotadura del hueso frontal, y que concurre a formar la base del cráneo, las cavidades nasales y las órbitas.

etnia. f. Agrupación natural de hombres que presentan ciertas afinidades somáticas, lingüísticas o culturales, y que habitan, generalmente, un espacio geográfico determinado.

étnico, ca. ≅racial. adj. Gentil, idólatra o pagano. Ú. t. c. s. || Perteneciente a una nación, raza o etnia. || *Gram.* Dic. del adjetivo gentilicio.

etnografía. f. Ciencia que tiene por objetivo el estudio y descripción de las razas o pueblos.

etnógrafo, fa. m. y f. Persona que profesa o cultiva la etnografía.

etnología. f. Ciencia que estudia las razas y los pueblos en todos sus aspectos y relaciones.

etnólogo, ga. m. y f. Persona que profesa o cultiva la etnología.

etología. f. Estudio científico del carácter y modos de comportamiento del hombre. || Estudio científico del comportamiento de los animales.

etopeya. f. Descripción del carácter, acciones y costumbres de una persona.

etrusco, ca. adj. y s. De Etruria. || Dic. de un pueblo de la antigua Italia. Ú. m. c. m. pl. || Dic. también de sus individuos. Ú. t. c. s. || Relativo a este pueblo. || m. Lengua de los etruscos.

eucalipto. m. Árbol originario de Australia, que crece hasta 100 metros de altura, con tronco derecho y copa cónica.

eucaristía. f. Sacramento de la Iglesia católica, instituido por Jesucristo en la Última Cena, en el cual, mediante las palabras pronunciadas por el sacerdote, el pan y el vino se transubstancian en el cuerpo y la sangre de Cristo.

eucarístico, ca. adj. Perteneciente a la euca-

Eucaliptos

ristía. || Dic. de las obras literarias cuyo fin es dar gracias.

eufemismo. m. Expresión con que se substituye a otra violenta, grosera o malsonante.

eufonía. f. Sonoridad agradable de la palabra.

eufónico, ca. adj. Que tiene eufonía.

euforbiáceo, a. adj. y f. Dic. de plantas angiospermas dicotiledóneas, hierbas, arbustos o árboles, como el boj y el ricino. || f. pl. Familia de estas plantas.

euforia. ◁desánimo. f. Capacidad para soportar el dolor y las adversidades. || Sensación de bienestar. || Estado de ánimo propenso al optimismo.

eufórico, ca. adj. Relativo a la euforia.

eufótida. f. Roca compuesta de diálaga y feldespato, de color blanco manchado de verde.

eufrasia. f. Hierba vellosa escrofulariácea, tallo erguido y ramoso, hojas elípticas y flores blancas.

eugenesia. f. Aplicación de las leyes biológicas de la herencia al perfeccionamiento de la especie humana.

eugenésico, ca. adj. Relativo a la eugenesia.

eunuco. m. Hombre castrado que se destinaba en los serrallos a la custodia de las mujeres.

¡eureka! interj. que expresa satisfacción y alegría. Se supone que la pronunció Arquímedes al descubrir el principio que lleva su nombre.

euro. m. poét. Uno de los cuatro vientos cardinales, que sopla de oriente.

euroasiático, ca. adj. Perteneciente o relativo a Europa y Asia consideradas como un todo geográfico. Ú. t. c. s. || Mestizo de europeo y asiático.

eurocomunismo. m. Tendencia de algunos partidos comunistas de países capitalistas europeos (Italia, España, Francia) que aboga, rechazando el modelo soviético, por una transición al socialismo que respete todas las libertades.

eurocomunista. adj. Relativo al eurocomunismo. || com. Partidario de esta tendencia del comunismo.

eurodiputado, da. m. y f. Diputado del parlamento de las comunidades europeas.

europeidad. f. Calidad o condición de europeo. || Carácter genérico de los pueblos que componen Europa.

europeísmo. m. Predilección por las cosas de Europa. || Carácter europeo.

europeísta. adj. y s. Partidario de la unidad o de la hegemonía europeas.

europeizar. tr. Dar carácter europeo. || prnl. Tomar este carácter.

europeo, a. adj. y s. De Europa.

euscalduna. com. Persona que habla vascuence. || adj. Vasco.

eusquera o **euskera.** m. Vascuence, la lengua vasca. || adj. Relativo a la lengua vasca.

eutanasia. f. Muerte sin sufrimiento físico y, en sentido estricto, la que así se provoca voluntariamente.

evacuación. f. Acción y efecto de evacuar.

evacuar. ≅abandonar. ≅desempeñar. ≅exonerar. tr. Desocupar. || Expeler un ser orgánico humores o excrementos. || Desempeñar un encargo, informe, etc. || *Der.* Cumplir un trámite. || *Med.* Sacar, extraer los humores, excrementos del cuerpo humano. || Trasladar forzosa y provisionalmente a la población civil de una zona o ciudad por razones militares, sanitarias, de riesgo, catastróficas, etc.

evacuativo, va. adj. y m. Que tiene propiedad o virtud de evacuar.

evadir. tr. y prnl. Evitar un daño o peligro; eludir una dificultad. || prnl. Fugarse, escaparse.

evaluación. ≅apreciación. ≅cálculo. f. Acción y efecto de evaluar.

evaluar. ≅valorar. tr. Valorar.

evanescer. tr. y prnl. Desvanecer o esfumar.

evangeliario. m. Libro de liturgia que contiene los evangelios de cada día del año.

evangélico, ca. adj. Relativo al Evangelio. || Perteneciente al protestantismo.

evangelio. m. Historia de la vida, doctrina y milagros de Jesucristo, relatados por los evangelistas San Mateo, San Marcos, San Lucas y San Juan, que constituyen los cuatro primeros libros canónicos del Nuevo Testamento.

evangelista. m. Cada uno de los cuatro escritores que escribieron el Evangelio. || Persona que canta el evangelio en las iglesias.

evangelización. f. Acción y efecto de evangelizar.

evangelizar. tr. Predicar el Evangelio.

evaporación. f. Acción y efecto de evaporar.

evaporar. tr. y prnl. Convertir en vapor un líquido. || fig. Disipar, desvanecer. || prnl. fig. Fugarse, desaparecer.

evaporizar. tr., intr. y prnl. Vaporizar.

evasión. ≅huida. f. Fuga, huida.

evasiva. f. Recurso para evadir una dificultad.

evasivo, va. adj. Que incluye una evasiva o la favorece.

evento. m. Acaecimiento. || Eventualidad, hecho imprevisto o que puede acaecer.

eventual. ≅casual. adj. Sujeto a evento o contingencia. || Díc. de los derechos o emolumentos anejos a un empleo fuera de su dotación fija.

eventualidad. f. Calidad de eventual. || Hecho o circunstancia de realización incierta.

evidencia. ◁incertidumbre. f. Certeza clara, manifiesta y tan perceptible de una cosa, que nadie puede racionalmente dudar de ella.

evidenciar. tr. Hacer patente y manifiesta la certeza de una cosa; probar y mostrar que es evidente.

evidente. adj. Cierto, claro, patente y sin la menor duda. || Se usa como expresión de asentimiento.

eviscerar. tr. Extraer las vísceras.

evitación. f. Acción y efecto de evitar o precaver.

evitar. ≅prevenir. ◁afrontar. tr. Apartar algún peligro; precaver, impedir que suceda. || Excusar, huir de incurrir en algo. || Huir de tratar a uno; apartarse de su comunicación.

eviterno, na. adj. Que habiendo comenzado en el tiempo, no tendrá fin.

evo. m. Duración de las cosas eternas. || poét. Duración de tiempo sin término.

evocación. f. Acción y efecto de evocar.

evocar. ≅invocar. ≅recordar. ◁olvidar. tr. Llamar a los espíritus y a los muertos. || Apostrofar a los muertos. || fig. Traer alguna cosa a la memoria o a la imaginación.

evolución. f. Acción y efecto de evolucionar. || Desarrollo de las cosas o de los organismos, por medio del cual pasan gradualmente de un estado a otro. || fig. Mudanza de conducta, de propósito o de actitud. || fig. Desarrollo o transformación de las ideas o de las teorías. || Derivación de las especies de organismos vivientes de otras ya existentes, a través de un proceso de cambio más o menos gradual y continuo.

evolucionar. intr. Desenvolverse los organismos o las cosas, pasando de un estado a otro. || fig. Mudar de costumbre.

evolucionismo. m. Doctrina filosófica que se funda en la hipótesis de la evolución de las especies.

evolucionista. adj. Relativo a la evolución. || Partidario del evolucionismo. Ú. t. c. s.

evolutivo, va. adj. Perteneciente a la evolución.

ex-. Elemento compositivo de voces españolas que significa *fuera* o *más allá: ex*traer; idea de negación o privación: *ex*heredar; o de encarecimiento: *ex*clamar. || Antepuesto a nombres de dignidades, cargos, nombre o adjetivos de personas, indica que esta ha dejado de ser los que aquellos: *ex* discípulo. || Forma parte de locuciones latinas usadas en nuestro idioma: *ex* abrupto.

ex abrupto. loc. adv. De repente, bruscamente.

exabrupto. m. Salida de tono; dicho o ademán inconveniente e inesperado.

exacerbar. ≅enconar. ≅enojar. ≅exasperar. ≅recrudecer. tr. y prnl. Irritar, causar muy grave enfado o enojo. || Agravar o avivar una enfermedad, una molestia, etc.

exactitud. f. Puntualidad y fidelidad en la ejecución de una cosa.

exacto, ta. adj. Puntual, fiel y cabal.

exageración. f. Acción y efecto de exagerar. || Concepto, hecho o cosa que traspasa los límites de lo justo o razonable.

exagerado, da. p. p. de exagerar. || adj. Excesivo.

exagerar. tr. Encarecer, decir, representar o hacer una cosa de modo que exceda de lo natural, justo o conveniente.

exaltación. f. Acción y efecto de exaltar. || Gloria que resulta de una acción muy notable.

exaltado, da. ≅apasionado. ≅entusiasta. adj. Que exalta.

exaltar. tr. Elevar a una persona o cosa a mayor auge o dignidad. || fig. Realzar el mérito de uno con demasiado encarecimiento. || prnl. Dejarse arrebatar de una pasión, perdiendo la moderación y la calma.

examen. ≅análisis. m. Indagación y estudio de una cosa o de un hecho. || Prueba que se hace de la idoneidad de un sujeto para el ejercicio y profesión de una facultad, oficio o ministerio, o para demostrar el aprovechamiento en los estudios.

examinando, da. m. y f. Persona que está para ser examinada.

examinar. ≅indagar. tr. Inquirir, investigar con diligencia y cuidado una cosa. || Reconocer la calidad de una cosa, viendo si tiene algún defecto o error. || Probar o tantear la idoneidad y suficiencia de uno. Ú. t. c. prnl.

exangüe. adj. Desangrado, falto de sangre. || fig. Sin ningunas fuerzas, aniquilado.

exánime. adj. Sin señales de vida. || fig. Sumamente debilitado, desmayado.

exantema. m. Erupción de la piel, de color rojo, como el sarampión, la escarlatina y otras enfermedades.

exantemático, ca. adj. Perteneciente al exantema o acompañado de esta erupción.

exarca. m. Gobernador que algunos emperadores de Oriente enviaban a Italia. || En la Iglesia griega, dignidad inmediatamente inferior a la de patriarca.

exarcado. m. Dignidad de exarca. || Tiempo que duraba su gobierno. || Territorio gobernado por un exarca.

exasperación. f. Acción y efecto de exasperar.

exasperar. ◁aplacar. tr. y prnl. Lastimar, irritar una parte dolorida o delicada. || fig. Irritar, enfurecer, dar motivo de enojo grande. Ú. t. c. prnl.

excarcelación. f. Acción y efecto de excarcelar.

excarcelar. tr. y prnl. Poner en libertad al preso.

ex cáthedra. m. adv. I. Desde la cátedra de San Pedro. || fig. y fam. En tono magistral y decisivo..

excautivo, va. adj. y s. Que ha padecido cautiverio.

excavación. f. Acción y efecto de excavar.

excavador, ra. adj. y s. Que excava. || f. Máquina para excavar.

excavar. tr. Quitar de una cosa sólida parte de su masa o grueso, haciendo hoyo o cavidad en ella. || Hacer en el terreno hoyos, zanjas, pozos o galerías subterráneas. || *Agr.* Descubrir y quitar la tierra de alrededor de las plantas.

excedencia. f. Condición de excedente, dicho del funcionario público que no ejerce su cargo. || Haber que percibe el oficial público que está excedente.

excedente. adj. Que excede. || Excesivo. || Sobrante. Ú. t. c. s. m. || Díc. del empleado público que está temporalmente sin ejercer su cargo.

exceder. ≅extralimitarse. ≅sobresalir. tr. Ser una persona o cosa más grande o aventajada que otra. || intr. y prnl. Propasarse, ir más allá de lo lícito o razonable.

excelencia. f. Superior calidad o bondad que hace digna de singular aprecio a una cosa. || Tratamiento de respeto y cortesía, que se da a algunas personas por su dignidad o empleo.

excelente. ≅óptimo. adj. Que sobresale en bondad, mérito o estimación. || m. Moneda de oro acuñada por los Reyes Católicos, equivalente a la dobla.

excelentísimo, ma. adj. superl. de excelente. || Tratamiento y cortesía con que se habla a la persona a quien corresponde el de excelencia.

excelso, sa. adj. Muy elevado, alto, eminente. || fig. De singular excelencia.

excentricidad. f. Rareza o extravagancia de carácter. || Dicho o hecho raro, anormal o extravagante. || *Geom.* Distancia que media entre el centro de la elipse y uno de sus focos.

excéntrico, ca. adj. De carácter raro, extravagante. || *Geom.* Que está fuera del centro o que tiene un centro diferente. || m. Artista de circo que busca efectos cómicos con ejercicios extraños.

excepción. f. Acción y efecto de exceptuar. || Cosa que se aparta de la regla o condición general de las demás de su especie. || *Der.* Título o motivo jurídico que el demandado alega para hacer ineficaz la acción del demandante.

excepcional. adj. Que forma excepción de la regla común. || Que se aparta de lo ordinario, o que ocurre rara vez.

excepto. adv. m. A excepción de, fuera de, menos.

exceptuación. f. Acción y efecto de exceptuar.

exceptuar. ≅salvar. ≅separar. tr. y prnl. Excluir a una persona o cosa de la generalidad de lo que se trata o de la regla común.

excesivo, va. ≅desmesurado. ≅enorme. adj. Que excede y sale de la regla.

exceso. m. Parte que excede y sale de la medida o regla. || Lo que sale de los límites de lo ordinario o de lo lícito. || Aquello en que una cosa excede a otra.

excipiente. m. Substancia por lo común inerte, que se mezcla con los medicamentos para darles consistencia, forma o sabor.

excitabilidad. f. Calidad de excitable.

excitable. adj. Capaz de ser excitado. || Que se excita fácilmente.

excitación. f. Acción y efecto de excitar. || *Biol.* Efecto que produce un excitante al actuar sobre una célula, un órgano o un organismo.

excitador, ra. adj. Que produce excitación. || m. *Elec.* Aparato formado por dos arcos metálicos que sirve para producir la descarga eléctrica entre dos puntos que tengan potenciales muy diferentes.

excitar. ◁calmar. tr. Mover, estimular, provocar, inspirar algún sentimiento, pasión o movimiento. || prnl. Animarse por el enojo, el entusiasmo, la alegría, etc.

exclamación. f. Voz, grito o frase en que se refleja una emoción.

exclamar. tr. e intr. Emitir palabras con fuerza o vehemencia para expresar un vivo afecto o movimiento del ánimo, o para dar vigor o eficacia a lo que se dice.

exclamatorio, ria o **exclamativo, va.** adj. Propio de la exclamación: *tono* ↶.

exclaustración. f. Acción y efecto de exclaustrar.

exclaustrar. tr. Permitir u ordenar a un religioso que abandone el claustro.

excluir. tr. Echar a una persona o cosa fuera del lugar que ocupaba. || Descartar, rechazar o negar la posibilidad de alguna cosa.

exclusión. f. Acción y efecto de excluir.

exclusiva. f. Repulsa para no admitir a uno en un empleo, comunidad o cargo. || Privilegio o derecho adquirido para hacer algo prohibido a los demás. || Noticia conseguida y publicada o emitida por un solo medio informativo, por lo que este se reserva los derechos de su difusión.

exclusive. adv. m. Con exclusión. || Significa, en todo género de cálculos y recuentos, que el último número o la última cosa de que se hizo mención no se toma en cuenta.

exclusividad. f. Calidad de exclusivo.

exclusivismo. m. Obstinada adhesión a una persona, una cosa o una idea, sin prestar atención a las demás.

exclusivista. adj. Relativo al exclusivismo. || Díc. de la persona que practica el exclusivismo. Ú. t. c. s.

exclusivo, va. adj. Que excluye o tiene fuerza o virtud para excluir. || Único, solo.

excluyente. adj. Que excluye, deja fuera o rechaza.

excombatiente. adj. y s. Que peleó bajo alguna bandera militar o por alguna causa política.

excomulgado, da. p. p. de excomulgar. || m. y f. Persona excomulgada. || fig. y fam. Indino, endiablado.

excomulgar. tr. Apartar a una persona de la

comunión de los fieles y del uso de los sacramentos la autoridad eclesiástica competente. || fig. y fam. Declarar a una persona fuera de la comunión o trato con otra u otras.

excomunión. f. Acción y efecto de excomulgar. || Carta o edicto con que se intima y publica la censura.

excoriación. f. Acción y efecto de excoriar.

excoriar. tr. y prnl. Gastar, arrancar o corroer el cutis o el epitelio.

excrecencia. f. Carnosidad o superfluidad que se produce en animales y plantas.

excreción. f. Acción y efecto de excretar.

excrementar. tr. Deponer los excrementos.

excrementicio, cia. adj. Perteneciente al excremento.

excremento. m. Materias que se arrojan del cuerpo por las vías naturales, especialmente las fecales. || Residuos que se producen en las plantas por putrefacción.

excretar. intr. Expeler el excremento. || Expeler las substancias elaboradas por las glándulas.

excretor, ra o **excretorio, ria.** adj. Órgano que sirve para excretar. || Díc. del conducto por el que salen de las glándulas los productos que éstas han elaborado.

exculpación. f. Acción y efecto de exculpar. || Hecho o circunstancia que sirve para exonerar de culpa.

exculpar. tr. y prnl. Descargar a uno de culpa.

exculpatorio, ria. adj. Que exculpa.

excursión. f. Correría de guerra. || Ida a alguna ciudad, museo o paraje para estudio, recreo o ejercicio físico.

excursionismo. m. Ejercicio y práctica de las excursiones como deporte o con fin científico o artístico.

excursionista. com. Persona que hace excursiones.

excusa. f. Acción y efecto de excusar. || Motivo o pretexto para eludir una obligación o disculpar alguna omisión. || *Der.* Excepción o descargo.

excusable. adj. Que admite excusa o es digno de ella. || Que se puede omitir o evitar.

excusación. f. Acción y efecto de excusar.

excusado, da. adj. Escusado.

excusado, da. p. p. de excusar. || adj. Libre de pagar tributos. || Superfluo e inútil. || Lo que no hay precisión de hacer o decir.

excusar. ≅disculpar. ≅exculpar. ◁acusar. tr. Alegar razones para sacar libre a uno de la culpa que se le imputa. Ú. t. c. prnl. || Evitar, impedir. || Rehusar hacer una cosa. Ú. t. c. prnl. || Eximir

y libertar del pago de tributos o de un servicio personal.

execrable. adj. Digno de execración.

execración. f. Acción y efecto de execrar. || Pérdida del carácter sagrado de un lugar por profanación o por accidente.

execrar. ◁bendecir. tr. Condenar y maldecir con autoridad sacerdotal o en nombre de cosas sagradas. || Aborrecer, odiar. || Vituperar o reprobar severamente.

execrativo, va. adj. Que execra.

execratorio, ria. adj. Que sirve para execrar.

exégesis o **exegesis.** f. Explicación, interpretación, especialmente de los libros de la Biblia.

exégeta o **exegeta.** m. Intérprete o expositor de un texto literario.

exegético, ca. adj. Perteneciente a la exégesis. || Díc. del método expositivo en las obras de Derecho que sigue el orden de las leyes positivas.

exención. f. Efecto de eximir. || Franqueza y libertad que uno goza para eximirse de algún cargo u obligación.

exento, ta. p. p. irreg. de eximir. || adj. Libre, desembarazado de una cosa: ‿ *de cuidados, de temor.* || Díc. de las personas o cosas no sometidas a la jurisdicción ordinaria. || Díc. del sitio o edificio que está descubierto por todas partes.

exequátur. m. Voz con que se designa el pase que da la autoridad civil de un Estado a las bulas o rescriptos pontificios para su observancia.

exequias. f. pl. Honras fúnebres.

exfoliación. f. Acción y efecto de exfoliar. || Pérdida o caída de la epidermis en forma de escamas.

exfoliar. tr. y prnl. Dividir una cosa en láminas o escamas.

exhalación. f. Acción y efecto de exhalar. || Estrella fugaz. || Rayo, centella. || Vapor o vaho que un cuerpo exhala y echa de sí por evaporación.

exhalar. ≅desprender. ≅emitir. ◁absorber. tr. Despedir gases, vapores u olores. || fig. Dicho de suspiros, quejas, etc., lanzarlos, despedirlos.

exhaustivo, va. adj. Que agota o apura por completo.

exhausto, ta. ◁fuerte. adj. Enteramente apurado o agotado; *el erario está* ‿ *de dinero.*

exhibición. f. Acción y efecto de exhibir.

exhibicionismo. m. Prurito de exhibirse. || *Pat.* Perversión sexual que lleva a exhibirse desnudo en público.

exhibicionista. com. Persona aficionada al exhibicionismo.

exhibir. ◁ocultar. tr. Manifestar, mostrar en público. Ú. t. c. prnl. || *Der.* Presentar escrituras, documentos, pruebas, etc., ante quien corresponda.

exhortación. f. Acción de exhortar. || Advertencia o aviso con que se intenta persuadir. || Plática o sermón familiar y breve.

exhortar. tr. Inducir a uno con palabras, razones y ruegos a que haga o deje de hacer alguna cosa.

exhumación. f. Acción de exhumar.

exhumar. tr. Desenterrar, sacar de la sepultura un cadáver o restos humanos. || fig. Desenterrar, sacar a luz lo olvidado.

exigencia. f. Acción y efecto de exigir. || Pretensión caprichosa o desmedida. Ú. m. en pl.

exigente. p. a. de exigir. || adj. y s. Díc. en especial del que exige caprichosa o despóticamente.

exigir. ≅mandar. ≅necesitar. ≅ordenar. ≅requerir. ◁perdonar. tr. Cobrar, percibir, sacar de uno por autoridad pública dinero u otra cosa: ∽ *los tributos.* || fig. Pedir una cosa, algún requisito para que se perfeccione. || fig. Demandar imperiosamente.

exiguo, gua. adj. Insuficiente, escaso.

exilado, da o **exiliado, da.** adj. y s. Expatriado, generalmente por motivos políticos.

exiliar. tr. Expulsar a uno de un territorio. || prnl. Expatriarse, generalmente por motivos políticos.

exilio. m. Separación de una persona de la tierra en que vive. || Expatriación, generalmente por motivos políticos. || Efecto de estar exiliada una persona. || Lugar en que vive el exiliado.

eximente. adj. y f. Que exime.

eximio, mia. adj. Muy excelente.

eximir. ≅dispensar. ◁obligar. tr. y prnl. Libertar, desembarazar de cargas, obligaciones, culpas, etc.

existencia. f. Acto de existir. || Vida del hombre. || *Filos.* Por oposición a esencia, la realidad concreta de un ente cualquiera. En el léxico del existencialismo, por antonomasia, la existencia humana. || pl. Cosas, especialmente mercancías, que no han tenido aún la salida o empleo a que están destinadas.

existencial. adj. Relativo al acto de existir.

existencialismo. m. Movimiento filosófico que trata de fundar el conocimiento de toda realidad sobre la experiencia inmediata de la existencia propia.

existencialista. adj. Relativo al existencialismo. || Partidario del existencialismo. Ú. t. c. s.

existir. ≅ser. ≅vivir. intr. Tener una cosa ser real y verdadero. || Tener vida. || Haber, estar, hallarse.

éxito. m. Resultado feliz de un negocio, actuación, etc. || Buena aceptación que tiene una persona o cosa.

exitoso, sa. adj. Que tiene éxito.

ex libris. m. Cédula o grabado que se adhiere en el reverso de la tapa de los libros, en la cual consta el nombre o emblema del dueño o el de la biblioteca a que pertenece el libro.

exocrina. adj. Glándula que tiene conducto excretor, por el cual salen los productos que aquélla ha elaborado.

éxodo. m. fig. Emigración de un pueblo o de una muchedumbre de personas.

exogamia. f. Matrimonio contraído entre cónyuges de distinta tribu o ascendencia, o procedente de otra localidad o comarca. || Cruzamiento entre individuos de distinta raza.

exógeno, na. adj. Que se forma en el exterior o superficie de otro órgano. || Aplícase a las fuerzas que externamente actúan sobre algo.

exoneración. f. Acción y efecto de exonerar.

exonerar. tr. Aliviar, descargar de peso, carga u obligación. Ú. t. c. prnl. || Separar, privar o destituir a alguno de un empleo.

exorbitante. adj. Que excede mucho del orden y término regular.

exorcismo. m. Conjuro ordenado por la Iglesia contra el espíritu maligno.

exorcista. m. El que tiene potestad para exorcizar.

exorcizar. tr. Usar de los exorcismos dispuestos y ordenados por la Iglesia contra el espíritu maligno.

exordio. m. Principio, introducción, preámbulo de una obra literaria; especialmente la primera parte del discurso oratorio. || Preámbulo de un razonamiento o conversación familiar.

exosfera. f. Región exterior de la atmósfera.

exotérico, ca. ◁esotérico. adj. Común, accesible para el vulgo, lo contrario de esotérico. || Díc. por lo común de la doctrina que los filósofos de la antigüedad manifestaban públicamente.

exotérmico, ca. adj. Díc. de las combinaciones que al producirse desprenden calor, como suele ocurrir en la combustión del carbón.

exótico, ca. adj. Extranjero, peregrino. || Extraño, chocante, extravagante.

exotismo. m. Calidad de exótico.

expandir. tr. y prnl. Extender, dilatar, difundir.

expansibilidad. f. Propiedad que tiene un cuerpo de poder ocupar mayor espacio que el que ocupa. La poseen, en particular, los gases.

expansión. ≅ confianza. ≅ desarrollo. ≅ dilatación. ≅ efusión. ◁ reducción. f. Acción y efecto de extenderse o dilatarse. ‖ fig. Acción de desahogar al exterior de un modo efusivo cualquier afecto o pensamiento: ⌢ *del ánimo.* ‖ Recreo, asueto, solaz.

expansionarse. prnl. Espontanearse, desahogarse.

expansivo, va. adj. Que puede extenderse o dilatarse. ‖ fig. Franco, comunicativo: *carácter* ⌢.

expatriación. f. Acción y efecto de expatriarse.

expatriado, da. adj. y s. Que se expatria.

expatriar. tr. y prnl. Hacer abandonar a uno su patria.

expectación. f. Espera, generalmente curiosa o tensa, de un acontecimiento que interesa o importa. ‖ Contemplación de lo que se expone o muestra al público.

expectante. adj. Que espera observando, o está a la mira de una cosa: *actitud* ⌢. ‖ *Der.* Díc. de lo que se tiene conocimiento como venidero.

expectativa. f. Esperanza de conseguir una cosa, si se depara la oportunidad que se desea. ‖ Posibilidad, más o menos cercana o probable, de conseguir un derecho, empleo, etc., al ocurrir un suceso que se prevé o al hacerse efectiva determinada eventualidad.

expectativo, va. adj. Expectante.

expectoración. f. Acción y efecto de expectorar. ‖ Lo que se expectora.

expectorar. tr. Arrancar y arrojar por la boca las flemas y secreciones que se depositan en las vías respiratorias.

expedición. f. Acción y efecto de expedir. ‖ Despacho, bula y otros géneros de indultos de la curia romana. ‖ Excursión que tiene por objeto realizar una empresa en punto distante: ⌢ *militar.* ‖ Conjunto de personas que la realizan. ‖ Excursión colectiva a una ciudad o paraje con un fin científico o deportivo.

expedicionario, ria. adj. y s. Que lleva a cabo una expedición.

expedicionero. m. El que trata y cuida las expediciones en la curia romana.

expedidor, ra. m. y f. Persona que expide.

expedientar. tr. Someter a expediente a un funcionario.

expediente. m. Negocio que se sigue sin juicio contradictorio en los tribunales. ‖ Conjunto de to-

dos los papeles correspondientes a un asunto o negocio. ‖ Arbitrio o pretexto para dar salida a una duda o dificultad. ‖ Procedimiento administrativo en que se enjuicia la actuación de un funcionario, empleado, estudiante, etc.

expedir. tr. Dar curso a las causas y negocios; despacharlos. ‖ Despachar, expender por escrito, con las formalidades acostumbradas, un documento. ‖ Pronunciar un auto o decreto. ‖ Remitir, enviar mercancías, telegramas, pliegos, etc.

expeditivo, va. ≅ diligente. ◁ lento. adj. Que tiene facilidad en dar expediente o salida a un negocio.

expedito, ta. adj. Desembarazado, libre de obstáculo. ‖ Pronto a obrar.

expeler. tr. Arrojar, lanzar, despedir.

expendeduría. f. Tienda en que se vende al por menor, tabaco u otros efectos, estancados o monopolizados.

expender. ≅ despachar. ◁ comprar. tr. Gastar, hacer expensas. ‖ Vender efectos de propiedad ajena por encargo de su dueño. ‖ Vender al menudeo. ‖ Poner en circulación moneda falsa.

expensas. f. pl. Gastos, costas.

experiencia. f. Trato directo; práctica. ‖ Conocimiento adquirido de esta manera.

experimentación. f. Acción y efecto de experimentar. ‖ Método científico de indagación, fundado en la determinación voluntaria de los fenómenos.

experimentado, da. p. p. de experimentar. ‖ adj. Díc. de la persona que tiene experiencia.

experimental. adj. Fundado en la experiencia, o que se sabe y alcanza por ella: *física* ⌢. ‖ Que sirve de experimento.

experimentar. tr. Probar y examinar prácticamente la virtud y propiedades de una cosa. ‖ En las ciencias fisicoquímicas y naturales, hacer operaciones destinadas a descubrir, comprobar o demostrar determinados fenómenos o principios científicos. ‖ Notar, sentir en sí un cambio o modificación orgánica o afectiva. ‖ Recibir las cosas una modificación, cambio o mudanza.

experimento. m. Acción y efecto de experimentar.

experto, ta. adj. Práctico, hábil, experimentado. ‖ m. Perito.

expiación. ≅ castigo. ≅ pena. f. Acción y efecto de expiar.

expiar. tr. Borrar las culpas; purificarse de ellas por medio de algún sacrificio. ‖ Sufrir el delincuente la pena impuesta por los tribunales. ‖ fig.

Padecer trabajos por consecuencia de desaciertos o de malos procederes.

expiatorio, ria. adj. Que se hace por expiación, o que la procuce.

expiración. f. Acción y efecto de expirar.

expirar. intr. Morir, acabar la vida. || fig. Acabarse, fenecer una cosa: ∽ *el mes.*

explanación. f. Acción y efecto de explanar. || fig. Declaración y explicación de un texto, doctrina o sentencia.

explanada. f. Espacio de terreno allanado. || *Fort.* Declive que se continúa desde el camino cubierto hacia la campaña. || Parte más elevada de la muralla, sobre la cual se levantan las almenas.

explanar. ≅allanar. ≅nivelar. tr. Allanar, poner llana una superficie. || Dar al terreno la nivelación o el declive que se desea.

explayar. ≅expansionarse. ◁reprimir. tr. y prnl. Ensanchar extender. || prnl. fig. Difundirse, extenderse: *explayarse en un discurso.* || fig. Esparcirse, irse a divertir al campo. || fig. Confiarse de una persona, comunicándole algún secreto o intimidad, para desahogar el ánimo.

expletivo, va. adj. Díc. de las voces o partículas que, sin ser necesarias para el sentido, se emplean para hacer más llena o armoniosa la locución.

explicación. f. Declaración o exposición de cualquier materia o doctrina, para que se haga más comprensible. || Satisfacción que se da declarando que las palabras o actos que puede tomar a ofensa carecieron de intención de agravio.

explicar. ≅entender. ≅profesar. ≅satisfacer. ◁confundir. tr. Declarar, manifestar, dar a conocer a otro lo que uno piensa. Ú. t. c. prnl. || Declarar, exponer cualquier materia o doctrina con palabras que la hagan más comprensible. || Enseñar en la cátedra. || Justificar palabras o acciones, declarando que no hubo en ellas intención de agravio. Ú. t. c. prnl. || Dar a conocer la causa o motivo de alguna cosa. || prnl. Llegar a comprender la razón de alguna cosa.

explicativo, va. adj. Que explica o sirve para explicar una cosa: *nota* ∽.

explícito, ta. adj. Que expresa clara y determinadamente una cosa.

explicotearse. prnl. fam. Explicarse con claridad y desenfado.

exploración. f. Acción y efecto de explorar.

explorador, ra. adj. y s. Que explora. || m. y f. Muchaco o muchacha afiliado a cierta asociación educativa y deportiva.

explorar. tr. Reconocer, registrar, averiguar.

exploratorio, ria. adj. Que sirve para explorar. || *Med.* Díc. del instrumento que se emplea para explorar cavidades o heridas. Ú. t. c. s. m.

explosión. f. Liberación brusca de una gran cantidad de energía encerrada en un volumen relativamente pequeño, la cual produce un incremento violento y rápido de la presión, con desprendimicnto de calor, luz y gases. || Dilatación repentina del gas contenido o producido en un dispositivo mecánico con el fin de obtener el movimiento de una de las partes de aquel. || Manifestación súbita y violenta de ciertos afectos del ánimo.

explosionar. intr. Hacer explosión. || tr. Provocar una explosión.

explosivo, va. adj. Que hace o puede hacer explosión. || *Quim.* Que se incendia con explosión, como los fulminantes. Ú. t. c. s. m. || *Fon.* Díc. del fonema que se pronuncia con oclusión y explosión. Ú. t. c. s.

explotación. f. Acción y efecto de explotar. || Conjunto de elementos dedicados a una industria o granjería.

explotar. tr. Extraer de las minas la riqueza que contienen. || fig. Sacar utilidad de un negocio. || fig. Sacar provecho de algo.

explotar. intr. y tr. Explosionar, estallar.

expoliación. f. Acción y efecto de expoliar.

expoliar. tr. Despojar con violencia o con iniquidad.

expolio. m. Acción y efecto de expoliar. || Botín del vencedor. || Conjunto de bienes que quedan en propiedad de la Iglesia al morir ab intestato el clérigo que los poseía.

exponente. adj. y s. Que expone. || Prototipo, característico en un género. || En una potencia, elemento que indica las veces que la base ha de multiplicarse por sí misma, y que se coloca en la parte superior a la derecha.

exponer. ≅exhibir. ≅manifestar. ≅mostrar. ◁ocultar. tr. Presentar una cosa para que sea vista, ponerla de manifiesto. || Colocar una cosa para que reciba la acción de un agente. || Declarar, interpretar, explicar. || Arriesgar, aventurar. Ú. t. c. prnl.

exportación. f. Acción y efecto de exportar. || Conjunto de mercaderías que se exportan.

exportar. tr. Enviar géneros del propio país a otro.

exposición. f. Acción y efecto de exponer. || Representación por escrito a una autoridad, pidiendo o reclamando algo. || Manifestación pública

de artículos de industria o de artes y ciencias. ||
Mús. Parte inicial de algunas composiciones en
las que se representa el tema o los temas que
han de repetirse o desarrollarse después.

expositivo, va. adj. Que expone, declara o interpreta.

expósito, ta. ≅inclusero. adj. y s. Que recién
nacido fue abandonado o expuesto, o confiado a
un establecimiento benéfico.

expositor, ra. adj. y s. Que interpreta, expone
y declara una cosa. || m. y f. Persona que con-
curre a una exposición pública con objetos de su
propiedad o industria.

exprés. adj. Expreso, dicho del tren. Ú. t. c.
s. Aplícase a otras palabras con el mismo signi-
ficado de *rápido*. || m. Mensajerías, empresa de
transporte.

expresar. ≅significar. ≅simbolizar. ◁callar.
tr. Manifestar con palabras lo que uno quiere dar
a entender. || Dar indicio al exterior del estado o
los movimientos del ánimo por medio de signos
exteriores. || prnl. Darse a entender por medio de
la palabra.

expresión. f. Declaración de una cosa para dar-
la a entender. || Palabra o locución. || En glo-
semática lo que, en un signo o en un enunciado
lingüístico, corresponde sólo al significante oral o
escrito. || *Álg.* Conjunto de términos que repre-
senta una cantidad.

expresionismo. m. Escuela y tendencia que,
reaccionando contra el impresionismo, propugna la
intensidad de la expresión sincera aun a costa del
equilibrio formal.

expresionista. adj. y s. Relativo o perteneciente
al expresionismo.

expresividad. f. Calidad de expresivo.

expresivo, va. adj. Díc. de la persona que ma-
nifiesta con gran viveza lo que siente o piensa. ||
Díc. de cualquier manifestación mímica, oral, escrita, musical o plástica, que muestra con viveza
los sentimientos de la persona que se manifiesta
por aquellos medios. || Característico, típico. ||
Que constituye un inicio de algo. || Cariñoso, afec-
tuoso.

expreso, sa. ◁tácito. p. p. irreg. de expresar.
|| adj. Claro, patente. || Díc. del tren expreso. Ú.
m. c. m. || m. Correo extraordinario. || adv. m.
Ex profeso.

exprimidera. f. Instrumento para exprimir.

exprimir. tr. Extraer el zumo o líquido de una
cosa. || fig. Estrujar, agotar una cosa. || fig. Abusar
de una persona, explotarla.

ex profeso. loc. adv. lat. De propósito.

Expresionismo. *El grito*, por Edvar Münch. Museo Münch.
Oslo

expropiación. f. Acción y efecto de expropiar.

expropiar. tr. Desposeer de una cosa a su propietario por motivos de utilidad pública.

expuesto, ta. p. p. irreg. de exponer. || adj.
Peligroso.

expugnar. tr. Tomar por fuerza de armas una
ciudad, plaza, castillo, etc.

expulsar. tr. Expeler.

expulsión. f. Acción y efecto de expeler o expulsar.

expurgación. f. Acción y efecto de expurgar.

expurgar. tr. Limpiar o purificar una cosa. ||
fig. Mandar la autoridad competente tachar algunas
palabras, cláusulas o pasajes de determinados libros o impresos.

expurgatorio, ria. adj. Que expurga o limpia.

exquisitez. f. Calidad de exquisito.

exquisito, ta. adj. De singular y extraordinaria
calidad, primor o gusto.

extasiarse. prnl. Quedarse fuera de sí.

éxtasis. m. Estado del alma enteramente em-
bargada por un intenso sentimiento de admiración,
alegría, etc. || *Teol.* Estado preternatural del alma,
caracterizado interiormente por cierta unión mística
con Dios y exteriormente por la suspensión mayor
o menor del ejercicio de los sentidos.

extático, ca. adj. Que está en éxtasis.

extemporaneidad. f. Calidad de extemporáneo.

extemporáneo, a. adj. Impropio del tiempo en que sucede o se hace. || Inoportuno, inconveniente.

extender. ≅ampliar. ◁encoger. tr. Hacer que una cosa ocupe más espacio que antes. Ú. t. c. prnl. || Esparcir, desparramar. || Desenvolver, desplegar. Ú. t. c. prnl. || Dar mayor amplitud y comprensión a un derecho, autoridad, etc. Ú. t. c. prnl. || Despachar un documento. || prnl. Ocupar cierta porción de terreno o tiempo. || Detenerse mucho en una explicación o narración. || fig. Propagarse, irse difundiendo.

extensible. adj. Que se puede extender.

extensión. ◁parvedad. f. Acción y efecto de extender. || *Geom.* Capacidad para ocupar una parte del espacio. || *Geom.* Medida del espacio ocupada por un cuerpo. || *Gram.* Tratando del significado de las palabras, ampliación del mismo a otro concepto. || *Lóg.* Conjunto de individuos comprendidos en una idea.

extensivo, va. adj. Que se extiende o se puede extender o aplicar a más cosas que a las que ordinariamente comprende.

extenso, sa. adj. Que tiene extensión. || Vasto.

extensor, ra. adj. Que se extiende o hace que se extienda una cosa: *músculo* ~.

extenuación. f. Enflaquecimiento, debilitación de fuerzas materiales.

extenuante. adj. Que extenúa.

extenuar. ◁fortalecer. tr. y prnl. Enflaquecer, debilitar.

exterior. ≅externo. ◁interior. adj. Que está por la parte de afuera. || Relativo a otros países, por contraposición a nacional e interior: *comercio* ~. || m. Superficie externa de los cuerpos. || Traza, aspecto o porte de una persona.

exterioridad. f. Cosa exterior o externa. || Apariencia de las cosas o porte de una persona. || Demostración con que se aparenta un afecto del ánimo. || Honor o pompa de pura ceremonia. Ú. m. en pl.

exteriorización. f. Acción y efecto de exteriorizar.

exteriorizar. ◁ocultar. tr. y prnl. Revelar o mostrar algo al exterior.

exterminación. f. Acción y efecto de exterminar.

exterminar. ≅aniquilar. tr. fig. Acabar del todo con una cosa. || fig. Desolar, devastar.

exterminio. m. Acción y efecto de exterminar.

externado. m. Establecimiento de enseñanza donde se reciben alumnos externos. || Estado y

régimen de vida del alumno externo. || Conjunto de alumnos externos.

externo, na. adj. Díc. de lo que obra o se manifiesta al exterior. || Díc. del alumno que sólo permanece en el colegio o escuela durante las horas de clase. Ú. t. c. s.

extinción. f. Acción y efecto de extinguir.

extinguir. ≅apagar. ≅morir. ◁nacer. tr. y prnl. Hacer que cese el fuego o la luz. || fig. Hacer que cesen o se acaben del todo ciertas cosas que desaparecen gradualmente: ~ *una vida.*

extintor, ra. adj. Que extingue. || m. Aparato para extinguir incendios.

extirpación. f. Acción y efecto de extirpar.

extirpar. tr. Arrancar de cuajo o de raíz. || fig. Acabar del todo con una cosa: ~ *los vicios.*

extorsión. f. Acción y efecto de usurpar y arrebatar por fuerza una cosa a uno. || fig. Cualquier daño o perjuicio.

extorsionar. tr. Usurpar, arrebatar. || Causar extorsión o daño.

extra-. Elemento compositivo que sign. *fuera de: extra*muros.

extra. adj. fam. Extraordinario, óptimo. || m. fam. Adehala, gaje, plus. || com. Persona que presta un servicio accidental. || En el cine, persona que interviene como comparsa.

extracción. f. Acción y efecto de extraer. || Acto de sacar en la lotería algunos números con sus suertes. || Origen, linaje: *baja, humilde* ~.

extractar. tr. Reducir a extracto una cosa.

extractivo, va. adj. Que extrae o es propio para extraer.

extracto. m. Resumen de un escrito. || Substancia espesa, resultante de la evaporación de jugos. || *Der.* Apuntamiento o resumen de un expediente o de pleito contencioso administrativo.

extractor, ra. m. y f. Persona que extrae. || m. Aparato o pieza de un mecanismo que sirve para extraer.

extradición. f. Entrega del reo refugiado en un país a las autoridades de otro que lo reclaman.

extraditar. tr. Conceder el gobierno la extradición de un reclamado por la justicia de otro país.

extraer. ◁introducir. tr. Sacar, poner una cosa fuera de donde estaba. || *Álg.* y *Arit.* Tratándose de raíces, averiguar cuáles son las de una cantidad dada. || *Quím.* Separar alguna de las partes de que se componen los cuerpos.

extrajudicial. adj. Que se hace o se trata fuera de la vía judicial.

extralimitarse. prnl. fig. Excederse en el uso

de las facultades o atribuciones. || fig. Abusar de la benevolencia ajena.

extramuros. adv. l. Fuera del recinto de una población o lugar.

extranjería. f. Calidad y condición del extranjero residente en un país. || Sistema o conjunto de normas reguladoras de la condición, los actos y los intereses de los extranjeros en un país.

extranjerismo. m. Afición desmedida a costumbres extranjeras. || Voz, frase o giro de un idioma extranjero empleado en español.

extranjerizar. tr. y prnl. Introducir las costumbres extranjeras, mezclándolas con las propias del país.

extranjero, ra. ≅extraño. ◁indígena. adj. Que es o viene de país de otra soberanía. || Natural de una nación con respecto a los naturales de cualquier otra. Ú. m. c. s. || m. Toda nación que no es la propia.

extranjis(de). loc. fam. De tapadillo, ocultamente.

extraña. f. Planta herbácea compuesta, de flores grandes, que se cultiva para adorno.

extrañar. ≅chocar. ≅deportar. ≅sorprender. tr. Desterrar a país extranjero. Ú. t. c. prnl. || Ver u oír con admiración o extrañeza una cosa. Ú. t. c. prnl. || Sentir la novedad de alguna cosa que usamos, echando de menos la que nos es habitual. || Echar de menos a alguna persona o cosa, sentir su falta.

extrañeza o **extrañez.** f. Anormalidad, rareza. || Cosa rara, extraña, extraordinaria.

extraño, ña. ≅extranjero. ≅impropio. adj. De nación, familia o profesión distintas. Ú. t. c. s. || Raro, singular. || Extravagante: ∽ humor. || Ajeno a la naturaleza o condición de una cosa de la que forma parte: *Pedro es un ∽ en su familia.*

extraoficial. adj. No oficial.

extraordinario, ria. ≅excepcional. ≅raro. ◁normal. adj. Fuera del orden o regla natural o común. || m. Correo especial que se despacha con urgencia. || Plato o manjar que se añade a la comida diaria. || Número de un periódico que se publica por algún motivo extraordinario.

extraparlamentario, ria. adj. Díc. de las actividades, fuerzas política, etc., que quedan fuera del juego parlamentario.

extraplano, na. adj. Díc. de las cosas que son extraordinariamente planas.

extrapolación. f. Acción y efecto de extrapolar.

extrapolar. tr. Averiguar el valor de una magnitud para valores de una variable que se hallan fuera del intervalo en que dicha magnitud es co-

nocida. || fig. y fam. Aplicar un criterio conocido a otro dominio para extraer consecuecias e hipótesis.

extrarradio. m. Zona que rodea el casco y radio de la población.

extraterrestre. adj. y s. Dícese de los seres imaginarios, más o menos antropomorfos, supuestamente venido desde el exterior de la Tierra.

extraterritorial. adj. Díc. de lo que está fuera de los límites territoriales.

extraterritorialidad. f. Privilegio que considera el domicilio de los agentes diplomáticos, buques de guerra, etc., como si estuviesen fuera del territorio donde se encuentran.

extrauterino, na. adj. Que está situado u ocurre fuera del útero, dicho en relación con lo que acontece dentro.

extravagancia. f. Calidad de extravagante. || Acción o cosa extravagante.

extravagante. ≅estrafalario. ≅raro. adj. Que habla, procede, viste, etc., fuera del común modo de obrar. || Raro, extraño, desacostumbrado, excesivamente peculiar u original. || Que procede así. Ú. t. c. s.

extravasación. f. Acción y efecto de extravasarse.

extravasarse. prnl. Salirse un líquido de un vaso o conducto: ∽ la sangre.

extravenar. tr. Hacer salir la sangre de las venas. Ú. m. c. prnl. || fig. Desviar, sacar de su lugar.

extraversión. f. Movimiento del ánimo que, cesando en su propia contemplación, sale fuera de sí por medio de los sentidos.

extravertido, da. adj. Dado a la extraversión.

extraviado, da. p. p. de extraviar. || adj. De costumbres desordenadas. || Díc. de los lugares poco transitados.

extraviar. tr. Hacer perder el camino. || Perder una cosa, no saber dónde se puso. || No fijar la vista en un punto determinado. || prnl. No encontrar una cosa en su sitio e ignorarse su paradero.

extravío. m. Acción y efecto de extraviar.

extremado, da. ≅exagerado. p. p. de extremar. || adj. Sumamente bueno o malo.

extremar. tr. Llevar al extremo. || prnl. Emplear todo el esmero en la ejecución de una cosa.

extremaunción. f. Unción de los enfermos.

extremeño, ña. adj. y s. De Extremadura. || Que habita en los extremos de una región. || m. Dialecto extremeño.

extremidad. f. Parte extrema de una cosa. || fig. Grado último a que una cosa puede llegar. ||

pl. Cabeza, pies, manos y cola de los animales. || Pies y manos del hombre.

extremismo. m. Tendencia a adoptar ideas extremas o exageradas.

extremista. adj. y s. Que practica el extremismo.

extremo, ma. adj. Último. || Aplícase a los más intenso, elevado o activo de cualquier cosa. || Excesivo, sumo, mucho. || Distante. || Desemejante. || m. Parte primera o parte última de una cosa. || En el fútbol y otros deportes, cada uno de los dos miembros de la delantera que se sitúa más próximo a las bandas del campo.

extrínseco, ca. ◁intrínseco. adj. Exterior, no esencial.

extroversión. f. Extraversión.

extrovertido, da. adj. Extravertido.

exuberancia. ≅plenitud. ≅profusión. ◁escasez. f. Abundancia suma.

exuberante. adj. Abundante y copioso con exceso.

exudación. f. Acción y efecto de exudar.

exudar. ≅destilar. ≅rezumar. intr. y tr. Salir un líquido fuera de sus vasos.

exultación. f. Acción y efecto de exultar.

exultar. ◁deprimir. intr. Saltar de alegría, no caber en sí de gozo.

exvoto. m. Ofrenda en recuerdo de un bien recibido que se cuelga en los muros de los templos.

eyaculación. f. Acción y efecto de eyacular.

eyacular. tr. Lanzar con fuerza el contenido de un órgano, cavidad o depósito. || Expeler el semen.

eyector. m. Expulsor en las armas de fuego.

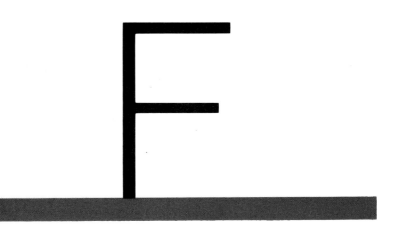

f. f. Séptima letra del abecedario español, y quinta de sus consonantes. Su nombre es *efe*.

fa. m. *Mús.* Cuarta nota de la escala musical.

faba. f. Judía, planta leguminosa, y su fruto y semilla.

fabada. f. Plato típico asturiano compuesto de judías, aderezadas con tocino, morcilla, chorizo, lacón, etc.

fábrica. f. Establecimiento industrial en el que se transforman los productos semielaborados o materias primas, para la obtención de objetos destinados al consumo. || Edificio. || Construcción o parte de ella hecha de piedra o ladrillo y argamasa. || fig. Invención, artificio.

fabricación. f. Acción y efecto de fabricar.

fabricante. adj. y s. Que fabrica. || m. Dueño de una fábrica. || Persona o sociedad que transforma productos sin elaborar en bienes para la venta.

fabricar. ≅ elaborar. ≅ manufacturar. ≅ edificar. tr. Transformar materias primas en productos semielaborados o estos en productos para el consumo. || Construir un edificio, un dique, etc. || fig. Elaborar. || fig. Hacer.

fabril. adj. Relativo a la fábrica.

fábula. ≅ invención. ≅ leyenda. ◁ verdad. f. Composición literaria, generalmente en verso, que contiene una anécdota , a menudo con animales por protagonistas, y envuelve una enseñanza moral o moraleja. || Mitología. || Relato falso. || Rumor, habladuría. || Ficción que se narra para deleitar.

fabulario. m. Repertorio de fábulas.

fabulista. com. Autor de fábulas literarias.

fabuloso, sa. adj. Imaginario. || fig. Extraordinario, increíble. || Excesivo.

faca. f. Cuchillo grande con la punta corva.

facción. f. Grupo de gente amotinada o en rebeldía. || Bando, pandilla. || Rasgo del rostro humano. Ú. m. en pl. || Acto del servicio militar.

faccioso, sa. adj. y s. Rebelde, sublevado.

faceta. f. Cada uno de los lados o caras de un poliedro, especialmente del diamante. || fig. Aspecto.

facial. adj. Relativo al rostro: *nervio* ⌣; *máscara* ⌣.

facies. ∫∫facies. f. Aspecto. || Rostro, semblante.

fácil. adj. Que cuesta poco trabajo. || Probable. || Dócil, manejable. || adv. m. Con facilidad, sin esfuerzo.

facilidad. ◁ dificultad. f. Calidad de fácil. || Disposición para hacer una cosa sin gran trabajo. || Ligereza, condescendencia. || Oportunidad para hacer algo. || pl. Comodidades.

facilitar. ≅ posibilitar. ◁ dificultar. tr. Hacer fácil o posible. || Proporcionar, entregar.

facineroso, sa. ≅ malhechor. adj. y s. Delincuente habitual. || m. Malvado.

facistol. m. Atril grande en el coro de las iglesias.

facsímil. m. Copia de un manuscrito, impreso, etc. || Reproducción a distancia de dibujos, textos, fotografías, etc. || Aparato que permite este envío o recepción.

factible. adj. Que se puede hacer.

fáctico, ca. adj. Relativo a los hechos. || Basado en hechos, en oposición a teórico.

factor. m. Cada uno de los términos de un producto o cantidad. || Elemento, condicionante. || Empleado de ferrocarrile encargado de recibir y expedir el equipaje.

factoría. f. Establecimiento de comercio en un país colonial. || Fábrica o complejo industrial.

factorial. f. *Mat.* Producto de todos los términos de una progresión aritmética.

factótum. m. Persona de plena confianza de otra que despacha sus principales negocios. || fam. Persona entremetida que oficiosamente se presta a todos los servicios.

factura. ≅ejecución. ≅hechura. f. Relación de los objetos o artículos comprendidos en una operación de comercio. || Cuenta detallada de cada una de estas operaciones. || *Arg.* Bollo de panadería.

facturación. f. Acción y efecto de facturar. || Volumen de ventas de un negocio.

facturar. tr. Extender las facturas. || Registrar, anotar en las estaciones de ferrocarriles equipajes o mercancías para que sean remitidos a su destino.

facultad. f. Aptitud, potencia física o moral. || Poder, derecho para hacer alguna cosa. || Virtud, propiedad: *el imán tiene la ⌢ de atraer al hierro.* || Cada una de las secciones en que se dividen los estudios universitarios.. || Centro en que se cursa una carrera universitaria. || Licencia, permiso.

facultar. tr. Autorizar.

facultativo, va. ◁obligatorio. adj. Relativo a una facultad: *dictamen ⌢.* || Potestativo. || m. Médico.

facundia. f. Facilidad de palabra, locuacidad.

facundo, da. adj. Locuaz, hablador.

facha. f. fam. Traza, figura, aspecto. || fam. Mamarracho, adefesio. Ú. t. c. m. || com. desp. Fascista, nazi.

fachada. f. Aspecto exterior de un edificio, un buque, etc. || fig. y fam. Apariencia.

fachoso, sa. adj. fam. De mala facha.

fado. m. Canción popular portuguesa.

faena. f. Trabajo corporal. || fig. Trabajo mental. || Quehacer, tarea. Ú. m. en pl. || Mala pasada. || Conjunto de las suertes que realiza el torero, principalmente con la muleta.

faenar. intr. Pescar. || Laborar, trabajar.

faetón. m. Carruaje descubierto, de cuatro ruedas, alto y ligero.

fagocito. m. Glóbulo blanco de la sangre, capaz de destruir las bacterias o agentes nocivos.

fagocitosis . f. *Biol.* Función que desempeñan los fagocitos en el organismo.

fagot o **fagote.** m. Instrumento músico de viento, formado por un tubo de madera, con agujeros y llaves || Persona que lo toca.

fairplay. Expresión inglesa que significa *juego limpio.*

faisán. m. Ave gallinácea de carne muy apreciada.

faja. f. Tira de tela o de tejido elástico con que se rodea el cuerpo por la cintura. || Lista, tira mucho más larga que ancha. || Banda de papel que se pone a los impresos o periódicos, especialmente cuando han de ir por correo. || Insignia propia de algunos cargos. || Vitola.

fajar. tr. Ceñir con faja o venda. Ú. t. c. prnl. || Envolver al niño y ponerle el fajero. || *C. Rica, Cuba, Chile* y *Perú.* Pegar a uno, golpearlo. Ú. t. c. prnl.

fajero. m. Faja de niño.

fajín. m. Ceñidor que usan los generales y algunos funcionarios civiles.

fajina. f. Conjunto de haces de mies. || Leña menuda para encender. || Toque militar para ir a comer.

fajo. m. Haz, atado. || Paquete

falacia. f. Engaño, mentira.

falange. f. Cuerpo de infantería pesada de los antiguos griegos. || Cuerpo numeroso de tropas. || Cada uno de los huesos de los dedos.

falangeta. f. Falange tercera de los dedos.

falangina. f. Falange segunda de los dedos.

falangista. adj. Relativo a Falange Española. ||

Faisán

com. Persona afiliada a este movimiento o partido político, fundado por José Antonio Primo de Rivera en 1933.

falaz. ◁veraz. adj. Engañoso, falso, mentiroso.

falconete. m. Especie de culebrina.

falcónido, da. adj. y s. Díc. de las aves de rapiña diurnas cuyo tipo es el halcón. || f. pl. Familia de estas aves.

falda. f. Parte inferior del vestido de mujer o prenda de vestir suelta que cae desde la cintura hacia abajo. || Cobertura con que se reviste una mesa camilla. || Carne de la res que cuelga de las agujas. || Regazo: *tener en la* ⌢ *al niño.* || Ala del sombrero. || fig. Parte baja de los montes o sierras. || pl. Mujeres: *cuestión de* ⌢s.

faldero, ra. adj. Relativo a la falda. || fig. Aficionado a estar entre mujeres.

faldón. m. Falda suelta. || Parte inferior de alguna ropa, colgadura, etc. || Vertiente de un tejado.

faldriquera. f. Faltriquera.

falibilidad. f. Calidad de falible. || Posibilidad de errar.

falible. adj. Que puede engañarse o engañar. || Que puede faltar o fallar.

fálico, ca. adj. Relativo al falo.

falo. m. Pene, miembro viril.

falsario, ria. adj. y s. Falsificador. || Mentiroso.

falsear. tr. Adulterar, corromper o contrahacer.

falsedad. ≅engaño. ≅mentira. ◁veracidad. f. Falta de verdad o autenticidad. || Falta de conformidad entre las palabras, las ideas y las cosas.

falsete. m. Voz más aguda que la natural. || Corcho para tapar una cuba cuando se quita la canilla.

falsificación. f. Acción y efecto de falsificar.

falsificar. tr. Falsear, adulterar o contrahacer.

falsilla. f. Hoja de papel con líneas muy señaladas, que se pone debajo de otra en que se escribe, para que aquéllas se transparenten y sirvan de guía.

falso, sa. adj. Engañoso, fingido, simulado. || Contrario a la verdad: *cita* ⌢*; argumento* ⌢. || Que no es real, auténtico o verdadero. || Falsificado.

falta. ≅culpa. ≅equivocación. ≅imperfección. f. Carencia, privación, penuria: ⌢ *de medios, de lluvias.* || Quebrantamiento de la obligación. || Ausencia de una persona del sitio en que debiera estar. || Defecto. || Error. || Supresión de la regla en la mujer. || Transgresión de las reglas de un juego o deporte. || *Der.* Infracción de la ley de carácter leve.

faltar. intr. No existir una cosa, carecer de ella. || No acudir a una cita u obligación. || Ausentarse o estar ausente: *Juan falta de su casa desde hace un mes.* || No cumplir con lo que debe: *faltó a la lealtad debida.* || Dejar de asistir a otro. || No tratar a alguien con la consideración o respeto debidos: *Juan me faltó.*

falto, ta. adj. Carente de algo. || Escaso, mezquino, apocado. || Tonto o medio tonto.

faltriquera. f. Bolsillo de las prendas de vestir.

falúa. f. Embarcación menor con carroza.

falucho. m. Embarcación costanera con una vela latina.

falla. f. Defecto, falta. Incumplimiento de una obligación. || Quiebra que los movimientos geológicos han producido en un terreno. || Tinglado de madera, cartón y tela que, en forma de monumento y con carácter simbólico por lo general, es quemado en las calles de Valencia en la noche del 19 de marzo, fiesta de San José. Ú. t. en pl.

fallar. tr. Pronunciar sentencia un jurado o tribunal. || En algunos juegos de naipes, poner un triunfo por no tener el palo que se juega. || intr. Frustrarse, faltar o salir fallido algo: *ha fallado la cosecha, el freno, este proyecto.* || Perder una cosa su resistencia: ⌢ *un soporte, una cuerda.*

falleba. f. Varilla acodillada para cerrar puertas y ventanas.

fallecer. intr. Morir.

fallecimiento. m. Muerte.

fallero, ra. adj. Relativo a las fallas. || m. y f. Persona que toma parte en las fallas de Valencia.

fallido, da. adj. Frustrado. || Quebrado o sin crédito. Ú. t. c. s. || Díc. de la cantidad, crédito que se considera incobrable. Ú. t. c. s.

fallo. m. Sentencia definitiva del juez. || Decisión. || Falta de un palo en los juegos de cartas. || Deficiencia, error, equivocación.

fama. ≅gloria. ≅reputación. f. Noticia de una cosa. || Opinión sobre una persona. || Opinión sobre la excelencia de la profesión o arte de una persona: *escritor de* ⌢.

famélico, ca. adj. Hambriento.

familia. ≅linaje. ≅parentela. f. Grupo de personas emparentadas entre sí que viven juntas o en lugares diferentes, y especialmente el formado por el matrimonio y los hijos. || Prole. || fam. Grupo numeroso de personas con alguna condición común. || fig. Conjunto de cosas de origen común: ⌢ *de palabras.* || *Bot.* y *Zool.* Grupo taxonómico constituido por varios géneros naturales con gran número de caracteres comunes: ⌢ *de las papilionáceas.*

familiar. adj. Relativo a la familia. || Díc. de lo que uno tiene muy sabido y en lo que es experto. || Díc. del trato llano y sin ceremonia. || Díc. de voces, lenguaje, estilo, etc., natural, sencillo, corriente. || Díc. de cada uno de los caracteres que presentan varios individuos de la misma familia. || m. Deudo o pariente. || El que tiene trato frecuente con uno. || Coche de muchos asientos. Ú. t. c. adj.

familiaridad. ≅ franqueza. f. Llaneza y confianza en el trato.

familiarizar. tr. Hacer familiar, habituar, acostumbrar. || prnl. Acostumbrarse a algo: *familiarizarse con el peligro.*

famoso, sa. adj. Que tiene fama y nombre: *comedia* ⌢; *ladrón* ⌢. || fam. Extraordinario, singular, notable: ⌢ *disparate, ocurrencia* ⌢.

fámula. f. Criada, doméstica.

fan. ∫∫fans. m. y f. Fanático, entusiasta, partidario, hincha.

fanal. ≅ farola. m. Farol grande: ⌢ *de un puerto, de un barco.* || Campana de cristal: ⌢ *de un reloj, de la imagen de un santo.*

fanático, ca. ≅ exaltado. ≅ intransigente. ◁equilibrado. adj. y s. Que defiende con apasionamiento creencias u opiniones religiosas. || Entusiasmado ciegamente por una cosa: ⌢ *de la música.*

fanatismo. m. Celo excesivo, apasionamiento del fanático.

fanatizar. tr. Provocar el fanatismo.

fandango. m. Baile español, cantado con acompañamiento de guitarra y castañuelas, a tres tiempos y con movimiento muy vivo. || Música que lo acompaña. || fig. y fam. Bullicio.

fandanguillo. m. Canción popular andaluza, incluida en el grupo del cante flamenco.

fané. adj. fam. Ajado, decadente.

faneca. f. Pez marino, especie de abadejo que abunda en el Cantábrico.

fanega. f. Medida de capacidad para áridos que equivale a unos 55 litros y medio, aunque es muy variable según las diversas regiones de España. || Porción de áridos que cabe en esa medida. || Medida agraria, variable en cada región. En Castilla equivale a 64 áreas y 596 miliáreas.

fanerógamo, ma. adj. y f.Díc. de las plantas que se reproducen por semillas en forma de flor.

fanfarria. f. fam. Baladronada, jactancia. || Conjunto musical ruidoso, principalmente a base de instrumentos de metal, y música así interpretada.

fanfarrón, na. adj. y s. fam. Que hace alarde de lo que no es.

fanfarronada. ≅ jactancia. ≅ presunción. f. Dicho o hecho propio de fanfarrón.

fanfarronear. intr. Hablar con arrogancia, alardear.

fanfarronería. f. Carácter del fanfarrón.

fango. ≅ barro. m. Lodo. || fig. Vilipendio, degradación: *llenarle a uno de* ⌢.

fangoso, sa. adj. Lleno de fango.

fantasear. intr. Dejar correr la fantasía o imaginación. || Preciarse vanamente. || tr. Imaginar algo fantástico.

fantasía. f. Facultad de la mente para reproducir en imágenes cosas inexistentes o de idealizar las reales. || Imagen formada por la imaginación. || Ficción: *la* ⌢ *de los poetas.* || Adorno que imita una joya. || fam. Presunción, gravedad afectada. || Composición instrumental de estructura libre.

fantasioso, sa. adj. Vano, presuntuoso. || Que se deja llevar por la imaginación.

fantasma. m. Visión quimérica, espectro. || Aparición, imagen impresa en la fantasía. || fig. Persona presuntuosa. || f. Espantajo.

fantasmagoría. f. Representación de fantasmas por medio de una ilusión óptica. || fig. Ilusión de los sentidos desprovista de todo fundamento.

fantasmagórico, ca. adj. Relativo a la fantasmagoría.

fantasmón, na. adj. y s. fam. Presuntuoso, vanidoso.

fantástico, ca. ≅ quimérico. adj. Irreal, imaginario. || Relativo a la fantasía. || fig. Presuntuoso. || fig. y fam. Magnífico, estupendo, maravilloso.

fantoche. m. Títere, muñeco. || Persona informal o presumida.

faquir. m. Santón mahometano que vive de la limosna. || Asceta de varias sectas hindúes. || Artista de espectáculo que hace mortificaciones como las de los faquires.

faradio. m. Unidad de capacidad eléctrica en el sistema basado en el metro, el kilogramo, el segundo y el amperio.

farallón. m. Roca alta y tajada sobre el mar o cerca de la costa.

faramalla. f. fam. Charla artificiosa. || fam. Farfolla.

farándula. f. Profesión de los comediantes. || Compañía antigua de cómicos ambulantes. || fig. y fam. Charla engañosa.

farandulero, ra. m. y f. Comediante. || adj. y s. fig. y fam. Hablador, charlatán.

faraón. m. Título de los antiguos reyes de Egipto. || m. y f. fig. Gitano que baila o canta muy bien.

Faquir hindú en Fatehpur Sikri (India)

faraónico, ca. adj. Relativo a los faraones. ||
fig. Grandioso.

fardar. tr. y prnl. Surtir de ropa y vestidos. ||
intr. fam. Presumir, alardear.

farde. m. fam. Alarde.

fardo. m. Lío, bulto, paquete.

fardón, na. adj. y s. fa. Presuntuoso. || Vistoso,
que luce.

farero, ra. m. y f. Empleado o vigilante de un
faro.

fárfara. f. Telilla o cubierta blanda interior de
los huevos de las aves.

farfolla. ≅faramalla. f. Envoltura de las panojas
del maíz, mijo y panizo. || fig. Oropel, hojarasca.

farfulla. f. Defecto del que habla balbuciente y
de prisa. || com. y adj. fam. Persona farfulladora.

farfullar. tr. fam. Hablar muy de prisa y atro-
pelladamente. || fig. y fam. Obrar atropelladamente.

faria. m. Cigarro barato peninsular de tripa de
hebra larga.

farináceo, a. adj. Harinoso.

farinato. m. *Sal.* Embutido de pan amasado con
manteca de cerdo, sal y pimienta.

faringe. f. Conducto musculoso situado entre la
boca, parte posterior de las fosas nasales y el
esófago.

faringitis. ∬faringitis. f. Inflamación de la faringe.

fariseísmo. m. Conjunto de costumbres de los
fariseos. || fig. Hipocresía.

fariseo. m. Miembro de una secta religiosa entre los judíos que aparentaba austeridad y rigor en
el cumplimiento de la ley. || fig. Hombre hipócrita.

farmacéutico, ca. adj. Relativo a la farmacia.
|| m. y f. Persona que profesa la farmacia y la
ejerce.

farmacia. f. Ciencia que enseña a preparar y
conocer los medicamentos. || Profesión de esta
ciencia. || Laboratorio y tienda del farmacéutico.

fármaco. m. Medicamento.

farmacología. f. Ciencia que trata de los medicamentos.

farmacólogo, ga. m. y f. Persona que profesa
la farmacología.

farmacopea. ≅recetario. f. Libro que trata de
las subsancias medicinales más comunes, y el
modo de prepararlas y combinarlas. || Repertorio
que publica oficialmente cada Estado como norma
legal para la preparación, experimentación, receta,
etc., de los medicamentos.

faro. m. Torre alta en las costas, con luz en la
parte superior para guiar a los navegantes. || Farol
delantero de los automóviles.

farol. m. Caja de materia transparente dentro
de la cual se pone luz. || fig. Hecho o dicho
jactancioso. || En el juego, jugada o envite falso
para desorientar.

Estatua del faraón Tutankamon. Museo de Arte
Egipcio. El Cairo

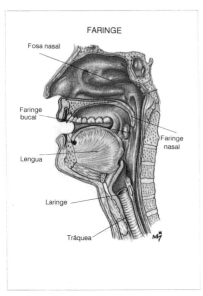

FARINGE

Fosa nasal

Faringe bucal

Faringe nasal

Lengua

Laringe

Tráquea

farola. f. Farol grande para el alumbrado público.

farolear. intr. fam. Presumir, fanfarronear.

farolero, ra. adj. y s. fig. y fam. Vano, ostentoso. || Que miente para darse importancia.

farolillo. m. Planta trepadora. || Planta perenne de flores grandes y campanudas. || Farol de papel, celofán o plástico de colores, que sirve de adorno en fiesas y verbenas. ◆ **rojo.** fam. El último en una competición.

farra. f. Juerga, jarana, parranda. || Burla.

fárrago. m. Conjunto de cosas mal ordenadas, o de noticias inconexas.

farragoso, sa. adj. Confuso. || Prolijo.

farruco, ca. adj. fam. Valiente, impávido. || fam. Terco, obstinado. || Satisfecho, ufano. || f. Variedad de cante flamenco y baile con que se acompaña.

farsa. f. Nombre antiguo de las comedias. || Pieza cómica breve. || fig. Enredo, engaño.

farsante. m. Comediante. || adj. y s. fig. y fam. Tramposo, mentiroso.

fasciculado, da. adj. Díc. de las estructuras que se disponen en forma de fascículos.

fascículo. m. Cada uno de los cuadernos que forma parte de un libro, y que se van publicando sucesivamente. || Haz de fibras musculares o nerviosas.

fascinar. tr. Dominar con la sola fuerza de la mirada: *la cobra fascina a su presunta víctima.* || fig. Engañar, alucinar. || fig. Atraer, seducir.

fascismo. m. Movimiento político y social, principalmente de juventudes organizadas en milicias bajo el signo de las antiguas fasces, que se produjo en Italia después de la Primera Guerra Mundial. || Régimen fascista fundado por Mussolini, establecido en Italia desde 1922 a 1945. || Doctrina de movimientos similares aparecidos en otros países. || fig. y fam. Cualquier régimen político de ideología dictatorial derechista.

fascista. adj. Relativo al fascismo. || Partidario de este movimiento y régimen. Ú. t. c. s. || fig. y fam. Partidario de un régimen dictatorial derechista. Ú. t. c. s.

fase. f. Cada una de las formas que presenta la Luna y otros planetas según los ilumina el Sol. || Cada uno de los estados sucesivos de una cosa: ⌣ *de un negocio.* || *Elec.* Valor de la fuerza electromotriz o la intensidad de una corriente eléctrica en un momento dado. || Cada una de las corrientes alternas que componen una corriente polifásica || *Fís.* y *Quím.* Cada una de las partes separables físicamente en un sistema formado por uno o varios componentes.

fastidiar. ≅aburrir. ≅hastiar. ≅molestar. tr. Causar asco o hastío una cosa. Ú. t. c. prnl. || fig. Ser molesto a alguien. || fam. Ocasionar daño. || prnl. Aguantarse: *si te han suspendido, te fastidias.*

fastidio. m. Disgusto, desazón. || fig. Enfado, cansancio, hastío, repugnancia.

fastidioso, sa. ≅latoso. adj. Que fastidia.

fasto, ta. adj. Feliz, venturoso. || m. Fausto.

fastuosidad. f. Calidad de fastuoso.

fastuoso, sa. adj. Ostentoso.

fatal. adj. Perteneciente al hado, inevitable. || Desgraciado, infeliz. || Muy malo. Ú. t. c. adv. || Díc. de la mujer que, por su conducta o aspecto llamativo, se supone irresistible para el hombre. || *Der.* Díc. del plazo improrrogable.

fatalidad. ≅destino. f. Calidad de fatal. || Desgracia, infelicidad. || Hado, destino, suerte.

fatalismo. m. Doctrina filosófica según la cual todo sucede por las determinaciones ineludibles del destino. || Enseñanza de los que opinan que una ley ineludible encadena a todos los seres.

fatalista. adj. y s. Que sigue la doctrina del fatalismo. || Díc. de quien acepta sin reacción activa todo lo que le depara el destino.

fatídico, ca. adj. Que pronostica el porvenir y, sobre todo, las desgracias.

fatiga. ◁descanso. f. Agitación, cansancio. || Ahogo, respiración frecuente o difícil. || Náusea. Ú. m. en pl. || fig. Molestia, sufrimiento. Ú. m. en pl.

fatigar. tr. Causar fatiga. Ú. m. c. prnl. || Molestar.

fatigoso, sa. adj. Que causa fatiga.

fatuidad. ≅necedad. ≅tontería. ◁modestia. f. Falta de razón. || Dicho o hecho necio. || Presunción, vanidad infundada.

fatuo, tua. adj. y s. Falto de razón. || Lleno de presunción o vanidad infundada.

fauces. f. pl. Parte posterior de la boca de los mamíferos.

fauna. f. Conjunto de animales de un país o región, o correspondiente a un determinado período geológico.

fauno. m. *Mit.* Genio romano de los campos y selvas, equivalente al sátiro griego.

fausto. ≅boato. ≅ostentación. adj. Feliz, afortunado. || m. Ornato, pompa, lujo.

favor. m. Ayuda, socorro, asistencia. || Honra, beneficio, gracia. || Privanza. || Protección.

favorable. adj. Que favorece. || Propicio, apacible, benévolo.

favorecer. tr. Ayudar, amparar, socorrer. || Apoyar, secundar, servir. || Dar o hacer un favor. || Mejorar el aspecto o apariencia de alguien, embellecer: *ese vestido te favorece.*

favoritismo. ◁justicia. m. Preferencia dada al favor sobre el mérito o la equidad.

favorito, ta. adj. Que es con preferencia estimado y apreciado. || Probable ganador en un deporte. || m. y f. Persona predilecta de un rey o personaje.

faz. f. Rostro, cara. || Aspecto, lado. || Anverso de las monedas y medallas.

fe. ≅afirmación. ≅crédito. ≅creencia. ≅dogma. ◁incredulidad. f. Creencia en algo que no necesita ser confirmado por la experiencia o la razón, o no está demostrado científicamente. || Promesa. || Testimonio. || Fidelidad, lealtad. || Documento que acredita algo: ↷*de vida.*

fealdad. ◁belleza. f. Calidad de feo. || fig. Torpeza, deshonestidad, acción indigna.

febrero. m. Segundo mes del año, que en los comunes tiene veintiocho días y en los bisiestos veintinueve.

febrífugo, ga. ◁antipirético. adj. y m. Que quita la fiebre.

febril. adj. Perteneciente a la fiebre. || fig. Ardoroso, desasosegado, violento.

fecal. adj. Perteneciente o relativo al excremento intestinal.

fécula. f. Substancia blanca que se encuentra en las semillas, tubérculos y raíces de muchas plantas. Se utiliza como alimento del hombre y de los animales domésticos.

feculento, ta. adj. Que contiene fécula. || Que tiene heces o impurezas.

fecundación. f. Acción de fecundar.

fecundar. tr. Fertilizar, hacer productiva una cosa. || Unirse el elemento reproductor masculino al femenino para dar origen a un nuevo ser.

fecundidad. f. Virtud y facultad de producir. || Calidad de fecundo. || Abundancia, fertilidad. || Reproducción numerosa y dilatada.

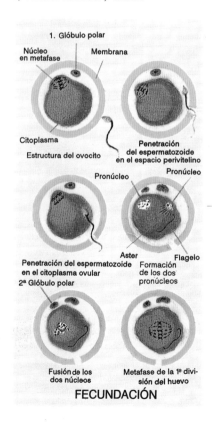

1. Glóbulo polar

Núcleo en metafase

Membrana

Citoplasma

Estructura del ovocito

Penetración del espermatozoide en el espacio perivitelino

Pronúcleo

Pronúcleo

Penetración del espermatozoide en el citoplasma ovular
2ª Glóbulo polar

Aster

Flagelo

Formación de los dos pronúcleos

Fusión de los dos núcleos

Metafase de la 1ª división del huevo

FECUNDACIÓN

fecundizar. tr. Hacer fecundo.

fecundo, da. ≅productivo. ≅prolífico. adj. Que produce o se reproduce. || Fértil, abundante.

fecha. f. Data, nota o indicación del lugar y tiempo en que se hace o sucede una cosa. || Tiempo en que ocurre o se hace una cosa. || Cada uno de los días que transcurren desde uno determinado. || Tiempo o momento actual: *Juan llegará por estas* ᕽs.

fechar. tr. Poner fecha a un escrito. || Determinar la fecha de un documento, suceso, etc.

fechoría. f. Mala acción.

federación. ≅confederación. f. Unión de colectividades (Estados, partidos políticos, etc.) que forman una más importante, manteniendo cierta autonomía. || Organismo, entidad o Estado resultante de dicha acción. || Estado federal. || Poder central del mismo.

federal. adj. Relativo a la federación.

federalismo. m. Idea o doctrina política que permite la formación de unidades políticas amplias a partir de la unión no fusionada de Estados.

federalista. adj. y s. Partidario del federalismo. || Federativo.

federar. tr. y prnl. Organizar en federación.

federativo, va. adj. Relativo a la federación.

fehaciente. adj. Fidedigno.

feldespato. m. Substancia mineral poco menos dura que el cuarzo, y que forma la parte principal de muchas rocas.

felicidad. ◁disgusto. f. Estado del ánimo que se complace en la posesión de un bien. || Satisfacción, gusto, contento. || Buena suerte.

felicitación. ≅enhorabuena. f. Acción de felicitar.

felicitar. tr. Manifestar a una persona la satisfacción que se experimenta con motivo de algún suceso favorable para ella. Ú. t. c. prnl. || Expresar el deseo de que una persona sea feliz.

félido. adj. y s. Díc. de mamíferos carnívoros, digitígrados como el león y el gato. || m. pl. Familia de estos animales.

feligrés, sa. m. y f. Persona que pertenece a una parroquia.

feligresía. f. Conjunto de feligreses de una parroquia. || Jurisdicción de una parroquia.

felino, na. adj. Perteneciente o relativo al gato. || Que parece de gato. || Félido. Ú. t. c. s. m.

feliz. ≅afortunado. ≅dichoso. ≅eficaz. adj. Que tiene o goza felicidad. || Que ocasiona felicidad. || Aplicado a las concepciones del entendimiento, oportuno, acertado: *dicho* ᕽ. || Que ocurre o sucede con felicidad: *campaña* ᕽ.

felonía. f. Deslealtad, traición.

felpa. f. Tejido de seda, algodón, etc., aterciopelado por una cara. || fig. y fam. Zurra de golpes. || fig. y fam. Rapapolvo.

felpudo, da. adj. Tejido en forma de felpa. || m. Esterilla afelpada. || Estera gruesa y afelpada que suele ponerse a la entrada de las casas para limpiarse el calzado.

femenino, na. adj. Propio o característico de las mujeres. || Que posee los rasgos propios de la feminidad. || Díc. del género gramatical al que pertenecen las hembras. Ú. t. c. s.

femineidad o **femininidad.** f. Calidad de femenino.

feminismo. m. Movimiento social que propugna la emancipación de la mujer hasta conseguir la igualdad de derechos con el hombre.

feminista. adj. Relativo al feminismo. || com. Partidario del feminismo.

feminoide. adj. Díc. del varón que tiene ciertos rasgos femeninos.

femoral. adj. Perteneciente o relativo al fémur.

fémur. m. Hueso del muslo, el más largo del cuerpo, que se articula con el coxal por la parte superior y con la rótula y la tibia por la inferior.

fenecer. intr. Morir, fallecer.

fenicio, cia. adj. y s. De Fenicia, antiguo país de Asia.

fénix. m. Ave mitológica que, según creían los antiguos, renacía de sus cenizas. Usáb. t. c. s. || fig. Lo que es exquisito o único en su especie.

fenol. m. Cuerpo sólido que se extrae por destilación de los aceites de alquitrán. Se usa como antiséptico en medicina.

fenomenal. adj. Perteneciente o relativo al fenómeno. || Que participa de la naturaleza del fenómeno. || fam. Tremendo, muy grande. || fig. y fam. Muy bueno, extraordinario, magnífico.

fenómeno. m. Toda apariencia o manifestación material o espiritual. || Cosa extraordinaria y sorprendente. || fam. Persona sobresaliente en su línea. || fig. y fam. Muy bueno, magnífico, sensacional.

fenomenología. Sistema filosófico elaborado por E. Husserl. Según él, se trata de una ciencia y de un modo de ver que, como reacción contra el psicologismo, mediante las reducciones pertinentes, trata de llegar a la esencia misma de las cosas.

feo, a. ◁bello. adj. Que carece de belleza y hermosura. || fig. Que causa horror o aversión: *acción* ᕽ. || fig. De aspecto malo o desfavorable: *el asunto se pone* ᕽ. || En el juego, se dice de

Collar fenicio. Museo Arqueológico. Cádiz

las cartas falsas. || m. fam. Desaire manifiesto: *le hizo un* ⌣.

feraz. adj. Fértil.

féretro. ≅ataúd. m. Caja o andas en que se llevan a enterrar los difuntos.

feria. f. Cualquiera de los días de la semana, excepto el sábado y domingo. || Descanso y suspensión del trabajo. || Mercado de mayor importancia que el común, en paraje público y días señalados. || Exposición comercial, generalmente anual.

feriado, da. adj. Díc. del día en que no se trabaja.

ferial. adj. Perteneciente a la feria. || m. Feria, mercado público y lugar donde se celebra.

feriante. adj. y s. Concurrente a la feria para comprar o vender.

feriar. tr. Vender, comprar o permutar una cosa por otra. || intr. Suspender el trabajo por uno o varios días.

fermentación. f. Proceso químico por el que se forman los alcoholes y ácidos orgánicos a partir de los azúcares.

fermentar. intr. Producirse la fermentación. || fig. Agitarse o alterarse los ánimos. || tr. Hacer o producir la fermentación.

fermento. m. Substancias orgánica que produce la fermentación. || fig. Causa o motivo de agitación o alteración de los ánimos.

fermio. m. Elemento radiactivo artificial. Peso atómico, 254; núm. atómico, 100; símbolo, Fm. || Unidad de longitud empleada en física nuclear. Equivale a 10^{-12} milímetros.

ferocidad. f. Fiereza, crueldad. || Atrocidad.

ferodo. m. Nombre registrado de un material formado con fibras de amianto e hilos metálicos, que se emplea principalmente para forrar las zapatas de los frenos.

feroz. adj. Que obra con ferocidad y dureza.

férreo, a. ◁blando. adj. De hierro o que tiene sus propiedades. || fig. Duro, tenaz.

ferretería. f. Tienda donde se venden objetos de metal.

ferretero, ra. m. y f. Tendero de ferretería.

férrico, ca. adj. Aplícase a las combinaciones del hierro en las que el cuerpo unido a este metal lo está en la proporción máxima en que puede efectuarlo.

ferrita. f. Disolución sólida del carbono en el hierro alfa. || Material mal conductor empleado como material magnético en muy altas frecuencias.

ferrocarril. m. Camino con dos filas de barras de hierro paralelas sobre las cuales ruedan los trenes. || Tren, serie de vagones arrastrados por una locomotora.

ferroso, sa. adj. Aplícase a las combinaciones del hierro en las que el cuerpo unido a este metal lo está en la proporción mínima en que puede efectuarlo.

ferroviario, ria. adj. Perteneciente o relativo a las vías férreas. || m. Empleado de ferrocarriles.

ferruginoso, sa. adj. Que contiene hierro.

ferry o **ferry boat.** m. Barco transbordador entre las orillas de un estrecho, río, etc.

fértil. ≅fecundo. ≅feraz. adj. Que produce en abundancia.

fertilidad. f. Calidad de fértil.

fertilizante. adj. Que fertiliza. || m Abono.

fertilizar. tr. Fecundizar la tierra, disponiéndola para que dé abundantes frutos.

férula. f. Autoridad o poder despótico: *estar uno bajo la* ⌣ *de otro.* || Med. Aparato empleado en el tratamiento de fracturas.

fervor. ≅ardor. ≅devoción. ◁tibieza. m. fig. Celo ardiente, devoción intensa, especialmente referido a la religión. || fig. Eficacia, entusiasmo.

fervoroso, sa. adj. fig. Que tiene fervor.

festejar. ≅agasajar. ≅cortejar. ≅halagar. tr.

Hacer festejos, cortejar. || Conmemorar, celebrar. || Galantear. || prnl. Divertirse.

festejo. m. Acción y efecto de festejar. || Galanteo. || pl. Regocijos públicos.

festín. ≅convite. m. Festejo particular. || Banquete espléndido.

festival. m. Fiesta, especialmente musical. || Manifestación artística.

festividad. f. Fiesta o solemnidad con que se celebra una cosa.

festivo, va. adj. De fiesta, que no se trabaja. || Chistoso, agudo. || Alegre

festón. m. Guirnalda de flores, frutas y hojas. || Bordado de realce que adorna el borde de una prenda. || *Arquit.* Adorno en forma de guirnalda.

festonear. tr. Adornar con festón. || Bordar festones.

fetal. adj. Perteneciente o relativo al feto.

fetiche. m. Objeto material venerado como un ídolo.

fetichismo. m. Culto de los fetiches.

fetichista. adj. Relativo al fetichismo. || com. Persona que profesa este culto.

fetidez. f. Hediondez, hedor.

fétido, da. adj. Hediondo.

feto. m. Producto de la concepción de una hembra vivípara, desde que pasa el período em-

Fetiche en piedra del Congo

brionario hasta el momento del parto. || Este mismo producto abortado.

feudal. adj. Relativo al feudo.

feudalismo. m. Sistema feudal de gobierno y de organización de la propiedad, imperante en la Edad Media, que tenía como base la constitución del feudo.

feudo. m. Contrato por el cual los soberanos y los grandes señores concedían tierras o rentas en usufructo, obligándose el que las recibía a guardar fidelidad de vasallo y prestar algunos servicios personales. || Tierra o dominio dado en feudo.

fez. m. Gorro de fieltro rojo, en forma de cubilete, usado por los moros.

fiabilidad. f. Calidad de fiable.

fiable. adj. Digno de confianza.

fiador, ra. ≅garante. m. y f. Persona que fía o responde por otra.

fiambre. adj. y m. y s. Díc. de la comida preparada para comerse fría. Se aplica también a las carnes curadas. || m. fig. y fam. Cadáver. || *Guat.* Plato nacional hecho con toda clase de carnes, encurtidos y conservas.

fiambrera. ≅tartera. f. Cacerola con tapa bien ajustada, que sirve para llevar la comida fuera de casa.

fianza. ≅garantía. f. Obligación que uno contrae de hacer aquello a que otro se ha obligado si éste no lo cumple. || Garantía. || Cantidad de dinero que se paga por la libertad de un individuo pendiente de juicio o sentencia firme.

fiar. tr. Asegurar uno que cumplirá lo que otro promete, obligándose, en caso de que no lo haga, a satisfacer por él. || Vender a crédito. || intr. Confiar, tener confianza.

fiasco. m. Fracaso total.

fibra. ≅hebra. f. Cada uno de los filamentos que entran en la composición de los tejidos orgánicos vegetales o animales, de ciertos minerales y de algunos productos químicos. || fig. Vigor, energía y robustez. ◆ **óptica.** Filamento compuesto de vidrio transparente en disposición coaxial, destinado a dejar pasar ondas electromagnéticas. Se emplea en electrónica, medicina y telecomunicaciones.

fibrina. f. *Quím.* Substancia similar a la albúmina que se halla disuelta en ciertos líquidos orgánicos, como la sangre.

fibroma. m. Tumor formado por tejido fibroso.

fibroso, sa. adj. Que tiene muchas fibras.

fíbula. f. Hebilla, a manera de imperdible, que se utilizó desde la Edad del Bronce.

Fibra óptica

ficción. ≅fábula. ◁realidad. f. Acción y efecto de fingir. || Invención poética.

ficticio, cia. ≅falso. ≅supuesto. adj. Fingido, fabuloso. || Aparente, convencional.

ficha. f. Pieza pequeña, generalmente plana y delgada, a la que se da diversos usos (contraseña en guardarropas, aparcamientos de automóviles, etc.). || Tarjeta de cartón o papel fuerte en que se consignan ciertos datos. || Pieza que se usa en substitución de la moneda o para señalar los tantos en el juego. || Cada una de las piezas del dominó u otros juegos de mesa. || Contrato de un jugador o técnico deportivo.

fichaje. m. Acción y efecto de fichar, especialmente a un jugador, atleta o técnico deportivo. || Cantidad pagada por esta operación.

fichar. tr. Anotar en una ficha. || Hacer la ficha antropométrica, policial, médica, etc., de un individuo. || Contratar a un deportista para que forme parte de un equipo o club. || intr. Marcar en una ficha, por medio de una máquina con reloj, la hora de entrada y salida en un centro de trabajo.

fichero. m.Conjunto de fichas ordenadas y mueble donde se guardan.

fidedigno, na. adj. Digno de fe y crédito.

fideicomiso. m. Disposición testamentaria por la cual el testador deja su hacienda o parte de ella encomendada a la fe de uno para que, en caso y tiempo determinados, la transmita a otro sujeto o la invierta del modo que se le señala. || Tutela de un territorio.

fidelidad. ◁infidelidad. f. Lealtad, observancia de la fe que uno debe a otro. || Puntualidad, exactitud en la ejecución de una cosa.

fideo. m. Pasta de harina que ordinariamente se toma en sopa. Ú. m. en pl. || fig. y fam. Persona muy delgada.

fiduciario, ria. adj. Que depende del crédito y confianza que merezca.

fiebre. f. Fenómeno patológico que se manifiesta por elevación de la temperatura normal del cuerpo y mayor frecuencia del pulso y la respiración. || fig. Actividad viva y ardorosa: ∽ de los negocios. ◆ **amarilla.** Enfermedad infecciosa originaria de algunas zonas de América tropical.

fiel. ≅creyente. ≅leal. ≅probo. ≅verdadero. adj. Que cumple sus compromisos. || Exacto, comforme a la verdad. || Creyente de una religión. || m. Aguja de una balanza.

fielato. m. Oficina recaudadora del antiguo impuesto de consumo.

fieltro. m. Especie de paño no tejido que resulta de conglomerar borra, lana o pelo. || Sombrero, capote, alfombra, etc., hechos de fieltro.

fiera. f. Animal salvaje. || fig. Persona cruel o de carácter malo y violento. ◆ **hecho una fiera.** loc. fig. y fam. Muy irritado.

fiereza. ≅ferocidad. ◁dulzura. f. Inhumanidad, crueldad. || Bravura.

fiero, ra. adj. Perteneciente o relativo a las fieras. || Feroz, duro, agreste o intratable. || Grande, excesivo. || fig. Horroroso, terrible.

fiesta. ≅conmemoración. ≅festividad. f. Alegría, regocijo, diversión. || fam. Chanza, broma. || Solemnidad civil o religiosa en conmemoración de algún acontecimiento o fecha especial y día en que se celebra. || Día en que no se trabaja. || Agasajo, caricia, obsequio. Ú. m. en pl.

fígaro. m. Barbero de oficio.

figón. m. Casa donde se guisan y venden cosas ordinarias de comer.

figura. f. Forma exterior de un cuerpo. || Cara, rostro, aspecto. || Estatua o pintura que representa el cuerpo de un hombre o animal. || Cosa que representa o significa otra. || Gesto, mueca. || Serie de variaciones en la danza, patinaje artístico, etc. || Persona que destaca en cualquier actividad. || Geom. Espacio cerrado por líneas o superficies.

figurado, da. adj. Aplícase al canto o música cuyas notas tienen diferente valor según su diversa figura. || Que usa figuras retóricas. || Díc. del sentido en que se toman las palabras para que denoten idea diversa de la que recta y literalmente significan.

figurante, ta. m. y f. Comparsa de teatro.

figurar. tr. Disponer, delinear y formar la figura de una cosa. || Aparentar, suponer, fingir. || intr. Formar parte o pertenecer al número de determinadas personas o cosas. || Destacar, brillar en alguna actividad. || prnl. Imaginarse uno algo que no conoce.

figurativo, va. adj. Que es o sirve de representación o figura de otra cosa. || Díc. del arte y de los artistas que representan figuras de realidades concretas.

figurín. m. Dibujo o modelo pequeño para los trajes y adornos de moda. || Revista de modas.

figurón. m. fig. y fam. Hombre presumido, que aparenta más de lo que es.

fijación. f. Acción de fijar.

fijador, ra. adj. Que fija. || m. Preparación cosmética que se usa para asentar el cabello. || Líquido que sirve para fijar un dibujo, una fotografía, etc.

fijar. ≅encolar. ◁desclavar. tr. Hincar, clavar, asegurar un cuerpo en otro. || Pegar con engrudo, etc. || Hacer fijo o estable. Ú. t. c. prnl. || Determinar, limitar, precisar, designar de un modo cierto: ↝ *la hora de una cita.* || Dirigir o aplicar intensamente: ↝ *la mirada.* || Hacer que la imagen fotográfica impresionada en una placa o en un papel sensible quede inalterable a la acción de la luz. || prnl. Determinarse, resolverse. || Atender, reparar, notar.

fijeza. f. Firmeza, seguridad. || Persistencia, continuidad.

fijo, ja. ≅estable. ≅permanente. adj. Firme, asegurado. || Invariable, que no cambia.

fila. f. Serie de personas o cosas colocadas en línea. || fig. y fam. Tirria, odio, antipatía. || f. pl. fig. Bando, partido.

filamento. m. Cuerpo filiforme, flexible o rígido. || Hilo conductor de las bombillas que se pone incandescente cuando pasa la corriente. || Parte del estambre de las flores que sujeta la antera.

filantropía. ◁misantropía. f. Amor al género humano.

filántropo. com. Persona que se distingue por el amor a sus semejantes.

filarmónico, ca. adj. y s. Apasionado por la música. || Díc. de algunas sociedades musicales y de ciertos conjuntos orquestales. Ú. t. c. s. f.

filatelia. f. Arte que trata del conocimiento de los sellos.

filatélico, ca. adj. Relativo a la filatelia. || m. y f. Coleccionista de sellos.

filete. m. Moldura larga y angosta. || Línea o lista fina que sirve de adorno. || Solomillo. || Lonja delgada de carne magra o de pescado limpio de raspas. || *Impr.* Pieza de metal cuya su-

Filatelia. Sellos de distintos países

perficie termina en una o más rayas de diferentes gruesos.

filfa. f. fam. Mentira, engaño, noticia falsa.

filiación. f. Acción y efecto de filiar. || Ficha o documento en que constan los datos personales de un individuo. || Lazo de parentesco entre padres e hijos. || Dependencia. || Señas personales de cualquier individuo.

filial. adj. Perteneciente al hijo. || Aplícase al establecimiento que depende de otro.

filibustero. m. Nombre de ciertos piratas que por el s. XVII infestaron el mar de las Antillas.

filiforme. adj. Que tiene forma o apariencia de hilo.

filigrana. f. Obra formada de hilos de oro o plata, unidos y soldados con mucha perfección y delicadeza. || Señal o marca transparente hecha en el papel al tiempo de fabricarlo. || fig. Cosa delicada y pulida.

filípica. f. Reprensión, censura acre.

filipino, na. adj. y s. De las islas Filipinas.

filisteo, a. adj. y s. Díc. del individuo de un pueblo que fue enemigo de los israelitas.

filmador, ra. adj. y s. Que filma o cinematografía. || f. Máquina para filmar o cinematografiar, tomavistas.

filmar. tr. Impresionar en una película cinematográfica escenas, paisajes, personas o cosas en movimiento.

filme. m. Película cinematográfica.

filmografía. f. Catálogo de películas de un realizador, productor, actor, etc.

filmoteca. f. Conjunto o colección de filmes. || Edificio donde se guardan o local dedicado a su proyección.

filo. m. Arista o borde agudo de un instrumento cortante.

filogenia. f. Formación y desarrollo de una especie por evolución biológica.

filología. f. Ciencia histórica que estudia una cultura, principalmente a través de los textos escritos. || Lingüística.

filológico, ca. adj. Relativo a la filología.

filólogo, ga. m. y f. Persona versada en filología.

filón. ≅veta. m. Masa metalífera o pétrea que rellena una antigua quiebra de las rocas de un terreno. || fig. Materia, negocio, recurso del que se espera sacar gran provecho.

filosofar. intr. Examinar. || fam. Meditar, reflexionar.

filosofía. f. Ciencia que trata de la esencia, propiedades, causas y efectos de las cosas naturales. || Conjunto de doctrinas sobre esta ciencia. || Facultad dedicada en las universidades a la ampliación de estos conocimientos. || Sistema filosófico. || fig. Fortaleza, serenidad, resignación.

filosófico, ca. adj. Relativo a la filosofía.

filósofo, fa. adj. Filosófico. || m. y f. Persona que estudia, profesa o sabe la filosofía.

filoxera. f. Insecto hemíptero que ataca las vides. || Enfermedad producida por este insecto.

filtrar. ≅colar. tr. Hacer pasar un líquido por un filtro. || intr. Penetrar un líquido a través de un cuerpo sólido. || prnl. fig. Revelar algo que debía mantenerse en secreto.

filtro. m. Materia porosa o dispositivo a través del cual se hace pasar un fluido para purificarlo o separar ciertas substancias. || Boquilla de los cigarrillos para retener la nicotina. || *Ópt.* Pantalla que se interpone al paso de la luz para excluir ciertos rayos. || *Elec.* Aparato para eliminar determinadas frecuencias en la corriente que lo atraviesa.

fimosis. f. Estrechez del orificio del prepucio.

fin. ≅intención. ≅objetivo. ◁principio. amb. y m. Término, remate o consumación de una cosa. || m. Objeto, motivo, finalidad. || Destino. ✦ **de semana.** Período de descanso semanal que normalmente comprende el sábado y el domingo. ◆ **a fin de.** m. conj. final. Con objeto de; para. || **al fin.** m. adv. Por último. || **en fin.** m. adv.

Finalmente. || **sin fin.** loc. fig. Sin número, innumerables.

finado, da. m. y f. Persona muerta.

final. adj. Que remata, cierra o perfecciona una cosa. || m. Fin, remate. || f. Última y decisiva competición en un campeonato o concurso.

finalidad. f. fig. Fin con que o por que se hace una cosa.

finalista. adj. y com. Competidor que llega a la prueba final de un campeonato, concurso, certamen, etc.

finalizar. tr. Concluir, dar fin. || intr. Extinguirse, acabarse.

financiar. tr. Aportar el dinero necesario para una empresa, proyecto u otra actividad.

financiero, ra. adj. Relativo a las finanzas. || m. y f. Persona versada en las cuestiones bancarias, bursátiles o mercantiles.

finanzas. f. pl. Caudales, bienes. || Hacienda pública.

finar. intr. Fallecer, morir.

finca. f. Propiedad inmueble, rústica o urbana.

finés, sa. adj. y s. Finlandés

fineza. ≅atención. ≅cortesía. ≅regalo. f. Pureza, bondad. || Dádiva. || Delicadeza, primor.

fingimiento. ◁realidad. m. Simulación, engaño.

fingir. tr. Dar a entender lo que no es cierto. Ú. t. c. prnl. || Simular, aparentar.

finiquitar. ◁comenzar. tr. Terminar, saldar una cuenta. || fig. y fam. Acabar, concluir, rematar.

finiquito. m. Liquidación, saldo de una cuenta.

finito, ta. adj. Que tiene fin, término o límite.

finlandés, sa. adj. y s. De Finlandia.

fino, na. adj. Delicado y de buena calidad. || Delgado, sutil. || Urbano, cortés. || Astuto, sagaz. || Agudo: *tiene un oído muy* ∿. || Suave, sin asperezas. || Díc. del jerez muy seco, de color pálido. Ú. t. c. m.

finolis. adj. y s. Persona que exagera la cortesía.

finta. f. Ademán o amago para engañar. || En fútbol, regate.

finura. f. Primor, delicadeza. || Urbanidad, cortesía.

fiordo. m. Golfo estrecho y profundo de las costas de Noruega.

firma. f. Nombre y apellido de una persona, que ésta pone con rúbrica al pie de un documento escrito. || Conjunto de documentos que se presentan a un jefe para que los firme. || Acto de firmarlos. || Razón social, nombre comercial, empresa.

firmamento. ≅cielo. m. Bóveda celeste.

firmar. tr. Poner uno su firma.

firme. adj. Estable, fuerte. || fig. Entero, constante. || Definitivo. || m. Capa sólida de terreno sobre que se puede cimentar. || Pavimento de una carretera. || adv. m. Con firmeza. ◆ **en firme.** m. adv. Con carácter definitivo. || **¡firmes!** Voz de mando que se da en la formación a los soldados para que se cuadren.

firmeza. f. Estabilidad, fortaleza. || fig. Entereza, constancia.

fiscal. adj. Perteneciente al fisco o al oficio de fiscal. || m. Ministro encargado de promover los intereses del fisco. || El que representa y ejerce el ministerio público en los tribunales.

fiscalía. f. Cargo y oficina del fiscal.

fiscalización. f. Acción y efecto de fiscalizar.

fiscalizar. tr. Hacer el oficio de fiscal. || fig. Investigar, controlar.

fisco. m. Erario, tesoro público. || Administración encargada de recaudar los impuestos.

fisgar. ≅curiosear. tr. Husmear, atisbar.

fisgón, na. adj. y s. Que tiene por costumbre husmear.

fisgonear. tr. Fisgar, husmear.

física. f. Ciencia que estudia las propiedades de la materia y de la energía, y la elaboración de las leyes según las cuales se rigen los fenómeno de la misma y su evolución en el tiempo.

físico, ca. adj. Perteneciente a la física. || Perteneciente a la constitución y naturaleza corpórea. || m. y f. Especialista en física. || m. Fisonomía, exterior de una persona.

fisicoquímica. f. Parte de las ciencias naturales que estudia los fenómenos comunes a la física y a la química.

fisiología. f. Ciencia que tiene por objeto el estudio de las funciones de los seres orgánicos y los fenómenos de la vida.

fisiológico, ca. adj. Perteneciente a la fisiología.

fisiólogo, ga. m. y f. Especialista en fisiología.

fisión. f. Escisión del núcleo de un átomo, acompañada de liberación de energía, tal como se produce mediante el bombardeo de dicho núcleo con neutrones.

fisioterapeuta. com. Especialista en fisioterapia.

fisioterapia. f. Método curativo por medio de los agentes naturales (aire, agua, luz, calor, frío, etc.).

fisonomía. f. Aspecto particular del rostro de una persona. || fig. Aspecto, semblante.

fisonómico, ca. adj. Relativo a la fisonomía.

fisonomista. adj. y s. Que tiene facilidad para recordar a las personas por su fisonomía.

fístula. f. Conducto anormal, ulcerado y estrecho que se abre en la piel o en las membranas mucosas.

fisura. f. Fractura longitudinal de un hueso. || Grieta, hendidura.

fitófago, ga. adj. y s. Que se alimenta de materias vegetales.

fitografía. f. Parte de la botánica, que tiene por objeto la descripción de las plantas.

fitología. ≅botánica. f. Ciencia que trata de los vegetales.

fitopatología. f. Estudio de las enfermedades de las plantas.

flaccidez o **flacidez.** f. Calidad de fláccido. || Laxitud, debilidad muscular, flojedad.

fláccido, da o **flácido, da.** adj. Flaco, flojo, sin consistencia.

flaco, ca. ≅delgado. ≅enjuto. ◁gordo. adj. De pocas carnes. || fig. Flojo, sin fuerzas. || fig. Endeble: *argumento* ∿. || m. Defecto moral o afición predominante de las personas: *saber el* ∿ de uno.

flacucho, cha. adj. Algo flaco.

flacura. f. Calidad de flaco.

flagelado, da. adj. y m. Díc. de la célula o microorganismo que tiene flagelos. || m. pl. Clase de protozoos provistos de flagelos.

flagelar. ≅azotar. tr. Maltratar con azotes. Ú. t. c. prnl. || fig. Censurar, fustigar, vituperar.

flagelo. m. Instrumento para azotar. || Aflicción, calamidad. || Cada una de las prolongaciones finas y muy movibles que tienen algunos microorganismos y que les sirven para cambiar de posición y de lugar.

flagrante. adj. Que se está ejecutando actualmente. || Evidente, indiscutible

flamante. ≅nuevo. ≅reciente. adj. Brillante, resplandeciente. || Acabado de hacer.

flamear. intr. Despedir llamas. || fig. Ondear al viento la vela del buque, una bandera, etc. || tr. Quemar alcohol en vasijas que se quieren esterilizar.

flamenco, ca. adj. De Flandes. Ú. t. c. s. || || Pedante, presumido, insolente: ponerse ∿. Ú. t. c. s. || Díc. de la música, del baile y del cante folklórico andaluz. Ú. t. c. s. || m. Ave zancuda.

flamencología. f. Conjunto de conocimientos, técnicas, etc., sobre el cante y baile flamencos.

flamígero, ra. adj. Que arroja o despide llamas, o imita su figura.

flan. m. Plato de dulce que se hace mezclando yemas de huevo, leche y azúcar.

flanco. m. Parte lateral de un cuerpo.

flanero. m. Molde en que se cuaja el flan.

flanquear. tr. Estar colocado al flanco o lado de una cosa. || Proteger los propios flancos. || Amenazar los flancos del adversario.

flaquear. intr. Debilitarse, fallar. || Amenazar ruina o caída alguna cosa. || fig. Decaer, aflojar.

flaqueza. ◁gordura. f. Extenuación, mengua. || fig. Debilidad. || fig. Fragilidad.

flash. m. Lámpara que despide un destello al mismo tiempo que se abre el obturador de una máquina fotográfica. || Fogonazo. || Información concisa de la actualidad.

flato. m. Acumulación molesta de gases en el tubo digestivo. || *Amér.* Melancolía, murria, tristeza.

flatulencia. f. Indisposición o molestia del flatulento.

flatulento, ta. adj. Que causa flatos. || Que los padece. Ú. t. c. s.

flauta. ≅tibia. f. Instrumento músico de viento, en forma de tubo, con agujeros que producen diversos sonidos según se tapan o destapan. || m. Flautista.

flautín. m. Flauta pequeña de tono agudo.

flautista. com. Músico que toca la flauta.

flebitis. f. Inflamación de las venas.

fleco. m. Adorno compuesto de una serie de hilos o cordoncillos colgantes. || Flequillo del pelo. || fig. Borde deshilachado de una tela.

flecha. f. Arma arrojadiza puntiaguda , que se dispara con arco.

flechar. tr. Estirar la cuerda del arco, colocando la flecha para arrojarla. || fig. y fam. Inspirar amor, cautivar, seducir.

flechazo. m. Disparo o herida de flecha. || fig. y fam. Amor repentino.

fleje. ≅zuncho. m. Tira de chapa de hierro, que se utiliza para muelles, embalajes, etc.

flema. f. Mucosidad que se arroja por la boca. || fig. Tardanza, lentitud, cachaza.

flemático, ca. ≅apático. adj. Tardo, lento. || Impasible.

flemón. m. Infamación de las encías.

flequillo. m. Cabello recortado que cae sobre la frente.

fletamento. m. Acción de fletar. || Contrato mercantil en que se estipula el flete.

fletar. tr. Alquilar un barco o parte de él para transporte de personas o mercancías. Por ext., se

aplica a vehículos terrestres o aéreos. || Embarcar mercacías o personas Ú. t. c. prnl.

flete. m. Precio estipulado por el alquiler de un barco o un avión. || Carga de un buque o avión. || Carga transportada. || Precio del transporte.

flexibilidad. f. Calidad de flexible. || Propiedad de los materiales para deformarse. || fig. Disposición a ceder y acomodarse.

flexibilizar. tr. Hacer flexible.

flexible. adj. Que se dobla fácilmente. || fig. Que se acomoda con facilidad. || Elástico. || m. Cable o cordón eléctrico.

flexión. f. Acción y efecto de doblar. || Alteración que experimentan las voces conjugables y declinables.

flexo. m. Lámpara de mesa con brazo flexible.

flexor, ra. adj. Que dobla o hace que una cosa se doble.

fliparse. prnl. fam. Drogarse, colocarse.

flirtear. intr. Practicar el flirteo.

flirteo. m. Relación amoroso superficial y sin compromiso.

flojear. intr. Aflojar, obrar con pereza y descuido. || Flaquear.

flojedad. f. Debilidad, flaqueza. || fig. Pereza, negligencia, descuido.

flojera. f. fam. Flojedad.

flojo, ja. ≅débil. adj. Mal atado, poco apretado. || Que no tiene mucha actividad, fortaleza o vigor. || fig. Perezoso, negligente. Ú. t. c. s.

flor. f. Conjunto de los órganos de la reproducción de las plantas. || Lo más escogido de una cosa. || Polvillo que tienen ciertas frutas en el árbol. || Nata que hace el vino en lo alto de la vasija. || fig. Substancia obtenida por sublimación, corrientemente un óxido. Ú. m. en pl. || fig. Piropo, requiebro. Ú. m. en pl.

flora. f. Conjunto de plantas de un país o región. || Obra que las enumera y describe. || Vegetales vivos que caracterizan o están adaptados a un medio determinado: ◡ intestinal.

floración. f. Acción de florecer. || Tiempo que duran abiertas las flores.

floral. adj. Relativo a la flor.

florear. tr. Adornar con flores. || Sacar la flor de la harina. || fam. Echar flores, requebrar.

florecer. ≅medrar. ≅progresar. intr. Echar flor. Ú. t. c. tr. || fig. Prosperar. || fig. Existir en una época determinada. || prnl. Ponerse mohoso.

floreciente. adj. Que florece || fig. Favorable, próspero.

florentino, na. adj. y s. De Florencia (Italia).

floreo. m. fig. Conversación vana y de pasatiempo. || fig. Dicho vano y superfluo.

florero, ra. ≅ramilletero. m. Vasija para poner flores. || Maceta o tiesto con flores.

floresta. f. Terreno frondoso poblado de árboles.

florete. m. Espadín sin filo cortante que se utiliza en esgrima.

floricultor, ra. m. y f. Persona dedicada a la floricultura.

floricultura. f. Cultivo de las flores. || Arte que lo enseña.

florido, da. adj. Que tiene flores. || fig. Escogido, selecto. || fig. Díc. del lenguaje o estilo muy adornado.

florilegio. m. fig. Colección de trozos selectos de obras literarias.

florín. m. Unidad monetaria de Holanda.

floripondio. m. Arbusto de Perú, de flores blancas. || fig. desp. Flor grande.

florista. com. Vendedor de flores.

floristería. f. Tienda donde se venden flores y plantas de adorno.

floritura. f. Adorno.

florón. m. Adorno en forma de flor que se utiliza en pintura y arquitectura. || fig. Hecho que da lustre, que honra.

flota. f. Conjunto de barcos mercantes de un país, compañía de navegacin o línea marítima. || Conjunto de embarcaciones que tienen un destino común. || Conjunto de aeronaves para un servicio determinado. || Conjunto de vehículos de una empresa.

flotabilidad. f. Capacidad de flotar.

flotación. f. Acción y efecto de flotar. || *Econ.* Situación de la moneda de un país cuando se cotiza en el mercado de cambios sin que las autoridades monetarias intervengan para mantener su paridad dentro de unos límites prefijados. || *Met.* Proceso para concentrar y separar sólidos de granulometría fina que presentan distintas propiedades superficiales, generalmente mezclas de minerales y gangas.

flotador, ra. adj. Que flota. || m. Cuerpo destinado a flotar en un líquido. || Aparato que sirve para determinar el nivel de un líquido. || Objeto de corcho, goma hinchable, etc., que se utiliza para mantenerse a flote.

flotante. adj. Que flota o no está fijo.

flotar. intr. Sostenerse un cuerpo en la superficie de un líquido. || Sostenerse en suspensión un cuerpo sumergido en un líquido o gas. || Ondear en el aire. || Oscilar, variar.

flote. m. Flotación.

flotilla. f. Flota de buques o aviones pequeños.

fluctuación. f. Cambio, variación. || Diferencia entre el valor instantáneo de una cantidad fluctuante y su valor normal. || fig. Irresolución, duda.

fluctuar. ◁fijar. intr. Oscilar, crecer y disminuir alternativamente. || fig. Vacilar, dudar.

fluidez. f. Calidad de fluido de los cuerpos. || Facilidad de movimiento de los factores económicos.

fluidificar. tr. Hacer fluida una cosa.

fluido, da. adj. Díc. de cualquier cuerpo cuyas moléculas tienen entre sí poca coherencia, y toma siempre la forma del recipiente donde está contenido. Ú. t. c. s. || fig. Corriente, fácil. || m. fam. Corriente eléctrica.

fluir. ≅brotar. ≅manar. ◁detener. intr. y tr. Correr un líquido o un gas. || fig. Surgir de forma natural.

flujo. m. Acción y efecto de fluir. || Movimiento de ascenso de la marea.

flúor. m. Metaloide gaseoso, más pesado que el aire, de olor sofocante y desagradable y color amarillo verdoso. Peso atómico, 19; núm. atómico, 9; símbolo, F.

fluorescencia. f. Propiedad de algunos cuerpos de emitir luz al recibir una radiación.

fluorescente. adj. Relativo a la fluorescencia. || Díc. de un tubo cilíndrico de vidrio en cuyo interior lleva un material fluorescente que emite luz. Ú. t. c. s.

fluorita o **fluorina.** f. Mineral compuesto de flúor y calcio, de colores brillantes.

fluvial. adj. Relativo a los ríos.

fobia. ≅miedo. ≅repugnancia. f. Apasionada o enconada aversión hacia algo. || Miedo injustificado o patológico: *fotofobia, claustrofobia.*

foca. f. Mamífero carnívoro de cuerpo pesado y pelo espeso. Vive en los mares polares.

focal. adj. Relativo al foco: *distancia* ⌢.

foco. m. Punto donde convergen los rayos luminosos reflejados por un espejo cóncavo o refractados por una lente. || Punto de donde parte un haz de rayos luminosos. || Lámpara que emite una luz muy potente. || Punto de donde parte un haz de rayos luminosos. || fig. Centro activo: ⌢ *de influencia.* || *Geom.* Punto cuya distancia a cualquiera de los de una curva se puede expresar en fución racional y entera de las coordenadas de dichos puntos.

fofo, fa. adj. Esponjoso, blando.

fogata. f. Fuego que levanta llama.

fogón. m. Sitio en las cocinas para hacer fuego.

Foca

|| Oído, en las armas de fuego. || En las máquinas de vapor, lugar destinado a contener el combustible.

fogonazo. m. Llamarada instantánea.

fogonero. m. El que cuida del fogón en las máquinas de vapor.

fogosidad. ◁pasividad. f. Ardor, viveza. || Entusiasmo, ímpetu.

fogoso, sa. adj. fig. Ardiente.

foguear. tr. Limpiar con fuego un arma. || fig. Acostumbrar, adistrar. Ú. t. c. prnl.

foie-gras. m. Pasta alimenticia de hígado animal.

folía. f. Canto y baile popular de las islas Canarias. || fig. Cualquier música ligera.

foliáceo, a. adj. Relativo a las hojas de las plantas.

foliación. f. Acción y efecto de foliar. || Serie numerada de los folios de un ʀ crito. || Acción de echar hojas las plantas. || Modo de estar colocadas las hojas de una planta.

foliar. tr. Numerar los folios del libro.

folio. m. Hoja de un libro o cuaderno. || Encabezamiento de las páginas de un libro.

folklore. m. Conjunto de las tradiciones, creencias y costumbres de un pueblo, país o región. || fig. Lío, follón.

folklórico, ca. adj. Relativo al folklore. || Díc. de canciones, bailes, costumbres, etc., que poseen carácter tradicional.

folklorista. m. y f. Especialista en folklore.

follaje. m. Conjunto de las hojas de árboles y otras plantas. || Adorno superfluo.

follar. tr. e intr. Fornicar.

folletín. m. Escrito que se inserta en un perió-

dico, y en el cual se trata de materias ajenas al objeto principal de la publicación. || Tipo de relato de intriga, en el que abunda los sucesos melodramáticos. || Pieza teatral o cinematográfica de características similares a las del folletín novelesco.

folleto. m. Obra impresa que no consta de bastantes hojas para formar libro.

follón. ≅bronca. ≅gresca. m. Alboroto, discusión tumultuosa. || Desorden, confusión, jaleo. || Asunto pesado o enojoso.

fomentar. tr. fig. Excitar, promover. || fig. Atizar.

fomento. m. Paño caliente que se aplica sobre la piel. || fig. Auxilio, protección. || Estímulo, promoción.

fon. m. Unidad de potencia sonora.

fonación. f. Emisión de la voz o de la palabra.

fonda. f. Establecimiento público donde se da hospedaje y se sirven comidas.

fondeadero. m. Paraje de profundidad suficiente para que la embarcación pueda dar fondo.

fondear. tr. e intr. Asegurar una embarcación por medio de anclas. || Detener un barco en un puerto.

fondillos. m. pl. Parte trasera de los pantalones.

fondo, da. m. Parte inferior de una cosa. || Superficie sólida sobre la cual está el agua del mar, de los ríos, estanques, etc. || Profundidad, hondura. || Extensión interior de un edificio. || Color que cubre una superficie y sobre el cual resaltan los adornos. || *Pint.* Espacio que no tiene figuras y sobre el cual se representan. || Caudal, dinero. || Condición, índole. || Resistencia física. || fig. Lo esencial de una cosa. || Conjunto de colecciones de una biblioteca, museo, o de libros de una editorial. || Parte de un buque bajo el agua. ◆ **a fondo.** m. adv. Enteramente.

fondón, na. adj. fam. y desp. Díc de la persona que ha perdido la gallardía y agilidad de la juventud por haber engordado.

fonema. m. Cada uno de los sonidos simples del lenguaje hablado.

fonendoscopio. m. Instrumento médico para auscultar los sonodos del organismo.

fonética. ≅fonología. f. Conjunto de los sonidos de un idioma. || Estudio acerca de los sonidos de uno o varios idiomas.

fonético, ca. adj. Relativo al sonido.

foniatría. f. Parte de la Medicina dedicada a las enfermedades de los órganos de la fonación.

fónico, ca. adj. Relativo a la voz o al sonido.

fonógrafo. m. Gramófono.

fonología. f. Fonética. || Rama de la lingüística que estudia los fonemas desde el punto de vista de su función.

fonoteca. f. Colección o archivo de documentos sonoros.

fontana. f. poét. Fuente.

fontanería. f. Oficio de fontanero. || Conjunto de conductos por donde se distribuye el agua.

fontanero, ra. m. y f. Persona que tiene por oficio instalar, cuidar, reparar, etc., las conducciones de agua e instalaciones sanitarias en los edificios.

foque. n. Nombre común a todas las velas triangulares que se orientan y amuran sobre el bauprés.

forajido, da. ≅bandido. ≅salteador. adj. y s. Malhechor que anda por zonas despobladas, huyendo de la justicia.

foral. adj. Perteneciente al fuero.

foráneo, a. adj. Forastero, extraño.

forastero, ra. ◁indígena. adj. Que vive o está en un lugar de donde no es vecino. Ú. t. c. s. || fig. Extraño, ajeno.

forcejear o **forcejar.** ≅forzar. ≅resistir. intr. Hacer fuerza para vencer alguna resistencia. || fig. Resistir, contradecir tenazmente.

fórceps. m. Instrumento médico para la extracción de las criaturas en los partos difíciles.

forense. com. Médico adscrito a un juzgado de instrucción, que asiste al juez en asuntos médicos legales.

forestal. adj. Relativo a los bosques.

forfait. Contrato a tanto alzado.

forja. f. Fragua. || Acción y efecto de forjar. || Argamasa de cal, arena y agua.

forjado, da. m. Entramado, armazón.

forjar. tr. Dar forma con el martillo a una pieza de metal. || Fabricar, formar. || fig. Inventar, fingir. Ú. t. c. prnl.

forma. f. Figura exterior de un cuerpo. || Disposición de las cosas. || Fórmula y modo de proceder. || Molde. || Formato. || Estructura de una obra literaria. || Hostia pequeña. || Buena condición física. || Requisitos externos de los actos jurídicos. || pl. Configuración del cuerpo humano, especialmente de la mujer. || Modales. ◆ **estar en forma.** loc. Encontrarse en las mejores condiciones físicas y psíquicas.

formación. f. Acción y efecto de formar. || Forma, figura. || Educación, instrucción, enseñanza. || Conjunto de rocas o masas minerales que presentan caracteres comunes. || Disposición ordenada de tropas. || Grupo.

Cocina con objetos de forja. Museo de Artes Decorativas. Madrid

formal. adj. Relativo a la forma. || Que tiene formalidad, serio. || Expreso, preciso, determinado.

formalidad. f. Exactitud, puntualidad y consecuencia en las acciones. || Requisito, condición. Ú. m. en pl. || Seriedad.

formalismo. m. Rigurosa aplicación y observancia de las formas o normas.

formalista. adj. y s. Que observa con exceso de celo las formas y tradiciones.

formalizar. tr. Revestir una cosa de los requisitos legales. || Concretar, precisar: ∽ *un cargo.* || prnl. Hacerse serio y responsable.

formar. ≅componer. ≅moldear. ◁descomponer. tr. Dar forma. || Juntar, congregar, integrar. || Poner en orden: ∽ *el escuadrón.* || Educar, adiestrar. || intr. Colocarse una persona en una formación. || prnl. Desarrollarse, criarse.

formativo, va. adj. Que forma o da forma.

formato. m. Forma. || Tamaño, dimensión.

formidable. ≅colosal. ≅enorme. ≅espantoso. ≅tremendo. adj. Muy grande, enorme. || Estupendo, magnífico.

formol. m. Líquido incoloro, de olor fuerte y desagradable, que se emplea como antiséptico.

formón. m. Instrumento de carpintería, semejante al escoplo.

fórmula. ≅norma. ≅pauta. ≅prescripción. f. Modelo establecido para expresar, realizar o resolver algo. || Receta del médico en la que se indican los componenes de un medicamento. || Representación de una ley física o matemática o de una combinación química. || Características de peso, motor, cilindrada, etc., a que han de ajustarse los automóviles de carreras en las competiciones de velocidad.

formular. tr. Reducir a términos claros y precisos. || Recetar. || Reducir a fórmula un cálculo. || Expresar, manifestar.

formulario, ria. adj. Que se hace por fórmula o por pura cortesía. || m. Libro o escrito que contiene fórmulas. || Impreso en el que figura una serie de preguntas o requisitos que se han de cumplimentar.

formulismo. m. Excesivo apego a las fórmulas.

fornicar. intr. y tr. Practicar el coito, generalmente fuera del matrimonio.

fornido, da. adj. Robusto.

foro. m. Plaza donde se trataban en Roma los negocios públicos. || Lugar en que los tribunales oyen y determinan las causas. || Fondo del escenario.

forofo, fa. adj. y s. Partidario. || Entusiasta, fanático.

forraje. m. Hierba o pasto para alimentación del ganado.

forrar. tr. Poner forro. || Cubrir una cosa con

Foro romano

funda o forro. || prnl. fam. Enriquecerse. || Atiborrarse, hartarse.

forro. m. Cubierta, resguardo o revestimiento de algo. Se dice especialmente de las telas y pieles que se ponen por la parte interior de las ropas y vestidos. || Cubierta del libro.

fortachón, na. adj. fam. Recio y fornido.

fortalecer. ≅robustecer. ◁debilitar. tr. y prnl. Hacer más fuerte o vigoroso. || Fortificar.

fortalecimiento. m. Acción y efecto de fortalecer.

fortaleza. ≅fuerte. ≅solidez. f. Fuerza, vigor. || Recinto fortificado, fortificación. || fig. Entereza, firmeza de ánimo.

fortificación. f. Acción de fortificar. || Obra o conjunto de obras de defensa.

fortificar. tr. Dar vigor y fuerza. || Proteger con fortificaciones. Ú. t. c. prnl.

fortín. m. Fuerte pequeño.

fortísimo, ma. adj. superl. de fuerte.

fortuito, ta. ◁previsto. adj. Casual.

fortuna. f. Circunstancia casual. || Suerte favorable. || Éxito. || Hacienda, capital, bienes.

forúnculo. m. Divieso.

forzado, da. adj. Ocupado o retenido por fuerza. || No espontáneo: *risa* ᔍ. || m. Galeote, presidiario.

forzar. tr. Hacer fuerza o violencia: ᔍ *una puerta.* || Tomar u ocupar por la fuerza. || Violar. || fig. Obligar. Ú. t. c. prnl.

forzoso, sa. ≅necesario. ≅obligatorio. adj. Inevitable.

forzudo, da. adj. Que tiene mucha fuerza.

fosa. f. Sepultura, enterramiento,. || Excavación alrededor de una fortaleza. || Cada una de ciertas cavidades del cuerpo: *las* ᔍ *nasales.*

fosfatado, da. adj. Que tiene fosfato: *harina* ᔍ.

fosfatar. tr. Fertilizar con fosfato.

fosfato. m. *Quím.* Sal formada por el ácido fosfórico y una base.

fosforado, da. adj. Que contiene fósforo.

fosforescencia. f. Luminiscencia producida por una causa excitante y que persiste más o menos cuando desaparece dicha causa. || Luminiscencia persistente de origen químico; p. ej., la de las luciérnagas.

fosforescente. adj. Que desprende luz en la oscuridad.

fosforita. f. Mineral compacto o terroso, de color blanco amarillento, formado por el fosfato de cal. Se emplea como abono en agricultura.

fósforo. m. Elemento químico, metaloide; de símbolo, *P;* peso atómico, 31,02, y núm. 15 de la serie atómica. Es muy inflamable y luminoso en la oscuridad. || Cerilla.

fósil. adj. y m. Díc. de las substancias de origen orgánico que, más o menos petrificadas, se encuentran en los depósitos sedimentarios de la corteza terrestre. || fig. y fam. Viejo, anticuado.

fosilizarse. prnl. Convertirse en fósil un cuerpo orgánico.

foso. m. Hoyo. ||Piso inferior del escenario. || En los garajes y talleres mecánicos, excavación que permite arreglar cómodamente desde abajo las máquinas. || Excavación profunda que rodea una fortaleza.

foto. f. apóc. de fotografía.

fotocomposición. f. Procedimiento de composición de imprenta para reproducir en offset o en huecograbado.

fotocopia. f. Fotografía especial obtenida directamente sobre el papel.

fotocopiador, ra. Que fotocopia. || f. Máquina para fotocopiar.

fotocopiar. tr. Hacer fotocopias.

fotoelectricidad. f. Electricidad producida por el desprendimiento de electrones bajo la acción de la luz.

fotoeléctrico, ca. adj. Relativo a la acción de la luz sobre ciertos fenómenos eléctricos. || Díc. de los aparatos en que se utiliza dicha acción.

fotogenia. f. Cualidad de fotogénico.

fotogénico, ca. adj. Que promueve o favorece la acción química de la luz. || Díc. de aquello que tiene buenas condiciones para ser reproducido por la fotografía y de la persona que sale agraciada en ella.

fotograbado. m. Procedimiento para grabar planchas por acción química de la luz. || Lámina grabada o estampada por este procedimiento.

fotograbar. tr. Grabar por medio del fotograbado.

fotografía. f. Arte de fijar y reproducir por medio de reacciones químicas, en superficies convenientemente preparadas, las imágenes recogidas en el fondo de una cámara obscura. || Imagen así obtenida. || fig. Representación o descripción que por su exactitud se asemeja a la fotografía.

fotografiar. intr. Reproducir una imagen o figura por medio de la fotografía. || fig. Describir en términos precisos y claros.

fotográfico, ca. adj. Relativo a la fotografía.

fotógrafo, fa. ≅retratista. m. y f. Persona que hace fotografías o lo tiene por oficio.

fotograma. m. Cualquiera de las imágenes que se suceden en una película cinematográfica.

Diversos tipos de máquinas fotográficas

fotolito. m. Prueba tipográfica para ser reproducida fotográficamente en serigrafía.

fotolitografía. f. Procedimiento de reproducción de dibujos en piedra litográfica, mediante la acción química de la luz sobre substancias convenientemente preparadas. || Estampa obtenida por este medio.

fotomecánico, ca. adj. y f. Procedimiento de reproducción gráfica basado en la aplicación de los materiales fotosensibles en la elaboración de clichés, planchas, etc.

fotometría. f. Parte de la óptica, que trata de las leyes relativas a la intensidad de la luz y de los métodos para medirla.

fotómetro. m. Instrumento para medir la intensidad de la luz.

fotón. m. Partícula de luz sin masa ni carga eléctrica, que corresponde a la cantidad mínima de energía de que constan las radiaciones.

fotonovela. f. Relato, normalmente de carácter amoroso, formado por una sucesión de fotografías de los personajes, acompañadas de diálogos que permitan seguir el argumento.

fotoquímica. f. Ciencia que estudia las reacciones químicas que produce la luz o las radiaciones invisibles.

fotosfera. f. Zona luminosa y más interior de la envoltura gaseosa del Sol.

fotosíntesis. f. Proceso metabólico por el que las plantas transforman substancias inorgánicas en orgánicas (hidratos de carbono) desprendiendo oxígeno, gracias a la transformación de la energía luminosa en la química producida por la clorofila.

fototipia. f. Procedimiento para reproducir clichés fotográficos sobre una capa de gelatina, extendida sobre cristal o cobre, y arte de estampar estas reproducciones. || Lámina estampada por este procedimiento.

fox-terrier. m. Raza de perros de caza.

frac. m. Traje de etiqueta para hombres que por delante llega hasta la cintura y por detrás tiene dos faldones.

fracasar. ◁triunfar. intr. fig. Frustrarse una pretensión o un proyecto. || Tener un resultado adverso.

fracaso. m. Falta de éxito. || fig. Suceso lastimoso y funesto. || Resultado adverso.

fracción. f. División de una cosa en partes. || Parte, porción. || Cada uno de los grupos de un partido u organización, que difieren entre sí o del conjunto. || *Mat.* Quebrado, número que expresa una o varias partes de la unidad dividida en partes iguales.

fraccionar. ≅partir. ◁unir. tr. y prnl. Dividir una cosa en partes o fracciones.

fraccionario, ria. adj. Relativo a la fracción de un todo. || Quebrado.

fractura. f. Acción y efecto de fracturar. || *Cir.* Rotura de un hueso. || *Geol.* Falla.

fracturar. tr. y prnl. Romper, quebrar.

fragancia. ≅aroma. ≅perfume. ◁hedor. f. Olor agradable.

fragata. f. Embarcación de tres palos.

frágil. adj. Que se rompe o quiebra con facilidad. || || fig. Fugaz, caduco. || fig. Débil.

fragmentar. tr. y prnl. Fraccionar, reducir a fragmentos.

fragmentario, ria. adj. Relativo al fragmento. || Incompleto, no acabado.

fragmento. m. Cada una de las partes de algo roto o partido. || Trozo, resto. || Parte de una obra literaria o musical.

fragor. m. Ruido, estruendo.

fragosidad. ◁suavidad. f. Aspereza y espesura de los montes. || Camino o terreno lleno de asperezas.

fragua. f. Fogón en que se caldean los metales para forjarlos. || Forja, herrería.

fraguado, da. m. Acción y efecto de fraguar el yeso, la cal, etc.

fraguar. ≅cuajar. tr. Forjar metales. || fig. Idear, discurrir. || intr. *Albañ.* Trabar y endurecerse consistentemente la cal, el yeso, etc.

fraile. m. Religioso, monje.

frambuesa. f. Fruto del frambueso, de color carmín y sabor agridulce.

frambueso. m. Planta rosácea, parecida a la zarzamora, cuyo fruto es la frambuesa.

francachela. ≅cuchipanda. f. fam. Reunión alegre y ruidosa.

francés, sa. adj. y s. De Francia. || m. Lengua francesa.

francio. m. Elemento descubierto en 1939 en los residuos de la desintegración natural del actinio. Es un metal alcalino. Peso atómico, 233; núm. atómico, 87; símbolo, *Fr*.

franciscano, na. adj. y s. Religioso de la orden de fundada por San Francisco de Asís.

francmasón, na. m. y f. Persona que pertenece a la francmasonería.

francmasonería. f. Masonería.

franco, ca. adj. Sincero, leal. || Abierto, comunicativo. || Claro, evidente. || Sin impedimento. || Libre o exento de impuestos. || Díc. de un pueblo germánico que habitó en la Galia Transalpina. Ú. m. c. m. pl. || m. Idioma de los francos. || Unidad monetaria de Francia, Mónaco, Suiza, Liechtenstein, Bélgica, Luxemburgo y diversos países del área francófona africana.

francófilo, la. adj. Que simpatiza con Francia o con los franceses.

francófobo, ba. adj. Contrario a los franceses.

francófono, na. adj. y s. De habla francesa.

francotirador, ra. m. y f. Combatiente que no pertenece al ejército regular.

franela. f. Tejido fino de lana.

franja. f. Guarnición que sirve para adornar los vestidos u otras cosas. || Faja, lista, tira.

franquear. tr. Libertar, exceptuar de una contribución, tributo, etc. || Desembarazar, quitar los impedimentos, abrir camino. || Pagar previamente en sellos el porte de cualquier objeto que se remite por el correo. || Dar libertad al esclavo. || prnl. Prestarse fácilmente a los deseos de otro. || Descubrir uno su interior o sus intenciones.

franqueo. m. Acción y efecto de franquear. || Cantidad que se paga en sellos.

franqueza. f. Libertad, exención. || Liberalidad, generosidad. || fig. Sinceridad, ingenuidad. || fig. Familiaridad, confianza.

franquía. f. Situación en la cual un buque tiene paso franco.

franquicia. ≅privilegio. f. Exención para no pagar derechos o por el aprovechamiento de algún servicio público.

franquismo. m. Régimen político implantado en España por el general Franco. || Período que comprende el gobierno del general Franco (1936-1975). || Conjunto de partidarios de este régimen.

franquista. adj. Relativo al franquismo. || com. Partidario o seguidor de este régimen.

frasco. m. Vaso de cuello recogido. || Contenido de un frasco.

frase. f. Conjunto de palabras que basta para formar sentido. || Locución, expresión. ◆ **hecha** o **proverbial.** La que expresa una sentencia a modo de proverbio: *cada cual puede hacer de su capa un sayo.*

frasear. tr. Formar frases.

fraseología. f. Conjunto de modos de expresión peculiares de una lengua, grupo, época, actividad o individuo. || Palabrería, verborrea.

fraternal. ≅fraterno. adj. Propio de hermanos.

fraternidad. f. Unión y buena correspondencia entre hermanos o entre los que se tratan como tales.

fraternizar. ≅confraternizar. ◁odiar. intr. Tratarse como hermanos.

fraterno, na. adj. Relativo a los hermanos.

fratricida. com. y adj. Que mata a su hermano.

fratricidio. m. Crimen del fratricida.

fraude. m. Engaño, inexactitud consciente, abuso de confianza. || Delito que comete el encargado de vigilar la ejecución de contratos públicos.

fraudulento, ta. adj. Engañoso, falaz.

fray. m. Apócope de fraile.

frazada. f. Manta que se echa sobre la cama.

freático, ca. adj. Díc. de las aguas del subsuelo que pueden aprovecharse por medio de pozos.

frecuencia. f. Númmero de veces que se repite un proceso por unidad de tiempo. || Calidad de frecuente. || Repetición a menudo de un acto o suceso. || *Fís.* Número de oscilaciones, vibraciones u ondas por unidad de tiempo en cualquier fenómeno periódico. || Número de veces por segundo que una corriente eléctrica alterna realiza un ciclo completo. || *Fon.* Número de períodos por unidad de tiempo; la frecuencia de un sonido determina su tono.

frecuentar. tr. Repetir un acto a menudo. || Concurrir con frecuencia a un lugar.

frecuentativo, va. adj. y s. Díc del verbo que

denota acción reiterada frecuentemente: *golpear, ojear.*

frecuente. adj. Repetido a menudo. || Usual, común.

fregadero. m. Pila de fregar.

fregado, da. m. Acción y efecto de fregar. || fig. y fam. Enredo, embrollo. || fig. y fam. Escándalo, discusión.

fregar. tr. Restregar con fuerza. || Limpiar con estropajo, cepillo, etc. || fig. y fam. *Amér.* Fastidiar, molestar, jorobar. Ú. t. c. prnl.

fregona. f. Utensilio doméstico para fregar los suelos.

fregotear. tr. fam. Fregar de prisa y mal.

freiduría. f. Servicio del que disponen algunos establecimientos públicos de hostelería para freír pescados u otros alimentos.

freír. tr. Guisar un manjar en aceite o grasa hirviendo. Ú. t. c. prnl. || fig. Molestar, importunar, mortificar. || fig. Acosar.

fréjol. m. Judía, planta y su fruto.

frenado, da. m. Acción y efecto de frenar.

frenar. tr. Moderar o detener el movimiento con el freno. || fig. Contener, retener.

frenazo. m. Acción de frenar súbita y violentamente.

frenesí. m. Delirio furioso. || fig. Exaltación violenta.

frenético, ca. ≅delirante. adj. Poseído de frenesí. || Furioso, rabioso.

frenillo. m. Membrana que sujeta la lengua por la línea media de la parte inferior. || Cerco de correa o de cuerda que se ajusta la boca de algunos animales para que no muerdan.

freno. m. Dispositivo de las máquinas y carruajes para moderar o detener el movimiento. || Instrumento de hierro que, introducido en la boca de las caballerías, sirve para sujetarlas y gobernarlas. || fig. Sujeción.

frente. f. Parte superior de la cara, comprendida entre una y otra sien, y desde encima de los ojos hasta que empieza la vuelta del cráneo. || Parte delantera, fachada. || Semblante, cara. || m. Extensión o línea de territorio continuo en que combaten los ejércitos. || adv. l. En lugar opuesto. || adv. m. En contra, en pugna.

fresa. f. Planta rosácea, con tallos rastreros y con estolones, y fruto casi redondo, rojo, suculento y fragante. || Fruto de esta planta. || Herramienta de movimiento circular continuo, constituida por una serie de buriles o cuchillas, para labrar metales o fresarlos.

fresador. m. Operario que maneja la fresadora.

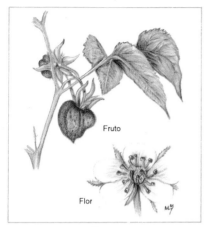

Fruto

Flor

Fresa

fresadora. f. Máquina para fresar.

fresar. tr. Trabajar con la fresa o con la fresadora.

fresca. f. Fresco, aire fresco: *tomar la* ⌣. || fam. Claridad, descaro: *decir una* ⌣.

frescachón, na. adj. Muy robusto y de color y aspecto sanos.

frescales. com. fam. Persona fresca y desvergonzada.

fresco, ca. adj. Moderadamente frío. || Reciente, acabado de hacer, de coger, de suceder, etc. || fig. Lozano, sano. || fig. Descansado, que no da muestras de fatiga. || fig. y fam. Desvergonzado. Ú. t. c. s. || m. Frío moderado. || Frescura. || Pintura hecha al fresco. || *Amér.* Refresco, bebida.

frescor. m. Frescura, fresco.

frescura. f. Calidad de fresco. || fig. Desembarazo, desenfado. || fig. Chanza, dicho picante. || fig. Descuido, negligencia. || fig. Serenidad, tranquilidad de ánimo.

fresno. m. Árbol de corteza ceniciento y muy ramoso y madera blanca muy apreciada.

fresón. m. Especie de fresa grande.

fresquera. f. Armario o lugar para conservar frescos los alimentos.

fresquería. f. *Amér.* Casa donde se hacen y venden refrescos.

fresquilla. f. Especie de melocotón.

freudiano, na. adj. Relativo a las doctrinas de Sigmund Freud.

freza. f. Desove de los peces. || Huevos de los peces.

frialdad. f. Sensación que proviene de la falta de calor. || Frigidez. || fig. Indiferencia, poco interés.

fricativo, va. adj. *Fon.* Díc. de los sonidos en cuya articulación el aire emitido produce cierta fricción en los órganos bucales; como la *f, s, z, j,* etc.

fricción. f. Acción y efecto de friccionar. || Roce de dos cuerpos en contacto. || pl. fig. Desavenencias.

friccionar. tr. Frotar, dar friegas.

friega. f. Acción de frotar alguna parte del cuerpo. || fig. y fam. Tunda, zurra. || *Col., C. Rica* y *Ecuad.* Molestia, fastidio.

frigidez. f. Frialdad. || Ausencia anormal de deseo o de goce sexual.

frígido, da. adj. poét. Frío. || Poco sensible a la excitación sexual.

frigoría. f. Unidad de medida de absorción del calor, empleada en la técnica de la refrigeración; corresponde a la absorción de una kilocaloría.

frigorífico, ca. adj. Que produce frío. || Díc. de las cámaras o espacios enfriados artificialmente para conservar alimentos. || m. Nevera, armario con refrigeración eléctrica o química.

fríjol. m. Fréjol.

fringílido. adj. y m. Díc. de pájaros que en la cara posterior de los tarsos tienen dos surcos laterales; como el gorrión y el jilguero. || m. pl. Familia de estos animales.

Fresnos

Friso del templo budista de Borobudur

frío, a. adj. Díc. de los cuerpos cuya temperatura es inferior a la del ambiente. || fig. Falto de afecto, de pasión o de sensibilidad. || Indiferente. || fig. Sin gracia: *respuesta* ⌣. || Ineficaz. || m. Baja temperatura. || Sensación que se experimenta por la pérdida de calor.

friolera. f. Pequeñez, nadería.

friolero, ra. adj. Muy sensible al frío.

friso. m. *Arquit.* Parte del cornisamento que media entre el arquitrabe y la cornisa. || Banda más o menos ancha en la parte inferior de las paredes.

frisón, na. adj. y s. De Frisia. || Díc. de los caballos originarios de Frisia, de pies anchos y fuertes. || m. Lengua germánica hablada por los frisones.

fritada o **fritanga.** f. Conjunto de alimentos fritos.

frito, ta. p. p. irreg. de freír. || m. Fritada. || Cualquier comida frita.

fritura. f. Conjunto de cosas fritas.

frivolidad. ◁gravedad. f. Calidad de frívolo.

frívolo, la. adj. Ligero, superficial, voluble. || Fútil, de poca importancia. || Díc. de los espectáculos, publicaciones, etc., que tratan temas ligeros, con predominio de lo sensual.

frondosidad. ≅espesura. ≅lozanía. f. Abundancia de hojas y ramas.

frondoso, sa. adj. Abundante en hojas y ramas. || Abundante en árboles que forman espesura.

frontal. adj. Relativo a la frente. || Hueso de la frente. || Situado en la parte delantera.

frontera. ≅límite. fig. Confín de un Estado.

fronterizo, za. adj. Que está o sirve de frontera. || Que está enfrente de otra cosa. || fig. Límite, barrera. Ú. m. en pl.

Fuegos artificiales en París

fronterizo, za. adj. Que está o sirve en la frontera. || Limítrofe.

frontis. m. Fachada, frontispicio. || Muro del frontón o trinquete contra el que se lanza la pelota.

frontispicio. m. Fachada o delantera de un edificio, mueble u otra cosa. || Página de un libro anterior a la portada. || fig. y fam. Cara, parte anterior de la cabeza. || *Arquit.* Frontón, remate.

frontón. m. Pared principal o frente contra el cual se lanza la pelota en algunos juegos. || Edificio o sitio para jugar a la pelota. || *Arquit.* Remate triangular de una fachada o de un pórtico.

frotar. ≅refregar. ≅restregar. tr. y prnl. Pasar una cosa sobre otra con fuerza muchas veces.

fructífero, ra. adj. Que produce fruto.

fructificar. intr. Dar fruto los árboles y otras plantas. || fig. Producir utilidad.

frugal. adj. Sobrio en comer y beber. || Pco abundante: *cena* ⌢.

frugalidad. f. Templanza, moderación, sobriedad.

fruición. f. Gozo, placer, complacencia.

frunce. m. Pliegue, arruga.

fruncir. tr. Hacer frunces o arrugas en las telas. || Arrugar la frente y las cejas en señal de preocupación, mal humor, etc. || prnl. fig. Afectar modestia.

fruslería. f. Cosa de poco valor o entidad.

frustación. f. Acción y efecto de frustrar o frustrarse

frustrar. ≅fracasar. ◁realizar. tr. Privar a uno de lo que esperaba. || Dejar sin efecto, malograr un intento. Ú. t. c. prnl.

fruta. f. Fruto comestible de ciertas plantas.

frutal. adj. y s. Que da fruta.

frutería. f. Establecimiento en el que se vende fruta.

frutero, ra. adj. Que sirve para llevar o para contener fruta. || m. y f. Persona que vende fruta.

fruticultura. f. Cultivo de las plantas que producen frutas. || Arte que enseña este cultivo.

fruto. m. Órgano de la planta que nace del ovario de la flor y contiene las semillas. || fig. Utilidad, provecho, resultado. || pl. Productos de la tierra, cosecha.

fucsia. f. Arbusto procedente de América Meridional, de flores colgantes de color rojo obscuro. || m. Color de esta planta.

fuego. m. Calor y luz, producidos por la combustión. || Materia en combustión. || Incendio. || Efecto de disparar armas de fuego. || fig. Hogar. || fig. Ardor, pasión. ◆ **fuegos artificiales.** Co-

hetes y otros artificios utilizados en fiestas y verbenas.

fuel. m. Combustible líquido derivado del petróleo, que se destina a la calefacción.

fuelle. m. Instrumento para recoger aire y lanzarlo en una dirección determinada. || Bolsa de la gaita. || Pieza plegable. || fig. Resistencia física.

fuente. f. Manantial de agua que brota de la tierra. || Construcción con caños y surtidores de agua en lugares públicos. || Plato grande para servir la comida. || fig. Principio, fundamento. || fig. Documento, obras u otros materiales que sirven de información a un autor.

fuera. adv. l. y t. A o en la parte exterior de cualquier espacio o término real o imaginario: ⌢ *de casa, de tiempo, de propósito.* ◆ **fuera de.** m. adv. conjuntivo; precediendo a substantivos, significa excepto, salvo; precediendo a verbos, además de, aparte de.

fuero. m. Ley o código dados por un municipio durante la Edad Media. || Jurisdicción, poder: ⌢ *eclesiástico, secular.* || Nombre de algunas compilaciones de leyes: ⌢ *Juzgo, Real.* || Cada uno de los privilegios y exenciones que se conceden a una provincia, ciudad o persona. Ú. m. en pl. || fig. Privilegio, prerrogativa que se reconoce a ciertas actividades, principios, etc. || *Der.* Competencia a que legalmente las partes están sometidas y por derecho les corresponde.

fuerte. ≅fortaleza. ≅forzudo. ≅perito. ≅sólido. ◁débil. adj. Que tiene fuerza y resistencia. || Robusto, corpulento. || Animoso, varonil. || Duro, que no se deja labrar fácilmente. || Áspero, fragoso. || Intenso. || m. Recinto fortificado. || adv. m. Con fuerza.

fuerza. ◁debilidad. f. Vigor, robustez. || Poder, autoridad. || Acto de obligar. || Violencia. || Corriente eléctrica. || Eficacia: *la* ⌢ *de la razón.* || Fortificación. || pl. Tropas. ◆ **mayor.** *Der.* La que, por no poderse prever o resistir, exime del cumplimiento de alguna obligación. || **pública.** Agentes de la autoridad encargados de mantener el orden.

fuga. f. Huida. || Evasión. || Escape, salida accidental de un gas o líquido. || Composición musical o parte de ella que gira sobre un tema y su contrapunto, repetidos por diferentes tonos.

fugacidad. f. Calidad de fugaz.

fugarse. prnl. Escaparse, huir.

fugaz. adj. Que con velocidad huye y desaparece. || fig. De muy corta duración.

fugitivo, va. adj. Que huye. Ú. t. c. s. || Que pasa muy aprisa. || fig. Caduco, perecedero.

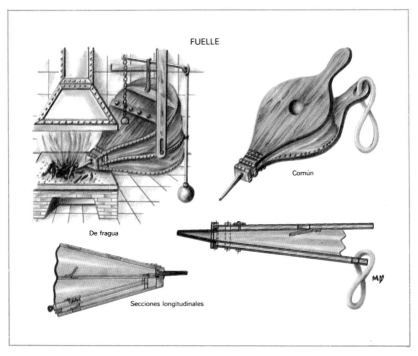

FUELLE

Común

De fragua

Secciones longitudinales

fulano, na. m. y f. Voz con que se suple el nombre de una persona cuando se ignora o no se quiere expresar. || Persona indeterminada o imaginaria. || f. Ramera.

fulero, ra. adj. fam. Chapucero, poco útil. || Falso, embustero, fantasioso.

fulgor. m. Resplandor, brillo.

fulgurar. intr. Brillar, resplandecer.

fulminante. adj. Que fulmina. || Muy grave y repentino: *enfermedad* ∿. || Díc. de las substancias que explosionan por percusión con relativa facilidad y que sirven normalmente para disparar armas de fuego. Ú. t. c. s. m. || Súbito, de efecto inmediato: *éxito* ∿.

fulminar. tr. Lanzar rayos. || Dañar o dar muerte un rayo, proyectil o arma. || Fundir a fuego o por electricidad los metales. || Herir o dañar la luz excesiva. || Causar muerte repentina una enfermedad. || Desahogar uno su ira, con palabras o por escrito. || Dejar rendida o muy impresionada a una persona: ∿ *con la mirada*.

fullería. f. Trampa, engaño. || fig. Astucia.

fullero, ra. ≅tramposo. adj. y s. Que hace fullerías.

fumadero. m. Local destinado a fumadores.

fumador, ra. adj. y s. Que tiene costumbre de fumar.

fumar. intr. Aspirar y despedir el humo del tabaco, opio, y otras substancias. Ú. t. c. tr. || prnl. fig. y fam. Consumir, gastar indebidamente una cosa: *se fumó la paga del mes.* || fig. y fam. Dejar de acudir a una obligación: *se fumó la clase.*

fumarola. f. Emanación de gases o vapores que salen por pequeñas grietas en las zonas de actividad volcánica.

fumigador. m. Aparato para fumigar.

fumigar. tr. Desinfectar por medio de humo, gas, etc. || Combatir con estos medios las plagas de insectos u otros organismos nocivos.

función. f. Capacidad de acción o acción según condición natural o destino y utilidad: *la* ∿ *de los seres vivos y de sus órganos, de una máquina o un instrumento, de un cargo u oficio.* || Representación de un espectáculo público. || *Mat.* Relación

entre dos magnitudes, de modo que a cada valor de una de ellas, corresponde un valor de la otra.
◆ **en funciones.** En sustitución del que ejerce el cargo en propiedad.

funcional. adj. Relativo a las funciones: *competencia* ⌢. || Relativo a las funciones biológicas o psíquicas: *recuperación* ⌢. || Díc. de toda obra que prescinde de lo accesorio y cuya estética responde solamente a la función que va a desempeñar: *arquitectura* ⌢; *mueble* ⌢. || Práctico, utilitario.

funcionamiento. m. Acción y efecto de funcionar.

funcionar. intr. Desempeñar su función. || Ponerse en marcha.

funcionario, ria. m. y f. Persona que desempeña un empleo público.

funda. f. Cubierta con que se envuelve o cubre algo.

fundación. f. Acción y efecto de fundar. || Principio, origen. || *Der.* Persona jurídica dedicada a la beneficencia, enseñanza, cultura, etc.

fundador, ra. adj. y s. Que crea o funda.

fundamental. adj. Que sirve de fundamento o base. || Esencial.

fundamentar. tr. Echar los cimientos. || Sentar las bases. || fig. Establecer, asegurar.

fundamento. m. Principio, base. || Seriedad, formalidad: *este niño no tiene* ⌢. || Razón principal, motivo. || fig. Raíz, principio, origen.

fundar. tr. Edificar: ⌢ *una ciudad.* || Estribar, apoyar. Ú. t. c. prnl. || Erigir una obra pía, mayorazgo, etc. || Establecer, crear: ⌢ *un imperio.* || fig. Apoyar con razones eficaces: ⌢ *una sentencia.* Ú. t. c. prnl.

fundición. f. Acción y efecto de fundir. || Fábrica en que se funden los metales. || Aleación de hierro y carbono que contiene más del 2 por 100 de éste. || Surtido completo de moldes o letras de una clase para imprimir.

fundido. m. En cinematografía, procedimiento para hacer aparecer o desaparecer lentamente una imagen.

fundir. ≅licuar. ≅liquidar. ◁cuajar. tr. Derretir, convertir un sólido en líquido. Ú. t. c. intr. y prnl. || Dar forma en moldes al metal en fusión: ⌢ *cañones.* || Reducir a una sola cosa. Ú. t. c. prnl. || prnl. Dejar de funcionar un aparato eléctrico: *se fundió la bombilla.* || fig. Unirse, aunarse.

fúnebre. ≅funeral. adj. Relativo a los difuntos: *honras* ⌢s. || fig. Muy triste, luctuoso, funesto.

funeral. adj. Relativo al entierro. || m. Ceremonia por un difunto. || Exequias. Ú. m. en pl.

funeraria. f. Agencia de entierros.

funesto, ta. adj. Aciago. || Triste, desgraciado.

fungible. adj. Que se consume con el uso.

fungicida. adj. y s. Agente que destruye los hongos.

fungir. intr. Desempeñar un empleo o cargo.

funicular. adj. y s. Ferrocarril cuya tracción se realiza por medio de un cable o cremallera. || Teleférico.

furcia. f. Prostituta, ramera.

furgón. m. Vehículo cerrado que se utiliza para transportes. || Vagón de ferrocarril para el transporte de equipajes y mercancías.

furgoneta. f. Vehículo pequeño destinado al transporte de mercancías.

furia. f. Ira, cólera. || Acceso de demencia. || fig. Persona muy irritada y colérica. || fig. Actividad y violenta agitación: *la* ⌢ *del mar.* || fig. Velocidad con que se ejecuta alguna cosa.

furibundo, da. ≅impetuoso. ≅violento. adj. Airado, colérico. || Que denota furor: *batalla* ⌢. || Extremado entusiasta o partidario.

furioso, sa. ≅airado. ≅frenético. adj. Poseído de furia. || fig. Violento, terrible. || fig. Muy grande y excesivo: ⌢ *gasto.*

furor. m. Cólera, ira exaltada. || fig. Arrebatamiento. || fig. Actividad, violencia. || Prisa, vehemencia. || Momento de mayor intensidad de una moda o costumbre.

furriel. m. Cabo encargado de distribuir los servicios de la tropa.

furtivo, va. adj. Que se hace a escondidas. || Díc. del que caza en finca ajena sin permiso del dueño.

fusa. f. Figura músical cuyo valor es la mitad de la semicorchea.

fuselaje. m. Cuerpo del avión, donde van la tripulación, los pasajeros y las mercancías.

fusible. adj. Que puede fundirse. || m. Hilo o chapa metálica, que se intercala en las instalaciones eléctricas para cortar la corriente cuando esta es excesiva.

fusiforme. adj. De figura de huso.

fusil. m. Arma de fuego portátil que consta de un tubo metálico, de un mecanismo con que se dispara, y de la caja a la que éste y aquél van unidos.

fusilamiento. m. Acción y efecto de fusilar.

fusilar. tr. Ejecutar a una persona con una descarga de fusilería. || fig. y fam. Plagiar.

fusilería. f. Conjunto de fusiles. || Fuego de fusiles.

fusión. ≅mezcla. f. Efecto de fundir o fundirse.

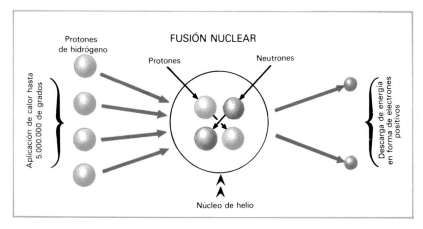

FUSIÓN NUCLEAR

Protones de hidrógeno

Protones

Neutrones

Aplicación de calor hasta 5.000.000 de grados

Descarga de energía en forma de electrones positivos

Núcleo de helio

|| fig. Unión de intereses, ideas, etc. || Unión de los bienes o actividades de varias sociedades, o incorporación a una de ellas de todas las restantes. || Reacción nuclear producida por la unión de dos núcleos ligeros, que da lugar a un núcleo más pesado, con desprendimiento de energía.

fusionar. tr. y prnl. fig. Producir una fusión, unión.

fusta. f. Látigo largo y delgado.

fuste. m. Madera de los árboles. || Vara. || Armazón de la silla de montar. || fig. Fundamento: ⌐ *de un discurso.* || fig. Nervio, substancia: *hombre de* ⌐. || Parte de la columna que media entre el capitel y la basa.

fustigar. tr. Dar azotes. || fig. Vituperar, censurar.

fútbol o **futbol.** m. Deporte practicado entre dos equipos de once jugadores cada uno, que disputan un balón con los pies y tratan de introducirlo en la portería contraria siguiendo determinadas reglas.

futbolín. m. Juego de mesa en el que figurillas accionadas mecánica o manualmente simulan un partido de fútbol.

futbolista. com. Jugador de fútbol.

fútil. adj. De poco aprecio e importancia.

futilidad. ≅fruslería. ◁importancia. f. Poca o ninguna importancia de una cosa.

futurismo. m. Actitud espiritual, cultural, política, etc., orientada hacia el futuro. || Movimiento ideológico y artístico cuyas orientaciones fueron formuladas en París (1909) por el poeta italiano F. T. Marinetti.

futurista. adj. Relativo al futurismo. || Partidario de él. Ú. t. c. s.

futuro, ra. adj. Que está por venir. || Díc. del tiempo del verbo que sirve para denotar la acción que no ha sucedido todavía. Ú. t. c. s.: *daré, habré dado, diere, haber de dar.* || m. y f. fam. Novio, prometido.

futurología. f. Conjunto de estudios que se proponen predecir científicamente el futuro del hombre.

futurólogo, ga. m. y f. Persona que cultiva la futurología.

g. f. Octava letra del abecedario español y sexta de sus consonantes. Su nombre es *ge*.

gabacho, cha. adj. y s. Relativo a algunos pueblos de las faldas de los Pirineos. || fam. desp. Francés. Aplícase a pers. || m. fam. Lenguaje español plagado de galicismos.

gabán. m. Capote con mangas. || Abrigo, sobretodo.

gabardina. f. Abrigo ligero de tela impermeable.

gabarra. f. Embarcación pequeña para carga y descarga en los puertos.

gabinete. m. Habitación más reducida que la sala, donde se reciben visitas de confianza. || Local donde se exhiben una colección de objetos curiosos o destinados al estudio de una ciencia o arte. || Gobierno del Estado y cuerpo de ministros que lo componen.

gacela. f. Antílope algo menor que el corzo, de gran esbeltez y hermosura.

gaceta. f. Periódico en que se dan noticias de determinadas materias: ∽ *de las artes, médica.* || En España, antiguo nombre del diario oficial del gobierno.

gacetilla. f. Parte de un periódico destinada a la inserción de noticias cortas. || Cada una de estas noticias. || fig. y fam. Persona que por hábito e inclinación lleva y trae noticias.

gacha. f. Masa muy blanda que tiene mucho de líquida. || *Col.* y *Venez.* Cuenco, escudilla. || pl. Comida compuesta de harina cocida con agua y sal, leche, miel, etc. || fig. y fam. Lodo, barro. || *And.* Halagos, caricias, mimos.

gachí. ʃʃgachís. f. En lenguaje popular, mujer, muchacha.

gacho, cha. adj. Encorvado, inclinado. || Díc. del buey de cuernos inclinados hacia abajo.

gachó. m. En ambientes populares, hombre, y en especial, el amante de una mujer.

gádidos. adj. Díc. de ciertos peces simétricos y de buen tamaño, como el bacalao y la merluza. || m. pl. Familia de estos peces.

gaditano, na. adj. y s. De Cádiz.

gadolinio. m. Elemento metálico, trivalente, sin aplicaciones industriales. Peso atómico, 156,9; núm. atómico, 64; símbolo, *Gd*.

gafar. tr. fam. Transmitir o comunicar mala suerte a alguien o a algo.

gafas. f. pl. Anteojos con armadura para sujetarse detrás de las orejas.

gafe. m. y adj. fam. Aguafiestas, persona que tiene fama de atraer la mala suerte.

gaita. f. Instrumento musical con varios tubos unidos a un fuelle. || fig. y fam. Cosa difícil, engorrosa. || fig. y fam. Cosa desagradable y molesta.

gaitero, ra. m. y f. Persona que tiene por oficio tocar la gaita.

gaje. m. Emolumento de un destino o empleo. Se aplica especialmente al dinero que se cobra aparte del sueldo. Ú. m. en pl. || pl. Inconvenientes inherentes a un empleo.

gajo. m. Rama de árbol. || Cada uno de los grupos de uvas en que se divide el racimo. || Cada una de las partes en que está dividido el interior de algunos frutos: ∽ *de naranja.* || Cada una de las puntas de las horcas, bieldos, etc.

gala. ≅adorno. ≅ornato. f. Vestido sobresaliente y lucido. || Fiesta en que se exige vestido de esta clase. || Actuación artística a la que se da carácter escepcional. || Gracia, garbo.

galáctico, ca. adj. Relativo a la Vía Láctea o a cualquiera otra galaxia; aunque con muchísima frecuencia se entiende referido sólo a aquélla.

galaico, ca. ≅gallego. adj. Relativo a Galicia: *cordillera* ⌢.

galán. ≅gentil. ≅novio. ≅pretendiente. m. Hombre de buen semblante, bien proporcionado y airoso. || El que galantea a una mujer. || El que en cine o teatro hace alguno de los papeles serios: *primer* ⌢.

galante. adj. Atento, obsequioso, en especial con las damas.

galantear. ≅cortejar. tr. Requebrar a una mujer. || Procurar captarse el amor de una mujer. || fig. Solicitar asiduamente algo.

galantería. ≅cortesía. ≅piropo. ≅requiebro. ◁descortesía. f. Acción o expresión galante. || Gracia y elegancia. || Liberalidad, bizarría.

galanura. f. Gallardía que resulta de la gala. || Gracia, gentileza. || fig. Elegancia en el modo de expresar los conceptos.

galápago. m. Tortuga de mar comestible. || Polea chata por un lado para poderla fijar cómodamente en un madero. || Molde en que se hace la teja. || Lingote corto.

galardón. m. Premio o recompensa por los méritos o servicios.

galardonar. tr. Premiar o remunerar.

galaxia. f. Inmenso conjunto de astros, nebulosas, etc., del que forman parte nuestro sistema solar y todas las estrellas visibles, incluidas las que integran la Vía Láctea. Se suele escribir con mayúscula. || Sistema estelar análogo al de la Vía Láctea.

galbana. ◁diligencia. f. fam. Pereza, desidia.

galdosiano, na. adj. Propio y característico de Pérez Galdós como escritor.

galena. f. Mineral compuesto de azufre y plomo, de color gris y lustre intenso.

galeno. m. fam. Médico.

galeón. m. Bajel grande de vela parecido a la galera y con tres o cuatro palos. || Nave de gran porte que transportaba de América a España los productos de las minas.

galeote. m. El que remaba forzado en las galeras.

galera. f. Carro para transportar personas con cuatro ruedas y cubierta. || Embarcación de vela y remo, la más larga de quilla. || *Hond.* y *Méj.*

Cobertizo, tinglado. || pl. Pena que se imponía, de servir remando en las galeras reales.

galerada. f. Carga que cabe en una galera de ruedas. || *Impr.* Prueba de la composición o de algún trozo, que se saca para corregirla.

galería. f. Pieza larga y espaciosa, adornada de muchas ventanas o sostenida por columnas o pilastras. || Corredor con vidrieras. || Colección de pinturas. || Camino subterráneo que se hace en las minas, o en otra obra subterránea. || Bastidor que se coloca en la parte superior de una puerta o ventana para colgar en él las cortinas. || Pasaje interior donde existen muchos establecimientos comerciales.

galerna. f. Viento fuerte del noroeste en el Cantábrico.

galés, sa. adj. y s. De Gales. || m. Idioma galés, uno de los célticos.

galgo, ga. adj. y s. Perro muy ligero, con el cuello, la cola y las patas largas. || f. Piedra grande que, desprendida de lo alto de una cuesta, baja rodando.

gálibo. m. Figura ideal cuyo perímetro marca las dimensiones máximas de la sección transversal autorizadas a los vehículos con su carga que hayan de pasar por túneles, arcos, etc.

galicanismo. m. Doctrina religiosa y política que defendía la independencia de la Iglesia de Francia con respecto a la Santa Sede, al mismo tiempo que hacía depender del Estado la comunicación entre el papa, los obispos y los fieles.

galicismo. m. Giro propio de la lengua francesa. || Vocablo o giro de esta lengua empleado en otra.

galileo, a. adj. y s. De Galilea. || m. desp. Cristiano: *Cristo, el Galileo.*

galimatías. m. Lenguaje obscuro y confuso. || fig. y fam. Confusión, enredo, lío.

galio. m. Metal raro que se emplea en lugar del mercurio en los termómetros para temperaturas elevadas. Peso atómico, 69,72; núm. atómico, 31; símbolo, *Ga.*

galo, la. adj. y s. De la Galia. || m. Antigua lengua de la Galia, del grupo céltico.

galocha. f. Calzado de madera o hierro, de que se usa para andar por la nieve, el agua o el lodo.

galón. m. Cinta fuerte que sirve para guarnecer vestidos, cortinas, etc. || Distintivo de graduación militar. || Medida inglesa de capacidad para los líquidos que equivale a cuatro litros y medio.

galopada. f. Carrera a galope.

galopante. adj. Que galopa. || fig. De crecimiento o desarrollo muy rápido.

Galaxia espiral NGC 2997

galopar. intr. Ir el cuadrúpedo a galope. || Cabalgar una persona en un caballo que va al galope.

galope. m. La marcha más rápida del caballo.

galopín. m. Muchacho sucio y desharrapado. || Pícaro, bribón. || fig. y fam. Hombre taimado, de mundo.

galpón. m. Departamento que se destinaba a los esclavos en las haciendas de América. || *Amér.* m. Cobertizo grande.

galvanismo. m. Electricidad desarrollada por el contacto de dos metales diferentes, con un líquido interpuesto. || Propiedad de excitar, por medio de corrientes eléctricas, los movimientos en los nervios y músculos de animales.

galvanizar. tr. Aplicar el galvanismo. || Dar un baño de cinc fundido a un alambre, plancha de hierro, etc., para que no se oxide.

galvanómetro. ≅reómetro. m. Aparato destinado a medir la intensidad y determinar el sentido de una corriente eléctrica.

galvanoplastia. f. Arte de sobreponer a cualquier cuerpo sólido una capa de un metal disuelto en un líquido, valiéndose de corrientes eléctricas.

galvanoscopio. m. Galvanómetro provisto de un mecanismo registrador.

galladura. f. Pinta de la yema del huevo de la gallina y sin la cual es infecundo.

gállara. f. Agalla del roble. || Agalla del pez.

gallardear. intr. y prnl. Ostentar bizarría y desembarazo.

gallardete. m. Banderilla que va disminuyendo hasta rematar en punta, que se pone en lo alto de embarcaciones, edificios, en las calles, etc., como adorno, aviso o señal.

gallardía. ◁inhabilidad. f. Bizarría y buen aire. || Esfuerzo, arresto en la ejecución de algunas cosas.

gallardo, da. adj. Airoso y galán. || Bizarro, valiente. || fig. Grande o excelente: *pensamiento* ⌢.

gallear. tr. Cubrir el gallo a las gallinas. || intr. fig. y fam. Presumir de hombría. || Querer sobresalir entre otros con jactancia.

gallego, ga. adj. y s. De Galicia. || *Arg., Bol.* y *P. Rico.* Español emigrado. || m. Lengua de los gallegos.

galleguismo. m. Locución, giro o modo de hablar propio de los gallegos. || Amor a Galicia y a las cosas gallegas.

galleo. m. Jactancia, presunción.

gallera. ≅reñidero. f. Edificio donde se efectúan las peleas de gallos.

gallero. adj. y s. Aficionado a las peleas de gallos o que se dedica a la cría de estos animales.

galleta. f. Pasta compuesta de harina, azúcar y a veces huevo, manteca y confituras que, dividida en trozos pequeños y moldeados en formas varias, se cuecen al horno. || fam. Cachete, bofetada.

galliforme. adj. Díc. de las aves de cuerpo generalmente robusto y pesado, alas cortas y redondeadas, poco aptas para el vuelo sostenido, patas cortas, pico fuerte y algo encorvado y cola muy desarrollada. || f. pl. Orden de estas aves.

gallina. f. Hembra del gallo, del cual se distingue exteriormente por tener menor tamaño, cresta pequeña, cola sin cobijas prolongadas y tarsos sin espolones. || com. fig. y fam. Persona cobarde y tímida.

gallináceo, a. adj. Galliforme.

gallinejas. f. pl. En Madrid, tripas fritas de gallina y otras aves, y a veces de otros animales.

gallinero. m. Cobertizo donde las aves de corral se crían y recogen a dormir. || fig. Parte más alta y barata de una sala de espectáculos. || fig. Lugar donde hay mucho griterío y no se entienden unos a otros.

gallineta. f. Chocha, ave zancuda.

gallipato. m. Batracio urodelo que vive en los estanques cenagosos y en las fuentes.

gallito. m. y adj. fig. Hombre presuntuoso o jactancioso.

gallo. m. Ave galliforme, de cabeza adornada de una cresta roja, y tarsos fuertes, escamosos, armados de espolones largos y agudos. || Pez marino comestible de cuerpo comprimido. || Hombre que trata de imponerse a los demás por su agresividad o jactancia. || fig. y fam. Nota falsa que inadvertidamente emite el que canta.

gallofa. f. Comida que se daba a los pobres que venían de Francia a Santiago de Compostela pidiendo limosna.

gama. f. Escala musical. || Escala de colores. || fig. Serie, sucesión.

gamba. f. Crustáceo semejante al langostino, y algo menor que él.

gamberrada. f. Acción propia del gamberro.

gamberrismo. m. Conducta propia de un gamberro.

gamberro, rra. adj. y s. Que escandaliza y comete destrozos en sitios públicos. || Grosero.

gambeta. f. Movimiento especial de la danza. || Corveta. || En el fútbol, regate.

gambetear. intr. Hacer gambetas. || Hacer corvetas el caballo.

gambito. m. En el juego de ajedrez, lance que

Galliformes

Pintada común

Perdiz

Codorniz

Gallina

Gallo

Pavo común

Pavo real

Ortega

Faisán dorado

Ganga

Urogallo

Homo Mexicano

Megapodio de bosque

Argos

consiste en sacrificar al principio de la partida algún peón o pieza, o ambos, para lograr una posición favorable.

gamella. f. Artesa que sirve para dar de comer y beber a los animales, para fregar, lavar y otros usos.

gameto. m. Cada una de las dos células sexuales, masculina y femenina, que se unen para formar el huevo de las plantas y de los animales.

gamitido. m. Balido del gamo o voz que lo imita.

gamma. f. Tercera letra del alfabeto griego (Γ, γ); corresponde a nuestra *g*. || Unidad internacional de medida, equivalente a una millonésima de gramo.

gamo. ≅paleto. m. Mamífero rumiante del grupo de los ciervos, de pelaje rojizo obscuro salpicado de multitud de manchas pequeñas y de color blanco.

gamopétala. adj. Díc. de las corolas cuyos pétalos están soldados entre sí y de las flores que tienen esta clase de corolas.

gamosépalo, la. ≅monosépalo. adj. Díc. de los cálices cuyos pétalos están soldados entre sí y de las flores que tienen esta clase de cálices.

gamusino. m. Animal imaginario cuyo nombre se usa para dar bromas a los cazadores novatos.

gamuza. f. Especie de antílope del tamaño de una cabra grande que habita en las rocas más escarpadas de los Alpes y los Pirineos. || Tejido para limpiar el polvo, que imita a la piel de la gamuza.

gamuzado, da. adj. De color de gamuza, amarillo pálido.

gana. f. Deseo, apetito, voluntad de hacer algo.

ganadería. ≅zootecnia. f. Conjunto de los ganados de una región o de un país. || Raza especial de ganado, que suele llevar el nombre del ganadero.

ganadero, ra. m. y f. Dueño de ganados, que trata en ellos.

ganado, da. adj. Díc. de lo que se gana. || m. Conjunto de bestias mansas que se apacientan y andan juntas. || fig. y fam. Conjunto de personas.

ganancia. ≅beneficio. ≅negocio. f. Acción y efecto de ganar. || Beneficio que resulta del trato, del comercio o de otra acción. || *Chile, Guat.* y *Méj.* Propina.

ganancial. adj. Díc. del bien adquirido por el marido o la mujer, o por ambos, durante la sociedad conyugal. Ú. m. en pl.

ganancioso, sa. adj. y s. Que sale beneficiado en un trato, comercio u otra cosa.

ganapán. m. Hombre que gana la vida transportando cargas, o lo que le mandan. || fig. y fam. Hombre rudo y tosco.

ganar. tr. Adquirir caudal o aumentarlo con cualquier género de comercio, industria o trabajo. || Dicho de juegos, batallas, oposiciones, pleitos, etc., obtener lo que en ellos se disputa. || Conquistar o tomar una plaza, ciudad, territorio o fuerte.

ganchillo. m. Aguja con gancho, y la labor que se hace con ella.

gancho. m. Instrumento de metal, madera, etc., corvo y por lo común puntiagudo en uno o ambos extremos, que sirve para prender, agarrar, o colgar una cosa. || fig. Compinche del que vende o rifa públicamente una cosa, o que se mezcla con el público para animar con su ejemplo a los compradores. || En boxeo, golpe corto lanzado con el brazo y antebrazo arqueados.

gandul, la. adj. y s. fam. Vagabundo, holgazán. || m. Individuo de cierta milicia antigua de los moros.

gandulear. intr. Holgazanear.

gandulería. ◁esfuerzo. f. Calidad de gandul.

ganga. ≅escoria. ≅momio. f. Materia inútil que acompaña a los minerales. || fig. Cosa apreciable que se adquiere a poca costa o con poco trabajo.

ganglio. m. Tumor pequeño que se forma en los tendones o en un vaso linfático.

gangoso, sa. adj. y s. Que habla con defecto nasal.

gangrena. f. Desorganización y privación de vida en cualquier tejido de un cuerpo animal producida por falta de riego sanguíneo. || Enfermedad de los árboles.

gangrenarse. prnl. Padecer gangrena.

gangrenoso, sa. adj. Afectado de gangrena.

gángster. m. Malhechor que actúa en una banda.

gangsterismo. m. Existencia y acción propia de gángsters.

ganguear. intr. Hablar con resonancia nasal.

ganoideo, a. adj. y s. Díc. de peces con esqueleto cartilaginoso u óseo, en los que está comprendido el esturión. || m. pl. Orden de estos animales.

gansada. f. fig. y fam. Sandez, hecho o dicho propio de ganso.

ganso, sa. m. y f. Ave palmípeda doméstica algo menor que el ánsar. || fig. Persona rústica, malcriada, torpe, incapaz. Ú. t. c. adj. || fig. Persona patosa, que presume de chistosa y aguda sin serlo. Ú. t. c. adj.

ganzúa. f. Alambre fuerte y doblado por una punta con que se pueden abrir las cerraduras. || fig. y fam. Ladrón que roba con maña. || fig. y fam. Persona que tiene arte o maña para sonsacar a otra su secreto.

gañán. m. Mozo de labranza. || fig. Hombre fuerte y rudo.

gañido. ≅ladrido. m. Aullido del perro cuando lo maltratan. || Quejido de otros animales.

gañir. intr. Aullar el perro cuando lo maltratan. || Quejarse algunos animales con voz semejante al gañido del perro. || Graznar las aves. || fig. y fam. Resollar o respirar con ruido las personas.

gañote o **gañón.** m. fam. Garguero o gaznate.

garabatear. intr. Echar los garabatos para agarrar o asir una cosa. || Hacer garabatos con la pluma. Ú. t. c. tr. || fig. y fam. Andar con rodeos.

garabato. m. Instrumento de hierro cuya punta está vuelta en semicírculo. || Rasgo caprichoso e irregular hecho con la pluma.

garaje. m. Local destinado a guardar automóviles.

garante. ≅fiador. adj. y com. Que da garantía.

garantía. f. Acción de asegurar, durante un tiempo, el buen funcionamiento de algo que se vende, y de repararlo gratuitamente en caso de avería. || Fianza, prenda.

garantizar. tr. Dar u ofrecer garantía.

garañón. m. Asno semental. || Camello padre.

garapiña. f. Estado del líquido que solidifica formando grumos. || *Cuba* y *Méj.* Bebida muy refrigerante hecha con la corteza de la piña y agua con azúcar.

garapiñar. tr. Bañar almendras, piñones, etc. con almíbar solidificado.

garbanzo. m. Planta herbácea, papilionácea, con tallo de cuatro o cinco decímetros de altura, flores blancas y fruto en vaina inflada y pelosa. || Semilla de esta planta, legumbre muy usada en España.

garbeo. m. Paseo, acción de pasearse.

garbo. m. Elegancia al andar y moverse. || fig. Cierta gracia y perfección que se da a las cosas.

garboso, sa. adj. Airoso, bizarro y bien dispuesto.

garceta. f. Ave zancuda, de unos 40 cm. de alt. y 65 de envergadura. || Pelo de la sien que cae a la mejilla. || Cada una de las puntas inferiores de las astas del venado.

gardenia. f. Arbusto rubiáceo originario de Asia oriental de flores blancas y olorosas. || Flor de esta planta.

garduña. f. Mamífero carnicero, nocturno y muy perjudicial, porque destruye las crías de muchos animales útiles.

garduño, ña. m. y f. fam. Ratero o ratera que hurta con maña y disimulo.

garete(ir, o **irse, al).** fr. Se dice de la embarcación que va a la deriva.

garfa. f. Cada una de las uñas de las manos en los animales que las tienen corvas. || *Mec.* Pieza que agarra el cable conductor de la corriente para los tranvías y ferrocarriles eléctricos.

garfio. ≅gancho. m. Instrumento de hierro, corvo y puntiagudo, que sirve para aferrar algún objeto. || Instrumento para pescar o recoger almejas.

gargajo. m. Flema casi coagulada que se expele de la garganta.

garganta. ≅gola. f. Parte anterior del cuello. || Espacio interno comprendido entre el velo del paladar y la entrada del esófago y de la laringe. || fig. Voz del cantante. || fig. Cualquier estrechura de montes, ríos u otros parajes.

Garganta del Cares. Asturias

gargantilla. f. Adorno femenino que rodea el cuello.

gárgara. f. Acción de mantener un líquido en la garganta, con la boca hacia arriba, sin tragarlo y arrojando el aliento. Ú. m. en pl.

gárgol. m. *Carp.* Ranura en que se hace encajar el canto de una pieza.

gárgola. f. Caño o canal, por lo común vistosamente adornado, por donde se vierte el agua de los tejados o de las fuentes.

garguero o **gargüero.** ≅gaznate. m. Parte superior de la tráquea. || Toda la caña del pulmón.

garibaldino, na. adj. Propio de Garibaldi. || f. Especie de blusa de color rojo.

garita. f. Torrecilla de fábrica o de madera fuerte para abrigo y defensa de los centinelas. || Casilla pequeña de madera.

garitero. m. El que tiene por su cuenta un garito. || El que con frecuencia va a jugar a los garitos.

garito. ≅timba. m. Paraje o casa donde concurren a jugar los tahúres o fulleros.

garlito. m. Especie de nasa, a modo de buitrón, para pescar peces. || fig. y fam. Trampa.

garlopa. f. Cepillo de carpintero largo y con puño.

garnacha. f. Especie de uva roja que tira a morada. || Vino que se hace de esta uva.

garra. f. Mano y pie del animal, cuando están armados de uñas corvas, fuertes y agudas. || fig. Mano del hombre. || pl. Dominio.

garrafa. f. Vasija esférica, que remata en un cuello largo y angosto.

garrafal. adj. Díc. de cierta especie de guindas y cerezas y de los árboles que las producen. || Díc. de algunas faltas graves de la expresión y de algunas acciones: *error, mentira* ⌣.

garrafina. f. Juego de dominó en el que intervienen cuatro jugadores.

garrafón. m. Vasija similar a la garrafa pero de mayor tamaño.

garrapata. ≅arañuelo. f. Ácaro de cuatro a seis milímetros de largo, que chupa la sangre de ciertos mamíferos.

garrapatear. intr. y tr. Hacer garrapatos.

garrapato. m. Rasgo caprichoso e irregular hecho con la pluma. || pl. Letras mal trazadas.

garrapiñada. f. Almendra bañada en almíbar.

garrido, da. adj. Persona gallarda o robusta, y en especial de la mujer lozana y bien parecida. || Galano, elegante.

garrocha. f. Vara que en la extremidad tiene un hierro pequeño con un arponcillo. || Vara larga para picar toros.

garrota. f. Cayado de pastor.

garrotazo. m. Golpe dado con el garrote.

garrote. m. Palo grueso y fuerte que puede manejarse a modo de bastón. || Instrumento para ejecutar a los condenados a muerte, que consiste en un aro de hierro sujeto a un pie derecho para estrangular al sentenciado.

garrucha. f. Polea.

gárrulo, la. adj. Aplícase al ave que canta, gorjea o chirría mucho. || fig. Díc. de la persona muy habladora. || fig. Díc. de cosas que hacen ruido continuado.

garza. f. Ave zancuda, de cabeza pequeña con moño largo y gris, y pico prolongado.

garzo, za. adj. De color azulado. || m. Agárico, hongo.

garzota. f. Ave zancuda, de unos 30 cm. de largo, con el pico grande y de color negro. || Penacho que se usa para adorno.

gas. m. Todo fluido aeriforme a la presión y temperatura ordinarias. || Carburo de hidrógeno con mezcla de otros gases, que se emplea para alumbrado o calefacción y para obtener fuerza motriz.

gasa. f. Tela de seda o hilo muy clara y sutil. || Banda de tejido muy ralo, que esterilizada se usa en cirugía.

gascón, na. adj. y s. De Gascuña, Francia.

gaseosa. f. Bebida refrescante, efervescente y sin alcohol.

gaseoso, sa. adj. Que se halla en estado de gas. || Aplícase al líquido de que se desprenden gases.

gasoducto. m. Tubería de grueso calibre y gran longitud para conducir a distancia gas combustible.

gasógeno. m. Aparato destinado para obtener gases. || El que se utiliza en los automóviles para producir gas carburante. || Mezcla de bencina y alcohol, que se usa para el alumbrado y para quitar manchas.

gasóleo o **gasoil.** m. Fracción destilada del petróleo crudo, que se usa normalmente en los motores Diesel y como combustible en hogares abiertos.

gasolina. f. Combustible que se usa en los motores de combustión interna, como automóviles, etc., compuesto de hidrocarburos líquidos volátiles e inflamables obtenidos del petróleo crudo.

gasolinera. f. Depósito de gasolina para la venta al público. || Lancha automóvil con motor de gasolina.

gasómetro. m. Instrumento para medir el gas. || Aparato que regula la salida uniforme del gas del alumbrado.

gastado, da. adj. Disminuido, borrado con el uso. || Díc. de la persona decaída de su vigor físico o de su prestigio moral.

gastador, ra. adj. y s. Que gasta mucho dinero. || m. En los presidios, el que va condenado a los trabajos públicos. || Soldado que se aplica a los trabajos de abrir trincheras y otros semejantes.

gastar. tr. Expender o emplear el dinero en una cosa. || Consumir. Ú. t. c. prnl. || Usar.

gasterópodo, da. adj. y s. Díc. de los moluscos terrestres o acuáticos cuyo cuerpo se halla comúnmente protegido por una concha, como el caracol, la púrpura y la lapa. || m. pl. Clase de estos moluscos.

gasto. ≅consumo. ≅desembolso. m. Acción de gastar. || Lo que se ha gastado o se gasta. || Cantidad de líquido o de gas que pasa por un orificio o por una tubería cada unidad de tiempo.

gástrico, ca. adj. Perteneciente al estómago.

gastritis. f. Inflamación del estómago.

gastroenteritis. f. Inflamación simultánea de la membrana mucosa del estómago y de la de los intestinos.

gastronomía. ≅cocina. f. Conjunto de conocimientos y actividades relacionados con comer bien.

gatas(a). m. adv. con que se significa el modo de ponerse o andar una persona con pies y manos en el suelo.

gatear. intr. Trepar como los gatos, y especialmente subir por un tronco valiéndose de los brazos y las piernas. || fam. Andar con los pies y las manos en el suelo.

gatera. f. Agujero que se hace para que puedan entrar y salir los gatos. || Agujero que se deja en la vertiente de un tejado para su ventilación.

gatillo. m. Percutor de las armas de fuego. || Parte de la llave de un arma en que se apoya el dedo para disparar. || Instrumento con que se sacan las muelas y dientes.

gato, ta. ≅micho. ≅minino. m. y f. Mamífero carnívoro, digitígrado, doméstico, que es muy útil en las casas por lo mucho que persigue a los ratones. || fig. y fam. Persona nacida en Madrid. || Instrumento de hierro que sirve para agarrar fuertemente la madera y traerla donde se pretende. || Máquina que sirve para levantar grandes pesos a poca altura.

gatuno, na. adj. Perteneciente o relativo al gato.

gatuperio. m. Mezcla de diversas substancias incoherentes. || fig. y fam. Embrollo, enjuague.

gaucho, cha. m. *Arg.* y *Urug.* Nombre con que se designa al campesino que, en los s. XVIII y XIX, habitaba en las llanuras rioplatenses de Argentina, en Uruguay y en Rio Grande do Sul. || adj. Relativo o perteneciente a estos gauchos.

gaveta. f. Cajón corredizo que hay en los escritorios. || Mueble que tiene uno o varios de estos cajones.

gavia. f. Zanja que se abre en la tierra para desagüe o linde de propiedades. || Vela que se coloca en el mastelero mayor de las naves.

gavilán. m. Ave rapaz con plumaje gris azulado y pardo, parecida al halcón. || Rasguillo que se hace al final de algunas letras. || Cada uno de los dos hierros que salen de la guarnición de la espada y forman la cruz.

gavilla. ≅cuadrilla. ≅pandilla. f. Conjunto de sarmientos, mieses, etc., mayor que el manojo y menor que el haz. || fig. Junta de muchas personas, y comúnmente de baja condición.

gaviota. f. Ave palmípeda, de plumaje muy tupido, blanco en general y con el dorso ceniciento. Vive en las costas y se alimenta de peces.

gay. adj. y s. Homosexual.

gazapo. m. Conejo nuevo. || fig. y fam. Hombre disimulado y astuto. || fig. y fam. Mentira, embuste. || fig. y fam. Error que por inadvertencia deja escapar el que escribe o el que habla.

Gavilán con sus crías

gazmoñería o **gazmoñada.** ◁sinceridad. f. Afectación de modestia, devoción o escrúpulos.

gazmoño, ña o **gazmoñero, ra.** adj. y s. Que afecta devoción, escrúpulos y virtudes que no tiene.

gaznápiro, ra. adj. y s. Palurdo, simplón.

gaznate. m. Garganta.

gazpacho. m. Género de sopa fría que se hace regularmente con pedacitos de pan y con aceite, vinagre, sal, ajo, cebolla y otros aditamentos.

ge. f. Nombre de la letra *g*.

gecónido. adj. y s. Díc. de reptiles saurios de pequeño tamaño, como la salamanquesa. || m. pl. Familia de estos animales.

géiser. m. Fuente termal intermitente en forma de surtidor.

gel. m. Substancia viscosa formada por la mezcla de un líquido y una materia coloidal.

gelatina. f. Substancia incolora y trasparente, que se saca de ciertas partes blandas de los animales, y de sus huesos, haciéndolos hervir.

gelatinoso, sa. adj. Abundante en gelatina o parecido a ella.

gélido, da. ◁ardiente. adj. Helado, muy frío.

gema. f. Nombre genérico de las piedras preciosas. || Yema o botón en los vegetales.

gemelo, la. adj. y s. Díc. de cada uno de dos o más hermanos nacidos de un parto. || m. Cada una de las dos piezas que se usan para cerrar el puño de la camisa. || m. pl. Anteojos.

gemido. ≅lamento. ≅quejido. m. Acción y efecto de gemir.

geminado, da. adj. *Biol.* Partido, dividido.

Géminis. n. p. m. Tercer signo del Zodiaco, en que el Sol entra el 21 de mayo ·y sale el 21 ó 22 de junio. || Constelación zodiacal.

gemíparo, ra. adj. Aplícase a los animales o plantas reproducidos por medio de yemas.

gemir. intr. Expresar con sonido y voz lastimera la pena y dolor. || fig. Aullar algunos animales, o sonar algunas cosas inanimadas, con semejanza al gemido del hombre.

gemología. f. Ciencia que trata de las gemas o piedras preciosas.

gen. m. *Biol.* Cada una de las partículas que están dispuestas en un orden fijo a lo largo de los cromosomas y que determinan la aparición de los caracteres hereditarios en los virus, las bacterias, las plantas y en animales.

genciana. f. Planta vivaz gencianácea que se emplea en medicina como tónica y febrífuga.

gencianácea, a o **gencianeo, a.** adj. y s. Díc. de hierbas angiospermas dicotiledóneas,

como la genciana, la centaura mayor y la canchalagua. || f. pl. Familia de estas plantas.

gendarme. m. Militar destinado en Francia y otros países a mantener el orden y la seguridad pública.

gendarmería. f. Cuerpo de tropa de los gendarmes. || Cuartel o puesto de gendarmes.

gene. m. Gen.

genealogía. f. Serie de progenitores y ascendientes de cada persona. || Escrito que la contiene.

genealogista. com. Persona versada en genealogías y linajes.

generación. f. Acción y efecto de engendrar. || Sucesión de descendientes en línea recta. || Conjunto de todos los vivientes coetáneos: *la* ∽ *presente.* || Tiempo medio que se calcula entre un orden de vivientes y otro; oscila alrededor de veinticinco años.

generador, ra. adj. y s. Que engendra o genera. || m. Máquina, motor o aparato que transforma la energía de una forma a otra para su fácil utilización.

general. ◁particular. adj. Común y esencial a todos los individuos que constituyen un todo, o a muchos objetos, aunque sean de naturaleza diferente. || Común, frecuente, usual. || m. Jefe militar perteneciente a las jerarquías superiores del ejército, de la aviación y de algunos cuerpos de la armada. || Prelado superior de una orden religiosa.

generala. f. Toque para que las fuerzas de una guarnición o campo se pongan sobre las armas.

generalato. m. Empleo o grado de general y tiempo que dura. || Conjunto de generales.

generalidad. f. Mayoría de los individuos u objetos que componen una clase o todo sin determinación: *la* ∽ *de los hombres.* || Vaguedad, falta de precisión. || Gobierno autónomo de Cataluña.

generalizar. tr. Hacer pública o común una cosa. Ú. t. c. prnl. || Considerar y tratar en común cualquier punto o cuestión. || Abstraer lo que es común y esencial en muchas cosas, para formar un concepto general que las comprenda todas.

generar. tr. Procrear. || Producir, causar algunas cosas.

generatriz. adj. y f. *Geom.* Díc. de la línea o de la figura que por su movimiento engendran respectivamente una figura o un sólido geométrico. || Díc. de la máquina que convierte la energía mecánica en eléctrica.

genérico, ca. adj. Común a muchas especies. || Relativo al género gramatical: *desinencia* ∽.

género. ≅grupo. ≅tejido. m. Conjunto de seres que tienen caracteres comunes. || Modo o manera de hacer una cosa. || Clase. || En el comercio, cualquier mercancía. || Cualquier clase de tela: ⁓s *de punto.* || Especialidad literaria o artística. || Accidente gramatical para indicar el sexo de las personas o de los animales y el que se atribuye a las cosas, o bien para indicar que no se les atribuye ninguno: ⁓ *masculino, femenino, neutro.*

generosidad. f. Inclinación o propensión del ánimo a anteponer el decoro a la utilidad y al interés. || Larqueza, liberalidad.

generoso, sa. ≅desinteresado. ≅desprendido. adj. Que obra con magnanimidad y nobleza. Ú. t. c. s. || Liberal, dadivoso. || Excelente en su especie.

génesis. f. Origen o principio de una cosa. || Serie encadenada de hechos y de causas que conducen a un resultado.

genética. f. Parte de la biología que trata de los problemas de la herencia.

genetista. com. Persona que cultiva o domina los estudios de genética.

genial. adj. Propio del genio o inclinación de uno. || Placentero; que causa deleite o alegría. || Sobresaliente, que revela genio creador.

genialidad. f. Singularidad propia del carácter de una persona.

genio. m. Carácter. || Disposición para una cosa; como ciencia, arte, etc. || Gran ingenio o facultad capaz de crear o inventar. || fig. Sujeto dotado de esta facultad.

genital. adj. Que sirve para la generación. || m. pl. Órganos de la reproducción.

genitivo. adj. Que puede engendrar y producir una cosa. || m. *Gram.* Uno de los casos de la declinación. Denota relación de propiedad, posesión o pertenencia, y en castellano lleva siempre antepuesta la preposición *de.*

genocidio. m. Exterminio o eliminación sistemática de un grupo social por motivo de raza, de religión o de política.

genotipo. m. *Biol.* Conjunto de factores hereditarios contenidos en los cromosomas de un individuo, que, de acuerdo con el medio, determinan las características que éste desarrollará a lo largo de su vida.

genovés, sa. adj. y s. De Génova.

gente. f. Pluralidad de personas, multitud. || Nombre colectivo que se da a cada una de las clases que pueden distinguirse en la sociedad: ⁓ *de pueblo.* || fam. Familia o parentela: *¿cómo tiene usted su* ⁓?

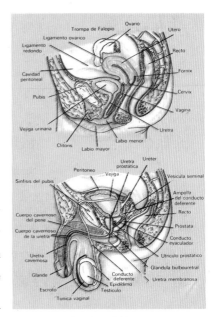

Aparato genital humano

gentil. adj. Idólatra o pagano. Ú. t. c. s. || Brioso, galán: ⁓ *mozo.* || Notable.

gentileza. ◁descortesía. f. Gallardía. || Desembarazo y garbo en la ejecución de una cosa. || Ostentación, bizarría. || Urbanidad, cortesía, amabilidad.

gentilhombre. m. Antiguo caballero servidor del rey.

gentilicio, cia. ≅étnico. adj. Perteneciente a las gentes o naciones. || Perteneciente al linaje o familia.

gentío. m. Concurrencia de gran número de personas en un lugar.

genuflexión. f. Acción y efecto de doblar la rodilla, bajándola hacia el suelo, ordinariamente en señal de reverencia.

genuino, na. adj. Puro, propio, natural, legítimo.

geobotánica. f. Ciencia que estudia las relaciones entre las plantas y el medio geográfico.

geocéntrico, ca. adj. Relativo al centro de la Tierra. || Aplícase a la latitud y longitud de un planeta visto desde la Tierra. || Díc. del sistema de Tolomeo y de los que suponen ser la Tierra el centro del Universo.

geodesia. f. Ciencia matemática que tiene por objeto determinar la figura y magnitud del globo terrestre y construir los mapas correspondientes.

geodésico, ca. adj. Relativo a la geodesia.

geodinámica. f. Parte de la geología que estudia la acción de las fuerzas naturales sobre la faz de la Tierra y los fenómenos que en ella producen.

geofísica. f. Parte de la geología, que estudia la física terrestre.

geofísico, ca. adj. Relativo a la física terrestre. || m. y f. Especialista en el estudio de la física terrestre.

geogenia. f. Parte de la geología, que trata del origen y formación de la Tierra.

geognosia. f. Parte de la geología, que estudia la estructura y composición de las rocas que forman la Tierra.

geografía. f. Ciencia que describe y analiza la superficie terrestre y la localización y distribución en el espacio de sus diferentes elementos, modificados o no por la acción humana. || Tratado de esta ciencia.

geográfico, ca. adj. Relativo a la geografía.

geógrafo, fa. m. y f. Persona que profesa la geografía o tiene en ella especiales conocimientos.

geología. f. Ciencia que trata de la forma exterior e interior del globo terrestre; de la naturaleza de las materias que lo componen y de su formación.

geológico, ca. adj. Relativo a la geología.

geólogo, ga. m. y f. Persona que profesa la geología o tiene en ella especiales conocimientos.

geomancia o **geomancía.** f. Presunta adivinación a través de los cuerpos terrestres o con líneas, círculos o puntos hechos en la tierra.

geómetra. com. Persona que profesa la geometría o en ella tiene especiales conocimientos.

geometría. f. Parte de las matemáticas que trata de las propiedades y medida de la extensión.

geométrico, ca. adj. Relativo a la geometría. || fig. Muy exacto: *demostración* ⌣.

geopolítica. f. Ciencia que pretende fundar la política nacional e internacional en estudio sistemático de los factores geográficos, económicos y raciales.

geoquímica. f. Ciencia que trata de la composición química de la Tierra.

geoquímico, ca. adj. Relativo a la geoquímica. || m. y f. Persona que profesa la geoquímica.

georama. m. Globo geográfico, grande y hue-

co, sobre cuya superficie interior está trazada la figura de la Tierra, de suerte que se pueda contemplar en su totalidad desde su interior.

geórgica. f. Obra que tiene relación con la agricultura. Ú. m. en pl.: *las* ⌣*s de Virgilio.*

geosinclinal. m. Zona de la corteza terrestre de gran extensión, que está en proceso de undimiento, y donde se acumulan sedimentos procedentes de otras áreas.

geotectónico, ca. adj. Relativo a la forma, disposición y estructura de las rocas y terrenos que constituyen la corteza terrestre.

geotermia. f. Ciencia que estudia la distribución y variaciones de la temperatura en el interior de la Tierra.

gépido, da. adj. Pueblo germánico que, tras formar parte del imperio de Atila, constituyeron un reino propio que fue absorbido por lombardos y ávaros (567). Ú. m. c. m. pl. || Díc. también de sus individuos. Ú. t. c. s.

geraniáceo, a. adj. y s. Díc. de plantas angiospermas dicotiledóneas, como el geranio. Ú. t. c. s. || f. pl. Familia de estas plantas.

geranio. m. Planta de jardín con flores de co-

Geranio

lores vivos. Hay varias especies que se distinguen por el olor y coloración de sus flores.

gerencia. f. Cargo de gerente. || Gestión que le incumbe. || Oficina del gerente. || Tiempo que ocupa el cargo.

gerente. com. Persona que dirige los negocios y lleva la firma en una sociedad o empresa mercantil.

geriatra. com. Médico especializado en geriatría.

geriatría. f. Parte de la medicina que estudia la vejez y sus enfermedades.

gerifalte. m. Ave rapaz, especie de halcón, que fue muy estimado en cetrería. || fig. Persona que descuella en cualquier línea.

germanía. f. Jerga o manera de hablar de ladrones y rufianes. || En el antiguo reino de Valencia, hermandad o gremio.

germánico, ca. adj. Relativo a la Germania o a los germanos. || Relativo a Alemania. || Díc. de la lengua indoeuropea que hablaron los pueblos germanos, y de la cual se derivaron el nórdico, el gótico, el alemán, el neerlandés, el frisón y el anglosajón.

germanio. m. Metal blanco que se oxida a temperaturas elevadas, pero es resistente a los ácidos y a las bases. Peso atómico, 72,60; núm. atómico, 32; símbolo, Ge.

germanismo. m. Modo de hablar propio de la lengua alemana. || Vocablo o giro de esta lengua empleado en otra.

germanista. com. Persona versada en la lengua y cultura alemanas.

germanizar. tr. y prnl. Hacer tomar el carácter germánico, o inclinación a las cosas germánicas.

germano, na. adj. y s. De un antiguo conjunto de pueblos indoeuropeos que habitó la Germania (Alemania) y gran parte de Europa central.

germanófilo, la. adj. y s. Que simpatiza con Alemania o con los alemanes.

germen. m. Espora, cigoto o cualquier célula o porción de un organismo que da lugar a un individuo nuevo de la misma especie. || fig. Principio, origen de una cosa material o moral.

germicida. adj. y s. Díc. de los agentes químicos o físicos capaces de neutralizar o destruir los gérmenes patógenos.

germinación. f. Acción de germinar.

germinar. intr. Brotar y comenzar a crecer las plantas. || Comenzar a desarrollarse las semillas de los vegetales. || fig. Crecer, desarrollarse cosas morales o abstractas: ⌢ la libertad.

germinativo, va. adj. Que puede germanizar o causar la germinación.

gerontocracia. f. Gobierno de los más viejos.

gerontología. f. Tratado científico de la vejez y de los fenómenos que la caracterizan.

gerontólogo, ga. m. y f. Persona versada en gerontología.

gerundense. adj. y s. De Gerona (España).

gerundio. m. *Gram.* Forma verbal invariable del modo infinitivo, cuya terminación regular es *ando* en los verbos de la primera conjugación, y *iendo* en los de la segunda y tercera. Indica acción simultánea o anterior a la del verbo a que se refiere.

gesta. f. Conjunto de hechos memorables de algún personaje.

gestación. f. Embarazo y tiempo que dura. || Período de preparación y elaboración de algo.

gestar. tr. Llevar y sustentar la madre en sus entrañas el fruto vivo de la concepción hasta el momento del parto. || prnl. fig. Prepararse, desarrollarse sentimientos, ideas, etc.

gestatorio, ria. adj. Que ha de llevarse a brazos. || Díc. de la silla portátil que usa el Papa en ciertos actos de gran ceremonia.

gesticulación. ≅mímica. f. Acción y efecto de gesticular.

gesticular. intr. Hacer gestos.

gestión. f. Trámite de asuntos. || Dirección, administración de una empresa.

gestionar. tr. Hacer diligencias conducentes al logro de un negocio o de un deseo cualquiera.

gesto. ≅ademán. m. Movimiento del rostro o de las manos con que se expresan los diversos afectos del ánimo. || Mueca. || Semblante, cara, rostro. || Acto o hecho.

gestor, ra. adj. y s. Que hace gestiones por oficio. || Administrador.

gestoría. f. Oficina del gestor.

giba. f. Joroba, corcova. || fig. y fam. Molestia, incomodidad.

gibelino, na. adj. Partidario de los emperadores de Alemania, en Italia durante la Edad Media, contra los güelfos, defensores de los Papas. Ú. t. c. s. || Relativo a los gibelinos.

gibón. m. Nombre común a varias especies de monos, que se caracterizan por tener los brazos muy largos, callosidades isquiáticas pequeñas y carecer de cola y abazones.

gibosidad. f. Protuberancia en forma de giba.

gibraltareño, ña. adj. y s. De Gibraltar.

gigante. adj. y s. Enorme, sobresaliente. || com. Persona muy alta. || m. Personaje de cartón de algunos festejos populares.

gigantesco, ca. adj. Relativo a los gigantes. || fig. Excesivo, sobresaliente: *árbol* ⌐.

gigantismo. m. Enfermedad del desarrollo caracterizada por un crecimiento excesivo.

gigantón, na. m. y f. Figura gigantesca que se lleva en algunas procesiones. || m. Planta compuesta, especie de dalia, de flores moradas.

gili. ∬gilís. adj. fam. Tonto, lelo.

gilipollas. adj. y s. fam. Dícese de la persona que hace o dice tonterías o que se comporta como un estúpido o un cobarde.

gimnasia. f. Arte de desarrollar, fortalecer y dar flexibilidad al cuerpo por medio de ciertos ejercicios. || Conjunto de estos mismos ejercicios. || fig. Práctica o ejercicio que adiestra en cualquier actividad.

gimnasio. m. Lugar destinado a ejercicios gimnásticos.

gimnasta. com. Persona que practica ejercicios gimnásticos.

gimnospermo, ma. adj. Díc. de plantas fanerógamas cuyos carpelos no llegan a constituir una cavidad cerrada, como el pino, el ciprés y el helecho. || f. pl. Familia de estas plantas.

gimotear. intr. desp. Gemir de forma leve y con insistencia. || Hacer los gestos y suspiros del llanto, sin llegar a él.

gimoteo. m. fam. Acción y efecto de gimotear.

ginebra. f. Bebida alcohólica fabricada con semillas y aromatizada con bayas de enebro.

ginebrino, na o **ginebrés, sa.** adj. y s. De Ginebra, Suiza.

gineceo. m. Departamento que los griegos destinaban para habitación de sus mujeres. || Pistilo.

ginecología. f. Parte de la medicina que trata de las enfermedades propias de la mujer.

ginecólogo, ga. m. y f. Médico que profesa la ginecología.

gingival. adj. Relativo a las encías.

gingivitis. f. Inflamación de las encías.

gira. f. Paseo, excursión recreativa emprendida por una reunión de personas. || Serie de actuaciones sucesivas de una compañía teatral o de un artista en diferentes localidades.

girador, ra. m. y f. Persona o entidad que expide una letra de cambio.

giralda. f. Veleta de torre, cuando tiene figura humana o de animal.

girándula. f. Rueda llena de cohetes que gira despidiéndolos. || Artificio que se pone en las fuentes para arrojar el agua con variedad de juegos.

girar. intr. Moverse alrededor o circularmente.

|| fig. Desarrollarse una conversación, negocio, trato, etc., en torno a un tema o interés dado. || Desviarse o torcer la dirección inicial: *la calle gira a la derecha.* || Com. Expedir libranzas u otras órdenes de pago. Ú. t. c. tr.: ⌐ *una letra.* || tr. Mandar dinero por servicio postal o terlegráfico.

girasol. ≅tornasol. m. Planta compuesta anual, oriunda de Perú, con fruto de muchas semillas comestibles y de las que se extrae un aceite que sirve para condimento.

giratorio, ria. adj. Que gira o se mueve alrededor.

giro. ≅aspecto. ≅cariz. ≅rotación. ≅vuelta. m. Movimiento circular. || Acción y efecto de girar. || Dirección que se da a una conversación, a un negocio y sus diferentes fases. || Estructura especial de la frase, o manera de estar ordenadas las palabras para expresar un concepto. || *Com.* Movimiento o traslación de caudales por medio de letras, libranzas, etc.

girondino, na. adj. y s. Díc. del individuo de un partido político que se formó en Francia en tiempo de la Revolución, y de este mismo partido (llamado así por haberse distinguido principalmente en él los diputados de la Gironda), que representaba los intereses de la gran burguesía.

giroscopio o **giróscopo.** m. Aparato ideado por Foucault en 1852, que demuestra la rotación del globo terrestre.

gitanear. intr. fig. Halagar, adular. || Proceder engañosamente.

gitanería. f. Caricia y halago con zalamería y gracia. || Reunión o conjunto de gitanos. || Dicho o hecho propio o peculiar de los gitanos.

gitanismo. m. Costumbre de los gitanos. || Gitanería. || Vocablo o giro propio de la lengua que hablan los gitanos.

gitano, na. adj. y s. Díc. de los individuos de un pueblo originario del norte de la India, extendido por gran parte de Europa, que mantienen en parte el nomadismo y han conservado rasgos físicos y culturales propios. || fig. Que tiene gracia y arte para ganarse las voluntades de otros. || fig. y fam. Que estafa u obra suciamente.

glaciación. f. Formación de glaciares.

glacial. ◁ardiente. adj. Helado, muy frío. || Que hace helar o helarse. || fig. Frío, desafecto. || Díc. de las tierras o mares que están en las zonas glaciales.

glaciar. ≅helero. m. Masa de hielo acumulada en las zonas altas de las cordilleras por encima del límite de las nieves perpetuas y cuya parte

Glaciar en Chamonix (Francia)

inferior se desliza muy lentamente. || adj. Díc. de lo referente a los glaciares.

glaciarismo. m. Estudio científico de los glaciares.

gladiador o **gladiator.** m. El que en los juegos públicos de los romanos batallaba con otro o con una bestia feroz.

glande. m. Cabeza del miembro viril.

glándula. f. Órgano que segrega substancias inútiles o nocivas para la planta. || Cualquiera de los órganos que segregan materias inútiles o productos que el organismo utiliza en el ejercicio de una determinada función.

glandular. adj. Propio de las glándulas.

glauco. adj. Verde claro. || m. Molusco gasterópodo marino, sin concha, de color azul con reflejos anaranjados.

glaucoma. m. Enfermedad que consiste en el endurecimiento del globo ocular.

glicerina. f. Líquido incoloro, espeso y dulce, que se encuentra en los cuerpos grasos como base de su composición.

glíptica. f. Arte de grabar en piedras duras y finas.

gliptodonte. m. Género de mamíferos desdentados, fósiles, parecidos a los actuales armadillos.

gliptoteca. f. Colección de piedras grabadas. || Museo de obras de escultura y particularmente de piedras finas grabadas.

global. adj. Tomado en conjunto.

globo. m. Cuerpo esférico. || Tierra, planeta que habitamos. || Receptáculo de materia flexible que, lleno de un gas menos pesado que el aire ambiente, se eleva en la atmósfera. || Fanal de cristal con que se cubre una luz para que no moleste a la vista o por adorno.

globular. adj. De figura de glóbulo. || Compuesto de glóbulos.

globulariáceo, a. adj. y f. Díc. de plantas angiospermas dicotiledóneas, como la corona de rey. || f. pl. Familia de estas plantas.

glóbulo. m. Pequeño cuerpo esférico. ◆ **blanco.** Célula globosa incolora de la sangre o leucocito. || **rojo.** Célula globosa roja de la sangre o hematíe.

globuloso, sa. adj. Compuesto de glóbulos.

gloria. ◁infierno. f. Bienaventuranza. || Cielo, lugar de los bienaventurados. || Reputación, fama, honor. || Gusto, placer: *su ᔕ es el estudio.* || Lo que ennoblece o ilustra: *Cervantes es ᔕ de España.* || Majestad, esplendor, magnificencia || m. Cántico o rezo de la misa.

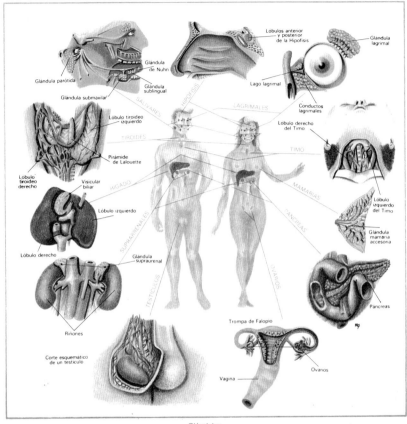

Glándulas

glorieta. f. Plaza donde desembocan por lo común varias calles o alamedas.

glorificación. f. Alabanza que se da a una cosa digna de honor, estimación o aprecio. || Acción y efecto de glorificar.

glorificar. ◁deshonrar. tr. Alabar, ensalzar. || prnl. Vanagloriarse.

glorioso, sa. adj. Digno de honor y alabanza. || Relativo a la gloria o bienaventuranza. || Que goza de Dios en la gloria. || Que se alaba demasiado y habla de sí con jactancia.

glosa. f. Explicación o comentario de un texto obscuro o difícil de entender.

glosar. tr. Hacer, poner o escribir glosas. || Comentar palabras y dichos propios o ajenos, ampliándolos.

glosario. m. Vocabulario de un dialecto, de un autor o de un texto. || Diccionario de palabras definidas o comentadas. || Conjunto de glosas.

glosopeda. f. Enfermedad epizoótica de los ganados, que se manifiesta por fiebre y por el desarrollo de vesículas pequeñas en la boca y entre las pezuñas.

glotis. f. Orificio o abertura superior de la laringe.

glotón, na. adj. y s. Que come con exceso y con ansia. || m. Animal carnívoro ártico, del tamaño de un zorro grande.

glotonería. f. Acción de comer con exceso y con ansia. || Calidad de glotón.

glucemia. f. Presencia de azúcar o glucosa en la sangre, y más especialmente cuando excede de lo normal, que es de unos 100 mg. por cada 100 cm.3

glucógeno. m. Hidrato de carbono semejante al almidón. Es una substancia de reserva que, en el momento de ser utilizada por el organismo, se transforma en glucosa.

glucómetro. m. Aparato para apreciar la cantidad de azúcar que tiene un líquido.

glucosa. f. Azúcar de color blanco, cristalizable, de sabor muy dulce, muy soluble en agua y poco en alcohol, que se halla disuelto en las células de muchos frutos maduros, como la uva, la pera, etc., en el plasma sanguíneo normal y en la orina de los diabéticos.

glucósido. m. Substancia orgánica compleja obtenida de ciertos vegetales, y uno de cuyos componentes es la glucosa.

glucosuria. f. Estado patológico del organismo, que se manifiesta por la presencia de glucosa en la orina.

glúteo, a. adj. Relativo a la nalga: *región* ⌐. || Díc. de cada uno de los tres músculos que forman la nalga.

glutinoso, sa. adj. Pegajoso.

gneis. m. Roca de estructura pizarrosa e igual composición que el granito.

gnetáceo, a. adj. y f. Díc. de árboles o arbustos gimnospermos, frecuentemente bejucos. || f. pl. Familia de estas plantas.

gnomo. m. Ser fantástico, enano, reputado por los cabalistas como espíritu o genio de la Tierra.

gnoseología. f. Teoría del conocimiento. A veces, sin. de *epistemología.*

gnosis. m. El conocimiento absoluto e intuitivo, especialmente de la Divinidad, que pretendían alcanzar los gnósticos.

gnosticismo. m. Doctrina filosófica y religiosa de los primeros siglos de la Iglesia católica, mezcla de la cristiana con creencias judaicas y orientales, que se dividió en varias sectas y pretendía tener un conocimiento intuitivo y misterioso de las cosas divinas.

gnóstico, ca. adj. Relativo al gnosticismo. || Que profesa el gnosticismo.

gobernación. f. Acción y efecto de gobernar. || Ejercicio del gobierno.

gobernador, ra. adj. y s. Que gobierna. || Jefe superior de una provincia, ciudad o territorio, que según el género de jurisdicción que ejerce, toma el nombre de *gobernador civil, militar* o *eclesiástico.* || Representante del gobierno en algún establecimiento público: ⌐ *del Banco de España.*

gobernanta. f. Mujer que en los grandes hoteles tiene a su cargo el servicio de un piso en lo tocante a limpieza y conservación de enseres.

gobernante. adj. y s. Que gobierna. || m. fam. El que se mete a gobernar una cosa.

gobernar. tr. Mandar con autoridad o regir una cosa. Ú. t. c. intr. || Manejar, dominar a una persona. || Guiar y dirigir: ⌐ *la nave.* Ú. t. c. prnl. || prnl. Guiarse, regirse según una norma, regla o idea.

góbido, da. adj. y m. Díc. de los peces teleóstomos perciformes, como el chanquete. || m. pl. Familia de estos peces.

gobierno. ≅dirección. ≅gabinete. ≅régimen. m. Acción y efecto de gobernar. || Orden de regir y gobernar una nación, provincia, plaza, etc. || Conjunto de los ministros de un Estado. || Empleo, ministerio y dignidad de gobernador.

gobio. m. Pez teleósteo de río, de carne comestible.

goce. m. Acción y efecto de gozar o disfrutar una cosa.

gocho, cha. m. y f. fam. Cerdo, cochino.

godo, da. adj. y s. Pueblo teutónico, perteneciente al grupo de los germanos orientales y a la rama escandinava, que en el primer siglo de la era cristiana poblaba las orillas meridionales del Báltico y el interior entre los ríos Oder y Vístula. || fig. *Can.* Español peninsular. || *Arg., Col.* y *Chile.* desp. Nombre con que se designaba a los españoles durante la guerra de la Independencia.

gofio. m. *Can.* Harina de maíz, trigo o cebada tostada. || *Amér.* Plato de comida que se hace con harina muy fina de maíz tostado y azúcar.

gol. m. En el juego del fútbol y otros semejantes, punto o tanto que se consigue cada vez que penetra el balón en la portería.

gola. f. Garganta. || Pieza de la armadura antigua, que se ponía sobre el peto para cubrir y defender la garganta. || Insignia de los oficiales militares que consiste en una media luna convexa de metal, pendiente del cuello.

goleada. f. Acción y efecto de golear. || Cantidad de goles, gran tanteo.

goleador. m. El que golea.

golear. tr. En el juego del fútbol y otros semejantes, marcar muchos goles.

goleta. f. Embarcación fina, de bordas poco elevadas, con dos palos, y a veces tres, y un cangrejo en cada uno.

golf. m. Juego de origen escocés, que consiste en impeler con diferentes palos, a manera de mazas, una pelota pequeña para introducirla en una serie de agujeros muy espaciados, 9 ó 18, abiertos en terreno cubierto ordinariamente de césped.

golfante. adj. y s. Golfo, sinvergüenza.

golfear. intr. Vivir a la manera de un golfo.

golfería. f. Conjunto de golfos o pilluelos. || Acción propia de un golfo.

golfo, fa. adj. y s. Pilluelo, vagabundo. || m. Gran porción de mar que se interna en la tierra entre dos cabos: *el ᕔ de Venecia.*

golilla. f. Adorno para el cuello que usaban antiguamente los ministros togados y demás curiales.

golondrina. f. Pájaro muy común en España, de pico negro, corto y alesnado; cuerpo negro azulado por encima y blanco por debajo, alas puntiagudas y cola larga y muy ahorquillada. || En algunos puertos, barca pequeña de motor para viajeros.

golondrino. m. Pollo de la golondrina. || fig. Vagabundo. || Forúnculo que se forma en el sobaco.

golosina. f. Dulce o manjar que se come por placer. || Deseo o apetito de una cosa. || fig. Cosa más agradable que útil.

golosinear o **golosinar.** intr. Andar comiendo o buscando golosinas.

goloso, sa. adj. Aficionado a comer golosinas. Ú. t. c. s. || Deseoso o dominado por el apetito de alguna cosa. || Apetitoso.

golpazo. m. Golpe violento o ruidoso.

golpe. m. Encuentro repentino y violento de dos

Golondrinas

cuerpos. Ú. t. en sent. fig. || Efecto del mismo encuentro. Ú. t. en sent. fig. || Infortunio o desgracia inesperada. || Atraco, asalto, robo. || fig. Ocurrencia graciosa y oportuna en el curso de una conversación. || Usurpación del gobierno de una nación por la fuerza, como en el golpe de Estado.

golpear. tr. e intr. Dar repetidos golpes.

golpetazo. m. Golpe fuerte.

golpismo. m. Actitud favorable al golpe de Estado. || Actividad de los golpistas.

golpista. adj. Relativo al golpe de Estado. || Que participa en un golpe de estado o que lo apoya en cualquier modo. Ú. t. c. s.

gollería. f. Manjar exquisito y delicado. || fig. y fam. Delicadeza, superfluidad.

gollete. m. Parte superior de la garganta, por donde se une a la cabeza. || Cuello estrecho que tienen algunas vasijas.

goma. f. Substancia viscosa que fluye de diversos vegetales. Disuelta en agua, sirve para pegar o adherir cosas. || Tira o banda de goma elástica a modo de cinta. || Goma elástica, caucho: *suelas de ᕔ.*

gomaespuma. f. Caucho celular.

gomina. f. Fijador del cabello.

gomorresina. f. Jugo lechoso que fluye naturalmente o por incisión de varias plantas y se solidifica al aire.

gónada. f. Glándula sexual masculina o femenina.

góndola. f. Embarcación pequeña de recreo que se usa principalmente en Venecia. || Carruaje en que pueden viajar juntas muchas personas.

gondolero. m. El que dirige la góndola.

gong o **gongo.** m. Batintín o tantán. || Campana grande de barco.

gongorino, na. adj. Relativo a la poesía de Góngora. || Partidario o imitador de dicha poesía. Ú. t. c. s.

gongorismo. m. Manera literaria que inició a principios del s. XVII la poesía de Luis de Góngora.

gongorista. adj. y s. Persona que estudia la vida, la obra o el influjo de Góngora.

goniómetro. m. Instrumento que sirve para medir ángulos.

gonococo. m. Microorganismo en forma de elementos ovoides. Se encuentra en el interior de las células del pus blenorrágico o del de otras lesiones blenorrágicas.

gonorrea. f. Flujo mucoso de la uretra.

gordiano. adj. Díc. del nudo que ataba al yugo la lanza del carro de Gordio, antiguo rey de Frigia, del cual dicen que no se podían descubrir los dos cabos para desatarle.

gordinflón, na o **gordiflón, na.** adj. y s. fam. Que tiene muchas carnes, aunque flojas.

gordo, da. ≅grasa. ≅voluminoso. adj. Que tiene muchas carnes. || Muy abultado y corpulento. || Pingüe, craso y mantecoso: *carne* ∿. || Que excede del grosor corriente en su clase: *hilo* ∿. || m. Premio mayor de la lotería pública.

gordura. ◁delgadez. f. Grasa, tejido adiposo. || Abundancia de carnes y grasas en las personas y animales.

gorgojo. m. Insecto coleóptero de color pardo obscuro que ataca las semillas de cereales y legumbres. || fig. y fam. Persona muy chica.

gorgorito. m. fam. Quiebro que se hace con la voz en la garganta, especialmente al cantar. Ú. m. en pl.

gorgotear. intr. Producir ruido un líquido o un gas al moverse en el interior de alguna cavidad. || Borbotear o borbotar.

gorguera. f. Adorno del cuello, que se hacía de lienzo plegado y alechugado. || Pieza de la armadura antigua, que se ajustaba al cuello para su defensa. Gorjal de la armadura. || Verticilo de brácteas de una flor.

gorigori. m. fam. Voz con que familiarmente se alude al canto lúgubre de los entierros.

gorila. m. Mono antropomorfo, de color pardo obscuro, de estatura aproximadamente igual a la del hombre y de hasta 250 kg. de peso, que habita en las selvas del centro u oeste de África. || fig. y fam. Guardaespaldas.

gorjear. intr. Hacer quiebros con la voz: *los pájaros y los cantantes gorjean.* || prnl. Empezar a hablar el niño.

gorjeo. ≅gorgorito. m. Canto o voz de algunos pájaros. || Quiebro de la voz en la garganta. || Articulaciones imperfectas en la voz de los niños.

gorra. f. Prenda, sin copa ni alas, que sirve para abrigar la cabeza. || Gorro de los niños. || Prenda de varias formas para abrigo de la cabeza. || m. fig. Gorrón, que vive a costa ajena.

gorrinera. f. Pocilga, cochiquera.

gorrinería. f. Porquería, inmundicia. || Acción sucia e indecente.

gorrino, na. m. y f. Cerdo pequeño. || Cerdo, cochino. || fig. Persona desaseada. Ú. t. c. adj.

gorrión. m. Pájaro pequeño, de pico fuerte, cónico y algo doblado en la punta, y plumaje pardo en la cabeza. Es muy abundante en España.

gorriona. f. Hembra del gorrión.

Gorrión

gorro. m. Pieza redonda para cubrir y abrigar la cabeza.

gorrón, na. ≅pegote. adj. y s. Que tiene por hábito comer, vivir o divertirse a costa ajena.

gorronear. intr. Comer o vivir a costa ajena.

gota. ≅podagra. f. Pequeña cantidad de cualquier líquido que adopta en su caída una forma esferoidal. || fig. Pequeña cantidad de una cosa: *ponme una* ∿ *de leche.* || Enfermedad que causa hinchazón muy dolorosa en ciertas articulaciones.

gotear. intr. Caer un líquido gota a gota. || Comenzar a llover a gotas espaciadas. || tr. fig. Dar o recibir una cosa poco a poco.

goteo. m. Acción y efecto de gotear.

gotera. f. Continuación de gotas de agua que caen en lo interior de un edificio u otro espacio techado. || Hendedura o paraje del techo por donde caen. || Sitio en que cae el agua de los tejados y señal que deja. || fig. Achaque.

gótico, ca. adj. Relativo a los godos. || Díc. del arte que en la Europa occidental se desarrolló por evolución del románico desde el s. XII hasta el Renacimiento. Ú. t. c. s.

gourmet. m. Persona aficionada a comer bien.

goyesco, ca. adj. Propio y característico de Goya, o semejante a sus obras.

gozada. f. Efecto de gozar. || fam. Objeto o ser que causa el gozo.

gozar. tr. Tener y poseer alguna cosa. Ú. t. c. intr. con la prep. *de.* || Tener gusto y alegría de una cosa. Ú. t. c. prnl. || intr. Sentir placer.

gozne. ≅charnela. m. Herraje articulado con

que se fijan las hojas de las puertas y ventanas al quicial para que giren. || Bisagra metálica o pernio.

gozo. m. Placer, alegría.

gozoso, sa. ≅alegre. adj. Que siente gozo. || Que se celebra con gozo.

grabación. f. Registro de sonidos e imágenes.

grabado. m. Arte de grabar. || Procedimiento para grabar. || Estampa que se obtiene por medio de la impresión de láminas grabadas al efecto.

grabador, ra. adj. Que graba: *instrumento* ⌢. || Relativo al arte del grabado: *industria* ⌢. || m. y f. Persona que profesa este arte. || f. Magnetófono.

grabar. tr. Señalar con incisión o abrir y labrar en hueco o en relieve sobre una superficie de piedra, madera, metal, etc., figuras o caracteres. || Registrar los sonidos en disco, cinta magnetofónica, o las imágenes en cinta de vídeo, para su posterior reproducción. || En informática, registrar información sobre un soporte magnético para su tratamiento en el ordenador.

gracejo. m. Gracia, chiste y donaire festivo en el hablar o escribir.

gracia. ≅don. ≅donaire. ≅merced. ≅ocurrencia. f. Don de Dios que eleva sobrenaturalmente a la criatura racional haciéndola hija suya, ya que la hace partícipe de su vida. || Don natural que hace agradable a la persona. || Atractivo en la fisonomía de algunas personas. || Chiste, dicho agudo.

grácil. adj. Sutil, delgado o menudo.

gracioso, sa. adj. Que tiene gracia, atractivo. || Chistoso, agudo. || Que se da de balde o de gracia.

grada. f. Peldaño. || Asiento a manera de escalón corrido. || Conjunto de estos asientos en ciertos lugares públicos. || Tarima al pie de los altares. || Instrumento de figura casi cuadrada, con el cual se allana la tierra después de arada. || pl. Escalinatas delante de ciertos edificios.

gradación. f. Serie de cosas ordenadas gradualmente. || *Mús.* Período armónico que va subiendo de grado en grado.

graderío. m. Asiento colectivo en forma de escalón.

grado. m. Peldaño. || Cada una de las generaciones que marcan el parentesco entre las personas. || Unidad empleada para medir la temperatura. || En las universidades, título que se da al que se gradúa: ⌢ *de bachiller, de doctor.* || *Geom.* Cada una de las 360 partes iguales en que suele dividirse la circunferencia. Se utiliza también

para medir los arcos y los ángulos. || Intensidad significativa de un adjetivo.

graduación. f. Acción y efecto de graduar. || Cantidad proporcional de alcohol que contiene una bebida espiritosa. || Grado dentro de una jerarquía.

graduado, da. adj. y s. En las universidades, el que ha alcanzado algún grado.

gradual. ≅progresivo. adj. Que va de grado en grado. || m. Parte de la misa, que se reza entre la epístola y el evangelio.

graduar. tr. Dar a una cosa el grado que le corresponde: ⌢ *la salida del agua.* || Apreciar en una cosa el grado que tiene: ⌢ *la densidad de la leche.* || Señalar en una cosa los grados en que se divide: ⌢ *un termómetro.* || tr. y prnl. En las universidades conceder u obtener un título académico.

grafema. m. Término de la lingüística contemporánea que sirve para designar unidades mínimas de la escritura.

grafía. f. Representación de los sonidos en la escritura.

gráfico, ca. adj. Relativo a la escritura y a la imprenta. || Díc. de lo que se representa por medio de figuras o signos. Ú. t. c. s. || m. y f. Representación de datos numéricos por medio de una o varias líneas.

grafismo. m. Cada una de las particularidades de la letra de una persona, o el conjunto de todas ellas. || Expresividad gráfica en lo que se dice o en cómo se dice.

grafito. m. Mineral de color negro agrisado compuesto casi exclusivamente de carbono, que se usa para hacer lapiceros, crisoles refractarios, etc. || Escrito o dibujo trazado a mano en los monumentos antiguos.

grafología. f. Arte de averiguar el carácter de una persona por medio de su escritura.

grafólogo, ga. m. y f. Persona que practica la grafología.

gragea. f. Confites muy menudos de varios colores. || *Farm.* Píldora redondeada recubierta de una capa de substancia agradable al paladar.

grajear. intr. Cantar o chillar los grajos o los cuervos. || Formar sonidos guturales el niño que no sabe aún hablar.

grajo. m. Ave semejante al cuervo de pico y pies rojos y uñas grandes y negras.

grama. f. Planta medicinal gramínea, con el tallo cilíndrico y rastrero.

gramaje. m. Peso en gramos por metro cuadrado de un papel, que sirve de criterio para apreciar el cuerpo del mismo.

gramática. f. Arte de hablar y escribir correctamente una lengua, y texto en que se enseña. || Ciencia que estudia los elementos de una lengua y sus combinaciones.

gramatical. adj. Relativo a la gramática. || Que se ajusta a sus reglas.

gramático, ca. m. y f. Persona entendida en gramática.

gramíneo, a. adj. y f. Díc. de las plantas angiospermas monocotiledóneas de tallos huecos y flores dispuestas en espigas o panojas, como el trigo, el arroz y el bambú. || f. pl. Familia de estas plantas.

gramo. m. Unidad de masa en el sistema decimal igual a la milésima parte de un kilogramo y aproximadamente igual a la masa (o peso) de un centímetro cúbico de agua a la temperatura de su máxima densidad (cuatro grados centígrados).

gramófono. m. Nombre comercial registrado de un aparato que reproduce mecánicamente los sonidos grabados en discos.

gran. adj. apóc. de grande: ⌣ empeño; ⌣ sermón. || Principal o primero: ⌣ maestre de San Juan.

Gramófono

Trigo, planta gramínea

grana. f. Semilla menuda de varios vegetales.

granada. f. Fruto del granado, en forma de globo, que contiene multitud de granos encarnados. || Globo hueco lleno de pólvora. || Proyectil hueco de metal en el que se aloja un explosivo y se dispara con obús u otra pieza de artillería.

granadero. m. Soldado de infantería armado con granadas de mano. || Soldado de elevada estatura perteneciente a una compañía, que formaba a la cabeza del regimiento. || fig. y fam. Persona muy alta.

granadino, na. adj. Relativo al granado o a la granada. || m. Flor del granado. || f. Refresco hecho con zumo de granada.

granadino, na. adj. y s. De Granada (España).

granado. m. Árbol de cinco a seis metros de altura, de flores rojas y con los pétalos algo doblados, cuyo fruto es la granada.

granado, da. adj. Que ya tiene grano. || fig. Maduro, experto. || fig. y fam. Espigado, alto, crecido.

granar. intr. Formarse y crecer el grano de los frutos en algunas plantas, como las espigas, los racimos, etc.

granate. m. Piedra fina cuyo color varía desde el de los granos de granada al rojo, negro, verde, amarillo, violáceo y anaranjado. || Color rojo obscuro. Ú. t. c. adj.

grande. ≅espacioso. ≅vasto. ◁pequeño. adj. Que excede a lo común y regular. || m. Prócer, magnate.

grandeza. f. Tamaño excesivo de una cosa respecto de otra del mismo género. || Majestad y poder. || fig. Bondad, excelencia moral.

grandilocuencia. f. Elocuencia elevada. || Estilo sublime.

grandiosidad. f. Admirable grandeza, magnificencia.

grandioso, sa. adj. Sobresaliente, magnífico.

grandullón, na. adj. y s. fam. Díc. muy especialmente de los muchachos muy crecidos para su edad.

granear. tr. Esparcir el grano o semilla en un terreno. || Hacer ligeramente rugosa una superficie lisa. || Sacarle grano a la superficie lisa de una piedra litográfica.

granel(a). m. adv. Sin orden: *trigo, centeno* ∽. || Sin envase: *vino* ∽. || fig. De montón, en abundancia.

granero. ≅hórreo. ≅troj. m. Sitio en donde se guarda el grano. || fig. Territorio muy abundante en grano: *Castilla es el* ∽ *de España.*

granito. m. Roca compacta y dura, compuesta de feldespato, cuarzo y mica. Lo hay de varios colores y constituye un excelente material de construcción y pavimentación. Es una de las rocas más extendidas por el globo.

granizada. f. Copia de granizo que cae de una vez. || fig. Multitud de cosas que caen o se manifiestan continuada y abundantemente.

granizado, da. adj. y s. Refresco hecho con hielo finamente desmenuzado al que se agrega alguna esencia, jugo de frutas o bebida alcohólica.

granizar. terciopersonal. Caer granizo. || tr. fig. Arrojar o despedir una cosa con ímpetu.

granizo. ≅pedrisco. m. Agua congelada que desciende con violencia de las nubes en forma de granos. || fig. Tormenta de granizo.

granja. f. Hacienda de campo con huerta y casería. || Lugar dedicado a la cría de aves y otros animales domésticos.

granjear. ≅atraer. ≅captar. tr. Obtener ganancias traficando con ganados u otros objetos de comercio. || Adquirir, conseguir. || Captar voluntades, etc. Ú. m. c. prnl.

granjería. f. Beneficio de las haciendas de campo. || fig. Ganancia o utilidad.

granjero, ra. m. y f. Persona que cuida de una granja. || Persona que se emplea en granjerías.

grano. m. Semilla y fruto de las mieses: ∽ *de trigo, cebada,* etc. || Semillas pequeñas de varias plantas: ∽ *de anís.* || Tumorcillo pequeño. || pl. Cereales.

granuja. f. Uva desgranada. || m. fam. Muchacho vagabundo, pilluelo. || fig. Bribón, pícaro.

granujada. f. Acción propia de un granuja.

granulación. f. Acción y efecto de granular.

granulado, da. adj. Díc. de las substancias cuya masa forma gránulos, granos pequeños.

granular. adj. Erupción de granos y de las cosas en cuya superficie se forman. || Díc. de las substancias cuya masa forma granos o porciones menudas.

granular. tr. Desmenuzar una cosa en granos muy pequeños. || Dar una textura granulosa a una superficie. || prnl. Cubrirse de granos pequeños alguna parte del cuerpo.

gránulo. m. dim. de *grano.* || Píldora pequeña.

granuloso, sa. adj. Díc. de las substancias cuya masa forma gránulos, granos pequeños.

granza. f. Carbón mineral lavado y clasificado, cuyos trozos han de tener un tamaño reglamentario comprendido entre 15 y 25 milímetros || pl. Residuos de paja, espiga, grano sin descascarillar, etc., que quedan de las semillas cuando se avientan.

grao. m. Playa que sirve de desembarcadero.

grapa. ≅gafa. f. Pieza de metal para unir o sujetar dos tablas u otras cosas. || Pieza metálica pequeña para coser y sujetar papeles.

grapadora. f. Utensilio para grapar papeles.

grapar. tr. Sujetar con una grapa de metal.

grasa. f. Manteca o sebo de un animal. || Goma del enebro. || Mugre o suciedad. || Lubricante graso.

grasiento, ta. ≅pringado. adj. Untado y lleno de grasa.

graso, sa. ≅untuoso. adj. Mantecoso y que tiene gordura. || Que tiene naturaleza de grasa.

gratén. m. Salsa espesa con que se cubren algunas viandas y que se tuesta al horno antes de servirla.

gratificación. ≅paga. f. Recompensa pecuniaria de un servicio eventual. || Remuneración fija que se concede por el desempeño de un servicio o cargo, añadida al sueldo principal.

gratificar. ≅pagar. ≅remunerar. tr. Recompensar con una gratificación.

gratinar. tr. Hacer que un alimento se tueste por encima en el horno.

gratis. adv. m. De gracia o de balde.

gratitud. f. Agradecimiento.

grato, ta. adj. Gustoso, agradable.

gratuidad. ◁interés. f. Calidad de gratuito.

gratuito, ta. adj. De balde o de gracia. || Arbitrario, sin fundamento: *suposición* ∽.

grava. f. Conjunto de guijas o piedras peladas. || Piedra machacada para pavimentación.

gravamen. m. Carga, obligación que pesa sobre alguno. || Impuesto.

gravar. tr. Cargar sobre una persona o cosa. || Imponer un gravamen.

grave. adj. Que pesa. Ú. t. c. s. masculino: *la caída de los* ∽*s*. || De mucha importancia: *enfermedad* ∽. || Circunspecto, serio. || Arduo, difícil. || Molesto. || Díc. del sonido bajo. Ú. t. c. s. || Díc. de la palabra cuyo acento prosódico carga en su penúltima sílaba: *mañana, fácil.*

gravedad. f. Atracción que se manifiesta entre un planeta u otro cuerpo celeste y los cuerpos situados en su superficie. || Acción atractiva mutua que se ejerce a distancia entre las masas de los cuerpos celestes. || Compostura y circunspección.

grávido, da. adj. poét. Cargado, abundante. || Díc. de la mujer embarazada.

gravimetría. f. Conjunto de métodos utilizados en la medición de la aceleración de la gravedad.

gravitar. intr. Moverse un cuerpo por la atracción de otro: *la Luna gravita en torno de la Tierra.* || Descansar un cuerpo sobre otro. || fig. Pesar una obligación sobre una persona.

gravoso, sa. ≅caro. ≅oneroso. adj. Molesto, pesado. || Que ocasiona gasto.

graznar. intr. Dar graznidos.

graznido. m. Voz de algunas aves, como el cuervo, el ganso, el grajo, etc. || fig. Canto disonante y desagradable.

greba. f. Pieza de la armadura antigua, que cubría la pierna desde la rodilla hasta la garganta del pie.

greca. f. Adorno formado por una faja en que se repite la misma combinación de elementos decorativos.

grecismo. m. Voz o modo de hablar de origen griego.

greco, ca. adj. y s. De Grecia.

grecolatino, na. adj. Relativo a griegos y latinos, y especialmente a sus lenguas respectivas.

grecorromano, na. adj. Relativo a griegos y romanos, o común a ambos pueblos: *arte* ∽.

greda. f. Arcilla arenosa que se usa para desengrasar los paños y quitar las manchas.

gregario, ria. adj. Que está en compañía de otros sin distinción, como el soldado raso. || fig. Falto de ideas e iniciativas propias.

gregarismo. m. Calidad de gregario. || Tendencia de algunos animales a vivir en sociedad.

gregoriano, na. adj. Canto religioso reformado por el papa Gregorio I. Ú. t. c. s. || Díc. del año, calendario, cómputo y era que reformó Gregorio XIII.

greguería. f. Griterío. || Imagen en prosa que presenta una visión personal y sorprendente de algún aspecto de la realidad, denominada así, en 1912, por Ramón Gómez de la Serna.

greguescos o **gregüescos.** m. pl. Calzones muy anchos que se usaron en los s. XVI y XVII.

gremial. adj. Relativo al gremio, oficio o profesión. || m. Paño cuadrado de que usan los obispos, poniéndolo sobre las rodillas, cuando celebran de pontifical.

gremio. m. Corporación profesional formada por artesanos y comerciantes de una misma profesión u oficio. || Conjunto de personas que tienen un mismo ejercicio, profesión o estado social.

greña. f. Cabellera revuelta y mal compuesta. Ú. m. en pl. || Lo que está enredado y entretejido con otra cosa. || *And.* Primer follaje que produce el sarmiento después de plantado.

greñudo, da. adj. Que tiene greñas.

gres. m. Pasta con que en alfarería se fabrican objetos, que, después de cocidos a temperaturas muy elevadas, son resistentes e impermeables.

gresca. f. Bulla, algazara. || Riña, pendencia.

grey. ∬greyes. f. Rebaño. || Congregación de los fieles bajo sus pastores religiosos. || fig. Conjunto de individuos que tienen algún carácter común, como la raza o nación.

grial. m. Vaso o plato místico que en los libros de caballerías se supone haber servido para la institución del sacramento eucarístico.

griego, ga. ≅heleno. adj. y s. De Grecia. || m. Lengua griega, perteneciente al grupo helénico de la familia lingüística indoeuropea.

grieta. f. Quiebra o abertura longitudinal: ∽ *en una pared.* || Hendidura poco profunda en la piel: ∽ *en el labio.*

grietoso, sa. adj. Lleno de grietas.

grifa. f. Marihuana.

grifería. f. Conjunto de grifos o llaves de una instalación. || Tienda donde se venden.

grifo, fa. adj. *Méj.* Díc. de la persona intoxicada de marihuana. Ú. t. c. s. || *Col.* Presuntuoso. || m. Animal fabuloso, de medio cuerpo arriba águila, y de medio abajo león. || Llave colocada en la boca de las cañerías y en otros depósitos de líquidos.

grill. m. Parrilla. || En los hornos de gas, fuego situado en la parte superior para gratinar o dorar los alimentos.

grillarse. prnl. Entallecer algunas plantas: ∽ *el trigo, las cebollas.* || Chiflarse, perder la cabeza.

grillera. f. Agujero en que se recogen los gri-

Arte griego. *Amazona,* por Fidias. Museo Capitolino. Roma

llos. || Jaula en que se los encierra. || fig. y fam. Lugar en donde nadie se entiende.

grillete. m. Arco de hierro que sirve para asegurar una cadena. || Cada uno de los trozos de cadena que engrilletados unos con otros forman la del ancla de un buque.

grillo. m. Insecto ortóptero cuyos élitros producen un sonido agudo y monótono.

grillos. m. pl. Conjunto de dos grilletes que se colocaban en los pies de los presos. || fig. Estorbo, embarazo.

grima. f. Desazón, horror que causa una cosa.

gringo, ga. adj. y s. fam. Extranjero, especialmente inglés. || *Amér. m.* Estadounidense. || m. fam. Lenguaje ininteligible.

griñón. m. Variedad de melocotón pequeño y sabroso de piel lisa y muy colorada.

gripal. adj. Relativo a la gripe.

gripe. ≅trancazo. f. Enfermedad epidémica aguda, acompañada de fiebre y con manifestaciones variadas, especialmente catarrales.

gris. adj. Color que resulta de la mezcla de blanco y negro o azul. Ú. t. c. s. || Borroso, sin perfiles definidos. || fig. Triste, lánguido, apagado.

|| m. fam. Frío o viento frío: *sopla un* ∽. || fam. Miembro de la policía armada que llevaba el uniforme de ese color.

grisáceo, a. adj. De color que tira a gris.

griseo. adj. De color gris.

grisú. m. Metano desprendido de las minas de hulla que al mezclarse con el aire se hace inflamable y produce violentas explosiones.

gritar. ≅chillar. ≅vociferar. intr. Levantar la voz más de lo acostumbrado. || Dar un grito o varios. || Desaprobar ruidosamente. Ú. t. c. tr.: ∽ *a un actor;* ∽ *una comedia.* || tr. fam. Amonestar o mandar algo a uno desabridamente, con gritos.

griterío. ≅algarabía. ≅vocerío. ◁silencio. m. Confusión de gritos.

grito. m. Voz sumamente esforzada y levantada. || Expresión proferida con esta voz. || Manifestación vehemente de un sentimiento general. || Gemido, queja.

gritón, na. adj. y s. fam. Que grita mucho.

groenlandés, sa. adj. y s. De Groenlandia.

grogui. adj. Díc. del boxeador que por unos instantes pierde el conocimiento sin llegar a estar fuera de combate. || Atontado por el cansancio o por otras causas físicas o emocionales.

grosella. f. Fruto del grosellero, uvita roja de jugo medicinal.

grosellero. m. Arbusto de uno a dos metros de altura, cuyo fruto es la grosella.

grosería. ◁delicadeza. f. Descortesía. || Tosquedad, falta de finura. || Rusticidad, ignorancia. || Palabra o acción inconveniente.

grosero, ra. adj. Basto, ordinario y sin arte: *ropa* ∽. || Descortés, que no tiene urbanidad. Ú. t. c. s.

grosor. ≅espesor. m. Grueso de un cuerpo.

grossomodo. loc. adv. lat. Aproximadamente, poco más o menos.

grotesco, ca. ◁normal. adj. Ridículo y extravagante. || Grosero y de mal gusto.

grúa. f. Máquina para levantar pesos y llevarlos de un punto a otro. || Máquina militar antigua. || Vehículo automóvil provisto de grúa para remolcar otro.

gruesa. f. Doce docenas: *una* ∽ *de lápices, botones, agujas,* etc.

grueso, sa. adj. Corpulento y abultado. || Que excede de lo regular. || Díc. del mar alborotado. || m. Corpulencia o cuerpo de una cosa. || Parte principal y más fuerte de un todo: *el* ∽ *del ejército.*

gruir. intr. Gritar las grullas.

grulla. f. Ave zancuda que llega a 12 ó 13 decímetros de altura, de color gris. Es ave de paso bastante común en España.

grumete. m. Aprendiz de marinero.

grumo. m. Parte de un líquido que se coagula: ⌐ *de leche.* || Conjunto de cosas apiñadas y apretadas entre sí: ⌐ *de uvas.* || Cogollo de los árboles. || Extremidad del alón del ave.

grumoso, sa. adj. Lleno de grumos.

gruñido. m. Voz del cerdo y de algunos animales cuando amenazan. || Sonidos inarticulados que emite una persona como señal de mal humor.

gruñir. intr. Dar gruñidos. || fig. Mostrar disgusto y repugnancia en la ejecución de una cosa.

gruñón, na. adj. fam. Que gruñe con frecuencia.

grupa. f. Ancas de una caballería.

grupo. m. Pluralidad de seres o cosas que forman un conjunto, material o mentalmente considerado.

gruta. f. Cavidad natural abierta en riscos o peñas. || Estancia subterránea artificial.

gua. m. Hoyito en el suelo para jugar tirando en él bolitas o canicas. || Nombre de este juego.

guacal. m. *Amér. c.* Árbol cuyo fruto es parecido a una calabaza. || Vasija formada con el fruto de este árbol.

guacamayo. m. Especie de papagayo, del tamaño de la gallina, de cuerpo rojo sanguíneo, el pecho variado de azul y verde, las plumas grandes exteriores de las alas muy azules y la cola muy larga y roja, con las plumas de los lados azules.

guaco. m. Planta compuesta con flores blancas

Grullas

de fuerte olor nauseabundo. El cocimiento de sus hojas sirve contra las picaduras de animales venenosos, las obstrucciones, el reumatismo y el cólera. || Ave gallinácea, casi tan grande como el pavo, de carne muy apreciada.

guacho, cha. adj. *Amér. m.* Huérfano.

guadalajareño, ña. adj. y s. De Guadalajara (España).

guadamecí o **guadamecil.** m. Cuero adornado con dibujos de pintura o relieve.

guadaña. ≅dalle. f. Instrumento para segar a ras de tierra, formado por una cuchilla curva enastada en un mango. Se emplea como símbolo de la muerte.

guadijeño, ña. adj. y s. De Guadix (España). || m. Cuchillo cuyo mango tiene una horquilla de hierro para afianzarlo al dedo pulgar.

guagua. f. Cosa baladí. || *Amér. m.* Nene, bebé. || *Arg.* y *Cuba.* Insecto muy pequeño. || *Can., Cuba, Dom.* y *P. Rico.* Nombre vulgar de los autobuses urbanos.

guagua. f. *Arg., Chile, Ecuad.* y *Perú.* Nene, niño de teta. En Ecuador es com.

guaje. m. Niño, muchacho jovenzuelo. || *Méj.* Especie de acacia. || *Hond.* y *Méj.* Calabaza que sirve para llevar vino. || *Hond.* y *Méj.* Bobo, tonto. Ú. t. c. adj.

guajiro, ra. m. y f. Campesino de la isla de Cuba, y p. ext., persona rústica.

gualda. f. Hierba con tallos ramosos y fruto capsular, cuyas semillas se emplean para teñir de amarillo.

gualdo, da. adj. De color de gualda o amarillo.

gualdrapa. f. Cobertura larga que cubre y adorna las ancas del caballo. || fig. y fam. Calandrajo, andrajo.

guanaco. m. Mamífero rumiante que habita en los Andes meridionales. || fig. *Amér. c.* Páparo, payo. || fig. *Amér. c.* y *m.* Tonto, simple.

guanajuatense. adj. y s. De Guanajuato, Méjico.

guanche. adj. y s. Individuo de la raza que poblaba las islas Canarias al tiempo de su conquista. En f. ú. a veces la forma *guancha.* || Relativo a esta raza.

guano. m. Materia excrementicia de aves marinas que se encuentra acumulada en gran cantidad en las costas y en varias islas de Perú y del norte de Chile. Se utiliza como abono en la agricultura. || Abono mineral fabricado a imitación del guano.

guantazo. m. Golpe que se da con la mano abierta.

guante. m. Prenda para cubrir la mano, que

suele tener una funda para cada dedo. || Cubierta para proteger la mano, como la que usan los cirujanos y los boxeadores.

guantelete. m. Pieza de la armadura con que se guarnecía la mano.

guantero, ra. m. y f. Persona que hace o vende guantes. || f. Caja del salpicadero de los vehículos automóviles en la que se guardan guantes y otros objetos.

guapear. intr. fam. Ostentar ánimo y bizarría en los peligros. || fam. Hacer alarde de gusto exquisito. || *Chile.* Fanfarronear, echar bravatas.

guapetón, na. adj. fam. Muy guapo. || m. Guapo, perdonavidas.

guapeza. f. fam. Ostentación en los vestidos. || Acción propia del guapetón o bravo. || Cualidad de guapo, bien parecido.

guapo, pa. adj. fam. Bien parecido. || fam. Ostentoso en el modo de vestir. || m. Hombre pendenciero.

guapote, ta. adj. fam. Bonachón, de buen genio. || fam. De buen parecer.

guaraní. adj. Individuo de un pueblo que, dividido en muchas parcialidades, se extendía desde el Amazonas hasta el Río de la Plata. Ú. t. c. s. || Perteneciente o relativo a este pueblo. || m. Unidad monetaria de Paraguay.

guarapo. m. *Amér.* Jugo de la caña dulce exprimida, que por vaporización produce el azúcar. || Bebida fermentada hecha con este jugo.

guarda. com. Persona que tiene a su cargo y

Guantelete

cuidado la conservación de una cosa. || f. Acción de guardar, conservar o defender una persona o cosa. || Tutela. || Cualquiera de las dos hojas de papel blanco que ponen los encuadernadores al principio y al fin de los libros. Ú. m. en pl.

guardabarrera. com. Persona que en las líneas de los ferrocarriles custodia un paso a nivel.

guardabarros. m. Cada una de las chapas de figura adecuada que van sobre las ruedas de los vehículos y sirven para evitar las salpicaduras.

guardabosques. m. Persona destinada para guardar los bosques.

guardacantón. m. Poste de piedra para resguardar de los carruajes las esquinas de los edificios. || Cada uno de los postes de piedra que se colocan a los lados de los caminos para que no salgan de ellos los carruajes.

guardacoches. m. Persona que cuida de la vigilancia en un estacionamiento de automóviles.

guardacostas. m. Barco de poco porte, especialmente destinado a la persecución del contrabando. || Buque, generalmente acorazado, para la defensa del litoral.

guardaespaldas. m. El que acompaña asiduamente a otro con la misión de proteger su persona.

guardaagujas. m. Empleado que en los cambios de vía de los ferrocarriles tiene a su cargo el manejo de las agujas.

guardamano. m. Guarnición de la espada.

guardameta. com. Portero, jugador que defiende la meta.

guardamuebles. ⸗guardamuebles. m. Almacén destinado a guardar muebles. || Empleado de palacio que cuidaba de los muebles.

guardapelo. m. Joya en forma de caja plana en que se guarda pelo, retrato, etc.

guardapolvo. m. Resguardo que se pone encima de una cosa para preservarla del polvo. || Sobretodo de tela ligera para preservar el traje de polvo y manchas.

guardar. ≅obedecer. ≅proteger. ≅vigilar. ◁abandonar. tr. Cuidar y custodiar algo; como dinero, joyas, vestidos, etc. || Poner una cosa en el sitio que le corresponde o donde esté segura. || Observar y cumplir lo que cada uno debe por obligación: ∽ *la ley.* || Conservar o retener una cosa. || prnl. Recelarse y precaverse de un riesgo.

guardarropa. m. Local destinado a guardar prendas de los asistentes a un espectáculo. || com. Persona encargada de él.

guardarropía. f. En el teatro, cine y televisión, conjunto de trajes y efectos necesarios en las representaciones escénicas. || Habitación en que se custodian estos trajes o efectos.

guardavía. m. Empleado que tiene a su cargo la vigilancia constante de un trozo de vía férrea.

guardería. f. Lugar o servicio donde se cuida y atiende a los niños de corta edad, especialmente durante las horas en que sus padres, por exigencias del trabajo, no pueden atenderlos.

guardia. f. Conjunto de soldados o gente armada que defiende una persona o un puesto. || Defensa, custodia, vigilancia, protección. || com. Persona de ciertos cuerpos armados.

guardián, na. m. y f. Persona que guarda una cosa y cuida de ella. || m. En la orden de San Francisco, prelado ordinario de uno de sus conventos.

guarecer. ≅asilar. tr. Acoger a uno; preservarle de algún mal. || Guardar una cosa. || Curar, medicinar. || prnl. Refugiarse, resguardarse.

guarida. f. Cueva o espesura donde se guarecen los animales. || Refugio para librarse de un peligro. || fig. Paraje o parajes donde se concurre con frecuencia.

guarismo. m. Cada uno de los signos o cifras arábigas que expresan una cantidad. || Cualquiera expresión de cantidad compuesta de dos o más cifras.

guarnecer. tr. Poner guarnición a alguna cosa. || Colgar, vestir, adornar. || Equipar. || Revocar o revestir las paredes de un edificio.

guarnición. f. Adorno que se pone en los vestidos, ropas, etc. para hermosearlas. || Aditamento, generalmente de hortalizas, legumbres, etc., que se sirve con un plato de carne o pescado. || pl. Conjunto de correajes que se ponen a las caballerías.

guarnicionero, ra. m. y f. Persona que hace o vende guarniciones para caballerías. || Por ext., operario que hace objetos de cuero.

guarrada. f. Porquería, suciedad. || fig. Acción sucia e indecente.

guarrear. intr. Gruñir el jabalí o aullar el lobo; por ext., gritar otros animales. || Berrear, llorar estruendosamente un niño. || Hacer guarrerías.

guarrería. f. Porquería, suciedad. || fig. Acción sucia.

guarro, rra. s. y adj. Puerco, cerdo, cochino.

guasa. f. fam. Falta de gracia y viveza; sosería, pesadez. || fam. Chanza, burla.

guasearse. prnl. Usar de guasas o chanzas.

guasón, na. adj. y s. fam. Que tiene guasa. || fam. Burlón, chancero.

guata. f. Manta de algodón en rama para el forro de los vestidos.

guatemalteco, ca. adj. y s. De Guatemala.

guateque. m. Fiesta casera, generalmente de gente joven, en que se merienda y se baila.

guau. Onomatopeya con que se representa la voz del perro.

guayaba. f. Fruto del guayabo. || Conserva y jalea que se hace con esta fruta. || *Ant., Col,* y *Salv.* fig. y fam. Mentira, embuste.

guayabera. f. Chaquetilla corta de tela ligera.

guayabo. m. Árbol mirtáceo de América. || fam. Muchacha joven y agraciada.

guayacán. m. Árbol cigofiláceo de la América tropical. Su madera, de color cetrino negruzco, es muy dura y se emplea en ebanistería y en la construcción de máquinas. || Madera de esta árbol, llamado en algunos lugares *palo santo.*

guayanés, sa. adj. y s. De Guayana.

guayaquileño, ña. adj. y s. De Guayaquil, Ecuador.

gubernamental. ≅ministerial. adj. Perteneciente al gobierno del Estado.

gubernativo, va. adj. Perteneciente al gobierno.

gubia. f. Formón de mediacaña, delgado, que usan los carpinteros y otros artífices para labrar superficies curvas.

guedeja. f. Cabellera larga. || Melena del león.

güelfo, fa. adj. Partidario de los papas, en la Edad Media, contra los gibelinos, defensores de los emperadores de Alemania. Ú. t. c. s. || Relativo a los güelfos.

guerra. f. Desavenencia y rompimiento de paz entre dos o más potencias. || Lucha armada entre dos o más naciones o entre bandos de una misma nación. || Pugna, disidencia entre dos o más personas.

guerrear. intr. Hacer guerra. Ú. t. c. tr. || fig. Resistir, rebatir o contradecir.

guerrera. f. Chaqueta de uniforme ajustada y abrochada desde el cuello.

guerrero, ra. adj. Relativo a la guerra. || Que guerrea. Apl. a pers., ú. t. c. s. || fig. y fam. Travieso, que incomoda y molesta a los demás. || m. Soldado.

guerrilla. f. Partida poco numerosa de personas que hace la guerra mediante la sorpresa y al margen del ejército regular. || Su método de lucha.

guerrillero, ra. m. y f. Persona que pelea en las guerrillas.

gueto. m. Barrio en que vivían o eran obligados a vivir los judíos en algunas ciudades de Italia y de otros países. || Por ext., barrio de una ciudad habitado por miembros de una minoría racial, religiosa o cultural, sometidos por lo general, a presiones sociales, económicas o legales.

guía. com. Persona que enseña a otra el camino. || fig. Persona que enseña y dirige a otra para hacer o lograr lo que se propone. || m. Persona autorizada para enseñar a los forasteros las cosas notables de una ciudad. || Lista impresa de datos referentes a determinada materia: ∿ *de ferrocarriles.* || Sarmiento o vara que se deja en las cepas y en los árboles para dirigirlos.

guiar. tr. Ir delante mostrando el camino. || Hacer que una pieza de una máquina siga en su movimiento determinado camino. || Conducir un carruaje. || fig. Dirigir a uno en algún negocio. || prnl. Dejarse llevar.

guija. f. Piedra pelada y chica que se encuentra en las orillas y cauces de los ríos y arroyos. || Tito, almorta.

guijarral. m. Terreno abundante en guijarros.

guijarro. m. Pequeño canto rodado.

guijo. m. Conjunto de guijas para consolidar y rellenar los caminos.

guillarse. prnl. fam. Irse o huirse. || fam. Chiflarse, perder la cabeza.

guillomo. m. Arbusto rosáceo que crece en los peñascales de las montañas.

guillotina. f. Máquina inventada en Francia por Guillotin (1789) para decapitar a los reos de muerte. || Máquina de cortar papel.

guillotinar. tr. Decapitar a los reos con la guillotina. || Cortar papel con la guillotina.

guimbarda. f. Cepillo de carpintero, de cuchilla estrecha, que sirve para labrar el fondo de las cajas y ranuras.

guinda. f. Fruto del guindo.

guindar. tr. Subir una cosa que ha de colocarse en alto. Ú. t. c. prnl. || fam. Lograr una cosa en concurrencia de otros: *Gaspar guindó el empleo.* || *Germ.* Robar, hurtar.

guindilla. f. Pimiento pequeño y encarnado que pica mucho. || desp. y fam. Guardia municipal. || desp. y fam. Agente de policía.

guindo. m. Árbol rosáceo parecido al cerezo, pero de fruto más redondo y comúnmente ácido.

guineo. m. Cierto baile de los negros. || Tañido o son de este baile. || En varios países de América, nombre que se da a la banana o plátano.

guiñapo. ≅harapo. m. Andrajo o trapo roto, viejo o deslucido. || fig. Persona que anda con vestido viejo y andrajoso. || fig. Persona envilecida, degradada. || fig. Persona muy abatida moralmente, que ha sufrido mucho.

guiñar. tr. Cerrar un ojo momentáneamente, quedando abierto el otro, generalmente para hacer una seña.

guiño. m. Acción de guiñar un ojo.

guiñol. m. Representación teatral por medio de títeres movidos con los dedos.

guión. m. Esquema escrito de lo que se quiere desarrollar. || Signo ortográfico (-). || Cruz que va delante del prelado o de la comunidad como insignia propia. || Texto en que se expone, con los detalles necesarios para su realización, el contenido de un filme o de un programa de radio o televisión.

guionista. m. Autor del guión de un filme o de un programa de radio o televisión.

guipuzcoano, na. adj. y s. De Guipúzcoa. || m. Uno de los ocho principales dialectos del vascuence.

guirigay. m. fam. Lenguaje obscuro y de dificultosa inteligencia. || Gritería y confusión.

guirlache. m. Pasta comestible de almendras tostadas y caramelo.

guirnalda. f. Corona abierta, tejida de flores, hierbas o ramas, con que se ciñe la cabeza; úsase más como simple adorno.

guisa. f. Modo, manera o semejanza de una cosa.

guisado. m. Guiso preparado con salsa, después de rehogado el manjar y mezclado por lo general con cebolla y harina. || Guiso de pedazos de carne, con salsa y generalmente con patatas.

guisante. m. Planta hortense papilionácea, con tallos volubles y fruto en vaina casi cilíndrica, con diversas semillas comestibles. || Semilla de esta planta.

guisar. ≅cocinar. tr. Preparar los manjares sometiéndolos a la acción del fuego después de rehogados en una salsa. || fig. Ordenar, componer una cosa.

guiso. m. Guisado.

güisqui. m. Licor alcohólico que se obtiene del grano de algunas plantas, destilando un compuesto amiláceo en estado de fermentación.

guita. f. fam. Dinero contante. || Caudal, hacienda, bienes.

guitarra. f. Instrumento músico de seis cuerdas, que se pulsan con los dedos de la mano derecha, mientras las pisan los de la mano izquierda donde conviene al tono.

guitarreo. m. Toque de guitarra repetido o cansado.

guitarrero, ra. m. y f. Persona que hace o

vende guitarras. || Persona que toca la guitarra muy rudimentariamente.

guitarrista. com. Persona que toca por oficio la guitarra. || Persona diestra en el arte de tocar la guitarra.

güito. m. Hueso de fruta, especialmente el de albaricoque, con que juegan los niños. || pl. Juego que se hace con estos huesos.

gula. ≅glotonería. <templanza. f. Exceso en la comida o bebida, y apetito desordenado de comer y beber.

gules. m. pl. *Bl.* Color rojo heráldico.

gunneráceo, a. adj. y f. Díc. de hierbas perennes angiospermas dicotiledóneas, como el pangue. || f. pl. Familia de estas plantas.

gurí, sa. m. y f. *Arg.* y *Urug.* Muchachito indio o mestizo.

guripa. m. Soldado, el que sirve en la milicia.

gurriato. m. Pollo del gorrión.

gurrumino, na. adj. *Bol.,* y *Perú.* Cobarde, pusilánime. || m. y f. *Méj.* y *Sal.* Chiquillo, niño, muchacho.

gurruñar. tr. Arrugar, encoger.

gurruño. m. Cosa arrugada o encogida.

gurú o **guru.** m. En el hinduismo, director espiritual, maestro religioso.

gusanillo. m. Cierto género de labor menuda que se hace en los tejidos.

gusano. m. Nombre vulgar de numerosos animales muy diversos, aun cuando todos son invertebrados, de simetría bilateral y cuerpo blando, alargado, contráctil y sin apéndices articulados. || Lombriz. || Oruga, larva. || fig. Persona despreciable, mala.

gusarapo, pa. m. y f. Cualquiera de los diferentes animalejos de forma de gusanos, que se crían en los líquidos.

gustar. tr. Sentir y percibir en el paladar el sabor de las cosas. || Experimentar. || intr. Agradar una cosa. || Desear, querer y tener complacencia en una cosa. || Se emplea como fórmula de cortesía que se dirige a alguien, cuando uno va a empezar a comer.

gustativo, va. adj. Perteneciente al sentido del gusto.

gustazo. m. fam. Gusto grande de fastidiar o hacer daño a otro.

gustillo. m. Saborcillo que percibe el paladar en algunas cosas, cuando el sabor principal no apaga del todo otro más vivo que hay en ellas.

gusto. m. Uno de los sentidos corporales con que se percibe y distingue el sabor de las cosas. || Sabor que tienen las cosas en sí mismas. || Placer. || Propia voluntad. || Facultad de sentir o apreciar lo bello o lo feo.

gustoso, sa. adj. Díc. de lo que tiene buen sabor al paladar. || Que hace con gusto una cosa. || Agradable, divertido, entretenido.

gutabamba. f. Árbol de la India, de la familia de las gutíferas, del que fluye una gomorresina sólida, amarilla, de sabor algo acre, que se emplea en farmacia y en pintura. || Esta gomorresina.

gutapercha. f. Goma traslúcida insoluble en el agua, que se obtiene haciendo incisiones en el tronco de cierto árbol sapotáceo de la India. Sirve para fabricar telas impermeables.

gutífero, ra. adj. y f. Aplícase a hierbas vivaces, arbustos y árboles angiospermos dicotiledóneos que segregan jugos resinosos como la gutapercha y el calambuco. || f. pl. Familia de estas plantas.

gutural. adj. Relativo a la garganta. || Díc. de cada una de las consonantes *g, j,* y *k,* llamadas más propiamente velares. Ú. t. c. s. f.

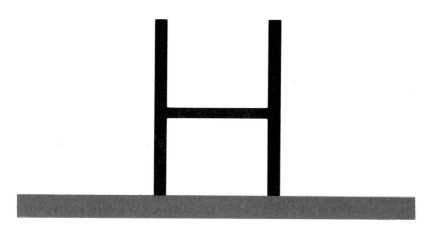

h. f. Novena letra del abecedario español, y séptima de sus consonantes. Su nombre es *hache,* y en la lengua general no representa sonido alguno.

ha. abr. de hectárea.

haba. f. Planta herbácea, anual, leguminosa, con fruto en vaina. || Fruto y semilla de esta planta. || Simiente de ciertos frutos; como el café, el cacao, etc.

habanera. f. Danza propia de La Habana, que se ha generalizado. || Música de esta danza.

habano, na. adj. Perteneciente a La Habana, y por ext., a la isla de Cuba. || Díc. del color del tabaco claro. || m. Cigarro puro de Cuba.

Habas

habar. m. Terreno sembrado de habas.

hábeascorpus. m. Derecho de todo ciudadano, detenido o preso, a comparecer inmediata y públicamente ante un juez o tribunal para que, oyéndole, resuelva si su arresto fue o no legal, y si debe alzarse o mantenerse.

haber. m. Hacienda, caudal. Ú. m. en pl. || Cantidad que se devenga periódicamente en retribución de servicios personales. || *Com.* Una de las dos partes en que se dividen las cuentas corrientes. Las partidas que se anotan en el haber forman el débito del que abre la cuenta y el crédito de aquel a quien se lleva. || fig. Cualidades.

haber. ◁carecer. tr. Poseer, tener una cosa. || Apoderarse uno de alguna persona o cosa; llegar a tenerla en su poder. || Verbo auxiliar que sirve para conjugar otros verbos en los tiempos compuestos: *yo he amado.* || impers. Acaecer, ocurrir. || Estar realmente en alguna parte. || Hallarse o existir real o figuradamente. || Denotando transcurso de tiempo, hacer.

habichuela. ≅alubia. f. Judía, planta, fruto y semilla.

hábil. ≅avisado. ≅diestro. ≅industrioso. ≅listo. ≅mañoso. ≅vividor. adj. Capaz, inteligente y dispuesto para el manejo de cualquier ejercicio, oficio o ministerio. || *Der.* Apto para una cosa.

habilidad. f. Capacidad, inteligencia y disposición para una cosa. || Gracia y destreza en ejecutar una cosa que sirve de adorno al sujeto, como bailar, montar a caballo, etc. || Cada una de las cosas que una persona ejecuta con gracia y destreza.

habilidoso, sa. adj. Que tiene habilidad.

habilitación. f. Acción y efecto de habilitar. || Cargo o empleo de habilitado. || Despacho u oficina donde el habilitado ejerce su cargo.

habilitado, da. m. y f. Persona que, por encargo de otras, gestiona y efectúa el pago de haberes, pensiones, etc.

habilitar. ◁inhabilitar. tr. Hacer a una persona o cosa hábil, apta o capaz para aquello que antes no lo era. || Capacitar o dar jurisdicción a una persona para algo. || Proveer a uno de lo que ha menester. Ú. t. c. prnl.

habitabilidad. f. Cualidad de habitable, en general. || Cualidad de habitable que, con arreglo a determinadas normas legales, tiene un local o una vivienda.

habitación. ≅cuarto. ≅estancia. ≅hábitat. ≅morada. ≅vivienda. f. Acción y efecto de habitar. || Edificio o parte de él que se destina para habitarse. || Cualquiera de los aposentos de la casa o morada. || *Bot.* y *Zool.* Región donde naturalmente se cría una especie vegetal o animal.

habitáculo. m. Habitación, edificio. || Sitio o localidad de condiciones apropiadas para que viva una especie animal o vegetal.

habitante. m. Cada una de las personas que constituyen la población de un barrio, ciudad, provincia o nación.

habitar. ≅morar. ≅residir. ≅vivir. tr. e intr. Vivir, morar en un lugar o casa.

hábitat. m. Habitáculo, sitio para que viva una especie animal o vegetal. || Conjunto de condiciones geofísicas en que se desarrolla la vida de una especie o de una comunidad animal o vegetal.

hábito. ≅costumbre. ≅experiencia. ≅uniforme. m. Traje de los religiosos o religiosas. || Modo especial de proceder o conducirse adquirido por repetición de actos iguales o semejantes, u originado por tendencias instintivas.

habitual. ≅corriente. ≅familiar. ≅ordinario. ≅usual. adj. Que se hace, padece o posee con continuación o por hábito.

habituar. tr. y prnl. Acostumbrar o hacer que uno se acostumbre a una cosa.

habla. f. Facultad de hablar: *perder el* ↷. || Acción de hablar. || Realización del sistema lingüístico llamado lengua. || Sistema lingüístico de una comarca, localidad o colectividad, con rasgos propios dentro de otro sistema más extenso.

habladuría. ≅cuento. ≅chisme. f. Dicho o expresión inoportuna e impertinente, que desagrada o injuria. || Rumor que corre entre muchos sin gran fundamento. Ú. m. en pl.

hablar. ≅comunicar. ≅expresar. ◁callar. intr. Proferir palabras para darse a entender. || Emitir sonidos articulados ciertas aves. || Conversar. || Pronunciar un discurso. || Tratar, convenir, concertar. Ú. t. c. prnl. || Expresarse de uno u otro modo. || Dirigir la palabra a una persona.

hacedor, ra. adj. y s. Que hace, causa o ejecuta algo. Díc. únicamente de Dios.

hacendado, da. adj. y s. Que tiene hacienda en bienes raíces. Comúnmente se dice sólo del que tiene muchos de estos bienes.

hacendar. tr. Dar o conferir el dominio de haciendas o bienes raíces. || prnl. Comprar hacienda una persona para arraigarse en alguna parte.

hacendista. m. Hombre versado en la administración o en la doctrina de la hacienda pública.

hacendoso, sa. adj. Solícito y diligente en las faenas domésticas.

hacer. tr. Producir. || Fabricar, formar. || Ejecutar. Ú. t. c. prnl. || Caber, contener. || Causar, ocasionar. || Ejercitar. || Disponer, aderezar. || Componer, mejorar. || Habituar, acostumbrar. Ú. t. c. prnl. || Junto con algunos nombres, expresa la acción de los verbos que se forman de la misma raíz de dichos nombres: ↷ *burla,* equivale a *burlarse.* || intr. Importar, convenir. || prnl. Crecer, aumentarse: *hacerse los árboles.* || Volverse, transformarse: *hacerse vinagre el vino.*

hacia. prep. que determina la dirección del movimiento con respecto al punto de su término. || Ú. con sentido temporal. Alrededor de, cerca de: ↷ *las tres de la tarde.*

hacienda. f. Finca agrícola o ganadera. || Cúmulo de bienes y riquezas que uno tiene. || Ministerio de Hacienda.

hacina. f. Conjunto de haces colocados unos sobre otros. || fig. Montón o rimero.

hacinamiento. ≅aglomeración. ≅amontonamiento. m. Acción y efecto de hacinar.

hacinar. tr. Poner los haces unos sobre otros formando hacina. || fig. Amontonar. Ú. t. c. prnl.

hacha. ≅segur. f. Herramienta cortante, compuesta de una pala acerada, con filo algo curvo, ojo para enastarla, y a veces con peto. || Vela de cera, grande y gruesa, de figura por lo común de prisma cuadrangular y con cuatro pabilos. || Mecha que se hace de esparto y alquitrán para que resista al viento sin apagarse. || Baile antiguo español.

hachazo. m. Golpe dado con el hacha.

hache. f. Nombre de la letra *h.*

hachís. m. Droga preparada con las flores y otras partes del cáñamo índico, mezcladas con diversas substancias azucaradas o aromáticas, que se emplea como estupefaciente. En América y España recibe también el nombre de *mariguana* o *marihuana*.

hachón. m. Hacha, vela gruesa, de esparto y alquitrán. || Especie de brasero alto.

hada. f. Ser fantástico que se representaba bajo la forma de mujer y al cual se atribuía poder mágico.

hado. m. Divinidad o fuerza desconocida que, según los gentiles, obraba irresistiblemente sobre las demás divinidades y sobre los hombres y los sucesos. || Destino.

hagiografía. f. Historia de las vidas de los santos.

hagiógrafo. m. Autor de cualquiera de los libros de la Sagrada Escritura. || m. y f. Escritor de vidas de santos.

haitiano, na. adj. y s. De Haití. || m. Idioma que hablaban los naturales de Haití.

¡hala! Voz que se emplea para infundir aliento o meter prisa.

halagar. tr. Dar a uno muestras de afecto. || Dar motivo de satisfacción o envanecimiento. || Adular. || fig. Agradar, deleitar.

halago. ≅agasajo. ≅coba. ≅festejo. ≅lisonja. ≅zalamería. m. Acción y efecto de halagar. || fig. Cosa que halaga.

halagüeño, ña. adj. Que halaga. || Que lisonjea o adula. || Que atrae con dulzura y suavidad.

halcón. m. Ave rapaz diurna, de unos 50 cm. de long. y 90 de envergadura, cabeza pequeña, pico muy ganchudo y garras curvas y robustas. Se domestica para su uso en cetrería.

¡hale!. interj. ¡Hala!

hálito. m. Aliento que sale por la boca de la persona o del animal.

halo. m. Cerco de colores pálidos que rodea a veces al Sol o a la Luna. || Círculo de luz difusa en torno a un cuerpo luminoso. || Aureola, resplandor, disco o círculo luminoso que suele figurarse detrás de la cabeza de las imágenes santas. || fig. Brillo que da la fama o el prestigio.

halógeno, na. adj. y s. *Quím.* Díc. de los metaloides que forman sales haloideas.

haloideo, a. adj. *Quím.* Díc. de las sales formadas por la combinación de un metal con un metaloide sin ningún otro elemento.

halterofilia. f. Deporte olímpico de levantamiento de peso.

hall. m. Vestíbulo.

hallar. ≅averiguar. ≅encontrar. ≅inventar. ≅topar. ≅tropezar. ◁perder. tr. Encontrar lo que se busca. || Dar con una persona, cosa o situación sin buscarla. || Inventar. || Ver, observar, notar. || Averiguar. || Dar con una tierra o país de que antes no había noticia. || Conocer, entender en fuerza de una reflexión. || prnl. Estar presente.

hallazgo. m. Acción y efecto de hallar. || Cosa hallada.

¡hallo! interj. inglesa (pr. *aló*), que se usa a veces para responder cuando se descuelga el teléfono al ser llamado; equivale a ¡diga!, ¡dígame!

hamaca. f. Red gruesa y clara que, colgada por las extremidades, sirve de cama y columpio.

hambre. ◁hartazgo. f. Gana y necesidad de comer. || fig. Apetito o deseo ardiente de algo: ⌐ *de gloria.*

hambriento, ta. ≅ansioso. ≅famélico. adj. y s. Que tiene mucha hambre. || fig. Deseoso.

hambrón, na. adj. fam. Muy hambriento.

hamburgués, sa. adj. y s. De Hamburgo.

hamburguesa. f. Filete de carne picada, que a veces se come en bocadillo.

hampa. f. Conjunto de maleantes. || Vida de éstos.

hampón. adj. Valentón, bravo. || Maleante, haragán. U. t. c. s.

hámster. m. Roedor de uno 20 cm de longitud, que se emplea como animal de laboratorio.

handicap. m. *Dep.* Prueba, carrera o concurso en que, atribuyendo a unos participantes una ventaja en tiempo, distancia, peso, etc., se igualan las posibilidades de vencer a los menos dotados. || fig. Condición o circunstancia desventajosa.

hangar. m. Cobertizo grande, generalmente abierto, para guarecer aparatos de aviación o dirigibles.

hapálido, da. adj. Díc. de simios que se caracterizan por tener cuatro incisivos verticales. Son los monos más pequeños que se conocen; como el tití. Ú. t. c. s. m. || m. pl. Familia de estos animales.

haplología. f. Eliminación de una sílaba por ser semejante a otra sílaba contigua de la misma palabra, como *cejunto* por *cejijunto.*

haragán, na. adj. y s. Que excusa y rehúye el trabajo.

haraganear. intr. Hacer el haragán.

haraganería. f. Falta de aplicación al trabajo, ociosidad.

harapiento, ta. ≅andrajoso. adj. Lleno de harapos.

harapo. m. Andrajo.

haraquiri. m. Forma del suicidio ritual en Japón, ya en desuso, consistente en abrirse el vientre por medio de una incisión en forma de cruz.

hardware. m. Conjunto de piezas o dispositivos mecánicos, magnéticos y electrónicos de un computador.

harén. ≅serrallo. m. Departamento de las casas de los musulmanes en que viven las mujeres. || Conjunto de todas las mujeres que viven bajo la dependencia de un jefe de familia entre los musulmanes.

harina. f. Polvo que resulta de la molienda del trigo o de otras semillas. || Este mismo polvo despojado del salvado o la cascarilla. || Polvo procedente de algunos tubérculos y legumbres.

harinoso, sa. adj. Que tiene mucha harina. || De la naturaleza de la harina o parecido a ella.

harnero. m. Especie de criba.

hartar. tr. y prnl. Saciar, incluso con exceso, el apetito de comer y beber. || fig. Satisfacer el deseo de algo. || fig. Cansar, fastidiar.

hartazgo. ≅atracón. ≅panzada. ◁ayuno. ◁hambre. m. Acción y efecto de hartar o hartarse.

harto, ta. ≅ahíto. ≅asaz. ≅repleto. p. p. irreg. de hartar. Ú. t. c. adj. || adv. c. Bastante o sobrado.

hartura. f. Acción y efecto de hartar o hartarse. || Abundancia.

hasta. prep. que sirve para expresar el término de lugares, acciones y cantidades continuas o discretas. || Se usa como conjunción copulativa, con valor incluyente, combinada con *cuando* o un gerundio. Con valor excluyente va seguida de *que*.

hastial. m. Parte superior triangular de la fachada de un edificio en la cual descansan las dos vertientes del tejado o cubierta. || Por ext., toda la fachada.

hastiar. ≅aburrir. ≅empalagar. ≅fastidiar. ◁agradar. ◁satisfacer. tr. y prnl. Fastidiar.

hastío. ≅aburrimiento. ≅cansancio. m. Repugnancia a la comida. || fig. Disgusto, tedio.

hatajo. m. Pequeño grupo de ganado, especialmente el separado del rebaño. || Grupo de personas o cosas: *un ⌣ de pillos.*

hatillo. m. dim. de hato.

hato. m. Ropa y pequeño ajuar que uno tiene para el uso preciso y ordinario. || Porción de ganado mayor o menor. || Sitio que fuera de las poblaciones eligen los pastores para comer y dormir mientras permanecen allí con el ganado.

haya. f. Árbol de hasta 30 m. de alt., muy ramoso y su copa es de forma algo piramidal. Su fruto es el hayuco. || Madera de este árbol, de color blanco rojizo, ligera, resistente y de espejuelos muy señalados.

hayal o **hayedo.** m. Sitio poblado de hayas.

hayuco. m. Fruto del haya, de forma de pirámide triangular.

haz. ≅brazada. ≅gavilla. m. Porción atada de mieses, lino, leña o cosas semejantes. || Conjunto de rayos luminosos de un mismo origen. || *Geom.* Conjunto de rectas que pasan por un punto, o de planos que concurren en una misma recta.

haz. f. *Bot.* Cara superior de la hoja, nomalmente más brillante y lisa, y con nervadura menos patente que en la cara inferior o envés.

hazaña. f. Acción importante, heroica, etc.

hazmerreír. ≅mamarracho. m. fam. Persona ridícula que hace reír a los demás.

he. expr. que junto con los advs. *aquí* y *allí*, o con los prons. *me, te, la, le, lo, las, los,* sirve para señalar o mostrar una persona o cosa. || interj. Voz con que se llama a uno.

hebdomadario, ria. adj. Semanal. || m. y f. En los cabildos eclesiásticos y comunidades regulares, persona que se destina cada semana para oficiar en el coro o en el altar.

hebilla. f. Pieza de metal o de otra materia y de diversas formas, generalmente con uno o varios clavillos articulados en una varilla que la atraviesa de parte a parte; esos clavillos sujetan la correa, cinta, etc., que pasa por dicha pieza.

hebra. f. Porción de hilo, seda u otra materia

Hojas de haya

semejante hilada, que para coser algo suele meterse por el ojo de una aguja. || Fibra de la carne. || Filamento de las materias textiles. || Cada partícula del tabaco picado en filamentos.

hebraísmo. m. Profesión de la ley de Moisés. || Giro o modo de hablar propio y privativo de la lengua hebrea. || Empleo de tales giros o construcciones en otro idioma.

hebreo, a. adj. Díc. del pueblo semítico que conquistó y habitó la Palestina, y que también se llama israelita y judío. Ú. t. c. s. || Perteneciente o relativo a este pueblo. Ú. t. c. s. || Díc. del que profesa la ley de Moisés. Ú. t. c. s. || Perteneciente a los que la profesan. || m. Lengua de los hebreos.

hecatombe. ≅catástrofe. ≅matanza. ≅tragedia. f. Sacrificio de 100 bueyes u otras víctimas, que hacían los antiguos paganos a sus dioses. || Cualquier sacrificio solemne en que es crecido el número de víctimas. || fig. Mortandad de personas.

hectárea. f. Medida de superficie, que tiene 100 áreas.

hectogramo. m. Medida de peso, que tiene 100 gramos.

hectolitro. m. Medida de capacidad, que tiene 100 litros.

hectómetro. m. Medida de longitud, que tiene 100 metros.

hechicería. ≅brujería. ≅encantamiento. ≅hechizo. ≅magia. ≅sortilegio. f. Arte y práctica de hechizar. || Cualquiera de las cosas que emplean los hechiceros en su arte. || Acto supersticioso de hechizar.

hechicero, ra. adj. Que practica la hechicería. Ú. t. c. s. || fig. Que por su hermosura, gracias o buenas prendas atrae y cautiva la voluntad y cariño de las gentes: *niña* ⌣; *estilo* ⌣.

hechizar. ≅cautivar. ≅embrujar. ≅encantar. ≅seducir. tr. Causar un maleficio. || fig. Despertar una persona o cosa admiración, afecto o deseo.

hechizo, za. adj. Artificioso o fingido. || m. Cualquier cosa o práctica supersticiosa de que se valen los hechiceros para el logro de los fines que se prometen en el ejercicio de sus artes. || fig. Persona o cosa que arrebata y embelesa nuestras potencias y sentidos.

hecho, cha. ≅acción. ≅acto. ≅hazaña. ≅suceso. p. p. irreg. de hacer. || adj. Perfecto, maduro: *vino* ⌣. || Con algunos nombres, semejante a lo significado por ellos: ⌣ *un león, un basilisco*. || Aplicado a nombres de personas o animales, con el verbo *estar* y con los advs. *bien* o *mal*, significa la proporción o desproporción de sus

miembros entre sí. || m. Acción u obra. || Cosa que sucede. || Asunto o materia de que se trata.

hechura. f. Cualquier cosa respecto del que la ha hecho o formado. || Composición, fábrica, organización del cuerpo. || Forma exterior que se da a las cosas.

heder. ≅apestar. ≅molestar. intr. Arrojar de sí un olor muy malo. || fig. Enfadar, cansar.

hediondez. ≅fetidez. ≅peste. f. Cosa hedionda. || Hedor.

hediondo, da. adj. Que arroja de sí hedor. || fig. Molesto, insufrible. || fig. Sucio y repugnante, torpe y obsceno. || m. Arbusto leguminoso que despide un olor desagradable.

hedonismo. m. Doctrina que proclama como fin supremo de la vida la consecución del placer.

hedonista. adj. Relativo al hedonismo. || Partidario del hedonismo. Ú. t. c. s. || Que produce el placer.

hedor. ≅fetidez. ≅peste. m. Olor desagradable, que generalmente proviene de substancias orgánicas en descomposición.

hegelianismo. m. Sistema filosófico, fundado en la primera mitad del siglo XIX por el alemán Hegel, según el cual, lo Absoluto, que él llama Idea, se manifiesta evolutivamente bajo las formas de naturaleza y de espíritu.

hegeliano, na. adj. Que profesa el hegelianismo. Ú. t. c. s. || Relativo a él.

hegemonía. f. Supremacía que un Estado, pueblo, partido, etc., ejerce sobre otro.

héjira o **hégira.** f. Era de los mahometanos, que se cuenta desde la puesta del Sol del jueves 15 de julio de 622, día de la huida de Mahoma de La Meca a Medina.

helada. f. Congelación de los líquidos, producida por la frialdad del tiempo.

heladería. f. Establecimiento donde se hacen y venden helados.

heladero, ra. adj. Abundante en heladas. || m. y f. Lugar donde hace mucho frío. || Persona que fabrica o vende helados o tiene una heladería. || f. Nevera.

helado, da. ≅apocado. ≅aturdido. adj. Muy frío. || fig. Suspenso, atónito. || fig. Esquivo, desdeñoso. || m. Bebida o manjar helado. || Refresco o sorbete de zumos de frutas, huevos, etc., en cierto grado de congelación.

helar. ≅desalentar. ≅paralizar. ≅sobrecoger. tr. Congelar, cuajar, solidificar la acción del frío una cosa. Ú. m. c. intr. y c. prnl. || fig. Poner o dejar a uno suspenso y pasmado. || fig. Desalentar, acobardar a uno. || prnl. Hablando de plantas o frutas, secarse a causa de la congelación de su savia y jugos, producida por el frío. Ú. t. c. tr.

helecho. m. Planta criptógama, con frondas pecioladas, lanceoladas y divididas en segmentos oblongos, alternos y unidos entre sí por la base; esporangios en dos líneas paralelas al nervio medio de los segmentos, y rizoma carnoso.

helénico, ca. ≅griego. adj. Relativo a Grecia. || Relativo a la Hélade o a los antiguos helenos.

helenio. m. Hierba vivaz de la familia de las compuestas, llamada también *énula campana*. Sus flores, amarillas, tienen la corola prolongada por un lado a manera de lengüeta. El rizoma, muy grueso, amargo y aromático, se usa en medicina.

helenismo. ≅grecismo. m. Giro o modo de hablar propio y privativo de la lengua griega. || Empleo de tales giros o construcciones en otro idioma. || Período de la cultura griega, posterior al reinado de Alejandro Magno. || Influencia ejercida por la cultura antigua de los griegos en la civilización y cultura modernas.

helenista. com. Persona versada en la lengua y literatura griegas.

helenístico, ca. adj. Relativo al helenismo o a los helenistas. || Díc. de la lengua griega que se

Helecho real

extendió por todo el mundo helénico después de Alejandro Magno.

heleno, na. m y f. Díc. de cualquiera de los pueblos de la Hélade o Grecia antigua. || Natural de Grecia. Ú. t. c. adj. || adj. Perteneciente o relativo a este país.

helero. m. Masa de hielo que rodea a las nieves perpetuas. || Por ext., toda mancha de nieve rodeada por dicha masa.

hélice. f. Línea espiral. || Conjunto de aletas helicoidales que giran alrededor de un eje, y, al girar, empujan el fluido ambiente y producen en él una fuerza de reacción que se utiliza principalmente para la propulsión de barcos y aeronaves. || *Geom.* Espiral.

helicoidal. adj. En figura de hélice.

helicón. m. Instrumento músico de grandes dimensiones y forma circular.

helicóptero. m. Aeronave más pesada que el aire, que, a diferencia del avión, se mantiene merced a una hélice de eje aproximadamente vertical movida por un motor.

helio. m. Elemento químico, el más ligero de todos los cuerpos, después del hidrógeno. Pertenece al grupo de los llamados gases nobles. Se encuentra, entre otros sitios, en la atmósfera, en una proporción de una parte en 200.000.

heliocéntrico, ca. adj. Díc. de las medidas y lugares astronómicos que han sido referidas al centro del Sol. || Díc. del sistema de Copérnico y de los demás que suponen ser el Sol centro del Universo.

heliograbado. m. Procedimiento, ya en desuso, para obtener, en planchas convenientemente preparadas, y mediante la acción de la luz solar, grabados en hueco. || Estampa obtenida por este procedimiento.

heliógrafo. m. Instrumento destinado a hacer señales telegráficas por medio de la reflexión de un rayo de sol en un espejo plano.

heliómetro. m. Instrumento astronómico que sirve para medir las distancias angulares entre dos astros.

helioscopio. m. Aparato para observar el Sol sin que su resplandor ofenda la vista.

helióstato. m. Instrumento geodésico que sirve para reflejar los rayos solares en una dirección fija.

helioterapia. f. Uso terapéutico de la luz solar.

heliotropismo. m. Fenómeno que ofrecen las plantas de dirigir sus flores, sus tallos o sus hojas hacia el Sol.

heliotropo. m. Planta borraginácea cuyas flores pequeñas tienen la corola azulada en forma de copa y huelen a vainilla. Se cultiva en los jardines. || *Miner.* Ágata de color verde obscuro con manchas rojas de cornalina.

helipuerto. m. Pista destinada al aterrizaje y despegue de helicópteros.

helminto. m. Gusano parásito de una víscera.

helmintología. f. Parte de la zoología que estudia los gusanos, en especial de los parásitos de importancia médica y veterinaria.

helvecio, cia. adj. y s. De Helvecia, hoy Suiza. || Perteneciente a este país de Europa.

helvético, ca. adj. y s. Helvecio.

hematíe. m. Célula de la sangre, llamada también *eritrocito* o *glóbulo rojo.* Su número es de 4,5 a 5 millones por milímetro cúbico. Su principal misión es la de transportar el oxígeno desde el aparato respiratorio a todas las células del cuerpo.

hematites. f. Mineral de hierro oxidado, rojo y a veces pardo, que por su dureza sirve para bruñir metales.

hematófago, ga. adj. Dícese de todo animal que se alimenta de sangre.

hematología. f. Parte de la biología o de la medicina que se refiere a la sangre.

hematoma. m. Tumor producido por una contusión, por acumulación de sangre extravasada.

hematosis. f. Conversión de la sangre venosa en arterial.

hematozoario, ria. adj. y m. Díc. de los animales que viven parásitos en la sangre de otros.

hematuria. f. Trastorno patológico que consiste en orinar sangre.

hembra. f. Animal del sexo femenino. || Mujer. || En las plantas que tienen sexos distintos en pies diversos, como las palmeras, individuo que da fruto. || fig. Hablando de cochetes, tornillos, llaves y otras cosas semejantes, pieza que tiene un hueco o agujero por donde otra se introduce o encaja.

hembrilla. f. En algunos artefactos, piececita pequeña en que otra se introduce o asegura.

hemeroteca. f. Biblioteca dedicada a diarios, revistas y otras publicaciones periódicas.

hemiciclo. m. Semicírculo. || Espacio central del salón de sesiones del Congreso de los Diputados. || Conjunto de varias cosas dispuestas en semicírculo; como graderías, cadenas de montañas, etc.

hemiplejía o **hemiplejia.** f. Parálisis de todo un lado del cuerpo.

hemipléjico, ca. adj. Relativo a la hemiplejía. || Que la padece. Ú. t. c. s.

hemíptero, ra. adj. y s. Díc. de insectos chu-

padores, de forma, tamaño y costumbres muy variadas; dos pares de alas y a veces ápteros; de metamorfosis sencilla. Son los más importantes destructores de cultivos. Como ejemplo, los pulgones y la filoxera.

hemisférico, ca. adj. De forma de hemisferio. || Perteneciente o relativo a un hemisferio.

hemisferio. m. Cada una de las dos mitades de una esfera, dividida por un círculo máximo, preferentemente el ecuador o un meridiano. || Cada una de las dos mitades de una esfera dividida por un plano que pase por su centro. || Cada una de las dos mitades laterales del cerebro o del cerebelo.

hemistiquio. m. Mitad de un verso. Díc. especialmente de cada una de las dos partes de un verso separadas o determinadas por una cesura.

hemoaglutinación. f. Aglutinación de las células sanguíneas.

hemodiálisis. f. Paso de la sangre de un paciente a través de membranas semipermeables para liberarla de productos nocivos de bajo peso molecular, como la urea.

hemofilia. f. Hemopatía hereditaria, caracterizada por la dificultad de coagulación de la sangre, lo cual ofrece peligro en las hemorragias.

hemofílico, ca. adj. Relativo a la hemofilia. || Que la padece. Ú. t. c. s.

hemoglobina. f. Pigmento respiratorio, que da color rojo a la sangre de los animales que la poseen, ya encerrado en los hematíes, ya disuelto en el plasma sanguíneo.

hemopatía. f. Enfermedad de la sangre.

hemoptisis. f. Expulsión de sangre por la boca, proveniente de la tráquea, los bronquios o los pulmones.

hemorragia. f. Flujo de sangre de cualquier parte del cuerpo.

hemorroide. f. Almorrana.

hemostasis o **hemóstasis.** f. Detención de una hemorragia.

hemostático, ca. adj. y s. Medicamento o maniobra que se emplea para contener la hemorragia.

henar. m. Sitio poblado de heno.

henchir. ≅colmar. ≅llenar. ≅rellenar. ◁vaciar. tr. Ocupar con algo un espacio vacío. || prnl. Hartarse de comida.

hender. tr. Abrir o rajar un cuerpo sólido sin dividirlo del todo. Ú. t. c. prnl. || fig. Atravesar o cortar un fluido; como una flecha el aire o un buque el agua.

hendido, da. adj. Rajado, abierto. || Díc. de la hoja cuyo limbo se divide en lóbulos irregulares.

hendidura. f. Abertura o corte profundo en un cuerpo sólido cuando no llega a dividirlo del todo. || Grieta más o menos profunda en una superficie.

hendir. tr. Hender.

henil. m. Lugar donde se guarda el heno.

heno. m. Planta gramínea, con cañitas delgadas de unos 20 cm. de largo. || Hierba segada, seca, para alimento del ganado.

henrio o **henry.** m. Unidad práctica de inductancia eléctrica. Símbolo, H.

hepática. f. Planta ranunculácea, herbácea, de flores azuladas o rojizas y fruto seco con muchas semillas.

hepático, ca. adj. Relativo al hígado. || Que padece de esta víscera. Ú. t. c. s. || Díc. de plantas briofitas, parecidas a los musgos. Ú. t. c. s. f. || f. pl. Clase de estas plantas.

hepatitis. f. Inflamación del hígado.

heptacordo o **heptacordio.** m. *Mús.* Gama o escala usual compuesta de las siete notas: *do, re, mi, fa, sol, la, si.* || Intervalo de séptima en la escala musical.

heptaedro. m. *Geom.* Sólido terminado por siete caras.

heptagonal. adj. De figura de heptaedro o semejante a él.

heptágono, na. adj. y s. Polígono de siete lados.

heptámetro. adj. y s. Verso que consta de siete pies.

heptarquía. f. País dividido en siete reinos.

heptasílabo, ba. adj. y s. Que consta de siete sílabas.

heráldica. f. Arte del blasón.

heráldico, ca. adj. y s. Perteneciente o relativo al blasón o a la que se dedica a esta ciencia.

herbáceo, a. adj. Que tiene la naturaleza o características de la hierba.

herbario, ria. adj. Relativo a las hierbas y plantas. || m. Colección de hierbas y plantas secas. || Primera cavidad del estómago de los rumiantes.

herbicida. adj. y s. Producto químico que combate el desarrollo de la maleza.

herbívoro, ra. adj. y m. Díc. de todo animal que se alimenta de vegetales, y más especialmente del que pace hierbas.

herbolario, ria. adj. y s. fig. y fam. Botarate, alocado. || m. El que recoge hierbas y plantas medicinales o las vende. || Tienda donde se venden estas plantas.

herboristería. f. Tienda donde se venden plantas medicinales.

herciano, na. adj. Dícese de las ondas descubiertas por Hertz, que transportan energía electromagnética y que tienen la propiedad de propagarse en el vacío a la misma velocidad que la luz. || Perteneciente o relativo a estas ondas.

hercúleo, a. ≅fornido. ≅fuerte. ≅vigoroso. ◁débil. adj. Relativo a Hércules o que se asemeja a él o a sus cualidades.

hércules. adj. fig. Hombre de mucha fuerza.

heredad. ≅finca. ≅propiedad. f. Porción de terreno cultivado perteneciente a un mismo dueño. || Hacienda de campo, bienes raíces o posesiones.

heredado, da. adj. Que procede de una herencia. || Hacendado en bienes reales. Ú. t. c. s. || Que ha heredado.

heredar. tr. Suceder por disposición testamentaria o legal en los bienes y acciones que tenía uno al tiempo de su muerte. || Sacar los seres vivos los caracteres psíquicos y biológicos de sus progenitores.

heredero, ra. ≅sucesor. adj. Persona que por testamento o por ley sucede a título universal en todo o en parte de una herencia. Ú. t. c. s. || Dueño de una heredad. || fig. Que saca o tiene las inclinaciones o propiedades de sus padres.

hereditario, ria. adj. Relativo a la herencia o que se adquiere por ella. || fig. Aplícase a las inclinaciones, virtudes, vicios o enfermedades que pasan de padres a hijos.

hereje. ≅apóstata. ≅cismático. ≅heresiarca. ≅heterodoxo. ≅infiel. com. Persona que sostiene o defiende una herejía. || fig. Desvergonzado, descarado, procaz.

herejía. f. Error en materia de fe. || fig. Sentencia errónea contra los principios ciertos de una ciencia o arte. || fig. Palabra gravemente injuriosa. || fig. Daño infligido injustamente.

herencia. f. Derecho de heredar. || Bienes y derechos que se heredan. || Rasgo o circunstancia de índole cultural, social, económica, etc. || Conjunto de caracteres psíquicos y biológicos que los seres vivos heredan de sus progenitores.

heresiarca. ≅apóstata. ≅hereje. m. Autor de una herejía.

herético, ca. adj. Relativo a la herejía o al hereje.

herida. f. Lesión o rotura de los tejidos por incisión o contusión. || fig. Ofensa, agravio. || fig. Lo que aflige y atormenta el ánimo.

herido, da. adj. y s. Que ha recibido una herida. || Con el adv. *mal,* gravemente herido.

herir. ≅descalabrar. ≅lesionar. ≅lisiar. tr. Romper o abrir las carnes de una persona o de un animal con un arma u otro instrumento. ||

Romper un cuerpo vegetal. || Dar contra otra cosa, chocar. || Hender el aire ciertas armas arrojadizas y proyectiles. || fig. Ofender, agraviar.

hermafrodita. ≅andrógino. adj. Que tiene los dos sexos. || Díc. de la persona con tejido testicular y ovárico en sus gónadas, lo que origina anomalías somáticas que le dan la apariencia de reunir ambos sexos. || Díc. de los vegetales cuyas flores reúnen en sí ambos sexos; esto es, los estambres y el pistilo; y también de estas flores. || Díc. de ciertos animales invertebrados que tienen ambos sexos.

hermafroditismo. m. Calidad de hermafrodita.

hermanado, da. adj. Asociado. || fig. Igual y uniforme.

hermanar. tr. y prnl. Unir, juntar, uniformar. || Hacer a uno hermano de otro en sentido místico o espiritual.

hermanastro, tra. m. y f. Hijo de uno de los dos consortes respecto al hijo del otro.

hermandad. ≅confraternidad. ≅fraternidad. ≅gremio. f. Relación de parentesco entre hermanos. || fig. Amistad íntima. || fig. Correspondencia que guardan varias cosas entre sí. || fig. Cofradía o congregación de devotos.

hermano, na. m. y f. Persona que con respecto a otra tiene los mismos padres, o solamente el mismo padre o la misma madre. || Lego o donado de una comunidad regular. || fig. Persona que con respecto de otra tiene el mismo padre que ella en sentido moral.

hermeneuta. com. Persona que profesa la hermenéutica.

hermenéutica. f. Arte de interpretar textos para fijar su verdadero sentido, y especialmente el de interpretar los textos sagrados.

hermético, ca. adj. Díc. de las doctrinas de Hermes Trimegisto, y de sus seguidores. || Díc. de lo que cierra una abertura de modo que no permita pasar el aire ni otra cosa gaseosa. || fig. Impenetrable, cerrado.

hermetismo. m. Calidad de hermético, cerrado.

hermosear. ≅acicalar. ≅adornar. ≅embellecer. tr. y prnl. Hacer o poner hermoso.

hermoso, sa. ≅bello. ≅bonito. ≅guapo. adj. Dotado de hermosura. || Grandioso, excelente. || Despejado, apacible y sereno. || fam. Robusto, saludable.

hermosura. f. Belleza de las cosas. || Por ext., lo agradable. || Conjunto de cualidades que hacen a una cosa excelente en su línea. || Mujer hermosa.

hernia. ≅potra. ≅quebradura. f. Tumor blando, elástico, producido por la dislocación y salida total o parcial de una víscera u otra parte blanda, fuera de la cavidad que la encerraba.

héroe. ≅protagonista. ≅semidiós. m. En mitología, hijo de un dios y de un ser humano. || Varón ilustre y famoso por sus hazañas y virtudes. || El que lleva a cabo una acción heroica. || Personaje principal de un poema, especialmente épico. || Cualquiera de los personajes de carácter elevado en la epopeya.

heroicidad. ≅heroísmo. f. Calidad de heroico. || Acción heroica.

heroico, ca. adj. Díc. de las personas famosas por sus hazañas o virtudes, y, por ext., dícese también de las acciones. || Perteneciente a ellas. || Díc. de la poesía o composición poética en que se narran o cantan hazañas gloriosas o hechos grandes y memorables.

heroína. f. Mujer ilustre y famosa por sus grandes hechos. || La que lleva a cabo un hecho heroico. || Protagonista del drama o de cualquier otro poema análogo; como la novela. || Droga obtenida de la morfina, en forma de polvo cristalino blanco y amargo, con propiedades sedantes y narcóticas. Es adictiva.

heroísmo. m. Esfuerzo de la voluntad que lleva al hombre a realizar hechos extraordinarios. || Conjunto de cualidades y acciones que colocan a uno en la clase de héroe. || Acción heroica.

herpe o **herpes.** amb. Erupción cutánea acompañada de escozor, y debida al agrupamiento de granitos y vejiguillas que dejan rezumar, cuando se rompen, un humor que al secarse forma costra.

herrada. f. Cubo de madera, con grandes aros de hierro, y más ancho por la base que por la boca.

herrador. m. El que por oficio hierra las caballerías.

herradura. f. Hierro aproximadamente semicircular que se clava a las caballerías en los cascos.

herraje. m. Conjunto de piezas de hierro o acero con las que se guarnece un artefacto; como puerta, coche, cofre, etc. || Conjunto de herraduras y clavos con que éstas se aseguran.

herramienta. ≅apero. ≅instrumento. ≅utensilio. f. Instrumento con que trabajan los artesanos. || Conjunto de estos instrumentos. || fam. Arma blanca, puñal, navaja. || fig. y fam. Cuernos de algunos animales. || fig. y fam. Los dientes de la boca.

herrar. tr. Ajustar y clavar las herraduras a las caballerías. || Marcar con hierro candente los ganados, artefactos, etc. || Marcar de igual modo a esclavos y delincuentes. || Guarnecer de hierro un artefacto.

herrería. ≅forja. ≅fragua. f. Oficio de herrero. || Taller o tienda del herrero. || Taller en que se funde o forja y se labra el hierro en grueso. || fig. Ruido acompañado de confusión y desorden.

herreriano, na. adj. Relativo a la poesía de Fernando de Herrera o al estilo arquitectónico de Juan de Herrera.

herrerillo. m. Pájaro insectívoro, de unos 12 cms. de largo, y de cabeza azul y patas negruzcas. || Pájaro insectívoro de unos 15 cms., de cabeza y lomo de color azulado, y patas amarillentas. Hace el nido de barro en los huecos de los árboles.

herrero. m. El que tiene por oficio labrar el hierro.

herreruelo. m. Pájaro insectívoro, de 12 cms. de largo; el plumaje del macho es negro en el dorso y blanco en pecho y abdomen. || Soldado de la antigua caballería alemana, cuyas armas defensivas eran de color negro.

herrete. m. Cabo de metal, que se pone en las agujetas, cordones, cintas, etc., para que puedan entrar fácilmente por los ojetes.

herrumbre. ≅moho. ≅orín. ≅pátina. f. Óxido de hierro. || Gusto o sabor que las cosas toman del hierro; como las aguas, etc. || Roya, hongo.

herrumbroso, sa. adj. Que cría herrumbre o está tomado de ella. || De color amarillo rojizo.

hertz. m. Nombre del hercio en la nomenclatura internacional.

hervidero. m. Movimiento y ruido que hacen los líquidos cuando hierven. || fig. Manantial donde surge el agua con desprendimiento abundante de burbujas gaseosas. || fig. Ruido que hacen los humores estancados en el pecho. || fig. Muchedumbre de personas o de animales.

hervidor. m. Utensilio de cocina para hervir líquidos. || En los termosifones y otros aparatos análogos, caja de palastro cerrada, por cuyo interior pasa el agua, y que recibe directamente la acción del fuego.

hervir. intr. Producir burbujas un líquido cuando se eleva suficientemente su temperatura, o por la fermentación. Ú. t. c. tr. || fig. Ponerse sumamente agitado el mar. || fig. Con la prep. *en,* abundar: ⁓ *en chismes.* || fig. Hablando de afectos y pasiones, indica su viveza, y vehemencia. || tr. Tener un manjar en agua hirviendo hasta que pueda comerse.

hervor. m. Acción y efecto de hervir. || fig. Fogosidad, inquietud.

hesperidio. m. Fruto carnoso de corteza gruesa, dividido en varias celdas por telillas membranosas; como la naranja y el limón.

hetero-. f. Elemento compositivo que con idea de diferencia u oposición se antepone a otro en la formación de voces españolas.

heterocerca. adj. Aleta caudal de los peces que está formada por dos lóbulos desiguales, como la de la mielga.

heterodoxia. f. Disconformidad con el dogma de una religión. || Por ext., disconformidad con la doctrina fundamental de cualquier secta o doctrina. || Por ext., disconformidad con doctrinas o prácticas generalmente admitidas.

heterodoxo, xa. adj. y s. Que se separa de la ortodoxia.

heterogeneidad. f. Calidad de heterogéneo. || Mezcla de partes de diversa naturaleza en un todo.

heterogéneo, a. adj. Compuesto de partes de diversa naturaleza.

heteromancia o **heteromancía.** f. Adivinación supersticiosa por el vuelo de las aves.

heterómero. adj. y s. Díc. de los insectos coleópteros que tienen cuatro artejos en los tarsos de las patas del último par y cinco en las demás; como la carraleja. || m. pl. Suborden de estos animales.

heteronimia. f. Fenómeno por el cual vocablos de acusada proximidad semántica proceden de étimos diferentes: *toro-vaca.*

heterónimo. m. Cada uno de los vocablos que constituyen una heteronimia.

heteroplastia. f. Implantación de injertos orgánicos procedentes de otro individuo de distinta especie.

heteróptero. adj. y s. Díc. de los inseptos hemípteros con cuatro alas, de las que las dos posteriores son membranosas y las anteriores coriáceas en su base, como la chinche. || m. pl. Suborden de estos animales.

heterosexual. adj. Díc. de la relación erótica entre individuos de diferente sexo.

heterosexualidad. f. Cualidad de un individuo de ser heterosexual.

heterótrofo, fa. adj. Organismo incapaz de elaborar su propia materia orgánica a partir de substancias inorgánicas.

heurística. f. Arte de inventar.

hexaedro. m. Sólido de seis caras.

hexagonal. adj. De figura de hexágono o semejante a él.

hexágono, na. adj. y m. Polígono de seis ángulos y seis lados.

hexasílabo, ba. adj. y s. De seis sílabas: *verso* ⌣.

hez. ≅madre. f. Poso o sedimento de algunos líquidos. Ú. m. en pl. || fig. Lo más vil y despreciable de cualquier clase. || pl. Excrementos.

hialino, na. adj. Diáfono como el vidrio o parecido a él.

hialoideo, a. adj. Que se parece al vidrio, o que tiene sus propiedades.

hialoplasma. m. Parte del citoplasma de la célula.

hiato. m. Encuentro de dos vocales que se pronuncian en sílabas distintas. || Cacofonía que resulta del encuentro de vocales.

hibernación. f. Estado de aletargamiento en que se sumen algunos mamíferos durante la estación fría. || Estado semejante que se produce en las personas artificialmente por medio de drogas apropiadas con fines anestésicos o curativos.

hibernar. intr. Ser tiempo de invierno. || Pasar el invierno.

hibridación. f. Producción de seres híbridos.

híbrido, da. adj. Díc. del animal o del vegetal procreado por dos individuos de distinta especie. || fig. Díc. de todo lo que es producto de elementos de distinta naturaleza.

hidalgo, ga. m. y f. Persona de linaje noble y distinguido. || adj. Relativo a un hidalgo. || fig. Díc. de la persona generosa y noble.

hidalguía o **hidalguez.** f. Calidad de hidalgo. || fig. Generosidad, nobleza.

hidátide. f. Equinococo. || Vesícula que lo contiene. || Quiste hidatídico.

hidatídico, ca. adj. Perteneciente o relativo a la hidátide.

hidra. f. Culebra acuática, venenosa, de las costas del Pacífico y del mar de las Indias. || Pólipo tubular de agua dulce.

hidrácido. m. Ácido compuesto de hidrógeno y otro cuerpo simple.

hidrargirismo. m. Intoxicación crónica originada por la absorción de mercurio.

hidratar. tr. y prnl. Combinar un cuerpo con el agua.

hidrato. m. *Quím.* Combinación de un cuerpo con el agua.

hidráulica. f. Parte de la mecánica que estudia el equilibrio y el movimiento de los fluidos. || Arte de conducir y aprovechar las aguas.

hidráulico, ca. adj. Relativo a la hidráulica. || Que se mueve por medio de un líquido: *prensa* ⌣. || Díc. de las cales y cementos que se endurecen en contacto con el agua.

hídrico, ca adj. Perteneciente o relativo al agua.

hidroavión. m. Aeroplano que, en lugar de ruedas de aterrizaje, lleva uno o varios flotadores para posarse sobre el agua.

hidrobiología. f. Ciencia que estudia la vida de los animales y las plantas que pueblan las aguas.

hidrocarburo. m. Compuesto químico formado exclusivamente por átomos de carbono e hidrógeno.

hidrocefalia. f. Hidropesía de la cabeza.

hidrocele. f. Hidropesía de la túnica serosa del testículo.

hidrodinámica. f. Parte de la mecánica que estudia el movimiento de los fluidos.

hidroelectricidad. f. Energía eléctrica obtenida por fuerza hidráulica.

hidrófilo, la. adj. Materia que tiene la propiedad de absorber el agua. || Coleóptero acuático de cuerpo convexo y oval y de color negro de aceituna.

hidrofobia. f. Horror al agua.

hidrogenación. f. Proceso por el que se adiciona hidrógeno a compuestos orgánicos no saturados.

hidrógeno. m. Gas inflamable, incoloro, inodoro y catorce veces más ligero que el aire. Entra en la composición de multitud de substancias orgánicas y combinado con el oxígeno forma el agua.

hidrografía. f. Parte de la geografía física que trata de la descripción de los mares y las corrientes de agua.

hidrólisis. f. Desdoblamiento de la molécula de ciertos compuestos orgánicos, ya por exceso de agua, ya por la presencia de una corta cantidad de fermento o de ácido.

hidrología. f. Parte de las ciencias naturales que trata de las aguas.

hidromancia o **hidromancía.** f. Arte de adivinar por las señales y observaciones del agua.

hidromecánico, ca. adj. Díc. de ciertos dispositivos o aparatos en los que se aprovecha el agua como fuerza motriz.

hidrometeoro. m. Meteoro producido por el agua.

hidrometría. f. Parte de la hidrodinámica que trata del modo de medir el caudal, la velocidad o la fuerza de los líquidos en movimiento.

hidrómetro. m. Instrumento que sirve para medir el caudal, la velocidad o la fuerza de los líquidos en movimiento.

hidronimia. f. Parte de la toponimia que estudia el origen y significación de los nombres de los ríos, arroyos, lagos, etc.

hidrónimo. m. Nombre de río, lago, arroyo, etc.

hidropesía. f. Derrame o acumulación anormal del humor seroso en una cavidad del cuerpo.

hidroplano. m. Embarcación provista de aletas inclinadas que, al marchar, sostienen gran parte del peso del aparato. || Hidroavión.

hidroponía. f. Cultivo de plantas en soluciones acuosas, por lo general con algún soporte de arena, grava, etc.

hidropteríneo, a. adj. y f. Díc. de plantas criptógamas pteridofitas, acuáticas. || f. pl. Clase de estas plantas.

hidroscopia. f. Arte de averiguar la existencia de aguas ocultas.

hidrosfera. f. Conjunto de las partes líquidas del globo terráqueo.

hidrosoluble. adj. Substancia soluble en el agua.

hidrostática. f. Parte de la mecánica que estudia el quilibrio de los fluidos.

hidroterapia. f. Tratamiento de las enfermedades por medio del agua.

hidrotórax. m. Derrame seroso en la cavidad pleural.

hidroxilo. m. *Quím.* Radical formado por un átomo de hidrógeno y otro de oxígeno.

hiedra. f. Planta trepadora, siempre verde, obscura, con ramas estériles, que se fijan por medio de garfios, y otras libres.

hiel. f. Bilis. || fig. Amargura, aspereza o desabrimiento. || pl. fig. Trabajos, adversidades, disgustos.

hielo. m. Agua convertida en cuerpo sólido y cristalino por un descenso suficiente de temperatura. || Acción y efecto de helar o helarse. || fig. Frialdad en los afectos. || fig. Pasmo.

hiena. f. Mamífero carnívoro, del tamaño de un lobo, de pelaje áspero, gris, con rayas atravesadas, pardas o negruzcas, crines a lo largo del espinazo y cola corta y espesa. Se alimenta principalmente de carroña. || fig. Persona de malos instintos o cruel.

hierático, ca. adj. Relativo a las cosas sagradas o a los sacerdotes. || Díc. de cierta escritura de los antiguos egipcios, que era una abreviación de la jeroglífica. || Díc. de la escultura y la pintura religiosas que reproducen formas tradicionales. || fig. Que afecta solemnidad extrema.

hierba. ≅césped. ≅verde. f. Planta con tallos delgados y tiernos, que perece después de dar la simiente en el mismo año, o a lo más al segundo. || Conjunto de muchas hierbas que nacen en un terreno. || En el lenguaje de las drogas, marihuana o droga en general. || pl. Pastos que hay en las dehesas para los ganados.

hierbabuena. f. Planta labiada, herbácea, vivaz, de olor agradable, que se emplea como condimento. || Nombre que se da a otras plantas labiadas parecidas a la anterior; como el mastranzo, sándalo y poleo.

hierofante o **hierofanta.** m. Sacerdote del templo de Ceres Eleusina y de otros varios de Grecia, que dirigía las ceremonias de la iniciación en los misterios sagrados.

hieroscopia. f. Arte supersticiosa de adivinar por las entrañas de los animales.

hierro. m. Metal dúctil, maleable y muy tenaz, de color gris azulado, que puede recibir gran pulimento y es el más empleado en la industria y en las artes. Su símbolo es *Fe.* || Marca, e instrumento para hacerla, que con hierro candente se pone a los ganados y a otras cosas como garantía y contraste. || fig. Arma, instrumento o pieza de hierro o acero. || pl. Prisiones de hierro; como cadenas, grillos, etc.

higa. f. Dije de figura de puño que se usaba como amuleto. || Acción injuriosa, que se ejecuta con la mano, cerrado el puño, mostrando el dedo pulgar por entre los dedos índice y cordial. || fig. Burla, desprecio.

higadillo. m. Hígado de los animales pequeños, particularmente de las aves.

hígado. m. Glándula aneja del aparato digestivo, la mayor del cuerpo, que en el hombre y demás mamíferos está situada bajo el diafragma, a la derecha. Es de color rojo obscuro y está constituida por numerosos canalículos cuyas células parietales segregan la bilis. || fig. Ánimo, valentía. Ú. m. en pl.

higiene. ≅profilaxis. ◁suciedad. f. Parte de la medicina que tiene por objeto la conservación de la salud, precaviendo enfermedades y desarrollando las energías orgánicas. || fig. Limpieza, aseo de las viviendas y poblaciones.

higiénico, ca. adj. Perteneciente o relativo a la higiene.

higienizar. tr. Dotar de condiciones higiénicas.

higo. m. Segundo fruto, después de la breva, de la higuera. Es blando y de gusto dulce. || Cosa insignificante, de poco o ningún valor.

higrometría. f. Parte de la física que estudia las causas productoras de la humedad atmósferica y de la medida de sus variaciones.

higrométrico, ca. adj. Relativo a la higrometría. || Díc. del cuerpo cuyas condiciones varían sensiblemente con el cambio de humedad de la atmósfera.

higrómetro. m. Instrumento que sirve para determinar la humedad del aire atmosférico.

higroscopicidad. f. Propiedad de algunos cuerpos de absorber y de exhalar la humedad.

higuera. f. Árbol moráceo, de media altura, madera blanca y hojas grandes, lobuladas e insertas en un pedúnculo bastante largo. Sus frutos son la breva y el higo.

higuerón o **higuerote.** m. Árbol moráceo, de fruto jugoso y madera muy fuerte, usada en la América tropical para la construcción de embarcaciones.

hijastro, tra. m. y f. Hijo o hija de uno de los cónyuges, respecto del otro.

hijo, ja. ≅nativo. ≅oriundo. ≅retoño. ≅vástago. m. y f. Persona o animal, respecto de su padre o de su madre. || fig. Cualquier persona, respecto del país, provincia o pueblo de que es natural. || fig. Religioso, con relación al fundador de su orden y a la casa donde tomó hábito. || Nombre que se suele dar al yerno y a la nuera, respecto de los suegros. || Expresión de cariño: *sé prudente,* ∼ *mío.* || m. pl. Descendientes.

hijodalgo. m. Hidalgo.

hijuela. f. Cosa aneja o subordinada a otra. || Tira de tela que se pone en una pieza de vestir para ensancharla. || Colchón estrecho y delgado, que se pone en la cama debajo de los otros.

hila. f. Hilera, hilada. || Tripa delgada. || Hebra

Higuera

que se saca de un lienzo para curar llagas y heridas. Ú. m. en pl.

hilacha. f. Pedazo de hilo que se desprende de la tela. || Porción insignificante de alguna cosa. || Resto, residuo.

hilada. f. Formación en línea. || *Arquit.* Serie horizontal de ladrillos o piedras que se van poniendo en un edificio.

hilado. m. Acción y efecto de hilar. || Porción de lino, cáñamo, seda, lana, algodón, etc., reducida a hilo.

hilandería. f. Arte de hilar. || Fábrica de hilados.

hilar. tr. Reducir a hilo el lino, cáñamo, lana, seda, algodón, etc. || Segregar el gusano de seda la hebra para formar el capullo. Se dice también de otros insectos y de las arañas cuando forman sus capullos y telas. || fig. Discurrir.

hilarante. adj. Que inspira alegría o mueve a risa.

hilaridad. ◁llanto. ◁tristeza. Alegría y satisfacción del ánimo. || Risa, algazara.

hilatura. f. Arte de hilar la lana, el algodón y otras materias análogas. || Industria y comercialización del hilado.

hilaza. f. Hilado, porción de lino, cáñamo, etc. || Hilo que sale gordo y desigual. || Residuo, sedimento que adquiere aspecto de hilo.

hilemorfismo o **hilomorfismo.** m. Teoría filosófica ideada por Aristóteles y seguida por la mayoría de los escolásticos, según la cual todo cuerpo se halla constituido por dos principios esenciales, que son la materia y la forma.

hilera. f. Orden o formación en línea de un número de personas o cosas. || Instrumento para reducir a hilo los metales. || Hilo o hilaza fina. || pl. Apéndices de las arañas que sostienen las glándulas productoras del líquido con que forman los hilos.

hilo. m. Hebra larga y delgada que se forma retorciendo el lino, lana, cáñamo u otra materia textil. || Ropa blanca de lino o cáñamo. || Alambre muy delgado. || Hebra de que forman las arañas, gusanos de seda, etc., sus telas y capullos. || fig. Chorro muy delgado de un líquido. || fig. Continuación del discurso.

hilván. m. Costura de puntadas largas con que se une y prepara lo que se ha de coser después de otra manera. || Cada una de estas puntadas. || Hilo empleado para hilvanar.

hilvanar. tr. Unir con hilvanes. || fig. Enlazar, coordinar ideas, frases o palabras. || fig. y fam. Trazar, proyectar con precipitación.

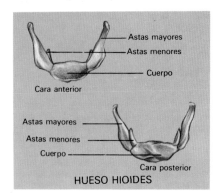

Astas mayores
Astas menores
Cuerpo
Cara anterior

Astas mayores
Astas menores
Cuerpo
Cara posterior

HUESO HIOIDES

himen. m. Repliegue membranoso que reduce el orificio externo de la vagina en las vírgenes.

himeneo. m. Boda o casamiento. || Epitalamio.

himenóptero. adj. y m. Díc. de insectos con metamorfosis complicadas, como las abejas y las avispas, que son masticadores y lamedores y tienen cuatro alas membranosas. || m. pl. Orden de estos insectos.

himno. m. Composición poética en alabanza de Dios, de la Virgen, de los santos o de los dioses y héroes paganos. || Composición poética de tono solemne en alabanza de algo. || Composición musical de estas mismas características.

himpar. intr. Gemir con hipo.

himplar. intr. Emitir la onza o la pantera su voz natural. || Himpar.

hincapié. m. Acción de hincar o afirmar el pie para sostenerse o para hacer fuerza.

hincar. ≅empotrar. ≅plantar. tr. Introducir o clavar una cosa en otra. || Apoyar una cosa en otra como para clavarla. || prnl. Arrodillarse.

hincha. f. fam. Odio, encono o enemistad. || com. Partidario entusiasta de un equipo deportivo. || fig. Por ext., partidario de alguna persona destacada en alguna actividad.

hinchado, da. ≅ampuloso. ≅presuntuoso. ≅vanidoso. adj. fig. Vano, presumido. || Díc. del lenguaje, estilo, etc., que abunda en palabras y expresiones redundantes, hiperbólicas y afectadas. || f. Multitud de hinchas, partidarios entusiastas.

hinchar. ≅abultar. ≅inflar. ≅presumir. ≅recargar. tr. Hacer que aumente de volumen algún objeto, llenándolo de aire u otra cosa. Ú. t. c. prnl. || fig. Aumentar el agua de un río, arroyo, etc. Ú. t. c. prnl. || fig. Exagerar, abultar una noticia o un suceso. || prnl. Aumentar de volumen

una parte del cuerpo. || Hacer alguna cosa con exceso, como comer, beber, trabajar, etc. || fig. Envanecerse, engreírse.

hinchazón. f. Efecto de hincharse. || fig. Vanidad, presunción. || fig. Vicio o defecto del estilo hinchado.

hindú. adj. y s. Partidario o adepto del hinduismo. || De la India.

hinduismo. m. Denominación oficial de la religión predominante en la India, evolución del vedismo y brahmanismo antiguos.

hinojo. m. Planta umbelífera, herbácea, de flores pequeñas y amarillas. Es aromática y de gusto dulce.

hioides. adj. Díc. del hueso situado en la base de la lengua y encima de la laringe.

hipar. intr. Tener hipo. || Resollar los perros cuando van siguiendo la caza. || Fatigarse mucho. || Gimotear. En algunas partes pronúnciase aspirando la *h*. || fig. Ansiar, codiciar.

hipérbaton. m. Figura de construcción que consiste en invertir el orden natural de las palabras en el discurso.

hipérbola. f. Curva simétrica respecto de dos ejes perpendiculares entre sí, con dos focos, compuesta de dos porciones abiertas dirigidas en opuesto sentido, que se aproximan indefinidamente a dos asíntotas, y resultan de la intersección de una superficie cónica que encuentra a todas las generatrices, unas por un lado del vértice y otras en prolongación por el lado opuesto.

hipérbole. f. Figura retórica que consiste en aumentar o disminuir exageradamente la verdad de aquello de que se habla.

hiperbólico, ca. adj. De figura de hipérbola. || Que incluye una hipérbole.

hiperboloide. m. Superficie engendrada por una elipse variable que se mueve paralelamente a sí misma de modo que los extremos de sus ejes se

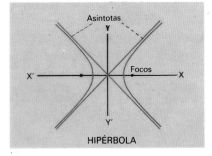

Asíntotas
Focos

HIPÉRBOLA

apoyen constantemente en las dos ramas de una hipérbola fija, situada en un plano perpendicular al de la elipse.

hiperbóreo, a. adj. Díc. de las regiones y pueblos más septentrionales.

hiperclorhidria. f. Exceso de ácido clorhídrico en el jugo gástrico.

hipercrítica. f. Crítica exagerada.

hipercrítico, ca. adj. Propio de la hipercrítica. || m. Censor inflexible, que nada perdona.

hiperestesia. f. Sensibilidad excesiva.

hiperfunción. f. Aumento de la función normal de un órgano; ⌐ *de los órganos glandulares.*

hiperhidrosis. f. Exceso de secreción sudoral.

hipericíneo, a. adj. y f. Díc. de las hierbas, matas, arbustos y árboles gutíferos, como el hipérico, el ásciro y la todabuena. || f. pl. Familia de estas plantas.

hipermercado. m. Tienda de enormes dimensiones, generalmente en la periferia de las ciudades, en la que la venta al público se hace por autoservicio.

hipermetría. f. Figura poética que se comete dividiendo una palabra para acabar con su primera parte un verso y empezar otro con la segunda.

hipermetropía. f. Defecto de la visión en el que se perciben confusamente los objetos próximos por formarse la imagen más allá de la retina.

hiperoxia. f. Estado que presenta un organismo sometido a un régimen respiratorio con exceso de oxígeno.

hiperplasia. f. Excesiva multiplicación de células normales en un órgano o tejido.

hiperrealismo. m. Movimiento artístico aparecido en EE. UU. h. 1968. Tiende a reflejar la realidad cotidiana, en todas las técnicas artísticas, con una fidelidad fotográfica.

hipersensible. adj. Que es muy sensible a estímulos afectivos o emocionales.

hipertensión. f. Tensión excesivamente alta de la sangre en el aparato circulatorio.

hipertenso, sa. adj. Que padece hipertensión.

hipertrofia. f. Aumento excesivo del volumen de un órgano.

hípico, ca. adj. Perteneciente o relativo al caballo. || f. Parte de la equitación que abarca las carreras y saltos de competición.

hípido. m. Acción y efecto de hipar o gimotear. En algunas regiones se aspira la *h.*

hipnosis. f. Sueño producido por el hipnotismo.

hipnótico, ca. ≅somnífero. adj. y s. Relativo al hipnotismo. || Medicamento para producir sueño.

hipnotismo. m. Estado de hipnosis, y aplicaciones terapéuticas de este estado.

hipnotizar. ≅magnetizar. ≅sugestionar. tr. Producir la hipnosis.

hipo. m. Movimiento convulsivo del diafragma. || fig. Ansia. || fig. Encono y rabia con alguno.

hipocampo. m. Pez teleósteo, que habita en los mares de España. Se denomina también *caballito de mar.* Se usa mucho como motivo ornamental.

hipocastanáceo, a. adj. y s. Díc. de los arbustos angiospermos dicotiledóneos, como el castaño de Indias. || f. pl. Familia de estas plantas.

hipocentro. m. Zona profunda de la corteza terrestre donde se supone que tiene su origen un terremoto.

hipoclorhidria. f. Escasez de ácido clorhídrico en el jugo gástrico.

hipocondría. f. Afección caracterizada por una gran sensibilidad del sistema nervioso con tristeza habitual.

hipocondriaco, ca o **hipocondríaco, ca.** adj. Relativo a la hipocondría. || Que la padece. Ú. t. c. s.

hipocondrio. m. Cada una de las dos partes laterales de la región epigástrica. Ú. m. en pl.

hipocorístico, ca. adj. Díc. de los nombres que en forma diminutiva, abreviada o infantil se usan como designaciones cariñosas, familiares o eufemísticas.

hipocrático, ca. adj. Relativo a Hipócrates o a sus doctrinas.

hipocresía. ≅doblez. ≅fingimiento. ◁franqueza. ◁sinceridad. f. Fingimiento de cualidades o sentimientos contrarios a los que verdaderamente se tienen.

hipócrita. adj. y s. Que tiene hipocresía.

hipodérmico, ca. ≅subcutáneo. adj. Que está o se pone debajo de la piel.

hipódromo. m. Lugar destinado para carreras de caballos y carros.

hipófisis. f. Órgano de secreción interna situado en la excavación de la base del cráneo, que produce numerosas hormonas.

hipogastrio. m. Parte inferior del vientre.

hipogeo, a. adj. Díc. de la planta o de alguno de sus órganos que se desarrollan bajo el suelo. || m. Sepulcro subterráneo de los antiguos en forma abovedada. || Cualquier edificio subterráneo.

hipogloso, sa. adj. Que está debajo de la lengua.

Hipopótamo

hipoglucemia. f. Disminución de la cantidad normal de azúcar contenida en la sangre.

hipogrifo. m. Animal fabuloso, mitad caballo y mitad grifo.

hipopótamo. m. Mamífero paquidermo de piel gruesa, cuerpo voluminoso, cabeza gorda con orejas y ojos pequeños, piernas muy cortas y cola delgada y de poca longitud. Vive en los grandes ríos de África.

hiposulfúrico. adj. Ácido inestable que se obtiene por la combinación del azufre con el oxígeno.

hipotálamo. m. Región del encéfalo situada en la base cerebral, en la que residen centros importantes de la vida vegetativa.

hipoteca. ≅carga. ≅gravamen. f. Inmueble con que se garantiza un crédito. || Derecho real sobre bienes inmuebles que garantiza el cumplimiento de una obligación o el pago de una deuda.

hipotecar. tr. Gravar bienes inmuebles sujetándolos al cumplimiento de una obligación.

hipotecario, ria. adj. Relativo a la hipoteca. || Que se asegura con hipoteca.

hipotensión. f. Tensión excesivamente baja de la sangre en el aparato circulatorio.

hipotenusa. f. Lado opuesto al ángulo recto en un triángulo rectángulo.

hipotermia. f. Descenso de la temperatura normal del cuerpo.

hipótesis. f. Suposición de una cosa, sea posible o imposible, para sacar de ella una consecuencia.

hipotético, ca. adj. Relativo a la hipótesis o que se funda en ella.

hippy. adj. Individuo de un movimiento juvenil que se caracteriza fundamentalmente por su marginación de la sociedad capitalista y de consumo y el rechazo, por ende, de las estructuras sociales vigentes.

hipsómetro. m. Aparato para medir la altura sobre el nivel del mar basándose en el punto de ebullición de los líquidos.

hiriente. p. a. de herir.

hirsuto, ta. ≅erizado. adj. Pelo dispero y duro y de lo que está cubierto de pelo de esta clase o de púas o espinas.

hisopo. m. Mata labiada muy olorosa. || Instrumento para rociar con agua bendita.

hispalense. adj. y s. Sevillano.

hispánico, ca. adj. Relativo a España. || Relativo a la antigua Hispania y a los pueblos de origen español.

Hipsómetros comparados, con termómetros de hasta una décima de grado. A la izquierda, sin ebullición. A la derecha, con ebullición

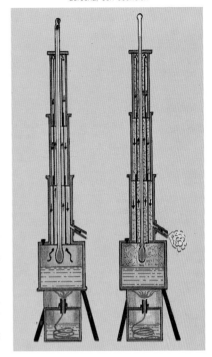

hispanidad. f. Carácter genérico de todos los pueblos de lengua y cultura hispánica. || Conjunto y comunidad de los pueblos hispanos.

hispanismo. m. Giro o modo de hablar propio y privativo de la lengua española. || Vocablo o giro de esta lengua empleado en otra. || Afición al estudio de lengua, literatura o cultura hispánicas.

hispanista. com. Persona que profesa el estudio de lengua, literatura o cultura hispánicas, o está versada en ellas.

hispano, na. adj. Relativo a Hispania. Apl. a pers., ú. t. c. s. || Relativo a España. Apl. a pers., ú. t. c. s. || Relativo a las naciones hispanoamericanas.

hispanoamericano, na. adj. Relativo a los españoles y americanos. || Relativo a los países de la América española. Ú. t. c. s.

hispanoárabe. adj. Perteneciente o relativo a la España musulmana. || Natural o habitante de ella. Ú. t. c. s.

hispanófilo, la. adj. y s. Extranjero aficionado a la cultura, historia y costumbres de España.

hispanohablante. adj. y s. Persona, comunidad o país que tiene como lengua materna el español.

histérico, ca. adj. Relativo al útero. || Relativo al histerismo.

histerismo. m. Neurosis caracterizada por síntomas diversos: sensibilidad exagerada, convulsiones, parálisis, transtornos intelectuales y funcionales, etc.

histología. f. Parte de la anatomía que estudia los tejidos orgánicos.

historia. f. Narración o exposición verdadera de los acontecimientos pasados y cosas memorables. || Conjunto de los sucesos referidos por los historiadores: *éste es muy entendido en* ᴗ. || Obra histórica compuesta por un escritor. || fig. Relación de cualquier género: *la* ᴗ *de este negocio es muy simple.* || fig. Fábula, cuento. || fig. y fam. Chisme, enredo. Ú. m. en pl.

historiado, da. adj. fig. y fam. Recargado de adornos. || Díc. del cuadro o dibujo compuesto de varias figuras convenientemente colocadas respecto del suceso o escena que representan.

historiador, ra. m. y f. Persona que escribe historia.

historial. adj. Relativo a la historia. || m. Reseña circunstanciada de algo o de alguien.

historiar. tr. Contar o escribir historias. || Exponer las vicisitudes por las que ha pasado una persona o cosa. || Pintar o representar un suceso histórico o fabuloso.

historicidad. f. Calidad de histórico.

historicismo. m. Tendencia intelectual a reducir la realidad humana a su historicidad.

histórico, ca. adj. Relativo a la historia. || Comprobado, cierto. || Digno de figurar en la historia.

historieta. f. Cuento o relación breve de poca importancia.

historiografía. f. Arte de escribir la historia. || Estudio bibliográfico y crítico de los estudios sobre historia y sus fuentes.

historiología. f. Teoría de la historia; en especial la que estudia la estructura, leyes o condiciones de la realidad histórica.

histrión. ≅comediante. ≅cómico. m. El que representaba disfrazado en la comedia o tragedia antigua. || Actor teatral. || Volatín, jugador de mano. || Persona que se expresa con la afectación propia de un actor teatral.

histrionismo. m. Oficio de histrión. || Conjunto de personas dedicadas a este oficio. || Afectación expresiva propia del histrión.

hitita. adj. Pueblo indoeuropeo antiguo que se estableció en Anatolia central durante la primera mitad del segundo milenio antes de Cristo. Ú. m. c. m. pl. || Díc. también de sus individuos. Ú. t. c. s. || Relativo a los hititas. || m. Lengua indoeuropea hablada por dicho pueblo.

hobby. m. Distracción predilecta, pasatiempo favorito.

Arte hitita. Escritura sobre piedra procedente de Karkemisch. Museo Pettit Palais. París

hocicada. f. Golpe dado con el hocico o de hocicos.

hocicar. tr. Hozar. || intr. Dar de hocicos, tropezar. || fig. y fam. Tropezar con un obstáculo o dificultad insuperable. || *Mar.* Hundir la proa.

hocico. ≅jeta. ≅morro. m. Parte más o menos prolongada de la cabeza de algunos animales. || Boca de hombre con labios muy abultados. || fig. y fam. Cara. || fig. y fam. Gesto de enojo o desagrado: *estar con* ⌢.

hockey. m. Especie de juego de pelota que se practica, generalmente, en un campo de hierba. También puede jugarse en pista de hielo y en pista de cemento con los patines apropiados. En esta voz se aspira la *h*.

hogaño. adv. t. fam. En este año, en el año presente. || Por ext., en esta época.

hogar. m. Sitio donde se coloca la lumbre en las cocinas, chimeneas, hornos de fundición, etc. || fig. Casa o domicilio. || fig. Vida de familia.

hogareño, ña. adj. Amante del hogar y de la vida de familia. || Relativo al hogar.

hogaza. f. Pan grande de más de dos libras. || Pan de harina mal cernida que contiene algo de salvado.

hoguera. f. Porción de materias combustibles que, encendidas, levantan mucha llama.

hoja. f. Cada una de las partes, generalmente verdes, planas y delgadas, que nacen en la extremidad de los tallos y en las ramas de los vegetales. || Conjunto de estas hojas: *la caída de la* ⌢. || Pétalo. || Lámina delgada de cualquier materia: metal, madera papel, etc. || En las puertas, ventanas, etc., cada una de las partes que se abren o cierran. || Cuchilla de las armas blancas y herramientas. || Cada una de las capas delgadas en que se suele dividir la masa: como en los hojaldres. || fig. Espada.

hojalata. f. Lámina de acero o hierro estañada.

hojalatería. f. Taller en que se hacen piezas de hojalata. || Tienda donde se venden.

hojalatero. m. El que hace o vende piezas de hojalata.

hojaldrado, da. adj. Semejante al hojaldre. || Hecho de hojaldre. || Denominación de ciertos pasteles. Ú. t. c. s.

hojaldrar. tr. Dar a la masa forma de hojaldre.

hojaldre. amb. Ú. m. en m. Masa que, al cocerse en el horno, hace muchas hojas superpuestas unas a otras.

hojarasca. f. Conjunto de las hojas que han caído de los árboles. || Inútil frondosidad de algunos árboles o plantas. || fig. Cosa inútil y de poca substancia.

hojear. tr. Pasar las hojas de un libro leyendo de prisa algunos pasajes para tomar de él un ligero conocimiento. || intr. Tener hoja un metal. || Moverse las hojas de los árboles.

hojuela. f. Fruta de sartén. || Hollejo o cascarilla que queda de la aceituna molida. || Hoja muy delgada de oro, plata u otro metal. || *Bot.* Cada una de las hojas que forman parte de otra compuesta.

¡hola!interj. que se emplea para denotar extrañeza placentera o desagradable. Ú. t. repetida. || Tiene uso como salutación familiar.

holanda. f. Lienzo muy fino: *sábana de* ⌢. || Especie de aguardiente. Ú. m. en pl.

holandés, sa. adj. De Holanda. Ú. t. c. s. || f. Hoja de papel para escribir de 28 por 22 cm. aproximadamente. || m. Idioma hablado en Holanda.

holding. m. Sociedad que participa financieramente en empresas de parecida naturaleza, unidas así por una comunidad de intereses. En esta voz se aspira la *h*.

holgado, da. adj. Sin ocupación. || Ancho: *vestido* ⌢. || fig. Que vive con desahogo.

holganza. f. Descanso. || Ociosidad, pereza. || Placer, contento.

holgar. ≅disfrutar. ≅gandulear. ≅holgazanear. ≅reposar. intr. Estar ocioso, no trabajar. || Alegrarse de una cosa. Ú. t. c. prnl. || Dicho de las cosas inanimadas, estar sin ejercicio o sin uso. || prnl. Divertirse.

holgazán, na. adj. y s. Perezoso, ocioso.

holgazanear. intr. Estar voluntariamente ocioso.

holgazanería. f. Ociosidad, haraganería.

holgorio. m. fam. Regocijo, fiesta. Suele aspirarse la *h*.

holgura. ≅amplitud. ≅comodidad. ≅desahogo. ≅esparcimiento. ◁estrechez. f. Anchura. || Anchura excesiva. || Espacio que queda entre dos piezas que han de encajar una en otra. || Condiciones de vida desahogada: *vivir con* ⌢.

holmio. m. Metal del grupo de las tierras raras.

holocausto. m. Entre los israelitas, sacrificio religioso que consistía en la cremación total de un animal. || fig. Acto de abnegación.

holoceno. adj. Segunda época del período cuaternario o antropozoico. Corresponde al período geológico actual o reciente.

holografía. f. Técnica fotográfica basada en el empleo de la luz coherente producida por el láser.

holograma. m. Placa fotográfica obtenida mediante holografía. || Imagen óptica obtenida mediante dicha técnica.

holotúrido, da. adj. y s. Díc. de los animales equinodermos de cuerpo alargado con tegumento blando, como el cohombro de mar. || m. pl. Clase de estos animales.

hollar. ≅ollar. ≅patear. ≅pisotear. tr. Pisar, dejar huella. || Comprimir algo con los pies. || fig. Abatir, ajar, humillar, despreciar.

hollejo. m. Piel delgada de algunas frutas y legumbres, como la uva, la habichuelas, etc.

hollín. ≅tizne. m. Substancia crasa y negra que el humo deposita en la superficie de los cuerpos a que alcanza.

hombrada. f. Acción propia de un hombre generoso o esforzado, fuerte o de carácter.

hombre. ≅persona. ≅sujeto. m. Ser animado racional. Bajo esta acepción se comprende todo el género humano. || Varón. || El que ha llegado a la edad viril. || vulg. Marido.

hombrera. f. Pieza de la armadura antigua que defendía los hombros. || Adorno de los vestidos en los hombros: ↷ *de una guerrera militar.* || Especie de almohadilla en la parte interior de los hombros, para levantarlos.

hombría. f. Conjunto de cualidades propias del hombre.

hombro. m. Parte superior lateral del tronco del hombre y de los cuadrúpedos, de donde nace el brazo.

hombruno, na. adj. Que se parece al hombre: *mujer* ↷; *cara* ↷.

homenaje. m. Juramento solemne de fidelidad hecho a un rey o señor. || Acto o serie de actos en honor de una persona. || fig. Sumisión, veneración, respeto.

homenajear. tr. Rendir homenaje.

homeópata. adj. y s. Médico que profesa la homeopatía.

homeopatía. f. Método terapéutico, fundado por Samuel Hahnemann en 1805, que trata las enfermedades con substancias similares a las que provocan en el hombre sano la misma enfermedad.

homeopático, ca. adj. Relativo a la homeopatía. || fig. Muy diminuto.

homeóstasis u **homeostasis.** f. Conjunto de fenómenos de autorregulación, conducentes al mantenimiento de una relativa constancia en la composición y propiedades del medio interno de un organismo.

homérico, ca. adj. Propio y característico de Homero como poeta.

homicida. com. y adj. Que ocasiona la muerte de una persona: *arma* ↷.

homicidio. m. Muerte causada a una persona por otra. || Por lo común, la ejecutada ilegítimamente y con violencia.

homilía. ≅sermón. f. Plática para explicar la religión.

homínido, da. adj. y s. Parecido al hombre.

homocerca. adj. Aleta caudal de los peces formada por dos lóbulos iguales y simétricos: *aleta* ↷ *de la sardina.*

homofonía. f. Calidad de homófono. || *Mús.* Conjunto de voces o sonidos simultáneos que cantan al unísono.

homófono, na. adj. Díc. de las palabras que con distinta significación suenan de igual modo: *solar,* nombre, *solar,* adjetivo, y *solar,* verbo; *atajo* y *hatajo.* || Díc. del canto o música en que todas las voces tienen el mismo sonido.

homogeneizar. tr. Transformar en homogéneo.

homogéneo, a. adj. Relativo a un mismo género; poseedor de iguales caracteres. || Substancia o mezcla de varias cuando su composición y estructura son uniformes.

homógrafo, fa. adj. Díc. de las palabras de distinta significación que se escriben de igual manera: *haya,* árbol, y *haya,* del verbo *haber.*

homologar. tr. Equiparar, poner en relación de igualdad o semejanza dos cosas. || Registrar y confirmar un organismo autorizado el resultado de una prueba deportiva realizada con arreglo a ciertas normas. || Contrastar una autoridad oficial el cumplimiento de determinadas especificaciones o características de un objeto o de una acción.

homólogo, ga. adj. *Geom.* Aplícase a los lados que en cada una de dos o más figuras semejantes están colocados en el mismo orden. || *Lóg.* Díc. de los términos sinónimos o que significan una misma cosa.

homónimo, ma. adj. y s. Díc. de las palabras que siendo iguales por su forma tienen distinta significación: *Tarifa,* ciudad, y *tarifa* de precios.

homoplastia. f. Implantación de injertos de órganos para restaurar partes enfermas o lesionadas del organismo por otras procedentes de un individuo de la misma especie.

homóptero. adj. y s. Díc. de los insectos hemípteros cuyas cuatro alas son casi siempre membranosas, como la cigarra. || m. pl. Suborden de estos animales.

homosexual. adj. Individuo afecto de homosexualidad. Ú. t. c. s. || Díc. de la relación erótica entre individuos del mismo sexo. || Relativo a la homosexualidad.

homosexualidad. ≅pederastia. ≅sodomía. ◁heterosexualidad. f. Inclinación hacia la relación erótica con individuos del mismo sexo. || Práctica de dicha relación.

honda. f. Tira de cuero u otra materia semejante, y dos correas, que sirve para tirar piedras. || Cuerda para suspender un objeto.

hondear. tr. Reconocer el fondo de mar, río o lago con la sonda o el sonar. || Sacar carga de una embarcación.

hondo, da. adj. Que tiene profundidad. || Díc. de la parte del terreno que está más baja que todo lo circundante. || fig. Profundo, recóndito, alto. || Intenso, extremado: *sentimiento* ⌣. || m. Parte inferior de una cosa hueca o cóncava.

hondón. m. Suelo interior de cualquier cosa hueca. || Lugar profundo que se halla rodeado de terrenos más altos. || Parte del estribo donde se apoya el pie.

hondonada. f. Espacio de terreno hondo.

hondura. f. Profundidad.

hondureño, ña. adj. y s. De Honduras.

honestidad. f. Decencia y moderación en la persona, acciones y palabras. || Recato, pudor.

honesto, ta. adj. Decente, decoroso. || Recatado, pudoroso. || Razonable, justo. || Honrado.

hongo. m. Cualquiera de las plantas talofitas, sin clorofila y reproducción preferentemente asexual, por esporas, que son parásitas y viven sobre materias orgánicas en descomposición, como el cornezuelo, la roya, el agárico, etc. || Sombrero de copa baja, rígida y aproximadamente semiesférica. || pl. Clase de las plantas de este nombre.

honor. ≅consideración. ≅decoro. ≅dignidad. ≅honra. m. Cualidad moral que nos lleva al más severo cumplimiento de nuestros deberes. || Gloria o buena reputación. || Honestidad, recato en las mujeres. || Obsequio, celebridad de una persona o cosa. || Dignidad, cargo o empleo. Ú. m. en plural. || Ceremonial con que se honra a alguien.

honorabilidad. f. Cualidad de la persona honorable.

honorable. ≅estimable. ≅respetable. adj. Digno de ser honrado.

honorario, ria. adj. Que sirve para honrar. || Díc. del que tiene los honores y no la propiedad de una dignidad o empleo: *presidente* ⌣. || m. Gaje o sueldo de honor. || Estipendio o sueldo por el trabajo en alguna profesión liberal. Ú. m. en pl.

honorífico, ca. adj. Que da honor.

honra. f. Estima y respeto de la dignidad propia. || Buena opinión y fama. || Demostración de aprecio. || Pudor y recato de las mujeres.

honradez. ≅honestidad. ≅lealtad. ≅rectitud. f. Calidad de probo. || Proceder recto.

honrado, da. adj. Que procede con honradez. || Ejecutado honrosamente.

honrar. ≅condecorar. ≅reverenciar. ≅venerar. tr. Respetar a una persona. || Enaltecer o premiar su mérito. || Dar honor o celebridad. || prnl. Tener uno a honra ser o hacer alguna cosa.

honrilla. f. dim. de honra. Tómase por el puntillo o vergüenza con que se hace o deja de hacer una cosa porque no parezca mal: *la negra* ⌣.

honroso, sa. adj. Que da honra y estimación. || Decente, decoroso.

hontanar. ≅venero. m. Sitio en que nacen fuentes y manantiales.

hora. f. Cada una de las 24 partes en que se divide el día solar. || Tiempo oportuno para una cosa: *es* ⌣ *de comer.* || Últimos instantes de la vida: *su última* ⌣. || Momento de día referido a una hora o fracción de hora. || Espacio de tiempo o momento indeterminado. || pl. Hora inesperada, desacostumbrada o inoportuna: *¿Qué* ⌣*s son éstas?* || Librito de devociones varias.

horadar. tr. Agujerear una cosa atravesándola de parte a parte.

horario, ria. adj. Relativo a las horas. || m. Mano de reloj que señala las horas. || Cuadro indicador de horas de salida y llegada: ⌣ *de trenes.*

horca. f. Conjunto de tres palos, dos hincados en la tierra y el tercero encima trabando los dos, en el que, a manos del verdugo, morían colgados los condenados a esta pena. || Palo con dos puntas y otro que atravesaba, entre los que, antiguamente, metían el cuello del condenado y lo paseaban de esta forma por las calles. || Palo que remata en dos o más púas para distintos usos agrícolas.

horcajadas (a). m. adv. Echando cada pierna por su lado: *montar* ⌣.

horcajadura. f. Ángulo que forman los dos muslos o piernas en su nacimiento.

horchata. f. Bebida de almendras, chufas, pepita de sandía o melón, calabaza y otras, machacadas y exprimiendo la pulpa con agua y sazonándola con azúcar. En España, la más popular es la de chufas, originaria de Valencia.

horda. f. Reunión de salvajes que forman comunidad y no tienen domicilio.

horizontal. adj. Perteneciente o relativo al horizonte. || En figuras, dibujos, escritos, impresos, etc., díc. de la línea, disposición o dirección que va de derecha a izquierda o viceversa. Ú. t. c. s.

horizonte. ≅ confín. ≅ límite. m. Línea aparente que separa el cielo y la tierra. || Espacio circular de la superficie del globo encerrado en dicha línea. || fig. Conjunto de posibilidades y perspectivas que se ofrecen en un asunto o materia.

horma. f. Molde con que se fabrica o forma una cosa: ∼ de los zapateros, sombrereros, etc. || Especie de ballesta para evitar que el calzado se deforme. || Pared de piedra seca.

hormiga. f. Insecto himenóptero que vive en sociedad, en hormigueros, donde pasa recluido el invierno. Hay diversas especies, que se diferencian por el tamaño, coloración y manera de construir los hormigueros.

hormigón. m. Mezcla compuesta de piedras menudas y mortero de cemento y arena.

hormigón. m. Enfermedad del ganado vacuno. || Enfermedad parasitaria de algunas plantas.

hormigonera. f. Aparato para mezclar mecánicamente las piedras y el mortero con que se hace el hormigón.

hormiguear. intr. Experimentar en alguna parte del cuerpo una sensación comparable a la que resultaría si por ella corrieran hormigas. || fig. Bullir, ponerse en movimiento: *hormiguea la multitud.*

hormigueo. m. Acción y efecto de homirguear. || fig. Desazón física o moral.

hormiguero. adj. Relativo a la hormiga. || m. Lugar donde se crían y recogen las hormigas. || Torcecuello, ave. || fig. Lugar en que hay mucha gente en movimiento.

hormiguillo. m. Enfermedad en los cascos de las caballerías. || Cosquilleo, picazón.

hormona. f. Producto de la secreción de ciertos órganos del cuerpo de animales y plantas, que, transportado por la sangre o por los jugos del vegetal, excita, inhibe o regula la actividad de otros órganos.

hornacina. f. Hueco cubierto por un casquete de un cuarto de esfera, que se suele dejar en el grueso de una pared, para colocar en él una estatua, jarrón, etc.

hornada. ≅ promoción. f. Porción de cosas que se cuece de una vez en el horno. || fig. y fam. Conjunto de individuos que acaban de una vez una carrera, o reciben a la vez el nombramiento para un cargo.

hornero, ra. m. y f. Persona que tiene por oficio cocer pan en el horno. || m. Operario encargado del servicio de un horno.

hornilla. f. Hueco hecho en los hogares, con una rejuela horizontal para sostener la lumbre y un respiradero inferior para dar entrada al aire.

hornillo. m. Horno manual de barro refractario o metal: ∼ de gas. || Concavidad de la mina donde se introduce el explosivo.

horno. m. Fábrica para caldear, en general abovedada, provista de respiradero o chimenea y una o varias bocas por donde se introduce lo que se quiere someter a la acción del fuego. || Parte del fogón de las cocinas que sirve para asar las viandas. Por ext., electrodoméstico con la misma función: ∼ de microondas. || fig. Lugar muy caliente.

horóscopo. ≅ augurio. ≅ vaticinio. m. Predicción del futuro deducida de la posición de los astros del sistema solar y de los signos del zodiaco. || Gráfico que representa las doce casas celestes y la posición relativa de los astros y de los signos zodiacales en un momento dado. || Colocación de los astros en la figura o división de los signos del zodiaco. || Cualquier adivinación o predicción.

horquilla. f. Horqueta para las ramas de los árboles. || Pieza de alambre doblada por en medio, con dos puntas iguales, que emplean las mujeres para sujetar el pelo. También se hacen de plata, pasta, carey y otras substancias.

horrendo, da. adj. Que causa horror.

hórreo. m. Granero. || Edificio de madera sos-

Hórreo

tenido en el aire por cuatro pilares llamados pegollos, en el que se guardan y preservan de la humedad granos y otros productos agrícolas.

horrible. ≅horrendo. ≅monstruoso. adj. Horrendo.

horripilar. tr. y prnl. Hacer que se ericen los cabellos. || Causar horror y espanto.

horror. m. Miedo muy intenso que puede dejar a uno paralizado o estremecido. || fig. Atrocidad, enormidad. Ú. m. en pl.

horrorizar. ≅aterrar. ≅espantar. tr. Causar horror. || prnl. Tener horror, o llenarse de pavor y espanto.

horroroso, sa. adj. Que causa horror. || fam. Muy feo.

hortaliza. f. Verduras y demás plantas comestibles que se cultivan en las huertas.

hortelano, na. ≅campesino. ≅horticultor. adj. Perteneciente a huertas. || m. y f. Persona que por oficio cuida y cultiva huertas. || m. Pájaro común en España de unos 12 cm. de largo.

hortense. adj. Perteneciente a las huertas.

hortensia. f. Arbusto exótico saxifragáceo, con flores hermosas, en corimbos terminales. Es originaria de Japón. || Flor de esta planta, con corola rosa o azulada.

hortera. ≅dependiente. ≅paleto. ≅recadero. f. Escudilla o cazuela de palo. || adj. y s. Vulgar y de mal gusto.

hortícola. adj. Perteneciente o relativo a la horticultura.

horticultor, ra. m. y f. Persona dedicada a la horticultura.

horticultura. f. Cultivo de los huertos y huertas. || Arte que lo enseña.

hosanna. m. Exclamación de júbilo usada en la liturgia católica.

hosco, ca. adj. Color moreno muy obscuro. || Ceñudo, áspero.

hospedaje. m. Alojamiento y asistencia que se da a una persona. || Cantidad que se paga por estar de huésped.

hospedar. tr. y prnl. Recibir uno en su casa huéspedes.

hospedería. f. Habitación o casa destinada en las comunidades para recibir a los huéspedes. || Casa que en algunos pueblos tienen las comunidades religiosas para hospedar a los regulares de su orden. || Casa destinada al alojamiento de visitantes o viandantes.

hospedero, ra. m. y f. Persona que tiene a su cargo cuidar huéspedes.

hospiciano, na. adj. y s. Persona asilada en un hospicio de niños o que allí se ha criado.

hospicio. m. Casa destinada para albergar peregrinos y pobres. || Asilo en que se da mantenimiento y educción a niños pobres o huérfanos.

hospital. m. Establecimiento destinado al diagnóstico y tratamiento de enfermos; algunos desempeñan asimismo funciones de enseñanza e investigación.

hospitalario, ria. adj. Aplícase a las religiones que tienen por instituto el hospedaje. || Que socorre y alberga a los extranjeros y necesitados. || Díc. del que acoge con agrado o agasaja a quienes recibe en su casa, y también de la casa misma. || Perteneciente o relativo al hospital.

hospitalidad. f. Virtud que se ejercita con peregrinos, menesterosos y desvalidos, recogiéndolos y prestándoles la debida asistencia en sus necesidades. || Buena acogida y recibimiento que se hace a los extranjeros o visitantes.

hospitalizar. tr. Llevar a uno al hospital para prestarle la asistencia que necesita.

hosquedad. f. Calidad de hosco.

hostal. m. Hostería.

hostelería. f. Industria que se ocupa de proporcionar a huéspedes y viajeros alojamiento, comida y otros servicios, mediante pago.

hostería. f. Casa donde se da de comer y también alojamiento a todo el que lo paga.

hostia. f. Lo que se ofrece en sacrificio. || Hoja redonda y delgada de pan ázimo, que se hace para el sacrificio de la misa. || Forma pequeña de este mismo pan, que se usa para la comunión de los fieles.

hostiario. m. Caja en que se guardan hostias no consagradas. || Molde en que se hacen.

hostigar. ≅acosar. ≅atosigar. ≅fastidiar. tr. Azotar, castigar con látigo, vara o cosa semejante. || fig. Perseguir, molestar a uno.

hostigo. m. Parte de la pared o muro expuesta al daño de los vientos y lluvias. || Golpe de viento o de agua, que hiere y maltrata la pared.

hostil. adj. Contrario o enemigo.

hostilidad. ≅ataque. ≅enemistad. f. Calidad de hostil. || Acción hostil. || Agresión armada de un pueblo, ejército o tropa, que constituye de hecho el estado de guerra.

hostilizar. tr. Hacer daño a enemigos. || Agredir, molestar a alguien, aun levemente, pero con insistencia.

hotel. m. Establecimiento de hostelería capaz de alojar con comodidad o con lujo a un número, por lo general no escaso, de huéspedes o viajeros.

|| Casa aislada de las colindantes, del todo o en parte, y habitada por una sola familia.

hotelero, ra. adj. Perteneciente o relativo al hotel. || m. y f. Persona que posee o dirige un hotel.

hotentote. adj. Pueblo de raza negra que habita la parte SE. de África, cerca del cabo de Buena Esperanza. Ú. m. c. m. pl. || Díc. también de sus individuos. Ú. t. c. s. || Relativo a este pueblo.

hoy. ≅ahora. adv. t. En el día presente. || Actualmente, en el tiempo presente.

hoya. f. Concavidad u hondura grande formada en la tierra. || Hoyo para enterrar un cadáver. || Llano extenso rodeado de montañas. || Semillero, almáciga.

hoyo. m. Concavidad u hondura formada naturalmente en la tierra o hecha de intento. || Concavidad que se hace en algunas superficies.

hoyuelo. m. Hoyo en el centro de la barba, y en la mejilla de algunas personas. || Juego de muchachos. || Hoyo en la parte inferior de la garganta.

hoz. f. Instrumento compuesto de una hoja acerada, curva, con dientes o con filo por la parte cóncava, afianzada en un mango de madera.

hoz. f. Angostura de un valle profundo.

hozar. ≅hocicar. tr. e intr. Mover y levantar la tierra con el hocico, lo que hacen el puerco y el jabalí.

hucha. f. Arca grande que tienen los labradores para guardar sus cosas. || Alcancía con una hendedura para guardar dinero. || fig. Dinero que se ahorra y guarda.

huebra. f. Yugada o tierra de labor que ara un par de bueyes en un día. || Par de mulas y mozo que se alquilan para trabajar un día entero. || Barbecho.

hueco, ca. ≅vacuo. ≅vano. ◁lleno. adj. Cóncavo o vacío. Ú. t. c. s. || fig. Presumido, hinchado, vano. || Díc. de lo que tiene sonido retumbante y profundo. || fig. Díc. del lenguaje, estilo, etc., con que se expresan conceptos vanos o triviales. || Mullido y esponjoso. || Díc. de lo que estando vacío abulta mucho. || m. Intervalo de tiempo o lugar. || fig. y fam. Empleo o puesto vacante. || Abertura en un muro.

huecograbado. m. Procedimiento para imprimir mediante planchas o cilindros grabados en hueco. || Estampa conseguida por este procedimiento.

huelga. f. Espacio de tiempo en que uno está sin trabajar. || Cesación en el trabajo de personas empleadas, hecho de común acuerdo con el fin

de imponer ciertas condiciones o manifestar una protesta.

huelguista. com. Persona que toma parte en una huelga.

huella. f. Señal que deja el pie del hombre o del animal en la tierra por donde ha pasado. || Acción de hollar. || Plano del escalón. || Señal que deja una lámina o forma de imprenta en el papel. || Rastro que deja una persona, animal o cosa. Ú. m. en pl. || Impresión profunda o duradera. || Indicio.

huérfano, na. ≅solo. adj. Persona a quien han faltado los padres. Ú. t. c. s. || fig. Falto de alguna cosa.

huero, ra. adj. Díc. del huevo no fecundado. || fig. Vano, vacío.

huerta. f. Terreno destinado al cultivo de legumbres y árboles frutales. || En algunas partes, toda la tierra de regadío.

huertano, na. adj. y s. Habitante de algunas comarcas de regadío que se conocen en algunas provincias con el nombre de huertas.

huerto. m. Sitio de corta extensión, general-

Corte longitudinal de un hueso compacto, visto al microscopio

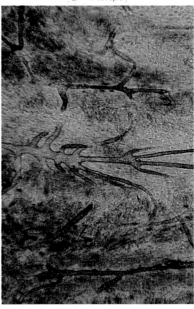

mente cercado de pared, en que se plantan verduras, legumbres y principalmente árboles frutales.

hueso. m. Cada una de las piezas duras que forman el neuroesqueleto de los vertebrados. || Parte dura y compacta que está en lo interior de algunas frutas. || fig. Parte ingrata y de menos lucimiento de un trabajo. || fig. y fam. Persona de carácter desagradable o de trato difícil. || fig. y fam. Profesor que suspende mucho.

huésped, da. ≅anfitrión. ≅hospedero. ≅invitado. ≅pensionista. m. y f. Persona alojada en casa ajena. || Organismo animal o vegetal en el cual o sobre el cual o a cuyas expensas vive un parásito.

hueste. f. Ejército en campaña. Ú. m. en pl. || fig. Conjunto de los secuaces o partidarios de una persona o de una causa.

huesudo, da. adj. Que tiene mucho hueso.

hueva. f. Masa que forman los huevecillos de ciertos pescados.

huevera. f. Mujer que trata en huevos. || Mujer del huevero. || Conducto membranoso que tienen las aves desde el ovario hasta cerca del ano. || Recipiente en forma de copa pequeña, en que se comen los huevos pasados por agua. || Utensilio donde se guardan los huevos.

huevero. m. El que trata en huevos. || Huevera, utensilio de mesa.

huevo. ≅embrión. ≅germen. ≅óvulo. m. Célula resultante de la unión del gameto masculino con el femenino en la reproducción sexual de las plantas y de los animales. || Cuerpo más o menos esférico, procedente de la segmentación de la célula huevo, que contiene el germen del nuevo individuo y, además, ciertas substancias de que éste se alimenta durante las primeras fases de su desarrollo. || Cualquiera de los óvulos de ciertos animales, como la mayoría de los peces y batracios. || vulg. Testículo. Ú. m. en pl.

hugonote, ta. adj. y s. Díc. de los que en Francia seguían a Calvino.

huida. ≅evasión. f. Acción de huir. || Ensanche que se deja en mechinales y otros agujeros, para poder meter y sacar con facilidad maderos. || Acción y efecto de apartarse el caballo, súbita y violentamente, de la dirección en que lo lleva el jinete.

huidizo, za. adj. Que huye con facilidad.

huido, da. adj. Que anda receloso por temor de algo o de alguien.

huir. intr. Apartarse de alguien o de algo deprisa. Ú. t. c. prnl. y raras veces como tr. || Transcurrir el tiempo velozmente. || fig. Alejarse veloz-

mente una cosa. || Apartarse de una cosa mala o perjudicial. Ú. t. c. tr.

hule. m. Caucho o goma elástica. || Tela pintada al óleo y barnizada.

hulla. f. Carbón de piedra que, calcinado en vasos cerrados, da coque.

humanidad. ≅mansedumbre. ≅misericordia. ≅piedad. f. Naturaleza humana. || Género humano. || Sensibilidad, compasión de las desgracias de nuestros semejantes. || Benignidad. || fam. Corpulencia, gordura. || pl. Literatura, especialmente la griega y la latina.

humanismo. m. Cultivo y conocimiento de las letras humanas. || Doctrina de los humanistas del Renacimiento.

humanista. com. Persona instruida en letras humanas.

humanitario, ria. ≅caritativo. ◁inhumano. adj. Que mira o se refiere al bien del género humano. || Benigno, benéfico. ₊

humanizar. tr. Hacer a uno o algo humano, familiar y afable. || prnl. Ablandarse, desenojarse.

humano, na. adj. Perteneciente al hombre o propio de él. || fig. Aplícase a la persona que se compadece de las desgracias de sus semejantes.

humareda. f. Abundancia de humo.

humazo. m. Humo denso, espeso y copioso.

humear. intr. Exhalar, arrojar y echar de sí humo. Ú. t. c. prnl. || Arrojar una cosa vaho o vapor. || fig. Quedar reliquias de un alboroto, riña o enemistad.

humectar. tr. Humedecer.

humedad. f. Calidad de húmedo. || Agua de que está impregnado un cuerpo.

humedecer. ≅mojar. tr. y prnl. Producir o causar humedad en una cosa.

húmedo. adj. Ácueo o que participa de la naturaleza del agua. || Ligeramente impregnado de agua o de otro líquido.

humeral. adj. Perteneciente o relativo al húmero. || m. Paño blanco que se pone sobre los hombros del sacerdote para coger la custodia o el copón. Ú. t. c. s. m.

húmero. m. Hueso del brazo, que se articula por uno de sus extremos con la escápula y por el otro con el cúbito y el radio.

humero. m. Cañón de chimenea, por donde sale el humo.

humildad. ≅modestia. ≅timidez. ◁soberbia. f. Virtud que consiste en el conocimiento de nuestra bajeza y miseria y en obrar conforme a él. || Bajeza de nacimiento. || Sumisión, rendimiento.

humilde. adj. Que tiene o ejercita humildad. || fig. Que carece de nobleza.

humillación. f. Acción y efecto de humillar o humillarse.

humilladero. m. Lugar devoto que suele haber a las entradas de los pueblos y junto a los caminos, con una cruz o imagen.

humillante. adj. Que humilla. || Degradante, depresivo.

humillar. ≅avergonzar. ≅degradar. ≅someter. ◁enaltecer. tr. Postrar, inclinar una parte del cuerpo en señal de sumisión y acatamiento. || fig. Abatir el orgullo y altivez de uno. || prnl. Hacer actos de humildad.

humillo. m. fig. Vanidad, altanería. Ú m. en pl.

humo. m. Producto que en forma gaseosa se desprende de una combustión incompleta. || Vapor que exhala cualquiera cosa que fermenta. || pl. fig. Vanidad, presunción, altivez.

humor. m. Cualquiera de los líquidos del cuerpo del animal. || fig. Genio, índole, condición. || fig. Jovialidad, agudeza. || fig. Buena disposición

en que uno se halla para hacer una cosa. || Humorismo, manera de enjuiciar.

humorada. ≅capricho. ≅fantasía. f. Dicho o hecho festivo, caprichoso o extravagante. || Breve composición poética, que encierra una advertencia moral o un pensamiento filosófico, en la forma propia del humorismo.

humorado, da. adj. Que tiene humores. Ú. comúnmente con los advs. *bien* y *mal*.

humorismo. m. Expresión y estilo literario en que se hermanan la gracia con la ironía y lo alegre con lo triste.

humorista. adj. Que se expresa o manifiesta con humorismo.

humorístico, ca. adj. Perteneciente o relativo al humorismo.

humus. m. Mantillo o capa superior del suelo.

hundir. tr. Sumir, meter en lo hondo. || fig. Abrumar, oprimir, abatir. || fig. Confundir a uno, vencerle con razones. || fig. Destruir, consumir, arruinar. || prnl. Arruinarse un edificio, sumergirse una cosa

FORMACIÓN DE UN HURACÁN

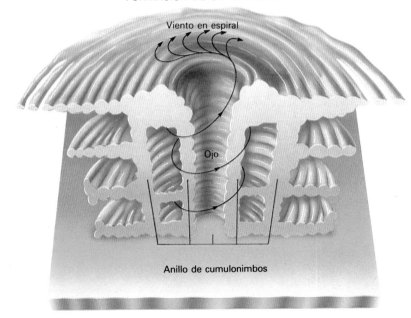

Viento en espiral

Ojo

Anillo de cumulonimbos

húngaro, ra. adj y s. De Hungría.

huno, na. adj. Antiguo pueblo asiático. Ú. m. c. m. pl. || m. y f. Individuo de este pueblo.

hura. f. Agujero pequeño, madriguera.

huracán. m. Viento sumamente impetuoso y temible que, a modo de torbellino, gira en grandes círculos. || fig. Viento de fuerza extraordinaria. || fig. Persona muy impetuosa.

huracanado, da. adj. Que tiene la fuerza o los caracteres propios del huracán.

huracanarse. prnl. Arreciar el viento hasta convertirse en huracán.

huraño, ña. ≅arisco. ≅esquivo. ◁sociable. adj. Que huye y se esconde de las gentes.

hurdano, na. adj. y s. De las Hurdes, comarca del oeste de España.

hurgar. tr. Menear o remover una cosa. || Tocar una cosa sin asirla. || fig. Incitar, conmover.

hurgón. adj. Que hurga. || m. Instrumento de hierro para remover y atizar la lumbre. || fam. Estoque para herir a uno.

hurí. ŋ huríes. f. Cada una de las bellísimas mujeres que están en el paraíso musulmán.

hurón. m. Mamífero carnicero que se emplea para cazar conejos, a los que persigue con encarnizada tenacidad. || fig. y fam. Persona que averigua y descubre lo escondido y secreto. || fig. y fam. Persona huraña. Ú. t. c. adj.

huronear. intr. Cazar con hurón. || fig. y fam. Procurar saber y escudriñar cuanto pasa.

huronera. f. Lugar en que se mete y encierra el hurón. || fig. y fam. Lugar en que uno está oculto.

¡hurra! interj. usada para expresar alegría y satisfacción o excitar el entusiasmo.

hurtadillas (a). m. adv. Furtivamente.

hurtar. ≅plagiar. ≅quitar. ≅rehuir. ≅robar. ≅substraer. tr. Tomar o retener bienes ajenos contra la voluntad de su dueño. || No dar el peso o medida cabal los que venden. || fig. Llevarse tierras el mar o los ríos. || fig. Tomar dichos, sentencias y versos ajenos, dándolos por propios. || fig. Desviar, apartar.

hurto. m. Acción de hurtar. || Cosa hurtada. || En las minas de Almadén, camino subterráneo que se hace a uno y otro lado del principal.

húsar. m. Soldado de caballería vestido a la húngara.

husmear. ≅curiosear. ≅escudriñar. ≅fisgonear. ≅olfatear. ≅rastrear. tr. Rastrear con el olfato una cosa. || fig. y fam. Andar indagando una cosa con arte y disimulo.

huso. m. Instrumento manual que sirve para hilar torciendo la hebra y devanando en él lo hilado. || Instrumento que sirve para unir y retorcer dos o más hilos. || Instrumento de hierro que sirve para devanar la seda.

hutía. f. Mamífero roedor, semejante a la rata.

¡huy! interj. con que se denota dolor físico agudo, o melindre, o asombro. Ú. t. repetida.

i. ʃʃ íes. f. Décima letra del abecedario castellano, y tercera de sus vocales. || Letra numeral, escrita normalmente con mayúscula, que tiene el valor de uno en la numeración romana.

ibérico, ca o **iberio, ria.** adj. y s. De Iberia.

ibero,ra o **íbero, ra.** adj. y s. De Iberia. || Díc. en especial del individuo perteneciente a alguno de los pueblos establecidos, antes de las colonizaciones fenicia y griega, desde el SE. de la península Ibérica hasta el Mediodía de la Francia actual y especialmente en el Levante y el valle del Ebro.

iberoamericano, na. adj. y s. De Iberoamérica, o relativo a los pueblos de América colonizados por España y Portugal.

ibicenco, ca. adj. y s. De Ibiza.

ibis. f. Ave zancuda de pico largo.

iceberg. m. Masa de hielo flotante que sobresale de la superficie del mar.

icono. m. Imagen o representación devota de pincel, o de relieve, usada en las iglesias orientales.

iconoclasta. adj. y s. Hereje que negaba el culto a las imágenes. || Por ext., llámase así a quien niega y rechaza la autoridad de maestros, normas y modelos.

iconografía. f. Descripción de imágenes, retratos, cuadros, estatuas o monumentos. || Tratado descriptivo, o colección de imágenes o retratos.

iconoscopio. m. Tubo de rayos catódicos que transforma la imagen en señales eléctricas.

icosaedro. m. *Geom.* Sólido limitado por veinte caras.

ictericia. f. Enfermedad producida por la acumulación de pigmentos biliares en la sangre.

ictiófago, ga. adj. y s. Que se mantiene de peces.

ictiografía. f. Parte de la zoología, que se ocupa de la descripción de los peces.

ictiología. f. Parte de la zoología, que trata de los peces.

ictiosauro. m. Reptil fósil, marino, de tamaño gigantesco.

ida. f. Acción de ir.

idea. f. Primero y más obvio de los actos del entendimiento, que se limita al simple conocimiento de una cosa. || Imagen o representación mental de un objeto. || Conocimiento. || Intención. || Concepto, juicio, opinión.

ideal. ≅arquetipo. ≅sublime. adj. Relativo a la idea. || Que no es real, sino que está sólo en la fantasía. || Excelente, perfecto. || m. Prototipo, modelo, ejemplar de perfección.

idealismo. m. Sistema filosófico que considera la idea como principio del ser y del conocer. || Aptitud de la inteligencia para idealizar. || Inclinación a vivir y actuar con amplitud de miras, sin aferrarse a lo material o convencional.

idealista. adj. y s. Que profesa el idealismo. || Aplícase a la persona que propende a representarse las cosas de una manera ideal.

idealizar. tr. Elevar las cosas sobre la realidad sensible por medio de la inteligencia o fantasía.

idear. tr. Formar idea de una cosa. || Imaginar, inventar.

ideario. m. Repertorio de ideas. || Ideología.

ídem. pron. lat. que sign. el mismo o lo mismo, y se suele usar para evitar repeticiones.

idéntico, ca. adj. Díc. de lo que en substancia y accidentes es lo mismo que otra cosa con que se compara. Ú. t. c. s. || Muy parecido.

identidad. ≅igualdad. f. Calidad de idéntico. || *Fil.* Igualdad de una cosa con ella misma. || *Mat.* Igualdad que se verifica siempre.

identificar. tr. Hacer que dos o más cosas que en realidad son distintas aparezcan y se consideren como una misma. Ú. m. c. prnl. || *Der.* Reconocer si una persona o cosa es la misma que se supone o se busca. || prnl. Solidarizarse, hacer causa común.

ideografía. f. Representación de ideas, palabras, morfemas o frases por medio de ideogramas.

ideograma. m. Imagen convencional o símbolo que significa un ser o una idea.

ideología. f. Doctrina filosófica, cuyo principal representante fue A. L. C. Destutt de Tracy, centrada en el estudio del origen de las ideas. || Conjunto de ideas fundamentales que caracterizan el pensamiento de una persona, colectividad, época, etc.

ideólogo, ga. m. y f. Persona que profesa o difunde una ideología. || adj. Iluso, utópico.

idilio. m. Composición poética de carácter bu-cólico y amoroso. || fig. Coloquio amoroso, y por ext., relaciones entre enamorados.

idiocia. f. Trastorno mental caracterizado por una deficiencia muy profunda de las facultades mentales.

idioma. m. Lengua de un pueblo o nación, y común a varios. || Modo particular de hablar.

idiosincrasia. f. Carácter, temperamento distintivo y propio de un individuo o de una colectividad.

idiota. adj. y s. Que padece de idiotez.

idiotez. f. Trastorno mental caracterizado por una deficiencia profunda de las facultades mentales. || Hecho o dicho propio del idiota.

idiotismo. m. Ignorancia, falta de instrucción. || Expresión o sintagma privativo de una lengua, de forma fija y no analizable que a veces no se explica por las reglas de la gramática: *a pie juntillas.*

ido, da. adj. Despistado, chiflado.

idólatra. adj. y s. Que adora ídolos. || fig. Que ama excesivamente.

idolatrar. tr. Adorar ídolos. || fig. Amar excesivamente a una persona o cosa.

idolatría. ≅fetichismo. f. Adoración que se da a los ídolos. || fig. Amor excesivo y vehemente.

ídolo. m. Representación de una divinidad. || fig. Persona o cosa excesivamente amada.

Ideogramas egipcios en un motivo funerario

idoneidad. ≅aptitud. ≅capacidad. ◁ineptitud. f. Calidad de idóneo.

idóneo, a. adj. Que tiene buena disposición o suficiencia para una cosa.

idus. m. pl. En el antiguo cómputo romano y en el eclesiástico, el día 15 de marzo, mayo, julio y octubre, y el 13 de los demás meses.

iglesia. f. Congregación de los fieles cristianos en virtud del bautismo. || Templo cristiano.

iglú. m. Vivienda esquimal de forma semiesférica construida con bloques de hielo.

ígneo, a. adj. De fuego o que tiene alguna de sus cualidades. || Díc. de las rocas volcánicas procedentes de la masa en fusión existente en el interior de la Tierra.

ignición. ≅combustión. f. Acción y efecto de estar un cuerpo encendido, si es combustible, o enrojecido por un fuerte calor, si es incombustible.

ignífugo, ga. adj. Que protege contra el fuego.

ignominia. f. Afrenta pública, infamia.

ignominioso, sa. adj. Que causa ignominia.

ignorancia. f. Falta de instrucción o de conocimiento.

ignorante. adj. Que ignora.

ignorar. tr. No saber. || fig. No hacer caso deliberadamente.

ignoto, ta. ≅desconocido. adj. No conocido ni descubierto.

igual. ≅equivalente. ≅idéntico. ≅llano. ◁desigual. adj. De la misma naturaleza, cantidad o calidad. || Liso: *terreno* ∽. || Muy parecido, semejante: *no he visto cosa* ∽. || Proporcionado: *sus fuerzas no eran iguales.* || *Mat.* Signo de igualdad, formado de dos rayas horizontales paralelas (=).

iguala. f. Acción y efecto de igualar. || Pago de una cantidad ajustada que se hace en base a unos servicios contratados.

igualación. f. Acción y efecto de igualar. || fig. Ajuste, convenio.

igualar. ≅equiparar. ≅nivelar. tr. Poner al igual. Ú. t. c. prnl. || Allanar, alisar. || Convenir, contratar. Ú. t. c. prnl.

igualatorio, ria. adj. Que tiende a establecer la igualdad. || m. Asociación de médicos y clientes en que éstos, mediante iguala, reciben la asistencia de aquéllos.

igualdad. ≅equivalencia. f. Conformidad de una cosa con otra en naturaleza, forma, calidad o cantidad. || Correspondencia, proporción. || *Mat.* Expresión de la equivalencia de dos cantidades.

igualitario, ria. adj. Que entraña igualdad o tiende a ella.

igualitarismo. m. Tendencia política que propugna la desaparición o atenuación de las diferencias sociales.

iguana. f. Reptil saurio de América Central y Meridional.

iguánido. adj. Díc. de ciertos reptiles saurios, cuyo tipo es la iguana. || m. pl. Familia de estos reptiles.

iguanodonte. m. Reptil saurio, que se encuentra fósil en el cretáceo.

ijada. f. Cualquiera de las dos cavidades simétricamente colocadas entre las costillas falsas y los huesos de las caderas.

ijar. m. Ijada.

ikastola. f. Escuela primaria en la que la enseñanza se imparte en vasco.

ikurriña. f. Bandera del País Vasco.

ilación. ≅coherencia. ≅consecuencia. f. Acción y efecto de inferir una cosa de otra. || Enlace, nexo, conexión.

ilativo, va. adj. Que se infiere o puede inferirse. || Díc. de la conjunción que enuncia una ilación o consecuencia.

ilegal. ≅ilícito. adj. Que es contra ley.

ilegalidad. f. Falta de legalidad. || Acción o cosa ilegal.

ilegible. adj. Que no puede o no debe leerse.

ilegitimar. tr. Privar de legitimidad.

ilegítimo, ma. ≅adúltero. ≅bastardo. adj. No legítimo.

Iguana

íleon. m. Tercera porción del intestino delgado, que empieza en el yeyuno y termina en el ciego.

ileso, sa. adj. Que no ha recibido lesión.

iletrado, da. adj. Falto de cultura.

iliaco, ca o **ilíaco, ca.** adj. Relativo al íleon.

ilícito, ta. adj. No permitido legal ni moralmente.

ilimitado, da. ≅infinito. adj. Que no tiene límites.

ilion. m. Hueso de la cadera.

ilógico, ca. ◁razonable. adj. Que carece de lógica.

iluminación. f. Acción y efecto de iluminar. || Técnica que trata de las aplicaciones prácticas de alumbrado. || Adorno de luces. || Conjunto de luces.

iluminador, ra. adj. y s. Que ilumina. || m. y f. Persona que adorna libros, estampas, etc., con colores.

iluminar. tr. Alumbrar, dar luz. || Adornar con luces. || Dar color a las figuras, letras, etc., de una estampa, libro, etc. || fig. Ilustrar, enseñar.

ilusión. ≅alucinación. ≅ficción. ≅quimera. f. Concepto, imagen o representación sin verdadera realidad, sugeridos por la imaginación o causados por engaño de los sentidos. || Esperanza cuyo cumplimiento parece especialmente atractivo. || Complacencia.

ilusionar. tr. Hacer que uno se forje determinadas ilusiones. || Despertar esperanza o complacencia. Ú. t. c. prnl. || prnl. Forjarse ilusiones.

ilusionismo. m. Práctica y ejercicio del ilusionista.

ilusionista. com. Artista que produce efectos ilusorios mediante juegos de manos, trucos, etc.

iluso, sa. adj. Engañado, seducido. Ú. t. c. s. || Propenso a ilusionarse, soñador.

ilusorio, ria. adj. Engañoso, soñado, irreal, ficticio. || De ningún valor o efecto, nulo.

ilustración. f. Acción y efecto de ilustrar. || Conjunto de conocimientos, instrucción. || Estampa, grabado o dibujo que adorna un libro ilustrado. || Publicación ilustrada. || Movimiento filosófico y literario del siglo XVIII, caracterizado por la confianza en la razón para resolver todos los problemas.

ilustrar. tr. Dar luz al entendimiento. Ú. t. c. prnl. || Aclarar un punto o materia con palabras, imágenes, o de otro modo. || Adornar un impreso con láminas o grabados. || fig. Instruir. Ú. t. c. prnl.

ilustrativo, va. adj. Que ilustra.

ilustre. ≅noble. adj. Distinguido. || Insigne, célebre. || Título de dignidad.

ilustrísimo, ma. adj. Muy ilustre. || Tratamiento que se da a ciertas personas por razón de su cargo o dignidad.

imagen. f. Figura, representación. || Estatua, efigie, pintura de la una divinidad o personaje sagrado. || Palabra o expresión para sugerir algo. || Reproducción de la figura de un objeto por la combinación de los rayos de luz.

imaginación. f. Facultad para representar las imágenes de las cosas reales o ideales. || Aprensión falsa. || Imagen formada por la fantasía.

imaginar. ≅forjar. ≅inventar. tr. Representar idealmente una cosa; crearla en la imaginación. || Presumir, sospechar. Ú. t. c. prnl.

imaginaria. f. Guardia suplente. || m. Soldado que por turno vela durante la noche en cada compañía o dormitorio de un cuartel.

imaginario, ria. ≅ficticio. ≅irreal. adj. Que sólo tiene existencia en la imaginación.

imaginativo, va. adj. Relativo a la imaginación. || Que continuamente imagina o piensa.

imaginería. f. Talla o pintura de imágenes sagradas.

imaginero. m. Estatuario o pintor de imágenes.

imam. m. El que preside la oración canónica musulmana. || El guía, jefe o modelo de una sociedad de musulmanes, generalmente espiritual o religiosa, y a veces mezcla de religiosa y política.

imán. m. Mineral de hierro de color negruzco, opaco, que tiene la propiedad de atraer el hierro, el acero y en grado menor otros cuerpos. || fig. Atractivo.

imanar o **imantar.** tr. y prnl. Magnetizar un cuerpo.

imbécil. adj. y s. Alelado, escaso de razón.

imbecilidad. ◁agudeza. f. Alelamiento. || Idiotez, tontería.

imberbe. ≅barbilampiño. ≅lampiño. adj. Sin barba. || fig. Muy joven.

imbornal. m. Boca o agujero para dar salida al agua.

imborrable. adj. Que no se puede borrar.

imbricado, da. adj. Díc. de las hojas, semillas y escamas que están sobrepuestas.

imbuir. tr. Infundir, persuadir.

imitable. adj. Que se puede imitar. || Digno de imitación.

imitación. f. Acción y efecto de imitar. || Objeto hecho a imitación de otro.

imitar. ≅plagiar. ≅remedar. ≅seguir. ◁crear.

tr. Ejecutar una cosa a ejemplo o semejanza de otra.

impaciencia. f. Falta de paciencia.

impacientar. ≅desasosegar. ≅irritar. ◁tranquilizar. tr. Hacer que uno pierda la paciencia. || prnl. Perder la paciencia.

impaciente. adj. Que no tiene paciencia.

impacto. m. Choque de un proyectil en el blanco. || Huella o señal que deja en él. || fig. Golpe. || fig. Repercusión, impacto.

impagado, da. adj. Que no se ha pagado.

impala. m. Antílope africano con cuernos finos, anillados y dispuestos en forma de lira.

impar. ≅non. adj. Que no tiene par o igual. || Díc. del número que no es exactamente divisible por dos. Ú. t. c. s.

imparcial. ≅equitativo. ≅justo. ≅recto. adj. Que juzga o procede con imparcialidad. Ú. t. c. s. || Que incluye o denota imparcialidad: *historia* ∽.

imparcialidad. f. Falta de prevención en favor o en contra de personas o cosas.

impartir. tr. Repartir, comunicar, dar.

impasible. adj. Incapaz de padecer. || Indiferente, imperturbable.

impasse. m. Punto muerto o situación en la que no se encuentra salida.

impavidez. f. Denuedo, valor, serenidad ante los peligros.

impávido, da. ≅denodado. ≅impertérrito. adj. Valeroso, sereno.

impecable. ◁impuro. adj. Sin falta o defecto.

Impalas

impedancia. f. Resistencia aparente de un circuito al flujo de la corriente alterna.

impedido, da. ≅imposibilitado. adj. y s. Que no puede usar de sus miembros ni manejarse para andar.

impedimenta. f. Bagaje de la tropa.

impedimento. ≅dificultad. ≅traba. m. Obstáculo, estorbo. || Circunstancia que hace ilícito o nulo el matrimonio.

impedir. tr. Estorbar, dificultar, imposibilitar.

impeler. tr. Dar empuje. || fig. Incitar, estimular.

impenetrabilidad. f. Propiedad de los cuerpos que impide que uno esté en el lugar que ocupa otro. || Actitud o calidad de impenetrable.

impenetrable. adj. Que no se puede penetrar. || fig. Que no se puede comprender.

impenitente. adj. y s. Que se obstina en el pecado. || fig. Contumaz, recalcitrante.

impensable. adj. Inimaginable, absurdo. || De difícil o imposible realización.

impepinable. adj. fam. Cierto, seguro, que no admite discusión.

imperar. intr. Ejercer la dignidad imperial. || Mandar, dominar.

imperativo, va. ≅imperioso. adj. y m. Que impera o manda. || *Gram.* Díc. del modo del verbo que expresa una orden, ruego o mandato.

imperceptible. adj. Que no se puede percibir.

imperdible. adj. Que no puede perderse. || m. Alfiler que se abrocha de modo que no pueda abrirse fácilmente.

imperdonable. adj. Que no se puede o debe perdonar.

imperecedero, ra. ≅eterno. ≅inmortal. adj. Que no perece. || fig. Duradero: *fama* ∽.

imperfección. f. Falta de perfección.

imperfecto, ta. adj. No perfecto. || Inacabado, incompleto.

imperial. adj. Relativo al emperador o al imperio. || f. Tejadillo o cobertura de las carrozas.

imperialismo. m. Sistema y doctrina de los imperialistas. || Acción y doctrina de un Estado o nación, o de personas o fuerzas sociales o políticas, partidarias de extender el dominio de un país sobre otro u otros por medio de la fuerza o por influjos económicos y políticos abusivos.

imperialista. adj. Relativo al imperialismo. || Persona o Estado que lo propugna o practica. Ú. t. c. s.

imperio. m. Acción de imperar o de mandar con autoridad. || Dignidad de emperador. || Espacio de tiempo que dura el gobierno de un em-

perador. || Tiempo durante el cual hubo empera-
dores en determinado país. || Estados sujetos a
un emperador.

imperioso, sa. ≅altanero. ≅arrogante. ≅im-
perativo. adj. Que manda autoritariamente. || Do-
minante, tiránico. || Necesario, urgente, ineludible.

impermeabilizar. tr. Hacer impermeable.

impermeable. adj. Impenetrable al agua o a
otro fluido. || fig. Indiferente. || m. Sobretodo he-
cho con tela impermeable.

impersonal. adj. Que no tiene personalidad. ||
Que no se aplica a nadie personalmente. || Que
carece de estilo u originalidad.

impertérrito, ta. ≅impávido. adj. Que no es
fácil de asustar o intimidar.

impertinencia. f. Dicho o hecho fuera de propósito.

impertinente. ≅importuno. ≅inconveniente.
≅pesado. adj. Que no viene al caso, o que mo-
lesta. || Molesto, exigente. Ú. t. c. s.

imperturbable. adj. Que no se perturba.

impetrar. tr. Rogar. || Solicitar.

ímpetu. m. Movimiento acelerado y violento. ||
Fuerza, violencia.

impetuoso, sa. adj. Violento, precipitado.

impiedad. ◁religiosidad. f. Falta de piedad. ||
Falta de religión.

impío, a. adj. Falto de piedad. || Falto de re-
ligión.

implacable. adj. Que no se puede aplacar o
templar.

implantación. f. Acción y efecto de implantar.
|| Fijación, inserción, injerto. || *Med.* Fijación de
un óvulo fecundado en la mucosa uterina.

implantar. ≅instaurar. ≅instituir. tr. Plantar,
encajar, poner, injertar. Ú. t. c. prnl. || Establecer,
instaurar. || *Med.* Hacer una implantación.

implar. tr. Llenar, inflar.

implemento. m. Utensilio. Ú. m. en pl. || m.
Ling. Término utilizado por algunos lingüistas para
designar el complemento directo.

implicación. f. Acción y efecto de implicar. ||
Contradicción, oposición. || Consecuencia, reper-
cusión.

implicar. tr. Envolver, enredar. Ú. t. c. prnl. ||
fig. Contener, llevar en sí, significar. || intr. Obstar,
impedir.

implícito, ta. ≅tácito. adj. Díc. de lo que se
entiende incluido en otra cosa sin expresarlo.

implorar. ≅invocar. ≅rogar. tr. Pedir, suplicar.

implosión. f. Acción de romperse hacia dentro
con estruendo las paredes de una cavidad en cuyo
interior existe una presión inferior a la que hay

fuera. || Fenómeno cósmico que consiste en la
disminución brusca del tamaño de un astro.

impluvio. m. Espacio descubierto en el atrio de
las casas romanas.

impoluto, ta. adj. Limpio, inmaculado.

imponderable. adj. Que no puede pesarse. ||
fig. Que excede de toda ponderación.

imponer. tr. Poner carga, obligación u otra
cosa. || Imputar, atribuir falsamente. || Instruir a
uno en una cosa. Ú. t. c. prnl. || Infundir respeto,
miedo o asombro. Ú. t. c. intr. || Poner nombre.
|| Poner dinero a rédito. || prnl. Hacer uno valer
su autoridad o poderío.

imponible. adj. Que se puede gravar con impuesto o tributo.

impopular. adj. Que no es grato a la multitud.

importación. f. Acción de importar, o de intro-
ducir en el país cosas extranjeras. || Conjunto de
cosas importadas.

importancia. f. Calidad de lo que es muy con-
veniente o de mucha entidad. || Representación de
una persona por su dignidad o calidades: *hombre
de* ∽.

importante. adj. Que importa. || Que es de
importancia.

importar. intr. Convenir, interesar. || tr. Valer,
costar. || Introducir en un país géneros, costum-
bres o juegos extranjeros. || Llevar consigo.

importe. m. Cuantía de un precio, crédito, deuda o saldo.

importunar. ◁tranquilizar. tr. Incomodar, molestar.

importunidad. f. Calidad de importuno. || In-
comodidad, molestia.

importuno, na. adj. Inoportuno. || Molesto.

imposibilidad. f. Falta de posibilidad para existir una cosa o para hacerla.

imposibilitado, da. adj. Tullido, inválido.

imposibilitar. tr. Quitar la posibilidad de ejecutar o conseguir una cosa.

imposible. adj. No posible. || Sumamente di-
fícil. Ú. t. c. s. m.: *pedir eso es pedir un* ∽. ||
Inaguantable, intratable.

imposición. f. Acción y efecto de imponer. ||
Exigencia. || Carga, tributo, obligación.

imposta. f. Hilada de sillares sobre la cual va
sentado un arco. || Faja horizontal en la fachada
de los edificios.

impostor, ra. ≅embaucador. ≅falsario. adj. y
s. Que atribuye falsamente a uno alguna cosa. ||
Que finge o engaña.

impostura. f. Imputación falsa y maliciosa. ||
Fingimiento, engaño.

impotencia. f. Falta de poder para hacer una cosa. || Incapacidad para realizar el coito.

impotente. adj. Que no tiene potencia. || Incapaz de realizar el coito. Ú. t. c. s.

impracticable. adj. Que no se puede practicar. || Díc. de los caminos y parajes por donde no se puede caminar sin mucha incomodidad.

imprecación. ≅maldición. f. Acción de imprecar.

imprecar. tr. Proferir palabras con que se pide o desea un mal o daño a alguien.

imprecatorio, ria. adj. Que implica o denota imprecación: *exclamación* ◡.

imprecisión. f. Falta de precisión.

impreciso, sa. adj. No preciso, vago, indefinido.

impregnar. tr. y prnl. Introducir entre las moléculas de un cuerpo las de otro. || Mojar, empapar. Ú. t. c. prnl.

imprenta. f. Arte de imprimir. || Taller o lugar donde se imprime. || Impresión.

imprescindible. adj. Díc. de aquello de lo que no se puede prescindir.

impresentable. adj. Que no es digno de presentarse o de ser presentado.

impresión. ≅emoción. ≅huella. ≅impronta. ≅sensación. ≅tirada. f. Acción y efecto de imprimir. || Marca o señal que una cosa deja en

otra apretándola. || Calidad o forma de letra con que está impresa una obra. || Obra impresa. || fig. Efecto, alteración del ánimo. || fig. Opinión.

impresionar. ≅afectar. ≅emocionar. tr. y prnl. Conmover el ánimo hondamente.

impresionismo. m. Sistema pictórico que consiste en reproducir la naturaleza atendiendo más que a su realidad objetiva a la impresión subjetiva o personal.

impresionista. adj. Relativo al impresionismo.

impreso, sa. adj. Hecho en la imprenta. || m. Libro, folleto u hoja impresos. || Formulario impreso.

impresor, ra. ≅tipógrafo. m. y f. Que imprime. || Dueño de una imprenta. || f. En informática, dispositivo periférico de un ordenador que escribe caracteres en papel continuo.

imprevisible. adj. Que no se puede prever.

imprevisto, ta. adj. y m. No previsto. || m. pl. En lenguaje administrativo, gastos para los cuales no hay crédito habilitado y distinto.

imprimir. tr. Señalar en el papel u otra materia las letras y otros caracteres de las formas, apretándolas en la prensa. || Estampar un sello u otra cosa en papel, tela o masa por medio de la presión. || fig. Fijar, marcar. || fig. Dar, comunicar.

improbable. adj. No probable.

ímprobo, ba. ≅penoso. ≅trabajoso. adj. Falto de probidad, malvado. || Aplícase al trabajo excesivo y continuado.

improcedente. adj. No conforme a derecho. || Inadecuado, extemporáneo.

improductivo, va. adj. Que no produce.

impromptu. m. Composición musical basada en la improvisación.

impronta. f. Reproducción de imágenes en hueco o de relieve, en papel humedecido, cera, lacre, escayola, etc. || fig. Marca, huella.

improperio. m. Injuria grave de palabra.

impropiedad. ◁oportunidad. f. Falta de propiedad en el uso de las palabras.

impropio, pia. adj. Que no es adecuado o conveniente. || Ajeno, extraño.

improvisación. f. Acción y efecto de improvisar. || Obra o composición improvisada.

improvisar. tr. Hacer una cosa de pronto, sin preparación alguna.

improviso, sa. adj. Que no se prevé o previene.

improvisto, ta. adj. Improviso.

imprudencia. ≅descuido. ◁previsión. f. Falta de prudencia.

imprudente. adj. y s. Que no tiene prudencia.

impúber. adj. y s. Que no ha llegado aún a la pubertad.

impudicia. f. Descaro, desvergüenza.

impúdico, ca. ≅desvergonzado. ≅libidinoso. adj. Deshonesto, sin pudor.

impudor. m. Falta de pudor y de honestidad. || Cinismo.

impuesto, ta. m. Tributo, carga.

impugnar. ◁ayudar. tr. Combatir, contradecir, refutar.

impulsar. ≅impeler. ≅incitar. ≅instigar. ◁contener. tr. Empujar. || fig. Estimular, promover.

impulsivo, va. adj. Que impele o puede impeler. || Que habla o procede sin reflexión ni cautela.

impulso. ≅empuje. m. Acción y efecto de impeler. || Instigación, sugestión. || fig. Deseo o motivo que induce a hacer algo.

impune. adj. Que queda sin castigo.

impunidad. f. Falta de castigo.

impureza. f. Mezcla de partículas extrañas a un cuerpo o materia. || Materia que, en una substancia, deteriora alguna o algunas de sus cualidades. Ú. m. en pl. || Falta de pureza o castidad.

impuro, ra. adj. No puro.

imputar. tr. Atribuir a otro una culpa, delito o acción. || Señalar la aplicación o inversión de una cantidad.

in. Prefijo negativo o privativo latino, que equivale a *en*.

inabarcable. adj. Que no puede abarcarse.

inaccesible. adj. No accesible.

inacción. f. Falta de acción, ociosidad, inercia.

inactivo, va. adj. Sin acción o movimiento; ocioso, inerte.

inadaptación. f. Falta de adaptación.

inadaptado, da. adj. y s. Que no se adapta o aviene a ciertas condiciones o circunstancias.

inadecuado, da. adj. No adecuado.

inadmisible. adj. No admisible.

inadvertencia. f. Falta de advertencia.

inagotable. adj. Abundante.

inaguantable. adj. Que no se puede aguantar o sufrir.

inalámbrico, ca. adj. Aplícase a todo sistema de comunicación eléctrica sin alambres conductores.

inalcanzable. adj. Que no se puede conseguir.

inalienable. adj. Que no se puede enajenar.

inalterable. adj. Que no se puede alterar.

inamovible. adj. Que no es movible. || Fijo.

inane. adj. Vano, fútil, inútil.

inanición. f. Debilidad por falta de alimento.

inanimado, da. ≅insensible. ≅muerto. adj. Que no tiene vida.

inapelable. adj. Que no se puede apelar. || fig. Irremediable, inevitable.

inapetencia. f. Falta de apetito.

inapetente. adj. Que no tiene apetencia.

inapreciable. adj. Muy pequeño. || De mucho valor.

inarrugable. adj. Que no se arruga con el uso.

inarticulado, da. adj. No articulado. || Díc. también de los sonidos de la voz con los que no se forman palabras.

inasequible. adj. No asequible.

inaudible. adj. Que no se puede oír.

inaudito, ta. ◁conocido. adj. Nunca oído. || fig. Monstruoso. || Increíble.

inauguración. f. Acto de inaugurar.

inaugurar. tr. Dar principio a una cosa con solemnidad. || Abrir solemnemente un establecimiento público. || Celebrar el estreno de una obra, edificio o monumento. || fig. Iniciar, comenzar.

inca. adj. Relativo a los aborígenes americanos que, a la llegada de los españoles, habitaban en la parte O. de América del Sur, desde el actual Ecuador hasta Chile y el N. de la República Argentina y que estaban sometidos a una monarquía cuya capital era la c. de Cuzco.

Ciudadela inca de Machupicchu. Perú

incaico, ca. adj. Relativo a los incas.

incalculable. adj. Que no puede calcularse.

incalificable. adj. Que no se puede calificar. || Muy vituperable.

incandescente. adj. Cuerpo, generalmente metal, cuando se enrojece o blanquea por la acción del calor.

incansable. adj. Resistente al cansancio.

incapacidad. f. Falta de capacidad. || fig. Rudeza, falta de entendimiento. || Carencia de aptitud legal para ejecutar válidamente determinados actos.

incapacitado, da. adj. Dícese, especialmente en el orden civil, de los locos, pródigos, sordomudos, iletrados y reos que sufren pena de interdicción.

incapacitar. tr. Inhabilitar.

incapaz. ≅ignorante. ≅inepto. ≅pequeño. adj. Que no tiene capacidad o aptitud para una cosa. || fig. Falto de talento.

incardinar. tr. y prnl. Vincular.

incautarse. prnl. Tomar posesión un tribunal, u otra autoridad competente, de dinero o bienes de otra clase.

incauto, ta. ≅crédulo. ≅inocente. ◁previsor. adj. Que no tiene cautela. || Inocente.

incendiar. ≅encender. ≅inflamar. ◁apagar. tr. y prnl. Poner fuego a cosa que no está destinada a arder; como edificios, mieses, etc.

incendiario, ria. adj. Que maliciosamente incendia un edificio, mieses, etc. Ú. t. c. s. || Destinado para incendiar o que puede causar incendio. || fig. Escandaloso, subversivo: *libro* ↶.

incendio. ≅conflagración. m. Fuego grande que abrasa lo que no está destinado a arder; como edificios, mieses, etc. || fig. Ardor, ímpetu.

incensar. tr. Dirigir con el incensario el humo del incienso hacia una persona o cosa. || fig. Lisonjear, adular.

incensario. m. Braserillo con cadenillas y tapa, que sirve para incensar.

incentivo, va. ≅acicate. ≅cebo. ≅estímulo. adj. y m. Que mueve o excita a desear o hacer una cosa.

incertidumbre. f. Duda, perplejidad.

incesante. ≅constante. ≅continuo. adj. Que no cesa.

incesto. m. Relación sexual entre parientes dentro de los grados en que está prohibido el matrimonio.

incestuoso, sa. adj. Que comete incesto. Ú. t. c. s. || Relativo al incesto.

incidencia. f. Lo que sobreviene en el curso de un asunto o negocio y tiene con él alguna

Incendio forestal en Manitoba. Canadá

conexión. || fig. Repercusión. || Caída de una línea, de un plano o de un cuerpo, o la de un rayo de luz, sobre otro cuerpo, plano, línea o punto.

incidental. adj. Se aplica a lo que constituye un incidente. || Accesorio, poco importante.

incidente. adj. y s. Que sobreviene en el curso de un asunto o negocio. || m. Disputa, riña, pelea. || Acontecimiento imprevisto.

incidir. intr. Caer o incurrir en una falta, error, extremo, etc. || Sobrevenir, ocurrir. || Caer sobre algo o alguien. || tr. Cortar, romper, hendir. || Inscribir, grabar. || Separar, apartar. || Repercutir.

incienso. ≅olíbano. m. Gomorresina de olor aromático que se extrae de varios árboles y se quema como perfume en las ceremonias religiosas.

incierto, ta. adj. No cierto o no verdadero. || Inconstante, no seguro. || Desconocido, ignorado.

incinerar. tr. Reducir una cosa a cenizas.

incipiente. ◁veterano. adj. Que empieza.

incisión. ≅corte. ≅tajo. f. Hendidura que se hace con instrumento cortante.

incisivo, va. adj. Apto para abrir o cortar. || fig. Punzante, mordaz. || adj. y s. Díc. de cada uno de los dientes de los mamíferos situados en la parte central y anterior de la boca. En el hombre son ocho.

inciso, sa. adj. Cortado. || m. Relato o suceso que se intercala en un discurso. || *Gram.* Cada uno de los miembros que, en los períodos, se aísla y encierra un sentido parcial. || Coma, signo ortográfico.

incitar. ≅instigar. ≅provocar. ◁tranquilizar. tr. Estimular.

inclemencia. ≅crueldad. ≅dureza. ≅rigor. f. Falta de clemencia. || fig. Rigor de la estación, especialmente en el invierno.

inclemente. adj. Falto de clemencia.

inclinación. ≅oblicuidad. ≅pendiente. ≅predisposición. ≅tendencia. ◁verticalidad. f. Acción y efecto de inclinar. || Reverencia en señal de cortesía o respeto. || fig. Afecto, amor, propensión, tendencia. || Dirección que una línea o una superficie tiene con relación a otra línea u otra superficie.

inclinar. tr. Apartar una cosa de su posición perpendicular. Ú. t. c. prnl. || fig. Persuadir. || intr. Parecerse. Ú. t. c. prnl.

ínclito, ta. adj. Ilustre, esclarecido, afamado.

incluir. ◁excluir. tr. Poner una cosa dentro de otra. || Contener una cosa a otra, o llevarla implícita. || Comprender un número menor en otro mayor, o una parte en su todo.

inclusa. f. Casa en donde se recoge y cría a los niños expósitos.

inclusero, ra. ≅expósito. adj. y s. Que se cría o se ha criado en la inclusa.

inclusión. f. Acción y efecto de incluir.

inclusive. adv. m. Con inclusión.

incluso, sa. adj. Contenido, comprendido. || adv. m. Con inclusión de. || prep. y conj. Hasta, aun: ⌐ *a los enemigos amó.*

incoar. ≅empezar. ≅iniciar. tr. Comenzar.

incógnita. f. Cantidad desconocida que es preciso determinar en una ecuación o en un problema para resolverlos. || fig. Causa o razón oculta de un hecho que se examina.

incógnito, ta. adj. y m. No conocido.

incoherencia. f. Falta de coherencia.

incoherente. ≅discontinuo. ≅incongruente. adj. No coherente.

incoloro, ra. adj. Transparente, sin color.

incólume. adj. Sano, sin lesión ni menoscabo.

incombustible. adj. Que no se puede quemar.

incomodar. ≅desagradar. ≅disgustar. ≅molestar. ◁agradar. tr. y prnl. Causar incomodidad.

incomodidad. f. Falta de comodidad. || Molestia. || Disgusto, enojo.

incómodo, da. ≅fastidioso. adj. Que incomoda. || Que carece de comodidad.

incomparable. adj. Que no tiene o no admite comparación.

incomparecencia. f. Falta de asistencia a un acto o lugar al que hay obligación de comparecer.

incompatibilidad. f. Repugnancia que tiene una cosa para unirse con otra, o de dos o más personas entre sí. || Impedimento legal para ejercer una función determinada, o para ejercer dos o más cargos a la vez.

incompatible. adj. No compatible.

incompetencia. f. Falta de competencia o de jurisdicción.

incompetente. adj. y s. No competente. || Inútil, ignorante.

incompleto, ta. ≅defectuoso. ≅imperfecto. adj. No completo.

incomprendido, da. adj. No comprendido. || No apreciado. Ú. t. c. s.

incomprensible. adj. Que no se puede comprender.

incompresible. adj. Que no se puede comprimir o reducir a menor volumen.

incomunicación. f. Acción y efecto de incomunicar. || *Der.* Aislamiento temporal de procesados o de testigos.

incomunicar. ≅aislar. ≅bloquear. ◁convivir. tr. Privar de comunicación. || prnl. Aislarse, negarse al trato con otras personas.

inconcebible. adj. Que no puede concebirse o comprenderse.

inconcluso, sa. adj. No acabado, no terminado.

incondicional. adj. Absoluto, sin restricción ni requisito. || Díc. del adepto a una persona o idea, sin limitación ni condición ninguna. Ú. t. c. s.

inconexo, xa. ≅incoherente. ≅incongruente. adj. Que no tiene conexión con una cosa.

inconfesable. adj. Que no puede confesarse.

inconforme. adj. y s. Hostil. || Disconforme.

inconformismo. m. Actitud o tendencia del inconforme.

inconfundible. adj. No confundible.

incongruencia. f. Falta de congruencia.

incongruente. ≅incoherente. ≅inconexo. adj. No congruente.

inconmovible. adj. Que no se puede conmover o alterar; perenne, firme.

inconsciencia. f. Estado en que el individuo no se da cuenta exacta del alcance de sus palabras o acciones; falta de conciencia.

inconsciente. adj. y s. No consciente: *el marido es un* ⌐.

inconsecuencia. f. Falta de consecuencia.

inconsecuente. ≅ilógico. ≅inconstante. ≅voluble. adj. Que no se sigue o deduce de otra cosa. || Que procede con inconsecuencia. Ú. t. c. s.

inconsistencia. ◁dureza. f. Falta de consistencia.

inconsolable. adj. Que no puede ser consolado o consolarse. || fig. Que muy difícilmente se consuela.

inconstancia. f. Falta de estabilidad y permanencia de una cosa. || Facilidad y ligereza con que uno muda de opinión, de pensamiento, de amigos, etc.

inconstante. ≅mudable. ≅veleidoso. ≅voluble. adj. No estable ni permanente. || Que muda con demasiada ligereza de pensamientos, aficiones, opiniones o conducta.

inconstitucional. adj. No conforme con la constitución del Estado.

inconstitucionalidad. f. Oposición de una ley, de un decreto o de un acto a los preceptos de la Constitución.

incontable. adj. Que no puede contarse. || Muy difícil de contar, numerosísimo.

incontenible. adj. Que no puede ser contenido o refrenado.

incontestable. adj. Que no se puede impugnar ni dudar con fundamento. || Irrefutable.

incontinencia. f. Falta de continencia. || Emisión involuntaria de la orina.

incontinente. adj. Que no se contiene.

incontrastable. adj. Que no se puede contrastar. || Que no se puede discutir o impugnar fundadamente. || fig. Que no se deja reducir o convencer.

incontrolable. adj. Que no se puede controlar.

incontrovertible. adj. Que no admite duda.

inconveniencia. ≅grosería. ≅incorrección. ◁oportunidad. f. Incomodidad, desconveniencia. || Despropósito. || Grosería.

inconveniente. adj. No conveniente. || m. Impedimento, obstáculo. || Daño, perjuicio.

incordiar. tr. Molestar, agobiar, importunar.

incordio. m. fig. y fam. Incomodidad, agobio, molestia.

incorporar. ≅integrar. ≅levantar. ≅reunir. tr. Agregar, unir dos o más cosas para que hagan un todo. || Destinar. || Sentar, reclinar. Ú. t. c. prnl. || prnl. Agregarse.

incorpóreo. ≅inmaterial. adj. No corpóreo.

incorrección. ◁cortesía. f. Calidad de incorrecto. || Descortesía.

incorrecto, ta. ≅defectuoso. ≅descortés. ≅grosero. ≅imperfecto. adj. No correcto.

incorregible. adj. No corregible. || Que no se quiere enmendar.

incorruptible. adj. No corruptible. || fig. Que no se puede pervertir. || fig. Insobornable.

incorrupto, ta. adj. Que está sin corromperse. || fig. No dañado, ni pervertido.

incredulidad. f. Repugnancia o dificultad en creer una cosa. || Falta de fe y de creencia religiosa.

incrédulo, la. adj. Que no tiene fe ni creencias religiosas. Ú. t. c. s. || Que no cree con facilidad.

increíble. adj. Que no puede creerse. || fig. Muy difícil de creer.

incrementar. ◁empequeñecer. tr. Aumentar, acrecentar.

incremento. m. Aumento.

increpar. tr. Reprender.

incriminar. ≅acusar. ≅imputar. tr. Recriminar. || Exagerar, abultar.

incruento, ta. adj. No sangriento.

incrustación. f. Acción de incrustar. || Cosa incrustada.

incrustar. tr. Embutir en una superficie lisa y dura piedras, metales, maderas, etc., formando dibujos. || Cubrir una superficie con una costra dura. || fig. Fijar.

incubación. f. Acción y efecto de incubar. || *Med.* Desarrollo de una enfermedad.

incubadora. f. Aparato o local para la incubación artificial. || Urna de cristal acondicionada para mantener a los niños nacidos antes de tiempo.

incubar. tr. Empollar el ave los huevos. || Desarrollar una enfermedad: *estoy incubando una gripe.*

incuestionable. adj. Indiscutible.

inculcar. tr. fig. Repetir. || fig. Imbuir, infundir con ahínco en el ánimo de uno una idea, un concepto, etc.

inculpar. tr. Culpar, acusar.

inculto, ta. adj. Que no tiene cultivo ni labor. || fig. De corta instrucción o cultura. || fig. Desaliñado y grosero.

incultura. ◁sabiduría. f. Falta de cultura, ignorancia.

incumbencia. f. Obligación, generalmente impuesta por el cargo, de hacer una cosa.

incumbir. intr. Estar a cargo de uno una cosa.

incumplir. tr. No llevar a efecto, dejar de cumplir.

incunable. adj. y m. Aplícase a las ediciones hechas desde la invención de la imprenta hasta principios del s. XVI.

incurable. adj. Que no se puede curar o no puede sanar. || Que no tiene enmienda.

incuria. f. Descuido, negligencia.

incurrir. ≅caer. intr. Cometer falta, error, delito, etc. || Causar odio, ira, desprecio, etc.

incursión. f. Acción de incurrir. || Correría.

indagar. ≅buscar. ≅investigar. tr. Averiguar, inquirir.

Página de un incunable. Biblioteca del Senado. Madrid

indebido, da. adj. Que no es obligatorio ni exigible. || Ilícito, injusto y falto de equidad.

indecencia. ≅deshonestidad. ≅grosería. ≅insolencia. ≅obscenidad. ◁decoro. f. Falta de decencia o de modestia. || Dicho o hecho vergonzoso.

indecente. adj. No decente, indecoroso.

indecible. adj. Que no se puede decir o explicar.

indecisión. f. Irresolución, falta de decisión.

indeciso, sa. adj. Pendiente de resolución. || Perplejo, dudoso.

indeclinable. adj. Que necesariamente tiene que hacerse o cumplirse. || Aplícase a las partes de la oración que no se declinan.

indecoroso, sa. ≅grosero. ≅indecente. ≅obsceno. adj. Que carece de decoro, o lo ofende.

indefectible. adj. Que no puede faltar o dejar de ser.

indefendible o **indefensible.** adj. Que no puede ser defendido.

indefensión. f. Falta de defensa; situación del que está indefenso.

indefenso, sa. adj. Que carece de medios de defensa, o está sin ella.

indefinido, da. ≅ilimitado. ≅indeterminado. ◁limitado. adj. No definido. || Que no tiene término señalado o conocido. || Indeterminado. || *Gram.* Díc. de las palabras que determinan o representan los nombres de una manera vaga, general: *artículo* ⌒; *pronombre* ⌒.

indeleble. adj. Que no se puede borrar o quitar.

indelicadeza. ◁finura. f. Falta de delicadeza, de cortesía, etc.

indemne. ≅ileso. ≅incólume. adj. Libre o exento de daño.

indemnización. f. Acción y efecto de indemnizar.

indemnizar. tr. y prnl. Resarcir de un daño o perjuicio.

independencia. ◁parcialidad. f. Calidad o condición de independiente. || Libertad, autonomía, y especialmente la de un Estado que no es tributario ni depende de otro. || Entereza, firmeza de carácter.

independentismo. m. En un país que no tiene independencia política, movimiento que la propugna o reclama.

independiente. adj. Que no depende de otro. || Autónomo. || adv. m. Con independencia.

independizar. tr. y prnl. Hacer independiente.

indescifrable. adj. Que no se puede descifrar.

indescriptible. adj. Que no se puede describir.

indeseable. adj. Díc. de la persona cuyo trato no es recomendable por sus condiciones morales. || Indigno de ser deseado.

indestructible. adj. Que no se puede destruir.

indeterminado, da. adj. No determinado. || Díc. de lo poco concreto o definido.

indiano, na. adj. Natural, pero no originario de América, o sea de las Indias Occidentales. Ú. t. c. s. || Relativo a ellas. || Díc. también del que vuelve rico de América. Ú. t. c. s.

indicación. f. Acción y efecto de indicar. || Señal. || Corrección, observación.

indicar. tr. Dar a entender o significar una cosa con indicios y señales. || Advertir, aconsejar.

indicativo, va. adj. y s. Que indica o sirve para indicar. || *Gram.* Díc. del modo del verbo con que se indica o denota afirmación sencilla y absoluta.

índice. adj. Díc. del segundo dedo de la mano, que regularmente sirve para señalar. || m. Lista ordenada de libros, capítulos o cosas notables. || Catálogo de los autores o materias de las obras

de una biblioteca. || Indicio, señal. || *Álg.* y *Arit.*
Número o letra que se coloca en la abertura del
signo radical y sirve para indicar el grado de la
raíz.

indicio. m. Fenómeno que permite conocer o
inferir la existencia de otro no percibido: *la fuga
fue* ⌐ *de su culpa.* || Cantidad muy pequeña de
algo: *había* ⌐*s de arsénico.*

índico, ca. adj. Relativo a las Indias Orientales.

indiferencia. f. Estado del ánimo en el que no
se siente inclinación ni repugnancia por algo.

indiferente. adj. No determinado por sí a una
cosa más que a otra. || Que no importa que sea
o se haga de una o de otra forma. || Que no
demuestra interés o cariño. Ú. t. c. s. || Díc. del
no creyente.

indígena. ≅aborigen. ≅nativo. ≅natural. adj.
y s. Originario del país de que se trata.

indigencia. f. Falta de recursos para alimentarse, vestirse, etc.

indigenismo. m. Estudio de los pueblos indios
iberoamericanos. || Doctrina y partido que propug-
na reivindicaciones políticas, sociales y económicas para las clases trabajadoras de indios y mes-
tizos en las repúblicas iberoamericanas.

indigente. ≅menesteroso. ≅pobre. adj. y s.
Falto de recursos.

indigestarse. prnl. No sentar bien un manjar o
comida. || fig. y fam. No agradarle a uno alguien.

indigestión. f. Falta de digestión. || Trastorno
que por esta causa padece el organismo.

indigesto, ta. adj. Que no se digiere o se di-
giere con dificultad. || fig. Áspero en el trato.

indignación. ≅cólera.. ≅ira. ◁pasividad. f.
Enojo, enfado contra una persona o sus actos.

indignar. tr. y prnl. Irritar, enfadar.

indignidad. f. Falta de mérito y disposición para
algo. || Acción reprobable.

indigno, na. adj. Que no tiene mérito ni dis-
posición para algo. || Que no corresponde a la
categoría de algo. || Vil, ruin.

índigo. m. Añil.

indio, dia. ≅hindú. adj. De la India (Indias
Orientales) o de América (Indias Occidentales). Ú.
t. c. s. || Díc. de cada uno de los primitivos
pueblos (o del conjunto de ellos) de América y
de los actuales descendientes de aquéllos. Ú. m.
c. m. pl. || m. Metal parecido al estaño pero más
fusible y volátil. Peso atómico, 114,8; núm. atómico, 49; símbolo, In.

indirecta. f. Medio indirecto de que uno se
vale para no significar claramente una cosa y darla,
sin embargo, a entender.

Indios colorados. Ecuador

indirecto, ta. adj. Que no va rectamente a un
fin, aunque se encamine a él.

indisciplina. ≅desobediencia. ≅rebeldía.
◁obediencia. f. Falta de disciplina.

indiscreción. ◁delicadeza. f. Falta de discre-
ción y de prudencia. || fig. Dicho o hecho indis-
creto.

indiscreto, ta. adj. Que obra sin discreción. Ú.
t. c. s. || Que se hace sin discreción.

indiscutible. adj. No discutible. || Evidente.

indisoluble. adj. Que no se puede disolver o
desatar.

indispensable. adj. Que no se puede dispensar
ni excusar. || Necesario.

indisponer. tr. Enemistar, malquistar. Ú. m. c.
prnl.: indisponerse con uno. || prnl. Experimentar
falta de salud.

indisposición. ≅achaque. ≅dolencia. ◁salud.
f. Falta de disposición y de preparación para algo.
|| Quebranto leve de la salud.

indispuesto, ta. adj. Ligeramente enfermo.

indistinto, ta. adj. Que no se distingue de otra
cosa. || Que no se percibe claramente.

individual. ◁colectivo. adj. Relativo al individuo. ‖ Particular, propio, característico.

individualismo. m. Aislamiento y egoísmo de cada cual, en los afectos, en los intereses, en los estudios, etc. ‖ Sistema filosófico que considera al individuo como fundamento y fin de todas las leyes y relaciones morales y políticas. ‖ Propensión a obrar según el propio albedrío.

individualista. adj. Que practica el individualismo o es partidario de él. Ú. t. c. s. ‖ Relativo al individualismo.

individuo, dua. adj. Individual. ‖ Que no puede ser dividido. ‖ m. Cada ser organizado, animal o vegetal, respecto a su especie. ‖ Persona perteneciente a una clase o corporación: ⌣ *del Consejo de Estado, de la Academia Española.* ‖ m. y f. fam. Persona indeterminada.

indivisible. adj. Que no puede ser dividido.

indiviso, sa. ◁divisible. adj. y s. No separado o dividido en partes.

indocto, ta. adj. Inculto, ignorante.

indocumentado, da. adj. Sin documentación. Ú. t. c. s. ‖ Que no tiene prueba fehaciente o testimonio válido. ‖ fig. Ignorante, inculto.

indoeuropeo, a. adj. Díc. de cada una de las razas y lenguas procedentes de un origen común y extendidas desde la India hasta el occidente de Europa. ‖ Díc. también de la raza y lengua que dieron origen a todas ellas. Ú. t. c. m.

índole. f. Condición e inclinación natural. ‖ Naturaleza, calidad.

indolencia. ≅apatía. ≅dejadez. ◁actividad. f. Calidad de indolente.

indolente. adj. Que no se afecta o conmueve. ‖ Flojo, perezoso. ‖ Insensible.

indoloro, ra. adj. Que no causa dolor.

indómito, ta. ≅arisco. ≅bravio. ≅fiero. ≅salvaje. ◁flexible. adj. No domado. ‖ Que no se puede domar. ‖ fig. Difícil de sujetar o reprimir.

indubitable. adj. Indudable.

inducción. f. Acción y efecto de inducir.

inducido. m. Circuito que gira en el campo magnético de una dinamo, y en el cual se desarrolla una corriente por efecto de su rotación. En un alternador el inducido es su parte fija.

inducir. ≅incitar. ≅persuadir. tr. Instigar, mover a uno. ‖ *Filos.* Ascender lógicamente del entendimiento desde el conocimiento de los fenómenos, hechos o casos, a la ley o principio que los rige. ‖ *Fís.* Producir fenómenos eléctricos o magnéticos en un cuerpo situado a cierta distancia.

inductancia. f. Magnitud eléctrica que sirve

para caracterizar los circuitos según su aptitud para engendrar corrientes inducidas. ‖ Reactancia inductiva o impedancia de una autoinducción.

inductor, ra. adj. Que induce. ‖ m. Órgano de las máquinas eléctricas destinado a producir la inducción magnética.

indudable. adj. Que no admite duda. ‖ Evidente, claro, patente.

indulgencia. f. Facilidad en perdonar o disimular las culpas o en conceder gracias. ‖ Remisión parcial o total que hace la Iglesia de las penas debidas por los pecados: ⌣ *plenaria.*

indulgente. ≅benévolo. ≅benigno. adj. Fácil en perdonar y disimular los yerros o en conceder gracias.

indultar. tr. Perdonar a uno el todo o parte de la pena que tiene impuesta o conmutarla por otra menos grave. ‖ Eximir de una ley u obligación.

indulto. ≅amnistía. m. Remisión total o parcial de una pena.

indumentaria. f. fam. Vestido, traje: *¡hay que ver la ⌣ que traes!*

industria. f. Destreza o artificio para hacer una cosa. ‖ Conjunto de operaciones materiales ejecutadas para la obtención, transformación o transporte de uno o varios productos naturales. ‖ Instalación destinada a estas operaciones. ‖ Conjunto de las industrias de un mismo sector.

industrial. adj. Relativo a la industria. ‖ com. Persona que se dedica al ejercicio de una industria. ‖ Propietario de una industria, empresario.

industrializar. tr. Hacer que algo sea objeto de industria o elaboración. ‖ Dar predominio a las industrias en la economía de un país. ‖ Aplicar los métodos de la industria a otra actividad económica: ⌣ *la agricultura.*

industrioso, sa. ≅diestro. ≅hábil. ◁torpe. adj. Que obra con industria. ‖ Que se dedica con ahínco al trabajo.

inédito, ta. ◁conocido. adj. Escrito y no publicado.

ineducado, da. adj. Falto de educación, o de buenos modales.

inefable. adj. Que con palabras no se puede explicar.

ineficaz. adj. No eficaz.

inelegancia. f. Falta de elegancia.

ineludible. adj. Que no se puede eludir.

ineptitud. f. Inhabilidad, falta de aptitud o de capacidad.

inepto, ta. adj. No apto, que carece de aptitud. ‖ Necio, incapaz. Ú. t. c. s.

inequívoco, ca. adj. Que no admite duda o equivocación.

inercia. ◁actividad. f. Flojedad, inacción. || *Mec.* Incapacidad de los cuerpos para salir del estado de reposo, para cambiar las condiciones de su movimiento o para cesar en él, sin la aplicación o intervención de alguna fuerza.

inerme. adj. Que está sin armas.

inerte. adj. Inactivo, ineficaz, estéril, inútil. || Flojo, desidioso.

inescrutable. adj. Que no se puede saber ni averiguar.

inesperado, da. ≅imprevisto. ◁previsto. adj. Que sucede sin esperarse.

inestable. adj. No estable. || Caprichoso.

inevitable. adj. Que no se puede evitar.

inexacto, ta. ≅erróneo. ≅falso. adj. Que carece de exactitud.

inexcusable. adj. Que no se puede excusar.

inexistente. adj. Que carece de existencia. || fig. Nulo.

inexorable. ≅inflexible. adj. Que no se deja vencer por los ruegos.

inexperto, ta. ≅ingenuo. ≅principiante. adj. y s. Falto de experiencia.

inexplicable. adj. Que no se puede explicar. || Incomprensible.

inexpresivo, va. adj. Que carece de expresión.

inexpugnable. adj. Que no se puede conquistar.

inextricable. adj. Difícil de desenredar. || Intrincado, confuso.

infalible. adj. Que no se puede engañar ni engañarse. || Seguro, cierto, indefectible.

infamar. tr. y prnl. Quitar la fama, honra y estimación.

infame. adj. Que carece de honra, crédito y estimación. Ú. t. c. s. || Muy malo y vil.

infamia. ◁dignidad. f. Descrédito, deshonra. || Maldad, vileza.

infancia. f. Período de la vida del niño desde que nace hasta la pubertad. || fig. Conjunto o clase de los niños de tal edad. || fig. Primer estado de algo después de su nacimiento: *esta institución está aún en su* ∿.

infanta. f. Cualquiera de las hijas del rey, que no sea princesa. || Mujer de un infante.

infante. m. Cualquiera de los hijos varones del rey, que no sea príncipe. || Niño hasta la edad de siete años. || Soldado de infantería.

infantería. f. Tropa que sirve a pie en la milicia.

infanticidio. m. Muerte dada violentamente a un niño.

infantil. ≅pueril. adj. Relativo a la infancia. || fig. Inocente, cándido, inofensivo.

infantilismo. m. Persistencia en la adolescencia o en la edad adulta de los caracteres físicos y mentales propios de la infancia. || Atrofia de ciertos órganos del cuerpo humano que no alcanzan, por razones clínicas o biológicas, su desarrollo natural.

infarto. m. Aumento de tamaño de un órgano enfermo. ◆ **de miocardio.** Lesión isquémica que conduce a la necrosis de una parte del músculo cardíaco.

infatigable. adj. Incansable.

infausto, ta. adj. Desgraciado, infeliz.

infección. f. Acción y efecto de infectar.

infectar. tr. y prnl. Transmitir un organismo a otro los gérmenes de una enfermedad. || fig. Corromper con malas doctrinas o ejemplos.

infecundo, da. ≅estéril. ≅improductivo. ◁fértil. adj. No fecundo.

infeliz. adj. y s. Desdichado, desgraciado. || fam. Bondadoso, apocado.

inferior. adj. Que está debajo de otra cosa o más bajo que ella. || Que es menos que otra cosa en su calidad o en su cantidad. || Subordinado, subalterno. Ú. t. c. s.

inferioridad. f. Calidad de inferior. || Situación de una cosa que está más baja que otra o debajo de ella.

inferir. tr. Sacar consecuencia, deducir. Ú. t. c. prnl. || Ocasionar.

infernal. adj. Relativo al infierno. || fig. Muy malo, perjudicial. || fig. y fam. Que causa sumo disgusto o enfado: *ruido* ∿.

infestar. tr. Causar infección. Ú. t. c. prnl. || Causar daños y estragos.

infidelidad. ≅lealtad. f. Falta de fidelidad; deslealtad.

infiel. ≅pérfido. ≅traidor. adj. Falto de fidelidad; desleal. || Que no profesa la fe considerada como verdadera. Ú. t. c. s. || Falto de puntualidad y exactitud: *intérprete, imagen, relación* ∿.

infierno. ≅averno. m. Lugar destinado por la divina justicia para eterno castigo de los malos, según la religión católica. || Tormento, castigo. || Lugar adonde creían los paganos que iban los muertos. || fig. y fam. Lugar en que hay mucho alboroto y discordia.

infiltrar. tr. y prnl. Introducir un líquido entre los poros de un sólido. || fig. Infundir en el ánimo ideas, doctrinas, etc. || prnl. Penetrar subrepticiamente en territorio ocupado por fuerzas enemigas. || Introducirse en un partido, corporación, medio social, etc., con propósito de espionaje, propaganda o sabotaje.

ínfimo, ma. adj. Que en su situación está muy bajo. || En el orden y graduación de las cosas, díc. de la que es última y menos que las demás. || Díc. de lo más vil y despreciable en cualquier línea.

infinidad. f. Calidad de infinito. || fig. Gran número.

infinitesimal. adj. *Mat.* Díc. de las cantidades infinitamente pequeñas: *cálculo* ⌣.

infinitivo. adj. y s. *Gram.* Modo del verbo que expresa la acción en abstracto sin concretar persona, tiempo, ni número.

infinito, ta. ≅ilimitado. ≅inmenso. ◁limitado. adj. Que no tiene ni puede tener fin ni término. || Muy numeroso, grande y excesivo en cualquier línea. || *Mat.* Signo (∝), que expresa un valor mayor que cualquier cantidad asignable. || Espacio sin límites. || adv. m. Excesivamente, muchísimo.

inflación. ≅intumescencia. f. Acción y efecto de inflar. || *Econ.* Exceso de moneda circulante en relación con su cobertura, lo que desencadena un alza general de precios.

inflacionario, ria o **inflacionista.** adj. Relativo a la inflación monetaria.

inflamable. adj. Que se enciende con facilidad.

inflamación. f. Acción y efecto de inflamar. || Alteración patológica en una parte cualquiera del organismo, caracterizada por trastornos de la circulación de la sangre y, frecuentemente, por aumento de calor, enrojecimiento, hinchazón y dolor.

inflamar. ≅incendiar. ◁apagar. tr. y prnl. Encender una cosa que arde con facilidad desprendiendo llamas inmediatamente. || fig. Acalorar, enardecer. || prnl. Producirse una inflamación.

inflar. tr. y prnl. Hinchar una cosa con aire u otra substancia aeriforme. || fig. Exagerar, abultar hechos, noticias, etc. || fig. Ensoberbecer, engreír.

inflexible. adj. Incapaz de torcerse o de doblarse. || fig. Que por su firmeza y constancia de ánimo no se conmueve ni se doblega, ni desiste de su propósito.

inflexión. f. Torcimiento de algo que estaba recto o plano. || Elevación o atenuación que se hace con la voz, pasando de un tono a otro.

infligir. tr. Imponer castigos o penas.

inflorescencia. f. *Bot.* Forma con que aparecen colocadas las flores al brotar en las plantas.

influencia. ≅influjo. f. Acción y efecto de in-

fluir. || fig. Poder, autoridad de una persona para con otra u otras.

influenciar. tr. Influir.

influir. ≅ayudar. ≅intervenir. tr. e intr. Producir unas cosas sobre otras ciertos efectos; como el del hierro sobre la aguja imantada, la luz en la vegetación, etc. || fig. Ejercer una persona o cosa predominio o fuerza moral en el ánimo.

influjo. m. Acción y efecto de influir.

influyente. p. a. de influir. Que influye.

información. f. Acción y efecto de informar. || Oficina donde se informa sobre algo. || Comunicación o adquisición de conocimientos que permiten ampliar o precisar los que se poseen sobre algo. || Noticia que se da o se tiene sobre algo.

informal. adj. y s. Que no guarda las reglas y circunstancias prevenidas.

informar. ≅anunciar. ≅avisar. tr. Enterar, dar noticia de algo. Ú. t. c. prnl. || *Filos.* Dar forma substancial a la materia prima. || intr. Dictaminar un cuerpo consultivo, un funcionario o cualquier persona perita, en asunto de su respectiva competencia.

informática. f. Conjunto de conocimientos científicos y de técnicas que hacen posible el tratamiento automático de la información por medio de ordenadores electrónicos.

informe. ≅confuso. ≅deforme. adj. Que no tiene la forma, figura y perfección que le corresponde. || De forma vaga e indeterminada. || m. Noticia, instrucción. || Acción y efecto de informar o dictaminar.

infortunio. m. Suerte desdichada o fortuna adversa. || Hecho o acaecimiento desgraciado.

infracción. f. Transgresión, quebrantamiento de una ley o norma.

infractor, ra. adj. y s. Que quebranta una ley o precepto.

infraestructura. f. Parte de una construcción que está bajo el nivel del suelo. || fig. Conjunto de elementos o servicios que se consideran necesarios para la creación y funcionamiento de una organización cualquiera: ⌣ *aérea, económica, escolar,* etc.

in fraganti. m. adv. En el mismo momento en que se está cometiendo el delito: *le cogieron in fraganti.*

infrahumano, na. adj. Inferior a lo humano.

infranqueable. adj. Imposible o difícil de franquear.

infrarrojo, ja. adj. *Fís.* Díc. de las radiaciones del espectro luminoso que se encuentran más allá del rojo visible y de mayor longitud de onda.

infrasonido. m. Sonido cuya frecuencia de vibraciones es inferior al límite perceptible por el oído humano.

infrecuente. adj. Que no es frecuente.

infringir. ≅transgredir. ≅violar. ◁obedecer. tr. Quebrantar leyes, órdenes, etc.

infructuoso, sa. adj. Ineficaz, inútil.

ínfula. f. Cada una de las dos cintas anchas que penden por la parte posterior de la mitra episcopal. || pl. fig. Presunción, vanidad.

infundado, da. adj. Que carece de fundamento.

infundio. m. Mentira, patraña.

infundir. ≅imbuir. ≅infiltrar. ≅inspirar. tr. fig. Comunicar Dios al alma un don o gracia. || fig. Causar en el ánimo un impulso moral o afectivo: ∼ *miedo, fe, cariño.*

infusión. f. Acción y efecto de infundir. || Extracción de los principios activos de algunos vegetales por la acción del agua hirviendo. || Producto líquido así obtenido.

infusorio. m. Célula o microorganismo que tiene cilios.

inga. m. Árbol de las regiones tropicales americanas, de madera pesada y muy parecida a la del nogal.

Infusorio en forma de trompetilla

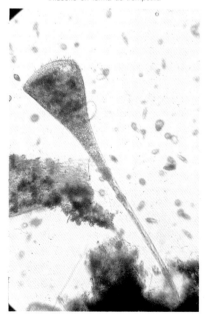

ingeniar. ≅planificar. tr. Inventar, imaginar. || prnl. Discurrir con ingenio el modo para conseguir una cosa y ejecutarla.

ingeniería. f. Conjunto de conocimientos y de técnicas que permiten aplicar el saber científico a la utilización de la materia y de las fuentes de energía, mediante invenciones o construcciones útiles para el hombre. || Profesión y ejercicio del ingeniero.

ingeniero, ra. m. y f. Persona que profesa o ejerce la ingeniería.

ingenio. ≅destreza. ≅habilidad. ≅iniciativa. ≅talento. m. Facultad para discurrir o inventar con prontitud y facilidad. || Sujeto dotado de esta facultad. || Intuición, entendimiento. || Máquina o artificio mecánico.

ingente. adj. Muy grande.

ingenuidad. f. Sinceridad, buena fe, candor.

ingenuo, nua. adj. Sincero, candoroso.

ingerir. tr. Introducir por la boca la comida, bebida o medicamentos. || prnl. Inmiscuirse, mezclarse.

ingestión. f. Acción de ingerir.

ingle. f. Parte del cuerpo en que se juntan los muslos con el vientre.

inglés, sa. adj. y s. De Inglaterra. || m. Lengua indoeuropea, hablada principalmente en Gran Bretaña, Estados Unidos, Canadá, Australia y la República Sudafricana.

ingratitud. f. Desagradecimiento.

ingrato, ta. adj. Desagradecido, que olvida o desconoce los beneficios recibidos. || Desapacible, desagradable.

ingrávido, da. adj. Ligero, tenue.

ingrediente. ≅componente. m. Cualquier cosa que entra con otras en un compuesto.

ingresar. ≅entrar. intr. Ir adentro. || Meter algunas cosas, como el dinero, en un lugar para su guarda. Ú. t. c. tr. || Entrar a formar parte de una corporación.

ingreso. m. Acción de ingresar. || Entrada. || Acción de entrar. || Examen para ingresar en un colegio, facultad, etc. || Cargo en una cuenta. || pl. Ganancias económicas.

inguinal o **inguinario, ria.** adj. Relativo a las ingles: *hernia* ∼.

inhábil. ≅incapaz. ≅inepto. ≅torpe. adj. Falto de habilidad, talento o instrucción. || Que no puede desempeñar un cargo, empleo o dignidad. || Díc. del día festivo.

inhabilitar. tr. Declarar inhábil o incapaz para

ejercer u obtener cargos públicos, o de ejercitar derechos civiles o políticos. || Imposibilitar. Ú. t. c. prnl.

inhalar. tr. *Med.* Aspirar ciertos gases o líquidos pulverizados.

inherencia. f. Unión de cosas inseparables por su naturaleza, o que sólo se pueden separar mentalmente y por abstracción.

inherente. adj. Que por su naturaleza está de tal manera unido a otra cosa que no se puede separar.

inhibición. f. Acción y efecto de inhibir.

inhibir. tr. y prnl. *Der.* Impedir que un juez prosiga en el conocimiento de una causa. || prnl. Abstenerse.

inhumano, na. ≅brutal. ≅despiadado. adj. Falto de humanidad, bárbaro, cruel.

inhumar. tr. Enterrar un cadáver.

iniciación. ◁fin. f. Acción y efecto de iniciar. || Comienzo, principio.

inicial. adj. Relativo al origen o principio de las cosas. || Díc. de la letra con la que comienza una palabra, nombre, etc.

iniciar. tr. Comenzar, empezar. || Admitir a uno a la participación de una cosa secreta. || fig. Instruir, formar. Ú. t. c. prnl.

iniciativa. f. Derecho de hacer una propuesta. || Acto de ejercerlo. || Acción de adelantarse a los demás en hablar u obrar. || Cualidad personal que inclina a esta acción.

inicio. m. Comienzo, principio.

inicuo, cua. ◁justo. adj. Contrario a la equidad. || Malvado, injusto.

ininteligible. ≅incomprensible. adj. No inteligible.

iniquidad. ◁justicia. f. Maldad, injusticia.

injerencia. f. Acción y efecto de injerirse.

injerir. tr. Injertar plantas. || Meter una cosa en otra. || prnl. Entremeterse.

injertar. tr. Introducir en la rama o tronco de un árbol alguna parte de otro con una yema para que pueda brotar. || Implantar en el cuerpo de una persona un tejido o un órgano.

injerto. m. Acción de injertar. || Planta injertada. || Fragmento de piel o de otro tejido destinado a la implantación.

injuria. ≅afrenta. ≅daño. ≅insulto. ≅perjuicio. ◁justicia. f. Agravio, ultraje, ofensa.

injuriar. ◁alabar. tr. Agraviar, ultrajar, ofender.

injusticia. ≅desafuero. ≅iniquidad. f. Acción contraria a la justicia. || Falta de justicia.

injusto, ta. adj. y s. No justo.

inmaculado, da. adj. Que no tiene mancha.

inmadurez. f. Falta de madurez.

inmanente. adj. Inherente a algún ser o va unido de un modo inseparable a su esencia.

inmaterial. adj. No material.

inmediación. f. Calidad de inmediato. || pl. Contorno, paraje.

inmediato, ta. ≅contiguo. ≅próximo. adj. Muy cercano. || Que sucede sin tardanza.

inmejorable. adj. Que no se puede mejorar.

inmemorial. adj. Tan antiguo que no hay memoria de cuándo empezó: *tiempo* ⌃.

inmensidad. f. Infinidad en la extensión. || fig. Muchedumbre, número o extensión grande.

inmenso, sa. ≅desmedido. ≅enorme. adj. Que no tiene medida; infinito o ilimitado. || fig. Muy grande.

inmerecido, da. adj. No merecido.

inmersión. f. Acción de introducir o introducirse una cosa en un líquido.

inmerso, sa. adj. Sumergido, abismado.

inmigración. f. Acción y efecto de inmigrar.

inmigrante. adj. y s. Que inmigra.

inmigrar. intr. Llegar a un país para establecerse en él los que estaban domiciliados en otro.

inminente. ◁remoto. adj. Que está próximo a suceder.

inmiscuir. tr. Mezclar. || prnl. fig. Entremeterse.

inmobiliario, ria. adj. Relativo a bienes inmuebles. || f. Empresa o sociedad que se dedica a construir, arrendar, vender o administrar viviendas.

inmodestia. f. Falta de modestia.

inmodesto, ta. adj. No modesto.

inmolar. tr. Sacrificar una víctima. || Ofrecer una cosa en reconocimiento de la divinidad. || prnl. fig. Sacrificarse.

inmoral. adj. Que se opone a la moral o a las buenas costumbres.

inmoralidad. f. Falta de moralidad. || Acción inmoral.

inmortal. adj. No mortal, o que no puede morir. || fig. Que dura tiempo indefinido.

inmortalidad. f. Calidad de inmortal.

inmortalizar. tr. y prnl. Hacer perpetua una cosa en la memoria de los hombres.

inmóvil. adj. Que no se mueve; firme, invariable.

inmovilismo. m. Tendencia a mantener sin cambios una situación política, social, económica, ideológica, etc., establecida.

inmovilizar. ◁mover. tr. Hacer que una cosa quede inmóvil. || *Com.* Invertir un caudal en bienes de lenta o difícil realización.

inmueble. adj. Díc. de lo que tiene tales características que no se puede mover: *bien* ⌣; *de naturaleza* ⌣. || m. Casa o edificio.

inmundicia. f. Suciedad, porquería. || fig. Impureza, deshonestidad.

inmundo, da. ≅impuro. adj. Sucio, asqueroso. || fig. No puro.

inmune. adj. Libre, exento. || No atacable por ciertas enfermedades.

inmunidad. ≅exención. ≅privilegio. ◁violación. f. Calidad de inmune. || Prerrogativa de una persona que la exime de ser detenida o procesada en determinadas circunstancias. || Estado del organismo que le impide contraer una enfermedad. Puede ser espontáneo o provocado principalmente por medio de vacunas.

inmunizar. ◁infectar. tr. Hacer inmune.

inmunoterapia. f. Tratamiento de ciertas enfermedades infecciosas mediante la producción de inmunidad.

inmutable. ≅constante. adj. No mudable.

inmutar. ◁tranquilizar. tr. y prnl. Alterar.

innato, ta. adj. Connatural.

innecesario, ria. ≅inútil. ≅superfluo. adj. No necesario.

innegable. adj. y s. Que no se puede negar.

innoble. adj. Vil, abyecto.

innominado, da. adj. Que no tiene nombre.

innovar. tr. Alterar las cosas, introduciendo novedades.

innumerable. adj. Que no se puede reducir a número. || Copioso, muy abundante.

inobservancia. f. Falta de observancia.

inocencia. f. Estado y calidad del alma que está limpia de culpa. || Exención de toda culpa en un delito o en una mala acción. || Candor, sencillez.

inocentada. f. Broma del día de los Inocentes. || fam. Acción o palabra candorosa o simple.

inocente. adj. Libre de culpa. Ú. t. c. s. || Cándido, sin malicia, fácil de engañar. Ú. t. c. s. || Que no daña, que no es nocivo.

inocuidad. f. Calidad de inocuo.

inoculación. f. Acción y efecto de inocular.

inocular. tr. y prnl. *Med.* Comunicar por medios artificiales una enfermedad contagiosa. || fig. Pervertir, contaminar.

inocuo, cua. ≅inocente. ≅inofensivo. adj. Que no hace daño.

inodoro, ra. adj. Que no tiene olor. || Díc. del sifón colocado en la cañería de salida de retretes, fregaderos, etc., para impedir el paso de los malos olores. Ú. t. c. s. m. || m. Retrete.

inofensivo, va. ≅inocente. ≅inocuo. adj. In-

capaz de ofender. || fig. Que no puede causar daño ni molestia.

inolvidable. adj. Que no puede o no debe olvidarse.

inoperante. adj. No operante, ineficaz.

inopia. f. Indigencia, pobreza, escasez.

inoportuno, na. adj. Fuera de tiempo o de propósito.

inorgánico, ca. adj. Díc. de cualquier cuerpo sin órganos para la vida, como son todos los minerales.

inoxidable. adj. Que no se oxida: *acero* ⌣.

inquebrantable. adj. Que persiste sin quebranto, o no puede quebrantarse.

inquietar. tr. y prnl. Quitar el sosiego, turbar la quietud.

inquieto, ta. ≅bullicioso. ≅intranquilo. ≅travieso. adj. Que no está quieto, o es de índole bulliciosa. || fig. Desasosegado.

inquietud. f. Falta de quietud, desazón. || Alboroto, conmoción. || Inclinación. Ú. m. en pl.: *inquietudes políticas, literarias.*

inquilinato. m. Arriendo de una casa o parte de ella. || Derecho del inquilino.

inquilino, na. m. y f. Persona que ha tomado una casa o parte de ella en alquiler para habitarla. || *Der.* Arrendatario, comúnmente de finca urbana.

inquina. f. Aversión, mala voluntad.

inquirir. tr. Indagar, averiguar, examinar.

inquisición. f. Acción y efecto de inquirir. || Tribunal eclesiástico establecido para perseguir la herejía y demás delitos contra la fe. || Casa donde se juntaba este tribunal. || Cárcel para los reos sometidos a él.

inquisidor, ra. adj. y s. Que inquiere. || m. *Hist.* Juez eclesiástico del tribunal de la Inquisición.

inquisitivo, va. adj. Que inquiere.

inquisitorial. adj. Relativo al inquisidor o a la Inquisición. || Díc. de los procedimientos parecidos a los del tribunal de la Inquisición.

insaciable. adj. y s. Imposible o difícil de saciar: *tiene un hambre* ⌣.

insalivar. tr. Mezclar los alimentos con la saliva en la cavidad de la boca.

insalubre. adj. Dañoso a la salud, malsano.

inscribir. tr. Grabar letreros en metal, piedra u otra materia. || Apuntar el nombre de una persona entre los de otras. Ú. t. c. prnl.

inscripción. ≅epígrafe. f. Acción y efecto de inscribir. || Escrito sucinto grabado en piedra, metal u otra materia.

inscrito, ta. adj. *Geom.* Díc. de la figura que se inscribe en otra.

insecticida. adj. y m. Díc. del producto que sirve para matar insectos.

insectívoro, ra. adj. y s. Que se alimenta de insectos.

insecto. adj. y s. Díc. de los artrópodos antenados, de respiración traqueal, cuerpo cubierto de quitina y dividido en cabeza, tórax y abdomen, y provistos de tres pares de patas. || m. pl. Clase de estos artrópodos.

inseguridad. f. Falta de seguridad.

inseguro, ra. ≅incierto. adj. Falto de seguridad.

inseminación. f. Introducción del semen en los órganos genitales de una hembra por un procedimiento artificial.

insensato, ta. adj. y s. Tonto, fatuo, sin sentido.

insensible. adj. Que carece de sensibilidad. || Privado de sentido. || Imperceptible. || fig. Que no siente las cosas que mueven a lástima.

inseparable. adj. Que no se puede separar. || fig. Díc. de las personas estrechamente unidas entre sí con vínculos de amistad o de amor. Ú. t. c. s.

insepulto, ta. adj. No sepultado.

insertar. tr. Incluir, introducir una cosa en otra.

inservible. ≅inútil. ◁útil. adj. Que no sirve.

insidia. f. Engaño, asechanza.

insigne. adj. Célebre, famoso.

insignia. f. Señal, distintivo, o divisa honorífica. || Pendón, estandarte, imagen o medalla de una hermandad o cofradía.

insignificancia. f. Pequeñez, insuficiencia, inutilidad.

insignificante. adj. Baladí, pequeño, despreciable.

insinuación. f. Ación y efecto de insinuar.

insinuar. ≅apuntar. ≅indicar. ≅sugerir. tr. Dar a entender una cosa, sin más que indicarla o apuntarla ligeramente. || prnl. Introducirse mañosamente en el ánimo de uno, ganando su afecto.

insípido, da. adj. Falto de sabor. || fig. Falto de espíritu, viveza, gracia, etc.

insistencia. f. Permanencia, reiteración.

insistir. ≅obstinarse. ≅porfiar. intr. Descansar una cosa sobre otra. || Instar reiteradamente, persistir. || Repetir, hacer hincapié.

insobornable. adj. Que no puede ser sobornado.

insociable. adj. Huraño, intratable.

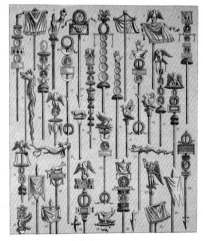

Insignias romanas

insolación. f. Enfermedad producida por una exposición excesiva a los rayos solares.

insolencia. f. Atrevimiento, descaro. || Dicho o hecho ofensivo e insultante.

insolente. ≅insultante. adj. y s. Que comete insolencias. || Orgulloso, desvergonzado.

insólito, ta. ≅extraño. ≅raro. adj. No común ni ordinario, desacostumbrado.

insoluble. adj. Que no puede disolverse ni diluirse. || Que no se puede resolver o solucionar.

insolvencia. f. Incapacidad de pagar una deuda.

insomnio. m. Vigilia, desvelo.

insondable. ≅incomprensible. ≅profundo. adj. Que no se puede sondear. || fig. Que no se puede averiguar o saber a fondo.

insonorizar. tr. Aislar de sonidos o de ruidos exteriores un local, cabina, etc. || Hacer que un motor, máquina, etc., funcione con el menor ruido posible.

insoportable. adj. Insufrible, intolerable. || fig. Muy incómodo, molesto y enfadoso.

insospechado, da. adj. No sospechado.

insostenible. adj. Que no se puede sostener. || fig. Que no se puede defender con razones.

inspección. f. Acción y efecto de inspeccionar. || Cargo y cuidado de velar sobre una cosa. || Casa, despacho u oficina del inspector.

inspeccionar. ≅comprobar. ≅registrar. tr. Examinar, reconocer atentamente una cosa.

inspector, ra. adj. y s. Que reconoce y examina una cosa. || m. y f. Funcionario público o particular que tiene a su cargo la inspección y vigilancia en el ramo a que pertenece: ⌐ *de policía, de aduanas.*

inspiración. f. Acción y efecto de inspirar. || Entrada del aire exterior a los pulmones. || fig. Impulso, estímulo creador. || fig. Cosa inspirada.

inspirar. tr. Atraer el aire exterior a los pulmones, aspirar. || fig. Sugerir ideas, infundir.

instalar. tr. Poner en posesión de un empleo, cargo o beneficio. Ú. t. c. prnl. || Colocar en su lugar o edificio los enseres y servicios que en él se hayan de utilizar. || prnl. Establecerse, fijar uno su residencia.

instancia. ≅ruego. ≅súplica. f. Acción y efecto de instar. || Memorial, solicitud.

instantánea. f. Impresión fotográfica que se obtiene instantáneamente.

instantáneo, a. ≅momentáneo. ≅rápido. ◁lento. adj. Que sólo dura un instante.

instante. adj. Que insta. || m. Momento, tiempo muy breve.

instar. ≅apremiar. ≅rogar. ≅suplicar. tr. Repetir la súplica o petición. || Urgir la pronta ejecución de una cosa.

instaurar. tr. Establecer, fundar.

instigar. tr. Incitar, provocar, inducir.

instintivo, va. ≅involuntario. ≅irreflexivo. ◁consciente. adj. Que es obra, efecto, resultado del instinto.

instinto. m. Estímulo interior que determina a los animales a una acción dirigida a la conservación o a la reproducción. || Móvil, sentimiento. || Criterio, facultad.

institución. f. Establecimiento o fundación de una cosa. || Cosa establecida o fundada. || Cada una de las organizaciones fundamentales de un Estado. || pl. Colección metódica de los principios o elementos de una ciencia, arte, etc.

institucionalizar. tr. Convertir algo en institución. Ú. t. c. prnl. || Conferir el carácter de institución.

instituir. tr. Fundar. || Establecer algo de nuevo; dar principio a una cosa.

instituto. m. Constitución o regla que prescribe cierta forma y método de vida o de enseñanza; como, por ejemplo, el de las órdenes religiosas. || Corporación científica, literaria, artística, benéfica, etc. || Centro oficial en el que se siguen los estudios de enseñanza media.

institutriz. f. Maestra encargada de la educación o instrucción de uno o varios niños, en el hogar doméstico.

instrucción. f. Acción de instruir. || Caudal de conocimientos adquiridos. || Curso que sigue un proceso o expediente. || Conjunto de reglas o advertencias para algún fin. Ú. más en pl.

instructivo, va. adj. Díc. de lo que instruye o sirve para instruir.

instruido, da. ≅culto. ≅erudito. adj. Que tiene bastantes conocimientos.

instruir. tr. Enseñar, doctrinar. || Comunicar sistemáticamente ideas, conocimientos o doctrinas. || Formalizar un proceso o expediente.

instrumental. adj. Relativo al instrumento. || Relativo a los instrumentos músicos. || m. Conjunto de instrumentos profesionales del médico o del cirujano.

instrumentar. ≅orquestar. tr. Arreglar una composición musical para varios instrumentos.

instrumentista. m. Músico que toca un instrumento.

instrumento. ≅apero. ≅herramienta. ≅utensilio. m. Conjunto de diversas piezas combinadas adecuadamente para que sirva en el ejercicio de las artes y oficios. || Ingenio, máquina. || Aquello de que nos servimos para hacer una cosa. || Conjunto de piezas dispuestas para producir sonidos musicales: ⌐ *de cuerda, de percusión, de viento.* || fig. Medio.

insubordinación. adj. Falta de subordinación.

insubordinar. ◁obedecer. tr. Introducir la insubordinación. || prnl. Sublevarse.

insubstancial. adj. De poca o ninguna substancia.

insubstituible. adj. Que no puede substituirse.

insuficiencia. ≅falta. ≅ignorancia. ≅incapacidad. ≅ineptitud. ≅penuria. ◁capacidad. f. Falta de suficiencia o de inteligencia. || Escasez. || Incapacidad.

insuflar. tr. Introducir a soplos, inyectar un gas.

insufrible. adj. Que no se puede sufrir.

ínsula. f. Isla. || fig. Lugar pequeño.

insular. ≅isleño. adj. De una isla.

insulina. f. Hormona segregada por el páncreas, que regula la cantidad de glucosa existente en la sangre. || Medicamento utilizado contra la diabetes.

insulso, sa. adj. Insípido. || fig. Falto de gracia y viveza.

insultante. ≅ofensivo. adj. Que insulta.

insultar. tr. Ofender.

insulto. m. Acción y efecto de insultar.

insumisión. f. Falta de sumisión.

insuperable. adj. No superable.

insurgente. adj. y s. Sublevado.

insurrección. f. Levantamiento, sublevación, rebelión.

insurrecto, ta. adj. y s. Rebelde.

insustancial. adj. De poca sustancia.

insustituible. adj. Que no se puede sustituir.

intacto, ta. adj. No tocado. || fig. Que no ha padecido alteración, menoscabo o deterioro. || fig. Puro, sin mezcla.

intachable. adj. Que no admite o merece tacha.

intangible. adj. Que no debe o no puede tocarse.

integración. f. Acción y efecto de integrar.

integral. ◁incompleto. adj. Global, total. || Díc. de las partes que entran en la composición de un todo.

integrar. tr. Formar las partes de un todo. || Completar un todo con las partes que le faltaban. || prnl. Unirse.

integridad. f. Calidad de íntegro.

integrismo. m. Actitud de ciertos sectores religiosos, ideológicos, políticos, partidarios de la inalterabilidad de las doctrinas.

íntegro, ra. ≅cabal. ≅completo. ≅entero. adj. Que no falta ninguna de sus partes. || Recto, intachable.

intelecto. m. Entendimiento.

intelectual. adj. Relativo al entendimiento. || Espiritual, sin cuerpo. || Díc. de la persona dedicada al cultivo de las ciencias y letras. Ú. t. c. s.

inteligencia. ≅entendimiento. ≅mente. f. Facultad intelectiva. || Facultad de conocer. || Conocimiento, comprensión, acto de entender. || Habilidad, destreza y experiencia. || Trato y correspondencia secreta.

inteligente. ≅perspicaz. ◁tonto. adj. Dotado de inteligencia. || Sabio, perito, instruido. Ú. t. c. s.

inteligible. adj. Que puede ser entendido. || Que se oye clara y distintamente.

intemperancia. f. Falta de moderación.

intemperie. f. Destemplanza o desigualdad del tiempo. ◆ **a la intemperie.** m. adv. A cielo descubierto.

intempestivo, va. ≅extemporáneo. ≅inoportuno. adj. Que es fuera de tiempo y sazón.

intemporal. adj. No temporal, independiente del curso del tiempo.

intención. f. Determinación de la voluntad en orden a un fin.

intencionado, da. adj. Que tiene alguna intención.

intendencia. f. Dirección, cuidado y gobierno de una cosa. || Distrito en el que ejerce su cargo el intendente. || Cuerpo de oficiales y tropa destinado al abastecimiento de las fuerzas militares.

intendente. m. Jefe superior económico. || En el ejército y en la marina, jefe superior de los servicios de la administración militar.

intensidad. ≅fuerza. ≅viveza. ◁pasividad. f. Grado de energía de un agente natural o mecánico, de una cualidad, de una expresión, etc. || fig. Vehemencia. || Cantidad de electricidad que circula por un hilo o un medio conductor durante un segundo.

intensificar. tr. y prnl. Hacer que una cosa adquiera mayor intensidad de la que tenía.

intensivo, va. adj. Que intensifica.

intenso, sa. adj. Que tiene intensidad. || fig. Muy vehemente y vivo.

intentar. tr. Tener ánimo de hacer una cosa. || Preparar, iniciar su ejecución. || Procurar, pretender.

intento. m. Propósito, intención, designio. || Cosa intentada.

intentona. f. fam. Intento temerario.

interacción. f. Acción que se ejerce recíprocamente entre dos o más fuerzas, agentes, etc.

interamericano, na. adj. Relativo a relaciones multilaterales entre países americanos.

intercalar. ≅interpolar. tr. Interponer o poner una cosa entre otras.

intercambiar. tr. Cambiar mutuamente.

intercambio. m. Acción y efecto de intercambiar. || Reciprocidad.

interceder. ≅abogar. ◁atacar. intr. Rogar o mediar por otro.

interceptar. tr. Apoderarse de una cosa antes de llegar a su destino. || Detener una cosa en su camino. || Interrumpir, obstruir.

intercesión. f. Acción y efecto de interceder.

intercomunicación. f. Comunicación recíproca. || Comunicación telefónica entre distintas dependencias.

interconexión. f. Acción y efecto de conectar.

intercontinental. adj. Que llega de uno a otro continente: *cable* ⌣.

intercostal. adj. Que está entre las costillas.

interdependencia. f. Dependencia recíproca.

interdicción. f. *Der.* Privación de los derechos civiles.

interdigital. adj. Que se halla entre los dedos.

interdisciplinario, ria. adj. Díc. de los estudios u otras actividades que se realizan mediante la cooperación de varias disciplinas.

interés. m. Provecho, utilidad, ganancia. || Valor que en sí tiene una cosa. || Lucro producido por el capital. || Inclinación hacia algo. || pl. Bienes de fortuna. || Conveniencia o necesidad colectiva.

interesado, da. adj. y s. Que tiene interés en una cosa. || Llevado por el interés.

interesar. intr. y prnl. Tener interés en una cosa. || tr. Dar parte a uno en un negocio. || Hacer tomar parte a uno en los negocios o intereses ajenos, como si fuesen propios. || Cautivar la atención.

interestelar. adj. Díc. del espacio comprendido entre dos o más astros.

interfase. f. Intervalo entre dos fases sucesivas.

interfaz. f. *Electrón.* Zona de comunicación o acción de un sistema sobre otro.

interfecto, ta. adj. Muerto violentamente.

interferencia. f. Acción y efecto de interferir. || *Fís.* Acción recíproca de las ondas, ya sea en el agua, ya en la propagación del sonido, del calor o de la luz, etc. || Mezcla de las señales de dos emisoras.

interferir. ≅interrumpir. tr. Cruzar, interponer. Ú. t. c. prnl. || *Fís.* Causar interferencia. Ú. t. c. intr.

interfono. m. Red y aparato telefónico utlizado solo para comunicaciones interiores.

intergaláctico, ca. adj. Relativo a los espacios existentes entre las galaxias.

interglaciar. adj. Díc. del período comprendido entre dos glaciaciones.

ínterin. m. Interinidad. || adv. t. Entretanto, mientras.

interino, na. adj. y s. Que sirve por algún tiempo supliendo la falta de otra persona o cosa.

interior. adj. Que está de la parte de adentro. || Díc. de la habitación o cuarto que no tiene vistas a la calle. || fig. Que sólo se siente en el alma. || fig. Relativo a la nación de que se habla, en contraposición a lo extranjero: *política* ↶. || m. La parte interior de una cosa.

interioridad. f. Calidad de interior. || pl. Cosas privativas o secretas de las personas, familias o corporaciones.

interjección. f. *Gram.* Voz que formando por sí sola una oración elíptica o abreviada, expresa alguna impresión súbita, como asombro, sorpresa, dolor, molestia, amor, etc.

interlocutor, ra. m. y f. Cada una de las personas que toman parte en un diálogo.

intermediario, ria. adj. y s. Que media entre dos o más personas, y especialmente entre el productor y el consumidor.

intermedio, dia. adj. Que está en medio de los extremos de lugar, tiempo, calidad, tamaño, etc. || m. Espacio que hay de un tiempo a otro o de una acción a otra. || Espacio de tiempo durante el cual queda interrumpida la representación o ejecución de un espectáculo.

interminable. ◁finito. adj. Que no tiene término o fin.

intermisión. f. Interrupción.

intermitencia. ◁continuidad. f. Calidad de intermitente. || *Med.* Aparición y desaparición alternativa de un síntoma.

intermitente. adj. Que se interrumpe o cesa y prosigue o se repite: *fiebre* ↶. || m. Dispositivo del automóvil que enciende y apaga periódicamente una luz lateral para señalar un cambio de dirección en la marcha.

internacional. ≅mundial. ≅universal. adj. Relativo a dos o más naciones. || Aplícase al deportista que ha intervenido en pruebas internacionales. Ú. t. c. s.

internado, da. m. Estado y régimen del alumno interno o de las personas que viven internas en establecimientos sanitarios o benéficos. || Establecimiento donde viven alumnos u otras personas internas.

internar. tr. Trasladar tierra adentro. || Encerrar. || prnl. Avanzar hacia adentro. || fig. Introducirse en los secretos y amistad de uno o profundizar una materia.

internista. adj. y s. Médico que se dedica especialmente al estudio y tratamiento de enfermedades que afectan a los órganos internos.

interno, na. adj. Interior. || Díc. del alumno que vive en un establecimiento de enseñanza o del alumno de una facultad de medicina que presta servicios auxiliares en alguna cátedra o clínica. Ú. t. c. s.

interpelar. ≅interrogar. ≅preguntar. ≅requerir. tr. Implorar el auxilio de uno o recurrir a él solicitando su amparo o protección. || Exigir explicaciones.

interplanetario, ria. adj. Díc. del espacio existente entre dos o más planetas.

interpolar. tr. Poner una cosa entre otras. || Intercalar palabras o frases en obras o escritos ajenos.

interponer. tr. Interpolar. || *Der.* Formalizar algún recurso legal.

interpretar. tr. Explicar o declarar el sentido de una cosa. || Explicar el sentido de algo. || Representar un texto de carácter dramático. || Ejecutar un artista una obra.

intérprete. com. Persona que interpreta. || Persona que se ocupa en explicar a otras, en idioma que entienden, lo dicho en lengua que les es desconocida.

interregno. m. Espacio de tiempo en que un Estado no tiene soberano.

interrelación. f. Correspondencia mutua entre personas, cosas o fenómenos.

interrogación. f. Pregunta. || Signo ortográfico (¿?) que se pone al principio y fin de una palabra o cláusula interrogativa.

interrogante. adj. y s. Que interroga. || amb. Pregunta. || Problema no aclarado, incógnita.

interrogar. tr. Preguntar.

interrogativo, va. adj. Que implica o denota interrogación.

interrogatorio. m. Serie de preguntas, comúnmente formuladas por escrito. || Papel o documento que las contiene. || Acto de dirigirlas a quien las ha de contestar.

interrumpir. ≅suspender. ◁continuar. tr. Cortar la continuidad de una acción. || Atravesarse uno con su palabra mientras otro está hablando.

interruptor. m. Mecanismo destinado a interrumpir o establecer un circuito eléctrico.

intersección. f. *Geom.* Punto común a dos líneas que se cortan.

intersticio. m. Espacio pequeño entre dos cuerpos o entre dos partes de un mismo cuerpo. || Intervalo.

interurbano, na. adj. Díc. de las relaciones y servicios de comunicación entre distintos barrios o entre varias ciudades.

intervalo. m. Espacio o distancia que hay de un tiempo a otro o de un lugar a otro. || *Mús.* Diferencia de tono entre los sonidos de dos notas musicales.

intervención. f. Acción y efecto de intervenir || Oficina del interventor. || Operación quirúrgica

intervencionismo. m. Actitud política de un Estado que le lleva a intervenir en los asuntos internos de otro o en la guerra surgida entre otras naciones.

intervenir. intr. Tomar parte en un asunto. Interceder o mediar por uno. || Interponerse entre dos o más que riñen. || tr. Tratándose de cuentas examinarlas y censurarlas. || Realizar una operación quirúrgica.

interventor, ra. adj. y s. Que interviene. || m y f. Persona que autoriza y fiscaliza ciertas operaciones.

interviú. f. Entrevista.

intestado, da. adj. y s. *Der.* Que muere sin hacer testamento válido.

intestinal. adj. Relativo al intestino.

intestino, na. ≅tripa. adj. Interior, interno. || fig. Civil, doméstico. || m. Conducto membranoso, provisto de tejido muscular, en el que se completa la digestión y se absorben las substancias digeridas.

intimar. tr. Declarar, notificar, hacer saber. || prnl. e intr. fig. Introducirse en el afecto o ánimo de uno.

intimidad. ≅confianza. ≅familiaridad. ◁enemistad. f. Amistad íntima. || Zona espiritual íntima y reservada: ∿ *personal, familiar.*

intimidar. tr. y prnl. Causar o infundir miedo.

íntimo, ma. ◁extraño. adj. Más interior o interno. || Díc. de la amistad muy estrecha y del amigo muy querido y de confianza.

intocable. adj. Que no se puede tocar.

intolerable. adj. Que no se puede tolerar.

intolerancia. ◁transigencia. f. Falta de tolerancia. || *Fisiol.* Conjunto de reacciones opuestas a la acción de un producto extraño.

intoxicación. f. Infección causada por la introducción de una substancia venenosa en el organismo.

intoxicar. tr. y prnl. Inficionar con tóxico, envenenar. || fig. Dar en exceso información manipulada con el fin de crear un estado de opinión propicio a ciertos fines.

intradós. m. Superficie inferior visible de un arco o bóveda.

intramuros. adv. l. y s. Dentro de una ciudad, villa o lugar.

Intestino

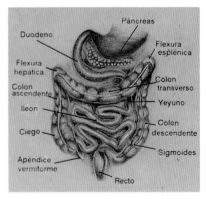

Páncreas
Duodeno
Flexura esplénica
Flexura hepática
Colon ascendente
Colon transverso
Íleon
Yeyuno
Ciego
Colon descendente
Apéndice vermiforme
Sigmoides
Recto

intramuscular. adj. Que está o se pone dentro de un músculo: *inyección* ⌣.

intranquilidad. f. Falta de tranquilidad; inquietud, zozobra.

intranquilo, la. adj. Falto de tranquilidad.

intransferible. adj. No transferible.

intransigente. ≅fanático. adj. Que no transige. || Que no se presta a transigir.

intransitable. adj. Lugar o sitio por donde no se puede transitar.

intransitivo, va. adj. Díc. del verbo que se construye sin complemento directo, como *nacer, morir, correr.*

intrascendente. adj. Que no es trascendente.

intratable. ≅arisco. ≅huraño. adj. No tratable ni manejable. || fig. Insociable.

intrauterino, na. adj. Que está situado u ocurre dentro del útero.

intravenoso, sa. adj. Díc. de lo que está o se pone dentro de una vena.

intrépido, da. adj. Que no teme en los peligros. || fig. Que obra o habla sin reflexión.

intriga. f. Manejo cauteloso, acción que se ejecuta con astucia y ocultamente, para conseguir un fin. || Enredo, embrollo.

intrigar. intr. Emplear intrigas, usar de ellas. || tr. Inspirar viva curiosidad una cosa.

intrincado, da. adj. Enredado, complicado.

intríngulis. ʃʃintríngulis. f. fam. Intención solapada, razón oculta. || Dificultad, complicación.

intrínseco, ca. adj. Íntimo, esencial.

introducción. f. Acción y efecto de introducir. || Preparación, disposición. || Exordio, preámbulo. || Parte inicial de una composición musical.

introducir. tr. Dar entrada. Ú. t. c. prnl. || Meter o hacer entrar o penetrar una cosa en otra. || fig. Hacer que uno sea recibido o admitido en un lugar, granjearle el trato, la amistad, etc., de otra persona.

introito. m. Entrada o principio de un escrito o de una oración.

intromisión. f. Acción y efecto de entrometer.

introspección. f. Observación interna del alma o de sus actos.

introversión. f. Acción y efecto de penetrar el alma humana dentro de sí misma, abstrayéndose de los sentidos.

introvertido, da. adj. y s. Dado a la introversión.

intrusismo. m. Ejercicio de actividades profesionales por persona no autorizada legalmente para ello.

intruso, sa. adj. Que se ha introducido sin derecho.

intubar. tr. *Med.* Colocar un tubo metálico dentro de la laringe para permitir el acceso del aire y evitar la asfixia del enfermo.

intuición. f. Percepción o conocimiento claro, directo e inmediato de una idea o una verdad, sin necesidad de razonamiento lógico.

intuir. tr. Percibir o adquirir conocimiento de una cosa por intuición.

inundación. f. Acción y efecto de inundar. || fig. Abundancia excesiva.

inundar. tr. y prnl. Cubrir el agua los terrenos y a veces las poblaciones. || *Mar.* Llenar de agua un tanque, compartimiento o buque.

inusitado, da. ≅raro. ◁habitual. adj. No usado.

inútil. adj. Que no sirve para nada.

inutilidad. ◁eficacia. f. Calidad de inútil.

inutilizar. ≅averiar. ≅incapacitar. ≅inhabilitar. tr. y prnl. Hacer inútil o nula una cosa.

invadir. tr. Acometer, entrar por fuerza en una parte. || fig. Entrar injustificadamente en funciones ajenas.

invalidar. ≅anular. ◁capacitar. tr. Hacer inválida, nula o de ningún valor y efecto una cosa.

invalidez. f. Calidad de inválido.

inválido, da. adj. Que no tiene fuerza ni vigor. || Díc. de la persona que adolece de un defecto físico o mental. Ú. t. c. s. || fig. Nulo y de ningún valor, por no tener las condiciones que exigen las leyes.

invariable. adj. Que no cambia.

invasión. f. Ocupación de un país por fuerzas militares extranjeras. || fig. Penetración masiva.

invasor, ra. adj. y s. Que entra por fuerza.

invectiva. f. Discurso o escrito acre y violento.

invencible. ≅invicto. adj. Que no puede ser vencido.

invención. f. Acción y efecto de inventar. || Cosa inventada. || Engaño, ficción. || Hallazgo, descubrimiento.

inventar. tr. Hallar o descubrir una cosa nueva o no conocida. || Imaginar, crear. || Fingir hechos falsos; levantar embustes.

inventariar. tr. Hacer inventario.

inventario. m. Asiento de los bienes y demás cosas pertenecientes a una persona o comunidad, hecho con orden y distinción. || Papel o instrumento en que están escritas dichas cosas.

inventiva. ≅imaginación. ≅ingenio. f. Facultad y disposición para inventar.

invento. m. Acción y efecto de inventar. || Cosa inventada.

inventor, ra. adj. Que inventa.

invernadero. m. Sitio para pasar el invierno. || Paraje destinado para que pasten los ganados en dicha estación. || Lugar preparado para defender las plantas contra el frío.

invernal. adj. Relativo al invierno.

invernar. intr. Pasar el invierno.

inverosímil. adj. Que no tiene apariencia de verdad.

inversión. f. Acción y efecto de invertir. || Homosexualidad. || *Econ.* Compra de activos por una persona natural o jurídica.

inversionista. adj. y s. Díc. de la persona natural o jurídica que hace una inversión de caudales.

inverso, sa. adj. Alterado, trastornado.

invertebrado, da. adj. y s. Díc. de los animales desprovistos de columna vertebral y, por tanto, de esqueleto cartilaginoso u óseo.

invertido, da. adj. Alterado, cambiado. || m. Homosexual.

invertir. tr. Alterar, trastornar las cosas o el orden de ellas. || Hablando de caudales, emplearlos, gastarlos. || Hablando del tiempo, emplearlo u ocuparlo.

investidura. f. Acción y efecto de investir. || Carácter que se adquiere con la toma de posesión de ciertos cargos o dignidades.

investigación. f. Indagación, búsqueda, estudio.

investigar. tr. Hacer diligencias para descubrir una cosa.

investir. ≅conceder. tr. Conferir una dignidad.

inveterado, da. adj. Antiguo, arraigado.

inviable. adj. Que no se puede llevar a cabo.

invicto, ta. adj. No vencido; siempre victorioso.

invidente. adj. y s. Que no ve, ciego.

invierno. m. Una de las cuatro estaciones del año, fría, que en el hemisferio septentrional comienza con el solsticio de invierno (21 de diciembre) y termina con el equinoccio de primavera (21 de marzo).

inviolabilidad. f. Calidad de inviolable. || Prerrogativa personal del monarca, declarada en la Constitución del Estado.

inviolable. adj. Que no se debe o no se puede violar o profanar. || Que goza de la prerrogativa de inviolabilidad.

invisible. adj. Que no puede ser visto.

invitación. f. Acción y efecto de invitar. || Cédula o tarjeta con que se invita.

invitado, da. m. y f. Persona que ha recibido invitación.

invitar. tr. Convidar. || Incitar, estimular.

invocación. f. Acción y efecto de invocar. || Oración, ruego.

invocar. tr. Llamar uno a otro en su favor o auxilio. || Acogerse a una ley, costumbre o razón; exponerla, alegarla.

involución. f. Fase regresiva de un proceso biológico, o modificación retrógrada de un órgano, en especial, del útero después del parto. || Detención y retroceso de una evolución política, cultural, económica, que se considera positiva.

involucionista. com. Partidario de una involución en política, cultura, etc..

involucrar. tr. Abarcar, incluir, comprender. || Injerir en los discursos o escritos cuestiones o asuntos extraños al principal objeto de ellos. || Complicar al alguien en un asunto. Ú. t. c. prnl.

involuntario, ria. ≅impensado. ≅instintivo. adj. No voluntario.

invulnerable. adj. Que no puede ser herido.

inyección. f. Acción y efecto de inyectar. || Fluido inyectado. || *Mec.* En los motores Diesel, proceso para llevar el combustible a gran presión al cilindro.

inyectable. adj. y m. Substancia o medicamento preparados para usarlos en inyecciones.

inyectar. tr. Introducir a presión un gas, un líquido, o una masa fluida, en el interior de un cuerpo o de una cavidad.

inyector. m. Aparato que sirve para introducir el agua en las calderas de vapor. || *Mec.* En los motores Diesel, aparato que introduce el combustible pulverizado en el interior del cilindro.

ion. m. *Quím.* Radical que se disocia de las substancias al disolverse éstas, y da a las soluciones el carácter de la conductividad eléctrica. || *Fís.* Átomo, molécula o grupo de moléculas con carga eléctrica.

ionizar. tr. y prnl. Disociar una molécula en iones o convertir un átomo o molécula en ion.

ionosfera. f. Conjunto de capas de la atmósfera que están entre 70 y 500 km. Presentan fuerte ionización causada por la radiación solar.

iota. f. Novena letra del alfabeto griego (I, ι); corresponde a *i* castellana.

ipecacuana. f. Planta de América Meridional. || Raíz de esta planta.

ípsilon. f. Vigésima letra del alfabeto griego (Y, υ), corresponde a la *y* castellana.

ipsofacto. loc. lat. Inmediatamente, en el acto.

ir. ◁venir. intr. Moverse de un lugar hacia otro.

Ú. t. c. prnl. || Venir bien o mal, acomodarse o no una cosa con otra. || Caminar de acá para allá. || Distinguirse, diferenciarse. || Dirigirse: *este camino va a la aldea.* || Extenderse, ocupar. || Junto con la prep. *contra,* perseguir. || Con la prep. *en,* importar, interesar: *en eso le va la vida.* || Con la prep. *por,* seguir una carrera: *va por la milicia.* || prnl. Morirse o estarse muriendo.

ira. ≅cólera. ◁humildad. f. Pasión del alma, que mueve a indignación y enojo. || Deseo de venganza. || fig. Furia o violencia de los elementos.

iracundo, da. ≅colérico. adj. y s. Propenso a la ira.

iraní. adj. y s. De Irán (Asia).

iraquí. adj. y s. De Irak (Asia).

irascible. adj. Propenso a irritarse.

iridio. m. Metal blanco amarillento, quebradizo, muy difícilmente fusible y algo más pesado que el oro. Peso atómico, 193,1; núm. atómico, 77; símbolo, *Ir.*

iris. m. Arco de colores que a veces se forma en las nubes cuando el Sol, a espaldas del espectador, refracta y refleja su luz en la lluvia. || Disco membranoso del ojo de los vertebrados y cefalópodos, de color vario, en cuyo centro está la pupila.

irisar. intr. Presentar los colores del arco iris.

irlandés, sa. adj. y s. De Irlanda. || m. Lengua hablada por los irlandeses.

ironía. f. Burla fina y disimulada.

iroqués, sa. adj. Individuo de una familia indígena de la América Septentrional. Ú. t. c. s. || Relativo a esta familia. || m. Lengua de los iroqueses.

irracional. ≅absurdo. ≅bestia. ≅bruto. ≅insensato. adj. Que carece de razón. Ú. t. c. s. || Opuesto a la razón o que va fuera de ella. || *Mat.* Díc. de las raíces o cantidades radicales que no pueden expresarse exactamente con números enteros ni fraccionarios.

irradiar. ≅difundir. ≅esparcir. tr. Despedir un cuerpo rayos de luz, calor u otra energía en todas direcciones. || Someter algo a una radiación.

irreal. adj. No real; falto de realidad.

irrealizable. adj. Que no se puede realizar.

irredento, ta. adj. Que permanece sin redimir. Díc. especialmente del territorio que una nación pretende anexionarse por razones históricas, de lengua, raza, etc.

irreducible o **irreductible.** adj. Que no se puede reducir.

irreemplazable. adj. No reemplazable.

Arco iris en las cascadas de Krimml (Austria)

irreflexivo, va. adj. Que no reflexiona. || Que se dice o hace sin reflexionar.

irrefrenable. adj. Que no se puede refrenar.

irregular. adj. Que va fuera de regla; contrario a ella. || Que no es uniforme o regular. || Raro. || *Geom.* Díc. del polígono y del poliedro que no son regulares. || *Gram.* Díc. de la palabra derivada o formada de otro vocablo, que no se ajusta en su formación a la regla seguida generalmente por las de su clase.

irregularidad. ≅anomalía. ≅fraude. ◁continuidad. f. Calidad de irregular. || fig. y fam. Malversación, desfalco, cohecho.

irrelevante. adj. Que carece de importancia o significación.

irremediable. adj. Que no se puede remediar.

irremisible. adj. Imperdonable.

irreparable. adj. Que no se puede reparar.

irreprimible. adj. Que no se puede reprimir.

irreprochable. adj. Que no puede ser reprochado.

irresistible. adj. Que no se puede resistir.

irresoluble. adj. Díc. de lo que no se puede resolver o determinar.

irresoluto, ta. adj. y s. Que carece de resolución.

irrespetuoso, sa. ≅desatento. ≅irreverente. adj. No respetuoso.

irrespirable. adj. Que no puede respirarse: *gas* ∿. || Que difícilmente puede respirarse: *aire, atmósfera* ∿.

irresponsable. adj. No responsable. || Inconsciente. Ú. t. c. s.

irreverente. adj. y s. Contrario a la reverencia o respeto debido.

irreversible. adj. Que no es reversible.

irrevocable. adj. Que no se puede revocar.

irrigación. Acción y efecto de irrigar. || Líquido que se introduce en el cuerpo.

irrigar. tr. Rociar o regar con un líquido alguna parte del cuerpo. || Regar.

irrisorio, ria. ≅insignificante. adj. Que mueve o provoca a risa y burla.

irritabilidad. f. Propensión a conmoverse o irritarse con violencia o facilidad.

irritación. f. Acción y efecto de irritar o irritarse. || Inflamación de una parte del cuerpo.

irritar. tr. y prnl. Hacer sentir ira. || *Med.* Causar dolor o inflamación.

irrompible. adj. Que no se puede romper.

irrumpir. intr. Entrar violentamente.

isa. f. Canto y baile típico de las Islas Canarias.

isabelino, na. adj. Relativo a cualquiera de las reinas que llevaron el nombre de Isabel en España o Inglaterra.

isla. ≅ínsula. f. Porción de tierra rodeada de agua por todas partes. || Manzana de casas.

islam, m. Islamismo. || Conjunto de los pueblos que tienen esta religión.

islamismo. m. Conjunto de dogmas y preceptos morales que constituyen la religión de Mahoma.

islandés, sa. adj. y s. De Islandia. || m. Idioma hablado en Islandia.

isleño, ña. ≅insular. adj. y s. Natural de una isla.

islote. m. Isla pequeña y deshabitada.

isobara o **isóbara.** f. *Meteor.* Curva para la representación cartográfica de todos los puntos de la Tierra con la misma presión atmosférica.

isobárico, ca. adj. De igual presión atmosférica.

isómero, ra. adj. Díc. de los cuerpos que con igual composición química tienen distintas propiedades físicas.

isomorfo, fa. adj. Díc. de los minerales de diferente composición química e igual forma cristalina.

isósceles. adj. Díc. del triángulo que tiene dos lados iguales.

isotermo, ma. adj. *Fís.* De igual temperatura.

isótopo. adj. y s. Díc. del nucleido que tiene el mismo número atómico que otro, cualquiera que sea su número másico.

isótropo, pa. adj. *Fís.* y *Miner.* Díc. de la materia que, con respecto a alguna propiedad determinada, no presenta direcciones privilegiadas.

isquion. m. Hueso que, con el pubis y el ilion, constituye la cintura pelviana de los vertebrados.

israelí. adj. y s. Del Estado moderno de Israel.

israelita. adj. Hebreo, judío. Apl. a pers., ú. t. c. s. || Relativo al que profesa la ley de Moisés. || Natural del antiguo reino de Israel. Ú. t. c. s.

istmo. m. Lengua de tierra que une dos continentes o una península con un continente.

italianismo. m. Giro o modo de hablar propio de la lengua italiana.

italiano, na. adj. y s. De Italia. || m. Lengua italiana.

ítem. adv. lat. Además.

iterar. tr. Repetir.

iterativo, va. adj. Que se repite.

itinerario, ria. adj. Relativo a caminos. || m. Dirección y descripción de un camino. || Ruta, trayecto.

itrio. m. Elemento metálico de color gris obscuro; se usa en tecnología nuclear, en electrónica, como desoxidante, etc. Peso atómico, 88,92; núm. atómico, 39; símbolo, Y.

izar. ≅elevar. ≅levantar. tr. Hacer subir algo: *icemos las velas, la bandera.*

izquierda. f. Mano izquierda. || En las asambleas parlamentarias, los representantes de los partidos no conservadores ni centristas.

izquierdista. adj. y com. Persona, partido, institución, etc., que comparten las ideas de la izquierda política.

izquierdo, da. adj. Díc. de lo que está en la mitad longitudinal del cuerpo humano que aloja la mayor parte del corazón. || Díc. de lo que está situado hacia esa parte del cuerpo de un observador. || Zurdo.

j. f. Undécima letra del abecedario español y octava de sus consonantes. Su nombre es *jota* y su sonido varía desde el vibrante a la simple aspiración, según la pronunciación en las diferentes regiones.

jabalí. ∬jabalíes. m. Mamífero paquidermo suido, del que se han originado todas las razas del cerdo doméstico. Sus colmillos son grandes y salientes de la boca.

jabalina. f. Hembra del jabalí.

jabalina. f. Arma, a manera de venablo, que se usaba en la caza mayor y hoy se emplea en los deportes.

jabato, ta. adj. y s. fam. Valiente, atrevido. || m. Cachorro del jabalí.

jábega. f. Red muy larga, compuesta de un copo y dos bandas, de las cuales se tira desde tierra.

jabeque. m. Embarcación de tres palos, con velas latinas, que también suele navegar a remo.

jabón. m. Pasta que resulta de la combinación de un álcali con los ácidos del aceite u otro cuerpo graso; es soluble en el agua, y por sus propiedades detergentes sirve comúnmente para lavar.

jabonar. tr. y prnl. Enjabonar.

jaboncillo. m. Pastilla de jabón aromatizada. || Árbol sapindáceo americano. La pulpa de su fruto produce con el agua una especie de jabón. || El jabón que utilizan los sastres para señalar en la tela.

jabonera. f. Recipiente para depositar o guardar el jabón de tocador. || Nombre de diversas plantas que hacen espuma en el agua.

jabonería. f. Fábrica de jabón. || Tienda donde se vende jabón.

jabonero, ra. adj. Relativo al jabón. || Díc. del toro cuya piel es de color blanco sucio que tira a amarillento. || m. y f. Persona que hace o vende jabón.

jaca. f. Caballo cuya alzada no llega a siete cuartas. || Yegua, hembra del caballo.

jácara. f. Romance alegre en que por lo regular se cuentan hechos de la vida airada. || Cierta música para cantar o bailar. || Especie de danza, formada al tañido o son propio de la jácara. || Junta de gente alegre que de noche anda cantando por las calles. || fig. y fam. Molestia o enfado por alusión a los que molestan de noche cantando.

jacarandá. m. Árbol americano, de flores azules, muy cultivado en parques y jardines.

jacarandoso, sa. adj. fam. Donairoso, alegre, desenvuelto.

jacinto. m. Hierba liliácea con flores en racimo, de color blanco, azul, rosado o amarillento, muy olorosas. || Flor de esta planta. || Silicato de circonio, circón.

jaco. m. Caballo pequeño y ruin.

jacobeo, a. adj. Relativo al apóstol Santiago.

jacobino, na. adj. y s. Del partido más radical surgido de la Revolución Francesa.

jactancia. ≅arrogancia. ≅presunción. ≅vanagloria. ◁modestia. f. Alabanza propia, desordenada y presuntuosa.

jactarse. prnl. y tr. Alabarse con presunción.

jaculatoria. f. Oración breve y fervorosa.

jade. m. Piedra semipreciosa, blanquecina o verdosa con manchas rojizas o moradas.

jadear. intr. Respirar anhelosamente.

jaez. ≅ guarnición. ≅ índole. m. Cualquier adorno que se pone a las caballerías. Ú. m. en pl. || Adorno de cintas con que se enjaezan las crines del caballo en días de gala. || fig. Calidad de una cosa.

jagua. f. Árbol rubiáceo de América, de fruto como un huevo de ganso y de pulpa agridulce. || Fruto de este árbol.

jaguar. m. Mamífero carnívoro de la familia de los félidos. Vive en América y es parecido a la pantera. Caza de noche y es animal muy temible.

jalar. tr. fam. Tirar de una cuerda, halar. || fam. Comer con mucho apetito.

jalbegar. tr. Enjalbegar.

jalbegue. m. Blanqueo. || Lechada de cal dispuesta para blanquear o enjalbegar.

jalea. f. Conserva de frutas, de aspecto transparente y consistencia gelatinosa. || Alimento de las larvas de las abejas durante los tres primeros días de su vida y de la reina durante toda ella. Se utiliza en medicina como reconstituyente, y es más conocida por *jalea real.*

jalear. tr. Llamar a los perros a voces para

Jaguar

cargar o seguir la caza. || Animar con palmadas, ademanes y expresiones a los que bailan, cantan, etc. Ú. t. c. prnl.

jaleo. ≅ jarana. m. Acción y efecto de jalear. || Cierto baile popular andaluz. || Tonada y coplas de este baile. || fam. Diversión bulliciosa. || fam. Alboroto, tumulto, pendencia.

jalifa. m. *Hist.* Representante del sultán en la zona del antiguo protectorado español en Marruecos.

jalón. m. Vara que se clava en tierra para determinar puntos fijos cuando se levanta el plano de un terreno. || Hito.

jalonar. tr. Establecer o señalar jalones. Ú. t. en sent. fig. || Marcar etapas o situaciones en un determinado proceso o evolución.

jamar. tr. fam. Tomar alimento, comer.

jamás. adv. t. Nunca. Pospuesto a este adverbio y a *por siempre,* refuerza el sentido de una y otra voz.

jamba. f. Cualquiera de las dos piezas que, puestas verticalmente en los dos lados de las puertas o ventanas, sostienen el dintel o el arco de ellas.

jamelgo. ≅ penco. n. fam. Caballo flaco y desgarbado, por hambriento.

jamón. m. Carne curada de la pierna del cerdo.

jamona. adj. y s. fam. Mujer que ha pasado de la juventud, especialmente cuando es gruesa.

jamugas. f. pl. Silla de tijera que se coloca sobre el aparejo de las caballerías.

jansenismo. m. Doctrina de C. Jansen, teólogo holandés, que ponderaba la influencia de la gracia divina para obrar el bien.

japonés, sa. ≅ nipón. adj. y s. De Japón. || m. Idioma de Japón.

japuta. f. Pez acantopterigio que vive en el Mediterráneo. Es comestible y recibe diferentes nombres según las regiones.

jaque. m. Lance del ajedrez en que un jugador, mediante el movimiento de una pieza, amenaza directamente al rey del otro, con obligación de avisarlo. Por ext., úsase también cuando se amenaza directamente a la reina, sin tal obligación. || Palabra con que lo avisa. || fig. Ataque, amenaza, acción que perturba o inquieta a otro, o le impide realizar sus propósitos. Ú. especialmente con el verbo *dar,* y en las frs. *poner, tener, traer en jaque.*

jaqueca. f. Dolor de cabeza que ataca solamente en un lado o en una parte de ella.

jaquetón. m. Tiburón parecido al marrajo.

jara. ≅ flecha. ≅ saeta. f. Arbusto cistíneo, de

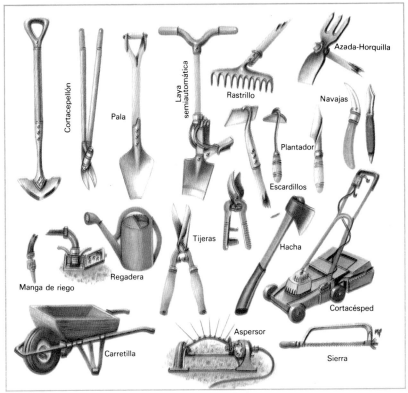

Herramientas de jardinería

flores blancas y unos dos metros de altura. Muy común en los montes españoles.

jarabe. m. Bebida que se hace cociendo azúcar en agua hasta que se espese, y añadiendo zumos refrescantes o substancias medicinales. || fig. Cualquier bebida excesivamente dulce.

jaramago. m. Planta herbácea de flores amarillas pequeñas, que crece entre los escombros.

jarana. f. fam. Diversión bulliciosa.

jaranero, ra. adj. y s. Aficionado a jaranas.

jarcia, ≅cordaje. f. Aparejos y cabos de un buque. Ú. m. en pl. || Conjunto de instrumentos y redes para pescar.

jarcha. f. Estrofa final que formaba el estribillo en algunos romances mozárabes. Se considera la muestra más antigua de la lírica castellana.

jardín. ≅vergel. m. Terreno en donde se cultivan plantas predominantemente ornamentales.

jardinería. f. Arte de cultivar los jardines.

jardinero, ra. m. y f. Persona que cuida y cultiva un jardín. || f. Mueble para colocar en él macetas con plantas de adorno o las mismas plantas.

jareta. f. Costura que se hace en la ropa doblando la orilla y cosiéndola por un lado de suerte que quede un hueco para meter por él una cinta o cordón.

jaretón. m. Dobladillo muy ancho.

jaro, ra. adj. y s. Animal que tiene el pelo rojizo.

jarra. f. Vasija generalmente de loza con cuello y boca anchos y una o más asas.

jarrear. intr. fam. Sacar agua o vino con el jarro. || Sacar agua de un pozo, a fin de que no se sequen los veneros.

jarrete. m. Corva de la rodilla. || Corvejón de los cuadrúpedos. || Parte alta y carnuda de la pantorrilla hacia la corva.

jarretera. f. Liga con su hebilla, con que se ata la media o el calzón por el jarrete. || Orden militar inglesa.

jarro. m. Vasija de barro, loza, vidrio o metal, a manera de jarra y con sólo un asa. || Cantidad de líquido que cabe en ella.

jarrón. m. Pieza arquitectónica en forma de jarro, con que se decoran edificios, galerías, escaleras, jardines, etc., puesta casi siempre sobre un pedestal y como adorno de remate.

jaspe. m. Piedra silícea de grano fino, textura homogénea, opaca y de colores variados. || Mármol veteado.

jaspear. tr. Pintar imitando las vetas y salpicaduras del jaspe.

jauja. f. Nombre con que se denota todo lo que quiere presentarse como tipo de prosperidad y abundancia.

jaula. ≅cávea. f. Caja hecha con listones de madera, alambre, barrotes de hierro, etc., y dispuesta para encerrar animales. || Armazón que se emplea en los pozos de las minas para subir y bajar los operarios y los materiales.

jauría. f. Conjunto de perros que cazan mandados por el mismo podenquero.

jazmín. m. Arbusto oleáceo, de flores blancas y olorosas. || Flor de este arbusto.

jazmíneo, a. adj. Díc. de matas y arbustos oleáceos, con flores hermafroditas y regulares, cáliz persistente y fruto en baya con dos semillas; como el jazmín. Ú. t. c. s. f. || f. pl. Familia de estas plantas.

jeep. ∬jeeps. m. Vehículo adaptable a todo terreno que se emplea para el transporte.

jefatura. f. Cargo o dignidad de jefe. || Puesto de guardias de seguridad bajo las órdenes de un jefe.

jefe. ≅caudillo. ≅director. ≅líder. m. Superior o cabeza de un cuerpo u oficio. || Cabeza o presidente de un partido o corporación. || En el ejército y en la marina, categoría superior a la de capitán.

jengibre. m. Planta cingiberácea de la India, cuyo rizoma se usa en medicina y como especia. También en la elaboración de la cerveza de jengibre *(ginger-ale)*. || Rizoma de esa planta.

jenízaro, ra. adj. y s. Mestizo. || m. Soldado de infantería de la antigua guardia del sultán de los turcos.

jeque. m. Superior entre los musulmanes y otros pueblos orientales, que gobierna y manda un territorio o provincia, ya sea como soberano, ya como feudatario.

jerarca. m. Superior en la jerarquía eclesiástica. || com. Persona que tiene elevada categoría en una organización, empresa, etc.

jerarquía. ≅clase. f. Orden entre los diversos coros de los ángeles. || Grados o diversas categorías de la Iglesia. || Por ext., orden o grados de otras personas o cosas. || Cada uno de los núcleos o agrupaciones constituidos, en todo escalafón, por personas de saber o condiciones similares.

jerarquizar. tr. Organizar de modo jerárquico alguna cosa.

jerez. m. Vino blanco y de fina calidad, que se cría y elabora en la zona integrada por los términos municipales de Jerez de la Frontera, El Puerto de Santa María y Sanlúcar de Barrameda.

jerga. ≅argot. ≅galimatías. ≅germanía. f. Lenguaje especial que usan entre sí los individuos de una profesión o clase social. || Jerigonza, lenguaje difícil de entender.

jergón. m. Colchón de paja, esparto o hierba y sin bastas. || fig. y fam. Persona gruesa, pesada, tosca y perezosa.

jerigonza. f. Lenguaje especial de algunos gremios, jerga. || fig. y fam. Lenguaje de mal gusto, complicado y difícil de entender.

jeringa. f. Instrumento compuesto de un tubo, dentro del cual se mueve un émbolo por medio del que asciende primero, y se arroja o inyecta después, un líquido cualquiera. Sirve comúnmente para enemas e inyecciones. || Instrumento de igual clase dispuesto para impeler o introducir materias no líquidas pero blandas, como la masa con que se hacen los embutidos.

jeringar. ≅aburrir. ≅cansar. ≅fastidiar. tr. Arrojar por medio de la jeringa el líquido con fuerza y violencia a la parte que se destina. || fig. y fam. Molestar o enfadar. Ú. t. c. prnl.

jeringuilla. f. dim. de jeringa. || Jeringa pequeña en la que se enchufa una aguja hueca de punta aguda cortada a bisel, y sirve para inyectar substancias medicamentosas en el interior de tejidos u órganos.

jeroglífico, ca. adj. Escritura en que, por regla general no se representan las palabras con signos fonéticos o alfabéticos, sino el significado de las palabras con figuras o símbolos. Usaron este género de escritura los egipcios y otros pueblos antiguos, principalmente en los monumentos. || m. Cada uno de los caracteres o figuras usados en este género de escritura. || Conjunto de signos y figuras con que se expresa una frase, ordinariamente por pasatiempo o juego de ingenio.

jerónimo, ma. adj. y s. Díc. del religioso de la orden de San Jerónimo.

jerosolimitano, na. adj. y s. De Jerusalén.

jersey. ⁅ʃjerséis. m. Prenda de vestir, de punto, que cubre de los hombros a la cintura y se ciñe más o menos al cuerpo.

jesuita. adj. y s. Díc. del religioso de la Compañía de Jesús, fundada por San Ignacio de Loyola. || com. fig. y fam. Hipócrita, taimado.

jet. m. Avión de reacción.

jeta. ≅hocico. ≅rostro. f. Boca saliente por su configuración o por tener los labios muy abultados. || fam. Cara humana. || Hocico del cerdo.

ji. f. Vigésima segunda letra del alfabeto griego.

jíbaro, ra. adj. Díc. del individuo de una tribu indígena entre los ríos Marañón y Pastaza. Se les ha llamado *cazadores de cabezas,* por la costumbre de preparar como trofeo las de sus enemigos, reduciéndolas al tamaño de un puño. Ú. m. c. m. pl. || Relativo a esta tribu. || m. Lengua hablada por estos indígenas.

jibia. f. Molusco cefalópodo dibranquial, decápodo, también llamado *sepia.* Parecida al calamar, es muy común en nuestras costas. || Concha de la jibia, jibión.

jibión. m. Pieza caliza de la jibia.

jícara. ≅pocillo. f. Vasija pequeña que suele usarse para tomar chocolate.

jiennense. adj. y s. De Jaén (España).

jijona. f. Turrón de almendra molida, fabricado en Jijona (Alicante).

jijonenco, ca. adj. y s. De Jijona (Alicante).

jilguero. m. Pájaro muy común en España. Es uno de los más bonitos de Europa; se domestica fácilmente, canta bien, y puede cruzarse con el canario.

jineta. f. Mamífero carnívoro que en algunos lugares de África lo domestican para reemplazar con ventaja al gato común.

jineta. f. Arte de montar a caballo que consiste en llevar los estribos cortos y las piernas dobladas, pero en posición vertical desde la rodilla abajo.

jinete. m. Soldado de a caballo que peleaba en lo antiguo con lanza y adarga, y llevaba encogidas las piernas, con estribos cortos. || El que cabalga. || El que es diestro en la equitación.

jipiar. intr. Hipar, gemir, gimotear. || Cantar con voz semejante a un gemido.

jipijapa. f. Tira fina, flexible y muy tenaz, que se saca de las hojas del bombonaje, y se emplea en América meridional para tejer sombreros, petacas y otros objetos. || m. Sombrero de jipijapa.

jipío. m. Grito, quijido, lamento que en el cante flamenco se intercala en el copla.

jira. f. Pedazo algo grande y largo que se corta o rasga de una tela.

jira. f. Banquete o merienda campestre entre amigos, con regocijo y bulla.

jirafa. f. Mamífero rumiante de África, de hasta 5 m. de altura, cuello largo y esbelto y cabeza pequeña con dos cuernos poco desarrollados. Su pelaje es gris claro con manchas leonadas poligonales. || Mecanismo que permite mover el micrófono y ampliar su alcance en los estudios de cine y televisión.

jirón. ≅desgarrón. m. Pedazo desgarrado del vestido o de otra ropa. || Pendón que remata en punta. || fig. Parte o porción pequeña de un todo.

job. m. Hombre de mucha paciencia.

jóckey. m. Jinete profesional de carreras de caballos.

jocoso, sa. ◁serio. ◁triste. adj. Gracioso, chistoso, festivo, divertido.

Jirafa

jocundo, da. adj. Plácido, alegre y agradable.

joder. intr. Practicar el coito. Es voz malsonante. ‖ fig. Molestar, fastidiar. Ú. t. c. prnl. ‖ fig. vulg. Destrozar, arruinar, echar a perder. Ú. menos como prnl. ‖ Úsase como interjección de enfado, irritación, asombro, etc.

jofaina. ≅aguamanil. ≅palangana. f. Vasija de gran diámetro y poca profundidad, que sirve principalmente para lavarse la cara y las manos.

jolgorio. ≅bullicio. ≅jarana. m. fam. Diversión bulliciosa; holgorio.

ijolín! o **ijolines!** interj. eufemística por *ijoder!*

jónico, ca. adj. y s. De Jonia, ant. región de Grecia. ‖ *Arquit.* Díc. del orden cuyo capitel se adorna de grandes volutas. ‖ Uno de los cuatro principales dialectos del antiguo griego.

jonio, nia. adj. y s. De Jonia, ant. región de Grecia.

jornada. f. Camino que se anda regularmente en un día de viaje. ‖ Todo el camino o viaje, aunque pase de un día. ‖ Expedición militar. ‖ Duración del trabajo diario de los obreros y empleados. ‖ Estipendio del trabajador por un día, jornal.

jornal. m. Estipendio que gana el trabajador por cada día de trabajo. ‖ Este mismo trabajo. ‖ Medida de tierra de extensión varia.

jornalero, ra. m. y f. Persona que trabaja a jornal.

joroba. f. Giba, chepa. ‖ fig. y fam. Impertinencia, molestia.

jorobar. tr. y prnl. fig. y fam. Fastidiar, molestar, importunar.

jota. f. Nombre de la letra *j*. ‖ Cosa mínima. Ú. siempre con negación.

jota. f. Baile popular propio de Aragón, usado también en otras muchas regiones españolas. ‖ Música y copla con que se acompaña este baile. ‖ Copla que se canta con esta música.

joven. ≅mozo. ≅pollo. adj. De poca edad. ‖ com. Persona que está en la juventud.

jovial. adj. Alegre, festivo, apacible.

joya. ≅alhaja. ≅presea. f. Objeto pequeño de metal precioso, con pedrerías o perlas, o sin ellas, que sirve para adorno. ‖ fig. Cosa o persona de mucha valía.

joyel. m. Joya pequeña.

joyería. f. Trato y comercio de joyas. ‖ Tienda donde se venden. ‖ Taller donde se construyen.

joyero. m. El que hace o vende joyas. ‖ Estuche o armario para guardar joyas.

juanete. m. Pómulo muy abultado. ‖ Hueso del nacimiento del dedo grueso del pie, cuando so-

Joyas de perlas engastadas en oro. Museo de Artes Decorativas. Madrid

bresale demasiado. ‖ Cada una de las vergas que se cruzan sobre las gavias. ‖ Sobrehueso que se forma en la cara interior del tejuelo de las caballerías.

jubilación. f. Acción y efecto de jubilar. ‖ Renta que disfruta la persona jubilada.

jubilar. adj. Relativo al jubileo.

jubilar. tr. Disponer que por vejez, largos servicios o incapacidad, y generalmente con derecho a pensión, cese un funcionario civil en el ejercicio de su carrera o trabajo. ‖ Dispensar a una persona, por razón de edad o decrepitud, de ejercicios o cuidados que practicaba o le incumbían. ‖ fig. y fam. Desechar por inútil una cosa. ‖ prnl. Conseguir la jubilación.

jubileo. m. Fiesta pública israelita, celebrada cada cincuenta años. ‖ Entre los cristianos, indulgencia plenaria, concedida por el Papa. ‖ Espacio de tiempo que contaban los judíos de un jubileo a otro. ‖ fig. Entrada y salida frecuente de muchas personas en un sitio.

júbilo. m. Viva alegría y especialmente la que se manifiesta con signos exteriores.

jubón. m. Vestidura que cubre desde los hombros hasta la cintura, ceñida y ajustada al cuerpo.

judaísmo. m. Hebraísmo o profesión de la ley de Moisés.

judaizar. intr. Abrazar la religión judía. || Practicar ritos y ceremonias de la ley judaica.

judas. m. fig. Hombre alevoso, traidor. || Mirilla de la celda de una prisión. || fig. Muñeco de paja, que en algunas partes se quema en Semana Santa.

judería. f. Barrio de judíos. || Contribución que pagaban los judíos.

judía. ≅ alubia. ≅ habichuela. f. Planta herbácea anual papilionácea, de flores blancas y fruto, en vainas aplastadas con semillas en forma de riñón. || Semillas del fruto de esta planta. || En el juego del monte, cualquier naipe de figura.

judiada. f. Acción propia de judíos.

judicatura. f. Ejercicio de juzgar. || Dignidad o empleo de juez. || Tiempo que dura. || Cuerpo constituido por los jueces de un país.

judicial. adj. Relativo al juicio, a la administración de justicia o a la judicatura.

judío, a. adj. Hebreo. Apl. a pers., ú. t. c. s. || Relativo a los que profesan la ley de Moisés. || Natural de Judea. Ú. t. c. s. || Relativo a este país de Asia antigua. || m. Judión.

judión. m. Judía de vainas más anchas y cortas.

judo. m. Yudo.

juego. ≅ diversión. ≅ pasatiempo. m. Acción y efecto de jugar. || Ejercicio recreativo sometido a reglas. || En sentido absoluto, juego de naipes. || Articulación móvil que sujeta dos cosas entre sí. || Su movimiento. || Conjunto de cosas relacionadas, que sirven a un mismo fin: ᔆ *de café.* || Mezcla caprichosa de algo: ᔆ *de colores.* || pl. Espectáculos públicos: ᔆ*s olímpicos.*

juerga. ≅ jarana. f. Holgorio, parranda, jarana.

jueves. m. Día de la semana después del miércoles.

juez, za. m. y f. Persona que tiene autoridad y potestad para juzgar y sentenciar. || m. En las justas públicas y certámenes literarios, el que cuida de que se observen las leyes impuestas en ellos y de distribuir los premios. || El que es nombrado para resolver una duda. || Magistrado supremo del pueblo de Israel, hasta el establecimiento de la monarquía. || En algunas competiciones deportivas, árbitro.

jugada. f. Acción de jugar. || Lance de juego. || fig. Acción mala e inesperada.

jugador, ra. adj. y s. Que juega. || Que tiene el vicio de jugar. || Que es muy diestro en jugar.

jugar. intr. Hacer algo con el solo fin de entretenerse o divertirse. || Travesear, retozar. || Tomar parte en uno de los juegos sometidos a reglas. || Armonizar una cosa con otra. || Apostar. || Arriesgar. Ú. m. c. prnl.

jugarreta. f. fam. Jugada mal hecha y sin conocimiento del juego. || fig. y fam. Mala pasada.

juglar. m. El que por dinero y ante el pueblo cantaba, bailaba y hacía juegos y truhanerías. || El que por estipendio o dádivas cantaba poesía de los trovadores para recreo de los reyes y magnates.

juglaría o **juglería.** f. Arte de los juglares.

jugo. m. Zumo de las substancias vegetales o animales: ᔆ *de un limón.* || fig. Lo provechoso, útil y substancial: *sacar el* ᔆ *a una película.*

jugosidad. f. Calidad de jugoso.

jugoso, sa. adj. Que tiene jugo. || Díc. del alimento substancioso. || fig. Valioso, estimable.

juguete. m. Objeto con que se entretienen los niños. || Persona o cosa que se abandona a la acción de una fuerza física o moral: *el barco es un* ᔆ *de las olas, Juan es* ᔆ *de sus pasiones.*

juguetear. intr. Entretenerse jugando.

juguetería. f. Comercio de juguetes. || Tienda donde se venden.

juicio. m. Facultad del entendimiento que permite discernir y juzgar. || Operación del entendimiento que consiste en comparar dos ideas. || Estado de razón opuesto a la locura. || Opinión. || fig. Seso, cordura. || *Der.* Conocimiento de una causa por parte del juez.

julepe. m. Porción compuesta de agua destilada, jarabes y otras materias medicinales. || Cierto juego de naipes. || Esfuerzo excesivo de una persona, desgaste. || fig. y fam. Reprimenda, castigo. || fig. y fam. Golpe, tunda, paliza. || fig. y fam. Susto, miedo.

julio. m. Séptimo mes del año, que consta de treinta y un días.

julio. m. Unidad de trabajo en el sistema basado en el metro, el kilogramo, el segundo y el amperio. Equivale a diez millones de ergios.

jumento. m. Pollino, asno, burro.

juncáceo, a. adj. Júnceo.

juncal. adj. Relativo al junco. || m. Sitio de juncos.

júnceo, a. adj. y f. Díc. de las hierbas angiospermas monocotiledóneas, semejantes a las gramíneas, como el junco de esteras. || f. pl. Familia de estas plantas.

junco. m. Planta juncácea de tallos lisos, cilíndricos, flexibles, puntiagudos y duros, que se cría en parajes húmedos. || Cada uno de los tallos de esta planta. || Bastón para apoyarse al andar. || Planta ciperácea abundante en España.

Juncos chinos

junco. m. Especie de embarcación pequeña de que usan en las Indias Orientales.

jungla. f. En la India y otros países de Asia y América, terreno cubierto de vegetación muy espesa.

junio. m. Sexto mes del año que consta de treinta días.

junior. [juniors]. m. Deportista comprendido entre los 17 y 21 años. || Término que se agrega al nombre del hijo para diferenciarlo del padre, cuando es el mismo.

junípero. m. Enebro.

junquillo. ≅baqueta. ≅rota. m. Narciso de flores amarillas muy olorosas. || *Arquit.* Moldura redonda y más delgada que el bocel.

junta. f. Reunión de varias personas para tratar de un asunto. || Cada una de las sesiones que celebran. || Unión de dos o más cosas. || Conjunto de los individuos nombrados para dirigir los asuntos de una colectividad: ᔕ *de Facultad.* || En algunas comunidades autónomas españolas, gobierno, conjunto de ministros o consejeros: ᔕ *de Galicia,* ᔕ *de Andalucía.* || Parte en que se juntan dos o más cosas, juntura. || *Arquit.* Espacio que queda entre las superficies de las piedras o ladrillos contiguos de una pared.

juntar. ≅acopiar. ≅acoplar. ≅conectar. ◁separar. tr. Unir unas cosas con otras. || Reunir, congregar. Ú. t. c. prnl. || Acumular, reunir en cantidad: ᔕ *víveres, dinero.* || Entornar puertas y ventanas. || prnl. Arrimarse. || Acompañarse. || Amancebarse.

junto, ta. adj. Unido, cercano. || Que obra o es juntamente con otro, a la vez o al mismo tiempo que él. Ú. m. en pl. || adv. l. Cerca de: *vete* ᔕ *a Juan.* || adv. m. Juntamente, a la vez: *tocaban, cantaban y bailaban, todo* ᔕ.

juntura. ≅articulación. ≅empalme. ≅unión. f. Parte o lugar en que se juntan y unen dos o más cosas.

Júpiter. Planeta del sistema solar, el quinto en orden de alejamiento al Sol y el mayor por su tamaño, cuya órbita está comprendida entre las de Marte y Saturno. Posee catorce satélites.

jura. f. Acción de jurar solemnemente la sumisión a ciertos preceptos u obligaciones. || Juramento, afirmación o negación de una cosa, poniendo por testigo a Dios. || Acto solemne en que los Estados y ciudades de un reino juraban la obediencia a su príncipe.

jurado, da. adj. Que ha prestado juramento al encargarse del desempeño de su función u oficio. || m. Tribunal encargado de considerar y fallar una causa. || Cada uno de los miembros de dicho tribunal. || Cada uno de los miembros de un tribunal examinador en exposiciones, concursos, etc. || Conjunto de estos individuos.

juramentar. tr. Tomar juramento a uno. || prnl. Obligarse con juramento.

juramento. ≅blasfemia. m. Afirmación o negación de una cosa, poniendo por testigo a Dios, a sí mismo o en sus criaturas. || Voto o reniego.

jurar. tr. Afirmar o negar una cosa, poniendo por testigo a Dios, o en sí mismo o en sus criaturas. || Reconocer solemnemente y con juramento de fidelidad y obediencia la soberaníoa de un príncipe. || Someterse solemnemente y con juramento a los preceptos constitucionales ·de un país, estatutos de las órdenes religiosas, etc. || intr. Echar votos y reniegos.

jurásico, ca. adj. Díc. del terreno sedimentario que sigue en edad al liásico. Ú. t. c. s. || Relativo a este terreno.

jurel. m. Pez teleósteo marino acantopterigio, con dos aletas de grandes espinas en el lomo, y cola extensa y muy ahorquillada.

jurídico, ca. adj. Que atañe al derecho o se ajusta a él.

jurisconsulto, ta. ≅abogado. ≅jurista. ≅letrado. m. y f. Persona que profesa la ciencia del derecho.

jurisdicción. f. Poder o autoridad para gobernar y poner en ejecución las leyes o para aplicarlas en juicio. || Término de un lugar. || Territorio en que un juez ejerce sus facultades de tal. || Autoridad sobre algo.

jurisprudencia. f. Ciencia del derecho. || Conjunto de las sentencias de los tribunales, y doctrina que contienen. || Criterio sobre un problema jurídico establecido por una pluralidad de sentencias concordes.

jurista. ≅abogado. ≅jurisconsulto. com. Persona que estudia o profesa la ciencia del derecho.

Júpiter

justa. f. Pelea y combate singular, a caballo y con lanza. || Torneo. || fig. Competencia o certamen en un ramo del saber: ⌐ *literaria.*

justicia. f. Virtud que inclina a dar a cada uno lo que le pertenece. || Una de las cuatro virtudes cardinales. || Derecho, razón, equidad. || Lo que debe hacerse según derecho o razón: *pido* ⌐. || Pena o castigo y su aplicación. || Poder judicial.

justiciero, ra. adj. Que observa y hace observar estrictamente la justicia. || Que observa estrictamente la justicia en el castigo de los delitos.

justificación. f. Conformidad con lo justo. || Probanza de la inocencia o bondad de una persona, un acto o una cosa.

justificado, da. adj. Conforme a la justicia y razón. || Que obra según justicia y razón.

justificar. tr. Probar una cosa con razones, testigos y documentos. Ú. t. c. prnl. || Rectificar o hacer justa una cosa. || Probar la inocencia de uno. Ú. t. c. prnl.

justillo. m. Prenda interior sin mangas, que ciñe el cuerpo y no baja de la cintura.

justipreciar. tr. Tasar una cosa.

justo, ta. adj. Que obra según justicia y razón. Ú. t. c. s. || Arreglado a justicia y razón. || Que vive según la ley de Dios. Ú. t. c. s. || Exacto. || Apretado o que ajusta bien con otra cosa. || adv. m. Justamente, debidamente. || Apretadamente, con estrechez.

juvenil. adj. Relativo a la juventud.

juventud. f. Edad que empieza en la pubertad y se extiende a los comienzos de la edad adulta. || Estado de la persona joven. || Primeros tiempos de alguna cosa: ⌐ *del universo, del año.* || Energía, vigor, tersura. || Conjunto de jóvenes.

juzgado. m. Junta de jueces que concurren a dar sentencia. || Tribunal de un solo juez. || Término o territorio de su jurisdicción. || Sitio donde se juzga. || Dignidad de juez.

juzgar. ≅enjuiciar. ≅estimar. ≅opinar. ≅sentenciar. tr. Deliberar y decidir sobre una cosa como juez o árbitro. || Persuadirse de una cosa, creerla.

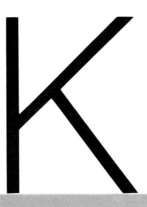

k. ʃʃkas. Duodécima letra del abecedario español, y novena de sus consonantes. Su nombre es *ka*.

káiser. m. Título de algunos emperadores de Alemania.

kamikaze. m. y adj. Nombre que se dio, durante la S. G. M., a los aviadores y aparatos japoneses que se lanzaban contra la flota estadounidense para hacer explotar su carga de bombas.

kan. m. Príncipe o jefe, entre los tártaros.

kantismo. m. Sistema filosófico ideado por el alemán Kant a fines del s. XVIII, fundado en la crítica del conocimiento.

kaón o **mesón K.** m. Partícula elemental inestable cuya masa es unas 970 veces la del electrón.

kappa. f. Décima letra del alfabeto griego (K, κ); corresponde a nuestra *k*, aunque muchas veces ha pasado a transcribirse con *c* o *q*.

karate. m. Método milenario japonés de autodefensa, que utiliza los brazos, las manos y las piernas como armas paralizadoras, dirigiendo sus golpes sobre los centros nerviosos más sensibles del cuerpo humano, o actuando por presión sobre dichos centros.

karateca. com. Persona que practica el karate.

kart. m. Automóvil ligero de cuatro ruedas, monoplaza, usado exclusivamente en carreras.

katiuska. f. Bota alta de goma o caucho. Ú. m. en pl.

kayak. m. Especie de canoa usada por los esquimales.

kcal. Símbolo de la kilocaloría.

kéfir. m. Leche fermentada artificialmente y que contiene ácido láctico, alcohol y ácido carbónico.

kelvin. m. Unidad de temperatura termodinámica en el sistema internacional de unidades, llamada antes *grado Kelvin*. Su símbolo es K.

kermés. f. Fiesta popular, al aire libre, con bailes, rifas, concursos, etc. || Lugar donde se celebra. || Nombre dado a las pinturas o tapices flamencos, por lo general del s. XVII, que representan fiestas populares.

kibbutz. m. Organización agrícola comunitaria de Israel, basada en el trabajo y la vida en común, en la autogestión y en la abolición de la propiedad privada.

kilo. m. Forma abreviada de kilogramo.

kilocaloría. f. Unidad de energía térmica, igual a mil calorías. Su símbolo es *kcal*.

kilociclo. m. *Electr.* Unidad de frecuencia equivalente a mil oscilaciones por segundo.

kilográmetro. m. Unidad de trabajo mecánico o esfuerzo capaz de levantar un kilogramo a un metro de altura.

kilogramo. m. Unidad métrica fundamental de masa (y peso) que iguala la masa o peso de un cilindro de platino-iridio. || Pesa de un kilogramo. || Cantidad de alguna materia que pese un kilogramo: *dos ∽s de peras, plomo.*

kilohercio. m. Mil hercios.

kilolitro. m. Medida de capacidad que tiene 1.000 litros, o sea un metro cúbico.

kilométrico, ca. adj. Relativo al kilómetro. || fig. De larga duración. || Billete de ferrocarril que autoriza a viajar, recorriendo un número determinado de kilómetros, durante cierto tiempo.

kilómetro. m. Medida de longitud que tiene 1.000 metros.

kilotonelada o **kilotón**. Unidad de energía, equivalente a la liberada por la explosión de una bomba de 1.000 ton. de trinitrotolueno.

kilovatio. m. Unidad de potencia equivalente a 1.000 vatios. ◆ **hora.** Unidad de trabajo o energía equivalente a la energía producida o consumida por una potencia de un kilovatio durante una hora.

kilovoltio. m. Unidad de tensión eléctrica, equivalente a 1.000 voltios.

kiosco. m. Quiosco.

kiowa. adj. Pueblo amerindio que habitó en los actuales estados de Oklahoma y Colorado (EE. UU.). Ú. m. c. m. pl. || Díc. también de sus individuos. || Relativo a este pueblo.

kirie. m. Deprecación que se hace al Señor al principio de la misa. Ú. m. en pl.

kirieleisón. m. Kirie. || fam. Canto de los entierros y oficio de difuntos.

kirsch. m. Bebida alcohólica, especie de aguardiente de cerezas, que se obtiene por destilación del zumo fermentado de las cerezas maduras.

kiwi. m. Nombre de varias aves corredoras, del tamaño de una gallina, plumas piliformes, alas reducidas y pico largo. Se alimentan de lombrices y son propias de Nueva Zelanda. || Arbusto trepador originario de China. || Fruto de este árbol.

klistrón. m. Generador de microondas. Se usa para la emisión de ondas ultracortas y como amplificador y cambiador de frecuencias.

koala. Mamífero marsupial parecido a un osito de felpa; es arborícola y vive por parejas en los bosques australianos.

koljós o **kolkhós.** m. Tipo de cooperativa agrícola de producción, base de la colectivización de la agricultura en la U. R. S. S.

Kiwi

kore. ʃʃkorái. f. Tipo de escultura femenina, de la época arcaica griega.

krausismo. m. Sistema filosófico ideado por el alemán Krause, que se funda en un conciliación entre el teísmo y el panteísmo.

krausista. adj. Perteneciente o relativo al krausismo.

kulak. m. Propietario de tierras en la U. R. S. S., que desapareció como clase con el establecimiento del koljós.

kurdo, da. adj. y s. Curdo.

kuroi. m. Tipo de escultura arcaica antigua que representa a atletas divinizados.

L

l. f. Decimotercera letra del abecedario español, y décima de sus consonantes. Su nombre es *ele*. || Letra numeral que tiene el valor de 50 en la numeración romana.

la. Artículo determinado en género femenino y número singular. || Acusativo del pronombre personal de tercera persona en género femenino y número singular. No admite preposición y suele usarse como sufijo: ~ *miré; mira* ~. || Empléase como pronombre de acusativo sin referencia a substantivo expreso: *buena* ~ *hemos hecho*.

la. m. *Mús*. Sexta nota de la escala musical.

lábaro. m. Estandarte de que usaban los emperadores romanos, en el cual, desde el tiempo de Constantino y por su mandato, se puso la cruz y el monograma de Cristo.

laberinto. ≅caos. ≅lío. m. Lugar artificiosamente formado por calles, caminos, encrucijadas, etc., para que el que está dentro no pueda acertar con la salida: ~ *de Creta*. || fig. Cosa confusa y enredada. || Parte interna del oído de los vertebrados.

labia. f. fam. Verbosidad persuasiva y gracia en el hablar.

labiado, da. adj. y s. Díc. de la plantas angiospermas dicotiledóneas, hierbas, matas y arbustos de corola labiada, como la albahaca y el tomillo. || f. pl. Familia de estas plantas.

labial. adj. Relativo a los labios. || Díc. de la consonante cuya articulación se forma mediante el contacto total o parcial de los labios, como la *b*. || Díc. de la letra que representa este sonido. Ú. t. c. s. f.

labiérnago. m. Arbusto o arbolillo oleáceo, de flores blanquecinas y fruto en drupa negruzca del tamaño de un guisante.

lábil. ≅caduco. ≅escurridizo. adj. Que se desliza fácilmente. || Frágil, débil. || Díc. del compuesto fácil de transformar en otro más estable.

labilidad. f. Calidad de lábil.

labio. m. Cada una de las dos partes exteriores, carnosas y movibles de la boca: ~ *superior e inferior*. || fig. Borde de ciertas cosas: *los* ~*s de una herida*. || fig. Órgano del habla: *su* ~ *enmudeció*.

labiodental. adj. Consonante cuya articulación se forma acercando el labio inferior a los bordes de los dientes incisivos superiores, como la *f*. || Díc. de la letra que representa ese sonido.

labor. f. Trabajo. || Adorno tejido o hecho a mano en la tela. Ú. t. en pl. || Obra de coser, bordar, hecha preferentemente por mujeres. || Labranza, en especial la de las tierras que se siembran. || Vuelta de arado que se da a la tierra. || Grupo de productos que se confeccionan en la fábrica de tabacos.

laborable. adj. Que se puede trabajar. || Que se trabaja: *día* ~.

laboral. adj. Perteneciente o relativo al trabajo, en su aspecto económico, jurídico y social.

laboralista. com. Especialista en derecho laboral.

laboratorio. m. Local para hacer experimentos científicos y operaciones químicas, farmacéuticas, etc.

laboreo. m. Cultivo del campo. || Arte de explotar las minas haciendo en ellas las labores necesarias. || Conjunto de estas labores.

laborioso, sa. adj. Trabajador, aficionado al trabajo, amigo de trabajar. || Trabajoso, penoso.

laborismo. m. En Inglaterra y, por ext., en algunos otros países, partido socialista u obrerista.

labrado, da. adj. Díc. de las telas o géneros que tienen alguna labor, en contraposición de los lisos. || m. Acción y efecto de labrar. || Campo labrado. Ú. m. en pl.

labrador, ra. ≅agricultor. ≅labriego. adj. y s. Que labra la tierra. Ú. t. c. s. || Que trabaja o es a propósito para trabajar. || m. y f. Persona que posee hacienda de campo y la cultiva por su cuenta.

labrantío, a. adj. y m. Campo o tierra de labor.

labranza. f. Cultivo de los campos. || Hacienda de campo o tierras de labor.

labrar. ≅construir. ≅originar. tr. Trabajar en un oficio. || Trabajar una materia reduciéndola al estado o forma conveniente para usar de ella: ∿ la madera; ∿ plata. || Cultivar la tierra. || Arar. || Llevar una tierra en arrendamiento. || fig. Hacer, causar.

labriego, ga. m. y f. Labrador rústico.

labro. m. Pieza impar movible que limita por delante la boca de los insectos, y que se ve muy claramente en los de tipo masticador.

laca. f. Substancia resinosa, translúcida y quebradiza, que se forma en las ramas de varios árboles de la India con la exudación que producen las picaduras de unos insectos. || Barniz duro y brillante hecho con esta substancia y muy empleado por los chinos y japoneses. || Producto de perfumería utilizado para fijar el pelo.

lacayo. ≅criado. ≅sirviente. m. Cada uno de los dos soldados de a pie que solían acompañar a los caballeros en la guerra. || Criado de librea. || Servil, rastrero.

lacear. tr. Adornar con lazos. || Atar con lazos. || Disponer la caza para que venga al tiro, tomándole el aire. || Coger con lazos la caza menor.

lacerar. ≅golpear. ≅perjudicar. tr. Lastimar, magullar, herir. Ú. t. c. prnl. || fig. Dañar, vulnerar: ∿ la honra, la reputación.

lacero. m. Persona diestra en manejar el lazo para apresar toros, caballos, etc. || El que se dedica a coger con lazos la caza menor, por lo común furtivamente. || Empleado municipal encargado de recoger perros vagabundos.

lacinia. f. Cada una de las tirillas largas y de forma irregular en que se dividen las hojas o los pétalos de algunas plantas.

lacio, cia. ≅débil. ≅decaído. ≅mustio. ⊲duro. ⊲tieso. adj. Marchito, ajado. || Flojo,

descaecido, sin vigor. || Díc. del cabello que cae sin formar ondas ni rizos.

lacón. m. Brazuelo del cerdo, y especialmente su carne curada.

lacónico, ca. ≅corto. ≅sucinto. ⊲prolijo. adj. Laconio. || Breve, conciso, compendioso: lenguaje, estilo ∿. || Que habla o escribe de esta manera.

laconio, nia. adj. y s. De Laconia.

lacra. ≅achaque. ≅cicatriz. ≅marca. ≅tacha. f. Reliquia o señal de una enfermedad o achaque. || Defecto o vicio de una cosa, física o moral.

lacrar. ≅precintar. tr. Cerrar con lacre.

lacre. m. Pasta sólida, generalmente en barritas, compuesta de goma laca y trementina con añadidura de bermellón o de otro color. Se emplea derretido, en cerrar y sellar cartas y en otros usos análogos.

lacrimal. adj. Relativo a las lágrimas.

lacrimógeno, na. adj. Que produce lagrimeo. Díc. especialmente de ciertos gases.

lacrimoso, sa. ≅lloroso. adj. Que tiene lágrimas. || Que mueve a llanto.

lactancia. ≅amamantamiento. f. Acción de mamar. || Período de la vida en que la criatura mama.

lácteo, a. ≅láctico. ≅lechero. adj. Relativo a la leche: industrias ∿s.

láctico, ca. adj. Relativo a la leche.

lactosa o **lactina.** f. Quím. Azúcar denominado también azúcar de leche, que es un hidrato de carbono de sabor dulce, que abunda en la leche.

lacustre. adj. Relativo a los lagos.

ladear. ≅sesgar. ⊲enderezar. tr., intr. y prnl. Inclinar y torcer una cosa hacia un lado. || intr. Andar o caminar por las laderas. || fig. Declinar del camino derecho. || prnl. fig. Inclinarse a una cosa.

ladera. ≅pendiente. f. Declive de un monte o de una altura.

ladilla. f. Insecto que vive parásito en las partes velosas del cuerpo humano. Es semejante al piojo, pero más redondeado.

ladino, na. adj. Astuto, sagaz, taimado. || m. Dialecto judeoespañol.

lado. m. Costado o parte del cuerpo de la persona o del animal, comprendida entre el brazo y el hueso de la cadera. || Lo que está a la derecha o a la izquierda de un todo. || Cualquiera de los parajes que están alrededor de un cuerpo. || fig. Cada uno de los aspectos por que se puede considerar una persona o cosa. || fig. Medio o camino que se toma para una cosa. || Cada una de las dos líneas que forman un ángulo. || Cada una de las líneas que forman o limitan un polígono. || Arista de los poliedros irregulares.

ladrar. intr. Dar ladridos el perro. || fig. y fam. Amenazar sin acometer. || fig. y fam. Impugnar, motejar.

ladrido. m. Ladrido que forma el perro, parecida a la onomatopeya *guau*. || fig. y fam. Murmuración, calumnia con que se zahiere a uno.

ladrillo. m. Masa de arcilla, en forma de paralelepípedo rectangular, que, después de cocida, sirve para construir muros, solar habitaciones, etc. || fig. y fam. Cosa pesada o aburrida.

ladrón, na. ≅mechera. ≅ratero. adj. y s. Que hurta o roba. || m. Portillo que se hace en un río para sangrarlo, o en las acequias para robar agua. || vulg. Enchufe eléctrico con tres salidas hembra, triple.

lagar. ≅trujal. m. Recipiente donde se pisa la uva para obtener el mosto. || Sitio donde se prensa la aceituna para sacar el aceite, o donde se machaca la manzana para preparar la sidra.

lagartija. f. Especie de lagarto muy común en España. Es muy ligero y espantadizo, se alimenta de insectos y vive entre los escombros y en los huecos de las pareces.

lagarto. ≅astuto. ≅taimado. m. Reptil saurio, sumamente ágil, inofensivo y muy útil para la agricultura por la gran cantidad de insectos que devora. || fig. y fam. Hombre pícaro. Ú. t. c. adj.

lagartón, na. adj. y s. Persona taimada y astuta.

lago. m. Gran masa permanente de agua de

Lagartija

Laguna de Cuicocha. Ecuador

positada en hondonadas del terreno, con comunicación al mar o sin ella.

lágrima. f. Cada una de las gotas del humor que segrega la glándula lagrimal y que vierten los ojos por causas morales o físicas. Ú. m. en pl. || fig. Gota de humor que destilan las vides y otros árboles después de la poda.

lagrimal. adj. Dic. de los órganos de secreción y excreción de las lágrimas. || m. Extremidad del ojo próxima a la nariz.

lagrimear. intr. Secretar con frecuencia lágrimas la persona que llora fácil o involuntariamente.

lagrimeo. m. Acción de lagrimear. || Flujo persistente de lágrimas por causas patológicas.

laguna. ≅balsa. ≅charca. ≅falta. ≅olvido. f. Depósito natural de agua, generalmente dulce y por lo común de menores dimensiones que el lago. || fig. En lo manuscrito o impreso, hueco en que se dejó de poner algo o en que algo ha desaparecido por la acción del tiempo o por otra causa. || Vacío en un conjunto o serie.

laicado. m. En el cuerpo de la Iglesia, la condición y el conjunto de los fieles no clérigos.

laicismo. m. Doctrina que defiende la total independencia del hombre o de la sociedad, y más particularmente del Estado, de toda influencia eclesiástica o religiosa.

laico, ca. ≅civil. ≅secular. ≅seglar. adj. Que no tiene órdenes clericales, lego. Ú. t. c. s. || Dic. de la escuela o enseñanza en que se prescinde de la instrucción religiosa.

laísmo. m. Empleo de la forma *la* del pronombre *ella* en función de dativo: *la di un regalo; ¿qué* *la debo?* por *le di...; ¿qué le...* aunque no es admitido por la Academia, su uso es muy popular.

laja. f. Lancha de piedra.

lama. m. Monje del lamaísmo.

lamaísmo. m. Secta budista de Tíbet.

lambda. f. Undécima letra del alfabeto griego (L, λ); corresponde a nuestra *l*.

lamelibranquio, quia. adj. y s. Díc. de los moluscos marinos o de agua dulce que tienen simetría bilateral, región cefálica rudimentaria, branquias foliáceas y pie ventral en forma de hacha, y están provistos de una concha bivalva; como la almeja, el mejillón y la ostra. || m. pl. Clase de estos moluscos, llamados también *acéfalos, bivalvos* y *pelecípodos.*

lamentable. ≅horrible. adj. Que merece ser sentido o es digno de llorarse. || Que infunde tristeza y horror: *voz, rostro* ∽.

lamentación. f. Queja dolorosa junta con llanto, suspiros u otras muestras de aflicción. || Cada una de las partes del canto lúgubre del Libro de las Lamentaciones, Jeremías en la Biblia, llamadas también trenos.

lamentar. tr. y prnl. Sentir una cosa con llanto, sollozos u otras demostraciones de dolor.

lamento. m. Lamentación, queja.

lamer. tr. Pasar repetidas veces la lengua por una cosa. Ú. t. c. prnl. || fig. Tocar blanda y suavemente: *el arroyo lame las arenas.*

lamerón, na. adj. Goloso. || fig. Adulador.

lametón. m. Acción de lamer con ansia.

lámina. ≅chapa. ≅dibujo. ≅grabado. ≅hoja. ≅placa. f. Plancha delgada de un metal. || Figura que se traslada al papel u otra materia, estampa. || fig. Porción de cualquier materia extendida en superficie y de poco grosor.

laminar. adj. De forma de lámina. || Díc. de la estructura de un cuerpo cuando sus láminas u hojas están sobrepuestas y paralelamente colocadas.

laminar. tr. Obtener láminas, planchas o barras con el laminador. || Guarnecer con láminas.

lámpara. ≅candil. ≅farol. ≅quinqué. f. Utensilio para producir luz artificial. || Elemento de los aparatos de radio y televisión, parecido en su forma a una lámpara eléctrica de incandescencia, y que en su forma más simple consta de tres electrodos metálicos: un filamento, una rejilla y una placa. || fig. y fam. Mancha de grasa en la ropa.

lamparilla. f. Candelilla nocturna en una vasija con aceite o cera. || Recipiente en que ésta se coloca.

lamparón. f. fig. y fam. Lámpara, mancha de grasa en la ropa.

lampazo. m. Planta compuesta cuyas brácteas, más largas que las flores, que son purpúreas, tienen una punta larga y espinosa en forma de gancho. || Manojo de filásticas con una gaza en la cabeza para enjugar la humedad en la cubierta y costados de los buques.

lampiño, ña. adj. Hombre que no tiene barba. || Que tiene poco pelo o vello. || *Bot.* Falto de pelos: *tallo* ∽.

lamprea. f. Pez marino del orden ciclóstomo, de un metro o algo más de largo, que vive asido a las peñas, a las que se agarra fuertemente con la boca. Su carne es muy estimada. || Pez marino semejante al de río.

lampuga. f. Pez marino acantopterigio, comestible, pero poco apreciado. Habita por todos los océanos, especialmente en zonas cálidas.

lana. f. Pelo de las ovejas y carneros, que se hila y sirve para hacer paño y otros tejidos. || Pelo de otros animales parecido a la lana: ∽ *de vicuña; perro de* ∽s. || Tejido de lana, y vestido que de él se hace: *vestir* ∽.

lanar. adj. Díc. del ganado o la res que tiene lana.

lance. ≅duelo. ≅incidente. ≅percance. ≅querella. ≅reyerta. m. Acción y efecto de lanzar o arrojar. || Trance u ocasión crítica. || En el poema dramático o en la novela, suceso, situación interesante o notable. || Encuentro, riña. || En el juego, cada uno de los accidentes algo notables que ocurren en él. || *Taurom.* Cualquier suerte de la lidia.

lancear. tr. Herir con lanza, alancear.

lanceolado, da. adj. Como el hierro de la lanza; díc. de las hojas de las plantas y de los lóbulos de ellas.

lancero. m. Soldado que pelea con lanza. || Persona que usa o lleva lanza; como los vaqueros y toreros. || El que hace lanzas.

lanceta. f. Instrumento que sirve para sangrar y para abrir tumores.

lancha. f. Piedra naturalmente lisa, plana y de poco grueso. || Bote grande, propio para ayudar en las faenas que se ejecutan en los buques, y para transportar carga y pasajeros en el interior de los puertos. || Cualquier bote pequeño descubierto con asientos para los remeros. || Pequeña embarcación para atravesar los ríos y en el mar para pescar y para otros servicios, barca.

land. m. *Geog.* Voz común, con alguna variante, a las lenguas germánicas y nórdicas, que significa *tierra.* Entra en la formación de muchos nombres geográficos.

landa. f. Gran extensión de tierra llana en que sólo se crían plantas silvestres.

landó. m. Coche de cuatro ruedas, con capotas delantera y trasera, para poderlo usar descubierto o cerrado.

langosta. f. Insecto ortóptero de los acrídidos, que vive de vegetales, y se multiplica extraordinariamente, formando espesas nubes que arrasan comarcas enteras. Hay varias especies. || Crustáceo decápodo macruro, cuya carne es muy apreciada. || fig. y fam. Lo que destruye o consume una cosa.

langostín o **langostino.** m. Crustáceo marino, decápodo, macruro, que puede alcanzar los 25 cm. de largo. De color blanco sucio, pasa por la cocción a blanco rosado. Su carne es más delicada que la de la langosta.

languidecer. intr. Adolecer de languidez.

lánguido, da. adj. Flaco, débil, fatigado. || De poco espíritu, valor y energía.

lanolina. f. Grasa de consistencia casi sólida y color amarillo de ámbar, que se extrae de la lana de oveja.

lanoso, sa. adj. Que tiene mucha lana o vello.

lantánido, da. adj. y m. Díc. de los elementos químicos cuyo número atómico está comprendido entre el 57 y el 71. || m. pl. Grupo formado por estos elementos, llamados también *tierras raras.*

lantano. m. Elemento metálico de color plomizo, que arde fácilmente y descompone el agua a la temperatura ordinaria. Es raro en la naturaleza.

lanza. ≅pértiga. ≅pica. ≅timón. f. Arma

Langosta

ofensiva compuesta de un asta en cuya extremidad está fijo un hierro puntiagudo y cortante a manera de cuchilla. || Vara de madera que unida por uno de sus extremos al juego delantero de un carruaje, sirve para darle dirección.

lanzacohetes. adj. y m. Instalación o artefacto destinado a lanzar cohetes.

lanzada. f. Golpe o herida de lanza.

lanzadera. f. Instrumento de figura de barquichuelo, con una canilla dentro, que usan los tejedores para tramar. || Pieza de figura semejante que tienen las máquinas de coser. || Vehículo capaz de transportar al espacio un objeto (misil, satélite, etc.) y que se puede utilizar varias veces por ser recuperable.

lanzado, da. adj. Díc. de lo muy veloz o emprendido con mucho ánimo. || Impetuoso, fogoso, decidido, arrojado.

lanzallamas. m. Aparato utilizado en la guerra para lanzar a distancia un chorro de líquido inflamado.

lanzamiento. m. Acción de lanzar o arrojar una cosa.

lanzar. tr. Arrojar. Ú. t. c. prnl. || Soltar, dejar libre. Ú. mucho en la volatería, hablando de las aves. || Vomitar lo contenido en el estómago. || Hacer partir un vehículo espacial. || Dar a conocer, hacer propaganda. || prnl. Emprender algo con muchos ánimos.

laña. f. Grapa que sirve para unir dos piezas.

lapa. f. Telilla vegetal en la superficie de algunos líquidos.

lapa. f. Molusco gasterópodo de concha cónica, lisa o con estrías, que vive asido fuertemente a las peñas de las costas. Es comestible. || fig. Persona excesivamente insistente e inoportuna. || Lampazo, planta.

lapicero. m. Lápiz.

lápida. f. Piedra llana en que ordinariamente se pone una inscripción.

lapidar. tr. Apedrear, matar a pedradas.

lapidario, ria. ≅conciso. ≅grabador. ≅sobrio. ≅tallista. adj. Perteneciente a las piedras preciosas. || Relativo a las inscripciones que se ponen en las lápidas: *estilo* ∿. || m. El que tiene por oficio labrar piedras preciosas, o lápidas. || El que comercia en ellas.

lapislázuli. m. *Miner.* Silicato alumínico mezclado con sulfato de cal y sosa y acompañado frecuentemente de pirita de hierro. De color azul intenso, se usa para hacer objetos de adorno.

lápiz. ≅lapicero. m. Nombre genérico de varias substancias minerales que sirven para dibujar. ||

Lanzadera espacial en órbita terrestre

Barra de grafito encerrada en un cilindro o prisma de madera y que sirve para escribir o dibujar.

lapo. m. fam. Cintarazo, latigazo, bastonazo o varazo.

lapón, na. adj. y s. De Laponia. || m. Lengua ugrofinesa hablada por los lapones; pertenece al grupo uraloaltaico.

lapso, sa. ≅desliz. ≅trecho. ≅tropiezo. m. Paso o transcurso. || Curso de un espacio de tiempo. || Caída en error generalmente por descuido.

lapsus. m. Falta o equivocación cometida por descuido.

lar. ≅domicilio. m. En la mitología romana, cada uno de los dioses de la casa u hogar. Ú. m. en pl. || Hogar. || pl. fig. Casa propia u hogar.

largar. ≅escabullirse. ≅pirarse. ◁permanecer. tr. Soltar, dejar libre. || Aflojar, ir soltando poco a poco. || intr. vulg. Hablar, decir, contar. Ú. t. c. tr. || prnl. fam. Irse o ausentarse uno con presteza o disimulo.

largo, ga. ≅generoso. ≅luengo. ◁corto. adj. Que tiene más o menos largor. || Que tiene largor excesivo. || fig. Liberal, dadivoso. || fig. Copioso, abundante, excesivo. || fig. Dilatado, extenso, continuado. || fig. y fam. Astuto, listo.

largometraje. m. Película cuya duración sobrepasa los sesenta minutos.

larguero, ra. m. Cada uno de los dos palos o barrotes que se ponen a lo largo de una obra de carpintería; como los de las camas, ventanas, etc. || Palo horizontal superior de las porterías de fútbol, hockey, etc.

largueza. f. Liberalidad.

larguirucho, cha. ≅desproporcionado. adj. fam. Díc. de las personas y cosas desproporcionadamente largas.

laringe. f. Parte superior de la tráquea de los animales vertebrados de respiración pulmonar y que en los mamíferos sirve también como órgano de la voz; comunica por una abertura con el fondo de la boca y se une interiormente con la tráquea.

laringitis. ʃʃlaringitis. f. Inflamación de la laringe.

laringología. f. Parte de la patología que estudia las enfermedades de la laringe.

laringoscopio. m. Instrumento para explorar la laringe, inventado por Manuel García.

larva. f. Nombre aplicado por Linneo a ciertas formas jóvenes de algunos animales; en general presentan un aspecto que difiere bastante del que tendrán cuando, a través de metamorfosis más o

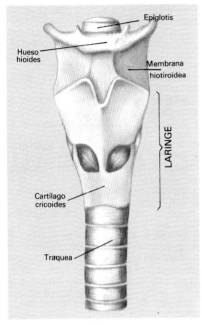

Laringe

menos complicadas, adquieran el estado adulto; por ejemplo, el gusano de seda, que es la larva de la mariposa de la seda.

larvado, da. adj. Díc. de los fenómenos, situaciones y, especialmente, de las enfermedades que se presentan con síntomas que ocultan su verdadera naturaleza. || Por ext., aplícase también a fenómenos naturales, sentimientos, etc., que existen sin manifestarse.

lasaña. f. Cierta fruta de sartén, también llamada *oreja de abad*.

lasca. f. Trozo pequeño y delgado desprendido de una piedra. || Lancha de piedra.

lascivia. ≅lujuria. ≅sensualidad. ◁castidad. f. Propensión a los deleites carnales.

lascivo, va. adj. Perteneciente o relativo a la lascivia. || Que tiene este vicio. Ú. t. c. s. || Errático, de movimiento blando y libre; juguetón, alegre.

láser. m. Dispositivo electrónico que, basado en la emisión inducida, amplifica un haz de luz monocromática y coherente de extraordinaria intensidad.

lasitud. ≅decaimiento. ≅fatiga. ◁fuerza. ◁viveza. f. Desfallecimiento, cansancio, falta de vigor y de fuerzas.

laso, sa. ≅agobiado. adj. Cansado. || Flojo y macilento.

lástima. ≅conmiseración. ≅pena. f. Compasión que excitan los males de otro. || Objeto que excita la compasión. || Cualquier cosa que cause disgusto, aunque sea ligero: *es ∽ que no hayamos venido más pronto.*

lastimar. tr. Herir o hacer daño. Ú. t. c. prnl. || fig. Agraviar, ofender la estimación u honra.

lastimero, ra. ≅plañidero. adj. Díc. de las quejas, gemidos, lágrimas y otras demostraciones de dolor que mueven a lástima y compasión.

lastimoso, sa. adj. Que mueve a compasión y lástima.

lastra. f. Lancha, piedra lisa.

lastrar. tr. Poner lastre.

lastre. ≅sensatez. m. Piedra, arena, agua u otra cosa de peso que se pone en el fondo de la embarcación, a fin de que ésta entre en el agua hasta donde convenga. || Peso en forma de sacos de arena que llevaban los globos aerostáticos para tirarlos cuando querían ascender. || fig. Juicio, peso, madurez: *no tiene ∽ aquella cabeza.* || Rémora, impedimento para llevar algo a buen término.

lata. ≅tabarra. ≅tostón. f. Hoja de lata. || Envase hecho de hojalata, con su contenido o sin él: *∽ de pimientos.* || fam. Discurso o conversación fastidiosa, y, en general, todo lo que causa hastío y disgusto por prolijo o impertinente.

latazo. m. aum. de lata, discurso prolijo.

latente. adj. Oculto y escondido: *dolor ∽.*

lateral. ≅adyacente. ≅contiguo. adj. Perteneciente o que está al lado de una cosa. || fig. Lo que no viene por línea recta: *sucesión ∽.* || m. Cada uno de los lados de una avenida, separado de la parte central por un seto o por un camino para peatones.

látex. m. *Bot.* Jugo de aspecto lechoso que fluye de las heridas de diversas plantas y que, al coagularse, da lugar a substancias como el caucho, la gutapercha, etc.

latido. m. Ladrido del perro cuando sigue la caza o cuando siente algún dolor. || Cada uno de los golpes producidos por el movimiento alternativo de dilatación y contracción del corazón contra la pared del pecho, o de las arterias contra los tejidos que las cubren.

latifundio. m. Finca rústica de gran extensión.

latifundista. com. Persona que posee uno o varios latifundios.

latigazo. m. Golpe dado con el látigo. || fig. Golpe semejante al latigazo. || Chasquido del látigo || fig. y fam. Trago de bebida alcohólica.

látigo. ≅ fusta. ≅ tralla. ≅ zurriago. m. Azote con que se aviva y castiga a las caballerías. || Cuerda o correa con que se asegura y aprieta la cincha.

latiguillo. m. Estolón. || fig. y fam. Exceso declamatorio del actor o del orador que, exagerando la expresión de los afectos, quiere lograr un aplauso. || Expresión sin originalidad, empleada abusivamente en la conversación o habla.

latín. m. Lengua que se hablaba en la antigua comarca italiana llamada Lacio, que dio lugar a las llamadas lenguas románicas (rumano, italiano, francés, castellano, catalán y gallego, entre otras).

latinajo. m. fam. desp. Latín malo y macarrónico. || fam. desp. Voz o frase latina usada en castellano. Ú. m. en pl.

latinismo. m. Giro o modo de hablar propio y privativo de la lengua latina. || Empleo de tales giros o construcciones en otro idioma.

latinizar. tr. Dar forma latina a voces de otra lengua. || intr. fam. Emplear latinajos.

latino, na. adj. y s. Natural del Lacio o de cualquiera de los pueblos italianos de que era metrópoli la antigua Roma. Ú. t. c. s. || Relativo a ellos. || Relativo a la lengua latina. || Relativo a la iglesia latina. || Suele también decirse de los naturales de los pueblos de Europa en que se hablan lenguas derivadas del latín, y de lo relativo a ellos. Apl. a pers., ú. t. c. s.

latinoamericano, na. adj. y s. De Latinoamérica.

latir. intr. Ladrar el perro. || Dar latidos el corazón, las arterias, y a veces los capilares y algunas venas. || Estar oculto, escondido, latente, especialmente con vida oculta.

latitud. f. La menor de las dos dimensiones principales que tienen las cosas o figuras planas, en contraposición a la mayor o longitud. || Toda la extensión de un país, provincia o distrito. || Astron. Distancia, contada en grados, que hay desde la eclíptica a cualquier punto considerado en la esfera celeste hacia uno de los polos. || Geog. Distancia que hay desde un punto de la superficie terrestre al ecuador, contada por los grados de su meridiano.

lato, ta. adj. Dilatado, extendido. || fig. Sentido que, por extensión, se da a las palabras y no es el que exacta, literal o rigurosamente les corresponde.

latón. m. Aleación de cobre y cinc, de color amarillo pálido y susceptible de gran brillo y pulimento.

latoso, sa. adj. y s. Fastidioso, pesado.

latría. f. Reverencia y adoración que sólo se debe a Dios: *culto de* ⌣.

latrocinio. ≅ estafa. ≅ robo. m. Hurto o costumbre de hurtar o defraudar en sus intereses a los demás.

laúd. m. Mús. Instrumento de cuerda; su parte inferior, un tanto ovalada, es cóncava y prominente. || Pequeña embarcación del Mediterráneo.

laudar. tr. Fallar el juez árbitro o el amigable componedor.

laudatorio, ria. ≅ halagüeño. adj. Que alaba o contiene alabanza.

laudo. m. Der. Fallo que dictan los árbitros o arbitradores.

lauráceo, a. adj. Parecido al laurel. || Díc. de plantas angiospermas dicotiledóneas, arbóreas por lo común, con hojas persistentes, sencillas, y por frutos bayas o drupas de una sola semilla sin albúmen; como el laurel y el aguacate. Ú. t. c. f. || f. pl. Familia de estas plantas.

laureado, da. adj. y s. Que ha sido recompensado con honor y gloria. Díc. especialmente de los militares que obtienen la cruz de San Fernando, y también de esta insignia.

laurear. ≅ enaltecer. tr. Coronar con laurel. || fig. Premiar, honrar.

laurel. ≅ galardón. ≅ recompensa. m. Árbol lauráceo, siempre verde, cuyas hojas son muy usadas para condimento y entran en algunas preparaciones farmacéuticas. || fig. Corona, triunfo, premio.

laureola o **lauréola.** f. Corona de laurel con que se premiaban las acciones heroicas.

lauroceraso. m. Árbol rosáceo exótico, de flores blancas y fruto semejante a la cereza. Se cultiva en Europa y de sus hojas se obtiene por destilación un agua muy venenosa que se usa en medicina y en perfumería.

lava. f. Material rocoso fundido, arrojado por los volcanes en sus erupciones, que se desliza por la superficie terrestre en forma de ríos, a más o menos distancia del cráter.

lavabo. m. Mesa con jofaina y demás recado para la limpieza y aseo personal. Modernamente se usa para este fin un recipiente de porcelana u otra materia, que recibe el agua de un grifo. || Cuarto dispuesto para este aseo.

Corriente de lava

lavadero. m. Lugar utilizado habitualmente para lavar. || Sitio especialmente dispuesto para lavar la ropa. || Pila de lavar la ropa.

lavado. m. Acción y efecto de lavar. || Pintura a la aguada hecha con un solo color.

lavador, ra. adj. Que lava. Ú. t. c. s. || m. Instrumento de hierro que sirve para limpiar las armas de fuego. || f. Máquina para lavar la ropa.

lavafrutas. m. Recipiente con agua que se pone en la mesa al final de la comida para lavar algunas frutas y enjuagarse los dedos.

lavanda. f. Espliego, planta. || Perfume que se saca de esta planta.

lavandería. f. Establecimiento industrial para el lavado de la ropa.

lavaplatos. amb. Máquina para lavar vajilla, cubertería, batería de cocina, etc. || com. Persona que por oficio lava platos.

lavar. ≅fregar. ≅jabonar. ◁ensuciar. ◁manchar. tr. Limpiar algo con agua u otro líquido. Ú. t. c. prnl. || Dar los albañiles la última mano al blanqueo, con un paño mojado. || Dar color con aguadas a un dibujo. || fig. Purificar, quitar un defecto, mancha o descrédito. || intr. Hablando de tejidos, prestarse más o menos al lavado.

lavativa. f. Enema. || Jeringa o cualquier instrumento manual que sirve para echar enemas.

lavavajillas. m. Lavaplatos, máquina.

laxante. ≅relajante. m. Medicamento para mover el vientre.

laxo, xa. ≅relajado. adj. Flojo o que no tiene la tensión que naturalmente debe tener. || fig. Díc. de la moral relajada, libre o poco sana.

lay m. Composición poética en provenzal o en francés, destinada a relatar una leyenda o historia de amores, generalmente en versos cortos.

laya. f. Pala fuerte de hierro con cabo de madera.

laya. f. Calidad, especie, género.

lazada. f. Atadura o nudo que se hace con hilo, cinta o cosa semejante, de modo que tirando de uno de los cabos pueda desatarse con facilidad. || Lazo de adorno.

lazar. tr. Coger o sujetar con lazo.

lazareto. m. Hospital donde hacen la cuarentena los que vienen de lugares sospechosos de enfermedades contagiosas. || Hospital de leprosos.

lazarillo. adj. y s. Muchaho que guía y dirige al ciego.

lazo. m. Atadura o nudo de cinta o cosa semejante que sirve de adorno. También el emblema del que forma parte esa cinta, doblada en forma conveniente y reglamentada: ⌐ *de la Orden de Isabel la Católica.* || Adorno hecho de metal imitando el lazo de la cinta. || Cuerda de hilos de alambre con su lazada corrediza que sirve para coger conejos. || Cuerda o trenza con una lazada corrediza en uno de sus extremos, que sirve para sujetar caballos, etc. || fig. Vínculo, obligación.

lazulita. f. Lapislázuli.

le. Dativo del pronombre personal de tercera persona en género masculino o femenino y número singular: ⌐ *dije, díje*⌐. Úsase también como acusativo del mismo pronombre en igual número y sólo en masculino. No admite preposición, y en ambos casos se puede usar como sufijo: ⌐ *seguí, sígue*⌐.

leal. adj. Fiel a personas o cosas. Ú. t. c. s. || Díc. de las acciones propias de una persona fiel. || Aplícase a algunos animales domésticos, como el perro, el caballo, etc. || Fidedigno, verídico y legal.

lealtad. ≅fidelidad. ≅franqueza. ≅nobleza. ◁traición. f. Cumplimiento de lo que exigen las leyes de la fidelidad y las del honor. || Amor o gratitud que muestran al hombre algunos animales.

leasing. m. Sistema de arrendamiento de bienes de equipo, en el que una empresa especia-

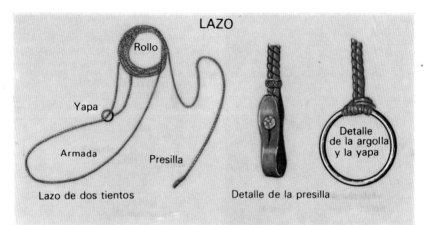

LAZO

Rollo

Yapa

Armada

Presilla

Detalle de la argolla y la yapa

Lazo de dos tientos

Detalle de la presilla

lizada interviene entre el vendedor y el arrendatario.

lebrillo. m. Vasija de barro más ancha por el borde que por el fondo.

lección. ≅ clase. ≅ escarmiento. ≅ experiencia. ≅ título. f. Lectura. || Parte de los oficios que se rezan o cantan en la misa y en los maitines. || Conjunto de conocimientos que el maestro imparte a sus discípulos de una vez. || Parte o capítulo de algunos escritos. || Lo que cada vez señala el maestro al discípulo para que lo estudie. || Discurso o conferencia sobre un punto determinado. || Enseñanza: *las lecciones de la experiencia.* || fig. Amonestación, advertencia.

lectivo, va. adj. Díc. de los días destinados a las lecciones en los colegios y universidades.

lector, ra. adj. y s. Que lee. || m. El que en las comunidades religiosas tiene el empleo de enseñar filosofía, teología o moral. || *Hist.* Clérigo ordenado de lectorado. || En la enseñanza de idiomas extranjeros en los colegios y universidades, profesor auxiliar cuya lengua materna es la que se enseña. || Aparato para leer microfilmes o microfichas.

lectura. f. Acción de leer. || Obra o cosa leída. || En las universidades, tratado o materia que el profesor explica a sus discípulos. || Interpretación del sentido de un texto.

lecha. f. Licor seminal de los peces. || Cada una de las dos bolsas que lo contienen.

lechada. f. Masa de cal o yeso para blanquear paredes. || Masa suelta a que se reduce el trapo moliéndolo para hacer papel. || Líquido que tiene en disolución cuerpos insolubles muy divididos.

lechal. ≅ lechazo. adj. Animal de cría que mama, en especial el cordero. Ú. t. c. m. || Díc. de las plantas y frutos que tienen un zumo blanco semejante a la leche. || m. Este mismo zumo.

lechazo. m. Cordero lechal.

leche. f. Líquido blanco que segregan las mamas de las hembras de los mamíferos, el cual contiene cantidades variables de lactosa, manteca, caseína y otras substancias que sirven de alimento a las crías. || Látex. || Jugo blanco que se extrae de algunas semillas menudas y parduscas. || Con algunos nombres de animales significa que éstos maman todavía. || vulg. Velocidad, genio, golpe, bofetada.

lechera. f. Vasija en que se tiene o sirve la leche.

lechero, ra. ≅ avaro. adj. Que contiene leche o alguna de sus propiedades. || Díc. de las hembras de animales que se tienen para que den leche, como ovejas, cabras, etc. || fam. Logrero, cicatero. || m. y f. Persona que vende leche.

lechigada. ≅ banda. ≅ camada. ≅ cría. ≅ pandilla. f. Conjunto de animalitos que han nacido de un parto y se crían juntos en el mismo sitio.

lecho. m. Cama. || Especie de escaño en que los antiguos orientales y romanos se reclinaban para comer. || fig. Suelo de los carros o carretas. || fig. Cauce, madre del río. || fig. Fondo del mar o de un lago.

lechón. m. Cochinillo de leche. || Por ext., puerco macho de cualquier tiempo. || fig. y fam. Hombre sucio, desaseado. Ú. t. c. adj.

lechona. f. Hembra del lechón o puerco. || fig. y fam. Mujer sucia, desaseada. Ú. t. c. adj.

lechoso, sa. adj. Que tiene apariencia de leche. || Díc. de las plantas y frutos que tienen un jugo blanco semejante a la leche. || m. Papayo, árbol y fruto.

lechuga. f. Planta herbácea compuesta de hojas grandes, que se comen en ensalada.

lechuguino. m. Lechuga pequeña. || fig. y fam. Muchacho que se mete a galantear aparentando ser hombre hecho. Ú. t. c. adj. || fig. y fam. Hombre joven que sigue rigurosamente la moda. Ú. t. c. adj.

lechuza. ≅estrige. ≅oliva. f. Ave rapaz nocturna, frecuente en España, de graznido estridente y lúgubre cuando vuela. Se alimenta ordinariamente de insectos y de pequeños mamíferos roedores. || fig. Mujer fea y perversa. Ú. t. c. adj.

leer. tr. Pasar la vista por lo escrito o impreso con ánimo de entenderlo. || Enseñar o explicar un profesor a sus oyentes alguna materia sobre un texto. || Interpretar un texto. || Decir en público una lección, discurso. || fig. Descifrar música.

legacía. f. Cargo de legado. || Negocio o mensaje de que va encargado un legado. || Territorio dentro del cual ejerce su encargo un legado. || Tiempo que dura el cargo o funciones de un legado.

legación. ≅embajada. ≅representación. f. Legacía. || Cargo que da un gobierno a un individuo para que le represente ante otro gobierno extranjero. || Conjunto de los empleados que el legado tiene a sus órdenes. || Casa u oficina del legado.

legado. m. Manda que en su testamento o codicilo hace un testador a una o varias personas naturales o jurídicas. || Lo que se deja o transmite a cualquier sucesor. || Representante de un gobierno ante otro extranjero. || || Enviado del Papa para que le represente en un determinado asunto.

legajo. m. Atado de papeles, o conjunto de los que están reunidos por tratar de una misma materia.

legal. adj. Prescrito por ley y conforme a ella. || Verídico, puntual.

legalidad. f. Calidad de legal. || Régimen político estatuido por la ley fundamental del Estado.

legalista. adj. y s. Que antepone a cualquier otra consideración la aplicación literal de las leyes.

legalización. f. Acción y efecto de legalizar. || Certificado o nota con firma y sello, que acredita la autenticidad de un documento o una firma.

legalizar. tr. Dar estado legal a una cosa. || Comprobar y certificar la autenticidad de un documento o de una firma.

légamo. ≅fango. ≅limo. m. Cieno, lodo. || Parte arcillosa de las tierras de labor.

legaña. ≅pitaña. ≅pitarra. f. Humor que se seca en el borde de los párpados y en los ángulos de la abertura ocular. Ú. m. en pl.

legar. tr. Dejar una persona a otra alguna manda en el testamento o codicilo. || Enviar a uno de legado o con una legacía. || fig. Transmitir ideas, artes, etc.

legatario, ria. ≅heredero. m. y f. Persona natural o jurídica a la que se deja algún legado.

legendario, ria. ≅fabuloso. adj. Relativo a las leyendas: *héroe* ◠. || Por ext., díc. de la persona o cosa que tiene más de tradicional o fabuloso que de histórico. || m. Colección o libro de leyendas.

legión. f. Cuerpo de tropa romana compuesto de infantería y caballería, cuyo número varió mucho según el tiempo. || fig. Número indeterminado y copioso de personas y espíritus. || *Mil.* Nombre de ciertos cuerpos de tropas: *la* ◠ *extranjera.*

legionario, ria. adj. Perteneciente a la legión. || m. Soldado que servía en una legión romana. || En los ejércitos modernos, soldado de algún cuerpo de los que tienen nombre de legión.

legislación. ≅código. ≅ley. f. Conjunto de leyes de un Estado, o sobre una materia determinada. || Ciencia de las leyes.

Lechuza

legislar. ≅estatuir. ≅promulgar. tr. Dar, hacer o establecer leyes.

legislativo, va. adj. Derecho o potestad de hacer leyes. || Díc. del cuerpo o código de leyes. || Autorizado por una ley: *crédito* ⌒.

legislatura. f. Tiempo durante el cual funcionan los cuerpos legislativos de una nación. || Período de sesiones de las Cortes.

legítima. f. Porción de la herencia de la que el testador no puede disponer libremente, por asignarla la ley a determinados herederos llamados forzosos.

legitimar. ≅certificar. tr. Probar la legitimidad de una persona o cosa. || Hacer legítimo al hijo que no lo era.

legitimista. adj. y s. Partidario de un príncipe o de una dinastía por considerar que él o ella tienen la legitimidad para reinar.

legítimo, ma. ≅auténtico. ≅legal. ≅lícito. ≅reglamentario. ◁falso. ◁ilícito. adj. Conforme a las leyes. || Cierto, genuino y verdadero en cualquier línea.

lego, ga. ≅ignorante. ≅inculto. ≅laico. ≅seglar. adj. Que no tiene órdenes clericales. Ú. t. c. s. || Falto de instrucción en una materia determinada. || m. En los conventos de religiosos, el que siendo profeso no tiene opción a las sagradas órdenes.

legra. f. Instrumento que se emplea para legrar.

legrar. tr. Raer la superficie de los huesos separando la membrana fibrosa que los cubre o la parte más superficial de la substancia ósea. || Raer la mucosa del útero.

legua. f. Medida itineraria que equivale a 5.572 m. y 7 dm.

leguleyo, ya. ≅picapleitos. m. y f. Persona que trata de leyes no conociéndolas sino vulgar y escasamente.

legumbre. f. Todo género de fruto o semilla que se cría en vainas. Es propia de las plantas leguminosas.

leguminoso, sa. adj. y f. Díc. de las hierbas, matas, arbustos y árboles angiospermos dicotiledóneos con flores de corola amariposada y fruto en legumbre con varias semillas sin albumen. || f. pl. Familia de estas plantas.

leído, da. ≅docto. ≅instruido. ≅sabio. adj. Que ha leído mucho y es hombre de mucha erudición.

leísmo. m. Empleo de la forma *le* del pronombre en el acusativo masculino singular: *le he visto (a Juan)* por *lo he visto.*

leitmotiv. m. Tema, frase o motivo principal que se repite en una obra musical o literaria.

lejanía. f. Parte remota o distante de otra desde la que se mira.

lejano, na. adj. Distante, apartado.

lejía. ≅filípica. ≅reprimenda. f. Solución alcalina de gran poder detergente y blanqueador. || fig. y fam. Represión fuerte o satírica.

lejos. ≅allá. ≅parecido. ◁próximo. adv. l. y t. A gran distancia, en lugar o tiempo distante o remoto: ⌒ *de mi patria.* Ú. t. en sent. figurado: *está muy* ⌒ *de mi ánimo.*

lelo, la. adj. y s. Fatuo, simple.

lema. m. Argumento o título que precede a ciertas composiciones literarias. || fig. Norma que regula o parece regular la conducta de alguien. || Letra o mote que se pone en los emblemas y empresas para hacerlos más comprensibles. || Frase que expresa un pensamiento que sirve de guía o principio del comportamiento de una persona, grupo o partido.

lemnáceo, a. adj. y f. Díc. de las plantas acuáticas angiospermas monocotiledóneas, como la lenteja de agua. || f. pl. Familia de estas plantas.

lemosín, na. adj. y s. De Limoges. || Lengua de *oc* o provenzal.

lempira. f. Unidad monetaria de Honduras.

lémur. m. Gén. de mamíferos cuadrumanos; son frugívoros y propios de Madagascar. || pl. Genios tenidos generalmente por maléficos entre romanos y etruscos. || fig. Fantasmas, sombras, duendes.

lencería. f. Conjunto de lienzos de distintos géneros, o tráfico que se hace con ellos. || Tienda de lienzos. || Lugar donde en ciertos establecimientos como colegios, hospitales, etc., se custodia la ropa blanca. Últimamente se usa más en el comercio de ropa interior femenina.

lendakari. m. Presidente; se aplica, por lo general, refiriéndose al del Gobierno de Euzkadi.

lendrera. f. Peine de púas finas y espesas, a propósito para limpiar la cabeza.

lengua. f. Órgano muscular situado en la cavidad de la boca de los vertebrados y que sirve para gustar, para deglutir y para articular los sonidos de la voz. || Por ext., ciertas cosas largas y estrechas. || Sistema de comunicación y expresión verbal propio de un pueblo o nación, o común a varios.

lenguado. ≅suela. m. Pez teleósteo marino, de cuerpo muy comprimido y carne comestible muy fina.

lenguaje. m. Conjunto de sonidos articulados

con que el hombre manifiesta lo que piensa o siente. || Idioma hablado por un pueblo o nación, o por parte de ella. || Manera de expresarse: ⌢ *culto, grosero, vulgar.* || Estilo y modo de hablar y de escribir de cada uno. || Uso del habla o facultad de hablar. || fig. Conjunto de señales que dan a entender una cosa: *el* ⌢ *de las flores.* || Conjunto de caracteres, símbolos, representaciones y reglas que permiten introducir y tratar la información en un ordenador.

lenguaraz. adj. Inteligente en dos o más lenguas. Ú. t. c. s. || Deslenguado, atrevido en el hablar.

lengüeta. f. Epiglotis. || Fiel de la balanza, especialmente el de la romana. || Cuchilla para cortar papel. || Laminilla movible de metal u otra materia de algunos instrumentos de viento. || Tira de piel que suelen tener los zapatos en la parte del cierre por debajo de los cordones.

lenidad. ≅benevolencia. ≅suavidad. f. Blandura, falta de severidad.

leninismo. m. Doctrina política de Lenin, consistente en una ampliación del marxismo y en el análisis de algunos fenómenos históricos posteriores a Marx.

lenitivo, va. ≅alivio. ≅calmante. ≅consuelo. ≅emoliente. adj. Que tiene virtud de ablandar y suavizar. Ú. t. c. s. || m. Medicamento que sirve para ese fin. || fig. Medio para suavizar los sufrimientos del ánimo.

lenocinio. m. Alcahuetería. || Oficio de alcahuete.

lente. amb. Cristal con caras cóncavas o convexas, que se emplea en varios instrumentos ópticos. Ú. m. c. f. || Cristal para miopes o présbites, con armadura que permite acercárselo cómodamente a un ojo. || pl. Cristales de igual clase con armadura que se coloca ante los ojos.

lenteja. f. Planta anual papilionácea cuyas semillas son alimenticias y muy nutritivas. || Fruto de esta planta.

lentejuela. f. Planchita redonda de metal que se usa en los bordados.

lenticular. adj. Parecido en la forma a la semilla de la lenteja. || m. Pequeña apófisis del yunque, huesecillo del oído. Ú. t. c. adj.: *apófisis* ⌢.

lentilla. f. Lente muy pequeña, fabricada con distintos materiales, que se adapta por contacto a la córnea del ojo para corregir defectos de la visión.

lentisco. m. Mata o arbusto siempre verde, de flores pequeñas amarillentas o rojizas y fruto en drupa del que se extrae aceite para el alumbrado.

lentitud. ◁ligereza. f. Tardanza, calma.

lento, ta. adj. Tardo o pausado. || Poco vigoroso y eficaz.

leña. ≅tuero. f. Parte de los árboles y matas que, cortada y hecha trozos, se destina para la lumbre. || fig. y fam. Castigo, paliza.

leñador, ra. m. y f. Persona que se emplea en cortar leña. || Persona que vende leña.

leñera. f. Sitio o mueble para guardar o hacinar leña.

leño. m. Trozo de árbol después de cortado y limpio de ramas. || Madera. || fig. y poét. Nave, embarcación. || fig. y fam. Persona de poco talento y habilidad. || fig. y fam. Pesado, insufrible.

leñoso, sa. adj. De leña. || Hablando de arbustos, plantas, frutos, etc., que tiene dureza y consistencia como la madera.

león. m. Mamífero carnívoro félido, de pelaje entre amarillo y rojo, cabeza grande, dientes y uñas muy fuertes y cola larga. El macho se distingue por una larga melena que le cubre la nuca y el cuello. || fig. Hombre audaz.

leona. f. Hembra del león. || fig. Mujer audaz.

leonado, da. adj. De color rubio obscuro.

leonera. f. Lugar en que se tiene encerrados los leones. || fig. y fam. Casa de juego. || fig. y fam. Cuarto de una casa habitualmente desarreglado.

leonés, sa. adj. y s. De León, ciudad, provincia o reino de España. || Díc. del dialecto romance llamado también asturleonés. || Díc. de la variedad de castellano hablada en territorio leonés.

leonino, na. adj. Relativo al león. || Díc. del contrato oneroso en que toda la ganancia se atribuye a una de las partes.

leontina. f. Cinta o cadena colgante del reloj de bolsillo.

leopardo. m. Mamífero carnicero de metro y medio de largo con manchas negras y redondas que vive en los bosques de Asia y África. Es cruel y sanguinario.

leotardo. m. Prenda a modo de braga que se prolonga por dos medias, de modo que cubre y ciñe el cuerpo desde la cintura hasta los pies. Ú. t. en pl.

lepidóptero. adj. y m. Díc. de los insectos con boca chupadora y cuatro alas cubiertas de membranitas imbricadas, como la mariposa. Tienen metamorfosis completas y en el estado de larvas reciben el nombre de *oruga.* || m. pl. Orden de estos insectos.

Leopardo

leporino, na. adj. Relativo a la liebre. || Díc. del labio superior del hombre cuando por defecto congénito está hendido.

lepra. f. Infección crónica producida por el bacilo de Hansen, caracterizada por lesiones de la piel, nervios y vísceras, sobre todo tubérculos, manchas, úlceras y falta de sensibilidad en las zonas afectadas.

leprosería. f. Lazareto y hospital de leprosos.

leproso, sa. adj. y s. Enfermo de lepra.

lerdo, da. ≅obtuso. ≅tarugo. adj. y s. Pesado y torpe en el andar. || fig. Tardo y torpe para comprender y ejecutar una cosa.

les. Dativo del pronombre personal de tercera persona en género masculino o femenino y número plural. No admite preposición y se puede usar como sufijo: ⌐ *di, da*⌐. Es incorrecto emplear para el género masculino la forma *los,* y *las,* propias del acusativo.

lesbiana. f. Mujer homosexual.

lesión. ≅herida. f. Daño o detrimento corporal. || fig. Cualquier daño, perjuicio o detrimento. || *Der.* Daño causado en un contrato.

lesionar. ≅dañar. ≅herir. ≅perjudicar. tr. y prnl. Causar daño.

lesivo, va. adj. Que causa o puede causar lesión.

leso, sa. adj. Agraviado, lastimado, ofendido; díc., sobre todo, respecto de la cosa que ha recibido el daño: ⌐ *humanidad.* || Turbado, trastornado: ⌐ *imaginación.*

letal. adj. Mortífero: *gas* ⌐.

letanía. f. Rogativa formada por una serie de invocaciones ordenadas. Ú. t. en pl. || Procesión en que se cantan letanías. Ú. t. en pl. || fig. y fam. Lista, enumeración de nombres, locuciones o frases.

letargo. ≅sopor. ◁viveza. m. Sueño morboso que constituye el síntoma de varias enfermedades nerviosas, infecciosas o tóxicas. || fig. Torpeza, modorra. || Período de tiempo en que algunos animales permanecen en inactividad y reposo absoluto.

letón, na. adj. y s. De Letonia. || m. Idioma letón, dialecto del lituano.

letra. f. Cada uno de los elementos gráficos que, solo o combinado con otros, sirve para representar un fonema. || Cada uno de estos mismo sonidos o articulaciones. || Forma de la letra o modo particular de escribir según la persona, el tiempo, el lugar, etc. || Conjunto de las palabras puestas en música a diferencia de la misma música. || pl. Conjunto de las ciencias humanísticas que, por su origen y tradición literaria, se distinguen de las exactas, físicas y naturales.

letrado, da. adj. Sabio, instruido. || fam. Que presume de discreto y habla mucho sin fundamento. || m. y f. Abogado.

letrero. ≅inscripción. ≅rótulo. m. Palabra o conjunto de palabras escritas para publicar o dar a conocer una cosa.

letrilla. f. Composición poética de versos cortos que suele ponerse en música. || Composición poética dividida en estrofas, al final de cada cual se repite ordinariamente el estribillo.

letrina. ≅retrete. f. Retrete colectivo en los cuarteles, campamentos, etc. || fig. Cosa que parece sucia y asquerosa.

leucemia. f. Enfermedad grave que se caracteriza por el aumento permanente de los leucocitos de la sangre y la hipertrofia y proliferación de uno o varios tejidos linfoides.

leucocito. m. Glóbulo blanco de la sangre, de forma esférica cuando permanece en reposo, cuya función es la de defender al organismo contra cuerpos extraños. Su número, en circunstancias normales, es de 5.000 a 10.000 por mm.^{3} de sangre.

leucocitosis. f. Aumento del número de leucocitos en la sangre, producido muchas veces por una infección y también por el embarazo o la simple digestión.

leucoma. f. Manchita blanca en la córnea transparente del ojo.

leva. ≅reclutamiento. f. Partida de las embarcaciones del puerto. || Recluta de soldados. || *Mar.* Acción de levarse o irse. || *Mec.* Mecanismo que adopta diversas formas, destinado a transmitir o accionar el movimiento de una máquina.

levadizo, za. adj. Que se levanta: *puente* ∿.

levadura. ≅fermento. f. Cierto tipo de microorganismo que actúa como fermento alcohólico y en la elaboración del pan. || Substancia que excita la fermentación de un cuerpo. || fig. Germen de una acción violenta.

levantamiento. m. Acción y efecto de levantar. || Sedición, alboroto popular. || Sublimidad, elevación.

levantar. tr. Mover de abajo hacia arriba. Ú. t. c. prnl. || Poner una cosa en lugar más alto. Ú.

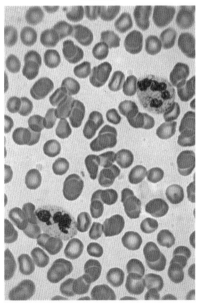

Leucocitos

t. c. prnl. || Poner derecha o en posición vertical a persona o cosa. Ú. t. c. prnl. || Separar una cosa de otra sobre la cual descansa o está adherida. Ú. t. c. prnl. || Dirigir hacia arriba: ∿ *los ojos.* || Edificar. || fig. Dar mayor fuerza a la voz. || Hacer que cesen ciertas penas o prohibiciones impuestas por autoridad competente: ∿ *el destierro.* || fig. Rebelar, sublevar. Ú. t. c. prnl. || prnl. Dejar la cama el que estaba acostado. || Comenzar a alterarse el viento o el mar.

levante. ≅este. m. Oriente, punto por donde sale el Sol. || Viento que sopla de la parte oriental. || Países de la parte oriental del Mediterráneo. || Nombre genérico de las regiones mediterráneas de España, especialmente Valencia y Murcia (en este caso se escribe con mayúscula).

levantino, na. adj. y s. De Levante.

levantisco, ca. adj. Inquieto y turbulento.

levar. tr. Recoger el ancla. || Hacerse a la mar: ∿ *anclas.*

leve. adj. Ligero, de poco peso. || fig. De poca importancia.

levedad. ◁gravedad. f. Calidad de leve. || Inconstancia, ligereza.

leviatán. ≅Lucifer. m. Monstruo marino, descrito en el libro de Job y que ha sido considerado siempre en el sentido de demonio o enemigo de las almas.

levita. m. Israelita de la tribu de Leví, dedicado al servicio del templo. || f. Vestidura masculina de etiqueta, más larga y amplia que el frac.

levitar. intr. Elevarse en el espacio sin intervención de agentes físicos conocidos.

levitón. m. Levita más larga y holgada.

lexema. m. *Ling.* Unidad léxica mínima, que carece de morfemas *(sol),* o resulta de haber prescindido de ellos *(terr,* en *enterráis),* y que posee un significado definible por el diccionario, y no por la gramática.

lexicalizar. tr. y prnl. Convertir en uso léxico general el que antes era figurado. || Hacer que un sintagma llegue a funcionar como una unidad léxica.

léxico, ca. ≅lexicón. adj. Relativo al léxico, vocabulario. || m. Vocabulario, conjunto de palabras de un idioma, o las que pertenecen a una región determinada, a una actividad concreta, a un campo semántico, etc. || Caudal de voces, modismos y giros de un autor.

lexicografía. f. Técnica de componer léxicos, diccionarios. || Parte de la lingüística que se ocupa de los principios teóricos en que se basa la composición de diccionarios.

lexicología. f. Estudio de las unidades léxicas de una lengua, y de las relaciones sistemáticas que se establecen entre ellas.

ley. f. Regla y norma constante e invariable de las cosas. || Precepto dictado por la suprema autoridad en que se manda o prohíbe una cosa. || En un régimen constitucional, disposición votada por el Parlamento y sancionada por el jefe del Estado. || || Estatuto establecido para un acto particular: ↝ *de una junta, de un certamen.* || Cuerpo del derecho civil. || *Fís.* Relación existente entre las diversas magnitudes que intervienen en un fenómeno.

leyenda. ≅fábula. ≅inscripción. ≅tradición. f. Vida de los santos. || Relación de sucesos que tienen más de maravillosos que de verdaderos. || Composición poética en que se narran. || Letrero que rodea la figura en las monedas o medallas.

lezna. f. Instrumento que usan los zapateros para agujerear, coser y despuntar.

lía. f. Soga de esparto para atar y asegurar los fardos, cargas y otras cosas.

liana. f. Nombre que se aplica a diversas plantas tropicales que, tomando como soporte los árboles, se encaraman sobre ellos hasta alcanzar la parte más alta y despejada, donde se ramifican abundantemente.

liar. ≅amarrar. ≅enredar. ≅enzarzar. ≅ligar. ◁desatar. tr. Atar y asegurar con lías. || Envolver una cosa con papeles, cuerdas, cintas, etc. || Hacer cigarrillos envolviendo la picadura en el papel de fumar. || fig. y fam. Engañar a uno, envolverlo en un compromiso. Ú. t. c. prnl. || prnl. Amancebarse. || fam. Enredarse, complicarse una persona por tener las ideas poco claras, o por acumulación de actividades o trabajos.

liásico, ca. adj. Terreno sedimentario que sigue inmediatamente en edad al triásico. Ú. t. c. s. || Relativo a este terreno.

libación. f. Acción de libar. || Ceremonia religiosa de los antiguos paganos, que consistía en llenar un vaso de vino o de otro licor y derramarlo después de haberlo probado.

libar. tr. Chupar suavemente el jugo de una cosa. || Hacer la libación para el sacrificio. || Hacer sacrificios u ofrendas a la divinidad. || Probar o gustar un licor.

libatorio. m. Vaso con que se hacían las libaciones.

libelo. m. Escrito en que se denigra o infama a personas o cosas.

libélula. f. Insecto notable por su hermoso color azul y la rapidez de su vuelo. Tiene un ab-

domen muy largo y filiforme. Se llama también *caballito del diablo.*

líber. m. Conjunto de capas delgadas de tejido fibroso que forman la parte interior de la corteza de los vegetales dicotiledóneos.

liberación. f. Acción de poner en libertad. || Cancelación de la carga que grava un inmueble.

liberado, da. adj. y s. Díc. de la persona miembro de un partido, organización, sindicato, etc., que es mantenido pecuniariamente por ellos.

liberal. adj. Que obra con liberalidad. || Díc. de la cosa hecha con ella. || Díc. tradicionalmente de las artes o profesiones que principalmente requieren el ejercicio del entendimiento. || Que profesa doctrinas favorables a la libertad política en los Estados. Apl. a pers., Ú. t. c. s.

liberalidad. ◁tacañería. f. Virtud moral que consiste en distribuir uno generosamente sus bienes. || Generosidad, desprendimiento. || *Der.* Disposición de bienes a favor de alguien sin ninguna prestación suya.

liberalismo. m. Orden de ideas que profesan los partidarios del sistema liberal. || Partido o comunión política que entre sí forman. || Sistema político-religioso que proclama la absoluta independencia del Estado de todas las religiones positivas. || Ideología que defiende la no intervención estatal en economía.

liberalizar. tr. y prnl. Hacer liberal en el orden político a una persona o cosa.

liberar. tr. Libertar, eximir a uno de una obligación.

Libélula

libertad. f. Facultad natural que tiene el hombre de obrar de una manera o de otra, y de no obrar. || Estado o condición del que no es esclavo. || Estado del que no está preso. || Falta de sujeción y subordinación. || Facultad que se disfruta en las naciones bien gobernadas, de hacer y decir cuanto no se oponga ni a las leyes ni a las buenas costumbres. || Prerrogativa, privilegio, licencia. Ú. m. en pl.

libertar. ≅eximir. ≅redimir. ≅rescatar. ≅soltar. tr. Poner en libertad. || Librar a uno de una atadura moral.

libertario, ria. adj. Que defiende la libertad absoluta y, por lo tanto, la supresión de todo gobierno y de toda ley.

libertinaje. m. Desenfreno en las obras o en las palabras.

libertino, na. ≅licencioso. ≅vicioso. ◁moral. adj. y s. Aplícase a la persona entregada al libertinaje. || m. y f. Hijo de liberto.

liberto, ta. m. y f. Esclavo a quien se ha dado libertad.

libidinoso, sa. adj. Lujurioso, lascivo.

libido. f. El deseo sexual, considerado por algunos autores como impulso y raíz de las más varias manifestaciones de la actividad psíquica.

libra. f. Peso antiguo español, variable según las provincias. || Unidad monetaria de Chipre, Egipto, Irlanda, Líbano, Malta, Siria y Sudán. || Medida de capacidad, que contiene una libra de un líquido.

libraco o **libracho.** m. desp. Libro despreciable.

librado, da. m. y f. Persona contra la que se gira una letra de cambio.

libramiento. m. Acción y efecto de librar. || Libranza.

libranza. f. Orden de pago que se da, ordinariamente, por escrito.

librar. tr. Sacar o preservar a uno de un trabajo, mal o peligro. Ú. t. c. prnl. || Tratándose de la confianza, ponerla o fundarla en una persona o cosa. || Construido con ciertos substantivos, dar o expedir lo que éstos significan: ⌐ sentencia. || Expedir letras de cambio, libranzas, cheques y otras órdenes de pago, a cargo de uno que tenga fondos a disposición del librador. || fam. Disfrutar de su día de descanso los empleados u obreros.

libre. ≅expedito. ≅independiente. ≅liberado. adj. Que tiene facultad para obrar o no obrar. || Que no es esclavo. || Que no está preso. || Licencioso, insubordinado. || Suelto, no sujeto. || Exento, privilegiado, dispensado: estoy ⌐ del voto.

|| Soltero, célibe. || Independiente. || Desembarazado o exento de un daño o peligro: estoy ⌐ de penas. || Inocente, sin culpa.

librea. f. Traje que los príncipes, señores y algunas otras personas o entidades dan a sus criados. || Pelaje de los venados y otras reses.

librecambio. m. Sistema económico que limita a los aranceles las trabas al comercio internacional. || Régimen aduanero basado en esta doctrina.

librepensamiento. m. Doctrina que reclama para la razón individual independencia absoluta de todo criterio sobrenatural en materia religiosa.

librería. f. Biblioteca, local en que se tienen libros. || Tienda donde se venden libros. || Ejercicio o profesión de librero. || Mueble con estantes para colocar libros.

librero, ra. m. y f. Persona que tiene por oficio vender libros.

libreta. f. Cuaderno o libro pequeño. || Cartilla que se da a los sirvientes. || La que expide una caja de ahorros.

libretista. com. Autor de uno o más libretos.

libreto. m. Obra dramática escrita para ser puesta en música.

librillo. m. Cuadernito de papel de fumar. || Libro del estómago de los rumiantes. || Especie de bisagra diminuta para las cajas muy pequeñas.

libro. m. Reunión de muchas hojas de papel, vitela, etc., ordinariamente impresas, que se han cosido o encuadernado juntas con cubierta de papel, cartón, pergamino u otra piel, etc., y que forman un volumen. || Obra científica o literaria. || Tercera de las cuatro cavidades en que se divide el estómago de los rumiantes.

licantropía. f. Manía en la cual el enfermo se imagina estar transformado en lobo.

licencia. f. Facultad o permiso para hacer una cosa. || Documento en que consta la licencia. || Abusiva libertad en decir u obrar. || pl. Las que se dan a los eclesiásticos por los superiores para celebrar, predicar, etc., por tiempo indefinido.

licenciado, da. adj. Díc. de la persona que se precia de entendida. || Dado por libre. || m. y f. Persona que ha obtenido la licenciatura en una facultad. || m. Tratamiento que se da a los abogados. || Soldado que ha recibido su licencia absoluta.

licenciar. tr. Dar permiso o licencia. || Despedir a uno. || Conferir el grado de licenciado. || Dar a los soldados su licencia absoluta. || prnl. Obtener el título de licenciado.

licenciatura. f. Grado de licenciado. || Acto de

recibirlo. || Estudios necesarios para obtener este grado.

licencioso, sa. adj. Libre, atrevido, disoluto.

liceo. m. Uno de los tres antiguos gimnasios de Atenas. || Escuela aristotélica. || Nombre de ciertas sociedades literarias o de recreo. || En algunos países, instituto de enseñanza media.

licitar. tr. Ofrecer precio por una cosa en subasta o almoneda.

lícito, ta. adj. Justo, permitido. || Que es de la ley o calidad que se manda.

licopodíneo, a. adj. y f. Díc. de plantas criptógamas del tipo de las pteridofitas; como el licopodio. || f. pl. Clase de estas plantas.

licopodio. m. Planta, por lo común rastrera, que crece ordinariamente en lugares húmedos y sombríos.

licor. m. Cuerpo líquido. || Bebida espiritosa destilada por alambique.

licorera. f. Utensilio de mesa, donde se colocan las botellas o frascos de licor y a veces los vasos o copas donde se sirve.

lictor. m. Servidor de la justicia entre los romanos.

licuadora. f. Aparato eléctrico para licuar.

licuar. ≅licuefacer. ≅liquidar. ◁solidificar. tr. y prnl. Hacer líquida una cosa sólida o gaseosa. || Fundir un metal sin que se derritan las demás materias con que se encuentra combinado.

licuefacer. tr. Hacer líquida una cosa sólida o gaseosa.

licuescente. adj. Que tiene tendencia a· licuarse.

lid. f. Combate, pelea. || fig. Disputa, contienda de razones y argumentos.

líder. m. Director, jefe o conductor de un partido político, de un grupo social o de otra colectividad. || El que va a la cabeza de una competición deportiva.

liderato o **liderazgo.** m. Condición de líder o ejercicio de sus actividades.

lidia. f. Acción y efecto de lidiar.

lidiar. ≅torear. ◁pacificar. intr. Batallar, pelear. || fig. Hacer frente a uno, oponérsele. || fig. Tratar, comerciar con una o más personas que causan molestia. || tr. Burlar al toro luchando con él y esquivando sus acometidas hasta darle muerte.

liebre. f. Mamífero roedor muy parecido al conejo. || fig. y fam. Hombre tímido y cobarde.

liendre. f. Huevo del piojo.

lienzo. m. Tela que se fabrica de lino, cáñamo o algodón. || Pañuelo de lienzo, algodón o hila-

dillo. || Pintura que está sobre lienzo. || Tela preparada para pintar sobre ella. || Fachada del edificio o pared.

liga. ≅alianza. ≅coalición. f. Cinta o banda de tejido elástico con que se aseguran las medias y los calcetines. || Venda o faja. || Unión o mezcla. || Aleación. || Confederación que hacen entre sí los Estados para defenderse de sus enemigos o para ofenderlos. || Por ext., algún designio que les es común. || Competición deportiva en que uno de los equipos admitidos ha de jugar con todos los demás de su categoría. || Materia viscosa con la cual se untan espartos, mimbres o juncos par cazar pájaros.

ligado, da. adj. Atado. || Unido. || m. Unión o enlace de las letras en la escritura. || *Mús.* Modo de ejecutar una serioe de notas diferentes sin interrupción de sonido entre unas y otras, por contraposición al picado.

ligadura. f. Vuelta que se da apretando una cosa con liga, venda u otra atadura. || Acción y efecto de ligar o unir. || fig. Sujeción con que una cosa está unida a otra. || *Cir.* Acción y efecto de anudar un vaso u otro órgano hueco. || *Mús.* Curva con la que se expresa gráficamente el ligado.

ligamento. m. Acción y efecto de ligar. || Cordón fibroso que liga los huesos de las articulaciones. || Pliegue membranoso que enlaza o sostiene en la debida posición cualquier órgano del cuerpo de un animal.

ligar. tr. Atar. || Alear. || Mezclar cierta porción de otro metal con el oro o con la plata. || Unir o enlazar. || fig. Obligar. Ú. t. c. prnl. || intr. En ciertos juegos de naipes, juntar dos o más cartas adecuadas al lance. || fig. y fam. Entablar relaciones amorosas pasajeras y superficiales. Ú. t. c. prnl. || prnl. Confederarse, unirse para algún fin.

ligazón. f. Unión, trabazón, enlace de una cosa con otra.

ligereza. f. Presteza, agilidad. || Levedad, o poco peso. || fig. Inconstancia, volubilidad, inestabilidad. || fig. Hecho o dicho de alguna importancia, pero irreflexivo o poco meditado.

ligero, ra. ≅ingrávido. ≅leve. ≅liviano. adj. Que pesa poco. || Ágil, veloz, pronto. || Aplícase al sueño que· se interrumpe fácilmente. || Leve, de poca importancia y consideración. || fig. Hablando de alimentos, que pronto y fácilmente se digiere. || fig. Inconstante, voluble, que muda fácilmente de opinión.

lignario, ria. adj. De madera o perteneciente a ella.

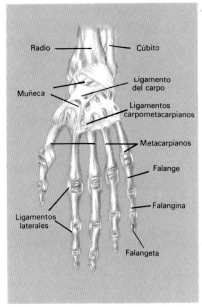

Ligamentos de la mano izquierda (cara dorsal)

lignificar. tr. Dar contextura de madera. || prnl. Tomar consistencia de madera.

lignina. f. Substancia que forma parte de los tejidos de sostén de los vegetales.

lignito. m. Carbón fósil que no produce coque cuando se calcina en vasos cerrados.

ligón, na. adj. y s. fam. Que entabla relaciones amorosas pasajeras, con frecuencia.

ligue. m. fam. Relación amorosa transitoria. || fam. Persona con quien se entablan estas relaciones.

liguero, ra. adj. Perteneciente o relativo a una liga deportiva. || m. Especie de cinturón o faja estrecha a la que se sujeta el extremo superior de las ligas de las mujeres.

liguilla. f. Cierta clase de liga o venda estrecha. || Liga deportiva disputada por un corto número de equipos.

lígula. f. Especie de estípula situada entre el limbo y el peciolo de las hojas de las gramíneas.

ligur o **ligurino.** adj. De Liguria, antiguo pueblo de Europa. Ú. t. c. s. || Relativo a este pueblo. || m. Lengua de los ligures.

lija. ≅pintarroja. ≅zapa. f. Pez selacio, del su-

borden de los escuálidos. Su piel no tiene escamas, pero está cubierta de una especie de granillos córneos muy duros. || Piel seca de este pez o de otro selacio, que por la dureza de sus granillos se emplea para limpiar y pulir metales y maderas. || Papel con polvos o arenillas de vidrio o esmeril adheridos que sirve para pulir maderas o metales.

lijar. tr. Alisar y pulir una cosa con lija.

lila. f. Arbusto oleáceo, de tres a cuatro metros de altura, originario de Persia y muy cultivado en los jardines por la belleza de sus flores. || Flor de este arbusto. || Color morado claro, como la flor de la lila.

lila. adj. fam. Tonto, fatuo.

liliáceo, a. adj. y f. Díc. de plantas angiospermas monocotiledóneas, casi todas herbáceas; como el tulipán y la cebolla. || f. pl. Familia de estas plantas.

liliputiense. adj. y s. fig. Persona extremadamente pequeña o endeble.

lima. f. Fruto del limero. || Limero, árbol.

lima. f. Instrumento de acero templado, con la superficie finamente estriada, para desgastar y alisar los metales y otras materias duras. || fig. Corrección y enmienda de las obras, particularmente de las de entendimiento.

limadura. f. Acción y efecto de limar. || pl. Partecillas muy menudas que con la lima se arrancan al limar.

limar. ≅desbastar. ≅pulir. tr. Pulir o alisar los metales, la madera, etc., con la lima. || fig. Pulir una obra. || fig. Cercenar alguna cosa.

limbo. m. Lugar o seno donde estaban detenidas las almas de los santos y patriarcas antiguos esperando la redención del género humano. || Lugar adonde van las almas de los que, antes del uso de la razón, mueren sin el bautismo. || Borde de una cosa. || Contorno aparente de un astro. || *Bot.* Lámina o parte ensanchada de las hojas típicas y, por extensión, de los sépalos, pétalos y tépalos.

limero, ra. ≅lima. m. y f. Persona que vende limas. || m. Árbol rutáceo, originario de Asia y que se cultiva en España. Su fruto es la lima.

liminar. adj. Referente al dintel, a la entrada. || Que sirve de prólogo o proemio; preliminar.

limitado, da. ≅corto. ≅ignorante. adj. Que tiene corto entendimiento.

limitar. ≅confinar. ≅delimitar. ≅demarcar. ◁permitir. tr. Poner límites a un terreno. || fig. Acortar, ceñir. Ú. t. c. prnl. || fig. Fijar la mayor extensión que pueden tener la jurisdicción, la autoridad o los derechos y facultades de uno. || intr. Estar contiguos dos terrenos, lindar.

límite. ≅frontera. m. Término, confín o lindero de reinos, provincias, posesiones, etc. || fig. Fin, término. || *Mat.* Magnitud fija a la que se aproximan cada vez más los términos de una secuencia infinita de magnitudes.

limítrofe. adj. Colindante, fronterizo.

limo. ≅barro. ≅fango. m. Lodo o légamo.

limón. m. Fruto del limonero, de color amarillo, y pulpa dividida en gajos, comestible, jugosa y de sabor ácido muy agradable. || Limonero, árbol.

limonada. f. Bebida compuesta de agua, azúcar y zumo de limón.

limoncillo. m. Árbol mirtáceo, cuya madera, de color amarillo, se emplea en ebanistería.

limonero, ra. m. y f. Persona que vende limones. || m. Árbol rutáceo, de cuatro a cinco metros de altura. Es originario de Asia y se cultiva mucho en España. Su fruto es el limón.

limosna. f. Lo que se da por caridad para socorrer una necesidad.

limosnero, ra. adj. Caritativo, inclinado a dar limosnas. || Mendigo, pordiosero. Ú. t. c. s. || m. Encargado de recoger y distribuir limosnas.

limpiabotas. m. El que por oficio limpia y lustra botas y zapatos.

limpiaparabrisas. m. Mecanismo que, moviéndose de un lado a otro, aparta la lluvia o la nieve que cae sobre el parabrisas.

limpiar. ≅asear. ≅depurar. ≅lavar. ≅podar. ≅purificar. ⊲manchar. tr. Quitar la suciedad de una cosa. Ú. t. c. prnl. || Purificar. Ú. t. c. prnl. || fig. Ahuyentar de una parte a los que son perjudiciales en ella. || Quitar a los árboles las ramas pequeñas que se dañan entre sí. || fig. y fam. Hurtar o robar algo. || fig. y fam. En los juegos de naipes y otros, ganar todo el dinero.

límpido, da. adj. poét. Limpio, puro, sin mancha.

limpieza. ≅aseo. ≅destreza. ≅honradez. ≅rectitud. f. Calidad de limpio. || Acción y efecto de limpiar. || fig. Pureza, castidad. || fig. Integridad con que se procede en los negocios. || fig. Precisión con que se ejecutan ciertas cosas. || fig. En los juegos, observación estricta de las reglas de cada uno.

limpio, pia. adj. Que no tiene mancha o suciedad. || Que no tiene mezcla de otra cosa. || Que tiene el hábito del aseo y la pulcritud. || fig. Libre, exento de cosa que dañe o inficione. || fig. y fam. Díc. del que ha perdido todo su dinero. ||

fig. y fam. Díc. del que está falto de conocimientos de una materia.

limusina. f. Antiguo modelo de carruaje con la carrocería cerrada para los ocupantes del asiento posterior. || Tipo lujoso de automóvil con cuatro puertas.

lináceo, a. adj. y f. Díc. de hierbas, matas o arbustos angiospermos dicotiledóneos, cuyo prototipo es el lino. || f. pl. Familia de estas plantas.

linaje. m. Ascendencia o descendencia de cualquier familia. || fig. Clase o condición de una cosa.

lináloe. m. Áloe, planta. || Jugo de esta planta.

linaria. f. Planta herbácea escrofulariácea, que vive en terrenos áridos y se ha empleado en medicina como depurativo y purgante.

linaza. f. Simiente del lino, en forma de granillos elipsoidales. Por presión suelta un aceite secante de gran aplicación en la industria.

lince. m. Mamífero carnicero muy parecido al gato cerval, pero mayor que él. || fig. m. y adj. El que tiene una vista aguda. || fig. Persona aguda, sagaz.

linchar. tr. Castigar, usualmente con la muerte, sin proceso y tumultuariamente, a un sospechoso o a un reo.

lindar. ≅colindar. ≅limitar. intr. Estar contiguos dos territorios, terrenos o fincas.

linde. ≅lindero. amb. Límite de un reino o provincia. || Término o fin de algo. || Término o línea que divide unas heredades de otras.

lindero, ra. ≅límite. ≅limítrofe. ≅término. adj. Que linda con una cosa. || m. Linde o lindes de dos terrenos, lindera.

lindeza. f. Calidad de lindo. || Hecho o dicho gracioso. || pl. irón. Insultos o improperios.

lindo, da. adj. Hermoso, bello, apacible y grato a la vista. || fig. Bueno, cabal, perfecto, primoroso y exquisito. || m. fig. y fam. Hombre afeminado, presumido de hermoso y que cuida demasiado de su compostura y aseo.

línea. f. *Geom.* Extensión considerada en una sola de sus tres dimensiones: la longitud. || Medida longitudinal que equivale a cerca de dos milímetros. || Raya en un cuerpo cualquiera. || Renglón. || Serie de personas o cosas situadas una detrás de otra o una al lado de la otra. || || Vía terrestre, marítima o aérea. || Serie de personas enlazadas por parentesco. || fig. Término, límite. || Frente, territorio donde combaten dos ejércitos.

lineal. adj. Perteneciente a la línea. || Que representa la misma cantidad para todos: *subida* ∿. || *Bot.* y *Zool.* Largo y delgado.

linfa. f. Parte del plasma sanguíneo, que atraviesa las paredes de los vasos capilares, entra en los vasos linfáticos, por los cuales circula hasta incorporarse a la sangre venosa.

linfático, ca. adj. Que abunda en linfa. || Perteneciente o relativo a este humor.

linfocito. m. Variedad de leucocito, originado en el tejido linfoide o la medula ósea y formado por un núcleo único, rodeado de escaso citoplasma. Interviene en la reacción inmunitaria.

lingote. m. Trozo o barra de metal en bruto. || Cada una de las barras o paralelepípedos de hierro que sirven para balancear la estiba de los buques. || Masa sólida que se obtiene vaciando el metal líquido en un molde.

lingual. adj. Perteneciente a la lengua. || Fon. Díc. de los sonidos que, como la *l*, se pronuncian con el ápice de la lengua. || Fon. Díc. de la letra que representa este sonido. Ú. t. c. s. f.

lingue. m. Árbol lauráceo chileno, cuya corteza es muy usada para curtir el cuero. || Corteza de este árbol.

lingüista. com. Persona versada en lingüística.

lingüística. f. Ciencia del lenguaje.

linimento o **linimiento.** m. Farm. Preparación menos espesa que el ungüento, en la cual entran como base aceites o bálsamos, y se aplica exteriormente en fricciones.

lino. m. Planta herbácea, anual, linácea. De su tallo se extraen abundantes fibras que se utilizan para producir la hilaza. || Materia textil que se saca de los tallos de esta planta. || Tela hecha de lino.

linóleo. m. Tela fuerte e impermeable, formada por un tejido de yute cubierto con una capa muy comprimida de corcho en polvo amasado con aceite de linaza bien oxidado.

linotipia. f. Impr. Máquina de componer, provista de matrices, de la cual sale la línea formando una sola pieza. || Arte de componer con esta máquina.

linterna. f. Farol, fácil de llevar en la mano, con una sola cara de vidrio y una asa en la opuesta. || Arquit. Fábrica de figura varia, pero siempre más alta que ancha y con ventanas, que se pone como remate en algunos edificios y sobre las medias naranjas de las iglesias. || Faro de las costas.

lío. m. Porción de ropa o de otras cosas atadas. || fig. y fam. Embrollo. || fig. y fam. Barullo, gresca, desorden. || fig. y fam. Amancebamiento.

liofilizar. tr. Separar el agua de una substancia o de una disolución, congelándola y sublimando después, a presión reducida, el hielo formado,

para obtener una materia esponjosa fácilmente soluble.

lípido. m. Nombre genérico de los ésteres de ácidos grasos.

lipoideo, a. adj. Díc. de toda substancia que tiene aspecto de grasa.

lipoma. m. Tumor formado de tejido adiposo.

lipotimia. f. Pérdida súbita y pasajera del sentido y del movimiento.

liquen. m. Bot. Cuerpo resultante de la asociación simbiótica de hongos con algas unicelulares.

liquidación. f. Acción y efecto de liquidar. || Venta por menor, generalmente accidental o extraordinaria y con gran rebaja de precios, que hace una casa de comercio por cesación, quiebra, reforma o traslado del establecimiento, etc.

liquidar. ≅acabar. ≅fundir. ≅licuar. ≅terminar. ◁solidificar. tr. Hacer líquida una cosa sólida o gaseosa. Ú. t. c. prnl. || fig. Hacer el ajuste formal de una cuenta. || fig. Saldar, pagar enteramente una cuenta. || fig. Poner término a una cosa o a un estado de cosas. || fig. y fam. Matar, asesinar. || Hacer ajuste final de cuentas una casa de comercio para cesar en él. || Vender con rebaja una o más mercancías en liquidación hasta agotar las existencias.

liquidez. f. Calidad de líquido. || Relación entre el conjunto de dinero en caja y de bienes fácilmente convertibles en dinero, y el total del activo, de un banco u otra entidad.

líquido, da. adj. y s. Díc. de todo cuerpo cuyas moléculas tienen tan poca cohesión que se adaptan a la forma de la cavidad que las contiene, y tienden siempre a ponerse a nivel; como el agua, el vino, etc. || Aplícase al saldo o residuo de cuantía cierta que resulta de la comparación del cargo con la data: *deuda líquida*. || Díc. de la consonante que, precedida de una muda y seguida de una vocal, forma sílaba con ellas. En español, la *l* y la *r* son las únicas letras de esta clase.

lira. ≅inspiración. ≅musa. f. Instrumento músico usado por los antiguos. || Combinación métrica de cinco versos, de los cuales riman el primero con el tercero, y el segundo con el cuarto y el quinto. || Combinación métrica que consta de seis versos de distinta medida, y en la cual riman los cuatro primeros alternadamente, y los dos últimos entre sí.

lira. f. Unidad monetaria de Italia, San Marino, Turquía y Ciudad del Vaticano.

lírico, ca. adj. Perteneciente a la lira o a la poesía propia para el canto. || Díc. de la obra literaria perteneciente a la lírica o de su autor. ||

Díc. del poeta cultivador de este género. Ú. t. c. s. || Propio de la poesía lírica, o apto o conveniente para ella. || Díc. de las obras de teatro total o principalmente musicales.

lirio. m. Planta herbácea iridácea, con flores terminales, grandes, de seis pétalos azules o morados y a veces blancos.

lirismo. m. Cualidad de lírico, inspiración lírica. || Abuso de las cualidades características de la poesía lírica.

lirón. m. Mamífero roedor muy parecido al ratón, que pasa todo el invierno adormecido y oculto. || fig. Persona dormilona.

lis. f. Lirio. || Forma heráldica de la flor del lirio estilizada.

lisa. f. Pez teleósteo fluvial, suborden de los fisóstomos, parecido a la locha. || Mújol.

lisbonés, sa, lisboeta o **lisbonense.** adj. y s. De Lisboa.

lisiar. tr. y prnl. Producir lesión en alguna parte del cuerpo.

lisina. f. Anticuerpo que posee la facultad de disolver o destruir las células orgánicas o las bacterias.

liso, sa. adj. Superficie que no presenta asperezas, adornos, realces o arrugas. || Aplícase a

Lirio

las telas que no son labradas y a los vestidos que carecen de guarnición y otros adornos.

lisonja. ≅adulación. f. Alabanza afectada.

lisonjear. ◁denostar. tr. Adular. || Dar motivo de envanecimiento. Ú. t. c. prnl. || fig. Deleitar, agradar. Ú. t. c. prnl.

lista. ≅banda. ≅catálogo. ≅cinta. ≅franja. ≅relación. f. Tira de tela, papel, cuero u otra cosa delgada. || Línea que, por combinación de un color con otro, se forma artificial o naturalmente en un cuerpo cualquiera, y con especialidad en telas o tejidos. || Catálogo.

listado, da. m. Lista, enumeración. || Toda salida por la impresora de un ordenador.

listar. tr. Alistar, sentar o escribir en lista.

listo, ta. adj. Diligente, pronto, expedito. || Apercibido, preparado, dispuesto para hacer una cosa. || Sagaz, avisado, inteligente.

listón. m. Cinta de seda más angosta que la colonia. || *Carp.* Pedazo de tabla angosta. || *Carp.* Moldura de sección cuadrada y poco saliente.

lisura. f. Igualdad y tersura de la superficie de una cosa. || fig. Ingenuidad, sinceridad.

litera. f. Vehículo antiguo capaz para una o dos personas, a manera de caja de coche y con dos varas laterales que se afianzaban en dos caballerías, puestas una delante y otra detrás. || Cada una de las camas estrechas y sencillas que se usan en los barcos, trenes, cuarteles, etcétera, y que suelen colocarse una encima de otra.

literal. adj. Conforme a la letra del texto, o al sentido exacto y propio. || Aplícase a la traducción en que se vierten todas y por su orden, en cuanto es posible, las palabras del original.

literario, ria. adj. Perteneciente o relativo a la literatura.

literato, ta. adj. y s. Aplícase a la persona versada en literatura, y a quien la profesa o cultiva.

literatura. f. Arte bello que emplea como instrumento la palabra. || Teoría de las composiciones literarias. || Conjunto de las producciones literarias de una nación, de una época o de un género. || Por ext., conjunto de obras que versan sobre un arte o ciencia. || Suma de conocimientos adquiridos con el estudio de las producciones literarias.

lítico, ca. adj. Perteneciente o relativo a la piedra.

litigar. tr. Pleitear, disputar en juicio sobre una cosa. || intr. fig. Altercar, contender.

litigio. m. Pleito, altercación en juicio. || fig. Disputa, contienda.

litigioso, sa. adj. Díc. de lo que está en pleito;

y, por ext., de lo que está en duda y se disputa. || Propenso a mover pleitos y litigios.

litina. f. Óxido alcalino parecido a la sosa.

litio. m. Metal de color blanco de plata, tan poco denso, que flota sobre el agua, la nafta y el petróleo.

litófago, ga. adj. Aplícase a los moluscos que perforan las rocas y hacen en ellas su habitación.

litografía. f. Arte de dibujar o grabar, primitivamente sobre una piedra calcárea, y actualmente sobre una plancha metálica, y reproducir , mediante impresión, el dibujo o escrito original. || Cada uno de estos ejemplares. || Taller en que se ejerce este arte.

litoral. adj. Perteneciente a la orilla o costa del mar. || m. Costa de un mar, país o territorio.

litosfera. f. Conjunto de las partes sólidas del globo terráqueo.

litráceo o **litrarieo, a.** adj. y f. Díc. de hierbas y arbustos angiospermos dicotiledóneos, cuyo ejemplo típico es la salicaria. || f. pl. Familia de estas plantas.

litre. m. Árbol chileno, anacardiáceo, de madera durísima; su sombra y el contacto de sus ramas producen salpullido.

litro. m. Unidad de capacidad del sistema métrico decimal, que equivale al contenido de un decímetro cúbico. || Cantidad de líquido que cabe en tal medida.

lituano, na. adj. y s. De Lituania. || m. Lengua eslava, hablada en Lituania.

liturgia. f. Orden y forma que ha aprobado la Iglesia para celebrar los oficios divinos, especialmente la misa.

liviandad. f. Calidad de liviano. || fig. Acción liviana.

liviano, na. adj. De poco peso. || fig. Fácil, inconstante. || fig. De poca importancia.

lívido, da. adj. Amoratado, que tira a morado. || Intensamente pálido, referido a personas.

liza. f. Campo dispuesto para que lidien dos o más personas. || Lid.

lo. Artículo neutro. || Seguido de un posesivo o de un nombre introducido por la prep. *de,* propiedad, casa o campo poseídos por quien se indica: ∽ *mío.* || Acusativo del pronombre personal de tercera persona, en género masculino o neutro y número singular. No admite preposición y se puede usar como enclítico: ∽ *probé; pruéba*∽.

loa. f. Acción y efecto de loar. || En el teatro antiguo, prólogo o diálogo con que solía darse principio a la función. || Composición dramática breve que se representaba antiguamente antes del poema dramático. || Poema dramático de breve extensión en que se celebra, alegóricamente por lo común, a una persona ilustre o un acontecimiento fausto.

loar. tr. Alabar.

loba. f. Hembra del lobo.

lobanillo. m. Quiste, tumor o bulto superficial y que por lo común no duele, que se forma en algunas partes del cuerpo. || Excrecencia leñosa cubierta de corteza, en el tronco o ramas de un árbol.

lobato. m. Cachorro del lobo.

lobeliáceo, a. adj. Díc. de hierbas o matas angiospermas dicotiledóneas, muy afines a las campanuláceas; como el quibey. Ú. t. c. s. f. || f. pl. Familia de estas plantas.

lobezno. m. Lobo pequeño.

lobo. m. Nombre de varios mamíferos carnívoros de la familia de los cánidos, congéneres del perro y sumamente parecidos a algunas razas de este animal.

lóbrego, ga. adj. Obscuro, tenebroso. || fig. Triste, melancólico.

lóbulo. m. Cada una de las partes, a manera de ondas, que sobresalen en el borde de una cosa. *los* ∽*s de la hoja de la higuera.* || Perilla de la oreja. || *Bot.* y *Zool.* Porción redondeada y saliente de un órgano cualquiera: *los* ∽*s del pulmón, del hígado, del cerebro.*

locación. f. Arrendamiento.

local. adj. Relativo al lugar. || Relativo a un territorio, comarca o país. || Municipal o provincial, por oposición a general o nacional. || m. Sitio o paraje cercado o cerrado y cubierto.

localidad. f. Calidad de las cosas que las determina a lugar fijo. || Lugar o pueblo. || Cada una de las plazas o asientos en los locales destinados a espectáculos públicos. || fig. Tique, billete, etc., que da derecho a ocupar alguna de estas plazas o asientos.

localismo. m. Calidad de local, relativo a un lugar o territorio. || Preocupación o preferencia de uno por determinado lugar o comarca. || Vocablo o locución que sólo tiene uso en un área reducida.

localizar. tr. Fijar, encerrar en límites determinados. Ú. t. c. prnl. || Averiguar el lugar en que se halla una persona o cosa: *hasta ahora no hemos podido* ∽ *al médico.*

locatis. adj. y s. fam. Persona alocada, de poco juicio.

locativo, va. adj. y m. Caso de la declinación que expresa fundamentalmente la relación de lugar en donde.

loción. f. Acción y efecto de lavar, lavadura. Ú. m. en medicina y cosmética. || Producto preparado para la limpieza del cabello o para el aseo corporal.

lockout. m. *Sociol.* Cierre de una fábrica o empresa dispuesto por el dueño como represalia o defensa contra la huelga de los trabajadores. También se dice *cierre patronal.*

loco, ca. adj. Que ha perdido la razón. Ú. t. c. s. || De poco juicio, disparatado e imprudente. Ú. t. c. s. || fig. Que excede en mucho a lo ordinario o presumible, tomado siempre en buena parte: *cosecha ~; suerte ~.*

locomoción. f. Traslación de un punto a otro.

locomotor, ra. adj. Propio para la locomoción. || f. Máquina que montada sobre ruedas y movida de ordinario por vapor, electricidad o motor de combustión interna, arrastra los vagones de un tren.

locuaz. ≅charlatán. ≅parlanchín. adj. Que habla mucho o demasiado.

locución. f. Modo de hablar. || Frase. || Combinación estable de dos o más palabras que funciona como oración o como elemento oracional.

locuelo, la. adj. y s. fam. Díc. de la persona de corta edad, viva y atolondrada.

locura. ≅demencia. ≅disparate. ≅enajenación. ≅extravagancia. ◁cordura. f. Privación del juicio o del uso de la razón. || Acción inconsiderada o gran desacierto. || fig. Exaltación del ánimo producida por algún afecto u otro incentivo.

locutor, ra. m. y f. Persona que habla ante el micrófono en las estaciones de radio y televisión para dar avisos, noticias, programas, etc.

locutorio. m. Lugar destinado para que se pueda hablar con las visitas, en cárceles y conventos de estricta clausura. || Local de una compañía telefónica, en el que el público solicita conferencias telefónicas y las celebra.

locha. f. Nombre común a varias especies de peces teleósteos del suborden de los fisóstomos.

lodazal o **lodazar.** m. Sitio o paraje lleno de lodo.

lodo. ≅barro. ≅fango. ≅limo. m. Mezcla de tierra y agua, especialmente la que resulta de las lluvias en el suelo.

lodoso, sa. adj. Lleno de lodo.

lofobranquio, quia. adj. y s. Díc. de peces teleósteos, de cuerpo alargado y cubierto de plaquitas unidas entre sí, hocico tubular, branquias lobuladas, como penachos, y cuyos ejemplos más característicos son el *caballo* o *caballito de mar*

o *marino,* y el *pez aguja.* || m. pl. Suborden de estos peces.

loganiáceo, a. adj. Díc. de las plantas exóticas angiospermas dicotiledóneas. Ú. t. c. s. f. || f. pl. Familia de estas plantas.

logaritmo. m. *Mat.* Exponente a que es necesario elevar una cantidad positiva para que resulte un número determinado. El empleo de los logaritmos simplifica los procedimientos del cálculo aritmético.

logia. f. Local donde se celebran asambleas de francmasones. || Asamblea de francmasones.

lógica. f. *Filos.* Ciencia que expone las leyes, modos y formas del conocimiento científico.

lógico, ca. adj. Relativo a la lógica. || Que la estudia y sabe. Ú. t. c. s. || Díc. comúnmente de toda consecuencia natural y legítima; del suceso cuyos antecedentes justifican lo sucedido, etc.

logística. f. Parte del arte militar que atiende al movimiento y avituallamiento de las tropas en campaña.

logogrifo. m. Enigma que consiste en hacer diversas combinaciones con las letras de una palabra, de modo que resulten otras.

logopeda. adj. y s. Persona versada en las técnicas de la logopedia.

logopedia. f. Conjunto de métodos para establecer una fonación normal a quien tiene dificultades de pronunciación.

logotipo. m. Forma característica que distingue una marca o nombre de empresa o de un producto.

lograr. tr. Conseguir lo que se intenta. || prnl. Llegar a su perfección una cosa.

loísmo. m. Vicio de emplear la forma *lo* del pronombre *él* en función de dativo.

loma. f. Altura pequeña y prolongada.

lombarda. f. Cañón antiguo de gran calibre. || Proyectil de forma esférica arrojado por esta clase de cañones. || Variedad de berza, muy semejante al repollo, pero no tan cerrada, y de color morado.

lombardo, da. adj. y s. De Lombardía. || Longobardo.

lombriz. f. Gusano anélido, de cuerpo aguzado en el extremo donde está la boca y redondeado en el opuesto, y compuesto de anillos. Vive en los terrenos húmedos.

lomera. f. Correa que se acomoda en el lomo de la caballería, para que mantenga en su lugar las demás piezas de la guarnición. || Trozo de piel o de tela que se coloca en el lomo del libro para la encuadernación a media pasta. || Caballete de un tejado.

lomo. m. Parte inferior y central de la espalda. Ú. m. en pl. || En los cuadrúpedos, todo el espinazo. || Carne del cerdo que forma esta parte del animal. || Parte del libro opuesta al corte de las hojas. || Tierra que levanta el arado entre surco y surco. || En los instrumentos cortantes, parte opuesta al filo. || pl. Las costillas.

lona. f. Tela fuerte de algodón o cáñamo, para velas de navío, toldos, tiendas de campaña, etc.

loncha. ≅lonja. f. Piedra plana delgada, laja, lancha de piedra. || Cosa plana delgada de otras materias.

londinense. adj. y s. De Londres.

longplay. m Disco de larga duración. En abr., *L. P.* o *LP.* También se dice *elepé.*

longanimidad. f. Grandeza y constancia de ánimo en las adversidades.

longaniza. f. Pedazo largo de tripa angosta rellena de carne de cerdo picada y adobada.

longevidad. f. Larga duración de la vida.

longitud. f. La mayor de las dos dimensiones principales que tienen las cosas o figuras planas. || *Geog.* Distancia de un lugar respecto al primer meridiano, contada por grados en el Ecuador.

longitudinal. adj. Perteneciente a la longitud; hecho o colocado en el sentido o dirección de ella.

longobardo, da. adj. Pueblo compuesto de varias tribus pertenecientes a la confederación de los suevos, que invadió a Italia en 568 y se estableció al norte de la misma, en el país que de ellos tomó el nombre de Lombardía. Ú. m. c. m. pl. || m. Lengua hablada por este pueblo.

lonja. ≅loncha. f. Cosa larga, ancha y poco gruesa, que se corta o separa de otra: ⌐ *de tocino.* || Edificio público donde se juntan mercaderes y comerciantes para sus tratos y comercios. || Atrio algo levantado del piso de las calles, a que regularmente salen las puertas de los templos y otros edificios.

lontananza. f. *Pint.* Términos de un cuadro más distantes del plano principal.

loor. m. Elogio, alabanza.

loquera. f. La que por oficio cuida y guarda locas. || Jaula de locos.

lorantáceo, a. adj. y s. Díc. de las plantas dicotiledóneas, semiparásitas, siempre verdes, y cuyo ejemplo más común es el muérdago o visco. || f. pl. Familia de estas plantas.

lord. ∬ores. m. Título de honor que se da en Inglaterra a los individuos de la primera nobleza. También llevan anejo este tratamiento algunos altos cargos.

loriga. f. *Hist.* Armadura para defensa del cuerpo, hecha de láminas pequeñas e imbricadas, por lo común de acero. || *Hist.* Armadura del caballo para el uso en la guerra.

loro. m. Papagayo.

los. Forma del artículo determinado en géneros masculino y número plural. || Acusativo del pronombre personal de tercera persona en género masculino y número plural. No admite preposición y se puede usar como sufijo: ⌐ *miré, míra*⌐. Frecuentemente *los* es substituido por *les,* como objeto directo masculino de persona.

losa. f. Piedra llana y de poco grueso, casi siempre labrada, que sirve para solar y otros usos.

loseta. f. Ladrillo fino para solar, baldosa.

lote. m. Cada una de las partes en que se divide un todo que se ha de distribuir entre varias personas.

lotería. f. Juego público en que se premian con diversas cantidades varios billetes sacados a la suerte entre un gran número de ellos que se ponen en venta. || Negocio o lance en que interviene la suerte o la casualidad.

loto. m. *Bot.* Hierba vivaz acuática de la familia de las ninfeáceas, planta sagrada de los egipcios e indios. || Flor de esta planta. || Árbol ramnáceo parecido al azufaifo, que, según Homero, hacía perder, a quien comía de sus frutos, el recuerdo de la patria. || Fruto de este árbol.

loza. f. Barro fino, cocido y barnizado, de que están hechos los platos, tazas, jícaras, etc. || Conjunto de estos objetos destinados a ajuar doméstico.

lozanía. f. El mucho verdor y frondosidad en las plantas. || En los hombres y animales, viveza nacida de su vigor y robustez.

lubina. f. Róbalo.

lubricar. ≅engrasar. ≅lubrificar. tr. Hacer lúbrica o resbaladiza una cosa.

lúbrico, ca. adj. Resbaladizo. || fig. Propenso a un vicio, y particularmente a la lujuria. || fig. Libidinoso, lascivo.

lubrificar. tr. Lubricar.

lucense. adj. y s. De Lugo.

lucerna. f. Abertura alta de una habitación que da ventilación y luz.

lucero. m. El planeta Venus. || Cualquier astro de los que aparecen más grandes y brillantes. || Lunar blanco y grande que tienen en la frente algunos cuadrúpedos. || fig. y poét. Cada uno de los ojos de la cara. Ú. m. en pl.

lucido, da. adj. Que hace o desempeña las cosas con gracia, liberalidad o esplendor.

lúcido, da. adj. fig. Claro en el razonamiento, en las expresiones, en el estilo, etc.

luciérnaga. ≅noctiluca. f. Nombre vulgar de los colópteros cuya hembra se parece a un gusano por carecer de alas y élitros, y ser cortas sus patas; el abdomen, muy prolongado, despide una luz fosforescente.

Lucifer. n. p. m. El príncipe de los ángeles rebeldes. || m. El lucero de la mañana. || fig. Hombre soberbio y maligno.

lucimiento. m. Acción y efecto de lucir o lucirse.

lucio. m. Pez acantopterigio, semejante a la perca. Vive en aguas dulces, siendo su tamaño de 1 a 1,5 m. de long., aunque los hay de dos metros. De color verde botella, su carne es muy apreciada.

lución. m. Reptil saurio, de color gris, con tres series de manchas negras en el lomo.

lucir. intr. Brillar, resplandecer. || fig. Sobresalir, aventajar. Ú. t. c. prnl. || Corresponder el provecho al trabajo en cualquier obra: *a tu vecino le luce el esfuerzo.* || tr. Manifestar el poder, la riqueza, etc.

lucrar. tr. Conseguir uno lo que deseaba. || prnl. Sacar provecho de un negocio o encargo. || Blanquear con yeso las paredes. || prnl. fig. Que-

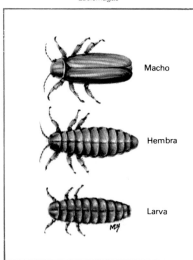

Luciérnagas

Macho

Hembra

Larva

dar uno muy bien en un empeño. Ú. frecuentemente con valor irónico.

lucrar. tr. Lograr lo que se desea. || prnl. Sacar provecho de un negocio o encargo.

lucrativo, va. adj. Que produce utilidad y ganancia.

lucro. ≅provecho. ≅utilidad. ◁pérdida. m. Ganancia que se saca de algo.

luctuoso, sa. ≅fúnebre. adj. Triste y digno de llanto.

lucubrar. tr. Trabajar velando y con aplicación en obras de ingenio. || Imaginar sin mucho fundamento.

lucha. ≅agarrada. ≅pelea. f. Acción de luchar. || Lid, combate. || fig. Contienda, disputa.

luchar. ◁pacificar. intr. Contender dos personas a brazo partido. || Pelear, combatir. || fig. Disputar, bregar, abrirse paso en la vida.

lúdico, ca. adj. Relativo al juego.

ludir. tr. Frotar, estregar, rozar una cosa con otra.

luego. adv. t. Prontamente, sin dilación. || conj. il. con que se denota la deducción o consecuencia inferida de un antecedente: *pienso, ⌒ existo; ¿⌒ era fundado mi temor?*

luengo, ga. adj. poét. Largo.

lugano. m. Pájaro del tamaño del jilguero que suele imitar el canto de otros pájaros.

lugar. m. Espacio ocupado o que puede ser ocupado por un cuerpo. || Sitio o paraje. || Población pequeña, menor que villa o mayor que aldea. || Tiempo, ocasión, oportunidad. || Puesto, empleo, dignidad, oficio o ministerio. || Causa, motivo u ocasión para hacer o no hacer algo: *dio ⌒ a que le prendiesen.* || Sitio que en una serie ordenada de nombres ocupa cada uno de ellos.

lugareño, ña. adj. y s. De un lugar o población pequeña: *costumbres ⌒s; Pedro es un ⌒.*

lugarteniente. m. El que tiene autoridad para subsistir a otro en un cargo.

lúgubre. adj. Triste, funesto, melancólico, tétrico.

luis. m. Moneda de oro francesa de 20 francos.

luisa. f. Planta verbenácea originaria de Perú. Tiene olor de limón, y sus hojas suelen usarse en infusión apreciada como tónica, estomacal y antiespasmódica. También se dice *hierba luisa.*

lujo. m. Ostentación de riqueza, derroche.

lujoso, sa. ≅fastuoso. ≅opulento. ≅rico. adj. Que tiene o gasta lujo. || Díc. del mueble u otra cosa con que se ostenta el lujo.

lujuria. f. Vicio que consiste en el uso ilícito

o apetito desordenado de los deleites carnales. ||
Exceso o demasía en algunas cosas.

lujuriante. adj. Muy lozano, vicioso y que tiene
excesiva abundancia: *vegetación* 〜.

lulú. m. Perro de lujo de poco tamaño, cubierto
de pelo largo que puede ser blanco, negro o marrón.

luma. f. Árbol mirtáceo chileno, del mismo género que el mirto, cuyo fruto se usa para dar
mejor sabor a la chicha; su madera es dura y
resistente. || Madera de este árbol.

lumbago. m. Dolor reumático en la región lumbar.

lumbar. adj. Relativo a los lomos y caderas;
vértebra 〜.

lumbre. ≅brillo. ≅candela. ≅fuego. f. Materia
combustible encendida. || Fuego voluntariamente
encendido para guisar, calentarse u otros usos. ||
Luz que irradia un cuerpo en combustión. || fig.
Esplendor, claridad.

lumbrera. f. Cuerpo que despide luz. || fig.
Persona que con su virtud y doctrina enseña e
ilumina a otros.

lumen. m. *Ópt.* Unidad de flujo luminoso procedente de un foco puntual cuya intensidad es de
una candela.

luminaria. f. Luz que se pone en señal de
fiesta y regocijo público. || Luz que arde conti-
nuamente delante del Santísimo Sacramento.

luminiscencia. f. *Fís.* Propiedad que poseen
ciertas substancias de emitir radiaciones luminosas
características, bajo la acción de una excitación
externa o interna determinada.

luminoso, sa. ≅brillante. ◁obscuro. adj. Que
despide luz.

luminotecnia. f. Arte de la iluminación con luz
artificial para fines industriales o artísticos.

luna. f. Luz nocturna que la Luna nos refleja
de la que recibe del Sol. || Lunación. || Satélite
del espacio. || Tabla de cristal de que se forma
el espejo o que se emplea en vidrieras, escaparates y otros usos.

Luna. n. p. 'f. Astro, único satélite de la Tierra,
en torno a la cual gira.

lunación. f. Tiempo que emplea la Luna desde
una conjunción con el Sol hasta la siguiente; es
de 29 días, 12 horas, 44 minutos y 3 segundos,
por término medio. También se dice *mes lunar* y
luna.

lunar. Pequeña mancha en el rostro u otra parte
del cuerpo, producida por una acumulación de
pigmento en la piel. || fig. Mancha que resulta a
uno de haber hecho una cosa vituperable. || fig.

Tethys, luna de Saturno

Defecto o tacha de poca entidad en comparación
de la bondad de la cosa en que se nota.

lunático, ca. adj. y s. Que padece locura, no
continua, sino por intervalos.

lunes. ⎰⎱lunes. Día de la semana despés del
domingo.

luneta. f. Cristal o vidrio pequeño de los anteojos.

lunfardo. m. Jerga que originariamente empleaba, en la ciudad de Buenos Aires y sus al-
rededores, la gente de mal vivir.

lúnula. f. Espacio blanquecino semilunar en la
raíz de las uñas. || Soporte para el viril de la
custodia. || *Geom.* Figura compuesta de dos arcos
de círculo que se cortan volviendo la concavidad
hacia el mismo lado.

lupa. f. *Ópt.* Lente de aumento con montura
adecuada para el uso a que se destina.

lupanar. m. Mancebía, casa de mujeres públicas.

lúpulo. m. Planta trepadora de la familia de las
cannabáceas, cuyos frutos, desecados, se emplean
para aromatizar y dar sabor amargo a la cerveza.

lusitano, na. ≅portugués. adj. De Lusitania.
Apl. a pers., ú. t. c. s. || Díc. de un pueblo
prerromano que habitaba la Lusitania. Ú. m. c. m.
pl. || Díc. también de sus individuos. Ú. t. c. s.
|| Relativo a este pueblo. || De Portugal, Apl. a
pers., ú. t. c. s.

luso, sa. adj. y s. Lusitano.

lustrar. ≅abrillantar. ◁obscurecer. tr. *Hist.* Purificar los gentiles con sacrificios y ceremonias las
cosas que creían impuras. || Dar lustre a algo;
como a los metales y piedras.

lustre. m. Brillo de las cosas tersas o bruñidas.
|| fig. Esplendor, gloria.

lustro. m. Espacio de cinco años.

lutecio. m. Elemento metálico trivalente, perteneciente al grupo llamado de las tierras raras. Peso atómico, 175; núm. atómico, 71; símbolo, *Lu.*

luteranismo. m. Doctrina de Lutero. || Conjunto de los que siguen esta doctrina.

luto. m. Signo exterior de duelo en ropas y otras cosas, por la muerte de alguien. || Duelo, pena.

lux. m. *Electr.* Unidad de iluminación. Es la iluminación de una superficie que ecibe un lumen en cada metro cuadrado.

luxar. tr. y prnl. Dislocar un hueso.

luz. ◁sombra. f. Agente físico que ilumina los objetos y los hace visibles. || Claridad que irradian los cuerpos en combustión, ignición o incandescencia. || Utensilio que sirve para alumbrar, como candelero, lámpara, araña, vela, etc. || *Arquit.* Cada una de las ventanas o troneras por donde se da luz a un edificio. Ú. m. en pl. || pl. fig. Ilustración, cultura: *el siglo de las luces.* || Inteligencia.

ll. f. Decimocuarta letra del abecedario español, y undécima de sus consonantes. Su nombre es *elle*.

llaga. f. Úlcera de las personas y animales. || Estigma, huella impresa sobrenaturalmente. || fig. Daño, pesadumbre.

llagar. tr. y prnl. Hacer o causar llagas.

llama. f. Masa gaseosa en combustión, que se eleva de los cuerpos que arden, y despide calor y luz de varios colores. || Eficacia y fuerza de una pasión o deseo vehemente. || Mamífero rumiante de la familia de los camélidos. Propia de los Andes, se utiliza por su lana y como animal de carga.

llamada. ≅nota. f. Acción y efecto de llamar. || Señal que en impresos y manuscritos sirve para llamar la atención desde un lugar hacia otro en que se pone cita, nota, corrección o advertencia.

llamador. m. Aldaba de las antiguas puertas, que se usaba para llamar con ella. || Botón del timbre eléctrico.

llamar. tr. Dar voces a uno o hacer ademanes para que venga o para advertirle algo. || Convocar, citar: ‿ *a Cortes*. || Nombrar, denominar. || Atraer: *el dinero llama al dinero*. || intr. Golpear la puerta, hacer sonar el timbre. || Hablar por teléfono. || prnl. Tener por nombre o apellido.

llamarada. f. Llama que se levanta del fuego y que se apaga pronto.

llamativo, va. ◁sencillo. adj. fig. Que llama la atención exageradamente: *colores, adornos, trajes* ‿*s*.

llamear. intr. Echar llamas.

llana. f. Herramienta de albañil para extender y allanar el yeso o la argamasa.

llanada. f. Campo llano.

llanamente. adv. m. fig. Con ingenuidad y sencillez.

llanear. intr. Correr con especial facilidad en el llano. || Andar por lo llano, evitando pendientes.

llanero, ra. m. y f. Habitante de las llanuras.

llaneza. ≅confianza. ≅familiaridad. ◁presunción. f. fig. Sencillez en el trato o en el estilo.

llanito, ta. adj. y s. fam. De Gibraltar.

llano, na. adj. Igual y extendido, sin altos ni bajos. || fig. Accesible, sencillo. || fig. Libre, franco. || fig. Claro, evidente. || fig. Díc. de la palabras que cargan el acento prosódico en la penúltima sílaba. || m. Campo llano.

llanta. f. Cerco metálico exterior de las ruedas de los vehículos. || Berza que no repolla, cuyas hojas grandes y verdosas se van arrancando según crecen.

llantén. m. Planta herbácea, muy común en los sitios húmedos. El cocimiento de sus hojas se usa en medicina.

llantina. f. fam. Llanto ruidoso y continuo, llorera.

llanto. m. Efusión de lágrimas acompañada frecuentemente de lamentos y sollozos.

llanura. ≅llanada. ≅planicie. f. Igualdad de la superficie de algo. || Campo o terreno igual o dilatado, sin altos ni bajos.

llar. m. Fogón de las cocinas. || Cadena de hierro, pendiente en el cañón de la chimenea, para colgar la caldera.

llave. f. Instrumento que sirve para abrir o cerrar una cerradura. || Herramienta para dar vueltas a tuercas o cabezas de tornillos. || Instrumento para impedir o dar el paso a una corriente eléctrica. || En escritura, signo para abarcar distintas líneas. || Clave, idea para comprender algo. || En la lucha atlética, presa de un jugador en alguna parte del cuerpo del otro.

llavero, ra. m. y f. Persona que tiene a su cargo la custodia de las llaves. || m. Anillo de metal en que se ensartan llaves.

llavín. m. Llave pequeña con que se abre el picaporte.

llegar. intr. Venir, arribar de un sitio a otro. || Suceder: ⌐ *el buen tiempo.* || Tocar por su turno. || Conseguir: *llegó a general.* || Alcanzar hasta un lugar, una cantidad, durar un tiempo: *la falda llega hasta la rodilla; la comida no llega a las mil pesetas; la película no llegará a las dos horas.* || Arrimar, acercar. || prnl. Acercarse: *me llegaré por tu casa.*

llenar. tr. Ocupar con alguna cosa un espacio vacío. Ú. t. c. prnl. || fig. Ocupar dignamente un lugar o empleo. || fig. Satisfacer una cosa: *la razón de Pedro me llenó.* || fig. Colmar abundantemente: *le llenó de favores.* || intr. Tratándose de la Luna, llegar al plenilunio. || prnl. fam. Hartarse.

lleno, na. adj. Ocupado o henchido de otra cosa. || Aplícase a la sensación que se tiene después de haber comido mucho. || m. Hablando de la Luna, plenilunio. || Concurrencia que ocupa todas las localidades de un teatro, circo, etc.

llevadero, ra. adj. Fácil de sufrir, tolerable.

llevar. tr. Transportar una cosa de una parte a otra. || Cobrar: *¿cuánto lleva ese dentista?* || Cortar. || Tolerar, sufrir. || Acompañar: ⌐ *a Juan al colegio.* || Persuadir, convencer. || Conducir. || Tener algo consigo, vestir ropa: ⌐ *algo en los bolsillos,* ⌐ *minifalda.* || Haber una diferencia: *Juan le lleva dos años a su hermano.* || Reservar unidades de una suma o multiplicación parcial para agregarlas a la suma o producto del orden superior inmediato. || Estar de moda.

llorar. ◁reír. intr. Derramar lágrimas. Ú. t. c. tr. || tr. fig. Sentir vivamente una cosa: ⌐ *la muerte de un amigo.* || fig. Encarecer lástimas, adversidades o necesidades.

llorera. ≅llantina. f. Lloro fuerte y continuado.

llorica. com. Persona que llora con frecuencia y por cualquier motivo.

lloriquear. intr. Llorar sin fuerza y sin bastante causa.

lloro. m. Acción de llorar. || Llanto.

llorón, na. adj. Relativo al llanto. || Que llora, especialmente el que lo hace mucho y fácilmente. Ú. t. c. s. || Penacho de plumas largas, como las ramas de un sauce llorón. || f. Plañidera.

lloroso, sa. adj. Que tiene señales de haber llorado. || Aplícase a las cosas que causan llanto y tristeza.

llover. intr. terciopersonal. Caer agua de las nubes. Ú. alguna vez como tr. || fig. Caer sobre uno con abundancia una cosa; como trabajos, desgracias, etc.

llovizna. f. Lluvia menuda que cae blandamente.

llueca. adj. y f. Clueca.

lluvia. ≅aguacero. ≅diluvio. ≅precipitación. f. Precipitación de agua de la atmósfera en forma de gota. || fig. Copia o muchedumbre: ⌐ *de trabajos.* || *Arg., Chile* y *Nic.* Chorro de agua para lavarse, ducha.

lluvioso, sa. adj. Aplícase al tiempo o al país en que llueve mucho.

m. f. Decimoquinta letra del abecedario español, y duodécima de sus consonantes. Su nombre es *eme*. || Escrita con mayúscula, tiene el valor de mil en la numeración romana.

maca. f. Señal que queda en la fruta por algún daño que ha recibido. || Daño ligero que tienen algunas cosas. || fig. Defecto moral. || fig. y fam. Disimulación, engaño, fraude.

macabro, bra. adj. Díc. de lo que participa de lo feo y repulsivo de la muerte. || Tétrico, sórdido.

macaco, ca. adj. *Cuba* y *Chile*. Feo, deforme. || m. Cuadrumano muy parecido a la mona, pero más pequeño que ella. || fam. desp. Persona insignificante.

macana. ≅porra. f. Arma ofensiva, a manera de machete, que usaban los indios americanos. || *Amér.* Garrote grueso. || fig. Artículo de comercio que queda sin fácil salida. || *Arg.* Broma, chanza.

macanudo, da. adj. fam. *Amér.* Bueno, magnífico, excelente.

macareno, na. adj. y s. Vecino del barrio de la Macarena, en Sevilla.

macarra. adj. y s. Hortera, vulgar, de mal gusto. || m. vulg. Chulo, hombre sin escrúpulos. || com. vulg. Pasota, persona que pasa de todo.

macarrón. m. Pasta alimenticia hecha con harina de trigo amasada, que tiene forma de canutos alargados. Ú. m. en pl. || Tubo de plástico que recubre cables eléctricos o alambres.

macarrónico, ca. adj. Aplícase al latín muy defectuoso; también al lenguaje en que se mezclan palabras extranjeras con las propias, dando a estas, además, apariencia extranjera.

macedonio, nia o **macedónico, ca.** adj. y s. De Macedonia. || f. Ensalada de frutas.

macerar. tr. Ablandar una cosa estrujándola o golpeándola. || Mantener sumergida alguna substancia sólida en un líquido a la temperatura ambiente, con el fin de ablandarla o de extraer de ella las partes solubles. || fig. Mortificar. Ú. t. c. prnl.

macero. m. El que lleva la maza delante de los cuerpos o personas autorizadas que usan esta señal de dignidad.

maceta. f. Vaso de barro cocido que sirve para criar plantas, o poner flores artificiales como adorno. || Martillo que usan los canteros.

macetero. m. Soporte para colocar macetas de flores o plantas.

macilento, ta. ◁rubicundo. adj. Flaco, descolorido, triste.

macillo. m. Pieza del piano, a modo de mazo, que golpea la cuerda musical.

macizo, za. ≅compacto. ◁hueco. adj. Lleno, sin huecos ni vanos; sólido. Ú. t. c. s. m. || fig. Sólido y bien fundado. || m. Grupo de montañas.

macrobiótica. f. Tipo de alimentación cuyos adeptos creen que permite vivir muchos años.

macrocéfalo, la. adj. y s. De cabeza muy grande.

macroeconomía. f. Estudio de los sistemas económicos de una nación, región, etc., como un conjunto. Ú. en contraposición a microeconomía.

macropódido, da. adj. Díc. de los mamíferos marsupiales con las patas posteriores mucho más desarrolladas que las anteriores y dispuestas para saltar, y cola larga y pelosa. || m. pl. Familia de estos mamíferos. Son los canguros propiamente dichos.

macruro, ra. adj. y s. Díc. de crustáceos decápodos que tienen un abdomen largo y bien desarrollado, como el bogavante. || m. pl. Suborden de estos animales.

macsura. f. Recinto reservado en una mezquita, destinado para el califa o el imán.

mácula. ≅embuste. ≅mentira. ≅tacha. ◁perfección. f. Mancha de suciedad. || fig. Cosa que deslustra y desdora. || fig. y fam. Engaño, trampa.

macuquero, ra. m. y f. Persona que sin conocimiento de la autoridad se dedica a extraer metales de las minas abandonadas.

macutazo. m. Rumor, noticia oficiosa, bulo.

macuto. m. Mochila. || Cesto que usan los pobres en Venezuela para recoger las limosnas.

mach. m. Nombre internacional de una unidad de velocidad que equivale a la del sonido.

machacador, ra. adj. y s. Que machaca. || f. Máquina utilizada para triturar grandes masas pétreas.

machacar. ≅majar. tr. Golpear una cosa para deformarla. || Reducir una cosa sólida a fragmentos relativamente pequeños, pero sin triturarla. || intr. fig. Porfiar e insistir pesadamente sobre una cosa.

machacón, na. adj. y s. Importuno, pesado, que repite las cosas con insistencia y pesadez.

machaconería. ≅insistencia. f. fam. Pesadez, importunidad.

machada. ≅patochada. f. Valentía. || Necedad.

machamartillo (a). m. adv. Con convicción y consistencia.

machar. tr. Machacar.

machete. m. Arma más corta que la espada; es ancha, de mucho peso y de un solo filo. || Cuchillo grande.

machetero. m. El que desmonta con machete los pasos embarazados con árboles. || El que en los ingenios de azúcar se ocupa en cortar las cañas.

machihembrar. tr. Ensamblar dos piezas de madera a caja y espiga o a ranura y lengüeta.

machismo. m. Tendencia que considera al sexo masculino superior al femenino. || Moral sexual favorable a las personas de sexo masculino.

machista. adj. Relativo al machismo. || com. Persona partidaria del machismo.

macho. ≅semental. ◁hembra. m. Animal del sexo masculino. || Mulo. || Planta que fecunda a otra de su especie con el polen de sus estambres.

|| En los artefactos, pieza que entra dentro de otra. || fig. Hombre necio. Ú. t. c. adj. || *Arquit.* Machón.

machón. m. *Arquit.* Pilar de fábrica.

machorro, rra. adj. Estéril, infructífero.

machote. m. Especie de mazo. || fam. Hombre vigoroso, bien plantado, valiente.

machucar. tr. Herir, golpear con una cosa maltratándola con alguna contusión.

machucho, cha. adj. Sosegado, juicioso. || Entrado en años.

madeja. f. Hilo recogido en vueltas iguales sobre un torno o aspadera. || fig. Mata de pelo. || fig. y fam. Hombre flojo y dejado.

madera. f. Parte sólida de los árboles debajo de la corteza. || Pieza de madera labrada. || fig. y fam. Disposición natural de las personas para determinada actividad.

maderable. adj. Aplícase al árbol, bosque, etc., que da madera útil.

maderero. m. Relativo a la industria de la madera. || El que trabaja o comercia con la madera.

madero. m. Pieza larga de madera escuadrada o rolliza. || fig. Nave, buque. || fig. y fam. Persona muy necia y torpe, o insensible.

madrastra. f. Mujer del padre respecto de los hijos llevados por éste al matrimonio.

madraza. f. fam. Madre muy condescendiente y que mima mucho a sus hijos.

madre. ≅causa. ≅mamá. ≅raíz. ≅solera. f. Hembra que ha parido. || Hembra respecto de su hijo o hijos. || Título que se da a determinadas religiosas. || fam. Mujer anciana del pueblo. || Matriz en que se desarrolla el feto. || fig. Origen de una cosa. || fig. Aquello en que figuradamente concurren circunstancias propias de la maternidad: *la ⌢ patria.* || Cauce por donde corren las aguas de un río. || Heces del mosto, vino o vinagre.

madreña. f. Zueco, almadreña.

madreperla. f. Molusco lamelibranquio con concha casi circular. Se pesca para recoger las perlas que suele contener y aprovechar el nácar de la concha.

madrépora. f. Celentéreo antozoo hexacoralario, que vive en los mares intertropicales y forma un polípero calcáreo y arborescente. || Este mismo polípero.

madreselva. f. Mata fruticosa con tallos trepadores y flores olorosas.

madrigal. m. Composición poética en que se expresa con ligereza y galanura un afecto o pensamiento delicado. || Composición musical para varias voces sin acompañamiento.

madriguera. f. Cuevecilla en que habitan ciertos animales. || fig. Lugar donde se oculta la gente de mal vivir.

madrileño, ña. ≅ gato. adj. y s. De Madrid.

madrina. f. Mujer que presenta o asiste a otra persona al recibir ésta algunos sacramentos, honores, grados, etc. || fig. La que favorece o protege a otra persona en sus pretensiones.

madrinazgo. m. Título o cargo de madrina.

madroño. m. Arbusto ericáceo, de fruto comestible, rojo exteriormente y amarillo en lo interior. || Fruto de este arbusto. || Borlita de forma semejante al fruto del madroño.

madrugar. ⊲trasnochar. intr. Levantarse al amanecer o muy temprano. || fig. Ganar tiempo en una solicitud o empresa. || fam. Anticiparse uno a la acción de un rival o de un competidor.

madurar. tr. Dar sazón a los frutos. || fig. Poner en su debido punto con la meditación una idea, un proyecto, etc. || fig. Crecer en edad, juicio y prudencia.

madurez. f. Sazón de los frutos. || fig. Prudencia con que el hombre se gobierna. || Edad de la persona que ha alcanzado ya su plenitud vital y todavía no ha llegado a la vejez.

maduro, ra. ≅ adulto. ≅ reflexivo. ≅ sensato. ⊲verde. adj. Que está en sazón. || fig. Prudente, juicioso. || Dicho de personas, entrado en años.

maestranza. f. Sociedad de equitación. || Conjunto de los talleres donde se construyen los montajes para las piezas de artillería.

maestrazgo. m. Dignidad de maestre de cualquiera de las Órdenes militares. || Dominio territorial o señorío del maestre de una Orden militar.

maestre. m. Superior de cualquiera de las Órdenes militares.

maestresala. m. Criado principal que asistía a la mesa de un señor.

maestría. ≅ habilidad. ≅ pericia. f. Arte y destreza en enseñar o ejecutar una cosa.

maestro, tra. ≅ diestro. ≅ pedagogo. ≅ perito. ≅ profesor. adj. Obra de relevante mérito entre las de su clase. || m. y f. Persona que enseña una ciencia, arte u oficio. || Persona que es práctica en una materia y la maneja con facilidad. || Compositor de música. || f. Listón que se coloca verticalmente para hacer una pared.

mafia. f. Organización secreta de origen siciliano que utiliza cualquier medio violento a su alcance para el logro de sus fines.

magazine. Revista o periódico ilustrado.

magdalena. f. Mujer penitente o muy arrepentida de sus pecados. || f. Bollo pequeño hecho con los mismos materiales que el bizcocho de confitería.

magdaleniense. adj. y s. Última etapa del paleolítico superior (entre los años 15000 y 9000 a. C. aproximadamente), punto culminante de la cultura del cuaternario. Tuvo su centro en la zona cantábrica de España.

magenta. adj. y m. Color carmesí obscuro, similar al de las voces de este Diccionario Escolar.

magia. ≅ encantamiento. ≅ hechicería. f. Ciencia y procedimiento ocultos que pretenden realizar prodigios. || fig. Encanto, hechizo o atractivo con que una cosa deleita.

magiar. adj. Individuo de un pueblo de lengua afín a la finlandés, que habita en Hungría y Transilvania. || Perteneciente a los magiares. || m. Lengua hablada por los magiares.

mágico, ca. adj. Relativo a la magia. || Maravilloso, estupendo.

magín. m. Inteligencia. || fam. Imaginación.

magisterio. m. Enseñanza que el maestro ejerce con sus discípulos. || Cargo o profesión de maestro. || Conjunto de maestros.

magistrado. m. Superior en el orden civil, y más comúnmente ministro de Justicia. || Dignidad o empleo de juez o ministro superior. || Miembro de una sala de audiencia territorial o provincial o del Tribunal Supremo de Justicia.

magistral. adj. Perteneciente al ejercicio del magisterio. || Díc. de lo que se hace con maestría. || Díc. del canónigo cuyo oficio es predicar. Ú. t. c. s.

magistratura. f. Oficio y dignidad de magistrado. || Tiempo que dura. || Conjunto de los magistrados.

magma. m. Substancia espesa que sirve de soporte a los tejidos o a ciertas formaciones inorgánicas. Ú. t. c. adj. || Masa ígnea en fusión existente en el interior de la Tierra.

magnanimidad. ≅ generosidad. ⊲tacañería. f. Grandeza y elevación de ánimo.

magnate. ≅ grande. ≅ poderoso. ≅ prócer. m. Persona muy ilustre y principal por su cargo y poder.

magnesia. f. Substancia terrosa, blanca, suave, insípida, inodora e infunsible que se usa en medicina como purgante. Es el óxido de magnesio.

magnesio. m. Metal bivalente, de color y brillo semejantes a los de la plata, maleable, poco tenaz y algo más pesado que el agua. Peso atómico, 24,32; núm. atómico, 12; símbolo, *Mg*.

magnetismo. m. Propiedad de atracción del

imán. || fig. Atracción o poder que una persona ejerce sobre otra.

magnetita. f. Imán.

magnetizar. ≅imanar. ≅imantar. tr. Comunicar a un cuerpo la propiedad magnética. || Producir a uno sueño magnético por fascinación, hipnotizar.

magneto. f. Generador de electricidad de alto potencial, usado especialmente en los motores de explosión.

magnetofón. m. Magnetófono.

magnetófono. m. Aparato para grabar y reproducir el sonido.

magnetoscopio. m. Aparato que registra imágenes de televisión en una cinta.

magnicidio. m. Atentado con muerte contra un jefe de Estado o persona muy importante por su cargo o poder.

magníficamente. adv. m. Con magnificencia. || Perfectamente, muy bien.

magnificar. tr. y prnl. Engrandecer, alabar, ensalzar.

magnificencia. f. Liberalidad para grandes gastos y disposición para grandes empresas. || Ostentación, grandeza.

magnífico, ca. adj. Espléndido, suntuoso. || Excelente, admirable. || Título de honor.

magnitud. ≅excelencia. ≅volumen. f. Tamaño de un cuerpo. || fig. Grandeza, importancia de una cosa. || Tratándose de las estrellas, su tamaño aparente, por efecto de la mayor o menor intensidad de su brillo. || Toda propiedad de los cuerpos que puede ser medida.

magno, na. adj. Grande. Aplícase como epíteto a algunas personas ilustres: Alejandro ↝.

magnolia. f. Árbol de flores muy blancas, de olor excelente y forma globosa. || Flor o fruto de este árbol.

magnoliáceo, a. adj. y f. Díc. de árboles y arbustos angiospermos dicotiledóneos con flores terminales grandes y olorosas, y frutos capsulares; como la magnolia. || f. pl. Familia de estas plantas.

mago, ga. ≅encantador. ≅hechicero. adj. y s. Persona que ejerce la magia. || Díc. de los tres reyes que fueron a adorar a Jesús recién nacido.

magra. f. Lonja de jamón.

magrear. tr. fig. vulg. Sobar, palpar, manosear lascivamente una persona a otra.

magro, gra. ≅cenceño. ◁gordo. adj. Flaco o enjuto y con poca o ninguna grosura. || m. fam. Carne magra del cerdo próxima al lomo. || f. Loncha de jamón.

maguey. m. Amér. Pita, planta.

magullar. tr. y prnl. Causar a un cuerpo contusión, pero no herida.

mahometano, na. ≅sarraceno. adj. Que profesa el mahometismo. Ú. t. c. s. || Perteneciente a él.

mahometismo. m. Doctrina predicada por Mahoma, que se convirtió en la religión oficial del pueblo árabe.

mahonesa. f. Planta crucífera de tallos desparramados y flores pequeñas y moradas. || Salsa, originaria de Mahón (Menorca), compuesta de aceite y yemas de huevo, todo ello batido. Los franceses la denominaron bayonesa (de Bayona). La mezcla de ambos términos ha dado mayonesa, de uso muy frecuente.

maicena. f. Harina fina de maíz.

maillot. (Voz francesa.) m. En deportes, jersey o camiseta.

maimón. m. Mico, mono. || Especie de sopa de pan con aceite, que se hace en Andalucía. Ú. m. en pl.

maitines. m. pl. Primera de las horas canónicas que antiguamente se rezaba y en muchas iglesias se reza todavía antes de amanecer.

maitre. (Voz francesa.) m. Jefe de comedor en restaurantes y hoteles.

maíz. m. Planta gramínea que produce unas mazorcas con granos gruesos y amarillos muy nutritivos. || Grano de esta planta.

maizal. m. Tierra sembrada de maíz.

majada. ≅apero. f. Lugar o paraje donde se recoge de noche el ganado y se albergan los pastores.

majadería. f. Dicho o hecho necio, imprudente y molesto.

majadero, ra. adj. y s. fig. Necio y porfiado. || m. Mano de almirez o de mortero. || Bolillo para hacer encaje.

majano. m. Montón de cantos sueltos.

majar. ≅machacar. ≅triturar. tr. Quebrantar una cosa a golpes.

majareta. adj. y s. Persona sumamente distraída, chiflada.

majestad. f. Calidad que constituye una cosa grave, sublime y capaz de infundir admiración y respeto. || Título o tratamiento que se da a Dios y también a emperadores y reyes.

majestuoso, sa. ≅augusto. ≅solemne. ≅sublime. adj. Que tiene majestad.

majo, ja. ≅guapo. ≅hermoso. adj. Díc. de la persona de apariencia vistosa. Ú. t. c. s. || fam.

Mazorcas de maíz

Ataviado, compuesto, lujoso. || fam. Atractivo, agradable.

majorero, ra. adj. y s. De la isla de Fuerteventura (Canarias).

majuela. f. Fruto del majuelo, espino.

majuelo. m. Espino de flores blancas y fruto rojo. || Viña.

mal. ≅perjuicio. ◁bien. adj. Apócope de malo. || m. Lo contrario al bien. || Daño u ofensa que uno recibe en su persona o en la hacienda. || Desgracia, calamidad. || Enfermedad, dolencia. || adv. m. Contrariamente a lo que es debido. || Contrariamente a lo que se apetece o requiere: *el enfermo va* ⌢. || Insuficientemente o poco: *desde aquí se ve* ⌢.

malabarismo. m. fig. Arte de juegos de destreza y agilidad. || Arte de manejar conceptos para deslumbrar al oyente o al lector.

malabarista. com. Persona que hace malabarismos. || fig. La muy hábil.

malacitano, na. adj. y s. Malagueño.

malacología. ≅conquiliología. f. Parte de la zoología, que trata de los moluscos.

malacopterigio. adj. y m. Díc. de los peces teleósteos que tienen todas sus aletas provistas de radios blandos, flexibles y articulados; como el salmón. || m. pl. Antiguo orden de estos peces.

málaga. m. Vino dulce que se elabora con la uva de la tierra de Málaga.

malagueña. f. Aire popular propio y característico de la provincia de Málaga, algo parecido al fandango.

malagueño, ña. adj. y s. De Málaga.

malaleche. com. fig. y vulg. Persona de mala intención.

malandanza. f. Mala fortuna, desgracia.

malandrín, na. adj. y s. Maligno, perverso, bellaco.

malapata. com. Persona sin gracia, patoso.

malaquita. f. Mineral de hermoso color verde que suele emplearse en chapear objetos de lujo. Es un carbonato de cobre.

malaria. ≅paludismo. f. Fiebre palúdica.

malasangre. adj. y s. Persona de condición aviesa.

malasombra. com. Persona patosa.

malaventura. f. Desventura, desgracia, infortunio.

malayo, ya. adj. y s. De un grupo étnico y lingüístico de Indonesia, la península de Malaca y Filipinas.

malbaratar. tr. Vender la hacienda a bajo precio. || Disiparla.

malcriar. tr. Educar mal a los hijos.

maldad. ≅malicia. ≅perversidad. ◁bondad. f. Calidad de malo. || Acción mala e injusta.

maldecir. ≅condenar. ≅imprecar. ≅murmurar. ◁bendecir. tr. Echar maldiciones contra una persona o cosa. || intr. Hablar con mordacidad en perjuicio de uno, denigrándole.

maldición. ≅execración. f. Imprecación que se dirige contra una persona o cosa.

maldito, ta. adj. Perverso. || Condenado y castigado por la justicia divina. Ú. t. c. s. || fam. Ninguno, ni una sola cosa: *no sabe* ⌢ *la cosa.* || fig. y fam. Díc. de todo lo que molesta.

maleable. adj. Aplícase a los metales que pueden batirse y extenderse en planchas.

maleante. adj. Que malea o daña. || m. Persona que vive al margen de la ley y que se dedica al robo, contrabando, etc.

malear. ≅corromper. ≅estropear. ≅viciar. ◁sanear. tr. y prnl. Dañar, echar a perder una cosa. || fig. Pervertir.

malecón. ≅dique. m. Terraplén que se hace para defensa de los daños que puedan causar las aguas. || Rompeolas, muelle.

maledicencia. f. Acción de maldecir, denigrar.

maleficio. ≅embrujamiento. m. Daño causado

por arte de hechicería. || Hechizo empleado para causarlo.

maléfico, ca. adj. Que perjudica y hace daño a otro con maleficios.

malentendido. m. Mala interpretación, equivocación.

maléolo. m. Protuberancia de la tibia y el peroné, tobillo.

malestar. ≅ansiedad. ≅desasosiego. ≅inquietud. ◁bienestar. m. Desazón, incomodidad indefinible.

maleta. f. Cofre que sirve para guardar en viajes o traslados ropa u otras cosas y se puede llevar a mano. || m. El que practica con torpeza su profesión.

maletero. m. El que transporta maletas o, en general, equipajes. || Lugar destinado en los vehículos para llevar maletas.

maletilla. m. Aspirante a torero.

malevolencia. f. Mala voluntad.

malévolo, la. adj. y s. Inclinado a hacer mal.

maleza. ≅maraña. ≅matorral. f. Abundancia de hierbas malas que perjudican a los sembrados. || Espesura que forma la muchedumbre de arbustos. || *Nic.* y *Dom.* Achaque, enfermedad.

malformación. f. Deformidad o defecto congénito en alguna parte del organismo.

malgache. adj. y s. De Madagascar.

malgastar. tr. Disipar el dinero, gastándolo en cosas malas o inútiles; p. ext., dic. también del tiempo, la paciencia, etc.

malhablado, da. ≅lenguaraz. adj. y s. Desvergonzado o atrevido en el hablar.

malhadado, da. adj. Infeliz, desventurado.

malhechor, ra. adj. y s. Que comete un delito, y especialmente que los comete por hábito.

malherir. tr. Herir gravemente.

malhumorar. tr. y prnl. Poner a uno de mal humor.

malicia. ≅bellaquería. ≅doblez. ◁ingenuidad. f. Calidad de malo. || Inclinación a lo malo. || Forma que se hace o dice algo, ocultando la intención con que se procede. || Picardía para lograr un intento.

maliciar. ≅desconfiar. tr. Recelar, sospechar, presumir algo con malicia. Ú. t. c. prnl. || Echar a perder, malear.

maligno, na. ≅pernicioso. adj. Propenso a pensar u obrar mal. Ú. t. c. s. || De índole perniciosa. || *Med.* Dícese de la lesión o enfermedad que evoluciona de modo desfavorable y especialmente de los tumores cancerosos.

malmeter. ≅indisponer. tr. Inclinar, inducir a uno a hacer cosas malas. || Malquistar.

malnacido, da. adj. y s. Dic., a modo de insulto, de quien se considera despreciable, indeseable.

malo, la. adj. Que carece de la bondad que debe tener según su naturaleza o destino. || Dañoso o nocivo a la salud. || Que se opone a la razón o a la ley moral. || Que es de mala vida y costumbres. Ú. t. c. s. || Que padece enfermedad, enfermo. || Que ofrece dificultades, dificultoso: *este verso es ∾ de entender.* || Desagradable, molesto: *¡qué rato tan malo!* || fam. Travieso, enredador.

malograr. ≅desaprovechar. ≅perder. ◁lograr. tr. No aprovechar algo; como la ocasión, el tiempo, etc. || prnl. Frustrarse lo que se pretendía o esperaba conseguirse. || No llegar una persona o cosa a su natural desarrollo o perfeccionamiento por muerte o por otra causa.

maloliente. adj. Que exhala mal olor.

malparado, da. ≅maltrecho. adj. Que ha sufrido notable menoscabo en cualquier línea.

malpensado, da. adj. y s. Persona que en los casos dudosos se inclina generalmente a pensar mal.

malqueda. com. fam. Persona que no cumple su palabra o falta a su deber.

malquerencia. ≅antipatía. ≅aversión. ≅ojeriza. ◁amistad. f. Mala voluntad a determinada persona o cosa.

malquistar. ≅indisponer. ≅malmeter. ◁amistad. tr. y prnl. Poner mal a una persona con otras: *le malquistaron con el ministro.*

malsano, na. ≅insalubre. ≅insano. adj. Dañoso a la salud. || Enfermizo.

malsonante. adj. Que suena mal. || Dic. de la palabra o expresión incorrecta o grosera.

malta. f. Grano de cereal, generalmente cebada, germinado y después calentado y seco, que se emplea en la fabricación de numerosísimas bebidas, entre ellas la cerveza y el güisqui.

maltés, sa. adj. y s. De Malta.

maltosa. f. Azúcar que es producto de la descomposición del almidón mediante la diastasa, tanto en los procesos fisiológicos animales como vegetales. Se encuentra en gran proporción en la malta.

maltraer. tr. Maltratar, destruir, mortificar. || *Arg.* Injuriar, reprender con severidad.

maltratar. tr. Tratar mal a uno de palabra u obra. Ú. t. c. prnl. || Menoscabar, echar a perder.

maltrecho, cha. adj. Malparado, maltratado.

maltusianismo. m. Teoría del economista británico Malthus, que afirma que la población tiende a crecer en progresión geométrica, mientras que los alimentos sólo aumentan en progresión aritmética.

malva. f. Planta malvácea, muy usada en medicina por el mucílago que contienen las hojas y las flores. || adj. Díc. de lo que es de color morado pálido tirando a rosáceo, como el de la flor de la malva. || m. Color malva.

malváceo, a. adj. Díc. de plantas dicotiledóneas, hierbas, matas y a veces árboles, flores por lo común muy vistosas y entre las cuales se cuentan la malva y el algodonero. || f. pl. Familia de estas plantas.

malvado, da. adj. y s. Muy malo, perverso.

malvasía. f. Uva muy dulce y olorosa. || Vino que se hace con esta uva.

malvavisco. m. Planta perenne malvácea cuya raíz se usa como emoliente.

malversación. f. Hurto de caudales del erario público por un funcionario.

malversar. ≅defraudar. tr. Invertir ilícitamente los caudales ajenos que uno tiene a su cargo. || Substraer caudales públicos.

malvís. m. Tordo de pico y patas negros y plumaje de color verde obscuro.

malvivir. intr. Vivir mal, en estrechez o penalidades.

malla. f. Cada uno de los cuadriláteros que constituyen el tejido de la red. || Tejido de pequeños anillos o eslabones de hierro o de otro metal, enlazados entre sí. || Cada uno de los eslabones de que se forma este tejido. || Vestido de tejido de punto muy fino que, ajustado al cuerpo, usan los artistas de circo, bailarines y gimnastas. || *Arg.* y *Urug.* Bañador, traje para bañarse.

mallorquín, na. adj. y s. De Mallorca. || m. Variedad de la lengua catalana que se habla en Mallorca.

mama. f. fam. Voz equivalente a madre, de que usan muchos y especialmente los niños. || Teta de los mamíferos.

mamá. f. fam. Mama, madre.

mamado, da. adj. y s. vulg. Ebrio, borracho.

mamar. tr. Chupar la leche de los pechos. || fig. Aprender algo en la infancia: *mamó la honradez.* || prnl. fam. Emborracharse.

mamarracho. m. fam. Figura defectuosa y ridícula, o adorno mal hecho o mal pintado. || fam. Persona que viste o se comporta de modo ridículo o extravagante.

mambo. m. Baile cubano; combina elementos tomados del yaz y ritmos e instrumentos afrocubanos.

mameluco. m. Antiguo soldado de Egipto. || fig. y fam. Hombre necio y bobo.

mamey. m. Árbol americano cuyo fruto, de pulpa amarilla, es aromático y sabroso. || Fruto de este árbol. || Árbol americano de pulpa roja, dulce y muy suave. || Fruto de este árbol.

mamífero. adj. y s. Díc. de los animales vertebrados de temperatura constante, piel generalmente cubierta de pelo, con respiración pulmonar, corazón con dos aurículas y dos ventrículos. || m. pl. Clase de estos animales.

mamila. f. Parte principal de la teta de la hembra, exceptuando el pezón. || Tetilla en el hombre.

mamografía. f. Radiografía de la mama o teta.

mamón, na. adj. y s. Que todavía está mamando. || Que mama mucho, o más tiempo del regular. || vulg. Persona despreciable.

mamotreto. m. fig. y fam. Libro o legajo muy abultado, cuando es deforme. || Armatoste u objeto grande y embarazoso.

mampara. f. Cancel movible, especie de biombo, que sirve para tapar las puertas y otros usos.

mamporrero. m. Persona que dirige el miembro del caballo en el acto de la generación.

mamporro. m. Golpe, coscorrón, puñetazo.

mampostería. f. Obra de albañilería hecha a mano de piedras unidas con argamasa.

mampuesto, ta. adj. Díc. del material que se emplea en una obra y se coloca a mano.

mamut. m. Especie de elefante fósil. Propio del pleistoceno, fue por tanto contemporáneo del hombre primitivo.

maná. m. Alimento que, según la Biblia, fue enviado por Dios a los israelitas durante los años en que peregrinaron desde Egipto a la tierra prometida.

manada. f. Hato de ganado al cuidado de un pastor. || Conjunto de ciertos animales de una misma especie que andan reunidos: ∿ *de pavos;* ∿ *de lobos.*

manager. m. Voz inglesa que se emplea por gerente, administrador, apoderado, representante, y en deportes individuales (boxeo), entrenador, preparador.

manantial. ≅fuente. ≅principio. ≅venero. adj. Agua que mana. || m. Nacimiento de las aguas. || fig. Origen de donde proviene una cosa.

manar. ≅salir. ≅surgir. ≅surtir. intr. Brotar de una parte un líquido. Ú. t. c. tr. || fig. Abundar algo.

Manatí

manatí. m. Mamífero de unos cinco metros de longitud, de carne y grasa muy estimadas.

manazas. com. y adj. vulg. Torpe de manos, desmañado: *ser un* ⌣.

mancebía. ≅burdel. ≅lupanar. ≅prostíbulo. f. Casa pública de prostitución.

mancebo, ba. m. Mozo de pocos años. || Dependiente de poca importancia.

mancillar. ≅afear. ≅deshonrar. ≅manchar. tr. y prnl. Dañar la reputación y buenas costumbres.

manco, ca. adj. Persona o animal a quien falta un brazo o mano, o tiene perdido el uso de cualquiera de estos miembros. Ú. t. c. s. || fig. Defectuoso, falto de alguna parte necesaria.

mancomunidad. f. Corporación y entidad legalmente constituidas por agrupación de personas, municipios o provincias.

mancha. ≅lámpara. ≅mácula. ≅rodal. f. Señal que una cosa hace en un cuerpo, ensuciándolo o echándolo a perder. || Parte de alguna cosa con distinto color del general o dominante en ella. || Cada una de las partes obscuras del Sol o de la Luna, mácula. || Superficie impresa de una página.

manchar. ≅deshonrar. ≅emporcar. ≅ensuciar. ≅macular. ≅mancillar. ◁limpiar. tr. y prnl. Poner sucia una cosa, haciéndole perder en alguna de sus partes el color que tenía. || fig. Deslustrar la buena fama de una persona, familia o linaje.

manchego, ga. adj. y s. De La Mancha, región central de España.

manda. ≅legado. f. Legado de un testamento. || *Chile.* Voto o promesa hecha a Dios o a un santo.

mandamás. com. Jefe. || Mandón.

mandamiento. m. Precepto u orden de un superior a un inferior. || Cada uno de los preceptos del Decálogo y de la Iglesia. || Orden judicial por escrito, mandando ejecutar alguna cosa.

mandanga. f. Flema, indolencia, pachorra. || pl. Tonterías, cuentos, pejigueras.

mandar. ≅comisionar. ≅dirigir. ≅dominar. ≅preceptuar. ≅prescribir. ◁obedecer. tr. Ordenar el superior al súbdito; imponer un precepto. || Legar a otro algo en testamento. || Enviar a una persona o remitir una cosa. || Encomendar o encargar una cosa a uno. || intr. y tr. Regir, gobernar, tener el mando.

mandarín. m. El que en la China y otros países asiáticos tenía a su cargo el gobierno de una ciudad o la administración de justicia. || *Ling.* Dialecto chino que constituye la lengua oficial de la R. P. China.

mandarina. adj. y f. Especie de naranja de cáscara muy fácil de separar y pulpa muy dulce.

mandato. m. Orden que el superior impone a los súbditos. || Contrato por el que una persona confía a otra una gestión. || Representación que por medio de elección se confiere al presidente de un país, diputados, concejales, etc. || Tiempo del mandato.

mandíbula. f. Cada una de las dos piezas que limitan la boca de los animales vertebrados y en las cuales están implantados los dientes.

mandil. m. Prenda que colgada del cuello, sirve en ciertos oficios para proteger la ropa desde lo alto del pecho hasta por debajo de las rodillas.

|| Prenda atada a la cintura para cubrir la falda, delantal.

mandinga. adj. Díc. de los negros del Sudán occidental. || *Amér.* Nombre del diablo en el lenguaje de los campesinos. || *Arg.* fig. y fam. Muchacho travieso.

mandioca. f. Arbusto americano de cuya raíz se extrae almidón, harina y tapioca.

mando. m. Autoridad y poder que tiene el superior sobre sus súbditos. || *Mec.* Botón, llave, palanca u otro artificio semejante que actúa sobre un mecanismo o parte de él para iniciar, suspender o regular su funcionamiento desde el lugar que ocupa el operador.

mandoble. m. Cuchillada o golpe grande que se da esgrimiendo el arma con ambas manos. || fam. Espada grande.

mandolina. f. Instrumento músico de cuatro cuerdas y de cuerpo curvado como el laúd.

mandón, na. adj. y s. Que ostenta demasiado su autoridad y manda más de lo que le toca.

mandrágora. f. Planta herbácea, que se ha usado en medicina como narcótico. Acerca de sus propiedades corrían en la antigüedad muchas fábulas.

mandria. adj. y s. Apocado y de escaso o ningún valor.

mandril. m. Mono africano de hocico alargado y perruno.

manducar. intr. fam. Comer, tomar alimento. || tr. fam. Comer determinado alimento.

manecilla. f. Aguja que en el reloj y otros instrumentos sive para señalar horas, grados, etc.

manejar. tr. Usar o traer entre las manos una cosa. || fig. Gobernar, dirigir. Ú. t. c. prnl.: *Luciano se manejó bien en este negocio.* || *Amér.* Conducir, guiar un coche automóvil. || prnl. Moverse, adquirir agilidad después de haber tenido algún impedimento.

manejo. ≅ardid. ≅empleo. ≅treta. ≅uso. m. Acción y efecto de manejar. || fig. Maquinación, intriga.

manera. ≅método. ≅procedimiento. f. Modo y forma con que se ejecuta o acaece una cosa. || Porte y modales de una persona. Ú. m. en pl. || Calidad o clase de las personas. || Artificio, astucia.

manga. ≅manguera. f. Parte del vestido en que se mete el brazo. || Tubo largo que se adapta a las bombas o boca de riego, para aspirar o para dirigir el agua. || *Dep.* Recorrido de una competición o eslalon.

manganeso. f. Elemento metálico de color y

brillo acerados, símbolo *Mn*. No se encuentra libre en la naturaleza.

mangante. ≅truhán. adj. y com. Sablista. || Sinvergüenza, persona despreciable sin oficio ni beneficio.

mangar. tr. fam. Hurtar, robar.

manglar. m. Terreno que en la zona tropical cubren de agua las grandes mareas, lleno de esteros, que lo cortan, formando muchas islas bajas, donde crecen los árboles que viven en el agua salada.

mango. m. Parte alargada o estrecha con un extremo libre, por el cual se agarra o puede agarrarse un instrumento o útil.

mango. m. Árbol terebintáceo, originario de la India, de fruto oval y de sabor agradable. || Fruto de este árbol.

mangonear. ≅manipular. ≅vagabundear. tr. fam. Entrometerse a intervenir una persona en asuntos que le conciernen o no, imponiendo a los demás su carácter voluntarioso. || fam. Dominar, manejar a alguien.

mangosta. f. Cuadrúpedo semejante a la civeta, con pelaje de color ceniciento obscuro. Habita en África y es carnívoro.

manguera. f. Manga de las bocas de riego.

mangueta. f. En algunos automóviles, cada una de las piezas que corresponden a los extremos del eje delantero, articuladas de manera que permiten el cambio de dirección de la rueda. || Cada uno de los extremos del eje de un vehículo.

manguito. m. Rollo o bolsa, con aberturas en ambos lados, comúnmente de piel fina y peluda y algodonado por dentro, de que usaban las señoras para llevar abrigadas las manos. || *Mec.* Cilindro hueco que sirve para empalmar dos piezas o tubos cilíndricos iguales unidos al tope en una máquina.

manguzada. f. fam. Bofetada, sopapo.

maní. m. Cacahuete, planta. || Fruto de esta planta.

manía. f. Especie de locura caracterizada por agitación y tendencia al furor. || Extravagancia, preocupación caprichosa por un tema o cosa determinada. || fam. Mala voluntad contra otro, ojeriza.

maniaco, ca o **maníaco, ca.** adj. y s. Enajenado, que padece manía.

maniatar. tr. Atar las manos.

maniático, ca. ≅antojadizo. ≅caprichoso. ≅maniaco. adj. y s. Que tiene manías.

manicomio. m. Hospital para enfermos mentales. || fig. y fam. Lugar en que hay mucho desorden y donde todo el mundo alborota.

manicuro, ra. m. y f. Persona que tiene por oficio cuidar las manos y principalmente cortar y pulir las uñas. || f. Este arreglo y cuidado.

manido, da. ≅gastado. ≅usado. ◁nuevo. adj. Sobado, ajado; pasado de sazón. || Díc. de asuntos o temas de conversación o literarios muy trillados. || Podrido o a punto de pudrirse.

manierismo. m. En arte, estilo que surgió en Italia h. 1520, caracterizado por el subjetivismo en la interpretación de la realidad, a la que llega a deformar.

manifestación. f. Acción y efecto de manifestar. || Reunión pública que generalmente se celebra al aire libre y en la cual las personas que a ella concurren dan a conocer sus deseos o sentimientos.

manifestar. tr. Declarar, dar a conocer. Ú. t. c. prnl. || Descubrir, poner a la vista. Ú. t. c. prnl. || prnl. Tomar parte en una manifestación.

manifiesto, ta. adj. Descubierto, patente, claro. || m. Escrito dirigido a la opinión pública.

manija. ≅empuñadura. f. Abrazadera. || Traba de los animales. || Mango, puño o manubrio de ciertos utensilios y herramientas.

manilargo, ga. ≅pródigo. adj. Que tiene largas las manos. || fig. Que distribuye generosamente sus bienes, liberal.

manilla. f. Mango. || Manija, mecanismo para abrir puertas o manejar herramientas. || Manecilla del reloj.

manillar. m. Pieza de la bicicleta encorvada por sus extremos para formar un doble mango en el que se apoyan las manos, y sirve para dar dirección a la máquina.

maniobra. f. Cualquier operación material que se ejecuta con las manos. || Manejo con que uno lleva un negocio. Suele tomarse en sentido peyorativo. || pl. Simulacro de operaciones militares. || Conjunto de operaciones para dirigir un vehículo.

maniobrar. intr. Ejecutar maniobras.

manipular. tr. Operar con las manos o con cualquier instrumento. Ú. en varias ciencias, artes y oficios. || Trabajar demasiado una cosa, sobarla, manosearla. || fig. Intervenir con medios hábiles y a veces arteros, en la política, en la sociedad, en el mercado, etc., con frecuencia para servir los intereses propios o ajenos.

manípulo. m. Ornamento sagrado de la misma hechura de la estola que se sujeta al antebrazo izquierdo sobre la manga del alba.

maniqueo, a. adj. y s. Díc. de las personas que seguían las doctrinas del babilonio Mani, que admitía dos principios creadores, uno para el bien y otro para el mal.

maniquí. m. Figura articulada o armazón en forma de cuerpo humano. || m. y f. Persona que exhibe prendas de vestir, modelo. || fig. y fam. Persona débil que se deja gobernar por los demás.

manitas. com. y adj. vulg. Persona habilidosa: ser un ∽.

manivela. f. Extremo en forma de codo de un eje para hacerlo girar.

manjar. m. Cualquier comestible. || Comida apetitosa preparada con esmero.

mano. f. Parte del cuerpo humano unida a la extremidad del antebrazo y que comprende desde la muñeca inclusive hasta la punta de los dedos. || En los animales cuadrúpedos, cualquiera de los dos pies delanteros. || fig. Habilidad, diplomacia. || Lado. || Capa de pintura, barniz, etc. || En algunos juegos, partida. || Ayuda. || pl. Gente para trabajar.

manojo. m. Hacecillo de cosas que se puede coger con la mano. || fig. Abundancia de cosas.

manómetro. m. Instrumento destinado a medir la presión de los líquidos o gases contenidos en recintos cerrados.

manopla. ≅guantelete. f. Pieza de la armadura antigua, con que se guarnecía la mano. || Guante sin separaciones para los dedos, o con una para el pulgar.

manosear. ≅sobar. tr. Tentar repetidamente una cosa.

manotazo o **manotada.** m. o f. Golpe dado con la mano.

manotear. tr. Dar golpes con las manos. || intr. Mover las manos para dar mayor fuerza a lo que se habla, o para mostrar un afecto del ánimo.

mansalva (a). m. adv. Sin ningún peligro; sobre seguro. || Mucho, en cantidad.

mansedumbre. ≅benignidad. ≅suavidad. ◁ira. f. Condición de manso.

mansión. ≅estada. ≅estadía. ≅permanencia. ≅residencia. f. Morada suntuosa.

manso, sa. ≅cabestro. ≅dócil. ≅reposado. ≅tranquilo. adj. Benigno, suave, apacible. || Aplícase a los animales que no son bravos. || m. Carnero, macho o buey que sirve de guía a los demás.

manta. f. Prenda de lana o algodón que sirve para abrigarse en la cama o fuera de ella. || Ropa suelta que usa la gente del pueblo para abrigarse. || fig. Tunda, paliza.

mantear. tr. Lanzar entre varias personas, al aire, con una manta cogida por las orillas, a otra, que, al caer sobre la manta, vuelve a ser lanzada repetidas veces hacia arriba.

manteca. f. Grasa de los animales, especialmente la del cerdo. || vulg. Dinero. || Nata de la leche.

mantecada. f. Rebanada de pan untada con manteca de vaca y azúcar. || Especie de bollo compuesto de mantequilla y otros ingredientes que suele cocerse en una cajita de papel.

mantecado. m. Bollo amasado con manteca de cerdo. || Sorbete de leche, huevos y azúcar.

mantecoso, sa. adj. Que tiene mucha manteca. || Que se asemeja a la manteca.

mantel. m. Pieza de tela con que se cubre la mesa para comer. || Lienzo que cubre la mesa del altar.

mantelería. f. Juego de mantel y servilletas.

mantener. tr. Proveer a uno del alimento necesario. Ú. t. c. prnl. || Costear las necesidades de alguien. || Conservar una cosa en su ser. || Sostener una cosa para que no caiga o se tuerza. || Proseguir voluntariamente en lo que se está ejecutando. || Defender o sustentar una opinión o sistema. || prnl. Estar un cuerpo en un medio, sin caer o haciéndolo muy lentamente. || Perseverar, no variar de estado o resolución.

manteo. m. Capa larga que usaban los eclesiásticos sobre la sotana. || Falda de paño que usaron las mujeres.

mantequería. f. Tienda donde se venden mantequilla, quesos, fiambres, y otros artículos semejantes.

mantequilla. f. Substancia obtenida de la nata de la leche.

mantilla. f. Paño de seda, lana u otro tejido, de que usan las mujeres para cubrirse la cabeza. || Pieza de bayeta u otra tela con que se abriga y envuelve por encima de los pañales a los niños. Ú. m. en pl.

mantillo. m. Capa superior del suelo, formada en gran parte por la descomposición de materias orgánicas. || Abono que resulta de la fermentación y putrefacción del estiércol.

mantis. ʃʃmantis. f. Insecto ortóptero, zoófago, cuyas patas anteriores, cuando el animal permanece en reposo, suelen estar erguidas y juntas, en actitud que recuerda la de las manos de una figura orante. Se llama también *mantis religiosa* o *santateresa*.

mantisa. f. Fracción decimal que sigue a la característica en un logaritmo.

Mantis religiosa

manto. m. Ropa suelta, a modo de capa, que se usaba antiguamente como vestidura, y aún hoy se usa como distintivo de ciertas ceremonias y de ciertas dignidades. || fig. Lo que encubre algo.

mantón. m. Pañuelo grande con flecos que se colocan las mujeres sobre los hombros.

manual. adj. Que se ejecuta con las manos. || Fácil de manejar. || Que exige más habilidad de manos que inteligencia. || m. Libro en que se compendia lo principal de una materia.

manualidad. f. Trabajo hecho con las manos. Ú. m. en pl.

manubrio. m. Empuñadura o manija de un instrumento. || Empuñadura o pieza compuesta de dos ramas en ángulo recto, que se emplea para dar vueltas a una rueda, a un eje, etc.

manuelino, na. adj. Díc. del estilo, y principalmente del arquitectónico, que se desarrolló en Portugal entre finales del s. xv y principios del xvi.

manufactura. f. Producto hecho a mano o con auxilio de máquina. || Lugar donde se fabrica.

manumitir. tr. Dar libertad al esclavo.

manuscrito, ta. adj. Escrito a mano. || m. Papel o libro escrito a mano. Particularmente, el que tiene algún valor o antigüedad, o es de mano de un escritor o personaje célebre.

manutención. ≅apoyo. ≅sustento. f. Acción y

efecto de mantener. || Lo que se consume para mantener a alguien.

manzana. ≅bloque. ≅isla. ≅poma. f. Fruto del manzano. || En las poblaciones, grupo de casas delimitado por calles.

manzanilla. f. Hierba compuesta, con flores olorosas en cabezuelas solitarias con centro amarillo y circunferencia blanca. || Flor de esta planta. || Infusión de esta flor, que se usa mucho como estomacal, antiespasmódica y febrífuga. || Cierto vino andaluz. || Especie de aceituna pequeña, muy fina.

manzano. m. Árbol rosáceo, cuyo fruto es la manzana. Se cultiva por su fruto y hay muchas variedades.

maña. ≅arte. ≅maestría. ≅picardía. ≅sagacidad. f. Destreza, habilidad. || Artificio o astucia. || Vicio o mala costumbre. Ú. m. en pl.

mañana. f. Tiempo que transcurre desde que amanece hasta mediodía. || Espacio de tiempo desde la medianoche hasta el mediodía. || m. Tiempo futuro próximo a nosotros. || adv. t. En el día que seguirá inmediatamente al de hoy.

mañanita. f. Prenda de vestir, de punto o tela, que cubre de los hombros a la cintura y que las mujeres usan principalmente para levantarse de la cama. || pl. Canto popular mejicano.

maño, ña. adj. y s. Aragonés.

mañoso, sa. ≅diestro. ≅hábil. ≅habilidoso. adj. Que tiene maña. || Que se hace con maña.

maoísmo. m. Movimiento político inspirado en la doctrina de Mao.

mapa. m. Representación geográfica de la Tierra o parte de ella en una superficie plana.

mapache. m. Mamífero carnicero de América del Norte, del tamaño y aspecto del tejón.

mapamundi. m. Mapa que representa toda la superficie de la Tierra.

mapuche. adj. y com. Indio araucano. || m. Lengua de los mapuches.

maqueta. f. Modelo en tamaño reducido de un monumento, edificio, etc. || Boceto para apreciar de antemano el volumen, formato y encuadernación de un libro.

maquiavelismo. m. Doctrina política de Maquiavelo fundada en la preeminencia de la razón de Estado sobre cualquier otra. || fig. Modo de proceder con astucia, doblez y perfidia.

maquila. f. Porción de grano, harina o aceite que corresponde al molinero por la molienda.

maquillaje. m. Acción y efecto de maquillar. || Substancia cosmética para maquillar.

maquillar. tr. y prnl. Componer con afeites el rostro para embellecerlo o para conseguir determinados efectos.

máquina. ≅aparato. ≅artefacto. f. Conjunto de mecanismos dispuestos para producir, aprovechar o regular una energía motriz. || Locomotora del tren. || Tramoya del teatro.

maquinación. f. Proyecto o asechanza artificiosa y oculta, dirigida regularmente a mal fin.

maquinar. ≅conspirar. ≅intrigar. tr. Urdir, tramar algo oculta y artificiosamente.

maquinaria. f. Arte que enseña a fabricar las máquinas. || Conjunto de máquinas para un fin determinado. || Mecanismo que da movimiento a un artefacto.

maquinista. com. Persona que maneja una máquina.

maquis. com. Persona que, huida a los montes, vive en rebeldía y oposición armada al sistema político establecido. || Organización de esta oposición.

mar. amb. Masa de agua salada que cubre la mayor parte de la superficie de la Tierra. || Cada una de las partes en que se considera dividida. || fig. Llámase así a algunos lagos de gran extensión. || fig. Abundancia extraordinaria de ciertas cosas.

marabú. m. Especie de cigüeña con plumas blancas; y esas plumas.

maraca. f. Instrumento músico que consiste en una calabaza con granos de maíz o chinas en su interior, para acompañar el canto. Actualmente se hace también de metal o materiales plásticos. || P. Rico. Sonajero.

marantáceo, a. adj. y s. Díc. de plantas angiospermas monocotiledóneas, como la caña de Indias. || f. pl. Familia de estas plantas.

maraña. f. Maleza o espesura de arbustos. || fig. Enredo de los hilos o del cabello. || fig. Situación o asunto intrincado o de difícil salida.

maratón. m. Carrera pedestre de resistencia, que hoy está fijada en cuarenta y dos kilómetros ciento noventa y cinco metros. || Por ext., designa algunas otras competiciones deportivas de resistencia.

maravedí. m. Moneda española, efectiva unas veces y otras imaginaria, que ha tenido diferentes valores y calificativos.

maravilla. f. Suceso o cosa extraordinaria que causan admiración. || Planta herbácea de la familia de las compuestas.

maravillar. ≅admirar. ≅asombrar. ≅pasmar. ≅sorprender. tr. Causar admiración. || prnl. Ver con admiración.

marbete. ≅etiqueta. ≅rótulo. m. Cédula que

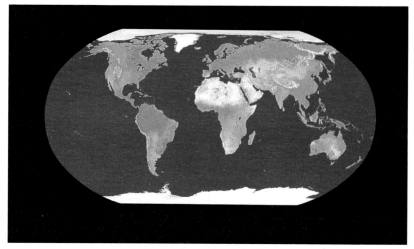

Mapamundi realizado por ordenador

se adhiere a las piezas de tela, cajas, botellas u otros objetos y en que se suele indicar la marca de fábrica, o lo que dentro se contiene, y a veces sus cualidades, precio, etc. || Orilla, perfil, filete.

marca. ≅cuño. ≅distintivo. ≅hierro. f. Provincia, distrito fronterizo. || Señal para distinguir una cosa. || Instrumento con que se marca o señala una cosa. || El mejor resultado técnico que tiene acreditado el practicante individual o equipo de diversos deportes como natación, atletismo, etc.

marcador, ra. adj. y s. Que marca. || m. Aparato en que se marcan los tantos en el juego del balón y otros análogos.

marcaje. m. Acción y efecto de marcar a un jugador del equipo contrario.

marcapaso. m. Aparato mediante el cual se regulan los latidos del corazón. Úsase más *marcapasos.*

marcar. tr. Señalar con signos distintivos. || Indicar un aparato cantidades o magnitudes. || Señalar en el disco de un teléfono los números de otro para comunicar con él. || En el fútbol y algunos otros deportes, conseguir tantos metiendo la pelota en la meta contraria. || En el fútbol y algunos otros deportes, situarse un jugador cerca de un contrario para dificultar la actuación de éste.

marcial. adj. Perteneciente a la guerra. || fig. Bizarro, varonil.

marciano, na. adj. Relativo al planeta Marte, o

propio de él. || m. y f. Supuesto habitante del planeta Marte.

marco. ≅cuadro. ≅recuadro. m. Unidad monetaria de Finlandia, República Democrática Alemana y República Federal de Alemania. || Cerco que rodea a alguna cosa. || fig. Límites en que se encuadra un problema, cuestión, etapa histórica.

marcha. ≅celeridad. ≅curso. ≅velocidad. ◁permanencia. f. Acción de marchar. || Grado de celeridad en el andar de un vehículo. || Actividad o funcionamiento de un mecanismo, órgano o entidad. || Desarrollo de un proyecto o empresa. || *Mec.* En el cambio de velocidad, cualquiera de las posiciones motrices. || Pieza de música, de ritmo regular y solemne, que suele acompañar a los desfiles militares. || Entre pasotas, euforia individual o colectiva.

marchamo. m. Señal o marca que se pone en los fardos en las aduanas.

marchante. com. Persona que comercia especialmente con cuadros u obras de arte.

marchar. intr. Caminar, ir o partir de un lugar. Ú. t. c. prnl. || Andar, funcionar un artefacto. || fig. Caminar, funcionar o desenvolverse una cosa. || Ir o caminar la tropa con cierto orden y compás.

marchitar. tr. y prnl. Ajar, deslucir y quitar el jugo y frescura a las hierbas, flores y otras cosas. || fig. Enflaquecer, quitar el vigor.

marchoso, sa. adj. y s. Entre el pueblo bajo,

dícese del que se distingue por sus galanteos, juergas y lances de la vida airosa.

marea. f. Movimiento periódico y alternativo de ascenso y descenso de las aguas del mar, producido por las acciones atractivas del Sol y de la Luna. || Viento suave que sopla del mar.

marear. tr. Poner en movimiento una embarcación en el mar. || fig. y fam. Enfadar, molestar. Ú. t. c. intr. || prnl. Desazonarse uno, turbársele la cabeza, revolviéndosele el estómago.

marejada. f. Movimiento tumultuoso de grandes olas. || fig. Exaltación de los ánimos, manifestada sordamente por varias personas.

maremágnum. expr. l. fig. y fam. Abundancia, grandeza o confusión. || fig. y fam. Muchedumbre confusa de personas o cosas.

maremoto. m. Agitación violenta de las aguas del mar a consecuencia de una sacudida del fondo.

marengo. adj. y s. Gris muy obscuro.

mareo. ≅turbación. m. Efecto de marearse. || fig. y fam. Molestia, enfado, ajetreo.

marfil. m. Materia dura, compacta y blanca de que principalmente están formados los dientes de los vertebrados. En la industria se utiliza, para la fabricación de numerosos objetos, el de los colmillos de los elefantes.

margarina. f. Variedad de la mantequilla fabricada con grasas vegetales y animales.

margarita. f. Perla de los moluscos. || Molusco gasterópodo marino con concha de 10 a 12 mm. de largo y sección oval. || Por ext., cualquier caracol chico descortezado y anacarado. || Planta herbácea compuesta, con flores terminales de centro amarillo y corola blanca.

margen. ≅borde. ≅motivo. ≅pretexto. ≅ribera. amb. Extremidad y orilla de una cosa. || Espacio que queda en blanco a cada uno de los cuatro lados de una página manuscrita o impresa. || Acotación que se pone al margen de un texto, apostilla. || Cuantía del beneficio que se puede obtener en un negocio.

marginal. adj. Perteneciente al margen. || Que está al margen. || fig. Díc. del asunto, cuestión, aspecto, etc., de importancia secundaria o escasa.

marginar. tr. Poner acotaciones al margen de un texto. || Hacer o dejar márgenes en el papel u otra materia en que se escribe o imprime. || fig. Poner o dejar a una persona o grupo en condiciones sociales de inferioridad. Ú. t. c. prnl.

mariachi, mariache o **mariachis.** m. Música y baile popular mejicanos. || Orquesta que interpreta esta música.

mariano, na. adj. Perteneciente o relativo a la Virgen María.

marica. f. Picaza, urraca. || m. fig. y fam. Hombre afeminado y de poco ánimo. || fam. Homosexual, invertido.

maridaje. ≅armonía. ≅consorcio. m. Enlace y conformidad de los casados. || Unión, analogía o conformidad con que unas cosas se enlazan o corresponden entre sí.

marido. ≅esposo. m. Hombre casado, con respecto a su mujer.

mariguana o **marihuana.** ≅hachís. f. Nombre del *cáñamo índico,* cuyas hojas, fumadas como el tabaco, producen efecto narcótico.

marimacho. m. fam. Mujer que en su corpulencia o acciones parece hombre.

marimba. f. Especie de tambor que usan los negros de algunas partes de África. || Instrumento músico parecido al xilófono. || *Amér.* Instrumento músico parecido al tímpano.

marimorena. f. fam. Camorra.

marina. ≅costa. ≅litoral. ≅náutica. ≅navegación. f. Parte de tierra junto al mar. || Cuadro o pintura que representa el mar. || Arte o profesión que enseña a navegar. || Determinado conjunto de elementos relativos a la navegación dentro de un país.

marinera. f. Prenda del vestido, a modo de blusa, de que usan los marineros. || Baile popular de Chile, Ecuador y Perú.

marinero, ra. adj. y s. De la marina. || m. Hombre de mar que presta servicio en una embarcación.

marino, na. adj. Perteneciente al mar. || m. El que se ejercita en la náutica. || El que tiene un grado militar o profesional en la marina.

marioneta. f. Títere que se mueve por medio de hilos. || fig. Persona que se deja manejar fácilmente. || pl. Teatro representado por títeres.

mariposa. f. Insecto volador con alas de colores vistosos. || Pájaro común en la isla de Cuba, de unos 14 cm. de long. || Especie de candelilla flotante, que se pone en un vaso con aceite. || En natación, modalidad en que los brazos se proyectan simultáneamente hacia adelante y por encima del agua. || Tuerca para ajustar tornillos.

mariposear. intr. fig. Variar con frecuencia de aficiones y caprichos. || fig. Andar o vagar insistentemente en torno de alguien.

mariposón. m. Persona que anda insistentemente en torno de alguien. || Persona inconstante en aficiones o amores. || Homosexual.

mariquita. f. Insecto coleóptero, muy útil para

la agricultura porque sus larvas se alimentan de pulgones. || Perico, ave trepadora. || m. fam. Hombre afeminado.

mariscada. f. Plato abundante de diversos mariscos.

mariscal. m. Oficial muy preeminente en la milicia antigua, inferior al condestable. || En algunos países, grado máximo del ejército.

marisco. m. Cualquier animal marino invertebrado; se da este nombre especialmente a los crustáceos y a algunos moluscos comestibles.

marisma. f. Terreno bajo y pantanoso que se inunda por las aguas del mar.

marital. adj. Perteneciente al marido o a la vida conyugal.

marketing. m. Voz inglesa que designa el conjunto de estudios de mercado al que deben adaptarse los esquemas de producción de una empresa para lograr el máximo beneficio en la venta de un producto o el desarrollo de un servicio.

marmita. f. Olla de metal con tapadera ajustada.

mármol. m. Denominación general de las rocas calizas o dolomíticas, que han sufrido un metamorfismo. || fig. Obra artística de mármol.

marmolista. m. Artífice que trabaja en mármoles, o los vende.

marmóreo, a. adj. Que es de mármol.

marmota. f. Mamífero roedor que vive en los montes más elevados de Europa; es herbívora y pasa el invierno dormida en su madriguera. || fig. Persona que duerme mucho.

maroma. f. Cuerda gruesa de esparto, cáñamo u otras fibras vegetales o sintéticas. || *Amér.* Volatín, pirueta de un acróbata. || *Amér.* Función de circo en que se hacen ejercicios de acrobacia. || *Amér.* fig. Cambio oportunista de opinión o partido.

maronita. adj. Díc. de la Iglesia cristiana, con obediencia al Papa, extendida especialmente por el Líbano, que conserva una liturgia propia.

marqués,sa. m. y f. Título nobiliario entre los de conde y duque.

marquesado. m. Título o dignidad de marqués. || Territorio sobre el que recae este título o en que ejercía jurisdicción un marqués.

marquesina. f. Dosel a la entrada de una tienda de campaña. || Especie de alero o protección de cristal y metal a la entrada de un edificio público.

marquetería. f. Trabajo con maderas finas, ebanistería. || Embutido en las tablas con pequeñas chapas de madera de varios colores.

marranada. f. fig. y fam. Cosa sucia, chapucera, repugnante. || fig. y fam. Acción grosera.

marrano, na. m. y f. Cerdo, puerco. || fig. y fam. Persona sucia y desaseada. Ú. t. c. adj. || fig. y fam. El que procede o se porta mal o bajamente. Ú. t. c. adj.

marrar. ≅desacertar. intr. Faltar, errar. Ú. t. c. tr. || fig. Desviarse de lo recto.

marrasquino. m. Licor hecho con zumo de cierta variedad de cerezas amargas y azúcar.

marrón. adj. De color castaño.

marroquí. adj. y s. De Marruecos.

marroquinería. f. Industria de artículos de piel o imitación como carteras, bolsos, billeteros, etc. || Este género de artículos. || Taller donde se fabrican o tienda donde se venden.

marrullería. f. Astucia con que halagando a uno se pretende engañarle.

marsellés, sa. adj. y s. De Marsella. || f. Himno nacional francés.

marsopa o **marsopla.** f. Cetáceo parecido al delfín.

marsupial. adj. y s. Mamífero que tiene una bolsa abdominal donde guarda las crías, didelfo.

marta. f. Mamífero carnicero que se le persigue por la piel y para evitar el daño que hace a la caza. || Piel de este animal.

Marte. Planeta del sistema solar, que gira en torno al Sol (del que dista unos 227,9 millones de km.) entre las órbitas de la Tierra y Júpiter, en 687 días, y emplea en dar una vuelta en torno a su eje 24 horas y 37,4 minutos. En su superficie se observan regiones obscuras, llamadas mares, otras claras o tierras y dos casquetes polares blancos. Posee dos satélites: Fobos y Deimos.

Marte

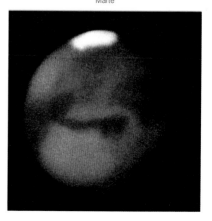

martes. ∫∫martes. m. Día de la semana después del lunes.

martillar o **martillear.** tr. Dar repetidos golpes con el martillo. || fig. Repetir algo insistentemente.

martillo. m. Herramienta de percusión, compuesta de una cabeza, por lo común de hierro, y un mango. || Llave o martillo con que se templan algunos instrumentos de cuerda. || Uno de los tres huesecillos que hay en la parte media del oído de los mamíferos.

martinete. m. Mazo pequeño que hiere la cuerda del piano. || Mazo, generalmente de gran peso, para batir algunos metales, abatanar los paños, etc. || Cante de los gitanos andaluces.

martingala. ≅artificio. ≅astucia. ≅trampa. f. Artimaña, artificio para engañar.

martirio. m. Muerte o sufrimiento padecidos por causa de la religión o por ideales u opiniones. || fig. Cualquier trabajo largo y muy penoso.

martirizar. ≅torturar. ◁acariciar. tr. Hacer padecer el martirio. || fig. Afligir, atormentar, maltratar. Ú. t. c. prnl.

martirologio. m. Libro o catálogo de los mártires. || Por ext., el de todos los santos conocidos.

marxismo. m. Doctrina económica, política y filosófica fundada por Karl Marx. || Designación de varios movimientos o sistemas políticos fundados en una interpretación más o menos estricta de esta doctrina.

marxista. adj. Partidario de Karl Marx o que profesa su doctrina. || Relativo al marxismo.

marzo. m. Tercer mes del año; tiene treinta y un días.

más. adv. comp. con que se denota idea de exceso, aumento, ampliación o superioridad en comparación expresa o sobrentendida. Se une al nombre, al adjetivo, al verbo, a otros adverbios y a modos adverbiales, y cuando la comparación se expresa pide la conjunción *que.* || También se construye con el artículo determinado en todos sus géneros y números, formando el superlativo relativo: *los ⌣ de los días.* || Denota a veces aumento indeterminado de cantidad expresa. || m. *Álg.* y *Arit.* Signo de la suma o adición (+).

mas. conj. ad. Pero, aunque. | Sino.

masa. f. Mezcla que proviene de la incorporación de un líquido con una materia pulverizada o disuelta en él, especialmente la que se prepara con harina y agua para hacer pan. || fig. Conjunto o concurrencia de algunas cosas. || fig. Conjunto numeroso e indeterminado de personas: *las ⌣s populares.* || *Fís.* Cantidad de materia que contiene un cuerpo.

masacrar. tr. Asesinar colectivamente a personas generalmente indefensas.

masacre. f. Matanza de personas por lo general indefensas.

masaje. m. Operación que consiste en presionar, frotar o golpear rítmicamente con intensidad adecuada determinadas regiones del cuerpo, con fines terapéuticos, deportivos, estéticos, etc.

masajista. com. Profesional que da masajes.

mascar. ≅masticar. tr. Partir y desmenuzar algo con la dentadura. || prnl. Considerarse como inminente un hecho importante: *se mascaba la tragedia.*

máscara. f. Figura de cartón, tela, etc., con que una persona puede taparse el rostro para no ser conocida o para otros fines. || Traje singular o extravagante con que alguno se disfraza.

mascarada. f. Festín o sarao de personas enmascaradas. || Comparsa de máscaras. || fig. Farsa, enredo.

mascarilla. f. Máscara que sólo cubre el rostro desde la frente hasta el labio superior. || Vaciado que se saca sobre el rostro de una persona o escultura, y particularmente de un cadáver. || Capa de productos cosméticos con que se cubre la cara o el cuello con fines estéticos. || Aparato que se aplica a la cara y nariz para facilitar la inhalación de ciertos gases.

mascarón. m. Cara disforme o fantástica que

Máscara griega

se usa como adorno en ciertas obras de arquitectura.

mascota. f. Persona, animal o cosa que sirve de talismán, que trae buena suerte.

masculino, na. adj. Ser que está dotado de órganos para fecundar. || Relativo a este ser. || fig. Varonil, enérgico.

mascullar. tr. fam. Mascar torpemente. || fam. Hablar entre dientes o pronunciar mal las palabras.

masía. f. Casa de campo en Cataluña.

masilla. f. Pasta hecha de tiza y aceite de linaza, para sujetar los cristales.

masivo, va. adj. Díc. de lo que se aplica en gran cantidad.

masón. m. Miembro de la masonería.

masonería. ≅francmasonería. f. Sociedad secreta, extendida por diversos países del mundo, cuyos miembros, agrupados en logias, profesan la fraternidad y ayuda mutua, se reconocen mediante signos y emblemas y practican un rito esotérico.

masoquismo. m. Perversión sexual del que goza con verse humillado o maltratado por otra persona. || fig. Complacencia o afición a considerarse maltratado, disminuido, etc., en cualquier suceso o actividad.

massmedia. Expr. inglesa que en sociología designa a aquellos medios de comunicación que alcanzan a un mayor número de personas (radio, televisión, cine, prensa, etc.).

mastaba. f. Monumento funerario egipcio, de forma de pirámide truncada y base rectangular, que comunica con un hipogeo funerario.

máster. m. Grado académico norteamericano, que equivale aproximadamente a *licenciado* en las universidades españolas.

masticar. tr. Desmenuzar el manjar con los dientes, mascar. || fig. Rumiar o meditar.

mástil. m. Palo de una embarcación. || Palo derecho que sirve para mantener una cosa. || Torre, pieza o estructura vertical de una máquina. || Pie o tallo de una planta cuando se hace grueso y leñoso. || Nervio central de la pluma de un ave. || Pieza estrecha y larga de los instrumentos de arco.

mastín, na. adj. y s. Díc. de una raza de perros grandes y robustos, que se destinan a la guarda y defensa.

mastodonte. m. Mamífero fósil, parecido al elefante, con dos dientes incisivos en cada mandíbula, cuyos restos se encuentran en los terrenos terciarios. || fig. com. Persona o cosa muy voluminosa.

mastuerzo. ≅tarugo. ≅torpe. ≅zoquete. m.

Mastín

Planta herbácea hortense, crucífera. Es de sabor picante y se come en ensalada; es rica en vitamina C. || Berro. || fig. Hombre necio, majadero. Ú. t. c. adj.

masturbarse. prnl. Procurarse solitariamente goce sexual.

mata. f. Planta que vive varios años y tiene tallo bajo, ramificado y leñoso. || Por ext., cualquier planta de poca alzada o tamaño. || Ramito o pie de una hierba.

matacán. m. Obra voladiza en lo alto de un muro, de una torre o de una puerta fortificada, con parapeto y con suelo aspillerado, para observar y hostilizar al enemigo.

matadero. m. Sitio donde se mata y desuella el ganado. || fig. y fam. Trabajo muy penoso. || *Chile.* En las riñas de gallos, la testuz de éstos.

matador, ra. adj. y s. Torero.

matadura. f. Llaga que se hace la bestia por rozarle el aparejo.

matamoscas. m. Instrumento o substancia para matar moscas.

matanza. f. Acción y efecto de matar || Mortandad de personas en una batalla, asalto, etc. || Acción de matar el cerdo y de preparar y adobar su carne. || Época del año en que se matan los cerdos. || Conjunto de piezas que resultan de la matanza del cerdo, y que se comen frescas, adobadas o en embutido.

matar. ≅asesinar. ≅ejecutar. ≅rebajar. ◁salvar. tr. Quitar la vida. Ú. t. c. prnl. || Extinguir o apagar el fuego o la luz. || En los juegos de cartas, echar una superior a la que ha jugado el contrario. || Apagar el brillo de los metales. || Tratándose de aristas, esquinas, vértices, etc., redondearlos o achaflanarlos. || Inutilizar en las oficinas de correos los sellos. || fig. Extinguir: ↜ *la* *sed.* || *Pint.* Rebajar un color o tono fuerte. || prnl. fig. Trabajar con afán y sin descanso.

matarife. m. El que mata las reses.

matarratas. m. Aguardiente de ínfima calidad y muy fuerte. || Nombre que se da a las substancias especiales para matar ratas.

matasanos. m. fig. y fam. Curandero o mal médico.

matasellos. m. Estampilla con que se inutilizan en las oficinas de correos los sellos de las cartas. || Dibujo que se estampa con ella.

matasuegras. m. Tubo de papel enrollado en espiral que, al soplar por un extremo, se desenrosca bruscamente. Se utiliza para asustar por broma.

match. m. Voz inglesa que designa la lucha o encuentro en competiciones deportivas.

mate. ≅apagado. ≅opaco. adj. Amortiguado, sin brillo: *oro* ⌐; *sonido* ⌐. || m. Lance que pone término al juego de ajedrez, porque el rey de uno de los jugadores no puede salvarse de las piezas que le amenazan. || Infusión que se obtiene de una planta medicinal americana parecida al acebo, y esa planta.

matemática. f. Ciencia que estudia las cantidades. Ú. m. en pl.

matemático, ca. ≅justo. ≅riguroso. adj. Relativo a las matemáticas: *regla* ⌐. || fig. Exacto, preciso, || m. y f. Persona que profesa las matemáticas o tiene en ellas especiales conocimientos.

materia. ≅objeto. ≅tema. ◁espíritu. f. Substancia que compone los cuerpos físicos. || Asunto de que se compone una obra literaria, científica, etc. || Asignatura, disciplina científica.

material. adj. Relativo a la materia. || Opuesto a lo espiritual. || fig. Grosero, sin ingenio ni agudeza. || m. Elemento que entra como ingrediente en algunos compuestos. || Cuero curtido. || Conjunto de máquinas, herramientas, etc., necesario para el desempeño de un servicio o el ejercicio de una profesión.

materialismo. m. Doctrina filosófica que consiste en admitir como única substancia la material, negando la espiritualidad y la inmortalidad del alma humana, así como la causa primera y las leyes metafísicas.

materializar. tr. Considerar como material una cosa que no lo es. || Realizar, efectuar una cosa. || fig. Dar efectividad y concreción a un proyecto, proposición, etc. || prnl. Ir dejando uno que prepondere en sí mismo la materia sobre el espíritu.

maternidad. f. Estado o calidad de madre. ||

Establecimiento donde se atiende a las parturientas.

materno, na. adj. Relativo a la madre.

matinal. ≅matutino. adj. De la mañana.

matiz. ≅cambiante. ≅gradación. m. Cada una de las gradaciones que puede recibir un color. || fig. Aspecto o rasgo poco perceptible que da a una cosa un carácter determinado.

matizar. tr. Juntar, casar con proporción diversos colores. || Dar a un color determinado matiz. || fig. Graduar con delicadeza sonidos. || fig. Expresar los aspectos o diferencias de algo.

matojo. m. Mata de tallo bajo, ramificado y leñoso. || Planta de monte muy poblada y espesa.

matón. ≅fanfarrón. m. fig. y fam. Espadachín, pendenciero.

matorral. m. Campo inculto lleno de matas y malezas.

matraca. f. Rueda de tablas fijas en forma de aspa, entre las que cuelgan mazos que al girar ella producen ruidos. || fig. y fam. Insistencia molesta en un tema o pretensión.

matraz. m. Vasija de figura esférica, que termina en un tubo angosto y recto. Se emplea en los laboratorios químicos.

matriarcado. m. Organización social, tradicionalmente atribuida a algunos pueblos primitivos, en que el mando residía en las mujeres. || fig. Predominio o fuerte ascendiente femenino en una sociedad o grupo.

matricidio. m. Delito de matar uno a su madre.

matrícula. f. Inscripción en un registro para determinado fin, documentos exigidos para ello, y conjunto de personas inscritas. || Placa de los vehículos con el número y lugar de inscripción.

matricular. tr. Inscribir o hacer inscribir el nombre de uno en la matrícula o registro.

matrimonio. m. Institución social, reconocida como legítima por la sociedad, por la cual, dos personas de distinto sexo se unen al objeto de constituir una familia. || En la religión católica, sacramento instituido para santificar la legítima unión de un hombre y una mujer.

matritense. adj. y s. De Madrid.

matriz. f. Víscera del aparato reproductor de las hembras de los mamíferos en la que se desarrolla el feto. || Molde en que se funden objetos de metal. || Parte del libro talonario que queda al cortar los talones.

matrona. ≅comadre. ≅comadrona. f. Madre de familia romana noble. || Mujer especialmente autorizada para asistir a las parturientas.

matusalén. m. Hombre de mucha edad.

matute. m. Introducción de géneros en una población sin pagar el impuesto de consumos. || Género así introducido.

matutino, na. adj. Relativo a las horas de la mañana. || Que ocurre o se hace por la mañana.

maula. ≅fraude. ≅holgazán. ≅treta. ≅trozo. ◁diligente. f. Cosa inútil y despreciable. || Engaño y artificio encubierto. || com. fig. y fam. Persona tramposa o mala pagadora. || fig. y fam. Persona perezosa y mala cumplidora de sus obligaciones. || adj. y s. *Arg.* y *Urug.* Cobarde, despreciable.

maullar. ≅mayar. intr. Dar maullidos el gato.

maullido o **maúllo.** m. Voz de gato, parecida a la palabra *miau.*

máuser. m. Especie de fusil de repetición.

mausoleo. m. Sepulcro magnífico y suntuoso.

maxilar. adj. Relativo a la quijada o mandíbula.

máxima. f. Regla, principio o proposición generalmente admitida por todos los que profesan una facultad o ciencia. || Sentencia, apotegma o doctrina buena para dirección de las acciones morales.

maximalista. adj. y s. fig. Extremista, categórico.

máximo, ma. adj. superl. de *grande.* || Díc. de lo que es tan grande en su especie, que no lo hay mayor ni igual. || m. Límite superior o extremo a que puede llegar una cosa.

máximum. m. Límite o extremo a que puede llegar una cosa, el máximo.

maya. adj. Díc. de una familia de tribus indias, establecida en la parte meridional de Méjico, por toda Guatemala y por pequeñas porciones de El Salvador y Honduras. Ú. m. c. m. pl. || Díc. también de sus individuos. Ú. t. c. s. || m. Lengua de los mayas.

mayar. ≅maullar. intr. Dar su voz el gato.

mayestático, ca. ≅majestuoso. ≅solemne. adj. Relativo a la majestad. || Díc. del plural del pronombre personal de primera persona, empleado en vez del singular, para expresar la dignidad de reyes, papas, etc.

mayo. m. Quinto mes del año, según nuestro cómputo: tiene treinta y un días. || Árbol o palo alto, adornado, que se pone en los pueblos en lugar público durante las fiestas de este mes.

mayólica. f. Loza común con esmalte metálico, fabricada antiguamente por los árabes y españoles.

mayonesa. f. Salsa que se hace batiendo aceite crudo y yema de huevo, mahonesa.

mayor. ≅cabeza. ≅principal. ◁menor. adj. comp. de *grande.* Que excede a una cosa en cantidad o calidad. || Díc. de la persona que excede en edad a otra: *hermano* ∿. || Díc. de la persona entrada en años, de edad avanzada. || m. Superior o jefe de una comunidad o cuerpo.

mayoral. m. Pastor principal que cuida de los rebaños o cabañas. || En las galeras, diligencias y otros carruajes, el que gobernaba el tiro de mulas o caballos. || Capataz de las cuadrillas de trabajadores del campo.

mayorazgo. m. Institución del derecho civil que

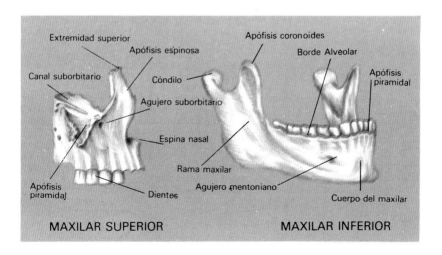

MAXILAR SUPERIOR   MAXILAR INFERIOR

tiene por objeto perpetuar en la familia la propiedad de ciertos bienes. || Conjunto de estos bienes vinculados. || Poseedor de los bienes vinculados. || Hijo mayor de una persona que posee mayorazgo. || fam. Hijo primogénito de cualquier persona.

mayordomo. m. Criado principal a cuyo cargo está el gobierno económico de una casa o hacienda. || Oficial que se nombra en las congregaciones o cofradías para la satisfacción de los gastos y el cuidado y gobierno de las funciones.

mayoría. ≅generalidad. ◁minoría. f. Calidad de mayor. || Edad que la ley fija para tener uno pleno derecho de sí y de sus bienes, mayor edad. || Mayor número de votos conformes en una votación. || Parte mayor de los individuos que componen una nación, ciudad o cuerpo.

mayorista. m. Comerciante que vende en cantidad grande. || adj. Díc. del comercio en que se vende o compra de esta manera.

mayúsculo, la. adj. Dícese de la letra de mayor tamaño que la minúscula. Ú. t. c. s. f. || fig. y fam. Muy grande.

maza. f. Arma antigua, hecha de palo guarnecido de hierro, o toda de hierro, con la cabeza gruesa. || Instrumento con mango y pesado para machacar.

mazacote. m. Hormigón. || fig. Objeto de arte más sólido que elegante. || fig. y fam. Guisado seco, duro y pegajoso. || fig. y fam. Persona molesta y pesada.

mazapán. m. Pasta de almendras molidas y azúcar, cocida al horno.

mazmorra. f. Prisión subterránea.

mazo. m. Martillo grande de madera. || Porción de cosas unidas formando grupo: ⌒ de plumas. || fig. Hombre molesto y fastidioso.

mazorca. f. Porción ya hilada del huso. || Espiga densa y apretada, como la del maíz. || Baya del cacao.

mazurca. f. Danza moderna de origen polaco. || Música de esta danza.

me. Dativo o acusativo del pronombre personal de primera persona en género masculino o femenino y número singular.

meada. f. vulg. Porción de orina que se expele de una vez. || Sitio que moja o señal que deja una meada.

meandro. m. Cada una de las curvas que describe el curso de un río. || Por ext., la misma disposición de un camino. || Arquit. Adorno de líneas sinuosas y repetidas.

mear. intr., tr. y prnl. vulg. Orinar.

meato. m. Orificio terminal de un conducto del cuerpo.

¡mecachis! interj. de extrañeza y de enfado.

mecánica. f. Parte de la física que estudia el movimiento de los cuerpos, las fuerzas que condicionan dichos movimientos y la relación entre las fuerzas que actúan sobre los cuerpos en equilibrio.

mecanicismo. m. Sistema que pretende explicar los fenómenos vitales por las leyes de la mecánica.

mecánico, ca. adj. Relativo a la mecánica. || Que se ejecuta por un mecanismo o máquina. || Díc. de los oficios u obras que exigen más habilidad manual que intelectual. || Díc. de las personas que se dedican a estos oficios. Ú. t. c. s. || m. y f. Persona que profesa la mecánica. || Persona dedicada al manejo y arreglo de las máquinas.

mecanismo. ≅artificio. ≅artilugio. ≅dispositivo. m. Artificio o estructura en un cuerpo natural o artificial, y combinación de sus partes constitutivas. || Modo de producirse o realizarse algo.

mecanizar. tr. Implantar el uso de las máquinas en operaciones industriales, administrativas, militares, etc. || Someter a elaboración mecánica. || fig. Dar la regularidad de una máquina a las acciones humanas.

mecano. m. Juguete a base de piezas, por lo general metálicas y atornillables, con las que pueden construirse diversas construcciones.

mecanografía. f. Arte de escribir con máquina.

mecanografiar. tr. Escribir con máquina.

mecanógrafo, fa. m. y f. Persona diestra en la mecanografía, y especialmente quien la tiene por oficio.

mecedora. f. Silla de brazos, cuyos pies descansan sobre dos arcos, en la cual puede mecerse el que se sienta.

mecenas. com. fig. Persona que patrocina a los literatos o artistas.

mecer. tr. Mover un líquido para que se mezcle o incorpore. || Mover una cosa compasadamente sin que cambie de lugar.

mecha. f. Cuerda retorcida o cinta tejida hecha de filamentos combustibles de los mecheros, velas o bujías. || Tubo relleno de pólvora para dar fuego a minas y barrenos.

mechero. m. Encendedor de bolsillo. || Canutillo en el que se pone la mecha o torcida para alumbrar o para encender lumbre. || Cañón de los candeleros, en donde se coloca la vela.

mechón. m. Porción de pelos, hebras o hilos.

medalla. f. Pieza de metal batida o acuñada con alguna figura, inscripción, símbolo o emblema. || Distinción honorífica o premio que suele concederse en exposiciones o certámenes.

medallón. m. Bajorrelieve de figura redonda o elíptica. || Joya en forma de caja pequeña o chata, donde generalmente se colocan objetos de recuerdo.

media. ≅calceta. f. Prenda de punto que cubre el pie y parte de la pierna. || Mitad de algunas cosas, especialmente de unidades de medida. || Promedio, media aritmética.

mediacaña. f. Moldura cóncava de perfil semicircular.

mediana. f. En un triángulo cada una de las tres rectas que pasan por un vértice y el punto medio del lado opuesto.

medianería. f. Pared común a dos casas u otras construcciones contiguas. || Cerca, vallado o seto vivo común a dos predios rústicos que deslinda.

medianía. f. Término medio entre dos extremos. || fig. Persona que carece de prendas relevantes.

mediano, na. ≅mediocre. ≅regular. adj. De calidad intermedia. || Moderado. || fig. y fam. Casi nulo, de mala calidad.

medianoche. f. Hora en que el Sol está en el punto opuesto al mediodía. || fig. Bollo usado para bocadillos.

mediante. prep. En atención a, por razón de.

mediar. intr. Llegar a la mitad de una cosa. || Interceder o rogar por uno. || Interponerse entre dos o más que riñen o contienden. || Existir o estar una cosa en medio de otras. || Dicho del tiempo, pasar, transcurrir.

mediatizar. tr. Privar al gobierno de un Estado de la autoridad suprema, que pasa a otro Estado, pero conservando aquél la soberanía nominal. || Dificultar o impedir la libertad de acción de una persona o institución.

mediato, ta. adj. Díc. de lo que en tiempo, lugar o grado está próximo a una cosa, mediando otra entre las dos.

mediatriz. f. *Geom.* Dado un segmento, la recta que le es perpendicular en su punto medio.

medicación. f. Administración metódica de medicamentos con fin terapéutico. || Conjunto de medicamentos.

medicamento. m. Substancia que se utiliza para producir un efecto curativo.

medicar. tr. y prnl. Administrar medicinas.

medicina. ≅remedio. f. Ciencia y arte de pre-

caver y curar las enfermedades del cuerpo humano. || fig. Remedio, solución. || Medicamento.

medicinar. tr. y prnl. Administrar o dar medicinas al enfermo.

médico, ca. ≅doctor. ≅facultativo. ≅galeno. adj. Relativo a la medicina. || m. y f. Persona que se halla legalmente autorizada para profesar y ejercer la medicina.

medida. f. Acción y efecto de medir. || Expresión numérica del resultado de medir una cosa. || Cualquiera de las unidades que se emplean para medir longitudes, áreas o volúmenes de líquidos o áridos. || Número y clase de sílabas que ha de tener el verso.

medieval. adj. Relativo a la Edad Media de la historia.

medievalista. com. Persona versada en el conocimiento de lo medieval.

medievo. m. Edad Media.

medio, dia. ≅arbitrio. ≅mitad. ≅recurso. adj. Igual a la mitad de una cosa: ∼ *naranja*. || Díc. de lo que está entre dos extremos, en el centro de algo o entre dos cosas. || Que corresponde a los caracteres o condiciones más generales de un grupo social, pueblo, época, etc.: *la riqueza ∼ de un país.* || m. Lo que puede servir para determinado fin. || pl. Caudal, rentas o hacienda que uno posee.

mediocre. adj. De calidad media. || Bastante malo.

mediodía. m. Hora en que está el Sol en el más alto punto de su elevación sobre el horizonte. || Período de imprecisa extensión alrededor de las doce de la mañana. || *Geog.* Punto opuesto al Norte, Sur.

mediopensionista. adj. y s. Persona que vive en alguna institución, sometida al régimen de media pensión.

medir. ≅mensurar. tr. Comparar una cantidad con su respectiva unidad, con el fin de averiguar cuántas veces la primera contiene la segunda. || Examinar si un verso tiene la medida correspondiente a los de su clase. || fig. Igualar y comparar una cosa no material con otra: ∼ *las fuerzas, el ingenio.* || intr. Tener determinada dimensión, ser de determinada altura, longitud, etc.: *José mide un metro setenta de altura.*

meditabundo, da. adj. y s. Que medita o reflexiona en silencio.

meditar. ≅considerar. ≅pensar. ≅reflexionar. ◁improvisar. tr. Aplicar con atención el pensamiento a la consideración de algo, o discurrir sobre los medios de conocerlo o conseguirlo.

mediterráneo, a. adj. Díc. de lo que está rodeado de tierra: *mar* ⌣. Ú. t. c. m. ‖ Relativo al mar Mediterráneo o a los territorios que baña.

médium. com. Persona a la que se considera dotada de facultades paranormales que le permiten actuar de mediadora en la consecución de fenómenos parapsicológicos o de hipotéticas comunicaciones con los espíritus.

medo, da. adj. Díc. de un grupo étnico, perteneciente a los pueblos iranios que aparecieron en el primer milenio a. C. en Irán, formando un estado feudal, que más tarde formaría parte del Imperio persa. Ú. m. c. m. pl.

medrar. ≅florecer. ≅prosperar. ◁disminuir. intr. Crecer, tener aumento los animales y plantas. ‖ fig. Mejorar uno de fortuna aumentando sus bienes, reputación, etc.

medroso, sa. ≅miedoso. ≅tímido. ◁valiente. adj. y s. Temeroso, pusilánime, que de cualquier cosa tiene miedo.

medula o **médula.** f. Substancia grasa, blanquecina o amarillenta (tuétano), que se halla dentro de algunos huesos de los animales. ‖ Substancia esponjosa que se halla dentro de los troncos y tallos de diversas plantas.

medular. adj. Perteneciente o relativo a la médula.

medusa. f. Animal marino flotador en forma de campana.

mefistofélico, ca. adj. Perteneciente o relativo a Mefistófeles, nombre dado al diablo. ‖ Diabólico, perverso.

megaciclo. m. Unidad de frecuencia en ondas de radiofonía, equivalente a un millón de ciclos.

megafonía. f. Técnica que se ocupa de los aparatos e instalaciones precisos para aumentar el volumen del sonido. ‖ Conjunto de micrófonos, altavoces y otros aparatos que, debidamente coordinados, aumentan el volumen del sonido en un lugar de gran concurrencia.

megáfono. m. Artefacto usado para reforzar la voz cuando hay que hablar a gran distancia.

megalito. m. Monumento prehistórico construido con grandes piedras sin labrar. ‖ Piedra o sillar de grandes proporciones.

megalomanía. f. Manía o delirio de grandeza.

megalomano, na. adj. Que padece megalomanía.

megaterio. Mamífero desdentado, fósil, que vivía de vegetales al comenzar en América del Sur el período cuaternario.

megatón. m. Unidad para medir la potencia

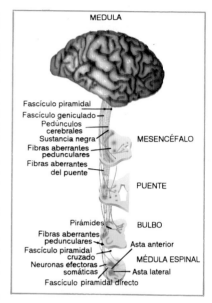

MEDULA

Fascículo piramidal
Fascículo geniculado
Pedúnculos cerebrales
Sustancia negra
Fibras aberrantes pedunculares
Fibras aberrantes del puente

MESENCÉFALO

PUENTE

Pirámides
Fibras aberrantes pedunculares
Fascículo piramidal cruzado
Neuronas efectoras somáticas
Fascículo piramidal directo

BULBO

Asta anterior

MÉDULA ESPINAL

Asta lateral

explosiva de los ingenios nucleares; equivale a la de un millón de toneladas de trilita.

mejicano, na. adj. y s. De Méjico. ‖ m. Azteca, idioma.

mejilla. f. Cada de las prominencias que hay en el rostro humano debajo de los ojos. ‖ Parte más carnosa de la cara, carrillo.

mejillón. m. Molusco comestible, que vive asido, por medio de unos filamentos sedosos muy resistentes, a las piedras de la orilla del mar. Su concha es negra y casi triangular.

mejor. ◁peor. adj. comp. de *bueno.* Superior a otra cosa y que la excede en una cualidad natural o moral. ‖ adv. m. comp. de *bien.* Más bien, de manera más conforme a lo bueno o lo conveniente.

mejora. f. Aumento, adelanto o progreso de algo.

mejorable. adj. Que se puede mejorar.

mejoramiento. m. Mejora.

mejorana. f. Hierba vivaz de la familia de las labiadas. De olor aromático y sabor acre, contiene un aceite esencial que hace más digestibles los alimentos.

mejorar. tr. Acrecentar algo, haciéndolo pasar de un estado bueno a otro mejor. ‖ Poner mejor, hacer recobrar la salud perdida.

mejoría. f. Aumento o adelanto de algo. || Alivio en una dolencia, padecimiento o enfermedad. || Ventaja o superioridad de una cosa respecto de otra.

mejunje. m. desp. Mezcla extraña, rara, en algo que se ingiere o que se aplica sobre la piel.

melado, da. adj. De color de miel: *caballo* ↪; *ojos* ↪*s*. || m. *Amér.* y *Can.* Zumo de la caña dulce concentrado al fuego sin que llegue a cristalizar. || Torta pequeña hecha con miel y cáñamones.

melancolía. f. Tristeza vaga, difusa.

melancólico, ca. adj. Relativo a la melancolía. || Que tiene melancolía. Ú. t. c. s.

melanina. f. Pigmento negro o pardo negruzco que existe en forma de gránulos en el protoplasma de ciertas células de los vertebrados y al cual deben su coloración especial la piel, los pelos, la coroides, etc.

melanita. f. Variedad del granate, muy brillante, negra y opaca.

melanosis. f. Alteración de los tejidos orgánicos, caracterizada por el color obscuro que presentan.

melar. intr. Hacer las abejas la miel y ponerla en los vasillos de los panales. Ú. t. c. tr.

melaza. f. Líquido más o menos viscoso, de sabor muy dulce, que queda como residuo de la cristalización del azúcar de caña o de remolacha.

melé. f. En deportes, aglomeración o lío de jugadores ante la portería.

melena. f. Cabello que desciende por el rostro y especialmente el que cae sobre los ojos. || El que cae por atrás y cuelga sobre los hombros. || Crin del león.

melenudo, da. adj. y s. Que tiene abundante y largo el cabello.

meliáceo, a. adj. y s. Díc. de los árboles y arbustos angiospermos y dicotiledóneos, de climas cálidos y fruto capsular con semillas de albumen carnoso o sin él; como el cinamomo y la caoba. || f. pl. Familia de estas plantas.

mélico, ca. adj. poét. Perteneciente al canto o a la poesía lírica.

melificar. tr. e intr. Hacer las abejas la miel.

melifluo, flua. adj. Que tiene miel o es parecido a ella en sus propiedades. || fig. Dulce, suave, delicado y tierno en el trato o en la explicación.

melindre. m. Fruta de sartén, hecha con miel y harina. || Dulce de pasta de mazapán con baño espeso de azúcar blanco, generalmente en forma de rosquilla muy pequeña. || fig. Afectada delicadeza en palabras, acciones y ademanes. Ú. t. en pl.

melindroso, sa. adj. y s. Que afecta melindres o demasiada delicadeza en acciones y palabras.

melisma. m. Grupo de notas sucesivas, que forman un neuma o adorno sobre una misma vocal.

melocotón. m. Árbol que da melocotones, melocotonero. || Fruta drupácea del melocotonero, redondeada, muy jugosa y sabrosa.

melocotonero. m. Árbol de la familia de las rosáceas, cuyo fruto es el melocotón. Se supone originario del N. de China.

melodía. f. Composición en que se desarrolla una idea musical, con independencia de su acompañamiento. Ú. en oposición a *armonía,* combinación de sonidos simultáneos diferentes, pero acordes.

melódico, ca. adj. Relativo a la melodía.

melodioso, sa. adj. Dulce y agradable al oído.

melodista. com. Persona que sin especial conocimiento técnico compone melodías musicales, por lo general breves y sencillas.

melodrama. m. Drama puesto en música; ópera. || Drama compuesto para este fin, letra de la ópera. || Obra teatral en que se exageran los trozos sentimentales y patéticos con menoscabo del buen gusto.

melodramático, ca. adj. Relativo al melodrama. || Díc. también de lo que en composiciones literarias de otro género, y aún en la vida real, participa de las malas cualidades del melodrama: *héroes, personaje, efecto* ↪.

melomanía. f. Amor desordenado a la música.

melómano, na. m. y f. Persona fanática por la música.

melón. m. Planta herbácea anual de la familia de las cucurbitáceas, originaria de Asia meridional y África tropical. || Fruto de esta planta. De forma redondeada o elipsoidal, puede tener de 15 a 40 cm. de longitud, aproximadamente.

melón, na. adj. y s. fig. y fam. Persona torpe, imbécil.

melonar. m. Terreno sembrado de melones.

meloncillo. m. Mamífero carnívoro congénere de la mangosta. Es típico del mediodía de España.

melonero, ra. m. y f. Persona que siembra o guarda melones, o los vende.

melopea. f. Canto monótono. || vulg. Embriaguez, borrachera.

melosidad. f. Calidad de meloso. || Materia melosa. || fig. Dulzura, suavidad y blandura de una cosa no material.

meloso, sa. ≅almibarado. ≅empalagoso. ≅melifluo. adj. De calidad o naturaleza de miel. || fig. Aplícase a la persona, carácter, actitud, etc. blando, suave o dulce. Ú. m. en sentido peyorativo.

melva. f. Pez muy parecido al bonito.

mella. f. Rotura o hendidura en el filo de un arma o herramienta, o en el borde o en cualquier ángulo saliente de otro objeto. || Vacío o hueco que queda en una cosa por haber faltado lo que la ocupaba o henchía; como en la encía cuando falta un diente.

mellado, da. adj. y s. Falto de uno o más dientes.

mellar. tr. y prnl. Hacer mellas: ⌣ *la espada, el plato.* || fig. Menoscabar, disminuir algo no material: ⌣ *la honra, el crédito.*

mellizo, za. adj. y s. Nacido del mismo parto. || Igual a otra cosa.

membrana. f. Piel delgada o túnica, a modo de pergamino. || *Bot.* y *Zool.* Cualquier tejido o agregado de tejidos que en conjunto presenta forma laminar y es de consistencia blanda.

membranoso, sa. adj. Compuesto de membranas. || Parecido a la membrana.

membrete. m. Nombre o título de una persona, oficina o corporación, estampado en la parte superior del papel de escribir.

membrillo. m. Árbol muy ramoso de la familia de las rosáceas, también denominado membrillero, cuyo fruto, muy agrio y aromático, es parecido a la manzana y la pera, aunque de relieve más irregular, y es amarilloverdoso. || Fruto de este árbol.

membrudo, da. ◁débil. adj. Fornido y robusto de cuerpo y miembros.

memento. m. Cada una de las dos partes del canon de la misa, en que se pide por los vivos y por los difuntos.

memez. f. Simpleza, tontuna, mentecatez.

memo, ma. adj. y s. Tonto, simple, mentecato.

memorable. adj. Digno de memoria.

memorándum. m. Librito o cartera en que se apuntan las cosas de que uno tiene que acordarse. || Informe o comunicación en que se exponen hechos y razones que se ha de tener en cuenta sobre determinado asunto. || *Chile.* Resguardo bancario.

memoria. ≅retentiva. f. Facultad del alma, por medio de la cual se retiene y recuerda lo pasado. || Recuerdo. || Monumento para recuerdo o gloria de algo. || Relación de gastos. || Exposición de hechos, datos o motivos referentes a determinado asunto. || En informática, dispositivo electrónico en el que se almacenan información o datos, para emplearlos en el momento adecuado.

memorial. m. Cuaderno en que se escriben determinadas cosas que se desea recordar. || Papel o escrito en que se pide una merced.

memorialista. com. Persona que escribe memoriales u otros documentos que le encarguen.

memorión. adj. y s. Que tiene mucha memoria.

memorizar. tr. Fijar en la memoria algo, como discurso, conjunto de datos, serie de números, etc.

mena. f. Mineral que contiene un metal y del que se puede obtener éste. || Pez marino comestible.

ménade. f. Sacerdotisa de Baco, bacante.

menaje. m. Muebles y accesorios de una casa, especialmente los objetos y utensilios de cocina; de estos últimos díc. también *menaje de cocina.*

menarquía. f. Primera menstruación en la mujer, normalmente entre los 12 y 15 años.

mención. f. Recuerdo que se hace de una persona o cosa, nombrándola, contándola o refiriéndola.

mencionar. tr. Hacer mención de una persona. || Referir, recordar o contar una cosa para que se tenga noticia de ella.

menda. pron. pers. fam. *Germ.* El que habla. Ú. con el verbo en 3.ª pers. || pron. indet. Uno, uno cualquiera.

mendacidad. f. Hábito o costumbre de mentir.

mendaz. adj. y s. Mentiroso.

mendeliano, na. adj. Relativo al mendelismo.

mendelismo. m. Teoría acerca de la herencia de los caracteres de los seres orgánicos, derivadas de los experimentos del fraile agustino Mendel sobre la transmisión hereditaria de caracteres.

mendicante. adj. Que mendiga de puerta en puerta. || Díc. de las órdenes religiosas que tienen por instituto pedir limosna.

mendicidad. ≅pordiosería. f. Estado y situación de mendigo. || Acción de mendigar.

mendigar. tr. Pedir limosna. || fig. Solicitar el favor de uno con importunidad y hasta con humillación.

mendigo, ga. ≅mendicante. ≅pordiosero. m. y f. Persona que habitualmente pide limosna.

mendrugo. ≅cuscurro. m. Pedazo de pan duro o desechado. || fig. y fam. Tonto, necio, zoquete.

menear. ≅agitar. ◁aquietar. tr. Mover una cosa de una parte a otra. Ú. t. c. prnl. || prnl. fig. y fam. Hacer con prontitud y diligencia algo, o andar deprisa.

Menhir de *Kerloaz.* Inglaterra

meneo. m. Acción y efecto de menear. || fig.
y fam. Vapuleo, tunda.

menester. m. Falta o necesidad de una cosa.
|| Ejercicio, empleo o ministerio. || pl. Necesi-
dades corporales precisas a la naturaleza.

menesteroso, sa. adj. y s. Falto, necesitado.

menestra. f. Guisado compuesto con diferentes
hortalizas y trozos pequeños de carne o jamón.

menestral, la. m. y f. Persona que trabaja en
un oficio mecánico.

mengano, na. m. y f. Voz que se usa en la
misma acepción que *fulano* y *zutano,* pero siempre
después del primero, y antes o después del segundo cuando se aplica a una tercera persona, ya
sea existente, ya imaginaria.

mengua. ≅carencia. ≅disminución. ≅menos-
cabo. f. Acción y efecto de menguar. || Falta que
padece algo para estar cabal y perfecto. || Pobreza;
escasez que se padece de algo. || fig. Descrédito,
deshonra.

menguado, da. adj. y s. Cobarde, pusilánime.
|| Tonto, falto de juicio.

menguante. ≅bajamar. ≅estiaje. adj. Que
mengua. || f. Mengua que padecen los ríos o
arroyos por el calor o sequedad. || Descenso del
agua del mar por efecto de la marea. || Hablando

de la Luna, intervalo que media entre el plenilunio
y el novilunio.

menguar. intr. Disminuirse o irse consumiendo
física o moralmente algo. || Hablando de la Luna,
disminuir la parte iluminada del astro. || En las
labores de punto, ir reduciendo regularmente los
puntos que están prendidos en la aguja, para que
resulte disminuido su número en la vuelta siguiente.

menhir. m. Monumento megalítico que consiste
en una piedra larga hincada verticalmente en el
suelo por uno de sus extremos.

menina. f. *Hist.* Señora que desde corta edad
entraba a servir a la reina o a las infantas niñas.

meninge. f. Cada una de las membranas que
envuelven el encéfalo y la medula espinal.

meningitis. f. Inflamación de las meninges.

menisco. m. Cartílago que forma parte de la
articulación de la rodilla.

menopausia. f. Cesación natural de la mens-
truación en la mujer. || Época en que se produce.

menor. ≅franciscano. ◁mayor. adj. comp. de
pequeño. Que tiene menos cantidad que otra cosa
de la misma especie. || Que no ha llegado a la
mayoría de edad legal. Ú. t. c. s. || m. Religioso
de la Orden de San Francisco.

menorquín, na. adj. y s. De Menorca (España).

menos. adv. comp. con que se denota idea de
falta, disminución, restricción o inferioridad en
comparación expresa o sobreentendida: *Juan es* ∽
prudente que su hermano. || m. *Álg.* y *Arit.* Signo
de substracción o resta (−).

menoscabar. tr. Disminuir las cosas, quitán-
doles una parte. Ú. t. c. prnl. || fig. Deteriorar y
deslustrar una cosa, quitándole parte de la esti-

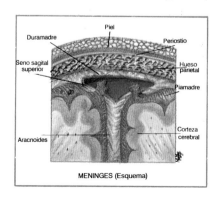

MENINGES (Esquema)

mación o lucimiento que antes tenía. || fig. Causar mengua en la honra o fama.

menoscabo. m. Efecto de menoscabar.

menospreciable. adj. Digno de menosprecio.

menospreciar. tr. Tener a una cosa o a una persona en menos de lo que merece. || Desdeñar, despreciar.

menosprecio. m. Poco aprecio, poca estimación. || Desprecio, desdén.

mensaje. m. Recado de palabra o por escrito que una persona envía a otra. || Aportación religiosa, moral, intelectual o estética de una persona, doctrina u obra.

mensajero, ra. m. y f. Persona que lleva un recado, despacho o noticia a otra.

menstruación. ≅regla. f. Acción de menstruar. || Menstruo de las mujeres.

menstruar. intr. Evacuar el menstruo.

menstruo, trua. m. Acción de menstruar. || Sangre que todos los meses evacuan naturalmente las mujeres y las hembras de ciertos animales.

mensual. adj. Que sucede o se repite cada mes. || Que dura un mes.

mensualidad. f. Sueldo de un mes. || Cantidad que se paga cada mes por alguna compra o servicio recibido.

ménsula. f. Miembro de arquitectura perfilado con diversas molduras, que sobresale de un plano vertical y sirve para recibir o sostener alguna cosa, como el alero del tejado, la cornisa, etc.

mensurar. tr. Medir.

menta. f. Nombre dado principalmente a la especie menta piperita *(mentha piperita),* de la que se extrae una esencia, muy utilizada en la preparación de caramelos, licores, dentífricos, perfumes, etc.

mentado, da. adj. Que tiene fama o nombre; célebre, famoso.

mental. adj. Relativo a la mente.

mentalidad. f. Capacidad, actividad mental. || Cultura y modo de pensar que caracteriza a una persona, a un pueblo, a una generación, etc.

mentar. tr. Nombrar, mencionar, citar. Ú. m. en lenguaje popular.

mente. f. Potencia intelectual del alma. || Designio, pensamiento, propósito, voluntad.

mentecato, ta. adj. y s. Tonto, falto de juicio. || De escaso juicio y flaco de entendimiento.

mentidero. m. fam. Lugar donde para conversar se junta la gente ociosa.

mentido, da. adj. Mentiroso, engañoso: ↷ *esperanza;* ↷ *fortaleza.*

mentir. ≅engañar. intr. Decir o manifestar lo contrario de lo que se sabe, cree o piensa.

mentira. f. Expresión o manifestación contraria a lo que se sabe, cree o piensa.

mentirijillas (de). m. adv. fam. No de veras, en broma, aparentando sinceridad.

mentiroso, sa. adj. y s. Que tiene costumbre de mentir.

mentís. m. Voz injuriosa y denigrativa con que se desmiente a una persona. || Hecho o demostración que contradice o niega categóricamente un aserto.

mentol. m. Alcohol saturado que es el principal componente de la esencia de la menta piperita.

mentón. m. Barbilla o prominencia de la mandíbula inferior.

mentor. ≅consejero. ≅maestro. m. fig. Consejero o guía de otro. || fig. El que sirve de ayo.

menú. m. Conjunto de platos que constituyen una comida. || Carta del día donde se relacionan las comidas, postres y bebidas.

menudear. tr. Hacer algo muchas veces. || intr. Caer o suceder alguna cosa con frecuencia: *menudean las gotas, los trabajos.*

menudencia. f. Pequeñez de algo. || Esmero y escrupulosidad con que se considera y reconoce una cosa. || Cosa de poco aprecio y estimación. || pl. Morcillas, longanizas y otros despojos semejantes que se sacan del cerdo.

menudeo. m. Acción de menudear. || Venta al por menor.

menudillo. m. En los cuadrúpedos, articulación entre la caña y la cuartilla. || pl. Interior de las aves, que se reduce a higadillo, molleja, sangre, madrecilla y yemas.

menudo, da. adj. Pequeño, chico o delgado. || Despreciable, de poca o ninguna importancia. || En frs. exclamativas toma a veces un sentido ponderativo: ↷ *enredo.*

meñique. adj. y s. Dedo más pequeño de la mano.

meollo. ≅encéfalo. ≅substancia. m. Masa nerviosa contenida en el cráneo, seso. || Substancia interior de los huesos, medula. || fig. Lo más principal de algo. || fig. Juicio o entendimiento.

meón, na. adj. y s. Que mea mucho o frecuentemente. || m. y f. Niño o niña pequeños.

mequetrefe. m. fam. Hombre entremetido, bullicioso y de poco provecho.

mercadeo. m. Acción y efecto de mercadear. || Conjunto de operaciones por que ha de pasar una mercancía desde el productor al consumidor.

mercader. ≅comerciante. ≅traficante. m. El

que trata o comercia con géneros vendibles: ⌢ *de libros, de hierro.*

mercadería. f. Mercancía.

mercado. m. Contratación pública en paraje destinado al efecto y en días señalados: *en este pueblo habrá* ⌢ *el mes que viene.* || Sitio público destinado permanentemente, o en días señalados, para vender, comprar o permutar géneros.

mercancía. ≅artículo. f. Trato de vender y comprar comerciando en géneros. || Todo género vendible. || Cosa que se hace objeto de trato o venta.

mercancías. m. Tren de mercancías.

mercante. adj. Que compra. Ú. t. c. s. || Mercantil: *buque, marina, navío, barco* ⌢.

mercantil. adj. Relativo al comercio: *Derecho* ⌢.

mercantilismo. m. Espíritu mercantil aplicado a cosas que no deben ser objeto de comercio.

mercantilista. adj. Partidario del mercantilismo.

mercar. tr. y prnl. Comprar.

merced. f. Dádiva, regalo. || Voluntad o arbitrio de uno: *está a* ⌢ *de Fulano.* || Tratamiento que se daba a quien no tenía otro: *tenga a bien vuesa* ⌢ *de venir.*

mercedario, ria. adj. Dic. de la Orden de la Bienaventurada Virgen María de la Merced. Ú. m. c. s. pl. || Dic. también de sus individuos. Ú. t. c. s. || Relativo a esta Orden.

mercenario, ria. adj. Dic. de la tropa y de sus componentes que sirven en la guerra a un país extranjero recibiendo paga. Apl. a pers., ú. t. c. s.

mercería. f. Trato y comercio de cosas menudas y de poco valor y entidad; como alfileres, botones, cintas, etc. || Tienda en que se venden.

mercero, ra. Persona que comercia en artículos de mercería.

mercurio. m. Metal líquido, blanco y brillante como la plata y extremadamente pesado. Se encuentra algunas veces nativo, pero normalmente está combinado con el azufre formando el cinabrio, su principal mena.

Mercurio. Planeta, el más pequeño y próximo al Sol del sistema solar, que gira entre aquél y Venus. Sus características esenciales son: 4.714,58 km. de diámetro ecuatorial; 54.163 millones de km.^{3} de volumen; 334,82·10^{21} kg. de masa; 6,07 de densidad; la gravedad es de 273,88·10^{-10} y la distancia media al Sol es de 57.910.160 km. El tiempo medio de rotación es de 88 días y el de traslación, 87,97 días.

merchante. adj. Mercante. || El que compra y vende algunos géneros sin tener tienda fija.

Mercurio

merecer. tr. Hacerse uno digno de premio o de castigo. || Tener cierto grado o estimación una cosa: *eso no merece 100 pesetas.* || intr. Hacer méritos.

merecimiento. m. Acción y efecto de merecer. || Mérito.

merendar. intr. Tomar la merienda. || tr. Tomar en la merienda una u otra cosa: *merendé pan y queso.* || prnl. fig. y fam. Vencer o dominar a otras personas en una competición.

merendero. m. Sitio donde se merienda. || Bar, quiosco o establecimiento similar, emplazado en un sitio campestre o en la playa donde se pueden tomar consumiciones.

merendona o **merendola.** f. Merienda espléndida y abundante.

merengue. m. Dulce, por lo común de figura aovada, hecho con claras de huevo y azúcar y cocido al horno. || fig. Persona de complexión delicada. || *Arg., Par.* y *Urug.* Lío, desorden, trifulca. || *Dom.* Danza popular, conocida también en otros países del Caribe.

meridiano, na. adj. Relativo a la hora del mediodía. || Clarísimo, luminosísimo: *luz* ⌢. || m. *Astrom.* Círculo máximo de la esfera celeste, que pasa por los polos del mundo y por el cenit y nadir del punto de la Tierra a que se refiere. || Cualquiera de los círculos máximos de la esfera terrestre que pasan por los dos polos.

meridional. ≅austral. adj. Relativo al Sur o Mediodía. Apl. a pers., ú. t. c. s.

merienda. f. Comida ligera que se hace por la tarde antes de la cena.

merindad. f. *Hist.* Distrito con una ciudad o villa importante que defendía y dirigía los intereses de los pueblos y caseríos sitos en su demarcación.

merino, na. adj. y s. Dic. de los carneros y ovejas de lana muy fina, corta y rizada. || m. Juez que se ponía por el rey en un territorio, en donde tenía jurisdicción amplia.

mérito. m. Acción que hace al hombre digno de premio o de castigo. || Resultado de las buenas acciones que hace digno de aprecio a un hombre. || Hablándose de las cosas, lo que les hace tener valor.

meritorio, ria. adj. Digno de premio o galardón.

merluza. ≅pescada. ≅pescadilla. f. Pez teleósteo marino del suborden de los anacantos, que puede alcanzar más de un metro de longitud y unos 15 kg. de peso. Abunda en las costas de España. || fig. y fam. Embriaguez, borrachera.

merma. f. Acción y efecto de mermar.

mermar. ≅decrecer. ≅menguar. ≅reducir. ◁aumentar. intr. y prnl. Bajar o disminuir una cosa o consumirse una parte de lo que antes tenía. || tr. Quitar a uno parte de cierta cantidad que de derecho le corresponde: ∽ *la paga de un empleado.*

mermelada. f. Conserva de fruta con miel o azúcar.

mero, ra. adj. Puro, simple. Ú. hoy en sentido moral e intelectual. || Insignificante. || m. Nombre de varios peces teleósteos marinos del suborden de los acantopterigios. La especie más común tiene hasta 1,30 m. de long., el cuerpo muy comprimido, los ojos grandes y la mandíbula inferior saliente. Su carne es muy apreciada.

merodear. intr. Vagar por las inmediaciones de algún lugar, en general con malos fines.

mes. m. Cada una de las 12 partes en que se divide el año. || Número de días consecutivos desde uno señalado hasta otro de igual fecha en el mes siguiente. || Menstruo de las mujeres. || Sueldo de un mes.

mesa. f. Mueble, por lo común de madera, que se compone de una tabla lisa sostenida por uno o varios pies, y que sirve para comer, escribir, jugar u otros usos. || En corporaciones y colegios electorales, conjunto de las personas que las dirigen. || Terreno elevado y llano de gran extensión, rodeado de valles o barrancos. || Cima plana de una montaña.

mesalina. f. fig. Mujer aristócrata y de costumbres disolutas.

mesana. amb. Mástil que está más a popa en el buque de tres palos. || f. Vela que va contra este mástil envergada en un cangrejo.

mesar. tr. y prnl. Arrancar los cabellos o barbas con las manos.

meseguero, ra. adj. Perteneciente a las mieses. || m. El que guarda las mieses.

mesenterio. m. Nombre que se da a los diversos repliegues peritoneales.

mesero, ra. m. y f. *Col., Guat.* y *Méj.* Camarero o camarera de café.

meseta. f. Piso horizontal en que termina un tramo de escalera. || Planicie o elevación a considerable altura sobre el nivel del mar. || Porción de territorio, a veces de grandísima extensión, de notable altitud y con forma de penillanura.

mesiánico, ca. adj. Relativo al Mesías o al mesianismo.

mesianismo. m. Doctrina relativa al Mesías. || fig. Confianza inmotivada o desmedida en un agente bienhechor que se espera.

Mesías. m. El Hijo de Dios, Cristo, descendiente de David, prometido por los profetas al pueblo hebreo. || fig. Sujeto real o imaginario en cuyo advenimiento hay puesta confianza inmotivada o desmedida.

mesnada. f. Compañía de gente de armas que servían al rey o a un caballero principal. || fig. Compañía, junta, congregación.

mesocarpio. m. Capa media de las tres que forman el pericarpio de los frutos; como la parte carnosa del melocotón.

mesocéfalo. adj. Forma de cráneo con índice cefálico horizontal, intermedio entre el de los dolicocéfalos y los braquicéfalos.

mesocracia. f. Forma de gobierno en que la clase media tiene preponderancia. || fig. Clase social acomodada, burguesía.

mesodermo. m. Capa u hoja media de las tres en que se disponen las células del blastodermo después de haberse efectuado la segmentación.

mesolítico, ca. adj. y m. Período prehistórico de transición entre el paleolítico y el neolítico.

mesón. m. Hospedaje público donde se da albergue. || Establecimiento que sirve comidas. || Bar.

mesonero, ra. adj. Relativo al mesón. || m. y f. Patrón o dueño de un mesón.

mesotórax. m. *Anat.* Parte media del pecho. || *Zool.* Segmento medio del coselete de los insectos.

mesozoico, ca. adj. y m. Era geológica, llamada también secundaria, subsiguiente a la primaria o paleozoica y anterior a la cenozoica. Se caracteriza por la aparición de los primeros mamíferos.

mesta. f. Reunión de los dueños de ganados mayores y menores, que cuidaban de su crianza y pasto y vendían para el común abastecimiento.

mester. m. Menester. || **de clerecía.** Género

literario y escuela poética española de los s. XIII y XIV.

mestizaje. m. Cruzamiento de razas diferentes. || Conjunto de individuos que resultan de este cruzamiento.

mestizar. tr. Corromper o adulterar las razas.

mestizo, za. adj. Persona nacida de padre y madre de raza diferente, y especialmente del hijo de hombre blanco e india, o de indio y mujer blanca. Ú. t. c. s. || Díc. del animal o vegetal que resulta de haberse cruzado dos razas distintas.

mesura. f. Gravedad, compostura. || Reverencia, cortesía. || Moderación, comedimiento.

mesurar. tr. Infundir mesura. || prnl. Contenerse, moderarse.

meta. f. Término señalado a una carrera. || Portería del fútbol. || fig. Fin a que se dirigen las acciones o deseos de una persona.

metabolismo. m. Conjunto de transformaciones materiales que se efectúan constantemente en las células de los organismos vivos.

metacarpo. m. Conjunto de los cinco dedos de la mano situados entre el carpo y los dedos.

metafísica. f. Parte de la filosofía, que trata del ser en cuanto tal, y de sus propiedades, principios y causas primeras.

metáfora. f. Figura retórica que consiste en trasladar el sentido recto de las voces en otro figurado en virtud de una comparación tácita: la *primavera de la vida.*

metaforizar. tr. Usar de metáforas o alegorías.

metal. m. Cada uno de los elementos químicos buenos conductores del calor y de la electricidad, con un brillo característico y sólidos a temperatura ordinaria, salvo el mercurio.

Huesos metacarpianos

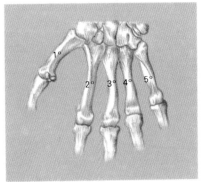

metálico, ca. adj. De metal o relativo a él. || Relativo a medallas: *historia* ⌒. || m. Artífice que trabaja en metales. || Dinero en oro, plata, cobre u otro metal. || Dinero en general.

metalífero, ra. adj. Que contiene metal.

metalizar. tr. Hacer que un cuerpo adquiera propiedades metálicas. || prnl. Convertirse una cosa en metal, o impregnarse de él. || fig. Dejarse llevar por el amor al dinero.

metaloide. m. Cada uno de los elementos químicos que presentan características externas de un metal, pero se comportan químicamente de modo indistinto, como metal o como elemento no metal; por ejemplo, el arsénico y el antimonio.

metalurgia. f. Arte de beneficiar los minerales y de extraer los metales que contienen, para ponerlos en disposición de ser elaborados.

metamorfosis. ≅conversión. f. Transformación de una cosa en otra. || fig. Cambio en el carácter, estado, etc., de una persona. || Cambio que experimentan muchos animales durante su desarrollo, y que se manifiesta no sólo en la variación de su forma, sino también en las funciones y en el género de vida.

metano. m. Hidrocarburo gaseoso e incoloro, producido por la descomposición de substancias vegetales, que se desprende del cieno de algunos pantanos y que se produce también en las minas de carbón por descomposición lenta de las materias orgánicas.

metaplasmo. m. Nombre genérico de las figuras de dicción.

metástasis. f. Reproducción de una enfermedad en órganos distintos de aquel en que se presentó primero.

metatarso. m. Conjunto de los cinco huesos del pie situados entre el tarso y los dedos.

metátesis. ≅transposición. f. Cambio de lugar de algún sonido en un vocablo, como en *perlado* por *prelado.*

metatórax. m. Parte posterior del tórax de los insectos, situada entre el mesotórax y el abdomen.

metazoo. adj. y m. Díc. de los animales cuyo cuerpo está constituido por gran número de células diferenciadas.

meteco. adj. y s. En la antigua Grecia, extranjero que se establecía en Atenas. || Extranjero o forastero. || No natural.

metempsicosis o **metempsícosis.** f. Doctrina religiosa y filosófica de varias escuelas orientales, según la cual las almas transmigran después de la muerte a otros cuerpos.

meteorismo. m. Abultamiento del vientre por gases acumulados en el tubo digestivo.

meteorito. m. Fragmento de rocas extraterrestres.

meteorizar. tr. Causar meteorismo. || prnl. Recibir la tierra la influencia de los meteoros. || *Med.* Padecer meteorismo.

meteoro o **metéoro.** m. Fenómeno atmosférico: aéreo, como los vientos; acuoso, como la lluvia, la nieve; luminoso, como el arco iris; eléctrico, como el rayo.

meteorología. f. Ciencia que trata de la atmósfera y de los meteoros, especialmente en orden a la predicción del tiempo, para lo cual se basa en observaciones, obtenidas por medio de instrumentos adecuados, de la temperatura, presión atmosférica, humedad, dirección y fuerza del viento, lluvia, nieve, etc.

meteorólogo, ga. m. y f. Persona que profesa la meteorología o tiene de ella especiales conocimientos.

metepatas. com. Persona que mete la pata, inoportuno, indiscreto.

meter. tr. Introducir o incluir una cosa dentro de otra o en alguna parte. Ú. t. c. prnl. || Promover o levantar chismes, enredos, etc. || Ocasionar: ⌢ *ruido, miedo.* || Embeber o encoger en las costuras de una prenda de ropa la tela que sobra.

meticón, na. adj. y s. Persona entrometida.

meticuloso, sa. adj. Medroso, pusilánime. Ú. t. c. s. || Puntual, escrupuloso, concienzudo.

metido, da. adj. Abundante: ⌢ *en carnes.* || *Amér. c.* Dic. de la persona entrometida. Ú. t. c. s. || m. Golpe que uno da a otro, acometiéndolo. || Tela sobrante que se mete en las costuras.

metijón, na. adj. y s. Persona entrometida.

metílico, ca. adj. Dic. de los compuestos que contienen metilo: *alcohol* ⌢.

metilo. m. Radical químico compuesto de hidrógeno y carbono.

metódico, ca. adj. Hecho con método. || Que usa de método.

metodismo. m. Doctrina de una secta protestante que preconiza una gran rigidez de principios y anhelo de vida cristiana. Fue fundada por John Wesley en el s. XVIII.

metodizar. ≅arreglar. ≅ordenar. ◁desordenar. tr. Poner orden y método en una cosa.

método. m. Modo de hacer o decir con orden una cosa. || Modo de obrar o proceder; hábito o costumbre que cada uno tiene y observa.

metodología. f. Ciencia del método. || Conjunto de métodos que se siguen en una investigación científica o en una exposición doctrinal.

metomentodo. com. fam. Persona entrometida.

metonimia. f. Figura retórica que consiste en designar una cosa con el nombre de otra, tomando el efecto por la causa o viceversa, el autor por sus obras, el signo por la cosa significada: *las canas,* por *la vejez; el laurel,* por *la gloria.*

metopa o **métopa.** f. Espacio que media entre dos triglifos: en el friso dórico.

metoposcopia. f. Adivinación del porvenir por las líneas del rostro.

metraje. m. Longitud de una película cinematográfica.

metralla. f. Munición menuda con que se cargan las piezas de artillería, y otros explosivos. || Conjunto de fragmentos en que se divide un proyectil al estallar. || Conjunto de cosas inútiles y desechadas.

metralleta. f. Arma de fuego portátil de repetición.

métrica. f. Arte que trata de la medida o estructura de los versos.

metro. m. Verso, con relación a la medida peculiar que a cada especie de verso corresponde. || Unidad de medida de longitud del sistema métrico decimal. || Instrumento que tiene marcada la longitud del metro y sus divisiones, y que se emplea para medir. || Abreviación de metropolitano, ferrocarril subterráneo.

metrología. f. Ciencia que tiene por objeto el estudio de los sistemas de pesas y medidas.

metrónomo. m. Instrumento para medir el tiempo e indicar el compás de las composiciones musicales.

metrópoli. f. Ciudad principal, cabeza de provincia o Estado. || Iglesia arzobispal que tiene dependientes otras sufragáneas. || La nación, respecto de sus colonias.

metropolitano, na. adj. Relativo a la metrópoli. || Arzobispal. || m. El arzobispo, respecto de los obispos sus sufragáneos. || Ferrocarril subterráneo o aéreo que pone en comunicación distintas zonas de las grandes ciudades.

mezcla. f. Acción y efecto de mezclar. || Agregación o incorporación de varias substancias o cuerpos que no tienen entre sí acción química. || Tejido de hilos de diferentes clases y colores.

mezclar. tr. y prnl. Juntar, unir, incorporar una cosa con otra. || Introducirse o meterse uno entre otros. || Enlazarse las familias o linajes.

mezcolanza. f. fam. Mezcla extraña y confusa.

mezquino, na. adj. Pobre, necesitado. || Avaro,

miserable. || Pequeño, diminuto. || m. En la Edad Media, siervo de la gleba de raza española.

mezquita. f. Edificio en que los musulmanes practican sus ceremonias religiosas.

mezquite. m. Árbol mimosáceo de América, parecido a la acacia.

mi. pron. pos. Apócope de *mío, mía.* No se emplea sino antepuesto al nombre. || Tercera nota de la escala musical.

mí. Forma de genitivo, dativo y acusativo del pronombre personal de primera persona en género masculino o femenino y número singular.

miaja. f. Migaja.

miasma. m. Emanación perniciosa que se desprende de materias corruptas o aguas estancadas. Ú. m. en pl.

miau. Onomatopeya del maúllo del gato. || m. Voz del gato, maullido.

mica. f. Mineral compuesto de hojuelas brillantes, elásticas, sumamente delgadas, que se rayan con la uña. Es un silicato múltiple, con colores muy diversos y que forma parte integrante de varias rocas.

micción. f. Acción de mear.

micelio. m. Talo de los hongos, formado de

Interior de la mezquita de Córdoba

filamentos muy ramificados y que constituye el aparato de nutrición de estas plantas.

mico. m. Mono de cola larga. || Insulto cariñoso dado a los niños.

micología. f. Parte de la Botánica que estudia los hongos.

micra. f. Medida de longitud equivalente a la millonésina parte del metro. Se usa especialmente en las observaciones microscópicas.

micro. m. apóc. de *micrófono.*

microbio. m. Nombre genérico que designa a los seres organizados, sólo visibles al microscopio, como bacterias, infusorios, levaduras, etc.

microbiología. f. Estudio de los microbios.

microbús. m. Autobús de un número reducido de plazas.

microcéfalo, la. adj. y s. Animal que tiene la cabeza de tamaño menor de lo normal en la especie a que pertenece.

microclima. m. Clima particular que influye sobre los organismos de un pequeño espacio y que difiere del clima general de la región.

micrococo. m. Bacteria de forma esférica.

microcosmo o **microcosmos.** m. El hombre, concebido como resumen completo del universo o macrocosmo.

microeconomía. f. Estudio de la economía en relación con acciones individuales de un comprador, de un fabricante, de una empresa, etc.

microelectrónica. f. Técnica de diseñar y producir circuitos electrónicos en miniatura.

microfilmar. tr. Reproducir en microfilme una imagen o figura, como manuscritos o impresos.

microfilme. m. Película que se usa principalmente para fijar en ella, en tamaño reducido, imágenes de impresos, manuscritos, etc., de modo que permita ampliarlos después en proyección o fotografía.

micrófono. m. Aparato que transforma las variaciones de las vibraciones sonoras en variaciones de corriente eléctrica aumentando la intensidad de los sonidos.

microfotografía. f. Fotografía de tamaño muy pequeño. || Técnica para obtener esta fotografía.

micrómetro. m. Instrumento óptico y mecánico destinado a medir cantidades lineales o angulares muy pequeñas.

micromilímetro. m. Medida de longitud equivalente a la millonésima parte del milímetro.

microonda. f. Onda electromagnética cuya longitud está comprendida en el intervalo del milímetro al metro.

micrópilo. m. Orificio del óvulo de las plantas

y de algunos animales, como insectos y peces, por el cual penetra el elemento masculino en el momento de la fecundación.

microprocesador. m. Circuito constituido por millares de transistores integrados en una ficha o pastilla, que realiza alguna función de los computadores electrónicos digitales. Se emplea generalmente en el control de los procesos de fabricación.

microscopio. m. Instrumento óptico destinado a observar de cerca objetos extremadamente diminutos. La combinación de sus lentes produce el efecto de que lo que se mira aparezca con dimensiones extraordinariamente aumentadas.

microsurco. adj. y s. Díc. del disco de gramófono de estrías finísimas y muy próximas unas de otras.

micrótomo. m. Instrumento para cortar los objetos que se han de observar con el microscopio.

michelines. m. pl. Rollos de grasa en la cintura o en otras partes del cuerpo.

micho. m. fam. Gato, animal.

miedo. m. Perturbación angustiosa del ánimo por un riesgo o mal real o imaginario. ‖ Recelo o aprensión que uno tiene de que le suceda una cosa contraria a lo que deseaba.

miedoso, sa. ≅medroso. ≅pusilánime. adj. y s. fam. Que de cualquier cosa tiene miedo.

miel. f. Substancia viscosa, amarillenta y muy dulce, que elaboran las abejas transformando el jugo de las flores y que depositan en los panales.

mielga. f. Planta herbácea papilionácea, de raíz larga y recia.

miembro. m. Cualquiera de las extremidades del hombre o de los animales, articuladas con el tronco. ‖ Órgano de la generación en el hombre y en algunos animales. ‖ Individuo que forma parte de una comunidad. ‖ *Mat.* Cada una de las dos expresiones de una igualdad o de una desigualdad.

mientras. adv. t. y conj. Durante el tiempo en que: ∽ *yo estudio, él juega.*

miércoles. m. Cuarto día de la semana.

mierda. f. Excremento. ‖ fig. y fam. Suciedad, porquería.

mies. f. Cereal maduro. ‖ Tiempo de la siega y cosecha de granos. ‖ pl. Los sembrados.

miga. ≅enjundia. ≅meollo. ≅migaja. f. Porción pequeña de pan o de cualquier cosa. ‖ Parte interior y más blanda del pan. ‖ fig. y fam. Substancia y virtud interior de las cosas físicas o morales. ‖ pl. Pan picado, humedecido con agua y

sal y rehogado en aceite muy frito, con algo de ajo y pimentón.

migaja. f. Parte pequeña y menuda del pan, que suele saltar o desmenuzarse al partirlo. ‖ Porción pequeña y menuda de cualquier cosa. ‖ fig. Parte pequeña de una cosa no material. ‖ fig. Nada o casi nada. ‖ pl. Sobras, desperdicios.

migar. tr. Desmenuzar o partir el pan en pedazos pequeños para hacer migas. ‖ Echar estos pedazos en un líquido: ∽ *la leche.*

migración. f. Emigración. ‖ Viaje periódico de las aves, peces u otros animales migratorios.

migraña. f. Jaqueca.

miguelete. m. Antiguo fusilero de montaña en Cataluña. ‖ Individuo perteneciente a la milicia foral de la provincia de Guipúzcoa. ‖ Campanario de la catedral de Valencia.

mihrab. m. Nicho u hornacina que en las mezquitas señala el sitio adonde han de mirar los que oran.

mijo. m. Planta gramínea, originaria de la India, de hojas puntiagudas. ‖ Semilla de esta planta.

mil. adj. Diez veces ciento. ‖ Milésimo. ‖ fig. Díc. del número o cantidad grande indefinidamente. ‖ m. Signo o conjunto de signos con que se representa el número mil. ‖ Conjunto de mil unidades, millar. Ú. m. en pl.

milady. f. Tratamiento que se da en Inglaterra a las señoras de la nobleza (pr. *mileidi.*)

milagro. ≅maravilla. ≅portento. ≅prodigio. ◁realidad. m. Suceso sobrenatural, debido a la intervención divina. ‖ Suceso o cosa rara, extraordinaria y maravillosa. ‖ Ofrenda, exvoto.

milagroso, sa. ≅sobrenatural. adj. Que excede a las fuerzas y facultades de la naturaleza. ‖ Que obra o hace milagros. ‖ Maravilloso, asombroso.

milano. m. Ave diurna, con cuerpo de plumaje rojizo, gris claro en la cabeza, leonado en la cola y casi negro en las penas de las alas.

mildiu. m. Enfermedad de la vid.

milenario, ria. adj. Díc. de lo que ha durado mil años.

milenio. m. Período de mil años.

milésimo, ma. adj. Que sigue inmediatamente en orden al o a lo noningentésimo nonagésimo nono. ‖ Díc. de cada una de las mil partes en que se divide un todo. Ú. t. c. s.

milhojas. f. Milenrama, planta. ‖ Pastel de hojaldre y merengue.

milhombres. m. fam. Apodo que se da al hombre pequeño y bullicioso o que para nada sirve.

mili. f. fam. apóc. de milicia, servicio militar. Se usa principalmente entre la tropa.

miliárea. f. Medida de superficie equivalente a la milésima parte de un área, esto es, diez centímetros cuadrados.

milicia. f. Arte de hacer la guerra y de disciplinar a los soldados para ella. || Servicio o profesión militar. || Tropa o gente de guerra.

miliciano, na. adj. Relativo a la milicia. || m. y f. Individuo de una milicia, y especialmente el perteneciente a la milicia popular.

miligramo. m. Milésima parte de un gramo.

mililitro. m. Medida de capacidad; es la milésima parte de un litro, o sea un centímetro cúbico.

milímetro. m. Medida de longitud; es la milésima parte de un metro.

militar. adj. Relativo a la milicia. || m. Persona que sirve en el ejército. || intr. Servir en la guerra o profesar la milicia. || fig. Figurar en un partido o en una colectividad.

militarizar. tr. Infundir la disciplina o el espíritu militar. || Someter a la disciplina militar. || Dar carácter u organización militar a una colectividad.

milivatio. m. Unidad práctica de potencia que equivale a una milésima de vatio.

milivoltio. m. Unidad práctica de tensión, que equivale a una milésima de voltio.

miloca. f. Ave rapaz y nocturna, muy parecida al búho en forma y tamaño.

milonga. f. Tonada popular del Río de la Plata que se canta al son de la guitarra y danza que se ejecuta con este son.

milord. ʃʃmilores. m. Tratamiento que se da a los lores o señores de la nobleza inglesa.

milla. ≅nudo. f. Medida itineraria, usada principalmente por los marinos, y equivalente a la tercera parte de la legua, o sea 1.852 metros. || Medida itineraria terrestre, que varía según los países, y de los cuales la más usada, la inglesa, equivale a 1.609,34 m.

millar. m. Conjunto de mil unidades. || Signo (Ⅿ) usado para indicar que son millares los guarismos colocados delante de él.

millón. m. Mil millares: *un* ⁓ *de habitantes.* || fig. Número muy grande indeterminado. || pl. Cierto tributo antiguo.

millonario, ria. adj. y s. Poderoso, muy acaudalado.

millonésimo, ma. adj. Díc. de cada una del millón de partes iguales en que se divide un todo. Ú. t. c. s. || Que ocupa en una serie el lugar al cual preceden 999.999 lugares.

mimar. tr. Hacer caricias y halagos. || Tratar con excesivo regalo, caricia y condescendencia a uno y en especial a los niños.

mimbre. amb. Mimbrera, arbusto. || Cada una de las varillas correosas y flexibles que produce la mimbrera.

mimbrera. f. Arbusto salicáceo, cuyo tronco, de dos a tres metros de altura, se puebla desde el suelo de ramillas largas, delgadas, flexibles; de corteza agrisada y madera blanca.

mimeografiar. tr. Reproducir en copias por medio del mimeógrafo.

mimeógrafo. m. Multicopista que reproduce textos o figuras grabados en una lámina de papel especial.

mimesis. ʃʃmimesis. f. Figura retórica que consiste en la imitación de los gestos y ademanes de una persona, ordinariamente con el fin de burlarse de ella.

mimetismo. m. Propiedad que poseen algunos animales y plantas de asemejarse, principalmente en el color, a los seres u objetos inanimados entre los cuales viven.

mímica. f. Arte de imitar, representar o darse a entender por medio de gestos, ademanes o actitudes.

mimo. ≅consentimiento. m. Entre griegos y romanos, farsante, bufón hábil en articular y en imitar a otras personas en la escena o fuera de ella. || Actor, intérprete teatral que se vale exclusiva o preferentemente de gestos y de movimientos corporales. || Cariño, halago o demostración expresiva de ternura. Ú. m. en pl.

mimosa. f. Género de plantas exóticas, mimosáceas, que comprende muchas especies.

mimosáceo, a. adj. y f. Díc. de matas, arbustos o árboles angiospermos dicotiledóneos, con fruto en legumbre, hojas compuestas y flores regulares con estambres libres y comúnmente ramificados; como la sensitiva y la acacia. || f. pl. Familia de estas plantas.

mimoso, sa. adj. Melindroso, muy dado a caricias.

mina. f. Criadero de minerales de útil explotación. || Excavación que se hace por pozos, galerías o socavones, o a cielo abierto, para extraer un mineral. || Barrita de grafito que va en el interior del lápiz. || Artificio explosivo provisto de espoleta que, enterrado o camuflado, produce su explosión al ser rozado por una persona, vehículo, etc.

minar. tr. Abrir caminos o galerías por debajo de tierra. || fig. Hacer grandes diligencias para conseguir alguna cosa. || fig. Consumir, destruir

Mina de carbón de Villaseca de Laciana. León

poco a poco. || *Mil.* Hacer y fabricar minas en la tierra para poner explosivos.

minarete. m. Alminar, torre de las mezquitas.

mineral. adj. Relativo al grupo de las substancias inorgánicas o a alguna de sus partes: *reino* ⌒*; substancias* ⌒*es.* || m. Substancia inorgánica que se halla en la superficie o en las diversas capas de la corteza terrestre, y principalmente aquella cuya explotación ofrece interés.

mineralizar. tr. y prnl. Comunicar a una substancia en el seno de la tierra las condiciones de mineral o mena. || prnl. Cargarse las aguas de substancias minerales en su curso subterráneo.

mineralogénesis. f. Proceso de formación de los minerales.

mineralogía. f. Parte de la geología que estudia la forma, estructura, composición, propiedades, yacimientos y evolución de los minerales.

minería. f. Arte de explotar las minas. || Conjunto de las minas y explotaciones mineras de una nación o comarca.

minero, ra. adj. Relativo a la mina. || m. El que trabaja en las minas. || El que las beneficia por su cuenta o especula en ellas.

minerva. f. Mente, inteligencia: *de propia* ⌒. || Procesión del Santísimo que, en algunos lugares, salía sucesivamente de cada parroquia en las domínicas después del Corpus. || *Impr.* Máquina de cortas dimensiones para tirar impresos pequeños.

miniatura. f. Pintura de tamaño pequeño, hecha al temple sobre vitela o marfil, o al óleo sobre chapas metálicas o cartulinas. || fig. Objeto pequeño.

miniaturista. com. Pintor de miniaturas.

minifalda. f. Falda muy corta.

minifundio. m. Explotación agrícola de reducida extensión y escasa rentabilidad. El concepto de extensión es muy variable según las regiones y, sobre todo, según las características del suelo.

minimizar. ≅subestimar. tr. Empequeñecer, quitar importancia a una cosa. || *Mat.* Buscar el mínimo de una función.

mínimo, ma. adj. superl. de *pequeño.* || Díc. de lo que es tan pequeño en su especie, que no lo hay menor ni igual. || m. Límite inferior, o extremo a que se puede reducir una cosa.

minino, na. m. y f. fam. Gato o gata.

minio. m. Cuerpo pulverulento cristalino, de color más o menos rojo. Es un óxido de plomo que se aplica en la preparación de pintura protectora.

ministerio. m. Cada uno de los departamentos en que se divide el Gobierno de un Estado. || Edificio en que se encuentra la oficina de un ministro. || Empleo de ministro. || Cuerpo de ministros de Estado. || Cargo, empleo, oficio.

ministrable. adj. Díc. de la persona en quien se aprecian probabilidades y aptitudes para ser ministro.

ministro, tra. m. y f. Miembro del gobierno de un Estado. || Representante o agente diplomático. || En algunas religiones, sacerdote.

minorar. tr. y prnl. Disminuir, reducir a menos una cosa.

minoría. ◁mayoría. f. En las juntas, asambleas, etc., conjunto de votos dados en contra de lo que opina el mayor número de los votantes. || Fracción de un cuerpo deliberante, generalmente opuesta a la política del Gobierno. || Menor edad legal de una persona.

minorista. ◁mayorista. m. Persona que compra al mayorista y vende al público. || Aplícase al comercio al por menor.

minucia. f. Menudencia, pequeñez.

minucioso, sa. adj. Que se detiene en las cosas más pequeñas.

minué. m. Baile francés para dos personas, que

estuvo de moda en el s. XVIII. || Composición musical de compás ternario, que se canta y se toca para acompañar este baile. || Minueto.

minuendo. m. *Álg.* y *Arit.* Cantidad de la que ha de restarse otra.

minueto. m. Composición puramente instrumental, en compás ternario y movimiento moderado.

minúsculo, la. ≅enano. ≅ínfimo. ≅mínimo. ◁mayúsculo. adj. Que es de muy pequeñas dimensiones, o de muy poca entidad. || Dícese de la letra de menor tamaño que la mayúscula, y que es la que se emplea corrientemente en la escritura. Ú. t. c. s.

minusvalía. f. Detrimento o disminución del valor de alguna cosa.

minusválido, da. adj. y s. Dícese de la persona que adolece de invalidez parcial.

minuta. f. Cuenta que de sus honorarios o derechos presentan los abogados y otros profesionales. || Lista de los platos de una comida.

minutero. m. Manecilla que señala los minutos en el reloj.

minuto. m. Cada una de las 60 partes iguales en que se divide una hora. || Cada una de las 60 partes iguales en que se divide un grado de círculo.

mio, mía, míos, mías. Pronombre posesivo de primera persona en género masculino o femenino y número singular o plural. Con la terminación de masculino en singular, ú. t. c. neutro.

miocardio. m. Parte musculosa del corazón de los vertebrados, situada entre el pericardio y el endocardio.

mioceno. adj. *Geol.* Dícese del período que sigue al oligoceno y con el que comienza el terciario superior.

miodinia. f. Dolor de los músculos.

miología. f. Parte de la anatomía descriptiva, que trata de los músculos.

miope. adj. y s. Dícese del ojo o del individuo afecto de miopía. || fig. Corto de alcances o de mira.

miopía. f. Defecto de la visión consistente en que los rayos luminosos procedentes de objetos situados a cierta distancia del ojo forman foco en un punto anterior a la retina.

mira. ≅designio. ≅fin. f. Pieza que en ciertos instrumentos sirve para dirigir la vista o tirar visuales. || Piezas de las armas de fuego para asegurar la puntería. || En las fortalezas antiguas, obra avanzada o levantada.

mirada. ≅vistazo. f. Acción y efecto de mirar. || Modo de mirar.

mirado, da. ≅atento. ≅cauto. ≅circunspecto. ≅considerado. adj. Díc. de la persona que obra con miramientos y de la persona cauta y reflexiva. || Merecedor de buen o mal concepto.

mirador, ra. adj. Que mira. || m. Corredor, galería para explayar la vista. || Balcón cerrado de cristales o persianas y cubierto con un tejadillo.

miraguano. m. Palmera de poca altura, que crece en las regiones cálidas de América y Oceanía, de cuyo fruto se obtiene una materia semejante al algodón. || Esta materia, que se emplea para rellenar almohadas, cojines, edredones, etc.

miramiento. m. Acción de mirar, atender o considerar una cosa. || Respeto, atención.

mirar. tr. Fijar la vista en un objeto. Ú. t. c. prnl. || Tener uno por fin alguna cosa en lo que ejecuta: *sólo mira a su provecho.* || Observar las acciones de uno. || Apreciar, estimar una cosa. || Estar enfrente. || Concernir, pertenecer, tocar.

miriámetro. m. Medida de longitud, equivalente a diez mil metros.

miriápodo o **miriópodo.** adj. y s. Díc. de los

Miriápodo (ciempiés)

artrópodos terrestres, con cuerpo dividido en anillos y numerosos pares de patas; como el ciempiés. || m. pl. Clase de estos animales.

mirilla. f. Abertura en la pared o en la puerta para observar quién es la persona que llama. || Pequeña abertura que tienen algunos instrumentos topográficos, y que sirve para dirigir visuales.

miriñaque. m. Zagalejo interior de tela rígida o muy almidonada y a veces con aros, que han solido usar las mujeres.

mirlo. m. Pájaro túrdido con plumaje negro en el macho y pardo en la hembra. Se domestica con facilidad y aprende a repetir sonidos.

mirón, na. adj. y s. Que mira demasiado o con curiosidad.

mirra. f. Gomorresina aromática y brillante en su estructura que proviene de un árbol de Arabia y Abisinia.

mirsináceo, a. adj. y f. Díc. de plantas angiospermas dicotiledóneas, con hojas esparcidas y fruto en drupa o baya. || f. pl. Familia de estas plantas.

mirtáceo, a. adj. y f. Díc. de árboles y arbustos angiospermos dicotiledóneos, como el eucalipto. || f. pl. Familia de estos árboles y arbustos.

mirtal. adj. Díc. de las plantas dicotiledóneas con flores normalmente hermafroditas y cáliz y corola bien diferenciados. || m. pl. Orden de estas plantas.

misa. f. Sacrificio incruento, en que, bajo las especies de pan y vino, ofrece el sacerdote al Eterno Padre el cuerpo y sangre de Jesucristo.

misacantano. m. Sacerdote que dice o canta la primera misa.

misal. adj. y s. Aplícase al libro en que se contiene el orden y modo de celebrar la misa.

misantropía. f. Odio y aversión a los hombres y a la sociedad.

misántropo, pa. m. y f. Persona que, por su humor tétrico y desapacible con todos, manifiesta aversión al trato humano.

miscelánea. f. Mezcla de unas cosas con otras. || Obra o escrito en que se tratan muchas materias inconexas y mezcladas.

miscible. adj. Que puede mezclarse.

miserable. adj. Desdichado, infeliz. || Abatido, sin valor ni fuerza. || Avariento, económico en demasía, mezquino. || Perverso, abyecto, canalla. || Muy pobre y necesitado.

miserere. m. Salmo cincuenta, que empieza con esta palabra. || Canto solemne que se hace del mismo. || Función religiosa de la cuaresma en que se canta este salmo.

miseria. ≅pobreza. ◁fortuna. f. Desgracia, trabajo, infortunio. || Falta de lo necesario para el sustento u otra cosa. || Avaricia, mezquindad. || Plaga pedicular producida por el sumo desaseo de la persona. || fig. y fam. Cantidad insignificante.

misericordia. f. Virtud que inclina el ánimo a compadecerse de los trabajos y miserias ajenos. || Porción pequeña de alguna cosa, como la que suele darse de limosna.

mísero, ra. adj. Desdichado, infeliz. || Abatido, sin fuerza. || Avariento, tacaño. || De pequeño valor.

misil o **mísil.** m. Proyectil equipado con una o varias cabezas explosivas, nucleares o convencionales, teledirigido y dotado de un sistema de autopropulsión.

misión. f. Acción de enviar. || Poder que se da a una persona de ir a desempeñar algún cometido. || Cometido. || Casa, iglesia o centro de los misioneros. || Tierra, provincia o reino en que predican los misioneros.

misionero, ra. adj. Relativo a la misión evangélica. || m. Religioso o religiosa que en tierra de infieles enseña y predica la religión cristiana. || Persona que propaga una religión o una ideología.

misivo, va. adj. y f. Aplícase al papel, billete o carta que se envía a uno.

mismo, ma. adj. Que denota ser una sola persona o cosa en distintos casos. || Semejante o igual: *del* ⌢ *color.*

misoginia. f. Aversión u odio a las mujeres.

misógino, na. adj. y s. Que odia a las mujeres.

miss. f. Tratamiento inglés equivalente a señorita. || Ganadora de un concurso de belleza: ⌢ *mundo.*

mistela. f. Bebida que se hace con aguardiente, agua, azúcar y otros ingredientes, como canela, etc. || Líquido resultante de la adición de alcohol al mosto de uva.

míster. m. Tratamiento inglés equivalente a señor.

misterio. ≅secreto. m. Arcano o cosa secreta en cualquier religión. || En la religión cristiana, cosa inaccesible a la razón y que debe ser objeto de fe. || Negocio secreto y muy reservado.

misterioso, sa. adj. Que encierra en sí misterio. || Aplícase al que da a entender cosas recónditas donde no las hay.

mística. f. Parte de la teología, que trata de la vida espiritual y contemplativa. || Literatura mística.

misticismo. m. Estado de la persona que se dedica mucho a Dios o a las cosas espirituales.

mistificar. tr. Engañar, embaucar. || Falsear, falsificar, deformar.

mistral. adj. y s. Viento frío del litoral mediterráneo de Francia.

mistress. f. Tratamiento que se da a la mujer casada, en los países de habla inglesa, y significa señora.

mitad. f. Cada una de las dos partes iguales en que se divide un todo. || Parte que en una cosa equidista de sus extremos.

mitificar. tr. Hacer de algo o de alguien un mito.

mitigar. tr. y prnl. Moderar, aplacar, disminuir o suavizar una cosa rigurosa o áspera.

mitin. m. Reunión donde se manifiestan o discuten públicamente asuntos políticos o sociales.

mito. m. Narración, más o menos fabulosa, de algo acontecido en un tiempo pasado remoto y, casi siempre, impreciso. || Invención, fantasía. || Personaje excepcional o fabuloso.

mitografía. f. Ciencia que trata del origen y explicación de los mitos.

mitología. f. Conjunto de los mitos que se refieren a los dioses, semidioses y héroes de una religión politeísta. || Ciencia que estudia todo tipo de mitos.

mitomanía. f. Propensión a mentir y a inventar cosas fantásticas, con el fin de adquirir notoriedad.

mitómano, na. adj. y s. Díc. de la persona inclinada a la mitomanía.

mitón. m. Especie de guante de punto, que sólo cubre desde la muñeca, inclusive, hasta la mitad del pulgar y el nacimiento de los demás dedos.

mitosis. f. Tipo de división celular en la que se mantiene constante la dotación cromosómica, generalmente diploide, y en que el núcleo sufre una serie de procesos antes de separarse.

mitra. f. Toca o adorno de la cabeza, que usaban los persas. || Toca alta y apuntada con que en las grandes solemnidades se cubren la cabeza los arzobispos y obispos.

mitral. adj. Díc. de la válvula que existe entre la aurícula y el ventrículo izquierdos del corazón de los mamíferos.

miura. m. Toro de la ganadería de Miura, famosa por la bravura de sus reses. || fig. y fam. Persona aviesa, de malas intenciones. || fig. y fam. Persona de gran coraje y fiereza.

mixomatosis. f. Enfermedad infecciosa de los conejos.

mixtilíneo, a. adj. Díc. de toda figura cuyos lados son rectos unos y curvos otros.

mixto, ta. ≅combinado. ◁simple. adj. Mezclado. || Compuesto de varios simples. Ú. m. c. s. m. || Dicho de animal o vegetal, mestizo. || m. Cerilla, fósforo.

mixtura. f. Mezcla de varias cosas. || Pan de varias semillas.

mízcalo. m. Hongo comestible muy sabroso, que se encuentra en los pinares y es fácil de distinguir por su color canela que se torna verdoso al cortarlo o por el roce.

mnemotecnia o **mnemotécnica.** f. Arte que procura por medio de reglas aumentar las facultades de la memoria. || Método por medio del cual se forma una memoria artificial.

mobiliario, ria. adj. Mueble. Aplícase por lo común a los efectos públicos al portador o transferibles por endoso. || m. Conjunto de muebles de una casa.

moca. m. Café de buena calidad que se trae de la ciudad de Arabia del mismo nombre.

mocárabe. m. Elemento decorativo de la arquitectura árabe formando por la combinación geométrica de prismas acoplados, cuyo extremo inferior se corta en forma de superficie cóncava. Se usa como adorno de cornisas y bóvedas.

mocasín. m. Calzado que usan los indios, hecho de piel sin curtir. || Calzado hecho a imitación del anterior.

mocedad. f. Época de la vida humana que comprende desde la pubertad hasta la edad adulta.

Mízcalo

mocetón, na. m. y f. Persona joven, alta y corpulenta.

moción. ≅propuesta. ◁quietud. f. Acción y efecto de moverse. || Inspiración interior. || Proposición o petición que se hace en una junta que delibera.

moco. ≅mucosidad. m. Humor espeso que segregan las membranas mucosas, y especialmente el que fluye por la nariz. || Materia pegajosa que forma grumos dentro de un líquido.

mocoso, sa. adj. Que tiene mocos. || fig. Aplícase al niño atrevido y al mozo poco experimentado o advertido. Ú. m. c. s.

mocha. f. Reverencia que se hacía bajando la cabeza. || fam. Cabeza humana.

mochales. adj. fam. Persona chiflada o medio loca.

mochila. ≅macuto. f. Especie de bolsa que se lleva a la espalda en excursiones o marchas para transportar comida, ropa etc. || Morral.

mocho, cha. adj. Díc. de todo aquello a que falta la punta o la debida terminación, como el animal cornudo que carece de astas. || fig. y fam. Pelado o con el pelo cortado.

mochuelo. m. Ave rapaz y nocturna con plumaje muy suave de color leonado. Es común en España y se alimenta de roedores y reptiles. || fig. y fam. Asunto o trabajo difícil o enojoso.

moda. f. Uso, modo o costumbre que está en boga durante algún tiempo.

modal. adj. Relativo al modo. || m. pl. Acciones, gestos o comportamientos habituales en una persona.

modalidad. f. Modo de ser o de manifestarse una cosa.

modelar. tr. Formar de cera, barro u otra materia blanda una figura o adorno. || Presentar con exactitud el relieve de las figuras. || prnl. Ajustarse a un modelo.

modelista. m. Operario encargado de los moldes para el vaciado de piezas de metal, cemento, etc. || com. Operario que hace modelos o maquetas.

modelo. m. Ejemplar o forma que uno se propone y sigue en la ejecución de una obra artística o en otra cosa. || Persona o cosa digna de ser imitada. || Representación en pequeño de alguna cosa. || Vestido diseñado y confeccionado por un modisto o casa de costura. || Persona encargada de exhibir prendas de vestir. || En escultura y pintura, persona u objeto que copia el artista.

moderado, da. adj. Que tiene cordura en las palabras o acciones. || No excesivo. || Que guarda el medio entre los extremos.

moderador, ra. adj. y s. Que modera. || m. y f. Persona que preside o dirige un debate, asamblea, mesa redonda, etc.

moderar. ≅mitigar. ≅suavizar. tr. y prnl. Templar, ajustar, arreglar una cosa, evitando el exceso: ↘ la velocidad.

moderato. adj. Movimiento musical entre el andante y el vivace. A veces se utiliza también para modificar al término que sigue: allegro ↘.

modernismo. m. Afición excesiva a las cosas modernas. || Movimiento literario que, en Hispanoamérica y en España, entre finales del s. XIX y principios del XX, se caracterizó por una voluntad de independencia artística.

modernizar. tr. y prnl. Dar forma o aspecto moderno a cosas antiguas.

moderno, na. ≅nuevo. adj. Que existe desde hace poco tiempo. || Que ha sucedido recientemente. || m. En los colegios y otras comunidades, el que es nuevo.

modestia. f. Virtud que modera, templa y regla las acciones externas. || Cualidad de humilde, falta de engreimiento o de vanidad. || Pobreza, escasez de medios, recursos, etc.

modesto, ta. adj. Que no se vanagloria de sus propios méritos. || Sencillo, sin lujo.

módico, ca. adj. Moderado, escaso, limitado.

modificar. ◁permanecer. tr. y prnl. Transformar o cambiar una cosa mudando alguno de sus accidentes.

modillón. m. Miembro voladizo sobre que asienta una cornisa o alero.

modismo. ≅idiotismo. m. Modo de hablar propio de una lengua, que se suele apartar en algo de las reglas generales de la gramática.

modista. com. Persona que tiene por oficio hacer trajes y otras prendas de vestir para señoras.

modo. m. Forma variable y determinada que puede recibir o no un ser. || Moderación, templanza. || Urbanidad, cortesía o decencia en el porte o trato. Ú. m. en pl. || Forma particular de hacer una cosa. || Cada una de las distintas maneras generales de manifestarse la significación del verbo.

modorra. f. Somnolencia, sopor profundos. || Sueño muy pesado y, a veces, patológico. || Aturdimiento que sobreviene al ganado lanar por la presencia de los huevos de cierto helminto en el cerebro de las reses.

modoso, sa. adj. Que guarda modo y compostura en su conducta.

modular. intr. Variar de modos en el habla o en el canto, dando con afinación, facilidad y suavidad los tonos correspondientes. || *Mús.* Pasar de una tonalidad a otra. || *Elec.* Efectuar la modulación.

módulo. m. Dimensión que convencionalmente se toma como unidad de medida, y más en general, todo lo que sirve de norma o regla. || Pieza o conjunto unitario de piezas que se repiten en una construcción de cualquier tipo, para hacerla más fácil, regular y económica.

mofa. ≅befa. f. Burla y escarnio que se hace de una persona o cosa.

mofarse. prnl. Burlarse.

mofeta. f. Mamífero carnicero parecido exteriormente a la comadreja. Es propio de América y lanza un líquido fétido que segregan dos glándulas situadas cerca del ano.

moflete. m. fam. Carrillo demasiadamente grueso.

mofletudo, da. adj. Que tiene mofletes.

mogollón. m. Embrollo, lío, jaleo. || Gran cantidad de una cosa.

mogote. m. Cualquier elevación, grande o pequeña, del terreno, que recuerda la forma de un monte. || Mojón, montón de piedras. || Hacina o montón de haces en forma piramidal.

mohín. m. Mueca o gesto.

mohíno, na. ◁contento. adj. Triste, melancólico, disgustado. || Díc. del macho o mula hijos de caballo y burra. || Díc. de las caballerías y reses vacunas que tienen el pelo, y sobre todo el hocico, de color muy negro. Ú. t. c. s.

moho. m. Cualquiera de los hongos de tamaño muy pequeño que viven en los medios orgánicos, ricos en materias nutritivas. || Capa que se forma en la superficie de un cuerpo metálico, como la herrumbre o el cardenillo.

moisés. m. Cestillo con asas, que sirve de cuna portátil.

mojama. f. Cecina de atún.

mojar. tr. Humedecer una cosa con agua u otro líquido. Ú. t. c. prnl. || fig. y fam. Dar de puñaladas a uno. || fig. y fam. Remojar, convidar, celebrar. || intr. fig. Introducirse o tener parte en una dependencia o negocio. || fig. y fam. Orinar. Ú. m. c. prnl.

moje. m. Salsa de cualquier guisado.

mojicón. m. Especie de bizcocho hecho de mazapán y azúcar, cortado en trozos y bañado. || Especie de bollo fino para tomar chocolate. || fam. Golpe que se da en la cara con la mano.

mojiganga. f. Fiesta pública que se hace con varios disfraces ridículos. || fig. Cualquier cosa ridícula con que parece que uno se burla de otro.

mojigato, ta. adj. y s. Disimulado, que afecta humildad y cobardía. || Beato que hace escrúpulo de todo.

mojón. m. Señal permanente que se pone para fijar los linderos de heredades, términos y fronteras. || Por ext., señal que se coloca en despoblado para que sirva de guía. || Chito en que se pone el dinero y al que se tira jugando. || Montón.

mojonar. tr. Poner en las lindes mojones, amojonar.

mola. f. Harina de cebada, tostada y mezclada con sal, de que usaban los gentiles en sus sacrificios.

molde. m. Pieza en la que se hace en hueco la figura que en sólido quiere darse a la materia fundida, que en él se vacía. || Cualquier instrumento que sirve para una cosa.

moldear. tr. Hacer molduras en una cosa. || Sacar el molde de una figura. || Formar una materia echándola en un molde, vaciar. || Tratar de cierta manera el pelo para lograr su rizado o ahuecado.

moldura. f. Parte saliente de perfil uniforme, que sirve para adornar o reforzar obras de arquitectura, capintería y otras artes.

mole. f. Cosa de gran bulto o corpulencia. || Corpulencia o bulto grande.

molécula. f. Mínima porción que puede separarse de un cuerpo sin alterar su composición química; es, por tanto, el límite de la división de la materia por medios físicos.

moler. ≅molturar. ≅mortificar. ≅triturar. tr. Quebrantar un cuerpo reduciéndolo a menudísimas partes. || Exprimir la caña de azúcar. || fig. Cansar o fatigar mucho materialmente. || fig. Destruir, maltratar: *te he de ⌣ a palos.*

molestar. tr. y prnl. Causar molestia.

molestia. f. Fatiga, perturbación. || Enfado, fastidio, desazón. || Falta de comodidad o impedimento para los libres movimientos del cuerpo.

molibdeno. m. Metal de color y brillo plomizos, pesado como el cobre, quebradizo y difícil de fundir. Peso atómico, 96; núm. atómico, 42; símbolo, *Mo.*

molicie. ≅deleite. ≅ocio. f. Blandura de las cosas al tacto. || fig. Afición al regalo, nimia delicadeza, afeminación.

molienda. f. Acción de moler. || Cantidad de caña de azúcar, trigo, etc., que se muele de una vez. || Temporada que dura la operación de moler la aceituna o la caña de azúcar. || fig. y fam. Acción de molestar a uno.

molinero, ra. adj. Relativo al molino o a la molinería. || m. y f. Persona que tiene a su cargo un molino. || Persona que trabaja en él.

molinete. ≅rehilandera. m. Ruedecilla con aspas que se pone en las vidrieras para que girando renueve el aire de una habitación. || Juguete que consiste en una varilla en cuya punta hay una estrella de papel que gira movida por el viento.

molinillo. m. Instrumento pequeño para moler. || Platillo cilíndrico con una rueda gruesa y dentada para batir el chocolate u otras cosas. || Guarnición de que se usaba antiguamente en los vestidos.

molino. m. Máquina para moler. || Casa o edificio en que hay molino. || fig. Persona sumamente inquieta y bulliciosa. || fig. La muy molesta. || fig. y fam. La boca, porque en ella se muele la comida.

molturar. tr. Moler granos o frutos.

molusco. adj. y s. Díc. de los animales invertebrados, de cuerpo blando, protegido casi siem-

Momia de un guerrero. Museo regional de Ica (Perú)

pre por una concha caliza, como los caracoles, almejas, ostras, etc.

molla. f. Parte magra de la carne.

mollar. adj. Blando y fácil de partir. || fig. Díc. de las cosas que dan mucha utilidad, sin carga considerable. || fig. y fam. Aplícase al que es fácil de engañar.

molle. m. Árbol anacardiáceo, propio de América central y meridional, cuya corteza y resina se estiman como nervinas y antiespasmódicas.

molledo. m. Parte carnosa y redonda de los brazos, muslos y pantorrillas.

molleja. ≅cachuela. f. Apéndice carnoso, formado la mayoría de las veces por infarto de las glándulas. || Estómago muscular que tienen las aves granívoras.

mollera. f. Parte más alta del casco de la cabeza. || fig. Caletre, seso. || Fontanela situada en la parte más alta de la frente.

mollete. m. Panecillo esponjado y de poca cochura. || En algunas partes, molledo del brazo. || Carrillo grueso.

molletudo, da. adj. De carrillos gruesos.

momentáneo, a. ≅breve. ≅instantáneo. ≅fugaz. ◁duradero. adj. Que no dura o no tiene permanencia o que dura solo un momento.

momento. m. Porción de tiempo muy breve en relación con otra: *lo vi un ∿ esta tarde.* || Instante, porción brevísima de tiempo. || Oportunidad, ocasión propicia. || Situación en el tiempo actual o presente: *los poetas del ∿.*

momia. f. Cadáver que naturalmente o por preparación artificial se deseca con el transcurso del tiempo sin entrar en putrefacción. || fig. Persona muy seca y morena.

momificar. tr. y prnl. Convertir en momia un cadáver.

momio, mia. adj. y m. Magro y sin gordura. || m. fig. Lo que se da u obtiene sobre lo que corresponde legítimamente. || fig. Cosa que se adquiere a poca costa, ganga.

momo. m. Gesto, figura o mofa.

mona. f. Hembra del mono. || fig. y fam. Persona que hace las cosas por imitar a otra. || fig. y fam. Borrachera. || Cierto juego de naipes.

monacal. ≅conventual. ≅monástico. adj. Relativo a los monjes o a las monjas.

monacato. m. Estado o profesión de monje. || Institución monástica.

monada. f. Acción propia de mono. || Gesto o figura afectada y enfadosa. || Cosa pequeña, delicada y primorosa. || fig. Acción impropia de per-

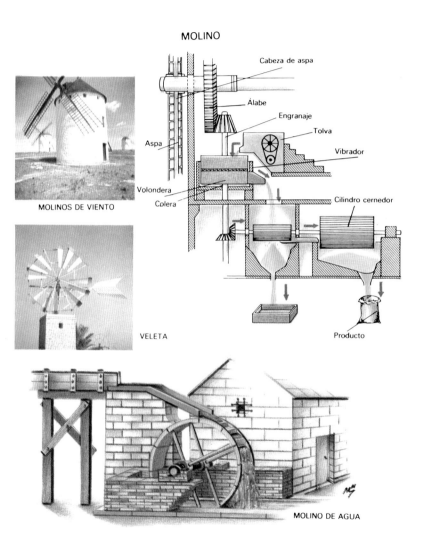

MOLINO

Cabeza de aspa

Álabe

Engranaje

Tolva

Aspa

Vibrador

Volondera

Colera

Cilindro cernedor

MOLINOS DE VIENTO

VELETA

Producto

MOLINO DE AGUA

sona cuerda y formal. || fig. Halago. || fig. Acción graciosa de los niños.

mónada. f. Cada uno de los seres indivisibles, pero de naturaleza distinta, que componen el universo, según el sistema de Leibniz. || Cualquiera de los protozoos flagelados de pequeño tamaño que viven en las aguas estancadas.

monaguillo. m. Niño que ayuda a misa y hace otros servicios en la iglesia.

monarca. m. Rey.

monarquía. f. Estado regido por un monarca. || Forma de gobierno en que el poder supremo reside en el príncipe o monarca y que suele ser hereditaria y vitalicia. || fig. Tiempo durante el cual ha perdurado este régimen político en un país.

monárquico, ca. adj. Relativo al monarca o a la monarquía. || Partidario de la monarquía. Ú. t. c. s.

monasterio. m. Casa o convento donde viven en comunidad los monjes.

monástico, ca. ≅conventual. ≅monacal. adj. Relativo al estado de los monjes o al monasterio.

monda. f. Acción y efecto de mondar. || Tiempo a propósito para la limpia de los árboles. || Mondadura. || Exhumación de huesos que se hace en un cementerio en el tiempo prefijado.

mondadientes. ≅palillo. m. Instrumento que sirve para limpiar los dientes y sacar lo que se mete entre ellos.

mondadura. f. Acción y efecto de mondar. || Despojo, cáscara o desperdicio de las cosas que se mondan. Ú. m. en pl.

mondar. tr. Limpiar una cosa quitándole lo superfluo. || Limpiar el cauce de un río o acequia. || Podar. || Quitar la cáscara a las frutas. || Cortar a uno el pelo. || fig. y fam. Quitar a uno lo que tiene. || fig. y fam. Azotar, apalear. || prnl. fig. y fam. Reírse mucho.

mondo, da. adj. Limpio de cosas superfluas, sin mezcla. || fig. Sin dinero.

mondongo. m. Intestino y panza de las reses. || fam. Los del hombre. || fig. *Guat.* Traje o adorno ridículo.

monear. intr. fam. Hacer monadas.

moneda. f. Signo representativo del precio de las cosas. || Pieza de metal acuñada con el busto del soberano o el sello del gobierno que tiene la prerrogativa de fabricarla, y que sirve de medida común para el precio de las cosas y para facilitar los cambios. || fig. y fam. Dinero, caudal.

monedero. m. Bolsa o saquito en cuyo interior se lleva dinero en metálico.

monegasco, ca. adj. y s. De Mónaco.

monema. m. *Ling.* Cada uno de los términos que integran un sintagma. || Mínima unidad significativa.

monería. f. Acción propia de mono. || fig. Gesto, ademán o acción graciosa de los niños. || fig. Cualquier cosa fútil y de poca importancia.

monetario, ria. ≅pecuniario. adj. Relativo a la moneda: *sistema* ∽. || m. Colección ordenada de monedas y medallas.

mongol. adj. y s. De Mongolia.

mongólico, ca. adj. y s. Mongol. || Que padece mongolismo.

mongolismo. m. Enfermedad congénita, también llamada *síndrome de Down,* que se caracteriza por la coexistencia de un retraso mental y un conjunto variable de anomalías somáticas, entre las que destaca el pliegue cutáneo entre la nariz y el párpado, que da a la cara un aspecto característico.

mongoloide. adj. y s. Díc. de las personas pertenecientes a la raza blanca que recuerdan por alguno de sus rasgos físicos a los individuos de las razas mongólicas.

monicaco. m. desp. Hombre de mala traza. || Hombre de poco valor.

monigote. m. Lego. || fig. y fam. Persona ignorante y ruda. || fig. y fam. Muñeco o figura ridícula. || fig. y fam. Dibujo mal hecho.

monimiáceo, a. adj. y f. Díc. de plantas leñosas angiospermas dicotiledóneas, con flores comúnmente unisexuales y fruto indehiscente; como el boldo. || f. pl. Familia de estas plantas.

monis. m. fam. Dinero.

monitor, ra. m. y f. Persona que guía el aprendizaje deportivo, cultural, etc. || Persona que amonesta o avisa. || *Telev.* Aparato receptor que toma las imágenes directamente de las instalaciones filmadoras y sirve para controlar la transmisión.

monja. f. Religiosa de alguna de las órdenes aprobadas por la Iglesia.

monje. m. Individuo de una comunidad religiosa.

mono, na. adj. fig. y fam. Bonito. Díc. especialmente de los niños y de las cosas pequeñas y delicadas. || m. Nombre genérico con que se designa a cualquiera de los animales del suborden de los simios. || fig. Persona que hace gestos parecidos a los del mono. || fig. Traje de faena de tela fuerte. Consta de cuerpo y pantalones en una pieza.

monocarril. adj. Que tiene un solo carril. || m. Tren o sistema de transporte que se desliza sobre un solo carril.

monoclamídeo, a. adj. y f. Díc. de plantas

angiospermas dicotiledóneas cuyas flores tienen cáliz pero carecen de corola. ‖ f. pl. Clase de estas plantas.

monoclínico, ca. adj. Díc. del sistema cristalino cuyas formas holoédricas se caracterizan por tener un centro de simetría, un eje binario y un plano perpendicular a él.

monocolor. adj. De un solo color. ‖ Díc. de un gobierno, sistema político, etc., en el que predomina un solo grupo político o ideológico.

monocorde. adj. Grito, canto u otra sucesión de sonidos que repiten una misma nota. ‖ Monótono, insistente, sin variaciones.

monocordio. m. Instrumento músico antiguo de caja armónica con una sola cuerda.

monocotiledóneo, a. adj. De un solo cotiledón. ‖ Díc. de las plantas angiospermas cuyo embrión tiene un cotiledón. Ú. t. c. s. f. ‖ f. pl. Grupo taxonómico constituido por estas plantas.

monocromático, ca. adj. De un solo color.

monóculo. m. Lente para un solo ojo.

monocultivo. m. Cultivo único o predominante de una especie de vegetal en una región.

monodia. f. Canto en que interviene una sola voz con acompañamiento musical.

monofásico, ca. adj. Díc. del circuito de corriente alterna que utiliza una de las tres fases y el neutro, por medio de dos conductores. ‖ Díc. también de esa corriente.

monofilo, la. adj. Díc. de los órganos de las plantas que constan de una sola hojuela o de varias soldadas entre sí.

monofisismo. m. Doctrina de Eutiques que sólo admitía en Jesucristo la naturaleza divina.

monogamia. f. Calidad de monógamo. ‖ Régimen familiar que prohíbe la pluralidad de esposas.

monógamo, ma. adj. y s. Casado con una sola mujer.

monografía. f. Descripción o tratado especial de determinada parte de una ciencia, o de algún asunto en particular.

monograma. m. Cifra abreviada formada con las principales letras de un nombre.

monolito. m. Monumento de piedra de una sola pieza.

monólogo. m. Obra o escena dramática en que habla un solo personaje. ‖ Discurso que se hace uno a sí mismo.

monomanía. f. Locura parcial sobre una sola idea o un solo orden de ideas.

monomio. m. Expresión algebraica que consta de un solo término.

monopatín. m. Juguete que consta de una tabla con ruedas, en el que los niños se desplazan rápidamente.

monopétalo, la. adj. De un solo pétalo.

monopolio. m. Concesión otorgada por la autoridad competente a una empresa para que ésta aproveche con carácter exclusivo alguna industria o comercio. ‖ Convenio entre comerciantes para vender un género a un determinado precio. ‖ En ciertos casos, acaparamiento. ‖ Ejercicio exclusivo de una actividad: ⌐ *del poder político, de la enseñanza.*

monopolizar. tr. Adquirir o atribuirse uno el exclusivo aprovechamiento de una industria, facultad o negocio.

monorraíl. m. Ferrocarril con un solo raíl de rodadura.

monosabio. m. Mozo que ayuda al picador en la plaza.

monosacárido, da. adj. Díc. de los azúcares sencillos, como la glucosa, que dan origen a los polisacáridos.

monosilábico, ca. adj. Relativo al monosílabo. ‖ Díc. de las lenguas que sólo emplean monosílabos.

monosílabo, ba. adj. y m. Aplícase a la palabra de una sílaba.

monospermo, ma. adj. Aplícase al fruto que sólo contiene una semilla.

monoteísmo. m. *Rel.* Doctrina teológica de los que reconocen un solo Dios.

monoteísta. adj. Que profesa el monoteísmo. Ú. t. c. s. ‖ Relativo al monoteísmo.

monotipia. f. Máquina de componer que funde los caracteres uno a uno a medida que son necesarios. ‖ Arte de componer con esta máquina.

monotonía. f. Igualdad de tono en el que habla, en la música, etc. ‖ fig. Falta de variedad en el estilo, en un paisaje, en la manera de vivir, etc.

monótono, na. adj. Que adolece de monotonía: *paisaje* ⌐.

monotrema. adj. y s. Díc. de los mamíferos que carecen de placenta y tienen las mandíbulas alargadas en forma de pico, como el ornitorrinco. ‖ m. pl. Orden de estos animales.

monseñor. m. Título de honor que concede el Papa a determinados eclesiásticos. ‖ En algunos lugares se aplica a los obispos.

monserga. f. fam. Lenguaje confuso y embrollado. ‖ Pesadez. ‖ Mentira.

monstruo. m. Producción contra el orden regular de la naturaleza. ‖ Cosa excesivamente grande en cualquier línea. ‖ Persona o cosa muy fea.

|| Persona muy cruel. || fig. y fam. Persona que tiene extraordinarias cualidades para determinada actividad.

monstruosidad. f. Desorden grave en la proporción que deben tener las cosas. || Suma fealdad, en lo físico o en lo moral.

monstruoso, sa. ≅colosal. ≅enorme. ≅nefando. adj. Que es contra el orden de la naturaleza. || Excesivamente grande o extraordinario en cualquier línea. || Enormemente vituperable o execrable. || fam. Muy feo.

monta. ≅monto. ≅total. f. Acción y efecto de montar. || Suma de varias partidas. || Valor de una cosa.

montacargas. m. Ascensor para elevar peso.

montado, da. adj. Que sirve en la guerra a caballo. Ú. t. c. s. || Díc. del caballo dispuesto con todos los arreos para poderlo montar. || m. Loncha de jamón, lomo, etc. sobre pan.

montador, ra. m. y f. Persona que realiza un montaje. || Operario especializado en el montaje de máquinas y aparatos.

montaje. ≅montura. m. Acción y efecto de armar o poner en su lugar las piezas de un aparato o máquina. || En el cine, selección y ordenación del material ya filmado para constituir versión definitiva de una película. || Superposición de fotografías y otros elementos con fines decorativos, publicitarios, etc. || Grabación musical compuesta por la combinación de dos o más grabaciones. || fig. Farsa.

montante. adj. Que importa, monta o tiene determinada cuantía. || m. Importe, monto, cuantía. || Listón o columnita que divide el vano de una ventana. || Ventana sobre la puerta de una habitación.

montaña. f. Gran elevación natural de terreno. || Territorio cubierto y erizado de montes.

montañero, ra. adj. Relativo a la montaña. || m. y f. Persona que practica el montañismo.

montañés, sa. adj. y s. De la montaña.

montañismo. m. Deportes de montaña, alpinismo.

montañoso, sa. adj. Relativo a las montañas: *superficie* ⌐. || Abundante en ellas: *terreno* ⌐.

montar. intr. Ponerse encima de una cosa. Ú. t. c. prnl. || Subir en un vehículo o en una cabalgadura. Ú. t. c. tr. y c. prnl. || Cabalgar. || En las cuentas, importar una cantidad total las partidas diversas unidas y juntas: *la cuenta monta 100 pesetas*. || tr. Armar las piezas de cualquier aparato o máquina. Ú. t. en sent. fig. || Hablando de armas

de fuego portátiles, ponerlas en condiciones de disparar.

montaraz. adj. Que anda o está hecho a andar por los montes o se ha criado en ellos. || fig. Díc. del genio y propiedades agrestes, groseras y feroces.

monte. ≅montaña. m. Gran elevación natural de terreno. || Tierra inculta cubierta de árboles, arbustos o matas. || fig. Inconveniente, dificultad.

montepío. m. Depósito de dinero formado por los descuentos hechos a los individuos de un cuerpo para socorrer a sus viudas y huérfanos o para otras ayudas. || Establecimiento fundado con el propio objeto.

montera. f. Prenda para abrigo de la cabeza. || Gorro que usan los toreros.

montería. ≅cinegética. f. Caza de jabalíes, venados y otras fieras que llaman caza mayor. || Arte de cazar, o conjunto de reglas y avisos que se dan para la caza.

montés. adj. Que anda, está o se cría en el monte: *cabra, gato* ⌐.

montículo. m. Monte pequeño, por lo común aislado.

montilla. m. Vino de fina calidad que se cría y elabora en Montilla (Córdoba, España).

monto. m. Suma de varias partidas, monta.

montón. m. Conjunto de cosas puestas sin orden unas encima de otras. || fig. y fam. Número considerable, en frases como la siguiente: *tengo que decirte un* ⌐ *de cosas.*

montonero. m. Guerrillero.

montura. f. Bestia en que se puede cabalgar, cabalgadura. || Conjunto de los arreos de una caballería de silla. || Acción de montar las piezas de una máquina o aparato. || Armadura en que se colocan los cristales de las gafas.

monumental. ≅grandioso. ≅magnífico. adj. Relativo al monumento, obra pública u objeto de utilidad para la historia. || fig. y fam. Muy excelente o señalado en su línea.

monumento. m. Obra pública y patente, como estatua, inscripción o sepulcro, puesta en memoria de algún prócer, hecho de armas, etc. || Edificio notable por su valor artístico, histórico, etc. || Túmulo o altar que el Jueves Santo se forma en las iglesias para reservar y adorar a la eucaristía.

monzón. amb. Viento periódico que sopla en ciertos mares, particularmente en el océano Índico, y da origen a lluvias abundantes.

moña. f. Lazo con que suelen adornarse la cabeza las mujeres. || Moño. || fig. y fam. Borrachera.

moño. m. Rodete que se hace con el cabello para tenerlo recogido o por adorno. || Lazo de cintas. || Grupo de plumas que sobresale en la cabeza de algunas aves.

moquear. intr. Echar mocos.

moqueta. f. Tela fuerte de lana, cuya trama es de cáñamo, y de la cual se hacen alfombras y tapices.

moquillo. m. Enfermedad catarral de algunos animales. || *Ecuad.* Nudo corredizo con que se sujeta el labio superior del caballo para domarlo.

mor. m. Aféresis de *amor*.

mora. f. Fruto del moral, formado por la agregación de globulillos carnosos, blandos, agridulces, de color morado. || Zarzamora, fruto de la zarza. || En algunos puntos, fresa silvestre.

moráceo, a. adj. y s. Díc. de árboles y arbustos angiospermos dicotiledóneos, cuyos frutos son aquenios o pequeñas drupas que están empotradas en los tejidos carnosos del receptáculo; como el moral, la higuera y el árbol del pan. || f. pl. Familia de estas plantas.

morada. ≅mansión. ≅permanencia. f. Casa o habitación. || Estancia de asiento o residencia algo continuada en un paraje o lugar.

morado, da. adj. y s. De color entre carmín y azul.

morador, ra. adj. y s. Que habita o está de asiento en un sitio.

moral. ≅ética. adj. Relativo a las acciones o caracteres de las personas, desde el punto de vista de la bondad o malicia. || Que no concierne al orden jurídico, sino al fuero interno o al respeto humano: *aunque el pago no era exigible, tenía obligación* ∽ *de hacerlo.* || f. Ciencia que trata del bien en general, y de las acciones humanas en orden a su bondad o malicia. || Conjunto de facultades del espíritu, por contraposición a físico. || Ánimos, arrestos. || Moralidad. || m. Árbol moráceo, de cinco a seis metros de altura, cuyo fruto es la mora.

moraleja. f. Enseñanza provechosa que se deduce de un cuento, anécdota, etc.

moralidad. f. Conformidad de una acción o doctrina con los preceptos de la sana moral. || Cualidad de las acciones humanas que las hace buenas.

moralizar. tr. y prnl. Reformar las malas costumbres enseñando las buenas. || intr. Discurrir sobre un asunto con aplicación a la enseñanza de las buenas costumbres.

morapio. m. fam. Vino obscuro, tinto.

morar. ≅habitar. ≅vivir. intr. Residir habitualmente en un lugar.

moratoria. f. Plazo que se otorga para solventar una deuda vencida.

mórbido, da. adj. Que padece enfermedad o la ocasiona. || Blando, delicado, suave.

morbo. m. Enfermedad.

morboso, sa. adj. Que causa enfermedad, o concierne a ella. || Que provoca reacciones moralmente insanas o que es resultado de ellas: *novela* ∽.

morcilla. f. Trozo de tripa rellena de sangre cocida, condimentada con cebolla y especias y a la que suelen añadírsele otros ingredientes como arroz, miga de pan, etc. || fig. y fam. Añadidura de palabras o cláusulas de su invención, que hacen los comediantes al papel que representan.

morcillo. m. Parte carnosa del brazo, desde el hombro hasta cerca del codo. || Parte alta, carnosa, de las patas de los bovinos.

mordaz. ≅acre. ≅satírico. adj. fig. Que murmura o critica con acritud o malignidad no exentas de ingenio.

mordaza. f. Instrumento que se pone en la boca para impedir el hablar. || Aparato formado por dos piezas entre las que se coloca un objeto para su sujeción.

mordedura. f. Acción de morder. || Daño ocasionado con ella.

morder. ≅atarazar. tr. Asir y apretar con los dientes una cosa clavándolos en ella. || Picar como mordiendo. || Asir una cosa a otra, haciendo presa en ella. || fig. y fam. Manifestar uno de algún modo su ira: *Juan está que muerde.* || vulg. Besar.

mordiente. m. Substancia que en tintorería y otras artes sirve de intermedio eficaz para fijar los colores o los panes de oro. || Agua fuerte con que se muerde una lámina o plancha para grabarla.

mordisco. m. Mordedura. || Pedazo que se saca de una cosa mordiéndola.

mordisquear. tr. Morder algo repetidamente y con poca fuerza.

morena. f. Pez del suborden de los fisóstomos, parecido a la anguila, y de boca con dientes fuertes y puntiagudos, algunos de los cuales transmiten veneno al morder; es agresivo y peligroso. Abunda en las zonas costeras del Mediterráneo.

morenez. f. Color obscuro que tira a negro. || En la raza blanca, color menos claro.

moreno, na. adj. Color obscuro que tira a negro. || Hablando del color del cuerpo, el menos claro en la raza blanca. || fig. y fam. Negro, persona de esta raza. Ú. m. c. s. || *Cuba.* Nacido de negra y blanco o al contrario, mulato. Ú. t. c. s.

morera. ≅ moral. f. Árbol moráceo cuyo fruto es la mora. Es muy cultivado para aprovechar la hoja, que sirve de alimento al gusano de seda.

morería. f. Barrio que se destinaba en algunos pueblos para habitación de los moros. || País o territorio propio de moros.

morfema. m. *Gram.* Término empleado en lingüística moderna para indicar los elementos mínimos que en una lengua expresan relaciones o categorías gramaticales.

morfina. f. Alcaloide sólido, muy amargo y venenoso. Se encuentra en el opio, juntamente con otros alcaloides como la codeína. Es un sedante y anestésico, y, a grandes dosis, un narcótico. Produce hábito y dependencia con gran facilidad.

morfinómano, na. adj. y s. Que tiene el hábito de abusar de la morfina.

morfología. f. Parte de la biología, que trata de la forma de los seres orgánicos y de las modificaciones que experimenta. || *Gram.* Parte de la gramática que estudia la estructura interna de las palabras, su flexión, derivación y composición.

morfosintaxis. f. *Ling.* Estudio de la forma y función de los elementos lingüísticos dentro del texto.

morganático, ca. adj. Díc. del matrimonio contraído entre un príncipe y una mujer de linaje inferior, o viciversa.

moribundo, da. adj. y s. Que está muriendo o muy cercano a morir.

moriche. m. Árbol de América intertropical, de la familia de las palmas. || Pájaro americano muy estimado por su canto.

morigerar. tr. y prnl. Templar los excesos de los afectos y acciones.

moriles. m. Vino de fina calidad.

morillo. m. Caballete de hierro que se pone en el hogar para sustentar la leña. Se usan dos generalmente.

moringáceo, a. adj. y s. Díc. de plantas leñosas angiospermas dicotiledóneas, pertenecientes al mismo orden que las crucíferas, que tienen hojas pinadas y flores pentámeras y cigomorfas. || f. pl. Familia de estas plantas.

morir. intr. Acabar la vida, dejar de vivir. Ú. t. c. prnl. || fig. Acabar del todo cualquier cosa, aunque no sea viviente ni material. || fig. Sentir violentamente algún afecto, pasión u otra cosa: ᵔ *de frío, de risa.* || fig. Hablando del fuego, la luz,

etc., apagarse. || fig. Cesar algo en su curso o acción: ᵔ *los ríos, la saeta.*

morisco, ca. adj. Moruno, moro. || Díc. de los moros que al tiempo de la restauración de España se quedaron en ella bautizados. Ú. t. c. s. || Relativo a ellos. || *Méj.* Díc. del descendiente de mulato y europea o de mulata y europeo. Ú. t. c. s.

morlaco, ca. adj. y s. Que finge tontería o ignorancia. || m. *Amér.* Peso duro, patacón. || fam. Toro de lidia de gran tamaño.

mormón, na. m. y f. Persona que profesa el mormonismo.

mormonismo. m. Movimiento cristiano milenarista fundado por Joseph Smith (1830) en EE. UU., bajo el nombre de *Iglesia de Jesucristo de los Santos de los Últimos Días.* || Conjunto de máximas, ritos y costumbres del mormonismo.

moro, ra. adj. *Hist.* Natural de la parte de África del Norte, donde estaba la antigua provincia de la Mauritania. Ú. t. c. s. || Relativo a esta parte de África o a sus naturales. || Por ext., que profesa la religión mahometana. Ú. t. c. s. || Díc. de los musulmanes que invadieron España en el s. VIII. Ú. t. c. s.

morosidad. ◁ rapidez. f. Lentitud, demora.

moroso, sa. adj. Que incurre en morosidad: *deudor* ᵔ. Ú. t. c. s. || Que la denota o implica: *delectación* ᵔ.

morral. m. Talego que contiene el pienso y se cuelga de la cabeza de las bestias para que coman cuando no están en el pesebre. || Saco que usan los cazadores, soldados y vandantes para echar la caza, llevar provisiones o transportar alguna ropa.

morralla. f. Pescado menudo. || fig. Multitud de gente de escaso valer. || fig. Conjunto de cosas inútiles y despreciables.

morrena. f. *Geol.* Montón de piedras y barro que se acumulan en las cuencas de los glaciares.

morrillo. m. Porción carnosa que tienen las reses en la parte superior y anterior del cuello.

morriña. f. Hidropesía de las ovejas y otros animales, comalia. || fig. y fam. Tristeza, melancolía, especialmente la nostalgia de la tierra natal.

morrión. m. Armadura de la parte superior de la cabeza, hecha en forma de casco, y que en lo alto suele tener un plumaje o adorno.

morro. ≅ hocico. ≅ jeta. m. Cualquier cosa redonda cuya figura sea semejante a la de la cabeza. || Monte o peñasco pequeño y redondo. || Saliente que forman los labios, especialmente los que son abultados o gruesos. || Hocico de los animales. || Parte delantera del coche, avión, etc.

Mortero de cocina

morrocotudo, da. adj. fam. De mucha importancia o dificultad. || fig. Grande, formidable.

morsa. f. Mamífero carnicero muy parecido a la foca, de la que se distingue principalmente por dos caninos que se prolongan fuera de la mandíbula superior más de medio metro.

morse. m. Sistema de telegrafía, inventado por el estadounidense Samuel Morse, que utiliza un alfabeto a base de puntos y rayas. || Este alfabeto.

mortadela. f. Embutido muy grueso que se hace con carne de cerdo y de vaca muy picada con tocino.

mortaja. f. Vestidura en que se envuelve el cadáver para el sepulcro. || fig. *Amér.* Hoja de papel con que se lía el tabaco del cigarrillo.

mortal. ≅letal. ≅mortífero. ≅perecedero. adj. Que ha de morir. || P. ant., díc. del hombre. Ú. m. c. s. || Que ocasiona o puede ocasionar la muerte. || fig. Fatigoso, abrumador.

mortalidad. f. Calidad de mortal. || Número proporcional de defunciones en población o tiempo determinados.

mortandad. ≅degollina. ≅hecatombe. f. Multitud de muertes causadas por epidemia, cataclismo, peste o guerra.

mortecino, na. adj. fig. Apagado y sin vigor. || fig. Que está casi muriéndose o apagándose.

mortero. m. Utensilio a manera de vaso, que sirve para machacar en él especias, semillas, drogas, etc. || Pieza de artillería más corta que un cañón del mismo calibre y destinada a lanzar proyectiles explosivos. || *Albañ.* Conglomerado o masa constituida por arena, conglomerante y agua; puede contener además algún aditivo.

morteruelo. m. Guisado de hígado de cerdo machacado y desleído con especias y pan rallado. Es plato típico de la prov. de Cuenca.

mortífero, ra. adj. Que ocasiona o puede ocasionar la muerte.

mortificación. ◁regalo. f. Acción y efecto de mortificar. || Lo que mortifica.

mortificar. tr. y prnl. fig. Domar las pasiones castigando el cuerpo y refrenando la voluntad. || fig. Afligir, desazonar o causar pesadumbre o molestia.

mortuorio, ria. adj. Relativo al muerto o a las honras que por él se hacen: *cámara, casa* ↶.

morueco. m. Carnero padre.

mosaico. m. Obra hecha de piedras, vidrios, etc. generalmente de varios colores.

mosca. f. Insecto díptero, muy común y molesto, de boca en forma de trompa, con la cual chupa las substancias jugosas y azucaradas que se alimenta. || fam. Dinero. || fig. y fam. Persona molesta, impertinente y pesada.

moscardón. ≅estro. ≅moscón. m. Especie de mosca que deposita sus huevos entre el pelo de los rumiantes y solípedos en los puntos en que el animal se puede lamer. || Especie de mosca zumbadora. || Especie de avispa grande, avispón.

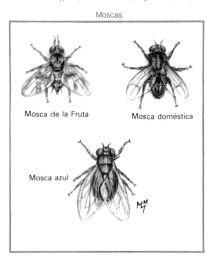

Moscas

Mosca de la Fruta

Mosca doméstica

Mosca azul

|| fig. y fam. Hombre impertinente que molesta con pesadez y picardía.

moscatel. adj. y s. Variedad de uva, blanca o morada, de grano redondo y muy liso y gusto sumamente dulce. || Vino que se hace con esta uva.

moscón. ≅ moscardón. m. Mosca grande, que tiene las alas manchadas de rojo. || Mosca zumbadora. || fig. y fam. Persona impertinente.

mosconear. tr. Importunar, molestar con impertinencia y pesadez. || intr. Porfiar para lograr un propósito fingiendo ignorancia.

moscovita. adj. y s. De Moscovia. || De Moscú. || Ruso.

mosén. m. *Hist.* Título que se daba a ciertos nobles en Aragón. || Tratamiento que en Cataluña se da a los sacerdotes.

mosqueado, da. adj. Receloso. || Enfadado.

mosquear. ≅ amoscarse. tr. fig. Hacer concebir sospechas. Ú. t. c. prnl. || fig. Molestar disimuladamente. || prnl. fig. Molestarse fácilmente y sin motivo.

mosquete. m. Arma de fuego antigua, mucho más larga y de mayor calibre que el fusil, la cual se disparaba apoyándola sobre una horquilla.

mosquetero. m. Soldado armado de mosquete.

mosquetón. m. Carabina corta que usaron algunos cuerpos militares.

mosquitero. m. Pabellón o colgadura de cama hecho de gasa, para impedir que entren a molestar o picar los mosquitos.

mosquito. m. Insecto díptero de dimensiones muy reducidas cuya hembra chupa la sangre de las personas y de los animales.

mostacho. m. Bigote del hombre.

mostaza. f. Planta crucífera, que abunda en los campos; su semilla, de color negro, tiene un milímetro de diámetro, y hecha harina es, por sus propiedades estimulantes, de frecuente empleo en condimentos y medicina. || Semilla de esta planta. || Salsa que se hace de esta semilla.

mosto. m. Zumo exprimido de la uva, antes de fermentar y hacerse vino.

mostrador, ra. adj. y s. Que muestra. || m. Mesa o tablero que hay en las tiendas para presentar los géneros. || Especie de mesa, cerrada en su parte exterior, que en los bares, cafeterías y otros establecimientos análogos, se utiliza para servir lo que piden los clientes.

mostrar. tr. Exponer a la vista algo; señalarlo para que se vea. || Explicar. || Hacer patente un efecto real o simulado. || Dar a entender o conocer con las acciones una calidad del ánimo: ↵

valor, liberalidad. || prnl. Darse a conocer de alguna manera: *mostrarse amigo, príncipe.*

mostrenco, ca. adj. y s. fig. y fam. Ignorante o tardo en el discurrir o aprender. || fig. y fam. Sujeto muy gordo y pesado.

mota. f. Nudillo o granillo que se forma en el paño. || Partícula de hilo u otra cosa semejante que se pega a los vestidos o a otras partes. || fig. Defecto muy ligero.

mote. m. Sobrenombre que se da a una persona por una cualidad o condición suya, apodo.

motejar. ≅ criticar. ≅ zaherir. tr. Notar, censurar las acciones de uno con motes o apodos.

motel. m. Hotel de carretera en el que cada habitación tiene entrada independiente desde fuera.

motete. m. Breve composición musical religiosa.

motilidad. f. Facultad de moverse.

motilón, na. adj. y s. De un pueblo de indios americanos, perteneciente a la familia caribe, que vive en la región montañosa de Venezuela y Colombia. || m. Lego de un convento.

motín. ≅ alboroto. ≅ tumulto. m. Movimiento desordenado de una muchedumbre, por lo común contra la autoridad constituida.

motivación. f. Acción y efecto de motivar. || Motivo, causa de algo.

motivar. tr. Dar causa o motivo para una cosa. || Dar o explicar la razón o motivo que se ha tenido para hacer una cosa.

motivo, va. ≅ fundamento. ≅ móvil. ≅ ocasión. adj. Que mueve o tiene eficacia o virtud para mover. || m. Causa o razón que mueve para una cosa. || *Mús.* Tema o asunto de una composición.

moto. f. abr. de motocicleta.

motocarro. f. Vehículo cuyo elemento motriz está constituido por una motocicleta, a la que se acopla una carrocería, que descansa sobre dos ruedas, para carga.

motocicleta. f. Vehículo automóvil de dos ruedas.

motociclismo. m. Deporte de los aficionados a montar en motocicleta.

motocrós. m. *Dep.* Carrera de motos a través del campo.

motonáutica. f. Deporte en el que se utiliza la canoa-automóvil como vehículo.

motonave. f. Nave de motor.

motor, ra. adj. y s. Que produce movimiento. || m. Máquina destinada a producir movimiento a expensas de otra fuente de energía. Según la clase de ésta, el motor se llama eléctrico, térmico, hidráulico, etc. || f. Embarcación menor provista de motor.

motorismo. m. Deporte de los motoristas, motociclismo.

motorizar. tr. y prnl. Dotar de medios mecánicos de tracción o transporte a un ejército, industria, etc.

motricidad. f. Acción del sistema nervioso central, que determina la contracción muscular.

motriz. adj. f. La que mueve: *causa, fuerza* ◌.

movedizo, za. ≅veleidoso. adj. Fácil de moverse o ser movido. || Inseguro, que no está firme: *arena* ◌. || fig. Inconstante o fácil en mudar de dictamen o intento.

mover. tr. Hacer que un cuerpo ocupe lugar distinto del que ocupa. Ú. t. c. prnl. || Menear o agitar: ◌ *la cabeza*. || fig. Dar motivo para una cosa; persuadir, inducir o incitar a ella. || fig. Alterar, conmover. || fig. Excitar o dar principio a una cosa en lo moral: ◌ *guerra, discordia, trato.* || prnl. Echar a andar, irse.

movido, da. adj. Agitado, inquieto. || Activo. || Díc. de la fotografía borrosa. || f. vulg. Ambiente de actividad juvenil. || fig. y fam. Confusión lío.

móvil. adj. Que por sí puede moverse. || Que no tiene estabilidad o permanencia. || m. Lo que mueve material o materialmente a una cosa.

movilizar. tr. Poner en actividad o movimiento tropas, etc. || Convocar, incorporar a filas, poner en pie de guerra tropas u otros elementos militares.

movimiento. m. Acción y efecto de mover. || Estado de los cuerpos mientras cambian de lugar o de posición. || En los cómputos mercantiles y en algunas estadísticas, alteración numérica en el estado o cuenta durante un tiempo determinado. || fig. Alteración, inquietud o conmoción. || Alzamiento, rebelión. || Desarrollo y propagación de una tendencia religiosa, política, social, estética, etc., de carácter innovador.

moviola. f. Nombre comercial de un aparato que permite proyectar un filme, secuencia a secuencia, sobre una pequeña pantalla incorporada al mismo, con el fin de efectuar un montaje adecuado de aquél.

mozalbete. m. Mozo de pocos años, mocito, mozuelo.

mozárabe. adj. y s. Individuo de las minorías hispánicas que, consentidas por el derecho islámico como tributarias, vivieron en la España musulmana durante varios siglos conservando su religión cristiana e incluso su organización eclesiástica y judicial.

mozo, za. ≅criado. ≅mancebo. ≅muchacho. ≅sirviente. adj. y s. Joven. || Soltero. || m. Hombre que sirve en oficios humildes: ◌ *de cocina, de estación.* || Individuo sometido a servicio militar, desde que es alistado hasta que ingresa en la caja de reclutamiento.

muceta. f. Esclavina que cubre el pecho y la espalda y que, abotonada por delante, usan como señal de su dignidad los prelados, doctores, etc.

mucilago o **mucílago.** m. Substancia viscosa de mayor o menor transparencia que se halla en ciertas partes de algunos vegetales.

mucosidad. f. Materia mucosa.

mucoso, sa. adj. Semejante al moco. || Que tiene mucosidad o la produce. || f. Membrana que tapiza cavidades del cuerpo de los animales que tienen comunicación con el exterior.

muchachada. ≅chiquillada. ≅niñería. f. Acción propia de muchachos. || Conjunto de muchachos.

muchacho, cha. m. y f. Niño o niña. || Mozo o moza que sirve de criado. || fam. Persona que se halla en la mocedad. Ú. t. c. adj.

muchedumbre. ≅gentío. ≅masa. f. Multitud, abundancia.

mucho, cha. ◁poco. adj. Abundante, numeroso. || adv. c. Con abundancia, en gran cantidad; más de lo regular. || Con otros adverbios, denota comparación: ◌ *antes;* ◌ *más.*

muda. f. Acción de mudar una cosa. || Conjunto de ropa que se muda de una vez. || Tiempo o acto de mudar las aves sus plumas o la epidermis algunos animales. || Cambio de voz de los muchachos en la pubertad.

mudanza. ≅alteración. ≅mutación. ≅traslado. f. Acción y efecto de mudar. || Cambio de casa o habitación. || Cierto número de movimientos de baile. || Inconstancia en afectos y decisiones.

mudar. ≅remover. ≅trasladar. ◁permanecer. tr. Tomar otra naturaleza, estado, figura, lugar, etc. || Dejar una cosa y tomar otra: ◌ *casa, vestido.* || Cambiar de sitio o empleo. || Efectuar las aves la muda de la pluma. || Cambiar periódicamente de epidermis algunos animales: ◌ *las culebras, los gusanos de seda.* || Efectuar un muchacho la muda de la voz. || fig. Cambiar, variar: ◌ *de dictamen, de parecer.* || prnl. Cambiar de vestido, refiriéndose sobre todo a la ropa blanca. || Dejar la casa que se habita y pasar a vivir a otra.

mudéjar. adj. Mahometano español que quedaba, rendido un lugar, como vasallo de los reyes cristianos. Ú. t. c. s. y en pl. || Relativo a los mudéjares. || Díc. del estilo arquitectónico que, derivado de la fusión de elementos cristianos y mahometanos, especialmente almohades y nazaritas, se desarrolló en España (Aragón, Toledo, Andalucia, etc.) durante los s. XIV, XV y XVI. Empleaba como materiales el ladrillo, el yeso, la madera y los barros vidriados.

mudo, da. adj. Privado físicamente de la facultad de hablar. Ú. t. c. s. || Muy silencioso y callado.

mueble. m. Cada uno de los enseres movibles que sirven para los usos necesarios o para decorar casas, oficinas y todo género de locales.

mueca. f. Contorsión del rostro, generalmente burlesca.

muela. ≅volandera. f. Piedra de molino. || Piedra de afilar. || Cada uno de los dientes posteriores a los caninos, que sirven para moler y triturar los alimentos. || Cerro escarpado en lo alto y con cima plana. || Almorta. || Cantidad de agua necesaria para hacer andar una rueda de molino: ∽ de agua.

muelle. adj. Suave, blando. || Voluptuoso. || m. Pieza elástica, ordinariamente de metal, colocada de modo que pueda utilizarse la fuerza que hace para recobrar su posición natural cuando ha sido separado de ella: ∽ de reloj. || Obra construida en los puertos para facilitar el embarque y desembarque y, a veces, para abrigo de las embarcaciones. || Andén alto que en las estaciones de ferrocarril se destina a la carga y descarga de mercancías.

muérdago. m. Planta que vive sobre los troncos y ramas de los árboles.

muerte. ≅fin. ≅término. ◁vida. f. Cesación de la vida. || Homicidio. || Pena capital. || Esqueleto humano que simboliza la muerte. || fig. Destrucción, aniquilación: *la ∽ del imperio romano.*

muerto, ta. ≅difunto. adj. Sin vida. Ú. t. c. s. || Apagado, desvaído, aplicado al carácter: *estás como ∽.* || Inactivo. || Aplícase a las lenguas que ya no se hablan.

muesca. f. Hueco que se hace en una cosa para encajar otra. || Corte que se hace al ganado vacuno en la oreja a modo de señal.

muestra. f. Trozo de tela o porción de un producto o mercancía, que sirve para conocer la calidad del género. || Ejemplar o modelo que se ha de copiar o imitar. || fig. Indicio, demostración o prueba.

muestrario. m. Colección de muestras de mercaderías.

muestreo. m. Acción de escoger muestras re-

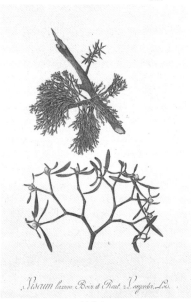

Muérdago

presentativas de la calidad de un todo. || Técnica empleada para esta selección. || Conjunto de operaciones que se realizan para estudiar la distribución de algunos caracteres en la totalidad de una población partiendo de una fracción de la misma.

mugido. m. Voz del toro y de la vaca.

mugir. intr. Dar mugidos la res vacuna. || fig. Producir gran ruido el viento o el mar. || Manifestar uno su ira con gritos.

mugre. ≅porquería. ≅pringue. ◁limpieza. f. Suciedad de la lana, vestidos, etc. y también de las personas.

muguete. m. Planta vivaz liliácea de flores blancas de olor almizclado muy suave, cuya infusión se utiliza en medicina contra las enfermedades cardiacas.

mujer. f. Persona del sexo femenino. || La que ha llegado a la edad de la pubertad. || La casada, con relación al marido.

mujeriego, ga. adj. Relativo a la mujer. || Díc. del hombre muy dado a mujeres. Ú. t. c. s.

mujik. m. Campesino ruso.

mújol. m. Pez teleósteo acantopterigio, muy abundante en el Mediterráneo, de carne y huevas muy estimadas.

mula. f. Hija de asno y yegua o de caballo y burra. || fig. y fam. Persona muy resistente para el trabajo. Ú. t. c. adj. || fig. y fam. Persona de corto entendimiento y muy tozuda. Ú. t. c. adj.

muladar. m. Sitio donde se echa el estiércol o basura. || fig. Lo que ensucia.

mulato, ta. adj. Aplícase a la persona que ha nacido de negra y blanco, o al contrario. Ú. t. c. s. || De color moreno. || *Amér.* Mineral de plata de color obscuro o verde cobrizo.

muleta. f. Palo con un travesaño en un extremo, que sirve para apoyarse el que tiene dificultad al andar. || Bastón o palo que lleva pendiente a lo largo un paño o capa, comúnmente encarnada, de que se sirve el torero para engañar al toro.

muletilla. f. Muleta del torero. || Expresión que se repite innecesariamente al hablar.

muletón. m. Tela suave y afelpada de algodón o lana.

mulillas. f. pl. Tiro de mulas que arrastra los toros muertos en las corridas.

mulillero. m. Cada uno de los encargados de arrear las mulillas.

mulo. m. Animal resultante del cruce entre asno y yegua o caballo y burra. || fig. y fam. Hombre muy bruto.

multa. f. Sanción económica.

multar. tr. Imponer multa a uno.

multicolor. adj. De muchos colores.

multicopista. f. Máquina que por diversos procedimientos reproduce en numerosas copias sobre láminas de papel, textos impresos, mecanografiados o manuscritos.

multilateral. adj. Relativo a varios lados, partes o aspectos.

multimillonario, ria. adj. y s. Díc. de la persona cuya fortuna asciende a muchos millones.

multinacional. adj. y f. Relativo a varias naciones. || Díc. de la empresa o sociedad mercantil que ejerce sus actividades en varios países.

multípara. adj. Díc. de las hembras que tienen varios hijos de un solo parto.

múltiple. adj. Vario, de muchas maneras, opuesto a simple.

multiplicación. f. Acción y efecto de multiplicar. || *Álg.* y *Arit.* Operación de multiplicar.

multiplicador, ra. adj. Que multiplica. Ú. t. c. s. || *Álg.* y *Arit.* Díc. del factor que indica las veces que el otro, o multiplicando, se ha de tomar como sumando. Ú. m. c. s. m.

multiplicando. adj. y m. Díc. del factor qque ha de ser multiplicado.

multiplicar. tr. Aumentar considerablemente

una cantidad o un número. Ú. t. c. intr. y prnl. || *Álg.* y *Arit.* Hallar el producto de dos factores, tomando uno de ellos, que se llama multiplicando, tantas veces por sumando como unidades contiene el otro, llamado multiplicador. || prnl. Afanarse, desvelarse.

multiplicidad. f. Diversidad. || Abundancia excesiva.

múltiplo, pla. adj. y s. Díc. dèl número que contiene a otro varias veces exactamente.

multitud. f. Número grande de personas o cosas. || fig. Vulgo, plebe.

multitudinario, ria. adj. Que forma multitud. || Propio de ella.

mullido, da. adj. Blando, esponjoso. || m. Cosa blanda a propósito para rellenar colchones, asientos, aparejos, etc.

mullir. tr. Ahuecar y esponjar una cosa para que esté blanda y suave.

mundano, na. adj. Relativo al mundo. || Díc. de la persona que atiende demasiado a las cosas del mundo. || Que frecuenta fiestas y reuniones de la buena sociedad.

mundial. ≅general. adj. Relativo a todo el mundo, universal.

mundillo. m. fig. Conjunto limitado de personas que tienen una misma posición social, profesión o quehacer.

mundo. m. Conjunto de todas las cosas creadas. || La tierra que habitamos. || El género humano. || Parte de la sociedad humana caracterizada por alguna cualidad o circunstancia común: ⌐ *cristiano, del deporte.* || Según la doctrina cristiana, uno de los enemigos del alma. || Esfera en que se representa el globo terráqueo. || Experiencia de la vida y del trato social.

munición. f. Pertrechos y bastimentos necesarios en un ejército o plaza fuerte. || Carga que se pone en las armas de fuego.

municipal. adj. Relativo al municipio. || m. Guardia municipal.

municipalizar. tr. Hacer depender del municipio un servicio público de los que han solido estar a cargo de empresas privadas.

municipio. m. Conjunto de habitantes de un mismo término jurisdiccional regido por un Ayuntamiento. || El mismo Ayuntamiento. || El mismo término municipal.

munificencia. ≅esplendidez. ≅liberalidad. ◁tacañería. f. Generosidad extremada.

muñeca. f. Parte del brazo en donde se articula la mano con el antebrazo. || Figurilla de mujer que sirve de juguete. || Maniquí para trajes y vestidos de mujer. || fig. y fam. Muchacha frívola y presumida. || fig. y fam. Joven hermosa.

muñeco. ≅chisgarabís. ≅mequetrefe. m. Figurilla de hombre. || fig. Hombre de poco carácter que se deja manejar.

muñeira. f. Baile popular de Galicia. || Son con que se baila.

muñequero, ra. m. y f. Persona que se dedica a la fabricación y venta de muñecos. || f. Tira de cuero con que se aprieta la muñeca cuando está relajada. || Pulsera de reloj. || Pulsera de adorno de mujer.

muñón. ≅tocón. m. Parte de un miembro cortado que permanece adherida al cuerpo. || El músculo deltoides y la región del hombro limitada por él.

mural. adj. Relativo al muro. || Díc. de las cosas que, extendidas, ocupan buena parte de pared o muro: *mapa* ⌢. || m. Pintura de decoración mural.

muralla. f. Muro u obra defensiva que rodea una plaza fuerte o protege un territorio.

murciélago. m. Mamífero volador que se alimenta de insectos. Es nocturno y pasa el día colgado, cabeza abajo, de las garras de las extre- -midades posteriores.

murga. f. fam. Compañía de músicos callejeros. || Molestia, incordio.

múrice. m. Molusco gasterópodo marino. Segrega, como la púrpura, un licor muy usado en tintorería por los antiguos. || poét. Color de púrpura.

múrido, da. adj. y m. Díc. de los mamíferos roedores como las ratas y los ratones. || m. pl. Familia de estos animales.

murmullo. m. Ruido que se hace hablando, especialmente cuando no se percibe lo que se dice. || Ruido continuado y confuso.

murmuración. f. Conversación en perjuicio de un ausente.

murmurar. ≅criticar. ≅rezongar. ≅susurrar. intr. Hacer ruido blando y apacible: ⌢ *las aguas, las hojas de los árboles.* || fig. Hablar entre dientes manifestando queja o disgusto por alguna cosa. Ú. t. c. transitivo: *¿qué está usted murmurando?* || fig. y fam. Conversar en perjuicio de un ausente. Ú. t. c. tr.

muro. m. Pared o tapia. || Muralla.

murria. ◁alegría. f. Tristeza, melancolía.

mus. m. Juego de naipes y de envite.

musa. f. Cada una de las deidades que, según la fábula, habitan, presididas por Apolo, en el Parnaso, y protegen las ciencias y las artes liberales,

especialmente la poesía. || fig. Ingenio poético propio de cada poeta: *la* ⌢ *de Píndaro.* || fig. Poesía: *la* ⌢ *española.* || pl. fig. Ciencias y artes liberales.

musáceo, a. adj. y f. Díc. de las plantas angiospermas monocotiledóneas, perennes, a veces gigantescas, de fruto como bayas o drupas, con semillas amiláceas o carnosas, como el banano y el abacá. || f. pl. Familia de estas plantas.

musaraña. f. Pequeño mamífero insectívoro semejante a un ratón.

musculatura. ≅carnadura. f. Conjunto y disposición de los músculos.

músculo. m. Cualquiera de los órganos compuestos principalmente de fibras dotadas de la propiedad específica de contraerse.

musculoso, sa. adj. Díc. de la parte del cuerpo que tiene músculos. || Que tiene los músculos muy abultados y visibles.

muselina. f. Tela fina y poco tupida.

museo. m. Edificio o lugar en que se guardan colecciones de objetos artísticos, científicos o de otro tipo, y en general, de valor cultural, convenientemente colocados para que sean examinados.

musgaño. m. Pequeño mamífero insectívoro semejante a un ratón.

musgo. m. Cada una de las plantas briofitas que crecen sobre las piedras, cortezas de árboles, etc. || Conjunto de estas plantas que cubren una determinada superficie: *roca cubierta de* ⌢. || pl. Clase de estas plantas.

música. f. Arte de combinar los sonidos de la voz humana o de los instrumentos, o de unos y otros a la vez, de suerte que produzca deleite el escucharlos. || Composición musical: *la* ⌢ *de esta ópera.* || Colección de papeles en que están escritas las composiciones musicales.

musical. adj. y s. Relacionado con la música: *el gran* ⌢ *de la radio española.*

musicasete. f. Casete grabada con música.

músico, ca. adj. Relativo a la música: *instrumento* ⌢. || m. y f. Persona que se dedica a la música.

musicología. f. Estudio científico de la teoría y de la historia de la música.

musicólogo, ga. m. y f. Persona versada en musicología.

musitar. intr. Susurrar o hablar entre dientes.

muslo. m. Parte de la pierna desde la juntura de las caderas hasta la rodilla.

mustang o **mustango.** m. Tipo de caballo de América del Norte descendiente de los que llevaron los conquistadores españoles.

Musgo

mustela. f. Tiburón muy parecido al cazón. Su carne es comestible y su piel se utiliza como lija.

musteriense. adj. Último de los períodos en que se divide el paleolítico inferior.

mustio, tia. adj. Melancólico, triste. || Lángui-do, marchito: *flor* ∿.

mutación. f. Acción y efecto de mudar. || Alteración producida en la estructura o en el número de los genes o de los cromosomas de un organismo vivo, que se transmiten a los descendientes por herencia. || Fenotipo producido por aquellas alteraciones.

mutar. tr. Mudar, transformar. Ú. t. c. prnl. || Mudar, remover o apartar de un puesto o empleo.

mutilación. f. Acción y efecto de mutilar.

mutilar. tr. Cortar una parte del cuerpo. || Quitar una parte de otra cosa: ∿ *el ejército.*

mutis. m. Voz que se usa en el teatro para hacer que un actor se retire de la escena. || Acto de retirarse de la escena, y por ext., de otros lugares. || fam. Voz que se emplea para imponer silencio o para indicar que una persona queda callada.

mutismo. m. Silencio voluntario o impuesto.

mutua. f. Mutualidad, asociación.

mutual. adj. Mutuo, recíproco. || f. Mutualidad.

mutualidad. f. Asociación de personas que, para recibir determinadas prestaciones, aportan todas ellas una cuota periódicamente.

mutualismo. m. Conjunto de mutualidades.

mutualista. adj. Relativo a la mutualidad. || com. Miembro de una mutualidad.

mutuo, tua. adj. y s. Recíproco. || f. Mutualidad.

muy. adv. que se antepone a nombres adjetivados, participios, adverbios y modos adverbiales, para denotar en ellos grado superlativo de significación: ∿ *hombre;* ∿ *docto;* ∿ *de prisa.*

my. f. Duodécima letra del alfabeto griego (M, μ); corresponde a nuestra *m.*

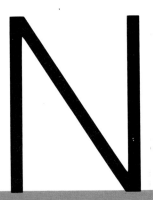

n. f. Decimosexta letra del abecedario español y decimotercera de sus consonantes. Su nombre es *ene*. || Signo con que se suple en un escrito el nombre de una persona que no se sabe o no se quiere expresar. || *Álg.* y *Arit.* Exponente de una potencia indeterminada.

N. abr. del punto cardinal *norte*. || Símbolo químico del *nitrógeno*.

nabo. m. Planta anual de raíz carnosa y comestible de color blanco o amarillento. || Raíz de esta planta.

nácar. m. Substancia dura, blanca, brillante y con reflejos irisados, que forma la capa interna de la concha de algunos moluscos.

nacarado, da. ≅anacarado. adj. Del color y brillo del nácar. || Adornado con nácar.

nacer. ≅brotar. ≅despuntar. ≅germinar. ≅proceder. ≅provenir. intr. Salir del vientre materno. || Salir del huevo un animal ovíparo. || Empezar a salir un vegetal de su semilla. || Salir el vello, pelo o pluma en el cuerpo del animal o aparecer las hojas, flores, etc., en la planta. || fig. Empezar, tomar principio. || fig. Prorrumpir, brotar: ⌐ *un río.*

nacido, da. ≅apto. ≅congénito. ≅conveniente. ≅nato. ≅propio. adj. Connatural y propio de una cosa. || A propósito para una cosa. || Díc. de los seres humanos pasados o presentes. Ú. t. c. s. y en pl.

nacimiento. ≅estirpe. ≅fuente. ≅linaje. ≅origen. ◁fin. ◁muerte. m. Acción y efecto de nacer. || Lugar donde brota un manantial. || Ese mismo manantial. || Lugar o sitio donde uno tiene su origen o principio. || Principio de una cosa. || Representación del nacimiento de Cristo.

nación. ≅estado. ≅nacionalidad. ≅país. ≅patria. ≅pueblo. f. Entidad jurídica y política formada por el conjunto de los habitantes de un país regido por el mismo gobierno. || Territorio de ese mismo país. || Conjunto de personas de un mismo origen étnico y que generalmente hablan un mismo idioma.

nacional. adj. y s. Relativo a una nación o natural de ella.

nacionalidad. ≅ciudadanía. f. Condición y carácter peculiar de los pueblos o individuos de una nación. || || Región que, a sus peculiaridades, une otras (idioma, historia, cultura, gobierno propios) que le confieren una acusada personalidad dentro de la nación en que está enclavada.

nacionalismo. m. Apego de los naturales de una nación a ella. || Doctrina que exalta en todos los órdenes la personalidad nacional. || Aspiración de un pueblo o raza a constituirse en ente autónomo dentro de un Estado.

nacionalista. adj. Partidario del nacionalismo. Ú. t. c. s. || Relativo a él.

nacionalizar. tr. Naturalizar en un país personas o cosas de otro. Ú. t. c. prnl. || Atribuir al Estado bienes o empresas de personas individuales o colectivas.

nacionalsindicalismo. m. Doctrina política y social de la Falange Española, inspirada en el pensamiento de José Antonio Primo de Rivera.

nacionalsocialismo. m. Doctrina del Partido Nacionalsocialista Alemán fundado y dirigido por Hitler, *nazismo,* que ejerció el poder en Alemania

(1933-45). Propugnaba un nacionalismo expansionista basado en la supremacía de la raza germánica y un racismo seudocientífico fundamentalmente antisemita.

nada. f. El no ser, o la carencia absoluta de todo ser. ‖ Cosa mínima. ‖ pron. indet. Ninguna cosa, la negación absoluta de las cosas, a distinción de la de las personas. ‖ Poco o muy poco en cualquier línea: ⌐ *hace que pasó.*

nadador, ra. adj. y s. Que nada. ‖ m. y f. Persona que practica el deporte de la natación.

nadar. ≅bracear. ≅flotar. intr. Mantenerse y avanzar sobre el agua moviendo algunas partes del cuerpo. ‖ Flotar en un líquido cualquiera. ‖ Mantenerse sin hundirse en el agua u otro líquido. ‖ fig. Abundar en una cosa: ⌐ *en dinero.*

nadería. ≅bagatela. ≅fruslería. ≅insignificancia. f. Cosa de poca entidad.

nadie. pron. indet. Ninguna persona. ‖ m. fig. Persona insignificante.

nadir. m. Punto de la esfera celeste diametralmente opuesto al cenit.

nafta. f. Fracción ligera del petróleo natural que se obtiene en la destilación de la gasolina como una parte de ésta. ‖ *Amér.* Gasolina.

naftaleno. m. Hidrocarburo aromático que resulta de la condensacion de dos anillos de benceno. Se usa en la fabricación de perfumes, colorantes y plásticos.

naftalina. f. Preparado comercial del naftaleno.

nahua, náhoa, náhuatl, náhuatle, náguatle. adj. Díc. de un antiguo pueblo indio que habitó en la altiplanicie mejicana y en parte de América central. ‖ m. Idioma de este pueblo.

naif. adj. Díc. de la corriente artística surgida después del postexpresionismo, a raíz de la revalorización de pintores autodidactos, como Henri Rousseau.

nailon. m. Fibra textil sintética.

naipe. m. Cartulina rectangular que lleva estampados en una cara cierto número de objetos, o una de las tres figuras correspondientes a cada uno de los cuatro palos de la baraja. ‖ fig. Baraja.

naja. f. Género de ofidios venenosos como la cobra y el áspid de Egipto.

nalga. ≅asentaderas. ≅posaderas. f. Cada una de las dos porciones carnosas y redondeadas que constituyen el trasero. Ú. m. en pl.

nana. f. fam. Abuela. ‖ Canto con que se arrulla a los niños. ‖ Niñera.

nanay. Expresión familiar y humorística para negar rotundamente una cosa.

nao. ≅bajel. ≅barco. ≅navío. f. Nave.

napa. f. Conjunto de las fibras textiles que se agrupan, al salir de una máquina cardadora. ‖ Piel de agunos animales, en especial después de curtida.

napalm. m. Materia inflamable que se emplea con fines militares.

napias. f. pl. fam. Narices.

naranja. f. Fruto comestible del naranjo, de forma globosa y de pulpa dividida en gajos. ‖ m. Color anaranjado. Ú. t. c. adj.: *vestido* ⌐.

naranjada. f. Zumo de naranja y agua.

naranjo. m. Árbol siempre verde que se cultiva mucho en España. Su flor es el azahar y su fruto la naranja. ‖ Madera de este árbol.

narcisismo. m. Amor desmesurado de sí mismo.

narciso. m. Planta de flores blancas o amarillas que se cultiva en los jardines. ‖ Flor de esta planta. ‖ m. fig. Hombre que cuida demasiado de la compostura y adorno de su persona, como si estuviera enamorado de sí mismo.

narcótico, ca. ≅calmante. ≅estupefaciente. ≅sedante. ≅soporífero. adj. y m. *Farm.* Díc. de las substancias que producen sopor, relajación muscular y embotamiento de la sensibilidad, como el cloroformo, el opio, la belladona, etc.

narcotismo. m. Estado de adormecimiento, que

Narcisos

procede del uso de los narcóticos. || Conjunto de los efectos producidos por los narcóticos.

narcotizar. tr. y prnl. Producir narcotismo. || Suministrar un narcótico.

nardo. m. Planta de flores blancas, muy olorosas. Se cultiva en los jardines y se emplea en perfumería.

nariz. f. Parte saliente del rostro humano, entre la frente y la boca, con dos orificios que comunican con la membrana pituitaria y el aparato de la respiración. Ú. t. en pl. || Parte de la cabeza de muchos vertebrados que tiene la misma situación y oficio que la nariz del hombre. || fig. Sentido del olfato.

narración. f. Acción y efecto de narrar.

narrar. tr. Contar, referir o escribir una historia o un suceso.

narrativa. f. Narración. || Habilidad en referir o contar las cosas. || Género literario en prosa, que abarca la novela y el cuento.

nasa. f. Arte de pesca formada por un cilindro con una especie de embudo dirigido hacia adentro en una de sus bases. || Cesta para echar la pesca.

nasal. ≅gangoso. adj. Relativo a la nariz: *cavidad* ⌢. || *Gram.* Díc. del sonido en cuya pronunciación la corriente espirada sale total o parcialmente por la nariz. || *Gram.* Díc. de la letra que representa este sonido, como la *n.*

nata. ≅crema. ≅excelencia. ≅exquisitez. f. Substancia espesa que forma una capa sobre la leche que se deja en reposo. || fig. Lo principal y más estimado en cualquier línea.

natación. f. Acción y efecto de nadar. || Deporte de nadar.

natal. ≅aniversario. adj. Relativo al nacimiento.

natalidad. f. Número proporcional de nacimientos en población y tiempo determinados: *índice, coeficiente de* ⌢.

natatorio, ria. adj. Relativo a la natación. || Que sirve para nadar.

natillas. f. pl. Dulce de huevo, leche y azúcar.

nativo, va. ≅nato. ≅natural. ≅oriundo. ◁extranjero. adj. Que nace naturalmente. || Relativo al país o lugar en que uno ha nacido. || Natural, nacido. || Innato.

nato, ta. adj. Aplícase al título de honor o al cargo que está anejo a un empleo o a la calidad de un sujeto.

natural. adj. Relativo a la naturaleza o conforme a la calidad o propiedad de las cosas. || Nativo, originario de un pueblo o nación. Ú. t. c. s. || Hecho con verdad, sin artificio, mezcla ni composición. || Inherente, propio.

naturaleza. f. Esencia y propiedad característica de cada ser. || Conjunto, orden, disposición de todas las entidades que componen el universo. || Virtud, calidad, propiedad. || Índole, temperamento. || Especie, género, clase.

naturalidad. f. Calidad de natural. || Ingenuidad, sencillez.

naturalismo. m. Sistema filosófico que consiste en atribuir todas las cosas a la naturaleza como primer principio.

naturalista. adj. Relativo al naturalismo. || com. Persona que profesa las ciencias naturales o tiene en ellas especiales conocimientos.

naturalizar. tr. Admitir en un país, como si de él fuera natural, a persona extranjera. || Aclimatar.

naturismo. m. Doctrina que preconiza el empleo de los agentes naturales para la conservación de la salud y el tratamiento de las enfermedades. || Desnudismo.

naturista. adj. y s. Relativo al naturismo. || com. Persona que profesa y practica el naturismo.

naufragar. ≅fracasar. ≅zozobrar. intr. Irse a pique o perderse la embarcación. || fig. Salir mal un intento o negocio.

naufragio. m. Acción y efecto de naufragar. || fig. Desgracia, desastre.

náufrago, ga. adj. y s. Que ha padecido naufragio.

náusea. ≅arcada. ≅fastidio. f. Ansia de vomitar. Ú. m. en pl.: *sentir* ⌢. || fig. Repugnancia, aversión. Ú. m. en pl.

nauseabundo, da. adj. Que causa o produce náuseas: *olor* ⌢.

nauta. m. Navegante, marino.

náutica. ≅marina. ≅navegación. f. Ciencia o arte de navegar.

náutico, ca. adj. Relativo a la navegación. || Díc. de los deportes acuáticos.

navaja. f. Cuchillo cuya hoja puede doblarse sobre el mango para que el filo quede guardado entre dos cachas. || Molusco marino, cuya concha se compone de dos valvas simétricas lisas.

navajero. adj. y s. Que usa la navaja habitualmente con propósitos delictivos.

navajo, ja. adj. Díc. del individuo de una tribu amerindia de la familia lingüística atapasca, que habita en Arizona y Nuevo Méjico (EE. UU.). || Relativo a esta tribu.

naval. adj. Relativo a las naves o a la navegación.

nave. f. Barco, embarcación. || *Arquit.* Espacio entre dos muros o filas de arcadas en los templos u otros edificios. || Edificio industrial.

navegación. f. Acción de navegar: ⌣ *aérea, fluvial, marítima*. || Viaje que se hace con la nave. || Tiempo que éste dura. || Náutica.

navegar. intr. Viajar por el agua con embarcación o nave. Ú. t. c. tr. || Andar el buque o embarcación. || Por analogía, viajar por el aire en globo, avión u otro vehículo. || fig. Transitar, trajinar.

naveta. f. Vaso o cajita para guardar incienso. || Gaveta de escritorio. || Monumento megalítico de Baleares. Tiene forma de nave invertida.

Navidad. n. p. f. Nacimiento de Jesucristo. || Día en que se celebra. || Tiempo inmediato a este día, hasta la festividad de Reyes. Ú. t. en pl.

navideño, ña. adj. Relativo al tiempo de Navidad.

naviero, ra. adj. Relativo a las naves o a la navegación. || m. El que avitualla un buque mercante. || Persona o sociedad propietaria de un navío.

navío. m. Bajel de guerra. || Barco grande.

nazareno, na. adj. y s. De Nazaret. || Penitente en las procesiones de Semana Santa.

nazi. adj. Relativo al nacionalsocialismo. || Partidario del nacionalsocialismo. Ú. t. c. s.

nazismo. m. Nombre abreviado del nacionalsocialismo.

neblina. ≅bruma. f. Niebla espesa y baja.

nebulosa. f. Materia cósmica celeste, difusa y luminosa que ofrece diversas formas, en general de contorno impreciso.

nebuloso, sa. adj. Obscurecido por las nubes o las nieblas. || fig. Falto de lucidez y claridad.

necedad. f. Calidad de necio. || Dicho o hecho necio.

necesario, ria. adj. Que inevitablemente ha de ser o suceder. || Imprescindible, obligado. || Que hace falta para un fin.

neceser. m. Caja o estuche con diversos objetos de tocador, costura, etc.

necesidad. f. Impulso que hace que las causas obren infaliblemente en cierto sentido. || Todo aquello a lo cual es imposible substraerse, faltar o resistir. || Falta de las cosas que son menester para la conservación de la vida.

necesitado, da. adj. y s. Pobre.

necesitar. intr. y tr. Tener necesidad de una persona o cosa.

necio, cia. ≅incapaz. ≅tonto. ≅torpe. ◁inteligente. adj. y s. Ignorante. || Imprudente, terco.

nécora. f. Cangrejo de mar.

necrología. f. Biografía de una persona notable, muerta hace poco tiempo. || Lista o noticia de personas muertas.

necrópolis. f. Cementerio.

necrosis. f. Muerte de células y tejidos en el organismo vivo.

néctar. ≅jugo. m. *Mit*. Bebida de los dioses mitológicos. || fig. Licor exquisito. || Jugo azucarado segregado por las flores.

neerlandés, sa. adj. y s. Holandés. || m. Lengua germánica hablada por los habitantes de los Países Bajos.

nefando, da. ≅infame. ◁honorable. adj. Indigno, torpe, repugnante.

nefasto, ta. ≅aciago. ◁afortunado. ◁propicio. adj. Triste, funesto: *día* ⌣.

nefrítico, ca. adj. Relativo a los riñones.

nefritis. f. Inflamación de los riñones.

nefrología. f. Rama de la medicina que estudia el riñón y sus enfermedades.

negación. f. Acción y efecto de negar. || Carencia o falta total de una cosa. || *Gram*. Partícula o voz que sirve para negar.

negado, da. ≅torpe. ≅zafio. ◁diestro. ◁hábil. adj. y s. Incapaz, inepto.

negar. tr. Decir que no es verdad una cosa. || Dejar de reconocer alguna cosa, no admitir su existencia. || Decir que no a lo que se pretende o se pide, o no concederlo. || Prohibir, impedir. || No confesar una falta o delito. || prnl. Excusarse.

negativa. f. Negación, denegación. || Repulsa.

negativo, va. adj. Que incluye o contiene negación o contradicción. || Relativo a la negación. || Díc. de las imágenes fotográficas que ofrecen invertidos los claros y oscuros.

negligencia. f. Descuido, omisión. || Falta de aplicación.

negociación. f. Acción y efecto de negociar.

negociado, da. m. Dependencia de determinadas organizaciones administrativas.

negociar. ≅mercar. ≅traficar. intr. Tratar y comerciar. || Ajustar el traspaso, cesión o endoso de un vale, efecto o letra. || Tratándose de valores, descontarlos. || Tratar asuntos públicos o privados.

negocio. m. Ocupación, empleo, trabajo. || Asunto, pretensión. || Todo lo que es objeto o materia de una ocupación lucrativa o de interés. || Establecimiento comercial.

negrero, ra. adj. y s. Dedicado a la trata de negros. || m. y f. fig. Persona de condición dura y cruel para sus subordinados.

negrilla o **negrita.** adj. y f. Letra negra que resalta en el texto de los tipos ordinarios.

Nebulosa de Roseta (NGC 2237-44)

negritud. f. Conjunto de valores espirituales y culturales de la raza negra.

negro, gra. adj. De color totalmente obscuro. Ú. t. c. s. m. || Díc. del individuo cuya piel es de color negro. Ú. t. c. s. || Moreno: *pan* ∽. || fig. y fam. Bronceado. || fig. Infausto, desventurado. || f. *Mús.* Nota que equivale a cuatro corcheas en el compás de compasillo.

negroide. adj. y s. Propio o semejante a la raza negra.

negruzco, ca. adj. De color moreno algo negro.

negus. m. Título que se daba al emperador de Etiopía.

nematelminto. adj. y s. Díc. de gusanos de cuerpo fusiforme o cilíndrico y no segmentado, sin apéndices locomotores; como la lombriz intestinal. || m. pl. Clase de estos gusanos.

nemotecnia o **nemotécnica.** f. Mnemotecnia.

nene, na. m. y f. fam. Niño pequeño.

nenúfar. ≅escudete. m. Planta acuática, de flores amarillas o blancas.

neocelandés, sa. adj. y s. De Nueva Zelanda.

neoclasicismo. m. Corriente literaria y artística, dominante en Europa durante el s. xviii, la cual

aspiraba a restaurar el gusto y normas del clasicismo.

neoclásico, ca. adj. Relativo al neoclasicismo.

neocolonialismo. m. Colonialismo encubierto puesto en práctica tras la S. G. M. Consiste en el control económico de un país, políticamente independiente, pero económicamente subdesarrollado.

neofascismo. m. Movimiento de extrema derecha inspirado en la ideología fascista.

neófito, ta. m. y f. Persona recién convertida a una religión. || Persona adherida recientemente a una causa, o incorporada a una agrupación o colectividad.

neógeno, na. adj. y s. Aplícase a la subdivisión del período terciario que comprende sus estratos más modernos, con las épocas miocena y pliocena.

neoliberalismo. m. Forma moderna de liberalismo, que concede al Estado una intervención limitada en asuntos jurídicos y económicos.

neolítico, ca. adj. Díc. del período prehistórico, conocido también como el de la piedra pulimentada, que se desarrolló entre el mesolítico y el eneolítico.

neologismo. m. Vocablo, acepción o giro nuevo en una lengua. || Uso de estos vocablos o giros nuevos.

neón. m. Gas noble que se encuentra en pequeñas cantidades en la atmósfera terrestre. Peso atómico, 20,183; núm. atómico, 10; símbolo, *Ne*.

neoplatonismo. m. Escuela filosófica que floreció, principalmente en Alejandría, en los primeros siglos de la era cristiana.

neorrealismo. m. Movimiento cinematográfico, nacido en Italia en 1945, que refleja la perdurable ternura del corazón humano. Son sus principales representantes: De Sica, Rossellini, Visconti, etc.

neoyorquino, na. adj. y s. De Nueva York.

nepotismo. ≅privanza. m. Desmedida preferencia que algunos dan a sus parientes para las gracias o empleos públicos.

neptunio. m. Elemento radiactivo artificial, primero de los transuránidos. Se obtiene en los reactores nucleares. Peso atómico, 237, núm. atómico, 93; símbolo, *Np*.

Neptuno. n. p. m. Planeta del sistema solar, el octavo por su distancia al Sol. Leverrier determinó su existencia y posición y el alemán Galle le descubrió en 1846. Distancia al Sol, 4.504 millones de km.; radio, 22.299 km.; satélites, Tritón y Nereida.

nervadura. f. Nervio, arco que sirve para formar la estructura de las bóvedas góticas. || Conjunto de estos nervios. || *Bot.* Conjunto de los nervios de una hoja.

nervio. m. Cada uno de los cordones fibrosos blanquecinos que, partiendo del cerebro, la medula espinal u otros centros, se distribuyen por todas las partes del cuerpo, y transmiten las sensaciones

Neptuno

y los impulsos motores. || Haz fibroso de las hojas de las plantas. || fig. Fuerza, vigor, eficacia. || Arco saliente en el intradós de una bóveda.

nerviosismo. m. Estado pasajero de excitación nerviosa.

nervioso, sa. ≅excitable. ≅inquieto. adj. Que tiene nervios. || Relativo a los nervios. || Díc. de la persona cuyos nervios se excitan fácilmente. || fig. Fuerte, vigoroso.

neto, ta. adj. Limpio, puro. || Claro, definido. || Que resulta líquido en cuenta, después de comparar el cargo con la data; o en el precio, después de deducir los gastos.

neumático, ca. adj. Díc. de los aparatos destinados a operar con el aire: *bomba, máquina* ∾. || m. Tubo de goma que, lleno de aire comprimido, sirve de amortiguador a las ruedas de los automóviles, bicicletas, aeroplanos, etc.

neumococo. m. Microorganismo de forma lanceolada, que es el agente patógeno de ciertas pulmonías.

neumonía. f. Inflamación del pulmón, pulmonía.

neuralgia. f. Dolor en un nervio y sus ramificaciones.

neurálgico, ca. adj. Relativo a la neuralgia. || fig. Díc. del momento, situación, lugar, etc., más importante en un asunto, problema, cuestión, etc.

neurastenia. f. Enfermedad producida por debilidad del sistema nervioso. || fam. Estado psíquico caracterizado por depresión, tendencia a la tristeza e inestablilidad emotiva.

neuritis. ∬neuritis. f. Inflamación de un nervio y de sus ramificaciones.

neurología. f. Parte de la medicina que estudia el sistema nervioso.

neurona. f. Célula nerviosa que posee la capacidad de excitarse y de propagar el impulso nervioso a otra neurona.

neuróptero, ra. adj. y s. Díc. de insectos con metamorfosis complicadas y cuatro alas membranosas y reticulares; como la hormiga león. || m. pl. Orden de estos insectos.

neurosis. f. Conjunto de enfermedades cuyos síntomas indican un trastorno del sistema nervioso sin que se descubrir lesiones orgánicas.

neurótico, ca. adj. Que padece neurosis. Ú. t. c. s. || Relativo a la neurosis.

neurovegetativo, va. adj. Díc. de la parte del sistema nervioso que regula la vida vegetativa.

neutral. adj. y s. Que no está a favor de uno ni de otro. || Díc. de la nación o Estado que no toma parte en la guerra promovida por otros.

neutralidad. f. Calidad, estado o actitud de neutral.

neutralizar. tr. Hacer neutral. Ú. t. c. prnl. || *Quím.* Hacer neutra una substancia. || fig. Debilitar el efecto de una causa, por la concurrencia de otra diferente u opuesta. Ú. t. c. prnl.

neutro, tra. adj. *Gram.* Díc. del substantivo no clasificado como masculino ni femenino. || Indiferente en política o que se abstiene de intervenir en ella: *masa* ⌢. || *Fís.* Díc. del cuerpo que posee cantidades iguales de ambas especies de electricidad, la positiva y la negativa. || Díc. de ciertos animales asexuados en el estado adulto.

neutrón. m. *Fís.* Partícula elemental pesada, de carga eléctrica neutra y masa sensiblemente igual a la del protón. Todos los átomos, menos el del hidrógeno ordinario, tienen neutrones en su núcleo, que con los protones constituyen dicho núcleo.

nevada. ≅torva. f. Acción y efecto de nevar. || Cantidad de nieve que ha caído de una vez.

nevado, da. adj. Cubierto de nieve. || fig. Blanco como la nieve. || m. *Amér.* Cumbre elevada de nieves persistentes.

nevar. intr. Caer nieve.

nevera. f. Mueble frigorífico para el enfriamiento o conservación de alimentos y bebidas.

nevero. m. Paraje de las montañas, donde se conserva la nieve todo el año. || Esta misma nieve.

nexo. ≅conexión. ≅enlace. ≅lazo. m. Unión, vínculo.

ni. conj. cop. que enlaza vocablos o frases y que denota negación: *no como* ⌢ *duermo.*

nicotina. f. Alcaloide venenoso, sin oxígeno, líquido, oleaginoso, incoloro, que se extrae del tabaco.

nicotismo o **nicotinismo.** ≅tabaquismo. m. Conjunto de trastornos causados por el abuso del tabaco.

nicho. ≅hueco. ≅oquedad. m. Concavidad en el espesor de un muro para colocar una estatua, un jarrón, etc. || Por ext., cualquier concavidad para colocar una cosa; como en los cementerios un cadáver.

nidada. f. Conjunto de huevos o de polluelos en el nido.

nidal. ≅guarida. ≅ponedero. ≅refugio. m. Lugar donde las aves domésticas ponen sus huevos.

nido. ≅morada. ≅ponedero. m. Lecho que forman las aves para poner sus huevos y criar sus pollos. || Por ext., cavidad, agujero o conjunto de celdillas donde procrean diversos animales. || Lugar donde ponen las aves, nidal. || Sitio donde se acude con frecuencia.

niebla. ≅bruma. ≅neblina. ≅sombra. ≅tenebrosidad. f. Nube en contacto con la Tierra. || fig. Confusión, obscuridad.

nieto, ta. m. y f. Respecto de una persona, hijo o hija de su hijo o de su hija.

nieve. f. Agua helada que cae de las nubes en forma de copos blancos. || Nevada. || fig. Blancura. || fam. Cocaína.

nigeriano, na. adj. y s. De Nigeria.

night club. m. Club nocturno, sala de fiestas.

nigromancia o **nigromancía.** f. Supuesta adivinación del futuro evocando a los muertos. || fam. Magia negra.

nihilismo. m. Negación de toda creencia o de todo principio religioso, político y social. || Doctrina política de negación del orden social, que tuvo en Rusia, en la segunda mitad del siglo XIX, su mayor desenvolvimiento.

nilón. m. Nailon.

nimbo. m. Disco luminoso de la cabeza de las imágenes. || Capa de nubes formada por cúmulos.

nimiedad. f. Pequeñez, insignificancia. || Minuciosidad.

nimio, mia. adj. Insignificante, sin importancia. || Minucioso, escrupuloso.

ninfa. ≅crisálida. ≅palomilla. ≅sílfide. f. *Mit.* Deidad fabulosa de las aguas, bosques, selvas, etc. || fig. Joven hermosa. || Insecto que ha pasado ya del estado de larva y prepara su última metamorfosis.

ninfomanía. f. Deseo sexual violento e insaciable en la mujer.

Neutrón

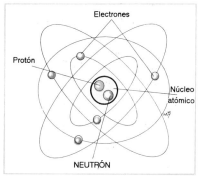

NEUTRÓN

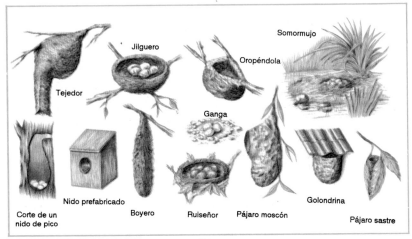

Jilguero

Somormujo

Oropéndola

Tejedor

Ganga

Nido prefabricado

Boyero

Ruiseñor

Pájaro moscón

Golondrina

Corte de un
nido de pico

Pájaro sastre

Nidos

ningún. adj. Apócope de ninguno. Se emplea sólo antepuesto a nombres masculinos: ∽ hombre.

ninguno, na. adj. Ni uno solo. || pron. indet. Nulo y sin valor. || Ninguna persona, nadie: *no ha venido* ∽.

niña. f. Pupila del ojo.

niñera. ≅chacha.. ≅sirvienta. ≅tata. f. Criada destinada a cuidar niños.

niñería. f. Acción propia de niños. || Poquedad o cortedad de las cosas. || fig. Hecho o dicho de poca importancia.

niñez. f. Período de la vida humana, que se extiende desde la infancia a la pubertad.

niño, ña. adj. y s. Que se halla en la niñez. || Por ext., que tiene pocos años. || fig. Que tiene poca experiencia.

nipón, na. ≅japonés. adj. y s. De Japón.

níquel. m. Metal de color y brillo semejantes a los de la plata, muy duro, magnético y algo más pesado que el hierro. Entra en varias aleaciones, como el metal blanco. Peso atómico, 58,69; núm. atómico, 28; símbolo, *Ni*.

niquelar. tr. Cubrir con un baño de níquel otro metal.

niqui o **niki.** m. Prenda de vestir, especie de blusa.

nirvana. m. En el budismo, bienaventuranza obtenida por la absorción e incorporación del individuo en la esencia divina.

níscalo. m. Mízcalo.

níspero. m. Árbol de flores blancas, de fruto comestible. || Fruto de este árbol.

nitidez. ≅claridad. f. Calidad de nítido.

nítido, da. adj. Limpio, claro, resplandeciente. || Preciso, bien difinido.

nitrato. m. *Quím.* Sal que se obtiene por reacción del ácido nítrico con una base.

nítrico, ca. adj. Relativo al nitro o al nitrógeno.

nitro. ≅salitre. m. Nitrato potásico.

nitrógeno. m. Metaloide gaseoso, tri o pentavalente, incoloro, transparente, insípido e inodoro. Es elemento fundamental en la composición de los seres vivos. Peso atómico, 14,008; núm. atómico, 7; símbolo, *N*.

nitroglicerina. f. *Quím.* Líquido aceitoso, inodoro, que se prepara por nitración de la glicerina. Es un explosivo muy potente.

nivel. ≅ras. m. Instrumento para averiguar la diferencia de altura entre dos puntos o comprobar si tienen la misma. || Horizontalidad. || Altura a que llega la superficie de un líquido o un gas. || fig. Igualdad, equivalencia.

nivelar. tr. Echar el nivel para reconocer si existe o falta la horizontalidad. || Poner un plano en la posición horizontal. || Poner a igual altura dos o más cosas. || fig. Igualar. Ú. t. c. prnl.

no. adv. neg. que se emplea principalmente para contestar preguntas. || En sentido interrogativo, suele emplearse como reclamando o pidiendo contestación afirmativa: ¿‿ *me obedeces?* || En frases en que va seguido de la preposición *sin,* forma con ella sentido afirmativo: ‿ *lo dijo sin intención.*

nobelio. m. Elemento radiactivo artificial que se obtuvo bombardeando el curio con iones de carbono. Peso atómico, 257; núm. atómico, 102; símbolo, *No.*

nobiliario, ria. adj. Relativo a la nobleza.

noble. ≅aristocrático. ≅aventajado. ≅excelente. ◁indigno. ◁plebeyo. ◁ruin. adj. Preclaro, ilustre, generoso. || Principal en cualquier línea. || Que por nacimiento o por gracia del soberano usa algún título del reino. Ú. t. c. s. || Honroso, estimable.

nobleza. f. Calidad de noble. || Conjunto de los nobles de un país.

noción. ≅fundamento. ≅rudimento. f. Conocimiento o idea que se tiene de una cosa. || Conocimiento elemental. Ú. m. en pl.

nocivo, va. ≅dañino. ≅insalubre. ≅perjudicial. ◁beneficioso. ◁saludable. adj. Dañoso, pernicioso.

noctámbulo, la. adj. Que anda vagando durante la noche.

nocturnidad. f. Calidad o condición de nocturno. || *Der.* Circunstancia agravante de responsabilidad, por ejecutar de noche ciertos delitos.

nocturno, na. ≅melancólico. ≅triste. ◁diurno. adj. Relativo a la noche, o que se hace en ella.

noche. f. Tiempo en que falta sobre el horizonte la claridad del Sol. || Tiempo que hace durante la noche. || fig. Confusión, obscuridad, tristeza.

nochebuena. f. Noche de la vigilia de Navidad.

nodo. m. Cada uno de los dos puntos opuestos en que la órbita de un astro corta la eclíptica.

nodriza. f. Mujer que cría a sus pechos una criatura ajena.

nódulo. m. Concreción de poco volumen.

nogal. m. Árbol de madera dura y muy apreciada en ebanistería, cuyo fruto es la nuez. || Madera de este árbol. || adj. Color de la madera de este árbol.

nómada. ≅ambulante. ≅errante. ≅trashumante. adj. Que anda sin domicilio fijo.

nomadismo. m. Estado social, principalmente de las épocas primitivas, consistente en cambiar con frecuencia de lugar.

nombradía. f. Fama, reputación, notoriedad, renombre.

nombramiento. ≅designación. m. Acción y efecto de nombrar. || Cédula o despacho en que se designa a uno para un cargo u oficio.

nombrar. tr. Decir el nombre de una persona o cosa. || Hacer mención particular, generalmente honorífica, de una persona o cosa. || Elegir o señalar a uno para un cargo, empleo u otra cosa.

nombre. ≅denominación. ≅designación. ≅reputación. m. Palabra con la que son designados los objetos físicos, psíquicos o ideales. || Título de una cosa por el cual es conocida. || Fama, opinión. || *Gram.* Parte de la oración con la que se designan o dan a conocer las personas o cosas.

nomenclátor o **nomenclador.** ≅índice. ≅repertorio. m. Catálogo de nombres.

nomenclatura. f. Lista, catálogo. || Conjunto de las voces técnicas y propias de una ciencia.

nómina. f. Lista o catálogo de nombres de personas o cosas. || Relación nominal de los empleados que tienen sueldo en una empresa.

nominal. adj. Relativo al nombre. || Que tiene nombre de una cosa y le falta la realidad de ella en todo o en parte: *valor* ‿.

nominar. tr. Nombrar, elegir, señalar.

nominativo, va. adj. *Com.* Aplícase a los títulos e inscripciones que han de extenderse a nombre o a favor de uno, en oposición a los que son al portador. || m. *Gram.* Caso de la declinación que designa el sujeto de la significación del verbo.

non. adj. y s. Impar. || m. pl. Negación repetida de una cosa.

nonagenario, ria. adj. y s. Que ha cumplido la edad de noventa años y no llega a la de ciento.

nonagésimo, ma. adj. Que sigue inmediatamente en orden al o a lo octogésimo nono. || Díc. de cada una de las 90 partes iguales en que se divide un todo. Ú. t. c. s.

nonato, ta. adj. No nacido naturalmente.

nonio. m. Instrumento para apreciar fracciones pequeñas de las divisiones menores.

nono, na. adj. Noveno.

nopal. m. Planta originaria de Méjico, con tallos carnosos, cuyo fruto es el higo chumbo.

noquear. tr. En boxeo, dejar fuera de combate.

nordeste o **noreste.** m. Punto del horizonte entre el norte y el este. || Viento que sopla de esta parte.

nórdico, ca. adj. y s. Del Norte.

noria. f. Máquina para sacar agua de un pozo. || En las ferias, instalación recreativa consistente en una rueda que gira y en la que cuelgan asientos.

norma. ≅criterio. ≅ley. ≅método. ≅principio. f. Escuadra de que usan los artífices para

FAUNA Y FLORA NOCTURNA

Murciélago orejudo

Dondiego
de noche

Esfinge

Cárabo

Búho

Salamanquesa

arreglar y ajustar los maderos, piedras y otras cosas. || Regla que se debe seguir o a que se deben ajustar las conductas, tareas, actividades, etc. || Precepto jurídico.

normal. adj. Díc. de lo que se halla en su natural estado. || Que sirve de norma o regla. || Díc. de lo que por su naturaleza, forma o magnitud se ajusta a ciertas normas fijadas de antemano.

normalidad. f. Calidad o condición de normal.

normalizar. tr. Regularizar, ordenar. || Hacer normal. || Tipificar, ajustar a un tipo, modelo o norma.

normando, da. adj. y s. De Normandía (Francia).

normativo, va. adj. Normal, que sirve de norma. || f. Conjunto de normas.

noroeste. m. Punto del horizonte entre el norte y el oeste. || Viento que sopla de esta parte.

norte. ≅bóreas. ≅cierzo. ≅fin. ≅finalidad. ≅objeto. m. Punto cardinal del horizonte, que cae frente a un observador a cuya derecha esté el Oriente. abr. N. || Viento que sopla de esta parte. || fig. Dirección, guía.

norteamericano, na. adj. y s. De América del Norte y especialmente de EE. UU.

nos. Una de las dos formas del dativo y el acusativo del pronombre personal de primera persona.

nosotros, tras. Nominativo masculino y femenino del pronombre personal de primera persona en número plural.

nostalgia. ≅añoranza. ≅melancolía. ≅morriña. f. Pena de verse ausente de la patria o de los deudos o amigos. || Tristeza melancólica originada por el recuerdo de una dicha perdida.

nota. ≅característica. ≅contraseña. ≅llamada. f. Marca o señal que se pone en una cosa. || Reparo que se hace a un libro o escrito. || Advertencia, explicación, comentario o noticia de cualquiera clase que en impresos o manuscritos va fuera del texto. || Cualquiera de los signos de que usan los músicos para representar los sonidos. || Calificación de un tribunal de examen. || Noticia breve de un periódico o publicación. || Comunicación, mensaje breve sin forma de carta. || Papel en el que se comunica este mensaje. || Cuenta, factura de algún gasto. || fig. Detalle, aspecto.

notable. ≅considerable. ≅importante. ≅relevante. ◁insignificante. adj. Digno de nota, reparo, atención o cuidado. || Grande, excesivo. || Díc. de una de las calificaciones usadas en los exámenes de alumnos. Ú. t. c. s. || m. pl. Personas principales en una localidad o en una colectividad.

notación. f. Anotación. || Escritura musical. || *Mat.* Sistema de signos convencionales.

notar. ≅anotar. ≅marcar. ≅registrar. tr. Reparar, observar, advertir. || Apuntar brevemente una cosa. || Poner notas a los escritos o libros. || Censurar. || Percibir una sensación o darse cuenta de ella.

notaría. f. Oficio de notario. || Oficina donde despacha el notario.

notario. m. Funcionario público autorizado para dar fe de los contratos, testamentos y otros actos extrajudiciales, conforme a leyes.

noticia. ≅aviso. ≅idea. ≅novedad. f. Noción, conocimiento. || Divulgación o publicación de un hecho. || El hecho divulgado: ⏜ *triste.*

noticiario. m. Película cinematográfica en que se ilustran brevemente los sucesos de actualidad. || Audición de radio o de televisión en la que se transmiten noticias. || Sección de un periódico en la que se dan noticias diversas.

notificación. f. Acción y efecto de notificar. || Documento en que se hace constar.

notificar. tr. Hacer saber una resolución de la autoridad. || Dar noticia de una cosa.

notoriedad. f. Calidad de notorio. || Nombradía.

notorio, ria. adj. Público y sabido de todos. || Evidente, claro.

novatada. f. Vejamen y molestias causados por los alumnos de ciertos colegios y academias a sus compañeros de nuevo ingreso. || Acción propia de un novato.

novato, ta. adj. y s. Nuevo, principiante.

novecientos, tas. adj. Nueve veces ciento.

novedad. ≅alteración. ≅cambio. ≅invención. ≅variación. f. Estado de las cosas recién hechas o discurridas. || Mutación de las cosas que por lo común tiene estado fijo. || Ocurrencia reciente, noticia. || Cosa nueva. || pl. Géneros de moda.

novel. ≅bisoño. ≅principiante. adj. Nuevo, inexperto. || Principiante.

novela. f. Obra literaria en prosa, que narra sucesos ficticios, o reales en parte, y describe la evolución de los personajes. || Género literario formado por estas obras.

novelar. tr. Referir un suceso con forma o apariencia de novela. || intr. Componer o escribir novelas. || fig. Contar, publicar cuentos y patrañas.

novelesco , ca. adj. Propio de las novelas.

novelista. com. Escritor de novelas.

novelística. f. Tratado histórico o preceptivo de la novela. || Literatura novelesca.

novena. f. Ejercicio devoto que se practica durante nueve días.

novenario. m. Espacio de nueve días.

noveno, na. adj. Que sigue en orden al o a lo octavo. || Díc. de cada una de las nueve partes iguales en que se divide un todo. Ú. t. c. s.

noventa. adj. Nueve veces diez.

noviazgo. ≅ esponsales. m. Condición o estado de novio o novia. || Tiempo que dura.

noviciado. m. Tiempo destinado para la aprobación en las religiones, antes de profesar. || Casa o cuarto en que habitan los novicios. || Conjunto de novicios. || fig. Aprendizaje.

novicio, cia. ≅ inexperto. ≅ novato. ≅ nuevo. m. y f. Persona que, en la religión donde tomó el hábito, no ha profesado todavía. || fig. Principiante.

noviembre. m. Undécimo mes del año. Tiene 30 días.

novilunio. m. Conjunción de la Luna con el Sol.

novillada. f. Conjunto de novillos. || Lidia o corrida de novillos.

novillero. m. Lidiador de novillos.

novillo. m. y f. Res vacuna de dos o tres años.

novio, via. ≅ desposado. ≅ pretendiente. ≅ prometido. m. y f. Persona recién casada. || La que está próxima a casarse. || La que mantiene relaciones amorosas en expectativa de futuro matrimonio.

nubarrón. m. Nube grande y densa.

nube. f. Masa de vapor acuoso suspendida en la atmósfera. || Agrupación de cosas, como el polvo, el humo, insectos, etc. || fig. Abundancia, multitud. || fig. Cualquier cosa que obscurece o encubre otra. || Pequeña mancha en la capa exterior de la córnea.

nublado. ≅ nuboso. m. Nube, especialmente la que amenaza tempestad.

nuboso, sa. adj. Cubierto de nubes.

nuca. f. Parte alta de la cerviz.

nuclear. adj. Relativo al núcleo. || Fís. Relativo al núcleo de los átomos.

nucleico, ca. adj. Díc. de ciertos ácidos orgánicos componentes de la materia viva.

núcleo. m. Almendra o parte mollar de los frutos que tienen cáscara dura. || Hueso de las frutas. || fig. Elemento primordial al cual se van agregando otros para formar un todo. || fig. Parte o punto central de alguna cosa. || Parte central del átomo, de carga eléctrica positiva y que contiene la mayor parte de la masa atómica.

nucleón. m. Cada una de las partículas elementales, protón o neutrón, que constituyen el núcleo atómico.

nudillo. m. Parte exterior de cualquiera de las articulaciones de los dedos.

nudismo. m. Práctica que consiste en exponer el cuerpo desnudo a los agentes naturales.

nudista. adj. y com. Persona que practica el nudismo.

nudo. ≅ enredo. ≅ lazada. m. Lazo que se estrecha y cierra de modo que con dificultad se pueda soltar por sí solo. || En los árboles y plantas, parte del tronco por la cual salen las ramas. || Lugar donde se cruzan dos o más sistemas montañosos. || Lugar donde se cruzan varias vías de comunicación. || En marina, unidad de velocidad equivalente a una milla por hora. || Dificultad. || fig. Unión, lazo, vínculo.

nuera. f. Respecto de una persona, mujer de su hijo.

nuestro, tra, tros, tras. Pronombre y adjetivo posesivo de primera persona.

nueve. adj. Ocho y uno. || Noveno. Apl. a los días del mes, ú. t. c. s. || m. Signo o cifra con que se representa el número nueve.

nuevo, va. ≅ flamante. ≅ fresco. ≅ novato. ≅ novel. ≅ reciente. ◁ antiguo. ◁ viejo. adj. Recién hecho o fabricado. || Que se ve o se oye por la primera vez. || Repetido o reiterado para renovarlo. || Distinto o diferente de lo que antes había o se tenía aprendido. || Recién llegado. || fig. Poco usado.

nuez. f. Fruto del nogal. || Fruto de otros árboles: ∿ de coco. || Prominencia que forma el cartílago tiroides en la parte anterior del cuello del varón adulto.

nulidad. f. Calidad de nulo. || Incapacidad, ineptitud. || Persona incapaz, inepta.

nulo, la. adj. Falto de valor y fuerza para obligar o tener efecto. || Incapaz. || Ni uno solo, ninguno.

numen. ≅ deidad. ≅ estímulo. ≅ musa. m. Inspiración del artista o escritor.

numeración. f. Acción y efecto de numerar. || Arit. Sistema para expresar todos los números con una cantidad limitada de vocablos y de caracteres o guarismos.

numerador. m. Guarismo que señala el número de partes iguales de la unidad que contiene un quebrado. || Aparato con que se marca la numeración correlativa.

numeral. adj. Relativo al número.

numerar. tr. Contar por el orden de los números. || Expresar numéricamente la cantidad. || Marcar con números.

numerario, ria. adj. Relativo al número. || Díc.

del individuo que, con carácter fijo, forma parte de una corporación, sociedad, etc. || m. Moneda acuñada o dinero efectivo.

número. m. Expresión de la cantidad computada con relación a una unidad. || Signo o conjunto de signos con que se representa el número. || Cantidad de personas o cosas de determinada especie. || Condición, categoría o clase de personas o cosas. || Accidente gramatical que expresa si éstas se refieren a una sola persona o cosa o a más de una. || Parte del programa de un espectáculo. || Cada una de las publicaciones periódicas. || Boleto para una rifa o sorteo.

numeroso, sa. adj. Que incluye gran número de cosas.

numismática. f. Ciencia que trata del conocimiento de las monedas y medallas.

nunca. adv. t. En ningún tiempo. || Ninguna vez.

nunciatura. f. Cargo o dignidad de nuncio. || Casa del nuncio.

nuncio. ≅aviso. ≅emisario. ≅enviado. ≅síntoma. m. El que lleva aviso, noticia o encargo de un sujeto a otro. || Representante diplomático del Papa. || fig. Anuncio, señal.

nupcial. adj. Relativo a las nupcias.

nupcias. ≅esponsales. ≅matrimonio. f. pl. Boda, casamiento.

nutria. f. Mamífero carnicero de 30 a 40 c. de alt., y cuya piel es muy apreciada. || Esta piel.

nutrición. f. Acción y efecto de nutrir. || Función por la cual se nutren los seres vivos.

nutrir. ≅alimentar. ≅fortalecer. ≅sustentar. ≅vigorizar. tr. Aumentar la substancia del cuerpo animal o vegetal por medio del alimento. || fig. Llenar, colmar.

ny. f. Decimotercera letra del alfabeto griego (N, ν); corresponde a nuestra *n*.

ñ. f. Decimoséptima letra del abecedario español y decimocuarta de sus consonantes. Su nombre es *eñe*.

ñame. m. Planta herbácea, con tallos endebles, hojas grandes, flores pequeñas y verdosas en espiga, y raíz tuberculosa, de corteza casi negra y carne parecida a la de la batata, que cocida o asada es comestible muy usual en los países intertropicales. || Raíz de esta planta.

ñandú. m. Avestruz de América, que se diferencia principalmente del africano por tener tres dedos en cada pie y ser algo más pequeño y de plumaje gris poco fino.

ñáñigo, ga. adj. y s. Díc. del individuo afiliado a una sociedad secreta formada en otro tiempo por los negros de la isla de Cuba. || m. Esa sociedad.

ñaque. m. Conjunto o montón de cosas inútiles y ridículas.

ñarra. com. vulg. Niño.

ñoclo. m. Especie de melindre hecho de masa de harina, azúcar, manteca de vaca, huevos, vino y anís, de que se forman unos panecitos del tamaño de nueces, los cuales se cuecen en el horno sobre papeles polvoreados de harina.

ñoñería. f. Acción o dicho propio de persona ñoña.

ñoñez. f. Calidad de ñoño. || Ñoñería.

ñoño, ña. adj. fam. Díc. de la persona sumamente apocada o delicada, quejumbrosa y asustadiza. Ú. t. c. s. || Dicho de las cosas, soso, de poca substancia.

ñoqui. m. Masa hecha con patatas mezcladas con harina de trigo, mantequilla, leche, huevo y queso rallado, dividida en trocitos que se cuecen en agua hirviente con sal.

ñor, ra. m. y f. Abreviatura popular en algunos países del tratamiento de *señor, señora*.

ñu. m. Antílope propio del África del Sur, de la familia de los bóvidos; presenta el tronco, cola y patas semejantes a las de los caballos, pezuñas hendidas y cabeza parecida a la de los bueyes, con cuernos curvados hacia arriba y hacia delante, en ambos sexos.

ñublino, na. adj. Natural de Ñuble. Ú. t. c. s. || Relativo a esta provincia de Chile.

ñudo. m. p. us. Nudo.

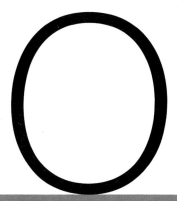

o. ʃʃoes. f. Decimoctava letra del abecedario español, y cuarta de sus vocales. || conj. disy. que denota diferencia, separación o alternativa entre dos o más personas, cosas o ideas: *Antonio o Francisco: blanco o negro; vencer o morir.* Se emplea con acento cuando va entre dos cifras: *8 ó 9.* || Denota idea de equivalencia, significando *o sea,* o *lo que es lo mismo.*

O Símbolo del *oxígeno.*

oasis. ≅alivio. ≅consuelo. ≅refugio. m. Sitio de vegetación y a veces con manantiales, que se encuentra aislado en los desiertos arenales de África y Asia. || fig. Tregua, descanso.

obcecación. f. Ofuscación tenaz y persistente.

obcecar. tr. y prnl. Cegar, deslumbrar u ofuscar.

obedecer. ≅acatar. ◁rebelarse. tr. Cumplir la voluntad de quien manda. || Ceder un animal con docilidad a la dirección que se le da. || fig. Ceder una cosa inanimada al esfuerzo que se hace para cambiar su forma o estado. || intr. fig. Dimanar, proceder.

obediencia. f. Acción de obedecer. || Precepto del superior, especialmente en las órdenes religiosas.

obediente. adj. Que obedece. || Propenso a obedecer.

obelisco. m. Pilar muy alto, de cuatro caras iguales un poco convergente, y terminado por una punta piramidal muy achatada, el cual sirve de adorno en lugares públicos, y lo emplearon principalmente los egipcios cubierto de inscripciones jeroglíficas.

obertura. ≅introducción. ≅preludio. f. Pieza de música instrumental con que se da principio a una ópera, oratorio u otra composición lírica.

obesidad. f. Calidad de obeso.

obeso, sa. ≅gordo. ≅grueso. ≅rollizo. ◁delgado. ◁flaco. adj. Persona que tiene gordura en demasía.

óbice. ◁facilidad. m. Obstáculo, embarazo, impedimento, estorbo.

obispado. m. Dignidad de obispo. || Territorio o distrito asignado a un obispo para ejercer sus funciones y jurisdicción. || Local o edificio donde funciona la curia episcopal.

obispo. m. Prelado superior de una diócesis o distrito eclesiástico. || Pez selacio rayiforme, cuyo perfil recuerda la forma de una mitra.

óbito. ≅muerte. ◁nacimiento. m. Fallecimiento de una persona.

obituario. m. Libro parroquial en que anotan las partidas de defunción y de entierro. || Registro de las fundaciones de aniversario de óbitos.

objeción. f. Razón que se propone o dificultad que se presenta en contrario de una opinión o designio, o para impugnar una proposición.

objetar. tr. Oponer reparo a una opinión o designio; proponer una razón contraria a lo que se ha dicho o intentado.

objetivar. tr. Dar carácter objetivo a una idea o sentimiento.

objetividad. f. Calidad de objetivo.

objetivo, va. ≅imparcial. ≅material. ◁imaginativo. ◁parcial. adj. Relativo al objeto en sí. || Desinteresado, desapasionado. || *Filos.* Díc. de lo que existe realmente, fuera del sujeto que lo conoce. || m. Lente o sistema de lentes colocadas en los aparatos de óptica en la parte que se dirige hacia los objetos. || *Mil.* Blanco para ejercitarse en el tiro y cualquier otro objeto sobre el que se dispara un arma de fuego. || Objeto, fin o intento.

objeto. m. Todo lo que puede ser materia de conocimiento o sensibilidad de parte del sujeto, incluso éste mismo. || Lo que sirve de materia o asunto al ejercicio de las facultades mentales. || Término o fin de los actos de las potencias. || Fin o intento a que se dirige o encamina una acción u operación. || Materia o asunto de que se ocupa una ciencia. || Cosa, particularmente de tamaño pequeña.

oblación. f. Ofrenda y sacrificio que se hace a Dios.

oblato, ta. adj. y s. Decíase del niño ofrecido por sus padres a Dios y confiado a un monasterio. || m. y f. Religioso de alguna de las diversas congregaciones que se dan a sí mismas el nombre de oblatos u oblatas. || m. Entre los benedictinos, el seglar que los asiste con hábito como sirviente. || f. Religiosa perteneciente a la congregación del Santísimo Redentor.

oblea. f. Hoja delgada de pan ácimo de la que se sacan las hostias y las formas. || Cada uno de estos trozos.

oblicuo, cua. adj. Sesgado, inclinado al través o desviado de la horizontal. || *Geom.* Díc. del plano o línea que se encuentra con otro u otras, y hace con él o ella ángulo que no es recto.

obligación. ≅compromiso. ≅deber. ≅deuda. ≅gratitud. ≅reconocimiento. ◁derecho. ◁libertad. f. Imposición o exigencia moral que debe regir la voluntad libre. || Vínculo que sujeta a hacer o abstenerse de hacer una cosa. || Correspondencia que uno debe tener y manifestar al beneficio que ha recibido de otro. || Título, comúnmente amortizable, al portador y con interés fijo. || Carga, reserva o incumbencia inherentes al estado, a la dignidad o a la condición de una persona.

obligar. ≅compeler. ≅ligar. tr. Mover e impulsar a hacer o cumplir una cosa. || Ganar la voluntad de uno con beneficios u obsequios. || Hacer fuerza en una cosa para conseguir un efecto: *esta mecha no entra en la muesca sino obligándola.* || prnl. Comprometerse a cumplir algo.

obligatorio, ria. adj. Díc. de lo que obliga a su complemento y ejecución.

obliterar. tr. Anular, tachar, borrar. || *Med.* Obstruir o cerrar un conducto o cavidad. Ú. t. c. prnl.

oblongo, ga. adj. Más largo que ancho.

obnubilar. tr. y prnl. Anublar, obscurecer, ofuscar.

oboe. m. Instrumento músico de viento, semejante a la dulzaina, de cinco a seis decímetros de largo, con seis agujeros y desde dos hasta catorce llaves. || com. Persona que ejerce o profesa el arte de tocar este instrumento.

óbolo. m. Peso que se usó en la antigua Grecia. || Moneda de plata de los antiguos griegos.

Oboes

Sinfónico

Hindú

|| fig. Cantidad exigua con que se contribuye para un fin determinado.

obra. ≅producción. ≅producto. f. Cosa hecha o producida por un agente. || Cualquier producción del entendimiento en ciencias, letras o artes, y con particularidad la que es de alguna importancia. || Tratándose de libros, volumen o volúmenes que contienen un trabajo literario completo. || Edificio en construcción.

obrada. f. Labor que en un día hace un hombre cavando la tierra, o una yunta arándola. || Medida agraria usada en algunas provincias españolas.

obrar. tr. Hacer una cosa, trabajar en ella. || Ejecutar o practicar una cosa no material. || Causar, producir o hacer efecto una cosa. || Construir, edificar, hacer una obra. || intr. Evacuar el vientre, defecar.

obrepción. f. *Der.* Falsa narración de un hecho para conseguir un empleo o dignidad.

obrerismo. m. Régimen económico fundado en el predominio del trabajo obrero. || Conjunto de los obreros. || Conjunto de actitudes y doctrinas sociales encaminadas a mejorar las condiciones de vida de los obreros.

obrero, ra. adj. y s. Que trabaja: *abeja* ◠. || m. y f. Trabajador manual retribuido.

obsceno, na. adj. Impúdico, torpe, ofensivo al pudor: *hombre, poeta* ◠*; canción, pintura* ◠.

obscurantismo. m. Oposición sistemática a que se difunda la instrucción en las clases populares.

obscurecer. ≅anochecer. ≅atender. ≅confundir. ≅ensombrecer. tr. Privar de luz y claridad. || fig. Disminuir la estimación y esplendor de las cosas; deslustrarlas y abatirlas. || fig. Ofuscar la razón, alterando y confundiendo la realidad de las cosas, para que no se conozcan o parezcan diversas. || terciopersonal. Ir anocheciendo, faltar la luz y claridad desde que el Sol empieza a ocultarse. || prnl. Aplicado al día, a la mañana, al cielo, etc., nublarse.

obscuridad. f. Falta de luz y claridad para percibir las cosas. || Densidad muy sombría, como la de los bosques altos, y cerrada. || fig. Falta de luz y conocimiento en el alma o en las potencias intelectuales. || fig. Falta de claridad en lo escrito o hablado. || Carencia de noticias acerca de un hecho o de sus causas y circunstancias.

obscuro, ra. adj. Que carece de luz o claridad. || Díc. del color que casi llega a ser negro, y del que se contrapone a otro más claro de su misma clase: *azul* ◠. Ú. t. c. s. || fig. Humilde, bajo o poco conocido. Díc. comúnmente de los linajes. || fig. Confuso, falto de claridad, poco inteligible.

Díc. del lenguaje y de las personas. || fig. Incierto, peligroso, temeroso: *porvenir* ◠. || Nublado.

obsequiar. tr. Agasajar a uno con atenciones, servicios o regalos.

obsequio. ≅agasajo. ≅cortesía. ≅don. ≅presente. m. Acción de obsequiar. || Regalo, dádiva.

observación. f. Acción y efecto de observar.

observador, ra. adj. y s. Que observa. || m. y f. Persona que es admitida en congresos, reuniones científicas, literarias, etc., sin ser miembro de pleno derecho.

observancia. f Cumplimiento exacto y puntual de lo que se manda ejecutar, como ley, religión, estatuto o regla.

observar. ≅acatar. ≅contemplar. ≅estudiar. ≅obedecer. ◁desatender. ◁desobedecer. tr. Examinar atentamente. || Guardar y cumplir exactamente lo que se manda y ordena. || Advertir, reparar.

observatorio. m. Lugar o posición que sirve para hacer observaciones. || Edificio con inclusión del personal e instrumentos apropiados y dedicados a observaciones, por lo común astronómicas o meteorológicas.

obsesión. ≅inquietud. f. Perturbación anímica producida por una idea fija. || Idea que con tenaz persistencia asalta la mente.

obsesionar. tr. y prnl. Causar obsesión.

Telescopio del observatorio astronómico de Madrid

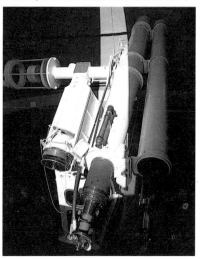

obseso, sa. adj. y s. Que está dominado por una obsesión.

obsidiana. f. Mineral volcánico vítreo, de color negro o verde muy obscuro.

obsoleto, ta. adj. Anticuado o poco usado. || Inadecuado a las circunstancias actuales.

obstaculizar. tr. Impedir o dificultar la consecución de un propósito.

obstáculo. ≅ dificultad. ≅ estorbo. ≅ óbice. ◁ facilidad. m. Impedimento, embarazo, inconveniente.

obstar. ≅ contradecir. ≅ dificultar. ≅ repugnar. ◁ facilitar. intr. Impedir, estorbar, hacer contradicción y repugnancia. || Oponerse o ser contraria una cosa a otra.

obstetricia. f. Parte de la medicina, que trata de la gestación, el parto y el puerperio.

obstinación. f. Pertinacia, porfía, terquedad.

obstinado, da. adj. Perseverante, tenaz.

obstinarse. prnl. Mantenerse uno en su resolución y tema; porfiar con necedad y pertinacia, sin dejarse vencer por los ruegos y amonestaciones razonables, ni por obstáculos o reveses.

obstrucción. f. Acción y efecto de obstruir o obstruirse. || En asambleas políticas u otros cuerpos deliberantes, táctica enderezada a impedir o retardar los acuerdos. || Impedimento para el paso de las materias sólidas, líquidas o gaseosas en las vías del cuerpo.

obstruccionismo. m. Ejercicio de la obstrucción en asambleas deliberantes.

obstruir. ≅ interceptar. ≅ obturar. ≅ tapar. ◁ abrir. ◁ facilitar. tr. Estorbar el paso, cerrar un conducto o camino. || Impedir la acción. || fig. Impedir la operación de un agente, sea en lo físico, sea en lo inmaterial. || prnl. Cerrarse o taparse un agujero, grieta, conducto, etc.

obtener. tr. Conseguir una cosa que se merece, solicita o pretende.

obturador. adj. y s. Díc. de lo que sirve para obturar. || m. *Fot.* Dispositivo de las cámaras fotográficas que regula la abertura del objetivo.

obturar. tr. Tapar o cerrar una abertura o conducto introduciendo o aplicando un cuerpo.

obtusángulo. adj. Se dice del triángulo que tiene obtuso uno de sus ángulos.

obtuso, sa. adj. Sin punta. || fig. Torpe, tardo de comprensión. || *Geom.* Díc. del ángulo mayor o más abierto que el recto.

obús. m. Pieza de artillería de menor longitud que el cañón en relación a su calibre. || Proyectil que se dispara con esta pieza.

obviar. tr. Evitar, rehuir, apartar y quitar de en medio obstáculos o inconvenientes.

obvio, via. ≅ fácil. adj. Que se encuentra o pone delante de los ojos. || fig. Muy claro o que no tiene dificultad.

oc. Dícese del provenzal o lemosín: *lengua de* ᴖ.

oca. f. Ganso, ave; ánsar. || Juego que consiste en una serie de 63 casillas, ordenadas en espiral, pintadas sobre un cartón o tabla.

ocal. adj. y s. Díc. de ciertas peras y manzanas muy gustosas y delicadas, de otras frutas y de cierta especie de rosas. || Díc. del capullo de seda formado por dos o más gusanos.

ocarina. f. Instrumento músico de forma ovoide más o menos alargada, con ocho agujeros que modifican el sonido según se tapan con los dedos.

ocasión. ≅ conveniencia. ≅ coyuntura. f. Oportunidad o comodidad de tiempo o lugar, que se ofrece para ejecutar o conseguir algo. || Causa o motivo por que se hace o acaece algo. || Peligro o riesgo.

ocasional. adj. Díc. de lo que ocasiona. || Que sobreviene por una ocasión o accidentalmente.

ocasionar. tr. Ser causa o motivo para que suceda algo.

ocaso. ≅ anochecer. ≅ atardecer. ◁ amanecer. ◁ aurora. m. Puesta del Sol al transponer el horizonte. || Occidente, punto cardinal. || fig. Decadencia, acabamiento.

occidental. adj. Relativo al occidente: *hemisferio* ᴖ.

occidente. ≅ ocaso. ≅ poniente. ◁ oriente. m. Punto cardinal del horizonte, por donde se pone el Sol en los días equinocciales. || Lugar de la esfera celeste o región de la Tierra que, respecto de otro con el cual se compara, cae hacia donde se pone el Sol. || fig. Conjunto de naciones de la parte occidental de Europa. || Conjunto de países de varios continentes, cuyas lenguas y culturas tienen su origen principal en Europa.

occipital. adj. y s. Se dice del hueso del cráneo, correspondiente al occipucio.

occipucio. m. Parte de la cabeza por donde ésta se une con las vértebras del cuello.

oceánico, ca. adj. Perteneciente o relativo al océano.

océano. m. Extensión de agua salada que cubre el 71 % de la superficie terrestre. || Cada una de las grandes subdivisiones de esta extensión: ᴖ *Atlántico, Índico.*

oceanografía. f. Ciencia que estudia los mares

y sus fenómenos, así como la fauna y la flora marinas.

ocelo. m. Cada ojo simple de las que forman un ojo compuesto de los insectos. || Mancha redonda y bicolor en las alas de algunos insectos, en las plumas de ciertas aves o en la piel de algunos mamíferos.

ocelote. m. Mamífero carnívoro americano de la familia de los félidos, de pequeño tamaño y poco temible.

ocio. m. Cesación del trabajo, inacción o total omisión de la actividad. || División u ocupación reposada, especialmente en obras de ingenio, por descanso de otras tareas.

ociosidad. f. Vicio de no trabajar, perder el tiempo o gastarlo inútilmente. || Efecto del ocio, como juegos, diversiones, etc.

ocioso, sa. adj. Persona que está sin trabajo o sin hacer alguna cosa. Ú. t. c. s. || Que no tiene uso ni ejercicio de aquello a que está destinado. || Desocupado o exento de hacer cosa que le obligue. Ú. t. c. s.

ocluir. tr. y prnl. *Med.* Cerrar un conducto u orificio del cuerpo.

oclusión. f. Acción y efecto de ocluir u ocluirse.

oclusivo, va. adj. Perteneciente o relativo a la oclusión. || Que la produce. || Díc. de los sonidos o de las consonantes para cuya pronunciación se interrumpe la salida del aire espirado; como la *p* o la *t*. Ú. t. c. s. f.

ocre. adj. y s. Color de los minerales de este nombre. || m. Mineral terroso, de color amarillo, que es un óxido de hierro hidratado. || Cualquier mineral terroso que tiene color amarillo. || Color de cualquiera de estos minerales.

octaedro. m. Poliedro regular de ocho caras o planos, que son otros tantos triángulos.

octágono, na. adj. y m. Polígono de ocho lados y ocho ángulos.

octanaje. m. Número de octanos de un carburante.

octano. m. Unidad con que se expresa el poder antidetonante de la gasolina o de otros carburantes en relación con cierta mezcla de hidrocarburos que se toma como base.

octava. f. Espacio de ocho días durante los cuales celebra la Iglesia un fiesta solemne. || Último de los ocho días. || Combinación métrica de ocho versos. || *Mús.* Sonido que forma la consonancia más sencilla y perfecta con otro. || *Mús.* Serie diatónica en que se incluyen los siete sonidos constitutivos de una escala.

octavilla. f. Octava parte de un pliego de papel. || Hoja de propaganda política o social.

octavo, va. adj. Que sigue inmediatamente en orden al o al séptimo. || Díc. de cada una de las ocho partes iguales en que se divide un todo. Ú. t. c. s.

octogenario, ria. adj. y s. Que ha cumplido la edad de 80 años y no llega a la de 90.

octógono, na. adj. y m. Octágono.

octubre. m. Octavo mes del año, según la cuenta de los antiguos romanos, y décimo del calendario que actualmente usan la Iglesia y casi todas las naciones del mundo; tiene 31 días.

ocular. adj. Relativo a los ojos o que se hace por medio de ellos: *inspección, testigo* ⁓. || m. *Ópt.* Lente o sistema de lentes colocado en la parte por donde mira el observador, y que amplía la imagen dada por el objetivo.

oculista. com. Médico que se dedica especialmente a las enfermedades de los ojos.

ocultar. ≅disfrazar. ≅disimular. ≅encubrir. ≅fingir. ≅omitir. tr. Esconder, tapar. Ú. t. c. prnl. || Reservar el Santísimo Sacramento. || Callar advertidamente lo que se pudiera o debiera decir, o disfrazar la verdad.

ocultismo. m. Conjunto de conocimientos y prácticas mágicas y misteriosas, con las que se pretende penetrar y dominar los secretos de la naturaleza. || Dedicación a las ciencias ocultas.

oculto, ta. adj. Escondido, ignorado, que no se da a conocer ni se deja ver ni sentir.

ocupación. f. Trabajo o cuidado que impide emplear el tiempo en otra cosa. || Empleo, oficio o dignidad.

Ocelote

ocupar. ≅adueñarse. ≅destinar. ≅emplear. ≅profesar. tr. Tomar posesión, apoderarse de una cosa. || Obtener, gozar un empleo, dignidad, mayorazgo, etc. || Llenar un espacio o lugar. || Habitar una casa. || Dar que hacer o en qué trabajar, especialmente en un oficio o arte. || prnl. Emplearse en un trabajo, ejercicio o tarea. || Poner la consideración en un asunto o negocio.

ocurrencia. f. Especie inesperada, pensamiento, dicho agudo u original.

ocurrente. adj. Díc. del que tiene ocurrencias o dichos agudos o graciosos.

ocurrir. intr. Acaecer, suceder algo. || prnl. Venirle a uno de repente una idea sin esperarla.

ochavo. m. Antigua moneda española de cobre mandada labrar por Felipe III.

ochenta. adj. Ocho veces diez. || Octogésimo, ordinal. || Conjunto de signos con que se representa este número.

ocho. adj. Siete y uno. || Octavo, ordinal. Apl. a los días del mes, ú. t. c. s.: *el ⁓ de octubre*. || m. Signo o cifra con que se representa el número ocho. || Carta o naipe que tiene ocho señales: *el ⁓ de oros*.

ochocientos, tas. adj. Ocho veces ciento.

oda. f. Composición poética del género lírico; se divide frecuentemente en estrofas.

odalisca. f. Mujer que forma parte de un harén.

odeón. m. *Arqueol.* Teatro o lugar destinado en Grecia para los espectáculos musicales. Por analogía se llaman así algunos teatros modernos de canto.

odiar. tr. Tener odio.

odio. m. Antipatía y aversión hacia alguna cosa o persona cuyo mal se desea.

odioso, sa. adj. Digno de odio.

odisea. f. Viaje largo en el que abundan las aventuras.

odontología. f. Estudio de los dientes y del tratamiento de sus dolencias.

odontólogo, ga. m. y f. Persona especializada en odontología.

odre. m. Cuero, generalmente de cabra, que cosido y empegado por todas partes menos por la correspondiente al cuello del animal, sirve para contener líquidos, como vino o aceite. || fig. y fam. Persona borracha o muy bebedora.

oeste. m. Occidente, punto cardinal. || Territorio que está, con respecto a otro, más próximo al punto del horizonte por donde se pone el Sol. || Viento que sopla de esta parte.

ofender. tr. Hacer daño a uno físicamente, hiriéndolo o maltratándolo. || Injuriar de palabra o

denostar. || prnl. Picarse o enfadarse por un dicho o hecho.

ofensa. f. Acción y efecto de ofender.

oferta. f. Promesa que se hace de dar, cumplir o ejecutar algo. || Don que se presenta a uno para que lo acepte. || Propuesta para contratar. || *Com.* Presentación de mercancías en solicitud de venta.

ofertar. tr. *Com.* Ofrecer en venta un producto.

ofertorio. m. Parte de la misa, en la cual, antes de consagrar, ofrece a Dios el sacerdote la hostia y el vino del cáliz. || Antífona que dice el sacerdote antes de ofrecer la hostia y el cáliz.

offset. m. *Impr.* Procedimiento de impresión, dentro de la técnica de la litografía. || f. Máquina que emplea este sistema.

oficial. ≅artesano. ≅legal. ≅menestral. ≅público. ◁oficioso. adj. Que es de oficio, o sea que tiene autenticidad y emana de la autoridad derivada del Estado. || m. El que se ocupa y trabaja en un oficio. || El que en un oficio manual ha terminado el aprendizaje y no es maestro todavía. || Militar que posee un grado o empleo, desde alférez o segundo teniente, en adelante, hasta capitán, inclusive.

oficiala. f. La que se ocupa o trabaja en un oficio. || La que en un oficio manual ha terminado el aprendizaje y no es maestra todavía.

oficialidad. f. Conjuto de oficiales del ejército. || Carácter o calidad de lo que es oficial.

oficiar. tr. Ayudar a cantar las misas y demás oficios divinos. || Celebrar la misa y demás oficios divinos. || Comunicar una cosa oficialmente y por escrito.

oficina. f. Local donde se hace, se ordena o trabaja una cosa. || Departamento donde trabajan los empleados públicos o particulares.

oficio. m. Ocupación habitual. || Cargo, ministerio. || Profesión de algún arte mecánica. || Función propia de alguna cosa. || Comunicación escrita, referente a los asuntos del servicio público en las dependencias del Estado. || Rezo diario a que los eclesiáticos están obligados, conocido también por oficio divino. || pl. Funciones de iglesia y más particularmente las de Semana Santa.

oficioso, sa. adj. Dicho o hecho por un organismo competente sin carácter oficial.

ofidio. adj. y s. Díc. de los reptiles que carecen de extremidades, tienen la boca dilatable, mandíbulas con dientes, y cuerpo largo y estrecho revestido de piel escamosa que se muda todos los años; como la boa o la víbora || m. pl. Orden de estos reptiles.

ofrecer. tr. Prometer, obligarse uno a dar, hacer

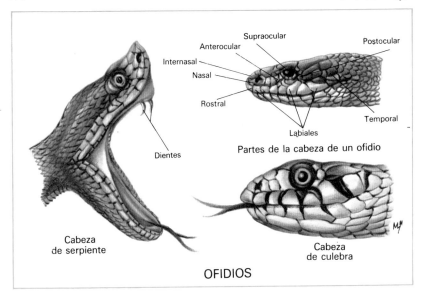

Supraocular
Anterocular
Postocular
Internasal
Nasal
Rostral
Temporal
Labiales
Partes de la cabeza de un ofidio
Dientes

Cabeza de serpiente

Cabeza de culebra

OFIDIOS

o decir algo. || Presentar y dar voluntariamente un cosa. || Manifestar y poner patente una cosa para que todos la vean. || Dedicar o consagrar algo a Dios, a la Virgen o a un santo. || Decir o exponer qué cantidad se está dispuesto a pagar por algo. || prnl. Venirse impensadamente una cosa a la imaginación. || Ocurrir o sobrevenir. || Entregarse voluntariamente a otro para ejecutar alguna cosa.

ofrenda. f. Don que se dedica a Dios, la Virgen o los santos, para implorar su auxilio o una cosa que se desea, y también para cumplir con un voto u obligación. || Pan, vino u otras cosas que llevan los fieles a la iglesia por sufragio a los difuntos, al tiempo de la misa y en otras ocasiones.

ofrendar. tr. Ofrecer dones y sacrificios a Dios por un beneficio recibido o en señal de rendimiento y adoración. || Contribuir con dinero u otros dones para un fin.

oftalmología. f. Parte de la patología, que trata de las enfermedades de los ojos.

oftalmólogo, ga. m. y f. Especialista en las enfermedades de los ojos, oculista.

ofuscar. ≅cegar. ≅obnubilar. ≅perturbar. tr. Deslumbrar, turbar la vista. Ú. t. c. prnl. || Obscurecer y hacer sombra. || fig. Trastornar, conturbar o confundir las ideas; alucinar. Ú. t. c. prnl.

ogro. m. Gigante que, según las mitologías de los pueblos del norte de Europa, se alimentaba de carne humana. || fig. Persona cruel, fea y poco sociable.

ioh!interj. de que se usa para manifestar muchos y muy diversos movimientos del ánimo, y más ordinariamente asombro, pena o alegría.

ohmio. m. Unidad de resistencia eléctrica en el sistema cegesimal. Es la resistencia eléctrica que da paso a una corriente de un amperio cuando entre sus extremos existe una diferencia de potencial de un voltio.

oidio. m. Nombre genérico de ciertos hongos parásitos que suelen desarrollarse sobre los tejidos de la vid y otras plantas.

oído. m. Sentido que permite percibir los sonidos. || Cada uno de los órganos que sirven para la audición. || Aptitud para percibir y reproducir con exactitud la altura relativa de los sonidos musicales: *fulano tiene buen* ∽.

oír. tr. Percibir los sonidos. || Atender los ruegos, súplicas o avisos de uno. || Hacerse uno cargo de aquello de que le hablan. || *Der.* Admitir la autoridad peticiones, razonamientos o pruebas de las partes antes de resolver.

ojal. ≅ojete. m. Hendedura ordinariamente re-

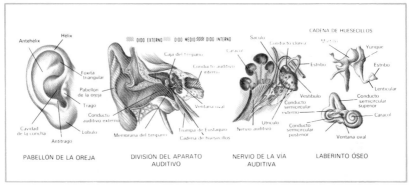

PABELLÓN DE LA OREJA   DIVISIÓN DEL APARATO AUDITIVO   NERVIO DE LA VÍA AUDITIVA   LABERINTO ÓSEO

Oído

forzada en sus bordes y a propósito para abrochar un botón, una muletilla u otra cosa semejante.

¡ojalá! interj. con que se denota vivo deseo de que suceda algo.

ojear. ≅examinar. ≅observar. tr. Dirigir los ojos y mirar con atención a determinada parte.

ojear. tr. Espantar la caza, acosándola hasta que llega al sitio donde se le ha de tirar o coger con redes, lazos, etc.

ojén. m. Aguardiente preparado con anís y azúcar hasta la saturación.

ojera. f. Mancha más o menos lívida, perenne o accidental, alrededor de la base del párpado inferior. Ú. m. en pl.

ojeriza. f. Enojo y mala voluntad contra uno.

ojete. m. fam. Ano.

ojiva. f. Figura formada por dos arcos de círculo iguales que se cortan en uno de sus extremos y volviendo la concavidad el uno al otro. || Arco que tiene esta figura.

ojival. adj. De figura de ojiva. || Díc. del estilo arquitectónico que dominó en Europa durante los tres últimos siglos de la Edad Media, y cuyo fundamento consistía en el empleo de la ojiva para toda clase de arcos.

ojo. m. Órgano de la vista en el hombre y en los animales. || Agujero que tiene la aguja para que entre el hilo. || Abertura o agujero que atraviesa de parte a parte alguna cosa. || Agujero por donde se mete la llave en la cerradura. || Espacio entre dos estribos o pilas de un puente. || Atención, cuidado o advertencia que se pone en una cosa. || Cada uno de los huecos o cavidades que tienen dentro de sí el pan, el queso y otras cosas esponjosas.

ola. ≅embate. ≅oleada. f. Onda de gran amplitud que se forma en la superficie de las aguas. || Fenómeno atmosférico que produce variación repentina en la temperatura de un lugar: ⌐ de frío. || fig. Movimiento impetuoso de la gente apiñada, oleada.

¡olé!. interj. con que se anima y aplaude. Ú. t. c. s. y en pl.

oleáceo, a. adj. y f. Díc. de árboles y arbustos angiospermos dicotiledóneos, que tienen fruto en drupa o en baya; como el olivo y el fresno. || f. pl. Familia de estas plantas.

oleada. ≅muchedumbre. ≅tropel. f. Ola grande. || Embate y golpe de la ola. || fig. Movimiento impetuoso de mucha gente apiñada.

oleaginoso, sa. adj. Aceitoso.

oleaje. m. Sucesión continuada de olas.

oleicultura. f. Arte de cultivar el olivo y mejorar la producción del aceite.

óleo. m. Aceite de oliva. || Por antonom., el que usa la Iglesia en los sacramentos y otras ceremonias. Ú. m. en pl. || Cuadro o pintura al óleo, que se hace con colores disueltos en aceite.

oleoducto. m. Tubería provista de bombas y otros aparatos para conducir el petróleo a larga distancia.

oler. ≅averiguar. ≅indagar. ≅olfatear. ≅oliscar. tr. Percibir los olores. || Procurar percibir o identificar un olor. Ú. t. c. intr. || fig. Conocer o adivinar una cosa que se juzgaba oculta, barruntarla. Ú. t. c. prnl. || fig. Inquirir con curiosidad y diligencia lo que hacen otros. || intr. Exhalar y echar de sí fragancia que deleita el sentido del olfato, o hedor que molesta.

olfatear. tr. Oler con ahínco y persistentemente. || fig. y fam. Indagar.

olfato. ≅astucia. ≅perspicacia. m. Sentido con que los seres animados perciben los olores. || fig. Sagacidad para descubrir o entender lo que está disimulado o encubierto.

oligarquía. f. Forma de gobierno en la cual el poder supremo es ejercido por un reducido grupo de personas. || fig. Conjunto de algunos poderosos negociantes que se aúnan para que todos los negocios dependan de su arbitrio.

oligisto. m. Mineral opaco, de color gris negruzco o pardo rojizo. Es un óxido de hierro, y por su riqueza en metal es muy apreciado en siderurgia.

oligoceno, na. adj. Época o período del terciario, que sigue el eoceno y con el que finaliza el terciario antiguo o paleógeno. Ú. t. c. s. || Perteneciente o relativo a esta época o período.

oligofrenia. f. Deficiencia mental.

oligopolio. m. Aprovechamiento de alguna industria o comercio por reducido número de empresas.

olimpiada u **olimpíada.** f. Fiesta o juego que se hacía cada cuatro años en la antigua c. de Olimpia. || Competición universal de juegos atléticos que se celebra modernamente cada cuatro años en lugar señalado de antemano y con exclusión de los profesionales del deporte.

olímpico, ca. adj. Perteneciente al Olimpo. || Perteneciente a Olimpia. || Perteneciente a los juegos de las olimpiadas. || fig. Altanero, soberbio: ⌐ desdén.

olimpo. m. Morada de los dioses griegos. || Conjunto de todos los dioses de la mitología griega.

oliscar. ≅husmear. ≅indagar. ≅olfatear. tr. Oler algo con cuidado y persistencia. || fig. Averiguar, inquirir. || intr. Empezar a oler mal una cosa.

olisquear. tr. Oler uno o un animal una cosa. || Husmear uno, curiosear.

oliva. f. Olivo. || Aceituna.

olivar. m. Sitio plantado de olivos.

olivarero, ra. adj. Perteneciente o relativo al cultivo y aprovechamiento del olivo. || Que se dedica a este cultivo. Ú. t. c. s.

olivo. m. Árbol oleáceo de hojas persistentes coriáceas cuyo fruto es la aceituna. || Madera de este árbol.

olma. f. Olmo muy corpulento y frondoso.

olmeda u **olmedo.** f. Sitio plantado de olmos.

olmo. m. Árbol ulmáceo de excelente madera.

ológrafo, fa. adj. y m. Aplícase al testamento de puño y letra del testador.

olor. m. Impresión que los efluvios de los cuerpos producen en el olfato. || Lo que es capaz de producir esa impresión. || fig. Lo que causa o motiva una sospecha.

oloroso, sa. adj. Que exhala de sí fragancia. || m. Vino de Jerez de color dorado obscuro y mucho aroma.

olvidadizo, za. ≅desmemoriado. ≅distraído. ≅egoísta. ≅ingrato. ⌐atento. ⌐cumplido. adj. Que con facilidad se olvida de las cosas.

olvidar. ≅desatender. ≅descuidar. ≅postergar. ≅relegar. ⌐recordar. tr. y prnl. Dejar de tener en la memoria lo que se tenía o debía tener. || Dejar de tener en el afecto o afición a una persona o cosa. || No tener en cuenta alguna cosa.

olvido. m. Cesación de la memoria que se tenía. || Cesación del afecto que se tenía. || Descuido.

olla. ≅cacerola. ≅cocido. ≅guiso. ≅puchero. f. Vasija redonda de barro o metal que sirve para cocer manjares, calentar agua, etc. || Vianda preparada con carne, tocino, legumbres y hortalizas.

omaso. m. Tercer estómago de los rumiantes.

ombligo. m. Cicatriz redonda y arrugada que se forma en medio del vientre, después de romperse y secarse el cordón umbilical. || fig. Medio o centro de cualquier cosa.

ombliguero. m. Venda que se pone a los niños nacidos para sujetar el pañito o gasa que cubre el ombligo, hasta que éste se seque.

omega. f. Vigésima cuarta y última letra del alfabeto griego. (Ω, ω), o larga. Corresponde a nuestra o.

omeya. adj. y s. Díc. de una dinastía árabe fundada por Omeya, primer califa de Damasco.

ómicron. f. Decimoquinta letra del alfabeto griego (O, o), o breve. Corresponde a nuestra o.

ominoso, sa. adj. Azaroso, abominable.

omisión. ≅negligencia. ≅olvido. ⌐advertencia. ⌐atención. f. Abstención de hacer o decir. || Falta por haber dejado de hacer algo necesario o conveniente. || Descuido del que está encargado de un asunto.

omitir. ≅callar. ≅olvidar. ≅silenciar. ≅suprimir. tr. Dejar de hacer una cosa. || Pasar en silencio una cosa. Ú. t. c. prnl.

ómnibus. m. Vehículo de gran capacidad, que sirve para transportar personas, generalmente dentro de las poblaciones.

omnímodo, da. adj. Que lo abraza y lo comprende todo.

omnipotencia. f. Poder omnímodo, atributo únicamente de Dios. || fig. Poder muy grande.

omnipotente. adj. Que todo lo puede. Es atributo sólo de Dios. || fig. Que puede muchísimo.

omnisciencia. f. Atributo exclusivo de Dios, que consite en el conocimiento de todas las cosas reales y posibles. || Conocimiento de muchas ciencias o materias.

omnívoro, ra. adj. y s. Aplícase a los animales que se alimentan de toda clase de substancias orgánicas.

omóplato u **omoplato.** m. Cada uno de los dos huesos anchos, casi planos, situados a uno y otro lado de la espalda.

onagro. m. Asno silvestre.

onanismo. m. Masturbación.

once. adj. Diez y uno. || Undécimo. Apl. a los días del mes, ú. t. c. s. || m. Conjunto de signos con que se representa el número once.

oncología. f. Parte de la medicina que trata de los tumores.

onda. ≅ola. ≅ondulación. f. Cada una de las elevaciones que se forman al perturbar la superficie de un líquido. || Movimiento que se propaga en un líquido. || Cada una de las curvas, a manera de eses, que se forman en algunas cosas flexibles; como el pelo, las telas, etc. Ú. m. en pl.

ondear. ≅ensortijar. ≅flamear. ≅ondular. ≅rizar. intr. Hacer ondas el agua. || Moverse otras cosas en el aire formando ondas: ∿ la bandera.

ondina. f. Ninfa, náyade, nereida.

ondulación. ≅onda. ≅oscilación. ≅vibración. f. Acción y efecto de ondular. || Movimiento que se propaga en un fluido o en un medio elástico sin traslación permanente de sus moléculas. || Formación en ondas de una cosa: la ∿ del terreno.

ondular. intr. Moverse una cosa formando giros en figura de eses como las culebras. || tr. Hacer ondas en el pelo.

ondulatorio, ria. adj. Que se extiende en forma de ondulaciones.

oneroso, sa. adj. Pesado, molesto. || Que incluye conmutación de prestaciones recíprocas, a diferencia de lo que se adquiere a título lucrativo.

ónice. f. Ágata listada de colores alternativamente claros y muy obscuros.

onírico, ca. adj. Relativo a los sueños.

onomástico, ca. adj. y f. Relativo a los nombres y especialmente a los propios: día ∿. || f. Ciencia que trata de la catalogación y estudio de los nombres propios.

onomatopeya. f. Imitación del sonido de una cosa en el vocablo que se forma para significarla. || El mismo vocablo que imita el sonido de la cosa nombrada con él.

ontología. f. Parte de la metafísica, que trata del ser en general y de sus propiedades trascendentales.

onubense. adj. y s. De la antigua Ónuba, hoy Huelva (España).

onza. f. Peso que consta de 16 adarmes y equivale a 287 dg.

oosfera. f. Óvulo de los vegetales.

opaco, ca. adj. Que impide el paso a la luz, a diferencia de diáfano. || Obscuro, sombrío. || fig. Triste y melancólico.

opalino, na. adj. Perteneciente o relativo al ópalo. || De color entre blanco y azulado con reflejos irisados.

ópalo. m. Mineral silíceo con algo de agua, lustre resinoso, translúcido u opaco, duro, pero quebradizo y de colores diversos.

opción. ≅preferencia. ◁coacción. f. Libertad o facultad de elegir. || La elección misma. || Derecho que se tiene a un oficio, dignidad, etc. || *Der.* Derecho a elegir entre dos o más cosas, fundado en el precepto legal o en negocio jurídico.

ópera. f. Poema dramático puesto en música en el que a veces se intercala un trozo declamado. || Poema dramático escrito para este fin; letra de la ópera. || Música de la ópera.

operación. f. Acción y efecto de operar. || Ejecución de una cosa. || Intervención cruenta que, en el tratamiento de afecciones muy definidas, efectúa un cirujano mediante el empleo de un instrumental especializado. || Negociación o contrato sobre valores o mercaderías. || *Mat.* Conjunto de reglas que permiten, partiendo de una o varias cantidades o expresiones, llamadas datos, obtener otras cantidades o expresiones llamadas resultados.

operador, ra. adj. y s. *Cir.* Que opera. || *Cin.* y *Telev.* Técnico encargado de la parte fotográfica del rodaje. || *Cin.* Técnico encargado de proyectar la película.

operar. ≅actuar. ≅intervenir. ≅obrar. tr. Realizar, llevar a cabo. Ú. t. c. prnl. || intr. Producir las cosas el efecto para que se destinan. || Ejecutar sobre el cuerpo animal vivo, una operación quirúrgica. || Efectuar operaciones matemáticas. || prnl. Someterse a una operación quirúrgica.

operario, ria. m. y f. Obrero, trabajador manual.

operativo, va. ≅agente. ◁inoperante. adj. Díc. de lo que obra y hace su efecto.

operatorio, ria. adj. Que puede operar. || Relativo a las operaciones quirúrgicas.

opérculo. m. Pieza generalmente redonda, que, a modo de tapadera, sirve para cerrar ciertas aberturas; como la de las agallas de la mayor parte de los peces, la concha de muchos moluscos univalvos o las cápsulas de varios frutos.

opereta. f. Género musical de origen francés, especie de ópera de asunto frívolo y carácter alegre, con alguna parte declamada.

opiáceo, a. adj. Díc. de los compuestos de opio. || fig. Que calma como el opio.

opinar. intr. Formar o tener opinión. || Expresarla de palabra o por escrito.

opinión. ≅criterio. ≅juicio. ≅reputación. f. Concepto o parecer que se forma de una cosa cuestionable. || Fama o concepto en que se tiene a una persona o cosa.

opio. m. Producto que resulta de la desecación del jugo que se hace fluir por incisiones de las cabezas verdes de la adormidera. Es opaco, moreno, amargo y de olor fuerte característico, y se emplea como narcótico.

opíparo, ra. ≅suculento. ◁escaso. ◁mezquino. adj. Copioso y espléndido, tratándose de banquete, comida, etc.

oploteca. f. Museo de armas antiguas.

oponer. ≅contraponer. ≅enfrentar. ≅excluir. ≅rechazar. ◁facilitar. tr. Poner una cosa contra otra para estorbarle. Ú. t. c. prnl. || Proponer una razón contra la que otro dice. || prnl. Ser una cosa contraria a otra. || Estar una cosa situada enfrente de otra. || Impugnar.

oporto. m. Vino fabricado principalmente en Oporto (Portugal).

oportunidad. ≅ocasión. f. Sazón, coyuntura, conveniencia de tiempo y de lugar.

oportunismo. m. Sistema político que prescinde en cierta medida de los principios fundamentales, tomando en cuenta las circunstancias de tiempo y lugar.

oportunista. adj. Relativo al oportunismo. || com. Persona que practica el oportunismo.

oportuno, na. adj. Que se hace cuando conviene. || Díc. también del que es ocurrente y pronto en la conversación.

oposición. ≅antagonismo. ≅concurso. ≅contraste. ≅resistencia. ◁conformidad. f. Acción y efecto de oponer. || Disposición de algunas cosas de modo que estén unas enfrente de otras. || Contrariedad de una cosa con otra. || Procedimiento selectivo consistente en una serie de ejercicios en que los aspirantes a una cátedra u otro cargo

muestran sus respectiva competencia, juzgada por un tribunal. Ú. m. en pl. || Grupos o partidos que en un país se oponen a la política del Gobierno.

opositar. intr. Hacer oposiciones a un cargo o empleo.

opositor, ra. ≅concursante. ≅émulo. ≅rival. m. y f. Persona que se opone a otra en cualquier materia. || Aspirante a una cátedra, empleo, cargo o destino que se ha de proveer por oposición o concurso.

opresión. f. Acción y efecto de oprimir.

opresor, ra. adj. y s. Que violenta a alguno, le aprieta y obliga con vejación o molestia.

oprimir. ≅apretar. ≅avasallar. ≅comprimir. ≅esclavizar. tr. Ejercer presión sobre una cosa. || fig. Sujetar a alguno, vejándolo o tiranizándolo.

oprobio. ≅descrédito. ≅vergüenza. ◁honor. m. Ignominia, afrenta, deshonra.

optar. ≅elegir. ≅preferir. ◁renunciar. tr. e intr. Escoger una cosa entre varias.

óptica. f. Parte de la física que estudia las leyes y los fenómenos de la luz. || Arte de fabricar lentes, microscopios y demás aparatos que sirven para mejorar la visión. || Establecimiento donde se comercia con instrumentos de óptica. || fig. Modo de considerar un asunto, punto de vista.

óptico, ca. adj. Perteneciente o relativo a la óptica. || m. y f. Comerciante de objetos de óptica. || Persona con titulación oficial para trabajos en materia de óptica.

optimismo. m. Sistema filosófico que consiste en atribuir al universo la mayor perfección posible, como obra de un ser infinitamente perfecto. || Propensión a ver y juzgar las cosas en su aspecto más favorable.

optimista. adj. y s. Que profesa el optimismo filosófico. || Que propende a ver y juzgar las cosas en su aspecto más favorable.

óptimo, ma. ≅excelente. ≅perfecto. ◁pésimo. adj. superl. de bueno. Sumamente bueno.

opuesto, ta. ≅adversario. adj. Enemigo o contrario. || Díc. de las hojas, flores, ramas y otras partes de la planta, cuando están encontradas o las unas nacen enfrente de las otras.

opulencia. ≅demasía. ≅exuberancia. ≅profusión. ◁escasez. ◁falta. f. Abundancia, riqueza y sobra de bienes. || fig. Sobreabundancia de cualquiera otra cosa.

opúsculo. m. Obra científica o literaria de poca extensión.

oquedad. ≅cavidad. ≅hueco. ◁convexidad. f. Espacio que en un cuerpo sólido queda vacío. || fig. Insubstancialidad de lo que se habla o escribe.

oquedal. m. Monte sólo de árboles, limpio de hierba y de matas.

ora. conj. dist., aféresis de *ahora*. Ú. repetida.

oración. ≅alocución. ≅disertación. f. Discurso pronunciado en público: ∽ *inaugural*. ‖ Súplica, deprecación, ruego que se hace a Dios y a los santos. ‖ Palabra o conjunto de palabras con que se expresa un sentido completo.

oráculo. ≅profecía. ≅vaticinio. m. Respuesta que da Dios o por sí o por sus ministros. ‖ Contestación que las pitonisas y sacerdotes de la gentilidad pronunciaban como dada por los dioses a las consultas que ante sus ídolos se hacían. ‖ Persona a quien todos escuchan con respeto y veneración por su mucha sabiduría y doctrina.

orador, ra. ≅conferenciante. m. y f. Persona que ejerce la oratoria, que habla en público. ‖ m. Predicador.

oral. ≅verbal. adj. Expresado·con la boca o con la palabra, a diferencia de escrito: *tradición* ∽.

orangután. m. Mono antropomorfo que llega a unos dos metros de altura y vive en las selvas de Sumatra y Borneo.

orar. ≅arengar. ≅disertar. ≅rezar. intr. Hablar en público para persuadir y convencer a los oyentes. ‖ Hacer oración a Dios. ‖ tr. Rogar, pedir, suplicar.

orario. m. Banda que los antiguos romanos se ponían en el cuello, y cuyas puntas bajaban por el pecho. ‖ Estola grande y preciosa que usa el papa.

orate. ≅alienado. ≅atolondrado. ≅demente. ◁cuerdo. ◁prudente. com. Persona que ha perdido el juicio. ‖ fig. y fam. Persona de poco juicio, moderación y prudencia.

oratoria. f. Arte de hablar con elocuencia; de deleitar, persuadir y conmover por medio de la palabra.

oratorio. m. Lugar destinado para hacer oración. ‖ Sitio que hay en las casas particulares, donde por privilegio se celebraba el santo sacrificio de la misa. ‖ Congregación de presbíteros fundada por San Felipe Neri.

orbe. m. Redondez o círculo. ‖ Esfera celeste o terrestre. ‖ Mundo, creación. ‖ Pez marino, de forma casi esférica, cubierto de espinas largas, fuertes y erizadas.

órbita. ≅ámbito. ≅área. ≅curva. ≅dominio. f. Trayectoria que, en el espacio, recorre un cuerpo sometido a la acción gravitatoria ejercida por los astros. ‖ Trayectoria que recorren las partículas sometidas a campos electromagnéticos en los aceleradores de partículas. ‖ Cuenca del ojo.

orca. f. Cetáceo de unos diez metros de longitud, con cabeza obtusa, dientes arriba y abajo cónicos, parte anterior de la cabeza deprimida, aleta dorsal muy alta, la caudal muy ancha y las pectorales anchas y cortas.

órdago. m. Envite del resto en el juego del mus.

orden. ≅concierto. ≅disciplina. ≅disposición. ≅sistema. ◁desorden. amb. Colocación de las cosas en el lugar que les corresponde. ‖ Concierto, buena disposición de las cosas entre sí. ‖ Regla o modo que se observa para hacer las cosas. ‖ Serie o sucesión de las cosas. ‖ Sexto de los siete sacramentos de la Iglesia, por el cual son instituidos los obispos, sacerdotes y diáconos. ‖ *Arq.* Cierta disposición de los cuerpos principales que componen un edificio. ‖ *Bot.* y *Zool.* Cada uno de los grupos taxonómicos en que dividen las clases y que se subdividen en familias. ‖ f. Instituto religioso aprobado por el Papa y cuyos individuos viven bajo unas reglas establecidas. ‖ Mandato que se debe obedecer, observar y ejecutar.

ordenación. ≅concierto. ≅decreto. ≅dispo-

Orca

sición. ≅orden. f. Disposición, prevención. || Acción y efecto de ordenar u ordenarse un sacerdote.

ordenador, ra. adj. y s. Que ordena. || m. Máquina o sistema que a partir de unos datos de entrada es capaz de elaborar una información o resultados, siguiendo una serie de operaciones para las cuales ha sido previamente programada.

ordenamiento. m. Acción y efecto de ordenar. || Ley que da el superior para que se observe una cosa.

ordenanza. ≅disposición. ≅estatuto. ≅precepto. ≅reglamento. f. Método, orden y concierto en las cosas que se ejecutan. || Conjunto de preceptos referentes a una materia. Ú. m. en pl. || Soldado que está a las órdenes de un oficial o de un jefe. || Empleado subalterno en algunas oficinas.

ordenar. tr. Poner en orden, concierto y buena disposición una cosa. || Mandar. || Encaminar y dirigir a un fin. || Conferir las órdenes a uno. || prnl. Recibir las órdenes sagradas.

ordeñar. tr. Extraer la leche exprimiendo la ubre. || fig. Coger la aceituna, llevando la mano rodeando al ramo para que éste las vaya soltando.

ordinal. adj. Díc. del numeral que expresa la idea de orden o sucesión.

ordinariez. ≅grosería. ≅vulgaridad. f. Calidad de ordinario, basto o vulgar. || Acción o expresión ordinaria, grosera.

ordinario, ria. adj. Común, regular y que acontece habitualmente. || Contrapuesto a noble, plebeyo. || Bajo, basto, vulgar y de poca estimación. || Que no tiene grado o distinción en su línea. || Díc. del juez o tribunal de la justicia civil en oposición a los del fuero privilegiado, y también del obispo diocesano. Ú. t. c. s.

orear. ≅airear. ≅ventilar. tr. Dar el viento en una cosa, refrescándola o quitándola la humedad. || prnl. Salir uno a tomar el aire.

orégano. m. Planta labiada cuyas hojas y flores se usan como tónicas y en condimentos.

oreja. f. Órgano de la audición. || Sentido de la audición. || Ternilla que en el hombre y en muchos animales forma la parte externa del órgano del oído. || Parte del zapato que, sobresaliendo a un lado y otro, sirve para ajustarlo al empeine del pie.

orejera. f. Cada una de las dos piezas de la gorra que cubren las orejas. || Cada una de las dos piezas de acero que a uno y otro lado tenían ciertos cascos antiguos. || Cada una de las dos piezas que el arado común lleva introducidas obli-

cuamente a uno y otro lado del dental y que sirven para ensanchar el surco.

orejón. m. Pedazo de melocotón o de otra fruta, secado al aire y al sol.

orejuela. f. Cada una de las dos asas pequeñas que suelen tener algunos utensilios.

oretano, na. adj. Pueblo prerromano que habitaba la Oretania, región de la Hispania Tarraconense, que comprendía la actual provincia de Ciudad Real y parte de las de Toledo y Jaén. || Díc. también de los individuos que formaban este pueblo. Ú. t. c. s.

orfanato. ≅inclusa. m. Asilo de huérfanos.

orfandad. f. Estado de huérfano. || Pensión que por derecho disfrutan algunos huérfanos. || fig. Falta de ayuda en que una persona o cosa se encuentran.

orfebre. ≅platero. m. El que labra objetos artísticos de oro, plata y otros metales preciosos o aleaciones de ellos.

orfebrería. f. Arte del orfebre.

orfeón. m. Sociedad de cantantes en coro, sin instrumentos que los acompañen.

organdí. m. Tela blanca de algodón muy fina y transparente.

orgánico, ca. ≅viviente. ◁inanimado. ◁inorgánico. adj. Aplícase al cuerpo que está con disposición para vivir. || Que tiene armonía y consonancia. || fig. Díc. de lo que atañe a la constitución de corporaciones o entidades colectivas o a sus funciones.

organigrama. m. Sinopsis o esquema de la organización de una entidad, de una empresa o de una tarea.

organillo. m. Órgano pequeño o piano que se hace sonar por medio de un cilindro con púas movido por un manubrio.

organismo. ≅corporación. ≅cuerpo. m. Conjunto de órganos del cuerpo animal o vegetal. || Ser viviente. || fig. Conjunto de leyes, usos y costumbres por que se rige un cuerpo o institución social. || fig. Conjunto de oficinas, dependencias o empleos que forman un cuerpo o institución.

organista. com. Persona que ejerce o profesa el arte de tocar el órgano.

organización. ≅constitución. ≅disposición. ≅estructura. f. Acción y efecto de organizar. || Disposición de los órganos de la vida, o manera de estar organizado el cuerpo animal o vegetal. || fig. Disposición, arreglo, orden.

organizar. tr. Disponer el órgano para que esté acorde y templado. || fig. Establecer o reformar una cosa, sujetando a reglas el número, orden, armonía y dependencia de las partes que la componen o han de componerla. Ú. t. c. prnl.

órgano. m. Instrumento músico de viento compuesto de muchos tubos, donde se produce el sonido, unos fuelles que impulsan el aire y un teclado. || Cualquiera de las partes del cuerpo animal o vegetal que ejercen una función.

orgasmo. m. Culminación del placer sexual.

orgía u **orgia.** ≅ bacanal. ≅ festín. f. Festín en que se come y bebe inmoderadamente. || fig: Satisfacción viciosa de apetitos y pasiones desenfrenadas.

orgullo. m. Arrogancia, vanidad, exceso de estimación propia, que a veces es disimulable por nacer de causas nobles y virtuosas.

orgulloso, sa. adj. y s. Que tiene o siente mucho orgullo.

orientación. ≅ colocación. ≅ disposición. ≅ situación. f. Acción y efecto de orientar. || Posición o dirección de una cosa respecto a un punto cardinal.

oriental. adj. Perteneciente al Oriente. || Natural de Oriente. Ú. t. c. s. || Perteneciente a las regiones de Oriente. || De Oriente, provincia cubana (antes Santiago de Cuba). Ú. t. c. s.

orientalista. com. Persona que cultiva las lenguas, literaturas, historias, etc., de los países de Oriente.

orientar. ≅ emplazar. ≅ instruir. ≅ situar. ◁ desorientar. tr. Colocar una cosa en posición determinada respecto a los puntos cardinales. || Determinar la posición o dirección de una cosa respecto a un punto cardinal. || Informar a uno de lo que ignora acerca de un asunto o negocio, para que sepa mantenerse en él. Ú. t. c. prnl. || fig. Dirigir una persona o cosa hacia un fin determinado.

oriente. m. Punto cardinal del horizonte, por donde nace o aparece el Sol en los equinoccios. || Lugar de la Tierra que, respecto de otro con el cual se compara, cae hacia donde sale el Sol. || Viento que sopla de la parte de Oriente. || Brillo especial de las perlas. || Nombre dado a Asia y a las regiones inmediatas a África y Europa.

orificación. f. Acción y efecto de orificar.

orificar. tr. Rellenar con oro la picadura de una muela o de un diente.

orífice. m. Artífice que trabaja en oro, orespe, orive.

orificio. m. Boca o agujero. || Abertura de ciertos conductos del cuerpo con el exterior.

origen. m. Principio, nacimiento, manantial, raíz y causa de una cosa. || País donde uno ha nacido o tuvo principio la familia. || Ascendencia o familia. || fig. Principio, motivo o causa moral de una cosa.

original. ≅ insólito. ≅ modelo. ≅ peculiar. ≅ singular. adj. Perteneciente al origen. || Díc. de la obra científica, artística o literaria producida literalmente por su autor. Ú. t. c. s. || Se dice asimismo de la lengua en que se escribió una obra, a diferencia del idioma a que se ha traducido. || También se aplica al escritor o al artista que da a sus obras cierto carácter de novedad. || m. Manuscrito que se da a la imprenta para que con arreglo a él se haga impresión de una obra. || Cualquier escrito que se tiene a la vista para sacar de él una copia. || Persona retratada, respecto del retrato.

originalidad. f. Calidad de original.

originar. ≅ causar. ≅ engendrar. ≅ proceder. ≅ producir. ≅ provenir. tr. Ser instrumento, motivo, principio u origen de una cosa. || prnl. Traer una cosa su principio u origen de otra.

originario, ria. adj. Que da origen a una persona o cosa. || Que trae su origen de algún lugar, persona o cosa.

orilla. ≅ acera. ≅ borde. ≅ margen. ≅ ribera. f. Término, límite o extremo de la extensión de algunas cosas. || Faja de tierra que está más inmediata al agua del mar, de un lago, río, etc. || Senda que en las calles se toma para poder andar por ella, arrimado a las casas. || fig. Límite, término o fin de una cosa no material.

orillar. ≅ solventar. ≅ zanjar. tr. Dejar orillas a una tela. || Guarnecer la orilla de una tela. || prnl. Arrimarse a las orillas.

orín. m. Óxido rojizo que se forma en la superficie del hierro por la acción del aire húmedo.

orina. f. Líquido excrementicio, que secretado en los riñones pasa a la vejiga, de donde es expelido fuera del cuerpo por la uretra.

orinal. ≅ bacín. m. Vaso de vidrio, loza, barro o metal, para recoger la orina.

orinar. intr. Expeler la orina. Ú. t. c. prnl. || tr. Expeler por la uretra algún otro líquido: ∼ sangre.

oriundo, da. adj. Que trae su origen de algún lugar.

orla. f. Orilla de telas, vestidos u otras cosas, con algún adorno que la distingue. || Adorno que se pone en las orillas de una hoja de papel, en torno de lo escrito o impreso. || Lámina de cartulina, papel, etc., en que se agrupan, orlados con adornos, los retratos de los condiscípulos de una promoción escolar.

orlar. tr. Adornar un vestido u otra cosa con guarniciones al canto.

ornamentar. ≅decorar. ≅embellecer. tr. Engalanar con adornos, adornar.

ornamento. m. Adorno. || fig. Calidades y prendas morales del sujeto. || *Arquit.* y *Esc.* Ciertas piezas que se ponen para acompañar a las obras principales. || pl. Vestiduras sagradas y adornos del altar.

ornar. ≅ornamentar. tr. y prnl. Adornar.

ornato. m. Adorno, atavío.

ornitología. f. Parte de la zoología, que trata de las aves.

ornitólogo, ga. com. Persona que profesa la ornitología o tiene en ella especiales conocimientos.

ornitorrinco. m. Mamífero monotrema del tamaño aproximadamente de un conejo. Su boca se asemeja al pico de un pato y sus patas son palmeadas. Vive en Australia.

oro. m. Metal amarillo, el más dúctil y maleable de todos y uno de los más pesados, sólo atacable por el agua regia. Es uno de los metales preciosos. || Color amarillo de este metal. Ú. t. c. adj. || Moneda de oro. || Joyas. || fig. Caudal, riqueza. || Cualquiera de los naipes del palo de oros. || pl. Uno de los cuatro palos de la baraja española.

orogenia u **orogénesis.** f. Parte de la geología que estudia la formación de las montañas.

orografía. f. Parte de la geografía física que trata de la descripción de las montañas. || Conjunto de montes de una comarca, región, país, etc.

orondo, da. adj. Díc. de las vasijas de mucha concavidad, hueco o barriga. || fig. y fam. Lleno de presunción y muy contento de sí mismo.

oropel. ≅baratija. ≅quincalla. m. Lámina de latón, muy batida y adelgazada, que imita el oro. || fig. Cosa de poco valor y mucha apariencia.

oropéndola. f. Pájaro de plumaje amarillo con alas y cola negras, que cuelga el nido de las ramas horizontales de los árboles.

orozuz. m. Planta herbácea vivaz papilionácea, cuyos rizomas contienen un jugo dulce y mucilaginoso, que se usa mucho en medicina como pectoral. También se llama *regaliz.*

orquesta. f. Conjunto de instrumentos, principalmente de cuerda, viento y percusión, que participa en la ejecución de una obra musical. || Conjunto de músicos que tocan estos instrumentos. || Lugar destinado para estos músicos.

orquestar. tr. Instrumentar para orquesta.

orquestina. f. Orquesta de pocos y variados instrumentos dedicada, por lo general, a tocar música moderna bailable.

orquidáceo, a. adj. y f. Díc. de las hierbas angiospermas monocotiledóneas vivaces, con flores de forma y coloración muy raras, sin albumen, como el compañón de perro, el satirión y la vainilla. || f. pl. Familia de estas plantas.

orquídeo, a. adj. y s. Orquidáceo. || f. Flor de una planta orquidácea.

orquitis. f. Inflamación del testículo.

ortiga. f. Planta herbácea urticácea, cuyas hojas, cubiertas de pelos, segregan un líquido urente.

orto. m. Salida o aparición del Sol o de otro astro por el horizonte.

ortodoncia. f. Rama de la odontología que corrige los defectos de la dentadura.

ortodoxia. ≅dogmatismo. ◁heterodoxia. f. Rectitud dogmática o conformidad con el dogma católico. || Por ext., conformidad con la doctrina fundamental de cualquier secta o sistema. || Conjunto de las Iglesias cristianas ortodoxas.

ortodoxo, xa. adj. Conforme con el dogma católico. Ú. t. c. s. || Por ext., conforme con la doctrina fundamental de cualquier secta o sistema.

Orquidea

|| Conforme con la doctrina tradicional en cualquier rama del saber. || Díc. de las religiones cristianas de Europa oriental, como la griega y la rumana, no católicas. || Perteneciente o relativo a estas religiones. Apl. a pers., ú. t. c. s.

ortografía. f. Delineación del alzado de un edificio u otro objeto. || Parte de la gramática que enseña a escribir correctamente por el acertado empleo de las letras y de los signos auxiliares de la escritura. || Forma correcta de escribir respetando las normas ortográficas.

ortología. f. Arte de pronunciar correctamente y de hablar con propiedad.

ortopedia. f. Parte de la medicina que estudia las deformaciones del cuerpo humano y su corrección.

ortopédico, ca. adj. Perteneciente o relativo a la ortopedia.

ortopedista. com. Persona que ejerce o profesa la ortopedia.

ortóptero. adj. y s. Díc. de los insectos masticadores que tienen un par de élitros consistentes y otro de alas membranosas plegadas longitudinalmente, como los saltamontes y los grillos. || m. pl. Orden de estos insectos.

ortosa. f. Feldespato laminar muy abundante en las rocas ígneas, como el granito.

oruga. f. Planta herbácea anual, crucífera; sus hojas se usan como condimento por su sabor picante. || Larva de los insectos lepidópteros, de cuerpo liso, rugoso y a veces con pelos urticantes. Es herbívora y muy voraz y de aquí que constituya, en gran número, plaga de las plantas cultivadas. || Llanta articulada a manera de cadena sin fin, que se aplica a las ruedas de cada lado del vehículo y permite avanzar a éste por terreno escabroso.

orujo. ≅terrón. m. Hollejo de la uva, después de exprimida en el lagar. || Residuo de la aceituna molida y prensada, del cual se saca aceite de calidad inferior.

orza. f. Vasija vidriada de barro, alta y sin asas.

orzuelo. m. Granillo que nace en el borde de uno de los párpados.

os. Dativo y acusativo del pronombre de segunda persona en género masculino o femenino y número plural. No admite preposición y puede usarse como sufijo: ∿ amé, ama**os.**

osa. f. Hembra del oso.

Osa Mayor. Constelación boreal, siempre visible, y fácil de reconocer por el brillo de siete de sus estrellas que adoptan la forma de un carro sin ruedas.

Osa Menor. Constelación boreal de forma semejante a la Osa Mayor. Su estrella principal es la Polar, que dista menos de grado y medio del polo norte celeste, por lo que se toma como punto de orientación, en el hemisferio septentrional.

osadía. ≅arrojo. f. Atrevimiento, audacia.

osamenta. f. Esqueleto del hombre y de los animales. || Los huesos sueltos del esqueleto.

osar. m. Osario.

osar. intr. y tr. Atreverse.

osario. ≅carnero. m. Lugar destinado en los cementerios para reunir los huesos que se sacan de las sepulturas. || Cualquier lugar donde se hallan huesos.

óscar. ∬óscars. m. Gran premio cinematográfico.

oscense. adj. y s. De Osca, hoy Huesca (España). || Perteneciente a esta ciudad.

oscilación. f. Acción y efecto de oscilar. || Cada uno de los vaivenes de un movimiento oscilatorio.

oscilador. m. Aparato destinado a producir oscilaciones eléctricas o mecánicas.

oscilar. intr. Efectuar movimientos de vaivén a la manera de un péndulo o de un cuerpo colgado de un resorte o movido por él. || fig. Crecer y disminuir alternativamente la intensidad de algunas manifestaciones o fenómenos: ∿ el precio de las mercancías. || fig. Vacilar, titubear.

ósculo. m. Beso.

óseo, a. adj. De hueso.

osera. f. Cueva donde vive el oso.

osezno. m. Cachorro del oso.

osificarse. prnl. Convertirse en hueso.

osmio. m. Metal semejante al platino, duro y de color blanco.

ósmosis u **osmosis.** f. Fís. Paso recíproco de líquidos de distinta densidad a través de una membrana que los separa.

oso. m. Mamífero carnicero plantígrado, de pelaje abundante, largo y lacio, cabeza grande, ojos pequeños y extremidades fuertes y gruesas.

osteítis. f. Inflamación de los huesos.

ostensible. ≅palpable. ◁escondido. ◁secreto. adj. Que puede manifestarse o mostrarse. || Claro, manifiesto, patente.

ostentación. ≅boato. ≅lujo. ≅pompa. ≅presunción. ≅vanidad. ◁humildad. ◁modestia. f. Acción y efecto de ostentar. || Jactancia y vanagloria. || Magnificencia exterior y visible.

ostentar. ≅alardear. ≅exhibir. ≅lucir. ≅mostrar. tr. Hacer patente una cosa. || Hacer gala de grandeza, lucimiento y boato.

Oso gigante de Alaska

ostentoso, sa. adj. Magnífico, suntuoso, aparatoso y digno de verse.

osteolito. m. Hueso fósil.

osteología. f. Parte de la anatomía que trata de los huesos.

osteólogo, ga. m. y f. Persona que profesa la osteología o tiene en ella especiales conocimientos. || Especialista en las enfermedades de los huesos.

ostiariado. m. Orden de ostiario.

ostiario. m. Clérigo que había obtenido el inferior de los cuatro grados menores, hoy suprimido.

ostra. f. Molusco acéfalo, lamelibranquio marino, con concha de valvas desiguales y ásperas. Es comestible muy apreciado. || Concha de la madreperla.

ostracismo. m. Destierro político acostumbrado entre los atenienses. || fig. Exclusión voluntaria o forzosa de los cargos políticos.

ostricultura. f. Arte de criar ostras.

ostrogodo, da. adj. Díc. de la rama oriental del pueblo godo que, asentada al este del Dniéper.

Ú. m. c. m. pl. || Díc. también de sus individuos. Ú. t. c. s. || Relativo a los ostrogodos.

otalgia. f. Dolor de oídos.

otear. tr. Acechar desde un lugar alto lo que está abajo. || Escudriñar.

otero. ≅altozano. ≅colina. ≅montículo. m. Cerro aislado que domina un llano.

otitis. f. Inflamación del oído.

otología. f. Rama de la patología que estudia las enfermedades del oído.

otomana. f. Especie de sofá.

otomano, na. adj. y s. De Turquía.

otoñada. f. Tiempo o estación del otoño. || Sazón de la tierra y abundancia de pastos en el otoño.

otoñar. intr. Pasar el otoño. || Brotar la hierba en el otoño. || prnl. Sazonarse, adquirir tempero la tierra, por llover suficientemente en el otoño.

otoño. m. Estación del año que, astronómicamente, comienza con el equinoccio del mismo nombre y termina con el solsticio de invierno. || Época templada del año, que en nuestro hemisferio corresponde a los meses de septiembre, octubre y noviembre, y en el austral a nuestra primavera. || Período de la vida humana en que ésta declina de la plenitud hacia la vejez. || Segunda hierba o heno que producen los prados en la estación del otoño.

otorgamiento. m. Permiso, consentimiento, parecer favorable. || Der. Acción de otorgar un instrumento: como poder, testamento, etc. || Escritura de contrato o de última voluntad.

otorgar. ≅permitir. ◁negar. ◁rehusar. tr. Consentir o conceder. || Hacer merced o gracia de algo. || Der. Disponer, establecer, estipular algo, especialmente cuando interviene la fe notarial.

otorrinolaringología. f. Parte de la patología que trata de las enfermedades del oído, nariz y laringe.

otro, tra. adj. Distinto: *es ⌢ niño.* Ú. t. c. s. || Igual, semejante: *⌢ Cid.* || Un poco anterior: *el ⌢ día fuimos al cine.* || Siguiente: *a la ⌢ semana iremos al médico.*

otrora. adv. m. En otro tiempo.

ova. f. Cualquiera de las algas unicelulares y filamentosas que se crían en el agua. Ú. m. en pl.

ovación. f. Uno de los triunfos menores que concedían los romanos por haber vencido a los enemigos sin derramar sangre, o por alguna victoria de no mucha consideración. || fig. Aplauso ruidoso que se tributa colectivamente.

ovacionar. tr. Aclamar, tributar una ovación, aplauso.

oval. adj. De figura de óvalo.

ovalar. tr. Dar figura de óvalo.

óvalo. m. Curva cerrada, con la convexidad vuelta hacia la parte de afuera, como en la elipse, y simétrica respecto de uno o dos ejes.

ovar. intr. Aovar.

ovario. m. Pared inferior del pistilo, que contiene el rudimento de la semilla. || Órgano de la reproduccion propio de las hembras, que contiene óvulos.

oveja. f. Hembra del carnero.

ovejero, ra. adj. y s. Que cuida de las ovejas.

overa. f. Ovario de las aves.

ovetense. adj. y s. De Oviedo (Oviedo).

óvido. adj. y m. Díc. de los mamíferos rumiantes bóvidos como los carneros y las cabras. || m. pl. Familia de estos animales.

oviducto. m. Conducto que lleva a los óvulos desde el ovario al exterior. En la especie humana se llama trompa de Falopio.

ovillo. m. Bola que se forma al devanar una fibra textil. || fig. Cosa enredada y de figura redonda. || fig. Montón confuso de cosas.

ovino, na. adj. Se aplica al ganado lanar. || m. Animal ovino.

ovíparo, ra. adj. y s. Díc. de las especies animales cuyas hembras ponen huevos.

ovo. m. *Arq.* Ornamento en forma de huevo.

ovoide. adj. y s. Aovado, de figura de huevo.

ovoideo, a. adj. Aovado, de figura de huevo.

óvolo. m. Adorno arquitectónico en figura de huevo.

ovovivíparo, ra. adj. y s. Animal de generación ovípara cuyos huevos se abren en el trayecto de las vías uterinas; como la víbora.

ovulación. f. Expulsión desde el ovario, espontánea o inducida, de uno o varios óvulos.

ovular. intr. Salir el óvulo del ovario.

óvulo. ≅ huevo. m. *Biol.* Gameto o célula reproductora femenina que se forma en el ovario de los animales. || *Bot.* Cada uno de los cuerpos esferoidales en el ovario de la flor, en que se produce la oosfera.

oxalidáceo, a u **oxalídeo, a.** adj. y f. Díc. de las plantas angiospermas dicotiledóneas herbáceas como la aleluya y el carambolo. || f. pl. Familia de estas plantas.

oxidación. f. Combinación del oxígeno con otra substancia.

oxidar. tr. y prnl. Transformar un cuerpo por la acción del oxígeno o de un oxidante.

óxido. m. Compuesto de la química inorgánica, formado por un elemento metal y el oxígeno, de acuerdo con la valencia con que actúa el primero.

oxigenar. tr. y prnl. Combinar el oxígeno formando óxidos. || prnl. fig. Airearse, respirar el aire libre.

oxígeno. m. Metaloide gaseoso, inodoro e insípido, es esencial a la respiración, algo más pesado que el aire y parte integrante de él, del agua, de los óxidos, de casi todos los ácidos y de la mayoría de las substancias orgánicas.

oxiuro. m. Gusano filiforme que habita en el intestino del hombre y de varios animales.

oyente. com. Alumno que asiste a clase sin estar matriculado.

ozono. m. Estado alotrópico del oxígeno, producido por la electricidad, de cuya acción resulta un gas muy oxidante, de olor fuerte a marisco y de color azul cuando se liquida. Se encuentra en muy pequeñas proporciones en la atmósfera después de las tempestades.

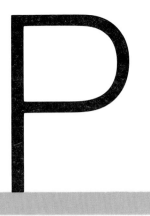

p. f. Decimonona letra del abecedario español, y decimoquinta de sus consonantes. Su nombre es *pe*.

pabellón. ≅dosel. m. Edificio que constituye una dependencia de otro mayor. || Cada una de las construcciones o edificios que forman parte de un conjunto. || Cada una de las habitaciones donde se alojan en los cuarteles los jefes y oficiales. || Tienda de campaña en forma de cono. || Bandera nacional. || Colgadura de una cama, un trono, un altar, etc. || Ensanche cónico con que termina la boca de algunos instrumentos de viento.

pabilo o **pábilo.** m. Torcida o cordón que está en el centro de la vela.

pábulo. ≅fomento. ≅motivo. ≅ocasión. ≅pasto. ≅sustento. m. fig. Cualquier sustento en las cosas inmateriales: *dar* ∽ *a la murmuración.*

paca. m. Mamífero roedor sudamericano de carne muy estimada.

pacato, ta. ≅apocado. ≅pusilánime. ≅tímido. ◁belicoso. adj. Tranquilo, moderado. Ú. t. c. s. || Insignificante. || Timorato.

pacense. adj. y s. De Badajoz.

pacer. intr. y tr. Comer el ganado la hierba en los campos. || tr. Apacentar.

paciencia. ≅aguante. ≅calma. ≅conformidad. ≅resignación. ◁ira. f. Virtud consistente en soportar con resignación las adversidades. || Capacidad para hacer cosas pesadas o minuciosas. || Lentitud, tardanza. || Espera, sosiego. || fig. Tolerancia, consentimiento.

paciente. adj. Que tiene paciencia. || com. Enfermo. || m. *Filos.* Sujeto que recibe o padece la acción de un agente.

pacificar. tr. Restablecer la paz. || Reconciliar. || prnl. fig. Sosegarse, calmarse.

pacífico, ca. ≅reposado. ◁belicoso. adj. Amigo de la paz, tranquilo. || Que no haya oposición, contradicción o alteración en su estado.

pacifismo. n. Doctrina encaminada a mantener la paz entre las naciones.

pacifista. adj. y s. Partidario del pacifismo.

pacotilla. f. Porción de mercancías que los tripulantes de un barco pueden embarcar libres de flete.

pactar. tr. Poner condiciones o conseguir estipulaciones para concluir un negocio o cualquier otra cosa entre partes, que se obligan mutuamente a su observancia. || Contemporizar una autoridad.

pacto. ≅contrato. ≅estipulación. ≅trato. m. Concierto, convenio.

pachá. m. Bajá. ◆ **vivir como un pachá.** loc. Vivir con opulencia.

pachón, na. adj. Díc. del perro de raza parecida al perdiguero, de patas más cortas y torcidas. Ú. t. c. s. || *Amér.* Peludo, lanudo. || m. y f. Persona de carácter flemático.

pachorra. f. Flema, indolencia.

pachulí. m. Planta procedente de Asia y Oceanía de la que por destilación de sus tallos y hojas se obtiene un perfume muy fuerte. || Ese mismo perfume.

padecer. ≅aguantar. ≅tolerar. tr. Sentir daño, dolor, enfermedad, pena o castigo. || Sentir agravios, injurias, etc. || Haber incurrido en error, equivocación, etc. || Soportar, sufrir.

padrastro. m. Marido de la madre, respecto de

los hijos habidos antes por ella. || fig. Mal padre. || fig. Obstáculo, inconveniente.

padrazo. m. fam. Padre muy indulgente.

padre. m. Varón o macho, respecto de sus hijos. || Cabeza de una descendencia, familia o pueblo. || Religioso o sacerdote, en señal de respeto o veneración. || Primera persona de la Santísima Trinidad. || fig. Origen, principio. || fig. Autor o inventor respecto de lo creado o inventado. || pl. El padre y la madre.

padrino. ≅valedor. m. El que presenta o asiste a otra persona que va a recibir el bautismo, que se va a casar, que recibe algún honor o grado, etc. || pl. El padrino y la madrina. || fig. Influencias.

padrón. ≅empadronamiento. ≅registro. m. Nómina de los vecinos o moradores de un pueblo.

paella. f. Plato de arroz seco, con carne, pescado, mariscos, legumbres, etc., típico de la región valenciana.

paga. ≅mensualidad. ≅salario. f. Acción de pagar. || Cantidad de dinero que se da en pago. || Satisfacción de la culpa por medio de la pena.

paganismo. m. Nombre dado por los primitivos cristianos al politeísmo, religión de los paganos o gentiles.

pagano, na. ≅gentil. ≅idólatra. adj. Relativo al paganismo. || Adepto al paganismo. Ú. t. c. s. || m. y f. fam. El que paga. || fig. Persona incauta.

pagar. ≅abonar. ≅jactarse. ≅remunerar. ◁deber. tr. Dar uno a otro, o satisfacer, lo que le debe. || Sufragar, costear. || fig. Satisfacer el delito o falta por medio de la pena correspondiente. || fig. Corresponder a un sentimiento o beneficio. || prnl. Prendarse, aficionarse. || Ufanarse.

pagaré. m. Documento privado por el que se reconoce una deuda a pagar en tiempo determinado.

página. f. Cada una de las dos caras de una hoja de un libro o cuaderno. || Lo escrito o impreso en una página: *no he podido leer más que una* ∿ *de este libro.* || fig. Suceso, lance, episodio.

paginar. tr. Numerar páginas o planas.

pago. m. Entrega de un dinero o especie que se debe. || Satisfacción, premio, recompensa.

pagoda. f. Templo en algunos pueblos de Oriente.

paidología. f. Ciencia que estudia todo lo relativo a la infancia.

paila. f. Vasija grande de metal redonda y poco profunda. || *Amér.* Sartén, vasija.

paipay. ∬paipáis. m. Abanico de palma en forma de pala y con mango.

pairar. intr. *Mar.* Estar quieta la nave.

pairo. m. *Mar.* Acción de pairar.

país. m. Región, nación, reino, provincia o territorio. || Territorio correspondiente a un pueblo o nación. || Estado independiente.

paisaje. m. Porción de terreno considerada en su aspecto artístico. || Pintura o dibujo que representa el campo, un río, bosque, etc.

paisajista. adj. y s. Díc. del pintor de paisajes.

paisano, na. adj. y s. Que es del mismo país, provincia o lugar que otro. || m. y f. Campesino. || m. El que no es militar.

paja. ≅broza. ≅desecho. f. Caña de las gramíneas después de seca y separada del grano. || Pajilla para sorber refrescos. || Brizna de una hierba. || fig. Cosa de poca entidad. || fig. Lo inútil y desechado en cualquier materia.

pajar. ≅almiar. m. Almacén de paja.

pajarería. f. Abundancia de pájaros. || Tienda en la que se venden pájaros.

pajarita. f. Papel doblado en forma de pájaro. || Corbata que se anuda en forma de mariposa.

pájaro. m. Cualquiera de las aves terrestres, voladoras, con pico recto no muy fuerte y tamaño generalmente pequeño. || fig. Hombre astuto, sagaz y cauteloso. Ú. t. c. adj.

paje. m. Criado joven que servía a un noble.

pajolero, ra. adj. y s. Impertinente, molesto, despreciable.

pala. f. Instrumento compuesto de una tabla o plancha rectangular o redondeada y un mango que se utiliza para trasladar o mover objetos. || Hoja metálica de la azada, hacha, etc. || Tabla con mango para jugar a la pelota. || Parte ancha del remo.

palabra. f. Sonido o conjunto de sonidos articulados que expresan una idea. || Representación gráfica de estos sonidos. || Facultad de hablar. || Aptitud oratoria. || Promesa. || Turno para hablar.

palabrería. f. Abundancia de palabras vanas y ociosas.

palacete. m. Casa de recreo lujosa.

palacio. m. Edificio suntuoso destinado a residencia de los reyes, altos personajes o corporaciones. || Edificio público de carácter monumental.

paladar. m. Parte interior y superior de la boca del animal vertebrado. || fig. Gusto y sabor que se percibe en los manjares. || fig. Gusto, sensibilidad.

paladear. ≅gustar. ≅saborear. tr. y prnl. Tomar poco a poco el gusto de una cosa.

PÁJAROS

Verderón

Jilguero

Pardillo común

CONIRROSTROS

Gorrión común

Canario doméstico

Alondra

Mirlo acuático

Urraca

Cuervo

Ruiseñor

Oropéndula

DENTIRROSTROS

Colibrí

Abubilla

TENUIRROSTROS

Petirrojo

Golondrina

FISIRROSTROS

paladín. m. fig. Defensor denodado.

paladio. m. *Quím.* Elemento simple, metal perteneciente al grupo del platino, de color blanco con brillo fuerte, maleable y dúctil. Peso atómico, 106,7; número atómico, 46; símbolo, *Pd.*

palafito. m. Vivienda lacustre primitiva.

palafrenero. m. Criado que lleva del freno al caballo. || Mozo de caballos.

palanca. ≅alzaprima. ≅mangueta. f. Barra recta, angular o curva, con un punto de apoyo y dos puntos de aplicación de sendas fuerzas llamadas potencia y resistencia. Sirve para transmitir una fuerza. || fig. Valimiento, intercesión.

palangana. f. Vasija de poca profundidad para lavarse. || com. fig. *Arg.* y *Perú.* Fanfarrón.

palangre. m. Cordel largo del cual penden unos ramales con anzuelos para pescar.

palanqueta. f. Palanca pequeña. || Barra para forzar las puertas o cerraduras.

palanquín. m. Especie de andas usadas en Oriente. || *Mar.* Cabo para cargar los puños de las velas mayores.

palatal. adj. Relativo al paladar. || *Fon.* Díc. del sonido cuya articulación se forma en cualquier punto del paladar.

palatino, na. adj. Relativo al paladar. || adj. Relativo a palacio.

palco. m. Localidad independiente con balcón, en los teatros y otros lugares de recreo.

palé. m. Tarima pequeña portátil para almacenar o transportar mercancías.

palenque. ≅arena. ≅coso. m. Valla de madera o estacada. || Terreno cercado para celebrar algún acto. || *Amér.* Estaca para amarrar animales.

palentino, na. adj. y s. De Palencia.

paleoceno, na. adj. y s. Díc. del período o época más antigua de las que constituyen el terciario.

paleocristiano, na. adj. Arte cristiano primitivo, hasta el siglo vi.

paleografía. f. Arte de leer la escritura y signos de los libros y documentos antiguos.

paleolítico, ca. adj. y s. Díc. del período más antiguo y largo de la prehistoria humana, conocido como el de la piedra tallada (1.000.000-h. 10.000 a. C.). Son de gran interés sus pinturas rupestres, como las de Altamira, Castillo, Lascaux, Niaux, etc.

paleontología. f. Tratado de los seres orgánicos cuyos restos o vestigios se encuentran fósiles.

paleozoico, ca. adj. y m. Díc. del segundo de los períodos de la historia de la Tierra, el más antiguo de los sedimentarios.

palestra. f. Sitio o lugar donde se lidia o lucha. || fig. poét. La misma lucha. || fig. Sitio en que se celebran ejercicios literarios públicos o se discute sobre cualquier asunto.

paleta. f. Pala pequeña. || Tabla en la que el pintor ordena los colores. || Instrumento para repartir la comida. || Badil con que se remueve la lumbre. || Utensilio de forma triangular que usan los albañiles para manejar la mezcla o mortero.

paletilla. f. Omóplato.

paleto, ta. adj. y s. Palurdo, rústico.

paliar. tr. fig. Mitigar, suavizar, atenuar. || fig. Disculpar, justificar.

palidecer. intr. Ponerse pálido. || fig. Disminuir, atenuar.

palidez. f. Decoloración de la piel.

pálido, da. adj. Amarillento, macilento. || Descolorido, desvaído. || fig. Desanimado, falto de expresión y colorido.

palier. m. En algunos vehículos automóviles, cada una de las dos mitades en que se divide el eje de las ruedas motrices.

palillero. m. Utensilio para colocar los palillos. || Mango de la pluma de escribir.

palillo. m. Mondadientes de madera. || Bolillos para hacer encajes y pasamanería. || Cada una de las dos varitas, rematadas en forma de perilla, que sirven para tocar el tambor.

palimpsesto. m. Manuscrito antiguo que conserva huellas de una escritura anterior.

palio. m. Dosel colocado sobre cuatro o más varas largas, que se usa en las procesiones.

palique. ≅cháchara. ≅charla. m. fam. Conversación de poca importancia.

palisandro. m. Madera del guayaco, compacta y de hermoso color rojo obscuro, muy estimada para la construcción de muebles.

paliza. ≅felpa. ≅tunda. f. Zurra de golpes dados con palo. || fig. y fam. Disputa, derrota. || fig. Trabajo, esfuerzo.

palma. f. Palmera. || Hoja de la palmera. || Datilera. || Palmito. || Cara anterior y algo cóncava de la mano, desde la muñeca hasta los dedos. || pl. Palmadas, aplausos.

palmada. f. Golpe dado con la palma de la mano. || Ruido que se hace golpeando una con otra las palmas de las manos. Ú. m. en pl.

palmar. m. Sitio o lugar donde se crían palmas. || intr. fig. Morir.

palmarés. m. Lista de vencedores en una competición. || Historial, hoja de servicios.

palmario, ria. ≅evidente. ≅notorio. ≅palpable. adj. Claro, patente, manifiesto.

palmatoria. f. Candelero bajo.
palmeado, da. adj. De figura de palma.
palmear. intr. Aplaudir, dar palmadas.
palmera. f. Árbol de hasta 20 metros de altura, cuyo fruto es el dátil.
palmeral. m. Bosque de palmeras.
palmeta. f. Tabla con la que los maestros de escuela castigaban a los alumnos.
palmípedo, da. adj. y s. Díc. de las aves que tienen los dedos unidos por membranas, como el ganso, la gaviota, etc. || f. pl. Orden de estas aves.
palmito. m. Planta con hojas en forma de abanico, que se utilizan para hacer escobas y esteras.
palmo. m. Medida de longitud, cuarta parte de la vara, equivalente a unos 21 centímetros.
palmotear. intr. Palmear, dar palmadas.
palo. m. Trozo de madera cilíndrico, más largo que grueso. || Golpe que se da con un palo. || Madera. || Mástil del barco. || Cada una de las cuatro series en que se divide la baraja de naipes. || fig. Daño, perjuicio.
paloma. f. Ave domesticada de la que existen muchas variedades, que se diferencian principalmente por el tamaño y el color. || fig. Persona apacible.
palomar. m. Edificio donde se crían las palomas.
palometa. f. Pez comestible, parecido al jurel. || Japuta, pez.

palomilla. f. Mariposa nocturna, pequeña, que causa grandes daños en los graneros. || Armazón triangular para sostener tablas, estantes u otras cosas.
palomita. f. Roseta de maíz tostado.
palomo. m. Macho de la paloma.
palote. m. Palo mediano. || Trazo que los niños hacen en el papel pautado para aprender a escribir.
palpable. adj. Que puede tocarse con las manos. || fig. Patente, evidente.
palpar. tr. Tocar con las manos una cosa para percibirla o reconocerla. || Andar a tientas o a obscuras. || fig. Conocer algo con claridad.
palpitación. f. Acción y efecto de palpitar.
palpitar. intr. Contraerse y dilatarse alternativamente el corazón. || Aumentarse la palpitación natural del corazón. || Moverse o agitarse una parte del cuerpo interiormente. || Manifestarse vehementemente una pasión, un afecto, etc.
pálpito. m. Presentimiento, corazonada.
palúdico, ca. adj. Relativo a los pantanos. || Díc. del trastorno producido por el paludismo.
paludismo. ≅malaria. m. Enfermedad febril producida por un protozoo, y transmitida al hombre por la picadura del mosquito anofeles.
palurdo, da. adj. y s. Tosco.
palloza. f. Construcción en piedra, de planta redonda o elíptica con cubierta de paja, destinada en parte a vivienda y en parte al ganado.

Palmípedas

pamela. f. Sombrero de mujer, bajo de copa y ancho de alas.

pamema. f. fam. Hecho o dicho de poca entidad. || Lisonja, cumplido.

pampa. f. Llanura extensa de América meridional que no tiene vegetación arbórea.

pámpano. m. Sarmiento verde de la vid.

pampero, ra. adj. Relativo a la pampa.

pamplina. f. Planta herbácea anual, de flores amarillas, que abunda en los sembrados de suelos areniscos. || fig. y fam. Cosa de poca entidad. || fig. y fam. Remilgo, melindre. || Lisonja, cumplido.

pan. m. Alimento hecho de harina, mezclada con agua y sal, que, después de amasada formando una pasta y fermentada por la acción de la levadura, se cuece al horno. || Masa muy sobada, con manteca o aceite, para pasteles y empanadas. || fig. Todo lo que en general sirve para el sustento diario.

pana. f. Tela gruesa, semejante en el tejido al terciopelo.

panacea. f. Medicamento al que se atribuye eficacia para curar diversas enfermedades. || fig. Remedio o solución para cualquier mal.

panadería. f. Establecimiento donde se hace o vende el pan.

panadero, ra. m. y f. Persona que tiene por oficio hacer o vender pan.

panal. m. Conjunto de celdillas prismáticas hexagonales, de cera, que las abejas forman dentro de la colmena para depositar la miel.

panamericanismo. m. Doctrina que preconiza el conocimiento y la colaboración de todas las naciones de América.

pancarta. f. Cartel con lemas, peticiones, etc., que se exhibe en manifestaciones públicas.

panceta. f. Tocino entreverado con magro.

pancista. com. Persona que acomoda su comportamiento a lo que creen más conveniente para su provecho y tranquilidad.

páncreas. m. Glándula abdominal de los vertebrados, que elabora un jugo que contribuye a la digestión y produce una hormona, la insulina, que regula la cantidad de glucosa existente en la sangre.

pancreatitis. f. Inflamación del páncreas.

pancho, cha. adj. Tranquilo. || Satisfecho.

panda. m. Especie de oso, originario de varias zonas de Asia. || Pandilla, grupo.

pandemia. f. Enfermedad epidémica que se extiende a varios países.

pandereta. f. Instrumento con sonajas o cascabeles.

pandero. m. Instrumento rústico de percusión formado por una piel sujeta a un aro con sonajas o cascabeles. || fig. y fam. Culo.

pandilla. f. Grupo de amigos, generalmente jóvenes, que suelen reunirse para divertirse. || Bando, bandería.

panegírico, ca. ≅ alabanza. ≅ apología. ≅ elogio. ≅ enaltecimiento. ◁ censura. adj. Laudatorio, encomiástico. || m. Discurso oratorio en alabanza de una persona. || Elogio de una persona.

panel. m. Cada uno de los compartimientos en que se dividen los lienzos de una pared, las hojas de puertas, etc. || Elemento prefabricado para construir divisiones en los edificios. || Cartelera de propaganda.

panera. f. Cámara donde se guardan los cereales, el pan o la harina. || Cesta o recipiente para el pan.

pánfilo, la. adj. Pausado, tardo. Ú. t. c. s. || Bobo, incauto.

panfleto. m. Libelo difamatorio.

pangolín. m. Mamífero desdentado, parecido al lagarto y cubierto de escamas duras y puntiagudas.

pánico. m. Miedo grande o temor excesivo, sobre todo cuando es colectivo.

panículo. m. *Anat.* Capa subcutánea formada por un tejido adiposo.

panificar. tr. Convertir la harina en pan.

panizo. m. Planta gramínea cuyas semillas sirven de alimento especialmente a las aves., || Grano de esta planta. || Maíz. || *Chile.* Criadero de minerales.

panoja. ≅ panícula. f. Mazorca.

panoli. adj. y s. Simple, majadero.

panoplia. f. Armadura completa. || Colección de armas.

Pangolín

panorama. ≅paisaje. m. Vista de un horizonte muy dilatado. || fig. Aspecto que en conjunto presenta una situación o un proceso.

panorámico, ca. adj. Relativo al panorama. || fig. fig. Global, de conjunto. || f. Fotografía que muestra un amplio sector del paisaje. || Movimiento de la cámara alrededor de su eje sin desplazamiento, en sentido vertical, horizontal u oblicuo.

pantagruélico, ca. ≅exuberante. ≅opíparo. adj. Díc. de las comidas en cantidad excesiva.

pantalón. m. Prenda de vestir que se ciñe al cuerpo en la cintura y baja cubriendo cada pierna hasta los tobillos. Ú. m. en pl.

pantalla. f. Lámina que se coloca delante o alrededor de la luz artificial. || Mampara que se pone delante de las chimeneas. || Telón sobre el que se proyectan las imágenes cinematográficas. || Parte del televisor en que aparecen las imágenes. || fig. Persona que encubre a otra.

pantano. m. Hondonada donde se detienen las aguas. || Depósito artificial de agua.

pantanoso, sa. adj. Díc. del terreno donde hay pantanos. || Cenagoso.

panteísmo. m. Sistema filosófico que identifica a Dios con el mundo.

panteón. m. Templo que los griegos y los romanos dedicaban a los dioses. || Monumento funerario destinado a enterramiento de varias personas. || *Amér.* Cementerio.

pantera. f. Leopardo con manchas anilladas en la piel.

pantomima. f. Representación por medio de figuras y gestos sin que intervengan palabras. || fig. Comedia, farsa.

pantorrilla. f. Parte carnosa y abultada de la pierna, por debajo de la corva.

pantuflo. m. Chinela o zapato sin orejas ni talón.

panty. m. Medias unidas como leotardos.

panza. f. Barriga. || Parte más saliente de ciertas vasijas. || Primera de las cuatro cavidades en que se divide el estómago de los rumiantes.

panzada. f. Hartazgo, atracón.

panzudo, da. adj. Que tiene mucha panza.

pañal. m. Lienzo en que se envuelve a los niños pequeños. || pl. Envoltura de los niños recién nacidos. ◆ **estar** uno **en pañales.** fr. fig. y fam. Tener poco o ningún conocimiento de una cosa.

paño. m. Tela de lana muy tupida. || Tela. || Ancho de una tela cuando varias piezas de ella se cosen unas al lado de otras. || Tapiz u otra colgadura.

pañuelo. m. Pedazo de tela cuadrado y de una sola pieza, que sirve para diferentes usos. || El que sirve y se usa para limpiarse el sudor y las narices.

papa. m. Sumo pontífice de la Iglesia católica.

papa. f. Patata.

papá. m. fam. Padre. || pl. El padre y la madre.

papada. f. Abultamiento carnoso que se forma debajo de la barba, o entre ella y el cuello. || Pliegue cutáneo que sobresale en el borde inferior del cuello de ciertos animales.

papado. ≅pontificado. m. Dignidad de papa. || Tiempo que dura.

papagayo. m. Ave prensora propia de los países tropicales. Hay diversas especies con plumaje muy distinto, pero siempre con colores brillantes.

papamoscas. m. Pájaro de unos 15 cm. de largo, que se alimenta de moscas. || fig. y fam. Papanatas.

papanatas. com. fig. y fam. Persona simple y crédula o demasiado cándida y fácil de engañar.

paparrucha. ≅bulo. ≅patraña. f. fam. Noticia falsa y desatinada. || Tontería, estupidez.

papaveráceo, a. adj. y s. Díc. de plantas con fruto capsular con muchas semillas oleaginosas y de albumen carnoso; como la adormidera. || f. pl. Familia de estas plantas.

papel. m. Hoja delgada hecha con pasta vegetal molida y blanqueada que tiene múltiples aplicaciones. || Pliego, hoja o pedazo de papel en blanco, manuscrito o impreso. || Conjunto de resmas, cuadernos o pliegos de papel. || Carta, credencial, título, documento o manuscrito de cualquier clase. || fam. Periódico diario. || Parte de la obra dramática representada por el actor. || Personaje representado por el actor. || fig. Función, empleo, representación.

papeleo. ≅burocracia. m. Exceso de trámites en la resolución de un asunto.

papelera. f. Fábrica de papel. || Cesto de los papeles.

papelería. f. Tienda en que se vende papel y otros objetos de escritorio.

papeleta. f. Cédula. || fig. y fam. Asunto difícil de resolver. || Impreso que se entrega a cada alumno para certificar el pago de la matrícula de la asignatura.

papera. f. Inflamación del tiroides, bocio. || Inflamación de las glándulas salivares. Ú. m. en pl.

papila. f. Prominencia cónica formada en la piel

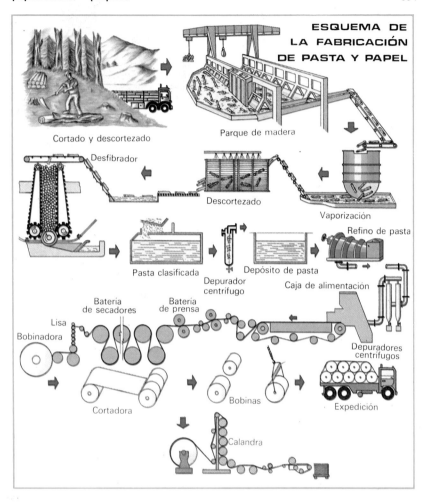

ESQUEMA DE
LA FABRICACIÓN
DE PASTA Y PAPEL

Cortado y descortezado

Parque de madera

Desfibrador

Descortezado

Vaporización

Refino de pasta

Pasta clasificada

Depósito de pasta

Depurador
centrifugo

Caja de alimentación

Batería
de secadores

Batería
de prensa

Lisa

Bobinadora

Depuradores
centrifugos

Cortadora

Bobinas

Expedición

Calandra

y en las membranas mucosas y en ciertos órganos de algunos vegetales. || Prominencia que forma el nervio óptico en el fondo del ojo.

papilionáceo, a. adj. y f. Dic. de plantas con flores con corola amariposada; como el guisante. || f. pl. Familia de estas plantas.

papiro. m. Planta indígena de Oriente. || Lámina sacada del tallo de esta planta y que empleaban los antiguos para escribir en ella.

papismo. m. Nombre que los protestantes y cismáticos dan a la Iglesia católica, a sus organismos y doctrina.

papo. m. Parte abultada del animal entre la barba y el cuello. || Buche de las aves. || Bocio.

paquebote o **paquebot.** m. Embarcación que lleva la correspondencia pública, y generalmente pasajeros también, de un puerto a otro.

paquete, ta. m. Lío o envoltorio bien dispuesto

y no muy abultado. || fig. En las motocicletas, persona que va detrás o al lado del conductor. || fig. Persona inútil o molesta.

paquidermo. adj. y m. Díc. de algunos mamíferos de piel muy gruesa y dura; como el hipopótamo y elefante.

par. ≅equivalente. ≅pareja. ≅yunta. ◁impar. ◁non. ◁uno. adj. Igual o semejante totalmente. || Díc. del número que es exactamente divisible por dos. || Díc. del órgano que corresponde simétricamente a otro igual. || m. Conjunto de dos personas o dos cosas de una misma especie.

para. prep. que puede denotar: fin de una acción: *estudio* ◠ *aprender;* término de un viaje: *voy* ◠ *Madrid;* lugar o tiempo: *pagará* ◠ *San Juan;* relación de una cosa con otra: *poco le alaban* ◠ *lo que se merece;* motivo o causa: *¿*◠ *qué madrugas tanto?;* por o a fin de: ◠ *acabar la pendencia, me llevé a Juan;* aptitud o capacidad de un un sujeto: *Pedro vale* ◠ *todo.* Con nombres, pronombres, verbos y partículas denota otras múltiples acciones.

parabién. ≅enhorabuena. m. Felicitación.

parábola. f. Narración de la que se deduce una enseñanza moral. || *Geom.* Curva abierta, simétrica respecto de un eje, con un solo foco, y que resulta de cortar un cono circular recto por un plano paralelo a una generatriz.

parabrisas. m. Bastidor con cristal que lleva el automóvil en su parte anterior.

paracaídas. m. Artefacto hecho con tela resistente que, al extenderse en el aire, toma la forma de una sombrilla grande. Se usa para moderar la velocidad de caída de los cuerpos que se arrojan desde las aeronaves.

parachoques. m. Pieza de los automóviles y otros carruajes para amortiguar los efectos de un choque.

parada. f. Acción de parar. || Lugar o sitio donde se para. || Fin o término del movimiento de una cosa. || Suspensión o pausa, especialmente en la música. || Sitio o lugar donde se recogen o juntan las reses. || Revista de tropas. || *Dep.* Detención del balón por el portero.

paradero. m. Lugar o sitio donde para o se va a parar. || fig. Fin o término de una cosa. || *Cuba.* Estación de ferrocarril. || *Col.* Parada de autobuses.

paradigma. m. Ejemplo o ejemplar.

paradisiaco o **paradisíaco, ca.** adj. Relativo al paraíso. || fig. Delicioso.

parado, da. ≅calmoso. ≅corto. ≅estático. ≅inactivo. ◁activo. adj. Que no se mueve. ||

Remiso, tímido. || Desocupado, sin empleo. Ú. t. c. s. m. pl. || *Amér.* Derecho, en pie.

paradoja. f. Idea extraña u opuesta a la opinión común. || Aserción inverosímil o absurda, que se presenta con apariencias de verdadera. || Figura de pensamiento que consiste en emplear expresiones o frases que envuelven contradicción.

parador, ra. adj. Que para. || m. Mesón. ◆ **nacional de turismo.** Establecimiento hotelero dependiente de organismos oficiales.

parafina. f. Substancia sólida, opalina, inodora, menos densa que el agua y fácilmente fusible. Se obtiene como subproducto de la fabricación de aceites lubricantes derivados del petróleo y tiene múltiples aplicaciones industriales y farmacéuticas.

parafrasear. tr. Hacer la paráfrasis de un texto o escrito.

paráfrasis. f. Explicación o interpretación de un texto.

paraguas. m. Utensilio portátil para resguardarse de la lluvia, compuesto de un bastón y un varillaje cubierto de tela que puede extenderse o plegarse.

paraguayo, sa. adj. y s. De Paraguay.

paraíso. ≅edén. ≅galería. ≅gallinero. m. En el Antiguo Testamento, lugar donde Dios puso a Adán y Eva. || Cielo. || Conjunto de asientos del piso más alto de algunos teatros. || fig. Cualquier sitio o lugar muy ameno.

paraje. ≅parte. ≅punto. m. Lugar, sitio, estancia.

paralaje. f. Diferencia entre las posiciones aparentes que en la bóveda celeste tiene un astro, según el punto desde donde se supone observado.

paralelepípedo. m. Sólido terminado por seis paralelogramos, siendo iguales y paralelos cada dos opuestos entre sí.

paralelismo. m. Calidad de paralelo.

paralelo, la. adj. Aplícase a las líneas o planos equidistantes entre sí y que por más que se prolonguen no pueden encontrarse. || Correspondiente, semejante. || m. Cada uno de los círculos menores paralelos al Ecuador.

paralelogramo. m. Cuadrilátero cuyos lados opuestos son paralelos entre sí.

parálisis. f. Privación o disminución del movimiento de una o varias partes del cuerpo.

paralítico, ca. adj. y s. Enfermo de parálisis.

paralizar. ≅entorpecer. ≅imposibilitar. ≅inmovilizar. ≅tullir. ◁movilizar. tr. y prnl. Causar parálisis. || fig. Detener, impedir la acción y movimiento de una cosa.

paramento. m. Adorno con que se cubre una cosa. || Cualquiera de las dos caras de una pared.
parámetro. m. *Mat.* Variable que, en una familia de elementos, sirve para identificar cada uno de ellos mediante su valor numérico.
paramilitar. adj. Díc. de ciertas organizaciones civiles con estructura o disciplina de tipo militar.
páramo. m. Terreno yermo, raso y desabrigado. || fig. Lugar frío y desamparado.
parangón. m. Comparación, semejanza.
parangonar. tr. Comparar
paraninfo. m. Salón de actos académicos en algunas universidades.
paranoia. f. Perturbación mental fijada en una idea o en un orden de ideas.
paranoico, ca. adj. y s. Relativo a la paranoia o que la padece.
paranormal. adj. Díc. de los fenómenos y problemas que estudia la parapsicología.
parapetarse. prnl. Resguardarse con parapetos. Ú. t. c. tr. || fig. Precaverse de un riesgo.
parapeto. m. *Arquit.* Pared o baranda que se pone para evitar caídas. || Terraplén que defiende de los golpes enemigos a los soldados.
paraplejía o **paraplejia.** f. Parálisis de la mitad inferior del cuerpo.
parapsicología. f. Estudio de los fenómenos y comportamientos psicológicos de cuya naturaleza y efectos no ha dado hasta ahora cuenta la psicología científica; como la telepatía, levitación, etc.
parar. intr. Cesar en el movimiento o en la acción. Ú. t. c. prnl. || Ir a dar a un término o llegar al fin. || Recaer, venir o estar en dominio o propiedad de alguna cosa. || Habitar, hospedarse: *no sabemos dónde para Ramón.* || Detener, impedir el movimiento. || Prevenir, preparar. || prnl. fig. Detenerse, suspender la ejecución de algo.
pararrayos o **pararrayo.** m. Artificio que se coloca sobre los edificios o los buques para preservarlos de los efectos de la electricidad de las nubes.
parasimpático. adj. y s. Díc. de uno de los dos componentes del sistema neurovegetativo con acción opuesta al simpático.
parásito, ta. adj. y s. Díc. del organismo animal o vegetal que vive a costa de otro de distinta especie. || fig. Díc. de los ruidos que perturban las transmisiones radioeléctricas. || m. y f. Persona que vive a costa ajena. || m. Piojo. Ú. m. en pl.
parasol. m. Quitasol.
parca. f. poét. La muerte.

parcela. f. Porción pequeña de terreno. || Cada una de las partes en que se divide un terreno.
parcelar. tr. Medir, señalar las parcelas para el catastro. || Dividir una finca en parcelas.
parcial. ≅fragmentario. ≅incompleto. ≅partidario. ≅secuaz. adj. Relativo a una parte del todo. || No completo. || Que juzga o procede con parcialidad. || Que sigue el partido de otro. Ú. t. c. s. || Partícipe.
parcialidad. f. Unión, agrupación, facción.
parco, ca. ≅mezquino. ≅templado. adj. Corto, escaso. || Sobrio, moderado.
parche. m. Pedazo de tela, papel, piel, etc., que por medio de un aglutinante se pega sobre una cosa para arreglarla. || Cada una de las dos pieles del tambor. || fig. Pegote o retoque mal hecho. || fig. y fam. Arreglo provisional.
parchís. m. Juego que se practica en un tablero con cuatro salidas en el que cada jugador, provisto de cuatro fichas del mismo color, trata de hacerlas llegar a la casilla central.
pardillo, lla. adj. y s. Aldeano, palurdo. || Que se deja estafar fácilmente. || m. Pájaro de vivos colores muy común en España.
pardo, da. adj. Del color de la tierra, intermedio entre blanco y negro, con tinte rojo amarillento, y más obscuro que el gris.
pareado, da. adj. y s. Díc. de los versos que riman de dos en dos.

Pardillos

parear. tr. Juntar, igualar dos cosas. || Formar pares de las cosas.

parecer. m. Opinión, juicio o dictamen. || Orden de las facciones del rostro y disposición del cuerpo.

parecer. ≅comparecer. ◁desaparecer. intr. Aparecer o dejarse ver alguna cosa. || Opinar, creer. Ú. m. c. impers. || Hallarse o encontrarse lo que se tenía por perdido. || Tener determinada apariencia o aspecto. || prnl. Asemejarse.

parecido, da. adj. Que se parece a otro. || Con los adverbios *bien* o *mal*, que tiene buena o mala disposición de facciones o aire de cuerpo. || m. Semejanza.

pared. ≅muro. ≅tapia. f. Obra de fábrica levantada a plomo para cerrar un espacio o sostener la techumbre. || Tabique. || Cara o superficie lateral de un cuerpo.

paredón. m. Pared grande. || Muro contra el que se llevan a cabo fusilamientos.

pareja. ≅dúo. ≅yunta. f. Conjunto de dos personas o cosas que tienen alguna correlación o semejanza, especialmente el formado por macho y hembra. || Conjunto de dos guardias. || Compañero o compañera en los bailes. || En los naipes, dos cartas iguales en número o semejantes en figura.

parejo, ja. adj. Igual, semejante. || Liso, llano.

parénquima. m. Tejido vegetal esponjoso. || Tejido de los órganos glandulares.

parentela. f. Conjunto de los parientes.

parentesco. ≅semejanza. m. Vínculo, enlace por consanguinidad o afinidad. || fig. Unión, vínculo, conexión.

paréntesis. m. Oración o frase incidental, sin enlace necesario con los demás miembros del período, cuyo sentido interrumpe y no altera. || Signo ortográfico ( ) en que suele encerrarse esta oración o frase. || fig. Suspensión, interrupción.

parhelio. m. Fenómeno luminoso poco común, que consiste en la aparición simultánea de varias imágenes del Sol reflejadas en las nubes.

paria. com. Persona de la casta ínfima de los indios que siguen la ley de Brahma. || fig. Persona a quien se tiene por vil.

parida. f. vulg. Tontería.

paridad. f. Comparación de una cosa con otra por ejemplo o símil. || Igualdad de las cosas entre sí. || *Econ.* Relación de una moneda con el patrón monetario internacional.

pariente, ta. adj. y s. Respecto de una persona, dícese de cada uno de los ascendientes, descendientes y colaterales de su misma familia, por consanguinidad o afinidad. || m. y f. fam. El marido respecto de la mujer, y la mujer respecto del marido.

parietal. adj. y m. Díc. de cada uno de los dos huesos situados en las partes media y laterales de la cabeza.

parihuela. f. Artefacto en forma de mesa o cajón para transportar cargas o pesos entre dos. Ú. m. en pl. || Cama portátil. Ú. t. en pl.

paripé. m. fam. Ficción, simulación.

parir. intr. En las especies vivíparas, expeler la hembra la cría que tenía concebida. Ú. t. c. tr. || tr. fig. Producir o causar una cosa. || fig. Hacer salir a luz o al público lo que estaba oculto.

parisién, parisiense o **parisino, na.** adj. y s. De París.

parking. m. Aparcamiento.

parlamentar. intr. Hablar, conversar. || Ajustar, negociar, capitular.

parlamentario, ria. adj. Relativo al parlamento. || m. Persona que va a parlamentar. || Miembro de un parlamento.

parlamento. ≅cámara. m. Asamblea legislativa. || Edificio donde se reúne un parlamento. || Acción de parlamentar.

parlanchín, na. ≅charlatán. adj. y s. fam. Que habla mucho y sin oportunidad..

parlar. intr. y tr. Hablar.

parlotear. intr. fam. Hablar mucho.

parnasiano, na. adj. y s. Relativo al Parnaso, escuela poética francesa del último tercio del siglo XIX.

parnaso. m. fig. Conjunto de todos los poetas, o de los de un pueblo o tiempo determinado. || fig. Colección de poesías de varios autores.

parné. m. pop. Dinero.

paro. ≅desempleo. ≅desocupación. ◁trabajo. m. fam. Acción y efecto de parar, cesar un movimiento o una acción. || Suspensión de la jornada industrial o agrícola. || Interrupción de un ejercicio o de una explotación industrial o agrícola por parte de los empresarios. || Conjunto de individuos que no están empleados.

parodia. f. Imitación burlesca.

parónimo. m. Aplícase a los vocablos que tienen entre sí relación o semejanza, o por su etimología o por su forma o sonido.

parótida. ≅papera. f. Cada una de las dos glándulas situadas debajo del oído y detrás de la mandíbula inferior, y que segregan la saliva.

paroxismo. m. Exacerbación o acceso violento de una enfermedad. || fig. Exaltación extrema de los afectos y pasiones.

parpadear. intr. Abrir y cerrar repetidamente los párpados. || Titilar.

párpado. m. Cada una de las membranas movibles de los ojos.

parque. ≅bosque. ≅jardín. ≅selva. m. Terreno o sitio cercado y con plantas, para caza o para recreo. || Terreno destinado en el interior de una población a prados, jardines y arbolado para recreo y ornato. || Lugar para estacionar transitoriamente vehículos.

parqué. m. Entarimado.

parquedad. ≅sobriedad. ◁derroche. f. Moderación. || Parsimonia, circunspección.

parra. f. Vid, y en especial la que está levantada artificialmente

párrafo. ≅artículo. m. Cada una de las divisiones de un escrito que termina con punto y aparte. || Signo ortográfico (Γ) con que, a veces, se denota cada una de estas divisiones.

parranda. ≅fiesta. ≅juerga. f. fam. Holgorio, jarana.

parricida. adj. y com. Persona que mata a su padre, o a su madre, o a su cónyuge.

parricidio. m. Muerte violenta que uno da a su ascendiente, descendiente o cónyuge.

parrilla. f. Rejilla para asar o tostar. || Comedor público en el que se preparan asados.

párroco. m. y adj. Cura, sacerdote encargado de una feligresía.

parroquia. f. Iglesia en que se administran los sacramentos y se atiende espiritualmente a los fieles de una feligresía. || Conjunto de feligreses. || Territorio que está bajo la jurisdicción espiritual del párroco.

parroquiano, na. adj. y s. Feligrés. || Cliente.

parsimonia. ≅ahorro. ≅economía. ◁derroche. ◁exageración. f. Circunspección, templanza. || Cachaza, lentitud.

parte. ≅fracción. ≅pedazo. f. Porción indeterminada de un todo. || Cuota que le corresponde a uno en cualquier comunidad o distribución. || Sitio o lugar. || pl. Facción, partido. || Órganos de la generación. || m. Escrito, ordinariamente breve, que se envía a una persona para darle aviso o noticia urgente. || Comunicación de cualquier clase, transmitida por radio, telégrafo o teléfono.

parteluz. m. Columna delgada que divide en dos el hueco de una ventana.

partenaire. com. Pareja, compañero en el juego, baile, etc.

partenogénesis. f. Reproducción de la especie por división de células femeninas que no se han unido con gametos masculinos.

partero, ra. ≅comadrona. ≅matrona. m. y f. Persona que asiste a la parturienta.

parterre. m. Cuadro de un jardín con flores o césped.

partición. ≅reparto. f. División, repartimiento.

participación. f. Acción y efecto de participar. || Aviso, parte, noticia. || Parte que se juega en un décimo de lotería.

participar. tr. Dar parte, notificar, comunicar. || intr. Tener parte en una cosa.

partícipe. adj. y s. Que tiene parte en una cosa.

participio. m. Forma del verbo, llamada así porque, en sus varias aplicaciones, participa, ya de la índole del verbo, ya de la del adjetivo. Se divide en *activo* y *pasivo*.

partícula. f. Parte pequeña. || *Fís.* Cada uno de los elementos que constituyen el átomo. || *Gram.* Parte invariable de la oración.

particular. ≅extraño. ≅peculiar. ≅personal. ≅raro. ≅singular. ◁general. adj. Propio y privativo de una cosa. || Especial, extraordinario. || Singular, individual. || Privado.

particularidad. f. Singularidad, especialidad, individualidad.

particularizar. tr. Expresar algo con todas sus circunstancias. || prnl. Distinguirse, singularizarse.

partida. ≅arranque. ≅certificación. ≅fe. ≅pandilla. ≅salida. f. Acción de partir o salir. || Registro o asiento en los libros del registro civil o de las parroquias. || Cada uno de los artículos y cantidades parciales que contiene una cuenta. || Cantidad de mercancía que se entrega de una vez. || Guerrilla. || Cuadrilla. || Conjunto de las manos de un juego. || fig. Muerte.

partidario, ria. adj. y s. Que sigue un partido o bando. || Adicto. || m. Guerrillero.

partidismo. m. Adhesión, sometimiento. || Inclinación, tendencia.

partido, da. ≅bando. ≅conveniencia. ≅grupo. ≅resolución. ≅utilidad. adj. Dividido, distribuido. || m. Parcialidad, coligación entre los que siguen una misma opinión o interés. || Provecho, ventaja, conveniencia. En el juego, equipo, conjunto de compañeros. || Competición deportiva. || Distrito, territorio, jurisdicción.

partir. ≅abrir. ◁cortar. ≅distribuir. ≅romper. ≅salir. ◁unir. tr. Dividir algo en dos o más partes. || Hender, rajar: ∽ *la cabeza.* || Repartir, distribuir. || Romper, cascar. || fig. y fam. Desbaratar, desconcertar, anonadar. || intr. Empezar a caminar, ponerse en camino. || prnl. fig. y vulg. Desternillarse de risa.

partitura. f. Texto completo de una obra musical.

parto. m. Acción de parir. || fig. Cualquier producción física, o del entendimiento o ingenio.

parturienta. adj. y s. Aplícase a la mujer que está de parto o recién parida.

parva. f. Mies tendida en la era para la trilla. || fig. Montón, cantidad.

parvedad. f. Pequeñez, cortedad.

parvo, va. adj. Pequeño.

parvulario. m. Institución donde se educa a los niños.

párvulo, la. adj. De corta edad. || Niño. Ú. m. c. s. || fig. Inocente.

pasa. f. Uva seca.

pasable. adj. Que se puede pasar. || Aceptable.

pasacalle. m. *Mús.* Marcha popular de compás muy vivo.

pasada. f. Paso. || Repaso, retoque.

pasadizo. ≅cañón. ≅corredor. ≅pasillo. ≅puerto. m. Paso estrecho.

pasado, da. adj. Estropeado. || Anticuado. || m. Tiempo que pasó; cosas que sucedieron en él. || *Gram.* El tiempo pretérito.

pasador. m. Pieza de acero para cerrar puertas, ventanas, ect. || Sujetador para el pelo, corbatas, etc.

pasaje. m. Acción de pasar de una parte a otra. || Derecho que se paga por pasar por un paraje. || Sitio o lugar por donde se pasa. || Precio de un viaje marítimo o aéreo. || Totalidad de los pasajeros de un buque o avión. || Trozo de un libro o escrito. || Paso entre dos calles. || *Amér.* Boleto, billete.

pasajero, ra. ≅breve. ≅fugaz. ≅transitorio. ≅viajero. adj. Que pasa pronto o dura poco. || Díc. de la persona que viaja en un vehículo sin pertenecer a la tripulación. Ú. t. c. s.

pasamano. m. Género de galón o trencilla, cordones, borlas, flecos y demás adornos para vestidos y otras cosas. || Barandal.

pasaporte. ≅salvoconducto. m. Documento de protección y seguridad, mediante el cual los viajeros acreditan su identidad y nacionalidad.

pasar. ◁permanecer. tr. Llevar, conducir de un lugar a otro. || Mudar, trasladar. Ú. t. c. intr. y c. prnl. || Atravesar, cruzar. || Enviar, transmitir: ﹃ *un recado.* || Ir más allá: ﹃ *la raya.* || Penetrar, traspasar. || Exceder, aventajar, superar. Ú. t. c. prnl. || Transferir. Ú. t. c. intr. || Sufrir, tolerar. || intr. Transitar por algún sitio: *la procesión pasa por la calle. Ú. t. c. tr.* || Extenderse, comunicarse. || Mudarse, trocarse, convertirse. || Tener lo ne-

cesario para vivir. || Morir. || Vivir,-tener salud o no tenerla. || Cesar, acabarse. || Durar, mantenerse. || impers. Ocurrir, acontecer, suceder. || prnl. Cambiar de partido. || Olvidarse, borrarse de la memoria.

pasarela. f. Puente pequeño o provisional. || En los buques de vapor, puentecillo transversal colocado delante de la chimenea. || Puentecillo para peatones destinado a salvar carreteras, ferocarriles, etc. || Pasillo estrecho y elevado en el que desfilan artistas, modelos de ropa, etc.

pasatiempo. ≅distracción. ≅esparcimiento. ≅solaz. m. Diversión, entretenimiento.

pascal o **pascalio.** m. Unidad de la medida de la presión, en el Sistema Internacional de unidades; equivale a un newton por m.^{2} y su símbolo es *Pa.*

Pascua. n. p. f. Fiesta solemne de los hebreos, en memoria de la libertad del cautiverio de Egipto. || En la Iglesia católica, fiesta de la resurrección de Cristo. || Cualquiera de las fiestas de la Navidad, de la Epifanía y de Pentecostés. || Tiempo pascual, que media entre Navidad y Reyes.

pascual. adj. Relativo a la Pascua.

pase. m. Acción y efecto de pasar. || Lance que el torero hace al toro con la muleta o el capote. || Permiso que da un tribunal o superior para que se use de un privilegio, licencia o gracia.

pasear. ≅deambular. intr. Andar por distracción o por ejercicio. Ú. t. c. tr. y c. prnl. || Ir con iguales fines, ya a caballo, en carruaje, etc., ya por agua en una embarcación. Ú. t. c. prnl. || tr. Hacer pasear: ﹃ *a un caballo.*

paseo. m. Acción de pasear. || Lugar o sitio público para pasearse. || Distancia corta, que puede recorrerse paseando.

pasiego, ga. adj. y s. Del valle del río Pas (Santander, España).

pasillo. ≅corredor. ≅pasadizo. m. Pieza de paso, alargada, que comunica las habitaciones de un edificio.

pasión. f. Acción de padecer. || Perturbación o afecto desordenado del ánimo. || Inclinación o preferencia muy viva de una persona a otra. || Apetito o afición vehemente a algo.

pasionaria. f. Planta originaria de Brasil. Se cultiva en jardines. || Flor de esta planta.

pasividad. ≅inacción. ≅indiferencia. ◁actividad. ◁inquietud. f. Calidad de pasivo.

pasivo, va. adj. Díc. del sujeto que recibe la acción del agente, sin cooperar con ella. || Díc. del que deja obrar a los otros sin hacer por sí cosa alguna. || Díc. del haber o pensión que disfrutan algunas personas en virtud de servicios que prestaron o del derecho ganado con ellos y que les fue transmitido. || m. *Com.* Importe total de los débitos y gravámenes que tiene contra sí una persona o entidad, y también el coste o riesgo que contrapesa los provechos de un negocio.

pasmado, da. adj. Alelado, absorto.

pasmar. tr. Enfriar mucho o bruscamente. Ú. t. c. prnl. || fig. Asombrar. Ú. t. c. intr. y c. prnl.

pasmo. ≅ aterimiento. ≅ aturdimiento. ≅ espasmo. ≅ maravilla. m. Efecto de un enfriamiento. || fig. Admiración,.

paso. m. Movimiento de cada uno de los pies para andar. || Espacio recorrido al avanzar un pie. || Peldaño, escalón. || Acción de pasar. || Lugar o sitio por donde se pasa. || Abertura, espacio para pasar. || Puerto de montaña. || Huella que queda impresa al andar. || Manera de andar. || Grupo escultórico que se saca en procesión en Semana Santa. || Cada una de las mudanzas del baile. || Pieza dramática breve. || Cada uno de los avances de un contador.

pasodoble. m. Marcha a cuyo compás puede llevar la tropa el paso ordinario. || Baile que se ejecuta al compás de esta música.

pasota. com. Persona que se despreocupa de cualquier asunto.

pasquín. m. Escrito anónimo que se fija en sitio público, con expresiones satíricas contra el gobierno o contra una persona particular o corporación determinada.

pasta. f. Masa hecha de una o diversas cosas machacadas. || Masa de manteca o aceite para hacer pasteles, hojaldres, etc. || Masa de harina de trigo para hacer fideos, tallarines, macarrones, etc. || Designación genérica de estas variedades. || pop. Dinero, caudal.

pastar. ≅ apacentar. ≅ pacer. tr. Llevar o conducir el ganado al pasto. || intr. Pacer el ganado.

pastel. m. Masa, cocida al horno, de harina y manteca, en que ordinariamente se envuelve crema o dulce, y a veces carne, fruta o pescado. || Pastelillo de dulce. || Lápiz compuesto de una materia colorante y agua de goma.

pastelería. Establecimiento donde se hacen pasteles o pastas o se venden. || Arte de fabricar pasteles.

pastelero, ra. m. y. f. Persona que hace o vende pasteles.

pasteurizar o **pasterizar.** tr. Higienizar cualquier producto (leche, vino, etc.) por medio del calor para destruir los gérmenes patógenos y aumentar el tiempo de conservación.

pastiche. m. Imitación. || Mezcla abigarrada.

pastilla. f. Porción pequeña de pasta, generalmente cuadrangular o redonda: ∽ *de jabón.*

pasto. m. Acción de pastar. || Hierba que pace el ganado. || Sitio en que pasta el ganado. Ú. m. en pl. || fig. Hecho, noticia u ocasión que sirve para fomentar alguna cosa.

pastor, ra. m. y f. Persona que guarda, guía y apacienta el ganado. || m. Prelado o cualquier otro eclesiástico con respecto a sus feligreses.

pastoral. adj. Relativo al pastor. || Relativo a los prelados: *carta* ∽. || f. Especie de drama bucólico, cuyos interlocutores son pastores y pastoras.

pastoril. adj. Propio o característico de los pastores.

pastoso, sa. adj. Suave, blando.

pata. f. Pie y pierna de los animales. || Pie, base o apoyo. || Hembra del pato. || fam. Pierna.

patada. ≅ coz. ≅ puntapié. f. Golpe dado con la pata o con el pie. || fam. Gestión para un fin.

patalear. intr. Agitar las piernas o patas. || Dar patadas.

pataleo. m. Acción de patalear.

pataleta. f. fam. Convulsión, ataque de nervios. || fig. y fam. Disgusto, contrariedad.

patán. ≅ grosero. ≅ paleto. ≅ palurdo. ≅ rústico. ≅ torpe. m. fam. Hombre aldeano o rústico. || fig. y fam. Hombre zafio y tosco. Ú. t. c. adj.

patata. f. Planta herbácea anual, originaria de América y cultivada hoy en casi todo el mundo. || Cada uno de los tubérculos de esta planta, que son uno de los alimentos más útiles para el hombre.

patatús. m. fam. Desmayo, lipotimia. || Susto.

paté. m. Pasta de carne o hígado picado, sobre todo de cerdo y aves.

patear. tr. fam. Dar golpes con los pies. || intr. fam. Dar patadas en señal de enojo, dolor o desagrado. || fig. y fam. Andar mucho, haciendo diligencias para conseguir una cosa.

patena. f. Platillo en el que se pone la hostia en la misa.

patentar. tr. Conceder y expedir patentes. || Obtenerlas, tratándose de las de propiedad industrial.

patente. adj. Manifiesto, visible. || fig. Claro, perceptible. || f. Documento expedido por la hacienda pública que acredita el pago que la ley exige para el ejercicio de algunas profesiones e industrias.

paternal. adj. Propio del afecto, cariño o solicitud de padre.

paternalismo. m. Tendencia a aplicar las formas de autoridad y protección propias del padre en la familia tradicional a relaciones sociales de otro tipo: políticas, laborales, etc. Se usa frecuentemente con carácter peyorativo.

paternidad. f. Calidad de padre.

paterno, na. adj. Relativo al padre.

patético, ca. adj. Que conmueve.

patetismo. m. Cualidad de patético.

patíbulo. m. Tablado o lugar en que se ejecuta la pena de muerte.

patidifuso, sa. adj. fig. y fam. Asombrado.

patilla. f. Porción de barba que crece sobre los carrillos. || Gozne de las hebillas. || Cada una de las varillas de las gafas.

patín. m. Aparato adaptable al pie con una especie de cuchilla o dos pares de ruedas, según sirva para patinar sobre hielo o sobre un pavimento duro y liso. || Juguete que se compone de una plancha sobre ruedas y de un manillar para conducirlo.

pátina. f. Especie de barniz duro, de color aceitunado y reluciente, que por la acción de la humedad se forma en los objetos antiguos de bronce. || Tono sentado y suave que da el tiempo a las pinturas al óleo. Se aplica también a otros objetos antiguos.

patinaje. m. Acción de patinar. || Práctica de este ejercicio como deporte.

patinar. intr. Deslizarse sobre el hielo o sobre un pavimento con patines.

patinazo. m. Acción y efecto de patinar bruscamente la rueda de un coche. || Planchazo, desliz.

patio. ≅platea. m. Espacio cerrado con paredes o galerías, que en las casas y otros edificios se deja sin cubrir. || En los teatros, planta baja que ocupan las butacas.

patizambo, ba. adj. y s. Que tiene las piernas torcidas hacia afuera y junta mucho las rodillas.

pato. m. Ave palmípeda, con pico ancho y tarsos cortos.

patógeno, na. adj. Que origina o desarrolla enfermedades: *gérmenes* ⌣s.

patología. f. Parte de la medicina, que trata del estudio de las enfermedades.

patológico, ca. adj. Relativo a la patología.

patraña. f. Mentira, embuste.

patria. ≅país. f. Tierra natal o adoptiva a la que se pertenece por vínculos afectivos, históricos o jurídicos. || Lugar, ciudad o país en que se ha nacido.

patriarca. m. Nombre que se da a algunos personajes del Antiguo Testamento, por haber sido cabezas de numerosas familias. || Título de algunos obispos de iglesias principales, como las de Alejandría, Jerusalén y Antioquía. || fig. Persona que por su edad y sabiduría ejerce autoridad moral en una familia o colectividad.

patricio, cia. adj. *Hist.* Descendiente de los primeros senadores establecidos por Rómulo. Ú. t. c. s. || Relativo a los patricios.

patrimonio. ≅herencia. ≅propiedad. ≅sucesión. m. Hacienda que se hereda de los ascendientes. || fig. Bienes propios adquiridos por cualquier título. || Conjunto de bienes pertenecientes a una persona natural o jurídica, o afectos a un fin, susceptibles de estimación económica.

patriota. com. Persona que tiene amor a su patria.

patriotero, ra. adj. y s. fam. Que alardea excesiva e inoportunamente de patriotismo.

patriotismo. m. Amor a la patria.

patrocinar. tr. Proteger, amparar, favorecer. || Sufragar una empresa, con fines publicitarios, los gastos de un programa de radio o televisión, de una competición deportiva o de un concurso.

patrón, na. m. y f. Defensor, protector. || Que tiene cargo de patronato. || Santo titular de una iglesia. || Protector escogido de un pueblo o congregación. || Dueño de la casa donde uno se aloja u hospeda. || Amo, señor. || Patrono, persona que emplea obreros. || m. El que manda y dirige un pequeño buque mercante. || Modelo que sirve de muestra para sacar otra cosa igual.

patronato. m. Derecho, poder o facultad que tiene el patrono. || Corporación que forman los patronos. || Fundación de una obra pía. || Consejo formado por varias personas, que ejercen funciones rectoras en una fundación.

patronímico, ca. adj. Entre los griegos y romanos, decíase del nombre que, derivado del perteneciente al padre u otro antecesor, y aplicado al hijo u otro descendiente, denotaba en éstos la calidad de tales.

patrono, na. ≅capitalista. ≅jefe. ≅patrón. m. y f. Protector, defensor. || El que tiene derecho o cargo de patronato. || Santo titular de una iglesia o de un pueblo. || Persona que emplea obreros.

patrulla. f. Pequeña partida de gente armada que ronda para mantener el orden y la seguridad. || Grupo de buques o aviones que prestan servicio. || Este mismo servicio. || fig. Corto número de personas que van acuadrilladas.

paúl. adj. y s. Clérigo regular de la congregación de misioneros fundada en Francia por San Vicente de Paúl en el s. XVII.

paulatino, na. ≅calmoso. ≅lento. ◁rápido. adj. Que procede u obra despacio o lentamente.

paupérrimo, ma. adj. superl. Muy pobre.

pausa. f. Breve interrupción del movimiento, acción o ejercicio. || Tardanza, lentitud: *hablar con* ⌢. || *Mús.* Intervalo breve. || *Mús.* Signo de la pausa en la música escrita.

pauta. ≅guía. ≅norma. ≅patrón. ≅regla. f. Instrumento para rayar el papel en que los niños aprenden a escribir o conjunto de rayas hechas con este instrumento. || fig. Dechado, modelo. || Líneas paralelas y equidistantes sobre las que se escriben los signos musicales.

pava. f. Hembra del pavo. || fig. y fam. Mujer sosa y desgarbada. Ú. t. c. adj.

pavana. f. Danza española, grave y lenta. || Música de esta danza. || Especie de esclavina.

pavés. m. Escudo oblongo que cubría casi todo el cuerpo del combatiente.

pavesa. f. Chispa que salta de una materia inflamada y se convierte en ceniza.

pavimentar. tr. Solar, poner suelo.

pavimento. ≅embaldosado. m. Suelo, piso artificial.

pavo. m. Ave gallinácea, oriunda de América del Norte, de plumaje de color pardo verdoso, cabeza y cuello cubiertos de carúnculas rojas, así como la membrana eréctil que lleva encima del pico. || fig. y fam. Hombre soso o incauto. Ú. t. c. adj. || fam. y vulg. Moneda de cinco pesetas.

pavonear. intr. Alardear, presumir.

pavor. m. Temor, con espanto o sobresalto.

payasada. f. fig. Hecho o acción ridícula.

payaso, sa. m. Artista de circo que hace de gracioso. || adj. Díc. de la persona de poca seriedad.

payés, sa. m. y f. Campesino o campesina de Cataluña o Baleares.

payo, ya. adj. y m. Aldeano. || m. Campesino ignorante y rudo. || Para el gitano, el que no pertenece a su raza.

paz. ≅acuerdo. ≅armonía. ≅calma. ≅concordia. ◁guerra. ◁intranquilidad. f. Situación y relación mutua de quienes no están en guerra. || Tratado o convenio que se concuerda entre las partes beligerantes para poner fin a una guerra. Ú. t. c. pl. || Sosiego, tranquilidad. || Reconciliación.

pazguato, ta. adj. y s. Simple.

pazo. m. En Galicia, casa solariega.

pe. f. Nombre de la letra *p*.

peaje. m. Derecho de tránsito.

peana. f. Basa o apoyo para colocar encima una figura u otra cosa. || Tarima del altar.

peatón, na. ≅caminante. ≅transeúnte. ≅viandante. ◁automovilista. m. y f. Persona que camina o anda a pie por una vía pública.

peca. f. Mancha de color pardo que sale en el cutis.

pecado. ≅culpa. ≅falta. ≅yerro. ◁inocencia. ◁virtud. m. Transgresión voluntaria de la ley divina o alguno de sus preceptos: ⌢ *mortal, venial.* || Lo que se aparta de lo recto y justo, o que falta a lo que es debido. || Exceso o defecto en cualquier línea.

pecador, ra. adj. y s. Que peca.

pecaminoso, sa. adj. Relativo al pecado o a pecador.

pecar. intr. Quebrantar la ley divina. || Faltar a cualquier obligación o a la observancia de cualquier regla o precepto. || Dejarse llevar de la afición a alguna cosa: *el joven peca de confiado.*

pecarí. m. Mamífero paquidermo sin cola, que vive en los bosque de América Meridional.

pecblenda. f. Mineral de uranio del que se extrae el radio.

pecera. f. Recipiente de cristal lleno de agua en el que se tienen peces.

pecíolo o **peciolo.** ≅rabillo. ≅rabo. m. *Bot.* Pezón o tallito de la hoja.

pécora. f. Prostituta.

pecoso, sa. adj. Que tiene pecas.

pectoral. adj. Relativo al pecho: *cavidad* ⌢. || m. Cruz que los obispos llevan sobre el pecho.

pecuario, ria. adj. Relativo al ganado.

peculiar. adj. Propio o privativo de cada persona o cosa.

peculiaridad. f. Calidad de peculiar. || Detalle, signo peculiar.

peculio. ≅capital. m. Hacienda o caudal que el padre o señor permitía al hijo o siervo para su uso. || fig. Dinero que particularmente tiene cada uno.

pecuniario, ria. ≅monetario. adj. Relativo al dinero efectivo.

pechera. f. Pedazo de lienzo o paño que se pone en el pecho para abrigarlo. || Chorrera de la camisola. || Parte de la camisa y otras prendas de vestir que cubre el pecho.

pechina. f. Concha de los peregrinos. || Cada uno de los cuatro triángulos curvilíneos que forman el anillo de la cúpula con los arcos torales.

pecho. ≅busto. ≅teta. m. Parte del cuerpo humano, que se extiende desde el cuello hasta el vientre, y en cuya cavidad se contienen el corazón y los pulmones. || Lo exterior de esta misma parte. || Parte anterior del tronco de los cuadrúpedos. ||

Cada una de las mamas de la mujer y el conjunto de ambas. || fig. Valor, esfuerzo.

pechuga. f. Pecho de ave. || fig. y fam. Pecho de hombre o de mujer.

pedagogía. f. Ciencia que se ocupa de la educación y enseñanza de los niños.

pedal. m. Palanca que pone en movimiento un mecanismo oprimiéndola con el pie.

pedante. adj. y s. Que hace inoportuno alarde de erudición.

pedantería. f. Dicho o hecho pedante.

pedazo. ≅fracción. ≅fragmento. ≅porción. ≅trozo. m. Parte de una cosa separada del todo.

pederastia. f. Abuso deshonesto cometido contra los niños. || Sodomía.

pedernal. m. Variedad de cuarzo, de color gris amarillento más o menos obscuro. Da chispas herido por el eslabón. || fig. Dureza grande.

pedestal. ≅apoyo. m. Cuerpo sólido con basa y cornisa, que sostiene una columna, estatua, etc. || Peana, basa. || fig. Fundamento.

pedestre. adj. Que anda a pie. || Díc. del deporte que consiste en andar o correr. || fig. Vulgar, inculto.

pediatra. com. Médico especialista en niños.

pediatría. f. Rama de la medicina, que estudia las enfermedades de los niños y su tratamiento.

pedicuro, ra. m. y f. Persona que tiene por oficio cuidar de los pies, extirpando o curando callos, uñeros, etc.

pedido. m. Encargo hecho a un fabricante o vendedor. || Petición.

pedigrí. m. Genealogía de un animal.

pedigüeño, ña. adj. y s. Que pide con frecuencia e importunidad.

pedir. tr. Rogar o demandar a uno para que dé o haga una cosa: ⌐ limosna. || Poner precio. || Requerir una cosa, exigirla. || Querer, desear, apetecer. || Proponer a los padres de una mujer que la concedan en matrimonio.

pedo. m. Ventosidad que se expele por el ano.

pedrada. f. Acción de arrojar con impulso una piedra. || Golpe que se da con la piedra tirada. || Señal que deja.

pedrea. f. Acción de apedrear. || Combate a pedradas. || Acto de caer piedras de las nubes. || fam. Conjunto de los premios menores de la lotería nacional.

pedregal. m. Terreno cubierto de piedras sueltas.

pedrería. f. Conjunto de piedras preciosas.

pedrisco. ≅granizada. m. Granizo grueso y abundante que cae de las nubes.

pedrusco. m. fam. Pedazo de piedra sin labrar.

pedúnculo. ≅rabillo. ≅rabo. m. Pezón de la hoja, flor o fruto. || Prolongación del cuerpo de algunos animales de vida sedentaria, como los percebes, mediante la cual están fijos al suelo.

peer. intr. y prnl. Expeler la ventosidad por el ano.

pega. ≅añagaza. ≅ardid. ≅dificultad. ≅estorbo. f. Acción de pegar una cosa con otra. || Pregunta difícil de contestar. || Dificultad.

pegadizo, za. ≅añadido. ≅artificial. adj. Pegajoso. || Contagioso. || Que se graba en la memoria con facilidad. || Postizo, falso.

pegajoso, sa. adj. Que se pega con facilidad. || Contagioso o que con facilidad se comunica. || fig. y fam. Suave, meloso. || fig. y fam. Sobón, fastidioso.

pegamento. m. Substancia para pegar o conglutinar.

pegar. ≅adosar. ≅contagiar. ≅contaminar. tr. Adherir una cosa con otra mediante alguna substancia. Ú. t. c. prnl. || Unir, juntar. || Arrimar. Transmitir, comunicar una enfermedad, un vicio, etc. Ú. t. c. prnl. || fig. Castigar o maltratar a golpes: ⌐ un bofetón, un puntapié. || Arraigar una planta. || intr. Hacer impresión. || Caer bien una cosa. || Estar una cosa próxima o contigua a otra. || prnl. Reñir, pelear. || Quemarse los guisos.

pegatina. f. Adhesivo pequeño que lleva impresa propaganda política, comercial, etc.

pego. m. Fullería. || fig. Engaño.

pegote. m. Emplasto. || Fruto del cadillo. || fig. Adición o intercalación inútil e impertinente en alguna obra literaria o artística. || fig. y fam. Cualquier guisado u otra cosa que está muy espesa y se pega. || fig. Parche, chapuza.

peinado. m. Cada una de las distintas formas de peinarse o arreglarse el pelo.

peinar. tr. Desenredar, limpiar o componer el cabello. Ú. t. c. prnl. || fig. Desenredar o limpiar el pelo o lana de algunos animales.

peine. m. Utensilio que tiene muchos dientes espesos, con el cual se limpia y compone el pelo. || Carda, instrumento para cardar. || Barra con púas, entre las cuales pasan en el telar los hilos de la urdimbre.

peineta. f. Peine convexo que usan las mujeres por adorno o para asegurar el peinado.

pejerrey. m. Pez marino de carne bastante estimada.

pejesapo. m. Pez marino de cabeza muy grande.

pejiguera. f. fam. Molestia, dificuldad.

peladilla. f. Almendra confitada.

pelado, da. adj. fig. Díc. de las cosas que carecen de lo que las reviste o adorna: *monte* ⌣; *hueso* ⌣. || Díc. del número que consta de decenas, centenas o millares justos: *el veinte* ⌣. || Díc. de la persona pobre o sin dinero. || m. Corte de pelo.

pelagatos. m. fig. y fam. Hombre pobre y desvalido.

pelágico, ca. adj. Relativo al piélago. || Díc. de los animales y vegetales marinos que viven en zonas alejadas de la costa.

pelagra. f. Enfermedad crónica, con manifestaciones cutáneas y perturbaciones digestivas y nerviosas, producida por deficiencia de ciertas vitaminas.

pelaje. m. Pelambrera. || fig. y fam. Disposición y calidad de una persona.

pelambre. m. Porción de pieles que se apelambran. || Conjunto del pelo de todo el cuerpo.

pelambrera. f. Sitio donde se apelambran las pieles. || Porción de pelo o vello espeso y crecido.

pelanas. m. fam. Persona inútil y despreciable.

pelandusca. f. Ramera.

pelar. ≅descascarar. ≅descortezar. ≅desplumar. ≅mondar. ≅rapar. tr. Cortar, raer o quitar el pelo. Ú. t. c. prnl. || Quitar las plumas al ave. || fig. Quitar la monda, corteza o cáscara. || fig. Quitar con engaño o violencia los bienes a otro. || fig. y fam. Dejar a uno sin dinero. || fig. Criticar, murmurar.

peldaño. m. Cada una de las partes de un tramo de escalera.

pelea. ≅contienda. ≅lucha. f. Combate, batalla, riña. || fig. Afán, fatiga.

pelear. ≅disputar. ≅regañar. intr. Batallar, combatir, contender. || fig. Luchar los animales entre sí. || fig. Oponerse las cosas unas a otras. || fig. Trabajar por vencer las pasiones y apetitos. || fig. Afanarse por conseguir una cosa.

pelele. m. Muñeco de paja o trapos con figura humana. || Traje de punto de una pieza que se pone a los niños para dormir. || fig. y fam. Persona simple o inútil.

peletería. f. Arte de preparar las pieles y utilizarlas para hacer prendas de vestir. || Establecimiento donde se venden.

peletero, ra. m. y f. Persona que tiene por oficio trabajar en pieles finas o venderlas.

peliagudo, da. ≅arduo. ≅complicado. ≅diestro. ≅enrevesado. ≅hábil. ◁fácil. ◁torpe. adj.

fig. y fam. Difícil, enojoso: *negocio* ⌣. || fig. y fam. Sutil, mañoso.

pelícano o **pelicano.** m. Ave acuática palmípeda, de pico muy ancho y largo, que en la mandíbula inferior lleva una membrana grande y rojiza, en la cual deposita los alimentos.

película. ≅cutícula. ≅filme. f. Piel delgada y delicada. || Hollejo de la fruta. || Cinta de celuloide dispuesta para ser impresionada fotográficamente. || Cinta cinematográfica. || Asunto representado en dicha cinta.

peligrar. intr. Estar en peligro.

peligro. ≅exposición. m. Riesgo inminente de que suceda algún mal.

peligroso, sa. ≅aventurado. ≅expuesto. adj. Que ofrece peligro o puede ocasionar daño. || fig. Turbulento, arriesgado.

pelma. m. fam. Pelmazo.

pelmazo. m. y f. fig. y fam. Persona tarda o pesada en sus acciones. Ú. t. c. adj. || fig. y fam. Persona molesta e importuna.

pelo. m. Filamento cilíndrico, delgado, de naturaleza córnea, que nace y crece entre los poros de la piel de casi todos los mamíferos. || Conjunto de estos filamentos. || Cabello de la cabeza humana. || Plumón de las aves.

pelota. f. Bola pequeña de goma elástica, recubierta de lana, pelote u otra materia y forrada de cuero o paño, que se utiliza en distintos juegos. || Balón. || Juego que se hace con ella. || Bola de materia blanda, como nieve, barro, etc., que se amasa fácilmente. || com. fig. Pelotillero.

Pelícanos

pelotera. f. fam. Riña, contienda: *armar una* ⌣.

pelotillero, ra. adj. fig. Que adula.

pelotón. m. Conjunto de pelos o de cabellos enredados. || Conjunto de personas en tropel. || *Mil.* Pequeña unidad de infantería.

peluca. ≅filípica. ≅regañina. ≅reprimenda. f. Cabellera postiza.

peludo, da. ad. Que tiene mucho pelo. || *Arg., Bol., Par.* y *Urug.* Borrachera.

peluquería. f. Establecimiento donde presta sus servicios el peluquero. || Oficio del peluquero.

peluquero, ra. m. y f. Persona que tiene por oficio peinar, cortar el pelo o hacer y vender pelucas, rizos, etc.

peluquín. m. Peluca pequeña.

pelusa. f. Vello de algunas frutas. || Vello muy fino. || Pelo menudo que con el uso se desprende de las telas. || fig. y fam. Envidia propia de los niños.

pelvis. f. Cavidad del cuerpo de los mamíferos, en la parte inferior del tronco. Contiene la terminación del tubo digestivo, la vejiga urinaria y algunos órganos del aparato genital, principalmente en las hembras.

pella. f. Masa unida y prieta, generalmente en forma redonda. || Conjunto de los tallitos de la coliflor y otras plantas semejantes, antes de florecer. || Masa de los metales fundidos o sin labrar. || Manteca del cerdo tal como se quita del animal.

pellejo. ≅cuero. m. Piel de los animales. || Piel quitada de un animal. || Odre. || fig. y fam. Persona ebria.

pelliza. f. Prenda de abrigo hecha o forrada de pieles finas. || Chaqueta de abrigo con el cuello y las bocamangas reforzadas de otra tela.

pellizcar. tr. Apretar entre los dedos una pequeña porción de piel y carne. Ú. t. c. prnl. || Asir levemente una cosa. || Tomar una pequeña cantidad de una cosa.

pellizco. m. Acción y efecto de pellizcar. || Señal que deja en la carne un pellizco.

pena. ≅corrección. ≅correctivo. ≅pesar. ⊲alegría. ⊲perdón. f. Castigo impuesto por autoridad legítima al que ha cometido un delito. || Cuidado, aflicción, sentimiento. || Dolor corporal. || Dificultad, trabajo.

penacho. ≅cresta. ≅moño. m. Grupo de plumas que tienen algunas aves en la parte superior de la cabeza. || Adorno de plumas.

penado, da. m. y f. Delincuente condenado a una pena.

penal. ≅presidio. adj. Relativo a la pena, o que la incluye. || m. Lugar en que los penados cumplen condenas superiores a las del arresto.

penalidad. f. Trabajo aflictivo, incomodidad. || Calidad de penable. || *Der.* Sanción impuesta por la ley penal, las ordenanzas, etc.

penalista. adj. y s. Díc. del jurisconsulto que se dedica con preferencia al estudio del derecho penal.

penalización. f. Acción y efecto de penalizar.

penalizar. tr. En competiciones deportivas, imponer una sanción o castigo.

penalty. m. Voz inglesa, equivalente a *penalidad,* que se emplea en algunos deportes para significar la sanción que se aplica a ciertas faltas del juego.

penar. tr. Imponer pena. || Señalar la ley castigo para un acto u omisión. || intr. Padecer, sufrir, tolerar un dolor o pena.

penates. m. pl. Dioses domésticos a quienes daba culto la gentilidad.

penca. f. Hoja carnosa de algunas plantas.

pendencia. ≅camorra. ≅gresca. ≅pelotera. ≅trifulca. f. Contienda, riña de palabras o de obras.

pendenciero, ra. ≅camorrista. ⊲pacífico. ⊲tranquilo. adj. Propenso a riñas o pendencias.

pender. intr. Estar colgada, suspendida o inclinada alguna cosa. || fig. Estar por resolverse un pleito o negocio.

pendiente. ≅arracada. ≅inclinación. ≅repecho. ≅zarcillo. adj. Que pende. || Inclinado, en declive: *terreno* ⌣. || fig. Que está por resolverse. || Sumamente atento, preocupado por algo. || m. Arete con adorno colgante o sin él. || Joya que se lleva colgando.

pendolista. com. Persona que escribe con muy buena letra.

pendón. m. Insignia militar que consistía en una bandera más larga que ancha. || Divisa o insignia que tienen las iglesias y cofradías para guiar las procesiones. || fig. y fam. Persona de vida irregular y desordenada.

péndulo. m. Cuerpo grave que puede oscilar suspendido de un punto por un hilo o varilla. || Péndola del reloj.

pene. m. Miembro viril.

penetrante. adj. Que penetra. || Que entra mucho en alguna cosa, profundo. || fig. Agudo, alto. || Perspicaz, sagaz.

penetrar. ≅entender. ≅entrar. tr. Introducir un cuerpo en otro. || Hacerse sentir con violencia o demasiada eficacia una cosa; como el frío, los

Pendón de Pizarro. Museo del Ejército. Madrid

gritos, etc. || Causar un dolor profundo. || fig. Comprender.

penicilina. f. Substancia antibiótica extraída de los cultivos del moho *penicillium notatum.* Fue descubierta por el bacteriólogo inglés Alexander Fleming en el año 1928.

península. f. Tierra rodeada de agua, y que sólo por una parte relativamente estrecha está unida y tiene comunicación con otra tierra de extensión mayor.

penique. m. Moneda inglesa, que vale la centésima parte de la libra esterlina.

penitencia. ≅castigo. ≅confesión. ≅corrección. ≅expiación. ≅pesar. f. Sacramento en el cual, por la absolución del sacerdote, se perdonan los pecados. || Pena que impone el confesor al penitente. || Dolor, arrepentimiento. || fig. Molestia.

penitenciaría. ≅cárcel. ≅penal. ≅presidio. f. Establecimiento penitenciario donde se recluye a los condenados a penas privativas de libertad.

penitenciario, ria. adj. Relativo a la penitenciaría.

penitente. adj. Relativo a la penitencia. || com. Persona que hace penitencia. || Persona que se confiesa sacramentalmente. || Persona que en las procesiones va vestida de túnica en señal de penitencia.

penoso, sa. ≅aflictivo. ≅dificultoso. ≅fatigoso. ≅laborioso. ≅triste. adj. Trabajoso, difícil. || Que padece una aflicción o pena.

pensador, ra. adj. Que piensa. || m. y. f. Persona que se dedica a estudios elevados y profundiza en ellos.

pensamiento. ≅entendimiento. ≅juicio. ≅mente. ≅proyecto. m. Potencia o facultad de pensar. || Acción y efecto de pensar. || Idea inicial o capital de una obra. || Conjunto de ideas propias de una persona o colectividad. || fig. Sospecha. || *Bot.* Trinitaria, flor.

pensar. tr. Imaginar, considerar, discurrir. || Reflexionar, examinar. || Elaborar un plan. || Creer, opinar.

pensión. f. Asignación que disfruta una persona y que no corresponde a un trabajo realizado en la actualidad. || Renta que se impone sobre una finca. || Cantidad anual que se asigna a uno por méritos o servicios propios o extraños. || Pupilaje, casa donde se reciben huéspedes. || Precio del pupilaje.

pensionado, da. adj. Que tiene o cobra una pensión. Ú. t. c. s. || Internado, establecimiento donde se vive en régimen de pensión.

pensionista. com. Persona que tiene derecho a percibir y cobrar una pensión. || Persona que paga cierta pensión por sus alimentos y enseñanza.

pentágono, na. adj. y m. Aplícase al polígono de cinco ángulos y cinco lados.

pentagrama o **pentágrama.** m. Conjunto de cinco rectas horizontales, paralelas y equidistantes, sobre el cual se escribe la música.

Pentateuco. n. p. m. Parte de la Biblia, que comprende los cinco primeros libros canónicos del Antiguo Testamento, escritos por Moisés, y que son el Génesis, el Éxodo, el Levítico, los Números y el Deuteronomio.

pentathlon o **pentatlón.** m. Conjunto de ejercicios atléticos que comprende cinco pruebas: carreras de 200 m. y de 1.500 m.; lanzamientos de jabalina y de disco, y salto de longitud.

Pentecostés. n. p. m. Fiesta de los judíos instituida en memoria de la ley que Dios les dio en el monte Sinaí. || Festividad de la venida del Espíritu Santo que celebra la Iglesia el domingo quincuagésimo que sigue al de Pascua de Resurrección.

penúltimo, ma. adj. y s. Inmediatamente anterior a lo último.

penumbra. f. Sombra débil entre la luz y la obscuridad.

peña. ≅roca. f. Piedra grande sin labrar. || Monte o cerro peñascoso. || Grupo de amigos o camaradas.

peñasco. m. Peña grande y elevada.

peñón. m. Peña grande. || Monte peñascoso.

peón. ≅bracero. ≅obrero. ≅peonza. m. Jornalero que trabaja en cosas materiales que no requieren arte ni habilidad. || Infante o soldado de a pie. || Juguete de madera, de figura cónica, al cual se arrolla una cuerda para lanzarlo y hacerle bailar. || Cada una de las ocho piezas de menos valor del juego del ajedrez.

peonada. f. Trabajo que hace un peón en un día y jornal que recibe.

peonía. f. Planta de flores grandes, rojas o rosáceas, propia de lugares húmedos y laderas montañosas. Se cultiva como ornamental.

peonza. f. Peón, trompo.

peor. adj. comp. de superioridad, más malo. || adv. m. comp. de mal, más mal.

pepinillo. m. Variedad de pepino de pequeño tamaño, que se conserva en adobo.

pepino. m. Planta herbácea anual, de fruto pulposo comestible. || Fruto de esta planta.

pepita. f. Simiente de algunas frutas. || Trozo rodado de oro u otros metales nativos.

pepsina. f. Fermento segregado por las glándulas gástricas que es capaz de digerir las substancias albuminoideas.

pequeñez. f. Calidad de pequeño. || Infancia. || Mezquindad, ruindad.

pequeño, ña. adj. Corto, limitado. || De muy corta edad. || fig. Bajo, abatido, humilde. || fig. Corto, breve, de poca importancia.

pera. f. Fruto del peral. || Recipiente de goma en forma de pera, que se usa para impulsar líquidos, aire, etc. || Llamador de timbre o interruptor de luz de forma parecida a una pera. || fig. Porción de pelo que se deja crecer en la punta de la barba, perilla.

peral. m. Árbol rosáceo cuyo fruto es la pera. || Madera de este árbol.

peralte. m. Lo que en la altura de un arco excede al semicírculo. || En las carreteras, vías férreas, etc., mayor elevación de la parte exterior de una curva en relación con la interior.

perborato. m. *Quím.* Sal producida por la oxidación del borato.

perca. f. Pez de río, de carne comestible.

percal. m. Tela de algodón.

percance. m. Contratiempo, daño.

per cápita. fr. adv. lat. Por cabeza, individualmente.

percatar. ≅notar. ≅observar. ◁desconocer. ◁ignorar. prnl. Advertir, considerar, darse cuenta.

percebe. m. Crustáceo comestible que se adhiere a los peñascos de las costas. Ú. m. en pl. || fig. y fam. Persona torpe e ignorante.

percepción. f. Acción y efecto de percibir. || Sensación interior que resulta de una impresión material hecha en nuestros sentidos. || Conocimiento, idea.

perceptible. adj. Que se puede comprender o percibir. || Que se puede recibir o cobrar.

perceptor, ra. adj. y. Que percibe.

percibir. ≅advertir. ≅cobrar. ≅notar. ≅ver. tr. Recibir una cosa. || Recibir por los sentidos las impresiones del objeto. || Comprender, conocer.

percusión. f. Acción y efecto de percutir.

percutir. tr. Golpear. || *Med.* Explorar mediante leves golpes en la espalda o en el pecho.

percutor. m. Pieza que golpea en cualquier máquina, y especialmente el martillo o la aguja de las armas de fuego.

percha. f. Pieza o mueble para colgar ropa.

perchero. m. Conjunto de perchas.

percherón, na. adj. y s. Díc. del caballo o yegua perteneciente a una raza francesa de gran fuerza y corpulencia que se emplea para el tiro.

perder. tr. Dejar de tener, o no hallar, uno la cosa que poseía. || Desperdiciar, malgastar. || No conseguir lo que se espera. || Dañar. || Ser vencido o derrotado. || Disminuir. || intr. Decaer. || prnl. Errar el camino, extraviarse. || Corromperse.

perdición. f. Acción de perder. || fig. Ruina, daño grave. || fig. Pasión desenfrenada. || fig. fig. Causa o sujeto que ocasiona un grave daño.

pérdida. f. Carencia, privación de lo que se poseía. || Daño, menoscabo. || Cosa perdida.

perdido, da. adj. Que no tiene o no lleva destino determinado.

perdigón. m. Pollo de la perdiz. || Perdiz nueva. || Perdiz macho que emplean los cazadores como reclamo. || Cada uno de los granos de plomo que forman la munición de caza.

perdiguero, ra. adj. Relativo a las perdices o a su caza.

perdiz. f. Ave gallinácea de cabeza pequeña, pico y pies encarnados, y plumaje de color ceniciento rojizo. Su carne es muy estimada.

perdón. ≅absolución. ≅gracia. m. Remisión de la pena, deuda u obligación pendiente. || Indulgencia, remisión de los pecados.

perdonar. tr. Remitir la deuda, ofensa o delito. || Exceptuar a uno de la obligación que tendría por la ley general.

perdulario, ria. adj. y s. Descuidado.

perdurable. adj. Perpetuo o que dura siempre. || Que dura mucho tiempo.

perdurar. intr. Durar mucho, subsistir.

perecedero, ra. adj. Poco durable.

perecer. ≅anhelar. ≅ansiar. ≅desvivirse. ≅morir. ≅sucumbir. ◁nacer. ◁vivir. intr. Acabar, fenecer. || fig. Padecer un daño, trabajo, fatiga o molestia.

peregrinación. f. Viaje por tierras extrañas. || Viaje que se hace a un santuario.

peregrinar. intr. Andar uno por tierras extrañas. || Ir en romería a un santuario.

peregrino, na. adj. Que anda por tierras extrañas. || Díc. de la persona que por devoción o por voto va a visitar un santuario. Ú. m. c. s. || Hablando de aves, pasajero. || fig. Extraño, raro.

perejil. m. Planta herbácea que se utiliza como condimento.

perenne. ≅perdurable. ≅permanente. ≅perpetuo. ≅vivaz. adj. Continuo, incesante, que no tiene intermisión. || Que dura siempre o durante largo tiempo. || *Bot.* Que vive más de dos años.

perentorio, ria. ≅apurado. ≅definitivo. ≅terminante. ◁indefinido. adj. Último plazo que se concede en cualquier asunto. || Concluyente, decisivo, determinante. || Urgente, apremiante.

pereza. ≅desidia. ≅galbana. ≅holgazanería. ◁diligencia. f. Negligencia, tedio o descuido en las cosas a que estamos obligados. || Descuido o tardanza en las acciones o movimientos.

perezoso, sa. adj. Negligente, descuidado. Ú. t. c. s. || Tardo, lento o pesado en el movimiento o en la acción. || m. Mamífero desdentado, propio de la América tropical.

perfección. f. Acción de perfeccionar. || Calidad de perfecto. || Cosa perfecta.

perfeccionar. tr. y prnl. Acabar enteramente una obra, dándole el mayor grado posible de bondad o excelencia. || Mejorar.

perfeccionismo. m. Tendencia a mejorar indefinidamente un trabajo.

perfeccionista. adj. y com. Que tiende al perfeccionismo.

perfecto, ta. adj. Que tiene el mayor grado posible de bondad o excelencia en su línea. || Completo. || *Gram.* Díc. der los tiempos verbales que indican acción acabada.

perfidia. f. Deslealtad, traición.

pérfido, da. ≅alevoso. adj. y s. Desleal, infiel, traidor.

perfil. m. Contorno, silueta. || pl. Complementos, retoques. || fig. Rasgos.

perfilar. ≅perfeccionar. tr. Sacar los perfiles a una cosa. || fig. Afinar, rematar. || prnl. Colocarse de perfil. || fig. y fam. Aderezarse, componerse.

perforación. f. Acción y efecto de perforar. || Rotura de las paredes del intestino, estómago, etc.

perforador, ra. adj. y s. Que perfora u horada. || f. Instrumento para perforar papeles o documentos. || Herramienta para abrir barrenos.

perforar. tr. Horadar, agujerear, taladrar.

perfumar. tr. y prnl. Sahumar, aromatizar. || intr. Exhalar perfume, fragancia, olor agradable.

perfume. m. Substancia líquida o sólida elaborada para que desprenda un olor agradable.

perfumería. f. Fábrica o tienda de perfumes.

pergamino. fm. Piel de la res, limpia y estirada, que sirve para diferentes usos; como para escribir en ella privilegios, cubrir libros y otras cosas. || Título o documento escrito en pergamino.

pérgola. f. Armazón para sostener una planta. || Jardín que tienen algunas casas sobre la techumbre.

pericardio. m. Envoltura del corazón, que está formada por dos membranas.

pericarpio o **pericarpo.** m. Parte exterior del fruto de las plantas, que cubre las semillas.

pericia. f. Experiencia, habilidad.

pericial. adj. Relativo al perito.

periclitar. ≅decaer. ≅declinar. intr. Peligrar, estar en peligro.

perico. m. Ave trepadora, especie de papagayo de América meridional. Da gritos agudos y desagradables y se domestica fácilmente. || fig. Abanico grande. || fig. Orinal.

periferia. f. Circunferencia. || Contorno de una figura curvilínea. || fig. Espacio que rodea un núcleo cualquiera.

periférico, ca. adj. Relativo a la periferia. || m. En informática, dispositivo que acepta datos y los envía a un ordenador para su tratamiento o bien los recibe del ordenador trasladándolos a un medio adecuado para su interpretación.

perífrasis. f. Circunlocución.

perihelio. m. Punto en que un planeta se halla más cerca del Sol.

perilla. f. Adorno en figura de pera. || Porción de pelo que se deja crecer en la punta de la barba. || Interruptor eléctrico.

perímetro. m. Contorno de una superficie. || Contorno de una figura.

periné o **perineo.** m. *Anat.* Espacio que media entre el ano y las partes sexuales.

periódico, ca. ≅diario. ≅fijo. ≅habitual. ≅regular. ≅semanario. ◁irregular. adj. Que guarda período determinado. || Díc. del impreso que se publica con determinados intervalos de tiempo. Ú. m. c. s. || *Arit.* Díc. de la fracción decimal que tiene período. || m. Diario, publicación que sale diariamente.

periodismo. m. Ejercicio o profesión de periodista. || Estudios o carrera de periodista. || Actividad informativa a través de los medios de difusión.

periodista. com. Profesional de la información, que trabaja en prensa, radio, etc.

período o **periodo.** m. Tiempo que una cosa tarda en volver al estado o posición que tenía al principio. || Espacio de tiempo que incluye toda la duración de una cosa. || Menstruación. || Cifra o grupo de cifras que se repiten indefinidamente en las divisiones inexactas. || Ciclo. || Tiempo que tarda un fenómeno periódico en recorrer todas sus fases. || Conjunto de oraciones que forman sentido cabal.

peripecia. f. Accidente, acontecimiento imprevisto.

periplo. m. Circunnavegación.

periquete. m. fam. Brevísimo espacio de tiempo.

periquito. m. Perico, ave.

periscopio. m. Cámara instalada en la parte superior de un tubo metálico que sobresale del casco del buque submarino, y de la superficie del mar cuando navega sumergido, y que sirve para ver los objetos exteriores.

peristáltico, ca. adj. Que tiene la propiedad de contraerse.

peristilo. m. Galería de columnas que rodea un edificio o parte de él.

peritación. f. Trabajo o estudio de un perito.

peritaje. m. Peritación. || Informe que resulta de este estudio o trabajo. || Carrera de perito.

perito, ta. adj. y s. Experimentado, hábil, práctico en una ciencia o arte. || m. y f. Grado inferior en las carreras técnicas o mercantiles.

peritoneo. m. Membrana serosa que reviste la cavidad abdominal.

peritonitis. f. Inflamación del peritoneo.

perjudicar. ≅damnificar. ≅dañar. ≅menoscabar. ◁favorecer. tr. y prnl. Ocasionar daño o perjuicio.

perjudicial. adj. Que perjudica o puede perjudicar.

perjuicio. ≅daño. ≅detrimento. ≅menoscabo. ◁favor. m. Efecto de perjudicar.

perjurar. intr. y prnl. Jurar en falso. || prnl. Faltar a un juramento.

perjurio. m. Juramento en falso.

perjuro, ra. adj. y s. Que jura en falso. || Que quebranta un juramento.

perla. f. Concreción nacarada, generalmente de color blanco agrisado, reflejos brillantes y figura más o menos esferoidal, que suele formarse en el interior de las conchas de diversos moluscos, sobre todo en las madreperlas.

permanecer. intr. Mantenerse sin mutación en un mismo lugar, estado o calidad.

permanencia. f. Estabilidad, inmutabilidad, constancia, perseverancia. || Estancia en un lugar o sitio. || pl. Estudio vigilado por el profesor.

permanente. ≅estable. ≅fijo. ≅firme. ◁pasajero. ◁transitorio. adj. Que permanece. || f. fam. Ondulación artificial del cabello.

permeable. ◁impermeable. adj. Que puede ser penetrado por el agua u otro fluido.

pérmico, ca. adj. y s. Díc. del período geológico más reciente de los que constituyen el paleozoico.

permiso. ≅autorización. ≅beneplácito. ≅concesión. ◁denegación. m. Licencia o consentimiento para hacer o decir una cosa. || Autorización que se da a alguien para que para cesar temporalmente en su trabajo o estudios, y especialmente en sus obligaciones militares.

permitir. tr. Dar su consentimiento, el que tenga autoridad, para que otros hagan o dejen de hacer una cosa. Ú. t. c. prnl. || No impedir lo que se pudiera y debiera evitar. || Hacer posible una cosa. || prnl. Tomarse la libertad de hacer algo.

permuta. ≅canje. ≅trueque. f. Acción y efecto de permutar. || Cambio.

permutar. ≅conmutar. ≅trocar. tr. Cambiar una cosa por otra.

pernera. f. Parte del calzón o pantalón que cubre cada pierna.

pernicioso, sa. adj. Perjudicial.

pernil. ≅jamón. ≅pernera. m. Anca y muslo del animal. || Parte de calzón o pantalón, que cubre cada pierna.

pernio. m. Gozne.

pernoctar. intr. Pasar la noche en determinado lugar, especialmente fuera del propio domicilio.

pero. ≅empero. ≅estorbo. ≅tacha. conj. ad. con que a un concepto se contrapone otro diverso del anterior. || m. fam. Defecto, dificultad, objeción.

perogrullada. f. fam. Verdad o especie que por notoriamente sabida es necedad o simpleza el decirla.

perol. m. Vasija semiesférica de metal.

peroné. m. Hueso largo y delgado de la pierna, detrás de la tibia, con la cual se articula.

perorar. intr. Pronunciar un discurso u oración.

perorata. f. Oración o razonamiento molesto o inoportuno.

peróxido. m. En la serie de los óxidos, el que tiene la mayor cantidad posible de oxígeno.

perpendicular. adj. Aplícase a la línea o al plano que forma ángulo recto con otra línea o con otro plano. Apl. a línea, ú. t. c. s. f.

perpetrar. ≅ejecutar. tr. Cometer, consumar: ∽ un delito.

perpetua. f. Planta herbácea, de flores pequeñas, moradas o anaranjadas, que se conservan durante mucho tiempo.

perpetuar. ≅eternizar. ≅inmortalizar. ◁acabar. tr. y prnl. Hacer perpetua o perdurable una cosa. || Dar a las cosas una larga duración.

perpetuo, tua. ≅eterno. ≅imperecedero. ≅perdurable. ≅perenne. ◁perecedero. adj. Que dura y permanece para siempre. || Díc. de ciertos cargos vitalicios. || Díc. de ciertos cargos o puestos cuyo titular puede desempeñarlos hasta la jubilación.

perplejidad. f. Irresolución, confusión.

perplejo, ja. adj. Dudoso, irresoluto, confuso.

perra. f. Hembra del perro. || fam. Rabieta.

perrera. f. Lugar o sitio donde se guardan o encierran perros.

perrería. f. Conjunto de perros. || fam. Acción villana.

perro. ≅chucho. m. Mamífero doméstico cánido, de tamaño, forma y pelaje muy diversos, según las razas. Tiene olfato muy fino y es inteligente y leal al hombre. || fig. Persona despreciable. || fig. Hombre tenaz, firme y constante.

perruno, na. adj. Relativo al perro.

persa. ≅pérsico. adj. y s. De Persia, hoy Irán. || m. Idioma persa.

persecución. f. Acción de perseguir. || Por antonomasia, cada una de las que ordenaron algunos emperadores romanos contra los cristianos.

perseguir. ≅acorralar. ≅acosar. ≅dañar. ≅importunar. ≅vejar. tr. Seguir al que va huyendo con ánimo de alcanzarle. || fig. Buscar a uno en todas partes con frecuencia e importunidad. ||

fig. Molestar, fatigar. || fig. Solicitar o pretender con frecuencia.

perseverancia. f. Firmeza, constancia.

perseverar. intr. Mantenerse constante en la prosecución de lo comenzado. || Durar.

persiana. f. Especie de celosía, formada por tablillas fijas o movibles, colocadas de forma que dejen paso al aire y no al sol.

pérsico, ca. adj. Relativo a Persia. || m. Árbol rosáceo, y su fruto.

persignar. tr. y prnl. Signar, hacer la señal de la cruz. || Signar y santiguar a continuación.

persistir. intr. Mantenerse firme o constante en una cosa. || Durar por largo tiempo.

persona. f. Individuo de la especie humana. || Hombre o mujer cuyo nombre se ignora o se omite. || Der. Sujeto de Derecho. || Filos. Supuesto inteligente. || Gram. Accidente gramatical que denota si el sujeto de la oración es el que habla, o aquel a quien se habla, o aquel de que se habla.

personaje. ≅figura. ≅personalidad. m. Persona ilustre. || Cada uno de los seres humanos, sobrenaturales o simbólicos que toman parte en la acción de una obra literaria.

personal. adj. Relativo a la persona o propio o particular de ella. || m. Conjunto de personas que trabajan en un mismo organismo, dependencia, fábrica, taller, etc. || Econ. Mano de obra que emplea la empresa. || pop. Gente, concurrencia de personas. || f. Dep. En baloncesto, falta que comete un jugador al tocar o empujar a otro del equipo contrario.

personalidad. f. Diferencia individual que distingue a una persona de otra. || Persona que destaca en una actividad o ambiente. || Der. Aptitud legal. || Representación. || Filos. Conjunto de cualidades que constituyen a la persona o supuesto inteligente.

personalismo. m. Tendencia a subordinar el bien común a miras personales.

personalista. adj. Relativo al personalismo.

personalizar. tr. Referirse a una persona en particular al decir una cosa.

personarse. prnl. Presentarse personalmente en un lugar. || Der. Comparecer.

personificar. tr. Atribuir vida o acciones o cualidades propias del ser racional al irracional, o a las cosas inanimadas, incorpóreas o abstractas. || Representar en una persona, o representar ella misma, una opinión, sistema, etc.

perspectiva. f. Arte de representar en una superficie los objetos, en la forma y disposición con

PERROS

Foxhou

Galgo

Lebrel inglés

Perdiguero

Podenco

Setter
irlandés

Pointer

Foxterrier

Pekinés

Caniche o de aguas

Chiuahua

Dalmata

Lebrel afgano

Mastín

Pastor alemán

Boxer

Dogo

San Bernardo

que aparecen a la vista. || Obra o representación ejecutada con este arte. || fig. Conjunto de objetos lejanos que se presentan a la vista del espectador.

perspicacia. f. Agudeza y penetración de la vista. || fig. Sagacidad, clarividencia.

perspicaz. adj. Agudo, penetrante. || fig. Sagaz.

persuadir. tr. y prnl. Inducir, obligar a uno con razones a creer o hacer una cosa.

persuasión. f. Acción y efecto de persuadir. || Juicio que se forma en virtud de un fundamento.

persuasivo, va. adj. Que tiene fuerza y eficacia para persuadir.

pertenecer. ≅competer. ≅concernir. ≅corresponder. ≅incumbir. intr. Ser propia de uno una cosa. || Ser una cosa del cargo, ministerio u obligación de uno. || Tener relación una cosa con otra, o ser parte integrante de ella.

pertenencia. ≅dominio. ≅propiedad. f. Derecho a la propiedad de una cosa. || Espacio o término que toca a uno por jurisdicción o propiedad.

pértiga. f. Vara larga. || Vara larga para practicar el deporte del salto con pértiga.

pertinacia. ≅tenacidad. ≅tozudez. ◁negli-

Salto con pértiga

gencia. f. Obstinación, terquedad. || fig. Persistencia, duración.

pertinente. ≅concerniente. ≅oportuno. ≅relativo. ◁extraño. adj. Perteneciente a una cosa. || Díc. de lo que viene a propósito.

pertrechar. tr. Abastecer de pertrechos. || fig. Disponer lo necesario para la ejecución de una cosa. Ú. t. c. prnl.

pertrechos. m. pl. Municiones, armas, y demás instrumentos, máquinas, etc., necesarios para los soldados y la defensa de las fortificaciones. Ú. t. en sing. || Por ext., instrumentos para cualquier operación.

perturbación. f. Acción y efecto de perturbar. || Interferencia.

perturbado, da. ≅demente. adj. y s. Díc. de la persona que tiene trastornadas sus facultades mentales.

perturbar. ≅alterar. ≅desarreglar. ≅desordenar. ◁ordenar. ◁tranquilizar. tr. Trastornar el orden y el estado de las cosas. Ú. t. c. prnl. || Quitar la paz o la tranquilidad a alguien. || prnl. Perder el juicio una persona.

peruano, na. adj. y s. De Perú.

perversidad. ≅perversión. f. Depravación, suma maldad.

perversión. f. Acción y efecto de pervertir. || Corrupción: ⌐ de costumbres.

perverso, sa. ≅maligno. ≅malo. ≅malvado. adj. Depravado.

pervertir. tr. y prnl. Viciar las costumbres, los gustos, etc.

pervivir. intr. Seguir viviendo, subsistir.

pesa. f. Pieza metálica que se utiliza como término de comparación para determinr el peso de un cuerpo. || Pieza de peso suficiente que se emplea para dar movimiento a ciertos relojes o de contrapeso para subir o bajar lámparas, etc. || pl. Piezas para hacer gimnasia.

pesadez. f. Calidad de pesado. || fig. Obesidad. || fig. Terquedad, impertinencia. || fig. Molestia, trabajo, fatiga. || Lentitud, duración desmedida.

pesadilla. f. Sueño angustioso y tenaz. || fig. Preocupación grave y continua.

pesado, da. adj. Que pesa mucho. || Obeso. || fig. Intenso, profundo. || fig. Cargado: *tiempo pesado, cabeza pesada.* || fig. Tardo, lento. || fig. Molesto, impertinente. || fig. Ofensivo, sensible.

pesadumbre. f. Pesadez. || Injuria, agravio. || fig. Molestia, desazón. || fig. Motivo o causa de pesar.

pésame. ≅condolencia. m. Expresión con que

se manifiesta a uno el sentimiento que se tiene de su pena o aflicción.

pesar. m. Sentimiento, pena. ‖ Arrepentimiento.

pesar. ≅considerar. ≅pensar. ≅reflexionar. intr. Tener gravedad o peso. ‖ Tener determinado peso: *la máquina pesa ochenta kilos.* ‖ Tener mucho peso. ‖ fig. Tener una cosa valor o estimación. ‖ tr. Determinar el peso o la masa de una cosa por medio de una balanza u otro instrumento equivalente. Ú. t. c. prnl. ‖ fig. Examinar con atención. ‖ Ponderar.

pesaroso, sa. adj. Arrepentido.

pesca. f. Acción y efecto de pescar. ‖ Oficio de pescar. ‖ Lo que se pesca.

pescadería. f. Establecimiento en el que se vende pescado.

pescadero, ra. m. y f. Persona que vende pescado.

pescadilla. f. Cría de la merluza.

pescado. m. Pez comestible sacado del agua por medio de la pesca.

pescador, ra. adj. y s. Que pesca. ‖ m. y f. Persona que se dedica a la pesca por oficio.

pescante. m. Pieza saliente para colgar algo en la pared. ‖ Brazo de una grúa. ‖ En ciertos coches, asiento del cochero.

pescar. tr. Coger con redes, cañas u otros instrumentos peces, mariscos u otros animales que viven en el agua. ‖ Sacar del agua alguna otra cosa: ◠ *un ancla.* ‖ fig. y fam. Contraer una enfermedad. ‖ fig. y fam. Coger, agarrar. ‖ fig. y fam. Lograr, conseguir. ‖ fig. y fam. Entender, captar con rapidez.

pescuezo. m. Parte del cuerpo desde la nuca hasta el tronco.

pesebre. m. Especie de cajón donde comen los animales. ‖ Sitio destinado para este fin.

peseta. f. Unidad monetaria de España. ‖ pl. fam. Dinero, riqueza: *tener* ◠*s.*

pesetero, ra. adj. desp. Aficionado al dinero; ruin, tacaño, avaricioso.

pesimismo. ◁optimismo. m. Sistema filosófico que consiste en atribuir al universo la mayor imperfección posible. ‖ Propensión a ver las cosas en su aspecto más desfavorable.

pesimista. adj. y s. Que propende a ver y a juzgar las cosas por el lado más desfavorable.

pésimo, ma. adj. Sumamente malo.

peso. m. Fuerza de gravitación ejercida sobre la materia. ‖ Magnitud de esta fuerza. ‖ El que por ley o convenio debe tener una cosa: *pan falto de* ◠. ‖ Pesa del reloj. ‖ Balanza. ‖ Unidad

monetaria de varios países americanos. ‖ fig. Entidad, substancia, importancia. ‖ fig. Fuerza, eficacia. ‖ fig. Pesadumbre, dolor, preocupación. ‖ *Dep.* Bola metálica que se lanza en determinados ejercicios atléticos.

pespunte. m. Labor de costura, con puntadas unidas, que se hace volviendo la aguja hacia atrás después de cada punto, para meter la hebra en el mismo sitio por donde pasó antes.

pesquero, ra. adj. Que pesca. ‖ m. Barco pesquero.

pesquisa. f. Información, indagación.

pestaña. f. Cada uno de los pelos que hay en los bordes de los párpados. ‖ Parte saliente en el borde de alguna cosa.

pestañear. intr. Mover los párpados.

peste. f. Enfermedad contagiosa y grave. ‖ Mal olor. ‖ fig. Cualquier cosa mala. ‖ fig. Costumbre perniciosa. ‖ fig. y fam. Excesiva abundancia de algunas cosas. ‖ pl. Palabras de enojo o amenaza: *echar* ◠*s.*

pesticida. adj. y m. Que se destina a combatir plagas.

pestífero, ra. ≅contagioso. ≅hediondo. adj. Que puede ocasionar peste. ‖ Que tiene muy mal olor.

pestilencia. f. Mal olor, hedor.

pestillo. m. Pasador con que se asegura una puerta corriéndolo a modo de cerrojo.

pesuño. m. Cada uno de los dedos, cubierto con su uña, de los animales de pata hendida.

petaca. f. Estuche para llevar cigarros o tabaco picado.

pétalo. m. Cada una de las piezas que forman la corola de la flor.

petanca. f. Especie de juego de bochas.

petardo. ≅estafa. ≅sablazo. m. Tubo de cualquier materia no muy resistente que se rellena de pólvora u otro explosivo y se liga y ataca convenientemente para que, al darle fuego, se produzca una detonación considerable. ‖ fig. Engaño. ‖ fig. Malo.

petate. m. Esterilla de palma para dormir. ‖ Lío de la cama, y la ropa de cada marinero, soldado en el cuartel o penado en su prisión. ‖ fam. Equipaje.

petenera. f. Cante andaluz. ‖ Su música.

petición. f. Acción de pedir.

petimetre, tra. ≅currutaco. ≅gomoso. ≅lechuguino. m. y f. Persona que cuida demasiado de su compostura y de seguir las modas.

petirrojo. m. Pájaro del tamaño del pardillo.

peto. m. Armadura del pecho. ‖ Parte superior

de un mono o delantal. ‖ Protección de cuero, para los caballos de los picadores.

petrel. m. Ave palmípeda, del tamaño de la alondra, común en todos los mares.

pétreo, a. adj. De piedra. ‖ Pedregoso.

petrificar. tr. Convertir en piedra. Ú. t. c. prnl. ‖ fig. Dejar inmóvil de asombro.

petrodólar. m. Reserva de dólares acumulada por los países productores de petróleo.

petrografía. f. Parte de la geología que estudia la composición, estructura y clasificación de las rocas y yacimientos.

petróleo. m. Líquido natural oleaginoso e inflamable, constituido por una mezcla de hidrocarburos, que se extrae de lechos geológicos continentales y marítimos.

petrolero, ra. adj. Relativo al petróleo. ‖ m. Barco especialmente acondicionado para el transporte de petróleo.

petrolífero, ra. adj. Que contiene petróleo: *yacimiento, pozo* ⌣.

petulancia. ≅atrevimiento. ≅engreimiento. ≅vanidad. ◁corrección. ◁modestia. f. Insolencia, descaro. ‖ Presunción ridícula.

petunia. f. Planta muy ramosa, con flores grandes, olorosas y de diversos colores.

peyorativo, va. adj. Despectivo.

peyote. m. Planta cactácea de Méjico, de la que se extrae el alcaloide llamado mezcalina.

pez. m. Animal vertebrado acuático, de respiración branquial y temperatura variable, con extremidades en forma de aletas aptas para la natación y piel cubierta, por lo común, de escamas; generación ovípara. ‖ Pescado de río, lago, mar., etc. ‖ f. Substancia resinosa, sólida, que se obtiene de la destilación del alquitrán.

pezón. ≅pedículo. ≅pedúnculo. ≅rabillo. m. Rabillo que sostiene la hoja, la flor o el fruto en las plantas. ‖ Botoncito que sobresale en las mamas o tetas de las hembras. ‖ Extremo o cabo de algunas cosas.

pezuña. f. Conjunto de los pesuños de una misma pata en los animales de pata hendida.

phi. f. Vigésima primera letra del alfabeto griego (Φ, φ). Corresponde a nuestra *f*.

pi. f. Decimosexta letra del alfabeto griego (Π, π); corresponde a nuestra *p*. ‖ *Mat.* Símbolo de la razón de la circunferencia al diámetro, que se expresa así: π es igual a la longitud de la circunferencia partido por el diámetro, cuyo valor numérico 3,1416..., es una cantidad constante para toda la circunferencia.

piadoso, sa. adj. Benigno, blando, misericordioso. ‖ Díc. de las cosas que mueven a compasión. ‖ Religioso, devoto.

piafar. intr. Alzar el caballo ya una mano, ya otra, dejándolas caer con fuerza.

piamadre o **piamáter.** m. La más interna de

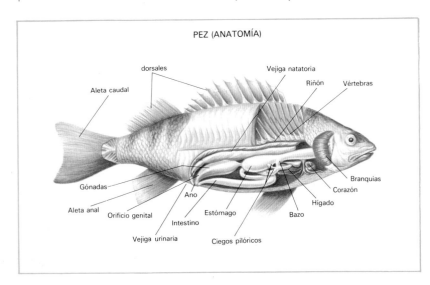

PEZ (ANATOMÍA)

las tres meninges que envuelven el sistema nervioso central de los mamíferos; es blanda y muy adherida a la superficie del cerebro y médula espinal.

pianista. com. Fabricante y vendedor de pianos. || Persona que ejercita el arte de tocar este instrumento.

piano. m. Instrumento músico de teclado y percusión. || adv. m. Con sonido suave y poco intenso. || fig. y fam. Suavemente.

pianola. f. Piano mecánico.

piar. intr. Emitir algunas aves, y especialmente el pollo, cierto género de sonido. || fig. y fam. Pedir con anhelo e insistencia.

piara. f. Manada de cerdos.

piastra. f. Moneda fraccionaria usada en varios países (Egipto, Siria, Turquía, etc.).

pica. ≅ vara. f. Especie de lanza larga, compuesta de un asta con hierro pequeño y agudo en el extremo superior. || Garrocha del picador de toros. || Soldado armado de pica. || Uno de los palos de la baraja francesa. Ú. m. en pl.

picacho. m. Punta aguda de algunos montes y riscos.

picadero. m. Sitio donde los picadores adiestran los caballos, y las personas aprenden a montar. || fig. Lugar para entrevistas amorosas.

picadillo. m. Guiso de carne cruda con tocino, verduras y ajos.

picador, ra. m. y f. Persona que doma y adiestra caballos. || m. Torero de a caballo que pica con garrocha a los toros. || Tajo de cocina. || Minero que arranca el mineral por medio del pico.

picadura. f. Acción y efecto de picar. || Pinchazo. || Mordedura de un ave, un insecto o ciertos reptiles. || Tabaco picado para fumar. || Principio de caries en la dentadura. || Maca de un fruto.

picante. ≅ acerbo. ≅ satírico. adj. Que pica. || fig. Mordaz. || m. Acritud de algunas cosas, que excitan el sentido del gusto.

picapedrero. m. Cantero.

picapleitos. m. fam. Abogado sin pleitos, que anda buscándolos. || fam. Abogado enredador y rutinario.

picaporte. m. Instrumento para cerrar de golpe las puertas y ventanas. || Llave con que se abre el picaporte. || Llamador, aldaba.

picar. ≅ agarrochar. ≅ pinchar. ≅ punzar. tr. Herir leve y superficialmente con instrumento punzante. Ú. t. c. prnl. || Herir el picador al toro con la garrocha. || Punzar o morder las aves, los insectos y ciertos reptiles. || Cortar dividir en trozos

muy menudos. || Tomar las aves la comida con el pico. || Morder el pez en el anzuelo. || Causar o producir escozor o comezón en alguna parte del cuerpo. Ú. t. c. intr. || Enardecer el paladar ciertas cosas excitantes. || Corroer, horadar. Ú. t. c. prnl. || fig. Mover, excitar, estimular. Ú. t. c. prnl. || fig. Enojar. || Inquietar, estimular. || intr. Calentar mucho el sol. || Tomar una ligera cantidad de alimentos. || fig. Ofenderse, enfadarse. || Inyectarse alguna droga.

picardía. f. Ruindad, vileza, engaño. || Bellaquería, astucia. || Travesura, burla. || fam. Conjunto de camisón muy corto y bragas.

picaresca. f. Pandilla de pícaros. || Profesión de pícaros. || Vida y mundo de los pícaros. || Subgénero literario español, que se desarrolló durante el Siglo de Oro, que satirizaba las costumbres por medio de las peripecias de un pícaro.

picaresco, ca. adj. Relativo a los pícaros.

pícaro, ra. ≅ granuja. ≅ pillo. ≅ villano. adj. Bajo, ruin. Ú. t. c. s. || Astuto, taimado. Ú. t. c. s. || m. y f. Persona descarada, traviesa y de mal vivir.

picatoste. Rebanada de pan tostada o frita.

picaza. f. Urraca.

picazón. f. Desazón y molestia que causa una cosa que pica. || fig. Enojo, disgusto.

pícea. f. Árbol parecido al abeto común.

picnic. m. Partida de campo en la que se come al aire libre. || Merienda campestre.

pico. m. Parte saliente de la cabeza de las aves, compuesta de dos piezas córneas que terminan generalmente en punta y les sirven para tomar el alimento. || Parte puntiaguda que sobresale de algunas cosas. || Herramienta de cantero y cavador. || Punta acanalada del borde de algunas vasijas. || Cúspide aguda de una montaña. || fig. y fam. Facundia, facilidad de palabra. || Pañal triangular de los niños. || Dosis de droga que se inyecta.

picón, na. adj. y s. fam. Que ofende fácilmente. || m. Carbón muy menudo. || Martillo para labrar la piedra.

picor. m. Escozor. || Picazón, desazón.

picota. f. Rollo o columna donde se exponían las cabezas de los ajusticiados o los reos. || Variedad de cereza.

picotazo. m. Acción y efecto de picar un ave, un reptil o un insecto. || Señal que deja.

picotear. tr. Golpear o herir las aves con el pico. || Picar, comer un poco.

pictografía. f. Arte de la representación directa de las ideas por medio de signos gráficos, que no representan sonidos, sino objetos.

pictórico, ca. adj. Relativo a la pintura.

picú. m. Tocadiscos.

picudo, da. adj. Que tiene pico. || Que tiene forma de pico.

picha. f. vulg. Pene, miembro viril.

pichón. m. Pollo de paloma.

pie. m. Extremidad de los miembros inferiores del hombre y de muchos animales. || Base. || Tallo y tronco de las plantas. || La planta entera. || Poso, sedimento. || Uva ya pisada en el lagar, que se coloca debajo de la prensa. || Medida de longitud usada en muchos países, aunque con varia dimensión. || Fundamento, principio.

piedad. ≅caridad. ≅conmiseración. ≅misericordia. ◁crueldad. f. Devoción a las cosas santas. || Abnegación, compasión. || Amor a los padres. || Lástima, misericordia, conmiseración.

Pictografía egipcia. Museo Arqueológico de El Cairo (Egipto)

piedra. f. Substancia mineral, más o menos dura y compacta, que no es terrosa ni de aspecto metálico. || Cálculo urinario. || Granizo grueso.

piel. f. Membrana exterior que cubre el cuerpo del hombre y de los animales. || Cuero curtido. || Cuero curtido de modo que se conserve por fuera su pelo natural. || *Bot.* Epicarpio de ciertos frutos; como ciruelas, peras, etc. ◆ **roja.** Indio indígena de América del Norte.

piélago. m. Parte del mar que dista mucho de la tierra. || Mar, océano.

pienso. m. Alimento para el ganado.

pierna. ≅zanca. f. Parte del cuerpo humano entre el pie y la rodilla. || P. ext., todo el miembro inferior. || Muslo de los cuadrúpedos y aves.

pieza. ≅fragmento. ≅pedazo. ≅trozo. f. Parte de una cosa. || Trozo de tela con que se remienda una prenda de vestir. || Moneda de metal. || Alhaja, herramienta, utensilio o mueble trabajados con arte: ⌐ *de plata.* || Cada una de las partes que componen una máquina. || Sala o aposento de una casa. || Animal de caza o pesca.

pífano. m. Flautín de tono muy agudo.

pifia. ≅desacierto. ≅equivocación. f. Golpe falso que se da con el taco en la bola de billar. || fig. y fam. Error, descuido.

pigmento. m. *Biol.* Materia colorante que, disuelta o en forma de gránulos, se encuentra en el protoplasma de muchas células vegetales o animales.

pigmeo, a. adj. Díc. de un pueblo africano cuyo rasgo característico es su pequeña estatura. || fig. Muy pequeño. Ú. t. c. s.

pignorar. tr. Dar o dejar en prenda; empeñar.

pijama. m. Traje ligero, compuesto de chaqueta o blusa y pantalón, que se usa para dormir.

pila. f. Montón, rimero, cúmulo. || Pieza grande de piedra u otra materia, cóncava y profunda, donde cae o se echa el agua para varios usos. || *Fís.* Generador de corriente eléctrica que utiliza la energía liberada en una reacción química.

pilar. m. Columna que sirve de soporte a una construcción. || fig. Persona que sirve de amparo.

pilastra. f. Elemento adosado al muro, de sección rectangular o poligonal, con función por lo común de soporte. Puede someterse a la norma de un orden clásico.

pilastra. f. Columna de sección cuadrangular.

píldora. f. Medicamento en forma de bolita. || Anticonceptivo oral.

pileta. f. Pila pequeña.

pilón. m. Pila grande. || Receptáculo que se

construye en las fuentes. || Pan de azúcar de forma cónica. || Pesa de la romana.

píloro. m. Abertura inferior del estómago, por la cual pasan los alimentos a los intestinos.

piloso, sa. adj. Relativo al pelo.

pilotar. tr. Dirigir un buque. || Dirigir un automóvil, globo, aeroplano, etc.

piloto. m. El que dirige un buque en la navegación. || El segundo de un buque mercante. || El que dirige un automóvil, helicóptero, avión, etc. || Luz roja que se coloca en la parte posterior de un vehículo. || Lamparilla que indica el funcionamiento de un aparato. || Llama que sirve para encerder los aparatos de gas.

piltrafa. f. Parte de carne flaca, que casi no tiene más que el pellejo. || Persona de poca resistencia física.

pillaje. m. Hurto, latrocinio, rapiña. || *Mil.* Despojo, saqueo.

pillar. tr. Hurtar. || Coger, agarrar, aprehender. || Sorprender en un delito o engaño. || Alcanzar o atropellar embistiendo.

pillastre. m. fam. Pillo.

pillo, lla. ≅granuja. ≅taimado. adj. y m. fam. Pícaro. || fam. Sagaz, astuto.

pimentero. m. Arbusto tropical, cuyo fruto es la pimienta.

pimentón. m. Polvo que se obtiene moliendo pimientos encarnados secos.

pimienta. f. Fruto del pimentero. Contiene una semilla esférica que es aromática, de gusto picante, y muy usada para condimento.

pimiento. m. Planta herbácea, cuyo fruto es en baya hueca, generalmente cónico, terso en la superficie, primeramente verde, y después rojo o amarillo. Es planta americana muy cultivada en España. || Fruto de esta planta.

pimplar. tr. y prnl. fam. Beber en exceso.

pimpollo. ≅brote. ≅retoño. m. Vástago o tallo nuevo de las plantas. || Capullo de rosa. || fig. y fam. Niño o niña que se distingue por su belleza.

pimpón. m. Juego semejante al tenis, que se juega sobre una mesa con pelota pequeña y ligera y con palas pequeñas a modo de raquetas.

pinacoteca. f. Galería o museo de pinturas.

pináculo. m. Parte más alta de un edificio monumental o templo. || fig. Parte más sublime de algo inmaterial.

pinar. m. Sitio poblado de pinos.

pincel. m. Instrumento con que el pintor asienta los colores. || fig. Estilo de pintar.

pincelada. f. Trazo que el pintor da con el pincel. || fig. Expresión compendiosa de una idea o de un rasgo muy característico.

pinchar. tr. Picar, punzar. Ú. t. c. prnl. || fig. Estimular. || Enojar. || intr. Perforarse el neumático de un vehículo. || prnl. Inyectarse droga.

pinchazo. m. Herida que se hace con algo que pincha. || Punzadura en un neumático que le produce pérdida de aire. || Inyección.

pinche. com. Ayudante de cocina.

pincho. m. Aguijón o punta aguda. || Comida que se toma como aperitivo.

ping-pong. m. Pimpón.

pingüe. ≅considerable. ≅mantecoso. adj. Craso, gordo. || fig. Abundante, fértil.

pingüino. m. Ave palmímeda, blanca y negra, de alas muy cortas.

pinito. m. Primeros pasos del niño. Ú. m. en pl. || pl. Principios, comienzos.

pinnípedo, da. adj. y s. Dic. de mamíferos marinos de patas palmeadas; como la foca. || m. pl. Orden de estos animales.

pino. m. Árbol de tronco elevado y recto y hojas estrechas, elevadas y punzantes. Su fruto es la piña y su semilla el piñón. || Madera de este árbol.

pino, na. ≅empinado. ≅enhiesto. ≅escarpado. adj. Muy pendiente o muy derecho.

pinsapo. m. Árbol congénere del abeto, pero cuyas piñas son más gruesas que las de éste.

pinta. f. Mancha o señal pequeña en el plumaje, pelo o piel de los animales y en la masa de los minerales. || Adorno en forma de lunar o

Pingüinos

mota. || En algunos juegos de naipes, carta que designa el palo de los triunfos. || Señal, muestra, aspecto. || m. Sinvergüenza, desaprensivo. || Medida cuya capacidad varía según los países.

pintada. f. Letrero o conjunto de letreros, preferentemente de contenido político o social, que se pintan en los muros o paredes.

pintado, da. adj. Naturalmente matizado de diversos colores. || fam. Muy parecido, semenjante.

pintar. tr. Representar o figurar un objeto con líneas y colores. || Cubrir con un color la superficie de las cosas. || fig. Describir, representar. || fig. Fingir, ponderar, exagerar. || intr. En los juegos de naipes, señalar triunfo. || prnl. Darse colores, maquillarse.

pintarrajear. tr. y prnl. fam. Manchar de varios colores y sin arte una cosa. || prnl. Pintarse o maquillarse mucho y mal.

pintiparado, da. adj. Parecido, semejante. || Adecuado, justo, medido.

pintor, ra. m. y f. Persona que profesa o ejercita el arte de la pintura. || Persona que tiene por oficio pintar puertas, paredes, ventanas, etc.

pintoresco, ca. adj. Que presenta una imagen grata, peculiar y con cualidades pictóricas || fig. Expresivo. || fig. Estrafalario, chocante.

pintura. f. Arte de pintar. || Acción de pintar. || Tabla, lámina o lienzo en que está pintado algo. || La misma obra pintada. || Color preparado para pintar. || fig. Descripción.

pinza. f. Instrumento de diversas formas y materias cuyos extremos se aproximan para sujetar

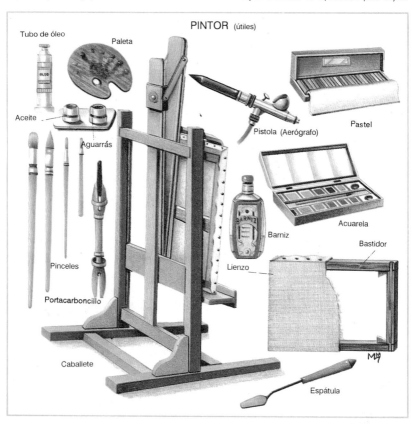

PINTOR (útiles)

Tubo de óleo

Paleta

Aceite

Aguarrás

Pinceles

Portacarboncillo

Caballete

Pistola (Aerógrafo)

Pastel

Barniz

Acuarela

Bastidor

Lienzo

Espátula

algo. || Órgano prensil de ciertos artrópodos, como el cangrejo, el alacrán, etc.

piña. f. Fruto del pino y otros árboles, de forma aovada. || Ananás, planta. || fig. Conjunto de personas o cosas muy unidas.

piñón. m. Simiente del pino. De tamaño variable, tiene una almendra blanca. Es comestible en el pino piñonero. || Esta almendra. || Rueda dentada que engrana con otra mayor en una máquina.

piñonero. adj. Díc. de una variedad de pino que da piñones comestibles.

pío. m. Voz del pollo de las aves.

pío, a. ≅devoto. ≅religioso. adj. Inclinado a la piedad: *obra ⌣; monte ⌣*.

piojo. m. Insecto de color pardo amarillento y dos a tres milímetros de largo, que vive parásito sobre los mamíferos, de cuya sangre se alimenta.

piolet. m. Instrumento que utilizan los alpinistas para asegurar sus movimientos sobre nieve o hielo.

pionero, ra. m. y f. Persona que inicia la exploración de nuevas tierras. || El que da los primeros pasos en alguna actividad humana.

piorrea. f. Flujo de pus, especialmente en las encías.

pipa. ≅barrica. ≅cachimba. ≅cuba. f. Tonel para transportar o guardar vino u otros licores. || Utensilio para fumar tabaco picado. || Lengüeta de las chirimías. || Pepita de frutas.

pipeta. f. Tubo de cristal, ensanchado en su parte media, para transvasar pequeñas cantidades de líquido de un vaso a otro.

pipi. m. fam. Orina.

pipiolo, la. m. y f. fam. Principiante, novato.

pique.. m. Resentimiento, disgusto. || Empeño, emulación, rivalidad.

piqué. m. Tela de algodón con diversos tipos de labor.

piquera. f. Agujero. || Herida.

piqueta. f. Herramienta de albañilería, con mango de madera y dos bocas opuestas, una plana como de martillo, y otra aguzada como de pico.

piquete. m. Grupo poco numeroso de soldados que se emplea en diferentes servicios extraordinarios. || Grupo de personas que intenta imponer o mantener una consigna de huelga.

pira. f. Hoguera. || Fuga, huida.

pirado, da. adj. fam. Alocado.

piragua. f. Embarcación larga y estrecha, generalmente de una pieza.

piragüismo. m. Deporte que consiste en la competición de dos o más piraguas.

piragüista. com. Deportista que tripula una piragua.

pirámide. f. Sólido que tiene por base un polígono cualquiera; sus caras (tantas en número como los lados de aquél) son triángulos que se juntan en un solo punto, llamado vértice, y forman un ángulo poliedro. || Monumento funerario en forma de pirámide. || fig. Montón, pila, rimero.

piraña. f. Pez de los ríos de América del Sur, de boca con numerosos y afilados dientes. Es temido por su voracidad.

pirarse. prnl. vulg. Marcharse. || Volverse loco.

pirata. ≅corsario. adj. Díc. del barco tripulado por piratas. || Depredador, malhechor. || Clandestino, ilegal. || m. Ladrón de mar que ejerce la piratería. || fig. Persona que se apropia del trabajo ajeno, especialmente de obras literarias.

piratear. intr. Ejercer la piratería. || Cometer acciones delictivas contra la propiedad, como hacer ediciones sin permiso del autor o propietario, contrabando, etc.

piratería. f. Ejercicio de pirata. || Robo o presa que hace el pirata. || fig. Robo, hurto.

pirenaico, ca. adj. y s. De los montes Pirineos.

pirindola. f. Peonza pequeña.

piripi. adj. y s. fam. Borracho.

pirita. f. Mineral brillante, de color amarillo de oro. Es un sulfuro de hierro.

pirograbado. m. Procedimiento para grabar o tallar superficialmente en madera por medio de una punta de platino incandescente.

piromancia o **piromancía.** f. Adivinación por medio del fuego.

pirómano, na. adj. y s. Díc. de la persona que padece la tendencia patológica a provocar incendios.

piropo. ≅lisonja. ≅requiebro. m. fam. Cumplido, galantería.

pirotecnia. f. Técnica de preparar explosivos, tanto para fines militares como artísticos (fuegos artificiales).

pirrarse. ≅anhelar. ≅desvivirse. prnl. fam. Desear con vehemencia.

pírrico, ca. adj. Díc. del triunfo obtenido con más daño del vencedor que del vencido.

pirueta. f. Cabriola. || Voltereta.

pis. m. fam. Pipí, orina.

pisada. f. Acción y efecto de pisar. || Huella que deja el pie en el suelo.

pisapapeles. m. Utensilio que se pone sobre los papeles para que no se muevan.

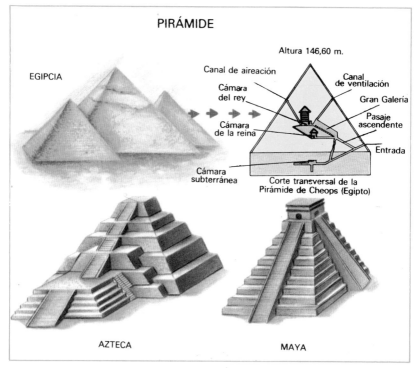

PIRÁMIDE

EGIPCIA

Altura 146,60 m.

Canal de aireación

Cámara del rey

Canal de ventilación

Gran Galería

Pasaje ascendente

Cámara de la reina

Entrada

Cámara subterránea

Corte transversal de la Pirámide de Cheops (Egipto)

AZTECA

MAYA

pisar. tr. Poner el pie sobre algo. || Apretar algo con los pies o a golpe de pisón o maza: ⌣ *la tierra, las uvas.* || fig. Hollar, conculcar. || fig. y fam. Anticiparse. || fig. Pisotear, humillar.

piscicultura. f. Arte de repoblar de peces los ríos y los estanques, y de dirigir y fomentar la reproducción de los peces y mariscos.

piscifactoría. f. Establecimiento de piscicultura.

pisciforme. adj. De forma de pez.

piscina. f. Estanque para peces. || Estanque destinado al baño, a la natación o a otros ejercicios y deportes acuáticos.

Piscis. *Astron.* Duodécimo y último signo del Zodiaco.

piso. ≅domicilio. ≅suelo. m. Pavimento natural o artificial de las habitaciones, calles, caminos, etc. || Planta de un edificio. || Conjunto de habitaciones que constituyen vivienda independiente en una casa de varias plantas.

pisón. m. Instrumento de madera pesado y grueso, que sirve para apretar la tierra, piedras, etc.

pisotear. tr. Pisar repetidamente. || fig. Humillar, maltratar. || Desobedecer una norma.

pista. ≅huella. f. Rastro que dejan los animales o personas en la tierra por donde han pasado. || Sitio dedicado a las carreras y otros ejercicios. || Espacio destinado al baile, o en el que actúan los artistas en las salas de fiesta. || Terreno acondicionado para el despegue y aterrizaje de aviones. || Espacio de la cinta magnética en que se registran las grabaciones. || fig. Conjunto de indicios o señales que puede conducir a la averiguación de un hecho.

pistacho. m. Fruto del alfóncigo.

pistilo. m. Órgano femenino de la flor.

pistola. f. Arma de fuego, corta y en general semiautomática, que se apunta y dispara con una sola mano. || Utensilio que proyecta pintura pulverizada.

pistolero. m. El que utiliza la pistola para atracar, asaltar o, mercenariamente, realizar atentados personales.

pistón. m. Émbolo. || Parte o pieza central de la cápsula, donde está colocado el fulminante.

pita. f. Planta vivaz, oriunda de Méjico, de hojas o pencas radicales y carnosas. Una variedad de esta planta produce, por incisiones en su tronco, un líquido azucarado del que se hace el pulque.

pitada. f. Sonido del pito. || fig. Abucheo.

pitanza. ≅comida. ≅condumio. f. fam. Alimento diario.

pitar. ≅funcionar. ≅silbar. intr. Tocar el pito. || fig. y fam. Funcionar, rendir. || tr. Manifestar desagrado silbando.

pitido. m. Silvido.

pitillo. m. Cigarrillo.

pito. m. Flauta pequeña, como un silbato, de sonido agudo. || Dispositivo mecánico de sonido semejante al del silbato. || En el juego del dominó, ficha con un punto. Ú. m. en pl. || Cigarrillo. || fig. Cosa insignificante. || vulg. Pene, miembro viril. || Garrapata muy común en América del Sur.

pitón. m. Cuerno que empieza a salir a los animales. || Tubo recto o curvo que sobresale de la superficie de una cosa || f. Reptil ofidio no venenoso, de gran tamaño.

pitonisa. f. Sacerdotisa de Apolo. || Encantadora, hechicera.

pitorrearse. prnl. Guasearse, burlarse.

pitorreo. m. Guasa, burla.

pitorro. m. Tubo de los botijos.

pituita. f. Mucosidad de las membranas de la nariz y los bronquios.

pituitario, ria. adj. Que contiene o segrega pituita o moco. || Díc. de la membrana que reviste la cavidad de la nariz, que segrega el moco y en la cual se produce la sensación del olfato.

pivot. m. En baloncesto, jugador de ataque y defensa, cuya misión principal es recoger los rebotes.

pizarra. f. Roca homogénea, de color negro azulado, que se usa en las construcciones, principalmente para cubiertas y solados. || Trozo de pizarra obscura, en que se escribe o dibuja.

pizarrín. m. Lápiz para escribir en la pizarra.

pizca. f. fam. Porción mínima o muy pequeña de una cosa.

pizza. f. Torta elaborada con masa de pan, guarnecida con tomate, queso y otros ingredientes. Es propia de Italia.

placa. f. Plancha de metal u otra materia, en general rígida y poco gruesa. || Lámina que, colocada en algún lugar público, sirve de guía, orientación, anuncio, prohibición, recuerdo, etc. || Insignia o distintivo de los agentes de policía. || Parte superior de las cocinas económicas. || Estructura anatómica de forma laminar. || Matrícula de los vehículos.

placaje. m. *Dep.* En rugby, detener un ataque, sujetando al contrario.

placenta. f. Órgano que, durante la gestación, une al feto con la superficie interior del útero.

placentero, ra. adj. Agradable, apacible.

placer. ≅alegría. ≅deleite. ≅regocijo. ◁dolor. m. Sensación agradable. || Voluntad, consentimiento, beneplácito. || Diversión, entretenimiento.

placer. intr. Agradar, dar gusto.

plácet. m. Aprobación de un Gobierno al nombramiento de un diplomático extranjero.

plácido, da. adj. Grato, apacible.

plaga. ≅desgracia. ≅peste. f. Calamidad grande que aflige a un pueblo. || Daño grave o enfermedad que sobreviene a una persona. || fig. Cualquier infortunio. || Abundancia nociva de alguna cosa.

plagiar. ≅fusilar. ≅robar. ≅secuestrar. tr. fig. Copiar o imitar en lo substancial obras ajenas.

plagio. m. Acción y efecto de plagiar.

plaguicida. adj. y s. Que combate las plagas del campo.

plan. ≅designio. ≅esquema. ≅idea. ≅síntesis. m. Altitud o nivel. || Intento, proyecto, estructura. || Plano, representación gráfica de un terreno. || Tratamiento médico. || fig. y fam. Relación amorosa frívola y trivial. || Parte inferior y más ancha del fondo de un buque. || Proyecto para prever la actividad económica y anticipar los resultados.

plana. f. Cada una de las dos caras de una hoja de papel. || Escrito que hacen los niños en una cara del papel. || Porción extensa de país llano. || fam. Conjunto de directivos y jefes de una empresa. || *Impr.* Conjunto de líneas ya ajustadas, de que se compone cada página.

plancton. m. Conjunto de plantas y animales, generalmente diminutos, que flotan y son desplazados pasivamente en aguas saladas o dulces.

plancha. f. Lámina de metal llano y delgado. || Utensilio para planchar. || Acción y efecto de planchar la ropa. || Conjunto de ropa planchada. || Placa de hierro, cobre, etc., para asar o tostar ciertos alimentos. || fig. y fam. Desacierto o error.

|| *Impr.* Reprodución estereotípica o galvanoplástica preparada para la impresión.

planchar. ≅alisar. ≅allanar. tr. Pasar la plancha caliente sobre la ropa para estirarla.

planchazo. m. Planchado rápido: *dar un* ⌢ *a las sábanas.* || fig. y fam. Desacierto, error.

planeador. m. Aeronave sin motor, que se sustenta y avanza aprovechando solamente las corrientes atmosféricas.

planear. tr. Trazar o formar el plan de una obra. || Hacer planes o proyectos. || intr. Descender un avión en planeo.

planeo. m. Descenso o vuelo de un avión sin la acción del motor, aprovechando la velocidad adquirida o las corrientes de aire.

planeta. m. Cuerpo sólido celeste que gira alrededor de una estrella y que se hace visible por la luz que refleja. Los planetas del sistema solar son: Mercurio, Venus, la Tierra, Marte, Júpiter, Saturno, Urano, Neptuno y Plutón.

planetario, ria. adj. Relativo a los planetas. || m. Aparato que representa los planetas del sistema solar y reproduce sus movimientos respectivos.

planicie. f. Llanura.

planificación. f. Acción y efecto de planificar. || Plan general, científicamente organizado, para obtener un objetivo determinado.

planificar. tr. Trazar los planos para la ejecución de una obra. || Hacer plan o proyecto de una acción. || Someter a planificación.

planilla. m. *Amér.* y *And.* Estado de cuentas, liquidación. || Nómina.

planisferio. m. Carta en que la esfera celeste o la terrestre está representada en un plano.

planning. m. Planificación previa de la producción para conseguir el coste mínimo óptimo combinando el trabajo y los medios de producción || Página de la agenda en la que se anota una planificación de trabajo.

plano, na. ≅carta. ≅igual. ≅mapa. adj. Llano, liso. || *Geom.* Relativo al plano. || m. Representación gráfica en una superficie de un terreno o de la planta de un campamento, plaza, etc. || *Cin.* Cada una de las escenas de una película.

planta. f. Parte inferior del pie. || Vegetal, ser orgánico que crece y vive adherido al suelo por medio de raícez. || Plantío. || Plano. || Cada uno de los pisos o altos de un edificio. || Fábrica central de energía, instalación industrial.

plantación. f. Acción de plantar. || Conjunto de lo plantado.

plantar. ≅arribar. ≅burlar. ≅fijar. ≅hincar. tr. Meter en tierra una planta o un vástago, esqueje, etc., para que arraigue. || Poblar de plantas un terreno. || fig. Fijar, asentar, colocar. || fig. y fam. Tratándose de golpes, darlos. || prnl. fig. y fam. Ponerse de pie firme en un sitio.

plante. m. Protesta colectiva, con abandono del cometido habitual.

Planisferio terrestre de Portulano. Biblioteca Nacional de Florencia (Italia)

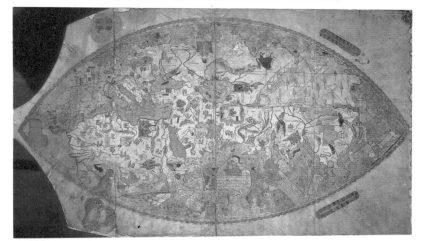

planteamiento. m. Acción y efecto de plantear.

plantear. ≅esbozar. ≅planificar. tr. Tantear, trazar o hacer planta de una cosa para procurar el acierto en ella. || fig. Enunciar un problema. || fig. Enunciar la solución de un problema.

plantel. m. Criadero de plantas. || fig. Establecimiento en el que se forman personas hábiles y capaces en alguna profesión, ejercicio, etc. || Estas personas.

plantificar. tr. Establecer sistemas, instituciones, reformas, etc. || fig. Tratándose de golpes, darlos. || Poner a uno en alguna parte contra su voluntad. || prnl. fig. y fam. Plantarse, llegar pronto a un lugar.

plantígrado, da. adj. y s. Díc. de los cuadrúpedos que al andar apoyan en el suelo toda la planta de los pies y las manos; como el oso.

plantilla. f. Suela sobre la cual los zapateros arman el calzado. || Pieza de badana, tela, corcho o palma con que interiormente se cubre la planta del calzado. || Tabla o plancha cortada que sirve de modelo para reproducir piezas o dibujos. || Relación ordenada por categorías de las dependencias y empleados de una empresa.

plantío. m. Terreno plantado de vegetales.

plañidero, ra. adj. Lloroso, lastimero.

plaqueta. f. Elemento constituyente de la sangre de los vertebrados, con forma de disco oval o redondo, que interviene en la coagulación. || Placa pequeña.

plasma. m. Parte líquida de la sangre. || Líquido que resulta de suprimir de la sangre sus elementos sólidos. || Linfa privada de sus células.

plasmar. tr. Figurar, hacer o formar una cosa. || fig. Dar forma concreta a un proyecto o idea.

plástica. f. Arte de plasmar, o formar cosas de barro, yeso, etc. || Efecto estético de algunas formas.

plástico, ca. adj. Relativo a la plástica. || Capaz de ser modelado. || Díc. de la cirugía que trata de mejorar o embellecer una parte del cuerpo. || Díc. del material que puede cambiar de forma y conservar ésta de modo permanente, a diferencia de los cuerpos elásticos. || Díc. de ciertos materiales sintéticos que pueden moldearse fácilmenmte y en cuya composición entran principalmente derivados de la celulosa, proteínas y resinas. Ú. t. c. s. m.

plastificación. f. Plastificado.

plastificado. m. Acción y efecto de plastificar.

plastificar. tr. Recubrir, con una lámina fina de plástico, papeles, documentos, telas, etc.

plata. f. Metal precioso, blanco, brillante, dúctil y maleable, más pesado que el cobre y menos que el plomo. Peso atómico, 107,88; núm. atómico, 47; símbolo, *Ag.* || fig. Moneda o monedas de plata. || fig. Dinero en general; riqueza.

plataforma. ≅motivo. ≅tribuna. f. Tablero horizontal, descubierto y elevado sobre el suelo. || Suelo superior, a modo de azotea, de las torres, reductos y otras obras. || fig. Programa o conjunto de reivindicaciones o exigencias que presenta un grupo político, sindical, profesional, etc.

platanáceo, a. adj. y f. Díc. de árboles angiospermos dicotiledóneos; como el plátano. || f. pl. Familia de estos árboles.

platanero, ra. adj. Relativo al plátano. || m. y f. Plátano, banano.

plátano. m. Árbol platanáceo, muy apreciado para plantaciones lineales en calles y paseos por la sombra de su amplia copa. || Planta herbácea de grandes dimensiones, que en algunos países llaman banano. Su fruto es una baya alargada, de pulpa feculenta, sin huesos ni semillas. || Fruto de esta planta.

platea. Palco en la parte baja de los teatros.

platear. tr. Dar o cubrir de plata.

platelminto. adj. y s. Díc. de gusanos, parásitos en su mayoría y casi todos hermafroditas; como la tenia. || m. pl. Clase de estos animales.

plateresco, ca. adj. Aplícase al estilo español de ornamentación empleado por los plateros del s. XVI. || Díc. del estilo arquitectónico en que se emplean estos adornos.

platería. f. Arte y oficio del platero. || Tienda en la que se venden obras de plata u oro.

platero. m. Artífice que labra la plata. || El que vende objetos labrados de plata u oro.

plática. f. Conversación. || Razonamiento o discurso que hacen los predicadores.

platicar. tr. Conversar, hablar.

platija. f. Pez marino, semejante al lenguado.

platillo. m. Plato pequeño. || Cada una de las dos piezas en forma de plato que tiene la balanza. || *Mús.* Instrumento de percusión compuesto de dos chapas metálicas circulares.

platina. f. Parte del microscopio en la que se coloca el objeto que se quiere observar. || *Impr.* Mesa para ajustar, imponer y acuñar las formas.

platino. m. Metal precioso de color de plata, aunque menos vivo y brillante, muy pesado, difícilmente fusible e inatacable por los ácidos, excepto el agua regia. Peso atómico, 195,23; núm. atómico, 78; símbolo, *Pt.* || Cada una de las piezas que establecen contacto en el ruptor del sistema de encendido de un motor de explosión. Ú. m. en pl.

platirrino. adj. y s. Díc. de simios indígenas de América, cuyas fosas nasales están muy separadas. || m. pl. Grupo de estos animales.

plato. m. Vasija baja y redonda, con una concavidad en medio, que se emplea en las mesas para servir la comida. || Platillo de la balanza. || Vianda o manjar que se sirve en los platos. || Manjar preparado para ser comido.

plató. m. Escenario de un estudio cinematográfico.

platónico, ca. adj. Relativo a Platón. || fig. Desinteresado, honesto.

platonismo. m. Escuela y doctrina filosófica de Platón.

plausible. adj. Digno o merecedor de aplauso. || Atendible, admisible, recomendable.

play back. m. Interpretación mímica con sonido pregrabado. || **boy.** m. Hombre conquistador y rico, que se exhibe en lugares de moda acompañando a mujeres famosas, ricas y guapas.

playa. f. Ribera del mar, o de un río grande, formada de arenales en superficie casi plana. || Porción de mar contigua a esta ribera.

playero, ra. adj. y s. Díc. de prendas de vestir o calzar propias para estar en la playa.

plaza. f. Lugar ancho y espacioso dentro de población, rodeado de casas. || Mercado. || Lugar fortificado. || Espacio, sitio, lugar. || Oficio, puesto, empleo.

plazo. m. Término o tiempo señalado para una cosa. || Vencimiento del término. || Cada parte de una cantidad pagadera en dos o más veces.

pleamar. f. Fin o término de la creciente. || Tiempo que ésta dura.

plebe. ≅pueblo. ≅vulgo. f. Clase social común, fuera de los nobles, eclesiásticos y militares; estado llano. || La clase social más baja.

plebeyo, ya. adj. Propio de la plebe.

plebiscito. m. Ley que la plebe de Roma establecía separadamente de las clases superiores de la República, a propuesta de su tribuno. || Resolución tomada por todo un pueblo a pluralidad de votos.

plegamiento. m. Efecto producido en la corteza terrestre por el movimiento conjunto de rocas sometidas a una presión lateral.

plegar. tr. Hacer pliegues en una cosa. Ú. t. c. prnl. || Doblar e igualar los pliegos de un libro. || prnl. fig. Doblarse, someterse.

plegaria. ≅oración. ≅rezo. f. Deprecación, súplica.

pleistoceno, na. adj. y s. Época del cuaternario más antiguo, que comprende un período preglaciar, cuatro glaciaciones y tres períodos interglaciares. Aparecen ya restos fósiles humanos y restos de culturas prehistóricas.

pleitear. tr. Litigar, contender judicialmente.

pleitesía. f. Rendimiento, muestra reverente de cortesía.

pleito. m. Litigio judicial entre partes. || Proceso. || Contienda, disputa, pendencia.

plenario, ria. ≅completo. ≅íntegro. ≅total. ◁defectuoso. ◁incompleto. adj. Lleno, que no le falta nada. || m. Pleno, reunión o junta general de una corporación.

plenilunio. m. Luna llena.

plenipotenciario, ria. adj. y s. Persona que envían los jefes de Estado a organizaciones o a otros Estados, con plenos poderes para resolver los asuntos.

plenitud. f. Totalidad, integridad. || fig. Apogeo, intensidad, perfección.

pleno, na. ≅asamblea. ≅colmado. ◁vacío. adj. Completo, lleno. || m. Reunión o junta general de una corporación.

pleonasmo. m. Repetición innecesaria de palabras con una significación equivalente. || Redundancia.

pletina. f. Pieza metálica de forma rectangular y de espesor reducido.

plétora. ◁escasez. ◁falta. f. fig. Abundancia excesiva.

pletórico, ca. adj. Rebosante, eufórico.

pleura. f. Cada una de las membranas serosas que cubren las paredes de la cavidad torácica y la superficie de los pulmones.

pleuresía. f. Inflamación de la pleura.

plexiglás. m. Resina sintética que tiene el aspecto del vidrio. || Material transparente y flexible de que se hacen telas, tapices, etc.

plexo. m. Red formada por varios filamentos nerviosos o vasculares entrelazados.

pléyade. f. fig. Grupo de personas.

plica. f. Sobre cerrado y sellado en el que se reserva algún documento, que no debe abrirse hasta una fecha u ocasión determinada.

pliego. m. Pieza de papel de forma cuadrangular, doblada por la mitad. || Hoja de papel. || *Impr.* Cada una de las hojas en que se hace la tirada. || Memorial con las condiciones o cláusulas de un contrato.

pliegue. m. Doblez. || *Geol* Ondulación del terreno.

plinto. m. Cuadrado sobre el que descansa la

base de la columna. || Base cuadrada de poca altura. || Utensilio para ejercicios gimnásticos.

plioceno, na. adj. Último período del terciario en el que los continentes, mares y océanos alcanzan ya casi su configuración actual. || Perteneciente o relativo a este período.

plisar. tr. Hacer pliegues en una tela.

plomada. f. Pesa de plomo o de otro metal, cilíndrica o cónica, colgada de una cuerda, que sirve para señalar la línea vertical.

plomizo, za. adj. Que tiene plomo. || Parecido al plomo.

plomo. m. Metal pesado, dúctil, maleable, blando, fusible, de color gris que tira ligeramente a azul. Se obtiene principalmente de la galena. Peso atómico, 207,22; número atómico, 22; símbolo, *Pb*. || fig. Bala, proyectil. || fig. y fam. Persona o cosa pesada y molesta.

pluma. f. Cada una de las piezas de que está cubierto el cuerpo de las aves. || Conjunto de plumas. || Pluma de ave que servía para escribir. || Instrumento de metal que, colocado en un mango de madera, hueso u otra materia, sirve para escribir.

Pluma de ave vista al microscopio

plumaje. m. Conjunto de plumas del ave. || Penacho de plumas que se pone por adorno en los sombreros, morriones y cascos.

plúmbeo, a. adj. De plomo. || fig. Que pesa como el plomo.

plumero. m. Mazo o atado de plumas que sirve para quitar el polvo. || Vaso o caja donde se ponen las plumas. || Penacho de plumas.

plumier. m. Caja pequeña y rectangular para guardar plumas, lápices, gomas de borrar, etc.

plumón. ≅edredón. m. Pluma muy delgada que tienen las aves debajo del plumaje exterior. || Colchón lleno de esta pluma.

plural. adj. y s. Gram. Díc. del número que se refiere a dos o más personas o cosas. || Múltiple.

pluralidad. f. Multitud. || Circunstancia de ser más de uno.

pluralizar. tr. Dar número plural a palabras que ordinariamente no lo tienen. || Referir o atribuir una cosa que es peculiar de uno a dos o más sujetos, pero sin generalizar.

pluriempleo. m. Desempeño de varios cargos, empleos u oficios por una misma persona.

plus. m. Gratificación, sobresueldo.

pluscuamperfecto. adj. y s. Gram. Díc. del tiempo que anuncia que una cosa estaba ya hecha o podía estarlo cuando otra se hizo.

plusmarca. f. Récord.

plus ultra. loc. lat. Más allá.

plusvalía. f. Aumento de valor de una propiedad.

plutocracia. f. Preponderancia de los ricos en el gobierno del Estado. || Predominio de la clase más rica de un país.

Plutón. Planeta descubierto en 1930, que dista del Sol 5.910 millones de km. Su órbita es muy excéntrica y el volumen es unas diez veces menor que el de la Tierra. Tiene un satélite, Caronte, que fue descubierto en 1978.

plutonio. m. Elemento radiactivo artificial, formado por desintegración del neptunio. Peso atómico, 239; núm. atómico, 94; símbolo, *Pu*.

pluviometría. f. Parte de la meteorología que estudia la distribución de las lluvias según la geografía y las estaciones.

pluviómetro. m. Aparato que sirve para medir la lluvia.

pluviosidad. f. Cantidad de lluvia que recibe un lugar en un período determinado de tiempo.

población. f. Acción y efecto de poblar. || Conjunto de personas que habitan la Tierra o cualquier división geográfica de ella. || Conjunto de edificios y espacios de una ciudad.

poblado. m. Población, ciudad, villa o lugar.

poblar. tr. Fundar uno o más pueblos. Ú. t. c. intr. || Ocupar un sitio. || prnl. Llenarse una cosa.

pobre. adj. Necesitado, menesteroso, que no tiene lo necesario para vivir. Ú. t. c. s. || fig. Humilde, de poco valor o entidad. || fig. Infeliz, desdichado, triste.

pobreza. f. Necesidad, estrechez, carencia de lo necesario para vivir. || Falta, escasez.

pocilga. f. Establo para ganado de cerda. || fig. y fam. Cualquier lugar hediondo y asqueroso.

pócima. f. Cocimiento medicinal de materias vegetales. || fig. Cualquier bebida medicinal. || fig. y fam. Bebida desagradable.

poción. f. Bebida medicinal.

poco, ca. ≅apenas. ≅limitado. ◁mucho. adj. Escaso en cantidad o calidad. || m. Cantidad corta o escasa: *un* ⌐ *de agua.* || adv. c. Con escasez.

pocho, cha. adj. Descolorido. || Podrido. || Que no disfruta de buena salud.

poda. f. Acción y efecto de podar. || Tiempo en que se ejecuta.

podadera. f. Herramienta para podar.

podar. tr. Cortar o quitar las ramas superfluas de los árboles, vides y otras plantas.

podenco, ca. adj. y s. Perro de caza, de cuerpo más pequeño pero más robusto que el de los lebreles y galgos.

poder. m. Dominio, imperio, facultad y jurisdicción que uno tiene para mandar o ejecutar una cosa. || Gobierno de un Estado. || Fuerzas de un Estado. || Acto o instrumento en que consta la facultad que uno da a otros para que en lugar suyo y representándole pueda ejecutar una cosa. Ú. frecuentemente en pl. || Posesión actual o tenencia de una cosa. || Fuerza, vigor, capacidad, posibilidad, poderío. || Suprema potestad rectora y coactiva del Estado. || pl. fig. Facultades, autorización para hacer una cosa.

poder. tr. Tener expeditas la facultad o potencia de hacer una cosa. || Tener facilidad, tiempo o lugar de hacer una cosa. Ú. m. con negación. || impers. Ser contingente o posible que suceda una cosa.

poderío. m. Facultad de hacer o impedir una cosa. || Hacienda, bienes y riquezas. || Poder, dominio, señorío, imperio. || Potestad, facultad, jurisdicción. || Vigor, facultad o fuerza grande.

poderoso, sa. adj. Que tiene poder. Ú. t. c. s. || Muy rico. Ú. t. c. s. || Grande, excelente. || Activo, eficaz: *remedio* ⌐.

podio. m. Plataforma o tarima sobre la que se coloca a una persona para ponerla en lugar preeminente.

podología. f. Rama de la actividad médica que tiene por objeto el tratamiento de las afecciones y deformidades de los pies.

podólogo, ga. m. y f. Especialista en podología.

podredumbre. f. Putrefacción de las cosas. || Cosa podrida. || Corrupción moral.

podrir. tr. y prnl. Pudrir.

poema. m. Obra en verso, o perteneciente por su género, aunque esté escrita en prosa, a la esfera de la poesía.

poesía. f. Manifestación de la belleza o del sentimiento estético por medio de la palabra, en verso o en prosa. || Arte de componer obras poéticas. || Cada uno de los géneros poéticos: ⌐ *lírica, épica, dramática, bucólica,* etc.

poeta. m. El que compone obras poéticas. || El que hace versos.

poético, ca. adj. Relativo a la poesía.

poetisa. f. Mujer que compone obras poéticas. || Mujer que hace versos.

pointer. adj. y s. Raza de perros parecidos a los perdigueros, pero de talla algo menor y formas más finas y elegantes.

póker. m. Póquer.

polaco, ca. adj. y s. De Polonia. || m. Lengua de Polonia, una de las eslavas.

polaina. f. Especie de media calza que cubre la pierna hasta la rodilla.

polar. adj. Relativo a los polos.

polaridad. f. *Fís.* Propiedad que tienen los agentes físicos de acumularse en los polos de un cuerpo y polarizarse. || fig. Condición de lo que tiene propiedades o potencias opuestas.

polarizar. tr. *Fís.* Modificar los rayos luminosos por medio de refracción o reflexión, de tal manera, que queden incapaces de refractarse o reflejarse de nuevo en ciertas direcciones. Ú. t. c. prnl. || fig. Atraer la atención.

polca. f. Danza originaria de Bohemia, de movimiento rápido y en compás de dos por cuatro. || Música de esta danza.

pólder. m. En los Países Bajos, terreno pantanoso ganado al mar y que una vez desecado se dedica al cultivo.

polea. m. Rueda móvil alrededor de un eje y acanalada en su circunferencia, por donde pasa una cuerda o cadena en cuyos dos extremos actúan, respectivamente, la potencia y la resistencia.

polémica. ≅debate. ≅disputa. ◁acuerdo. ◁paz. f. Controversia, discusión.

polemizar. intr. Sostener o entablar una polémica.

polen. m. Célula masculina o fecundante de las flores.

poleo. m. Planta herbácea anual, de olor agradable, que se usa en infusión como estomacal.

poliandria. f. Estado de la mujer casada simultáneamente con varios hombres.

policía. ≅guardia. ≅vigilante. f. Conjunto de leyes y ordenanzas establecidas para el gobierno de los Estados. || Cuerpo encargado de velar por el mantenimiento del orden público y la seguridad de los ciudadanos, a las órdenes de las autoridades políticas. || com. Agente de policía.

policlínica. f. Clínica con distintas especialidades médicas y quirúrgicas.

policromo, ma o **polícromo, ma.** adj. De varios colores.

polichinela. m. Personaje burlesco de las farsas.

polideportivo, va. adj. y s. Lugar, instalaciones, etc., destinados al ejercicio de varios deportes.

poliedro. adj. Geom. Díc. del ángulo formado por varios planos que concurren en un punto. || Sólido terminado por superficies planas.

poliéster. m. Polímero sintético, que se usa para la fabricación de fibras artificiales y materiales textiles.

polifacético, ca. adj. Que ofrece varias facetas o aspectos. || Díc. de las personas de variada condición o de múltiples aptitudes.

polifonía. f. Mús. Conjunto de sonidos simultáneos en que cada uno expresa su idea musical, pero formando un todo armónico.

poligamia. f. Estado del hombre casado simultánemente con varias mujeres.

polígamo, ma. adj. Hombre casado a la vez con varias mujeres. Ú. t. c. s. || Díc. de las plantas que tienen en uno o más pies flores masculinas, femeninas y hermafroditas.

poligloto, ta o **polígloto, ta.** adj. Escrito en varias lenguas: Biblia ∿. || Díc. de la persona versada en varias lenguas. Ú. m. c. s.

polígono. m. Geom. Porción de plano limitado por líneas rectas. || Unidad urbanística.

polígrafo, fa. m. y f. Persona que ha escrito sobre materias diferentes.

polilla. f. Mariposa nocturna, cuya larva destruye la lana, tejidos, pieles, papel, etc.

polimerización. f. Proceso químico por el cual, mediante el calor, la luz o un catalizador, se unen varias moléculas de un compuesto.

polímero. m. Cuerpo químico formado por polimerización.

polimorfo, fa. adj. Quím. Que puede tener varias formas.

polinización. f. Bot. Paso o tránsito del polen desde el estambre en que se ha producido hasta el pistilo en que ha de germinar.

polinomio. m. Álg. Expresión compuesta de dos o más términos algebraicos unidos por los signos más o menos.

poliomielitis. f. Enfermedad caracterizada por la inflamación de los cuernos anteriores de la medula y la parálisis y atrofia de los grupos musculares correspondientes.

polipasto. m. Sistema de poleas.

pólipo. m. Nombre con que se designa la fase sedentaria y fija de numerosos celentéreos. || Pulpo. || Tumor pediculado que se forma en las mucosas.

polis. f. Ciudad estado o comunidad política en la antigua Grecia.

polisemia. f. Gram. Pluralidad de significados de una palabra.

polisílabo, ba. adj. y s. Palabra que consta de varias sílabas.

politécnico, ca. adj. Que abarca muchas ciencias.

politeísmo. m. Religión o doctrina que admite la existencia de muchos dioses.

política. f. Arte, doctrina u opinión referente al gobierno de los Estados. || Actividad de los que rigen o aspiran a regir los asuntos públicos. || Actividad del ciudadano cuando interviene en los asuntos públicos. || Cortesía. || Orientaciones o directrices que rigen la actuación de una persona o entidad.

político, ca. adj. Relativo a la doctrina o actividad política. || Cortés, urbano. || Díc. de quien interviene en las cosas del gobierno y negocios del Estado. Ú. t. c. s. || fig. y fam. Hábil.

politizar. tr. y prnl. Dar orientación o contenido político a acciones, pensamientos, etc., que corrientemente no lo tienen.

poliuretano. m. Producto plástico muy utilizado en la industria.

polivalente. adj. Que tiene varios valores.

póliza. f. Sello con que se paga el impuesto del timbre. || Documento justificativo del contrato de seguros, operaciones de bolsa, etc.

polizón. m. El que se embarca clandestinamente.

polo. m. Cualquiera de los dos extremos del eje de rotación de una esfera o cuerpo redondea-

Polinización

do, especialmente los de la Tierra. Éstos reciben la denominación de *Polo Norte, Ártico* o *Boreal,* y *Polo Sur, Antártico* o *Austral.* || Región contigua a un polo terrestre. || fig. Tipo de helado. || *Elec.* Cada una de las extremidades del circuito de una pila o de ciertas máquinas eléctricas. || *Fís.* Cualquiera de los dos puntos opuestos de un cuerpo, en los cuales se acumula mayor o menor cantidad de energía. || Camisa deportiva de punto. || Juego entre grupos de jinetes, que impulsan una bola con mazas de astiles largos.

pololo. m. Pantalón corto o bombacho. Ú. m. en pl.

poltrón, na. ≅holgazán. ◁activo. ◁diligente. adj. Perezoso, haragán. || f.Silla baja, amplia y cómoda.

polución. f. Efusión de semen. || Contaminación intensa del agua o del aire, producida por los residuos de procesos industriales o biológicos.

polvareda. f. Cantidad de polvo que se levanta de la tierra. || fig. Efecto causado entre las gentes por dichos o hechos que las alteran o apasionan.

polvo. m. Parte más menuda y deshecha de la tierra muy seca, que fácilmente se levanta en el

Polución de las aguas marinas por vertido de petróleo

aire. || Substancia sólida molida en partículas muy pequeñas. || Porción de cualquier cosa menuda o reducida a polvo, que se toma de una vez con los dedos. || fam. Heroína.

pólvora. f. Substancia explosiva que se emplea para impulsar el proyectil de las armas de fuego y en pirotecnia.

polvorín. m. Almacén de explosivos.

polvorón. m. Torta de harina, manteca y azúcar, que se deshace al comerla.

polla. f. Gallina joven. || vulg. Miembro viril.

pollero, ra. m. y f. Persona que cría pollos o los vende.

pollino, na. m. y f. Asno joven. || fig. Persona simple, ignorante o ruda. Ú. t. c. adj.

pollo. m. Cría de las aves y particularmente de las gallinas. || fig. y fam. Joven. || fig. y fam. Hombre astuto y sagaz.

pomada. f. Mezcla de una substancia grasa y otros ingredientes, que se emplea como cosmético o medicamento.

pomo. m. Frasco de perfumes. || Extremo de la guarnición de la espada. || Agarrador o tirador de una puerta, cajón, etc., de forma más o menos redonda.

pompa. ≅alarde. ≅oropel. ≅ostentación. ≅solemnidad. ◁modestia. ◁sencillez. f. Acompañamiento suntuoso: ∽ *fúnebre.* || Vanidad, grandeza. || Ostentación. || Ampolla que forma el agua por el aire que se le introduce.

pomposo, sa. adj. Ostentoso. || Hueco, hinchado. || fig. Díc. del lenguaje, estilo, etc., excesivamente adornado.

pómulo. m. Hueso y prominencia de cada una de las mejillas. || Parte del rostro correspondiente a este hueso.

ponche. m. Bebida que se hace mezclando ron u otro licor con agua, limón y azúcar.

poncho. m. *Amér. m.* Prenda de abrigo, que consiste en una manta, cuadrada o rectangular, que tiene en el centro una abertura para pasar la cabeza. || Especie de capote de monte.

ponderación. f. Prudencia, moderación. || Compensación, equilibrio.

ponderar. tr. fig. Examinar con cuidado algún asunto. || Exagerar, encarecer.

ponencia. f. Encargo, función de ponente. || Persona o comisión designada para actuar como ponente. || Informe o dictamen dado por el ponente. || Comunicación o propuesta que se somete al examen y resolución de una asamblea.

ponente. adj. y s. Magistrado, funcionario o miembro de un cuerpo colegiado o asamblea a quien se designa para hacer relación de un asunto y proponer la resolución.

poner. ≅arreglar. ≅instalar. ≅preparar. ≅situar. ◁quitar. tr. Colocar en un sitio o lugar. Ú. t. c. prnl. || Disponer: ⌒ *la mesa*. || Admitir un supuesto o hipótesis: *pongamos que esto sucedió así.* || Dejar una cosa a la resolución o disposición de otro: *lo pongo en tus manos.* || Establecer. || Decir, expresar.

póney o **poni.** m. Caballo de poca alzada.

poniente. m. Occidente, punto cardinal. || Viento que sopla de la parte occidental. || Sector del horizonte por donde se pone el sol para el observador.

pontificado. m. Dignidad de pontífice. || Tiempo durante el que se ostenta

pontificar. intr. Celebrar funciones litúrgicas con rito pontifical. || fig. Presentar como innegables dogmas o principios sujetos a examen. || fig. y fam. Hablar con tono de suficiencia.

pontífice. m. Magistrado sacerdotal en la antigua Roma. || Obispo o arzobispo de una diócesis. || Prelado supremo de la Iglesia católica romana: *sumo* o *romano* ⌒.

ponto. m. poét. Mar.

pontón. m. Barco chato, para pasar ríos, construir puentes o limpiar el fondo de los puertos. || Buque viejo que, amarrado de firme en los puertos, sirve de almacén, de hospital o de depósito de prisioneros. || Puente formado de maderos o de una sola tabla.

ponzoña. ≅tóxico. ◁antídoto. f. Substancia venenosa o nociva para la salud. || fig. Doctrina perniciosa.

pop. adj. y s. Díc. de una música derivada del rock y del folk.

popa. f. Parte posterior de la nave.

pope. m. Sacerdote de la Iglesia Ortodoxa rusa.

popelín. m. Tela de algodón y a veces de seda, con algo de brillo, muy usada en camisería.

populacho. m. Lo ínfimo de la plebe, chusma.

popular. ≅querido. adj. Relativo al pueblo. || Del pueblo o de la plebe. Ú. t. c. s. || Que es grato al pueblo.

popularidad. f. Aceptación y aplauso que uno tiene del pueblo. || Calidad de popular.

popularizar. tr. y prnl. Acreditar a una persona o cosa, extender su estimación en el concepto público. || Dar carácter popular a una cosa.

populoso, sa. adj. Muy poblado.

popurrí. ∬popurrís. m. Composición musical formada de fragmentos o temas de obras diversas. || Mezcolanza de cosas diversas.

poquedad. ≅cobardía. ≅cortedad. ≅miseria. ≅nimiedad. ◁abundancia. f. Escasez. || Timidez. || Cosa de ningún valor o de poca entidad.

póquer. m. Juego de naipes, de envite, en el que cada jugador recibe cinco naipes y gana el que reúne la combinación superior de las varias establecidas.

por. prep. con que se indica la persona agente en las oraciones en pasiva. || Con los nombres de lugar, denota tránsito por ellos: *ir a Toledo* ⌒ *Illescas.* || Indica tiempo aproximado: ⌒ *agosto.* || En clase o calidad de: *recibir* ⌒ *esposa.*

porcelana. f. Especie de loza fina, transparente, clara y lustrosa. Se obtiene por cocimiento de caolín, cuarzo y feldespato. || Vasija o figura de porcelana.

porcentaje. m. Tanto por ciento.

porcentual. adj. Calculado o expresado en tantos por ciento.

porcino, na. adj. Relativo al puerco. || m. Puerco pequeño.

porción. f. Cantidad segregada de otra mayor. || fig. Cantidad de alimento que diariamente se da a uno para su alimento. || fam. Número considerable e indeterminado. || Cuota individual que se reparte entre varios.

porche. m. Soportal, cobertizo. || Atrio.

pordiosear. intr. Mendigar, pedir limosna. || fig. Pedir con humildad una cosa.

pordiosero, ra. adj. y s. Mendigo.

porfía. ≅discusión. ≅disputa. f. Acción de porfiar. || Disputa mantenida con insistencia.

porfiar. intr. Disputar obstinadamente y con tenacidad. || Importunar con repetición y porfía. || Continuar insistentemente una acción.

pórfido. m. Roca compacta y dura, formada por una substancia amorfa de color obscuro y con cristales de feldespato y cuarzo.

pormenor. ≅nimiedad. m. Detalle. || Cosa o circunstancia secundaria.

pormenorizar. tr. Describir o enumerar minuciosamente.

pornografía. f. Tratado acerca de la prostitución. || Carácter obsceno de obras literarias o artísticas. || Obra literaria o artística de este carácter.

pornográfico, ca. adj. Relativo a la pornografía. || Díc. del autor de obras obscenas.

poro. m. Espacio entre las moléculas de los cuerpos. || Intersticio entre las partículas de los sólidos de estructura discontinua. || Orificio, imperceptible a simple vista, de la piel de los animales y de los vegetales.

poroso, sa. adj. Que tiene poros.

porque. conj. causal. Por causa o razón de que: *No lo hizo ⌐ no quiso.* || conj. final. Para que.

porqué. m. fam. Causa, razón o motivo: *Quisiéramos saber el ⌐ de todas las cosas.* || fam. Ganancia, retribución.

porquería. ≅basura. ≅descortesía. ≅inmundicia. ◁limpieza. f. fam. Suciedad. || fam. Acción sucia o indecente. || fam. Grosería, desatención. || fam. Cosa de poco valor. || fam. Golosina perjudicial para la salud.

porqueriza. f. Pocilga de puercos.

porra. ≅garrote. ≅rompecabezas. f. Cachiporra. || Instrumento de forma análoga, de diversas materias, usado por los miembros de algunos cuerpos encargados de vigilancia, tráfico, etc. || Fruta de sartén semejante al churro, pero más gruesa.

porrada. f. Porrazo. || fig. y fam. Necedad, disparate. || Conjunto o montón de cosas.

porrazo. ≅batacazo. ≅trastazo. m. Golpe que se da con la porra o con otro instrumento. || El que se recibe por una caída, o por topar con algún cuerpo duro.

porreta. f. Hojas verdes del puerro, ajos, cebollas y de los cereales antes de formarse la caña.

porro. m. Cigarrillo de hachís o mariguana mezclado con tabaco.

porrón. m. Vasija de barro. || Redoma de vidrio para beber vino a chorro.

portaaviones. m. Buque de guerra destinado a transportar aviones, que despegan y aterrizan en su cubierta.

portada. f. Ornato en la fachada de los edificios. || Primera plana de los libros impresos, en la que figura el título, el nombre del autor y el lugar y año de la impresión. || fig. Frontispicio o cara principal de cualquier cosa.

portador, ra. adj. y s. Que lleva o trae una cosa de una parte a otra. || m. *Com.* Tenedor de efectos públicos o valores comerciales que no son nominativos. || Persona que lleva en su cuerpo el germen de una enfermedad y actúa como propagador de la misma.

portaequipaje o **portaequipajes.** m. Espacio destinado en los automóviles a guardar el equipaje.

portafolio o **portafolios.** m. Cartera de mano.

portaherramientas. m. Pieza que sujeta la herramienta en una máquina.

portal. m. Zaguán, primera pieza de la casa. || Soportal. || Pórtico.

portalámpara o **portalámparas.** m. Pieza para asegurar el casquillo de las lámparas eléctricas.

portaminas. m. Instrumento de metal o plástico, que contiene minas cilíndricas recambiables y que se utiliza como lápiz.

portamonedas. m. Bolsita o cartera para llevar dinero.

portar. tr. Traer el perro al cazador la pieza cobrada. || prnl. Conducirse, gobernarse. Ú. con los adverbios *bien, mal,* u otros semejantes. || Distinguirse.

portarretrato o **portarretratos.** m. Marco para colocar retratos.

portátil. adj. Movible y fácil de transportar.

portavoz. ≅cabecilla. ≅caudillo. ≅director. m. *Mil.* Bocina. || fig. Persona que, por su prestigio, se considera la más autorizada para expresar la opinión de un grupo, partido, etc.

portazo. m. Golpe fuerte que se da con la puerta, o el que ésta da movida por el viento. || Acción de cerrar la puerta para desairar a uno o despreciarle.

porte. ≅acarreo. ≅aspecto. ≅continente. ≅presencia. ≅transporte. m. Acción de portear o llevar. || Cantidad que se paga por llevar o transportar una cosa. || Modo de gobernarse y portarse en conducta y acciones. || Buena o mala disposición de una persona. || Grandeza, capacidad de una cosa.

portear. ≅acarrear. ≅transportar. tr. Conducir o llevar de una parte a otra una cosa.

portento. ≅maravilla. ≅milagro. ≅prodigio. m. Cosa, acción o suceso que causa admiración o terror.

porteño, ña. adj. y s. Díc. de los naturales de diversas ciudades de España y América en las que hay puerto.

portería. f. Pabellón, garita o pieza del zaguán de los edificios destinada al portero. || Empleo u oficio de portero. || Su habitación o vivienda. || En algunos deportes como el fútbol, meta o marco rectangular para marcar tantos.

portero, ra. m. y f. Persona encargada del cuidado de una casa. || Jugador que en algunos deportes defiende la portería de su equipo.

pórtico. ≅porche. ≅soportal. m. Sitio cubierto y con columnas que se construye delante de los templos u otros edificios. || Galería con arcadas o columnas a lo largo de un muro de fachada o patio.

portillo. m. Abertura en las murallas, paredes o tapias. || Postigo o puerta chica en otra mayor.

portorriqueño, ña. adj. y s. De Puerto Rico.

portuario, ria. adj. Relativo al puerto de mar.

portugués, sa. adj. y s. De Portugal. || m.

Pórtico de la Gloria. Catedral de Santiago de Compostela (La Coruña)

Lengua que se habla en Portugal, Brasil y antiguas posesiones portuguesas.

portulano. m. Colección de planos de varios puertos, encuadernada en forma de atlas.

porvenir. ≅mañana. ≅venidero. ◁ayer. ◁pasado. m. Suceso o tiempo futuro.

posada. f. Fonda, casa de huéspedes.

posaderas. f. pl. Nalgas.

posar. intr. Descansar, asentarse, reposar. || Permanecer en determinada postura para retratarse o para servir de modelo a un pintor o escultor. || Poner, colocar. || prnl. Depositarse en el fondo las partículas sólidas que están en suspensión en un líquido, o caer el polvo sobre las cosas o en el suelo.

posdata. f. Texto que se añade a una carta ya concluida y firmada.

pose. ≅afectación. ≅empaque. ≅prosopopeya. ◁naturalidad. f. Posición, postura, actitud.

poseer. ≅dominar. ◁carecer. tr. Tener uno en su poder una cosa. || Saber suficientemente una cosa. || prnl. Dominarse a sí mismo; refrenar sus ímpetus y pasiones.

poseído, da. adj. y s. Poseso.

posesión. ≅disfrute. ≅predio. ≅tenencia. f. Acto de poseer o tener una cosa. || Cosa poseída.

|| Cosa poseída. || Finca rústica. || Territorio situado fuera de las fronteras de una nación, pero que le pertenece por convenio, ocupación o conquista.

posesionar. tr. y prnl. Poner en posesión de una cosa.

posesivo, va. adj. Relativo a la posesión. || Díc. del elemento gramatical que indica posesión o pertenencia.

poseso, sa. adj. y s. Díc. de la persona que padece posesión de algún espíritu.

posguerra. f. Tiempo inmediato a la terminación de una guerra.

posibilidad. f. Aptitud, potencia u ocasión para ser o existir las cosas. || Aptitud o facultad para hacer o no hacer una cosa. || Medios, caudal o hacienda de uno. Ú. m. en pl.

posibilitar. tr. Facilitar, hacer posible.

posible. adj. Que puede ser o suceder; que se puede ejecutar. || m. Posibilidad, facultad. || pl. Bienes, rentas o medios que uno posee o goza.

posición. f. Postura, modo de estar puesta una persona o cosa. || Emplazamiento, situación, lugar. || Acción de poner. || Categoría o condición social de cada persona respecto a las demás. || Actitud. || Suposición.

positivismo. m. Calidad de atenerse a lo positivo. || Demasiada afición a comodidades y goces. || Sistema filosófico que consiste en no admitir como válidos científicamente los conocimientos que no proceden de la experiencia.

positivo, va. ≅efectivo. ≅utilitario. ≅verdadero. ◁inseguro. ◁negativo. adj. Cierto, que no ofrece duda. || Útil, práctico.

positrón o **positón.** m. Partícula elemental de las mismas características que el electrón, pero de carga positiva.

poso. m. Sedimento del líquido. || Quietud, reposo. || fig. Huella, resto.

posología. f. Parte de la terapéutica, que trata de las dosis en que deben administrarse los medicamentos.

posponer. tr. Colocar a una persona o cosa después de otra. || fig. Apreciar a una persona o cosa menos que a otra. || Diferir, retardar.

posta. f. ant. Conjunto de caballerías que estaban apostadas en los caminos a distancia de dos o tres leguas, para cambiar los tiros. || Casa o lugar donde estaban las postas. || Bala pequeña de plomo.

postal. adj. Concerniente al ramo de correos: *servicio, tarjeta* ⌐.

poste. m. Madero, piedra o columna colocada verticalmente para servir de apoyo o de señal. || Cada uno de los dos palos verticales de la portería de fútbol y de otros deportes.

postema. f. Absceso supurado.

póster. m. Cartel.

postergar. tr. Dejar atrasada una cosa, respecto al lugar o al tiempo. || Tener en menos a una persona.

posteridad. f. Descendencia o generación venidera. || Fama póstuma.

posterior. adj. Que fue o viene después, o está o queda detrás.

postigo. m. Puerta que está fabricada en una pieza sin tener división ni más de una hoja. || Puerta chica abierta en otra mayor. || Tablero para cubrir la parte encristalada de puertas y ventanas.

postilla. f. Costra que recubre una zona en la que falta la piel.

postín. ≅jactancia. ≅vanidad. ◁modestia. m. Importancia o boato sin fundamento.

postizo, za. adj. Agregado, imitado, sobrepuesto. || m. Peluca o cabellera artificial.

postor. m. El que ofrece precio en una subasta o almoneda, licitador.

postración. f. Abatimiento.

postrar. ≅abatir. ≅derribar. ≅extenuar. ≅lan-

Postigo

guidecer. tr. y prnl. Debilitar. || prnl. Hincarse de rodillas. || Humillarse.

postre. adj. m. Fruta, dulce u otras cosas que se sirven al final de las comidas.

postrero, ra. adj. Último.

postrimería. f. Período último de la duración de una cosa. Ú. m. en pl.

postulado, da. m. Proposición cuya verdad se admite sin pruebas y que es necesaria para servir de base en ulteriores razonamientos. || *Mat.* Supuesto que se establece para fundar una demostración.

postular. ≅demandar. ≅pretender. ≅solicitar. ≅suplicar. tr. Pedir.

póstumo, ma. adj. Que sale a luz después de la muerte del padre o autor, y también de los elogios, honores, etc., que se tributan a un difunto: *hijo* ⌐; *obra* ⌐.

postura. ≅ajuste. ≅pacto. ≅posición. ≅trato. f. Planta, acción, figura, situación o modo en que está puesta una persona, animal o cosa. || Precio que el comprador ofrece por una cosa que se vende o arrienda, particularmente en almoneda o por justicia. || Cantidad que se arriesga en una apuesta. || fig. Actitud adoptada por alguien en algún asunto.

potable. adj. Que se puede beber.

potaje. m. Guiso de legumbres y verduras.

potasa. f. *Quím.* Carbonato potásico. Se usa como fertilizante y en la fabricación de jabón y vidrios especiales.

potasio. m. Elemento metálico alcalino, blando, cuyos compuestos son muy importantes para uso industrial.

pote. m. Vasija redonda, con barriga y boca ancha y con tres pies, que servía para cocer viandas. || Comida equivalente en Galicia y Asturias a la olla de Castilla.

potencia. ≅fortaleza. ≅posibilidad. ≅vigor. ◁debilidad. f. Capacidad para ejecutar una cosa o producir un efecto. || Imperio, dominación. || Poder y fuerza de un Estado. || *Filos.* Capacidad de llegar a ser. || *Fís.* Capacidad para producir un trabajo o efecto físico, medida por la cantidad de ese trabajo o efecto producido en la unidad de tiempo. || *Mat.* Producto que resulta de multiplicar una cantidad por sí misma una o más veces.

potencial. ≅aptitud. ≅capacidad. ≅posibilidad. adj. Que tiene o encierra en sí potencia, o perteneciente a ella. || Que puede suceder o existir. || m. Fuerza o poder disponibles. || *Gram.* Modo que expresa la acción del verbo como posible. || *Elec.* Energía eléctrica acumulada en un cuerpo conductor.

potenciar. tr. Comunicar potencia a una cosa o incrementar la que ya tiene.

potentado, da. m. y f. Persona poderosa y opulenta.

potente. ≅enérgico. ≅fuerte. ≅robusto. adj. Que tiene poder, eficacia o virtud para algo. || Poderoso. || fam. Grande, desmesurado.

potestad. ≅autoridad. ≅facultad. ≅jurisdicción. ≅poder. f. Dominio que se tiene sobre algo.
◆ **patria potestad.** Autoridad que los padres tienen, con arreglo a las leyes, sobre sus hijos no emancipados.

potestativo, va. adj. Facultativo, voluntario.

potingue. ≅brebaje. ≅mejunje. ≅pócima. m. fam. y fest. Preparado de farmacia. || Bebida desagradable.

potra. ≅chiripa. f. Yegua joven. || fig. y fam. Buena suerte.

potro. m. Caballo desde que nace hasta que muda los dientes de leche. || Aparato en el que sentaban a los procesados para obligarles a declarar por medio del tormento. || Aparato para realizar ejercicios gimnásticos.

poyo. m. Banco de piedra, yeso u otra materia, arrimado a las paredes.

poza. f. Charca.

pozo. m. Hoyo profundo. || Hoyo que se hace en la tierra ahondándolo hasta encontrar vena de agua. || Sitio o paraje en donde los ríos tienen

mayor profundidad. || Hoyo profundo para bajar a las minas.

práctica. ≅experiencia. ≅habilidad. ≅hábito. ≅pericia. ≅procedimiento. ◁teoría. f. Ejercicio de cualquier arte o facultad, conforme a sus reglas. || Destreza adquirida con este ejercicio. || Uso continuado, costumbre o estilo de una cosa. || Modo o método que particularmente observa uno en sus operaciones.

practicante. adj. y s. Que practica o profesa su religión. || com. Diplomado en enfermería, persona que pone inyecciones, practica curas, etc.

practicar. tr. Ejercitar, poner en práctica. || Usar, ejercer. || Ejecutar, hacer, llevar a cabo. || intr. Ensayar, entrenar. Ú. t. c. tr.

práctico, ca. ≅diestro. ≅hábil. ≅perito. adj. Relativo a la práctica. || Experimentado, versado, diestro. || m. *Mar.* En el puerto, el que dirige el rumbo de una embarcación para entrar en el mismo.

pradera. f. Conjunto de prados. || Prado grande. || Lugar del campo llano y con hierba.

prado. m. Tierra en la cual se deja crecer o se siembra la hierba para pasto de los ganados.

pragmático, ca. adj. Relativo al pragmatismo. || Práctico.

pragmatismo. m. Método filosófico según el cual el único criterio válido para juzgar de la verdad de toda doctrina se ha de fundar en sus efectos prácticos. || Modo de pensar y de actuar que se fija sobre todo en las consecuencias prácticas de los hechos.

preámbulo. m. Exordio, prefacio, introducción. || Rodeo, digresión.

prebenda. ≅enchufe. ≅momio. ≅sinecura. f. Renta aneja a un canonicato u otro oficio eclesiástico. || fig. y fam. Empleo u oficio lucrativo.

preboste. m. Sujeto que es cabeza de una comunidad, y la preside o gobierna.

precariedad. f. Calidad de precario.

precario, ria. adj. De poca estabilidad o duración.

precaución. f. Cautela, prudencia.

precaver. tr. y prnl. Prevenir un riesgo o daño.

precavido, da. ≅circunspecto. adj. Sagaz, cauto, que sabe precaver los riesgos.

precedente. adj. Que precede o es anterior. || m. Antecedente, acción o circunstancia anterior que sirve para juzgar hechos posteriores. || Resolución anterior en caso igual o semejante; ejemplo, práctica usada o seguida.

preceder. tr. Ir delante en tiempo, orden o lugar. Ú. t. c. intr. || Anteceder o estar antepuesto.

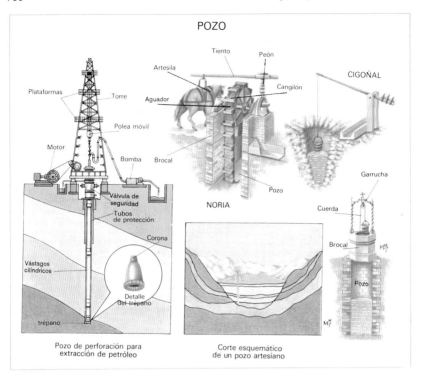

POZO

Pozo de perforación para extracción de petróleo

Corte esquemático de un pozo artesiano

|| fig. Tener una persona o cosa preferencia, primacía o superioridad sobre otra.

preceptiva. f. Conjunto de preceptos aplicables a determinada materia.

preceptivo, va. adj. Que incluye preceptos. || Obligatorio.

precepto. m. Mandato, orden. || Instrucción, regla.

preceptor, ra. ≅maestro. ≅mentor. m. y f. Persona encargada de la educación de los niños.

preceptuar. ≅disponer. ≅mandar. ≅ordenar. tr. Dar o dictar preceptos.

preces. f. pl. Ruegos, súplicas. || Oraciones.

preciado, da. adj. Precioso, excelente. || Jactancioso, vano.

preciar. ≅alardear. ≅blasonar. ≅estimar. ≅presumir. ≅valorar. ◁despreciar. tr. Apreciar. || prnl. Gloriarse, jactarse.

precintar. tr. Poner un precinto.

precinto. m. Acción y efecto de precintar. || Ligadura o señal sellada con que se cierran cajones, paquetes, legajos, cajas fuertes, etc., con el fin de que no se abran sino cuando y por quien corresponda legalmente.

precio. m. Valor pecuniario en que se estima una cosa. || fig. Estimación, importancia, crédito: *es hombre de gran* ∿.

preciosidad. f. Calidad de precioso.

preciosismo. m. Extremado atildamiento del estilo. || Tendencia al refinamiento.

preciosista. adj. y s. Relativo al preciosismo.

precioso, sa. ≅bello. ≅perfecto. ≅valioso. ◁feo. adj. Excelente, primoroso. || De mucho valor: *metales* ∿*s*. || fig. y fam. Hermoso.

precipicio. ≅abismo. ≅sima. m. Despeñadero o derrumbadero profundo de un terreno. || Peligro.

precipitación. f. Acción y efecto de precipitar. || *Meteor.* Agua procedente de la atmósfera, y que en forma sólida o líquida se deposita sobre la superficie de la tierra.

precipitado, da. adj. Atropellado, alocado. ‖ m. *Quím.* Materia sólida que por resultado de reacciones químicas se forma en el seno de una disolución en disolvente líquido.

precipitar. ≅apresurar. ≅atropellar. ≅despeñar. ≅lanzar. tr. Arrojar o derribar de un lugar alto. Ú. t. c. prnl. ‖ Acelerar, apresurar. ‖ fig. Exponer a una persona o incitarla a ruina física o moral.

precisar. ≅concretar. ≅deslindar. ≅requerir. ≅urgir. tr. Necesitar. ‖ Fijar o determinar de modo preciso. ‖ Obligar, forzar.

precisión. f. Obligación o necesidad indispensable que fuerza y precisa a ejecutar una cosa. ‖ Determinación, exactitud, puntualidad, concisión.

preciso, sa. adj. Necesario, indispensable. ‖ Puntual, fijo, exacto, cierto, determinado. ‖ Distinto, claro y formal.

preclaro, ra. adj. Esclarecido, ilustre.

precocidad. f. Calidad de precoz.

precolombino, na. adj. Díc. de lo relativo a América, especialmente del arte, anterior a los viajes y descubrimientos de Cristóbal Colón.

preconcebir. tr. Establecer previamente y con sus pormenores algún pensamiento o proyecto.

preconizar. tr. Encomiar. ‖ Recomendar, aconsejar.

precoz. adj. Fruto temprano, prematuro. ‖ fig. Aplícase al niño que despunta en talento o habilidad.

precursor, ra. adj. y s. Que precede o va delante. ‖ fig. Que acomete empresas o profesa doctrinas que sólo hallarán acogida en tiempo venidero.

predecesor, ra. m. y f. Persona que precedió a otra en una dignidad, empleo o encargo. ‖ Antecesor.

predecir. ≅presagiar. ≅vaticinar. tr. Anunciar algo que ha de suceder.

predestinación. f. Destinación anterior de una cosa.

predestinado, da. adj. y s. Elegido. ‖ Que fatalmente tiene que acabar de determinada forma.

predestinar. tr. Destinar anticipadamente una cosa para un fin.

predeterminar. tr. Determinar o resolver con anticipación una cosa.

predicado. m. *Lóg.* Lo que se afirma o niega del sujeto en una proposición. ‖ *Ling.* Unidad del discurso que, junto con el sujeto, constituye una oración gramatical.

predicador, ra. adj. y s. Que predica.

predicamento. m. *Lóg.* Cada una de las clases o categorías a que se reducen todas las cosas y entidades físicas. ‖ Dignidad, autoridad.

predicar. ≅amonestar. ≅reprender. tr. Publicar, hacer patente y clara una cosa. ‖ Pronunciar un sermón. ‖ *Gram.* y *Lóg.* Afirmar o negar algo del sujeto.

predicción. f. Acción y efecto de precedir. ‖ Palabras con que se predice. ‖ Cosa predicha.

predilección. ≅favor. ≅inclinación. ≅preferencia. ◁aversión. f. Cariño especial con que se distingue a una persona o cosa entre otras.

predio. m. Heredad, hacienda, tierra o posesión inmueble.

predisponer. tr. y prnl. Preparar, disponer anticipadamente algunas cosas o el ánimo de las personas para un fin determinado.

predisposición. f. Acción y efecto de predisponer.

predominar. tr. e intr. Prevalecer, preponderar.

predominio. m. Poder, superioridad, influjo.

preeminencia. f. Privilegio, ventaja, preferencia.

prefabricado, da. adj. Díc. de la construcción cuyas partes esenciales se envían ya fabricadas al lugar de su emplazamiento.

prefacio. ◁epílogo. m. Prólogo o introducción de un libro. ‖ Parte de la misa que precede inmediatamente al canon.

prefecto. m. Entre los romanos, título de varios jefes militares o civiles. ‖ Persona a quien compete cuidar de que se desempeñen debidamente ciertos cargos.

preferencia. f. Primacía, ventaja o mayoría que una persona o cosa tiene sobre otra, ya en el valor, ya en el merecimiento. ‖ Elección, inclinación, predilección.

preferible. adj. Digno de ser preferido.

preferir. ≅anteponer. ◁menospreciar. tr. y prnl. Dar la preferencia. ‖ prnl. Gloriarse, jactarse.

prefijo, ja. adj. y m. Díc. del afijo que va antepuesto: **des***confiar*, **re***poner*.

pregón. m Anuncio en voz alta de algo. ‖ Discurso en que se anuncia la celebración de una festividad.

pregonar. tr. Anunciar algo en voz alta para que el público lo conozca. ‖ fig. Publicar lo que estaba oculto o lo que debía callarse.

pregunta. f. Demanda o interrogación que se hace para que uno responda lo que sabe de un negocio u otra cosa. ‖ pl. Interrogatorio.

preguntar. tr. y prnl. Demandar, interrogar, hacer preguntas.

prehistoria. f. Ciencia que estudia el período de la vida de la humanidad anterior a todo documento escrito.

prehistórico, ca. adj. Relativo a la prehistoria. || fig. Anticuado, viejo.

prejuicio. m. Acción y efecto de prejuzgar.

prejuzgar. tr. Juzgar de las cosas antes del tiempo oportuno, o sin tener de ellas cabal conocimiento.

prelado, da. m. Superior de un convento o comunidad eclesiástica.

preliminar. adj. Que sirve de preámbulo. || fig. Que antecede a una acción, empresa, etc. Ú. t. c. s.

preludio. m. Lo que precede o sirve de entrada, preparación o principio a una cosa. || Composición musical de corto desarrollo y libertad de forma, generalmente destinada a preceder la ejecución de otras obras. || Obertura o sinfonía.

prematuro, ra. adj. Que no está en sazón. || Que ocurre antes de tiempo.

premeditación. f. Acción de premeditar. || *Der.* Una de las circunstancias agravantes de la responsabilidad criminal de los delincuentes.

premeditar. tr. Pensar reflexivamente una cosa antes de ejecutarla.

premiar. tr. Remunerar, galardonar.

premio. ≅distinción. ≅galardón. ≅retribución. ◁castigo. m. Recompensa que se da por algún mérito o servicio. || Cada uno de los lotes sorteados en la lotería nacional. || Nombre de ciertas competiciones literarias, deportivas, etc.

premioso, sa. adj. Gravoso, molesto. || Que apremia o estrecha. || fig. Calmoso, lento.

premisa. f. Cada una de las dos primeras proposiciones del silogismo, de donde se infiere y saca la conclusión. || fig. Señal, indicio. || pl. Base, supuesto.

premonición. f. Presentimiento, presagio.

premonitorio, ria. adj. Díc. de lo que tiene carácter de aviso anticipado.

premura. f. Aprieto, prisa, urgencia.

prenda. f. Cosa mueble que se sujeta especialmente a la seguridad o cumplimiento de una obligación. || Cualquiera de las partes que componen el vestido o calzado. || Lo que se da o hace en señal o demostración de algo. || fig. Cualidad, perfección.

prendar. tr. Ganar la voluntad y agrado de uno. || prnl. Aficionarse, enamorarse.

prender. ≅aprehender. ≅arder. ≅asir. ≅capturar. ≅enganchar. tr. Agarrar, sujetar algo. || Detener a alguien, ponerle en la cárcel. || Hacer

presa una cosa en otra, enredarse. || Hablando del fuego, de la luz o de cosas combustibles, encender o incendiar. || intr. Arraigar la planta en la tierra.

prensa. f. Máquina que sirve para comprimir. || fig. Imprenta. || fig. Conjunto de las publicaciones periódicas, especialmente las diarias.

prensil. adj. Que sirve para asir o coger: *cola, trompa* ∿.

prensor, ra. adj. y s. Díc. de las aves de mandíbulas robustas, la superior encorvada desde la base, y las patas con dos dedos dirigidos hacia atrás; como el guacamayo y el loro. || f. pl. Orden de estas aves.

preñar. tr. Fecundar, embarazar.

preñez. f. Embarazo de la mujer o estado de la hembra preñada. || Tiempo que dura.

preocupación. f. Cuidado, desvelo, inquietud.

preocupar. tr. y prnl. Poner el ánimo en cuidado, embargarlo, mantenerlo fijo en un pensamiento, asunto o contingencia. || prnl. Estar preocupado. || Encargarse.

preparar. ≅acondicionar. ≅aconsejar. ≅avisar. ≅proyectar. ◁despreocuparse. tr. Prevenir, disponer. || Prevenir a un sujeto o disponerle para una acción que se ha de seguir. || Dar clases o lecciones. || prnl. Disponerse, prevenirse.

preparativo, va. adj. Que se prepara y dispone. || m. Cosa dispuesta y preparada.

preponderancia. f. fig. Superioridad, autoridad, fuerza, etc.

preponderar. intr. fig. Prevalecer.

preposición. f. *Gram.* Parte invariable de la oración, cuyo oficio es denotar el régimen o relación que entre sí tienen dos palabras o términos.

prepotencia. f. Poder superior al de otros. || Abuso o alarde de poder.

prepotente. adj. Muy poderoso.

prepucio. m. *Anat.* Piel móvil que cubre el bálano.

prerrogativa. f. Privilegio, gracia o exención aneja regularmente a una dignidad, empleo o cargo.

prerrománico, ca. adj. y m. Arte que se desarrolló en Europa occidental antes del románico (s. v al xi).

presa. f. Acción de prender o tomar una cosa. || Cosa apresada o robada. || Acequia o zanja de regar. || Muro grueso de piedra u otros materiales que se construye a través de un río, arroyo o canal, para almacenar el agua para diversos usos.

presagiar. tr. Anunciar o prever una cosa.

Loro

Cacatúa

Rosella

Periquito
común

Guacamayo

PRENSORAS

presagio. ≅indicio. ≅síntoma. m. Señal que indica, previene y anuncia un suceso.

presbicia. f. Defecto de la vista, propio de la edad madura, que consiste en ver confusos los objetos próximos.

presbiteriano, na. adj. Díc. del protestante ortodoxo en Inglaterra, Ecocia y America, que no reconoce la autoridad episcopal sobre los presbíteros. Ú. t. c. s. || Relativo a los presbiterianos.

presbiterio. m. Área del altar mayor hasta el pie de las gradas por donde se sube a él.

presbítero. m. Sacerdote.

prescindir. intr. Hacer abstracción de una persona o cosa, pasarla en silencio, omitirla. || Abstenerse de ella.

prescribir. ≅caducar. ≅concluir. ≅determinar. ≅disponer. ≅mandar. ◁obedecer. tr. Preceptuar, ordenar algo. || Recetars. || intr. Extinguirse un derecho, una acción o una responsabilidad.

prescripción. f. Acción y efecto de prescribir.

presencia. ≅aspecto. ≅estancia. ≅facha. ≅permanencia. ≅traza. ◁ausencia. f. Asistencia personal, o estado de la persona que se halla delante de otra u otras. || Talle, figura y disposición del cuerpo.

presenciar. tr. Hallarse presente, asistir.

presentacion. f. Acción y efecto de presentar o presentarse. || Aspecto.

presentador, ra. adj. y s. Que presenta.

presentar. ≅acudir. ≅exhibir. ≅mostrar. ≅ostentar. ◁ocultar. tr. Hacer manifestación de una cosa; ponerla en la presencia de uno. Ú. t. c. prnl. || Proponer a un sujeto para una dignidad o cargo. || Introducir a uno en la casa o en el trato de otro. || prnl. Ofrecerse. || Darse a conocer. || Mostrar. || Comparecer.

presente. adj. Que está delante o en presencia de uno. || Actual. || m. *Gram.* Tiempo del verbo que denota la acción actual. || Don, regalo.

presentimiento. m. Presagio.

presentir. tr. Prever.

preservar. tr. y prnl. Poner a cubierto anticipadamente a una persona o cosa, de algún daño o peligro.

preservativo, va. adj. y m. Que tiene virtud o eficacia de preservar. || m. Anticonceptivo masculino.

presidencia. f. Dignidad, empleo o cargo de presidente. || Acción de presidir.

presidencialismo. m. Sistema de organización política en que el presidente de la república es también jefe del poder ejecutivo.

presidente, ta. m. y f. Que preside. || Cabeza o superior de un gobierno, consejo, tribunal, junta, sociedad, etc. || En los regímenes republicanos, el jefe del Estado.

presidiario. m. Penado que cumple en presidio su condena.

presidio. ≅cárcel. ≅castillo. ≅penal. ≅penitenciaría. m. Establecimiento penitenciario en que cumplen sus condenas los penados por graves delitos. || Conjunto de presidiarios de un mismo lugar.

presidir. ≅dirigir. ≅mandar. ≅regir. tr. Tener el primer lugar en una asamblea, empresa, etc. || Predominar.

presión. f. Acción y efecto de apretar o comprimir. || fig. Fuerza o coacción que se hace sobre una persona o colectividad. ◆ **arterial.** Tensión arterial. || **atmosférica.** La que ejerce la atmósfera sobre los objetos inmersos en ella.

presionar. tr. Ejercer presión.

preso, sa. ≅cautivo. ≅recluso. adj. y s. Persona que sufre prisión.

prestación. f. Acción y efecto de prestar. || Cosa o servicio exigido por una autoridad o convenido en un pacto. || Cosa o servicio que un contratante da o promete al otro.

prestamista. com. Persona que da dinero a préstamo.

préstamo. m. Acción y efecto de prestar, entregar a uno dinero u otra cosa. || Empréstito.

prestancia. f. Excelencia o calidad superior. || Aspecto de distinción.

prestar. tr. Entregar a uno dinero u otra cosa para que por algún tiempo tenga el uso de ella, con la obligación de restituir igual cantidad o la misma cosa. || Dar o comunicar: ⌐ *ayuda*. || prnl. Ofrecerse.

prestatario, ria. adj. y s. Que toma dinero a préstamo.

presteza. f. Prontitud, diligencia.

prestidigitador, ra. m. y f. Persona que hace juego de manos.

prestigio. ≅crédito. ≅influjo. ≅reputación. m. Ascendiente, autoridad. || Renombre, buen crédito.

presto, ta. adj. Pronto, diligente. || Preparado, dispuesto. || adv. t. Al instante.

presumir. tr. Sospechar, juzgar o conjeturar. || intr. Vanagloriarse.

presunción. ≅fatuidad. ≅orgullo. ≅vanidad. ◁humildad. ◁modestia. f. Acción y efecto de presumir. || *Der.* Cosa que por ministerio de la ley se tiene como verdad.

presunto, ta. adj. Supuesto.

presuponer. tr. Dar por sentado una cosa para pasar a tratar de otra. || Hacer cálculo previo o presupuesto de gastos e ingresos.

presupuestar. tr. Hacer un presupuesto. || Incluir una partida en un presupuesto.

presupuesto. m. Cómputo anticipado del coste de una obra, y también de los gastos e ingresos de una corporación u organismo público: ⌐ *del Estado*.

presurizar. tr. Mantener la presión atmosférica normal en un recinto, independientemente de la presión exterior.

presuroso, sa. adj. Pronto, ligero, veloz.

pret a porter. adj. y s. Díc. de los vestidos que se venden ya confeccionados.

pretencioso, sa. adj. Presuntuoso.

pretender. ≅aspirar. ≅intentar. ≅solicitar. ◁desistir. ◁renunciar. tr. Querer conseguir algo. || Solicitar una cosa. || Cortejar.

pretendiente. adj. Que pretende o solicita una cosa. || Aspirante. || m. Hombre que pretende o corteja a una mujer. || Príncipe que reivindica un trono.

pretensión. f. Solicitación para conseguir una cosa. || Derecho que uno juzga tener sobre algo. || pl. Ambiciones, deseos. || Vanidad, presunción.

pretérito, ta. adj. Díc. de lo que ya ha pasado o sucedió. || m. *Gram.* Tiempo del verbo que denota, en la acción o juicio expresados por él, la condición de pasado.

pretexto. ≅achaque. ≅disculpa. ≅evasiva. m. Motivo o causa simulada o aparente que se alega para hacer una cosa o para excusarse por no haberla ejecutado.

pretil. m. Murete o vallado que se pone en los puentes y otros parajes para evitar las caídas.

pretina. f. Correa o cinta con hebilla o broche para sujetar en la cintura ciertas prendas de vestir.

pretor. m. Magistrado romano que ejercía jurisdicción en Roma o en las provincias.

pretoriano, na. adj. Relativo al pretor. || Díc. de los soldados de la guardia de los emperadores romanos. Ú. t. c. s.

prevalecer. intr. Sobresalir una persona o cosa. || Conseguir una cosa en oposición de otros.

prevaricación. f. Acción y efecto de prevaricar.

prevaricar. intr. Delinquir los empleados públicos dictando o proponiendo a sabiendas o por ignorancia inexcusable resolución de manifiesta injusticia.

prevención. f. Acción y efecto de prevenir. || Preparación y disposición para evitar un riesgo o ejecutar una cosa. || Provisión de mantenimiento. || Concepto desfavorable que se tiene de una persona o cosa.

prevenido, da. adj. Apercibido, advertido. || Provisto, abundante.

prevenir. ≅aparejar. ≅aprestar. ≅avisar. ≅barruntar. tr. Preparar, disponer con anticipación. || Prever, conocer de antemano un daño o perjuicio. || Precaver, estorbar, impedir. || Advertir, informar.

prever. ≅barruntar. ≅precaver. ≅prevenir. tr. Ver con anticipación. || Conocer por algunas señales o indicios lo que ha de suceder. || Disponer medios para futuras contingencias.

previo, via. adj. Anticipado.

previsible. adj. Que puede ser previsto.

previsión. f. Acción y efecto de prever. || Prudencia, precaución || Cálculo anticipado de una cosa.

previsor, ra. adj. y s. Que prevé o previene.

previsto, ta. adj. Sabido por anticipado.

prieto, ta. adj. Ajustado, ceñido, denso.

prima. f. Precio que el asegurado paga al asegurador. || Premio.

primacía. f. Superioridad, prioridad, preeminencia.

primado. m. Primero y más preeminente de todos los obispos y arzobispos de un país.

primar. intr. Prevalecer, predominar, sobresalir. || tr. Conceder una prima o premio.

primario, ria. adj. Principal o primero en orden o grado.

primate. ≅aristócrata. ≅noble. m. Prócer. Ú. m. en pl. || adj. y m. Díc. de los mamíferos de superior organización, plantígrados, con extremidades terminadas en cinco dedos provistos de uñas. || m. pl. Orden de estos animales.

primavera. f. Estación del año, que astronómicamente comienza en el equinoccio del mismo nombre y termina en el solsticio de verano. || Época templada del año, que en el hemisferio bo-

real corresponde a los meses de marzo, abril y mayo, y en el austral a los de octubre, noviembre y diciembre.

primaveral. adj. Relativo a la primavera.

primer. adj. apóc. de primero. Se usa cuando va delante de substantivo masculino.

primero, ra. adj. Persona o cosa que precede a las demás de su especie en orden, tiempo, lugar, situación, clase, etc. || Excelente, grande, que sobresale y excede a otros. || Antiguo: *se restituyó al estado ∽ en que se hallaba.* || adv. t. Antes de todo.

primicia. f. Fruto primero de cualquier cosa. || Prestación de frutos y ganados que además del diezmo se daba a la Iglesia. || pl. fig. Principios.

primigenio, nia. adj. Primitivo, originario.

primitivo, va. adj. Relativo a los orígenes y primeros tiempos de alguna cosa. || Díc. de los pueblos aborígenes o de civilización poco desarrollada, y también de sus individuos. || Rudimentario, tosco.

primo, ma. adj. Primero. || m. y f. Respecto de una persona, hijo o hija de su tío o tía. || Persona incauta o cándida.

primogénito, ta. adj. y s. Aplícase a hijo que nace primero.

primogenitura. f. Condición, dignidad, prerrogativa o derecho del primogénito.

primor. ≅finura. ≅maestría. ◁cursilería. ◁descuido. ◁suciedad. m. Destreza, habilidad, esmero. || Hermosura, belleza.

primordial. adj. Esencial, fundamental.

primoroso, sa. adj. Excelente, delicado, perfecto.

princesa. f. Soberana de un principado. || Mujer del príncipe.

principado. m. Título de príncipe. || Territorio que gobierna el príncipe.

principal. adj. Que tiene el primer lugar en estimación o importancia, y se antepone o prefiere a otras. || Esencial, fundamental.

príncipe. adj. Primera edición de una obra de la que se hicieron varias. || m. El primero y más excelente, superior y aventajado en una cosa. || Hijo primogénito del rey, heredero de la corona. || Soberano de un principado.

principesco, ca. adj. Propio de príncipes. || fig. Espléndido, lujoso.

principiante. adj. y s. Que empieza.

principio. m. Primer instante de la existencia de una cosa. || Punto que se considera primero en una extensión o cosa. || Base, fundamento, origen. || Causa primitiva o primera de algo. ||

Norma o idea fundamental que rige el pensamiento o la conducta.

pringar. ≅untar. tr. Empapar con pringue. || Manchar con pringue. || intr. fig. y fam. Tomar parte en un negocio. || fam. Trabajar más que nadie.

pringue. amb. Grasa. || fig. Suciedad, porquería.

prior, ra. m. y f. Superior o prelado ordinario del convento.

prioridad. f. Anterioridad de una cosa respecto de otra, en tiempo o en orden. || Preferencia, primacía.

prioritario, ria. adj. Que tiene prioridad.

prisa. ≅apremio. ≅celeridad. ≅presteza. ≅urgencia. ◁lentitud. ◁pereza. f. Prontitud, rapidez. || Necesidad o deseo de ejecutar algo con urgencia. || Ansia, premura.

prisión. f. Cárcel donde se encierra a los presos. || Estado del preso o prisionero. || Pena de privación de libertad.

prisionero, ra. m. y f. Militar u otra persona que en campaña cae en poder del enemigo. || fig. El que está como cautivo de un afecto o pasión.

prisma. m. Cuerpo terminado por dos caras planas e iguales llamadas bases, y por tantos paralelogramos cuantos lados tenga cada base. Si las bases son triángulos, el prisma se llama triangular, si pentágonos, pentagonal, etc.

prismático, ca. adj. De forma de prisma. || m. Anteojo basado en una combinación de prismas para ampliar la visión. Ú. m. en pl.

privación. f. Acción de despojar, impedir o privar. || Carencia o falta de una cosa en un sujeto capaz de tenerla. || fig. Ausencia de un bien que se apetece o desea. || Renuncia.

privado, da. adj. Que se ejecuta a la vista de pocos, sin formalidad ni ceremonia. || Personal, particular. || m. Favorito, persona que goza de la confianza de un gobernante.

privar. ≅impedir. ≅quitar. ≅suspender. ◁devolver. tr. Despojar a uno de algo que poseía. || Destituir a uno de un empleo, dignidad, etc. || Prohibir, vedar. || Quitar el sentido. Ú. m. c. prnl. || Gustar extraordinariamente: *a Juan le priva este tipo de dulces.* || intr. Tener privanza.

privativo, va. adj. Que causa privación. || Propio o peculiar de una persona o cosa.

privatizar. tr. *Econ.* Transferir una empresa o actividad pública al sector privado.

privilegio. m. Gracia o prerrogativa. || Docu-

mento en que consta la concesión de un privilegio. || fig. Derecho. || fig. Don natural.

pro. amb. Provecho. || prep. A favor de.

proa. f. Parte delantera de la nave.

probabilidad. f. Calidad de probable. || Verosimilitud.

probable. adj. Verosímil. || Que se puede probar. || Díc. de lo que hay buenas razones para creer que sucederá.

probar. tr. Experimentar las cualidades de personas, animales o cosas. || Examinar si una cosa está arreglada a la medida: ⌣ *un vestido.* || Manifestar la certeza de un hecho o la verdad de una cosa. || Gustar una pequeña porción de manjar o líquido. || intr. Experimentar, intentar.

probeta. f. Tubo de cristal, cerrado por un extremo, y destinado a contener líquidos o gases.

problema. m. Cuestión que se trata de aclarar. || Conjunto de hechos o circunstancias que dificultan la consecución de algún fin. || *Mat.* Proposición dirigida a averiguar el modo de obtener un resultado cuando ciertos datos son conocidos.

probo, ba. ≅íntegro. ≅recto. ◁deshonesto. ◁venal. adj. Honrado.

proboscidio. adj. y s. Díc. de los mamíferos de trompa prensil como el elefante. || m. pl. Orden de estos animales.

procacidad. f. Desvergüenza, insolencia.

procaz. adj. Desvergonzado, atrevido.

procedencia. f. Origen de una cosa. || Punto de salida de un barco, avión, tren y, en general, de cualquier medio de transporte, y por ext., de

Proa de la maqueta del navío *Santa María*

personas. || Conformidad con la razón y el derecho.

procedente. adj. Que procede, dimana o se origina de una persona o cosa. || adj. De acuerdo a la prudencia, a la razón o al fin que se persigue. || Conforme a derecho: *demanda* ⌣.

proceder. m. Modo de portarse.

proceder. ≅derivar. ≅dimanar. ≅venir. intr. Originarse una cosa de otra. || Portarse bien o mal una persona. || Pasar a poner en ejecución una cosa: ⌣ *a la elección de papa.* || Ser conforme a razón o derecho. || tr. Convenir: *procede ir a comer antes que vengan.*

procedimiento. m. Acción de proceder. || Método de ejecutar algunas cosas. || *Der.* Actuación por trámites judiciales o administrativos.

prócer. adj. Ilustre, eminente. || m. Persona constituida en alta dignidad.

procesador. m. Elemento de un sistema informático capaz de llevar a cabo procesos.

procesamiento. m. Acto de procesar.

procesar. tr. Formar autos y procesos. || Declarar y tratar a una persona como presunto culpable de delito. || Someter alguna cosa a un proceso de elaboración, transformación, etc.

procesión. ≅desfile. ≅marcha. f. Acción de proceder una cosa de otra. || Acto de ir ordenadamente muchas personas con un fin público, por lo general, religioso.

procesionaria. f. Nombre de las orugas de los lepidópteros.

proceso. m. Transcurso del tiempo. || Conjunto de las fases sucesivas de un fenómeno natural o de una operación artificial. || Agregado de los autos y demás escritos en cualquier causa civil y criminal. || Causa criminal.

proclama. f. Notificación pública. || Alocución política o militar.

proclamación. f. Publicación solemne de un decreto, bando o ley. || Actos públicos y ceremonias con que se declara e inaugura un nuevo reinado, régimen, etc.

proclamar. tr. Publicar en alta voz una cosa para que se haga notoria a todos. || Declarar solemnemente el principio o inauguración de un reinado, congreso, etc. || Conferir algún cargo por unanimidad. || prnl. Declararse uno investido de un cargo, autoridad o mérito.

proclive. adj. Inclinado, propenso.

procreación. f. Acción y efecto de procrear.

procrear. tr. Engendrar, multiplicar una especie.

procurador, ra. adj. y s. Que procura. || m. y f. Persona que en virtud de poder ejecuta algo en nombre de otra. || La que, con la habilitación legal pertinente, ejecuta ante los tribunales todas las diligencias necesarias en nombre de otra.

procurar. tr. Tratar de conseguir lo que se desea. Ú. t. c. prnl. || Ejercer el oficio de procurador. || Facilitar, proporcionar.

prodigalidad. f. Profusión, desperdicio.

prodigar. tr. Disipar, gastar con exceso. || Dar con profusión y abundancia. || fig. Dispensar profusa y repetidamente elogios y favores. Ú. t. c. prnl.

prodigio. ≅asombro. ≅maravilla. ≅pasmo. ≅portento. m. Suceso en contra de las leyes naturales. || Cosa especial, hermosa en su línea. || Milagro.

prodigioso, sa. adj. Maravilloso, extraordinario. || Excelente, exquisito.

pródigo, ga. adj. Disipador, gastador, manirroto. Ú. t. c. s. || Muy dadivoso. || Que produce bienes en abundancia.

producción. f. Acción de producir. || Cosa producida. || Suma de los productos del suelo o de la industria. || Rama de la industria cinematográfica que engloba todo el proceso de fabricación del filme.

producir. tr. Engendrar, criar. || Tener frutos los terrenos, las plantas, etc. || Rentar, rendir interés, utilidad o beneficio una cosa. || fig. Ocasionar, originar. || fig. Fabricar, elaborar. || prnl. Ocurrir, tener lugar.

productividad. f. Calidad de productivo. || Capacidad o grado de producción por unidad de trabajo. || Relación entre la producción y la cantidad de recursos de toda índole para obtenerla.

productivo, va. adj. Que produce. || Que proporciona utilidad o ganancia.

producto, ta. m. Cosa producida. || Caudal que se obtiene de una cosa que se vende, o el que ella renta. || *Álg.* y *Arit.* Cantidad que resulta de la multiplicación.

productor, ra. ≅obrero. ≅trabajador. ◁consumidor. adj. y s. Que produce. || m. y f. Cada una de las personas que intervienen en la producción de bienes o servicios. || Persona que organiza la realización de una obra cinematográfica y aporta el capital necesario.

proemio. m. Prólogo.

proeza. f. Hazaña, acción valerosa.

profanación. f. Acción y efecto de profanar.

profanar. tr. Tratar una cosa sagrada sin el debido respeto. || fig. Deslucir, deshonrar, prostituir.

profano, na. adj. Que no es sagrado. || Contrario al respeto a las cosas sagradas. || Que carece de conocimientos en una materia. Ú. t. c. s.

profecía. f. Predicción de las cosas futuras por inspiración divina. || fig. Juicio, conjetura.

proferir. ◁callar. tr. Pronunciar, decir.

profesar. tr. Ejercer una ciencia, arte, oficio, etc. || Enseñarlos. || Creer, confesar: ◠ *una doctrina*. || fig. Sentir algún afecto, inclinación o interés: ◠ *cariño, odio*.

profesión. f. Acción y efecto de profesar. || Empleo, facultad, oficio.

profesional. adj. Relativo a la profesión. || Que ejerce una profesión Ú. t. c. s.

profesionalidad. f. Calidad de profesional.

profesionalizar. tr. Dar carácter de profesión a una actividad. || Convertir a un aficionado en profesional.

profesor, ra. m. y f. Persona que profesa, ejerce o enseña una ciencia, arte, oficio, etc.

profesorado. m. Cargo de profesor. || Cuerpo de profesores.

profeta. ≅augur. ≅hechicero. ≅vidente. m. El que posee el don de profecía. || fig. El que predice acontecimientos futuros.

profetisa. f. Mujer que posee el don de profecía.

profetizar. tr. Anunciar o predecir cosas futuras en virtud del don de profecía. || fig. Conjeturar.

profiláctico, ca. adj. y m. Que preserva de la enfermedad.

profilaxis. ≅higiene. ≅limpieza. f. Prevención de las enfermedades; tratamiento preventivo.

prófugo, ga. adj. y s. Que huye de la justicia o de la autoridad. || m. Mozo que se oculta para eludir el servicio militar.

profundidad. f. Calidad de profundo. || Hondura. || Dimensión de los cuerpos perpendicular a una superficie dada. || fig. Penetración y viveza del pensamiento y de las ideas.

profundizar. ≅ahondar. ≅analizar. ≅examinar. ≅excavar. ◁ignorar. ◁subir. tr. Hacer más profunda una cosa. || fig. Examinar una cosa para llegar a su perfecto conocimiento. Ú. t. c. intr.

profundo, da. adj. Que tiene el fondo muy distante de la boca: *pozo* ◠. || Más hondo que lo regular. || Extendido a lo largo: *selva profunda*. || Díc. de lo que penetra mucho: *raíces profundas*. || fig. Intenso: *sueño* ◠.

profusión. ≅multitud. ◁carencia. ◁escasez. f. Abundancia. || Prodigalidad, abundancia excesiva.

progenie. f. Casta, generación o familia de la que desciende una persona. || Descendencia.

progenitor, ra. m. y f. Pariente en línea recta ascendente de una persona. || m. pl. Padres.

progenitura. f. Progenie.

progesterona. f. Hormona sexual producida por la mujer y las hembras de los mamíferos. Prepara el útero para la implantación del óvulo fecundado.

prognato, ta. adj. y s. Díc. de la persona que tiene salientes las mandíbulas.

programa. m. Plan, proyecto. || Tema para un discurso, cuadro, obra musical. || Sistema y distribución de las materias de un curso o asignatura. || Anuncio, exposición. || Sesión de algún espectáculo. || *Informática*. Secuencias de instrucciones detalladas y codificadas a fin de que un computador electrónico realice las operaciones necesarias para resolver un determinado problema.

programador, ra. adj. y s. Que programa. || m. y f. Persona responsable de la escritura y puesta a punto de un programa de ordenador. || Aparato que ejecuta un programa automáticamente..

programar. tr. Formar programas. || Idear y ordenar las acciones para realizar un proyecto. || Preparar los datos para obtener la solución de un problema mediante una calculadora electrónica.

progre. adj. y com. Persona de ideas progresistas.

progresar. ≅adelantar. ≅aventajar. ≅mejorar. ≅prosperar. ◁retrasar. ◁retroceder. intr. Hacer progresos en una materia.

progresión. f. Acción de progresar. ◆ **aritmética.** Sucesión de números tales que la diferencia entre dos consecutivos es una constante. || **geométrica.** Sucesión de números tales, que la razón entre dos consecutivos es constante.

progresista. adj. Partido liberal español del s. XIX, que tenía por fin el más rápido desenvolvimiento de las libertades públicas. Ú. t. c. s. || Relativo a este partido. || com. Persona que tiene ideas políticas y sociales avanzadas.

progreso. m. Acción de ir hacia adelante. || Aumento, adelantamiento, perfeccionamiento.

prohibición. f. Acción y efecto de prohibir.

prohibido, da. adj. Que no está permitido.

prohibir. tr. Vedar, impedir el uso o ejecución de una cosa.

prohijar. tr. Recibir como hijo al que no lo es naturalmente. || fig. Acoger como propias las opiniones o doctrinas ajenas.

pro indiviso. loc. lat. Díc. de los caudales o de las cosas singulares que están en comunidad, sin dividir.

prójimo, ma. m. y f. Cualquier persona respecto de otra. || fam. Individuo.

prole. f. Linaje, descendencia.

prolegómenos. m. pl. Fundamentos generales de una materia, que se ponen al principio de una obra.

proletariado. m. Clase social constituida por los proletarios.

proletario, ria. ≅obrero. ≅productor. ≅trabajador. ◁amo. ◁dueño. adj. Relativo al proletariado. || m. y f. Obrero, persona que vive de un salario.

proliferación. f. Acción y efecto de proliferar. || Reproducción por división de seres iguales al originario. || fig. Multiplicación.

proliferar. intr. Reproducirse en formas similares. || fig. Multiplicarse abundantemente.

prolífico, ca. ≅fecundo. ≅fértil. adj. Que tiene virtud de engendrar. || fig. Díc. del autor de muchas obras.

prolijo, ja. ≅conciso. ≅lacónico. adj. Largo, dilatado con exceso. || Cuidadoso, esmerado. || Impertinente, pesado, molesto.

prologar. tr. Escribir el prólogo de una obra.

prólogo. ≅exordio. ≅introducción. ≅prefacio. ◁epílogo. m. Discurso antepuesto al cuerpo de la obra en un libro. || fig. Lo que sirve como principio para ejecutar una cosa.

prolongación. f. Acción y efecto de prolongar. || Parte prolongada de una cosa.

prolongar. tr. y prnl. Alargar, dilatar. || Hacer que dure una cosa más tiempo que lo regular.

promediar. tr. Repartir una cosa en dos partes iguales. || Determinar el promedio. || Llegar a su mitad un espacio de tiempo determinado.

promedio. m. Punto medio de una cosa. || Suma de varias cantidades, dividida por el número de ellas, término medio.

promesa. f. Expresión de la voluntad de dar a uno o hacer por él alguna cosa. || Ofrecimiento hecho a la divinidad. || fig. Augurio, señal.

prometer. ≅afirmar. ≅aseverar. ≅esperar. ≅ofrecer. ≅proponer. tr. Obligarse a hacer, decir o dar algo. || Asegurar la certeza de lo que se dice. || Predecir, augurar. || intr. Dar muestras de capacidad para lo venidero: *este mozo promete.* || prnl. Mostrar gran confianza en lograr una cosa. || Darse mutuamente palabra de casamiento.

prometido, da. m. y f. Persona que ha contraído esponsales legales o que tiene una mutua promesa de casarse.

prominencia. f. Elevación.

prominente. ≅alto. ≅elevado. ≅saliente. adj. Que se destaca sobre lo que está en sus inmediaciones.

promiscuidad. f. Mezcla, confusión.

promiscuo, cua. adj. Mezclado confusamente. || De doble sentido.

promoción. f. Acción y efecto de promover. || Conjunto de individuos que al mismo tiempo han obtenido un grado o empleo, principalmente en los cuerpos de escala cerrada. || Elevación o mejora de las condiciones de vida, productividad, intelectuales, etc.

promocionar. tr. y prnl. Acrecentar la venta de un producto.

promontorio. m. Altura muy considerable de tierra que avanza dentro del mar.

promotor, ra. adj. y s. Que promueve o da impulso.

promover. tr. Iniciar o adelantar una cosa procurando su logro. || Activar. || Elevar a una persona a una dignidad o empleo superior. || Causar, producir.

promulgar. ◁derogar. tr. Publicar solemnemente.

pronombre. m. Parte de la oración que suple al nombre o lo determina.

pronominal. adj. Relativo al pronombre. || Díc. del verbo que se construye en todas sus formas con pronombres reflexivos.

pronosticar. tr. Conjeturar.

pronóstico. m. Acción y efecto de pronosticar. || Señal por donde se adivina una cosa futura. || Calendario en que se incluyen los fenómenos astronómicos y meteorológicos.

prontitud. f. Celeridad, presteza en ejecutar una cosa. || Viveza de ingenio o de imaginación.

pronto, ta. adj. Veloz, ligero. || Dispuesto para la ejecución de una cosa. || m. fam. Movimiento repentino del ánimo: *le dio un* ∿. || fam. Ataque repentino y aparatoso de algún mal. || adv. t. Presto, prontamente.

pronunciación. f. Acción y efecto de pronunciar. || Manera de pronunciar.

pronunciamiento. m. Rebelión militar.

pronunciar. ≅proferir. ◁callar. tr. Emitir y articular sonidos para hablar. || Determinar, resolver. Ú. t. c. prnl. || fig. Sublevar, rebelar. Ú. t. c. prnl. || *Der.* Publicar la sentencia o auto.

propagación. f. Acción y efecto de propagar.

propaganda. f. Acción y efecto de dar a conocer una idea, doctrina. || Publicidad de un producto comercial. || Anuncio publicitario.

propagandista. adj. y s. Díc. de la persona que hace propaganda.

propagar. tr. y prnl. Multiplicar por vía de reproducción. || fig. Extender, aumentar. || fig. Difundir.

propalar. ≅pregonar. ≅publicar. ≅transmitir. tr. Divulgar un secreto.

propano. m. Hidrocarburo gaseoso derivado del petróleo que se emplea como combustible.

propasar. tr. Pasar más adelante de lo debido. || prnl. Excederse de lo razonable.

propender. intr. Tener propensión.

propensión. f. Inclinación hacia algo que es del gusto de uno: ⌐ *a los dulces.*

propenso, sa. adj. Inclinado, afecto.

propiciar. ◁irritar. tr. Aplacar la ira de uno. || Atraer la benevolencia de alguien. || Favorecer la ejecución de algo.

propicio, cia. ≅benévolo. ≅benigno. ≅dispuesto. ◁contrario. ◁despiadado. adj. Favorable.

propiedad. f. Derecho o facultad de disponer de una cosa. || Cosa objeto de dominio, especialmente si es inmueble o raíz. || Atributo, cualidad esencial. || fig. Semejanza o imitación perfecta.

propietario, ria. adj. Que tiene derecho de propiedad sobre una cosa, y especialmente sobre bienes inmuebles. Ú. m. c. s. || Que tiene cargo u oficio que le pertenece.

propileo. m. Pórtico de un templo.

propina. f. Agasajo que sobre el precio convenido se da por algún servicio. || Gratificación pequeña con que se recompensa un servicio eventual.

propinar. tr. Ordenar, administrar una medicina. || Pegar, maltratar.

propio, pia. adj. Perteneciente a uno que tiene la facultad exclusiva de disponer de ello. || Característico, peculiar. || Conveniente, adecuado. || Natural, en contraposición a postizo o accidental: *pelo* ⌐.

proponer. tr. Manifestar una cosa para conocimiento de uno, o para inducirle a adoptarla. || Determinar o hacer propósito de ejecutar o no una cosa. Ú. m. c. prnl. || Presentar a uno para un empleo. || Hacer una propuesta.

proporción. ≅armonía. ≅conformidad. ≅oportunidad. ◁desequilibrio. f. Disposición o correspondencia de las partes con el todo o entre cosas relacionadas entre sí. || Coyuntura, conveniencia. || La mayor o menor dimensión de una cosa. || *Mat.* Igualdad de dos razones: ⌐ *aritmética, geométrica.*

proporcional. adj. Relativo a la porporción o que la incluye en sí. || *Gram.* Díc. del nombre o del adjetivo numeral que expresa cuántas veces una cantidad contiene en sí otra inferior: *doble, triple.*

proporcionalidad. f. Conformidad, proporción.

proporcionar. tr. Disponer y ordenar una cosa con la debida correspondencia en sus partes. || Poner en disposición las cosas, a fin de conseguir lo que se desea. Ú. t. c. prnl. || Poner a disposición de uno lo que necesita o le conviene. Ú. t. c. prnl.

proposición. f. Acción y efecto de proponer. || Cosa propuesta. || *Gram.* Oración gramatical. || *Mat.* Enunciación de una verdad demostrada o que se trata de demostrar.

propósito. m. Ánimo o intención de hacer o de no hacer una cosa. || Objeto, mira. || Materia de que se trata. || pl. Voluntad, decisión.

propuesta. f. Proposición de una idea, proyecto, etc. || Ofrecimiento. || Consulta.

propugnar. tr. Defender, amparar.

propulsar. tr. Impeler hacia adelante. || Rechazar.

propulsión. f. Acción y efecto de propulsar.

prorrata. f. Cuota o porción que toca a uno en un reparto.

prorratear. tr. Repartir proporcionalmente.

prorrateo. m. Repartición proporcionada.

prórroga. f. Plazo por el que se continúa o prorroga una cosa.

prorrogar. tr. Continuar, dilatar una cosa por tiempo determinado. || Suspender, aplazar.

prorrumpir. intr. Salir con ímpetu una cosa. || fig. Proferir repentinamente y con fuerza o violencia una voz, suspiro u otra demostración de dolor o pasión vehemente: ⌐ *en sollozos.*

prosa. f. Estructura o forma que toma naturalmente el lenguaje para expresar los conceptos, no sujeta, como el verso, a medida y cadencia determinados. || fig. y fam. Abundancia de palabras para decir cosas poco importantes.

prosaico, ca. adj. Relativo a la prosa. || fig. Insulso, vulgar.

prosapia. f. Linaje, abolengo.

proscenio. m. Parte del escenario más inmediata al público.

proscribir. ≅confinar. ≅desterrar. tr. Echar a uno del territorio de su patria. || fig. Excluir, prohibir.

proscrito, ta. adj. y s. Desterrado.

proseguir. ◁interrumpir. tr. Seguir, continuar.

proselitismo. m. Celo exagerado de ganar prosélitos.

prosélito. m. Persona convertida a cualquier religión. || fig. Partidario o adepto de una doctrina o partido.

prosista. com. Escritor o escritora de obras en prosa.

prosodia. f. Parte de la gramática que enseña la recta pronunciación y acentuación.

prosopopeya. f. fam. Afectación de gravedad y pompa: *gasta mucha* ⌣.

prospección. f. Exploración del subsuelo encaminada a descubrir yacimientos minerales, petrolíferos, aguas subterráneas, etc. || Exploración de posibilidades futuras basada en indicios presentes.

prospecto. m. Folleto que se acompaña a un producto, máquina o mercancía, en el cual se explica su composición, funcionamiento, ventajas, etc.

prosperar. intr. Tener o gozar prosperidad. || Cobrar fuerza, imponerse una idea, doctrina, etc.

prosperidad. f. Curso favorable, buena suerte, éxito. || Bienestar, mejora social y económica.

próstata. f. Glándula pequeña que tienen los machos de los mamíferos unida al cuello de la vejiga de la orina y a la uretra.

prostíbulo. m. Casa de prostitución.

prostitución. f. Acción y efecto de prostituir.

prostituir. tr. y prnl. Exponer públicamente a todo género de torpeza y sensualidad. || Entregar a una mujer a la pública deshonra; corromperla. || fig. Deshonrar, vender uno su empleo, autoridad, etc.

prostituto, ta. m. y f. Persona que se prostituye.

protagonismo. m. Condición de protagonista. || Afán de destacar.

protagonista. com. Personaje principal de la acción en una obra literaria o cinematográfica. || Persona que en un supuesto cualquiera tiene la parte principal.

protagonizar. tr. Representar un papel en calidad de protagonista. || Ser el principal personaje de cualquier hecho o acción.

protección. f. Acción y efecto de proteger. || Cosa que protege.

proteccionismo. m. Política económica que grava, mediante el empleo de diversas medidas, la entrada en un país de productos extranjeros en competencia con los nacionales.

proteccionista. adj. y s. Relativo o partidario del proteccionismo.

protector, ra. adj. y s. Que protege.

proteger. tr. y prnl. Amparar, favorecer, defender.

proteína. f. Cualquiera de las numerosas substancias químicas que forman parte de la materia fundamental de las células y de las substancias vegetales y animales.

prótesis. f. *Cir.* Procedimiento para substituir un órgano o parte de él, como un diente, un ojo, etc., por una pieza o aparato artificial. || Esta misma pieza o aparato.

protesta. f. Acción y efecto de protestar. || Promesa con aseveración de ejecutar una cosa.

protestante. adj. Que protesta. || Que sigue el luteranismo o perteneciente a alguna de las iglesias cristianas formadas como consecuencia de la Reforma. Ú. t. c. s.

protestantismo. m. Creencia religiosa de los protestantes. || Conjunto de ellos.

protestar. tr. Mostrar disconformidad o descontento. || Declarar la intención de ejecutar una cosa. || Confesar públicamente la fe y creencia que uno profesa. || Hacer el protesto de una letra de cambio.

protesto. m. Acción y efecto de protestar. || *Com.* Requerimiento notarial que se practica por no ser aceptada o pagada una letra de cambio. || Testimonio por escrito del mismo requerimiento.

protocolo. m. Serie ordenada de escrituras matrices y otros documentos que un notario o escribano autoriza y custodia con ciertas formalidades. || Acta o cuaderno de actas relativas a un acuerdo, conferencia o congreso diplomático.

protohistoria. f. Período de la vida de la humanidad respecto al cual, aunque no se poseen documentos, existen, además de los testimonios propios de la prehistoria, tradiciones originariamente orales. || Estudio de ese período. || Obra que versa sobre él.

protón. m. Partícula elemental de carga igual a la del electrón, pero de signo positivo y masa de $1,67252 \times 10^{-24}$ gramos. Interviene con el neutrón en la constitución de todos los núcleos atómicos y constituye por sí sola el núcleo del hidrógeno.

protoplasma. m. Substancia viscosa que, con la membrana y el núcleo, constituye las tres partes esenciales de la célula.

prototipo. ≅arquetipo. ≅patrón. m. Ejemplar original o primer molde en que se fabrica una figura u otra cosa. || Modelo de una virtud, vicio o cualidad.

protozoo. adj. y m. Díc. de los animales, cuyo cuerpo está formado por una sola célula o por una colonia de células iguales entre sí. || m. pl. Subreino de estos animales.

protuberancia. f. Prominencia.

provecho. m. Beneficio, utilidad.

provechoso, sa. adj. Que causa provecho.

proveer. tr. Prevenir, juntar las cosas necesarias para un fin. Ú. t. c. prnl. || Conferir una dignidad, empleo u otra cosa. || Suministrar o facilitar lo necesario o conveniente para un fin. Ú. t. c. prnl.

provenir. intr. Nacer, proceder.

provenzal. adj. y s. De Provenza. || m. Lengua antigua del mediodía de Francia, *lengua de oc*.

proverbial. adj. Relativo al proverbio o lo que incluye. || Muy notorio, conocido de siempre.

proverbio. ≅aforismo. ≅máxima. m. Sentencia, adagio, refrán. || Agüero, superstición.

providencia. f. Disposición anticipada, prevención. || Remedio. || Resolución judicial que decide cuestiones de trámite.

providencial. adj. Oportuno.

provincia. f. División administrativa de un territorio o Estado. || Cada una de las demarcaciones administrativas del territorio español, fijadas en 1833. || Cada uno de los distritos en que dividen un territorio las órdenes religiosas.

provincial. adj. Relativo a la provincia.

provinciano, na. adj. y s. Que vive en una provincia.

provisión. ≅acopio. ≅depósito. ≅surtido. ◁escasez. f. Acción y efecto de proveer. || Abastecimiento, suministro. || Providencia o disposición para el logro de una cosa.

provisional. adj. Dispuesto o mandado interinamente.

provocación. f. Acción y efecto de provocar.

provocar. ≅auxiliar. ≅colaborar. ≅enojar. ≅excitar. ≅inducir. ◁apaciguar. tr. Incitar a uno a que ejecute una cosa. || Irritar. || Facilitar, ayudar. || Mover o incitar: ⌣ *a risa*. || fam. Vomitar.

provocativo, va. adj. Que provoca, excita o estimula.

proxeneta. com. Persona que, con móviles de lucro, interviene para favorecer relaciones sexuales ilícitas.

proxenetismo. m. Acto u oficio del proxeneta.

próximo, ma. adj. Cercano, que dista poco en el espacio o en el tiempo.

proyección. f. Acción y efecto de proyectar. || Imagen proyectada por medio de un foco luminoso sobre una superficie. || *Geom.* Figura que resulta en una superficie, de proyectar en ella todos los puntos de un sólido u otra figura.

proyectar. ≅arrojar. ≅despedir. ≅maquinar. ≅preparar. ≅tramar. tr. Lanzar, dirigir hacia adelante o a distancia. || Idear, proponer, disponer. || Hacer un proyecto. || Hacer visible sobre un cuerpo o una superficie la figura o la sombra de otro. Ú. t. c. prnl.

proyectil. m. Cualquier cuerpo arrojadizo, como bala, bomba, etc.

proyectista. com. Persona que hace o dibuja proyectos de arquitectura, ingeniería, etc.

proyecto, ta. adj. *Geom.* Representado en perspectiva. || m. Plan y disposición detallados que se forman para la ejecución de una cosa de importancia. || Propósito o pensamiento de hacer una cosa. || Conjunto de escritos, cálculos y dibujos que se hacen para dar idea de cómo ha de ser y lo que ha de costar una obra de arquitectura o de ingeniería.

proyector. m. Aparato que sirve para proyectar imágenes ópticas. || Aparato óptico con el que se obtiene un haz luminoso de gran intensidad.

prudencia. ≅mesura. ≅sensatez. ≅tino. ◁necedad. f. Templanza, moderación. || Discernimiento, buen juicio.

prudencial. adj. Relativo a la prudencia.

prudente. adj. Que obra con prudencia.

prueba. f. Acción y efecto de probar. || Razón o argumento con que se demuestra la verdad o falsedad de una cosa. || Ensayo, experiencia. || Indicio, muestra. || Cantidad pequeña de un género que se destina para examinarla. || Competición deportiva.

prurito. ≅anhelo. m. Comezón, picazón. || fig. Afán de hacer algo de la mejor manera posible.

psi. f. Vigésima tercera letra del alfabeto griego (Ψ, ψ). Equivale a *ps*.

psicoanálisis. m. Método de exploración, o tratamiento de ciertas enfermedades nerviosas o mentales, puesto en práctica por Freud.

psicoanalista. com. Especialista en el psicoanálisis.

psicodélico, ca. adj. Relativo a la manifestación de elemetos psíquicos normalmente ocultos, o a la estimulación intensa de potencias psíquicas.

psicología. f. Parte de la filosofía que trata del alma, sus facultades y operaciones. || Lo que atañe al espíritu. || Manera de sentir de una persona o un pueblo.

psicológico, ca. adj. Relativo a la psicología.

psicólogo, ga. m. y f. Especialista en psicología. || fig. Persona dotada de especial penetración para el conocimiento del carácter y la intimidad de las personas.

psicópata. com. Persona que padece psicopatía.

psicopatía. f. Enfermedad mental.

psicosis. f. Nombre genérico de las enfermedades mentales. || fig. Obsesión pertinaz.

psicosomático, ca. Relativo al estado psíquico y orgánico.

psicoterapia. f. Tratamiento de las enfermedades, especialmente de las nerviosas, por medio de la sugestión o persuasión o por otros procedimientos psíquicos.

psique. f. Alma humana.

psiquiatra. com. Especialista en psiquiatría.

psiquiatría. f. Ciencia que trata de las enfermedades mentales.

psiquiátrico, ca. adj. y s. Relativo a la psiquiatría.

psíquico, ca. adj. Relativo a la vida anímica.

psiquis. f. Psique.

psiquismo. m. Conjunto de los caracteres y funciones de orden psíquico.

pteridofito, ta. adj. y s. Díc. de plantas criptógamas de generación alternante bien manifiesta, como los helechos. || f. pl. Tipo de estas plantas.

púa. ≅espina. ≅pincho. f. Cuerpo delgado y rígido que acaba en punta aguda. || Vástago de un árbol, que se introduce en otro para injertarlo. || Diente de un peine. || Cada uno de los ganchitos o dientes de alambre de la carda. || Chapa triangular para tocar la bandurria o la guitarra. || Pincho o espina del erizo, puerco espín, etc. || Hierro del trompo. || fig. Causa de sentimiento y pesadumbre. || fig. y fam. Persona sutil y astuta.

pub. m. Establecimiento al estilo inglés donde se sirven bebidas.

púber. adj. y s. Que ha llegado a la pubertad.

pubertad. f. Primera fase de la adolescencia, en la cual ocurren las modificaciones propias del paso de la infancia a la edad adulta.

pubis. m. Parte inferior del vientre, que en la especie humana se cubre de vello en la pubertad. || Hueso par de la parte ventral de la pelvis que, a cada lado, se suelda por abajo con el isquion y por arriba o atrás con el ilion.

publicación. f. Acción y efecto de publicar. || Obra literaria o artística publicada.

publicar. tr. Hacer patente y manifiesta al público una cosa. || Revelar o decir lo que estaba secreto u oculto. || Imprimir, editar.

publicidad. ≅difusión. ≅notoriedad. f. Calidad o estado de público. || Conjunto de medios que se emplean para divulgar o extender noticias o hechos. || Divulgación de noticias o anuncios de carácter comercial para atraer a posibles compradores, espectadores, usuarios, etc.

publicista. com. Persona que escribe para el público. || Agente de publicidad.

publicitario, ria. adj. Relativo a la publicidad utilizada con fines comerciales. || m. *Arg., Chile* y *Urug.* Agente de publicidad.

público, ca. ≅auditorio. ≅concurrencia. ≅ordinario. ◁privado. ◁secreto. adj. Notorio, patente, manifiesto. || Vulgar, común y notado de todos: *ladrón* ⌐. || Díc. de la potestad, jurisdicción y autoridad para hacer una cosa, como contrapuesto a privado. || Perteneciente a todo el pueblo: *vía* ⌐. || m. Conjunto indefinido de personas que forman una colectividad. || Conjunto de las personas reunidas para asistir a un espectáculo o con otro fin semejante.

pucherazo. m. Fraude electoral.

puchero. m. Vasija para guisar. || Olla, cocido español. || fig. y fam. Alimento diario y regular. || fig. y fam. Gesto o movimiento que precede al llanto verdadero o fingido: *hacer* ⌐*s.*

pudibundez. f. Afectación o exageración del pudor.

pudibundo, da. adj. Pudoroso, mojigato.

púdico, ca. adj. Honesto, casto, pudoroso.

pudiente. adj. y s. Poderoso, rico, hacendado.

pudor. m. Honestidad, modestia, recato.

pudoroso, sa. adj. Lleno de pudor, con pudor.

pudrir. tr. y prnl. Corromper, descomponer. || fig. Consumir, molestar.

pueblerino, na. adj. y s. Aldeano, lugareño.

pueblo. m. Ciudad, villa o lugar. || Población pequeña. || Conjunto de personas de un lugar, región o país. || Gente común y humilde de una población. || País con gobierno independiente.

puente. amb. Construcción sobre un río, foso, etc., para poder pasarlo. || Suelo de tablas sobre cuerpos flotantes, para pasar un río. || Tablilla colocada perpendicularmente en la tapa de los instrumentos de arco, para mantener levantadas las cuerdas. || Parte central de las gafas, que une los dos cristales. || Pieza metálica que usan los dentistas para sujetar las prótesis. || Contacto que se provoca para poner en marcha un circuito eléctrico. || Día o días que entre dos festivos se aprovechan para trabajar o para vacación

puerco. m. Cerdo, animal. || fig. y fam. Hombre desaliñado, sucio o grosero. Ú. t. c. adj. ◆ **espín** o **espina.** Mamífero roedor que habita en la parte norte de África, con el lomo y costados cubiertos de púas córneas.

puericultor, ra. m. y f. Persona cualificada para ejercer la puericultura.

Puente

puericultura. f. Ciencia que se ocupa del sano desarrollo de los niños.

pueril. adj. Relativo al niño. || fig. Fútil, trivial, infundado.

puerilidad. ≅ ingenuidad. ≅ inocencia. ≅ niñería. f. Calidad de pueril. || Hecho o dicho propio de niño, o que parece de niño. || fig. Cosa de poca entidad o despreciable.

puerperio. m. Tiempo que inmediatamente sigue al parto. || Estado delicado de salud de la mujer en este tiempo.

puerro. m. Planta herbácea anual, de bulbo comestible.

puerta. f. Vano de forma regular abierto en pared, cerca o verja, que permite el paso. || Armazón de madera, hierro u otra materia, que, engoznada o puesta en el quicio, sirve para dar o impedir la entrada y salida. || fig. Camino, principio, entrada.

puerto. m. Lugar en la costa, defendido de los vientos y dispuesto para la seguridad de las naves y para las operaciones de tráfico y armamento. || Depresión, garganta que da paso entre montañas. || fig. Asilo, amparo, refugio.

puertorriqueño, ña. adj. y s. De Puerto Rico.

pues. conj. causal que denota causa, motivo o razón: *sufre la pena,* ↷ *cometiste la culpa.* || Toma a veces carácter de condicional: ↷ *el mal es ya irremediable, llévalo con paciencia.*

puesta. f. Acción y efecto de poner. || Acción de ponerse un astro. || Cantidad que se apuesta en ciertos juegos de naipes. || Puja, licitación. || Cantidad de huevos puestos por un ave.

puesto, ta. ≅lugar. ≅quiosco. ≅sitio. adj. Ataviado, arreglado. || m. Sitio o espacio que ocupa una cosa. || Tiendecilla en que se vende al por menor. || Empleo, oficio, ministerio.

pufo. m. fam. Estafa, engaño.

púgil. m. Boxeador.

pugna. f. Batalla, pelea. || Oposición.

pugnar. intr. Batallar, contender, pelear. || fig. Solicitar con ahínco. || fig. Porfiar, instar.

puja. f. Acción y efecto de pujar, licitar. || Cantidad que un licitador ofrece.

pujanza. ≅brío. ≅poder. ≅vigor. ◁debilidad. f. Fuerza, robustez.

pujar. ≅mejorar. ≅subir. tr. Aumentar los licitadores el precio puesto a una cosa que se vende o arrienda. || Hacer fuerza para pasar adelante o proseguir una acción.

pulcritud. ≅atildamiento. ≅cuidado. ≅limpieza. ◁suciedad. f. Esmero en el aseo de la persona o en la ejecución de un trabajo delicado. || fig. Delicadeza.

pulcro, cra. adj. Aseado, esmerado. || Delicado.

pulga. f. Insecto díptero, sin alas, como de dos milímetros de longitud, color negro, rojizo, cabeza pequeña, antenas cortas y patas fuertes, largas y a propósito para dar grandes saltos.

pulgada. f. Medida de longitud, duodécima parte del pie, que equivale a 23 milímetros. || Medida inglesa de longitud equivalente a 25,4 milímetros.

pulgar. m. y adj. Dedo primero y más grueso de la mano y del pie.

pulgón. m. Insecto hemíptero, que vive parásito sobre ciertas plantas.

pulido, da. ≅aseado. ≅cuidadoso. ≅delicado. ≅limpio. ◁feo. adj. Pulcro, primoroso.

pulidor, ra. adj. y s. Que pule. || f. Máquina de pulir.

pulimentar. ≅abrillantar. ≅bruñir. ≅lustrar. tr. Pulir, alisar.

pulimento. m. Acción y efecto de pulir.

pulir. ≅abrillantar. ≅bruñir. ≅pulimentar. tr. Alisar o dar tersura y lustre a una cosa. || Componer, alisar. || Adornar, aderezar. Ú. m. c. prnl. || fig. Derrochar, dilapidar.

pulmón. m. Órgano de la respiración del hombre y de los vertebrados que viven o pueden vivir fuera del agua, que ocupa una parte de la cavidad torácica. || pl. fig. y fam. Voz potente.

pulmonía. f. Inflamación del pulmón o de una parte de él.

pulpa. f. Parte mollar de las carnes. || Carne o parte mollar de la fruta. || Medula o tuétano de las plantas leñosas. || En la industria conservera, la fruta fresca, una vez deshuesada y triturada.

púlpito. m. Tribuna para predicar en las iglesias.

pulpo. m. Molusco cefalópodo, con ocho tentáculos provistos de dos filas de ventosas. Vive en el fondo del mar y su carne es comestible.

pulque. m. Bebida alcohólica americana.

pulsación. f. Acción de pulsar. || Cada uno de los golpes o toques que se dan en el teclado de una máquina de escribir. || Cada uno de los latidos de la arteria. || fig. Movimiento periódico de un fluido.

pulsador, ra. adj. y s. Que pulsa. || m. Llamador o botón de un timbre eléctrico.

pulsar. tr. Tocar, palpar. || Apretar, oprimir un pulsador. || Dar un toque o golpe a teclas o cuerdas de instrumentos, mandos de alguna máquina, etc. || Reconocer el estado del pulso o latido de las arterias. || fig. Tantear un asunto.

púlsar. m. Objeto celeste de diámetro angular pequeño, que radia entre 40 y 5.000 megahercios, emitiendo impulsos pequeños y con gran regularidad.

pulsera. f. Joya que se lleva en la muñeca.

pulso. ≅acierto. ≅tino. m. Latido intermitente de las arterias, que se siente en varias partes del cuerpo y se observa especialmente en la muñeca. || Fuerza en la muñeca. || fig. Tiento, cuidado.

pulular. intr. Abundar, multiplicarse, bullir.

pulverizar. tr. Reducir a polvo una cosa. Ú. t. c. prnl. || Reducir un líquido a partículas muy tenues. Ú. t. c. prnl. || fig. Deshacer, aniquilar.

pulla. f. Dicho con que indirectamente se zahiere a una persona. || Expresión aguda o picante.

puma. m. Mamífero carnicero de América, parecido al tigre, pero de pelo suave y leonado.

puna. f. Tierra alta, próxima a la cordillera de los Andes. || *Amér. m.* Páramo.

punción. f. Operación quirúrgica que consiste en abrir los tejidos con un instrumento punzante y cortante.

pundonor. m. Estado en que, según la común opinión, consiste la honra o crédito de uno.

punible. adj. Que merece castigo.

púnico, ca. adj. Relativo a Cartago.

punitivo, va. adj. Relativo al castigo.

punk. adj. Díc. del movimiento juvenil de rebeldía aparecido a mediados de los años 70 en algunos barrios de la periferia de Londres.

punta. ≅aguja. ≅ángulo. ≅esquina. ≅pincho. f. Extremo agudo de un instrumento con que se puede herir. || Extremo de una cosa. || Saliente. || Clavo pequeño. || Lengua de tierra que penetra en el mar. || fig. Algo, un poco.

puntada. ≅indirecta. f. Cada uno de los agujeros hechos en la tela, cuero u otra materia que se va cosiendo. || Espacio que media entre dos de estos agujeros próximos entre sí. || Porción de hilo que ocupa este espacio.

puntal. m. Madero hincado en firme, para sostener la pared que está desplomada. || fig. Apoyo, fundamento.

puntapié. m. Golpe dado con la punta del pie.

puntazo. m. Herida hecha con la punta de un instrumento punzante. || *Taurom.* Herida penetrante menor que una cornada. || fig. Pulla.

puntear. tr. Marcar puntos en una superficie. || Dibujar con puntos. || Coser o dar puntadas.

puntera. f. Remiendo o contrafuerte en el calzado, calcetines y medias, en la parte que cubre la punta del pie. || fam. Puntapié.

puntería. f. Acción de apuntar un arma. || Dirección del arma apuntada. || Destreza del tirador.

puntero, ra. m. Palo o vara con que se señala una cosa. || m. y f. Persona que descuella en cualquier actividad.

puntiagudo, da. ≅afilado. ≅picudo. ◁romo. adj. Que tiene aguda la punta.

puntilla. f. Encaje fino. || Especie de puñal corto.

puntilloso, sa. adj. Susceptible.

punto. ≅paraje. ≅parte. m. Señal de dimensiones pequeñas. || Cada una de las partes en que se divide el pico de la pluma de escribir. || Cada una de las puntadas de la costura. || Signo ortográfico (.) con que se indica el fin del sentido gramatical y lógico de un período o de una sola oración. || Nota ortográfica que se pone sobre la *i* y la ota. || Medida tipográfica, duodécima parte del cícero. || Sitio, lugar. || Valor que, según el número que le corresponde, tiene cada una de las cartas de la baraja o de las caras del dado. || Unidad de valoración. || Instante, momento. || Grado de una escala. || *Geom.* Elemento de la recta, plano o espacio ordinarios al que es posible asignar una posición, pero que no posee extensión en ninguna de las dimensiones posibles.

puntuación. f. Acción y efecto de puntuar. || Conjunto de signos ortográficos que sirven para puntuar. || Conjunto de reglas y normas para puntuar ortográficamente.

puntual. adj. Pronto, diligente, exacto. || Indubitable, cierto. || Conforme, adecuado.

puntualidad. ≅exactitud. ≅precisión. f. Cuidado y diligencia en hacer las cosas a su debido tiempo.

puntualizar. tr. Referir un suceso con todas sus circunstancias. || Detallar, pormenorizar, precisar.

puntuar. tr. Poner en la escritura los signos ortográficos necesarios. || Calificar con puntos un ejercicio o prueba. || Ganar u obtener puntos en algunos juegos.

punzada. f. Herida, pinchazo. || fig. Dolor repentino e intermitente.

punzante. adj. Que punza o pincha. || fig. Mordaz, hiriente.

punzar. tr. Herir de punta. || fig. Pinchar, zaherir.

punzón. m. Instrumento de hierro que remata en punta. || Buril. || Instrumento de acero para hacer troqueles, cuños, etc. || Pitón, cuerno.

puñado. m. Porción de una cosa que cabe en el puño.

puñal. m. Arma ofensiva de acero, de corto tamaño, que sólo hiere de punta.

puñalada. f. Golpe que se da de punta con el puñal u otra arma semejante. || Herida que resulta de este golpe. || fig. Pesadumbre.

puñeta. f. Bocamanga de algunas togas. || fig. Dificultad, molestia, pejiguera.

puñetazo. ≅trompada. m. Golpe dado con el puño.

puñetería. f. fam. Bobada, tontería. || fam. Impertinencia, incomodidad, molestia.

puñetero, ra. adj. y s. fam. Astuto, pícaro. || Que fastidia o incordia.

puño. m. Mano cerrada. || Parte de la manga de las prendas de vestir, que rodea la muñeca. || Adorno de encaje o tela fina, que se pone en la bocamanga. || Empuñadura. || Mango. || pl. fig. y fam. Fuerza, valor.

pupa. f. Erupción en los labios. || Postilla que queda cuando se seca un grano, herida, etc. || Daño, dolor.

pupilo, la. m. y f. Huérfano o huérfana menor de edad, respecto de su tutor. || Persona que se hospeda en casa particular por precio ajustado. || f. Abertura circular o en forma de rendija, que el iris del ojo tiene en su parte media y que da paso a la luz. || fig. Prespicacia, sagacidad.

pupitre. ≅bufete. ≅escritorio. m. Mueble con tapa en forma de plano inclinado, para escribir sobre él.

puré. m. Pasta de legumbres u otras cosas comestibles, cocidas y pasadas por colador.

pureza. ≅castidad. ≅inocencia. ◁corrupción. f. Calidad de puro. || fig. Virginidad.

purga. f. Medicina que se toma para descargar el vientre. || fig. Residuos de operaciones industriales. || fig. Expulsión o eliminación de personas de una administración pública, partido, etc., por motivos políticos.

purgación. f. Acción y efecto de purgar o purgarse. || Blenorragia. Ú. m. en pl.

purgante. adj. y m. Medicamento que sirve para purgar.

purgar. ≅depurar. ≅exonerar. ≅expeler. ≅expiar. ≅satisfacer. tr. Limpiar, purificar una cosa. || Satisfacer con una pena en todo o en parte lo que uno merece por su culpa o delito. || Dar al enfermo la medicina conveniente para exonerar el vientre. Ú. t. c. prnl. || Depurar.

purgatorio. m. Según la Iglesia católica, lugar donde los justos deben purificar sus imperfecciones. || fig. Cualquier lugar donde se pasa la vida con trabajo y penalidad. || Esta misma penalidad.

purificación. f. Acción y efecto de purificar.

purificar. ≅acendrar. ≅depurar. ≅lustrar. ≅purgar. ◁ensuciar. tr. y prnl. Quitar las impurezas.

puritanismo. m. Secta y doctrina de los puritanos.

puritano, na. adj. Individuo de un partido político y religioso formado en el R. U., que se precia de observar una religión más pura que la del Estado. Ú. t. c. s. || Que presume de practicar con rigor las virtudes públicas y privadas.

puro, ra. ≅exento. ≅inmaculado. ≅inocente. ≅limpio. ≅virginal. ◁deshonesto. ◁sucio. adj. Libre y exento de toda mezcla de otra cosa. || Que procede con desinterés en el desempeño de un empleo o en la administración de justicia. || Que no incluye ninguna condición, excepción o restricción ni plazo. || Casto.

púrpura. f. Molusco gasterópodo marino, que segrega una tinta amarillenta, la cual al contacto del aire toma color verde, que luego se cambia en rojo. || Tinte muy costoso que los antiguos preparaban con la tinta de este molusco. || Tela teñida con este color. || fig. Dignidad imperial, real, cardenalicia, etc.

purpurado. m. Cardenal de la Iglesia romana.

purpurina. f. Polvo finísimo dorado o plateado, que se aplica a las pinturas.

purulento, ta. adj. Que tiene pus.

pus. m. Humor amarillento verdoso que segregan accidentalmente los tejidos inflamados, y que está constituido por los residuos de los leucocitos.

pusilánime. ≅apocado. ≅cobarde. ≅miedoso. ◁atrevido. ◁valiente. adj. y s. Falto de ánimo y valor.

pústula. f. Vejiguilla inflamatoria de la piel, que está llena de pus.

puta. f. Prostituta, ramera.

putada. f. vulg. Acción malintencionada.

putativo, va. adj. Reputado o tenido por padre, hermano, etc., no siéndolo.

putear. intr. fam. Tener trato con prostitutas. || fam. Dedicarse a la prostitución. || tr. vulg. Fastidiar, perjudicar.

puto, ta. adj. Fastidioso, molesto. || Necio, tonto. || m. Sodomita.

putrefacción. f. Acción y efecto de pudrir o pudrirse.

putrefacto, ta. adj. Podrido.

pútrido, da. adj. Podrido, corrompido. || Acompañado de putrefacción.

puya. f. Punta acerada que tienen las varas o garrochas de los picadores y vaqueros. || Garrocha o vara con puya. || fig. y fam. Frase o dicho que mortifica.

puyazo. m. Herida hecha con la puya. || fig. y fam. Frase o dicho que mortifica.

puzzle. m. Rompecabezas, juego.

q. ʃʃcus. f. Vigésima letra del abecedario español, y decimosexta de sus consonantes.

quásar. m. Objeto celeste, de apariencia estelar, color azulado y luminosidad variable, cuyo espectro está caracterizado por líneas de emisión anchas y muy desplazadas hacia el rojo.

que. pron. relat. que con esta sola forma conviene a los géneros masculino, femenino y neutro

Quásar 3G-273

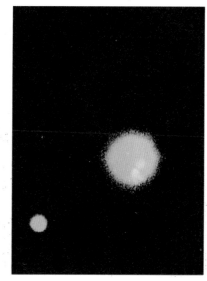

y a los números singular y plural. || pron. interr. que inquiere o pondera la naturaleza, cantidad, intensidad, etc., de algo. || pron. excl. que encarece la naturaleza, cantidad, calidad, intensidad, etc. de algo. || conj. cuyo oficio es introducir una oración subordinada substantiva con la función de sujeto o de complemento directo. *Quiero ⁀ estudies.*

quebrada. f. Abertura estrecha y áspera entre montañas. || Quiebra honda en una montaña.

quebradizo, za. adj. Fácil de quebrarse. || Delicado en la salud y disposición corporal. || fig. Frágil, de poca entereza moral.

quebrado, da. adj. Que ha hecho bancarrota o quiebra. Ú. t. c. s. || Que padece quebradura o hernia. Ú. t. c. s. || Quebrantado, debilitado. || Aplicado a terreno, camino, etc., desigual, tortuoso. || Díc. de la línea que sin ser recta está compuesta de varios segmentos rectilíneos. || Número que expresa una o varias partes de la unidad dividida en cierto número de partes iguales. Ú. t. c. s.

quebrantahuesos. m. Ave rapaz, la mayor que se conoce en Europa. || Juego de muchachos.

quebrantapiedras. f. Planta herbácea, anual. Es común en España y se ha usado contra el mal de piedra.

quebrantar. ≅hender. ≅quebrar. ≅rajar. ≅transgredir. ◁endurecer. tr. Romper, separar con violencia las partes de un todo. || Cascar o hender una cosa. Ú. t. c. prnl. || Machacar o reducir una cosa sólida a fragmentos relativamente pequeños, pero sin triturarla. || fig. Traspasar, violar una ley, palabra u obligación. || Anular, revocar un testamento. || prnl. Experimentar las personas algún malestar.

quebranto. m. Acción y efecto de quebrantar. || fig. Descaecimiento, desaliento. || fig. Grande pérdida o daño. || fig. Aflicción, dolor o pena grande.

quebrar. tr. Romper con violencia. || Traspasar, violar una ley u obligación. || Doblar o torcer: ∿ *el cuerpo.* Ú. t. c. prnl. || fig. Interrumpir o estorbar la continuación de una cosa no material. || Cesar en el comercio por sobreseer en el pago corriente de las obligaciones contraídas y no alcanzar el activo a cubrir el pasivo. || prnl. Formársele hernia a uno.

quechua o **quichua.** adj. Díc. de un pueblo de amerindios que ocupó parte de Perú y Bolivia y dominó en el imperio peruano. Tenían una cultura avanzada, cuya base económica era la agricultura; su base social fue en principio el clan totémico patriarcal. Ú. m. c. m. pl. || Díc. también de sus individuos. Ú. t. c. s. || m. Lengua hablada por este pueblo, que es oficial, junto con el castellano, en algunos países andinos.

queda. f. Hora de la noche, señalada en algunos pueblos, para que todos se recojan. || Campana destinada a este fin. || Toque que se da con ella.

quedada. f. Acción de quedarse en un sitio o lugar. || Golpe flojo que se da a la pelota para que no vaya lejos.

quedar. intr. Estar, detenerse en un paraje. Ú. t. c. prnl. || Subsistir, permanecer o restar parte de una cosa.

quedo, da. adj. Quieto. || adv. m. Con voz baja o que apenas se oye. || Con tiento.

quehacer. ≅faena. ≅tarea. ≅trabajo. ◁pasividad. m. Ocupación, negocio, tarea que ha de hacerse. Ú. m. en pl.

queja. ≅lamento. ≅quejido. ≅querella. f. Expresión de dolor, pena o sentimiento. || Resentimiento, desazón. || Acusación ante juez o tribunal competente.

quejar. tr. Aquejar. || prnl. Expresar con la voz el dolor o pena que se siente. || Manifestar uno el resentimiento que tiene de otro.

quejica. adj. fam. Que se queja con frecuencia o exageradamente.

quejido. ≅gemido. ≅lamentación. ≅lamento. m. Voz lastimosa, motivada por un dolor o pena que aflige y atormenta.

quejigo. m. Árbol fagáceo, común en España y estimado por su bellota. || Roble que todavía no ha alcanzado su desarrollo regular.

quejigueta. f. Arbusto fagáceo que se cría en España y forma matorrales densos en las montañas meridionales de la Península Ibérica y en el N. de África.

quejoso, sa. adj. Díc. del que tiene queja de alguien o de algo.

quejumbroso, sa. adj. Que se queja con poco motivo, o por hábito.

quelonio. adj. y s. Díc. de los reptiles que tienen el cuerpo protegido por un caparazón duro que cubre la espalda y el pecho; como la tortuga. || m. pl. Orden de estos reptiles.

quema. ≅cremación. ≅quemazón. f. Acción y efecto de quemar. || Incendio, fuego, combustión.

quemadero. adj. Que ha de ser quemado. || m. Paraje destinado a la quema de animales muertos, basuras, desechos, etc.

quemador, ra. adj. y s. Que quema. || m. Aparato destinado a facilitar la combustión del carbón o de los carburantes en el hogar de las calderas.

quemadura. f. Descomposición de un tejido orgánico, producido por el contacto del fuego o de una substancia cáustica o corrosiva. || Señal o llaga que queda por esta descomposición.

quemar. ≅arder. ≅enfadar. ≅incinerar. ≅irritar. tr. Abrasar o consumir con fuego. || Calentar con mucha actividad. || Secar una planta el excesivo calor o frío. || Causar una sensación de ardor, especialmente en la boca, una cosa caliente, picante o urticante. || Hacer señal, llaga o ampolla una cosa cáustica o muy caliente. || fig. Malbaratar, destruir o vender una cosa a menos de su justo precio. || fig. y fam. Impacientar o desazonar a uno. Ú. t. c. prnl. || prnl. fig. Gastarse, quedarse sin recursos o posibilidades en una actividad cualquiera.

quemarropa (a). m. adv. Tratándose de un disparo de arma de fuego, de muy cerca.

quemazón. f. Acción y efecto de quemar. || Calor excesivo. || fig. y fam. Desazón moral por un deseo no logrado. || fig. y fam. Dicho, razón o palabra picante para sonrojar a alguno.

quena. f. Flauta originaria de los indios peruanos.

quenopodiáceo, a. adj. y s. Díc. de plantas angiospermas dicotiledóneas, herbáceas; como la espinaca. || f. pl. Familia de estas plantas.

quepis. [[quepis. m. Gorra cilíndrica o ligeramente cónica, con visera horizontal, que como prenda de uniforme usan los militares en algunos países.

queratina. f. Substancia albuminoidea, que

constituye la parte fundamental de las capas más externas de la epidermis de los vertebrados y de los órganos derivados de esta membrana, como plumas, pelos, etc.

querella. ≅contienda. ≅litigio. ≅queja. ≅reyerta. ◁concordia. f. Discordia, pendencia. || Acusación ante juez o militar competente.

querellarse. prnl. Presentar querella.

querencia. f. Acción de amar o querer bien. || Inclinación o tendencia del hombre y de ciertos animales a volver al sitio en que se han criado o tienen costumbre de acudir. || Ese mismo sitio.

querer. m. Cariño, amor, afecto.

querer. ≅ambicionar. ≅apreciar. ≅estimar. ≅pretender. ◁odiar. tr. Desear o apetecer. || Amar, tener cariño, voluntad o inclinación a una persona o cosa. || Tener voluntad o determinación de ejecutar una cosa. || Resolver, determinar. || Pretender, intentar o procurar. || Ser conveniente una cosa a otra. || Conformarse o avenirse uno al intento o deseo de otro. || En el juego, aceptar el envite. || imper. Estar próxima a ser o verificarse una cosa: *quiere llover.*

querido, da. ≅amante. p. p. de querer. || m. y f. Hombre, respecto de la mujer, o mujer, respecto del hombre, con quien tiene relaciones amorosas ilícitas.

quermes. m. Insecto hemíptero parecido a la cochinilla.

queroseno. m. Fracción refinada del petróleo natural, que se usa principalmente como combustible en los aviones de reacción.

querubín. m. Cada uno de los espíritus celestes, que forman el segundo coro de la primera jerarquía. || fig. Persona de singular belleza.

quesera. f. Lugar o sitio donde se fabrican los quesos. || Mesa o tabla a propósito para hacerlos. || Vasija de barro, que se destina para guardar y conservar los quesos. || Plato con cubierta, ordinariamente de cristal, en que se guarda el queso o se sirve a la mesa.

quesería. f. Tiempo a propósito para hacer queso. || Lugar en que se fabrican quesos. || Sitio en que se vende queso.

quesero, ra. adj. Perteneciente o relativo al queso. || m. y f. Persona que hace o vende quesos.

queso. m. Producto obtenido por maduración de la cuajada de la leche con características propias para cada uno de los tipos según su origen o método de fabricación.

quetzal. m. Ave trepadora propia de América tropical. || Moneda guatemalteca.

quevedos. m. pl. Lentes que se sujetan en la nariz.

¡quia! interj. fam. con que se denota incredulidad o negación.

quiasmo. m. Ordenación cruzada de dos secuencias, de modo que en la segunda secuencia se invierte el orden de la primera: *Manuel fue a Atenas; a Londres fue Miguel.*

quicio. m. Parte de las puertas o ventanas en que entra el espigón donde van los pernios, y en que se mueve y revuelve.

quiché. adj. Grupo étnico, perteneciente a la familia maya, que vive en Guatemala. Ú. m. c. m. pl. || m. Lengua hablada por este grupo.

quid. m. Esencia, porqué de las cosas. Ú. precedido del artículo *el.*

quiebra. ≅bancarrota. ≅grieta. f. Rotura o abertura de una cosa por alguna parte. || Hendedura o abertura de la tierra en los montes. || Pérdida o menoscabo de una cosa. || Acción y efecto de quebrar un comerciante.

quiebro. m. Además que se hace con el cuerpo, como quebrándolo por la cintura. || *Mús.* Adorno que consiste en acompañar una nota de otras muy ligeras. || Lance o suerte con que el torero hurta el cuerpo al embestirle el toro.

quien. pron. relat. que con esta sola forma conviene a los géneros masculino y femenino. || pron. interr. y excl. *quién, quiénes,* con acento prosódico y ortográfico.

quienquiera. pron. indet. Persona indeterminada, alguno.

quietismo. m. Inacción, quietud, inercia. || Doctrina de algunos místicos, que hacen consistir la suma perfección del alma humana en el anonadamiento de la voluntad para unirse con Dios, en la contemplación pasiva y en la indiferencia de cuanto pueda sucederle.

quieto, ta. adj. Que no tiene o no hace movimiento. || fig. Pacífico, sosegado. || fig. No dado a los vicios.

quietud. f. Carencia de movimiento. || fig. Sosiego, reposo, descanso.

quif. m. Hachís, estupefaciente o narcótico.

quijada. ≅mandíbula. f. Cada una de las dos mandíbulas de los vertebrados que tienen dientes.

quijones. m. Planta umbelífera aromática.

quijotada. f. Acción propia de un quijote.

quijote. m. fig. Hombre exageradamente grave y serio. || fig. Hombre nimiamente puntilloso. || fig. Hombre que antepone sus ideales a su conveniencia y obra desinteresada y comprometidamente en defensa de causas que considera justas.

quilate. m. Unidad de peso para las perlas y piedras preciosas, que equivale a 205 miligramos. || Cada una de las venticuatroavas partes en peso de oro puro que contiene cualquier aleación de este metal. || Pesa de un quilate.

quilo. m. Linfa de aspecto lechoso por la gran cantidad de grasa que acarrea, y que circula por los vasos linfáticos intestinales durante la digestión.

quilla. f. Pieza de madera o hierro, que va de popa a proa por la parte inferior del barco y en que se asienta toda su armazón. || Parte saliente y afilada del esternón de las aves.

quimera. f. Monstruo imaginario que, según la fábula, vomitaba llamas y tenía cabeza de león, vientre de cabra y cola de dragón. || fig. Lo que se propone a la imaginación como posible o verdadero, no siéndolo. || fig. Pendencia, riña o contienda.

química. f. Ciencia que estudia las modificaciones de las propiedades específicas de la materia por la acción de alguna forma de energía (calor, luz, electricidad, etc.), o de otra clase de materia.

químico, ca. adj. Perteneciente a la química. || Por contraposición a físico, concerniente a la composición de los cuerpos. || m. y f. Persona que profesa la química o tiene en ella especiales conocimientos.

quimioterapia. f. Método curativo o profiláctico de las enfermedades infecciosas por medio de productos químicos.

quimo. m. Pasta homogénea y agria en que los alimentos se transforman en el estómago por la digestión.

quimono. m. Túnica japonesa.

quina. f. Corteza del quino, muy usada en medicina por sus propiedades febrífugas. || Líquido confeccionado con la corteza de dicho árbol.

quincalla. f. Conjunto de objetos de metal, generalmente de escaso valor.

quincallero, ra. m. y f. Persona que fabrica o vende quincalla.

quince. adj. Diez y cinco. || Decimoquinto, ordinal. Apl. a los días del mes, ú. t. c. s. || m. Conjunto de cifras con que se representa el número quince.

quinceavo, va. adj. y s. Díc. de cada una de las quince partes iguales en que se divide un todo.

quincena. f. Espacio de quince días. || Paga que se recibe cada quince días. || *Mús.* Intervalo que comprende las quince notas sucesivas de dos octavas.

quincenal. adj. Que sucede o se repite cada quincena. || Que dura una quincena.

quincuagésimo, ma. adj. Que sigue inmediatamente en orden al o a lo cuadragésimo nono. || Díc., a veces, por error, de cada una de las cincuenta partes iguales en que se divide un todo. Ú. t. c. s.

quingentésimo, ma. adj. Que sigue inmediatamente en orden al o a lo cuadragentésimo nonagésimo nono. || Díc. de cada una de las quinientas partes iguales en que se divide un todo. Ú. t. c. s.

quiniela. f. Juego de pelota entre cinco jugadores. || Apuesta mutua en la que los apostantes pronostican los resultados de los partidos de fútbol.

quinientos, tas. adj. Cinco veces ciento. || Quingentésimo. || m. Conjunto de cifras con que se representa el número quinientos.

quinina. f. Alcaloide vegetal que se extrae de la quina y es en sumo grado el principio activo febrífugo de este medicamento.

quino. m. Árbol rubiáceo americano cuya corteza es la quina. || Concreción de diversos zumos vegetales muy usada como astringente. || Quina, corteza del quino.

quinqué. m. Lámpara de mesa alimentada con petróleo y provista de un tubo de cristal que resguarda la llama.

quinquenal. adj. Que sucede o se repite cada quinquenio. || Que dura un quinquenio.

quinquenio. m. Tiempo de cinco años. || Incremento económico de un salario correspondiente a cada cinco años de servicio activo.

quinqui. adj. y s. Individuo de un grupo étnico cuyo origen parece situarse en la India, merchero.

quinta. ≅reclutamiento. f. Casa de recreo en el campo, cuyos colonos solían pagar por renta la quinta parte de los frutos. || Acción y efecto de quintar. || En el juego de los cientos, cinco cartas de un palo, seguidas en orden. || Reemplazo anual para el ejército.

quintada. f. Broma, generalmente vejatoria, que dan en los cuarteles los soldados veteranos a los de nuevo reemplazo. || Novatada.

quintaesencia. f. Lo más puro, más fino y acendrado de alguna cosa. || Última esencia o extracto de alguna cosa.

quintal. m. Peso de 100 libras, equivalente en Castilla a 46 kg. aproximadamente. || Pesa de 100 libras, o sea de 4 arrobas.

quintar. tr. Sacar por suerte uno de cada cinco.

|| Sacar por suerte los nombres de los que han de servir en la tropa en clase de soldados.

quinteto. m. Quintilla de arte mayor. || Composición a cinco voces. || Conjunto de estas voces.

quintilla. f. Estrofa de cinco versos octosílabos, con dos rimas, y ordenados de modo que no vayan juntos los tres a que corresponde una de ellas, ni los últimos sean pareados. || Por ext., estrofa de cinco versos de cualquier medida.

quintillizo, za. adj. Díc. de cada uno de los hermanos nacidos de un parto quíntuple.

quinto, ta. ≅recluta. adj. Que sigue inmediatamente en orden al o a lo cuarto. || Díc. de cada una de las cinco partes iguales en que se divide un todo. Ú. t. c. s. || m. Aquel a quien toca ser soldado y mientras recibe la instrucción militar.

quintuplicar. tr. y prnl. Hacer cinco veces mayor una cantidad.

quíntuplo, pla. adj. y m. Que contiene un número cinco veces exactamente.

quiñón. m. Porción de tierra de cultivo, de dimensión variable según los usos locales.

quiosco. m. Templete o pabellón de estilo oriental que se construye en azoteas, jardines, etc. || Pabellón o edificio pequeño que se construye en plazas u otros parajes públicos, para vender periódicos, flores, etc.

quirófano. m. Local convenientemente acondicionado para hacer operaciones quirúrgicas.

quiromancia o **quiromancía.** f. Pretendida adivinación por las rayas de las manos.

quiróptero. adj. y s. Díc. de mamíferos voladores nocturnos, casi todos insectívoros, como el murciélago. || m. pl. Orden de estos animales.

quirúrgico, ca. adj. Relativo a la cirugía.

quisquilla. f. Reparo o dificultad de poco momento. || Camarón, crustáceo.

quisquilloso, sa. ≅chinche. ≅susceptible. ◁tranquilo. adj. y s. Que se para en cosas sin importancia. || Demasiado delicado en el trato.

quiste. m. Tumor o vejiga membranosa que se desarrolla anormalmente en diferentes regiones del cuerpo y que contiene humores o materias alteradas. || Membrana impermeable que envuelve a un animal o vegetal de pequeño tamaño, manteniéndolo aislado del medio.

quitamanchas. m. Producto que sirve para quitar manchas.

Quitanieves

quitamiedos. m. Listón o cuerda que, a modo de pasamanos, se coloca en lugares elevados donde hay peligro de caer.

quitanieves. f. Máquina para limpiar de nieve los caminos.

quitar. ≅apartar. ≅cancelar. ≅libertar. ≅librar. ≅redimir. tr. Tomar una cosa apartándola de otras, o del lugar en que estaba. || Hurtar. || Impedir o estorbar. || Librar a uno de una pena, cargo o tributo. || Suprimir un empleo u oficio. || Prohibir, impedir: *no quita lo cortés a lo valiente.*

quitasol. m. Especie de paraguas para resguardarse del sol.

quite. ≅parada. m. Acción de quitar o estorbar. || *Esgr.* Movimiento defensivo con que se detiene o evita el ofensivo. || Suerte que ejecuta un torero para librar a otro del peligro en que se halla por la acometida del toro.

quitina. f. Substancia córnea que se encuentra en el dermatoesqueleto de los artrópodos.

quitón. m. Gén. de moluscos anfineuros placóforos, de unos 25 a 35 mm. de long. En Galicia le llaman *piojo de mar.*

quizá o **quizás.** ≅acaso. adv. de duda con que se denota la posibilidad de aquello que significa la proposición de que forma parte: ⌐ *llueva mañana.*

quórum. ∬quórum. m. Número de individuos o de votos necesario para que un cuerpo deliberante tome ciertos acuerdos. || Proporción de votos favorables necesaria para lograr acuerdo.

R

r. f. Vigésima primera letra del abecedario español, y decimoséptima de sus consonantes. Su nombre es *erre*. Tiene dos sonidos, uno simple, de una sola vibración apicoalveolar sonora, y otro múltiple, o con dos o más vibraciones.

rabadán. m. Mayoral que, en una cabaña, manda a los zagales y pastores. || Pastor a las órdenes del mayoral de una cabaña.

rabadilla. f. Punta o extremidad del espinazo. || En las aves, extremidad movible en donde están las plumas de la cola.

rabanero, ra. adj. fig. y fam. Díc. de los ademanes y modo de hablar desvergonzados.

rabanillo. m. dim. de rábano. || Planta herbácea anual, nociva y muy común en los sembrados.

rabaniza. f. Simiente del rábano.

rábano. m. Planta crucífera, de raíz carnosa, blanca, roja, amarillenta o negra de sabor picante. || Raíz de esta planta.

rabel. m. Instrumento músico pastoril, parecido al laúd, con tres cuerdas que se tocan con arco.

rabí. m. Título con que los judíos honran a los sabios de su ley. || Rabino.

rabia. ≅cólera.. ≅enojo. ≅furia. ≅hidrofobia. ◁serenidad. ◁tranquilidad. f. Enfermedad que se produce en algunos animales y se transmite por mordedura a otros o al hombre. || Roya que padecen los garbanzos. || fig. Ira, enfado grande.

rabiar. intr. Padecer el mal de rabia. || fig. Padecer un vehemente dolor. || fig. Desear una cosa con vehemencia. || fig. Impacientarse. || fig. Exceder en mucho a lo ordinario: *pica que rabia.*

rabicorto. adj. Díc. del animal que tiene corto el rabo.

rabieta. f. dim. de rabia. || fig. y fam. Enfado grande, especialmente cuando se toma por leve motivo y dura poco.

rabihorcado. m. Ave palmípeda, propia de los países tropicales, que tiene el buche rojo escarlata, grande y dilatable. Anida en las costas y se alimenta de peces.

rabilargo, ga. adj. Aplícase al animal que tiene

Rabilargo

largo el rabo. || m. Pájaro córvido parecido a la urraca.

rabillo. m. dim. de rabo. || Pecíolo. || Pedúnculo. || Cizaña, planta. || Mancha negra en los granos de los cereales atacados por el tizón.

rabino. ≅rabí. m. Maestro hebreo que interpreta la Sagrada Escritura.

rabioso, sa. ≅airado. ≅excesivo. ≅furioso. ≅violento. adj. Que padece rabia. Ú. t. c. s. || Colérico. || fig. Vehemente, violento.

rabo. m. Cola de algunos animales. || Rabillo de hojas y frutos. || fig. y fam. Cualquier cosa que cuelga a semejanza de la cola de un animal.

rabón, na. adj. Díc. del animal que tiene el rabo más corto que lo ordinario en su especie, o que no lo tiene.

racanear. intr. Gandulear, rehuir el trabajo. || fam. Actuar como rácano, tacaño.

rácano, na. adj. y s. fam. Tacaño, avaro. || fam. Poco trabajador, vago.

racial. ≅étnico. adj. Relativo a la raza.

racimo. m. Porción de uvas o granos que produce la vid presos a unos piececzuelos, y éstos a un tallo que pende del sarmiento. || fig. Conjunto de cosas menudas dispuestas con alguna semejanza de racimo.

raciocinar. intr. Usar de la razón para conocer y juzgar.

raciocinio. ≅entendimiento. ≅juicio. ≅razón. ≅razonamiento. m. Facultad de raciocinar. || Acción y efecto de raciocinar. || Argumento o discurso.

ración. f. Porción que se da para alimento en cada comida. || Asignación diaria que se da a cada soldado para su alimento. || Porción de cada vianda que en las casas de comida se da por determinado precio.

racionabilidad. f. Facultad intelectiva que juzga de las cosas con razón.

racional. adj. Relativo a la razón. || Arreglado a ella. || Dotado de razón. Ú. t. c. s. || Mat. Aplícase a las expresiones algebraicas que no contienen cantidades irracionales.

racionalismo. m. Doctrina filosófica cuya base es la omnipotencia e independencia de la razón humana. || Sistema filosófico, que funda sobre la sola razón las creencias religiosas.

racionalista. adj. y s. Relativo al racionalismo.

racionalizar. tr. Reducir a normas o conceptos racionales. || Organizar la producción o el trabajo de manera que aumente los rendimientos o reduzca los costos con el mínimo esfuerzo.

racionar. ≅proveer. ≅repartir. ≅suministrar.

tr. Distribuir raciones a las tropas. Ú. t. c. prnl. || Someter los artículos de primera necesidad en caso de escasez a una distribución establecida por la autoridad.

racismo. m. Doctrina que exalta los méritos y derechos de una raza o de un pueblo determinados, con menosprecio de los que corresponden a otras razas o pueblos.

racista. adj. Relativo al racismo. || com. Partidario del racismo. Ú. t. c. adj.

rácor o **racor.** m. Pieza metálica que sirve para unir tubos.

racha. f. Ráfaga de aire. || fig. y fam. Período breve de fortuna o desgracia.

rada. f. Bahía, ensenada.

radar o **rádar.** m. Sistema que permite descubrir la presencia y posición de un cuerpo que no se ve, mediante la emisión de ondas eléctricas que, al reflejarse en dicho objeto, vuelven al punto de observación. || Aparato para aplicar este sistema.

radiación. f. Acción y efecto de irradiar.

radiactividad. f. Propiedad que tienen los núcleos de algunos átomos de desintegrarse emitiendo diversas radiaciones.

radiactivo, va. adj. Díc. del cuerpo cuyos átomos se desintegran espontáneamente.

radiado, da. adj. Díc. de lo que tiene sus diversas partes situadas alrededor de un punto o de un eje. || Díc. del animal invertebrado cuyas partes interiores y exteriores están dispuestas a manera de radios; como la estrella de mar, la medusa, etc. || m. pl. Grupo de estos animales.

radiador. m. Aparato de calefacción compuesto de uno o más cuerpos huecos, de forma exterior adecuada para facilitar la radiación. || Serie de tubos por los cuales circula el agua destinada a refrigerar los cilindros de algunos motores de explosión.

radián. m. Ángulo en el que los arcos trazados desde el vértice tienen igual longitud que los respectivos radios. Sirve como unidad de ángulo plano.

radiante. p. a. de radiar. || adj. fig. Brillante, resplandeciente. || fig. Que siente y manifiesta gozo y alegría grandes. || Fís. Que produce radiaciones.

radiar. tr. Difundir por medio de la telefonía sin hilos noticias, música, etc. || Despedir rayos de luz o calor. Ú. t. c. intr. || Tratar una lesión con los rayos X.

radicación. f. Acción y efecto de radicar. || fig.

Establecimiento, larga duración de un uso, costumbre, etcétera.

radical. adj. Relativo a la raíz. || fig. Fundamental, de raíz. || Partidario de reformas extremas, especialmente en sentido democrático. Ú. t. c. s. || Tajante. || Concerniente a las raíces de las palabras. || Aplícase al signo (√) con que se indica la operación de extraer raíces. || m. Conjunto de fonemas que comparten vocablos de una misma familia. || Agrupamiento atómico que interviene como una unidad en un compuesto químico y pasa inalterado de unas combinaciones a otras.

radicalismo. m. Conjunto de ideas y doctrinas de los que pretenden reformar total o parcialmente el orden político, científico, moral y aun religioso. || Por ext., el modo extremado de tratar los asuntos.

radicalizar. tr. y prnl. Hacer que alguien adopte una actitud radical. || Hacer más radical una postura o tesis.

radicar. intr. Arraigar. Ú. t. c. prnl. || Estar en determinado lugar.

radícula. f. Parte del embrión destinada a ser la raíz de la planta.

radiestesia. f. Supuesta sensibilidad especial para captar ciertas radiaciones.

radio. m. Línea recta tirada desde el centro del círculo a la circunferencia. || Rayo de la rueda. || Hueso contiguo al cúbito con el cual forma el antebrazo.

radio. m. Metal intensamente radiactivo descubierto en Francia por el matrimonio Curie.

radio. f. Término general que se aplica al uso de las ondas radioeléctricas. || apóc. de radiodifusión.

radioaficionado, da. m. y f. Persona autorizada para emitir y recibir mensajes radiados privados, usando bandas de frecuencia jurídicamente establecidas.

radioastronomía. f. Rama de la astronomía que estudia las ondas radioeléctricas emitidas por los cuerpos celestes.

radiocomunicación. f. Telecomunicación realizada por medio de ondas electromagnéticas.

radiodifusión. f. Emisión radiotelefónica destinada al público. || Conjunto de los procedimientos o instalaciones destinados a esta emisión. || Empresa dedicada a hacer estas emisiones.

radioelectricidad. f. Producción, propagación y recepción de las ondas hertzianas. || Ciencia que estudia esta materia.

radioescucha. com. Persona que oye las emisiones radiotelefónicas y radiotelegráficas.

radiofonía. f. Radiotelefonía.

radiofrecuencia. f. Cualquiera de las frecuencias de las ondas electromagnéticas empleadas en la radiocomunicación.

radiografía. f. Procedimiento para hacer fotografías por medio de los rayos X. || Fotografía obtenida por este procedimiento.

radiografiar. tr. Hacer fotografías por medio de los rayos X.

radiolario. adj. y m. Díc. de protozoos marinos rizópodos, con seudópodos radiados. || m. pl Orden de estos animales.

radiología. f. Parte de la medicina que estudia las radiaciones, especialmente los rayos X, en sus aplicaciones al diagnóstico y tratamientos de enfermedades.

radiólogo, ga. m. y f. Persona que profesa la radiología; especialista en radiología.

radiorreceptor. m. Aparato empleado en radiotelegrafía y radiotelefonía para recoger y transformar en señales o sonidos las ondas emitidas por el radiotransmisor.

radioscopia. f. Examen de un cuerpo opaco por medio de la imagen que proyecta en una pantalla al ser atravesado por los rayos X.

radiosonda. m. Aparato que se lanza al espacio mediante un globo sonda, a fin de que capte datos meteorológicos y los transmita, por radio, a la estación que lo lanzó.

radiotecnia . f. Técnica relativa a la telecomunicación por radio.

radiotécnico, ca. adj. Relativo a la radiotecnia. || m. Persona especializada en radiotecnia.

radiotelefonía. f. Sistema de comunicación telefónica por medio de ondas hertzianas.

radioteléfono. m. Teléfono sin hilos.

radiotelegrafía. f. Sistema de comunicación telegráfica por medio de ondas hertzianas.

radiotelescopio. m. Instrumento receptor empleado en radioastronomía para detectar y registrar las ondas radioeléctricas emitidas por los cuerpos celestes.

radioterapia. f. Aplicación de los rayos X al tratamiento de enfermedades. || Por ext., tratamiento de enfermedades con cualquier clase de radiaciones.

radiotransmisor. m. Aparato que se emplea en radiotelegrafía y radiotelefonía para producir y enviar las ondas portadoras de señales o de sonidos.

radioyente. com. Persona que oye lo que se transmite por la radiodifusión.

radón. m. Gas noble radiactivo que se origina en la desintegración del radio.

Radiotelescopios

raedera. f. Instrumento para raer. || Tabla semicircular con que los albañiles raen los lados del cuezo. || Azada pequeña muy usada en las minas para recoger el mineral y los escombros, llenar espuertas, etc.

raer. tr. Raspar una superficie, quitando pelos, substancias adheridas, pintura, etc., con instrumento áspero o cortante. || Rasar. || fig. Extirpar enteramente una cosa; como vicio o mala costumbre.

ráfaga. ≅destello. ≅racha. f. Movimiento violento del aire. || Golpe de luz vivo o instantáneo. || Conjunto de proyectiles que en sucesión rapidísima lanza una arma automática.

rafia. f. Género de palmeras de África y América que dan una fibra muy resistente y flexible. || Esta fibra.

raglán, ranglán o **ranglan.** m. Especie de gabán de hombre, que se usaba a mediados del s. XIX. Era holgado y tenía una esclavina corta.

raicilla. f. Cada una de las fibras o filamentos que nacen del cuerpo principal de la raíz de una planta.

raído, da. p. p. de raer. || adj. Se dice del vestido muy gastado por el uso.

raigambre. f. Conjunto de raíces de los vegetales. || fig. Conjunto de antecedentes, hábitos o afectos que hacen firme y estable una cosa.

raigón. m. aum. de raíz. || Raíz de las muelas y los dientes.

raíl o **rail.** m. Carril de las vías férreas.

raíz. f. Órgano de las plantas que introducido en tierra, absorbe de ella las materias necesarias para el crecimiento. || fig. Origen y principio de que procede una cosa. || Parte de los dientes de los vertebrados que está engastada en los alveolos. || Radical mínimo e irreductible que comparten las palabras de una misma familia. || Cantidad que se ha de multiplicar por sí misma una o más veces para obtener un número determinado..

raja. ≅grieta. ≅hendidura. ≅rebanada. ≅resquebrajadura. ≅tajada. f. Una de las partes de un leño que resultan de abrirlo al hilo con hacha, cuña, etc. || Hendedura, abertura de una cosa. || Pedazo que se corta de un fruto o de algunos otros comestibles; como melón, queso, etc.

rajá. m. Soberano de la India.

rajar. ≅agrietar. ≅desistir. ≅resquebrajar. tr. Dividir en rajas. || Hender, partir, abrir. Ú. t. c. prnl. || prnl. fig. y fam. Volverse atrás.

rajar. intr. fig. y fam. Contar muchas mentiras, especialmente jactándose de valiente. || fig. y fam. Hablar mucho.

rajatabla (a). m. adv. fig. y fam. Cueste lo que cueste, a todo trance, sin contemplaciones.

ralea. ≅calaña. ≅clase. ≅estopa. f. Especie, género, calidad. || desp. Aplicado a personas, raza, casta o linaje. || Cetr. Ave a que es más inclinado el halcón, el gavilán o el azor.

ralentí. m. Mec. Marcha de un motor de explosión con el mínimo de gases.

ralo, la. adj. Díc. de las cosas cuyos componentes, partes o elementos están separados más de lo regular en su clase.

rallador. m. Utensilio de cocina que sirve para desmenuzar el pan, el queso, etc.

rallar. tr. Desmenuzar una cosa restregándola con el rallador. || fig. y fam. Molestar.

rally. m. Prueba automovilística por etapas para coches de turismo que, salidos de diversos puntos, concurren en uno determinado.

rama. f. Cada una de las partes que nacen del tronco o tallo principal de la planta. || fig. Serie de personas que traen su origen en el mismo tronco. || fig. Parte secundaria de una cosa, que nace o se deriva de otra cosa principal.

rama (en). m. adv. con que se designa el estado de ciertas materias antes de ser manufacturadas. || Aplícase también a los ejemplares de una obra impresa que aún no se han encuadernado.

ramadán. m. Noveno mes del año lunar de los mahometanos, quienes durante sus treinta días observan riguroso ayuno.

ramaje. m. Conjunto de ramas o ramos.

Coche de rally

ramal. ≅bifurcación. ≅ramificación. m. Cada uno de los cabos de que se componen las cuerdas, sogas, etc. || Ronzal asido al cabezón de una bestia. || Cada uno de los tiros que concurren en la misma meseta de una escalera. || fig. Parte o división que resulta o nace de una cosa con relación y dependencia de ella, como rama suya.

ramalazo. m. Golpe que se da con el ramal. || Señal que deja. || Dolor agudo en una parte del cuerpo. || fig. Adversidad que sobrecoge y sorprende a uno. || fig. Ramo de locura.

rambla. f. Lecho natural de las aguas pluviales cuando caen copiosamente. || Suelo por donde corren dichas aguas. || Calle ancha y con árboles, generalmente con andén central.

ramera. ≅prostituta. ≅puta. f. Mujer que por oficio tiene relación carnal con hombres.

ramificación. f. Acción y efecto de ramificarse. || fig. Conjunto de consecuencias necesarias de algún hecho. || División y extensión de las venas, arterias o nervios.

ramificarse. prnl. Esparcirse y dividirse en ramas una cosa. || fig. Propagarse, extenderse las consecuencias de un hecho.

ramillete. m. Ramo pequeño de flores formado artificialmente. || fig. Adorno que se pone sobre las mesas en donde se sirven comidas suntuosas. || fig. Colección de especies exquisitas y útiles en una materia.

ramnáceo, a o **rámneo, a.** adj. y f. Díc. de árboles y arbustos dicotiledóneos, como la aladierna y el azufaifo. || f. pl. Familia de estas plantas.

ramo. m. Rama de segundo orden o que sale de la rama madre. || Rama cortada del árbol. || Manojo de flores. || fig. Cada una de las partes en que se considera dividida una ciencia, arte, industria, etc.

rampa. f. Plano inclinado dispuesto para subir y bajar por él.

rampante. adj. Díc. de la construcción en declive como el arco y la bóveda que tienen sus impostas oblicuas o a distinto nivel. || Aplícase al animal que está en el campo del escudo de armas con la mano abierta y las garras tendidas.

ramplón, na. adj. Aplícase al calzado tosco y de suela muy gruesa y ancha. || fig. Vulgar, chabacano.

ramplonería. f. Calidad de ramplón, tosco o chabacano.

rana. f. Batracio anuro con el dorso de color verdoso y el abdomen blanco. Se conocen diversas especies, algunas muy comunes en España. ||

Juego que consiste en introducir desde cierta distancia una chapa o moneda por la boca abierta de una rana de metal.

rancio, cia. adj. Díc. de los comestibles que con el tiempo adquieren sabor y olor más fuerte, mejorándose o echándose a perder. || fig. Díc. de las cosas antiguas y de las personas apegadas a ellas.

ranchero. m. El que guisa el rancho y cuida de él. || El que gobierna un rancho.

rancho. m. Comida que se hace para muchos en común. || Lugar fuera de poblado, donde se albergan diversas familias o personas: ~ *de gitanos.* || *Amér.* Granja donde se crían caballos y otros cuadrúpedos.

randa. f. Guarnición de encaje con que se adornan los vestidos, la ropa blanca y otras cosas. || Encaje de bolillos. || m. fam. Ratero, granuja.

ranglán. m. Raglán.

rango. m. Clase, categoría. || Situación social elevada.

ranking. m. angl. por rango.

ránula. f. Tumor blando que suele formarse debajo de la lengua.

ranunculáceo, a. adj. y s. Díc. de plantas dicotiledóneas, arbustos o hierbas, con flores de colores brillantes, como la anémona, el acónito y la peonía. || f. pl. Familia de estas plantas.

ranura. f. Canal estrecha y larga que se abre en un madero, piedra u otro material para hacer un ensamble, guiar una pieza movible, etc.

raño. ≅ perca. ≅ percha. m. Pez acantopterigio de color amarillo en la cabeza y el lomo, y rojo amarillento en el vientre. || Garfio de hierro que sirve para arrancar de las peñas las ostras.

rapapolvo. m. fam. Represión áspera.

rapar. tr. Afeitar las barbas. Ú. t. c. prnl. || Cortar el pelo al rape.

rapaz. ≅ ávido. ≅ codicioso. adj. Inclinado o dado al robo, hurto o rapiña. || Díc. de las aves carnívoras, de pico y uñas encorvados. Ú. t. c. s. f. || m. Muchacho de corta edad. || f. pl. Orden de estas aves.

rapaza. f. Muchacha de corta edad.

rape. m. Pez teleósteo acantopterigio, con cabeza enorme, redonda y aplastada.

rapé. adj. y s. Tabaco en polvo.

rapidez. ≅ celeridad. ≅ ligereza. ≅ presteza. ≅ prontitud. f. Velocidad impetuosa o movimiento acelerado.

rápido, da. adj. Veloz, pronto. || m. Río o torrente que cae con violencia.

rapiña. f. Robo, expoliación o saqueo que se ejecuta arrebatando con violencia: *ave de* ~.

rapónchigo. m. Planta perenne, campanulácea, común en los terrenos montañosos.

raposo, sa. m. y f. Zorro.

rapsoda. m. El que en la Grecia antigua iba de pueblo en pueblo cantando trozos de los poemas homéricos u otras poesías. || Recitador de poemas y cantor de rapsodias.

rapsodia. f. Trozo de un poema homérico. || Pieza musical formada con fragmentos de otras obras o con trozos de aires populares.

raptar. tr. Sacar a una mujer, violentamente o con engaño, de la casa y potestad de sus padres y parientes. || Secuestrar a una persona con el fin de obtener un rescate.

rapto. ≅ arranque. ≅ arrebato. ≅ robo. ≅ secuestro. m. Impulso, acción de arrebatar. || Acción y efecto de raptar. || *Pat.* Accidente que priva de sentido.

raque. m. Acto de recoger los objetos perdidos en las costas por algún naufragio o echazón.

raqueta. f. Bastidor de madera, con mango, que sujeta una red, y que se emplea como pala en el tenis y otros juegos. || Utensilio usado en las mesas de juego para mover el dinero de las posturas.

raquídeo, a. adj. Relativo al raquis: *bulbo* ~.

raquis. m. Espinazo de los vertebrados. || Raspa o eje de una espiga.

raquítico, ca. adj. Que padece raquitismo. Ú. t. c. s. || fig. Exiguo, endeble.

raquitis o **raquitismo.** m. Enfermedad crónica que por lo común sólo padecen los niños. Consiste en trastornos del metabolismo del calcio, que se manifiesta por encorvadura de los huesos y debilidad del estado general.

rareza. ≅ anomalía. ≅ extravagancia. ≅ ridiculez. ≅ singularidad. f. Calidad de raro. || Cosa rara. || Acción característica de la persona rara o extravagante.

raro, ra. adj. Que tiene poca densidad y consistencia. Díc. principalmente de los gases enrarecidos. || Extraordinario, poco común o frecuente. || Escaso en su clase o especie. || Extravagante de genio o de comportamiento.

ras. ≅ nivel. m. Igualdad de nivel.

rasante. p. p. de rasar. Que rasa. || f. Línea de una calle, camino o carretera, considerada en su inclinación o paralelismo respecto del plano horizontal.

rasar. tr. Igualar con el rasero las medidas de trigo, cebada y otras cosas. || Pasar rozando li-

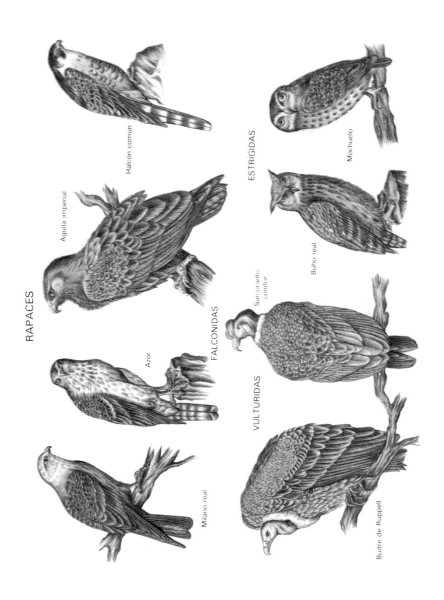

RAPACES

Halcón común

Águila imperial

Azor

Milano real

FALCÓNIDAS

ESTRÍGIDAS

Mochuelo

Búho real

Sarcoramfo
cóndor

VULTÚRIDAS

Buitre de Ruppell

geramente un cuerpo con otro: *la bala rasó la pared.*

rascacielos. m. Edificio de gran altura y muchos pisos.

rascador. m. Instrumento para rascar. || Especie de aguja larga guarnecida de piedras, que las mujeres se ponían en la cabeza. || Instrumento de hierro para desgranar el maíz y otros frutos.

rascar. tr. Refregar o frotar fuertemente la piel con una cosa aguda o áspera, y por lo regular con las uñas. Ú. t. c. prnl. || Arañar. || Limpiar con rasqueta u otro objeto adecuado alguna cosa.

rascón, na. adj. Áspero al paladar. || m. Pequeña ave zancuda que habita en las marismas.

rasera. f. Rasero. || Paleta de metal, por lo común con varios agujeros, que se emplea en la cocina para volver los fritos y para otros fines.

rasero. ≅rasera. m. Palo cilíndrico que sirve para rasar las medidas de los áridos; a veces tienen forma de rasqueta.

rasgadura. f. Acción y efecto de rasgar. || Rasgón.

rasgar. tr. y prnl. Romper o hacer pedazos, a viva fuerza y sin la ayuda de ningún instrumento, cosas de poca consistencia; como tejidos, papel, etc.

rasgo. m. Línea de adorno trazada airosa y gallardamente con la pluma, y más comúnmente cada una de las que se hacen para adornar las letras al escribir. || fig. Expresión feliz. || fig. Acción gallarda y notable en cualquier concepto. || Facción del rostro. Ú. m. en pl. || Pecualiaridad, propiedad o nota distintiva.

rasgón. ≅desgarro. ≅jirón. ≅siete. m. Rotura de un vestido o tela.

rasguear. ≅rasgar. tr. Tocar la guitarra u otro

Rascón

instrumento rozando varias cuerdas a la vez con las puntas de los dedos. || intr. Hacer rasgos con la pluma.

rasguño. m. Arañazo. || *Pint.* Dibujo en boceto o tanteo.

rasilla. f. Tela de lana delgada. || Ladrillo hueco y más delgado que el corriente, que se emplea para forjar bovedillas y otras obras de fábrica.

raso, sa. ≅común. ≅despejado. ≅llano. ⊲desigual. ⊲quebrado. adj. Plano, liso, desembarazado de estorbos. Ú. t. c. s. || Díc. del que no tiene un título u otro adherente que le distinga: *soldado* ᴠ. || Díc. también de la atmósfera libre de nubes y nieblas. || Que pasa o se mueve a poca altura del suelo. || m. Tela de seda lustrosa, de más cuerpo que el tafetán y menos que el terciopelo.

raspa. ≅raquis. f. Arista del grano de trigo y de otras gramíneas. || En los pescados, cualquier espina, especialmente la esquena. || Eje o nervio de los racimos o espigas.

raspador. m. Instrumento que sirve para raspar, especialmente lo escrito.

raspadura. f. Acción y efecto de raspar. || Lo que raspado se quita de la superficie.

raspar. ≅rallar. ≅rasar. ≅rozar. tr. Raer ligeramente una cosa quitándole alguna parte superficial. || Pasar rozando.

raspilla. f. Planta herbácea borragínea, con flores amarilla que, después de la polinización, se vuelven azules, llamadas *nomeolvides.*

raspón o **rasponazo.** m. Lesión o erosión superficial causada por un cuerpo que raspa o roza.

rasqueta. f. Planchuela de hierro, de cantos afilados y con mango de madera, que se usa para raer y limpiar los palos, cubiertas y costados de las embarcaciones.

rastra. f. Rastro de recoger hierba, paja, broza, etc. || Vestigio que queda de algún hecho. || Grada para allanar la tierra después de arada. || Tabla que, arrastrada por una caballería, sirve para recoger la parva de la era. || Cualquier cosa que va colgando y arrastrando. || Ristra, sarta de cualquier fruta seca.

rastrear. tr. Seguir el rastro o buscar alguna cosa por él. || Llevar arrastrando por el fondo del agua una rastra, un arte de pesca u otra cosa. || fig. Inquirir, averiguar una cosa, discurriendo por conjeturas o señales. || intr. Hacer alguna labor con el rastro.

rastrero, ra. adj. Que va arrastrando. || fig. Bajo, vil, y despreciable.

rastrilla. f. Rastro que tiene el mango en una de las caras estrechas del travesaño.

rastrillar. tr. Limpiar el lino o cáñamo de la arista y estopa. || Recoger con el rastro las mieses o hierbas. || Pasar la rastra por los sembrados.

rastrillo. m. Tabla con muchos dientes de alambre grueso, a manera de carda, sobre los que se pasa el lino o cáñamo para apartar la estopa y separar bien las fibras. || Compuerta formada con una reja o verja fuerte y espesa, que se echa en las puertas de las plazas de armas o fortaleza para defender la entrada. || Rastro que sirve para recoger o extender la hierba, paja, etc. || Planchita encorvada que está dentro de las cerraduras.

rastro. m. Instrumento compuesto de un mango largo y delgado, cruzado en uno de sus extremos por un travesaño armado de púas a modo de dientes, y que sirve para recoger paja, hierba, broza, etc. || Herramienta parecida a la anterior, pero más fuerte para extender piedra partida y usos análogos. || Vestigio, señal o indicio que deja una cosa. || Lugar destinado en las poblaciones para vender en ciertos días de la semana cosas viejas.

rastrojera. f. Conjunto de tierras que han quedado de rastrojo. || Temporada en que los ganados pastan los rastrojos, hasta que se alzan las tierras.

rastrojo. m. Residuo de las cañas de la mies, que queda en la tierra después de segar. || El campo después de segada la mies y antes de recibir nueva labor.

rasurar. ≅afeitar. ≅rapar. tr. y prnl. Raer el pelo del cuerpo, especialmente de la barba y el bigote.

rata. f. Mamífero roedor, con cabeza pequeña, hocico puntiagudo, patas cortas y pelaje gris obscuro. Muy fecundo, es destructor y voraz. || m. fam. Ratero, persona que hurta cosas de poco valor.

ratear. tr. Hurtar con destreza y sutileza cosas pequeñas. || intr. Andar arrastrando con el cuerpo pegado a la tierra.

ratería. f. Hurto de cosas de poco valor. || Acción de hurtarlas con maña y cautela. || Vileza, bajeza o ruidad en los tratos o negocios.

ratero, ra. adj. Ladrón que hurta con maña y cautela cosas de poco valor. Ú. m. c. s. || Vil, despreciable.

raticida. m. Substancia que se emplea para exterminar ratas y ratones.

ratificar. ≅corroborar. ◁desaprobar. tr. y prnl. Aprobar o confirmar actos, palabras o escritos dándolos por valederos y ciertos.

rato. m. Porción indeterminada de tiempo, que puede ser poco más de un momento o durar cuanto dure sin interrupción una acción no larga que en ese tiempo se realiza: *estuve esperando un* ∽.

rato. adj. Díc. del matrimonio celebrado legítima y solemnemente, pero que no ha llegado aún a consumarse.

ratón, na. m. y f. Mamífero roedor, más pequeño que la rata, de pelaje generalmente gris, muy fecundo y ágil, y que vive en las casas, donde causa daños por lo que come, roe y destruye. Hay especies que habitan en el campo.

ratonera. f. Trampa en que se cogen o cazan los ratones. || Agujero que hace el ratón en las paredes, arcas, etc., para entrar y salir por él. || Madriguera de ratones.

ratonero, ra. adj. Perteneciente o relativo a los ratones. || fig. y fam. Díc. de la música mal compuesta y mal ejecutada. || Díc. de un águila que abunda en España y es útil para la agricultura porque destruye muchos roedores.

raudal. m. Masa de agua que corre arrebatadamente. || fig. Abundancia o copia de cosas que rápidamente y como de golpe concurren o se derraman.

raudo, da. ≅rápido. ≅violento. adj. Veloz, precipitado.

ravioles o **raviolis.** m. pl. Pasta alimenticia, más delgada que la que se emplea para los macarrones.

raya. ≅línea. ≅trazo. f. Señal larga y estrecha que se hace o forma natural o artificialmente en un cuerpo cualquiera. || Término, confín o límite de una nación, provincia, región, distrito, etc.; y también lindero de un predio si tiene mucha extensión. || Término que se pone a una cosa, así en lo físico como en lo moral.

raya. f. Pez selacio del suborden de los rávidos, cuyo cuerpo tiene la forma de un disco rom-

Raya

boidal y puede alcanzar un metro de longitud. Su carne es comestible. || Cualquiera de los selacios perteneciente a los ráyidos.

rayano, na. ≅contiguo. ≅fronterizo. ≅limítrofe. ≅próximo. ◁distante. ◁lejano. adj. Que confina o linda con una cosa. || Que está en la raya que divide dos territorios. || fig. Cercano, con semejanza que se aproxima a la igualdad.

rayar. tr. Hacer o tirar rayas. || Tachar lo manuscrito o impreso, con una o varias rayas. || Subrayar. || Estropear o deteriorar una superficie lisa o pulida con rayas o incisiones. || intr. Confinar una cosa con otra.

ráyido, da. adj. y s. Díc. de los peces marinos selacios que tienen el cuerpo deprimido, de forma discoidal o romboidal y con la cola larga y delgada. || m. pl. Suborden de estos animales.

rayo. ≅centella. ≅relámpago. m. Línea de luz que procede de un cuerpo luminoso. || Chispa eléctrica de gran intensidad producida por descarga entre dos nubes o entre una nube y la tierra. || fig. Cosa o persona que tiene gran fuerza o eficacia en su acción.

rayón. m. Filamento textil obtenido artificialmente y cuyas propiedades son parecidas a las de la seda. || Tela fabricada con este filamento.

rayuela. f. Cierto juego de muchachos.

raza. f. Casta o calidad de origen o linaje. || Cada uno de los grupos en que se subdividen algunas especies zoológicas y cuyos caracteres diferenciales se perpetúan por herencia.

razia. f. Incursión, correría sobre un país enemigo y sin más objeto que el botín. || Batida, redada.

razón. f. Facultad de discurrir. || Acto de discurrir el entendimiento. || Palabras o frases con que se expresa el discurso. || Argumento o demostración que se aduce en apoyo de algo. || Motivo o causa. || Verdad o acierto que hay en lo que se dice o hace. || fam. Recado, noticia, aviso.

razonable. adj. Arreglado, justo, conforme a razón. || fig. Mediano, regular, bastante en calidad o en cantidad. || No exagerado.

razonamiento. m. Acción y efecto de razonar. || Serie de conceptos encaminados a demostrar una cosa o a persuadir o mover a oyentes o lectores.

razonar. ≅argumentar. ≅conversar. ≅exponer. ≅raciocinar. intr. Discurrir manifestando lo que se discurre, o hablar dando razones para probar una cosa. || Hablar, de cualquier modo que sea. || tr. Tratándose de dictámenes, cuentas, etc.,

exponer, aducir las razones o documentos en que se apoyan.

re. m. *Mús.* Segunda nota de la escala musical.

reabrir. tr. y prnl. Volver a abrir lo que estaba cerrado.

reabsorber. tr. Volver a absorber. || prnl. *Med.* Desaparecer un exudado, espontánea o terapéuticamente, del lugar en que se había producido.

reacción. f. Acción que resiste o se opone a otra acción, obrando en sentido contrario a ella. || Tendencia tradicionalista en lo político opuesta a las innovaciones. Se dice también del conjunto de sus valedores y partidarios. || *Fisiol.* Acción orgánica que propende a contrarrestar la influencia nociva de una agente patógeno. || *Quím.* Transformación de especies químicas que da origen a otras nuevas.

reaccionar. intr. Actuar un ser por reacción de la actuación de otro. || Empezar a recobrar una persona la actividad fisiológica que tenía perdida en apariencia: *el herido no reaccionaba.* || Producir un cuerpo fuerza igual y contraria a la que sobre él actúa. || *Quím.* Actuar una substancia en combinación con otra produciendo una nueva.

reaccionario, ria. adj. y s. Que propende a restablecer lo abolido. || Opuesto a las innovaciones.

reacio, cia. ≅rebelde. ≅remiso. ≅renuente. ◁disciplinado. ◁dócil. adj. Inobediente, remolón.

reactante. adj. y s. Díc. de cada una de las substancias que participan en una reacción química produciendo otra u otras diferentes a las primitivas.

reactivar. tr. Volver a activar.

reactivo, va. adj. y m. Díc. de lo que produce reacción.

reactor. m. *Fís. nucl.* Instalación destinada a la producción y regulación de fisiones nucleares mediante los neutrones liberados en las mismas. || Motor de reacción. || Avión que usa motor de reacción.

readmitir. tr. Volver a admitir.

reagrupar. tr. Agrupar de nuevo o de modo diferente a como estaba.

reajustar. tr. Volver a ajustar, o ajustar de nuevo. || Hablando de precios, salarios, impuestos, puestos de trabajo, etc., aumentarlos o disminuirlos por motivos coyunturales.

real. ≅excitante. ≅positivo. ≅verdadero. ◁aparente. ◁ficticio. ◁irreal. adj. Que tiene existencia verdadera y efectiva.

real. adj. Relativo al rey, la reina o la realeza.

|| fig. Regio, suntuoso. || Antigua moneda de veinticinco céntimos de peseta.

realce. m. Adorno o labor que sobresale en la superficie de una cosa. || fig. Lustre, estimación.

realengo, ga. adj. Aplíc. a los pueblos que no eran de señorío ni de las Órdenes. || Díc. de los terrenos pertenecientes al Estado.

realeza. f. Dignidad o soberanía real, del rey.

realidad. ≅efectividad. f. Existencia real y efectiva de una cosa.

realismo. m. Una de las soluciones propuestas al problema de los universales. || Sistema estético que asigna como fin a las obras artísticas o literarias la imitación fiel de la naturaleza.

realismo. m. Doctrina u opinión favorable a la monarquía. || Partido que profesa esta doctrina.

realista. adj. Partidario del realismo. Ú. t. c. s. || Relativo al realismo o a los realistas: *sistema, escuela* ⌣. || Que actúa por motivos predominantemente prácticos. Ú. t. c. s.

realizador, ra. adj. y s. Que realiza una cosa. || m. y f. Director de cine. || Técnico que dirige la ejecución de un programa de televisión.

realizar. ≅ejecutar. tr. y prnl. Efectuar, hacer real y efectiva una cosa. || Vender, convertir en dinero cualquier bien.

realquilar. tr. Alquilar un piso, local o habitación el arrendatario de ellos a otra persona.

realzar. tr. Levantar una cosa más de lo que estaba. Ú. t. c. prnl. || Labrar de realce. || fig. Ilustrar o engrandecer. Ú. t. c. prnl.

reanimar. ≅alentar. ≅animar. ≅consolar. ≅fortalecer. ≅restablecer. tr. y prnl. Confortar, dar vigor. || fig. Infundir ánimo al que está abatido.

reanudar. ≅proseguir. ◁detener. tr. y prnl. fig. Renovar o continuar el trato, trabajo, etc.

reaparecer. intr. Volver a aparecer o a mostrarse.

rearme. m. Hecho de equipar con nuevo armamento militar.

reaseguro. m. Contrato por el cual un asegurador toma a su cargo un riesgo ya cubierto por otro asegurado.

reasumir. tr. Volver a tomar lo que antes se tenía o se había dejado.

reata. f. Cuerda o correa que ata y une dos o más caballerías para que vayan en hilera una detrás de otra. || Hilera de caballerías que van de reata.

reavivar. ≅reanimar. ≅vivificar. tr. y prnl. Volver a avivar, o avivar intensamente.

rebaba. f. Porción de materia sobrante que for-

ma resalto en los bordes o en la superficie de un objeto cualquiera.

rebaja. f. Disminución, reducción o descuento. Ú. especialmente hablando de precios.

rebajar. ≅deducir. ≅descontar. ≅disminuir. ≅menospreciar. ≅reducir. ◁aumentar. ◁subir. tr. Hacer más bajo el nivel o superficie horizontal de un terreno u otro objeto. || Com. Hacer rebaja. || fig. Humillar, abatir. Ú. t. c. prnl.

rebajo o **rebaje.** m. Parte del canto de un madero u otra cosa, donde se ha disminuido el espesor por medio de un corte a modo de espera o de ranura.

rebalsa. f. Cantidad de agua que, detenida en su curso, forma balsa. || Porción de humor detenido en una parte del cuerpo.

rebalsar. ≅embalsar. tr., intr. y prnl. Detener y recoger el agua en una balsa.

rebanada. ≅loncha. ≅rodaja. f. Porción delgada, ancha y larga que se saca de una cosa, y especialmente del pan, cortando de un extremo al otro.

rebanar. tr. Hacer rebanadas una cosa o de alguna cosa.

rebañar. tr. Juntar y recoger algo sin dejar nada.

rebaño. ≅manada. m. Hato grande de ganado, especialmente del lanar.

rebasar. ≅desbordar. ≅sobrepasar. tr. Pasar o exceder de cierto límite.

rebatir. tr. Rechazar o contrarrestar la fuerza o violencia de uno. || Impugnar, refutar. || fig. Resistir, rechazar, hablando de tentaciones, sugestiones y propuestas.

rebato. m. Convocación de los vecinos de uno o más pueblos, que se hacía por medio de campana, tambor, almenara u otra señal, con el fin de defenderse cuando sobrevenía un peligro: *tocar a rebato.*

rebeca. f. Chaquetilla de punto, sin cuello, abrochada por delante.

rebeco. m. Gamuza, animal.

rebelarse. prnl. Sublevarse, levantarse, faltando a la obediencia debida. Ú. t. c. tr. || fig. Oponer resistencia.

rebelde. ≅insurgente. ≅insurrecto. ≅reacio. adj. y s. Que se rebela o subleva, faltando a la obediencia debida. || Indócil, desobediente, opuesto con tenacidad.

rebelión. ≅alzamiento. ≅insurrección. f. Acción y efecto de rebelarse. || Delito contra la seguridad interior del Estado, con el fin de derrocarlo y substituirlo por otro.

rebenque. m. Látigo de cuero o cáñamo embreado, con el cual se castiga a los galeotes.

reblandecer. ≅enternecer. tr. y prnl. Ablandar una cosa o ponerla tierna.

rebobinar. tr. Substituir el hilo de una bobina eléctrica por otro. || Hacer que un hilo o cinta cinematográfica, de vídeo, etc., se desenrolle de un carrete para enrollarse en otro.

rebollo. m. Árbol fagáceo, propio de la península ibérica y N. de África, de tronco grueso y similar a los robles. || Brote de las raíces de los robles.

reborde. m. Faja estrecha y saliente a lo largo del borde de alguna cosa.

rebosadero. m. Paraje u orificio por donde rebosa un líquido.

rebosar. intr. Derramarse un líquido por encima de los bordes de un recipiente en que no cabe. Díc. también del mismo recipiente donde no cabe todo el líquido. Ú. t. c. prnl. || fig. Abundar con demasía algo: *rebosa de salud.* Ú. t. c. tr.

rebotar. intr. Botar repetidamente un cuerpo elástico, ya sobre el terreno, ya chocando con otros cuerpos. || Botar la pelota en la pared después de haber botado en el suelo. || tr. Rechazar, hacer retroceder.

rebote. ≅rechazo. ≅retroceso. m. Acción y efecto de rebotar un cuerpo elástico. || Cada uno de los botes que después del primero da el cuerpo que rebota.

rebozar. ≅embozar. tr. Cubrir casi todo el rostro con la capa o manto. Ú. t. c. prnl. || Bañar una vianda en huevo batido, harina, miel, etc. || Manchar, cubrir algo o a alguien de cualquier substancia.

rebrotar. tr. Retoñar.

rebujar. tr. y prnl. Arrebujar.

rebujo. m. Embozo usado por las mujeres para no ser conocidas. || Envoltorio desordenado de una cosa.

rebullir. ≅bullir. intr. y prnl. Empezar a moverse lo que estaba quieto.

rebusca. f. Acción y efecto de rebuscar. || Fruto que queda en los campos después de alzada la cosecha.

rebuscado, da. p. p. de rebuscar. || adj. Díc. del lenguaje o de la expresión que muestra amaneramiento o afectación.

rebuscar. tr. Escudriñar o buscar con cuidado. Ú. t. c. intr. || Recoger el fruto que queda en los campos después de alzadas las cosechas.

rebuznar. intr. Dar rebuznos.

rebuzno. m. Voz del asno.

recabar. ≅conseguir. ≅lograr. ≅obtener. tr. Alcanzar con súplicas lo que se desea. || Pedir, reclamar algo alegando o suponiendo un derecho.

recadero, ra. m. y f. Persona que tiene por oficio llevar recados de un punto a otro.

recado. ≅aviso. ≅encargo. m. Mensaje o respuesta que de palabra se da o se envía a otro.

recaer. intr. Volver a caer. || Caer nuevamente enfermo de la misma dolencia. || Reincidir en los vicios, errores, etc. || Venir a parar en uno beneficios o gravámenes.

recalar. ≅arribar. ≅empapar. ≅fondear. tr. y prnl. Penetrar poco a poco un líquido por los poros de un cuerpo seco, dejándolo húmedo o mojado. || intr. Llegar el buque, después de una navegación, a la vista de un punto de la costa. || fig. Aparecer por algún sitio una persona.

recalcar. ≅acentuar. ≅machacar. ≅subrayar. tr. Ajustar, apretar mucho una cosa con otra o sobre otra. || Llenar mucho de una cosa un receptáculo, apretándola para que quepa más cantidad de ella. || fig. Tratándose de palabras, decirlas con lentitud y exagerada fuerza de expresión.

recalcitrante. adj. Terco, reacio, reincidente, obstinado.

recalentar. tr. Volver a calentar. || Calentar demasiado. || prnl. Tomar una cosa más calor del que conviene para su uso.

recamar. tr. Bordar una cosa de realce.

recámara. f. Cuarto después de la cámara, destinado para guardar los vestidos o alhajas. || En las armas de fuego, lugar del ánima del cañón al extremo opuesto a la boca, en el cual se coloca el cartucho.

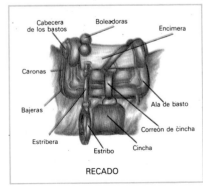

Cabecera de los bastos
Boleadoras
Encimera
Caronas
Bajeras
Ala de basto
Correón de cincha
Estribera
Estribo
Cincha

RECADO

recambio. m. Acción y efecto de recambiar. || Pieza destinada a sustituir en caso necesario a otra igual de una máquina, aparato o instrumento.

recapacitar. intr. y tr. Pensar detenidamente acerca de alguna cosa.

recapitular. tr. Recordar sumaria y ordenadamente lo que por escrito o de palabra se ha manifestado con extensión.

recargar. tr. Volver a cargar. || Aumentar carga. || fig. Agravar una cuota de impuesto u otra prestación que se adeuda. || fig. Adornar con exceso.

recargo. m. Nueva carga o aumento de carga. || Nuevo cargo que se hace a uno. || Cantidad que se aumenta al retraso de un pago.

recatado, da. p. p. de recatar. || adj. Circunspecto, cauto. || Honesto, modesto. Díc. particularmente de las mujeres.

recatar. ≅disimular. ≅tapar. tr. y prnl. Encubrir u ocultar lo que no se quiere que se vea o se sepa. || prnl. Mostrar recelo en tomar una resolución.

recato. m. Cautela, reserva. || Honestidad, modestia.

recauchar o **recauchutar.** tr. Volver a cubrir de caucho una llanta o cubierta desgastada.

recaudación. f. Acción de recaudar. || Cantidad recaudada. || Tesorería u oficina destinada para la entrega de caudales públicos.

recaudador, ra. ≅cobrador. m. y f. Encargado de la cobranza de caudales, y especialmente de los públicos. Ú. t. c. adj.

recaudar. tr. Cobrar o percibir caudales o efectos. || Asegurar, poner o tener en custodia, guardar.

recelar. ≅maliciar. ≅temer. ◁confiar. tr. y prnl. Desconfiar y sospechar.

recelo. m. Acción y efecto de recelar.

recental. adj. y m. Cordero o ternero que no ha pastado todavía.

recepción. f. Acción y efecto de recibir. || Admisión en un empleo, oficio o sociedad. || Acto solemne en el que desfilan ante el jefe del Estado u otra autoridad los representantes de cuerpos o clases. || En hoteles, congresos, etc., dependencia u oficina donde se inscriben los nuevos huéspedes, los congresistas que llegan, etc.

recepcionista. com. Persona encargada de atender al público en una oficina de recepción.

receptáculo. ≅recipiente. ≅tálamo. m. Cavidad en que se contiene o puede contenerse cualquier substancia. || Bot. Extremo del pedúnculo, donde se asientan las hojas o verticilos de la flor.

receptivo, va. adj. Que recibe o es capaz de recibir.

receptor, ra. adj. Que recibe. Ú. t. c. s. || Díc. del aparato que sirve para recibir las señales eléctricas, telegráficas, telefónicas, radiofónicas, televisivas, etc.

recesión. f. Econ. Depresión en las actividades industriales y comerciales generalmente pasajera, que tiene como síntoma el decrecimiento de la producción, el trabajo, los salarios, los beneficios, etc.

receso. m. Separación, apartamiento, desvío.

receta. ≅fórmula. f. Prescripción facultativa. || Nota escrita de esta prescripción. || fig. Nota que comprende aquello de que debe componerse una cosa, y el modo de hacerla: ∼ de cocina.

recetar. tr. Prescribir un medicamento, con expresión de su dosis, preparación y uso.

recetario. ≅formulario. m. Libro o cuaderno que contiene recetas.

recibí. ≅recibo. m. Fórmula con que en ciertos documentos se declara haber recibido lo que en ellos se indica.

recibidor, ra. adj. y s. Que recibe. || m. En algunas partes, antesala. || Pieza que da entrada a los cuartos habitados por una familia.

recibimiento. m. Recepción. || Acogida buena o mala que se hace al que viene de fuera. || En algunas partes, antesala. || En otras, sala principal. || Pieza que da entrada a cada uno de los cuartos habitados por una familia. || Manifestaciones de agrado o desagrado con que se recibe públicamente a una persona.

recibir. ≅aceptar. ≅acoger. ◁rechazar. tr. Tomar uno lo que le dan o le envían. || Percibir, encargarse de una cosa. || Padecer uno el daño que otro le hace o casualmente le sucede. || Admitir dentro de sí una cosa a otra; como el mar, los ríos, etc. || Admitir, aceptar, aprobar una cosa: *fue mal recibida esta opinión.* || Admitir visitas una persona. || Asegurar con yeso u otro material un cuerpo que se introduce en la fábrica. || Matar el toro en la plaza esperándole si se embestida.

recibo. m. Acción y efecto de recibir. || Escrito o resguardo firmado en que se declara haber recibido dinero u otra cosa.

reciclar. tr. Someter repetidamente una materia a un mismo ciclo, para incrementar los efectos de éste. || Dar a alguien los nuevos conocimientos necesarios para que realice un trabajo que ha modificado. Ú. t. c. prnl.

reciente. adj. Acabado de hacer.

recinto. ≅circuito. ≅perímetro. m. Espacio comprendido dentro de ciertos límites.

recio, cia. adj. Fuerte, vigoroso. || Abultado. || Áspero, duro de genio. || Duro, difícil de soportar.

recipiente. m. Utensilio para guardar o conservar algo. || Cavidad que puede contener alguna cosa. || Vaso donde se reúne el líquido que destila un alambique. || Campana de vidrio o cristal de la máquina neumática.

recíproco, ca. adj. Igual en la correspondencia de uno a otro. || *Lóg.* Díc. de las proposiciones en que el sujeto de cada una de ellas es el atributo de la otra.

recitado. m. Composición musical intermedia entre la declamación y el canto.

recital. m. Concierto de un solo artista que ejecuta varias obras musicales en un solo instrumento. || Por ext., lectura de composiciones de un poeta o actuación de un cantante.

recitar. ≅contar. ≅declamar. ≅referir. tr. Decir en voz alta versos, discursos, etc.

reclamar. ≅demandar. ≅exigir. ≅pedir. intr. Clamar contra una cosa; oponerse a ella de palabra o por escrito: ↶ *contra un fallo.* || tr. Pedir o exigir con derecho una cosa: ↶ *el precio de un trabajo.* || Llamar a las aves con el reclamo.

reclamo. ≅anuncio. ≅llamada. ≅señuelo. m. Ave amaestrada que se lleva a la caza para que con su canto atraiga otras de su especie. || Voz con que un ave llama a otra de su especie. || Instrumento para llamar a las aves en la caza imitando su voz. || Sonido de este instrumento. || fig. Cualquier cosa que atrae o convida.

reclinar. ≅apoyar. ≅descansar. ≅recostar. tr. y prnl. Inclinar el cuerpo, apoyándolo sobre alguna cosa. || Inclinar una cosa sobre otra.

reclinatorio. m. Mueble acomodado para arrodillarse y orar.

recluir. ≅confinar. ≅encarcelar. tr. y prnl. Encerrar, poner en reclusión.

reclusión. ◁liberación. f. Encierro. || Sitio en que uno está recluido.

recluso, sa. p. p. irreg. de recluir. || m. y f. Preso.

recluta. ≅alistamiento. ≅enganche. ≅quinto. ≅reclutamiento. m. Mozo alistado para el servicio militar. || Soldado novato.

reclutamiento. ≅quinta. ≅reemplazo. m. Acción y efecto de reclutar. || Conjunto de los reclutas de un año.

reclutar. tr. Alistar reclutas. || Por ext., buscar o allegar adeptos para un propósito determinado.

recobrar. ≅recuperar. ≅rescatar. tr. Volver a

tomar lo que antes se tenía: ↶ *las alhajas, la salud.* || prnl. Desquitarse de una pérdida o daño. || Volver en sí.

recocer. tr. Volvr a cocer. || Cocer mucho una cosa. Ú. t. c. prnl. || Caldear los metales después de haberlos labrado. || prnl. fig. Atormentarse, consumirse interiormente.

recodo. m. Ángulo o revuelta que forman ciertas cosas: *el* ↶ *de una calle.*

recogedor, ra. adj. Que recoge o da acogida a uno. || m. Instrumento de labranza para recoger la parva de la era. || Utensilio para recoger la basura.

recogepelotas. m. Muchacho que en las canchas de tenis recoge las pelotas perdidas por los jugadores.

recoger. ≅congregar. ≅reunir. ◁disgregar. ◁ensanchar. tr. Volver a coger. || Juntar. || Coger la cosecha. || Encoger, estrechar. || Guardar: *recoge esta plata.* || Disponer con orden los objetos de una casa, oficina, etc. || Hacerse cargo de lo que otro envía. || Ir a buscar a una persona o cosa donde se sabe que se encuentra para llevarla consigo. || prnl. Retirarse a una parte. || Separarse de la demasiada comunicación y comercio de las gentes. || Retirarse a dormir o descansar. || Retirarse a casa. || fig. Apartarse o abstraerse el espíritu de todo lo terreno que le pueda impedir la meditación o contemplación.

recogida. f. Acción y efecto de recoger, juntar. || Suspensión del uso o curso de una cosa. || Acción de retirar los empleados de correos la correspondencia de los buzones.

recolección. f. Acción y efecto de recolectar. || Recopilación, resumen. || Cosecha. || Cobranza de las rentas. || En algunas órdenes religiosas, observancia más estrecha de la regla. || Convento o casa en que se guarda esta observancia.

recolectar. ≅cosechar. tr. Juntar personas o cosas dispersas. || Recoger la cosecha.

recoleto, ta. adj. Que vive con retiro y austeridad.

recomendación. f. Acción y efecto de recomendar. || Súplica que se hace a otro, poniendo a su cuidado y diligencia a una persona o cosa. || Alabanza o elogio de un sujeto para introducirle con otro.

recomendar. tr. Encargar, pedir a uno que tome a su cuidado una persona o negocio. || Hablar en favor de alguien.

recompensa. f. Acción y efecto de recompensar. || Lo que sirve para recompensar.

recompensar. tr. Remunerar un servicio o trabajo. || Premiar un beneficio, favor, virtud o medio.

recomponer. ≅arreglar. ≅remendar. ≅reparar. tr. Componer de nuevo.

reconcentrar. tr. Reunir en un punto como centro las personas o cosas que estaban esparcidas. Ú. t. c. prnl. || prnl. fig. Abstraerse, ensimismarse.

reconciliar. tr. y prnl. Volver a la amistad personas enemistadas. || Confesarse de algunas culpas ligeras u olvidadas en otra confesión anterior.

reconcomerse. prnl. Impacientarse por diversos motivos, materiales o inmateriales.

recóndito, ta. adj. Muy escondido, reservado y oculto.

reconducir. tr. Prorrogar tácita o expresamente un arrendamiento. || Dirigir de nuevo una cosa al sitio donde estaba.

reconfortar. tr. Confortar de nuevo con energía y eficacia.

reconocer. tr. Examinar con cuidado a una persona o cosa para enterarse de su identidad, naturaleza y circunstancias. || Registrar una cosa para acabarla de comprender o rectificar el juicio antes formado sobre ella. || Registrar algo para enterarse bien de su contenido. || En las relaciones internacionales, aceptar un nuevo estado de cosas. || Confesar con cierta publicidad la dependencia, subordinación o vasallaje en que se está respecto de otro. || Confesar la certeza de lo que otro dice o la obligación de gratitud que se le debe por sus beneficios. || Confesar que es suya una obligación en que suena su nombre; como firma, conocimiento, pagaré, etc. || Distinguir de las demás personas a una, por sus rasgos propios; como voz, fisonomía, etc. || prnl. Darse a conocer por ciertas señales una cosa. || Confesarse culpable de un error, falta, etc. || Tenerse uno a sí mismo por lo que es en realidad.

reconocimiento. m. Acción y efecto de reconocer o reconocerse. || Gratitud.

reconquista. f. Acción y efecto de reconquistar. || Por ant., la recuperación del territorio español invadido por los musulmanes.

reconquistar. tr. Volver a conquistar. || fig. Recuperar la opinión, el afecto, la hacienda, etc.

reconsiderar. tr. Volver a considerar.

reconstituir. ≅curar. ≅fortalecer. ≅reconstruir. ≅rehacer. ◁debilitar. ◁deshacer. tr. y prnl. Volver a constituir. || Dar o devolver a la sangre y al organismo sus condiciones normales.

reconstituyente. p. a. de reconstituir. Que re-

constituye. || adj. y m. Díc. del medicamento que tiene la virtud de reconstituir.

reconstruir. ≅rehacer. tr. Volver a construir. || fig. Unir, allegar, evocar especies, recuerdos o ideas para completar el conocimiento de un hecho o el concepto de una cosa.

reconvenir. ≅recriminar. ≅reñir. ≅reprochar. tr. Hacer cargo a uno, reprender. || *Der.* Ejercitar el demandado, cuando contesta, acción contra el promovedor del juicio.

reconversión. f. Adaptación de las empresas a los nuevos sistemas y técnicas de producción. Díc. especialmente de la industrial.

reconvertir. tr. Hacer que vuelva a su estado, ser o creencia lo que había sufrido un cambio.

recopilación. ≅compilación. ≅sumario. f. Compendio o resumen de una obra o discurso. || Colección de escritos diversos: ⌐ *de las leyes.*

recopilar. tr. Reunir, recoger: ⌐ *obras literarias.*

récord. m. Marca máxima en una prueba de competición. || fig. Acción que supera una anterior. || adj. Díc. de lo que constituye una cota máxima en alguna actividad.

recordar. tr. Traer a la memoria. Ú. t. c. intr. || Mover a uno a que tenga presente una cosa de que se hizo cargo. Ú. t. c. intr. y prnl.

recordatorio, ria. adj. Díc. de lo que sirve para recordar. || m. Aviso, advertencia u otro medio para hacer recordar algo. || Tarjeta, estampa, en que se conmemora algún acontecimiento: ⌐ *de una primera comunión, de un fallecimiento,* etc.

recorrer. tr. Ir o transitar por un espacio o lugar. || Registrar, mirar con cuidado para averiguar lo que se desea saber o hallar. || Repasar o leer ligeramente un escrito.

recorrido. ≅reconversión. ≅repaso. ≅reprimenda. ≅ruta. ≅trayecto. m. Acción y efecto de recorrer. || Espacio que ha recorrido, recorre o ha de recorrer una persona o cosa. || Itinerario prefijado.

recortar. tr. Cortar lo que sobra de una cosa. || Cortar el papel u otra materia en varias figuras. || *Pint.* Señalar los perfiles de una figura.

recorte. ≅retazo. m. Acción y efecto de recortar. || Suelto o noticia breve de un periódico que se recorta por tener interés en lo que se dice en él. || *Taurom.* Regate para evitar la cogida del toro.

recostar. tr. y prnl. Reclinar la parte superior del cuerpo el que está de pie o sentado. || Inclinar una cosa sobre otra.

recoveco. ≅evasiva. ≅rodeo. m. Vuelta de un

callejón, arroyo, camino, etc. || fig. Rodeo de que uno se vale para conseguir un fin.

recrear. tr. Crear o producir de nuevo alguna cosa. || Divertir, deleitar. Ú. t. c. prnl.

recreativo, va. adj. Que recrea o es capaz de recrear.

recreo. m. Acción de recrearse, divertirse. || Sitio o lugar apto para la diversión. || En los colegios, suspensión de la clase para descansar o jugar.

recriar. tr. Fomentar el desarrollo de animales criados en región distinta.

recriminar. tr. Responder a cargos o acusaciones con otros u otras. || Reprender a una persona su comportamiento. || prnl. Hacerse cargos unas personas a otras.

recrudecer. intr. y prnl. Tomar nuevo incremento algo: *recrudecerse la enfermedad.*

rectal. adj. Relativo al intestino recto.

rectangular. adj. Perteneciente o relativo al ángulo recto o al rectángulo. || Que tiene o contiene uno o más ángulos rectos.

rectángulo, la. adj. Que tiene ángulos rectos: *triángulo* ∿. || m. Paralelogramo que tiene los cuatro ángulos rectos y los lados contiguos desiguales.

rectificar. tr. Corregir o perfeccionar una cosa. || Modificar uno los dichos o hechos que se le atribuyen. || Modificar la propia opinión que se ha expuesto antes. || Contradecir a otro en lo que ha dicho por considerarlo erróneo.

rectilíneo, a. adj. Que se compone de líneas rectas. || fig. Díc. de algunos caracteres de personas rectas, a veces con exageración.

rectitud. ≅equidad. ≅integridad. ≅justicia. f. Distancia más corta entre dos puntos. || fig. Calidad de recto o justo. || fig. Recto conocimiento de lo que se debe hacer o decir en cada momento. || fig. Exactitud.

recto, ta. adj. Derecho: *esta calle es* ∿. || fig. Justo. || fig. Sentido primitivo o literal de las palabras en contraposición a *figurado.* || Última porción del intestino grueso que termina en el ano.

rector, ra. adj. y s. Que rige, gobierna. || m. y f. Persona a cuyo cargo está el gobierno o mando de una comunidad, colegio, etc. || Persona que rige una universidad o centro de estudios superiores. || m. Párroco o cura.

rectorado. m. Oficio, cargo y oficina del rector o rectora. || Tiempo que se ejerce.

rectoscopia. f. *Med.* Examen visual del intestino por vía rectal.

recua. f. Conjunto de acémilas. || fig. y fam. Muchedumbre de personas o cosas que siguen unas detrás de otras.

recuadrar. tr. Cuadrar, cuadricular. || Enmarcar.

recuadro. m. División en forma de cuadro. || En los periódicos, espacio encerrado por líneas para hacer resaltar una noticia.

recubrir. tr. Volver a cubrir. || Retejar.

recuento. m. Enumeración de una cosa. || Inventario. || Escrutinio.

recuerdo. ≅evocación. ≅obsequio. ≅presente. ◁olvido. m. Memoria de una cosa pasada o de la que ya se habló. || fig. Regalo para recordar

RECTÁNGULO

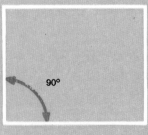

Rectángulo

90°

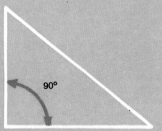

Triángulo rectángulo

90°

algo o a alguien. || pl. Memorias, saludo afectuoso.

recular. intr. Retroceder. || fig. y fam. Ceder uno en su opinión.

recuperar. ≅ recobrar. ≅ rescatar. ≅ restaurar. tr. Volver a tomar o adquirir lo que antes se tenía. || Volver a poner en servicio lo que ya estaba inservible. || prnl. Volver en sí. || Volver a adquirir el ánimo, la hacienda, la salud, etc., que se habían perdido.

recurrente. p. a. de recurrir. Que recurre. || adj. Díc. de lo que vuelve a ocurrir o aparecer después de un intervalo: *fiebre* ⌣. || com. Persona que entabla o tiene entablado un recurso.

recurrir. intr. Acudir a un juez o autoridad con una demanda o petición. || Acogerse en caso de necesidad al favor de alguien, o emplear medios no comunes para el logro de un objeto. || Der. Entablar recurso contra una resolución.

recurso. ≅ medio. ≅ procedimiento. ≅ solicitud. m. Acción y efecto de recurrir. || Vuelta de una cosa al lugar de donde salió. || Memorial, petición por escrito. || Acción jurídica de apelar a otro tribunal. || pl. Medios de subsistencia. || Conjunto de elementos disponibles para resolver una necesidad o llevar a cabo una empresa. || Medios para salir airoso de una empresa.

recusar. tr. No aceptar una cosa, o a una persona por falta de aptitud o imparcialidad. || No admitir la competencia de un tribunal, juez, perito, etc.

rechazar. ≅ apartar. ≅ despedir. ≅ impugnar. ≅ refutar. ≅ repeler. ◁ aceptar. ◁ admitir. tr. Resistir un cuerpo a otro forzándole a retroceder. || fig. Resistir: ⌣ *el ataque del enemigo.* || fig. Contradecir lo que otro expresa, o no aceptar lo que propone u ofrece.

rechazo. m. Acción y efecto de rechazar. || Vuelta o retroceso que hace un cuerpo por encontrarse con alguna resistencia. || *Biol.* Incompatibilidad del organismo con los tejidos u órganos que le son transplantados.

rechiflar. tr. Silbar con insistencia. || Burlarse con exceso.

rechinar. ≅ crujir. ≅ chirriar. ≅ gruñir. intr. Hacer una cosa un sonido desapacible por frotar con otra. || fig. Hacer a disgusto algo.

rechistar. intr. Chistar: *todo el mundo callado y sin* ⌣.

rechoncho, cha. adj. fam. Que es grueso y de poca altura.

rechupete (de). ≅ excelente. ≅ soberbio. ≅ superior. loc. fam. Muy exquisito y agradable.

red. f. Aparejo para pescar, cazar, cercar, sujetar, etc. || Tejido de mallas. || Redecilla para el pelo. || Verja o reja. || fig. Ardid o engaño. || fig. Conjunto de calles afluentes a un mismo punto: *Madrid tiene su* ⌣ *de San Luis.*

redacción. f. Acción y efecto de redactar. || Lugar y oficina donde se redacta. || Conjunto de redactores de un periódico, editorial, libro, etc.

redactar. tr. Poner por escrito cosas sucedidas, acordadas o pensadas.

redactor, ra. adj. y s. Que redacta. || Que forma parte de una redacción, oficina y conjunto de redactores.

redada. f. Lance de red. || fig. y fam. Conjunto de personas o cosas que se cogen de una vez: *una* ⌣ *de ladrones.*

redaño. m. Repliegue del peritoneo. || pl. fig. Fuerzas, bríos, valor.

redecilla. f. dim. de red. || Tejido de mallas. || Malla muy fina que utilizan las mujeres para mantener el peinado. || Segunda de las cuatro cavidades en que se divide el estómago de los rumiantes.

rededor. m. Contorno.

redención. f. Acción y efecto de redimir. || Por ant., la del género humano por Jesucristo. Ú. generalmente con mayúscula.

redentor, ra. adj. y s. Que redime. || Por ant., Jesucristo. Ú. generalmente con mayúscula.

redentorista. adj. Religioso o religiosa de la Congregación del Santísimo Redentor. Ú. t. c. s. || Relativo a esta Congregación.

redicho, cha. ≅ enfático. ≅ pedante. ≅ pomposo. adj. fam. Persona que habla con una perfección afectada.

redil. m. Aprisco para el ganado.

redimir. tr. Rescatar al cautivo mediante precio. Ú. t. c. prnl. || Comprar de nuevo una cosa que se había vendido o empeñado. || Dejar libre una cosa hipotecada o empeñada. || Librar de una obligación, o extinguirla. Ú. t. c. prnl.

redistribuir. tr. Distribuir algo de nuevo. || Distribuir algo de forma diferente a como estaba.

rédito. ≅ beneficio. ≅ interés. m. Renta de un capital.

redivivo, va. adj. Aparecido, resucitado.

redoblado, da. p. p. de redoblar. || Rechoncho. || Díc. de la pieza más gruesa y resistente que de ordinario.

redoblar. ≅ doblar. ≅ duplicar. ≅ reduplicar. ≅ reiterar. ≅ remachar. tr. Aumentar una cosa el doble de lo que antes era. Ú. t. c. prnl. || Volver la punta del clavo o cosa semejante en dirección opuesta a la de su entrada. || Repetir, volver a hacer. || Tocar redobles en el tambor.

redoble. m. Acción y efecto de redoblar. || Toque vivo y sostenido en el tambor.

redoma. f. Vasija de vidrio, ancha en su fondo y angosta en la boca.

redomado, da. ≅astuto. ≅ladino. ≅sagaz. ≅taimado. adj. Muy cauteloso.

redondear. tr. Poner redonda una cosa. Ú. t. c. prnl. || fig. Hablando de cantidades, prescindir de pequeñas diferencias en más o en menos, para tener en cuenta solamente unidades de orden superior. || fig. Sanear un caudal, un negocio o una finca.

redondel. ≅arena. ≅ruedo. m. fam. Círculo. || Capa redonda por la parte inferior. || Terreno circular destinado a la lidia de toros.

redondilla. f. Combinación de cuatro octosílabos en que conciertan los versos primero y cuarto, tercero y segundo.

redondo, da. adj. De figura circular. || fig. Díc. de la persona de calidad originaria igual por sus cuatro costados: *hidalgo* ⌐. || fig. Claro, sin rodeo, completo. || m. Cosa de figura circular. || Cierta parte de la carne de las reses.

reducir. ≅acortar. ≅aminorar. ◁agrandar. ◁aumentar. tr. Volver una cosa al lugar donde antes estaba o al estado que tenía. || Disminuir, estrechar. || Transformar. || Resumir: ⌐ *un discurso, libro.* || Dividir en partes menudas. || Sujetar a la obediencia a los que se habían separado de ella. || Expresar el valor de una cantidad en unidades de especie distinta de la dada. || Hacer una figura o dibujo más pequeño.

reducto. m. Obra de campaña cerrada construida en el interior de una fortificación. || Lugar de refugio: *esa buhardilla es el* ⌐ *de Juan.*

redundancia. ≅demasía. ≅exceso. ≅reiteración. ≅sobra. f. Demasiada abundancia de cualquier cosa. || Repetición inútil de un concepto.

redundar. ≅exceder. ≅sobrar. intr. Rebosar una cosa. || Resultar una cosa en beneficio o daño de alguno.

reduplicación. f. Acción y efecto de reduplicar. || *Ret.* Figura que consiste en repetir consecutivamente un mismo vocablo en una cláusula.

reduplicar. tr. Aumentar una cosa al doble de lo que antes era. || Repetir, volver a hacer una cosa.

reedificar. tr. Volver a edificar o construir de nuevo lo arruinado o lo que se derriba con tal intento.

reeditar. tr. Volver a editar.

reeducar. tr. Volver a enseñar el uso de miembros u otros órganos, perdido o viciado por ciertas enfermedades o accidentes.

reelegir. tr. Volver a elegir.

reembolsar. tr. y prnl. Volver una cantidad a poder del que la había prestado.

reembolso. m. Acción y efecto de reembolsar. || El mismo dinero que se reembolsa. || Cantidad que en nombre del remitente reclama del consignatario la administración de Correos a cambio del producto que le entrega.

reemplazar. ≅relevar. ≅suplir. tr. Substituir una cosa por otra. || Suceder a uno en el empleo.

reemplazo. m. Acción y efecto de reemplazar. || Substitución de una persona o cosa por otra. || Renovación parcial del contingente del ejército activo en los plazos establecidos por la ley.

reencarnar. intr. y prnl. Volver a encarnar.

reencontrar. tr. y prnl. Encontrar de nuevo. || prnl. fig. Recobrar una persona cualidades, facultades, hábitos, etc., que había perdido.

reenganchar. tr. y prnl. fig. Volver a engancharse un soldado.

reengendrar. tr. Volver a engendrar. || fig. Dar nuevo ser espiritual o de gracia.

reestrenar. tr. Volver a estrenar; díc. especialmente de películas u obras teatrales.

reestructurar. tr. Modificar la estructura de una obra, empresa, proyecto, organización, etc.

reexportar. tr. Exportar lo que se había importado.

refacción. f. Alimento ligero para reponer las fuerzas. || fam. Lo que en cualquier venta se da al comprador por añadidura. || Compostura o reparación de lo estropeado.

refajo. m. Falda que usaban las mujeres como prenda interior o encima de las enaguas.

refectorio. m. Habitación reservada en las comunidades y colegios para juntarse a comer.

referencia. ≅cita. ≅crónica. ≅recomendación. ≅relato. ≅semejanza. f. Narración o relación de una cosa. || Relación o dependencia de una cosa respecto de otra. || Remisión en un escrito de un lugar a otro. || Informe comercial sobre una persona y, por ext., cualquier otro tipo de informe personal.

referéndum. m. Procedimiento jurídico por el que se someten al voto popular leyes o actos administrativos cuya ratificación por el pueblo se propone. || Despacho en que un agente diplomático pide a su gobierno nuevas instrucciones sobre algún punto importante.

referir. tr. Relatar un hecho o suceso. || Dirigir,

encaminar una cosa a un determinado fin. Ú. t. c. prnl. || Relacionar, poner en comunicación. Ú. t. c. prnl. || prnl. Remitirse, atenerse a lo dicho o hecho.

refilón (de). m. adv. De soslayo, al sesgo. || fig. De paso, de pasada.

refinado, da. ≅distinguido. ≅exquisito. ≅ladino. ≅taimado. p. p. de refinar. || adj. fig. Sobresaliente, primoroso. || fig. Astuto, malicioso. || m. Acción y efecto de refinar.

refinamiento. m. Esmero, cuidado. || Crueldad refinada.

refinar. tr. Hacer más fina o más pura una cosa. || fig. Perfeccionar una cosa adecuándola a un fin determinado.

refinería. f. Fábrica de refino de un producto: ⌐ de azúcar, de petróleo, etc.

refino, na. adj. Muy fino. || m. Acción y efecto de refinar.

reflectante. p. a. de reflectar. Que reflecta.

reflectar. intr. Reflejar.

reflector, ra. ≅proyector. adj. y s. Que refleja.

|| m. Aparato de superficie bruñida para reflejar los rayos luminosos.

reflejar. intr. y prnl. *Fís.* Hacer retroceder o cambiar de dirección la luz, el calor, el sonido o un cuerpo elástico, oponiéndoles una superficie lisa. || tr. fig. Manifestar o hacer patente una cosa. || prnl. fig. Dejarse ver una cosa en otra: *reflejarse el alma en el semblante.*

reflejo, ja. ≅espontáneo. ≅instintivo. ≅involuntario. ≅reverberación. adj. Que ha sido reflejado. || fig. Díc. del conocimiento o consideración que se forma de una cosa para reconocerla mejor. || *Fisiol.* Díc. del movimiento, sentimiento, etc., que se produce involuntariamente como respuesta a un estímulo. Ú. t. c. s. || m. Luz reflejada por un objeto. || Representación, imagen, muestra.

reflexionar. intr. y tr. Considerar nueva o detenidamente una cosa.

reflexivo, va. adj. Que refleja o reflecta. || Acostumbrado a hablar y obrar con reflexión. || Díc. del verbo cuya acción recae sobre el sujeto que la produce. Ú. t. c. s.

Refinería de Río Gulf (Huelva)

reflorecer. intr. Volver a florecer los campos o echar flores las plantas. || fig. Recobrar una cosa inmaterial el lustre y estimación que tuvo.

reflotar. tr. Volver a poner a flote la nave sumergida o encallada.

reflujo. m. Movimiento de descenso de las mareas.

reforestar. tr. Repoblar un terreno con plantas forestales.

reforma. f. Acción y efecto de reformar. || Lo que se propone, proyecta y ejecuta como innovación y mejora. || Protestantismo, religión.

reformar. tr. Volver a formar. || Restaurar, restablecer. || Arreglar, corregir. || Restituir una orden religiosa u otro instituto a su primitiva observancia. || Extinguir, deshacer un establecimiento o cuerpo. || Privar del ejercicio de un empleo. || prnl. Enmendarse, corregirse.

reformatorio, ria. adj. Que reforma, arregla. || m. Establecimiento educativo para jóvenes a base de una rígida disciplina.

reformismo. m. Cada una de las tendencias o doctrinas que procuran el cambio y las mejoras de una situación política, social, religiosa, etc.

reformista. adj. y s. Partidario de reformas o ejecutor de ellas.

reforzar. ≅acrecentar. ≅aumentar. ≅robustecer. ≅vigorizar. ◁debilitar. tr. Engrosar o añadir nuevas fuerzas a una cosa. || Fortalecer o reparar.

refractar. tr. y prnl. _Fís._ Cambiar de dirección el rayo de luz que pasa oblicuamente de un medio a otro de diferente índice de refracción.

refractario, ria. adj. Persona que rehúsa cumplir una promesa u obligación. || Opuesto a aceptar una idea, opinión o costumbre. || _Fís._ y _Quím._ Díc. del material que resiste la acción del fuego sin fundirse.

refrán. ≅adagio. ≅aforismo. ≅máxima. ≅proverbio. ≅sentencia. m. Dicho agudo y sentencioso de uso común.

refranero. m. Colección de refranes.

refregar. ≅estregar. ≅restregar. tr. Frotar una cosa con otra. Ú. t. c. prnl. || fig. y fam. Echar en cara a uno una cosa que le ofende, insistiendo en ella.

refreír. tr. Volver a freír. || Freír muy bien una cosa, o freírla demasiado.

refrenar. ≅detener. ≅reprimir. ◁acuciar. ◁hostigar. tr. Sujetar y reducir el caballo con el freno. || fig. Contener la violencia de algo. Ú. t. c. prnl.

refrendar. ≅autorizar. ≅confirmar. ≅legalizar. ◁desaprobar. ◁desautorizar. tr. Legalizar un documento por medio de la firma de persona autorizada para ello. || Revisar un pasaporte y anotar su presentación.

refrendo. m. Acción y efecto de refrendar. || Testimonio que acredita haber sido refrendada una cosa.

refrescar. ≅enfriar. ≅refrigerar. ◁calentar. tr. Atemperar, moderar, disminuir el calor de una cosa. Ú. t. c. prnl. || fig. Renovar una acción: ∽ _la lid._ || fig. Renovar un sentimiento, dolor, etc., antiguos. || intr. fig. Tomar fuerzas. || Templarse el calor del aire. || Tomar el fresco. Ú. t. c. prnl. || Beber algún líquido frío. Ú. t. c. prnl.

refresco. m. Bebida fría o del tiempo. || Bebidas, dulces, etc., que se dan en las visitas.

refriarse. prnl. Enfriarse o acatarrarse.

refriega. ≅encuentro. ≅escaramuza. ≅pelea. f. Combate que no llega a considerarse una batalla.

refrigeración. f. Producción artificial de frío por medio de aparatos, con muy diversas aplicaciones.

refrigerador, ra. adj. y s. Díc. de los aparatos e instalaciones para refrigerar. || m. y f. Nevera, armario.

refrigerar. ≅refrescar. tr. Hacer más fría una habitación u otra cosa. || Enfriar en cámaras especiales alimentos, productos, etc., para su conservación. || fig. Reparar las fuerzas con un refrigerio. Ú. t. c. prnl.

refrigerio. m. Alivio que se siente con lo fresco. || fig. Consuelo en cualquier apuro, pena, etc. || fig. Alimento ligero para reponer fuerzas.

refrito, ta. p. p. irreg. de refreír. || m. Aceite frito con ajo, cebolla, pimentón y otros ingredientes. || fig. Cosa rehecha con trozos de otra: _el_ ∽ _de una obra literaria._

refuerzo. m. Mayor grueso que se da a una cosa para hacerla más resistente. || Reparo para fortalecer una cosa que amenaza ruina. || Socorro o ayuda.

refugiado, da. p. p. de refugiar. || m. y f. Persona que a consecuencia de guerras, revoluciones, persecuciones políticas, etc., busca refugio fuera de su país.

refugiar. ≅asistir. ≅cobijar. ≅socorrer. ◁desamparar. tr. y prnl. Acoger y amparar a uno sirviéndole de refugio y asilo.

refugio. m. Asilo, amparo. || Lugar adecuado para refugiarse. || Zona situada dentro de la calzada, reservada para peatones. || Edificio para albergue de montañeros.

refulgir. ≅fulgurar. ≅relumbrar. ≅rutilar. intr. Resplandecer.

refundir. tr. Volver a fundir los metales. || fig.

Comprender o incluir. Ú. t. c. prnl. || fig. Dar nueva forma a una obra literaria. || intr. fig. Redundar, resultar.

refunfuñar. ≅gruñir. ≅rezongar. intr. y tr. Emitir voces confusas o palabras mal articuladas o entre dientes, en señal de enojo o desagrado.

refutación. f. Acción y efecto de refutar. || Argumento cuyo objeto es destruir las razones del contrario. || *Ret.* Parte del discurso cuyo objeto es rebatir los argumentos aducidos en contra de lo que se defiende o se quiere probar.

refutar. ≅impugnar. ≅rebatir. tr. Contradecir con argumentos y razones lo que otros dicen.

regadera. f. Recipiente portátil a propósito para regar. || Acequia, reguera.

regadío, a. adj. y m. Terreno que se puede regar. || m. Terreno dedicado a cultivos que se fertilizan con riego.

regalar. ≅agasajar. ≅festejar. ≅obsequiar. ≅ofrendar. tr. Dar a modo de regalo. || Halagar, acariciar. || Recrear, deleitar. Ú. t. c. prnl. || prnl. Tratarse bien, procurando tener las máximas comodidades posibles.

regalía. f. Bienes y derechos privativos de la corona. || Privilegio que la Santa Sede concede a los reyes o soberanos en asuntos relacionados con la Iglesia. Ú. m. en plural. || fig. Cualquier tipo de privilegio.

regaliz. m. Orozuz, planta. || Rizomas de esta planta. || Golosina hecha con esta planta.

regalo. m. Dádiva que se hace voluntariamente o por costumbre. || Gusto o complacencia que se recibe. || Comida o bebida delicada y exquisita. || Comodidad y descanso que una persona procura para sí.

regañadientes (a). m. adv. A disgusto.

regañar. ≅amonestar. ≅contender. ≅sermonear. ◁elogiar. intr. Gruñir el perro mostrando los dientes. || Abrirse algunas frutas cuando maduran: como la castaña, la ciruela, etc. || Dar muestras de enfado con palabras y gestos. || fam. Reñir, disputar. || tr. fam. Reprender, reconvenir.

regañina. f. Represión.

regar. tr. Esparcir agua sobre una superficie: ∿ *las calles, una habitación, la tierra, las plantas,* Atravesar un río o canal una comarca o territorio. || fig. Esparcir, desparramar.

regata. f. Carrera entre lanchas o embarcaciones ligeras.

regate. ≅esguince. ≅evasiva. ≅quiebro. m. Movimiento rápido del cuerpo para evitar un golpe, choque o caída. || En algunos deportes, finta que

Regata

hace el jugador para no dejarse arrebatar el balón. || fig. y fam. Escape o pretexto.

regatear. tr. Debatir el comprador y el vendedor el precio de una cosa. Ú. t. c. intr. || fig. y fam. Rehusar la ejecución de una cosa. || En algunos deportes, hacer regates.

regateo. m. Discusión del comprador y el vendedor sobre el precio de una cosa. || fig. Reparo o excusas para la ejecución de una cosa.

regazo. ≅amparo. ≅cobijo. ≅falda. ≅seno. m. Enfaldo de la saya, que hace seno desde la cintura hasta la rodilla, estando la persona sentada. || Parte del cuerpo donde se forma ese enfaldo. || fig. Cosa que recibe en sí a otra.

regencia. f. Acción de regir o gobernar. || Empleo de regente. || Gobierno de un Estado monárquico durante la menor edad, ausencia o incapacidad del heredero de la corona. || Tiempo que dura tal gobierno.

regeneración. f. Acción y efecto de regenerar. || *Biol.* Capacidad de los animales para renovar sus tejidos orgánicos y devolver su integridad a algunos de sus órganos.

regenerar. tr. y prnl. Dar nuevo ser a alguna cosa que degeneró; restablecerla o mejorarla.

regentar. tr. Desempeñar temporalmente ciertos cargos o empleos. || Ejercer un cargo ostentando superioridad. || Ejercer un empleo.

regente. p. a. de regir. Que rige o gobierna. || com. Persona encargada de una regencia. || m. En algunas órdenes religiosas, persona que rige los estudios.

regicidio. m. Delito del que mata o intenta matar al monarca o a su consorte, o al príncipe heredero o al regente.

regidor, ra. adj. y s. Que rige o gobierna. ||

m. y f. Concejal o concejala que no ejerce ningún otro cargo municipal. || f. Mujer del regidor.

régimen. ≅gobierno. ≅norma. ≅ordenación. ≅regla. ∫∫regímenes. m. Modo de gobernarse o regirse en algo. || Forma o gobierno de un Estado: *España tiene un* ∽ *monárquico.* || *Gram.* Dependencia que entre sí tienen las palabras en la oración. *Mec.* Funcionamiento de un motor en condiciones de máximo rendimiento. || *Med.* Conjunto de reglas para una mejor conservación de la salud: ∽ *de vida, alimenticio.*

regimiento. m. Acción y efecto de regir. || Unidad homogénea de cualquier arma o cuerpo militar.

regio, gia. ≅espléndido. ≅grandioso. ≅magnífico. ≅real. adj. Relativo al rey, la reina o la realeza. || fig. Suntuoso.

región. f. Cualquier extensión de terreno, homogénea en un determinado aspecto: *las regiones árticas.* || Cada una de las grandes divisiones territoriles de una nación. || Cada una de las partes en que se considera dividido el exteriror el cuerpo de los animales, con el fin de determinar el sitio, extensión y relaciones de los diferentes órganos.

regional. adj. Relativo a una región.

regionalismo. m. Doctrina política según la cual en el gobierno de un Estado se debe prestar atención al modo de ser de cada región. || Apego a determinada región. || Vocablo o giro privativo de una región determinada.

regir. tr. Gobernar, dirigir. || Guiar o conducir una cosa. Ú. t. c. prnl. || *Gram.* Pedir una palabra tal o cual preposición, caso de la declinación o modo verbal. || Pedir una preposición tal o cual caso. || intr. Estar vigente.

registrador, ra. adj. Que registra. || f. Caja que se usa en el comercio, la cual suma automáticamente el importe de las ventas. || m. y f. Persona que tiene a su cargo algún registro público: ∽ *de la propiedad.*

registrar. ≅cachear. ≅escudriñar. ≅inspeccionar. ≅reconocer. tr. Examinar una cosa con detenimiento y cuidado. || Poner de manifiesto mercaderías, géneros o bienes para que sean examinados o anotados. || Transcribir o extractar en los libros de un registro público las resoluciones de la autoridad o los actos jurídicos de los particulares. || Anotar, señalar. || Inscribir en una oficina determinados documentos públicos. || Marcar un aparato automáticamente ciertos datos propios de su función, como cantidades o magnitudes.

registro. m. Acción de registrar. || Lugar desde donde se puede registrar o ver algo. || Pieza del reloj que sirve para modificar su movimiento. || Abertura con su tapa o cubierta para examinar, conservar o reparar lo que está subterráneo o empotrado en un muro, pavimento, etc. || Padrón y matrícula. || Protocolo notarial. || Pieza movible del órgano por medio de la cual se modifica el timbre. || Cada género de voces del órgano: flautado mayor, menor, clarines, etc. || En el piano, clave, etc., mecanismo para apagar los sonidos.

regla. ≅canon. ≅método. ≅procedimiento. ≅reglamento. f. Instrumento de figura rectangular, que sirve principalmente para trazar líneas rectas. || Ley o norma de un instituto religioso. || Estatuto, constitución. || Precepto o principio en las reglas o artes. || Moderación, templanza. || Menstruación de la mujer.

reglaje. m. Reajuste de las piezas de un mecanismo para mantenerlo en perfecto funcionamiento.

reglamentación. f. Acción y efecto de reglamentar. || Conjunto de reglas.

reglamentar. tr. Sujetar a reglamento algo.

reglamentario, ria. adj. Relativo al reglamento, o preceptuado y exigido por alguna disposición obligatoria.

reglamento. m. Colección ordenada de reglas o preceptos.

reglar. tr. Tirar o hacer líneas o rayas derechas, valiéndose de una regla o por cualquier otro medio. || Sujetar a reglas una cosa. || Medir las acciones conforme a regla. || prnl. Templarse, reformarse.

regocijar. tr. Alegrar, festejar, causar gusto o placer. || prnl. Recrearse.

regocijo. ≅celebración. ≅contento. ≅festejo. ≅fiesta. ≅gozo. m. Alegría, júbilo. || Acto con que se manifiesta la alegría.

regodearse. prnl. fam. Deleitarse, complacerse. || fam. Hablar, estar de chacota.

regodeo. m. Acción y efecto de regodearse. || fam. Diversión, fiesta.

regoldar. intr. Eructar.

regordete, ta. adj. fam. Persona, o parte de su cuerpo, pequeña y gruesa.

regresar. intr. Volver al lugar de donde se partió.

regresión. f. Retrocesión, acción de volver hacia atrás.

regreso. ≅retorno. ≅vuelta. m. Acción de regresar.

reguera. f. Canal que se hace en la tierra a fin de conducir el agua para el riego.

reguero. m. Corriente, a modo de chorro o de

arroyo pequeño, que se hace de una cosa líquida: ∿ *de sangre.* ‖ Señal continuada que deja una cosa que se va derramando.

regulador, ra. adj. Que regula. ‖ m. Mecanismo que sirve para ordenar o normalizar el movimiento o los efectos de una máquina o de alguno de los órganos o piezas de ella.

regular. ≅mediano. ≅mediocre. ◁irregular. adj. Ajustado y conforme a regla. ‖ De tamaño o condición media o inferior a ella. ‖ Díc. de las personas que viven bajo una regla o instituto religioso, y de los que pertenecen a su estado. Ú. t. c. s. ‖ Díc. del polígono cuyos lados y ángulos son iguales entre sí, y del poliedro cuyas caras y ángulos sólidos son también iguales.

regular. tr. Medir, computar. ‖ Ajustar, reglar: ∿ *los gastos.*

regularidad. f. Calidad de regular o sujeto a regla. ‖ Exacta observancia de la regla o instituto religioso.

regularizar. tr. Reglar, ajustar.

régulo. m. Señor de un estado pequeño. ‖ Basilisco, animal fabuloso. ‖ Reyezuelo, pájaro. ‖ Parte más pura de los minerales después de separadas las impuras.

regurgitar. intr. Expeler por la boca, sin vómito, substancias sólidas o líquidas contenidas en el estómago o en el esófago.

regusto. m. Gusto o sabor que queda de la comida o bebida. ‖ fig. Sensación o evocación imprecisas, placenteras o dolorosas, que despiertan la vivencia de cosas pretéritas. ‖ fig. Impresión de analogía, semejanza, etc. que evocan algunas cosas.

rehabilitar. ≅reivindicar. ≅restablecer. tr. y prnl. Habilitar de nuevo o restituir una persona o cosa a su antiguo estado.

rehacer. tr. Volver a hacer lo que se había deshecho o hecho mal. ‖ Reformar, refundir. ‖ Reponer, reparar, restablecer. Ú. t. c. prnl. ‖ prnl. Reforzarse, fortalecerse. ‖ fig. Serenarse, dominar una emoción.

rehala. f. Rebaño de ganado lanar formado por diversos dueños y conducido por un solo mayoral. ‖ Jauría o agrupación de perros de caza mayor.

rehecho, cha. p. p. irreg. de rehacer. ‖ adj. De estatura mediana, grueso, fuerte y robusto.

rehén. m. Persona que queda en poder del enemigo mientras está pendiente un ajuste o tratado. Ú. m. en pl. ‖ Prisionero.

rehilandera. f. Molinete, juguete.

rehilar. tr. Hilar demasiado o torcer mucho lo que se hila. ‖ intr. Moverse una persona o cosa

como temblando. ‖ Zumbar las armas arrojadizas, como la flecha.

rehilete o **rehilero.** m. Flechilla con púa en un extremo y papel o plumas en el otro, que se lanza para clavarla en un blanco. ‖ Banderilla de toros. ‖ fig. Dicho malicioso, pulla.

rehogar. tr. Sazonar a fuego lento con manteca o aceite.

rehuir. tr. Retirar, apartar una cosa. Ú. t. c. prnl. y c. intr. ‖ Repugnar. ‖ Rehusar, excusar. ‖ intr. Volver a huir la res por las mismas huellas.

rehundir. tr. Hundir o sumergir a lo más hondo. ‖ Hacer más honda una cavidad o agujero. ‖ Volver a fundir o liquidar los metales. ‖ Gastar sin provecho.

rehusar. tr. Excusar, no querer o no aceptar una cosa.

reimplantar. tr. Volver a implantar.

reimpresión. f. Acción y efecto de reimprimir. ‖ Conjunto de ejemplares reimpresos de una vez.

reimprimir. tr. Volver a imprimir, o repetir la impresión de una obra o escrito.

reina. f. Esposa del rey. ‖ La que ejerce la potestad real por derecho propio. ‖ Pieza del juego de ajedrez, la más importante después del rey.

reinado. m. Espacio de tiempo en que gobierna un rey o una reina. ‖ fig. Tiempo en que predomina o está en auge alguna cosa.

reinar. ≅dirigir. ≅dominar. ≅imperar. ≅predominar. intr. Regir un rey o príncipe un Estado. ‖ Dominar o tener predominio una persona o cosa sobre otra. ‖ fig. Prevalecer o persistir una cosa: ∿ *una costumbre.*

reincidencia. f. Reiteración de una misma culpa o defecto. ‖ Der. Circunstancia agravante de la responsabilidad criminal, que consiste en haber sido el reo condenado antes por un delito análogo al que se le imputa.

reincidir. intr. Volver a caer o incurrir en un error, falta o delito.

reincorporar. tr. y prnl. Volver a incorporar, agregar o unir.

reingresar. intr. Volver a ingresar.

reingreso. m. Acción y efecto de reingresar.

reino. m. Estado gobernado por un rey. ‖ Territorio de un Estado que antiguamente tuvo su rey propio: ∿ *de Aragón.* ‖ fig. Espacio real o imaginario en que actúa algo material o inmaterial. ‖ Cada una de las grandes subdivisiones en que se consideran distribuidos los seres naturales por razón de sus caracteres comunes; y así se dice reino animal, reino vegetal y reino mineral.

reintegrar. ≅devolver. ≅reponer. ≅restable-

cer. ◁quitar. tr. Restituir o satisfacer íntegramente
una cosa. || Reconstituir la integridad de una cosa.
|| Poner la póliza o estampilla en un documento.
|| prnl. Recobrarse de lo perdido. || Volver a ejer-
cer una actividad, incorporarse de nuevo a una
colectividad o situación social o económica.

reintegro. m. Acción y efecto de reintegrar. ||
Pago de lo que se debe. || En la lotería, premio
igual a la cantidad jugada.

reír. ≅bromear. ≅carcajear. intr. Manifestar
alegría y regocijo con determinados movimientos
del rostro. Ú. t. c. prnl. || fig. Hacer burla o
zumba. Ú. t. c. tr. y c. prnl. || tr. Celebrar con
risa alguna cosa.

reiteración. f. Acción y efecto de reiterar. ||
Der. Circunstancia que puede ser agravante, derivada de anteriores condenas del reo por delitos
de índole distinta del que se juzga.

reiterar. ≅repetir. ≅reproducir. tr. y prnl. Volver a decir o ejecutar; repetir una cosa.

reivindicar. ≅demandar. ≅vindicar. ◁entre-
gar. ◁renunciar. tr. Reclamar o recuperar uno lo
que le pertenece.

reja. f. Pieza de hierro del arado que sirve para
romper y revolver la tierra. || fig. Labor o vuelta
que se da a la tierra con el arado.

reja. f. Conjunto de barrotes metálicos o de
madera, convenientemente enlazados, que se ponen en las ventanas y otras aberturas de los muros
para seguridad o adorno.

rejalgar. m. Mineral de color rojo, lustre resinoso y fractura concoidea, que se raya con la
uña, y es una combinación muy venenosa de arsénico y azufre.

rejilla. f. Celosía, red de alambre, tela metálica,
lámina o tabla calada, que suele ponerse por recato o para seguridad en algunas aberturas o va-
nos. || Tejido de tallos de ciertas plantas que sirve
para respaldos y asientos de sillas.

rejo. ≅pincho. m. Punta o aguijón. || Clavo o
hierro redondo con que se juega al herrón. ||
Hierro que se pone en el cerco de las puertas. ||
fig. Robustez, fortaleza. || En el embrión de la
planta, órgano del que se forma la raíz. || Tira de
cuero.

rejón. m. Barra o barrón de hierro cortante que
remata en punta. || Asta de madera, con una mo-
harra en la punta, que sirve para rejonear. || Es-
pecie de puñal. || Púa del trompo.

rejoncillo. m. Rejón para los toros.

rejoneador, ra. m. y f. Persona que rejonea.

rejonear. tr. En el toreo a caballo, herir con el
rejón al toro.

Rejalgar

rejuvenecer. tr. Remozar, dar la fortaleza y vigor propios de la juventud. Ú. t. c. intr. y c. prnl.
|| Renovar, modernizar.

relación. ≅narración. ≅relato. f. Referencia
que se hace de un hecho. || Finalidad de una
cosa. || Conexión, correspondencia de una cosa
con otra. || Trato, comunicación de una persona
con otra. Ú. m. en pl. || *Gram.* Conexión o enlace
entre dos términos de una misma oración. || pl.
Relaciones amorosas con propósito matrimonial.

relacionar. ≅contar. ≅enlazar. ≅narrar. ≅re-
ferir. ≅trabar. tr. Hacer relación de un hecho. ||
Poner en relación personas o cosas. Ú. t. c. prnl.

relajación. f. Acción y efecto de relajar. || Dis-
tensión de los músculos, del ánimo. || Inmoralidad
en las costumbres.

relajar. ≅debilitar. ≅distender. ◁atirantar.
◁estirar. ◁regenerar. tr. Aflojar, laxar, ablandar.
Ú. t. c. prnl. || fig. Esparcir, distraer el ánimo. ||
fig. Hacer menos severa o rigurosa la observancia
de leyes, reglas, etc. Ú. t. c. prnl. || *Der.* Relevar
de un voto, juramento u obligación. || prnl. Con-
seguir un estado de reposo físico y moral. || fig.
Viciarse, distraerse en las costumbres.

relajo. m. Desorden, falta de seriedad, barullo.
|| Holganza, laxitud. || Degradación de costumbres.

relamer. tr. Volver a lamer. || prnl. Lamerse los labios. || fig. Afeitarse, componerse demasiado el rostro. || fig. Gloriarse, jactarse.

relamido, da. p. p. de relamer. || adj. Afectado, excesivamente pulcro.

relámpago. m. Resplandor vivísimo e instantáneo producido en las nubes por una descarga eléctrica. || fig. Fuego o resplandor repentino. || fig. Cosa ligera y fugaz. || fig. Especie viva e ingeniosa. || fig. Rapidez, brevedad: *guerra* ᔆ.

relampaguear. terciopersonal. Haber .relámpagos. || intr. fig. Arrojar luz o brillar mucho con algunas intermisiones.

relatar. ≅contar. ≅describir. ≅narrar. tr. Referir o dar a conocer un hecho.

relatividad. f. Calidad de relativo. || Teoría formulada por Albert Einstein en 1905, en su forma llamada *Especial* o *Restringida.*

relativismo. m. Doctrina filosófica según la cual el conocimiento humano sólo tiene por objeto relaciones, y, por tanto, es incapaz de alcanzar verdades absolutas y universalmente válidas.

relativo, va. adj. Que hace relación a una persona o cosa. || Que no es absoluto. || *Gram.* Díc. del pronombre que se refiere a persona, animal o cosa de los que anteriormente se ha hecho mención: 2quien, cuyo, cual, que, etc.

relato. m. Conocimiento que se da, generalmente detallado, de un hecho. || Narración, cuento.

relax. m. Relajamiento muscular producido por ejercicios adecuados, y, por ext., el producido por comodidad, bienestar, etc.

relé. m. Aparato que produce una modificación determinada en un circuito eléctrico.

releer. tr. Leer de nuevo, volver a leer.

relegar. ≅confinar. ≅extrañar. ≅postergar. ≅rechazar. tr. Desterrar. || fig. Apartar, posponer: ᔆ *al olvido.*

relente. m. Humedad que en las noches serenas se nota en la atmósfera.

relevancia. f. Calidad o condición de relevante, importancia, significación.

relevante. adj. Sobresaliente, excelente. || Importante, significativo.

relevar. ≅absolver. ≅exaltar. ≅eximir. ≅perdonar. ≅realzar. ◁conservar. ◁mantener. tr. Exonerar de un peso o gravamen, y también de un empleo o cargo. Ú. t. c. prnl. || Absolver, perdonar o excusar. || *Mil.* Cambiar la guardia. || Por ext., reemplazar, substituir a una persona con otra en cualquier empleo o comisión.

relevo. m. *Mil.* Acción de relevar o cambiar la guardia. || *Mil.* Soldado o cuerpo que releva. || Corredor o nadador que releva a otro.

relicario. m. Lugar en el que están guardadas las reliquias. || Caja o estuche para custodiar reliquias.

relieve. m. Labor o figura que resalta sobre un plano. || fig. Mérito, renombre. || Conjunto de accidentes geográficos de un país. || *Esc.* Adorno o figura levantada sobre una superficie lisa de la que la parte esculpida forma cuerpo.

religión. f. Conjunto de creencias acerca de la divinidad. || Culto que se tributa a la divinidad. || Orden, instituto religioso.

religiosidad. f. Esmero en cumplir las obligaciones religiosas. || Puntualidad, exactitud.

religioso, sa. adj. Relativo a la religión o a los que la profesan. || Piadoso. || Que ha profesado en una orden o congregación religiosa regular. Ú. t. c. s. || Fiel y exacto en el cumplimiento del deber. || Moderado, parco.

relinchar. intr. Emitir su voz el caballo.

relincho. m. Voz del caballo.

relinga. f. Cuerda en que van colocados los plomos y corchos con que se calan y sostienen las redes en el agua. || *Mar.* Cabo con que se refuerzan las orillas de las velas.

reliquia. ≅huella. ≅indicio. ≅resto. f. Residuo que queda de un todo. Ú. m. en pl. || Parte del cuerpo de un santo, o lo que por haberle pertenecido es objeto de veneración. || fig. Vestigio de cosas pasadas. || fig. Secuela que resulta de una enfermedad o accidente.

reloj. m. Máquina dotada de movimiento uniforme, que sirve para medir el tiempo o dividir el día en horas, minutos y segundos.

relojería. f. Arte de hacer relojes. || Taller donde se hacen o componen relojes. || Tienda donde se venden.

relojero, ra. m. y f. Persona que hace, arregla o vende relojes.

relucir. intr. Despedir o reflejar luz. || Lucir, resplandecer. || fig. Resplandecer uno por alguna cualidad.

reluctancia. f. Resistencia que ofrece un circuito al flujo magnético.

reluctante. adj. Reacio, opuesto.

relumbrar. intr. Dar una cosa viva luz o alumbrar con exceso.

relumbre. m. Brillo, destello.

relumbrón o **relumbro.** m. Rayo de luz vivo y pasajero. || Oropel, cosa de poco valor.

rellano. ≅descansillo. ≅meseta. m. Meseta de

RELOJ

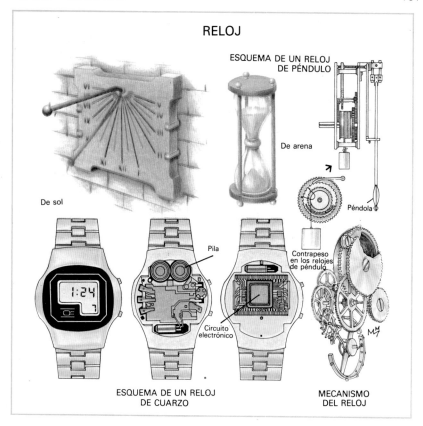

ESQUEMA DE UN RELOJ
DE PÉNDULO

De arena

De sol

Péndola

Pila

Contrapeso
en los relojes
de péndulo

Circuito
electrónico

ESQUEMA DE UN RELOJ
DE CUARZO

MECANISMO
DEL RELOJ

escalera. || Llano que interrumpe la pendiente de un terreno.

rellenar. tr. Volver a llenar una cosa. Ú. t. c. prnl. || Llenar enteramente. Ú. t. c. prnl. || Llenar de carne picada u otros ingredientes un ave o manjar. || Cubrir con los datos necesarios espacios en blanco en formularios, documentos, etc. || fig. y fam. Dar de comer hasta la saciedad. Ú. m. c. prnl.

relleno, na. ≅colmado. ≅repleto. adj. Muy lleno. || m. Picadillo sazonado de carne, hierbas u otros manjares, con que se llenan tripas, aves, hortalizas, etc. || Acción y efecto de rellenar. || fig. Parte superflua que alarga una oración o un escrito.

remachar. ≅afianzar. ≅aplastar. ≅asegurar. tr. Machacar la punta o la cabeza del clavo ya clavado, para mayor firmeza. || Percutir el extremo del roblón hasta formarle cabeza. || Sujetar con remaches. || fig. Recalcar, afianzar.

remache. m. Acción y efecto de remachar. || Roblón, especie de clavo.

remanente. m. Residuo de una cosa.

remangado, da. adj. Levantado o vuelto hacia arriba.

remangar. tr. y prnl. Levantar, recoger hacia arriba las mangas o la ropa. || prnl. fig. y fam. Tomar enérgicamente una resolución.

remansarse. prnl. Detenerse o suspenderse el curso o la corriente de un líquido.

remanso. m. Detención o suspensión de la corriente del agua u otro líquido. || fig. Flema, pachorra.

remar. intr. Trabajar con el remo para impeler la embarcación en el agua. || fig. Trabajar con fatiga.

rematado, da. p. p. de rematar. || adj. Persona que se halla en tan mal estado, que es imposible su remedio: *loco* ∽. || Condenado por fallo ejecutorio a alguna pena.

rematar. ≅acabar. ≅concluir. ≅terminar. tr. Dar fin o remate a una cosa. || Poner fin a la vida de la persona o de animal que está en trance de muerte. || Entre sastres y costureras, afianzar y asegurar las puntadas. || Hacer remate en la venta o arrendamiento de una cosa. || En el fútbol y otros deportes, dar término a una serie de jugadas lanzando el balón hacia la meta contraria. || intr. Terminar o fenecer. || prnl. Perderse, acabarse una cosa.

remate. m. Fin, extremidad o conclusión de una cosa. || Adorno que corona un .edificio. || Postura que obtiene la adjudicación en una subasta. || Adjudicación en una subasta o almoneda. || En el fútbol y otros juegos, acción y efecto de rematar.

remedar. tr. Imitar una cosa; hacerla semejante a otra. || Seguir uno las mismas huellas y ejemplos de otro. || Hacer uno las mismas acciones y ademanes que otro hace.

remediar. tr. Poner remedio a un daño, repararlo. Ú. t. c. prnl. || Corregir o enmendar una cosa. Ú. t. c. prnl. || Socorrer una necesidad o urgencia. Ú. t. c. prnl. || Librar, apartar de un riesgo. || Evitar que suceda algo de que puede derivarse un daño o molestia.

remedio. m. Medio que se toma para reparar un daño o inconveniente. || Enmienda o corrección. || Recurso, auxilio o refugio. || Medicamento para atajar una enfermedad.

remedo. m. Imitación de una cosa.

rememorar. tr. Recordar, traer a la memoria.

remendar. tr. Reforzar con remiendos lo que está viejo o roto. || Corregir o enmendar.

remendón, na. adj. y s. Que tiene por oficio remendar: *sastre, zapatero* ∽.

remera. adj. y f. Cada una de las plumas grandes con que terminan las alas de las aves.

remero, ra. m. y f. Persona que rema o que trabaja al remo.

remesa. f. Remisión de una cosa. || La cosa enviada.

remeter. tr. Volver a meter. || Meter más adentro. || Poner un metedor limpio al niño sin quitarle los pañales.

remiendo. ≅arreglo. ≅compostura. ≅parche. m. Pedazo de tela que se cose a lo que está viejo o roto. || Reparación imperfecta. || En la piel de los animales, mancha de distinto color que el fondo. || fig. Composición, enmienda.

remilgado, da. ≅amanerado. ≅melindroso. p. p. de remilgar. || adj. Que afecta compostura y delicadeza exageradas.

remilgarse. prnl. Repulirse y hacer ademanes y gestos con el rostro.

remilgo. ≅amaneramiento. ≅ñoñez. m. Afectación o delicadeza que se ,manifiesta con gestos y ademanes.

reminiscencia. ≅evocación. ≅memoria. ◁olvido. f. Recuerdo de una cosa casi olvidada. || En literatura y música, lo que es idéntico o muy semejante a lo compuesto anteriormente por otro autor.

remirar. ≅examinar. ≅reflexionar. tr. Volver a mirar o reconocer con reflexión y cuidado lo que ya se había visto. || prnl. Esmerarse o poner mucho cuidado en lo que se hace o resuelve.

remisión. ≅envío. ≅indulto. ≅perdón. ≅referencia. ≅remesa. f. Acción y efecto de remitir. || Indicación, en un escrito, del lugar del mismo o de otro escrito a que se remite al lector.

remiso, sa. ≅irresoluto. ≅lento. ≅reacio. ≅remolón. ◁diligente. adj. Flojo, dejado. || Díc. de las calidades físicas que tienen escasa actividad.

remite. m. Nota que se pone en los sobres, paquetes, etc., enviados por correo, para que consten las señas de la perona que los envía.

remitente. adj. y s. Que remite.

remitir. tr. Enviar. || Perdonar, eximir. || Diferir, suspender. || Ceder o perder una cosa parte de su intensidad. Ú. t. c. intr. y c. prnl. || Dejar al juicio y dictamen de otro la resolución de una cosa. Ú. m. c. prnl. || prnl. Atenerse a lo dicho o hecho o a lo que ha de decirse o hacerse por uno mismo o por otra persona de palabra o por escrito.

remo. m. Instrumento de madera, en forma de pala larga y estrecha, que sirve para mover las embarcaciones. || Brazo o pierna. Ú. m. en pl. || En las aves, cada una de las alas. Ú. m. en pl.

remojar. ≅celebrar. ≅chapuzar. ≅festejar. ≅humedecer. ◁secar. tr. Empapar en agua o poner en remojo una cosa. || fig. Convidar a beber a los amigos para celebrar algún suceso feliz.

remojo. m. Acción de remojar o empapar en agua una cosa.

remojón. ≅baño. ≅chapuzón. m. Acción y efecto de mojar, mojadura. Ú. t. en sent. fig.

remolacha. f. Planta herbácea anual, quenopodiácea, de raíz grande y carnosa, que es comestible y de la cual se extrae azúcar. || Esta raíz.

remolcar. tr. Llevar, arrastrar una embarcación, un vehículo, etc. || fig. Convencer.

remolinar. intr. y prnl. Hacer o formar remolinos una cosa. || prnl. Arremolinarse.

remolino. m. Movimiento giratorio y rápido del aire, el agua, el polvo, el humo, etc. || Retorcimiento del pelo. || fig. Amontonamiento de gente. || fig. Disturbio, alteración.

remolón, na. adj. y s. Flojo, perezoso, que huye del trabajo.

remolonear. ≅gandulear. ◁trabajar. intr. y prnl. Rehusar hacer una cosa, por flojedad y pereza.

remolque. m. Acción y efecto de remolcar. || Cabo o cuerda con que se remolca. || Vehículo remolcado.

remonta. f. Compostura de las suelas del calzado. || Rehenchido de las sillas de las caballerías. || Parche de paño o de cuero que se pone al pantalón de montar para evitar su desgaste por el roce con la silla.

remontar. ≅enaltecer. ≅exaltar. ≅volar. ◁humillar. ◁rebajar. tr. Ahuyentar, espantar la caza. || Proveer de nuevos caballos a la tropa. || Rehenchir o recomponer la silla de montar. || Echar nuevas suelas al calzado. || Subir una pendiente, sobrepasarla. || Navegar aguas arriba en una corriente. || fig. Superar algún obstáculo o dificultad. || fig. Elevar, sublimar. Ú. t. c. prnl. || prnl. Subir en general, ir hacia arriba. Ú. t. en sent. fig. || Subir a volar muy alto las aves, aviones, etc. || fig. Llegar retrospectivamente a la época que se expresa.

remonte. m. Acción y efecto de remontar. || Variedad del juego de pelota.

rémora. ≅dificultad. ≅estorbo. ≅impedimento. ◁ayuda. ◁facilidad. f. Pez teleósteo marino, acantopterigio, que dispone de un disco oval encima de la cabeza, con el cual se adhiere a los objetos flotantes. || fig. Obstáculo que detiene o entorpece.

remorder. ≅atormentar. tr. Morder reiteradamente. || Exponer por segunda vez a la acción del ácido la lámina que se graba al agua fuerte. || fig. Inquietar, desasosegar interiormente una cosa. ||

prnl. fig. Padecer un sentimiento reprimido de celos, envidia, rabia, etc.

remordimiento. m. Inquietud, pesar interno que queda después de ejecutada una mala acción.

remoto, ta. ≅antiguo. ≅arcaico. ≅lejano. ≅viejo. ◁inmediato. ◁nuevo. ◁próximo. adj. Distante o apartado. || fig. Improbable: *peligro* ∼.

remover. tr. Pasar o mudar una cosa de un lugar a otro. Ú. t. c. prnl. || Obviar un inconveniente. || Alterar o revolver alguna cosa o asunto. Ú. t. c. prnl. || Deponer o apartar a uno de su empleo o destino.

remozar. tr. y prnl. Dar o comunicar cierta robustez y lozanía propias de la mocedad.

remudar. tr. Reemplazar. Ú. t. c. prnl. || Cambiar. || Mudar la ropa o el vestido. || Trasplantar un vegetal.

remuneración. ≅gratificación. ≅paga. ≅recompensa. f. Acción y efecto de remunerar. || Lo que se da o sirve para remunerar.

remunerar. ≅gratificar. ≅pagar. ≅retribuir. ◁deber. tr. Recompensar, premiar. || Retribuir, pagar un servicio.

remunerativo, va. adj. Que remunera o produce recompensa o provecho.

renacentista. adj. Relativo al Renacimiento. || Díc. de la persona que cultiva los estudios o artes propios del Renacimiento. Ú. t. c. s.

renacer. intr. Volver a nacer. || fig. Tomar nuevas fuerzas o ánimo.

renacimiento. m. Acción de renacer. || n. p. m. Época que comienza a mediados del s. xv, en que se despertó en Occidente vivo entusiasmo por el estudio de la antigüedad clásica griega y latina.

renacuajo. m. Cría de la rana, mientras tiene cola, carece de patas y respira por branquias. || Larva de cualquier batracio. || fig. Muchacho enclenque y a la vez antipático o molesto.

renal. adj. Relativo a los riñones.

rencilla. f. Cuestión o riña de la que queda algún encono. Ú. m. en pl.

rencor. ≅aversión. ≅encono. ≅enemistad. ◁amor. ◁perdón. ◁simpatía. m. Resentimiento arraigado y tenaz.

rencoroso, sa. adj. y s. Que tiene o guarda rencor.

rendición. ≅capitulación. ≅entrega. ≅sumisión. ◁resistencia. f. Acción y efecto de rendir.

rendido, da. p. p. de rendir. || adj. Sumiso, obsequioso, galante.

rendija. f. Hendedura, raja o abertura larga y angosta, que se produce en cualquier cuerpo sólido, dejando entrada a la luz y al aire exteriores.

Renacimiento italiano. *David* de Donatello. Museo de Florencia (Italia)

|| Espacio, generalmente angosto, entre dos objetos.

rendimiento. ≅agotamiento. ≅debilidad. ≅humildad. m. Rendición, fatiga, cansancio. || Sumisión, subordinación. || Producto, utilidad.

rendir. tr. Vencer, obligar. || Sujetar, someter una cosa al dominio de uno. Ú. t. c. prnl. || Dar, entregar, restituir. || Dar producto o utilidad una persona o cosa. Ú. t. c. intr. || Cansar, fatigar. Ú. t. c. prnl.

renegado, da. ≅apóstata. p. p. de renegar. || adj. y s. Que renuncia a una religión para abrazar otra. || fig. y fam. Díc. de la persona de condición áspera. || m. Tresillo, juego de naipes.

renegar. ≅abominar. ≅apostatar. ≅maldecir. ≅renunciar. ◁afirmar. ◁aprobar. ◁bendecir. tr. Negar con instancia una cosa. || Detestar. || intr. Pasarse de una religión o culto a otro. || Blasfemar. || fig. y fam. Injuriar.

renegrido, da. adj. Color obscuro, especialmente de la piel.

renglón. m. Serie de palabras o caracteres escritos o impresos en línea recta. || fig. Renta, utilidad, beneficio. || pl. fig. y fam. Cualquier escrito o impreso.

rengo, ga. adj. y s. Cojo por lesión de las caderas.

renguear. intr. Renquear.

reniego. ≅juramento. m. Blasfemia. || fig. y fam. Maldición o dicho injurioso contra otro.

renio. m. Metal blanco, brillante, muy denso y difícilmente fusible.

reno. m. Mamífero rumiante, cérvido, con cuernas en ambos sexos, que vive en la zona ártica.

renombrado, da. ◁desacreditado. ◁desconocido. adj. Célebre, famoso.

renombre. m. Apellido o sobrenombre propio. || Fama, celebridad.

renovación. f. Acción y efecto de renovar.

renovar. tr. Hacer como de nuevo una cosa, volverla a su primer estado. Ú. t. c. prnl. || Restablecer, reanudar. Ú. t. c. prnl. || Remudar, reemplazar una cosa. || Trocar una cosa vieja por otra nueva. || Reiterar o publicar de nuevo.

renquear. intr. Andar como renco. || fig. No acabar de decidirse el que ejecuta un acto o toma una resolución. || fig. Tener dificultades en alguna empresa o negocio.

renta. ≅alquiler. ≅interés. ≅rédito. ≅rendimiento. f. Utilidad o beneficio que rinde anualmente una cosa, o lo que de ella se cobra. || Lo que se paga por un arrendamiento. || Deuda del Estado o títulos que la representan.

rentabilidad. f. Calidad de rentable. || Capacidad de rentar.

rentable. ≅beneficioso. adj. Que produce renta suficiente.

Reno

rentar. tr. e intr. Producir o rendir beneficio o utilidad anualmente una cosa.

rentero, ra. ≅arrendatario. ≅tributario. adj. y s. Que paga algún tributo. || m. y f. Colono que tiene en arrendamiento una posesión o finca rural. || m. El que hace postura a la renta o la arrienda.

rentista. ≅hacendista. com. Persona que tiene conocimiento o práctica en materia de hacienda pública. || Persona que percibe renta procedente de papel del Estado. || Persona que principalmente vive de sus rentas.

renuencia. f. Repugnancia a hacer una cosa.

renuente. ≅reacio. ◁dócil. adj. Indócil, remiso.

renuevo. m. Vástago que echa el árbol después de podado o cortado. || Acción y efecto de renovar.

renuncia. ≅abandono. ≅abdicación. ◁aceptación. f. Acción de renunciar. || Instrumento o documento que contiene la renuncia. || Dimisión o dejación voluntaria de una cosa que se posee, o del derecho a ella.

renunciar. tr. Hacer dejación voluntaria de una cosa que se tiene, o del derecho que se puede tener. || No querer admitir o aceptar una cosa.

renunciatario, ria. m. y f. Aquel a cuyo favor se ha hecho una renuncia.

renuncio. m. Falta que se comete renunciando en algunos juegos de naipes. || fig. y fam. Mentira o contradicción en que se coge a uno.

reñido, da. p. p. de reñir. || adj. Que está enemistado con otro o se niega a mantener trato con él. || En oposiciones, concursos, etc., aquellos en que existe mucha rivalidad entre los oponentes.

reñir. ≅amonestar. ≅luchar. ≅pelear. ≅querellarse. ≅sermonear. ◁amistar. ◁pacificar. intr. Contender, disputar. || Pelear, batallar. || Desavenirse, enemistarse. || Discutir violentamente. || tr. Reprender, corregir. || Tratándose de desafíos, batallas, etc., ejecutarlos, llevarlos a efecto.

reo. m. Trucha que desde los ríos llega al mar y se aclimata a las aguas saladas.

reo. com. Persona culpable de un delito o culpa. || Der. El demandado en un juicio civil o criminal.

reojo (mirar de). fr. Mirar disimuladamente. || fig. Mirar con prevención hostil o enfado.

reorganizador, ra. adj. Relativo a la reorganización. || m. y f. Persona que reorganiza.

reorganizar. tr. y prnl. Volver a organizar una cosa.

reóstato o **reostato.** m. Instrumento que sirve para variar la resistencia en un circuito eléctrico y para medir la resistencia eléctrica de los conductores.

repantigarse. prnl. Arrellanarse en el asiento y extenderse para mayor comodidad.

reparable. adj. Que se puede reparar. || Digno de reparo o atención.

reparación. ≅arreglo. ≅compensación. ≅compostura. f. Acción y efecto de reparar. || Desagravio, satisfacción de una ofensa o injuria.

reparador, ra. ≅chinche. adj. y s. Que repara o arregla una cosa. || Que se fija con exceso en los defectos. || Que restablece las fuerzas y da aliento o vigor: *alimento* ⌣. || Que desagravia o satisface por alguna culpa.

reparar. ≅enmendar. ≅recomponer. ≅restaurar. ◁descomponer. ◁estropear. tr. Componer, arreglar una cosa. || Mirar con cuidado, notar, advertir. || Considerar, reflexionar. || Enmendar, corregir, remediar. || Desagraviar, satisfacer al ofendido. || Remediar, precaver un daño o perjuicio. || Restablecer las fuerzas; dar aliento o vigor.

reparo. ≅arreglo. ≅compostura. ≅reparación. m. Restauración, remedio. || Obra que se hace para restaurar un edificio. || Advertencia, observación. || Duda, dificultad, inconveniente. || Confortante que se da al enfermo. || Defensa, resguardo. || Mancha en el ojo o en el párpado.

repartidor, ra. adj. y s. Que reparte o distribuye. || m. En un sistema de riegos, sitio en que se reparten las aguas.

repartimiento. m. Acción y efecto de repartir. || Instrumento en que consta lo que a cada uno se ha repartido.

repartir. tr. Distribuir una cosa dividiéndola en partes. || Distribuir por lugares distintos o entre personas diferentes. Ú. t. c. prnl. || Clasificar, ordenar. || Entregar a personas distintas las cosas que han encargado o que deben recibir. || Señalar o atribuir partes a un todo. || Extender o distribuir una materia sobre una superficie. || Cargar una contribución o gravamen por partes. || Dar a cada cosa su oportuna colocación o el destino conveniente. || Adjudicar los papeles de una obra dramática a los actores que han de representarla.

reparto. ≅distribución. ≅división. ≅partición. m. Acción y efecto de repartir. || Relación de los personajes de una obra dramática y de los actores que los encarnan.

repasar. tr. Volver a pasar por un mismo sitio o lugar. Ú. t. c. intr. || Esponjar y limpiar la lana. || Volver a mirar o examinar una cosa. || Volver a explicar la lección. || Recorrer lo que se ha estudiado para refrescar la memoria. || prnl. Rezumarse un recipiente.

repaso. m. Acción y efecto de repasar. || Estudio ligero que se hace de lo que se tiene visto o estudiado. || Reconocimiento de una cosa después de hecha, para ver si le falta o sobra algo. || fam. Reprensión, corrección.

repatriación. f. Acción y efecto de repatriar.

repatriado, da. p. p. de repatriar. Ú. t. c. s.

repatriar. tr., intr. y prnl. Hacer que uno regrese a su patria.

repecho. m. Cuesta bastante pendiente, aunque corta.

repeinado, da. p. p. de repeinar. || adj. fig. Díc. de la persona aliñada con afectación y exceso.

repeinar. tr. Volver a peinar.

repelar. tr. Tirar del pelo o arrancarlo. || Hacer dar al caballo una carrera corta. || Cortar las puntas a la hierba. || fig. y fam. Cercenar, disminuir.

repelente. p. a. de repeler. || adj. fig. Repulsivo, repugnante.

repeler. ≅asquear. ≅negar. ≅objetar. ≅repudiar. ◁aceptar. ◁atraer. tr. Arrojar, lanzar o echar de sí una cosa con impulso o violencia. || Rechazar, contradecir una idea, proposición o aserto. || Causar repugnancia o adversión.

repelón. m. Tirón que se da del pelo. || En las medias, hebra que, saliendo, encoge los puntos que están inmediatos. || fig. Porción o parte pequeña que se toma o saca de una cosa. || fig. Carrera pronta e impetuosa que da el caballo.

repelús. m. Temor indefinido o repugnancia que inspira algo.

repensar. tr. Volver a pensar con detención.

repente. ≅arrebato. ≅impulso. m. fam. Movimiento súbito de personas o animales.

repentino, na. adj. Pronto, impensado.

repentizar. tr. e intr. Hacer algo sin preparación.

repercusión. f. Acción y efecto de repercutir.

repercutir. intr. Retroceder o mudar de dirección un cuerpo al chocar con otro. || Producir eco el sonido. || fig. Trascender, causar efecto una cosa en otra ulterior. || prnl. Reverberar. || tr. Med. Hacer que un humor retroceda.

repertorio. m. Libro abreviado en que se hace mención de cosas notables. || Copia de obras dramáticas o musicales ya ejecutadas por cada actor o cantente principal, orquesta, etc. || Colección o recopilación de obras o de noticias de una misma clase.

repesar. tr. Volver a pesar una cosa.

repesca. f. Acción y efecto de repescar.

repescar. tr. fig. Admitir nuevamente al que ha sido eliminado en un examen, en una competición, etcétera.

repetición. f. Acción y efecto de repetir. || Mecanismo que sirve en el reloj para que dé la hora siempre que se toca un resorte. || Obra de escultura y pintura, o parte de ella repetida por el mismo autor. || Ret. Figura que consiste en repetir de propósito palabras o conceptos.

repetidor, ra. adj. Que repite. || Díc. especialmente del alumno que repite un curso o una asignatura. Ú. t. c. s. || m. y f. Persona que repasa a otro la lección que leyó o explicó el maestro, o el que toma primero a otro la lección que le fue señalada. || m. Aparato electrónico que recibe una señal electromagnética y la vuelve a transmitir amplificada. Se emplea en comunicaciones, televisión, etc.

repetir. tr. Volver a hacer lo que se había hecho, o decir lo que se había dicho. || Der. Reclamar contra tercero, a consecuencia de evicción, pago o quebranto que padeció el reclamante. || intr. Hablando de manjares o bebidas, venir a la boca el sabor de lo que se ha comido o bebido.

repicar. tr. Picar mucho una cosa. || Tañer o sonar repetidamente y con cierto compás las campanas en señal de fiesta o regocijo. Díc. además de otros instrumentos. Ú. t. c. intr. || Volver a picar o punzar.

repintar. tr. Pintar sobre lo ya pintado. || prnl. Usar de afeites con esmero y cuidado. || Impr. Señalarse la letra de una página en otra.

repipi. adj. Afectado y pedante.

repique. m. Acción y efecto de repicar.

repiquetear. tr. Repicar con mucha viveza las campanas u otro instrumento sonoro.

repiqueteo. m. Acción y efecto de repiquetear.

repisa. f. Miembro arquitectónico, a modo de ménsula, que sirve para sostener objetos, o de piso a un balcón.

repisar. tr. Volver a pisar. || intr. Hacer asiento una obra.

replantación. f. Acción y efecto de replantar.

replantar. tr. Volver a plantar. || Transplantar un vegetal a otro sitio.

replantear. tr. Trazar en el terreno o sobre el plano de cimientos la planta de una obra ya estudiada y proyectada. || Volver a plantear un problema o asunto.

replegar. tr. y prnl. Plegar o doblar muchas veces. || Retirarse en buen orden las tropas avanzadas.

repleto, ta. adj. Muy lleno.

réplica. f. Acción de replicar. || Expresión, argumento o discurso con que se replica. || Copia de una obra artística que reproduce con igualdad la original. || *Der.* Segundo escrito del actor en el juicio de mayor cuantía para impugnar la contestación y la reconvención, si la hubo, y fijar los puntos litigiosos.

replicar. intr. Instar o argüir contra la respuesta o argumento. || Responder como repugnando lo que se dice o manda. Ú. t. c. tr. || tr. *Der.* Presentar el actor en juicio ordinario el escrito de réplica.

repliegue. m. Pliegue doble. || Acción y efecto de replegarse las tropas.

repoblación. f. Acción y efecto de repoblar. || Conjunto de árboles o especies vegetales en terrenos repoblados.

repoblar. tr. y prnl. Volver a poblar. || Poblar los lugares de los que se ha expulsado a los pobladores anteriores.

repollo. m. Especie de col que tiene hojas firmes, comprimidas y abrazadas estrechamente. || Grumo o cabeza que forman algunas plantas, como la lombarda, lechuga, etc.

reponer. ≅contestar. ≅restablecer. ≅restaurar. tr. Volver a poner. || Reemplazar lo que falta de alguna parte. || Replicar, oponer. || Volver a poner en escena una obra dramática, musical, película, etc. || prnl. Recobrar la salud o la hacienda. || Serenarse, tranquilizarse.

reportaje. m. Trabajo periodístico de carácter informativo.

reportar. tr. Refrenar, reprimir o moderar. Ú. t. c. prnl. || Alcanzar, conseguir, lograr. || Retribuir, proporcionar, recompensar.

reporte. m. Noticia. || Prueba de litografía que sirve para estampar de nuevo un dibujo en otras piedras y multiplicar las tiradas.

reporterismo. m. Oficio de reportero.

reportero, ra. adj. y s. Periodista que se dedica a los reportes o noticias.

reposado, da. p. p. de reposar. || adj. Sosegado.

reposar. intr. Descansar del trabajo. Ú. c. tr. en la fr. *reposar la comida.* || Descansar, durmiendo un breve sueño. Ú. t. c. prnl. || Permanecer en quietud y paz. Ú. t. c. prnl. || Estar enterrado, yacer. Ú. t. c. prnl. || prnl. e intr. Tratándose de líquidos, posarse.

reposición. f. Acción y efecto de reponer. || Se llama así al recurso que se interpone para pedir a los jueces que reformen sus resoluciones, cuando estas no son sentencias.

reposo. m. Acción y efecto de reposar.

repostar. tr. y prnl. Reponer provisiones, pertrechos, combustible, etc.

repostería. f. Arte y oficio del repostero. || Productos de este arte. || Establecimiento donde se hacen y venden dulces, pastas, etc. || En algunas partes, despensilla en que se guardan estas provisiones.

repostero, ra. com. Persona que tiene por oficio hacer pastas, dulces y algunas bebidas. || m. Paño cuadrado o rectangular, con emblemas heráldicos. || Marinero que está al servicio personal de un jefe u oficial de marina.

reprender. ≅censurar. ≅reconvenir. tr. Corregir, amonestar a alguien.

reprensión. f. Acción de reprender. || Expresión o razonamiento con que se reprende.

represa. f. Obra generalmente de cemento armado, para contener o regular el curso de las aguas. || Lugar donde las aguas están detenidas o almacenadas, natural o artificialmente.

represalia. ≅desagravio. ≅desquite. ≅venganza. f. Derecho que se arrogan los enemigos para causarse recíprocamente igual o mayor daño

Represa del pantano de la Peña (Salamanca)

que el que han recibido. Ú. m. en pl. || Por ext., el mal que un particular causa a otro, en venganza o satisfacción de un agravio.

represar. tr. Detener o estancar el agua corriente. Ú. t. c. prnl. || Recobrar de los enemigos la embarcación que habían apresado. || fig. Detener, contener, reprimir. Ú. t. c. prnl.

representación. f. Acción y efecto de representar. || Autoridad, dignidad, carácter de la persona. || Figura, imagen o idea que substituye a la realidad. || Conjunto de personas que representan a una entidad, colectividad o corporación. || *Der.* Derecho de una persona a ocupar, para la sucesión en una herencia o mayorazgo, el lugar de otra persona difunta.

representante. p. a. de representar. || com. Persona que representa a un ausente, cuerpo o comunidad.

representar. tr. Hacer presente una cosa con palabras o figuras que la imaginación retiene. Ú. t. c. prnl. || Informar, declarar o referir. || Recitar o ejecutar en público una obra dramática. || Substituir a uno, desempeñar su función o la de una entidad, empresa, etc.

representativo, va. adj. Díc. de lo que sirve para representar otra cosa. || Característico.

represión. f. Acción y efecto de represar y de reprimir. || Acto, o conjunto de actos, ordinariamente desde el poder, para contener, detener o castigar con violencia actuaciones políticas o sociales.

represivo, va. adj. Díc. de lo que reprime.

reprimenda. f. Reprensión vehemente y prolija.

reprimir. tr. y prnl. Contener, refrenar, templar o moderar.

reprobación. f. Acción y efecto de reprobar.

reprobado, da. p. p. de reprobar. || adj. y s. Condenado a las penas eternas. || m. Nota de haber sido suspendido un examinando.

reprobar. ≅censurar. ≅condenar. ≅rechazar. tr. No aprobar, dar por malo.

reprobatorio, ria. adj. Díc. de lo que reprueba o sirve para reprobar.

réprobo, ba. adj. y s. Condenado a las penas eternas. || Díc. de la persona condenada por su heterodoxia religiosa. || Por ext., se aplica a las personas apartadas de la convivencia por razones distintas de las religiosas. || Malvado.

reprochar. ≅recriminar. ≅regañar. tr. y prnl. Reconvenir, echar en cara.

reproche. m. Acción de reprochar. || Expresión con que se reprocha.

reproducción. f. Acción y efecto de reproducir. || Cosa que reproduce o copia un original.

reproducir. tr. Volver a producir. Ú. t. c. prnl. || Volver a hacer presente lo que antes se dijo y alegó. || Sacar copia, en uno o en muchos ejemplares, de obras de arte, objetos arqueológicos, textos, etc.

reproductor, ra. adj. y s. Que reproduce. || m. y f. Animal destinado a mejorar su raza.

reptar. intr. Andar arrastrándose como algunos reptiles.

reptil o **réptil.** adj. y s. Díc. de los animales vertebrados, ovíparos u ovovivíparos, de temperatura variable y respiración pulmonar que, por carecer de pies o por tenerlos muy cortos, caminan rozando la tierra con el vientre; como la culebra, el lagarto y el galápago. || m. pl. Clase de estos animales.

república. f. Forma de gobierno representativo en que el poder reside en el pueblo, personificado éste por un jefe supremo llamado presidente. || fig. irón. Lugar donde reina el desorden por exceso de libertades.

republicanismo. m. Condición de republicano. || Sistema político que proclama la forma republicana para el gobierno de un Estado. || Amor o afección a este género de gobierno.

republicano, na. adj. Perteneciente o relativo a la república. || Aplícase al ciudadano de una república. Ú. t. c. s. || Partidario de este género de gobierno. Ú. t. c. s.

repudiar. ≅desechar. ≅renunciar. <acoger. <admitir. tr. Rechazar algo por razones morales. || Desechar o repeler a la mujer propia.

repudio. m. Acción y efecto de repudiar. || Renunciar: ∿ *del mundo.*

repudrir. tr. y prnl. Pudrir mucho. || prnl. fig. y fam. Consumirse mucho interiormente.

repuesto, ta. p. p. irreg. de reponer. || adj. Apartado, retirado, escondido. || m. Prevención de comestibles u otras cosas para cuando sean necesarias. || Pieza de un mecanismo que se tiene dispuesta para substituir a otra.

repugnancia. ≅antipatía. ≅repulsión. f. Oposición o contradicción entre dos cosas. || Tedio, aversión a las cosas o personas. || Asco, alteración del estómago que incita a vómito. || Aversión que se siente a consentir o hacer una cosa. || Incompatibilidad de dos atributos o cualidades de una misma cosa.

repugnante. p. a. de repugnar. || adj. Que causa repugnancia o aversión.

repugnar. ≅rechazar. ≅repeler. <aceptar.

◁admitir. tr. Ser opuesta una cosa a otra. Ú. t. c. prnl. || Contradecir o negar una cosa. || Rehusar una cosa o admitirla con dificultad. || *Filos.* Implicar o no poderse unir y concertar dos cosas o cualidades. || intr. Causar tedio o aversión una persona o cosa.

repujado. m. Acción y efecto de repujar. || Obra repujada.

repujar. tr. Labrar a martillo chapas metálicas, o hacerlas resaltar en cuero u otra materia adecuada.

repulgar. tr. Hacer repulgos.

repulgo. m. Dobladillo de la ropa. || Borde labrado que hacen a las empanadas o pasteles alrededor de la masa.

repulido. adj. Acicalado, peripuesto.

repulir. tr. Volver a pulir una cosa. || Acicalar, componer con demasiada afectación. Ú. t. c. prnl.

repulsa. ≅desprecio. ≅repulsión. f. Acción y efecto de repulsar.

repulsar. tr. Desechar, repeler o despreciar una cosa; negar lo que se pide o pretende.

repulsión. f. Acción y efecto de repeler, y de repulsar. || Repugnancia, aversión, desvío.

repulsivo, va. adj. Que tiene acción o virtud de repulsar. || Que causa repulsión o desvío.

repuntar. intr. Empezar la marea para creciente o para menguante.

repunte. m. Acción y efecto de repuntar la marea.

reputación. f. Opinión que las gentes tienen de una persona. || Opinión que las gentes tienen de uno como sobresaliente en algo.

reputar. ≅considerar. ≅estimar. tr. y prnl. Juzgar el estado o calidad de una persona o cosa.

requebrar. tr. Volver a quebrar. || fig. Lisonjear a una mujer. || fig. Adular.

requemado, da. p. p. de requemar. || adj. Dícese de lo que tiene color obscuro renegrido.

requemar. tr. y prnl. Volver a quemar. || Tostar con exceso. || Hacer perder el verdor a las plantas. || prnl. fig. Dolerse interiormente y sin darlo a conocer.

requerimiento. m. Acción y efecto de requerir.

requerir. ≅notificar. ≅prevenir. tr. Intimar, avisar o hacer saber una cosa con autoridad pública. || Reconocer o examinar el estado en que se halla una cosa. || Necesitar o hacer necesaria alguna cosa. || Solicitar, pretender, explicar uno su deseo o pasión amorosa. || Inducir, persuadir.

requesón. m. Extracto semisólido y graso que queda debajo del suero al cortarse la leche.

requeté. m. Cuerpo de voluntarios que, distri-

buidos en tercios, lucharon en las guerras civiles españolas en defensa de la tradición religiosa y monárquica. || Individuo afiliado a este cuerpo, aun en tiempo de paz.

requiebro. ≅galantería. ≅piropo. m. Acción y efecto de requebrar. || Dicho o expresión con que se requiebra.

réquiem. m. Composición musical que se canta con el texto litúrgico de la misa de difuntos o de parte de él.

requilorio. m. fam. Formalidad nimia e innecesario rodeo antes de hacer o decir lo que es obvio, fácil y sencillo. Ú. m. en pl.

requisa. ≅confiscación. ≅requisición. f. Revista o inspección de las personas o de las dependencias de un establecimiento. || Recuento y embargo que se hace en tiempos de guerra.

requisar. tr. Hacer requisición para el servicio militar.

requisición. f. Recuento y embargo que para el servicio militar suele hacerse en tiempo de guerra.

requisito, ta. p. p. irreg. de requerir. || m. Circunstancia o condición necesaria para una cosa.

requisitorio, ria. adj. y s. Aplícase al despacho en que un juez requiere a otro para que ejecute un mandamiento del requiriente.

res. f. Cualquier animal cuadrúpedo de ciertas especies domésticas, como del ganado vacuno, lanar, etc., o de los salvajes como venados, etc.

resabiar. tr. y prnl. Hacer tomar un vicio o mala costumbre. || prnl. Disgustarse o desazonarse.

resabio. ≅desabrimiento. ≅perversión. m. Sabor desagradable que deja una cosa. || Vicio o mala costumbre que se toma o adquiere.

resaca. f. Movimiento en retroceso de las olas después que han llegado a la orilla. || Residuos que el mar o los ríos después de la crecida dejan en la orilla. || Malestar que el que ha bebido con exceso padece al día siguiente. || Persona moralmente despreciable.

resalado, da. adj. fig. y fam. Que tiene mucha sal, gracia y donaire.

resaltar. ≅despuntar. ≅rebotar. ≅repercutir. intr. Sobresalir en parte un cuerpo de otro. || fig. Distinguirse, sobresalir.

resalte. m. Parte que sobresale.

resalto. m. Acción y efecto de resaltar. || Parte que sobresale de la superficie de una cosa. || Modo de cazar al jabalí, disparándole al tiempo que sale de su guarida.

resanar. tr. Cubrir con oro las partes de un

dorado que han quedado defectuosas. || Reparar los desperfectos de una superficie. || Eliminar la parte dañada de una tabla, fruta, etc.

resarcimiento. m. Acción y efecto de resarcir.

resarcir. ≅compensar. ≅desagraviar. ≅subsanar. ◁perjudicar. tr. y prnl. Indemnizar, reparar un daño, perjuicio o agravio.

resbaladero, ra o **resbaladizo, za.** ≅escurridizo. adj. Díc. de lo que se resbala. || Aplícase al paraje en que se puede de resbalar. || fig. m. Cosa que expone a un desliz moral. || Lugar resbaladizo.

resbalar. intr. y prnl. Escurrirse, deslizarse. || Incurrir en un desliz o error.

resbalón. ≅desliz. ≅traspié. m. Acción y efecto de resbalar. || Pestillo que queda encajado en el cerradero por la presión de un resorte.

rescatar. tr. Recobrar por precio o por fuerza las personas o cosas que el enemigo ha cogido, y por ext., cualquier cosa que pasó a mano ajena. || fig. Recobrar el tiempo o la ocasión perdidos.

rescate. m. Acción y efecto de rescatar. || Dinero con que se rescata, o que se pide para ello.

rescindir. ≅abolir. ≅anular. tr. Dejar sin efecto un contrato, obligación, etc.

rescisión. f. Acción y efecto de rescindir.

rescisorio, ria. adj. Díc. de lo que rescinde, sirve para rescindir o dimana de la rescisión.

rescoldo. m. Brasa menuda resguardada por la ceniza. || fig. Escozor, recelo.

resecar. tr. y prnl. Secar mucho.

resección. f. Operación que consiste en separar el todo o parte de uno o más órganos.

reseco, ca. adj. Demasiadamente seco. || Flaco, enjuto. || m. Parte seca del árbol. || Entre colmeneros, parte de cera que queda sin melar. || Sensación de sequedad en la boca.

reseda. f. Planta herbácea anual, resedácea, originaria de Egipto. || Flor de esta planta. || Gualda, hierba.

resedáceo, a. adj. y s. Díc. de plantas dicotiledóneas herbáceas, angiospermas; como la reseda. || f. pl. Familia de estas plantas.

resentido, da. adj. Que muestra o tiene algún resentimiento.

resentimiento. m. Acción y efecto de resentirse.

resentirse. prnl. Empezar a flaquear o sentirse una cosa. || fig. Tener sentimiento, pesar o enojo por una cosa.

reseña. f. Nota que se toma de los rasgos distintivos de una persona, animal o cosa para su identificación. || Narración sucinta. || Noticia y examen de una obra literaria o científica.

reseñar. tr. Hacer una reseña. || Examinar algún libro u obra literaria o científica y dar noticia de ellos.

resero, ra. m. y f. Persona que cuida de las reses. || Persona que las compra para expenderlas.

reserva. f. Guarda o custodia que se hace de una cosa. || Reservación o excepción. || Prevención o cautela para no descubrir algo que se sabe o piensa. || Discreción, circunspección, comedimiento.

reservado, da. adj. Cauteloso, reacio en manifestar su interior. || Comedido, discreto, circunspecto. || Que se reserva o debe reservarse. || m. En algunas partes, sacramento de la Eucaristía. || Lugar que se destina sólo a personas o a usos determinados.

reservar. ≅conservar. ≅exceptuar. ≅ocultar. ≅retener. tr. Guardar algo para el futuro. || Dilatar para otro tiempo lo que se podía o se debía ejecutar o comunicar al presente. Ú. t. c. prnl. Destinar un lugar o una cosa, de un modo exclusivo, para uso o persona determinados. || prnl. Conservarse o irse deteniendo para mejor ocasión. || Cautelarse, precaverse, guardarse, desconfiar de uno.

reservista. adj. y s. Díc. del militar perteneciente a la reserva.

resfriado. ≅constipado. m. Destemple general del cuerpo. || Enfriamiento, catarro.

resfriamiento. m. Acción y efecto de resfriar.

resfriar. tr. Enfriar. || fig. Entibiar, templar el ardor o fervor. Ú. t. c. prnl. || prnl. Contraer resfriado. || fig. Entibiarse, disminuirse el amor o la amistad.

resfrío. m. Acción y efecto de resfriarse uno. || Acción y efecto de resfriar, refrescar. || Resfriado, enfriamiento.

resguardar. ≅amparar. ≅preservar. ≅proteger. ◁desamparar. ◁exponer. tr., intr. y prnl. Defender o protejer. || prnl. Cautelarse o prevenirse contra un daño.

resguardo. m. Seguridad que por escrito se hace en las deudas o contratos. || Documento o cédula donde consta esta seguridad. || Guardia, seguridad que se pone en una cosa.

residencia. f. Acción y efecto de residir. || Lugar en que se reside. || Casa donde, sujetándose a determinada reglamentación, residen y conviven personas afines. || Establecimiento público donde se alojan viajeros o huéspedes estables.

residencial. adj. Aplícase al empleo o beneficio

que pide residencia personal. || Díc. de la parte de una ciudad destinada principalmente a viviendas, donde por lo general residen las clases más acomodadas.

residenciar. tr. Tomar cuenta un juez a otro, o a otra persona que ha ejercido cargo público. || Por ext., pedir cuenta o hacer cargo en otras materias.

residir. intr. Vivir de asiento en un lugar. || Asistir uno personalmente en determinado lugar por razón de su empleo, dignidad o beneficio, ejerciéndolo. || fig. Estar o radicar en un punto o en una cosa el quid de aquello de que se trata.

residual. adj. Relativo al residuo.

residuo. m. Parte o porción que queda de un todo. || Lo que resulta de la descomposición o destrucción de una cosa. || Resultado de la operación de restar.

resignación. ≅abandono. ≅paciencia. ≅sufrimiento. ◁inconformismo. ◁resistencia. f. Entrega voluntaria que uno hace de sí poniéndose en las manos y voluntad de otro. || Renuncia de un beneficio eclesiástico. || Conformidad en las adversidades.

resignar. tr. Renunciar un beneficio eclesiástico. || Entregar una autoridad el mando a otra. || prnl. Conformarse, someterse.

resina. f. Substancia sólida, soluble en alcohol, y que se obtiene naturalmente como producto que fluye de varias plantas.

resinar. tr. Sacar resina a ciertos árboles.

resinero, ra. adj. Relativo a la resina. || m. y f. El que tiene por oficio resinar.

resinífero, ra. adj. Que tiene mucha resina.

resinificar. tr. y prnl. Transformar en resina.

resinoso, sa. adj. Que tiene mucha resina. || Que participa de alguna de las cualidades de la resina.

resistencia. ≅aguante. ≅firmeza. ≅oposición. ◁debilidad. ◁pasividad. f. Acción y efecto de resistir. || Causa que se opone a la acción de una fuerza. || Fuerza que se opone al movimiento de una máquina. || Dificultad que opone un conductor al paso de la corriente eléctrica. || En la S. G. M., movimiento de patriotas que, en la clandestinidad, se oponían al régimen de Hitler.

resistir. intr. Oponerse un cuerpo o una fuerza a la acción o violencia de otra. Ú. t. c. prnl. || Repugnar, contrariar. || tr. Tolerar, aguantar. || Combatir las pasiones, deseos, etc. || prnl. Bregar, forcejear.

resma. f. Conjunto de veinte manos o quinientos pliegos de papel.

resmilla. f. Paquete de veinte cuadernillos de papel de cartas.

resol. m. Reverberación del sol.

resolano, na. adj. y f. Díc. del sitio donde se toma el sol sin que ofenda el viento.

resolución. f. Acción y efecto de resolver. || Ánimo, valor o arresto. || Actividad, prontitud, viveza. || Decreto, providencia, auto o fallo de autoridad gubernativa o judicial.

resolutivo, va. adj. Aplícase al orden o método en que se procede analíticamente o por resolución. || *Med.* Que resuelve.

resoluto, ta. adj. Que obra con decisión y firmeza. || Díc. del que tiene desenvoltura, facilidad y destreza. || Compendioso, abreviado.

resolutorio, ria. adj. Que tiene, motiva o denota resolución.

resolver. tr. Tomar determinación fija y decisiva. || Resumir, epilogar. || Solucionar una duda. || Hallar la solución a un problema. || Deshacer, destruir. || Analizar un compuesto en sus partes o elementos. || Hacer que se disipe, desvanezca, exhale o evapore una cosa. || prnl. Decidirse a decir o hacer una cosa.

resollar. intr. Absorber y expeler el aire por los órganos respiratorios. || Proferir palabras. || Respirar fuertemente y con algún ruido. || fig. y fam. Dar noticia de sí después de algún tiempo la persona ausente.

resonador, ra. adj. Que resuena. || m. *Fís.* Cuerpo sonoro dispuesto para entrar en vibración cuando recibe ondas acústicas de determinada frecuencia y amplitud.

resonancia. f. Sonido producido por repercusión de otro. || Prolongación del sonido. || Cada uno de los sonidos elementales que acompañan al principal en una nota musical. || fig. Gran divulgación o propagación que adquieren un hecho o las cualidades de una persona.

resonar. ≅repercutir. ≅retumbar. intr. y tr. Hacer sonido por repercusión o sonar mucho.

resoplar. intr. Dar resoplidos.

resoplido o **resoplo.** m. Resuello fuerte.

resorte. m. Muelle, pieza elástica. || Fuerza elástica de una cosa. || fig. Medio de que uno se vale para lograr un fin.

respaldar. m. Respaldo para apoyar las espaldas.

respaldar. tr. Sentar, notar o apuntar algo en el respaldo de un escrito. || fig. Proteger, amparar, apoyar, garantizar. || prnl. Inclinarse de espaldas o arrimarse al respaldo de la silla o banco.

respaldo. m. Parte de la silla o banco, en que

descansan las espaldas. || Espaldera o pared para resguardar las plantas. || Vuelta del papel o escritos, en que se nota alguna cosa. || Lo que allí se escribe. || fig. Apoyo moral, garantía.

respectivo, va. adj. Que atañe o se contrae a persona o cosa determinada. || Dicho de los miembros de una serie, que tienen correspondencia, por unidades o grupos, con los miembros de otra serie.

respecto. m. Razón, relación o proporción de una cosa a otra.

respetable. ≅considerable. ≅honorable. ≅importante. adj. Digno de respeto. Ú. a veces con carácter ponderativo: *hallarse a ∿ distancia.*

respetable (el). m. Modo de designar al público del teatro u otros espectáculos.

respetar. tr. Tener respeto. || Tener miramiento, consideración.

respeto. m. Obsequio, acatamiento que se hace a uno. || Miramiento, atención. || Cosa de prevención o repuesto. || pl. Manifestaciones de acatamiento que se hacen por cortesía.

respetuoso, sa. adj. Que causa, mueve u observa veneración, cortesía y respeto.

réspice. m. fam. Respuesta seca y desabrida. || fam. Represión corta, pero fuerte.

respingar. intr. Sacudirse la bestia y gruñir. || fam. Elevarse el borde de la falda o de la chaqueta por estar mal hecha o mal colocada la prenda. || fig. y fam. Resistir, hacer gruñendo lo que se manda.

respingo. m. Acción de respingar. || Sacudida violenta del cuerpo. || fig. y fam. Expresión de enfado con que uno muestra la repugnancia que tienen en ejecutar lo que se le manda.

respiración. f. Acción y efecto de respirar. || Entrada y salida libre del aire en un aposento u otro lugar cerrado.

respiradero. m. Abertura por donde entra y sale el aire. || Lumbrera, tronera. || Abertura de las cañerías para dar salida al aire. || fig. Rato de descanso en el trabajo. || fam. Órgano o conducto de la respiración.

respirar. ≅descansar. ≅reposar. ≅resollar. ≅resoplar. intr. Absorber el aire los seres vivos, por pulmones, branquias, tráqueas, etc., tomando parte de las substancias que lo componen, y expelerlo modificado. Ú. t. c. tr. || Exhalar, despedir de sí un olor. || fig. Animarse, cobrar aliento. || fig. Tener salida o comunicación con el aire externo o libre un fluido que está encerrado. || fig. Descansar, aliviarse del trabajo, salir de la opresión o del calor excesivo, o de un agobio, difi-

cultad, etc. || fig. Gozar un ambiente más fresco, cuando en un lugar o tiempo hace mucho calor.

respiratorio, ria. adj. Que sirve para la respiración o la facilita.

respiro. m. Acción y efecto de respirar. || fig. Rato de descanso en el trabajo. || fig. Alivio, descanso en medio de una fatiga, pena o dolor. || fig. Prórroga que obtiene el deudor al expirar el plazo convenido para pagar.

resplandecer. intr. Despedir rayos de luz una cosa. || fig. Sobresalir, aventajarse.

resplandecimiento. m. Resplandor. || fig. Lucimiento, lustre, nobleza.

resplandor. ≅fulgor. m. Luz muy clara que arroja o despide un cuerpo luminoso. || fig. Brillo de algunas cosas. || fig. Lucimiento, gloria.

responder. ≅fiar. ≅garantizar. tr. e intr. Contestar, satisfacer a lo que se pregunta o propone. || Contestar uno al que le llama o al que toca a la puerta. || Contestar al billete o carta que se ha recibido. || Corresponder con su voz los animales o aves a la de los otros de su especie o al reclamo artificial que la imita. || Satisfacer al argumento, duda, dificultad o demanda. || Cantar o recitar en correspoondencia con lo que otro canta o recita. || Contestar, argüir. || intr. Corresponder, repetir el eco. Ú. t. c. tr. || Mostrarse agradecido. || Guardar proporción o igualdad una cosa con otra. || Replicar, ser respondón. || Asegurar una cosa como garantizando la verdad de ella.

respondón, na. adj. y s. fam. Que tiene el vicio de replicar irrespetuosamente.

responsabilidad. f. Deuda, obligación de reparar y satisfacer una culpa o de otra causa legal. || Cargo u obligación moral que resulta para uno del posible yerro en cosa o asunto determinado.

responsabilizar. tr. Hacer a una persona responsable de alguna cosa, atribuirle responsabilidad en ella. || prnl. Asumir la responsabilidad de alguna cosa.

responsable. adj. Obligado a responder de alguna cosa o por alguna persona. || Díc. de la persona que pone cuidado y atención en lo que hace o decide.

responso. m. Rezos que se dicen por los difuntos.

responsorio. m. Ciertas preces y versículos que se dicen al rezar.

respuesta. ≅contestación. f. Satisfacción a una pregunta, duda o dificultad. || Réplica, contradicción de lo que otro dice. || Contestación a una carta o billete. || Acción con que uno corresponde a la de otro.

resquebrajadura. f. Hendedura.

resquebrajar. tr. y prnl. Hender ligera y a veces superficialmente algunos cuerpos duros.

resquebrar. intr. y prnl. Empezar a quebrarse, henderse o saltarse una cosa.

resquemar. tr. Causar algunos alimentos o bebidas en la lengua y paladar un calor picante y mordaz. Ú. t. c. intr. || Quemar o tostar con exceso. Ú. t. c. prnl. || fig. Producirse en el ánimo una impresión molesta.

resquemor. ≅rencor. ≅resentimiento. m. Sentimiento causado en el ánimo por algo penoso.

resquicio. m. Abertura que hay entre el quicio y la puerta. || Por ext., cualquiera otra hendidura pequeña. || fig. Coyuntura u ocasión que se proporciona para un fin.

resta. ≅diferencia. ≅resto. f. Operación de restar. || Residuo, resultado de la operación de restar.

restablecer. tr. Volver a establecer una cosa o ponerla en el estado que antes tenía. || prnl. Recuperarse, repararse de una dolencia, enfermedad u otro daño o menoscabo.

restallar. intr. Chasquear, estallar una cosa. || Crujir, hacer fuerte ruido.

restante. ≅diferencia. ≅resto. adj. Que resta. || m. Residuo, resultado de la operación de restar.

restañar. tr. Volver a estañar; cubrir o bañar con estaño por segunda vez.

restañar. tr., intr. y prnl. Estancar, parar o detener el curso de un líquido o humor, especialmente la sangre.

restar. ≅mermar. ≅quitar. ≅substraer. ◁sumar. tr. Sacar el residuo de una cosa, bajando una parte del todo. || Disminuir, rebajar, cercenar. || En el juego de la pelota, devolver el saque de los contrarios o del contrario. || Arriesgar. || Hallar la diferencia entre dos cantidades. || intr. Faltar o quedar cierto tiempo para algo.

restauración. f. Efecto y efecto de restaurar. || Restablecimiento en un país del régimen político que existía y que había sido substituido por otro. || Reposición en el trono de un rey destronado o del representante de una dinastía derrocada.

restaurador, ra. adj. y s. Que restaura. || m. Persona que tiene por oficio restaurar pinturas, estatuas, encuadernaciones, etc.

restaurante. adj. y s. Que restaura. || m. Establecimiento público donde se sirven comidas y bebidas, mediante precio, para ser consumidas en el mismo local.

restaurar. tr. Recuperar o recobrar. || Reparar, volver a poner una cosa en aquel estado o estimación que antes tenía. || Reparar una pintura, escultura, edificio, etc.

restituir. ≅devolver. ≅reintegrar. ≅reponer. tr. Volver una cosa a quien la tenía antes. || Restablecer o poner una cosa en el estado que antes tenía. || prnl. Volver uno al lugar de donde había salido.

restitutorio, ria. adj. Que restituye, o se da o se recibe por vía de restitución. || Der. Díc. de lo que incluye o dispone la restitución.

resto. ≅diferencia. ≅residuo. ◁total. m. Parte que queda de un todo. || Cantidad que en los juegos de envite se considera para jugar y envidar. || Jugador que devuelve la pelota al saque. || Sitio desde donde se resta, en el juego de pelota. || Acción de restar, en el juego de pelota. || Residuo, resultado de restar. || pl. Residuos, desperdicios.

restregar. tr. y prnl. Estregar mucho y con ahínco.

restricción. f. Acción y efecto de restringir.

restrictivo, va. adj. Díc. de lo que tiene virtud o fuerza para restringir y apretar. || Díc. de lo que restringe, limita o acorta.

restricto, ta. adj. Limitado, ceñido o preciso.

restringir. ≅acotar. ≅limitar. tr. Ceñir, circunscribir, reducir a menores límites. || Restriñir.

restriñir. tr. Apretar, constreñir.

resucitar. ≅revivir. tr. Volver a la vida a un muerto. || fig. y fam. Restablecer, renovar, dar nuevo ser a una cosa. || intr. Volver uno a la vida.

resuelto, ta. ◁apocado. adj. Audaz, arrojado y libre. || Pronto, diligente, expedito.

resuello. m. Respiración, especialmente la violenta.

resulta. f. Efecto, consecuencia. || Lo que últimamente se resuelve en una deliberación o conferencia. || Vacante que queda de un empleo.

resultado. m. Efecto y consecuencia de un hecho, operación o deliberación.

resultar. intr. Redundar, ceder o venir a parar una cosa en provecho o daño de una persona o de algún fin. || Nacer, originarse o venir una cosa de otra. || Aparecer, manifestarse o comprobarse una cosa. || Llegar a ser. || Salir, tener buen o mal éxito. || Producir agrado o satisfacción.

resumen. m. Acción y efecto de resumir. || Exposición resumida en un asunto o materia.

resumir. tr. Reducir a términos breves y precisos lo esencial de un asunto o materia. Ú. t. c. prnl. || Repetir el actuante el silogismo del contrario. || prnl. Convertirse, comprenderse, resolverse una cosa en otra.

resurgir. intr. Surgir de nuevo, volver a aparecer. || Resucitar.

resurrección. f. Acción de resucitar. || n. p. Por excel., la de Jesucristo.

retablo. m. Conjunto o colección de figuras pintadas o de talla, que representan en serie una historia o suceso. || Obra de arquitectura que compone la decoración de un altar.

retaco, ca. adj. y s. Díc. de la persona baja de estatura y, en general, rechoncha. || m. Escopeta corta muy reforzada en la recámara. || En el juego de trucos y billar, taco más corto que los regulares.

retaguardia. f. Hablando de una fuerza desplegada o en columna, la porción o cada una de las porciones más alejadas del enemigo. || En la zona ocupada por una fuerza militar, la parte más alejada del enemigo. || En tiempo de guerra, la zona no ocupada por los ejércitos.

retahíla. ≅ sarta. ≅ serie. f. Serie de muchas cosas que están, suceden o se mencionan por su orden.

retal. m. Pedazo sobrante de una tela, piel, metal, etc.

Flor de la retama

Retablo de la catedral de Ciudad Real

retallecer. intr. Volver a echar tallos las plantas.

retama. f. Mata papilionácea, con muchas ramas delgadas, largas, flexibles, y flores amarillas en racimos laterales.

retamal o **retamar.** m. Sitio poblado de retamas.

retar. tr. Desafiar, provocar a duelo, batalla o contienda. || fam. Reprender, tachar, echar en cara.

retardar. tr. y prnl. Diferir, detener, entorpecer, dilatar.

retardo. m. Demora, tardanza.

retazar. tr. Hacer piezas o pedazos de una cosa. || Dividir el rebaño en hatajos.

retazo. m. Retal o pedazo de una tela. || fig. Trozo o fragmento de un razonamiento o discurso.

retejar. tr. Recorrer los tejados, poniendo las tejas que les faltan. || fig. y fam. Proveer de vestido o calzado al que lo necesita.

retejer. tr. Tejer unida y apretadamente.

retel. m. Arte de pesca que se usa para la pesca del cangrejo de río.

retemblar. intr. Temblar con movimiento repetido.

retén. ≅acopio. ≅guardia. ≅provisión. ≅refuerzo. m. Repuesto o prevención que se tiene de una cosa. || Tropa para reforzar los puestos militares.

retención. f. Acción y efecto de retener. || Parte o totalidad retenida de un sueldo, salario u otro haber. || Detención o depósito que se hace en el cuerpo humano, de un humor que debiera expelerse.

retener. tr. Detener, conservar, guardar en sí. || Conservar en la memoria una cosa. || Conservar el empleo que se tenía cuando se pasa a otro. || Suspender en todo o en parte el pago del sueldo, u otro haber que uno ha devengado, por disposición judicial, gubernativa o administrativa. || Imponer prisión preventiva, arrestar.

retentiva. f. Memoria, facultad de acordarse.

reticencia. f. Efecto de no decir sino en parte, algo que debiera o pudiera decirse. || *Ret.* Figura que consiste en dejar incompleta una frase, dando, sin embargo, a entender el sentido de lo que no se dice, y a veces más de lo que se calla.

reticente. adj. Que usa reticencias. || Que envuelve o incluye reticencia.

retícula. f. Conjunto de hilos o líneas que se ponen en un instrumento óptico para precisar la visual. || Red de puntos que, en cierta clase de fotograbado, reproduce las sombras y los claros de la imagen.

reticular. adj. De figura de redecilla o red.

retículo. m. Tejido en forma de red. || Retícula. || Segunda de las cuatro cavidades del estómago de los rumiantes.

retina. f. Membrana interior del ojo de los vertebrados y de otros animales, donde se representan las imágenes de los objetos.

retintín. m. Sonido que deja en los oídos la campana u otro cuerpo sonoro. || fig. y fam. Tonillo y modo de hablar, por lo común para zaherir a uno.

retirada. f. Acción y efecto de retirarse. || Terreno o sitio que sirve de acogida segura. || Retreta, toque militar. || *Mil.* Acción de retroceder en orden, apartándose del enemigo.

retirado, da. ≅lejano. adj. Distante, apartado. || Díc. del militar que deja oficialmente el servicio, conservando algunos derechos. Ú. t. c. s. = Jubilado.

retirar. ≅alejar. ≅desviar. ≅ocultar. ≅reservar. ◁acercar. ◁aproximar. tr. Apartar o separar una persona o cosa de otra o de un sitio. Ú. t. c. prnl. || Apartar de la vista una cosa. || Obligar a uno a que se aparte, o rechazarle. || prnl. Apar-

tarse del trato, comunicación o amistad. || Irse a dormir. || Irse a casa.

retiro. ≅soledad. m. Acción y efecto de retirarse. || Lugar apartado. || Recogimiento. || Ejercicio piadoso que consiste en practicar ciertas devociones retirándose por uno o más días, en todo o en parte, de las ocupaciones ordinarias. || Situación del militar, funcionario, obrero, etc., retirados. || Sueldo, haber o pensión que perciben los retirados.

reto. ≅amenaza. m. Provocación o citación al duelo o desafío. || Amenaza. || Reprimenda, regaño, rapapolvo.

retocador, ra. m. y f. Persona que retoca, especialmente fotografías.

retocar. tr. Volver a tocar. || Dar a un dibujo, cuadro o fotografía ciertos toques de pluma o de pincel para quitarle imperfecciones. || Restaurar las pinturas deterioradas. || Perfeccionar el afeite o arreglo de la mujer. Ú. m. c. prnl. || fig. Recorrer y dar la última mano a cualquier cosa.

retoñar. ≅revivir. intr. Volver a echar vástagos la planta. || fig. Reproducirse, volver de nuevo lo que había dejado de ser o estaba amortiguado.

retoñecer. intr. Retoñar.

retoño. m. Vástago o tallo que echa de nuevo la planta. || fig. y fam. Hablando de personas, hijo, y especialmente el de corta edad.

retoque. m. Pulsación repetida y frecuente. || Nueva mano que se da a cualquier obra para quitar sus faltas o componer ligeros desperfectos. Díc. principalmente de las pinturas.

retor. m. Tela de algodón fuerte y ordinaria, en que la trama y urdimbre están muy torcidas.

retorcer. tr. Torcer mucho una cosa, dándole vueltas alrededor. Ú. t. c. prnl. || fig. *Lóg.* Redargüir o dirigir un argumento o raciocinio contra el mismo que lo hace. || fig. Interpretar algo dándole un sentido diferente del que tiene.

retorcido, da. ≅maligno. adj. Tortuoso, sinuoso. || fam. Díc. de la persona de malas intenciones.

retórica. ≅artificio. ≅oratoria. f. Arte de bien decir, de embellecer la expresión de los conceptos, de dar al lenguaje escrito o hablado eficacia bastante para deleitar, persuadir o conmover. || desp. Uso impropio o intempestivo de esta arte.

retórico, ca. adj. Relativo a la retórica. || Versado en retórica. Ú. t. c. s.

retornar. tr. Devolver, restituir. || Hacer que una cosa retroceda o vuelva atrás. || intr. y prnl. Volver al lugar o a la situación en que se estuvo.

retorno. m. Acción y efecto de retornar.

retorta. f. Vasija con cuello largo encorvado, a propósito para diversas operaciones químicas.

retortero. m. Vuelta alrededor. Ú. por lo común en la loc. adv. *al retortero.*

retortijón. m. Retorcimiento o retorsión grande, especialmente de alguna parte del cuerpo. || Dolor breve y agudo que se siente en las tripas.

retostar. tr. Volver a tostar algo. || Tostarlo mucho.

retozar. intr. Saltar y brincar alegremente. || Juguetear unos con otros, personas o animales. || Travesear con desenvoltura personas de distinto sexo. Ú. t. c. tr. || fig. Moverse impetuosamente en lo interior algunas pasiones.

retozo. m. Acción y efecto de retozar.

retozón, na. adj. Inclinado a retozar o que retoza con frecuencia.

retracción. f. Acción y efecto de retraer.

retractación. f. Acción de retractarse de lo que antes se había dicho o prometido.

retractar. tr. Revocar expresamente lo que se ha dicho; desdecirse de ello. Ú. t. c. prnl. || *Der.* Ejercitar el derecho de retracto.

retráctil. adj. Díc. de la pieza o parte de un todo que puede avanzar o adelantarse y, después, por sí misma retraerse o esconderse. || *Zool.* Que puede retraerse quedando oculto al exterior, como las uñas de los félidos.

retracto. m. *Der.* Derecho que compete a ciertas personas para quedarse, por el tanto de su tasación, con la cosa vendida a otro.

retraer. tr. Volver a traer. || Apartar o disuadir de un intento. Ú. t. c. prnl. || Ejercitar el derecho de retracto. || prnl. Acogerse, refugiarse. || Retirarse, retroceder. || Hacer vida retirada. || Apartarse deliberada y temporalmente un partido o colectividad de sus funciones políticas.

retraído, da. adj. Que gusta de la soledad. || fig. Poco comunicativo, corto, tímido.

retraimiento. ≅timidez. m. Acción y efecto de retraerse. || Cortedad, condición personal de reserva y de poca comunicación.

retranca. f. Correa ancha, a manera de ataharre, que forma parte del atalaje y coopera a frenar el carro, y aun a hacerlo retroceder.

retranquear. tr. *Arquit.* Mirar con un solo ojo para ver si las cosas están enfiladas o si una superficie tiene alabeo. || *Arquit.* Remeter el muro de la fachada en la planta o plantas superiores de un edificio.

retransmisión. f. Acción y efecto de retransmitir.

retransmitir. tr. Volver a transmitir. || Transmitir desde una emisora de radiodifusión lo que se ha transmitido a ella desde otro lugar.

retrasado, da. adj. Díc. de la persona, planta o animal que no ha llegado al desarrollo normal de su edad. || Díc. del que no tiene el desarrollo mental corriente.

retrasar. tr. y prnl. Atrasar o diferir la ejecución de una cosa. || intr. Ir atrás o a menos en alguna cosa: ↵ *en la hacienda, en los estudios.*

retraso. ≅atraso. ≅demora. ≅dilación. m. Acción y efecto de retrasar.

retratar. tr. Copiar, dibujar o fotografiar la figura de alguna persona o cosa. || Hacer la descripción de la figura o del carácter de una persona. Ú. t. c. prnl. || Imitar, asemejarse. || Describir con fidelidad una cosa.

retratista. com. Persona que hace retratos.

retrato. m. Pintura o efigie que representa alguna persona o cosa. || Descripción de la figura o carácter de alguien. || fig. Lo que se asemeja mucho a una persona o cosa.

retreparse. prnl. Echar hacia atrás la parte superior del cuerpo. || Recostarse en la silla de tal modo, que ésta se incline también hacia atrás.

retreta. f. Toque militar que se usa para marchar en retirada, y para avisar a la tropa que se recoja por la noche en el cuartel.

Retrato de *Francisco Bayeu,* por Goya. Museo del Prado. Madrid

retrete. m. Aposento dotado de las instalaciones necesarias para orinar y evacuar el vientre. || Estas instalaciones.

retribución. ≅gratificación. ≅remuneración. f. Recompensa o pago de una cosa.

retribuir. tr. Recompensar o pagar un servicio, favor, etc.

retributivo, va. adj. Díc. de lo que tiene virtud o facultad de retribuir.

retro. Voz latina que indica tiempo anterior. Ú. generalmente como elemento compositivo de voces españolas.

retroacción. f. Acción hacia atrás.

retroactividad. f. Calidad de retroactivo.

retroactivo, va. adj. Que obra o tiene fuerza sobre lo pasado.

retroceder. intr. Volver hacia atrás.

retrocesión. f. Acción y efecto de retroceder. || Acción y efecto de ceder a uno el derecho o cosa que él había cedido antes.

retroceso. m. Acción y efecto de retroceder.

retrógrado, da. adj. y s. fig. desp. Partidario de ideas, actitudes, etc., propias exclusivamente de tiempos pasados.

retropropulsión. f. Sistema de propulsión de un móvil en que la fuerza que causa el movimiento se produce por reacción a la expulsión hacia atrás de un chorro, generalmente de gas, lanzado por el propio móvil.

retrospección. f. Mirada o examen retrospectivo.

retrospectivo, va. adj. Que se refiere a tiempo pasado.

retrotraer. tr. y prnl. Fingir que una cosa sucedió en un tiempo anterior a aquel en que realmente ocurrió.

retrovisor. m. Pequeño espejo colocado en la parte anterior de los vehículos automóviles, de manera que el conductor pueda ver lo que viene o está detrás de él.

retrucar. intr. En el billar, volver la bola impelida de la banda, y herir a la otra que le causó el movimiento. || En el juego del truque, envidar en contra sobre el primer envite hecho.

retruécano. m. Inversión de los términos de una proposición en otra subsiguiente para que el sentido de esta última forme antítesis con el de la anterior. || Juego de palabras. || *Ret.* Figura que consiste en aquella inversión de términos.

retruque. m. En los juegos de trucos, truque y billar, acción y efecto de retrucar.

retumbar. ≅retronar. intr. Resonar mucho o hacer gran ruido o estruendo una cosa.

reuma o **reúma.** amb. Reumatismo. Ú. m. c. m.

reumático, ca. adj. Que padece reúma. Ú. t. c. s. || Relativo a este mal.

reumatismo. m. Enfermedad que se manifiesta generalmente por inflamaciones dolorosas en las partes musculares y fibrosas del cuerpo.

reunión. f. Acción y efecto de reunir. || Conjunto de personas reunidas.

reunir. ≅agrupar. ≅compilar. ◁separar. tr. y prnl. Volver a unir. || Juntar, congregar, amontonar.

reválida. f. Acción y efecto de revalidar.

revalidación. f. Acción y efecto de revalidar.

revalidar. ≅aprobar. ≅convalidar. tr. Ratificar, confirmar o dar nuevo valor y firmeza a algo. || prnl. Recibirse o ser aprobado en una facultad ante tribunal superior.

revalorización. f. Acción y efecto de revalorizar.

revalorizar. tr. Devolver a algo el valor o estimación que había perdido.

revaluar. tr. Volver a evaluar. || Elevar el valor de una moneda o de otra cosa; se opone a *devaluar.*

revancha. f. Desquite.

revanchismo. m. Actitud de quien mantiene un espíritu de revancha o de venganza.

revelación. f. Acción y efecto de revelar. || Manifestación de una verdad oculta. || Por ant., la manifestación divina.

revelado. m. Conjunto de operaciones necesarias para revelar una imagen fotográfica.

revelador, ra. adj. y s. Que revela. || m. Líquido que sirve para revelar la placa fotográfica.

revelar. tr. y prnl. Descubrir lo secreto. || Proporcionar indicios o certidumbre de algo. || Manifestar Dios a los hombres lo futuro u oculto. || *Fot.* Hacer visible la imagen impresa en la placa fotográfica.

revender. tr. Volver a vender lo que se ha comprado con ese intento o al poco tiempo de haberlo comprado.

revenido, da. m. *Min.* Operación que consiste en recocer el acero a temperatura inferior a la del temple para mejorar éste.

revenimiento. m. Acción y efecto de revenir. || Hundimiento parcial del terreno de una mina.

revenir. intr. Retornar o volver una cosa a su estado propio. || prnl. Encogerse, consumirse una cosa poco a poco. || Ponerse una masa, pasta o fritura blanda y correosa con la humedad o el calor: *revenirse el pan.*

reventa. f. Acción y efecto de revender.

reventar. intr. Abrirse una cosa por impulso interior. Ú. t. c. prnl. || fig. Tener deseo grande de algo. || fig. y fam. Sentir y manifestar un afecto del ánimo, especialmente de ira: *estoy que reviento.* || tr. Deshacer una cosa aplastándola con violencia. || Dicho del caballo y otros animales, hacerles enfermar o morir por exceso en la carrera. Ú. t. c. prnl. || fig. Fatigar mucho a uno con exceso de trabajo. Ú. t. c. prnl. || fig. y fam. Molestar, cansar. || fig. y fam. Causar gran daño a una persona.

reverberación. f. Acción y efecto de reverberar. || *Quím.* Calcinación hecha en el horno de reverbero.

reverberar. intr. Reflejarse la luz en una superficie bruñida, o el sonido en una superficie que no lo absorba.

reverbero. m. Acción y efecto de reverberar. || Cuerpo de superficie bruñida en que la luz reverbera. || Farol que hace reverberar la luz.

reverdecer. intr. y tr. Cobrar nuevo verdor los campos o plantíos que estaban mustios o secos. || fig. Renovarse o tomar nuevo vigor.

reverencia. ≅acatamiento. f. Respeto o veneración que tiene una persona a otra. || Inclinación del cuerpo en señal de respeto o veneración.

reverencial. adj. Que incluye reverencia o respeto.

reverenciar. ≅acatar. tr. Respetar o venerar.

reverencioso, sa. adj. Que hace muchas inclinaciones o reverencias.

reverendo, da. adj. Digno de reverencia. || Tratamiento a veces se da a religiosos o eclesiásticos: *predicará el ∿ padre Luis.* Ú. t. c. s.: *habló bien el ∿.*

reverente. adj. Que muestra reverencia o respeto.

reversible. adj. Que puede volver a un estado o condición anterior. || Díc. de la prenda de vestir que puede usarse por el derecho o por el revés según convenga.

reverso. m. Revés, parte opuesta al frente de una cosa. || En las monedas y medallas, haz opuesta al anverso.

revertir. intr. Volver una cosa al estado o condición que tuvo antes. || Venir a parar una cosa en otra.

revés. m. Espalda o parte opuesta de una cosa. || Golpe que se da a otro con la mano vuelta. || Golpe que con la mano vuelta da el jugador de pelota para volverla. || fig. Infortunio, contratiempo.

revestimiento. m. Acción y efecto de revestir.

|| Capa con que se resguarda o adorna una superficie.

revestir. tr. Vestir una ropa sobre otra. Ú. m. c. prnl. || Cubrir con un revestimiento. || Exonerar la expresión o escrito con galas retóricas o conceptos complementarios. || fig. Disfrazar, disimular la realidad de una cosa añadiéndole adornos. || prnl. fig. Imbuirse o dejarse llevar con fuerza de una especie. || fig. Engreírse o envanecerse con el empleo o dignidad.

revindicar. tr. Defender al que se halla injuriado.

revisar. tr. Ver con atención y cuidado. || Someter una cosa a nuevo examen para corregirla, enmendarla o repararla.

revisión. ≅control. ≅inspección. ≅revista. f. Acción de revisar.

revisionismo. m. Teoría politicofilosófica que estima conveniente la revisión de principios en cualquier sector de ideas.

revisionista. adj. Relativo al revisionismo. || Partidario del revisionismo. Ú. t. c. s.

revisor, ra. adj. Que revisa algo. || m. y f. En los ferrocarriles, agente encargado de revisar y marcar los billetes de los viajeros.

revista. f. Segunda vista, o examen hecho con cuidado. || Formación de las tropas para que un general o jefe las inspeccione. || Publicación periódica por cuadernos, con escritos sobre varias materias, o sobre una sola especialmente. || Espectáculo teatral de carácter frívolo, en el que alternan números dialogados y musicales.

revistar. tr. Ejercer un jefe las funciones de inspección. || Pasar una autoridad ante las tropas que le rinden honores.

revistero. m. Mueble para colocar revistas.

revitalizar. tr. Dar más fuerza y consistencia.

revival. m. Movimiento artístico, sociológico y, por ext., de cualquier otra especie, que tiende a revalorizar modas o estilos del pasado.

revivificar. tr. Vivificar, reavivar.

revivir. ≅resucitar. ≅resurgir. intr. Resucitar. || Volver en sí el ser que parecía muerto. || fig. Renovarse o reproducirse algo: *revivió la discordia.*

reviviscencia. f. Acción y efecto de revivir.

revocabilidad. f. Calidad de revocable.

revocador, ra. adj. Que revoca. || m. Obrero que revoca casas y paredes.

revocar. tr. Dejar sin efecto una concesión, mandato o resolución. || Enlucir o pintar de nuevo las paredes exteriores de un edificio. || Por ext., enlucir cualquier paramento.

revoco. m. Acción y efecto de revocar las casas y paredes. || Revoque.

revolcar. tr. Derribar a uno y maltratarlo, pisotearlo. Díc. especialmente del toro contra el lidiador. || fam. Reprobar, suspender en un examen. || prnl. Echarse en una cosa refregándose en ella.

revolcón. m. fam. Acción y efecto de revolcar o revolcarse.

revolear. intr. Volar, haciendo tornos o giros.

revolero, ra. adj. Que revolea: *capa* ⌣. || f. Larga en cuyo remate el torero hace girar el capote por encima de su cabeza.

revolotear. intr. Volar haciendo tornos o giros en poco espacio. || Venir una cosa por el aire dando vueltas.

revoloteo. m. Acción y efecto de revolotear.

revoltijo o **revoltillo.** m. Conjunto o compuesto de muchas cosas, sin orden ni método. || Confusión o enredo.

revoltoso, sa. adj. y s. Sedicioso, alborotador, rebelde. || Travieso.

revolución. ≅insurrección. ≅motín. ◁reacción. ◁tranquilidad. f. Acción y efecto de revolver. || Cambio violento en las instituciones políticas de una nación. || Por ext., inquietud, alboroto, sedición. || fig. Mudanza o nueva forma en el estado o gobierno de las cosas.

revolucionar. tr. Provocar un estado de revolución. || *Mec.* Imprimir más o menos revoluciones en un tiempo determinado a un cuerpo que gira o al mecanismo que produce el movimiento.

revolucionario, ria. adj. Relativo a la revolución. || Partidario de ella. Ú. m. c. s. || Alborotador, turbulento. Ú. t. c. s.

revolver. ≅agitar. ≅mezclar. tr. Menear una cosa de un lado a otro o de arriba abajo. || Envolver una cosa en otra. Ú. t. c. prnl. || Volver la cara al enemigo para embestirle. Ú. t. c. prnl. || Mirar o registrar moviendo y separando algunas cosas. || Inquietar, causar disturbios. || Dar una cosa vuelta entera. Ú. t. c. prnl. || Alterar el buen orden de una cosa. || prnl. Moverse de un lado a otro. Ú. por lo común con negación. || Hacer mudanza el tiempo, ponerse borrascoso.

revólver. m. Arma de fuego, de corto alcance, que se puede usar con una sola mano, y provista de un cartón en que se colocan las balas.

revoque. m. Acción y efecto de revocar las paredes. || Mezcla de cal y arena u otro material análogo con que se revoca.

revuelo. m. Vuelta y revuelta del vuelo. || fig. Turbación o agitación.

revuelta. f. Alboroto, sedición. || Riña, disen-

sión. || Punto en que una cosa empieza a torcer su dirección o a tomar otra. || Este mismo cambio de dirección.

revuelto, ta. adj. Mezclado. || Enredador, travieso. || Intrincado, difícil de entender.

rey. m. Monarca o príncipe soberano de un reino. || Pieza principal del juego de ajedrez. || Carta duodécima de cada palo de la baraja.

reyerta. ≅altercado. ≅disputa. ≅pendencia. f. Contienda, lucha.

reyezuelo. m. Pájaro de alas cortas y redondeadas y plumaje vistoso.

rezagar. tr. Dejar atrás una cosa. || prnl. Quedarse atrás.

rezar. tr. Orar vocalmente pronunciando oraciones. || Leer o decir con atención el oficio divino o las horas canónicas. || Recitar la misa, una oración, etc., en contraposición a cantarla. || intr. fig. y fam. Gruñir, refunfuñar.

rezo. ≅oración. ≅plegaria. m. Acción de rezar. || Oficio eclesiástico que se reza diariamente.

rezongar. intr. Gruñir, refunfuñar a lo que se manda.

rezongón, na. adj. fam. Que rezonga con frecuencia.

rezumadero. m. Sitio o lugar por donde se rezuma una cosa. || Lo rezumado. || Sitio donde se junta lo rezumado.

rezumar. tr. y prnl. Dicho de un cuerpo, dejar pasar a través de sus poros o intersticios gotitas de algún líquido: *la pared rezuma humedad; el cántaro se rezuma.* || intr. y prnl. Dicho de un líquido, salir al exterior en gotas a través de los poros o intersticios de un cuerpo.

rho. f. Decimoséptima letra del alfabeto griego (P, ϱ) que corresponde a nuestra *r.*

ría. f. Penetración que forma el mar en la costa, debida a la sumersión de la parte litoral de una cuenca fluvial de laderas más o menos abruptas. || Ensenada amplia en la que vierten al mar aguas profundas.

riacho o **riachuelo.** m. Río pequeño y de poco caudal.

riada. f. Avenida, inundación, crecida.

ribazo. m. Porción de tierra con elevación y declive. || Talud entre dos fincas que están a distinto nivel. || Caballón que divide dos fincas o cultivos. || Caballón que permite dirigir los riegos, y andar sin pisar la tierra de labor.

ribera. f. Margen y orilla del mar o río. || Por ext., tierra cercana a los ríos, aunque no esté a su margen. || Huerto cercado que linda con un río.

ribereño, ña. adj. Relativo a la ribera. ‖ Díc. del dueño o morador de un predio contiguo al río. Ú. t. c. s.

ribete. m. Cinta o cosa análoga con que se guarnece y refuerza la orilla del vestido, calzado, etc. ‖ Añadidura, acrecentamiento. ‖ pl. fig. Asomo, indicio: *tiene sus ⌐s de poeta.*

ribeteado, da. adj. fig. Díc. de los ojos cuando los párpados están irritados.

ribetear. tr. Echar ribetes.

ribosoma. m. Cada uno de los orgánulos encargados de la síntesis de las proteínas.

ricacho, cha o **ricachón, na.** m. y f. fam. desp. Persona acaudalada.

ricino. m. Planta euforbiácea, de cuyas semillas se extrae un aceite purgante.

rico, ca. ≅acomodado. ≅potentado. ◁mísero. ◁pobre. adj. Adinerado, acaudalado. Ú. t. c. s. ‖ Abundante, opulento y pingüe. ‖ Gustoso, sabroso, agradable. ‖ Muy bueno en su línea. ‖ Aplícase a las personas como expresión de cariño.

ricohombre. ⸲ricoshombres. m. El que en lo antiguo pertenecía a la primera nobleza de España.

rictus. m. *Pat.* Contracción de los labios que deja al descubierto los dientes y da a la boca el aspecto de la risa.

ricura. f. fam. Calidad de rico al paladar.

ridiculez. f. Dicho o hecho extravagante e irregular. ‖ Nimia delicadeza de genio o natural.

ridiculizar. tr. Burlarse de una persona o cosa por las extravagancias o defectos que tiene o se le atribuyen.

ridículo, la. adj. Que por su rareza mueve a risa. ‖ Escaso, de poca estimación. ‖ Nimiamente delicado o reparón. ‖ m. Situación ridícula en que cae una persona.

riego. m Acción y efecto de regar. ‖ Agua disponible para regar.

riel. m. Barra pequeña de metal en bruto. ‖ Carril de una vía férrea.

rielar. ≅cabrillear. ≅resplandecer. intr. poét. Brillar con luz trémula. ‖ Vibrar, temblar.

rienda. f. Cada una de las dos correas que, unidas por uno de sus extremos al freno, lleva asidas por el otro el que gobierna la caballería. Ú. m. en pl. ‖ fig. Sujeción, moderación en acciones o palabras. ‖ pl. fig. Gobierno, dirección de una cosa.

riesgo. ≅exposición. ≅peligro. m. Contingencia o proximidad de un daño. ‖ Cada una de las contingencias que pueden ser objeto de un contrato de seguro.

rifa. f. Juego que consiste en sortear algo entre varios.

rifar. tr. Efectuar el juego de la rifa.

rifirrafe. m. fam. Contienda o bulla ligera.

rifle. m. Fusil de cañón rayado, de procedencia estadounidense.

rigidez. f. Calidad de rígido.

rígido, da. adj. Que no se puede doblar o torcer. ‖ fig. Riguroso, severo.

rigodón. m. Cierta especie de contradanza.

rigor. m. Dureza, severidad. ‖ Aspereza o acritud en el genio o en el trato. ‖ Intensidad, vehemencia: *el ⌐ del verano.* ‖ Propiedad y precisión. ‖ *Pat.* Rigidez de los tejidos fibrosos.

riguroso, sa. adj. Áspero y acre. ‖ Muy severo, cruel. ‖ Estrecho, austero, rígido. ‖ Dicho del temporal o de una desgracia u otro mal, extremado, duro de soportar. ‖ Exacto.

rija. f. Fístula que se hace debajo del lacrimal.

rilar. intr. Temblar, tiritar. ‖ prnl. Estremecerse.

rima. f. Consonancia o consonante. ‖ Asonancia o asonante. ‖ Composición en verso, del género lírico. Por lo común no se usa más que en pl.: ⌐s *de Garcilaso.* ‖ Rimero.

rimar. intr. Componer en verso. ‖ Ser una palabra asonante, o más especialmente, consonante de otra. ‖ tr. Hacer el poeta una palabra asonante o consonante de otra.

rimbombante. adj. fig. Ostentoso, llamativo.

rimbombar. intr. Retumbar, resonar.

rímel. m. Cosmético para ennegrecer y endurecer las pestañas.

rimero. m. Montón de cosas puestas unas sobre otras.

rincón. m. Ángulo entrante que se forma en el encuetro de dos paredes o de dos superficies. ‖ Escondrijo o lugar retirado.

rinconada. f. Ángulo entrante que se forma en la unión de dos casas, calles o caminos, o entre dos montes.

rinconera. f. Mesita, armario o estante pequeños, que se colocan en un rincón.

ring. m. En boxeo, cuadrilátero.

ringlera. f. Fila de cosas puestas unas tras otras.

ringlero. m. Cada una de las líneas del papel pautado en que aprenden a escribir los niños.

rinitis. f. Inflamación de la mucosa de las fosas nasales.

rinoceronte. m. Mamífero perisodáctilo, propio de la zona tórrida de Asia y de África. Llega a tener tres metros de largo y uno y medio de altura hasta la cruz. De patas cortas, tiene uno o dos

Rinoceronte blanco

cuernos encorvados cortos y en la línea media de la nariz.

rinofaringe. f. Porción de la faringe contigua a las fosas nasales.

rinología. f. Parte de la Medicina que trata de la nariz.

rinólogo. m. Médico que se dedica especialmente al estudio y tratamiento de las enfermedades de las fosas nasales.

rinoplastia. f. Operación quirúrgica para restaurar la nariz.

riña. f. Pendencia, lucha.

riñón. m. Cada una de las glándulas secretoras de la orina. || fig. Interior o centro de un terreno, sitio, asunto, etc. || pl. Parte del cuerpo que corresponde a la pelvis: *recibió un golpe en los ⌐es.*

riñonada. f. Tejido adiposo que envuelve los riñones. || Lugar del cuerpo en que están los riñones. || Guisado de riñones.

río. m. Corriente de agua continua y más o menos caudalosa que va a desembocar en otra, en un lago o en el mar. || fig. Gran abundancia de una cosa: *gastar un ⌐ de oro.*

rioja. m. Vino de fina calidad, que se cría y elabora en la comarca de este nombre.

riojano, na. adj. y s. De Rioja o La Rioja, comarcas o entidades españolas o hispanoamericanas.

rionegrino, na. adj. y s. De Río Negro (Argentina).

rioplatense. adj. y s. Del Río de la Plata o de los países de su cuenca.

ripio. m. Residuo que queda de algo. || Guijarro. || Palabra superflua que se emplea con el solo objeto de completar el verso.

riqueza. ≅bienestar. ≅opulencia. ≅prosperidad. ◁pobreza. f. Abundancia de bienes y cosas preciosas. || Copia de cualidades o atributos excelentes. || Abundancia relativa de cualquier cosa: ⌐ *alcohólica, de minerales, de vocabulario,* etc.

risa. f. Movimiento de la boca y otras partes del rostro, que demuestra alegría. || Lo que mueve a reír.

riscal. m. Sitio de muchos riscos.

risco. m. Hendidura, corte, || Peñasco alto y escarpado.

riscoso, sa. ≅escabroso. adj. Que tiene muchos riscos.

risión. f. fam. Burla o irrisión que se hace a uno. || Persona o cosa objetos de esta burla.

risotada. f. Carcajada, risa estrepitosa y descompuesta.

risotear. intr. Dar risotadas.

risoteo. m. Acción y efecto de risotear.

ristra. f. Trenza hecha de los tallos de ajos o cebollas con un número de ellos o de ellas. ||

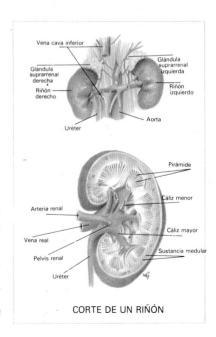

CORTE DE UN RIÑÓN

fig. y fam. Conjunto de ciertas cosas colocadas unas tras otras.

ristre. m. Hierro del peto de la armadura, donde encajaba el cabo de la manija de la lanza para afianzarlo en él.

risueño, ña. adj. Que muestra risa. || Que con facilidad se ríe. || fig. De aspecto deleitable, o capaz, por alguna circunstancia, de infundir gozo o alegría: *prado* ⌐. || fig. Próspero, favorable: *porvenir* ⌐.

ritmar. tr. Acompasar.

rítmico, ca. adj. Relativo al ritmo o sujeto a un ritmo o compás.

ritmo. m. Grata y armoniosa combinación y sucesión de voces y cláusulas y de pausas y cortes en el lenguaje poético y prosaico. || Metro o verso: *mudar de* ⌐. || fig. Orden acompasado en la sucesión o acaecimiento de las cosas. || *Mús.* Proporción guardada entre el tiempo de un movimiento y el de otro diferente.

rito. m. Costumbre o ceremonia. || Conjunto de reglas establecidas para el culto y ceremonias religiosas.

ritual. ≅liturgia. adj. Relativo al rito. || m. Ceremonial, conjunto de ritos de una religión o de una Iglesia.

ritualidad. f. Observancia de las formalidades prescritas para hacer una cosa.

ritualismo. m. Apego a los ritos, formalidades, etc.

ritualista. com. Partidario del ritualismo.

rival. ≅adversario. ≅contrario. ≅émulo. ◁aliado. ◁compañero. com. Quien compite con otro, pugnando por obtener una misma cosa o por superarle.

rivalidad. f. Calidad de rival. || Enemistad.

rivalizar. intr. Competir.

rivera. f. Arroyo, riachuelo. || Cauce por donde corre.

rizar. ≅ensortijar. ≅ondular. tr. Formar en el pelo anillos o sortijas, bucles, tirabuzones, etc. Ú. t. c. prnl. || Mover el viento la mar, formando olas pequeñas. Ú. t. c. prnl. || Hacer en las telas, papel o cosa semejante dobleces menudos que forman diversas figuras.

rizo. m. Mechón de pelo que artificial o naturalmente tiene forma de sortija, bucle, tirabuzón, etc.

rizófago, ga. adj. y s. Díc. de los animales que se alimentan de raíces.

rizófito, ta o **rizofito, ta.** adj. y s. Vegetal provisto de raíces. || f. pl. Orden de estas plantas.

rizoráceo, a o **rizofóreo, a.** adj. y s. Díc.

de árboles o arbustos dicotiledóneos, con muchas raíces, en parte visibles, como el mangle. || f. pl. Familia de estas plantas.

rizoide. adj. y s. Díc. de los pelos o filamentos que hacen las veces de raíces en ciertas plantas que, como las algas y los musgos, carecen de estos órganos.

rizoma. m. Tallo horizontal y subterráneo; como el del lirio común.

rizópodo, da. adj. y s. Protozoo cuyo cuerpo es capaz de emitir seudópodos que le sirven para moverse y para apoderarse de las partículas orgánicas de que se alimenta. || m. pl. Clase de estos animales.

rizoso, sa. adj. Díc. del pelo que tiende a rizarse naturalmente.

ro. Voz que se usa repetida para arrullar a los niños.

roano, na. adj. Aplícase a la caballería cuyo pelo está mezclado de blanco, gris y bayo.

róbalo o **robalo.** m. Pez teleósteo marino, acantopterigio, que vive en nuestros mares; su carne es muy apreciada.

robar. tr. Tomar para sí con violencia lo ajeno. || Tomar para sí lo ajeno, o hurtar de cualquier modo que sea. || Raptar. || Tomar del monte naipes en ciertos juegos de cartas, y fichas en el del dominó. || fig. Atraer con eficacia el afecto o ánimo: ⌐ *el corazón.*

robín. m. Orín o herrumbre de los metales.

robinsón. m. fig. Hombre que en la soledad y sin ayuda ajena llega a bastarse a sí mismo.

roblar. tr. Doblar o remachar una pieza de hierro.

Rizópodo

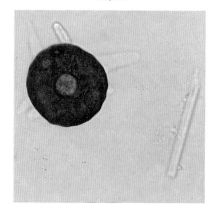

roble. m. Árbol fagáceo, que tiene por lo común de 15 a 20 m. de alt. y llega a veces hasta 40, de hojas perennes, y por fruto bellotas pedunculadas, amargas. Su madera es dura, compacta, de color pardo amarillento y muy apreciada en carpintería. || Madera de este árbol. || fig. Persona o cosa fuerte, recia y de gran resistencia.

robleda. f. Robledal.

robledal. m. Robledo de gran extensión.

robledo. ≅robledal. m. Sitio poblado de robles.

roblón. m. Especie de clavo de hierro que después de pasado por los taladros de las piezas que ha de asegurar se remacha por el extremo opuesto. || Lomo que en el tejado forman las tejas por su parte convexa.

roblonar. tr. Sujetar con roblones remachados.

robo. m. Acción y efecto de robar. || Cosa robada.

robot. m. Ingenio electrónico que puede ejecutar automáticamente operaciones o movimientos varios.

robustecer. tr. y prnl. Dar robustez.

robustez. f. Calidad de robusto.

robusto, ta. ≅forzudo. ≅sano. ≅vigoroso. adj. Fuerte, firme.

roca. f. Piedra, o vena de ella, muy dura y sólida. || Peñasco que se levanta en la tierra o en el mar. || fig. Cosa o persona muy dura, firme y constante. || Substancia mineral que por su ex-

Robot industrial

tensión forma parte importante de la masa terrestre.

rocalla. f. Conjunto de piedrecillas desprendidas de las rocas por la acción del tiempo o del agua, o que han saltado al labrar las piedras. || Abalorio grueso.

rocambola. f. Planta liliácea que se usa como condimento en substitución del ajo.

rocambolesco, ca. adj. Díc. de las acciones audaces, apasionantes, espectaculares e inverosímiles.

roce. m. Acción y efecto de rozar. || fig. Trato o comunicación frecuente con algunas personas. || fig. y fam. Altercado leve.

rociada. f. Acción y efecto de rociar. || fig. Conjunto de cosas que se esparcen al arrojarlas: *una ∽ de perdigones.* || fig. Represión fuerte.

rociado, da. adj. Mojado por el rocío.

rociar. terciopersonal. Caer sobre la tierra el rocío o la lluvia menuda. || tr. Esparcir en menudas gotas el agua u otro líquido. || fig. Arrojar algunas cosas de modo que caigan diseminadas.

rocín. ≅jamelgo. ≅lerdo. ≅rocinante. ≅zote. m. Caballo de mala traza, basto y de poca alzada. || Caballo de trabajo, a distinción del de regalo. || fig. y fam. Hombre tosco e ignorante.

rocinante. m. fig. Rocín matalón.

rocío. m. Vapor que con la frialdad de la noche se condensa en la atmósfera en muy menudas gotas, las cuales aparecen luego sobre la superficie de la tierra o sobre las plantas. || Las mismas gotas perceptibles a la vista. || Lluvia corta y pasajera.

roción. m. Salpicadura copiosa y violenta de agua del mar. || fig. Filípica, reprimenda.

rock. m. Abreviatura de *rock and roll*, ritmo y baile creados en 1956, con música de yaz.

rococó. adj. y m. Estilo barroco o amanerado que predominó especialmente en Francia en tiempo de Luis XV.

rocoso, sa. ≅roqueño. adj. Abundante en rocas.

rocho. m. Ave fabulosa a la cual se atribuye desmesurado trabajo y extraordinaria fuerza.

rodaballo. ≅rombo. m. Pez teleósteo del suborden de los anacantos, de unos cinco decímetros de largo, de cuerpo aplanado y de carne muy estimada.

rodada. f. Señal que deja impresa la rueda de un vehículo en el suelo por donde pasa.

rodado, da. adj. Aplícase a las piedras alisadas y redondeadas a fuerza de rodar impulsadas por aguas. || Díc. de la caballería que tiene manchas

más obscuras que el color general de su pelo. ||
Díc. de los pedazos de mineral desprendido de la
veta y esparcidos naturalmente por el suelo. Ú. t.
c. s. || Díc. del tránsito de vehículos de ruedas,
y del transporte o transbordo que se realizan valiéndose de ellos.

rodaja. f. Pieza circular y plana, de madera,
metal u otra materia. || Tajada circular o rueda de
algunos alimentos: ∿ *de patata.* || Estrella de la
espuela.

rodaje. m. Conjunto de ruedas: *el* ∿ *de un
reloj.* || Acción de impresionar una película cine-
matográfica. || Situación en que se halla un ve-
hículo automóvil mientras no ha rodado la distancia inicial prescrita por el constructor.

rodal. m. Lugar o espacio pequeño que por
alguna circunstancia particular se distingue de lo
que le rodea. || Parte de una cosa con distinto
color del general. || Mancha, conjunto de plantas
que pueblan un terreno diferenciándolo de los co-
lindantes. || Rodada. || Ruedo, esterilla.

rodamiento. m. Cojinete formado por dos cilindros concéntricos, entre los que se intercala una
corona de bolas o rodillos que pueden girar libremente.

rodapié. m. Paramento con que se cubren alrededor los pies de las camas, mesas y otros
muebles. || Friso, zócalo de una pared. || Tabla,
celosía o enrejado que se pone en la parte inferior
de la barandilla de los balcones.

rodar. ≅circular. ≅girar. intr. Dar vueltas un
cuerpo alrededor de su eje. || Moverse una cosa
por medio de ruedas. || Caer dando vueltas. ||
fig. No tener unas cosas colocación fija. || fig. Ir
de un lado para otro sin establecerse en sitio de-

terminado. || tr. Hacer que rueden ciertas cosas.
|| Hacer que un automóvil marche sin rebasar las
velocidades prescritas por el constructor para el
rodaje. || Hablando de películas cinematográficas,
impresionarlas o proyectarlas.

rodear. ≅circundar. ≅circunvalar. ≅divagar.
intr. Andar alrededor. || Ir por camino más largo
que el ordinario. || fig. Usar de rodeos en lo que
se dice. || tr. Poner una o varias cosas alrededor
de otra. || Cercar una cosa cogiéndola en medio.
|| Hacer dar vuelta a una cosa. || prnl. Revolverse,
rebullirse.

rodela. f. Escudo redondo y delgado.

rodeo. ≅desviación. ≅evasiva. ≅perífrasis.
≅subterfugio. m. Acción de rodear. || Camino
más largo o desvío del camino derecho. || Vuelta
para librarse de quien persigue. || Reunión del ga-
nado mayor para reconocerlo, contarlo, etc. || Sitio
donde se reúne. || En algunos países de América,
deporte que consiste en montar a pelo potros salvajes o reses vacunas bravas y hacer otros ejercicios
como arrojar el lazo, etc. || fig. Manera indirecta de
hacer alguna cosa. || fig. Manera de decir una cosa,
valiéndose de circunloquios.

rodera. ≅carril. f. Huella de un vehículo en el
suelo. || Camino abierto por el paso de los carros.

rodericense. adj. y s. De Ciudad Rodrigo.

rodete. m. Rosca que con las trenzas del pelo
se hacen las mujeres. || Rosca de lienzo que se
pone en la cabeza para llevar sobre ella un peso.
|| Chapa circular fija en lo interior de la cerradura.

rodezno. m. Rueda hidráulica con paletas cur-
vas y eje vertical. || Rueda dentada que engrana
con la que está unida a la muela de la tahona.

rodilla. f. Conjunto de partes blandas y duras

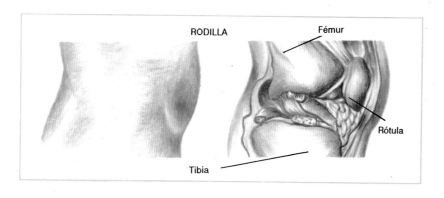

RODILLA   Fémur

Rótula

Tibia

que forman la unión del muslo con la pierna. ||
En los cuadrúpedos, unión del antebrazo con la
caña. || Paño basto que sirve para limpiar, espe-
cialmente en la cocina.

rodillada. f. Rodillazo. || Golpe que se recibe
en la rodilla. || Postura de la rodilla en tierra.

rodillazo. m. Golpe dado con la rodilla.

rodillera. f. Cualquiera cosa que se pone para
comodidad, defensa o adorno de la rodilla. || Re-
miendo que se echa a la ropa en la parte que
sirve para cubrir la rodilla. || Convexidad que llega
a formar el pantalón en la parte que cae sobre la
rodilla. || Herida que se hacen las caballerías al
caer de rodillas. || Cicatriz de esta herida.

rodillo. m. Barra o tubo de hierro, de sección

circular, o madero redondo y fuerte que se hace
rodar por el suelo para llevar sobre él una cosa
de mucho peso. || Cilindro muy pesado que se
hace rodar para allanar y apretar la tierra. || Cilin-
dro que se emplea para dar tinta en las imprentas,
litografías, etc. || Pieza de metal, cilíndrica y gi-
ratoria, que forma parte de diversos mecanismos.

rodio. m. Metal de color blanco de plata que
no le atacan los ácidos y es difícilmente fusible.

rodio, dia. adj. y s. De Rodas.

rododendro. m. Arbolillo ericáceo cultivado
como planta de adorno.

rodofíceo, a. adj. Díc. de las algas que tienen
un color variable del rojo al violeta. || f. pl. Clase
de estas algas.

ROEDORES

Gerbo

Hámster

Puerco espín

Conejillo de indias
o Cuy

Perrillo
de la pradera

Castor

Chinchilla

Capibara

Ratón casero

Marmota

Ardilla

Rata común

Lirón

rodrigar. tr. Poner rodrigones a las plantas.

rodrigón. ≅tutor. m. Vara que se clava al pie de una planta y sirve para sostener sus tallos y ramas. || fig. y fam. Criado anciano que servía para acompañar señoras.

roedor, ra. adj. Que roe. || fig. Que conmueve el ánimo. || Díc. de mamíferos unguiculados con dos incisivos en cada mandíbula, como la ardilla, el ratón y el conejo. Ú. t. c. s. || m. pl. Orden de estos mamíferos.

roedura. f. Acción de roer. || Porción que se corta royendo. || Señal que queda en la parte roída.

roentgen. m. Nombre del roentgenio en la nomenclatura internacional.

roentgenio. m. Unidad electrostática cegesimal de poder ionizante con relación al aire. Se emplea en las aplicaciones terapéuticas de los rayos X.

roer. tr. Cortar menuda y superficialmente con los dientes parte de una cosa dura. || Quitar con los dientes a un hueso la carne que se le quedó pegada. || fig. Gastar superficialmente, poco a poco, una cosa. || fig. Molestar.

rogar. ≅deprecar. ≅impetrar. ≅implorar. ≅solicitar. ≅suplicar. ◁exigir. ◁intimar. tr. Pedir por gracia una cosa. || Instar con súplicas.

rogativa. f. Oración pública hecha a Dios para conseguir el remedio de una grave necesidad. Ú. m. en pl.

roído, da. adj. Cortado, gastado. || fig. y fam. Corto, dado con miseria.

rojez. f. Calidad de rojo.

rojizo, za. adj. Que tira a rojo.

rojo, ja. ≅colorado. adj. Encarnado muy vivo. Ú. t. c. s. Es el primer color del espectro solar. || De color parecido al oro. || Díc. del pelo de un rubio muy vivo, casi colorado. || En política, radical, revolucionario.

rol. ∬roles. m. Corro de personas. || Lista o nómina. || Galicismo por papel, carácter, representación.

rolar. intr. Mar. Dar vueltas en círculo. || Mar. Ir variando de dirección el viento.

roldana. f. Rodaja por donde corre la cuerda en un motón o garrucha.

rollizo, za. ≅cilíndrico. ≅fornido. ≅gordo. ≅rechoncho. adj. Redondo en forma de rollo. || Robusto y grueso. || m. Madero en rollo.

rollo. m. Cualquier materia que toma forma cilíndrica. || Cilindro de materia dura que sirve para labrar en ciertos oficios. || Madero redondo descortezado, pero sin labrar. || Porción de tejido, papel, etc., que se tiene enrollada en forma cilín-

drica. || Película fotográfica enrollada en forma cilíndrica. || Canto rodado de forma casi cilíndrica. || fig. Discurso, exposición o lectura larga y fastidiosa.

romana. f. Instrumento que sirve para pesar, compuesto de una palanca de brazos muy desiguales, con el fiel sobre el punto de apoyo.

romance. adj. y m. Aplícase a cada una de las lenguas modernas derivadas del latín. || m. Idioma español. || Combinación métrica que consiste en repetir al fin de todos los versos pares una misma asonancia y en no dar a los impares rima de ninguna especie. || Composición poética escrita en romance.

romancero, ra. m. y f. Persona que canta romances. || m. Colección de romances.

romancista. adj. y s. Díc. de la persona que escribía en lengua romance, por contraposición a la que escribía en latín. || com. Autor o autora de romances.

románico, ca. adj. y s. Arte desarrollado en el Occidente de Europa desde fines del s. X hasta principios del s. XIII. || Díc. de las diversas lenguas procedentes del latín.

romanista. adj. y s. Que profesa el Derecho romano o tiene en él especiales conocimientos. || Díc. de la persona versada en las lenguas romances.

romanizar. ≅latinizar. tr. Difundir la civilización romana o la lengua latina. || intr. Adoptar la civilización romana o la lengua latina. Ú. t. c. prnl.

romano, na. adj. De Roma. Ú. t. c. s. || Relativo a esta ciudad de Italia o a cada uno de los Estados antiguos y modernos de que ha sido metrópoli. || Natural o habitante de cualquiera de los países de que se componía el antiguo imperio romano. Ú. t. c. s. || Aplícabase a la religión católica y a lo perteneciente a ella. || Aplícase también a la lengua latina. Ú. t. c. s. m.

romanticismo. m. Movimiento literario, espiritual y artístico del s. XIX, de tendencia individualista y que prescindía de las reglas o preceptos clásicos. || Época de la cultura occidental en que prevaleció tal escuela literaria. || Calidad de sentimental, generoso y fantástico.

romántico, ca. adj. Relativo al romanticismo. Ú. t. c. s. || Díc. del escritor que da a sus obras el carácter del romanticismo. Ú. t. c. s. || Partidario del romanticismo. Ú. t. c. s. || Sentimental, generoso y soñador.

romanza. f. Aria de carácter sencillo y tierno. || Composición musical del mismo carácter.

romaza. f. Hierba perenne poligonácea, común en España.

rombo. m. Paralelogramo que tiene los lados iguales y dos de sus ángulos mayores que los otros dos. || Rodaballo, pez.

romboédrico, ca. adj. Relativo al romboedro.

romboedro. m. Prisma oblicuo de bases y caras rombales.

romboidal. adj. De figura de romboide.

romboide. m. Paralelogramo cuyos lados contiguos son desiguales y dos de sus ángulos mayores que los otros dos.

romeral. m. Terreno poblado de romeros.

romería. ≅gentío. ≅muchedumbre. f. Viaje que se hace por devoción a un santuario. || Fiesta popular que se celebra en el campo inmediato a alguna ermita o santuario. || fig. Gran número de gentes que afluye a un sitio.

romero. m. Arbusto labiado de hojas aromáticas. Es común en España y se utiliza en medicina y perfumería.

romero, ra. adj. y s. Aplícase al peregrino que va en romería con bordón y esclavina. || m. Pez marino teleósteo anacanto. || Pez marino teleósteo acantopterigio.

romo, ma. ≅chato. ◁agudo. adj. Obtuso y sin punta. || De nariz pequeña y poco puntiaguda.

rompecabezas. m. Arma ofensiva compuesta de dos bolas de hierro o plomo sujetas a los extremos de un mango corto y flexible. || fig. y fam. Problema o acertijo de difícil solución. || Juego de paciencia que consiste en componer determinada figura combinando cierto número de pedacitos, en cada uno de los cuales hay una parte de la figura.

rompehielos. m. Buque de formas, resistencia y potencia adecuadas para abrir camino en los mares helados.

rompehuelgas. ≅esquirol. m. y f. Persona que, prescindiendo del interés gremial, se presta a reemplazar a un huelguista.

rompeolas. m. Dique avanzado en el mar, para procurar abrigo a un puerto o rada.

romper. tr. Separar con violencia las partes de un todo, deshaciendo su unión. Ú. t. c. prnl. || Quebrar o hacer pedazos una cosa. Ú. t. c. prnl. || Gastar, destrozar. Ú. t. c. prnl. || Deshacer un cuerpo de gente armada. || Hacer una abertura en un cuerpo. Ú. t. c. prnl. || Roturar. || fig. Traspasar el límite o término que esta puesto. || fig. Dividir o separar por breve tiempo la unión o continuidad de algo. || fig. Abrir espacio suficiente para pasar por un sitio obstruido. || intr. Reventar las olas. || Empezar: ⌒ *el día.*

ron. m. Licor alcohólico de olor y sabor fuertes, que se saca de una mezcla fermentada de melazas y zumo de caña de azúcar.

ronca. f. Grito que da el gamo cuando está en celo. || Tiempo en que está en celo el gamo.

roncador, ra. adj. y s. Que ronca. || m. Pez teleósteo acantopterigio, de color negruzco con líneas amarillas.

roncar. intr. Hacer ruido bronco con el resuello cuando se duerme. || Llamar el gamo a la hembra, cuando está en celo. || fig. Hacer un ruido sordo o bronco ciertas cosas.

ronco, ca. ≅afónico. adj. Que tiene ronquera. || Cardenal, equimosis. || Aplícase también a la voz o sonido áspero y bronco.

roncha. f. Lesión cutánea, característica de la alergia inmediata o provocada por picaduras de un insecto. || fig. y fam. Daño recibido en materia de dinero cuando se lo sacan a uno con engaño.

ronchar. tr. Hacer ruido uno al comer un manjar quebradizo. || intr. Crujir un manjar cuando se masca.

ronchón. m. Roncha, lesión cutánea.

ronda. f. Acción de rondar. || Grupo de personas que andan rondando. || Reunión nocturna de mozos. || Espacio que hay entre la parte interior del muro y las casas de una plaza fuerte. || Cada uno de los paseos o calles cuyo conjunto circunda una ciudad o la parte antigua de ella. || En varios juegos de naipes, vuelta o suerte de todos los jugadores. || fam. Cada una de las vueltas en la distribución de copas de vino o de cigarros a personas reunidas en corro. || Mil. Patrulla destinada a rondar las calles o a recorrer los puestos exteriores de una plaza. || Vigilancia efectuada por dicha patrulla.

rondalla. f. Cuento, patraña o conseja. || Conjunto musical de instrumentos de cuerda.

rondar. intr. Andar de noche vigilando una población. Ú. t. c. tr. || Andar de noche paseando las calles. Ú. t. c. tr. || Pasear los mozos las calles donde viven las mozas a quienes galantean. Ú. t. c. tr. || Mil. Visitar los diferentes puestos de una plaza fuerte o campamento para vigilar el servicio. || tr. fig. Dar vueltas alrededor de una cosa. || fig. y fam. Andar tras de uno para conseguir de él una cosa. || fig. y fam. Amagar, retentar a uno una cosa.

rondel. m. Composición poética corta.

rondeño, ña. adj. y s. De Ronda (España).

rondó. m. Composición musical cuyo tema se repite o insinúa varias veces.

rondón (de). m. adv. Intrépidamente y sin reparo.

ronquera. Afección de la laringe, que cambia el timbre de la voz haciéndolo bronco.

ronquido. m. Ruido o sonido que se hace roncando. || fig. Ruido o sonido bronco.

ronronear. intr. Producir el gato una especie de ronquido, en demostración de contento.

ronroneo. ≅ runrún. m. Acción y efecto de ronronear.

ronzal. m. Cuerda que se ata a la cabeza de las caballerías.

ronzar. tr. Comer una cosa quebradiza partiéndola ruidosamente con los dientes.

roña. ≅ herrumbre. ≅ moho. ≅ mugre. ≅ suciedad. f. Sarna del ganado lanar. || Porquería pegada fuertemente. || fig. Daño moral que se comunica de unos en otros. || fig. y fam. Mezquindad, roñería. || Tirria, ojeriza.

roñería. f. fam. Miseria, tacañería.

roñica. com. fam. Persona roñosa.

roñosería. f. Mezquindad, roñería.

roñoso, sa. ≅ avaro. ≅ herrumbroso. ≅ mezquino. adj. Que tiene roña. || Puerco, sucio o asqueroso. || Oxidado o cubierto de orín. || fig. y fam. Miserable, tacaño.

ropa. ≅ ropaje. ≅ traje. ≅ vestido. f. Todo género de tela que sirve para el uso o adorno de las personas o las cosas. || Cualquiera prenda de tela que sirve para vestir. Ú. t. en pl. || Vestidura distintiva de cargos o profesiones.

ropaje. m. Vestido. || Vestidura larga, vistosa y de autoridad. || Conjunto de ropas. || fig. Forma de expresión.

ropería. f. Oficio de ropero. || Tienda donde se vende ropa hecha. || Habitación donde se guarda la ropa de una comunidad.

ropero, ra. m. y f. Persona que vende ropa hecha. || Persona destinada a cuidar de la ropa de una comunidad. || m. Armario o cuarto donde se guarda ropa. || Asociación benéfica destinada a distribuir ropa entre los necesitados.

roqueda o **roquedal.** m. Lugar abundante en rocas.

roquefort. m. Queso de oveja, de fuerte sabor y olor, fabricado originariamente en la población francesa de Roquefort-sur-Soulzon.

roqueño, ña. ≅ rocoso. adj. Aplícase al sitio o paraje lleno de rocas. || Duro como roca.

roquero, ra. adj. Relativo a las rocas o edificado sobre ellas. || m. y f. Persona que sigue el movimiento musical rock. Ú. t. c. adj.

roquete. m. Especie de sobrepelliz de mangas cortas.

rorro. m. fam. Niño pequeñito.

ros. m. Especie de chacó pequeño, más alto por delante que por detrás.

rosa. ≅ rosáceo. ≅ rosado. f. Flor del rosal. || Mancha de color rosa que suele salir en el cuerpo. || Lazo u otra cosa hecha en forma de rosa. || Fruta de sartén hecha con masa de harina. || m. Color encarnado poco subido.

rosáceo, a. adj. De color parecido al de la rosa. || Díc. de plantas angiospermas dicotiledóneas, como el rosal, el almendro y el peral. Ú. t. c. s. f. || f. pl. Familia de estas plantas.

rosado, da. adj. Aplícase al color de la rosa. || Compuesto de rosas.

rosal. m. Arbusto de la familia de las rosáceas, con tallos ramosos, hojas alternas, con estípulas; flores terminales, y por fruto una baya carnosa que corona el cáliz. Al natural se le denomina rosal silvestre.

rosaleda o **rosalera.** f. Sitio en que hay muchos rosales.

rosario. m. Rezo de la Iglesia, en que se conmemoran los 15 misterios principales de la vida de Jesucristo y de la Virgen, recitando después

Rosa

de cada uno un padrenuestro, diez avemarías y un gloriapatri. || Sarta de cuentas, separadas de diez en diez por otras de distinto tamaño, que sirve para hacer ordenadamente el rezo del mismo nombre. || fig. Sarta, serie.

rosbif. m. Carne de vaca soasada.

rosca. f. Máquina que se compone de tornillo y tuerca. || Cualquier cosa redonda y rolliza que, cerrándose, deja en medio un espacio vacío. || Pan o bollo de esta forma. || Carnosidad que rebosa a las personas gruesas alrededor del cuello, las muñecas o las piernas. || Cada una de las vueltas de una espiral, o el conjunto de ellas. || Resalto helicoidal de un tornillo.

roscado, da. adj. En forma de rosca. || m. Acción y efecto de roscar.

roscar. tr. Labrar las espiras de un tornillo.

rosco. m. Roscón o rosca de pan.

roscón. m. Bollo en forma de rosca grande.

rosellonés, sa. adj. y s. Del Rosellón.

róseo, a. adj. De color de rosa.

roseta. f. Rosa pequeña. || Mancha rosada en las mejillas. || Rallo de la regadera. || Pieza de metal fija en el extremo de la barra de la romana. || Arete o zarcillo adornado con una piedra preciosa a la que rodean otras pequeñas.

rosetón. m. Roseta grande. || Ventana circular calada, con adornos. || Adorno circular que se coloca en los techos.

rosicler. m. Color rosado, claro y suave de la aurora.

rosoli o **rosolí.** m. Licor compuesto de aguardiente rectificado, mezclado con azúcar, canela, anís, etc.

rosquilla. f. Especie de masa dulce y delicada, formada en figura de roscas pequeñas. || Larva de insecto que se enrosca al menor peligro.

rosquillero, ra. m. y f. Persona que se dedica a hacer rosquillas o a venderlas.

rostro. ≅semblante. m. Pico del ave. || Por ext., cosa en punta, parecida a él. || Cara de las personas. || Espolón de la nave.

rotación. f. Acción y efecto de rotar o rodar. || Movimiento en que un cuerpo se mueve alrededor de un eje.

rotar. intr. Rodar.

rotativo, va. adj. Dic. de la máquina de imprimir de movimiento continuo y gran velocidad, que únicamente puede imprimir en papel de bobina. || f. La misma máquina. || m. Por ext., periódico impreso en estas máquinas.

rotatorio, ria. adj. Que tiene movimiento circular.

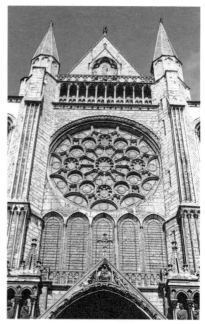
Rosetón de la catedral de Chartres (Francia)

rotífero, ra. adj. Dic. de los animales metazoarios, microscópicos, con simetría bilateral y segmentación aparente.

roto, ta. adj. Separado, quebrado. || Andrajoso. Ú. t. c. s. || Aplícase al sujeto licencioso.

rotonda. f. Edificio o sala de planta circular. || Plaza circular.

rotor. m. Parte giratoria de una máquina electromagnética o de una turbina.

rótula. f. Cada uno de los trocitos en que se divide una masa medicinal. || Hueso en la parte anterior de la articulación de la tibia con el fémur.

rotulación. f. Acción y efecto de rotular.

rotulador, ra. adj. y s. Que rotula o sirve para rotular. || f. Máquina para rotular. || Utensilio para escribir, dibujar, etc., que tiene una tinta especial y una punta de diversas materias y formas, y que permite marcar con un trazo generalmente más grueso que el habitual.

rotular. tr. Poner rótulo.

rotular. adj. Relativo a la rótula.

rótulo. m. Título de un escrito o de una parte suya. || Letrero o inscripción. || Cartel.

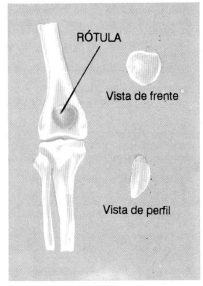

Rotula

rotundidad. f. Calidad de rotundo.

rotundo, da. ≅concluyente. ≅definitivo. adj. Redondo. || fig. Aplicado al lenguaje, lleno y sonoro. || fig. Preciso y terminante: *negativa rotunda.*

rotura. ≅rompimiento. ≅ruptura. f. Acción y efecto de romper. || Raja o quiebra de un cuerpo sólido.

roturar. tr. Arar o labrar por primera vez las tierras eriales para ponerlas en cultivo.

roulotte. f. Coche remolque utilizado como habitación.

round. m. En boxeo equivale a asalto.

roya. ≅alheña. ≅herrumbre. ≅sarro. f. Hongo de tamaño muy pequeño que vive parásito sobre diversos vegetales, ocasionando en ellos peligrosas enfermedades.

royalty. m. Canon o tasa que se paga al titular de una patente, invento, etc., por la cesión de uso que hace de ellos a otra persona o entidad.

roza. f. Acción y efecto de rozar. || Surco o canal abierto en una pared para empotrar tuberías, cables, etc. || Tierra rozada y limpia para sembrar en ella.

rozadura. ≅arañazo. ≅fricción. ≅roce. ≅rozamiento. f. Acción y efecto de ludir una cosa con otra. || Enfermedad de los árboles a consecuencia de haberse desprendido del líber la corteza. || Herida superficial de la piel.

rozamiento. ≅fricción. ≅roce. m. Acción y efecto de rozar. || fig. Disensión o disgusto leve entre dos o más personas o entidades. || Resistencia que se opone al resbalamiento de un cuerpo sobre otro.

rozar. tr. Limpiar las tierras de las matas y hierbas inútiles. || Cortar los animales con los dientes la hierba para comerla. || Raer una cosa. || *Albañ.* Abrir algún hueco o canal en un paramento. || intr. Pasar una cosa tocando la superficie de otra. Ú. t. c. tr. || prnl. fig. Tratarse o tener entre sí dos o más personas familiaridad y confianza.

rúa. f. Calle de un pueblo.

rubéola o **rubeola.** f. Enfermedad caracterizada por una erupción semejante a la del sarampión.

rubí. ⨍⨍rubíes. m. Mineral cristalizado, más duro que el acero, de color rojo y brillo intenso. Es una de las piedras preciosas de más estima.

rubia. f. Planta cuya raíz sirve para preparar una substancia colorante roja muy usada en tintorería. || Raíz de esta planta. || Pececillo teleósteo de agua dulce, muy común en España.

rubiáceo, a. adj. y f. Díc. de plantas angiospermas dicotiledóneas, como la rubia y el café. || f. pl. Familia de estas plantas.

rubicundez. f. Calidad de rubicundo. || Color sanguíneo que se presenta como fenómeno morboso en la piel y en las membranas mucosas.

rubicundo, da. adj. Rubio que tira a rojo. || Aplícase a la persona de buen color.

rubidio. m. Metal semejante al potasio, aunque más blando y más pesado.

rubio, bia. ≅dorado. adj. De color rojo claro parecido al del oro. || m. Pez teleósteo marino acantopterigio de carne poco estimada.

rublo. m. Unidad monetaria de la U. R. S. S.

rubor. m. Color rojo muy encendido. || Color que la vergüenza saca al rostro. || fig. Vergüenza.

ruborizar. tr. Causar rubor. || prnl. fig. Teñirse de rubor una persona. || fig. Sentir vergüenza.

rúbrica. f. Rasgo o conjunto de rasgos de figura determinada que como parte de la firma pone cada cual después de su nombre. A veces se pone la rúbrica sola. || Epígrafe o rótulo.

rubricar. tr. Poner uno su rúbrica. || Subscribir, firmar un despacho o papel y ponerle el sello. || fig. Subscribir o dar testimonio de una cosa.

rucio, cia. adj. De color pardo claro. || fam. Díc. de la persona entrecana.

ruda. f. Planta rutácea que se usa en medicina.

rudeza. f. Calidad de rudo.

rudimentario, ria. adj. Relativo al rudimento o a los rudimentos.

rudimento. m. Embrión de un ser orgánico. || pl. Primeros estudios de cualquiera ciencia o profesión.

rudo, da. ≅áspero. ≅brusco. ◁cortés. ◁refinado. adj. Tosco, basto. || Que no se ajusta a las reglas del arte. || Díc. del que tiene dificultad grande para aprender lo que estudia. || Descortés, grosero. || Riguroso, violento.

rueca. f. Instrumento que sirve para hilar. || fig. Vuelta de una cosa.

rueda. f. Máquina elemental, en forma circular y de poco grueso respecto a su radio, que puede girar sobre un eje. || Círculo formado por algunas personas o cosas. || Pez marino plectognato de forma casi circular. || Tajada circular.

ruedo. m. Parte puesta alrededor de una cosa. || Refuerzo con que se guarnecen interiormente por la parte inferior los vestidos talares. || Estera pequeña y redonda. || Circunferencia de una cosa. || Contorno. || Redondel de la plaza de toros.

ruego. m. Súplica, petición.

rufián. ≅chulo. m. Traficante de mujeres públicas. || fig. Hombre despreciable.

rufianear. tr. e intr. Hacer cosas propias de rufián.

rufianería. f. Tráfico de mujeres públicas. || Dichos o hechos propios de rufián.

rufianesco, ca. adj. Relativo a los rufianes o a la rufianería.

rufo, fa. adj. Rojo, rubio o bermejo. || Que tiene el pelo ensortijado.

rugby. m. Juego que se efectúa entre dos equipos de 15 jugadores cada uno con un balón de forma ovoide, y en el que los jugadores pueden correr llevando cogido el balón.

rugido. m. Voz del león. || fig. Grito del hombre furioso. || fig. Estruendo. || fig. Ruido que hacen las tripas.

rugir. intr. Bramar el león. || fig. Bramar una persona enojada. || Crujir y hacer ruido fuerte.

rugosidad. f. Calidad de rugoso. || Arruga.

rugoso, sa. adj. Que tiene arrugas, arrugado.

ruibarbo. m. Planta poligonácea cuya raíz se usa mucho en medicina. || Raíz de esta planta.

ruido. ≅bulla. ≅escándalo. ≅estrépito. ≅murmullo. ≅rumor. ◁silencio. m. Sonido inarticulado y confuso, o conjunto de ellos. || fig. Litigio, pendencia, alboroto. || fig. Apariencia grande en cosas sin substancias. || fig. Interés o conjunto de comentarios que suscita una cosa.

ruidoso, sa. adj. Que causa mucho ruido. || Aplícase a la acción o lance notable y de que se habla mucho.

ruin. ≅desmedrado. ≅enclenque. ≅indigno. ≅malo. ≅raquítico. ◁digno. ◁generoso. adj. Vil, bajo y despreciable. || Pequeño. || Díc. de la persona de malas costumbres. || Aplícase también a las mismas costumbres malas. || Mezquino y avariento. || Díc. de los animales falsos y de malas mañas.

ruina. f. Acción de caer o destruirse una cosa. || fig. Pérdida grande de fortuna. || fig. Destrozo, perdición, decadencia. || fig. Causa de esta decadencia. || pl. Restos de uno o más edificios arruinados.

ruindad. f. Calidad de ruin. || Acción ruin.

ruinoso, sa. adj. Que amenaza ruina. || Pequeño, desmedrado. || Que arruina y destruye.

ruiseñor. m. Pájaro dentirrostro, con plumaje pardo rojizo y notable por su canto melodioso.

rular. intr. y tr. Rodar.

ruleta. f. Juego de azar para el que se usa una rueda horizontal giratoria.

rulo. m. Bola gruesa u otra cosa redonda que rueda fácilmente. || Rodillo para allanar el suelo. || Rizo del cabello. || Pequeño cilindro hueco y perforado al que se arrolla el cabello para rizarlo.

rumano, na. adj. y s. De Rumania. || m. Lengua rumana.

rumba. f. Cierto baile popular y la música que lo acompaña.

rumbo. m. Dirección considerada o trazada en el plano del horizonte. || Camino que uno se propone seguir. || Cualquier agujero que se hace en el casco de la nave. || fig. y fam. Pompa, ostentación. || fig. y fam. Garbo, desprendimiento.

rumboso, sa. ≅desinteresado. ≅generoso. ≅suntuoso. ◁mezquino. ◁miserable. adj. fam. Pomposo, magnífico. || fam. Desprendido, dadivoso.

rumiante. p. a. de rumiar. Que rumia. || Díc. de los mamíferos artiodáctilos patihendidos, que carecen de dientes incisivos en la mandíbula superior y tienen el estómago compuesto de cuatro cavidades: *panza, redecilla, libro* y *cuajar*. Ú. t. c. s. || m. pl. Suborden de estos animales.

rumiar. ≅mascullar. ≅meditar. ≅pensar. ≅reflexionar. tr. Masticar por segunda vez, devolviéndolo a la boca, el alimento que ya estuvo en el estómago. || fig. y fam. Considerar despacio y pensar con reflexión. || fig. y fam. Rezongar, refunfuñar.

rumor. ≅chisme. ≅murmullo. ≅runrún.

RUMIANTES

Dromedario

Jirafa

Ciervo

Gacela

Llama

Reno

Okapi

≅susurro. ≅zumbido. m. Voz que corre entre el público. || Ruido confuso de voces. || Ruido sordo, vago y continuado.

rumorearse. impers. Correr un rumor entre la gente.

runa. f. Cada uno de los caracteres que empleaban en la escritura los antiguos escandinavos.

runrún. m. Zumbido, ruido o sonido continuado y bronco. || Ruido confuso de voces. || fam. Voz que corre entre el público.

runrunear. intr. Susurrar. Ú. m. c. prnl. || Hacer correr un runrún o murmullo.

runruneo. m. Acción y efecto de runrunearse. || Runrún, zumbido.

rupestre. adj. Relativo a las rocas: *planta* ⌢. Aplíc. especialmente a las pinturas y dibujos prehistóricos existentes en algunas rocas y cavernas.

rupia. f. Moneda de oro de Persia y del Indostán. || Moneda de plata de los mismos países. || Enfermedad de la piel, caracterizada por la aparición de ampollas grandes y aplastadas.

ruptor. m. Dispositivo electromagnético o mecánico que cierra o abre sucesivamente un circuito eléctrico. || Dispositivo que, al funcionar, produce la chispa en la bujía de un motor de explosión.

ruptura. f. fig. Acción y efecto de romper. || Rompimiento de relaciones entre las personas.

rural. ≅campesino. ≅campestre. ≅palurdo. ≅rudo. ≅rústico. ◁urbano. adj. Relativo al campo. || fig. Inculto, tosco.

ruralismo. m. Calidad de rural.

ruso, sa. adj. y s. De Rusia, antigua nación de Europa. || Por ext., de la U. R. S. S., aunque es más preciso decir *soviético.* || m. Lengua eslava hablada en la República Federal Socialista Soviética Rusa y en otros territorios de la U. R. S. S.

rusticano, na. adj. Silvestre. Díc. de las plantas no cultivadas.

rusticidad. f. Calidad de rústico.

rústico, ca. adj. Relativo al campo: *arrendamiento* ⌢. || fig. Tosco, grosero. || m. Hombre del campo.

ruta. ≅dirección. ≅rumbo. f. Rumbo de un viaje. || Itinerario para él. || fig. Dirección que se toma para lograr un propósito.

rutáceo, a. adj. Díc. de las plantas angiospermas dicotiledóneas como la ruda y el naranjo. || f. pl. Familia de estas plantas.

rutenio. m. Metal muy parecido al osmio y del que se distingue por tener óxidos de color rojo.

rutherford o **rutherfordio.** m. Unidad de medida de la radiactividad. Corresponde a la cantidad de un preparado radiactivo en el cual se produce un millón de desintegraciones por segundo.

rutilancia. f. Brillo rutilante.

rutilar. ≅relumbrar. ≅resplandecer. intr. poét. Brillar, despedir rayos de luz.

rutilo. m. Óxido de titanio.

rutina. f. Costumbre inveterada, hábito adquirido de hacer las cosas no pensándolas.

rutinario, ria. adj. Que se hace por rutina. || Díc. del que obra por rutina.

rutinero, ra. adj. y s. Que obra por rutina.

s. f. Vigésima segunda letra del abecedario español. Su nombre es *ese.*

sábado. m. Séptimo día de la semana.

sábalo. m. Pez marino teleósteo, fisóstomo, con el cuerpo en forma de lanzadera.

sabana. f. *Amér.* Llanura muy dilatada, sin vegetación arbórea.

sábana. f. Cada una de las dos piezas de tela que se utilizan para cubrir la cama y colocar el cuerpo entre ambas. || Manto de los hebreos y otros pueblos de Oriente. || Sabanilla de altar. || vulg. Billete de mil pesetas.

sabandija. f. Cualquier reptil o insecto asqueroso y molesto: *El escarabajo y la salamandra son unas ⌒s.* || fig. Persona despreciable.

sabanilla. f. Cubierta exterior de lienzo con que se cubre el altar.

sabañón. m. Hinchazón de la piel, principalmente de las manos, pies y orejas, que produce ardor y picazón y es causada por el frío excesivo.

sabático, ca. adj. Relativo al sábado: *descanso ⌒.* || Séptimo año en que los hebreos dejaban descansar sus tierras. || Díc. del año de licencia con sueldo que algunas universidades conceden a su personal cada siete años.

sabatino, na. adj. Relativo al sábado o ejecutado en él.

sabela. f. Gusano marino sedentario anélido, de branquias dispuestas en espiral.

saber. ≅erudición. ≅sabiduría. m. Conocimiento. || Ciencia o facultad. || tr. Conocer. || Ser docto en algo. || Tener habilidad para una cosa. || intr. Tener noticias sobre una persona: *hace un mes que no sé de mi hermano.* || Ser muy sagaz: *sabe más que una zorra.* || Tener sabor: *esto sabe a café.*

sabiduría. f. Prudencia en la vida o en los negocios. || Conocimiento profundo en letras, ciencias o artes.

sabiendas (a). m. adv. De un modo cierto. || Con conocimiento y deliberación.

sabihondo, da. adj. y s. fam. Que presume de sabio sin serlo.

sabina. f. Arbusto cupresáceo de hojas casi cilíndricas.

sabino, na. adj. y s. De un pueblo de la antigua Italia que habitaba entre el Tíber y los Apeninos.

sabio, bia. ≅docto. ≅entendido. ≅erudito. ◁necio. adj. Persona que posee sabiduría. Ú. t. c. s. || Díc. de la cosa instructiva. || Díc. de los animales de muchas habilidades: *perro ⌒.*

sabiondo, da. adj. y s. fam. Sabihondo.

sablazo. m. Golpe dado con sable. || Herida hecha con él. || fig. y fam. Acto de sacar dinero a uno pidiéndoselo con habilidad e insistencia.

sable. m. Arma blanca semejante a la espada, pero algo curva y por lo común de un solo corte. || *Cuba.* Pez con forma de anguila, de cuerpo largo y aplastado.

sablear. intr. fig. y fam. Sacar dinero a uno dándole sablazos.

saboneta. f. Reloj de bolsillo, cuya esfera, cubierta con una tapa de metal, se descubre apretando un muelle.

sabor. ≅gusto. m. Sensación que ciertos cuerpos producen en el órgano del gusto. || fig. Impresión que una cosa produce en el ánimo. || fig.

Sabina roma

Propiedad que tienen algunas cosas de parecerse a otras con que se las compara.

saborear. ≅degustar. ≅paladear. tr. Dar sabor a las cosas. || Percibir detenidamente y con deleite el sabor de algo. Ú. t. c. prnl. || fig. Apreciar detenidamente y con deleite una cosa. Ú. t. c. prnl.

sabotaje. m. Acción de destruir o deteriorar maquinaria, productos, instalaciones, vehículos, etc.

sabotear. tr. Realizar actos de sabotaje. || fig. Oponerse o entorpecer deliberadamente alguna cosa: *Juan está saboteando tu proyecto.*

sabroso, sa. ≅apetitoso. ◁insulso. adj. Grato al paladar. || fig. Delicioso. || fam. Ligeramente salado.

sabueso, sa. adj. y s. Perro de olfato muy fino. || m. fig. Persona que sabe indagar o investigar.

saca. f. Costal muy grande que sirve regularmente para conducir la correspondencia.

sacabocados. m. Instrumento con boca hueca y cortes afilados, que sirven para taladrar. || fig. Medio eficaz con que se consigue lo que se pretende o pide.

sacabuche. m. Instrumento músico de metal a modo de trompeta, que se alarga y acorta para producir diferencias de sonido. || Músico que toca este instrumento.

sacacorchos. m. Instrumento para quitar los tapones de corcho de las botellas.

sacamuelas. com. desp. Dentista. || fig. Persona que habla mucho insubstancialmente. || Embaucador.

sacapuntas. m. Instrumento para afilar lápices.

sacar. ≅quitar. ◁meter. tr. Extraer una cosa de otra. || Apartar a una persona o cosa del sitio o condición en que se halla: ⌣ *al niño de la escuela;* ⌣ *del apuro.* || Averiguar: ⌣ *la cuenta.* || Conocer, descubrir: ⌣ *por el rastro.*

sacárido. m. Denominación genérica de los hidratos de carbono.

sacarina. f. Substancia blanca y pulverulenta que puede endulzar tanto como unas 234 veces su peso en azúcar.

sacaromicete. adj. y s. Díc. de los hongos levaduras, con células vegetativas aisladas en hileras flojas, formando colonias. Ú. t. en pl. Son ejemplo las levaduras del pan, vino y cerveza.

sacarosa. f. *Quím.* Azúcar.

sacerdocio. m. Ejercicio y ministerio propio del sacerdote.

sacerdote. ≅cura. ≅presbítero. ◁seglar. m. Hombre dedicado y consagrado a hacer, celebrar y ofrecer sacrificios. || En la religión católica, hombre ungido y ordenado para celebrar el sacrificio de la misa.

sacerdotisa. f. Mujer dedicada en las antiguas religiones a ofrecer sacrificios a ciertas divinidades y cuidar de sus templos.

saciar. tr. y prnl. Hartar de bebida o comida. || fig. Hartar y satisfacer en las cosas del ánimo.

saciedad. f. Hartura producida por satisfacer con exceso el deseo de una cosa.

saco. m. Especie de bolsa abierta por arriba. || Lo contenido en ella. || Vestidura holgada que no se ajusta al cuerpo.

sacralizar. tr. Dar carácter sagrado a lo que no lo tenía.

sacramento. m. Entre los católicos, signo sensible de un efecto interior y espiritual que Dios obra en las almas.

sacratísimo, ma. adj. sup. de *sagrado.*

sacrificar. ≅inmolar. ◁perdonar. tr. Hacer sacrificios y ofrecerlos. || Matar, degollar las reses para el consumo. || fig. Poner a una persona o cosa en algún riesgo o trabajo grande. || prnl.

Ofrecerse particularmente a Dios. || fig. Privarse voluntariamente de algo.

sacrificio. m. Ofrenda a la divinidad que se hace en ciertas ceremonias. || Acto del sacerdote al ofrecer en la misa el cuerpo de Cristo bajo las especies de pan y vino. || fig. Acto de abnegación o renuncia voluntaria a una cosa.

sacrilegio. m. Profanación de cosa, persona o lugar sagrados.

sacrílego, ga. adj. Que comete o contiene sacrilegio. Ú. t. c. s. || Relativo al sacrilegio: *acción* ⌢. || Que sirve para cometer sacrilegio.

sacristán. m. El que en las iglesias tiene a su cargo ayudar al sacerdote en el servicio del altar y cuidar de los ornamentos y de la limpieza y aseo de la iglesia y sacristía.

sacristía. f. Lugar en las iglesias donde se revisten los sacerdotes y están guardados los ornamentos de culto.

sacro, cra. adj. Sagrado. || Relativo a la región en que está situado el hueso sacro: *nervios* ⌢*s.* || Hueso de la pelvis, formado por cinco vértebras. Ú. t. c. s.

sacrosanto, ta. adj. Que reúne las cualidades de sagrado y santo.

sacudida. f. Acción y efecto de sacudir.

sacudir. ≅agitar. ≅arrojar. ≅despachar. ≅tirar. ◁aquietar. tr. Mover violentamente una cosa. Ú. t. c. prnl. || Golpear una cosa para quitarle el polvo. || Golpear, dar golpes: ⌢ *a uno.* || Apartar violentamente una cosa de sí. Ú. t. c. prnl.

sádico, ca. adj. y s. Relativo al sadismo.

sadismo. m. Perversión sexual de la persona que goza cometiendo actos de crueldad con la que mantiene la relación sexual o con un testigo. || fig. Crueldad refinada, con placer de quien la ejecuta.

saduceo, a. adj. Secta judía, opuesta a los fariseos, que tenía sus seguidores sobre todo entre la clase rica, y que negaba la inmortalidad del alma y la resurrección. Ú. m. c. m. pl. || Díc. también de sus individuos. Ú. t. c. s.

saeta. ≅aguja. ≅venablo. f. Dardo o flecha que se dispara con el arco. || Manecilla del reloj. || Brújula, flechilla que se vuelve hacia el polo magnético. || Copla breve que se canta en las iglesias y en las calles durante ciertas solemnidades religiosas.

saetera. f. Aspillera o ventanilla para disparar saetas. || fig. Ventanilla estrecha.

safari. m. Excursión de caza mayor que se realiza en algunas regiones de África, y por ext., en otros lugares. || Lugar en que se realizan esas excursiones.

sáfico, ca. adj. Díc. del verso de métrica grecolatina de once sílabas atribuido a la poetisa griega Safo. Ú. t. c. s.

saga. f. Cada una de las leyendas poéticas contenidas en su mayor parte en las dos colecciones de primitivas tradiciones heroicas y mitológicas de la antigua Escandinavia: los *Eddas* y los *Skald.*

sagacidad. ≅astucia. ≅perspicacia. ◁ingenuidad. f. Calidad de sagaz.

sagaz. adj. Astuto y prudente, que prevé y previene las cosas.

sagita. ≅flecha. f. Porción de recta comprendida entre el punto medio de un arco de círculo y el de su cuerda.

Sagitario. Constelación zodiacal situada entre las de Escorpión y Capricornio, en dirección al núcleo de la galaxia, donde la Vía Láctea presenta gran brillo y conglomerados y nebulosas abundantes.

sagrado, da. ◁profano. adj. Dedicado a Dios y al culto divino. || Que inspira veneración. || Relativo a la divinidad o a su culto. || Inviolable.

sagrario. ≅tabernáculo. m. Urna donde se guarda la hostia consagrada en las iglesias.

sah. m. Rey de Persia o del Irán.

saharaui. adj. Beduino nómada del Sahara Occidental. Ú. m. c. m. pl. || Díc. también de sus individuos. Ú. t. c. s. || De la República Árabe Saharaui Democrática. Ú. t. c. s.

sahariana. f. Chaqueta propia de climas cálidos, con los bolsillos de parche.

sahariano, na. adj. Relativo al desierto del Sahara, o a la parte de él que constituía la prov. española de igual nombre. || m. y f. Natural de este territorio.

sahumar. tr. y prnl. Quemar una substancia aromática para perfumar algo.

sainete. m. Salsa de ciertos manjares. || Pieza dramática jocosa en un acto, de carácter popular, con música o sin ella, que se representaba como intermedio de una función, o al final.

sajar. tr. Cir. Cortar en la carne.

sajón, na. adj. y s. De un pueblo germánico que habitaba en la desembocadura del río Elba y parte del cual se estableció en Inglaterra en el s. V.

sake. m. Bebida alcohólica japonesa obtenida por fermentación del arroz.

sal. f. Substancia ordinariamente blanca, cristalina, de sabor acre, muy soluble en agua, que se emplea como condimento. || fig. Agudeza, gracia en el hablar. || fig. Garbo, gracia en los ademanes.

sala. f. Pieza principal de la casa, hoy día más comúnmente llamada *salón,* independientemente de su tamaño. || Aposento de grandes dimensiones. || Mobiliario de este aposento.

salacot. m. Sombrero usado en Filipinas y otros países cálidos, en forma de casquete esférico y hecho de un tejido de tiras de caña.

salado, da. ◁soso. adj. Díc. de los manjares que tiene más sal de la necesaria. || f. Gracioso, chistoso. || *Amér.* Desgraciado, infortunado.

salamandra. f. Batracio urodelo insectívoro. || Especie de calorífero de combustión lenta.

salamanquesa. f. Saurio gecónido insectívoro, que vive en las grietas de los edificios.

salangana. f. Especie de golondrina de Oriente, cuyo nido contiene ciertas substancias gelatinosas que son comestibles.

salar. tr. Echar en sal: ᴖ *carnes y pescados.* || Sazonar con sal. || Echar más sal de la necesaria.

salario. ≅jornal. ≅sueldo. m. En sentido amplio, toda remuneración que percibe una persona por su trabajo. En sentido estricto, la del trabajo prestado por cuenta ajena. || En especial, cantidad de dinero con que se retribuye a los trabajadores manuales.

salazón. f. Acción y efecto de salar carnes o pescados. || Acopio de carnes o pescados salados. || Industria o tráfico que se hace con estas conservas.

salchicha. f. Embutido, en tripa delgada, de carne de cerdo magra y gorda, bien picada.

salchichón. m. Embutido de jamón, tocino y pimienta en grano, prensado y curado.

saldar. tr. Liquidar enteramente una cuenta. || Vender a bajo precio una mercancía para salir pronto de ella.

saldo. m. Pago o finiquito de deuda u obligación. || Cantidad que de una cuenta resulta a favor o en contra de uno. || Resto de mercancías que el fabricante o el comerciante venden a bajo precio para salir pronto de ellas.

saledizo, za. adj. Saliente, que sobresale. || m. *Arquit.* Parte que sobresale de la pared maestra.

salero. m. Vaso en que se sirve la sal en la mesa. || Sitio o almacén donde se guarda la sal. || fig. y fam. Gracia, donaire: *tener mucho* ᴖ. || fig. y fam. Persona salerosa.

saleroso, sa. adj. Que tiene mucho salero o gracia.

salesa. adj. y s. Dícese de la religiosa que pertenece a la orden de la Visitación de Nuestra Señora, fundada en el s. XVII, por San Francisco de Sales.

salesiano, na. adj. y s. Dícese del religioso que pertenece a la Sociedad de San Francisco de Sales, congregación fundada por San Juan Bosco en el s. XIX.

salicáceo, a. adj. y f. Díc. de los árboles y arbustos angiospermos dicotiledóneos como el sauce, el álamo y el chopo. || f. pl. Familia de estas plantas.

salicilato. m. Sal formada por el ácido salicílico y una base.

sálico, ca. adj. Relativo a los salios o francos. || Dícese de la ley que excluía del trono a las mujeres.

salida. f. Acción y efecto de salir. || Parte por donde se sale. || Campo en las afueras de los pueblos. || Parte que sobresale en alguna cosa. || Despacho o venta de los géneros. || Partida de data o descargo en una cuenta.

saliente. adj. Sobresaliente, notable. || m. Oriente, levante. || Parte que sobresale en una cosa.

salina. f. Mina de sal. || Establecimiento donde se beneficia la sal de las aguas del mar o de ciertos manantiales.

salino, na. adj. Que naturalmente contiene sal. || Que participa de los caracteres de la sal.

salio, lia. adj. y s. De uno de los antiguos pueblos francos que habitaban en la Germania inferior.

salir. ≅aparecer. ≅surgir. ◁entrar. tr. Pasar de dentro afuera. Ú. t. c. prnl. || Partir de un lugar a otro. || Desembarazarse o librarse de un lugar peligroso. || Libertarse, desembarazarse: ᴖ *de dudas.* || Aparecer, manifestarse, descubrirse: ᴖ *el sol.* || Brotar: ᴖ *el trigo.* || Sobresalir. || Descubrir uno su carácter: ᴖ *muy travieso.* || Nacer. || Ser uno en ciertos juegos el primero que juega. || Tratándose de cuentas, resultar que están bien ajustadas. || prnl. Derramarse. || Rebosar un líquido al hervir.

salitre. m. Cualquier substancia salina. || *Chile.* Nitrato de Chile.

saliva. f. Líquido algo viscoso segregado por las glándulas bucales.

salival o **salivar.** adj. Relativo a la saliva. || Dícese de las glándulas secretivas de saliva.

salivazo. m. Porción de saliva que se escupe de una vez.

salmantino, na. adj. y s. De Salamanca (España y América).

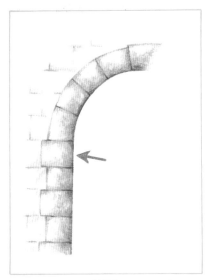

Salmer

salmer. m. Piedra del machón de donde arranca un arco.

salmo. m. Canto sagrado de los hebreos y cristianos. || Cántico en alabanza a Dios con acompañamiento musical.

salmodia. f. Manera de cantar los salmos. || fig. y fam. Canto monótono.

salmón. m. Pez teleósteo fisóstomo de carne rojiza y sabrosa. En otoño desova en los ríos y después emigra al mar.

salmonete. m. Pez teleósteo marino acantopterigio de color rojo en el lomo y blanco sonrosado en el vientre. Es comestible muy apreciado.

salmónido, da. adj. y m. Díc. de los peces teleósteos fisóstomos, como el salmón. || m. pl. Familia de estos animales.

salmuera. f. Agua cargada de sal. || Líquido preparado con sal en el que se conservan carnes, pescados, etc.: *anchoas en* ↶.

salobre. adj. Que tiene sabor de sal o la contiene.

salomón. m. fig. Hombre de gran sabiduría.

salomónico, ca. adj. Relativo a Salomón. || *Arquit.* Díc. de la columna que tiene el fuste contorneado en espiral.

salón. m. Aposento de grandes dimensiones para visitas y fiestas en las casas. || Mobiliario de este aposento. || Habitación principal de una vivienda. || Exposición periódica de obras artísticas o de ciertas industrias con fines comerciales: ↶ *del automóvil.* || Nombre de ciertos establecimientos públicos: ↶ *de té.* || Pieza de grandes dimensiones donde celebra sus juntas una corporación: ↶ *de actos;* ↶ *de sesiones.*

salpicadero. m. En los vehículos automóviles, tablero situado delante del asiento del conductor.

salpicadura. f. Acción y efecto de salpicar. || pl. Manchas con que está salpicado algo.

salpicar. tr. Hacer que salte un líquido esparcido en gotas menudas por choque o movimiento brusco. Ú. t. c. intr. || Mojar o manchar con un líquido que salpica. Ú. t. c. prnl. || fig. Esparcir, diseminar.

salpicón. m. Fiambre de trozos de pescado o marisco condimentados con cebolla, sal y otros ingredientes. || fig. y fam. Cualquier otra cosa hecha pedazos menudos.

salpimentar. ≅aderezar. ≅animar. ≅divertir. ≅sazonar. tr. Adobar una cosa con sal y pimienta. || fig. Amenizar.

salpullido. m. Sarpullido.

salsa. f. Mezcla de varias substancias comestibles desleídas, que se hace para aderezar la comida. || fig. Cualquier cosa que mueve o excita el gusto.

salsera. f. Vasija en que se sirve la salsa.

salsifí. m. Planta herbácea bienal, de la familia de las compuestas, de raíz comestible.

saltamontes. m. Insecto ortóptero acrídido, especie de langosta, con las patas anteriores cortas, y muy robustas y largas las posteriores, con las cuales da grandes saltos.

saltar. intr. Levantarse del suelo con impulso y ligereza, ya para dejarse caer en el mismo sitio, ya para pasar a otro. || Arrojarse desde una altura para caer de pie.

Saltamontes

saltarín. adj. y s. Que danza y baila. || fig. Mozo inquieto y de poco juicio.

salteador. m. El que saltea y roba en los despoblados o caminos.

saltear. tr. Salir a los caminos y robar a los pasajeros. || Acometer. || Empezar a hacer una cosa y dejarla comenzada. || Sofreír un manjar a fuego vivo en manteca o aceite hirviendo.

salterio. m. Libro de coro que contiene sólo los salmos. || Parte del breviario que contiene las horas canónicas de toda la semana. || Instrumento músico de cuerda usado en la antigüedad.

saltimbanqui. m. fam. Equilibrista, titiritero.

salto. m. Acción y efecto de saltar. || Despeñadero muy profundo. || Caída de un caudal importante de agua, especialmente en una instalación industrial. || Espacio comprendido entre el punto de donde se salta y aquel a que se llega.

saltón, na. adj. Que anda a saltos o salta mucho. || Se dice de algunas cosas, como los ojos, los dientes, etc., que sobresalen más de lo normal.

salubre. ≅sano. adj. Saludable.

salud. ◁enfermedad. f. Estado en que el ser orgánico ejerce normalmente todas sus funciones. || Estado de gracia espiritual.

saludable. adj. Que sirve para conservar o restablecer la salud corporal. || fig. Provechoso para un fin.

saludar. tr. Mostrar a alguien benevolencia o respeto mediante señales formularias. || Enviar saludos.

saludo. m. Acción y efecto de saludar. || Palabra, gesto o fórmula para saludar. || pl. Expresiones corteses.

salutación. f. Acción y efecto de saludar.

salva. f. Prueba que se hacía de la comida y bebida que se debía servir a los reyes y grandes señores, para asegurar de que no había en ellas ponzoña. || Saludo, bienvenida. || Saludo hecho con armas de fuego.

salvación. f. Acción y efecto de salvar. || Teol. Consecución de la gloria y bienaventuranza eternas.

salvado. m. Cáscara del grano desmenuzada por la molienda.

salvador, ra. adj. y s. Que salva. || Por antonom., Jesucristo.

salvaguardar. tr. Defender, proteger.

salvaguardia. ≅salvoconducto. m. Guarda que se pone para la custodia de una cosa. || Señal que en tiempo de guerra se ponía a la entrada de los pueblos o a las puertas de las casas para que

los soldados los respetasen || f. Papel o señal que se da a uno para que no sea detenido.

salvajada. f. Dicho o hecho propio de un salvaje.

salvaje. ≅agreste. ≅bravío. ≅montaraz. adj. Díc. de las plantas silvestres y sin cultivo. || Díc. del animal que no es doméstico. || Díc. del terreno montuoso, inculto. || fig. y fam. Dícese de la persona que se porta sin consideración con los demás, o de manera cruel e inhumana. Ú. t. c. s.

salvajismo. m. Modo de ser o de obrar propio de salvajes.

salvamanteles. m. Pieza de metal, loza, madera, tela, etc., que se pone en la mesa debajo de las fuentes, botellas, etc., para evitar que manchen o quemen el mantel.

salvar. ≅liberar. ≅superar. ◁perder. tr. Librar de un riesgo o peligro. Ú. t. c. prnl. || Dar Dios la gloria y bienaventuranza eterna. || Evitar un inconveniente, impedimento, dificultad o riesgo.

salvavidas. m. Aparato con el que los náufragos pueden salvarse sobrenadando.

salve. interj. poét. que se emplea para saludar. || f. Una de las oraciones que se reza a la Virgen.

salvedad. f. Razonamiento o advertencia que se emplea como excusa, descargo, limitación o cortapisa de lo que se va a decir o hacer.

salvia. f. Mata de la familia de las labiadas, con tallos de color verde blanquecino y flores azules o violáceas. Común en los terrenos áridos de España, el cocimiento de las hojas se usa como sudorífico y astringente.

salvo, va. adj. Ileso, librado de un peligro. || adv. m. Fuera de, excepto.

salvoconducto. ≅pasaporte. ≅salvaguardia. m. Documento expedido por una autoridad para que el que lo lleva pueda transitar sin riesgo por donde aquélla es reconocida. || fig. Libertad para hacer algo sin temor de castigo.

samba. f. Folk. Danza brasileña, de origen africano.

sambenito. m. Capotillo o escapulario que se ponía a los penitentes reconciliados por el tribunal de la Inquisición. || fig. Mala nota que queda de una acción. || fig. Difamación, descrédito.

samovar. m. Recipiente de origen ruso, provisto de un tubo interior donde se ponen carbones. Se usa para calentar el agua del té.

samuga. f. Silla de tijera para montar a mujeriegas en las caballerías, jamugas.

san. adj. apóc. de santo. Ú. solamente antes de los nombres propios de santos, salvo los de Tomás o Tomé, Toribio y Domingo.

sanar. tr. Restituir a uno la salud que había perdido. || intr. Recobrar el enfermo la salud.

sanatorio. m. Establecimiento convenientemente dispuesto para la estancia de enfermos que necesitan someterse a tratamientos médicos, quirúrgicos o climatológicos.

sanción. ≅confirmación. f. Estatuto o ley. || Acto solemne por el que el jefe del Estado confirma una ley o estatuto. || Pena que la ley establece para el que la infringe. || Mal dimanado de una culpa o yerro y que es como su castigo.

sancionar. ◁perdonar. tr. Dar fuerza de ley a una disposición. || Autorizar o aprobar cualquier acto, uso o costumbre. || Aplicar una sanción o castigo.

sanctasanctórum. m. Parte interior y más sagrada del tabernáculo de los judíos. || fig. Lo que para una persona es de singularísimo aprecio.

sanctus. m. Parte de la misa en que decía el sacerdote tres veces esta palabra (en la actualidad y en cast., *santo*), después del prefacio y antes del canon.

sandalia. f. Calzado compuesto de una suela que se asegura con correas o cintas. || Por ext., zapato ligero y muy abierto.

sándalo. m. Planta herbácea, labiada y olorosa, originaria de Persia y que se cultiva en los jardines. || Árbol santaláceo cuya madera tiene excelente olor. Vive en las costas de la India y de varias islas de Oceanía. || Leño oloroso de este árbol.

sandez. f. Despropósito, simpleza, necedad.

sandía. f. Planta cucurbitácea cuyo fruto, casi esférico, tiene la pulpa encarnada, aguanosa y dulce. || Fruto de esta planta.

sandinista. adj. y s. Partidario de los ideales de Augusto César Sandino. || Perteneciente al Frente Sandinista de Liberación Nacional, movimiento que derrocó en Nicaragua la dictadura de Somoza.

sandio, dia. adj. y s. Necio o simple.

sandunga. f. fam. Gracia, donaire, salero. || *Col., Chile* y *P. Rico.* Jarana, jolgorio, parranda.

sandwich. m. Porción pequeña de jamón u otra vianda, entre dos rebanadas de pan; emparedado.

saneado, da. adj. Díc. de los bienes, la renta o el haber que están libres de cargas o descuentos.

sanear. ◁estropear. tr. Reparar o remediar una cosa. || Dar condiciones de salubridad a un terreno, edificio, etc., o preservarlo de la humedad y vías de agua. || Cuidar de que la economía, bienes y rentas den beneficios.

sanedrín. m. Consejo supremo temporal y religioso de los judíos.

sanfermines. m. pl. Festejos que se celebran en Pamplona durante una semana, que se inicia el 7 de julio, festividad de San Fermín.

sangrar. tr. Abrir o punzar una vena y dejar salir determinada cantidad de sangre. || fig. Dar salida a un líquido en todo o en parte, abriendo conducto por donde corra. || Resinar. || fig. y fam. Hurtar, sisar, tomando disimuladamente parte de un todo.

sangre. f. Líquido que circula por las arterias y las venas. De color rojo vivo en aquéllas y obscuro en éstas, se compone de una parte líquida o plasma y de corpúsculos en suspensión: hematíes, leucocitos y, en algunos animales, además, plaquetas.

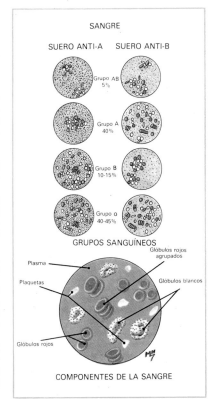

SANGRE

SUERO ANTI-A   SUERO ANTI-B

Grupo AB 5%

Grupo A 40%

Grupo B 10-15%

Grupo 0 40-45%

GRUPOS SANGUÍNEOS

Glóbulos rojos agrupados

Plasma

Plaquetas

Glóbulos blancos

Glóbulos rojos

COMPONENTES DE LA SANGRE

sangría. f. Acción y efecto de sangrar. || fig. Salida que se da a las aguas de un río o canal. || Corte somero que se hace en un árbol para que fluya la resina. || fig. Bebida refrescante hecha con vino, agua, azúcar y frutas.

sangriento, ta. adj. Que echa sangre. || Teñido en sangre o mezclado con sangre. || Que se goza en derramar sangre: *el* ⌐ *Nerón*. || Que causa efusión de sangre: *batalla* ⌐.

sanguijuela. f. Anélido de boca chupadora que vive en lagunas, pozos y arroyos. || fig. y fam. Persona que va poco a poco sacando a uno el caudal.

sanguina. f. Lápiz rojo obscuro hecho con hematites. || Dibujo hecho con este lápiz.

sanguinario, ria. ≅cruel. ≅inhumano. adj. Feroz, vengativo, que se goza en derramar sangre.

sanguíneo, a. adj. De sangre. || Que contiene sangre o abunda en ella. || Díc. también de la complexión en que predomina este humor. || De color de sangre. || Relativo a la sangre.

sanguinolento, ta. adj. Que echa sangre. || Mezclado con sangre.

sanidad. f. Calidad de sano. || Calidad de saludable. || Conjunto de servicios gubernativos para preservar la salud del común de los habitantes.

sanitario, ria. adj. Relativo a la sanidad: *prácticas* ⌐*s*. || Relativo a las instalaciones de agua empleada para limpieza y usos higiénicos. || m. y f. Persona que trabaja en la sanidad.

sano, na. ≅bueno. ≅robusto. ◁enfermo. adj. Que goza de perfecta salud. Ú. t. c. s. || Seguro, sin riesgo. || Que es bueno para la salud: *alimentación* ⌐; *país, aire* ⌐.

sánscrito, ta o **sanscrito, ta.** adj y s. Díc. de la antigua lengua de los brahmanes y de la referente a ella: *lengua* ⌐; *libros, poemas* ⌐*s*.

sansón. m. fig. Hombre muy forzudo.

santabárbara. f. Compartimento destinado en las embarcaciones para custodiar la pólvora. || Cámara por donde se comunica o baja a este compartimento.

santaláceo, a. adj. y f. Díc. de plantas dicotiledóneas de flores pequeñas sin pétalos, y fruto en drupa; como el sándalo de la India. || f. pl. Familia de estas plantas.

santero, ra. adj. Que tributa a las imágenes un culto indiscreto y supersticioso. || m. y f. Persona que cuida de un santuario. || Persona que pide limosna, llevando de casa en casa la imagen de un santo.

santiamén (en un). ≅momento. ≅periquete. fr. fig. y fam. En un instante.

santidad. f. Calidad de santo. || Tratamiento honorífico que se da al Papa.

santificar. tr. Hacer a uno santo por medio de la gracia. || Dedicar a Dios una cosa. || Honrar a un santo. || tr. y prnl. fig. y fam. Justificar, disculpar a uno.

santiguar. ≅persignar. tr. y prnl. Hacer con la mano la señal de la cruz desde la frente al pecho y desde un hombro al otro, invocando a la Santísima Trinidad. || fig. y fam. Castigar o maltratar a uno.

santo, ta. ≅curativo. ≅justo. ◁impío. adj. Perfecto y libre de toda culpa. || Díc. de la persona a quien la Iglesia declara tal. Ú. t. c. s. || Díc. de la persona de especial virtud y ejemplo. Ú. t. c. s.

santón. m. El que profesa vida austera y penitente fuera de la religión cristiana, especialmente en la musulmana. || fig. y fam. Santurrón, hipócrita. || Persona, generalmente entrada en años, de gran autoridad e influencia en una colectividad.

santoral. m. Libro que contiene la vida de los santos. || Libro de coro que contiene los introitos y antífonas de los oficios de los santos. || Lista de los santos cuya festividad se conmemora en cada uno de los días del año.

santuario. m. Templo en que se venera la imagen o reliquia de un santo de especial devoción. || Parte anterior del tabernáculo o del templo de Jerusalén. || fig. Col. Tesoro.

santurrón, na. ≅mojigato. ≅santón. adj. y s. Exagerado y excesivo en los actos de devoción. || Gazmoño, hipócrita que aparenta ser devoto.

saña. ≅furia. ≅ira. ◁piedad. f. Furor, enojo ciego. || Intención rencorosa y cruel.

sañudo, da. adj. Propenso a la saña, o que tiene saña.

sápido, da. adj. Substancia que tiene algún sabor.

sapiencia. ◁ignorancia. f. Sabiduría.

sapindáceo, a. adj. y s. Díc. de plantas dicotiledóneas exóticas, de fruto capsular, como el jaboncillo. || f. pl. Familia de estas plantas.

sapo. m. Batracio anuro de cuerpo rechoncho, ojos saltones, extremidades cortas, y piel gruesa de color verde pardusco y llena de verrugas. || fig. Persona con torpeza física.

saponificar. tr. y prnl. Convertir en jabón un cuerpo graso.

sapotáceo, a. adj. y f. Díc. de arbustos y árboles dicotiledóneos que tienen por frutos drupas o bayas con semillas de albumen carnoso u oleoso o sin albumen; como el zapote. || f. pl. Familia de estas plantas.

saprófago, ga. adj. Díc. de los seres vivos que se alimentan de materias en descomposición.

saprofito, ta. adj. Díc. de las plantas que viven a expensas de materias orgánicas en descomposición.

saque. m. Acción de sacar; díc. particularmente en el juego de pelota. || Raya o sitio desde el cual se saca la pelota.

saquear. tr. Apoderarse violentamente los soldados de lo que hallan en un paraje. || Entrar en un sitio robando cuanto se halla. || fig. Apoderarse de todo o la mayor parte de aquello de que se habla.

sarampión. m. Enfermedad febril y contagiosa que se manifiesta por multitud de manchas pequeñas y rojas.

sarasa. m. fam. Hombre afeminado, marica.

sarcasmo. ◁adulación. m. Burla sangrienta, ironía mordaz. || Figura retórica que consiste en emplear esta especie de ironía o burla.

sarcástico, ca. adj. Que denota sarcasmo o es concerniente a él. || Díc. de la persona propensa a emplearlo.

sarcófago. m. Sepulcro, obra de piedra en que se da sepultura a un cadáver.

sarcoma. m. Tumor maligno de rápido crecimiento que se desarrolla en el tejido conjuntivo embrionario de numerosos órganos; músculos, *miosarcoma;* huesos, *osteosarcoma*, etc.

sardana. f. Danza en corro, tradicional de Cataluña.

sardina. f. Pez teleósteo marino, del suborden de los fisóstomos, parecido al arenque, pero de carne más delicada, cabeza relativamente menor y cuerpo más fusiforme.

sardineta. f. Adorno formado por dos galones apareados y terminados en punta. Se usa principalmente en ciertos uniformes militares. || Golpe que por juego da un muchacho a otro con los dedos corazón e índice juntos.

sardo, da. adj. y s. De Cerdeña. || m. Lengua hablada en Cerdeña.

sarga. f. Tela cuyo tejido forma unas líneas diagonales. || Tela pintada al temple o al óleo para decorar paredes. || Planta arbustiva común en España junto a los ríos, cuyas ramas, largas y flexibles, se usan en cesterías.

sargazo. m. Alga marina de la que hay varias especies, y alguna tan abundante que en el océano Atlántico cubre una gran superficie que se llama mar de los Sargazos.

sargento. m. Suboficial militar que tiene empleo superior al de cabo, y bajo la inmediata dependencia de los oficiales, cuida del orden, administración y disciplina de una compañía.

sarmentoso, sa. adj. Que tiene semejanza con los sarmientos.

sarmiento. m. Vástago de la vid, largo, delgado, flexible y nudoso, de donde brotan las hojas y los racimos.

sarna. ≅roña. f. *Pat.* Enfermedad contagiosa que consiste en multitud de vesículas y pústulas diseminadas por el cuerpo, producidas por el *arador de la sarna*, especie de arácnido.

sarpullido. m. Erupción leve y pasajera en el cutis, formada por muchos granitos o ronchas.

sarraceno, na. adj. y s. De la antigua Arabia Feliz, actual Yemen. || Que profesa la religión de Mahoma, mahometano. || Nombre dado por los cristianos de la Edad Media a los árabes, y en general a los musulmanes, que conquistaron parte de Europa.

sarracina. f. Pelea entre muchos, especialmente cuando es confusa o tumultuaria. || P. ext., riña o pendencia en que hay heridos o muertos.

sarro. m. Sedimento que dejan en las vasijas algunos líquidos que llevan substancias en suspensión o disueltas. || Substancia amarillenta, más o menos obscura y de naturaleza calcárea, que se adhiere al esmalte de los dientes.

sarta. ≅retahíla. ≅ristra. f. Serie de cosas metidas por orden en un hilo, cuerda, etc. || fig. Porción de gentes o de cosas que van o se consideran en fila unas tras otras. || fig. Serie de sucesos o cosas no materiales, iguales o análogas: ↵s *de desdichas, de disparates.*

sartén. f. Vasija circular, más ancha que honda, de fondo plano y con mango largo, que sirve para freír, tostar o guisar algo. Ú. c. m. en muchos lugares de América y España. || Lo que se fríe de una vez en la sartén.

sasafrás. m. Árbol americano, lauráceo, de madera y corteza de olor aromático.

sasánida. adj. y s. De una dinastía de reyes persas, fundada por Ardashir I el 226. Se extendió hasta el 641, en que fue derrocada por los árabes.

sastre. m. El que tiene por oficio cortar y coser trajes.

sastrería. f. Oficio de sastre. || Taller de sastre.

satánico, ca. ≅depravado. ≅perverso. adj. Relativo a Satanás. || fig. Muy perverso.

satélite. m. Cuerpo celeste opaco que gira alrededor de un planeta primario. || Vehículo que se coloca en órbita alrededor de la Tierra. || fig.

Persona o cosa que depende de otra y la sigue o acompaña continuamente.

satén o **satín**. m. Tejido parecido al raso.

satinar. tr. Dar al papel o a la tela tersura y lustre por medio de la presión.

sátira. f. Composición poética u otro escrito cuyo objeto es censurar o poner en ridículo a personas o cosas. || Discurso o dicho agudo, picante o mordaz.

satírico, ca. ≅mordaz. adj. Perteneciente a la sátira. || m. Escritor que cultiva la sátira.

satirizar. intr. Escribir sátiras. || tr. Zaherir, motejar.

sátiro. m. fig. Hombre lascivo.

satisfacción. f. Acción y efecto de satisfacer. || Razón, acción o modo con que se repara una injuria o un daño. || Presunción, vanagloria. || Confianza, seguridad del ánimo. || Cumplimiento del deseo o del gusto.

satisfacer. ≅colmar. ≅hartar. ≅indemnizar. tr. Pagar una deuda. || Hacer una obra que merezca el perdón de la pena debida. || Aquietar y sostener las pasiones del ánimo. || Saciar un apetito o pasión. || Dar solución a una duda o a una dificultad.

satisfactorio, ria. adj. Que puede satisfacer una duda o una queja, o que puede deshacer un agravio. || Grato, próspero.

satisfecho, cha. adj. Presumido o pagado de sí mismo. || Complacido, contento.

sátrapa. m. Gobernador de una provincia de la antigua Persia. || fig. y fam. Hombre ladino y que sabe gobernarse con astucia.

saturar. tr. Hartar, saciar. || Impregnar un fluido de otro cuerpo hasta el mayor punto de concentración.

saturnismo. m. Enfermedad crónica producida por la intoxicación ocasionada por las sales de plomo.

Saturno. Sexto planeta del sistema solar. Su distancia media al Sol es de unos 1.430 millones de km. y su período sideral es de 29 años terrestres. Con un diámetro ecuatorial de 120.000 km., su masa es 95 veces la de la Tierra. Posee once satélites: Jano, Mimas, Encélado, Tetis, Dione, Rea, Titán, Hiperión, Japeto, Febe y 1979S1. Su característica más esencial son los varios anillos luminosos, formados por partículas de hielo amónico, que le rodean.

sauce. m. Árbol salicáceo, de hasta 20 metros de altura, con tronco grueso, derecho, de muchas ramas, que crece en las orillas de los ríos.

Saturno

saúco. m. Arbusto o arbolillo caprifoliáceo, con tronco lleno de ramas, de corteza parda y rugosa y flores blancas.

saudí o **saudita.** adj. Dinastía reinante en Arabia Saudí desde 1932. Apl. a pers., ú. t. c. s. || Por extensión perteneciente o relativo al est. de Arabia Saudí.

sauna. f. Baño de calor que produce una rápida y abundante sudoración y que se toma con fines higiénicos o terapéuticos. || Local en que se pueden tomar estos baños.

saurio. adj. Díc. de reptiles que generalmente tienen cuatro extremidades cortas, mandíbulas con dientes, cuerpo largo, con cola también larga y piel escamosa o cubierta de tubérculos; como el lagarto. Ú. t. c. s. || m. pl. Orden de estos reptiles.

savia. f. Jugo nutritivo que circula por los vasos de las plantas. || fig. Energía, elemento vivificador.

saxífraga. f. Planta herbácea saxifragácea, de flores grandes con pétalos blancos y nervios verdosos.

saxifragáceo, a. adj. y f. Díc. de hierbas, arbustos o árboles angiospermos dicotiledóneos, como la saxífraga, el grosellero y la hortensia. || f. pl. Familia de estas plantas.

saxofón o **saxófono.** m. Instrumento músico de viento, de metal, con boquilla de madera y varias llaves, muy usado en bandas y orquestas de yaz.

saya. f. Falda. || Vestidura talar antigua.

sayal. m. Tela basta de lana burda.

sayo. m. Prenda de vestir holgada y sin botones que cubría el cuerpo hasta la rodilla. || fam. Cualquier vestido demasiado amplio.

sayón. m. En la Edad Media, ministro de justicia que hacía las citaciones y ejecutaba los embargos. || Verdugo. || Cofrade que en las procesiones de Semana Santa va vestido con túnica larga.

sazón. f. Punto o madurez de las cosas, o estado de perfección en su línea. || Ocasión, coyuntura. || Gusto y sabor que se percibe en los manjares.

sazonar. tr. y prnl. Dar sazón al manjar. || Poner las cosas en la sazón y madurez que deben tener.

scout. m. Explorador.

scherzo. m. Composición instrumental de ritmo vivo y carácter alegre que constituye, por lo regular, uno de los movimientos de la sinfonía y sonata clásicas.

se. Forma reflexiva del pronombre personal de tercera persona. Se usa en dativo y acusativo en ambos géneros y números y no admite preposición. Puede usarse proclítico o enclítico: *se cae; cáese.* Sirve además para formar oraciones impersonales y de pasiva.

sebo. m. Grasa sólida y dura que se saca de los animales hervíboros, y que se utiliza para hacer velas, jabones, etc. || Cualquier género de gordura. || Suciedad grasienta.

seborrea. f. Aumento patológico de la secreción de las glándulas sebáceas de la piel.

secadero, ra. adj. Apto para conservarse seco, especialmente las frutas y el tabaco. || m. Lugar para secar natural o artificialmente ciertos frutos o productos.

secado. m. Acción y efecto de secar.

secador, ra. adj. Que seca. || m. y f. Aparato o máquina para secar las manos, el cabello, la ropa, etc.

secano. m. Tierra de labor que no tiene riego, y sólo participa del agua llovediza.

secante. adj. Que seca. Ú. t. c. s. || Se dice de las líneas o superficies que cortan otras líneas o superficies. Ú. t. c. f. || m. Papel esponjoso para secar lo escrito.

secar. ≅agostar. ≅enjugar. ≅marchitar. ◁florecer. ◁mojar. tr. Extraer la humedad de un cuerpo. || Consumir el jugo de un cuerpo. || fig. Aburrir, fastidiar. Ú. t. c. prnl. || prnl. Evaporarse la humedad de una cosa. || Quedarse sin agua un río, una fuente, etc.

sección. ≅cortadura. ≅corte. ≅departamento. ≅sector. f. Separación que se hace en un cuerpo sólido. || Cada una de las partes en que se divide un todo. || Cada uno de los grupos en que se divide o considera dividido un conjunto de personas.

seccionar. tr. Dividir en secciones, fraccionar, cortar.

secesión. ◁unión. f. Acto de separarse de una nación parte de su pueblo y territorio.

secesionismo. m. Tendencia u opinión favorable a la secesión política.

seco, ca. ≅delgado. ≅enjuto. adj. Que carece de jugo o humedad. || Falto de agua; *río* ⌢. || Díc. del guiso sin caldo: *arroz* ⌢. || Falto de verdor o lozanía: *árbol* ⌢. || Díc. del fruto de cáscara dura. || Flaco, de muy pocas carnes.

secreción. f. Apartamiento, separación. || Acción y efecto de secretar.

secretar. tr. *Fisiol.* Salir de las glándulas las materias elaboradas por ellas y que el organismo

SAURIOS

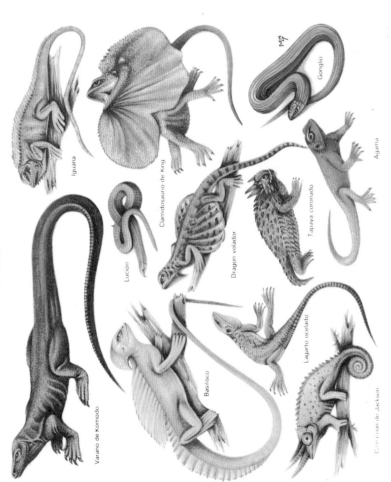

Iguana

Clamidosaurio de King

Gonglio

MF

Agama

Lucion

Dragón volador

Tapaya coronado

Varano de Komodo

Basilisco

Lagarto ocelado

Camaleón de Jackson

utiliza en el ejercicio de alguna función, como el jugo gástrico.

secretaría. f. Destino o cargo de secretario. || Oficina del secretario.

secretario, ria. m. y f. Persona encargada de escribir la correspondencia, extender las actas, dar fe de los acuerdos y custodiar los documentos de una oficina, asamblea o corporación. || La que redacta la correspondencia de la persona a quien sirve para este fin. || Denominación que recibe el máximo dirigente de algunos partidos políticos.

secretear. intr. fam. Hablar en secreto una persona con otra.

secreter. m. Mueble utilizado como escritorio con pequeños cajones para guardar papeles.

secreto, ta. adj. Oculto, ignorado, escondido. || Callado, silencioso, reservado. || m. Lo que cuidadosamente se tiene reservado u oculto. || Reserva, sigilo. || Conocimiento que alguno exclusivamente posee de la virtud o propiedad de una cosa o de un procedimiento útil en un arte u oficio.

secta. ≅cisma. ≈herejía. f. Conjunto de seguidores de una parcialidad religiosa o ideológica. || Doctrina religiosa o ideológica que se diferencia o independiza de otra.

sectario, ria. ◁ortodoxo. adj. Que profesa y sigue una secta. Ú. t. c. s. || Secuaz, fanático.

sector. ≅parte. ≈sección. m. Porción de círculo comprendida entre un arco y los dos radios que pasan por sus extremidades. || Escaños del hemiciclo parlamentario donde se sientan individuos de un mismo partido o ideología. || fig. Parte de una colectividad que presenta caracteres peculiares.

secuaz. ≅adicto. ≈partidario. adj. y s. Que sigue el partido, doctrina u opinión de otro.

secuela. f. Consecuencia de una cosa.

secuencia. f. Continuidad, sucesión ordenada. || Serie o sucesión de cosas que guardan entre sí cierta relación. || En cinematografía, sucesión no interrumpida de planos o escenas que se refieren a una misma parte o aspecto de una película. || *Mat.* Conjunto de cantidades u operaciones ordenadas de tal modo que cada una determina la siguiente. || *Mús.* Progresión o marcha armónica.

secuestrar. tr. Depositar judicial o gubernativamente un objeto en poder de un tercero hasta que se decida a quién pertenece. || Embargar judicialmente. || Aprehender indebidamente a una persona o a un grupo de personas para exigir dinero por su rescate, o para otros fines.

secuestro. m. Acción y efecto de secuestrar.

|| Bienes secuestrados. || Depósito judicial de embargo de bienes, o como medida de aseguramiento en cuanto a los litigios.

secular. adj. Seglar. || Que sucede o se repite cada siglo. || Que dura un siglo, o desde hace siglos. || Díc. del clero o sacerdote que vive en el siglo (en trato con la gente), a distinción del que vive en clausura. Ú. t. c. s.

secularizar. tr. Hacer secular lo que era eclesiástico. Ú. t. c. prnl. || Autorizar a un religioso o a una religiosa para que pueda vivir fuera de clausura.

secundar. tr. Ayudar, favorecer.

secundario, ria. adj. Segundo en orden y no principal, accesorio. || De menor importancia que otra cosa.

secuoya. f. Género de árboles coníferos, taxidáceos, de grandes dimensiones y majestuoso porte.

sed. f. Gana y necesidad de beber. || fig. Necesidad de agua o de humedad que tienen ciertas cosas, especialmente los campos. || fig. Apetito o deseo ardiente de una cosa.

seda. f. Líquido viscoso segregado por ciertas glándulas de algunos artrópodos, como las orugas y las arañas, que sale del cuerpo por orificios muy pequeños y se solidifica en contacto con el aire formando hilos finísimos y flexibles. || Hilo formado con varias de estas hebras. || Cualquier tela hecha de seda.

sedal. m. Hilo fino y muy resistente que se ata por un extremo al anzuelo y por el otro a la caña de pescar.

sedante. adj. y s. Que seda. || Fármaco que disminuye la agitación nerviosa e induce al sueño.

sede. f. Asiento o trono de un prelado. || Capital de una diócesis. || Territorio de la jurisdicción de un prelado. || Jurisdicción y potestad del Sumo Pontífice. || Lugar donde tiene su domicilio una entidad económica, literaria, deportiva, etc.

sedentario, ria. adj. Oficio o vida de poca agitación o movimiento. || Díc. del pueblo o tribu que se dedica a la agricultura, asentado en algún lugar, por oposición al nómada.

sedente. adj. Que está sentado.

sedería. f. Conjunto de tejidos de seda. || Industria de la seda. || Tienda donde se venden géneros de seda.

sedición. f. Alzamiento colectivo y violento contra la autoridad, el orden público o la disciplina militar.

sedicioso, sa. adj. Persona que promueve una

sedición o toma parte en ella. Ú. t. c. s. || Díc. de los actos o palabras de esta persona.

sediento, ta. adj. Que tiene sed. Ú. t. c. s. || Díc. de los campos, tierras o plantas que necesitan humedad o riego. || fig. Que desea una cosa con ansia.

sedimentar. tr. Depositar sedimento un líquido. || prnl. Formar sedimento las materias suspendidas en un líquido.

sedimento. m. Materia que habiendo estado suspensa en un líquido, se posa en el fondo.

sedoso, sa. adj. Parecido a la seda.

seducción. f. Acción y efecto de seducir.

seducir. tr. Engañar, persuadir suavemente al mal. || Embargar o cautivar el ánimo.

sefardí o **sefardita.** adj. y s. Judío oriundo de España. || m. Dialecto judeoespañol.

segador, ra. adj. y s. Que siega. || f. Máquina para segar.

segar. tr. Cortar mieses o hierba con la hoz, la guadaña o cualquier máquina a propósito. || Cortar, cercenar: ⌐ *la cabeza.* || fig. Cortar, impedir el desarrollo de algo.

seglar. ≅lego. ≅secular. ◁religioso. adj. Relativo a la vida, estado o costumbre del siglo o mundo. || Que no tiene órdenes clericales. Ú. t. c. s.

segmentar. tr. y prnl. Cortar o partir en segmentos.

segmento. m. Pedazo o parte cortada de una cosa. || *Geom.* Parte del círculo comprendida entre un arco y su cuerda.

segregacionista. adj. y s. Partidario de la segregación racial.

segregar. ◁unir. tr. Separar o apartar una cosa de otra. || Secretar, expeler.

seguidilla. f. Composición métrica que puede constar de cuatro o siete versos, muy usada en los cantos populares y en el género jocoso. || pl. Aire popular español. || Baile correspondiente a este aire.

seguimiento. m. Acción y efecto de seguir.

seguir. ≅acompañar. ≅copiar. ≅escoltar. ≅suceder. ◁dejar. tr. Ir después o detrás de una persona o cosa, caminar hacia ella. || Dirigir la vista hacia un objeto que se mueve y mantener la visión de él. || Ir en compañía de uno. || Proseguir o continuar lo empezado. || Profesar o ejercer una ciencia, arte o empleo. || prnl. Inferirse o ser consecuencia una cosa de otra. || Suceder una cosa a otra por orden, turno o número, o ser continuación de ella.

según. prep. Conforme o con arreglo a: ⌐ *la ley.* || Con proporción o correspondencia a; de la misma suerte o manera que, por el modo en que. || Indica eventualidad o contingencia: *iré o me quedaré,* ⌐.

segundero, ra. adj. Díc. de segundo fruto que dan ciertas plantas. || m. Manecilla que enseña los segundos en el reloj.

segundo, da. adj. Que sigue inmediatamente en orden al o a lo primero. || m. Persona que sigue en jerarquía al jefe o principal. || Cada una de las sesenta partes en que se divide el minuto de tiempo.

seguntino, na. adj. y s. De Sigüenza.

segur. f. Hacha grande para cortar. || Hoz o guadaña.

seguramente. adv. m. y afirmación. De modo seguro. || Probablemente, acaso.

seguridad. f. Calidad de seguro. || Fianza u obligación de indemnización a favor de uno.

seguro, ra. adj. Libre y exento de todo peligro, daño o riesgo. || Cierto, indubitable. || Firme, constante. || m. Seguridad, garantía. || Contrato por el cual una persona, natural o jurídica, se obliga a resarcir daños que ocurran en las personas o cosas que corran un riesgo. || Cualquier dispositivo que impide que un objeto se abra involuntariamente.

seis. adj. Cinco y uno. || Sexto, ordinal: *año* ⌐. Ú. t. c. s.: *el* ⌐ *de abril.* || m. Signo o conjunto de signos con que se representa el número seis.

seiscientos, tas. adj. Seis veces ciento.

seise. m. Cada uno de los niños de coro, seis por lo común, que bailan y cantan en la catedral de Sevilla en determinadas festividades.

seísmo. m. Terremoto, sismo.

selacio, cia. adj. y s. Díc. de peces marinos cartilagíneos, de cuerpo fusiforme, como la tintorera y la raya. || m. pl Orden de estos peces.

selección. f. Acción y efecto de elegir a una persona o cosa entre otras. || Conjunto de los seleccionados. || Elección de los animales destinados a la reproducción.

seleccionar. tr. Elegir, escoger.

selectividad. f. Calidad de selectivo. || Función de seleccionar o elegir y pruebas aplicadas para ello.

selectivo, va. adj. Que implica selección. || Díc. del aparato radiorreceptor que permite escoger una onda de longitud determinada sin que perturben la audición otras ondas muy próximas.

selecto, ta. adj. Que es o se reputa por mejor entre otras cosas de su especie.

selenio. m. Metaloide de color pardo rojizo y brillo metálico, que químicamente se asemeja al azufre, y que, por sus propiedades fotoeléctricas, tiene empleo en cinematografía y televisión. Peso atómico, 76,96; núm, atómico, 34; símbolo, *Se.*

selenita. com. Supuesto habitante de la Luna. || f. Yeso cristalizado en láminas brillantes, espejuelo.

selfservice. m. Autoservicio.

selva. ≅bosque. f. Terreno extenso, inculto y muy poblado de árboles.

selyúcida. adj. Dinastía turcomana, una de las más poderosas de la Edad Media (s. XI-XIII). Fundada por el príncipe turco Selyuk, sus descendientes conquistaron Irak y Persia. Apl. a pers., ú. t. c. s. || Relativo a los selyúcidas.

sellar. ≅timbrar. tr. Imprimir el sello. || fig. Comunicar a una cosa determinado carácter. || fig. Concluir, poner fin a una cosa. || fig. Cerrar, tapar, cubrir.

sello. ≅timbre. m. Utensilio de metal o caucho que sirve para estampar las armas, divisas o cifras en él grabadas, y se emplea para autorizar documentos, cerrar pliegos y otros usos análogos. || Lo que queda estampado, impreso y señalado con el sello. || Trozo pequeño de papel con timbre oficial.

semáforo. m. Telégrago óptico de las costas, para comunicarse con los buques por medio de señales. || Aparato eléctrico de señales luminosas para regular la circulación. || Cualquier sistema de señales ópticas.

semana. f. Serie de siete días naturales consecutivos, empezando por el domingo y acabando por el sábado. || Período de siete días consecutivos. || fig. Salario ganado en una semana.

semanal. ≅semanario. adj. Que sucede o se repite cada semana. || Que dura una semana o a ella corresponde.

semanario, ria. adj. Que sucede o se repite cada semana. || m. Periódico que se publica semanalmente.

semántica. f. Estudio del significado de los signos lingüísticos y de sus combinaciones, desde un punto de vista sincrónico o diacrónico.

semblante. m. Representación de algún afecto del ánimo en el rostro. || Cara o rostro humano. || fig. Apariencia y representación del estado de las cosas, sobre el cual formamos el concepto de ellas.

semblanza. f. Bosquejo biográfico.

sembrado, da. adj. Cubierto de cosas espar-

cidas. || m. Tierra sembrada, hayan o no germinado las semillas.

sembrar. ≅difundir. ≅divulgar. ≅propagar. ⊲cosechar. tr. Arrojar y esparcir las semillas en la tierra preparada para este fin. || fig. Desparramar, esparcir. || fig. Dar motivo, causa o principio a una cosa. || fig. Publicar una noticia para que se divulgue.

semejante. adj. Que semeja o se parece. Ú. t. c. s. || Se usa con sentido de comparación o ponderación: *no es lícito valerse de ∿s medios.* || Empleados con carácter de demostrativo, equivale a *tal: no he visto a ∿ hombre.*

semejanza. ≅afinidad. ≅analogía. f. Calidad de semejante. || Símil retórico.

semejar. intr. y prnl. Parecerse una persona o cosa a otra; tener conformidad con ella.

semen. m. Líquido que segregan las glándulas genitales de los animales del sexo masculino y en el cual pululan los espermatozoides.

semental. adj. Relativo a la siembra o sementera. || Aplícase al animal macho que se destina a la reproducción. Ú. t. c. s.

sementera. ≅siembra. f. Acción y efecto de sembrar. || Tierra sembrada. || Cosa sembrada. || Tiempo a propósito para sembrar.

semestral. adj. Que sucede o se repite cada semestre. || Que dura un semestre.

semestre. m. Espacio de seis meses. || Renta, sueldo, pensión, etc., que se cobra o se paga al fin de cada semestre.

semicilindro. m. Cada una de las dos mitades

Semicilindro

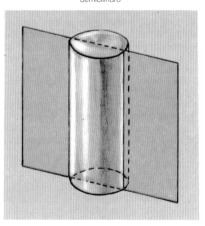

del cilindro separadas por un plano que pasa por el eje.

semicircular. adj. Relativo al semicírculo. || De figura de semicírculo o semejante a ella.

semicírculo. ≅hemiciclo. m. Cada una de las dos mitades del círculo separadas por un diámetro.

semicircunferencia. f. Cada una de la dos mitades de la circunferencia.

semiconductor. adj. y s. Substancia aislante, generalmente germanio o silicio, que se transforma en conductor por la adición de determinadas impurezas. Se utiliza en la fabricación de transistores, circuitos integrados, etc.

semicorchea. f. Nota musical cuyo valor es la mitad de la corchea.

semidiós, sa. m. y f. Héroe o heroína a quien los gentiles colocaban entre sus deidades.

semifinal. f. Cada una de las dos penúltimas competiciones de un campeonato o concurso. Ú. m. en pl.

semifinalista. adj. y s. Que participa en una semifinal.

semifusa. f. Nota musical cuyo valor es la mitad de una fusa.

semilla. f. Parte del fruto de los vegetales que contienen el germen de una nueva planta. || fig. Cosa que es causa u origen de otra. || pl. Granos que se siembran.

semillero. m. Sitio donde se siembra y crían los vegetales que después han de transplantarse. || Sitio donde se guardan y conservan colecciones de semillas. || fig. Origen y principio de algunas cosas: ⌐ de vicios.

seminal. adj. Relativo al semen.

seminario. m. Establecimiento destinado a la formación de jóvenes que se dedican al estado eclesiástico: ⌐ conciliar. || Curso de breve duración en que profesores y alumnos investigan en común sobre alguna disciplina.

seminarista. m. Alumno de un seminario.

semiología. f. Estudio de los signos de la vida social.

semiótica. f. Parte de la medicina que trata de los signos de las enfermedades.

semiplano. m. *Geom.* Cada una de las dos porciones de plano limitadas por una cualquiera de sus rectas.

semirrecta. f. *Geom.* Cada una de las dos porciones en que queda dividida una recta.

semita. adj. y s. Descendiente de Sem; dícese de los árabes, hebreos y otros pueblos, que desarrollaron las grandes culturas mesopotámicas

Semiconductores

posteriores a la sumeria, especialmente la acadia y babilonia, y posteriormente la judía y la árabe.

semítico, ca. adj. Relativo a los semitas.

semivocal. adj. y f. Vocal *i* o *u* al final de un diptongo: *aire, aceite, causa, feudo.* || Díc. de la consonante que puede pronunciarse sin que se perciba directamente el sonido de una vocal; como la *f.*

sémola. f. Trigo candeal descortezado. || Pasta de harina que se usa para sopa.

semoviente. adj. Lo que se mueve de por sí.

sempiterno, na. ≅eterno. ≅perpetuo. ⊲mortal. adj. Que durará siempre; dícese de lo que, habiendo tenido principio, no tendrá fin.

senado. m. Asamblea de patricios que formaba el Consejo de la antigua Roma. || Cuerpo colegislador formado por personas elegidas por sufragio o designadas por razón de su cargo, título, etc. || Edificio donde los senadores celebran sus sesiones.

senador, ra. m. y f. Persona que es miembro del senado.

senatorial o **senatorio, ria.** adj. Relativo al senado o al senador.

sencillez. f. Calidad de sencillo.

sencillo, lla. ≅llano. ≅natural. ⊲complicado. adj. Que no tiene artificio ni composición. || Díc. de lo que tiene menos cuerpo que otras cosas de

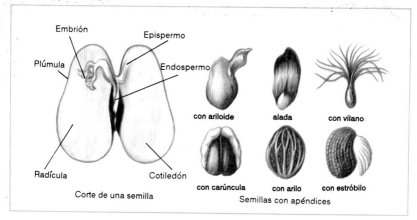

Corte de una semilla

con ariloide   alada   con vilano

con carúncula   con arilo   con estróbilo

Semillas con apéndices

Semilla

su especie. || Que carece de ostentación y ador-nos. || Díc. de la moneda pequeña, respecto de la del mismo nombre de más valor. || Que no ofrece dificultad.

senda. f. Camino más estrecho que la vereda. || fig. Procedimiento o medio para hacer o lograr algo.

sendos, das. adj. pl. Uno o una para cada cual de dos o más personas o cosas.

senectud. ≅ancianidad. ≅vejez. ◁juventud. f. Edad senil.

senil. adj. Relativo a los viejos o a la vejez.

sénior. m. Deportista que ha sobrepasado la categoría de junior. || Voz que se pospone a los nombres de personas en algunos países, para de-signar a la mayor entre dos de igual nombre y apellido, generalmente padre e hijo.

seno. m. Concavidad, hueco. || Pecho, mama. || Espacio o hueco que queda entre el vestido y el pecho. || Golfo, porción de mar que se interna en la tierra. || fig. Amparo, abrigo, protección y cosa que los presta.

sensación. ≅percepción. f. Impresión que las cosas producen en el alma por medio de los sen-tidos. || Emoción producida en el ánimo por un suceso o noticia de importancia.

sensacional. adj. Que causa sensación. || fig. Aplícase a personas, cosas, sucesos, etc., que lla-man poderosamente la atención.

sensacionalismo. m. Tendencia a producir sensación, emoción en el ánimo, con noticias, su-cesos, etc.

sensatez. ≅cordura. ≅prudencia. ◁impru-dencia. f. Calidad de sensato.

sensato, ta. adj. Prudente, cuerdo, de buen juicio.

sensibilidad. f. Facultad de sentir, propia de los seres animados. || Propensión natural del hombre a dejarse llevar de los afectos de com-pasión, humanidad y ternura. || Calidad de las cosas sensibles.

sensibilizar. tr. Hacer sensible; representar de forma sensible. || Dotar de sensibilidad o despertar sentimientos morales, estéticos, etc. || Hacer sen-sibles a la acción de la luz ciertas materias usadas en fotografía.

sensible. adj. Que siente, física o moralmente. || Que puede ser conocido por medio de los sen-tidos. || Perceptible, manifiesto. || Que causa o mueve sentimientos de pena o de dolor.

sensiblería. f. Sentimentalismo exagerado, tri-vial o fingido.

sensitivo, va. adj. Relativo a las sensaciones producidas en los sentidos y especialmente en la piel. || Capaz de sensibilidad. || Que tiene la virtud de excitar la sensibilidad.

sensor. m. Dispositivo que detecta variaciones en una magnitud física y las convierte en señales útiles para un sistema de medida o control.

sensorio, ria. adj. Relativo a la sensibilidad o facultad de sentir: *órganos* ∿*s.* || m. Centro co-mún de todas las sensaciones.

sensual. ≅deleitoso. ≅gustoso. ≅sensitivo. adj. Relativo a las sensaciones de los sentidos. ||

Díc. de los gustos y deleites de los sentidos, a las cosas que los incitan o satisfacen y a las personas aficionadas a ellos. || Relativo al deseo sexual.

sensualidad. f. Calidad de sensual. || Propensión excesiva a los placeres de los sentidos.

sentada. f. Tiempo que sin interrupción está sentada una persona. || Acción de permanecer sentadas en el suelo un grupo de personas por un largo período de tiempo y en un lugar público, con objeto de manifestar una protesta o apoyar una petición.

sentado, da. adj. Juicioso, quieto. || Díc. de las hojas, flores y demás partes de la planta que carecen de pedúnculo.

sentar. ≅digerir. tr. Poner o colocar a uno de manera que quede apoyado y descansando sobre las nalgas. Ú. t. c. prnl. || fig. Dar por supuesta o por cierta alguna cosa. || Tratándose de la comida o la bebida, ser bien o mal digeridas.

sentencia. f. Dictamen, parecer. || Máxima, pensamiento, dicho conciso que encierra doctrina o moralidad. || Declaración de juicio y resolución de juez. || Decisión que toma el árbitro de una controversia o disputa.

sentenciar. tr. Dar o pronunciar sentencia. || Condenar por sentencia. || fig. Expresar parecer, juicio o dictamen. || fig. y fam. Destinar o aplicar una cosa para un fin.

sentencioso, sa. adj. Que encierra una sentencia. || Que se expresa con afectada gravedad.

sentido, da. ≅delicado. ≅significación. ≅susceptible. adj. Que incluye o explica un sentimiento. || Díc. de la persona que se ofende con facilidad. || m. Facultad que tienen el hombre y los animales para percibir, por medio de determinados órganos corporales, las impresiones de los objetos externos. Los sentidos son cinco: vista, oído, olfato, gusto y tacto.

sentimental. adj. Que expresa sentimientos tiernos. || Propenso a ellos. || Que afecta sensibilidad de un modo exagerado.

sentimentalismo. m. Calidad de sentimental.

sentimiento. m. Acción y efecto de sentir. || Impresión que causan en el alma las cosas espirituales. || Estado del ánimo afligido por un suceso triste.

sentina. ≅sumidero. f. Cavidad inferior de la nave en la que se reúnen las aguas que se filtran por los costados y cubierta del buque. || fig. Lugar lleno de inmundicias y mal olor. || fig. Lugar donde abundan los vicios.

sentir. ≅percibir. tr. Experimentar sensaciones producidas por causas externas o internas. || Oír. || Experimentar una impresión, placer o dolor corporal o espiritual. || Lamentar. || Juzgar, opinar: *digo lo que siento.* || prnl. Seguido de algunos adjetivos, hallarse o estar como éste expresa: *sentirse enfermo.* || Considerarse, reconocerse: *sentirse muy obligado.* || m. Sentimiento. || Opinión, dictamen.

seña. ≅ademán. ≅dirección. ≅nota. ≅señal. ≅signo. f. Indicio para dar a entender una cosa. || Lo que de concierto está determinado entre dos o más personas para entenderse. || Señal que se emplea para luego acordarse de algo. || pl. Indicación del domicilio de una persona.

señal. f. Marca que se pone o hay en las cosas para distinguirlas de otras. || Hito o mojón que se pone para marcar un término. || Signo o medio que se emplea para luego acordarse de algo. || Indicio inmaterial de una cosa.

señalado, da. adj. Insigne, famoso.

señalar. tr. Poner o estampar señal en una cosa para distinguirla de otra. || Rubricar, firmar. || Llamar la atención hacia una persona o cosa, designándola con la mano. || Determinar persona, día, hora o lugar para algún fin.

señalizar. tr. Colocar en las vías de comunicación las señales que sirvan de guía a los usuarios.

señero, ra. adj. Solo, solitario. || Único, sin par.

señor, ra. adj. Dueño de una cosa. Ú. m. c. s. || fam. Noble. || fam. Antepuesto a algunos nombres, sirve para encarecer el significado de los mismos: *me dio un ∿ disgusto.* || m. Por antonom., Dios. || Jesús en el sacramento eucarístico. || Término de cortesía.

señorear. ≅imperar. ≅sobresalir. tr. Dominar o mandar en una cosa como dueño de ella. || Mandar uno imperiosamente. || Apoderarse de una cosa; sujetarla a su dominio. Ú. t. c. prnl. || fig. Estar una cosa en situación superior o en mayor altura del lugar que ocupa otra.

señoría. f. Tratamiento que se da a personas con cierta dignidad. || Persona a quien se da este tratamiento. || Dominio sobre una cosa. || Soberanía de ciertos Estados que se gobernaban como repúblicas: *la ∿ de Venecia.*

señorial. adj. Relativo al señorío. || Dicho del feudo pagado a un señor. || Majestuoso, noble.

señorío. m. Dominio sobre una cosa. || Territorio perteneciente al señor. || Dignidad de señor. || fig. Gravedad y mesura en el porte o en las acciones. || fig. Libertad de obrar sujetando las pasiones a la razón.

señorita. f. Hija de un señor o de persona de representación. || Término de cortesía que se aplica a la mujer soltera. || fam. Ama, con respecto a los criados.

señorito. m. Hijo de un señor o de persona de representación. || fam. Amo, con respecto a los criados. || fam. Joven acomodado y ocioso.

señuelo. ≅añagaza. ≅atractivo. ≅cebo. ≅reclamo. m. Cualquier cosa que sirve para atraer las aves. || Ave destinada a atraer a otras. || fig. Cualquier cosa que sirve para atraer. || *Arg.* y *Bol.* Grupo de cabestros para conducir el ganado.

seo. f. *Ar.* Catedral.

sépalo. m. Cada una de las piezas que forman el cáliz de la flor.

separación. f. Acción y efecto de separar. || Interrupción de la vida conyugal, sin quedarse extinguido el vínculo matrimonial.

separar. ≅alejar. ≅apartar. ≅deponer: ≅destituir. ◁unir. tr. Establecer distancia, o aumentarla, entre algo o alguien. Ú. t. c. prnl. || Privar de un empleo, cargo o condición al que los servía u ostentaba. || prnl. Tomar caminos distintos personas, animales o vehículos que iban juntos o por el mismo camino. || Interrumpir los cónyuges la vida en común, por fallo judicial o por decisión coincidente, sin que se extinga el vínculo matrimonial.

separata. f. Impresión por separado de un artículo publicado en una revista o libro.

separatismo. m. Doctrina política que propugna la separación de algún territorio para alcanzar su independencia o anexionarse a otro país. || Partido separatista.

sepelio. ≅entierro. m. Acción de inhumar la Iglesia a los fieles. || En general, entierro.

sepia. f. Jibia, molusco. || Materia colorante que se saca de la jibia y se emplea en pintura. || m. Color marrón tirando a rojo claro.

septentrional. ◁meridional. adj. Relativo al Septentrión. || Que cae al Norte.

septeto. m. Composición para siete instrumentos o siete voces. || Conjunto de estos siete instrumenos o voces.

septicemia. f. Género de enfermedades infecciosas, graves, producidas por el paso a la sangre y su multiplicación en ella de diversos gérmenes patógenos.

septiembre. m. Noveno mes del año; tiene treinta días.

séptimo, ma. adj. Que sigue inmediatamente

en orden al o a lo sexto. || Díc. de cada una de las siete partes iguales en que se divide un todo. Ú. t. c. s.

septuagenario. adj. y s. Que ha cumplido la edad de 70 años y no llega a los 80.

septuagésimo, ma. adj. Que ocupa en orden setenta. || Díc. de cada una de las 70 partes iguales en que se divide un todo.

septuplicar. tr. y prnl. Multiplicar por siete una cantidad.

sepulcro. m. Obra que se construye para dar en ella sepultura al cadáver de una persona. || Urna o andas cerradas, con una imagen de Jesucristo difunto.

sepultar. tr. Poner en la sepultura a un difunto. || fig. Esconder, ocultar alguna cosa. Ú. t. c. prnl. || fig. Sumergir, abismar, dicho del ánimo. Ú. m. c. prnl.

sepultura. f. Acción y efecto de sepultar. || Hoyo que se hace en tierra para enterrar un cadáver. || Lugar en que está enterrado un cadáver.

sepulturero. m. El que tiene por oficio abrir las sepulturas y sepultar a los muertos.

sequedad. ≅aspereza. ≅dureza. ◁humedad. f. Calidad de seco. || fig. Dicho, expresión o ademán áspero y duro. Ú. m. en pl.

sequía. f. Tiempo seco de larga duración.

séquito. ≅acompañamiento. ≅comitiva. ≅cortejo. m. Agregación de gente que en obsequio, autoridad o aplauso de uno le acompaña y sigue.

ser. m. Esencia y naturaleza. || Lo que es, existe o puede exitir. || Valor, precio, estimación de las cosas. || Verbo substantivo que afirma del sujeto lo que significa el atributo. || Verbo auxiliar que sirve para la conjugación de la voz pasiva. || intr. Haber o existir. || Servir: *Pedro no es para esto.*

sera. f. Espuerta grande, regularmente sin asas.

serafín. m. Cada uno de los espíritus bienaventurados que forman el segundo coro. || fig. Persona de singular hermosura.

serbal. m. Árbol rosáceo, común en los montes de España, cuya madera es muy usada en los mangos de herramientas.

serenar. tr. Sosegar, tranquilizar una cosa. Ú. t. c. intr. y c. prnl. || Enfriar agua al sereno. Ú. t. c. prnl. || Aclarar los licores que están turbios. Ú. m. c. prnl. || fig. Apaciguar disturbios o tumultos.

serenata. f. Música en la calle y durante la noche, para festejar a una persona. || Composición poética o musical destinada a este objeto.

serenidad. f. Calidad de sereno. || Título de honor de algunos príncipes.

sereno, na. adj. Claro, despejado de nubes. || fig. Apacible, sosegado. || m. Humedad que hay por la noche en la atmósfera. || Encargado de rondar de noche por las calles para velar por la seguridad del vecindario.

serial. adj. Relativo a una serie. || m. Obra radiofónica o televisiva que se difunde en emisiones sucesivas.

seriar. tr. Poner en serie.

sericicultura. f. Industria que tiene por objeto la producción de la seda.

serie. f. Conjunto de cosas relacionadas entre sí y que se suceden unas a otras. || *Ling.* Conjunto de fonemas de una lengua caracterizados por un mismo modo de articulación.

seriedad. f. Calidad de serio.

serigrafía. f. Procedimiento de impresión sobre cualquier materia, que, con tintas especiales, se realiza a través de una pantalla de seda o nailon.

serio, ria. ≅adusto. ≅efectivo. ≅sensato. adj. Grave, sentado y compuesto en las acciones. || Severo en el semblante, en el modo de mirar o hablar. || Real, verdadero y sincero. || Importante: *negocio* ⌐. || Contrapuesto a jocoso o bufo: *ópera seria.*

sermón. ≅reconversión. m. Discurso cristiano u oración evangélica que se predica para la enseñanza de la buena doctrina. || fig. Amonestación o represión insistente y larga.

sermonear. intr. Predicar. || tr. Amonestar o reprender.

serología. f. Tratado de los sueros y de sus reacciones inmunológicas.

serón. m. Especie de sera más larga que ancha, que sirve regularmente para carga de una caballería.

serosidad. f. Líquido que segregan ciertas membranas. || Humor que se acumula en las ampollas de la epidermis.

seroso, sa. adj. Relativo al suero o a la serosidad. || Que produce serosidad. || Díc. de las membranas que recubren diversas cavidades del organismo.

serpentear. intr. Andar o moverse formando vueltas y tornos como la serpiente.

serpentín. m. Instrumento de hierro en que se ponía la mecha para hacer fuego con el mosquete. || Pieza de acero en las llaves de la armas de fuego y chispa. || Tubo largo en espiral que sirve para facilitar el enfriamiento de la destilación en los alambiques.

serpentina. f. Tira de papel arrollada que en ciertas fiestas se arrojan unas personas a otras de modo que se desarrolle en el aire.

serpentón. m. Instrumento músico de viento, de tonos graves, que consiste en un tubo de madera encorvado en forma de S o de U.

serpiente. ≅sierpe. f. Culebra de gran tamaño.

serrallo. ≅harén. m. Lugar en que los mahometanos tienen sus mujeres y concubinas. || fig. Cualquier sitio donde se cometen graves desórdenes obscenos.

serranía. f. Espacio de terreno cruzado por montañas y sierras.

serranilla. f. Composición lírica de asuntos villanescos, escrita por lo general en versos cortos.

serrano, na. adj. Que habita en una sierra, o nacido en ella. Ú. t. c. s. || Perteneciente a las sierras.

serrar. ≅aserrar. tr. Cortar con sierra la madera u otra cosa.

serrería. f. Taller mecánico para serrar maderas.

serrín. m. Conjunto de partículas que se desprenden de la madera cuando se sierra.

serrucho. m. Sierra de hoja ancha y regularmente con sólo una manija. || *Cuba.* Pez con rostro en forma de sierra muy cortante.

serventesio. m. Género de composición de la poética provenzal, de asunto generalmente moral o político y a veces de tendencia satírica. || Cuarteto en que riman el primer verso con el tercero y el segundo con el cuarto.

servicial. adj. Que sirve con cuidado y diligencia. || Pronto a complacer y servir a otros.

servicio. ≅ayuda. ≅beneficio. ≅favor. ≅servidumbre. m. Acción y efecto de servir. || Estado de criado o sirviente. || Mérito que se hace sirviendo. || Obsequio en beneficio de alguien. || Utilidad o provecho. || Cubierto que se pone a cada comensal. || pl. Aseo, lavabo.

servidor, ra. m. y f. Persona que sirve como criado. || Persona adscrita al manejo de un arma o de otro artefacto. || Nombre que por cortesía se da a sí misma una persona respecto de otra.

servidumbre. ≅esclavitud. ≅servicio. ≅vasallaje. ≅yugo. ◁poder. f. Trabajo propio del siervo.-|| Condición de siervo. || Conjunto de criados que sirven a un tiempo en una casa. || Obligación inexcusable de hacer una cosa. || fig. Sujeción causada por las pasiones que coarta la libertad.

servil. adj. Perteneciente a los siervos y criados. || Bajo, humilde y de poca estimación. ||

Rastrero, vil, adulador. || En el primer tercio del s. XIX, apodo liberal contra los partidarios de la monarquía absoluta.

servilismo. ≅abyección. ≅adulación. m. Ciega y baja adhesión a la autoridad de uno. || Orden de ideas de los denominados serviles.

servilleta. f. Paño que sirve en la mesa para aseo y limpieza de cada persona.

servilletero. m. Aro en que se pone enrollada la servilleta.

servir. intr. Estar al servicio de otro. Ú. t. c. tr. || Ser un instrumento a propósito para determinado fin. || Hacer las veces de otro en un oficio u ocupación. || Aprovechar, valer, ser de uso o utilidad. || Ser soldado en activo. || tr. Llenar el plato o el vaso al que va a comer o beber. || Suministrar alguna mercancía a un cliente.

servofreno. m. Freno cuya acción es ampliada por un dispositivo eléctrico o mecánico.

sésamo. m. Planta pedaliácea, de la especie del ajonjolí y alegría. || Pasta de nueces, almendras o piñones con ajonjolí.

sesear. intr. Pronunciar la z, o la c ante e, i, como s.

sesenta. adj. Seis veces diez. || Sexagésimo, ordinal: número ∽. || m. Conjunto de signos con que se representa el número sesenta.

sesgar. tr. Cortar o partir en sesgo. || Torcer a un lado una cosa.

sesgo, ga. ≅oblicuo. ≅torcido. adj. Cortado o situado oblicuamente. || fig. Grave, serio o torcido en el semblante. || m. Oblicuidad o torcimiento de una cosa hacia un lado. || fig. Corte o medio término que se toma en los negocios dudosos.

sesión. f. Cada una de las juntas de un concilio, congreso u otra corporación. || fig. Conferencia o consulta entre varios para determinar una cosa. || Proyección cinematográfica o representación teatral.

seso. m. Cerebro. || Masa de tejido nervioso contenida en la cavidad del cráneo. Ú. m. en pl. || fig. Prudencia, madurez.

sesquicentenario, ria. adj. Relativo a lo que tiene una centena y media. || m. Día o año en que se cumple siglo y medio del nacimiento o muerte de una persona ilustre o de un suceso famoso.

sestear. intr. Pasar la siesta durmiendo o descansando. || Recogerse el ganado durante el día en paraje sombrío para librarse de los rigores del sol.

sestercio. m. Moneda de plata de los romanos.

sesudo, da. ≅sensato. adj. Que tiene seso, prudencia.

set. m. En el juego del tenis, cada una de las etapas de que se compone un partido. Por lo común, el partido consta de cinco sets y cada set de seis juegos.

seta. f. Cualquier especie de hongos de forma de sombrero sostenido por un piececillo.

setenta. adj. Siete veces diez. || Septuagésimo, ordinal: año ∽. || m. Conjunto de signos con que se representa el número setenta.

setiembre. m. Septiembre.

seto. m. Cercado hecho de palos o varas entretejidas o con plantas que crecen espesas.

setter. adj. y m. Raza de perros de caza.

seudónimo, ma. adj. Autor que oculta con un nombre falso el suyo verdadero. || Aplícase también a la obra de este autor. || m. Nombre empleado por un autor en vez del suyo verdadero.

severidad. ◁comprensión. f. Rigor y aspereza en el modo y trato. || Exactitud en la observancia de una ley. || Gravedad, serenidad.

severo, ra. adj. Riguroso, áspero, duro en el trato. || Puntual y rígido en la observancia de una ley. || Grave, serio.

sevillanas. f. pl. Aire musical propio de Sevilla. || Danza que se baila con esta música.

sex-appeal. m. Atractivo físico y sexual de una persona.

sexagesimal. adj. Aplícase al sistema de contar o de subdividir de 60 en 60.

sexenio. m. Tiempo de seis años.

sexo. m. Condición orgánica que distingue al macho de la hembra, en los seres humanos, en los animales y en las plantas. || Conjunto de seres pertenecientes a un mismo sexo: ∽ masculino. || Órganos sexuales.

sexología. f. Ciencia que estudia psicológica y fisiológicamente la vida sexual humana.

sexta. f. Tercera de las cuatro partes iguales en que dividían los romanos el día artificial. || En el rezo eclesiástico, una de las horas menores, que se dice después de la tercia.

sextante. m. Aparato portátil empleado para medir la altura de los astros y los ángulos horizontales.

sexteto. m. Composición para seis instrumentos o seis voces. || Conjunto de estos seis instrumentos o voces.

sexto. adj. Que sigue inmediatamente en orden al o a lo quinto. || Díc. de cada una de las seis partes en que se divide un todo. Ú. t. c. s.

sextuplicar. tr. y prnl. Multiplicar por seis una cantidad.

sexualidad. f. Conjunto de condiciones anatómicas y fisiológicas que caracterizan a cada sexo. || Apetito sexual, propensión al placer carnal.

sexy. adj. Díc. de la persona que tiene gran atractivo físico y de las cosas con carácter erótico.

shériff. m. Representante del poder central en Inglaterra y de la justicia en EE. UU.

shock. m. Estado de profundo desequilibrio nervioso.

short. m. Pantalón muy corto.

show. m. angl. por espectáculo de variedades.

showman. m. angl. por presentador o productor de espectáculo de variedades.

si. conj. con que se denota una condición: ⌐ llegas el lunes, llegarás a tiempo. || A veces denota aseveración terminante: ⌐ ayer lo aseguraste, ¿cómo lo niegas hoy? || En ciertas expresiones indica ponderación: es atrevido, ⌐ los hay. || m. Séptima nota de la escala musical.

sí. Forma reflexiva del pronombre personal de tercera persona. Lleva constantemente preposición. || adv. a. que se emplea más comúnmente respondiendo a preguntas. || Ú. como substantivo por consentimiento o permiso: ya tengo el ⌐ de mi padre.

siamés, sa. adj. y s. Aplícase a cada uno de los hermanos gemelos que nacen unidos por alguna parte de sus cuerpos.

sibarita. adj. y s. De Síbaris, c. de la Italia antigua. || fig. Díc. de la persona que se trata con mucho regalo y refinamiento.

sibila. f. Mujer sabia a quien los antiguos atribuyeron espíritu profético.

sibilante. adj. Sonido que se pronuncia como una especie de silbido. || Díc. de la letra que representa este sonido, como la s.

sibilino, na. adj. Relativo a la sibila. || fig. Misterioso, obscuro.

sibucao. m. Arbolito papilionáceo de Filipinas de madera muy dura, que se usa en tintorería. || Esta misma madera.

sic. adv. lat. que se usa en impresos y manuscritos españoles para dar a entender que una palabra o frase empleada en ellos es textual.

sicario. m. Asesino asalariado.

sicomoro. m. Planta morácea, que es una higuera propia de Egipto, cuya madera, incorruptible usaban los antiguos egipcios para las cajas donde encerraban las momias.

SIDA. m. Siglas de Síndrome de Inmuno-Deficiencia Adquirida, enfermedad detectada en Nueva York en 1979 e identificada en 1981, que destruye el sistema inmunológico del organismo humano, provocando una creciente indefensión frente a agentes de otras infecciones.

sidecar. ∬sidecares. m. Asiento adicional, apoyado en una rueda, que se adosa al costado de una motocicleta.

sideral o **sidéreo, a.** ≅astral. ≅estelar. adj. Perteneciente a las estrellas o a los astros.

siderurgia. f. Arte de extraer el hierro y de trabajarlo.

sidra. f. Bebida alcohólica, que se obtiene por la fermentación del zumo de las manzanas.

siega. f. Acción y efecto de segar. || Tiempo en que se siega. || Mieses segadas.

siembra. f. Acción y efecto de sembrar. || Tiempo en que se siembra. || Tierra sembrada.

siempre. adv. t. En todo o en cualquier tiempo. || En todo caso.

sien. f. Cada una de las dos partes laterales de la cabeza comprendidas entre la frente, la oreja y la mejilla.

sierpe. ≅serpiente. f. Culebra de gran tamaño. || fig. Persona muy fea o que está muy colérica. || fig. Cualquier cosa que se mueve con rodeos a manera de sierpe. || Vástago que brota de las raíces leñosas.

sierra. f. Herramienta con una hoja de acero dentada que sirve para dividir madera u otros cuerpos duros. || Lugar donde se sierra. || Cordillera de poca extensión.

siervo, va. ◁amo. m. y f. Esclavo de un señor. || Nombre que una persona se da a sí misma respecto de otra para mostrarse obsequio y rendimiento.

Maqueta del virus del SIDA

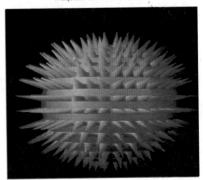

siesta. f. Tiempo después del mediodía, en que aprieta más el calor. || Tiempo destinado para dormir o descansar después de comer. || Sueño que se toma después de comer.

siete. adj. Seis y uno. || Séptimo, ordinal: *número* ⌣. Apl. a los días del mes, ú. t. c. s. || m. Signo con que se representa el número siete. || fam. Rasgón en forma de ángulo que se hace en los trajes.

sietemesino, na. adj. y s. Aplícase a la criatura que nace a los siete meses de engendrada.

sífilis. f. Enfermedad infecciosa, causada por el microorganismo *treponema pállidum*, transmisible por contacto sexual o por herencia.

sifón. m. Tubo encorvado que sirve para sacar líquidos del vaso que los contiene, haciéndolos pasar por un punto superior su nivel.

sigilo. m. Sello para estampar. || Lo que queda estampado por él. || Secreto que se guarda de una noticia.

sigla. f. Letra inicial que se emplea como abreviatura: *S. D. M. son las siglas de Su Divina Majestad.*

siglo. ≅ centuria. m. Espacio de cien años. || Seguido de la preposición *de*, época muy notable. || Espacio largo de tiempo. || Vida civil en oposición a la religiosa.

sigma. f. Decimoctava letra del alfabeto griego (Σ, σ [ς si es final de palabra]); corresponde a nuestra *s*.

signatario, ria. adj. Que firma.

signatura. f. Señal de números y letras que se pone a un libro o a un documento para catalogarlos.

significación. f. Acción y efecto de significar. || Sentido de una palabra o frase. || Objeto que se significa. || Importancia.

significado, da. adj. Conocido, importante. || m. Sentido de las palabras y frases. || Lo que se significa de algún modo. || Concepto que unido al de significante constituye el signo lingüístico.

significar. tr. Ser una cosa signo de otra. || Ser una palabra o frase expresión de una idea. || Manifestar una cosa. || intr. Tener importancia. || prnl. Distinguirse por alguna cualidad o circunstancia.

significativo, va. adj. Que da a entender o conocer con propiedad una cosa. || Que tiene importancia.

signo. m. Objeto, fenómeno o acción material que, natural o convenientemente, representa y substituye a otro objeto, fenómeno o señal. ||

Cualquiera de los caracteres que se emplean en la escritura y en la imprenta.

siguiente. ◁ anterior. adj. Ulterior, posterior.

sij. adj. Secta religiosa disidente de la India, fundada por Nãnak (s. xvi). Ú. m. c. m. pl. || Díc. también de sus individuos. Ú. t. c. s. || Relativo a los sikhs o sijs.

sílaba. f. Sonido o sonidos articulados que constituyen un solo núcleo fónico entre dos depresiones sucesivas de la emisión de voz.

silbar. intr. Dar o producir silbos o silbidos. || Agitar el aire produciendo un sonido como de silbo. || fig. Manifestar desagrado y desaprobación el público, con silbidos. Ú. t. c. tr.

silabario. m. Librito o cartel con sílabas para enseñar a leer.

silbato. m. Instrumento pequeño y hueco que soplando en él con fuerza suena como el silbo.

silbido o **silbo.** m. Sonido agudo que resulta de hacer pasar con fuerza el aire por un sitio estrecho.

silenciador. m. Dispositivo que se aplica al tubo de escape de los motores de explosión, o al cañón de algunas armas de fuego, para disminuir el ruido.

silenciar. tr. Callar, omitir, pasar en silencio.

silencio. ≅ reserva. ≅ sigilo. m. Abstención de hablar. || fig. Falta de ruido.

silencioso, sa. adj. Que calla o tiene hábito de callar. || Aplícase al lugar o tiempo en que hay o se guarda silencio. || Que no hace ruido.

sílex. m. Variedad de cuarzo, pedernal.

sílfide. f. Ninfa, ser fantástico o espíritu elemental del aire, según los cabalistas. || fig. Mujer muy hermosa y esbelta.

silicato. m. Sal compuesta de ácido silícico y una base.

sílice. f. Combinación del silicio con el oxígeno. Si es anhidra, forma el cuarzo, y si es hidratada, el ópalo.

silícico, ca. adj. Relativo a la sílice.

silicio. m. Metaloide que se extrae de la sílice. Forma la cuarta parte de la corteza terrestre. Peso atómico, 28,086; núm. atómico, 14; símbolo, *Si*.

silicona. f. Nombre genérico de varios productos sintéticos, cuyo principal componente es el silicio.

silicosis. f. Enfermedad crónica producida por la infiltración en el aparato respiratorio del polvo de sílice.

silo. m. Lugar subterráneo y seco en donde se guarda el trigo u otros granos, semillas o forrajes. Modernamente se construyen depósitos semejantes

Silos

sobre el terreno. || fig. Cualquier lugar subterráneo, profundo y obscuro.

silogismo. m. Argumento que consta de tres proposiciones, la última de las cuales se deduce necesariamente de las otras dos. Las dos primeras se llaman *premisas;* la tercera, *conclusión.*

silueta. f. Dibujo sacado siguiendo los contornos de la sombra de un objeto. || Forma que presenta a la vista la masa de un objeto más obscuro que el fondo sobre el cual se proyecta. || Perfil de una figura.

silúrico, ca o **siluriano, na.** adj. Díc. del tercer período de la era paleozoica. || Perteneciente a este período.

silva. f. Combinación métrica en versos endecasílabos y heptasílabos, que riman sin sujeción a un orden prefijado. || Composición poética escrita en silva.

silvestre. ≅campestre. ≅montaraz. ◁urbano. adj. Criado naturalmente y sin cultivo en selvas o campos. || Inculto, agreste y rústico.

silvicultura. f. Cultivo de los bosques o montes. || Ciencia que trata de este cultivo.

silla. f. Asiento con respaldo, por lo general con cuatro patas, y en que sólo cabe una persona. || Aparejo para montar a caballo. || Asiento o trono de un prelado con jurisdicción.

sillar. m. Piedra grande labrada usada en la construcción de sillería. || Parte del lomo de la caballería, donde sienta la silla, el albardón, etc.

sillería. f. Conjunto de sillas, sillones, etc., con que se amuebla una habitación. || Conjunto de asientos unidos unos a otros; como los del coro de las iglesias, etc. || Taller donde se fabrican sillas. || Tienda donde se venden. || Fábrica hecha de sillares. || Conjunto de estos sillares.

sillín. m. Silla de montar más ligera y sencilla que la común. || Asiento que tienen la bicicleta y otros vehículos análogos.

sillón. m. Silla de brazos, mayor y más cómoda que la ordinaria.

sima. f. Cavidad grande y muy profunda en la tierra. || m. Subcapa más interna de las dos de que consta la corteza terrestre.

simarubáceo, a. adj. y f. Díc. de árboles o arbustos, angiospermos dicotiledóneos, que suelen contener principios amargos en su corteza; como la cuasia. || f. pl. Familia de estas plantas.

simbiosis. f. Asociación de individuos animales o vegetales de diferentes especies, en la que ambos asociados sacan provecho de la vida en común.

simbólico, ca. adj. Perteneciente o relativo al símbolo o expresado por medio de él.

simbolismo. m. Sistema de símbolos con que se representan creencias, conceptos o sucesos. || Movimiento literario y artístico surgido en Francia en la segunda mitad del s. xix.

simbolizar. tr. Servir una cosa como símbolo de otra.

símbolo. m. Imagen, figura o divisa con que materialmente o de palabra se representa un concepto moral o intelectual. || *Quím.* Letra o letras convenidas con que se designa un cuerpo simple.

simetría. f. Proporción adecuada de las partes de un todo entre sí y con el todo mismo. || Armonía de posición de las partes o puntos similares unos respecto de otros, y con referencia a punto, línea o plano determinado.

simiente. f. Semilla.

símil. m. Comparación entre dos cosas. || *Ret.* Figura que consiste en comparar expresamente una cosa con otra.

similar. adj. Que tiene semejanza o analogía con una cosa.

similitud. f. Semejanza.

simio. m. Mono, animal.

simonía. f. Compra o venta ilícita de cosas espirituales o de las temporales inseparablemente anejas a las espirituales.

simpatía. f. Inclinación afectiva entre personas, generalmente espontánea y mutua. || Por ext., análoga inclinación hacia animales o cosas, y la que se supone en algunos animales.

simpático, ca. adj. Que inspira simpatía. ||
Mús. Díc. de la cuerda que resuena por sí sola
cuando se hace sonar otra.

simpatizante. adj. y s. Que simpatiza.

simpatizar. intr. Sentir simpatía.

simple. ≅solo. adj. Sin composición. || Ha-
blando de las cosas que pueden ser dobles o estar
duplicadas, aplícase a las sencillas. || Traslado o
copia de una escritura, que se saca sin firmar ni
autorizar. || fig. Mentecato y de poco discurso. Ú.
t. c. s.

simpleza. f. Bobería, necedad.

simplicidad. ◁complejidad. f. Sencillez, can-
dor. || Calidad de ser sin composición.

simplificar. tr. Hacer más sencilla, más fácil o
menos complicada una cosa.

simplista. adj. y s. Que simplifica o tiende a
simplificar.

simplón, na. adj. y s. Sencillo, ingenuo.

simposio. m. Conferencia o reunión en que se
examina y discute determinado tema.

simulacro. m. Imagen hecha a semejanza de
una cosa o persona. || Ficción, imitación, falsifi-
cación: ⌢ *de juicio.* || Especie que forma la fan-
tasía. || Acción de guerra, fingida para adiestrar
las tropas.

simular. tr. Representar una cosa, fingiendo o
imitando lo que no es.

simultanear. tr. Realizar en el mismo espacio
de tiempo dos operaciones o propósitos. || Cursar
al mismo tiempo dos o más asignaturas correspondientes a distintos años académicos o a diferentes facultades.

simultáneo, a. ≅contemporáneo. ≅sincrónico.
◁incompatible. adj. Díc. de lo que se hace u
ocurre al mismo tiempo que otra cosa.

simún. m. Viento abrasador que suele soplar
en los desiertos de África y de Arabia.

sin. prep. sep. y neg. que denota carencia o
falta de alguna cosa. || Fuera de o además de. ||
Cuando se junta con el infinitivo del verbo, vale
lo mismo que *no* con su participio o gerundio.

sinagoga. f. Congregación o junta religiosa de
los judíos. || Casa en que se juntan los judíos a
orar y a oír la doctrina de Moisés. || fig. En
sentido peyorativo, reunión para fines que se ·con-
sideran ilícitos.

sinalefa. f. Trabazón o enlace de sílabas por el
cual se forma una sola de la última de un vocablo
y de la primera del siguiente, cuando aquél acaba
en vocal y éste empieza con vocal, precedida o
no de *h* muda. A veces la sinalefa enlaza sílabas
de tres palabras.

Interior de la sinagoga del Tránsito (Toledo)

sincerar. tr. y prnl. Justificar la inculpabilidad
de uno en el dicho o hecho que se le atribuye.

sinceridad. ◁hipocresía. f. Veracidad. || Modo
de expresarse libre de fingimiento.

sincero, ra. adj. Ingenuo, veraz y sin doblez.

sinclinal. adj. y m. Plegamiento de las capas
del terreno· en forma de V.

síncopa. f. Figura de dicción que consiste en
la supresión de uno o más sonidos dentro de un
vocablo. || *Mús.* Enlace de dos sonidos iguales.

sincopado, da. adj. *Mús.* Díc. de la nota que
se halla entre dos o más notas de menos valor,
pero que juntas valen tanto como ella. || Díc. del
ritmo o canto que tiene notas sincopadas.

sincopar. tr. Hacer síncopa. || fig. Abreviar.

síncope. ≅desfallecimiento. ≅desmayo. m.
Supresión de uno o más sonidos dentro de un
vocablo. || Pérdida repentina del conocimiento y
de la sensibilidad, debida a la suspensión súbita
y momentánea de la acción del corazón.

sincretismo. m. Sistema filosófico que trata de
conciliar doctrinas diferentes. || *Ling.* Fenómeno
por el que diversas funciones que correspondían
a distintas formas coincide en una forma única.

sincronía. f. Sincronismo, coincidencia de hechos o fenómenos en el tiempo. || *Ling.* Término propuesto por F. de Saussure para designar un estado de lengua en un momento dado.

sincrónico, ca. adj. *Díc.* de las cosas que ocurren a un mismo tiempo. || *Díc.* de las leyes y relaciones internas propias de una lengua o dialecto en un momento o período dados.

sincronismo. m. Circunstancia de ocurrir, suceder o verificarse una o más cosas a un mismo tiempo.

sincronizar. tr. Hacer que coincidan en el tiempo dos o más movimientos o fenómenos.

sindéresis. f. Discreción, capacidad natural para juzgar rectamente.

sindical. adj. Perteneciente o relativo al síndico. || Perteneciente o relativo al sindicato.

sindicalismo. m. Sistema de organización obrera por medio del sindicato.

sindicalista. adj. Perteneciente o relativo al sindicalismo. || com. Partidario del sindicalismo.

sindicar. tr. Reunir varias personas de una misma profesión, o de intereses comunes, para formar un sindicato. || prnl. Entrar a formar parte de un sindicato.

sindicato. m. Asociación formada para la defensa de intereses económicos o políticos comunes a todos los asociados. Se aplica esta denominación fundamentalmente a las asociaciones profesionales, patronales y obreras.

síndico. m. Sujeto que en un concurso de acreedores o en una quiebra es el encargado de liquidar el activo y el pasivo del deudor. || Persona elegida por una comunidad o corporación para cuidar de sus intereses.

síndrome. m. Conjunto de síntomas característicos de una enfermedad.

sinécdoque. f. Tropo que consiste en extender, restringir o alterar de algún modo la significación de las palabras, para designar un todo con el nombre de una de sus partes, o viceversa: *cuarenta velas,* por *cuarenta naves.*

sinecura. ≅prebenda. f. Empleo o cargo retribuido que ocasiona poco o ningún trabajo.

sine die. expr. lat. que significa sin plazo fijo, sin fecha.

sinéresis. ≅contracción. f. Reducción a una sola sílaba, en una misma palabra, de vocales que normalmente se pronuncian en sílabas distintas, como *aho-ra* por *a-ho-ra.*

sinergia. f. Concurso activo y concertado de varios órganos para realizar una función.

sinestesia. f. Sensación secundaria o asociada que se produce en una parte del cuerpo a consecuencia de un estímulo aplicado en otra parte del mismo.

sinfín. m. Infinidad, sinnúmero.

sinfonía. f. Conjunto de voces, de instrumentos, o de ambas cosas, que suenan acordes a la vez. || Composición de música instrumental, que precede, por lo común, a las óperas y otras obras teatrales.

singladura. f. Distancia recorrida por una nave en veinticuatro horas.

single. adj. *Mar.* *Díc.* del cabo que se emplea sencillo, cuando uno de sus extremos está atado al penol de la verga. || En deportes, sobre todo en tenis, díc. del partido individual, jugado entre dos adversarios. Ú. t. c. m. || *Díc.* de la habitación de un hotel o del departamento de un coche cama, individuales. Ú. t. c. m.

singular. ◁plural. adj. Solo, sin otro de su especie. || fig. Extraordinario, raro o excelente.

singularidad. f. Calidad de singular. || Particularidad, distinción o separación de lo común.

singularizar. tr. Distinguir una cosa entre otras. || Dar número singular a palabras que ordinariamente no lo tienen. || prnl. Distinguirse, particularizarse o apartarse del común.

siniestrado, da. adj. y s. Persona o cosa que ha padecido un siniestro.

siniestro, tra. ≅izquierdo. ◁derecho. adj. Aplícase a la parte o sitio que está a la mano izquierda. || fig. Avieso y malintencionado. || fig. Infeliz, funesto o aciago. || m. Propensión o inclinación a lo malo. Ú. m. en pl. || Daño o pérdida importante que sufren las personas o la propiedad. || f. La mano izquierda.

sinnúmero. ≅multitud. m. Número incalculable de personas o cosas.

sino. conj. ad. con que se contrapone a un concepto negativo otro afirmativo: *no lo hizo Juan,* ⌢ *Pedro.* || Denota a veces idea de excepción: *nadie lo sabe* ⌢. || m. Hado, destino, suerte.

sínodo. m. Concilio de los obispos. || Junta de eclesiásticos que nombra el ordinario para examinar a los ordenandos y confesores. || Junta de ministros protestantes encargados de decidir sobre asuntos eclesiásticos.

sinología. f. Estudio de la lengua, la literatura y las instituciones de China.

sinonimia. f. Circunstancia de ser sinónimos dos o más vocablos. || Figura que consiste en usar adrede voces sinónimas para amplificar o reforzar la expresión de un concepto.

sinónimo, ma. adj. y m. *Díc.* de los vocablos

y expresiones que tienen una misma o muy parecida significación.

sinopsis. f. Esquema. || Exposición general de una materia o asunto, presentados en sus líneas esenciales. || Sumario o resumen.

sinovia. f. Humor viscoso que lubrica las articulaciones de los huesos.

sinrazón. ≅ desafuero. ≅ iniquidad. ◁ justicia. f. Acción hecha contra justicia y fuera de lo razonable o debido.

sinsabor. m. Desabrimiento del paladar. || Insipidez de lo que se come. || fig. Pesar, pesadumbre.

sinsubstancia. com. fam. Persona insubstancial o frívola.

sintáctico, ca. adj. Relativo a la sintaxis.

sintagma. m. Grupo de elementos lingüísticos que, en una oración, funciona como una unidad.

sintaxis. f. Parte de la gramática, que enseña a coordinar y unir las palabras para formar las oraciones y expresar conceptos.

síntesis. ∬síntesis. f. Composición de un todo por la reunión de sus partes. || Suma y compendio de una materia o cosa. || Formación de una substancia compuesta mediante la combinación de elementos químicos o de substancias más sencillas.

sintetizar. tr. Hacer síntesis.

sintoísmo. m. Religión primitiva y popular de los japoneses.

síntoma. m. Fenómeno revelador de una enfermedad. || fig. Señal, indicio de una cosa que está sucediendo o va a suceder.

sintonizar. tr. En la telegrafía sin hilos, hacer que el aparato de recepción vibre al unísono con el de transmisión. || Adaptar convenientemente las longitudes de onda de dos o más aparatos de radio. || intr. fig. Coincidir en gustos, carácter, ideas, etc., dos o mas prsonas.

sinuoso. adj. Que tiene senos o recodos. || fig. Díc. del carácter de las acciones que tratan de ocultar el propósito o fin a que se dirigen.

sinusitis. ∬sinusitis. f. Inflamación de los senos del cráneo, especialmente los que tienen comunicación con la nariz.

sinvergüenza. adj. y s. Pícaro, bribón.

sionismo. m. Aspiración de los judíos a recobrar Palestina como patria. || Movimiento internacional de los judíos para lograr esta aspiración.

siquiera. conj. ad. que equivale a *bien que* o *aunque.* || Ú. como conj. dist., equivaliendo a *o, ya* u otra semejante.

sirena. f. Ninfa marina con torso de mujer y parte inferior de pez, que atraía a los navegantes con su canto. || Pito que se oye a mucha distancia y se emplea para avisar en fábricas, colegios, etc.

sirenio. adj. y m. Díc. de mamíferos marinos que tienen el cuerpo pisciforme y terminado en una aleta caudal horizontal; como el manatí. || m. pl. Orden de estos animales.

sirga. m. *Mar.* Maroma que sirve para tirar las redes, arrastrar las naves, etc.

Sirio. n. p. m. Estrella de primera magnitud, la más brillante del cielo, en la constelación de Can Mayor.

siroco. m. Viento sudeste.

sirvienta. f. Criada.

sirviente. m. Servidor o criado de otro. || Persona adscrita a un arma de fuego, maquinaria, etc.

sisa. f. Parte que se defrauda o se hurta, especialmente en la compra diaria. || Sesgadura hecha en la tela de las prendas de vestir para que ajusten bien al cuerpo.

sisal. m. Fibra flexible y resistente obtenida de la pita y otras especies de agave.

sisar. tr. Cometer el hurto llamado sisa. || Hacer sisas en las prendas de vestir.

sisear. intr. y tr. Emitir repetidamente el sonido inarticulado de *s* y *ch,* por lo común para manifestar desaprobación o desagrado.

sismo. m. Terremoto, seísmo.

sismógrafo. m. Instrumento que señala durante

Sismógrafo

un sismo la dirección y amplitud de las oscilaciones y sacudimientos de la tierra.

sismología. f. Ciencia que trata de los terremotos.

sismómetro. m. Instrumento que sirve para medir durante el terremoto la fuerza de las oscilaciones y sacudimientos.

sisón. m. Ave zancuda, de unos 45 cm. de larga, común en España.

sistema. ≅método. ≅procedimiento. m. Conjunto de reglas o principios sobre una materia enlazados entre sí. || Conjunto de cosas que ordenadamente relacionadas entre sí contribuyen a determinado objeto. || Conjunto de órganos que intervienen en alguna de las principales funciones vegetativas animales.

sistematizar. tr. Reducir algo a sistema u organizarlo como sistema.

sístole. f. Licencia poética que consiste en usar como breve una sílaba larga. || Movimiento de contracción del corazón y de las arterias para empujar la sangre que contiene.

sitial. m. Asiento de ceremonia.

sitiar. ≅asediar. ≅bloquear. ≅cercar. tr. Cercar una plaza o fortaleza. || fig. Cercar a uno tomándole o cerrándole todas las salidas para cogerle o rendir su voluntad.

sitio. ≅asedio. ≅cerco. m. Acción y efecto de sitiar. || Espacio que es ocupado o puede serlo por algo. || Paraje o terreno determinado que es a propósito para alguna cosa.

sito, ta. adj. Situado o fundado.

situación. ≅colocación. ≅posición. f. Acción y efecto de situar. || Disposición de una cosa respecto del lugar que ocupa. || Estado o constitución de las cosas y personas.

situar. ≅colocar. tr. Poner a una persona o cosa en determinado sitio o situación. Ú. t. c. prnl. || prnl. Lograr una posición social, económica o política privilegiada.

siux. adj. Familia amerindia que habita en reservas del norte de EE. UU. Ú. m. c. m. pl. || Díc. también de sus individuos. Ú. t. c. s. || Relativo a esta familia.

sketch. m. En cine, teatro y televisión, escena, historieta, pieza breve.

slálom. m. *Dep.* Cierta prueba de descenso con esquís.

slip. m. Calzón más pequeño que el calzoncillo. || Bañador masculino.

smithsonita. f. Carbonato de cinc hidratado.

smog. m. Especie de niebla artificial que cubre algunas grandes urbes a causa de los humos de las instalaciones industriales y calefacciones, escapes de los vehículos a motor, etc.

smoking. m. Esmoquin.

snack bar. (Voz inglesa.) m. Establecimiento que posee bar y restaurante, donde se sirven platos rápidos.

so. prep. Bajo, debajo de. Hoy tiene uso con los substantivos *capa, color, pena,* etc. || interj. que se emplea para hacer que se paren las caballerías. || m. fam. Se usa solamente seguido de adjetivos despectivos reforzando su significación: ⌐ *bruto.*

sobaco. m. Concavidad que forma el arranque del brazo con el cuerpo.

sobado, da. adj. Aplícase al bollo o torta a cuya masa se ha agregado aceite o manteca. Ú. t. c. s. || fig. Manido, muy usado.

sobaquera. f. Abertura que se deja, o pieza que se pone en algunos vestidos, en la parte que corresponde al sobaco.

sobar. ≅manosear. tr. Manejar y oprimir una cosa repetidamente a fin de que se ablande o suavice. || fig. Castigar, dando algunos golpes. || fig. Palpar, manosear a una persona. || fig. y fam. Molestar, fastidiar con trato impertinente.

soberanía. ◁dependencia. f. Calidad de soberano. || Autoridad suprema del poder público. || Alteza o excelencia no superada en cualquier orden inmaterial.

soberano, na. adj. Que ejerce o posee la autoridad suprema e independiente. Apl. a pers., ú. t. c. s. || Elevado, excelente y no superado. || fig. y fam. Muy grande.

soberbia. ◁humildad. f. Presunción o altivez del ánimo y apetito desordenado de ser preferido a otros. || Satisfacción y desvanecimiento en contemplación de las propias prendas con menosprecio de los demás.

soberbio, bia. adj. Que tiene soberbia o se deja llevar de ella. || Altivo, arrogante y elevado. || fig. Alto, fuerte o excesivo en las cosas inanimadas. || fig. Grandioso, magnífico.

sobón, na. adj. y s. fam. Que por sus excesivas caricias se hace fastidioso.

sobornar. tr. Corromper a uno con dádivas o regalos para conseguir de él una cosa.

soborno. m. Acción y efecto de sobornar. || Dádiva con que se soborna. || fig. Cualquier cosa que mueve, impele o excita el ánimo para inclinarlo a complacer a otro.

sobra. f. Demasía y exceso en cualquier cosa. || pl. Lo que queda de la comida al levantar la mesa. || Por ext., lo que sobra o queda de otras cosas. || Desperdicios o desechos.

sobrado, da. adj. Demasiado, que sobra. || Atrevido, audaz y licencioso. || Rico y abundante de bienes. || m. Desván. || *And.* y *Chile.* Sobras o restos de la comida. Ú. m. en pl.

sobrar. ≅exceder. ≅superar. ◁faltar. intr. Haber más de lo que se necesita para una cosa. || Quedar, restar.

sobrasada. f. Embuchado grueso que se hace especialmente en Mallorca.

sobre. ◁debajo. prep. Encima de. || Acerca de. || Además de. || Ú. para indicar aproximación en una cantidad o un número: *vendré ↷ las diez.* || Cerca de otra cosa, con más altura que ella y dominándola. || Con dominio y superioridad. || m. Cubierta, por lo común de papel, en que se incluye una carta, comunicación, tarjeta, etc.

sobreabundar. intr. Abundar mucho.

sobrealimentar. tr. y prnl. Dar a un individuo más alimento del que ordinariamente necesita.

sobrecarga. f. Lo que se añade a una carga regular. || fig. Molestia, pena o pasión del ánimo.

sobrecargar. tr. Cargar con exceso.

sobrecargo. m. El que en los buques mercantes lleva a su cuidado y bajo su responsabilidad el cargamento. || Tripulante de avión que tiene a su cargo supervisar diversas funciones auxiliares.

sobrecoger. ≅asustar. ◁tranquilizar. tr. Coger de repente y desprevenido. || prnl. Sorprenderse, intimidarse.

sobrecubierta. f. Segunda cubierta que se pone a una cosa para resguardarla mejor. || Cubierta de un barco, situada sobre la principal.

sobredosis. f. Dosis excesiva de un medicamento.

sobreexcitar. tr. y prnl. Aumentar o exagerar las propiedades vitales de todo el organismo o de una de sus partes.

sobrehilar. tr. Dar puntadas sobre el borde de una tela cortada, para que no se deshilache.

sobrehumano, na. adj. Que excede a lo humano.

sobrellevar. ≅soportar. ≅sufrir. tr. Llevar uno encima o a cuestas una carga o peso para aliviar a otro. || fig. Ayudar a sufrir los trabajos o molestias de la vida. || fig. Resignarse a ellos en el mismo paciente.

sobremesa. f. El tiempo que se está a la mesa después de haber comido.

sobrenatural. adj. Que excede los términos de la naturaleza.

sobrenombre. ≅alias. ≅apodo. m. Nombre que se añade a veces al apellido para distinguir a dos personas que tienen el mismo. || Nombre calificativo con que se distingue especialmente a una persona.

sobrentender. tr. y prnl. Entender una cosa que no está expresa, pero que se deduce.

sobrepasar. tr. Rebasar un límite, exceder de él. || Superar, aventajar.

sobrepelliz. f. Vestidura blanca que se ponen sobre la sotana los eclesiásticos.

sobreponer. tr. Añadir una cosa o ponerla encima de otra. || prnl. fig. Dominar los impulsos del ánimo. || fig. Obtener o afectar superioridad una persona respecto de otra.

sobreprecio. ≅aumento. m. Recargo en el precio ordinario.

sobrero, ra. adj. Que sobra. || Aplícase al toro que se tiene de más por si se inutiliza algún otro de los destinados a una corrida. Ú. t. c. s.

sobresaliente. m. En los exámenes, calificación superior al notable. || com. fig. Persona destinada a suplir la falta o ausencia de otra; como entre comediantes y toreros.

sobresalir. intr. Exceder una persona o cosa a otras en figura, tamaño, etc. || Aventajarse unos a otros.

sobresaltar. ◁aquietar. tr. Saltar, venir y acometer de repente. || Asustar, acongojar. Ú. t. c. prnl. || intr. Venirse una cosa a los ojos.

sobresalto. m. Sensación que proviene de un acontecimiento repentino e imprevisto. || Temor o susto repentino.

sobresdrújulo, la. adj. Aplícase a las voces que llevan un acento principal en la sílaba anterior a la antepenúltima: *devuélvemelo.*

sobreseer. intr. Desistir de la pretensión o empeño que se tenía. || Cesar en el cumplimiento de una obligación. || *Der.* Cesar en una instrucción sumarial; y por ext., dejar sin curso ulterior un procedimiento. Ú. t. c. tr.

sobrestimar. tr. Estimar una persona o cosa por encima de su valor.

sobresueldo. m. Retribución o consignación que se añade al sueldo fijo.

sobretodo. m. Prenda de vestir, parecida, pero, en general, más ligera que el gabán.

sobrevenir. intr. Acaecer o suceder una cosa además o después de otra. || Venir improvisadamente. || Venir a la sazón, al tiempo de, etc.

sobrevivir. intr. Vivir uno después de la muerte de otro o después de un determinado suceso o plazo.

sobriedad. ≅templanza. ◁apetencia. f. Calidad de sobrio.

sobrino, na. ≅frugal. ≅parco. m. y f. Respecto de una persona, hijo o hija de su hermano o hermana, o de su primo o prima. Los primeros se llaman *carnales*, y los otros, *segundos, terceros,* etc.

sobrio, bria. adj. Templado, moderado, especialmente en comer y beber. || Que carece de adornos superfluos.

socaire. m. *Mar.* Abrigo o defensa que ofrece una cosa en su lado opuesto a aquel de donde sopla el viento.

socarrar. tr. y prnl. Quemar o tostar ligera y superficialmente una cosa.

socarrón, na. adj. y s. El que obra con socarronería.

socarronería. f. Astucia y disimulo acompañados de burla encubierta.

socavar. tr. Excavar por debajo alguna cosa, dejándola en falso.

socavón. m. Cueva que se excava en la ladera de un cerro o monte y a veces se prolonga formando galería subterránea. || Hundimiento del suelo por haberse producido una oquedad subterránea.

sociable. ≅afable. ≅tratable. adj. Naturalmente inclinado a la sociedad o que tiene disposición para ella.

social. adj. Perteneciente o relativo a la sociedad humana o a las relaciones entre unas y otras clases. || Perteneciente o relativo a una compañía o sociedad, o a los socios o compañeros, aliados o confederados.

socialdemocracia. f. Denominación genérica de corrientes y tendencias socialistas que aceptan doctrinalmente la democracia parlamentaria y el pluralismo político.

socialismo. m. Término que abarca diversas doctrinas y sistemas de organización social, política y económica, que tienden a la propiedad colectiva y a la administración estatal de los medios de producción. || Movimiento político que intenta establecer alguno de estos sistemas.

socialista. adj. Que profesa la doctrina del socialismo. Ú. t. c. s. || Relativo al socialismo.

socializar. ≅colectivizar. ≅estatificar. ≅nacionalizar. tr. Transferir al Estado, u otro órgano colectivo, las propiedades, industrias, etc., particulares. || Promover las condiciones sociales que favorezcan en los seres humanos el desarrollo integral de su persona.

sociedad. f. Reunión mayor o menor de personas, familias, pueblos o naciones.

socio, cia. ≅asociado. m. y f. Persona asociada con otra u otras para algún fin. || Individuo de una sociedad, o agrupación de individuos.

sociocultural. adj. Relativo al estado cultural de una sociedad o grupo social.

sociología. f. Ciencia que trata de las condiciones de existencia y desenvolvimiento de las sociedades humanas.

socorrer. tr. Ayudar, favorecer en un peligro o necesidad. || Dar a uno a cuenta parte de lo que se le debe, o de lo que ha de devengar.

socorrido, da. adj. Que con facilidad socorre la necesidad de otro. || Aplícase a aquello en que se halla con facilidad lo que es menester.

socorrismo. m. Organización y adiestramiento para prestar socorro en caso de accidente.

socorro. m. Acción y efecto de socorrer. || Dinero, alimento u otra cosa con que se socorre. || Tropa que acude en auxilio de otra. || Provisión de municiones de boca o de guerra que se lleva a un cuerpo de tropa o a una plaza que la necesita.

socrático, ca. adj. Que sigue la doctrina de Sócrates. Ú. t. c. s. || Perteneciente a ella.

sochantre. m. Director del coro en los oficios divinos.

soda. f. Sosa. || Bebida de agua gaseosa con ácido carbónico.

sodio. m. Metal de color y brillo argentinos, blando como la cera, muy ligero y que descompone el agua a la temperatura ordinaria. Peso atómico, 22,9898; núm. atómico, 11; símbolo, *Na.*

sodomía. ≅pederastia. f. Concúbito entre personas de un mismo sexo.

soez. adj. Bajo, grosero, indigno, vil.

sofá. m. Asiento cómodo para dos o más personas, que tiene respaldo y brazos.

sofión. m. Bufido, demostración de enfado. || Especie de escopeta de boca ancha.

sofisma. m. Razón o argumento aparente con que se quiere defender o persuadir lo que es falso.

sofista. adj. y s. Que se vale de sofismas. || m. En la Grecia antigua, todo el que se dedicaba a la filosofía, y de manera especial a los problemas antropológicos.

sofisticar. tr. Adulterar, falsificar con sofismas o procedimientos engañosos. || Quitar naturalidad a una cosa, o actuar uno estudiadamente.

soflama. f. Bochorno o ardor que suele subir al rostro por enojo, vergüenza, etc. || fig. Expresión artificiosa con que uno intenta engañar. || fig. desp. Discurso, perorata.

sofocar. tr. Ahogar, impedir la respiración. || Apagar, extinguir. || fig. Acosar, importunar demasiado a uno. || fig. Abochornar, avergonzar a uno. Ú. t. c. prnl. || prnl. Excitarse, irritarse por algo.

sofoco. m. Efecto de sofocar. || Sensación de calor, muchas veces acompañada de sudor y enrojecimiento de la piel. || fig. Grave disgusto que se da o se recibe.

sofocón. m. fam. Desazón, disgusto que sofoca o aturde.

sofoquina. f. fam. Sofoco, por lo común intenso.

sófora. f. Árbol papilionáceo, originario de Oriente y que se cultiva en los jardines y paseos de Europa.

sofreír. tr. Freír un poco o ligeramente una cosa.

sofrología. f. Técnica psicosomática que estudia los efectos sobre el organismo de métodos de acción psíquica (hipnotismo, yoga, relajación).

soga. f. Cuerda gruesa de esparto.

soja. f. Planta leguminosa procedente de Asia, con fruto parecido al fréjol, muy nutritivo, y del que se extrae aceite para la alimentación.

sojuzgar. ≅avasallar. ≅someter. tr. Dominar, mandar con violencia.

sol. n. p. m. Estrella luminosa, centro de nuestro sistema planetario || m. fig. Luz, calor o influjo del Sol. || Ant. unidad monetaria de Perú. || *Mús.* Quinta nota de la escala musical.

solana. f. Sitio o paraje donde el sol da de lleno.

solanáceo, a. adj. y f. Díc. de hierbas, matas

El Sol

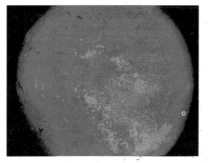

y arbustos angiospermos dicotiledóneos; como la patata y el tabaco. || f. pl. Familia de estas plantas.

solanera. f. Efecto que produce en una persona el tomar mucho el sol. || Paraje expuesto sin resguardo a los rayos solares.

solano. m. Viento que sopla de donde nace el Sol. || *Bur.* y *Prov. vasc.* Viento cálido y sofocante, cualquiera que sea su rumbo.

solapa. f. Parte del vestido, correspondiente al pecho, y que suele ir doblada hacia fuera sobre la misma prenda de vestir. || En general, cualquier cosa o parte de ella montada sobre otra, a la que cubre total o parcialmente.

solapado, da. adj. fig. Díc. de la persona que por costumbre oculta maliciosa y cautelosamente sus pensamientos.

solapar. tr. Poner solapas a los vestidos. || fig. Ocultar maliciosa y cautelosamente la verdad o la intención.

solar. adj. Relativo al Sol: *rayos* ⌐es. || m. Porción de terreno donde se ha edificado o que se destina a edificar en él. || tr. Revestir el suelo con ladrillos, losas u otro material.

solariego, ga. adj. Relativo al solar de antigüedad y nobleza. Ú. t. c. s. || Antiguo y noble.

solárium. m. En la antigua Roma, todo paraje expuesto al sol. || Cámara próxima al baño, en la que el bañista se podía secar al sol. || Terraza o lugar dispuesto para tomar baños de sol.

solaz. m. Esparcimiento, alivio de los trabajos.

soldada. f. Sueldo, salario o estipendio. || Haber del soldado.

soldadesca. f. desp. Conjunto de soldados. || Tropa indisciplinada.

soldado. m. El que sirve en la milicia. || Militar sin graduación.

soldador, ra. m. y f. Persona que tiene por oficio soldar. || Instrumento para soldar.

soldadura. f. Acción y efecto de soldar. || Material que sirve y está preparado para soldar.

soldar. tr. Pegar sólidamente dos cosas, de ordinario con alguna substancia igual o semejante a ellas.

solear. tr. y prnl. Tener expuesta al sol una cosa por algún tiempo.

solecismo. m. Falta de sintaxis.

soledad. ◁acompañamiento. f. Carencia de compañía. || Lugar desierto, o tierra no habitada. || Pesar y melancolía que se sienten por la ausencia o pérdida de alguna persona o cosa.

solemne. adj. Celebrado públicamente con pompa: *exequias* ⌐s. || Formal, válido, acompañado de todos los requisitos necesarios: *compro-*

miso, declaración, promesa, voto ⌐. || Crítico, interesante, de mucha entidad: *ocasión, plática* ⌐.

solemnidad. ◁sencillez. f. Calidad de solemne. || Acto o ceremonia solemne. || Festividad eclesiástica. || Cada una de las formalidades de un acto solemne.

solemnizar. tr. Festejar o celebrar de manera solemne un suceso. || Engrandecer, autorizar o encarecer una cosa.

sóleo. m. Músculo de la pantorrilla unido a los gemelos por su parte inferior para formar el tendón de Aquiles.

soler. intr. Con referencia a seres vivos, tener costumbre. || Con referencia a hechos o cosas, ser frecuente.

solera. f. Madero sobre el que descansan o se ensamblan otros. || Madre o lía del vino. || fig. Carácter tradicional de las cosas, usos, costumbres, etc.

solfa. f. fam. Solfeo. || Conjunto de signos con que se escribe la música. || fig. y fam. Zurra de golpes. •

solfear. tr. Cantar marcando el compás y pronunciando los nombres de las notas.

solfeo. m. Acción y efecto de solfear. || Arte de solfear.

solicitar. ≅instar. ≅pedir. ≅rogar. ◁conceder. tr. Pedir una cosa de manera respetuosa, o rellenando una solicitud o instancia. || Requerir de amores a una persona.

solícito, ta. adj. Diligente, cuidadoso.

solicitud. ≅afán. ≅cuidado. ≅demanda. ≅instancia. f. Diligencia o instancia cuidadosa. || Memorial en que se solicita algo.

solidaridad. f. Adhesión circunstancial a la causa o a la empresa de otros.

solidario, ria. adj. Adherido o asociado a la causa, empresa u opinión de otro.

solidarizar. tr. y prnl. Hacer a una persona o cosa solidaria con otra.

solideo. m. Casquete que usan algunos eclesiásticos y que cubre la coronilla.

solidez. ≅consistencia. ≅resistencia. ◁debilidad. f. Calidad de sólido.

solidificar. ◁liquidar. tr. y prnl. Hacer sólido un fluido.

sólido, da. adj. Firme, macizo, denso y fuerte. || Díc. del cuerpo cuyas moléculas tienen entre sí mayor cohesión que las de los líquidos. Ú. t. c. s. m. || fig. Establecido con razones fundamentales.

soliloquio. m. Habla o discurso de una persona que no dirige a otra la palabra. || Lo que habla de este modo un personaje de obra dramática o de otra semejante.

solio. m. Trono, silla real con dosel.

solípedo, da. adj. y s. Cuadrúpedo con un solo dedo, cuya uña constituye una funda protectora muy fuerte denominada casco, como el caballo, el asno y la cebra.

solista. com. Persona que ejecuta un solo de una pieza vocal o instrumental.

solitaria. f. Tenia, gusano intestinal.

solitario, ria. adj. Desamparado, desierto. || Solo, sin compañía. || Retirado, que ama la soledad o vive en ella. Ú. t. c. s. || m. Diamante que se engasta solo en una joya. || Juego que ejecuta una sola persona.

soliviantar. ≅incitar. ≅sublevar. ◁tranquilizar. tr. y prnl. Mover el ánimo de una persona para inducirla a adoptar alguna actitud rebelde u hostil.

solo, la. adj. Único en su especie. || Que está sin otra cosa o que se mira separado de ella. || Dicho de personas, sin compañía. || Que no tiene quien le ampare o consuele. || m. *Mús.* Composición que canta o toca una pesona sola.

sólo. adv. m. Únicamente, solamente.

solomillo. ≅filete. m. En los animales de matadero, capa muscular que se extiende por entre las costillas y el lomo.

solsticio. m. Época en que el Sol se halla en uno de los dos trópicos, lo cual sucede del 21 al 22 de junio para el de Cancer, y del 21 al 22 de diciembre para el de Capricornio.

soltar. tr. Desatar o desceñir. || Dar libertad al que estaba detenido o preso. || Desasir lo que estaba sujeto: ⌐ *la cuerda.* Ú. t. c. prnl.: *soltarse los puntos de una media.* || fam. Decir. || fig. Empezar a hacer algunas cosas; como hablar, andar, escribir, etc.

soltero, ra. adj. y s. Que no está aún casado.

solterón, na. adj. y s. Soltero ya entrado en años.

soltura. f. Acción y efecto de soltar. || Agilidad, prontitud. || fig. Facilidad y lucidez de dicción.

soluble. adj. Que se puede disolver o desleír. || fig. Que se puede resolver: *problema* ⌐.

solución. ≅desenlace. ≅disolución. ≅fin. ≅resultado. ◁comienzo. f. Acción y efecto de disolver. || Acción y efecto de resolver una duda o dificultad. || Satisfacción que se da a una duda, o razón con que se disuelve o desata la dificultad de un argumento.

solucionar. tr. Resolver un asunto, hallar solución o término a un negocio.

solutrense. adj. Período de la edad de la piedra tallada, perteneciente al paleolítico superior. Ú. t. c. s. || Relativo a este período.

solvencia. ◁insolvencia. f. Acción y efecto de resolver. || Carencia de deudas o capacidad de satisfacerlas.

solventar. tr. Arreglar cuentas, pagando la deuda a que se refieren. || Dar solución a un asunto difícil.

solvente. adj. Desempeñado de deudas. || Capaz de satisfacerlas. || Capaz de cumplir obligación, cargo, etc., y más en especial, capaz de cumplirlos cuidadosa y celosamente.

sollozar. intr. Producir por un movimiento convulsivo varias inspiraciones bruscas, entrecortadas, seguida de una espiración; es fenómeno nervioso que suele acompañar al llanto.

sollozo. m. Acción y efecto de sollozar.

somanta. f. fam. Tunda, zurra.

somatén. m. Cuerpo de gente armada, que no pertenece al ejército. || En Cataluña, rebato: *tocar a* ᴖ.

somático, ca. ≅corporal. adj. Díc. de lo que es material o corpóreo en un ser animado. || *Fisiol.* Díc. del síntoma que es eminentemente corpóreo o material, para diferenciarlo del síntoma psíquico.

somatizar. tr. Transformar inconscientemente una afección psíquica en orgánica.

sombra. f. Obscuridad, falta de luz. Ú. m. en pl.: *las* ᴖ*s de la noche*. || Proyección obscura que un cuerpo lanza en el espacio en dirección opuesta a aquella por donde viene la luz. || fig. Obscuridad, ignorancia.

Cultura solutrense. Cierva grabada en una loseta de Parpalló (Valencia)

sombrajo. m. Resguardo de ramas, mimbres, etc., para hacer sombra.

sombrear. tr. Dar o producir sombra. || Poner sombra en una pintura o dibujo.

sombrerillo. m. Parte abombada de las setas a modo de sombrilla.

sombrero. m. Prenda de vestir, que sirve para cubrir la cabeza, y consta de copa y ala. || Techo que cubre el púlpito. || *Bot.* Sombrerillo de los hongos.

sombrilla. f. Utensilio de la forma de un paraguas para protegerse del sol.

sombrío, a. adj. Lugar de poca luz en que frecuentemente hay sombra. || fig. Tétrico, melancólico.

somero, ra. adj. Casi encima o muy inmediato a la superficie. || fig. Ligero, superficial.

someter. ≅confiar. ≅encargar. ◁rebelarse. tr. Sujetar, humillar a alguien; conquistar, subyugar, pacificar un pueblo, provincia, etc. Ú. t. c. prnl. || Hacer que una persona o cosa reciba o soporte cierta acción. || Subordinar la voluntad o el juicio a los de otra persona.

somier. m. Colchón de tela metálica.

somnífero, ra. ≅soporífero. adj. y m. Que da sueño.

somnolencia. ≅sueño. ◁ligereza. f. Pesadez y torpeza de los sentidos motivadas por el sueño. || Gana de dormir. || fig. Pereza, falta de actividad.

somontano, na. adj. y s. Terreno o región situados al pie de una montaña.

somonte. m. Terreno situado en la falda de una montaña.

somormujo o **somorgujo.** m. Ave palmípeda que puede mantener por mucho tiempo sumergida la cabeza bajo el agua.

son. m. Sonido que afecta agradablemente al oído. || fig. Noticia, fama, divulgación de una cosa. || fig. Pretexto. || fig. Tenor, modo o manera: *a este* ᴖ; *por este* ᴖ.

sonado, da. adj. Famoso, que tiene fama. || Divulgado con mucho ruido y admiración. || Dícese del boxeador que ha perdido facultades mentales como consecuencia de los golpes recibidos en los combates.

sonajero. m. Juguete con sonajas o cascabeles que sirve para entretener a los niños de pecho.

sonámbulo, la. adj. y s. Persona que padece sueño anormal, durante el cual se levanta, anda y habla.

sonar. ≅tañer. ≅tocar. ◁callar. intr. Hacer ruido una cosa. || Tener una letra valor fónico. || Mencionarse, citarse: *su nombre no suena en* *aquella escritura.* || Tener una cosa visos o apariencias de algo: *la proposición sonaba a interés y la aceptaron.*

sonar. m. Aparato que sirve para detectar la presencia o situación de los submarinos, minas y otros objetos sumergidos mediante vibraciones inaudibles de alta frecuencia que son reflejadas por los mencionados objetos.

sonda. f. Acción y efecto de sondar. || Cuerda con un peso de plomo, que sirve para medir la profundidad de las aguas y explorar el fondo. || Barrena que sirve para abrir en los terrenos taladros de gran profundidad. || En medicina, instrumento destinado a explorar cavidades y conductos.

sondear o **sondar.** tr. Echar la sonda al agua para averiguar la profundidad y la calidad del fondo. || Averiguar la naturaleza del subsuelo con una sonda. || Introducir en el cuerpo una sonda. || fig. Inquirir con cautela la intención de uno, o las circunstancias de algo.

soneto. m. Composición poética que consta de 14 versos endecasílabos distribuidos en dos cuartetos y dos tercetos.

sonido. m. Sensación producida en el órgano del oído por el movimiento vibratorio de los cuerpos, transmitido por un medio elástico, como el aire. || Valor y pronunciación de las letras.

sonoridad. f. Calidad de sonoro. || Cualidad de la sensación auditiva que permite calificar los sonidos de fuertes y débiles.

sonorizar. tr. Incorporar los sonidos, ruidos, etc., a la banda de imágenes previamente dispuesta. || Ambientar una escena, programa, etc., con los efectos sonoros adecuados. || *Gram.* Convertir una consonante sorda en sonora.

sonoro, ra. adj. Que suena o puede sonar. || Que suena bien, o que suena mucho y agradablemente. || *Fon.* Díc. del fonema o sonido que se articula con vibración de las cuerdas vocales.

sonreír. intr. Reírse levemente. Ú. t. c. prnl. || fig. Ofrecer las cosas un aspecto alegre o gozoso. || fig. Mostrarse favorable o halagüeño para uno algún asunto, suceso, esperanza, etc.

sonrisa. f. Acción y efecto de sonreírse.

sonrojar. ≅avergonzar. ≅ruborizar. tr. y prnl. Hacer salir los colores al rostro de vergüenza.

sonrojo. ◁impavidez. m. Acción y efecto de sonrojar.

sonrosar. tr. y prnl. Dar o causar color como de rosa.

sonsacar. tr. fig. Procurar con maña que uno diga o descubra lo que sabe y reserva.

sonsonete. m. Sonido que resulta de los golpes pequeños y repetidos que se dan en una parte, imitando un son de música. || fig. Ruido generalmente poco intenso, pero continuado, y por lo común desapacible.

soñador, ra. adj. Que sueña mucho. || Que cuenta patrañas y ensueños o les da crédito fácilmente. Ú. t. c. s. || fig. Que discurre fantásticamente, sin tener en cuenta la realidad.

soñar. tr. e intr. Representar en la fantasía algo mientras dormimos. || fig. Discurrir fantásticamente y dar por cierto lo que no es. || intr. fig. Anhelar persistentemente una cosa: ⌐ *con grandezas.*

soñera. f. Propensión a dormir.

soñoliento, ta. adj. Acometido del sueño o muy inclinado a él. || Que está dormitando. || Que causa sueño. || fig. Tardo o perezoso.

sopa. f. Pedazo de pan empapado en cualquier líquido. || Plato compuesto de rebanadas de pan, fécula, arroz, fideos, etc., y el caldo de la olla u otro análogo en que se han cocido.

sopapo. m. Golpe que se da con la mano en la cara.

sopero, ra. adj. y s. Plato hondo que sirve para comer en él la sopa. || Díc. de la persona aficionada a la sopa. || f. Vasija honda en que se sirve la sopa en la mesa.

sopesar. tr. Levantar algo como para tantear el peso que tiene. || fig. Examinar con atención el pro y el contra de un asunto.

sopetón. m. Golpe fuerte y repentino dado con la mano.

sopicaldo. m. Caldo con muy pocas sopas.

soplamocos. m. fig. y fam. Golpe que se da a uno en la cara, especialmente tocándole en las narices.

soplar. ≅apuntar. ≅birlar. ≅inspirar. intr. Despedir aire con violencia por la boca. Ú. t. c. tr. || fig. y fam. Beber o comer mucho. Ú. t. c. prnl. || Correr el viento, haciéndose sentir. || tr. Apartar con el soplo una cosa. || Inflamar una cosa con aire. Ú. t. c. prnl.

soplete. m. Aparato tubular en el que se inyecta por uno de sus extremos una mezcla de oxígeno y un gas combustible, acetileno, hidrógeno, etc.

soplido. ≅soplo. m. Acción y efecto de soplar.

soplillo. m. Ruedo pequeño, comúnmente de esparto, con mango o sin él, que se usa para avivar el fuego. || *Cuba.* Una especie de hormiga. || *Chile.* Trigo aún no maduro que se come tostado.

soplo. ≅soplido. m. Acción y efecto de soplar. || fig. Instante o brevísimo tiempo. || fig. y fam.

Aviso que se da en secreto y con cautela. || fig.
y fam. Denuncia de una falta de otro, delación.

soplón, na. adj. y s. fam. Persona que acusa
en secreto y cautelosamente.

soponcio. m. fam. Desmayo, congoja.

sopor. ◁insomnio. m. Modorra morbosa per-
sistente. || fig. Adormecimiento, somnolencia.

soporífero, ra. adj. y m. Que mueve o inclina
al sueño.

soportal. m. Espacio cubierto que en algunas
casas precede a la entrada principal. || Pórtico, a
manera de claustro, que tienen algunos edificios
o manzanas de casas en sus fachadas y delante
de las puertas y tiendas que hay en ellas. Ú. m.
en pl.

soportar. ◁rechazar. tr. Sostener o llevar sobre
sí una carga o peso. || fig. Sufrir, tolerar.

soporte. m. Apoyo o sostén.

soprano. m. *Mús.* La voz más aguda de las
voces humanas, tiple. Cuando se habla de zarzuela
se prefiere la denominación de *tiple;* cuando de
ópera, *soprano.* || com. Persona que tiene voz de
soprano.

sorber. tr. Beber aspirando. || fig. Atraer hacia
dentro de sí algunas cosas aunque no sean líqui-
das. || fig. Recibir o esconder una cosa hueca o
esponjosa a otra, dentro de sí o en su concavidad.
|| fig. Absorber, tragar: *el mar sorbe las naves.*

sorbete. m. Helado.

sorbo. m. Acción y efecto de sorber un líquido.
|| Porción que se sorbe de una vez. || fig. Can-
tidad pequeña de un líquido.

sordera. f. Privación o disminución de la facultad de oír.

sórdido, da. adj. Que tiene manchas o sucie-
dad. || fig. Indecente o escandaloso. || fig. Mez-
quino, avariento.

sordina. f. Pieza que sirve para disminuir la
intensidad del sonido en ciertos instrumentos mú-
sicos.

sordo, da. ≅callado. ≅indiferente. ≅teniente.
adj. Que no oye, o no oye bien. Ú. t. c. s. ||
Silencioso y sin ruido. || Que suena poco o sin
timbre claro: *ruido* ∿*; campana* ∿. || fig. Insen-
sible a las súplicas o al dolor ajeno, o indócil a
las persuasiones, consejos o avisos.

sordomudo, da. adj. y s. Privado por sordera
nativa de la facultad de hablar.

sorna. f. Espacio o lentitud con que se hace
una cosa. || Disimulo y bellaquería con que se
hace o se dice una cosa con alguna tardanza vo-
luntaria. || Ironía.

sorprendente. adj. Que sorprende o admira. ||
Peregrino, raro.

sorprender. tr. Coger desprevenido. || Con-
mover o maravillar con algo imprevisto o raro. Ú.
t. c. prnl. || Descubrir lo que otro ocultaba o
disimulaba.

sorpresa. f. Acción y efecto de sorprender. ||
Cosa que da motivo para que alguien se sorpren-
da: *en el armario había una* ∿.

sortear. ≅eludir. ≅rifar. ≅soslayar. tr. Someter a personas o cosas a la decisión de la
suerte. || fig. Evitar con maña o eludir un com-
promiso o dificultad.

sortija. f. Anillo, aro pequeño que se ajusta a
los dedos.

sortilegio. m. Adivinación que se hace por
suertes supersticiosas.

S.O.S. m. Señal internacional de petición de
socorro o ayuda urgente.

sosa. f. Óxido de sodio.

sosaina. com. y adj. fam. Persona sosa.

sosegar. tr. y prnl. Aplacar, pacificar. || intr.
Descansar, aquietarse. Ú. t. c. prnl. || Dormir o
reposar.

sosería o **sosera.** f. Insulsez, falta de gracia y
de viveza. || Dicho o hecho insulso y sin gracia.

sosia. m. Persona que tiene parecido con otra
hasta el punto de ser confundido con ella.

sosiego. m. Quietud, tranquilidad.

soslayar. ≅evitar. ≅rehuir. ≅sortear. tr. Poner una cosa ladeada, de través u oblicua para
pasar una estrechura. || Pasar por alto o de largo,
dejando de lado alguna dificultad.

soso, sa. ≅inexpresivo. ≅insípido. ≅insulso.
adj. Que no tiene sal, o tiene poca. || fig. Díc.
de la persona, acción o palabra que carecen de
gracia y viveza.

sospechar. ≅barruntar. ≅recelar. ≅suponer.
≅temer. tr. Aprehender o imaginar una cosa por
conjeturas fundadas en apariencias o visos de ver-
dad. || intr. Desconfiar, dudar. Se usó t. c. tr.

sospechoso, sa. adj. Que da motivo para sos-
pechar. || m. y f. Individuo de conducta sospe-
chosa.

sostén. m. Acción de sostener. || Persona o
cosa que sostiene. || fig. Apoyo moral, protección.
|| Sujetador.

sostener. tr. Sustentar, mantener firme una
cosa. Ú. t. c. prnl. || Sustentar o defender una
proposición. || fig. Sufrir, tolerar: ∿ *los trabajos.*
|| fig. Prestar apoyo, dar aliento o auxilio. || Dar
a uno lo necesario para su manutención.

sostenido, da. adj. *Mús.* Díc. de la nota cuya

entonación excede en un semitono mayor a la que corresponde a su sonido natural: *do* ⌣. ‖ m. Signo que representa dicha alteración.

sota. f. Carta décima de cada palo de la baraja española, que tiene estampada la figura de un paje o infante. ‖ fam. Mujer de mala vida, prostituta.

sotabanco. ≅ buhardilla. ≅ desván. m. Piso habitable colocado por encima de la cornisa general de la casa. ‖ *Arquit.* Hilada que se coloca encima de la cornisa para levantar los arranques de un arco o bóveda.

sotabarba. f. Barba que se deja crecer por debajo de la barbilla.

sotana. f. Vestidura talar que usan los eclesiásticos y los legos que sirven en las funciones de iglesia. La usaron también los estudiantes de las universidades.

sótano. m. Pieza subterránea, entre los cimientos de un edificio.

sotavento. ⚓ Costado de la nave opuesto al barlovento, o sea a aquel del que sopla el viento. ‖ Parte que cae hacia aquel lado.

soterrar. ≅ guardar. ≅ inhumar. ≅ ocultar. tr. Enterrar. ‖ fig. Esconder algo.

soto. m. Sitio que en las riberas o vegas está poblado de árboles y arbustos. ‖ Sitio poblado de malezas, matas y árboles.

soufflé o **sufflée.** adj. Díc. de ciertos manjares que, una vez preparados, adquieren una consistencia esponjosa.

soviet. ⟨⟨soviets. m. Órgano de gobierno local en la U. R. S. S. ‖ Agrupación de obreros y soldados durante la Revolución rusa.

soviético, ca. adj. Relativo al soviet. ‖ De la U. R. S. S. Apl. a pers., ú. t. c. s.

spaguetti. m. pl. Espagueti.

sparring. m. Boxeador que entrena a otro púgil que, por lo general, va a celebrar un combate próximamente.

spot. m. Espacio publicitario en televisión y cine.

spray. (Voz inglesa). m. Envase de algunos líquidos mezclados con un gas a presión, de manera que al oprimir una válvula salga el líquido pulverizado.

sprint. (Voz inglesa). m. Esfuerzo momentáneo en una carrera deportiva.

spúnik. (Voz rusa). m. Nombre que se dio a los primeros satélites artificiales que lanzaron los rusos.

staff. m. Conjunto de personas que, en torno y bajo el mando del director de una empresa o institución, coordina su actividad o le asesora en la dirección.

stand. m. En una feria industrial, literaria, etc., o en una exposición de ese tipo, caseta, puesto de venta, etc.

standing. m. Situación social que se refleja en signos externos: *por el coche que se ha comprado Juan se nota que es una persona de alto* ⌣.

status. m. Nivel económico y social de una persona, corporación, etc.

stock. (Voz inglesa). m. Cantidad de mercancías en depósito o reserva.

stop. (Voz inglesa). m. Parada.

su, sus. Adjetivo posesivo de tercera persona. Ú. sólo antepuesto al nombre. ‖ A veces tiene carácter indeterminado: *distará sus dos kilómetros*.

suasorio, ria. ≅ convincente. adj. Relativo a la persuasión, o propio para persuadir.

suave. adj. Liso y blando al tacto. ‖ Dulce, grato a los sentidos. ‖ fig. Tranquilo, manso. ‖ fig. Lento, moderado. ‖ fig. Dócil, apacible.

suavidad. ≅ blandura. ◁ aspereza. f. Calidad de suave.

suavizar. ◁ irritar. tr. y prnl. Hacer suave.

subalterno, na. adj. Inferior, o que está debajo de una persona o cosa. ‖ m. Empleado de categoría inferior.

subarrendar. tr. Dar o tomar en arriendo una cosa, no del dueño de ella, sino de otro arrendatario de la misma.

subasta. ≅ almoneda. f. Venta pública de bienes o alhajas que se hace al mejor postor. ‖ Adjudicación que en la misma forma se hace de una contrata, generalmente de servicio público.

subastar. tr. Vender efectos o contratar servicios, arriendos, etc., en pública subasta.

subconsciencia. f. Estado inferior de la conciencia psicológica en el que, por la poca intensidad o duración de las percepciones, no se da cuenta de estas el sujeto.

subconsciente. adj. Que se refiere a la subconsciencia, o que no llega a ser consciente.

subcutáneo, a. adj. Que está inmediatamente debajo de la piel.

subdesarrollo. m. Desarrollo económico y social incompleto o deficiente de un país en relación al alcanzado por otros países.

subdirector, ra. m. y f. Persona que sirve inmediatamente a las órdenes del director o le substituye en sus funciones.

súbdito, ta. adj. y s. Sujeto a la autoridad de un superior con obligación de obedecerle. ‖ m.

y f. Natural o ciudadano de un país en cuanto sujeto a las autoridades políticas de éste.

subdividir. tr. y prnl. Dividir una parte señalada por una división anterior.

subestimar. tr. Estimar a alguna persona o cosa por debajo de su valor.

subir. intr. Pasar de un sitio o lugar a otro superior o más alto. || Colocarse sobre un vehículo. || Crecer en altura ciertas cosas: ﹏ *el río.* || fig. Dar a las cosas más precio.

súbito, ta. adj. Improvisto, repentino. || Precipitado, impetuoso, violento. || adv. m. De repente, súbitamente.

subjetivo, va. adj. Relativo al sujeto. || Relativo a nuestro modo de pensar o sentir, y no al objeto en sí mismo.

subjuntivo, va. adj. y s. *Gram.* Díc. del modo verbal, que necesita juntarse a otro verbo para tener significación.

sublevar. ≅alzar. ≅amotinar. ≅levantar. ◁someter. tr. Alzar en sedición o motín: ﹏ *al pueblo.* Ú. t. c. prnl. || fig. Excitar indignación, promover sentimiento de protesta.

sublimar. tr. Engrandecer, exaltar. || *Fís.* Pasar directamente, esto es, sin derretirse, del estado sólido al estado de vapor. Ú. t. c. prnl.

sublime. adj. Excelso, eminente: *pensamiento* ﹏; *escritor, pintor* ﹏.

subliminal. adj. Carácter de aquellas percepciones sensoriales, u otras actividades psíquicas, de las que el sujeto no llega a tener conciencia.

sublingual. adj. Relativo a la región inferior de la lengua.

submarinista. adj. y s. Que practica la exploración submarina.

submarino, na. adj. Relativo a lo que está o se efectúa bajo la superficie del mar: *topografía* ﹏.

|| m. Buque de guerra capaz de navegar en la superficie del mar o sumergido.

submúltiplo, pla. adj. y s. Aplícase al número o cantidad que otro u otra contiene exactamente dos o más veces.

subnormal. adj. Inferior a lo normal. || Díc. de la persona afectada de una deficiencia mental de carácter patológico. Ú. t. c. s.

subordinado, da. ≅sujeto. adj. Díc. de la persona sujeta a otra o dependiente de ella. Ú. m. c. s. || *Gram.* Díc. de todo elemento gramatical regido por otro. Ú. t. c. s. || f. *Gram.* Oración que depende de otra.

subordinar. ◁sublevar. tr. Sujetar personas o cosas a la dependencia de otras. Ú. t. c. prnl. || Clasificar algunas cosas como inferiores en orden respecto a otras. || *Gram.* Regir un elemento gramatical a otro de categoría diferente. Ú. t. c. prnl.

subproducto. m. Producto que en cualquier operación se obtiene además del principal.

subrayar. tr. Señalar por debajo con una raya alguna letra, palabra o frase escrita. || fig. Pronunciar con énfasis y fuerza las palabras.

subrepticio, cia. adj. Que se hace o toma ocultamente o a escondidas.

subrogar. tr. y prnl. Substituir o poner una persona o cosa en lugar de otra.

subsanar. tr. Disculpar o excusar un desacierto o delito. || Reparar o remediar un defecto, o resarcir un daño.

subscribir. tr. Firmar al pie o al final de un escrito. || fig. Convenir con el dictamen de uno, acceder a él. || prnl. Obligarse uno a contribuir con otros al pago de una cantidad para cualquier obra o empresa.

subsecretario, ria. m. y f. Persona que hace las veces del secretario. || Secretario general de un ministro.

Sección de un submarino nuclear

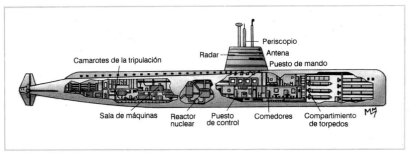

Camarotes de la tripulación · Radar · Periscopio · Antena · Puesto de mando · Sala de máquinas · Reactor nuclear · Puesto de control · Comedores · Compartimiento de torpedos

subsidiario, ria. ◁principal. adj. Que se da o se manda en socorro o subsidio de uno. || *Der.* Díc. de la acción o responsabilidad que suple o robustece a otra principal.

subsidio. m. Socorro, ayuda o auxilio extraordinario de carácter económico. || Prestación económica concedida por un organismo oficial en ciertas situaciones sociales, como vejez, desempleo, pobreza, etc.

subsiguiente. adj. Que viene después del siguiente.

subsistencia. f. Permanencia, estabilidad y conservación de las cosas. || Conjunto de medios necesarios para el sustento de la vida humana. Ú. m. en pl.

subsistir. intr. Permanecer, durar una cosa o conservarse. || Mantener la vida, seguir viviendo.

substancia. f. Aquello que en cualquier cosa constituye lo más importante o esencial. || Jugo que se extrae con ciertas materias alimenticias. || Ser, esencia, naturaleza de las cosas.

substancial. adj. Relativo a la substancia. || Substancioso. || Díc. de lo esencial y más importante de una cosa.

substanciar. tr. Compendiar, extractar. || *Der.* Conducir un asunto o juicio por la vía procesal adecuada hasta ponerlo en estado de sentencia.

substancioso, sa. adj. Que tiene valor o estimación. || Que tiene virtud nutritiva.

substantivo, va. adj. Que tiene existencia real, independiente, individual. || Díc. del nombre que designa personas, animales o cosas Ú. t. c. s.

substituir. tr. Poner a una persona o cosa en lugar de otra para que haga sus veces.

substituto, ta. m. y f. Persona que hace las veces de otra en un empleo o servicio.

substraer. tr. Apartar, separar, extraer. || Hurtar, robar. || Restar, hallar la diferencia entre dos cantidades. || prnl. Separarse de lo que es de obligación, eludir, evitar.

substrato. m. Sustrato.

subsuelo. m. Terreno que está debajo de la capa labrantía o laborable. || Parte profunda del terreno.

subsumir. tr. Incluir algo como componente en una síntesis o clasificación más abarcadora. || Considerar algo como parte de un conjunto más amplio o como caso particular sometido a un principio o norma general.

subterfugio. m. Evasiva, excusa.

subterráneo, a. adj. Que está debajo de tierra. || m. Lugar o espacio que está debajo de tierra.

subtítulo. m. Título secundario. || Escrito que aparece en la pantalla cinematográfica, simultáneamente a la proyección de las imágenes, y que corresponde a la traducción de los textos, cuando la película se emite en versión original.

suburbano, na. adj. Edificio, terreno o campo próximo a la ciudad. || Díc. del ferrocarril que comunica la ciudad con las zonas suburbanas. || Relativo al suburbio. || m. Habitante de un suburbio.

suburbio. m. Barrio o arrabal cerca de la ciudad o dentro de su jurisdicción. Díc. comúnmente cuando está habitado por gente de baja condición económica.

subvención. f. Auxilio económico otorgado a alguien para el desarrollo de una actividad.

subversión. f. Actuación dirigida a atentar contra la seguridad interior del Estado o contra sus gobernantes.

subversivo, va. adj. Capaz de destruir el orden establecido: *manifestación* ⌣.

subyacente. adj. Que yace o está debajo de otra cosa.

subyugar. ◁revelar. tr. y prnl. Avasallar, sojuzgar.

succión. f. Acción de chupar o absorber.

sucedáneo, a. adj. y s. Substancia que, por tener propiedades parecidas a las de otra, pueden reemplazarla.

suceder. intr. Substituir, reemplazar, seguir en orden una persona o cosa a otra. || Entrar como heredero o legatario en la posesión de los bienes de un difunto. || Descender, proceder, provenir. || impers. Efectuarse un hecho, acontecer, ocurrir.

sucesión. f. Acción y efecto de suceder. || Entrada o continuación de una persona o cosa en lugar de otra. || Prosecución, continuación ordenada de personas, cosas, sucesos, etc.

sucesivo, va. ◁discontinuo. adj. Díc. de lo que sucede o se sigue a otra cosa.

suceso. m. Cosa que sucede, especialmente cuando es de alguna importancia. || Transcurso del tiempo. || Hecho delictivo o accidente desgraciado.

sucesor, ra. ≅continuador. ≅heredero. adj. y s. Que sucede a uno o sobreviene en su lugar, como continuador de él.

sucesorio, ria. adj. Relativo a la sucesión.

suciedad. ◁limpieza. f. Calidad de sucio. || Inmundicia, porquería. || fig. Dicho o hecho sucio.

sucinto, ta. ◁amplio. adj. Breve, compendioso.

sucio, cia. adj. Que tiene manchas o impurezas. || Que se ensucia fácilmente. || Que produce suciedad. || fig. Deshonesto, obsceno. || fig. Díc. del color confuso y turbio. || fig. Con daño o imperfección.

sucre. m. Unidad monetaria de Ecuador.

suculento, ta. adj. Jugoso, substancioso, muy nutritivo.

sucumbir. ◁resistir. intr. Ceder, rendirse, someterse. || Morir, perecer. || Der. Perder el pleito.

sucursal. adj. y f. Establecimiento que sirve de ampliación a otro central del cual depende.

sudafricano, na. adj. y s. De África del Sur, o de la República Sudafricana.

sudamericano, na. adj. y s. De América del Sur o Sudamérica.

sudar. intr. Exhalar y expeler el sudor. Ú. t. c. tr. || fig. Destilar los árboles, plantas y frutos gotas de su jugo. Ú. t. c. tr. || fig. Destilar agua a través de sus poros algunas cosas impregnadas de humedad: ↷ un botijo. || fig. y fam. Trabajar con fatiga o desvelo.

sudario. m. Lienzo en que se envuelve un cadáver.

sudeste. m. Punto del horizonte entre el sur y el este, a igual distancia de ambos. || Viento que sopla de esta parte.

sudista. adj. y s. En la guerra de Secesión de EE. UU., partidario del Sur.

sudoeste. m. Punto del horizonte entre el sur y el oeste, a igual distancia de ambos. || Viento que sopla de esta parte.

sudor. ≅exudación. ≅transpiración. m. Líquido claro y transparente que segregan las glándulas sudoríparas de la piel de los mamíferos. || fig. Jugo que sudan las plantas. || fig. Gotas que se destilan de las cosas que tienen humedad. || fig. Trabajo, fatiga.

sudoríparo, ra. adj. Que segrega sudor.

sudoroso, sa. adj. Que está sudando mucho. || Muy propenso a sudar.

sueco, ca. adj. y s. De Suecia.

suegro, gra. m. y f. Padre o madre del marido respecto de la mujer o de la mujer respecto del marido.

suela. f. Parte del calzado que toca el suelo. || Cuero de vacuno curtido. || Pedazo de cuero que se pega a la punta del taco de billar. || Lenguado, pez. || Zócalo, cuerpo inferior de un edificio u obra.

sueldo. m. Remuneración asignada por el desempeño de un cargo o servicio profesional.

suelo. m. Superficie de la Tierra. || Terreno en que viven o pueden vivir las plantas. || Asiento o poso que deja en el hondo una materia líquida. || Sitio o solar de un edificio.

suelto, ta. ◁pesado. adj. Ligero, veloz. || Poco compacto. || Expedito, ágil. || Libre, atrevido. || Díc. del que padece diarrea. || Tratándose del lenguaje, estilo, etc., fácil.

sueño. m. Acto de dormir. || Representación en la fantasía de sucesos o cosas mientras se duerme. || Estos mismos sucesos o cosas representados. || Gana de dormir: tener ↷. || fig. Proyecto, deseo o esperanza sin probabilidad de realizarse.

suero. m. Componente de un humor orgánico, principalmente sangre, leche o linfa, que permanece líquido después de la coagulación de éstos. || Solución de agua de sales que se inyecta en el organismo para evitar la deshidratación o como alimento.

sueroterapia. f. Tratamiento de las enfermedades mediante sueros.

suerte. f. Encadenamiento de sucesos, considerado como fortuito o casual: así lo ha querido la ↷. || Circunstancia favorable o adversa: tener buena, o mala ↷. || Suerte favorable: Juan es hombre de ↷. || Azar: decídalo la ↷.

suéter. m. Jersey.

suevo, va. adj. Aplícase al individuo perteneciente a unas tribus germánicas que en el s. vinvadieron las Galias y parte de España. Ú. m. c. s. m. y en pl.

suficiencia. f. Capacidad, aptitud. || fig. despect. Presunción, engreimiento.

suficiente. adj. Bastante. || Apto, idóneo. || fig. Pedante.

sufijo, ja. adj. y m. Afijo que va pospuesto; particularmente, de los pronombres que se juntan al verbo y forman con él una sola palabra: morirse, dímelo.

sufragáneo, a. adj. Que depende de la jurisdicción y autoridad de alguno: obispo ↷.

sufragar. tr. Ayudar, favorecer. || Costear, satisfacer. || intr. Amér. Votar a un candidato.

sufragio. m. Ayuda, favor. || Obra que se aplica por las almas del purgatorio. || Sistema electoral para la provisión de cargos. || Voto.

sufragista. com. Persona partidaria del sufragio femenino.

sufrido, da. adj. Que sufre con resignación. || Díc. del marido consentidor. Ú. t. c. s. || Color que disimula lo sucio.

sufrimiento. m. Paciencia, conformidad. || Padecimiento, dolor, pena.

sufrir. ≅padecer. ◁gozar. tr. Sentir un daño

o dolor. || Recibir con resignación un daño moral o físico. Ú. t. c. prnl. || Sostener, resistir, soportar. || Permitir, consentir. || Someterse a una prueba o examen.

sugerencia. f. Insinuación, inspiración.

sugerir. tr. Inspirar una idea a otra persona. || Insinuar.

sugestión. f. Acción y efecto de sugerir. || Idea sugerida. || Acción y efecto de sugestionar.

sugestionar. tr. Inspirar una persona a otra hipnotizada palabras o actos involuntarios. || Dominar la voluntad de una persona. || prnl. Experimentar sugestión.

sugestivo, va. adj. Que sugiere. || Que se presenta como muy atrayente o prometedor.

suicida. com. y adj. Persona que se suicida. || adj. fig. Acto o la conducta que daña o destruye al propio agente.

suicidarse. prnl. Quitarse voluntariamente la vida.

suicidio. m. Acción y efecto de suicidarse.

suido. adj. y m. Díc. de los mamíferos artiodáctilos, paquidermos, con jeta bien desarrollada y caninos largos y fuertes, que sobresalen de la boca; como el jabalí. || m. pl. Familia de estos animales.

suite. f. Obra musical que consta de una serie de piezas parecidas que forman un conjunto. || En hoteles de lujo, conjunto de habitaciones que constituyen una unidad de alojamiento. || Séquito.

suizo, za. adj. y s. De Suiza. || m. Bollo de harina huevo y azúcar.

sujeción. f. Acción y efecto de sujetar. || Unión con que una cosa está sujeta. || Figura retórica que consiste en hacer el orador o el escritor preguntas que él mismo responde.

sujetador, ra. adj. y s. Que sujeta. || m. Sostén, prenda interior femenina. || Pieza del biquini que sujeta el pecho.

sujetar. ≅asir, ≅avasallar. ≅dominar. ◁soltar. tr. Someter. Ú. t. c. prnl. || Fijar o contener una cosa con la fuerza.

sujeto, ta. adj. Expuesto o propenso a una cosa. || m. Asunto o materia de la que se habla o escribe. || Persona innominada. || En la oración gramatical, término que expresa la idea de la cual se afirma algo.

sulfamida. f. Cualquiera de las substancias químicas derivadas de la sulfonamida, que por su acción bacteriostática se emplean en el tratamiento de enfermedades infecciosas.

sulfatar. tr. Impregnar o bañar con un sulfato alguna cosa.

sulfato. m. Combinación del ácido sulfúrico con un radical mineral u orgánico.

sulfurar. tr. Combinar un cuerpo con el azufre. || fig. Irritar, encolerizar. Ú. m. c. prnl.

sulfúrico. adj. Díc. de un ácido líquido de consistencia oleosa, incoloro e inodoro y compuesto de azufre, hidrógeno y oxígeno..

sultán. m. Emperador de los turcos. || Príncipe o gobernador mahometano.

sultanato. m. Dignidad de sultán. || Tiempo que dura el gobierno de un sultán.

suma. ≅adición. ≅compendio. ≅resumen. f. Agregado de muchas cosas y más comúnmente de dinero. || Acción de sumar. || Lo más substancial e importante de una cosa. || Recopilación de todas las partes de una ciencia o facultad.

sumar. ≅adicionar. ≅totalizar. ◁restar. tr. Recopilar, compendiar una materia. || Mat. Reunir en una sola varias cantidades homogéneas. || Mat. Componer varias cantidades una total. || prnl. fig. Agregarse, adherirse.

sumario, ria. adj. Reducido a compendio, breve, sucinto: *exposición* ∽. || Der. Díc. de determinados juicios civiles en que se procede brevemente y se prescinde de algunas formalidades o trámites del juicio ordinario. || m. Resumen, compendio o suma.

sumergible. ≅submarino. adj. Que se puede sumergir. || m. Buque sumergible.

sumergir. tr. y prnl. Meter una cosa debajo del agua o de otro líquido. || fig. Abismar, hundir.

sumerio, ria. adj. y s. De Sumeria, antigua región de Mesopotamia.

sumidero. m. Conducto o canal por donde se sumen las aguas.

suministrar. tr. Proveer a uno de algo que necesita.

suministro. m. Acción y efecto de suministrar. || Provisión de víveres o utensilios para las tropas, presos, etc. Ú. m. en pl.

sumir. tr. Hundir o meter debajo de la tierra o del agua. Ú. t. c. prnl. || Consumir el sacerdote en la misa. || fig. Hundir, abismar. || prnl. Hundirse o formar una concavidad anormal alguna parte del cuerpo.

sumisión. ◁rebelión. f. Sometimiento. || Acatamiento, subordinación.

sumiso, sa. adj. Obediente, subordinado. || Rendido, subyugado.

sumo, ma. ◁ínfimo. adj. Supremo, que no tiene superior: ∽ *sacerdote.* || fig. Muy grande, enorme: ∽ *necedad.*

suntuario, ria. adj. Relativo al lujo.

Arte sumerio. *Cabeza de Gudea*. Museo del Louvre (París)

suntuoso, sa. adj. Magnífico, lujoso, espléndido. ∥ Señorial, ostentoso.

supeditar. tr. Subordinar una cosa a otra. ∥ Condicionar una cosa al cumplimiento de otra. ∥ prnl. Someterse alguien a una persona o cosa.

superar. tr. Sobrepujar, exceder, vencer. ∥ prnl. Hacer alguien una cosa mejor que en ocasiones anteriores.

superávit. m. Exceso del haber sobre el debe en una cuenta, o de los ingresos sobre los gastos.

superchería. ◁verdad. f. Engaño, trampa, fraude.

superdotado, da. adj. y s. Persona que posee cualidades, especialmente intelectuales, que exceden de lo normal.

superestructura. f. Parte de una construcción que está por encima del nivel del suelo.

superficial. ≅insubstancial. ≅ligero. ≅somero. ◁interior. adj. Relativo a la superficie. ∥ Que está o se queda en ella. ∥ fig. Aparente, sin solidez. ∥ fig. Frívolo, sin fundamento.

superficie. f. Límite o término de un cuerpo, que lo separa y distingue de lo que no es él. ∥ *Geom.* Extensión que sólo se consideran dos dimensiones, que son longitud y latitud.

superfluo, flua. adj. No necesario.

superhombre. m. Tipo de hombre muy supe-

rior a los demás. ∥ Nombre que dio Nietzsche a su ideal superior de hombre.

superior. adj. Díc. de lo que está más alto y en lugar preeminente respecto de otra cosa. ∥ fig. Díc. de lo más excelente y digno, respecto de otras cosas. ∥ fig. Que excede a otras cosas en virtud, vigor o prendas.

superior, ra. m. y f. Persona que manda, gobierna o dirige una congregación o comunidad, principalmente religiosa.

superlativo, va. adj. Muy grande y excelente en su línea. ∥ Díc. del adjetivo que denota el sumo grado de la calidad que con él se expresa. Ú. t. c. s.

supermercado. m. Establecimiento comercial de venta al por menor en el que se expenden todo género de artículos y en que el cliente se sirve a sí mismo y paga a la salida.

supernumerario, ria. adj. Que excede o está fuera del número señalado o establecido. ∥ Díc. de los militares en situación análoga a la de excedencia. ∥ m. y f. Empleado que trabaja en una oficina pública sin figurar en la plantilla.

superponer. tr. Añadir una cosa o ponerla encima de otra, sobreponer.

superproducción. f. Exceso de producción. ∥ Obra cinematográfica o teatral que se presenta como excepcionalmente importante y de gran costo.

superrealismo. m. Movimiento literario y artístico que intenta sobrepasar lo real impulsando con automatismo psíquico lo imaginario o irracional. André Breton, en 1924, fue el autor del primer manifiesto superrealista.

superrealista. adj. Perteneciente al superrealismo. ∥ com. Persona que es partidaria de este movimiento o que lo practica.

supersónico, ca. adj. Velocidad superior a la del sonido. ∥ Díc. del avión que se mueve a velocidad supersónica.

superstición. f. Creencia extraña a la fe religiosa y contraria a la razón. ∥ Creencia ridícula y llevada al fanatismo sobre materias religiosas.

supersticioso, sa. adj. Relativo a la superstición. ∥ Díc. de la persona que cree en ella. Ú. t. c. s.

supervalorar. tr. Dar a cosas o personas más valor del que realmente tienen.

supervisar. tr. Ejercer la inspección superior en trabajos realizados por otros.

supervivencia. f. Acción y efecto de sobrevivir. ∥ Gracia concedida a uno para gozar una renta o pensión después de haber fallecido el que la obtenía.

supino, na. adj. Que está tendido sobre el dorso. || Díc. de la ignorancia que procede de negligencia del sujeto. || m. En la gramática latina, una de las formas nominales del verbo.

suplantar. tr. Ocupar con malas artes el lugar de otro defraudándole el derecho, empleo o favor que disfrutaba.

suplementario, ria. adj. Que sirve para suplir una cosa o complementarla: *ángulo, arco* ⌢.

suplemento. m. Acción y efecto de suplir. || Complemento. || Capítulo, apéndice o tomo que se añade a un libro, u hoja o cuadernillo que se añade a un periódico o revista y cuyo texto es independiente del número ordinario.

suplencia. f. Acción y efecto de suplir una persona a otra, y tiempo que dura esta acción.

supletorio, ria. adj. Díc. de lo que suple una falta.

súplica. f. Acción y efecto de suplicar. || Memorial y escrito en que se suplica. || *Der.* Cláusula final de un escrito dirigido a la autoridad administrativa o judicial en solicitud de una resolución.

suplicar. tr. Rogar, pedir con humildad y sumisión una cosa. || *Der.* Recurrir contra el auto o sentencia de vista del tribunal superior ante el mismo.

suplicatorio, ria. adj. Que contiene súplica. || m. *Der.* Instancia que un juez o tribunal eleva a un cuerpo legislativo, pidiendo permiso para proceder en justicia contra algún miembro de ese cuerpo.

suplicio. ≅patíbulo. ≅tormento. ≅tortura. m. Lesión corporal, o muerte, infligida como castigo. || fig. Lugar donde el reo padece este castigo. || fig. Grave tormento o dolor físico o moral.

suplido. m. Anticipo que se hace por cuenta y cargo de otra persona, con ocasión de mandato o trabajos profesionales.. Ú. m. en pl.

suplir. tr. Completar o añadir lo que falta en una cosa, o remediar la carencia de ella. || Ponerse en lugar de uno para hacer sus veces. || Disimular un defecto de otro.

suponer. tr. Dar por sentada y existente una cosa. || Fingir, dar existencia ideal a lo que realmente no la tiene. || Traer consigo, importar: *esta adquisición supone muchos gastos.*

suposición. f. Acción y efecto de suponer. || Lo que se supone o da por sentado. || *Lóg.* Acepción de un término en lugar de otro.

supositorio, ria. m. Preparación farmacéutica

en pasta, de forma cónica u ovoide, que suele aplicarse por vía anal.

supra. adv. lat. que se une a algunas voces como prefijo, con la significación de sobre, arriba, más allá: **supra***dicho,* **supra***sensible.*

suprarrenal. adj. Situado encima de los riñones.

supremacía. f. Grado supremo en cualquier línea. || Preeminencia, superioridad jerárquica.

supremo, ma. adj. Sumo, altísimo. || Que no tiene superior en su línea. || Refiriéndose al tiempo, último: *hora* ⌢.

supresión. f. Acción y efecto de suprimir.

suprimir. ≅abolir. ≅anular. ◁autorizar. tr. Hacer cesar, hacer desaparecer: ⌢ *un impuesto.* || Omitir, callar, pasar por alto.

supuesto, ta. adj. Sobrentendido. || m. Objeto y materia que no se expresa en la proposición; pero es aquello de que depende o en que se funda la verdad de ella. || Suposición, hipótesis. || *Filos.* Todo ser que es principio de sus acciones.

supurar. intr. Formar o echar pus.

sur. ≅austral. ≅austro. ≅mediodía. ◁norte. m. Punto cardinal del horizonte, diametralmente opuesto al norte. || Lugar de la Tierra o de la esfera celeste que cae del lado del polo antártico. || Viento que sopla de la parte austral del horizonte.

sura. m. Cualquiera de las lecciones o capítulos en que se divide el Corán.

surcar. tr. Hacer surcos en la tierra al ararla. || Hacer rayas en alguna cosa. || fig. Ir o caminar por un fluido rompiéndolo o cortándolo: *la nave surca el mar.*

surco. m. Hendedura que se hace en la tierra con el arado. || Señal o hendedura prolongada que deja una cosa que pasa sobre otra. || Arruga en el rostro o en otra parte del cuerpo.

sureño, ña. adj. Relativo al sur. || Que está situado en la parte sur de un país.

sureste. m. Sudeste.

surf o **surfing.** m. Wind surfing.

surgir. ≅fondear. ≅manar. ◁hundir. intr. Brotar el agua. || Dar fondo la nave. || fig. Alzarse, manifestarse, brotar, aparecer.

surmenage. (Voz francesa.) m. Fatiga o agotamiento por exceso de trabajo intelectual.

suroeste. m. Sudoeste.

surrealismo. m. Superrealismo.

surrealista. adj. y s. Superrealista.

surtido, da. adj. Aplícase al artículo de comercio que se ofrece como mezcla de diversas clases: *galletas* ⌒*s*. Ú. t. c. s. || m. Acción y efecto de surtir.

surtidor, ra. adj. y s. Que surte o provee. || m. Chorro de agua que brota o sale hacia arriba. || Bomba para repostar combustible en las gasolineras.

surtir. ≅abastecer. ≅manar. ≅suministrar. ≅surgir. tr. y prnl. Proveer a uno de alguna cosa. || intr. Brotar, salir el agua.

susceptible. ≅apto. ≅dispuesto. ◁incapaz. adj. Capaz de recibir modificación o impresión. || Quisquilloso, picajoso.

suscitar. tr. Levantar, promover.

susodicho, cha. adj. y s. Dicho arriba, mencionado con anterioridad.

suspender. ≅admirar. ≅interrumpir. ≅maravillar. ◁impulsar. tr. Levantar, colgar una cosa en algo o en el aire. || Detener, diferir. Ú. t. c. prnl. || fig. Causar admiración, embelesar. || fig. Privar temporalmente a uno del sueldo o empleo. || tr. e intr. No aprobar un examen.

suspense. (Voz inglesa). m. Suspensión, situación de ánimo emocional.

suspensión. f. Acción y efecto de suspender. || Privación de oficio, beneficio o empleo o de sus goces o emolumentos. || En el cine, otros espectáculos, lecturas, etc. situación de ánimo emocional, generalmente angustiosa, producida por un desenlace diferido o indeciso.

suspensivo, va. adj. Que tiene virtud o fuerza de suspender.

suspenso, sa. ≅cate. adj. Admirado, perplejo. || m. Nota de haber sido suspendido en un examen. || *Amér.* Expectación impaciente o ansiosa por el desarrollo de una acción o suceso.

suspicacia. ◁confianza. f. Calidad de suspicaz. || Especie o idea sugerida por la sospecha o desconfianza.

suspicaz. adj. Propenso a concebir sospechas o a tener desconfianza.

suspirar. intr. Dar suspiros.

suspiro. m. Aspiración fuerte y prolongada seguida de una espiración, acompañada a veces de un gemido y que suele denotar, pena, ansia o deseo. || Golosina que se hace de harina, azúcar y huevo. || Pito pequeño de vidrio, de silbido agudo y penetrante.

sustancia. f. Substancia.

sustentar. tr. Alimentar. Ú. t. c. prnl. || Conservar, sostener. || Defender. || prnl. Mantenerse un cuerpo en un medio sin caer, o haciéndolo muy lentamente.

sustento. m. Mantenimiento, alimento. || Lo que sirve para dar vigor y permanencia a una cosa. || Sostén o apoyo.

sustituto, ta. m. y f. Substituto.

susto. m. Impresión repentina de sorpresa, miedo o espanto. || fig. Preocupación vehemente por alguna adversidad o daño que se teme.

sustrato. m. Origen, raíz, base o sedimento profundo de una cosa, perceptible a veces en su estado actual. || Lengua que, hablada en un territorio en el cual se ha implantado otra, lega a ésta alguno de sus rasgos fonéticos o gramaticales. || Terreno situado debajo del que se considera.

susurrar. ≅sonar. intr. Hablar quedo. || Empezarse a divulgar una cosa secreta o que no se sabía. || fig. Moverse con ruido suave alguna cosa: ⌒ *el aire, el arroyo.*

susurro. m. Ruido suave y apacible.

sutil. adj. Delgado, delicado, tenue. || fig. Agudo, perspicaz, ingenioso.

sutileza. ≅agudeza. ≅argucia. ≅perspicacia. ◁tontería. f. Calidad de sutil. || fig. Dicho o concepto excesivamente agudo y falto de profundidad o exactitud. || fig. Instinto de los animales.

sutura. f. Línea sinuosa, a modo de sierra, que forma la unión de ciertos huesos del cráneo. || *Bot.* Línea por la cual están unidos los bordes del carpelo o los de dos ovarios entre sí. || *Cir.* Costura con que se reúnen los labios de una herida.

suyo, suya, suyos, suyas. Pronombre y adjetivo posesivo de tercera persona en género masculino y femenino; y ambos números: singular y plural. Ú. t. c. s.

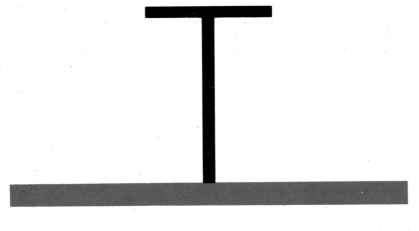

t. f. Vigésima tercera letra del abecedario español y decimonovena de sus consonantes. Su nombre es *te*.

taba. f. Astrágalo, hueso del pie. || Juego en que se tira al aire una taba de carnero.

tabacal. m. Sitio sembrado de tabaco.

tabacalero, ra. adj. y s. Tabaquero.

tabaco. m. Planta solanácea, originaria de las Antillas, cuyas hojas, secadas y curadas, sirven para elaborar cigarrillos y cigarros, y para ser mascadas y aspiradas.

tabal. m. Tambor, tamboril, atabal.

tabanco. m. Puesto para la venta de comestibles. .

tábano. m. Insecto díptero braquícero que molesta con sus picaduras principalmente a las caballerías. || fig. y fam. Hombre pesado o molesto.

tabanque. m. Rueda de madera que mueven con el pie los alfareros para hacer girar el torno.

tabaque. m. Cestillo de mimbres en que se pone la fruta, verdura, etc.

tabaque. m. Clavo algo mayor que la tachuela común.

tabaquera. f. Caja para el tabaco en polvo. || Receptáculo para el tabaco de pipa. || Petaca.

tabaquero, ra. adj. y s. Persona que trabaja el tabaco. || Díc. de la persona que lo vende.

tabaquismo. m. Intoxicación por el tabaco.

tabardo. m. Prenda de abrigo de paño tosco. || Ropón blasonado como el que usan los maceros de las Cortes y los de algunos ayuntamientos. || Especie de gabán sin mangas. || Chaquetón militar que formaba parte del uniforme de invierno del soldado.

tabarra. f. Persona o cosa molesta y pesada por su insistencia. || Esa misma molestia y pesadez.

tabarro. m. Tábano.

taberna. f. Establecimiento público donde se venden bebidas, principalmente alcohólicas, al por menor y, a veces, se sirven comidas.

tabernáculo. m. Lugar donde los hebreos tenían colocada el arca del Testamento. || Sagrario donde se guarda el Santísimo Sacramento. || Tienda en que habitaban los antiguos hebreos.

tabernero, ra. m. y f. Persona que vende vino en la taberna. || f. Mujer del tabernero.

tabicar. tr. Cerrar con tabique. || fig. Cerrar o tapar. Ú. t. c. prnl.: *tabicarse las narices*.

tabique. m. Pared delgada que se hace de cascotes, ladrillos o adobes. || Por ext., división plana y delgada que separa dos huecos: *el ∿ de las fosas nasales*.

tabla. f. Pieza de madera más larga que ancha y de poco grueso. || Pieza plana y de poco espesor de alguna otra materia: *∿ de mármol*. || Cara más ancha de un madero. || Doble pliegue ancho y plano que se hace en una tela. || Parte que se deja sin plegar en un vestido. || Tablilla en que se anuncia algo. || Lista o catálogo de cosas puestas por orden sucesivo o relacionadas entre sí. || Cuadro o catálogo de números de especie determinada, dispuestos en forma adecuada para facilitar los cálculos: *∿ de multiplicar*. || Faja de tierra, y señaladamente la labrantía, comprendida entre dos filas de árboles. || Bancal de un huerto. || Pintura hecha en tabla. || pl. Estado, en el juego de damas o en el de ajedrez, en el cual ninguno de los jugadores puede ganar la partida. || fig. Empate o estado de cualquier asunto que queda indeciso. || fig. El escenario del teatro. || La barrera de la plaza de toros.

tablado. m. Suelo de tablas. || Pavimento del escenario de un teatro. || Suelo de la cama sobre el que se tiende el colchón.

tablao. m. Tablado donde se celebran actuaciones de cante y baile flamencos. || Por ext., el local, también llamado *tablao flamenco*.

tablazón. f. Agregado de tablas. || Conjunto de tablas con que se hacen las cubiertas de las embarcaciones.

tableado, da. p. p. de tablear. || m. Conjunto de tablas que se hacen en una tela.

tablear. tr. Dividir en tablas: ↶ *un madero, un terreno.* || Hacer tablas en la tela.

tablero. adj. Madero a propósito para hacer tablas. || m. Tabla o conjunto de tablas unidas de modo que eviten el alabeo. || Tabla de una materia rígida. || Palo de la ballesta. || Tabla cuadrada con cuadritos de dos colores alternados, para jugar al ajedrez, a las damas, etc. || Cuadro de madera pintado que se usa en las escuelas en lugar de encerado.

tableta. f. dim. de tabla. || Madera de sierra de distintas medidas, según la región. || Pequeña porción de pasta medicinal, o pastilla.

tabletear. intr. Hacer ruido con tabletas o tablas. || Sonar algún ruido a manera de tableteo, como los truenos.

tablilla. f. dim. de tabla. || Tableta. || Tabla pequeña en la que se anuncia públicamente algo. || Cada uno de los trozos de baranda de la mesa de trucos o de billar comprendidos entre dos troneras.

tablón. m. aum. de tabla. || Tabla gruesa. || fig. y fam. Embriaguez, borrachera.

tabú. ⸤tabúes⸥. m. Prohibición de tocar o comer algún objeto, impuesta a sus adeptos por algunas religiones de Polinesia. || Por ext., lo que no es lícito censurar o mencionar.

tabulador. m. Parte de la máquina de escribir que permite hacer cuadros y listas con facilidad conservando los espacios pertinentes.

tabular. tr. Expresar valores, magnitudes u otros datos por medio de tablas.

taburete. m. Asiento sin brazo ni respaldo. || Silla de respaldo muy estrecho, guarnecida de vaqueta, terciopelo, etc. || pl. Media luna que había en el patio de los teatros, cerca del escenario.

tac. m. Ruido que producen ciertos movimientos acompasados, como el latido del corazón, etc. Ú. m. repetido. || Tic-tac.

taca. f. Alacena pequeña. || Armario pequeño.

tacada. f. Golpe dado con la boca del taco a la bola de billar. || Serie de carambolas seguidas.

tacañear. intr. Obrar con tacañería.

tacañería. f. Calidad de tacaño. || Acción propia de él.

tacaño, ña. ≅avaro. ≅roñoso. ◁dadivoso. ◁esplèndido. adj. y s. Miserable, ruin, mezquino.

tacatá o **tacataca.** m. Andador o pollera en forma de tronco de pirámide de base cuadrada cuyas patas terminan en ruedecillas.

tácito, ta. adj. Callado, silencioso. || Que no se expresa formalmente, sino que se supone o infiere: *condición* ↶.

taciturno, na. adj. Callado, silencioso. || fig. Triste, melancólico.

taco. m. Pedazo de madera u otra materia, grueso y corto. || Cilindro de trapo, papel, estopa, etc., que se coloca entre la pólvora y el proyectil en las armas de fuego. || Cilindro de trapo, estopa, etc. con que se aprieta la carga del barreno. || Vara de madera dura con la cual se impelen las bolas del billar y de los trucos. || Conjunto de las hojas de papel sobrepuestas que forman el calendario de pared o de sobremesa. || Cada uno de los pedazos de queso, jamón, etc., de cierto grosor, que se cortan para un aperitivo o una merienda. || fam. Embrollo, lío. || fig. y fam. Voto, juramento o palabrota.

tacómetro. m. Aparato que mide el número de revoluciones de un eje.

tacón. m. Pieza semicircular más o menos alta que va unida a la suela del zapato en la parte que corresponde al talón.

taconazo. m. Golpe dado con el tacón, especialmente contra el otro tacón.

taconear. intr. Pisar haciendo ruido con los tacones. || fig. Pisar con arrogancia.

táctica. f. Conjunto de reglas a que se ajustan en su ejecución las operaciones militares. || fig. Sistema especial que se emplea disimuladamente para conseguir un fin.

táctico, ca. adj. Relativo a la táctica. || m. y f. Persona perita en cualquier táctica.

táctil. adj. Referente al tacto.

tacto. m. Uno de los cinco sentidos corporales, con el cual se percibe la aspereza o suavidad, dureza o blandura, presión, calor o frío, etc., de las cosas. || Acción de tocar o palpar. || fig. Tino, acierto, maña.

tacha. f. Falta o defecto. || Especie de clavo

pequeño, mayor que la tachuela común. || Motivo legal para desestimar en un pleito la declaración de un testigo.

tachadura. f. Acción y efecto de tachar. || Tachón.

tachar. ≅acusar. ≅eliminar. ≅incriminar. ≅rayar. ≅suprimir. tr. Poner en una cosa falta o tacha. || Borrar lo escrito. || Alegar contra un testigo algún motivo legal para que no sea creído en el pleito. || fig. Culpar, censurar.

tachón. m. Raya o señal para borrar un escrito. || Golpe de galón, cinta, etc., sobrepuesto en ropa o tela para adornarla.

tachón. m. Tachuela grande, con que se adornan cofres, puertas, etc.

tachonar. tr. Adornar con tachones. || Clavetear los cofres y otras cosas con tachones.

tachuela. f. Clavo corto de cabeza grande.

taekwondo. m. Deporte de lucha japonesa.

tafetán. m. Tela delgada de seda, muy tupida.

tafilete. m. Cuero bruñido y lustroso, mucho más delgado que el cordobán.

tagalo, la. adj. Díc. del individuo de una raza indígena de Filipinas, de origen malayo. Ú. t. c. s. || Relativo a esta raza. || m. Lengua hablada por los tagalos.

tahalí. m. Tira de cuero u otra materia que cruza desde el hombro derecho hasta la cintura por su parte izquierda, donde se pone la espada. || Caja de cuero donde se solían llevar reliquias y oraciones.

tahona. f. Molino de harina cuya rueda se mueve con caballería. || Panadería en que se cuece pan.

tahúr, ra. adj. y s. Jugador. || m. y f. Persona que frecuenta las casas de juego. || Jugador fullero.

taifa. f. Bandería, parcialidad. Ú. para calificar a los régulos de los Estados en que se dividió la España árabe al disolverse el califato cordobés. Ú. m. en pl. || fig. y fam. Reunión de personas de mala vida.

taiga. f. Selva del norte de la U. R. S. S. y Siberia.

taimado, da. adj. y s. Astuto y pronto en advertirlo todo.

taíno, na. adj. Díc. de los pueblos indígenas pertenecientes al grupo lingüístico arahuaco, establecidos en la Española, Cuba y Puerto Rico cuando se produjo el descubrimiento de América. Ú. t. c. s. || Relativo a dicho grupo || m. Lengua de estos indígenas.

tajada. f. Porción cortada de una cosa especialmente comestible. || fam Ronquera o tos. || fam. Embriaguez, borrachera.

tajadera. f. Cuchilla a modo de media luna, con que se taja una cosa. || Cortafrío.

tajado, da. p. p. de tajar. || adj. Costa, roca o peña cortada verticalmente.

tajamar. ≅espolón. m. Tablón recortado en la parte exterior de la roda para hender el agua cuando el buque navega. || En arquitectura, parte de fábrica que se adiciona a las pilas de los puentes.

tajante. p. a. de tajar. Que taja. || adj. fig. Concluyente, terminante.

tajar. ≅cortar. ≅partir. tr. Dividir una cosa en dos o más partes con instrumento cortante. || Cortar la pluma de ave para escribir.

tajo. m. Corte profundo. || Tarea, trabajo en tiempo limitado. || Lugar de trabajo. || Escarpa alta y cortada. || Filo o corte. || Tajuelo, banquillo. || Pedazo de madera grueso que sirve en las cocinas para partir y picar la carne.

tajuela. f. Tajuelo, asiento.

tajuelo. m. dim. de tajo. || Asiento rústico, por lo general de tres pies.

tal. adj. Aplícase a las cosas indefinidamente, para determinar en ellas lo que por su correlativo se denota. || Igual, semejante: ⌐ *cosa jamás se ha visto.* || Tanto o tan grande: *Juan no ha podido cometer* ⌐ *falta.* || Ú. para determinar lo no especificado y suele repetirse para dar mayor viveza a la expresión: *haced tales y tales cosas y acertaréis.* || Ú. a veces como pronombre. || adv. m. Así, de esta manera, de suerte. || Empléase en sentido comparativo, correspondiéndose con *cual, como* o *así como,* y en este caso equivale a *de igual modo* o *asimismo.*

tala. f. Acción y efecto de talar. || *Fort.* Defensa formada con árboles cortados por el pie y colocados a modo de barrera.

tala. f. Juego de muchachos que consiste en dar con un palo en otro pequeño colocado en el suelo; el golpe le hace saltar, y en el aire se le da un segundo golpe. || El palo pequeño.

talabarte. m. Cinturón que lleva pendientes los tiros de que cuelga el sable o la espada.

talabartero, ra. m. y f. Persona que hace talabartes y otros correajes.

talabricense. adj. y s. De Talavera de la Reina (España).

taladrador, ra. adj. y s. Que taladra. || f. Máquina para taladrar.

taladrar. ≅perforar. tr. Horadar una cosa. || fig. Herir los oídos algún sonido agudo.

taladro. m. Instrumento con que se agujerea

una cosa. || Agujero hecho con el taladro u otro instrumento semejante. || Acción y efecto de taladrar.

tálamo. m. Lugar preeminente donde los novios celebraban sus bodas. || Cama de los desposados y lecho conyugal. || Extremo ensanchado del pedúnculo donde se asientan las flores.

talanquera. f. Valla o pared que sirve de defensa. || fig. Cualquier sitio o paraje que sirve de defensa. || fig. Seguridad y defensa.

talante. m. Modo de ejecutar una cosa. || Semblante o disposición personal. || Voluntad, deseo.

talar. adj. Vestidura que llega hasta los talones. || Díc. de las alas que fingieron los poetas que tenía el dios Mercurio en los talones. Ú. t. c. m. y más en pl.

talar. tr. Cortar por el pie masas de árboles. || Destruir, arrasar.

talaverano, na. adj. y s. De cualquiera de las poblaciones con el nombre de Talavera.

talayoteo **talayot.** m. Monumento megalítico de las Baleares semejante a una torre de poca altura.

talco. m. Silicato de magnesia de estructura hojosa muy suave al tacto, que se usa mucho en dermatología. || Lámina metálica muy delgada que se emplea en bordados.

talega. f. Saco o bolsa ancha y corta. || Lo que se guarda en ella. || Bolsa de lienzo o tafetán que usaban las mujeres para preservar el peinado.

Talayote

|| Culero que se ponía a los niños. || fam. Caudal monetario, dinero. Ú. m. en pl.

talego. m. Saco largo y angosto. || fig. y fam. Persona sin esbeltez ni gracia en el cuerpo. || vulg. Cárcel. || vulg. Billete de mil pesetas.

taleguilla. f. dim. de talega. || Calzón de los toreros.

talento. ≅capacidad. ≅ingenio. m. Moneda imaginaria de los griegos y los romanos. || Peso que usaron antiguamente los griegos. || fig. Conjunto de facultades o aptitudes para una cosa. || fig. Por ant., entendimiento, inteligencia. || fig. Aptitud, habilidad.

talgo. m. Tren articulado español inventado por el ingeniero Alejandro Goicoechea.

talio. m. Metal poco común, parecido al plomo y cuyas sales dan color verde a la llama del alcohol en que están disueltas.

talión. m. Pena que consiste en hacer sufrir al delincuente un daño igual al que causó.

talismán. ≅amuleto. ≅fetiche. m. Objeto, figura o imagen a los que se atribuyen virtudes portentosas. || fig. Cosa que produce un efecto maravilloso.

talo. m. Cuerpo de las talofitas en el que no se aprecia diferencia entre raíz, hojas y tallo.

talofita. f. Dícese de la planta cuyo cuerpo vegetativo es el talo. Ú. t. c. s. f. || f. pl. Tipo de estas plantas, que comprende las algas y los hongos.

talón. ≅calcañar. m. Parte posterior del pie humano. || Parte del calzado que cubre el calcañar: *el ↝ del zapato.* || Pulpejo de una caballería. || Parte del arco del violín inmediata al mango. || Cheque.

talonario. m. Bloque de hojas impresas, con datos que a veces han de ser completados por quien las expide, que se pueden separar de una matriz para entregarlas a otra persona: ↝ *de cheques.*

talud. m. Inclinación del paramento de un muro o de un terreno.

talla. f. Obra de escultura, especialmente en madera. || Estatura del hombre. || En joyería, acción y efecto de tallar o labrar piedras preciosas. || fig. Altura moral o intelectual.

tallador, ra. m. y f. Persona que graba en hueco, o medallas. || m. El que talla a los quintos.

tallar. adj. Que puede ser tallado, cortado: *monte ↝.* || m. Monte o bosque nuevo en que se puede hacer la primera corta.

tallar. tr. Llevar la baraja en el juego de la banca y otros. || Cargar de tallas o impuestos. ||

Hacer obras de talla o escultura. || Labrar piedras preciosas. || Abrir metales, grabar en hueco. || Tasar, apreciar, valuar. || Medir la estatura de una persona.

tallarín. m. Tira muy estrecha de pasta de macarrones cocidos que se emplea para diversos platos. Ú. m. en pl.

talle. m. Disposición o proporción del cuerpo humano. || Cintura del cuerpo humano. || Forma que se da al vestido proporcionándolo al cuerpo. || Parte del vestido que corresponde a la cintura. || fig. Traza, apariencia.

tallecer. intr. Entallecer. || Echar tallo las semillas, bulbos o tubérculos de las plantas. Ú. t. c. prnl.

taller. m. Lugar en que trabajan obreros, artistas, etc. || fig. Escuela, seminario. || *B. Art.* Conjunto de colaboradores de un maestro.

tallista. com. Persona que hace obras de talla.

tallo. m. Órgano de las plantas que se prolonga en sentido contrario al de la raíz y sirve de sustentáculo a las hojas, flores y frutos. || Renuevo de las plantas. || Germen que ha brotado de una semilla, bulbo o tubérculo.

talludo, da. adj. Que ha echado tallo grande. || fig. Crecido y alto en poco tiempo: *tu hijo se ha puesto muy* ⌣. || fig. Persona cuando va pasando de la juventud.

tamaño, ña. adj. comp. Tan grande o tan pequeño como la cosa que se expresa. || m. Mayor o menor volumen o dimensión de una cosa.

tamaricáceo, a. adj. y f. Díc. de los árboles o arbustos angiospermos dicotiledóneos, abundantes en los países mediterráneos y en Asia Central, como el taray. || f. pl. Familia de estas plantas.

tamarindo. m. Árbol papilionáceo con fruto de sabor agradable usado como laxante. || Fruto de este árbol.

tamariscíneo, a. adj. Díc. de los árboles o arbustos semejantes al taray.

tambalear. intr. y prnl. Menearse una cosa a uno y otro lado.

también. ≅además. ≅asimismo. adv. m. Se usa para afirmar la igualdad, semejanza, conformidad o relación de una cosa con otra. || Tanto o así.

tambor. m. Instrumento músico de percusión de forma cilíndrica, hueco, cubierto en sus dos bases con piel estirada, que se toca con dos palillos. || Persona que toca el tambor. || Tamiz por donde pasan el azúcar los reposteros. || Cilindro de hierro, cerrado, que sirve para tostar café, castañas, etc. || Aro de madera sobre el cual se

Tamarindo

tiende una tela para bordarla. || Cilindro giratorio donde van las cápsulas de un revólver. || Tímpano del oído.

tamboril. m. Tambor pequeño que se toca con un solo palillo en las danzas populares.

tamborilero, ra. m. y f. Persona que toca el tamboril.

tamborrada. f. Fiesta popular donostiarra.

tamiz. m. Cedazo muy tupido.

tamizar. tr. Pasar una cosa por tamiz. || fig. Depurar, selecionar algo.

tamo. m. Pelusa del lino, algodón o lana. || Paja muy menuda de varias semillas trilladas. || Pelusilla que se cría debajo de los muebles.

tampoco. adv. neg. con que se niega una cosa después de haberse negado otra.

tampón. m. Almohadilla empapada en tinta que se emplea para entintar sellos, estampillas, etc.

tamujo. m. Mata euforbiácea existente en las orillas de los ríos.

tan. adv. c., apóc. de tanto. No modifica la significación del verbo, pero encarece en proporción relativa la del adjetivo, participio y otras partes de la oración, a las que precede: *no seré yo* ⌣ *descortés; no esperaba que llegase* ⌣ *pronto.*

tanagra. f. Estatuita que se fabricaba en Tanagra de Beocia y, por ext., las análogas de otras localidades griegas.

tanda. ≅labor. ≅vez. f. Alternativa o turno. ||

Tarea. || Capa o tonga. || Cada uno de los grupos de personas o bestias que se alternan en algún trabajo. || Partida de algunos juegos: ⌐ *de billar.*

tándem. ʃʃtándemes. m. Bicicleta de dos asientos colocados uno tras otro. || Tiro de dos caballos enganchados uno tras el otro. || fig. Grupo de dos o más personas para efectuar una obra común.

tanga. f. Chito, juego. || Pieza sobre la que se ponen las monedas en este juego. || com. Pieza de tamaño reducido que puede sustituir al calzón de baño.

tángana. f. Tanga, juego y pieza de este juego. || Bronca.

tangencial. adj. Relativo a la tangente, recta. || fig. Díc. de la idea, argumento, etc. que está relacionado con el asunto de que se trata sin ser esencial a él.

tangente. adj. Díc. de las líneas o superficies que se tocan sin cortarse. || f. Recta que tiene un solo punto común con una curva o una superficie.

tangible. adj. Que se puede tocar. || fig. Que se puede percibir de manera precisa.

tangir. tr. Ejercitar el sentido del tacto.

tango. m. Chito, juego. || Baile argentino, difundido internacionalmente, de pareja enlazada, forma musical binaria y compás de dos por cuatro. || Música de este baile y letra con que se canta.

tanguista. f. Mujer contratada para que baile con los clientes en un lugar de esparcimiento.

tanino. m. Substancia astringente contenida en algunos vegetales, que sirve para curtir las pieles.

tanque. ≈carro. m. Automóvil de guerra blindado y con armas de artillería que, moviéndose sobre una llanta flexible o cadena sin fin, puede andar por terrenos escabrosos. || Depósito montado sobre ruedas para su transporte.

tantalio. m. Metal poco común, iInflamable e inatacable por los ácidos, excepto el fluorhídrico.

tántalo. m. Ave zancuda, de plumaje blanco con remeras negras, que vive en África.

tantán. m. Gong o batintín.

tantarán o **tantarantán.** m. Sonido del tambor. || fig. y fam. Golpe dado a una persona o cosa.

tantear. tr. Medir una cosa con otra para ver si ajusta bien. || Apuntar los tantos en el juego. Ú. t. c. intr. || fig. Considerar con prudencia una cosa antes de ejecutarla. || fig. Examinar con cuidado a una persona o cosa. || fig. Explorar el ánimo o la intención de uno sobre un asunto. || Calcular aproximadamente.

tanteo. m. Acción y efecto de tantear. || Número determinado de tantos que se ganan en el juego.

tanto, ta. adj. Cantidad indefinida. Ú. como correlativo de *cuanto.* || Tan grande o muy grande. || pron. dem. Eso, incluyendo idea de calificación o ponderación: *a ⌐ arrastra la codicia.* || m. Cantidad determinada. || Ficha u otro objeto a propósito, con que se señalan los puntos que se ganan en ciertos juegos.

tañer. tr. Tocar un instrumento músical. || Sonar la campana u otro medio. || intr. Tabalear con los dedos.

tañido, da. p. p. de tañer. || m. Son particular que se toca en cualquier instrumento. || Sonido de la cosa tocada: ⌐ *de la campana.*

taoísmo. m. Doctrina teológica de la antigua religión de los chinos. || Una de las tres religiones de China.

taoísta. com. Persona que profesa el taoísmo.

tapa. f. Pieza que cierra por la parte superior las cajas, cofres y cosas semejantes. || Capa de suela del tacón de un zapato. || Cubierta de un libro encuadernado. || Compuerta de una presa. || Carne del medio de la pierna trasera de la ternera. || Pequeñas porciones de manjares que se sirven como acompañamiento de una bebida alcohólica.

tapaboca. m. Golpe en la boca. || Bufanda. || fig. y fam. Razón o dicho con que se obliga a uno a que se calle.

tapacete. m. Toldo que cubre la carroza o escotilla de un buque.

tapacubos. m. Tapa metálica que cubre el buje de la rueda.

tapaculo. m. Fruto del rosal silvestre, escaramujo.

tapadera. ≈encubridor. ≈tapa. f. Pieza que se ajusta a la boca de alguna cavidad para cubrirla. || fig. Persona, empleo, asunto, etc., que encubre o disimula lo que alguien desea que se ignore.

tapajuntas. m. Listón moldeado que se pone para tapar la unión del cerco de una puerta o ventana con la pared.

tapar. ≈arropar. ≈atascar. ≈disimular. ≈obstruir. ≈taponar. ◁abrir. ◁descubrir. tr. Cubrir o cerrar lo que está descubierto o abierto. || Abrigar o cubrir. Ú. t. c. prnl. || fig. Encubrir, ocultar un defecto.

taparrabo o **taparrabos.** m. Pedazo de tela u otra cosa con que se cubren los salvajes las partes pudendas. || Bañador o calzón muy reducido.

tapete. m. Cubierta de tela, ganchillo, etc., que se suele poner en las mesas y otros muebles.

tapia. f. Pared de tierra apisonada. || Muro de cerca.

tapial. m. Molde con que se hacen las tapias. || Tapia, pared.

tapiar. tr. Cerrar con tapia. || fig. Cerrar un hueco haciendo en él un muro o tabique: ⌒ *la puerta, la ventana.*

tapicería. f. Conjunto de tapices. || Arte de tapicero. || Obra de éste. || Tienda de tapices.

tapicero. m. Artesano que teje tapices o los arregla y compone. || El que tiene por oficio poner alfombras, tapices y cortinajes, guarnecer almohadones, sofás, etc.

tapioca. f. Fécula que se saca de la raíz de la mandioca, y se usa para sopa.

tapir. m. Mamífero perisodáctilo de Asia y América del Sur, del tamaño de un jabalí y con la nariz prolongada en forma de pequeña trompa. Su carne es comestible.

tapiz. m. Paño grande, tejido, en que se copian cuadros y con el que se adornan paredes.

tapizar. tr. Cubrir, forrar con tela las paredes, sillas, sillones, etc.

tapón. m. Pieza de corcho, cristal, madera, etc., con que se tapan botellas, frascos, toneles y otras vasijas. || Acumulación de cerumen en el oído. || Cualquier persona o cosa que produce entorpecimiento u obstrucción. || Embotellamiento de vehículos. || Masa de hilas o de algodón en rama con que se obstruye una herida o una cavidad natural del cuerpo. || fig. y fam. Persona muy gruesa y pequeña.

taponar. tr. Cerrar con tapón un orificio cualquiera. || Obstruir con tapones una herida o una cavidad natural del cuerpo.

taponazo. m. Golpe dado con el tapón de una botella al destaparla. || Estruendo que este acto produce.

taponería. f. Fábrica o tienda de tapones. || Industria taponera.

tapsia. ≅zumillo. f. Planta herbácea vivaz, de la familia de las umbelíferas, de flores amarillas y fruto seco.

tapujo. ≅engaño. ≅pretexto. m. Embozo o disfraz que se pone una persona para no ser reconocida. || fig. y fam. Reserva o disimulo con que se disfraza u obscurece la verdad.

taquicardia. f. *Pat.* Frecuencia de las contracciones cardiacas superior a 90 latidos por minuto.

Sala de tapices. Convento de las Descalzas Reales (Madrid)

taquigrafía. f. Arte de escribir muy de prisa, por medio de ciertos signos y abreviaturas.

taquigrafiar. tr. Escribir de modo taquigráfico.

taquígrafo, fa. m. y f. Persona que sabe o profesa la taquigrafía.

taquilla. f. Armario para guardar cosas. || Despacho de billetes, entradas de cine, etc., y, p. ext., conjunto de lo que en él se despacha o recauda.

taquillero, ra. adj. Artista, espectáculo, película, etc., que atrae mucho público. || m. y f. Persona encargada de un despacho de billetes o entradas de cine, teatro, fútbol, etc.

taquillón. m. Mueble popular de diversos estilos, bajo y de mayor longitud que anchura, con puertas y andanas o con puertas y cajones combinados. Se usa especialmente en el recibidor.

taquimecanografía. f. Arte del taquimecanógrafo.

taquimecanógrafo, fa. m. y f. Persona versada en taquigrafía y mecanografía.

taquímetro. m. Instrumento que sirve para medir a un tiempo distancias y ángulos.

tara. f. Peso del continente de una mercancía: vehículo, caja, vasija, etc. || Peso de un vehículo en vacío. || Defecto físico o psíquico. || fig. Lastre o peso inútil.

tarabilla. f. Zoquetillo de madera que sirve para cerrar las puertas o ventanas. || Listón de madera que mantiene tirante la cuerda del bastidor de una sierra. || Telera del arado.

taracea. f. Embutido hecho con pedazos menudos de madera, concha, nácar, etc., con fines ornamentales.

tarado, da. p. p. de tarar. || adj. Que padece tara física o psíquica.

tarambana. com. y adj. fam. Persona alocada.

tarangallo. m. Palo pendiente del collar que se les pone a veces a los perros para que no persigan la caza.

tarantela. f. Baile napolitano de movimiento muy vivo. || Aire musical con que se ejecuta este baile.

tarántula. f. Araña venenosa, muy común en el mediodía de Europa.

tarar. tr. Señalar la tara, peso.

tararear. tr. Cantar entre dientes y sin articular palabras.

tarasca. f. Figura de sierpe monstruosa, que en algunas partes se saca en la procesión del Corpus. || fig. Persona que come mucho y con voracidad. || fig. y fam. Mujer fea, desenvuelta y de mal natural.

Tarántula

tarascada. f. Herida hecha con los dientes. || fig. y fam. Respuesta áspera o dicho desatento.

taray. m. Arbusto tamaricáceo, común en las orillas de los ríos. || Fruto de ese arbusto.

tarazar. tr. Atarazar, morder.

tarazón. m. Trozo que se corta de una cosa, y comúnmente, de carne o pescado.

tardanza. ≅dilación. ≅retraso. f. Detención, demora.

tardar. intr. Detenerse, no llegar oportunamente, retrasar la ejecución de algo. Ú. t. c. prnl. || Emplear tiempo en hacer las cosas.

tarde. f. Tiempo que hay desde mediodía hasta anochecer. || Últimas horas del día. || adv. t. A hora avanzada del día o de la noche: *levantarse* ⌣; *cenar* ⌣. || Después de haber pasado el tiempo oportuno, o en tiempo futuro, relativamente lejano.

tardío, a. ≅moroso. ≅retrasado. ≅tardo. adj. Que tarda en venir a sazón algún tiempo más del regular: *melocotones* ⌣s. || Que sucede después del tiempo oportuno en que se necesitaba o esperaba: *lluvia* ⌣. || Pausado, lento.

tardo, da. adj. Lento, perezoso en obrar. || Que sucede después de lo que convenía o se esperaba. || Torpe en la comprensión o explicación.

tardón, na. adj. y s. fam. Que tarda mucho y gasta mucha flema. || fam. Que comprende tarde las cosas.

tarea. f. Cualquier obra o trabajo. || Trabajo que debe hacerse en tiempo limitado. || fig. Afán, penalidad causada por un trabajo continuo.

tarifa. f. Tabla de precios, derechos o impuestos.

tarifar. tr. Señalar o aplicar una tarifa. || intr. fam. Reñir con uno, enemistarse.

tarima. f. Entablado movible.

tarja. f. Escudo grande que cubría todo el cuerpo. || Antigua moneda de vellón que mandó acuñar Felipe II. || Caña o palo partido longitudinalmente por medio, para ir marcando lo que se compra fiado, haciendo una muesca.

tarjeta. f. dim. de tarja, escudo. || Pedazo de cartulina, pequeño y rectangular, con el nombre, título, etc., y dirección de una persona, que se emplea para visitas y otros usos.

tarjetero. m. Cartera para llevar tarjetas de visita.

tarlatana. f. Tejido ralo de algodón, semejante a la muselina, pero de mayor consistencia.

tarot. m. Baraja que se emplea en cartomancia.

tarro. m. Recipiente de vidrio o porcelana, generalmente cilíndrico y más alto que ancho.

tarro. m. Ave anseriforme de la familia de las anádidas, parecida al pato común, aunque más esbelta y de patas más largas. Vive en regiones costeras de Europa y Asia.

tarso. m. Parte posterior del pie. En el hombre se articula con la tibia, el peroné y los metatarsianos, y consta de siete huesos. || La parte más delgada de las patas de las aves. || Corvejón de los cuadrúpedos. || La última de las cinco piezas de que están compuestas las patas de los insectos.

tarta. f. Pastel grande, de forma generalmente redonda.

tartaja. adj. y s. fam. Que tartajea.

tartajear. ≅tartamudear. intr. Hablar pronunciando las palabras con torpeza o trocando sus sonidos, por algún impedimento en la lengua.

tartamudear. intr. Hablar o leer con pronunciación entrecortada y repitiendo las sílabas.

tartamudez. f. Calidad de tartamudo.

tartamudo, da. ≅tartaja. adj. y s. Que tartamudea.

tartán. m. Tela de lana con cuadros o listas cruzadas de diferentes colores.

tartana. f. Embarcación menor, de vela latina y con un solo palo. || Carruaje de dos ruedas con cubierta abovedada y asientos laterales.

tártaro, ra. adj. De Tartaria. Ú. t. c. s. || Mongol. || Perteneciente o relativo a esta región de Asia. || m. Lengua hablada en esta región.

tartera. f. Cacerola con tapa bien ajustada para llevar la comida fuera de casa, fiambrera.

tartesio, sia. adj. Díc. de un pueblo hispánico prerromano que habitaba la Tartéside. || Díc. también de los individuos que componían este pueblo. Ú. t. c. s. || Perteneciente o relativo a los tartesios, a la Tartéside o a Tartesos.

tarugo. m. Pedazo de madera corto y grueso que queda al cortarlo de una pieza mayor. || Pedazo de madera preparado para encajarlo en un taladro, clavija. || Pedazo de pan grueso e irregular. || fig. Hombre de mala traza, pequeño y gordo. || fig. Persona de rudo entendimiento.

tarumba (volverle a uno). fr. fam. Atolondrarlo, confundirlo. Ú. t. el verbo como prnl.: *volverse uno tarumba.*

tas. m. Yunque pequeño que usan los plateros, hojalateros y plomeros.

tasa. f. Acción y efecto de tasar. || Documento en que consta la tasa. || Precio fijo puesto por la autoridad a las cosas vendibles. || Medida, regla.

tasación. f. Justiprecio, avalúo de las cosas.

tasador, ra. adj. y s. Que tasa. || m. y f. Persona que ejerce el oficio público de tasar.

tasajo. m. Pedazo de carne seco y salado o acecinado para que se conserve. || Por ext., pedazo cortado o tajado de cualquier carne.

tasar. tr. Poner tasa a las cosas vendibles. || Graduar el valor de las cosas. || Regular lo que cada uno merece por su trabajo. || fig. Poner medida en algo, para que no haya exceso: ∽ *la comida al enfermo.* || fig. Restringir con mezquindad lo que hay obligación de dar.

tasca. f. Garito o casa de juego de mala fama. || Taberna.

tascar. tr. Espadar el cáñamo. || fig. Quebrantar con ruido la hierba o el verde las bestias cuando pacen.

tata. f. fam. Niñera.

tatarabuelo, la. m. y f. Tercer abuelo.

tataranieto, ta. m. y f. Tercer nieto.

tatarear. tr. Cantar sin palabras significativas, tararear.

¡tate! interj. que equivale a ¡*detente!* o *poco a poco.* Ú. t. repetida. || Denota además haberse venido en conocimiento de algo que antes no se ocurría o no se había podido comprender.

tatuaje. m. Acción y efecto de tatuar.

tatuar. tr. y prnl. Grabar dibujos en la piel humana, introduciendo materias colorantes bajo la epidermis.

tau. f. Decimonovena letra del alfabeto griego (T, τ), que equivale a la *t* castellana.

taula. f. *Arqueol.* Monumento megalítico de las islas Baleares, contemporáneo del talayote y la naveta, que consiste en dos grandes piedras, casi siempre labradas, hincada una verticalmente en el suelo y colocada la segunda horizontalmente sobre la anterior, en forma semejante a la de una T.

taumaturgo, ga. m. y f. Persona capaz de hacer cosas prodigiosas, o autor de milagros.

taurino, na. adj. Relativo a las corridas de toros.

tauromaquia. f. Arte de lidiar toros.

tautología. f. Repetición de un mismo pensamiento expresado de distintas maneras.

taxáceo, a. adj. y f. Díc. de las plantas arbóreas coníferas de semillas rodeadas por arilos generalmente carnosos y coloreados, como el tejo. || f. pl. Familia de estas plantas.

taxativo, va. adj. Que limita, circunscribe y reduce un caso a determinadas circunstancias.

taxi. m. abr. de taxímetro, coche de alquiler.

taxidermia. f. Arte de disecar animales.

taxidermista. com. Disecador.

taxímetro. m. Aparato que en los coches de alquiler marca automáticamente la cantidad devengada con arreglo a la distancia recorrida. || Coche de alquiler provisto de taxímetro.

taxista. com. Persona que conduce un taxi.

taxodiáceas. f. Familia de plantas coníferas que

Taula en Alayor (Menorca)

comprenden árboles de hojas esparcidas, con los estróbilos lignificados, como la secuoya.

taxonomía. f. Ciencia que trata de la clasificación y nomenclatura científica de los seres vivos.

taza. f. Vasija pequeña, con asa, que se usa para tomar líquidos. || Lo que cabe en ella: *una ⌐ de caldo.* || Receptáculo redondo donde vacían el agua las fuentes. || Receptáculo del retrete.

tazón. m. aum. de taza, vasija pequeña.

te. f. Nombre de la letra *t.*

te. Dativo o acusativo del pronombre personal de segunda persona en singular. No admite preposición y cuando se pospone al verbo es enclítico: *te persiguen; persíguente.*

té. m. Arbusto del Extremo Oriente, de la familia de las teáceas. || Hoja de este arbusto. || Infusión, en agua hirviendo, de las hojas de este arbusto.

tea. ≅antorcha. ≅candela. f. Astilla o raja de madera muy impregnada en resina y que, encendida, alumbra como un hacha.

teáceo, a. adj. y f. Díc. de árboles y arbustos angiospermos dicotiledóneos, siempre verdes; como la camelia y el té. || f. pl. Familia de estas plantas.

teatralizar. tr. Dar forma teatral o representable a un tema o asunto. || Dar carácter espectacular o efectista a una actitud o expresión.

teatro. m. Edificio o sitio destinado a la representación de obras dramáticas o a otros espectáculos públicos propios de la escena. || Escenario o escena. || Conjunto de todas las producciones dramáticas de un pueblo, de una época o de un autor. || Profesión de actor. || fig. Literatura dramática.

tebano, na. adj. De Tebas. Ú. t. c. s. || Perteneciente o relativo a esta ciudad de la Grecia antigua.

tebeo. m. Revista infantil de historietas cuyo asunto se desarrolla en series de dibujos.

teca. f. Árbol verbenáceo, que se cría en las Indias orientales.

tecla. f. Cada uno de los listoncillos de madera o marfil que sirve para poner en movimiento, por la presión de los dedos, las palancas que hacen sonar los cañones del órgano o las cuerdas del piano u otros instrumentos semejantes.

teclado. m. Conjunto ordenado de teclas de piano, órgano, máquina de escribir, etc.

teclear. intr. Mover las teclas. || fig. y fam. Menear los dedos a manera del que toca las teclas.

tecnecio. m. Metal del grupo del manganeso, obtenido artificialmente.

técnica. f. Conjunto de procedimientos de que

se sirve una ciencia, arte, oficio, etc. || Habilidad para usar de esos procedimientos.

tecnicismo. m. Calidad de técnico. || Cada una de las voces técnicas empleadas en el lenguaje de un arte, ciencia, oficio, etc.

técnico, ca. adj. Perteneciente o relativo a las aplicaciones de las ciencias y las artes. || m. y f. Persona que posee los conocimientos especiales de una ciencia o arte.

tecnicolor. m. Nombre comercial de un procedimiento que permite reproducir en la pantalla cinematográfica los colores de los objetos.

tecnocracia. f. Gobierno de la sociedad y del Estado por los técnicos de las distintas especialidades.

tecnócrata. adj. y s. Que gobierna por la preeminencia de sus conocimientos técnicos.

tecnología. f. Conjunto de los conocimientos propios de un oficio mecánico o arte industrial. || Tratado de los términos técnicos. || Lenguaje propio, exclusivo, de una ciencia, arte, oficio, etc.

tectónico, ca. adj. Relativo a los edificios u otras obras de arquitectura. || *Geol.* Relativo a la estructura de la corteza terrestre. || f. Parte de la geología, que trata de dicha estructura.

techar. tr. Cubrir un edificio formando el techo.

techo. m. Parte superior de un edificio, que lo cubre y cierra, o de cualquiera de las estancias que lo componen. || Cara inferior del mismo, superficie que cierra en lo alto una habitación o espacio cubierto. || fig. Casa, habitación o domicilio.

techumbre. f. Techo de un edificio. || Conjunto de la estructura y elementos de cierre de los techos.

tedio. m. Repugnancia, fastidio o molestia. || Aburrimiento extremo.

tedioso, sa. adj. Fastidioso, molesto.

teflón. m. Material plástico de propiedades dieléctricas y muy resistente a los agentes químicos.

tegumento. m. Tejido que cubre algunas partes de las plantas. || Membrana que cubre el cuerpo del animal o alguno de sus órganos internos.

teína. f. Alcaloide del té, análogo a la cafeína.

teja. f. Pieza de barro cocido hecha en forma acanalada, para cubrir por fuera los techos. Hoy se hace también de forma plana.

tejado. m. Parte superior del edificio, cubierta comúnmente por tejas.

tejano, na. adj. De Tejas. Ú. t. c. s. || Perteneciente o relativo a este estado estadounidense.

tejar. m. Sitio donde se fabrican tejas, ladrillos y adobes.

tejar. tr. Cubrir de tejas.

tejedor, ra. ≅zapatero. adj. Que teje. || m. y f. Persona que tiene por oficio tejer. || m. Insecto hemíptero que corre con mucha agilidad por la superficie del agua. || f. Máquina para hacer punto.

tejeduría. f. Arte de tejer. || Taller o lugar en que están los telares y trabajan los tejedores.

tejemaneje. m. fam. Afán, destreza y agilidad con que se hace una cosa o se maneja un negocio. || Manejos enredosos para algún asunto turbio.

tejer. tr. Formar en el telar la tela con la trama y la urdimbre. || Entrelazar hilos, cordones, espartos, etc., para formar telas, trencillas, esteras u otras cosas semejantes. || Hacer punto a mano o con tejedora. || Formar ciertos animales sus telas y capullos. || fig. Discurrir, maquinar con variedad de ideas una trampa o intriga.

tejido. m. Textura de una tela. || Cosa tejida. || *Bot.* y *Zool.* Cada uno de los diversos agregados de células de la misma naturaleza, que, ordenadas regularmente, desempeñan en conjunto una determinada función.

tejo. m. Pedazo redondo de teja o cosa semejante que sirve para jugar. || Plancha metálica gruesa y circular. || Juego de la chita o del chito, en que se tira con un tejo.

tejo. m. Árbol taxáceo, siempre verde, con tronco grueso y poco elevado, ramas casi horizontales y copa ancha.

tejón. m. Mamífero carnicero de unos ocho dm. de largo desde la punta del hocico hasta el nacimiento de la cola, que mide dos. Habita en madrigueras profundas. Con su pelo se fabrican brochas, pinceles, etc.

tejonera. f. Madriguera donde se crían los tejones.

tejuelo. m. dim. de tejo. || Cuadrito de piel o de papel que se pega al lomo de un libro para poner el rótulo. || El rótulo mismo, aunque no sea sobrepuesto.

tela. ≅lienzo. ≅paño. ≅tegumento. ≅tejido. f. Tejido fabricado en un telar. || Obra semejante a ésa, pero formada por series alineadas de puntos o lazaditas hechas con un mismo hilo, especialmente la tela de punto elástico tejida a máquina. || Tejido que forman la araña y otros animales de su clase. || Nubecilla que se empieza a formar sobre la niña del ojo. || fig Enredo, maraña o embuste. || fig. vulg. Dinero. || Lienzo, cuadro, pintura.

telar. m. Máquina para tejer.

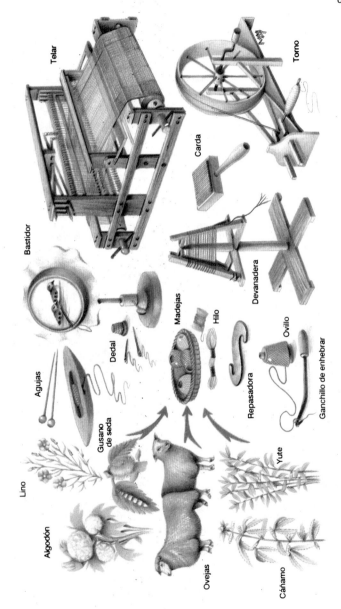

872

TEJIDO

Telar

Torno

Bastidor

Carda

Devanadera

Madejas

Hilo

Agujas

Dedal

Repasadora

Ovillo

Ganchillo de enhebrar

Lino

Gusano
de seda

Algodón

Ovejas

Yute

Cáñamo

telaraña. f. Tela que forma la araña. || fig. Cosa sutil, de poca entidad.

telecomunicación. f. Sistema de comunicación telegráfica, telefónica o radiotelegráfica y demás análogos.

telediario. m. Información de los acontecimientos más salientes del día, transmitida por televisión.

teledirigido, da. adj. Díc. de lo que se dirige desde lejos, especialmente por medio de ondas hertzianas.

teleférico. m. Sistema de transporte en que los vehículos van suspendidos de un cable de tracción.

telefilme. m. Filme de televisión.

telefonazo. m. Llamada telefónica.

telefonear. intr. Llamar a alguien por teléfono, para comunicar con él. || Hablar por teléfono. || tr. Transmitir mensajes por teléfono.

telefonía. f. Arte de construir, instalar y manejar los teléfonos. || Servicio público de comunicaciones telefónicas.

telefonista. com. Persona que se ocupa en el servicio de los aparatos telefónicos.

teléfono. m. Conjunto de aparatos e hilos conductores con los cuales se transmite a distancia la palabra y toda clase de sonidos por la acción de la electricidad. || Cualquiera de los aparatos para hablar según este sistema. || Número que se asigna a cada uno de estos aparatos.

telefoto. f. apóc. de telefotografía.

telefotografía. f. Arte de tomar fotografías de objetos lejanos mediante sistemas electromagnéticos. || Fotografía así tomada.

telegrafía. f. Arte de construir, instalar y manejar los telégrafos. || Servicio público de comunicaciones telegráficas.

telegrafiar. tr. Manejar el telégrafo. || Dictar comunicaciones para su expedición telegráfica.

telegráfico, ca. adj. Relativo al telégrafo o a la telegrafía.

telegrafista. com. Persona que se ocupa en la instalación o el servicio de los aparatos telegráficos.

telégrafo. m. Conjunto de aparatos que sirven para transmitir despachos escritos, con rapidez y a distancia.

telegrama. m. Despacho telegráfico. || Papel normalizado en que se recibe escrito el mensaje telegráfico.

telele. m. Patatús, soponcio.

telemetría. f. Arte de medir distancias entre objetos lejanos.

telémetro. m. Sistema óptico que permite apreciar desde el punto de mira la distancia a que se halla un objeto lejano.

telenovela. f. Novela filmada para ser retransmitida por capítulos a través de la televisión.

teleobjetivo. m. Objetivo especial destinado a fotografiar objetos distantes.

teleósteo, a. adj. y m. Pez que tiene el esqueleto completamente osificado. || m. pl. Orden de estos animales.

telepatía. f. Transmisión de contenidos síquicos entre personas, sin intervención de agentes físicos conocidos.

telequinesia. f. En parapsicología, desplazamiento de objetos sin causa física observable, por lo general en presencia de un médium.

telera. f. Travesaño que sujeta el dental a la cama del arado o al timón mismo. || Redil formado con pies derechos y tablas. || Travesaño de madera con que se enlaza cada lado del pértigo con los largueros de la escalera del carro.

telerruta. f. Servicio oficial que informa a los usuarios del estado de las carreteras.

telescopio. m. Instrumento que permite obser-

Maqueta del futuro telescopio de Hawai

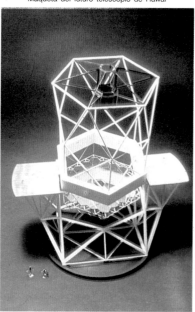

var una imagen agrandada de un objeto lejano. El objetivo puede ser un sistema de lentes, en cuyo caso se llama telescopio de refracción o anteojo, o un espejo cóncavo.

telesilla. m. Asiento suspendido de un cable de tracción, para el transporte de personas a la cumbre de una montaña o a un lugar elevado.

telespectador, ra. m. y f. Espectador o espectadra de televisión.

telesquí. m. *Dep.* Tipo de teleférico para esquiadores en que éstos, descansando sobre un soporte, agarran unos tirantes que penden del cable aéreo de tracción, para que les suba la pendiente; los esquís, puestos, tocan el suelo.

teletipo. m. Nombre comercial de un teleimpresor.

televidente. com. Persona que contempla las imágenes transmitidas por la televisión.

televisar. tr. Transmitir imágenes por televisión.

televisión. f. Transmisión de la imagen a distancia, valiéndose de las ondas hertzianas. ‖ Televisor. ‖ Empresa dedicada a las transmisiones televisivas.

televisor. m. Aparato receptor de televisión.

televisual. adj. Relativo a la televisión.

télex. m. Sistema de comunicación por teletipos entre particulares. Puede utilizar las corrientes portadoras de líneas telefónicas. ‖ Servicio público de teletipos y sus centrales automáticas, líneas, etc.

telilla. f. dim. de tela. ‖ Tejido de lana más delgado que el tamelote. ‖ Tela o nata que crían algunos líquidos. ‖ Capa delgada que cubre la masa fundida de la plata cuando se copela.

telina. f. Molusco lamelibranquio marino, abundante en las costas españolas.

telofase. f. Última fase de la mitosis celular.

telón. m. Lienzo grande que se pone en el escenario de un teatro de modo que pueda bajarse y subirse.

telonero, ra. adj. y s. Artista que, en un espectáculo musical de variedades, actúa en primer lugar, como menos importante. ‖ m. y f. Persona que hace telones, o la que los maneja en un escenario.

telson. m. Último segmento del cuerpo de los crustáceos.

telúrico, ca. adj. Perteneciente o relativo a la Tierra como planeta.

telurio. m. Cuerpo simple muy escaso, análogo al selenio, clasificado como metaloide.

tema. m. Proposición o texto que se toma por asunto o materia de un discurso. ‖ Este mismo asunto o materia. ‖ Pequeño trozo de una composición con arreglo al cual se desarrolla el resto de ella. ‖ f. Porfía, obstinación. ‖ Manía o idea fija que suelen tener los dementes.

temario. m. Conjunto de temas y materias que se proponen para su estudio en una conferencia, congreso, etc.

temática. f. Conjunto de los temas parciales contenidos en un asunto general.

temático, ca. adj. Que se arregla, ejecuta o dispone según el tema o asunto de cualquier materia. ‖ *Gram.* Relativo al tema de una palabra. ‖ Díc. de cualquier elemento que, para la flexión, modifica la raíz de un vocablo.

temblar. ≅ rilar. ≅ tiritar. intr. Agitarse con movimiento frecuente e involuntario. ‖ Vacilar, moverse rápidamente una cosa a uno y otro lado. ‖ fig. Tener mucho miedo, o recelar con demasiado temor de una persona o cosa. Ú. a veces como tr.

tembleque. m. Temblor. ‖ Persona que tiembla mucho.

temblor. ≅ escalofrío. ≅ tembleque. ≅ tiritona. m. Movimiento involuntario, repetido y continuado. ‖ Terremoto.

tembloroso, sa. adj. Que tiembla mucho.

temer. tr. Tener a una persona o cosa por objeto de temor. ‖ Recelar un daño: *temo que vendrán mayores males.* ‖ Sospechar, recelar, creer: *temo que sea más antiguo de lo que parece.* ‖ intr. Sentir temor.

temerario, ria. ≅ arriesgado. ≅ infundado. ≅ irreflexivo. adj. Imprudente, que se expone a los peligros sin meditado examen de ellos. ‖ Que se dice, hace o piensa sin fundamento: *juicio* ᗧ.

temeridad. f. Calidad de temerario. ‖ Acción temeraria. ‖ Juicio temerario.

temeroso, sa. adj. Que causa temor. ‖ Medroso, irresoluto. ‖ Que recela un daño.

temible. ≅ aterrador. ≅ espantoso. adj. Digno o capaz de ser temido.

temor. ≅ cobardía. ≅ desconfianza. ≅ duda. ≅ horror. ≅ miedo. ◁ temeridad. ◁ valentía. m. Pasión del ánimo que hace huir o rehusar lo que se considera dañoso o peligroso. ‖ Presunción o sospecha. ‖ Recelo de un daño futuro.

témpano. m. Timbal, instrumento músico. ‖ Atabal, especie de tambor. ‖ Piel extendida del pandero, tambor, etc. ‖ Pedazo de cualquier cosa dura, extendida o plana. ‖ Hoja de tocino. ‖ Tapa de cuba o tonel.

temperamento. m. Constitución particular de

cada individuo, que resulta del predominio fisio-lógico de un sistema orgánico, como el nervioso o el sanguíneo, o de un humor, como la bilis o la linfa.

temperar. tr. Atemperar. Ú. t. c. prnl. || Templar o calmar el exceso de acción o de excitación orgánicas por medio de calmantes y antiespasmódicos.

temperatura. f. Grado mayor o menor de calor en los cuerpos. || Estado de calor de la atmósfera. || Fiebre, temperatura alta anormal.

temperie . f. Estado de la atmósfera, según los diversos grados de calor o humedad.

tempero. m. Sazón y buena disposición en que se halla la tierra para las sementeras y labores.

tempestad. ≅borrasca. ≅temporal. ≅tormenta. ◁calma. f. Perturbación del aire con nubes gruesas de agua, granizo, truenos, rayos y relámpagos. || Perturbación de las aguas del mar, causada por el ímpetu y violencia de los vientos. || fig. Tormenta, agitación de los ánimos.

tempestuoso, sa. ≅borrascoso. ≅tormentoso. adj. Que causa o constituye una tempestad. || Expuesto o propenso a tempestades.

templado, da. ≅impávido. ≅parco. ≅sobrio. ≅tibio. p. p. de templar. || adj. Moderado en la comida o bebida o en algún otro apetito o pasión. || Que no está frío ni caliente, sino en término medio. || fam. Valiente con serenidad.

templanza. f. Una de las cuatro virtudes cardinales, que consiste en moderar los apetitos y el uso excesivo de los sentidos, sujetándolos a la razón. || Sobriedad y continencia. || Benignidad del aire o clima de un país.

templar. ≅aplacar. ≅atenuar. ≅entibiar. ≅mitigar. ◁avivar. ◁excitar. tr. Moderar o suavizar la fuerza de una cosa. || Quitar el frío de una cosa, calentarla ligeramente. || Enfriar bruscamente en agua, aceite, etc. || Poner en tensión o presión moderada una cosa. || fig. Mezclar una cosa con otra para suavizar su fuerza o corregir su actividad. || fig. Sosegar la cólera o enojo. || Disponer un instrumento de manera que pueda producir con exactitud los sonidos que le son propios. || Ajustar el movimiento de la capa o la muleta a la embestida del toro, para moderarla o alegrarla. || intr. Empezar a calentarse una cosa. || prnl. fig. Contenerse, evitar el exceso en una materia, como la comida, etc.

templario. adj. y s. Caballero de la orden militar del Temple, fundada en Jerusalén para protección de los peregrinos.

temple. ≅disposición. ≅humor. ≅impavidez.

m. Temperie, estado de la atmósfera. || Temperatura de los cuerpos. || Punto de dureza o elasticidad que se da a un metal, al cristal, etc., templándolos. || Calidad o estado del genio o carácter de una persona. || Se dice de la pintura hecha con colores preparados con líquidos glutinosos y calientes; como agua de cola, etc. || fig. Arrojo, valentía. || *Taurom.* Acción y efecto de templar.

templete. m. Armazón pequeña, en figura de templo, que sirve para cobijar una imagen. || Pabellón o quiosco cubierto por una cúpula sostenida por columnas.

templo. m. Edificio o lugar destinado pública y exclusivamente a un culto. || fig. Lugar real o imaginario en que se rinde o se supone rendir culto al saber, la justicia, etc.

témpora. f. *Hist.* Tiempo de ayuno en el comienzo de cada una de las cuatro partes litúrgicas del año.

temporada. f. Espacio de varios días, meses o años que se consideran aparte formando un conjunto: ∽ de verano. || Tiempo durante el cual se realiza habitualmente alguna cosa: ∽ de ferias.

temporal. ≅seglar. ≅tempestad. ≅tormenta.

Templo espiscopal en Rugby. Tenessee (EE UU)

adj. Relativo al tiempo. || Que dura por algún tiempo. || Secular, profano: *poder* ᴖ. || Que pasa con el tiempo; que no es eterno. || m. Tempestad. || Tiempo de lluvia persistente.

temporalidad. f. Calidad de temporal o secular. || Frutos y cualquier cosa profana que los eclesiásticos perciben de sus beneficios o prebendas Ú. m. en pl.

temporero, ra. adj. y s. Persona destinada temporalmente al ejercicio de un oficio o empleo.

tempranero, ra. adj. Que es antes del tiempo regular.

temprano, na. adj. Adelantado, que es antes del tiempo regular u ordinario. || m. Sembrado o plantío de fruto temprano. || || adv. t. En las primeras horas del día o de la noche: *levantarse* ᴖ. || En tiempo anterior al oportuno, convenido o acostumbrado para algún fin, o muy presto.

tenacidad. ≅ constancia. ≅ firmeza. f. Calidad de tenaz.

tenacillas. f. pl. dim. de tenazas. || Tenaza pequeña que sirve para coger terrones de azúcar, dulces y otras cosas. || Instrumento, a manera de tenaza pequeña, que sirve para rizar el pelo.

tenada. f. Cobertizo de ganado, tinada.

tenaz. ≅ constante. ≅ fuerte. ≅ sólido. adj. Que se pega, ase o prende a una cosa, y es difícil de separar. || Que opone mucha resistencia a romperse o deformarse. || fig. Firme, porfiado, pertinaz.

tenaza. f. Instrumento de metal, compuesto de dos brazos movibles trabados por un eje; sirve para coger o sujetar una cosa, o arrancarla o cortarla. Ú. m. en pl. || Último artejo de las patas de algunos artrópodos, pinza.

tenca. f. Pez teleósteo de agua dulce, de carne blanca y sabrosa, pero llena de espinas.

tendal. m. Cubierta de tela para hacer sombra. || Lienzo que se pone debajo de los olivos para que caigan en él las aceitunas cuando se recogen. || Conjunto de cosas tendidas para que se sequen. || Secadero, de frutos.

tendedero. m. Lugar donde se tiende una cosa. || Dispositivo de alambres, cuerdas, etc., donde se tiende la ropa.

tendencia. f. Propensión, inclinación.

tendencioso, sa. adj. Que manifiesta o incluye tendencia hacia determinados fines o doctrinas.

tendente. adj. Que tiende, se encamina o refiere a algún fin.

tender. ≅ diseminar. ≅ esparcir. ≅ estirar. ◁ encoger. ◁ recoger. tr. Desdoblar, extender, desplegar. || Echar por el suelo una cosa, espar-

ciéndola. || Extender la ropa mojada para que se seque. || Suspender, colocar una cosa apoyándola en dos o más puntos: ᴖ *la vía, un puente.* || Alargar, extender. || prnl. Tumbarse a la larga.

tenderete. m. Cierto juego de naipes. || Puesto de venta al por menor, instalado al aire libre.

· **tendero, ra.** m. y f. Persona que tiene tienda. || Persona que vende al por menor. || m. El que hace tiendas de campaña o cuida de ellas.

tendido, da. p. p. de tender. || adj. Galope del caballo cuando éste se tiende, o a la carrera violenta del hombre o de cualquier animal. || m. Acción de tender: *el* ᴖ *de un cable.* || Gradería descubierta y próxima a la barrera en las plazas de toros.

tendón. m. Prolongación de las vainas conjuntivas que envuelven los paquetes musculares y los músculos completos y que sirven para sujetar a éstos insertándose en los huesos.

tenebrario. m. Candelabro triangular, con pie muy alto y con quince velas, que se encienden en los oficios de tinieblas de Semana Santa.

tenebrosidad. f. Calidad de tenebroso.

tenebroso, sa. ≅ lóbrego. ≅ tétrico. ◁ claro. ◁ diáfano. adj. Obscuro, cubierto de tinieblas.

tenedor, ra. m. y f. El que tiene o posee una cosa. || El que posee legítimamente una letra de cambio u otro valor endosable. || m. Utensilio de mesa, que sonsiste en un astil con tres o cuatro púas iguales y que sirve para clavar los manjares sólidos y llevarlos a la boca. || Signo en figura de este utensilio que sirve para indicar la categoría de los restaurantes o comedores según el número de tenedores representados.

teneduría. f. Cargo y oficina del tenedor de libros.

tenencia. f. Ocupación y posesión de una cosa. || Cargo u oficio de teniente. || Oficina en que lo ejerce.

tener. tr. Asir o mantener asida una cosa. || Poseer y gozar. || Mantener, sostener. Ú. t. c. prnl. || Contener o comprender en sí. || Poseer, dominar o sujetar. || Guardar, cumplir: ᴖ *la promesa.* || Hospedar o recibir en su casa. || Poseer, estar adornado o abundante de una cosa. || Estar en precisión de hacer una cosa u ocuparse en ella. || intr. Ser rico y adinerado. || prnl. Afirmarse para no caer. || Hacer asiento un cuerpo sobre otro.

tenia. f. Gusano platelminto cestodo, de forma de cinta, que puede alcanzar varios metros de longitud y vive parásito en el intestino del hombre o de otros mamíferos.

teniente. adj. Que tiene o posee una cosa. || adj. Díc. de la fruta no madura. || fam. Algo sordo. || fig. Miserable, mezquino. || m. El que ejerce el cargo o ministerio de otro como substituto: ∽ de alcalde. || Oficial militar cuyo empleo es el inmediatamente inferior al de capitán. Ejerce normalmente el mando de una sección.

tenis. m. Juego de pelota que se practica en un terreno llano, en forma de rectángulo, dividido en partes iguales por una red intermedia.

tenista. com. Persona que juega al tenis.

tenor. m. Constitución u orden firme y estable de una cosa. || Contenido literal de un escrito u oración.

tenor. m. *Mús.* Voz media entre la de contralto y la de barítono. || Persona que tiene esta voz.

tenora. f. Instrumento músico de viento que forma parte de los que componen la típica cobla de sardanas.

tenorio. m. fig. Galanteador audaz y pendenciero.

tensar. ≅atirantar. ≅estirar. tr. Poner tensa alguna cosa: ∽ un cable.

tensión. f. Estado de un cuerpo sometido a la acción de fuerzas que lo estiran. || Fuerza que impide separarse unas de otras a las partes de un mismo cuerpo cuando se halla en dicho estado. || Intensidad de la fuerza con que los gases tienden a dilatarse. || Grado de energía eléctrica que se manifiesta en un cuerpo: *alta, baja* ∽. || Estado anímico de excitación, impaciencia, esfuerzo o exaltación. || Oposición u hostilidad entre personas o grupos.

tenso, sa. ≅tirante. adj. Cuerpo que se halla en estado de tensión.

tensor, ra. adj. y s. Que tensa u origina tensión.

tentación. f. Estímulo que induce a obrar mal. || Impulso repentino que excita a hacer una cosa.

tentacular. adj. Relativo al tentáculo.

tentáculo. m. Cualquiera de los apéndices móviles y blandos de muchos animales invertebrados, que actúan principalmente como órganos táctiles y de presión.

tentadero. m. Corral o sitio cerrado en que se hace la tienta de becerros.

tentar. ≅incitar. ≅provocar. ≅tantear. tr. Palpar, tocar. || Examinar y reconocer por medio del tacto lo que no se puede ver. || Instigar, inducir, estimular. || Probar, experimentar. || *Cir.* Reconocer con la tienta la cavidad de una herida. || *Taurom.* Practicar la tienta.

tentativa. ≅ensayo. ≅intento. ≅tanteo. f. Acción con que se intenta, experimenta, prueba o tantea una cosa. || *Der.* Principio de ejecución de un delito que no llega a realizarse.

tentativo, va. adj. Que sirve para tantear o probar una cosa.

tentemozo. m. Puntal que se aplica a una cosa expuesta a caerse. || Palo que cuelga del pértigo del carro y, puesto de punta contra el suelo, impide que aquél caiga hacia adelante.

tentempié. m. fam. Refrigerio, piscolabis. || Dominguillo, juguete.

tentetieso. m. Juguete que, movido, queda siempre derecho.

tenue. adj. Delicado, delgado y débil. || De poco valor o importancia. || Dicho del estilo, sencillo.

teñir. ≅tintar. tr. Dar a una cosa un color distinto del que tenía. Ú. t. c. prnl. || fig. Imbuir de una opinión o afecto. || *Pint.* Rebajar o apagar un color con otros más obscuros.

teocracia. f. Sociedad en la que la autoridad política, considerada como emanada de Dios, se ejerce por sus ministros o representantes de la divinidad.

teodicea. f. Ciencia que trata de Dios y de sus atributos y perfecciones a la luz de los principios de la razón, independientemente de las verdades reveladas.

teodolito. m. Instrumento de precisión para medir ángulos en sus planos respectivos.

teogonía. f. Generación de los dioses del paganismo.

teologal. adj. Relativo a la teología.

teología. f. Ciencia que trata de Dios y de sus atributos y perfecciones.

teologizar. intr. Discurrir sobre principios o razones teológicas.

teólogo, ga. m. y f. Persona que profesa la teología o tiene en esta ciencia especiales conocimientos. || Estudiante de teología.

teorema. m. Proposición demostrable lógicamente partiendo de axiomas u otros teoremas ya demostrados, mediante reglas de inferencia aceptadas.

teoría. f. Conocimiento especulativo considerado con independencia de toda aplicación. || Serie de leyes que sirven para relacionar determinado orden de fenómenos. || Hipótesis cuyas consecuencias se aplican a toda una ciencia o a parte muy importante de la misma.

teórico, ca. adj. Relativo a la teoría. || Que conoce las cosas o las considera tan sólo especulativamente.

teorizar. tr. e intr. Tratar un asunto sólo en teoría.

teosofía. f. Denominación común a diversas sectas y doctrinas, antiguas y modernas, que pretenden una interpretación filosófico-religiosa del mundo, de Dios, de la ultratumba, etc.

teósofo, fa. m. y f. Persona que profesa la teosofía.

tépalo. m. *Bot.* Cada una de las piezas que componen los perigonios sencillos.

tepe. m. Pedazo de tierra cubierto de césped y muy trabado con las raíces de esta hierba, que sirve para hacer paredes.

tequila. f. Bebida mejicana, semejante a la ginebra, que se destila de una especie de maguey.

terapeuta. com. Persona que profesa la terapéutica.

terapéutica. f. Parte de la medicina que tiene por objeto el tratamiento de las enfermedades.

terapia. f. Terapéutica.

teratología. f. Estudio de las anomalías del organismo animal o vegetal, de sus causas y de su mecanismo de producción.

terbio. m. Metal muy raro que se ha hallado en algunos minerales de Suecia. Es muy activo, y forma sales incoloras.

tercer. adj. apóc. de tercero.

tercerilla. f. Composición métrica de tres versos de arte menor, dos de los cuales riman o hacen consonancia.

tercero, ra. adj. Que sigue inmediatamente en orden al o a lo segundo. Ú. t. c. s. || Que media entre dos o más personas para el ajuste o ejecución de una cosa. Ú. m. c. s. || Díc. de las tres partes iguales en que se divide un todo. || m. Alcahuete.

tercerola. f. Arma de fuego usada por la caballería. || Barril de mediana capacidad. || Flauta más pequeña que la ordinaria y mayor que el flautín.

terceto. ≅trío. m. Combinación métrica de tres versos endecasílabos que riman el primero con el tercero, y el segundo con el primero y el tercero del terceto siguiente. || Tercerilla. || *Mús.* Composición para tres voces o instrumentos.

tercia. f. Tercera parte de una vara. || Cada una de las tres partes iguales en que se divide un todo. || Segunda de las cuatro partes iguales en que dividían los romanos el día artificial. || Una de las horas menores del oficio divino.

terciado, da. p. p. de terciar. || m. Espada de hoja ancha y corta. || Cinta algo más ancha que

el listón. || Madero de sierra que resulta de dividir en tres partes iguales el ancho de una alfarjía.

terciana. f. Calentura intermitente que repite cada tercer día.

terciar. tr. Poner una cosa atravesada diagonalmente o al sesgo. || Dividir una cosa en tres partes. || Equilibrar la carga repartiéndola por igual a los dos lados de la acémila. || Dar la tercera reja o labor a las tierras. || Venir bien una cosa. || intr. Mediar para componer algún ajuste o discordia.

terciario, ria. adj. Tercero en orden y grado. || Díc. de cierta especie de arco de piedra que se hace en las bóvedas formadas con cruceros. || *Geol.* Aplícase a las épocas más antiguas de la era cenozoica. Ú. t. c. s. || *Geol.* Perteneciente o relativo a los terrenos de este período, donde se produce el movimiento orogénico alpino, acompañado de un clima progresivamente más frío, hasta culminar en las glaciaciones cuaternarias. || m. y f. Persona que profesa una de las órdenes terceras.

tercio, cia. adj. Que sigue al segundo. || m. Cada una de las tres partes iguales en que se divide un todo. || Cada una de las dos mitades de la carga de una acémila, cuando va en fardos.

terciopelado, da. adj. Semejante al terciopelo. || m. Especie de tejido semejante al terciopelo, con el fondo de raso o rizo.

terciopelo. m. Tela de seda velluda y tupida, formada por dos urdimbres y una trama. || Tela velluda y semejante al verdadero terciopelo, pero tejida con hilos que no son de seda.

terco, ca. adj. Pertinaz, obstinado. || fig. Díc. de lo que es bronco o difícil de labrar.

terebintáceo, a. adj. y s. *Bot.* Anacardiáceo.

terebinto. m. Arbolillo anacardiáceo, con tronco ramoso y lampiño y madera dura y compacta, que exuda por la corteza gotitas de trementina blanca muy olorosa.

teresiano, na. adj. Perteneciente o relativo a Santa Teresa de Jesús. || Afiliado a la devoción de esta santa. || Aplícase a la hermana de votos simples, perteneciente a un instituto religioso que tiene por patrona a Santa Teresa. Ú. t. c. s. f.

tergiversar. tr. Forzar, torcer las razones o argumentos, las palabras de un dicho o de un texto, la interpretación de ellas, o las relaciones de los hechos y sus circunstancias. || Trastrocar, trabucar.

terma. f. En el teatro, pieza del decorado separada de la armadura principal.

termal. adj. Relativo a las termas o caldas.

termas. f. pl. Baños de aguas minerales calientes. || Baños públicos de los antiguos romanos.

termes. m. Carcoma, taraza. || Insecto de color blanquecino y vida social organizada en castas: rey y reina (fértiles), obreros y soldados. Son de gran voracidad y atacan la madera, cuero, libros, etc.

térmico, ca. adj. Relativo al calor o a la temperatura.

terminación. ≅conclusión. ≅término. ◁comienzo. f. Acción y efecto de terminar. || Parte final de una obra o cosa. || *Gram.* Letra o letras que se subsiguen al radical de los vocablos, y también aquella o aquellas que determinan el género y número de las partes variables de la oración.

terminal. adj. Final, último. || Díc. de lo que está en el extremo de cualquier parte de la planta: *flores terminales.* || m. Extremo de un conductor, preparado para facilitar su conexión con un aparato.

terminante. adj. Claro, preciso, concluyente: *palabras* ⌣*s.*

terminar. ≅concluir. ≅finalizar. ◁empezar. tr. Poner término a una cosa, acabarla. || Acabar, rematar. || intr. Tener término una cosa. Ú. t. c. prnl. || Entrar una enfermedad en su último período.

término. m. Último punto, extremo de una cosa. || Último momento, fin en la duración o existencia de una cosa. || Señal que fija los linderos de campos y heredades. || Línea divisoria

Ruinas de las termas de Caracalla (Roma)

de los Estados, provincias, distritos, etc. || Paraje señalado para algún fin. || Tiempo determinado. || Objeto, fin. || Palabra, sonido o conjunto de sonidos articulados que expresan una idea. || *Gram.* Cada uno de los dos elementos necesarios en la relación gramatical. || *Lóg.* Aquello dentro de lo cual se contiene enteramente una cosa. || Cada una de las palabras que substancialmente integran una proposición o un silogismo. || *Mat.* El numerador o el denominador de un quebrado. || En una operación analítica, cada una de las partes ligadas entre sí por el signo de sumar o de restar. || En una sucesión o una serie, cada uno de los elementos que la integran.

terminología. f. Conjunto de términos o vocablos propios de determinada profesión, ciencia o materia.

terminológico, ca. adj. Relativo a los términos o vocablos propios de determinada profesión, ciencia o materia, y a su empleo.

termita. f. Termes.

termitero, ra. m. y f. Nido de termes.

termo. m. Recipiente con dobles paredes, entre las cuales se ha hecho el vacío y cierre hermético, que conserva la temperatura de las substancias introducidas en él.

termodinámica. f. Parte de la física que estudia las relaciones entre el calor y las restantes formas de energía.

termoelectricidad. f. Energía eléctrica producida por el calor. || Parte de la física que estudia esta energía.

termoeléctrico, ca. adj. Aparato en que se desarrolla electricidad por la acción del calor.

termoestable. adj. Que no se altera fácilmente por la acción del calor.

termogénesis. f. Producción de calor por parte de los seres vivos como consecuencia del desarrollo del proceso de oxidación de las substancias orgánicas.

termología. f. Parte de la física que estudia los fenómenos en que interviene el calor o la temperatura.

termometría. f. Parte de la termología que trata de la medición de la temperatura. || Parte de la meteorología que estudia la acción del calor sobre la atmósfera.

termómetro. m. Instrumento que sirve para medir la temperatura.

termonuclear. adj. Díc. de las mutaciones que se producen espontáneamente en el núcleo del átomo, bajo la acción de una temperatura muy elevada, como ocurre en la bomba de hidrógeno.

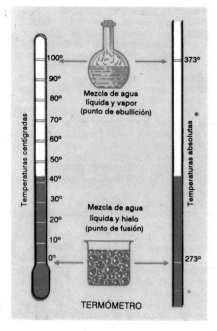

Temperaturas centígradas

100°
90°
80°
70°
60°
50°
40°
30°
20°
10°
0°

Mezcla de agua
líquida y vapor
(punto de ebullición)

Mezcla de agua
líquida y hielo
(punto de fusión)

Temperaturas absolutas

373°

273°

TERMÓMETRO

termosifón. m. Aparato anejo a una cocina, que sirve para calentar agua y distribuirla por medio de tuberías a los lavabos, baños y pilas de una casa. || Aparato de calefacción por medio de agua caliente.

termostato o **termóstato.** m. Aparato que se conecta a una fuente de calor y que, mediante un contacto automático que interrumpe o reanuda el suministro de energía, mantiene constante la temperatura.

terna. f. Conjunto de tres personas, propuestas para que se designe de entre ellas la que haya de desempeñar un cargo o empleo. || Pareja de tres puntos, en el juego de dados. || Cada juego o conjunto de dados con que se juega.

ternario, ria. ≅ tríduo. ≅ trino. adj. Compuesto de tres elementos, unidades o guarismos. || m. Espacio de tres días dedicados a una devoción.

ternero, ra. ≅ becerro. ≅ choto. m. Cría de la vaca.

terneza. f. Calidad de tierno. || Requiebro. Ú. m. en pl.

ternilla. f. Cartílago.

terno. m. Conjunto de tres cosas de una misma especie. || Pantalón, chaleco y chaqueta confeccionados con una misma tela. || Conjunto del oficiante y sus dos ministros, diácono y subdiácono, que celebran una misa.

ternura. f. Calidad de tierno. || Requiebro.

terquedad. f. Calidad de terco. || Porfía molesta y cansada.

terracota. f. Arcilla modelada y endurecida al horno. || Escultura de pequeño tamaño hecha de arcilla cocida.

terrado. ≅ azotea. ≅ terraza. m. Sitio de una casa, descubierto y por lo común elevado.

terraja. f. Tabla recortada, que sirve para hacer molduras de yeso, estuco o mortero. || Herramienta formada por una barra de acero con una caja rectangular en el centro, donde se ajustan las piezas que sirven para labrar las roscas de los tornillos.

terraplén. m. Macizo de tierra con que se rellena un hueco, o que se levanta para hacer una defensa, un camino u otra obra semejante.

terraplenar. tr. Llenar de tierra un vacío o hueco. || Acumular tierra para levantar un terraplén.

terráqueo, a. adj. Compuesto de tierra y agua: *globo* ∽.

terrateniente. com. y adj. Dueño o poseedor de tierra o hacienda.

terraza. ≅ azotea. ≅ terrado. f. Jarra vidriada de dos asas. || Era estrecha junto a las paredes para plantas de adorno. || Sitio abierto de una casa desde el que se puede explayar la vista. || Terreno situado delante de un café, bar, etc.

terrazo. m. Pavimento formado por chinas o trozos de mármol aglomerados con cemento y cuya superficie se pulimenta. || *Pint.* Terreno representado en un paisaje.

terremoto. m. Temblor o sacudida de la corteza terrestre, ocasionado por desplazamientos internos, que se transmite a grandes distancias en forma de ondas.

terreno, na. ≅ terrenal. ≅ terrestre. adj. Relativo a la tierra. || m. Sitio o espacio de tierra. || fig. Campo o esfera de acción en que con mayor eficacia pueden mostrarse la índole o las cualidades de personas o cosas. || fig. Orden de materias o de ideas de que se trata. || Lugar en que se desarrolla un encuentro deportivo: ∽ *de juego.* || Conjunto de substancias minerales que tienen origen común, o cuya formación corresponde a una misma época.

térreo, a. adj. De tierra. || Parecido a ella.

ESQUEMA DE UN TERREMOTO

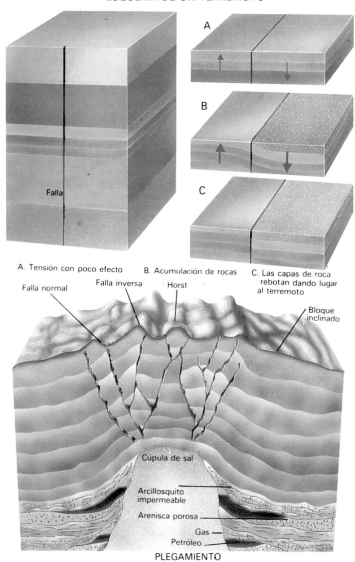

Falla

A

B

C

A. Tensión con poco efecto   B. Acumulación de rocas   C. Las capas de roca
                                                             rebotan dando lugar
                                                             al terremoto

Falla normal   Falla inversa   Horst   Bloque
                                           inclinado

Cúpula de sal

Arcillosquito
impermeable

Arenisca porosa

Gas

Petróleo

PLEGAMIENTO

terrera. f. Trozo de tierra escarpada desprovista de vegetación. || Alondra.

terrestre. ≅terrenal. ≅terreno. adj. Relativo a la tierra: *ecuador, globo* ∽.

terrible. adj. Digno o capaz de ser temido; que causa terror. || Áspero, duro. || Desmesurado, extraordinario.

terrícola. com. Habitante de la Tierra.

terrier. adj. y s. Raza de perros, de talla pequeña o mediana, con buena vista y mejor olfato.

territorial. adj. Relativo a un territorio: *audiencia, mar* ∽.

territorialidad. f. Consideración especial en que se toman las cosas en cuanto están dentro del territorio de un Estado.

territorio. m. Parte de la superficie terrestre perteneciente a una nación, región, provincia, etc. || Término que comprende una jurisdicción.

terrizo, za. adj. Que es de tierra o está hecho de ella. || Suelo de tierra, sin pavimentar. || m. y f. Barreño, lebrillo.

terrón. m. Masa pequeña y suelta de tierra compacta. || Masa pequeña y suelta de otras substancias: ∽ *de azúcar.* || Residuo que deja, en los capachos de los molinos de aceite, la aceituna después de exprimida. || pl. Hacienda rústica.

terror. m. Miedo, espanto, pavor.

terrorífico, ca. ≅espantoso. ≅horrible. adj. Que infunde terror.

terrorismo. m. Dominación por el terror. || Sucesión de actos de violencia ejecutados para infundir terror.

terrorista. com. Persona partidaria del terrorismo. || adj. Que practican actos de terrorismo. Ú. t. c. s. m. y f. || Relativo al terrorismo. || Díc. del gobierno, partido, etc., que practica el terrorismo.

terroso, sa. adj. Que participa de la naturaleza y propiedades de la tierra. || Que tiene mezcla de tierra.

terruño. m. Trozo de tierra. || Comarca o tierra, especialmente el país natal. || Terreno, especialmente hablando de su calidad.

tersar. tr. Poner tersa una cosa.

terso, sa. adj. Limpio, bruñido, resplandeciente. || Liso, sin arrugas. || fig. Tratándose del lenguaje, estilo, etc., puro.

tersura. f. Calidad de terso.

tertulia. f. Grupo de personas que se reúnen habitualmente para conversar o recrearse. || Corredor en la parte más alta de los antiguos teatros de España. || Lugar en los cafés destinado a mesas de juego.

tesela. f. Cada una de las piezas cúbicas de mármol, piedra, barro cocido, etc. con que los antiguos formaban los pavimentos de mosaico.

tesina. f. dim. de tesis. || Trabajo escrito que en ciertas facultades universitarias ha de presentar al final de la carrera el aspirante a la licenciatura.

tesis. f. Conclusión, proposición que se mantiene con razonamientos. || Disertación escrita que presenta a la universidad el aspirante al título de doctor en una facultad.

tesitura. f. Altura propia de cada voz o de cada instrumento musical. || fig. Actitud o disposición del ánimo.

tesla. m. Unidad de inducción magnética en el sistema basado en el metro, el kilogramo, el segundo y el amperio.

teso. m. Cima de un cero. || Pequeña salida en una superficie lisa. || Colina baja que tiene alguna extensión llana en la cima.

tesón. m. Firmeza, constancia, inflexibilidad.

tesonería. f. Terquedad, obstinación.

tesorería. f. Cargo u oficio de tesorero. || Oficina o despacho del tesorero. || Parte del activo de un negocio disponible en metálico o fácilmente realizable.

tesorero, ra. m. y f. Persona encargada de custodiar los caudales de una dependencia pública o particular.

tesoro. m. Cantidad de dinero, valores u objetos preciosos, reunida y guardada. || Erario de una nación. || Abundancia de dinero guardado y conservado. || fig. Persona o cosa digna de estimación: *este libro es un* ∽. || Conjunto escondido de monedas o cosas preciosas, de cuyo dueño no queda memoria.

test. m. Prueba de carácter psicológico que se efectúa para medir las diversas facultades intelectuales del individuo. || Por ext., cualquier tipo de prueba o examen.

testa. f. Cabeza. || Parte posterior y superior de ella. || Frente, cara o parte anterior de algunas cosas.

testáceo, a. adj. y m. Díc. de los animales que tienen concha.

testado, da. p. p. de testar. || adj. Persona que ha muerto habiendo hecho testamento, y de la sucesión por éste regida.

testador, ra. m. y f. Persona que hace testamento.

testaferro. m. El que presta su nombre en un contrato, pretensión o negocio que en realidad es de otra persona.

testamentaría. f. Ejecución de lo dispuesto en

Tesoro de Cheste. Ayuntamiento de Valencia

el testamento. || Sucesión y caudal de ella desde la muerte del testador hasta que termina la liquidación y división. || Junta de los testamentarios.

testamentario, ria. ≅albacea. adj. Relativo al testamento. || m. y f. Persona encargada por el testador de cumplir su última voluntad.

testamento. m. Declaración que de su última voluntad hace una persona, disponiendo de bienes y asuntos que le atañen para después de su muerte. || Documento donde consta en forma legal la voluntad del testador.

testar. intr. Hacer testamento. || tr. Tachar, borrar.

testarada. f. Golpe dado con la testa. || Terquedad, inflexibilidad, obstinación.

testarazo. ≅testarada. m. Golpe dado con la testa. || Por ext., golpe, porrazo.

testarudo, da. ≅tozudo. ◁dócil. adj. y s. Porfiado, terco.

testera. f. Frente, fachada de una casa. || Asiento del coche, en el que se va de frente. || Adorno para la frente de las caballerías. || Parte anterior y superior de la cabeza del animal.

testículo. m. Cada una de las dos gónadas masculinas, generadoras de la secreción interna específica del sexo y de los espermatozoos.

testificar. ≅atestiguar. ≅testimoniar. tr. Afirmar o probar una cosa. || Deponer como testigo. || fig. Declarar, explicar una cosa.

testigo. com. Persona que da testimonio de una cosa. || Persona que presencia o adquiere conocimiento directo de una cosa. || m. Cosa que prueba la verdad de un hecho. || Hito de tierra que se deja a trechos en las excavaciones. || En las carreras de relevos, objeto que en el lugar marcado intercambian los corredores de un mismo equipo, para dar fe de que la substitución ha sido correctamente ejecutada.

testimonial. adj. Que hace fe y verdadero testimonio. || f. pl. Instrumento auténtico que hace fe de lo contenido en él. || Testimonio que dan los obispos de las buenas costumbres de un súbdito.

testimoniar. tr. e intr. Atestiguar, o servir de testigo.

testimonio. m. Atestación o aseveración de una cosa. || Instrumento autorizado por notario en que se da fe de un hecho. || Prueba, justificación y comprobación de la certeza de una cosa.

testosterona. f. Hormona sexual masculina.

testuz. amb. En algunos animales, frente. || En otros, nuca.

tesura. f. Calidad de tieso.

teta. ≅mama. ≅ubre. f. Cada uno de los órganos glandulosos que tienen los mamíferos en número par y sirven en las hembras para la secreción de la leche. || Leche que segregan estos órganos. || Pezón de la teta. || fig. Mambla, montecillo.

tétano o **tétanos.** m. Rigidez y tensión convulsiva de los músculos. || Enfermedad muy grave producida por un bacilo que penetra generalmente por las heridas y ataca al sistema nervioso.

tetera. f. Vasija que se usa para hacer y servir el té.

tetilla. f. dim. de teta. || Cada una de las tetas de los machos de los mamíferos. || Pezón de goma que se pone al biberón para que el niño haga la succión.

tetina. f. Tetilla, pezón de goma que se pone a los biberones.

tetón. m. Pedazo seco de la rama podada que queda unido al tronco.

tetrabranquial. adj. Cefalópodo cuyo aparato respiratorio está formado por cuatro branquias. || m. pl. Grupo taxonómico constituido por estos cefalópodos.

tetraedro. m. Sólido terminado por cuatro planos o caras.

tetrágono. adj. y s. Polígono de cuatro ángulos y cuatro lados. || m. Superficie de cuatro ángulos y cuatro lados, cuadrilátero.

tetragrama. m. Conjunto de cuatro rectas paralelas y equidistantes, usada en la escritura del canto gregoriano.

tetralogía. f. Conjunto de cuatro obras trágicas de un mismo autor, presentadas a concurso en los juegos solemnes de la Grecia antigua. || Conjunto de cuatro obras literarias o líricas que tienen entre sí enlace histórico o unidad de pensamiento.

tetrámero, ra. adj. Díc. del verticilo que consta de cuatro piezas. || Díc. de los insectos coleópteros que tienen cuatro artejos en cada tarso, como el gorgojo. Ú. t. c. s. m. || m. pl. Suborden de estos insectos.

tetrarca. m. Señor de la cuarta parte de un reino o provincia. || Gobernador de una provincia o territorio.

tetrarquía. f. Dignidad de tetrarca. || Territorio de su jurisdicción. || Tiempo de su gobierno.

tetrasílabo. adj. De cuatro sílabas.

tetrástico, ca. adj. Cuarteta o combinación métrica de cuatro versos.

tetrástrofo, fa. adj. Composición que consta de cuatro estrofas.

tétrico, ca. adj. Triste, grave, melancólico.

teutón, na. adj. Díc. del individuo de un pueblo de raza germánica que habitó en el territorio del moderno Holstein. Ú. m. c. s. y en pl. || fam. Alemán.

tex. m. En la industria textil, unidad que sirve para numerar directamente la masa de un hilo o mecha.

textil. adj. Díc. de la materia capaz de reducirse a hilos y ser tejida. Ú. t. c. s. || Relativo a los tejidos.

texto. m. Lo dicho o escrito por un autor o en una ley, a distinción de las glosas, notas o comentarios que sobre ello se hacen. || Pasaje citado de una obra literaria. || Sentencia de la Sagrada Escritura. || Se dice del libro que sirve en las aulas para que por él estudien los escolares.

textual. adj. Conforme con el texto o propio de él. || Aplícase al que autoriza sus pensamientos con lo literal de los textos. || Exacto o preciso.

textura. f. Disposición y orden de los hilos de una tela. || Operación de tejer. || fig. Estructura de una obra de ingenio. || Disposición que tienen entre sí las partículas de un cuerpo.

tez. f. Superficie, especialmente la del rostro humano.

theta. f. Octava letra del alfabeto griego (Θ, θ). En nuestra ortografía moderna equivale a la *t*.

ti. Pronombre personal de segunda persona, en singular y común a los casos genitivo, dativo, acusativo y ablativo. Se usa siempre con preposición, y cuanto ésta es *con* forma la voz *contigo*.

tía. f. Respecto de una persona, hermana o prima de su padre o de su madre. La primera se llama *carnal*, y la otra, *segunda, tercera,* según los grados de parentesco que dista. || En algunos lugares, tratamiento de respeto que se da a la mujer casada o entrada en edad. || fam. Mujer rústica y grosera. || fam. Ramera.

tialina. f. Fermento que forma parte de la saliva y actúa sobre el almidón de los alimentos, transformándolo en azúcar.

tialismo. m. Secreción permanente y excesiva de saliva.

tiara. f. Gorro alto, de tela o de cuero, que usaron los persas. || Tocado alto con tres coronas, que remata en una cruz sobre un globo, que usaron los papas como símbolo de su autoridad. || fig. Dignidad de Sumo Pontífice.

tiberio. m. Ruido, alboroto.

tibia. f. Hueso principal y anterior de la pierna, que se articula con el fémur, el peroné y el astrágalo. || Una de las piezas de las patas de los insectos.

tibieza. f. Calidad de tibio.

tibio, bia. adj. Templado, entre caliente y frío. || fig. Flojo, descuidado y poco fervoroso.

tiburón. ≅náufrago. m. Pez selacio marino, escuálido, de cuerpo fusiforme y muy esbelto, con hendiduras branquiales laterales y boca situada en la parte inferior de la cabeza, provista de varias filas de dientes comprimidos, agudos y cortantes. Son de movimientos muy rápidos y gran voracidad.

tic. m. Movimiento convulsivo producido por la contracción involuntaria de uno o varios músculos.

tictac o **tic-tac.** m. Ruido acompasado que produce el escape de un reloj.

tiempo. ≅decurso. ≅transcurso. m. Duración de las cosas sujetas a mudanza. || Parte de esta duración. || Época durante la cual vive alguna persona o sucede alguna cosa: *en ⌐ de Trajano.* || Estación del año. || Edad. || Oportunidad de hacer algo. || Lugar o espacio libre para hacer algo. || Largo espacio de tiempo. || Cada uno de los actos sucesivos en que se divide la ejecución de una cosa. || Estado atmosférico en un lugar y momento determinado. || Momento en que trascurre la acción verbal. Se considera como una categoría gramatical. || *Mús.* Cada una de las partes de igual duración en que se divide el compás.

tienda. f. Armazón de palos hincados en tierra y cubierta con telas o pieles sujetas con cuerdas, que sirve de alojamiento o aposentamiento en el campo. || Casa, puesto o paraje donde se venden al público artículos de comercio por menor. || Por ant., la de comestibles o la de mercería.

tienta. f. Prueba que se hace con la garrocha a fin de apreciar la bravura de los becerros y becerras y sus condiciones para la lidia. || Sagacidad o industria y arte con que se pretende averiguar una cosa.

tiento. ≅cautela. ≅cuidado. ≅prudencia. ≅pulso. ≅tino. m. Ejercicio del sentido del tacto. || Palo que usan los ciegos para que les sirva como de guía. || Cuerda o palo delgado que va desde el peón de la noria a la cabeza de la bestia y la obliga a seguir la pista. || Balancín de los equilibristas.

tierno, na. ≅fresco. ≅maleable. ≅sensible. ≅sentimental. ≅suave. ⊲áspero. ⊲duro. ⊲insensible. adj. Blando, delicado, flexible y fácil a cualquiera presión extraña. || fig. Reciente, moderno y de poco tiempo. || fig. Díc. de la edad de la niñez. || fig. Propenso al llanto.

tierra. ≅patria. f. Parte superficial del globo terráqueo no ocupada por el mar. || Materia inorgánica desmenuzable de que principalmente se compone el suelo natural. || Suelo o piso. || Terreno dedicado a cultivo o propio para ello. || País, región.

Tierra. n. p. f. Planeta que habitamos. En esta acepción lleva antepuesto generalmente el artículo *la.* Su diámetro ecuatorial es de 12.742.128 km. y su distancia al Sol de 149.600.000 km.

tieso, sa. ≅erecto. ≅estirado. ≅inflexible. ≅sólido. ≅yerto. ⊲blando. ⊲flojo. adj. Duro, firme, rígido. || Robusto de salud. || Tenso, tirante. || fig. Afectadamente, estirado, circunspecto y mesurado. || fig. Terco, tenaz. || adv. m. Recia o fuertemente.

tiesta. f. Canto de las tablas que sirven de fondos o tapas en los toneles.

tiesto. m. Pedazo de cualquier vasija de barro. || Vaso de barro que sirve para criar plantas.

tifáceo, a. adj. y s. Díc. de plantas angiospermas monocotiledóneas y acuáticas; como la espadaña. || f. pl. Familia de estas plantas.

tifoideo, a. adj. Perteneciente o relativo al tifus, o parecido a este mal. || Perteneciente a la fiebre tifoidea.

tifón. m. Huracán de las costas orientales de Asia. || Tromba marina.

tifus. m. Género de enfermedades infecciosas, graves, con alta fiebre, delirio o postración, aparición de costras negras en la boca y a veces presencia de manchas punteadas en la piel.

tigre. m. Mamífero carnicero muy feroz y de gran tamaño, parecido al gato en la figura, de pelaje blanco en el vientre, amarillento y con rayas negras en el lomo y la cola, donde las tiene en forma de anillos. Habita principalmente en la India. || fig. Persona cruel y sanguinaria.

tijera. f. Instrumento compuesto de dos hojas de acero, a manera de cuchillas de un solo filo, las cuales pueden girar alrededor de un eje que las traba, para cortar, al cerrarlas, lo que se pone entre ellas. Ú. m. en pl.

tijereta. f. dim. de tijera. Ú. m. en pl. || Cada uno de los zarcillos que por pares nacen a trechos en los sarmientos de las vides. || Cortapicos.

tijeretada. f. Corte hecho de un golpe con las tijeras.

tijeretear. tr. Dar varios cortes con las tijeras

Tigre

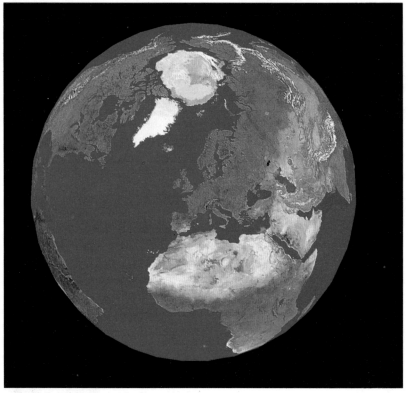

La Tierra

a una cosa. || fig. y fam. Disponer uno, según su arbitrio y dictamen, en negocios ajenos.

tila. f. Tilo. || Flor del tilo. || Bebida antiespasmódica que se hace con flores de tilo en infusión de agua caliente.

tílburi. m. Carruaje de dos ruedas grandes, ligero y sin cubierta, a propósito para dos personas y tirado por una sola caballería.

tildar. ≅censurar. ≅denigrar. tr. Poner tilde a las letras que lo necesitan. || Tachar lo escrito. || fig. Señalar con alguna nota denigrativa a una persona.

tilde. amb. Ú. m. c. f. Virgulilla o rasgo que se pone sobre algunas abreviaturas, el que lleva la ñ y cualquiera otro signo que sirva para distinguir una letra de otra o denotar su acentuación. || fig. Tacha, nota denigrativa. || f. Cosa mínima.

tiliáceo, a. adj. y f. Díc. de plantas angiospermas dicotiledóneas, a las que pertenece el tilo y la patagua. || f. pl. Familia de estas plantas.

tilín. m. Sonido de la campanilla.

tilo. ≅tila. m. Árbol tiliáceo, que llega a 20 m. de alt. Es árbol de mucho adorno en los paseos; y su madera, de gran uso en escultura y carpintería.

timador, ra. m. y f. Persona que tima.

timar. ≅estafar. tr. Quitar o hurtar con engaño. || Engañar a otro con promesas o esperanzas. || prnl. fam. Entenderse con la mirada.

timba. f. fam. Partida de juego de azar. || Casa de juego, garito.

timbal. m. Especie de tambor de un solo parche, con caja metálica en forma de media esfera.

|| Tambor, atabal. || Masa de harina y manteca, por lo común en forma de cubilete, que se rellena de macarrones u otros manjares.

timbalero, ra. m. y f. Persona que toca los timbales.

timbrar. ≅sellar. tr. Poner el timbre en el escudo de armas. || Estampar un timbre, sello o membrete.

timbre. m. Insignia que se coloca encima del escudo de armas. || Sello, y especialmente el que se estampa en seco. || Sello que en el papel donde se extienden algunos documentos públicos estampa el Estado. || Aparato de llamada o de aviso movido por un resorte, la electricidad u otro agente. || Modo característico de sonar un instrumento músico o la voz de una persona. || fig. Acción gloriosa o cualidad personal que ensalza y ennoblece.

timeleáceo, a. adj. y f. Díc. de plantas angiospermas dicotiledóneas, a las que pertenecen la adelfilla y el torvisco. || f. pl. Familia de estas plantas.

timidez. ≅apocamiento. ≅cortedad. ≅miedo. ◁audacia. ◁resolución. f. Calidad de tímido.

tímido, da. adj. Temeroso, medroso, encogido y corto de ánimo.

timo. m. fam. Acción y efecto de timar.

timo. m. Glándula endocrina propia de los animales vertebrados, que estimula el crecimiento de los huesos y favorece el desarrollo de las glándulas genitales.

timón. m. Palo derecho que sale de la cama del arado en su extremidad. || Lanza o pértiga del carro. || Varilla del cohete. || fig. Dirección o gobierno de un negocio. || Pieza de madera o de hierro que sirve para gobernar la nave. Por extensión se da igual nombre a las piezas similares de submarinos, aeroplanos, etc.

timonear. intr. Gobernar el timón.

timonel. m. El que gobierna el timón de la nave.

timonera. adj. y f. Díc. de las plumas grandes que tienen las aves en la cola. || f. Sitio donde se sentaba la bitácora y estaba el pinzote con que el timonel gobernaba la nave.

timorato, ta. adj. Que tiene el temor de Dios. || Tímido, indeciso, encogido.

timpanitis. f. Otitis del oído medio. || Hinchazón de alguna cavidad del cuerpo producida por gases.

tímpano. m. Tambor, atabal. || Instrumento músico compuesto de varias tiras desiguales

Timón

de vidrio colocadas de mayor a menor, y que se toca con una especie de macillo. || Cada uno de los dos lados, fondo o tapa, sobre el que se puede asentar la pipa o cuba. || Membrana extendida y tensa como la de un tambor que limita exteriormente el oído medio de los vertebrados y que en los mamíferos y aves separa el conducto auditivo externo del oído medio. || Espacio triangular que queda entre las dos cornisas inclinadas de un frontón y la horizontal de su base.

tina. f. Tinaja, vasija grande de barro. || Vasija de madera, de forma de media cuba. || Vasija grande, de forma de caldera que se utiliza para el tinte de telas y otros usos. || Baño, bañera.

tinada. ≅tenada. f. Montón o hacina de leña. || Cobertizo para tener recogidos los ganados.

tinaja. f. Vasija grande de barro cocido, y a veces vidriado, mucho más ancha por el medio que por el fondo y por la boca. || Líquido que cabe en una tinaja. || Medida de capacidad para líquidos, que se usa en Filipinas.

tinajero. m. y f. Persona que hace o vende tinajas. || m. Sitio o lugar donde se ponen o empotran las tinajas.

tinerfeño, ña. adj. y s. De Tenerife (España).

tinge. m. Búho mayor y más fuerte que el común.

tinglado. m. Cobertizo. || Tablado armado a la ligera. || fig. Artificio, enredo, maquinación.

tiniebla. f. Falta de luz. Ú. m. en pl. || pl. fig. Suma ignorancia y confusión. || fig. Obscuridad, falta de luz en lo abstracto o en lo moral. || Maitines de los tres últimos días de la Semana Santa.

tino. ≅prudencia. ≅puntería. ≅tacto. m. Hábito o facilidad de acertar a tientas con las cosas que se buscan. || Acierto y destreza para dar en el blanco. || fig. Juicio y cordura para el gobierno y dirección de un negocio.

tinta. f. Color que se sobrepone a cualquier cosa, o con que se tiñe. || Líquido que se emplea para escribir. || Acción y efecto de teñir. || Secreción líquida de color obscuro, producida por una glándula de los cefalópodos que, al ser expulsada al exterior, enturbia el agua como mecanismo de defensa. || pl. Matices, degradaciones de color. || Mezcla de colores que se hace para pintar.

tintar. tr. y prnl. Teñir.

tinte. ≅disimulo. ≅tintorería. ≅tintura. m. Acción y efecto de teñir. || Color con que se tiñe. || Casa, tienda o paraje donde se limpian o tiñen telas, ropas y otras cosas. || fig. Artificio mañoso con que se da diverso color a las cosas no materiales, o se las desfigura.

tintero. m. Vaso en que se pone la tinta de escribir. || Depósito que en las máquinas de imprimir recibe la tinta.

tintín. m. Sonido de la esquila, campanilla o timbre, vasos, etc.

tintinar o **tintinear.** intr. Producir el sonido especial del tintín.

tinto, ta. p. p. irreg. de teñir. || adj. Vino de color obscuro. Ú. t. c. s. || Rojo obscuro.

tintóreo, a. adj. Aplícase a las plantas de donde se extraen substancias colorantes.

tintorería. f. Oficio de tintorero. || Establecimiento donde se tiñe o limpia la ropa.

tintorero. m. El que tiene por oficio dar tintes.

tintorro. m. fam. Vino tinto.

tintura. f. Acción y efecto de teñir. || Substancia con que se tiñe. || Afeite en el rostro. || Líquido en que se ha hecho disolver una substancia que le comunica color. || fig. Noción superficial y leve de una facultad o ciencia.

tiña. f. Arañuelo o gusanillo que daña las colmenas. || Cualquiera de las enfermedades producidas por diversos parásitos en la piel del cráneo, y de las cuales unas consisten en costras y ulceraciones, y otras ocasionan sólo la caída del cabello.

tiñoso, sa. adj. y s. Que padece tiña. || fig. y fam. Escaso, miserable y ruin.

tío. m. Respecto de una persona, hermano o primo de su padre o madre. || En los lugares, tratamiento que se da al hombre casado o entrado ya en edad. Úsase ante el nombre propio o el apodo. || fam. Persona de quien se pondera algo bueno o malo. || fam. Persona cuyo nombre y condición se ignoran o no se quieren decir. || fam. Hombre rústico y grosero.

tiorba. f. Instrumento músico semejante al laúd, pero con dos mangos y con ocho cuerdas más para los bajos.

tiovivo. m. Recreo de feria que consiste en varios asientos colocados en un círculo giratorio.

tipejo. m. Persona ridícula y despreciable.

típico, ca. adj. Característico o representativo de un tipo. || Peculiar de un grupo, país, región, época, etc.

tipificar. tr. Ajustar varias cosas semejantes a un tipo o norma común. || Representar una persona o cosa el tipo de la especie o clase a que pertenece.

tipismo. m. Calidad o condición de típico. || Conjunto de caracteres o rasgos típicos.

tiple. m. La más aguda de las voces humanas, soprano. || Guitarrita de voces muy agudas. || com. Persona que tiene voz de tiple.

tipo. m. Modelo, ejemplar. || Símbolo representativo de cosa figurada. || Pieza de metal de la imprenta en que está de realce una letra u otro signo. || Cada una de las clases de esta letra. || Figura o talle de una persona. || desp. Persona extraña y singular. || Individuo, hombre, frecuentemente con matiz despectivo. || *Bot.* y *Zool.* Cada uno de los grandes grupos taxonómicos en que se dividen los reinos animal y vegetal, y que a su vez se subdividen en clases.

tipografía. f. Imprenta, arte de imprimir y lugar donde se imprime.

tipográfico, ca. adj. Perteneciente o relativo a la tipografía.

tipógrafo, fa. ≅impresor. m. y f. Operario que sabe o profesa la tipografía.

tipología. f. Ciencia que estudia los distintos tipos raciales en que se divide la especie humana. || Ciencia que estudia los varios tipos de la morfología del hombre en relación con sus funciones vegetativas y psíquicas.

tipometría. f. Medición de los puntos tipográficos.

tipómetro. m. Instrumento usado en tipometría.

típula. f. Insecto díptero semejante al mosquito.

tique. m. Vale, bono, cédula.

tiquismiquis o **tiquismiquis.** com. y adj. Persona muy remilgada.

tira. f. Pedazo largo y angosto de tela, papel, cuero u otra cosa delgada.

tirabuzón. m. Instrumento para sacar los tapones de corcho. || fig. Rizo de cabello, largo y pendiente en espiral.

tirachinas o **tirachinos.** m. Tirador compuesto de una horquilla y dos gomas unidas por una badana.

tirada. f. Acción de tirar. || Distancia que hay de un lugar a otro, o de un tiempo a otro. || Serie de cosas que se dicen o escriben de un tirón. || _Impr._ Acción y efecto de imprimir. || _Impr._ Número de ejemplares de que consta una edición.

tirado, da. p. p. de tirar. || adj. Díc. de las cosas que se dan muy baratas o de aquellas que abundan mucho. || fam. Díc. de la persona despreciable o que ha perdido la vergüenza. || Díc. del buque que tiene mucha eslora y poca altura de casco. || m. Acción de reducir a hilo los metales, singularmente el oro. || _Impr._ Acción y efecto de imprimir.

tirador, ra. m. y f. Persona que tira. || Persona que tira con cierta destreza y habilidad. || Persona que estira. || m. Instrumento con que se estira. || Asidero del cual se tira para cerrar o abrir una puerta, un cajón, etc. || Horquilla con mango y una goma para disparar piedrecillas o perdigones.

tirafondo. m. Tornillo para asegurar, especialmente en la madera, alguna piezas de hierro. || _Cir._ Instrumento que sirve para extraer del fondo de las heridas los cuerpos extraños.

tiralíneas. m. Instrumento que sirve para trazar líneas de tinta más o menos gruesas.

tiranía. ≅autocracia. ≅despotismo. ≅dictadura. ≅opresión. ◁democracia. ◁liberalismo. f. Gobierno ejercido por un tirano. || fig. Abuso de cualquier poder o fuerza. || fig. Dominio excesivo que un afecto o pasión ejerce sobre la voluntad.

tiranicidio. m. Muerte dada a un tirano.

tiránico, ca. adj. Perteneciente o relativo a la tiranía. || El que ejerce tiranía.

tiranizar. tr. Gobernar un tirano algún Estado. || fig. Dominar tiránicamente.

tirano, na. ≅autócrata. ≅déspota. ≅dictador. adj. Aplícase a quien tiene contra derecho el gobierno de un Estado, y principalmente al que lo rige sin justicia y a medida de su voluntad. Ú. t. c. s. || fig. Díc. del que abusa de su poder,

superioridad o fuerza. Ú. t. c. s. || Díc. de la pasión o afecto que domina al ánimo o arrastra al entendimiento.

tirante. p. a. de tirar. || adj. Tenso. || fig. Díc. de las relaciones de amistad próximas a romperse. || m. Madero de sierra, de siete dedos de tabla por cinco de canto y de longitud varia. || Cada una de las cintas o tiras de tela que sostienen de los hombros el pantalón, mandil u otras prendas de vestir. Ú. m. en pl. || _Arquit._ Pieza que, colocada horizontalmente en una armadura de tejado, impide la separación de los pares.

tirantez. f. Calidad de tirante. || Distancia en línea recta entre los extremos de una cosa. || Dirección de los planos de hilada de un arco o bóveda.

tirapié. m. Correa que usan los zapateros para sujetar el zapato con su horma al coserlo.

tirar. tr. Despedir de la mano una cosa. || Arrojar, lanzar en dirección determinada. || Derribar algo. || Disparar la carga de un arma de fuego. Ú. t. c. intr. || Estirar o extender. || Hacer líneas o rayas. || fig. Malgastar el caudal o malvender la hacienda. || Imprimir. || intr. Atraer por virtud natural. || Hacer fuerza para traer hacia sí o para llevar tras sí. || Producir el tiro o corriente de aire un hogar. || fig. Atraer una persona o cosa la voluntad y el afecto de otra persona. || fig. Marchar en cierta dirección. || fig. Tender, propender, inclinarse. || fig. Imitar, asemejarse o parecerse una cosa a otra o una persona a otra. || prnl. Abalanzarse. || Arrojarse. || Echarse, tenderse en el suelo o encima de algo.

tirilla. f. dim. de tira. || Lista o tira de lienzo, que se pone por cuello o cabezón en las camisas.

tiritar. intr. Temblar o estremecerse de frío o por causa de fiebre.

tiritera. f. Temblor producido por el frío del ambiente o al iniciarse la fiebre.

tiritona. f. fam. Temblor al iniciarse la fiebre o por el frío.

tiro. ≅detonación. m. Acción y efecto de tirar. || Señal o impresión que hace lo que se tira. || Pieza o cañón de artillería. || Disparo de un arma de fuego. || Estampido que éste produce. || Cantidad de munición proporcionada para cargar una vez el arma de fuego. || Alcance de cualquier arma arrojadiza. || Lugar donde se tira al blanco. || Conjunto de caballerías que tiran de un carruaje. || Corriente de aire que produce el fuego de un hogar. También por ext., significa la corriente de aire producida en una casa entre sus puertas y ventanas.

tiroides. adj. y s. Glándula endocrina de los animales vertebrados, situada por debajo y a los lados de la tráquea y de la parte posterior de la laringe; en el hombre está delante y a los lados de la tráquea y de la parte inferior de la laringe.

tirolés, sa. adj. y s. De Tirol. || m. Dialecto hablado en el Tirol. || Mercader de juguetes y quincalla.

tirón. m. Acción y efecto de tirar con violencia. || Estirón.

tirotear. tr. y prnl. Disparar repetidamente armas de fuego portátiles. || prnl. fig. Andar en dimes y diretes.

tiroteo. m. Acción y efecto de tirotear.

tirria. ≅antipatía. ≅aversión. ≅inquina. ≅repulsión. ◁predilección. ◁simpatía. f. fam. Manía o tema contra uno. || Odio, ojeriza.

tirulato, ta. adj. fam. Turulato.

tisana. f. Bebida medicinal que resulta del cocimiento ligero de una o varias hierbas.

tisanuro. adj. y s. Díc. de insectos que carecen de alas y se desarrollan sin metamorfosis; como la lepisma. || pl. Orden de estos animales.

tísico, ca. ≅tuberculoso. adj. Que padece de tisis. Ú. t. c. s. || Perteneciente a la tisis.

tisis. f. Enfermedad en que hay consunción gradual y lenta, fiebre héctica y ulceración en algún órgano. || Tuberculosis pulmonar.

tisú. m. Tela de seda entretejida con hilos de oro o plata.

titán. m. Gigante de los que fingió la antigüedad que habían querido asaltar el cielo. || fig. Sujeto de excepcional poder, que descuella en algún aspecto. || fig. Grúa gigantesca.

titánico, ca. ≅colosal. ≅enorme. ≅gigantesco. adj. Perteneciente o relativo a los titanes. || fig. Desmesurado, excesivo.

titanio. m. Metal pulverulento de color gris, casi tan pesado como el hierro y fácil de combinar con el nitrógeno.

títere. m. Figurilla que se mueve con alguna cuerda o introduciendo una mano en su interior. || fig. y fam. Sujeto de figura ridícula o pequeña, aniñado o muy presumido. || fig. y fam. Sujeto informal, necio o petulante.

tití. m. Nombre que se aplica a diferentes especies de monos platirrinos, hapálidos, de tamaño pequeño, y propios de América meridional.

titilar. intr. Agitarse con ligero temblor alguna parte del organismo animal. || Centellear con ligero temblor un cuerpo luminoso.

titiritar. intr. Temblar de frío o de miedo.

Tití

titiritero, ra. m. y f. Persona que maneja los títeres.

titubear. ≅balbucir. ≅tambalear. ≅trastabillar. ◁decidir. ◁resolver. intr. Oscilar, perdiendo la estabilidad y firmeza. || Tropezar o vacilar en la elección o pronunciación de las palabras. || fig. Sentir perplejidad en algún punto o materia.

titubeo. m. Acción y efecto de titubear.

titulación. f. En general, acción de titular. || Conjunto de títulos de propiedad que afectan a una finca rústica o urbana. || Acción y efecto de titular o valorar una disolución.

titulado, da. p. p. de titular. || m. y f. Persona que posee un título académico. || m. Persona que tiene una dignidad nobiliaria.

titular. adj. Que tiene algún título, por el cual se denomina. || Que da su propio nombre por título a otra cosa. || Que ejerce cargo, oficio o profesión con cometido especial y propio Ú. t. c. s.

titular. tr. Poner título, nombre o inscripción a una cosa. || intr. Obtener una persona título nobiliario. || *Quím.* Valorar una disolución.

título. m. Palabra o frase con que se enuncia o da a conocer el asunto o materia de una obra científica o literaria. || Rótulo con que se indica el contenido o destino de una cosa o la dirección de un envío. || Renombre con que se conoce a una persona por sus cualidades o sus acciones. || Demostración auténtica del derecho con que se posee una hacienda o bienes. || Testimonio o instrumento dado para ejercer un empleo, dignidad o profesión. || Dignidad nobiliaria como la de conde, marqués o duque. || Persona condecorada con esta dignidad nobiliaria. || Cierto documento que representa deuda pública o valor comercial.

tiza. ≅ clarión. f. Arcilla terrosa blanca que se usa para escribir en los encerados. || Asta de ciervo calcinada. || Compuesto de yeso y greda que se usa en el juego de billar para frotar la suela de los tacos.

tizna. f. Materia tiznada y preparada para tiznar.

tiznar. tr. Manchar con tizne, hollín u otra materia. Ú. t. c. prnl. || fig. Deslustrar, obscurecer o manchar la fama u opinión.

tizne. amb. Humo que se pega a las sartenes, peroles, etc. Ú. m. c. m. || m. Tizón o palo a medio quemar.

tiznón. m. Mancha de tizne u otra materia semejante.

tizón. m. Palo a medio quemar. || fig. Mancha, borrón o deshonra en la fama o estimación. || Parte de un sillar o ladrillo que entra en la fábrica. || Hongo parásito del trigo y otros cereales, que invade las espigas con un color negruzco.

tizona. f. fig. y fam. Espada, arma.

toalla. f. Lienzo para limpiarse y secarse las manos y la cara.

toallero. m. Mueble o soporte para colgar toallas.

toar. tr. Atoar, remolcar una nave.

toba. f. Piedra caliza, muy porosa y ligera. || Sarro de los dientes. || fig. Capa o corteza que se cría en algunas cosas.

tobar. m. Cantera de toba.

tobera. f. Abertura tubular por donde entra el aire que se introduce en un horno o en una forja.

tobillera. adj. y s. fam. Se aplicaba a la jovencita que dejaba de vestir de niña, pero que todavía no se había puesto de largo. || f. Venda generalmente elástica con la que se sujeta el tobillo.

tobillo. m. Protuberancia de cada uno de los dos huesos de la pierna llamados tibia y peroné.

tobogán. m. Especie de trineo bajo formado por una armadura de acero montada sobre dos patines largos y cubierta por una tabla o plancha acolchada. || Pista hecha en la nieve, por la que se deslizan a gran velocidad estos trineos especiales. || Deslizadero artificial en declive por el que las personas, sentadas o tendidas, se dejan resbalar por diversión.

toca. f. Prenda de tela, de diferentes hechuras,

con que se cubría la cabeza por abrigo, comodidad o adorno. || Prenda de lienzo blanco que ceñida al rostro usan las monjas para cubrir la cabeza.

tocadiscos. m. Aparato eléctrico con que se reproduce los sonidos grabados en un disco.

tocado, da. p. p. de tocar. || m. Prenda con que se cubre la cabeza. || Peinado y adorno de la cabeza, en las mujeres. || Juego de cintas de color, encajes y otros adornos, para tocarse una mujer.

tocado, da. ≅ chiflado. ≅ lelo. p. p. de tocar. || adj. fig. Medio loco, algo perturbado. || fig. Dic. de la fruta que ha empezado a dañarse.

tocador. m. Paño que servía para cubrirse y adornarse la cabeza. || Mueble para el peinado y aseo de una persona. || Aposento destinado a este fin. || Caja o estuche para guardar alhajas, objetos de tocado o de costura, etc.

tocar. ≅ palpar. ≅ tentar. tr. Ejercitar el sentido del tacto. || Llegar a una cosa con la mano, sin asirla. || Hacer sonar según arte cualquier instrumento. || Avisar haciendo seña o llamada, con campana u otro instrumento: ◡ a muerto. || Tropezar ligeramente una cosa con otra. || Herir una cosa, para reconocer su calidad por el sonido. || fig. Estimular, persuadir, inspirar. || fig. Tratar o hablar superficialmente una cosa. || intr. Pertenecer por algún derecho o título. || Llegar de paso a algún lugar. || Ser de la obligación o cargo de uno. || Pertenecer a alguien parte de una cosa que se reparte entre varios. || Caer en suerte una cosa. || Estar una cosa cerca de otra de modo que no quede entre ellas distancia alguna. Ú. t. c. prnl. y como tr.

tocar. tr. y prnl. Peinar el cabello. || prnl. Cubrirse la cabeza, esto es, ponerse la gorra, sombrero, pañuelo, etc.

tocata. f. Pieza de música, destinada por lo común a instrumentos de teclado. || fig. y fam. Zurra, paliza.

tocayo, ya. m. y f. Respecto de una persona, otra que tiene su mismo nombre.

tocino. m. Panículo adiposo, muy desarrollado, de ciertos mamíferos, especialmente el cerdo. || Témpano de la canal del cerdo.

tocología. ≅ obstetricia. f. Parte de la medicina que trata de la gestación, del parto y del puerperio.

tocólogo, ga. m. y f. Especialista en tocología.

tocomocho. m. Denominación vulgar del timo en el que uno hace ver que ha sido premiado su décimo de lotería pero que no puede cobrarlo por ciertas razones, cediéndolo por menos dinero.

tocón. m. Parte del tronco de un árbol que queda unida a la raíz cuando lo cortan por el pie. || Muñón de un miembro cortado.

tocho, cha. adj. Tosco, inculto, tonto, necio. || m. Lingote de hierro.

todavía. adv. t. Hasta un momento determinado desde tiempo anterior. || adv. m. Con todo eso, no obstante: *es muy ingrato, pero* ⌣ *le quiero.* || Tiene sentido concesivo corrigiendo una frase anterior: *¿Para qué ahorras?* ⌣ *si tuvieras hijos...*

todo. ≅bloque. ≅conjunto. ≅entero. ≅total. ◁nada. ◁parte. adj. Díc. de lo que se toma o se comprende entera y cabalmente. || Ú. t. para ponderar el exceso de alguna calidad o circunstancia: *este pez es* ⌣ *espinas.* || m. Cosa íntegra. || adv. m. Enteramente.

todopoderoso, sa. adj. Que todo lo puede. || n. p. m. Por ant., Dios.

toga. f. Prenda principal exterior del traje nacional romano, que se ponía sobre la túnica, y era como una capa de mucho vuelo y sin esclavina. || Traje exterior que usan los magistrados, letrados, catedráticos, etc., encima del ordinario.

togado, da. adj. Que viste toga. Ú. t. c. s. || Díc. de los magistrados superiores, y en la jurisdicción militar, de los jueces letrados.

toisón. m. Insignia de los caballeros de la Orden del Toisón de Oro.

toldadura. f. Colgadura de algún paño, que sirve para defenderse del calor o templar la luz.

toldo. m. Pabellón o cubierta de tela, que se tiende para hacer sombra en algún paraje. || Entalamadura con que se cubren los carros.

tole. ≅alboroto. ≅bulla. ≅murmuración. ≅runrún. m. fig. Confusión y griterío popular. Ú. generalmente repetido. || fig. Rumor de desaprobación. Ú. por lo común repetido.

toledano, na. adj. y s. De Toledo (España).

tolemaico, ca. adj. Perteneciente a Tolomeo o a su sistema astronómico.

tolerancia. ≅aguante. ≅condescendencia. ≅consideración. ≅indulgencia. ≅paciencia. ◁intolerancia. f. Acción y efecto de tolerar. || Respeto hacia las opiniones o prácticas de los demás. || Margen o diferencia que se consiente en la calidad o cantidad de las cosas u obras contratadas o convenidas.

tolerar. ≅aguantar. ≅condescender. ≅consentir. ≅soportar. ◁negar. ◁prohibir. tr. Sufrir, llevar con paciencia. || Permitir algo que no se tiene por lícito, sin aprobarlo expresamente. || Resistir, soportar, especialmente alimentos, medicinas, etc.

tolmo. m. Peñasco elevado que tiene semejanza con un gran hito o mojón.

tolteca. adj. Díc. del individuo de unas tribus que dominaron en Méjico antiguamente. || Perteneciente o relativo a estas tribus. || m. Idioma de las mismas. Ú. t. c. s.

tolueno. m. Hidrocarburo usado en la fabricación de la trilita y de ciertas materias colorantes.

tolva. f. Caja en forma de tronco de pirámide o de cono invertido y abierta por debajo, dentro de la cual se echan granos u otros cuerpos para que caigan poco a poco.

tollo. m. Hoyo en la tierra, o escondite de ramaje, donde se ocultan los cazadores en espera de la caza.

toma. ◁entrega. ◁renuncia. f. Acción de tomar o recibir una cosa. || Conquista, asalto u ocupación por armas de una plaza o ciudad. || Porción de una cosa, que se coge o recibe de una vez: *una* ⌣ *de quina.* || Lugar por donde se deriva una corriente de fluido o electricidad.

tomar. ≅admitir. ≅adueñarse. ≅agarrar. ≅conquistar. ≅tirar. ◁dejar. ◁renunciar. ◁soltar. tr. Coger o asir con la mano una cosa. || Coger, aunque no sea con la mano: ⌣ *agua de la fuente.* || Recibir o aceptar. || Ocupar o adquirir por la fuerza. || Comer o beber: ⌣ *un desayuno, el chocolate.* || Entender, juzgar e interpretar una cosa en determinado sentido, según ciertos aspectos más o menos claros que nos ofrece. || Ocupar un sitio cualquiera para cerrar el paso o interceptar la entrada y salida. || Quitar o hurtar. || Imitar uno los usos, modos o cualidades de otro. || Emprender una cosa, o encargarse de una dependencia o negocio. || Elegir entre varias cosas. || Cubrir el macho a la hembra.

tomatada. f. Fritada o ensalada de tomate.

tomatal. m. Sitio en que abundan las tomateras.

tomatazo. m. aum. de tomate. || Golpe dado con un tomate.

tomate. m. Fruto de la tomatera, que es casi rojo, blando y reluciente, compuesto en su interior de varias celdillas llenas de simientes. || Planta que da este fruto, tomatera. || fam. Agujero hecho en una prenda de punto.

tomatera. f. Planta solanácea originaria de América, que se cultiva mucho en las huertas por su fruto, que es el tomate.

tomavistas. m. y adj. Máquina fotográfica que se utiliza para filmar películas cinematográficas.

Primer modelo de tomavistas (1900)

tómbola. f. Rifa pública de objetos diversos, cuyo producto se destina generalmente a fines benéficos. || Local en que se efectúa esta rifa.

tomento. m. Capa de pelos cortos, suaves y entrelazados, que cubre la superficie de los órganos de algunas plantas.

tomillar. m. Sitio poblado de tomillos.

tomillo. m. Planta perenne de las labiadas, muy olorosa.

tomista. adj. y s. Que sigue la doctrina de Santo Tomás de Aquino.

tomo. m. Cada una de las partes con paginación propia y encuadernadas por lo común separadamente, en que suelen dividirse para su más fácil manejo las obras impresas o manuscritas de cierta extensión.

ton. apóc. de tono, que sólo tiene uso en la fr. fam. *sin ton ni son,* que sign.: sin causa.

tonada. f. Composición métrica para cantarse. || Música de esta canción.

tonadilla. f. dim. de tonada. || Tonada alegre y ligera.

tonadillero, ra. m. y f. Persona que compone tonadillas. || Persona que las canta.

tonalidad. f. *Mús.* Sistema de sonidos que sirve de fundamento a una composición musical.

También se dice *tono.* || *Pint.* Sistema de colores y tonos.

tonel. ≅barril. ≅cuba. ≅pipa. m. Cuba grande.

tonelada. f. *Mar.* Unidad de peso que se usa para calcular el desplazamiento de los buques.

tonelaje. m. Cabida de una embarcación, arqueo. || Número de toneladas que pesa una cosa.

tonelería. f. Arte u oficio del tonelero. || Taller del tonelero. || Conjunto o provisión de toneles.

tonelero, ra. adj. Perteneciente o relativo al tonel. || m. y f. Persona que hace toneles.

tongada. f. Capa con que se cubre o baña una cosa. || Cosa extendida encima de otra.

tongo. m. En competiciones deportivas, trampa que hace uno de los participantes dejándose ganar por razones ajenas al juego.

tónico, ca. adj. Que entona, o vigoriza. Ú. t. c. s. m. || Díc. de la nota primera de una escala musical. Ú. t. c. s. f. || Díc. de la vocal o sílaba que recibe el impulso del acento prosódico, y que con más propiedad se llama vocal o sílaba acentuada.

tonificar. tr. Entonar, vigorizar.

tonillo. m. Tono monótono y desagradable con que algunos hablan, oran o leen. || Acento particular de la palabra o de la frase propio de una región o de un lugar, dejo.

tono. m. Mayor o menor elevación del sonido. || Inflexión de la voz y modo particular de decir algo. || Carácter de la expresión de una obra artística. || Energía, vigor. || *Mús.* Escala que se forma partiendo de una nota fundamental, que le da nombre. || Intervalo que media entre una nota y su inmediata, excepto del *mi* al *fa* y del *si* al *do.*

tonsura. f. Acción y efecto de tonsurar. || Acción y efecto de conferir el grado preparatorio del estado clerical, con diferentes formas de corte de pelo. || El mismo grado.

tonsurar. tr. Cortar el pelo o la lana a personas o animales. || Dar a uno el grado de prima tonsura.

tontada. f. Tontería, simpleza.

tontaina. com. y adj. fam. Persona tonta.

tontear. intr. Hacer o decir tonterías. || fig. y fam. Coquetear, flirtear.

tontería. f. Calidad de tonto. || Dicho o hecho tonto. || fig. Dicho o hecho sin importancia.

tontillo. m. Faldellín con aros de ballena o de otra materia que usaron las mujeres para ahuecar las faldas.

tonto, ta. adj. Mentecato, falto o escaso de entendimiento. Ú. t. c. s. || Díc. del hecho o dicho propio de un tonto. || m. El que en ciertas representaciones hace el papel de tonto.

tontorrón, na. adj. y s. aum. de tonto.

tontuna. f. Dicho o hecho tonto.

topacio. m. Piedra fina, amarilla y muy dura.

topada. f. Golpe que dan con la cabeza los toros, carneros, etc., topetazo.

topar. tr. Chocar una cosa con otra. || Hallar casualmente. Ú. t. c. intr. y c. prnl. || Encontrar lo que se andaba buscando. Ú. t. c. intr. || Dar topetazos. Ú. t. c. intr.

tope. m. Parte por donde una cosa puede topar con otra. || Pieza que en algunas armas e instrumentos sirve para impedir que con su acción o con su movimiento se pase de un punto determinado. || Cada una de las piezas circulares y algo convexas que al extremo de una barra horizontal, terminada por un resorte, se ponen en los carruajes de ferrocarril. || Tropiezo, estorbo.

topera. f. Madriguera del topo.

topetada. f. Golpe que dan con la cabeza los toros, carneros, etc. || fig. y fam. Golpe que da uno con la cabeza en alguna cosa.

topetar. tr. Dar con la cabeza en alguna cosa con golpe e impulso. Ú. t. c. intr. || Topar, chocar.

topetazo. m. Topetada. || Golpe al chocar dos cuerpos.

topetón. ≅choque. ≅topada. ≅tope. ≅topetazo. m. Encuentro o golpe de una cosa con otra.

tópico, ca. adj. Relativo a determinado lugar. || Relativo al lugar común. || m. *Farm.* Medica-

Topacios

mento externo. Ú. t. c. adj. || Lugar común, expresión o frase manida.

topo. m. Mamífero insectívoro del tamaño del ratón. Sus anchas manos poseen cinco dedos con fuertes uñas que le sirven para abrir las galerías subterráneas donde vive. || fig. y fam. Persona que tropieza en cualquier cosa, o por cortedad de vista o por desatiento natural. Ú. t. c. adj. || fig. y fam. Persona de cortos alcances, que en todo yerra. Ú. t. c. adj.

topografía. f. Arte de describir y delinear detalladamente la superficie de un terreno o territorio de no grande extensión. || Conjunto de particularidades que presenta un terreno en su configuración superficial.

topógrafo. m. y f. Persona que profesa el arte de la topografía o en ella tiene especiales conocimientos.

topología. f. Rama de las matemáticas que trata especialmente de la continuidad y de otros conceptos más generales originados de ella. Así estudia las propiedades de las figuras con independencia de su tamaño o forma.

toponimia. f. Estudio del origen y significación de los nombres propios de lugar.

toponímico, ca. adj. Relativo a la toponimia o a los nombres de lugar en general.

topónimo. m. Nombre propio de lugar.

toque. m. Acción de tocar una cosa. || Ensayo de un objeto de oro o plata con la piedra de toque. || Tañido de las campanas o de ciertos instrumentos, con que se anuncia alguna cosa. ⌐ de diana. || fig. Punto esencial en que consiste o estriba alguna cosa. || fig. Llamamiento o advertencia que se hace a uno.

toquetear. tr. Tocar reiteradamente y sin tino ni orden.

toquilla. f. Pañuelo de punto generalmente de lana que, poniéndolo sobre los hombros, usan para abrigo las mujeres y los niños.

tora. f. Tributo que pagaban los judíos por familias. || Libro de la ley de los judíos. En esta acepción se escribe con mayúscula.

torácico, ca. adj. Relativo al tórax.

torada. f. Manada de toros.

tórax. ⌐tórax. m. Pecho del hombre y de los animales. || *Zool.* Cavidad del pecho. || *Zool.* Región media de las tres en que está dividido el cuerpo de los insectos, arácnidos y crustáceos.

torbellino. ≅vórtice. m. Remolino de viento. || fig. Abundancia de cosas que ocurren en un mismo tiempo. || fig. y fam. Persona demasiado viva e inquieta.

torca. f. Depresión circular en un terreno y con bordes escarpados.

torcal. m. Terreno donde hay torcas.

torcecuello. m. Ave trepadora, que suele anidar en los huecos de los árboles.

torcedero, ra. adj. Torcido, desviado de lo recto. || m. Instrumento con que se tuerce.

torcedura. f. Acción y efecto de torcer o torcerse.

torcer. ≅retorcer. ◁enderezar. ◁estirar. ◁rectificar. tr. Dar vueltas a una cosa sobre sí misma, de modo que tome forma helicoidal. Ú. t. c. prnl. || Encorvar o doblar una cosa. Ú. t. c. prnl. || Desviar una cosa de su dirección: ⌐ *los ojos*. || Dar al rostro expresión de desagrado, enojo u hostilidad. Ú. t. c. prnl. || Dar violentamente dirección a un miembro u otra cosa, contra el orden natural. Ú. t. c. intr. || prnl. Avinagrarse y enturbiarse el vino. || Cortarse la leche. || Dificultarse y frustrarse un negocio. || fig. Desviarse del camino recto de la vitud y de la razón.

torcida. f. Mecha de algodón o trapo torcido, que se pone en los velones, candiles, velas, etc.

torcido, da. p. p. de torcer. || adj. Que no es recto. || Persona que no obra con rectitud, y de su conducta.

tórculo. m. Prensa, y en especial la que se usa para estampar grabados en cobre, acero, etc.

tordo, da. adj. y s. Caballería que tiene el pelo mezclado de negro y blanco. || m. Pájaro de pico delgado y negro, lomo gris aceitunado, vientre blanco amarillento con manchas pardas y las cobijas de color amarillo rojizo.

torear. intr. Lidiar los toros en la plaza. Ú. t. c. tr. || Echar los toros a las vacas. || tr. fig. Entretener las esperanzas de uno engañándole. || fig. Hacer burla de alguien. || fig. Fatigar, molestar a uno, llamando su atención a diversas partes u objetos.

toreo. m. Acción de torear. || Arte de torear.

torero, ra. ≅diestro. adj. fam. Relativo al toreo: *aire* ⌐; *sangre* ⌐. || m. y f. Persona que por oficio o por afición acostumbra a torear en las plazas. || f. Chaquetilla ceñida al cuerpo y que no pasa de la cintura.

torga. f. Especie de horca que se pone al cuello de los perros y cerdos para que no salten las cercas.

toril. m. Sitio donde se tienen encerrados los toros que han de lidiarse, especialmente el chiquero donde se encierra cada uno de los toros para salir al ruedo.

torillo. m. dim. de toro. || Pez acantopterigio de piel desnuda, que vive en sitios pedregosos.

torio. m. Metal radiactivo, de color plomizo y soluble en el ácido clorhídrico.

tormenta. f. Tempestad de la atmósfera o del mar. || fig. Adversidad, desgracia. || fig. Violenta manifestación del estado de los ánimos enardecidos.

tormento. ≅martirio. ≅sufrimiento. ≅suplicio. ≅tortura. ◁gozo. m. Acción y efecto de atormentar. || Angustia o dolor físico. || Dolor corporal que se causaba al reo para obligarle a confesar. || fig. Congoja o aflicción del ánimo. || fig. Especie o sujeto que lo ocasiona.

tormentoso, sa. adj. Que ocasiona tormenta. || Díc. del tiempo en que hay o amenaza tormenta.

tormo. m. Peñasco. || Pequeña masa suelta de tierra compacta. || Pequeña masa suelta de otras substancias.

tornaboda. f. Día o días después de la boda. || Celebridad de estos días.

tornadizo, za. adj. y s. Que se torna, muda o varía fácilmente. Díc. en especial del que abandona su creencia, partido u opinión: *cristianos* ⌐ *s.*

tornado, da. p. p. de tornar. || m. Huracán o viento impetuoso giratorio.

tornar. ≅cambiar. ≅restituir. ≅retornar. ≅volver. ◁marchar. ◁quitar. tr. y prnl. Mudar a una persona o cosa su naturaleza o su estado. || intr. Regresar al lugar de donde se partió. || Volver en sí, recobrar el sentido.

tornasol. m. Gisarol, planta. || Cambiante, reflejo o viso que hace la luz en algunas telas o en otras cosas muy tersas. || Materia colorante azul que sirve de reactivo para reconocer los ácidos, que la tornan roja.

tornasolado, da. adj. Que tiene o hace visos o tornasoles.

tornear. tr. Labrar o redondear una cosa al torno. || intr. Dar vueltas alrededor o en torno. || Combatir o pelear en el torneo.

torneo. ≅justa. m. *Hist.* Combate a caballo entre varias personas, unidas en cuadrillas, y fiesta pública en que se imita un combate a caballo. || En diversos juegos y deportes, competición entre varios participantes.

tornería. f. Taller o tienda de tornero. || Oficio de tornero.

tornero, ra. m. y f. Artífice que hace obras al torno. || Persona que hace tornos. || f. Monja destinada para servir en el torno.

tornillo. m. Cilindro de metal, madera, etc., con

resalto en hélice, que entra y juega en la tuerca. || Clavo con resalto en hélice.

torniquete. m. Especie de torno en forma de cruz de brazos iguales, que gira horizontalmente sobre un eje y se coloca en las entradas por donde sólo han de pasar una a una las personas. || *Cir.* Instrumento quirúrgico para evitar o contener la hemorragia en operaciones y heridas en las extremidades.

torno. m. Cilindro dispuesto para girar alrededor de su eje y que actúa sobre la resistencia por medio de una cuerda que se va arrollando al mismo. || Armazón giratorio en el hueco de una pared para pasar objetos de un lado a otro. || Máquina en que por medio de una rueda, de una cigüeña, etc., se hace que alguna cosa dé vueltas sobre sí misma, como las que sirven para hilar, hacer obras de alfarería, etc.

toro. m. Mamífero rumiante, de cabeza gruesa armada de dos cuernos; piel dura con pelo corto, y cola larga, cerdosa hacia el remate. || fig. Hombre muy robusto y fuerte. || m. pl. Fiesta o corrida de toros.

toro. m. *Arquit.* Bocel, moldura de sección semicircular. || *Geom.* Superficie de revolución engendrada por una circunferencia que gira alrededor de una recta de su plano, que no pasa por el centro.

toronja. f. Cidra de forma globosa como la naranja.

toronjil. m. Planta labiada, común en España.

toronjo. m. Variedad de cidro que produce las toronjas.

torpe. ≅incapaz. ≅inhábil. ≅obtuso. ≅zafio. ◁hábil. ◁listo. adj. Que no tiene movimiento libre o es tardo. || Desmañado, falto de habilidad y destreza. || Rudo, tardo en comprender.

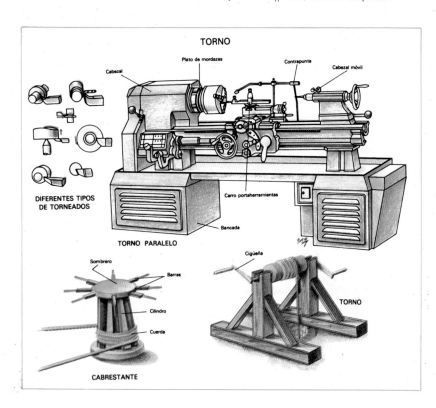

TORNO

Plato de mordazas

Cabezal

Contrapunta

Cabezal móvil

DIFERENTES TIPOS DE TORNEADOS

Carro portaherramientas

Bancada

TORNO PARALELO

Sombrero

Barras

Cilindro

Cuerda

CABRESTANTE

Cigüeña

TORNO

torpedear. tr. Batir con torpedos. || fig. Hacer fracasar un asunto o proyecto.

torpedero, ra. adj. y m. Barco de guerra destinado a disparar torpedos: *lancha* ∿.

torpedo. ≅tremielga. m. Pez marino, selacio, del suborden de los ráyidos, de cuerpo aplanado y orbicular, que tiene la propiedad de producir una conmoción eléctrica a la persona o animal que lo toca. || *Mar.* Proyectil submarino autopropulsado.

torpeza. f. Calidad de torpe. || Acción o dicho torpe.

torpón, na. adj. aum. de torpe, desmañado y rudo.

torrado, da. p. p. de torrar. || m. Garbanzo tostado.

torrar. tr. Tostar al fuego.

torre. ≅alminar. ≅atalaya. ≅campanario. ≅roque. ≅torreón. f. Edificio fuerte, más alto que ancho, y que servía para defensa. || Construcción más alta que ancha que hay en las iglesias y en algunas casas. || Cualquier otro edificio de mucha más altura que superficie. || Pieza grande del juego de ajedrez, en figura de torre. || Armazón transportable de madera que se empleaba antiguamente para asaltar las murallas enemigas. || En los buques de guerra, reducto acorazado que se alza sobre la cubierta y que alberga piezas de artillería.

torrefacción. f. Acción y efecto de tostar al fuego.

torrefacto, ta. adj. Tostado al fuego.

torrejón. m. Torre pequeña o mal formada.

torrencial. adj. Parecido al torrente.

torrente. m. Corriente impetuosa de aguas que sobreviene en tiempos de muchas lluvias. || fig. Muchedumbre de personas que afluyen a un lugar.

torrentera. ≅barranco. ≅quebrada. f. Cauce de un torrente.

torreón. m. aum. de torre. || Torre grande, para defensa de una plaza o castillo.

torrero, ra. m. y f. Persona que tiene a su cuidado una atalaya o un faro.

torreta. f. En los buques de guerra y en los tanques, torre acorazada.

torrezno. m. Pedazo de tocino frito o para freír.

tórrido, da. adj. Muy ardiente o quemado. || *Geog.* Díc. de la zona comprendida entre ambos trópicos y dividida por el ecuador en dos parters iguales.

torrija. f. Rebanada de pan empapada en vino, leche u otro líquido, frita en manteca o aceite y endulzada con miel, almíbar o azúcar. Suele rebozarse con huevo y se hace también con otros ingredientes.

torrontero. m. Montón de tierra que dejan las avenidas impetuosas de las aguas.

torsión. f. Acción y efecto de torcer o torcerse una cosa en forma helicoidal.

torso. ≅busto. m. Tronco del cuerpo humano. Ú. principalmente en escultura y pintura. || Estatua falta de cabeza, brazos y piernas.

torta. f. Masa de harina, de figura redonda, que se cuece a fuego lento. || Cualquier masa reducida a figura de torta. || fig. y fam. Palmada, golpe dado con la palma de la mano. || fig. y fam. Bofetada en la cara.

tortada. f. Torta grande, de masa delicada, rellena de carne, dulce, etc.

tortazo. m. fig. y fam. Bofetada en la cara.

tortera. adj. y s. Aplícase a la cazuela o cacerola casi plana que sirve para hacer tortadas.

tortícolis. f. Dolor del cuello que obliga a tener éste torcido.

tortilla. f. Fritada de huevo batido, de forma redonda o alargada, en la cual se incluye a veces algún otro manjar.

tórtola. f. Ave del orden de las palomas, de plumaje ceniciento.

tortolito, ta. adj. Atortolado, sin experiencia.

tórtolo. m. Macho de la tórtola. || fig. y fam. Hombre amartelado. || pl. Pareja de enamorados.

tortuga. f. Reptil marino, quelonio, con las extremidades en forma de paletas, que no pueden ocultarse, y coraza, cuyas láminas tienen manchas verdosas y rojizas. || Reptil terrestre, quelonio, de dos a tres decímetros de largo.

tortuoso, sa. adj. Que tiene vueltas y rodeos. || fig. Solapado, cauteloso.

tortura. ≅martirio. ≅suplicio. f. Calidad de tuerto o torcido. || Acción de torturar. || fig. Dolor o aflicción grandes.

torturar. ≅martirizar. tr. y prnl. Dar tortura, atormentar.

torva. f. Remolino de lluvia o nieve.

torvisco. m. Mata timeleácea, de flores blanquecinas en racimillos terminales, y por fruto una baya redonda.

torvo, va. ≅amenazador. ◁agradable. adj. Fiero, espantoso, airado y terrible a la vista.

torzal. m. Cordoncillo delgado de seda, hecho de varias hebras torcidas. || fig. Unión de varias cosas que hacen como hebra.

tos. f. Movimiento convulsivo y ruidoso del aparato respiratorio.

tosco, ca. adj. Grosero, basto, sin pulimento. || fig. Inculto, sin doctrina ni enseñanza. Ú. t. c. s.

toser. intr. Tener y padecer la tos.

tosiguera. f. Tos pertinaz.

tosquedad. f. Calidad de tosco.

tostada. f. Rebanada de pan que, después de tostada, se unta por lo común con manteca, miel u otra cosa. || fig. y fam. Lata, tabarra.

tostadero. m. Lugar o instalación en que se tuesta algo. || fig. Lugar de excesivo calor.

tostado, da. adj. Díc. del color obscuro. || m. Acción y efecto de tostar.

tostador, ra. adj. y s. Que tuesta. || m. y f. Instrumento o vasija para tostar alguna cosa.

tostar. ≅asar. ≅torrar. tr. y prnl. Poner una cosa a la lumbre, para que se vaya desecando, sin quemarse, hasta que tome color. || fig. Calentar demasiado. || fig. Curtir, atezar el sol o el viento la piel del cuerpo.

tostón. m. Cochinillo asado. || fig. y fam. Tabarra, lata.

total. ≅completo. ≅entero. ≅integral. ◁parcial. ◁parte. adj. General, universal. || m. *Álg.* y *Arit.* Suma. || adv. m. En suma, en conclusión.

totalidad. f. Calidad de total. || Todo, cosa íntegra. || Conjunto de todas las cosas o personas que forman una clase o especie: *la ~ de los vecinos.*

totalitario, ria. adj. Díc. del régimen político que ejerce fuerte intervención en todos los órdenes de la vida nacional, concentrando la totalidad de los poderes estatales en manos de un grupo o partido que no permite la actuación de otros partidos.

totalitarismo. m. Régimen totalitario y doctrina en que se apoya.

totalitarista. adj. y s. Partidario del totalitarismo.

totalizar. ≅sumar. tr. Sacar el total que forman varias cantidades.

tótem. ʃʃtótemes. m. Objeto de la naturaleza, generalmente un animal, que en la mitología de algunas sociedades se toma como emblema protector. || Emblema tallado o pintado, que representa el tótem.

totovía. f. Cogujada, alondra moñuda, copetuda.

toxicidad. f. Calidad de tóxico.

tóxico, ca. ≅venenoso. adj. y m. Díc. de las substancias venenosas.

toxicología. f. Parte de la medicina, que trata de los venenos.

toxicólogo, ga. m. y f. Especialista en toxicología.

toxicomanía. f. Hábito patológico de intoxicarse

Tótem

con substancias que procuran sensaciones agradables o que suprimen el dolor.

toxicómano, na. adj. y s. Que padece toxicomanía.

toxina. f. Substancia elaborada por los seres vivos, en especial por los microbios, y que obra como veneno.

tozudez. f. Calidad de tozudo.

tozudo, da. ≅contumaz. ≅terco. ◁condescendiente. ◁dócil. adj. y s. Obstinado, testarudo.

tozuelo. m. Cerviz gruesa, carnosa y crasa de un animal.

traba. f. Acción y efecto de trabar. || Instrumento con que se junta y sujeta una cosa con otra. || fig. Impedimento o estorbo. || *Chile.* Tabla o palo que se ata a los cuernos de una res vacuna para impedir que entre en sitios donde pueda hacer daño.

trabacuenta. f. Error en una cuenta, que la enreda o dificulta. Ú. t. c. m. || fig. Discusión, controversia.

trabadero. m. Parte entre los menudillos y la corona del casco de las caballerías.

trabado, da. adj. Aplícase al caballo o yegua

que tiene blancas las dos manos. || Díc. también del caballo o yegua que tiene blancos la mano derecha y el pie izquierdo, o viceversa. || fig. Robusto, nervudo.

trabajado, da. adj. Cansado, molido del trabajo. || Lleno de trabajos. || Díc. de lo que se ha realizado con mucho cuidado y esmero.

trabajador, ra. ≅laborioso. ≅operario. adj. Que trabaja. || Muy aplicado al trabajo. || m. y f. Jornalero, obrero.

trabajar. intr. Ocuparse en cualquier ejercicio, obra o ministerio. || Solicitar e intentar alguna cosa con eficacia. || Aplicarse uno con desvelo a la ejecución de alguna cosa. || fig. Ejercitar sus fuerzas naturales la tierra y las plantas para que éstas se desarrollen. || fig. Sufrir una máquina, un buque, un edificio, o parte de ellos, u otra cosa cualquiera, la acción de los esfuerzos a que se hallan sometidos. || fig. Poner conato y fuerza para vencer alguna cosa. || tr. Disponer o ejecutrar una cosa, arreglándose a método y orden. || prnl. Ocuparse con empeño en alguna cosa y esforzarse por conseguirla.

trabajo. m. Acción y efecto de trabajar. || Obra, cosa producida por un agente o por el entendimiento. || Operación de la máquina o herramienta, etc. || Esfuerzo humano aplicado a la producción de riqueza. Se usa en contraposición de capital. || fig. Dificultad, impedimento. || fig. Penalidad, molestia, tormento. || Mec. Producto de la fuerza por el camino que recorre su punto de aplicación y por el coseno del ángulo que forma la una con el otro. || pl. fig. Estrechez, miseria.

trabajoso, sa. ≅laborioso. ≅penoso. adj. Que cuesta o causa mucho trabajo. || Que padece trabajo.

trabalenguas. m. Palabra o locución difícil de pronunciar, en especial cuando sirve de juego.

trabanca. f. Mesa formada por un tablero sobre dos caballetes.

trabanco. m. Palo que se pone a los perros pendiente del collar para que no persigan la caza.

trabar. tr. Juntar una cosa con otra. || Echar trabas. || Espesar o dar mayor consistencia a un líquido o a una masa. || Triscar los dientes de una sierra. || fig. Comenzar una batalla, contienda, conversación, etc. || prnl. Tartamudear.

trabazón. ≅relación. ≅unión. f. Enlace de dos o más cosas. || fig. Conexión de una cosa con otra.

trabilla. f. Tira de tela o de cuero que pasa por debajo del pie para sujetar los bordes inferio-

res del pantalón, de la polaina, etc. || Tira de tela que ciñe a la cintura una prenda de vestir.

trabón. m. Argolla fija de hierro, a la cual se atan por un pie los caballos para tenerlos sujetos. || Tablón que sujeta la cabeza de la viga prensadora de los lagares de aceite.

trabucar. tr. y prnl. Trastornar el buen orden de alguna cosa. || fig. Ofuscar el entendimiento. || fig. Pronunciar o escribir equivocadamente unas palabras, sílabas o letras por otras.

trabucazo. m. Disparo del trabuco. || Tiro dado con él. || Herida y daño producidos por el disparo del trabuco.

trabuco. m. Catapulta. || Arma de fuego más corta y de mayor calibre que la escopeta ordinaria.

trabuquete. m. Catapulta pequeña. || Traína pequeña.

traca. f. Serie de petardos que estallan sucesivamente.

tracción. ≅arrastre. f. Acción y efecto de mover o arrastrar una cosa, especialmente carruajes: ↪ *animal.*

tracio, cia. adj. y s. De Tracia.

Trabuco

tracto. m. Espacio que media entre dos lugares. || Lapso de tiempo. || Versículo que se canta o reza antes del evangelio.

tractor. m. Máquina que produce tracción. || Vehículo automotor cuyas ruedas o cadenas se adhieren fuertemente al terreno, y se emplea para arrastrar maquinaria agrícola, remolques, etc.

tractorista. com. Persona que conduce un tractor.

tradición. ≅ crónica. ≅ hábito. ≅ leyenda. ≅ uso. ◁ novedad. f. Noticia de un hecho antiguo transmitida de generación en generación. || Doctrina, costumbre, etc., conservada en un pueblo por transmisión de padres a hijos.

tradicional. adj. Relativo a la tradición, o que se transmite por medio de ella.

tradicionalismo. m. Doctrina filosófica que pone el origen de las ideas en la revelación y sucesivamente en la enseñanza. || Sistema político que consiste en mantener o restablecer las instituciones antiguas en el régimen de la nación y en la organización social.

tradicionalista. adj. Partidario del tradicionalismo. Ú. t. c. s. || Relativo a esta doctrina o sistema. || Carlista. Ú. t. c. s.

traducción. f. Acción y efecto de traducir. || Obra del traductor. || Sentido o interpretación que se da a un texto.

traducibilidad. f. Calidad de traducible.

traducir. ≅ interpretar. ≅ trocar. ≅ verter. ≅ volver. tr. Expresar en una lengua lo que está escrito o se ha expresado antes en otra. || Convertir, mudar. || fig. Explicar, interpretar.

traductor, ra. adj. y s. Que traduce una obra o escrito. || f. *Inform.* Máquina que obtiene la traducción aproximada de textos simples de un idioma a otro.

traer. ≅ acercar. ≅ conducir. ≅ trasladar. ◁ llevar. tr. Conducir o trasladar una cosa al lugar en donde se habla: ⌢ *una carta*. || Atraer, tirar hacia sí. || Causar, acarrear: *la ociosidad trae estos vicios*. || Llevar, tener puesta una cosa: ⌢ *un vestido nuevo*.

trafalgar. m. Tela de algodón que se empleaba para forrar vestidos.

traficación. f. Acción y efecto de traficar.

traficante. adj. y s. Que trafica o comercia.

traficar. intr. Comerciar, negociar con el dinero y las mercaderías.

tráfico. m. Acción y efecto de traficar. || Tránsito de personas y circulación de vehículos por calles, carreteras, caminos, etc.

trafulcar. tr. Confundir, trabucar.

tragacanto. m. Arbusto papilionáceo, de cuyo tronco y ramas fluye una goma blanquecina muy usada en farmacias y en la industria. || Esta misma goma.

tragacete. m. Antigua arma arrojadiza.

tragaderas. f. pl. Faringe. || fig. y fam. Credulidad: *tener uno buenas* ⌢. || fig. y fam. Poco escrupuloso.

tragadero. m. Faringe. || Boca o agujero que traga una cosa; como agua, etc. || pl. Credulidad.

tragaldabas. ≅ cándido. ≅ glotón. ≅ tragón. com. fam. Persona muy tragona.

tragaluz. ≅ claraboya. m. Ventana abierta en un techo o en la parte superior de una pared.

tragaperras. amb. fam. Aparato que al echarle una moneda, automáticamente, marca el peso o da premio en dinero. Ú. t. c. adj.

tragar. ≅ deglutir. ≅ engullir. ≅ ingerir. tr. Hacer que una cosa pase por el tragadero. || fig. Comer vorazmente. || fig. Abismar la tierra o las aguas lo que está en su superficie. Ú. t. c. prnl. || fig. Dar fácilmente crédito a las cosas. Ú. t. c. prnl. || fig. Soportar o tolerar cosa repulsiva. Ú. t. c. prnl. || Disimular. Ú. t. c. prnl. || fig. Absorber, gastar. Ú. t. c. prnl.

tragedia. ≅ catástrofe. ≅ desgracia. f. Obra dramática de asunto serio, capaz de infundir lástima y terror, en que intervienen personajes ilustres o heroicos. || Poema dramático de acción vigorosa y elevada y de funesto desenlace. || Composición lírica destinada a lamentar sucesos desgraciados.

trágico, ca. adj. Relativo a la tragedia. || Díc. del autor de tragedias. Ú. t. c. s. || Díc. del actor que representa papeles trágicos. || fig. Infausto, muy desgraciado.

tragicomedia. f. Poema dramático que tiene condiciones propias de los géneros trágico y cómico. || Obra jocoseria escrita en diálogo y no destinada a la representación teatral: *la* ⌢ *de Calixto y Melibea*. || fig. Suceso que juntamente mueve a risa y a piedad.

tragicómico, ca. adj. Relativo a la tragicomedia. || Que participa de las cualidades de lo trágico y de lo cómico.

trago. m. Porción de líquido que se bebe o se puede beber de una vez. || Bebida alcohólica: *tomar un* ⌢. || fig. y fam. Adversidad, infortunio.

tragón, na. ≅ comilón. ≅ zampón. adj. y s. Que traga o come mucho.

tragonear. tr. fam. Tragar mucho y con frecuencia.

traición. ≅ deslealtad. ≅ felonía. ≅ infidelidad. ◁ lealtad. f. Quebrantamiento o violación de la fi-

delidad o lealtad que se debe guardar o tener. ||
Der. Delito que se comete contra la patria por los
ciudadanos, o contra la disciplina por los militares.

traicionar. tr. Cometer traición.

traicionero, ra. adj. y s. Traidor.

traído, da. adj. Usado, gastado: *ropa* ⌐.

traidor, ra. adj. Que comete traición. Ú. t. c.
s. || Que implica o denota traición o falsía: *saludo*
⌐; *ojos* ⌐*es.*

tráiler. m. Resumen o avance de una película.
|| Remolque de un automóvil, especialmente el de
los camiones de gran tonelaje.

trailla. f. Cuerda o correa con que se lleva al
perro atado a las cacerías. || Tralla. || Cogedor
grande, arrastrado por caballerías o impulsado por
motor, para igualar terrenos.

traína. f. Red de fondo, especialmente para la
pesca de sardinas.

trainera. adj. y f. Díc. de la barca que pesca
con traína. Es una especie de chalupa que se usa
también en competiciones deportivas.

traíña. f. Arte de cerco y jareta que se emplea
para la pesca de la sardina, anchoa y otros peces
que forman manjúa.

trajano, na. adj. Relativo al emperador Trajano:
columna ⌐.

traje. ≅*ropa.* m. Vestido peculiar de una clase
de personas o de los naturales de un país. ||
Vestido completo de una persona.

trajear. tr. y prnl. Proveer de traje a una persona.

trajín. m. Acción de trajinar.

trajinar. tr. Acarrear mercaderías de un lugar a
otro. || intr. Andar y tornar de un sitio a otro.

tralla. f. Cuerda más gruesa que el bramante.
|| Trencilla de cordel o de seda que se pone al
extremo del látigo para que restalle. || Látigo pro-
visto de este cordel.

trallazo. m. Golpe dado con la tralla. || Chas-
quido de la tralla. || fig. Represión áspera.

trama. ≅*argumento.* ≅*complot.* ≅*maquinación.* f. Conjunto de hilos que, cruzados y enla-
zados con los de la urdimbre, forman una tela. ||
Especie de seda para tramar. || Disposición interna
de una cosa, especialmente del enredo de una
obra dramática o novelesca. || fig. Confabulación,
intriga.

tramador, ra. adj. y s. Que trama los hilos de
un tejido.

tramar. ≅*maquinar.* ≅*urdir.* tr. Atravesar los
hilos de la trama por entre los de la urdimbre
para tejer. || Disponer con habilidad la ejecución

Traje típico de Indonesia

de una cosa complicada o difícil. || fig. Preparar
con astucia un engaño.

tramitación. f. Acción y efecto de tramitar. ||
Serie de trámites necesarios para resolver un
asunto.

tramitación. f. Acción y efecto de tramitar. ||
Serie de trámites prescritos para un asunto.

tramitar. tr. Hacer pasar un negocio por los
trámites debidos.

trámite. m. Paso de una parte a otra, o de una
cosa a otra. || Cada uno de los estados o dili-
gencias necesarios para resolver un asunto.

tramo. m. Trozo de terreno separado de otros
por una señal o distintivo. || Parte de una escalera
comprendida entre dos mesetas o descansos. ||
Cada uno de los trechos o partes en que está
dividido un andamio, esclusa, canal, camino, etc.

tramojo. m. Vencejo hecho con mies. || fam.
Trabajo, apuro. Ú. m. en pl.

tramontana. f. Norte o septentrión. || Viento
que sopla de esta parte. || fig. Vanidad, soberbia.

tramontano, na. adj. Díc. de lo que está del
otro lado de los montes.

tramontar. intr. Pasar del otro lado de los montes: *el Sol ha tramontado.*

tramoya. f. Máquina para figurar en el teatro transformaciones o efectos especiales. || Conjunto de estas máquinas. || fig. Enredo dispuesto con ingenio y disimulo.

tramoyista. m. Constructor o director de tramoyas de teatro. || Operario que las coloca o las hace funcionar. || com. fig. Persona que usa de ficciones o engaños. Ú. t. c. adj.

trampa. f. Artificio para cazar, que consta de una excavación cubierta con una tabla que se hunde al ponerse encima un animal. || Puerta en el suelo. || Tablero horizontal y movible de los mostradores de las tiendas. || Infracción maliciosa de las reglas en un juego o de una competición. || fig. Ardid para burlar o perjudicar a alguno. || fig. Deuda cuyo pago se demora.

trampear. intr. fam. Petardear, estafar. || fam. Arbitrar medios para hacer más llevadera la penuria o alguna adversidad. || fam. Conllevar los achaques: *ir trampeando.* || tr. fam. Usar de trampas o artificios para eludir alguna dificultad.

trampero, ra. m. y f. Persona que pone trampas para cazar.

trampilla. f. Ventanilla en el suelo de las habitaciones altas. || Portezuela con que se cierra la carbonera de un fogón de cocina. || Trampa de los calzones o pantalones.

trampolín. m. Plano inclinado y elástico en el que toma impulso el gimnasta. || fig. Persona, cosa o suceso que se aprovecha para medrar.

tramposo, sa. adj. y s. Embustero, petardista. || Que hace trampas en el juego.

tranca. f. Palo grueso y fuerte. || Palo con que se aseguran las puertas y ventanas cerradas. || fam. Borrachera, embriaguez.

trancar. tr. Cerrar una puerta con una tranca o un cerrojo. || intr. fam. Dar trancos o pasos largos.

trancazo. m. Golpe que se da con la tranca. || fig. y fam. Gripe.

trance. m. Momento crítico y decisivo. || Tiempo próximo a la muerte: *último ↶.* || Estado en que un médium manifiesta fenómenos paranormales. || Estado de suspensión de los sentidos durante el éxtasis místico.

tranco. m. Paso largo o salto que se da abriendo mucho las piernas. || Umbral de la puerta.

trancho. m. Pez muy parecido al sábalo.

tranquear. intr. Dar trancos o pasos largos. || Remover con trancas o palos.

tranquilidad. f. Calidad de tranquilo.

tranquilizante. adj. y m. Díc. de los fármacos de efecto tranquilizador o sedante.

tranquilizar. ≅ calmar. ≅ serenar. ≅ sosegar. ◁ inquietar. ◁ turbar. tr. y prnl. Poner tranquila a una persona o cosa.

tranquilo, la. adj. Quieto, sosegado, pacífico.

tranquillo. m. fig. Modo o hábito especial mediante el cual una operación o trabajo se realiza con más éxito y destreza: *coger el ↶.*

tranquillón. m. Mezcla de trigo con centeno.

transacción. f. Acción y efecto de transigir. || Convenio, negocio.

transalpino, na. adj. Díc. de las regiones que desde Italia aparecen situadas al otro lado de los Alpes. || Relativo a ellas.

transandino, na. adj. Díc. de las regiones situadas al otro lado de la cordillera de los Andes. || Relativo a ellas. || Díc. del tráfico y de los medios de locomoción que atraviesan los Andes.

transatlántico, ca. adj. Díc. de las regiones situadas al otro lado del Atlántico. || Relativo a ellas. || Díc. del tráfico y de los medios de locomoción que atraviesan el Atlántico. || m. Buque de grandes dimensiones destinado a hacer la travesía del Atlántico, o de otro gran mar.

transbordador, ra. adj. Que transborda. || m. Embarcación que circula entre dos puntos y sirve para transportar viajeros y vehículos. || Buque proyectado para transportar vehículos. || Puente transbordador. || Vehículo cuya tracción se hace por medio de una cuerda, cable o cadena.

transbordar. tr. y prnl. Trasladar efectos o personas de una embarcación a otra, de un tren a otro, o de la orilla de un río a la otra.

transbordo. m. Acción y efecto de transbordar.

transcender. intr. Trascender.

transcribir. tr. Copiar un escrito. || Transliterar, escribir con un sistema de caracteres lo que está escrito en otro. || Representar elementos fonéticos, fonológicos, léxicos o morfológicos de una lengua o dialecto mediante un sistema de escritura.

transcripción. ≅ copia. ≅ traslado. f. Acción y efecto de transcribir.

transcripto, ta o **transcrito, ta.** adj. Copiado.

transcurrir. intr. Pasar, correr: *↶ el tiempo.*

transcurso. m. Paso del tiempo.

transeúnte. ≅ caminante. ≅ peatón. ≅ viandante. adj. Que transita o pasa por un lugar. Ú. t. c. s. || Que está de paso, que reside transitoriamente en un sitio. Ú. t. c. s. || Transitorio.

transexual. adj. y s. Díc. de la persona que posee un sentimiento acusado de pertenecer al sexo opuesto, que se critaliza en el deseo de

Transbordador espacial *Atlantis*

transformación corporal. El fenómeno se observa especialmente en hombres.

transexualidad. f. Calidad o condición de transexual.

transferencia. f. Acción y efecto de transferir. || Operación por la que se transfiere una cantidad de una cuenta bancaria a otra. || Vinculación afectiva que se establece en los pacientes de curas psicoanalíticas con el médico que les trata.

transferible. adj. Que puede ser tranferido o traspasado a otro.

transferir. ≅ transmitir. ≅ trasladar. ≅ traspasar. tr. Pasar o llevar una cosa de un lugar a otro. || Extender o trasladar el sentido de una voz a que signifique figuradamente una cosa distinta. || Ceder o renunciar en otro derecho o dominio que se tiene sobre una cosa. || Remitir fondos bancarios de una cuenta a otra.

transfiguración. f. Acción y efecto de transfigurar. || Por ant., la de Jesucristo.

transfigurar. tr. y prnl. Hacer cambiar de figura a una persona o cosa.

transformación. ≅ cambio. ≅ metamorfosis. f. Acción y efecto de transformar.

transformador, ra. adj. y s. Que transforma. || m. Aparato eléctrico para convertir la corriente de alta tensión y débil intensidad en otra de baja tensión y gran intensidad, o viceversa.

transformar. ≅ cambiar. tr. y prnl. Hacer cambiar de forma a una persona o cosa. || Transmutar una cosa en otra. || fig. Hacer cambiar de costumbres a una persona.

transformativo, va. adj. Que tiene virtud o fuerza para transformar.

transformismo. ≅ evolucionismo. m. Teoría biológica que explica la aparición de las distintas especies a través de sucesivas transformaciones de unas especies en otras. || Arte del transformista, actor o payaso.

transformista. adj. Relativo al transformismo. || com. Partidario de esta doctrina. || Actor o payaso que hace mutaciones rapidísimas en sus trajes y en los tipos que representa.

tránsfuga. com. Persona que pasa huyendo de una parte a otra. || fig. Persona que pasa de un partido a otro.

transfundir. tr. Echar un líquido poco a poco de un vaso a otro. || fig. Comunicar una cosa entre diversos sujetos sucesivamente. Ú. t. c. prnl.

transfusión. f. Acción y efecto de transfundir.

transgredir. ≅ conculcar. ≅ infringir. ◁ cum-

Transformador

plir. tr. Quebrantar, violar un precepto, ley o estatuto.

transgresión. f. Acción y efecto de transgredir.

transgresor, ra. adj. y s. Que comete transgresión.

transiberiano, na. adj. Díc. del tráfico y de los medios de locomoción que atraviesan Siberia: *ferrocarril* ⌒.

transición. f. Acción y efecto de pasar de un modo de ser, estar o hacer, a otro distinto. || Paso de una idea o materia a otra. || Cambio de tono y expresión.

transido, da. adj. fig. Fatigado, angustiado: ⌒ *de dolor.*

transigencia. f. Condición de transigente. || Lo que se hace o consiente transigiendo.

transigente. adj. Que transige.

transigir. intr. y tr. Consentir en parte con lo que no se cree justo, razonable o verdadero.

transistor. m. Artificio electrónico que sirve para rectificar y amplificar los impulsos eléctricos. || Por ext., radiorreceptor provisto de transistores.

transitar. intr. Pasar por vías o parajes públicos.

transitivo. adj. Díc. del verbo que se construye con complemento directo.

tránsito. m. Acción de transitar. || Sitio por donde se pasa. || En casas de comunidad, pasillo o corredor. || Paso de un estado o empleo a otro. || n. p. m. Fiesta que en honor de la muerte de la Virgen celebra la Iglesia católica el día 15 de agosto.

transitoriedad. f. Calidad de transitorio.

transitorio, ria. adj. Pasajero, temporal. || Caduco, perecedero, fugaz.

translimitar. tr. Traspasar los límites morales o materiales. Ú. t. c. prnl. || Pasar inadvertidamente, o mediante autorización previa, la frontera de un Estado para una operación militar, sin ánimo de violar el territorio.

transliteración. f. Acción y efecto de transliterar.

transliterar. tr. Representar los signos de un sistema de escritura, mediante los signos de otro.

translucidez. f. Calidad de translúcido.

translúcido, da. adj. Díc. del cuerpo a través del cual pasa la luz, pero que no deja ver sino confusamente lo que hay detrás de él.

transmediterráneo, a. adj. Díc. del comercio y de los medios de locomoción que atraviesan el Mediterráneo.

transmigrar. intr. Pasar de un país a otro para vivir en él. || Pasar un alma de un cuerpo a otro.

transmisión. f. Acción y efecto de transmitir. || Conjunto de mecanismos que comunican el movimiento de un cuerpo a otro, alterando generalmente su velocidad, su sentido o su forma || pl. *Mil.* Servicio de un ejército encargado de los enlaces.

transmisor, ra. adj. y s. Que transmite o puede transmitir. || m. Aparato telefónico por cuyo medio las vibraciones sonoras se transmiten al hilo conductor, haciendo ondular las corrientes eléctricas. || Aparato telegráfico o telefónico que sirve para producir las ondas hertzianas que han de actuar en el receptor.

transmitir. tr. Hacer llegar a alguien algún mensaje. || Comunicar una noticia por telégrafo o teléfono o cualquier otro medio de comunicación. || Difundir una estación de radio y televisión, programas de música, espectáculos, etc. || Trasladar, transferir. || Contagiar a otro enfermedades o estados de ánimo. || Comunicar el movimiento de una pieza a otra en una máquina. Ú. t. c. prnl. || *Der.* Enajenar, ceder.

transmutar. ≅transformar. tr. y prnl. Mudar o convertir una cosa en otra.

transoceánico, ca. adj. Que está situado al otro lado del océano. || Que atraviesa un océano.

transparencia. f. Calidad de transparente. || Diapositiva.

transparentarse. prnl. Dejarse ver la luz u otra cosa a través de un cuerpo transparente. || Ser transparente un cuerpo. || fig. Dejarse descubrir o adivinar algo: ⌒ *la alegría.* || Clarearse una prenda de vestir.

transparente. ≅claro. ≅diáfano. ≅limpio. ◁opaco. adj. Díc. del cuerpo a través del cual pueden verse los objetos distintamente. || Translúcido. || fig. Que se deja adivinar o vislumbrar sin declararse o manifestarse. || m. Tela o papel que, colocado delante de ventanas o balcones, sirve para templar la luz, o ante una luz artificial, sirve para mitigarla o para hacer aparecer en él figuras o letreros.

transpirable. adj. Díc. de lo que puede transpirar o transpirarse.

transpiración. ≅sudor. f. Acción y efecto de transpirar. || Salida de vapor de agua, que se efectúa a través de las membranas de las células superficiales de las plantas, y especialmente por los estomas.

transpirar. intr. Pasar los humores de la parte interior a la exterior del cuerpo a través de los poros de la piel. Ú. t. c. prnl. || Destilar una cosa agua a través de sus poros.

transpirenaico, ca. adj. Díc. de las regiones situadas al otro lado de los Pirineos. || Relativo a ellas. || Díc. del comercio y de los medios de locomoción que atraviesan los Pirineos.

transpolar. adj. Díc. de recorridos o trayectorias que pasan por un polo terrestre o sus proximidades.

transponer. tr. Poner a una persona o cosa en lugar diferente del que ocupaba. Ú. t. c. prnl. || Trasplantar. || prnl. Ocultarse a la vista de uno alguna persona o cosa, doblando una esquina, un cerro u otra cosa semejante. Ú. t. c. tr. || Ocultarse de nuestro horizonte el Sol u otro astro. || Quedarse uno algo dormido.

transportación. f. Acción y efecto de transportar.

transportador, ra. adj. y s. Que transporta. || m. Círculo graduado que sirve para medir o trazar los ángulos de un dibujo geométrico.

transportamiento. m. Acción y efecto de transportar.

transportar. tr. Llevar algo de un lugar a otro. || Llevar de una parte a otra por el porte o precio convenido. || *Mús.* Trasladar una composición de un tono a otro. || prnl. fig. Enajenarse.

transporte. ≅acarreo. ≅porte. ≅traslado. m. Acción y efecto de transportar. || Buque de transporte.

transportista. m. El que tiene por oficio hacer transportes.

transposición. ≅hipérbaton. f. Acción y efecto de transponer. || Figura retórica que consiste en alterar el orden normal de las voces en la oración.

transubstanciación. f. Conversión total de una substancia en otra. Se usa especialmente hablando de la Eucaristía.

transubstancial. adj. Que se transubstancia.

transubstanciar. tr. y prnl. Convertir totalmente una substancia en otra.

transuránico. adj. Díc. de cualquiera de los elementos o cuerpos simples que ocupan en el sistema periódico un lugar superior al 92, que es el correspondiente al uranio.

transvasar. tr. Pasar un líquido de un recipiente a otro.

transvase. m. Acción y efecto de transvasar.

transverberación. f. Acción de herir pasando de parte a parte.

transversal. adj. Que se halla atravesado de un lado a otro. || Que se aparta o desvía de la dirección principal o recta. || Díc. del pariente que no lo es por la línea recta. Ú. t. c. s.

transverso, sa. adj. Colocado o dirigido al través.

tranvía. m. Ferrocarril establecido en una calle o camino. || Vehículo que circula sobre raíles en el interior de una ciudad o sus cercanías y que se usa principalmente para transportar viajeros.

tranviario, ria. adj. Relativo a los tranvías. || m. Empleado en el servicio de tranvías.

trapa. f. Monasterio trapense.

trapacear. intr. Usar de trapazas u otros engaños.

trapacista. adj. y s. Que usa de trapazas. || fig. Que procura engañar.

trapajoso, sa. adj. Roto, desaseado. || Díc. de la lengua o de la persona que pronuncia confusamente las palabras.

trápala. f. Ruido, confusión de gente. || Ruido acompasado del trote o galope de caballo. || fam. Embuste, engaño. || m. fam. Prurito de hablar mucho sin substancia. || com. y adj. fig. y fam. Persona que habla mucho y sin substancia.

trapalear. intr. Meter ruido con los pies andando de un lado a otro. || fam. Decir o hacer cosas propias de un trápala.

trapaza. f. Fraude con que se perjudica a alguna persona en alguna compra, venta o cambio. || Engaño.

trape. m. Entretela con que se armaban los pliegues de las casacas y las faldillas.

trapear. terciopersonal. Nevar.

trapecio. m. Barra horizontal suspendida de dos cuerdas por sus extremos y que sirve para ejercicios gimnásticos y circenses. || Primer hueso de la segunda fila del carpo o muñeca. || Cada uno de los dos músculos situados en la parte posterior del cuello y superior de la espalda del hombre. || *Geom.* Cuadrilátero irregular que tiene paralelos solamente dos de sus lados, los cuales se llaman base mayor y base menor.

trapecista. com. Gimnasta o artista de circo que realiza ejercicios en el trapecio.

trapense. adj. Díc. del monje de la Trapa. Ú. t. c. s. || Relativo a esta orden religiosa.

trapería. f. Conjunto de muchos trapos. || Establecimiento del trapero.

trapero, ra. m. y f. Persona que tiene por oficio recoger o comprar y vender trapos y otros objetos usados. || Persona que retira a domicilio basuras y desechos.

trapezoide. m. *Geom.* Cuadrilátero irregular que no tiene ningún lado paralelo a otro, ni lados ni ángulos iguales. || Hueso del carpo.

trapiche. m. Molino para extraer el jugo de

algunos frutos de la tierra, como aceituna o caña de azúcar.

trapichear. intr. fam. Ingeniarse, buscar trazas, no siempre lícitas, para lograr algún fin. || Comerciar al menudeo.

trapicheo. m. Acción y ejercicio de trapichear.

trapichero. m. y f. Persona que trabaja en los trapiches o que trapichea.

trapío. m. fig. y fam. Aire garboso de algunas mujeres. || fig. y fam. Buena planta y gallardía del toro de lidia.

trapisonda. f. fam. Bulla, riña, alboroto. || fam. Embrollo, enredo.

trapisondista. com. Persona que arma trapisondas o anda en ellas.

trapo. m. Pedazo de tela desechado por viejo, por roto o por inútil. || Vela de una embarcación. || Copo grande de nieve. || fam. Capote de brega. || fam. Tela de la muleta del espada. || pl. fam. Prendas de vestir, especialmente de la mujer.

traque. m. Estallido del cohete. || Guía de pólvora fina que une las partes de un fuego de artificio. || fig. y fam. Ventosidad con ruido.

tráquea. f. En los vertebrados de respiración pulmonar, conducto que va de la faringe a los bronquios, que en el hombre está situado delante del esófago.

traqueal. adj. Relativo a la tráquea. || Díc. del animal que respira por medio de tráqueas.

traqueotomía. f. Cir. Abertura que se hace artificialmente en la tráquea para facilitar la respiración a ciertos enfermos.

traquetear. intr. Hacer ruido, estruendo o estrépito. || tr. Mover, agitar. || fig. y fam. Manosear mucho una cosa.

traqueteo. m. Ruido continuo del disparo de los cohetes, en los fuegos artificiales. || Movimiento de una persona o cosa que se golpea al transportarla de un lugar a otro.

tras. prep. Después de, a continuación de, aplicado al espacio o al tiempo: *llevaba* ∿ *de sí doscientas personas;* ∿ *este tiempo vendrá otro mejor.* || fig. En busca o seguimiento de: *se fue deslumbrado* ∿ *los honores.*

tras. Voz con que se imita un golpe con ruido.

trasatlántico, ca. adj. y s. Transatlántico.

trascendencia. f. Resultado, consecuencia grave o muy importante.

trascendental. adj. Que se comunica o extiende a otras cosas. || fig. Que es de mucha importancia o gravedad. || Filos. Díc. de lo que traspasa los límites de la ciencia experimental.

trascendente. adj. Que trasciende.

trascender. ◁ignorar. ◁ocultar. intr. Exhalar olor vivo y penetrante. || Empezar a ser conocido o sabido algo que estaba oculto. || Extender o comunicarse los efectos de unas cosas a otras, produciendo consecuencias.

trascordarse. prnl. Perder la noticia puntual de una cosa por olvido o por confusión con otra.

trascribir. tr. Transcribir.

trascurrir. tr. Transcurrir.

trasdós. m. Superficie exterior convexa de un arco o bóveda. || Pilastra que está inmediatamente detrás de una columna.

trasegar. tr. Trastornar, revolver. || Cambiar un líquido de una vasija a otra.

trasera. f. Parte de atrás o posterior de un coche, una casa, etc.

trasero, ra. adj. Que está, se queda o viene detrás. || Díc. del carro cargado que tiene más peso detrás que delante. || m. Culo, asentaderas.

trasfondo. m. Lo que está o parece estar más allá del fondo visible de una cosa o detrás de la apariencia o intención de una acción.

trashumancia. f. Acción y efecto de trashumar.

trashumante. adj. Que trashuma.

trashumar. intr. Pasar el ganado desde las dehesas de invierno a las de verano, y viceversa.

trasiego. m. Acción y efecto de trasegar.

traslación. ≅enálage. f. Acción y efecto de trasladar de lugar a una persona o cosa. || Traslado de una persona del cargo que tenía a otro de la misma categoría. || Tralado de un acto a otra fecha distinta. || Traducción a una lengua distinta. || Movimiento de los astros a lo largo de

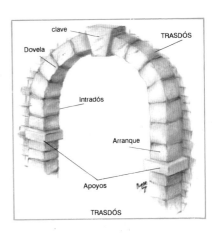

sus órbitas. || *Ling.* Figura de construcción, que consiste en usar un tiempo del verbo fuera de su natural significación: *mañana es,* por *mañana será, domingo.*

trasladar. ≅aplazar. ≅cambiar. ≅diferir. ≅transportar. tr. Llevar o mudar de un lugar a otro. Ú. t. c. prnl. || Hacer pasar a una persona de un puesto o cargo a otro de la misma categoría. || Cambiar la fecha de celebración de un acto. || Traducir de una lengua a otra.

traslado. m. Copia de un escrito. || Acción y efecto de trasladar. || *Der.* Comunicación que se da a alguna de las partes que litigan, de las pretensiones o alegatos de la otra.

traslaticio, cia. ≅figurado. ≅trópico. ≅tropológico. adj. Aplícase al sentido en que se usa un vocablo para que signifique o denote cosa distinta de la que con él se expresa cuando se emplea en su acepción primitiva o más propia y corriente.

traslativo, va. adj. Que trasfiere.

traslucirse. prnl. Ser traslúcido un cuerpo. || fig. Deducirse o inferirse una cosa por algún antecedente o indicio. Ú. t. c. tr.

trasluz. m. Luz que pasa a través de un cuerpo translúcido. || Luz reflejada de soslayo por la superficie de un cuerpo.

trasmallo. m. Arte de pesca formado por tres redes, más tupida la central que las exteriores.

trasmano (a). m. adv. Fuera del alcance habitual o de los caminos frecuentados.

trasmocho, cha. adj. Díc. del árbol descabezado para que produzca brotes. Ú. t. c. s. m. || Díc. del monte cuyos árboles han sido descabezados.

trasnochado, da. ≅anacrónico. ≅anticuado. ◁actual. ◁vigente. adj. Díc. de lo que, por haber pasado una noche por ello, se altera o echa a perder. || fig. Díc. de la persona desmejorada o macilenta. || fig. Falto de novedad y de oportunidad.

trasnochar. intr. Pasar uno la noche, o gran parte de ella, velando o sin dormir. || tr. Dejar pasar la noche sobre una cosa cualquiera.

traspapelarse. prnl. Perderse o figurar en sitio equivocado un papel u otra cosa.

traspasar. ≅cruzar. ≅franquear. tr. Pasar o llevar una cosa de un sitio a otro. || Pasar hacia otra parte. || Atravesar de parte a parte con un arma o instrumento. Ú. t. c. prnl. || Ceder a favor de otro el derecho o dominio de una cosa. || Transgredir, violar una ley. || Exceder de lo de-

bido. || fig. Hacerse sentir un dolor físico o moral con extraordinaria violencia.

traspaso. m. Traslado de una cosa de un lugar a otro. || Paso adelante, hacia otra parte o hacia otro lado. || Paso de una parte a otra de una cosa. || Cesión a favor de otro del dominio de una cosa. || Conjunto de géneros traspasados. || Precio de la cesión de estos géneros o del local donde se ejerce un comercio o industria. || Acción de pasar otra vez por el mismo lugar. || Transgresión o quebrantamiento de un precepto.

traspié. m. Resbalón, tropezón. || Zancadilla. || fig. Equivocación o indiscreción.

trasplantar. tr. Trasladar plantas del sitio en que están arraigadas y plantarlas en otro. || Hacer salir de un país o lugar a personas arraigadas en él, para asentarlas en otro. Ú. t. c. prnl. || Trasladar de un lugar a otro una cosa. || fig. Insertar en un cuerpo humano o de animal un órgano sano o parte de él, procedente de un individuo de la misma o distinta especie, para sustituir un órgano enfermo o parte de él.

trasplante. m. Acción y efecto de trasplantar. || *Cir.* Intervención consistente en implantar a un ser vivo alguna parte orgánica procedente de sí mismo o de otro individuo.

trasponer. tr., intr. y prnl. Transponer.

trasportín. m. Traspuntín.

traspuesta. f. Acción y efecto de trasponer. || Repliegue o elevación del terreno. || Fuga u ocultación de una persona. || Puerta, corral y otras dependencias que están detrás de los principales de una casa.

traspuntín. m. Asiento suplementario y plegable de algunos coches.

trasquilar. ≅esquilar. ≅pelar. tr. Cortar el pelo a trechos, sin orden ni arte. Ú. t. c. prnl. || Cortar el pelo o la lana a algunos animales. || fig. y fam. Disminuir o menoscabar una cosa.

trastabillar. intr. Dar traspiés o tropezones. || Tambalear, vacilar, titubear. || Tartamudear.

trastada. ≅travesura. f. fam. Acción informal.

trastajo. m. Trasto, mueble o utensilio inútil.

trastazo. m. fam. Golpe, porrazo.

traste. m. Cada uno de los resaltos de metal o hueso que se colocan en el mástil de la guitarra u otros instrumentos semejantes, para modificar la longitud libre de las cuerdas.

trastear. tr. Poner los trastes a un instrumento. || Pisar las cuerdas de los instrumentos de trastes.

trastear. intr. Revolver, mudar trastos de una parte a otra. || fig. Discurrir con viveza. || fig. Obrar y comportarse con poca formalidad. || tr.

Dar el espada al toro pases de muleta. || fig. y fam. Manejar con habilidad un asunto.

trastejar. tr. Reponer o poner bien las tejas de un edificio. || Repasar, arreglar.

trastejo. m. Acción y efecto de trastejar las tejas de un edificio. || fig. Movimiento continuado y sin concierto ni orden.

trasteo. m. Acción y efecto de trastear.

trastero, ra. adj. y s. Díc. de la pieza o desván destinado para guardar trastos.

trastienda. f. Cuarto o pieza situado detrás de la tienda. || fig. y fam. Cautela en el modo de proceder.

trasto. m. Cualquiera de los muebles o utensilios de una casa. || Mueble inútil. || Bastidor o artificio que forma parte de la decoración del teatro. || fig. y fam. Persona inútil. || fig. y fam. Persona informal y de mal trato. || pl. Espada, daga y otras armas de uso. || Utensilios o herramientas de algún arte o ejercicio.

trastocar. tr. Trastornar, revolver.

trastornamiento. m. Acción y efecto de trastornar.

trastornar. ≅trabucar. ≅trastocar. ◁ ordenar. ◁tranquilizar. tr. Volver una cosa de abajo arriba o de un lado a otro. || Invertir el orden regular de una cosa. || fig. Inquietar, perturbar. || fig. Perturbar el sentido: *le trastornaba la bebida.* Ú. t. c. prnl.

trastorno. m. Acción y efecto de trastornar.

trastrabado, da. adj. Díc. de caballo o yegua que tiene blancos la mano izquierda y el pie derecho, o viceversa.

trastrabillar. ≅tartajear. ≅tartamudear. intr. Trabarse la lengua al hablar.

trastrocar. tr. y prnl. Cambiar el ser o estado de una cosa.

trasunto. ≅remedo. ◁original. m. Copia o traslado que se saca del original. || Figura o representación que imita con propiedad una cosa.

trasvinarse. prnl. Rezumarse el vino de las vasijas. || fig. y fam. Traslucirse, inferirse. || fig. Traspasar, trascender.

trata. f. Tráfico que consiste en vender seres humanos.

tratable. ≅accesible. ≅afable. ≅amable. ≅sociable. adj. Que se puede o deja tratar fácilmente. || Cortés, razonable.

tratadista. m. Autor que escribe tratados sobre una materia determinada.

tratado. ≅ajuste. ≅pacto. ≅trato. m. Convenio, conclusión de un negocio: ∽ *entre gobiernos.*

|| Escrito o discurso sobre una materia determinada.

tratamiento. m. Acción y efecto de tratar. || Título de cortesía: *señor, excelencia.* || Sistema o método para curar enfermedades: ∽ *hidroterápico.* || Procedimiento empleado en una experiencia o en la elaboración de un producto.

tratante. adj. Que trata. || com. El que se dedica a comprar géneros para revenderlos: ∽ *de ganado.*

tratar. ≅asistir. ≅atender. ≅intentar. tr. Manejar una cosa o usar de ella. || Gestionar un negocio. || Comunicar. Ú. t. c. intr. y prnl. || Tener relaciones amorosas. Ú. m. c. intr. || Proceder bien o mal. || Cuidar bien o mal a uno. Ú. t. c. prnl.

trato. ≅contrato. ≅pacto. m. Acción y efecto de tratar. || Ajuste o convenio. || Tratamiento de cortesía. || Oficio de tratante. || fam. Contrato: ∽ *de ganados.*

trauma. m. Traumatismo. || Choque o sentimiento emocional que deja una impresión duradera en el subconsciente.

traumático, ca. adj. Relativo al traumatismo.

traumatismo. m. Lesión de los tejidos por agentes mecánicos.

traumatizar. tr. y prnl. Causar trauma.

traumatología. f. Parte de la medicina referente a los traumatismos y sus efectos.

traumatológico, ca. adj. Relativo a la traumatología.

traumatólogo, ga. m. y f. Especialista en traumatología.

través. m. Inclinación o torcimiento. || *Arquit.* Pieza de madera en que se afirma el pendolón de una armadura. || *Fort.* Obra exterior para estorbar el paso en lugares angostos.

travesaño. m. Pieza que atraviesa de una parte a otra. || Almohada larga que ocupa toda la cabecera de la cama. || En el fútbol, el larguero horizontal de la portería.

travesear. ≅enredar. intr. Andar inquieto o revoltoso de una parte a otra.

travesero, ra. adj. Díc. de lo que se pone de través. || m. Travesaño, almohada.

travesía. ≅recorrido. ≅trayecto. f. Camino transversal. || Callejuela que atraviesa entre calles principales. || Parte de una carretera comprendida dentro del casco de una población. || Distancia entre dos puntos de tierra o mar. || Viaje por mar.

travestí o **travesti.** m. Persona que se viste con ropas del sexo contrario. Suelen formar parte de un espectáculo. || Este mismo espectáculo.

travestido, da. adj. Disfrazado o encubierto con un traje que le hace irreconocible. || m. Travestí.

travestir. tr. y prnl. Vestir a una persona con la ropa del sexo contrario.

travestismo. m. Orientación sexual, generalmente propia de homosexuales, consistente en buscar el placer vistiéndose con ropas del sexo contrario.

travesura. ≅agudeza. ≅sagacidad. ≅trastada. f. Acción y efecto de travesear. || fig. Viveza de ingenio. || fig. Acción digna de reprensión. || Acción maligna, ingeniosa y de poca importancia, especialmente hecha por niños.

traviesa. f. Travesía o distancia entre dos puntos. || Lo que se juega además de la puesta. || Madero o pieza que se atraviesa en una vía férrea para asentar sobre ella los rieles. || *Arquit.* Cualquiera de los cuchillos de armadura que sirven para sostener un tejado. || *Arquit.* Pared maestra que no está en fachada ni en medianería. || *Min.* Galería transversal al filón.

travieso, sa. ≅astuto. ≅bullicioso. ≅retozón. adj. Puesto al través. || fig. Sutil, sagaz. || fig. Inquieto, revoltoso.

trayecto. m. Espacio que se recorre. || Acción de recorrerlo.

trayectoria. f. Línea descrita en el espacio por un punto en movimiento o un fenómeno que se propaga. Ú. t. en sent. fig. || fig. Curso que, a lo largo del tiempo, sigue el comportamiento de una persona o de un grupo social en sus actividades intelectuales, artísticas, morales, económicas, etc. || Curso que sigue el cuerpo de un huracán o tormenta giratoria.

traza. f. Diseño para la fábrica de un edificio u otra obra. || fig. Plan, medio para un fin. || fig. Invención, arbitrio. || fig. Apariencia o figura de una persona o cosa.

trazado, da. adj. Díc. de la persona de buena o mala traza, apariencia. || m. Acción y efecto de trazar. || Traza, diseño. || Recorrido o dirección de un camino, canal, línea ferroviaria, carretera, etc.

trazar. ≅delinear. ≅dibujar. ≅disponer. ≅planear. tr. Hacer trazos. || Diseñar la traza de un edificio u otra obra. || fig. Discurrir los medios necesarios para el logro de una cosa. || fig. Describir, dibujar los rasgos característicos de una persona o cosa.

trazo. m. Delineación con que se forma la traza, diseño. || Línea, raya. || Parte de la letra manuscrita. || *Pint.* Pliegue del ropaje.

trébede. f. Habitación o parte de ella que, a modo de hipocausto, se calienta con paja. || pl. Triángulo de hierro con tres pies que sirve para poner al fuego sartenes, peroles, etc.

trebejo. m. Trasto, utensilio. Ú. m. en pl. || Juguete o trasto que entretiene. || Cada una de las piezas del ajedrez.

trébol. m. Planta herbácea papilionácea de flores blancas o moradas que se cultiva como planta forrajera. || Uno de los palos de la baraja francesa. Ú. m. en pl.

trebolar. m. Terreno poblado de trébol.

trece. adj. Diez y tres: ~ *libros.* || Decimotercero: *León* ~*; número* ~. Apl. a los días del mes, ú. t. c. s.: *el* ~ *de diciembre.* || m. Conjunto de signos con que se representa el número trece.

treceavo, va. adj. y m. Díc. de cada una de las trece partes iguales de un todo.

trecén. m. Decimotercera parte del valor de las cosas vendidas que se pagaba al señor jurisdiccional.

trecho. m. Espacio de lugar o tiempo.

trefilar. tr. Pasar un metal por la hilera para hacer alambre, varilla o hilo más delgado.

tregua. f. Suspensión de hostilidades, por tiempo determinado, entre beligerantes. || fig. Intermisión, descanso.

treinta. adj. Tres veces diez. || Trigésimo: *número* ~. Apl. a los días del mes, ú. t. c. s.: *el* ~ *de diciembre.* || m. Conjunto de signos con que se representa el número treinta.

treintavo, va. adj. Díc. de cada una de las treinta partes en que se divide un todo.

treintena. f. Conjunto de treinta unidades. || Cada una de las treinta partes de un todo.

trematodo, da. adj. y s. Díc. de los gusanos platelmintos que viven parásitos en otros animales, como la duela. || m. pl. Orden de estos animales.

tremebundo, da. ≅terrible. adj. Horrendo, que hace temblar.

tremedal. ≅toalla. m. Terreno pantanoso que retiembla cuando se anda sobre él.

tremendismo. m. Corriente estética desarrollada en España en el s. XX entre escritores, artistas plásticos y directores de cine, que en sus obras exageran la expresión de los aspectos más crudos de la vida real.

tremendista. adj. Obra que recurre al tremendismo y de la persona que cuenta noticias extremas y alarmantes. || Que practica el tremendismo. Ú. t. c. s. || Díc. del aficionado a contar noticias extremas y alarmantes. Ú. t. c. s.

tremendo, da. adj. Terrible, formidable, digno

de ser temido. || Digno de respeto. || fig. y fam. Muy grande.

trementina. f. Jugo odorífero que fluye de los pinos, abetos, alerces y terebintos con aplicación en medicina y en la industria.

tremó. m. Marco que se pone a los espejos que están fijos en la pared.

tremolar. tr. e intr. Enarbolar los pendones, banderas o estandartes, moviéndolos en el aire.

tremolina. ≅ confusión. f. Movimiento ruidoso del aire. || fig. y fam. Bulla, griterío.

trémolo. m. *Mús.* Sucesión rápida de muchas notas iguales, de la misma duración.

tremulante, tremulanto, ta o **trémulo, la.** ≅ tembloroso. adj. Que tiembla. || Díc. de las cosas de movimiento semejante al temblor; como la luz, etc.

tren. m. Conjunto de instrumentos o útiles para una misma operación o servicio: ∽ *de dragado, de artillería, de laminación.* || Ostentación, pompa. || Serie de carruajes enlazados unos a otros, los cuales, arrastrados por una locomotora, circulan por los caminos de hierro.

trenca. f. Palo atravesado en la colmena para sostener los panales. || Raíz principal de una cepa. || Abrigo corto con capucha.

trencilla. f. Galoncillo, adorno. || m. pop. Árbitro de fútbol.

treno. m. Canto fúnebre. || Por ant., cada una de las *lamentaciones del profeta Jeremías.*

trenza. f. Entrecruzamiento de tres o más hebras, cordones, etc. || La que se hace entretejiendo el cabello largo.

trenzado. m. Trenza. || *Danza.* Salto ligero cruzando los pies. || *Equit.* Paso que hace el caballo piafando.

trenzar. tr. Entretejer tres o más ramales, cordones, etc., cruzándolos alternativamente para formar un solo cuerpo alargado. || intr. *Danza* y *Equit.* Hacer trenzados.

trepa. f. Acción de trepar. || fam. Media voltereta que se da apoyando la coronilla en el suelo. || Especie de guarnición que se echa al borde de los vestidos. || Aguas que presenta la superficie de algunas maderas labradas. || fam. Astucia, engaño. || com. fam. y vulg. Arribista.

trepador, ra. adj. Que trepa. || Díc. de las aves que trepan con facilidad como el cuclillo y el pájaro carpintero. Ú. t. c. s. || Díc. de las plantas que trepan agarrándose a los árboles o a las paredes. || m. Sitio por donde se trepa.

trepajuncos. m. Arandillo, pájaro.

trepanar. tr. Horadar el cráneo u otro hueso con fin curativo o diagnóstico.

trépano. m. Instrumento para trepanar.

trepar. intr. Subir a un lugar una persona valiéndose y ayudándose de los pies y las manos. Ú. t. c. tr. || Crecer las plantas agarrándose a árboles y paredes. || tr. Taladrar, horadar. || Guarnecer con trepa el bordado.

trepidación. f. Acción y efecto de trepidar.

trepidar. ≅ vibrar. intr. Temblar, estremecerse.

treponema. f. Flagelado espiroqueto, una de cuyas especies produce la sífilis.

tres. adj. Dos y uno. || Tercero: *número* ∽. Apl. a los días del mes, ú. t. c. s.: *el* ∽ *de julio.* || m. Signo o conjunto de signos con que se representa el número tres. || Naipe con tres señales: *el* ∽ *de oros.*

trescientos, tas. adj. Tres veces ciento. || Tricentésimo: *número* ∽. || Conjunto de signos con que se representa el número trescientos.

tresillo. m. Juego de naipes entre tres personas en el que gana el que hace mayor número de bazas. || Conjunto de un sofá y dos butacas que hacen juego. || Sortija con tres piedras que hacen juego.

treta. ≅ añagaza. ≅ ardid. ≅ astucia. f. Artificio, artimaña. || *Esgr.* Engaño, finta para herir o desarmar al contrario, o para defenderse.

tríada. f. Conjunto de tres seres o cosas estrechamente vinculados entre sí.

trianero, ra. adj. y s. De Triana, barrio de Sevilla.

triangulado, da. adj. Triangular.

triangular. adj. De forma de triángulo.

triángulo, la. adj. Triangular. || m. Figura formada por tres rectas que se cortan mutuamente. || Instrumento musical de percusión en forma de triángulo.

triásico, ca. adj. Díc. del terreno sedimentario que, inferior al liásico, es el más antiguo de los secundarios. Ú. t. c. s. || Relativo a este terreno.

tribal. adj. Relativo a la tribu.

tribu. f. Agrupación de pueblos antiguos: *las doce* ∽ *s de Israel.* || Conjunto de familias, por lo común, del mismo origen, que obedecen a un patriarca o jefe. || *Biol.* Cada uno de los grupos taxonómicos en que muchas familias se dividen y los cuales se subdividen en géneros.

tribual. adj. Relativo a la tribu.

tribulación. ≅ aflicción. ≅ desgracia. ≅ dolor. ≅ infortunio. f. Congoja, pena. || Adversidad.

tríbulo. m. Nombre de varias plantas espinosas. || Abrojo, planta.

TREPADORAS (AVES)

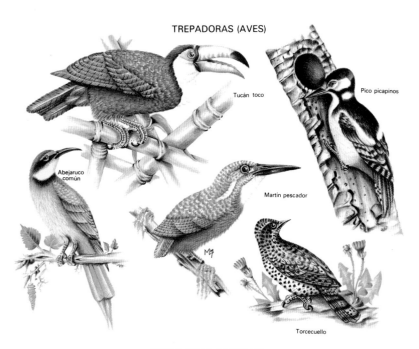

Tucán toco

Pico picapinos

Abejaruco común

Martín pescador

Torcecuello

TREPADORAS (PLANTAS)

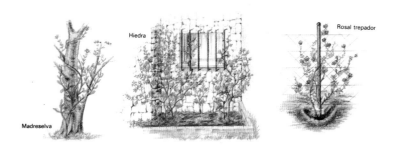

Hiedra

Rosal trepador

Madreselva

tribuna. f. Plataforma elevada desde donde los oradores de la antigüedad dirigían la palabra al pueblo. || Balcón en el interior de algunas iglesias. || Localidad preferente en un campo de deporte. || Plataforma elevada para presenciar un espectáculo público, como desfile, procesión, etc.

tribunal. m. Lugar destinado a los jueces para administrar justicia. || Conjunto de jueces ante el cual se efectúan exámenes, oposiciones, etc.

tribuno. m. Magistrado romano que tenía la facultad de poner el veto a las resoluciones del Senado y de proponer plebiscitos. || fig. Orador popular.

tributación. f. Acción de tributar. || Tributo. || Régimen y sistema tributario.

tributar. tr. Entregar el vasallo al señor en reconocimiento del señorío, o el ciudadano al Estado para las cargas y atenciones públicas, cierta cantidad de dinero o especie. || fig. Manifestar veneración, respeto, afecto.

tributario, ria. ≅afluente. ≅rentero. ≅vasallo. adj. Relativo al tributo: *derecho* ᔈ. || Que paga tributo. Ú. t. c. s. || fig. Díc. del curso de agua con relación al río o mar adonde desemboca.

tributo. m. Lo que se tributa. || Obligación de tributar. || fig. Cualquier carga continua.

tricentenario. m. Tiempo de trescientos años. || Fecha en que se cumplen trescientos años de algún suceso famoso. || Fiestas que se celebran por este motivo.

tricentésimo, ma. adj. Que sigue inmediatamente en orden al ducentésimo nonagésimo nono. || Díc. de cada una de las trescientas partes iguales de un todo. Ú. t. c. s.

tríceps. adj. y s. Músculo con tres cabezas: ᔈ *femoral.*

triciclo. m. Vehículo de tres ruedas.

triclínico. adj. y s. Díc. del sistema cristalográfico constituido por tres ejes de desigual longitud, que se cortan oblicuamente.

triclinio. m. Cada uno de los lechos capaces para tres personas en que los antiguos griegos y romanos se reclinaban para comer. || Comedor de los antiguos griegos y romanos.

tricolor. adj. De tres colores: *enseña* ᔈ.

tricornio. adj. De tres cuernos. || Díc. del sombrero que está armado en forma de triángulo.

tricot. m. Cierta especie de punto realizado con aguja, o agujas, o en el telar. || Tejido fabricado con este punto.

tricotar. intr. y tr. Tejer, hacer punto a mano o con máquina.

tricotomía. f. Trifurcación de un tallo o una rama. || *Lóg.* Método de clasificación o división en tres partes. || *Lóg.* Aplicación de este método.

tricromía. f. Procedimiento fotográfico y fotomecánico de reproducción de todos los colores mediante la estampación sucesiva del amarillo, rojo y azul.

tricúspide. f. Válvula que se halla entre la aurícula derecha del corazón de los mamíferos y el ventrículo correspondiente, llamada así por terminar en tres puntas.

tridente. adj. De tres dientes. || m. Cetro en forma de arpón que tienen en la mano las figuras de Neptuno.

tridentino, na. adj. y s. De Trento. || Relativo al concilio ecuménico que se reunió en esta ciudad a partir de 1545.

tridimensional. adj. De tres dimensiones.

triduo. m. Ejercicios religiosos que se practican durante tres días.

triedro. adj. y m. Díc. del ángulo poliedro de tres caras.

trienal. adj. Que sucede o se repite cada trienio. || Que dura un trienio.

trienio. m. Tiempo de tres años. || Incremento económico de un sueldo o salario correspondiente a cada tres años de servicio activo.

triente. m Moneda bizantina que valía un tercio de sólido. || Moneda de oro acuñada por los visigodos en España.

triestino, na. adj. y s. De Trieste. || m. Dialecto hablado en la región de Trieste.

trifásico, ca. adj. Díc. de un sistema de tres corrientes eléctricas alternas iguales, procedentes del mismo generador, y desplazadas en el tiempo, cada una respecto de las otras dos, en un tercio de período.

trifoliado, da. adj. *Bot.* Que tiene hojas compuestas de tres folíolos.

triforio. m. Galería que rodea el interior de una iglesia sobre los arcos de las naves y que suele tener ventanas de tres huecos.

trifulca. ≅alboroto. ≅disputa. ≅riña. f. Aparato para dar movimientos a los fuelles de los hornos metalúrgicos. || fig. y fam. Camorra entre varias personas.

trifurcarse. prnl. Dividirse una cosa en tres ramales, brazos o raíces: ᔈ *una rama.*

trigal. m. Campo sembrado de trigo.

trigésimo, ma. adj. Que sigue inmediatamente en orden al vigésimo nono. || Díc. de cada una de las treinta partes iguales en que se divide un todo. Ú. t. c. s.

triglifo o **tríglifo.** m. Adorno del friso del orden

Trigal

dórico en forma de rectángulo saliente y surcado por tres canales.

trigo. m. Planta gramínea, con espigas terminales compuestas de tres o más carreras de granos, de los cuales, triturados, se saca la harina con que se hace el pan. || Grano de esta planta. || Conjunto de granos de esta planta. || fig. Dinero, caudal.

trigonometría. f. Parte de las matemáticas que trata del cálculo de los elementos de los triángulos.

trigonométrico, ca. adj. Relativo a la trigonometría: *cálculo* ∽.

trigueño, ña. ≅castaño. ≅mulato. adj. Del color del trigo, entre moreno y rubio.

triguera. f. Planta perenne gramínea muy parecida al alpiste.

triguero, ra. adj. Relativo al trigo. || Que se cría entre el trigo: *espárrago* ∽. || Díc. del terreno en que se da bien el trigo. || m. Criba para zarandar el trigo.

trilátero, ra. adj. De tres lados.

trilingüe. adj. Que tiene tres lenguas. || Que habla tres lenguas. || Escrito en tres lenguas.

trilita. f. Trinitrotolueno.

trilito. m. Dolmen de dos piedras clavadas verticalmente en el suelo, que sostienen una tercera, horizontal.

trilobites. m. Artrópodo marino fósil del paleozoico.

trilobulado, da. adj. Que tiene tres lóbulos.

trilogía. f. Conjunto de tres tragedias de un mismo autor, presentadas a concurso en los juegos solemnes de la Grecia antigua. || Conjunto de tres obras dramáticas que tienen entre sí enlace histórico o unidad de pensamiento.

trilla. f. Trillo, instrumento para trillar. || Acción de trillar. || Tiempo de trilla.

trillado, da. adj. fig. Común y sabido.

trilladora. f. Máquina trilladora.

trillar. tr. Separar el grano de la paja quebrantando la mies tendida en la era con el pisoteo de las bestias, con el trillo o la trilladora. || fig. y fam. Frecuentar mucho una cosa.

trillizo, za. adj. y s. Díc. de cada uno de los hermanos nacidos de un parto triple.

trillo. m. Instrumento para trillar que consiste en un tablón con pedazos de pedernal o cuchillas de acero encajadas en una de sus caras.

trillón. m. Un millón de billones, que se expresa por la unidad, seguida de dieciocho ceros.

trímero. adj. y m. Díc. de los insectos coleópteros que tienen en cada tarso tres artejos bien desarrollados, como la mariquita. || m. pl. Suborden de estos animales.

trimestral. adj. Que sucede o se repite cada tres meses. || Que dura tres meses.

trimestre. m. Espacio de tres meses. || Renta, sueldo, pensión etc., que se cobra o paga al fin de cada trimestre. || Conjunto de los números de un periódico o revista, publicados durante un trimestre.

trimotor. m. Avión de tres motores. Ú. t. c. adj.

trinado, da. m. Trino musical. || Gorjeo de la voz humana o de los pájaros.

trinar. ≅rabiar. intr. Gorjear. || *Mús.* Hacer trinos. || fig. y fam. Rabiar, impacientarse: *está que trina.*

trinca. f. Reunión de tres cosas de una misma clase. || Conjunto de tres personas designadas para argüir recíprocamente en las oposiciones. || Pandilla reducida de amigos. || *Mar.* Cabo o cuerda, cable, cadena, etc., que sirve para trincar.

trincar. tr. Atar fuertemente. || Sujetar a uno con los brazos o las manos como amarrándole. || Apoderarse de alguien o de algo con dificultad. ||

pop. Apresar, encarcelar. || vulg. Beber vino o licor.

trincha. f. Ajustador para ceñir ciertas prendas al cuerpo por medio de hebillas y botones.

trinchar. tr. Partir en trozos la vianda para servirla. || fig. y fam. Disponer de una cosa, mangonear.

trinchera. f. Defensa de tierra para cubrir el cuerpo del soldado. || Desmonte hecho en el terreno para camino, con taludes a ambos lados. || Gabardina impermeable que trae su nombre de haberla usado algunas tropas durante la guerra europea de 1914-18.

trinchero. m. Mueble de comedor que sirve principalmente para trinchar.

trinchete. m. Cuchilla de zapatero.

trineo. m. Vehículo sin ruedas para caminar sobre el hielo y la nieve.

trinidad. f. Distinción de tres personas divinas en una sola y única esencia que constituye para los cristianos el misterio de la unidad de Dios. || fig. desp. Unión de tres personas en algún negocio.

trinitaria. f. Planta herbácea anual violácea, de jardín, común en España, donde se la conoce con el nombre de *pensamiento*. || Flor de esta planta.

trinitrotolueno. m. Producto derivado del tolueno en forma de sólido cristalino. Es un explosivo muy potente que se emplea con fines militares.

trino. m. Sucesión rápida y alternada de dos notas de igual duración, entre las cuales media la distancia de un tono o de un semitono. || Gorjeo de los pájaros.

trino, na. ≅ triple. adj. Que contiene en sí tres cosas distintas: *Dios es ᴖ y uno.* || Ternario.

trinomio. m. Expresión de tres términos algebraicos unidos por los signos más o menos.

trinque. m. vulg. Vicio de beber.

trinquete. m. Frontón cerrado sin contracancha y con doble pared lateral, cuyas características varían de unos lugares a otros. || Garfio que resbala sobre los dientes de una rueda para impedir que esta se vuelva hacia atrás. || Verga mayor que se cruza sobre el palo de proa. || Vela que se larga en ella. || Palo que se arbola inmediato a la proa.

trío. m. Composición musical para tres voces o instrumentos. || Grupo de tres personas unidas entre sí por alguna relación, o que intervienen conjuntamente en alguna cosa.

triodo. m. Válvula termiónica compuesta de tres electrodos.

trióxido. m. Cuerpo resultante de la combinación de un radical con tres átomos de oxígeno.

tripa. f. Conjunto de intestinos o parte de ellos. || Vientre, y especialmente el de la hembra en el embarazo. || Panza. || fig. Lo interior de ciertas cosas.

tripada. f. fam. Panzada, hartazgo.

tripanosoma. m. Cada uno de los protozoos que viven en la sangre del hombre y de algunos vertebrados superiores y una de cuyas especies, la *trypanosoma cruzi*, es la causante de la enfermedad del sueño.

tripartito, ta. adj. Dividido en tres partes, órdenes o clases. || Dícese de la conferencia, pacto, tratado, etc., formado por tres partes o entidades.

tripe. m. Tejido de lana parecido al terciopelo.

tripear. intr. Comer con glotonería.

tripería. f. Tienda donde se venden tripas. || Conjunto de tripas.

tripero, ra. m. y f. Persona que vende tripas. || fig. Persona glotona. || m. Bayeta para abrigar el vientre.

triple. adj. Número que contiene a otro tres veces. Ú. t. c. m. || Díc. de la cosa que va acompañada de otras dos semejantes, que sirven a un mismo fin: ᴖ *muralla*. || m. *Elec.* Enchufe con tres salidas.

triplicar. tr. Multiplicar por tres. Ú. t. c. prnl. || Hacer tres veces una misma cosa.

trípode. amb. Mesa, banquillo. || m. Armazón de tres pies para sostener aparatos fotográficos, geodésicos, etc.

trípoli. m. Roca silícea que se empleaba para pulimentar; es la substancia inerte que suele mezclarse con la nitroglicerina para fabricar la dinamita.

tripón, na. adj. fam. Que tiene mucha tripa.

tríptico. m. Tablita de tres hojas usadas antiguamente para escribir. || Libro o tratado de tres partes. || Pintura, grabado o relieve en tres hojas, unidas de tal modo que las laterales pueden doblarse sobre la del centro.

triptongo. m. Conjunto de tres vocales (débil, fuerte y débil) que forma una sola sílaba. Los triptongos usados en castellano son los siguientes: *iai, iei, ieu, iau, ioi, uai o uay, uei o uey y uau.*

tripudo, da. adj. y s. Que tiene tripa muy grande.

tripulación. f. Conjunto de personas que van en una embarcación o en un aparato de locomoción aérea, dedicadas a su maniobra y servicio.

tripulante. com. Persona que forma parte de una tripulación.

tripular. tr. Dotar de tripulación. || Ir la tripulación en un barco, avión o vehículo espacial. || Conducir una nave o un avión.

trique. m. Estallido leve.

triquina. f. Gusano nematelminto de unos tres milímetros de largo, cuya larva se enquista en forma de espiral en los músculos del cerdo y del hombre.

triquinosis. f. Enfermedad producida por la presencia de triquinas en el organismo.

triquiñuela. f. fam. Rodeo, treta.

triquitraque. m. Ruido de golpes repetidos y desordenados. || Esos mismos golpes. || Rollo de papel con pólvora.

trirreme. m. Embarcación antigua de tres órdenes de remos.

tris. m. Tiempo y lugar pequeños, ocasión levísima.

trisar. intr. Cantar o chirriar la golondrina y otros pájaros.

trisca. f. Ruido que se hace quebrando con los pies una cosa. || Bulla, algazara, estruendo.

triscar. intr. Hacer ruido con los pies. || fig. Retozar. || tr. fig. Enredar, mezclar: *este trigo está triscado.* Ú. t. c. prnl.

trisílabo, ba. adj. y m. De tres sílabas.

trismo. m. Contracción tetánica de los músculos maseteros, que impide abrir la boca.

triste. ≅aciago. ≅infausto. ◁alegre. ◁feliz. adj. Afligido, apesadumbrado. || De carácter melancólico. || Que denota pesadumbre, melancolía.

Trirreme romano

|| Que las ocasiona; *noticia* ∽. || Funesto, deplorable. || Que se ha pasado o hecho con pesadumbre o melancolía: *día* ∽.

tristeza. f. Pena, melancolía, amargura.

tristón, na. adj. Un poco triste.

tritón. m. Cada una de ciertas deidades marinas a que se atribuía figura de hombre desde la cabeza hasta la cintura, y de pez el resto. || Salamandra acuática.

trituración. f. Acción y efecto de triturar.

triturador, ra. adj. y s. Que tritura. || f. Máquina para triturar.

triturar. ≅masticar. ≅pulverizar. ≅ronzar. tr. Moler, desmenuzar. || Mascar. || fig. Maltratar, molestar. || fig. Rebatir, censurar.

triunfal. adj. Relativo al triunfo.

triunfalismo. m. Actitud real o supesta de seguridad en sí mismo y superioridad respecto a los demás, fundada en sobrestimación de la propia valía. || Manifestación pomposa de esa actitud.

triunfalista. adj. Relativo al triunfalismo. || Que lo practica. Ú. t. c. s.

triunfante. adj. Que triunfa o sale victorioso.

triunfar. ≅ganar. ≅vencer. ◁fracasar. ◁perder. intr. Entrar en la Roma antigua con gran pompa y acompañamiento el vencedor de los enemigos de la república. || Quedar victorioso. || Tener éxito o conseguir con esfuerzo algo que se pretende. || Jugar del palo del triunfo en ciertos juegos de naipes.

triunfo. m. Acto solemne de triunfar el vencedor romano. || Victoria. || Carta del palo preferido en ciertos juegos de naipes.

triunvirato. m. Junta de tres personas para cualquier empresa o asunto. || Magistratura de la República romana en que intervenían tres personas.

triunviro. m. Cada uno de los tres magistrados romanos que tuvieron a su cuidado en ciertas ocasiones el gobierno y administración de la república.

trivial. ≅común. ≅manido. ◁extraordinario. ◁importante. adj. Relativo al trivio. || fig. Vulgarizado, común y sabido de todos. || fig. Que no sobresale, que carece de toda importancia y novedad: *expresión, poesía* ∽.

trivialidad. f. Calidad de trivial. || Dicho o especie trivial.

trivio. m. División de un camino en tres ramales y punto en que éstos concurren. || En la universidad antigua, conjunto de las tres artes liberales relativas a la elocuencia: la gramática, la retórica y la dialéctica.

triza. f. Pedazo pequeño o partícula dividida de un cuerpo.

trocánter. m. Prominencia que algunos huesos largos tienen en su extremidad. Díc. más especialmente de la protuberancia de la parte superior del fémur.

trocar. ≅ cambiar. ≅ canjear. tr. Permutar una cosa por otra. || Mudar, alterar. || Arrojar por la boca lo que se ha comido. || Equivocar, decir una cosa por otra: *a Juan no se le puede encargar nada, porque todo lo trueca.*

trocear. tr. Dividir en trozos. || Inutilizar un proyectil abandonado haciéndolo explotar.

trócola. f. Polea.

trocha. f. Vereda angosta que sirve de atajo. || Camino abierto en la maleza.

trochemoche (a), o **a troche y moche.** m. adv. fam. Disparatada e inconsideradamente.

trofeo. m. Monumento, insignia o señal de victoria. || Despojo obtenido en la guerra. || Conjunto de armas e insignias militares agrupadas con cierta simetría. || fig. Victoria o triunfo conseguido.

trófico, ca. adj. Relativo a la nutrición.

trofología. f. Tratado o ciencia de la nutrición.

trofólogo, ga. m. y f. Especialista en trofología.

troglodita. ≅ cavernícola. adj. y s. Que habita en cavernas. || fig. Díc. del hombre bárbaro y cruel. || fig. Muy comedor.

troica. f. Vehículo ruso a modo de trineo, arrastrado por tres caballos. || Por ext., carruaje tirado por tres caballos.

troj. f. Espacio limitado por tabiques para guardar frutos y especialmente cereales.

trola. ◁ verdad. f. fam. Engaño, falsedad, mentira.

trole. m. Pértiga de hierro que sirve para transmitir a los carruajes de los trenes y tranvías eléctricos la corriente del cable conductor.

trolebús. m. Vehículo eléctrico, sin carriles, que toma la corriente de un cable aéreo.

trolero, ra. adj. fam. Mentiroso, embustero.

tromba. ≅ manga. ≅ tifón. f. Columna de agua que se levanta en el mar por efecto de un torbellino. || Gran cantidad de agua de lluvia caída en poco tiempo.

trombo. m. *Pat.* Coágulo de sangre en el interior de un vaso.

trombocito. m. Plaqueta de la sangre.

tromboflebitis. f. Inflamación de las venas con formación de trombos.

trombón. m. Instrumento musical de metal cuyos sonidos se obtienen alargando las varas que lleva. || com. Persona que toca este instrumento.

trombosis. ʃʃtrombosis. f. *Pat.* Proceso de formación de un trombo en el interior de un vaso.

trompa. f. Instrumento musical de viento que consiste en un tubo de latón enroscado circularmente. || Prolongación muscular, hueca y elástica de la nariz de algunos animales. || fig. y fam. Borrachera. || fig. y fam. Nariz prominente.

trompazo. ≅ batacazo. ≅ costalada. m. Golpe dado con el trompo. || Golpe dado con la trompa. || fig. Cualquier golpe recio.

trompear. intr. Jugar con el trompo. || tr. Dar puñetazos.

trompero, ra. m. y f. Persona que hace trompos.

trompeta. f. Instrumento musical de viento que consiste en un tubo largo de metal que va ensanchándose desde la boquilla al pabellón y produce diversidad de sonidos según la fuerza con que la boca impele el aire. || Clarín, especie de trompeta. || m. fig. y fam. Hombre despreciable. || com. Persona que toca la trompeta, instrumento.

trompetazo. m. Sonido destemplado o excesi-

Trompa

vamente fuerte de la trompeta o de cualquier instrumento análogo. || Golpe dado con una trompeta. || fig. y fam. Dicho o hecho que causa gran sorpresa o escándalo.

trompetero, ra. m. y f. Persona que hace trompetas. || Persona que toca este instrumento. || m. Pez teleósteo acantopterigio, con dos aletas y el primer radio de la anterior, grueso y fuerte.

trompetilla. f. Instrumento en forma de trompeta que servía para que los sordos recibieran los sonidos, aplicándoselo al oído.

trompicón. m. Cada tropezón o paso tambaleante de una persona. || Tumbo o vaivén de un vehículo. || Porrazo, golpe fuerte.

trompo. m. Trompa, peón o peonza. || Molusco gasterópodo marino, abundante en las costas españolas, de concha gruesa, cónica, angulosa en la base. || fig. Persona muy torpe.

tronada. f. Tempestad de truenos.

tronado, da. adj. Deteriorado por efecto del uso o del tiempo; pasado de moda. || vulg. Loco.

tronar. impers. Sonar truenos. || intr. Despedir o causar ruido o estampido: *las armas de fuego truenan cuando disparan.*

tronca. f. Tocón de un árbol.

tronco. m. Cuerpo truncado: ⌐ *de pirámide, de columna.* || Tallo fuerte y macizo de árboles y arbustos. || Cuerpo humano o de cualquier animal, prescindiendo de la cabeza y de las extremidades. || fig. Persona insensible, inútil o despreciable.

troncocónico, ca. adj. En forma de cono truncado.

tronchado, da. adj. Partido, roto. || fig. y fam. Cansado, molido.

tronchante. adj. fam. Cómico, gracioso, que produce risa.

tronchar. tr. y prnl. Partir o romper con violencia un vegetal por su tronco, tallo o ramas principales: *el viento tronchó el árbol.* || prnl. fam. Reírse mucho sin poderse contener.

troncho. m. Tallo de las hortalizas. || fam. vulg. Persona torpe.

tronera. ≅calavera. ≅perdulario. f. Abertura en el costado de un buque, en el costado de una muralla o en el espaldón de una batería, para disparar con seguridad y acierto los cañones. || fig. Ventana pequeña y angosta.

tronido. m. Trueno de las nubes. || Estampido. || fig. Fracaso ruidoso. || fig. Ostentación, boato, pero con cierta gracia.

trono. m. Asiento con gradas y dosel que usan los monarcas y otras personas de alta dignidad especialmente en los actos de ceremonia: *salón del* ⌐. || fig. Dignidad de rey o soberano.

tronzar. ≅partir. ≅romper. tr. Dividir o hacer trozos. || Hacer en las faldas cierto género de pliegues iguales y muy menudos. || fig. Cansar excesivamente. Ú. t. c. prnl.

tropa. f. Turba, muchedumbre de gentes reunidas con fin determinado. || despect. Gentecilla, gente despreciable. || Gente militar, a distinción del paisanaje. || *Amér.* m. Recua de ganado.

tropel. m. Movimiento acelerado y ruidoso de varias personas o cosas que se mueven con desorden. || Prisa, aceleramiento confuso o desordenado. || Conjunto de cosas mal ordenadas y colocadas o amontonadas sin concierto.

tropelía. ≅abuso. ≅arbitrariedad. ≅desafuero. f. Hecho violento y contrario a las leyes. || Vejación, atropello.

tropeoláceo, a. adj. y f. Díc. de plantas angiospermas dicotiledóneas, muy afines a las geraniáceas; como la capuchina. || f. pl. Familia de estas plantas.

tropezar. intr. Dar con los pies en un estorbo que pone en peligro de caer. || Ser impedida una cosa por encontrar un estorbo. || fig. y fam. Hallar casualmente una persona a otra.

tropezón, na. ≅traspié. ≅trompicón. ≅tropiezo. adj. fam. Que tropieza con frecuencia. || m. Acción y efecto de tropezar. || fig. y fam. Pedazo pequeño de jamón u otra vianda que se mezcla con las sopas o las legumbres. Ú. m. en pl.

tropical. adj. Relativo a los trópicos. || fig. Ampuloso, frondoso, exagerado.

trópico. m. Cada uno de los dos círculos menores que se consideran en la esfera celeste paralelos al ecuador.

tropiezo. ≅obstáculo. ≅traspié. ≅tropezón. m. Aquello en que se tropieza. || Lo que sirve de estorbo o impedimento. || fig. Falta, culpa o yerro. || fig. Causa de la culpa cometida. || fig. Persona con quien se comete. || fig. Contratiempo o desgracia en general.

tropismo. m. *Biol.* Movimiento total o parcial de los organismos.

tropo. m. Empleo de las palabras en sentido distinto del que propiamente les corresponde. Comprende la sinécdoque, la metonimia y la metáfora en todas sus variedades.

tropopausa. f. Capa atmosférica de altura variable, entre la troposfera y la estratosfera.

troposfera. f. Zona inferior de la atmósfera, hasta la altura de 12 km., donde se desarrollan los meteoros aéreos, acuosos y algunos eléctricos.

troquel. ≅cuadrado. ≅cuño. m. Molde empleado en la acuñación de monedas, medallas, etc. || Máquina con bordes cortantes para recortar, por presión, planchas, cartones, cueros, etc.

troquelar. ≅acuñar. tr. Imprimir y sellar una pieza de metal por medio del troquel. || Recortar con troquel piezas de cuero, cartones, etc.

troqueo. m. Pie de la poesía griega y latina, compuesto de dos sílabas, la primera larga y la otra breve. || En la poesía española se llama así al pie compuesto de una sílaba acentuada y otra átona.

trotacalles. com. fam. Persona muy callejera.

trotaconventos. f. fam. Alcahueta, celestina.

trotamundos. com. Persona aficionada a viajar y recorrer países.

trotar. intr. Ir el caballo al trote. || Cabalgar una persona en caballo que va al trote. || fig. y fam. Andar mucho o con celeridad una persona.

trote. m. Modo de caminar acelerado, natural a todas las caballerías, que consiste en avanzar saltando, con apoyo alterno en cada bípedo diagonal. || fig. Trabajo o faena apresurada y fatigosa.

trotskismo. m. Teoría y práctica política de León Trotski que preconiza la revolución permanente internacional, contra el criterio estaliniano de consolidar el comunismo en un solo país.

trova. f. Conjunto de palabras sujetas a medida y cadencia, verso. || Composición métrica formada a imitación de otra. || Composición métrica escrita generalmente para canto. || Canción amorosa compuesta o cantada por los trovadores.

trovador, ra. adj. y s. Que trova. || m. Poeta provenzal de la Edad Media, que escribía y trovaba en lengua de oc. || Trovero, poeta popular. || m. y f. Poeta, poetisa.

trovar. intr. Hacer versos. || Componer trovas. || tr. Imitar una composición métrica, aplicándola a otro asunto. || fig. Dar a una cosa diverso sentido del que lleva la intención con que se ha dicho o hecho.

trovero. m. y f. Persona que improvisa y canta trovos. || m. Poeta de la lengua de oíl, en la literatura francesa de la Edad Media.

trovo. m. Composición métrica popular, generalmente de asunto amoroso.

troyano, na. adj. y s. De Troya, ciudad del Asia antigua.

troza. f. Tronco aserrado por los extremos para sacar tablas.

trozar. ≅partir. ≅tronzar. tr. Romper, hacer pedazos. || Entre madereros, dividir en trozas un árbol.

trozo. m. Pedazo de una cosa que se considera aparte del resto.

trucaje. m. Acción y efecto de trucar.

trucar. intr. Hacer el primer envite en el juego del truque. || tr. Preparar algo con ardides o trampas para que produzca el efecto deseado. || Manipular las fotografías para que den apariencias engañosas.

truco. m. Cada una de las mañas o habilidades que se adquieren en el ejercicio de un arte, oficio o profesión. || Ardid o trampa que se utiliza para el logro de un fin. || Ardid o artificio para producir determinados efectos en el ilusionismo, en la fotografía, en la cinematografía, etc.

truculencia. f. Calidad de truculento.

truculento, ta. adj. Cruel, atroz y tremendo.

trucha. f. Pez teleósteo, fisóstomo, de agua dulce, con cuerpo fusiforme, de color pardo y lleno de pintas rojizas o negras; su carne es sabrosa y delicada.

truchero, ra. adj. Díc. de los ríos u otras corrientes de agua en que abundan las truchas. || m. y f. Persona que pesca truchas, o las vende.

trueno. m. Estampido o estruendo producido en las nubes por una descarga eléctrica. || Ruido o estampido que causa el tiro de cualquier arma o artificio de fuego. || fig. y fam. Joven atolondrado y alborotador y de mala conducta.

trueque. ≅cambio. m. Acción y efecto de trocar o cambiar.

trufa. f. Variedad muy aromática de criadilla de tierra. || Especie de bombón, compuesto de chocolate fundido, mantequilla y almendras.

trufar. tr. Rellenar de trufas las aves, embutidos y otros manjares, o inferirlas en ellos. || intr. Mentir, engañar.

truhán, na. ≅astuto. ≅pícaro. ≅pillo. adj. y s. Díc. de la persona sin vergüenza, que vive de engaños y estafas. || Díc. de quien con bufonadas, cuentos o patrañas procura divertir y hacer reír.

truhanada. f. Truhanería.

truhanería. f. Acción truhanesca. || Conjunto de truhanes.

truja. f. Algorín donde se almacena la aceituna.

trujal. m. Prensa donde se estrujan las uvas o se exprimen las aceitunas. || Molino de aceite. || Tinaja en que se conserva y prepara la barrilla para fabricar el jabón.

trujillano, na. adj. y s. De Trujillo.

trulla. f. Bulla, jarana, parranda. || Turba, tropa o multitud de gente. || Llana de albañil.

trullo. m. Ave palmípeda, del tamaño de un pato. || Lagar con depósito inferior donde cae directamente el mosto cuando se pisa la uva. || fam. y vulg. Calabozo, cárcel.

truncado, da. adj. Díc. del cilindro terminado por dos planos no paralelos. || Díc. del cono al que le falta el vértice.

truncar. ≅decapitar. tr. Cortar una parte a alguna cosa. || Cortar la cabeza al cuerpo del hombre o de un animal. || fig. Callar, omitir alguna o algunas palabras en frases o pasajes de un escrito, especialmente cuando se hace de intento y con malicia.

truque. m. Cierto juego de envite en el que gana quien echa la carta de mayor valor.

trust. m. *Econ.* Grupo de empresas bajo una misma dirección con el fin de controlar el mercado de un producto determinado o de un sector.

tsetsé. m. Mosca africana que inocula el tripanosoma de la enfermedad del sueño.

tu, tus. adj. pos. Apócope de *tuyo, tuya, tuyos, tuyas.* No se emplea sino antepuesto al nombre.

tú. Nominativo y vocativo del pronombre personal de segunda persona en género masculino o femenino y número singular.

tuatúa. f. Árbol euforbiáceo americano, con hojas moradas, parecidas a las de la vid, y fruto del tamaño de una aceituna.

tuba. f. Licor filipino, que por destilación se obtiene de la nipa, el coco y de otras palmeras. || Instrumento músico de viento.

tuberculina. f. Preparación hecha con gérmenes tuberculosos y utilizada en el tratamiento y diagnóstico de la tuberculosis.

tubérculo. m. Parte de un tallo subterráneo o de una raíz, que engruesa considerablemente; en sus células se acumula una gran cantidad de substancias de reserva, como en la patata y el boniato.

tuberculosis. f. Enfermedad infecto-contagiosa del hombre y de muchas especies animales producida por el bacilo de Koch.

tuberculoso, sa. adj. Relativo al tubérculo. || Que padece tuberculosis. Ú. t. c. s.

tubería. ≅cañería. f. Conducto formado de tubos por donde circulan el agua, los gases combustibles, etc.

tuberosa. f. Nardo, planta.

tuberosidad. f. Tumor, hinchazón, tubérculo.

tubo. m. Pieza hueca, de forma por lo común cilíndrica y generalmente abierta por ambos extremos, que se hace de distintas materias y se destina a varios usos.

tubular. adj. Relativo al tubo; que tiene su figura o está formado de tubos.

tucán. m. Ave americana trepadora, de unos tres decímetros de largo, sin contar el pico, que es arqueado, muy grueso y casi tan largo como el cuerpo.

tucumano, na. adj. y s. De Tucumán.

tudense. adj. y s. De Túy.

tudesco, ca. adj. y s. De cierto país de Alemania en la Sajonia inferior. || Por ext., alemán.

tuerca. f. Pieza con un hueco labrado en espiral que ajusta exactamente en el filete de un tornillo.

tuerto, ta. adj. y s. Falto de la vista en un ojo.

tueste. m. Acción y efecto de tostar.

tuétano. m. Substancia blanca contenida dentro de los huesos. || Parte interior de una raíz o tallo de una planta.

tufarada. f. Olor vivo o fuerte que se percibe de pronto.

tufillas. com. fam. Persona que se enoja fácilmente.

tufo. m. Emanación gaseosa que se desprende de las fermentaciones y de las combustiones imperfectas. || Cada una de las dos porciones de pelo que caen por delante de las orejas. || fam. Olor molesto que despide de sí una cosa. || fig. y fam. Soberbia, vanidad. Ú. m. en pl.

Tucanes

tugurio. m. Choza o casilla de pastores. || fig. Habitación pequeña y mezquina.

tul. m. Tejido de seda, algodón o hilo, que forma malla, generalmente en octágonos.

tulipa. f. Tulipán pequeño. || Pantalla de vidrio a modo de fanal, con forma algo parecida a la de un tulipán.

tulipán. m. Planta herbácea, liliácea, vivaz, con raíz bulbosa y tallo liso de cuatro a seis decímetros de altura; hojas grandes, radicales, enteras y lanceoladas; flor única, de hermosos colores e inodora. || Flor de esta planta.

tullido, da. adj. y s. Que ha perdido el movimiento del cuerpo o de alguno de sus miembros.

tullir. ≅ imposibilitar. ≅ paralizar. tr. Hacer que uno quede tullido. || prnl. Perder uno el uso y movimiento de su cuerpo o de un miembro de él.

tumba. ≅ mausoleo. ≅ sepulcro. ≅ sepultura. ≅ túmulo. f. Lugar en que está sepultado un cadáver. || Armazón en forma de ataúd, que se coloca sobre el túmulo o en el suelo, para la celebración de las honras de un difunto.

tumbar. ≅ abatir. ≅ atontar. ≅ aturdir. ≅ tirar. tr. Hacer caer o derribar a una persona o cosa. || fig. y fam. Turbar o quitar a uno el sentido una cosa fuerte, como el vino o un olor. || fig. y fam. Suspender a uno en una prueba o examen. || intr. Caer. || prnl. Echarse, especialmente a dormir.

tumbo. m. Vaivén violento. || Caída violenta. || Ondulación de la ola del mar, y especialmente la ola grande.

tumbona. f. Silla con largo respaldo y con tijera que permite inclinarlo en ángulos muy abiertos.

tumefacción. f. Hinchazón de una parte del cuerpo.

tumefacto, ta. adj. Túmido, hinchado.

túmido, da. adj. fig. Ampuloso, hinchado. || Díc. del arco o bóveda que es más ancho hacia la mitad de la altura que en los arranques.

tumor. m. Hinchazón y bulto que se forma anormalmente en alguna parte del cuerpo. || Alteración patológica de un órgano o de una parte de él, producida por la proliferación creciente de las células que lo componen.

tumoración. f. Tumefacción, bulto. || Tumor.

tumoroso, sa. adj. Que tiene tumores.

túmulo. m. Sepulcro levantado de la tierra. || Montecillo artificial con que en algunos pueblos antiguos era costumbre cubrir una sepultura. || Armazón de madera, vestida de paños fúnebres, que se erige para la celebración de las honras de un difunto.

tumulto. m. Motín, alboroto producido por una multitud. || Confusión agitada o desorden ruidoso.

tumultuario, ria. adj. Que causa o levanta tumultos. || Que está o se efectúa sin orden ni concierto.

tuna. f. Nopal. || Vida holgazana, libre y vagabunda. || Grupo de estudiantes que forman un conjunto musical.

tunal. m. Nopal. || Sitio donde abunda la higuera tuna.

tunante, ta. adj. y s. Pícaro, bribón, taimado.

tunantería. f. Calidad de tunante. || Acción propia de tunantes.

tunda. ≅ paliza. ≅ zurra. f. Acción y efecto de tundir los paños. || fam. Castigo riguroso de palos, azotes, etc. || fig. y fam. Trabajo o esfuerzo que agota.

tundidor, ra. m. y f. Persona que tunde los paños y las pieles. || Máquina que sirve para tundir los paños.

tundidura. f. Tunda de los paños.

tundir. tr. Cortar o igualar con tijera o tundidora el pelo de los paños o de las pieles. || fig. y fam. Castigar con golpes, palos o azotes. || fig. y fam. Agotar, rendir a uno el cansancio o un esfuerzo.

tundra. f. Terreno abierto y llano, de clima subglacial y subsuelo helado, falto de vegetación arbórea; suelo cubierto de musgos y líquenes, y pantanoso en muchos sitios. Se extiende por Siberia y Alaska.

tunear. intr. Hacer vida de tuno o pícaro. || Proceder como tal.

tunecino, na. adj. De Túnez. Ú. t. c. s. || Díc. de cierta clase de punto.

túnel. m. Paso subterráneo abierto artificialmente para establecer una comunicación a través de un monte, por debajo de un río u otro obstáculo.

tunería. f. Calidad de tunante o pícaro.

tungro, gra. adj. Díc. de un pueblo de la antigua Germania, que se estableció entre el Rin y el Escalda poco antes de la era cristiana. Ú. m. c. m. pl. || Díc. también de sus individuos. Ú. t. c. s. || Relativo a este pueblo.

túnica. f. Vestidura sin mangas, que usaban los antiguos y les servía como de camisa. || Vestidura exterior amplia y larga.

tunicela. f. Pequeña túnica de los antiguos. || Vestidura episcopal, a modo de dalmática, que se

Túnel bajo el canal de la Mancha

usa en los pontificales debajo de la casulla y es de su mismo color.

tuno, na. adj. Pícaro, tunante. || m. Componente de una tuna o estudiantina, grupo musical de estudiantes.

tuntún (al o **al buen).** m. adv. fam. Sin reflexión ni previsión. || fam. Sin certidumbre, sin conocimiento del asunto.

tupé. m. Cabello que cae sobre la frente. || fig. y fam. Atrevimiento, desfachatez.

tupí. ∫∫tupís. adj. y s. Díc. de los indios que dominaban en la costa de Brasil al llegar allí los portugueses. Ú. m. en pl. || m. Lengua de estos indios, que pertenece a la gran familia guaraní, llamada también *tupí-guaraní.*

tupido, da. adj. Que tiene sus elementos muy juntos o apretados. || Dicho del entendimiento y los sentidos, obtuso, cerrado, torpe.

tupir. tr. y prnl. Apretar mucho una cosa cerrando sus poros o intersticios. || prnl. fig. Hartarse de un manjar o bebida.

tur. m. Período o campaña de servicio obligatorio de un marinero.

turba. f. Combustible fósil formado de residuos vegetales acumulados en sitios pantanosos, y que al arder produce humo denso. || Estiércol mezclado con carbón mineral, que se emplea como combustible en los hornos de ladrillos. || Muchedumbre de gente confusa y desordenada.

turbación. f. Acción y efecto de turbar. || Confusión, desorden, desconcierto.

turbal. m. Sitio donde yace la turba.

turbante. m. Tocado propio de las naciones orientales, que consiste en una faja larga de tela rodeada a la cabeza.

turbar. tr. y prnl. Alterar o conmover el estado o curso natural de una cosa. || Enturbiar. || fig. Aturdir a uno, de modo que no acierte a hablar o a proseguir lo que estaba haciendo. || fig. Interrumpir, violenta o molestamente, la quietud.

turbelario, ria. adj. Díc. de los gusanos del filo de los platelmintos, de cuerpo no laminar y no segmentado (como una hoja), con la superficie frecuentemente revestida de cilios y provista de glándulas mucosas. || m. pl. Clase de estos gusanos.

turbera. f. Sitio donde yace la turba.

turbia. f. Estado del agua corriente enturbiada por arrastres de tierras.

turbiedad. f. Calidad de turbio. || Cantidad de partículas en suspensión en un curso de agua.

turbina. f. Rueda hidráulica, con paletas curvas colocadas en su periferia, que recibe el agua por el centro y la despide en dirección tangente a la circunferencia, con lo cual aprovecha la mayor parte posible de la fuerza motriz. || Máquina en que se aprovecha directamente la fuerza de un fluido, generalmente agua o vapor.

Turbina

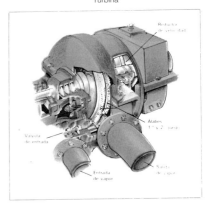

turbinto. m. Árbol anacardiáceo de América meridional, que da buena trementina y con sus bayas se hace en América una bebida muy grata.

turbio, bia. ≅borroso. ≅opaco. ◁claro. ◁diáfano. ◁transparente. adj. Mezclado o alterado por una cosa que obscurece o quita la claridad natural o transparencia. || fig. Revuelto, dudoso, turbulento, azaroso. || fig. Tratando de la visión, confusa, poco clara.

turbión. m. Aguacero con viento fuerte y de poca duración. || fig. Multitud de cosas y sucesos que caen de golpe o que vienen juntas y violentamente.

turbit. m. Planta trepadora convolvulácea de Asia, cuyas raíces se han empleado en medicina como purgante drástico. || Raíz de esta planta.

turbohélice. m. Motor de aviación en que una turbina mueve la hélice.

turborreactor. m. En aviación, motor de reacción del que es parte funcional una turbina de gas.

turbulencia. f. Alteración de las cosas claras y transparentes. || fig. Confusión o alboroto. || *Fís.* Extensión en la cual un fluido tiene un movimiento turbulento.

turbulento, ta. adj. Turbio. || fig. Confuso, alborotado y desordenado. || fig. Díc. de la persona agitadora, que promueve disturbios, discusiones, etc.

turca. f. fam. Borrachera, embriaguez.

turco, ca. ≅otomano. adj. y s. Aplícase al individuo de un numeroso pueblo que procedente del Turquestán, se estableció en Asia Menor y en la parte oriental de Europa, a las que dio nombre. || De Turquía. || m. Lengua turca.

turdetano, na. adj. y s. Díc. de un pueblo hispánico prerromano, que ha de considerarse heredero de los tartesios y que habitaba el valle inferior del Guadalquivir.

turgencia. f. Cualidad de turgente.

turgente. ◁fláccido. ◁lacio. adj. Abultado, elevado y como consecuencia erguido o tirante.

túrgido, da. adj. poét. Abultado, elevado.

turión. m. Yema que nace de un tallo subterráneo; como en los espárragos.

turismo. m. Afición a viajar por gusto de recorrer un país o región. || Organización de los medios conducentes a facilitar estos viajes. || Automóvil de uso privado.

turista. com. Persona que recorre un país por recreo.

turístico, ca. adj. Relativo al turismo.

turma. f. Testículo o criadilla.

turmalina. f. Mineral formado por un silicato de alúmina con ácido bórico, magnesia, cal, óxido de hierro y otras substancias en proporciones pequeñas; de color generalmente negro o pardo.

túrmix. (Nombre genérico de una marca registrada.) f. Batidora eléctrica.

turnar. intr. Alternar con una o más personas en el servicio de algún cargo.

turno. m. Alternativa u orden que se observa entre varias personas, para la ejecución de una cosa o en la sucesión de estas.

turolense. adj. y s. De Teruel.

turón. m. Mamífero carnicero de unos 35 cm. de long. Despide un olor fétido y habita en sitios montuosos donde abunda la caza, de la cual se alimenta.

turquesa. f. Mineral amorfo, formado por un fosfato de alúmina con algo de cobre y hierro, de color azul verdoso, que se emplea en joyería.

turrar. tr. Tostar o asar en las brasas.

turrón. m. Masa hecha de almendras, piñones, avellanas o nueces, tostado todo y mezclado con miel y azúcar.

turronero, ra. m. y f. Persona que hace o vende turrón.

Turón

turulato, ta. adj. fam. Alelado, sobrecogido, estupefacto.

turullo. m. Cuerno que usan los pastores para llamar y reunir el ganado.

turuta. m. Corneta de un regimiento.

tusa. f. Paliza, caminata o trabajo penoso. || *Amér.* Raspa de la mazorca después de desgranada.

tusón. m. Vellón de la oveja o del carnero. || Potro que no ha llegado a dos años.

tute. m. Juego de naipes carteado, en que hay los lances de cantar 20 tantos el que tiene rey y caballo del mismo palo, ó 40 si son del triunfo, y de ganar la partida el que reúne los cuatro reyes o los cuatro caballos. || fig. Trabajo intenso.

tutear. tr. y rec. Hablar a uno empleando el pronombre de segunda persona.

tutela. f. Autoridad que, en defecto de la paterna o materna, se confiere para cuidar de la persona y los bienes de aquel que no tiene completa capacidad civil. || Cargo de tutor. || fig. Dirección, amparo.

tutelar. tr. Ejercer la tutela. || adj. y s. Que guía, ampara, protege o defiende.

tuteo. m. Acción de tutear.

tutifruti. (Voz italiana.) m. Helado de varias frutas.

tutor. m. y f. Persona que ejerce la tutela. || Profesor encargado de seguir de cerca los estudios de los alumnos de una clase. || fig. Defensor, protector.

tutoría. f. Autoridad, cargo o actividad del tutor.

tuya. f. Árbol cupresáceo americano.

tuyo, tuya, tuyos, tuyas. Pronombres y adjetivos posesivos de segunda persona en género masculino y femenino y ambos números singular y plural. Con la terminación del masculino, en singular, ú. t. c. neutro.

twist. (Voz inglesa.) m. Baile de origen estadounidense que surgió en 1961 y que se caracteriza por un rítmico balanceo.

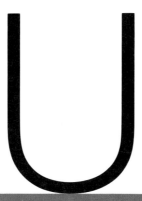

u. ∫∫ûes. f. Vigésima cuarta letra del abecedario español, última de sus vocales y que representa una de las dos de sonido más cerrado. Es letra muda en las sílabas *que, qui, gue* y *gui,* a no ser que estas dos últimas lleven diéresis. || conj. disyunt. que para evitar el hiato se emplea en vez de *o* ante palabras que empiezan por esta última letra o por *ho.*

ubérrimo, ma. ≅fecundo. ≅feraz. ◁estéril. adj. superl. Muy abundante y fértil.

ubicar. intr. Estar en determinado espacio o lugar. Ú. m. c. prnl. || tr. *Amér.* Situar o instalar en determinado espacio o lugar.

ubicuo, cua. adj. Que está presente a un mismo tiempo en todas partes. Dic. solamente de Dios. || fig. Aplícase a la persona que todo lo quiere presenciar y vive en continuo movimiento.

ubre. ≅mama. f. Cada una de las tetas de la hembra, en los mamíferos. || Conjunto de ellas.

ucase. m. Decreto del zar || fig. Orden gubernativa injusta y tiránica, y por ext., mandato arbitrario y tajante.

ufanarse. ≅jactarse. prnl. Engreírse.

ufano, na. ≅contento. ≅eufórico. ≅gozoso. ≅resuelto. adj. Arrogante, presuntuoso. || fig. Satisfecho, alegre. || fig. Que procede con resolución y desembarazo en la ejecución de alguna cosa.

ufología. f. Ciencia que estudia la hipotética existencia de objetos volantes no identificados y el acercamiento a nuestro planeta de seres extraterrestres.

ujier. m. Portero de estrados de un palacio o tribunal. || Empleado subalterno de algunos tribunales y cuerpos del Estado.

ulano. m. Soldado de caballería ligera armado de lanza, en los ejércitos austriaco, alemán y ruso.

úlcera. f. Lesión en la piel o mucosa de un órgano, debida a varias causas y con escasa tendencia a la cicatrización espontánea. || Daño en la parte leñosa de las plantas.

ulmáceo, a. adj. y f. Dic. de árboles o arbustos angiospermos dicotiledóneos, como el olmo y el almez. || f. pl. Familia de estas plantas.

ulterior. ≅allende. ≅consecutivo. ≅futuro. ≅siguiente. ◁anterior. ◁pasado. adj. Que está de la parte de allá de un sitio o territorio. || Que se dice, sucede o se ejecuta después de otra cosa.

ultimar. tr. Dar fin a alguna cosa, acabarla, concluirla. || *Amér.* Matar.

ultimátum. m. En el lenguaje diplomático, resolución terminante y definitiva, comunicada por escrito. || fam. Resolución definitiva.

último, ma. ≅final. ≅lejano. ≅zaguero. ◁primero. adj. Aplícase a lo que en su línea no tiene otra cosa después de sí. || Dic. de lo que en una serie o sucesión de cosas está o se considera en el lugar postrero. || Dic. de lo más remoto, retirado o escondido: *se fue a la* ⌐ *pieza de la casa.*

ultra. adv. Además de. || En composición con algunas voces, más allá de, al otro lado de: *ultramar.* || Antepuesta como partícula inseparable a algunos adjetivos o substantivos, expresa idea de exceso: *ultrafamoso, ultraizquierda, ultraderecha.*

ultraísmo. m. Movimiento literario que nace en España en 1919 y se extiende a Hispanoamérica. Propugnaba la ruptura con el pasado y la expresión poética con abundancia de metáforas y sin ornamentación.

ultrajar. tr. Ajar o injuriar de obra o de palabra. || Despreciar a una persona.

ultraje. ≅agravio. ≅insulto. m. Ajamiento, injuria o desprecio, de obra o de palabra.

ultramar. m. País o sitio que está de la otra parte del mar, considerado desde el punto en que se habla.

ultramarino, na. adj. Que está o se considera del otro lado o a la otra parte del mar. || Aplícase a los géneros o comestibles traídos de la otra parte del mar, y más particularmente de América y Asia. Ú. m. c. s. y en pl. || m. pl. Tienda de comestibles.

ultrarrojo. adj. Que en el espectro luminoso está después del color rojo.

ultrasonido. m. Sonido cuya frecuencia de vibraciones es superior al límite perceptible por el oído humano.

ultratumba. f. Ámbito más allá de la muerte. || adj. Dícese de lo que se supone que existe más allá de la muerte.

ultravioleta. adj. Perteneciente o relativo a la

Generador de ultrasonidos

parte invisible del espectro luminoso, que se extiende a continuación del color violado y cuya existencia se revela principalmente por acciones químicas.

ulular. intr. Dar gritos o alaridos. || Producir su voz el lobo.

umbela. f. Grupo de flores o frutos que nacen en un mismo punto del tallo y se elevan a igual o casi igual altura. || Tejadillo voladizo sobre un balcón o ventana.

umbelífero, ra. adj. y f. Díc. de plantas angiospermas dicotiledóneas, que tienen flores en umbela; como el cardo corredor, el apio, el perejil, el hinojo, el comino y la zanahoria. || f. pl. Familia de estas plantas.

umbilical. adj. Perteneciente al ombligo.

umbral. ≅inicio. ≅origen. ◁fin. ◁término. m. Parte inferior y contrapuesta al dintel, en la puerta de una casa. || fig. Paso primero y principal o entrada de cualquier cosa.

umbrela. f. Parte superior de las medusas, que tiene forma de sombrilla.

umbrío, a. adj. Lugar donde da poco el sol. || f. Parte de terreno en que casi siempre hace sombra, por estar expuesta al N.

un, una. m. Artículo indeterminado en género masculino y femenino y número singular. || adj. Uno.

unánime. ≅acorde. ≅general. ≅total. ◁parcial. adj. Conjunto de las personas que convienen en un mismo parecer, dictamen, voluntad o sentimiento. || Aplícase a este parecer, dictamen, voluntad o sentimiento.

unanimidad. f. Conformidad total entre varios pareceres.

unción. f. Acción de ungir. || Extremaunción. || Gracia y comunicación especial del Espíritu Santo. || Fervor, devoción.

uncir. tr. Atar o sujetar al yugo bueyes, mulas u otras bestias.

undécimo, ma. adj. Que sigue inmediatamente en orden al o a lo décimo. || Díc. de cada una de las once partes iguales en que se divide un todo. Ú. t. c. s.

underground. adj. Díc. de lo que existe, se produce o desarrolla al margen de lo establecido: *cine* ⌣; *literatura* ⌣, etc.

ungir. ≅dignificar. ≅embadurnar. ≅untar. tr. Aplicar a una cosa aceite u otra materia pingüe, extendiéndola superficialmente. || Signar con óleo sagrado a una persona.

ungüento. m. Todo aquello que sirve para ungir o untar. || Medicamento que se aplica al exterior, compuesto de diversas substancias. || Compuesto de simples olorosos que usaban mucho los antiguos para embalsamar cadáveres.

ungulado, da. adj. y s. Mamífero que tiene casco o pezuña. || m. pl. Grupo de estos animales, que comprende los perisodáctilos y los artiodáctilos.

ungular. adj. Que pertenece o se refiere a la uña.

unicameral. adj. Poder legislativo formado por una sola cámara de representantes.

unicelular. adj. Que consta de una sola célula.

unicidad. f. Calidad de único.

único, ca. ≅aislado. ≅raro. ≅singular. ≅solitario. ◁vario. adj. Solo y sin otro de su especie. || fig. Extraordinario, excelente.

unicornio. m. Animal fabuloso, de figura de caballo y con un cuerno recto en mitad de la frente. || Rinoceronte. || Marfil fósil de mastodonte.

unidad. f. Propiedad de todo ser, en virtud de la cual no puede dividirse sin que su esencia se destruya o altere. || Singularidad en número o calidad. || Unión o conformidad. || Cualidad de la obra literaria o artística en que sólo hay un asunto o pensamiento principal. || *Mat.* Cantidad que se toma por medida o término de comparación de las demás de su especie. || Fracción, constitutiva o independiente, de una fuerza militar.

unifamiliar. adj. Que corresponde a una sola familia: *vivienda* ⌢.

unificar. ≅aunar. ≅juntar. ≅unir. ◁diversificar. tr. y prnl. Hacer de muchas cosas una o un todo.

uniformar. tr. Hacer uniformes dos o más cosas. Ú. t. c. prnl. || Dar traje igual a los individuos de un cuerpo o comunidad.

uniforme. adj. Díc. de dos o más cosas que tienen la misma forma. || Igual, conforme, semejante. || m. Traje igual y reglamentario de las personas que pertenecen a un mismo cuerpo, colegio o establecimiento.

unigénito, ta. adj. Aplícase al hijo único. || m. Por ant., el Verbo eterno, Hijo de Dios, que es unigénito del Padre.

unilateral. adj. Díc. de lo que se refiere o se circunscribe solamente a una parte o a un aspecto de alguna cosa. || *Bot.* Que está colocado solamente a un lado.

unión. ≅conexión. ≅enlace. ≅fusión. f. Acción y efecto de unir. || Correspondencia y conformidad de una cosa con otra, en el sitio o composición. || Conformidad y concordia de los ánimos, voluntades o dictámenes. || Casamiento, matrimonio.

unipersonal. adj. Que consta de una sola persona. || Que corresponde o pertenece a una sola persona.

unir. ≅atar. ≅ligar. ≅trabar. ◁separar. tr. Juntar dos o más cosas entre sí, haciendo de ellas un todo. || fig. Concordar las voluntades, ánimos o pareceres. || prnl. Casarse. || Convenirse varios para el logro de algún intento. || Agregarse o juntarse uno a la compañía de otro.

unisex. adj. Moda que es apropiada para ambos sexos: *prenda de vestir* ⌢; *corte de pelo* ⌢.

unísono, na. adj. Díc. de lo que tiene el mismo sonido que otra cosa. || m. Trozo de música en que las varias voces o instrumentos suenan en idénticos sonidos.

unitario, ria. adj. Relativo a la unidad. || Díc. de un grupo de herejes que negaban el dogma de la Trinidad, reconociendo una sola Persona en Dios, o negando la igualdad del Hijo y del Espíritu Santo con el Padre; p. e., los arrianos. Ú. m. c. m. pl.

universal. adj. Que comprende o es común a todos en su especie. || Que pertenece o se extiende a todo el mundo, a todos los países, a todos los tiempos. || m. pl. En filosofía, conceptos o ideas generales.

universalidad. f. Calidad de universal.

universidad. f. Institución de enseñanza superior que comprende diversas facultades, y que confiere los grados académicos correspondientes. || Edificio o conjunto de edificios destinado a las cátedras y oficinas de una universidad.

universitario, ria. adj. Relativo a la universidad. || m. y f. Profesor, graduado o estudiante de universidad.

universo. m. Conjunto de las cosas creadas, mundo. || La totalidad de los habitantes de la Tierra. || Conjunto de personas con características comunes.

unívoco, ca. adj. y s. Díc. de lo que tiene igual naturaleza o valor que otra cosa. || Que solo puede tener una significación. || *Lóg.* Díc. del término que se predica de varios individuos con la misma significación: *animal es término* ⌢ *que conviene a todos los vivientes dotados de sensibilidad.*

uno, na. ≅aislado. ≅indiviso. ≅simple. ≅único. ≅unitario. adj. Que no está dividido en sí mismo. || Díc. de la persona o cosa identificada o unida, física o moralmente, con otra. || Idéntico, lo mismo: *esa razón y la que yo digo es* ⌢. ||

Solo, sin otro de su especie. || pl. Algunos. || Pocos más o menos. || pron. indef. Persona o personas cuyo nombre se ignora. || m. Unidad, cantidad como término de comparación.

untar. tr. Aplicar y extender superficialmente aceite u otra materia grasa sobre una cosa. || fig. y fam. Sobornar a uno con dones o dinero. || prnl. Mancharse casualmente con una materia untuosa o sucia.

untuoso, sa. adj. Graso, pingüe y pegajoso.

uña. f. Parte del cuerpo animal, de naturaleza córnea, que nace y crece en las extremidades de los dedos. || Casco o pezuña de los animales que no tienen dedos separados. || Punta corva en que remata la cola del alacrán, y con la cual pica.

uñero. m. Inflamación en la raíz de la uña. || Herida que produce la uña cuando, al crecer viciosamente, se introduce en la carne.

upar. tr. Levantar, aupar.

uperizacióno **uperisación.** f. Nuevo procedimiento de esterilización de la leche, consistente en calentar ésta, en tres etapas, hasta los 150° C., a la vez que se la somete a la acción de vapor sobrecargado y purificado.

uralita. f. Cierto material de construcción constituido por una mezcla de amianto y cemento.

uranio. m. Elemento metálico radiactivo.

Urano. Planeta del sistema solar descubierto por Herschel en 1781. Su núcleo es pétreo, sobre el planeta existe un océano de hielo y le rodea una atmósfera de 5.000 km. de altura, que contiene hidrógeno y metano. El eje de rotación está inclinado 98° respecto del plano de su órbita y tiene cinco satélites: Ariel, Umbriel, Titania, Oberón y Miranda.

urbanidad. ≅civismo. ≅educación. f. Cortesía, comedimiento, atención y buen modo.

urbanismo. m. Conjunto de conocimientos que se refieren al estudio de la creación, desarrollo, reforma y progreso de los poblados en orden a las necesidades materiales de la vida humana.

urbanización. f. Acción y efecto de urbanizar. || Conjunto residencial urbanizado.

urbanizar. tr. Convertir en poblado una porción de terreno o prepararlo para ello, abriendo calles y dotándolas de luz, pavimento y demás servicios municipales.

urbano, na. adj. Relativo a la ciudad. || fig. Cortés, atento y educado. || m. Individuo de la policía urbana o municipal.

urbe. f. Ciudad, especialmente la muy populosa.

urdimbre. f. Estambre o pie después de urdido.

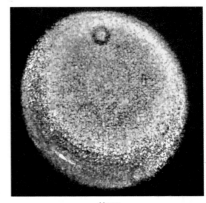

Urano

|| Conjunto de hilos que se colocan en el telar paralelamente unos a otros para formar una tela. || fig. Acción de urdir o maquinar alguna cosa.

urdir. ≅conspirar. ≅fraguar. ≅intrigar. ≅tramar. tr. Preparar los hilos para tejer. || fig. Maquinar y disponer cautelosamente una cosa contra alguno, o para la consecución de algún propósito.

uremia. f. Enfermedad ocasionada por la acumulación en la sangre de las substancias nocivas que normalmente son eliminadas por el riñón.

uréter. m. Cada uno de los conductos por donde desciende la orina a la vejiga desde los riñones.

uretra. f. Conducto por el que los mamíferos expelen la orina desde la vejiga.

urgencia. ≅necesidad. ≅precisión. ≅premura. ≅prisa. ◁parsimonia. f. Calidad de urgente. || Falta apremiante de lo que es menester para algún negocio.

urgente. adj. Que urge, que hay que hacerlo en seguida.

urgir. intr. Instar una cosa a su pronta ejecución o remedio. || Ser muy necesaria su rápida ejecución.

urinario, ria. adj. Relativo a la orina. || m. Lugar destinado para orinar.

urna. f. Vaso o caja que entre los antiguos servía para guardar dinero, los restos o las cenizas de los cadáveres humanos, etc. || Arquita de hechura varia que sirve para depositar las papeletas en los sorteos y en las votaciones secretas.

uro. m. Bóvido salvaje muy parecido al toro. Se extinguió a principios del siglo XVII.

urodelo, la. adj. y m. Díc. de batracios que

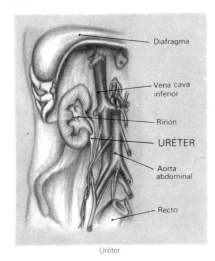

Diafragma

Vena cava
inferior

Riñon

URÉTER

Aorta
abdominal

Recto

Uréter

durante toda su vida conservan una larga cola que
utilizan para nadar y tienen cuatro extremidades;
en algunos persisten en estado adulto las bran-
quias; como la salamandra. || m. pl. Orden de
estos animales.

urogallo. m. Ave gallinácea con plumaje pardo
negruzco jaspeado de gris, patas y pico negros y
cola redonda. Hoy, aunque muy protegido, se halla
en vías de extinción.

urología. f. Parte de la medicina referente al
aparato urinario.

urraca. f. Pájaro que tiene plumaje blanco en
el vientre y negro con reflejos metálicos en el
resto del cuerpo. || fig. y fam. Persona aficionada
a recoger y guardar cosas. || fam. Persona habla-
dora.

úrsido, da. adj. Díc. de los mamíferos carnívoros fisípidos, conocidos vulgarmente por osos.
|| m. pl. Familia de estos mamíferos.

ursulina. adj. Congregación religiosa fundada
por Santa Ángela de Brescia en el siglo xvi para
educación de niñas y cuidado de enfermos. Ú. m.
c. f. pl. || Díc. también de las religiosas que
forman parte de ella. Ú. t. c. s.

urticáceo, a. adj. y f. Díc. de plantas dicotiledóneas casi siempre provistas de pelos que segregan un jugo que escuece; como la ortiga y la
parietaria. || f. pl. Familia de estas plantas.

urticante. adj. Que produce comezón semejante
a las picaduras de ortiga.

urticaria. f. Enfermedad eruptiva de la piel, caracterizada por una comezón parecida a la que
producen las picaduras de la ortiga.

usado, da. ≅ducho. ≅práctico. ≅raído.
≅viejo. ◁nuevo. adj. Gastado y deslucido por el
uso. || Habituado, ejercitado en alguna cosa.

usanza. f. Uso, costumbre, moda.

usar. tr. Hacer servir una cosa para algo. ||
Disfrutar uno alguna cosa, sea o no dueño de ella.
|| Ejecutar o practicar alguna cosa habitualmente
o por costumbre. || intr. Tener costumbre.

uso. m. Acción y efecto de usar. || Ejercicio o
práctica general de una cosa. || Moda. || Modo
determinado de obrar que tiene una persona o una
cosa. || Empleo continuado y habitual.

usted. Pronombre personal de segunda persona. Se suele emplear como tratamiento de respeto,
seguido del verbo en tercera persona.

usual. adj. Que común o frecuentemente se usa
o se practica.

usuario, ria. adj. y s. Que usa ordinariamente
una cosa. || Der. Díc. del que tiene derecho de
usar de la cosa ajena con cierta limitación.

Urogallo

usufructo. m. Derecho a disfrutar bienes ajenos con la obligación de conservarlos.

usura. f. Interés excesivo en un préstamo.

usurero, ra. ≅judío. ≅prestamista. m. y f. Persona que presta con usura o interés excesivo.

usurpación. f. Acción y efecto de usurpar. || Cosa usurpada; díc. especialmente del terreno usurpado. || Delito que se comete apoderándose con violencia o intimidación de inmueble o derecho real ajeno.

usurpar. tr. Quitar a uno lo que es suyo, o quedarse con ello, generalmente con violencia. || Arrogarse la dignidad, empleo u oficio de otro, y usar de ellos como si fueran propios.

utensilio. m. Lo que sirve para el uso manual y frecuente: ∿ *de cocina, de la mesa.* Ú. m. en pl. || Herramienta o instrumento de un oficio o arte. Ú. m. en pl.

uterino, na. adj. Relativo al útero.

útero. m. Matriz de la mujer y de las hembras de los mamíferos.

útil. ≅beneficioso. ≅conveniente. ≅disponible. ≅eficaz. adj. Que trae o produce provecho, comodidad, fruto o interés. || Que puede servir y aprovechar en alguna línea. || m. Utensilio o herramienta. Ú. m. en pl.

utilidad. ≅beneficio. ≅ganga. ≅renta. ≅ventaja. ◁pérdida. f. Calidad de útil. || Provecho, conveniencia, interés o fruto que se saca de una cosa.

utilitario, ria. adj. Que antepone a todo la utilidad. || m. Coche modesto y de escaso consumo.

utilitarismo. m. Doctrina filosófica moderna que considera la utilidad como principio de la moral.

utilizar. ≅aplicar. ≅emplear. ≅explotar. ≅usar. ◁desaprovechar. tr. y prnl. Aprovecharse o servirse de una cosa.

utillaje. m. Conjunto de útiles necesarios para una industria.

utopía. f. Plan, proyecto, doctrina o sistema halagüeño, pero irrealizable.

utópico, ca. adj. Relativo a la utopía. || Partidario de una utopía. Ú. t. c. s.

utrero, ra. m. y f. Novillo o novilla desde los dos años hasta cumplir los tres.

uva. f. Fruto de la vid, que es un grano más o menos redondo y jugoso, el cual nace apiñado con otros formando racimos.

úvula. f. *Anat.* Parte media y colgante del velo palatino, de forma cónica y textura membranosa y muscular. Se llama vulgarmente *campanilla.*

uxoricida. adj. y m. Que mata a su mujer.

uzbeco, ca. adj. Pueblo mongol de idioma turco, que se extiende por la región de Asia central comprendida entre el mar Caspio y China. Ú. m. c. m. pl. || Díc. también de sus individuos. Ú. t. c. s. || Relativo a este pueblo.

v. f. Vigésima quinta letra del abecedario español, y vigésima de sus consonantes. Su nombre es *ve* o *uve*. Actualmente representa el mismo sonido que la *b* en todos los países de la lengua española. ◆ **doble.** W.

V. Letra numeral que tiene el valor de cinco en la numeración romana. || *Elec.* abr. de *voltio.* || *Quím.* Símbolo del *vanadio.*

vaca. f. Hembra del toro. || Carne de vaca o de buey, que se emplea como alimento. || Cuero de la vaca después de curtido. ◆ **marina.** Manatí.

vacación. f. Suspensión de los negocios o estudios por algún tiempo. Ú. m. en pl. || Tiempo que dura la cesación del trabajo. Ú. m. en pl.

vacante. ≅desierto. ≅disponible. adj. y f. Díc. del cargo, empleo o dignidad que están sin proveer.

vacar. intr. Cesar uno por algún tiempo en sus habituales negocios, estudios o trabajo. || Quedar un empleo, cargo o dignidad sin persona que lo desempeñe.

vaciado. m. Acción de vaciar en un molde un objeto de metal, yeso, etc.

vaciar. ◁llenar. tr. Dejar vacía alguna vasija u otra cosa: ⤳ *una botella;* ⤳ *el bolsillo.* Ú. t. c. prnl. || Sacar, verter o arrojar el contenido de una vasija u otra cosa: ⤳ *agua en la calle.* Ú. t. c. prnl. || Desaguar.

vaciedad. f. fig. Necedad, sandez.

vacilación. f. Acción y efecto de vacilar. || fig. Perplejidad, irresolución.

vacilar. ≅dudar. ≅fluctuar. ≅oscilar. intr. Moverse indeterminadamente una cosa. || Fluctuar. || Ser inestable o poco firme. || fig. Titubear, estar uno perplejo e irresoluto. || tr. vulg. Tomar el pelo.

vacile. m. vulg. Guasa, tomadura de pelo.

vacilón, na. adj. fam. Guasón, bromista.

vacío, a. ≅desocupado. ≅hueco. ≅vacuo. ◁lleno. adj. Falto de contenido. || Que está sin gente. || Hueco. || fig. Vano, presuntuoso. || fig. Superficial, insustancial. || m. Concavidad. Abismo, precipicio.

vacuidad. f. Calidad de vacuo.

vacuna. f. Cualquier virus o principio orgánico que convenientemente preparado se inocula a persona o animal para preservarlos de una enfermedad determinada.

vacunación. f. Acción y efecto de vacunar.

vacunar. tr. y prnl. Inocular a una persona o animal un virus o principio orgánico convenientemente preparado, para preservarlos de una enfermedad determinada.

vacuno, na. adj. Relativo al ganado bovino. || m. Animal bovino.

vacuo, cua. adj. Vacío, falto de contenido.

vadear. ≅cruzar. ≅orillar. ≅solucionar. ≅superar. tr. Pasar un río u otra corriente de agua profunda por un sitio donde se pueda hacer pie. || prnl. fig. Manejarse, portarse, conducirse.

vademécum. m. Libro de poco volumen que contiene las nociones más necesarias de una ciencia o un arte. || Cartapacio.

vado. ≅alivio. ≅recurso. ≅salida. m. Paraje de un río con fondo firme, llano y poco profundo, por donde se puede pasar andando, cabalgando o en carruaje. || Rebajamiento de la acera o bordillo para facilitar el acceso de vehículos.

vagabundear. ≅errar. ≅merodear. ◁trabajar. intr. Andar vagabundo.

vagabundo, da. adj. Que anda errante de una parte a otra. ‖ Holgazán u ocioso que anda de un lugar a otro, sin tener domicilio determinado, o sin oficio ni beneficio. Ú. t. c. s.

vagancia. ≅indolencia. f. Acción de vagar o estar sin oficio u ocupación. ‖ Cualidad de vago, poco trabajador. ‖ Pereza.

vagar. intr. Holgazanear, estar ocioso. ‖ Andar errante, sin rumbo.

vagido. m. Gemido o llanto del recién nacido.

vagina. f. Conducto membranoso y fibroso que en las hembras de los mamíferos se extiende desde la vulva hasta la matriz.

vago, ga. ≅remolón. ≅sutil. ◁diligente. adj. Vacío, desocupado. ‖ Holgazán, perezoso. Ú. t. c. s. ‖ Indeciso, indeterminado. ‖ m. *Zool.* Uno de los dos nervios del décimo par craneal. Tienen una extensa distribución por cabeza, cuello, tórax y abdomen.

vagón. m. Carruaje de viajeros o de mercancías y equipajes, en los ferrocarriles.

vagoneta. f. Vagón pequeño y descubierto, para transporte.

vaguada. ≅cañada. ≅cauce. ≅rambla. f. Línea que marca la parte más honda de un valle, y es el camino por donde van las aguas de las corrientes naturales.

vaguear. intr. Vagar.

vaguedad. ≅imprecisión. f. Calidad de vago. ‖ Expresión o frase vaga.

vahído. m. Desvanecimiento.

vaho. m. Vapor que despiden los cuerpos en determinadas condiciones.

vaina. f. Funda de ciertas armas y otros instrumentos metálicos. ‖ Cáscara alargada de algunas simientes. ‖ m. fig. y fam. Persona despreciable.

vainica. f. Deshilado menudo que como remate o por adorno se hace en la tela.

vainilla. f. Planta americana , con tallos muy largos, flores grandes, verdosas, y fruto capsular en forma de judía que contiene muchas simientes menudas. ‖ Fruto de esta planta, muy oloroso, que se emplea para aromatizar los licores, el chocolate, etc.

vaivén. m. Movimiento alternativo de un cuerpo que después de recorrer una trayectoria vuelve a describirla, en sentido contrario. ‖ fig. Inconstancia de las cosas en su duración o logro. ‖ fig. Sacudida, movimiento brusco.

vajilla. f. Conjunto de platos, fuentes, vasos, tazas, jarros, etc., para el servicio de la mesa.

valdepeñas. m. Vino de la zona de Valdepeñas (España).

vale. m. Papel que se hace a favor de uno, obligándose a pagarle una cantidad de dinero. ‖ Bono o tarjeta que sirve para adquirir comestibles u otros artículos.

valedor, ra. m. y f. Persona que vale o ampara a otra.

valencia. f. *Biol.* Poder de un anticuerpo para combinarse con uno o más antígenos. ‖ *Quím.* Número de enlaces con que puede combinarse un átomo o radical. Al hidrógeno se le atribuye la unidad.

valentía. ≅ánimo. ≅arrojo. ≅coraje. ◁cobardía. f. Esfuerzo, vigor. ‖ Hecho o hazaña heroica. ‖ Gallardía, arrojo.

valer. tr. Amparar, proteger, patrocinar. ‖ Fructificar, producir. ‖ Montar, sumar o importar, hablando de los números y de las cuentas. ‖ Tener las cosas un precio determinado para la compra o la venta. ‖ Equivaler, tener un valor comparable. ‖ intr. Ser una cosa de importancia o de utilidad para la consecución de otra. ‖ Prevalecer. ‖ prnl. Usar de una cosa, servirse de ella. ‖ Recurrir. ‖ Solucionar uno por sí mismo los problemas que se oponen a lo que pretende. ◆ **vale.** expr. De acuerdo.

valer. m. Valor, valía. .

valeriana. f. Planta herbácea, de fruto seco y rizoma fragante, que se usa como antiespasmódico.

valeroso, sa. adj. Que tiene valentía.

valetudinario, ria. adj. y s. Enfermizo.

valía. f. Valor, aprecio.

validar. tr. Dar fuerza o firmeza a una cosa; hacerla válida.

validez. ≅eficacia. ≅vigencia. f. Calidad de válido.

valido. m. Privado, favorito.

válido, da. ≅sano. ≅valedero. ≅vigente. ≅vigoroso. adj. Firme, subsistente y que vale o debe valer legalmente.

valiente. adj. Esforzado, animoso. Ú. t. c. s. ‖ Grande y excesivo. Ú. m. en sentido irón.: *¡ ᔆ amigo tienes!*

valija. f. Maleta. ‖ Saco para llevar la correspondencia.

valimiento. ≅apoyo. ≅ascendiente. ≅ayuda. ≅poder. ◁desamparo. m. Privanza o aceptación particular que una persona tiene con otra, especialmente si es superior. ‖ Amparo, protección.

valioso, sa. adj. Que vale mucho o tiene mucha estimación o poder.

valón, na. adj. y s. Del territorio comprendido entre el Escalda y el Lys. || m. Idioma hablado por los valones, que es un dialecto del antiguo francés.

valor. m. Grado de utilidad o aptitud de las cosas para satisfacer las necesidades o proporcionar bienestar. || Cualidad de las cosas, en virtud de la cual se da por poseerlas cierta suma de dinero o equivalente. || Significación, importancia. || Osadía, desvergüenza. || Fuerza, actividad, eficacia. || Rédito, producto. || *Mat.* Cualquiera de las determinaciones posibles de una cantidad, magnitud, etc., variable. || *Mús.* Duración del sonido que corresponde a cada nota. || pl. Títulos de participación en haberes de sociedades, de fondos pecuniarios o de servicios que son materia de operaciones mercantiles.

valoración. f. Acción y efecto de valorar.

valorar. ≅avalorar. ≅evaluar. ≅justipreciar. ≅tasar. tr. Señalar el valor de una cosa, ponerle precio. || Reconocer o apreciar el valor o mérito de una persona o cosa. || Aumentar el valor de una cosa.

valorizar. tr. Valorar, evaluar. || Aumentar el valor de una cosa.

valquiria o **walkiria.** f. Divinidad de la mitología escandinava. Ú. m. en pl.

vals. m. Baile, de origen alemán, que ejecutan las parejas con movimiento giratorio y de traslación. Se acompaña con una música de ritmo ternario. || Música de este baile.

valuar. tr. Señalar precio a una cosa.

valva. f. Cada una de las piezas duras y movibles que constituyen la concha de los moluscos lamelibranquios.

válvula. ≅grifo. ≅obturador. f. Pieza de una u otra forma que, colocada en una abertura de máquinas o instrumentos, sirve para interrumpir alternativa o permanentemente la comunicación entre dos de sus órganos, o entre éstos y el medio exterior, moviéndose a impulso de fuerzas contrarias. || Lámpara de radio y televisión. || *Anat.* Pliegue membranoso que impide el retroceso del líquido que circula por los vasos o conductos del cuerpo.

valla. ≅dificultad. ≅empalizada. ≅estorbo. ≅pega. f. Vallado, estacada. || Línea o término formado por estacas hincadas en el suelo o de tablas unidas, para cerrar algún sitio o señalarlo. || Cartelera publicitaria. || Obstáculo de ciertas competiciones hípicas o atléticas. || fig. Obstáculo, impedimento.

valladar. m. Vallado. || fig. Obstáculo para impedir que sea invadida una cosa.

vallado. m. Cerco que se levanta para defensa de un sitio o impedir la entrada en él.

vallar. tr. Cercar un sitio con vallado.

valle. ≅collado. ≅hondonada. ≅lecho. m. Llanura de tierra entre montes o alturas. || Cuenca de un río.

vallisoletano, na. adj. y s. De Valladolid.

vampiresa. f. Término usado especialmente en el léxico cinematográfico y teatral, y en sentido humorístico y peyorativo, y aplicado a la mujer que utiliza sus encantos para conquistar y someter a los hombres a sus caprichos. Antes se decía *mujer faltal.*

vampiro. ≅avaro. ≅chantajista. m. Espectro

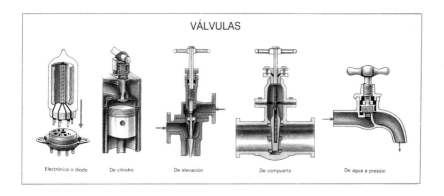

VÁLVULAS

Electrónica o diodo   De cilindro   De elevación   De compuerta   De agua a presión

que, según creencia popular, va por las noches a chupar la sangre de los vivos. || Murciélago americano que se alimenta de insectos y chupa la sangre de las personas y animales dormidos. || fig. Persona codiciosa que se enriquece por malos medios.

vanagloria. f. Jactancia del propio valer.

vanagloriarse. prnl. Jactarse de su propio valer u obrar.

vandálico, ca. adj. Relativo a los vándalos o al vandalismo.

vandalismo. m. Devastación propia de los antiguos vándalos. || fig. Espíritu de destrucción que no respeta cosa alguna.

vándalo, la. adj. Díc. de un pueblo de la Germania antigua establecido en remotos tiempos a orillas del Báltico, y que invadió la España romana junto con los suevos, los alanos y los silingos, pasó luego a África y se señaló en todas partes por el furor con que destruía los monumentos. Ú. m. c. m. pl. || Díc. también de sus individuos. Ú. t. c. s. || Relativo a este pueblo. || fig. El que comete acciones o profesa doctrinas propias de gente inculta, forajida y desalmada.

vanguardia. f. Parte de una fuerza armada, que va delante del cuerpo principal. || Avanzada de un grupo o movimiento ideológico, político, literario, artístico, etc. ◆ **de vanguardia.** loc. Díc. de los movimientos, grupos, personas, etc., partidarios de la renovación, avance y exploración en el campo literario, artístico, político, ideológico, etc.

vanguardismo. m. Nombre genérico con que se designan ciertas escuelas o tendencias artísticas, nacidas en el siglo xx, tales como el cubismo, el ultraísmo, etc., con intención renovadora, de avance y exploración.

vanguardista. adj. Relativo al vanguardismo.

vanidad. f. Calidad de vano. || Fausto, pompa vana u ostentación. || Palabra inútil o vana e insubstancial. || Vana representación, ilusión o ficción de la fantasía.

vanidoso, sa. adj. y s. Que tiene vanidad y la muestra.

vano, na. adj. Falto de realidad, substancia o entidad. || Hueco, vacío y falto de solidez. || Díc. de algunos frutos de cáscara cuando su semilla o substancia interior está seca o podrida. || Inútil, infructuoso o sin efecto. || Arrogante, presuntuoso.

vapor. m. Fluido aeriforme en que, por la acción del calor, se convierten ciertos cuerpos, generalmente los líquidos; y p. ant., el de agua. || Buque de vapor: *se espera la llegada del* ⌣.

vaporización. f. Acción y efecto de vaporizar.

vaporizador. m. Aparato que sirve para vaporizar. || Pulverizador.

vaporizar. tr. y prnl. Convertir un líquido en vapor por la acción del calor.

vaporoso, sa. ≅espiritoso. ≅sutil. ≅vago. ◁denso. ◁pesado. adj. Que arroja de sí vapores o los ocasiona. || fig. Tenue, ligero: *vestido* ⌣.

vapulear o **vapular.** tr. y prnl. Azotar.

vaquería. f. Lugar donde hay vacas o se vende su leche.

vaquero, ra. adj. Propio de los pastores de ganado bovino. || m. y f. Pastor o pastora de reses vacunas.

vara. f. Ramo delgado, limpio y sin hojas. || Palo largo y delgado. || Bastón de mando: ⌣ *de alcalde.* || Medida de longitud, devidida en tres pies o cuatro palmos. || Barra de madera o metal, que tiene esa longitud y sirve para medir. || Cada una de las dos piezas de madera que se afirman en los largueros de la escalera del carro y entre los cuales se engancha la caballería.

varadero. m. Lugar donde varan las embarcaciones para resguardarlas o para limpiar sus fondos o repararlas.

varal. m. Vara larga y gruesa.

varapalo. ≅cachiporrazo. ≅estacazo. ≅inquietud. ≅perjuicio. ≅trastazo. m. Palo largo a modo de vara. || Golpe dado con palo o vara. || fig. y fam. Daño, quebranto, pesadumbre.

varar. intr. Encallar la embarcación. || fig. Quedar parado o detenido un negocio. || tr. *Mar.* Poner en seco una embarcación.

várdulo, la. adj. Díc. un pueblo hispánico perromano que habitaba el territorio de la actual provincia de Guipúzcoa. Ú. m. c. m. || Díc. también de sus individuos. Ú. t. c. s. || Relativo a este pueblo.

varear. tr. Derribar con los golpes y movimientos de la vara los frutos de algunos árboles: ⌣ *la aceituna.* || Dar golpes con vara o palo. || Herir a los toros o fieras con varas.

variable. adj. Que varía o puede variar. || Instable, inconstante y mudable. || f. *Mat.* Magnitud que puede tener un valor cualquiera de los comprendidos en un conjunto.

variación. ≅alteración. ≅cambio. ≅mudanza. f. Acción y efecto de variar. || *Mús.* Cada una de las imitaciones melódicas de un mismo tema.

variado, da. adj. Que tiene variedad.

variante. adj. Que varía. || f. Variedad o diferencia de lección entre los ejemplares o copias de un códice, manuscrito o libro. || Desviación provisional o definitiva de un trecho de una carretera o camino.

variar. tr. Hacer que una cosa sea diferente en algo de lo que antes era. || Dar variedad. || intr. Cambiar una cosa de forma, propiedad o estado. || Ser una cosa diferente de otra. || *Mar.* Hacer ángulo la aguja magnética con la línea meridiana.

varice o **várice.** f. Dilatación permanente de una vena, acompañada por alteraciones de la túnica vascular, principalmente en las piernas de las personas que trabajan de pie y en las embarazadas.

varicela. f. Enfermedad contagiosa y de naturaleza vírica, caracterizada por una erupción parecida a la de la viruela benigna.

variedad. ≅complejidad. ≅mudanza. ≅veleidad. f. Calidad de vario. || Diferencia dentro de la unidad; conjunto de cosas diversas. || Inconstancia, inestabilidad. || Mudanza, alteración. || Variación. || pl. Espectáculo ligero en el que se alternan números de diverso carácter: musicales, circenses, coregráficos, etc.

varietés. f. pl. Espectáculo de variedades.

varilarguero. m. fam. Picador de toros.

varilla. f. Barra larga y delgada. || Cada una de las piezas de diversas materias que forman el armazón del abanico, paraguas, sombrilla, etc.

vario, ria. ≅desigual. ≅distinto. ≅variable. ⊲único. adj. Diverso, diferente. || Inconstante, mudable. || Que tiene variedad. || pl. Algunos, unos cuantos.

variopinto, ta. adj. Que ofrece diversidad de colores o de aspecto. || Multiforme, mezclado, diverso.

variz. f. Varice.

varón. m. Criatura racional del sexo masculino. || Hombre que ha llegado a la edad viril. || Hombre de respeto o autoridad.

varonil. adj. Relativo al varón. || Esforzado, valeroso.

vasallaje. m. Vínculo de dependencia y fidelidad que una persona tenía respecto de otra. || Rendimiento, reconocimiento, dependencia. || Tributo pagado por el vasallo a su señor.

vasallo, lla. adj. Sujeto a algún señor con vínculo de vasallaje: *pueblos* ⤳*s.* || Feudatario. || m. y f. Súbdito.

vasar. ≅aparador. ≅repisa. m. Poyo o anaquelería que sobresale de la pared y sirve para poner vasos, platos, etc.

vasco, ca. adj. Del País Vasco, región geográ-

fica y comunidad autónoma. Ú. t. c. s. || Relativo al País Vasco. || m. Vascuence.

vascuence. adj. y s. Lengua hablada por los naturales de las provincias vascongadas, y por parte de los de Navarra y del territorio vasco francés.

vascular. adj. Relativo a los vasos de las plantas o de los animales.

vasectomía. f. Escisión quirúrgica total o parcial del conducto deferente.

vaselina. f. Substancia crasa, con aspecto de cera, que se saca de la parafina y aceites densos del petróleo y se utiliza en farmacia y en perfumería. || fig. y fam. Cautela, prudencia.

vasija. f. Recipiente que sirve para contener líquidos o alimentos.

vaso. ≅cubilete. ≅pote. m. Pieza cóncava, capaz de contener alguna cosa. || Recipiente, por lo común de forma cilíndrica, que sirve para beber. || Cantidad de líquido que cabe en él: ⤳ *de agua.* || Conducto por el que circula en el cuerpo del animal la sangre o linfa. || Conducto por el que circula en el vegetal la savia o el látex.

vasoconstricción. f. Estrechamiento de los vasos sanguíneos por contracción de la pared arterial, que lleva consigo un aumento de la presión arterial.

vasodilatación. f. Ensanchamiento de los vasos sanguíneos, por dilatación de la pared arterial, que lleva consigo un descenso de la presión arterial.

vástago. ≅brote. ≅hijo. ≅pimpollo. ≅retoño. ≅sucesor. m. Renuevo del árbol o planta. || Conjunto del tallo y las hojas. || fig. Descendiente. || Barra que transmite el movimiento.

vasto, ta. adj. Dilatado, muy extendido.

vate. m. Adivino. || Poeta.

vaticinar. ≅augurar. ≅predecir. tr. Pronosticar, adivinar, profetizar.

vaticinio. m. Predicción, adivinación.

vatio. m. Unidad de potencia eléctrica, equivalente a un julio por segundo. Su abr. es *W.*

vaudeville. m. Vodevil.

vecinal. adj. Relativo al vecindario o a los vecinos de un pueblo.

vecindad. f. Calidad de vecino. || Conjunto de las personas que viven en los distintos cuartos de una misma casa, o en varias inmediatas. || Vecindario. || Contorno, cercanías.

vecindario. m. Conjunto de los vecinos de una población o de un municipio.

vecino, na. ≅habitante. ≅inquilino. ⊲lejano. adj. Que habita con otros en un mismo pueblo, barrio o casa. Ú. t. c. s. || Que tiene casa y hogar en un pueblo. || fig. Cercano, próximo, inmediato. || fig. Semejante, parecido.

vector. adj. Magnitud física (velocidad, aceleración, fuerza, etc.) que, para quedar definida precisa de orientación espacial. En un vector se distinguen: punto de aplicación, dirección, sentido e intensidad.

veda. f. Acción y efecto de vedar. || Espacio de tiempo en que está vedado cazar o pescar.

vedado, da. adj. Prohibido. || m. Campo o sitio acotado o cerrado por ley u ordenanza.

vedar. ≅acotar. ≅estorbar. ≅privar. ◁permitir. tr. Prohibir por ley, estatuto o mandato. || Impedir, estorbar.

vedette. f. Artista principal de un espectáculo de variedades, teatro, cine, etc.

vedismo. m. Religión contenida en los Vedas. Es la más antigua de las religiones indias.

vega. ≅huerta. f. Parte de tierra baja, llana y fértil. || *Cuba.* Terreno sembrado de tabaco. || *Chile.* Terreno muy húmedo.

vegetación. f. Acción y efecto de vegetar. || Conjunto de los vegetales propios de un paraje o región, o existentes en un terreno determinado.

vegetal. adj. Que vegeta. || Relativo a las plantas. || m. Ser orgánico que crece y vive, pero que no cambia de lugar por impulso voluntario.

vegetar. intr. Germinar, nutrirse y crecer las plantas. Ú. t. c. prnl. || fig. Vivir una persona con vida meramente orgánica, comparable a la de las plantas. || fig. Disfrutar voluntariamente de vida tranquila, exenta de trabajos y cuidados.

vegetarianismo. m. Régimen alimenticio a base exclusivamente de vegetales o de substancias de origen vegetal.

vegetariano, na. adj. Persona que se alimenta exclusivamente de vegetales o de substancias de origen vegetal. Ú. t. c. s. || Relativo al vegetarianismo.

vegetativo, va. adj. Que vegeta. || Relativo a las funciones de nutrición, desarrollo o reproducción.

veguero, ra. adj. Relativo a la vega. || m. Labrador que cultiva una vega. || Cigarro puro hecho de una sola hoja de tabaco enrollada.

vehemencia. ≅ardor. ≅brío. ≅fuego. ≅pasión. ◁flema. ◁tranquilidad. f. Calidad de vehemente.

vehemente. adj. Que mueve o se mueve con ímpetu y violencia, u obra con mucha fuerza y eficacia. || Díc. de lo que se siente o se expresa con viveza e ímpetu. || Díc. de la persona que siente o se expresa de ese modo: *orador* ∿.

vehículo. m. Medio de transporte como carruaje, embarcación, auto, bicicleta, moto, etc. || fig. Lo que sirve para conducir o transmitir fácilmente una cosa.

veinte. adj. Dos veces diez. || Vigésimo, ordinal: *número* ∿. Ú. t. c. s.: *el* ∿ *de julio.* || m. Conjunto de signos y cifras con que se representa el número veinte.

vejación. f. Acción y efecto de vejar.

vejar. ≅humillar. ≅oprimir. ≅perseguir. ◁alabar. tr. Maltratar, molestar.

vejatorio, ria. adj. Díc. de lo que veja o puede vejar: *condición* ∿.

vejestorio. m. desp. Persona muy vieja.

vejez. f. Calidad de viejo. || Edad senil. || fig. Achaques, manías, actitudes propias de la edad de los viejos.

vejiga. f. Órgano en forma de bolsa en la que va depositándose la orina segregada por los riñones. || Ampolla de la epidermis.

vela. ≅bujía. ≅candela. ≅cirio. f. Acción y efecto de velar. || Tiempo que se vela. || Asistencia por horas o turno delante de la Eucaristía. || Tiempo que se trabaja por la noche. || Peregrinación, romería. || Centinela o guardia que se ponía por la noche. || Cilindro o prisma de cera, sebo, estearina, etc., con pabilo en el eje para que pueda encenderse y dar luz. || Velatorio. || pl. fig. y fam. Mocos que cuelgan de la nariz de los niños.

vela. f. Conjunto o unión de paños o piezas de lona o lienzo fuerte, que, cortados de diversos modos y cosidos, se amarran a las vergas para recibir el viento que impele la nave. || Toldo. || fig. Barco de vela.

velada. f. Acción y efecto de velar. || Concurrencia nocturna a una plaza o paseo público, con motivo de alguna festividad. || Reunión nocturna de varias personas para solazarse.

velador, ra. adj. y s. Que vela. || m. Candelero. || Mesita de un solo pie. || *Arg., Chile, Méj. y Perú.* Mesa de noche.

velamen o **velaje.** m. Conjunto de velas de una embarcación.

velar. ≅asistir. ≅proteger. ◁dormir. intr. Estar sin dormir el tiempo destinado para el sueño. || Continuar trabajando después de la jornada ordinaria. || Asistir por horas o turnos delante de la Eucaristía. Ú. t. c. prnl. || fig. Cuidar solícitamente.

velar. tr. Cubrir con velo. Ú. t. c. prnl. || fig. Cubrir, ocultar. || En fotografía, borrarse total o parcialmente la imagen en la placa o en el papel por la acción indebida de la luz.

velar. adj. Que vela u obscurece. || Relativo al velo del paladar. || *Fon.* Díc. del sonido cuya articulación se caracteriza por la aproximación o contacto del dorso de la lengua y del velo del paladar.

velatorio. m. Acto de velar a un difunto.

veleidad. ≅antojo. ≅capricho. ≅ligereza. ◁firmeza. f. Voluntad antojadiza o deseo vano. || Inconstancia, ligereza.

veleidoso, sa. adj. Inconstante, mudable.

velero, ra. adj. Embarcación muy ligera o que navega mucho. || m. Buque de vela.

veleta. ≅giralda. ≅voluble. f. Pieza metálica giratoria que, colocada en lo alto de un edificio, sirve para señalar la dirección del viento. || com. fig. Persona inconstante y mudable.

velo. m. Cortina o tela que cubre una cosa. || Prenda de tul, gasa u otra tela delgada, con la cual se cubren las mujeres la cabeza. || Manto con que cubren la cabeza y la parte superior del cuerpo las religiosas. || fig. Cualquier cosa que encubre la vista de otra.

velocidad. f. Ligereza, rapidez en el movimiento. || *Mec.* Espacio recorrido en la unidad de tiem-

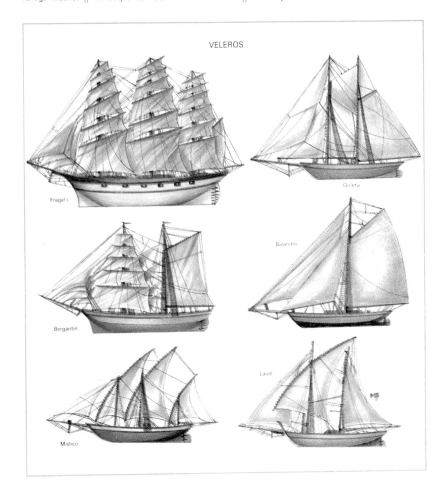

VELEROS

Fragata

Goleta

Bergantín

Balandro

Místico

Laúd

po. || *Mec.* Cualquiera de las posiciones motrices en un dispositivo de cambio de velocidades.

velocímetro. m. Aparato que en un vehículo indica la velocidad de traslación de éste.

velocípedo. m. Vehículo con dos o tres ruedas, que mueve por medio de pedales el que va montado en él.

velocista. com. Deportista que participa en carreras de corto recorrido.

velódromo. m. Lugar destinado para carreras en bicicleta.

velomotor. m. Bicicleta provista de un motor propulsor. || Motocicleta de pequeña cilindrada.

velón. m. Lámpara de metal, para aceite, compuesta de un vaso con uno o varios picos o mecheros, y de un eje en que puede girar.

velorio. m. Reunión de esparcimiento que durante la noche se celebra en las casas de los pueblos. || Velatorio.

veloz. ≅presto. ≅rápido. ≅raudo. adj. Ligero en el movimiento. || Ágil.

vello. ≅bozo. m. Pelo corto y suave que sale en algunas partes del cuerpo humano. || Pelusilla de que están cubiertas algunas frutas y plantas.

vellón. m. Toda la lana de un carnero u oveja que, esquilada, sale junta. || Aleación de plata y cobre con que se labró moneda antiguamente.

vena. ≅estro. ≅numen. ≅veta. f. Vaso o conducto por donde vuelve al corazón la sangre que ha corrido por las arterias. || Filón metálico. || Nervio de las hojas de las plantas. || Fibra de la vaina de ciertas legumbres.

venablo. m. Dardo o lanza corta.

venado. m. Ciervo.

venal. adj. Relativo a las venas.

venal. adj. Vendible o expuesto a la venta. || fig. Que se deja sobornar.

vencedor, ra. adj. y s. Que vence.

vencejo. m. Lazo o ligadura con que se ata una cosa. || Pájaro parecido a la golondrina, de cola larga y ahorquillada y plumaje blanco en la garganta y negro en el resto del cuerpo. Se alimenta de insectos.

vencer. tr. Derrotar, rendir al enemigo. || Dominar: ∽ *el sueño*. Ú. t. c. prnl. || Aventajar, exceder: ∽ *en un concurso*. || Superar las dificultades. || Prevalecer una cosa sobre otra. || Atraer, reducir. || intr. Cumplirse un término o plazo.

vencimiento. m. Acción y efecto de vencer o de ser vencido. || fig. Inclinación, torcimiento. || fig. Cumplimiento del plazo de una deuda, obligación, etc.

venda. f. Tira de lienzo, que sirve para ligar un miembro o para sujetar los apósitos aplicados sobre una llaga, contusión, etc.

vendaje. m. Ligadura con vendas.

vendar. tr. Atar o cubrir con la venda. || fig. Poner un impedimento o estorbo al conocimiento o a la razón.

vendaval. m. Viento fuerte.

vendedor, ra. adj. y s. Que vende.

vender. ≅delatar. ≅despachar. ≅enajenar. ≅expender. ≅traicionar. <comprar. tr. Traspasar a otro por el precio convenido la propiedad de lo que uno posee. || Exponer y ofrecer al público géneros o mercancías. || Sacrificar al interés cosas que no tienen valor material: ∽ *la honra*. || fig. Faltar uno a la confianza o amistad que debe a otro. || prnl. Dejarse sobornar.

vendetta. f. Venganza.

vendimia. f. Recolección y cosecha de la uva. || Tiempo en que se hace.

vendimiar. tr. Recoger el fruto de las viñas. || fig. Disfrutar una cosa o aprovecharse de ella.

venencia. f. Utensilio para sacar pequeñas cantidades de vino o mosto de una bota.

Vencejo

veneno. ≅tóxico. m. Substancia que, introducida en el organismo, ocasiona la muerte o graves trastornos. || fig. Cualquier cosa nociva a la salud. || fig. Cualquier cosa que puede causar un daño moral. || fig. Ira, rencor.

venenoso, sa. ≅tóxico. adj. Que incluye veneno.

venera. f. Concha semicircular de dos valvas, de un molusco muy común en los mares de Galicia, que los peregrinos que volvían de Santiago solían traer cosidas en las esclavinas. || Insignia distintiva de cada una de las órdenes militares.

venerable. adj. Digno de veneración, de respeto. || Díc. de las personas de reconocida virtud o condición. || Primer título que concede la Iglesia católica a las personas en proceso de canonización. Ú. t. c. s.

veneración. f. Acción y efecto de venerar.

venerar. ≅acatar. ≅honrar. ≅reverenciar. ◁despreciar. tr. Respetar en sumo grado. || Dar culto.

venéreo, a. adj. Relativo a la cópula carnal. || Díc. de las enfermedades que se contraen, ordinariamente, por contacto sexual.

venero. m. Manantial de agua. || Raya o línea horaria en los relojes de sol. || fig. Origen y principio de una cosa. || *Min.* Yacimiento de substancias inorgánicas útiles.

venezolano, na. adj. y s. De Venezuela.

venganza. ≅desquite. ≅revancha. f. Satisfacción que se toma del agravio o daño recibido.

vengar. ≅reparar. ≅vindicar. ◁perdonar. tr. y prnl. Tomar satisfacción de un agravio o daño.

vengativo, va. adj. y s. Inclinado a tomar venganza.

venia. ≅gracia. ≅indulgencia. f. Licencia, permiso. || Inclinación que se hace con la cabeza.

venial. adj. Díc. de lo que se opone levemente a la ley o precepto: *pecado* ᴠ.

venialidad. f. Calidad de venial.

venida. f. Acción de venir. || Regreso.

venidero, ra. ≅futuro. adj. Que está por venir o suceder.

venir. intr. Caminar una persona o moverse una cosa de allá hacia acá. || Llegar una persona o cosa a donde está el que habla. || Comparecer una persona ante otra. || Ajustarse, acomodarse: *a Juan le viene bien este vestido.* || Transigir, avenirse. Ú. t. c. prnl. || Acercarse o llegar el tiempo en que una cosa ha de suceder: *tras el verano viene el otoño.* || Figurar o aparecer en

un libro, periódico, etc. || Suceder, acontecer, sobrevenir.

venoso, sa. adj. Que tiene venas. || Relativo a la vena.

venta. f. Acción y efecto de vender. || Contrato en virtud del cual se transfiere a dominio ajeno una cosa por el precio pactado. || Posada en los caminos o despoblados.

ventaja. f. Superioridad de una persona o cosa respecto de otra. || Sobresueldo. || Ganancia anticipada que un jugador concede a otro.

ventajista. ≅aprovechado. adj. y s. Persona que sin miramientos procura obtener ventaja en los tratos, en el juego, etc.

ventajoso, sa. adj. Díc. de lo que tiene ventaja o la reporta.

ventana. ≅tragaluz. f. Abertura que se deja en una pared para dar luz y ventilación. || Armazón con que se cierra esa abertura. || Cada uno de los orificios de la nariz.

ventanal. m. Ventana grande.

ventanilla. f. Ventana pequeña. || Abertura pequeña en la pared o tabique de despachos y oficinas para comunicar con el público. || Abertura provista de cristal que tienen en su costado los coches, vagones del tren y otros vehículos.

ventarrón. Viento que sopla con mucha fuerza.

ventear. impers. Soplar el viento o hacer aire fuerte. || tr. Tomar algunos animales el viento con el olfato. || Poner, sacar o arrojar una cosa al viento para enjugarla o limpiarla. || fig. Andar indagando o inquiriendo una cosa.

ventero, ra. m. y f. Persona que tiene a su cargo una venta, posada.

ventilación. f. Acción y efecto de ventilar. || Abertura que sirve para ventilar un aposento. || Corriente de aire que se establece al ventilarlo.

ventilador. m. Instrumento o aparato que impulsa o remueve el aire en una habitación. || Abertura que se deja hacia el exterior en una habitación, para que se renueve el aire.

ventilar. tr. Hacer correr o penetrar el aire en algún sitio. Ú. t. c. prnl. || Agitar una cosa en el aire. || Exponer una cosa al viento. || Renovar el aire de un aposento. || fig. Dilucidar, examinar una cuestión.

ventisca. f. Borrasca de viento o de viento y nieve. || Viento fuerte, ventarrón.

ventiscar. impers. Nevar con viento fuerte. || Levantarse la nieve por la fuerza del viento.

ventisquero. m. Ventisca. || Altura de los montes más expuesta a las ventiscas.

ventolera. f. Golpe de viento fuerte y de poca

duración. || Molinete, rehilandera. || fig. y fam. Vanidad, jactancia. || fig. y fam. Determinación inesperada y extravagante: *le dio una* ⌢.

ventorrillo. m. Ventorro. || Bodegón o casa de comidas en las afueras de una población.

ventosa. f. Abertura para dar paso al aire. || Pieza cóncava de material elástico en la cual, al ser oprimida contra una superficie lisa, se produce el vacío y queda adherida a dicha superficie. || Órgano que tienen ciertos animales en los pies, la boca u otras partes del cuerpo, para adherirse o agarrarse, mediante el vacío.

ventosear. intr. Expeler del cuerpo los gases intestinales.

ventosidad. f. Calidad de ventoso o flatulento. || Gases intestinales, especialmente cuando se expelen.

ventoso, sa. ≅aireado. ≅tempestuoso. adj. Que contiene viento o aire.

ventral. adj. Relativo al vientre.

ventricular. adj. Relativo al ventrículo.

ventrículo. m. Cada una de las dos cavidades del corazón, que reciben la sangre de las aurículas y mediante la contracción de sus paredes musculares, la envían a las arterias.

ventrílocuo, cua. adj. y s. Persona que es capaz de hablar sin mover la boca ni los labios, emitiendo sonidos que parecen venir de lejos, y de modificar la voz de manera que parezca otra persona la que habla.

ventriloquia. f. Arte del ventrílocuo.

ventura. ≅dicha. ≅suerte. ◁desgracia. f. Felicidad. || Contingencia, casualidad. || Riesgo, peligro.

venturoso, sa. adj. Que tiene buena suerte. || Que implica o trae felicidad.

venus. f. fig. Mujer muy hermosa.

Venus. Planeta del sistema solar, el segundo en distancia desde el Sol y el más brillante del cielo después de la Luna.

ver. m. Sentido de la vista. || Parecer, apariencia: *tener buen* ⌢.

ver. tr. Percibir por los ojos los objetos mediante la acción de la luz. || Observar, considerar. || Examinar. || Visitar a una persona o estar con ella para tratar de algún asunto. || Mirar, investigar, experimentar. || Considerar, advertir, reflexionar. || Antever, inferir. || Conocer, juzgar. || Remitir, aludir: *como en su lugar veremos.* || Seguido de la preposición *de* y de un infinitivo, intentar, tratar de realizar.

vera. f. Orilla. || Lado.

veracidad. f. Calidad de veraz.

Venus

veraneante. adj. y s. Que veranea.

veranear. intr. Pasar las vacaciones de verano en alguna parte. || Pasar el verano en lugar distinto del en que habitualmente se reside.

veraneo. m. Acción y efecto de veranear.

veraniego, ga. ≅estival. adj. Relativo al verano.

veranillo. m. Tiempo breve en que suele hacer calor durante el otoño.

verano. m. Estación del año que astronómicamente comienza en el solsticio de verano y termina en el equinoccio de otoño; estío. || Época más calurosa del año, que en el hemisferio septentrional comprende los meses de junio, julio y agosto, y en el hemisferio austral los de diciembre, enero y febrero.

veras. f. pl. Realidad, verdad. || Eficacia. ◆ **de veras.** m. adv. Con verdad.

veraz. adj. Que dice o profesa siempre la verdad.

verbal. adj. Díc. de lo que se refiere a la palabra, o se sirve de ella: *memoria* ⌢; *expresión* ⌢. || Que se hace o estipula sólo de palabra, y no por escrito: *injuria, contrato* ⌢. || *Gram.* Relativo al verbo.

verbena. f. Planta herbácea anual, con flores de varios colores. || Velada y feria popular que se celebra en las noches de la víspera de algunas festividades.

verbigracia. adv. Por ejemplo.

verbo. m. Palabra, representación oral de una idea. || *Gram.* Clase de palabras que tienen variación de número, persona, tiempo y modo. En la oración expresan la acción o el estado del sujeto.

verborrea. f. fam. Verbosidad excesiva.

verbosidad. f. Abundancia de palabras inútiles.

verdad. f. Conformidad de las cosas con el concepto que de ellas forma la mente. || Conformidad de lo que se dice con lo que se siente o se piensa. || Juicio o proposición que no se puede negar racionalmente. || Veracidad. || Realidad.

verdadero, ra. ≅cierto. ≅positivo. adj. Que contiene verdad. || Real, efectivo. || Veraz.

verde. adj. De color semejante al de la hierba fresca, la esmeralda, etc. Ú. t. c. s. Es el cuarto color del espectro visible de la luz solar; está situado entre el amarillo y el azul. || En contraposición de seco, díc. de los árboles y las plantas que aún conservan alguna savia. || Leña recién cortada del árbol vivo. || Díc. de lo que aún no está maduro. || fig. Libre, obsceno.

verdear. intr. Mostrar una cosa el color verde que en sí tiene. || Tirar a verde. || Ir tomando una cosa color verde. || Empezar a brotar plantas en los campos, o cubrirse los árboles de hojas y tallos.

verdecer. intr. Reverdecer, cubrirse de verde la tierra o los árboles.

verdeo. m. Recolección de las aceitunas antes de que maduren.

verderón. m. Ave canora del orden de los pájaros, del tamaño y forma del gorrión, con plumaje verde y manchas amarillentas.

verdín. m. Capa verde de plantas criptógamas, que se cría en las aguas dulces, principalmente en las estancadas, en las paredes y lugares húmedos y en la corteza de algunos frutos, como el limón y la naranja, cuando se pudren. || Cardenillo del cobre.

verdor. m. Color verde vivo de las plantas. || Color verde. || fig. Vigor, lozanía.

verdoso, sa. adj. Que tira a verde.

verdugo. ≅brote. ≅sayón. m. Renuevo o vástago del árbol. || Estoque muy delgado. || Azote hecho de cuero, mimbre u otra materia flexible. || Ministro de Justicia que ejecuta las penas de muerte.

verduguillo. m. Roncha que suele levantarse en las hojas de algunas plantas. || Navaja pequeña para afeitar. || Estoque muy delgado.

verdulería. f. Tienda o puesto de verduras. || fig. y fam. Obscenidad.

verdulero, ra. m. y f. Persona que vende verduras || f. fig. y fam. Mujer descarada y ordinaria.

verdura. f. Color verde, verdor. || Hortaliza y especialmente la la que se come cocida. Ú. m. en pl.

verecundia. f. Vergüenza.

vereda. ≅atajo. ≅senda. f. Camino estrecho. || Amér. m. Acera de las calles.

veredicto. ≅decisión. ≅fallo. ≅juicio. ≅resolución. ≅sentencia. m. Fallo pronunciado por un jurado sobre un hecho sometido a su juicio. || Dictamen, juicio.

verga. f. Miembro genital de los mamíferos. || Palo delgado. || Mar. Percha labrada a la cual se asegura una vela.

vergajo. m. Verga del toro que, seca y retorcida, se usa como látigo.

vergel. ≅jardín. ≅oasis. ≅parque. m. Huerto con variedad de flores y árboles frutales.

vergonzante. adj. Que tiene vergüenza. Díc. regularmente del que pide limosna encubriéndose.

vergonzoso, sa. adj. Que causa vergüenza. || Que se avergüenza con facilidad. Ú. t. c. s.

vergüenza. ≅bochorno. ≅confusión. ≅sonrojo. ◁descaro. f. Turbación del ánimo, que suele encender el color del rostro, ocasionada por alguna falta cometida, o por alguna acción deshonrosa y humillante. || Pundonor, estimación.

vericueto. m. Sitio áspero, alto y quebrado, por donde no se puede andar sino con dificultad.

verídico, ca. adj. Que dice verdad. || Verosímil.

verificación. f. Acción de verificar.

verificar. ≅demostrar. ≅ejecutar. ≅evidenciar. tr. Probar que una cosa que se dudaba es verdadera. || Comprobar, examinar. || Realizar, efectuar. Ú. t. c. prnl. || prnl. Salir cierto y verdadero lo que se dijo o pronosticó.

verja. f. Enrejado que sirve de puerta, ventana o cerca.

vermicular. adj. Que se parece a los gusanos.

vermú o **vermut.** ∫∫vermús o ∫∫vermuts. m. Licor aperitivo compuesto de vino blanco, ajenjo y otras substancias amargas y tónicas.

vernáculo, la. adj. Nativo, de nuestra casa o país. Díc. especialmente del idioma o lengua.

verónica. f. Planta de flores azules. || Taurom. Lance que consiste en esperar el lidiador la acometida del toro teniendo la capa extendida o abierta con ambas manos enfrente de la res.

verosímil. ≅plausible. ≅posible. ≅probable. ◁increíble. adj. Que tiene apariencia de verdadero. || Creíble.

verosimilitud. f. Calidad de verosímil.

verraco. m. Cerdo padre.

verruga. f. Excrecencia cutánea, por lo general redonda.

versado, da. ≅competente. ≅conocedor. ≅ducho. ≅experto. adj. Ejercitado, instruido.

versallesco, ca. adj. Relativo a Versalles, palacio y sitio real cercano a París. Díc. especialmente de las costumbres de la corte francesa establecida en dicho lugar y que tuvo su apogeo en el s. XVIII. || fam. Díc. del lenguaje y de los modales afectadamente corteses.

versar. intr. Dar vueltas alrededor. || Tratar de tal o cual materia un libro, discurso o cenversación.

versátil. ≅veleidoso. ◁constante. adj. Que se vuelve o se puede volver fácilmente. || fig. Voluble, inconstante.

versatilidad. f. Calidad de versátil.

versículo. m. Cada una de las breves divisiones de los capítulos de ciertos libros, y singularmente de la Biblia y El Corán.

versificación. f. Acción y efecto de versificar.

versificar. intr. Hacer o componer versos. || tr. Poner en verso.

versión. f. Traducción de una lengua a otra. || Modo que tiene cada uno de referir un mismo suceso. || Cada una de las formas que adopta la relación de un suceso, el texto de una obra o la interpretación de un tema.

verso. m. Palabra o conjunto de palabras sujetas a medida y cadencia, o sólo a cadencia. || Se emplea también por contraposición a prosa: *comedia en* ⌐. || Versículo. || fam. fam. Estrofa.

vértebra. f. Cada uno de los huesos cortos, articulados entre sí, que forman el espinazo de los animales vertebrados. El del hombre se compone de 24 libres: 7 cervicales, 12 dorsales y 5 lumbares, más 5 soldadas, sacras, que constituyen el sacro.

vertebrado, da. adj. *Zool.* Que tiene vértebras. || Díc. de los cordados que tienen esqueleto con columna vertebral. Ú. t. c. s. m. || m. pl. Grupo de estos animales.

vertebral. adj. Relativo a las vértebras: *columna* ⌐.

vertedera. f. Orejera que sirve para voltear y extender la tierra levantada por el arado.

vertedero. ≅basurero. ≅escombrera. m. Sitio adonde o por donde se vierte algo.

verter. tr. Derramar o vaciar líquidos, y también cosas menudas; como sal, harina, etc. Ú. t. c. prnl. || Inclinar una vasija o volverla boca abajo para vaciar su contenido. Ú. t. c. prnl. || Traducir de una lengua a otra.

vertical. adj. Que tiene la dirección de una plomada. || *Geom.* Díc. de la recta o plano que es perpendicular a una recta o plano horizontal. Ú. t. c. s. f.

verticalidad. f. Calidad de vertical.

vértice. m. *Geom.* Punto en que concurren los dos lados de un ángulo. || Punto donde concurren dos o más planos. || Cúspide.

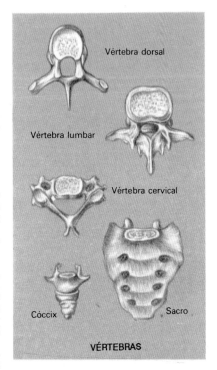

Vértebra dorsal

Vértebra lumbar

Vértebra cervical

Cóccix

Sacro

VÉRTEBRAS

vertiente. adj. Que vierte. || amb. Declive o sitio por donde corre o puede correr el agua. || f. fig. Aspecto, punto de vista.

vertiginosidad. f. Calidad de vertiginoso.

vertiginoso, sa. adj. Relativo al vértigo. || Que causa vértigo.

vértigo. m. Trastorno del sentido del equilibrio. || fig. Mareo, vahído.

vesania. f. Demencia, furia.

vesánico, ca. adj. Relativo a la vesania.

vesícula. f. Vejiga pequeña en la epidermis. ◆ **biliar.** Órgano, a manera de bolsita, en que el hígado va depositando la bilis o hiel.

vesicular. adj. De forma de vesícula.

vespertino, na. adj. Relativo a la tarde.

vestal. adj. Relativo a la diosa Vesta. || Díc. de las doncellas romanas que estaban consagradas a esta diosa. Ú. m. c. s.

vestíbulo. ≅hall. ≅lonja. ≅zaguán. m. Atrio o portal que está a la entrada de un edificio. ||

Recibimiento. || *Zool.* Una de las cavidades comprendidas en el laberinto del oído de los vertebrados.

vestido. m. Cualquier prenda de vestir que se pone para cubrir el cuerpo. || Conjunto de las principales piezas que sirven para este uso. || Prenda de vestir exterior femenina formada por una sola pieza.

vestidura. f. Vestido.

vestigio. m. Huella, señal. || fig. Indicio.

vestimenta. f. Vestido. || Vestidura.

vestir. ≅engalanar. ≅envolver. ≅trajear. ◁desnudar. tr. Cubrir o adornar el cuerpo con el vestido. || Dar a uno la cantidad necesaria para que se vista. || Ser una prenda señaladamente a propósito para el lucimiento y elegancia. || fig. Cubrir la hierba los campos, la pluma los animales, etc. Ú. t. c. prnl. || fig. Hacer los vestidos para otro. Ú. t. c. prnl. || fig. Disfrazar, disimular.

vestuario. m. Conjunto de las piezas que sirven para vestir. || Conjunto de trajes necesarios para una representación escénica. || En los campos de deportes, piscinas, etc., local destinado a cambiarse de ropa.

veta. ≅estría. ≅franja. ≅vena. f. Faja o lista de una materia que se distingue de la masa en que se halla interpuesta. || Vena, filón mineral. || fig. y fam. Aptitud de uno para una ciencia o arte.

vetar. tr. Poner veto.

veteado, da. adj. Que tiene vetas.

vetear. tr. Señalar o pintar vetas.

veteranía. f. Calidad de veterano.

veterano, na. ≅aguerrido. ≅antiguo. ≅ducho. ≅experto. ◁novel. adj. y s. Díc. de los militares que por haber servido mucho tiempo son expertos en las cosas de su profesión. || fig. Experimentado en cualquier profesión o ejercicio.

veterinaria. f. Ciencia y arte de precaver y curar las enfermedades de los animales.

veterinario, ria. adj. Relativo a la veterinaria. || m. y f. Persona que se halla legalmente autorizada para profesar y ejercer la veterinaria.

veto. m. Derecho que tiene una persona o corporación para vedar o impedir una cosa. || Oposición, prohibición.

vetón, na. adj. Pueblo prerromano de la antigua Lusitania que habitaba parte de las actuales provincias de Zamora, Salamanca, Ávila, Cáceres, Toledo y Badajoz. Ú. m. c. m. pl. || Díc. también de sus individuos. Ú. t. c. s.

vetustez. f. Calidad de vetusto.

vetusto, ta. adj. Muy antiguo o de mucha edad.

vez. f. Alternación de las cosas por turno u orden sucesivo. || Tiempo u ocasión determinada en que se ejecuta una acción, aunque no incluya orden sucesivo: ∿ *hubo que no comió en un día.* || Tiempo u ocasión de hacer una cosa por turno: *le llegó la* ∿ *de entrar.*

vía. ≅calle. ≅carril. ≅ruta. ≅senda. f. Camino por donde se transita. || Calzada para la circuñación rodada de todo tipo de vehículos. || Raíl del ferrocarril o del tranvía. || Parte del suelo explanado de un camino de hierro, en la cual se asientan los carriles. || Conducto. || Entre los ascéticos, modo y orden de vida espiritual. || Dirección que han de seguir los transportes o medios. || fig. Procedimiento, medio o modo de hacer algo. || *Der.* Ordenamiento procesal.

vía crucis. m. Camino señalado con diversas estaciones de cruces o altares, y que se recorre rezando en cada una de ellas, en memoria de los pasos que dio Jesucristo caminando al Calvario. || Aflicción.

Vía Láctea. Galaxia espiral normal a la que pertenece el sistema regido por el Sol, que está situado en la región externa de uno de sus brazos, llamada también *la Galaxia* y *Camino de Santiago.* Contiene 10^{11} estrellas y su diámetro es de 100.000 años luz. Se calcula su edad en 24.000 millones de años aproximadamente.

viabilidad. f. Calidad de viable.

viable. adj. Que puede vivir. || Transitable. || fig. Díc. de asunto que, por sus circunstancias, tiene probabilidades de poderse llevar a cabo.

viaducto. m. Obra a manera de puente, para el paso de un camino sobre una hondonada.

viajante. adj. y s. Que viaja. || com. Representante comercial que hace viajes para negociar compras o ventas.

viajar. intr. Trasladarse de un lugar a otro, generalmente distante, por cualquier medio de locomoción.

viaje. m. Acción y efecto de viajar. || Jornada que se hace de una parte a otra por mar, tierra o aire. || Ida a cualquier parte, aunque no sea jornada. || Carga que se lleva de un lugar a otro de una vez. || fig. Efecto de drogarse. || fam. Acometida inesperada con arma blanca y corta.

viajero, ra. adj. Que viaja. || m. y f. Persona que hace un viaje.

vial. adj. Relativo a la vía. || m. Calle formada por dos filas paralelas de árboles u otras plantas.

vianda. f. Sustento, comida.

viandante. com. Persona que hace viaje o anda camino. || Peatón, que va a pie.

Vía Láctea con una estela de un meteorito

viario, ria. adj. Relativo a los caminos y carreteras: *red* ∽.

viático. m. Sacramento de la Eucaristía que se administra al enfermo que está en peligro de muerte.

víbora. f. Culebra venenosa, de cabeza en forma de corazón.

vibración. f. Acción y efecto de vibrar. || Cada movimiento vibratorio, o doble oscilación de las moléculas o del cuerpo vibrante. || En la construcción, procedimieno de compactación del hormigón, que consiste en someterle durante el fraguado a una elevada oscilación mecánica.

vibrador, ra. adj. Que vibra. || m. Aparato que transmite las vibraciones eléctricas.

vibrante. adj. Que vibra. || *Fon.* Díc. del sonido o letra cuya pronunciación se caracteriza por un rápido contacto oclusivo, simple o múltiple, entre los órganos de la articulación.

vibrar. tr. Dar un movimiento trémulo a cualquier cosa larga, delgada y elástica. || intr. Experimentar vibraciones un cuerpo elástico. || fig. Conmoverse.

vibratorio, ria. adj. Que vibra o es capaz de vibrar.

vicaría. f. Oficio o dignidad de vicario. || Oficina o tribunal en que despacha el vicario. || Territorio de la jurisdicción del vicario.

vicariato. m. Vicaría. || Tiempo que dura el oficio de vicario.

vicario, ria. adj. y s. Que tiene el poder y las facultades de otro, o le substituye. Ú. t. c. s. || m. y f. Persona que en las órdenes regulares tiene las veces y autoridad de alguno de los superiores.

vicealmirantazgo. m. Dignidad de vicealmirante.

vicealmirante. m. Oficial general de la armada, inmediatamente inferior al almirante.

vicecanciller. m. Persona que hace las veces de canciller.

vicecancillería. f. Cargo de vicecanciller. || Oficina del vicecanciller.

vicecónsul. m. Persona de categoría inmediatamente inferior al cónsul.

viceconsulado. m. Empleo o cargo de vicecónsul. || Oficina de este funcionario.

vicepresidencia. f. Cargo de vicepresidente.

vicepresidente, ta. m. y f. Persona que hace o está facultada para hacer las veces de presidente.

vicerrector, ra. m. y f. Persona que hace las veces del rector.

vicesecretaría. f. Cargo de vicesecretario.

vicesecretario, ria. m. y f. Persona que suple al secretario.

vicetiple. f. fam. En las zarzuelas, operetas y revistas, cada una de las cantantes que intervienen en los números de conjunto.

viceversa. adv. m. Al contrario, por lo contrario; cambiadas dos cosas recíprocamente.

viciar. tr. Dañar o corromper física o moralmente. Ú. t. c. prnl. || Adulterar. || Falsificar un escrito. || *Der.* Anular la validez de un acto. || prnl. Entregarse a los vicios. || Alabearse, pandearse una superficie.

vicio. ≅falta. ≅imperfección. ≅tacha. ◁virtud. m. Mala calidad, defecto o daño físico en las cosas. || Defecto moral en las acciones. || Falsedad, yerro, engaño. || Hábito de obrar mal. || Demasiado apetito de una cosa. || Desviación.

vicioso, sa. adj. Que tiene o causa vicio, error o defecto. || Entregado a los vicios. Ú. t. c. s.

vicisitud. f. Alternativa de sucesos prósperos y adversos. || Accidente, contrariedad.

víctima. f. Persona o animal sacrificado o destinado al sacrificio. || fig. Persona que se sacrifica voluntariamente. || fig. Persona que padece daño por culpa ajena o por causa fortuita.

victoria. f. Superioridad o ventaja que se consigue del contrario, en disputa o lid. || Coche de dos asientos, abierto y con capota.

victorioso, sa. ≅triunfante. adj. y s. Que ha conseguido una victoria en cualquier línea.

vicuña. f. Mamífero rumiante de los Andes, que cubre su cuerpo un pelo largo y finísimo. || Lana de este animal. || Tejido que se hace de esta lana.

vichy. m. Tela fuerte de algodón, de rayas o cuadros, que se usa para batas y delantales.

vid. f. Planta vivaz y trepadora, cuyo fruto es la uva.

vida. f. Fuerza interna substancial, mediante la que obra el ser que la posee. || Estado de actividad de los seres orgánicos por el cual estos crecen, se reproducen y mueren. || Espacio de tiempo que transcurre desde el nacimiento hasta la muerte. || Duración de las cosas. || Modo de vivir. || Persona o ser humano. || fig. Expresión, viveza. || fig. Animación, vitalidad.

vidente. adj. Que ve. || Díc. de la persona capaz de adivinar el futuro y esclarecer lo pasado. Ú. t. c. s. || m. Profeta.

vídeo. m. Aparato que registra o reproduce imágenes y sonidos electrónicamente.

videocasete o **videocinta.** f. Cinta magnética

en que se registran imágenes visuales. También el sonido correspondiente, si lo hay.

videodisco. m. Disco en que se registran imágenes y sonidos que pueden ser reproducidos en un televisor.

videófono. m. Sistema formado por la combinación del teléfono y la televisión, de forma que los interlocutores puedan verse en una pantalla.

videofrecuencia. f. Cualquiera de las frecuencias de ondas empleadas en la transmisión de imágenes.

videotex. m. Sistema de intercomunicación que, usando las técnicas de televisión, telefonía, telegrafía e informática, suministra a una pantalla de televisión, conectada con un centro de datos, textos o elementos gráficos.

vidorra. f. fam. Vida regalada.

vidriado. m. Barro o loza con barniz vítreo. || Este barniz.

vidriar. tr. Dar a las piezas de barro o loza un barniz que, fundido al horno, toma la transparencia y lustre del vidrio.

vidriera. f. Bastidor con vidrios con que se cierran puertas y ventanas.

Detalle de la vidriera del monasterio de las Huelgas (Burgos)

vidriero, ra. m. y f. Persona que trabaja en vidrio o que lo vende.

vidrio. m. Substancia dura, frágil, transparente, formada por la combinación de la sílice con potasa o sosa y pequeñas cantidades de otras bases. || Cualquier pieza o vaso de vidrio.

vidrioso, sa. adj. Que fácilmente se quiebra, como el vidrio. || fig. Díc. de lo que debe tratarse con cuidado. || fig. Díc. de los ojos o mirada que se vidrian.

vieira. f. Molusco comestible, muy común en los mares de Galicia, cuya concha es la venera, insignia de los peregrinos de Santiago. || Esta concha.

viejales. com. fam. Persona vieja.

viejo, ja. ≅abuelo. ≅anciano. ≅arcaico. ◁joven. adj. Díc. de la persona de mucha edad. Ú. t. c. s. || Díc. de la persona que ya no es joven. Ú. t. c. s. || Díc., p. ext., de los animales en igual caso. || Antiguo o del tiempo pasado. || Que no es reciente. || Deslucido, estropeado.

viento. m. Corriente de aire producida en la atmósfera por causas naturales. || Aire atmosférico. || Olor que como rastro dejan las piezas de caza. || fig. Vanidad, jactancia. || fig. Cuerda o alambre que se ata a una cosa para mantenerla derecha o moverla hacia un lado, como en las tiendas de campaña y en las lonas de los circos.

vientre. m. Cavidad del cuerpo de los animales vertebrados, en la que se contienen los órganos principales del aparato digestivo y del genital y urinario. || Conjunto de las vísceras contenidas en esta cavidad. || Región exterior del cuerpo, correspondiente al abdomen. || Panza de las vasijas y otras cosas.

viernes. ʃʃviernes. m. Sexto día de la semana.

vierteaguas. m. Resguardo que se pone en los salientes de los paramentos, puertas, ventanas, etc, para que escurra el agua de lluvia. || Reborde en forma de pequeño canal para recoger el agua del techo por encima de las puertas del coche.

vietnamita. adj. y s. De Vietnam.

viga. f. Pieza larga de madera, hierro o cemento que se utiliza para formar los techos en los edificios y sostener y asegurar las fábricas.

vigencia. f. Calidad de vigente.

vigente. adj. Díc. de las leyes, costumbres, etc., que están en vigor y observancia.

vigésimo, ma. adj. Que sigue inmediatamente en orden al o a lo decimonono. || Díc. de cada una de las veinte partes iguales en que se divide un todo. Ú. t. c. s.

vigía. f. Atalaya, torre. || Persona destinada a vigilar o atalayar el mar o la campiña. Ú. m. c. s. m.

vigiar. tr. Vigilar.

vigilancia. f. Cuidado y atención exacta en las cosas que están al cargo de cada uno. || Servicio ordenado y dispuesto para vigilar.

vigilante. adj. Que vigila. || Que vela o está despierto. || m. Persona encargada de velar por algo.

vigilar. ≅cuidar. ≅custodiar. ≅guardar. ◁desatender. ◁dormir. intr. y tr. Velar sobre una persona o cosa, o atender exacta y cuidadosamente a ella.

vigilia. f. Acción de estar despierto o en vela. || Víspera de una festividad religiosa. || Falta de sueño o dificultad de dormirse. || Comida con abstinencia de carne.

vigor. ≅dinamismo. ≅energía. ≅vitalidad. ◁debilidad. m. Fuerza, actividad notable. || Viveza o eficacia en la ejecución de las cosas. || Fuerza de obligar en las leyes u ordenanzas.

vigorizar. tr. y prnl. Dar vigor. || Animar, esforzar.

vigoroso, sa. adj. Que tiene vigor.

vigueta. f. Barra de hierro laminado destinada a la edificación.

vihuela. f. Mús. Instrumento de cuerda parecido al laúd, que alcanzó en España su apogeo durante el s. XVI.

vikingo, ga. adj. Pueblo de navegantes escandinavos que entre los siglos VIII y XI realizaron correrías por las costas de Europa occidental. || Díc. también de sus individuos. Ú. t. c. s. || Relativo a este pueblo.

vil. adj. Bajo, despreciable. || Indigno, infame. || Díc. de la persona que falta a la confianza que en ella se pone. Ú. t. c. s.

vileza. ≅alevosía. ≅bajeza. ≅infamia. ≅ruindad. ◁dignidad. f. Calidad de vil. || Acción o expresión vil o indigna.

vilipendiar. ≅desacreditar. ≅envilecer. ≅infamar. ◁honrar. tr. Despreciar o tratar con vilipendio.

vilipendio. m. Desprecio, denigración.

vilipendioso, sa. adj. Que causa vilipendio.

vilo (en). ≅colgado. ≅pendiente. m. adv. Suspendido, sin el fundamento o apoyo necesario. || fig. Con indecisión, inquietud y zozobra.

villa. f. Casa de recreo situada aisladamente en el campo. || Población con algunos privilegios que la distinguen de aldeas y lugares. || Consistorio, ayuntamiento. || Casa consistorial.

villancico. m. Cancioncilla popular breve que frecuentemente servía de estribillo. || Canción popular, principalmente de asunto religioso, que se canta en Navidad y otras festividades.

villanía. f. Bajeza de nacimiento, condición o estado. || fig. Acción ruin. || fig. Expresión indecorosa.

villano, na. ≅aldeano. ≅lugareño. adj. Vecino del estado llano en una villa o aldea, a distinción del noble o hidalgo. Ú. t. c. s. || fig. Rústico, descortés. || fig. Ruin, indigno. || m. Baile español de los siglos XVI y XVII.

villorrio. m. desp. Población pequeña, aldea.

vinagre. m. Líquido agrio y astringente producido por la fermentación ácida del vino, compuesto principalmente de ácido acético y agua y que se emplea como condimento. || fig. y fam. Persona de genio áspero y desapacible.

vinagrera. f. Vasija que contiene vinagre para el uso diario. || Acedera. || pl. Utensilio para el servicio de mesa con recipientes para el aceite y vinagre.

vinagreta. f. Salsa de aceite, cebolla y vinagre: *merluza, carne a la* ⌢.

vinajera. f. Cada uno de los dos jarrillos con que se sirven en la misa el vino y el agua. || pl. Conjunto de ambos jarrillos y de la bandeja donde se colocan.

vinatero, ra. adj. Relativo al vino: *industria* ⌢. || m. y f. Persona que vende vinos.

vinazo. m. Vino muy fuerte y espeso.

vinculación. f. Acción y efecto de vincular.

vincular. tr. Sujetar los bienes a vínculo para perpetuarlos en una familia. || fig. Atar, fundar. || fig. Perpetuar, continuar. Ú. m. c. prnl. || fig. Someter, supeditar.

vínculo. ≅lazo. ≅ligadura. ≅unión. m. Atadura de una persona o cosa con otra. Ú. m. en sent. fig. || Der. Sujeción de los bienes al perpetuo dominio de una familia.

vindicación. f. Acción y efecto de vindicar.

vindicar. tr. Vengar. Ú. t. c. prnl. || Defender por escrito al que se halla injuriado o calumniado. Ú. t. c. prnl. || Der. Reivindicar.

vindicativo, va. adj. Vengativo, inclinado a la venganza. || Aplícase al escrito en que se defiende la fama u opinión de alguien.

vínico, ca. adj. Relativo al vino.

vinícola. adj. Relativo a la fabricación del vino.

vinicultor, ra. m. y f. Persona que se dedica a la vinicultura.

vinicultura. f. Elaboración y crianza de vinos.

vinificación. f. Conjunto de operaciones reali-zadas en el proceso de elaboración de los vinos, a partir de la uva.

vinilo. m. Radical no saturado, de fórmula $-C_2H_3$, que posee una gran reactividad y tiene tendencia a formar compuestos polimerizados.

vino. m. Bebida alcohólica que se obtiene por fermentación del zumo de las uvas. || Por ext., zumo de otras plantas o frutos que fermenta.

viña. f. Terreno plantado de vides.

viñador, ra. m. y f. Persona que cultiva las viñas. || Guarda de una viña.

viñedo. m. Terreno plantado de vides.

viñeta. f. Dibujo o estampa que se pone como adorno al principio o fin de los libros y capítulos, o en los contornos de las planas. || Cada uno de los recuadros de una serie en la que con dibujos y texto se compone una historieta. || Dibujo o escena humorística impresa en un libro, periódico, etc., que se acompaña de un texto o comentario.

viola. f. *Mús.* Instrumento de cuerda parecido al violín aunque algo mayor y de cuerdas más fuertes. || com. Persona que toca este instrumento.

violación. f. Acción y efecto de violar.

violado, da. adj. y s. De color de violeta, morado claro. Es el séptimo color del espectro solar.

violador, ra. adj. y s. Que viola.

violar. ≅atropellar. ≅estropear. ≅forzar. ≅transgredir. ◁respetar. tr. Infringir, quebrantar. || Abusar carnalmente de una mujer sin su voluntad, contra la misma o cuando no ha llegado a la edad de pubertad legal. Por ext., abusar carnalmente de otra persona siempre que medien estas circunstancias o similares.

violencia. f. Calidad de violento. || Acción y efecto de violentar. || Acción de violar, abusar carnalmente.

violentar. ≅atropellar. ≅forzar. ≅obligar. ◁serenar. tr. Aplicar medios violentos a cosas o personas para vencer su resistencia. || fig. Dar sentido violento a lo dicho o escrito. || fig. Entrar en una casa contra la voluntad de su dueño. || prnl. fig. Vencer uno su repugnancia a hacer algo. || fig. Molestarse, enojarse.

violento, ta. adj. Que obra con violencia o brusquedad. || Díc. de lo que hace uno contra su gusto. || fig. Arrebatado, impetuoso: *genio* ⌢. || Incómodo, embarazoso.

violeta. f. Planta herbácea de flores moradas de olor muy suave. || Flor de esta planta. || m. Color morado claro, parecido al de la violeta. Ú. t. c. adj.

violín. m. Instrumento músico de arco, compuesto de una caja de madera a modo de óvalo

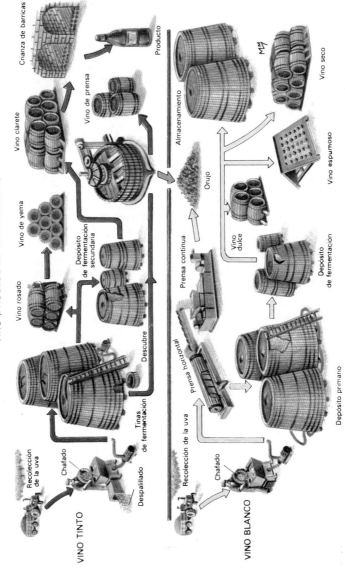

948

VINO (PROCESO DE ELABORACIÓN)

VINO TINTO

Recolección de la uva
Chafado
Despalillado
Tinas de fermentación
Descubre
Vino rosado
Depósito de fermentación secundaria
Vino de yema
Vino clarete
Crianza de barricas
Producto
Vino de prensa
Almacenamiento
Orujo
Prensa continua

VINO BLANCO

Recolección de la uva
Chafado
Prensa horizontal
Depósito primario
Depósito de fermentación
Vino dulce
Vino seco
Vino espumoso

estrechado cerca del medio, con dos aberturas en forma de S en la tapa, y un mástil al que va superpuesto el diapasón.

violinista. com. Persona que toca el violín.

violón. m. Contrabajo, instrumento parecido al violín pero más grande y de diapasón más bajo. || com. Persona que lo toca.

violonchelista. com. Persona que toca el violonchelo.

violonchelo. m. Instrumento músico de cuerda y arco, parecido al violón, aunque más pequeño. || Persona que toca este instrumento.

viperino, na. adj. Relativo a la víbora. || fig. Que tiene sus propiedades.

viraje. m. Acción y efecto de cambiar de dirección un vehículo. || fig. Cambio de orientación en ideas, conducta, intereses, actitudes, etc.

virar. tr. En fotografía, someter un negativo o positivo a determinadas reacciones químicas con el fin de modificar su color. || intr. Cambiar de dirección un vehículo. || fam. Volver, dar la vuelta, girar. || fig. Evolucionar, cambiar de ideas.

virgen. ≅doncella. com. Persona que no ha tenido relaciones sexuales. Ú. t. c. adj. || adj. Díc. de la tierra que no ha sido cultivada. || Díc. de aquellas cosas que no han servido aún para aquello a que se destinan.

virginal. adj. Relativo a la virgen. || fig. Puro, incólume, inmaculado.

virginidad. f. Estado de virgen.

virgo. m. Himen.

Virgo. Sexto signo del Zodíaco, que va de los 150 a los 180° de longitud y que el Sol atraviesa del 23 de agosto al 23 de septiembre.

virguería. f. fam. Cosa delicada, exquisita y bien hecha.

virguero, ra. adj. fam. Bonito, delicado, exquisito. || fam. Magnífico. || fam. Que hace virguerías. Ú. t. c. s.

vírico, ca. adj. Relativo al virus.

viril. adj. Varonil. || m. Caja de cristal que se coloca en la custodia.

virilidad. f. Calidad de viril.

virología. f. Parte de la microbiología que estudia los virus.

virreina. f. Mujer del virrey. || La que gobierna como virrey.

virreinato o **virreino.** m. Dignidad o cargo de virrey o virreina. || Tiempo que dura. || Distrito gobernado por un virrey o una virreina.

virrey. m. El que con este título gobierna en nombre y autoridad del rey.

virtual. ≅eventual. ≅irreal. ≅posible. adj. Que tiene virtud para producir un efecto aunque no lo produzca. || Implícito, tácito. || *Fís.* Que tiene existencia aparente y no real.

virtualidad. f. Calidad de virtual.

virtud. ≅dignidad. ≅facultad. ≅honestidad. ≅potestad. ◁maldad. f. Actividad y fuerza de las cosas para producir o causar sus efectos. || Eficacia de algo para conservar la salud corporal. || Fuerza, vigor, valor. || Poder o potestad de obrar. || Integridad de ánimo y bondad de vida.

virtuosismo. m. Dominio de la técnica de un arte propio del virtuoso, artista que domina un instrumento.

virtuoso, sa. adj. Que tiene virtud y obra según ella. Ú. t. c. s. || Díc. de estas mismas acciones. || Díc. de las cosas que tiene la virtud natural que les corresponde. || Díc. del artista que domina extraordinariamente la técnica de su instrumento.

viruela. f. Emfermedad aguda, febril, contagiosa, esporádica o epidémica, producida por un virus filtrable y que se manifiesta por una erupción vesículo-pustulosa. Ú. m. en pl.

virulencia. f. Calidad de virulento.

virulento, ta. ≅acre. ≅maligno. ≅purulento. ≅sañudo. ≅venenoso. ◁benigno. adj. Ponzoñoso, ocasionado por un virus. || Que tiene pus. || fig. Dícese del estilo o lenguaje mordaz.

virus. m. Agente infeccioso, apenas visible en el microscopio ordinario (20 a 500 milimicras de tamaño) y que pasa a través de los filtros de porcelana; está constituido por ácido nucleico y proteína. Es la causa de muchas enfermedades.

viruta. f. Hoja delgada de madera o metal que se saca con el cepillo u otras herramientas.

vis. f. Fuerza, vigor: ∿ *cómica.*

visado, da. adj. Que ha sido visado. || m. Acción y efecto de visar la autoridad un documento: ∿ *de entrada a un país.*

visaje. m. Mueca, gesto.

visar. tr. Examinar un documento, certificación, pasaporte, etc. poniéndole el visto bueno. || Dirigir la puntería o la visual.

víscera. f. Cada uno de los órganos contenidos en las principales cavidades del cuerpo.

visceral. adj. Relativo a las vísceras. || fig. Díc. de un sentimiento cuando es muy profundo y arraigado: *odio* ∿; *amor* ∿ *a su tierra.*

viscosa. f. Producto que se obtiene de la celulosa y que se usa para la fabricación de fibras textiles.

viscosidad. f. Calidad de viscoso. || Materia viscosa. || *Fís.* Propiedad de los fluidos debida al movimiento de sus moléculas, que se gradúa por la velocidad de salida de aquéllos a través de tubos capilares.

viscoso, sa. ≅adhesivo. ≅gelatinoso. adj. Pegajoso, glutinoso.

visera. f. Parte del yelmo, movible sobre dos botones laterales para subirla o bajarla, que cubría y defendía el rostro. || Parte delantera de las gorras y otras prendas semejantes para resguardar la vista.

visibilidad. f. Calidad de visible. || Mayor o menor distancia a la que según las condiciones atmosféricas pueden verse los objetos.

visible. adj. Que se puede ver. || fig. Cierto, evidente.

visigodo, da. adj. Parte del pueblo godo que, establecida durante algún tiempo al oeste del Dniéper, fundó después un reino en España. Ú. m. c. m. pl. || Díc. también de sus individuos. Ú. t. c. s. || Relativo a los visigodos.

visigótico, ca. adj. Relativo a los visigodos.

visillo. m. Cortinilla que se coloca en la parte interior de las ventanas.

visión. f. Acción y efecto de ver. || Contemplación inmediata y directa sin percepción sensible. || Fantasía o imaginación que se toma como verdadera. || fig. y fam. Persona fea y ridícula.

visionar. tr. Ver imágenes cinematográficas o televisivas, en especial desde el punto de vista técnico o crítico.

visionario, ria. adj. y s. Díc. del que se figura y cree con facilidad cosas quiméricas.

visir. m. Ministro de un soberano musulmán.

visita. ≅audiencia. ≅entrevista. ≅examen. ≅recepción. ≅revista. f. Acción de visitar. || Persona que visita. || fig. Cualquier tipo de inspección, reconocimiento.

visitador, ra. adj. y s. Que visita. || m. Inspector.

visitante. adj. y s. Que visita.

visitar. tr. Ir a ver a uno a su casa. || Ir a un templo o santuario por devoción, o para ganar indulgencias. || Ir el médico a casa del enfermo. || Registrar en las aduanas. || Ir a algún país, población o lugar, para conocerlos.

visivo, va. adj. Relativo a la vista: *potencia* ∿.

vislumbrar. ≅atisbar. ≅barruntar. ≅columbrar. ≅entrever. ≅sospechar. tr. Ver un objeto confusamente por la distancia o falta de luz. || fig. Conjeturar por leves indicios.

vislumbre. f. Reflejo de luz, o leve resplandor, por la distancia de ella. || fig. Conjetura, indicio. Ú. m. en pl.

viso. m. Superficie de ciertas cosas que hieren a la vista con su especial color o reflexión de la luz. || Resplandor de algunas cosas heridas por la luz. || Forro que se coloca debajo de una tela transparente. || fig. Apariencia.

visón. m. Mamífero carnicero semejante a la nutria, que habita en América del Norte y es muy apreciado por su piel. || Piel de este animal. || Prenda hecha de su piel.

visor. m. *Cin., Fot.* y *Telev.* Lente o sistema óptico para enfocar la imagen. || *Mil.* Dispositivo empleado en ciertas armas de fuego para lograr una mayor precisión en el disparo.

víspera. f. Día que antecede inmediatamente a otro determinado, especialmente si es fiesta. || fig. Cualquier cosa que antecede a otra. || fig. Inmediación a una cosa que ha de suceder. || Una de las horas del oficio canónico.

vista. ≅paisaje. ≅panorama. ≅visión. ◁ceguera. f. Sentido corporal con que se perciben los objetos mediante la acción de la luz. || Visión, acción y efecto de ver. || Ojo, órgano de la visión. || Conjunto de ambos ojos. || fig. Sagacidad. || Apariencia o disposición de los objetos en orden a la vista. || Campo que se descubre desde un punto. || Cuadro, estampa que representa un lugar, monumento, etc. || *Der.* Actuación en que se relaciona ante el tribunal un juicio o incidente, para dictar el fallo, oyendo a los defensores o interesados que a ella concurran. || pl. Ventana, puerta u otra abertura de un edificio. || m. Empleado de aduanas a cuyo cargo está el registro de los géneros.

vistazo. m. Mirada superficial y ligera: *echar un* ∿.

visto, ta. p. p. irreg. de ver. || *Der.* Fórmula con que se da por terminada la vista pública de un negocio.

vistoso, sa. adj. Que atrae mucho la atención por su brillantez y viveza de colorido.

visual. adj. Relativo a la vista, medio para ver. || f. Línea recta que se considera tirada desde el ojo del espectador hasta el objeto.

visualidad. f. Efecto agradable que produce el conjunto de objetos vistosos.

visualizar. tr. Representar mediante imágenes ópticas fenómenos de otro carácter. || Formar en la mente una imagen visual de un concepto abstracto. || Imaginar con rasgos visibles algo que no se tiene a la vista.

vital. adj. Relativo a la vida. || fig. De suma importancia: *cuestión* ∿. || Que posee un gran impulso o energía para actuar, desarrollarse o vivir.

vitalicio, cia. adj. Que dura desde que se obtiene hasta el fin de la vida: *renta* ⌣; *senador* ⌣. || m. Póliza de seguro sobre la vida. || Pensión duradera hasta el fin de la vida del perceptor.

vitalidad. f. Calidad de tener vida. || Actividad, eficacia. || fig. Fuerza, energía.

vitalizar. tr. Dar fuerza o vigor

vitamina. f. Nombre genérico de diversas substancias orgánicas que forman parte, en cantidades pequeñísimas, de la mayoría de los alimentos y que son indispensables para el crecimiento y para el equilibrio normal de las principales funciones vitales.

vitaminado, da. adj. Que contiene ciertas vitaminas: *producto* ⌣.

vitamínico, ca. adj. Relativo a las vitaminas.

vitelo. m. Citoplasma del óvulo de los animales.

vitícola. adj. Relativo a la viticultura. || com. Viticultor.

viticultor, ra. m. y f. Persona que se dedica a la viticultura.

viticultura. f. Cultivo de la vid. || Arte de cultivar las vides.

vitivinicultura. f. Arte de cultivar las vides y elaborar el vino.

vitola. f. Anilla de los cigarros puros. || fig. Traza, facha, aspecto.

¡vítor! interj. de alegría o aplauso. || m. Aclamación. Ú. m. en pl.

vitorear. ≅glorificar. ≅proclamar. ◁silbar. tr. Aplaudir, aclamar con vítores.

vitral. m. Vidriera de colores.

vítreo, a. adj. De vidrio o que tiene sus propiedades. || Parecido al vidrio.

vitrificación. f. Acción y efecto de vitrificar.

vitrificar. tr. y prnl. Convertir en vidrio. || Hacer que una cosa adquiera la apariencia del vidrio.

vitrina. f. Escaparate, armario o caja con puertas o tapas de cristales para exponer cualquier objeto.

vitriolo. m. *Quím.* Sulfato.

vitualla. f. Víveres. Ú. m. en pl. || fam. Abundancia de comida.

vituperable. adj. Que merece vituperio.

vituperación. f. Acción y efecto de vituperar.

vituperar. tr. Censurar, hablar mal de una persona o cosa.

vituperio. m. Baldón, afrenta, oprobio. || Acción o circunstancia que causa afrenta o deshonra.

viudedad. f. Viudez. || Pensión o haber pasivo que la viuda de un empleado recibe y que le dura el tiempo que permanece en tal estado.

viudez. f. Estado de viudo o viuda.

viudo, da. adj. y s. Díc. de la Persona a quien se le ha muerto su cónyuge y no ha vuelto a casarse.

vivacidad. f. Calidad de vivaz. || Viveza.

vivales. com. Persona vividora y desaprensiva.

vivaque. m. Guardia principal en las plazas de armas. || Paraje donde vivaquean las tropas.

vivaquear. intr. Pasar la noche al raso.

vivar. m. Madriguera donde crían algunos animales: ⌣ *de los conejos.* || Vivero de peces.

vivaracho, cha. adj. fam. Muy vivo de genio, travieso y alegre.

vivaz. adj. Que vive mucho tiempo. || Eficaz, vigoroso. || Agudo, de pronta comprensión. || Díc. de la planta que vive más de dos años.

vivencia. f. Hecho de vivir o de experimenar algo, y su contenido.

víveres. m. pl. Provisiones de boca. || Comestibles necesarios para el alimento de las personas.

vivero. m. Terreno adonde se transplantan desde la almáciga los arbolillos para plantarlos, después de recriados, a su lugar definitivo. || Lugar donde se mantienen o se crían peces, moluscos y otros animales. || fig. Semillero.

viveza. ≅presteza. ≅rapidez. f. Prontitud en las acciones, o agilidad en la ejecución. || Energía en las palabras. || Agudeza de ingenio. || Dicho agudo o ingenioso. || Esplendor de los colores. || Gracia de los ojos al mirar.

vividor, ra. adj. Que vive. Ú. t. c. s. || Vivaz. || Laborioso y ahorrativo. Ú. t. c. s. || m. y f. Persona que vive a expensas de los demás.

vivienda. f. Morada, habitación.

viviente. adj. y s. Que vive.

vivificar. tr. Dar vida. || Confortar, reanimar.

vivíparo, ra. adj. y s. Díc. de los animales cuyas crías efectúan su desarrollo embrionario dentro del cuerpo de la madre y salen al exterior en el acto del parto, como los mamíferos.

vivir. m. Conjunto de los recursos o medios de vida: *tengo un modesto* ⌣.

vivir. intr. Tener vida. || Durar con vida. || Durar las cosas. || Pasar y mantener la vida: *vivo de mi trabajo.* || Habitar en un lugar. Ú. t. c. tr. || Obrar: *vivir mal es comportarse con desorden.* || fig. Acomodarse uno a las circunstancias o aprovecharlas: *saber* ⌣. || fig. Estar presente una cosa en la memoria. || Permanecer en un lugar o en un estado o condición. || tr. Experimentar, sentir: *hemos vivido momentos de inquietud.*

vivisección. f. Disección de los animales vivos para hacer estudios fisiológicos o patológicos.

vivo, va. ≅actual. ≅enérgico. ◁muerto. adj. Que tiene vida. Ú. t. c. s. || Díc. del fuego, llama, etc., encendidos: *la brasa* ∿. || Intenso, fuerte. || Que está en el ejercicio de un empleo. || Sutil, ingenioso. || Diligente, pronto, ágil. || fig. Listo. || Díc. de la arista, filo o ángulo muy agudos. || Díc. de los colores intensos y puros.

vizcacha. f. Roedor parecido a la liebre que vive en Perú, Bolivia, Chile y Argentina.

vizcondado. m. Título, dignidad y territorio del vizconde o de la vizcondesa.

vizconde. m. Substituto del conde. || Título de nobleza inmediatamente inferior al de conde.

vizcondesa. f. Mujer del vizconde. || La que tiene este título.

vocablo. m. Palabra, sonido o sonidos articulados que expresan una idea. || Representación gráfica de estos sonidos.

vocabulario. ≅diccionario. m. Conjunto de palabras de un idioma. || Libro en que se contiene. || Conjunto de palabras de un idioma pertenecientes al uso de una región, actividad determinada, campo semántico dado, etc.

vocación. ≅disposición. ≅propensión. ◁aversión. f. Inspiración especial para adoptar algún estado, especialmente el de religión. || fam. Inclinación a cualquier estado, profesión o carrera.

vocacional. adj. Relativo a la vocación.

vocal. adj. Relativo a la voz. || Díc. de lo que se expresa con la voz. || f. Sonido del lenguaje humano, producido por la aspiración del aire, generalmente con vibración laríngea, y modificado en su timbre, sin oclusión ni estrechez, por la distinta posición que adoptan los órganos de la boca: *el alfabeto español tiene cinco vocales (a, e, i, o, u).* || com. Persona que tiene voz en un consejo, junta, etc.

vocalista. com. Artista que canta con acompañamiento de orquesta.

vocalización. f. Transformación de una consonante en vocal. || Acción y efecto de vocalizar.

vocalizar. intr. Articular claramente las vocales, consonantes y sílabas de las palabras para hacerlas inteligibles. || Transformar en vocal una consonante. Ú. t. c. prnl. || Mús. Solfear sin nombrar las notas, empleando solamente una de las vocales. || Ejecutar los ejercicios de vocalización para acostumbrarse a vencer las dificultades del canto.

vocativo. m. Caso de la declinación para invocar, llamar o nombrar a una persona o cosa personificada: *¡oh, Dios! ¡ah, la vida!.*

vocear. intr. Dar voces o gritos. || tr. Publicar a voces una cosa. || Llamar a uno en voz alta o dándole voces. || Aplaudir con voces. || fig. Manifestar con claridad.

vocería. ≅algarabía. ≅griterío. f. Confusión de voces altas y desentonadas.

vocerío. m. Vocería.

vociferante. adj. Que vocifera.

vociferar. tr. Publicar jactanciosamente algo. || intr. Vocear.

vocinglería. f. Calidad de vocinglero. || Ruido de muchas voces.

vocinglero, ra. adj. y s. Que da muchas voces. || Que habla mucho y vanamente.

vodevil. m. Comedia ligera y desenfadada, con situaciones equívocas para provocar la hilaridad del espectador.

vodka o **vodca.** amb. Aguardiente de cereales, de fuerte graduación alcohólica, que se consume mucho en Europa Oriental.

voladero, ra. ≅efímero. ≅fugaz. ≅sima. ≅volador. ≅volátil. adj. Que puede volar. || fig. Que se desvanece ligeramente. || m. Despeñadero, precipicio.

voladizo, za. adj. y m. Que vuela o sale de lo macizo en las paredes o edificios.

volado, da. adj. Impr. Díc. del tipo de menor tamaño que se coloca en la parte superior del renglón.

volador, ra. adj. Que vuela. || Pez marino con aletas pectorales que le sirven para volar a alguna distancia. || Molusco comestible, parecido al calamar. || Árbol tropical americano.

voladura. f. Acción y efecto de volar por el aire y hacer saltar con violencia alguna cosa.

volandas (en). m. adv. Por el aire o levantado del suelo. || fig. y fam. Rápidamente.

volandera. f. Golondrina. || Arandela de la rueda de un carro. || Muela del molino. || fig. Mentira, falsedad.

volandero, ra. adj. Díc. del pájaro que está para salir a volar. || Suspendido en el aire. || fig. Casual, imprevisto.

volante. adj. Que vuela. || adj. Que va de una parte a otra sin asiento fijo: *brigada* ∿. || m. Guarnición rizada con que se adornan prendas de vestir o de tapicería. || Pantalla movible y ligera. || Rueda grande y pesada de una máquina que sirve para regular su movimiento y transmitirlo al resto del mecanismo. || Anillo provisto de dos topes que regula el movimiento de un reloj. || Pieza en forma de aro con radios que movida a mano sirve para regular la dirección de los automóviles. || Parte de una hoja de talonario o de un libro matriz, preparada para ser arrancada.

volapié. m. Suerte taurina que consiste en herir de corrida el espada al toro cuando éste se halla parado.

volar. ≅acelerar. ≅correr. ≅encolerizar. ≅escapar. ≅huir. intr. Moverse por el aire sosteniéndose con las alas. || fig. Elevarse en el aire y moverse de un punto a otro en un aparato de aviación. || Elevarse una cosa en el aire y moverse algún tiempo por él. || fig. Caminar o ir con gran prisa. || fig. Desaparecer rápida e inesperadamente. || fig. Hacer las cosas con rapidez. || fig. Propagarse con celeridad una noticia. || fig. Pasar muy deprisa el tiempo. || fig. y fam. Huir. || tr. fig. Hacer saltar con violencia.

volátil. adj. Que vuela o puede volar. Ú. t. c. s. || Díc. de las cosas que se mueven ligeramente y andan por el aire. || fig. Mudable, inconstante. || *Fís.* Díc. de los líquidos que se volatilizan rápidamente al estar destapados.

volatilizar. tr. Transformar un cuerpo sólido o líquido en vapor o gas. Ú. t. c. prnl. || prnl. fig. Desaparecer.

volatinero, ra. m. y f. Persona que anda y voltea sobre una cuerda o alambre.

volcán. m. Abertura o grieta de la corteza terrestre que pone en comunicación la superficie de la Tierra con zonas internas de dicha corteza, en las que, debido a las altas temperaturas reinantes, los materiales rocosos se hallan en estado de fusión. || fig. Pasión ardiente. || fig. Persona ardorosa, apasionada.

volcánico, ca. adj. Relativo al volcán. || fig. Ardiente, fogoso: *temperamento* ⌣.

volcar. tr. Volver una cosa hacia un lado o totalmente de modo que caiga lo contenido en ella. Ú. t. c. intr.: *volcó el carruaje.* || Turbar la cabeza un fuerte olor. || fig. Hacer mudar de parecer. || fig. Molestar a uno hasta irritarle.

volea. f. Acción y efecto de volear.

volear. tr. Golpear en el aire una cosa para impulsarla: ⌣ *la pelota.* || Sembrar a voleo.

voleibol. m. Juego entre dos equipos, cuyos jugadores, separados por una red de un metro de ancho colocada en alto en la mitad del terreno, tratan de echar con la mano un balón por encima de dicha red al campo contrario.

voleo. m. Golpe dado en el aire a una cosa antes de que caiga al suelo, especialmente a una pelota. || Bofetón.

volframio. m. Cuerpo simple, metálico, de color gris acerado, muy duro y denso. Peso atómico, 183,92; núm. atómico, 74; símbolo, *W.*

volición. f. Acto de la voluntad.

volitivo, va. adj. Díc. de los actos y fenómenos de la voluntad.

volquete. m. Carro o vehículo automóvil que puede volcar su carga girando el cajón sobre su eje.

voltaje. m. Cantidad de voltios que actúan en un aparato o sistema eléctrico.

voltámetro. m. Aparato que demuestra la descomposición del agua por la corriente eléctrica.

voltear. tr. Dar vueltas a una persona o cosa. || Poner una cosa al revés de como estaba. || Trastrocar o mudar una cosa a otro estado o sitio. || Hacer dar vueltas a las campanas para que suenen.

voltereta. f. Vuelta ligera dada en el aire.

voltímetro. m. Aparato que se emplea para medir potenciales eléctricos.

voltio. m. Unidad de potencial eléctrico y de fuerza electromotriz en el sistema basado en el metro, el kilogramo, el segundo y el amperio. Es la diferencia de potencial que hay entre dos conductores cuando al transportar entre ellos un culombio se realiza un trabajo equivalente a un julio.

volubilidad. f. Calidad de voluble.

voluble. adj. Que fácilmente se puede volver. || fig. Versátil, de carácter inconstante.

volumen. m. Corpulencia o bulto de una cosa. || Cuerpo material de un libro encuadernado. || fig. Importancia, magnitud. || Intensidad de la voz o de otros sonidos. || Espacio ocupado por un cuerpo. || Cifra de ventas o cuantía de relaciones comerciales.

volumetría. f. Ciencia que estudia la determinación y medida de los volúmenes.

voluminoso, sa. adj. Que tiene mucho volumen o bulto.

voluntad. ≅afecto. ≅afición. ≅ánimo. ≅benevolencia. ≅resolución. ◁desánimo. f. Facultad de hacer o no hacer una cosa. || Ejercicio de dicha facultad. || Libre albedrío o determinación. || Elección de una cosa sin precepto o impulso externo que a ella obligue. || Intención. || Amor, cariño. || Disposición, mandato. || Consentimiento, aquiescencia. || Actitud o disposición moral para hacer algo.

voluntariedad. f. Calidad de voluntario.

voluntario, ria. adj. Díc. del acto que nace de la voluntad, y no por fuerza o necesidad. || Que se hace por espontánea voluntad y no por obligación o deber. || m. y f. Persona que se presta a hacer un trabajo o servicio por propia voluntad.

voluntarioso, sa. ≅terco. ≅testarudo. adj. Deseoso, que hace con voluntad y gusto una cosa.

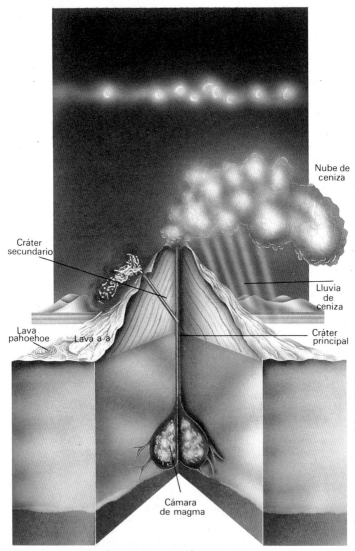

Nube de
ceniza

Cráter
secundario

Lluvia
de
ceniza

Lava
pahoehoe

Lava a a

Cráter
principal

Cámara
de magma

SECCIÓN DE UN VOLCÁN CONTINENTAL

voluptuosidad. f. Complacencia en los deleites sensuales.

voluptuoso, sa. adj. Que inclina a la voluptuosidad, la inspira o la hace sentir. || Dado a los placeres o deleites sensuales. Ú. t. c. s.

voluta. f. Adorno en forma de espiral o caracol que se coloca en los capiteles de los órdenes jónico y compuesto, para sostener el ábaco. || Cosa que tiene forma de espiral.

volver. tr. Dar vuelta o vueltas a una cosa. || Dirigir, encaminar una cosa a otra. || Traducir de una lengua a otra. || Devolver, restituir. || Poner nuevamente a una persona o cosa en el estado que antes tenía. || Cambiar de un estado a otro. || Rechazar. || intr. Regresar, retornar. Ú. t. c. prnl. || Torcer o dejar el camino o línea recta. || Repetir, reiterar. || prnl. Girar.

vomitar. ≅devolver. ≅provocar. tr. Arrojar violentamente por la boca lo contenido en el estómago. || fig. Arrojar de sí violentamente una cosa algo que tiene dentro. || fig. Tratándose de injurias, maldiciones, etc., proferirlas.

vomitera. f. Vómito grande.

vomitivo, va. adj. y m. Que mueve o excita al vómito.

vómito. m. Acción de vomitar. || Lo que se vomita.

vomitona. f. fam. Vómito grande.

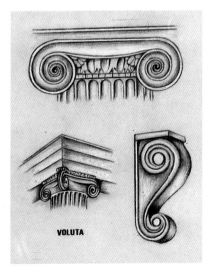

VOLUTA

vomitorio, ria. adj. y s. Vomitivo. || m. Puerta o abertura en los circos o teatros antiguos, o en los locales análogos modernos, para entrar y salir de las gradas.

voracidad. ≅ansia. ≅avidez. ≅glotonería. ◁desgana. f. Calidad de voraz.

vorágine. f. Remolino impetuoso que forma el agua. || fig. Pasión desenfrenada o mezcla de sentimientos intensos. || fig. Aglomeración.

voraz. ≅ansioso. ≅ávido. ≅glotón. adj. Díc. del animal muy comedor y de la persona que come con mucha ansia. || fig. Que destruye o consume rápidamente: *el* ⌢ *incendio*.

vórtice. m. Torbellino, remolino. || Centro de un ciclón.

vos. Cualquiera de los casos del pronombre personal de segunda persona en género masculino o femenino y número singular y plural, cuando esta voz se emplea como tratamiento.

vosotros, tras. Nominativos masculino y femenino del pronombre personal de segunda persona en número plural. Con preposición se emplea también en los casos oblicuos.

votación. f. Acción y efecto de votar. || Conjunto de votos emitidos. || Sistema de emisión de votos.

votante. adj. y s. Que vota o emite el voto.

votar. intr. Dar uno su voto o decir su dictamen en una reunión o cuerpo deliberante, o en una elección. Ú. t. c. tr. || tr. Aprobar por votación.

votivo, va. adj. Ofrecido por voto o relativo a él.

voto. m. Promesa hecha a Dios, a la Virgen o a un santo. || Cualquiera de las promesas que constituyen juntas el estado religioso y tiene admitidas la Iglesia: pobreza, castidad y obediencia. || Parecer o dictamen que se da en una junta, en orden a la decisión de un punto o elección de un sujeto. || Persona que da o puede dar su voto. || Ruego, deprecación. || Juramento, execración. || Deseo.

voz. f. Sonido que el aire expelido de los pulmones produce al salir de la laringe, haciendo que vibren las cuerdas vocales. || Calidad, timbre o intensidad de este sonido. || Sonido que forman algunas cosas inanimadas. || Grito. Ú. m. en pl. || Vocablo. || fig. Cada cantante de un conjunto musical. || fig. Voto, sufragio. || fig. Facultad de hablar, aunque no de votar, en una asamblea. || fig. Opinión, fama, rumor. || *Gram.* Categoría gramatical del verbo que se expresa mediante desinencias, verbos auxiliares, en ocasiones pronombres, y que indican la relación entre el verbo y el sujeto, formalmente manifestada por la concordancia entre ambos y que expresa si el sujeto del verbo es agente o paciente. || *Mús.* Sonido particular o tono correspondiente a las notas y claves, en la voz del que canta o en los instrumentos. || Cada una de las líneas melódicas que forman una composición polifónica.

vozarrón. m. Voz muy fuerte y gruesa.

vudú. m. Culto muy difundido entre los negros de las Antillas y Sur de los Estados Unidos. Es una mezcla de religiones animistas de África, de politeísmo de pueblos guineanos, y de cristianismo. Emplea prácticas mágicas y fetichistas. Ú. t. c. adj.

vuecelencia. com. Metapl. de vuestra excelencia.

vuecencia. com. Síncopa de vuecelencia.

vuelco. m. Acción y efecto de volcar. || Movimiento con que una cosa se vuelve o trastorna enteramente.

vuelo. m. Acción de volar. || Espacio que se recorre volando sin posarse. || Trayecto que recorre un avión, haciendo o no escalas, entre el punto de origen y el de destino. || Amplitud o extensión de una vestidura en la parte que no se ajusta al cuerpo. || *Arquit.* Parte de una fábrica, que sale fuera del paramento de la pared que la sostiene.

vuelta. f. Movimiento de una cosa alrededor de un punto, o girando sobre sí misma, hasta invertir su posición primera, o hasta recobrarla de nuevo. || Movimiento que se da o se hace dar a una cosa hasta ocupar la posición opuesta a la que tenía. || Curvatura en una línea, o apartamiento del camino recto. || Cada una de las circunvoluciones de una cosa alrededor de otra a la cual se aplica. || Acción de girar o hacer girar la llave en la cerradura. || Regreso al punto de partida. || En ciclismo y otros deportes, carrera en etapas. || Devolución. || Retorno, recompensa. || Parte de una cosa, opuesta a la que se tiene a la vista. || Dinero que, al cobrar, y para ajustar una cuenta, se reintegra a quien hace el pago. || Labor que se da a la tierra.

vuestro, tra, tros, tras. Pronombres y adjetivos posesivos de segunda persona.

vulcanización. f. Incorporación química de azufre a los distintos tipos de caucho para conferir a estos elasticidad y resistencia.

vulcanizar. tr. Combinar azufre con la goma elástica para que ésta conserve su elasticidad en frío y en caliente.

vulcanología. f. Parte de la geología que estudia los fenómenos volcánicos.

vulcanólogo, ga. m. y f. Persona que se dedica al estudio de la vulcanología.

vulgar. adj. Relativo al vulgo. || Común o general, por contraposición a especial o técnico. || Díc. de las lenguas que se hablan actualmente, en contraposición de las lenguas sabias. || Que no tiene especialidad particular en su línea.

vulgaridad. ≅ordinariez. ≅trivialidad. ◁elegancia. f. Calidad de vulgar. || Cosa, dicho o hecho vulgar, que carece de novedad e importancia, o de verdad y fundamento.

vulgarismo. m. Dicho o frase especialmente usada por el vulgo.

vulgarización. f. Acción y efecto de vulgarizar.

vulgarizar. ≅adocenar. ≅difundir. ≅divulgar. ≅generalizar. tr. Hacer vulgar o común una cosa. Ú. t. c. prnl. || Exponer una ciencia, o una materia técnica cualquiera, en forma fácilmente asequible al vulgo.

vulgo. ≅plebe. ≅pueblo. m. El común de la gente popular. || Conjunto de las personas que en cada materia no conocen más que la parte superficial.

vulnerabilidad. f. Calidad de vulnerable.

vulnerable. adj. Que puede ser herido o recibir lesión, física o moralmente.

vulneración. f. Acción y efecto de vulnerar.

vulnerar. tr. Transgredir, quebrantar, violar una ley o precepto. || fig. Dañar, perjudicar.

vulva. f. Partes que rodean y constituyen la abertura externa de la vagina.

w. f. Vigésima sexta letra del abecedario español y vigésima primera de sus consonantes. Su nombre es *uve doble.* No se emplea sino en voces de procedencia extranjera.

wagneriano, na. adj. Perteneciente o relativo al músico alemán Ricardo Wágner y a sus obras. || Partidario de la música de Wágner. Apl. a pers., ú. t. c. s.

wagon-lit. (Voz inglesa.) m. En un ferrocarril, coche cama.

washingtoniano, na. adj. y s. De Wáshington.

wáter o **water-closet.** (Voz inglesa.) m. Retrete, excusado. || Habitación con instalaciones sanitarias.

waterpolo. (Voz inglesa.) m. Deporte de pelota que se juega en el agua.

watt. m. Nombre del vatio en la nomenclatura internacional.

wau. amb. Nombre de la *u* semiconsonante explosiva agrupada con la consonante anterior, p. e. *agua,* o semivocal implosiva agrupada con la vocal precedente, p. e. *sauna.*

w.c. m. Abr. de water-closet.

wéber. m. Nombre del weberio en la nomenclatura internacional.

weberio. m. Unidad de flujo de inducción magnética en el sistema internacional de unidades.

weekend. m. Fin de semana.

western. m. Película del oeste americano.

westfaliano, na. adj. y s. De Westfalia.

whisky o **whiski.** m. Güisqui.

wind surfing o **windsurf.** (Voz inglesa.) m. Deporte acuático que se practica sobre una tabla, impulsada por la acción del viento contra una vela, que el deportista dirige.

wólfram o **wolframio.** m. Volframio.

won. m. Unidad monetaria de la República de Corea y de la República Democrática Popular de Corea.

x. f. Vigésima séptima letra del abecedario español, y vigésima segunda de sus consonantes. Su nombre es *equis*. || *Álg.* y *Arit.* Signo con que suele representarse en los cálculos una incógnita. || Se llaman así a los rayos u ondas electromagnéticas penetrantes que atraviesan ciertos cuerpos, producidas por la emisión de los electrones internos del átomo; originan impresiones fotográficas y se utilizan en medicina como medio de investigación y de tratamiento. || Letra numeral que tiene el valor de diez en la numeración romana.

xana. f. Ninfa de las fuentes y de los montes en la mitología popular asturiana.

xara. f. La Ley de los mahometanos derivada del Alcorán.

xenartro, tra. adj. Díc. de los mamíferos placentarios, con el cuerpo cubierto de un pelaje espeso o de un caparazón articulado y formado por escudetes óseos.

xenofilia. f. Simpatía hacia los extranjeros.

xenofobia. f. Odio, repugnancia u hostilidad hacia los extranjeros.

xenófobo, ba. adj. Que siente xenofobia.

xenografía. f. Conocimiento, estudio de las lenguas extranjeras.

xenón. m. Gas noble que se encuentra en pequeñas cantidades en el aire.

xerocopia. f. Copia fotográfica obtenida por medio de la xerografía.

xerocopiar. tr. Reproducir en copia xerográfica.

xerófilo, la. adj. Díc. de las plantas y asociaciones vegetales adaptadas a la vida de un medio seco.

xeroftalmía o **xeroftalmia.** f. Enfermedad de los ojos caracterizada por la sequedad de la conjuntiva y opacidad de la córnea.

xerografía. f. Procedimiento electrostático que concentra polvo colorante en las zonas negras o grises de una imagen registrada por la cámara obscura en una placa especial. La imagen con el polvo colorante adherido pasa a un papel donde se fija mediante el calor o ciertos vapores.

xerografiar. tr. Reproducir textos o imágenes por medio de la xerografía.

xerográfico, ca. adj. Perteneciente o relativo a la xerografía. || Obtenido mediante la xerografía: *copia* ~.

xerógrafo, fa. m. y f. Persona que tiene por oficio la xerografía.

xerox. f. Marca comercial de una máquina empleada en la xerografía. || Xerocopia.

xi. f. Decimocuarta letra del alfabeto griego (Ξ, ξ); corresponde a nuestra *x*.

xifoideo, a. adj. Perteneciente o relativo al apéndice xifoides.

xifoides. adj. y m. Cartílago o apéndice cartilaginoso y de figura algo parecida a la punta de una espada, en que termina el externón.

xilófago, ga. adj. y s. Díc. de los insectos que roen la madera.

xilófono. m. Instrumento de percusión formado por una serie de listones de madera de dimensiones debidamente graduadas para que den sonidos correspondientes a las diversas notas de la escala.

xilografía. f. Arte de grabar sobre planchas de madera. El grabador talla la matriz, con gubias y cuchillos, dejando en relieve las líneas de la composición, mientras los blancos quedan en segundo plano.

xilográfico, ca. adj. Perteneciente o relativo a la xilografía.

xilógrafo, fa. m. y f. Persona que graba en madera.

xiloprotector, ra. adj. y s. Díc. del producto o substancia que se emplea para proteger la madera.

xilórgano. m. Instrumento músico antiguo, compuesto de unos cilindros o varillas de madera compacta y sonora.

Y

y. f. Vigésima octava letra del abecedario español, y vigésima tercera de sus consonantes. Se llama *i griega* o *ye*. || conj. cop. cuyo oficio es unir palabras o cláusulas en concepto afirmativo. Cuando son varios los vocablos o miembros del período que han de ir enlazados, sólo se expresa, por regla general, antes del último: *ciudades, villas, lugares y aldeas.*

ya. adv. t. con que se denota el tiempo pasado: ↶ *hemos hablado de esto más de una vez.* || En el tiempo presente, haciendo relación al pasado: *era muy rico, pero* ↶ *es pobre.* || En tiempo u ocasión futura: ↶ *nos veremos;* ↶ *se hará eso.*

yac. m. Bóvido que habita en las altas montañas del Tíbet. Largas lanas le cubren las patas y la parte inferior del cuerpo. En estado salvaje es de color obscuro; pero entre los domésticos abundan los blancos.

yacer. intr. Estar echada o tendida una persona. || Estar un cadáver en la fosa o en el sepulcro.

yacimiento. m. Sitio donde se halla naturalmente una roca, un mineral o un fósil.

yacio. m. Árbol que abunda en los bosques de América tropical, y que, por incisiones hechas en el tronco, da látex.

yambo. m. Pie de la poesía griega y latina, compuesto de dos sílabas: la primera breve, y la otra larga.

yanacona. adj. y s. Dícese del indio que estaba al servicio personal de los españoles en algunos países de la América Meridional.

yanqui. adj. y s. De Nueva Inglaterra, región estadounidense, y, p. ext., de EE. UU.

yarda. f. Medida inglesa de longitud, equivalente a 91 centímetros.

yate. m. Embarcación de gala o de recreo.

yaz. m. Cierto género de música bailable derivado de ritmos y melodías de los negros estadounidenses.

yedra. f. Hiedra.

yegua. f. Hembra del caballo.

yeísmo. m. Pronunciación de la *ll* como *ye*, diciendo, p. e., *gayina,* por *gallina.*

yelmo. m. Parte de la armadura antigua, que resguardaba la cabeza y el rostro.

Yelmos

yema. ≅capullo. ≅retoño. f. Renuevo que en forma de botón escamoso nace en el tallo de los vegetales. || Porción central del huevo del ave. || Lado de la punta del dedo, opuesta a la uña.

yen. m. Unidad monetaria de Japón.

yerba. f. Hierba.

yermo, ma. adj. y s. Inhabitado. || Incultivado.

yerno. m. Respecto de una persona, marido de su hija.

yero. m. Planta papilionácea, con fruto en vainas con tres o cuatro semillas. Se cultiva para alimentos del ganado. || Semilla de esta planta. Ú. m. en pl.

yerro. m. Falta o delito cometido contra los preceptos de un arte o contra los preceptos morales o religiosos. || Equivocación por descuido o inadvertencia.

yerto, ta. adj. Tieso, rígido.

yesca. f. Materia muy seca y preparada de suerte que cualquier chispa prenda en ella.

yesería. f. Fábrica de yeso. || Sitio en que se vende. || Obra hecha de yeso.

yeso. m. Sulfato de calcio hidratado. Blanco por lo común, y muy blando. Deshidratado por la acción del fuego y molido, se endurece rapidísimamente cuando se amasa con agua. Se emplea en la construcción y en escultura.

yeti. m. Animal legendario del Himalaya.

yeyuno. m. Segunda porción del intestino delgado de los mamíferos, entre el duodeno y el íleon.

yiu-yitsu. (Voz japonesa.) m. Sistema de lucha sin armas, a base de golpes.

yo. Nominativo del pronombre personal de primera persona en género masculino o femenino y número singular. || m. *Filos.* Con el artículo *el,* o un posesivo, afirmación de conciencia de la personalidad humana.

yodo. m. Elemento no metálico, de color gris negruzco. Peso atómico, 126,9044; núm. atómico, 53; símbolo, *I.*

yoduro. m. *Quím.* Cuerpo compuesto de yodo y un radical simple o compuesto.

yoga. m. Doctrina y sistema ascético de los adeptos al brahmanismo, mediante los cuales pretenden éstos conseguir la perfección espiritual y la unión beatífica. || Sistemas que se practican modernamente para obtener mayor eficacia de la concentración anímica.

yogui. com. Practicante del yoga.

yogur. m. Leche fermentada y cuajada por la acción de un fermento lácteo.

yogurtera. f. Recipiente para hacer yogur.

yola. f. Embarcación estrecha y ligera movida a remo y con vela.

yóquey o **yoqui.** m. Jinete profesional de carreras de caballos.

yoyó. m. Juguete en forma de pequeño disco giratorio que se hace subir y bajar mediante un cordón.

ypsilon. f. Vigésima letra del alfabeto griego (γ, υ) que corresponde a nuestra *y.*

yuca. f. Planta liliácea de América tropical, con flores blancas y raíz gruesa de que se saca harina alimenticia. Se cultiva en Europa como planta de adorno. || Mandioca.

yudo. m. Sistema de lucha japonés, que se practica como deporte y que tiene por objeto defenderse sin armas.

yudoka. com. Persona que practica el yudo.

yugo. m. Instrumento de madera al cual, formando yunta, se uncen las mulas o los bueyes, y en el que va sujeta la lanza o pértigo del carro, el timón del arado, etc. || fig. Cualquier carga pesada, prisión o atadura.

yugoeslavo, va. adj. y s. Yugoslavo.

yugoslavo, va. adj. y s. De Yugoslavia.

yugular. adj. y s. Cada una de las dos venas que hay a uno y otro lado del cuello. || tr. Degollar, cortar el cuello. || fig. Hablando de determinadas actividades, ponerles fin bruscamente.

yunque. m. Prisma de hierro acerado encajado en un tajo de madera fuerte, y a propósito para trabajar en él a martillo los metales. || Uno de los huesecillos que hay en la parte media del oído.

yunta. f. Par de bueyes, mulas u otros animales que sirven en la labor del campo o en los acarreos.

yute. m. Nombre de dos plantas de la familia de las tiliáceas. || Material textil que se saca de la corteza interior de estas plantas. || Tejido o hilado de esta materia.

yuxtalineal. adj. Línea por línea.

yuxtaponer. tr. y prnl. Poner una cosa junto a otra o inmediata a ella.

yuxtaposición. f. Acción y efecto de yuxtaponer. || Unión de dos o más elementos lingüísticos sin auxilio de conjunción.

z. f. Vigésima novena y última letra del abecedario español, y vigésima cuarta de sus consonantes. Se llama *zeda* o *zeta*.

zabordar. ≅varar. intr. Encallar un barco en tierra.

zabra. f. Buque de dos palos, de cruz, que se usaba en los mares de Vizcaya en la Edad Media.

zacateco, ca. adj. y s. De Zacatlán, población del estado mejicano de Puebla.

zacatín. m. Plaza o calle donde en algunos pueblos se vendían ropas.

zacear. intr. Cecear, pronunciar la *s* como *z*.

zaceoso, sa. adj. Que cecea la *s*.

zafado, da. adj. y s. Descarado, atrevido.

zafar. tr. *Mar.* Desembarazar, libertar, quitar los estorbos de una cosa. Ú. t. c. prnl. || prnl. Escaparse o esconderse para evitar un encuentro o riesgo. || Salirse del canto de la rueda la correa de una máquina. || fig. Excusarse de hacer una cosa. || fig. Librarse de una molestia.

zafarrancho. m. Acción y efecto de desembarazar una parte de la embarcación. || fig. y fam. Riña, destrozo.

zafio, fia. ≅inculto. ≅rudo. ◁culto. ◁educado. adj. Tosco, grosero.

zafirina. f. Calcedonia azul.

zafirino, na. adj. De color de zafiro.

zafiro. m. Corindón cristalizado de color azul. Es una piedra preciosa.

zafra. f. Vasija grande de metal en que se guarda aceite. || Cosecha de la caña dulce. || Fabricación del azúcar de caña, y por extensión, del de remolacha. || Tiempo que dura esta fabricación.

zafre. m. Óxido de cobalto mezclado con cuarzo, que se emplea principalmente para dar color azul a la loza y al vidrio.

zaga. f. Parte posterior, trasera de una cosa. || Carga que se acomoda en la trasera de un carruaje. || m. El postrero en el juego.

zagal. m. Muchacho adolescente. || Mozo fuerte, animoso y gallardo. || Pastor mozo, subordinado al rabadán. || Mozo que en los carruajes de transporte ayudaba al mayoral.

zagala. m. Muchacha soltera. || Pastora joven.

zagalón, na. m. y f. Adolescente muy crecido.

zagual. m. Remo corto de una sola pieza, con pala de forma acorazonada, que no se apoya en ningún punto de la nave.

zaguán. m. Espacio cubierto, situado dentro de una casa e inmediato a la puerta de la calle.

zaguero, ra. adj. Que va, se queda o está detrás. || Díc. del carro que lleva exceso de carga en la parte de atrás. || m. En los partidos de pelota por parejas, el jugador que ocupa la zaga de la cancha. || Defensa, jugador de un equipo de fútbol.

zahareño, ña. adj. Aplícase al pájaro bravo, difícil de domesticar. || Esquivo, intratable.

zaherir. tr. Reprender, mortificar.

zahína. f. Planta anual, gramínea, que se utiliza para forraje. Sus granos, mayores que los cañamones, sirven para hacer pan y de alimento para las aves.

zahón. m. Especie de calzón de cuero o paño, con perniles abiertos que llegan a media pierna y se atan a los muslos, que usan los cazadores y campesinos. Ú. m. en pl.

zahonado, da. adj. Díc. de los pies y manos

que en algunas reses tienen distinto color por delante.

zahondar. tr. Ahondar la tierra. || intr. Hundirse los pies en ella.

zahorí. m. Persona a quien el vulgo atribuye la facultad de ver lo que está oculto, incluso debajo de la tierra. || fig. Persona perspicaz y escudriñadora.

zahúrda. f. Pocilga.

zaida. f. Ave zancuda, parecida a la grulla, de la cual se distingue por un moño eréctil de plumas obscuras y filiformes.

zaino, na o **zaíno, na.** adj. Traidor, falso. || Díc. de la caballería que da indicios de ser falsa. || Caballo o yegua castaño obscuro que no tiene otro color. || En el ganado vacuno, el de color negro que no tiene ningún pelo blanco.

zalagarda. ≅ardid. ≅trampa. f. Emboscada. || Pelea de jinetes o soldados a caballo. || fig. Lazo para cazar animales. || fig. y fam. Astucia maliciosa. || fig. y fam. Alegría bulliciosa. || fig. y fam. Alboroto, pendencia.

zalamería. ≅carantoña. ≅halago. f. Demostración de cariño afectada y empalagosa.

zalamero, ra. adj. y s. Que hace zalamerías.

zalea. f. Cuero de oveja o carnero, curtido de modo que conserve la lana.

zalear. tr. Espantar y hacer huir a los perros y otros animales.

zalema. f. fam. Reverencia, cortesía. || Demostración de cariño afectada.

zamacuco, ca. m. y f. fam. Persona tonta, torpe y bruta. || Persona solapada. || m. fig. y fam. Embriaguez, borrachera.

zamarra. f. Prenda de vestir rústica, hecha de piel con su lana o pelo. || Piel de carnero. || Chaqueta de gran abrigo.

zamarrear. tr. Sacudir, mover de un lado a otro la res o presa que el perro o una fiera tiene asida entre los dientes. || fig. y fam. Maltratar. || fig. y fam. Poner en apuros.

zamarrico. m. Alforja o zurrón hecho de zalea.

zamarrilla. f. Planta labiada, aromática, con tallos leñosos y flores blancas o encarnadas.

zamarro. m. Zamarra, prenda de vestir. || Piel de cordero. || fig. y fam. Hombre tosco y rústico. || fig. y fam. Hombre astuto. || pl. *Col., Ecuad.* y *Venez.* Especie de zahones para montar a caballo.

zambarco. m. Correa ancha que ciñe el pecho de las caballerías de tiro, para sujetar a ella los tirantes. || Correa con hebilla en un extremo.

zambo, ba. adj. y s. Persona que tiene juntas las rodillas y separadas las piernas hacia afuera.

|| *Amér.* Díc. del hijo de negro e india, y al contrario.

zambomba. f. Instrumento rústico musical, formado por un cilindro hueco, abierto por un extremo y cerrado por el otro con una piel muy tirante que tiene en el centro, bien sujeto, un carrizo que, frotado con la mano humedecida, produce un sonido fuerte, ronco y monótono.

zambombazo. m. Porrazo, golpazo. || Explosión, estampido.

zambombo. m. fig. y fam. Hombre tosco y grosero.

zamborondón, na, zamborotudo, da o **zamborrotudo, da.** adj. y s. fam. Tosco, mal formado. || fig. y fam. Díc. de la persona que hace las cosas toscamente.

zambra. ◁aburrimiento. f. Fiesta gitana con bulla, regocijo y baile. || fig. y fam. Algazara, bulla.

zambucar. tr. fam. Esconder rápidamente una cosa entre otras.

zambullida. f. Acción y efecto de zambullir. || Treta de la esgrima.

zambullir. tr. y prnl. Meter debajo del agua con ímpetu o de golpe. || prnl. fig. Esconderse o meterse en alguna parte, o cubrirse con algo.

zamorano, na. adj. y s. De Zamora.

zampabollos. m. fam. Comilón, tragón.

zampar. ≅devorar. ≅engullir. ◁ayunar. tr. Esconder rápidamente una cosa entre otras. || Comer apresurada y excesivamente. || Asestar, propinar. || prnl. Meterse de golpe en una parte.

zampatortas. com. fam. Persona que come con exceso y brutalidad. || fig. y fam. Persona que muestra incapacidad y torpeza.

zampeado. m. Obra que se hace de cadenas de madera y macizos de mampostería, para fabricar sobre terrenos falsos o invadidos por el agua.

zampear. tr. Afirmar el terreno con zampeados.

zampón, na. adj. y s. fam. Comilón, tragón.

zampoña. f. Instrumento rústico, a modo de flauta, o compuesto de muchas flautas. || Flautilla de la caña del alcacer. || fig. y fam. Dicho trivial o sin substancia.

zampuzar. tr. y prnl. Zambullir.

zanahoria. f. Planta herbácea anual, umbelífera, de raíz fusiforme, de unos dos decímetros de largo, amarilla o rojiza, jugosa y comestible. || Raíz de esta planta.

zanahoriate. m. Zanahoria confitada.

zanca. f. Pierna larga de las aves, desde el tarso hasta la juntura del muslo. || fig. y fam.

Pierna larga y delgada. || Madero inclinado que sirve de apoyo a los peldaños de una escalera.

zancada. f. Paso largo.

zancadilla. f. Acción de cruzar uno la pierna delante de la de otro para derribarlo. || fig. y fam. Engaño, trampa, ardid.

zancajo. m. Hueso del pie, que forma el talón. || Parte del pie, donde sobresale el talón. || fig. Parte del zapato o media, que cubre el talón.

zancajoso, sa. adj. Que tiene los pies torcidos y vueltos hacia afuera. || Que tiene los zancajos grandes o rotos y sucios los del calzado.

zancarrón. m. fam. Hueso grande y descarnado, especialmente de las extremidades. || fig. y fam. El que enseña ciencias o artes de las que entiende poco.

zanco. m. Cada uno de los palos altos, con salientes sobre los que se ponen los pies, para andar sin mojarse por donde hay agua, y también para juegos de agilidad y equilibrio.

zancón, na. adj. fam. Que tiene las zancas largas. || *Col., Guat.* y *Venez.* Díc. del traje demasiado corto.

zancudo, da. adj. Que tiene las zancas largas. || Díc. de las aves que tienen los tarsos muy largos y la parte inferior de la pierna desprovista de plumas; como la cigüeña y la grulla. Ú. t. c. s. || f. pl. Orden de estas aves. || m. *Amér.* Mosquito.

zanga. f. Juego de naipes parecido al del cuatrillo.

zanganada. f. fam. Hecho o dicho impertinente y torpe.

zanganear. intr. fam. Andar vagando de una parte a otra sin trabajar.

zángano. m. Macho de la abeja reina, de antenas largas, ojos unidos en lo alto de la cabeza y sin aguijón. || fig. y fam. Hombre holgazán que se sustenta de lo ajeno. || Hombre flojo y torpe.

zangarrear. intr. fam. Tocar o rasguear sin arte en la guitarra.

zangarriana. f. Especie de hidropesía de los animales. || fig. y fam. Enfermedad leve y pasajera, que repite con frecuencia. || fig. y fam. Tristeza, melancolía, disgusto.

zangolotear. tr. y prnl. fam. Mover continua y violentamente una cosa. || intr. fig. y fam. Moverse una persona de una parte a otra sin concierto ni propósito. || prnl. fam. Moverse ciertas cosas por estar sueltas o mal encajadas.

zangón. m. fam. Muchacho alto, que anda ocioso, teniendo edad para trabajar.

zanguanga. f. fam. Ficción de una enfermedad o impedimento, para no trabajar.

zanguangada. f. Hecho o dicho propio de zanguango.

zanguango, ga. adj. y s. fam. Indolente, embrutecido por la pereza.

zanja. f. Excavación larga y estrecha que se hace en la tierra para echar cimientos, conducir aguas, etc. || *Amér.* Arroyada producida por el agua corriente.

zanjar. tr. Echar zanjas o abrirlas. || fig. Resolver, concluir.

zanquear. intr. Torcer las piernas al andar. || Andar mucho a pie y con prisa.

zanquilla, ta. f. dim. de zanca. || com. fig. y fam. Persona que tiene las piernas delgadas y cortas. Ú. m. en pl.

zapa. f. Pala con un corte acerado, que usan los zapadores o gastadores. || Excavación de galería subterránea o de zanja al descubierto. || Piel áspera de algunos selacios, lija.

zapador. ≅gastador. m. Soldado destinado a trabajar con la zapa.

zapapico. m. Herramienta con mango de madera y dos bocas opuestas, terminada la una en punta y la otra en corte estrecho.

zaparrastrar. intr. fam. Llevar arrastrando los vestidos de modo que se ensucien: *ir zaparrastrando.*

zapata. f. Calzado que llega a media pierna. || Pedazo de cuero o suela que a veces se pone debajo del quicio de la puerta para que no rechine. || Pieza del freno de los coches que actúa por fricción contra el eje o contra las ruedas.

zapatazo. m. Golpe dado con un zapato. || fig. Caída y ruido que resulta de ella. || fig. Golpe fuerte que se da contra cualquier cosa que suena. || fig. Golpe que las caballerías dan con el casco.

zapateado. m. Baile español que se ejecuta en compás ternario y con zapateo. || Música de este baile.

zapatear. tr. Golpear con el zapato. || Dar golpes en el suelo con los pies calzados, especialmente al compás de la música. || Golpear el conejo rápidamente la tierra con las manos, cuando siente al cazador o al perro.

zapatería. f. Taller donde se hacen o reparan zapatos. || Tienda donde se venden. || Oficio de zapatero.

zapatero, ra. adj. Relativo a los zapatos. || Díc. de los manjares que se ponen correosos por estar guisados con demasiada anticipación. || m. y f.

ZANCUDAS

Espátula

Grulla

Avutarda

Calamón

Avoceta

Marabú

Garza real

Cigüeña

Avefría

Picazapato

Flamenco

Persona que por oficio hace zapatos, los compone o los vende.

zapateta. f. Golpe o palmada que se da con el pie o zapato. || Brinco sacudiendo los pies. || pl. Golpes que se dan con el zapato en el suelo en ciertos bailes.

zapatilla. f. Zapato ligero y de suela muy delgada. || Zapato cómodo o de abrigo para estar en casa. || Pieza de cuero, goma, etc. que se emplea para el cierre hermético de grifos, cañerías o llaves de paso.

zapatillazo. m. Golpe dado con una zapatilla.

zapato. m. Calzado que no pasa del tobillo, con la parte inferior de suela y lo demás de piel, fieltro, paño u otro tejido.

zapatudo, da. adj. Que tiene los zapatos demasiado grandes o de cuero fuerte. || Díc. del animal muy calzado de uña.

¡zape! interj. fam. que se emplea para ahuyentar a los gatos o para manifestar extrañeza, miedo o precaución. || fam. Se emplea en algunos juegos de naipes para negar la carta que pide el compañero.

zapear. tr. Espantar al gato con la interjección zape. || Dar zape en ciertos juegos de naipes. || fig. y fam. Ahuyentar a uno.

zapote. m. Árbol sapotáceo americano, de fruto comestible en forma de manzana. Está aclimatado en la zona sur de España. || Fruto de este árbol.

zapoteca. adj. y s. Díc. de los pueblos más civilizados y poderosos de Méjico que los españoles encontraron en el Nuevo Continente. Vivían en el valle de Oaxaca.

zaque. m. Odre pequeño.

zaquear. tr. Mover o trasegar líquidos de unos zaques a otros. || Transportar líquidos en zaques.

zar. m. Título que se daba al emperador de Rusia y al soberano de Bulgaria.

zarabanda. ≅bulla. ≅jaleo. ≅jolgorio. f. Danza popular española de los siglos XVI y XVII frecuentemente censurada por los moralistas. || Música alegre y ruidosa de esta danza. || Copla que se cantaba con esta música. || Cualquier cosa que causa ruido estrepitoso.

zaragata. ≅gresca. ≅reyerta. ≅tumulto. f. fam. Pendencia, alboroto.

zaragatear. intr. fam. Armar zaragata.

zaragatero, ra. adj. y s. fam. Bullicioso, aficionado a zaragatas.

zaragatona. f. Planta herbácea anual, de semillas menudas y brillantes que, cocidas, dan una substancia mucilaginosa. || Semilla de esta planta.

zaragozano, na. adj. y s. De Zaragoza.

zaragüelles. m. pl. Especie de calzones anchos y afollados en pliegues, que usan los hombres del campo en Valencia y Murcia. || Calzoncillos blancos que se dejan asomar en la pierna por debajo del calzón en el traje regional aragonés.

zarajo. m. Trenzado de tripas de cordero que se conserva colgado al humo y que luego se asa al horno.

zaranda. f. Cribo, criba. || Pasador de metal que se usa para colar la jalea y otros dulces.

zarandajas. f. pl. fam. Cosas menudas, sin valor.

zarandar o **zarandear.** tr. Limpiar el grano o la uva, pasándolos por la zaranda. || Colar el dulce con la zaranda. || fig. y fam. Mover una cosa con prisa, ligereza y facilidad. Ú. t. c. prnl.

zarandero, ra. m. y f. Persona que mueve la zaranda.

zarandillo. m. Zaranda pequeña. || fig. y fam. El que con viveza y soltura anda de una parte a otra.

zarapito. m. Ave zancuda, del tamaño del gallo, que anda entre juncos y se alimenta de insectos, moluscos y gusanos.

zarazas. f. pl. Masa venenosa a la que se la mezcla vidrio molido o agujas, y que se empleaba para matar perros, gatos, ratones y otros animales.

zarcear. tr. Limpiar los conductos y cañerías, introduciendo en ellas zarzas. || intr. Entrar el perro en los zarzales para buscar la caza. || fig. Andar apresuradamente de una parte a otra.

zarcillo. m. Pendiente, arete. || Marca que se practica al ganado lanar en las orejas. || Órgano largo, delgado y voluble que tienen ciertas plantas, para asirse a tallos u otros objetos próximos. || Azadilla de escardar.

zarco, ca. adj. De color azul claro: ojos ⌣.

zarevitz. m. Hijo del zar. || En particular, príncipe primogénito del zar reinante.

zarigüeya. f. Mamífero didelfo americano, con cabeza parecida a la de la zorra, hocico y orejas negros y pelaje pardo rojizo.

zarina. f. Esposa del zar. || Emperatriz de Rusia.

zarismo. m. Forma de gobierno absoluto, propia de los zares.

zarpa. f. Acción de zarpar. || Garra de ciertos animales, como el león, el tigre, etc.

zarpada. f. Golpe dado con la zarpa.

zarpar. intr. Partir o salir una nave.

zarpazo. m. Golpe dado con la zarpa. || Golpazo, batacazo.

zarramplín. m. fam. Hombre chapucero y de

poca habilidad en una profesión u oficio. || Pelagatos, pobre diablo.

zarrapastroso, sa. ◁aseado. ◁limpio. adj. y s. Desaseado, andrajoso, desaliñado.

zarria. f. Barro o lodo pegado en la parte inferior de la ropa, cazcarria. || Pingajo, harapo.

zarza. f. Arbusto rosáceo, con tallos sarmentosos y flores blancas o róseas en racimos terminales, y cuyo fruto es la zarzamora.

zarzagán. m. Cierzo muy frío, aunque no muy fuerte.

zarzal. m. Sitio poblado de zarzas.

zarzamora. f. Fruto de la zarza, de granillos negros y lustrosos, semejante a la mora. || Zarza.

zarzaparrilla. f. Arbusto liliáceo, de fruto en bayas globosas como el guisante y raíces fibrosas y casi cilíndricas. Es común en España. || Bebida refrescante preparada con esta planta.

zarzaperruna. f. Rosal silvestre, escaramujo.

zarzarrosa. f. Flor del escaramujo.

zarzo. m. Tejido de varas, cañas, mimbres o juncos, que forma una superficie plana.

zarzoso, sa. adj. Que tiene zarzas.

zarzuela. f. Obra dramática y musical en la que se alternan la declamación y el canto. Es un género típicamente español. || Letra y música de esta obra. || Plato consistente en varias clases de pescado y marisco, condimentados con una salsa.

Zarzamoras

izas! Voz expresiva del sonido que hace un golpe, o del golpe mismo.

zascandil. ≅chisgarabis. ≅mequetrefe. m. fam. Hombre despreciable, ligero y enredador. || Hombre que va de un lado a otro sin hacer nada de provecho.

zascandilear. intr. Andar como un zascandil.

zata o **zatara.** f. Armazón de madera, a modo de balsa, para transportes fluviales.

zazo, za o **zazoso, sa.** adj. Tartajoso.

zeda. f. Nombre de la letra z.

zéjel. m. Composición estrófica de la métrica popular de los moros españoles.

zepelín. m. Globo dirigible para transportar personas y carga.

zeta. f. Zeda. || Sexta letra del alfabeto griego (Z, ς); corresponde a nuestra z. || m. fam. El coche de la policía.

zigoto. m. Huevo, célula germinal femenina de animales y plantas.

zigurat. m. Torre exenta, en forma de pirámide escalonada, que formaba parte de los templos caldeos, asirios y babilónicos, como elemento principal.

zigzag. m. Serie de líneas que forman alternativamente ángulos entrantes y salientes.

zigzaguear. intr. Serpentear, andar en zigzag.

zipizape. ≅alboroto. ≅pelea. ◁tranquilidad. m. fam. Riña ruidosa u con golpes.

zoca. f. Plaza de una población.

zócalo. m. *Arquit.* Cuerpo inferior de un edificio u obra, para elevar los basamentos a un mismo nivel. || Friso o franja que se pinta o coloca en la parte inferior de una pared.

zocato, ta. adj. fam. Zurdo. Ú. t. c. s. || Díc. del fruto que se pone amarillo y acorchado sin madurar.

zoco. m. Zueco. || En Marruecos, lugar en que se celebra un mercado.

zodiacal. adj. Relativo al Zodiaco.

zodiaco o **zodíaco.** m. Representación material del Zodiaco.

Zodiaco o **Zodíaco.** m. Zona o faja celeste por el centro de la cual pasa la eclíptica y que comprende los 12 signos, casas o constelaciones que recorre el Sol en su curso anual aparente, a saber: Aries, Tauro, Géminis, Cáncer, Leo, Virgo, Libra, Escorpión, Sagitario, Capricornio, Acuario y Piscis.

zoilo. m. fig. Crítico presumido, censurador, murmurador.

zona. f. Lista o faja. || Extensión considerable de terreno en forma de franja o banda. || Extensión considerable de terreno cuyos límites están determinados por razones administrativas, políticas, etc.: ⤳ *fiscal;* ⤳ *de influencias.*

zonzo, za. adj. y s. Soso, insulso, insípido. || Tonto, simple, mentecato.

zoo. m. Expresión abreviada, con el significado de parque o jardín zoológico.

zoófago, ga. adj. y s. Que se alimenta de materias animales: *insecto* ⤳.

zoófito, ta. adj. y s. Decíase de ciertos animales en los que se creía reconocer algunos caracteres propios de seres vegetales. || m. pl. Grupo de la antigua clasificación zoológica, que comprendía los animales que tienen aspecto de plantas.

zoografía. f. Parte de la zoología, que tiene por objeto la descripción de los animales.

zoolatría. f. Adoración, culto de los animales, a los que se tiene por encarnación de la divinidad, propio de algunos pueblos primitivos.

zoología. f. Parte de la historia natural que trata de los animales.

zoológico, ca. adj. Relativo a la zoología: *parque* ⤳.

zoólogo, ga. m. y f. Persona que profesa la zoología o en ella tiene especiales conocimientos.

zoom. m. Objetivo de foco variable que permite realizar sin discontinuidad un recorrido óptico de un plano más lejano a otro más cercano, o viceversa. || Secuencia fotográfica o cinematográfica en la que se utiliza este objetivo.

zoomorfo, fa. adj. Que tiene forma o apariencia de animal.

zoospermo. m. Espermatozoide.

zootecnia. f. Arte de la cría, multiplicación y mejora de los animales domésticos.

zootécnico, ca. adj. Relativo a la zootecnia.

zopas. com. fam. Persona que cecea mucho.

zopenco, ca. adj. y s. fam. Tonto, abrutado.

zopo, pa. adj. Pie o mano torcidos o contrahechos. || Díc. de la persona que tiene torcidos o contrahechos los pies o las manos.

zoqueta. f. Especie de guante de madera con que el segador protege la mano izquierda.

zoquete. m. Pedazo de madera corto y grueso, que queda sobrante al labrar o utilizar un madero. || fig. Pedazo de pan grueso e irregular. || fig. y fam. Persona de mala traza, especialmente si es pequeña y gorda. || fig. y fam. Persona ruda y tarda en aprender. U. t. c. adj.

zorcico. m. Composición musical en compás de cinco por ocho, popular en las provincias vascongadas. || Letra de esta composición musical. || Baile que se ejecuta con esta música.

zorito, ta. adj. Zuro.

zorollo. adj. Blando, tierno.

zorongo. m. Pañuelo doblado en forma de venda, que los aragoneses y algunos navarros del pueblo llevan alrededor de la cabeza. || Moño ancho y aplastado que usan algunas mujeres del pueblo. || Baile popular andaluz.

zorra. f. Mamífero carnicero, de cabeza ancha, hocico puntiagudo, pelaje largo, espeso y suave y cola larga, que abunda en nuestros montes. Persigue con astucia toda clase de caza y ataca a las aves de corral. || Hembra de esta especie. || fig. y fam. Borrachera.

zorrastrón, na. adj. y s. fam. Pícaro, astuto.

zorrear. intr. Hacerse el zorro, obrar con cautela. || *Chile* y *Urug.* Perseguir o cazar zorros con jaurías.

zorrera. f. Cueva de zorros. || fig. Habitación en que hay mucho humo.

zorrería. f. Astucia y cautela de la zorra. || fig. y fam. Astucia o ardid del que busca su utilidad en lo que hace.

zorro. ≅disimulado. ≅ladino. ≅raposo. ≅tramposo. m. Macho de la zorra. || Piel curtida de la zorra. || fig. y fam. El que afecta simpleza o insulsez. || fig. y fam. Hombre muy taimado y astuto.

zorronglón, na. adj. y s. fam. Que ejecuta de mala gana y murmurando o refunfuñando las cosas que le mandan.

Zorro ártico

zorruno, na. adj. Relativo a la zorra, animal.

zorzal. m. Pájaro parecido al tordo, de cuerpo grueso, cabeza pequeña, pico delgado y plumaje pardo por encima, rojizo con manchas grises en el pecho y blanco en el vientre. || fig. Hombre astuto y sagaz. || *Chile.* Papanatas, hombre simple.

zote. adj. y s. Ignorante, torpe.

zozobra. ≅ansiedad. ≅congoja. ≅vuelco. ◁tranquilidad. f. Acción y efecto de zozobrar. || Oposición y contraste de los vientos, que impiden la navegación. || fig. Inquietud, aflicción. || fig. Cierto lance del juego de dados.

zozobrar. intr. Peligrar la embarcación por la fuerza y contraste de los vientos. || Perderse o irse a pique. Ú. t. c. prnl. || fig. Estar en gran riesgo y muy cerca de perderse el logro de una cosa. || fig. Acongojarse, afligirse.

zuavo. m. Soldado argelino de infantería, al servicio de Francia. || Soldado francés que lleva el mismo uniforme.

zubia. f. Lugar o sitio por donde corre, o donde afluye, mucha agua.

zucarino, na. adj. Que tiene azúcar, sacarino.

zueco. m. Zapato de madera de una pieza. || Zapato de cuero con suela de corcho o de madera. || En oposición al coturno, estilo llano de la comedia.

zulaque. m. Betún en pasta a propósito para tapar las juntas de los arcaduces en las cañerías y para otras obras hidráulicas.

zulo. (Voz vasca.) m. Agujero, hoyo. || Escondite, guarida subterránea.

zulú. ∫∫zulúes o ∫∫zulús. adj. Dícese el individuo de cierto pueblo de raza negra que habita en el África austral. Ú. m. c. m. pl. || Relativo a este pueblo. || fig. y fam. Bárbaro, salvaje. Ú. t. c. s.

zulla. f. Planta herbácea, vivaz, papilionácea, que constituye un excelente pasto para el ganado.

zumacal o **zumacar.** m. Tierra plantada de zumaque.

zumacar. tr. Adobar las pieles con zumaque.

zumaque. m. Arbusto anacardiáceo, que contiene mucho tanino, empleado como curtiente. || fam. Vino de uva.

zumaya. f. Autillo, ave parecida a la lechuza. || Chotacabras, ave trepadora. || Ave zancuda, de plumaje de color verde negruzco en el lomo y la cabeza, ceniciento en las alas y cola y blanco en las partes inferiores.

zumba. f. Cencerro grande que lleva comúnmente la caballería delantera de una recua. || Ju-

guete que produce un zumbido, bramadera. || fig. Chanza, chasco. || *Amér.* Tunda, zurra.

zumbar. intr. Hacer una cosa ruido o sonido continuado y bronco. || fig. y fam. Estar una cosa tan inmediata, que falte poco para llegar a ella. || tr. fam. Dar, atizar golpes. || fig. Dar vaya o chasco a uno. Ú. t. c. prnl.

zumbel. m. Cuerda que se arrolla al peón o trompo para hacerle bailar.

zumbido. m. Ruido o sonido continuado y bronco.

zumbo. m. Zumbido. || Cencerro de gran tamaño.

zumbón, na. adj. y s. Cencerro con un sobrecerco en la boca para que suene más. || fig. y fam. Díc. del que frecuentemente se burla, o tiene el genio festivo y poco serio.

zumo. ≅beneficio. ≅ganancia. ≅jugo. m. Líquido que se extrae de las hierbas, flores, frutas u otras cosas semejantes, que se saca exprimiéndolas o majándolas. || fig. Utilidad o provecho que se saca de una cosa.

zumoso, sa. adj. Que tiene zumo.

zunchar. tr. Colocar zunchos para reforzar alguna cosa.

zuncho. m. Abrazadera, anillo metálico usado como refuerzo.

zupia. f. Poso del vino. || Vino turbio. || Líquido de mal aspecto y sabor. || fig. Lo más inútil y despreciable de cualquier cosa.

zurcido. m. Unión o costura de las cosas zurcidas.

zurcir. tr. Coser la rotura de una tela. || Suplir con puntadas muy juntas y entrecruzadas los hilos que faltan en el agujero de un tejido. || fig. Unir y juntar sutilmente una cosa con otra.

zurdo, da. ≅zocato. ◁derecho. ◁diestro. adj. Que usa de la mano o el pie izquierdo del modo y para lo que las demás personas usan de la derecha o del derecho. Ú. t. c. s. || Relativo a la mano izquierda.

zurear. intr. Hacer arrullos la paloma.

zurito, ta. adj. Zuro.

zuro, ra. adj. Díc. de las palomas y palomos silvestres. || m. Corazón o raspa de la mazorca del maíz después de desgranada.

zurra. f. Acción de zurrar las pieles. || fig. y fam. Castigo, especialmente de azotes o golpes. || fig. y fam. Trabajo, esfuerzo que deja agotado y deshecho. || fig. y fam. Contienda, disputa, pendencia pesada.

zurrapa. f. Brizna, pelillo o sedimento que se halla en los líquidos y que poco a poco se va sentando. Ú. m. en pl. || fig. y fam. Cosa vil y despreciable.

zurrar. tr. Curtir y adobar las pieles quitándoles el pelo. || fig. y fam. Castigar a uno, especialmente con azotes o golpes. || fig. y fam. Traer a uno a mal traer. || fig. y fam. Censurar a uno con dureza, y especialmente en público.

zurriagazo. m. Golpe dado con el zurriago o con una cosa flexible. || fig. Desgracia o mal suceso inesperado. || fig. Mal trato, desdén. || fam. Trago de vino o de otro licor.

zurriago. m. Látigo con que se castiga o zurra. || Correa larga y flexible con que los muchachos hacen bailar el trompo.

zurriburri. m. fam. Conjunto de personal de ínfima calidad. || Barullo, confusión.

zurrir. ≅ chirriar. ≅ rechinar. intr. Sonar bronca, desapacible y confusamente alguna cosa.

zurrón. m. Bolsa grande de pellejo, que regularmente usan los pastores. || Cualquier bolsa de cuero. || Cáscara primera y más tierna de algunos frutos. || Bolsa formada por las membranas que envuelven el feto y contienen el líquido que le rodea. || Quiste.

zurullo. m. fam. Pedazo rollizo de materia blanda. || fam. Excremento sólido. || fig. Miedo, pánico.

zurupeto. m. fam. Corredor de bolsa no matriculado. || Intruso en la profesión notarial.

zutano, na. m. y f. fam. Vocablo que designa a una persona cualquiera, en correlación con *fulano* y *mengano*. *Lo dijo* ∽.

Apéndice gramatical

ACENTUACIÓN

Clases de acentos

acento prosódico.—Es la mayor intensidad de voz con que se hiere determinada sílaba al pronunciar una palabra.
acento ortográfico.—Rayita oblicua que a veces se coloca encima de la vocal de la sílaba sobre la que carga la intensidad de la voz.

Clases de palabras en razón a su acentuación prosódica

agudas.—Son aquellas que cargan la intensidad de la voz en la última sílaba. Ej.: *París, conoció, reloj, razón, pastel.*
llanas.—Son aquellas que cargan la intensidad de la voz en la penúltima sílaba. Ej.: *mesa, cárcel, acento, Peribáñez.*
esdrújulas.—Son aquellas que cargan la intensidad de la voz en la antepenúltima sílaba. Ej.: *cómodo, océano, esdrújula.*
sobresdrújulas.—Son aquellas que cargan la intensidad de la voz en alguna sílaba anterior a la antepenúltima. Ej.: *devuélvemelo.*

Reglas generales de la acentuación ortográfica

1.ª Los monosílabos generalmente no llevan acento. Ej.: *dio, vio, fue, fui, no, tal.*
2.ª a) Llevarán acento ortográfico las palabras *agudas* terminadas en vocal o en las consonantes *n* o *s.* Ej.: *sofá, consomé, bisturí, caló, Perú, Tomás, común.*
   b) Sin embargo, no llevarán acento ortográfico las palabras que terminen en *n* o *s* si estas letras van precedidas de otra consonante distinta a estas dos. Ej.: *Casals.*
3.ª a) Llevarán acento ortográfico las palabras *llanas* terminadas en consonante que no sea *n* o *s.* Ej.: *fácil, prócer, Sánchez.*
   b) Llevarán también acento ortográfico las que, aun terminando en *n* o *s,* lleven una consonante diferente a estas dos, precediéndola. Ej.: *biceps, fórceps.*
4.ª Llevarán acento ortográfico todas las palabras *esdrújulas* y *sobresdrújulas.* Ej.: *módulo, gramática, cuéntanoslo.*

Reglas especiales de acentuación ortográfica

1.ª **Palabras compuestas:**

   a) No llevará acento ortográfico el primer elemento de la palabra compuesta, aunque en su forma simple lo tenga. Ej.: *tiovivo, curalotodo, guardapiés.*
   b) Se exceptúan de esta regla general los adverbios terminados en *mente.* Ej.: *cómodamente.*
   c) También se exceptuarán de la primera regla las formas verbales que, llevándolo en su forma simple, se convierten en el primer elemento de una palabra compuesta por la añadidura de algún pronombre enclítico. Ej.: *tomólo, déme.*
   d) Finalmente, llevarán acento ortográfico, y por lo tanto serán también excepción a la primera regla, aquellas formas verbales que, no llevándolo en su forma simple, se convierten en palabras esdrújulas o sobresdrújulas al añadir pronombres enclíticos. Ej.: *búscame, déjamelo.*

2.ª **Diptongos y triptongos:**

   a) Los diptongos, combinación de una vocal débil (*i, u*) con una fuerte (*a, e, o*) o de dos débiles, llevarán acento ortográfico siempre que el prosódico recaiga en la débil, esté donde esté el diptongo. Ej.: *raíz, baúl, reúno.*
   b) Cuando el acento prosódico recaiga en la fuerte, seguirá la regla general de acentuación. Ej.: *parabién, maula, sabéis.*
   c) La *h* no impide el diptongo, y por lo tanto, si dos vocales separadas por esta letra forman diptongo, se regirá por la letra *a)* y *b).* Ej.: *retahíla, búho.*
   d) El diptongo *ui* seguirá las reglas generales de acentuación, sin tener en cuenta la letra *a)* de este apartado. Ej.: *jesuita, jesuítico, huir.*
   e) El triptongo, combinación de dos vocales débiles con una fuerte, se acentuará ortográficamente aplicando las normas *a)* y *b)* de este apartado. Ej.: *daríais, amortiguáis, despreciéis.*

3.ª **Casos especiales:**

   a) *Deca, hecto, kilo, miria, deci, centi* y *mili* forman esdrújulas, y por lo tanto llevan acento ortográfico, con las voces *metro* y *grado.* Ej.: *decámetro, centígrado.*
   Y forman palabras llanas con las voces *gramo, litro, vatio, ciclo.* Ej.: *decagramo, hectolitro, kilovatio, kilociclo.*
   b) Otros casos.

Se acentúan	**No se acentúan**

aún.—Cuando equivale a *todavía.* Ej.: *aún es pronto.*

aun.—Cuando equivale a *hasta, también, inclusive* o *siquiera* (con negación). Ej.: *aun Juan se comprometió.*

sólo.—Cuando es adverbio. Ej.: *sólo acudió Pedro.*

solo.—Cuando es adjetivo. Ej.: *se quedó solo.*

éste
ése
aquél ⎫ Cuando son pronombres. Ej.: *éste fue, ése es, aquél*
ésta   ⎬ *le mató, ésta puede valer, ésa está apartada, aquélla*
ésa   ⎭ *la venderé.*
aquélla Esta acentuación ha dejado de ser obligatoria.

este
ese
aquel ⎫ Cuando son adjetivos. Ej.: *este varón, ese campo, aquel*
esta   ⎬ *verano, esta mesa, esa tabla, aquella mañana.*
esa
aquella

qué
cuál   ⎫ Cuando son interrogativos, tanto directos como indi-
quién ⎬ rectos, admirativos, enfáticos o disyuntivos. Ej.: *¿qué*
cúyo   ⎭ *quieres?, no sé cuál es, pero ¡quién está aquí!, quién*
cúya   *más quién menos todo el mundo trabajó.*

que
cual   ⎫ Cuando son relativos. Ej.: *Pedro fue el que lo hizo,*
quien ⎬ *cual pájaro que vuela, fue el jefe quien lo mandó,*
cuyo   ⎭ *de cuyo nombre no quiero acordarme.*
cuya

cuán
cuándo ⎫ Cuando son interrogativos, tanto directos como indi-
cuánto ⎬ rectos, admirativos, enfáticos o disyuntivos. Ej.:
dónde ⎭ *¿cuándo vienes?, no sé dónde está, de cuán poco*
          valor son las cosas tras que andamos y corremos...,
          cuánto me haces sufrir.

cuan
cuando ⎫ Cuando son adverbios simplemente. Ej.: *cuando vaya,*
cuanto ⎬ *te pagaré cuanto te debo, iré donde tú vayas.*
donde

porqué.—Cuando es enfático. Ej.: *no sé el porqué* (cuando es interrogativo se escribe *por qué*).

porque.—Cuando es conjunción causal. Ej.: *lo hizo porque quiso.*

ó.—Cuando va entre cifras. Ej.: *2 ó 3.*

o.—Cuando va entre letras. Ej.: *dos o tres.*

él.—Cuando es pronombre. Ej.: *él fue el culpable.*

el.—Cuando es artículo. Ej.: *el perro.*

tú.—Cuando es pronombre. Ej.: *tú lo hiciste.*

tu.—Cuando es adjetivo. Ej.: *tu gato.*

mí.—Cuando es pronombre. Ej.: *a mí me ofendió.*

mi.—Cuando es adjetivo o la nota musical. Ej.: *mi ilusión es...*

más.—Cuando es adverbio. Ej.: *más vale tarde que nunca.*

mas.—Cuando es conjunción. Ej.: *iré, mas no sé para qué.*

sí.—Cuando es pronombre o adverbio. Ej.: *lo quiere para sí, sí lo desea.*

si.—Cuando es conjunción o la nota musical. Ej.: *si vas a casa te acompañaré.*

dé.—Cuando es del verbo dar. Ej.: *dé usted lo que tiene.*

de.—Cuando es preposición. Ej.: *este perro es de Antonio.*

té.—Cuando es el nombre de la planta. Ej.: *sirva usted el té.*

te.—Cuando es pronombre. Ej.: *ya te lo dije.*

sé.—Cuando es persona de los verbos ser y saber. Ej.: *sé mi guía.*

se.—Cuando es pronombre. Ej.: *Fulano se gobierna bien.*

SIGNOS ORTOGRÁFICOS DE PUNTUACIÓN

Interrogación (¿?)

1.ª Oraciones interrogativas, o allí donde empieza la pregunta, aunque no sea el comienzo del período: ¿*Dónde vas? Privado del racional discurso, ¿qué es el hombre sino una criatura desvalida?*

2.ª Incertidumbre de un dato: *Parece que nació en 1824 (?).*

Admiración (¡!)

1.ª Oraciones exclamativas, ponderativas, etcétera, o allí donde empieza el sentido admirativo, aunque no sea el comienzo del período: *¡Fuego! ¡Cuán inconstante es la fortuna de los hombres! Y si la caprichosa fortuna encumbra al hombre en un alto puesto, ¡cuánta envidia crecerá en su torno!*

2.ª Oraciones, a la par interrogativas y admirativas: *¡Qué persecución es ésta, Dios mío!* Está en desuso la combinación de ambos signos: ¿*Qué persecución es ésta, Dios mío!*

3.ª Ironía, asombro: *Es tan valiente (!) que a sí mismo se asusta. Dijo que se marchaba muy satisfecho (!) y que volvería pronto.*

Paréntesis curvos y rectos o corchetes [()]

1.ª Oración aclaratoria o incidental larga o corta, pero sin conexión gramatical con el resto de la frase: *Acostados todos en un género de lechos que rodeaban la mesa (pues los romanos comían tendidos y soslayado el cuerpo sobre el codo izquierdo), empezó a echarles en cara la tibieza de su jefe. Pero él (lo pensaba lealmente) renunciaría a las ganancias pecuniarias del hijo, con tal que le dejaran la gloria.*

2.ª Datos complementarios, textos en lengua original: *El hijo del rayo de la guerra, Carlos V (D. Juan de Austria). Perdió Boabdil a Granada en la hégira 897 (1492). Dicen los ingleses que el tiempo es oro (Time is money).*

3.ª En la copia de códices o inscripciones, indicación de lo que falta en el original y se suple conjeturalmente: *Imp(erator) Caes(ari) [Nervae] Traiano [Aug(usto)].*

4.ª Específicamente, el corchete se utiliza cuando se introduce un paréntesis en una frase que va entre paréntesis: *Acontecimientos de gran trascendencia (abolición de la Monarquía, proclamación de la República [1792]).*

Guión mayor o raya (—)

1.ª Sustituye al paréntesis (1.ª regla): *Los celtíberos —no siempre habían de ser juguete de Roma— ocasionaron la muerte de los dos Escipiones.*

2.ª En los diálogos, iniciando siempre párrafo: *Maravillado el capitán del valor de aquel soldado, le mandó venir a su presencia y le dijo:*

—¿Cómo te llamas?
—Andrés Pereda.
—¿De dónde eres?
—De Castilla.

Comillas («» " ")

1.ª Cita textual limitada al principio y al fin, sobrenombre, nombre propio de animal o cosa: «Veo que las leyes son contra los flacos, dice Luis Mejía, como las telarañas contra las moscas.» El perro «Leal». La finca «Villa Rosa».
2.ª Al principio y al final de una palabra o frase incluidas como cita o puestas de relieve dentro de un texto entrecomillado más extenso: «El profesor advirtió "que no admitiría faltas a la disciplina".»

Punto y raya (.—)

Separa un epígrafe del desarrollo enunciado en él: Punto y raya.—Separa un epígrafe...

Dos rayas (=)

En las copias, para indicar las separaciones de párrafo.

Calderón (¶)

Se emplea para señalar alguna observación especial.

Párrafo (§)

Dentro de un libro, seguido del número que corresponda, indica divisiones internas de los capítulos: § 12, § 13, etc.

Coma (,)

1.ª Nombres en vocativo: Juan, óyeme; óyeme, Juan; todos los presentes, Juan, queremos que nos oigas.
2.ª Enumeración de partes de la oración de una misma clase sin las conjunciones y, ni, o: Luis, Francisco y Juan son hermanos; se les conoce por el bueno, el feo y el malo.
3.ª Miembros de una cláusula independientes entre sí, aun precedidos de conjunción: Todos mataban, todos se compadecían, ninguno sabía detenerse. Al apuntar el alba cantan las aves, y el campo se alegra, y el ambiente cobra movimiento y frescura.
4.ª Oraciones intercaladas e incidentales o de paréntesis, y expresiones que cumplen una función parecida (esto es, es decir, en fin, por último, por consiguiente, sin embargo, no obstante, etcétera): La verdad, dice un político, se ha de sustentar con ideas. La enfermedad parece grave, es decir, más grave de lo que esperábamos.
5.ª Oración subordinada antes de la principal: Cuando el cuadrillero tal cosa oyó, túvole por hombre falto de seso. Si tuviese dinero, me compraría esta casa. En las transposiciones cortas y claras no es necesaria la coma: Donde las dan las toman.
6.ª Complemento circunstancial largo al comienzo de la oración, o corto no seguido de verbo: Con un hierro en la punta de un largo bastón, llegó a la ventana. En 1945, hombres y mujeres de todo el mundo pensaron que la guerra recién terminada sería la última.
7.ª Elipsis del verbo en una oración: El mejor cordero de España, el de Segovia.
8.ª Oración adversativa o consecutiva corta: Vendrá, pero tarde. Pienso, luego existo.
9.ª Frase absoluta de participio o adjetivo: Oídos los reos, el juez dispuso... Dudosa la victoria, el general ordenó un repliegue...
10.ª Oración relativa explicativa: Los aliados, que no habían entregado las armas, fueron pasados a cuchillo.

11.ª Oración relativa especificativa: Los aliados que no habían entregado las armas, fueron pasados a cuchillo. La exigencias de la coma en este caso, admitida en textos muy rigurosos, es debida a la regla 5.ª

Punto y coma (;)

1.ª Entre oraciones de un periodo, largas y sin enlace, sobre todo, cuando dentro de ellas ya hay alguna coma: Durante la primavera, el cielo está siempre claro y sereno; el campo, en esos días, se llena de mil variadas y olorosas flores; y los árboles se cubren de verde follaje.
2.ª Entre dos partes completas de un periodo, enlazadas o no por conjunción, pero que no tienen mucha relación entre sí: Los niños, en la plazoleta, jugaban sin preocupación alguna; y la madre, desde el balcón, les observaba embelesada.
3.ª Oraciones adversativas o consecutivas largas: Los expedicionarios buscaron por todas partes; pero no hallaron el camino. Sopla viento del norte; por consiguiente, tendremos algunos días muy fríos.

Dos puntos (:)

1.ª Ampliación, desarrollo y explicación de una proposición general: No aflige a los mortales vicio más pernicioso que el juego: por él las gentes más acomodadas han acabado en la miseria: por él las más grandes reputaciones se vienen abajo.
2.ª Sentencia final, consecuencia y resumen de lo que antecede: Colón, aquel que regaló a España un Mundo, aquel que fue amigo de reyes y poseyó riquezas y títulos, murió perseguido y en el mayor abandono: ¡cuán inconstante es la fortuna de los hombres!
3.ª Cita textual: Cicerón dice: No hay cosa que tanto degrade al hombre como la envidia.
4.ª Decretos, instancias, sentencias, bandos, edictos, certificaciones, memorias: Vengo en decretar: Suplica: Fallo: Ordeno y mando:
5.ª Salutación al comienzo de las cartas: Muy Sr. mío: Querida amiga:
6.ª Ejemplos: A saber: Por ejemplo: Verbigracia:

Punto (.)

1.ª Después de oración, cláusula o periodo que tiene sentido completo, pudiendo pasarse a otro nuevo sin quedar pendiente nada de la comprensión de aquél. Estudiad. La experiencia es la madre de la ciencia. Algunos hombres poseen grandes riquezas; no son, sin embargo, felices.
2.ª En las abreviaturas: Sr. D. Excmo. Sr. Septbre.
3.ª En las cantidades numéricas escritas en cifras, detrás de las unidades de mil y de las de millón: 250.735.600.000; pero no se escriben en los números de años y de teléfonos: 1984; 7343800.

Puntos suspensivos (...)

1.ª Suspensión que indica temor o duda, o para sorprender al lector por lo inesperado de la salida: ¿Le diré que ha muerto su padre?... No tengo valor para tanto. Para el funeral de Juan, que había tenido multitud de amigos, se repartieron cientos de recordatorios, y, al final, llegamos a reunirnos... cuatro personas.
2.ª Suspensión retóricamente enfática: A buen entendedor...
3.ª Omisión de palabras u oraciones innecesarias o fáciles de sobrentender. Si se copia algún texto, se suelen incluir entre corchetes los puntos suspensivos utilizados con este objeto: ... es el arte de hablar y escribir correctamente. Un quintal tiene... «En un lugar de la Mancha [...], no ha mucho tiempo que vivía un hidalgo...»

CONJUGACIÓN DE LOS VERBOS REGULARES

Primera conjugación: verbos en -ar

Modelo: amar

Modo indicativo

	Presente	Pretérito imperfecto	Pret. perf. simple	Futuro	Condicional
TIEMPOS SIMPLES	amo amas ama amamos amáis aman	amaba amabas amaba amábamos amabais amaban	amé amaste amó amamos amasteis amaron	amaré amarás amará amaremos amaréis amarán	amaría amarías amaría amaríamos amaríais amarían
	Pretérito perfecto	Pretérito pluscuamperfecto	Pretérito anterior	Futuro perfecto	Condicional perfecto
TIEMPOS COMPUESTOS	he amado has amado ha amado hemos amado habéis amado han amado	había amado habías amado había amado habíamos amado habíais amado habían amado	hube amado hubiste amado hubo amado hubimos amado hubisteis amado hubieron amado	habré amado habrás amado habrá amado habremos amado habréis amado habrán amado	habría amado habrías amado habría amado habríamos amado habríais amado habrían amado

	Modo subjuntivo			**Modo imperativo**	**Formas infinitas o no personales**
	Presente	Pretérito imperfecto	Futuro	Presente (1)	Infinitivo
TIEMPOS SIMPLES	ame ames ame amemos améis amen	amara o amase amaras o amases amara o amase amáramos o amásemos amarais o amaseis amaran o amasen	amare amares amare amáremos amareis amaren	ama (ame) (amemos) amad (amen)	amar Gerundio amando Participio amado
	Pretérito perfecto	Pretérito pluscuamperfecto	Futuro perfecto		Infinitivo compuesto
TIEMPOS COMPUESTOS	haya amado hayas amado haya amado hayamos amado hayáis amado hayan amado	hubiera o hubiese amado hubieras o hubieses amado hubiera o hubiese amado hubiéramos o hubiésemos amado hubierais o hubieseis amado hubieran o hubiesen amado	hubiere amado hubieres amado hubiere amado hubiéremos amado hubiereis amado hubieren amado		haber amado Gerundio compuesto habiendo amado

(1) *Las únicas formas propias del imperativo son la segunda persona del singular y la segunda del plural. Las formas incluidas entre paréntesis, que corresponden a la tercera persona del singular y a la primera y tercera del plural, se toman del presente de subjuntivo.*

CONJUGACIÓN DE LOS VERBOS REGULARES

Segunda conjugación: verbos en -er

Modelo: *temer*

Modo indicativo

	Presente	Pretérito imperfecto	Pret. perf. simple	Futuro	Condicional
TIEMPOS SIMPLES	temo temes teme tememos teméis temen	temía temías temía temíamos temíais temían	temí temiste temió temimos temisteis temieron	temeré temerás temerá temeremos temeréis temerán	temería temerías temería temeríamos temeríais temerían
	Pretérito perfecto	Pretérito pluscuamperfecto	Pretérito anterior	Futuro perfecto	Condicional perfecto
TIEMPOS COMPUESTOS	he temido has temido ha temido hemos temido habéis temido han temido	había temido habías temido había temido habíamos temido habíais temido habían temido	hube temido hubiste temido hubo temido hubimos temido hubisteis temido hubieron temido	habré temido habrás temido habrá temido habremos temido habréis temido habrán temido	habría temido habrías temido habría temido habríamos temido habríais temido habrían temido

	Modo subjuntivo			**Modo imperativo**	**Formas infinitas o no personales**
	Presente	Pretérito imperfecto	Futuro	Presente (1)	Infinitivo
TIEMPOS SIMPLES	tema temas tema temamos temáis teman	temiera o temiese temieras o temieses temiera o temiese temiéramos o temiésemos temierais o temieseis temieran o temiesen	temiere temieres temiere temiéremos temiereis temieren	teme (tema) (temamos) temed (teman)	temer
					Gerundio
					temiendo
					Participio
					temido
	Pretérito perfecto	Pretérito pluscuamperfecto	Futuro perfecto		Infinitivo compuesto
TIEMPOS COMPUESTOS	haya temido hayas temido haya temido hayamos temido hayáis temido hayan temido	hubiera o hubiese temido hubieras o hubieses temido hubiera o hubiese temido hubiéramos o hubiésemos temido hubierais o hubieseis temido hubieran o hubiesen temido	hubiere temido hubieres temido hubiere temido hubiéremos temido hubiereis temido hubieren temido		haber temido
					Gerundio compuesto
					habiendo temido

(1) Las únicas formas propias del imperativo son la segunda persona del singular y la segunda del plural. Las formas incluidas entre paréntesis, que corresponden a la tercera persona del singular y a la primera y tercera del plural, se toman del presente de subjuntivo.

CONJUGACIÓN DE LOS VERBOS REGULARES

Tercera conjugación: verbos en -ir

Modelo: partir

Modo indicativo

	Presente	Pretérito imperfecto	Pret. perf. simple	Futuro	Condicional
TIEMPOS SIMPLES	parto partes parte partimos partís parten	partía partías partía partíamos partíais partían	partí partiste partió partimos partisteis partieron	partiré partirás partirá partiremos partiréis partirán	partiría partirías partiría partiríamos partiríais partirían
	Pretérito perfecto	Pretérito pluscuamperfecto	Pretérito anterior	Futuro perfecto	Condicional perfecto
TIEMPOS COMPUESTOS	he partido has partido ha partido hemos partido habéis partido han partido	había partido habías partido había partido habíamos partido habíais partido habían partido	hube partido hubiste partido hubo partido hubimos partido hubisteis partido hubieron partido	habré partido habrás partido habrá partido habremos partido habréis partido habrán partido	habría partido habrías partido habría partido habríamos partido habríais partido habrían partido

	Modo subjuntivo			**Modo imperativo**	**Formas infinitas o no personales**
	Presente	Pretérito imperfecto	Futuro	Presente (1)	Infinitivo
TIEMPOS SIMPLES	parta partas parta partamos partáis partan	partiera o partiese partieras o partieses partiera o partiese partiéramos o partiésemos partierais o partieseis partieran o partiesen	partiere partieres partiere partiéremos partiereis partieren	parte (parta) (partamos) partid (partan)	partir
					Gerundio
					partiendo
					Participio
					partido
	Pretérito perfecto	Pretérito pluscuamperfecto	Futuro perfecto		Infinitivo compuesto
TIEMPOS COMPUESTOS	haya partido hayas partido haya partido hayamos partido hayáis partido hayan partido	hubiera o hubiese partido hubieras o hubieses partido hubiera o hubiese partido hubiéramos o hubiésemos partido hubierais o hubieseis partido hubieran o hubiesen partido	hubiere partido hubieres partido hubiere partido hubiéremos partido hubiereis partido hubieren partido		haber partido
					Gerundio compuesto
					habiendo partido

(1) Las únicas formas propias del imperativo son la segunda persona del singular y la segunda del plural. Las formas incluidas entre paréntesis, que corresponden a la tercera persona del singular y a la primera y tercera del plural, se toman del presente de subjuntivo.

CONJUGACIÓN DE LOS VERBOS IRREGULARES Y DEFECTIVOS

ABOLIR

INDICATIVO. *Pres.:* abolimos, abolís. *Pret. imperf.:* abolía, abolías, etc. *Pret. perf. simp.:* abolí, aboliste, etcétera. *Fut.:* aboliré, abolirás, etc. *Condicional:* aboliría, abolirías, etc.

SUBJUNTIVO. *Pret. imperf.:* aboliera, abolieras, etcétera., o aboliese, abolieses, etc. *Fut.:* aboliere, abolieres, etc.

IMPERATIVO: abolid.

PARTICIPIO: abolido.

ACERTAR

INDICATIVO. *Pres.:* acierto, aciertas, acierta, acertamos, acertáis, aciertan. *Pret. imperf.:* acertaba, acertabas, etc. *Pret. perf. simp.:* acerté, acertaste, etc. *Fut.:* acertaré, acertarás, etc. *Condicional:* acertaría, acertarías, etc.

SUBJUNTIVO. *Pres.:* acierte, aciertes, acierte, acertemos, acertéis, acierten. *Pret. imperf.:* acertara, acertaras, etc., o acertase, acertases, etc. *Fut.:* acertare, acertares, etc.

IMPERATIVO: acierta, acertad.

ADQUIRIR

INDICATIVO. *Pres.:* adquiero, adquieres, adquiere, adquirimos, adquirís, adquieren. *Pret. imperf.:* adquiría, adquirías, etc. *Pret. perf. simp.:* adquirí, adquiriste, etc. *Fut.:* adquiriré, adquirirás, etc. *Condicional:* adquiriría, adquirirías, etc.

SUBJUNTIVO. *Pres.:* adquiera, adquieras, adquiera, adquiramos, adquiráis, adquieran. *Pret. imperf.:* adquiriera, adquirieras, etc., o adquiriese, adquirieses, etc. *Fut.:* adquiriere, adquirieres, etc.

IMPERATIVO: adquiere, adquirid.

PARTICIPIO: adquirido.

GERUNDIO: adquiriendo.

AGRADECER

INDICATIVO. *Pres.:* agradezco, agradeces, etc. *Pret. imperf.:* agradecía, agradecías, etc. *Pret. perf. simp.:* agradecí, agradeciste, etc. *Fut.:* agradeceré, agradecerás, etc. *Condicional:* agradecería, agradecerías, etcétera.

SUBJUNTIVO. *Pres.:* agradezca, agradezcas, agradezca, agradezcamos, agradezcáis, agradezcan. *Pret. imperf.:* agradeciera, agradecieras, etc., o agradeciese, agradecieses, etc. *Fut.:* agradeciere, agradecieres, etcétera.

IMPERATIVO: agradece, agradeced.

PARTICIPIO: agradecido.

GERUNDIO: agradeciendo.

AGUERRIR

INDICATIVO. *Pres.:* aguerrimos, aguerrís. *Pret. imperf.:* aguerría, aguerrías, etc. *Pret. perf. simp.:* aguerrí, aguerriste, aguerrimos, etc. *Fut.:* aguerriré, aguerrirás, etc. *Condicional:* aguerriría, aguerrirías, etc.

SUBJUNTIVO. *Pret. imperf.:* aguerriera, aguerrieras, etc., o aguerriese, aguerrieses, etc. *Fut.:* aguerriere, aguerrieres, etc.

IMPERATIVO: aguerrid.

PARTICIPIO: aguerrido.

GERUNDIO: aguerriendo.

ANDAR

INDICATIVO. *Pres.:* ando, andas, etc. *Pret. imperf.:* andaba, andabas. etc. *Pret. perf. simp.:* anduve, anduviste, anduvo, anduvimos, anduvisteis, anduvieron. *Fut.:* andaré, andarás, etc. *Condicional:* andaría, andarías, etc.

SUBJUNTIVO. *Pres.:* ande, andes, etc. *Pret. imperf.:* anduviera, anduvieras, etc., o anduviese, anduvieses, etcétera. *Fut.:* anduviere, anduvieres, etc.

IMPERATIVO: anda, ande, andemos, andad, anden.
PARTICIPIO: andado.
GERUNDIO: andando.

ASIR

INDICATIVO. *Pres.:* asgo, ases, etc. *Pret. imperf.:* asía, asías, etc. *Pret. perf. simp.:* así, asiste, etc. *Fut.:* asiré, asirás, etc. *Condicional:* asiría, asirías, etc. SUBJUNTIVO. *Pres.:* asga, asgas, asga, asgamos, asgáis, asgan. *Pret. imperf.:* asiera, asieras, etc., o asiese, asieses, etc. *Fut.:* asiere, asieres, etc. IMPERATIVO: ase, asga, asgamos, asid, asgan. PARTICIPIO: asido.
GERUNDIO: asiendo.

BALBUCIR

INDICATIVO. *Pres.:* balbuces, balbuce, balbucimos, balbucís, balbucen. *Pret. imperf.:* balbucía, balbucías, etcétera. *Pret. perf. simp.:* balbucí, balbuciste, etc. *Fut.:* balbuciré, balbucirás, etc. *Condicional:* balbuciría, balbucirías, etc. SUBJUNTIVO. *Pret. imperf.:* balbuciera, balbucieras, etcétera, o balbuciese, balbucieses, etc. *Fut.:* balbuciere, balbucieres, etc. IMPERATIVO: balbuce, balbucid. PARTICIPIO: balbucido.
GERUNDIO: balbuciendo.

CABER

INDICATIVO. *Pres.:* quepo, cabes, etc. *Pret. imperf.:* cabía, cabías, etc. *Pret. perf. simp.:* cupe, cupiste, cupo, cupimos, cupisteis, cupieron. *Fut.:* cabré, cabrás, etc. *Condicional:* cabría, cabrías, etc. SUBJUNTIVO. *Pres.:* quepa, quepas, etc. *Pret. imperf.:* cupiera, cupieras, etc., o cupiese, cupieses, etc. *Fut.:* cupiere, cupieres, etc. IMPERATIVO: cabe, quepa, quepamos, cabed, quepan.
PARTICIPIO: cabido.
GERUNDIO: cabiendo.

CAER

INDICATIVO. *Pres.:* caigo, caes, cae, etc. *Pret. imperf.:* caía, caías. etc. *Pret. perf. simp.:* caí, caíste, cayó, caímos, caísteis, cayeron. *Fut.:* caeré, caerás, etcétera. *Condicional:* caería, caerías, etc. SUBJUNTIVO. *Pres.:* caiga, caigas, etc. *Pret. imperf.:* cayera, cayeras, etc., o cayese, cayeses, etc. *Fut.:* cayere, cayeres, etc.

IMPERATIVO: cae, caiga, caigamos, caed, caigan.
PARTICIPIO: caído.
GERUNDIO: cayendo.

CEÑIR

INDICATIVO. *Pres.:* ciño, ciñes, ciñe, ceñimos, ceñís, ciñen. *Pret. imperf.:* ceñía, ceñías, etc. *Pret. perf. simp.:* ceñí, ceñiste, ciñó, ceñimos, ceñisteis, ciñeron. *Fut.:* ceñiré, ceñirás, etc. *Condicional:* ceñiría, ceñirías, etc. SUBJUNTIVO. *Pres.:* ciña, ciñas, etc. *Pret. imperf.:* ciñera, ciñeras, etc., o ciñese, ciñeses, etc. *Fut.:* ciñere, ciñeres, etc. IMPERATIVO: ciñe, ciña, ciñamos, ceñid, ciñan. PARTICIPIO: ceñido.
GERUNDIO: ciñendo.

CONCERNIR

INDICATIVO. *Pres.:* concierne, conciernen. *Pret. imperf.:* concernía, concernían. *Pret. perf. simp.:* concernió, concernieron. *Fut.:* concernirá, concernirán. *Condicional:* concerniría, concernirían. SUBJUNTIVO. *Pres.:* concierna, conciernan. *Pret. imperf.:* concerniera, concernieran, o concerniese, concerniesen. *Fut.:* concerniere, concernieren.
PARTICIPIO: concernido.
GERUNDIO: concerniendo.

CONDUCIR

INDICATIVO. *Pres.:* conduzco, conduces, conduce, conducimos, conducís, conducen. *Pret. imperf.:* conducía, conducías, etc. *Pret. perf. simp.:* conduje, condujiste, etc. *Fut.:* conduciré, conducirás, etc. *Condicional:* conduciría, conducirías, etc. SUBJUNTIVO. *Pres.:* conduzca, conduzcas, conduzca, conduzcamos, conduzcáis, conduzcan. *Pret. imperf.:* condujera, condujeras, etc., o condujese, condujeses, etc. *Fut.:* condujere, condujeres, etc. IMPERATIVO: conduce, conduzca, conduzcamos, conducid, conduzcan.
PARTICIPIO: conducido.
GERUNDIO: conduciendo.

CONOCER

INDICATIVO. *Pres.:* conozco, conoces, conoce, conocemos, conocéis, conocen. *Pret. imperf.:* conocía, conocías, etc. *Pret. perf. simp.:* conocí, conociste, etcétera. *Fut.:* conoceré, conocerás, etc. *Condicional:* conocería, conocerías, etc.

SUBJUNTIVO. *Pres.:* conozca, conozcas, etc. *Pret. imperf.:* conociera, conocieras, etc., o conociese, conocieses, etc. *Fut.:* conociere, conocieres, etc.
IMPERATIVO: conoce, conozca, conozcamos, conoced, conozcan.
PARTICIPIO: conocido.
GERUNDIO: conociendo.

CONTAR

INDICATIVO. *Pres.:* cuento, cuentas, cuenta, contamos, contáis, cuentan. *Pret. imperf.:* contaba, contabas, etc. *Pret. perf. simp.:* conté, contaste, etc. *Fut.:* contaré, contarás, etc. *Condicional:* contaría, contarías, etc.
SUBJUNTIVO. *Pres.:* cuente, cuentes, cuente, contemos, contéis, cuenten. *Pret. imperf.:* contara, contaras, etc., o contase, contases, etc. *Fut.:* contare, contares, etc.
IMPERATIVO: cuenta, cuente, contemos, contad, cuenten.
PARTICIPIO: contado.
GERUNDIO: contando.

DAR

INDICATIVO. *Pres.:* doy, das, da, damos, dais, dan. *Pret. imperf.:* daba, dabas, etc. *Pret. perf. simp.:* di, diste, dio, dimos, disteis, dieron. *Fut.:* daré, darás, etc. *Condicional:* daría, darías, etc.
SUBJUNTIVO. *Pres.:* dé, des, dé, demos, deis, den. *Pret. imperf.:* diera, dieras, etc., o diese, dieses, etc. *Fut.:* diere, dieres, etc.
IMPERATIVO: da, dé, demos, dad, den.
PARTICIPIO: dado.
GERUNDIO: dando.

DECIR

INDICATIVO. *Pres.:* digo, dices, dice, decimos, decís, dicen. *Pret. imperf.:* decía, decías, etc. *Pret. perf. simp.:* dije, dijiste, dijo, dijimos, etc. *Fut.:* diré, dirás, etcétera. *Condicional:* diría, dirías, etc.
SUBJUNTIVO. *Pres.:* diga, digas, etc. *Pret. imperf.:* dijera, dijeras, etc., o dijese, dijeses, etc. *Fut.:* dijere, dijeres, etc.
IMPERATIVO: di, diga, digamos, decid, digan.
PARTICIPIO: dicho.
GERUNDIO: diciendo.

DESOSAR

INDICATIVO. *Pres.:* deshueso, deshuesas, deshuesa, desosamos, desosáis, deshuesan. *Pret. imperf.:* desosaba, etc. *Pret. perf. simp.:* desosé, etc. *Fut.:* desosaré, etc. *Condicional:* desosaría, etc.
SUBJUNTIVO. *Pres.:* deshuese, deshueses, deshuese, desosemos, desoséis, deshuesen. Pret. imperf.: desosara, desosase, etc. *Fut.:* desosare, etc.
IMPERATIVO: deshuesa, deshuese, desosemos, desosad, deshuesen.
PARTICIPIO: desosado.
GERUNDIO: desosando.

DESVAÍR

INDICATIVO. *Pres.:* desvaímos, desvaís. *Pret. imperf.:* desvaía, desvaías, desvaía, desvaíamos, desvaíais, desvaían. *Pret. perf. simp.:* desvaí, desvaíste, desvayó, desvaímos, desvaísteis, desvayeron. *Fut.:* desvairé, desvairás, desvairá, desvairemos, desvairéis, desvairán. *Condicional:* desvairía, desvairíais, etcétera.
SUBJUNTIVO. *Pret. imperf.:* desvayera, desvayeras, etc., o desvayese, desvayeses, etc. *Fut.:* desvayere, desvayeres, etc.
IMPERATIVO: desvaíd.
PARTICIPIO: desvaído.
GERUNDIO: desvayendo.

DISCERNIR

INDICATIVO. *Pres.:* discierno, disciernes, discierne, discernimos, discernís, disciernen. *Pret. imperf.:* discernía, etc. *Pret. perf. simp.:* discerní, etc. *Fut.:* discerniré, etc. *Condicional:* discerniría, etc.
SUBJUNTIVO. *Pres.:* discierna, disciernas, discierna, discernamos, discernáis, disciernan. *Pret. imperf.:* discerniera, discernieras, etc., o discerniese, discernieses, etc. *Fut.:* discerniere, etc.
IMPERATIVO: discierne, discierna, discernamos, discernid, disciernan.
PARTICIPIO: discernido.
GERUNDIO: discerniendo.

DORMIR

INDICATIVO. *Pres.:* duermo, duermes, duerme, dormimos, dormís, duermen. *Pret. imperf.:* dormía, etc. *Pret. perf. simp.:* dormí, dormiste, durmió, dormimos, dormisteis, durmieron. *Fut.:* dormiré, etc. *Condicional:* dormiría, etc.
SUBJUNTIVO. *Pres.:* duerma, duermas, duerma, durmamos, durmáis, duerman. *Pret. imperf.:* durmiera, durmieras, etc., o durmiese, durmieses, etc. *Fut.:* durmiere, durmieres, etc.

IMPERATIVO: duerme, duerma, durmamos, dormid, duerman.
PARTICIPIO: dormido.
GERUNDIO: durmiendo.

EMBAÍR

INDICATIVO. *Pres.*: embaímos, embaís. *Pret. imperf.*: embaía, embaías, embaíamos, embaíais, embaían. *Pret. perf. simp.*: embaí, embaíste, embayó, embaímos, embaísteis, embayeron. *Fut.*: embairé, embairás, etc. *Condicional:* embairía, embairías, etc.
SUBJUNTIVO. *Pret. imperf.*: embayera, embayeras, etcétera, o embayese, embayeses, etc. *Fut.*: embayere, embayeres, etc.
PARTICIPIO: embaído.
GERUNDIO: embayendo.

EMOLIR

INDICATIVO. *Pres.*: emolimos, emolís. *Pret. imperf.*: emolía, emolías, etc. *Pret. perf. simp.*: emolí, emoliste, etc. *Fut.*: emoliré, emolirás, etc. *Condicional:* emoliría, emolirías, etc.
SUBJUNTIVO. *Pret. imperf.*: emoliera, emolieras, etc., o emoliese, emolieses, etc. *Fut.*: emoliere, emolieres, etcétera.
IMPERATIVO: emolid.
PARTICIPIO: emolido.
GERUNDIO: emoliendo.

EMPEDERNIR

INDICATIVO. *Pres.*: empedernimos, empedernís. *Pret. imperf.*: empedernía, empedernías, etc. *Pret. perf. simp.*: empederní, empederniste, etc. *Fut.*: empederniré, empedernirás, etc. *Condicional:* empederniría, empedernirías, etc.
SUBJUNTIVO. *Pret. imperf.*: empederniera, empedernieras, etc., o empederniese, empedernieses, etc. *Fut.*: empedernieres, etc.
IMPERATIVO: empedernid.
PARTICIPIO: empedernido.
GERUNDIO: empederniendo.

ENTENDER

INDICATIVO. *Pres.*: entiendo, entiendes, entiende, entendemos, entendéis, entienden. *Pret. imperf.*: entendía, etc. *Pret. perf. simp.*: entendí, etc. *Fut.*: entenderé, etc. *Condicional:* entendería, etc.
SUBJUNTIVO. *Pres.*: entienda, entiendas, entienda,

entendamos, entendáis, entiendan. *Pret. imperf.*: entendiera, entendieras, etc., o entendiese, entendieses, etcétera. *Fut.*: entendiere, etc.
IMPERATIVO: entiende, entienda, entendamos, entended, entiendan.
PARTICIPIO: entendido.
GERUNDIO: entendiendo.

ERGUIR

INDICATIVO. *Pres.*: irgo o yergo, irgues o yergues, irgue o yergue, erguimos, erguís, irguen o yerguen. *Pret. imperf.*: erguía, etc. *Pret. perf. simp.*: erguí, erguiste, irguió, erguimos, erguisteis, irguieron. *Fut.*: erguiré, etc. *Condicional:* erguiría, etc.
SUBJUNTIVO. *Pres.*: irga o yerga, irgas o yergas, irga o yerga, irgamos o yergamos, irgáis o yergáis, irgan o yergan. *Pret. imperf.*: irguiera o irguiese, irguieras o irguieses, irguiera o irguiese, irguiéramos o irguiésemos, irguierais o irguieseis, irguieran o irguiesen. *Fut.*: irguiere, irguieres, irguiere, irguiéramos, irguiereis, irguieren.
IMPERATIVO: irgue o yergue, irga o yerga, irgamos o yergamos, erguid, irgan o yergan..
PARTICIPIO: erguido..
GERUNDIO: irguiendo.

ESTAR

INDICATIVO. *Pres.*: estoy, estás, está, estamos, estáis, están. *Pret. imperf.*: estaba, etc. *Pret. perf. simp.*: estuve, estuviste, estuvo, estuvimos, estuvisteis, estuvieron. *Fut.*: estaré, etc. *Condicional:* estaría, etc.
SUBJUNTIVO. *Pres.*: esté, estés, esté, estemos, estéis, estén. *Pret. imperf.*: estuviera, estuvieras, etc., o estuviese, estuvieses, etc. *Fut.*: estuviere, estuvieres, estuviéremos, estuviereis, estuvieren.
IMPERATIVO: está, esté, estemos, estad, estén.
PARTICIPIO: estado.
GERUNDIO: estando.

HABER

INDICATIVO. *Pres.*: he, has, ha o hay, hemos o habemos, habéis, han. *Pret. imperf.*: había, habías, etc. *Pret. perf. simp.*: hube, hubiste, hubo, hubimos, hubisteis, hubieron. *Fut.*: habré, habrás, habrá, habremos, habréis, habrán. *Condicional:* habría, habrías, habría, habríamos, habríais, habrían.
SUBJUNTIVO. *Pres.*: haya, hayas, haya, hayamos, hayáis, hayan. *Pret. imperf.*: hubiera, hubieras, etc., o hubiese, hubieses, etc. *Fut.*: hubiere, hubieres, hubiere, hubiéremos, hubiereis, hubieren.

IMPERATIVO: he, haya, hayamos, habed, hayan.
PARTICIPIO: habido..
GERUNDIO: habiendo.

HACER

INDICATIVO. *Pres.*: hago, haces, hace, hacemos, hacéis, hacen. *Pret. imperf.*: hacía, hacías, etc. *Pret. perf. simp.*: hice, hiciste, hizo, hicimos, hicisteis, hicieron. *Fut.*: haré, harás, hará, haremos, haréis, harán. *Condicional:* haría, harías, haría, haríamos, haríais, harían.
SUBJUNTIVO. *Pres.*: haga, hagas, haga, hagamos, hagáis, hagan. *Pret. imperf.*: hiciera, hicieras, etc., o hiciese, hicieses, etc. *Fut.*: hiciere, hicieres, hiciere, hiciéremos, hiciereis, hicieren.
IMPERATIVO: haz, haga, hagamos, haced, hagan.
PARTICIPIO: hecho.
GERUNDIO: haciendo.

HUIR

INDICATIVO. *Pres.*: huyo, huyes, huye, huimos, huís, huyen. *Pret. imperf.*: huía, huías, etc. *Pret. perf. simp.*: huí, huiste, etc. *Fut.*: huiré, huirás, etc. *Condicional:* huiría, huirías, etc.
SUBJUNTIVO. *Pres.*: huya, huyas, huya, huyamos, huyáis, huyan. *Pret. imperf.*: huyera, huyeras, etc., o huyese, huyeses, etc. *Fut.*: huyere, huyeres, etc.
IMPERATIVO: huye, huya, huyamos, huid, huyan.
PARTICIPIO: huido.
GERUNDIO: huyendo.

IR

INDICATIVO. *Pres.*: voy, vas, va, vamos, vais, van. *Pret. imperf.*: iba, ibas, etc. *Pret. perf. simp.*: fui, fuiste, fue, fuimos, fuisteis, fueron. *Fut.*: iré, irás, etc. *Condicional:* iría, irías, etc.
SUBJUNTIVO. *Pres.*: vaya, vayas, etc. *Pret. imperf.*: fuera, fueras, etc., o fuese, fueses, etc. *Fut.*: fuere, fueres, etc.
IMPERATIVO: ve, vaya, vayamos, id, vayan.
PARTICIPIO: ido.
GERUNDIO: yendo.

JUGAR

INDICATIVO. *Pres.*: juego. juegas, juega, jugamos, jugáis, juegan. *Pret. imperf.*: jugaba, jugabas, etc. *Pret. perf. simp.*: jugué, jugaste, etc. *Fut.*: jugaré, jugarás, etc. *Condicional:* jugaría, jugarías, etc.

SUBJUNTIVO. *Pres.*: juegue, juegues, juegue, juguemos, juguéis, jueguen. *Pret. imperf.*: jugara, jugaras, etc., o jugase, jugases, etc. *Fut.*: jugare, jugares, etc.
IMPERATIVO: juega, juegue, juguemos, jugad, jueguen.
PARTICIPIO: jugado.
GERUNDIO: jugando.

LUCIR

INDICATIVO. *Pres.*: luzco, luces, luce, lucimos, lucís, lucen. *Pret. imperf.*: lucía, lucías, etc. *Pret. perf. simp.*: lucí, luciste, etc. *Fut.*: luciré, lucirás, etc. *Condicional:* luciría, lucirías, etc.
SUBJUNTIVO. *Pres.*: luzca, luzcas, luzca, luzcamos, luzcáis, luzcan. *Pret. imperf.*: luciera, lucieras, etc., o luciese, lucieses, etc. *Fut.*: luciere, lucieres, etc.
IMPERATIVO: luce, luzca, luzcamos, lucid, luzcan.
PARTICIPIO: lucido.
GERUNDIO: luciendo.

MOVER

INDICATIVO. *Pres.*: muevo, mueves, mueve, movemos, movéis, mueven. *Pret. imperf.*: movía, movías, etcétera. *Pret. perf. simp.*: moví, moviste, etc. *Fut.*: moveré, moverás, etc. *Condicional:* movería, moverías, etcétera.
SUBJUNTIVO. *Pres.*: mueva, muevas, mueva, movamos, mováis, muevan. *Pret. imperf.*: moviera, movieras, etc., o moviese, movieses, etc. *Fut.*: moviere, movieres, etc.
IMPERATIVO: mueve, mueva, movamos, moved, muevan.
PARTICIPIO: movido.
GERUNDIO: moviendo.

MULLIR

INDICATIVO. *Pres.*: mullo, mulles, etc. *Pret. imperf.*: mullía, mullías, etc. *Pret. perf. simp.*: mullí, mulliste, mulló, mullimos, mullisteis, mulleron. *Fut.*: mulliré, mullirás, etc. *Condicional:* mulliría, mullirías, etc.
SUBJUNTIVO. *Pres.*: mulla, mullas, etc. *Pret. imperf.*: mullera, mulleras, mullera, mulléramos, mullerais, mulleran, o mullese, mulleses, mullese, mullésemos, mulleseis, mullesen. *Fut.*: mullere, mulleres, mullere, mulléremos, mullereis, mulleren.
IMPERATIVO: mulle, mulla, mullamos, mullid, mullan.
PARTICIPIO: mullido.
GERUNDIO: mullendo.

NACER

INDICATIVO. *Pres.:* nazco, naces, etc. *Pret. imperf.:* nacía, nacías, etc. *Pret. perf. simp.:* nací, naciste, etcétera. *Fut.:* naceré, nacerás, etc. *Condicional:* nacería, nacerías, etc.
SUBJUNTIVO. *Pres.:* nazca, nazcas, nazca, nazcamos, nazcáis, nazcan. *Pret. imperf.:* naciera, nacieras, etc., o naciese, nacieses, etc. *Fut.:* naciere, nacieres, etc.
IMPERATIVO: nace, nazca, nazcamos, naced, nazcan.
PARTICIPIO: nacido.
GERUNDIO: naciendo.

OÍR

INDICATIVO. *Pres.:* oigo, oyes, oye, oímos, oís, oyen. *Pret. imperf.:* oía, oías, etc. *Pret. perf. simp.:* oí, oíste, etcétera. *Fut.:* oiré, oirás, etc. *Condicional:* oiría, oirías, etc.
SUBJUNTIVO. *Pres.:* oiga, oigas, oiga, oigamos, oigáis, oigan. *Pret. imperf.:* oyera, oyeras, etc., u oyese, oyeses, etc. *Fut.:* oyere, oyeres, etc.
IMPERATIVO: oye, oiga, oigamos, oíd, oigan.
PARTICIPIO: oído.
GERUNDIO: oyendo.

PEDIR

INDICATIVO. *Pres.:* pido, pides, pide, pedimos, pedís, piden. *Pret. imperf.:* pedía, pedías, etc. *Pret. perf. simp.:* pedí, pediste, pidió, pedimos, pedisteis, pidieron. *Fut.:* pediré, pedirás, etc. *Condicional:* pediría, pedirías, etc.
SUBJUNTIVO. *Pres.:* pida, pidas, pida, pidamos, pidáis, pidan. *Pret. imperf.:* pidiera, pidieras, etc., o pidiese, pidieses, etc. *Fut.:* pidiere, pidieres, etc.
IMPERATIVO: pide, pida, pidamos, pedid, pidan.
PARTICIPIO: pedido.
GERUNDIO: pidiendo.

PLACER

INDICATIVO. *Pres.:* plazco, places, place, placemos, placéis, placen. *Pret. imperf.:* placía, placías, etc. *Pret. perf. simp.:* plací, placiste, plació (o plugo), placimos, placisteis, placieron (o pluguieron). *Fut.:* placeré, placerás, etc. *Condicional:* placería, placerías, etc.
SUBJUNTIVO. *Pres.:* plazca, plazcas, plazca (o plegue o plega), plazcamos, etc. *Pret. imperf.:* placiera, placieras, placiera (o pluguiera), placiéramos, etc., o

placiese, placieses, placiese (o pluguiese), placiésemos, etc. *Fut.:* placiere, placieres, placiere (o pluguiere), placiéramos, etc.
IMPERATIVO: place, plazca, plazcamos, placed, plazcan.
PARTICIPIO: placido.
GERUNDIO: placiendo.

PODER

INDICATIVO. *Pres.:* puedo, puedes, puede, podemos, podéis, pueden. *Pret. imperf.:* podía, podías, etc. *Pret. perf. simp.:* pude, pudiste, etc. *Fut.:* podré, podrás, etcétera. *Condicional:* podría, podrías, etc.
SUBJUNTIVO. *Pres.:* pueda, puedas, pueda, podamos, podáis, puedan. *Pret. imperf.:* pudiera, pudieras, etc., o pudiese, pudieses, etc. *Fut.:* pudiere, pudieres, etc.
IMPERATIVO: puede, pueda, podamos, poded, puedan.
PARTICIPIO: podido.
GERUNDIO: pudiendo.

PONER

INDICATIVO. *Pres.:* pongo, pones, pone, ponemos, ponéis, ponen. *Pret. imperf.:* ponía, ponías, etc. *Pret. perf. simp.:* puse, pusiste, etc. *Fut.:* pondré, pondrás, etcétera. *Condicional:* pondría, pondrías, etc.
SUBJUNTIVO. *Pres.:* ponga, pongas, ponga, pongamos, pongáis, pongan. *Pret. imperf.:* pusiera, pusieras, etc., o pusiese, pusieses, etc. *Fut.:* pusiere, pusieres, etc.
IMPERATIVO: pon, ponga, pongamos, poned, pongan.
PARTICIPIO: puesto.
GERUNDIO: poniendo.

PUDRIR

INFINITIVO: pudrir o podrir.
INDICATIVO. *Pres.:* pudro, pudres, pudre, pudrimos, pudrís, pudren. *Pret. imperf.:* pudría, pudrías, etc. *Pret. perf. simp.:* pudrí, pudriste, etc. *Fut.:* pudriré, pudrirás, etc. *Condicional:* pudriría, pudrirías, etc.
SUBJUNTIVO. *Pres.:* pudra, pudras, pudra, pudramos, pudráis, pudran. *Pret. imperf.:* pudriera, pudrieras, etcétera, o pudriese, pudrieses, etc. *Fut.:* pudriere, pudrieres, etc.
IMPERATIVO: pudre, pudra, pudramos, pudrid, pudran.
PARTICIPIO: podrido.
GERUNDIO: pudriendo.

QUERER

INDICATIVO. *Pres.:* quiero, quieres, quiere, queremos, queréis, quieren. *Pret. imperf.:* quería, querías, etcétera. *Pret. perf. simp.:* quise, quisiste, etc. *Fut.:* querré, querrás, etc. *Condicional:* querría, querrías, etc.
SUBJUNTIVO. *Pres.:* quiera, quieras, quiera, queramos, queráis, quieran. *Pret. imperf.:* quisiera, quisieras, etc., o quisiese, quisieses, etc. *Fut.:* quisiere, quisieres, etc.
IMPERATIVO: quiere, quiera, queramos, quered, quieran.
PARTICIPIO: querido.
GERUNDIO: queriendo.

REÍR

INDICATIVO. *Pres.:* río, ríes, ríe, reímos, reís, ríen. *Pret. imperf.:* reía, reías, etc. *Pret. perf. simp.:* reí, reíste, rió, reímos, reísteis, rieron. *Fut.:* reiré, reirás, etcétera. *Condicional:* reiría, reirías, etc.
SUBJUNTIVO. *Pres.:* ría, rías, ría, riamos, riáis, rían. *Pret. imperf.:* riera, rieras, etc., o riese, rieses, etc. *Fut.:* riere, rieres, etc.
IMPERATIVO: ríe, ría, riamos, reíd, rían.
PARTICIPIO: reído.
GERUNDIO: riendo.

ROER

INDICATIVO. *Pres.:* roo (o roigo o royo), roes, etc. *Pret. imperf.:* roía, roías, etc. *Pret. perf. simp.:* roí, roíste, royó, roímos, roísteis, royeron. *Fut.:* roeré, roerás, etc. *Condicional:* roería, roerías, etc.
SUBJUNTIVO. *Pres.:* roa, roas, etc. (o roiga, roigas, etcétera, o roya, royas, etc.). *Pret. imperf.:* royera, royeras, etc., o royese, royeses, etc. *Fut.:* royere, royeres, etc.
IMPERATIVO: roe, roa (o roiga o roya), roamos (o roigamos o royamos), roed, roan (o roigan o royan).
PARTICIPIO: roído.
GERUNDIO: royendo.

SABER

INDICATIVO. *Pres.:* sé, sabes, sabe, sabemos, sabéis, saben. *Pret. imperf.:* sabía, sabías, etc. *Pret. perf. simp.:* supe, supiste, supo, supimos, supisteis, supieron. *Fut.:* sabré, sabrás, etc. *Condicional:* sabría, sabrías, etc.
SUBJUNTIVO. *Pres.:* sepa, sepas, etc. *Pret. imperf.:*

supiera, supieras, etc., o supiese, supieses, etc. *Fut.:* supiere, supieres, etc.
IMPERATIVO: sabe, sepa, sepamos, sabed, sepan.
PARTICIPIO: sabido.
GERUNDIO: sabiendo.

SALIR

INDICATIVO. *Pres.:* salgo, sales, sale, salimos, salís, salen. *Pret. imperf.:* salía, salías, etc. *Pret. perf. simp.:* salí, saliste, etc. *Fut.:* saldré, saldrás, etc. *Condicional:* saldría, saldrías, etc.
SUBJUNTIVO. *Pres.:* salga, salgas, salga, salgamos, salgáis, salgan. *Pret. imperf.:* saliera, salieras, etc., o saliese, salieses, etc. *Fut.:* saliere, salieres, etc.
IMPERATIVO: sal, salga, salgamos, saliu, salgan.
PARTICIPIO: salido.
GERUNDIO: saliendo.

SENTIR

INDICATIVO. *Pres.:* siento, sientes, siente, sentimos, sentís, sienten. *Pret. imperf.:* sentía, sentías, etc. *Pret. perf. simp.:* sentí, sentiste, sintió, sentimos, sentisteis, sintieron. *Fut.:* sentiré, sentirás, etc. *Condicional:* sentiría, sentirías, etc.
SUBJUNTIVO. *Pres.:* sienta, sientas, sienta, sintamos, sintáis, sientan. *Pret. imperf.:* sintiera, sintieras, etc., o sintiese, sintieses, etc. *Fut.:* sintiere, sintieres, etc.
IMPERATIVO: siente, sienta, sintamos, sentid, sientan.
PARTICIPIO: sentido.
GERUNDIO: sintiendo.

SER

INDICATIVO. *Pres.:* soy, eres, es, somos, sois, son. *Pret. imperf.:* era, eras, era, éramos, erais, eran. *Pret. perf. simp.:* fui, fuiste, fue, fuimos, fuisteis, fueron. *Fut.:* seré, serás, etc. *Condicional:* sería, serías, etc.
SUBJUNTIVO. *Pres.:* sea, seas, sea, seamos, seáis, sean. *Pret. imperf.:* fuera, fueras, fuera, fuéramos, fuerais, fueran; o fuese, fueses, fuese, fuésemos, fueseis, fuesen. *Fut.:* fuere, fueres, etc.
IMPERATIVO: sé, sea, seamos, sed, sean.
PARTICIPIO: sido.
GERUNDIO: siendo.

TAÑER

INDICATIVO. *Pres.:* taño, tañes, etc. *Pret. imperf.:* tañía, tañías, etc. *Pret. perf. simp.:* tañí, tañiste, tañó, tañimos, tañisteis, tañeron. *Fut.:* tañiré, tañirás, etc. *Condicional:* tañería, tañerías, etc.

SUBJUNTIVO. *Pres.:* taña, tañas, etc. *Pret. imperf.:* tañera, tañeras, etc., o tañese, tañeses, etc. *Fut.:* tañere, tañeres, etc.
IMPERATIVO: tañe, taña, tañamos, tañed, tañan.
PARTICIPIO: tañido.
GERUNDIO: tañendo.

TENER

INDICATIVO. *Pres.:* tengo, tienes, tiene, tenemos, tenéis, tienen. *Pret. imperf.:* tenía, tenías, etc. *Pret. perf. simp.:* tuve, tuviste, tuvo, tuvimos, tuvisteis, tuvieron. *Fut.:* tendré, tendrás, etc. *Condicional:* tendría, tendrías, etc.
SUBJUNTIVO. *Pres.:* tenga, tengas, etc. *Pret. imperf.:* tuviera, tuvieras, etc., o tuviese, tuvieses, etc. *Fut.:* tuviere, tuvieres, etc.
IMPERATIVO: ten, tenga, tengamos, tened, tengan.
PARTICIPIO: tenido.
GERUNDIO: teniendo.

TRAER

INDICATIVO. *Pres.:* traigo, traes, trae, traemos, traéis, traen. *Pret. imperf.:* traía, traías, etc. *Pret. perf. simp.:* traje, trajiste, trajo, trajimos, trajisteis, trajeron. *Fut.:* traeré, traerás, etc. *Condicional:* traería, traerías, etc.
SUBJUNTIVO. *Pres.:* traiga, traigas, traiga, traigamos, traigáis, traigan. *Pret. imperf.:* trajera, trajeras, etc., o trajese, trajeses, etc. *Fut.:* trajere, trajeres, etc.
IMPERATIVO: trae, traiga, traigamos, traed, traigan.
PARTICIPIO: traído.
GERUNDIO: trayendo.

TRANSGREDIR

INDICATIVO. *Pres.:* transgredimos, transgredís. *Pret. imperf.:* transgredía, transgredías, etc. *Pret. perf. simp.:* transgredí, transgrediste, etc. *Fut.:* transgrediré, transgredirás, etc. *Condicional:* transgrediría, transgredirías, etc.
SUBJUNTIVO. *Pret. imperf.:* transgrediera, transgredieras, etc., o transgrediese, transgredieses, etc. *Fut.:* transgrediere, transgredieres, etc.
IMPERATIVO: transgredid.
PARTICIPIO: transgredido.
GERUNDIO: transgrediendo.

VALER

INDICATIVO. *Pres.:* valgo, vales, vale, valemos, valéis, valen. *Pret. imperf.:* valía, valías, etc. *Pret. perf. simp.:* valí, valiste, etc. *Fut.:* valdré, valdrás, etc. *Condicional:* valdría, valdrías, etc.
SUBJUNTIVO. *Pres.:* valga, valgas, etc. *Pret. imperf.:* valiera, valieras, etc., o valiese, valieses, etc. *Fut.:* valiere, valieres, etc.
IMPERATIVO: val o vale, valga, valgamos, valed, valgan.
PARTICIPIO: valido.
GERUNDIO: valiendo.

VENIR

INDICATIVO. *Pres.:* vengo, vienes, viene, venimos, venís, vienen. *Pret. imperf.:* venía, venías, etc. *Pret. perf. simp.:* vine, viniste, vino, vinimos, vinisteis, vinieron. *Fut.:* vendré, vendrás, etc. *Condicional:* vendría, vendrías, etc.
SUBJUNTIVO. *Pres.:* venga, vengas, etc. *Pret. imperf.:* viniera, vinieras, etc., o viniese, vinieses, etc. *Fut.:* viniere, vinieres, etc.
IMPERATIVO: ven, venga, vengamos, venid, vengan.
PARTICIPIO: venido.
GERUNDIO: viniendo.

VER

INDICATIVO. *Pres.:* veo, ves, ve, vemos, veis, ven. *Pret. imperf.:* veía, veías, etc. *Pret. perf. simp.:* vi, viste, etc. *Fut.:* veré, verás, etc. *Condicional:* vería, verías, etc.
SUBJUNTIVO. *Pres.:* vea, veas, vea, veamos, veáis, vean. *Pret. imperf.:* viera, vieras, etc., o viese, vieses, etcétera. *Fut.:* viere, vieres, etc.
IMPERATIVO: ve, vea, veamos, ved, vean.
PARTICIPIO: visto.
GERUNDIO: viendo.

YACER

INDICATIVO. *Pres.:* yazco (o yazgo o yago), yaces, yace, yacemos, yacéis, yacen. *Pret. imperf.:* yacía, yacías, etc. *Pret. perf. simp.:* yací, yaciste, etc. *Fut.:* yaceré, yacerás, etc. *Condicional:* yacería, yacerías, etcétera.
SUBJUNTIVO. *Pres.:* yazca, yazcas, etc. (o yazga, yazgas, etc., o yaga, yagas, etc.). *Pret. imperf.:* yaciera, yacieras, etc., o yaciese, yacieses, etc. *Fut.:* yaciere, yacieres, etc.
IMPERATIVO: yace o yaz, yazca (o yazga o yaga), yazcamos (o yazgamos o yagamos), yaced, yazcan (o yazgan o yagan).
PARTICIPIO: yacido.
GERUNDIO: yaciendo.

Apéndice complementario

DIVISIÓN TERRITORIAL DE EUROPA

Estados y Dependencias	Superficie km.²	Población Habitantes	Capitales y su población
Albania	28.748	2.841.300	Tirana (206.100 h.).
Alemania	357.445	79.058.100	Berlín (3.130.900).
Andorra	453	46.976	Andorra la Vella (15.639).
Austria	83.857	7.575.732	Viena (1.479.841).
Bélgica	30.518	9.864.751	Bruselas (973.499).
Bielorrusia	207.600	10.008.000	Minsk (1.583.000).
Bulgaria	110.913	8.968.196	Sofía (1.199.405).
Ciudad del Vaticano	0,44	731	—
Croacia	56.538	4.672.000	Zagreb (763.293).
Checoslovaquia	127.900	15.587.068	Praga (1.206.098).
Dinamarca	43.092	5.124.794	Copenhague (1.351.999).
Eslovenia	20.251	1.937.000	Ljubljana (303.460).
España (1)	505.009.4	37.746.457	Madrid (3.188.297).
Estonia	45.100	1.571.000	Tallin (484.000).
Finlandia	338.145	4.925.644	Helsinki (965.233).
Francia	543.965	55.510.200	París (8.706.963).
Grecia (2)	131.957	9.740.417	Atenas (3.027.331).
Hungría	93.033	10.604.000	Budapest (2.104.000).
Irlanda	70.283	3.537.195	Dublín (915.115).
Islandia	102.829	244.009	Reykiavik (91.394).
Italia	301.277	57.504.745	Roma (2.815.457).
Letonia	64.500	2.673.000	Riga (913.000).
Liechtenstein	160	27.714	Vaduz (4.891).
Lituania	65.200	3.682.000	Vilna (579.000).
Luxemburgo	2.585,4	364.606	Luxemburgo (78.924).
Malta	315,6	343.334	La Valetta (9.263).
Moldavia	33.700	4.224.000	Kishinev (684.000).
Mónaco	1,95	27.063	Mónaco (1.649).
Noruega	323.878	4.198.637	Oslo (450.808).
Países Bajos	41.785	14.595.125	Amsterdam (1.015.916).
Polonia	312.683	37.764.300	Varsovia (1.671.400).
Portugal (3)	91.191	10.000.000	Lisboa (827.800).
Reino Unido	244.100	56.763.300	Londres (6.775.200).
Rumania	237.500	22.940.430	Bucarest (2.197.702).
Rusia (Federación de) (parte europea)	4.424.100	128.555.000	Moscú (8.675.000).
San Marino	60,57	19.149	San Marino (4.179).
Suecia	449.964	8.414.083	Estocolmo (1.461.618).
Suiza	41.293	6.619.100	Berna (137.606).
Turquía (parte europea)	23.764	5.101.901	Ankara (2.251.533).
Ucrania	603.700	50.994.000	Kiev (2.577.000).
Yugoslavia	179.015	16.802.000	Belgrado (1.470.073).
Dependencias			
Islas del Canal (R.U.)	195	135.694	Saint Polar Port (16.303).
Islas Feroe (Dinamarca)	1.398,85	46.312	Thorshavn (13.597).
Gibraltar (R.U.)	6	29.942	—
Islas de Man (R.U.)	588	64.282	Douglas (20.368).
Svalbard (Noruega)	62.700	3.942	—
Total Europa	10.403.298.21	701.794.229	

(1) Excluidas las islas Canarias, Ceuta y Melilla, por formar parte de África (7.532.4 km.² y 2.573.939 h.).
(2) Incluidas las islas del Egeo (9.122 km.² y 428.533 h.).
(3) Incluido el archipiélago de Azores (2.247 km.² y 254.200 h.) y excluido el archipiélago de Madeira por formar parte de África (794 km.² y 271.400 h.).

DIVISIÓN TERRITORIAL DE ASIA

Estados y Dependencias	Superficie — km.²	Población — Habitantes	Capitales y su población
Afganistán	649.969	13.748.000	Kabul (1.036.407 h.).
Arabia Saudí	2 153.168	7.282.000	Riyadh (666.840).
Armenia	29.800	3.459.000	Yerevan (1.186.000).
Azerbaiyán	86.600	6.921.000	Bakú (1.116.000).
Bahrein	678	350.798	Manama (121.986).
Bangla Desh	143.998	87.119.965	Dhaka (4.470.000).
Bhutan	47.000	1.034.774	Thimbu (20.000).
Brunei	5.765	215.943	Bandar Seri Begawan (55.070).
Camboya	181.035	6.689.000	Phnom Penh (400.000).
Corea, Rep. de	99.143	40.466.577	Seúl (9.645.932).
Corea, Rep. Popular	120.538	14.568.000	Pyongyang (1.843.000).
China	9.536.499	1.057.210.000	Pekín (9.451.800).
Chipre	9.251	631.778	Nicosia (180.000).
Filipinas	300.000	43.098.460	Manila (1.728.000).
Georgia	69.700	5.297.000	Tiflis (1.211.000).
India	3.287.782	685.184.692	Nueva Delhi (273.036).
Indonesia	1.919.443	164.046.988	Yakarta (7.348.000).
Irak	435.052	16.278.316	Bagdad (3.844.608).
Irán	1.648.196	49.764.874	Teherán (6.022.000).
Israel	20.700	4.331.300	Jerusalén (468.900).
Japón	372.839	122.264.000	Tokio (11.670.571).
Jordania	97.740	3.656.000	Amman (972.000).
Kazajstán	2.717.300	16.028.000	Alma-Ata (1.134.000).
Kirguizistán	198.500	4.051.000	Bishkek (646.000).
Kuwait	17.818	1.697.301	Al-Kuwait (167.768).
Laos	236.800	3.584.803	Vientiane (377.409).
Líbano	10.400	2.126.325	Beirut (938.940).
Malaysia	329.747	15.452.582	Kuala Lumpur (937.875).
Maldivas	298	181.453	Male (54.908).
Mongolia	1.566.500	1.820.400	Ulan-Bator (470.500).
Myanmar (Birmania)	678.033	35.313.905	Rangún (2.459.000).
Nepal	147.181	15.022.839	Katmandú (393.494).
Omán	212.457	1.334.000	Mascate (50.000).
Pakistán	796.095	89.729.000	Islamabad (204.364).
Qatar	11.437	369.079	Doha (190.000).
Rusia (Federación de) (parte asiática)	12.651.300	17.895.000	Moscú (8.675.000).
Singapur	621,7	2.586.200	Singapur (2.074.507).
Siria	185.180	10.969.000	Damasco (1.292.000).
Sri Lanka	65.610	16.361.000	Colombo (664.000).
Tailandia	513.115	51.795.651	Bangkok (5.468.915).
Taiwán	36.000	19.672.000	Taipei (2.609.000).
Tayikistán	143.100	4.648.000	Dushanbe (596.000).
Turkmenistán	488.100	3.270.000	Asjabad (366.000).
Turquía (asiática)	755.688	46.318.859	Ankara (2.251.533).
Unión de Emiratos Árabes	83.600	1.622.393	Abu Dhabi (242.975).
Uzbekistán	447.400	18.487.000	Tashkent (2.210.000).
Vietnam	329.f566	52.739.700	Hanoi (2.878.000).
Yemen (1)	482.683	11.382.173	Adén (365.000).
Yemen	195.000	9.274.173	San'a (427.185).
Yemen R.P.D.	287.683	2.108.000	Adén (365.000).
Dependencias			
Hong-Kong (R.U.)	1.070	5.395.997	Victoria (501.680).
Macao (Portugal)	16,9	261.806	Santo Nombre de Dios de Macao (223.581).
Gaza (Israel)	378	356.621	Gaza (118.272).
Cisjordania (Israel)	5.878	836.000	—
Cocos (Australia)	14,2	621	—
Christmas (Australia)	135	2.278	Flying Fish Cove.
Sinaí (Egipto)	59.202	200.493	—
Total Asia	44.326.917,8	2.789.919.517	

(1) Yemen y Yemen R. D. se unificaron en mayo de 1990.

DIVISIÓN TERRITORIAL DE ÁFRICA

Estados y Dependencias	Superficie — km.²	Población — Habitantes	Capitales y su población
Angola	1.246.700	9.105.206	Luanda (1.136.000).
Argelia	2.381.741	22.971.558	Argel (1.687.579).
Benín	112.622	3.937.000	Porto-Novo (164.000).
Botswana	600.372	1.127.888	Gaborone (95.163).
Burkina Faso	274.200	7.976.019	Ouagadougou (442.223).
Burundi	27.834	4.782.000	Bujumbura (272.600).
Cabo Verde	4.033	295.703	Praia (49.600).
Camerún	475.442	7.131.833	Yaoundé (583.500).
Centroafricana (Rep.)	622.436	2.607.600	Bangui (473.817).
Comores	1.862	356.000	Moroni (20.112).
Congo	342.000	1.912.402	Brazzaville (595.102).
Costa de Marfil	322.463	6.897.301	Yamoussoukro (80.000).
Chad	1.284.000	4.944.000	N'Djamena (512.000).
Egipto	942.247 (1)	48.004.556 (1)	El Cairo (13.000.000).
Etiopía	1.251.282	42.184.952	Addis-Abeba (1.412.577).
Gabón	267.667	1.202.063	Libreville (257.000).
Gambia	11.295	695.886	Banjul (44.536).
Ghana	238.538	12.205.574	Acra (1.420.066).
Guinea	245.857	5.781.014	Konakry (656.000).
Guinea Bissau	36.125	767.739	Bissau (105.273).
Guinea Ecuatorial	28.051	300.000	Malabo (30.710).
Kenya	582.646	19.536.000	Nairobi (1.103.554).
Lesotho	30.355	1.577.536	Maseru (109.400).
Liberia	111.369	2.061.600	Monrovia (465.000).
Libia	1.775.500	2.249.247	Tripoli (858.000).
Madagascar	587.041	9.600.000	Antananarivo (1.050.000).
Malawi	118.484	7.982.607	Lilongwe (220.300).
Mali	1.240.142	7.620.000	Bamako (646.160).
Marruecos	458.730	21.885.000	Rabat (556.000).
Mauricio	1.885	998.471	Port Louis (138.272).
Mauritania	1.030.700	1.561.000	Nouakchott (350.000).
Mozambique	799.380	14.362.000	Maputo (1.007.000).
Namibia	824.292	1.009.900	Windhoek (110.000).
Niger	1.267.000	6.006.000	Niamey (540.000).
Nigeria	923.768	93.838.000	Abuja
Ruanda	26.338	5.662.000	Kigali (181.600).
Santo Tomé y Príncipe	964	96.611	Santo Tomé (34.997).
Senegal	196.722	6.566.800	Dakar (1.210.803).
Seychelles	453	66.373	Victoria (23.334).
Sierra Leona	71.740	3.751.530	Freetown (469.776).
Somalia	637.657	5.074.000	Mogadiscio (500.000).
Sudafricana (Rep.)	1.123.226	29.025.000 (2)	Pretoria (528.407)
Sudán	2.505.813	20.564.364	Jartum (557.000).
Swazilandia	17.364	676.089	Mbabane (29.875).
Tanzania	939.470	23.059.235	Dodoma (141.000).
Togo	56.785	2.970.000	Lomé (400.000).
Tunicia	163.610	6.966.173	Túnez (596.654).
Uganda	236.860	12.630.076	Kampala (458.423).
Yibuti	23.200	405.000	Yibuti (200.000).
Zaire	2.344.885	29.671.407	Kinshasa (2.778.281).
Zambia	752.614	6.725.400	Lusaka (819.000).
Zimbabwe	390.759	7.546.071	Harare (681.000).
Dependencias			
Ascensión (R. U.)	88	1.007	Georgetown.
Santa Elena (R. U.)	122	5.599	Jamestown (1.862).
Tristán de Cunha (R. U.)	104	313	
Canarias (España)	7.500	1.444.626	Las Palmas/Sta. Cruz.
Ceuta (España)	190	70.864	Ceuta.
Melilla (España)	13,4	58.449	Melilla.
Mayotte (Francia)	374	67.167	Dzaoudzi (5.865).
Reunión (Francia)	2.510	515.798	Saint-Denis (109.588).
Madeira (Portugal)	794	271.400	Funchal (48.638).
Socotora (Yemen)	3.626	15.000	Hadibu (1.560).
Sahara Oc. (Marruecos)	201.240	163.868	
Total África	32.295.783,4	540.902.769	

(1) Excluidos 59.202 Km² y 200.493 h. del Sinaí, en Asia. (2) Incluidos los h. de los estados independientes de Bophuthatswana, Ciskei, Transkei y Venda.

DIVISIÓN TERRITORIAL DE AMÉRICA

Estados y Dependencias	Superficie km.²	Población Habitantes	Capitales y su población
Antigua y Barbuda	442	82.400	Saint John's (30.000 h.).
Argentina	2.780.092	31.030.000	Buenos Aires (2.924.000).
Bahamas	13.864	245.000	Nassau (135.437).
Barbados	431	254.000	Bridgetown (7.600).
Belice	22.965	166.400	Belmopan (4.500).
Bolivia	1.098.581	6.611.000	Sucre (89.000).
Brasil	8.511.965	141.302.000	Brasilia (1.576.657).
Canadá	9.970.610	25.354.064	Ottawa (819.300).
Colombia	1.141.748	26.526.000	Bogotá (4.208.000).
Costa Rica	51.100	2.416.809	San José (241.464).
Cuba	110.922	10.245.913	La Habana (2.036.799).
Chile	756.626	12.431.211	Santiago (4.913.062).
Dominica	751	87.700	Roseau (8.346).
Dominicana, República	48.442	6.858.400	Santo Domingo (1.410.000).
Ecuador	283.561	9.577.261	Quito (1.572.615).
El Salvador	21.041	5.235.700	San Salvador (459.902).
Estados Unidos	9.372.614	241.078.000	Washington (3.489.500).
Granada	344	104.000	Saint George's (7.500).
Guatemala	108.889	8.195.100	Guatemala (1.300.000).
Guyana	214.970	758.619	Georgetown (195.000).
Haití	27.400	5.531.802	Port-au-Prince (763.188).
Honduras	112.088	4.372.000	Tegucigalpa (597.500).
Jamaica	10.991	2.343.700	Kingston (524.638).
México	1.972.547	79.315.000	México (15.665.000).
Nicaragua	120.349	3.384.400	Managua (682.100).
Panamá	77.082	2.274.400	Panamá (439.996).
Paraguay	406.752	3.279.000	Asunción (794.166).
Perú	1.285.215	20.727.100	Lima (5.330.800).
Saint Kitts y Nevis	269,4	43.308	Basseterre (18.500).
San Vicente y Granadinas	389	112.000	Kingstown (28.319).
Santa Lucía	616	143.000	Castries (52.868).
Surinam	163.820	354.860	Paramaribo (67.905).
Trinidad y Tobago	5.085	1.081.100	Port of Spain (57.400).
Uruguay	175.016	2.930.564	Montevideo (1.247.920).
Venezuela	912.050	18.273.400	Caracas (3.184.958).
Dependencias			
Anguila (R. U.).	96	7.019	The Valley.
Bermudas (R. U.)	53,5	57.800	Hamilton (1.676).
Caimanes (R. U.)	259	22.900	George Town (8.900).
Malvinas, islas (R. U.)	12.173	1.916	Stanley (1.231).
Monserrat (R. U.)	98	12.073	Plymouth (3.500).
Turcas y Caicos (R. U.)	430	7.436	Cockburn Town (2.330).
Vírgenes, islas (R. U.)	153	11.152	Road Town (3.980).
Groenlandia (Dinamarca)	2.175.600	54.000	Godthab (11.649).
Puerto Rico (E.E. U.U.)	9.130	3.300.000	San Juan (820.442).
Vírgenes, islas (E.E. U.U.)	344	112.000	Charlotte Amalie (11.843).
Guadalupe y dependencias (Francia)	1.704,9	328.400	Basse-Terre (13.656).
Guayana Francesa (Francia)	88.919	88.800	Cayena (38.091).
Martinica (Francia)	1.102	329.000	Fort-de-France (141.369).
Saint Pierre y Miquelon (Francia)	242	6.300	Saint Pierre (5.415).
Antillas Holandesas (P. B.)	800	195.348	Willemstad (100.000).
Aruba (P. B.)	193	62.000	Oranjestad (20.000).
Total América (1)	42.070.897,8	677.294.255	

(1) Excluidos los sectores antárticos y las islas Hawai, por formar parte de Oceanía.

DIVISIÓN TERRITORIAL DE OCEANÍA

Estados y Dependencias	Superficie km.²	Población Habitantes	Capitales y su población
Australia	7.682.300	16.090.000	Canberra (285.800 h.)
Fiji	18.272	726.000	Suva (70.000).
Kiribati	849	63.883	Bairiki (2.086).
Nauru	21,2	8.100	—
Nueva Zelanda	267.515	3.307.089	Wellington (325.698).
Papua Nueva Guinea	462.840	3.419.000	Port Moresby (145.500).
Salomón	27.556	291.800	Honiara (30.499).
Samoa Occidental	2.831	161.300	Apia (33.170).
Tonga	718	94.535	Nuku'alofa (27.700).
Tuvalu	23,96	8.229	Vaiaku.
Vanuatu	12.189	144.880	Port Vila (15.100).
Dependencias			
Macquarie (Australia)	176	—	—
Norfolk (Australia)	36,26	2.367	Kingston.
Pitcairn y dependencias (R. U.)	37,5	65	—
Pascua, isla de (Chile)	162,5	1.936	Hanga Roa.
Sala y Gómez (Chile)	0,12	—	—
Estados federales de Micronesia	707	90.407	Kolonia.
Guam (EE. UU.)	541	124.000	Agaña (4.800).
Hawai (EE. UU.	16.615	965.000	Honolulu (762.565).
Marianas (EE. UU.)	477	21.065	Garapán.
Marshall (EE. UU.)	181	39.060	Uliga.
Midway (EE. UU.)	5,2	2.256	—
Palaos (EE. UU.)	487	13.772	Koror (7.600).
Samoa Estadounidense (EE. UU.)	199	34.500	Pago-Pago (3.075).
Wake, Howland, Baker, Jarvis, Johnston, Kingman Reef y Palmyra (EE. UU.)	23,14	629	—
Nueva Caledonia y dependencias (Francia)	19.058	152.000	Nouméa (60.112).
Polinesia francesa y Clipperton (Francia)	4.007,2	166.753	Papeete (23.496).
Wallis y Futuna (Francia)	255	12.408	Mata Utu (815).
Irian Occidental (Indonesia)	421.981	1.363.500	Yajapura (150.000).
Cook y dependencias (Nueva Zelanda)	240,1	17.185	Avarua.
Niue (Nueva Zelanda)	259	2.530	Alofi.
Tokelau o Islas de la Unión (Nueva Zelanda)	10,11	1.690	—
Totales Oceanía	8.940.573,29	27.325.933	

DESIERTOS MÁS IMPORTANTES DEL MUNDO

Nombres	Situación	Extensión Km.²
Sahara	África	7.770.000
Libia	África	1.683.000
Australiano	Australia	1.550.000
De Arabia	Arabia Saudí-Irak-Siria	1.300.000
Gobi	Mongolia-China	1.036.000
Kalahari	África	519.000
Gran Desierto de Arena	Australia	414.000
Siria	Siria	327.750
Victoria	Australia	324.000
Takla Makan	China	310.000
Arábigo	Egipto	300.000
Nubia	Sudán	299.000
Kara Kum	Turkmenistán	260.000
Thar	India-Pakistán	258.000
Kizil Kum	Uzbekistán-Kazajstán	225.000
Atacama	Chile	181.300
Colorado	EE. UU.	78.000
Lut	Irán	51.800
Kavir	Irán	46.620
Vizcaíno	México	15.540
Sechura	Perú	12.100
Valle de la Muerte	EE. UU.	8.200

LAGOS MÁS IMPORTANTES DEL MUNDO

Lagos	Países	Extensión Km.²
Caspio (Mar)	Kazajstán-Federación de Rusia-Azerbaiyán-Turkmenistán-Irán	371.000
Superior	Canadá-EE. UU.	84.131
Victoria	Uganda-Kenya-Tanzania	68.100
Aral (Mar de)	Kazajstán-Uzbekistán	65.500
Hurón	Canadá-EE. UU.	61.797
Michigán	EE. UU.	58.014
Tanganyika	Tanzania-Zaire-Burundi-Zambia	32.893
Oso Grande	Canadá	31.792
Baikal	Federación de Rusia	31.500
Malawi	Malawi-Tanzania-Mozambique	30.800
Gran Esclavo	Canadá	28.438
Erie	Canadá-EE. UU.	25.612
Winnipeg	Canadá	24.514
Chad	Chad-Niger-Nigeria-Camerún	20.000
Ontario	Canadá-EE. UU.	18.941
Ladoga	Federación de Rusia	18.400
Baljash	Kazajstán	18.000
Maracaibo	Venezuela	16.360
Eyre	Australia	10.000
Onega	Federación de Rusia	9.752
Rodolfo	Kenya-Etiopía	8.600
Volta	Ghana	8.482
Titicaca	Perú-Bolivia	8.288
Atabasca	Canadá	8.080
Nicaragua	Nicaragua	8.029
Gairdner	Australia	7.700
Reindeer	Canadá	6.390
Issyk-Kul	Kirguizistán	6.280
Urmia	Irán	5.800
Torrens	Australia	5.776
Vänern	Suecia	5.565
Winnipegosis	Canadá	5.447
Alberto	Uganda-Zaire	5.400
Kariba	Zambia-Zimbabwe	5.300
Poyang	República Popular China	5.160

OCÉANOS Y SUS MARES PRINCIPALES

Nombres	Superficie —— Km.²	Profundidad máxima —— Metros
Océano Pacífico	180.000.000	11.034
Mar del Coral	4.791.000	9.165
Mar de la China Meridional	3.447.000	5.560
Mar de Bering	2.270.000	4.191
Mar de Ojotsk	1.580.000	3.372
Mar del Japón	978.000	4.230
Mar de la China Oriental	752.000	2.720
Mar de Java	480.000	68
Mar Amarillo	417.000	105
Océano Atlántico	106.700.000	9.212
Mar Mediterráneo	3.081.880	4.000
Mar Caribe o de las Antillas	2.754.000	7.680
Mar del Norte	580.000	237
Mar Báltico	420.000	463
Mar Negro	413.000	2.243
Mar de Azov	38.000	14
Mar de Mármara	11.000	1.261
Océano Índico	76.000.000	7.450
Mar de Arabia	3.683.000	5.800
Golfo de Bengala	700.000	4.175
Mar de Timor	615.000	3.310
Mar Rojo	440.000	2.600
Océano Glacial Ártico	14.060.000	5.449
Mar de Barents	2.400.000	450
Mar de Siberia Oriental	936.000	155
Mar de Kara	883.000	620
Mar Blanco	90.000	330
Océano Glacial Antártico	Indeterminada	5.000
Mar de Weddell	8.000.000	4.825
Mar de Ross	410.000	1.000

PRINCIPALES RÍOS DEL MUNDO

Nombres	Continentes	Longitud Kms.
Nilo	África	6.671
Amazonas-Uyacali	América	6.280
Yangtse (Río Azul)	Asia	5.800
Obi-Irtish	Asia	5.410
Hoang (Río Amarillo)	Asia	4.845
Paraná	América	4.700
Mekong	Asia	4.500
Amur	Asia	4.416
Lena	Asia	4.400
Mackenzie	América	4.241
Congo	África	4.200
Niger	África	4.160
Yenisei	Asia	4.092
Misisipi	América	3.778
Misuri	América	3.726
Volga	Europa	3.531
Murray-Darling	Oceania	3.490
Indo	Asia	3.180
San Lorenzo	América	3.058
Bravo	América	3.034
São Francisco	América	2.900
Yukón	América	2.897
Danubio	Europa	2.860
Syr Daria	Asia	2.850
Éufrates	Asia	2.760
Ganges	Asia	2.700
Zambeze	África	2.660
Amu-Daria	Asia	2.600
Ural	Europa	2.428
Colorado	América	2.334
Dniéper	Europa	2.201
Orinoco	América	2.063
Irawadi	Asia	2.011
Don	Europa	1.870
Pechora	Europa	1.809
Senegal	África	1.700
Limpopo	África	1.680
Magdalena	América	1.550
Dniéster	Europa	1.352
Rin	Europa	1.326
Dvina Septentrional	Europa	1.302
Elba	Europa	1.165
Vístula	Europa	1.047
Dvina Occidental	Europa	1.020
Loira	Europa	1.020
Tajo	Europa	1.007

PRINCIPALES ISLAS DEL MUNDO

Nombres	Océano o mar en que están	Superficie — Km.²
Groenlandia	Ártico	2.175.600
Nueva Guinea	Pacífico	784.000
Borneo	Pacífico	736.000
Madagascar	Índico	587.041
Baffin (Tierra de)	Ártico	560.000
Sumatra	Índico	420.000
Honshu u Hondo	Pacífico	230.897
Gran Bretaña	Atlántico	229.903
Ellesmere	Ártico	212.687
Victoria	Ártico	212.198
Célebes	Pacífico	189.035
Nueva Zelanda (Isla del Sur)	Pacífico	150.461
Java	Índico	125.900
Nueva Zelanda (Isla del Norte)	Pacífico	114.728
Terranova	Atlántico	112.298
Luzón	Pacífico	108.172
Islandia	Atlántico	102.829
Mindanao	Pacífico	99.311
Irlanda	Atlántico	84.420
Hokkaido	Pacífico	78.515
Sajalín	Ojotsk	76.400
Santo Domingo	Antillas	76.192
Tierra del Fuego (Isla Grande)	Atlántico-Pacífico	73.000
Tasmania	Pacífico	67.800
Sri Lanka	Índico	65.610
Nueva Zembla (Isla del Norte)	Ártico	48.904
Kiu-shiu	Pacífico	42.083
Vancouver	Pacífico	42.000
Spitsbergen	Ártico	39.435
Nueva Bretaña	Pacífico	36.519
Taiwan	Pacífico	35.966
Timor	Índico	33.735
Hainan	China Meridional	33.540
Nueva Zembla (Isla del Sur)	Ártico	33.275
Sicilia	Mediterráneo	25.708
Cerdeña	Mediterráneo	24.090
Samar	Pacífico	13.080
Negros	Pacífico	12.704
Palawan	Pacífico	11.785
Panay	Pacífico	11.515
Jamaica	Caribe	10.991
Chipre	Mediterráneo	9.251
Puerto Rico	Caribe	8.897
Córcega	Mediterráneo	8.681
Creta	Mediterráneo	8.331
Leyte	Pacífico	7.213
Guadalcanal	Pacífico	6.475
Trinidad	Caribe	4.827
Eubea	Mediterráneo	3.654
Mallorca	Mediterráneo	3.626
Bioko	Atlántico	2.017
Tenerife	Atlántico	1.929
Gran Canaria	Atlántico	1.532

MONTAÑAS MÁS IMPORTANTES DEL MUNDO

Montes	Cordilleras	Países	Altitud — Metros
Everest	Himalaya	Nepal-China	8.848
K2	Karakorum	Pakistán-China	8.611
Kanchenjunga	Himalaya	Nepal-India	8.585
Lhotse	Himalaya	Nepal-China	8.501
Makalu	Himalaya	Nepal-China	8.481
Dhaulagiri	Himalaya	Nepal	8.172
Nanga Parbat	Himalaya	Pakistán	8.125
Annapurna	Himalaya	Nepal	8.080
Gasherbrum	Karakorum	Pakistán	8.068
Tirich-Mir	Hindu-Kush	Afganistán	7.889
Nanda Devi	Himalaya	India	7.817
Comunismo	Trans-Alai	Tayikistán	7.495
Pobedi	Tian Shan	Kirguizistán	7.439
Aconcagua	Andes	Argentina	6.959
Illimani	Andes	Bolivia	6.882
Ojos del Salado	Andes	Chile	6.880
Bonete	Andes	Argentina	6.872
Illampu	Andes	Argentina	6.850
Tupungato	Andes	Argentina-Chile	6.800
Sajama	Andes	Bolivia	6.780
Mercedario	Andes	Argentina-Chile	6.770
Pissis	Andes	Argentina	6.770
Huascarán	Andes	Perú	6.768
Llullaillaco	Andes	Argentina-Chile	6.723
Yerupajá	Andes	Perú	6.632
Incahuasi	Andes	Argentina-Chile	6.620
Coropuna	Andes	Perú	6.425
Chimborazo	Andes	Ecuador	6.310
Mackinley	Alaska Range	EE. UU.	6.187
Copiapó	Andes	Argentina	6.052
Cotopaxi	Andes	Ecuador	5.897
Kilimanjaro	Kilimanjaro	Tanzania	5.895
Orizaba	Sierra Madre Oriental	México	5.700
Elbruz	Cáucaso	Georgia	5.673
Popocatépetl	Sierra Nevada	México	5.452
Maipo	Andes	Argentina	5.290
Tolima	Andes	Colombia	5.215
Kenya	Kenya	Kenya	5.200
Ararat	Armenia	Turquía	5.165
Ruwenzori	Ruwenzori	Uganda-Zaire	5.122
Mont-Blanc	Alpes	Francia-Italia	4.810
Rosa	Alpes	Suiza-Italia	4.638
Cervino	Alpes	Suiza-Italia	4.479
Tajumulco	Sierra Madre	Guatemala	4.210
Mauna Kea	Hawai (Isla)	EE. UU.	4.207
Mauna Loa	Hawai (Isla)	EE. UU.	4.172
Erebus	Ross (Isla de)	Antártida	4.026
Fujiyama	Honshu (Isla de)	Japón	3.776
Teide	Tenerife (Isla de)	España	3.718
Mulhacén	Sierra Nevada	España	3.478
Aneto	Pirineos	España	3.404
Monte Perdido	Pirineos	España	3.355
Etna	Sicilia (Isla)	Italia	3.274

DESCUBRIMIENTOS O INVENTOS

Fecha	Concepto	Autor	País
Paleolítico inferior	Fuego	—	—
4000	Escritura jeroglífica	Desconocido	Egipto
3500	Rueda	Desconocido	Mesopotamia
3400	Berbiquí de arco	Desconocido	Egipto
3000	Rueda de alfarero	Desconocido	Egipto
1500	Reloj de agua (clepsidra)	Desconocido	Egipto
1200	Escritura	Cadmo	Fenicia
700	Moneda	Desconocido	China y Grecia
400	Catapulta	Desconocido	Grecia
250	Bomba de presión (impelente)	Filón de Bizancio	Grecia
250	Escuadra de agrimensor	Arquímedes	Grecia
250	Rueda hidráulica	Filón de Bizancio	Grecia
250	Tornillo hidráulico	Arquímedes	Grecia
250	Prensa de viga (aceite-vino)	Desconocido	Grecia
161	Cuadrante	Hiparco	Grecia
150	Noria	Desconocido	Egipto
100	Telar	Desconocido	China
85	Rueda hidráulica horizontal	Desconocido	Grecia
50	Rueda hidráulica dentada	Vitruvio	Roma
25	Prensa de tornillo	Vitruvio	Roma
65	Pínula (dioptra) para medir ángulos	Herón de Alejandría	Roma
65	Hodómetro	Herón de Alejandría	Roma
150	Papel	Tsai Lun	China
150	Telar con cuatro o más tramas	Desconocido	Siria
800	Brújula	Desconocido	Arabia
800	Molino de viento	Desconocido	Persia
1200	Seda doble (hilo)	Desconocido	Italia
1300	Reloj mecánico	Desconocido	Italia
1400-1450	Clave	Desconocido	Desconocido
1441	Imprenta	Gutenberg	Alemania
1450-1500	Espineta	Desconocido	Italia
1496	Matriz y collar para acuñación	L. da Vinci	Italia
1496	Taladro para metales	L. da Vinci	Italia
1496	Cilindro laminador	L. da Vinci	Italia
1496	Torno de filetear dentado	L. da Vinci	Italia
1496	Lima cortadora	L. da Vinci	Italia
1496	Cojinete antifricción	L. da Vinci	Italia
S. XV-XVI	Clavicordio	Desconocido	Alemania
1581	Péndulo	G. Galilei	Alemania
1589	Punto (máquina de hacer)	W. Lee	Inglaterra
1590	Microscopio	Z. Jansen	Holanda
1593	Termómetro	G. Galilei	Italia
1600	Electricidad y magnetismo	W. Gilbert	Inglaterra
1609	Telescopio	G. Galilei	Italia
1642	Máquina de sumar	B. Pascal	Francia
1643	Barómetro	E. Torricelli	Italia
1671	Máquina de multiplicar	G. W. Leibniz	Alemania
1681	Máquina generatriz de electricidad	O. von Guericke	Alemania
1690	Máquina de vapor	D. Papin	Francia
1698	Piano	B. Cristofori	Italia
1710	Termómetro de alcohol	R. Réaumur	Francia
1714	Máquina de escribir	H. Mill	Inglaterra
1714	Termómetro de mercurio	G. D. Fahrenheit	Alemania
1725	Estereotipia	W. Ged	Inglaterra
1740	Forja para fundición de acero	B. Huntsman	Inglaterra
1741	Termómetro centígrado	A. Celsius	Suecia
1745	Botella de Leyden	P. Mussehenbroek	Holanda
1760	Pararrayos	B. Franklin	EE. UU.
1768	Automóvil de vapor	N. J. Cugnot	Francia
1769	Máquina de vapor (perfeccionada)	J. Watt	Inglaterra
1769	Máquina de cardar e hilar	R. Arkwrigh	Inglaterra
1777	Máquina de dividir	J. Ramsden	Inglaterra

DESCUBRIMIENTOS O INVENTOS (continuación)

Fecha	Concepto	Autor	País
1783	Globo	J.-É. y J.-M. Montgolfier	Francia
1785	Paracaídas	F. Blanchard	Francia
1792	Gas del alumbrado	W. Murdock	Inglaterra
1794	Rodamientos a bolas	Ph. Vaughan	Inglaterra
1795	Prensa hidráulica	J. Bramah	Inglaterra
1796	Vacuna contra la viruela	E. Jenner	Inglaterra
1796	Litografía	A. Senefelder	Bohemia
1798	Máquina para fabricar papel continuo	M. L. Robert y D. Léger	Francia
1799	Pila eléctrica	A. Volta	Italia
1804	Locomotora	R. Trevithick	Inglaterra
1807	Barco de vapor	R. Fulton	EE. UU.
1812	Hélice	J. Le F. Ressel	Alemania
1816	Lámpara antigrisú	H. Davy	Inglaterra
1825	Ferrocarril	G. y R. Stephenson	Inglaterra
1826	Estetoscopio	R. Laënnec	Francia
1827	Turbina hidráulica	B. Fourneyron	Francia
1828	Urea (síntesis de la)	F. Wöhler	Alemania
1829	Alfabeto para ciegos	L. Braille	Francia
1831	Revólver	S. Colt	EE. UU.
1832	Telégrafo	S. Morse	EE. UU.
1834	Automóvil eléctrico	Th. Davenport	EE. UU.
1835	Timbre eléctrico	Ch. E. Neef	Alemania
1836	Fusil de retrocarga	J. N. Dreyse	Alemania
1838	Locomotora eléctrica	R. Davidson	Inglaterra
1839	Abonos artificiales	J. von Liebig	Alemania
1839	Fotografía	J. N. Niepce y L. Daguerre	Francia
1840	Bicicleta	K. MacMillan	Inglaterra
1842	Éter como anestésico	C. W. Long	EE. UU.
1844	Alfabeto telegráfico	S. Morse	EE. UU.
1845	Máquina de coser	B. Thimonnier	Francia
1845	Máquina de coser	E. Howe	EE. UU.
1846	Prensa rotativa	R. M. Hoe	EE. UU.
1847	Cloroformo como anestésico	J. Y. Simpson	Inglaterra
1849	Luz (medición de su velocidad)	H. L. Fizeau	Francia
1850	Inyección hipodérmica	A. Wood	Inglaterra
1850	Inyección hipodérmica	Ch. G. Pravaz	Francia
1850	Prismáticos	I. Porro	Italia
1851	Bobina de inducción	H. D. von Rhumkorff	Alemania
1855	Mechero de gas	R. W. Bunsen	Alemania
1857	Rayos catódicos	H. Geissler	Alemania
1859	Máquina eléctrica de corriente continua	A. Pacinotti	Italia
1859	Submarino	N. Monturiol e I. Peral	España
1860	Motor de gas	J. J. É. Lenoir	Francia
1860	Automóvil con motor de gas	J. J. É. Lenoir	Francia
1866	Dinamo	W. von Siemens	Alemania
1866	Hormigón armado	J. Monier	Francia
1867	Asepsia	J. Lister	Inglaterra
1867	Dinamita	A. Nobel	Suecia
1868	Horno siderúrgico de acero	P. Martin	Francia
1869	Celuloide	J. W. Hyatt	EE. UU.
1869	Freno de aire comprimido	G. Westinghouse	EE. UU.
1874	Telégrafo impresor	T. A. Edison	EE. UU.
1876	Teléfono	A. G. Bell	EE. UU.
1877	Fonógrafo	T. A. Edison	EE. UU.
1877	Lepra (bacilo de la)	G. H. Hansen	Noruega
1878	Micrófono	D. E. Hughes	Inglaterra
1879	Ferrocarril eléctrico	W. von Siemens	Alemania
1879	Lámpara incandescente o bombilla eléctrica	T. A. Edison	EE. UU.
1879	Sacarina	I. Remsen y C. Fahlberg	EE. UU.
1880	Piezoelectricidad	P. y Paul-Jacques Curie	Francia
1880	Tifus (bacilo del)	K. J. Eberth	Alemania
1881	Sismógrafo	J. A. Ewing	Inglaterra
1881	Tranvía eléctrico	W. von Siemens	Alemania

DESCUBRIMIENTOS O INVENTOS (continuación)

Fecha	Concepto	Autor	País
1882	Tuberculosis (bacilo de la)	R. Koch	Alemania
1883	Cólera (bacilo del)	R. Koch	Alemania
1884	Cocaína como anestésico local	C. Koller	EE. UU.
1884	Cólera (vacuna anti-)	J. Ferrán	España
1884	Disco de Nipkow	P. G. Nipkow	Alemania
1884	Pluma estilográfica	L. E. Waterman	EE. UU.
1884	Rayón	Chardonnet (Conde de)	Francia
1884	Automóvil	K. F. Benz y G. Daimler	Alemania
1885	Motocicleta	G. Daimler	Alemania
1885	Rabia (vacuna contra la)	L. Pasteur	Francia
1886	Difteria (vacuna contra la)	J. Ferrán	España
1886	Tifus (vacuna contra el)	J. Ferrán	España
1887	Gramófono	E. Berliner	Alemania
1887	Malta (fiebre de)	D. Bruce	Australia
1887	Meningococo	A. Weichelbaum	Austria
1887	Ondas hercianas	H. R. Hertz	Alemania
1891	Cinetoscopio	T. A. Edison	EE. UU.
1891	Teléfono automático	A. B. Strowger	EE. UU.
1892	Célula fotoeléctrica	J. Elster	Alemania
1895	Cinematógrafo	A. y L. Lumière	Francia
1895	Motor diesel	R. Diesel	Alemania
1895	Rayos X	W. K. von Röntgen	Alemania
1895	Telegrafía sin hilos	G. Marconi	Italia
1896	Radiactividad	H. Becquerel	Francia
1897	Electrón (medición y comprobación de su carga)	J. J. Thomson	Inglaterra
1897	Tubo de rayos catódicos	K. F. Braun	Alemania
1898	Magnetófono	V. Poulsen	Dinamarca
1898	Radio (hallazgo del)	M. y P. Curie	Francia
1899	Aspirina	Dreser	Alemania
1900	Dirigible (globo)	F. von Zeppelin	Alemania
1903	Aviación	W. y O. Wright	EE. UU.
1903	Telekino	L. Torres Quevedo	España
1905	Relatividad (teoría de la)	A. Einstein	EE. UU.
1906	Lámpara de radiodifusión, o tubo electrónico, o válvula	J. A. Fleming	Inglaterra
1906	Lámpara de radiodifusión, o tubo electrónico, o válvula	Lee De Forest	EE. UU.
1909	Luz neón	G. Claude	Francia
1910	Cine en color	R. Fischer	Alemania
1910	Hidroavión o hidroplano	H. Fabre	Francia
1912	Vitamina C	A. Holst	EE. UU.
1913	Vitaminas A, B y D	E. McCollum	EE. UU.
1915	Telefonía sin hilos	Ingenieros de Bell System	EE. UU.
1916	Cine sonoro	Th. W. de Case y L. De Forest	EE. UU.
1919	Protón	E. Rutherford	Inglaterra
1919	Protón	F. Soddy	Inglaterra
1919	Protón	N. Bohr	Dinamarca
1920	Autogiro	J. de la Cierva	España
1921	Insulina	F. G. Banting	EE. UU.
1921	Insulina	C. H. Best	Canadá
1922	Radar	A. H. Taylor y L. C. Young	EE. UU.
1922	Vitamina E	H. Evand	EE. UU.
1923	Iconoscopio	W. K. Zworykin	EE. UU.
1924	Cinescopio	W. K. Zworykin	EE. UU.
1926	Televisión	J. L. Baird	Inglaterra
1929	Penicilina	A. Fleming	Inglaterra
1932	Antimateria	C. D. Anderson	EE. UU.
1932	Nailon	W. H. Carothers	EE. UU.
1932	Neutrón	J. Chadwick	Inglaterra
1934	Pentotal como anestésico	J. S. Lundy	EE. UU.
1934	Radiactividad artificial	M. y P. Curie	Francia
1935	Fotografía en color	L. D. Mannes y L. Godowsky	EE. UU.
1935	Sulfamidas	G. Domagk	Alemania
1935	Sulfamidas	J. y T. Tréfouël	Francia

DESCUBRIMIENTOS O INVENTOS (continuación)

Fecha	Concepto	Autor	País
1935	Vitamina K	H. Damm	Dinamarca
1935	Vitamina K	E. Doisy	EE. UU.
1938	Fisión del uranio	O. Hahn	Alemania
1938	Microscopio electrónico	V. K. Zworykin	EE. UU.
1941	Avión de reacción	F. Whittle	Inglaterra
1942	Energía nuclear controlada	E. Fermi	Italia
1942	Reactor nuclear	E. Fermi	Italia
1944	Televisión en color	J. L. Baird	Inglaterra
1944	V-2	W. von Braun	Alemania
1945	Bomba atómica	N. Bohr	Dinamarca
1945	Bomba atómica	J. R. Oppenheimer	EE. UU.
1945	Estreptomicina	S. A. Waksman	EE. UU.
1946	Ordenador, computadora o cerebro electrónico	Universidad de Pensilvania	EE. UU.
1947	Polaroid	Ed. Land	EE. UU.
1948	Transistor	J. Bardeen	EE. UU.
1948	Transistor	W. H. Brattain	EE. UU.
1948	Transistor	W. B. Shockley	EE. UU.
1948	Holograma	D. Gabor	Inglaterra
1950	Terramicina	Charles Pfizer Company	EE. UU.
1950	Tarjeta de crédito	R. Scheider	EE. UU.
1953	Vídeo o magnetoscopio	RCA	EE. UU.
1955	Máser	Ch. H. Townes	EE. UU.
1955	Poliomielitis (vacuna contra la)	J. E. Salk	EE. UU.
1957	Interferón	A. Isaacs	EE. UU.
1957	Interferón	J. Lindenmann	Inglaterra
1957	Satélite artificial	—	U. R. S. S.
1959	Circuitos integrados	Texas Instruments	EE. UU.
1960	Láser	T. H. Maiman	EE. UU.
1969	Dolby	R. Dolby	EE. UU.
1971	Vídeo en color	CBS	EE. UU.
1972	Disco compacto	RCA	EE. UU.
1972	Videojuego	Buschuel	EE. UU.
1972	Video home system (VHS)	Matsushita	Japón
1979	Reproductor de discos compactos	Sony, Philips	Japón, P. B.

ELEMENTOS

Nombres	Símbolo	Masa atómica (a)	Número atómico (b)	Densidad (c)
Actinio	Ac	227	89	
Aluminio	Al	26,98	13	2,70
Americio	Am	241	95	13,67
Antimonio	Sb	121,76	51	6,70
Argón	Ar o A	39,95	18	1,78
Arsénico	As	74,92	33	5,73
Astato	At	211	85	
Azufre	S	32,07	16	2,07
Bario	Ba	137,36	56	3,05
Berilio	Be	9,01	4	1,85
Berquelio	Bk	249	97	
Bismuto	Bi	209	83	9,80
Boro	B	10,8	5	2,45
Bromo	Br	79,92	35	3,12
Cadmio	Cd	112,41	48	8,64
Calcio	Ca	40,08	20	1,55
Californio	Cf	249	98	
Carbono	C	12,01	6	
(diamante)				3,52
(grafito)				2,13
Cerio	Ce	140,13	58	6,8
Cesio	Cs	i32,91	55	1,9
Cinc	Zn	65,38	30	7,13
Circonio	Zr	91,22	40	6,49
Cloro	Cl	35,46	17	3,21
Cobalto	Co	58,94	27	8,9
Cobre	Cu	63,54	29	8,94
Criptón	Kr	83,80	36	2,87
Cromo	Cr	52	24	7,19
Curio	Cm	243	96	
Disprosio	Dy	162,5	66	
Einstenio	E o Es	253	99	
Erbio	Er	167,26	68	9,06
Escandio	Sc	44,96	21	3
Estaño	Sn	118,69	50	7,30
Estroncio	Sr	87,62	38	2,54
Europio	Eu	152	63	5,17
Fermio	Fm	255	100	
Flúor	F	19	9	1,53
Fósforo	P	30,97	15	
(blanco)				1,85
(rojo)				2,20
Francio	Fr	223	87	2,5
Gadolinio	Gd	157,25	64	7,87
Galio	Ga	69,72	31	5,91
Germanio	Ge	72,59	32	5,36
Hafnio	Hf	178,49	72	13,3
Helio	He	4	2	0,18
Hidrógeno	H	1,01	1	0,07
Hierro	Fe	55,85	26	7,86
Holmio	Ho	164,94	67	8,80
Indio	In	114,82	49	7,28
Iridio	Ir	192,2	77	22,65
Iterbio	Yb	173,4	70	6,96
Itrio	Y	88,91	39	4,47
Lantano	La	138,91	57	6,16
Laurencio	Lw	258	103	
Litio	Li	6,94	3	0,54
Lutecio	Lu	174,97	71	9,85
Magnesio	Mg	24,31	12	1,74
Manganeso	Mn	54,94	25	7,44

ELEMENTOS (continuación)

Nombres	Símbolo	Masa atómica (a)	Número atómico (b)	Densidad (c)
Mendelevio	Mv o Md	256	101	
Mercurio	Hg	200,59	80	13,69
Molibdeno	Mo	95,94	42	10,2
Neodimio	Nd	144,27	60	7,01
Neón	Ne	20,18	10	0,9
Neptunio	Np	237	93	20,45
Niobio	Nb	92,91	41	8,57
Níquel	Ni	58,71	28	8,9
Nitrógeno	N	14	7	0,97
Nobelio	No	257	102	
Oro	Au	196,97	79	19,3
Osmio	Os	190,20	76	22,48
Oxígeno	O	16	8	1,43
Paladio	Pd	106,4	46	11,96
Plata	Ag	107,87	47	10,50
Platino	Pt	195,09	78	21,44
Plomo	Pb	207,19	82	11,34
Plutonio	Pu	239	94	19,82
Polonio	Po	210	84	9,20
Potasio	K	39,10	19	0,87
Praseodimio	Pr	140,91	59	6,77
Prometio	Pm	145	61	
Protactinio	Pa	231	91	15,37
Radio	Ra	226,05	88	4,45
Radón	Rn	222	86	9,73
Renio	Re	186,2	75	21,02
Rodio	Rh	102,91	45	12,41
Rubidio	Rb	85,47	37	1,53
Rutenio	Ru	101,07	44	12,45
Samario	Sm	150,35	62	7,54
Selenio	Se	78,96	34	4,8
Silicio	Si	28,09	14	2,42
Sodio	Na	22,99	11	0,97
Talio	Tl	204,37	81	11,85
Tantalio	Ta	180,95	73	16,6
Tecnenio	Tc	98,88	43	11,5
Teluro o teluro	Te	127,60	52	6,24
Terbio	Tb	158,92	65	8,52
Titanio	Ti	47,90	22	4,5
Torio	Th	232,04	90	11,72
Tulio	Tm	168,93	69	9,32
Uranio	U	238,07	92	18,9
Vanadio	V	50,94	23	5,96
Volframio o tungsteno	W	183,92	74	19,03
Xenón	Xe	131,30	54	5,85
Yodo	I	126,90	53	4,93

(a) Representa la masa del átomo que, en la práctica, equivale a su peso, tomando como unidad el 1/12 de la masa del isótopo carbono 12, en lugar del 1/16 de la masa del oxígeno, como se hacía antes.

(b) El número atómico indica el de protones y electrones del átomo y el número que corresponde al elemento en la clasificación periódica.

(c) La densidad está referida a la del aire, si se trata de un gas, y a la del agua, si de un líquido o sólido.